PATROLOGIÆ
CURSUS COMPLETUS,
SEU
BIBLIOTHECA UNIVERSALIS, INTEGRA, UNIFORMIS, COMMODA, OECONOMICA,

OMNIUM SS. PATRUM, DOCTORUM SCRIPTORUMQUE ECCLESIASTICORUM
SIVE LATINORUM, SIVE GRÆCORUM,

*QUI AB ÆVO APOSTOLICO AD ÆTATEM INNOCENTII III (ANN. 1216) PRO LATINIS,
ET AD PHOTII TEMPORA (ANN. 863) PRO GRÆCIS, FLORUERUNT;*

RECUSIO CHRONOLOGICA
OMNIUM QUÆ EXSTITERE MONUMENTORUM CATHOLICÆ TRADITIONIS PER DUODECIM PRIORA
ECCLESIÆ SÆCULA ET AMPLIUS,

JUXTA EDITIONES ACCURATISSIMAS, INTER SE CUMQUE NONNULLIS CODICIBUS MANUSCRIPTIS COLLATAS,
PERQUAM DILIGENTER CASTIGATA;
DISSERTATIONIBUS, COMMENTARIIS LECTIONIBUSQUE VARIANTIBUS CONTINENTER ILLUSTRATA;
OMNIBUS OPERIBUS POST AMPLISSIMAS EDITIONES QUÆ TRIBUS NOVISSIMIS SÆCULIS DEBENTUR ABSOLUTAS
DETECTIS, AUCTA;
INDICIBUS PARTICULARIBUS ANALYTICIS, SINGULOS SIVE TOMOS, SIVE AUCTORES ALICUJUS MOMENTI
SUBSEQUENTIBUS, DONATA;
CAPITULIS INTRA IPSUM TEXTUM RITE DISPOSITIS, NECNON ET TITULIS SINGULARUM PAGINARUM MARGINEM SUPERIOREM
DISTINGUENTIBUS SUBJECTAMQUE MATERIAM SIGNIFICANTIBUS, ADORNATA;
OPERIBUS CUM DUBIIS, TUM APOCRYPHIS, ALIQUA VERO AUCTORITATE IN ORDINE AD TRADITIONEM
ECCLESIASTICAM POLLENTIBUS, AMPLIFICATA;
DUCENTIS ET AMPLIUS INDICIBUS LOCUPLETATA; SED PRÆSERTIM DUOBUS IMMENSIS ET GENERALIBUS, ALTERO
SCILICET RERUM, QUO CONSULTO, QUIDQUID NON SOLUM TALIS TALISVE PATER, VERUM AUTEM UNUSQUISQUE
PATRUM, ABSQUE ULLA EXCEPTIONE, IN QUODLIBET THEMA SCRIPSERIT, UNO INTUITU CONSPICIATUR;
ALTERO SCRIPTURÆ SACRÆ, EX QUO LECTORI COMPERIRE SIT OBVIUM QUINAM PATRES ET
IN QUIBUS OPERUM SUORUM LOCIS SINGULOS SINGULORUM LIBRORUM SCRIPTURÆ VERSUS,
A PRIMO GENESEOS USQUE AD NOVISSIMUM APOCALYPSIS, COMMENTATI SINT.
EDITIO ACCURATISSIMA, CÆTERISQUE OMNIBUS FACILE ANTEPONENDA, SI PERPENDANTUR CHARACTERUM NITIDITAS,
CHARTÆ QUALITAS, INTEGRITAS TEXTUS, PERFECTIO CORRECTIONIS, OPERUM RECUSORUM TUM VARIETAS
TUM NUMERUS, FORMA VOLUMINUM PERQUAM COMMODA SIBIQUE IN TOTO OPERIS DECURSU CONSTANTER
SIMILIS, PRETII EXIGUITAS, PRÆSERTIMQUE ISTA COLLECTIO, UNA, METHODICA ET CHRONOLOGICA,
SEXCENTORUM FRAGMENTORUM OPUSCULORUMQUE HACTENUS HIC ILLIC SPARSORUM,
PRIMUM AUTEM IN NOSTRA BIBLIOTHECA, EX OPERIBUS AD OMNES ÆTATES,
LOCOS, LINGUAS FORMASQUE PERTINENTIBUS, COADUNATORUM.

SERIES GRÆCA,
IN QUA PRODEUNT PATRES, DOCTORES SCRIPTORESQUE ECCLESIÆ GRÆCÆ,
A S. BARNABA AD PHOTIUM.

ACCURANTE J.-P. MIGNE,
Bibliothecæ cleri universæ,
SIVE
CURSUUM COMPLETORUM IN SINGULOS SCIENTIÆ ECCLESIASTICÆ RAMOS EDITORE.

PATROLOGIA, AD INSTAR IPSIUS ECCLESIÆ, IN DUAS PARTES DIVIDITUR, ALIA NEMPE LATINA, ALIA GRÆCO-LATINA.
LATINA, JAM PENITUS EXARATA, VIGINTI ET DUCENTIS VOLUMINIBUS MOLE SUA STAT, CENTUMQUE ET MILLE
FRANCIS VENIT. GRÆCA DUPLICI EDITIONE TYPIS MANDATA EST. PRIOR GRÆCUM TEXTUM, UNA CUM VERSIONE
LATINA, LATERALIS AMPLECTITUR, ET FORSAN CENTUM VOLUMINUM EXCEDET NUMERUM. POSTERIOR AUTEM HANC
VERSIONEM TANTUM EXHIBET, IDEOQUE INTRA QUINQUAGINTA CIRCITER VOLUMINA RETINEBITUR. UNUMQUODQUE
VOLUMEN GRÆCO-LATINUM OCTO, UNUMQUODQUE MERE LATINUM QUINQUE FRANCIS SOLUMMODO EMITUR : UTROBI-
QUE VERO, UT PRETII HUJUS BENEFICIO FRUATUR EMPTOR, COLLECTIONEM INTEGRAM, SIVE GRÆCAM SIVE LA-
TINAM COMPARET NECESSE ERIT; SECUS ENIM CUJUSQUE VOLUMINIS AMPLITUDINEM NECNON ET DIFFICULTATES
VARIA PRETIA ÆQUABUNT.

PATROLOGIÆ GRÆCÆ, LATINE TANTUM EDITÆ, TOMUS XVIII

S. BASILIUS MAGNUS CÆSAREÆ CAPPADOCIÆ ARCHIEPISCOPUS.

EXCUDEBATUR ET VENIT APUD J.-P. MIGNE EDITOREM,
IN VIA DICTA *D'AMBOISE*, PROPE PORTAM LUTETIÆ PARISIORUM VULGO *D'ENFER* NOMINATAM
SEU PETIT-MONTROUGE.

1857

PATROLOGIÆ
CURSUS COMPLETUS,
SEU
BIBLIOTHECA UNIVERSALIS, INTEGRA, UNIFORMIS, COMMODA, OECONOMICA,
OMNIUM SS. PATRUM, DOCTORUM SCRIPTORUMQUE ECCLESIASTICORUM
SIVE LATINORUM, SIVE GRÆCORUM,
QUI AB ÆVO APOSTOLICO AD ÆTATEM INNOCENTII III (ANN. 1216) PRO LATINIS, ET AD PHOTII TEMPORA (ANN. 863) PRO GRÆCIS, FLORUERUNT;

RECUSIO CHRONOLOGICA
OMNIUM QUÆ EXSTITERE MONUMENTORUM CATHOLICÆ TRADITIONIS PER DUODECIM PRIORA ECCLESIÆ SÆCULA ET AMPLIUS,
JUXTA EDITIONES ACCURATISSIMAS, INTER SE CUMQUE NONNULLIS CODICIBUS MANUSCRIPTIS COLLATAS, PERQUAM DILIGENTER CASTIGATA;
DISSERTATIONIBUS, COMMENTARIIS LECTIONIBUSQUE VARIANTIBUS CONTINENTER ILLUSTRATA;
OMNIBUS OPERIBUS POST AMPLISSIMAS EDITIONES QUÆ TRIBUS NOVISSIMIS SÆCULIS DEBENTUR ABSOLUTAS DETECTIS, AUCTA;
INDICIBUS PARTICULARIBUS ANALYTICIS, SINGULOS SIVE TOMOS, SIVE AUCTORES ALICUJUS MOMENTI SUBSEQUENTIBUS, DONATA;
CAPITULIS INTRA IPSUM TEXTUM RITE DISPOSITIS, NECNON ET TITULIS SINGULARUM PAGINARUM MARGINEM SUPERIOREM DISTINGUENTIBUS SUBJECTAMQUE MATERIAM SIGNIFICANTIBUS, ADORNATA;
OPERIBUS CUM DUBIIS, TUM APOCRYPHIS, ALIQUA VERO AUCTORITATE IN ORDINE AD TRADITIONEM ECCLESIASTICAM POLLENTIBUS, AMPLIFICATA;
DUCENTIS ET AMPLIUS INDICIBUS LOCUPLETATA; SED PRÆSERTIM DUOBUS IMMENSIS ET GENERALIBUS, ALTERO SCILICET RERUM, QUO CONSULTO, QUIDQUID NON SOLUM TALIS TALISVE PATER, VERUM AUTEM UNUSQUISQUE PATRUM, ABSQUE ULLA EXCEPTIONE, IN QUODLIBET THEMA SCRIPSERIT, UNO INTUITU CONSPICIATUR; ALTERO SCRIPTURÆ SACRÆ, EX QUO LECTORI COMPERIRE [SIT OBVIUM QUINAM PATRES ET IN QUIBUS OPERUM SUORUM LOCIS SINGULOS SINGULORUM LIBRORUM SCRIPTURÆ VERSUS, A PRIMO GENESEOS USQUE AD NOVISSIMUM APOCALYPSIS, COMMENTATI SINT.
EDITIO ACCURATISSIMA, CÆTERISQUE OMNIBUS FACILE ANTEPONENDA, SI PERPENDANTUR CHARACTERUM NITIDITAS, CHARTÆ QUALITAS, INTEGRITAS TEXTUS, PERFECTIO CORRECTIONIS, OPERUM RECUSORUM TUM VARIETAS TUM NUMERUS, FORMA VOLUMINUM PERQUAM COMMODA SIBIQUE IN TOTO OPERIS DECURSU CONSTANTER SIMILIS, PRETII EXIGUITAS, PRÆSERTIMQUE ISTA COLLECTIO, UNA, METHODICA ET CHRONOLOGICA, SEXCENTORUM FRAGMENTORUM OPUSCULORUMQUE HACTENUS HIC ILLIC SPARSORUM, PRIMUM AUTEM IN NOSTRA BIBLIOTHECA, EX OPERIBUS AD OMNES ÆTATES, LOCOS, LINGUAS FORMASQUE PERTINENTIBUS, COADUNATORUM.

SERIES GRÆCA,
IN QUA PRODEUNT PATRES, DOCTORES SCRIPTORESQUE ECCLESIÆ GRÆCÆ
A S. BARNABA AD PHOTIUM.

ACCURANTE J.-P. MIGNE,
Bibliothecæ cleri universæ,
SIVE
CURSUUM COMPLETORUM IN SINGULOS SCIENTIÆ ECCLESIASTICÆ RAMOS EDITORE.

PATROLOGIA, AD INSTAR IPSIUS ECCLESIÆ, IN DUAS PARTES DIVIDITUR, ALIA NEMPE LATINA, ALIA GRÆCO-LATINA. LATINA, JAM PENITUS EXARATA, VIGINTI ET DUCENTIS VOLUMINIBUS MOLE SUA STAT, CENTUMQUE ET MILLE FRANCIS VENIT. GRÆCA DUPLICI EDITIONE TYPIS MANDATA EST. PRIOR GRÆCUM TEXTUM, UNA CUM VERSIONE LATINA, LATERALIS AMPLECTITUR, ET FORSAN CENTUM VOLUMINUM EXCEDET NUMERUM. POSTERIOR AUTEM HANC VERSIONEM TANTUM EXHIBET, IDEOQUE INTRA QUINQUAGINTA CIRCITER VOLUMINA RETINEBITUR. UNUMQUODQUE VOLUMEN GRÆCO-LATINUM OCTO, UNUMQUODQUE MERE LATINUM QUINQUE FRANCIS SOLUMMODO EMITUR : UTROBIQUE VERO, UT PRETII HUJUS BENEFICIO FRUATUR EMPTOR, COLLECTIONEM INTEGRAM, SIVE GRÆCAM SIVE LATINAM COMPARET NECESSE ERIT; SECUS ENIM CUJUSQUE VOLUMINIS AMPLITUDINEM NECNON ET DIFFICULTATES VARIA PRETIA ÆQUABUNT.

PATROLOGIÆ GRÆCÆ, LATINE TANTUM EDITÆ, TOMUS XVIII.

S. BASILIUS MAGNUS CÆSAREÆ CAPPADOCIÆ ARCHIEPISCOPUS.

EXCUDEBATUR ET VENIT APUD J.-P. MIGNE EDITOREM,
IN VIA DICTA D'AMBOISE, PROPE PORTAM LUTETIÆ PARISIORUM VULGO D'ENFER NOMINATAM
SEU PETIT-MONTROUGE.

1857

5.030

SÆCULUM IV.

S. BASILII MAGNI

CÆSAREÆ CAPPADOCIÆ ARCHIEPISCOPI

OPERA OMNIA QUÆ EXSTANT

AD MSS. CODICES GALLICANOS, VATICANOS, FLORENTINOS ET ANGLICOS, NECNON AD ANTIQUIORES EDITIONES CASTIGATA, MULTIS AUCTA, NOVA INTERPRETATIONE, CRITICIS PRÆFATIONIBUS, NOVA SANCTI DOCTORIS VITA ET COPIOSIS INDICIBUS LOCUPLETATA,

CURA ET STUDIO

Monachorum ordinis Sancti Benedicti e congregatione S. Mauri;

DENUO RECOGNOSCENTE J.-P. MIGNE,

BIBLIOTHECÆ CLERI UNIVERSÆ,

SIVE

CURSUUM COMPLETORUM IN SINGULOS SCIENTIÆ ECCLESIASTICÆ RAMOS EDITORE.

TOMUS POSTERIOR.

VENEUNT DUO VOLUMINA 14 FRANCIS GALLICIS.

EXCUDEBATUR ET VENIT APUD J.-P. MIGNE EDITOREM,
IN VIA DICTA *D'AMBOISE*, PROPE PORTAM LUTETIÆ PARISIORUM VULGO *D'ENFER* NOMINATAM,
SEU PETIT-MONTROUGE.

1857

ELENCHUS

AUCTORUM ET OPERUM QUI IN HOC TOMO XVIII CONTINENTUR

Quæ stellula prænotantur inter opera Basilii nunc primum comparent.

S. BASILIUS CÆSARIENSIS ARCHIEPISCOPUS.

	col.
Homiliæ et Sermones.	163
Ascetica.	361
Moralia.	395
Regulæ fusius tractatæ.	477
Regulæ brevius tractatæ.	563
Constitutiones asceticæ.	669
De baptismo.	755
Liturgiæ S. Basilii.	809
*Orationes seu Exorcismi.	843
*Sermo ob sacerdotum instructionem.	847
Tractatus de consolatione in adversis.	849
De laude solitariæ vitæ.	863
Homilia de misericordia et judicio.	865
Consolatoria ad ægrotum.	869
Homiliæ quas transtulit Rufinus.	873
Liber de Spiritu sancto.	1001
Epistolæ.	1065
APPENDIX HUJUS TOMI. Symeonis Logothetæ Sermones viginti quatuor de moribus, excerpta ex operibus Basilii.	1445

Ex typis MIGNE, au Petit-Montrouge.

PRÆFATIO [a]

1. Fortasse nullum est hominum genus, qui magis nocuerint bonis studiis, quam eorum, qui vera sanctorum Patrum scripta cum falsis miscuere. Quot enim mala hinc et olim nata sint, et hodie nascantur, nemo, qui non omnino rerum ecclesiasticarum rudis sit, ignorat. Dogmata obscurantur, fœdantur moralia, historia vacillat, traditio perturbatur, et, ut verbo dicam, si semel apud sanctos Patres genuina cum adulterinis confundantur, omnia inter se confundi necesse est.

2. Ejus, quod dixi, mali frequentiora sunt exempla, quam ut aliqua referre opus sit. In memoriam tamen revocabo impudentiam Apollinaristarum et Eutychianorum, qui cum sua pro sinceris ac germanis sanctorum Patrum scriptis promulgassent, ita totam infestarunt Ecclesiam, ut ejusmodi vulnus coalescere ac sanari necdum potuerit. Nam hodieque tanta est dissensio inter eruditos de quorumdam scriptorum auctore, ut si quis aut magni illius Athanasii episcopi Alexandrini, aut Julii summi pontificis, aut Gregorii Thaumaturgi testimonium aliquod proferat, statim audias, qui dicant non Athanasium, non Julium, non Gregorium talia dixisse, sed Apollinarium, cujus olim opuscula quædam summis illis viris subdole tributa sunt, quo facilius simpliciores in errorem inducerentur. Sed, ut nunc de Apollinaristis et Eutychianis taceam, universe dicam innumera incommoda eodem illo ex fonte fluxisse. Videas vel eruditissimos viros, quod in ejusmodi libros subdititios inciderint, quovis potius pervenire, quam quo volunt, eosdemque, interea dum scopum attigisse se arbitrantur, ab eo sæpius quam longissime abesse. Credas aliquando antiquissimos et gravissimos scriptores rerum gravissimarum testes adhiberi, et tamen si res attentius consideretur, hominis et recentissimi et abjectissimi testimonium profertur. Etsi autem illa quasi lues nemini pepercit, tamen nescio quomodo contigit, ut Basilius pejus ea in re quam alii sancti Patres acceptus sit. Ita enim vera ejus scripta permiscentur falsis, ut, nisi alia ab aliis diligenter distinguantur, errandi occasio passim legentibus offeratur.

3. Scio quidem viros doctissimos duobus abhinc sæculis in eo egregiam operam posuisse, ut apud sanctos Patres sincera ab adulterinis secernerentur, eoque successu rem gessisse, ut rebus per se obscurissimis maximam lucem attulerint : sed tamen si quis reliqua diligenter expendere volet, præstabo, non defore illi ubi se exerceat. Dignum sane argumentum, in quod omnes omne studium conferant, cum res omnium gravissima agatur. Hoc autem munus non in quemcunque convenit, sed in eum tantummodo, qui nullo prævio judicio de rebus judicet. Verum paucorum est hæc virtus. Alii enim in criticis disputationibus severiores sunt, quibus nihil probetur eorum quæ cæteri probant; alii indulgentiores, quibus indiscriminatim placeant quæcunque a vulgo recepta sunt. Utrosque peccare, nemo, opinor, diffitebitur : sed utri magis peccent, alii videbunt. Interea ego, qui eo, quod amplexus sum, studii genere ejusmodi quæstiones criticas agitare cogor, libere quidem meam sententiam proponam, sed ita tamen, ut proprie non judicem, sed eruditorum judicium exspectem ad judicandum. Ita igitur animatus rem aggredior.

§ I. *De oratione secunda in jejunium.*

4. Nulla est dissensio inter eruditos de oratione prima *in jejunium*. Etenim tam elegans est, tamque Basilio digna, ut ei omnium calculis tribuatur. sed de oratione secunda non unum omnium judicium est. Viri doctissimi Tillemontius et Dupinus eam habent pro vero Basilii fetu : a quibus dissentit Erasmus, cujus verba hæc sunt in epistola ad Joannem Cholerum : *Posterior homilia mihi non videtur Basilii, sed studiosi cujuspiam sese ad prioris æmulationem exercentis. Equidem non pugnabo, si quis diversum sentiat; arbitror tamen eruditos, si propius admoverint oculos, meæ sententiæ subscripturos. Probo genus exercitationis, at eorum fucos non probo, qui notha ac degenerantia summorum virorum titulis obtrudunt orbi* Quod Tillemontius ait, videri Erasmum posteriorem *de jejunio* homiliam non ob aliam causam in spuriis posuisse, quam quod in multis cum prima consentiat, credi potest Erasmi epistolam non legisse. Nam ex ejus verbis plane constat eam orationem eo nomine sibi suspectam visam fuisse, quod a prioris elegantia atque festivitate degeneret : in quo eum, ut verum fatear, non omnino a vero abesse puto. Quod addit Tillemontius, posteriorem hanc concionem citari a Joanne Damasceno et ab Euthymio, id non est tale, ut ipsius sententiam multum confirmet, cum adulterina scripta magnorum virorum nomine ab antiquis scriptoribus non raro citari videamus. Ego cum hoc breve opusculum legerem, animadverti alia ex prima oratione sumpta esse, alia ex eadem imitata : posteriorem homiliam non inelegantem quidem esse, sed primam elegantissimam : miram quamdam dicendi copiam in prima oratione reperiri, quæ in secunda multo minor est, et ejusmodi, ut si qua

---

[a] Cf. D. Prud. Maranus in *Vita S. Basilii,* capp. 41, 42 et 43. Loca a D. Jul. Garnerio in Præfationis decursu Græ.e allata retinemus; incommode enim et non sine sensus læsione reserarentur. Edit. Patr.

ratio hanc homiliam suspectam reddere possit, ea maxime, meo quidem judicio, inde repeti debeat. Hæc autem dum apud me reputarem, eo inclinabam ut hanc orationem inter spuria recenserem : sed cum rursus cogitarem auctorem commentarii *in Isaiam*(*a*), qui et ipse quarto sæculo vivebat, ex eadem illa concione non nihil excerpsisse, hærebam. Opus enim tam antiquum non facile rejici debere arbitrabar : eoque minus, quod primo aspectu mihi levia esse viderentur, quæ morosus homo Erasmus objecerat. Postquam tamen rem paulo diligentius consideravi, duasque has *De jejunio* orationes inter se contuli, facile adductus sum, ut posteriorem in adulterinis ponerem. Nam, ut dixi, posterior priore et elegantia et copia multo inferior est. Atque in hac mea sententia confirmatus sum, cum memini multa in secunda legi, quorum alia ex prima sumpta essent, alia ex eadem expressa : quod parum decere existimavi copiosissimum virum Basilium, cui, cum idem argumentum bis inter concionandum tractare vellet, nec res nec verba unquam defuere. Et ne quispiam id temere dictum fuisse suspicetur, velim legat pulcherrimas illas *De gratiarum actione* conciones (tom. I, p. 24 et 33'), quarum in posteriore nihil repetitur eorum quæ in priore dicta fuerant.

§ II. *De oratione septima decima in Barlaam martyrem.*

5. Hæc oratio, in qua præconium Barlaam martyris continetur, brevis quidem est, sed ita elegans et ornata, ut ejus auctor, quicunque ille fuit, præstantissimum locum inter oratores mereri videatur. Iidem autem illi, quos antea nominavi, doctissimi viri Tillemontius et Dupinus de ea dissentiunt inter se. Tillemontius ipsam tribuit Basilio Magno (*b*); Dupinus Chrysostomo, sed ita tamen, ut satis habuerit dixisse, hanc orationem ad Chrysostomi phrasim magis accedere, et verisimilius videri eam habitam fuisse Antiochiæ. Suspicari fortasse poterit aliquis, rem parvi momenti esse, nec multum referre utri ascribatur, cum uterque et fide dignus sit, et eadem auctoritate apud eruditos polleat : sed non ita est. Inde enim omnino pendet quæstio historica, quæ aliter solvi non potest, nisi constet utri ascribi debeat hæc oratio. Etenim si semel Basilio tribuatur, consequens erit, ut merito dicatur martyr Barlaam mortem subiisse Cæsareæ Cappadociæ, et eodem loco sepultus fuisse : si Chrysostomo, fatendum erit sanctum martyrem Antiochiæ et passum fuisse, et sepultum. Et vero, qui Tillemontium secuti, dicunt beatum martyrem Barlaam Cæsareæ Cappadociæ et mortuum et tumulatum fuisse, nullo alio argumento nituntur, quam quod Basilius, qui Cæsareæ concionatus fuisse creditur, orationem hoc ipso in loco habuerit, ubi fortissimi athletæ tumulus visebatur. Quare si Basilii non sit, ipsorum opinio corruat necesse est. Quod autem orationis auctor, quisquis est, hoc ipso in loco concionatus sit, ubi inclytus martyr Barlaam sepultus jacebat, id negari non potest, nisi ab eo, qui hanc orationem nunquam legerit. 'Ita enim in ea scriptum invenimus non longe ab initio (pag. 139) : Λαμπρὸν καὶ παρ' ἡμῖν ἤδη τὸν ἀῤῥαβῶνα καρποῦνται, ταῖς παρὰ πάντων ἐνθέοις εὐφημίαις κροτούμενοι, καὶ μυρίους ἐκ τάφων σαγηνεύοντες δήμους. Τοῦτο δὴ τὸ τῷ γενναίῳ τήμερον Βαρλαὰμ πεπραγμένον· ἤχησε γὰρ ἡ πολεμικὴ τοῦ μάρτυρος σάλπιγξ, καὶ τοὺς τῆς εὐσεβείας ὁπλίτας, ὡς ὁρᾶτε, συνήγαγεν. *Splendidum et apud nos arrhabonem jam obtinent, cum inter divinas acclamationes omnium plausu celebrentur, populumque frequentissimum e sepulcris congregent. Hoc ipsum sane in forti ac strenuo Barlaam hodie factum est : insonuit enim bellica martyris tuba, et pietatis milites, ut cernitis, convocavit :* quæ verba ita aperte ostendunt hanc orationem in eo loco habitam fuisse, ubi corpus beatissimi martyris Barlaam humatum erat, ut id non putem probatione indigere aut expositione.

6. Cum igitur Tillemontius optime videret, si Basilio hæc oratio non tribueretur, suam opinionem necessario ruituram, nihil omisit eorum, quibus probari posset eam ejus esse. Et primum quidem affirmanti Dupino, scriptionis genus magis phrasim Chrysostomi olere, quam Basilii, ita respondet, ut aperte significet se aliter sentire : deinde addit vir doctissimus, non solitum Chrysostomum bis de uno et eodem sancto sermonem habere. Et quod nonnullos magis movere potest, ait eam orationem jam pridem ascriptam fuisse Basilio, cum ejus nomine citetur in concilio septimo, eidemque tribuatur et a Joanne Damasceno, et a Metaphraste. Quod pertinet quidem ad similitudinem styli, aut discrepantiam, argumentum, quod inde petitur, validissimum esse, nemo, opinor, inficiabitur; sed quod attinet ad auctoritatem Joannis Damasceni et Metaphrastis, aut concilii septimi, quilibet paulo humanior novit ejusmodi testimonia talia non esse, ut ex iis aliquid certo concludi possit. Nec magis, ut mihi quidem videtur, valet id argumentum, quod ex consuetudine Chrysostomi peti diximus, cum casus multi sæpe mutandi moris occasionem præbeant. Ergo in eo cardo rei vertitur, ut certo, quantum in ejusmodi rebus fieri potest, a nobis cognoscatur utrius phrasim et morem magis sapiat hæc oratio, Basiliine an Chrysostomi : quod nunc nobis examinandum proponimus.

7. Hæc oratio cum brevissima sit, aliqua similitudinis aut discrepantiæ styli vestigia in ea invenire difficillimum est : experiar tamen, si qua indicare possim. Reperio autem vel ipso initio, quæ

(*a*) Lege[Præf. tom. I, n. 62 et 64. — Cf. D. Maran. in *Vita S. Basilii*, cap. 42. Edit.

(*b*) Tillem. t. IX, p. 685 ; Dup. t. II, p. 544.

* Paginas intellige editionis Garnerianæ quarum seriem typis crassioribus expressimus. Tom. I ed. Bened. = nostræ t. I ; II et III = nostræ t. II. Edit. Patr.

multo magis in Chrysostomum conveniant, quam in Basilium. Cum enim lego illa : Οὐκέτι θρήνοις τοὺς τῶν ἁγίων δορυφοροῦμεν θανάτους, ἀλλ' ἐνθέοις χορείαις τοῖς ἐκείνων ἐπορχούμεθα τάφοις... λαμπρὸν καὶ παρ' ἡμῖν ἤδη τὸν ἀρραβῶνα [καρποῦνται, ταῖς παρὰ πάντων ἐνθέοις] εὐφημίαις κροτούμενοι, καὶ μυρίους ἐκ τάφων σαγηνεύοντες δήμους. *Non amplius sanctorum mortem lamentis prosequimur, sed tripudiis divinis circum illorum sepulcra choreas ducimus... splendidum et apud nos arrhabonem jam obtinent; cum inter divinas acclamationes omnium plausu celebrentur, populumque frequentissimum e sepulcris congregent,* audire videor Chrysostomum qui in iis orationibus, quas de sanctis martyribus habuit, passim de eorum sepulcris loquitur. Ejus rei frequentiora sunt exempla apud Chrysostomum, quam ut aliqua referre necesse sit. Contra, cum nuper legerim Basilii de sanctis martyribus panegyricas orationes, affirmare posse puto, nusquam in iis de martyrum tumulis mentionem ullam fieri. Nec longe hujus rei quærenda causa est. Notum est enim ejusmodi sepulcra frequentissima fuisse Antiochiæ : quæ rariora erant Cæsareæ Cappadociæ. Fortasse leve videbitur quod addam, addere tamen non pigebit, illud videlicet, quod in hac concione legitur (p. 139), καὶ ὡς ἔλεγες τῶν πιστῶν ὁ Δεσπότης· Ὁ πιστεύων εἰς ἐμέ, etc. *Et quemadmodum fidelium Dominus aiebat :* « *Qui credit in me*[1], » etc., potius videri Chrysostomi esse, quam Basilii. Nam et alibi Scripturam citans Chrysostomus, similem verborum circuitionem adhibet, uti videre licet in ea oratione, quam *de martyre Juliano* habuit. Ejus hæc sunt verba (tom II, p. 673) : Καὶ ἵνα μάθητε, ὅτι τὰ φύσει φορτικὰ καὶ ἀφόρητα, ταῦτα τῇ ἐλπίδι τῶν μελλόντων κοῦφα καὶ ῥᾷστα γίνεται, ἀκούσατε τοῦ πρωτοστάτου τῶν τοιούτων ἀγαθῶν, λέγοντος, Τὸ γὰρ παραυτίκα ἐλαφρὸν τῆς θλίψεως καθ' ὑπερβολὴν εἰς ὑπερβολὴν αἰώνιον βάρος δόξης κατεργάζεται ἡμῖν. *Atque ut intelligatis ea, quæ natura sua gravia sunt et intoleranda, spe futurorum lævia reddi ac facillima, præfectum talium bonorum audite, qui dicit :* « *Id enim quod in præsenti est momentaneum et leve tribulationis nostræ, supra modum in sublimitate æternum gloriæ pondus operatur nobis*[2]. » Et vero notari potest, Scripturam utroque loco per periphrasim citari. Non enim simpliciter dictum est, καὶ ὡς ἔλεγεν ὁ Δεσπότης, *et quemadmodum Dominus aiebat,* sed, καὶ ὡς ἔλεγε τῶν πιστῶν ὁ Δεσπότης, *et quemadmodum fidelium Dominus aiebat.* Rursus non simpliciter dictum est, ἀκούσατε τοῦ Κυρίου λέγοντος, *audite Dominum, qui dicit,* sed copiosius, ἀκούσατε τοῦ πρωτοστάτου τῶν τοιούτων ἀγαθῶν, λέγοντος, *audite talium bonorum præfectum, qui dicit.* Basilius autem, cum e Scripturis aliqua testimonia affert, nunquam, quod sciam, simili verborum circuitione utitur. Ergo controversa hæc oratio potius tribuenda est Chry-

sostomo, qui alicubi, ut ex dictis constat, circumlocutione in citanda Scriptura usus est.

8. Gravius est quod sequitur. Monere ergo juvat nulla alia dicendi formula magis delectari Chrysostomum, quam ea, qua aut verbo φιλοσοφεῖν, aut verbo φιλοσοφίας in celebrandis martyribus utitur. Proferam hoc loco aliqua exempla, ex quibus de cæteris judicari possit : sed si quis per sese rem experiri volet, nullo negotio longe plura invenire poterit, cum id loquendi genus passim in iis, quas dixi, Chrysostomi concionibus adhibitum inveniatur. Chrysostomi igitur hæc sunt verba e concione *in martyrem Lucianum* (t. II, p. 526) : Συνιδὼν γὰρ ἐκεῖνος, ὅτι πάσης τιμωρίας καὶ κολάσεως εἶδους κατεγέλασε, καὶ.... οὔτε εἰς χεῖμαρρους ῥίψας, οὔτε εἰς θηρίων ὀδόντας ἐμβαλὼν ἴσχυσε περιγενέσθαι τῆς τοῦ ἁγίου φιλοσοφίας, etc. *Animadvertens enim ille, omne suppliciorum ac pœnarum genus ab eo derisum fuisse, seque, neque cum in præcipitia projecisset, neque cum ferarum objecisset dentibus, sancti philosophiam superare potuisse, etc.* Ea quæ proxime sequitur pagina (327) exempla tria suppeditabit. Unum his verbis expressum, τὸν δὲ ἅγιον τοῦτον ὑποσκελίσας οὐκ ἴσχυσεν, οὐδὲ περιεγένετο τῆς φιλοσοφίας ἡ κόλασις, *hunc vero sanctum supplantare non potuit, neque philosophiam supplicium vicit.* In altero ita Chrysostomus loquitur, ἐν ἀλλοτρίᾳ γῇ καὶ βαρβάρῳ χώρᾳ τοσαύτην ἐπεδείξαντο φιλοσοφίαν, *in terra aliena ac barbara regione tantam philosophiam ostenderunt.* In tertio sic legitur : Εἰ τοίνυν οἱ αἰχμάλωτοι, καὶ δοῦλοι, καὶ νέοι πρὸ τῆς χάριτος τοσαύτην ἐπεδείξαντο φιλοσοφίαν, etc. *Si ergo captivi, servi, ac juvenes ante legem gratiæ tantam philosophiam præ se tulerunt, etc.* Nec silentio prætereundum, eam loquendi rationem usque eo placuisse Chrysostomo, ut cum hujus orationis initio sacram Scripturam citaret, ea usus sit. Ibi enim (p. 524) ita scriptum invenimus : Ὁ περὶ τοῦ πλούτου φιλοσοφήσας εἰπὼν ὅτι · Οὐ συγκαταβήσεται αὐτῷ ἡ δόξα αὐτοῦ ὀπίσω αὐτοῦ. *Qui de divitiis istis philosophando dixit :* « *Non descendet cum eo gloria ejus post eum*[3]. » Et ex ea quoque oratione, qua Chrysostomus omnium simul martyrum laudes celebravit, ejus quam dixi rei exempla aliquot referre libet. Ita igitur loquitur præstantissimus orator non longe ab initio (t. II, p. 651) : Μὴ γὰρ μοι τὴν βάρβαρον αὐτῶν φωνὴν ἴδῃς, ἀλλὰ τὴν φιλοσοφοῦσαν αὐτῶν διάνοιαν. *Noli enim barbaram ipsorum linguam spectare, sed animum ipsorum philosophia excultum.* Aliquanto post legitur hoc modo : Λόγῳ γὰρ τὰ τοιαῦτα φιλοσοφεῖν οὐδὲν δύσκολον, ὁ δὲ μάρτυς, etc. *Nihil quippe difficile verbis hoc pacto philosophari, at martyr,* etc. Sub finem hujus concionis (p. 657) reperitur et alius locus qui et ipse ad rem facit. Est autem ejusmodi : Ἀνάλισκε εἰς δέον, ὅταν ἔχῃς, ἵν' ὅταν ἀφαιρεθῇς, διπλοῦν ἔχῃς τὸ κέρδος, τόν τε ἐκ τῆς ἀρίστης δαπάνης ἀποκείμενον

---

[1] Joan. xi, 25. [2] II Cor. iv, 17. [3] Psal. xlviii, 18.

σοι μισθὸν, καὶ τὴν ἐκ τῆς ὑπεροψίας ἐγγινομένην φιλοσοφίαν εἰς τὸν καιρὸν τῆς ἀπουσίας αὐτῶν χρησιμεύουσαν. *Expende illas in res utiles, dum suppetunt, ut cum ereptœ fuerint, duplex tibi quœstus obveniat, tum ob paratam tibi mercedem, quod eas optime expenderis, tum ob acquisitam ex earum contemptu philosophiam et patientiam, quœ tibi tum erit usui, cum illis fueris destitutus.* Et quoniam sus cepta est disputatio hæc martyris causa Barlaam, alienum non videtur aliquid proferre ex ea oratione, quam de fortissimo illo athleta Chrysostomus habuit. Primum igitur occurrunt hæc verba (t. II, p. 682) : Ἀλγῶν δὲ καὶ πάσχων, τὴν τῶν ἀσωμάτων δυνάμεων ἐν σώματι θνητῷ φιλοσοφίαν ἐνεδείκνυτο. *Sed dolens ac patiens, incorporearum virtutum in mortali corpore philosophiam prœ se ferebat.* Deinde offert se illud (pag. 686) : Εἰ δὲ ἐπὶ τῆς Παλαιᾶς Διαθήκης ταῦτα ἀπηγόρευτο, πολλῷ μᾶλλον ἐπὶ τῆς χάριτος, ἔνθα πλείων ἡ φιλοσοφία. *Quod si hæc Veteris Testamenti tempore prohibebantur, multo magis tempore gratiœ, ubi major est philosophia.* Inter cætera velim legantur quæ Chrysostomus scripsit in strenuissimos martyres Romanum et Julianum, item quæ idem scripsit in beatam Drosidem et in Machabæos : quibus in orationibus præstare ausim repertum iri testimonia multa, quibus quod dixi mirifice confirmetur. Non parum quoque Chrysostomo placet pratorum comparatio in significatione rei gratæ ac jucundæ. Exempla aliquot, ut quidque occurret, subjiciam. Ita igitur Chrysostomus locutus est in quadam oratione (t. II. p. 670), qua omnes simul martyres laudat : Ἀλλὰ κήποις ἐνδιατρίψαι βούλει, καὶ λειμῶσι καὶ παραδείσοις; *Verum enim vero in hortis versari cupis, in pratis et viridariis?* Nec ita multo infra eum, quem dixi, locum sic rursus legitur : Οὕτως ἀεὶ ἀπὸ τῶν μαρτύρων ἐπανίωμεν, ἀπὸ μύρων πνευματικῶν, ἀπὸ λειμώνων οὐρανίων, etc. *Ita semper a martyribus revertamur, ab unguentis spiritualibus, a cœlestibus pratis,* etc. Discere licet, ut monui, ex ea concione, quæ de sanctissimo martyre Romano habita est, certum quoddam dicendi genus perquam familiare Chrysostomo fuisse : rursus ex eadem locum promam, quo probari possit eam, de qua nunc agitur, dicendi formulam ipsi quoque non parum placuisse. Ejus autem hæc sunt verba (t. II, p. 614): Καὶ ὥσπερ ἐν ἱερᾷ πομπῇ χορεύοντες, καὶ ἐν λειμῶνι παίζοντες χλοερῷ, οὕτω τὰς τιμωρίας ἕκαστος ἥρπαζεν. *Et velut in sacra pompa choreas ducentes, et in viridi prato ludentes, ita arripiebat unusquisque cruciatus.* Ad idem confirmandum afferri possunt quæ leguntur apud Chrysostomum in ea quam jam citavimus concione, ubi videlicet omnibus simul sanctis præconium tribuit orator optimus. Sic autem loquitur (t. II, p. 654): Οὐχ οὕτω λειμῶνές εἰσι τερπνοὶ, ῥόδα καὶ ἴα παρεχόμενοι τοῖς θεωμένοις, ὡς μαρτύρων τάφοι. *Non ita nos prata delectant, dum rosas violasque spectandas suppeditant, ac martyrum tumuli.* Ex quibus omnibus, opinor, plane constat prius

A quidem dicendi genus ejusmodi esse, ut nullo alio magis delectatus sit Chrysostomus, posterius vero inter ea loquendi genera recenseri debere, quæ si non ita Chrysostomo amica essent ut illud prius, at ei tamen multum quoque placerent. Hinc patet vere dici solitum, alios aliis oblectari. Cum enim recens sim a lectione panegyricarum Basilii orationum, affirmare mihi licere arbitror, illud loquendi genus, quo aut verbum φιλοσοφεῖν, aut vox φιλοσοφία passim a Chrysostomo adhibetur ad virtutem martyrum significandam, ipsum tamen nusquam in iis, quas dixi, Basilii orationibus inveniri. Velim legantur panegyricæ illæ orationes, quas de gloriosissimis quibusdam martyribus habuit vir summus Basilius, ut magis intelligatur verum esse quod dixi. Vidimus quoque Chrysostomum libenter uti pratorum comparatione ad indicandam rem gratam; et tamen ob eam, quam attuli, causam, asseveranter dicere posse videor, nihil tale apud Basilium reperiri in iis concionibus, in quibus ipse præclara fortissimorum quorumdam martyrum facinora litteris prodidit. Imo etiam hæc pratorum comparatio, quæ satis Chrysostomo arridebat, Basilium tam parum commovit, ut ipsum ne in aliis quidem suis orationibus ea usum fuisse putem. Jam redeamus ad controversam orationem, et videamus uter ejus sit legitimus parens, Basiliusne an Chrysostomus. Illud autem loquendi genus, quod Chrysostomo tam familiare esse ostendi, quo tamen Basilius in laudandis martyribus nusquam usus fuisse comperitur, in ea, de qua agitur, oratione usurpari animadverto. In ipsa enim ita scriptum legitur (apud Basil. t. II, p. 139) : Διασκαπτόμεναι πλευραὶ δεδαπάνηντο, ἀλλ' ἡ τοῦ φρονήματος ἤνθει φιλοσοφία. *Perfossa latera absumebantur : sed mentis philosophia efflorebat.* Similiter comparatio illa pratorum, quæ Chrysostomo non ingrata erat, et ipsa quoque in ea, de qua nunc controversia est, oratione a quolibet cerni potest. Sed ipsum auctorem, quisquis est, audire præstat. Sic igitur loquitur.(apud Basil. p. 140) : Κολαστήριον ξύλον ὡς σωτήριον ἀσπαζόμενος, κλείσμασι δεσμωτηρίων ὡς λειμῶσι τερπόμενος. *Supplicii lignum velut salutare osculabatur, septis carcerum ceu pratis gaudebat.* Quomodo ergo Basilio, cum de martyre Barlaam sermonem haberet, venit in mentem uti quibusdam loquendi generibus, quibus nusquam in certis ac indubitatis suis orationibus usus fuisse invenitur? Nonne longe probabilius est controversæ hujus orationis verum ac legitimum parentem esse Chrysostomum, qui iis, quas dixi, dicendi formulis familiariter uti soleret? Hanc orationem longiorem esse percuperem. Id si esset, sæpius, opinor, tum verbum φιλοσοφεῖν, tum pratorum comparatio in ea occurreret ; sicque magis intelligeretur ipsam Chrysostomo tribui debere. Accedit etiam, quod Basilius in panegyricis suis orationibus semper utatur voce ἀνήρ ad ipsos martyres, quos laudat, indicandos : Chrysostomus vero in iis quas citavi orationibus et in quibusdam aliis nunquam eam vocem hoc sensu usurpat. Ex quo fit, ut hæc concio Chrysostomo potius tribui debeat, quam Basilio.

9. Exstant, ut ex dictis patet, sermones duo in Barlaam martyrem. Unus ab omnibus uno consensu ascribitur Chrysostomo : alter, de quo agimus, in controversiam vocatur. Sed, nisi valde fallor, si quis duas has orationes inter se comparaverit, utriusque eumdem auctorem esse facile intelliget. Auctor enim, quicunque ille fuit, qui hanc orationem pronuntiavit, cum paucis verbis concionari statuisset, nihil aliud sibi proposuisse videtur, quam epitomen quamdam alterius concionis facere. Et vero quidquid in longiori concione de martyrii genere narratur, omne id in altera breviter summatimque dictum est, sic ut dubitari vix possit, quin utriusque orationis unus et idem parens sit. Imo non eadem solum summatim reperiuntur in breviori concione : sed eadem etiam verba nonnunquam adhibentur. Et ut ea de re a quovis facilius existimari possit, aliqua loca ex utraque oratione exscribam. In longiori igitur concione sic legitur (apud Chrysost. t. II, p. 682 et seq.) : Ὁλόκληρον ἐν τῇ δεξιᾷ πυρὰν βαστάζων..... καὶ γὰρ καὶ τοῦτο τῆς ἐκείνου κακουργίας ἦν, τὸν μὴ εὐθέως ἐκ προοιμίων χαλεπὰ προσάγειν τὰ μηχανήματα.. ἐξελθόντα δὲ αὐτὸν εἰς μέσον ἀγαγών.... Τί τοίνυν ἐστὶ τὸ μηχάνημα; Τὴν χεῖρα κελεύσαντες ὑπτίαν ἐκτεῖναι ὑπεράνω τοῦ βωμοῦ, ἐπέθηκαν ἄνθρακας καὶ λιβανωτὸν τῇ χειρί..... ἔμενε γὰρ ὁ μακάριος Βαρλαὰμ ἀκλινῆ καὶ ἀπερίτρεπτον τηρῶν τὴν χεῖρα.... ἀλλ᾽ ὡς ἐξ ἀδάμαντος πεπηγυῖα, οὕτως ἀπερίτρεπτος ἔμενεν.... καὶ οἱ μὲν ἄνθρακες τὸ μέσον τῆς χειρὸς διατρήσαντες ἐξέπιπτον κάτω, ἡ δὲ ἀνδρεία τῆς ψυχῆς οὐ διέπιπτεν. *Integram in dextera pyram gestans.... etenim hoc quoque malitiæ illius fuit, quod statim a principio graves machinas non admoverit.... egressum autem illum cum in medium adduxisset.... Quodnam igitur illud est machinamentum? Cum super aram extendere manum supinam jussissent, prunas et thus manui imposuerunt.... beatus enim Barlaam nec inclinatam nec inversam manum tenens permansit.... sed, quasi ex adamante concreta esset, manus illa permanebat immota.... et prunæ quidem cum volam manus perforassent, deorsum cadebant, at animæ fortitudo non concidebat.* Quæ autem in breviori oratione leguntur (apud Basil. p. 140), hæc sunt : Ὁ δὴ τελευταῖον αὐτῷ παρὰ τῶν πολεμούντων προσήχτο μηχάνημα. Βωμὸν γὰρ πρὸς τὴν τῶν δαιμόνων σπονδὴν ἀνακαύσαντες, ἱστᾶσι παρ᾽ αὐτῷ ἀγαγόντες τὸν μάρτυρα, καὶ τῷ βωμῷ τὴν δεξιὰν ὑπτίαν ἐπαιωρῆσαι κελεύσαντες, ὡς χαλκίῳ θυσιαστηρίῳ τῇ χειρὶ κατεχρήσαντο, λιβανωτὸν αὐτῇ κακούργως ἐνθέντες φλεγόμενον... Ἡ μὲν γὰρ φλὸξ τὴν χεῖρα διέτρυπεν, ἔμενε δὲ ἡ χεὶρ ὡς τέφραν τὴν φλόγα βαστάζουσα· οὐκ ἔδωκε τῷ πολεμοῦντι κατὰ τοὺς φυγάδας τὰ νῶτα, ἀλλ᾽ ἄτρεπτος εἱστήκει κατὰ φλογὸς ἀριστεύουσα.... ἀλλ᾽ ἦν τῆς δεξιᾶς καινή τις τῶν παλαισμάτων ἡ νίκη, τῆς μὲν φλογὸς διὰ μέσου τῆς χειρὸς

ἐκπιπτούσης, τῆς χειρὸς δὲ ἔτι τεταμένης πρὸς πάλην. *Quod postremum tormentum ei ab inimicis admotum est. Etenim libamen dæmonibus facturi, ignem aræ cum imposuissent, adductum martyrem ante eum sistunt, atque dexteram supinam super altare protendere jubentes, manu velut ærea ara abusi sunt, ardente thure in ea maligne imposito.... Etenim flamma quidem manum perrosit, sed tamen manus permansit flammam quasi cinerem gestans : non dedit tergum sævienti igni fugitivorum in morem, sed immota perstitit contra flammam strenue dimicans..... flammam inter et dexteram martyris instruebatur lucta : sed dextera novam quamdam luctaminum victoriam habebat, quandoquidem per mediam manum transeunte flamma, manus ad luctam porrigebatur.* Ex quibus intelligitur non eamdem solum sententiam in duabus his orationibus reperiri, sed, ut dixi, eadem verba in utraque nonnunquam usurpari. Nam hæ voces, δεξιᾷ, βαστάζων, προσάγειν, ἀγαγών, μηχάνημα, κελεύσαντες, ὑπτίαν, βωμοῦ, λιβανωτὸν, ἔμενε, μέσον, ἐξέπιπτον, quæ in longiore concione inveniuntur, cædem et in breviore leguntur, licet sæpius aliter inflexæ. Scio quidem rarum non esse, ut duo scriptores qui idem argumentum tractent, non in sententiis modo, sed etiam in aliquibus verbis aliquando conveniant : sed in his quæ protuli, tam multa sunt quæ inter se conveniunt, ut putem non facile proferri posse exemplum aliquod, in quo duo scriptores in tam multis in tam paucis verbis convenerint. Quare longe mihi verisimilius videtur utriusque orationis unum et eumdem auctorem esse, qui cum idem argumentum bis tractare statuisset, in posteriore concione epitomen prioris fecerit. Plane autem constat prioris auctorem Chrysostomum esse : consequens est igitur ut posterior ei quoque tribuatur.

10. Satis quidem sciunt, qui paulum modo versati sunt in legendis Chrysostomi scriptis, summum hunc virum aliquando concionatum fuisse ante episcopum Flavianum : sed tamen, quoniam ita expedit, loca aliqua quibus id aperte ostendatur, in medium adducere non pigebit. Cum igitur Chrysostomus Machabæorum laudes narraret, ita locutus est (t. II, p. 631) : Ἀλλ᾽ ὥρα λοιπὸν καταπαῦσαι τὸν λόγον, ὥστε πλειόνων αὐτοὺς ἀπολαῦσαι τῶν ἐγκωμίων παρὰ τῷ κοινῷ διδασκάλῳ. *Sed jam tempus est, ut finem dicendi faciamus, quo pluribus illi laudibus a communi doctore cumulentur.* In ea autem oratione, quæ in Natali Domini pronuntiata est, ita editum invenitur : Ἐν δὲ λοιπὸν εἰπών, καταπαύσω τὸν λόγον, τῷ κοινῷ διδασκάλῳ τῶν μειζόνων παραχωρήσας. *Unum tantum si nunc addidero, orationi meæ finem imponam : quæ majora sunt, communi doctori dicenda relinquens.* Operæ pretium est nunc referre quæ in controversa concione leguntur, ut locorum contentione et comparatione facilius cognosci possit utri hæc oratio ascribi debeat, Basilio, an Chrysostomo. Sunt autem ejusmodi (Basil. t. II, p. 141) : Ἀλλὰ τί παιδικοῖς ἐλαττῶ

τὸν ἀριστέα ψελλίσμασι ; Ταῖς μεγαλοπρεπεστέραις τοίνυν τὸν εἰς αὐτὸν ὕμνον παραχωρήσωμεν γλώτταις· τὰς μεγαλοφωνοτέρας τῶν διδασκάλων ἐπ᾽ αὐτῷ καλέσωμεν σάλπιγγας. *Quid autem puerili balbutie vicorem magnum deprimo? Locum martyris laudandi cedamus linguis magnificentioribus, atque vocaliores doctorum tubas ad id præconium invitemus.* Fieri quidem potest, ut fallar : sed cum brevioris illius concionis auctorem audio ita loquentem, *locum martyris laudandi cedamus linguis magnificentioribus*, etc., audire mihi videor Chrysostomum, qui cum episcopo Flaviano concionandi locum dare vellet, ita loqui solebat. Nec quisquam dixerit numerum singularem in aliis quas indicavi concionibus usurpari, hic vero pluralem. Fit enim aliquando, ut oratores numero plurali utantur, cum si accurate loqui vellent, uterentur singulari : aut fortasse, quod a vero non abhorret, duo episcopi concionaturi erant post Chrysostomum, qui propterea numerum multitudinis adhibere debuerit. Certe quidem ex ipsa concionis brevitate conjicere licet, tres vicissim tunc concionatos fuisse, quorum primus fuerit Chrysostomus, alter Flavianus, tertius quivis alius. Nihil autem ad propositum refert, utrum unus, an duo episcopi his quæ protuli verbis ad concionandum invitentur. Etenim sive unum, sive duos dicas, plane constabit ejus de qua disputatur orationis Basilium auctorem non esse, cum nemo unquam post ipsum concionatus fuisse inveniatur.

„ 10°. Præterea si quispiam has duas conciones paulo attentius legerit, utramque eo loco habitam fuisse, ubi martyris Barlaam tumulus erat, facile, opinor, fatebitur (a). De breviori quidem nullus ambigendi locus esse potest, cum id ita esse aperte ostendant quæ supra retulimus, quæque hoc loco rursus exscribere nihil necesse est. Neque vero de longiori aliud judicium prolatum iri puto, nisi ab iis, qui omnia in utramque partem interpretari profitentur, non autem ab iis, qui simpliciter verum quærunt. Ita autem in prolixiori illa concione legitur (t. II, p. 685) : Ὑπόδεξαι τὸν στεφανίτην, καὶ μηδέποτε ἀφῇς ἐξελθεῖν τῆς διανοίας τῆς σῆς. Διὰ τοῦτο ὑμᾶς καὶ παρὰ τὰς θήκας τῶν ἁγίων μαρτύρων ἠγάγομεν, ἵνα καὶ, etc. *Suscipe victorem coronatum, nec unquam ex mente tua exire permitte. Idcirco vos etiam ad ipsos sanctorum martyrum loculos adduximus, ut*, etc. Nec ita multo post hæc subjungit Chrysostomus (ibid. p. 686) : Διὰ τοῦτο καὶ ἡμεῖς ἐνταῦθα συνεληλύθαμεν· σκηνὴ γάρ ἐστι στρατιωτικὴ τῶν μαρτύρων ὁ τάφος.... Ὅταν γὰρ ἴδῃς δαιμονῶντα ἄνθρωπον παρὰ τὸν τάφον τοῦ μάρτυρος κείμενον ὕπτιον, etc. *Idcirco nos etiam hic convenimus : tentorium enim est militare martyrum tumulus.... Cum enim hominem correptum a dæmone juxta martyris sepulcrum videris supinum jacentem*, etc. Postquam enim institutus sermo fuit de omnibus, quotquot aderant, martyrum sepulcris, obscurum non videtur Chrysostomum ad martyris Barlaam tumulum sermonem convertere : eoque magis, quod Chrysostomus, cum in suis orationibus utitur numero singulari μάρτυς, eum martyrem significet, quem laudibus ornare instituisset, ob idque vix dubium esse potest, quin hoc etiam loco martyrem Barlaam indicare voluerit, cum numero singulari usus sit. Arbitror igitur Chrysostomum, cum hæc verba pronuntiaret, *cum enim hominem correptum a dæmone juxta martyris sepulcrum videris*, etc., martyris Barlaam manu tumulum ostendisse. Sed si adversæ opinionis defensores semel fateantur prolixam hanc orationem habitam fuisse eo loco, ubi martyris Barlaam corpus jacebat, fateantur necesse est martyris illius tumulum Antiochiæ exstitisse, aut potius in agro Antiocheno, cum Chrysostomum longiorem illam concionem ibi habuisse constet. Ergo brevior oratio Antiochiæ quoque pronuntiata est, cum pronuntiata sit quoque, ut ex dictis patet (b), eo ipso in loco, ubi tumulus martyris Barlaam aderat. Nam sine dubio non duobus locis positus fuerat ejus martyris tumulus. Ex quibus efficitur breviorem illam concionem Chrysostomi esse, non Basilii, qui Antiochiæ nunquam concionatus sit. Quod diximus, martyrem Barlaam mortem obiisse Antiochiæ, id potest confirmari et ex Eusebio, qui cum de martyribus Cappadociæ loquitur, nihil dicit, quod in hunc sanctum martyrem convenire possit : et contra, cum loquitur de martyribus Antiochiæ, quoddam supplicii genus refert, quod non ita multum ab historia Beati Barlaam abludit. Ejus hæc sunt verba (c) : Τοτὲ μὲν πέλυξιν ἀναιρομένων, οἷα γέγονε τοῖς ἐπ᾽ Ἀραβίας, τοτὲ δὲ τὰ σκέλη καταγνυμένων, οἷα τοῖς ἐν Καππαδοκίᾳ συμβέβηκε...... Τί δεῖ τῶν ἐπ᾽ Ἀντιοχείας ἀναζωπυρεῖν τὴν μνήμην ; ἐσχάραις πυρὸς οὐκ εἰς θάνατον, ἀλλ᾽ ἐπὶ μακρᾷ τιμωρίᾳ κατοπτωμένων· ἑτέρων τε θᾶττον τὴν δεξιὰν αὐτῶν πυρὶ καθιέντων, ἢ τῆς ἐναγοῦς θυσίας ἐφαπτομένων. *Quippe cum admirandi martyres, partim securibus cæsi sint, ut in Arabia contigit, partim suffractis cruribus interierint, quemadmodum accidit in Cappadocia.... Jam vero ea quæ apud Antiochiam gesta sunt, quid opus est in memoriam revocare? ubi alii craticulis impositi, non ad mortem usque, sed ad diuturnitatem supplicii torrebantur ; alii dextras suas in ignem immittere maluerunt, quam impia libamenta contingere.* Nemo enim, opinor, homo diffitebitur martyris Barlaam historiam ultimis Eusebii verbis satis apte adumbrari. Nec quisquam dixerit in duabus his orationibus reperiri quæ inter se aut contraria sint, aut contraria esse videantur, ob idque ipsas uni et eidem scriptori tribui non debere. Notum est enim oratores, cum quempiam laudandum sibi proponunt, locis quibusdam communibus uti solitos, cos-

(a) Lege num. 5.
(b) l. g num. eumdem.

(c) Hist. eccl. lib. VIII, cap. 1.

que sæpe, si bis de uno et eodem sermonem habent, non tam curare, ut ea quæ ex communibus locis petita sunt, conveniant inter se, quam ut is, quem laudare volunt, quoquo modo laudetur. Quare nihil mirum si Chrysostomus, qui de martyre Barlaam orationem panegyricam bis habuit, contrarii aliquid in communibus his locis aut dicat, aut dicere videatur. Præterea si martyris Barlaam historiam melius postmodum novit Chrysostomus, non video cur in posteriori sua concione circumstantias aliquas aliter narrare non potuerit. Imo vero ita facere debuit. Nihil ergo officit nostræ opinioni quarumdam circumstantiarum varietas : sed illud eam maximè confirmat, quod ipsum martyrii genus iisdem fere verbis, ut'ex dictis constat (a), in utraque oratione explicetur. Ex quibus omnibus effici videtur martyrem Barlaam neque Cæsareæ Cappadociæ mortuum esse, neque de eo Basilium orationem habuisse, neque eo quem mox dixi loco sepultum fuisse. Monet eruditissimus vir Tillemontius, martyris Barlaam festum diem in quibusdam Græcorum Menologiis die decima sexta Novembris notari : in aliis vero, quemadmodum et in Martyrologio Romano, die decima nona mensis ejusdem.

§ III. *De homilia in sanctum baptisma, seu de Spiritu sancto.*

11. Hæc oratio ita in utraque editione Parisiensi inscribitur, Ὁμιλία εἰς τὸ ἅγιον βάπτισμα, *Homilia in sanctum baptisma* : sed mirum videri debet hoc opusculum sic in vulgatis inscriptum fuisse, cum in his unum duntaxat verbum obiter de baptismo dicatur ad comprobandam Spiritus sancti divinitatem. Nunc is, quem mox notavi, titulus, Ὁμιλία εἰς τὸ ἅγιον βάπτισμα, *Homilia in sanctum baptisma*, huic lucubratiunculæ melius conveniret, cum non nulla e Regio codice 1907 addiderimus, in quibus scriptor, quisquis est, de baptismate data opera mentionem facit. Sed hæc levia sunt; jam ad graviora properandum. Videamus igitur num hæc oratiuncula Basilii sit, cujus in libris invenitur. Et ne diu an'm s suspensos distineam, dico nihil mihi videri in hac concione Basilio Magno dignum. Cum enim in Basilii orationibus procemium quoddam et pulcherrimum et elegantissimum præire soleat, ejus, de qua controversia est, orationis auctor, frigide ita incipit (pag. 583) : Ὁ βαπτιζόμενος εἰς Τριάδα βαπτίζεται, εἰς Πατέρα καὶ Υἱὸν καὶ ἅγιον Πνεῦμα, οὔτε εἰς ἀρχάς, οὔτε εἰς δυνάμεις, etc. *Qui baptizatur, in Trinitatem baptizatur, in Patrem, et Filium, et Spiritum sanctum, neque in principatus, neque in virtutes*, etc. Basilius, ut dixi, sermonem suum apto aliquo et eleganti exordio ornasset, et ita demum ea de re quam tractandam sibi proposuerat, disserere cœpisset. In iis, quæ mox sequuntur (ibid.), καὶ ξεί-

A ξαντος διὰ τῆς ἐμφυσήσεως, ὅτι τὸ Πνεῦμα τῆς θεϊκῆς οὐσίας ἐστί, καὶ οὐ τῆς κτιστῆς φύσεως, aliquid reperio, quod e consuetudine Basilii dictum fuisse non puto. Etsi enim orator optimus multis admodum locis quiddam divinum exprimat, tamen voce θεϊκός nusquam, quod quidem sciam, utitur. Quare cum probare conarer ultimos duos *in Eunomium* libros in spuriis poni debere, inter alia argumenta, quibus ad id comprobandum usus sum, hoc quoque reperitur, quod vox θεϊκός, quæ ab indubitatis Basilii operibus abest, sæpius in iis, quos dixi, libris occurrat. Et quod suspicionem auget, in hoc brevissimo opusculo vox θεϊκός non ita multo post rursus adhibetur. Et illud quoque displicet (pag. 584), τὸ γὰρ, Πάντα δι' αὐτοῦ ἐγένετο, περὶ τοῦ πλήθους

B τῶν κτισμάτων ἐστί. *Illud enim*, « *Omnia per ipsum facta sunt* [3*], » *ad creaturarum multitudinem referri debet.* Primum enim ultima verba, περὶ τοῦ πλήθους τῶν κτισμάτων ἐστί, ut Græce repunt, ita et Latine. Ita enim ad verbum interpretari licet : *illud enim*, « *Omnia per ipsum facta sunt*, » *de creaturarum multitudine est.* Certe si, qui Latine sciunt, sic loqui non solent, Basilius, qui Græcarum litterarum peritissimus erat, ita Græce locutus fuisse non censendus est. Deinde illud, quod initio periodi positum est, non magis arridet. Cum enim Basilius propria Scripturæ verba refert, in suo sermone aliquid inserit, quo qui audiunt, aut legunt, Scripturam citari moneantur ; nec puto eum ita locuturum fuisse

C nude et simpliciter, τὸ γὰρ, Πάντα, etc. Me movit etiam, quod verbum φάσκειν in illa oratiuncula bis repererim : quod nescio tamen an in sinceris Basilii orationibus totidem legatur. Nec sane meliora sunt quæ e Regio codice addidimus : quod satis ex solo initio cognosci potest. Ita enim incipit (pag. 585) : Ἐπεὶ δὲ Θεοῦ τοῦ ἀγαθοῦ χάριτι, τῇ μνήμῃ τῶν τοῦ μονογενοῦς Υἱοῦ τοῦ Θεοῦ τοῦ ζῶντος ῥημάτων, καὶ τῶν ἁγίων αὐτοῦ εὐαγγελιστῶν τε καὶ ἀποστόλων καὶ προφητῶν, αὐτάρκως ἡμῖν σαφηνισάντων τὸν περὶ τοῦ κατὰ τὸ εὐαγγέλιον τοῦ Κυρίου ἡμῶν Ἰησοῦ Χριστοῦ βαπτισμοῦ λόγον, ἐπαιδεύθημεν ὅτι τὸ μὲν ἐν τῷ πυρὶ βάπτισμα ἐλεγκτικόν μέν ἐστι πάσης κακίας, δεκτικὸν δὲ τῆς κατὰ Χριστὸν δικαιοσύνης, μῖσος μὲν ἐμποιοῦν τῆς κακίας, ἐπιθυ-

D μίαν δὲ τῆς ἀρετῆς, etc. *Sed enim ex Dei optimi gratia, recordatione verborum unigeniti Filii Dei viventis, et sanctorum ejus evangelistarum et apostolorum et prophetarum, qui ejus quod secundum Evangelium Domini nostri Jesu Christi est, baptismatis doctrinam satis nobis explanarunt, edocti sumus baptisma illud quod in igne fit, ut ad omnem malitiam arguendam, ita ad Christi justitiam recipiendam idoneum esse*, etc. : quibus omnibus nihil dici potuit aut languidius, aut frigidius, aut inelegantius. Similiter, quod sub finem legitur, Δεσπότου καὶ

[3*] Joan. 1, 3.

(a) Lege n.

πλάστου, Basilianum esse vix crediderim. Nam vir eloquentissimus utitur potius alio quovis nomine ad rerum conditorem significandum, quam voce πλάστης. Accedit etiam, quod non satis intelligatur ad quod scriptionis genus hæc lucubratiuncula referenda sit. Etenim si primam partem spectes, dicas rudem quemdam esse de Spiritu sancto tractatum : si alteram, imperfecta quædam de baptismate homilia esse videbitur. Sed tam in una quam in altera parte nihil omnino reperio, quod Basilio Magno dignum sit. Certe si oratorum optimus Basilius de Spiritu sancto ac de baptismate loqui instituisset, de his, ut rei dignitas postulabat, disseruisset, non indiserte, non ineleganter, non inerudite : quæ tamen vitia in hac oratiuncula facile a quolibet deprehendi possunt.

§ IV. *De homilia quæ in Lacizis habita est.*

12. Quo terrarum angulo situs fuerit locus ille, ubi hæc oratio habita fuisse dicitur, ne conjectura quidem judicare possumus. Vir doctissimus Tillemontius, qui hanc orationem Basilii esse existimaret, Laciza locum aliquem esse diœcesis Cæsariensis suspicatus est ; nec nego ego eum jure ita suspicari potuisse, maxime cum nemo hactenus, quod quidem sciam, eam orationem suspectam habuerit. Et certe veterem illam opinionem non parum confirmat, quod hæc homilia inter genuinas Basilii orationes in omnibus libris et ære excusis et calamo notatis reperitur. Sed si quis rem paulo attentius consideraverit, non valde admodum dubito quin eam orationem aut in spuriis, aut certe in suspectis positurus sit. Interea afferam causas, cur de ea dubitandum putem. Primum occurrit locus ille, ubi ita legitur (pag. 588) : Ἐπεὶ τοίνυν ἀνώμαλός ἐστι τῶν ὁρωμένων ἡ φύσις, πῶς ἐπαινεῖ ἡ Γραφὴ τὸν βλέποντα λεῖα, ὑπὲρ τὸν τραχέα ; Καὶ καταχρίνει τὸν ὄρη καὶ σκοπέλους, etc. *Cum igitur eorum quæ videntur, inæqualis sit natura, qui fit ut eum qui levia videt, præter alterum qui aspera conspicit, laudet Scriptura? Ita condemnat videntem montes et scopulos,* etc. Illud τόν quod ultimo loco positum est, non placet, et est tale, ut primo aspectu credas vitii aliquid inesse in Græcis. Scio quidem vocem βλέποντα hoc loco suppleri debere : sed hic articulus sine ullo verbo adhibitus, obscuri aliquid et inconcinni habet, nec apte hoc loco posita fuisse videtur ellipsis. Arbitror igitur scriptorem paulo humaniorem aut vocem ὁρῶντα additurum fuisse, aut alio quovis eloquendi genere usurum. Quod statim sequitur, ἀλλὰ νόει μοι ὑψηλῶς, Ὁ βλέπων λεῖα, minus adhuc mihi probatur. Et vero prior locus est ejusmodi, ut monui, qui errorem incautis objicere possit : posterior reipsa veteri interpreti errorem objecit. Etenim quasi in mediis tenebris constitutus fuisset, ita ea quæ dixi verba Latine reddidit, [*Verum nihil illud.*] *Qui levia videt, sub-* *limius expende.* Improbo quidem interpretem, qui cum verba Græca non statim intelligeret, inepte interpretari maluit, quam eorum sententiam laboriosius inquirere : sed multo magis reprehendendum puto scriptorem ipsum, qui quod pessime locutus sit, malæ interpretationi locum dederit. Basilius igitur, aut potius alius quivis, si modo non omnino loquendi imperitus fuisset, ita scripsisset, ἀλλὰ τὸ, Ὁ βλέπων λεῖα, νόει μοι ὑψηλῶς, quæ verba cum clara sint hoc modo posita, nemini offendiculo esse potuissent : quisquis enim ea vel oscitanter legisset, statim vidisset ipsa sic verti debere, *sed illud,* « *Qui videt levia,* » *sensu altiore intellige.* Et quoniam sermo est de illo, Ὁ βλέπων λεῖα ἐλεηθήσεται, monebo uti et Ducæus jam antea in eruditissimis suis notis monuit, hæc verba in Proverbiis nusquam reperiri. Quomodo ergo auctor paulo ante (pag. 587) ita loqui potuit : Εἴρηται πρῶτος λόγος ἐν Παροιμίαις κατὰ τὸ εἶδος τὸ παροιμιακὸν, πρὸς γυμνασίαν τοῦ νοῦ τοῦ ἡμετέρου τῆς ἀσαφείας ἐπιτεθείσης, ὅτι, Ὁ βλέπων λεῖα ἐλεηθήσεται· *Dictus est primus sermo in Paræmiis in modum proverbii, adjecta quadam obscuritate ad mentem nostram exercendam,* « *Qui videt levia, misericordiam consequetur?* » Nec quisquam dixerit similia in Proverbiis [b] inveniri, ubi ita legitur, Οἱ ὀφθαλμοί σου ὀρθὰ βλεπέτωσαν, *Oculi tui recta videant.* Etsi enim ex illis, ὁ βλέπων λεῖα, eadem effici possit sententia, atque ex his, οἱ ὀφθαλμοί σου ὀρθὰ βλεπέτωσαν : tamen ipsæ per se voces tam inter se differunt, ut diligentissimus vir Basilius alias pro aliis sumpsisse credi merito non possit, præsertim cum Proverbiorum locus modo lectus fuisse dicatur. Præterea libens quærerem unde auctor illud, ἐλεηθήσεται, hauserit. Si de suo hanc vocem addidit, non ita solet Basilius : sin ex aliquo Proverbiorum loco ipsam sumptam fuisse dicas, jamdudum vir doctissimus Ducæus ejusmodi locum in Proverbiis nusquam comparere satis aperte significavit, cum ita scripsit : *Citatur hoc* « *Qui levia respicit* » *ex Proverbiis, in quibus tamen nusquam reperiri poterit, ab eo quidem certe, qui Græco Bibliorum indice a Kirchero conscripto uti voluerit. Neque enim usquam in Proverbiis occurrit, aut* λεῖα βλέπειν, *aut* ἐλεηθήσεται βλέπων. Vidimus scriptorem ita indiligentem fuisse, ut eorum, quæ ex Proverbiis paulo ante recitata fuerant, oblitus esset : nunc videbimus eumdem oblitum fuisse eorum, quæ ipse proxime ante dixerat. Nam post has voces, εἴρηται πρῶτος λόγος ἐν Παροιμίαις..... Ὁ βλέπων λεῖα ἐλεηθήσεται, *qui levia videt, misericordiam consequetur;* duobus interjectis versibus sequitur, πῶς ὁ λεῖα βλέπων ἐπαινεθήσεται; *quomodo qui levia videt, laudabitur?* Nam hoc ultimo loco legi debere ἐπαινεθήσεται, cum ex notis, tum ex orationis serie constat. Sic enim persequitur scriptor (pag. 587), ἐπαινετὰ γάρ ἐστι τὰ κατὰ προαίρεσιν.... πόθεν ὁ ἔπαινος τῷ ὁρῶντι τὰ

---

[b] Prov. iv, 25.

λεία; etc. *Etenim quæ a voluntate pendent, merentur laudem... unde laus tribuetur levia conspicienti?* etc. Quis autem facile crediderit tam obliviosum fuisse Basilium, ut ei exciderint quæ tantum non proferebat?

13. Audivimus auctorem Scripturam inepte citantem : nunc eumdem audiamus inepte loquentem. Ita igitur aliquanto post (pag. 589) loquitur, εἰπὲ δὲ ὅτι ἔστι τις ἐν ἡμῖν φιλόδοξος, καὶ οὐ θυμικός : ubi verbum εἰπέ pro futuro positum videtur, sic ut hic locus ita vertendus sit : *Est autem dicturus : Est inter nos qui sit gloriæ cupidus, qui tamen iracundus non sit.* Rursus non longe ita scriptum invenitur : Ἐὰν παραστῇς τῷ ἰατρῷ, καὶ ἴδῃς τὴν πολυτέλειαν τῶν φαρμάκων ἐν ταῖς πολυπτύχοις ἀποκειμένην δέλτοις, περισκόπει τί οἰκεῖον ἀπόκειται τῷ σῷ πάθει : ubi pariter vox περισκόπει posita est pro tempore futuro, cum ea quæ retuli verba ita Latine reddenda sint: *Quod si adeas medicum, et videris pretiosa medicamenta in variis tabulis collocata, considerabis quid tuo morbo conveniat.* Illud autem loquendi genus Basilianum non esse vel ex eo intelligi potest, quod eruditissimi duo viri, qui in legendis gravissimi Patris scriptis multi erant, priorem locum non intellexerint. Velim legas eam quam in id addidi notam. Reperias quidem ubi voces δρᾶσον et ποίησον pro futuro positæ sint, *facturus :* idque inde factum videtur, quod deducantur a futuro, δράσω, ποιήσω : sed ubi voces εἰπέ et περισκόπει aut similes eodem illo sensu usurpentur, vix, opinor, apud idoneos scriptores inveniri poterit ; aut certe ejus rei exemplum ullum apud Basilium exstare non puto. Nec aptius dictum videtur quod aliquanto infra (pag. 591) sequitur, θησαυρὸς δέ ἐστιν ἡ εὐσέβεια χρημάτων, ad verbum, *nam thesaurus est pietas pecuniarum.* Quibus in verbis peregrini aliquid et absoni inesse nemo, opinor, non videt : sed suspicari fortasse poterit quispiam, vocem προτιμότερος, aut similem eo quem mox dixi loco a typographis omissam fuisse, supplerique debere hoc modo, θησαυρὸς δέ ἐστιν ἡ εὐσέβεια χρημάτων προτιμότερος, *pietas autem thesaurus est pretiosior quam divitiæ.* Ergo nequisquam in ejusmodi suspicionem adducatur, monebo ita prorsus in omnibus libris et impressis et veteribus legi, uti edendum curavimus. Praeterea cum scriptor multis locis inepte loquatur, quid mirum videri debet, si hoc quoque loco inepte locutus sit? Deinceps de diabolo loquens auctor, sic scribit (pag. 594): Κλέπτει διὰ τοῦ ψεύδους, ἐπειδὴ τεῖχός ἐστι τοῖς ὁδεύουσιν εἰς παράδεισον τὸ ψεῦδος. *Decipit mendacio atque circumvenit : siquidem iter in paradisum facientibus murus mendacium est.* Velim qui legunt se ipsi interrogent, an ita loquerentur, *diabolus mendacio decipit, atque circumvenit, quoniam iter in paradisum facientibus murus mendacium est.* Scriptor solus, ut mihi quidem videtur, tam nove tamque insolite et cogitare, et loqui potuit. Postquam enim audiveras virum ita loquentem, *diabolus mendacio decipit atque circumvenit,* putasses te quidvis potius auditurum quam illud, *quoniam iter in paradisum facientibus murus mendacium est.*

14. Quod si voces non satis aptæ optimum oratorum Basilium parum decent, res ipsæ non satis graves omnium gravissimum Patrem parum decere videntur. Postquam scriptor plura quam par erat de hominis præstantia dixerat, ut colligere posset diabolum ei ob tantas prærogativas invidisse, tum demum de muliere sermonem instituere, incipit, hoc modo (ibid.) : Ἕως γὰρ μόνος ἦν ὁ ἄνθρωπος, οὐκ εἶχε λαβὴν ὁ διάβολος · ἐπεὶ δὲ ἐκτίσθη ἡ γυνή, ἁπαλὸν ζῷον, ἀναγκαίως τοῦ Δημιουργοῦ τὴν ἁπαλότητα φυσικὴν ἐμποιήσαντος, ἵνα ὑπὸ τοῦ φιλανθρώπου εὐμαρῶς τραφῇ τὰ νήπια. Εἰ γὰρ αὐστηρὰ ἦν ἡ γυνή, οὐκ ἂν ἀποκλαιόμενον τὸ νήπιον τοῖς στήθεσιν ἐνηγκαλίζετο, οὐκ ἂν τῆς ἰδίας τροφῆς ἠμέλει, τὸν δὲ μαζὸν ἐπεῖχε πρὸς ὠφέλειαν τοῦ ὑπομαζίου παιδίου. Νῦν μέντοι μητέρων εὐσπλαγχνίαι τὸν ὕπνον πολλάκις τῶν βλεφάρων ἀποδιώκουσιν, ἐπειδὰν* μικρὸν παρενοχληθῇ τὸ νήπιον. Ἵνα τοίνυν ἐκτρέφηται νήπιον, ἁπαλὴ ἡ φύσις ἡ γυναικεία παρήχθη, ἁπαλὴ καὶ φιλάνθρωπος. Τῷ οὖν, etc. *Etenim quandiu solus fuit homo, ansam non habebat diabolus ; sed istuc contigit, postquam condita est mulier, tenerum illud animal, cui Conditor necessario teneritudinem naturalem indidit, ut ob benignitatem pueros propense educaret. Etenim si austera esset mulier, non sane plorantem infantem ulnis complexa in sinu foveret, neque alimento suo neglecto, mammam ad lactentis pueri commodum præberet. Nunc vero materna illa charitas somnum e palpebris non raro fugat, ubi incommodum leve infanti accidit. Ut igitur infans nutriretur, muliebris sexus tener conditus est, tener et humanus. Quamobrem teneræ ac molli,* etc. Quid est, quæso, nugari, si hoc non est? Certe si talia narrasset muliercula aliqua, fortasse non esset cur miraremur : sed cui persuaderi poterit gravissimum virum Basilium ejusmodi nugas effutivisse? Quibus in verbis aliquid post vocem νήπια poni debuisse moneo, quale est illud, τότε τοῦτο ἐγένετο, ut oratio et clarior esset, et melius cohæreret : quæ voces si additæ fuissent eo quem dixi loco, ita interpretari licuisset : *Etenim quandiu solus fuit homo, ansam non habebat diabolus, sed posteaquam condita est mulier... ut ob benignitatem pueros propense educaret, tunc contigit ut ansam haberet.* Illud autem eo notavi, ut magis pateret error, quem similis loquendi ratio viris doctissimis objecit. Is autem, quem dico, locus ea quæ retuli verba proxime antecedit. Ibi autem ita legitur (pag. 593) : Ἐπειδὴ κατέμαθε τὸν ἄνθρωπον · ἐπειδὴ εἶδεν ὅτι τὸ μικρὸν τοῦτο ζῷον πρὸς τὴν τῶν ἀγγέλων ὁμοτιμίαν ὁ Κύριος προεκαλεῖτο, διὰ τῆς ἀρετῆς ἀνάγων αὐτὸν, καὶ διὰ σωφροσύνης τῶν κατὰ τὸν βίον, ἐπεὶ τὴν τελείωσιν τῆς ψυχῆς λείπει. Ἕως γὰρ, etc. *Postquam consideravit hominem : postquam vidit exiguum hoc animal a Domino ad angelorum æqualitatem advocari, ut qui ipsum per virtutem ac rerum mundanarum*

moderatum usum eveheret ad animæ perfectionem, etc. Ubi notare operæ pretium est, vocem λείπει in Parisiensi editione additam fuisse, ut monerentur, qui legerent, aliquid hoc loco deesse; sed tamen nihil deest, vocemque λείπει delendam esse constat ex libris veteribus, in quibus illius ne vestigium quidem exstat. Inepta autem illa loquendi ratio ut Parisiensis editionis auctores, ita eruditissimum quoque virum Combefisium decepit. Putarunt hæc verba, ἐπειδὴ κατέμαθε τὸν ἄνθρωπον, ἐπειδὴ εἶδεν ὅτι, etc., referri ad aliquid quod sequi deberet, cum tamen ad ea quæ præcedunt referrentur. Itaque ex iis quæ paulo ante leguntur verbis ejus loci sententia peti debet, sic ut vox ἐπονηρεύσατο, quæ initio periodi superioris invenitur, subaudiatur : quibus probe intellectis, perspicuum est totius ejus loci hanc esse sententiam : *Diabolus maligne se gessit, cum vidit multum homini affluere voluptatis.... Rursus se maligne gessit, cum consideravit hominem, et cum vidit exiguum hoc animal a Domino ad angelorum æqualitatem advocari*, etc. Ergo erraverunt quidem, qui hic aliquid a librariis omissum fuisse arbitrati sunt : sed eos multo minus reprehendendos esse judico, quam scriptorem ipsum, qui quod male locutus est, errandi occasionem dedit. Nec ita multo infra cum auctor pantherarum in homines odium describere vellet, his verbis usus est (pag. 595) : Εἶδον ἐγὼ τὰ μισανθρωπότατα τῶν ζώων ἐν τοῖς σταδίοις πολλάκις, ἢ εἶδον ἢ ἤκουσα (a) · ἀσφαλής γὰρ ἔστω ὁ λόγος. *Vidi ego sæpe in stadiis infestissima homini animalia, aut vidi, aut audivi : tutus enim sit nobis sermo.* Primum scriptor ait vidisse se : sed quasi religione tactus, statim addit se aut vidisse, aut audivisse. Ita autem loqui, ut mihi quidem videtur, ejus est, qui in privatis ac familiaribus colloquiis tempus jucunde terere cupit, non ejus, qui publicam concionem ad populum habet. Præterea qui dicit se aliquid sæpe vidisse, quomodo dicere potest, se aut vidisse, aut audivisse? Nam fieri potest quidem aliquando, ut si rem aliquam semel viderimus, dubitemus utrum eam viderimus, an audiverimus : sed si sæpe aliquid viderimus, omnis et dubitatio et religio tollitur, consciique sumus nobis, nos id vidisse. Moneo alicubi (b), hanc dicendi formulam, *ego vidi, ego novi*, familiarissimam fuisse Basilio Magno, ob idque non valde admodum dubito, quin orationis auctor, cum ita locutus est : *Vidi ego sæpe in stadiis*, etc., aut Basilius ipse, aut certe ejus aliquis imitator eximius videri voluerit : sed cum ita futurum speraret, sibi nimis blandiebatur. Nemini enim persuaderi poterit, Basilium eum fuisse, qui diceret vidisse se aliquid sæpe, et tamen statim dubitaret, an id unquam vidisset : velim oculis perlustrentur

ipsa loca, in quibus Basilius ea quam dixi formula usus est : quæ si quispiam legerit, magis ac magis intelliget Basilium nihil tale dixisse, quale in hac concione reperitur. Unum si addidero, reliqua omittam. Statim igitur ita scribit auctor (pag. 595) : Οὕτω καὶ ὁ διάβολος ἐν τῇ εἰκόνι τὸ μισόθεον ἔδειξεν, ἐπειδὴ Θεοῦ προσάψασθαι οὐκ ἐδύνατο. Οὕτως ὁ εἰς ἡμᾶς πόλεμος ἀπόδειξιν ἔχει τοῦ θεομάχου εἶναι τὸν πονηρόν, καὶ πρῶτον πολεμεῖν τῷ Δεσπότῃ. Ἐκεῖνος κατήγαγεν ἀπὸ Ἱερουσαλὴμ εἰς Ἱεριχὼ τὸν ἄνθρωπον, ἀπὸ τῶν ὑψηλῶν ἐπὶ τὰ κοῖλα · ἐπὶ μὲν τῆς ὀρεινῆς ἡ Ἱερουσαλήμ, ἡ δὲ Ἱεριχὼ κάτω ἐν τῇ ἁλμυρᾷ θαλάσσῃ. Εἴ τις ὑμῶν εἶδε τὸν τόπον, οἶδε τῶν λεγομένων τὴν ἀλήθειαν, ὅτι Ἱεριχὼ μὲν ἔχει τὰ κοῖλα τῆς Παλαιστίνης, Ἱερουσαλὴμ δὲ ἐπὶ τῆς κορυφῆς ἐρήρεισται, τὴν ἄκραν κατέχουσα τοῦ ὄρους τοῦ διὰ πάσης ἐκείνης τῆς χώρας ἀνεστηκότος. *Sic etiam diabolus suum in Deum odium patefacit in imagine cum Deum attingere non possit. Sic ex illato bello liquet malignum illum Dei hostem esse, ac primum Domino ipsi bellum gerere. Ille hominem ab Jerusalem in Jericho abduxit, ab altis ad cava. Nimirum Jerusalem in montana regione sita est; Jericho vero in depresso ac humili loco ad Salsum mare. Si quis vestrum vidit locum, vera esse novit quæ dicuntur, Jericho videlicet in Palæstinæ cavis locari, Jerusalem vero in summo loco sitam esse montis ejus, qui per totam illam regionem assurgit, cacumen occupantem.* Hæc dum legerem, mihi visa sunt non satis inter se cohærere. Hic si sermo esset de amore proximi, faterer exemplum ejus hominis, qui ab Jerusalem in Jericho descendebat [a], apte et commode allatum fuisse : sed hoc loco ejusmodi exemplum ita intempestive adductum est, ut oratio prorsus dissoluta esse videatur. Certe si alius quivis idoneus auctor diaboli in Deum aut in homines odium ostendere instituisset, hoc exemplum proferre nunquam cogitasset, cum sexcenta sint et aptissima et notissima, quibus ad id commonstrandum uti liceret. Quomodo ergo Basilius horum auctor dici merito possit, qui unus omnium in aptis exemplis proferendis felicissimus fuisse comperitur? Præterea quæ sequuntur, *nimirum Jerusalem in montana regione sita est; Jericho vero in depresso ac humili loco ad Salsum mare; si quis vestrum vidit locum, novit vera esse quæ dicuntur*, etc., hominis sunt, qui vana serio dicit, non gravissimi Patris, qui ubique convenientissima quæque et utilissima docet.

15. Auctor, quisquis est, aut Basilius ipse videri voluit, aut certe Basilianus esse studuit. Nam aliquando verba ipsa, sæpe sententias ab eo sumpsisse deprehenditur. Quæ ergo hic dicta sunt aut de ira, aut de invidia, aut de avaritia, non aliunde magis

[a] Luc. x, 30.

(a) Emendatio obvia, καὶ εἶδον καὶ ἤκουσα, *et vidi, et audivi alios qui viderant*; ἢ pro καὶ descriptor legerit : prona est enim utriusque vocule in codd.

mss. permutatio. Edit.
(b) Lege num. 29.

sumpta esse constat, quam e Basilii libris, qui, ut notum est, his de vitiis pulcherrimas orationes habuit. Imo etiam si quis diligenter legat eam concionem, cui titulus est : *Quod Deus non est auctor malorum,* inde quoque aliquid expressum fuisse agnoscet. Nunc, ut ea de re existimare cuique liceat, proferam locum unum, ex quo de cæteris conjectura fieri possit. Auctor igitur sic loquitur (pag. 589) : Πῶς ἀσχημονεῖ ὁ θυμώδης ; Ἀποτίθεται τὸ σχῆμα τὸ ἀνθρώπινον, θηρίου σχῆμα μεταλαμβάνει. Ἐννόησον τὸν θυμούμενον· ἐπέζεσεν αὐτῷ ὁ θυμός, καὶ οἱ ὀφθαλμοὶ ὑπηλλάγησαν, οὐκ εἰσὶν οἱ αὐτοὶ ὀφθαλμοί· πῦρ βλέπει, ἀνέδραμεν αὐτῷ τὸ αἷμα, περιέζεσε τὴν καρδίαν, ὑπέδραμε τοὺς χιτῶνας τῶν ὀφθαλμῶν, ἐγένετο ὕφαιμος ἐγχωρῶν τῷ πάθει, ἠλλοίωσεν αὐτοῦ τοὺς ὀφθαλμούς. Ἀνὴρ θυμώδης οὐκ εὐσχήμων. Ἐὰν ἴδῃς τὸν θυμούμενον τοὺς ὀδόντας παραθήγοντα, ἐνθυμήθητι ὅτι συΐ ἔοικεν ὁ τοιοῦτος.... ἐὰν ἴδῃς τὸν θυμούμενον πατρὸς μὲν ἐπιλανθανόμενον, παιδὸς δὲ ἀγνοοῦντα σῶμα.... καὶ γέγονε κακῶν φιλονεικία. Ὁ δὲ ἐν κακῶν ἁμίλλαις νικῶν, οὗτος ἀθλιώτερός ἐστιν. *Quomodo inhonestus est, qui iracundus est? Exuit habitum humanum, belluinum habitum induit. Finge tibi animo iratum ; effervebuit in ipso ira, et oculi mutati sunt : non sunt iidem oculi, ignescunt : excurrit ipsius sanguis, circum cor ebullit, tunicas subit oculorum : suffunditur sanguine, cum morbo succumbit ; alterat oculos suos. « Vir iracundus est inhonestus. » Si videris iratum dentes acuentem, cogita hominem ejusmodi apro similem esse ... si videris iratum patris obliviscentem, non agnoscentem corpus filii... sicque malorum fit contentio. Qui autem vincit in malorum certamine, is magis miser est.* Basilii autem verba sunt hæc (pag. 83, 84 et seq.) : Διὰ τοῦτον ἀδελφοὶ μὲν ἀλλήλους ἠγνόησαν· γονεῖς δὲ καὶ τέκνα τῆς φύσεως ἐπελάθοντο.... καὶ τίνος οὐχὶ ἰοβόλων ἀναιδέστερον ἐφορμῶντες, οὐ πρότερον ἵστανται πρὶν ἢ διὰ μεγάλου καὶ ἀνηκέστου κακοῦ... διαπνευσθῇ τὸ φλεγμαῖνον... Ὀρεγομένοις γὰρ τῆς ἀντιλυπήσεως, περιζεῖ μὲν τῇ καρδίᾳ τὸ αἷμα, ὥσπερ βίᾳ πυρὸς κυκώμενον καὶ παφλάζον· πρὸς δὲ τὴν ἐπιφάνειαν ἐξανθῆσαν, ἐν ἄλλῃ μορφῇ τὸν ὀργιζόμενον ἔδειξε· τὴν συνήθη πᾶσι καὶ γνωρίμην, ὥσπερ τι προσωπεῖον ἐπὶ σκηνῆς, ὑπαλλάξαν. Ὀφθαλμοὶ μὲν γὰρ ἐκείνοις οἱ οἰκεῖοί τε καὶ συνήθεις ἠγνόηνται, παράφορον δὲ τὸ ὄμμα, καὶ πῦρ ἤδη βλέπει, καὶ παραθήγει τὸν ὀδόντα κατὰ τῶν συῶν τοὺς ὁμόσε χωροῦντας. Πρόσωπον πελιδνὸν καὶ ὕφαιμον... ἐν γὰρ ἀμίλλαις πονηραῖς, ἀθλιώτερος ὁ νικήσας. *Per iram fratres se invicem ignoravere : parentes quoque et liberi naturæ oblivi sunt... ac impudentius renenata quavis bestia irruentes, non prius desistunt quam inflammatio per magnam immedicabilemque perniciem.... discutiatur... Nam circa cor quidem in iis qui vindictam anhelant, effervescit sanguis, utpote vi ignis exagitatus ac æstuans : in superficie autem efflorescens, irascentem in alia forma ostendit, consuetam et notam omnibus formam tanquam personam in scena commutans. Nam illorum et proprii et consueti oculi non cognoscuntur, efferatus est aspectus, atque igne jam micat. Quin et grassantium suum more dentes acuit. Facies est livida et sanguine suffusa... Nam in malis pugnis miserior est qui vincit.* Hæc autem eo retuli paulo fusius, ne quis miraretur quod hæc oratio inter veras ac germanas Basilii orationes in omnibus libris posita sit. Cum enim animadvertissent librarii, multa in ea reperiri, quæ in Basilii concionibus reperirentur, facile adducti sunt, ut ipsam inter genuina illius scripta collocarent.

§ V. *De homilia in humanam Christi generationem.*

16. Antequam eruditorum de hac oratione opiniones referamus, abs re non erit paucis adnotare, quæ nobis in ea scitu digna visa sunt. Primum igitur scriptor, quicunque ille fuit, multas affert causas, cur Maria desponsata sit viro : quas, si unam excipias, de qua paulo post commodius dicam, hoc loco exscribere non pigebit. Et quoniam præstat ipsos auctores audire, ipsa Græca verba referre statui. Sic igitur loquitur (pag. 598) : Καὶ παρθένος, καὶ μεμνηστευμένη ἀνδρί, ἐπιτηδεία πρὸς τὴν τῆς οἰκονομίας διακονίαν ἐκρίθη, ἵνα καὶ ἡ παρθενία τιμηθῇ, καὶ ὁ γάμος μὴ φαυλισθῇ. Ἡ παρθενία μὲν γὰρ ὡς ἐπιτηδεία πρὸς ἁγιασμὸν ἐξελέγη· διὰ δὲ τῆς μνηστείας αἱ ἀρχαὶ τοῦ γάμου συμπαρελήφθησαν· ὁμοῦ δὲ ἵνα καὶ μάρτυς οἰκεῖος ᾖ τῆς καθαρότητος Μαρίας ὁ Ἰωσήφ, καὶ μὴ ἔκδοτος εἴη τοῖς συκοφάνταις ὡς τὴν παρθενίαν βεβηλώσασα, μνηστῆρα εἶχε τοῦ βίου φύλακα. *Et virgo, et viro desponsata, habita est idonea ad hujus dispensationis ministerium, ut et virginitas honori esset, et matrimonium non contemneretur. Virginitas enim ut ad sanctimoniam apta, selecta est : per desponsationem vero comprehensa sunt initia nuptiarum. Simul autem, ut et Joseph puritatis Mariæ esset testis domesticus, et ne calumniatoribus foret obnoxia, quasi virginitatem contaminasset, sponsum habebat vitæ custodem.* Nec ita multo infra, antiqui cujusdam sententiam proponens, indem auctor sic scribit : Εἴρηται δὲ τῶν παλαιῶν τινι καὶ ἕτερος λόγος, ὅτι ὑπὲρ τοῦ λαθεῖν τὸν ἄρχοντα τοῦ αἰῶνος τούτου τὴν παρθενίαν τῆς Μαρίας ἡ τοῦ Ἰωσὴφ ἐπενοήθη μνηστεία. *Allata est et alia ratio a quodam ex antiquis, videlicet excogitatam fuisse Josephi desponsationem, ut Mariæ virginitas lateret hujus mundi principem.* Vix autem dubitari potest, quin antiqui nomine intelligendus sit martyr Ignatius, cujus hæc sunt verba in *Epistola ad Ephesios* : Ὁ γὰρ Θεὸς ἡμῶν Ἰησοῦς ὁ Χριστὸς ἐκυοφορήθη ὑπὸ Μαρίας κατ' οἰκονομίαν Θεοῦ, ἐκ σπέρματος μὲν Δαβίδ, Πνεύματος δὲ ἁγίου.... Καὶ ἔλαθεν τὸν ἄρχοντα τοῦ αἰῶνος τούτου ἡ παρθενία Μαρίας, καὶ ὁ τοκετὸς αὐτῆς, ὁμοίως καὶ ὁ θάνατος τοῦ Κυρίου. *Deus enim noster Jesus Christus conceptus est ex Maria, secundum dispensationem Dei, ex semine quidem David, Spiritu autem sancto.... Et latuit principem sæculi hujus virginitas Mariæ, et partus ipsius, similiter et mors Domini.* Ubi quasi prætericus moneho, deceptum videri doctissimum

virum Tillemontium, cum scripsit (a) Origenem in hac homilia nomine cujusdam antiqui indicari. Nam intelligi debere martyrem Ignatium, ex gravissimo auctore Hieronymo confirmari potest : qui cum primum caput Matthæi interpretaretur (b), ita scripsit : *Martyr Ignatius etiam quartam addidit causam, cur a desponsata conceptus sit : ut partus, inquiens, ejus celaretur diabolo, dum eum putat non de virgine, sed de uxore generatum*. Nec indignum puto quod notetur, duo mysteria olim uno eodemque die fuisse celebrata, ortum Domini et Magorum adorationem. Auctor enim duo hæc mysteria ita exponit ac conjungit, ut obscurum non sit utrumque illis temporibus simul celebratum fuisse. Erat autem nomen diei festo, *Theophania*. Cum enim auctor jam orationi suæ finem imponere cogitaret, sic loquitur (pag. 602) : Φθεγξώμεθά τινα καὶ ἡμεῖς φωνὴν ἀγαλλιάσεως · ὄνομα θώμεθα τῇ ἑορτῇ ἡμῶν, Θεοφάνια. *Eloquamur et nos vocem aliquam exsultationis : festum nostrum appellemus Theophaniam*. Et, quando talia colligere cœpi, addam illud quoque, virginem Mariam Theotocon appellari.

17. Jam more nostro disputemus merito an immerito hæc oratio tribuatur Basilio. Eruditissimi viri Combefisius et Dupinus ne videntur quidem hanc orationem suspectam habuisse. Tillemontius vero, vir acerrimo judicio præditus, ait eam in dubiis poni posse. Nec prætereundum silentio, hanc concionem deesse in aliquibus libris veteribus : sed nihil inde satis firmi ad eam rejiciendam concludi posse, vident, opinor, omnes. Quare necessario recurrendum ad alia principia, ipsaque oratio in se consideranda ; num quid in ea inveniri possit, quod nobis ad judicandum facem præferat. Primum occurrit illud (pag. 596) : Πῶς οὖν δι' ἑνὸς, φησὶν, εἰς πάντας ἦλθε τὸ λαμπτήριον ; *Quomodo igitur per unum*, inquit, *in omnes splendor devenit ?* Quod ut verum fatear, prorsus peregrinum et a Basilii consuetudine alienum mihi videtur. Nam, nisi valde fallor, ut apud cæteros bonos auctores, ita apud Basilium λαμπτήρ usitate dicitur, non λαμπτήριον. Aliquanto post magni aliquid dicturum se pollicitus auctor, tamen præter exspectationem nihil ejusmodi dicit. Postquam enim attulerat aliquot causas, cur Maria virgo desponsata sit, aliam prolaturus, sic loquitur (pag. 598) : Ἔχω τινὰ καὶ ἄλλον λόγον εἰπεῖν οὐδὲν ἀτιμότερον τῶν εἰρημένων, ὅτι ὁ ἐπιτήδειος πρὸς τὴν ἐνανθρώπησιν τοῦ Κυρίου καιρὸς, πάλαι προωρισμένος καὶ προδιατεταγμένος πρὸ καταβολῆς κόσμου, τότε ἐνειστήκει, καθ' ὃν ἔδει τὸ Πνεῦμα τὸ ἅγιον καὶ τὴν δύναμιν τοῦ Ὑψίστου τὴν Θεοφόρον ἐκείνην συστήσασθαι σάρκα. Ἐπειδὴ δὲ ὁμότιμον τῆς καθαρότητος Μαρίας οὐκ εἶχεν ἡ κατ' ἐκείνην γενεὰ τῶν ἀνθρώπων, ὥστε ἐνεργείαν τοῦ Πνεύματος ὑποδέξασθαι, προκατελήπτο δὲ διὰ τῆς μνηστείας, ἐξελέγη ἡ μακαρία Παρθένος, οὐδὲν τῆς παρθενίας ἐκ τῆς μνηστείας παραβλαβείσης. *Possum et aliam quamdam rationem proferre, nihilo his quas protulimus viliorem, quod videlicet idoneum ad incarnationem Domini tempus olim præfinitum et ante conditum orbem prædestinatum tunc instaret, in quo Spiritum sanctum et Altissimi virtutem oportebat carnem illam Dei gestatricem conformare. Quoniam vero illa hominum ætas nihil puritati Mariæ æquandum habebat, sic ut Spiritus sancti susciperet operationem, occupata autem jam erat per desponsationem, electa est beata virgo, nihil ex desponsatione virginitate læsa*. Auctor promiserat, ut dixi, allaturum se eximiam quamdam causam, cur desponsata fuisset virgo Maria : sed non videtur promissis stetisse. Etenim, si res attentius consideretur, non proprie affert causam, cur desponsata fuerit : sed ait solum eam, cum inventa fuisset jam per desponsationem occupata, propterea electam fuisse, quod alia nulla virgo ei illa ætate par esset puritate. Ex auctoris igitur verbis discimus, non cur fuerit viro desponsata, sed cur virginibus cæteris anteposita sit, videlicet ob puritatem. Quod addit auctor, puritatem Mariæ nihil læsam fuisse ex desponsatione, id ut ad rem non pertinet, ita a nemine in dubium revocatur. Aut nihil tale promisisset Basilius ; aut, si promisisset, dignum aliquid promissis dixisset. Illud quoque quod mox legitur : Ἀμφότερα εὗρεν ὁ Ἰωσήφ, καὶ τὴν κύησιν καὶ τὴν αἰτίαν, ὅτι ἐκ Πνεύματος ἁγίου. *Utrumque invenit Joseph, et graviditatem, et causam, quod ex Spiritu sancto*, mihi displicet. Et vero in his verbis videtur inesse insuave aliquid et inelegans ; nec admodum dubito quin alius quivis scriptor addidisset voculam aliquam, qua orationem suam ornatiorem reddidisset. Nec magis placet locus ille (ibid.), ubi scriptor angelum ita cum Josepho colloquentem facit : Μὴ φοβηθῇς παραλαβεῖν Μαριὰμ τὴν γυναῖκά σου · μηδ' ἐκεῖνο ἐνθυμηθῇς ὅτι ὑπονοίαις ἀτόποις συσκιάσεις τὸ ἁμάρτημα. Δίκαιος γὰρ προσηγορεύθης · οὐ πρός, etc. *Noli timere accipere Mariam conjugem tuam, neque illud cogitaveris obumbraturum te peccatum absonis quibusdam commentis. Nam vocatus es justus, non est autem*, etc. Nam illud quidem : Μὴ φοβηθῇς παραλαβεῖν Μαριὰμ τὴν γυναῖκά σου, unde sumptum sit[a], probe scio : sed reliqua ubi legantur, nescio, nisi forte in apocryphis quibusdam scripturis, quibus auctor alio loco manifeste usus est, ob idque idipsum ex iisdem fontibus hausisse merito credi potest. At Basilius ut veras Scripturas assiduo versabat in manu, ita apocryphas non legebat : aut si legeret, eas tantopere contemnebat, ut ipsis uti semper puduerit. Mox suspicabar scriptorem aliquid mutuatum fuisse ex apocryphis : nunc id ei contigisse affirmare

[a] Matth. 1, 20.

(a) *Vie de S. Basile*, p. 501.

(b) Hieronym. *in Matth.* lib. 1, cap. 1.

PRÆFATIO.

possum. Ejus hæc sunt verba (pag. 600) : Δηλοῖ δὲ καὶ ἡ κατὰ τὸν Ζαχαρίαν ἱστορία, ὅτι μέχρι παντὸς παρθένος ἡ Μαρία. Λόγος γάρ τίς ἐστι, καὶ οὗτος ἐκ παραδόσεως εἰς ἡμᾶς ἀφιγμένος, ὅτι ὁ Ζαχαρίας ἐν τῇ τῶν παρθένων χώρᾳ τὴν Μαριὰμ κατατάξας μετὰ τὴν τοῦ Κυρίου κύησιν, ὑπὸ τῶν Ἰουδαίων κατεφονεύθη μεταξὺ τοῦ ναοῦ καὶ τοῦ θυσιαστηρίου, ἐγκληθεὶς ὑπὸ τοῦ λαοῦ ὡς διὰ τούτου κατασκευάζων τὸ παράδοξον ἐκεῖνο καὶ πολυύμνητον σημεῖον, παρθένον γεννήσασαν, καὶ τὴν παρθενίαν μὴ διαφθείρασαν. *Declarat autem et Zachariæ historia, Mariam perpetuo virginem permansisse. Ferunt enim, et id ex traditione ad nos usque pervenit, Zachariam cum Mariam in virginum loco post Domini partum posuisset, templum inter et aram occisum a Judæis fuisse, videlicet accusatum a populo, quod hac ratione confirmaret admirabile illud et perquam decantatum signum, virginem peperisse, nec tamen virginitatem corrupisse.* Mirum videri debet tantas ineptias in re seria dici potuisse : nec minus mirari subit ejusmodi orationem tam diu Basilio Magno fuisse tributam. Olim caput vicesimum quintum Matthæi exponens Hieronymus, similem fabellam confutavit. Cum ergo venisset ad eum locum, ubi mentio fit ejus Zachariæ, qui inter templum et altare occisus est, quæreretque quis sit iste Zacharias, ita loquitur : *Alii Zachariam patrem Joannis intelligi volunt, ex quibusdam apocryphorum somniis approbantes, quod propterea occisus sit, quia Salvatoris prædicarit adventum. Hoc quia de Scripturis non habet auctoritatem, eadem facilitate contemnitur, qua probatur.* Certe duæ illæ fabellæ ita inter se conveniunt, ut ex uno eodemque fonte profectæ esse videantur. Ego autem male de Magno illo Basilio existimare mihi viderer, si eum putarem tam fœde somniasse, ut pro veris apocryphorum somnia narrarit. Ubi et illud præterea notari potest, auctoris sententiam nihil ex hoc commento juvari. Nam probare instituerat Mariam virginitatem illibatam semper servasse : id quod non probavit. Etsi enim in ordinem virginum allecta fuisset Maria, etiam post Domini partum, tamen semper quæri posset, utrum in eo gradu quem consecuta fuerat, ad mortem usque permanserit. Etenim si paulo post Domini partum ab eo ordine exciderit, aliosque liberos ex ea susceperit Josephus, ipsam non semper virginem exstitisse constat. Quare si auctor firma ratione probare vellet, Mariam semper virginem fuisse, non satis erat dicere, eam in virginum loco a Zacharia post Domini partum positam esse, sed ostendere debuisset, ipsam in eo ordine in quo semel fuerat collocata, usque ad extremum spiritum perseverasse : id quod non præstitit. Auctorem in re simili a scopo errasse jam vidimus : Basilius autem unus omnium felicissime attingere scopum novit, et cum semel aliquid sibi probandum proposuit, nunquam aliud probat. Porro cum multa sint in hac oratione,

quæ mihi displiceant, nihil tamen me magis movit, quam quod de cometis dicitur. Verba auctoris sunt hæc (pag. 601) : Οὐ μὴν οὐδ' ἐκεῖνο τοῖς περιέργως τὰ κατὰ τὸν τόκον ἐκλαμβάνουσιν εἰπεῖν ὑπάρχει, ὅτι ὁ ἀστὴρ τοῖς κομήταις παραπλήσιος ἦν, οἵπερ μάλιστα δοκοῦσι βασιλέων διαδοχὰς δηλοῦντες κατ' οὐρανὸν ἵστασθαι. *Neque vero iis qui curiose exponunt quæ ad partum pertinent, illud dicere licet, stellam fuisse cometis assimilem, qui maxime ad significandas regum successiones videntur in cœlo consistere.* Certe ita videri potuit cuivis alteri potius quam Basilio Magno. Etenim is non erat, qui aut crederet regum successiones cometis significari, aut ad id credendum alios induceret. Ita enim errores genethliacorum atque commenta confutat, ut ejusmodi cometarum fabulam tantum non nominatim repudiet. Pauca ex multis referam (a). Sic igitur loquitur : Οἷα δὲ καὶ τὰ ἀποτελεσματικά; Ὁ δεῖνα οὗλος, φησί, τὴν τρίχα, καὶ χαροπὸς, Κριοῦ γὰρ ἔχει τὴν ὥραν · τοιοῦτον δέ πως ὀφθῆναι τὸ ζῶον. Ἀλλὰ καὶ μεγαλόφρων, ἐπειδὴ ἡγεμονικὸν ὁ κριὸς · καὶ προετικὸς, καὶ πάλιν ποριστικὸς, ἐπειδὴ τὸ ζῶον τοῦτο καὶ ἀποτίθεται ἀλύπως τὸ ἔριον, καὶ πάλιν παρὰ τῆς φύσεως ῥᾳδίως ἐπαμφιέννυται. Ἀλλὰ καὶ ὁ Ταυριανὸς πληπαθής, φησὶ, καὶ δουλικὸς, ἐπειδὴ ὑπὸ ζυγὸν ὁ ταῦρος. Καὶ ὁ Σκορπιανὸς πλήκτης διὰ τὴν πρὸς τὸ θηρίον ὁμοίωσιν. Ὁ δὲ Ζυγιανὸς δίκαιος, διὰ τὴν παρ' ἡμῖν τῶν ζυγῶν ἰσότητα. Τούτων τί ἂν γένοιτο καταγελαστότερον ;.... Πῶς οὖν ἐκεῖθεν τὰς προηγουμένας αἰτίας λέγων ὑπάρχειν τοῖς τῶν ἀνθρώπων βίοις, ἐκ τῶν παρ' ἡμῖν βοσκημάτων τῶν γεννωμένων ἀνθρώποις τὰ ἤθη χαρακτηρίζεις ;.... Τί οὖν δυσωπεῖς μὲν ἡμᾶς ἀπὸ τῆς ἀξιοπιστίας τῶν ἄστρων ; etc. *Quales autem producuntur effectus ? Hujus capilli, inquiunt, futuri sunt crispi, oculive decori : Arietis scilicet habet horam : namque animal illud quodammodo tali est aspectu. Quin etiam erit grandi animo et elato, quippe penes arietem est principatus : erit et largus, et rursus quæstuosus, quandoquidem hoc animal et citra molestiam deponit lanam, et rursus facile a natura vestitur. Sed natum in Tauro, tolerantem esse laborum dicunt, atque servilem : quoniam jugo taurus subjicitur. Qui vero editus est sub Scorpione, erit percussor, ob eam quam cum isto animali habet similitudinem. Qui autem in Libra natus est, futurus est justus, propter librarum apud nos æqualitatem. Quid his magis ridiculum esse possit ?.... Quomodo igitur illinc præcipuas vitæ humanæ causas proficisci doces, et ex terrenis pecudibus nascentium hominum mores exprimis atque effingis ?.... Quid ergo fidem ex astris tibi faciens perterrefacis nos ?* Qui, quod ad hominum ortum attinet, non pluris fecit astra eorumque motus, is, ut mihi quidem videtur, minime omnium dicere potuit regum successiones cometis indicari. Jam ad alia properabimus, sed si prius illud unum adjecerimus, tantam variantium lectionum copiam in

---

(a) Hom. 6 *in Hex.*, p. 55 et seq.

libris antiquis reperiri, ut si omnes voluissem exscribere, modum excessissem. Eruditissimus vir Combefisius hoc cum animadvertisset ita scripsit : *Hæc homilia, quod crebro Ecclesiarum usu trita maxime plurimisque libris ecclesiasticis descripta, diversis scatet lectionibus, pro eo ac sibi quisque describens in suæ usum Ecclesiæ, indulsit, ut vocem aliquam mutaret, seu aliquid interpolaret, pro captu fidelis plebis, cui studebat, sive etiam antiquariis ita obrepsit.* Nolim quidem cum doctissimo viro ea de re contendere : sed tamen hanc homiliam Ecclesiarum usu maxime tritam fuisse, nusquam invenio. Præterea idem ille quem dixi homo peritissimus monuit duas Basilii *in jejunium* orationes initio Quadragesimæ recitari solitas : in quibus tamen tanta diversarum lectionum copia non reperitur. Sed, ut ut hæc sunt, ego arbitror immensam illam variantium lectionum multitudinem ad meam opinionem confirmandam nonnihil valere. Nam experientia edoctus sum tam multam librorum antiquorum inter se discrepantiam νοθείας sæpius certissimum signum esse.

§ VI. *De homilia in pœnitentiam.*

18. Auctor hujus orationis, quisquis est, non id sibi proposuit, ut auditores suos ad pœnitentiam hortaretur, sed ut Novatianos et Montanistas, qui pœnitentiam negabant, confutaret. Hanc orationem ab aliquo episcopo alterius episcopi rogatu compositam fuisse, prima verba aperte ostendunt. Eruditissimus vir Tillemontius ita de hoc scripto disserit (*a*), ut ei exilem quamdam suspicionis notam inurat; sed fatetur ipsam pro vera ab eruditis hominibus hactenus habitam fuisse. Ego autem sive verba, sive verborum constructionem, sive sententias ipsas considerem, nihil unquam minus Basilianum vidi. Proferam aliquot loca, ex quibus id quod dico, probari possit. Statim occurrit illud (p. 603) : Φησὶν ὁ ταῦτα πλάσας ὅτι· Ἐὰν γένωνται αἱ ἁμαρτίαι ὑμῶν ὡς τὰ ἄπλυτα χρώματα, εἰ λούσοισθε, μεταπίπτει εἰς καθαρότητα χιόνος. *Dicit tamen qui hæc condidit : Si fuerint peccata vestra velut colores qui elui non possunt, si modo lavemini, in nivis puritatem transibunt;* ubi quivis alius homo paulum modo diligentior pro μεταπίπτει, *transit*, scripsisset μεταπίπτουσι, *transibunt*, videlicet αἱ ἁμαρτίαι. Nec ita multo post ita scriptum invenitur : Ἀλλ' ἐπειδὴ οὐκ ἔχει χώραν γλυκαίνεσθαι τὰ ἁλμυρὰ, λέγομεν δὲ καὶ ἡμεῖς νῦν ἀπὸ Παλαιᾶς, εἴπωμεν τί ἀντιλέγουσι πρὸς τὰ ἐκ τῆς Παλαιᾶς λεγόμενα. *Sed quoniam rebus salsugine imbutis non datur dulcescendi locus, nosque nunc verba proferimus ex Veteri Testamento, referamus quid opponant adversus ea quæ ex Veteri dicuntur.* Melius, nisi fallor, abesset illud, ἐπειδὴ οὐκ ἔχει χώραν γλυκαίνεσθαι τὰ ἁλμυρά, *quoniam rebus salsugine imbutis non datur*

[7] I Reg. xii, 13.

(*a*) Tom. IX, p. 296 et 687.

dulcescendi locus. Hæc enim cum eo quod sequitur, cohærere non videntur ; et qua ratione scriptor dixit relaturum se argumenta ex Veteri Testamento, *quoniam rebus salsugine imbutis non datur dulcescendi locus*, eadem plane dicere potuisset relaturum se argumenta ex Novo Testamento, *quoniam rebus salsugine imbutis non datur dulcescendi locus*. Et vero non unum magis cohæret cum eo quod infertur, quam aliud : vel ut verius dicam, neutrum cohæret. Hæc ut Basilii non sunt, ita nec quæ sequuntur (pag. 604) : Ὡς προσέχουσι δὲ λέγω, ὅθεν καὶ βαρύτερον ἅπτομαι.... Τίς ἀσεβέστερος ἀναγέγραπται τοῦ Ἀχαάβ; ὡς ἀναγινώσκουσι λέγω. *Alloquor velut attentos, unde graviora attingo.... Quis magis impius quam Achaab descriptus est? velut legentibus loquor.* His auctoris verbis, *velut legentibus loquor*, nihil simile in veris ac indubitatis Basilii orationibus invenitur : aut certe cum illud, λέγω ὡς, bis intra paucos versus positum vidi, peregrini aliquid et insoliti videre mihi visus sum. Atque in hac mea sententia confirmatus fui, cum incidi in ea quæ statim subjunguntur, ἐπειδὴ ὑμῖν λαλοῦμεν, εἴπωμεν καὶ σαφέστερον, *quoniam alloquimur vos, loquamur et clarius*. Mihi enim persuadere non potui Basilium Magnum ita sui dissimilem fuisse, ut præter consuetudinem multa fere continenter dixerit, quæ dicere non solum nihil attinebat, sed quæ per se puerilia sunt et nugatoria. Nunc, ut leviora quædam omittamus, de scriptoris doctrina loquamur. Itaque de lapsu Davidis verba faciens auctor, sic scribit (pag. 604) : Ὅσον ἂν πέσῃ ὁ ἰσχυρὸς, ταχεῖαν ἔχει τὴν ἀνάστασιν. Ἀγανακτεῖ ὁ Δαβίδ.... Εὐθὺς ἐπὶ τὸ φάρμακον ἐλήλυθεν· εἶδε τὸ τραῦμα· προσέφυγε τῷ ἰατρῷ. Ἥμαρτον, φησὶ, καὶ εὐθὺς ἡ ἴασις. Καὶ ὁ Κύριος παρήνεγκέ σου τὸ ἁμάρτημα. Τί γὰρ βούλει, ἓν ἁμάρτημα λογισθῆναι ὁσίοις, ἢ πολλὴν δικαιοσύνην; Ἐποίησεν ἁμαρτίαν, ἀλλ' ἐποίησε καὶ πολλὰς δικαιοσύνας. Τί δίκαιον παρὰ δικαίῳ Θεῷ, τῶν ὀλίγων μνημονεῦσαι, ἢ τῶν πολλῶν ἐπιλανθάνεσθαι; Ἔστω ζυγὸς, καὶ ᾧ μετροῦμεν, μετρηθήσεται ἡμῖν. Εἰ πλείονα τὰ ἁμαρτήματα, ἔστω ἁμαρτωλός· εἰ δὲ πλείονα τὰ δικαιώματα, ἔστω δίκαιος. Εἷς καὶ εἷς· τὰ γὰρ παρ' ἡμῖν πάντα ἐκ τοῦ πλείονος λέγεται. Καὶ τοῦ λευκοῦ ἐστι λευκότερον, καὶ τοῦ γλυκέος εἰς σύγκρισιν ἄλλο γλυκύτερον· οὕτω καὶ οἱ δίκαιοί ἐσμεν ὡς ἄνθρωποι, οὐχ ὡς ἡ ἁμαρτία δικαιοσύνη. Ὅθεν ὁ Υἱὸς τοῦ Θεοῦ δικαιοσύνη ἀκούει, ἡμεῖς δὲ μεταλήψει δικαιοσύνης δίκαιοι. Καὶ Μωϋσῆς ἐλάτρεψέ τι τῇ γλώττῃ, ἀλλ' οὐκ ἀπελήφθη τῇ ἱστορίᾳ. *Quantumvis sane cadat fortis, cito resurgit. Rem moleste fert David.... Statim accessit ad remedium : vidit vulnus, ad medicum confugit.* « *Peccavi,* » *inquit, et confestim adest medela.* « *Et Dominus transtulit peccatum tuum* [7]. » *Quid enim vis, ununne peccatum imputari sanctis, an justitiam multam? Fecit peccatum, at fecit etiam justitias multas. Quid justum est apud justum Deum, paucorumne meminisse, an multorum oblivisci? Sit statera; et qua mensura mensi fuerimus, admetietur nobis. Si peccata plura sunt, sit peccator: sin justitiæ plures, sit justus. Unus et unus: nam omnia nostra ex abundantiori judicantur. Et res una alba albore superatur ab altera; et dulci, si compares, aliquid aliud dulcius est. Sic etiam justi sumus tanquam homines, non quod peccatum justitia sit. Unde Filius Dei justitia vocatur: nos vero participatione justitiæ justi sumus. Et Moyses lingua locutus est aliquid, quod tamen non comprehensum est historia.* Quid, quæso, hac doctrina aut pejus, aut minus Basilianum excogitari potuit? Quamlibet gravis sit lapsus viri fortis, cito, si fides auctori habenda est, resurgit! Sed si ita est, horumque Basilius auctor sit, quomodo fieri potest, ut egregius ille doctor præclaros illos canones ediderit, quibus ad purgandum quodlibet peccatum tam longa tamque severa pœnitentia præfinitur (a)? Etenim si vir fortis, quamvis graviter peccaverit, tam facile resurgit, nihil necessarii erant canones illi, quibus et fortes et debiles ad resurgendum tum diu exercerentur. Sed quid tam novum, aut magis inauditum, non dico apud Basilium, sed apud eos, qui vel primoribus labris sacras Scripturas attigerunt, quam illa comparatio justitiæ et peccati, sic ut aliquis, si peccata plura admiserit, peccator sit; sin autem plura justitiæ opera fecerit, futurus sit justus? Hæc dum scriberem, in mentem venit cujusdam legis Persarum, quam legisse se ait homo peritissimus, idemque elegantissimus (b): *Multæ olim*, inquit, *apud Persas leges fuisse traduntur: ex quibus facile intelligi potest, singularem quamdam ejus gentis sapientiam fuisse... Erat igitur apud eos ita constitutum, ut cum quis in judicio argueretur aliquid fecisse contra leges, etiamsi liquido constaret eum culpæ affinem esse, non tamen statim condemnaretur, sed prius inquireretur diligentissime in omnem illius vitam, iniereturque ratio, plurane turpiter et flagitiose, an bene laudabiliterque gessisset. Tum si vincebat turpium numerus, condemnabatur; sin præponderabantur honestis turpia, absolvebatur. Cogitabant enim, humanarum virium non esse, rectum cursum perpetuo tenere: habendos pro bonis viris eos, non qui nunquam peccarent, sed qui sæpius honeste agerent.* Esto, lex ejusmodi vigeat apud Persas: sed ab Ecclesia Dei prorsus arceatur. Sed nos ad propositum referamus, nec satis habeamus locum integrum exscripsisse, sed ejus partes aliquas diligentius expendamus. Ita igitur auctor loquitur: Εἰ πλείονα τὰ ἁμαρτήματα, ἔστω ἁμαρτωλός· εἰ δὲ πλείονα τὰ δικαιώματα, ἔστω δίκαιος. Εἷς καὶ εἷς· τὰ γάρ, etc. *Si peccata plura sunt, sit peccator; si justitiæ plures, sit justus. Unus et unus: nam*, etc. Quid autem sibi velit illud, *unus et unus*, non satis intelligo; nec facile adducar ut credam hominem,

A qui Persa non fuerit, ita scripsisse. Sequitur (pag. 605): Οὕτω καὶ οἱ δίκαιοί ἐσμεν ὡς ἄνθρωποι, οὐχ ὡς· ἡ ἁμαρτία δικαιοσύνη. Ὅθεν, etc. *Sic etiam justi sumus tanquam homines, non ut peccatum justitia. Unde*, etc. Cætera non improbo; sed in illo, οὐχ ὡς ἡ ἁμαρτία δικαιοσύνη, *non ut peccatum justitia*, obscuri aliquid et absoni inesse mihi videtur. Rursus ita statim legitur: Ἡμεῖς δὲ μεταλήψει δικαιοσύνης δίκαιοι. Καὶ Μωϋσῆς ἐλάλησέ τι τῇ γλώττῃ, ἀλλ' οὐκ ἀπελήφθη τῇ ἱστορίᾳ. Καὶ Ἀβραάμ, etc. *Nos vero participatione justitiæ justi sumus. Et Moyses lingua locutus est aliquid, quod tamen non comprehensum est historia. Et Abraham*, etc. Ubi illud, *Et Moyses lingua locutus est aliquid, quod tamen non comprehensum est historia*, non belle connectitur reliquis orationis partibus : ex quo fit, ut oratio hoc loco dissoluta esse videatur. Constat igitur non ex sententiis modo, sed ex ipsa etiam scribendi ratione, hanc concionem Basilio Magno tribui merito non posse. Auctor, antequam ad Novum Testamentum veniret, ex Veteri hoc testimonium protulit (pag. 605): Καὶ γὰρ Μανασσῆς ὁ τετραπρόσωπα εἴδωλα ἐν τῷ ναῷ τοῦ Θεοῦ θείς, ἵν' ὅθεν ἄν τις εἰσέλθῃ, τοῖς εἰδώλοις προσκυνήσῃ, μετανοήσας ἀνεκλήθη ἐκ τῆς αἰχμαλωσίας. *Nam et Manasses qui idola quadruplicem faciem habentia in templo Dei collocarat, ut undecunque quis ingrederetur, idola adoraret, acta pœnitentia revocatus est ex captivitate.* In eo autem peccavit auctor quod locum Veteris Testamenti non indicaverit. Nam ubi Scripturarum ejusmodi idolorum quadruplicem faciem habentium mentio fiat, hodieque ignoratur; nec dubium esse potest, quin hæc historia ex alio aliquo fonte hausta sit.

19. Posteaquam scriptor testimonia aliquot e Veteri Testamento retulit, e Novo quoque nonnulla excerpenda esse judicavit. Ita igitur de adolescente prodigo loquitur (ibid): Ἐδέξατο, καί φησι· Θύσατε ταῦρον, καὶ στολὴν ἐξενέγκατε, καὶ ταύτην ἀρχαίαν, καὶ δακτύλιον ἐν τῇ χειρί. Ταῦτα πάντα παρερμηνεύεται μὲν, δηλοῖ δὲ συντόμως τὴν προτροπὴν τὴν ἀγαθὴν τοῦ ὑποδεξαμένου, οὐ πρὸς ἃ θέλω, ἀλλὰ πρὸς ἃ λέγει. Εἰ δέ, etc. *Excepit* [*pater filium*], *et ait: Mactate taurum, et stolam afferte, eamque pristinam, et annulum in manum ipsius. Hæc omnia in aliam quidem sententiam exponuntur; sed tamen compendio significant bonam suscipientis cohortationem, non ad ea quæ volo, sed ad ea quæ dicit.* Quod si, etc. Quibus ex verbis quomodo idonea aliqua sententia effici possit, alii viderint: ego monere satis habebo, ejusmodi scribendi rationem et ineptam et obscuram in summum virum Basilium non convenire. Cum auctor multa dixisset de adolescente prodigo, tum demum Petri et Pauli mentionem facit, hoc modo (pag. 606): Πέτρος τρὶς ἀπαρνεῖται, καὶ κεῖται ἐν Ὀσμελίῳ. Παῦλος ἀπὸ διωκτὸς κῆρυξ. Ἀλλ' ἐνταῦθά ἐστι ζήτημα. Ἀλλὰ τί λέγει

(a) Epist. ad Amphil.

(b) Muret., *Var. lect.* lib. VIII, c. 25.

αὐτός· Ἰησοῦς Χριστὸς ἦλθεν εἰς τὸν κόσμον ἁμαρτωλοὺς σῶσαι, ὧν πρῶτός εἰμι ἐγώ. Τὸ ἴδιον ἐλάττωμα φανεροῖ, ἵνα δείξῃ τὸ μέγεθος τῆς χάριτος. Ἀλλὰ Πέτρος εἰπὼν καὶ εὐλογηθεὶς, εἰπὼν· ὅτι Υἱός εἶ τοῦ Θεοῦ τοῦ ὑψίστου, καὶ ἀκούσας, ὅτι· Πέτρα εἶ, ἐνεγκωμιάσθη. Εἰ γὰρ καὶ πέτρα, οὐχ ὡς Χριστὸς πέτρα, ὡς Πέτρος πέτρα. Χριστὸς γὰρ ὄντως πέτρα ἀσάλευτος, Πέτρος δὲ διὰ τὴν πέτραν. *Petrus ter negat, tamen in fundamento collocatur. Paulus ex persecutoribus factus est prædicator. Sed hic quæstio est. Quid autem dicit ipse?* « *Jesus Christus venit in mundum, ut peccatores salvos faceret, quorum primus sum ego* ᵃ. » *Declarat suum ipsius vitium, ut gratiæ magnitudinem ostendat. At dixerat Petrus, et benedictionem consecutus fuerat; dixerat :* « *Filius es Dei altissimi* ᵇ; » *cumque audisset,* « *Petra es,* » *præconio nobilitatus est. Quanquam autem petra est, non ut Christus petra, ut Petrus petra. Christus enim vere petra est inconcussa : Petrus vero propter petram.* Ubique abjectum est dicendi genus, et humile ; sed præterquam quod hoc loco sermo humilis est et abjectus, aliqua dicta sunt ineptissime. Quid enim illa loquendi ratione, ἀλλὰ Πέτρος εἰπὼν καὶ εὐλογηθεὶς, εἰπὼν ὅτι, *at Petrus locutus, et benedictionem consecutus, locutus,* aut ineptius est, aut absurdius? Fortasse non videbuntur meliora quæ sequuntur, ὡς Πέτρος πέτρα, *ut Petrus petra.* Scriptorem quæstionem quamdam hic proposuisse, nec tamen imitatum fuisse bonos scriptores, qui, cum quæstionem aliquam instituunt, ejus rationem paucis explanant, dissimulare volui. Magnus ille dicendi magister quisquis est, aliquanto post ita loquitur (pag. 607) : Μέγας ἦν ὄντως Ἀβραάμ· οὕτως ἦν μέγας, διότι γῆ ἐστι καὶ σποδός. *Vere magnus erat Abraham : tantus erat, quoniam terra est et cinis.* Ubi non obscurum est vocem διότι positam fuisse pro ὅμως, ut sit, *tamen terra est cinis.* Cum scriptor talia superius de multiplici justitia dixisse non satis haberet, ita persequitur (ibid.) : Τὸ μὲν ἓν λογίζεται κακὸν, τὰ δὲ πολλὰ ἀγαθὰ οὐ λογίζεται Θεός; Πόσοι μάρτυρες πρῶτον ἀρνησάμενοι, τὸ δεύτερον ἀνεκαλέσαντο τὴν ἧτταν; Ἀλλ' ἀρνησάμενοι, οὐχὶ τῇ διανοίᾳ, ἀλλὰ τῇ γλώττῃ. Ἡ σὰρξ γὰρ ἀσθενής. Ἀπαρνούμενος ἐκπίπτει, πάλιν ὁμολογῶν ἀνακαλεῖται. Οὐ γὰρ τὰ κακὰ φυλάττει ὁ Θεὸς, τὰ δὲ καλὰ ἀθετεῖ. Καὶ βασανιζόμενός τις, πολλάκις ἐνέδωκε μὴ ἐνεγκὼν, οὐ τὴν προθυμίαν, ἀλλὰ τὸν πόνον· ἀλλὰ κατενεχθεὶς καὶ ἄνεσιν λαβὼν ἀνακαλεῖται. Τὸ μικρὸν ῥῆμα φυλαχθήσεται αὐτῷ, αἱ δὲ βάσανοι οὐκ ἀριθμηθήσονται; Ἀλλὰ Θεὸς κριτὴς, οὐκ ἀνθρώπων ἡ τόλμα. Τολμᾷς νομοθετεῖν Θεῷ, ὃς οἶδε τὴν ἀσθένειαν, καὶ χορηγεῖ τὴν βοήθειαν, καὶ δώσει τὴν νίκην; Πόσοι οὐκ ἀπὸ καλοῦ βίου ἐμαρτύρησαν; Ἆρα ἐπειδὴ ἐπέστρεψεν ἐπιθυμία, ἀποστερηθήσονται τῶν καμάτων; Οὐκ ἄγγελοί ἐσμεν, ἀλλ' ἄνθρωποι. Καὶ πίπτομεν καὶ ἐγειρόμεθα, καὶ πολλάκις τῆς αὐτῆς ὥρας.... Εἰ δὲ οὐδενὸς ἁμαρτήσαντος ἡ ἄφεσις, ἡ διαφορὰ ἦν ἐν τῇ ποικιλίᾳ. Ἀλλὰ ἐπειδή. *Unumne malum reputat Deus, multa vero bona non reputat? Quot martyres qui primum negarant, rursus redintegrata pugna cladem resarsere? Sed negarant non animo, sed lingua. Caro namque infirma est. Excidit qui abnegat , rursus cum confitetur, instauratur. Nec enim mala observat Deus, bona vero nullo loco numerat. Et cum quis torqueretur, sæpenumero cessit, cum ferre non posset, non commutans voluntatis propositum, sed labore victus : at dimissus, ac requiem nactus, restauratur. Servabiturne dictum breve adversus illum, tormenta vero non enumerabuntur? At Deus judex est, non hominum audacia. Audes legem præscribere Deo, qui infirmitatem novit, et suppeditat auxilium, dabitque victoriam? Quot sunt qui post vitam malam martyrium sustinuerunt? Num quoniam cupiditas illexit, privabuntur laboribus? Non angeli sumus, sed homines, et cadimus et resurgimus, idque sæpenumero hora eadem.... Quod si nemini qui peccasset, daretur venia, esset discrimen in varietate.* Quot voces, tot fere peregrinitatis atque νοθείας argumenta. *Unumne malum,* inquit, *reputat Deus, multa vero bona non reputat?* Ita est, *unum malum* aliquando *reputat Deus, multa vero bona non reputat*; neque id ignorare potuit Basilius. Noverat enim doctor egregius, hominem nonnunquam ob unicum mortale peccatum justo Dei judicio et deseri et perire. Sed audiendus est ipse, qui cum quadraginta martyrum laudes celebraret, ita de misero quodam milite locutus est (a) : Ὡς δὲ οἱ μὲν ἠγωνίζοντο, ὁ δὲ ἐπετήρει τὸ ἐκβησόμενον, εἶδε θέαμα ξένον, δυνάμεις τινὰς ἐξ οὐρανῶν κατιούσας, καὶ οἷον παρὰ βασιλέως δωρεὰς μεγάλας διανεμούσας τοῖς στρατιώταις· αἱ τοῖς μὲν ἄλλοις πᾶσι διῄρουν τὰ δῶρα, ἕνα δὲ μόνον ἀφῆκαν ἀγέραστον, ἀνάξιον κρίνασαι τῶν οὐρανίων τιμῶν· ὃς εὐθὺς πρὸς τοὺς πόνους ἀπαγορεύσας, πρὸς τοὺς ἐναντίους ἀπηυτομόλησεν. Ἐλεεινὸν θέαμα τοῖς δικαίοις, ὁ στρατιώτης φυγὰς, ὁ ἀριστεὺς αἰχμάλωτος, τὸ Χριστοῦ πρόβατον θηριάλωτον· καὶ τό γε ἐλεεινότερον, ὅτι καὶ τῆς αἰωνίου ζωῆς διήμαρτε, καὶ οὐδὲ ταύτης ἀπέλαυσεν, οὕτως αὐτῷ τῆς σαρκὸς ἐν τῇ προσβολῇ τῆς θέρμης διαλυθείσης. Καὶ ὁ μὲν φιλόζωος ἔπεσεν ἀνομήσας διακενῆς, ὁ δὲ, etc. *Cum autem ii decertarent, custos vero eventum observaret, spectaculum mirum vidit, virtutes quasdam e cœlis descendentes, et velut a rege munera magna distribuentes : quæ aliis quidem omnibus dona dispertiebant, sed tamen unum reliquerunt non donatum, indignum eum judicantes honoribus cælestibus : qui statim ob dolorem cedens, transfugit ad adversarios. Miserabile spectaculum justis ; miles transfuga, vir*

ᵃ I Tim. I, 15. ᵇ Matth. XVI, 16 et 18.

(a) Tom. II, hom. 19, n. 7.

strenuissimus captivus, direpta a lupo ovis Christi: atque illud miserabilius, quod et æternam vitam amisit, et ne hac quidem fruitus est, carne ipsius ad caloris accessum statim exsoluta. Et hic quidem vitæ amans, frustra admisso scelere cecidit: lictor vero, etc. Ecce unus miles, multiplici justitia quasi onustus, qui diu pertulerat vim tormentorum, qui tantum non ad mortem usque restiterat, qui tantum non fuerat coronatus, semel negavit, et in sempiternum tempus periit. Non comparantur cum malis bona, neque numerantur: at Deus justo et arcano judicio semel lapsum militem pœnis æternis addixit. Quomodo ergo Basilius, a quo hujus militis historiam audivimus, dicere potuisset quæ in controversa hac oratione leguntur: *Quantumvis sane cadat fortis, cito resurgit,* cum ipse hoc militis exemplo docuerit virum strenuissimum cecidisse, nec tamen unquam resurrexisse? Quomodo rursus ita loqui potuisset: *Quid enim vis, unumne peccatum imputari sanctis, an justitiam multam? Fecit peccatum, at fecit etiam justitias multas.* Quid justum est apud justum Deum, paucorumne meminisse, an multorum oblivisci?...... Si peccata plura sunt, sit peccator: sin justitiæ plures, sit justus, cum ipse narret militi justo (nisi enim fuisset justus, ejus exemplum justis non fuisset propositum) imputatum esse unum peccatum, non justitiam multam? Rursus quomodo ita scribere potuisset: *Et cum quis torqueretur, sæpenumero cessit, cum ferre non posset, non commutans voluntatis propositum, sed dolore victus,* quasi res nihili sit, si quis ob dolorem fidem neget, cum ipse tradiderit militem, qui dolore victus cesserat, tamen vitam æternam amisisse. Sed ad locum, quem ultimo loco proposuimus, redeamus. Ita igitur auctor loquebatur: Πόσοι μάρτυρες πρῶτον ἀρνησάμενοι, τὸ δεύτερον ἀνεκαλέσαντο τὴν ἥτταν; Ἀλλ' ἀρνησάμενοι, οὐχὶ τῇ διανοίᾳ, ἀλλὰ τῇ γλώττῃ. *Quot martyres qui primum negarant, rursus redintegrata pugna cladem resarserunt? Sed negarant non animo, sed lingua.* Quasi vero parum esset lingua negare, modo non negaretur animo. Longe alia est doctrina Basilii, cujus hæc sunt in ea quam de martyre Gordio habuit oratione (a): *Jam igitur beatum hunc virum morte ad vitam properantem circumstantes amici cum gemitibus amplectebantur, ac extremam salutem dicebant, atque effusis ferventibus lacrymis, precabantur ne semet traderet igni, ne suam absumeret juventutem, ne jucundum hunc solem derelinqueret. Alii consiliis ad persuadendum idoneis eum decipere nitebantur: Nega verbo solo: in animo vero, ut voles, serva fidem. Utique non attendit Deus linguam, sed loquentis mentem. Ita enim tibi licebit et judicem mitigare, et Deum propitium reddere. At ille inflexibilis erat et indomitus, nec ullo tentationum impetu* A *vulnerari poterat....* Et vero spiritualibus oculis circumcurrentem diabolum cum cerneret, concitantem alium ad lugendum, adjuvantem alium ad persuadendum, plorantibus quidem illud Domini verbum dixit: « *Nolite flere super me* [10], » *sed flete super hostes Dei, qui in pietatis cultores talia audent, quique per hanc flammam quam ad nos comburendos accendunt, gehennæ ignem sibimet parant.... Aliis vero, qui ut lingua negaret suadebant, respondit, linguam quæ a Christo creata erat, quidquam in Conditorem loqui non posse.* « *Corde enim credimus ad justitiam, ore vero confitemur ad salutem* [11].... » *quomodo igitur negabo Deum meum quem a puero adoravi? Nonne horrescet cœlum desuper? nonne obscurabuntur mea causa sidera? num tellus me ullo* B *modo sustinebit?* « *Nolite errare, Deus non irridetur* [12]. » *Ex ore nostro nos judicat, ex verbis justificat, exque verbis condemnat. Annon legistis tremendam hanc Domini comminationem?* « *Qui negaverit me coram hominibus, negabo et ego eum coram Patre meo, qui in cœlis est* [13]. » *Cur autem hæc simulem suadetis? ut mihi quidpiam ex tali arte comparem? ut paucos dies lucrifaciam? at jacturam faciam totius æternitatis: ut effugiam carnis dolores? sed nequaquam videbo bona justorum. Perire soleter, et astute ac dolose æternum sibi supplicium accersere, manifesta fuerit dementia.* Hæc, etsi longiora, hoc loco referre libuit, ut utriusque doctrina, Basilii et auctoris, altera cum altera commodius comparetur, utque ex sententiarum diversitate plane constet hanc de qua controversia est, orationem Basilio tribui merito non posse. Et vero Basilius, qui ea quæ edidimus dicentem Gordium induxit, quomodo ita loqui potuisset: *Quot martyres, qui primum negarant, rursus redintegrata pugna cladem resarsere? negarant autem non animo, sed lingua,* tanquam si res levis sit lingua negare. Præterea libenter quærerem ab auctore, si viveret, quot sunt, qui cum semel negassent, nunquam redintegrarunt pugnam, nec unquam cladem resarserunt. Velim autem illud notetur maxime, militis exemplum a Basilio proponi non peccatoribus, sed justis (*spectaculum,* inquit, *justis miserabile*): sic ut simul et perniciosam illam auctoris de multiplici justitia D sententiam funditus evertat, et justos moneat ut caveant sibi, ne forte et ipsi ob unicum scelus æterno igni tradantur. Sed, ut jam dixi, si nihil aliud impediret quominus oratio hæc Basilio tribueretur, ipsum certe dicendi genus per se sat's esset: quod rursus ex ultimo loco confirmari potest. Ita enim locutum auctorem vidimus, καὶ βασανιζόμενός τις πολλάκις ἐνέδωκε μὴ ἐνεγκών, οὐ τὴν προθυμίαν, ἀλλὰ τὸν πόνον, *et cum quis torqueretur, sæpenumero cessit, cum ferre non posset, non commutans voluntatis propositum, sed labore victus:*

---

[10] Luc. XXIII, 28. [11] Rom. x, 10. [12] Galat. VI, 7. [13] Matth. x, 33.

(a) Hom. 18, n. 6 et 7.

ubi illud, οὐ τὴν προθυμίαν, ἀλλὰ τὸν πόνον, per ellipsim dictum, violenti aliquid et inusitati præ se fert. Basilius cum de misero illo milite loqueretur, ita superius scripserat, πρὸς τοὺς πόνους ἀπαγορεύσας, non per ellipsim, τοὺς πόνους. Mox sequitur: Εἰ δὲ οὐδενὸς ἁμαρτήσαντος ἡ ἄφεσις, ἡ διαφορὰ ἦν ἐν τῇ ποικιλίᾳ· *quod si nemini qui peccasset, daretur venia, discrimen esset in varietate :* quod et obscurissimum et ineptissimum esse nemo non videt. Scio quidem doctissimum virum Combefisium ut alios quosdam, ita hunc ultimum locum emendare voluisse : sed cum id non fecerit ex veterum librorum auctoritate, sed de suo, emendationum illius non habenda est ratio, magisque vellem fassus fuisset, id quod res est, hanc orationem optimi scriptoris Basilii non esse. Tunc enim de ea emendanda non tantopere laborasset; nec ei mirum fuisset malum auctorem male mala scripsisse.

§ VII. *De homilia adversus eos qui calumniantur nos, quod tres deos colamus.*

20. Hanc orationem nemo hactenus, quod sciam, in spuriis posuit. Tillemontius (a), ubi alias orationes recenset, de iisque judicium profert, hujus vix meminit, sed sic tamen, ut alio loco ipsam Basilio aperte tribuat. Ego autem ob argumenti gravitatem optabam phrasim atque sententias Basilio Magno dignas in hac oratione invenire : sed quo magis eam legi, eo magis mihi ipse persuasi ipsam indignam esse, quæ tanto viro tribueretur. Apud Basilium omnia propriis et accommodatis ad id quod agitur vocibus exprimuntur : et, ubi non exspectes, aliquid plerumque reconditæ eruditionis latet. Nusquam Basilius sui dissimilis est : sed ubique se præstat eum, qui jure oratorum optimus habitus sit. Prætereaque illius oratio ita naturalis est, ut nihil præter exspectationem audias : sed omnia tam apte tamque convenienter inter se connectuntur, ut fateare necesse sit nihil aut melius aut convenientius dici potuisse. Horum autem nihil in hac concione inveniri, omnes, opinor, facile intelligent, si eam paulo attentius legere voluerint. Interea ego loca quædam, quibus maxime hæc oratio suspecta reddi possit, ut occurrent, in medium adducam. Primum igitur sub principium orationis ita legitur (pag. 609) : Διὸ εἰ ὁ ἀγαπητὸς μισεῖται, τί μέγα εἰ ἡμεῖς τοῦ μίσους ἀξιούμεθα παρ᾽ ἀνθρώποις, οἷς περισσεύει τὸ κτῆμα τοῦ μίσους; *Quapropter si dilectus odio habetur, quid est magni si nos apud homines, apud quos odii possessio abundat, odio digni habeamur?* Duæ hæ voces, ἀγαπητός et κτῆμα, mihi non videntur satis sapere morem ac ingenium Basilii. Fortasse Basilius, cum Psalmos interpretaretur, voce simplici ἀγαπητός uti potuit ad unigenitum Dei Filium significandum : sed ipsum hac ipsa voce sola et simpliciter ad eumdem indicandum in aliis suis orationibus nunquam usum fuisse non puto. Vox vero κτῆμα idcirco displicet, quod ad hunc locum non satis accommodata esse videatur. Qui enim illud audit, οἷς περισσεύει τὸ κτῆμα τοῦ μίσους, *apud quos abundat possessio odii,* is, si in legendis Basilii libris diligenter versatus sit, statim, nisi valde fallor, novum quiddam et peregrinum audire sibi videbitur. Totum illud (ibid.) : Τίς μοι δώσει θέατρον τὴν οἰκουμένην ἅπασαν, καὶ φωνὴν σάλπιγγος εὐτονωτέραν, καὶ θρήνους Ἱερεμίου, καὶ δάκρυον δαψιλὲς καταρρῆξαι καρδίαν ὀδύναις συντετριμμένην, καταχέασθαι κόνιν τὴν νῦν ἐκ τῆς ἀτιμίας ἡμῖν κατακεχυμένην, πενθῆσαί τε τὴν κοινὴν συμφοράν· ὅτι ἐπιλέλοιπεν ἡ ἀγάπη ἡ ῥίζα τῶν ἐντολῶν. *Quis mihi dabit theatrum universum orbem terrarum, et vocem tuba validiorem, et lamentationes Jeremiæ, et lacrymas uberes, quibus cor doloribus contritum dirumpam, pulveremque nobis nunc ignominiose aspersum perfundam, et deplorem calamitatem communem? quippe defecit mandatorum radix charitas :* totum, inquam, illud fragmentum in hominem grandiloquum convenire potest, non in Basilium Magnum, qui omnia eloquentiæ ornamenta cum mira quadam simplicitate solertissime conjungere solet. Et ut magis intelligatur quam alienum sit a Basilii moribus ejusmodi dicendi genus turgidum et inflatum, exemplum unum ex quo de aliis judicari possit, in medium proferre non pigebit. Etsi igitur Basilius sæpe Christianorum inter se dissensiones ac jurgia memorat, tamen libro *De Spiritu sancto* copiosius et accuratius quam aliis locis miserabilem illum Ecclesiæ statum describit. Ergo sicubi, illic maxime tumido illo loquendi genere uti Basilium decebat : sed tamen ne ibi quidem turget illius oratio, at simplex est, et ab omni emphasi alienissima. Postquam enim tot ac tanta mala recensuisset, hoc modo loquitur (b) : Διὰ ταῦτα λυσιτελεστέραν τοῦ λόγου τὴν σιωπὴν ἐτιθέμην, ὡς οὐ δυναμένης φωνῆς ἀνθρώπου διὰ τοσούτων θορύβων εἰσακουσθῆναι. Εἰ γὰρ ἀληθῆ τὰ Ἐκκλησιαστοῦ ῥήματα, ὅτι λόγοι σοφῶν ἐν ἀναπαύσει ἀκούονται, πολλοῦ ἂν δέοι πρέπειν τῇ νῦν καταστάσει τὸ περὶ τούτων λέγειν. *Has ob res silere utilius judicavi, quam loqui, tanquam hominis vox per tantos tumultus exaudiri non possit. Nam si vera sunt, quæ dixit Ecclesiastes* [14], *verba sapientum in quiete audiri, plurimum abest, ut in hoc rerum statu de his loqui conveniat.* In eo quem mox exscribam loco variant inter se libri, nam aliquot codices et editi ita habent (pag. 609) : Τούτου γὰρ ἕνεκα ἐκεῖνοι τὰς πανηγύρεις ταύτας ἐμηχανήσαντο, ἵνα τὴν ἐκ τῶν χρόνων ἐγγινομένην ἀλλοτρίωσιν διὰ τῆς τῶν καιρῶν ἐπιμιξίας ἀνανεώσωσι, καὶ τοὺς τὴν ὑπερορίαν οἰκοῦντας, ἕνα τοῦτον καταλαβόντας τόπον, ἑαυτοῖς ἀρχὴν φιλίας καὶ ἀγάπης

[14] Eccle. ix, 17.

(a) Tom. IX, p. 301 et 263.　　　　(b) Lib. *De Spiritu S.*, cap. 30.

τὴν συντυχίαν παρέχοιεν : sic vero vetus liber Harleanus, ἵνα...... ἀνανεοῦσθαι...... παρέχειν. Neutram autem loquendi rationem arbitror satis idoneam esse. Etenim si legas, ἵνα..... ἀνανεώσωσι..... παρέχοιεν, ita scribi oportuisset, καὶ οἱ τὴν ὑπεροψίαν οἰκοῦντες, ἕνα τοῦτον καταλαβόντες τόπον, etc., nec aliter scripsisset Basilius : sin legas, ἵνα..... ἀνανεοῦσθαι...... παρέχειν, non erit quidem causa ulla, cur voces οἰκοῦντας et καταλαβόντας reprobentur, sed alium quemvis potius auctorem loquentem induces quam Basilium, apud quem, opinor, vocula ἵνα cum infinitivo conjuncta non invenitur. Sed, quod multos magis movere poterit, illud, ἀνανεοῦσθαι et παρέχειν, videtur emendatio esse librarii alicujus, qui cum videret voces οἰκοῦντας et καταλαβόντας necessario infinitivum exposcere, pro ἀνανεώσωσι et παρέχοιεν scripsit ἀνανεοῦσθαι et παρέχειν. Cum enim unicus duntaxat liber vetus habeat ἀνανεοῦσθαι et παρέχειν, alii autem omnes habeant ἀνανεώσωσι et παρέχοιεν, non immerito auctor ipse ita scripsisse putandus est. Satis de verbis hujus periodi : nunc de ipsa sententia loquamur. Quod igitur scriptor ait, *adinventos fuisse conventus, ut animorum alienatio renovetur*, id non prudenter dictum est. Dici oportuerat fieri conventus, non ut ejusmodi alienatio instauretur, sed ut penitus e medio tollatur. Nam renovanda erat pax atque concordia : alienatio vero, quæ pacem atque concordiam interruperat, prorsus abolenda. Quare cum scriptor ita locutus est, videtur aliud cogitasse, aliud expressisse. Non enim dubito quin voluerit dicere, renovandam esse concordiam, sed dixit renovari debere alienationem. Aliquanto post cum auctor significare vellet, accusuri se a quibusdam, quod multos deos introduceret, ita loquitur (pag. 610) : Μαρτυρήσατε τῇ ἀληθείᾳ καὶ ἡμῖν, πρὸς τοὺς ἐπιβουλοῦντας τὰ τοιαῦτα, ὅτι ἄρα ἡμεῖς τὴν παλαιὰν δωρεὰν ἀνενεωσάμεθα. *Reddite testimonium veritati et nobis, adversus eos qui talia divulgant, videlicet quod nos donum vetus instauravimus.* Ubi nemo non videt vocem δωρεὰν improprie et inepte ad id significandum positam fuisse : alius quivis, eorum saltem qui apte loqui student, voce πλάνη aut simili usi fuissent, *adversus eos qui talia divulgant, videlicet quod errorem veterem instauravimus.* In eo quoque quod mox subjiciam, auctor, quisquis est, longissime discessit a consuetudine Basilii, qui non ita acerbe in suos adversarios invehi solet. Studebat vir humanissimus, non insultare suos accusatores, sed eos ad veritatis cognitionem adducere. Eo autem, quem dico, loco ita scriptum invenitur : Τί ὑποκρύπτεις σεαυτοῦ τὴν ἐπήρειαν; Ψεύδῃ, κατηραμένε, λέγων παρ' ἡμῖν τρεῖς θεοὺς καταγγέλλεσθαι. *Quid occultas tuam ipsius calumniam? Mentiris, vir exsecrande, cum ais deos tres a nobis prædicari.* Ita auctor persequitur, καὶ οὐ λέγεις ἐκ τοῦ προφανοῦς, ὅτι ἡμεῖς ἐσμεν οἱ τοὺς κτίσμα τὸ Πνεῦμα τὸ ἅγιον λέγοντας ἀναθεματίζοντες. Ταύτην τὴν κατηγορίαν δέχομαι· ἐπὶ τούτῳ πῦρ καὶ ξίφος ἠκονημένον ὑφίσταμαι· κἂν ὁ τρόχος καταρράσσῃ, κἂν βασανιστήρια ἐπ' ἐμὲ κινῆται, ἐν τῇ αὐτῇ πληροφορίᾳ δέχομαι τὰ βασανιστήρια, ἐν ᾗ καὶ οἱ μάρτυρες οἱ ἐνταῦθα κείμενοι τῶν στεφάνων ἠξιώθησαν. *Nec aperte dicis nos ipsos esse, qui eos qui Spiritum sanctum creaturam dicunt, anathemate ferimus. Hanc accusationem admitto : eam ob causam ignem subibo et gladium exacutum : sive rota collidat, sive tormenta in me moveantur, eadem animi persuasione perferam tormenta, qua martyres hic jacentes coronas consecuti sunt.* Prævideo quidem non defuturos, quibus hæc verba primo aspectu valde admodum placitura sint, quique ipsa inveniant dignissima, quæ Basilius Magnus pronuntiarit, cum a viro, qui animo excelso esset et elato, prolata fuisse negari non possit : sed tamen illi ipsi, si rem attentius considerarint, statim, opinor, animadvertent, hæc esse verba hominis constantia atque fortitudine sua præfidentis, quique jactantior videri possit. Et ut melius intelligant hæc longius a Basilii modestia abesse, quam ut ei tribui possint, velim diligenter comparent quæ hic dicuntur, cum iis quæ aliis locis simili in re scripsit Basilius. Potest autem legi ea oratio, cui titulus, *Contra Sabellianos et Arium et Anomæos* (a), in qua vir gravissimus modestiæ suæ specimina quædam reliquit. In hac igitur oratione Basilius pariter conqueritur instrui sibi calumniam, in eademque pariter profitetur Spiritum sanctum creaturam non esse, nec tamen quidquam de se magnificentius prædicat, sed simpliciter ac modeste ita loquitur (b) : Ἀλλὰ γὰρ πάλαι ὁρῶ δυσανασχετοῦντας ὑμᾶς πρὸς τὸν λόγον, καὶ μονονουχὶ ἀκούειν δοκῶ, ὅτι τοῖς ὁμολογουμένοις ἐνδιατρίβων, τῶν πολυθρυλλήτων ζητημάτων οὐχ ἅπτομαι· πᾶσα γὰρ ἀκοὴ νῦν πρὸς τὴν ἀκρόασιν τῶν λόγων τῶν περὶ τοῦ ἁγίου Πνεύματος ἀνηρέθισται. Ἐγὼ δὲ μάλιστα ἠβουλόμην, ὡς παρέλαβον ἁπλοϊκῶς, ὡς συνεθέμην ἀνεπιτηδεύτως, οὕτω παραδιδόναι τοῖς ἀκούουσι. Ἐπειδὴ δὲ περιεστήκατε ἡμᾶς, δικασταὶ μᾶλλον ἢ μαθηταὶ, ἡμᾶς δοκιμάσαι βουλόμενοι, οὐκ αὐτοί τι λαβεῖν ἐπιζητοῦντες, ἀνάγκη ἡμᾶς ὥσπερ ἐν δικαστηρίῳ τὴν ἀντιλογίαν προτείνεσθαι, καὶ ἀεὶ μὲν ἀνακρίνεσθαι, ἀεὶ δὲ λέγειν ἃ παρειλήφαμεν. *Sed jamdiu sermonem nostrum moleste ferre vos video, et tantum non audire me puto, quod confessis immorans, quæstiones valde decantatas non attingam. Omnium enim aures arrectæ nunc sunt, ut de Spiritu sancto aliquid audiant. Ego vero velim maxime, sicut traditum simpliciter accepi, sicut ingenue et candide assensus sum, sic et auditoribus tradere..... Quoniam autem circumstatis nos, judices magis quam discipuli, qui probare nos velitis, non autem quidquam discere quæratis, ne-*

(a) Tom. II, hom. 24.   (b) Num. 4, p. 135.

cesse nobis est velut in judicio iis quæ objiciuntur respondere, semperque interrogari, et semper quæ accepimus dicere. Ejusdem modestiæ exempla ut in hac oratione, ita multis aliis locis cuique apud sanctissimum Patrem videre licet. Quare mihi quidem persuasissimum est ita affectum fuisse Basilium, ut tormenta omnia perferre paratus esset ad defendendam Spiritus sancti divinitatem : sed non facile adducar, ut credam modestissimum virum talia qualia audivimus, de seipso jactantius prædicasse. Præterea inter cæteras ingenii laudes, quas doctissimus vir Erasmus Basilio tribuit, hæc quoque reperitur, ipsum Scripturarum testimonia tam concinne admiscere orationi suæ, ut gemmas purpuræ non assutas, sed ibi natas dicas : quomodo ergo ineptissime illud Joannis, *Cum venerit Paracletus*, ita citasset, Ὅταν ἔλθη ὁ Παράκλητος, νῦν ἀνεγινώσκετο. Σὺ δέ... *Cum venerit Paracletus*[15], *nunc legebatur. Tu vero*, etc. Vir aliquis imperitus Scripturam ita præpostere citare potuit, non magnus ille Basilius, qui Scripturæ verba aptius locare optime noverat. Nec illud omittam, ubi paulo post legitur (pag. 611) : Ὥσπερ οὐκ ἔνι συναγέννητος Θεὸς ἕτερος, οὕτως, etc. *Sicut non est Deus alter, qui quoque una cum ipso sit ingenitus, ita*, etc., ibi mihi videri exoticum quiddam inesse. Basilius enim ἔνι pro ἐστί uti non solet. Quod si cuipiam ex suo sensu de aliis judicare fas esset, testimonium quod proferam vel unicum satis esset ad hanc orationem repudiandam. Is autem, quem dico, locus ejusmodi est (ibid.) : Διὰ τὸ σῶμα ἔλαβε νέφος τὸ σῶμα ὁ Λόγος, ἵνα μὴ καταφλέξῃ τὰ ὁρώμενα. *Propter corpus Verbum nubem assumpsit, corpus videlicet, ne res visibiles combureret.* Pauci sane, si publicam orationem ad populum haberent, ita loqui vellent, διὰ τὸ σῶμα ἔλαβε νέφος τὸ σῶμα ὁ Λόγος, *causa corporis, Verbum nubem assumpsit, corpus videlicet,* cum in his verbis insit mystici aliquid, quod oratorium dicendi genus non deceat : sed nullus, nisi valde fallor, hactenus dixit, neque serio in postarum dicet, ideo corpus a Domino assumptum fuisse, ne res visibiles combureret. Et vero ejusmodi Incarnationis causa mihi videtur a communi hominum sensu tam aliena, ut eam nulli alteri unquam in mentem venisse putem. Sed, ut nunc de cæteris taceam, affirmare ausim Basilium, hominem acerrimo judicio præditum, de tam inepta ratione ne per somnium quidem cogitasse. Fortasse auctor timebat, ne Verbum æternum, nisi indueret carnem, totum terrarum orbem Phaethontis exemplo concremaret.

21. Arbitror igitur hanc concionem Basilii non esse : sed alicujus, qui eum imitari voluerit. Mihi enim verisimile fit ejus auctorem, quicunque ille fuit, sibi imitandam proposuisse orationem eam, quæ inscribitur, *Contra Sabellianos, et Arium et Anomæos* : qua de re vix dubitaturum puto, qui duas has orationes diligenter legerit (tom. II, hom. 24). Velim autem studiosi attendant maxime ad insignia quædam loca, quæ hic apponere non pigebit. Basilius igitur sic loquitur (pag. 191 et seq.) : Δεινὴ γὰρ ἀγνωμοσύνη μὴ καταδέχεσθαι τὰ διδάγματα τοῦ Κυρίου, εὐκρινῶς διιστῶντος ἡμῖν τῶν προσώπων τὴν ἑτερότητα. Ἐὰν γὰρ ἀπέλθω, φησί, παρακαλέσω τὸν Πατέρα, καὶ ἄλλον πέμψει Παράκλητον ὑμῖν. Οὐκοῦν Υἱὸς μὲν ὁ παρακαλῶν, Πατὴρ δὲ ὁ παρακαλούμενος, Παράκλητος δὲ ὁ ἀποστελλόμενος. Ἆρ' οὖν οὐ φανερῶς ἀναισχυντεῖς ἀκούων, ἐγὼ περὶ τοῦ Υἱοῦ, ἐκεῖνος δὲ περὶ τοῦ Πατρός, ἄλλος περὶ τοῦ Πνεύματος τοῦ ἁγίου, καὶ πάντα φύρων;.... Καὶ μή μοι περιδραμόντες, ὅσοι ἢ μὴ τελείως τοῖς λεγομένοις ἠκολουθήσατε, ἢ πρὸς ἐπήρειαν ἡμᾶς περιεστήκατε, οὐ λαβεῖν τι παρ' ἡμῶν ὠφέλιμον ἐπιζητοῦντες, ἀλλὰ λαβέσθαι τινὸς τῶν λεγομένων ἐπιτηροῦντες, εἴπητε · δύο θεοὺς κηρύσσει...... Ἐπειδὴ δὲ περιεστήκατε ἡμᾶς, δικασταὶ μᾶλλον ἢ μαθηταί, ἡμᾶς δοκιμάσαι βουλόμενοι, οὐκ αὐτοί τι λαβεῖν ἐπιζητοῦντες..... Οἱ δὲ χωρίζοντες Πατρὸς καὶ Υἱοῦ, καὶ τῇ κτίσει συναριθμοῦντες τὸ Πνεῦμα, ἀτελὲς μὲν ποιοῦσι τὸ βάπτισμα, ἐλλιπῆ δὲ τὴν ὁμολογίαν τῆς πίστεως..... Οὕτω μὲν οὖν οὔτε καινοτομῶ ῥήματα, οὔτε ἀθετῶ τὴν ἀξίαν · τοὺς δὲ τολμῶντας κτίσμα προσαγορεύειν, στενάζω καὶ ὀδύρομαι. *Nam ingens improbitas est, non suscipere documenta Domini, qui nobis perspicue aliam personam ab alia distinguit.* ‹ *Si enim abiero, inquit, rogabo Patrem, et alium Paracletum mittet vobis*[16]. › *Itaque Filius est qui rogat, Pater est qui rogatur, Paracletus vero, qui mittitur. Nonne ergo aperte impudens es, qui cum audias, ego de Filio, ille de Patre, alius de Spiritu sancto, misces tamen omnia?....... Et mihi, quotquot aut non perfecte dicta assecuti estis, aut calumniandi causa nos circumstatis, non quærentes ut ex nobis aliquid capiatis emolumenti, sed observantes ut aliquid eorum quæ dicimus carpatis, ne circumcursantes dixeritis : Prædicat deos duos..... Quoniam autem circumstatis nos, judices magis quam discipuli, qui probare nos velitis, non autem quidquam discere quæratis... Qui enim separant a Patre et Filio, et inter creaturas numerant Spiritum, ut baptismum imperfectum, ita faciunt confessionem fidei imperfectam..... Sic igitur neque sum verborum architectus, neque majestatem Spiritus reprobo : sed eos qui creaturam appellare audent, deploro defleoque.* Auctor vero ita scripsit (pag. 610, 612) : Οἱ πλεῖστοι τῶν παρόντων κατάσκοποι, μᾶλλόν εἰσι κατάσκοποι τῶν λεγομένων, ἢ μαθηταὶ τῶν διδαγμάτων · καὶ λόγος ἐπιζητεῖται οὐ πρὸς οἰκοδομὴν τῶν παρόντων, ἀλλὰ πρὸς ἐπήρειαν τῶν ἐφεδρευόντων · κἂν μέν τι λεχθῇ συμβαῖνον ταῖς ἐπιθυμίαις τῶν ἐξοστρακιζόντων τὴν γνώμην, ἀπῆλθε καταδεξάμενος ὡς τὸ ἴδιον εὑρὼν παρ' ἡμῖν..... Ἐκεῖ ἀντικαταστήσονταί μοι οἱ τὴν ἐπήρειαν ταύτην ῥάπτοντες..... Τί...... ἐμοὶ πολεμεῖ; ;

[15] Joan. xv, 26. [16] Joan. xiv, 16.

εἰ πιστεύω εἰς Πατέρα, εἰ ὁμολογῶ τὸν Υἱὸν, εἰ μὴ ἀθετῶ τὸ Πνεῦμα. Εἰ ὁ Τριάδα ὁμολογῶν, τρεῖς ὀνομάζει θεοὺς, ἀθετεῖ τὸ βάπτισμα, καὶ πολεμεῖ τῇ πίστει..... σὺ δὲ ταῖς συκοφαντίαις ἀφορμὴν εἰς ἐπήρειαν τέθεικας..... Οὐ δέχῃ τοίνυν τοῦ Παρακλήτου τὴν εὐεργεσίαν· ἢ οὐχὶ ὁ Κύριος αὐτῷ ταύτην τὴν προσηγορίαν πρέπειν ἐνομοθέτησε ; Πέμψω ὑμῖν καὶ ἄλλον Παράκλητον. Ὁ καὶ ἄλλον εἰπὼν, οὐχ ἑαυτὸν ἔδειξε πρὸ τοῦ ἄλλου..... Εἰ δὲ μὴ θέλεις, ἀλλὰ φιλονεικεῖς, καταγελῶ σου τῆς ἀνοίας, μᾶλλον δὲ κλαίω σου τὴν τόλμαν. Plurimi eorum qui adsunt, magis sunt exploratores eorum quæ dicenda sunt, quam discipuli eorum quæ docentur. Atque exquiritur concio, non ut ædificentur, sed ut insidiatores locum habeant calumniandi. Quod si forte dictum est quidpiam, quod accommodatum sit ad cupiditates eorum qui sententiam explodunt, abiit qui audivit, tanquam si id quod suum est, apud nos reperisset..... Illi mihi ex adverso sistentur qui hanc calumniam consuunt..... cur..... me bello petis? Si credo in Patrem, si confiteor Filium, si non reprobo Spiritum. Trinitatem qui confitetur, si deos tres nominet, abrogat baptismum, et fidem impugnat.... Tu vero inde occasionem arripuisti calumniandi, ut injuriam inferas..... Non igitur suscipis Paracleti beneficentiam? an non Dominus hanc ei appellationem congruere sanxit? « Mittam vobis et alium Paracletum [17]. » Qui cum et alium dixit, nonne seipsum ante alium ostendit?..... Quod si nolis, sed contendas, derideo tuam amentiam : imo potius deploro tuam audaciam. Qui ergo hæc et similia loca inter se comparaverit, facile intelliget eam, de qua controversia est, orationem ex alia imitatione expressam fuisse : sed ita tamen, ut exemplum ab archetypo distet quam longissime. Quare quæ similia sunt, aperte ostendunt aliam orationem ex alia deformatam et effictam esse : quæ vero dissimilia, cum multa et gravia sint, utriusque concionis non cumdem auctorem esse manifeste probant. Et vero in utraque oratione tam diversa est scribendi ratio, ut eam discrepantiam qui non videat, suos sibi oculos claudat necesse sit. Cæterum neminem movere debet, quod hæc lucubratiuncula in veteribus libris Basilii nomen præferat. Cum enim auctor, quantum in se fuit, Basilianus esse studuerit, ab eoque sententias aliquas sumpserit, nihil mirum videri debet, si ea ipsi tributa sit. Aliquid aliud jam aggrediar, sed si prius monuero multas variantes lectiones in libris antiquis inveniri : cujus rei hanc esse causam arbitramur, quod librarii, qui hanc oratiunculam non satis apte conscriptam viderent, alii aliter eam emendare conati sint.

§ VIII. *De homilia de libero arbitrio.*

22. Cum nemo hactenus genuina Basilii opera ab adulterinis secernere sibi satis serio proposuerit, non est quod quisquam miretur, si hoc quoque opusculum ipsi ascriptum sit. Hæc autem lucubratiuncula in vulgatis quidem inter homilias posita est : sed tamen si duorum codicum, in quibus reperitur, habenda est aliqua ratio, non homilia est, sed prologus asceticus. Ego parum interesse puto, utrum hoc opusculum homilia dicatur, an prologus asceticus : utrum Basilii sit, necne, scire magis refert. Opusculum in se dum considero, vere dici posse arbitror, nec prologum esse, nec homiliam. Illud enim (pag. 615), Μίμησαι ταύτην, ὦ τέκνον, μίμησαι· *Imitare hanc, fili, imitare,* aperte ostendit hanc lucubratiunculam non homiliam, sed libellum peculiarem esse, qui unius hominis causa scriptus sit. Prætereaque Basilius cum in suis orationibus alloquitur populum, voce ἀδελφός, non voce τέκνον utitur. Prius auctor ita jam locutus fuerat : Τοιγαροῦν σπούδασον ἄμωμον τέκνον Θεοῦ γενέσθαι· *Curam igitur in eo pone, ut fias intemeratus filius Dei ;* quo testimonio confirmatur quod diximus, auctorem, cum hæc scriberet, ad unicam personam respexisse. Nec minus perspicuum est, ipsam hanc lucubratiunculam prologum asceticum merito vocari non posse, cum in ea nihil reperiatur, quod ad illud vivendi genus speciatim referri debeat; et alioquin cui operi ejusmodi prologus præfigi posset, non video. Sed his omissis, ad id quod hujus disputationis caput est, festinet oratio. Auctor, quicunque ille fuit, qui hanc lucubratiunculam conscripsit, videtur sibi disputandum proposuisse de libero arbitrio : id quod judicarunt, qui breve illud scriptum edidere, cum ei titulum fecerint, *De libero arbitrio.* Basilius autem, ut notum est, in omnibus suis operibus aliquem sibi finem proponit, nec ab eo discedit vel transversum unguem, nisi prius argumentorum gravitate atque multitudine propositum assecutus sit : auctor vero, quisquis est, posteaquam pauca quædam de invicta vi divini auxilii dixit, prorsus aliud agit, idque ita confuse, ut quo spectaverit, nescias. Ubi igitur de libero arbitrio paucis locutus est, statim potius quidvis aliud tractat. Ita enim scribit (pag. 613) : Τοιγαροῦν εἴπερ βούλει μαθεῖν, τίνος ἕνεκεν κτισθέντες καὶ τεθέντες ἐν παραδείσῳ, τελευταῖον συμπαρεβλήθημεν τοῖς ἀνοήτοις κτήνεσι, καὶ ὡμοιώθημεν αὐτοῖς, ἀποπεπτωκότες τῆς ἀχράντου δόξης, γίνωσκε, ἐπειδὴ διὰ τῆς παρακοῆς δοῦλοι τῆς σαρκὸς τοῖς πάθεσι γενόμενοι, ἑαυτοὺς ἀπῳκίσαμεν τῆς μακαρίας τῶν ζώντων χώρας, καὶ ἐν αἰχμαλωσίᾳ γενόμενοι, ἔτι ἐπὶ τῶν ποταμῶν Βαβυλῶνος καθεζέσθαι· καὶ διὰ τὸ ἔτι ἐν Αἰγύπτῳ ἡμᾶς κατέχεσθαι, οὔπω ἐκληρονομήσαμεν τὴν γῆν τῆς ἐπαγγελίας. Quæ verba sic vertit interpres : *Si cupis igitur cognoscere, cujus gratia conditi, inque paradiso locati, insipientibus tandem animantibus comparati et assimilati simus, ab immaculata illa gloria relapsi : sciendum est quod quoniam per inobedientiam servi carnalium concupiscen-*

[17] Joan. xiv, 16.

tiarum facti sumus, nos ipsos a beata viventium regione extorres reddidimus, atque ita in captivitatem abducti, ad flumina Babylonis adhuc sedemus. Et quoniam adhuc in Ægypto detinemur, promissionis terram nondum sortiti sumus. Ita pergit auctor (pag. 614 et seq.) : Οὔπω συνεφυράθημεν τῇ ζύμῃ τῆς εἰλικρινείας, ἀλλ' ἔτι ἐσμὲν ἐν τῇ τῆς πονηρίας ζύμῃ· οὔπω ἐρραντίσθη ἡμῶν ἡ καρδία τῷ αἵματι τοῦ Ἀμνοῦ τοῦ Θεοῦ.... οὔπω ἀπειλήφαμεν τὴν ἀγαλλίασιν τοῦ σωτηρίου τοῦ Χριστοῦ.... οὔπω ἐνεδυσάμεθα τὸν καινὸν ἄνθρωπον, etc. Nondum fermento sinceritatis confermentati sumus, sed adhuc fermento nequitiæ occupamur : nondum aspersum est cor nostrum sanguine Agni Dei.... nondum lætitiam salutaris Christi recuperavimus.... nondum induimus novum hominem, etc. Ubi voce οὔπω usque adeo abutitur, ut eam vicies et novies vel circiter repetat, ibidemque vox ἔτι sæpe repetita est, quæ voci οὔπω responderet ; neque solum nihil ad propositum faciunt quæ profert, sed tædium maximum legentibus creant. Deinde harum vocum pertæsus scriptor ipse, jamque parans se ad aliud dicendi genus, sic pergit (pag. 614) : Οὔπω ἐσμὲν γένος ἐκλεκτὸν, βασίλειον ἱεράτευμα, ἔθνος ἅγιον, λαὸς εἰς περιποίησιν, ἐπειδὴ ἔτι ἐσμὲν ὄφεις, γεννήματα ἐχιδνῶν. Πῶς γὰρ οὐχ ὄφεις, οἱ ἐπὶ γῆς συρόμενοι, καὶ τὰ τῆς γῆς φρονοῦντες, καὶ οὐκ ἐν οὐρανοῖς τὴν πολιτείαν ἔχοντες; πῶς δὲ οὐ γεννήματα ἐχιδνῶν, οἱ μὴ ἐν τῇ ὑπακοῇ τοῦ Θεοῦ εὑρισκόμενοι, ἀλλ' ἐν τῇ διὰ τοῦ ὄφεως παρακοῇ ; Ἐπειδὴ τοίνυν πῶς μὲν ἀξίως ὀδύρωμαι τὴν συμφορὰν ταύτην οὐχ εὑρίσκω, πῶς δὲ ἐκβοήσας δακρύσω πρὸς τὸν δυνάμενον ἐξελάσαι τὴν αὐλιζομένην ἐν ἐμοὶ πλάνην, ἀγνοῶ· καὶ πῶς ᾄσω τὴν ᾠδὴν Κυρίου ἐπὶ γῆς ἀλλοτρίας; πῶς θρηνήσω τὴν Ἱερουσαλήμ; Quæ verba ita Latine reddidit interpres : Nondum sumus genus electum, regale sacerdotium, gens sancta, populus qui in lucrum accessit et peculium : quoniam adhuc serpentes sumus, progenies viperarum. Quomodo enim non sumus serpentes, qui super terram serpimus, et terrena sapimus, nec conversationem nostram in cœlis habemus? quomodo non progenies viperarum sumus, qui non in obedientia Dei, sed in inobedientia, quæ per serpentem est, deprehendimur? Quoniam igitur non invenio quomodo calamitatem istam deplorem, et ignoro, quomodo cum lacrymis eum, qui demorantem in me seductionem abigere et expellere potest, implorem, quomodo cantabo canticum Domini in terra aliena? quomodo lamentabor ac deflebo Jerusalem? Hæc eo copiosius retuli, quo magis scriptoris indoles cognoscatur atque ingenium hominis scopum nullum habentis, et nihil aliud, nisi ut verba perfundat, curantis. Et ne quis falleretur, tribuens Basilio, quod Basilianum non est, particula πῶς hoc ipso in loco vicies occurrit, sic ut tædium quod voces οὔπω et ἔτι pepererant, altera alterius vocis repetitione multum augeatur. Nec solum vocula πῶς ad satietatem usque adhibetur : sed, quod magis ad rem facit, sine ullo consilio, sine ullo delectu, sine ullo judicio plerum-

que usurpatur. Et vero quo consilio ita scribere potuit : Πῶς γὰρ οὐχ ὄφεις, οἱ ἐπὶ γῆς συρόμενοι, καὶ τὰ τῆς γῆς φρονοῦντες, καὶ οὐκ ἐν οὐρανοῖς τὴν πολιτείαν ἔχοντες; πῶς δὲ οὐ γεννήματα ἐχιδνῶν; etc. Quomodo enim non sumus serpentes, qui super terram serpimus, et terrena sapimus, nec conversationem nostram habemus in cœlis? quomodo non progenies viperarum? etc. Fortasse, ut vis divini auxilii atque necessitas ostenderetur (qui hujus auctoris scopus fuisse creditur) : sed quam parum hæc omnia inter se cohæreant, vident, opinor, omnes. Finem lucubratiunculæ suæ mox impositurus auctor, confugit ad illud suum, ut repetenda aliqua voce sermonem protraheret. Ergo præter exspectationem voce πῦρ utitur, eamque quatuordecies adhibet; et ut alias, ita hic quoque non satis intelligitur ad quid, cum hæc scriberet, respexerit. Non ergo alio magis nomine repudiari debere hoc breve scriptum puto, quam quod auctoris scopus nullus fuisse videatur. Verba sunt, præterea nihil : nec verba simpliciter, sed verba male inter se cohærentia.

23. Etsi satis liquet ex dictis, id opusculum Basilio tribui merito non posse : tamen nonnulla ad hoc idem comprobandum ascribam. Fateor autem singula eorum, quæ dicturus sum, si seorsum considerentur, non ita multum roboris ac momenti habitura ; sed si omnium simul habeatur ratio, spero nostram opinionem inde maxime confirmatum iri. Exordium sumam ab his verbis (pag. 613) : Ἀμήχανον γὰρ ἐπιβῆναι ἐπὶ ἀσπίδα καὶ βασιλίσκον, καὶ καταπατῆσαι λέοντα καὶ δράκοντα, μὴ πρότερον, καθὸ δυνατὸν ἀνθρώπῳ, ἐκκαθάραντα ἑαυτὸν, δυναμωθῆναι παρὰ τοῦ εἰπόντος τοῖς ἀποστόλοις· Ἰδοὺ, etc. Interpres : Impossibile namque est ambulare super aspidem et basiliscum, et calcare leonem et draconem, eum, qui non prius seipsum, quatenus homini possibile est, repurgavit, ut possit corroborari ab eo qui apostolus dixit : « Ecce, » etc. Velim autem paulo attentius expendatur illud, δυναμωθῆναι : ut possit corroborari, in quo vitii aliquid inesse suspicor. Nihil enim video in tota periodo, a quo id verbum aut regi aut dependere possit : sed quasi suspensum est, nec satis reliquæ orationi connexum. Sequitur : Ὀφείλει ἀκορέστῳ στοργῇ καὶ ἀπλήστῳ διαθέσει ἐξ ὅλης καρδίας καὶ δυνάμεως, νύκτωρ τε καὶ μεθ' ἡμέραν ζητεῖν τὴν ἐκ τοῦ Θεοῦ ἀντίληψιν ἐν δυνάμει. Ad verbum, Debet amore insatiabili, et animi affectu inexplebili, ex omni corde et virtute, noctes atque dies, Dei auxilium quærere in virtute; ubi illud ἐν δυνάμει, in virtute, non belle ibi positum est ; nec valde admodum dubito, quin melius abesset. Nam præterquam quod ita ultimo loco positum, fert præ se insuave aliquid et inurbanum, præterea redundare mihi videtur. Postquam enim auctor scripserat quærendum esse Deum ex toto corde atque virtute, quid, quæso, illud, in virtute, addere necesse erat? Paulo post ita legitur (pag. 614) : Οὔπω ἐρραντίσθη ἡμῶν ἡ καρδία τῷ αἵματι τοῦ Ἀμνοῦ τοῦ Θεοῦ· ἔτι γὰρ τὸ πέταυρον τοῦ ᾅδου,

καὶ τὸ ἄγκιστρον τῆς κακίας ἐμπέπηχται αὐτῇ. *Nondum aspersum est cor nostrum sanguine Agni Dei : adhuc enim illi laqueus inferni et hamus malitiæ infixus est.* Primum hominis sunt verba, qui non cæterorum hominum more loquitur. Pauci enim, qui interrogarentur, cur cor nostrum sanguine Agni Dei nondum aspersum sit, ita responderent : *Adhuc enim laqueus inferni et hamus malitiæ infixus est illi.* Deinde vocem πέταυρον pro eo, quod βρόχος usitate dicitur, nusquam a Basilio adhibitam invenio. Nec ita multo infra ita auctor locutus est (ibid.) : Οὔπω γεγόναμεν ἄδολος πορφύρα βασιλικὴ, οὐδὲ ἀνόθευτος εἰκὼν θεϊκή. *Nondum facti sumus fuco carens purpura regia, neque germana imago divina :* ubi notandum, quod jam alibi notavimus, Basilium voce θεϊκός nunquam in suis scriptis uti (*a*). Nonnihil est quoque, quod vox τοιγαροῦν, quæ tam parum Basilio familiaris erat, ut opere in longo (*b*) ne semel quidem ea usus sit, ipsa tamen in tam brevi opusculo ter aut quater reperiatur. Quodsi in alicujus mente scrupulus atque dubitatio adhuc resideat, velim hanc lucubratiunculam cum indubitatis Basilii scriptis comparet : quod ubi diligenter fecerit, brevi assensurum confido, Basilium ejus legitimum parentem non esse.

§ IX. *De homilia in illud,* « *Ne dederis somnum oculis tuis,* » *etc.*

24. Hanc homiliam non ita pridem ediderunt Franciscus Combefisius et Joannes Baptista Cotelerius ; ille Latine solum, hic Græce et Latine. Ejus ita mentionem faciunt doctissimi viri Tillemontius et Dupinus, ut ipsam Basilio Magno non indignam esse pronuntient. Hoc idem ea de lucubratiuncula jam antea senserant duo ii quos primum nominavi viri eruditissimi. Dolet mihi, quod hæc oratiuncula hos patronos habeat. Vereor enim, ne eorum in litteris auctoritas tantum apud aliquos valeat, ut ne velint quidem nostra argumenta audire. Quare, nisi res ipsa ad loquendum adigeret me, tacerem libens. Neque enim ignoro, quam sit periculosæ plenum opus aleæ, ejusmodi viris adversari. Sed quoniam quidquam dissimulare nec possum, nec debeo, quid de hoc opusculo sentiam, aperire constitui, ut ab eruditis hominibus, merito an immerito ab eis dissentiam, judicetur. In qualibet oratione, vel potius in opusculo scripto duo considerari possunt, verba et sententiæ. Utraque autem in hoc opusculo, ut mihi quidem videtur, peregrinum quiddam et a Basilii consuetudine alienum præferunt. Et ut ordo aliquis servetur, primum de sententiis, deinde de verbis disputabimus. Ergo si ipsum exordium consideres, nihil nisi abjectum et humile in eo reperias, cum tamen in vere Basilianis

illis exordiis grande quoddam et sublime dicendi genus semper adhibeatur. Postquam autem frigide exorsus est scriptor, frigidius ita persequitur (pag. 617) : Τί εἴπω ; πῶς ὑμᾶς προσφθέγξομαι ; πῶς προκαταλήψομαι τὰ παρελθόντα ; τῶν μελλόντων τὸ χρέος ; Καὶ γὰρ παρελθόντων ὑπεύθυνός εἰμι, καὶ μελλόντων χρεώστης. *Quid dicam ? quo vos modo alloquar ? quo pacto anteverlam præterita ? futurorum debitum ? Etenim præteritorum reus sum, et futurorum debitor.* Dicam vicissim, nescire me quo hæc nomine appellem. Quid enim sibi velit illud, *Quo pacto antevertam præterita ? futurorum debitum ?* non satis intelligo (*). Quomodo igitur hæc aut vocanda sint, aut intelligenda, alii viderint. Aliquanto post auctor ita scribit (pag. 618) : Ἐπεὶ οὖν οἱ μὲν βαθεῖ κατέχονται ὕπνῳ, ληθαργήσαντες τῶν τοῦ Θεοῦ δωρεῶν· οἱ δὲ ἀναμὶξ, ποτὲ μὲν ἐγρηγόρασιν, ποτὲ δὲ ὥσπερ ἐπινυστάζουσιν· οὔτε τὸν ἀλλότριον δέχονται, οὔτε τόν ποτε ἐπιστρέφοντα, οὔτε τὸν νοσοῦντα ὡς ὑγιαίνοντα. Ἵνα σώζῃ ὥσπερ δορκὰς ἐκ βρόχων. Ἢ δορκὰς ζῴων ἐστιν ὀξυδερκὲς, ἐπώνυμον τῇ ἑαυτοῦ ὀξυδορκίᾳ· οὐδὲν λανθάνει τὸν ὀφθαλμὸν τῆς δορκάδος, οἶδεν ὃ φυλάξεται, καὶ οἶδεν ὅπου τοῦ δρόμου τὸ κυβερνητικόν. *Quia igitur alii quidem profundo detinentur somno, donorum Dei oblivione quasi veterno occupati ; alii vero permiste, interdum vigilant, interdum velut indormitant ; neque alienum admittunt, neque eum qui aliquando conversus est, neque ægrotum tanquam sanum.* « *Ut salveris tanquam damula e laqueis.* » *Damula seu dorcas, animal est acie oculorum valens, ex qua dorcadis nomen tulit : nihil latet dorcadis oculum : novit quid cavere debeat ; novit ubi sit cursus gubernaculum.* Ita scribere potuit homo ultimæ sortis, non Basilius oratorum optimus. Quid est enim, quæso, totum illud, *interdum vigilant, interdum indormitant ; neque alienum admittunt, neque eum qui aliquando conversus est, neque ægrotum tanquam sanum,* nisi verborum quorumdam incondita quædam congeries ? Quæro, vigilaretne auctor, cum ita scripsit, an dormitaret ? sanusne esset, an ægrotus ? Nec multo melius est quod sequitur, *novit [damula] ubi sit cursus gubernaculum.* Hic monere juvat, scriptorem e Basilii oratione, cui titulus, *Attende tibi ipsi,* nonnulla mutuatum fuisse : sed sic tamen, ut suis Basiliana depravet. Postquam enim, Basilii exemplo, eadem illa Scripturæ verba, *Ut salveris tanquam damula e laqueis,* in medium protulit, statim addit, Μὴ ἔσο ἀργὸς περὶ τὰς ἐντολὰς τοῦ Κυρίου· μὴ τὸ μὲν ποίει, τὸ δὲ ἀναβάλλου. Δανειστικόν τι ποιεῖς ἀφοσίωμα, ὡς τὸ ὅλον πληρώσας. Ἀλλὰ βούλεται, etc. *Noli esse circa mandata Domini otiosus : noli hoc quidem facere, illud vero differre. Feneraticiam quamdam agis satisfactionem, ut qui totum impleveris. Sed vult,* etc. Rursus quid est hoc, Δανειστικόν τι ποιεῖς ἀφοσίωμα, ὡς τὸ ὅλον πληρώ-

---

(*a*) Tom. I in Præf. n. 18.

(*) Vide notam ad hunc locum. Edit.

(*b*) Primi tres *in Eunom.* lib.

σας, *Feneraticiam quamdam agis satisfactionem, ut qui totum impleveris*, nisi quoddam quasi ænigma (a)? Et illud maxime notandum, Scripturam ita citari in ea de qua disputatur lucubratiuncula, ut in ipsa citandi ratione peregrinum quiddam et exoticum insit. Et ut res exemplo clarior fiat,'utriusque verba subjiciam, primum Basilii, deinde anonymi. Basilius ergo sic loquitur (tom. II, hom. 3, p. 18): Πάντα οὖν περισκόπει, Ἵνα σώζῃ ὥσπερ δορκὰς ἐκ βρόχων. *Circumspice igitur et lustra omnia, ‹ Ut serveris tanquam damula e laqueis.* › Anonymi vero verba, ut jam vidimus, hæc sunt, Οὔτε τὸν ἀλλότριον δέχονται, οὔτε τόν ποτε ἐπιστρέφοντα, οὔτε τὸν νοσοῦντα ὡς ὑγιαίνοντα. Ἵνα σώζῃ ὥσπερ δορκὰς ἐκ βρόχων. *Neque alienum admittunt, neque eum qui aliquando conversus est, neque ægrotum tanquam sanum.* ‹ *Ut salveris tanquam damula e laqueis.* › Ubi Basilius, qui ejus mos est, Scripturæ locum cum' iis quæ præcedunt verbis apte admodum connectit : in anonymo vero hoc idem Proverbiorum testimonium cum superiori oratione ‚nullo modo copulatur. Deinde alia illa eorumdem Proverbiorum verba, *Vade ad formicam, o piger* [18], explanans anonymus ille, sic scribit (pag. 619): Τί καταφρονεῖς τοῦ μεγάλου διδασκάλου· Ὁ μύρμηξ σε διερεθιζέτω πρὸς τὴν ἐνέργειαν. Καὶ παρ' ἐκείνου μάθε. Ἐκεῖνος οὐ διδάσκαλον οἶδεν, οὐκ ἐπιδημίαν ἀπεδήμησεν, οὐκ ἔμαθε γεωργικοὺς λόγους.... Οὐδὲν τούτων πάρεστιν· ἀλλὰ φυσική τις ἀνάγκη τὸ ζῶον διερεθίζει. Οὐκοῦν ἡ φύσις τότε· καὶ σὺ (*l.* σοι) τῆς φύσεως παρίει λόγος αἴτιος. *Quid contemnis magnum præceptorem? Formica te excitet ad operationem.* Et ab illa disce. *Illa non novit magistrum, non per-egre profecta est, non didicit agriculturæ artem.... Nihil horum adest: sed naturalis quædam necessitas animal excitat. Itaque natura tunc: et tibi accedit ratio, quæ naturæ parens est.* Quibus in verbis nihil omnino Basilianarum virtutum deprehendo. In illo, *et ab illa disce*, non animadverto miram illam artem Basilii, qua solertissime consequentem orationem anteriori connectebat. In illo, *itaque natura tunc*, nihil est, quod summi hujus viri eloquentiam sapiat. In illo, *et tibi accedit ratio, quæ naturæ parens est*, ne vestigium quidem exstat exquisiti illius judicii, quo excellebat Basilius. Natura rationis parens est, non ratio parens est naturæ. Ratio naturæ frenum est, ejusque moderatrix, non causa, non origo. Aliquanto post auctor ita loquitur (pag. 620): Ἐκεῖνον μὲν μικρὸν ὠνείδισας, σεαυτὸν δὲ ἀπέκτεινας τῇ παρακοῇ τῆς ἐντολῆς. Μηδενὶ κακὸν ἀντὶ κακοῦ ἀποδιδόντες. Εἶδες πῶς ἡ μέλισσα τῷ κέντρῳ τὴν ζωὴν ἐναφίησι; *Illum quidem paululum probro affecisti, at teipsum interemisti per mandati violationem.* ‹ *Nulli malum pro malo red-*

dentes [19]. › *Vidisti quomodo apis vitam cum aculeo projiciat?* Hic illud Apostoli, *nulli malum pro malo reddentes*, ad nullam orationis partem referri potest, non regit quidquam, a quoquam non regitur, sed oratio est quasi absoluta, quæ a nulla re dependeat, cum Basilius tamen, ut notum est, ejusmodi Scripturæ loca ad reliquam orationem accommodare soleat. Plura paraveram, sed ne his plus satis immo atus viderer, ea ascribere nolui.

25. Nunc proponam exempla quædam, quibus probare conabor, alienas quasdam et peregrinas voces in hac oratione reperiri. Ipso igitur initio (pag. 617) auctor sic scribit: Ἀλλ' ἐπιζητῶ ψυχὰς φιληκόους, εὐσχημόνως περιεστῶσας τὸ πνευματικὸν ἀκροατήριον. *Sed animas requiro auditionis cupidas, decenter circumstantes spirituale auditorium.* Cætera non improbo: sed vocem ἀκροατήριον apud Basilium inusitatam esse arbitror. Basilius, si in hunc parens esset, ita composuisset orationem suam, ut potius nomine ἐκκλησία usus fuisset. Statim sequitur (pag. 618), Ἐντεῦθεν ἀρξώμεθα τῆς πρὸς ὑμᾶς ὁμιλίας. *Hinc inchoemus istam ad vos homiliam.* Scio quidem, ut aliorum sanctorum Patrum, ita Basilii ipsius orationes jam a longo tempore homilias vocari : sed ubi Basilius ipse hoc sensu nomen ὁμιλία unquam usurparit, ignoro. Hoc ipso in loco legitur, ἑκάτερον τούτων παρίστησι δυϊκὸς λόγος, *horum utrumque exhibet duplex sermo*. Vox δυϊκός grammaticorum est, non oratorum. Imo etiam ne grammatici quidem ea hoc sensu, opinor, utuntur, sed, nisi valde fallor, ipsam solum adhibent tum cum numerum duadem significare volunt. Basilius simili in re non voce δυϊκός utitur, sed nomine διπλόος. Ita enim in quadam oratione (tom. II, hom. 3, p. 18) loquitur: Ἐπειδὴ δὲ διπλοῦν τὸ προσέχειν· τὸ μὲν σωματικοῖς ὀφθαλμοῖς ἐνατενίζειν τοῖς ὁρατοῖς, τὸ δέ, etc. *Quoniam autem duplex est attentio; altera, cum considerantur oculis corporeis visibilia: altera*, etc. Nec ita multo post in eadem illa, quam dixi, oratione eamdem vocem idem Basilius usurpavit. Ejus autem hæc sunt verba: Ἐξέτασον σεαυτόν, τίς εἶ· γνῶθι σεαυτοῦ τὴν φύσιν, ὅτι θνητὸν μέν σου τὸ σῶμα, ἀθάνατος δὲ ἡ ψυχή· καὶ ὅτι διπλῆ τις ἐστὶν ἡμῶν ἡ ζωή. *Perscrutare te ipse, quis sis: fac noscas tuam ipsius naturam, nimirum corpus quidem mortale esse, animam vero immortalem: item, duplicem esse vitam nostram.* Sed ubi vox δυϊκός in Basilii scriptis legatur, necdum novi. Sic pergit auctor (pag. 619): Πῶς μιμήσωμαι τὰ ἁπλᾶ τὰ τῷ μεγέθει τοῦ σώματος; *Quomodo imitari potero quæ mole corporis ingentia sunt?* Non negabo quidem vocem ἁπλόος legi in Basilii libris: sed ubi in ipsis ad magnitudinem significandam usurpata sit, non memini. Et alioquin illa loquendi ratio, τὰ

---

[18] Prov. vi, 6. [19] Rom. xii, 17.

(a) Alludit auctor ad feneratorum consuetudinem, qui pecuniam mutuo dantes, summam integram inscribunt cujus partem fenoris causa retinent ; et hoc est, *ut qui totum impleveris.* Hæc jam viderat D. L. de Sinner in ed. Paris. 1839.

ἁπλᾶ τὰ τῷ μεγέθει τοῦ σώματος, per se insolita videtur et nova; mihique satis verisimile fit, qui hæc legent, eos nihil tale apud idoneos auctores legisse se facile confessuros. Vox στρατηγάρχας, quæ aliquanto post (pag. 620) sequitur, non videtur magis familiaris fuisse bonis scriptoribus, qui cum nomen aut verbum componere vellent ex vocibus στρατός et ἀρχή, litteram γ non immiscebant. Vidimus enim dici solitum, στρατάρχης, στράταρχοι, στραταρχέω, στραταρχία, a quibus omnibus γ littera abest, in eisque præterea α reperitur in secunda syllaba. Contra, si quando vellent aut nomen aut verbum ex vocibus στρατός et ἡγεῖσθαι conflare, tunc ut litteram η ponebant in secunda syllaba, ita litteram γ inserebant, ut cerni potest in his vocibus, στρατηγέομαι, στρατηγικὸς, στρατηγός, στρατηγήτης, aliisque multis, quas omnes recensere et longum et inutile esset. Quare non eo solum nomine vox στρατηγάρχας repudianda est, quod nova sit et insolita, sed quod præter cæterorum nominum consuetudinem composita esse videatur. Jam monui scriptorem nonnulla ex ea Basilii oratione, quæ inscribitur, *Attende tibi ipsi*, mutuatum fuisse. Hic autem rursus monere juvat, videri eumdem, ubi exemplum apis et formicæ proposuit, satis multa ex opere sex dierum Basilii sumpsisse. Et quoniam horum locorum inter se comparatio nobis alicui usui esse poterit, aliquid ex utroque auctore hoc loco exscribam. Itaque de apibus loquens Basilius hom. 8 *in Hexaem.*, num. 4, sic loquitur (tom. I, p. 74) : Νόμοι τινές εἰσιν οὗτοι τῆς φύσεως ἄγραφοι, ἀργοὺς εἶναι πρὸς τιμωρίαν τοὺς τῶν μεγίστων δυναστειῶν ἐπιβαίνοντας. Ἀλλὰ καὶ ταῖς μελίσσαις, ὅσαι ἂν μὴ ἀκολουθήσωσι τῷ ὑποδείγματι τοῦ βασιλέως, ταχὺ μεταμέλει τῆς ἀβουλίας, ὅτι τῇ πληγῇ τοῦ κέντρου ἐναποθνήσκουσιν. Ἀκουέτωσαν Χριστιανοί, οἷς πρόσταγμά ἐστι μηδενὶ κακὸν ἀντὶ κακοῦ ἀποδιδόναι, ἀλλὰ νικᾷν ἐν τῷ ἀγαθῷ τὸ κακόν........ Τὸν μὲν γὰρ κηρὸν ἀπὸ τῶν ἀνθῶν φανερῶς συναγείρει, τὸ δὲ μέλι τὴν δροσοειδῶς ἐνεσπαρμένην νοτίδα τοῖς ἄνθεσιν ἐπισπασαμένη τῷ στόματι, ταύτην ταῖς κοιλότησι τῶν κηρίων ἐνίησιν.... Καλῶν καὶ πρεπόντων αὕτη τῶν ἐπαίνων παρὰ τῆς Παροιμίας τετύχηκε, σοφὴ καὶ ἐργάτις ὀνομασθεῖσα. Οὕτω μὲν φιλοπόνως τὴν τροφὴν συναγείρουσα (Ἧς τοὺς πόνους, φησὶ, βασιλεῖς καὶ ἰδιῶται πρὸς ὑγε'αν προσφέρονται), οὕτω δὲ σοφῶς φιλοτεχνοῦσα τὰς ἀποθήκας τοῦ μέλιτος · εἰς λεπτὸν γὰρ ὑμένα τὸν κηρὸν διατείνασα, πυκνὰς καὶ συνεχεῖς ἀλλήλαις συνοικοδομεῖ τὰς κοιλότητας, ὡς τὸ πυκνὸν τῆς τῶν μικροτάτων πρὸς ἄλληλα δέσεως, ἔρεισμα γίνεσθαι τῷ παντί. Ἑκάστη γὰρ φρεατία τῆς ἑτέρας ἔχεται, λεπτῷ πρὸς αὐτὴν διειργομένη τε ὁμοῦ καὶ συναπτομένη τῷ διαφράγματι. Ἔπειτα διώροφοι καὶ τριώροφοι αἱ σύριγγες αὗται ἀλλήλαις ἐπικοδόμηνται. Ἐφυλάξατο γὰρ μίαν ποιῆσαι διαμπερὲς τὴν κοιλότητα, ἵνα μὴ τῷ βάρει τὸ ὑγρὸν

[20] Prov. vi, 6, sec. LXX.

πρὸς τὸ ἐκτὸς διεκπίπτῃ. Κατάμαθε πῶς τὰ τῆς γεωμετρίας εὑρήματα πάρεργά ἐστι τῆς σοφωτάτης μελίσσης. Ἑξάγωνοι γὰρ πᾶσαι καὶ ἰσόπλευροι τῶν κηρίων αἱ σύριγγες, οὐκ ἐπ' εὐθείας ἀλλήλαις κατεπικείμεναι, ἵνα μὴ κάμνωσιν οἱ πυθμένες τοῖς διακένοις ἐφηρμοσμένοι· ἀλλ' αἱ γωνίαι τῶν κάτωθεν ἑξαγώνων, βάθρον καὶ ἔρεισμα τῶν ὑπερκειμένων εἰσὶν, ὡς ἀσφαλῶς ὑπὲρ ἑαυτῶν μετεωρίζειν τὰ βάρη, καὶ ἰδιαζόντως ἑκάστῃ κοιλότητι τὸ ὑγρὸν ἐγκατέχεσθαι. *Hæ sunt quædam naturæ leges minime scriptæ, ut tardi sint ad vindictam, qui ad maximam potentiam sunt evecti. Sed et quacunque apes regis exemplum non sequuntur, eas statim temeritatis suæ pœnitet, propterea quod aculei ictu intereunt. Audiant Christiani, qui nulli malum pro malo reddere, sed in bono malum vincere jubentur. Imitare propriam apis indolem, quæ nulli officiens, neque fructum alienum corrumpens, favos construit ac compingit. Nam ut ceram ex floribus aperte colligit, ita mel, humorem scilicet roris instar floribus inspersum, ore attrahit, atque in favorum cava immittit.... Apis præclaras et convenientes laudes a Proverbio consecuta est, quæ scilicet appelletur sapiens, et laboriosa. Hoc modo ut diligenter apis pabulum congerit,* (« *Cujus labores, inquit, reges et privati ad sanitatem assumunt,* [20] »*) ita sapienter et artificiose mellis cellulas exstruit. Extenta enim in tenuem membranam cera, crebra et inter se continua cava construit, ut frequentia illa et densitas, qua minutissima quæque secum invicem colligantur, operi toti fulcrum sit et firmamentum. Nam cellula quælibet alteri adhæret, tenui septo ab ea sejuncta. Deinde fistulæ hæ aliæ super alias ædificatæ, duas tresve habent contignationes. Cavet enim continuam unam efficere cavernulam, ne humor foras propter gravitatem diffluat. Disce quomodo geometriæ inventa accessio sint operæ ac laboris ejus, quem apis sapientissima suscipit. Omnes enim favorum cavernulæ sunt sexangulæ, et æqualia latera habent : non aliæ aliis directo incumbunt, ne fundi intervallis vacuis adjuncti fatiscant; sed sexangularum cavernularum inferiorum unguli, basis sunt ac fulcimentum superiorum, ut tuto supra se onera attollant, et separatim in unoquoque concavo humor contineatur.* Auctor vero lucubratiunculæ ejus, quam in suis *Ecclesiæ Græcæ Monumentis* edidit Cotelerius, loquens et ipse de apibus ita scribit (pag. 620) : Χρήσιμον τὸ ὑπόδειγμα τῆς μελίσσης, δοῦναι τὸν καρπὸν, καὶ ἀμύνασθαι. Καὶ γὰρ καὶ ἡ μέλισσα ἀμυνομένη, ἐπαποθνήσκει τῇ πληγῇ· καὶ Χριστιανοῦ θάνατος, ἡ ἀνταπόδοσις τοῦ κακοῦ. Ἐκεῖνον μὲν μικρὸν ὠνείδισας, σεαυτὸν δὲ ἀπέκτεινας τῇ παρακοῇ τῆς ἐντολῆς. Μηδενὶ κακὸν ἀντὶ κακοῦ ἀποδιδόντες. Εἶδες πῶς ἡ μέλισσα τῷ κέντρῳ τὴν ζωὴν ἐναφίησιν; Οὕτω καὶ Χριστιανὸς τὸν ἐχθρὸν ἀμυνόμενος, διὰ τῆς πληγῆς τῆς εἰς τὸν ἐχθρὸν τὴν ἑαυτοῦ ζωὴν ἀποβάλλει.... Τὴν δὲ ἐνέργειαν αὐτῆς προτίθεται εἰς ἀπόλαυσιν βασιλεῦσι καὶ ἰδιώταις,

τρυφῶσί τε καὶ ἀρρώστοις· τῇ μὲν ἐπιτηδεύσει, καὶ A
παντὶ τῷ βίῳ χρησιμεύει μέχρι τῆς ὀσμῆς. Ἡ δὲ
μέλισσα τῇ ποικιλίᾳ τῆς τέχνης καὶ μέλι ἐκλέγεσθαι
οἶδεν ἀπὸ τοῦ αὐτοῦ ἄνθους· καὶ τὸ μὲν εἰς μέλι ἀποτίθεται, τὸ δὲ εἰς κηρίον, καὶ τὸν κηρὸν περιπή-
γνυσι τῷ μέλιτι. Τίς ἐδίδαξε τὴν μέλισσαν ἐκείνην
ποιεῖν τὰς σύριγγας, ὑφαίνειν δὲ τὸν λεπτὸν ὑμένα;
Τίς αὐτῶν παλαιῷ διδασκάλῳ φοιτήσασα, τὰ ἑξά-
πλευρα καὶ τετράπλευρα ποιεῖν ἐδιδάχθη; Πῶς γω-
νίαν ἔστησε διὰ τοῦ κηροῦ, καὶ τοίχους διῴφανεν;
Ἵνα αἱ μὲν γωνίαι τὸ στερεὸν παρασκευάσωσιν, οἱ δὲ
τοῖχοι τὸ μέλι φυλάξωσι. Διὰ τί οὐχ ἕνα σύριγγα
ἐποίησεν, ἀλλ' ἔνθεν κἀκεῖθεν διέπηξεν τοῦ μέλιτος
τὰς ἀποθήκας; Πῶς ἑκάστῳ πυθμένι ἴδιον ἐνίησι
μέλι; Εἰ ἓν ἐποίει τὸ πανδοχεῖον, διερράγη ἂν τῷ
βάρει τὸ ὑποκείμενον· ἀλλ' ὑποτίθησι τοὺς πυθμέ- B
νας, καὶ τοίχους ὑποβάλλει, καὶ γωνίας ἀσφαλίζε-
ται. *Utile est exemplum apis, ad dandum fructum,
et propter ultionem. Etenim apis dum ulciscitur se,
plagæ immoritur : et Christiani mors est, redditio
mali. Illum quidem paululum probro affecisti, at
teipsum interemisti per mandati violationem. « Nulli
malum pro malo reddentes* [21]. » Vidisti quomodo
apis vitam cum aculeo projiciat? Ita et Christianus,
cum de inimico vindictam sumit, per vulnus hosti inflictum vitam suam amittit... Operationem vero suam
exhibet in usum regibus et privatis hominibus, delicate viventibus et morbo afflictis; necnon industria
sua, omnique vita utilis est usque ad odorem. Apis
varietate artis etiam mel novit colligere ex eodem* C
flore : et aliud quidem reponit in mel, aliud vero in
favum, et ceram compingit melli. Quis docuit apem
illam facere fistulas alveares, ac texere tenuem membranam? quænam ex iis vetere adito præceptore,
ædificia sex laterum et quatuor laterum condere
edocta fuit? quo pacto angulum constituit per ceram,
et parietes pertexuit? ut anguli firmitatem procurarent, parietes mel custodirent. Cur non unam fistulam fecit, sed hinc illincque compegit mellis apothecas? qua ratione cavo cuique suum immittit mel? Si
unum construxisset receptaculum, pondere dirupta
fuisset basis : verum supponit cava, parietes subjicit,
angulos munit. Nec dubitari merito potest quin ea
quæ statim apud auctorem leguntur, a Basilio quoque sumpta, aut imitata sint. Ejus autem verba D
sunt hæc (pag. 621) : Συναγελαστικὸν τὸ ζῷον·
οὔτε μύρμηξ ἰδιαστικόν, οὔτε μέλισσα μοναστική·
κατὰ ἀγέλας ζῶσιν, κατὰ ἀγέλας ἵπτανται. Οὐκ εἶδες
μέλισσάν ποτε καθ' ἑαυτὴν πετομένην, ἀλλ' ἀλλήλαις
κοινωνοῦσι τῆς πτήσεως· οὐ βασκαίνουσιν ἀλλήλαις
τῶν ἀνθῶν· κοινῇ ἀπαίρουσιν ἐπὶ λειμῶνας. *Animal gregale est : neque formica singulariter degit,
neque apis solitarie : gregatim vivunt, gregatim volant. Nunquam vidisti apem seorsum volantem, sed
inter se communem habent volatum. Non eæ sibi invicem invident flores : una ad prata proficiscuntur.
Basilius vero ita scripsit eo quem dixi loco (hom. 8

[21] Rom: xii, 17.

in Hexaem., n. 4) : Ἔστι δέ τινα καὶ πολιτικὰ τῶν
ἀλόγων, εἴπερ πολιτείας ἴδιον τὸ πρὸς ἓν πέρας κοινὸν συννεύειν τὴν ἐνέργειαν τῶν καθ' ἕκαστον· ὡς
ἐπὶ τῶν μελισσῶν ἄν τις ἴδοι· καὶ γὰρ ἐκείνων
κοινὴ γὰρ ἡ οἴκησις, κοινὴ δὲ ἡ πτῆσις, ἐργασία δὲ
πάντων μία... οὐ πρότερον καταδεχόμεναι ἐπὶ τοὺς
λειμῶνας ἐλθεῖν, πρὶν ἂν ἴδωσι κατάρξαντα τὸν βασι-
λέα τῆς πτήσεως. *Porro quædam ex his brutis animantibus sunt quoque politicæ : si quidem civilis administrationis proprium est ut ad unum communem
finem singulorum actiones concurrant, ut quisque in
apibus intueri potest. His enim communis est habitatio, communis volatus, unaque et eadem omnium
actio... non prius ad prata proficisci ausæ, quam regem viderint volatui præeuntem. Audire mihi videor,
qui conquerantur tempus male locatum fuisse in
tam longis fragmentis describendis : sed tamen
utilissime insumptum esse arbitrabor, si quod mihi
proposui, assequi possim. Volui igitur hoc exemplo
multorum errorum causam quasi sub oculos ponere. Sunt qui spuria quædam opera quibusdam
auctoribus tribuunt, non alio magis argumento innixi, quam quod apud eos talia legerint, qualia in
adulterinis illis operibus reperiuntur. Et cum semel id in animum induxerint suum, vim magnam
inesse in iis argumentis, quæ ex similitudine rerum aut verborum petuntur, si forte in veteri aliquo libro inedito aliquod opus inveniant, in quo
unius alicujus scriptoris nomen præferatur, statim
diligenter expendunt, num is scriptor, cui ejusmodi
opus in veteribus libris ascribitur, eadem tractave-
rit, quæ in novo illo ac inedito opere leguntur, et
ubi id ita esse animadverterint,' indubitanter pronuntiant : *Illius scriptoris est* : nam eadem omnino,
quæ hic tractantur, alibi tractavit. Ego autem inter cætera hoc quoque argumentum adhiberi posse
non nego; sed vellem non ei tribui vim tantam,
quanta a nonnullis tribui solet. Neque enim necessario sequitur, si in duobus operibus aut eadem aut
similia inveniantur, utriusque operis unum et eumdem auctorem esse, cum fieri possit, ut alterutrum compositum sit aut a plagiario, aut certe ab
aliquo, qui alium scriptorem imitatus sit, ex eoque
aliqua expresserit. Et vero si quis eo quod dixi
argumento nunc uti vellet, ei maxime, si cui
unquam, ipso uti liceret. Etenim tam multa sunt
in ea de qua agitur oratiuncula, quæ pariter in
Basilii scriptis inveniuntur, ut si ejusmodi argumenta valerent, certo concludi posset, eam ad Basilium vere pertinere. Nam præter longiora illa fra-
gmenta, quæ eo consilio supra retulimus, ut facilius inter se compararentur, sunt et alia, quæ e Basilio quoque expressa fuisse obscurum non est.
Quale est, quod auctor de damula et ave narravit (tom. II, hom. 3, p. 18) : quæ eadem alicubi
dixerat Basilius. Rursus quale est, quod de formica
scriptum invenitur apud anonymum : quo exemplo et

ipse quoque Basilius usus fuerat, ibique nonnulla docuerat, quæ hic repetit anonymus (hom. 9 *in Hexaem.*, n. 3). Et tamen qui hanc lucubratiunculam paulo attentius legerit, eamque cum iis quas mox indicavi orationibus contenderit, is nisi patronorum auctoritas officiat, facile, opinor, fatebitur Basilium ejus auctorem dici nullo modo posse, sed hominem quempiam, qui voluerit quidem Basilium imitari, sed qui eum assequi non potuerit.

§ X. *De homilia tertia in jejunium.*

26. Et hanc quoque homiliam primi ediderunt Franciscus Combefisius et Joannes Baptista Cotelerius, unus Latine tantum in suo *Ecclesiaste Græco*, alter Græce et Latine in *Monumentis Ecclesiæ Græcæ.* Uterque hanc oratiunculam non indignam Basilio esse judicavit : quorum sententiam amplexi sunt doctissimi viri Tillemontius et Ludovicus Dupinus. Ego autem, ut verum fatear, non ita sentio. Equidem non pugnabo, si quis iis, quos mox nominavi, eruditissimis viris assentiatur : sed tamen arbitror eruditos, si propius admoverint oculos, ab hac mea sententia non longe abfuturos. Animadvertent enim nihil eximium, nihil magnum, nihil exquisitum, nihil sublime in hac oratiuncula inveniri, cum tamen in veris ac germanis Basilii scriptis omnia eximia, omnia magna, omnia exquisita, omnia sublimia esse soleant. Et alioqui non erat mos Basilii, orationem tam brevem ad populum habere. Nollem tamen hanc lucubratiunculam statim ob id repudiatam, quod brevis sit, modo sententiæ ipsæ ejusmodi brevitatem compensarent : sed ejusmodi est, ut tam verbis quam sententiis brevis esse videatur. Suspicionem auget styli mediocritas quædam, quæ in Basilium Magnum convenire non potest, qui oratores optimos æquavit, aut etiam superavit. Et vero quis sibi facile persuadebit Basilium, si concionari voluisset, ita exorsurum fuisse (pag. 621), Νηστείας καὶ ἱλασμοῦ ὁ καιρός, οὐ μόνον τῆς τῶν βρωμάτων ἀποχῆς, ἀλλὰ καὶ τῆς τῶν ἁμαρτιῶν ἀπαλλαγῆς, *Jejunii et propitiationis adest tempus; non modo ciborum abstinentiæ, sed etiam peccatorum evitationis* (a)? quod ut Latine, ita Græce ingratum est auribus et insuave. Aliquanto post auctor ita loquitur : "Ἅγιος γὰρ ὁ τρόπος τῆς νηστείας, ἁγίῳ Θεῷ ὑπὸ ἁγίων ἁγίως προσφερόμενος· *Sanctus quippe est jejunii modus, sancto Deo a sanctis sancte oblatus :* quæ dum lego, non valde admodum dubito, quin scriptor ille hujusmodi ejusdem vocis repetitione ornatum aliquem suæ orationi afferre voluerit ; facileque crediderim ipsum sibi ea in re multum placuisse. Ut ut hæc sunt, gravissimus vir Basilius hoc verborum quasi ludo non oblectabatur, aut certe non puto proferri posse ullum exemplum, quo constet cum talem unius et ejusdem vocis repetitionem tantopere affectasse. Nec ita multum dissimilia sunt, quæ mox sequuntur (pag. 622) : Ἐκηρύχθη ἐν Νινευῇ τριήμερος καταστροφή· καὶ ἐνίκησεν ἡ πρὸς τὸν Θεὸν ἐπιστροφὴ τὴν καταστροφήν· ἡ γὰρ ἀπειλὴ τῆς καταστροφῆς διὰ τὴν ἐπιστροφὴν ἀνείθη. *Prædicata est in Ninive subversio post triduum; et conversio ad Deum vicit subversionem : subversionis enim comminatio per conversionem relaxata est ;* ubi auctor in duabus his vocibus, καταστροφή et ἐπιστροφή, similiter cadentibus non obscure ludit. Quantum autem alienum id sit ab indole Basilii atque ingenio, ex summi illius viri genuinis orationibus perspici potest. Certe, ubi Basilius Ninivitarum mentionem facit in præclarissima illa quam *De jejunio* habuit concione, similem loquendi rationem vitavit. Verba ipsius hæc sunt (tom. II, hom. 1, n. 9): Τίς γὰρ ἐν τροφῇ δαψιλεῖ καὶ τρυφῇ διηνεκεῖ ἐδέξατό τινα κοινωνίαν χαρίσματος πνευματικοῦ; Μωϋσῆς δευτέραν λαμβάνων νομοθεσίαν, δευτέρας νηστείας προσεδεήθη. Νινευίταις εἰ μὴ καὶ τὰ ἄλογα συνενήστευσεν, οὐκ ἂν διέφυγον τὴν ἀπειλὴν τῆς καταστροφῆς. Τίνων ἔπεσε τὰ κῶλα ἐν τῇ ἐρήμῳ; Οὐ τῶν κρεωφαγίαν ἐπιζητούντων; Ἐκεῖνοι ἕως μὲν ἠρκοῦντο τῷ μάννα, καὶ τῷ ἐκ τῆς πέτρας ὕδατι, Αἰγυπτίους ἐνίκων, διὰ θαλάσσης ὥδευον, οὐκ ἦν ἐν ταῖς φυλαῖς αὐτῶν ὁ ἀσθενῶν. *Quis enim in splendidis epulis perpetuisque deliciis particeps factus est ullius doni spiritualis? Moyses ut alteram acciperet legem, altero jejunio opus habuit. Nisi una cum Ninivitis jejunassent et ipsa bruta animalia, haudquaquam effugissent subversionis comminationem. « Quorum cadavera prostrata sunt in deserto* [12]? *» Nonne eorum, qui esum carnium flagitabant? Illi donec erant contenti manna, et aqua de petra fluente, superabant Ægyptios, per mare faciebant iter, « non erat infirmus in tribubus eorum* [13]. » Hæc autem Basilii verba paulo fusius retuli, ut ex iis quasi ex quodam specimine utcunque intelligi posset, ipsum neque ex unius ejusdemque vocis repetitione, neque ex similium vocabulorum antithesi, sed ex varietate sententiarum atque gravitate ornamenta orationibus suis quæsiisse. Et quando sæpius rogavi ut controversa opera cum indubitatis ac confessis compararentur, hic rogabo, ut dubia hæc *De jejunio* lucubratiuncula saltem cum certa illa, quam mox indicavi, Basilii oratione conferatur. Puto enim futurum neminem, qui styli discrepantiam non videat, statimque non judicet fieri non posse, ut aliquis auctor ita sui dissimilis sit, ut tam disparia scribat. Et vero experientia docet disertum scriptorem sive in longis sive in brevibus scriptis semper diserte loqui : indisertum, indiserte. Quare si brevis hujus orationis legitimus parens Basilius esset, dubitari merito non potest, quin ipsa foret longe elegantior, longe splendidior, longe lima-

---

[12] Hebr. III, 17.   [13] Psal. CIV, 37.

(a) Utimur semper Coteleriana interpretatione.

tior, longe ornatior. Est locus in hac oratiuncula, quem partim corruptum, partim vitiosum esse puto. Ibi autem ita legitur (pag. 622) : Τί οὖν ποιήσεις πρὸς τοὺς πολλοὺς τούτους πολεμίους ἔχων; τάφον ὀρύξαι; Ἀλλὰ καὶ τοῦτον ὑπερβήσεται. Χάρακα προστῆσαι; Ἀλλὰ καὶ τοῦτον διαβήσεται : ubi doctissimus vir Cotelerius pro τάφον legi debere τάφρον suspicatus est, sicque postea vertit : *Quid ergo ages, cui res est cum plurimis hujusmodi hostibus ? vallum fodies? Sed hoc transgredietur. Fossam interpones? Sed et illam superabit.* Etenim ipso initio aut præpositio πρός redundat, aut vox aliqua hoc loco deest, uti vox πάλη, πόλεμος, aut alia quævis similis. Rescindi igitur oportebat particulam πρός, hoc modo, ἔχων τοὺς πολλούς, etc. *Quid ergo ages, habens plurimos hujusmodi hostes?* aut ea retenta ita scribi, ἔχων πάλην πρὸς τοὺς πολλούς, etc. *Quid ergo ages, habens luctationem cum plurimis hujusmodi hostibus ?* Sed tamen id in malam partem interpretari nolui, ne librarii vitium in ipsum auctorem transferre existimarer. Hactenus de prima: nunc de secunda hujus loci parte unum aut alterum verbum dicam. Illud, τάφον ὀρύξαι et χάρακα προστῆσαι, quoquo modo sumatur, præter usum atque consuetudinem dictum fuisse mihi videtur. Alius quivis scriptor, ut opinor, ita simpliciter scripsisset, τάφον ὀρύξεις ;... χάρακα προστήσεις; *sepulcrum fodies? .. fossam interpones?* Et prius ita scripserat auctor ipse, τί ποιήσεις, non ποιήσαι.

§ XI. *De Asceticis.*

27. Multa hodie nomine Asceticorum comprehenduntur, peculiares quidam tractatus, Moralia, Regulæ tam fusiores quam breviores, Epitimia, Constitutiones monasticæ : at in Asceticis non hæc omnia olim comprehensa fuisse, pro certo, opinor, haberi potest. Et quidem Photius, qui de Asceticis Basilii copiose loquitur, ita de his disserit, ut eorum nomine aliquanto pauciora complectatur, libellum *De judicio Dei*, tractatum *De fide*, Moralia, Regulas longiores et breviores. Asceticorum frequens est mentio apud antiquos. Celebriores sunt Hieronymus, Rufinus et Cassianus. Et quoniam eorum testimonia nobis magno usui in hac disputatione futura sunt, ea referre operæ pretium est. Hieronymus igitur (*a*), ubi de Basilii scriptis sermonem instituit, ita loquitur : *Basilius Cæsareæ Cappadociæ, quæ prius Mazaca vocabatur, episcopus, egregios* contra Eunomium *elaboravit libros, et* De Spiritu sancto *volumen, et in* Hexaemeron *Homilias novem, et* Ἀσκητικόν. Rufinus vero (*b*) cum multa de laudibus Basilii Gregoriique dixisset, tum demum ita scribit : *Exstant quoque utriusque inge- nii monumenta magnifica tractatuum, quos ex tempore in ecclesiis declamabant. Ex quibus nos denas ferme singulorum oratiunculas transfudimus in Latinum.* Basilii *præterea Instituta monachorum : optantes, si poterimus et Dei favor adjuverit, eorum plura transferre.* Cassiani autem (*c*) verba sunt hæc : *Huc accedit, quod super hac re viri et vita nobiles, et sermone scientiaque præclari, multa jam opuscula desudarunt,* S. Basilium *et* Hieronymum *dico, aliosque nonnullos, quorum anterior sciscitantibus fratribus super diversis institutis vel quæstionibus non solum facundo, verum etiam divinarum Scripturarum testimoniis copioso sermone respondit.* Præter illos tres antiquissimos scriptores sunt et alii, qui meminerunt Asceticorum Basilii. Digna sunt memoratu, quæ imperator Justinianus scripsit in *Epistola ad Mennam.* Ita autem loquitur (*d*) : Βασιλείου ἐπισκόπου Καισαρείας Καππαδοκίας, ἐκ τοῦ κανονικοῦ αὐτοῦ βιβλίου. Ἐρώτησις. Εἰ ὅπου μὲν λέγει, Δαρήσεται πολλά, ὅπου δὲ Ὀλίγα, πῶς λέγουσί τινες μὴ εἶναι τέλος τῆς κολάσεως τοῖς κολαζομένοις; Ἀπόκρισις. Τὰ ἀμφίβολα καὶ ἐπικεκαλυμμένως εἰρῆσθαι δοκοῦντα ἔν τισι τόποις τῆς θεοπνεύστου Γραφῆς, ὑπὸ τῶν ἄλλων ἐν ἄλλοις ὁμολογουμένων σαφηνίζεται, etc. *Basilii episcopi Cæsareæ Cappadociæ, ex ejus libro Regularum. Interrogatio* (*e*). *Si tum dicit,* « Vapulabit multis, » *tum,* « paucis [14] : » *quo pacto quidam dicunt nullum finem supplicii fore iis qui pœna afficiuntur ? Responsio. Quæ ambigua sunt ac videntur obscure esse dicta in quibusdam locis divinitus inspiratæ Scripturæ, alibi ab aliis quæ confessa et aperta sunt, declarantur,* etc. Asceticorum Basilium auctorem facit Suidas, his verbis : Βασίλειος Καισαρείας τῆς Καππαδοκῶν ἐπίσκοπος.... ἔγραψε πλεῖστα, ἐν οἷς θαυμάζεται τὰ εἰς τὴν Ἑξαήμερον. Καὶ κατ' Εὐνομίου δὲ ἐξαιρέτως συνέταξε λόγους, καὶ Περὶ τοῦ ἁγίου Πνεύματος τεῦχος, καὶ τὰς εἰς τὴν Ἑξαήμερον ὁμιλίας ἐννέα· ἕτερον τεῦχος ἀσκητικόν, etc. *Basilius Cæsareæ Cappadociæ episcopus.... scripsit plurima, inter quæ præcipue in pretio habentur Commentarii ejus in* Hexaemeron. Contra Eunomium *quoque eximias orationes conscripsit; itemque librum* De Spiritu sancto, *et in* Hexaemeron *sermones novem, et librum asceticum,* etc. Audiendus est et sanctus Benedictus, qui amanter Patrem suum vocans Basilium, ita in præclarissima illa *Regula* sua (*f*) locutus est : *Quæ enim pagina, aut quis sermo divinæ auctoritatis Veteris ac Novi Testamenti, non est rectissima norma vitæ humanæ? aut quis liber sanctorum catholicorum Patrum hoc non resonat, ut recto cursu perveniamus ad Creatorem nostrum? Necnon et collationes Patrum, et instituta, et vita eorum; sed et Regula S. Patris nostri Basilii, quid aliud sunt, nisi bene

---

[14] Luc. xii, 47, 48.

(*a*) *De script. eccles.*, c. 126.
(*b*) *Hist. eccles.* l. ii, c. 9.
(*c*) *Inst.*, in Præf.

(*d*) *Conc.* tom. V, p. 668.
(*e*) Inter breviores regula est 267.]
(*f*) *Cap. ult.*

viventium et obedientium monachorum exempla, et instrumenta virtutum? De piissimo viro Aredio verba faciens Gregorius Turonensis, scripsit hoc modo (*a*) : *Construxit templa Dei in honore* [sic] *sanctorum, expetiitque eorum pignora, ac ex familia propria tonsuratos instituit monachos, cœnobiumque fundavit, in quo non modo Cassiani, verum etiam Basilii et reliquorum abbatum, qui monasterialem vitam instituerunt, celebrantur Regulæ.* Sanctissimus idemque celeberrimus abbas Theodosius asceticis Basilii lucubrationibus unice oblectatus fuisse dicitur. Ita enim scriptum invenitur in ejus Vita (*b*): *Maxime autem crebro recordans salutarium constitutionum et sermonum, qui instruunt ad exercitationem, Magni, inquam, Basilii, cujus etiam vitam imitans, et ejus orationis magno captus amore, studebat animam quidem illius moribus, linguam autem ejus ornare eloquentia. Certe per ipsam quoque proferebat ea, quæ sunt rerum illius pulcherrima, meditando assumens et conservans memoria, quæ possent prompti animi studium injicere vel socordibus.* Constitutiones Basilii studiose legisse sanctum Platonem, ex Theodoro Studita discimus (*c*). Earumdem fit mentio in Vita piorum abbatum Eugendi et Philiberti. Nunc, ut multos omittam, verba subjiciam Photii (*d*), qui honorificentissime simul et copiosissime de Asceticis locutus est. Verba ipsius hæc sunt: Ἀνεγνώσθη τοῦ ἐν ἁγίοις Βασιλείου ἐπισκόπου Καισαρείας Καππαδοκίας τὰ λεγόμενα Ἀσκητικά, ἐν δυσὶ λόγοις. Χρήσιμον μὲν τὸ βιβλίον, εἴπερ τι ἄλλο. *Legimus sancti Basilii episcopi Cæsareæ Cappadociæ, qui vocantur, Asceticorum libros duos. Hoc autem volumen, si quod aliud, utile est.* Postquam autem duorum horum librorum utilitatem, suavitatem, stylum et perspicuitatem commendavit, in iisque contineri monuit varias quæstiones et responsiones, quæ e sacra Scriptura desumptæ essent, fatetur quæstionibus quibusdam emphaseos aliquid aspergi: sed quid emphaseos nomine intellexerit, ex ipsius verbis cognosci vix potest. Et ne quis, pro Basilii Asceticis aliquid aliud sumens, erraret, tam distincte Ascetica illa describit, ut nemo, nisi velit, errare possit. Sic ergo persequitur : Οὐκ ἐν τοῖς δυσὶ δὲ λόγοις τὸ ἐμφατικὸν ἐπιτρέχει. Αὐτίκα ὁ πρῶτος οὐδὲν ἐπιδείκνυσι τοιοῦτον, πλὴν ἅπαξ που τῇ ἀποσιωπήσει τὸ δύσφημον οἰκονομῶν. Ἐπεὶ τά γε ἄλλα πολὺς μέν ἐστι τὸ ἀσφαλές, ἴσως δὲ τὸ καθαρόν, ἀλλὰ καὶ τὸ εὐκρινές· διὰ μέντοι τῶν δύο αὐτῷ δήκει τὸ ἁπλούστερον καὶ καθωμιλημένον τῶν τε λέξεων καὶ τῆς συνθήκης, πρὸς τὴν τῶν πολλῶν ἀκοὴν διατυπούμενόν τε καὶ ταπεινούμενον, καὶ μόνης τῆς τῶν ἀκροατῶν σωτηρίας καταστοχαζόμενον. Ὁ μὲν οὖν πρῶτος αὐτῷ λόγος διεξέρχεται, τίς ἡ αἰτία καὶ ὁ κίνδυνος τῆς τοσαύτης τῶν Ἐκκλησιῶν τοῦ Θεοῦ, καὶ ἑκάστου πρὸς τὸν ἕτερον διαφωνίας τε καὶ διαστάσεως. Δεύτε-

ρον, ὅτι πάσης ἐντολῆς Θεοῦ παράβασις σφοδρῶς καὶ φοβερῶς ἐκδικεῖται· καὶ ἡ ἀπόδειξις ἐκ τῶν Γραφῶν τρίτον, περὶ τῆς εὐσεβοῦς πίστεως ἡμῶν, ἤτοι τῆς εἰς τὴν ὑπεραγίαν Τριάδα καθαρᾶς ἡμῶν καὶ εἰλικρινοῦς ὁμολογίας. Ὁ δεύτερος οἷον χαρακτῆρα Χριστιανοῦ κεφαλαιώδη καὶ σύντομον παρατίθεται · καὶ χαρακτῆρα πάλιν παραπλήσιον τῶν προεστώτων τοῦ λόγου. Εἶτα οἷον ὅρους τινὰς ἀσκητικούς, ὡς ἐν ἐρωτήσει καὶ ἀποκρίσει προηγουμένους, ἐκτίθεται τὸν ἀριθμὸν πεντήκοντα [πέντε]· καὶ πάλιν συντομώτερον ἑτέρους ὅρους τιγ΄. *In his tamen duobus libris non semper ad emphasim recurrit. Statim enim primus liber nihil præ se fert tale, nisi quod semel alicubi per reticentiam malum omen avertat. Nam ad cætera quod attinet, valde ibi est firmus, et æque purus atque dilucidus; perque duos hosce libros decurrit simplicior quidam et perfamiliaris sermo ac compositio, ad vulgi aures comparata atque demissa, et ad solam demum auditorum salutem intenta. Igitur primus ejus continet : quæ sit causa, quantumque periculum hujusmodi cum Ecclesiarum Dei, tum singulorum hominum inter ipsos dissensionis atque dissidii. Deinde, quod omnis præcepti divini transgressio vehementer ac terribiliter punitur, idque e Scripturis sacris demonstratum. Tertio, de fide nostra catholica, sive de pura nostra et sincera confessione sanctissimæ Trinitatis. Liber vero secundus, Christiani hominis quamdam veluti descriptionem per summa capita breviterque proponit : similemque rursum descriptionem eorum, qui docendo Evangelio præfecti sunt. Deinde quasi regulas quasdam asceticas, interrogando ac respondendo propositas exponit, numero quinquaginta quinque : iterumque breviores alias trecentas tredecim.* Fortasse hæc paulo longiora aliquibus videri poterunt : sed ita ad rem faciunt, ut ea integra exscribere non piguerit. Monebo quasi præteriens, me suspicari, vocem πέντε delendam esse in Græcis. Suspicandi hæc causa est, quod ea vox duobus uncinis in vulgatis comprehendatur : qui uncini ideo videntur additi, ut monerentur qui legerent vocem πέντε in veteribus libris deesse. Nec id cuiquam mirum videri debet, cum hodieque in antiquis libris non idem omnino regularum numerus adnotetur : quod inde factum arbitramur, quod librarii aliquando aut ex una duas, aut ex duabus unam effecerint. Nec prætereunda silentio quæ de familiari suo Basilio scripsit Gregorius Nazianzenus (*e*). Ejus autem verba sunt hæc, παρθενοκομίαι, νομοθεσίαι μοναστῶν ἔγγραφοί τε καὶ ἄγραφοι, *virginum curandarum studium, monasticarum legum institutiones, partim scripto, partim voce traditæ.* Possent et multa alia aliorum scriptorum recentiorum testimonia huc congeri : sed, ne longior videar, supersedebo. Credas sane post tot testimonia, opinionem eam,

---

(*a*) Lib. x *Hist. Fr.*, p. 524.
(*b*) Boll. II Jan, p. 693.
(*c*) Lege *Codicem regul.*, p. 96.

(*d*) Cod. cxci, pag. 493.
(*e*) Or. 20.

quæ Asceticorum Basilium auctorem facit, ita firmiter corroborari, ut suspicioni nullus locus supersit : sed secus est. Ecce enim tibi Sozomenus rem, ut videbatur, omnium certissimam in incerto ponit. Scribit autem hoc modo (*a*) : Ἀρμενίοις δὲ καὶ Παφλαγόσι, καὶ τοῖς πρὸς τὸν Πόντον οἰκοῦσι, λέγεται Εὐστάθιος ὁ τὴν ἐν Σεβαστίᾳ τῆς Ἀρμενίας Ἐκκλησίαν ἐπιτροπεύσας, μοναχικῆς πολιτείας ἄρξαι, καὶ τῆς ἐν ταύτῃ σπουδαίας ἀγωγῆς, ἐδεσμάτων τε ὧν χρὴ μετέχειν καὶ ἀπέχεσθαι, καὶ ἐσθῆτος ᾗ δεῖ κεχρῆσθαι, καὶ ἐθῶν καὶ πολιτείας ἀκριβοῦς εἰσηγητὴν γενόμενον · ὡς καὶ τὴν ἐπιγεγραμμένην Βασιλείου τοῦ Καππαδόκου ἀσκητικὴν βίβλον ἰσχυρίζεσθαί τινας αὐτοῦ γραφὴν εἶναι. Apud Armenios vero et Paphlagonas et accolas Ponti, Eustathius, Sebastiæ in Armenia episcopus, monasticæ conversationis auctor fuisse dicitur : et de arctioris vitæ disciplina, de cibis quibus utendum, aut a quibus abstinendum esset : de vestibus quibus uti oporteret, de moribus denique et exacta vivendi ratione præcepta tradidisse, adeo ut quidam affirment librum Asceticum, qui Basilii Cappadocis nomine inscribitur, ab eo conscriptum fuisse. Hic Nicephori verba ascribere, nihil, ut opinor, opus est : monere satis erit, eum in omnibus cum Sozomeno consentire (*b*), nisi quod uno loco dicat librum Basilii asceticum a multis Eustathio Sebasteno tribui. Præterea neminem movere debet auctoritas Nicephori, cum plane constet ejus suorumque æqualium opinionem solo Sozomeni testimonio fuisse innixam. Neque enim alius ullus scriptor antiquus tale quidquam de Eustathio narravit. Quare si qua culpa est, ea transferenda est tota in Sozomenum, qui cæteris, qui de Asceticis dubitarunt, præivit.

28. Hactenus antiquorum opiniones retulimus : nunc de recentiorum sententiis reliquum est ut dicamus. Ambigua videri possunt, quæ mox retulimus, Sozomeni verba; ob idque mirum videri non debet, si eruditi homines nostris temporibus varias in partes distracti sint. Et vero, ut videre cuivis licet eo quem modo exscripsi loco, ejusmodi verbis usus est Sozomenus, ut dubium sit utrum Ascetica omnia, quæ Basilii nomine circumferebantur, Eustathii esse dicerentur a quibusdam, an eorum duntaxat pars aliqua eidem Eustathio tribueretur. Hinc igitur videtur factum, ut alii aliter Sozomeni locum interpretati, in varias sententias discesserint. Scultetus Ascetica omnia non obscure repudiat. Sed eum audire præstat. Ita igitur loquitur (*c*) : *Antonius Possevinus, Jesuita, vidit Baronii adversus Sozomenum disputationem infirmiorem esse, quam quæ* Ἀσκητικὰ *Basilio possit vindicare. Itaque alia via ingressus, Quæstiones compendio explicatas, sive Regulas breviores, inter Ascetica numeratas, Basilio ex auctoritate Sozomeni adimit, Eustathio tribuit. Sed eadem ratione, et quidem multo rectius, Ascetica* omnia *Eustathio ascripsisset, quandoquidem Sozomenus non speciatim illarum quæstionum, sed τοῦ* Ἀσκητικοῦ *in genere meminit.* Cujus sententiæ Possevinum fuisse ait Scultetus, eam ejusdem societatis eruditissimus vir Bellarminus amplexus credi potest. Sic enim scribit (*d*) : *In tertio tomo sunt Quæstiones compendio explicatæ, quæ non sunt indubitatæ.... Videtur [auctor] damnare traditiones, quas Basilius acriter defendit in libro De Spiritu sancto, cap. 27. Item quæst. 4 et 293 videtur tollere de medio discrimen peccati mortalis et venialis: quod certe sancto Basilio tribui non potest.* Majora ausus Combefisius, non breviores modo, sed longiores etiam Regulas Basilio abjudicat, præter Moralia et libellos De judicio Dei, et De fide. Postquam enim lucubratiunculam quamdam pro nova e duobus libris veteribus vulgaverat, hæc subjunxit in suo Basilio recensito (*e*) : *Non potuit auctor sua hic Ascetica et Ethica clarius delineare, mentemque suam ac propositum declarare; quodque ita omnem perinde transgressionem ulciscitur, nullamque vel ignorantiæ excusationem admittit, qua delictum fiat veniale, aliaque non satis e regula ecclesiastica, suis locis notanda, Eustathium se Sebastenum potius prodit, quam Basilium Cæsariensem : quod tamen nihil tangit libros Constitutionum, quidquid Scultetus obmurmuret, in quibus Basilius utrumque ascetarum genus Basiliano vere spiritu ac Christiano, sigillatim instruit.* Quod hic ait doctissimus vir Combefisius, in magna illa Asceticorum parte Eustathium Sebastenum potius prodi, quam Basilium Cæsariensem, id satis modeste dictum est : sed in suis notis non raro asseveranter pronuntiat præcipuam illam Asceticorum partem Eustathii esse, non Basilii; in eoque probando multus est, propemodum hoc unico argumento usus, quod in utrisque Regulis nescio quid majoris severitatis inspergatur. Eruditissimi viri Ducæus, Natalis Alexander, Tillemontius, Ludovicus Dupinus et multi alii, quos recensere nimis longum esset, Ascetica omnia Basilio tribuunt, videlicet priores tres tractatus, Moralia, libellos de Judicio Dei et de Fide, utrasque regulas atque monasticas Constitutiones. De Epitimiis, deque duabus lucubratiunculis, quas non ita pridem Combefisius edidit, suo loco disputabimus. Ex quibus omnibus videre licet quæstionem quæ de Asceticis habetur, multiplicem esse, eamdemque valde intricatam. Quare, ut ordine rem per se satis difficilem tractemus, hunc paragraphum in novem partes dividemus : quarum in prima probare conabimur, prævios tres tractatus ad Basilium pertinere : in secunda, recte sentire, qui ut libellos de Judicio ac de Fide, ita Moralia Basilio ascribunt : in tertia, non erraturum, qui in spuriorum numero reponet breves duos libellos, qui post Moralia locati sunt : in quarta, utrarumque Regularum, tam breviorum

---

(*a*) Lib. ɪɪɪ, cap. 14.
(*b*) Niceph. lib. ɪx, cap. 16, et lib. xɪɪɪ, c. 29.
(*c*) Tom. II, parte ɪv.

(*d*) De script. eccl.
(*e*) Tom. II, p. 104.

quam longiorum, unum et eumdem auctorem esse: in quinta, utrasque Regulas et Constitutiones monasticas uni et eidem auctori tribui non debere : in sexta, sane et vere judicare, qui Basilium auctorem faciunt utrarumque Regularum : in septima, Constitutiones monasticas Eustathio Sebasteno adjudicari posse : in octava, Epitimia in spuriis poni oportere : in nona, duas lucubratiunculas, quas pro novis Combefisius divulgavit, dignas non esse, quæ inter Basilii opera numerentur.

§ XI. *Pars prima, de præviis tribus tractatibus asceticis.*

29. Prævii hi tres tractatus, qui inter ascetica recensentur, in omnibus libris, tam vulgatis quam veteribus, nomen Basilii præferunt. Iidem, nisi forte Scultetum excipias, a nemine, quod sciam, revocantur in dubium. Combefisius, qui cæteroquin optimam Asceticorum partem pro spuriis habuit, tamen et ipse quoque præviarum harum lucubrationum Basilium auctorem facere non dubitavit. Primus autem tractatus sic inscribitur, *Prævia institutio ascetica :* secundus, *Sermo asceticus, et exhortatio de renuntiatione sæculi, et de perfectione spirituali :* tertius, *Sermo de ascetica disciplina, quomodo monachum ornari oporteat.* Legi et relegi has lucubratiunculas, in quibus nihil omnino inveni, quod indignum esset nostro Basilio. Omnia satis accommodata sunt ad ejus stylum, ad ejus scribendi rationem, ad ejus indolem. Etsi enim hi libelli eloquentia inferiores sunt panegyricis Basilii orationibus, aut ejusdem generis scriptis : tamen si quis eos attente legat, statim, opinor, periti alicujus magistri manum agnoscet. Nam nihil in verbis, nihil in sententiis, nihil in periodorum constructione invenitur, quod hominem scribendi penitissimum dedeceat. Præterea ex harum lucubrationum lectione constat, auctorem sacras Scripturas et optime calluisse, et aptissime citasse : quas dotes quodammodo Basilii proprias esse notum est. Hæc de illis tribus opusculis universe dicta sint : nunc de secundo peculiare quiddam in medium proferam. Animadverti igitur verbum πληροφορεῖσθαι bis in eo, quem modo dixi, libello ita usurpari, ut persuasionem quamdam significet. Ita enim uno loco scriptum est (t. II, p. 204), Ἡνίκα δὲ τῶν προσόντων σοι πραγμάτων ποιῇ τὴν ἀπόθεσιν, ἔσο ἀκαμπής, προπέμπειν αὐτὰ εἰς οὐρανοὺς πληροφορούμενος. *Ubi vero res quæ ad te pertinent dereliqueris, esto inflexibilis et constans, certoque scias eas præmittere te in cœlum.* In altero (p. 207), hoc modo, αὐτὸ τοῦτο σκάνδαλον εἶναι πληροφορούμενος, *omnino tibi persuadeas idipsum scandalum esse.* Basilius autem hoc idem verbum hoc ipso sensu sæpe usurpat (a). Imo etiam cum hæc lego in eodem illo opusculo (p. 208), Πολλοὺς γὰρ ἐγὼ πάθεσι κρατηθέντας εἶδον ἐν ὑγείᾳ γενομένους, ἕνα δὲ ἐκ πάντων λαθροφάγον, ἢ γαστρίμαργον οὐκ εἶδον. *Ego enim vidi multos, qui vitiis mancipati redierunt ad sanitatem : sed ex omnibus ne unum quidem, qui occulte manducaret, aut gulosus esset, emendatum vidi,* Basilium audire mihi videor. Et vero qui Basilium vel primoribus, ut dicitur, labris attigerunt, probe sciunt, id ex ejus consuetudine dictum esse : cujus rei exempla aliquot proferre alienum non videbitur. Igitur psalmum sexagesimum primum interpretans Basilius, sic scribit (t. I, p. 196) : Εἶδον ἰατροὺς ἐγὼ μὴ πρότερον διδόντας τὰ σωτήρια φάρμακα, πρὶν ἐμέτοις ἀποκενῶσαι τὴν νοσοποιὸν ὕλην, ἣν ἐκ πονηρᾶς διαίτης ἑαυτοῖς οἱ ἀκόλαστοι ἐναπέθεντο. *Vidi ego medicos, qui non prius salutaria medicamenta tradebant, quam materiam morbidam per vomitum evacuassent, quam intemperantes illi ex malo victu sibi pepererant.* Alio loco sic loquitur (tom. II, in *Jul. Mart.*, n. 4) : Καί ποτε εἶδον ἐγὼ βοῦν ἐπὶ φάτνης δακρύοντα, τοῦ συννόμου αὐτῷ καὶ ὁμοζύγου τελευτήσαντος. *Equidem ego ipse vidi aliquando bovem in præsepi illacrymantem, pastus ac jugi socio morte sibi præpreto.* Rursus in hac ipsa quam mox citavi oratione sic scripsit (ibid., n. 9) : Ἤδη δέ τινας εἶδον τῶν φιληδόνων, δι' ὑπερβολὴν ἡδυπαθείας ἐπὶ προφάσει τῆς λύπης πρὸς κραιπάλην καὶ μέθην ἐκτρεπομένους, καὶ τὸ ἀκρατὲς αὐτῶν ἐκ τῶν τοῦ Σολομῶντος λόγων παραμυθεῖσθαι πειρωμένους, λέγοντος, Δότε οἶνον τοῖς ἐν λύπαις. *Non ita dudum vidi quosdam voluptuarios, qui immodico voluptatis amore pellecti, per speciem expellendæ tristitiæ ad crapulam sese converterent, et ad ebrietatem; suamque conarentur excusare intemperantiam verbis Salomonis, qui ait :* « *Date vinum iis qui in tristitia sunt [18].* » Exemplum, quod mox proferam, a superioribus non multum abludit. Est autem ejusmodi (tom. II, hom. in div., p. 54) : Οἶδα πολλοὺς νηστεύοντας, προσευχομένους, στενάζοντας, πᾶσαν τὴν ἀδάπανον εὐλάβειαν ἐνδεικνυμένους, ὀβολὸν δὲ ἕνα μὴ προϊεμένους τοῖς θλιβομένοις. *Novi non paucos jejunantes, orantes, ingemiscentes, pietatem omnem, quæ sine impensa exerceri potest, excolentes, at ne unum quidem obolum egenis offerentes.* Possim in medium adducere et alia loca, quibus constaret eam, quam dixi, loquendi formulam Basilio perquam familiarem fuisse, sed, ne tædium afferrem, nolui. Sed tamen, si quis ejusmodi exemplis delectatur, monebo eodem dicendi genere usum esse Basilium in ea oratione, quam sanctissimus Pater in divites habuit (tom. II, pag. 63) : item legi potest ea oratio, quæ inscribitur, *Homilia exhortatoria ad sanctum baptisma* (tom. II, pag. 120). Libet quoque aliquid de tertia lucubratiuncula sigillatim addere. In ea igitur ita scriptum invenimus (tom. II, p. 212) : Περὶ Πατρὸς καὶ Υἱοῦ καὶ ἁγίου Πνεύματος μὴ συζητεῖν, ἀλλὰ ἄκτιστον καὶ ὁμοούσιον Τριάδα

---

[18] Prov. xxxi, 6.

(a) Leg. n. 38.

μετὰ παρρησίας λέγειν καὶ φρονεῖν, καὶ τοῖς ἐπερω- A
τῶσι λέγειν, ὅτι βαπτίζεσθαι δεῖ, ὡς παρελάβομεν·
πιστεύειν δὲ, ὡς βεβαπτίσμεθα· δοξάζειν δὲ, ὡς πε-
πιστεύκαμεν. De Patre et Filio et Spiritu sancto
non oportet disceptare, sed Trinitatem increatam et
consubstantialem libere profiteri et sentire, atque
percontatoribus dicere : Oportet nos baptizari ita, ut
traditum accepimus; credere autem sicut baptizati
sumus; glorificare vero, quemadmodum credidimus.
Quæram jam, in quem hæc doctrina melius conveniat, quam in Basilium Magnum, qui Trinitatem
consubstantialem esse semper et credidit et docuit.
Prætereaque Basilius statim in alio libello ascetico
(tom. II, pag. 228) non aliter locutus est, nisi quod
compendiosius scripsit, hoc modo, οὕτω φρονοῦμεν,
καὶ οὕτω βαπτίζομεν εἰς Τριάδα ὁμοούσιον, sic sen- B
timus, sicque baptizamus in Trinitate consubstantiali. At certe ex his certo colligi potest, non audiendum esse Scultetum, qui ascetica omnia Eustathio ascripsit. Nam credibile non est Eustathium,
qui Macedonianorum quasi antesignanus erat, breves illas, quas retuli, fidei professiones emisisse.
Etenim tantum aberat, ut Macedoniani consubstantialem dicerent Spiritum sanctum, ut etiam in eum
verba impia evomerent. Hic autem quæri potest,
utrum scriptæ fuerint hæ lucubratiunculæ, an pro-
nuntiatæ. Nam utriusque generis instituta monachis tradidisse Basilium, superius ex Gregorio Nazianzeno audivimus. Ego autem recitatas fuisse arbitror, nec aliter, nisi valde fallor, judicabunt, qui
ipsas paulo attentius legerint. Neque vero monachi C
soli his exhortationibus aderant, sed mulieres
etiam aliquas interfuisse probabilissimum videtur.
Quod enim Basilius ait in prima lucubratiuncula,
orationem non ad solos viros spectare, cum mulieres et
ipsæ quoque apud Christum militent, id ad mulieres
quasdam, quæ adessent, referri posse censeo. Imo
dubitari vix potest, quin adessent quoque nonnulli,
qui matrimonio jungerentur, cum in secundo opusculo ita scriptum sit (n. 2, p. 203) : Μὴ τοίνυν
ἀναπέσῃς, ὦ οὗτος, ὁ πρὸς κοινωνίαν γυναικὸς προ-
ῃρημένος, ὡς ἐπ᾽ ἐξουσίας ἔχων τὸν κόσμον περιβα-
λέσθαι· πλειόνων γάρ σοι πόνων καὶ φυλακῆς χρεία
πρὸς τὴν τῆς σωτηρίας ἐπιτυχίαν. Ne igitur deses
exsistas, o tu qui elegisti uxoris societatem, quasi D
mundum amplecti penes te sit : nam pluribus laboribus et custodia majore tibi opus est ad obtinendam
salutem.

§ XI. Pars secunda, de auctore libellorum De judicio Dei et De fide, itemque de Moralium scriptore.

30. Prævii illi tractatus, de quibus nunc dispu-
tavimus, proprie ad Ascetica non pertinent : sed
duos libellos, quorum in uno dissereretur De
judicio Dei, in altero De fide, ad ea pertinuisse
docet locupletissimus auctor Photius (a). Sed nescio

[16] Rom. VI, 16.

(a) Cod. XIX, pag. 403.

quomodo contigit, ut horum tractatuum ordo in
editione Parisiensi mutatus sit. Photius enim tra-
diderat duos hos libellos sua ætate ita dispositos
fuisse, ut libellus De judicio Dei præcederet, sequeretur vero libellus De fide; cum tamen in ea,
quam dixi, editione tractatus De fide præcedat,
tractatus vero De judicio Dei subsequatur. Ejus
autem rei causam non aliam esse puto, nisi quod
typographi aliud cogitantes, verum et antiquum
ordinem incaute permutarint. Nam ut Photii ætate,
ita hodieque et in Veneta editione et in veteribus
libris primus est libellus De judicio Dei, secundus
vero libellus De fide. Quis autem horum opusculorum auctor sit, facile judicabit, qui ea diligenter
legere volet. Auctor, quicunque ille fuit, qui ea
conscripsit, sacras litteras tam Novi quam Veteris
Testamenti optime noverat, eisque industrie utitur:
erat linguæ Græcæ peritissimus : in ejus oratione
enitet ubertas, varietas, copia : in doctrina morum
erat severus, sed sic tamen, ut Evangelii severitatem
non excederet : nihil denique inest neque in verbis,
neque in sententiis, quod indignum sit viro et docto
et probo : quæ omnia nos adducunt, ut Basilium
horum libellorum verum parentem esse credamus.
Accedit etiam, quod in his opusculis inveniantur
quædam dicendi formulæ, quibus Basilius in aliis
suis operibus libenter utitur. Exempli causa ita legitur in libello De judicio Dei (pag. 214) : Ἐγὼ δὲ εἶδόν
ποτε καὶ μελισσῶν πλῆθος νόμῳ φύσεως στρατηγού-
μενον, καὶ κατακολουθοῦν εὐτάκτως ἰδίῳ βασιλεῖ.
Καὶ πολλὰ μὲν ἐγὼ τοιαῦτα εἶδον, πολλὰ δὲ ἤκουσα.
Vidi autem aliquando ego ipse apum turmam lege
quadam naturali conductam, suumque regem servato
ordine sequentem. Et multa quidem talia ego conspexi, multaque audivi : quo dicendi genere in primis delectatum fuisse Basilium manifeste ostendunt ea quæ aliquanto ante retulimus exempla (b).
Ubi notari potest, scriptorem testimonia aliqua ita
e Scripturis proferre, ut interdum ad movendum
lectorem adverbia quædam adjungat. Sed, quo melius hæc intelligantur, audiendus est auctor ipse.
Ita igitur loquitur libello De judicio Dei (pag. 216) :
Ἁπλῆς δὲ διανοίας μετὰ παρρησίας εἰπεῖν, ὅτι κρατεῖ ἐκεῖ καὶ βασιλεύει τὸ τῆς σαρκὸς φρόνημα, κατὰ
τὴν τοῦ Ἀποστόλου φωνὴν, λέγοντος μὲν ὁριστικῶς,
ὅτι ᾯ παριστάνετε ἑαυτοὺς δούλους εἰς ὑπακοὴν, δοῦλοί ἐστε ᾧ ὑπακούετε, διεξιόντος σαφῶς
τοῦ τοιούτου φρονήματος τὰ ἰδιώματα.... διδάσκοντος δὲ ἅμα ἀποφαντικῶς τό τε χαλεπὸν αὐτῶν
τῆς ἐκβάσεως, καὶ τὸ ἀκοινώνητον πρὸς θεοσέβειαν.
Sed ingenui animi fuerit fidenter affirmare, illic
dominari ac regnare carnis affectum, juxta hanc
Apostoli vocem, qui ait quidem modo decretorio,
« Cui exhibetis vos servos ad obediendum, servi estis
ejus, cui obeditis [16], » recenset vero perspicue hujusce
affectus proprietates.... simulque horum vitiorum

(b) Lege n. 29.

exitum gravem esse, nihilque ipsis cum pietate communi esse asseveranter docet. Eodem pertinet, quod scriptum invenitur in tractatu *De fide* (pag. 224) : Καὶ τοῦ Ἀποστόλου ἐν ὑποδείγματι ἀνθρωπίνῳ σφοδρότερον ἀπαγορεύοντος; τὸ προσθεῖναι, ἢ ὑφελεῖν τι ἐν ταῖς θεοπνεύστοις Γραφαῖς. *Cumque Apostolus, sumpto ex hominibus exemplo, quidpiam in divinis Scripturis addere, aut demere vehementius vetet.* Notatu quoque dignam censeo illam genitivorum seriem (ibid.), λέγοντος μὲν.... διεξιόντος δὲ... διδάσκοντος, δὲ.... εἶτα αὐτοῦ τοῦ μονογενοῦς Υἱοῦ τοῦ Θεοῦ τοῦ Κυρίου καὶ Θεοῦ ἡμῶν Ἰησοῦ Χριστοῦ βοῶντος · quæ idcirco notata volui, quod Basilius ita in suis Asceticis loqui soleat. Nam usus et horum adverbiorum, ὁριστικῶς, ἀποφαντικῶς, σφοδρότερον, et horum genitivorum, λέγοντος, διεξιόντος, διδάσκοντος, βοῶντος, ita in Regulis frequens est, ut ejus rei passim exempla occurrant. Prætereaque, cum scriptor integerrimam persuasionem significare vellet, sexies in his libellis vocibus πληροφορεῖσθαι et πληροφορία usus est, bis in primo, quater in altero : quæ ipsæ voces ad idem significandum passim in Regulis usurpantur. Cum igitur Basilius, ut mox probabimus (a), auctor sit Regularum, dubitari merito non potest, quin ea quoque, de quibus disputatur, opuscula ad eumdem pertineant, utpote in quibus iidem loquendi modi adhibeantur. Fatebor quidem libens, argumenta, quæ ex quavis styli similitudine petuntur, nullam vim habere, si stylus ita in aliquibus conveniat, ut in pluribus discrepet : sed cum omnia quadrant, tunc ejusmodi argumenta plurimum valere nemo, opinor, negaverit. Ita autem Regularum stylus cum stylo horum opusculorum consentit, ut nihil omnino dissentiat, idcircoque et has et illa Basilio tribui æquum est. Nec solum similes sunt loquendi modi, sed etiam sententiæ, sententiarum. Etenim si quis illud, quod in libello *De judicio Dei* legitur (p. 217, num. 4) : *Relectis igitur divinis Scripturis, reperio in Veteri ac Novo Testamento, neque in multitudine, neque in magnitudine peccatorum, sed in una tantummodo cujuscunque præcepti violatione, contumaciam adversus Deum clare judicari, communemque sententiam a Deo ferri in omnem inobedientiam :* si quis igitur hæc comparaverit cum iis quæ in Regula ducentesima nonagesima tertia scripta sunt, doctrinam doctrinæ ita similem comperiet, ut tradita utroque loco documenta ab eadem officina prodiisse facile confessurus sit. Jam monuimus controversos hos duos libellos ab omnibus aut Basilio ascribi, aut Eustathio : sed ipsos episcopo Sebasteno ascribi non posse plane constat. Ita enim in libello *De fide* legitur (pag. 228): Οὕτω φρονοῦμεν, καὶ οὕτω βαπτίζομεν εἰς Τριάδα ὁμοούσιον. *Sic sentimus, sicque baptizamus in Trinitate consubstantiali :* quem locum cum retulisset eruditissimus vir Tillemontius (b), fidenter pronuntiavit, tale aliquid sine ulla controversia neque ab Eustathio, neque ab ullo alio Macedoniano conscribi unquam potuisse. Et vero cum Macedoniani aperte divinitatem Spiritus sancti negarent, fieri non poterat ut Trinitatem consubstantialem esse profiterentur.

31. Quod diximus, libellos *De judicio Dei* et *De fide* tam in stylo quam in sententiis convenire cum utrisque Regulis, id ita esse non diffitetur vir doctissimus Combefisius : sed tamen ex his principiis aliud prorsus concludit. Ergo ita fere ratiocinatur: Horum libellorum et utriusque generis Regularum idem est stylus, eædem sententiæ, eadem doctrina : sed Stoica quædam severitas Eustathium utrarumque Regularum auctorem esse aperte ostendit : non dubitandum igitur quin idem Eustathius horum quoque opusculorum auctor sit. Quid autem de vana illa severitate sentiendum sit, postea satis fuse disseram (c) : nunc universe duntaxat dicam, neque Rufinum, neque Cassianum, neque Photium, neque Frontonem Ducæum, neque Natalem Alexandrum, Combefisii sodalem, neque Tillemontium, neque Dupinum, neque permultos alios cujuscunque ætatis eruditissimos viros ejusmodi severitatem in Regulis vidisse. Sed duo sunt in iis, quos dixi, libellis, quæ speciatim reprehendit is, quem modo nominavi, vir peritissimus Combefisius (d), inconstantiam fidei, et auctoris in aliqua voce catholica reticenda malignitatem : de quibus hoc loco dicere institui. Quod igitur ait, *auctorem in fide inconstantem fuisse,* id nec verum, nec firmum est. Nam dubitationem illam, qua auctor laborasse se confitetur, non in fidem, sed in dissidii Ecclesiarum causam cadere, ex orationis serie perspicuum est. Et vero in libello *De judicio Dei* ita scriptor locutus est eo de quo agitur loco (pag. 214, n. 2): Ταῦτα καὶ τὰ τοιαῦτα ὁρῶν, καὶ πρὸς τούτοις ἐπαπορῶν, τίς, καὶ πόθεν ἡ αἰτία τοῦ τοσούτου κακοῦ.... τοῦτο δὴ λογισάμενος, καὶ πρὸς τὸ ὑπερβάλλον τῆς ἀσεβείας ἐπτοημένος, ἐπὶ πλεῖόν τε ἐρευνῶν, ἐπεθόμην οὐδὲν ἧττον, καὶ ἐκ τῶν ἐν τῷ βίῳ πραγμάτων ἀληθῆ εἶναι τὴν προειρημένην αἰτίαν. Ἑώρων γὰρ πᾶσαν μὲν πλήθους εὐταξίαν τε καὶ συμφωνίαν ἄχρι τότε κατορθουμένην, ἄχρις ἂν ἡ πρὸς ἕνα τινὰ τὸν ἄρχοντα σώζηται κοινὴ τῶν ἄλλων εὐπείθεια · πᾶσαν δὲ διαφωνίαν καὶ διάστασιν, ἔτι τε πολυαρχίαν, ἐξ ἀναρχίας ὁδοποιουμένην. *Hæc atque ejusdem generis alia cum intuerer, prætereaque dubitarem quæ et unde esset tanti mali causa* [in Ecclesiis].... *hoc igitur cum mecum reputassem, cumque de impietatis magnitudine attonitus, ulterius pervestigassem, nihilominus mihi persuasi vel ex iis quæ in vita fiunt rebus, eam, quam superius dixi, causam veram esse et germanam. Videbam enim omnem populorum disciplinam atque consensionem tandiu perseverare, dum omnes principi uni in communi obtemperant : omnem vero dis-*

(a) Lege n. 38.
(b) *Vie de S. Basile,* p. 638.

(c) Lege n. 41.
(d) Tom. II, p. 97 et 129.

cordiam ac seditionem, itemque multorum principatum ex ducis ac principis defectu proficisci. Ex quibus liquet Basilium causam illam, quam dubitans quærebat, tandem invenisse. Aliud autem non quærebat, ut ex ejus verbis patet, nisi veram causam, quæ turbas in Ecclesiis excitaret et in regnis : quam causam non aliunde nasci ait, quam quod duces ac principes desint. Sed, ut verum fatear, primo aspectu inest major difficultas in iis, quæ hoc ipso in loco scripta inveniuntur. Hæc autem sunt : Τὰ μὲν πρῶτα, ὥσπερ ἐν βαθεῖ σκότῳ διῆγον, καὶ καθάπερ ἐπὶ ζυγοῦ, ποτὲ μὲν ὧδε, ποτὲ δὲ ἐκεῖσε ἔρρεπον· ἄλλου ἄλλως, ἢ πρὸς ἑαυτόν με ἕλκοντος, διὰ τὴν πολυχρόνιον τῶν ἀνθρώπων συνήθειαν, ἢ πάλιν ἄλλως ἀπωθουμένου διὰ τὴν ἐν ταῖς θείαις Γραφαῖς ἐπιγινωσκομένην ἀλήθειαν. *Primum quidem quasi in profundis tenebris degebam, et tanquam in statera constitutus, modo huc, modo illuc propendebam, quod alius alio aut ad seipsum traheret me, ob diutinam hominum consuetudinem, aut rursus alio propelleret, ob eam quam in divinis Scripturis agnovissem veritatem:* sed tamen ne hic quidem locus ad expediendum difficilis est. Non enim inde colligi potest, Basilium in hæresim unquam propendisse, sed solum in id quodammodo inclinasse, ut partes susciperet quorumdam, qui ita callidi erant et astuti, ut dum veram fidem oppugnarent, eam tamen speciosis verbis tueri viderentur. Callidi autem illi non alii fuisse credi possunt, quam Eustathius ipse illiusque discipuli. Hæc verba, *ob diutinam hominum consuetudinem,* faciunt, ut hunc locum ita intelligendum esse suspicer. Nam Basilium Eustathio diu familiariter usum esse nemini, qui paulum modo in historia ecclesiastica versatus sit, ignotum est. Quod autem dixi, Basilium nunquam in hæresim propendisse, sed solum quasi paululum commotum fuisse ad callidorum quorumdam hominum partes suscipiendas, de eo non aliter videbitur ei, qui, quæ præcedunt, legere voluerit. Sunt autem ejusmodi : Πολλήν τινα καὶ ὑπερβάλλουσαν τήν τε πρὸς ἀλλήλους καὶ τὴν πρὸς τὰς θείας Γραφὰς διαφωνίαν τῶν πολλῶν ἐθεώρουν· καὶ τὸ φρικωδέστατον, αὐτοὺς τοὺς προεστῶτας αὐτῆς ἐν τοσαύτῃ μὲν τῇ πρὸς ἀλλήλους διαφορᾷ γνώμης τε καὶ δόξης καθεστῶτας, τοσαύτῃ δὲ τῇ πρὸς τὰς ἐντολὰς τοῦ Κυρίου ἡμῶν Ἰησοῦ Χριστοῦ ἐναντιότητι χρωμένους, καὶ διασπῶντας μὲν ἀνηλεῶς τὴν Ἐκκλησίαν τοῦ Θεοῦ, ἐκταράσσοντας δὲ ἀφειδῶς τὸ ποίμνιον αὐτοῦ, ὡς καὶ ἐν αὐτοῖς πληροῦσθαι νῦν, εἴπερ ποτὲ, τῶν Ἀνομοίων ἐπιφυέντων, τὸ, ὅτι Ἐξ ὑμῶν αὐτῶν ἀναστήσονται ἄνδρες λαλοῦντες διεστραμμένα, τοῦ ἀποσπᾷν τοὺς μαθητὰς ὀπίσω αὐτῶν. *Multos videbam et inter se, et in divinis litteris intelligendis valde admodum dissentire. Et quod maxime horrendum est, videbam ipsos Ecclesiæ præfectos in tanta inter se sententiæ ac opinionis diversitate constitui,*

[17] Act. xx, 30.

(a) Combef. tom. II, p. 129.

sicque Domini nostri Jesu Christi mandatis adversari, Deique Ecclesiam tam immisericorditer dilacerare, tamque crudeliter obturbare ejus gregem, ut exortis Anomœis, nunc, si unquam alias, in ipsis quoque impleatur illud : « Ex vobis ipsis exsurgent viri loquentes perversa, ut abducant discipulos post se[17].» Cui enim persuaderi poterit, Basilium in opinionem propendisse eorum, quos videret simul et adversantes mandatis Domini nostri JesuChristi, et immisericorditer dilacerantes Dei Ecclesiam, et crudeliter obturbantes ejus gregem? Ipsa sunt Basilii verba. Reliquum est igitur ut Basilius quodammodo propensum se senserit ad amplectendas partes quorumdam, qui pietatis simulatione et nomine veram fidem sequi putarentur. Nunc quæ vox illa sit, quam auctor de industria reticuisse dicitur, ex ipso Combefisio audiamus (a). Sic igitur loquitur in suo *Basilio recensito : Quod dicit, initio paginæ, possit Theodosii tempora respicere, quando plurimum compressa Anomœorum hæresis et Ariana, ut sic palam fidem sanctæ Trinitatis profiteretur, qui ita alias in ea vacillasset. Quin et ὁμοουσίου vocem studio dataque opera, tota hac sua fidei explanatione suppressisse, ad mitiorum Arianorum declinandam invidiam.* Vult igitur doctissimus vir Combefisius, Eustathium idcirco data opera vocem ὁμοούσιος in tota sua fidei professione silentio præteriisse, ut gratiam mitiorum Arianorum sibi conciliaret : sed permirum videri debet, hominem cæteroquin in ejusmodi rebus diligentissimum, usque adeo præjudicata opinione obcæcatum fuisse, ut non videret quæ legeret. Nam, ut jam monui, ita in hac fidei professione scriptum invenitur : Οὕτω φρονοῦμεν, καὶ οὕτω βαπτίζομεν εἰς Τριάδα ὁμοούσιον. *Sic sentimus, sicque baptizamus in Trinitate consubstantiali.* Sed ergo vocem ὁμοούσιος in hac fidei professione ab auctore prætermissam fuisse. Quid tum? Basilium illius auctorem non esse? sed id inde minime sequitur. Scriptor enim, quisquis est, ita de Trinitate loquitur (tom. II novæ ed., pag. 228), ut in ea nihil diversum, quod ad naturam attinet, agnoscat ; sed in ipsa admittat duntaxat proprietates quasdam, quas ait seorsum unicuique personæ convenire. Sed audiendus est ipse. Illius igitur hæc sunt: Ἑκάστου ὀνόματος τὴν τοῦ ὀνομαζομένου ἰδιότητα σαφῶς ἡμῖν διευκρινοῦντος, καὶ περὶ ἑκάστου τῶν ὀνομαζομένων πάντως τινῶν ἐξαιρέτων ἰδιωμάτων εὐσεβῶς θεωρουμένων· τοῦ μὲν Πατρὸς ἐν τῷ ἰδιώματι τοῦ πατρὸς, τοῦ δὲ Υἱοῦ ἐν τῷ ἰδιώματι τοῦ υἱοῦ, τοῦ δὲ ἁγίου Πνεύματος ἐν τῷ οἰκείῳ ἰδιώματι. *Nomen autem quodlibet quamdam illius qui nominatur proprietatem nobis manifeste explicat ; atque in unoquoque nominatorum, omnino pie peculiares quædam proprietates considerantur, Pater quidem in proprietate patris, Filius vero in proprietate filii, sanctus autem Spi-*

ritus in sua ipsius proprietate. Viderit ergo Combefisius, quomodo fidei professio, quæ in Trinitate non naturam, sed quasdam tantummodo proprietates distinguit, tribui possit Eustathio, qui ad cæterorum Macedonianorum imitationem naturæ identitatem in Trinitate negaret. Cum autem Combefisius semel in animum induxisset suum, vocem ὁμοούσιος in hoc *De fide* libello deesse (tom. II, pag. 129), hæc addidit : *Qui ipsi* [*mitiores Ariani*] *sic ex putis puris Scripturæ verbis suas alias aliasque professiones adornabant, Nicænisque Patribus probatam vocem, qua omnis eorum* ὁμωνυμία *in Trinitatis mysterio elidebatur, respuebant, eoque invento simplicibus fucum faciebant :* sed, cum constet vocem ὁμοούσιος in hac fidei professione reperiri, totum id Combefisii argumentum per se ruere vident, opinor, omnes. Denique cum Combefisius paulo post incidisset in alia illa ejusdem libelli verba (tom. II novæ ed., pag. 223) : Διόπερ παρακαλῶ καὶ δέομαι, παυσαμένους τῆς περιέργου ζητήσεως καὶ ἀπρεποῦς λογομαχίας, ἀρκεῖσθαι τοῖς ὑπὸ τῶν ἁγίων καὶ αὐτοῦ τοῦ Κυρίου εἰρημένοις ; *Quapropter adhortor vos et rogo ut missa curiosa inquisitione, relictaque indecenti verborum contentione, iis quæ a sanctis et ab ipso Domino dicta sunt, contenti sitis,* ita persecutus est : *Scriptores canonicos velit et apostolos, ad quos unos provocat, nihil dans vel Ecclesiæ, vel Patrum, qui secuti sunt, auctoritati.* Primum, cum scriptor ipse voce ὁμοούσιος usus sit, perspicuum est eum non ad unos scriptores canonicos provocare. Alioquin enim secum ipse pugnaret, cum voce ὁμοούσιος utatur : quæ vox tamen nusquam in Scripturis occurrit. Deinde, quod ait *nos contentos esse debere iis quæ a sanctis et ab ipso Domino dicta sunt,* id ita accipi oportet, ut non temere in explicanda fide quidquam addatur verbis aut Domini, aut scriptorum canonicorum. Et ne quis hanc explanationem existimet non scriptoris esse, sed meam, illius verba apponam. Sic igitur loquitur (ibid., p. 224) : Ἕως μὲν οὖν ἀγωνίζεσθαι πρὸς τὰς ἐπανισταμένας κατὰ καιρὸν αἱρέσεις ἐχρῆν, ἑπόμενος τοῖς προειληφόσιν, ἀκόλουθον ἡγούμην τῇ διαφορᾷ τῆς ἐπισπειρομένης ὑπὸ τοῦ διαβόλου ἀσεβείας, ταῖς ἀντιθέτοις φωναῖς κωλύειν, ἢ καὶ ἀνατρέπειν τὰς ἐπαγομένας βλασφημίας, καὶ ἄλλοτε ἄλλαις, ὡς ἂν ἡ χρεία τῶν νοσούντων κατηνάγκασε, καὶ ταύταις πολλάκις ἀγράφοις ; μὴν, ὅμως δ' οὖν οὐκ ἀπεξενωμέναις τῆς κατὰ τὴν Γραφὴν εὐσεβοῦς διανοίας· τοῦ Ἀποστόλου πολλάκις καὶ Ἑλληνικοῖς ῥήμασι χρήσασθαι μὴ παραιτησαμένου πρὸς τὸν ἴδιον σκοπόν. Νῦν δὲ πρὸς τὸν κοινὸν ἡμῶν τε καὶ ὑμῶν σκοπὸν ἁρμόζον ἐλογισάμην, ἐν ἁπλότητι τῆς ὑγιαινούσης πίστεως, τὸ ἐπίταγμα τῆς ὑμετέρας ἐν Χριστῷ ἀγάπης πληρῶσαι, εἰπὼν ἃ ἐδιδάχθην παρὰ τῆς θεοπνεύστου Γραφῆς· φειδόμενος μὲν καὶ τῶν ὀνομάτων ἐκείνων, ἃ λέξεσι μὲν αὐταῖς οὐκ ἐμφέρεται τῇ θείᾳ Γραφῇ, διάνοιάν γε μὴν τὴν ἐκείνῃ ἐγκειμένην τῇ

(a) *Vie de S. Basile,* p. 635.

Γραφῇ διασώζει· ὅσα δὲ πρὸς τῷ ξένῳ τῆς λέξεως ἔτι καὶ τὸν νοῦν ξένον ἡμῖν ἐπεισάγει, καὶ ἃ οὐκ ἔστιν ὑπὸ τῶν ἁγίων κηρυσσόμενα εὑρεῖν, ταῦτα ὡς ξένα καὶ ἀλλότρια τῆς εὐσεβοῦς πίστεως παντάπασι παραιτούμενος. *Dum igitur adversus hæreses vario tempore exortas pugnandum esset, majorum exempla secutus, consequens esse existimavi, ut ejus quæ a diabolo seritur impietatis habita ratione, eas quæ inducuntur blasphemias vocabulis contrariis cohiberem, aut etiam everterem : et aliis atque aliis verbis prout ægrotantium utilitas cogebat, uterer; quæ etiamsi sæpe non invenirentur scripta, tamen a pio Scripturæ sensu non abhorrebant : quod Apostolus quoque non raro fecit, qui Græcorum verbis congruenter suo proposito convenienterque uti non fastidivit. Nunc autem communi scopo tam nostro quam vestro convenire putavi, si in sanæ fidei simplicitate sequerer vestræ istius in Christo dilectionis mandatum, eaque dicerem, quæ a sacra Scriptura accepissem, sed sic, ut parcus sim in illis nominibus et verbis usurpandis, quæ ipsis litteris et syllabis in divina Scriptura non reperiuntur, tametsi eam quam Scriptura præfert sententiam servant : quæ vero præter dictionis novitatem novum etiam et peregrinum sensum nobis exhibent, quæque non inveniuntur usurpata a sanctis, ea uti peregrina et a pia fide aliena omnino averser.* Basilius igitur, quasi prævidisset non defuturos, qui aliquot suæ professionis verba in malam partem interpretarentur, tam clare tamque dilucide mentem suam hoc loco aperuit, ut omnia malorum interpretum argumenta præoccuparit. Ait enim, se, cum ægrotantium utilitas cogeret, aliis atque aliis verbis usum esse, non tamen indiscriminatim omnibus, sed iis duntaxat, quæ, etiamsi sæpe non invenirentur scripta, tamen a pio Scripturæ sensu non abhorrerent. Scriptor igitur non is erat, qui, ut falso putavit Combefisius, suas fidei professiones ex puris putis Scripturæ verbis mitiorum Arianorum exemplo adornare vellet, cum ipse quibusdam verbis, quæ sæpe in Scriptura non inveniebantur, aliquando uti non dubitaverit. Constat quoque ex iis quæ modo retuli verbis, auctorem non omnino respuisse verba illa, quæ in Scripturis non legerentur, sed in his adhibendis parcum fuisse : ex quo fit, ut non ad unos scriptores canonicos, uti falso sibi Combefisius persuaserat, provocarit. Nec verius, quod Combefisius dixit, scriptorem nihil dedisse auctoritati, neque Ecclesiæ, neque eorum qui secuti sunt Patrum. Qui enim ea sola verba, quæ præter dictionis novitatem novum etiam et peregrinum sensum præferunt, repudiat, is certe et Ecclesiæ et Patrum auctoritatem sequi paratus est. Unum si addidero, ad cætera pergam. Dubitat vir eruditissimus Tillemontius (*a*), utrum ea, de qua controversia est, fidei professio, ipsa sit, quam Basilius scripserit, an alia, quæ in ejus locum substituta sit. Causa autem, cur ita dubitaverit, non alia est, nisi quod hæc fidei professio, potius peculiare quoddam opus, quam alicujus operis continuatio ac series esse videatur. Fateor ego hanc *Fidei professionem* peculiare opus esse: sed nego inde concludi posse eam ad Ascetica non pertinere. Nam Asceticorum partes peculiaria esse opera, quæ diversis temporibus scripta sint, obscurum non est. Etenim cum in fine libelli *De judicio Dei* retulisset quædam Apostoli verba, sic scripsit : Ἀκόλουθον ὁμοῦ καὶ ἀναγκαῖον ἐλογισάμην, τὴν ὑγιαίνουσαν πίστιν καὶ εὐσεβῆ δόξαν περὶ τε Πατρὸς καὶ Υἱοῦ καὶ ἁγίου Πνεύματος παραθέσθαι πρότερον, καὶ οὕτως ἐπισυνάψαι τὰ ἠθικά. Consequens simul et necessarium existimavi, ut sanam fidem ac piam de Patre et Filio et Spiritu sancto sententiam prius exponerem, et ita demum moralia attexerem. Et quidem ex his verbis perspici potest, libellum *De fide* eodem jure dici posse opus peculiare, quo Moralia, quæ et ipsa attexuisse se dicit Basilius. Cum igitur Moralia opus peculiare esse ab omnibus dicantur, non video cur hic *De fide* libellus pro opere peculiari haberi non possit. Ex eodemque illo loco patet, Basilium, cum hæc scriberet, nondum Regulas composuisse, utpote quarum mentionem non faciat. Quare, ut dixi, Asceticorum partes peculiaria sunt opera, non uno tempore conscripta, sed quorum aliud post aliud, prout occasio se dabat, confectum sit. Ad hæc cum hodieque hæc *Fidei professio* et in Veneta editione et in veteribus libris eodem ordine reperiatur, quo eam viderat Photius, non videtur causa ulla esse, cur ipsa inter Ascetica numeranda non sit. Cum enim ex his veteribus libris, in quibus invenitur, nonnulli sint, qui si antiquitate non omnino ætatem Photii attingant, at ad eam tamen accedant proxime, dubitari merito non potest, quin ejusmodi *Fidei professio* illa ipsa sit, quam Photius et vidit, et inter Ascetica recensuit : quod autem ab optimo harum rerum judice Photio pro Asceticorum parte habitum est, id hodie in alienis poni facile non debet. Quod ultimum est in hac quæstione, Moralium scriptorem spectat : sed certe neque multis verbis, neque magno labore opus est, ut eorum verus auctor cognoscatur. Qui enim novit auctorem libellorum *De judicio Dei* ac *De fide*, Moralium scriptorem simul novit. Etenim quæ in fine libelli *De judicio Dei* leguntur, manifeste ostendunt horum trium scriptorum unum et eumdem auctorem esse : quæ verba cum paulo ante retulerim, ea rursus hoc loco referre nihil necesse est. Præterea qui libellum *De fide* conscripsit, Moralium se esse auctorem aperte declarat. Ita enim sub finem loquitur (num. 6, p. 229) : Τὰ περὶ τῆς ὑγιαινούσης πίστεως ἐν τοῖς πρὸ τούτων αὐτάρκως εἰρῆσθαι πρὸς τὸ παρὸν λογιζόμενοι, ἐντεῦθεν τὴν περὶ τῶν ἠθικῶν ἐπαγγελίαν ἐν ὀνόματι τοῦ Κυρίου ἡμῶν Ἰησοῦ Χριστοῦ πληρῶσαι σπουδάσωμεν. Ὅσα τοίνυν εὑρίσκομεν κατὰ τὴν Καινὴν τέως; Διαθήκην

(a) Cod. cxci, p. 493.

σποράδην ἀπηγορευμένα ἢ ἐγκεκριμένα, ταῦτα, κατὰ τὸ δυνατὸν ἡμῖν, εἰς ὅρους κεφαλαιώδεις πρὸς τὸ εὐληπτον τοῖς βουλομένοις ἐσπουδάσαμεν συναγαγεῖν, etc. *Cum de his quæ ad sanam fidem pertinent, satis pro tempore in superioribus a nobis dictum fuisse putemus, jam Moralia, quæ promisimus, in nomine Domini nostri Jesu Christi tradere conemur. Quæcunque igitur hactenus sparsim in Novo Testamento aut interdicta aut approbata invenimus, ea pro nostra virili parte in regulas quasdam compendiarias, quo facilius a quovis intelligerentur, colligere curavimus*, etc.

§ XI. *Pars tertia, an Basilius auctor sit brevium duorum tractatuum, qui post Moralia collocantur.*

32. Breves hi tractatus, quorum idem est titulus, Τοῦ αὐτοῦ λόγος ἀσκητικός, *Ejusdem sermo asceticus*, ad Ascetica nullo modo pertinent. Nam, ut est apud Photium (a), libelli *De judicio Dei* ac *De fide*, Moralia, Regulæ tam longiores quam breviores proprie Ascetica constituebant. Quanquam autem duo li sermones ad ἀσκητικόν, quod vocatur, referri non possint, non propterea tamen eos silentio prætermittere licet. Videamus igitur Basilii sint, necne. Certe si habeatur ratio aut veterum librorum, aut consensus hominum eruditorum, nemo dubitabit quin hæ oratiunculæ ad Basilium Magnum pertineant. Nam et in antiquis omnibus libris nomen Basilii præferunt, et ab eruditis omnibus, si forte Scultetus excipiatur, pro fetu ejusdem genuino habentur. Monere tamen juvat, inter eruditos illos homines, quos dixi, antiquum nullum scriptorem inveniri, qui duo hæc opuscula aut unquam laudaverit, aut ex eis quidquam excerpserit : quod notavi, non ut elevarem recentiorum auctoritatem, sed ne quis falso arbitraretur hos de quibus agimus libellos ab aliquibus etiam veteribus Basilio tribui. Mirum autem nemini videri debet, si his temporibus doctissimi quique has oratiunculas adjudicarint Basilio. Nam, ut verum fatear, cum primum leguntur, neque in verbis, neque in sententiis quidquam apparet, unde suspicio aliqua oriatur : sed si semel et iterum oculis lustrentur, de his, opinor, aliter judicabitur. In illis enim reperiuntur voces quædam, quas in genuinis Basilii Asceticis nusquam legimus. Auctor igitur, quisquis est, cum significare vult fratrum conventum, utitur hisce vocibus, συνοδία, συσκηνία, πλήρωμα : quibus tamen Basilius, cum eamdem rem significaret, nusquam, quod sciam, usus est. Nec putandum est ejusmodi vocabula in duabus his lucubratiunculis raro adhiberi, in iisque poni quasi obiter : sed potius scriptor vocibus illis ita delectabatur, ut ipsas sæpius usurparit. Nam ut sileam de vocabulis συσκηνία et πλήρωμα, quæ aliquoties in tam brevibus opusculis adhibuit, vocem συνοδία decies repetit. Ex quibus perspicuum est vocem hanc συνοδία præ cæteris opusculorum scriptori

familiarem fuisse. Quomodo ergo Basilius, si horum libellorum auctor esset, nunquam ea usus fuisset, præsertim cum de rebus asceticis tam copiose scripserit? Nec satis est dixisse, scripsisse Basilium copiosissime de asceticis rebus, sed addi debet summum illum virum centies fratrum conventum propriis quibusdam nominibus significasse, et tamen ne semel quidem voce συνωδία usum fuisse, non ita facturus, si horum opusculorum auctor exstitisset. Voces enim, quæ semel alicui scriptori placuerunt, sæpe, ut experientia docet, in illius libris occurrunt, maxime si earum adhibendarum occasio passim offeratur. Accedit etiam quod ubi in his opusculis sermo instituitur de fratrum præposito, ibi voces illas, καθηγούμενος, προηγούμενος, προκαθηγούμενος, sæpissime usurpatas invenimus, sic ut novies aut decies legantur: cujus rei unum aut alterum exemplum proferre libet. Ita igitur legitur in opusculo primo (t. II, p. 324): Ἡ δὲ ἀληθής καὶ τελεία ὑπακοὴ τῶν ὑποχειρίων πρὸς τὸν καθηγούμενον, etc. *Vera autem et perfecta subditorum erga præfectum obedientia*, etc. In secundo autem (pag. 322)] sic: Ἀλλ' ἐν τῇ ἐξουσίᾳ τοῦ καθηγουμένου ἡ χρῆσις ἔστω, ἐκ τῶν κοινῶν τὸ κατάλληλον ἑκάστῳ χρησιμεύειν, κατὰ τὴν τοῦ προηγουμένου ὑφήγησιν. *Sed usus sit penes præfectum, ita ut quod cuique convenit, id ex communibus tribuatur juxta moderatoris præceptum.* In genuinis autem Basilii Asceticis, etsi in ipsis centies sermo habetur de monasteriorum præfectis, nusquam tamen ad eos significandos eæ quas dixi voces usurpantur (a). Nonnihil est quoque, quod scriptor monachorum vivendi rationem vocat vitam philosophicam. Nam ipso initio secundi sermonis (pag. 323) ita scriptum est: Οὕτω καὶ τοὺς τῇ ἀσκητικῇ προσερχομένους ζωῇ, πάσης ὕλης βιωτικῆς γυμνωθέντας, ἐντὸς τοῦ κατὰ φιλοσοφίαν γενέσθαι βίου. *Ita etiam qui ad asceticum vitæ genus accedunt, omni re sæculi hujus exuti, vitam philosophicam ingrediantur.* Basilius autem, etsi multis admodum locis de monastica vita loquitur, nunquam tamen, ut alibi etiam notabo (b), ea dicendi formula usus est. Arbitror igitur has lucubratiunculas spurias esse atque adulterinas, nec ob aliam causam inter Basilii Ascetica a librariis positas fuisse, quam quod ad idem argumentum pertinerent.

§ XI. *Pars quarta, ubi ostenditur Regularum longiorum et breviorum unum et eumdem auctorem esse.*

33. Fuere qui tradiderunt Regulas longiores Basilii quidem esse, sed breviores alteri tribui oportere; si non dixerunt, at putasse tamen credi possunt. Præcipua autem causa, cur has suspectas habuerint, hæc est, quod ipsis visæ sint severiores, magisque a moderatione alienæ. Sed, si semel damnentur Regulæ breviores severitatis majoris nomine, consequens erit ut et longiores quoque eodem obtentu brevi rejiciantur. Inest enim in utrisque Regulis tam brevioribus quam longioribus eadem indoles, idem ingenium, eadem morum præcepta, idem veræ pietatis amor, idem vitii et peccati odium : uno verbo, inest in utrisque non quidem major severitas, cum severitate Evangelii major non sit, sed majoris severitatis quasi umbra quædam. Et vero Combefisius non aliam ob causam Regulas fusiores simul et minores respuit, quam quod utræque pariter Stoicum quiddam præferant; in eoque ego eum minus reprehendendum puto, cum re ipsa utræque ex æquo severæ esse videantur. Certe si quis hodie ita sentiret, ut Basilium quidem magnarum Regularum auctorem esse fateretur, Eustathium vero parvarum parentem esse contenderet, is valde miraretur Stoica quædam dogmata in magnis Regulis a Combefisio inveniri, cum ipse in eis nihil tale inesse cerneret. Et nos quoque hoc idem dicere habemus, ei, qui ita Regulas longiores probaret, ut minores ob austeriorem doctrinam reprobaret, videlicet nos magnopere mirari, ab ipso in Regulis brevioribus reperiri Stoicum quiddam, cum eas a Stoicorum severitate longe abesse videamus. Ex his autem, quæ hactenus diximus, si nihil aliud, illud quidem certe ostenditur, unicum argumentum, quod ad improbandas breviores Regulas proprie afferri potest, futile esse et vanum : sed, ut verum fatear, non necessario sequitur, si utræque Regulæ et majores et minores ex æquo severæ sunt, ipsas ab uno et eodem scriptore editas fuisse. Quare si propositum assequi velimus, aliis argumentis utamur necesse est. Primum igitur si qua ratio habenda est hominum omnium consensus, cujus debet haberi maxima, plane constabit Regularum omnium unum et eumdem auctorem esse. Nam ante nostra tempora reperias neminem, qui longiores a brevioribus Regulis unquam distinxerit. Omnes totius Ascetici, quod de Photii sententia utrasque Regulas complectitur, unum et eumdem auctorem semper fecerunt. Quales sunt Hieronymus, Ruffinus, Cassianus, Sozomenus, Justinianus, Photius, Suidas, Nicephorus, auctor Combefisianus (c), qui ut longiores, ita breviores Regulas sibi vindicat. Hoc idem et recentiores quoque præstitere. Etsi enim in sententiis dissident inter se, tamen in eo consentiunt omnes, quod utrasque Regulas uni et eidem auctori ascribant. Et, ut interim multos omittam, nominabo Scultetum, Combefisium, Natalem Alexandrum, Tillemontium, Ludovicum Dupinum. Quod si tot hominum testimonia sufficere non videantur, ejusdem rei testem adhibebo ipsum Regularum auctorem. Incipiam ab ea regula, quæ inter breviores secunda est, ubi sic legitur : Τούτων δὲ ἕκαστον οἵαν ἔχει δύναμιν εἴρηται ἐν τῷ περὶ αὐτοῦ ἐρωτήματι. *Qualem autem vim habeat horum unum-*

(a) Lege num. 37.
(b) In præf. n. 37.

(c) Lege *Basil. recensit.*, t. II, p. 101.

quo 'que, dictum est in ea, quæ ad hoc pertinet, interrogatione. Obscurum autem non est, ut jam pridem Tillemontius notavit, hoc loco indicari regulam inter magnas octavam, cum in ea secundæ illius brevioris regulæ argumentum copiose tractetur. Nunc proferam alios tres locos minime dubios, quorum primum jam protulit is, quem modo dixi, vir eruditissimus Tillemontius. Is autem locus primus invenitur in brevi regula septuagena quarta, ubi ita scriptum invenitur : Πληρέστερον δὲ περὶ τῶν τοιούτων ἐν τοῖς κατὰ πλάτος εἰρημένοις ἀπεκρινάμεθα. Verum de iis, qui hujusmodi sunt, in quæstionibus fuse explicatis uberius respondimus : quo in loco magnam aliquam regulam citari vident quicunque cæci non sunt. Magna autem regula illa quæ hic citatur, in magnis locum septimum tenet, in eaque fuse explicatur quod in breviori paucis perstringitur. Alia duo exempla evidentissima proponam. Unum sumam e regula centesima tertia, in qua propositæ sibi quæstioni ita auctor respondet : Περὶ τούτων εἴρηται σαφῶς ἐν τῇ πλατυτέρᾳ ἀποκρίσει. De his enucleate dictum est in latiore responsione. Hæc autem latior responsio regulâ est vicesima septima inter majores. Alterum exemplum suppeditabit brevior regula ducentesima vicesima, quæ sic incipit : Περὶ τούτων εἴρηται ἐν τοῖς κατὰ πλάτος. De his dictum est in quæstionibus fusius explicatis. Legenti autem longiores Regulas, occurret tricesima tertia, in qua multis verbis declaratur quod in hac breviori breviter dictum est. Post testimonia tam certa tamque indubitata, opinionem nostram magis confirmari nihil quidem necesse duco : sed tamen non indignum puto, quod notetur, easdem dicendi formulas, quæ in majoribus Regulis inveniuntur, in minoribus quoque reperiri. Qualis est illa, qua scriptor ita Scripturam citat (a), ut adverbia quædam præponat : Τοῦ Κυρίου ὁριστικῶς εἰπόντος, etc., cum Dominus verbis decretoriis dixerit, etc. Rursus cujusmodi est illa, quæ in usu est apud scriptorem, cum aliquod genus præfecturæ exprimitur : Ὥστε τὸν μέν τινα ὀφθαλμοῦ ἐπέχειν δύναμιν, τὴν ἐπιμέλειαν τὴν κοινὴν πεπιστευμένον· ita ut alius quidem oculi vim obtineat, cui scilicet concredita est communis rerum cura : ubi non simpliciter dicitur, τὸν προεστῶτα, præfectus scilicet, sed per periphrasim, τὴν ἐπιμέλειαν τὴν κοινὴν πεπιστευμένον. Annumerari potest cum his et illa quoque, qua voces πληροφορεῖν et πληροφορία in significatione persuasionis usurpantur, τὸν μὲν πληροφορήσας, ὅτι ὁ, etc., sic ut alteri quidem persuaserit, ut si, etc. Et illud addi potest, quasdam voces, certo quodam modo acceptas, quæ nusquam in Regulis longioribus ponuntur, nusquam quoque in brevioribus adhiberi. Ad quod genus tres hæ voces referuntur, φιλοσοφεῖν, φιλοσοφία, φιλόσοφος. Ad idem pertinet verbum ποιεῖσθαι, cum in tempore

passivo ponitur (b), et tamen significationem activam retinet. Ejusdem generis sunt et alia quædam vocabula, quæ cuique alio loco legere licet (c).

§ XI. *Pars quinta, in qua ostenditur utrasque Regulas et Constitutiones monasticas uni et eidem auctori tribui non debere.*

54. Doctissimus vir Combefisius, cum dixisset utrasque Regulas et Constitutiones monasticas uni et eidem scriptori ascribi non oportere, visus est multis quasi paradoxum quoddam proferre : in quo ego eum partim probo, partim improbo. Mihi enim videtur, quod ejusmodi scripta non uni et eidem homini attribuenda esse censuit, recte ac vere judicasse : sed in eo peccasse, quod neutrius operis verum auctorem assignarit. Sed de his postea. Jam adnotavi cum, quem modo dixi, eruditissimum virum suam opinionem ita defendere, ut argumenta sua fere omnia ex nimia regularum severitate petat : sed ea fortasse ei soli firmitatis aliquid habere videbuntur. Et vero quicunque animo æquo Regulas tam longiores quam breviores legerint, ii certe quo erunt perspicaciores, eo minus Stoica illa dogmata videbunt, quæ in utrisque deprehendisse se falso existimavit Combefisius. Plura suo loco de severitate illa Stoica vel potius Combefisiana : nunc de alio viri eruditissimi argumento verba faciamus. Ita igitur loquitur in suo *Basilio recensito* (t. II, p. 234) : *Ipso statim titulo et argumento Constitutionum monasticarum, alium se auctor prodit ab eo, cujus superiora omnia (si forte præfationem aliquam libellumque ad ἄσκησιν sanctiusque institutum levius informantem exceperis), verumque Basilium, qui et eos erudiat, qui in societate cum reliquis, et qui solitariam ipsi seorsum vitam agant; ut est utraque militia Ecclesiæ probata, ducesque habuit et antistites atque cultores viros plane inclytos ; cum prior ille auctor sic solitarios perpetuo insectari videatur, unisque communem vitam agentibus, quidquid est Christianæ pietatis ascribere.* Fateor, quod hic ait Combefisius, Regularum auctorem anachoretis infensissimum esse, scriptorem vero Constitutionum monasticarum eis favere, ipsorumque vivendi rationem probare, id mihi videri et firmius et gravius, quam est tota illa tam sæpe ab eodem Combefisio decantata Stoicorum severitas. Etenim Regularum auctor tam vehementer invehitur in anachoretas (d), ut eum ipsis unquam favisse vix credas : sed tamen ne hoc quidem argumentum arbitror ad persuadendum multum valere. Nam rarum non est, ut quis diversis temporibus eadem et prohet et improbet. Fieri ergo potuit, ut Regularum scriptor, quisquis est, anachoretarum vivendi rationem valde vituperarit, quam antea tamen multum laudasset. Quoniam tamen hoc ipso in argumento vim maximam inesse existimo, si aliunde

---

(a) Lege n. 58.
(b) Lege n. 57.

(c) Ibid.
(d) Lege reg. 7 maj.

consideretur, ab eo non tam cito discedam. Sciendum ergo Constitutionum monasticarum auctorem anachoretarum statum non obiter commendasse, sed de eo copiose et abundanter disseruisse. Non enim id vivendi genus uno aut altero loco probat, sed totam mediam sui operis partem in eo informando insumpsisse se tradidit ipse. Ita enim initio capitis 18 loquitur (pag. 360) : Περὶ μὲν οὖν τοῦ καθέκαστον ἀσκητοῦ καὶ τοῦ τὸν μονήρη βίον ἀσπασαμένου ἐν τοῖς ἔμπροσθεν, ὡς ἐνῆν, δεδηλώκαμεν· ὅπως τήν τε ψυχὴν πρὸς τὸ καλὸν ἐξασκῶν, καὶ τὸ σῶμα πρὸς τὸ δέον οἰκονομῶν, δύναιτ᾽ ἂν ἡμῖν τὸν ἀκριβῆ χαρακτηρίσαι φιλόσοφον. Ἐπεὶ δὲ οἱ πλεῖστοι τῶν ἀσκητῶν κατὰ συστήματα πολιτεύονται, ἀλλήλοις τὰ φρονήματα πρὸς ἀρετὴν παραθήγοντες, καὶ τῇ τῶν κατορθωμάτων ἀντιπαραθέσει παρορμῶντες ἑαυτοὺς ἐπὶ τὴν τοῦ καλοῦ προκοπήν, δίκαιον ᾠήθημεν, καὶ τούτοις τὴν διὰ τῶν λόγων παράκλησιν εἰσενέγκασθαι. *Ac de asceta quidem, qui seorsum agit, vitamque solitariam amplexus est, dilucide, quantum in nobis erat, superius disseruimus, quomodo et animum exercens ad bonum, et corpus apte et rite componens, philosophum perfectum nobis exprimere possit. At quoniam versantur simul in communitate plurimi ascetarum, animum mutuo exacuentes ad virtutem, et recte factorum comparatione seipsos ad progressum in bono faciendum concitantes, æquum esse putavimus, hos etiam sermonibus nostris adhortari.* Ex quibus perspici potest, auctorem ita suum opus divisisse, ut illius tota media pars ad anachoretas, altera ad cœnobitas spectaret. At vero tantum abest, ut Regularum auctor unicum verbum dixerit de laude hujus status, ut eum etiam modis omnibus exagitet. Legi poterit septimum caput Regularum majorum totum, in quo nihil omissum est eorum, quibus hujus instituti pericula incommodaque ostendi possint. Hic locum unum, qui instar omnium esse possit, exscribam. Cum igitur incommoda aliqua, quæ hanc vivendi rationem comitantur, retulisset, ita persequitur (pag. 345) : Ἄνευ δὲ τούτου, καὶ ὁ τῆς ἀγάπης τοῦ Χριστοῦ λόγος οὐκ ἐπιτρέπει τὸ ἴδιον σκοπεῖν ἕκαστον. Ἡ ἀγάπη γάρ, φησίν, οὐ ζητεῖ τὰ ἑαυτῆς. Ὁ δὲ ἀφιδιαστικὸς βίος ἕνα σκοπὸν ἔχει, τὴν οἰκείαν ἑκάστου τῶν χρειῶν θεραπείαν. Τοῦτο δὲ προδήλως μαχόμενόν ἐστι τῷ τῆς ἀγάπης νόμῳ, ὃν ὁ Ἀπόστολος ἐπλήρου, μὴ ζητῶν τὸ ἑαυτοῦ συμφέρον, ἀλλὰ τὸ τῶν πολλῶν, ἵνα σωθῶσιν, etc. *Sed præterea diligendi Christi ratio et modus, unumquemque quod sibi proprium fuerit, spectare non sinit. « Charitas enim,* inquit, *non quærit quæ sua sunt* [28]. *» Vita autem solitaria et seorsum a cæteris omnibus acta scopum unicum habet, ut suis quisque utilitatibus inserviat. Hoc autem aperte adversatur charitatis legi, quam implebat Apostolus, qui non sua, sed multorum commoda quæreret, ut salvi fierent,* etc. Neque vero auctor in Regulis brevioribus magis indulgens fuisse in anachoretas putandus est, cum in ipsis regulam septimam majorem, quam quisque sequi debeat, citet (*a*). Jam quæro qui fieri potuerit, ut unus et idem homo in uno opere refutarit quæ in altero scripsisset. Sed fortasse cuipiam in mentem veniet quod aliquanto ante diximus, videlicet non raro contingere, ut quis aliter aliis temporibus sentiat. Nihil ergo impedit, inquiet aliquis, quominus auctor primum Constitutiones monasticas vulgasse credatur, deinde vero Regulas, in quibus, cum experientia doctior effectus fuisset, mutasset sententiam. Ego quidem fatebor ita mihi primo aspectu visum fuisse : sed, re diligentius considerata, aliter judicavi. Mihi enim persuadere non potui, auctorem tam contraria scribere potuisse, nec tamen de sententiæ mutatione rationem ullam reddidisse. Certe, si quis hodie de informandis anachoretarum moribus librum aliquem ederet, nunquam in alio libro funditus everteret eorum institutum, nisi prius monuisset se ob graves causas de sententia decessisse : quod cum factum non sit in iis, de quibus agimus, scriptis, inde effici videtur ejusmodi scripta non uni, sed duobus scriptoribus tribui oportere. Ab eo, quod mox proposui, argumento non multum abludit illud, quod mox proferam. Monere ergo juvat, multa communia esse Regulis cum monasticis Constitutionibus. Quale est quod dicitur tam in Regulis quam in Constitutionibus de colloquio cum mulieribus; de eligendis iis operibus quæ statui monachorum conveniant; de obedientia; de præpositi officio; de vestimentis, deque aliis ejusdem generis plurimis. Ergo, si Regularum atque Constitutionum idem auctor esset, aut in Regulis Constitutionum meminisset, aut in Constitutionibus mentionem fecisset Regularum. Eoque magis, quod auctor, de quo agimus, quicunque ille fuit, ita facere consueverat, ut videre est in Regulis brevioribus, in quibus ipse non raro citat quæ alibi de eodem argumento scripserat. Ejus rei cum superius exempla aliquot retulerimus, in iis amplius immorandum non putavimus.

35. Quanquam longe dissentio ab iis, qui Stoicum in Regulis inveniri putant, earum tamen auctor mihi severior visus est, quam ut idem sit, qui Constitutiones scripserit. Hic majoris perfectionis causa severitatem ubique prædicat : ille quoddam vitæ genus et mitius et commodius proponit. Hic arctam illam viam, quæ ad veram vitam ducit, vel paululum dilatare semper veretur : ille se præstat benigniorem Scripturarum interpretem, et, si hanc viam non dilatet, at ipsam tamen faciliorem atque planiorem reddit. Cum multa loca afferre possem, quibus probari posset quod modo dixi, in medium tamen pauca duntaxat adducenda censui : eo magis,

[28] I Cor. xiii, 5.

(*a*) Reg. brev. 74.

quod si quis plura cupiat, ei quamplurima in ipsis fontibus invenire facile sit. Ita igitur in Constitutionibus legitur (pag. 553, c. 7, n. 2) : Χρὴ τοίνυν ἡσυχῇ μένειν τὰ πολλά, καὶ καρτερεῖν ἕκαστον τὴν ἰδίαν καταγωγήν, ἵνα ἔχῃ τοῦτο τῆς εὐσταθείας τῶν τρόπων μαρτύριον· μὴ πάντη μὲν καθείρχθαι, ἀλλὰ τάς τε ἀναγκαίας προόδους εὐπαρρησιάστους ποιεῖσθαι, ἐν αἷς οὐδὲν τὸ συνειδὸς ἐπισκήπτει, καὶ τοὺς βελτίστους τε καὶ ὠφελιμωτάτους διὰ πολιτείας ἀκρίβειαν τῶν ἀδελφῶν ἐπισκέπτεσθαι, παραδείγματα ἀρετῶν ἐκ τῆς ὠφελίμου συντυχίας λαμβάνοντα, ἐμμέτρους, ὡς ἔφημεν, καὶ ἀνεπιλήπτους τὰς προόδους ποιούμενον. Πολλάκις γὰρ, καὶ ἀκηδίαν ἐγγενομένην τῇ ψυχῇ ἡ πρόοδος διαλύσασα, πάλιν οἷον ἐπιρρῶσαι καὶ ἀναπνεῦσαι μικρὸν παρασχοῦσα, προθύμως προσιέναι τοῖς ὑπὲρ τῆς εὐσεβείας ἀγωνίσμασι δίδωσιν. *Par est igitur in quiete ut plurimum manere, et quemlibet in propria sede persistere, ut hoc constantiæ morum testimonium habeat : non tamen prorsus in cella sua inclusum esse, sed libere, si propterea nihil conscientia exprobrat, necessitate cogente egredi, fratresque vitæ integritate et optimos et utilissimos invisere, sed ita tamen, ut ex utili congressu virtutum capiat exempla : quod consequetur, si, ut diximus, in prodeundo modus teneatur, nihilque fiat quod reprehendi possit. Sæpe enim insitum etiam animo tædium exeundo dissipatur; idque in causa est cur iterum veluti convalescamus, ac paululum respiremus, alacriterque ad certamina pro pietate subeunda veniamus.* Quod initio dicitur, libere, si necessitas cogat, egredi oportere, id fortasse nemo intellexisset, nisi interpretatus esset auctor ipse. Nam necessitatis nomine vulgo significantur urgentes quidam casus, qui ita premunt, ut vix aliter facere possis : et tamen hoc loco aliquid tale intelligere nihil necesse est. Cum enim scriptor ita locutus est : *Sæpe enim insitum etiam animo tædium exeundo dissipatur*, non obscure indicavit monacho egredi licere, si tædium dissipare sibi proponat : in quo maxima scriptoris lenitas aperte ostenditur ; simulque ejusmodi egrediendi facultas datur, qua abuti multi possent. Longe gravius est quod sequitur : Εἰ δέ τις τὸ καλὸν τῇ ψυχῇ βεβαίως ἐνιδρυσάμενος, καὶ τῇ χρονίᾳ ἀσκήσει τῆς τῶν παθῶν κυβερνήσεως τὴν ἐμπειρίαν λαβὼν, καὶ δαμάσας μὲν τὰς σωματικὰς ἀκρασίας, χαλινώσας δὲ τὰς ψυχικὰς ἀταξίας, θαρρῶν δὲ τῷ τοῦ λογισμοῦ χαλινῷ συχνοτέρας θέλοι ποιεῖσθαι τὰς προόδους εἰς οἰκοδομὴν καὶ ἐπίσκεψιν ἀδελφῶν, τὸν τοιοῦτον καὶ παρορμήσει μᾶλλον ὁ λόγος ἐπὶ τὴν πρόοδον, ἵνα τὸν λύχνον ἐπὶ τὴν λυχνίαν τιθεὶς, πᾶσι τὸ φῶς τῆς τῶν καλῶν καθηγήσεως χορηγήσῃ· μόνον εἴ γε θαρροίη, ὡς καὶ λόγῳ καὶ ἔργῳ διδασκαλεῖον ἀρετῶν ἑαυτὸν δυνήσεται τοῖς συντυγχάνουσι παρέχειν, etc. *Si quis vero, posteaquam bonum in animo fortiter constabiliverit, diuturnaque exercitatione gubernandorum affectuum experientiam adeptus fuerit, et domitis corporis libidinibus coercuerit tumultus animales, tum demum rationis freno confisus velit frequentius ac crebrius ad ædificandos visitandosque fratres egredi ; eum, qui ejusmodi est, ratio ad exeundum potius inducet, ut posita super candelabro lucerna, doctrinæ bonæ lumen impertiat omnibus : si modo confidat posse et sermone et opere seipsum iis quibuscum congreditur, ceu quamdam virtutum scholam exhibere*, etc. Scriptor aliquanto ante, cum monachis egrediendi facultatem levandi tædii causa daret, facilitatem non mediocrem ostendit : hic ita facilis est, ut modum omnem transire videatur. Nam monachus quivis, qui perfectum se jam esse in animum semel induxerit, de auctoris sententia non poterit modo, si velit, frequentius ac crebrius ad ædificandos visitandosque fratres peregre abire : sed postulat etiam ratio, ut iter suscipiat. Ejus autem rei hanc pulchellam rationem reddit : *ut posita super candelabro lucerna, doctrinæ bonæ lumen impertiat omnibus :* quod tamen fieri debet ea conditione, *dummodo confidat posse et verbis et factis seipsum iis quibuscum congreditur, ceu quamdam virtutum scholam exhibere*. Certe hoc non indulgentia est, sed bonæ disciplinæ integra eversio. Primum frenum rationis, quo solo scriptor contentus est, quam debile sit et infirmum, norunt omnes. Deinde, si monacho cuilibet semel licet, cum libebit, frequentius ac crebrius ad ædificandos visitandosque fratres progredi, auctor non anachoretam instituit, quem tamen instituendum sibi proposuerat, sed veluti viatorem aliquem semper huc illuc errantem, nunquam quiescentem, quamvis potius vitam agentem, quam solitariam, quam tamen agendam susceperat. Postremo, quod additur, *eum ratio ad exeundum potius inducet, ut posita super candelabro lucerna doctrinæ bonæ lumen impertiat omnibus, dummodo confidat posse et verbis et factis seipsum iis quibuscum congreditur, ceu quamdam virtutum scholam exhibere*, locum amplissimum præstigiis videtur dare, cum facile fieri possit, ut sibi quisque brevi persuadeat, talem esse se, qualem oportet, ut facem præferat omnibus ad bonam doctrinam, ob idque confidat futurum, ut virtutum omnium exempla secum congressuris præbeat. Ex quibus plane constat Constitutionum auctorem ita indulgentem fuisse, ut etiam rationis fines transgressus sit. Nunc referamus quæ in Regulis leguntur. Hæc autem sunt (a) : Τὴν μὲν ἀποδημίαν ἐπιτρεπέτω τῷ δυναμένῳ ἀβλαβῶς ἐξ ἑαυτοῦ ψυχῇ, καὶ ὠφελίμως τοῖς συντυγχάνουσιν αὐτὴν ἐκτελεῖν. Ὡς ἐὰν μὴ παρῇ ὁ ἐπιτήδειος, βέλτιον ἐν ἐνδείᾳ τῶν ἀναγκαίων πᾶσαν θλίψιν καὶ στενοχωρίαν μέχρι καὶ θανάτου ὑπενεγκεῖν, ἢ παραμυθίας ἕνεκεν σωματικῆς, βλάβην ψυχῆς ὁμολογουμένην περιορᾶν. *Peregrinandi detur facultas ei, qui citra animæ suæ detrimentum, et cum utilitate eorum, quibuscum graditur, iter perficere possit. Nam, si nemo idoneus affuerit, præstat in rerum necessariarum penuria*

(a) Reg. 44 maj.

afflictionem omnem atque angustiam vel ad mortem usque perpeti, quam corporis levamenti causa certissimum animæ detrimentum negligere. In quibus dignum est quod notetur, omnes de auctoris sententia potius rerum penuria perire debere, quam ut unus ob susceptam peregrinationem certum aliquod detrimentum in anima patiatur : quæ sententia justæ severitatis plena est, et alienissima ab ejus moribus, qui Constitutionum librum edidit. Quomodo enim dicere potuisset, si nemo idoneus inveniatur, omnes potius fame interire debere, quam ut unus animæ suæ dispendio peregre abeat, cum ipse docuerit idoneos ad peregrinandum esse eos, qui confidunt futuros se exemplo in itinere, iis quibuscum congredientur? Etenim si tanta rerum penuria esset, ut fratres omnes in vitæ discrimen venirent, dubium non est quin in quolibet conventu semper aliquis monachus inveniretur, qui se in itinere faciendo virtutum omnium exempla omnibus daturum confideret ; ideoque causa non erat, cur scriptor præclarum illud decantaret, *si idoneus non reperiatur, mortem potius tolerari debere, quam certum aliquod animæ damnum negligere,* cum, ut vidimus, idoneus nunquam deesset. Addere libet et alium locum. Cum ergo auctor interrogaretur utrum auscultandum sit iis, qui nos ad propria reducere vellent, ita respondet (*a*) : Εἰ μὲν διὰ οἰκοδομὴν τῆς πίστεως, ὁ δυνάμενος οὕτως ἀπελθεῖν, μετὰ δοκιμασίας πεμπέσθω. *Si id fiat ob fidei ædificationem, qui abire hoc modo potest, is præmisso prævio examine dimittatur :* ubi monacho non permittitur, ut, si velit, egrediatur : sed prius pertentandus est, utrum idoneus sit. Uno verbo, quod in Constitutionibus legi adnotavimus, cuilibet, si velit, egredi licere vanæ cujusdam confidentiæ obtentu, id aut quidquam simile in Regulis qui quæreret, operam luderet. Quare si Regularum scriptor unquam induxisset animum anachoretas instituere, modo secum ipse consentire voluisset, non eis permisisset ut vagarentur huc illuc quoties ita liberet : sed jussisset ipsos ab homine sapiente consilium capere, ab eoque quærere, utrum egredi eis expediret, necne. Videre est igitur in Regulis severitatem, non illam quidem Stoicam, sed quæ peritum magistrum deceat, consulatque optime recto ordini : in Constitutionibus vero, molliorem quamdam disciplinam, quæ si locum haberet, rectus ordo diu stare non posset.

36. Subjungam argumentum aliud, quod et ipsum quoque probat argumentum non eumdem esse auctorem Regularum, qui Constitutionum; sed præterea hoc commodi habet, ut nullo verborum apparatu, at solo oculorum auxilio indigeat. Velim igitur oculis lustrentur Regulæ et Constitutiones, comparenturque inter sese. Has videas Scripturarum testimoniis

refercíri ; in illis ejusmodi testimonia pauca admodum invenias. Scriptores autem ita sui dissimiles esse non solent, ut cum easdem res tractant, diversis scribendi generibus utantur. Cum igitur constet iisdem de rebus in Regulis atque in Constitutionibus sermonem institui, in iisque diversam esse citandarum Scripturarum rationem, cum earum testimonia sæpe in Regulis, raro in Constitutionibus proferantur, necesse videtur duos distingui auctores, quorum unus uno, alius alio modo scripserit. Et quoniam argumentum e varietate citandæ Scripturæ petere semel cœpi, pergam. Ergo monere operæ pretium est, illud Lucæ, *Martha, sollicita es, et turbaris erga plurima : porro unum est necessarium*[19], et in Regulis reperiri et in Constitutionibus : sed tam diverse, ut aliter fieri non posse videatur, quin horum operum duo auctores agnoscantur. Loca ipsa in medium meo more adducam : eoque libentius, quod in eis dignum quiddam curiositate studiosorum inesse videatur. Ita igitur in Regulis scriptum invenitur (*b*) : Οὐκ ἐπῄνεσε τὴν Μάρθαν εἰς πολλὴν διακονίαν περισπωμένην ὁ Κύριος, ἀλλὰ, Μεριμνᾷς καὶ τυρβάζῃ, φησὶ, περὶ πολλά· ὀλίγων δέ ἐστι χρεία, ἢ ἑνός · ὀλίγων μὲν, δηλονότι τῶν πρὸς παρασκευήν · ἑνὸς δὲ, τοῦ σκοποῦ, ὥστε τὴν χρείαν ἐκπληρωθῆναι. *Nequaquam Dominus laudavit Martham in multiplex ministerium distractam : sed, « Sollicita es, inquit, et turbaris circa multa. Atqui paucis, vel uno opus est : » paucis quidem, quantum scilicet ad apparatum, uno vero, nempe fine ipso, ut videlicet necessitati fiat satis.* Ideo autem hæc paulo fusius retuli, ut intelligant qui legent, vocem ἑνὸς hic non accipi vulgari sensu, sed pro uno ferculo. In Constitutionibus vero (cap. 1) sic legitur : Εἰπὲ, φησὶν, αὐτῇ, ἵνα ἀναστᾶσα συνδιακονῇ μοι. Ὁ δὲ Κύριος πρὸς αὐτήν · Μάρθα, Μάρθα, μεριμνᾷς καὶ τυρβάζῃ περὶ πολλὰ, ἑνὸς δέ ἐστι χρεία. Μαρία γάρ, etc. « *Dic illi, inquit, ut surgens ministret mecum.* » *Cui Dominus :* « *Martha, Martha, sollicita es, et turbaris circa multa. Porro unum est necessarium. Maria enim*[30], » etc. Nec quisquam dixerit corruptum esse Regularum locum : quod vitium, ut alia ejusdem generis plurima, aut librariorum oscitantia, aut alio aliquo casu irrepserit. Etenim, si unico hoc loco ita legeretur, fortasse talia dici possent : sed cum et alibi eodem modo scriptum inveniatur, dubitari merito non potest, quin auctor ipse ita scripserit. Volo autem meminisse omnes, in hoc eruditos inter se consentire, quod uno consensu Moralia et Regulas uni eidemque scriptori tribuant. Videamus ergo, quomodo Moralium auctor, qui idem est atque Regularum, illud, quod dixi, Lucæ testimonium retulerit. Sic autem loquitur in regula 38 (pag. 263) : Εἰπὲ οὖν αὐτῇ, ἵνα μοι συναντιλάβηται. Ἀποκριθεὶς δὲ εἶ-

---

[19] Luc. x, 41, 42.   [30] Ibid. 40-42.

(*a*) Reg. brev. 89.   (*b*) Reg. 20 fus.

πεν αὐτῇ ὁ Ἰησοῦς· Μάρθα, Μάρθα, μεριμνᾷς καὶ τυρβάζῃ περὶ πολλά· ὀλίγων δέ ἐστι χρεία, ἢ ἑνός. *Dic ergo illi, ut me adjuvet. Respondens autem Jesus dixit ei : Martha, Martha, sollicita es, et turbaris circa plurima, tamen paucis opus est, aut uno :* ubi non aliter legitur, quam in ipsis Regulis ; ex quo fit, ut eum constanter duobus in locis eodem modo legatur, auctor ipse, quisquis est, ita scripsisse putandus sit. Præterea, opinor, hæc scriptura, *paucis opus est, aut uno,* tam nova est et insolita, ut librariis, nisi ipsam in iis quæ habebant exemplaribus invenissent, ne in mentem quidem venisset ; ob idque magis intelligitur, librarios ejus, quam retuli, varietatis auctores dici jure non posse. Ex quibus omnibus concludi debet, Regularum scriptorem alium esse ab eo qui Constitutiones in lucem edidit, cum Lucæ verba bis aliter citarit. Quod autem dixi, vocem ἑνός apud Lucam sumptam esse ab auctore non mystico sensu, sed proprio et naturali, nempe pro ferculo, id ex eo, quem modo citavi, Moralium loco mirifice confirmatur. Cum enim ea Moralium regula, in qua hæc leguntur, ὀλίγων δέ ἐστι χρεία, ἢ ἑνός, *tamen paucis opus est, aut uno,* scripta sit de frugalitate, certe illud Lucæ testimonium, nisi vox ἑνός ibi pro cibo acciperetur, nihil omnino ad rem faceret.

37. Argumenta, quæ hactenus proposui, fortasse videri poterunt aliquibus paulo remotiora : nunc proponam alia, quæ ex ipsa styli ratione petam. Cum ergo Regulas atque Constitutiones diligenter legerem, easque inter se compararem, videre visus sum duos auctores, quorum unus uno, alius alio loquendi genere valde delectaretur. Et quoniam quæ ipsis oculis subjiciuntur, nescio quomodo magis movent, cujuslibet rei aliquot exempla proferam. A tribus vocibus initium ducam, φιλοσοφία, φιλόσοφος et φιλοσοφεῖν· quæ cum in Constitutionibus sæpe adhibeantur, eas tamen invenire non est usquam in Regulis. Sic igitur loquitur Constitutionum auctor ipso proœmii sui initio : Τὴν κατὰ Χριστὸν φιλοσοφίαν ἐπανελόμενος, καὶ τῶν βιωτικῶν ἐπιθυμιῶν τε καὶ ἡδονῶν καὶ φροντίδων ἀνώτερον ἄρας τὸ φρόνημα, etc. *Ex quo Christi amplexus es philosophiam, et supra cupiditates mundanas atque voluptates ac curas animum extulisti,* etc. Ejusdem hæc sunt verba alio loco (cap. 4, num. 3, p. 546) : Τί γὰρ βέλτιον, εἰπέ μοι, μιμεῖσθαι τῶν δένδρων τὰ εὔκαρπα... ἐξ ἡμισείας δὲ τὴν φιλοσοφίαν ἐργάζεσθαι, ψυχῇ μόνῃ, ἀλλ' οὐχὶ καὶ τῷ σώματι ; *Utrum, quæso, præstabilius est, arboresne frugiferas initari.... atque ex dimidia tantum parte, solo videlicet animo, ac non etiam corpore philosophiæ operam dare?* Eodem illo in capite (n. 4) sic scribit : Ταύτης γὰρ τῆς διαθέσεως ἐν ψυχῇ γενομένης, οὐδὲν ὁ μετέχων τῆς τροφῆς, τοῦ μὴ μετέχοντος δεύτερος εἰς φιλοσοφίαν φανεῖται. *Quisquis enim, animo sic affecto, cibum sumit, in nihilo videbitur inferior non sumenti, quantum attinet ad philosophiam.* Caput quintum, etsi brevissimum, ejus rei suppeditabit tria exempla. In eo igitur ita legitur (pag. 550) : Εἰ δέ τι δέοι διὰ τὴν ἀναγκαίαν χρείαν καὶ ὕπαιθρον ἔργον ἐπιτελεῖν, οὐδὲ τοῦτο τὴν φιλοσοφίαν κωλύσει. Ὁ γὰρ ἀκριβὴς φιλόσοφος φροντιστήριον ἔχων τὸ σῶμα, καὶ καταγωγὴν τῆς ψυχῆς ἀσφαλῆ, κἂν ἐπ' ἀγορᾶς ὢν τύχῃ, κἂν ἐν πανηγύρει, κἂν ἐν ὄρει, κἂν ἐν ἀγρῷ, κἂν μεταξὺ πλήθους πολλοῦ, ἐν τῷ φυσικῷ μοναστηρίῳ καθίδρυται, ἔνδον συνάγων τὸν νοῦν καὶ φιλοσοφῶν τὰ αὐτῷ πρέποντα. *Quod si oportuerit ob inevitabilem quamdam necessitatem opus aliquod etiam sub dio perfici, ne hoc quidem philosophiæ futurum est impedimento. Qui enim vere philosophus est, ei cum corpus sit loco scholæ et gymnasii, sitque eidem animi sedes firmissima : etiamsi in foro fuerit, sive in conventu, sive in monte, sive in media multitudinis frequentia, ceu in naturali monasterio commoratur : quippe qui intus in se colligat animum, et de rebus, quæ sibi conveniant, philosophetur.* Ultimum locum accersam e cap. 18, ubi sic legitur (pag. 560) : Δεδηλώκαμεν ὅπως..... δύναιτ' ἂν ἡμῖν τὸν ἀκριβῆ χαρακτηρίσαι φιλόσοφον, *exposuimus quomodo..... philosophum perfectum nobis exprimere possit.* Ex quibus perspici potest, eas, quas dixi, voces Constitutionum auctori non parum familiares fuisse : quæ tamen Regularum scriptori, res easdem et dicenti et exponenti, aut in mentem non venerunt, aut, si venerint, ipsis tamen uti noluit. Hoc idem, quod nobis proposuimus, alia via exsequi conemur. Illud igitur notandum, verbum ποιεῖσθαι ita in Constitutionibus usurpari, ut ipsis etiam locis, ubi tempore passivo ponitur, tamen significationem activam retineat. Res clarior fiet exemplis. Ita ergo legitur in ipso Constitutionum proœmio : Πολλάκις μὲν πρὸς ἡμᾶς πολλοὺς πεποίησαι λόγους, πυνθανόμενος τίνα τρόπον δέοι τὴν τοῦ ἀγῶνος ἔνστασιν τελειῶσαι. *Non raro nobiscum habuisti sermonem, ac percontatus es, quomodo susceptum certamen absolvi oporteat.* Aliquanto post auctor ita scribit (cap. 4, pag. 548) : Ἃς πρὸς τὸν πατέρα τῆς ἁμαρτίας τὸν διάβολον πεποιήμεθα, *quas [obligationes] cum peccati parente diabolo contraximus.* Eodem illo in capite ita scriptum invenitur (pag. 549) : Οὕτω τὰς ἀρετὰς τῆς ψυχῆς τῇ συνεργίᾳ τοῦ σώματος ἀπελάμπρυναν, τὸν πρακτικὸν βίον σφραγῖδα καὶ τελείωσιν τῆς πνευματικῆς πολιτείας πεποιημένοι. *Sic animi virtutes corporis ope illustrarunt, actuosam vitam ceu sigillum atque perfectionem spiritualis vitæ præstantes.* Horum similia sunt quæ leguntur cap. 20 (num. 2) : Τοῖς μὲν οὖν συγγενέσιν εὐχώμεθα τὰ βέλτιστα, δικαιοσύνην, φημί, καὶ εὐσέβειαν, καὶ ταῦτα, ἅπερ ἡμεῖς τίμια πεποιήμεθα. *Precemur itaque optima cognatis nostris, justitiam, inquam, et pietatem, et quæ nos magni fecimus.* Nec diversa, quæ mox sequuntur (cap. 21, n. 2) : Οὐ γὰρ ἐπὶ κακίᾳ τὴν κοινωνίαν πεποίηνται, *siquidem non malo consilio pepigere societatem.* Notari potest et illud (cap. 22, pag. 571) : Οὐ γὰρ οἴκοθεν ὁρμηθεὶς, ἀλλ' ἀπ' αὐτῶν τῶν θείων Γραφῶν ταύτην τὴν εἰκασίαν πεποίημαι. *Non enim proprio marte, sed ipsis divinis Scri-*

pluris inductus hanc adhibui comparationem. Hanc autem loquendi rationem qua verbum ποιεῖσθαι tempore passivo positum activam significationem habet, qui in Regulis quæret, eum ego, cum ab earum lectione recens sim, frustra quæsiturum affirmare posse videor. Et sicubi vox πεποιημένος in Regulis occurrit, uti reipsa in regula 198 invenitur, tunc significationem passivam præfert. In eo enim, quem notavi loco, ita scriptum est : Τὸ ἐρώτημα οὐ κυρίως φαίνεταί μοι πεποιημένον. *Quæstio hæc non mihi rite proposita videtur.* Confirmare pergam quod mihi proposui, hoc argumento : qui Constitutionum auctor est, cum monasterii præfectum indicare vult, passim his vocibus utitur, ἡγούμενος, ἀφηγούμενος, καθηγούμενος, ὑφηγούμενος, cujus rei aliquot exempla meo more subjiciam. Ita igitur scribit cap. 22 (num. 2, pag. 570) : Καὶ μηδεὶς οἰέσθω με, κρατύνειν ἐθέλοντα τὴν περὶ τοὺς ἡγουμένους εὐπείθειαν, ὑπέρογκα παράγειν τὰ ὑποδείγματα. *Neque vero existimet quisquam, me, obedientiam præfectis debitam stabilire volentem, exempla sublimiora proferre.* Haud longe ita rursus loquitur (num. 4, p. 573) : Ταύτην τὴν εὐπείθειαν ἀπαιτεῖται ὁ κατὰ Θεὸν ἀσκητής· ᾧ ἡγουμένῳ εἰσφέρεσθαι. *Exigitur ab eo, qui secundum Deum asceta est, ut suo præfecto hanc præstet obedientiam.* In capite vicesimo primo (num. 4, pag. 569) ita scriptum est : Ὅτι δὲ ὁ ἀφηγούμενος οὐκ ἂν ἕλοιτο τὸν αὐτῷ μαθητευόμενον πρὸς πονηρίαν ἐναγαγεῖν..... οὕτως, εἰ δοκεῖ, σκεψώμεθα. *Quod autem præceptor discipulum suum ad pravitatem inducere non velit ... hoc modo, si placet, consideremus.* Alio loco ita scriptum invenimus (cap. 22, p. 573) : Οἶδε γὰρ ὅ γε συνετὸς ἀφηγούμενος ἑκάστου καὶ ἤθη, καὶ πάθη, καὶ ψυχικὰς ὁρμὰς ἀκριβῶς ἐξετάζειν. *Novit enim qui prudenter præest, uniuscujusque et mores, et affectus, et animi motus diligenter exquirere.* Atque etiam vocem καθηγούμενος in eamdem sententiam adhiberi constat ex his quæ mox subjungam verbis (cap. 19, p. 565) : Πολλῷ μᾶλλον οἱ πρὸς τὴν μάθησιν τῆς εὐσεβείας καὶ τῆς ὁσιότητος ἀφικνούμενοι, ἅπαξ πεπεικότες ἑαυτούς, ὅτι δυνήσονται παρὰ τοῦ καθηγουμένου τὴν τοιαύτην ἐπιστήμην λαβεῖν, etc. *Multo magis qui ad discendam pietatis sanctitatisque disciplinam accedunt, ubi semel persuaserint sibi, se ejusmodi scientiam a præfecto ediscere posse,* etc. Sequitur (cap. 20, n. 1) : Πατὴρ γάρ ἐστιν ἀληθέστατος, πρῶτος μὲν ὁ τῶν ἁπάντων Πατήρ· ὁ δεύτερος δὲ μετ' ἐκεῖνον, ὁ τῆς πνευματικῆς καθηγούμενος πολιτείας. *Pater est enim verissimus, primus quidem universorum Pater : secundus vero post illum, is qui præit in spiritualis vitæ instituto.* Auctoris hæc sunt verba alio loco (cap. 21, n. 5) : Καὶ ἕτερον δὲ σκοπῶμεν, ὡς εἰ φαῦλος ὁ μαθητὴς γένοιτο παρὰ τὴν αὐτοῦ ἀγωγήν, αἰσχύνην ἀπαρηγόρητον ἕξει ἐπὶ τῆς οἰκουμενικῆς κατὰ τὸν τῆς κρίσεως καιρὸν πανηγύρεως ὁ ὑφηγούμενος. *Sed et aliud præterea consideremus, quod si malus evaserit discipulus ob ipsius institutionem, inurenda magistro sit judicii tempore indelebilis ignominia coram* *orbis terrarum publico conventu.* Plura ejusdem generis alia, si vellem, adjungere possem : sed cum cætera in ipso fonte videre cuique liceat, in his diutius immorari nolui : eo magis, quod ea quæ retuli, satis superque probent Constitutionum auctorem iis, quas dixi, vocibus libentissime usum fuisse, quibus tamen Regularum scriptor, cum monasterii præfectum denotare vult, nunquam utitur. Ab his non ita multum discrepant quæ ascribam. Cum ergo Constitutionum librum attente legerem, in his animadverti vocem σύστημα sæpissime usurpari ad significandam fratrum societatem : quod esse ita, ut dixi, ostendent ea quæ proferam exempla. Statim occurrit illud, quod legitur initio capitis 18 : Ἐπεὶ δὲ οἱ πλεῖστοι τῶν ἀσκητῶν κατὰ συστήματα πολιτεύονται, etc. *At quoniam versantur simul in communitate plurimi ascetarum,* etc. Sub finem capitis 21 ita legitur (pag. 570) : Ἅπασα τοίνυν πρόφασις εὔλογος τῷ βουλομένῳ χωρίζεσθαι πνευματικοῦ συστήματος περιήρηται, etc. *Itaque æquus omnis prætextus sublatus est ei, qui vult a spirituali societate separari,* etc. Sic autem incipit caput 22 : Ὅπως μὲν οὖν προσήκει τὸν ἅπαξ ἑνωθέντα πνευματικῷ συστήματι φυλάττειν τὴν ἕνωσιν ἀδιάλυτον, κατὰ τὸ ἐνὸν ὑπεθέμεθα. *Quomodo quidem indissolubilis conjunctio ab eo, qui se spirituali societati semel adjunxerit, servanda sit, quoad potuimus, ostendimus.* Eodem illo in capite (num. 5, p. 573) rursus ita scriptum est : Ταύτης γὰρ τῆς συμφωνίας ἐν ἀσκητικῷ συστήματι καθεστώσης, ῥᾳδίως ἥ τε εἰρήνη ἐν αὐτοῖς πολιτεύσεται, etc. *Stante enim in ascetarum conventu hac voluntatum consensione, nullo negotio et pax inter ipsos diversabitur,* etc. Nec ita multo infra sic legitur (cap. 23, n. 1) : Καὶ τοῦ οὐαὶ κληρονόμος γίνεται, ὁ ἐν συστήματι ἀσκητικῷ τοιαύτας αἰτίας ταραχῆς ἐνδιδούς, *et vocis illius væ hæres evadit is, qui in ascetica societate tales turbarum causas serit.* Locus unus duo ejusdem rei exempla præbet. Ita igitur auctor loquitur cap. 26 (pag. 576) : Προσήκει τοίνυν καὶ τὸν ἐγκαταλεγόμενον πνευματικῷ συστήματι μὴ ἐκείνους πρὸς τὸν ἑαυτοῦ τρόπον μεθαρμόζειν ἐθέλειν, ἀλλὰ τὸν οἰκεῖον τρόπον τοῖς ἐν τῷ συστήματι ἔθεσί τε καὶ τύποις ἐξομοιοῦν. *Par igitur fuerit, eum etiam, qui in spiritualem societatem allectus est, non illos ad suos mores accommodare velle, sed suos mores societatis moribus institutisque conformare.* Caput vicesimum nonum legere qui volet, in eo quoque hanc, de qua agitur, vocem quater adhibitam inveniet. Incipiamus ab ipso titulo, ubi sic legitur : Ὅτι οὐ χρὴ ἑταιρίας δύο ἢ τριῶν ἀδελφῶν ἐν συστήματι ἀσκητικῷ γενέσθαι. *Quod non decet in ascetico instituto peculiarem quamdam amicitiam esse inter duos aut tres fratres.* Sequitur : Εἰ δὲ ἀποτεμόντες καὶ διορίσαντες ἑαυτούς, σύστημα ἐν συστήματι γίνονται, πονηρὰ ἡ τῆς τοιαύτης φιλίας συναγωγή..... Προσήκει τοίνυν μήτε τὰς τοιαύτας ἑταιρίας συγχωρεῖσθαι ἐν τοῖς συστήμασι, μήτε, etc. *Si vero secantes ac separantes seipsos, aliqua communitas in com-*

munitate fiant, vitiosa est ejusmodi amicitiæ conjunctio..... Quare oportet neque ejusmodi sodalitia permitti in conventibus, neque, etc. Et quando tam multa congerere semel cœpi, alia etiam ex iis quæ sequuntur capitibus addam. Ergo horum in uno ita scriptum invenitur (cap. 52, p. 579) : Ταύτης τῆς τάξεως ἐν πνευματικῷ συστήματι φυλασσομένης, ὅτι ὄντως ἐσμὲν σῶμα Χριστοῦ, etc. *Hæc disciplina si in spirituali conventu servetur, perspicuum erit nos vere corpus Christi esse*, etc. Aliud vero (cap. 33, p. 579) sic incipit : Χρὴ μέντοι καὶ τοὺς τῶν πνευματικῶν συστημάτων ἀφηγουμένους τὴν πρὸς ἀλλήλους ἀσκοῦντας εὔνοιαν... μὴ καταλύειν τὰ ἀλλήλων σπουδάσματα. *Oportet autem et spiritualium cœtuum præfectos, mutuam exercentes benevolentiam..... alterum alterius studia non destruere*. Et paulo post ita legitur : Ἂν τοίνυν ὁ ῥαθυμότερος ἤδη ἐξὸν αὐτῷ μετὰ ἀδείας ἀποφεύγειν τοὺς ἐν τῷ ἅπαξ αἱρεθέντι συστήματι πόνους, etc. *Si igitur qui negligentior sit, licere sibi animadverterit, impune labores delectæ semel societatis effugere*, etc. Titulum ultimi capitis qui leget, in eo ita scriptum invenit, Ὅτι οὐ χρὴ τὸν ἐν συστήματι πολιτευόμενον ἀσκητήν. *Quod non oportet ascetam in aliquo conventu degentem*, etc. Haud procul a titulo occurrit illud, Ὅταν γὰρ ὁ μὲν κανὼν τοῦ βίου ἔχῃ, μηδὲ χωρίζεσθαι τοῦ συστήματος ᾧ συνήφθημεν, μηδέ, etc. *Cum enim vitæ nostræ institutum sit, neque separari ab illo cœtu cui fuimus adjuncti, neque*, etc. Sane si Constitutionum atque Regularum idem scriptor esse semel dicatur, mirari subibit vocis σύστημα quæ Constitutionum auctori quavis alia familiarior erat, ne vestigium quidem in Regulis exstare. Nam experientia docet, auctores, qui res easdem in duobus operibus aut tractant aut interpretantur, si in uno una voce ad rem aliquam significandam sæpissime usi sint, eadem uti solitos et in altero opere, maxime si hanc ipsam rem passim exprimi opus sit. Regularum autem auctor, quisquis est, centies quidem aliis nominibus fratrum conventum expressit : sed tamen eum semper a voce σύστημα abstinuisse, ex operis lectione plane constat. Quomodo ergo Regularum atque Constitutionum unus et idem auctor esse potest, cum in his ad certam quamdam rem exprimendam vocem unam frequentissime usurpari videamus, quæ tamen vox in illis ad eamdem rem significandam nusquam usurpatur? Ego in exemplis esse non puto, scriptorem ita unquam sui dissimilem fuisse, ut cum rem aliquam in uno opere certo quodam nomine sæpissime expressisset, in altero libro eamdem rem eodem illo nomine nusquam expresserit, præsertim, ut diximus, si rei illius exprimendæ occasio sese passim offerret. Ex quibus consequens esse arbitror, ut duo auctores distinguantur, quorum unus Regulas, alter Constitutiones conscripserit. Hæc certa esse existimo quidem : sed, ne cui quis scrupulus supersit, hoc idem magis confirmare statui. Duo sunt igitur, quæ notata volo. Primum, Constitutionum auctorem variis nominibus uti ad significandam fratrum societatem : alterum, his nominibus non simpliciter uti, sed sic, ut vocem πνευματικός ipsis adjungat. Loca quædam, quibus id oculis subjiciatur, adducam. Hic est capitis 21 titulus : Ὅτι οὐ δεῖ τῆς πνευματικῆς ἀδελφότητος ἀποκόπτεσθαι. *Quod non oportet a spirituali fraternitate resecari*. Sequitur statim post titulum : Χρὴ μέντοι καὶ τοῦτο πεπεῖσθαι σαφῶς, ὅτι ὁ ἅπαξ εἰς σύνδεσμον καὶ συνάφειαν ἐλθὼν πνευματικῆς ἀδελφότητος, etc. *Jam illud quoque pro certo habendum est, eum, qui semel fraternitati spirituali alligatus est et adjunctus*, etc. Paulo post ita legitur : Πολλῷ μᾶλλον ὁ εἰς σύμβασιν ἐλθὼν πνευματικῆς συμβιώσεως, etc. *Longe magis qui fœdus inierit spiritualis illius contubernii*, etc. Hoc ipso in loco ita scriptum est : Πόσῳ μᾶλλον ὁ πνευματικῇ κοινωνίᾳ συναρμοσθείς, etc. *Quanto magis qui spirituali societati ascitus est, is*, etc. Haud multo post sic legitur (cap. 21, n. 2) : Οὕτως ὁ λέγων, ὅτι διὰ τοὺς φαύλους χωρίζεσθαι τῆς πνευματικῆς ἀναγκάζομαι συναφείας, etc. *Sic qui ait : Cogor propter malos a spirituali communitate separari*, etc. Operi suo finem brevi impositurus auctor, sic loquitur (cap. 33, p. 580) : Ἡ εἰς ἐκεῖνοι ἐμμένοιεν τῇ ἀθετήσει τῆς πνευματικῆς κοινωνίας, etc. *Aut si iidem illi spiritualem sodalitatem pergant aspernari*, etc. Jam vidimus vocem πνευματικός voci σύστημα quinquies aut sexies conjungi; ob idque ea loca hic rursus exscribere necesse non est. Etsi autem Regularum scriptor multis variisque nominibus utitur ad significandum monachorum contubernium, tamen his nominibus ne semel quidem vocem πνευματικός adjungit. Par est igitur duos auctores distingui, quorum, ut solet, diversa erat scribendi ratio.

38. Hactenus sermo institutus est de quibusdam vocibus, quæ cum sint familiarissimæ Constitutionum auctori, nusquam tamen in Regulis adhibentur : nunc loquamur de aliis aut vocibus aut scribendi rationibus, quæ, cum non minus familiares sint Regularum scriptori, eas tamen nunquam in Constitutionibus usurpatas invenias. Ad quod genus pertinent duo illa, πληροφορεῖν et πληροφορεῖσθαι : quæ voces cum in Regulis sint frequentissimæ, in Constitutionibus tamen nusquam leguntur. Jam nostro more aliquot ejus rei exempla ob oculos ponamus. Ita igitur scriptum est in Regulis majoribus (reg. 11) : Τὸν μὲν πληροφορήσας, ὅτι ὁ, etc., *sic ut alteri quidem persuaseris, ut si*, etc. Alibi in iisdem illis Regulis (reg. 27 maj.) ita legitur : Πληροφορηθέντες διὰ τῆς φανερώσεως τῶν οὐ μετ' ἀληθείας ὑποπτευθέντων, τῆς ἐπ' αὐτῷ διακρίσεως ἀπαλλάσσονται. *Ipsi, iis, quæ falso suspecta fuerant, cognitis, ita demum certiores facti, ab ea, quam de ipso conceperant, suspicione liberantur*. Nec aliter loquitur auctor in Regulis brevioribus, ubi hæc verba reperiuntur (reg. 11 brev.) : Ἐὰν οὖν τις πληροφορηθῇ ὅσων καὶ ἡλίκων κακῶν γίνεται αἴτια τὰ ἁμαρτήματα, etc. *Si cui igitur persuasum sit, quot et quantorum malorum causa peccata sint*, etc. Alia

regula (reg. 37 brev.) sic incipit : Πληροφορηθεὶς τὴν παρουσίαν τοῦ Δεσπότου Θεοῦ τοῦ τὰ πάντα ἐφορῶντος. *Si ei persuasum sit de præsentia Domini Dei omnia inspicientis.* Mox ita legitur (reg. 38 brev.): Πληροφορείσθω δὲ, ὅτι οὐκ ἀνθρώπῳ ἀντιλέγει, ἢ ὑπακούει, ἤδη δὲ καὶ αὐτῷ τῷ Κυρίῳ. *Sit autem persuasissimum ei, se non homini contradicere, aut obedire, sed Domino ipsi.* Sequitur (reg. 81, p. 414): Μέχρις ἂν πληροφορηθῆναι δυνηθῇ, ἢ ὅτι ὁ Θεὸς κριτής δίκαιος, etc. *Quoad ei persuaderi possit, aut Deum esse justum judicem,* etc. Interjectis multis, scriptor loquitur (reg. 127): Πόσῳ μᾶλλον, ἐὰν πληροφορηθῇ τις, Θεὸν ἔχειν ἐπόπτην τῶν ἰδίων κινημάτων; *Quanto magis idem vitabitur si quis sibi plane persuaserit, se motuum suorum Deum inspectorem habere?* Plura qui volent, legere poterunt regulas 132, 174, 199, 219, 233, 261, 272, 296 et 306. Jam velim secum reputent eruditi homines, num verisimile sit auctorem quempiam uno verbo ad aliquid significandum passim in aliquo opere uti, qui tamen eodem illo verbo nunquam utatur in alio libro ad eamdem rem exprimendam, maxime si rem illam sæpius exprimi oportuerit. In Constitutionibus autem verbum πληροφορεῖν nusquam legitur, cum tamen earum auctor ad eamdem rem significandam alio verbo sæpius usus sit. Et ne quis id temere dictum fuisse existimet, loca quædam adducam, quibus dubitatio omnis tollatur. Itaque Constitutionum auctor sic loquitur (cap. 9) : Γνόντες οὖν τὴν ζημίαν, φύγωμεν τῆς ἐπιθυμίας; τὸ ἄτοπον. *Cognito itaque detrimento, hanc absurdam cupidinem fugiamus.* Nec ita multo infra sic scribit (cap. 16) : Μηδὲν ὅλως κατορθοῦν ἐξ οἰκείας λογιζομένη δυνάμεως, *nihil omnino suis se viribus recte facere ratus.* Paria sunt quæ paulo post leguntur (cap. 17, p. 560) : Ἀλλὰ λογισαμένη τῇ ἀναιδείᾳ τοῦ τῆς πονηρίας εὑρετοῦ τὴν τῶν ἀτόπων ἐννοιῶν φαντασίαν γενέσθαι, etc. *Sed illud secum cogitans, ab impudente illo nequitiæ inventore absurdarum cogitationum speciem imprimi,* etc. Maxime notandum quod sequitur (cap. 19, p. 563) : Πολλῷ μᾶλλον οἱ πρὸς τὴν μάθησιν τῆς εὐσεβείας καὶ τῆς ὁσιότητος ἀφικνούμενοι, ἅπαξ πεπεικότες ἑαυτοὺς ὅτι δυνήσονται, etc. *Multo magis qui ad discendam pietatis sanctitatisque disciplinam accedunt, ubi semel persuaserint sibi, se,* etc. Prima capitis 21 verba hæc sunt : Χρὴ μέντοι καὶ τοῦτο πεπεῖσθαι σαφῶς, ὅτι, etc. *Jam illud quoque pro certo habendum est,* etc. Ejusdem generis sunt quæ ascribam e cap. 22 (p. 573) : Διά τοι τοῦτο προσήκει μηδαμῶς ἐναντιοῦσθαι ταῖς αὐτοῦ διατάξεσιν, ἀλλὰ πεπεῖσθαι, etc. *Quocirca nullo modo ejus statutis adversandum est, sed pro certo habendum,* etc. Certe si qui Regulas scripsit, scripsisset et Constitutiones, aliquando in iis, quæ mox citavi, locis verbo πληροφορεῖσθαι, uno omnium sibi familiarissimo, usus esset : quod cum non fecerit, jure putandus est alius esse ab eo, qui Constitutionum librum emisit. Eoque magis Regularum auctorem

verbo πληροφορεῖσθαι in iis, quæ dixi, Constitutionum locis usurum fuisse puto, quod verbo πείθεσθαι uti non soleat pro eo, quod est, *certo credere, aut persuaderi.* Videntur igitur distinguendi esse duo auctores, quorum unus verbo πληροφορεῖσθαι unice delectatus sit ad quamdam persuasionem significandam, alter vero ad eamdem rem exprimendam potius alio quovis verbo usus sit. Ubi et illud notari potest, vocem πληροφορία sæpissime quoque in Regulis tam longioribus quam brevioribus legi ; quæ tamen semel tantum in Constitutionibus reperitur ; ex quo fit, ut duo auctores distingui debeant, quorum uni vox πληροφορία ita placuerit, ut ea passim uteretur, alter vero eadem semel duntaxat quasi fortuito usus sit. Multa omitto sciens ; nec enim notari possent omnia, quin tædium atque satietas afferretur. Sed tamen illud silentio præterire non queo, adverbia quædam in Regulis non raro præire Scripturarum testimoniis : qui adverbiorum usus nullus est in Constitutionibus. Magis res intelligetur, si exempla aliqua proponantur. Primum autem occurrit illud in Regulis majoribus (reg. 5, n. 2) : Τοῦ Κυρίου ὁριστικῶς εἰπόντος, ὅτι Οὕτω πᾶς ἐξ ὑμῶν, etc. *Cum Dominus verbis decretoriis dixerit,* « Sic omnis ex vobis, » etc. Hoc ipso in loco ita legitur : Καὶ ἔτι δυσωπητικώτερον, Καθὼς ἐγὼ τὰς ἐντολὰς τοῦ Πατρός μου τετήρηκα, etc. *Et, quod efficacius etiam possit commovere,* « Sicut et ego Patris mei præcepta servavi, » etc. Consentit cum iis quæ diximus, illud (reg. 37, n. 2), τοῦ Ἀποστόλου φανερῶς παραγγέλλοντος, τὸν μὴ ἐργαζόμενον, μηδὲ ἐσθίειν, *cum Apostolus aperte præcipiat, ut qui non laborat, neque etiam manducet.* Eamdem scribendi rationem secutus auctor in Regulis brevioribus, ita scripsit (reg. 47) : Ἡλίκον δέ ἐστι τὸ κρῖμα τοῦ ἁμαρτήματος τούτου, ἔξεστι γνῶναι πρῶτον μὲν ἐξ ἀποφάσεως τοῦ Κυρίου καθολικῶς εἰπόντος, Ὁ ἀπειθῶν τῷ Υἱῷ, etc. *Porro quam grave sit hujusce peccati judicium, intelligi potest primo quidem ex sententia Domini, qui in universum dixit :* « Quisquis non obedit Filio, » etc. Statim ita scriptum invenitur (reg. 48) : Οἷς ἐπιφέρει καθολικώτερον, Οὕτως ὁ θησαυρίζων ἑαυτῷ, etc. *Quibus magis generatim adjungit :* « Sic qui sibi thesaurizat, » etc. Interjectis non paucis sic locutus est auctor (reg. 115) : Οἷς ἐπιφέρει δυσωπητικώτερον, Ὥσπερ ὁ Υἱὸς τοῦ ἀνθρώπου, etc. *Quibus hæc efficaciora et ad persuadendum aptiora adjungit :* « Quemadmodum Filius hominis, » etc. Harum rerum qui curiosi sunt, similia exempla videre poterunt in regulis 125, 131, 138, 212, 221 et 269. Ejusmodi autem adverbia, quorum usus in Regulis frequens est, nusquam in Constitutionibus occurrunt. Quod ultimo loco proponere decrevi, id nescio quomodo me magis movet : merito an immerito, judicabunt alii. Probavimus monasterii præfectum in Constitutionibus indicari variis nominibus, quæ a Regulis absunt : nunc eumdem alia quadam ratione, quam in Constitutionum libro cernere non est, in Regulis designari ostendemus. Jam ad exempla confugiamus. Auctor igitur cum dixisset honestam illam esse et ordinatam vivendi rationem, si inter fratres membrorum ratio servetur, comparationi huic insistens, sic locutus est (reg. 24, inter maj.) : Ὥστε τὴν μέν τινα ὀφθαλμοῦ ἐπέχειν δύναμιν τὴν ἐπιμέλειαν τὴν κοινὴν πεπιστευμένον, etc. *Ita ut alius quidem oculi vim obtineat, cui scilicet concredita sit communis rerum cura,* etc. Haud longe ita (reg. 25, n. 1) scribit : Διόπερ ὁ τὴν κοινὴν φροντίδα πεπιστευμένος, ὡς ὀφείλων λόγον δοῦναι περὶ ἑκάστου, οὕτω διακείσθω. *Quamobrem cui demandata est communis cura, is ita afficiatur, tanquam qui de singulis redditurus sit rationem.* Persequitur hoc modo (reg. 26) : Ἀλλ' ἀπογυμνοῦν τὰ κρυπτὰ τῆς καρδίας τοῖς πεπιστευμένοις τῶν ἀδελφῶν εὐσπλάγχνως καὶ συμπαθῶς ἐπιμελεῖσθαι τῶν ἀσθενούντων. *Sed debet hisce fratribus, qui infirmis benigne et humane curandis præfecti sunt, cordis arcana aperire.* Alio loco ita legitur (reg. 30) : Οὕτω καὶ πολλῷ πλέον ὁ τὰ ἀσθενήματα ἰᾶσθαι τῆς ἀδελφότητος πιστευθείς, etc. *Sic multo etiam magis cui totius fratrum societatis sanandæ delegata provincia est,* etc. Sequitur (reg. 43, n. 1) : Οἱ τὴν ὁδηγίαν τῶν πολλῶν πεπιστευμένοι, τοὺς ἔτι ἀσθενεστέρους, διὰ τῆς ἑαυτῶν μεσιτείας προβιβάζειν ὀφείλουσι τῇ τοῦ Χριστοῦ ἐξομοιώσει, etc. *Hi quibus credita est plurium regendorum cura, infirmiores sua ipsorum opera ad imitandum Christum promovere debent,* etc. Exempla multo plura e Regulis brevioribus, si liberet, proferre possem : sed ne nimium longus esse videar, aliqua solum subjiciam, cætera indicabo. In his igitur ita legimus (reg. 45) : Ὁ μέντοι ἐπιτεταγμένος τὴν οἰκονομίαν τοῦ λόγου, ἐὰν ἀμελήσῃ τοῦ ἀναγγεῖλαι, ὡς φονεὺς κρίνεται. *Cæterum cui tradendæ doctrinæ munus commissum est, is si annuntiare neglexerit, perinde ut homicida damnatur.* Ejusdem generis sunt hæc (reg. 93) : Καὶ ταύτης οὐκ ἐν ἰδίᾳ ἐξουσίᾳ κειμένης, ἀλλὰ παρὰ τοῦ ταύτην ἐπιτεταγμένου τὴν φροντίδα οἰκονομουμένης, ἐν τε καιρῷ καὶ μέτρῳ, etc. *Isque [cibus] in ipsius potestate positus non sit, sed ab eo cui fuit cura hæc concredita, et in tempore et in mensura ipsi subministretur,* etc. Quibus compar ac geminum est illud (reg. 132) : Φαίνεται ὅτι οὐκ ἐπληροφορήθη τὴν ἐλπίδα Λαζάρου, οὔτε ἐγνώρισε τὴν ἀγάπην τοῦ πεπιστευμένου τὴν πάντων καὶ αὐτοῦ ἐπιμέλειαν. *Apparet huic persuasum non esse de spe Lazari, neque ipsum charitatem illius, cui omnium et sui ipsius cura concredita est, perspectam habere.* Nihil omnino differunt quæ ascribam (reg. 138) : Εἰ δέ τις οἴεται χρῄζειν τοῦ πλείονος, εἴτε ἐν νηστείᾳ, εἴτε ἐν ἀγρυπνίᾳ, εἴτε ἐν ᾡδηποτε ἄλλῳ, ἀποκαλυπτέτω τοῖς τὴν κοινὴν ἐπιμέλειαν πεπιστευμένοις τὴν ὑπόθεσιν αὐτήν, δι' ἣν νομίζει τοῦ πλείονος χρῄζειν. *Quod si quispiam existimat opus sibi esse asperitate majore, sive in jejuniis, sive in vigiliis, sive in quacunque alia re,*

patefaciat rei communi præfectis hanc ipsam rationem, ob quam asperitate majori indigere se arbitratur. Ejus rei duo exempla exhibebit regula una (reg. 235), in qua sic legitur : Δύο ταγμάτων καθολικωτέρων ὄντων, καὶ τῶν μὲν τὴν προστασίαν πεπιστευμένων, τῶν δὲ εἰς εὐπείθειαν καὶ ὑπακοὴν τεταγμένων, ἐν διαφόροις χαρίσμασι, λογίζομαι ὅτι ὁ μὲν τὴν προστασίαν καὶ ἐπιμέλειαν τῶν πλειόνων ἐγκεχειρισμένος, τὰ πάντων εἰδέναι καὶ ἐκμανθάνειν ὀφείλει, etc. *Duo cum sint magis generales ordines, et eorum, qui aliis præficiuntur, et eorum, quorum partes sunt morem gerere et obedire, secundum diversa dona, arbitror, cui præfectura et cura plurium concredita est, eum, quæ omnibus congruunt, scire ac ediscere debere,* etc. Etsi multa jam notavi, nihilominus tamen alia duo loca adjiciam. Primus est (reg. 252) : Ἀλλὰ τῷ Θεῷ ἐντυγχάνει περὶ τούτου. Καὶ τὴν ἀνάγκην τῆς ἐνδείας αὐτῷ ἐπιδείξας, οὕτως ἐσθίει τὸ διδόμενον παρὰ τοῦ μετὰ δοκιμασίας ἐπιτεταγμένου ποιεῖν ἐφ' ἑκάστης ἡμέρας τὸ, Διεδίδοτο ἑκάστῳ καθότι ἄν τις χρείαν εἶχεν. *Sed eum [panem] a Deo petit. Atque posita ipsi ob oculos indigentiæ suæ necessitate, sic edit quod datur ab eo, cui cum probatione ea cura concredita est, ut quotidie faciat illud, « Dividebatur singulis, prout cuique opus erat. »* Alter (reg. 284) : Παρὰ τίνων δὲ χρὴ λαμβάνειν, καὶ πότε, καὶ πῶς, ὁ τὴν κοινὴν φροντίδα ἐπιτεταγμένος δοκιμάζειν ὀφείλει. *A quibus autem accipere conveniat, et quando, et quomodo, expendere debet is cui concredita est communis cura.* Ejusmodi autem circumlocutio, qua Regularum auctor sibi mirifice placuit, nusquam in Constitutionibus usurpata invenitur. Cui ergo persuaderi poterit, Regularum atque Constitutionum unum et eumdem auctorem esse, cum utrumque opus tam diverse scriptum sit ? Ego quidem non tantopere insistendum putarem, si controversia esset de aliqua re quæ raro tam in Regulis quam in Constitutionibus occurreret : sed cum in utroque opere de monachorum præposito passim sermo instituatur, non video qui fieri potuisset, ut fratrum præfectus ea, quam dixi, verborum circuitione non aliquoties saltem in Constitutionibus designaretur, si earum idem auctor esset, qui Regularum. Auctores enim, qui certis quibusdam dicendi formulis ad aliquam rem exprimendam uti consueverunt, iisdem, si eamdem illam rem in aliis operibus sæpe exprimere necesse habeant, aliquando saltem vel incogitantes utuntur. Et quod magis atque magis movere debet : ea, quam notavi, verborum circuitio tam familiaris erat Regularum scriptori, ut non solum eam adhiberet tum cum totius monasterii præpositum indicare vellet, sed ipsam etiam usurparet, cum sermo haberetur de privatis quibusdam monachis, qui quibusvis rebus præficerentur. Hæc ejus rei exempla sunt (reg. 87) : Τὸ διδόναι ἢ λαμβάνειν εἰ καὶ κατ' ἐντολὴν, οὐ παντός ἐστιν, ἀλλὰ τοῦ μετὰ δοκιμασίας πεπιστευμένου τὴν οἰκονομίαν. *Dare aut accipere etiam secundum man-*

datum, non est cujuslibet, sed ejus, cui post factum periculum delatum est dispensandi munus. Rursus (reg. 100) : Ὁ τὴν μετάδοσιν ἐπιτεταγμένος, μετὰ δοκιμασίας τοῦτο ποιείτω. *Cui munus distribuendi fuit assignatum, is examine præmisso illud impleat.* Nec secus scriptum est aliquanto post (reg. 141) : Παρεκτὸς τοῦ πεπιστευμένου τὴν ἐπίσκεψιν τῶν ἐργαζομένων, ἢ τὴν οἰκονομίαν τῶν ἔργων, ὅς, etc. *Eo excepto qui operariis invisendis et dispensandis operibus præfectus fuit, quisquis,* etc. Similia loca adjicere mihi liceret : sed ea indicare satis habebo. Velim igitur legantur regulæ 148, 152, 187 et 288. Adnotanda tam multa existimavi, ut magis intelligeretur Regularum atque Constitutionum non unum et eumdem auctorem esse, cum naturale non sit, ut unus et idem scriptor tam diverse et sentiat et scribat.

§ XI. *Pars sexta, ubi multis argumentis probatur Basilium Regularum auctorem esse.*

39. Vidimus non unam omnium sententiam esse de Asceticis. Combefisius Basilium Constitutionum monasticarum auctorem facit : sed Regulas ipsius esse negat. Tillemontius, Dupinus, Natalis Alexander et alii fere omnes ut Regulas, ita et Constitutiones monasticas Basilio tribuunt. Ut ut hæc sunt, dubitari merito non potest quin Basilius volumen aliquod de rebus monasticis confecerit. Nam ea, quæ retulimus (a), veterum testimonia aperte ostendunt Basilium non breve quoddam, sed amplum ac præcipuum opus de monachorum institutis conscripsisse. Quare aut Regulas, aut certe monasticas Constitutiones ei adjudicari necesse est. Notandum est autem, nullum hactenus veterum scriptorum testimonium allatum esse neque a Combefisio, neque a quovis alio, quo constaret olim ab aliquo scriptore antiquo Constitutiones monasticas Basilio ascriptas fuisse. Et certe, ut mihi quidem videtur, ejusmodi testimonia certa et indubitata proferre promptum non erat, cum si qua esse videantur, ea in contrariam sententiam interpretari liceat. Nam quod litterarum monumentis proditum est, piissimos viros, Theodosium, Philibertum et Platonem Constitutiones Basilii studiose legisse (b), ex eo nihil certum concludi potest. Et vero Constitutionum nomen, ut alia pleraque, ita et ipsum quoque ambiguum est ; nec per se potius eas Constitutiones monasticas, quæ in Basilii editionibus inveniuntur, significat, quam ejusdem Regulas. Omnia enim nomina hæc, *liber, instituta, regula, constitutiones,* et ejusdem generis alia, quibus antiqui scriptores ad Ascetica Basilii significanda usi sunt, ex se omnino idem valent, nihilque aliud natura sua significant, quam quædam opera, quæ de rebus monasticis Basilius edidit. Hæc autem eo notavi, ut ostenderem ex ejusmodi testimoniis, in

(a) Lege n. 27.
(b) Ibid.
(c) Ibid.

A quibus Basilii Constitutionum mentio fit, nihil juvari opinionem eorum, qui Constitutiones monasticas, quas vocant, Basilio tribuunt, cum, ut dixi, constitutionum nomen per se anceps sit et ambiguum. Fateor quidem monasticas Constitutiones apte et proprie constitutionum nomine significari posse : sed eas necessario hoc nomine indicari nego, cum et ipsas Regulas ita quoque appellare liceat. Cum enim regulæ nihil aliud sint, quam constitutiones quædam monasticæ, sine dubio ipsis regulis constitutionum nomen dari nihil vetat. Quare ex ejusmodi testimoniis, in quibus veteres aliquot scriptores Basilii Constitutionum meminerunt, efficitur solum, Basilium scripta aliqua, quæ ad res monasticas pertinerent, vulgasse : at ex his nihil B amplius colligi potest. Cum ergo ita res sit (c), nunc videndum quæ sint scripta illa ascetica, quæ composuisse Basilium tot testes et antiquissimi tradiderunt. Ego autem cum superius dixerim (d) Regulas simul et Constitutiones monasticas uni et eidem scriptori ascribi non debere, ego igitur ut liberalissime cum Basilio agam, nihil amplius facere queo, quam ut horum operum alterutrum ei tribuam. Rursus cum mox affirmarim nulla veterum scriptorum testimonia proferri posse, ex quibus certo constet Constitutiones monasticas olim Basilio tributas fuisse, vix ferendus essem, si eas summo illi viro adjudicarem. Quare Regulas ei ascribendas esse censui : eo magis, quod et auctoritas, et ratio, et ipsum scribendi genus ita suadeant. Et quidem composuisse Basilium aut Asceticum simpliciter, aut Librum asceticum, aut Regulam, aut Constitutiones, aut quidquam simile, testes sunt Hieronymus, Suidas, Gregorius Turonensis, Benedictus, Theodosius, Plato, Philibertus, Eugendus et Gregorius Nazianzenus (e). Quoniam autem nomina hæc, quibus hi scriptores usi sunt ad asceticas Basilii lucubrationes indicandas, ex se ambigua sunt, nec per se regulas magis, quam constitutiones monasticas significant, bene ac feliciter provisum est, ut ea ab aliis auctoribus et antiquissimis et locupletissimis plane et aperte explicarentur. Præeat testimonium Rufini qui in sua Præfatione in Regulam sancti Basilii ad Urseium D abbatem sic loquitur (f) : *Ad hæc ego, ne quid tibi minus digne, non dico quam geritur, sed quam geri debet, exponerem, S. Basilii Cappadociæ episcopi, viri fide et operibus et omni sanctitate satis clari, Instituta monachorum, quæ interrogantibus se monachis velut sancti cujusdam juris responsa statuit, protuli.* Ergo de Rufini sententia *Instituta monachorum* nihil aliud sunt, quam responsa illa, quæ Basilius dedit monachis, qui ipsum interrogarent : hoc est, ipsæ sunt Regulæ, in quibus Basilius multas ac varias monachorum quæstiones docte ac dilucide solvit. Ergo, eodem teste, Regularum legiti-

(d) Lege n. 34 et seq.
(e) Lege n. 27.
(f) Lege *Codicem regul.*, p. 97.

mus parens Basilius est. Ubi obiter notandum, ex his optime intelligi verum esse quod dixi, videlicet, nomina hæc, *constitutiones, instituta*, et horum similia diverse explicari posse, et talia esse, ut sua natura non potius constitutiones monasticas, quam regulas significent. Et vero nisi Rufinus ipse docuisset quid intellexisset per *instituta monachorum*, Constitutionesne an Regulæ hoc nomine significarentur, ignoraremus : sed cum hæc addidit, *quæ interrogantibus se monachis velut sancti cujusdam juris responsa statuit, protuli*, dubitationem prorsus exemit. Nec aliter aut sensit, aut scripsit Cassianus, cujus verba hoc loco rursus referre non pigebit. Sunt autem ejusmodi (*a*) : *Huc accedit, quod super hac re viri et vita nobiles, et sermone scientiaque præclari, multa jam opuscula desudarant, S. Basilium et Hieronymum dico, aliosque nonnullos, quorum anterior sciscitantibus fratribus super diversis institutis vel quæstionibus non solum facundo, verum etiam divinarum Scripturarum testimoniis copioso sermone respondit*. Quibus verbis Regulas indicari nemo non videt, cum in ipsis quæstiones fratrum atque interrogationes ut facunde et copiose, ita congruenter Scripturæ convenienterque enodentur. Hoc idem mirifice confirmavit imperator Justinianus, cum Regularum breviorum unam citavit (reg. 267), hoc modo : Βασιλείου ἐπισκόπου Καισαρείας Καππαδοκίας, ἐκ τοῦ κανονικοῦ αὐτοῦ βιβλίου. Ἐρώτησις. Εἰ ὅπου μὲν λέγει, Δαρήσεται πολλὰ, ὅπου δὲ, Ὀλίγα, πῶς λέγουσί τινες μὴ εἶναι τέλος τῆς κολάσεως τοῖς κολαζομένοις; Ἀπόκρισις. Τὰ ἀμφίβολα καὶ ἐπικεκαλυμμένα εἰρῆσθαι δοκοῦντα ἔν τισι τόποις τῆς θεοπνεύστου Γραφῆς, ὑπὸ τῶν ἄλλων ἐν ἄλλοις ὁμολογουμένων σαφηνίζεται, etc. *Basilii episcopi Cæsareæ Cappadociæ, ex ejus libro Regularum. Interrogatio. Si tum dicit*,[31] « *Vapulabit multis, tum, paucis :* » *quo pacto quidam dicunt ullum finem supplicii fore iis qui pœna afficiuntur? Responsio. Quæ ambigua sunt, ac videntur obscure esse dicta in quibusdam locis divinitus inspiratæ Scripturæ, alibi ab aliis quæ confessa et aperta sunt, declarantur*, etc. Regularum igitur liber Justiniani ætate Basilio tribuebatur. Hanc opinionem a majoribus acceptam ad posteros transmisit Photius (*b*), his verbis : Εἶτα οἷον Ὅρους τινὰς ἀσκητικοὺς, ὡς ἐν ἐρωτήσει καὶ ἀποκρίσει προηγουμένους, ἐκτίθεται τὸν ἀριθμὸν πεντήκοντα [πέντε]. Καὶ πάλιν συντομώτερον ἑτέρους Ὅρους τιγ΄. *Deinde quasi Regulas quasdam asceticas, interrogando ac respondendo propositas exponit, numero quinquaginta quinque : iterumque breviores alias trecentas tredecim*. Si igitur verum est Regulas simul et Constitutiones Basilio Magno tribui non posse, longe melius est atque præstabilius summum hunc virum Regularum auctorem facere, quam Constitutionum, cum ipsum Regulas composuisse affirment antiquissimi et gravissimi scriptores, Constitutiones autem a nemine ei certo tribuantur. Quare, si auctoritatis habenda ratio sit, quæ maxima in iis rebus haberi debet, oportet non Constitutiones, quarum ne mentio quidem perspicue facta est apud antiquos, sed Regulas Basilio tribui, utpote quarum Basilius auctor fuisse olim a priscis scriptoribus dictus sit, qui ejus aut æquales, aut fere æquales fuere.

40. Cum illud quasi principium certum posuerimus, Regularum atque Constitutionum non unum et eumdem auctorem esse ; consequens est, si rationem sequi volumus, ut Basilium non Constitutiones, sed Regulas scripsisse dicamus. Etenim, si quis monasticas Constitutiones cum Regulis comparaverit, statim animadvertet tantum has ab illis differre, quantum opus præstantissimum ab opere, si non malo, at inter mediocria tamen ultimo differt. Et vero refertæ sunt Regulæ præceptis saluberrimis atque utilissimis, quibus non monachorum modo, sed etiam Christianorum vita et mores sanctissime componi possint. In his multa ac difficilia Scripturæ loca doctissime ac dilucidissime explanantur. Videas hominem ad infinitas gravesque cujuscunque generis quæstiones solvendas semper paratum, et ita apte ad singula respondentem, ut nihil melius aut convenientius afferri possit. Certo opus tam absolutum non in quemlibet convenit, sed in virum, qui ut acri judicio, ita omni ecclesiasticæ scientiæ supellectile instructus esset. Ejusmodi igitur opus potius tribui debet doctissimo gravissimoque scriptori Basilio, quam Constitutionum liber, in quo nihil ita magnum, nihil ita utile, nihil ita eximium continetur. Nam, ut aiunt, magnum magna decent, parvum parva. Quamobrem non erraturum puto, qui Regulas tanquam præstantissimas præstantissimo scriptori Basilio, Constitutiones vero monasticas tanquam mediocres mediocri cuivis auctori tribuet. Ac ne quis existimet Regulas falso dici eximias, nec verius monasticas Constitutiones dici mediocres, meminisse operæ pretium est, monasticas Constitutiones nusquam apud antiquos certo et indubitanter citari. Sane Rufinus et Cassianus, qui Regulas perspicue laudarunt, prorsus tamen de Constitutionibus siluere. Et quod magis mirabere, Photius, qui cæteroquin tam copiose de Asceticis locutus est, tamen ne unum quidem verbum de Constitutionum libro addidit, sic ut id opus aut non novisse, aut nullo loco habuisse videatur. Neque vero monasticas Constitutiones magis apud recentiores laudatas invenio, cum Regulæ tamen sæpe citentur. Profecto, si theologi, si alii scriptores ecclesiastici aliquid in Constitutionibus invenissent, quod sibi alicui usui esse potuisset, eas crebro citassent : quod cum non fecerint, satis declararunt nihil ejusmodi in ipsis invenisse. Quare, ut dixi, consentaneum est rationi, Regulas uti egregias ascribi eruditissimo scriptori Basilio, Constitutiones vero

[31] Luc. XII, 47, 48.

(*a*) Cass. *Inst.*, in Præf.

(*b*) Cod. CXCI, p. 493.

uti longe inferiores homini longe inferioris sortis. Magis autem ac magis in hac mea sententia confirmor, quoties Regulas Scripturarum testimoniis referciri cogito, cum tamen ejusmodi testimonia raro in monasticis Constitutionibus adhibeantur. Opus enim in quo passim Scripturæ citantur, auctorem decet Scripturarum peritissimum, qualem Basilium fuisse, si non ex antiquorum testimoniis, at certo tamen ex ipsius Basilii indubitatis scriptis cognosceremus : Constitutionum vero auctorem dici par est hominem qui, quantum ex ejus opere conjici potest, Scripturas non ita multum calleret. Maxime quoque ad rem facit quod legitur in Basilii epistola 295 : Τούτου χάριν ἀπέστειλα τὸν ποθεινότατον ἡμῶν ἀδελφὸν, ἵνα καὶ τὸ πρόθυμον γνωρίσῃ, καὶ τὸ νωθρὸν διεγείρῃ. καὶ τὸ ἀντιτεῖνον φανερὸν ἡμῖν καταστήσῃ. Πολλὴ γὰρ ἡ ἐπιθυμία καὶ ἰδεῖν ὑμᾶς συνηγμένους, καὶ ἀκοῦσαι περὶ ὑμῶν ὅτι οὐχὶ τὸν ἀμάρτυρον ἀγαπᾶτε βίον, ἀλλὰ μᾶλλον καταδέχεσθε πάντες, καὶ φύλακες τῆς ἀλλήλων ἀκριβείας εἶναι, καὶ μάρτυρες τῶν κατορθουμένων. Οὕτω γὰρ ἕκαστος καὶ τὸν ἐφ᾽ ἑαυτῷ μισθὸν τέλειον ἀπολήψεται, καὶ τὸν ἐπὶ τῇ τοῦ ἀδελφοῦ προκοπῇ, ὃν καὶ λόγῳ καὶ ἔργῳ παρέχεσθαι ἡμᾶς ἀλλήλοις προσήκει, ἐκ τῆς συνεχοῦς ὁμιλίας καὶ παρακλήσεως. *Hanc ob causam desideratissimum fratrem nostrum misi, ut et alacres agnoscat, et tardos exstimulet, et nobis indicet reluctantes. Nam vehementer cupio tum videre vos coadunatos, tum hoc de vobis audire, quod vitam a testium conspectu remotam non amatis, sed potius singuli vultis et mutuæ vestræ diligentiæ et rerum præclare gestarum testes fieri. Ita enim unusquisque et propriam mercedem integram consequetur, et eam, quæ ex fratris progressu accedit : quam alter alteri tam verbis quam factis ex jugi congressu atque consolatione debemus conciliare.* Hic igitur Basilii locus ad rem valde pertinet. Constat enim Regulas et Constitutiones in eo maxime inter se dissentire, quod in his anachoretarum status probetur, in illis vero eorum vivendi genus acriter reprehendatur. Quare cum ex ea, quam modo citavi, epistola liqueat non probatum fuisse Basilio anachoretarum vivendi genus, ratio suadet, ut Regulæ, in quibus id vivendi genus non probatur, ei tribuantur, non autem Constitutiones, in quibus illud vitæ institutum prorsus probari vidimus. Ita enim et Basilius sibi ipse constabit, et Regulæ cum ejusdem epistolis in eo consentient, quod in his æque ac in illis anachoretarum vivendi ratio improbetur.

41. Satis quidem ex dictis constat Regularum auctorem nonnunquam videri paulo severiorem : sed tamen, quoniam ita expedit, ejus rei aliquot exempla rursus hoc loco proferam. Cum igitur in majoribus Regulis protulisset illud Matthæi : *Simile est regnum cælorum homini negotiatori, quærenti bonas margaritas, inventa autem pretiosa margarita abiit* [32], etc., sic persequitur (reg. 8, n. 2) : Δῆλον

A γὰρ, ὅτι ὁ πολύτιμος μαργαρίτης πρὸς τὴν ὁμοίωσιν τῆς ἐπουρανίου βασιλείας παρείληπται, ἣν ἀδύνατον ἡμῖν προσγενέσθαι ὁ τοῦ Κυρίου δείκνυσι λόγος, μὴ πάντα ὁμοῦ τὰ προσόντα ἡμῖν, καὶ πλοῦτον, καὶ δόξαν, καὶ γένος, καὶ εἴ τι ἄλλο τῶν πολλοῖς περισπουδάστων πρὸς τὴν ἀνταλλαγὴν αὐτῆς προεμένοις. *Planum est enim, regnum cæleste per pretiosam margaritam adumbrari : quod nos assequi non posse declarant Domini verba, nisi omnia simul quæ habemus, et divitias, et gloriam, et genus, et si quid aliud est, cujus studio desiderioque plerique teneantur, pro eo comparando deseramus.* Hæc nisi explicentur, ut falsa sunt, ita nimiam severitatem præ se ferunt, cum vendi omnia ad salutem comparandam nihil necesse sit. Nec minus aspere loquitur auctor in Regulis B brevioribus, quarum centesima prima sic incipit : Τὸ, Παντὶ τῷ αἰτοῦντί σε δίδου, καὶ τὸν θέλοντα ἀπὸ σοῦ δανείσασθαι μὴ ἀποστραφῇς, ὥσπερ πειρασμοῦ ἔχει τόπον, ὡς ἢ ἀκολουθία τῶν συνημμένων δείκνυσι. Καὶ εἰς πονηρούς ἐστι τὸ προστεταγμένον, etc. *Illud, « Omni petenti te tribue, et volentem a te mutuum accipere ne averseris* [33], *» est loco quasi tentationis, quemadmodum eorum, quæ proxime sequuntur, series declarat. Atque præceptum illud datum est in improbos,* etc. Et hæc quoque expositione indigent. Alioquin enim sequeretur improbos esse eos omnes, qui sua bona non vendiderunt, quandoquidem improborum nomine hic intelliguntur ejusmodi homines, qui facultatibus suis C non renuntiarunt. Verba Græca interrogationis 233 sunt hæc : Ἐκ πάντων τῶν κατορθωμάτων, ἐὰν ἐν λείπῃ τινὶ, εἰ διὰ τοῦτο οὐ σώζεται; *Ex omnibus recte factis si vel unum desit alicui, num propterea salutem non consequitur?* Cui quæstioni respondens auctor, sic scripsit : Ἵνα ἐν ἑνὶ μόνῳ δόξῃ παρακούειν, καὶ τοῦτο οὔτε διὰ ὄκνον, οὔτε διὰ καταφρόνησιν, ἀλλὰ δι᾽ εὐλάβειαν καὶ τιμὴν τὴν περὶ τὸν Κύριον, ἐπὶ τούτῳ μόνῳ ἀκούει, Ἐὰν μὴ νίψω σε, οὐκ ἔχεις μέρος μετ᾽ ἐμοῦ· *ubi (Petrus) in uno duntaxat visus est non obedire, atque hoc neque ob segnitiem, neque ob contemptum, sed propter reverentiam et honorem Domini, ob id solum audit, « Si non lavem te, non habes partem mecum* [34]. *»* Quod hic dicitur, fore, ut quis salutem non consequatur, si vel D unum recte factum omiserit, id, nisi interpretere, plus justo severum est, potestque ad desperationem adducere. Rogatus scriptor, quomodo cum iis agendum sit, qui devitant graviora peccata, patrant vero leviora indiscriminatim, ita respondet, ut omnia peccata æqualia efficere videatur : quod ut falsum, ita asperum esse nemo diffitebitur. Ejus autem hæc sunt verba (reg. 263) : Πρῶτον μὲν εἰδέναι χρὴ, ὅτι ἐν τῇ Καινῇ Διαθήκῃ ταύτην τὴν διαφορὰν οὐκ ἔστι μαθεῖν. Μία γὰρ ἀπόφασις κατὰ πάντων ἁμαρτημάτων κεῖται, τοῦ Κυρίου εἰπόντος, ὅτι Ὁ ποιῶν τὴν ἁμαρτίαν, δοῦλός ἐστι τῆς ἁμαρτίας. *Primum quidem nosse oportet hanc differentiam (peccatorum)*

[32] Matth. xiii, 45 seqq. [33] Luc. vi, 30, 29. [34] Joan. xiii, 8.

in *Novo Testamento non reperiri.* Una namque habetur sententia adversus quælibet peccata, cum Dominus dicat, « *Qui facit peccatum, servus est peccati* ⁱ⁴. » Et quod molestius videbitur, auctor ita imprudenter scripsisse credi vix potest, cum in regula quarta non dissimilia jam dixisset. Ex quibus omnibus colligi potest auctorem, nisi ejus verba recte intelligantur, severiorem videri merito posse. Quare si difficilia quædam Regularum loca incaute legeris, facile credas, Combefisii exemplo, quemvis alium potius earum auctorem esse, quam Basilium : sed si quispiam ejusmodi locorum sententiam rite et scrutatus fuerit et assecutus, nihil asperius aut durius in ipsis inveniet, sibique plane persuadebit severitatem illam in nullum alium magis convenire, quam in Basilium, qui eo ingenio erat, ut cum dogma aliquod explanare sibi non proposuisset, aliquando liberius severiusque loqueretur. Nam in rebus ad mores pertinentibus, nonnunquam minus, ut ita dicam, attendebat ad verba quibus uteretur, quam ad audientium salutem, ad quam quemque, quacunque ratione posset, perducere conabatur. Nunc e Basilii orationibus exempla aliqua subdam, ut cum iis, quæ retuli, Regularum locis possint comparari. Basilius igitur cum illud Lucæ, *Destruam horrea mea, et majora ædificabo,* explanaret, ita locutus est (tom. II, p. 50) : Τίς ἐστιν ὁ πλεονέκτης; Ὁ μὴ ἐμμένων τῇ αὐταρκείᾳ. *Quis avarus est? Qui rebus quæ satis sunt, contentus non est.* Quod ita breviter ac simpliciter dictum perterret. Nam, si ita est, pauci erunt, qui avari non sint. Longe gravius est quod sequitur. Cum enim Basilius in quadam oratione sermonem instituisset de eo adolescente, cui, ut est apud Matthæum, Dominus dixerat : *Vende quæ habes, et da pauperibus* ³⁵', tum demum ipsum ita alloquitur (tom. II, p. 51) : Εἰ γὰρ οὐκ ἐφόνευσας, ὡς σὺ φῇς, οὔτε ἐμοίχευσας, οὔτε ἔκλεψας, οὔτε κατεμαρτύρησάς τινος μαρτυρίαν ψευδῆ, ἀνόνητον σεαυτῷ ποιεῖς τὴν περὶ ταῦτα σπουδήν, μὴ προστιθεὶς τὸ λεῖπον, δι' οὗ μόνου δυνήσῃ εἰσελθεῖν εἰς τὴν βασιλείαν τοῦ Θεοῦ. *Etenim, si non occidisti, ut ais, neque adulterium commisisti, neque furatus es, neque contra quempiam falsum testimonium dixisti : nihilominus tamen adhibitam in his agendis diligentiam tibi infructuosam efficis, qui quod reliquum est non adjicias, quo solo possis in Dei regnum ingredi.* Et vero quisquis audit illud : *Nihilominus tamen adhibitam in his diligentiam tibi infructuosam efficis, qui quod reliquum est non adjicias, quo solo possis in Dei regnum ingredi,* statim, nisi attentior sit, sibi in animum inducit Basilium hoc dicere voluisse, fieri non posse, ut quis in regnum cœlorum ingrediatur, nisi fecerit quod huic adolescenti deerat, hoc est, nisi omnia sua vendiderit, dederitque pauperibus : quod nimis austerum esse vident omnes. Addam locum quemdam e sermone *De legendis libris gentilium* (tom. II, p. 181), ubi ita legitur : Ὡς

τῷ μὲν ἀκουσίως τοῦ προσήκοντος ἁμαρτόντι κἂν συγγνώμη τις ἴσως παρὰ τοῦ Θεοῦ γένοιτο· τῷ δὲ ἐξεπίτηδες τὰ χείρω προελομένῳ οὐδεμία παραίτησις τὸ μὴ οὐχὶ πολλαπλασίῳ τὴν κόλασιν ὑποσχεῖν. *Enimvero qui a recto decoroque non voluntarie aberravit, forte veniam aliquam obtinebit a Deo : qui vero fuerit consulto mala amplexus, implacabiliter supplicia longe majora perferet.* Hæc qui legent, iis, nisi caveant, facile in mentem veniet, horum verborum hanc esse sententiam, qui non voluntarie peccaverit, eum fortasse veniam consecuturum ; qui autem consulto et voluntarie, nihil ei spei relinqui, sed omnem pœnitentiæ locum prorsus adimi : quod non modo plus æquo severum est, sed falsum, et a Basilii mente remotissimum. Eodem illo ex libello rursus pauca subjiciam. Sunt autem hujusmodi (ibid.) : Ὥστε καλλωπιστὴν εἶναι καὶ ὀνομάζεσθαι, ὁμοίως αἰσχρὸν ἡγεῖσθαί φημι δεῖν τοὺς τοιούτους, ὡς τὸ ἑταιρεῖν, ἢ ἀλλοτρίοις γάμοις ἐπιβουλεύειν. *Quare cincinnatum esse et appellari, æque turpe censendum dico atque scortari, aut alienis nuptiis insidiari.* Certe, cum ita locutus est Basilius, rem exaggerasse dici merito potest. Nam aliud multo est, cincinnatum esse appellarique, et aliud scortari, aut alienis nuptiis insidiari. Ex quibus omnibus liquet Basilium, cum animarum salus ageretur, naturali quodam impetu quasi abreptum, raro quidem, sed nonnunquam tamen aliqua dixisse, quæ, nisi explicentur, severiora aut sunt, aut videri possunt. Itaque quisquis rationem sequi voluerit, Regulas potius Basilio tribuet, quarum in nonnullis major quædam severitas apparet, quam monasticas Constitutiones, in quibus ejusmodi severitatis ne vestigium quidem ullum exstat. Ita enim constabit Basilium, cum de moribus sermonem haberet, semper sui similem fuisse : qui scilicet ubique tam in Regulis quam in aliis suis scriptis nonnunquam se paulo severiorem ostenderit. Neque tamen propterea statim reprehendendus est vir summus, cum ejus verba quilibet paulummodo perspicacior in bonam partem interpretari facile possit.

42. Quod jam attinet ad ipsam scribendi rationem, ingenue fatebor Regulas, si eloquentia spectetur, a cæteris Basilii operibus nonnihil differre: sed hæc diversitas, cum rei argumentum ita postularet, neminem movere debet. Non enim decebat in monasticis Regulis conscribendis uti grandiori stylo, sed simpliciore, quique ad res, quæ tractarentur, aptior esset atque accommodatior. Ego igitur Regulas, si cum reliquis Basilii scriptis comparentur, minus elegantes esse non nego quidem : sed tamen contendo ipsas non indignas esse, quæ eloquentissimo scriptori ac facundissimo tribuantur. Et vero quid in Regularum stylo vel morosis displicere possit, non video. Fluit ubique oratio libere ac suaviter. Ut verborum abundantia scriptorem copiosissimum fuisse aperte ostendit, ita eorum

---

³⁴ Joan. viii, 34. ³⁵' Matth. xix, 21.

delectus constructioque dubitare non sinit quin idem disertissimus fuerit. Quid plura? A nobis facit earum rerum optimus judex Photius. Ubi enim de Asceticis Basilii loquitur, ita scribit (a) : *In his tamen duobus libris non semper ad emphasim recurrit. Statim enim primus liber nihil præ se fert tale, nisi quod semel alicubi per reticentiam malum omen avertat. Nam ad cætera quod attinet, valde ibi est firmus, et æque purus atque dilucidus, perque duos hosce libros decurrit simplicior quidam et perfamiliaris sermo ac compositio, ad vulgi aures comparata atque demissa, et ad solam demum auditorum salutem intenta.* Græca videre qui cupiet, ea superius legere poterit (num. 27). Sed hæc generatim dicta sunt : nunc de certis quibusdam notis, e quibus Basilium Regularum auctorem esse cognosci possit, disseramus. Hanc dicendi formulam, *ego vidi, aut ego novi*, Basilio perfamiliarem fuisse jam monui (b). Invenitur autem et in Regulis quoque ea ipsa scribendi ratio ; ob idque Basilius earum legitimus parens esse jure putandus est. Ita igitur in regula 254 scriptum invenitur : Ὥσπερ οὖν τὸ ἀργύριον ἀκολουθίαν ἔχει τοῖς τραπεζίταις δίδοσθαι εἰς πορισμὸν, εἰσὶ γὰρ, ὡς ἐν Ἀλεξανδρείᾳ ἔγνων, οἱ ὑποδεχόμενοι καὶ τοῦτο ποιοῦντες, οὕτως, etc. *Quemadmodum igitur pecunia solet nummulariis ad quæstum dari (sunt enim, ut ego Alexandriæ novi, qui recipiant, et idipsum peragant), sic,* etc. Et alibi cum de quibusdam rebus, quæ sponte naturæ fiunt, verba fecisset, persecutus est hoc modo (reg. 309) : Ἐγὼ δὲ ἔγνων, ὅτι ταῦτα κατωρθώθη Χριστοῦ χάριτι καὶ ἐν ἀνδράσι καὶ ἐν γυναιξὶ, πίστει τῇ εἰς τὸν Κύριον γνησίᾳ. *Ego autem novi hæc Christi gratia completa fuisse tum in viris tum in feminis, per genuinam in Dominum fidem* (c). Cum in tomo primo de ultimis duobus *in Eunomium* libris disputaremus, adnotavimus Basilium, si quid aut probasset, aut confutasset, aut explanasset, ita orationem concludere solitum, καὶ ταῦτα μὲν ἐπὶ τοσοῦτον, τὰ μὲν οὖν περὶ.... ἐπὶ τοσοῦτον, aut alio simili modo. Paria autem in Regulis invenimus, in quibus sic legitur (reg. 2 fus., n. 4) : Καὶ περὶ μὲν τῆς εἰς Θεὸν ἀγάπης τοσαῦτα. *Sed hactenus de dilectione Dei*. Quando autem semel Basilii *in Eunomium* libris usus sum, ex his aliud argumentum petam. Igitur, cum initio libri tertii significare vellet Scripturam sacram, ita locutus est : Ἀξιώματι μὲν γὰρ δευτερεύειν τοῦ Υἱοῦ παραδίδωσιν ἴσως ὁ τῆς εὐσεβείας λόγος. *Dignitate quidem [Spiritum] secundum esse a Filio tradit fortasse pietatis sermo*. Secus autem in regula nona majore non legitur, ubi ita scriptum est (pag. 351) : Δικάζεσθαι δὲ περὶ αὐτῶν ἐπὶ δικαστηρίων ἐξωτικῶν ἀπηγόρευσεν ὁ τῆς θεοσεβείας λόγος, δι' ὧν φησι· Τῷ θέλοντί σοι κριθῆναι, etc. *Sed cum ipsis pro tribunali externo litigare vetat pietatis sermo, his verbis : « Ei qui vult tecum in judicio contendere, »* etc. Loca quædam Scripturæ diverse ab interpretibus versa fuisse non raro monet Basilius. Exempli causa, sic in opere *Sex dierum* scriptum invenitur (hom. in Hex., n. 5) : Πρόσκειται δὲ ἐν πολλοῖς τῶν ἀντιγράφων, Καὶ συνήχθη τὸ ὕδωρ τὸ ὑποκάτω τοῦ οὐρανοῦ εἰς τὰς συναγωγὰς αὐτῶν, καὶ ὤφθη ἡ ξηρά· ἅπερ οὔτε τινὲς τῶν λοιπῶν ἐκδεδώκασιν ἑρμηνέων.... τὰ τοίνυν ἀκριβῆ τῶν ἀντιγράφων ὠβέλισται. *Additum est tamen in multis exemplaribus, « Et congregata est aqua, quæ sub cœlo erat, in congregationes suas, et apparuit arida. » Quæ sane verba nulli ex reliquis interpretibus tradidere.... Notata sunt igitur obelo exemplaria accuratiora*. Basilius, cum psalmum vicesimum octavum coram populo explanaret (tom. I, pag. 114), eodem modo locutus est : Ἐν πολλοῖς μέντοι τῶν ἀντιγράφων προσκείμενον εὕρομεν τό, etc. *In multis autem exemplaribus additum reperimus illud*, etc. Insigne aliud exemplum proferam e secundo *in Eunomium* libro (num. 20), ubi ita legitur : Τέως γε μὴν μηδὲ ἐκεῖνο ἀπαρασήμαντον καταλίπωμεν, ὅτι ἄλλοι τῶν ἑρμηνέων, οἱ καιριώτερον τῆς σημασίας τῶν Ἑβραϊκῶν καθικόμενοι, Ἐκτήσατό με, ἀντὶ τοῦ, Ἔκτισεν, ἐκδεδώκασιν. *Interim tamen neque illud silentio prætereamus, interpretes alios, qui convenientius Hebraicarum vocum sententiam assecuti sunt, pro « creavit, » edidisse « possedit me. »* Et ne longus sim, omitto sciens, quæ leguntur in homilia prima *in Hexaem.* num. 6 ; item quæ scripta sunt in homilia *in psalmum quadragesimum quartum*, num. 4. Fit autem quoque in Regulis mentio illius in Scripturarum interpretatione varietatis. In his enim ita scriptum est (reg. 251) : Ὡς μὴ εἶναι πρόσταγμα, Ἀλλὰ νῦν ὁ ἔχων βαλάντιον, ἀράτω, ἤτοι ἀρεῖ (οὕτω γὰρ καὶ τὰ πολλὰ τῶν ἀντιγράφων ἔχει), ἀλλὰ προφητείαν προλέγοντος τοῦ Κυρίου, etc. *Ita ut illud* [36], *« Sed nunc qui habet sacculum, tollat, » seu « tollet » (sic enim etiam multa exemplaria habent), non sit quoddam præceptum, sed vaticinium Domini, qui prænuntiabat futurum*, etc. Has dicendi formulas, τὸν ἐπιμέλειαν τῆν κοινὴν πεπιστευμένον, οἱ τὴν ὁδηγίαν τῶν πολλῶν πεπιστευμένοι, et alias id genus in Regulis sæpius occurrere aliquanto ante ostendimus (d). Principium autem Proverbiorum exponens Basilius eodem loquendi genere usus est, hoc modo (pag. 106) : Οἷον πορνεία καὶ σωφροσύνη παρὰ σοὶ κρίνεται, καὶ ὑψηλὸς προκαθέζεταί σου ὁ νοῦς πεπιστευμένος τὸ δικαστήριον. *Exempli causa, scortatio et pudicitia apud te judicantur, et excelsa tua mens ejusmodi judicio sibi commisso præsidet*. Decet igitur non Constitutiones, sed Regulas Basilio Magno tribui, cum in his Basiliani styli multa monimenta exstent, in illis autem nihil tale usquam compareat. Neque hoc mihi credi postulo, sed Constitutionum librum attente

[36] Luc. xxii, 36.

(a) Cod. cxci, p. 493.
(b) Leg. n. 29.

(c) Præf. n. 72.
(d) L. g. n. 38.

ac diligenter legi velim : quod qui fccerit, ita, ut dixi, rem esse, suis oculis cernet.

43. Scio aliter sentire doctissimum virum Combefisium : sed quod pro firmo argumento attulit, Regulas aliquando severiores videri, id nostræ opinioni magis favere quam officere arbitror. Basilius enim, ut ex dictis (*a*) constat, in aliis quoque scriptis suis se præstitit cum, qui aliquando severior fuisse credi possit : sed ita tamen, ut, si verborum ejus vera sententia intelligatur, nihil omnino neque in Regulis, neque in aliis ipsius lucubrationibus aut prædurum aut Stoicum inesse perspicuum sit. Fateor igitur non in Regulis modo, sed in aliis etiam quibusdam Basilii scriptis difficilia quædam loca reperiri : sed non propterea facile adducar, ut eas adulterinas esse putem. Cur enim, quæso, in spuriis ponerentur Regulæ nomine severitatis cujusdam majoris, alia vero illa Basilii scripta, in quibus non minores difficultates occurrunt, pro veris haberentur? Cur rursus suspectæ erunt Basilii Regulæ ob difficiles quosdam locos, aliorum vero sanctorum Patrum libri, in quibus loci aut æque difficiles, aut etiam difficiliores inveniuntur, carebunt suspicione? Et alioqui levia sunt, quæ vir doctissimus Combefisius opponit, et talia, qualia in scholis publicis quotidie proponi solent, quæque qua facilitate objiciuntur, eadem vel ab adolescentibus solvuntur. Quare cum eruditissimus vir Tillemontius (*b*) Combefisii argumenta legisset, eorumque cuique respondere statuisset, ita respondit, ut mirari se non raro significaverit, tam levia ab homine docto serio proponi potuisse. Etsi autem Tillemontii libri rari non sunt, quoniam tamen fortasse ad manuum non omnibus erunt, speciosioribus Combefisii argumentis breviter hoc loco respondere mihi visum est : quod eo libentius faciam, quia in variis responsionibus novi aliquid inveniri solet. Sed antequam ultra progrediar, annotare libet Combefisium, cum Eustathium Sebastenum Regularum auctorem esse sibi semel falso persuasisset, sibi persuasisse non verius, eumdem illum Eustathium ob earum Regularum perversam doctrinam in concilio Gangrensi condemnatum fuisse : sed quod pro certo vir doctissimus habuit, id valde incertum est. Sunt enim qui dicant sermonem in concilio Gangrensi de ipso Eustathio haberi, quorum antesignani sunt eruditissimi viri Baronius, Blondellus et Dupinus. Sed cum hæc quæstio hujus loci non sit, mihi satis esse existimavi, si ea de re monuissem. Jam ergo ad propositum me refero ; ipsaque Combefisii verba, quibus regulam octavam majorem oppugnat, hoc loco exscribere non pigebit. Primum autem Basilii, deinde Combefisii verba subjiciam. Basilius igitur ita loquitur (pag. 350) : Δῆλον γὰρ, ὅτι ὁ πολύτιμος μαργαρίτης πρὸς τὴν ὁμοίωσιν τῆς ἐπουρανίου βασιλείας παρείληπται, ἣν ἀδύνατον ἡμῖν προσγενέσθαι ὁ τοῦ Κυρίου δείκνυσι λόγος, μὴ πάντα ὁμοῦ τὰ προσόντα ἡμῖν, καὶ πλοῦτον, καὶ δόξαν, καὶ γένος, καὶ εἴ τι ἄλλο τῶν πολλοῖς περισπουδάστων πρὸς τὴν ἀνταλλαγὴν αὐτῆς προεμένοις. *Planum est enim regnum cœleste per pretiosam margaritam adumbrari : quod nos assequi non posse declarant Domini verba, nisi omnia simul quæ habemus, et divitias, et gloriam, et genus, et si quid aliud est, cujus studio desiderioque plerique teneantur, pro eo comparando deseramus.* Combefisius vero hoc modo (*c*) : *Videtur istis satis aperte auctor e regno cœlorum excludere, qui non renuntient omnibus, nec paupertatem evangelicam amplexentur, quod Patres Gangrenses merito damnarunt. Est ergo ille pretiosus lapis omnibus coemendus, perfectio illa sub consilio a Christo proposita, ut et virginitas ; non ipsa absolute vita æterna aut pietas Christiana.* Combefisium autem si meminisset eorum quæ prius dixisset, talia non scripturum fuisse puto. Cum enim in ea oratione , quam Basilius in divites habuit, aliquid simile legisset, ita respondit, ut ejus responsio ad hunc Regularum locum optime accommodari possit. Basilii autem verba, quæ jam antea retuli, hic rursus edenda judicavi. Ubi igitur oratorum optimus Basilius verba facit de eo adolescente, cui a Domino dictum fuerat, *Vende quæ habes, et da pauperibus* [37], sic scribit (tom. II, pag. 51) : Εἰ γὰρ οὐκ ἐφόνευσας, ὡς σὺ φῇς, οὔτε ἐμοίχευσας, οὔτε ἔκλεψας, οὔτε κατεμαρτύρησάς τινος μαρτυρίαν ψευδῆ, ἀνόνητον σεαυτῷ ποιεῖς τὴν περὶ ταῦτα σπουδήν, μὴ προστιθεὶς τὸ λεῖπον δι' οὗ μόνου δυνήσῃ εἰσελθεῖν εἰς τὴν βασιλείαν τοῦ Θεοῦ. *Etenim si non occidisti, ut ais tu, neque adulterium commisisti, neque furatus es, neque contra quempiam falsum testimonium dixisti, nihilominus tamen adhibitam in his agendis diligentiam tibi infructuosam efficis, qui quod reliquum est non adjicias, quo solo possis in Dei regnum ingredi.* In quem locum doctissimus vir Combefisius (t. I, pag. 115) hæc notavit : *Durior*, inquit, *propositio, si intelligas de æterna salute, nec exponas in præparatione animi.* Ego igitur dico quoque duriora esse quæ Basilius in regula octava majore scripsit, *si intelligas de æterna salute, nec exponas in præparatione animi,* sed si ejus verba *exponas in præparatione animi,* ea affirmo duriora non esse. Reprehenduntur quoque a Combefisio, quæ in regula tricesima secunda de parentibus ac cognatis leguntur. Ibi autem ita scriptum est (pag. 373) : Εἰ δὲ ἐμπεπλεγμένοι εἰσὶ τῷ κοινῷ βίῳ· οὐδεὶς ἡμῖν κοινὸς πρὸς αὐτοὺς λόγος, τοῖς τὸ εὔσχημον καὶ εὐπάρεδρον τῷ Κυρίῳ ἀπερισπάστως κατορθοῦν ἐσπουδακόσι. *Quod si implicati sunt vita communi, nulla res cum eis nobis communis est, qui honestum decorumque ser-*

[37] Matth. xix, 21.

(*a*) Leg. n. 41.
(*b*) *Vie de saint Basile*, pag. 638.

(*c*) *Basil. recens.* tom. II, pag. 165.

vare, et assidue Deo cohærere studemus, citra ullam mentis aberrationem: quæ verba valde improbat is, quem sæpius dixi, vir eruditissimus Combefisius (a). Porro, inquit, *istud de parentibus qui implexi sint τῷ κοινῷ βίῳ, id est, qui sæculari militia vivant, quod nec visendi, nec recipiendi, nec juvandi, quasi jam liberis in cænobio monachi vitam agentibus nihil illi attineant, unum videtur et maximum ex damnatis in concilio Gangrensi. Honorandi semper parentes, ac cum egeant, quibus liceat, fovendi; sive in vita κατὰ Θεόν, quam sic monachorum auctor vocat, sive in communi et sæculi vita, ac vel ipsa non prorsus laudabili; quantum tamen status ipse patitur.* Legi quoque potest Combefisii nota in regulam 190, ubi vir doctus in Regularum auctorem multo vehementius invehitur. Recte autem et vere adnotavit eruditissimus vir Tillemontius, aut æqualia, aut etiam severiora in capite vicesimo Constitutionum inveniri: quod ne ipsum quidem Combefisium latuit. Cum enim ad id caput venisset, vidissetque nullam ibi neque parentum, neque cognatorum rationem haberi, ita scripsit: *Nescio an satis Evangelio consonet tanta hæc parentum abdicatio, si quid extreme laborantibus monachus opis præstare possit.* Nunc ergo a Combefisio, si viveret, libenter quærerem, cur ille parentum quasi contemptus impedierit quin Regularum Basilium auctorem faceret, non autem impedierit quin eidem tribueret Constitutionum librum, cum in utroque opere parentum jura pariter violari videantur. Et alioqui non est timendum, ne unquam in liberorum animis penitus exstinguatur amor parentum, cum ex sese phœnicis in modum semper renascatur. Quod in regula centesima prima vituperatur, improbos vocari eos, qui non omnia bona sua vendiderunt, id leve est, et nullius momenti. Improbi enim dicuntur non proprie, sed quod minus probi sint, minusque perfecti. Omisi, quod minime decuit, aliud Combefisii argumentum. Conqueritur igitur vir doctus, sanctiores matrimonii leges prorsus in regula duodecima prolixiore abrogari. Ipsius hæc sunt verba: *Non potest dici clarius aliquid ad vim illam, quam Eustathiani adhibebant conjugiis, ut pugnantem alterum conjugem, vi omni ad alteri volenti renuntiare assentiendum cogerent, aut etiam illo invito renuntiantem reciperent; quod nihil subjectione ad Deum, nihil obedientiæ præstabilius; meritoque damnarunt Patres Gangrenses. Sane virum ab uxore non discedere, Dei præceptum est; castitatem præferre altero conjugum invito, non Dei jussis parere est, eique subjici, sed palam pugnare: nisi cum ratum duntaxat conjugium est, nec ea plene conjugum mutua servitus coivit: qua de re nihil auctor cogitavit; sed vim absolute conjugiis, quasi Deo jubente divortium ἀσκήσεως prætextu, faciendam admittit.* Audivimus Combefisium: nunc Basilium audiamus, qui sic loquitur (reg. 12 fus.):
Καὶ τοὺς ἐν συζυγίᾳ δὲ γάμου τοιούτῳ βίῳ προσερχομένους ἀνακρίνεσθαι δεῖ, εἰ ἐκ συμφώνου τοῦτο ποιοῦσι κατὰ τὴν διαταγὴν τοῦ Ἀποστόλου. Τοῦ γὰρ ἰδίου σώματος, φησὶν, οὐκ ἐξουσιάζει, καὶ οὕτως ἐπὶ πλειόνων μαρτύρων δέχεσθαι τὸν προσερχόμενον. Atque ii etiam qui matrimonio conjuncti, ad hujusmodi vitæ genus accedunt, interrogandi sunt, an mutuo consensu id efficiant, ex Apostoli præcepto: « *Nam*, inquit, *sui corporis potestatem non habet*[37], » *sicque qui accedit, coram pluribus testibus recipiendus est*: quæ verba retulimus, non quod de his ulla controversia sit, sed quod ad respondendum necessaria esse videantur. Gravia sunt et difficilia quæ sequuntur. Ita igitur Basilius reliqua persequitur: Εἰ δὲ διαστασιάζοι τὸ ἕτερον μέρος, καὶ διαμάχοιτο, ἔλαττον φροντίζον τῆς πρὸς Θεὸν εὐαρεστήσεως, μνημονευέσθω ὁ Ἀπόστολος λέγων, Ἐν δὲ εἰρήνῃ κέκληκεν ἡμᾶς ὁ Θεός· καὶ πληρούσθω τὸ πρόσταγμα τοῦ Κυρίου εἰπόντος: Εἴ τις ἔρχεται πρός με, καὶ οὐ μισεῖ τὸν πατέρα αὐτοῦ, καὶ τὴν μητέρα, καὶ τὴν γυναῖκα, καὶ τὰ τέκνα, καὶ τὰ λοιπὰ, οὐ δύναταί μου εἶναι μαθητής. *Quod si dissentiat altera pars, repugnetque, quod minus sollicita sit, quomodo placeat Deo, in mentem veniat Apostoli, qui dicit*: « *In pace autem vocavit nos Deus*[38], » *atque impleatur præceptum Domini, qui dixit*: « *Si quis venit ad me, et non odit patrem suum, et matrem, et uxorem, et filios,* etc., *non potest meus esse discipulus*[39]. » Ex quibus perspici potest omnes quidem recipi debere in monasterio de Basilii sententia, tam eos qui consentientibus uxoribus accedant, quam eos, quorum uxores repugnant: sed non eodem modo. Illi enim ita recipiebantur, ut Basilius testes adhiberi vellet: hi vero cum reciperentur, testes adesse necesse non erat, utpote quorum Basilius mentionem non faciat. Unde autem hoc? nisi quia priores ad professionem admittebantur, sic non eis amplius e monasterio egredi liceret; ob idque intererant testes, ut si quando vota sua irrita facere vellent, hominum qui adfuissent testimonio retinerentur: alios vero coram testibus recipi Basilius non jubebat, quod non ad professionem admitterentur, sed ad exercitationem. Aliud autem multo est, admitti ad professionem, et aliud, ad exercitationem. Etenim semel qui professus est, non est amplius sui juris: qui vero exercitationis causa in monasterium introivit, non propterea sui juris esse desinit, sed, si ita lubet, egredi potest. Hanc autem Basilii sententiam fuisse, nemo, opinor, homo, qui ejus verba attente legerit, negabit. Cur enim, quæso, rogari voluisset, *an mutuo consensu id efficiant*, si omnes ex æquo recipi debere credidisset? Interrogabantur autem ut, si uxores consentire constaret, profiterentur; sin

---

[37] I Cor. VII, 4. [38] ibid. 15. [39] Luc. XIV, 26.

(a) Comb. in *Basil. recens.* tom. II, pag. 77.

minus, admitterentur quidem ad exercitationem per aliquod tempus, nunquam autem ad professionem, nisi uxorum consensus tandem accederet. Id ita esse aperte ostendunt, quæ sequuntur. Sunt autem hujusmodi (pag. 354) : Ἡμεῖς δὲ ἔγνωμεν ἐν πολλοῖς πολλάκις καὶ διὰ συντόνου προσευχῆς καὶ νηστείας ἀνενδότου, τὸν σκοπὸν τῆς ἐν ἁγνείᾳ ζωῆς περιγενόμενον, τοῦ Κυρίου τοὺς μέχρι παντὸς ἀπειθοῦντας, καὶ δι' ἀνάγκης πολλάκις σωματικῆς τῇ συγκαταθέσει τῆς ὀρθῆς κρίσεως ὑπάγοντος. Cæterum nos castæ vitæ agendæ consilium non raro tum vehementium precum, tum assidui jejunii ope in multis prævaluisse novimus, Domino eos, qui prorsus obstinati erant, sæpe etiam per corporalem necessitatem ad rectum judicium comprobandum inducente. Causa igitur, cur Basilius quosdam invitis uxoribus in monasteria ad exercitationem introduci vellet, hæc erat, quod ejusmodi castæ vitæ agendæ consilium precibus et jejuniis sæpe in multis prævaluisse nosset. Quod addit Combefisius, traditam in hac regula doctrinam a Patribus Gangrensibus damnatam fuisse, id ad rem non pertinere jam pridem monuit clarissimus vir Tillemontius. In eo enim concilio (a) hæ mulieres damnantur, quæ ideo maritos relinquebant, quod matrimonium horrerent : quem conjugii horrorem tantum abest ut Regularum auctor suaserit, ut etiam nuptias et permissas et [Dei] benedictione honoratas fuisse expresse dicat (reg. 5 fus.). Quod ultimo loco Combefisius objicit, id Tillemontio ita grave visum est, ut Basilium deserere non dubitarit. Qua de re ut cuivis melius existimare liceat, Basilii et Combefisii verba referam. Basilius (reg. 293) : Πρῶτον μὲν εἰδέναι χρὴ, ὅτι ἐν τῇ Καινῇ Διαθήκῃ ταύτην τὴν διαφορὰν οὐκ ἔστι μαθεῖν. Μία γὰρ ἀπόφασις κατὰ πάντων ἁμαρτημάτων κεῖται, τοῦ Κυρίου εἰπόντος· ὅτι Ὁ ποιῶν τὴν ἁμαρτίαν δοῦλός ἐστι τῆς ἁμαρτίας.... καὶ τοῦ Ἰωάννου βοῶντος· Ὁ ἀπειθῶν τῷ Υἱῷ, οὐκ ὄψεται τὴν ζωὴν, ἀλλ' ἡ ὀργὴ τοῦ Θεοῦ μενεῖ ἐπ' αὐτὸν, τῆς ἀπειθείας οὐκ ἐν τῇ διαφορᾷ τῶν ἁμαρτημάτων, ἀλλ' ἐν τῇ παρακοῇ τὴν ἀπειλὴν ἐχούσης. Primum quidem nosse oportet hanc (peccatorum) differentiam in Novo Testamento non reperiri. Una namque habetur sententia adversus quælibet peccata, cum Dominus dicat : « Qui facit peccatum, servus est peccati⁴⁰.... » item cum Joannes clamet : « Qui non obedit Filio, non videbit vitam, sed ira Dei manebit super ipsum ⁴¹, » contumacia non ob peccatorum discrimen, sed ob transgressionem, locum comminationi præbente. Combefisius (b) : Stoica peccatorum, auctori asserta, æqualitas, cautiusque et alia vena, quos Hermantius quasi affines, aut etiam rigidiores suo hic Basilio, adducit Patres. Ego ea in re et a Tillemontio (c), qui totam hanc regulam, exceptis tribus primis versibus, veram sanctamque ac miram dicit, et a Combefisio, qui in ipsa Stoicum quiddam reperit, longe dissentio. Neque enim in Basilii verbis quidquam excipiendum arbitror, neque in iisdem ullum dogma Stoicum invenio. Velim igitur scopum sanctissimi Patris atque propositum spectari. Interrogatus fuerat Basilius, quomodo cum iis agendum sit, qui graviora quidem peccata devitant, sed leviora indiscriminatim committunt : cui interrogationi ita respondere debuit, ut id sibi ante omnia proponeret, ut illos monachos a prava illa consuetudine deterreret. Nihil ergo ab eo melius dici potuit, cum illa Domini sententia, quæ nullum in peccatis discrimen ponit, una omnium aptissima sit atque accommodatissima ad animos perterrendos. Ergo si finis ejus, quem sibi Basilius proposuit, ratio habeatur, nihil est in hac regula, quod aut a Combefisio jure potuerit reprehendi, aut a Tillemontio necessario excipi debuerit. Basilius autem, quasi prævidisset non deforme, qui ipsius verba in malam partem acciperent, sententiam suam de discrimine peccatorum disertissime explicavit, cum hæc addidit (pag. 518) : Ὅλως δὲ, εἰ ἐπιτρεπόμεθα λέγειν μικρὸν καὶ μέγα ἁμάρτημα, ἀναντίρρητον ͺἔχει τὴν ἀπόδειξιν, ἑκάστῳ μέγα εἶναι τὸ ἑκάστου κρατοῦν, καὶ μικρὸν τοῦτο, οὗ ἕκαστος κρατεῖ..... Δεῖ οὖν ἐπὶ παντὸς ἁμαρτάνοντος οἱονδήποτε ἁμάρτημα, φυλάσσειν τὸ κρίμα τοῦ Κυρίου εἰπόντος, ὅτι Ἂν ἁμάρτῃ εἰς σὲ ὁ ἀδελφός σου, ὕπαγε, ἔλεγξον αὐτὸν μεταξὺ σοῦ καὶ αὐτοῦ μόνον, etc. Uno verbo, si parvum et magnum peccatum dicere nobis liceat, sine controversia negari non potest, hocque cuique magnum esse, cujus quisque subjicitur dominio : illud vero parvum, cui quisque dominatur..... Quapropter erga quemcunque cujuscunque generis peccatum admittentem servandum est præceptum Domini, qui dixit : « Si peccaverit in te frater tuus, vade, corripe eum inter te et ipsum solum⁴¹, » etc. Primum quidem tanquam si dubitasset, is locutus est, si nobis licet parvum et magnum dicere: sed statim parva et magna peccata re ipsa discerni oportere aperte ostendit, cum ita scripsit : Sine controversia negari non potest, hoc cuique magnum esse, cujus quisque subjicitur dominio : illud vero parvum, cui quisque dominatur. Ecce enim tibi duo peccatorum genera perspicue distincta. Alia suo nos dominio subjiciunt : aliis nos dominamur ; hoc est, alia magna sunt, alia parva. Imo dilucidius etiam hæc peccatorum distinctio apparet ex his quæ sequuntur verbis : Quapropter erga quemcunque cujuscunque generis peccatum admittentem servandum est præceptum Domini, qui, etc. Nam hoc modo qui loquitur, peccata omnia unius et ejusdem generis esse non pu-

---

⁴⁰ Joan. viii, 34. ⁴¹ Joan. iii, 36. ⁴² Matth. xviii, 15.

(a) Can. 14 Conc. tom. II.]
(b) Comb. in Bas. tom. II, pag. 225.

(c) Vie de S. Basile, p. 642.

tat, sed multiplicis : cum vox *quodcunque* ex se multiplex quiddam et varium significet. Præterea cum Basilius ita locutus est, *si parvum et magnum dicere nobis liceat*, non proprie dubitavit an alia peccata magna essent, alia parva : sed credidit omnia peccata magna dici posse, si spectetur qui offenditur Deus : quod non impedit quin multa sint parva, si cum gravioribus comparentur. Denique omnia simul Combefisii argumenta, quæ ad sententias pertinent, arbitror facile solvi posse ab eo, qui universe dicet aliter locuturum fuisse Basilium, si aut ad episcopos, aut ad alios quosvis perspicaciores viros scripsisset ; nec mirum esse, si cum sibi sermo esset cum monachis, hoc est, cum ingenuis ac simplicibus hominibus, minus de verborum delectu curarit, modo eos ad salutem perduceret. Ad cætera pergam, si prius monuero alia quædam loca, quæ negotii aliquid Combefisio exhibuerant, in notis illustrari. Quanquam igitur Combefisius omnem suam operam in eo posuit, ut doceret Regularum doctrinam talem esse, quæ in sanctissimum virum Basilium convenire non posset : tamen adnotavit quasi præteriens, Regularum stylum a Basilii stylo aperte differre. Cujus argumenti vis ut magis intelligatur, altius repetenda res est. Meminisse ergo juvat, satis sæpe ita Scripturam in Regulis citari, ut quædam adverbia præeant ; qualia sunt ὁριστικῶς, δυσωπητικώτερον, καθολικῶς, et ejusmodi alia, quæ in superioribus (*a*) videre cuivis licet. Hoc igitur cum animadvertisset Combefisius (*b*), ita scripsit : *Affectatio istiusmodi adjectorum auctori propria, et librorum de* Baptismo, *iis ignota, quæ nullo scrupulo audiunt Basiliana.* Ego quidem ejusmodi adverbia in reliquis Basilii scriptis non legisse me fateor : sed statim ob tam levem causam Regulas in dubium revocari posse nego. Scire enim oportet, stylum paululum variare pro vario dicendi genere ; ob idque mirum videri non debere, si Regularum stylus a reliquorum scriptorum stylo exigua in re discrepet. Cum igitur ejusmodi adverbiorum usus neque ad oratorium, neque ad epistolarem, neque ad dogmaticum stylum pertineat, ea adhibere non potuit, nec debuit Basilius, cum aut concionaretur, aut epistolas scriberet, aut hæreticorum errores confutaret : sed cum vir summus ad aliud scribendi genus animum appulisset, librosque asceticos conficere statuisset, orationem suam ad utilitatem eorum, quorum causa scribebat, accommodare necesse habuit. Quare cum hujusmodi adverbia ad tarda hominum simplicium ingenia commovenda plurimum valere cerneret, iis sibi utendum esse credidit, ut eorum animos magis ac magis excitaret. Sed ad omnem dubitationem tollendam duo præterea considerari volo. Pri-

mum, tam multa Basiliani styli monumenta et certa et indubitata in Regulis exstare (*c*), ut ob exiguam in una re dissimilitudinem eas suspectas haberi æquum non sit, cum ratio postulet, ut plurium similitudo unius dissimilitudine, eaque levissima, potior judicetur. Alterum, ejus generis adverbia non ita frequentia esse, ut propterea suspicio aliqua suboriri merito possit. Cum enim in utrisque Regulis non amplius, opinor, quindecies adhibeantur, nemo erit, qui, si operis prolixitatem consideret, pauca ea esse non censeat. Complectar omnia uno verbo. Etsi, ut mox vidimus, styli solius ratio haberetur, tamen Regulas tribui Basilio oporteret, cum parva aliqua in una re discrepantia magnæ in cæteris consensioni cedere debeat. Nunc autem cum præter magnam illam styli in cæteris consensionem suppetant multa alia argumenta, partim e ratione, partim e veterum scriptorum auctoritate petita, e quibus non obscure ostenditur Basilium Regularum verum parentem esse, nemini ulla causa esse potest, cur id opus alteri ascribat (*d*). Ex quibus omnibus intelligere licet, Ἀσκητικόν, quod vocant, ad Basilium totum pertinere, hoc est, libellos *De judicio Dei* et *De fide*, Moralia et Regulas tam breviores quam longiores. Et quando argumenta multa, quæ nostræ sententiæ adversari videantur, colligere semel cœpi, proponam et aliud, quod et ipsum quoque momenti plurimum atque roboris habere ab aliquibus credi possit. Fortasse igitur dicet aliquis, Basilium, auctore Gregorio Nazianzeno (*e*), gymnasia et monasteria, in quibus anachoretæ habitarent, exstruenda curasse ; ob idque dici nullo modo posse Regularum auctorem, in quibus illud vivendi institutum maxime vituperatur. Faterer quidem id argumentum multum valere, si Regularum auctor omnes omnino anachoretas reprehendendos censuisset : sed non ita esse, ex ipsis Regulis discimus. Cum enim auctor dixisset, vix in solitudine reperiri quemquam, qui corrigatur, cum nemo sit, qui corrigat, ita scripsit (reg. 7 maj., n. 1) : Ὅν ἐπὶ τῆς μονώσεως εὑρεῖν ἄπορον, μὴ προενωθέντα κατὰ τὸν βίον, ὥστε συμβαίνειν αὐτῷ τὸ εἰρημένον ἐκεῖνο, Οὐαὶ τῷ ἑνὶ, ὅτι ἐὰν πέσῃ, οὐκ ἔστιν ὁ ἐγείρων αὐτόν. Talem autem [qui videlicet *corrigatur*], *in solitudine reperire difficillimum est, nisi prius in vitæ societatem fuerit adjunctus. Quare accidit ei quod dictum est :* « *Væ uni, quia si ceciderit, non est qui erigat eum* [43]. » Ex quibus perspicuum est, non omnes anachoretas a Regularum auctore vituperatos esse, sed eos unos, qui non prius sese ad virtutem in sodalitio exercuissent. Quod igitur ait Gregorius Nazianzenus, Basilium quædam pietatis gymnasia anachoretarum causa construxisse, id nullo modo cum Regulis

[43] Eccle. iv, 10.

(*a*) Leg. n. 58.
(*b*) Combef. tom. II, p. 162.
(*c*) Leg. n. 42.
(*d*) Leg. n. 59 et seq.
(*e*) Or. 20, pag. 358 et 359.

pugnat, cum in ipsis aliquod anachoretarum genus manifeste comprobetur. Nunc autem causam, cur Basilius eos, qui privatam vitam atque solitariam agere statuissent, prius in sodalitio aliquo exerceri vellet, invenire difficile non est. Ita enim contingit, ut si quis in solitudine peccet, meminisse possit, aut se, aut alios ob simile factum a præposito olim redargutos fuisse ; atque hoc pacto, ut ne amplius tale quidquam admittat, a sua ipsius conscientia admonetur : contra, fieri facile potest, ut si quis initio in sodalitio non vixerit, etiam dum gravissime peccat, ob imperitiam tamen peccare se nesciat. Hæc autem nostra declaratio ipsius Gregorii Nazianzeni verbis maxime confirmatur. Ita enim scribit (*a*) : Τοῦ τοίνυν ἐρημικοῦ βίου καὶ τοῦ μιγάδος μαχομένων πρὸς ἀλλήλους ὡς τὰ πολλὰ, καὶ διισταμένων...... καὶ τούτους ἄριστα κατήλλαξεν ἀλλήλοις καὶ συνεκέρασεν · ἀσκητήρια καὶ μοναστήρια δειμάμενος μὲν, οὐ πόρρω δὲ τῶν κοινωνικῶν καὶ μιγάδων, οὐδὲ ὥσπερ τειχίῳ τινὶ μέσῳ ταῦτα διαβάλλων, καὶ ἀπ' ἀλλήλων χωρίσας, ἀλλὰ πλησίον συνάψας καὶ διαζεύξας, etc. *Cum igitur solitaria vita, et ea, quæ societate gaudet, ut plurimum inter se dissiderent, ac pugnarent.... ipsas tamen præclare inter se reconciliavit, ac permiscuit, pietatis nimirum gymnasia et monasteria exstruens, non tamen longo intervallo ab iis, qui in sodalitio vivunt, remota, nec velut muro quopiam interjecto ea distinguens atque a se invicem separans, verum prope conjungens ac dirimens*, etc. Etenim facile cuique conjicere licet, Basilium ejusmodi monasteria eo consilio ita disposuisse, ut qui anachoretarum vivendi rationem amplecti cuperent, prius in aliquo sodalitio vicino ad pietatem exercerentur. Etsi autem Basilius quoddam anachoretarum genus laudabat, tamen in suis Regulis universe in anachoretas tam vehementer invehi potuit, quorum scilicet pars maxima sine prævia illa exercitatione id vitæ genus eligeret. Et ne quis forte hæc cum superioribus pugnare arbitretur, monere libet, Basilium et Constitutionum monasticarum auctorem in eo maxime inter se dissidere, quod huic anachoretarum institutum generatim probaretur, illi idem generatim improbaretur. Magnus autem ille dux ac magister monachorum Benedictus approbabat quoque anachoretas eos, qui cum diu in sodalitio vixissent, ita demum vitam solitariam agere statuerent. Sic enim capite 1 Regulæ suæ scribit : *Monachorum quatuor esse genera manifestum est.... Secundum genus est anachoretarum, id est, eremitarum : horum qui non conversionis fervore novitio, sed monasterii probatione diuturna, didicerunt contra diabolum multorum solatio jam docti pugnare*, etc.

§ XI. *Pars septima, ex qua cognosci poterit, Constitutiones monasticas Eustathio Sebasteno tribui debere.*

44. Doctissimus vir Combefisius sæpe quidem et confidenter dicit Basilium Constitutionum monasticarum auctorem esse : sed quasi ei satis fuisset, si suam sententiam declarasset, nusquam illam ullis argumentis comprobavit. Neque tamen virum eruditissimum ullius negligentiæ accusatum velim. Nemo enim, qui præstat quod potest, quod quædam non possit, reprehendendus est. Puto autem neque a Combefisio, neque a quoquam ullum argumentum firmum afferri posse, quo non dico constet, sed verisimile fiat, Basilium parentem legitimum esse monasticarum Constitutionum. Unde enim, quæso, ejusmodi argumenta peterentur ? E veterum scriptorum testimoniis ? Sed testimonia omnia quæ proferri potuissent, ambigua sunt, nec magis ex se Constitutiones significant, quam Regulas. E ratione ? Sed cui, quæso, Combefisius persuadere potuisset consentaneum esse rationi, ascribi Basilio Magno Constitutiones monasticas, quas ei nullus scriptor antiquus certo tribuit ? cum ipse adjudicari Basilio Regulas noluerit, quas ei tamen antiqui multi auctores disertis verbis attribuebant, Rufinus, Cassianus, imperator Justinianus, Photius (*b*). E stylo ? Sed quæ convenientia inveniri potest, ubi nulla est ? Imo non satis est dicere, nullam esse in stylo convenientiam, cum discrepantia maxima sit. Quanquam autem Combefisius nullis argumentis suam sententiam confirmavit, tamen non temere factum puto, ut monasticas Constitutiones Basilio tribuerit. Cum enim semel in animum induxisset suum, Regulas indignas esse quarum Basilius auctor diceretur, consequens fuit, ut, sublatis Regulis, ei saltem monasticas Constitutiones daret. Et vero tot testimonia veterum, qui ampli cujusdam operis ascetici Basilium auctorem manifeste faciunt, Regulas atque Constitutiones ei simul adimi non sinunt. Hanc autem Combefisii opinionem nemo, quod sciam, amplexus est. Mihi quidem non ignotum est, videri Scultetum ascetica omnia e Basilianorum scriptorum catalogo prorsus sustulisse : sed neminem novi, qui, Combefisii exemplo, Regulas in spuriis poneret, Constitutiones vero pro Basilii genuino fetu haberet. Adversa igitur sententia omnino vicit, eorum, qui, ut Regulas, ita et monasticas quoque Constitutiones Basilio ascribunt. Ego autem si iis quæ posui principiis stare volo, ut a Combefisio, ita a cæteris quoque dissentire cogor : sed sic tamen, ut si reconciliari me unquam cum Combefisio difficillimum sit, reconciliatum me iri facillime cum cæteris sperem ; modo cogitarint me ab ipsis in re levi dissentire. Mihi enim cum illis convenit, quidquid in Asceticis insigne est et eximium, omne id ad Basilium Magnum pertinere : solas vero monasticas Constitutiones ejus esse nego, quæ certe, si cum Regulis comparentur, nihil magni aut eximii complecti videbuntur. Nam, ut monui (*c*), Constitutio-

---

(*a*) Or. 20, pag. 358 et 359.
(*b*) Leg. n. 40.

(*c*) Leg. n. 40.

nes monasticæ nunquam fortasse neque apud antiquos, neque apud recentiores citantur, cum tamen Regulas sæpe citari constet : quod indicio est Regulas semper maximo in pretio fuisse, Constitutiones non item. Quare non satis queo Combefisium mirari, qui cum aliquod veterum aut recentiorum testimonium ad monasticas Constitutiones commendandas afferre debuisset, satis sibi esse credidit, si ipse eas impense laudaret. Causam autem, cur monasticarum Constitutionum Eustathium Sebastenum auctorem faciam, vident, opinor, omnes. Cum enim prius pro certo et explorato statuerim (a), monasticas Constitutiones et Regulas uni et eidem scriptori tribui non posse, eodemque loco affirmarim Basilium parentem esse Regularum, consequens est, si mecum consentire velim, ut aliquem Constitutionum auctorem, qui Basilius non sit, quæram. Quis autem, quæso, earum auctor verisimilius dici potest, quam Eustathius Sebastenus, qui, ut est apud Sozomenum (b), librum asceticum, qui Basilii Cappadocis nomine inscriptus erat, edidisse a quibusdam credebatur ? Nam licere nobis non arbitramur, veterum testimonia, nisi eorum falsitas aliunde manifesto probari possit, pro falsis habere. Cum ergo, ut Sozomenus refert, essent qui librum quæmdam asceticum, qui Basilii nomen præferebat, ab Eustathio Sebasteno conscriptum fuisse affirmarent : sequitur, si quis liber sit in Asceticis, qui Basilio tribui non possit, eum Eustathio ascribi oportere. Obscurum autem non est, talem esse Constitutionum librum. Nam, ut sæpe dixi (c), non idem auctor est Constitutionum, qui Regularum. Cum igitur Basilius Regularum auctor sit, ipse Constitutionum auctor esse non potest. Reliquum est igitur ut Constitutionum librum aut ad Eustathium pertinere dicamus, aut ad incognitum auctorem. Sed nemo hactenus, quod sciam, neque monasticas Constitutiones, neque ullam aliam Asceticorum partem incognito auctori tribuit. Omnes enim, auctoritatem Sozomeni secuti, Ascetica semper aut Basilio ascripsere, aut Eustathio. Et quidem etiamsi eruditi mirifice dissideant inter se de Asceticis, in eo tamen omnes prorsus inter se conveniunt, quod eorum aut Basilium auctorem faciant, aut Eustathium; ita ut si quis quid Basilio sustulit, id Eustathio largitus sit. Quod si in manibus essent aliqua alia Eustathii opera, fortassis e styli similitudine ostendi posset monasticas Constitutiones ad eum pertinere : sed cum nulla sint, hoc argumentorum genere uti non possumus. Attamen alia adhibere licet non minoris ponderis aut momenti. Cum enim constet inter omnes Ascetica, sive Asceticorum partes, aut Basilii esse, aut Eustathii, si probaverimus monasticas Constitutiones Basilium auctorem non habere, eas Eustathio tribuendas esse simul probabimus.

45. Probare autem Constitutiones monasticas Eustathio Sebasteno adjudicari oportere, est proprie actum agere. Nam omnia argumenta quibus usi sumus (d), partim, ut ostenderemus Regularum scriptorem alium esse ab eo, qui monasticas Constitutiones edidit ; partim, ut planum faceremus (e), dubitari nullo modo posse, quin Basilius parens sit legitimus Regularum, si quid probent, probant quoque necessaria quadam consecutione, Eustathium Sebastenum Constitutionum monasticarum auctorem esse. Etenim, si verum est Basilium opificem esse Regularum, consequens est, ut monasticas Constitutiones non ediderit, cum, ut dixi, Regularum et Constitutionum unus et idem auctor non sit. Cui autem, quæso, melius ascribi poterunt Constitutiones monasticæ, quam Eustathio, cui omnium consensu tribuendum est quidquid in Asceticis Basilianum non est? Ex quibus perspici potest quæstionem, quam hic solvendam nobis proponimus, totam pendere ex iis locis, ubi, ut mihi quidem videtur, satis perspicue probavi, et Basilium Regularum legitimum parentem esse, et Constitutionum monasticarum auctorem alium esse ab eo, qui Regulas conscripsit (f); ob idque velim maxime ea Præfationis pars paulo attentius legatur. Interim, ut magis intelligatur, monasticas Constitutiones non immerito a nobis Eustathio Sebasteno tribui, hic eorumdem argumentorum, quæ jam ante protuli (g), quasi epitomen quamdam ob oculos ponendam esse judicavi. Notarunt ante nos et alii, Regularum auctorem anachoretis infensissimum fuisse, viderique hujusce vivendi generis pericula incommodaque ita exaggerasse, ut modum excedere videatur, cum tamen Constitutionum scriptor sic eis faverit, ut mediam sui operis partem totam eorum causa composuerit. Liquet autem ex Basilii Epistolis (epist. 293), summum hunc virum anachoretarum vivendi rationem non probasse, ob idque jure ac merito dici debere Regularum auctorem. Nam hoc modo constabit, præstitisse se eumdem tam in Regulis, quam in Epistolis, hoc est, anachoretarum exagitatorem osoremque. Quomodo vero fieri potuisset ut Basilius, cui certe anachoretarum institutum non placebat, scripsisset Constitutionum librum, in quo illa vivendi ratio maxime probatur ? Restat igitur ut hic liber reddatur suo auctori Eustathio, qui, quidquid in Asceticis Basilii non est, ejus auctor semper ab omnibus habitus est. Inspergantur in Regulis nonnulla, quæ severitatem quamdam redolent (h), non aliter atque in quibusdam Basilii scriptis : a qua severitate longissime abest Constitutionum auctor : ergo non unus et idem est Regularum et Constitutionum scriptor, sed duo, quorum alter paulo severior, al-

(a) Leg. n. 34 et seq.
(b) Lib. III, c. 14.
(c) Leg. n. 34 et seq.
(d) Leg. n. 34 et seq.

(e) Itidem 39 et seq.
(f) Leg. n. 33 et seq. et n. 37 et seq.
(g) Leg. n. 34.
(h) Leg. n 35 et 41.

ter paulo indulgentior videri poterat. Ergo Basilius A Regularum auctor est, cum et in aliis suis scriptis severitatis non mediocris monumenta certa reliquerit : Constitutionum autem legitimus parens est Eustathius, cum, si quid in Asceticis sit, quod Basilii non sit, ejus opifex esse ab omnibus credatur. Ita scriptæ sunt Regulæ, ut refertæ sint Scripturarum testimoniis ; idcircoque Basilius, qui in suis libris sacras Scripturas passim citabat, putandus est composuisse Regulas, non autem Constitutiones, in quibus ejusmodi testimonia raro adhibentur. Nulli ergo alteri rectius ascribi potest Constitutionum liber, quam Eustathio, cui tribui debet quidquid in Asceticis Basilianam scribendi rationem non sapit. Familiare est Constitutionum scriptori, cum monasticum vivendi genus significare vult, vocibus aut φιλοσοφία, aut φιλόσοφος, aut φιλοσοφεῖν uti (a): quas tamen voces invenire non est apud Basilium hoc sensu acceptas. Non male igitur Constitutionum liber adjudicabitur Eustathio, qui, quod in Asceticis a Basiliano scribendi genere alienum est, suo quodam jure, eoque antiquo, sibi vindicat. Simile est quod sequitur. In memoriam igitur revocandum quod dixi, verbum ποιεῖσθαι ita in Constitutionibus adhiberi, ut ipsis etiam locis, ubi tempore passivo ponitur, tamen significationem activam servet (b): cujus rei suo loco multa exempla protulimus. Hic autem verbi ποιεῖσθαι usus Basilianus non est : Eustathianus igitur, cum Eustathiana esse ab omnibus dicantur, quæ non C Basiliana esse noscuntur.

46. Quanta sit antiquorum scriptorum auctoritas in ejusmodi quæstionibus persolvendis, nemo, qui paulum modo humanior est, ignorat. Basilio autem Regulas antiquissimi et locupletissimi auctores tribuunt, Rufinus, Cassianus, imperator Justinianus, Photius (c). Proinde, cum nulla causa sit, cur ab hac priscorum scriptorum opinione discedamus, Regulas Basilio adjudicari æquum est. Cum igitur satis constet ex dictis (d), ut mihi quidem videtur, Regularum scriptorem alium esse ab eo, qui Constitutionum librum edidit, nec Basilius earum opifex dici possit, qui scilicet ex veterum sententia Regulas confecerit, certe hic Constitutionum liber jure ascribitur Eustathio, quem omnes facile fa- D tentur auctorem esse eorum Asceticorum, quorum Basilius auctor non est. Regulæ, si res ipsa diligenter consideretur, opus sunt longe et doctius et perfectius, quam monasticæ Constitutiones. Cum ergo ex his duobus operibus, ut sæpius monui (e), alterum Basilio, alterum Eustathio ascribi oporteat, convenit præstantiori Basilio tribui Regulas, quæ præstantiores sunt : Eustathio vero minus præstanti, monasticas Constitutiones, quas nullus

(a) Leg. n. 57.
(b) Ibid.
(c) Leg. n. 39.
(d) Leg. n. 34 et seq.
(e) Leg n. 40.
(f) Cod. cxci, p. 495.

æquus rerum æstimator minus præstantes esse inficiabitur. Universe dici potest Regulas ita conscriptas esse, ut ipsa scribendi ratio Basilii phrasim plane redoleat. Neque in hoc mihi fidem haberi volo, sed gravi et erudito scriptori Photio (f), qui in Regulis stylum Basilii et manum agnovisse se testatus est. Sunt præterea in Regulis peculiares quædam Basiliani styli notæ, quas qui serio attenderit, eum ipsarum auctorem esse facile fatebitur. Qualis est hæc dicendi formula, *ego vidi*, aut, *ego novi* : qua familiariter uti solitum Basilium adnotavimus (g). Similiter suo loco monuimus (h), Basilium, cum de aliqua re disseruisset, hac concludendi ratione maxime delectari, καὶ ταῦτα μὲν ἐπὶ τοσοῦτον, vel, τὰ μὲν οὖν περὶ τοσοῦ- B τον, vel alio simili modo. Hoc autem dicendi genus in Regulis quoque usurpatur. Haud dissimile est quod ascribam. Scripturam sacram significare volens Basilius, ita locutus est (i), παραδίδωσιν ἴσως ὁ τῆς εὐσεβείας λόγος, *tradit fortasse pietatis sermo*. Ita autem loqui quoque Regularum auctorem ad idem significandum constat (j). Basilius in suis libris non raro monet alios interpretes aliter quædam Scripturæ loca interpretari: quod etiam fecit qui Regulas in lucem edidit (k). Has dicendi formulas, τὸν ἐπιμέλειαν τὴν κοινὴν πεπιστευμένον, οἱ τὴν ὁδηγίαν τῶν πολλῶν πεπιστευμένοι, et ejusdem generis alias sæpius in Regulis, inveniri aliquanto ante multis exemplis ostendi (l). Eodem autem illo in loco ostensum est, Basilium, cum principium Proverbiorum explicaret, non aliter locutum fuisse. Ex quibus omnibus perspici potest, Basilio tribuendas esse Regulas, in quibus Basiliani styli monumenta multa exstant, non autem monasticas Constitutiones, in quibus ne vestigium quidem illius ullum reperitur. Sed si Regulæ semel Basilio ascribantur, superest ut Eustathius ob eam, quam sæpius protuli, causam Constitutionum monasticarum auctor esse dicatur. Præterea notum est et confessum, optimum scriptorem Basilium argumentum quod semel disquirendum suscepisset, ita tractare, ut nunquam aliud agat, nunquam a proposito aberret, nunquam omittat quidquam eorum quæ ad rem pertineant. Ita autem scriptus est Constitutionum liber, ut ejus auctor aliud egerit, aberraveritque a proposito, nec quidquam dixerit eorum quæ ad rem pertinerent. Et vero nisi docuisset ipse (cap. 18), scripsisse se primam sui operis partem ad anachoretas instituendos, id prorsus ignoraremus. Quæcunque enim in prima illa monasticarum Constitutionum parte leguntur, hoc est, in primis totis septemdecim capitibus, ea non magis ad anachoretas spectant, quam ad cœnobitas : imo vero plura sunt, quæ ad Christianos omnes referri possunt. Cui ergo

(g) Leg. n. 29 et 42.
(h) Leg. eumdem n. 42.
(i) Ibid.
(j) Ibid.
(k) Ibid.
(l) Ibid.

persuaderi poterit, Basilium, qui a proposito declinare non solebat, ejusmodi libri architectum esse, in quo nihil proprium inveniture eorum, quorum gratia conscriptus fuisse dicitur? Certe, quantum ego auguror, si Basilius auctor esset Constitutionum monasticarum, monita, consilia, præcepta multa tradidisset, quibus anachoretæ partim ad proprias ejus status virtutes excolendas excitarentur, partim admonerentur, ut hujus instituti pericula, quæ magna et multa sunt, vitarent : quod cum factum non sit, inde colligi debet, hunc librum tribui non posse Basilio, qui de quacunque re disserebat diligentissime, sed alteri auctori, qui tantam diligentiam in scribendo non ponebat. Recte ergo fecerimus, si Constitutiones monasticas Eustathio adjudicemus, imitemurque doctissimos quosque omnium ætatum homines, qui, si quid putarunt Basilii non esse in Asceticis, id episcopo Sebasteno ascribi oportere pronuntiarunt.

47. Libet alia quædam loca proponere, e quibus quisque facile intelligat Basilium Constitutionum monasticarum auctorem vere dici non posse. Primum exscribam, quod in procemio legitur (pag. 533) : Πρόφασις μὲν οὖν, ὡς τὰ πολλὰ, τοῖς ἀνθρώποις τῆς περὶ τὰς κοσμικὰς ἐπιθυμίας τε καὶ ἡδονὰς, καὶ φροντίδας, ὁ γάμος· οὔτε γὰρ τῆς τοῦ θήλεος ἐπιθυμίας ἀνδράσιν, ἢ γυναιξὶ τῆς τοῦ ἄρρενος, σφοδροτέραν καὶ βιαιοτέραν εὕροι τις ἂν ἐγκειμένην τῇ φύσει τοῦ σώματος· καὶ μάλα γε εἰκότως, οἷα δὴ περὶ τὴν τῶν ἐκγόνων βλάστησιν συνίστασθαι πεφυκυῖαν, etc. *Conjugium autem, ut plurimum, causa est hominibus et occasio cupiditatis illius, quæ circa voluptates mundanas ac curas versatur: neque enim cupiditas ulla, quæ naturæ corporis insita sit, unquam reperiri potest vehementior violentiorque, quam ea est, qua viri feminas, aut feminæ mares appetunt; idque non mirum, cum ipsa suapte natura ad liberorum procreationem tendat,* etc. Quid, quæso, attinebat monachos instituturum ita præfari? Basilium, meo quidem judicio, talia scribere puduisset. Auctor primo capite ita loquitur : Διά τοι τοῦτο καὶ ἐνηνθρώπησεν...... Ἵνα κατὰ δύναμιν ἕκαστος καὶ ἑκάστη ὁρῶντες, ζηλώσωμεν τὸ ἀρχέτυπον. *Quapropter etiam naturam humanam assumpsit,...... ut unusquisque et unaquæque ad id respicientes, pro viribus archetypum et exemplar imitaremur.* Illud autem, ἕκαστος καὶ ἑκάστη, Basilianum non est. Etsi enim orator optimus multis admodum locis voce ἕκαστος utitur, nusquam tamen, si bene memini, vocem ἑκάστη addidit; in quo præstantissimos scriptores secutus est, qui vocem ἑκάστη, quæ plane redundat, voci ἕκαστος jungere non solent. Ita aliquanto post legitur (cap. 4, n. 1) : Τὰ δὲ πρὸς τὸν Ἀδὰμ εἰρημένα, ὅτι πᾶσι τοῖς ἐξ αὐτοῦ γεγεννημένοις εἴρηται, δῆλον ἐντεῦθεν. Καὶ γὰρ τὸν θάνατον ὥρισε μὲν Θεὸς κατ' ἐκείνου, Γῆ εἶ, καὶ εἰς γῆν ἀπελεύσῃ, εἰπών· πάντες δὲ οἱ ἐξ αὐτοῦ γεγονότες μετέσχον παραπλησίως ἐκείνῳ τοῦ πάθους. *Quod autem ea quæ Adamo dicta sunt, dicta sint omnibus ex eo oriundis, hinc perspicuum est. Etenim illum quidem morti addixit Deus,* ‹ *Terra es, et in terram reverteris* [44], › *dicens : sed omnes quotquot ab eo originem duxere, non secus ac ipse hujus calamitatis participes exstitere.* Cum hoc legis, *hinc perspicuum est*, credas sermonem haberi de re aliqua, quæ prius explicata sit : sed secus est. Etenim quod hic perspicuum esse dicitur, id tale esse postea probatur. Auctor paulo peritior, ut mihi quidem videtur, aut vocem ἐντεῦθεν, quæ hoc loco male auditur, omisisset, sicque satis apte omnia consonarent, et ita interpretari liceret, *Quod autem ea quæ Adamo dicta sunt, dicta sint omnibus ex eo oriundis, perspicuum est. Nam illum quidem,* etc.; aut si voce ἐντεῦθεν uti vellet, verba inter se connectere debebat, hoc modo, ἐντεῦθεν δῆλον, ὅτι τὸν θάνατον, etc., *hinc perspicuum est, quod illum quidem,* etc. Interpres vetus, cum videret verba Græca non belle inter se cohærere, ita verterat, quasi reipsa ita legisset, ut scribi debuisse dixi. Sic enim interpretatus fuerat, *Quod autem quæ Adæ dicta tum fuerint, ea omnibus etiam dicta sint qui ab eo sint oriundi, ex hoc liquido perspici potest, quod cum illum,* etc. Neque vero vox, *dicens,* concinne locata est (a), neque merito credi potest Basilius hac Scripturæ citandæ formula usus fuisse : qui scilicet, ut jam alii notarunt, unus omnium aptissime eam citaret. Ita rursus capite decimo tertio scriptum invenitur (pag. 558), Ὅτι δὲ καὶ τοῖς πραότητος ἐπιμελουμένοις πρέπει ἡ εὔκαιρος ἀγανάκτησις, δῆλον ἐντεῦθεν. Καὶ γὰρ Μωσῆς πραότατος πάντων ἀνθρώπων μαρτυρηθείς, etc. *Quod autem et eos qui mansuetudinem excolunt, deceat opportuna indignatio, hinc patet. Moses enim qui hominum omnium mansuetissimus fuisse perhibetur,* etc. Sic, ut jam notavi, loqui potuit vir indisertus Eustathius, non Basilius, oratorum præstantissimus. Nonnihil est, quod auctor de Paulo apostolo locuturus, ita scripsit (pag. 545) : Καὶ τούτου ἀξιοπιστότατόν σοι παρέξομαι μάρτυρα τὸν ἅγιον Παῦλον. *Atque hujus rei testem fide dignissimum tibi adducam, sanctum Paulum.* Etsi enim Basilius, ut jam alibi monui (b), sæpissime Paulum apostolum nominat, nusquam tamen, quod sciam, epitheto illo, ἅγιος, utitur. Et quoniam ejus loci mentionem feci, adnotabo quasi præteriens, negligentiam quamdam in iis, quæ retuli, verbis deprehendi, quæ, quantulacunque est, diligentissimo scriptori Basilio tribui nullo modo potest. Cum igitur ita auctor scripsisset, παρέξομαι μάρτυρα τὸν ἅγιον Παῦλον, prosecutus est hoc modo, πῇ μὲν λέγοντα· exspectas dum dicat πῇ δέ, sed frustra. Ubi enim πῇ δέ scriptum invenire debuisses, hujusce au-

---

[44] Genes. iii, 19.

(a) Erasmus in præf. edit. Basil.

(b) Præf. tom. I, n. 69.

ctoris (cap. 20, n. 3) indiligentia factum est, ut testati fuissent ejusmodi regulas, quas opus esse scriptum invenias, ἑτέρωθι δὲ πάλιν. Cum alibi ita lego, σύντομον τὴν ἀπόκρισιν παρεξόμεθα, ὅτι ὁ θεῖος Ἀπόστολος, etc., *Paucis respondebimus, hoc a divino Apostolo*, etc., non possum quin rursus notem hanc vocem, θεῖος, mihi videri in genuinis Basilii operibus inusitatam esse. Nec indignum arbitror quod notetur, multas voces in μα cadentes non raro in Constitutionum libro usurpari : quibus auctor non parum delectatus esse mihi videtur. Ejusmodi sunt vocabula hæc, σπούδασμα, ἄσκημα, ἐμπόρευμα, θησαύρισμα, ἀτόπημα, quibus tamen vocibus non video Basilium libenter uti. Animadverti etiam has voces ἐσπουδακὼς, ἐσπούδακε, διεσπούδακε, quæ rarissime apud Basilium leguntur, sæpissime in monasticis Constitutionibus usurpari. Denique universe dicam, si Constitutionum liber ad Basilium pertineret, fore, ut in eo aliquod saltem eloquentiæ Basilianæ atque eruditionis vestigium exstaret. Basilius enim vel invitus facunde et perite scribebat. Tales autem non esse Constitutiones monasticas, vel ex eo solo intelligitur, quod nemo ante Combefisium neque ob eloquentiam, neque ob eruditionem eas laudaverit. Imo ne ipse quidem Combefisius usquam ipsas laudavit ob facundiam. Quis autem præter Combefisium facile sibi persuadebit eruditum esse ejusmodi opus, ex quo eruditi, cum aut de moribus, aut de aliis quibusvis rebus scriberent, nihil unquam ad illustrandas suas sententias excerpsere. Et ut exemplo aliquo confirmetur quod dico, velim legatur eximium illud opus, quod homo doctrina præstans Matthæus Petitdidier adversus multos Ludovici Dupini errores conscripsit (*a*). Cum igitur is, quem dixi, vir eruditissimus multas Basilii sententias scitu dignissimas notaret, ut cætera Basilii scripta, ita genuina ipsius Ascetica sæpius citavit, sermonem *De judicio Dei*, brevem tractatum *De abdicatione rerum*, Regulas tam prolixiores quam breviores : et tamen ibi de monasticis Constitutionibus prorsus siletur.

47 bis. Aliud argumentum proponere libet. Rufinus cum Regulas interpretatus esset, easque Urseio abbati dedicare statuisset, ita eum in sua præfatione alloquitur (*b*) : *Tui sane sit officii, etiam aliis monasteriis exemplaria præbere : ut secundum instar Cappadociæ, omnia monasteria eisdem et non diversis vel institutis vel observationibus vivant.* Ex quibus patet illorum temporum monachos in Cappadocia regulis usos fuisse ad suam instituendam vitam. Nam instituta illa observationesque, quarum eo loco mentio fit, nihil aliud esse quam ipsas Regulas, ex ea, quam mox laudavi, Rufini præfatione constat. Quomodo autem, quæso, Cappadociæ, adeoque ipsius diœcesis Cæsariensis monachi ipsa Basilii ætate regulas sibi sequendas proposuissent, si earum auctor fuisset Eustathius? Quomodo non potius de-

cognovissent hominis, qui ut Arianis conjunctissimus et amicissimus, ita Basilio infensissimus ac inimicissimus erat? Futurum fuisse arbitror ego, ut monachi illi, qui Eustathium ducem habuissent, cum in cæteris Cappadociæ locis, tum maxime in diœcesi Cæsariensi lapidibus a populo obruti fuissent. Fateor quidem nihil vetare, quominus Eustathius, qui et ipse monachorum vitam imitabatur, paucos quosdam e discipulis suis habuerit monasticæ vitæ socios, qui ob simulatam et fidem et pietatem populum initio fefellerint : sed ab eo institutum fuisse in Cappadocia monachorum ordinem, eumdemque ibidem perseverasse potuisse post cognitam semel Eustathii in fide inconstantiam, et post apertam illius a Basilio alienationem, credibile non videtur. Par est igitur regulas, quibus, teste Rufino, monachi in Cappadocia regerentur, tribui non Eustathio, sed Basilio : quarum si Basilius semel opifex dicitur, Constitutionum monasticarum parens dici non potest, cum ut ex dictis satis liquet, utriusque operis non idem scriptor sit. Nemo ergo mirari debet, si Constitutionum librum tribuamus Eustathio, cum nihil fecerimus, quod non fecerint cæteri, qui Eustathio quoque ascripserunt quidquid in Asceticis non Basilianum esse sibi videbatur.

48. Ultimo loco Combefisii argumento contra ipsum Combefisium utar. Vir igitur doctissimus, cum probare vellet, Basilium Regularum auctorem non esse, ita ratiocinatus est : Auctor libellorum *De judicio Dei* et *De fide*, idem est, qui Regularum. Is autem qui libellum *De fide* conscripsit, vocem ὁμοούσιος in sua fidei explanatione de industria reticuit, ut mitiorum Arianorum gratiam sibi conciliaret : quod silentium cum cadere non possit in Basilium, qui consubstantialitatis et fidem et vocem semper palam defendit, necesse est ut cadat in Eustathium, qui cum Macedonianus esset, voce illa ὁμοούσιος uti recusabat. Ergo, inquit is, quem modo dixi, vir eruditissimus, dubitari merito non potest, quin Eustathius ut libellorum *De judicio Dei* et *De fide*, ita Regularum quoque legitimus parens sit. Ego autem facile quidem fatebor, eum qui libellos *De judicio Dei* et *De fide* composuit (*c*), alium non esse ab eo qui Regulas in lucem edidit, idque cæteros omnes pariter confessuros puto : sed aliud prorsus concludo. Itaque ita adversus Combefisium ratiocinari licet : Auctor libellorum *De judicio Dei* et *De fide*, idem est, qui Regularum : qui autem libellum *De fide* confecit, voce ὁμοούσιος in sua fidei explanatione usus est (tom. II, n. 4) : non igitur hæc fidei expositio tribui potest Eustathio, qui, quod a Macedonio stabat, voce illa ὁμοούσιος minime utebatur : at hæc ipsa fidei expositio, in qua vox ὁμοούσιος legitur, optime convenit in Basilium Magnum, qui vocem ὁμοούσιος privatim et publice acriter de-

---

(*a*) Tom. II, pag. 502 et seq.
(*b*) Cod. Regul. p. 97.

(*c*) Leg. n. 30 et seqq.

fendere semper gloriatus est. Rursus adversus eumdem Combefisium ita ratiocinari possumus : Regulæ eumdem auctorem habent, quem libelli *De judicio Dei* ac *De fide :* sed hic *De fide* libellus Eustathio ob eam, quam dixi, causam tribui non potest : nec ipsæ igitur Regulæ ei ascribi possunt, cum idem auctor, Combefisio fatente, et Regulas et hunc *De fide* libellum vulgarit. Sed, si neque libellus *De fide*, neque Regulæ ascribi possunt Eustathio, consequens est ut Basilio tribuantur, cum Basilius et Eustathius ita inter se Ascetica partiantur, ut quidquid in Asceticis ad alterum non pertinet, id ad alterum pertinere inter omnes constet. Nunc autem ad propositum ita revertamur, ut Eustathium Constitutionum monasticarum auctorem esse paucis ostendamus : quod factu facile est. Etenim si Basilius ut libelli *De fide*, ita Regularum auctor esse dicitur, alius Constitutionum librum scripserit necesse est, cum, ut sæpe dixi, multisque probavi, Regularum et Constitutionum non unus, sed duo auctores sint. Ex dictis autem liquet Basilium tam libellum *De fide* quam Regulas conscripsisse : non igitur Basilius, sed aliquis alius monasticarum Constitutionum auctor dicendus est. Eustathius autem solus est, cui merito tribui possint : quem videlicet hactenus eruditi omnes auctorem fecerunt eorum, quæ in Basilii Asceticis pro spuriis et adulterinis habita sunt. Et quando ex Combefisii argumento opis aliquid ad meam opinionem stabiliendam capere semel cœpi, ex eodem ipsam confirmare pergam. Etenim, si Combefisio, qui in illo *De fide* libello vocabulum ὁμοούσιος deesse falso putaverat, ita argumentari licuit : Opus in quo vox ὁμοούσιος tacetur, Eustathio convenit magis quam Basilio, non video cur nobis quoque ita argumentari non liceat : Opus in quo nomen ὁμοούσιος omittitur, Eustathio potius tribui debet quam Basilio : sed vocis ὁμοούσιος ne vestigium quidem in toto Constitutionum libro exstat; æquius est igitur ejusmodi librum Eustathio adjudicari, quam Basilio. Et ut hujus argumenti vis magis intelligatur, loca tria quæ maxime ad rem faciunt, hic exscribere non pigebit. Primum adducam e libello *De fide*, in quo ita legitur (pag. 228) : Οὕτω φρονοῦμεν, καὶ οὕτω βαπτίζομεν εἰς Τριάδα ὁμοούσιον. *Sic sentimus, sicque baptizamus in Trinitate consubstantiali.* Alia duo mutuabor e monasticis Constitutionibus (cap. 2, pag. 541), in quibus ita scriptum invenimus : Ἡνίκα μὲν γὰρ ἡ ψυχὴ τὸ ἑαυτῆς ἀνακινοῦσα νοερόν, τὸ φυσικῶς ἐγκατεσπαρμένον αὐτῇ παρὰ τῆς πεποιηκυίας αὐτὴν ἁγίας Τριάδος, βουλεύεται τά, etc. *Etenim animus quando sua intelligendi vi commota, quæ ei naturaliter a sancta Trinitate ipsius opifice insita est, de rebus deliberat,* etc. Et paucis interjectis sic persequitur : Τοῦτο μὲν εἰς ἁγίαν καὶ προσκυνητὴν Τριάδα, κατὰ τὸ ἑνόν, ἀτενὲς ἐνορῶσα, etc. *Hoc videlicet, quantum fieri potest, intentis animi oculis in sancta et adoranda Trinitate contuens,* etc. Vocem ὁμοούσιος videmus in libello *De fide* usurpatam, cum mentio habetur de sanctissima Trinitate : at in monasticis Constitutionibus bis quidem sanctissima Trinitas nominatur, sed tamen utroque loco vocabulum ὁμοούσιος prætermittitur. Varia autem illa scribendi ratio diversum scriptorem indicare merito videri potest : quorum primus erit Basilius, qui voce ὁμοούσιος unice delectabatur; alter erit Eustathius, qui aliorum Macedonianorum exemplo eam, quam dixi, vocem diligenter vitabat. Jam ad reliqua properabo, sed si prius celebrem Sozomeni locum, qui his disputationibus materiam dedit, explicare conatus fuero : quod ut felicius succedat, eum locum iterum oculis subjicere visum est, sed sic tamen ut verba Græca, quæ prius retuli (num. 27), hoc loco omittam. Ita igitur Sozomenus loquitur, lib. III, cap. 14 : *Apud Armenios vero et Paphlagonas, et accolas Ponti, Eustathius, Sebastiæ in Armenia episcopus, monasticæ conversationis auctor fuisse dicitur : et de arctioris vitæ disciplina, de cibis quibus utendum, aut a quibus abstinendum esset, de vestibus quibus uti oporteret, de moribus denique et exacta vivendi ratione præcepta tradidisse; adeo ut quidam affirment librum asceticum, qui Basilii Cappadocis nomine inscribitur, ab eo conscriptum fuisse.* Erant igitur olim, Sozomeno auctore, quorum judicio asceticus quidam liber, qui Basilii Cappadocis nomine conscriptus erat, ad Eustathium Sebastenum pertinebat. Puto autem Sozomenum nihil aliud nisi monasticarum Constitutionum librum indicare voluisse. Nec mirum cuiquam videbitur, librum qui Eustathii erat, nomine Basilii inscriptum fuisse, si meminerit multa scripta esse, quæ tam in vulgatis quam in veteribus libris sanctorum Patrum nomine inscribuntur, quæ tamen hodie ab eruditis hominibus in subdititiis et adulterinis poni videmus. Cum igitur Constitutionum monasticarum liber, qui Eustathii erat, Basilii nomine inscriptus fuit, nihil ei novi accidit : sed eamdem sortem habuit, quam multa alia scripta, quæ cum aliorum essent, aliorum tamen nominibus falso inscripta sunt. Ejus rei causas quærere, nihil ad me attinet : mihi satis est, si res ita sit, nec negari possit. Sed audire mihi videor qui conquerantur inmoratum me fuisse in probanda re non dubia, cum ostendere debuissem Sozomenum, cum ita locutus est : *Adeo ut quidam affirment librum asceticum, qui Basilii Cappadocis nomine inscribitur, ab eo [Eustathii] conscriptum fuisse,* nihil aliud his verbis significare voluisse, nisi solum Constitutionum monasticarum librum, quod ut maxime dubium, ita probatu difficillimum videri potest. Ego autem aliter sentio, idque arbitror non obscurum fore, si ea, quæ mox retuli, Sozomeni verba paulo diligentius legantur. Ibi enim solum mentio fit de arctioris vitæ disciplina, de cibis quibus utendum, aut a quibus abstinendum, de vestibus quibus uti oporteret, de moribus denique et exacta vivendi ratione : quibus verbis Constitutionum monasticarum liber tam perspicue indicatur, ut tantum non nominari videatur. Omnia enim quæ in illo Sozomeni loco leguntur, unice Constitutionum libro conveniunt, non autem Regulis, quas si Sozomenus designare voluisset, debuisset sane quod in his præcipuum est et singulare recensere : quod cum non fecerit, ne de ipsis quidem cogitasse putandus est. Nemo autem nescit, si quid eximium est et peculiare in Regulis, id situm esse in mira illa innumerorum Scripturæ testimoniorum collectione : quæ testimonia tam apte tamque concinne proferuntur, ut plurimæ atque gravissimæ cujuscunque generis quæstiones doctissime ac dilucidissime solvantur, difficillima Scripturæ loca explicentur breviter simul et perdiligenter, et ubique saluberrima utilissimaque præcepta ad componendos mores tradantur. Rufinus Cassianusque et Photius, cum de Regulis loquerentur, horum Scripturæ locorum meminerunt ; nec immerito, cum Basilii Regulæ non aliunde magis quam ex illis testimoniis ab aliorum asceticis distinguantur. (Vide infra num. 62, prope fin.) Qua igitur ratione potuisset Sozomenus de his testimoniis tacere, nec ullam mentionem facere eorum, quæ Regularum propria sunt, si ipsas eo, quem exscripsi, loco indicare sibi proposuisset ? Non igitur Sozomeni verba accipienda sunt de Regulis, ad quas apte referri non possunt, sed de Constitutionum monasticarum libro, ad quem optime accommodantur quæcunque Sozomenus hoc loco scripsit. Nunc autem quinam illi essent, qui asceticum illum librum nomine Basilii inscriptum Eustathio adjudicari oportere affirmarent, merito quæri potest. Fuisse arbitror illius ætatis eruditissimos quosque atque studiosissimos, qui, cum assidui essent in volvendis auctorum libris, fortasse antiqua quædam monasticarum Constitutionum exemplaria invenissent, in quibus pro Basilii nomine nomen Eustathii positum esset ; aut certe qui cognovissent ex styli dissimilitudine, ejusmodi opus ad Basilium pertinere non posse ; ob idque judicassent illud ascribi debere Eustathio, quem aliunde rescivissent scriptum aliquod asceticum in lucem edidisse. Nec enim res talis sine causa affirmari potuit. Alii vero, qui in legendis auctoribus minus versati essent, falsa libri inscriptione delusi, facile mera Eustathiana Basilio Magno ascripserunt. Sed fortasse dicet aliquis : Si qua olim exstitissent exemplaria, in quibus pro Basilii nomine nomen Eustathii scriptum esset, cur nulla ejusmodi exemplaria hodie in bibliothecis reperiuntur? Mihi verisimile fit, si quando tales libri exstiterint, librarios, qui male audire Eustathium viderent, vererenturque, ne, si illius nomen in iis, quæ exscribebant exemplaribus cerneretur, minoris libros suos venderent, propterea de industria nomen tam mali ominis prorsus rescidisse. Quid tandem sentiam de primis illis Sozomeni verbis, *Apud Armenios vero et Paphlagonas, et accolas Ponti, Eustathius, Sebastiæ in Armenia episcopus, monasticæ conversationis auctor fuisse dici-* tur, nunc aperiam. Mihi igitur satis probabile videtur, pauca quædam monasteria ab Eustathio constructa fuisse in Armenia, et, si quis ita velit, in Paphlagonia : in quibus Eustathiana vivendi norma ob viri malam famam non diu viguerit, et in quæ pro Eustathiano Basilianum institutum brevi introductum sit, ob magnam scilicet sanctissimi ac eruditissimi Patris apud omnes existimationem. Quod autem additur de accolis Ponti, id Rufinus, qui Basilii æqualis erat, falsum esse docet. Ita enim lib. II, cap. 9, loquitur : *Basilius Ponti urbes et rura circumiens, desides gentis illius animos et parum de spe futura sollicitos stimulare, verbis et prædicatione succendere, callumque ab his longæ negligentiæ cœpit abolere, subegitque, abjectis inanium rerum et sæcularium curis, suimet notitiam recipere; et in unum coire, monasteria construere, psalmis et hymnis et orationibus docuit vacare; pauperum curam gerere, eisque habitacula honesta, et quæ ad victum necessaria sunt præbere; virgines instituere, pudicam castamque vitam omnibus pene desiderabilem facere. Ita brevi permutata est totius provinciæ facies, ut in arido et squalenti campo videretur seges fecunda, ac læta vinea surrexisse.* Hoc idem confirmavit et Socrates, qui lib. IV, cap. 26, ita scripsit : Δεδιὼς γὰρ μή πως Ἀρειανὴ καινοτομία καὶ τὰς κατὰ τὸν Πόντον ἐπινεμηθῇ ἐπαρχίας, δρομαῖος ἐπὶ τὰ ἐκεῖ μέρη διέβαινε · ἐκεῖ τε ἀσκητήρια συστησάμενος, καὶ κατηχήσας τοὺς ἄνδρας ταῖς αὐτοῦ διδασκαλίαις, τοὺς σαλευομένους ἐστήριξε. *Veritus enim* [Basilius] *ne Ariani dogmatis novitas Ponti quoque provincias depasceretur, celeriter ad eas partes se contulit; cumque illic monasteria constituisset, et cunctos suis prædicationibus instituisset, nutantes eorum animos confirmavit.* Præterea que, si quis velit pauca quædam monasteria in Ponto etiam ab Eustathio instituta fuisse, quorum ipse jure auctor dictus sit, non pugnabo ego ; nec enim video quid inde nostra sententia lædi possit. Etenim non nego Eustathium monasteria aliqua hic illic initio instituere potuisse : sed dico, si res ita sit, mihi certissimum videri, Eustathianam illam vivendi normam in illis monasteriis parum diu viguisse, ob hominis odiosissimum nomen, eique Basilianam statim subrogatam fuisse, ob piissimi ac doctissimi scriptoris famam.

§ XI. *Pars octava, in qua de Epitimiis disputatur.*

49. Epitimia, de quibus disserere nunc aggredior, non eodem loco in editione Parisiensi leguntur : quod ita factum est, ut ea quæ vera ac germana esse putabantur, a falsis atque adulterinis secernerentur. Ego autem, qui de omnibus idem judicium tuli, omnia simul edenda esse censui : eo magis quod in uno codice Regio continenter legantur. Ordo quidem postulabat, ut prius de Epitimiis agerem quam de monasticis Constitutionibus, cum ea ante ipsas posuerim : sed quoniam argu-

menta, quibus usus sum partim in probandis Regulis, partim in repudiandis Constitutionibus, erant ejusmodi, ut alia ab aliis penderent, idcirco ea continua oratione proponere constitui ; verebar enim ne, si a se invicem divellerentur, ipsorum vis ac pondus minueretur. Hæc igitur causa fuit, cur in hunc locum Epitimia rejecerim. Ita autem sentit doctissimus vir Combefisius (*a*), ut omnia hæc Epitimia Basilii potius quam alterius esse putet : alii vero duntaxat eorum partem Basilio tribuunt. Quid autem de Epitimiis sentiam ipse, aperire non omittam. Sed, antequam rem aggrediar, existimavi, ne aliqua confusio suboriretur, Epitimia illa in tres classes dividenda esse. Prima, priora undecim nostræ editionis Epitimia complectetur : secunda, reliqua omnia ad usque sexagesimum : tertia comprehendet alterius generis Epitimia, quæ a nescio quibus ita inscripta sunt, Ἐπιτίμια εἰς τὰς κανονικάς, *Epitimia in canonicas*. Epitimia primæ et tertiæ classis tanquam genuina in Parisiensi editione posita sunt ante monasticas Constitutiones : at Epitimia secundæ, tanquam adulterina post ipsas rejecta sunt. His dictis, disputationem ingrediamur. Arbitror quidem Epitimia omnia supposititia esse atque adulterina, sed ita tamen, ut alia aliis pejora sint, majoresque ac evidentiores peregrinitatis notas præ se ferant. Ad quod genus referenda esse puto ea, quæ in secunda classe collocavimus : at primæ ac tertiæ classis Epitimia et ipsa quoque meo quidem judicio spuria sunt et peregrina : sed, ut dixi, minora νοθείας indicia præferunt. Incipiam ab Epitimiis primæ ac tertiæ classis ; postea de secunda classe disputabo. Primum ejusmodi Epitimiorum antiquus nullus scriptor mentionem unquam fecit : deinde in uno duntaxat aut altero veteri libro reperiuntur. Accedit, quod multa aut nove dicta sint, aut novo quodam modo accipiantur. Exempla, ut quidque occurret , proferam . Sic igitur in quarto primæ classis epitimio scriptum invenitur (pag. 527) : Εἴ τις ὑβρίζοι ἢ ἀντιλέγοι...... καὶ μὴ ὑπακούει μετὰ πάσης τῆς ἐν Χριστῷ χαρᾶς, ὡς πληροφορῶν αὐτόν, ubi verbum πληροφορεῖν sumi videtur pro eo, quod est, *nimium in se confidere*, et *in suo sensu abundare*, cum tamen apud Basilium pro *persuadere*, aut *certiorem facere* usurpari soleat (*b*). Verba quæ mox exscribam, sumpta sunt ex epitimio octavo ; ita autem ita legitur : Εἰ δὲ τούτων γινομένων ἀμελοίη τῆς ἑαυτοῦ σωτηρίας, χωριζέσθω ὁ τοιοῦτος τῆς συνοδίας παντελῶς· Μικρὰ γὰρ ζύμη ὅλον τὸ φύραμα ζυμοῖ, κατὰ τὸν εἰπόντα ἅγιον. *Quod si his factis neglexerit suam salutem, separetur prorsus qui est ejusmodi a communitate, nam* « *Modicum fermentum totam mas-*

A *sam corrumpit* [45], » *ut sanctus dixit :* ubi duo non Basiliana esse judico. Etsi enim Basilius passim sermonem instituit de communitate, seu de ipso fratrum conventu, nusquam tamen, ut jam monui (*c*), in Asceticis suis genuinis voce συνοδία usus est. Illud quoque, κατὰ τὸν εἰπόντα ἅγιον, adulterinum esse mihi videtur. Basilius enim, ubi citat apostolum Paulum, citat autem sæpissime, tamen nullo loco simpliciter dixit, ὁ ἅγιος. Imo etiam epithetum illud , ὁ ἅγιος , nusquam apud Basilium, ubi de Paulo apostolo sermo habetur, adhibitum fuisse invenitur. Et illud addere possim, quod Basilius cum testimonia quædam e Scriptura profert, scriptores sacros in fine periodi nominare non soleat. Ergo si horum Epitimiorum esset auctor , omissa voce ἅγιος, qua de Paulo loquens non utebatur, ita potius scripsisset, χωριζέσθω ὁ τοιοῦτος τῆς συνοδίας παντελῶς, κατὰ τὸν εἰπόντα, Μικρὰ ζύμη, etc., *separetur prorsus qui est ejusmodi a communitate, juxta eum qui dixit,* « *Modicum fermentum,* » etc. Nec prætereundum silentio, vocem συνοδία in epitimio undecimo repeti : quæ vocis insolitæ repetitio, horum Epitimiorum peregrinitatem magis ac magis indicat.

50. Hactenus de prima classe Epitimiorum : nunc de tertia disserendum. Et hic quoque paucis absolvam. Sane non video causam ullam, cur hujus classis Epitimia probarentur, cum priora prius repudiata sint ; nam de omnibus pariter siletur apud antiquos. Omnia in uno duntaxat aut altero veteri libro inveniuntur. Præterea cum oculos conjicio in epitimium secundum, mihi persuadere non queo ejusmodi Epitimia Basilii Magni esse. In eo autem ita legitur (pag. 530) : Ἡ βλασφημήσασά τινα τῶν πρεσβυτίδων τῶν πεπιστευμένων διατυποῦν τὰ ἐν τῷ ἀσκητηρίῳ, ἀφοριζέσθω ἑβδομάδα μίαν. *Quæ maledixit alicui ex sororibus quæ rebus asceterii regendis proponuntur, cæterarum privetur consortio hebdomadam unam*. Illud enim ἀσκητήριον insolite dictum est, nec usquam, opinor, ea voce in suis Asceticis genuinis usus est Basilius. Ita scriptum est epitimium decimum tertium, ut verborum ordo non parum displiceat. Sic autem legitur : Ἡ καταφρονητικῶς, μετὰ δῆθεν ἡσυχίας μὴ πληροῦσα τὸ ἐπίταγμα, ἀφοριζέσθω, etc., ad verbum : *Quæ contemptim, cum quiete videlicet non implet præceptum, cæterarum consortio privetur*, etc. Ubi vocula μὴ posita est loco non suo. Sic enim potius scribi oportuisset : Ἡ καταφρονητικῶς, μὴ δῆθεν μετὰ ἡσυχίας πληροῦσα τὸ ἐπίταγμα, etc., quod ad verbum ita interpretari licuisset : *Quæ contemptim, non autem quiete et silentio implet præceptum*, etc.; atque hoc pacto vox quælibet tam Græce quam Latine locum suum obtinuisset. Nec magis placet quod in epitimio decimo septimo legitur, in quo ita

---

[45] Galat. v, 9.

(*a*) *Basil. recens.* tom. II, pag. 225.
(*b*) Lege n. 38.

(*c*) Num. 32.

scriptum est : Ἡ μετὰ τὴν ἀπόλυσιν τῶν συνάξεων ὁμιλοῦσά τινι τῶν ἔξω γυναικῶν, ἀφοριζέσθω, etc. *Quæ post absolutas synaxes cum aliqua externa muliere confabulabatur, separetur,* etc. Illud enim, τῶν συνάξεων, præter Basilii consuetudinem positum est : qui etsi communionis sacræ crebro mentionem facit, nusquam tamen, quod quidem sciam, voce σύναξις utitur.

51. Quod jam ad Epitimia secundæ classis attinet, talia sunt, ut mirum sit eruditissimum virum Combefisium ejusmodi Epitimia pro veris ac germanis agnovisse, aut certe in eam opinionem valde propendisse. Cum enim dixisset Epitimia, quæ in Parisiensi editione diversis locis posita sunt, in suo veteri libro continenter legi, sic loquitur (*a*) : *Mazarini codex omnia simul complexus est, eidemque ascripsit vero aut existimato Basilio : ac potius vero, subnectens iis opusculis quæ communiter in Basilii Magni genuinis numerantur.* Et vero quot sunt voces in hac Epitimiorum classe, tot sunt fere peregrinitatis notæ : quod ex eorum lectione facile a quovis cognosci potest. Hic monere volo, hujus secundæ classis epitimium primum in nostra editione duodecimum esse. In eo autem ita legitur (pag. 527): Εἴ τις ἐξέλθοι τοῦ μοναστηρίου, μὴ λαβὼν εὐλογίαν ἢ ἀπολυθεὶς ὑπὸ τοῦ ἀρχιμανδρίτου μετὰ εὐχῆς, ἔστω ἀκοινώνητος. *Si quis egrediatur e monasterio non accepta benedictione, aut non dimissus ab archimandrita cum precatione, a cæteris sejungatur.* Certe præstare ausim, duas has voces, μοναστήριον et ἀρχιμανδρίτης, quæ non hic solum, sed in aliis etiam epitimiis sæpe leguntur, nusquam apud Basilium reperiri. Addere possim et alia vocabula non pauca in iisdem illis Epitimiis passim occurrere, quæ si non omnia, at pleraque tamen minus adhuc Basiliana esse videbuntur. Qualia sunt hæc, ἀρχικουνίτις, κούνιον, ἀπευλογίας, μαφόριον, ὁρδίνος, ἡσυχαστής, ὁστιάριον, ἀρχιεβδομαδάριος, quæ voces cum aut Latinæ sint, aut valde insolitæ, novi aliquid simul et peregrini manifeste indicant. Et vero si Caroli Cangii *Glossarium Græcum* legatur, ibi horum Epitimiorum non minimam partem e veteri quodam Pœnitentiali Græco citatam intueri licebit. Ejus quam dixi rei exempla duo e voce ἡσυχαστής proferam : si cui libuerit videre plura, alias quas modo notavi voces in ipso *Glossario* quærere poterit ; hacque brevi ac facili via inveniet quod quærit. In eo igitur *Glossario* ita scriptum est, ubi vocis ἡσυχαστής declaratio traditur : Εἴ τις εὑρεθῇ λαλῶν εἰς τὰ κελλία, ἐκτὸς τῶν ἐνοικούντων αὐτά, ἢ τῶν ἡσυχαστῶν, γενέσθω ἀπευλογίας. Rursus : Εἴ τις περισσῶς, μετὰ τὴν ἐπίσκεψιν τὴν μετὰ τὰ ὀρθρινά, εἰσέρχεται εἰς τὸ νοσοκομεῖον, ἐκτὸς τῶν ἡσυχαστῶν καὶ τῶν τὴν φροντίδα ἐγκεχειρισμένων, γενέσθω ἀπευλογίας. Horum autem epi-

timiorum primum, in nostra editione quadragesimum quartum est ; secundum, quartum et quinquagesimum. Ex quibus satis intelligitur ejusmodi Epitimia non Basilio, sed recentiori cuipiam scriptori tribuenda esse.

§ XI. *Pars nona, ubi expenduntur opuscula duo, quæ Combefisius non ita pridem in suo* Basilio recensito *pro novis ac genuinis edidit.*

52. Horum opusculorum primum ita exorditur (*b*) : Τοῦ Κυρίου ἡμῶν Ἰησοῦ Χριστοῦ προστάσσοντος· Ὃ λέγω ὑμῖν ἐν τῇ σκοτίᾳ, εἴπατε ἐν τῷ φωτί· καὶ ὃ πρὸς τὸ οὖς ἠκούσατε, κηρύξατε ἐπὶ τῶν δωμάτων· καὶ τοῦ Ἀποστόλου, τῆς σιωπῆς τὸ κρῖμα φοβερὸν δεικνύντος, etc. *Cum Dominus noster Jesus Christus præcipiat :* « *Quod vobis dico in tenebris, dicite in luce ; et quod auditis in ore, prædicate super tecta* 46 *;* » *Apostolus item silentii tremendum judicium ostendens,* etc. Ita autem desinit : Ἵνα πληρωθῇ ἐν ὑμῖν τὸ ὑπὸ τοῦ Ἀποστόλου εἰρημένον, ὅτι Ταῦτα παράθου πιστοῖς ἀνθρώποις, οἵτινες ἱκανοὶ ἔσονται καὶ ἑτέρους διδάξαι· *quo in vobis impleatur illud Apostoli :* « *Hæc commenda fidelibus hominibus, qui et alios docere erunt idonei* 47. » Hic quæstio est, fueritne hoc opusculum conscriptum ab eo, qui Asceticum, quod vocant, in lucem edidit, an ab aliquo, qui Ascetici auctor falso haberi voluerit. Meminisse autem juvat, non intelligi proprie Ascetici nomine omnia scripta ascetica, sed duntaxat libellos *De judicio* ac *De fide*, Moralia et Regulas tam breviores quam longiores. Ex quo fit, ut si hæc lucubratiuncula vera sit et genuina, necessario aut Basilio tribuenda sit, aut Eustathio, cum alteruter Asceticum eo quem dixi modo acceptum vulgasse ab omnibus credatur. Combefisius nullo modo dubitat quin hæc lucubratiuncula vera sit ac germana : Tillemontius (*c*) vero eam quidem pro vera habuit, sed ita tamen, ut non obscure indicaret se non longe abesse ab eorum opinione, qui aliter sentirent. Ait enim se in ipsa parum et igniculorum et elegantiæ Basilii vidisse. Ego autem non dicam videre me in hoc opusculo parum Basiliani styli : sed affirmabo potius me nihil omnino in eo invenire, quod tanti viri phrasim vel paululum sapiat. Sermo humilis est et abjectus : verborum constructio in aliquibus locis nulla : sententiæ obscuræ. Sermonem abjectum esse et humilem, nemo, opinor, homo, qui hoc epistolium legerit, inficiabitur. Imo etiam id ita esse, ex eis quæ mox exscribam fragmentis facile a quovis intelligi poterit. Jam unum aut alterum locum proferam, ut verborum constructionem alicubi nullam esse probem. Ita igitur auctor scripsit : Προσθήσεται δέ μοι τὸ κρῖμα, πρῶτον μὲν τὴν αἰτίαν καὶ τὸν κίνδυνον τῆς τοσαύτης τῶν Ἐξ-

---

46 Matth. x, 27.   47 II Tim. ii, 2.

(*a*) *Basil. recens.* t. II, p. 225.
(*b*) Ibid. pag. 99.

(*c*) Tom. IX, pag 634.

κλησιῶν τοῦ Θεοῦ καὶ ἑκάστου πρὸς (a) τὸ ἔργον
διαφωνίας τε καὶ διαστάσεως· δεύτερον, τὰς ἐκ τῆς
θεοπνεύστου Γραφῆς ἀποδείξεις περὶ τοῦ πᾶσαν
παράβασιν ἐντολῆς Θεοῦ σφοδρῶς καὶ φοβερῶς ἐκδι-
κήσαντος· ὥστε, etc. Quæ verba sic Latine reddidit
Combefisius : *Hinc vero ejusce rei rationem adjungam ;
primum quidem quæ causa sit, quodve periculum
tantæ Ecclesiarum Dei ac cujusque rebus agendis
dissonantiæ ac dissensionis ; tum deinde certas ex
divina Scriptura probationes ac rationes, quibus conficitur, in omnem Deum mandati transgressionem
acri treinendaque districtione animadvertere, ut,* etc.
Illud, πρῶτον μὲν τήν, etc., verbo caret : quod judicium ferendum est quoque de illo, δεύτερον, τὰς
ἐκ τῆς Θεοπνεύστου.... φοβερῶς ἐκδικήσαντος. Scio
quidem aliquid ab homine docto suppleri posse :
sed nemo non videt ellipsim hoc loco et violentam
esse, et a Basilii perspicuitate alienam. Ab his non
multum abludit quod sequitur : Μετὰ ταῦτα περιέξει τὴν εὐσεβῆ τοῦ Θεοῦ καὶ Πατρὸς, καὶ τοῦ μονογενοῦς Υἱοῦ αὐτοῦ καὶ Θεοῦ, καὶ τοῦ ἁγίου Πνεύματος ὁμολογίαν· Ἔπειτα, etc. Ad verbum : *Postea piam de Deo ac Patre, unigenitoque ejus Filio
ac Deo, et Spiritu sancto confessionem complectetur : tumque,* etc. Hactenus nulla mentio facta
est de ullo scripto, quod ad rem pertineat : et
tamen auctor, quasi nominativus ex superioribus suppleri posset ac deberet, sic incipit, μετὰ
ταῦτα περιέξει τήν, etc. Scriptor paulo diligentior ita locutus fuisset : Μετὰ ταῦτα ἡ ἄλλη βίβλος
περιέξει τήν, etc. *Postea alius libellus complectetur,* etc. Sub finem cum auctor sermonem instituisset de Moralibus, ita persecutus est : Ἐν οἷς τό
τε ἀπηκριβωμένον καὶ ἀκριβῶς κεκαθαρμένον τῆς
πολιτείας διαφανήσεται· καὶ τὸ, ἵν' οὕτως εἴπω,
ἀξίωμα τῶν ἐνταῦθα παρεπόντων ἐκλάμψει, quem
locum idem Combefisius ita interpretatus est : *In
quibus exacta atque exacte depurgata disciplinæ ratio elucescet ; eorumque, ut sic dicam, qui hic discipuli sequuntur, dignitas persplendescet.* Ubi in ultimis
verbis Græcis obscuri aliquid deprehendo. Illud
enim καὶ τὸ, ἵν' οὕτως εἴπω, ἀξίωμα τῶν ἐνταῦθα
παρεπόντων ἐκλάμψει, ita simpliciter dictum non
satis perspicuum videtur, et, nisi vox aliqua suppleatur, vix intelligi potest. Ad verbum, *eorumque
ut ita dicam, qui hic sequuntur, dignitas splendescet.*
Combefisius, ut ex ejus interpretatione liquet, vocem μαθητῶν supplevit : quod non fecisset, nisi
credidisset verba Græca per se obscura esse, ob
idque, ut intelligerentur, aliquid necessario suppleri debere. Notandum præterea id quod maxime
ad rem facit, hoc opusculum vere epistolam esse.
Ita enim auctor loquitur : Ἀναγκαῖον ἐνόμισα γρά-
ψαι πρὸς τὴν πάντων ὑμῶν ἐν Χριστῷ ἀγάπην, etc.
Necessarium putavi, ut ad vestram omnium in Christo

charitatem scriberem, etc. Velim igitur, si quis adhuc dubitet hæreatque, hanc epistolam cum genuinis Basilii Epistolis comparet, statimque, nisi
valde fallor, animadvertet eam ab illis et perspicuitate, et elegantia, et urbanitate, et, ut verbo dicam,
toto scribendi genere prorsus differre. Certe cum
ita lego ipso initio : Τοῦ Κυρίου ἡμῶν Ἰησοῦ Χριστοῦ προστάσσοντος· "Ὃ λέγω ὑμῖν.... καὶ τοῦ
Ἀποστόλου τῆς σιωπῆς τὸ κρίμα φοβερὸν δεικνύντος,
δι' ὧν φησι πρὸς τοὺς Ἐφεσίων πρεσβυτέρους· Δια-
μαρτύρομαι ὑμῖν τῇ σήμερον ἡμέρᾳ, etc. *Cum
Dominus noster Jesus Christus præcipiat : « Quod
vobis dico.... » Apostolus autem silentii tremendum
judicium ostendat, dum sic Ephesiorum presbyteros
alloquitur, « Contestor vos hodie* [49],*»* etc.; mihi quidem facile persuadeo hoc epistolium scriptum
fuisse ab aliquo, qui Basilii Regulas diligenter
legisset (nam in illis ita fere aliquando loquitur
Basilius) : sed puto hunc hominem, quisquis est,
nunquam ejusdem Basilii Epistolas legisse, aut
certe eas imitari non potuisse. Nullam enim Basilii epistolam esse, quæ hoc vel simili modo incipiat, Τοῦ Κυρίου ἡμῶν Ἰησοῦ Χριστοῦ προστάσσον-
τος.... καὶ τοῦ Ἀποστόλου, etc., affirmare ausim.
Et quidem in indice Græco Basilianarum Epistolarum qui ad calcem editionis Parisiensis locatus
est, nihil tale invenio.

53. Nunc conjecturam quamdam meam de hoc
epistolio proponere libitum est : sed si prius monuero, hoc idem epistolium, quod pro novo Combefisius edidit, jampridem in Veneta editione vulgatum fuisse. Suspicor igitur has litterulas antiquas
non esse, sed longe post Basilii ætatem ex Photii
Bibliotheca effictas fuisse et expressas. Qua de re
ut cuique existimare liceat, utriusque scriptoris
verba subjiciam. Ita igitur Photius loquitur (b) : Ὁ
μὲν οὖν πρῶτος αὐτῷ λόγος διεξέρχεται, τίς ἡ αἰτία
καὶ ὁ κίνδυνος τῆς τοσαύτης τῶν Ἐκκλησιῶν τοῦ
Θεοῦ καὶ ἑκάστου πρὸς τὸν ἕτερον διαφωνίας τε καὶ
διαστάσεως, ὅτι πάσης ἐντολῆς Θεοῦ παράβασις σφοδρῶς καὶ φοβερῶς ἐκδικεῖται· καὶ ἡ ἀπόδειξις ἐκ τῶν Γραφῶν· τρίτον, περὶ τῆς εὐσεβοῦς
πίστεως ἡμῶν, ἤτοι τῆς εἰς τὴν ὑπεραγίαν Τριάδα
καθαρᾶς ἡμῶν καὶ εἰλικρινοῦς ὁμολογίας. Ὁ δεύτερος οἷον χαρακτῆρα Χριστιανοῦ κεφαλαιώδη καὶ
σύντομον παρατίθεται, καὶ χαρακτῆρα πάλιν παραπλήσιον τῶν προεστώτων τοῦ λόγου. Εἶτα, etc. *Igitur
primus ejus liber continet, quæ sit causa, quantumque
periculum hujusmodi cum Ecclesiarum Dei, tum singulorum hominum inter ipsos dissensionis atque dissidii : deinde, quod omnis præcepti divini transgressio
vehementer ac terribiliter punitur, idque e Scripturis
sacris demonstratum : tertio, de fide nostra catholica, sive de pura nostra et sincera confessione sanctissimæ Trinitatis. Liber vero secundus, Christiani*

[49] Act. xx, 26.

(a) Ita apud Combef.   (b) Cod. cxci, pag. 494.

hominis quamdam veluti descriptionem per summa capita breviterque exponit: similemque rursum descriptionem eorum, qui docendo Evangelio præfecti sunt. Deinde, etc. Ita autem in epistolio scriptum est: Προσθήσεται δέ μοι τὸ κρίμα, πρῶτον μὲν τὴν αἰτίαν καὶ τὸν κίνδυνον τῆς τοσαύτης τῶν Ἐκκλησιῶν τοῦ Θεοῦ, καὶ ἑκάστου πρὸς (a) τὸν ἕτερον διαφωνίας τε καὶ διαστάσεως· δεύτερον, τὰς ἐκ τῆς θεοπνεύστου Γραφῆς ἀποδείξεις περὶ τοῦ πᾶσαν παράβασιν ἐντολῆς Θεοῦ σφοδρῶς ἐκδικήσαντος.... Μετὰ ταῦτα περιέξει τὴν εὐσεβῆ τοῦ Θεοῦ καὶ Πατρὸς, καὶ τοῦ μονογενοῦς Υἱοῦ αὐτοῦ καὶ Θεοῦ, καὶ τοῦ ἁγίου Πνεύματος ὁμολογίαν.... ἐπὶ τούτοις οἱονεὶ χαρακτῆρα Χριστιανοῦ κεφαλαιώδη καὶ σύντομον ὅρου τύπον ἔχοντα πειράσεται δοῦναι ἡμῖν ἐκ τῶν ἁγίων Γραφῶν ὁ λόγος, καὶ χαρακτῆρα πάλιν παραπλήσιον τῶν προεστώτων τοῦ λόγου, etc. Hinc vero ejusque rei ratione adjungam, primum quidem quæ causa sit, quodve periculum tantæ Ecclesiarum Dei et alterius cum altero dissensionis atque dissidii; tum deinde certas ex divina Scriptura probationes ac rationes, quibus conficitur in omnem Deum mandati transgressionem acri tremendaque districtione animadvertere.... Ad hæc, piam de Deo ac Patre, unigenitoque ejus Filio ac Deo, nec non Spiritu sancto confessionem liber complectetur.... ac præterea, compendiosum brevemque velut characterem hominis Christiani, definitionis forma ex Scripturis sacris conabitur dare; affinemque rursus characterem præpositorum sermonis, etc. Velim igitur utriusque scriptoris verba inter se conferantur: quod si quis fecerit, animadvertet easdem voces utroque in loco hic illic adhiberi, quales sunt, αἰτία, κίνδυνος, Γραφή, ἀπόδειξις, παράβασις, ἐντολή, σφοδρῶς, φοβερῶς, ἐκδικεῖν, ob idque fortasse suspicari incipiet, hunc vel illum scriptorem plagiarium fuisse. Sed si paulo attentius consideraverit tum illud, τῆς τοσαύτης τῶν Ἐκκλησιῶν τοῦ Θεοῦ, καὶ ἑκάστου πρὸς τὸν ἕτερον διαφωνίας τε καὶ διαστάσεως (ita enim plane legendum est, ut in Veneta editione, non πρὸς τὸ ἔργον ut apud Combefisium), tum illud, οἱονεὶ χαρακτῆρα Χριστιανοῦ κεφαλαιώδη καὶ σύντομον.... καὶ χαρακτῆρα πάλιν παραπλήσιον τῶν προεστώτων τοῦ λόγου, facile, opinor, sibi persuadebit, alterum ab altero nonnulla aperte ad verbum sumpsisse. Cui autem verisimile fiet, doctissimum virum Photium, eumdemque scribendi peritissimum, a nescio quo non pauca ad verbum mutuatum fuisse? quod eo minus probabile videbitur, quia hoc epistolium pessime conscriptum est. Reliquum est igitur, ut epistolii scriptor plagiarius fuisse dicatur. Sed fortasse quæret aliquis, quo consilio scriptum fuerit hoc epistolium. Puto hominem cætera simplicem et bonum, qui Ἀσκητικόν a nonnullis ob Sozomeni locum Eustathio tribui videret, tentare voluisse, si epistola sua pro vera Basilii epistola haberi posset, sicque illud consequeretur, ut omnes tandem Basilium ejus quod modo dixi scripti auctorem esse uno ore confiterentur. Pauca, nisi actum agere velim, de altero Combefisii opusculo dicam. Nam et ipsum quoque jamdudum in editione Parisiensi vulgatum est, sed ita tamen, ut ibi aliter, aliter apud Combefisium inscriptum sit. Ita enim in editione Parisiensi inscribitur: Ὁμιλία ΛΑ΄. Λόγος περὶ τοῦ αὐτεξουσίου. Homilia XXXI. De libero arbitrio sermo: apud Combefisium vero (b), hoc modo, Τοῦ αὐτοῦ πρόλογος ἀσκητικός. Basilii Magni prologus asceticus. Combefisium, qui ut cæteras, ita hanc ipsam homiliam tricesimam primam in suo Basilio recensito aliquibus locis emendaverat, fallere potuit inscriptionis varietas: ut ut hæc sunt, nihil hic dicendum de hoc opusculo Combefisiano arbitramur, cum illud jam in antecessum, ubi nobis de eadem illa oratione tricesima prima sermo erat, in spuriis atque adulterinis posuerimus (c). Hic tandem disputationibus asceticis clausulam imponam, si prius hoc unum addidero, primum libellum a Combefisio e duobus libris veteribus Regiis, alterum ex uno itidem Regio editum fuisse (d).

§ XII. *Basilione tribuendi sint duo* De baptismo *libri, necne.*

54. Quod ait doctissimus vir Ludovicus Dupinus (e), duos hos De baptismo libros nusquam apud antiquos laudari, eo nihil verius dici potuit; sed quod addidit, eosdem a nemine in dubium revocari, id non vere dictum fuisse constat. Combefisius enim suspectos ipsos habuit: cujus verba referre non pigebit (f). Vir igitur eruditissimus cum in his libris adverbia quædam animadvertisset, qualia sunt, ὁριστικῶς, πολυτρόπως, ἐντρεπτικώτερον, φανερῶς, et alia ejusdem generis multa, ita locutus est: *Affectatior quam soleat hisce adverbiis Basilius toto hoc opere, nec sui simillimus, nativaque puritate gratus; ac, num quæ inde* Ἀσκητικόν *suspicio pulsare animum possit? Lector videat, deque toto dicendi charactere austerioriqne doctrina conjecturam ducat.* Tillemontius, vir peritissimus idemque diligentissimus, viderat quidem hunc Combefisii locum: sed non propterea vulgatam opinionem repudiavit. Imo etiam ait se criticis illis Combefisii notis in sua sententia magis ac magis confirmari. Sed ut hæc melius intelligantur, rem altius petam. Meminisse ergo juvat, Combefisium Ἀσκητικόν, quod vocant, non Basilio, sed Eustathio Sebasteno tribuere, atque inter cætera argumenta, quibus vir doctus ad defendendam suam opinionem utitur, hoc quoque reperiri, quod Ascetici scriptor ita Scripturam citat ut adverbia quædam præponat, qualia sunt, ὁριστικῶς, σαφῶς, ἀποφαντικῶς, et eodem de genere alia: qui adverbiorum usus in aliis Basilii scriptis nullus est. Cum

---

(a) Ita in edit. Ven.
(b) *Basil. recens.*, tom. II, pag. 107.
(c) Lege Præf. § 8.

(d) *Basil. recens.*, tom. II, pag. 97 et 107.
(e) Tom. II, pag. 540.
(f) *Basil. recens.*, tom. I, pag. 241.

igitur Combefisius (a) similia adverbia tam in Ascetico quam in his *De baptismo* libris inspergi videret, suspicatus est utrumque opus ad eumdem auctorem pertinere, hoc est ad Eustathium Sebastenum, quem, ut modo dixi, Ascetici auctorem facit. Tillemontius autem, qui et ipse quoque ea de quibus agitur adverbia et in Ascetico et in duobus illis *De baptismo* libris animadvertit, inde quidem pariter collegit, utriusque operis eumdem auctorem esse : sed quoniam semel Asceticum Basilio adscripserat, eidem etiam et hos *De baptismo* libros adjudicare necesse habuit. Nec ego negabo doctissimos viros Combefisium et Tillemontium congruenter suis principiis convenienterque judicasse, viderique primo aspectu argumento satis probabili ad tuendam suam opinionem niti. Cum enim ejusdem generis adverbia non pauca tam in Ascetico quam in controversis istis *De baptismo* libris inveniri constet; certe, nisi attentiores simus, eo animus inclinabit, ut utrumque opus uni et eidem scriptori tribuamus. Sed tamen si quis ea de quibus disputatur scripta paulo attentius legerit, id quod dixi argumentum nullius momenti aut ponderis esse facile, opinor, fatebitur. Non enim omnia adverbia illa semper eodem sensu accipiuntur in utroque opere. Cum enim illud, ὁριστικῶς, semper in Ascetico pro eo quod est, *modo decretorio loqui*, sumatur, tamen in his *De baptismo* libris aliquando tam diverse usurpatur, ut ipsa diversitas diversum auctorem non obscure indicet. Nimirum ibi nonnunquam pro eo quod est, *strictim ac compressius dicere*, accipitur. Neque vero ejus interpretationis auctor ego sum, sed Combefisius ipse (*b*), qui de illis qui nunc in controversiam vocantur libris, deque eorum auctore loquens, ita scripsit : Ὁριστικῶς passim vocat, *quasi indicative strictimque jubendo*. Sicque quod ait, ὁριστικῶς καὶ πολυτρόπως erit, *tum indicando strictimque tradendo doctrinam, tum varie explicando*. Præterea alicubi monui, ejusmodi adverbia, quæ in Ascetico leguntur, non ita multum, si operis prolixitas consideretur, frequentia esse, cum tamen in his *De baptismo* libris tam frequenter usurpentur (*c*), ut sæpe non minus eorum copia quam vocum novitate atque insolentia moveri nausea possit. Quod igitur pro firmo argumento attulerunt ii quos dixi viri eruditissimi, aut nihil, aut parum ad suam tuendam opinionem valet. Sed ne quid dissimulare videar, ingenue fatebor aliud argumentum proponi posse, cui respondere difficillimum sit, et ejusmodi, ut iis qui ad judicandum aliqua styli similitudine contenti sunt, validissimum videri possit. Constat hanc dicendi formulam, ἡ πρὸς Θεὸν εὐαρέστησις, Ascetici auctori non parum familiarem esse : cujus rei duo aut tria exempla proferam, plura prolaturus, si opinionem

[50] 1 Cor. xii, 16.

(*a*) Tom. II, pag. 124. 162.
(*b*) Basil. recens. tom. I, pag. 240.

eorum, qui Asceticum et duos hos *De baptismo* libros eidem scriptori tribuunt, sequi vellem. Ita igitur in Regulis brevioribus scriptum est (reg. 175) : Καὶ ἐὰν δοξάζηται ἓν μέλος, κατὰ σκοπόν, δηλονότι τῆς πρὸς Θεὸν εὐαρεστήσεως, συγχαίρει πάντα τὰ μέλη, « *Et si gloria afficitur unum membrum,* » *ex consilio videlicet placendi Deo*, « *congaudent omnia membra* [50]. » Et paulo post scriptor ita locutus est (reg. 179) : Ἐὰν ἄρα δυσωπηθεὶς τὴν τοῦ Θεοῦ χρηστότητα, προτραπῇ εἰς ἐπιμέλειαν τῆς πρὸς αὐτὸν εὐαρεστήσεως, etc. *Si forte bonitatem Dei reveritus, hincque exstimulatus, studeat ei complacere*, etc. Nec ita multo infra sic legitur (reg. 187) : Ὅταν ἀμετεωρίστῳ καὶ τεταμένῃ ἐπιθυμίᾳ τῆς πρὸς Θεὸν εὐαρεστήσεως, etc. *Tum cum assiduo ac vehementi desiderio placendi Deo*, etc. Nunc totidem exempla e duobus *De baptismo* libris subjiciam. Hæc sunt igitur scriptoris verba (lib. 1, c. 1, n. 1) : Κατὰ σκοπὸν τῆς πρὸς Θεὸν εὐαρεστήσεως, *juxta propositum placendi Deo*. Rursus ita loquitur (lib. 1, c. 2, n. 17) : Δύναμις τῆς πρὸς Θεὸν εὐαρεστήσεως, δικαιοσύνης δωρεά, etc. *Virtus qua graii efficimur Deo et accepti, justitiæ donum*, etc. Et alio loco sic scriptum invenitur : Τὰ μὲν νόσον θεραπεύοντα, τὰ δὲ προκοπὴν ἐμποιοῦντα πρὸς τελείωσιν ἄγουσαν τῆς πρὸς Θεὸν εὐαρεστήσεως, etc. *Partim morbum curantia, partim afferentia talem profectum, quo ad perfecte Deo placendum deducamur*, etc. Certe ex his et similibus locis, quæ in ipsis fontibus legi possunt, satis probabiliter effici videtur, Asceticum et controversos hos *De baptismo* libros ad eumdem auctorem pertinere. Quoniam tamen hoc fortasse aliquibus leve videbitur, aliud exemplum proferam, quod ab hominibus, qui cæteroquin non ita multum creduli sint, pro demonstrativo haberi queat. Patet ex dictis, Ascetici auctorem hac dicendi formula, cum voces aut πληροφορία aut πληροφορεῖν ad integram quamdam persuasionem significandam adhibentur, ita delectari, ut nullo alio magis delectetur; neque hic ejus rei exemplum ullum, cum multa superius retulerimus (*d*), ponere necesse est. Constat autem idem loquendi genus in duobus quoque *De baptismo* libris tam frequenter usurpatum inveniri, ut in ipsis etiam passim occurrat. Sed ne falso dictum id fuisse videatur, exempla multa aut proferam, aut certe indicabo. Ita igitur auctor scripsit (lib. 1, c. 1, n. 5) : Στοχαζόμενος δὲ τῆς ἡμετέρας ἀσθενείας, καὶ δι' ὑποδειγμάτων ηὐδόκησε βεβαιῶσαι ἡμῶν τὰς καρδίας ἐν πληροφορίᾳ τῆς ἀληθείας. *Cæterum considerata imbecillitate nostra, etiam per exempla voluit animum nostrum in veritatis certa persuasione confirmare*. Haud longe ita (lib. 1, c. 2, n. 1) locutus est : Πλὴν δὲ καὶ βεβαιότερον ἐκ τῆς περὶ τῶν ἱερέων καὶ τῶν προσφερομένων ζώων εἰς

(*c*) Nova ed. t. II, p. 625. Lege n. 43.
(*d*) Leg. n. 58.

Θυσίαν ἀκριβολογίας ἐστι πληροφορηθῆναι. Sed tamen firmius etiam ejus rei ex sacerdotum et animalium sacrificandorum accurata consideratione convinci possumus. Rursus ita scripsit (lib. ι, c. 2, n. 10) : Ἐν πληροφορίᾳ τῆς ἀληθείας, etc., *in indubitata veritatis persuasione*, etc. Ita quoque legitur alio loco (lib. ι, c. 2, n. 13) : Ὅπερ ἐν πληροφορίᾳ ἀληθείας δι' ἐπιμελείας σπουδαιοτέρας φυλάσσοντες, etc. *Quod si in veritatis certa persuasione diligentius servaverimus*, etc. Plura qui volent, legere poterunt caput 2, lib. ι, num. 14 et 15, ubi earum quas dixi vocum duo exempla reperiuntur : item caput 3 ejusdem libri, num. 1, item quæst. 6, lib. ιι, num. 1, item quæst. 8, num. 1 et 9. Jam ita argumentari licet : Si quando quasdam dicendi formulas quæ quodammodo singulares videri possint, in duobus operibus sæpius inveniri contigerit, fere fit ut utrumque opus eidem scriptori tribuatur. Cum igitur id loquendi genus, quo voces aut πληροφορεῖν aut πληροφορία in significatione integræ cujusdam persuasionis ponuntur, quodammodo singulare sit, idemque tam in Ascetico quam in duobus *De baptismo* libris passim occurrat, consequens esse videtur, ut utriusque operis idem auctor esse dicatur. Sed, ut jam commonui (*a*), ejusmodi argumenta e quadam styli similitudine petita non tantum valent, quantum valere vulgo putantur. Nisi enim alia quoque consonent faveantque, nihil omnino in ipsis neque momenti neque roboris inest : quod nunc ostendere conabimur. Etsi enim Asceticum, cujus legitimus parens Basilius est, in aliqua styli similitudine cum duobus *De baptismo* libris consentire videri mus (*b*), tamen dubitari nullo modo posse arbitramur, quin hi libri falso hactenus sanctissimo Patri ascripti sint. Et vero aut nunquam licuit, quod tamen licet sæpissime, opus aliquod ob styli diversitatem in spuriis atque adulterinis numerare : aut ii de quibus agimus libri pro peregrinis haberi merito possunt. Mentior, nisi opus totum toto dicendi genere a Basiliano differt. Etenim sicubi vox aliqua reperitur, quæ similitudinis aliquid cum stylo Basiliano habere videatur, eodem loco adjunctæ sunt voces aliæ, quibus peregrinitas aperte declaretur.

55. Neque vero rara sunt νοθείας argumenta, sed passim obvia. Nam in his libris generale quoddam vitium notari potest, cujus pagina nulla expers est. Id autem, quod dico, vitium, continua quædam est earumdem aut vocum aut dictionum repetitio, quæ minime omnium in copiosissimum hominem Basilium convenit. Et vero sicubi mentio fit aut apostoli Pauli, aut Joannis Baptistæ, aut ipsius Domini, aut Dei, ibi sæpissime additum invenis τοῦ ἐν Χριστῷ λαλοῦντος, *qui in Christo loquebatur* : Οὗ μείζων ἐν γεννητοῖς γυναικῶν οὐδείς, *quo*

(*a*) Lege n. 25.
(*b*) Leg. n. 39 et seq.

inter natos mulierum major est nemo : Τοῦ ὑπὲρ ἡμῶν ἀποθανόντος καὶ ἐγερθέντος · τοῦ μονογενοῦς Υἱοῦ τοῦ Θεοῦ τοῦ ζῶντος, *qui pro nobis mortuus est et resurrexit* : *qui unigenitus Filius est Dei viventis :* Καὶ τοῦ Χριστοῦ αὐτοῦ, *et Christi ipsius* (p. 651). Nolim autem accipi in malam partem, quæ jam dixi, aut quæ mox dicturus sum. Voces Ἰησοῦς Χριστός passim quoque repetuntur, modo ambæ conjunctim, modo earum altera. Noverat Basilius, neque nos ignoramus, iis quas recensui vocibus, nihil melius esse, aut sanctius : sed tamen ab earum tam frequenti repetitione se temperabat, quod, opinor, ejusmodi vocum continua repetitio nihil ad docendum conferret : id, quod Pater piissimus, cum scriberet, sibi in primis proponebat. Ad eamdem ταυτολογίαν pertinet ea scribendi ratio, qua vox ἀναγκαῖον passim in his libris ponitur. Ita igitur in brevissimo spatio scriptum invenimus (p. 633) : Καὶ ὥσπερ δι' ἐσόπτρου καὶ ἐν αἰνίγματι ὁδηγούμενοι εἰπεῖν ἀναγκαῖον, *Et velut per speculum et in ænigmate ductos necesse est loqui*. Et statim : Ἀναγκαῖον δὲ λογίζομαι, etc., *necesse autem esse duco*, etc. Nec ita multo post : Ἀναγκαῖον καὶ ἡμᾶς ἐξητασμένως καὶ ἐπιτετηρημένως προσέχειν ἑκάστῳ ῥητῷ, *necesse est et nos accurate diligenterque singulis dictis attendere*, et ad eumdem modum pleraque alia. Frequens est quidem in illo opere ea quam modo dixi scribendi ratio : sed in codem frequentior est adhuc illud loquendi genus (pag. 656), καὶ πολλὰ τοιαῦτα, *et talia multa*, aut, quod idem est, καὶ πολλὰ ἄλλα ὁμοίως, *et multa hujusmodi alia*, aut similia quædam. Scriptor igitur cum alicubi retulisset verba aliqua e sacra Scriptura, sic persequitur, καὶ πολλὰ τοιαῦτα, *et ejusmodi multa*. Et paucis interjectis, ita locutus est, καὶ πολλὰ τοιαῦτα εὕροις ἂν παρά τε τοῖς εὐαγγελισταῖς, etc., *et multa id genus invenias et apud evangelistas*, etc., ubi in transitu notari potest, paria quatuor exempla in tribus quæ proxime sequuntur paginis reperiri. Usus immodicus verbi παιδεύειν ad idem vitium referri potest : quod idem de verbo φυλάσσειν dictum volo. Usus quoque præpositionum ita frequens est (*c*), ut nullo modo convenire possit in præstantissimum oratorem Basilium, cujus oratio non minus dictionum quam rerum varietate omnibus erat admirationi. Velim autem experiatur per se quisque, an vera sint quæ dixi. Spero tot earum quas notavi rerum exempla inventum iri, ut nemo futurus sit, qui non libenter fateatur ejusmodi opus, in quo eædem voces perpetuo repetuntur, peritissimum dicendi magistrum Basilium nullo modo decere. Eodem redit illa genitivorum quasi silva, sic ut in hoc opere nihil aliud nisi ejus quem dixi casus incondita quædam congeries cernatur. Et vero participia in his *De baptismo* libris ita ad reliquam orationem accommodantur, ut fere quolibet versu genitivus oc-

(*c*) Lege p. 653 et 657.

currat. Ita legere est in prima pagina (pag. 624) : El- πόντος διὰ Δαβὶδ τοῦ προφήτου, *dicentis per David prophetam;* ἐπεὶ οὖν προστάξαντος τοῦ Κυρίου, etc., *cum igitur, Domino præcipiente,* etc., καὶ τότε ἐπαγαγόντος, *deinde subjungente :* λογισάμενοι παρ' ἐντολὴν τοῦ Ἀποστόλου ποιεῖν, ἐὰν μὴ εὐθὺς ἀποκρινώμεθα, εἰπόντος, etc., *rati, contra mandatum Apostoli facturos nos, si non statim respondeamus, cum dicat,* etc. ; ἐνταῦθα μὲν οὖν, Μαθητεύσατε, εἰπόντος, ἠκούσαμεν, *hic igitur audivimus dicentem,* « *Docete.* » Ex quibus videre licet, alios esse genitivos, qui absoluti vocari solent, alios esse, qui ab aliqua orationis parte pendent : quo genitivorum usu ita oblectatus est scriptor, ut genitivis transitionum loco sæpe utatur. Sed nihil mihi magis novum aut insolitum visum est, quam vocum harum Κύριος ἡμῶν Ἰησοῦς Χριστός jugis perpetuaque repetitio (a). Affirmare possum eas, quas adnotavi, voces aut bis, aut ter, aut quater, aut etiam quinquies in una eademque pagina non raro inveniri : quæ earumdem vocum frequens iteratio facit, ut tibi legere videaris, non librum vulgarem, sed quasdam quasi litanias, in quibus idem sexcenties repetitur, aut, si in rebus seriis ita loqui licet, audire parochum quempiam, qui morienti in aurem continuo occinat, *Dominus noster Jesus Christus.* Scio quidem confiteorque ea quæ indicavi nomina omnium esse et optima et sanctissima : sed non propterea vetitum est dicere, ejusmodi repetitionem tam frequentem apud Basilium inusitatam esse, ex eaque merito colligi posse, hosce *De baptismo* libros ad ipsum non pertinere. Et quoniam fortasse nisi exemplum aliquod ob oculos poneretur, multis non credibile videretur quam in brevi spatio voces illæ repetantur, unum aut alterum locum integrum exscribere constitui, ut ex his de aliis judicium ferri possit. Auctor igitur ita alicubi (pag. 629) scripsit : Ἐν ἀγάπῃ Χριστοῦ Ἰησοῦ τοῦ Κυρίου ἡμῶν, ἐπ' ἐλπίδι ζωῆς αἰωνίου καὶ ἐπουρανίου βασιλείας, καὶ τὰ κρίματα τῆς δικαίας ἀνταποδόσεως τῶν τε ποιούντων τὰ ἀπηγορευμένα, ἢ ἀθετούντων τὰ ἐγκεκριμένα εἰς κόλασιν αἰώνιον, καὶ τῶν ἀξίως τοῦ Εὐαγγελίου Θεοῦ πολιτευομένων ἐν ὑγιαινούσῃ πίστει, δι' ἀγάπης Χριστοῦ ἐνεργουμένῃ, ἐπ' ἐλπίδι ζωῆς αἰωνίου καὶ ἐπουρανίου βασιλείας τῆς ἐν Χριστῷ Ἰησοῦ τῷ Κυρίῳ ἡμῶν. Λόγος β'. Πῶς βαπτίζεταί τις κατὰ τὸ ἐν τῷ Εὐαγγελίῳ τοῦ Κυρίου ἡμῶν Ἰησοῦ Χριστοῦ βάπτισμα. Τοῦ Κυρίου ἡμῶν Ἰησοῦ Χριστοῦ ἐντολὴν δεδωκότος ἡμῖν ἀγαπᾶν ἀλλήλους καθὼς αὐτὸς ἠγάπησεν ἡμᾶς, καὶ διὰ Παύλου τοῦ ἀποστόλου διδάσκοντος ἡμᾶς, ἀνέχεσθαι ἀλλήλων ἐν ἀγάπῃ, τὸ ἐπίταγμα τῆς ὑμετέρας ἐν Χριστῷ εὐλαβείας, τὸ περὶ τοῦ κατὰ τὸ Εὐαγγέλιον τοῦ Κυρίου ἡμῶν Ἰησοῦ Χριστοῦ ἐνδοξοτάτου βαπτίσματος, προθύμως ἐδεξάμην, etc. *In dilectione Jesu Christi Domini nostri,*

[81] 1 Joan. III, 1.

ob spem vitæ æternæ et regni cœlestis, et judicia justæ mercedis, tam eorum, qui patrant prohibita, aut respuunt approbata, ad supplicium æternum, quam eorum, qui pro dignitate Evangelii Dei in sana fide, quæ per Christi charitatem operatur, vixerunt, ob spem vitæ æternæ et regni cœlestis, quod est in Christo Jesu Domino nostro. Caput II. Quomodo quis eo baptismate baptizatur, quod in Evangelio Domini nostri Jesu Christi commendatur. Cum Dominus noster Jesus Christus præceperit nobis, ut diligamus nos mutuo, sicut ipse dilexit nos, hocque nos per apostolum Paulum doceat, ut nos mutuo in dilectione toleremus, vestræ in Christo pietatis præceptum, de gloriosissimo secundum Evangelium Domini nostri Jesu Christi baptismate animo alacri suscepi, etc. Dicant, quæso, qui in versandis Basilii voluminibus multi sunt, an tale quidquam in illius genuinis scriptis unquam legerint. Et tamen his non contentus auctor, statim in hac ipsa pagina ita persecutus est (pag. 629) : Οὕτω γὰρ αὐτὸς ὁ Κύριος καὶ Θεὸς ἡμῶν Ἰησοῦς Χριστὸς ὁ μονογενὴς Υἱὸς τοῦ Θεοῦ τοῦ ζῶντος ἐνετείλατο τοῖς ἑαυτοῦ μαθηταῖς, *Ita enim Dominus ipse et Deus noster Jesus Christus, unigenitus Dei viventis Filius, discipulis suis præcepit.* Sed ut nunc de illa quarumdam vocum repetitione sileam, quis non videt orationem dissolutam esse, nec suaviter fluere, ἐν ἀγάπῃ, ἐπ' ἐλπίδι, δι' ἀγάπης, ἐπ' ἐλπίδι, τὸ περὶ τοῦ, κατὰ τό, etc. ? Præterea cum scriptor jam paulo ante scripsisset, ἐπ' ἐλπίδι ζωῆς αἰωνίου καὶ ἐπουρανίου βασιλείας, quid, quæso, attinebat eadem verba statim repetere ? Sed ad propositum me refero. Alter igitur locus, quem exscribere integrum libet, hic est (pag. 646) : Τότε γὰρ ὡς Υἱὸν Θεοῦ ἐνδυσάμενος, καταξιοῦται τοῦ τελείου βαθμοῦ, καὶ βαπτίζεται εἰς τὸ ὄνομα τοῦ Πατρὸς αὐτοῦ τοῦ Κυρίου ἡμῶν Ἰησοῦ Χριστοῦ, κατὰ τὴν τοῦ Ἰωάννου μαρτυρίαν διδόντος ἐξουσίαν τέκνα Θεοῦ γενέσθαι, Θεοῦ τοῦ λέγοντος· Ἐξέλθετε ἐκ μέσου αὐτῶν, καὶ ἀφορίσθητε, ἀκαθάρτου μὴ ἅπτεσθε· κἀγὼ εἰσδέξομαι ὑμᾶς, καὶ ἔσομαι ὑμῖν εἰς πατέρα, καὶ ὑμεῖς ἔσεσθέ μοι εἰς υἱοὺς καὶ θυγατέρας, λέγει Κύριος παντοκράτωρ, χάριτι αὐτοῦ τοῦ Κυρίου ἡμῶν Ἰησοῦ Χριστοῦ τοῦ μονογενοῦς Υἱοῦ τοῦ Θεοῦ τοῦ ζῶντος, ἐν ᾧ οὔτε περιτομή τι ἰσχύει, οὔτε ἀκροβυστία, ἀλλὰ πίστις δι' ἀγάπης ἐνεργουμένη, καθὼς γέγραπται· δι' ἧς εὐόδως ἡμῖν κατορθοῦται τὸ ἐπενεχθὲν συνημμένως τῷ παραγγέλματι τοῦ βαπτίσματος παρὰ τοῦ αὐτοῦ Κυρίου ἡμῶν Ἰησοῦ Χριστοῦ εἰπόντος, etc. *Tunc enim quasi Filium Dei indutus, fit dignus gradu perfecto, baptizaturque in nomen Patris ipsius Domini nostri Jesu Christi, qui juxta Joannis testimonium eam potestatem dedit, ut Dei efficiamur filii* [81], *Dei, inquam, qui dicit :* « *Exite de medio eorum, et separemini, et immundum ne tetigeritis : et ego recipiam vos, et*

(a) Legi possunt p. 626, 628, 629, 633, 635, 636, 642, 644, 646, etc.

ero vobis in patrem, et vos eritis mihi in filios et fi-
lias, dicit Dominus omnipotens [52]*, » per gratiam*
ipsius Domini nostri Jesu Christi, unigeniti Filii
Dei viventis, « in quo neque circumcisio aliquid va-
iet, neque præputium, sed fides, quæ per charitatem
operatur [53]*, » uti scriptum est, per quam nobis pro-*
spere cedit id quod ab ipso Domino nostro Jesu
Christo continenter cum baptismatis præcepto appo-
situm est, ubi dixit, etc. Ex quo loco tanquam ex
specimine quodam intelligi potest, opus totum variis Scripturæ testimoniis referciri : quæ quam
belle cum reliqua oratione cohæreant, alii viderint. Sed quod ad rem facit, adnotabo scriptorem,
cum sacras Scripturas citaret, in idem ταυτολογίας vitium incidisse. Eadem enim, etiam cum
nihil opus est, sæpe repetuntur. Proponam locum
unum insignem, qui cum iis quæ paulo ante retuli
verbis comparari possit. Cum igitur auctor, quicunque ille fuit, locutus fuisset ita, ut mox dixi,
statim hoc modo persequitur (pag. 648) : Τὸν δὲ
Υἱὸν τοῦ Θεοῦ ἐνδυσάμενοι τὸν δόντα ἐξουσίαν τέκνα
Θεοῦ γενέσθαι, ἐν ὀνόματι τοῦ Πατρὸς βαπτιζόμεθα,
καὶ τέκνα Θεοῦ ἀναγορευόμεθα τοῦ προστάξαντος
καὶ ἐπαγγειλαμένου, καθὼς εἶπεν ὁ προφήτης · Διὸ
ἐξέλθετε ἐκ μέσου αὐτῶν καὶ ἀφορίσθητε, λέγει
Κύριος, καὶ ἀκαθάρτου μὴ ἅπτεσθε · κἀγὼ εἰσδέξομαι ὑμᾶς καὶ ἔσομαι ὑμῖν εἰς πατέρα, καὶ
ὑμεῖς ἔσεσθέ μοι εἰς υἱοὺς καὶ θυγατέρας, λέγει
Κύριος παντοκράτωρ. *Postquam autem induimus*
Dei Filium, qui eam potestatem, ut Dei filii efficia-
mur præbet, in nomine Patris baptizamur, prædica-
murque filii Dei, qui præcepit et edixit, velut ait
propheta : « Quapropter exite de medio eorum, et
separemini, dicit Dominus, et immundum ne tetige-
ritis : et ego recipiam vos, et ero vobis in patrem,
et vos eritis mihi in filios et filias, dicit Dominus
omnipotens,» Hic præterquam quod idem Scripturæ
testimonium, id non ita multum opus erat, bis in
brevi spatio repetitur, præterea et voces et sententiæ, quæ utroque in loco Scripturæ verbis
præeunt, eædem quoque sunt : quam ταυτολογίας notam copiosissimus vir Basilius sibi inuri
nunquam passus esset. Neque vero voces illæ, Κύριος ἡμῶν Ἰησοῦς Χριστός, repetuntur solum in
his *De baptismo* libris frequentius, quam apud
Basilium fieri solet, sed aliæ etiam non ex sanctissimi Patris consuetudine ipsis adduntur. Rem
exempla clariorem reddent. Scriptor igitur sic
incipit (pag. 624) : Ὁ Κύριος ἡμῶν Ἰησοῦς Χριστὸς ὁ μονογενὴς Υἱὸς τοῦ Θεοῦ τοῦ ζῶντος, etc. *Do-*
minus noster Jesus Christus, unigenitus Dei viventis
Filius, etc. Alibi ita loquitur (p. 628) : Τήν τε ἐν
ἀρχῇ τοῦ Θεοῦ διὰ τοῦ μονογενοῦς αὐτοῦ Υἱοῦ τοῦ
Κυρίου καὶ Θεοῦ ἡμῶν Ἰησοῦ Χριστοῦ, etc. *Initio a*
Deo per unigenitum suum Filium Dominum et Deum
nostrum Jesum Christum, etc. Rursus (p. 629) : Οὕτως
γὰρ αὐτὸς ὁ Κύριος καὶ Θεὸς ἡμῶν Ἰησοῦς Χριστὸς

ὁ μονογενὴς Υἱὸς τοῦ Θεοῦ ζῶντος, etc. *Ita enim Do-*
minus ipse et Deus noster Jesus Christus, unigenitus
Dei viventis Filius, etc. Alio loco (p. 646) : Χάριτι
αὐτοῦ τοῦ Κυρίου Ἰησοῦ Χριστοῦ τοῦ μονογενοῦς
Υἱοῦ τοῦ Θεοῦ τοῦ ζῶντος, etc. *Per gratiam ipsius*
Domini nostri Jesu Christi unigeniti Filii Dei viven-
tis, etc. Aliquanto post (p. 654) : Δηλονότι εἰς
ἀνεξάλειπτον μνήμην τοῦ ὑπὲρ ἡμῶν ἀποθανόντος
Ἰησοῦ Χριστοῦ τοῦ Κυρίου ἡμῶν, καὶ ἐγερθέντος, etc.
Videlicet ad indelebilem memoriam Jesu Christi Do-
mini nostri, qui pro nobis mortuus est et resur-
rexit, etc. Ibidem : Ἐν τῷ μὴ διὰ τῆς μνήμης τοῦ
ὑπὲρ ἡμῶν ἀποθανόντος καὶ ἐγερθέντος Ἰησοῦ Χριστοῦ τοῦ Κυρίου ἡμῶν, τὸ εἰρημένον φυλάσσειν, etc.
Quod non per memoriam Jesu Christi Domini nostri
qui pro nobis mortuus est et resurrexit, servat quod
dictum est, etc. Nec ita multo infra (p. 635) : Καθὼς
ἐπηγγείλατο ὁ ἀψευδὴς Κύριος καὶ Θεὸς ἡμῶν Ἰησοῦς
Χριστός, *sicut promisit verax Dominus, et Deus noster*
Jesus Christus. Hoc ipso in loco : Τὸ ἐρώτημα, εἰ
καὶ παντάπασιν ἀνάξιον παντὸς τοῦ καταδεξαμένου
ὁμολογεῖν τὸν Κύριον ἡμῶν Ἰησοῦν Χριστὸν μονο-
γενῆ Υἱὸν τοῦ Θεοῦ τοῦ ζῶντος, δι' οὗ τὰ πάντα ἐγένετο τά τε ὁρατὰ καὶ τὰ ἀόρατα, etc. *Hæc quæstio tam-*
etsi prorsus indigna est quocunque, qui Dominum no-
strum Jesum Christum unigenitum Dei Filium, per quem
omnia tam visibilia quam invisibilia facta sunt, con-
fiteri non recusarit, etc. Sub finem (p. 672) : Εἰ ὁ
Κύριος ἡμῶν Ἰησοῦς Χριστός, ὁ μονογενὴς Υἱὸς τοῦ
Θεοῦ τοῦ ζῶντος, δι' οὗ τὰ πάντα ἐγένετο ὁρατά τε
καὶ ἀόρατα, ζωὴν ἔχων, etc. *Si Dominus noster,*
Jesus Christus unigenitus Filius Dei viventis, per
quem omnia tum visibilia tum invisibilia facta sunt,
qui vitam habet, etc. In ipso fine (p. 675) : Καθὼς
ἐπηγγείλατο ὁ ἀψευδὴς Κύριος καὶ Θεὸς ἡμῶν Ἰησοῦς
Χριστός, ὁ μονογενὴς τοῦ Θεοῦ ζῶντος Υἱός, *quem-*
admodum promisit verax Dominus et Deus noster
Jesus Christus, unigenitus Dei vivi Filius. Basilius
autem sicubi (id quod parcius fecit) his verbis, Κύριος
ἡμῶν Ἰησοῦς Χριστός, usus est : nusquam tamen,
quod quidem sciam, ea quæ mox vidimus additam-
menta ipsis conjunxit.

56. Nunc proponam alia, quæ a superioribus non
ita multum abludunt. Auctor cum aliquod sacræ
Scripturæ testimonium proferre vult, tanto verborum
circuitu utitur, ut in hoc quoque novam peregrinitatis notam videre mihi visus sim. Et ut rem
ipsis oculis subjiciam, ad exempla confugio. Ita
ergo auctor scribit (p. 660) : Καθὼς εἶπεν αὐτὸς ὁ Κύριος ἡμῶν Ἰησοῦς Χριστὸς ὁ μονογενὴς Υἱὸς τοῦ Θεοῦ
τοῦ ζῶντος · Μακάριοι οἱ πεινῶντες. *Sicut ipse Domi-*
nus noster Jesus Christus unigenitus Dei viventis Fi-
lius dixit : « Beati qui esuriunt,» etc. Rursus (p. 671) :
Δῆλον, ὅτι καὶ πάντα ἀσφαλέστερον παιδευόμεθα,
μνημονεύοντες αὐτοῦ τοῦ Κυρίου ἡμῶν Ἰησοῦ Χριστοῦ τοῦ μονογενοῦς Υἱοῦ τοῦ Θεοῦ τοῦ ζῶντος, ἡνίκα
Ἰωάννης ὁ Βαπτιστὴς εἶπεν αὐτῷ · Ἐγὼ χρείαν

[52] II Cor. vi, 17. [53] Galat. v, 6.

ἔχω ὑπὸ σοῦ βαπτισθῆναι, καὶ σὺ ἔρχῃ πρός μέ· ἀποκριναμένου, ὅτι Ἄφες ἄρτι, etc. Perspicuum est omnia etiam a nobis certius disci, si ipsius Domini nostri Jesu Christi unigeniti Filii Dei vivi memores simus, qui cum Joannes Baptista ei dixisset : « Mihi opus est ut abs te baptizer, et tu venis ad me, » respondit, « Sine modo [a], » etc. Statim (p. 671), Τοῦ Κυρίου ἡμῶν Ἰησοῦ Χριστοῦ τοῦ μονογενοῦς Υἱοῦ τοῦ Θεοῦ, δι' οὗ τὰ πάντα ἐγένετο ὁρατά τε καὶ ἀόρατα, ὁμολογοῦντος μὲν, ὅτι Οὐκ ἀπεστάλην, etc. Cum Dominus noster Jesus Christus unigenitus Dei Filius, per quem omnia facta sunt et visibilia et invisibilia confiteatur, « Non sum missus, » etc. Neque solum scriptor, cum Christum Dominum loquentem inducit, majori verborum apparatu utitur, quam Basilius soleat : sed idem etiam facit cum apostolum Paulum laudat. Et quoniam pauci sunt, qui ejusmodi loca in ipsis fontibus quærant, ea hic conscribenda esse judicavi. Ita igitur alicubi in his libris legitur (p. 625) : Μαρτυρεῖ δὲ καὶ ὁ ἐν Χριστῷ λαλῶν Παῦλος, γράψας· Ὁ δὲ δοῦλος, etc. Testatur hoc idem et qui in Christo loquebatur Paulus, cum scribit : « Qui vero servus, » etc. Aliquanto infra (p. 631) : Παῦλος δὲ ὁ ἀπόστολος.... ἐν Χριστῷ λαλῶν διαμαρτύρεται.... ποτὲ μὲν εἰπὼν ὁριστικῶς, ὅτι Οἱ τὰ τοιαῦτα, etc. Paulus vero apostolus... in Christo loquens declarat ea... modo cum minus late dixit : « Qui talia, » etc. Haud longe (p. 634) : Παῦλος ὁ ἐν Χριστῷ λαλῶν, δογματικῶς παραδίδωσι, λέγων· Ἢ ἀγνοεῖτε, etc. Paulus in Christo loquens, modum decretoriis his verbis tradit, « An ignoratis, » etc. Nec ita multo post (p. 646) : Αὐτοῦ τοῦ ἐν Χριστῷ λαλοῦντος Παύλου τοῦ ἀποστόλου, εἰπόντος· Ἐὰν ταῖς γλώσσαις, etc. Cum Paulus apostolus qui in Christo loquebatur, dicat : « Si linguis, » etc. Alibi (pag. 665) : Καὶ Παῦλος δὲ ὁ ἀπόστολος ὁ ἐν Χριστῷ λαλῶν φησιν· Εἴτε ἐσθίετε, etc. Et quem Paulus apostolus in Christo loquens tradidit, cum dixit : « Sive manducatis, » etc. Rursus (p. 668) : Ὡς ὁ ἐν Χριστῷ λαλῶν Παῦλος ὁριστικῶς ἀπεφήνατο, λέγων· Μὴ συγκοινωνεῖτε, etc. Uti Paulus in Christo loquens definite pronuntiavit, ubi dixit : « Nolite communicare, » etc. Auctor alicubi (p. 639) pro ἐν Χριστῷ λαλοῦντος scripsit, ἐν Χριστῷ προφητεύοντος. Velim legantur diligenter Basilii Regulæ tam majores quam breviores : in quibus, nisi valde fallor, hæc longior citandi ratio, Παῦλος ὁ ἐν Χριστῷ λαλῶν, semel duntaxat invenitur (reg. 20, n. 2) ; cum tamen in Regulis e Pauli Epistolis sexcenta testimonia proferri constet. Certe si idem auctor omnes Regulas et duos De baptismo libros scripsisset, futurum fuisse puto, ut habita ratione prolixitatis utriusque operis, is quem dixi citandi modus quinquagies in Regulis reperiretur. Neque facile crediderim idem illud loquendi genus frequentius in cæteris Basilii libris inventum iri. Possim quidem et alia loca indicare, quibus ostendam scriptorem, cum Joannis

Baptistæ mentionem haberet, pari verborum circuitione usum esse (pag. 632, 638, 658) ; sed ne longior esse viderer, ea sciens omisi. Ex quibus omnibus satis liquet multarum aut vocum aut dictionum repetitionem perpetuam in his libris reperiri : quam si quis scriptori vitio dare nolet, tamen, si germana Basilii scripta paulo attentius legat, non negaturum spero, id præter ejus consuetudinem factum esse. Mihi cum hos libros legerem, in mentem venit scriptorem veritum esse, ne ταυτολογίας vitium sibi objiceretur, ob idque Apostoli exemplo se excusare voluisse. Sic enim scribit (pag. 639) : Εἰδὼς δὲ ὁ Ἀπόστολος ὅτι ταυτολογία ὠφελιμωτέρα ἐστὶ τοῖς ἀκούουσι πρὸς τὴν ἀσφάλειαν, καὶ βεβαιοτέραν ἐμποιεῖ διὰ τῆς ἐπαναλήψεως τῶν αὐτῶν τὴν πληροφορίαν τῆς ἀληθείας. Cum autem Apostolus non ignoraret repetitionem audientibus ad integram confirmationem utilem esse, etiam iisdem rebus repetitis veritatis persuasionem magis stabilit. Videant eruditi, si ejusmodi excusatio accipienda sit.

57. Superest aliud argumentum, quod et ipsum quoque e ratione citandarum Scripturarum sumam. Monere igitur operæ pretium est, hanc citandæ Scripturæ formulam, ἐν τῷ εἰπεῖν, ἐν τῷ γράφειν, aut similes quasdam horum librorum auctori unas omnium fuisse familiarissimas, easque ei, si qua alia, valde admodum placuisse. Multa quidem ejus rei exempla adducam in medium, sed ita tamen, ut ea quam brevissime potero referam. Sic igitur auctor alicubi (pag. 625) scribit : Ἐν τῷ εἰπεῖν· Ὁ ποιῶν τὴν ἁμαρτίαν, etc., cum dixit : « Qui facit peccatum, » etc. Sic persequitur (p. 626) : Ἐν τῷ εἰπεῖν· Ταλαίπωρος ἐγώ, etc., cum dicit : « Infelix ego, » etc. Alio loco (p. 630 bis) loquitur hoc modo : Ἐν τῷ εἰπεῖν· Τοῦ ἱεροῦ μεῖζον ὧδε, his verbis, « Templo magis aliquid hic est, » etc. Ibidem : Ἐν τῷ εἰπεῖν· Ὧ παρέθεντο πολύ, etc., ubi dixit : « Cui commendaverunt multum, » etc. Rursus (p. 635) : Ἐν τῷ εἰπεῖν, Ὁ γνοὺς τὸ θέλημα, etc., cum dicit, « Qui cognovit voluntatem, » etc. Deinde (p. 639) : Ἐν τῷ εἰπεῖν· Ὁ ἐμοὶ διακονῶν, etc., cum dicit, « Quisquis mihi ministrat, » etc. Paulo post (p. 640) : Ἐν τῷ εἰπεῖν· Εἰ γὰρ σύμφυτοι, etc., cum dicit, « Si enim complantati, » etc. Tum (p. 642) : Ἐν τῷ εἰπεῖν· Τὰ γὰρ ὀψώνια τῆς ἁμαρτίας, etc., his verbis : « Stipendia enim peccati, » etc. Nec ita multo infra (p. 645) : Ἐν τῷ εἰπεῖν· Αὐτὸς γάρ ἐστιν ἡ εἰρήνη ἡμῶν, etc., dum dicit : « Ipse enim est pax nostra, » etc. Aliquanto post (p. 648) : Ἐν τῷ εἰπεῖν· Ἐν ᾧ ἔχομεν τὴν ἀπολύτρωσιν, etc., ubi dicit : « In quo habemus redemptionem, » etc. Mox (p. 649 bis) : Ἐν τῷ εἰπεῖν· Πάντα ποιεῖτε χωρὶς γογγυσμῶν, etc., his verbis : « Omnia facite sine murmurationibus, » etc. Hoc ipso in loco : Ἐν τῷ εἰπεῖν· Ἐμὸν βρῶμά ἐστιν, etc., his verbis : « Cibus meus est, » etc. Statim (p. 650) : Ἐν τῷ εἰπεῖν· Ἡ γὰρ ἀγάπη τοῦ Χριστοῦ συνέχει ἡμᾶς, quo dicit : « Charitas enim Christi constringit

---

[a] Matth. III, 14, 15.

nos. » Inferius (p. 637): Ἐν τῷ εἰπεῖν, ὅτι *Πᾶς ὁ βλέπων*, etc., *cum dicit:* « *Omnis qui videt,* » etc. Haud ita longe (p. 661 *bis*): Ἐν τῷ εἰπεῖν· *Μακάριος ὁ δοῦλος ἐκεῖνος*, etc., *his verbis :* « *Beatus servus ille,* » etc. In eadem pagina: Ἐν τῷ εἰπεῖν· Ἡ οὔτε αὐτὴ ἡ φύσις, *cum dicit,* « *Annon natura ipsa,* » etc. In sequenti (pag. 662 *ter*): Ἐν τῷ εἰρηκέναι· Οὔτε ἐν Ἱεροσαλήμ, οὔτε ἐν τῷ ὄρει τούτῳ, etc., *his verbis :* « *Neque in Jerosolymis, neque in monte hoc,* » etc. Ibidem (p. 666): Ἐν τῷ λέγειν πρὸς πάντας μέν· Παρακαλῶ δὲ ὑμᾶς, etc., *cum dicit ad omnes quidem :* « *Obsecro autem vos,* » etc. Hoc ipso in loco: Ἐν τῷ λέγειν· Λέγω γὰρ διὰ τῆς χάριτος, etc., *ubi ait :* « *Dico enim per gratiam,* » etc. Denique: Ἐν τῷ μὴ εἰπεῖν, τούτῳ, ἀλλὰ, τῷ τοιούτῳ, *cum non dixerit,* « *cum hoc,* » *sed* « *cum tali.* » Ex quibus a quovis intelligi potest, quod dixi, a me non temere dictum fuisse : sed re ipsa illam quam indicavi Scripturæ citandæ rationem scriptori multum arrisisisse. Basilius autem eodem illo dicendi genere tam parum oblectabatur, ut semel (reg. 207), non amplius, quod quidem sciam, ita locutus sit. Ecce igitur tibi duo scriptores, quorum unus certa quadam dicendi formula familiariter uti consueverat; alter vero præter consuetudinem casu nescio quo hunc illum loquendi modum semel usurpavit. Certe si Basilius auctor esset librorum illorum, in quibus Scripturæ passim citantur ita, ut superius dixi, ne cogitans quidem eas eodem modo in cæteris suis scriptis millies citasset. Scriptores enim, si quo dicendi genere delectantur, eo data occasione uti solent. Atque etiam iis quæ protuli exemplis et alia multa adjungere possem, ex quibus plane constaret auctorem, etiam tum cum Scripturæ verba non referret, similem loquendi rationem sæpe in suis libris adhibuisse. Ita enim loquitur non procul ab initio (pag. 625) : Ἐν τῷ ῥυσθῆναι ἀπὸ τῆς τῶν ἁμαρτημάτων καταδυναστείας, *dum a peccatorum dominio liberatur*. Nec ita multo post (p. 626): Τῷ εἰπεῖν πεποιηκέναι πάντα τὰ ὑπὸ τοῦ Κυρίου εἰρημένα, *qui scilicet dixisset fecisse se omnia quæ fuerant a Domino dicta*, et alia id genus non pauca (*a*); cum tamen Basilius aut nunquam, aut rarissime hoc modo scripserit. Sed ne ipsa exemplorum copia molesta foret et ingrata, ejusmodi loca omittenda esse judicavi.

58. Hic pauca ex multis congeram, ex quibus confirmari possit, duos *De baptismo* libros Basilio Magno tribui non debere. Statim occurrit illud (p.632): Ὅσον δὲ διαφέρει τὸ Πνεῦμα τὸ ἅγιον τοῦ ὕδατος, τοσοῦτον ὑπερέχει, δηλονότι, καὶ ὁ βαπτίζων ἐν Πνεύματι ἁγίῳ τοῦ βαπτίζοντος ἐν ὕδατι, καὶ αὐτὸ τὸ βάπτισμα· ὥστε, etc. Ad verbum : *Quanto autem excellentior est Spiritus sanctus aqua, tanto videlicet præstat et is qui baptizat in Spiritu sancto, eo qui baptizat in aqua, et ipsum baptisma; sic ut,* etc. Illud, *et ipsum baptisma*, ita ἐλλειπτικῶς positum non placet ; alius scriptor peritior pluribus verbis rem explicasset. Aliquanto post (p. 635) : Ἐπ' ἐλπίδι ζωῆς αἰωνίου διὰ Ἰησοῦ Χριστοῦ τοῦ Κυρίου ἡμῶν, δι' οὗ, ὥσπερ δι' ἑνὸς, φησὶ, παραπτώματος εἰς πάντας ἀνθρώπους εἰς κατάκριμα, οὕτω καὶ δι' ἑνὸς δικαιώματος εἰς πάντας ἀνθρώπους εἰς δικαίωσιν ζωῆς, quæ verba perturbata esse cum credidisset vetus interpres, ita vertit hunc locum, ut vocum Græcarum ordinem prorsus mutaverit. Sic enim interpretatus est : *In spe vitæ æternæ per Jesum Christum Dominum nostrum, per cujus unius justificationem in omnes homines ad justitiam vitæ, sicut per unius delictum in omnes homines ad condemnationem*. In quo ego non reprehendo interpretem, sed auctorem potius, qui ipse prior aliquid hoc loco perturbasse jure credi potest. Ibidem (num. 10) : Καὶ ἵνα, ὡς προείρηται, διὰ τῶν γνωριμωτέρων ῥητῶν τε καὶ πραγμάτων ὁδηγηθῶμεν εἰς κατανόησιν τοῦ σωτηρίου καὶ ἐν τῷ βαπτίσματι δόγματος : ubi illud, τοῦ σωτηρίου καὶ ἐν τῷ βαπτίσματι δόγματος, non placet, nec videtur optimum scriptorem decere. Ad verbum, *ducamur ad cognitionem salutaris et in baptismate dogmatis*. Nihilo meliora sunt quæ adscribam. Sic igitur auctor scripsit (p. 640) : Νῦν μὲν κατὰ τὸ μέτρον τῆς ἐνανθρωπήσεως συμμορφούμενοι τὸν ἔσω ἄνθρωπον ἐν τῇ καινότητι τῆς ζωῆς, καὶ τῇ μέχρι θανάτου ὑπακοῇ ἐν πληροφορίᾳ τῆς ἀληθείας τῶν ῥημάτων αὐτοῦ · ἵνα, etc. Ad verbum, *Nunc quidem juxta incarnationis mensuram internum hominem conformem præstantes in novitate vitæ, et in obedientia usque ad mortem, in integra persuasione veritatis verborum ipsius, ut,* etc. Hic præterquam quod oratio non absolvitur, illud, κατὰ τὸ μέτρον τῆς ἐνανθρωπήσεως, *juxta incarnationis mensuram*, non ita apte dictum videtur. Optime dicas μέτρον πίστεως, *mensuram fidei :* non item fortasse, μέτρον ἐνανθρωπήσεως, *mensuram incarnationis*. Cætera, ἐν τῇ, καὶ τῇ, ἐν πληροφορίᾳ, hominis sunt, qui verba verbis eleganter connectere non novit. Neque hic solum, sed in toto opere orationis partes fere non aliter, quam præpositionum ope inter se copulantur. Fortasse aliquanto etiam pejora videbuntur quæ paulo post scripta invenimus (p. 641): Χριστὸς ἡμᾶς ἐξηγόρασεν ἐκ τῆς κατάρας τοῦ νόμου, γενόμενος ὑπὲρ ἡμῶν κατάρα. Πολὺ δὲ πρότερον τῆς ἁμαρτίας δηλονότι χάριτι τοῦ Κυρίου Ἰησοῦ Χριστοῦ, καθὼς γέγραπται. Interpres vetus, cujus menti inepta loquendi ratio tenebras offudisset, ita verterat : *Christus nos liberavit a maledicto legis, factus pro nobis maledictio. Quoniam autem peccati plurimum præcessit, manifestum est, quod gratia Domini nostri Jesu Christi hoc præstitit, sicut scriptum est*. Potius ita scriptum vellem, πολὺ δὲ πρότερον ἐλευθερούμεθα τῆς ἁμαρτίας, atque hoc pacto obscuritas omnis vitabatur : *Longe autem potiori jure liberamur a peccato, videlicet gratia,* etc. Neque eo quem mox exscribam loco videtur apte locutus

---

(*a*) Leg. p. 628, 637 *bis*, 641 *bis*, 647, 651 *bis*, 668 *bis*.

auctor, qui ita scripsit (p. 662): Τοῦ Ἀποστόλου παιδεύοντος ἡμᾶς...... καὶ διὰ τῆς ἐν ἀλλήλοις τῶν μελῶν τοῦ σώματος πρὸς τὸ εὔσχημον καὶ ἀκίνδυνον κατηναγκασμένης εὐταξίας κανονίζοντος ἐν ἡμῖν τὴν ἡμῶν πρὸς ἀλλήλους εὐάρεστον τῷ Θεῷ ἐν ἀγάπῃ Χριστοῦ Ἰησοῦ εὐταξίαν ἐν τῇ διαφορᾷ τῶν χαρισμάτων. Λέγει γάρ, etc., quae verba eo retuli, ut magis pateret orationem et perplexam esse et intricatam, nimiaque et inepta praepositionum copia redundare. Haud longe a fine sic scriptum est (p. 672): Καλεῖ δέ, ὅτε ἐστὶ πρὸς τὸν Θεὸν καὶ τὸν Χριστὸν αὐτοῦ ἀγάπη πληρῶσαι τὴν ἐντολὴν τοῦ Κυρίου εἰπόντος· Ἐντολὴν καινήν, etc. Quid est, quaeso, illud, ἐστὶν ἀγάπη πληρῶσαι? quid illud, πρὸς τὸν Θεὸν καὶ τὸν Χριστὸν αὐτοῦ, ita sine ulla copula positum? Saltem additum oportuisset articulum, hoc modo : ἡ πρὸς τὸν Θεόν...... ἀγάπη. Monebo hic quasi praeteriens, totum fere fragmentum, quod in Appendice ex uno codice Regio orationi cuidam addidimus, e capite tertio libri primi *De baptismo* sumptum esse. Ejus, quam dixi, orationis initium est (in App. pag. 583): Ὁ βαπτιζόμενος εἰς Τριάδα βαπτίζεται, εἰς Πατέρα καὶ Υἱὸν καὶ ἅγιον Πνεῦμα. *Qui baptizatur, in Trinitatem baptizatur, in Patrem et Filium et Spiritum sanctum:* fragmenti vero (p 583): Ἐπεὶ δὲ Θεοῦ τοῦ ἀγαθοῦ χάριτι, τῇ μνήμῃ τῶν τοῦ μονογενοῦς Υἱοῦ τοῦ Θεοῦ τοῦ ζῶντος ῥημάτων, etc. *Sed enim ex optimi Dei gratia, recordatione verborum unigeniti Filii Dei viventis,* etc. Ut hic, ita et alias saepe Deus in his libris vivens nominatur : cujus creberrimae repetitionis non video ego causam, nisi forte scriptor veritus sit, ne qui Deum mortuum esse arbitrarentur; ob idque necesse esse judicarit, ut eum vivere saepius affirmaret.

§ XIII *De Liturgia Basilii, deque Latinis tribus opusculis, et de veteri quadam Rufini quarumdam orationum interpretatione.*

59. De Basilii Liturgia tam multi tam multa scripserunt, ut si quid novi addere vellem, tempus male locare mihi viderer. Quamdam autem Basilii Liturgiam olim exstitisse facile fatentur omnes. Ejus rei et antiqui et recentes testes citantur, Proclus, Petrus Diaconus, Leontius Byzantinus, episcopi in Trullo congregati, Patres concilii septimi, Cabasilas, Marcus Ephesinus. Video igitur satis hodie inter eruditos constare, Liturgiam aliquam a Basilio Magno scriptam fuisse : sed inter eos non minus convenit, eam ad nos integram et puram non pervenisse, sed aliquibus locis aut mutilam, aut auctam, aut variis denique modis mutatam. Et quidem Petrus Diaconus cujusdam precationis meminit, quam in nostris exemplaribus non exstare constat. Inter caeteros autem, qui nostra aetate de Basilii Liturgia disseruere, recenseri possunt, Guillelmus Cavus, Tillemontius, Ludovicus Dupinus, Joannes Albertus Fabricius,

(a) Genn. *De viris ill.*, c. 77.

Casimirus Oudinus, et vir clarissimus idemque doctissimus Eusebius Renaudotius : cujus scripta, qui rerum liturgicarum curiosi sunt, legere poterunt.

60. Pauca de Latinis tribus opusculis dicere habeo. Primi hic est titulus, *Tractatus S. Basilii de consolatione in adversis, incerto, sed antiquo interprete:* secundi, *Ejusdem S. Patris Basilii salutare et eruditum opus, de laude solitariae vitae, incerto interprete:* tertii, *S. Basilii Caesareae Cappadociae episcopi admonitio ad filium spiritualem, incerto interprete.* Quod autem in inscriptione cujuslibet opusculi legitur, *incerto interprete,* non nostrum est, sed eorum, qui editiones antiquas adornarunt. An enim ulla ex his lucubratiunculis unquam Graece exstiterit, dubitari merito posse arbitramur : imo potius, nisi valde fallimur, tria haec opuscula a Latinis composita fuisse pro certo haberi potest. Opusculi primi mentionem faciens eruditissimus vir Joannes Albertus Fabricius, ita scribit (1): *Non est Basilii, nec e Graeco versus, sed Latine scriptus a Victore, qui post Rusticum Cartennae Mauritaniae in Africa episcopus circa A. C. 460 fuit, et hunc consolatorium libellum, qui etiam inter S. Eucherii opera legitur, ad nescio quem Basilium super morte filii scripsit, teste Gennadio cap.* 67 *De scriptoribus eccles.* Eadem notavit doctissimus vir Casimirus Oudinus, cujus haec sunt verba (tom. I, p. 572): *Epistola consolatoria in adversis neutiquam spectat ad sanctum Basilium Caesareae archiepiscopum, vel ad Graecum alium auctorem: sed hominis Latini est, Victoris Cartennae in Africa episcopi, qui eam ad amicum suum quemdam nomine Basilium scripsit, ut infra dicemus.* Alio autem illo in loco Victoris Cartennensis scripta recensens idem Oudinus, ita loquitur (ibid. p. 1282): *Item, liber De consolatione in adversis ad Basilium, inter opera sancti Basilii Magni: quod nullus adnotavit.* Jam autem ipsius Gennadii verba referre operae pretium est (a). Haec autem sunt : *Victor Cartennae Mauritaniae civitatis episcopus, scripsit adversus Arianos librum unum longum. ... et ad Basilium quemdam super morte filii consolatorium librum, spe resurrectionis, perfecta instructione munitum.* Nec aliud de eo libello sentit Guillelmus Caveus. Ego autem non negabo quidem illam doctissimorum virorum sententiam veram videri : sed ipsam veram esse non facile fatebor. Cui enim unquam persuaderi poterit, libellum, in quo ne unum quidem verbum de amissione liberorum legitur, illud ipsum opus esse Victoris Cartennensis, quod Gennadius ait ideo scriptum fuisse a Victore, ut quemdam amicum suum super morte filii consolaretur? Certe non est in exemplis, tale quidquam unquam accidisse. Quisquis igitur libellum consolatorium, qui inter Basilii opera invenitur (pag. 697), legerit, statim animadvertet, ipsum confectum fuisse non causa patris, cujus filius mor-

(1) *Bibl. Graec.* tom. IX ed. Harles. Vide inter Prolegomena hujus editionis, EDIT. PATR.

tuus esset, sed causa miserorum, quacunque calamitate aut ærumna afficerentur : sed ita tamen, ut scriptor interea dum omnes calamitosos consolari vellet, præcipue iis solatium afferre conatus sit, qui lepræ morbo afflictabantur. Nam ipso initio ita auctor loquitur: *Quemadmodum navis, cum undarum tempestate quassatur, nisi gubernatorem peritissimum habeat, a fluctibus maris cito conteritur: ita et homo cum in aliquibus adversis fuerit constitutus, nisi habuerit mentem divinis eloquiis eruditam, cito animus ejus frangitur, et salutis suæ sustinet damnum. Quisquis ergo ille es positus in adversis, paulisper, peto, verbis meis aurem diligenter accommoda, ut tibi, in quantum possum, consolationem ex Scripturarum fontibus proferam.* Propositum ergo erat auctori, non privatim solari patrem filio orbatum, qua de re nusquam expresse loquitur, sed quemlibet generatim, adversa fortuna utentem. Et interjectis multis, ita scripsit (pag. 701): *Novi enim quosdam, maxime eos, qui lepræ macula sunt corpore aspersi, in tantam desperationem pro hac plaga venire, ut putent se omnino destitutos esse a Domino.* Statim autem eodem illo de morbo loquens, ita persequitur: *Et tu cum sis in plagis ac doloribus constitutus, et ab hac lutea urbe exclusus, si sapienter hæc toleraveris, et humiliter Deo tuo servieris, civitatis ipsius ac paradisi colonus efficieris. Non enim pro exsecratione animæ, sed propter qualitatem ægritudinis, a populi consortio recessisti, eo quod generis ejus morbus (ut quidam asserere volunt) contactu suo soleat polluere.* Nec ita multo infra sic legitur (pag. 702) : *Sed quoniam nunc in hac parte animum tuum ægrotare intelligo, cum dicas hoc: Qui cum plaga lepræ de mundo excesserit, ita eum denuo post mortem resurgere*, etc. Ex quibus perspici potest, auctorem, cum scriberet, præsertim ad leprosos respexisse. Non possum quin notem miserrimam esse conditionem scriptorum, qui sæpe de rebus aut exiguis, aut etiam nullius momenti serio disputare coguntur; contraque, quibus aliquando de rebus gravissimis loqui non licet. Tantine fuerit, quæso, orationis, quæ multis merito luce indigna videri potest, auctorem nosse? Nunc communicabo cum studiosis quamdam hominis peritissimi conjecturam quæ ipsis, opinor, non displicebit. Putat igitur vir non minus acri judicio quam acuto ingenio præditus, hanc lucubratiunculam a Gallo compositam fuisse, videlicet tempore, quo lepræ lues has regiones maxime infestaret. Secundam autem oratiunculam caput esse decimum nonum libelli cujusdam Petri Damiani in « *Dominus vobiscum*, » jam alii notarunt. Tertium denique opusculum affirmare ausim Basilii quidem non esse: sed aut a quo, aut quo tempore lucubratum sit, plane ignoro.

61. Sequitur quarumdam Basilii orationum vetus interpretatio (pag. 713) : cujus Rufinus auctor est. Rem autem eruditis hominibus gratam facturum me speravi, si veteris illius interpretis opus in lucem edendum curarem : eoque magis, quod, cum Græca etiamnum exstent, Latina cum his a quolibet comparari poterunt, sicque magis intelligere licebit, quantum licentiæ in vertendis Græcorum scriptis sibi sumeret is, quem dixi, antiquissimus interpres Rufinus. Duobus autem libris veteribus usi sumus, uno Regio, altero Colbertino : quorum in primo orationes duntaxat quinque, in altero autem octo reperiuntur. Quæstio hic oriri potest, quot Basilii orationes Rufinus interpretatus sit, octo an decem. Dubitandi autem causa est, quod Rufinus, ubi significat vertisse se decem Basilii orationes, ambigue locutus sit : qui tamen alibi distincte dicit, se duntaxat octo Basilii conciones Latine reddidisse. Primo igitur loco his verbis usus est (*a*) : *Exstant quoque utriusque ingenii [Basilii et Gregorii] monimenta magnifica tractatuum quos ex tempore in ecclesiis declamabant. Ex quibus nos denas ferme singulorum oratiunculas transfudimus in Latinum.* Non enim asseveranter dicit vertisse se decem orationes, sed ferme decem. In altero autem loco (*b*) Rufinus Apronianum, cui suam interpretationem dedicabat, ita allocutus est : *Aliqua tibi in Latinum verti olim poposceras, Aproniane, fili charissime : quod et ex parte aliqua feci in præsenti dum in Urbe essem, sed et nunc aliquantum addidi. Octo ergo beati Basilii breves istos homiliticos transtuli libellos.* Quod igitur ait eruditissimus vir Tillemontius (*c*), decem Basilii orationes a Rufino Latine redditas fuisse, de eo mihi cum illo non omnino convenit. Nam vocula, *ferme*, qua Rufinus utitur, facit, ut eum non plus octo orationes, vertisse suspicer : eoque magis, quod non plures sed totidem ad Apronianum miserit. Quod si quispiam contendere velit, non ego repugnabo : satis esse duco, conjecturam quæ mihi maxime probabilis visa est, eruditorum judicio permisisse. Nec fortasse Rufinus plures Gregorii Nazianzeni orationes in Latinam linguam transtulit. Nam hodie neque in impressis, neque in veteribus libris plus septem aut octo inveniuntur (*d*).

§ XIV. *Ubi de erratis quibusdam meis, deque diversis rebus.*

62. Notavi nonnulla in Ambrosium : quorum in uno hallucinatus sum (*e*). Neque vero leve est hoc mendum, sed tale, ut ne puero quidem condonari facile possit. Nam vel ipsi infantuli oculos saltem paululum attollere possunt: quod si quis fecerit, statim ex iis quæ proxime antecedunt Ambrosii verbis (*f*) intelliget, legi illo loco debere, non, ut duxi, *Noli ergo Deo non credere*, sed ita, ut in vulgatis legitur, *Noli ergo Deum credere*, hoc est, *cave*

(*a*) *Hist.* l. II, c. 9.
(*b*) *Lege App.*, p. 713.
(*c*) Tom. IX, p. 301.

(*d*) Lege Tillem. t. IX, p. 559.
(*e*) Tom. I, Præf. n. 25.
(*f*) Lib. IV in *Hex.*, n. 1.

credas solem Deum esse. Plura ea de re dicere institueram : sed est causa, cur ea in aliud tempus rejecta velim. Interpres psalmi xxviii cum ita scripsisset (pag. 355) : Καὶ ἡ ἐκ τοῦ μαμωνᾶ τῆς ἀδικίας γινομένη φιλία κατασκηνοῖ, inepte et insulse locutus fuisse mihi visus est (*a*) : et tamen ex his quæ retuli verbis apta et idonea sententia, eaque non obscura efficitur. Significavit enim interpres, amicitiam, quæ ex mamona iniquitatis conciliatur, nobis ad beatam requiem aditum dare. Ubi dixi (*b*) illud psal. cxv : Ἀλλ' εἴθε κάμοὶ γένοιτο πιστεῦσαι ἀξίως ἵνα λαλήσω νῦν τῇ Ἐκκλησίᾳ τοῦ Θεοῦ τῇ μεγάλῃ ταύτῃ λόγους ἐν τῷ νοΐ μου ἀποτηγανίζεσθαι, *Sed utinam et mihi contingat digne credere, ut nunc magnæ huic Dei Ecclesiæ verba quinque in sensu meo loquar,* ubi igitur dixi hæc verba mihi displicere, non monui, id quod decebat, eadem apud Paulum inveniri quidem [55], sed sensu alio. Nam apud Apostolum non de fide, sed de simplici linguæ alicujus notitia sermo habetur. Inter cætera vocabula quæ apud Basilium inusitata esse existimavi, verbum quoque ἀποτηγανίζεσθαι reperitur (*c*) : quo tamen orator optimus in prima *De jejunio* oratione usus est. Similiter ubi notavi illud (*d*), εἶναι τὰ ἔθνη συγκληρονόμα καὶ σύσσωμα, non ita simpliciter scriptum oportuisse, sed addi debuisse, εἰς τό, ut esset, εἰς τὸ εἶναι τά, etc., opinione mea falsus sum. Neque enim illud, εἰς τό, apud apostolum Paulum legitur [56], neque ab interprete Græco adjici decuit. Cum instituissem sermonem de interpretibus Basilii (*e*), Adamum Fumanum, qui Ascetica interpretatus est, nullo discrimine habui : quem tamen cum Ascetica recenserem, vulgum interpretum longe antecellere intellexi. Janum Cornarium laudavi, quem laude dignum etiamnum puto : sed ei tamen Fumanus anteponendus esse mihi videtur. Cornarius fidelius quidem quam temporibus illis fieri soleret, interpretatus est : sed præterquam quod ejus interpretatio dura sit asperaque et minus Latina, sæpe et ipse quoque auctoris sententiam non consecutus est. At Fumanus Latine æque ac Græce doctus erat : qui etsi frequentius ab auctoris sententia aberrabat, id vitium Latinitate accuratiore compensabat. Nec dissimulabo Fumanum in magnum aliud vitium, a quo Cornarius alienissimus erat, incidisse. Ita enim Græca Latine reddebat, ut paraphrasim potius quam interpretationem legere tibi

videare : sed eum nihilominus, ut dixi, omni re considerata, Cornario præferri debere existimo. Non committam, ut sodalem nostrum Joannem Jacobum Raverdy non laudem, hominem multi laboris, et ad bona studia juvanda natum : qui omnem curam atque operam in eo posuit, ut novus Basilius nitidior et emendatior legatur. Alius e nostris sodalibus indicem quam diligentissime contexuit. Conquestus est vir clarissimus idemque doctissimus, me nullum argumentum attulisse, ex quo effici posset, Basilium tertii *in Eunomium* libri auctorem esse : id quod tamen promiseram. Hic promissum complerem, nisi judicarem, me, cum in tertio volumine præclari illius *De Spiritu sancto* libri legitimum parentem indagabo, multo commodius ea de re locuturum. Cum paulo ante (num. 48) probare conarer, Sozomeni locum, in quo Basilii Ascetica a quibusdam Eustathio Sebasteno attributa fuisse dicuntur, non de Regulis, sed de monasticis Constitutionibus accipiendum esse, hoc argumento usus sum, quod si Sozomenus regulas indicare voluisset, ita de his fecisset mentionem, ut Scripturarum testimonia, quibus refertæ sunt, laudasset : quorum Scripturæ locorum meminerunt Rufinus Cassianusque et Photius (*f*). Hoc autem eodem modo intellectum nolo. Cum enim Cassianus et Photius de his testimoniis expresse mentionem habuerint, tamen Rufinus ea perspicue notare satis habuit : qui scilicet de Basilii responsis (*g*) locutus sit, in quibus ejusmodi Scripturarum loca continentur. De panegyrica oratione, quæ de martyre Barlaam habita fuit, copiose quidem disputatum est : sed tamen omisi quod notatu non indignum erat (*h*), videlicet in vetustissimo libro ita scriptum inveniri : Εἰς τὸν ἅγιον Βαρλαὰμ τὸν Ἀντιοχείᾳ μαρτυρήσαντα, *In sanctum Barlaam, qui Antiochiæ passus est* : qua nota opinio nostra non nihil confirmatur. Etsi enim talia non sunt ejusmodi librariorum testimonia, ut quidquam ex his certo concludi possit, tamen non omnino contemnenda ea esse constat.

Sæpe rogavit me vir clarissimus Joannes Baptista Coignard, regius architypographus, ut monerem, si tertium volumen non tam cito in lucem prodeat, id non negligentiæ suæ, sed adversæ meæ valetudini assignatum oportere. Enitar, Deo juvante, ut ante insequentis anni finem inceptum opus persequamur.

[55] I Cor. xiv, 19. [56] Ephes. iii, 6.

(*a*) In Præf., t. I, n. 34.
(*b*) Ibid. n. 41.
(*c*) Ibid. n. 54.
(*d*) Ibid. n. 55.

(*e*) In Præf., t. I, n. 7.
(*f*) Cod. cxci.
(*g*) Cod. *Regul.* p. 91.
(*h*) Leg. n. 5 et seq.

ELENCHUS VETERUM LIBRORUM

AD QUOS

Exacta et emendata sunt Basilii opera, quæ in hoc et sequenti volumine continentur.

Homiliæ de diversis recensitæ sunt ad eos manuscriptos, qui infra notantur.

Regius codex 1906, quem vocamus primum; sicque de reliquis ordine, ita ut qui primo loco ponitur, vocetur primus; qui secundo, secundus, etc. Hic liber membranaceus est et antiquus et eleganter scriptus.

Reg. codex 1907, membr., scriptus decimo sæculo.

Reg. codex. 2287 *ter*, membr. et antiquissimus ac optimæ notæ.

Colb. codex 457, membr., scriptus undecimo sæculo.

Colb. codex 499, membr., scriptus decimo sæculo.

Colb. codex 1934, optimæ notæ, scriptus decimo sæculo, membr.

Coisl. codex 230, noni sæculi : quo tamen parcius usi sumus, quia non parum mendosus est.

Ducæani codices, qui sic notantur, Oliv., Anglic. Sunt autem duo Oliv.

Combefisiani codices, quorum variæ lectiones in Basilio recensito leguntur.

Pro Asceticis.

Reg. codex 1908, membr. et antiquus, qui jam antea fuerat a Combefisio collatus, sed sic ut maximam variantium lectionum partem omisisset.

Reg. codex 2288, membr. et antiquus, eodem modo jam a Combefisio collatus.

Reg. 2895, membr. et antiquus.

Colb. 3063, membr., scriptus decimo sæculo.

Coisl. 231, membr. undecimo sæculo scriptus.

Coisl. codex 233, membr., et antiquus. His duobus ultimus codicibus identidem usi sumus.

Voss. codex a viro doctissimo Andrea Scotto collatus, membr. et antiquissimus.

Editio Ven. ad quam adornandam adhibiti sunt veteres quatuor libri : cujus in ora multæ variantes lectiones reperiuntur : quas diligenter notavimus.

Pro Constitutionibus monasticis.

Reg. codex 1824, membr., quem vocamus primum. Ex quo fit ut codex Regius 1908, qui pro superioribus Asceticis primus est, secundus sit pro monasticis Constitutionibus. Eadem causa Regius codex 2288 tertius est pro monasticis Constitutionibus. Pariter Reg. codex 2895 quartus est pro iisdem Constitutionibus monasticis.

Pro libris De baptismo.

Reg. codex 1908, membr. et antiquus.

Reg. codex 2288, membr. et antiquus.

Reg. codex 2895, membr. et antiquus.

MONITUM.

Ita res in hoc volumine disposuimus, ut genuinæ Orationes obtineant primum locum, Ascetica secundum, aliæ conciones spuriæ tertium, duæ lucubratiunculæ Cotelerianæ et altera Combefisiana quartum, duo *De baptismo* libri quintum, Liturgia sextum, alia quædam Latine scripta ultimum. Hoc igitur volumen æque ac primum in duas partes divisum est : quarum in prima genuinæ lucubrationes, in altera adulterinæ continentur. Sed ne cui ea quam dixi rerum dispositio errorem objiciat, monere inutile non fuerit, germanis ac sinceris peregrina quædam admisceri. Statim igitur inter certas ac indubitatas invenitur secunda *De jejunio* oratio, non quod eam certam esse atque indubitatam putem, sed quod a doctissimis viris talis esse credatur. Rursus panegyricam orationem, quæ de martyre Barlaam habita est, inter germana ac sincera collocavi : quam tamen peregrinam esse arbitror. Sed hæc concio, etsi meo judicio aliena, ita tamen elegans est et ornata, ut inter genuinas locum mereri mihi visa sit. Reliquas autem orationes omnes, quæ in prima voluminis parte leguntur, pro veris ac certis habeo : eoque magis in hac mea sententia confirmor, quod earum nullam hactenus ab eruditis in dubium revocatam fuisse videam. Neque vero id cuidam mirum videri debet, cum in his nihil sit, unde suspicio vel minima oriri possit. Nam ut interim de quibusdam orationibus quarum veteres mentionem fecere, taceam, neminem inficias iturum spero, si in omnibus, pariter omnes dicendi virtutes, quas antiqui in Basilio laudarunt, splendescere ac micare affirmem. Et vero miras illas ingenii dotes, quibus Basilius excelluisse a veteribus dicitur, in iis quas dixi orationibus videre cuique licet, eloquentiam incredibilem, rerum et verborum copiam, summam mundanæ sapientiæ cognitionem ab omni ostentatione alienissimam, eruditionem, pietatem, artis ornamenta omnia sine ulla significatione artis, in explicandis mysteriis tradendisque morum præceptis diligentiam maximam, perspicuitatem, perfectissimam liberalium disciplinarum intelligentiam, vim persuadendi singularem, et, ut verbo dicam, felicem quamdam naturam cum ad cætera tum ad panegyricum dicendi genus accommodatissimam. Neque mihi hoc credi postulo : imo meis verbis fidem facile adhiberi ægre ferrem. Ita enim sentio, quo attentius diligentiusque hæ conciones legentur, eo minus suspectas fore. Et alioquin dignissimæ sunt, quæ sæpius ab omnibus legantur, cum earum lectio cuivis et utilissima et jucundissima futura sit. Doctissimi quique mirabuntur orationes, in quibus nihil otiosum, nihil redundans reperitur; in quibus densa sunt et compacta omnia nervorumque et virium plena, cum omnibus condita dicendi festivitatibus, tum præclarissimis suluberrimisque præceptis refertissima.

Ascetica plus mihi negotii exhibuerunt. Modo eorum nonnulla in secunda tomi parte reponebam : modo eadem in primam revocabam. Sed tamen cum rem eamdem in Asceticis omnibus tractari cogitavi, alia ab aliis non separanda esse censui. Quare ne vera cum falsis incaute confundantur, hoc loco breviter singula recensere non pigebit. Genuina sunt et germana, ut nobis quidem videtur, ascetica tria opuscula prævia, libelli *De judicio Dei* ac *De fide*, *Moralia*, *Regulæ* tam longiores quam breviores : in spuriis vero cætera numeramus, videlicet breves duos libellos qui post *Moralia* locati sunt, Constitutiones monasticas, Epitimia, duas quas Combefisius edidit lucubratiunculas. Attuli in Præfatione argumenta omnis generis, quibus probari posse credidi, tractatum quemque aut genuinum esse, aut adulterinum. Quare hic quidquam addi iis de rebus' necesse non puto, cum potius vereri debeam, ne singulis explicandis diutius immoratus fuisse videar.

Pars voluminis secunda a prima in hoc differt, quod quæcunque in ea reperiuntur, aut spuria sint aut certe spuria esse mihi videantur: quod tamen ita accipi volo, ut Rufiniana quarumdam Basilii orationum interpretatio in subdititiis non ponatur. Cum autem præstiterim in Præfatione, quæcunque homo meæ sortis præstare poterat, in eaque omnia disposuerim suo ordine et loco, nec quidquam omiserim eorum, quibus meam sententiam defendi posse arbitrarer, tædium parerem, si res fuse explicatas hic fusius explicare conarer. Satis igitur habebo petere ac rogare ab eruditis hominibus hoc unum, ut pro sua humanitate atque benevolentia Præfationem nostram benigne et legant et interpretentur.

S. P. N. BASILII
CÆSAREÆ CAPPADOCIÆ ARCHIEPISCOPI
DE JEJUNIO HOMILIA I.

1. *Clangite*, inquit, *in initio mensis, buccina, in insigni die solemnitatis vestræ*[1]. Hoc mandatum est propheticum. Porro festum quod hos dies antecedit, quavis tuba vocalius, et quovis instrumento musico significantius indicant nobis scripturæ recitatæ. Nam ex Isaia didicimus jejuniorum gratiam, qui ut Judaicum jejunandi modum aversatus est, 2 ita verum jejunium nobis commonstravit. *Ne jejunetis ad lites ac contentiones..., sed dissolve omne vinculum iniquitatis*[2]. Et Dominus : *Nolite fieri tristes..., sed lava faciem tuam, et unge caput tuum*[3]. Sic igitur animis affecti simus, quemadmodum sumus edocti, ac dies instantes haudquaquam tristi, sed hilari animo excipiamus, sicuti decet sanctos. Nemo dejectæ mentis coronatur, nemo mœrens tropæum statuit. Noli tristis esse, dum curaris. Absurdum fuerit non lætari de sanitate animæ, imo de commutatis cibis dolere, ac videri tales qui plus tribuamus voluptati ventris, quam curæ mentis. Nam in ventre sistitur satietatis delectatio ; sed jejunium in animam subvehit lucrum. Sis hilari animo, quod tibi a medico datum est pharmacum efficax abolendo peccato. Quemadmodum enim vermes, qui in puerorum intestinis germinant, pharmacis quibusdam vehementer acribus et amaris excutiuntur, ita peccatum, in intimis secessibus inhabitans, delet enecatque, simul atque in animam supervenerit, jejunium, quod scilicet vere sit hoc nomine dignum.

2. *Unge caput tuum, et lava faciem*[4]. Ad mysteria te vocat Scriptura. Qui unctus est, inunxit ; qui ablutus fuit, abluit. Transfer præceptum ad interna membra. Ablue animam a peccatis. Unge caput unguento sancto, ut consortium habeas cum Christo, sicque accedito ad jejunium. Noli obscurare faciem tuam more hypocritarum. Obscuratur facies, cum internus affectus externo quodam habitu simulato obumbratur, mendacio veluti velo obtento contectus. Hypocrita est qui in theatro personam sustinet alienam, sæpe heri, cum sit servus, aut regis, cum sit privatus. Itidem in hac vita velut in orchestra quadam agunt plerique vitam theatricam, aliud in corde gerentes, aliud in specie hominibus ostendentes. Itaque ne obscures faciem. Qualis es, talis appare ; ne teipsum transfigures in habitum tristem ac tetricum, hinc laudem ac gloriam aucupans, quod videare continens, ac temperans. Neque enim boni operis, cui tuba præcinit, utilitas est ulla, neque fructus ullus jejunii, quod ad publicam fit ostentationem. Quæ enim ostentationis causa fiunt, ea nequaquam porrigunt fructum in sæculum venturum, verum in hominum laudem commendationemque desinunt. Proin hilariter accurre ad jejunii donum. Vetus donum est jejunium, quod non veterascit, nec senescit, sed usque renovatur, sed perpetuo vigore pubescit.

3. Putasne me jejunii antiquitatem a legis initio supputare ? Etiam ipsa lege antiquius est jejunium. Paulisper si manseris, comperies verum esse quod dixi. Cave existimes diem propitiationis, 3 qui designatus Israelitis erat mense septimo, decimo die mensis[5], fuisse jejunii principium. Ades huc, ac per historiam decurrens, vestigia jejunii antiquitatem. Neque enim recens inventum est, sed pretiosus thesaurus a majoribus repositus ac traditus. Quidquid vetustate præcellit, idem venerabile est. Reverere jejunii canitiem. Tam vetus est, ut simul cum homine condito cœperit : in paradiso præscriptum est (1). Primum illud præceptum accepit Adamus : *De ligno scientiæ boni et mali non comedetis*[6]. Illud autem, *non comedetis*, jejunii et abstinentiæ lex est. Si a ligno jejunasset Eva, nequaquam hoc nunc jejunio opus haberemus. *Neque enim opus est valentibus medico, sed male habentibus*[7]. Fuimus per peccatum læsi ; sanemur per pœnitentiam : pœnitentia autem sine jejunio iners est et infrugifera. *Maledicta terra, spinas et tribulos germinabit tibi*[8]. In tristitia vivere jussus es, non indulgere deliciis. Per jejunium satisfacito Deo. Quin et ipsa in paradiso vita, jejunii simulacrum est, non ob id modo quod homo, communi cum angelis vivendi ratione utens, ipsis efficiebatur similis, utpote paucis contentus ; verum etiam quod, quæcunque post hominum cogitatio commenta est, ea

---

[1] Psal. LXXX, 4. [2] Isa. LVIII, 4-6. [3] Matth. VI, 16, 17. [4] Matth. VI, 17. [5] Levit. XVI, 29; XXIII, 27. [6] Gen. II, 17. [7] Matth. IX, 12. [8] Gen. III, 17, 18.

(1) Augustinus, cum peccatum originale probare vellet, hunc Basilii locum protulit lib. I *Contra Jul.*, cap. 5, num. 18.

nondum degentibus in paradiso excogitata erant: nondum vini potatio, nondum pecudum mactatio, non alia quæcunque perturbant mentem humanam.

4. Quoniam non jejunavimus, exsulamus e paradiso: jejunemus igitur, ut ad illum revertamur. An non vides, quomodo Lazarus per jejunium ingressus est paradisum[a]? Noli imitari Evæ inobedientiam, noli rursus serpentem in consilium adhibere, edulium ad carnem mollius curandam proponentem. Ne causeris corporis infirmam valetudinem ac debilitatem. Neque enim mihi istas excusationes profers, sed scienti dicis. Age, dic mihi, jejunare non potes, et potes continuo expleri cibis, potes conficere corpus pondere escarum? Atqui infirmis non ciborum varietatem, sed inediam et abstinentiam a medicis solere præscribi scio. Qui fit igitur ut, cum ista possis, illa te non posse causeris? Utrum ventri facilius est tenui victu transmittere noctem, an copia ciborum gravatum jacere? imo ne jacere quidem, sed crebro huc et huc verti, dehiscentem ac stridentem? Nisi forte dicturus es illud, quod naucleri facilius servant navim sarcinis onustam quam eam quæ expeditior est ac levior. Nam oneris magnitudine gravatam, quamvis exiguus fluctus adoriens demergit; contra, cujus sarcina moderata est ac modica, hæc facile fluctus superat, eo quod eam his fieri altiorem impediat nihil. Eumdem ad modum et hominum corpora assidua expletione degravata facile a morbis demerguntur; quæ vero facili levique utuntur alimonia, non modo quod ex morbo imminent malum, velut procellæ assultum effugiunt, verum etiam præsentem jam ægritudinem velut turbinem quemdam exorientem discutiunt. Videlicet juxta tuam sententiam laboriosius erit quiescere quam currere, et otiosum esse quam luctari: siquidem judicas congruentius esse infirmos deliciis expleri quam parco tenuique uti victu. Nam vis illa qua animali providetur, temperatum ac parcum victum nullo negotio concoquit, et in corporis quod alitur substantiam vertit; at eadem ubi opiparos variosque cibos complexa est, nec deinde par est his omnino coquendis, tum diversa gignit morborum genera.

5. Sed jam ad historiam se nostra recipiat oratio, jejunii antiquitatem percurrens, et quantopere omnes sancti, perinde quasi hæreditatem a majoribus traditam, jejunium observaverint, patresque suis quique liberis tradiderint: unde et ad nos perpetua quadam successionis serie pervenit hæc possessio. Non erat in paradiso vinum, non erat pecudum mactatio, non carnium esus. Post diluvium cœpit vinum; post diluvium, *Comedite omnia sicut olera pabuli*[10]. Posteaquam desperata est perfectio, tum denique his utendi concessa est potestas. Porro nullum tum fuisse vini experientiam, argumento est Noe, qui nesciebat vini usum. Nondum enim obrepserat in humanam vitam, nondum mortalium usu tritum erat. Itaque cum ille nec alium quemquam bibentem vidisset, nec ipse esset expertus, in noxam a vino afferri solitam incidit incautus. *Plantavit enim Noe vineam, bibitque de fructu, et inebriatus est*[11]; non quidem eo quod vinolentus esset, sed quod sumendi vini modum nesciret. Itaque inventum bibendi vinum recentius est paradiso, adeo vetusta est jejunii dignitas. Quin et Moysem novimus per jejunium accessisse ad montem[12]. Neque enim ausus esset verticem fumantem attingere, neque ingredi in nubem, nisi fuisset jejunio obarmatus. Per jejunium legem accepit digito Dei scriptam in tabulis, atque in montis quidem cacumine jejunium legem impetravit, in radice vero montis ingluvies ad idololatriam dementavit. *Sedit enim populus ut ederet ac biberet, et surrexerunt ad ludendum*[13]. Quod famulus quadraginta dies jejunus assidue versans cum Deo, deprecansque confecerat, id unica temulentia reddidit irritum infrugiferumque. Nam tabulas, quas jejunium impetrarat conscriptas digito Dei, ebrietas comminuit; judicavit quippe propheta ebrium populum dignum non esse, qui legem acciperet a Deo. In unico temporis momento populus ille, qui maximis prodigiis Dei cognitionem acceperat, per gulam ad insanam Ægyptiorum idololatriam devolutus est. Hæc utraque inter se componito: hinc quomodo jejunium adjungat Deo, illinc quomodo luxus auferat salutem. Descende, ac via qua cœpisti ad inferiora perge.

6. Ecquid inquinavit Esau, et servum fecit fratris? Nonne edulium unum, cujus gratia vendidit jus primogeniti[14]? Jam Samuelem nonne deprecatio cum jejunio conjuncta donavit matri[15]? Quid fortissimum virum Sampsonem invictum reddidit? Annon jejunium, quocum in utero matris conceptus est[16]? Hunc peperit jejunium, hunc enutrivit jejunium instar nutricis, jejunio in virum adolevit, quod jejunium angelus præscripserat matri: *Quidquid proficiscitur e vinea, ne edat, vinumque et siceram ne bibat*[17]. Jejunium prophetas generat, roborat fortes; jejunium legum latoribus subministrat sapientiam: bona animæ custodia, corpori tutus contubernalis, armatura fortiter belligerantibus, athletis exercitium. Hoc tentationes depellit, ungit ad pietatem, sobrietatis domesticus comes, opifex castitatis. In bellis fortiter agit, in pace docet quietem. Nazaræum sanctificat, perficit sacerdotem. Neque enim fieri potest, ut absque jejunio audeat ad sanctum ministerium accedere, non tantum in mystico horum temporum vero cultu, verum etiam in eo qui juxta legem in figuris peragebatur. Jejunium Eliam magni illius spectaculi spectatorem fecit, qui cum quadraginta dierum jejunio repurgasset animam, ita demum in spelunca quæ est in Choreb, promeruit videre Dominum[18], quan-

---

[a] Luc. xvi, 20-31. [10] Genes. ix, 3. [11] ibid. 20, 21. [12] Exod. xxiv, 18. [13] Exod. xxxii, 6. [14] Genes. xxv, 30-34. [15] I Reg. i, 13-16. [16] Judic. xiii, 4. [17] ibid. 14. [18] III Reg. xix, 8-13.

tum quidem licet homini videre. Jejunans reddidit viduae filium, fortis factus adversus ipsam mortem per jejunium. Vox abs jejunantis ore profecta, scelerato populo clausit coelum annos tres ac menses sex. Ut enim hominum duram cervicem habentium cor indomitum emolliret, voluit et seipsum ea calamitate cum caeteris condemnare. Propterea, *Vivit Dominus*, inquit, *si erit aqua super terram, nisi per os meum* [19]. Et jejunium intulit per famem populo omni, videlicet ut ortam ex deliciis vitaque dissoluta nequitiam corrigeret. Rursus quinam victus Elisaei? quomodo apud Sunamitidem hospitio usus est? quomodo ipse prophetas excepit? Nonne agrestia olera ac farinae pauxillum hospitalitatis munus explebant [20]? quo tempore etiam colocynthide sumpta, erant periclitaturi qui gustarant, ni fuisset jejunatoris prece dissipatum venenum [21]. Atque, ut semel omnia dicam, reperies quotquot fuere sancti, omnes per jejunium ad vitam Deo dignam institutos fuisse. Ea est natura corporis cujusdam, quod *amianton* vocant, ut igni consumi non possit. Id si in flamma ponatur, videtur quidem ignescere, et in prunam verti: sed si eximatur igni, perinde quasi fuisset aqua illustratum, evadit purius. Hujusmodi erant trium illorum puerorum corpora in Babylone, naturam amianti per jejunium habentia [22]. Siquidem in vehementi fornacis flamma, quasi natura fuissent aurei, ita apparuerunt noxa ignis ac injuria superiores. Quin et auro ostensi sunt fortiores: neque enim ipsos conflabat ignis, sed integros illibatosque tuebatur. Atqui nihil est quod illam tum flammam sustinere potuisset, quam naphtha, pix, et sarmenta sic alebant, ut ad quadraginta novem cubitos diffusa esset, atque circumjacentia depascens, plurimos Chaldaeos absumpserit. Hoc igitur tantum incendium pueri cum jejunio ingressi conculcarunt, liquidum ac roscidum aerem in igne tam vehementi respirantes. Neque enim ignis vel pilos illorum ausus est attingere, eo quod a jejunio essent aliti [23].

7. Porro Daniel vir desideriorum, cum tres hebdomadas panem non edisset, nec bibisset aquam [24], demissus in lacum etiam leones jejunare docuit [25]. Neque enim leones dentes in illum impingere valuerunt, perinde quasi e lapide, aut aere, aut alia quapiam rigidiore materia concretus fuisset. Adeo jejunium velut quaedam ferri tinctura firmarat viri illius corpus, ac leonibus insuperabile reddiderat; neque enim os aperuerunt adversus sanctum. Jejunium restinxit vim ignis, obturavit ora leonum. Jejunium precationem transmittit in coelum, dum ipsi est alarum loco ad supernum iter conficiendum. Jejunium domorum incrementum est, sanitatis mater, juventutis paedagogus, ornamentum senibus, bonus comes viatoribus, tutus contubernalis conjugatis. Nullas maritus suspicatur conjugio strui insidias, conspiciens uxori familiare jejunium.

Non contabescit uxor zelotypia, cernens maritum amplecti jejunium. Quis rem familiarem diminuit in jejunio? Recense hodie domus supellectilem, ac postea denuo numera: nihil deerit ob jejunium in rebus domesticis. Nullum animal deplorat mortem, nusquam sanguis, nusquam sententia ab inexorabili ventre adversus animantia prolata. Cessat machaera coquorum, mensa contenta est sponte nascentibus. Sabbatum Judaeis erat traditum, ut requiescat, inquit [26], jumentum tuum et servus tuus. Sit jejunium famulis requies a perpetuis laboribus, qui tibi per totum annum inserviunt. Dato respirationem et moram coquo tuo, sine vacare structorem mensarum; siste pocillatoris manum; sit aliquando respiratio variorum bellariorum ac cupediarum architecto. Conquiescat tandem ipsa domus ab infinitis tumultibus, a fumo, a nidore, ab his qui sursum deorsum cursitant, ac ventri velut imperiosae dominae ministrant. Prorsus etiam tributorum exactores sibi obnoxiis pusillum concedunt libertatis. Det aliquantum vacationis et venter ori, paciscatur nobiscum quinque dierum inducias, qui semper alioqui flagitat, nec unquam desinit, dum quod accepit hodie, cras obliviscitur. Cum fuerit expletus, tum de abstinentia philosophatur; ubi detumuit, dogmatum illorum obliviscitur.

8. Jejunium non novit foenoris naturam; non olet usuras jejunantis mensa; non praefocat orphanum jejunatoris filium aes alienum a patre conflatum, quod serpentium ritu circumvolvatur. Quanquam et alias jejunium occasio est hilaritatis. Nam quemadmodum sitis efficit, ut jucundus sit potus, et sicut quae praeivit fames, epulas suaves reddit: ita quoque quae sumuntur edulia, condit jejunium, atque educat. Dum enim medium se interponit, ac deliciarum continuum usum interrupit, sumptionem, utpote intermissam, tibi jucundam exhibebit. Proinde si vis tibi mensam apparare suavem, admitte ex jejunio vicissitudinem. Tu vero, quod deliciis nimium addictus es, insipidas reddis tibi delicias imprudens, ac prae voluptatis amore voluptatem fugas. Nihil enim tam cupitum est, quod non habeas in fastidium, si perpetuo fruare. At quae raro habentur, his avide fruimur. Sic et quod condidit nos Deus, providit ut dona ipsius gratiam apud nos obtineant ipsa vivendi varietate ac vicissitudine. An non vides solem esse laetiorem post noctem? ac vigiliam esse jucundiorem post somnum? et sanitatem esse desiderabiliorem contraria expertis? Iidem et mensa est gratior post jejunium, idque ut divitibus et iis quibus mensa est opipara, ita tenuibus et iis qui parabili facilique victu utuntur.

9. Terreat te divitis exemplum, quem vita in deliciis acta tradidit incendio. Non enim ob crimen injustitiae, sed ob vitae mollitiem in camini flamma torrebatur. Proin ut hoc incendium exstinguamus,

---

[19] III Reg. xvii, 1. [20] IV Reg. iv, 42-44. [21] IV Reg. iv, 39-41. [22] Dan. i, 8-16. [23] Dan. iii, 24-50. [24] Dan. x, 2. [25] Dan. vi, 16-22. [26] Exod. xx, 10.

opus est aqua. Neque vero ad futura solum utile est jejunium, sed hic etiam ipsi carni conducibilius est. Siquidem habitudo corporis extreme bona sensim alteratur, mutaturque : nimirum succumbente natura, nec valente corpulentiæ pondus sustinere. Vide ne qui nunc aquam respuis, in posterum quoque, exemplo divitis illius [27], stillam aquæ concupiscas. Nemo per aquæ potum lapsus est in crapulam, nulli caput unquam doluit aqua gravatum. Nullus eguit alienis pedibus, cui fuerit familiaris aquæ potus. Nullius pedes præpediti sunt, nullius manus usum suum amiserunt, aqua irrigatæ. Nam concoctionis vitium, quod viventes in deliciis necessario comitatur, acres morbos gignit in corporibus. Jejunantis color venerabilis est, non inverecundo rubore floridus, sed modesto pallore cohonestatus : oculi placidi, incessus compositus, vultus cogitatione defixus, nec intemperato risu dedecoratus, concinnus sermo, purum cor. Revoca in memoriam quotquot ab orbe condito fuere sancti, *Quibus dignus non erat mundus, qui circumibant in pellibus ovium et caprarum, egentes, pressi, afflicti* [28]; illorum imitare vitam, si modo illorum cupis assequi sortem. Quæ res Lazaro quietem paravit in sinu Abrahamæ [29]? Nonne jejunium? Porro Joannis vita, unum erat ac continuum jejunium [30]. Non habebat lectum, non mensam, non arva, non aratorem bovem (1), non triticum, non pistorem, denique non aliud quidquam eorum quæ ad victum pertinent. Ideoque *Inter natos mulierum non surrexit major Joanne Baptista* [31]. Paulum cum alia, tum jejunium, quod super afflictionibus suis glorians recenset, in tertium cœlum subvexit [32]. Porro 8 quod præcipuum est ex iis quæ diximus, Dominus noster non prius in carne, quam pro nobis assumpserat, diaboli insultus excepit, quam eam jejunio communisset [33], tum nos erudiens ut nosmet jejuniis ad tentationum certamina ungamus et exerceamus, tum adversario per esuritionem præbens accedendi quasi ansam. Alioqui propter divinæ naturæ sublimitatem non patebat ad illum aditus diabolo, nisi se per esuritionem ad humanam imbecillitatem submisisset. Attamen priusquam reverteretur in cœlos, cibum gustavit [34], corporis quod resurrexerat naturam ac veritatem comprobaturus. Tu vero nullumne finem facturus es teipsum supra modum saginandi ac carne onerandi? nullamne animo ex fame et inedia extabescentem, habiturus es rationem salutarium ac vivificorum dogmatum? An ignoras, quod perinde atque in acie hinc atque hinc instructa, qui alteri parti fert suppetias, facit ut altera vincatur : ita qui carni sese adjungit, expugnat spiritum, et qui ad spiritum transit, carnem in servitutem redigit? *Hæc enim sibi invicem adversantur* [35]. Proinde si cupis mentem reddere validam, fac carnem domes jejunio. Hoc enim est quod ait Apostolus, quod quantum externus homo corrumpitur, tantum internus renovatur [36]. Item illud : *Cum infirmor, tunc potens sum* [37]. Itane non contemnes istas escas, quæ corrumpuntur? itane non te capiet illius mensæ desiderium, quæ est in regno cœlorum, quam prorsus hic jejunando tibi præparabis? An ignoras, quod immoderata expletione tibi ipsi pinguem tortorem vermem paras? Quis enim in splendidis epulis, perpetuisque deliciis particeps factus est ullius doni spiritualis? Moyses ut alteram acciperet legem, altero jejunio opus habuit. Nisi una cum Ninivitis jejunassent et ipsa bruta animalia, haudquaquam effugissent subversionis comminationem [38]. Quorum cadavera prostrata sunt in deserto [39]? Nonne eorum, qui esum carnium flagitabant [40]? Illi donec erant contenti manna, et aqua de petra fluente, superabant Ægyptios, per mare faciebant iter, *Non erat infirmus in tribubus eorum* [41] : postea quam vero recordati sunt carnium ollas [42], et desiderio reversi sunt in Ægyptum, non viderunt terram repromissam. Non metuis exemplum? non horres edacitatem, ne forte a bonis quæ speramus, te excludat? Ac ne Daniel quidem ille sapiens visiones vidisset, nisi jejunio reddidisset animam 9 limpidiorem. Siquidem pinguiore pastu ceu fumosi quidam vapores exhalantur, qui lucem sancti Spiritus in hominis mentem irradiantem, quasi densa nubes interveniens, intercipiunt. Quod si angelorum quoque cibus est ullus, panis est, quemadmodum ait propheta : *Panem angelorum manducavit homo* [43] : non carnes, non vinum, non denique quæcunque alia, quæ qui serviunt ventri, ingenti studio exquirunt. Jejunium armatura est ad confligendum cum dæmonibus. Nam *Hoc genus non exit nisi in oratione et jejunio* [44]. Tam multa bona proveniunt e jejunio : contra, satietas lasciviæ initium est. Statim enim una cum deliciis, ebrietate, et omni genere conditis bellariis, prodit libidinis pecuinæ genus omne. Hinc equi insanientes in feminas fiunt homines [45], ob œstrum ac furorem quem in animo gignunt deliciæ. A temulentis orta est naturæ inversio, dum in masculino sexu femininum, in feminino masculinum quærunt. Jejunium vero etiam in usu conjugii modum temperantiamque docet, ac voluptatum lege

---

[27] Luc. xvi, 24. [28] Hebr. xi, 36, 37. [29] Luc. xvi, 23. [30] Matth. iii, 4. [31] Matth. xi, 11. [32] II Cor. xi, 27; xii, 2. [33] Matth. iv, 2. [34] Luc. xxiv, 43. [35] Galat. v, 17. [36] II Cor. iv, 16. [37] II Cor. xii, 10. [38] Joan. iii, 4-10. [39] Hebr. ii, 17. [40] Num. xiv, 37. [41] Psal. civ, 37. [42] Exod. xvi, 3. [43] Psal. lxxvii, 25. [44] Marc. ix, 28. [45] Jerem. v, 8.

(1) Hunc locum interpretans Erasmus, addidit hæc verba, *ut ait Hesiodus;* nec tamen Basilius ejus poetæ meminit : sed vir multæ lectionis et propemodum infinitæ, indicare voluit Basilium, cum bovem aratorem dixit, hoc epithetum ab Hesiodo mutuatum fuisse. Versus Hesiodi, teste Ducæo, quadringentesimus tertius est in *Operibus et diebus.*

concessarum immodicum usum castigans, parit concors otium, ut perseverent in precatione⁴⁶.

10. Cave tamen ne jejunii utilitatem sola escarum abstinentia metiaris. Verum enim jejunium est a vitiis esse alienum. *Solve omne vinculum iniquitatis*⁴⁷ : condona proximo molestiam illatam tibi : remitte illi debita. *Nolite ad lites ac contentiones jejunare*⁴⁸. Carnes non edis, sed comedis fratrem. A vino abstines, sed ab injuriis tibi non temperas. Exspectas vesperam, ut cibum capias, sed diem totum absumis apud tribunalia. Væ iis qui ebrii sunt, non a vino⁴⁹. Ira, mentis est temulentia, eamque desipientem reddit, haud aliter quam vinum. Tristitia est quoque temulentia mentem obruens, ac demergens. Alia temulentia metus est, cum habetur ubi non oportet. A *timore* enim, inquit, *inimici eripe animam meam*⁵⁰. In summa, quivis affectus dimovens animam a statu suo dici merito potest ebrietas. Cogita mihi hominem ira percitum, quam temulentus sit eo vitio. Non est sui compos, non novit semetipsum, non novit qui adsunt; sed velut in pugna nocturna, omnes attingit, in quoslibet obvios incidit, inconsiderata loquitur, non potest cohiberi, conviciatur, percutit, minatur, dejerat, vociferatur, disrumpitur. Fugito istam temulentiam, sed ne illam quidem quæ ex vino nascitur, admitte. Noli aquæ potum largiore vini potu prævertere. Ne te ad jejunii mysteria introducat ebrietas. Non est per temulentiam aditus ad jejunium, quemadmodum nec ad justitiam accessus est per fraudationem, nec ad castimoniam per lasciviam, nec, ut summatim dicam, per nequitiam ad virtutem. Aliud ostium est ad jejunium. Ebrietas ad lasciviam inducit, ad jejunium frugalitas. Athleta ante certamen exercetur ; qui jejunaturus est, præparat se per abstinentiam. Ne velut ulciscens hos dies, neu veluti fucum facturus legislatori, ante hos quinque dies colloca crapulam. Nam laboras frustra, si corpus quidem conficis, nec tamen solatium esurilioni admoves. Infida est cella, in pertusum dolium infundis. Etenim vinum diffluit, ad suam recurrens viam; contra remanet peccatum. **10** Famulus profugit ab hero verberante : tu vero non recedis a vino, quod tuum quotidie caput percutit ? Modus utendi vino optimus est corporis necessitas. Quod si fines prætergredieris, postridie venies capitis gravedine affectus, oscitans, vertigine laborans, putrefactum obolens vinum; omnia tibi circumferri, omnia circumvolvi videbuntur. Ebrietas ut somnum affert mortis germanum, ita vigiliam habet somniis assimilem.

11. An ignoras quem es hospitio excepturus ? Nimirum illum, qui nobis ita pollicitus est : *Ego et Pater veniemus, et mansionem apud eum faciemus*⁵¹. Cur igitur prius recipis temulentiam, ac Domino ingressum præcludis (1) ? cur hostem inducis, ut tua prior munimenta occupet ? Ebrietas non recipit Dominum, ebrietas Spiritum propellit. Fumus quidem abigit apes, dona vero spiritualia fugat crapula. Jejunium civitatis est ornamentum, fori columen, domorum pax, incolumitas facultatum. Vis jejunii videre dignitatem ? Confer mihi hodierni diei vesperam cum vespera crastini, conspicies civitatem e tumultu ac tempestate mutatam in profundam tranquillitatem. Utinam autem hodiernus dies crastino similis sit sanctitate et gravitate, et crastinus dies hodierno non cedat hilaritate ! Cæterum qui nos produxit ad hunc temporis recursum Dominus, præstet nobis tanquam certatoribus, ut in hoc certaminum exordio firmam ac constantem temperantiam ostendamus, perveniamusque ad arbitram coronarum diem, ut recordemur nunc quidem salutiferæ passionis, in futuro vero sæculo fruamur præmio, pro his quæ in hac vita gessimus, reponendo in justo judicio Christi ipsius, quoniam illi gloria in sæcula. Amen.

DE JEJUNIO HOMILIA II.

1. *Exhortamini*, inquit, *sacerdotes, populum: loquimini ad aures Jerusalem*⁵². Ea vis est orationis, ut et studiosis possit impetum intendere, et ignavis ac segnibus excitare alacritatem. Hanc ob causam duces cum aciem instruunt, exhortatoriis orationibus ante conflictum uti solent, tantamque vim habet ea exhortatio, ut compluribus etiam mortis contemptum frequenter afferat. Similiter exercitiorum magistri et pædotribæ, si quando in stadiis certaturos producunt, multis admonent labores necessario pro coronis perferendos esse ; adeoque victoriæ consequendæ studio adducti sunt multi ad sua corpora contemnenda. Proinde mihi quoque, qui Christi milites ad bellum cum invisibilibus hostibus gerendum instruo, et athletas pietatis per **11** abstinentiam præparo ad justitiæ coronas, opus est oratione exhortatoria. Quid igitur est quod dico, fratres ? Nempe quod iis qui bellicis in rebus exercentur, quippe in palæstris luctando desudant, convenit, ut copia ciborum reddant seipsos corpulentos et obesos ; videlicet quo validioribus nervis labores queant capessere : contra vero, quibus *Non est colluctatio adversus sanguinem et carnem, sed adversus principatus, adversus potestates, adversus mundi dominos tenebrarum harum, adversus spirituales nequitias*⁵³, hos oportet per sobrietatem ac jejunium ad certamen exerceri. Etenim quemadmodum oleum pinguefacit athletam : ita jejunium robur addit ei qui ad pietatem exercet sese. Itaque

---

⁴⁶ I Cor. vii, 5. ⁴⁷ Isa. lviii, 6. ⁴⁸ ibid. 4. ⁴⁹ Isa. li, 21. ⁵⁰ Psal. lxiii, 2. ⁵¹ Joan. xiv, 23.
⁵² Isa. xl, 1. ⁵³ Ephes. vi, 12.

(1) Monere juvat, Eucharistiam non obscure hoc loco indicari : ad quam qui accederent, Dominum ipsum, ut docet Basilius, non Domini umbram aut figuram recipiebant. Quo Basilii testimonio, ut sexcentis aliis sanctorum Patrum, plane constat Domini corpus in Eucharistia vere et proprie recipi.

quantum subtraxeris carni, tanto reddes animam bona habitudine spirituali nitidiorem. Non enim ex viribus corporis, sed ex animi tolerantia atque in afflictionibus patientia adversus hostes invisibiles robur suppetit.

2. Est quidem jejunium omni tempore utile, iis qui lubenti animo illud suscipiunt (neque enim assultus dæmonum quidquam audet adversus jejunantem, ac vitæ nostræ custodes angeli diligentius adsunt iis qui jejunio purgatam habent animam) : sed multo magis hoc tempore, quo per universum terrarum orbem undique denuntiatur jejunii præconium. Nec ulla est insula, nec ulla terra continens, non civitas, non gens ulla, non extremus mundi angulus, ubi non audiatur jejunii edictum. Quin et exercitus, et viatores, et nautæ, et negotiatores, omnes pariter audiunt edictum, et summo gaudio excipiunt. Ne quis igitur semet excludat a numero jejunantium, in quo omne genus hominum, omnis ætas, omnes dignitatum ordines recensentur. Angeli sunt qui in singulis ecclesiis describunt ac recensent jejunantium capita. Vide ne ob parvam eduliorum voluptatem simul et priveris angeli recensione, et teipsum apud eum qui exercitum collegit, obnoxium facias desertoris crimini. Minus periculum foret, si quis fugiendo scutum in acie abjicere deprehenderetur, quam si magnum illud scutum jejunium videatur projecisse. Dives es ? Ne jejunium affeceris contumelia, excludens illud fastidiose a mensæ tuæ consortio, neve absque ullo honore e domo tua ipsum expuleris, a voluptate victum ac superatum ; nequando te reum peragat apud jejuniorum legislatorem, fiatque ut condemneris ad longe majorem inediam mulctæ nomine, sive ex adversa valetudine corporis, sive ex alio quopiam tristi casu. Contra qui pauper est, ne ludum jejunium faciat ; quandoquidem illud jam olim habet et domesticum et mensæ socium. Porro mulieribus quam est naturale respirare, tam est conveniens jejunium. Pueri, velut plantæ virides, jejunii aqua irrigentur. Senibus levem reddit laborem contracta jam olim cum jejunio familiaritas : labores siquidem, quorum factum est experimentum longo usu, minore molestia afficiunt exercitatos. Viatoribus expeditus itineris comes est jejunium. Quemadmodum enim luxus cogit illos onus perferre, 12 nimirum ea quibus se ingurgitarunt circumferentes : sic jejunium eos et leves reddit et expeditos. Ad hæc, indicta procul expeditione, militibus commeatus suppeditatur, non ad delicias, sed ad necessitatem ; an non multo magis nobis qui adversus hostes invisibiles prodimus in prælium, ac post eos devictos ad supernam patriam festinamus, conveniet, tanquam in castris degentibus, necessariis esse contentos ?

3. Suffer afflictionem velut bonus miles, et legitime certa, ut coroneris [54], illud haud ignorans, quod quicunque certat, in omnibus sibi temperat. Sed quod mihi modo inter dicendum venit in mentem, haud merito omitteretur, videlicet quod hujus mundi militibus pro laborum ratione augetur obsonium ; contra, inter spirituales milites, qui minus habet alimenti, plus habet honoris. Nam quemadmodum galea nostra sua natura differt a corruptibili, siquidem illius materia est æs, nostra vero ex spe salutis [55] est conflata : itidem illis scutum e ligno ac tergore bubulo confectum est, nobis vero fidei lutamen loco est scuti [56] : rursum nos thorace justitiæ obarmamur, illi tunicam hamis consertam circumferunt : præterea nobis adest gladius spiritus ad defensionem, illi ferro defenduntur : ita quoque nos non iisdem cibariis quibus illi, vegetamur viresque colligimus : sed nos pietatis dogmata corroborant, illis ad parandas vires expletione ventris est opus. Quoniam igitur temporis circulus dies hos vehementer optabiles nobis reduxit, eos tanquam veteres nutritios, lubentes et hilares quisque excipiamus, per quos Ecclesia nos ad pietatem educat. Proinde jejunaturus noli tristis esse, Judæorum more ; sed, juxta doctrinam evangelicam, teipsum hilarem et alacrem præbe [57] ; neque lugeas ventris inediam, sed animæ potius gratulare spiritualibus epulis fruenti. Scis enim quod *Caro concupiscit adversus spiritum, et spiritus adversus carnem* [58]. Itaque cum hæc sibi invicem adversentur [59], subtrahamus carni delicias, augeamus animæ robur ; ut per jejunium a vitiis atque libidinibus victoriam reportantes, abstinentiæ coronis cingamur.

4. Jam igitur teipsum exhibeas dignum jejunio cum primis venerabili, ut ne hodierna temulentia crastinam abstinentiam corrumpas. Improbum istuc consilium est, prava cogitatio est, ita dicentium : Quoniam nobis quinque dierum jejunium indictum est, hodie nosipsos temulentia obruamus. Nemo pudicam uxorem legitimo conjugio ducturus, prius scorta et concubinas domum inducit. Neque enim conjux legitima patitur convictum contuberniumque corruptarum. Proinde tu quoque, cum exspectatur jejunium, cave prius introducas ebrietatem, scortum illud publicum, impudentiæ matrem, risus amantem, insanientem, ad omnia turpitudinis genera proclivem. Neque enim jejunium et precatio introibunt in animam temulentiæ 13 sordibus inquinatam. Jejunantem intra sacros cancellos suscipit Dominus ; at luxu crapulaque plenum, veluti profanum et a sacris alienum nequaquam admittit. Etenim si cras venias vinum obolens, idque cruditate corruptum ac putrefactum, quomodo tibi crapulam pro jejunio imputabo ? Neque enim illud cogita, quod merum tibi recens infusum non est ; sed quod a vino purus non es, hoc reputa. In utro te ordine collocabo ? Inter ebriosos, an inter jejunantes ? Præterita vinolentia te sibi asserit : præsens inedia jejunium testificatur.

---

[54] 1 Cor. IX, 25. [55] 1 Thes. V, 8. [56] Ephes. VI, 17. [57] Matth. VI, 16, 17. [58] Galat. V, 17. [59] ibid.

Anceps es, et controversum temulentiæ veluti mancipium, nec unquam dimittet te, idque optimo jure: quippe quæ manifesta servitutis argumenta proferat, odorem vini velut in lagena residentem. Protinus tibi primus jejunii dies abjudicabitur, ob temulentiæ reliquias in te repositas. Quorum autem primitiæ rejiciuntur, haud dubium quin in his totum quoque sit rejiciendum. *Ebriosi regnum Dei non possidebunt* [60]. Si temulentus accedis ad jejunium, quid utilitatis aufers? Nam si te ebrietas excludit a regno cœlorum, quisnam tandem e jejunio fructus? Annon vides, quod qui in domandis equis, qui ad certamina aluntur, peritissimi sunt, cum instat certaminis dies, eos inedia præparant? Tu contra, data opera temetipsum deprimis saturitate: adeo gulæ vitio bruta etiam animalia præcurris. Venter onustus non solum ad cursum, sed ne ad somnum quidem accommodus est, eo quod distento ciborum copia, non datur quiescere, sed cogitur subinde semet nunc in dextrum, nunc in lævum latus vertere.

5. Jejunium servat parvulos, sobrium reddit juvenem, venerabilem facit senem; venerabilior enim est canities jejunio decorata. Jejunium feminis ornatus est congruentissimus; ætate ac robore vigentibus pro freno est; jejunium matrimonii custodia est, virginitatis nutritius. Atque hæc quidem commoda affert privatim jejunium, in singulis ædibus, in quibus colitur. At publice quomodo vitam nostram gubernat? Totam confestim civitatem, totumque populum ad tranquillitatem componit, consopit clamores, eliminat lites, conviciis imponit silentium. Cujus magistri præsentia puerorum strepitus tam subito compescit, quam jejunium oboriens civitatis tumultus coercet? Quis comessator prodiit in jejunio? quis unquam chorus lasciviens a jejunio coactus est? Teneri risus, meretriciæ cantilenæ, insanæ saltationes subito diffugiunt e civitate, a jejunio tanquam ab austero quopiam judice in exsilium actæ. Quod si omnes jejunium ad res gerendas in consilium adhiberent, nihil obstaret quominus per universum terrarum orbem alta pax esset, videlicet nec aliis gentibus in alias insurgentibus, nec exercitibus manus inter se conserentibus. Ne arma quidem cuderentur, si jejunium vigeret, nec fora judicialia exstruerentur, neque quisquam habitaret in carceribus. In summa, nec deserta haberent maleficos, nec civitates sycophantas, nec mare piratas. Si omnes essent jejunii discipuli, prorsus non audiretur, ut Job ait [61], vox exactoris; nec vita nostra tot suspiriis, tot mœroribus esset differta, si jejunium vitam nostram gubernaret. Perspicuum est enim quod unumquemque doceret non tantum in eduliis temperantiam, verum etiam ab avaritia et rapinis, denique ab omni vitio prorsus abhorrere et alienum esse. Quibus exstirpatis nihil vetaret quominus et nos in alta pace animorumque tranquillitate vitam nostram transmitteremus.

6. Nunc vero qui ut jejunium rejiciunt, ita delicias tanquam in his sita sit vitæ felicitas, expetunt, non tantum infinitum illud vitiorum examen induxerunt, verum et sua ipsorum corpora corrumpunt. Observa mihi vultuum discrimen, tum eorum qui hodie sub vesperam conspicientur, tum eorum qui cras apparebunt. Hodie tument, rubore suffusi, sudore tenui rorantes, oculi humentes, procaces, atque ob internam caliginem exacta cernendi facultate privati: crastino vero die videbis eosdem vultus compositos, graves, colore naturali recepto, toto habitu præsentem animum præ se ferentes, omnibus sensibus integris, utpote quorum naturalibus actionibus nulla intus causa tenebras offundit. Jejunium similitudo est hominum cum angelis, justorum contubernalis, vitæ moderatio. Per jejunium Moyses factus est legislator: jejunii fructus est Samuel. Jejunans Anna Deum deprecata est: *Adonai Domine, Eloi Sabaoth, si respiciens respexeris ad ancillam tuam, dederisque mihi semen viri, dabo illud in conspectu tuo donum* [62]. *Vinum et siceram non bibet, usque ad diem obitus sui* [63]. Jejunium magnum illum Sampsonem educavit, idque quandiu viro affuit, cadebant hostes mille, urbium portæ evellebantur, leones robur manuum illius non sustinebant [64]. At simul atque ebrietas ac scortatio apprehendit hominem, facile in manus hostium incidit, atque exoculatus pro ludo expositus est pueris alienigenarum. Elias cum jejunasset clausit cœlum tres annos ac menses sex [65]. Etenim cum videret multam nasci e satietate petulantiam, accedente fame illos invitos coegit jejunare; eoque peccata illorum jam in immensum excurrentia cohibuit, dum jejunio velut ustione aut sectione quadam, majorem mali progressum interrupit.

7. Excipite hoc, pauperes, contubernale vobis, ac mensæ socium. Excipite, servi, uti relaxationem a perpetuis servitii laboribus. Excipite, divites, quod noxæ a luxu vobis illatæ medeatur, quodque vicissitudine et novitate vobis jucundiora reddat ea quæ nunc ob assuetudinem fastidiuntur. Excipite, male valentes, sanitatis matrem. Qui bona estis habitudine, excipite bonæ vestræ habitudinis custodem. Interroga medicos, ac dicent tibi nihil esse periculosius habitudine corporis extreme bona. Quapropter qui peritissimi sunt artis, per jejunium detrahunt redundantia, ne vis naturæ pondere corpulentiæ fracta succumbat. Nam quod nimium est, per inediam ac famem consulto detrahentes, capacitatem quamdam, ac alteram nutricationem, alteriusque incrementi principium facultati nutrienti præstant. Adeo omni instituto omnique corporis habitudini jejunii congruit utilitas, ac pariter omnia condecorat, domos, fora, noctes, dies,

---

[60] I Cor. vi, 10. [61] Job iii, 18. [62] I Reg. i, 11. [63] Judic. xiii, 14. [64] Judic. xv, 16; xvi, 3; xiv, 6. [65] III Reg. xvii, 1.

civitates, deserta. Cum igitur tot modis sua commoda nobis impertiatur, hilariter illud, juxta Domini præceptum⁶⁶, excipiamus, non tristes sicut hypocritæ, sed mentis hilaritatem absque fuco præ nobis ferentes. Quanquam non arbitror tanto mihi labore opus esse, ut vos ad jejunium exhorter, quanto ut dehorter ne quis hodie in vitium ebrietatis incidat. Nam jejunium quidem plerique, partim ob consuetudinem, partim ob pudorem inter ipsos mutuum, suscipiunt. Verum ab ebrietate metuo, quam vinolenti, non aliter quam paternam hæreditatem, mordicus tenent. Quemadmodum enim qui longinquam profectionem adornant, ita nonnulli vecordes hodie adversus quinque dierum jejunium vino indulgent. Quis est usque adeo vesanus, ut priusquam bibere incipiat, ebriorum more deliret? An ignoras quod venter non servat depositum ? Venter est pessima fide in conventis. Penum incustoditum, in quod cum multa reposueris, noxam quidem retinet, at non servat deposita. Vide ne tibi quoque, si cras post ebrietatem veneris, dicantur ea quæ modo lecta sunt : *Non istud jejunium elegi, dicit Dominus*⁶⁷. Quid misces ea quæ misceri non possunt? Quod consortium temulentiæ cum jejunio? quæ societas vinolentiæ cum abstinentia? *Quis consensus templo Dei cum idolis*⁶⁸? Templum enim Dei sunt, in quibus habitat Spiritus Dei⁶⁹ : contra, templum idolorum sunt, qui fœdam impudicitiæ colluviem per ebrietatem admittunt. Hodiernus dies vestibulum est jejunii (1). Neque vero qui in vestibulis profanatur, dignus est qui ad sancta introeat. Nullus famulus cupiens herum suum placare, hostem illius patronum ac reconciliatorem adhibet. Ebrietas inimicitia est in Deum; jejunium, pœnitentiæ initium. Itaque si cupis per confessionem reverti ad Deum, fugito temulentiam, ne magis te a Deo alienet. Attamen ad hoc, ut laudem promereatur jejunium, non est per se satis abstinere a cibis, sed jejunium jejunemus acceptabile, Deo gratum. Verum jejunium est, a vitiis alienum esse, continentia linguæ, iræ cohibitio, concupiscentiarum amputatio, obtrectationis, mendacii, perjurii. Ab his abstinere, verum est jejunium. In his igitur sitim est bonum ac laudabile jejunium.

8. Cæterum delectemur in Domino, in meditatione eloquiorum Spiritus, inque suscipiendis salutaribus institutis, denique in cunctis dogmatibus, quibus emendantur animi nostri. Rursus ab interno mentis jejunio caveamus, quod et propheta deprecatur, his verbis: *Non occidet Dominus fame animas justorum*⁷⁰. Ac rursus : *Non vidi justum derelictum, nec semen ejus quærens panem*⁷¹. Nec enim loquitur de panibus sensibilibus, qui noverat filios patriarchæ nostri Jacob panum causa descendisse

in Ægyptum, sed de spirituali loquitur alimonia, qua interior **16** noster homo perficitur. Ne veniat etiam in nos jejunium quod Deus comminatur Judæis : *Ecce enim dies veniunt, dicit Dominus, et inducam in terram hanc famem, non famem panis, neque sitim aquæ, sed famem audiendi verbum Domini*⁷² : quam ideo immisit justus judex, quod perspiceret eorum mentem verorum dogmatum inedia, fame necari; contra vero, externum eorum hominem supra modum pinguescere et obesum fieri. Per omnes igitur hosce sequentes dies convivio excipiet vos Spiritus sanctus, matutinis simul et vespertinis epulis. Nemo sua sponte seipsum fraudet hoc epulo spirituali. Omnes participes simus sobrii calicis, quem ipsa Sapientia temperavit, ac nobis apposuit ex æquo, ut quantum quisque capax est hauriat. *Miscuit enim craterem suum, occidit hostias suas*⁷³ ; hoc est, perfectorum cibum, *Qui propter assuetudinem sensus exercitatos habent ad discretionem boni et mali*⁷⁴. Quibus affatim expleti, reperiamur et illo digni gaudio, quod exhibebitur in sponsi thalamo, in Christo Jesu Domino nostro, cui gloria et imperium in sæcula. Amen.

HOMILIA IN ILLUD,
Attende tibi ipsi⁷⁵.

1. Qui nos condidit Deus, ideo impertivit nobis sermonis usum, ut alter alteri cordis consilia aperiamus, eaque unusquisque propter naturæ societatem communicemus cum proximo, ex abditis cordis recessibus, velut ex cellis quibusdam penariis, depromentes. Etenim si constaremus anima nuda, statim certe cogitationum ope inter nos congrederemur : quia vero anima nostra carnis tegumento operta, cogitationes producit, verbis opus habet et nominibus, ut ea quæ in reconditiore mentis secessu delitescunt, proferat in apertum. Mens igitur nostra simul ut vocem quidpiam significantem apprehendit, sermone velut cymba quadam vehitur, et aerem transvolans, a loquente transit ad audientem. Quod si nacta fuerit altam tranquillitatem ac quietem, tum sermo veluti portum quemdam placidum ac tranquillum, discipulorum aures subit ; sin autem excitatus ab auditoribus tumultus, quasi aspera quædam tempestas contra aspirarit, medio in aere dissolutus naufragium facit. Date igitur quietem sermoni per silentium. In eo enim fortasse videbitur aliquid utile, nec indignum quod hinc vobiscum exportetis. Difficilis captu est veritatis sermo, ac facile potest effugere non attentos. Ita enim voluit Spiritus sanctus sermonem suum contractum esse ac brevem, ut paucis multa significet, nulloque negotio ob brevitatem valeat facile memoria retineri. Nam et naturale sermonis munus est, neque obscuritate **17** ea quæ

---

⁶⁶ Matth. vi, 16, 17. ⁶⁷ Isa. lviii, 5. ⁶⁸ II Cor. vi, 16. ⁶⁹ I Cor. iii, 16. ⁷⁰ Prov. x, 3. ⁷¹ Psal. xxxvi, 25. ⁷² Amos viii, 11. ⁷³ Prov. ix, 2. ⁷⁴ Hebr. v, 14. ⁷⁵ Deut. xv, 9.

(1) Ex verbis, *hodiernus dies vestibulum est jejunii*, etc., plane constat hanc orationem prima Dominica Quadragesimæ habitam esse.

significantur occultare, neque supervacaneum esse et vanum, ac temere rebus circumfluum. Certe ejusmodi sunt ea verba, quæ modo nobis ex Moysis libris recitata sunt, quorum omnino recordamini, vos qui studiosi estis, nisi forte ob suam brevitatem vestras præterfluxerint aures. Ita autem se habet sententia : *Attende tibi ipsi, ne quando fiat verbum occultum in corde tuo iniquitas.* Sumus nos homines ad peccata cogitationum procliveis. Quapropter qui corda nostra singillatim finxit [76], haud nescius in voluntatis appetitione compleri maximam peccatorum partem, puritatem in principali animæ parte sitam, ceu principem ac primariam nobis constituit. Nam maxime qua parte facile prolabimur in peccata, hanc custodia ac cura majore dignatus est. Quemadmodum enim medici providentiores imbecilliora corpora monitis quibusdam ad cautionem adhibitis multo ante communiunt : eumdem ad modum communis curator, et verus animarum medicus, quam partem ad peccatum pronam in nobis maxime novit, eam validioribus præsidiis præmunivit. Etenim corporeæ actiones tempore indigent, opportunitate, labore, adjutoribus, denique reliquo commeatu. E diverso, animi motus, citra temporis moram fiunt, perficiuntur citra lassitudinem, citra negotium ullum consistunt, idoneum ipsis est tempus omne. Et sane nonnunquam invenitur qui arrogans sit, superbiatque de gravitate et castitate, quique extrinsecus præ se ferens temperantiæ larvam, ac plerumque inter eos qui ipsum ob virtutem beatum prædicant, desidens medius, mox tamen cogitatione per occultum cordis motum ad peccati locum accurrat. Videt animo concupita, comminiscitur congressum quempiam indecorum, ac denique in abdita cordis officina, claram in seipso voluptatis speciem depingens, nullis testibus intra se peccatum perpetrat, omnibus ignotum, donec veniat qui revelabit occulta tenebrarum, et manifestabit consilia cordium [76]. *Cave igitur ne quando verbum occultum in corde tuo fiat delictum. Quisquis enim aspexit mulierem ad concupiscendum eam, jam adulterium commisit in corde suo* [77]. Nam corporis actiones a multis intercipiuntur : qui vero peccat voluntate, statim celeri cogitationum motu peccatum explevit. Ubi igitur lapsus est repentinus, ibi repentina cavendi facultas fuit nobis tradita. Obtestatur enim, *Ne quando verbum occultum in corde tuo fiat delictum.* Jam potius ad ipsum sermonis recurramus exordium.

2. *Attende*, inquit, *tibi ipsi*. Animal quodvis ad se tuendum ab omnium conditore Deo habet intus impetum quemdam. Invenias itidem, si modo animum diligenter attenderis, maximam brutorum animalium partem, nullo magistro, noxia vitare aversarique : contra vero, naturali quadam propensione ad sua commoda capienda incitari. Quapropter et qui nos erudit Deus, magnum hoc nobis præceptum dedit, ut quod illa a natura accepere, idipsum accedat nobis rationis ope; et quod fit a brutis inconsiderate, hoc a nobis perficiatur ex animi attentione et assidua mentis consideratione : item, ut datos nobis a Deo impetus diligenter custodiamus, fugientes peccatum perinde atque bruta animalia venenatum pabulum fugiunt; sectantes vero justitiam, velut illa herbas edules consectantur. *Attende* igitur *tibi ipsi*, ut possis 18 noxium a salubri discernere. Quoniam autem duplex est attentio : altera, cum considerantur oculis corporeis visibilia; altera, cum speculamur incorporea intelligente animi facultate ; si dixerimus quidem hoc præceptum in oculorum actione esse situm, statim id fieri non posse deprehendemus. Qui enim fieri potest, ut quis seipsum totum oculo complectatur? Neque enim oculus ipse ad seipsum videndum adhibet suos obtutus; non pertingit ad verticem, terga non novit, non vultus, non internam viscerum dispositionem. Denique impium fuerit dicere præcepta Spiritus sancti perfici non posse. Superest igitur ut illud præceptum de mentis actione accipiamus. *Attende* igitur *tibi ipsi*: hoc est, Teipsum omni ex parte conspice. Habeto oculum animæ insomnem ad tui ipsius custodiam. *In medio laqueorum transis* [78]. Latent laquei multis in locis ab hoste defixi. Circumspice igitur et lustra omnia, *Ut serveris tanquam damula e laqueis, et tanquam avis e reti* [79]. Caprea enim præ visus claritate capi laqueis non potest ; inde est etiam quod id nominis acceperit a proprio visus acumine; avis vero, si modo sibi attendat, levi penna sursum erecta, redditur altior quam ut incidat in aucupum insidias. Cave igitur, ne brutis animantibus deterior videare ad teipsum custodiendum, nequando laqueis irretitus, præda efficiaris diaboli, ab eo captus et ad illius voluntatem adductus [80].

3. *Attende* itaque *tibi ipsi :* hoc est, Non tuis, neque his quæ circum te sunt, sed tibi ipsi soli attende. Aliud enim sumus nos ipsi, aliud nostra, aliud quæ circum nos sunt. Nos quidem anima sumus et mens, quatenus ad imaginem Conditoris sumus facti; nostrum vero corpus est, et qui per ipsum sunt sensus ; circum nos autem pecuniæ, artes et reliqua vitæ suppellex. Quid igitur ait Scriptura? Ne carni attende, nec ullo modo prosequare illius bona, sanitatem, pulchritudinem, voluptatum usum, longam vitam; nec pecunias aut gloriam, aut potentiam admirare; nec alia quæcunque temporalis tuæ vitæ munera explent, magna aut eximia tanti duxeris, ut horum studio primariam tuam vitam negligas, sed *attende tibi ipsi;* hoc est, animæ tuæ. Exorna illam, et ejus curam gere, ut sordes omnes ex nequitia ipsi accedentes, submoveantur per animi attentionem, omnisque vitiorum turpitudo expurgetur, ac contra condecoretur illustreturque omni virtutis ornatu. Perscrutare te

---

[76] Psal. xxxiv, 11. [76] I Cor. iv, 5. [77] Matth. v, 28. [78] Eccli. ix, 20. [79] Prov. vi, 5. [80] II Tim. ii, 26.

ipse, quis sis; fac noscas tuam ipsius naturam, nimirum corpus quidem mortale esse, animam vero immortalem: item, duplicem esse vitam nostram, alteram carnis propriam, cito transeuntem; alteram animæ cognatam, limites nullos admittentem. *Attende* ergo *tibi ipsi*, neque iis quæ peritura sunt, ac si æterna essent, adhæseris, neque æterna quasi fluxa asperneris. Carnem despicito, quippe quæ transeat; curam habeas animæ rei **19** immortalis. Omni diligentia tibi ipsi intende, ut quod utrique profuturum sit, noveris dispertiri, carni quidem alimoniam et tegumenta: animæ vero pietatis dogmata, institutionem urbanam, virtutis exercitationem, vitiorum emendationem. Neque vero plus æquo pinguefacias corpus, neque sis sollicitus de copia carnium. Quoniam enim *Caro concupiscit adversus spiritum, spiritus autem adversus carnem, et hæc sibi invicem adversantur* [81], cave nequando addictus carni, multas vires tribuas deteriori. Nam quemadmodum in staterarum momentis unam lancem si degravabis, necesse est omnino ut oppositam reddas leviorem: ita etiam in corpore et animo, dum unum redundat, alterum necessario imminuitur. Fruente enim corpore habitudine bona, atque obesitate aggravato, consequens est ut mens ad peculiares sibi actiones infirma sit ac debilis; contra, animo se bene habente et bonorum meditatione ad propriam magnitudinem evecto, sequitur bonam corporis habitudinem contabescere et elanguere.

4. Porro hoc idem præceptum cum infirmis conducit, tum maxime congruit bene valentibus. Et in morbis quidem medici adhortantur ægrotos, ut sibi ipsi attendant, nihilque eorum quæ ad medelam pertinent negligant. Eumdem ad modum sermo etiam, animarum nostrarum medicus, animam a peccato male affectam exiguo hoc remedio persanat. *Attende igitur tibi ipsi*, ut pro delicti ratione recipias etiam subsidium curationis. Magnum est peccatum et grave, multa tibi opus est confessione, lacrymis amaris, intentis vigiliis, jugi jejunio. Leve est et tolerabile delictum: huic quoque exæquetur pœnitentia. Tantummodo attende tibi ipsi, ut sanitatem animi ac morbum agnoscas. Sunt enim plerique, qui præ nimia animi inconsiderantia ægrotare se ne norunt quidem, quanquam gravibus morbis et insanabilibus laborant. Sed et bene valentibus in agendo non parum prodest illud mandatum: quare hoc idem et ægros sanat, et sanis conciliat sanitatem perfectiorem. Nam quisque nostrum qui inter verbi discipulos recensemur, sumus administri unius alicujus eorum munerum, quæ nobis, juxta Evangelium, præscripta sunt. Enimvero in magna domo Ecclesia hac non modo vasa sunt cujuscunque generis, aurea et argentea, lignea et testacea [82], sed sunt etiam artes omnigenæ. Habet enim domus Dei, quæ est Ecclesia Dei viventis [83], venatores, viatores, architectos, ædificatores, agricolas, pastores, athletas, milites. Conveniet brevis hæc dictio his omnibus, impertiens singulis tum operis integritatem, tum voluntatis studium. Venator es missus a Domino dicente: *Ecce ego mitto multos venatores, et venabuntur eos super omnem montem* [84]. Attende igitur diligenter, ne forte effugiat te præda, ut eos qui vitiis efferati sunt, sermone veritatis captos adducas Servatori. Viator es non secus ac ille **20** qui sic precabatur: *Gressus meos dirige* [85], attende tibi ipsi ne deflectas a via, ne declines ad dextram aut sinistram, via regia incede. Jaciat architectus firmum fidei fundamentum, quod est Jesus Christus. Videat ædificator, quo pacto ædificet: non lignum, non fenum, non stipulam, sed aurum, argentum, lapides pretiosos [86]. Pastor es? attende ne te quidquam eorum quæ ad munus pastorale attinent, prætereat. Hæc autem quid sibi volunt? Fac reducas errabundum pecus, obliga contritum, ægrum sana. Agricola si fueris, ficum infructuosam circumfodito, et ea quæ fecunditatem juvant appone [87]. Tu qui miles [88] es, *collabora Evangelio* [89]: milita bonam militiam [90] contra spiritus nequitiæ [91], adversus libidines carnis, assume omnem armaturam Dei [92]: ne impliceris vitæ negotiis [93], ut ei qui te in militiam delegit, placeas. Athleta es? attende tibi ipsi, ne quam legem athleticam transgrediaris. Coronatur enim nemo, nisi legitime certaverit [94]. Imitare Paulum et currentem, et luctantem, et pugnis certantem [95]: tu itidem, velut bonus pugil, animi oculum omnino intentum habe. Partes præcipuas obtegito objectu manuum; intentis in adversarium oculis esto. Extende te in cursibus ad anteriora [96]. Sic curre, ut comprehendas [97]. Oppone te invisibilibus adversariis in luctatione. Esse te ejusmodi, quoad vives, hæc sententia vult, non concidentem animo, neque dormientem, sed sobrie et vigilanter tibi ipsi præsidentem.

5. Deficiet me dies, si narrare pergam tum studia eorum qui Evangelio Christi operam dant, tum vim præcepti, videlicet quam conveniat omnibus. Attende tibi ipsi; sobrius esto, utere consiliis, præsentium custos, futuri provisor. Quod jam præsens est, præ segnitie ne amitte, neque eorum, quæ non sunt, nec forte futura sunt, quasi jam in manibus sint, tibi promitte possessionem. Nonne hic morbus natura insitus est adolescentibus, ut ob mentis levitatem habere se jam putent sperata? Nam si quando otium nacti fuerint, aut quietem nocturnam, imagines quasdam rerum non subsistentium sibi ipsi animo fingunt, et præ mentis instabilitate feruntur in omnia, pollicentes sibi splen-

---

[81] Galat. v, 17. [82] II Tim. ii, 20. [83] I Tim. iii, 15. [84] Jerem. xvi, 16. [85] Psal. cxviii, 133. [86] I Cor. iii, 11, 12. [87] Luc. xiii, 8. [88] II Tim. ii, 3. [89] II Tim. i, 8. [90] I Tim. i, 18. [91] Ephes. vi, 12. [92] ibid. 13. [93] II Tim. ii, 4. [94] ibid. 5. [95] I Cor. ix, 26. [96] Philipp. iii, 13. [97] I Cor. ix, 24.

dorem vitæ, nuptias illustres, numerosam ac faustam sobolem, longævam senectutem, deferendos ab omnibus honores. Deinde cum nulla in re possint spes suas sistere, ad ea quæ inter homines maxima sunt, nimio animi tumore rapiuntur. Domos pulchras comparant et amplas, quas pretiosa ac omnigena supellectile replent; tantum adjiciunt terræ in circuitu, quantum vana eorum cogitatione a toto terrarum orbe rescissum est. Rursus provenientes illinc reditus in vanitatis horreis includunt. His addunt pecora, innumeram servorum turmam, magistratus civiles, principatus gentium, imperia militaria, bella, tropæa, denique regnum ipsum. Hæc omnia ubi inanibus animi commentis recensuere, sibi præ nimia stoliditate 21 videntur speratis velut jam præsentibus et sibi ante pedes positis frui. Propria hæc est otiosi ac socordis animi ægritudo, in vigili corpore insomnia cernere. Hanc itaque mentis laxitatem et cogitationum tumorem comprimens Scriptura, et velut freno quodam mentis inconstantiam arcens, magnum hoc ac sapiens præceptum annuntiat: *Tibi ipsi*, inquit, *attende*, nequaquam promittens tibi quæ non existunt, sed præsentia ad utilitatem tuam dirigens. Existimo autem ideo usum fuisse hac admonitione legislatorem, ut illud etiam vitium ab hominum consuetudine amandaret. Quia unicuique nostrum facilius est aliena curiose indagare, quam sua ipsius ac propria expendere, ut ne nobis id accidat: Desine, inquit, alterius cujuspiam mala explorare; cave cogitationibus otium dederis alienum morbum inquirendi: sed tibi ipsi attende: hoc est, ad teipsum perscrutandum converte oculos animi tui. Sunt enim nec pauci, qui juxta Domini verba [98], festucam quidem animadvertunt in oculo fratris, trabem vero in suo ipsorum oculo non vident. Cave igitur cesses perscrutari teipsum, an præcepto congruenter convenienterque vita tibi procedat: ea autem quæ extrinsecus sunt ne circumspice, numcubi cujuspiam reprehendendi locum possis invenire, gravem illum arrogantemque Pharisæum imitatus, qui stans seipsum justificabat, ac publicanum habebat despicatui [99]. Imo vero ne intermittas teipsum percontari, nunquid deliqueris cogitatione, nunquid lingua labarit mentem præcurrens, nunquid in manuum operibus factum sit quidquam temerarium. Quod si in vita tua te multa deliquisse inveneris (prorsus autem invenies, homo cum sis), verba profer publicani: *Deus, propitius esto mihi peccatori* [1]. *Attende igitur tibi ipsi*. Hoc verbum tibi, et splendido ac felici rerum successu utenti, et vitam omnem secundo flumine traducenti, assidebit utiliter, sicut quasi bonus quispiam consiliarius rerum humanarum suggerat memoriam. Et quanquam afflicteris adversis casibus, opportune potest cordi tuo accini, ut neque fastu tumidus evcharis ad jactantiæ vitium; neque desperatione ad degenerem moestitiam delabaris. Efferis ob divitias? jactas te ob majorum nobilitatem? de patria ac pulchritudine corporis, deque delatis ab omnibus honoribus gloriaris? Attende tibi ipsi, quod mortalis es, quod *terra es, et in terram reverteris* [2]. Circumspice eos qui ante te degerunt in similibus splendoribus. Ubi sunt qui magistratus civiles gessere? ubi rhetores illi inexpugnabiles? ubi qui constituerunt conventus publicos? ubi illustres equorum altores, exercituum duces, satrapæ, tyranni? Annon omnia pulvis? annon omnia fabula? Annon vitæ ipsorum memoria conservatur in paucis ossibus? Conspicito sepulcra, num possis servum ab hero, et pauperem a divite discernere. Discerne, si quo modo potes, vinctum a rege, fortem a debili, formosum a deformi. Itaque naturæ si memineris, nunquam te extolles; memor autem fueris tui ipsius, si attenderis tibi ipsi.

6. Rursus ignobilis homo es et inglorius, pauper ex pauperibus oriundus, sine lare, sine 22 civitate, infirmus, quotidiani victus indigus, timens potentes, omnes reformidans ob vitæ humilitatem? *Pauper enim*, inquit, *non sustinet comminationem* [3], Ne itaque despondeas animum, nec propterea quod nihil suppetit tibi eorum quæ expeti solent, omnem bonam spem abjicias: quin potius evehe animum tuum, tum ad ea bona quæ jam tibi tradita sunt a Deo, tum ad ea quæ ipso pollicente, tibi in futurum reposita sunt. Primum quidem, homo es, solus ex omnibus animantibus a Deo formatus [4]. Annon illud tibi, si modo probe judicaveris, ad summam jucunditatem suffecerit, quod ab ipsis Dei manibus, qui omnia condidit, formatus sis? deinde etiam, quod ad imaginem factus Conditoris tui, possis per vitam bene institutam ad parem cum angelis dignitatem accedere? Animum nactus es intelligendi facultate præditum, quo Deum cognoscis, exploras rerum naturam per ratiocinationem, sapientiæ fructum suavissimum decerpis. Terrestria omnia animalia cicura perinde atque agrestia, omnia item in aquis degentia, et quæ aerem hunc pervolant, serviunt tibi, tuoque imperio subjacent. Nonne artes invenisti tu, ac condidisti urbes? nonne et quæ ad vitam necessaria sunt, et quæ ad voluptatem luxumque pertinent excogitasti? Annon ratione duce maria tibi facta sunt pervia? Nonne aer cœlumque et stellarum chori suum tibi expandunt ordinem? Quid igitur pusillo es animo, quod equum non habeas argenteo freno adornatum? At habes solem, qui pernicissimo cursu per totum diem lumen suum veluti facem tibi præfert. Cares argenti et auri fulgore: sed lunam habes ingenti suo splendore te collustrantem. Non conscendis currus inauratos: at pedes habes proprium vehiculum, et tibi innatum. Quid igitur est quod beatos prædices eos qui marsupium plenum possident, et

---

[98] Matth. vii, 3. [99] Luc. xviii, 11. [1] Ibid. 13. [2] Genes. iii, 19. [3] Prov. xiii, 8. [4] Genes. ii, 7.

alienis pedibus indigent ad faciendum iter? Non dormis in lecto eburneo : at terram habes multo ebore pretiosiorem, atque dulcem in ea requiem capessis, ac veloci somno curisque libero indulges. Non decumbis sub fornice ac tecto aureo? at cœlum habes inenarrabili stellarum pulchritudine circumfulgens. Atque hæc quidem humana sunt; sed quæ sequuntur majora sunt et præstantiora. Deus propter te inter homines versatus est [5], Spiritus sancti distributio [6], mortis destructio [7], spes resurrectionis [8], divina præcepta vitam tuam perficientia, profectio ad Deum per mandata [9], paratum regnum cœlorum [10], justitiæ coronæ [11] ei, qui labores pro virtute non fugit, paratæ.

7. Quod si tibi ipsi attenderis, hæc atque his plura adhuc circa teipsum deprehendes; et frueris quidem præsentibus, nec ob ea quæ deerunt, 23 futurus es animo pusillo. Præceptum illud tibi ob oculos si ubique observetur, haud mediocri adjumento erit tibi. Exempli causa : ab ira vincitur ratio, et præ iracundia tum ad verba indecora, tum ad actiones immanes ac ferinas abriperis? Si tibi ipsi attendes, iram velut pullum quemdam immorigerum ac frenorum impatientem, coercebis, plaga rationis velut flagro quodam ipsam compescens. Continebis et linguam, neque in eum qui te irritaverit, manus injicies. Rursus mala desideria ac libidines velut œstro quodam animam tuam exagitantes, in libidinosos ac lascivos impetus te conjiciunt. Sane si tibi ipsi attenderis, meminerisque præsentem hanc voluptatem in finem amarulentum desituram, et fore ut titillatio, quæ nunc ex voluptate corpori nostro innascitur, vermem [12] venenatum qui nos perpetuo in gehenna puniturus sit, gignat, fiatque carnis ardor, ignis æterni [13] parens, statim fugatæ libidines evanescent, ac mirabilis quædam tranquillitas et quies intus in animo oborietur, non secus ac si heræ cujusdam pudicæ adventu sedaretur ancillarum lascivientium tumultus. *Attende igitur tibi ipsi*, et scito alteram animæ partem ratiocinandi intelligendique facultate esse præditam, alteram vero affectionibus obnoxiam et irrationalem. Et illius quidem naturale munus est dominari : hujus vero, obedire ac obtemperare rationi. Ne igitur unquam sinas mentem in servitutem redactam, affectionum vitiosarum servam fieri : neque rursus permittas turbulentos affectus insurgere adversus rationem, animæque imperium in se transferre. Denique diligens tui ipsius contemplatio satis te deducet in Dei cognitionem. Nam si attenderis tibi ipsi, nihil opus erit ex universorum structura ipsum Opificem investigare, sed in teipso velut in concinno quodam rerum summario, magnam conditoris tui sapientiam contuebere. Ex anima incorporea quæ in te residet, intellige Deum esse incorporeum, cumque nullo loco circumscribi, cum ne tua quidem mens a se primo commoretur in loco, sed ob suam cum corpore conjunctionem in loco permaneat. Invisibilem Deum esse crede, tuæ ipsius animæ consideratione, cum nec ipsa possit oculis corporeis capi. Neque enim colorata est, neque figuris insignita, neque corporali ullo charactere comprehensa, sed ex actionibus solis internoscitur. Quare eam cognitionem quæ oculorum ope acquiritur, in Deo ne quæsieris : sed adhibens menti fidem, ipsum spirituali modo apprehende. Admirare artificem, quomodo animæ tuæ vim ad corpus colligarit, ut usque ad extremas ipsius partes pervadens, membra inter se multum dissita ad unam eamdemque conspirationem ac societatem adducat. Perpende quæ 24 vis ab anima corpori impertiatur, et quæ a corpore ad animam redeat necessitudo affectuum sensuumque; quomodo corpus quidem vitam ab anima recipiat, anima vero dolores a corpore ; quales habeat disciplinarum cellas; cur rebus prius cognitis succedentium accessio nihil offundat caliginis, sed potius memoriæ serventur distincte citra ullam confusionem, principali animæ parti velut æreæ cuidam columnæ inscriptæ. Intuere quomodo vitiosis carnis affectibus succumbens, suam ipsius amittat pulchritudinem; et rursus quonam pacto expurgata vitii turpitudine, per virtutem revertatur ad Conditoris similitudinem.

8. Postquam animam speculatus es, attende etiam, si tibi videbitur, ad corporis structuram, et admirare quomodo ipsum idoneum ac decens domicilium animæ rationali condiderit artifex optimus. Finxit hominem solum ex omnibus animantibus erecta facie, ut ex ipsa figura scias vitam tuam e superno genere oriri. Nam quadrupedum genus omne respicit terram, et in ventrem inclinatur : homini vero patet ad cœlum aspectus, ut ne indulgeat ventri, neque venereis, sed impetum omnem ad supernum iter dirigat. Ad hæc posito in altissimo loco capite, præcipuos in eo sensus collocavit. Hic visus, auditus, gustus, odoratus, omnes haud procul a se invicem sedem obtinentes. Et licet sint in locum adeo exiguum coarctati, nullus vicini actionem impedit. Oculi quidem occuparunt speculam altissimam , ut nulla corporis pars ipsis tenebras obducat, sed sub exigua quadam superciliorum projectura desidentes , e superiori ac eminentiori loco aciem recta intendant. E diverso , auditus haudquaquam recta apertus est, sed retorto ac tortuoso meatu sonos in aere apprehendit : id quod fit quoque ex summa sapientia, ut vox quidem liberrime pervadat, aut potius insonet, per anfractus et tortuosos sinus confracta, nihil vero eorum quæ forinsecus interlabi solent, sensui possit esse impedimento. Disce linguæ naturam, quam tenera sit, versatilisque, et ad omnem sermonis usum ob motuum varietatem sufficiens. Considera dentes, qui, ut vocis organa sunt, fortiter fulcientes lin-

[5] Joan. i, 14.   [6] Hebr. ii, 4.   [7] I Cor. xv, 26, 55.   [8] ibid. 12, 22.   [9] Matth. xix, 17, 21.   [10] Matth. xxv, 34.   [11] II Tim. iv, 8.   [12] Isa. lxvi, 24 ; Marc. ix, 43, 45, 47.   [13] Matth. xxv, 41.

guam, ita sunt alimenti ministri, quorum alii illud secant, conterunt alii. Hunc ad modum convenienti ratiocinatione percurrens omnia, et addiscens aeris attractionem per pulmonem, caloris in corde conservationem, concoctionis instrumenta, alveos sanguinis, ita demum ex omnibus his impervestigabilem Conditoris tui sapientiam perspectam habebis, ut tu quoque cum Propheta dicere possis : *Mirabilis facta est scientia tua ex me* [14]. Attende igitur *tibi ipsi*, ut attendas Deo : cui gloria et imperium in sæcula sæculorum. Amen.

DE GRATIARUM ACTIONE,

Homilia.

1. Audistis verba Apostoli, quibus Thessalonicenses alloquens, omni hominum generi legem præscribit. Nam doctrina quidem iis qui ad ipsum undique accedebant, tradebatur ; utilitas vero, quæ ex ea capitur, ad omnem hominum ætatem transit. *Semper gaudete*, inquit; *sine intermissione orate*, *in omnibus gratias agite* [15]. Quid autem sibi velit illud gaudium, quodnam ex eo emolumentum percipiatur, quaque ratione valeat quis precibus assiduis vacare, atque in omnibus agere gratias Deo, nos paulo post pro viribus explicabimus. Porro quæ nobis ab adversariis objiciuntur, dum legem traditam impleri non posse calumniantur, ea præoccupare necesse est. Quænam enim est, inquiunt, ista virtus, diu noctuque in animi effusione lætum ac hilarem degere ? Qui etiam hoc idem fieri potest, obsidentibus nos innumeris et inexspectatis malis, animamque inevitabili mœrore afficientibus, in quibus gaudere ac lætare longe difficilius factu est, quam si quis in sartagine tostus non doleret, aut punctim cæsus dolore non cruciaretur ? Aut fortasse hic etiam adest aliquis ex circumstantibus nos, qui hac animi ægritudine laborans, excusationes causetur in peccatis [16], ac propter suam in observandis præceptis negligentiam, legislatorem ipsum, tanquam qui quæ fieri non possunt sanciat, reprehensioni obnoxium reddere conetur. Eoque dicit : Qui fieri potest, ut semper gaudeam, cum in me gaudii causæ non sint sitæ ? Nimirum quæ lætitiam creant, ab externis petuntur, nec sunt in nobis posita : amici adventus, diuturna cum parentibus congressio, opes inventæ, delati ab hominibus honores, reditus ex molesta ægritudine ad sanitatem, reliqua vitæ felicitas ; domus omnium bonorum copia abundans, exuberans mensa, idonei lætitiæ socii, res auditu et visu jucundæ, eorum qui maxima nobiscum necessitudine juncti sunt sanitas, cæteraque, quæ faustam ac beatam ipsis vitam reddere possunt. Neque enim molestæ sunt solum quæ nobis accidunt ærumnæ, sed eæ etiam quæ amicos ac propinquos tristitia afficiunt. Quare fuerit necesse gaudium et animæ hilaritatem ex his omnibus conflari. Præterea que si quando contingat videre inimicorum ruinam, plagas insidiatorum, repensas beneficis vices, et in summa, si nulla omnino adsit aut exspectetur molestia, quæ nostram perturbet vitam, ita demum anima gaudere ac lætari poterit. Quomodo ergo datum nobis est præceptum, quod voluntate non peragitur, sed ex aliis causis prius memoratis dependet ? Rursus, quanam ratione assidue precabor, necessitatibus corporis attentionem animi ad se necessario avocantibus, cum fieri non possit ut mens in duas simul curas distrahatur ?

2. Atqui in omnibus imperatum mihi est agere gratias. Agamne gratias tormentis admotus, percussus, in rota distentus, oculis effossis ? An turpi plaga ab eo qui oderit, accepta, grates habebo ? an frigore astrictus, fame præfocatus, vinctus in equuleo, liberis subito orbatus, aut etiam ipsa uxore spoliatus ? an bonorum copia eversus ob repentinum naufragium ? nunquid si mari in piratas, vel si terra inciderim in latrones ? num vulneratus, appetitus calumniis, vagabundus, in carcere inclusus ? Hæc et adhuc his plura, legislatorem insimulantes, colligunt, ac sua ipsorum peccata excusare putant, dum data nobis præcepta, perinde ac si impleri nequeant, calumniantur. Quid igitur dicemus ? Nimirum, quod licet alio spectet Apostolus, coneturque e terra in sublime evehere animas nostras, atque ad cœlestem quamdam vivendi rationem nos transferre : tamen isti altum legislatoris sensum non assecuti, sed circa terram et carnem, ut vermes in cœno, ita in corporis cupiditatibus volutati, possintne apostolica mandata confici inquirunt. Apostolus autem non jam amplius in carne vivens, sed viventem habens in seipso Christum [17], non quemlibet, sed sui similem ad continuum gaudium invitat : quippe quia graves ac molestas carnis affectiones non admittit isthæc cum summo bono conjunctio. Imo vero etiamsi scindatur caro, in ea corporis parte quæ male afficitur, remanet continuitatis dissolutio, nec unquam ad intelligentem animi partem pertingere potest doloris communicatio. Etenim si juxta Apostoli præceptum membra quæ sunt super terram mortificaremus [18], atque in corpore circumferremus mortificationem Jesu [19], necesse esset ut mortificati corporis plaga ad animam ab ejus conjunctione solutam non perveniret. Nam ignominiæ, damnaque et propinquorum mors haudquaquam ascendent ad mentem ; neque animi celsitudinem ita demittent, ut rerum præsentium sensu commoveatur. Enimvero quotquot in ærumnas delabuntur, si idem quod vir probus sentiunt, negotium facessent nemini ; quippe qui ne ipsi quidem accidentia sibi mala ægre ferant. Quod si secundum carnem vivunt [20], neque sic exhibebunt molestiam ; sed habebuntur miserabiles, non ideo potius quod in has calamitates inciderint, quam quod quæ officii sunt, sibi facienda non proposuerint. Et in summa,

---

[14] Psal. cxxxviii, 6. [15] I Thess. v, 16-18. [16] Psal. cxl, 4. [17] Galat. ii, 20. [18] Coloss. iii, 5.
[19] II Cor. iv, 10. [20] Rom. viii, 13.

quæ anima semel Conditoris desiderio tenetur, ejusque pulchritudine consuevit delectari, ingens illud gaudium et delicias hac multiformi carnalium affectuum varietate minime commutabit : contra, ex quibus molestiam capiunt cæteri, ea illius voluptatem augebunt. Ejusmodi erat Apostolus, qui in infirmitatibus, in ærumnis, in persecutionibus atque necessitatibus complacens sibi gloriæ ducebat egestatem [11]. In fame et siti, in frigore et nuditate, in persecutionibus et angustiis [12], in quibus alii ægre ferunt seipsos, et a vita abhorrent, in iis Apostolus exsultat. Qui igitur sunt sententiæ apostolicæ ignari, nec invitari nos ad evangelicam vitam intelligunt, Paulum accusare non verentur, **27** tanquam qui quæ fieri non possunt, præscribat. Atqui discant quot justas gaudii occasiones nobis præbeat Dei munificentia. Quod sumus a Deo habemus, cum antea non essemus ; sumus ad Creatoris imaginem facti [13] ; mentem atque rationem nacti sumus, queis natura nostra completur, Deusque a nobis cognoscitur. Item rerum solerter conditarum pulchritudinem percipientes, per illam, tanquam per litteras quasdam summam Dei circa omnia providentiam sapientiamque legimus. Facultatem habemus secernendi bonum a malo : eligere res utiles, et noxias fugere, ab ipsamet natura didicimus. Abalienati a Deo per peccatum, rursus revocati fuimus in ejus familiaritatem ac necessitudinem, per Unigeniti sanguinem ex ignominiosa servitute exempti. Resurrectionis spes, angelicorum bonorum possessio, regnum cœleste, repromissa bona, vim et mentis et rationis superantia.

3. Quomodo credere par est, gaudium perpes jugemque lætitiam ex his creari non posse, sed opinari eum qui ventri inservit, tibiarumque modulis oblectatur, quique volutatur in molli lecto, ac stertit, dignam gaudio vitam degere ? Ego vero dixerim hos quidem dignos esse qui defleantur ab iis qui mente prædiit sunt: contra, beatos jure optimo dicendos esse eos qui, propter spem futuri sæculi, præsentem vitam sustinent, ac præsentia æternis commutant. Sive autem in flamma degant ii qui Deo conjunguntur, uti tres pueri in Babylone [24]: sive includantur cum leonibus [25], sive a ceto absorbeantur [26], ipsi tamen prædicandi sunt a nobis beati, ac eos in gaudio vitam transigere oportet, nequaquam dolentes de præsentibus, sed ob spem eorum quæ nobis in posterum reposita sunt lætantes. Arbitror namque strenuum athletam ad pietatis stadium semel exutum, plagas adversariorum fortiter ferre debere, spe gloriæ ex coronis consequendæ. Etenim quotquot in gymnicis certaminibus sunt palæstricis laboribus assueti, animum non demittunt ob plagæ dolorem; imo vero spretis ob præconii desiderium laboribus præsentibus, adversarios cominus adoriuntur. Hunc ad modum etiamsi viro virtutis studioso accidat quid asperi, tenebras gaudio non obducet. Nam *Tribulatio patientiam operatur, patientia autem probationem, probatio vero spem, spes autem non confundit* [27]. Quapropter et alio in loco ab eodem jubemur patientes esse in tribulatione, et spe gaudere [28]. Spes itaque est quæ efficit, ut gaudium animo viri probi sit contubernale. Quin et idem Apostolus jubet etiam flere nos cum flentibus [29]; rursus ad Galatas [Philippenses] scribens, deflebat inimicos crucis Christi [30]. Ecquid opus est commemorare Jeremiam flentem [31], Ezechielem Dei jussu principum lamentationes scribentem [32], et multos alios sanctos lugentes? *Hei mihi, mater, quare me genuisti* [33] ? et : *Hei mihi, quia periit pius e terra, et qui recte faciat, in hominibus non est* [34] ; et : *Hei mihi, quia factus sum sicut qui congregat stipulam in messe* [35] ! Et ut verbo dicam, præclaras voces justorum, et sicubi reperias qui emittat vocem tristiorem, nullus dubitabis quin **28** omnes mundum hunc, et miseram vitam quæ in eo agitur, deplorent. *Heu mihi, quia incolatus meus prolongatus est* [36] ! Nimirum cupit dissolvi, et esse cum Christo [37]. Itaque fert ægre hujus incolatus dilationem, tanquam quæ impedimento sit gaudio. Et David quoque reliquit nobis in canticis prolatam de amico suo Jonathan lamentationem, in qua simul et inimicum suum luxit. *Doleo super te, frater mi Jonathan* [38]; et : *Filiæ Israel, super Saul flete* [39]. Hunc quidem luget, ut peccato immortuum : Jonathan vero, ut hominem sibi per totam vitam conjunctissimum. Quid autem attinet cætera percensere? Enimvero Dominus ipse flevit etiam super Lazarum [40] et super Jerusalem [41]. Sed et lugentes ac flentes itidem prædicat beatos [42].

4. Sed, inquiunt, quomodo fieri potest ut hæc concilientur cum verbis illis, *Semper gaudete* [43] ? Neque enim lacrymæ et gaudium ex iisdem principiis ducunt originem. Nam compresso circa cor spiritu, et angustato, lacrymæ ex improviso casu percutiente animam, eamque contrahente, velut ex plaga quadam oriri consuevere : gaudium vero est animæ ob res ex sententia succedentes gestientis quidam quasi saltus. Hinc differunt corporis symptomata. Tristes quidem subpallidam lividamque ac rigentem habent corporis molem : inest vero efflorescens quædam et subrubra corporis habitudo lætis et hilaribus, anima tantum non prosiliente et prorumpente ad exteriora præ voluptate. Verum ad hæc dicemus, quod lamentationes sanctorum lacrymæque ex Dei amore proficiscebantur. Itaque oculis in dilectum semper intentis, ac lætitia majore sibi inde accedente curabant res conservorum suo

---

[11] II Cor. xii, 9, 10. [12] II Cor. xi, 27. [13] Genes. i, 26. [24] Dan. iii, 21. [25] Dan. xiv, 30. [26] Jon. ii, 1. [27] Rom. v, 3. [28] Rom. xii, 12. [29] ibid. 15. [30] Philipp. iii, 18. [31] Thren. i, 1 seq. [32] Ezech. ii, 9. [33] Jerem. xv, 10. [34] Mich. vii, 2. [35] ibid. 1. [36] Psal. cxix, 5. [37] Philipp. i, 23. [38] II Reg. i, 26. [39] ibid. 24. [40] Joan. xi, 35. [41] Luc. xix, 41. [42] Matth. v, 5 ; Luc. vi, 21. [43] Philipp. iv, 4.

rum, deflebant ipsos peccantes, eosque per lacrymas emendabant. Quemadmodum autem qui in littore stant, dum eorum qui in mari submerguntur commiserescunt, securitatem suam non amittunt, ob hanc suam de periclitantibus sollicitudinem : ita qui proximorum deflent peccata, suam ipsorum lætitiam minime disperdunt. Imo etiam adaugent ipsam, gaudio Domini dignati ob effusas pro fratre lacrymas. Quare beati sunt qui flent, beati quoque qui lugent, quoniam ipsi consolabuntur, et ipsimet ridebunt. Risum autem dicit, non strepitum quemdam per genas ab effervescente sanguine editum, sed hilaritatem puram, et omnis tristitiæ exsortem. Quocirca lugere cum lugentibus [44] licet per Apostolum, quod hæ lacrymæ velut gaudii æterni semen fiant et fenus. Ascende mihi mente, et conditionem intuere angelorum, an conveniat eis præter gaudium et lætitiam ullus alius status : quippe quia habiti sunt digni, qui astent Deo, ac inenarrabili pulchritudine gloriæ Conditoris nostri perfruantur. Itaque ad hanc vivendi rationem invitans nos Apostolus, semper gaudere nos jussit.

5. Quod si Dominus lacrymas super Lazarum **29** et super civitatem profudit, illud dicere habemus, ipsum et comedisse et bibisse, nihil alioquin horum indigum : sed modos ac fines quibus necessarii animæ affectus contineantur, tibi reliquisse. Itaque sic etiam lacrymatus est, ut immodicam quærulorum ac luctus amantium ad flendum propensionem, animique eorum demissionem sanaret. Nam si quid aliud, præsertim lacrymæ opus habent moderamine rationis : quibusnam illacrymetur, et quantum, et quando, et quomodo par fuerit. Quod enim citra ullam animi commotionem, sed ad erudiendos nos lacrymatus est Dominus, perspectum est ac manifestum ex illo : *Lazarus amicus noster dormit, sed vado ut a somno excitem eum* [45]. Quis nostrum deflet amicum dormientem, quem aliquanto post sperat expergefactum iri ? *Lazare, veni foras* [46]. Jam mortuus revocabatur ad vitam ; jam alligatus ambulabat. Inest miraculum in miraculo. Pedes ligabantur instilis, nec tamen a motu prohibebatur. Etenim aderat vis quædam obice major. Quomodo igitur Dominus, qui erat talia facturus, casum illum lacrymis dignum judicasset ? At non palam est ipsum infirmitatem nostram undique suffulcientem, eas affectiones quæ inevitabiles sunt et necessariæ, intra modos quosdam ac terminos continuisse? Apathiam quidem vitavit tanquam quiddam ferinum : noluit tamen mœrori ac tristitiæ deditus esse, ac multum lacrymari, quod hoc illiberale esset et ignavum. Quamobrem amico deflendo ostendit communionem humanæ naturæ; simulque nos ab excessu in utramque partem liberavit, neque nos mollius frangi adversis, neque inter molestias sensus esse expertes permittens. Quemadmodum igitur Dominus solidis cibis digestis famem sustinuit,

sitimque admisit, humore corporis consumpto, et defatigatus est ex itinere [47], musculis ac nervis plus æquo distentis, non succumbente labori divinitate, sed corpore quæ ipsius naturam comitari solent suscipiente : hunc ad modum admisit quoque lacrymas, carni sinens accidere quod ei erat naturale. Hoc autem contingit tum cum cerebri cava, excitatis a tristitia vaporibus referta, per oculorum meatus velut per quosdam canales humoris onus egerunt. Quamobrem cum res graves ac molestæ præter exspectationem audiuntur, fit tinnitus quidam, vertigoque, et oculorum caligo : siquidem ob vapores quos calor in interiora contractus sursum emittit, vacillat caput et circumagitur. Deinde, mea quidem sententia, quemadmodum nubes in guttas, sic crassæ vaporum partes resolvuntur in lacrymas. Hinc etiam voluptas quædam inter lugendum **30** accedit mœrentibus, quia quod ipsos aggravabat, id latenter per ploratum ejectatur. Horum autem verborum veritatem stabilit ipsa rerum experientia. Novimus namque multos in gravissimis adversitatibus sibi per vim a lacrymis temperasse, quorum alii posthac in immedicabiles morbos inciderunt, in apoplexiam paralysimque; alii vero omnino supremum diem obierunt, quod eorum vires, quasi debili quodam fulcro destitutæ, pondere tristitiæ frangerentur. Nam quod videre in flamma licet, quam fumus proprius si non exeat, sed circumvolvatur, suffocat, id etiam in facultate qua animal constituitur, fieri dicunt, nimirum extabescere illam et exstingui præ doloribus, si nullus sibi exitus ad exteriora aperiatur.

6. Qui igitur tristitiæ dediti sunt, ne in suæ infirmitatis patrocinium Domini lacrymas opponant. Ut enim cibus, quo Dominus vescebatur, voluptatis nobis occasio non est, imo vero temperantiæ atque frugalitatis suprema regula est et forma : ita quoque lacrymæ non sunt nobis vice legis, qua lugere teneamur : sed convenientissima quædam mensura normaque accurata in his nobis proposita est, juxta quam par fuerit intra naturæ terminos graviter et honeste permanere, et tristia perferre. Itaque neque mulieribus neque viris lacrymarum studium aut copia permissa sunt, sed tantum, quantum fas est afflictari de adversis, et parum lacrymari ; idque tacite sine fremitibus, sine ejulatibus, adeo ut vestem scindat nemo, nec cinerem inspergat; nec aliud quidquam eorum indecore agat, quæ facere solent rerum cœlestium imperiti. Oportet enim eum qui divina doctrina purgatus est, recta ratione, velut firmo quodam muro, obseptum esse, et talium affectionum assultus viriliter ac strenue propulsare, non in humili ac molli anima quasi in loco declivi affluentem ullam affectuum turbam suscipere. Etenim animi est ignavi, nullumque ex reposita in Deo spe robur habentis, frangi admodum, et adversis succumbere. Quemadmodum enim in lignis tene-

[44] Rom. xii, 15. [45] Joan. xi, 11. [46] ibid. 43. [47] Joan. iv,

rioribus gignuntur vermes, sic tristitia in molliore hominum indole innascitur. Numnam erat Job corde adamantino? num compacta ei erant ex saxo viscera? Ceciderunt ei decem liberi in brevi temporis momento, una plaga obtriti, in domo jucunditatis, in tempore deliciarum, decutiente in eos domum diabolo. Vidit mensam sanguine immistam, vidit liberos diverso quidem tempore natos, sed unum communemque sortitos vitæ exitum. Non ejulavit, non comam evellit, non emisit vocem ullam degenerem, sed celebrem illam et ab omnibus decantatam gratiarum actionem protulit : *Dominus dedit, Dominus abstulit; sicut Domino placuit, ita et factum est: sit nomen Domini benedictum*[48]. Num homo ille erat expers affectionum? At quomodo? cum ipse de se dicat: *Ego flevi super omni afflicto* [49]. Estne his dicendis mentitus? Imo vero præter cæteras virtutes veritas veracem eum quoque fuisse declarat his verbis: *Homo* enim, inquit, *inculpatus, justus, pius, verax*[50]. Tu vero cantilenis quibusdam ad mœstitiam compositis ad flendum abuteris, studesque animam tuam modulis lugubribus absumere ; et quemadmodum peculiaria sunt tragœdis fictio et apparatus, quocum theatra conscendunt; ita existimas habitum etiam convenire lugenti, vestem atram, comam squalidam, tenebras in domo, sordes, pulverem, denique lugubrem cantum, quo mœroris vulnus semper recens in animo servetur. Sinas hæc faciant qui spem non habent [51]. Tu vero de iis qui in Christo obdormierunt [52], edoctus es : *Seminatur in corruptione, surget in incorruptione: seminatur in infirmitate, surget in virtute : seminatur corpus animale, surget corpus spiritale*[53]. Quid igitur luges hominem, ad mutandum habitum adeuntem? Neque te ipse lugeas, quasi sis in hac vita patrono orbatus : *Bonum est enim*, inquit, *sperare in Domino, quam sperare in homine* [54]. Neque illum defleas uti male ac dure acceptum. Nam clangens e cœlo tuba hunc paulo post expergefaciet, ac videbis ipsum Christi astantem tribunali. Mitte igitur humiles illas ac insulsas voces : Heu mala inexspectata! rursus : Quis hæc eventura fuisse putasset? item : Quandonam exspectassem charissimum mihi caput obtegendum humo fuisse? Etenim si alter, nobis audientibus, hæc proferat, par fuerit nos erubescere, qui tum ex memoria præteritorum, tum ex præsentium experientia, has naturæ ærumnas inevitabiles esse didicimus.

7. Itaque neque intempestivæ mortes, neque aliæ ullæ calamitates inopinatæ, nos unquam consternabunt, si pietatis doctrina imbuamur. Exempli gratia, filius mihi erat adolescens, bonorum meorum hæres unicus, solamen senectutis, generis ornamentum, flos æqualium, familiæ columen, ea erat ætate, quæ longe est gratissima; ille ipse interiit abreptus : terra et pulvis factus est, qui paulo ante jucunda auditu proferens, gratissimum genitoris sui oculis spectaculum erat. Quid igitur faciam? Scindam vestem? lubens volutabor humi, et conquerar, et indignabor, et astantibus exhibebo meipsum velut puerum, qui ob acceptas plagas clamitat ac subsilit? Imo eorum quæ accidunt necessitatem diligenter considerans, mortis scilicet legem vitari non posse, eam per omnes pariter ætates grassari, ac composita omnia suo quæque ordine dissolvi, num casibus his tanquam novis perturbabor? Num de mente dejiciar velut plaga inexspectata perculsus, qui jam pridem didicerim mihi mortali mortalem filium esse, nec quidquam humanum reperiri, quod stabile sit, aut quod a possessoribus suis perpetuo servari soleat? Quin et urbes amplissimæ, eæque tum ædificiorum elegantia, tum civium potestate celebres, itemque reliqua et regionis et fori opulentia conspicuæ, nunc in solis ruderibus dignitatis antiquæ præferunt insignia. Atque navis plerumque e mari servata, post peractam sexcenties celerem navigationem, et post advectas negotiatoribus innumeras merces, uno venti impetu evanuit e conspectu. Exercitus quoque, qui in præliis sæpe hostes devicerant, mutata secunda fortuna, spectaculum miserabile facti sunt et fabula. Ad hæc gentes integræ ac insulæ, potentia non mediocri comparata, erectis terra marique multis tropæis, congestis ex exuviis opibus multis, aut assumptæ sunt tempore, aut in captivitatem redactæ, servitute libertatem mutarunt. Et in summa, quodcunque maximorum et intolerabilium malorum possis in medium proferre, nullius non exempla habet acta jam ætas. Quemadmodum igitur libræ momenta discernimus pondera, et auri discrimen ex coticulæ affrictu exploramus : ita si statutos nobis a Domino fines ac modos repetamus memoria, nusquam prudentiæ ac moderationis terminos excedemus. Ergo si quando tibi aliquid contigerit adversi, maxime cum mentem jam probe instructam habeas, ne turberis : deinde vero, præsentia facias leviora spe futurorum. Ut enim ii, quibus oculi infirmi sunt, obtutus suos a rebus nimis fulgidis deflectunt, eosque florum et herbarum recreant conspectu : ita quoque non debet anima semper sibi res tristes ponere ob oculos, nec jugiter in præsentibus ærumnis defigi, sed bona vera speculari. Ita futurum est, ut continuo gaudio afficiare, si semper vita tua referatur ac Deum, si spes remunerationis ærumnas vitæ leniat ac sublevet. Accepisti contumeliam? sed ad gloriam quæ tibi per patientiam in cœlis servatur, respice. Fecisti damnum? At divitias cœlestes, et thesaurum quem tute tibi per bona opera reposuisti, intentis oculis contuere. Ejectus a patria es? At patriam habes cœlestem Jerusalem. Orbatus es filio? At habes angelos, quibuscum circa Dei thronum tripudiabis, atque lætitia sempiterna

[48] Job I, 21. [49] Job XXX, 25. [50] Job I, 1. [51] I Thess. IV, 12. [52] Apoc. XIV, 13. [53] I Cor. XV, 42 44. [54] Psal. CXVII, 9.

fruere. Itaque si hoc modo præsentibus ærumnis futura bona opposueris, hanc animi hilaritatem tranquillitatemque ad quam Apostoli præceptum nos hortatur, conciliabis tibimetipsi. Neque vero immodicum gaudium animæ tuæ pariant læti ac fausti rerum humanarum successus : neque ullæ res tristes et adversæ præ tristitia atque contractione eam de læto suo ac sublimi statu deturbent. Nisi enim ea quæ ad vitam spectant, sic prius fueris edoctus, nunquam acturus es placidam ac tranquillam vitam. Sed facile id assequere, si præceptum quo ad semper gaudendum invitaris, familiare habeas atque contubernale. Sic enim, amandatis carnis molestiis, colliges gaudia animi: sic rerum præsentium sensu superior factus ad æternorum bonorum spem mentem tuam intendes, quorum vel sola cognitio potest animam gaudio complere, **33** et lætitiam angelicam in corda nostra introducere; in Christo Jesu Domino nostro, cui gloria et imperium in sæcula. Amen.

IN MARTYREM JULITTAM,

Et in ea quæ superfuerant dicenda in prius habita concione de gratiarum actione.

1. Causa hujus conventus est beatæ martyris indictum præconium. Ediximus enim vobis illam diem, velut in memoriam revocantem certamen magnum, quod mulierum felicissima Julitta in muliebri corpore sustinuit. Certamen strenuissimum, quod omni admiratione ac stupore percellit, tam eos qui spectaculo aderant, quam eos qui adhibitorum tormentorum historiam ex audito in posterum essent accepturi, si decet tamen mulierem appellare eam quæ animi magnitudine muliebris naturæ infirmitatem occultavit : a qua arbitror consternatum maxime fuisse communem nostrum adversarium, partam de se a mulieribus victoriam ægerrime ferentem. Qui tametsi magna illa jactanter ac superbe dicat, concussurum se totam terram, eamque velut nidum apprehensurum, et velut derelicta ova direpturum [55], atque urbes vastaturum, fuit tamen muliebri virtute superatus. Quippe in tentationis tempore cum hoc palam ostendere aggressus esset, quod pietatem in Deum suam ob naturalem infirmitatem ad finem usque servare non posset, nihilominus tamen periculo facto invenit illam sexu fortiorem fuisse, eoque magis ipsius terricula irrisisse, quo magis sperabat fore, ut eam tormentis perterreret. Etenim cum lis ei esset cum uno aliquo ex civitatis optimatibus, avaro viro ac violento, congerenti divitias sibi ipsi ex rapinis et præda, qui cum, abscissa multa terra, agros mulieris, villas, pecora, servos ac totam reliquam vitæ supellectilem in se transmovisset, tum demum occupavit fora judicialia, calumniatoribus falsisque testibus et muneribus, quæ ad judices corrumpendos obtulerat, suffultus : cum autem statutus dies jam adesset, vocaretque præco, ac patroni essent parati, simul ut incipit hominis tyrannidem detegere, simul ut parat et modum, quo bona hæc initio parta fuerant, et temporis diuturnitatem, qua dominium ipsius stabiliebatur, declarare, posteaque viri violentiam et avaritiam **34** deplorare; prodiens ille in medium, dixit non licere huic litem agere. Neque enim fas esse juris communis participes esse eos, qui imperatorum deos non colerent, nec Christi fidem ejurarent. Videbatur præsidi justa et æqua dicere, rationesque ad rem facientes proferre. Statim igitur thus affertur et focus; idque propositum est litigantibus: negantes quidem Christum, legibus et legum præsidio fruituros, retinentes vero fidem, neque forum, neque leges, neque reliqua civitatis jura participaturos, quippe quibus edicto imperatorum tunc temporis regnantium inusta infamia esset.

2. Quid igitur postea? Num divitiarum capta est illecebris? num per quamdam cum homine injurio contentionem neglexit profutura? num exhorruit periculum a judicibus impendens? Minime gentium : at, Valeat, inquit, vita, pereant pecuniæ, potius ne corpus quidem mihi supersit, quam impia ulla verba in Deum qui me condidit, proferam. Ac quanto magis videbat judicem his sermonibus exasperari, et summa adversum se ira succendi, tanto uberiores Deo gratias agebat, quod cum de caducis opibus litigaret, visa est cœlestium bonorum sibi possessionem astruere, et terra quidem spoliari, ut adipiscatur paradisum, itemque inuri sibi infamiam, ut gloriæ coronis habeatur digna, corpus denique flagris cædi, et temporali vita privari, ut mox cum omnibus sanctis in cœlestis regni gaudiis constituta, beatas spes consequatur. Cæterum cum sæpe interrogata, sæpe vocem eamdem emitteret, testata esse se Christi ancillam, cumque exsecraretur eos qui sibi erant ejurandæ fidei auctores, tum demum judex iniquitatis illam non opibus solum et possessionibus quibus injuste et præter leges spoliata fuerat, privavit; verum etiam eam igni traditam, morte, ut rebatur, multavit. Julitta vero ad nulla vitæ oblectamenta æque festinanter cucurrit, atque accessit ad illam flammam, facie, habitu, verbis et efflorescente hilaritate ingens animi gaudium ostendens. Ac quidem hortatur astantes mulieres, ut ne ad ferendos pro pietate labores remollescerent, neque sexus prætenderent infirmitatem. Sumus, inquiebat, ex eadem ex qua viri ipsi, massa. Ad Dei imaginem perinde atque illi fuimus conditæ. Mulier, peræque ac vir, a conditore facta est virtutis capax. Ecquid enim? nonne sumus viris cognatæ in omnibus? Nec enim assumpta est caro sola ad condendam mulierem, sed et os ex ossibus [56]. Quare constantia, fortitudo, ac patientia a nobis etiam perinde atque a viris Domino debetur. His dictis,

---

[55] Isa. x, 14. [56] Genes. ii, 5.

prosilivit in rogum, qui tanquam fulgens quidam thalamus mulieris sanctæ corpus circumplexus, transmissa in regionem cœlestem, et in convenientem ei requiem anima, venerandum corpus necessariis ac propinquis integrum et incolume servavit: quod in pulcherrimo unius templi urbis vestibulo tumulatum, tum ipsi loco, tum iis, qui ad hunc locum accedunt, sanctitatem confert. Terra autem, beatæ hujus adventu **35** prospera effecta, aquam gratissimam e sinu suo emisit; adeo ut martyr vice matris velut communi aliquo lacte cives nutriat. Hæc aqua et sanis tutela, et sobrie deliciantibus voluptatis largitio, et ægris solatium est. Quod collocatum est ab Eliseo in Hierichuntinos beneficium [57], hoc idem martyr in nos contulit; cum salsuginem quæ in communi aquarum huic loco adjacentium natura percipitur, in saporem dulcem amœnumque et omnibus suavem benedictione transmutavit. Viri, nolite videri pietate inferiores mulieribus. Mulieres, ne desciveritis ab hoc exemplo: sed citra ullam excusationem pietatem amplectimini, cum reipsa expertæ fueritis sexus infirmitatem vobis impedimento non esse, quin bonum quodlibet patrare possitis.

3. Multa quidem de martyre dicere paraveram: sed sermo heri nobis incœptus, et imperfectus relictus, haud permittit in his diutius immorari. Ego scilicet sic sum natura comparatus, ut quidquid imperfectum est, moleste feram. Etenim injucundum spectaculum est et imago, quæ dimidia ex parte exprimitur, et itineris labor inutilis futurus est, si viator ad propositum finem et ad constitutas stationes non pervenerit. Parum ex venatu capere, idem est ac nihil capere; et qui in stadiis currunt, etiamsi sæpius uno duntaxat gressu posteriores exstiterint, amittunt victoriam. Itaque nos quoque qui heri Apostoli verba protulimus in medium, quique paucis sensum et intelligentiam eorumdem perstricturos nos sperabamus, inventi sumus longe plura quam diximus, omisisse; quapropter necessarium ducimus, ut vobis dependamus relicta, et exsolvamus. Hæc igitur erant Apostoli verba: *Semper gaudete, sine intermissione orate, in omnibus gratias agite* [58]. Et quidem de jugi ac continuo gaudio, etsi non satis dictum est pro argumenti dignitate; at ea tamen quæ die hesterna diximus, sufficere credi possunt. Utrum autem et oporteat indesinenter orare, et utrum hoc mandatum confici possit, tum vos exposcere parati estis, tum ego pro virili hujus sententiæ patrocinium suscipiam atque defensionem. Precatio est boni petitio, a piis Deo exhibita. Petitionem autem non omnino in verbis circumscribimus. Neque enim Deum arbitramur monitorum voce prolatorum indigere: imo cum nosse, ne petentibus quidem nobis, quæ conducibilia sint. Quid igitur est quod dicimus? Nimirum precationem in syllabis constitui non oportere: sed vim precum in proposito animi et in iis virtutis operibus quæ ad omnem vitam sese extendant, collocandam esse. *Sive enim*, inquit, *manducatis, sive bibitis, sive quid facitis, omnia in gloriam Dei facite* [59]. Accumbens ad mensam, ora; assumens panem, habe gratias largitori; vino corporis debilitatem **36** corroborans, ejus qui hoc tibi munus ad exhilarandum cor et ad levandas infirmitates dedit, memineris. Præteriit cibi sumendi necessitas? non prætereat tamen memoria benefici largitoris. Tunicam si indueris, datori gratias age. Pallio cum amiciris, intentius Deum dilige, qui tum hiemi tum æstati accommoda tegumenta nobis largitus est, quibus vita nostra simul servatur, et turpitudo contegitur. Completa dies est? Gratias rependas ei qui, in operum diurnorum ministerium, solem quidem nobis impertivit, ignem vero tribuit ad noctem illustrandam, et ut reliquis vitæ necessitatibus inserviat. Nox alias causas præbeat orandi. Quando suspexeris in cœlum, et in siderum pulchritudinem intentos oculos habueris, deprecare Dominum visibilium, Deumque universorum opificem optimum, qui omnia in sapientia fecit [60], adora. Omnem animantium naturam cum videris consopitam, rursus adora eum, qui nos vel invitos ab assiduis laboribus relaxat per somnum, viriumque vigorem per parvam requiem redintegrat.

4. Tota igitur nox non sit velut peculiaris quædam ac præcipua somni sors; neque patiare mediam vitæ partem inutilem tibi esse per somni soporem: sed dividatur tibi noctis tempus in somnum et precationem: imo somnus ipse exercitatio sit pietatis. Sæpe enim expressæ in somno species nescio quomodo vestigia quædam ac reliquiæ esse solent diurnarum curarum. Qualia enim exstiterint vitæ nostræ studia, talia necesse est etiam esse insomnia. Sic oratis *sine ulla intermissione*, si modo non in verbis precationem concludas, sed te ipse Deo conjunxeris per totam vivendi rationem; adeo ut jugis assiduaque precatio vita tua sit. Sed et *In omnibus*, ait, *gratias agite*. At, inquiunt, quomodo fieri id potest, ut anima quæ ærumnis ac calamitatibus excruciatur, ac dolorum sensu velut compungitur, in gemitus et lacrymas non erumpat: de rebus quæ reipsa detestandæ sunt, perinde atque de bonis peragat gratias? Mala enim quæ inimicus mihi precatus fuerit, si accidant, quomodo pro his potero grates rependere? Est filius immaturus ereptus, et dolores primis puerperii doloribus acerbiores matrem de charissimo filio dolentem discruciant: quomodo, missis ejulatibus, voces gratiarum actioni proprias expromet? Qui fieri id possit? Si cogitaverit Deum genito ex ipsa filio esse germaniorem patrem, verioremque; cumdemque illius esse tutorem, et vitæ dispensatorem prudentiorem. Cum ergo non sinimus prudentem Dominum bona sua ad arbitrium

---

[57] IV Reg. II, 21. [58] I Thess. v, 16-18. [59] I Cor. x, 31. [60] Psal. CIII, 24.

suum dispensare, sed indignamur tanquam nostris spoliati, ac mortuos velut injuria affectos commiseramur? Illud velim tecum reputes, non mortuum esse puerum, sed redditum : neque amicum fato functum, sed peregre profectum, iterque quod et nobis necessario conficiendum erit, aliquanto anteoccupasse. Sit tibi pro contubernali Dei mandatum, lucem quamdam et splendorem indesinenter afferens ad res discernendas : quod si eminus præcurrat animi tui judicium, verisque de quacunque re opinionibus præmuniat, minime sinet te ullis unquam casibus immutatum iri ; sed efficiet, ut mente præparata et instructa, securus ac immotus, quasi scopulus quidam mari conterminus, ventorum vehementiam ac fluctuum impetus perferas. Quorsum enim non prius assuevisti de mortali mortale quiddam sentire, sed mortem filii suscepisti præter exspectationem? Ortus filii cum tibi primum nuntiatus est, si quis te interrogasset quale esset quod natum est, quidnam tunc respondisses? Aliudne dixisses, nisi quod homo sit quod natum est? Quod si homo, utique et mortalis. Quid igitur miri si mortuus est mortalis? Annon vides solem orientem et occidentem? non vides crescentem lunam, et decrescentem? non terram virentem, deinde arescentem? Quid eorum quæ nos circumstant stabile est et firmum? cujusnam rei natura immota est et immutabilis? Suspice in cœlum, et ad terram respice : ne hæc quidem æternum permansura sunt. Nam, inquit [61], *Cœlum et terra transibunt : stellæ cadent de cœlo, sol obscurabitur, luna non dabit lumen suum.* Quid igitur mirum, si nos quoque, cum pars simus mundi, eorum quæ mundi sunt, participes simus? His consideratis, ubi te etiam adorietur communium rerum pars quæpiam; fer tacitus ac connivens, non sine affectu ullo, aut sensu : (quæ est enim indolentiæ merces?) sed cum magno labore, cum multis doloribus. Verumtamen perfer velut strenuus quispiam athleta, qui robur ac fortitudinem non in eo solum ostendit, quod percutiat adversarios, sed quod inflictas etiam sibi ab ipsis plagas constanter toleret : item tanquam aliquis gubernator, qui sapiens sit, et præ magna navigandi peritia impavidus, quique animum rectum, immersabilemque, et quacunque tempestate altiorem servet. Filii charissimi, aut uxoris gratissimæ, aut alterius cujuspiam eorum qui sunt amicissimi, et omni benevolentia atque necessitudine conjuncti, privatio, haudquaquam futura est molesta et gravis homini provido, et rectam rationem vitæ ducem habenti, non autem ex consuetudine quadam incedenti. Nam acerbissimum est vel ipsis brutis animantibus a consuetudine avelli. Equidem ego ipse vidi aliquando bovem in præsepi illacrymantem, pastus ac jugi socio morte sibi præropto. Quin etiam videre est reliquas belluas consuetudini valde admodum adhærescere. Tu vero non ita didicisti, neque ita edoctus es. Attamen indecorum non fuerit ex longo congressu diuturna consuetudine initium amicitiæ ducere : sed dolere de disjunctione ob diutinam nostram conversationem, penitus absurdum est.

5. Exempli gratia, obtigit tibi uxor vitæ socia, quæ tibi omnem vitæ voluptatem exhibet, quæque artifex est lætitiæ, et conciliatrix deliciarum, quæ simul bona auget et opes, et afflictatum te maxima molestiarum parte levat; hæc subito rapta interiit. Hac ista afflictione ne exaspereris; cave dicas eorum quæ fiunt fatum quoddam esse temerarium, quasi rector nullus hunc mundum gubernet; neque malum quemdam opificem constituas, excogitans tibi ipse præ immodico mœrore impia dogmata : contra, neque terminos excedas pietatis. Etenim cum duo omnino in carne una fuerint [62], alteri divisionem ac conjunctionis diremptionem moleste ferenti danda est venia multa; sed tamen non profuerit tibi eam ob causam aut excogitare, aut loqui quidquam ineptum. Nam tecum reputes velim, quod Deus, qui formavit nos et animavit, animæ cuilibet tribuerit propriam quamdam vitæ moram, et aliis alios exitus terminos præfixerit. Etenim certo quodam consilio voluit alium diutius in carne permanere; statuit vero alium ocius vinculis corporis exsolvi, juxta ineffabiles sapientiæ atque justitiæ suæ rationes. Quemadmodum igitur ex iis qui in carcerem conjiciuntur, alii diutius detinentur in vinculorum cruciatibus, alii ab ea calamitate liberantur citius : sic et animæ, aliæ quidem diutius, aliæ vero minus in hac vita detinentur, pro cujusque merito ac dignitate, Deo, qui nos condidit, rebus cujusque nostrum prospiciente sapienter, et alte, sicque, ut mens hominum attingere non possit. Non audis Davidem dicentem : *Educ de custodia animam meam* [63]? Non audivisti de anima, animam ipsius exsolutam fuisse et dimissam [64]? Quid vero Simeon, cum Dominum nostrum in ulnas recepit? quam vocem emisit? nonne hanc, *Nunc dimittis servum tuum, Domine* [65]? Nam in carne immorari, gravius quiddam est quam supplicium omne, et quivis carcer, ei qui ad supernæ vitæ gaudia festinat. Quamobrem ne exquirito, ut latæ de animabus leges tuo se usui accommodent et inserviant; sed qui in hac vita conjuncti sunt, ac deinde morte a se invicem divelluntur, eos viatoribus via una et eadem incedentibus, et propter continuam inter se confabulationem necessitudine atque consuetudine devinctis assimiles esse cogita. Hi post emensum iter commune, ubi sectam viam repererint, necessitate jam cogente alter ab altero separati, non amplius in consuetudine perseverantes negligunt quod sibi proposuerant; sed causam quæ se initio compulit, in memoriam revocantes, ad suam quisque metam contendunt. Quemadmodum igitur his alius erat viæ scopus, intercessit autem ex consuetudine inter ipsos, cum iter facerent, ne-

---

[61] Matth. xxiv, 35, 29. [62] Genes. ii, 24; Matth. xix, 5. [63] Psal. cxli, 8. [64] Tob. iii, 6, 15. [65] Luc. ii, 29.

cessitudo quædam ac familiaritas : sic etiam iis qui nuptiis aut alia quapiam vitæ societate conjuncti sunt, fuit procul dubio præstitutus proprius quidam vitæ terminus ; sed tamen ipsos inter se conjunctos prædefinitus vitæ finis necessario separavit ac sejunxit.

6. Itaque grati animi fuerit non ægre ferre separationem : sed ei qui hujusce consortii auctor fuerat, gratiam ob primam conjunctionem habere. Tu contra, ne uxore quidem superstite, aut amico, aut filio, aut alio quovis de quo nunc **39** doles, grates ullas rependebas bonorum præsentium largitori : imo de absentibus conquerebaris. Et quidem si habitabas cum sola uxore, querebare quod filii, quales desiderasses, tibi non essent; sin autem habebas filios, dolebas quod non afflueres divitiis, aut etiam quod inimicos quosdam secunda fortuna utentes videres. Cave igitur ne forte charissimorum privationem nobis ipsis reddamus necessariam, cum non afficiamur illorum præsentia, sed amissos desideremus. Quoniam enim pro præsentibus bonis a Deo collatis grates non persolvimus ; ideo privari nos iis necesse est, ut affectus noster commoveatur. Quemadmodum enim non vident oculi quod plus æquo admotum est, sed congruenti aliquo spatio indigent, ita et ingratæ animæ per bonorum abalienationem videntur de amisso ac præterito beneficio affici. Nam cum fruerentur bonis, nullam tum gratiam habebant largitori, sed ubi sunt iis spoliatæ, idipsum quod evanuit laudant æstimantque. Porro nemo nostrum immunis est a gratiarum actione ob ullam vitæ hujus ærumnam ac calamitatem, si vult singula animo æquo perpendere. Etenim vita uniuscujusque nostrum habet non pauca quæ possumus recensere, quæque injucunda non sunt, si modo respicere ad inferiora velimus, sicque ex ista cum re deteriori comparatione, quanti pretii hoc nostrum bonum sit expendamus. Servus es ? Adest aliquis te dejectior; gratias repende, quod uni præstes, quod non sis addictus pistrino, quod plagas non accipias. Ac ne huic quidem gratiarum agendarum defuturæ sunt causæ. Neque enim teneris in compedibus, neque ligatus in ligno est. Satis est causæ vincto ad gratias exsolvendas ipsa vita. Videt solem, spiritu aerem ducit, horum gratia rependit gratias. Plecteris immerito ? Gaude spe futurorum. Jure condemnatus es ? Sic etiam grates age, quod hic dederis scelerum pœnas, non autem sis ob impunita peccata supplicio æterno servatus. Hunc ad modum potest qui gratus est, in omni vita et in omni instituto pro præsentibus bonis amplas benefacienti gratias peragere. Nunc autem, quod morosis hominibus accidit, id contingit plerisque, videlicet ut præsentia fastidiant, ita absentia concupiscant. Neque enim eos qui seipsis inferiores sunt enumerantes, largitori beneficio pro iis quæ habent gratias persolvunt : imo ejus quod præ-

stantius est comparatione, quantum superentur reputantes, ita mœrent et conqueruntur bonis alienis privati, ac si suis spoliarentur. Servus qui est, permoleste fert liberum se non esse : ægre est ei qui in libertate **40** educatus fuit, quod generis nobilitate non insigniatur, quod non recenseatur inter eos qui natalium splendore conspicui sunt, nec numerare possit retro avos septem, qui eximii fuerint equorum nutritores, aut opes suas in gladiatores insumpserint. Queritatur qui genere clarus est, quod non abundet divitiis; dives afflictatur ac dolet, quod dominatum in oppida et in gentes non habet ; exercitus dux, quod regnum non occupat ; rex autem, quod simul totius qui sub sole est orbis non potiatur, sed supersint gentes quæ suis sceptris non sint subjectæ. Ex quibus omnibus colligitur gratias pro nulla re beneficiorum auctori rependi. Nos autem mœrorem ex iis quæ desunt emergentem amandantes, discamus ob præsentia gratias exsolvere. Dicamus sapienti medico in tristioribus rerum infortuniis : *In tribulatione parva disciplina tua nobis* [66]. Dicamus : *Bonum mihi, quia humiliasti me* [67]. Dicamus : *Non sunt condignæ passiones hujus temporis ad futuram gloriam quæ revelabitur in nobis* [68]. Dicamus : *Pauca præ iis quæ peccavimus accepimus verbera* [69]. Obsecremus Dominum : *Castiga nos, Domine, verumtamen in judicio, et non in furore* [70]. *Cum enim redarguimur, a Domino corripimur, ut non cum hoc mundo damnemur* [71]. At vero in lætiore vitæ statu emittatur illam Davidis vocem : *Quid retribuam Domino pro omnibus quæ retribuit mihi* [72] ? Eo auctore ex nihilo orti sumus, ornavit nos ratione, largitus nobis est artes vitæ tuendæ inservientes, alimenta e terra educit, servitio nostro jumenta addixit et pecora. Propter nos imbres, propter nos sol ; adornata est nostri causa regio montosa æquataque, effugia atque recessus parans nobis ad summitates montium vitandas. Propter nos fluunt flumina ; propter nos fontes scaturiunt; mare patet nobis ad mercaturam exercendam ; effodiuntur ex metallicis fodinis opes ; undelibet commoda affluunt et deliciæ, conferente nobis munera creatura omni ob locupletem uberemque benefici Dei in nos gratiam.

7. Sed quid opus est parva recensere ? Propter nos versatus Deus est inter homines : propter carnem corruptam *Verbum caro factum est, et habitavit in nobis* [73]. Commoratur cum ingratis beneficus ; venit liberator ad captivos ; illuxit sol justitiæ [74] sedentibus in tenebris [75], in crucem tollitur qui omnis prorsus doloris expers est, vita morti addicitur. Lux descendit ad inferos ; propter eos qui mortui erant, resurrectio, adoptionis spiritus, donorum divisiones, repromissæ coronæ : alia insuper quæ ne numerare quidem facile fuerit, quibus omnibus congruit illa vox Prophetæ, *Quid retribuemus Domino pro omnibus quæ retribuit no-*

[66] Isa. xxvi, 16. [67] Psal. cxviii, 71. [68] Rom. viii, 18. [69] Job xv, 11. [70] Jerem. x, 24. [71] I Cor. xi, 32. [72] Psal. cxv, 12. [73] Joan. 1, 14. [74] Malach. iv, 2. [75] Isa. ix, 2.

bis[76]? Atque etiam magnificus ille non dicitur *tribuisse*, sed *retribuisse*, tanquam si prior non conferret gratiam, sed iis qui prius contulissent, redderet: nimirum gratiarum actionem, quæ ab accipientibus rependitur, loco habet beneficii. Qui cum dederit opes, tamen eleemosynam a te per pauperum manus reposcit: qui tametsi suum accipit, tibi tamen veluti tua danti gratiam integram refert. *Quid igitur retribuemus Domino pro omnibus quæ retribuit nobis?* Non enim desero vocem Prophetæ, probe addubitantis, ac inopiam suam circumspicientis, **41** talem videlicet ei ut nihil suppeteret dignum quod retribueretur. Dominus enim post beneficia adeo magna splendidaque, nec tamen omni genere præstantia, nobis in posterum multo majora pollicetur, paradisi delicias, dandam in regno gloriam, honores angelorum honoribus haud impares, denique Dei cognitionem: id quod iis, qui digni habiti sunt, summum bonum est; id quod omnis natura ratione prædita expetit; id quod utinam et nos, ubi a carnis affectibus nosmetipsos expurgaverimus, adipiscamur. Quomodo igitur, inquiet aliquis, commiserationem socialem atque charitatem (quod bonorum primum est et perfectissimum, cum plenitudo legis dilectio sit[77]) proximo nostro sumus ostensuri? Quoniam si ad aliquos magnis calamitatibus ac ærumnis oppressos accedamus, nequaquam cum ipsis flebimus, aut collacrymabimus; imo de iis, quæ acciderint, agemus gratias. Ac quidem suam ipsius afflictionem cum gratiarum actione perferre, patientiæ est atque constantiæ argumentum; sed pro calamitatibus alienis Deo gratiam habere, insultantis est malis alienis et irritantis afflictos, præsertim cum ab Apostolo jubeamur cum flentibus flere[78]. Quid igitur ad hæc dicemus? Estne rursus necesse vobis in memoriam reducere Domini verba, quibus jussi sumus in aliquibus gaudere, in aliquibus lugere? *Gaudete*, inquit, *et exsultate, quoniam merces vestra copiosa est in cœlis*[79]. Et iterum: *Filiæ Jerusalem, nolite flere super me, sed flete super filios vestros*[80]. Itaque præcipit nobis sermo divinus, ut cum justis quidem exsultemus ac lætemur; lugeamus vero et lamentemur cum iis qui ex pœnitentia effundunt lacrymas: aut etiam eos qui nullo doloris sensu tanguntur, deploremus, quod perire se ne intelligant quidem.

8. Cæterum implevisse mandatum haudquaquam putandus est qui hominum mortem deplorat, et cum lugentibus edit clamorem. Neque enim laudaverim medicum, qui cum opem ægrotantibus ferre deberet, morbis ipse repleretur; neque nauclerum, qui cum deberet navigantibus præesse, adversus ventos pugnare, fluctus vitare ac timidiores solari, nauscaret ipse, et una cum iis qui rei nauticæ imperiti sunt, animo concideret. Ejusmodi est quisquis adit lugentes, nec tamen ratione sua usus, quidquam eis impertit emolumenti; sed potius ex alienis affectibus dedecus contrahit. Par igitur fuerit de alienis calamitatibus ac ærumnis afflictari. Nam hoc pacto afflictorum conciliaturus tibi es familiaritatem atque benevolentiam, neque hilarem te ostendens ob eorum adversitates, neque alienam afflictionem indifferenter perferens. Minime tamen convenit dolentium miseriis plus æquo commoveri, sic ut aut conclames, aut lugeas cum afflictato, aut aliis in rebus hominem a tristitia obcæcatum imiteris æmulerisque: exempli causa, si una cum ipso te ipse includas, et induaris atra veste, si pariter jaceas humi, comamque negligas. Ex iis enim magis crescit quam elevatur calamitas. Annon vides augeri dolorem, si aut bubones vulneribus, aut **42** splenes febribus accedant? nonne potius mitigant manus dolorem leni suo contactu? Et tu igitur ne tua præsentia exasperes afflictionem, neque cum lapso collabare. Nam jacentem qui erigit, altior omnino lapso esse debet; qui vero pariter cecidit, altero qui erigat etiam ipse opus habet. Attamen abs re non fuerit iis quæ acciderint angi, et tacite de adversis afflictari, ita ut ex vultu, qui cogitatione defixus sit, exque modestia quæ gravitatem adjunctam habeat, animi affectum significes: ubi autem ad colloquium ventum est, non statim ad objurgationes devenire decet, velut jacentibus insultantem ac illudentem. Nam objurgationes iis quorum animus præ tristitia cruciatur, molestæ sunt et graves; simulque sermones eorum qui nullo prorsus doloris sensu afficiuntur, ægre audiuntur a mœrentibus, et ad eos consolandos iis non habent persuadendi. Sed si eos siveris vanos inefficacesque clamores et ejulatus edere, maloque jam paululum sedato ac remisso, tum demum nihil impedit quominus eos possis scite ac leniter solari. Nam et equorum domitores non statim effrenatos pullos frenis cohibent, aut reprimunt (sic enim retrocedere, et equites excutere edocentur), sed initio ipsis cedentes, ac eorum impetum secuti, ubi eorum ardorem suo ipsorum impetu atque vehementia fractum et exhaustum animadverterint, tunc subactos apprehendentes, illos jam per artem reddunt tractabiliores. Sic erit, juxta Salomonis sententiam: *Melius est ingredi in domum luctus, quam in domum convivii*[81], si quis, perite leniterque sermone usus, suam ipsius sanitatem ægroto velit impertiri, non alienam tristitiam velut lippitudinem contrahere.

9. Oportet igitur flere cum flentibus. Ubi videris fratrem lugentem ob peccatorum pœnitentiam, lacrymare cum viro ejusmodi, ac illius commiseresce. Ita enim tibi licebit ex malis alienis tuum corrigere. Nam qui fervidas lacrymas pro peccato proximi effundit, dum fratrem deflet, medetur sibimetipsi. Talis erat qui dicebat: *Defectio animi tenuit me pro peccatoribus derelinquentibus legem tuam*[82].

---

[76] Psal. cxv, 12. [77] Rom. xiii, 10. [78] Rom. xii, 15. [79] Matth. v, 12. [80] Luc. xxiii, 28. [81] Eccle. vii, 3. [82] Psal. cxviii, 53.

Luge peccati causa. Animæ ægritudo est peccatum; mors est animæ immortalis; peccatum luctu atque irrequietis lamentis dignum est. Ob hoc fluant lacrymæ omnes, nec cessent duci ex pectore imo suspiria. Paulus deflebat inimicos crucis Christi [83]. Jeremias deflebat qui ex populo peribant; idemque cum sibi naturales lacrymæ non satis essent, lacrymarum fontem inquirebat et extremam mansionem. *Et sedebo*, inquit, *et plorabo populum hunc diebus multis, eos qui pereunt* [84]. Scriptura inter beatitudines lacrymas et luctum ejusmodi reponit [85], non propensionem ad tristitiam omnem, non proclivitatem ad fletum, qui omni occasione cieatur. Non ita dudum vidi quosdam voluptarios, qui immodico voluptatis amore pellecti, per speciem expellendæ **43** tristitiæ ad crapulam sese converterent, et ad ebrietatem; suamque conarentur excusare intemperantiam verbis Salomonis, qui ait : *Date vinum iis qui in tristitia sunt* [86]. Est autem hæc sententia in Proverbio, nec tamen ebrietatem licitam reddit, sed humanæ vitæ consulit. Etenim ut reconditum hujus sententiæ sensum omittam, quo vinum lætitia rationalis dicitur; ne obvius quidem sensus parum habet providentiæ ac curæ, ne videlicet ii qui ægre consolationem admittunt, et gravi luctu obruuntur, cibos negligant et alimenta, ploratu vehementiore absorpti : sed partim pane cor luctuosi hominis firmetur, partim vino collapsæ vires suffulciantur. Cæterum vinosi homines ac ebrii mœrorem haud demulcentes, sed mutantes mala malis, ac pravam quamdam pactionem facientes, corporis morbos morbis animi mutant, eosque qui trutina momenta exæquant, imitantes, tantum detrahunt tristitiæ, quantum addunt voluptati. Existimo quidem juvandam esse vino naturam : sed minime permittendum est meri tantam copiam infundi, ut rationi caliginem offundat. Neque enim simul cum vino effluet tristitia, sed ebrietatis malum animo accedet. Quod si ratio medicus est tristitiæ, fuerit plane ebrietas malorum maximum, cum medelam impediat animi. Sed jam singula quæ dicta sunt, animo repete; ita comperies et confici posse et utile esse apostolicum mandatum. Intelliges, quomodo possis gaudere semper, si rationem rectam sequaris; quomodo indesinenter orare, quomodo gratias agere in omnibus, quomodo denique valeas afflictos consolari, ut omni ex parte integer sis et perfectus, Spiritus sancti ope, atque inhabitante gratia Domini nostri Jesu Christi : cui gloria et imperium in sæcula sæculorum. Amen.

IN ILLUD DICTUM EVANGELII

Secundum Lucam : « *Destruam horrea mea, et majora ædificabo* [87] : » *itemque de avaritia.*

1. Duplex est tentationum genus. Aut enim corda velut aurum in fornace probant ærumnæ [88], cum per patientiam integritatem eorum coarguunt, atque bonitatem : aut etiam non raro ipsa vitæ prosperitas tentationis loco est compluribus. Æque enim arduum est in rebus difficilibus servari animam sublimem et indejectam, atque in rebus prosperis ad injuriam faciendam non abripi. Et prioris quidem tentationum generis exemplum est Job, magnus ille et invictus athleta, qui vim omnem diaboli velut torrentis impetum inconcusso pectore ac immoto proposito excipiens, tanto superior exstitit tentationibus, quanto illata sibi ab hoste certamina majora videbantur, atque inextricabiliora. At vero tentationum in rebus secundis exempla cum alia **44** multa sunt, tum hic nunc nobis lectus dives, qui habebat alias quidem divitias, alias vero sperabat; nec tamen benignissimus Deus eum ob ingratam indolem initio condemnavit, sed semper opes alias adjecit prioribus; si quo modo tandem accedente satietate, animum ejus posset ad liberalitatem atque mansuetudinem provocare. Ait enim : *Hominis divitis uberes fructus ager attulit, et cogitabat intra se : Quid faciam ? Destruam horrea mea, et majora ædificabo* [89]. Cur igitur fertilis exstitit ager hominis, qui nihil erat boni ob fertilitatem facturus ? Ut scilicet magis effulgeret Dei tolerantia, cujus bonitas ad tales etiam se extendat : quippe *Super justos et injustos pluit, facitque ut sol suus oriatur super malos et bonos* [90]. Ejusmodi autem Dei bonitas supplicium majus inducit in scelestos. Effudit pluvias in terram avaris manibus cultam; dedit solem, qui foveat semina, ac per ubertatem fructus multiplicet. Et quidem a Deo accipiuntur beneficia ejusmodi, terra idonea, aeris temperatus status, seminum copia, boum opera, alia id genus, quibus solet agricultura ad ubertatem perduci atque ad copiam. Qualia vero in hoc homine deprehendebantur ? Mores amarulenti, odium hominum, animus in dando parcissimus. Hanc ille benefico largitori vicem rependebat. Non venit in mentem communis naturæ; non putavit superfluum bonorum in egenos distribuendum, rationem nullam habuit hujus præcepti : *Ne abstineas benefacere egeno* [91]; item : *Eleemosynæ et fides ne deserant te* [92]; et : *Frange esurienti panem tuum* [93]. Denique prophetarum omnium omniumque doctorum non audiebatur clamor, sed horrea reconditorum frumentorum multitudine angustata dirumpebantur, nec tamen cor avarum explebatur. Nam nova veteribus superaddens semper, et annuis additamentis copiam adaugens, in hanc inextricabilem consilii inopiam incidit, ut præ avaritia vetera subduci non sineret, nec posset nova ob copiam recondere. Quapropter inefficacia sunt consilia illius et curæ ancipites. *Quid faciam ?* Quis non misereatur hominis ita obsessi ? Miser est ob fertilitatem, miserabilis ob parta bona, ob exspectata miserabilior. Non enim affert ei terra

---

[83] Philipp. III, 18. [84] Jerem. IX, 1. [85] Matth. v, 5. [86] Prov. XXXI, 6. [87] Luc. XII, 18. [88] Sap. III, 6. [89] Luc. XII, 16-18. [90] Matth. v, 45. [91] Prov. III, 27. [92] ibid. 3. [93] Isa. LVIII, 7.

proventus ac reditus, ipsi parit suspiria : eidem non aggerit copiam fructuum, conciliat curas, molestiasque et gravem anxietatem. Lamentatur perinde ut pauperes. An non talem vocem emittit, qualem is, cui propter inopiam angustæ res sunt? *Quid faciam?* Alimenta unde ? unde indumenta? Hæc etiam dives loquitur. Discruciatur animo, curis exesus. Nam quod alios afficit lætitia, id avarum conficit. Neque enim lætatur, cum cellæ omnes intus replentur: sed circumfluentes divitiæ,et quæ in promptuariis contineri non queunt, animum ejus compungunt ; ne forte ad exteros usque effusæ, levamenti alicujus fiant occasio egentibus.

2. Porro vitium quo anima illius laborat, vitio **45** helluonum mihi videtur assimile, qui malunt præ ingluvie disrumpi, quam egentibus reliquias impertiri. Agnosce, o homo, largitorem. Memineris tui ipsius, quis sis, quorum tibi credita dispensatio sit, a quo acceperis, cur fueris multis antepositus. Minister effectus es Dei optimi, administrator conservorum ; ne existimes ventri tuo præparata esse omnia : sed de iis quæ in manibus habes tanquam de alienis statue. Parumper te oblectant, deinde effluentia evanescent, et de iis diligenter abs te exigenda ratio est. Tu vero cuncta portis simul et repagulis occlusa tenes ; et quanquam sigillis obstruxeris, advigilas anxius, atque consilium contra temetipsum inis, demente consiliario teipso usus. *Quid faciam?* Promptum erat dicere: Esurientium explebo animas, aperiam horrea, omnesque egenos accersam. Imitabor Joseph [94] in prædicanda declarandaque humanitate ; emittam magnificam vocem : Quotquot indigetis panibus, venite ad me, singuli ex communibus quasi fontibus futuri participes collati a Deo beneficii. Sed tu talis non es; unde ? Qui scilicet bonorum usum invideas hominibus, improboque tecum inito consilio sollicitus sis, non quomodo impertias unicuique necessaria, sed quomodo omnibus assumptis, omnes fructu eorum atque utilitate prives. Astabant qui animam ejus repeterent [95], et ille secum disserebat de alimentis. Hac ipsa nocte [96] abripiebatur, et ad multos annos rerum possessionem animo sibi fingebat. Licuit illi de omnibus deliberare, ac mentem suam aperte declarare, ut sententiam proposito suo dignam acciperet.

3. Cave ne tibi idem usu veniat. Ideo enim hæc scripta sunt, ut similem agendi rationem vitemus. Imitare terram, o homo ; fructum profer velut illa, ne re inanimata videare deterior. Hæc autem fructus enutrivit, non eis fruitura, sed tibi inserviturus. Tu vero quemcunque beneficentiæ fructum ostendisses, collegisses hunc tibi ipsi, cum bonorum operum gratia præmiumque in largitores revertatur. Dedisti esurienti, et tuum fit quod datum est, ac cum additamento ad te revertitur. Quemadmodum enim frumentum, quod in terram cadit, in lucrum cedit projicienti, ita panis esurienti objectus, in posterum multum tibi afferet emolumenti. Sit ergo tibi agriculturæ finis initium cœlestis sementis : *Seminate* enim, inquit, *vobis ipsis in justitiam* [97]. Quid igitur anxius es? quid cædis te ipse, luto et lateribus divitias concludere contendens? *Melius est nomen bonum quam divitiæ multæ* [98]. Quod si opes miraris ob provenientem ex eis honorem, considera quanto sit ad gloriam conducibilius, innumerorum filiorum patrem appellari, quam innumeros in marsupio stateres habere. Et quidem relicturus hic es pecunias vel invitus : contra, partam ob bona opera gloriam **46** exportabis ad Dominum, cum scilicet circumstans te coram communi judice populus omnis nutritorem et beneficum largitorem te appellabit, ac nomina omnia humanitatem benignitatemque significantia tibi tribuet. Annon vides eos, qui in theatra, in pancratiastas, in mimos, inque decertantes cum feris homines, quorum vel aspectum quivis detestabitur, pro brevi honore, atque pro strepitu populi et plausu divitias profundunt ? Tu vero parcus es in sumptibus faciendis, unde es gloriam tantam consecuturus? Comprobabit te Deus, collaudabunt angeli, quotquot ab orbe condito homines fuere, beatum te prædicabunt ; gloriam æternam, coronam justitiæ, regnum cœlorum pro præmio rerum corruptibilium recte dispensatarum recepturus es. Quorum nihil tibi curæ est, ea quæ in spe reposita sunt bona ob præsentium studium contemnenti. Age igitur, divitias varie dispensa, liberalis esto et splendidus in sumptibus in egenos impendendis. Dicatur etiam de te : *Dispersit, dedit pauperibus ; justitia ejus manet in sæculum* [99]. Noli magno vendere, necessitatibus plus justo intentus. Cave exspectes annonæ caritatem ad horrea aperienda. *Nam qui auget pretium annonæ, plebi est exsecrabilis* [1]. Ne famem auri causa, ne inediam communem ob privatam opum tuarum copiam opperiare. Noli fieri caupo humanarum calamitatum ; ne iram Dei occasionem feceris aggerendæ pecuniæ. Cave exulceres vulnera flagris cæsorum. Tu vero conjectis in aurum oculis, non respicis ad fratrem ; et numismatis quidem notam agnoscis, et a sincero adulterinum discernis, fratrem vero tempore necessitatis prorsus ignoras.

4. Ac quidem nitidus auri color valde admodum te oblectat ; sed quot et quanti egenorum gemitus te prosequantur, non reputas. Quomodo tibi pauperis calamitates ponam ob oculos? Ille re familiari circumspecta, videt aurum sibi nec adesse, nec unquam affuturum ; videt supellectilem ac vestitum tales, quales certe solent esse pauperum facultates, omnia paucis obolis æstimanda. Ecquid igitur? Tum demum convertit oculos in liberos, ut in forum ductos venales exponens, inde mortis

---

[94] Gen. XLVII, 11, seqq. [95] Luc. XII, 20. [96] ibid. [97] Ose. X, 12. [98] Prov. XXII, 1. [99] Psal. CXI, 9. [1] Prov. XI, 26.

impendentis solamen aliquod inveniat. Hic urgentis famis pugnam consideres velim, et paterni amoris. Fames quidem miserrimam mortem minatur, natura vero retrahit, suadetque ut una cum liberis moriatur : et sæpe impulsus, et sæpe retentus, tandem succumbit, necessitate atque implacabili egestate coactus. Sed quæ in animo consilia versat pater? Quem primum divendam? Quemnam frumenti venditor lubentius conspiciet? Accedam ad maximum natu? At ætatis jura revereor. An ad minimum natu? At me miseret illius ætatis, calamitates necdum intelligentis. Hic parentum exhibet claram effigiem : ille idoneus est ad disciplinas **47** discendas. Heu consilii inopiam! Quo me vertam? In quem horum incidam? Qualem bestiæ animum induam? Quomodo naturæ obliviscar? Omnes si servo (1), fame videbo consumi omnes. Unum si vendidero, qualibus oculis reliquos aspiciam, qui me illis jam reddidero perfidiæ ac proditionis suspectum? Quomodo habitabo domum, qui mihi ipse sim auctor orbitatis? Quomodo accedam ad mensam, cujus abundantia causam ejusmodi habet? Denique multis cum lacrymis venit pater carissimum filiorum venditurus : te tamen illius afflictio non flectit, neque animum tuum subit ulla naturæ cogitatio. Atqui fames miserum illum premit, tu vero cunctaris ac illudis, calamitatem ei reddens longiorem. Et ille quidem viscera sua pretium alimentorum porrigit ; tua vero manus ex ejusmodi calamitatibus pretia referens, non modo non stupet, sed de pretio etiam contendis, quasi plus satis offeras, atque studium in eo ponis, ut plus accipiens, minus des, misero undelibet accumulans calamitatem. Non lacrymæ commovent miserationem, non gemitus cor emolliunt ; sed inflexibilis es atque implacabilis. Omnia aurum vides, aurum existimas, hoc et somnias inter dormiendum, et concupiscis inter vigilandum. Ut enim qui præ insania mente moti sunt, res ipsas non intuentur, sed ea ex quibus afficiuntur, sibi animo fingunt ; ita anima tua ab avaritia possessa, cuncta aurum, cuncta argentum videt. Conspicias lubentius aurum quam solem. Verti omnia in auri naturam exoptas, atque in id incumbis pro virili.

5. Quid enim non moliris propter aurum? Frumentum fit tibi aurum, vinum in aurum concrescit, lanæ tibi in aurum vertuntur ; mercatura omnis, omnis solertia parit tibi aurum. Ipsum aurum generat semetipsum, dum per fenora multiplica-

* Psal. LXI, 11.

tur. Neque tamen satietas est, neque finis reperitur cupiditatis. Ac quidem pueris gulosis plerumque concedimus, ut iis quæ cupiunt, sese abunde expleant, ut per majorem saturitatem fastidium ipsis afferatur. Avarus non item ; sed quo pluribus impletur, hoc plura desiderat. *Divitiæ si affluant, nolite cor apponere* *. Tu vero detines præterfluentes, et exitus undecunque obstruis. Deinde dum retinentur et restagnant, quid tibi faciunt? Disrumpunt repagula, atque, utpote violenter conclusæ ac exundantes, divitis horrea demoliuntur, et irrumpentis alicujus hostis in morem promptuaria illius solo adæquant. Construetne majora? Incertum, an destructa successori relicturus sit. Nam abreptus poterit ipse citius interire, quam horrea per avaram industriam exstruantur. Porro dives ille convenientem pravis suis consiliis finem consecutus est ; vos vero, si mihi credere velitis, omnibus promptuariorum foribus apertis, amplissimos divitiis exitus præbebitis. **48** Quemadmodum enim ingenti fluvio frugiferam terram per plurimos canales pervadenti datur transitus : sic ipsi divitiis permittite, ut in varias vias scissæ ad pauperum domos perveniant. Putei si exhauriantur, ex eis aqua copiosior emanat atque limpidior ; sin autem derelinquuntur, computrescunt : sic et divitiæ cum desident, et in eodem loco permanent, sunt inutiles ; cum vero moventur, et ex aliis ad alios transeunt, publicum commodum fructumque pariunt. O quanta laus ab iis in quos beneficia contuleris, tribuenda tibi est, quam tu cave contempseris : quanta itidem merces a justo judice, cui tu nolis diffidere. Ponatur tibi ubique ob oculos accusati illius divitis exemplum : qui jam parta bona servans, deque futuris sollicitus, ac incertum habens an cras victurus esset, hodie peccando crastinum diem anteverterat. Nondum venit ullus supplex, et tamen in antecessum feritatem ostendit ; necdum fructus collegit, et jam avaritiæ condemnabatur. Terra quidem in ferendis ei fructibus officiosa fuit, densam in arvis segetem præmonstrans, botros plurimos exhibens in palmitibus, ponens ob oculos oleam fructu scatentem, omneque deliciarum genus ex arborum fructibus promittens. Ille vero neque comis est, neque fructuosus : nondum habet, et jam invidet egentibus. Et quidem fruges quot periculis obnoxiæ sunt, priusquam colligantur? Nam et grando plerumque confringit, et æstus rapit mediis ex manibus, et pluvia, intempestive e nubibus erumpens, fructus inutiles efficit. Quid igi-

---

(1) Et illud patris miserrimi exemplum legitur apud Ambrosium eodem libro *De Nabuthe Jezraelita* cap. 5. Velim autem conferantur Græca cum Latinis, qua ex collatione constabit Ambrosium alia ex Basilio imitatum, alia ex eo tantum non ad verbum convertisse. Et quidem multa bene : sed illud, *si unum tradam, quibus oculis videbo cæteros de mea impietate suspectos, ne alios quoque vendam,* non ita feliciter expressum videri potest. Nec enim erat cur pater filios haberet suspectos de impietate sua, quasi ejus aliquo modo participes esse possent ; sed cæteri filii patrem habere poterant suspectum impietatis, ne, uno vendito, et ipsi quoque venderentur. Magis ergo placent Basiliana, quæ, ut ex Græcis perspici potest, ita interpretari licet : *Unum si vendidero, quibus oculis reliquos aspiciam, qui me illis jam reddiderim suspectum perfidiæ atque proditionis?*

tur Dominum non rogas, ut munus suum consummet ac perficiat? Imo vero in antecessum reddis te indignum, qui præmonstrata recipias.

6. Et tu quidem in occulto tecum loqueris, verba vero tua in cœlo expenduntur. Quapropter inde accipis responsa. Quænam autem sunt, quæ dicit? *Anima, habes multa bona reposita : comede, bibe, lætare quotidie*³. O dementiam! Suillam animam si haberes, quid aliud nisi hoc ei annuntiare potuisses? Itane belluinus es, itane rudis es bonorum animæ, ut eam carnalibus cibis excipias, et quæ latrina excipit, ea animæ destines? Profecto, si virtute prædita est, si plena est bonis operibus, si Deo necessitudine conjungitur, multa bona habet; ita demum bono animæque convenienti gaudio lætetur. Quia vero terrena sapis, et deum habes ventrem, totusque carneus es, libidinibus mancipatus et vitiis, audi te dignam appellationem, tibi a nullo homine, sed ab ipsomet Domino datam : *Stulte, hac nocte animam tuam repetunt a te : quæ autem parasti, cujus erunt* ⁴? Hæc irrisio stultitiæ superat supplicium æternum. Qui enim paulo post rapiendus est et abducendus, qualia in animo versat consilia? *Destruam horrea mea, et majora ædificabo.* Recte facis, ego ipse ei dixerim. Digna **49** enim sunt quæ destruantur iniquitatis horrea. Tuis ipse manibus dirue quæ male ædificasti. Solve frumentarios penus, unde nemo unquam allevatus exi.t. Destrue omnem domum avaritiæ custodem, everte tecta, demolire muros, ostende soli frumentum cariosum, educ e carcere vinctas opes, produc in publicum tenebrosa mammonæ conclavia. *Destruam horrea mea, et majora ædificabo.* Quod si hæc quoque impleveris, quid tum excogitabis? Rursusne destrues, et rursus ædificabis? Quid stultius quam laborare perpetuo, ædificare diligenter, et diligenter destruere? Habes horrea, si vis, domos pauperum. Thesauriza tibi thesaurum in cœlo ⁵. Quæ illic reconduntur, ea non depascuntur tineæ, non corrodit caries, non prædantur fures ⁶. Atqui egenis impertiar tum, cum secunda horrea implevero. Longum tibi vitæ tempus præfixisti. Cave te præfinita dies festinans prævertat. Nam pollicitatio isthæc nequitiæ argumentum est, non benignitatis. Polliceris enim, non ut des postea, sed ut præsens submoveas. Nunc cum liceat, quid impedit quominus largiare? Nonne adest indigus? nonne plena sunt horrea? an non parata merces? an non clarum præceptum est et perspicuum? Esuriens contabescit, nudus riget, strangulatur is a quo debitum exigitur; et tu eleemosynam differs in crastinum? Audi Salomonem : *Ne dixeris : Revertens redi, cras dabo* ⁷; *ignoras enim quid pariet dies sequens* ⁸. Qualia præcepta contemnis, qui jam antea tibi avaritia aures obturaveris? Quantam oportebat habere te beneficio largitori gratiam, quam hilarem te esse, quam lætum ob eum qui tibi defertur honorem, videlicet quod non perturbes fores alienas, sed alii tuas occupent? Nunc vero morosus es, vixque ad te accessus patet : qui declines occursum, ne forte vel modicum quid e manibus dimittere cogaris. Unam nosti vocem : *Non habeo, nec dabo* : nam pauper sum. Revera pauper es, et omnis boni inops : pauper dilectionis, pauper humanitatis, pauper fidei in Deum, pauper spei æternæ. Participes frumenti facias fratres : quod cras putrescet, id hodie trade egenti. Avaritiæ pessimum genus est, ne ea quidem quæ corrumpuntur, egenis erogare.

7. Cui, inquit, injuriam facio, dum retineo mea atque conservo? Quæ, dic mihi, tua sunt? unde accepta in vitam intulisti? Velut si quis, loco in theatro ad spectandum occupato, deinde ingredientes arceat, id sui ipsius proprium ratus, quod ad omnium communem usum proponitur : tales ejusmodi quoque divites sunt. Nam communia præoccupantes, ea ob præoccupationem sibi assumunt. Quod si suæ quisque necessitati sublevandæ id modo quod satis est caperet, **50** egenti vero relinqueret quod superfluum est, nemo esset dives, pauper nemo. Nonne nudus egressus es ex utero? nonne nudus iterum in terram reverteris? Unde autem tibi præsentia bona? Si a fato dixeris, impius es, qui non agnoscas Conditorem, neque gratiam habeas largitori : sin confiteris esse a Deo, dic nobis rationem cur acceperis. Num injustus Deus, qui nobis inæqualiter vitæ necessaria distribuit? Cur, divite te, ille pauper est? An non utique, ut et tu benignitatis ac fidelis dispensationis mercedem accipias, et ille magnis patientiæ præmiis donetur? Tu vero inexplebilibus avaritiæ sinibus omnia complexus, atque his tam multos privans, nemini ullam injuriam facere te existimas? Quis avarus est? Qui rebus quæ satis sunt, contentus non est. Quis spoliator? Qui cujusque res aufert. Non avarus es tu? non spoliator es tu? Qui scilicet quæ dispensanda recepisti, ea tibimetipsi propria facias. Furne vocabitur qui veste indutum denudarit, qui vero nudum non induerit, id si agere potest, alia quadam appellatione dignus est? Esurientis est panis, quem tu detines : nudi est pallium, quod tu in arca servas : discalceati calceus, qui apud te putrescit : indigentis argentum, quod defossum habes. Quare quot hominibus dare potes, tot infers injuriam.

8. Pulchri quidem, inquit, sermones sunt, sed aurum pulchrius est. Idem accidit nobis, quod iis qui apud impudicos de castitate disserunt. Etenim illi, si amica insimulatur, refricata illius memoria, ad libidinem accenduntur. Quomodo tibi ob oculos ponam pauperis ærumnas atque calamitates, tibi ut sit perspectum et exploratum, ex qualibus gemitibus tibi ipse thesaurum colligas? O quanti pretii tibi in die judicii videbitur verbum illud ⁹ :

---

³ Luc. xii, 19. ⁴ ibid. 20. ⁵ Matth. vi, 20. ⁶ ibid. ⁷ Prov. iii, 28. ⁸ Prov. xxvii, 1. ⁹ Matth xxv, 34-36.

Venite, benedicti Patris mei, possidete paratum vobis regnum a constitutione mundi. Esurivi enim, et dedistis mihi manducare; sitivi, et dedistis mihi bibere; nudus eram, et cooperuistis me. Rursus quantus tibi horror sudorque et quantæ tenebræ circumfundentur, judicium illud damnatorum audienti : *Discedite a me, maledicti, in tenebras exteriores, quæ paratæ sunt diabolo et angelis ejus. Esurivi enim, et non dedistis mihi manducare; sitivi, et non dedistis mihi bibere; nudus eram, et non cooperuistis me* [10]. Non enim illic raptor accusatur, sed qui bona non communicavit, condemnatur. Ego quidem quæ conducere dixi, retuli ; tibi vero obtemperanti repromissa bona præmonstrata sunt, non obtemperanti intentatæ sunt minæ, quarum periculum cupio effugere te, consilium melius capientem, ut divitiæ tuæ tibi pretium fiant redemptionis, atque ad parata cœlestia bona pervenias, gratia ejus qui nos omnes ad regnum suum vocavit, cui gloria et imperium in sæcula sæculorum. Amen.

51 HOMILIA IN DIVITES.

1. Dictum est nec ita pridem de hoc adolescente [11]; et quisquis certe auditor diligens fuerit, eorum quæ tunc expensa sunt, prorsus meminerit. Primum quidem, quod non idem sit qui legisperitus, cujus apud Lucam fit mentio [12]. Ille enim tentator erat, simulatas ac captiosas proponens quæstiones; hic vero sano quidem consilio interrogabat, sed docili ac obsequenti animo non audiebat. Non enim ob tales Domini responsiones abiisset mœrens [13], si cum contemptu ipsum interrogasset. Quamobrem animus illius velut commistus nobis visus est et varius, ut qui partim laude dignus, partim miserrimus ac omnino desperatus a Scriptura exhibeatur [14]. Nam nosse magistrum verum, atque relicta Pharisæorum superbia, et legisperitorum opinione, et scribarum turba, appellationem hanc soli vero ac bono magistro tribuere, hoc erat quod laudabatur. Prætereaque videri sollicitum, quomodo æternam vitam adipisceretur, hoc quoque probatum erat et laude dignum. Contra, illud jam aperit totum ejus animum, non quod vere bonum esset, sed quod vulgo arrideret, spectantem, quod videlicet salutaria documenta, quæ a magistro vero didicerat, non inscripserit in suo corde, neque doctrinam exsecutus sit, sed avaritiæ vitio obcæcatus cum mœstitia, abierit. Hoc enim eum inæqualem fuisse moribus nec secum consensisse probat. Magistrum vocas [15], nec tamen discipulorum partes agis? Bonum confiteris [16], et ea quæ dat respuis? Atqui is qui bonus est, idem profecto bonorum est largitor. Et interrogas quidem de vita æterna [17]: sed totus præsentis vitæ deliciis addictus deprehenderis. Cæterum quodnam verbum molestum aut grave, aut adeo intolerabile magister proposuit? *Vende quæ habes, et da pauperibus* [18]. Si proposuisset tibi agriculturæ labores, aut mercaturæ pericula, aut alias quasvis molestias quæ lucrum sectantibus accidunt, oportebat te præceptum ægre ferentem tristitia affici ; sin via adeo facili, neque laborem, neque sudorem habente, hæredem te æternæ vitæ facturum se pollicetur, cur non gaudes ob facilitatem salutis, sed dolens animo et mœrens discedis, atque jam exantlatos labores tibi inutiles reddis? Etenim si non occidisti, ut ais [19], neque adulterium commisisti, neque furatus es, neque contra quempiam falsum testimonium dixisti ; nihilominus tamen adhibitam in his agendis diligentiam tibi infructuosam efficis, qui quod reliquum est non **52** adjicias, quo solo possis in Dei regnum ingredi. Ac quidem si medicus ea membra quæ a natura vel a quapiam infirmitate mutila habes, restituturum se promitteret, profecto id cum mœrore non audires : quia vero magnus animorum medicus te præcipuis rebus destitutum vult perfectum reddere, beneficium ejusmodi non accipis, sed luges ac mœstus efficeris. Nam aperte atque evidenter procul abes ab illo præcepto, ac falso illud a te perfici testaris, videlicet quod dilexisti proximum tuum sicut teipsum [20]. Ecce enim hoc Domini præcepto convinceris quam longissime abesse a vera charitate. Nam si verum erat quod affirmasti, servasse te a juventute dilectionis præceptum, ac tantum tribuisse unicuique quantum et tibi ipsi, unde, quæso, hæc tibi divitiarum copia? Nam egenorum cura opes absumit, cum pro sua quisque necessitate accipiat pauca, cunctique suas simul facultates partiantur, et in egenorum usus impendant. Quare qui diligit proximum uti seipsum, nihil amplius quam proximus possidet. Atqui constat habere te opes multas. Undenam hæ? nisi quod procul dubio levamen multorum et commoda tuis ipsius commodis postposuisti. Itaque quo magis abundas divitiis, eo magis charitate destitueris. Etenim jamdudum pecuniam cum cæteris communicare cogitasses, si proximum tuum dilexisses. Nunc autem opes tibi arctius quam ipsamet corporis membra adhærescunt; dolesque dum a te separantur, perinde ac si præcipuæ corporis partes amputarentur. Nam si induisses nudum, si dedisses esurienti panem tuum, si fores tuæ apertæ fuissent hospiti omni, si orphanorum exstitisses pater, si miseratus fuisses infirmum omnem ; de quibus, quæso, opibus nunc doleres? Quomodo nunc ægre ferres residuas opes deponere, si jam pridem eas in egenos distribuendas curasses? Ad hæc, in nundinis quidem nemo dolet quod pecunias suas profundat, et vicissim comparet quibus opus habet; contra, quo viliori pretio res pretiosissimas emerit, hoc magis gaudet, ut qui egregie negotiatus sit : tu vero doles, quod aurum et argentum

et opes partiris; hoc est, lapidem ac pulverem tradis, ut beatam vitam acquiras.

2. Sed cui tibi usui aurum? Pretiosa te veste amicies? Atqui duorum cubitorum tunica satis tibi fuerit, et unius pallii amictus omnem indumentorum necessitatem explebit. Uterisne divitiis ad lautius vivendum? Verum panis unus exsatiando ventri sufficit. Quid igitur tristitia afficeris? cujusnam rei fecisti jacturam? an gloriæ quæ ex divitiis oritur? At si terrenam gloriam non quæsieris, veram illam ac splendidam gloriam, **53** quæ te in regnum cœlorum deducet, invenies. Sed divitias habere, jucundum est per se, etiamsi nullus ex eis fructus capiatur. Sed certe rerum inutilium studium vanum esse et inutile, cuique notum est. Verumtamen mirum forte tibi videbitur quod dicturus sum, sed nihilominus quavis re alia certius est. Divitiæ eo quo Dominus admonet modo dispersæ solent permanere; retentæ vero, ad alios transferri. Si custodies, non habebis; si disperseris, non amittes. *Dispersit* enim, *dedit pauperibus; justitia ejus manet in sæculum* [11]. Porro non vestimentorum neque alimentorum causa plerique divitiarum studio tenentur: sed quoddam est artificium a diabolo excogitatum, ut sumptuum faciendorum occasiones innumeræ suggerantur divitibus; adeo ut superflua et inutilia tanquam necessaria requirant, nihilque eis satis sit ad faciendos quos excogitarint sumptus. Dividunt enim opes et in præsentem usum, et in futurum: partem quidem sibi, partem vero liberis servant. Deinde easdem partiuntur in excogitatas variorum sumptuum occasiones. Nam audias velim ad qualia destinentur. Hæc pecunia, inquiunt, in usu sit, illa vero maneat recondita: item quæ in usu est, necessitatis excedat metam: hæc ad magnificentiam domesticam insumatur, illa pompæ et fastui externo inserviat: hæc sumptus large suppeditet iter facienti, illa domi manenti lautum victum et magnificum instruat; sic ut subeat mihi mirari quot sint excogitati inanes sumptus. Innumeri habentur currus, aliis sarcinæ, aliis homines ipsi vehuntur, iique sunt ære et argento obtecti. Equi quam plurimi, atque illorum genus, ut fit in hominibus, a majorum splendore commendatur. Alii hosce voluptarios circumvehunt per urbem: alii venationi, alii itineri conficiendo inserviunt. Freni, cingula, collaria, omnia argentea, intexta auro omnia. Purpurea strata, equos velut sponsos ornantia, mulorum colore distinctorum multitudo, quorum aurigæ sibi invicem succedentes, præeunt alii, alii sequuntur. Reliquorum famulorum numerus infinitus, qui sibi ad magnificentiam omnis generis ostentandam sufficiat; procuratores, promi, agricolæ, ministri cujuscunque artis periti, tum ejus quæ necessaria est, tum ejus quæ ad voluptatem deliciasque inventa est, coci, pistores, pincernæ, venatores, fictores, pictores, omnigenæ voluptatis opifices. Camelorum greges, partim ad onera ferenda, partim ad pascua destinati, equorum armenta et boum, greges ovium et porcorum, horum pastores; agri qui non modo iis omnibus pascendis sufficiant, sed qui etiam per reditus ex se provenientes divitias **54** adaugeant; balnea in urbe, balnea ruri; ædes, quæ fulgent marmoribus omnis generis; aliud est ex Phrygio lapide, aliud ex Laconicis aut Thessalicis crustis: atque ex his ædibus aliæ in hieme calefaciunt, aliæ refrigerant æstate. Pavimentum calculis variatum, lacunaria auro sublita. Quidquid autem parietum incrustatum non est, id picturæ floribus exornatur.

3. Cum autem in sexcentos usus distractæ divitiæ redundant adhuc, tum in terra detruduntur, et in abditis locis asservantur. Incertum est enim quod futurum est, ne forte in quasdam inexspectatas necessitates incidamus. Imo incertum, an defosso auro sis opus habiturus: sed incerta non est inhumanorum morum pœna. Postquam enim innumeris artificiis aurum absumere non potuisti, tunc illud sub terra occultasti. Insania ingens, dum quidem aurum in metallis erat, terram scrutari: cum autem jam in propatulo est, rursus illud in terra abscondere. Deinde, opinor, contingit tibi quisquis opes defodis, ut et cor tuum una defodias. *Nam*, inquit, *ubi thesaurus tuus, ibi et cor* [12]. Ob id præcepta eos afficiunt tristitia; vitam enim ducunt sibi intolerandam, nisi inutilibus sumptibus occupentur. Atque quod huic adolescenti aut reliquis ei consimilibus contigit, id mihi videtur esse ejusmodi, tanquam si videlicet quispiam viator urbis alicujus videndæ desiderio ductus, strenue ad eam usque contendat: deinde illic pro mœnibus in hospitiis commoratus, atque ab exiguo motu per segnitiem deterritus, et insumptum prius laborem inutilem reddat, et a videndis urbis ornamentis se ipse excludat. Tales sunt qui alia quidem mandata conficere volunt, sed opes exuere recusant. Vidi ego non paucos jejunantes, orantes, ingemiscentes, pietatem omnem, quæ sine impensa exerceri potest, excolentes, at ne unum quidem obolum egenis offerentes. Quæ his utilitas est reliquæ virtutis? Non enim excipit ipsos regnum cœlorum: *Nam*, inquit, *facilius est camelum per foramen acus transire, quam divitem intrare in regnum cœlorum* [13]. Utique sic perspicua sententia est; verax qui enuntiat, et tamen qui morem gerant, pauci. Et quomodo, inquit, vivemus relictis omnibus? qualis autem futura est mundi species ac status, vendentibus omnibus, et nemine sua non derelinquente? Cave scisciteris ex me eorum quæ præcepta sunt, intelligentiam. Novit legislator efficere, ut id etiam quod fieri non potest, possit tamen cum lege componi atque aptari. Cor autem tuum velut in trutina exploratur, utrum ad vitam veram, an ad præsentes delicias declinet. Nam putare debent qui prudenter

[11] Psal. CXI, 9. [12] Matth. VI, 21. [13] Luc. XVIII, 25.

judicant, usum divitiarum ad dispensationem **55** concessum esse, non ad voluptatem ; et si his exuantur, par est eos lætari velut alienis privatos, non ægre ferre quasi sua amittentes. Quid igitur afflictare ? quid animo discruciare cum audis : *Vende quæ habes ?* Etenim si te sequerentur in futurum sæculum, ne sic quidem essent studiosius exquirenda, utpote quæ a præmiis illic repositis obscurentur : sin autem necesse est ea hic manere, cur, his divenditis, lucrum inde non exportamus ? Tu vero aurum cum das, et emis equum, non mœres : cum vero peritura impertis, regnum cœlorum pro ipsis recepturus, lacrymas effundis, et rejicis rogantem, ac dare recusas, sexcentas tibi sumptuum causas comminiscens.

4. Quid respondebis judici tu qui parietes vestis, hominem non vestis? qui equos ornas, fratrem panniculis laceris coopertum aspernaris? qui putrescere sinis frumentum, esurientes non alis? qui defodis aurum, oppressum contemnis? Quod si habueris quoque uxorem divitiarum amantem, morbus duplo major efficitur : nam et delicias accendit, et studium auget voluptatis, et cupiditatibus vanis stimulos admovet, lapides quosdam excogitans, margaritas, smaragdos, hyacinthos : aurum itidem partim cudens, partim texens, et omnigenis ineptiis morbum adaugens. Non enim obiter his datur opera, sed diu noctuque eadem curantur. Quin et innumeri assentatores earum cupiditatibus suppetias venientes, accersunt tinctores, aurifices, unguentarios, textores, artifices acu pingentes. Neque virum ullo tempore respirare sinit, ut quæ assiduis ipsum imperiis divexet. Opes nullæ possunt muliebres cupiditates explere, ne si fluant quidem ex fluminibus : quandoquidem barbaricum unguentum quasi allatum ex foro oleum exquirunt. Adhæc flores marini, conchylium, pinna, eaque copiosior quam ovium lana. Aurum autem lapides ingentis pretii connectens, partim earum fronti ornamento est, partim collo : itidem aliud inest zonis, aliud manus vincit ac pedes. Nam mulieres auri amantes manicis vinciri gaudent, modo aurum sit, quod ipsas vinciat. Quandonam igitur animæ curam habebit, qui muliebribus desideriis obsequitur ? Nam ut putrefacta navigia procellæ et turbines, ita infirmas conjugum animas pravæ uxorum affectiones demergunt. Cum igitur ad tot ac tantos abusus distrahantur divitiæ a viro et uxore, sese invicem rerum vanarum excogitatione superantibus ; non mirum, si illæ nullam opportunitatem nanciscantur ad exteros perveniendi. Quod si audieris, *Vende quæ habes, et da pauperibus*, ut habeas viaticum ad æternam felicitatem, abis tristis ; si vero audieris, Da pecunias mulieribus luxuriosis, da lapicidis, fabris lignariis, hominibus calculos locantibus, pictoribus, tunc perinde gaudes ac si quidquam pecuniis pretiosius acquiras. Non vides mœnia hæc temporis diuturnitate collapsa, quorum reliquiæ velut scopuli quidam **56** per totam urbem eminent? Quot, cum exstruerentur, erant in urbe pauperes, qui ob collatum in ea studium a divitibus ejus temporis negligebantur ? Jam vero ubinam est splendidus operum apparatus ? ubi ille, qui magnopere laudabatur ob eorum magnificentiam ? Nonne hæc ita prolapsa sunt et abolita, ut ea, quæ in arena a pueris ludentibus exstruuntur ? nonne in inferno jacet ille ipse, quem ejus quod rebus vanis impensum est studii pœnitet? Sis animo magno : muri tum parvi, tum magni, usum eumdem explent. Quando in domum inepti viri et perquam divitis prætereiens ingredior, videoque ipsam omnigenis ornamentis fulgentem, intelligo eum nihil rebus visibilibus antiquius ac carius habere, sed ornare diligenter inanimata, animam vero incultam relinquere. Quem tandem, quæso, ampliorem usum exhibent argentei lecti, mensæ argenteæ, tori eburnei et sellæ eburneæ, sic ut horum causa divitiæ ad pauperes non transeant, quanquam innumeri stant pro foribus, nullam non emittentes vocem miserabilem ? Tu vero negas te daturum, aisque sufficere te non posse rogantibus. Et lingua quidem juras te non posse, sed a manu argueris : etsi enim illa tacet, mendacium tamen tuum declarat annuli pala coruscans. Quot potest tuus annulus unus ære alieno liberare? quot domos corruentes erigere? Arca tua vestiaria vel unica potest totum populum frigore rigentem amicire ; et tamen sustines pauperem non donatum dimittere, haud reveritus justam judicis compensationem. Non misertus es, non consequere misericordiam; non aperuisti domum, a regno excluderis ; panem non dedisti, non accipies vitam æternam.

5. Verum pauperem dicis teipsum, atque de hoc mihi tecum convenit. Pauper enim est, qui multis indiget. Sed insatiabilis cupiditas indigos vos multarum rerum efficit. Talentis decem decem alia adjicere conaris : viginti coactis, totidem quæris, neque appetentiam sistit quod semper a te additur, imo accendit appetitum. Quemadmodum enim ebriis vini accessio bibendi fit occasio : sic etiam recens ditati ubi multa acquisierint, plura concupiscunt, semper addendo morbum nutrientes, eisque suum studium cedit in contrarium. Neque enim præsentia bona cum tanta sint, tantum illos exhilarant, quantum contristant quæ desunt ; ea, inquam, quæ sibi deesse putant, adeo ut semper curis conficiatur eorum animus, dum majora comparare nituntur. Nam cum lætari ipsos par esset, ac gratiam habere, quod tam multis sunt opulentiores : contra, ægre ferunt ac dolent se forte ab uno aut altero locupletiore superari. Ubi vero fuerint hunc divitem assecuti, confestim ditiori adhuc **57** pares fieri conantur : et ubi eum quoque attigerint, studium suum ad alium transferunt. Quemadmodum ii qui scalas conscendunt, pede semper ad superiorem gradum erecto non prius conquiescunt, quam ad summum pervenirent : sic quoque hi non cessant ab appetenda potentia, donec in sublime evecti,

alto casu seipsos contundant. Avem seleucidem universorum opifex hominum gratia condidit insatiabilem; tu vero in multorum perniciem animum tuum inexplebilem effecisti. Quæcunque videt oculus, ea concupiscit avarus. *Non explebitur oculus videndo* [14], neque avarus satiabitur accipiendo. Infernus non dixit, Sufficit; neque avarus unquam dixit, Sufficit [15]. Quandonam uteris præsentibus ? quando his frueris tu, qui semper parandi labore detineare ? *Væ qui conjungunt domum ad domum, et agrum ad agrum connectunt, ut a proximo aliquid auferant* [16]. Tu vero quid facis? An non innumera causaris, ut rem proximi usurpes? Mihi, inquit, tenebras offundit domus vicini, turbas excitat, aut errones suscipit; aut tandem quidvis aliud prætexens, exagitans, extrudens, trahens semper ac lacerans, non prius finem facit, quam eum alio migrare coegerit. Quid Nabuthum Jezraelitem interemit [17] ? Nonne cupiditas Achaab vitem illius concupiscentis? Avarus, malus in urbe, malus ruri vicinus est. Novit mare terminos suos : nox antiquos limites sibi præscriptos non transgreditur. At vero avarus non veretur tempus, non agnoscit terminum, successionis ordini non cedit; sed ignis vim imitatur, invadit omnia, omnia depascitur. Et ut flumina ex parvo initio profecta, deinde per eas quæ paulatim fiunt accessiones intolerabiliter aucta, quidquid obsistit et objicitur, id violento impetu secum trahunt; ita etiam avari ad magnam potentiam provecti, ubi ex iis quos jam potentia sua oppressere, inferendæ injuriæ facultatem ampliorem adepti sunt, tunc reliquos una cum iis quos prius injuria affecere, redigunt in servitutem, atque potestatis incrementum fit ipsis occasio major nequitiæ. Nam qui prius damnum accepere, inviti ipsos adjuvantes, ipsi quoque noxas aliis et injurias accersunt. Quis enim vicinus, quis contubernalis, quis ex eis quibuscum commercia habent, non attrahitur ? Nihil vim sustinet divitiarum, tyrannidi cedunt omnia, potentiam omnia formidant; cum unusquisque eorum qui jam injuria affecti sunt, magis sollicitus sit, ne quid mali ulterius patiatur, quam ut de eis quæ perpessus est, vindictam sumat. Dives incitat juga boum, arat, serit, metit messem ad se non attinentem. Si contradicas, plagæ : si conquerare, ageris reus injuriarum, addiceris servituti, habitabis carcerem : parati sycophantæ, qui te vocent in vitæ periculum. Denique tecum bene actum putabis, si etiam aliud quidpiam adjiciens his molestiis libereris.

6. Velim te ab injustitiæ operibus paululum respirare, et cogitationibus tuis otium dare, tecum ut reputes ad quem finem studiorum ejusmodi rerum tendat. Habes tot jugera terræ arabilis, totidem terræ arboribus consitæ, montes, campos, saltus, fluvios, prata. Quid igitur post hæc? Nonne tres tantum terræ cubiti te exspectant? Nonne paucorum lapidum onus misero corpori custodiendo erit satis ? Cujus rei gratia laboras? Ob quam rem inique agis ? Quid manibus colligis infructuosa ? Atque utinam infructuosa, non materiam igni æterno ! Num tandem resipisces ab hac ebrietate ? Num recipies te ad saniorem mentem ? Num tui juris eris? Num Christi judicium tibi pones ob oculos? Quam allaturus es excusationem, cum ii qui injuria affecti fuerint, jam te circumstantes, adversum te clamabunt coram æquo judice? Quid ergo facies ? quos conduces patronos ? quos testes produces ? quomodo corrumpes judicem, qui nullis artibus decipi potest? Nullus ibi adest rhetor; non sunt verba suasoria, quibus judicis veritas circumveniri possit; non sequuntur adulatores, non pecuniæ, non fastus dignitatis : desertus ab amicis, destitutus fautoribus, sine patrocinio, citra defensionem, pudore suffusus deprehenderis, tristis, mœstus, solitarius, fiducia ac libertate loquendi carens. Quocunque enim converteris oculos, clara et aperta conspicies scelerum argumenta, hinc pupilli lacrymas, illinc viduæ gemitum, aliunde egenos abs te pugnis obtusos : servos, quos cecidisti : vicinos, quos ad iracundiam provocasti : insurgent adversum te omnia : te tuarum actionum malarum chorus pravus stipabit. Quemadmodum enim umbra corpus, sic peccata animas comitantur, gestorum imaginem claram exprimentia. Quapropter illic negandi non est locus, sed obturatur os vel impudentissimum. Nam ipsa cujusque opera, non quidem vocem emittentia, sed talia apparentia, qualia a nobis peracta sunt, ferunt testimonium. Quomodo potero tibi ob oculos horrenda illa ponere? Itaque si audieris, si flectaris, recordare illius diei, in quo *Revelatur ira Dei de cœlo* [18]. Veniat tibi in mentem gloriosus adventus Christi ; cum *Qui bona egerint, resurgent in resurrectionem vitæ; qui vero mala, in resurrectionem judicii* [19]. Tunc verecundia æterna peccatoribus, *Et ignis æmulatio, quæ consumptura est adversarios* [20]. Hæc te tristitia afficiant, non molestum tibi sit ipsum præceptum. Quomodo flectam te? quid dicam? Regni non teneris desiderio? non times gehennam? unde sanitas animæ tuæ conciliabitur? Etenim si te non terrent horrenda, si læta ac hilaria non exstimulant, lapideum cor alloquimur.

7. Intuere, o homo, naturam divitiarum. Quid attonitus tantopere aurum miraris? Lapis aurum est, lapis argentum, lapis margarita, lapis lapidum unusquisque; chrysolithus, beryllus, achates, hyacinthus, amethysus et jaspis. Hi sunt divitiarum flores, quorum tu partem ita recondis et abscondis, ut pellucidos quosdam lapillos tegas tenebris, alios circumferas, deque pretiosorum splendore glorieris. Dic, quæso, quid tibi prodest manum lapillis coruscantem circumvertere ? Non te pudet instar mulierum gravidarum lapillos desiderare? Hæ enim arrodunt lapillos, et tu usque adeo avidus es pul-

---

[14] Eccle. 1, 8. [15] Prov. xxvii, 20; xxx, 16. [16] Isa. v, 8. [17] III Reg. xxi. [18] Rom. 1, 18. [19] Joan. v, 29. [20] Hebr. x, 27.

chriorum quorumcunque lapillorum, ut sardonychas, jaspidas et amethysos diligenter conquiras. Quis ex iis qui plus æquo vestium elegantiam affectant, potuit unam diem suæ ipsius vitæ adjicere? cui pepercit mors ob divitias? a quo abstinuit morbus causa pecuniarum? Usquequo aurum, animarum laqueus, mortis hamus, peccati illecebra? Quousque divitiæ belli causa, quibus conflantur arma, quibus acuuntur gladii? Propter opes cognati ignorant naturam, fratres oculis cædem spirantibus sese invicem conspiciunt; ob divitias deserta alunt homicidas, mare piratas, civitates sycophantas. Quis est mendacii pater? quis confictæ accusationis opifex? quis parens perjurii? Nonne divitiæ? nonne earum studium? Quid facitis, o homines? quis vobis, quæ vestra sunt, in insidias vertit? Subsidium sunt vitæ. Absit enim ut pecuniæ datæ sint ad malorum incitamentum! Redemptio sunt animæ. Absit enim ut occasio sint exitii! Sed, inquis, necessariæ opes sunt propter liberos. Hæc est avaritiæ speciosa causa; liberos namque prætenditis, interea vero satisfacitis vestro animo. Insontem ne incusa: proprium dominum habet, proprium rectorem; ab alio vitam accepit, ab ipso vitæ subsidia exspectat. Numne iis qui matrimonio junguntur, scripta sunt Evangelia: *Si vis perfectus esse, vende quæ habes, et da pauperibus*[31]? Cum prolem numerosam peteres a Domino, cum rogares ut fieres liberorum pater, illudne addidisti: Da mihi liberos, tua ut violem præcepta? Da mihi sobolem, ut ad regnum cœlorum non perveniam? Ad hæc voluntatis filii quis erit sponsor, quod videlicet datis rebus recte usurus sit? Nam divitiæ multis exstitere libidinis ministræ atque impuritatis. An non audis Ecclesiasten dicentem: *Vidi languorem gravem, divitias custoditas ei, qui ab eis, in malum ei*[32]. Ac rursus: *Relinquo ego ipsum homini, qui meus successor erit. Et quis novit an sapiens erit, an stultus*[33]? Vide igitur ne divitias laboribus permultis coacervatas, aliis materiam peccatorum facias, posteaque plectaris duplici pœna, tum nomine eorum, quæ ipse inique egisti; tum **60** eorum, quæ alter abs te adjutus perpetrarit. Nonne cunctis liberis propinquior tibi est anima tua? Nonne tibi majori necessitudine conjungitur quam cætera omnia? Prima cum sit, ei præcipuas hæreditatis partes da, amplum vitæ subsidium ipsi tribue; et tunc facultates reliquas liberis distribues. Et quidem liberi, nulla a parentibus accepta hæreditate, plerumque sibiipsis domos pararunt: at tuæ animæ, si eam semel negligas, quis miserebitur?

8. Hactenus ad eos quibus liberi sunt, sermonem habui; qui vero liberis carent, quamnam speciosam parcimoniæ causam nobis afferunt? Non vendo quæ habeo, neque do pauperibus, ob necessarios vitæ usus. Dominus igitur magister tuus non est, neque Evangelium vitam tuam dirigit: sed tute tibi legem sancis. Vide autem in quod periculum incidas ejusmodi cogitationibus. Etenim si hæc nobis ut necessaria Dominus præcepit, tu vero eadem tanquam quæ fieri non possint, rejicis, aliud nihil agis, nisi quod teipsum legislatore prudentiorem dicis. Sed, inquis, posteaquam divitiis fruitus fuero per omnem vitam meam; post finem vitæ meæ pauperes constituam hæredes facultatum mearum, eosque tabulis publicis ac testamentis bonorum meorum dominos declarabo. Cum jam non versabere inter homines, tum humanus fies et liberalis; cum mortuum te videro, tunc dicam te fratris amantem. Multa tibi debebitur gratia ob munificentiam, quod in sepulcro jacens et in terram resolutus, jam in sumptibus faciendis largus exstiteris atque magnanimus. Dic mihi, quæso, quorumnam temporum mercedem exposces, eorumne quibus vixisti, an eorum quæ post mortem secuta sunt? Sed quo tempore vivebas, voluptatibus vitæ deditus et deliciis diffluens, ne aspicere quidem egenos sustinuisti; jam autem quænam actio est mortui? quæ quoque operis merces debetur? Ostende opera, et reposce remunerationem. Nemo solutis nundinis negotiatur: neque qui post certamina accedit, coronatur: neque qui post bellum, famam strenui viri atque gloriam assequitur. Neque igitur post vitam locus ullus est pietatis excolendæ. Atramento scilicet ac tabulis fore te beneficum polliceris. Quis autem annuntiabit tibi exitus tempus? quis generis mortis sponsor erit? Quot violentis casibus abrepti sunt, quibus ne vocem quidem edere per morbum licuit? Quot mente lapsi sunt per febrim? Quid igitur exspectas tempus, in quo plerumque rationis non eris compos? Cum videlicet erit profunda nox, morbus gravis, nemo usquam, qui adjuvet: sed paratus ac expeditus, qui hæreditati insidietur, dispensans omnia in rem suam, ac consilia tua irrita faciens. Deinde **61** conjectis huc et illuc oculis, circumstantem te solitudinem conspiciens, tunc dementiam tuam intelliges; tunc lugebis stultitiam, quod præceptum distuleris in hoc tempus, quo ut lingua resolvitur, ita manus tremula contractionibus jam conquassatur, sic ut neque voce, neque litteris aperire animum queas. Imo etiamsi clare scripta essent omnia, omnisque vox dilucide enuntiaretur, tamen una littera interposita omne tuum consilium transmutare posset; unicum itidem sigillum adulteratum, duo aut tres scelerati testes, totam ad alios transferrent hæreditatem.

9. Quid igitur te ipse decipis, nunc quidem ad carnis voluptatem opes male dispensans, promittens autem in posterum quæ penes te non amplius erunt? Pravum est, ut ex dictis patet, istud tuum consilium: Vivens, fruar voluptatibus; mortuus autem, exsequar statuta. Dicet et tibi Abraham: *Recepisti bona tua in vita tua*[34]. Non suscipit te angusta via et arcta, cum molem non deposueris

---

[31] Matth. xix, 21. [32] Eccle. v, 13. [33] Eccle. ii, 18, 19. [34] Luc. xvi, 25.

divitiarum. Exiisti opes gestans, nec enim eas, ut jussus es, projecisti. Quoad vixisti, te ipse prætulisti mandato : mortuus vero ac dissolutus, tunc inimicis præceptum anteposuisti. Etenim ne accipiat homo ille, accipiat, inquit, Dominus. Jam vero id quo nomine appellabimus, inimicorumne vindictam, an dilectionem proximi? Lege tuum testamentum. Volebam quidem adhuc vivere, et facultatibus meis frui. Gratia morti, non tibi. Nam si fuisses immortalis, nequaquam meminisses præceptorum. *Nolite errare: Deus non irridetur* [35]. Quod mortuum est, id ad altare non adducitur; affer victimam viventem. Non admittitur qui ex redundanti offert. Tu vero quæ post exactam omnem vitam superfuerunt, offers benefico largitori. Hospites illustres ac claros si non audes reliquiis mensæ excipere, quomodo audes Deum reliquiis tuis placare? Videte, divites, finem avaritiæ, et desinite pecuniis studere. Quo magis divitias amas, eo magis nihil ex iis quæ possides, relinquas. Omnia assume tibi, exporta omnia, alienis ne relinque divitias. Fortasse autem te ne cooperient quidem famuli extremo ac funebri ornatu, sed denegabunt exsequias, jamjam hæredibus placere studentes. Aut forte etiam tunc adversum te philosophicis verbis utentur: Ineptum est, inquient, et a ratione alienum, mortuum ornare; et eum qui nihil jam sentit, magnis sumptibus efferre. Annon satius est superstites sumptuoso amictu ac splendido ornari, quam vestes pretiosas una cum cadavere putrefieri sinere? Quodnam autem monumenti eximii et sumptuosæ sepulturæ et inanis sumptus lucrum est? Par magis fuerit hæc ad vitæ necessaria impendere. Talia dicent tum, cum et morositatem tuam ac severitatem ulciscentur, et tua tuis successoribus largientur. Itaque in antecessum te ipse funera. Pulchra sepultura pietas. Omnia indutus, abi: fac divitias ornatum tibi peculiarem: habe opes tecum. Crede bono consiliario, qui te diligit Christo, qui pro nobis pauper factus est, ut nos ejus inopia ditaremur [36], qui seipsum redemptionis pretium pro nobis tradidit [37]. Aut ei, ut sapienti, et quod nobis conducit providenti, morem geramus, aut ut diligentem nos, sustineamus: aut ut benefacienti nobis, vicem rependamus. Omnino autem quæ præcepta nobis sunt exsequamur, ut æternæ vitæ 62 quæ in ipso Christo est, hæredes efficiamur: cui gloria et potestas in sæcula sæculorum. Amen.

HOMILIA DICTA TEMPORE FAMIS ET SICCITATIS.

1. *Leo rugiet, et quis non timebit? Dominus Deus locutus est, et quis non prophetabit* [38]? Exordiamur orationem a prophetæ verbis, atque in hujus argumenti tractatione auxiliarium assumamus ipsum Amos divinitus afflatum, qui his quibus infestamur, pares calamitates curavit. Videlicet exponamus quid nobis consilii sit de profuturis, et quid de iisdem sentiamus. Nam et propheta ipse in superiorum temporum cursu, populo relinquente paternam pietatem, eodemque et conculcante legum integritatem, et ad idolorum cultum delabente, pœnitentiæ factus est præco, adhortans ad conversionem et pœnarum minas intentans. Utinam autem mihi aliquo saltem modo uti liceat veteris historiæ zelo! Sed absit ut eorum quæ tunc acciderunt exitum videamus. Nam populus contumax, et velut equulus durus ac freni impatiens, idque mordens, ad id quod conducebat, tractus non est. Imo a recta via digressus, tandiu inordinate divagatus est, infremuitque adversus aurigam, donec in barathra ac præcipitia lapsus, meritas contumaciæ pœnas internecione dederit. Quod avertat Deus a nobis, filii mei, quos per Evangelium genitos [39], velut fasciis per manuum benedictionis involvi. Sed sit auditio benigna, anima morigera, suscipiens leniter admonitiones, dicenti cedens velut cera sigillum imprimenti, ut per istud vestrum studium et ego laborum fructum lætificantem recipiam, et vos, cum his malis fueritis liberati, hanc nostram exhortationem laudetis. Quid igitur est quod indicat sermo? Nam etiamnum tenet animos suspensos spe audiendi, dum quod exspectatur, proferre in medium distulit.

2. Cœlum videmus, fratres, durum, nudum, sine nubibus, tristem hanc serenitatem creans, suaque puritate affligens nos: quam tamen antea valde cupiebamus, cum diu nubibus obductum induceret nobis tenebras, et sole privaret. Terra autem perquam arida, injucunda est aspectu, segete sterilis et infecunda, scissa hiatibus et disrupta, et in imis sui partibus fulgentes solis radios excipiens. Fontes et copiosi et perennes defecerunt nos, ingentium fluminum absumpta sunt fluenta, pueri minimi ea pedibus permeant, atque onustæ mulieres trajiciunt; defuit etiam plerisque nostrum potus, ac in penuria rerum ad vitam necessariarum versamur. Israelitæ novi, novum Moysen et virgam mirabilium effectricem 63 conquirunt, ut petræ rursus percussæ necessitati ac penuriæ sitientis populi medeantur, et insolentes quædam nubes roris in morem insuetum alimentum manna hominibus demittant. Vereamur ne fiamus posteris novum famis et multæ exemplum. Vidi agros, et lacrymis multis sterilitatem eorum deflevi, sumque lamentatus, quod nullus in nos imber effusus est. Semina quædam, germine necdum emisso, aruere, talia permanentia inter glebas, qualia aratrum obtexerat: alia paululum prominentia, post germinationem miserabiliter æstu et ardore arefacta sunt, sic ut possit nunc aliquis convenienter hanc Evangelii [40] vocem invertere ac

[35] Galat. VI, 7. [36] II Cor. VIII, 9. [37] I Tim. II, 6. [38] Amos III, 8. [39] I Cor. IV, 15. [40] Luc. X, 2.

dicere: Operarii quidem multi, sed messis ne pauca quidem. Agricolæ autem in agris desidentes, et manibus genua complexi (qui sane lugentium habitus est), inanes suos labores deplorant, respicientes ad infantes pueros, ac lamentantes, et oculis in uxores intentis flentes, contingentes siccas frugum herbas et contrectantes, edentes magnos ejulatus perinde atque patres filiis suis in ætatis flore orbati. Dicatur itaque etiam id non ab ipso propheta, cujus a nobis paulo ante in exordio facta mentio est : *Et ego,* inquit, *repressi a vobis pluviam ante tres menses vindemiæ : et pluam super civitatem unam, et super civitatem unam non pluam : et pars una irrigabitur, et pars, super quam non pluero, arefiet. Et congregabuntur duæ vel tres civitates in unam, ut bibant aquam, et non satiabuntur; eo quod non estis reversi ad me, dicit Dominus* [41]. Discamus igitur Deum has nobis plagas ob nostram ab ipso abalienationem atque negligentiam immittere, non exterminare volentem, sed emendare cupientem, more bonorum patrum erga desides filios; qui irascuntur adolescentibus, et in eosdem insurgunt, non quod quidquam ipsis mali inferre velint, sed ut eos ex puerili incuria, exque juventutis delictis ad curam adducant, atque ad diligentiam. Videte itaque quemadmodum multitudo peccatorum nostrorum et anni tempestates a sua ipsarum natura abduxerit, et temporum formas transmutaverit in alienas temperaturas. Hiems solitum humorem siccitati admistum non habuit, sed humorem omnem glacie astrinxit exsiccavitque, et omnino nivium imbriumque expers permansit. Ver rursus alteram quidem proprietatum suarum partem ostendit, calorem dico, humorem autem socium non habuit. Æstus vero et frigus insolito modo terminos creationis suæ transgressa, et ad perniciem nostram maligne conspirantia, a victu et a vita mortales arcent abiguntque. Quæ ergo causa est inordinationis hujus atque confusionis? quæ est nova ista temporum facies? Perscrutemur, velut mente præditi : nobiscum, tanquam **64** rationis compotes, reputemus. An non est qui gubernet rerum universitatem? num optimus opifex Deus providentiæ ac administrationis suæ oblitus est? Num ablatæ ei sunt vires ac potestas? an vim quidem eamdem retinet, nec a sua potestate excidit : sed durus factus est, ac summam bonitatem, et nostri curam in hominum odium convertit? Nemo certe sapiens hæc dixerit : sed manifesta apertaque causa est, cur consueto more non gubernemur. Nos accipientes, aliis non impertimus : laudamus beneficentiam, et eadem privamus egenos. Liberi ex servis facti, conservorum non miseremur : esurientes nutrimur, et egentem negligimus. Largum datorem ac promum Deum habentes, parci effecti sumus, nihilque cum pauperibus communicamus. Oves nostræ abundant fetibus, et tamen major est egenorum numerus quam ovium. Horrea ob repositarum frugum copiam in angustum coguntur, nec tamen hominis, qui angustiis urgetur, commiserescimus. Eam ob causam nobis minatur justum judicium. Idcirco etiam Deus non aperit manum, quod exclusimus fraternam dilectionem. Ob id aruerunt arva, quod friguit charitas.

3. Clamat frustra vox supplicantium, et in aerem spargitur. Neque enim eos qui rogabant audivimus. Qualis, quæso, nostra supplicatio est? qualis est deprecatio? Vos, viri, exceptis paucis, vacatis negotiationibus ; vos, mulieres, eorum ministræ in mammonæ quæstu ac lucro estis. Denique precantur mecum pauci, et hi vertigine laborantes, oscitantes, assidue vertentes se huc illuc, observantes quando psalmorum cantor versiculos absolverit, quando ex ecclesia velut e carcere dimissi, necessitate precandi eximentur. Hi autem pueri minimi, qui, depositis in ludo litterario tabulis ac libellis, nobiscum vociferantur, potius huic negotio velut remissioni ac oblectamento vacant, tristitiam nostram habentes festivitatis loco, quod ab onere præceptoris, et studiorum cura modico tempore liberentur. Multitudo autem virorum qui constanti et integra ætate sunt, et implicitus peccatis populus, remissus liberque et lætus per urbem vagatur : qui, etsi in animis causam circumfert malorum, ipse tamen hanc calamitatem intulit et excitavit. Infantes tandem sensu carentes nullique reprehensioni obnoxii, ad confessionem festinant conveniuntque : sed præterquam quod malorum causa non sint, orare ex more nec noverunt, nec possunt. Tu mihi in medium prodi, qui peccatis conspurcatus es ; tu procide, lamentare, ingeme, sine puerulum facere, quæ propria sunt suæ ætati atque consentanea. Cur te occultas, qui accusaris, et insontem ad defensionem tuam producis? Num judex illuditur, sic ut subdititiam personam substituas? Oportebat autem et illum adesse, sed tecum certe, non solum. Vides quod et Ninivitæ pœnitentia Deum placantes, et lugentes ea peccata in quæ Jonas mare et cetum expertus clamando invehebatur, non infantes solum pœnitentiæ **65** subjecerint, interea dum ipsi vitam in deliciis transigerent et in conviviis : sed priores ipsos patres qui peccaverant, jejunium domabat, multaque eosdem macerabat, quanquam infantes ipsi vel inviti accessionis loco lugebant, ut tristitia occuparet ætatem omnem, tum sentientem, tum non sentientem, illam sponte, hanc præter voluntatem. Et ubi vidit Deus ipsos sic humiliatos, ut condemnarent sese ad gravissimas multas omnis generis, et doloris eorum misertus est, et pœnam remisit, et gaudium iis qui sano consilio luxerant, largitus est [42]. O pœnitentiam concinnam ! o sapientem prudentemque afflictationem ! Ne bruta quidem animantia a pœnis immunia sivere : sed ea etiam

---

[41] Amos IV, 7, 8.   [42] Jon. III, 3-10.

necessario clamare artificio quodam adegerunt. Separatus namque est vitulus a vacca, semotus est a materno ubere agnus, puer lactens non erat in maternis ulnis; in peculiaribus stabulis concludebantur matres, in peculiaribus fetus; voces emittebantur ab omnibus miserabiles, vicissim clamantes ac resonantes. Partus esurientes lactis fontes quærebant; matres naturali affectione discerptæ, vocibus commiserationem suam significantibus revocabant fetus. Eumdem ad modum infantes fame laborantes, ejulatu vehementissimo frangebantur, palpitabantque, et matrum viscera naturalibus doloribus compungebantur. Et eam ob causam divinus sermo ad commune vitæ documentum eorum pœnitentiam scriptis mandatam servavit. Inter illos flebat senex, et canos vellebat discerpebatque. Adolescens, et qui florenti ætate erat, vehementius lamentabatur: ingemiscebat pauper: dives deliciarum oblitus, afflictationi ut bonæ se dedebat. Rex ipsorum splendorem gloriamque transmutavit in verecundiam. Deposita corona, caput cinere inspersit: purpura abjecta, induit saccum: throno alto et sublimi derelicto, miserabili habitu humi repebat: repudiatis propriis ac regiis deliciis, lugebat cum populo, unus e multis factus et plebeius, quod communem Dominum omnium videret iratum.

4. Hæc est servorum sensu præditorum prudentia: talis hominum peccatis implicitorum pœnitentia. Nos autem acriter ac cito peccamus, sed negligenter segniterque pœnitentiam amplectimur. Quis precando lacrymatur, ut imbrem ac pluviam opportunam impetret? Quis peccata deleturus, beati Davidis exemplo, lacrymis lectum rigavit [43]? Quis hospitum lavit pedes, et pulverem ex itinere collectum abstersit, ut, dum siccitate liberari postulat, Deum opportune placet? Quis pavit orbatum patre puerum, ut Deus nunc nobis fruges nutriat, non secus ac orphanum 66 ventorum intemperie exagitatum? Quis fovit afflictam victus difficultate viduam, ut nunc ei tribuatur alimentum necessarium? Discinde schedulam iniquam, ut sic peccatum solvatur. Dele gravissimorum fenorum pactum, ut terra pariat consueta ac producat. Etenim dum æs et aurum, et ea quæ sterilia sunt, gignunt præter naturam, terra tamen quæ naturaliter parit et fecunda est, sterilis redditur, et ad incolas puniendos damnatur infecunditatis. Ostendant igitur qui quæstum in pretio habent, ac divitias ultra modum aggerunt, quid valeant reconditi thesauri, aut quæ eorum necessitas sit, si iratus Deus multam ac pœnam ulterius protrahat. Confestim auro pallidiores fient, qui id congerunt, si pane, qui heri et nudiustertius ob paratam promptamque copiam contemnebatur, careant. Pone jam non esse venditorem, nec haberi in horreis frumentum; quid tandem, quæso, proderunt tibi marsupia gravissima? Nonne una cum ipsis sub eodem aggere sepelieris? Nonne terra aurum est? Nonne inutile lutum luto adjacebit, corpori videlicet? Possides omnia: sed una res est necessaria, qua cares, facultas teipsum alendi. Confice ex omnibus tuis opibus nebulam unam; fac descendant guttæ paucæ; urge terram ad fructum ferendum; calamitatem superbis illis ac insolentibus divitiis amolire. Fortasse pium aliquem induces, ut exemplo Thesbitæ Eliæ [44] remissionem tibi malorum precibus impetret, homo inops, pallidus, discalceatus, sine domo, sine lare, egenus, unica tunica coopertus, velut Elias pelle ovilla, simul cum precibus educatus, jejunio contubernali utens. Quod si rogando ab ejusmodi viro opem obtineas et præsidium, nonne divitias multis curis obnoxias valde admodum deridebis? nonne aurum conspues? nonne tanquam stercus aurum abjicies: quod, tametsi prius omnia poterat, appellabaturque charissimum, ipsum tamen cognoris infirmum in necessitate patronum esse? Causa tua hanc calamitatem Deus intulit, quod cum haberes, non erogaveris; quod esurientes prætereris, quod te non converteris ad lugentes; quod adoratus, non sis miseratus. Invadunt enim propter paucos in omnem populum mala, ac flagitium unius plebi toti nocet. Achar sacrilegium commisit, et totus castigatus est exercitus [45]. Zambri Madianitas scortatus est, et Israel pœnas dedit [46].

5. Omnes igitur tum privatim, tum in communi vitam nostram expendamus, velut pædagogo attendamus siccitati, unumquemque sui peccati commonefacienti. Proferamus et nos animo sano illa strenui Jobi verba: *Manus Domini est, quæ tetigit me*[47]. Potissimum autem et ante omnia calamitatem nostram peccatis ascribamus. Quod si præterea aliud addendum est, fit quoque aliquando, ut talia vitæ infortunia irrogentur hominibus ad animas probandas, ut inter difficultates deprehendantur qui probi sint, 67 sive pauperes, sive divites, cum utrique per patientiam plane probentur. Et maxime id hoc tempore declaratur, sitne hic liberalis, et fratrum amans: sitne ille gratus et beneficiorum memor, et vice versa non blasphemus, cujus animus statim vitæ vicissitudinibus mutetur. Novi ego multos (non auditione accepi, sed experientia ipsa homines notos habui), qui cum suppeteret sibi rerum copia, et secundis ventis, quod dici solet, res procederent, mediocriter saltem, si non perfecte, gratias rependerent benefico largitori; sed si mutaretur in contrarium rerum status, divesque fieret pauper, et robur corporis verteretur in morbum, gloria quoque ac splendor in dedecus et ignominiam: tunc deprehendebantur ingrati, loquebantur blasphema, pigrescebant in precatione, Deum perinde quasi cunctantem debitorem moleste ferebant, nec afficiebantur erga Dominum tanquam indignantem.

---

[43] Psal. vi, 7. [44] III Reg. xviii, 45. [45] Jos. vii, 1 sqq. [46] Num. xxv, 6 sqq. [47] Job xix, 21.

Sed apage, et submove ab animo ejusmodi cogitationes! Et cum videris Deum consueta non largientem, sic tecum reputa: Num deest Deo victus suppeditandi facultas? Quomodo enim? cum sit Dominus cœli totiusque eorum ornatus, cum sit tempestatum et temporum moderator sapiens, cumque gubernet omnia. Quippe tempestates ac solstitia in modum chori cujusdam ordinatissimi sibi invicem succedere statuit, ut sua ipsorum varietate variis nostris necessitatibus opitulentur. Jamjam accedat tempestive humor, rursusque calor succedat, et annus sit frigore immistus, atque siccitate necessaria non careamus. Potens igitur Deus est: sed cum suppetat ei potestas, sitque res confessa, num ei bonitas deest? Neque hoc stare potest. Nam nisi bonus esset, qua necessitate adductus initio condidisset hominem? Quis autem Conditorem vel invitum coegisset humum sumere, et pulchritudinem ejusmodi suis manibus ex luto conformare? Quis necessario persuasit, ut secundum suam ipsius imaginem rationem homini impertiret, ut, ducto inde initio, doceretur artes, et de rebus altissimis quæ sub sensum non cadunt, philosophari disceret? Ita si cogitaveris, comperies bonitatem inesse in Deo, et ne nunc quidem ei deesse. Alioquin quid vetaret, quæso, et siccitatem non esse id quod videmus, sed perfectum incendium et integrum? et solem paululum a cursu consueto deflectentem, atque ad corpora terræ adjacentia propius accedentem, res omnes visibiles in temporis momento exurere? aut ignem de cœlo pluere, eo modo, quo jam sunt antea puniti peccatores? Redeas ad te, homo, et mentis esto compos; cave facias quæ insipientes pueri facitant, qui, a præceptore objurgati, tabulas illius confringunt, ac vestem scindunt patris, cibum ad eorum utilitatem differentis, aut matris faciem unguibus dilaniant. Nam nauclerum tempestas, athletam stadium, imperatorem acies, magnanimum virum calamitas, Christianum tentatio probat et examinat. Atque ut ignis aurum, ita res adversæ animam probant. Pauper es? Cave animum abjicias. Nam nimia tristitia causa fit peccati, quod demergat mentem mœror, inducatque vertiginem desperatio, et vitium ingrati animi pariat consilii inopia. Sed spem habeto in Deum. Nunquid enim non videt angustiam? Habet cibum in manibus: sed differt largitionem, ut probet tuam constantiam, ut animum agnoscat, sitne intemperantibus et ingratis consimilis. Hi enim, dum in ore sunt cibi, benedicunt, adulantur, supra modum admirantur: paululum vero dilata mensa, blasphemiis velut lapidibus impetunt eos quos aliquanto ante æque ac Deum propter voluptatem colebant. Percurre Vetus ac Novum Testamentum, et multos in utroque reperies modis variis nutritos. Elias habebat Carmelus, excelsus mons et inhabitabilis, solitudo solitarium: verum anima erat justo instar omnium, vitæque erat viaticum spes, quam in Deo reponebat. Etsi autem sic viveret, fame tamen vitam non finivit: sed avium rapacissimæ et voracissimæ, hæ ipsæ afferebant cibum: et justo erant victus ministræ eædem, quæ solent alienos cibos diripere, ac, transmutata per Domini præceptum natura, panis ac carnium fidæ custodes effectæ sunt. Hæc autem a corvis viro allata fuisse, ex sacra historia didicimus [48]. Habebat itidem Babylonicus lacus Israelitam juvenem, calamitate quidem captivum, animo vero ac constantia liberum. Quid tum inde? Leones quidem præter naturam jejunabant; Habacuc vero illius altor ferebatur per aerem, angelo hominem una cum obsoniis portante: et ne justus fame premeretur, tantum terræ ac maris spatium brevi temporis momento prætervectus est propheta, quantum a Judæa ad Babylonem usque extenditur [49].

6. Quid rursus solitudinis populus, Moyse præfecto? quomodo fuit ei per quadraginta annos dispensatus victus? Illic erat nemo, qui sementem faceret; non bos, qui traheret aratrum; non area, non torcular, non cella penaria; et tamen sibi suppetebat victus citra sementem, citra arationem. Fontes denique qui prius non exstiterant, sed in necessitate eruperant, petra subministrabat. Mitto singula providentiæ divinæ opera percensere, quæ plerumque animo paterno hominum causa patravit. Tu vero, velut strenuus Job, tantisper patiens esto in calamitate, et ne evertaris a tempestate, ne quidquam ex his, quas tecum vehis, virtutis mercibus abjicias. Serva in animo gratiarum actionem tanquam vecturam pretiosissimam, et tu quoque pro gratiarum actione voluptatem duplo majorem consequere. Sis apostolicæ sententiæ memor: *In omnibus gratias agite* [50]. Pauper es? Alter est te pauperior. Sunt tibi cibaria dierum decem: illi, unius. Quod tibi superest, ac redundat, id tu ceu bonus ac benignus ex æquo cum egente partiaris. Ne dubites ex modico dare; ne commodum tuum periculo publico anteponas. Quod si ad unum panem redactus cibatus sit, stetque pro foribus mendicus; promito ex penu illum unum, quem imponens manibus, et intuens in cœlum, miserabilem hanc simul et benignam vocem emittito: Unus hic est panis, quem vides, Domine, et periculum aperte imminet; sed ego mihi tuum mandatum præpono, et ex modico tribuo esurienti fratri; jam tu quoque da periclitanti servo. Novi tuam bonitatem, confido etiam potentiæ: non differs diu beneficia: sed dona tua, cum libet, spargis. Quod si ita locutus fueris ac feceris, quem ex angustia panem porrigis, is semen fiet segetis, erit fructus uberes, arrhabo erit cibariorum, misericordiæ conciliator. Dic et tu verbum a vidua Sidonia in iisdem angustiis prolatum; tibi opportune in memoriam revoca historiam: *Vivit Dominus, quia hunc solum domi*

---

[48] III Reg. xvii, 4-6. [49] Dan. xiv, 30 sqq. [50] I Thess. v, 18.

habeo ad nutriendum me et liberos ⁵¹. Quod si ex penuria tua dederis, habebis et tu vas olei, quod scaturiet per gratiam : hydriam itidem farinæ, quæ exhauriri non poterit. Etenim Dei beneficentia, quæ scilicet duplum reddat, erga fideles magnifice puteos imitatur, qui continuo hausti, nequaquam exhauriuntur. Deo diviti fœnerare, quisquis inops es et pauper. Crede ei, qui quod in oppressum hominem contuleris, id, perinde quasi sibimetipsi collatum sit, recipit, exque suis rependit gratiam. Fide dignus est sponsor, per omnem terram ac mare expassos habens thesauros. Quod si inter navigandum mutuum repetas, in medio ipso mari una cum fenore sortem recipies. Est enim in addendo ambitiosus.

7. Esurientis morbus, fames scilicet, miserabilis affectio est. Humanarum calamitatum caput est fames. Mors omnium miserrima est, finem hunc sortiri. Nam in aliis periculis, aut gladii acies cito accelerat mortem, aut ignis impetus brevi vitam exstinguit, aut bestiæ præcipua membra dentibus dilaniantes, nos non sinunt dolore diu protracto puniri. Fames vero affert supplicium lentum, dolorem longum, morbum intus insidentem ac delitescentem, mortem semper præsentem et semper tardantem. Naturalem namque humorem absumit, refrigerat calorem, molem corporis contrahit, vires paulatim exedit. Caro araneæ instar circumjacet ossibus. Non flos inest in cute. Nam, consumpto sanguine, fugit rubor; non adest albor, superficie per maciem nigrescente; corpus livet, pallore atque nigritudine per morbum misere admistis; genua non sustentant, sed vi et ægre trahuntur. Vox tenuis et languida ; oculi in cavis suis debilitati, frustra in thecis ac valvulis inclusi, tanquam nucei fructus intra putamina arefacti. Venter vacuus, contractus, informis, sine mole, sine naturali viscerum distensione, ossibus dorsi adhærescens. Qui igitur corpus ejusmodi præterit, quantis suppliciis dignus est? quid ei deerit ad crudelitatis cumulum ? quomodo aut non annumerabitur jure ac merito inter immanissimas belluas, aut non habebitur pro scelesto et homicida ? Nam qui potest malo mederi, sed sponte et ob avaritiam differt, non injuria velut homicida condemnari **70** poterit. Coegit non paucos sæpenumero famis angustia, terminos etiam naturæ excutere, hominemque vesci tribulium corporibus, et matrem filium quem ex ventre protulit, ventre rursus improbe excipere. Utique tragicum illum actum Judaica historia a diligenti viro Josepho (1) conscripta commemorat, cum scilicet malis diris Hierosolymitæ premerentur, pendentes impietatis in Dominum suæ meritas pœnas. Vides et ipsum nostrum Deum, præteritis non raro aliis incommodis, esurientes condolenti animo miserari. *Misereor enim*, inquit, *turbæ* ⁵². Quare et in extremo judicio, ubi advocat justos Dominus, locum primum occupat qui largus fuit ac liberalis ; nutritor primas tenet inter eos quibus præmia dantur ; panem qui ministravit, vocatur ante omnes ; qui benignus fuit et liberalis, ante reliquos justos ad vitam transmittitur ⁵³. Qui illiberalis exstitit et sordidus, ante omnes peccatores igni traditur ⁵⁴. Jam te ad matrem mandatorum ipsa temporis opportunitas vocat ; eoque magnopere cura, ne te prætereat nundinarum occasio, atque commerciorum. Fluit enim tempus, nec exspectat morantem : festinant dies, segnem prætergrediuntur. Et quemadmodum fluvii cursum sistere non datur, nisi quis illum in primo occursu ac transitu intercipiens, aqua opportune utatur ; sic tempus necessariis conversionibus impulsum neque cohiberi, neque præteritum retro revocari potest, nisi quis, cum advenit, apprehendat. Ob idque mandatum velut fugiens detine ac confice, et undelibet arreptum ulnis amplectere. Dato pauca, et multa comparato ; exsolvito primigenium peccatum (2), cibariorum largitione. Quemadmodum enim Adam improbo esu peccatum transmisit, sic nos insidiantem escam abolemus, si fratris necessitatem famemque curamus.

8. Populi, audite : Christiani, auribus accipite : hæc dicit Dominus, non sua ipsius voce concionans, sed servorum ore tanquam instrumento resonans. Nos qui ratione prædati sumus, ne brutis animantibus videamur immaniores. Illa enim iis quæ ex terra naturaliter nascuntur, quasi communiter utuntur. Unum et eumdem montem depascuntur greges ovium : equi quamplurimi in uno eodemque campo pastum capessunt. Denique singula necessarii pabuli usum ita sibi invicem cedunt. Nos contra, quæ sunt communia, **71** abdimus in sinu : ea quæ multorum sunt, possidemus soli. Quæ de gentilibus narratur humanitas, incutiat nobis pudorem. Lex humanitatis plena apud quosdam illorum, unam

---

⁵¹ III Reg. xvii, 12. ⁵² Matth. xv, 32. ⁵³ Matth. xxv, 34. ⁵⁴ ibid. 41.

(1) *De bello Jud.* lib. vii, c. 8.
(2) Quod hoc loco ait Basilius, *solvendum esse peccatum primigenium*, id certe notatu est dignissimum ; atque haud scio an nullum testimonium apud Patres Græcos exstet aut insignius aut validius ad peccatum originale comprobandum. Etenim si necesse est nobis peccatum originis solvere, ejus conscii simus oportet. Nemo enim quod non debet, solvere unquam coactus est. Græca, Ὡς γὰρ Ἀδὰμ, κακῶς φαγών, τὴν ἁμαρτίαν παρέπεμψεν, ita verterat Volaterranus : *Sicut enim male edendo maleque cibo utendo Adam peccatum incurrit.* Sed longe aliud est peccatum incurrere, aliud peccatum transmittere. Ita interpretari, est ita obscurare gravissimam sententiam, ut ea, nisi intelligantur Græca, perspici nullo modo possit. Nec quemquam movere debet, quod peccatum primigenium solvi dicatur cibariorum largitione, cum tamen id baptismate solvi constet. Sic enim loquens Basilius, catechumenos qui tunc inter alios in concionibus frequentes aderant, pro virili hortabatur, ut sese stipis erogatione ad primigenii peccati efficax remedium, quod baptisma est, præpararent.

mensam, communes cibos, et unam fere familiam populum frequentem efficit. Relinquamus externos, et veniamus ad trium millium exemplum : æmulemur primum cœtum Christianorum, cum eis communia essent omnia [55], vita, anima, consensus unus, communis mensa, fraternitas indivisa; dilectio non ficta, corpora multa unum efficiens, animas diversas ad consensum unum componens. Habes non pauca tum ex Veteri, tum ex Novo Testamento, fraterni amoris exempla. Senem fame laborantem si videris, accerse ipsum, et ale velut Joseph Jacob [56]. Inimicum si repereris in angustiis positum, ne adjunge ad iram qua occuparis, ultionem ; sed ale velut ille fratres [57] a quibus fuerat venditus [58]. Si incideris in juniorem afflictatum, ita eum defleto, uti ille Benjamin senectutis filium [59]. Tentat te etiam fortasse avaritia, velut Josephum hera; trahit te tuis vestimentis [60], ut mandatum spernas, ipsamque auri mundique amantem præ mandato Domini diligas. Ubi cogitatio subierit huic mandato repugnans, alliciensque animum bene moratum ad avaritiam, et charitatem fraternam negligere cogens, teque secum detinens, abjice et tu vestimenta, iratus secede : fidem Domino, velut ille Pentephræ, servato [61] : per unum annum, uti ille per septem, fami provide et penuriæ. Voluptati non omnia, sed animæ etiam non nihil da. Atque duas tibi filias esse puta, prosperitatem præsentem, et vitam cœlestem. Omnia si nolis dare præstantiori, partire certe ex æquo inter incontinentem filiam, et pudicam. Astare te Christo, et in conspectum judicis venire cum oportuerit, ne habe vitam ultra modum ditatam exhibeas : neque vitam alteram, quæ ex præscripto virtutis instituta, formam nomenque sponsæ habet, nudam et laceris panniculis coopertam ostendas. Cave igitur deformem ac inornatam sponsam sistas sponso, ut ne, ea conspecta, faciem avertat, et visam odio habeat, abnuatque complexum. Verum instructam ipsam ornatu decenti, formosam asserva ad præfinitum usque nuptiarum tempus, ut ipsa quoque una cum prudentibus virginibus lampadem accendat [62], cui scilicet suppetat scientiæ inexstinctus ignis, nec ei oleum recte factorum desit; denique ut re ipsa rata sit prophetia divina, animæque tuæ congruat quod dictum est : *Astitit regina a dextris tuis in vestitu deaurato circumamicta, variegata. Audi, filia, et vide, et inclina aurem tuam ; et concupiscet rex decorem tuum* [63]. Hæc quidem in universum prænuntiavit Psalmista, cum corporis generati accepti prædiceret decorem : sed tamen proprie **72** etiam uniuscujusque animæ convenient : siquidem Ecclesia ex singulis cœtum colligit.

9. Consulas velim cordate præsenti et futuro, quod cave perdideris ob turpe lucrum. Deseret te corpus, illud tuæ vitæ insigne signumque. Occludes tibi ipse in conspectu judicis ejus qui exspectatur, quique haud dubie venturus est, eos qui deferendi erant honores, gloriamque cœlestem : aperies vero ignem qui exstingui non poterit, gehennam, supplicium, amarulenta in doloribus sæcula, pro longa ac beata vita. Nolim existimes me velut matrem aliquam aut nutricem, falsa terriculamenta tibi objicere ac minari ; quemadmodum illæ erga infantes facere solent : quæ dum lacrymantur immoderate et indesinenter, ipsos per commentitias narrationes quietos reddunt et tacitos. Hæc fabula non sunt, sed verba sunt voce veraci pridem prolata. Atque scias pro certo ex evangelico vaticinio, iota unum aut unum apicem non transiturum. Sed et corpus in loculis consumptum resurget, et anima eadem quæ per mortem separata fuerat, in corpore rursus habitabit. Quin etiam actiones nostræ plane et aperte patebunt, non aliis testimonium ferentibus, sed ipsa conscientia attestante. Unumquemque autem pro merito judex justus remunerabitur : quem decet gloria, potestas et adoratio, in sæcula sæculorum. Amen.

QUOD DEUS NON EST AUCTOR MALORUM.

1. Plures docendi modi nobis per sacrum psalten David ab operante in ipso Spiritu commonstrati sunt. Nam aliquando nobis narrans Propheta suas ipsius ærumnas ac calamitates, et quomodo quæ acciderant, strenue pertulerit, exemplo suo clarissimum nobis patientiæ documentum relinquit : ut cum dicit : *Domine, quid multiplicati sunt qui tribulant me* [64]? Aliquando vero Dei bonitatem, et ejus auxilii celeritatem, quod vere ipsum inquirentibus præbet, commendat, dicens : *Cum invocarem, exaudivit me Deus justitiæ meæ* [65]. Quæ sententia eodem recidit atque illud prophetæ dictum : *Adhuc te loquente, dicet : Ecce adsum* [66]. Hoc est, nondum invocandi feceram finem ; Deus tamen, necdum absoluta invocatione, exaudivit. Rursus dum Deo supplicat, precesque adhibet, edocet nos quemadmodum eos qui in peccatis versantur, Deum placare par sit : *Domine, ne in furore tuo arguas me, neque in ira tua corripias me* [67]. At vero in duodecimo psalmo, ubi prolixam quamdam tentationem ostendit, his verbis : *Usquequo, Domine, obliviscerís me in finem* [68]? et ubi per totum psalmum docuit nos deficere non debere in ærumnis, sed Dei exspectare bonitatem ac nosse, quod providentia quædam dedat nos afflictionibus, **73** atque pro ratione fidei uniuscujusque tentationes admittatur. Postquam igitur dictum est illud : *Usquequo, Domine, oblivisceris me in finem ?* et, *Usquequo avertis faciem tuam a me* [69]? statim ad flagitium transit impiorum, qui posteaquam in vita non nihil experti

---

[55] Act. II, 44. [56] Génes. XLVII, 12. [57] ibid. [58] Gen. XXXVII, 28. [59] Gen. XLIII, 13. [60] Gen. XXXIX, 12. [61] ibid. 8-12. [62] Matth. XXV, 4. [63] Psal. XLIV, 10, 11. [64] Psal. III, 2. [65] Psal. IV, 2. [66] Isa. LVIII, 9. [67] Psal. VI, 2. [68] Psal. XII, 1. [69] ibid.

sunt adversi, rerum molestiores casus non ferentes, illico pendent animi, an sit Deus qui res humanas curet, an singula inspiciat, an unicuique pro merito distribuat. Deinde ubi in adversis immorari se diutius viderint, stabiliunt in semetipsis dogma pravum, atque in cordibus suis hanc proferunt sententiam : Non est Deus : *Dixit insipiens in corde suo : Non est Deus* [10]. Et cum semel hoc in animum induxit, tum licentia omni graditur per peccata omnia. Etenim si non est qui intueatur, si non est qui retribuat cuique pro vitæ merito, quid vetat opprimere pauperem, pupillos interimere, viduam et advenam enecare, scelestum omne factum audere, impuris et abominandis vitiis ac omnibus belluinis cupiditatibus coinquinari? Quapropter prolata hac sententia, *Non est Deus*, id tanquam inde consequens subjungit : *Corrupti sunt, et abominabiles facti sunt in studiis* [11]. Fieri enim non potest ut a via justa deflectant, qui in suis animis Dei non obliviscuntur.

2. Unde, quæso, traditæ sunt gentes in reprobum sensum, et faciunt quæ non decent [12]? Nonne quia dixerunt : *Non est Deus?* Cur sunt in ignominiosa vitia prolapsæ, et feminæ quidem apud ipsas transmutarunt naturalem usum, in eum qui est præter naturam, masculi vero in masculos fœditatem perpetrant [13]? Nonne quoniam mutaverunt gloriam incorruptibilis Dei in similitudinem pecorum, quadrupedumque, et reptilium [14]? Itaque qui dicit Deum non esse, insipiens est et stultus, cum vere mente privatus sit atque prudentia. Assimilis autem huic est, et nihilo stoliditate inferior, quisquis dicit Deum malorum esse auctorem. Æquale namque ipsorum peccatum esse duco, quod utrique pariter eum qui bonus est negant; quandoquidem alter dicit eum omnino non esse, alter vero ipsum bonum non esse statuit. Nam si auctor est malorum, utique nec bonus est, ideoque utrinque negatur Deus. Unde igitur, inquit, morbi? unde mortes intempestivæ? unde integra urbium excidia, naufragia, bella, pestes? Hæc enim, inquit, mala sunt, Deique opera omnia. Quare in quem alium, non in Deum, possumus eorum quæ fiunt causam transferre? Age sane, quando in vulgatissimam incidimus quæstionem, nos, redacto ad confessum quodam principium argumento, problema diligentius tractatum clare et citra confusionem explanare conemur.

3. Itaque hoc unum in antecessum in animis nostris fixum ratumque sit oportet, quod cum [74] opus simus Dei boni, et ab ipso conservemur, resque nostræ gubernentur ab eo tum parvæ, tum magnæ, neque perpeti quidquam possumus præter Dei voluntatem, neque quidquam eorum quæ perferimus noxium est et exitiosum, aut tale, ut melius aliquid vel excogitari possit. Sunt quidem ex Deo mortes : sed profecto mors malum non est, nisi quis mortem peccatoris dicat, cum hinc migrare, suppliciorum in inferno initium ei sit. Rursus autem ipsa inferorum mala Deum auctorem non habent, sed nos ipsos. Principium namque ac radix est peccati illa quæ in nobis inest facultas liberumque arbitrium. Nos enim quibus licebat, si malo abstinuissemus, nihil pati molesti, iidem voluptate ad peccandum illecti, quamnam possumus speciosam rationem afferre, quin nobis ipsis miseriarum simus auctores? Malum itaque aliud est habita ratione sentiendi, aliud sua ipsius natura. Quod igitur natura malum est, ex nobis pendet, injustitia, lascivia, vecordia, ignavia, invidiæ, cædes, veneficia, fallacia, ac reliqua ejusdem generis vitia, quæ animam ad Conditoris imaginem factam dum contaminant, pulchritudinem ejus ac decorem solent obscurare. Rursus malum dicimus id quod nobis molestum est, doloremque infert sensibus, morbum corporis, ejusdem plagas, rerum necessariarum penuriam, ignominias, pecuniarum jacturam, familiarum amissiones et necessariorum. Quæ singula nobis a prudente Domino et bono ad nostram utilitatem irrogantur. Divitias enim aufert male utentibus, ut instrumentum quo injustitiam perpetrabant, discutiat. Morbum immittit iis quibus conducibilius est habere membra præpedita, quam paratos expeditosque ad peccandum motus. Inducuntur quoque mortes, expletis vitæ terminis, quos unicuique ab initio constituit judicium justum Dei, quid cuique nostrum conducat, longe prospicientis. Jam vero fames, siccitates, imbres nimii, plagæ quædam sunt urbium ac gentium communes, mali immoderationem punientes. Quemadmodum igitur beneficus est medicus, sive labores, sive dolores inferat corpori (nam cum morbo pugnat, non cum ægrotante) : sic bonus est Deus, qui privatis pœnis inflictis omnium consulit saluti. Tu vero medico quidem nihil crimini das, secanti alia, alia urenti, alia omnino a corpore auferenti : imo numeras ei pecuniam, et vocas servatorem, quod in exigua parte prius morbum sistat, quam labes in totum corpus diffundatur. Cum autem videris civitatem terræ motu concussam corruisse in incolas, aut navem una cum ipsis viris periisse in [75] mari, non vereris adversus medicum verum et servatorem linguam blasphemam movere. Et tamen intelligere te oportebat diligentiam quidem et curam utilem adhiberi, si ægrotantium hominum ægritudo moderata sit et medicabilis : sed cum semel morbus validior fuerit quam ut curari possit, tunc necesse esse amputari inutilem partem, ne morbus per continuitatem proserpens ad vitalia perveniat. Ut igitur sectionis aut ustionis, non medicus causa est, sed morbus : sic urbium ruinæ ex peccatorum magnitudine ortum habentes, Deum ab omni crimine atque reprehensione liberant.

4. Atqui si Deus, inquit, malorum auctor non

---

[10] Psal. XIII, 1. [11] ibid. [12] Rom. I, 28. [13] ibid. 26. [14] ibid. 23.

est, quomodo dictum est : *Ego qui lucem condidi, et feci tenebras : faciens pacem, et creans mala*[75]? Ac rursus : *Descenderunt*, inquit, *mala a Domino super portas Jerusalem*[76]. Et : *Non est malitia in civitate, quam Dominus non fecerit*[77]. Et in magno illo Moysis cantico : *Videte, videte quia ego sum : et non est Deus præter me. Ego occidam, et vivere faciam : percutiam, et ego sanabo*[78]. Sed nihil horum apud eos qui Scripturæ sensum callent, Deum redarguit tanquam auctorem malorum atque effectorem. Qui enim dixit : *Ego, qui condo lucem, et facio tenebras*, per hæc se rerum opificem declarat, non mali ullius effectorem. Itaque ne existimes alium esse lucis auctorem, alium tenebrarum ; dixit se eorum quæ in rebus creatis sibi adversari videntur, effectorem esse et opificem ; ne quæras alium ignis, alium aquæ artificem, neque alium aeris, et alium terræ, quod hæc aliquo modo juxta qualitatum contrarietatem inter se opposita esse videantur. Quod dum nonnulli jam faciunt, deos multos admisere. Facit autem pacem, et creat mala. Maxime quidem in te pacem facit, cum per bonam doctrinam mentem tuam reddiderit tranquillam, affectusque in animam rebelles sedarit. Creat vero mala ; hoc est, transmutat ipsa, et in meliorem statum adducit, ut, cum mala esse desierint, tum boni naturam induant. *Cor mundum crea in me, Deus*[79]. Non nunc crea, sed illud per malitiam inveteratum renova. Et : *Ut duos creet in unum novum hominem*[80]. Adhibitum est hoc verbum, *creet*, non ut ex nihilo producat, sed ut eos qui jam exsistebant, transformet. Item, *Si qua in Christo est nova creatura*[81]. Ac rursus Moyses : *Nonne hic ipse pater tuus possedit te, et fecit te, et creavit te*[82]? Hic enim illud, *creavit*, quod post verbum *fecit* positum est, perspicue nos docet, nomen creationis pro quadam in melius mutatione plerumque usurpari. Itaque *Faciens pacem*, ita pacem facit, videlicet ex eo quod creat mala, hoc est, transmutat et emendat. Deinde etiamsi pacem intelligas vacationem a bellis, malumque dicas molestias quæ belligerantes sequuntur, expeditiones longinquas, labores, vigilias, timores, sudores, vulnera, cædes, urbium expugnationes, servitutem, exsilia, miseranda captorum spectacula, et in summa, incommoda omnia quæcunque bella comitantur : dicimus fieri hæc justo judicio Dei, iis, qui supplicio digni sunt, pœnas per bella irrogantis. An tu non vis tradita fuisse incendio Sodoma post flagitia illa ac scelera ? an non eversam fuisse Jerusalem, neque desolatum templum, post horrendam illam Judæorum adversus Dominum vesaniam ? Hæc autem fieri quonam alio modo æquum erat, nisi per manus Romanorum, quibus Dominum nostrum tradiderunt inimici suæ ipsorum vitæ Judæi ? Quapropter etiam juste nonnunquam belli mala infliguntur merentibus. Illud quoque, *Ego occidam et vivere faciam*, accipe, si vis, obvio sensu. Timor enim simpliciores ædificat. *Percutiam, et ego sanabo*. Et hoc acceptum ad verbum, utile est et conducibile, plaga timorem incutiente, sanatione vero ad dilectionem incitante. Licet tamen tibi etiam altius de his quæ dicta sunt, sentire. *Ego occidam*, peccato : *et vivere faciam*, justitiæ. *Quantum enim externus noster homo corrumpitur, tantum internus renovatur*[83]. Non igitur alium occidit, alium vivificat ; sed eumdem, per ea quibus occidit, vivificat : itemque per ea quibus percutit, sanat, ex Proverbio illo : *Tu quidem percuties ipsum virga, animam vero ipsius a morte liberabis*[84]. Caro itaque percutitur, ut anima sanctur : peccatum vero perimitur, ut vivat justitia. Illud vero, *Descenderunt mala a Domino super portas Jerusalem*, per sese exponitur. Quæ mala ? Strepitus curruum et equitum. Cum autem audieris, *Non est malitia in civitate, quam Dominus non fecerit*, intellige afflictionem aliquam quæ peccantibus ad peccata corrigenda infligatur, a Scriptura nomine malitiæ significari. *Afflixi enim*, inquit, *te, et fame strangulavi*[85], tibi ut benefaciam : quippe injustitiam prius sistit ac coercet, quam in immensam diffundatur, eo modo quo fluentum valido quodam obice ac septo cohibetur.

5. Hinc urbium morbi gentiumque, aeris siccitas, sterilitas terræ, atque asperiores quæ cuique in vita accidunt calamitates, quibus mali progressus intercipitur. Quare inferuntur a Deo ejusmodi mala, malorum verorum ortum prohibitura. Nam corporis afflictiones ac molestiæ externæ ad peccata compescenda excogitatæ sunt. Tollit igitur malum Deus ; non autem ex Deo malum est. Nam et medicus tollit morbum, non morbum accersit corpori. At vero urbium excidia, terræ motus, inundationes, exercituum clades, naufragia et quivis multorum hominum interitus, sive ex terra, sive ex mari, sive ex aere, aut igne, aut ex quacunque alia causa proveniat, hæc ad superstitum castigationem emendationemque contingunt ; Deo nequitiam publicam publicis flagris castigante. Malum igitur quod proprie dicitur, peccatum videlicet, quodque maxime mali nomine dignum est, pendet ex nostra voluntate ; cum penes nos sit aut abstinere a malo, aut mala perpetrare. Reliqua vero, uti sunt certamina, partim ad fortitudinem ostendendam irrogantur, velut Jobo liberorum privatio, divitiarum omnium in uno temporis momento amissio, plaga ulceris : partim tanquam peccatorum medela, uti Davidi turpitudo domus et dedecus, scelestæ cupiditatis pœnas danti. Ac rursus novimus aliud quoddam malorum horribilium genus a justo Dei judicio induci, quo moderatiores cautioresque reddat eos, qui lubrici sunt et proclives ad peccatum, ut cum Dathan et Abiron a terra absorpti sunt, barathris hiatibusque terræ ad

[75] Isa. XLV, 7. [76] Mich. I, 12. [77] Amos III, 6. [78] Deut. XXXII, 39. [79] Psal. L, 12. [80] Ephes. II, 15. [81] II Cor. V, 17. [82] Deut. XXXII, 6. [83] II Cor. IV, 16. [84] Prov. XXIII, 14. [85] Deut. VIII, 3.

eos excipiendos apertis⁸⁶. Hic enim ipsi nihilo meliores hoc supplicii genere effecti sunt (quomodo enim, cum in infernum descenderint?), sed tamen reliquos exemplo suo prudentiores cautioresque reddidere. Sic et Pharao cum toto exercitu in mari submersus est ⁸⁷. Sic exterminati sunt qui Palæstinam pridem habitabant. Quare etiamsi Apostolus dicat aliquando, *Vasa iræ aptata in interitum* ⁸⁸, absit tamen ut opus quoddam malum Pharaonem esse existimemus (ita enim culpa potiori jure transferretur in opificem); verum ubi audieris *vasa*, intellige unumquemque nostrum fuisse ad quidpiam utile conditum. Et ut in magna domo, aliud vas est aureum, aliud argenteum, aliud testaceum, aliud ligneum ⁸⁹ (habet autem uniuscujusque liberum arbitrium harum materiarum similitudinem; et aureum quidem vas est his, qui puris et minime fraudulentis moribus præditus est; argenteum vero, qui merito ac dignitate inferior illo est; testaceum autem, qui terrena sapit, et est idoneus qui conteratur; ligneum denique, qui facile peccato coinquinatur, et materia fit æterno igni) : ita iræ vas est, qui omnem diaboli suggestum instar vasis recipit, nec potest amplius ob accedentem sibi ex corruptione fetorem ad usum ullum adhiberi, sed interitu solo ac exitio dignus est. Quamobrem quoniam conteri Pharaonem oportebat, prudens ac sapiens animarum gubernator statuit eum illustrem fieri, et apud omnes celebrem, ut infortunio suo reliquis saltem utilis foret, cum esset ipse ob nimiam malitiam insanabilis. Induravit autem eum, tolerantia ac poenæ dilatione malitiam ipsius adaugens, ut nequitia ejus ad extremum usque cumulum provecta, judicii divini æquitas in eo effulgeret. Eoque a minoribus plagis initio ducto, flagella semper addens ac augens, contumaciam ejus non emollivit : sed invenit ipsum et Dei patientiam contemnentem, et talem, cujus esset animus in malis sibi illatis præ assuetudine exercitatus. Et ne sic quidem eum tradidit morti, donec se ipse submersit, viam justorum ingredi ausus mentis suæ superbia, et ut populo Dei, ita sibi quoque mare Rubrum pervium fore ratus. Hæc igitur a Deo edoctus, et distincta apud temetipsum mali genera habens, **78** nec ignorans quid vere malum sit, peccatum videlicet, cujus finis interitus, quid vero malum duntaxat apparens ob excitatum in sensibus dolorem, vim alioqui boni habens, velut sunt mulctæ et incommoda quæ ad cohibenda peccata inferuntur, quorum fructus salus animarum æterna, fac desinas regimen divinum ægre ferre. Uno verbo, neque Deum substantiæ mali auctorem esse putes : neque mali ullam esse propriam subsistentiam fingas. Non enim subsistit, velut animal quoddam, pravitas : neque illius essentiam vere exsistentem ponere ob oculos possumus. Nam boni privatio malum est.

Creatus oculus est, sed oculis amissis supervenit cæcitas. Unde si oculi natura non fuisset corruptioni obnoxia, non patuisset aditus cæcitati. Sic etiam malum non in propria substantia exsistit, sed ex animæ læsionibus accedit. Neque enim ingenitum est, velut dicunt impii qui naturam malam bonæ æqualem constituunt, si quidem utraque principio caret, antecedit que generationem; neque genitum est. Etenim si ex Deo sunt omnia, quomodo malum ex bono est? Neque enim turpe ex honesto est, neque vitium ex virtute. Lege creationem mundi, et invenies illic *Cuncta bona et bona valde* ⁹⁰. Non igitur malum una cum bonis creatum est. Sed neque spiritualis creatura ab Opifice condita, in rerum naturam cum aliqua sibi admista pravitate producta est. Si enim corporea non haberent in seipsis malum una secum creatum; quomodo spiritualia longe puritate ac sanctitate præstantia, communem cum malo subsistentiam habuissent? Sed tamen malum est, et vis ejus id non parum per omnem vitam diffundi demonstrat. Unde ergo habet quod est, si neque principio careat, inquit, neque factum ac creatum sit?

6. Vicissim interrogentur qui talia quærunt: Unde morbi? unde corporis oblæsi vitia? Neque enim morbus increatus est, neque etiam opificium Dei. Sed creata quidem sunt animalia cum conveniente sibi structura secundum naturam, ac integris absolutisque membris prodiere in lucem ; sed tamen ægrotaverunt e naturali statu emota. Amittunt enim sanitatem aut propter diætam malam, aut per quamcunque aliam quæ morbum afferat causam. Ergo corpus creavit Deus, non morbum ; et animam quoque fecit Deus, non peccatum : vitiata tamen est anima, e naturali statu dejecta. Quodnam autem erat ipsi præcipuum bonum illud? Adhærere Deo, eique per charitatem conjungi : a qua ubi excidit, variis morbis ac diversis vitiata est. Quid est autem quod omnino mali capax sit? Quoniam prædita est libero arbitrio, quod naturæ rationis compoti **79** maxime congruit. Soluta namque anima necessitate omni, liberamque et in sua potestate sitam vitam a Conditore sortita, quod ad Dei imaginem facta sit, bonum quidem intelligit ejusque jucunditatem novit : et dum speculari bonum, ac spiritualibus frui perseverat, ut facultatem potestatemque habet suæ, quæ secundum naturam est, vitæ conservandæ, ita quoque potestatem habet declinandi aliquando a bono. Hoc autem ei contingit, cum beata delectatione exsatiata, et velut sopore quodam gravata, et a supernis dilabens, fruendarum turpium voluptatum causa sese carni admiscuerit.

7. Erat aliquando Adam in supernis, non loco, sed animo, cum statim accepta anima, erectisque in cœlum oculis, rebus conspectis valde exhilara-

---

⁸⁶ Num. xvi, 31. ⁸⁷ Exod. xiv, 28. ⁸⁸ Rom. ix, 22. ⁸⁹ II Ti . ii, 20. ⁹⁰ Gen. i, 31.

tus, diligensque maxime datorem beneficum, qui vitam æternam fruendam largitus, locarat eum in deliciis paradisi, quique post traditum ei perinde ut angelis principatum, effecerat ipsum ejusdem cum archangelis victus participem, et vocis divinæ auditorem : præter hæc omnia protectus a Deo, ejusque bonis fruitus, statim tamen his omnibus exsaturatus, et præ satietate, quasi conviciatus, quod carneis oculis jucundum videbatur, id prætulit spirituali pulchritudini, ac ventris saturitatem duxit spiritualibus deliciis potiorem. Quare statim ejectus e paradiso, beata illa vita privatus fuit, non ex necessitate, sed ex insipientia malus effectus. Quamobrem peccavit quidem ob pravam voluntatem : sed mortuus est ob peccatum. *Stipendia enim peccati mors*[91]. Quantum enim secedebat a vita, tantum appropinquabat ad mortem. Nam vita Deus est, vitæ vero privatio mors. Quare Adamus secedendo a Deo mortem conscivit sibi ipsi, juxta id quod scriptum est : *Ecce qui elongant se a te, peribunt*[92]. Sic non creavit Deus mortem, sed nos nobis ipsis ex prava mente eam accersivimus. Neque vero dissolvi nos prohibuit ob eas quas prius diximus causas, ut ne immortalem in nobis ægritudinem conservaret. Quemadmodum si quis fictile quoddam effluens vas igni admovere nolit, donec reconcinnando vitium illius resarciat. Sed cur, inquit, non ita conditi sumus, ut peccare natura non possimus, adeo ut ne volentibus quidem nobis facultas inesset peccandi? Quia et tu famulos, non cum vinctos detines, benevolos putas, sed cum eos libenter sua in te officia videris explere. Itaque neque Deo gratum est quod coactum est, sed quod virtute geritur. Virtus autem ex voluntate, non ex necessitate proficiscitur. Jam vero voluntas ex iis quæ penes nos sunt, dependet. Quod autem in nobis situm est, liberi arbitrii facultas est. Proinde qui opificem reprehendit, quod nos non considerit natura tales ut peccare nequeamus, nihil aliud facit, nisi naturam irrationalem rationali et immobilem appetendique incapacem, liberæ atque actuosæ præfert. **80** Hæc etsi per digressionem, necessarium tamen dicta sunt, ut ne in abyssum cogitationum inanium lapsus præter privationem eorum quorum studio teneris, adhuc et Deo ipso priveris. Desinamus igitur corrigere sapientem. Desinamus quidquam melius quam quæ fecerit, indagare. Etsi enim singulorum quæ ejus providentia ac consilio fiunt, rationes non latent; at certe unum illud dogma ratum fixumque in nostris animis sit, nullum malum a bono fieri.

8. Huic autem quæstioni alia de diabolo ex cogitatorum serie accedit. Unde sit diabolus, si non sunt a Deo mala? Quid igitur dicimus? rationem eamdem quam jam de hominum pravitate reddidimus, nobis pro hac quoque quæstione sufficere. Unde enim malus est homo? ex sua ipsius volun-tate. Unde malus diabolus? Ex eadem causa; cum et ipse liberam vitam haberet, ac penes se esset vel Deo perseveranter adhærere, vel a bono secedere. Gabriel angelus est, et Deo jugiter astitit. Satanas erat angelus quoque, sed ex suo ordine penitus excidit. Et illum retinuit in cœlis liberum arbitrium, et hunc dejecit voluntatis libertas. Poterat namque et ille desciscere, et hic non labi. Sed illum servavit Dei dilectio insatiabilis, hunc vero reprobum fecit suus a Deo recessus. Hoc est malum, abalienatio a Deo. Parva oculi conversio facit, ut aut cum sole, aut cum corporis nostri umbra simus. Et illuc quidem si respicias, prompte ac cito illustraris : ad umbram vero si declines, necessario degis in tenebris. Hunc ad modum malus est diabolus, ex voluntate habens malitiam, non illius natura adversatur bono. Unde igitur ei adversus nos bellum? Quia cum sit cujuscunque malitiæ receptaculum, recepit quoque invidiæ morbum, et invidit nobis honorem. Non enim potuit vitam nostram in paradiso citra mœrorem actam ferre : nam dolis ac versutiis hominem decipiens, eaque cupiditate, qua ipse fieri Deo similis expetebat, ad fallendum illum usus, lignum ostendit, ac promisit futurum, ut si eo vesceretur, eum efficeret similem Deo. *Si enim*, inquit, *comederitis, eritis sicut dii, scientes bonum et malum*[93]. Non igitur conditus est inimicus nobis : sed ex invidia effectus est nobis inimicus. Nam cum videret se ex angelorum cœtu projectum, tunc hominem, qui terrestris erat, ad angelorum dignitatem suo in virtute profectu exaltatum videre non sustinuit.

¶ 9. Quoniam igitur inimicus factus est, inimicitiam nobis Deus adversus illum indidit, cum serpentem cujus opera usus fuerat, sic allocutus est, ut minas ad diabolum referret : *Ponam inimicitiam inter te et inter semen illius*[94]. Nam reipsa nocent amicitiæ, cum malitia initæ, siquidem ista amicitiæ lex inter conjunctos ex quadam similitudine solet intercedere. Unde recte dictum est : *Corrumpunt mores bonos colloquia mala*[95]. Quemadmodum enim in pestilentibus locis aer sensim spiritu ductus latentem morbum incolis ingenerat : sic inita cum malis **81** consuetudo animis infert mala non parva, tametsi noxa non statim sentitur. Quapropter implacabilis est adversus serpentem inimicitia. Quod si instrumentum odio tanto dignum est, quantam inimicitiam cum instrumenti motore gerere nos convenit? Sed cur, inquit, erat lignum in paradiso, per quod aggressurus nos erat diabolus? Etenim si fallaciæ illecebram non habuisset, quomodo nos per inobedientiam induxisset in mortem? Quia probanda erat obedientia nostra per præceptum. Eam ob causam planta erat speciosorum fructuum ferax, ut per abstinentiam voluptatis virtutem temperantiæ ostendentes, coronis patientiæ merito dona-

[91] Rom. vi, 23. [92] Psal. lxxii, 27. [93] Gen. iii, 5. [94] ibid. 15. [95] I Cor. xv, 33.

remur. Comesturam autem secuta est non modo violatio præcepti, sed nuditatis etiam cognitio. *Comederunt enim*, inquit, *et aperti sunt oculi eorum, et cognoverunt quod nudi essent*⁹⁶. Par autem erat eos non agnovisse nuditatem, ne mens hominis ad supplendum quod deerat, distraheretur, indumenta nuditatisque solatia sibi excogitans, et ne totus carnis curæ incumbens, a continua Dei contemplatione avocaretur. Cur autem non statim una cum ipso indumenta etiam constructa sunt? Quoniam neque naturalia ea esse conveniebat, neque ex arte. Nam naturalia brutorum animalium sunt propria, velut pennæ, pili, pelles crassæ, sic ut hiemem arcere, et æstum ferre possint. In quibus alterum ab altero nihil differt, cum par et æqualis natura insit omnibus : sed homini pro ratione suæ in Deum dilectionis retribui decebat bona præstantiora. Rursus artium studia negotiis ansam dedissent et occasionem : quod maxime fugiendum erat, ut homini exitiosum. Quare et Dominus nos ad paradisi vitam revocans, ex animo curam ac sollicitudinem expellit, his verbis : *Ne solliciti sitis animæ vestræ, quid manducetis ; neque corpori vestro, quid induamini* ⁹⁷. Neque igitur ex natura, neque ex arte habere cum tegumenta decebat : sed virtutem si ostendisset, apparata erant alia, in homine ex Dei munere emicatura, et lucido quodam cultu, qualis angelorum est, coruscatura, florum varietatem, stellarumque claritatem ut fulgorem superatura. Igitur non ei fuere statim data indumenta, quod virtutis præmia essent homini reposita ; quæ consequi diaboli insidiæ non sivere. Diabolus igitur adversarius noster est, ob casum nobis olim per illius insidias invectum, Domino luctam nobis adversus eum constituente, ut redintegrata per obedientiam lucta, de inimico triumphemus. Utinam quidem factus non esset diabolus, sed in eo ipso ordine, in quo fuerat initio ab ordinatore collocatus, remansisset! Sed posteaquam desertor factus est, tam Dei quam hominum qui ad Dei imaginem conditi sunt, inimicus fuit. Nam ideo hominem odio prosequitur, quod ipsius etiam Dei exsistat hostis. Et odit quidem nos tanquam Domini hæreditatem : odit et tanquam imaginem Dei. Itaque sapiens ille ac providus rerum humanarum moderator improbitate illius et animas nostras exercendas usus est, perinde atque medicus viperæ venenum ad salutaria paranda pharmaca adhibet. Quis igitur erat diabolus? et quis ipsius ordo? et quæ dignitas? et unde tamen Satanas appellatus est? Satanas erat quidem, quod adversatur bono. Hoc enim significat vox Hebraica, ut ex Regnorum libris didicimus : *Suscitavit enim*, inquit, *Dominus Salomoni Satan, Ader regem Syrorum* ⁹⁸. Diabolus vero, quod idem peccati nostri adjutor est et accusator, gaudens quidem nostro interitu, ob ea vero quæ patravimus traducens nos. Cæterum natura ejus incorporea est, juxta Apostolum dicentem : *Non est nobis colluctatio adversus sanguinem et carnem, sed contra spiritualia nequitiæ* ⁹⁹. Dignitas vero est imperatoria : dicit namque, *Adversus principatus, et potestates, et mundi rectores tenebrarum harum* ¹. Locus autem principatus situs est in aere, sicuti idem ait : *Secundum principem potestatis aeris, spiritus qui nunc operatur in filiis inobedientiæ* ². Idcirco mundi quoque princeps dicitur, quod circum orbem terrarum est ipsius principatus. Ita quoque Dominus loquitur : *Nunc judicium est mundi hujus, nunc princeps mundi hujus ejicietur foras* ³. Et rursus : *Venit princeps mundi hujus, et in me non inveniet quidquam* ⁴.

10. Quoniam autem de exercitu diaboli dictum est : *Spiritualia sunt nequitiæ in cœlestibus* ⁵, scire operæ pretium est aerem, ut mos est, cœlum a Scriptura vocari. Exempli causa : *Volatilia cœli* ⁶, et, *Ascendunt usque ad cœlos* ⁷ ; hoc est, in aerem alte sustolluntur. Eam ob causam et Dominus Satanam vidit sicut fulgur de cœlo cadentem ⁸ : hoc est, ex suo principatu prolapsum, et in imis jacentem ; ut ab iis qui in Christo spem reposuere, conculcetur. Nimirum dedit discipulis suis virtutem calcandi super serpentes et scorpiones, et super omnem virtutem inimici ⁹. Proinde cum flagitiosa ejus tyrannis ejecta sit, locusque terræ circumjacens mundatus sit, per salutarem passionem illius, qui pacificavit quæ sunt super terram, et quæ in cœlis ¹⁰, tum demum regnum cœlorum nobis prædicatur. Quippe Joannes quidem ait : *Appropinquavit regnum cœlorum* ¹¹ : Dominus vero prædicat ubique evangelium regni. Atque etiam prius angeli clamabant, *Gloria in altissimis Deo, et in terra pax* ¹². Et qui in ingressu Domini nostri in Jerusalem exsultabant, vociferabantur quoque : *Pax in cœlis, et gloria in altissimis* ¹³. Et in summa, innumeræ sunt epinicii voces, quæ inimici extremam ruinam testantur, videlicet, quod lucta nulla, nullumque certamen nobis in supernis supersit, nec sit qui resistat nobis, et avertat nos a beata vita : sed simus deinceps jucundam ac hilarem successionem habituri, ac jugiter ligno vitæ fruituri, cujus nos initio participes esse insidiæ serpentis prohibuere. *Posuit enim Deus flammeum gladium ad custodiendam viam ligni vitæ* ¹⁴ : quo citra impedimentum superato, utinam intus admissi, bonis perfruamur, in Christo Jesu Domino nostro, cui gloria et imperium in sæcula. Amen.

HOMILIA X.
Adversus eos qui irascuntur.

1. Quemadmodum in medicorum præceptis, cum apposite et ex artis ratione fiunt, post experientiam maxime eorum utilitas solet ostendi : sic in

---

⁹⁶ Gen. III, 7. ⁹⁷ Matth. VI, 25. ⁹⁸ III Reg. XI, 14. ⁹⁹ Ephes. VI, 12. ¹ ibid. ² Ephes. II, 2. ³ Joan. XII, 31. ⁴ Joan. XIV, 30. ⁵ Ephes. VI, 12. ⁶ Matth. VI, 26. ⁷ Psal. CVI, 26. ⁸ Luc. X, 18. ⁹ ibid. 19. ¹⁰ Coloss. I, 20. ¹¹ Matth. III, 2. ¹² Luc. II, 14. ¹³ Luc. XIX, 38. ¹⁴ Gen. III, 24.

spiritualibus exhortationibus, ubi maxime monita ac praecepta fuerint exitu testata comprobataque, tunc ea sapienter utiliterque ad vitae emendationem atque ad obtemperantium perfectionem adhibita fuisse apparet. Etenim cum Proverbiorum audimus disertam sententiam : *Ira perdit et prudentes* [15] ; rursus cum audimus apostolicas commonitiones : *Omnis ira et indignatio et clamor tollatur a vobis, cum omni malitia* [16] ; item Dominum ipsum, qui eum qui fratri suo temere irascitur, reum esse ait judicii [17] : cum denique experti fuerimus vitium, quod in nobis non gignitur, sed forinsecus in nos tanquam improvisa quaedam procella irruit, tunc maxime divinarum praeceptionum miram excellentiam cognoscemus. Quod si ipsi irae locum veluti fluento vehementi exitum unquam dedimus, ac silentio didicimus eorum qui hoc vitio tenentur indecoram perturbationem, tum reipsa perspectam habuimus dicti hujus solertiam, videlicet quod *Vir iracundus haud honestus est* [18]. Postquam enim hoc vitium, depulsa ratione, dominium animae semel usurpaverit, hominem prorsus convertit in belluam, et ne hominem quidem esse sinit, cum auxilio rationis privetur. Quod enim venenatis venenum est, hoc idem ira est exasperatis. Fiunt rabidi canum in morem, insiliunt ut scorpii, mordent ut serpentes. Novit et Scriptura eos qui vitio aliquo tenentur, bestiarum nominibus vocare, quibuscum necessitudinem affinitatemque per nequitiam contraxere. Nam canes mutos [19], serpentes, sobolem viperarum [20], et similibus nominibus ipsos appellat. Qui enim ad mutuum exitium, et ad tribulium suorum perniciem parati sunt, possunt nec injuria inter bestias ac venenata numerari, quibus natura odium implacabile inest in homines. Per iram linguae fiunt effrenatae et ora incustodita : manus incontinentes, contumeliae, probra, maledicta, plagae et reliqua omnia quae ne numerare quidem ullus potest, vitia sunt ex ira et furore nata. Per iram ensis acuitur; patratur homicidium humana manu; per hanc fratres alii alios ignoravere; parentes quoque et liberi naturae obliti sunt. Nam irati primum ignorant sese, deinde omnes simul familiares atque necessarios. Ut enim torrentes ad loca cava confluentes, quidquid obvium est transversum trahunt : ita violenti ac impotentes irascentium impetus cunctos similiter invadunt. Non canities iratis est venerationi, non virtus vitae, non sanguinis conjunctio, non beneficia prius accepta, non alia ulla dignitas. Brevis quaedam est insania, ira. Irati scilicet plerumque in apertum malum conjiciunt se ipsi, sua ipsorum commoda ulciscendi studio negligentes. Nam eorum qui ipsis molesti fuerunt, recordatione quasi oestro exstimulati, effervescente in eis ira atque subsiliente, non prius cessant quam damnum aliquod inferant irritanti, aut forte ipsi, si ita contingat, accipiant : quemadmodum saepe evenit, ut quae violenter alliduntur, plus accipiant detrimenti quam afferent, dum a rebus renitentibus conquassantur.

2. Quis possit id mali explicare? quomodo scilicet ii qui ad iram proclives sunt, ex levi occasione accensi, vociferantes, ferocientes, ac impudentius venenata quavis bestia irruentes, non prius desistant quam inflammatio per magnam immedicabilemque perniciem, ira in ipsis bullae in modum disrupta, discutiatur. Neque enim ensis acies, neque ignis, neque aliud quoddam horrendum, furentem ira animum cohibere potest, certe non magis quam eos qui a daemonibus detenti sunt, a quibus nihil irati neque habitu, neque animi affectu differunt. Nam circa cor quidem in iis qui vindictam anhelant, effervescit sanguis, utpote vi ignis exagitatus ac exaestuans ; in superficie autem efflorescens, irascentem in alia forma ostendit, consuetam et notam omnibus formam tanquam personam in scena commutans. Nam illorum et proprii et consueti oculi non cognoscuntur , efferatus est aspectus, atque igne jam micat. Quin et more suum grassantium acuit dentes. Facies est livida, et sanguine suffusa : moles corporis tumida : venae disrumpuntur, spiritu ab interna tempestate commoto. Vox aspera, et maxime intensa : sermo indistinctus, et temere cadens, non paulatim, nec ordine, nec significanter procedens. Postquam autem ira gravius atrociusque exarserit ob ea quibus animus exasperatur, haud secus ac flamma ob materiae copiam, tum demum neque verbis explicabilia, neque factu tolerabilia spectacula videre licet : manus attolli adversus tribules, ac injici in omnes corporis partes, pedes in praecipua membra citra discrimen insilire , denique quidquid in conspectum venit, id furori ac insaniae pro armis esse. Quod si ex adverso aequale malum renitens repererint, aliam videlicet iram et parem insaniam ; ita demum inter se conserti, mutuo faciunt ac perpetiuntur quae aequum est perpeti eos, qui sub ejusmodi daemone militant. Nam mutilationes membrorum, aut etiam plerumque mortem praemia irae referunt pugnatores. Hic coepit injustas manus inferre, ille repulit : hic rursus intulit, ille non cedit. Et corpus quidem plagis contunditur : furor vero adimit doloris sensum. Neque enim vacat sibi eorum quae perpetiuntur, dolorem sentire, toto eorum animo ad ulciscendum molestiae auctorem commoto.

3. Malum malo ne curetis, neque contendatis vos mutuo inferendis damnis superare. Nam in malis pugnis miserior est qui vicit, quippe quia cum majori peccato abit. Ne igitur referas malum, neque debitum malum pejus persolvas. Contumelia te affecit iratus? Siste silentio malum. Tu contra, iram illius velut quoddam fluentum in animum tuum suscipiens, ventos imitaris, qui, quod illatum

---

[15] Prov. xv, 1. [16] Ephes. iv, 31. [17] Matth. v, 23. [18] Prov. xi, 25. [19] Isa. LVI, 10. [20] Matth. xxiii, 33.

est, id reflatu repellunt. Ne inimico magistro utaris, neque quod odio habes, æmuleris : cave flas irati quasi speculum, formam ejus exhibens in temetipso. Rubet ille ; an non tu rubefactus es ? Suffusi sanguine sunt oculi illius ; tuine, quæso, placide vident ? Vox ipsius aspera est, num tua lenis ac mitis est ? Ne echo quidem in desertis locis æque integra refringitur ad loquentem, atque contumeliæ ad conviciatorem revertuntur. Vel potius sonus quidem idem redditur : sed convicium cum accessione redit. Qualia enim contumeliosi alter alteri vicissim objiciunt ? Alter alterum dixit obscurum, et ex obscuris oriundum : hic illum vernam vernarum vicissim appellat : hic pauperem, ille erronem : hic indoctum, ille insanum ; idque, quoad contumeliæ velut spicula eos deficiant. Deinde conviciis omnibus per linguam velut per fundam emissis, tum demum ad vindictam re ipsa procedunt. Nam excitat ira rixam, rixa parit convicia, convicia verbera, verbera autem vulnera : denique ex vulneribus mors ipsa plerumque sequitur. Malum a prima origine cohibeamus, iram arte omni ex animis pellentes. Ita enim mala plurima una cum hoc vitio, tanquam cum radice atque principio, exscindere poterimus. Maledixit ? Tu benedicas. Percussit ? Tu sustine. Despicit, teque facit nihili ? Tu tecum cogita constare te ex terra, ac rursus in terram reversurum [21]. Quisquis enim rationibus ejusmodi præmunierit semetipsum, ignominiam quamcunque comperiet veritate inferiorem. Sic namque eo etiam redigetur inimicus, ut ulcisci se nullo modo possit, cum te sis contumeliis conviciisque invulneratum exhibiturus : quin et ipse magnam parabis patientiæ coronam, qui alterius insaniam occasionem tuæ philosophiæ exercendæ facias. Quare, si mihi fidem habes, illatis tibi injuriis aliquid etiam addes. Obscurum te dixit, ingloriumque et nihili hominem, qui intimo loco natus sit ? Tu teipsum terram ac cinerem dicito. Illustrior non es patre nostro Abraham, qui se ipse ita appellavit [22]. Indoctum et pauperem et nullius pretii te dixit ? Tu te dicas vermem, teque ex stercore habere originem, Davidis verba usurpans [23]. His etiam præclarum **86** Moysis facinus adjice. Ille ab Aaron et Maria maledictis lacessitus, non Deum adversus eos interpellavit, sed pro eis oravit [24]. Quorum mavis esse discipulus, virorumne Deo gratorum beatorumque, an hominum spiritu nequitiæ expletorum ? Cum invaserit te convicii ingerendi tentatio, puta teipsum probari, utrum per patientiam ad Deum accedas, an per iram confugias ad adversarium. Da cogitationibus tuis tempus partem optimam eligendi. Aut enim profueris illi per mansuetudinis exemplum : aut, dum contemnes, eum gravius ulciscere. Quid enim inimico acerbius esse potest, quam si inimicum suum videat injuriis ac contumeliis superiorem ? Animum ne abjicias, neque patiaris ullum ad te accessum conviciatoribus patere. Sine eum frustra te allatrare, disrumpatur in semetipso. Ut enim qui verberat sensu carentem, sibi ipse irrogat pœnam (nam nec hostem ulciscitur, nec iram sedat) : ita quisquis hominem qui injuriis non movetur, probris ac maledictis lacessit, is cupiditatem suam solari ac mollire non potest. Contra, uti dixi, disrumpitur. Quale enim nomen uterque vestrum statim ab iis qui absunt, consequitur ? Ille quidem contumeliosus audit, tu vero magnanimus ; ille iracundus et morosus, tu patiens et mitis ; illum pœnitebit dictorum, te vero nunquam pœnitebit virtutis.

4. Quid attinet plura dicere ? Huic maledicentia claudit regnum cœlorum, quippe *Maledici hæreditatem regni Dei non consequentur* [25] : tibi silentium regnum præparavit. *Qui enim sustinuerit usque ad finem, hic salvus erit* [26]. Quodsi par pari referas, et ex æquo insurgas adversus conviciatorem, quam tandem prætendes excusationem ? Quod te prior ad iram provocavit ? Sed hoc qua venia dignum ? Neque enim scortator qui culpam in meretricem transfert, tanquam quæ ad peccatum impulerit, remissius condemnatur. Neque coronæ habentur sine adversariis, neque strages sine hostibus. Audi David dicentem : *Dum consisteret peccator adversum me*, non sum exasperatus, nec ultus sum, sed *Obmutui et humiliatus sum, et silui a bonis* [27]. Tu vero exacerbaris quidem ob convicium velut malum : sed tamen imitaris illud uti bonum. Ecce enim facis quod reprehendis. An alienum malum diligenter intueris ? ducis vero pro nihilo tuam ipsius turpitudinem ? Nonne malum contumelia ? Cave imiteris. Nam incepisse alium, non sufficit ad excusationem. Imo vero æquius est, ut mihi persuadeo, intendi etiam adversum te querelam, quod ille exemplum quo emendaretur, nequaquam habuerit. Tu tamen videns iratum indecore se gerentem, non illius vitasti similitudinem : sed indignaris, et ægre fers, et vicissim irasceris ; ideoque tua ipsius perturbatio aggredientis exordientisque defensio fit et excusatio. Nam per ea quæ ipse facis, tum **87** illum liberas culpa, tum te ipse condemnas. Etenim si malum ira est, cur malum non declinasti ? Sin autem quidpiam est venia dignum, cur infensus es irascenti ? Quare etsi posterior par pari retulisti, nihil inde capies emolumenti. Neque enim in certaminibus in quibus præmium corona proponitur, certaminis inceptor, sed victor coronatur. Idcircoque non solum qui mali auctor fuit, sed etiam qui malum ducem ad peccatum secutus est, condemnatur. Si te pauperem appellaverit, si verum loquatur, perfer veritatem ; sin mentiatur, quid ad te quod dixit ? Neque efferaris ob eas quæ verum excedunt laudes ; neque ob contumelias quæ te non attingunt, exaspereris. An non vides quomodo sagittæ duriora,

---

[21] Gen. III, 19. [22] Gen. XVIII, 27. [23] Psal. XXI, 7. [24] Num. XII, 1 seqq. [25] I Cor. VI, 10. [26] Matth. X, 22. [27] Psal. XXXVIII, 2, 3.

et quæ renituntur, soleant penetrare, in mollibus vero et quæ cedant, impetum suum frangere? Consimile quiddam, convicium esse puta. Qui contra tendit, id in se recipit : qui vero remisse agit ac cedit, morum lenitate illatam sibi injuriam dissolvit. Quid autem te perturbat pauperis cognomen? in mentem veniat tuæ naturæ, quod nudus ingressus es in mundum, nudusque es egressurus [18]. Quid autem nudo pauperis est? Nihil grave audivisti, nisi quod ea quæ dicta sunt, tua solius et propria duxeris. Quis unquam ob paupertatem abductus est in carcerem? Pauperem esse non probrosum est, sed paupertatem generose non ferre, Memor esto Domini, *Qui cum dives esset, propter nos egenus factus est* [19]. Stultum te et indoctum si appellarit, memineris earum quæ a Judæis in veram sapientiam jactæ sunt, injuriarum : *Samaritanus es, et dæmonium habes* [20]. Quod si irasceris, confirmasti probra. Ecquid enim stultius est ira? Sin autem tranquillus et sine ira permanseris, incutis pudorem conviciatori, cum prudentiam reipsa ostenderis atque modestiam. Cæsus alapis es? At enim Dominus quoque. Infectus es sputis? Sed et Dominus noster. *Non enim avertit faciem suam a confusione sputorum* [21]. Structæ tibi sunt sycophantiæ? Utique et judici. Disciderunt tuam tunicam? Exuerunt etiam Dominum meum, et diviserunt inter se ejus vestimenta [22]. Nondum condemnatus es, nondum crucifixus. Desunt tibi multa, ut pervenias ad ipsius imitationem.

5. Subeant animum tuum horum singula, atque excandescentiam ac tumorem comprimant. Ejusmodi enim præparationes affectionesque, cordis quasi saltus ac pulsus rescindentes, mentem ad constantiam ac tranquillitatem reducunt. Et sane hoc est quod dictum est a Davide : *Paratus sum, et non sum turbatus* [23]. Oportet igitur compescere te insanum ac vecordem animi motum, exemplorum quæ a beatis viris relicta sunt, memorem : quomodo scilicet magnus ille David petulantiam Semei mansuete pertulerit. Non enim tempus dabat commotioni iræ, siquidem cogitationem suam transferebat in Deum. Ait nimirum : *Dominus dixit Semei, ut malediceret Davidi* [24]. Quapropter cum vocaretur vir sanguinum, **88** et vir iniquus, haudquaquam ei succensuit : sed se ipse humiliabat, quasi jure ac merito maledictis contumeliisque lacessitus. Jam vero duo hæc ex animo tuo exime, nec teipsum judicaveris magnis rebus dignum, nec quemquam hominum duxeris tibi dignitate longe inferiorem esse. Sic enim, licet ignominia appetiti, nunquam ad iram concitabimur. Grave quidem fuerit, hominem beneficiis affectum, donisque ac gratiis maximis obligatum, præter ingrati animi vitium adhuc quoque ad convicium atque ad ignominiam, priorem recurrere. Grave plane est : sed illud malum majus est facienti quam patienti. Convicietur

ille: tu vero ne conviciare. Sint tibi ejus verba exercitatio ad philosophiam. Si iniquo animo non feras, vulnus nullum accepisti; sin quidpiam animo pateris, tristitiam intra teipsum contine. *In me, enim, inquit, turbatum est cor meum* [25] : hoc est, non foras prodiit affectus, sed quasi fluctus quidam intra littora diffractus consedit. Allatrantem et exacerbatum animum velim sedes. Revereantur affectus tui aspectum rationis, non secus ac pueri, si immodestius se gerant, viri venerabilis præsentiam. Qui igitur iracundiæ noxam effugere poterimus? Si iræ suaserimus, ut ne rationem prævertat, imo in primum curam diligentiamque ponamus, ut nunquam præcurrat mentem, sed potius habeamus illam veluti equum nobis subjectum, et rationi tanquam cuidam freno obtemperantem, nec usquam extra suum ipsius ordinem egredientem, sed a ratione, quoviscunque præeat, abduci se sinentem. Nam animi nostri ira idonea est et utilis ad multa virtutis opera, cum scilicet velut miles aliquis, depositis apud ducem armis, prompte, quo præceptum fuerit, venerit suppetias, et rationi adversus peccatum opem tulerit. Est enim animæ nervus ira, robur ei et vires ad bonas res instanter perseveranterque agendas ministrans. Nimirum si quando animam præ voluptate exsolutam offenderit, eam consolidans ferri quasi tinctura quadam, austeram et fortem ex valde molli exque remissa reddit. Neque enim, nisi ira excandueris adversus diabolum, fieri unquam potest, ut eum pro merito oderis. Oportet enim, opinor, tanto studio virtutem amari, quanto odio oportet peccatum haberi. Quam in rem ira utilis est maxime; cum ut canis pastorem, ita ira rationem secuta, mitis permaneat, et morigera juvantibus, possitque facile a ratione reduci : contra ad alienam tum vocem, tum faciem exasperetur, etiamsi utraque obsequiosa esse videatur. Sed si inclamet familiaris et amicus, pavet formidatque. Optimum atque **89** prudenti animæ parti accommodatissimum est auxilium illud quod ab irascente animi parte confertur. Nam qui talis fuerit, nunquam cum insidiantibus in gratiam ac concordiam reducetur, nullam unquam cum re ulla noxia amicitiam admittens, sed insidiosam voluptatem quasi lupum quemdam jugiter allatrans, dilaniansque. Hæc est igitur iræ utilitas iis, qui tractare eam ac moderari noverint. Nam et aliarum facultatum quælibet pro utendi modo aut male, aut bene cedit possidenti. Exempli causa, quisquis concupiscenti animi parte ad carnis delectationem et ad impurarum voluptatum usum abutitur, exscrabilis est et impudicus; qui vero eam ad Dei dilectionem verterit, et ad æternorum bonorum appetitionem, is dignus est æmulatione, et beatus. Et rursus qui rationalem animi partem probe regit, prudens est ac sapiens; qui vero in proximi perniciem mentem acutam habet, vafer est et maleficus.

[18] Job 1, 21. [19] II Cor. VIII, 9. [20] Joan. VIII, 48. [21] Isa. L, 6. [22] Matth. XXVII, 31, 35. [23] Psal. CXVIII, 60. [24] II Reg. XVI, 10. [25] Psal. CXLII, 4.

6. Absit igitur, ut ea quæ nobis data sunt ad salutem a Conditore, occasionem nobis ipsis peccati faciamus! Ita ira quoque cum oportet et ut oportet commota, efficit robur, patientiamque et continentiam : sed cum agit præter rectam rationem, insania fit. Quapropter nos etiam Psalmus admonet : *Irascimini, et nolite peccare* [36]. Quin et Dominus ut frustra irascenti judicium minitatur [37] : sic ira, ut ita dicam, vice medicamenti ad ea quæ oportet, uti non prohibet. Illud enim : *Inimicitiam ponam inter te et serpentem* [38]; item illud : *Inimici sitis Madianitis* [39], docentis est, iracundia velut armis utendum esse. Quare Moyses hominum omnium mansuetissimus [40], idololatriam ulturus, Levitarum manus ad fratrum cædem armavit. *Ponat*, inquit, *unusquisque gladium super femur suum, et transite a porta ad portam, et redite per castra : et occidite unusquisque fratrem suum, et unusquisque propinquum suum, et unusquisque proximum suum* [41]. Et paulo post, *Et dixit*, inquit, *Moyses : Implevistis manus vestras hodie Domino, unusquisque in filio, et in fratre suo, ut detur super vos benedictio* [42]. Quid vero Phineen justificavit? Nonne justa ira adversus scortatores? qui alioqui perquam mitis ac mansuetus, posteaquam Zambri cum scorto Madianitide palam et sine verecundia coeuntem vidisset, adeo ut ne contegerent quidem turpitudinis suæ infame spectaculum, hoc non perferens, ira opportune usus est, utroque hasta transfixo [43]. Samuel autem Agag regem Amalec, a Saule præter mandatum Dei servatum, nonne in medium productum ira justa interemit [44]? Sic ira plerumque actionum bonarum est ministra. Rursus zelotes ille Elias quadringentos quinquaginta viros *confusionis* sacerdotes, et quadringentos viros sacerdotes lucorum, mensam Jezabel comedentes, consultissima ac sapienti ira in totius Israelis commodum interfecit [45]. Tu vero fratri tuo irasceris temere, ac sine causa. Quomodo enim sine causa, cum, altero afflante ac provocante, alteri tamen tu succenseas? Atque quod canes facitant, facis : qui lapides mordent, cum non attingant projicientem. Qui instigatur, miserabilis est ; qui vero instigat, odio est habendus. Illuc iram transfer in homicidam, mendacii patrem, artificem peccati; fratris vero potius commiseresce, quod si in peccato permanserit, una cum diabolo igni æterno tradendus sit. Quemadmodum autem diversa sunt indignationis et iræ nomina : ita quoque subjectæ ipsius notiones, plurimum inter se differunt. Indignatio enim quasi quædam incensio est ac repentina affectus exhalatio ; ira vero, dolor constans, perpetuusque appetitus vicis rependendæ nocentibus, anima velut in vindictam pruriente. Scire itaque operæ pretium est, quod affectu utroque peccant homines, aut furiose ac temere adversus irritantes commoti, aut per dolos ac insidias eos qui ipsis molestiam exhibent, circumvenientes : quæ duo cavenda nobis sunt.

7. Qui igitur fieri poterit, ut turbulentus ille affectus ad ea quæ non oportet, non cieatur? Quomodo? Si fueris prius humilitatem edoctus, quam Dominus et verbis præcepit, et re ostendit. Quippe modo dicit : *Qui vult inter vos primus esse, sit omnium postremus* [46] : modo vero toleravit cædentem leni animo atque immoto [47]. Nam cœli terræque conditor ac dominus, qui a creatura omni tam spirituali quam in sensum cadenti adoratur, *Portans omnia verbo virtutis suæ* [48], percussorem non nisit vivum in inferos, terra ad impium deglutiendum dehiscente, sed commonefacit ac docet : *Si male locutus sum, testimonium perhibe de malo ; si autem bene, quid me cædis* [49]? Etenim si juxta præceptum Domini postremus omnium esse assueveris, quandonam indignabere, quasi sis præter dignitatem contumeliis divexatus? Cum puer parvulus tibi conviciatur, convicia facis ridendi materiam : quinetiam cum quis præ phrenitide mente lapsus, verba ignominiosa loquitur, ducis illum misericordia quam odio digniorem. Non igitur verba ipsa, sed insurgens adversus conviciatorem superbia, et cujusque de se ipso existimatio molestiam ac negotium solent facessere. Quare si utrumque horum ex animo exemeris ; ea quæ proferuntur, nil aliud sunt, nisi sonitus frustra ac temere editus. *Desine igitur ab ira, et derelinque furorem* [50] : ut iræ periculum effugias, quæ *De cœlo revelatur super omnem impietatem, et injustitiam hominum* [51]. Nam si consilio prudenti amaram iræ radicem exscindere poteris, vitia non pauca una cum hoc principio exstirpabis. Nam dolus, suspicio, infidelitas, malignitas, insidiæ, audacia, et omne similium malorum examen, vitii hujus germina sunt. Quare ne accersamus nobis malum tantum, animæ ægritudinem, rationis caliginem, abalienationem a Deo, necessitudinis ignorantiam, belli principium, calamitatum cumulum, malum dæmonem ipsis animis nostris innascentem, et velut impudentem quemdam inquilinum interiora nostra occupantem, atque Spiritui sancto aditum præcludentem. Ubi enim sunt inimicitiæ, lites, iræ, rixæ, contentiones, tumultus irrequietos in animabus gignentes : ibi mansuetudinis Spiritus haud requiescit. Sed beati Pauli admonitioni obtemperantes, omnem iram et indignationem et clamorem cum malitia omni a nobis tollamus [52], efficiamurque in nos invicem humani ac misericordes, exspectantes beatam spem mansuetis promissam (*Beati* siquidem *mites, quoniam ipsi possidebunt terram* [53]), in Christo Jesu Domino nostro, cui gloria et imperium in sæcula. Amen.

---

[36] Psal. iv, 5. [37] Matth. v, 22. [38] Gen. iii, 15. [39] Num. xxv, 17. [40] Num. xii, 3. [41] Exod. xxxii, 27. [42] ibid. 29. [43] Num. xxv, 8. [44] I Reg. xv, 33. [45] III Reg. xviii, 22-40. [46] Marc. ix, 34. [47] Joan. xviii, 22, 23. [48] Hebr. i, 3. [49] Joan. xviii, 23. [50] Psal. xxxvi, 8. [51] Rom. i, 18. [52] Ephes. iv, 31. [53] Matth. v, 4.

HOMILIA XI.
De invidia.

1. Bonus est Deus, et bonorum iis qui digni sunt largitor; malus est diabolus, et cujuscunque iniquitatis artifex. Et quemadmodum ex bono consequens est, ut invidia careat: sic invidia diabolum sequitur. Caveamus igitur, fratres, invidiæ vitium, ne socii operum adversarii efficiamur, neve cum ipso inveniamur judicio eodem condemnati. Etenim si superbus in judicium incidit diaboli, quomodo invidus paratum diabolo supplicium effugiet? Nam perniciosius nullum vitium innascitur in hominum animis, quam invidia quæ extraneos minime lædens, primum malum est et domesticum habenti. Ut enim rubigo ferrum, ita invidia infectam ipsa animam absumit. Imo vero quemadmodum viperas tradunt exeso materno utero nasci; ita quoque solet invidia parientem se animam vorare. Est enim invidia dolor de proximi successu felici ac prospero. Quamobrem nunquam mœror, nunquam molestia deest invidenti. Estne proximi ager fertilis? vitæne commodis omnibus abundat domus? an ipsis animi oblectamentis vir non caret? Hæc omnia pabulum sunt morbi, et accessio doloris invido. Quare ab homine nudo qui ab omnibus sauciatur, nihil differt. Fortis est aliquis et robustus? bona est corporis habitudine? hæc vulnerant invidum. Alius est forma elegantiori? alia hæc est invidi plaga. Præstat animi dotibus quispiam plerisque? prudentia ac dicendi facultate spectandus est atque æmulandus? Alius dives est, atque splendide munificus in largitionibus et in stipis erogatione erga egenos, multumque ab iis quos beneficiis affecerit, laudatur? omnia hæc plagæ sunt et vulnera, medium cor ipsius percellentia. Et illud in hoc morbo gravissimum est, quod ne detegere quidem ipsum possit: sed demissis oculis, vultu tristitiam præ se ferente, confunditur, queritatur, atque hac lue perit: interrogatum autem **92** de animi affectione, prodere pudet infortunium illud suum: Invidus sum et amarulentus, affligunt me amici bona: doleo de fratris lætitia, non queo aliena bona intueri: sed proximi secundam fortunam calamitatem duco. Hæc enim dicturus est, si vera loqui velit. Quorum dum nihil vult patefacere, morbum intus detinet, absumentem ejus viscera, atque corrodentem.

2. Itaque neque admittit medicum morbi, neque medelam ullam hujus vitii expultricem invenire potest, quanquam Scripturæ medicamentis ejusmodi sunt refertæ: sed unicum miseriæ suæ levamen exspectat, sicubi videat quempiam ex iis quibus invidet, ruentem. Hæc est odii meta, cum cui invidetur, miserum ex felici videre, et eum qui beatus habebatur, infelicem fieri. Tunc initur fœdus, et fit amicus cum viderit lacrymantem, cum lugentem conspexerit. Et vero non lætatur cum hilari, sed cum lugente lacrymatur. Atque vitæ mutationem, ex quibus in quæ exciderit, miseratur, non humanitate quapiam, nec ullo commiserationis sensu priorem statum verbis efferens, sed ut eum calamitate graviore afficiat. Laudat filium post obitum, et innumeris præconiis condecorat, quam fuerit formosus visu, quam ingeniosus, quam idoneus ad omnia; cui, dum viveret, ne verbum quidem bene ominatum dixisset. Sed si multos viderit ad laudandum concurrentes, rursus mutata sententia invidet mortuo. Miratur perditas opes. Elegantiam corporis autj robur, et bonam habitudinem post morbos laudat et extollit. Et in summa, eorum quæ suppetunt, inimicus est; eorum quæ periere, amicus.

3. Quid igitur hac lue exitiosius esse possit? Corruptela vitæ, pernicies naturæ, eorum quæ nobis á Deo data sunt bonorum odium, adversa Deo indoles. Quid malorum auctorem dæmonem ad bellum adversus homines tanto cum furore impulit? Nonne invidia? per quam et cum Deo ipso pugnare palam deprehensus est. Qui infensus quidem Deo erat propter munificentiam erga hominem: sed hominem, cum Deum non posset, ulciscebatur. Eadem et Cain fecisse perhibetur, primus ille diaboli discipulus, edoctus ab ipso et invidiam et cædem, germana scelera, quæ et Paulus conjunxit his verbis: *Plenos invidia, homicidio* [14]. Quid igitur erat quod fecit? Vidit delatum a Deo honorem, et exarsit æmulatione, occiditque honoratum, honorantem ut perstringeret. Nam cum imbecillis esset ad Deum impugnandum, in fraternam cædem animum transtulit. Fugiamus, fratres, ægritudinem ejus quæ in Deum fit pugnæ magistram, homicidii matrem, naturæ confusionem, necessitudinis ignorationem, molestiam absurdissimam. Cur afflictaris, homo nihil grave passus? quid bello petis fruentem bonis aliquibus, nihilque de tuis imminuentem? Quodsi vel beneficiis affectus indignaris, nonne palam tuis ipse commodis **93** invides? Ejusmodi Saul erat, cui beneficiorum magnitudo bellum Davidi inferendi ansa erat et origo. Primum quidem modulatissima illa ac divina musica ab insania liberatus, conabatur accepti beneficii auctorem hasta transfigere. Deinde una cum ipso exercitu ex hostium manibus incolumis ereptus, et eo qui a Goliath inurebatur dedecore liberatus, cum tamen saltatrices quædam decemplicem partem rerum gestarum Davidi in epinikiis tribuerent, canentes, *Percussit David in decem millibus, et Saul in millibus suis* [15], ob unam hanc vocem, et ob redditum ab ipsa veritate testimonium, primum sua cum manu interimere, atque insidiis de medio tollere agressus est: exinde Davide in fugam acto, ne sic quidem odio finem imposuit, sed postremum expeditione cum tribus electorum millibus adversus illum suscepta, deserta loca perscrutabatur [16]. Quodsi fuisset belli causam interrogatus, respondisset plane viri esse benefi-

---

[14] Rom. 1, 29. [15] I Reg. xvIII, 7. [16] I Reg. xxIV, 3.

centiam. Ille scilicet ipso persecutionis tempore cum dormiens deprehensus fuisset, possetque ab hoste facile occidi, et cum iterum a justo qui injicere in eum manus nolebat, servatus esset incolumis [87], nequaquam flexus est hoc beneficio : sed et rursus colligebat exercitum, et rursus illum persequebatur, quoad iterum ab eodem in spelunca interceptus, et ejus virtutem præstiterit illustriorem, et suam ipsius nequitiam manifestiorem reddiderit. Immansuetissimum odii genus invidia est. Nam beneficentia cæteros quidem qui nobis alioquin infensi sunt, mitiores mansuetioresque reddit : sed collata in invidum et malignum beneficia, ipsum amplius irritant. Et quanto majora acceperit, tanto magis indignatur, doletque et stomachatur. Magis enim afflictatur de potentia benefacientis, quam pro datis sibi beneficiis gratiam habet. Quam belluam non superant morum acerbitate? Quas feras feritate non vincunt? Canes alimento oblato mansuescunt, leones cum curantur, tractabiles fiunt : sed invidi obsequiis et officiis evadunt agrestiores.

4. Quid generosum illum Joseph redegit in servitutem [58]? Nonne invidia fratrum? Ubi et mirari operæ pretium est morbi stultitiam. Nam veriti somniorum exitum, fratrem in servitutem addixere, quasi servus ab eis nunquam fuisset adorandus. Sed si vera sunt somnia, qua arte fieri possit, ut non omnino eveniant prænuntiata? Sin autem falsa somniorum visa, cur invidetis aberranti? Nunc vero solers illorum consilium Dei providentia in contrarium ipsis vertitur. Quibus enim putabant se vaticinium impedituros, iisdem viam eventui stravisse comperti sunt. Etenim si vendītus non fuisset, non venisset in Ægyptum, non ob pudicitiam in insidias impudicæ mulieris incidisset, non conjectus fuisset in carcerem, non familiaris evasisset ministris Pharaonis, neque somniorum fuisset conjector, unde principatum Ægypti obtinuit, et a suis fratribus ob frumenti inopiam ad se convenientibus adoratus est. Transi animo ad invidiam illam maximam, maximisque in rebus sitam, quæ ex Judæorum insania contra Servatorem emersit. Cur invidebatur? Ob miracula. Quæ vero erant ea miracula? Salus egentium : nutriebantur esurientes, **94** et qui nutriebat, oppugnabatur : suscitabantur mortui, et invidiosus erat qui eos revocarat ad vitam; fugabantur dæmones, et qui eis imperabat, insidiis petebatur; leprosi mundabantur, obambulabant claudi, surdi audiebant, videbant cæci, et fugabatur qui hæc beneficia conferebat. Ac postremo morti vitæ largitorem tradiderunt, flagris cædebant hominum liberatorem, condemnabant mundi judicem. Sic invidiæ mala pertigere ad omnia. Atque unis his armis, a jactis mundi fundamentis exorsus, usque ad sæculi consummationem omnes sauciat et dejicit perditor vitæ nostræ diabolus, qui interitu nostro gaudet, qui per invidiam lapsus, nos etiam simul per idem vitium sternit. Sapiens ergo erat, qui cum invido viro ne cœnare quidem sinebat [59], ita per cœnæ consortium de omni simul vitæ societate submonens. Quemadmodum enim curæ nobis est materiam quæ facile ignem concipit, quam longissime ab igne submovere : sic operæ pretium est, quoad ejus fieri potest, amicitias ex invidorum consuetudine subducere, ut extra invidiæ tela constituamur. Neque enim fieri potest, ut aliter invidia irretiamur, nisi per familiaritatem consuetudinemque ad eam accesserimus. Etenim, juxta Salomonis sententiam, *Viro æmulatio a sodali ipsius* [60]. Et vero sic se res habet. Ægyptio Scytha non invidet, sed unusquisque habenti nationem eamdem; et inter nationis ejusdem incolas, ignotis non invidetur, sed familiarissimis : (1) et inter familiares, vicinis, et eamdem artem exercentibus, aut alia quavis necessitudine conjunctis, imo inter hos rursum, coætaneis, consanguineisque, et fratribus. Et in summa, ut rubigo lues est frumenti propria; sic invidia amicitiæ morbus. Illud tamen in hoc malo laudare quis poterit, quod quanto vehementius cietur, tanto homini qui eo laborat, gravius est. Quemadmodum enim jacula ingenti vi emissa, ubi in quidpiam durum ac renitens inciderint, revertuntur in jaculatorem; ita quoque invidiæ motus nihil lædentes eum cui invidetur, plagæ fiunt invidentis. Quis enim, quod se angoribus dedat, bona proximi unquam imminuit? Sed mœrore contabescens, se ipse confecit. Jam vero qui invidiæ morbo laborant, ipsis etiam venenatis bestiis existimantur exitiosiores esse : siquidem illæ vulnere inflicto immittunt virus, et commorsa pars paulatim putredine exeditur. Invidos vero putant quidam vel solis oculis labem inferre, adeo ut corpora bona habitudine prædita, et ex ætatis vigore maxime efflorescentia, per eorum invidiam tabescant, concidatque confestim moles omnis, exitioso quodam quasi fluento ex invidorum oculis diffluente, et tabefaciente atque corrumpente. Ego tamen hanc fabulam rejicio ut popularem, utque ab aniculis introductam in mulierum cœtum : sed illud dico, dæmones boni **95** cujusvis osores, ubi voluntates sibi familiares ac necessitudine conjunctas repererint, modis omnibus uti eis ad suum arbitrium, sic ut ipsos etiam invidorum oculos adhibeant suæ voluntatis ministros. Itane vero non horres teipsum exitiosi dæmonis administrum constituere, sed vitium admittis, quo eorum qui te injuria nulla afficere, futurus sis inimicus, imo hostis Dei, qui bonus est, et omnis invidiæ expers?

5. Fugiamus vitium intolerabile. Serpentis est documentum, dæmonum inventum, satio inimici,

---

[87] I Reg. xxvi, 7. [58] Gen. xxxvii, 28. [59] Prov. xxiii, 6. [60] Eccle. iv, 4.

(1) Quod ait Basilius, *vicinos vicinis, familiares familiaribus invidere*, ejus non dissimilia apud Hesiodum in Operib. inveniri notavit Ducæus.

arrhabo supplicii, pietatis impedimentum, via ad gehennam, privatio regni. Cæterum invidi vel ipsa facie manifesto agnoscuntur. His oculi sunt aridi et obscuri, gena demissa, supercilium contractum, animus turbulento affectu perturbatus, carens in rebus veritatis judicio. Neque vero laudabile fuerit apud illos ullum virtutis opus, neque dicendi facultas licet gravitate ac gratia ornata, neque quidquam aliud ex iis quæ optanda sunt et spectanda. Quemadmodum autem vultures prata multa, multaque loca amœna et odorata prætervolantes, feruntur ad graveolentia; et quemadmodum muscæ quod sanum est prætereuntes, ad ulcera properant : ita invidi vitæ splendorem, et recte factorum magnitudinem ne aspiciunt quidem, sed in marcida et putrida irruunt; et si in aliquo erratum sit (cujusmodi sunt res hominum non paucæ), idipsum divulgant, et ex his viros fieri notos volunt; non secus ac mali pictores, qui ex distorto naso, aut ab aliquo tubere, aut mutilatione natura seu casu facta picturarum suarum formas insigniunt effinguntque. Adhæc periti sunt rem laudabilem in pejus detortam despuendi, exque vicino vitio virtutem calumniandi. Fortem enim dicunt audacem et temerarium; temperantem, stupidum; justum, crudelem; prudentem, fraudulentum. Et magnificum quidem traducunt velut ineptos sumptus facientem; liberalem, velut prodigum; rursus peritum rei familiaris administratorem, parcum ; denique quodlibet virtutis genus apud ipsos nomen obtinet ab opposito vitio mutuatum. Quid igitur ? in accusatione hujus vitii orationem sistam? Sed hæc est velut dimidia curationis pars. Nam ostendere ægroto morbi magnitudinem, ut dignam curam suscipiat fugandi mali, non fuerit inutile : sed eum necdum ad sanitatem perductum hic derelinquere, nihil aliud est nisi ægrotantem morbo deditum et desperatum dimittere. Quid igitur ? qui fieri poterit ut morbum hunc aut initio non contrahamus, aut eo correpti, caveamus? Primum quidem si nihil magnum, nihil eximium in rebus humanis putaverimus, non humanas opes, non gloriam marcescentem, non corporis bonam habitudinem. Neque enim in fluxis rebus ac caducis summum bonum constituimus : sed sumus ad æternorum verorumque bonorum participationem vocati. Quare dives nondum beatus habendus est ob divitias : non potens propter auctoritatis dignitatisque amplitudinem : non fortis propter corporis robur : non sapiens ob eximiam dicendi facultatem. Hæc enim virtutis instrumenta sunt iis qui recte utuntur, non autem ipsa in seipsis felicitatem continent. Quisquis igitur male eis utitur, miserabilis est, non aliter quam qui accepto ad hostes ulciscendos gladio, semetipsum sua sponte et voluntate sauciat. Quod si bene et juxta rectam rationem præsentia tractet, sitque dispensator bonorum a Deo collatorum, nec ea, suis ipsius commodis ac voluptati inserviturus, congerat, laude et amore dignus est ob dilectionem in fratres suam, et ob liberalem ac beneficam indolem. Rursus aliquis præstat prudentia, estque cohonestatus facultate loquendi de Deo, et explanator est sacrorum eloquiorum, huic ne invideas; neque velis ut taceat unquam sacrarum Scripturarum interpres, quod hinc, Spiritu dante, commendationem aliquam laudemque ab audientibus consequatur. Tuum enim est bonum, et tibi missum est per fratrem doctrinæ munus, si modo suscipere velis. Adhæc, fontem scaturientem obturat nemo, nec quisquam est, qui sole illucescente obvelet oculos, aut conspicientibus invideat : sed precatur ut sibi quoque liceat his uti. Atque adeo cur spirituali sermone in Ecclesia scaturiente, pioque corde ex Spiritus donis se in modum fontis effundente, non præbes aures cum lætitia? quid grato animo non capis utilitatem? Imo te plausus pungit audientium, vellesque neque esse qui utilitatem perciperet, neque qui laudaret. Quam hæc habitura sunt excusationem apud cordium nostrorum judicem? Igitur animæ bonum natura bonum esse putandum est. At vero eum qui divitiis affluit, et ob potentiam et corporis bonam habitudinem magnum quiddam sapit, atque his quæ habet probe utitur, diligere par est et observare, ut communibus vitæ instrumentis instructum, si modo hæc ex recta ratione dispenset : ita ut pecuniarum erogatione liberalis sit in egenos, infirmisque det operam corpore, ac totam reliquam supellectilem non magis suam esse ducat quam alterius cujusvis indigentis. Contra, hominem qui non ita erga hæc affectus est, miserum potius quam invidia dignum existimare convenit, quod ad hoc ut malus sit habet occasiones majores. Hoc est enim cum majori apparatu ac labore perire. Etenim si divitiæ adminicula sunt ad injustitiam, miserabilis est dives; sin autem inserviunt virtuti excolendæ, nullus est locus invidiæ, cum earum **97** communis utilitas omnibus proponatur, nisi quis forte tanta sit malignitate, ut etiam sibi ipse bona invideat. Et uno verbo, mente supra res humanas evecta, atque ad verum et laudabile bonum intentis oculis, multum abfuerit ut quidquam periturarum ac terrenarum rerum beatum ac invidendum judices. Nam fieri non potest ut is qui ita animatus est, nec res mundanas tanquam eximias admiratur, unquam invidiæ obnoxius sit. Quodsi omnino gloriæ cupidus es, visque magis quam vulgus clarescere, ob idque secundo loco esse non sustines; nam hæc est quoque occasio invidendi : tu igitur studium tuum velut fluentum quoddam converte ad virtutem acquirendam. Absit enim omnino ut ullo modo velis ditescere, laudemque ex mundanis rebus quærere ! Non enim in te ista sunt sita : sed justus sis, et temperans, et prudens, et fortis, et in susceptis pro pietate laboribus patiens. Ita enim et tibi ipse comparabis salutem, et ob bona majora majorem claritatem consequere. Nam penes nos est virtus, et a studioso potest acquiri : contra, divitiarum copia, elegantia corporis, et dignitatum amplitudo in nostra non sunt potestate. Si igitur virtus et majus bonum sit et perennius, atque confitentibus omnibus, majori in pretio habeatur, ea nobis persequenda est : quæ nisi cum a reliquis vitiis, tum maxime omnium ab invidia purgetur, animo ingenerari non potest.

6. Annon vides quantum malum hypocrisis sit? Et hæc invidiæ fructus est. Nam invidia maxime animum duplicem indit hominibus, quoniam cum odio intus detento, superficiem quamdam colore ac specie charitatis obductam ostendunt, non aliter atque latentes in mari scopuli, qui modica aqua contecti, improvisum malum incautis inferunt. Itaque si illinc quasi ex fonte emanat in nos mors, bonorum jactura, abalienatio a Deo, legum confusio, et omnium simul bonorum ad vitam pertinentium eversio, morem geramus Apostolo, et *Ne efficiamur inanis gloriæ cupidi, invicem provocantes, invicem invidentes*[61]; sed potius *Benigni, misericordes, donantes nobismetipsis, sicut et Deus donavit nobis*[62], in Christo Jesu Domino nostro, quocum sit gloria Patri una cum sancto Spiritu, in sæcula sæculorum. Amen.

HOMILIA XII.
In principium Proverbiorum.

1. Eximia est obedientiæ merces. Obediamus igitur benigno Patri, certamina nobis atque exercitia ex Spiritus oraculis proponenti : qui more peritorum venatorum in locis difficilem aditum habentibus, vult quasi catuli alicujus cursum experiri. Proverbiorum autem principium nobis proposuit exponendum. Quam autem horum verborum intelligentia captu difficilis sit, cuilibet vel paululum attendenti perspectum est. Verumtamen sine mora et cunctatione oportet rem aggredi, spe in Domino collocata, qui pastoris precibus dabit nobis sermonem in apertione oris nostri[63]. Non amplius tres sapientissimi Salomonis libros novimus, Proverbiorum, Ecclesiastæ et Cantici canticorum, unumquemque ad proprium scopum spectantem, quanquam omnes 98 ad hominum utilitatem conscripti sunt. Proverbium enim morum est institutio, et correctio affectuum ; et in summa, vitæ est disciplina, eorum quæ agenda sunt, præceptiones sanas ac cordatas complectens. Ecclesiastes vero physiologiam attingit, nobisque eorum quæ in hoc mundo sunt vanitatem patefacit ; ut ne putemus res fluxas expetendas esse, aut animi curas in res futiles insumendas. Canticum autem canticorum modum ostendit animarum perficiendarum. Continet namque sponsæ et sponsi concordiam, hoc est, animæ cum Deo Verbo familiaritatem ac consuetudinem. Sed ad propositum revertamur.

2. *Proverbia Salomonis filii David, qui regnavit in Israel*[64]. Proverbiorum nomen ab externis de sermonibus vulgatioribus usurpatum est, et de iis quæ in viis ut plurimum dicuntur. Nam apud ipsos οἶμος *via* dicitur ; unde etiam *parœmiam* definiunt, verbum triviale vulgi usu tritum, et quod a paucis ad plura similia transferri potest. Apud nos vero parœmia est sermo utilis, cum temperata obscuritate expressus, secundum ipsam litteram multum complectens utilitatis, et multum intus intelligentiæ occultans. Unde etiam Dominus, *Hæc*, inquit, *in parœmiis vobis locutus sum. Venit hora, cum jam non in parœmiis, sed palam loquar vobis*[65]; quod sermo qui in parœmiam cessit, sensum apertum et vulgo notum non habet, sed oblique intelligentiam suam indicat sagacioribus. Parœmia itaque Salomonis, hoc est, sermones exhortatorii, ad omne vitæ genus ac institutum utiles. Apposuit autem nomen scriptoris, ut personæ claritate alliceret auditorem. Nam auctoritas docentis et dignitas, ut sermonem efficit receptu facilem, ita attentiores discipulos reddit. Sunt igitur parœmiæ Salomonis, Salomonis illius ad quem dixit Dominus : *Ecce dedi tibi cor prudens et sapiens : sicut tu, non fuit ante te : et post te non exsurget similis tibi*[66]. Ac rursus : *Dedit Dominus sapientiam et prudentiam Salomoni multam valde, et latitudinem cordis velut arena quæ juxta mare. Et multiplicata est sapientia Salomonis super prudentiam omnium antiquorum hominum, et super omnes prudentes Ægypti*[67]. Sic necesse fuit nomen apponi : *Parœmiæ Salomonis filii David.* Additur et pater, ut cognoscas sapientem fuisse Salomonem ex sapiente ac propheta patre, a puero sacris litteris eruditum, nec sorte adeptum principatum : nec vi ulla potitum regno ad se nihil attinenti, sed justo patris judicio et Dei suffragio paterna sceptra consecutum. Hic rex erat Jerusalem. Ne hoc quidem otiosum est. Maxime quidem facit ad eorum qui ejusdem nominis sunt 99 distinctionem ; deinde etiam adhibitum est ob celeberrimi templi ædificationem, ut notum haberes ejus opificem, et totius in urbe gubernationis legumque et disciplinæ auctorem. Præterea multum conducit ut monita suscipiantur, regem esse eum qui sermonem conscribit. Etenim si regnum dominium est legitimum, perspicuum est documenta a rege data (qui scilicet hoc nomine vere dignus sit) æquitatis multum et juris habere ; cum ad communem omnium utilitatem spectent, non ad privatæ utilitatis scopum referantur. Nam tyrannus a rege in hoc differt, quod ille commodum suum undecunque attendit : hic vero subditorum consulit utilitati. Enumerantur autem et libri utilitates, quæ et quantæ inde accedant discentibus.

3. Primum quidem sapientiam et disciplinam ex Parœmiis cognoscere licet[68]. Est enim sapientia scientia divinarum ac humanarum rerum, et causarum earumdem. Qui igitur theologiæ dat operam rite ac feliciter, novit sapientiam, uti et beatus Paulus dicit : *Sapientiam autem loquimur inter per-*

---

[61] Galat. v. 26. [62] Ephes. iv, 32. [63] Ephes. vi, 19. [64] Prov. i, 1. [65] Joan. xvi, 25. [66] III Reg. iii, 12. [67] III Reg. iv, 29, 30. [68] Prov. i, 2.

fectos : sapientiam vero non sœculi hujus, neque principum hujus sœculi, qui destruuntur : sed loquimur Dei sapientiam in mysterio, quæ abscondita est, quam prædestinavit Deus ante sæcula[69]. Sed et qui ex mundi structura opificem considerat, novit et ipse Deum per mundi sapientiam. *Invisibilia enim ipsius, a creatione mundi, per ea quæ facta sunt intellecta, conspiciuntur*[70]. Adducit autem nos ad Dei cognitionem, cum dicit : *Deus sapientia fundavit terram*. Item : *Quando præparabat cœlum, cum eo eram*[71] ; et : *Eram apud ipsum coaptans ; et ego eram, qua delectabatur*[72]. Nam effingens nobis sapientiæ personam, hæc omnia de ea profert, ut cognitionem ejus claram ac conspicuam reddat. Ac omnino illud : *Dominus creavit me initium viarum suarum*[73], de sapientia in mundo apparente dicit : quæ voce per ea quæ videntur tantum non emissa, conclamat factam se esse a Deo, non autem in iis quæ condita sunt, sapientiam tantam casu relucere. Ut enim *Cœli enarrant gloriam Dei, et opera manuum ejus annuntiat firmamentum* (narrant autem absque voce); *non sunt enim loquelæ, neque sermones, quorum non audiuntur voces eorum*[74] : ita quidam **100** sermones sunt et illius sapientiæ primigeniæ, cujus fundamentum ante reliqua in mundi opificio una cum rebus creatis jactum est. Hæc tacens clamat conditorem ac Dominum suum, ut per ipsam ad cognitionem ejus, qui solus sapiens est, recurras.

4. Est et humana quædam sapientia, ipsa scilicet rerum ad vitam attinentium experientia, juxta quam sapientes dicimus eos, qui artium quarumvis utilium periti sunt. Quapropter etiam scriptor magnam libri partem in id insumpsit, ut ad sapientiam exhortaretur. *Sapientia in exitibus viarum canitur, in plateis autem cum libertate agit, et in summis mœnibus prædicatur*[75]. Cum enim videat hominum in se studium, nosque omnes ejus splendorem naturaliter amare, per sapientiæ laudes animas excitat ad eam impigre diligenterque consequendam. Sermonem ipsius ubique multum esse ait in viis, in foro, in arcibus civitatis. Idcirco dicit portas, plateasque et mœnia, sic ut per exitus quidem ac plateas claritatem ejus indicet : per mœnia vero, utilitatem ejusdem ac cætera, quæ ad omnem vitæ securitatem sufficiant. Et cum vellet nos ei consuetudine ac necessitudine conjungere : *Dic*, inquit, *sapientiam tuam sororem esse*[76]. Ac rursus : *Ama eam, et servabit te*[77]. Deinde communem ipsius utilitatem ostendens, quod utilitas ipsius se peræque ad omnes extendat : *Mactavit*, inquit, *victimas suas*[78] : hoc est, solidum cibum præparavit iis, qui animæ sensus habent exercitatos ob assuetudinem[79]. *Miscuit in craterem suum vinum*[80], *lætificans cor hominis*[81]. Craterem autem appellat communem genera-

lemque bonorum participationem : unde omnibus licet, quantum quisque potest, et quantum cuique congruit, æqualiter haurire. *Et paravit suam mensam*[82]. Omnia per emphasim dicit, spiritualia nobis per corporalia significans. Nam rationalem animæ cibum mensam nominat, ad quam alto cum præconio convocat, hoc est, cum decretis ac institutis nihil humile aut abjectum habentibus. *Qui insipiens est, declinet ad me*[83]. Quemadmodum enim ars medica infirmis necessaria est, sic insipientes sapientia indigent. Et illud : *Melius est enim illam mercari, quam auri et argenti thesauros*[84]. Item illud : *Pretiosior est lapidibus pretiosis : omne autem pretiosum non est illa dignum*[85]. Et : *Fili, si sapiens fueris tibi, sapiens eris et proximis tuis*[86]. Illud quoque : *Filio sapienti prospere cedent actiones*[87]. Et in summa, tibi licet sermonis veritatem cognoscere, per otium ea quæ de sapientia a Salomone dicta sunt colligenti. *Quoniam vero in malevolam animam non introibit sapientia*[88], prius animas eorum qui sunt cum sapientia collocuturi, per divinum timorem expurgat. Nam projicere in vulgus mysteria salutis, et omnes ex æquo recipere, neque vita pura ornatos, neque exquisita et accurata ratione usos, perinde est ac si quis unguentum pretiosissimum in vas sordidum infuderit. Quamobrem *Initium sapientiæ, timor Domini*[89]. Animæ autem expurgatio timor est, **101** juxta Prophetæ votum, qui ait : *Confige timore tuo carnes meas*[90]. Nam ubi timor inhabitat, ibi tota animæ mundities residet, aufugitque omnis pravitas atque actio impia, siquidem membra corporis, quod timore quasi quibusdam clavis confixa sint, ad turpia opera non queunt moveri. Sicut enim qui corporales clavos habet in seipso confixos, nihil agere potest ob eos quibus detinetur dolores : sic qui timore Dei correptus est, non oculo uti ad ea quæ non oportet, non manus movere ad vetitas actiones, non denique quidquam parvum aut magnum præter officium peragere poterit, exspectatione minarum perinde ut dolore quodam transfixus.

5. Porro profanos ac vulgus a disciplinis divinis arcet, his verbis : *Qui sine timore sunt, in portis morabuntur*[91]. Illud itidem : *Quæretis apud malos sapientiam, et non invenietis*[92]. Et rursus : *Quærent me mali, et non invenient*[93], eo quod purgati non sint divino timore. Quare qui ad percipiendam sapientiam accessurus est, is a nequitiæ ignominiis per salutarem timorem expurgatus accedat. Emersit igitur nobis aliud etiam bonum e Proverbiorum doctrina, timoris scilicet adeptio, quæ nobis ad sapientiam affertur. Nosse disciplinam, alterum erat inter promissa[94]. Est autem disciplina institutio quædam animæ utilis, plerumque non sine multo labore eam a nequitiæ maculis expurgans,

---

[69] I Cor. II, 6, 7. [70] Rom. I, 20. [71] Prov. III, 19. [72] Prov. VIII, 27-30. [73] ibid. 22. [74] Psal. XVIII, 2, 4. [75] Prov. I, 20. [76] Prov. VII, 4. [77] Prov. IV, 6. [78] Prov. IX, 2. [79] Hebr. v, 14. [80] Prov. IX, 2. [81] Psal. CIII, 15. [82] Prov. IX, 2. [83] ibid. 4. [84] Prov. III, 14. [85] ibid. 15. [86] Prov. IX, 12. [87] Prov. XIII, 13. [88] Sap. I, 4. [89] Prov. I, 7. [90] Psal. CXVIII, 120. [91] Eccli. I, 28. [92] Prov. XIV, 6. [93] Prov. I, 28. [94] ibid. 2.

quæ *In præsens quidem non videtur esse gaudii*, *sed molestiæ; at postea fructum tranquillum reddit ad salutem, iis qui per illam fuerint exercitati* [55]. Hanc igitur disciplinam nosse, non est mentis cujuslibet, quod plerique, ob difficultatem rerum agendarum animum despondentes, utilitatem eventus præ ruditate ac inscitia non præstolantur : sed ægre ferentes curationis austeritatem, in imperitiæ infirmitatibus permanent. Quapropter voces justorum sunt admiratione dignæ, dicentium : *Domine, ne in furore tuo arguas me : neque in ira tua corripias me* [96]. Non enim deprecantur disciplinam, sed iram. Huic consimile est et illud : *Corripe nos, Domine, verumtamen in judicio, et non in ira* [97]. Illud quoque : *Disciplina Domini aperit aures meas* [98]. Ut enim parvi pueri in discendo negligentes, postquam a magistris aut pædagogis flagro cæsi sunt, attentiores effecti, præceptiones suscipiunt, utque idem documentum ante verbera non audiebatur, sed post flagrorum dolorem, auribus quasi recens apertis, auditu et excipitur, et memoria retinetur : ita accidit et iis qui doctrinam divinam negligunt, ac præcepta aspernantur. Postquam enim experti sunt Dei correctionem ac disciplinam, tunc maxime Dei mandata quæ semper fuerant enuntiata, semperque neglecta, quasi primum eorum auribus illabentia recipiuntur. Eam ob causam, *Disciplina Domini*, inquit, *aperit aures meas*. Quoniam igitur disciplina corripit eum qui se inordinate gerit, uti factitabat Paulus, qui tradebat Satanæ [99], quasi cuipiam carnifici torquenti ac flagello concidenti, ut discerent non blasphemare, rebellem autem reducit, de quo scilicet dictum est : *Post captivitatem suam pœnitentiam egit* [1] ; necesse est castigationis vim ac disciplinæ **102** cognoscere, ad quot et ad quanta utilis sit. Itaque utilitatis ipsius gnarus Salomon, ita admonet : *Ne destiteris puerum castigare, quoniam si virga eum cecideris, non morietur. Nam tu virga percuties illum, animam vero illius liberabis a morte* [2]. *Quis enim filius, quem non corripit pater* [3] ? Hæc disciplina divitiis multis præstantior apud æquos rerum æstimatores habetur. Quapropter et ait Salomon : *Accipite disciplinam, et non argentum* [4] : ut in tempore calamitatum, aut ægrotante corpore, aut domesticis rebus se male habentibus, nihil unquam pravi de Deo cogites, imo in multa patientia inflictas ab ipso plagas accipias, tanquam ob tua peccata castigatus, utque tu quoque ob cognitam disciplinam dicas illud : *Iram Domini sustinebo, quia peccavi ei* [5]. Et illud : *Bonum mihi, quia humiliasti me* [6]. Qualis erat Paulus, dicens : *Castigati, et morti non traditi* [7]. Et illud : *Dum redarguimur, a Domino corripimur, ut ne cum hoc mundo damnemur* [8].

6. Quoniam autem ipsa etiam doctrinarum perceptio disciplina dicitur, uti scriptum est de Moyse; quod *Eruditus* esset *omni sapientia Ægyptiorum* [9], non idcirco tamen quibusvis disciplinis animum appellere, sed utilissimam disciplinam cognoscere, plurimum confert ad salutem. Jam enim quidam dediti aut geometriæ, quam invenerunt Ægyptii, aut astrologiæ, quæ apud Chaldæos in pretio fuit, aut denique de figuris umbrisque sublimi quadam ratione disputantes, divinorum oraculorum disciplinam doctrinamque contempsere. Quin etiam poetica, rhetoricaque, et sophismatum inventio multos occupavit, quarum materia mendacium est. Neque enim poetica consistere potest sine fabulis : neque rhetorica sine arte dicendi : neque sophistica sine paralogismis. Quoniam igitur multi ob horum studium Dei notitiam neglexerunt, in vanis rebus investigandis senescentes, idcirco necessaria est disciplinæ cognitio, tum ad utilem disciplinam seligendam, tum ad eam quæ inutilis est et noxia, fugiendam. Licet quoque intelligere prudentiæ sermones ei, qui attendit Proverbiis, ex eisque impigre utilitatem capit. Prudentiam itaque unam esse scimus ex generalibus virtutibus, qua nos homines bona malaque et indifferentia edocemur. Prudens enim utique a prudentia per derivationem appellatus est. Quomodo igitur serpens bestiarum omnium prudentissimus fuisse perhibetur [10] ? Et rursus Dominus : *Estote prudentes, sicut serpentes* [11]. Imo villicus iniquitatis prudens vocatus est [12]. An non liquet prudentiæ nomen **103** duplex esse ? Una enim suum ipsius commodum tuetur, sic tamen, ut simul struat proximo insidias, qualis est serpentis prudentia, caput suum custodientis. Hæc ista videtur astuta quædam esse morum malignitas, quæ cito quod sibi utile est comminiscitur, ac simpliciores deprædatur : quali prudentia fuit villicus iniquitatis. Vera autem prudentia, agendorum et non agendorum cognitio est et secretio : quam qui sequitur, nunquam secedet a virtutis operibus, nunquam exitioso vitii jaculo transfigetur. Itaque qui intelligit prudentiæ sermones, novit qui captiosi sint et ad decipiendum compositi, quinam quoque, qui de optimis in vita agendis nos submoneant : atque mensarii boni more, ut retinebit quod bonum fuerit, ita ab omni specie mala abstinebit [13]. Hæc prudentia tribuit ædificanti domum suam, ut fundamentum ipsius supra petram ponat [14], hoc est, Christi fide suffulciat, ut in imbribus ventisque et fulminum incursibus permaneat immota. Immobilem enim in tentationibus constantiam, tam in iis quæ humanæ sunt, quam in iis quæ nobis e supernis inducuntur, Dominus nobis hujus parabolæ verbis ostendit. Præterea nos docet, necessaria non negligere, sed vitæ viaticis præmature instru-

---

[95] Hebr. xii, 11. [96] Psal. vi, 1. [97] Jerem. x, 24. [98] Isa. l, 5. [99] I Tim. i, 20. [1] Jerem. xxxi, 19. [2] Prov. xxiii, 13, 14. [3] Hebr. xii, 7. [4] Prov. viii, 10. [5] Mich. vii, 9. [6] Psal. cxviii, 71. [7] II Cor. vi, 9. [8] I Cor. xi, 32. [9] Act. vii, 22. [10] Genes. iii, 1. [11] Matth. x, 16. [12] Luc. xvi, 8. [13] I Thess. v, 21. [14] Matth. vii, 25.

ctos, in cordis alacritate sponsi adventum exspectare. Nam, inquit, prudentes virgines, quod oleum in lampadibus haberent, ingressæ sunt cum sponso : stultæ autem, quod imparatæ essent, a thalami gaudio exclusæ sunt [15].

7. Sub hæc, videamus quid sit suscipere versutias sermonum [16]. Sermo quidem verus et a sana mente proficiscens, simplex est et unius ejusdemque rationis, eadem de iisdem semper affirmans : varius vero et artificiosus, cum multum implexus sit et præparatus, sexcentas formas assumit, seque ad gratiam colloquentium conciliandam transformans, versutias innumeras animo versat. Ergo, ut artificiosorum sermonum assultui fortiter resistere possimus, adjumento magno sunt Parœmiæ. Nam qui ipsis intentus est, nec negligenter earum monita auscultat, velut experientia obarmatus, versutias verborum citra noxam ullam excipit, adeo ut neque ab ipsis pervertatur, neque unquam a vero discedat. Cum enim aliter natura se res habent, aliter vero de eis suadent verba, versutia quædam est, vel potius inversio veritatis per sermonem facta. Et qui alius quidem videtur, alius res ipsa est, strophis sermonum utitur, fucum faciens iis quibuscum versatur, perinde ut lepores vulpesque canibus, aliam viam commonstrantes, aliam carpentes. Quin et falsæ scientiæ antitheses strophæ quædam sunt verborum. Etenim cum spiritualis doctrinæ simplicitatem non recipiant ii, qui dialectica ad contradicendum acuti sunt, iidem vim veritatis non raro sophismatum verisimilitudine evertunt. Has igitur sermonum strophas excipit qui Parœmiis munitus est. Imo si quando offendat problemata, æquas utrinque probationes habentia, in quibus verisimilioris inventio judicatu difficilis sit : quoniam tamen exercitatus in Proverbiis est, animo non confundetur, etiamsi disceptantes quam vehementissime æquales argumentorum plagas sibi invicem inferre videantur.

8. Id quoque Parœmia largitur, ut intelligatur justitia vera. Quoniam igitur justitia habitus est, qui pro merito suum cuique distribuit, difficile autem est hoc assequi, partim quod alii ob prudentiæ inopiam non inveniant quomodo cuique distribuant quod æquum est, partim quod alii, affectibus humanis præoccupati, jus aboleant et abrogent tum, cum spretis pauperibus dynastas injuriosos non redarguunt, idcirco Proverbiorum liber suis se discipulis justitiæ veræ cognitionem daturum pollicetur. Et quia plerique laudem vulgi venantes, reipsa quidem injustitiam avaritiamque tanquam quiddam utile præferunt, specie vero et verbis æquitatem ac justitiam valde admirantur : ne hos quidem ignorabit vir Parœmiis eruditus, sed cognoscet quæ adulterina ac spuria, quæ vera ac sincera sit justitia. Quoniam autem externi quoque sapientes multum de justitia disseruere, et probabilibus verbis fallunt eos qui ejus rei quæ expendenda proponitur, rationem veram assequi non possunt, indicaturum se justitiam veram pollicetur liber ille, ut noxam caveamus sophismatum. Jam vero gentium etiam jura haud parum inter se diversa, animis eorum qui accuratam justitiæ rationem non comprehenderunt, perturbationem confusionemque afferunt. Etenim gentes nonnullæ parricidium justum et æquum ducunt ; aliquæ omnem cædem uti scelestam aversantur. Aliæ maxime colunt pudicitiam : aliæ in matres filiasque et sorores libidine furunt. Denique plerique prisca consuetudine victi, ausorum suorum exsecrationem ac ignominiam non dignoscunt. Sed hic liber, justitiam veram docens, homines a belluinis illis et insulsis affectibus liberat. Est autem justitia quædam, quæ inter nos versatur, æqui videlicet distributio. Quanquam etenim id non omnino assequimur ; tamen si justissimo consilio in agendo utamur, non aberramus scopo. Est et alia a justo judice cœlitus inducta, tum emendans, tum vicem rependens, quæ ob reconditorum in se dogmatum sublimitatem cognitu valde difficilis est. Hoc enim, opinor, Psalmista dicit : *Justitia tua sicut montes Dei* [17]. Hanc igitur plane veram divinamque justitiam manifestaturum se promittit iis, qui fuerint in Parœmiarum doctrina exercitati.

9. Rursus cum peccata alia sint involuntaria, alia a pravo animo oriantur, non eadem quoque in his regula est æqui. Ponamus enim fornicationem esse judicandam, duasque esse meretrices. Sed una quidem lenoni vendita, necessario in malo versatur, quæstum per corpus hero malo afferens : altera vero sponte se peccato ob voluptatem mancipat. Aliter utique datur venia involuntariis : aliter ea quæ ex prava voluntate fiunt, condemnantur. Rursus unus aliquis peccavit, prave ab initio educatus ; quippe et a parentibus injustis procreatus introivit in vitam, et inter verba factaque iniqua nutritus fuit ; alter vero multa habens virtutis incitamenta, educationem honestissimam, admonitionem parentum, magistrorum disciplinam, auditionem divinorum sermonum, castigatam moderatamque diætam, et alia quibus anima ad virtutem instituitur ; postea tamen delapsus est et ipse in simile peccatum ; nonne jure ac merito qui ejusmodi est, supplicio graviori punietur ? Nam ille quidem de solis salutaribus subsidiis animo nostro inspersis accusabitur, quod eis non probe sit usus : sed hic insuper, quod omne auxilium sibi datum prodiderit, imprudenterque in pravam vitam abreptus sit. Itaque justitiam veram intelligere, animi est vere magni, mentisque perfectissimæ. Fortasse autem habet et promissionem, fore, ut qui in Proverbiis eruditus fuerit, possit de cætero ad accuratam theologiæ contem-

---

[15] Matth. xxv, 10 sqq. [16] Prov. 1, 3, juxta LXX. [17] Psal. xxxv, 7.

plationem animum adjungere. Nam vera justitia Christus est, *Qui factus est nobis sapientia a Deo, et justitia, et sanctificatio, et redemptio* [18]. Accedit etiam ad veræ justitiæ cognitionem, ut judicium dirigatur [19]. Nam fieri non potest, ut qui prius in justitiæ cognitione eruditus non fuerit, ambiguas res recte dijudicare possit. Neque enim Salomon ipse, nisi in seipso æqui ac recti rationes exquisitas habuisset, celeberrimum illud judicium quod de puero inter meretrices protulit, tam recte appositeque potuisset efferre. Cum enim testibus carerent quæ ab utraque dicebantur, ad naturam cucurrit; ejusque ope quæ ignorabantur invenit. Et vero aliena sine ulla commiseratione pueri necem approbabat: vera autem mater ob naturalem charitatem ne cædem quidem audire sustinuit [20]. Qui igitur novit justitiam veram, atque ab ea suum cuique distribuere didicit, is judicium dirigere potest. Ut enim sagittarius jaculum ad scopum dirigit, si neque excedens, neque deficiens, neque in alterutram partem declinans a sagittariorum arte aberrat; sic judex ad id quod justum est collineat, si nullam habeat personarum rationem (personam enim in judicio cognoscere bonum non est [21]), et si in agendo nullo modo in alterutram partem declinet, sed proferat judicia recta nihilque obliqui habentia. Jam si fuerint duo ab ipso judicandi, quorum alter plus æquo, alter minus habeat, stat judex ambos inter se exæquans, et tantum aufert ei qui plus satis habet, quantum ei qui injuriam accepit, deesse deprehendit. Sed qui justitiam veram non habet, in anima sua prius insitam, sed aut pecuniis corruptus est, aut amicitiæ favet, aut inimicitiam ulciscitur, aut potestatem revereretur, is judicium dirigere non potest. Cui in psalmo dicitur: *Si vere utique justitiam loquimini, recta judicate, filii hominum* [22]. Indicium enim animi ejus, qui erga æquum ac jus bene afficitur, rectitudo est inter judicandum. Unde et ipse in sequentibus prohibet, dicens: *Pondus magnum et parvum, abominabilia apud Dominum* [23], inæqualitatem judicii per ponderum appellationem in proverbii modum adumbrans. Nec hoc solum judicantibus utile est, sed idem confert etiam ad singulas res in vita seligendas. Cum enim habeamus in nobis judicium quoddam naturale, quo bona a malis secernimus; necesse nobis est in iis quæ agenda sunt eligendis, recte quasque res discernere; et, quasi judicem aliquem, qui æquabili ac justissimo animo de contrariis judicet, tum virtuti obsecundare, tum vitium condemnare. Exempli causa, scortatio et pudicitia apud te judicantur, et excelsa tua mens ejusmodi judicio sibi commisso præsidet; atque voluptate scortationi favente, timor Dei suppetias venit castimoniæ. Quod si damnato peccato, victoriam pudicitiæ dederis, de re sententiam rectam tulisti: sin autem ad voluptatem inclinans, præferendum esse peccatum pronunties, obliquum fecisti judicium, obnoxius exsecrationi ejus, qui dixit: *Væ qui dicitis amarum dulce, et dulce amarum : qui dicitis lucem tenebras, et tenebras lucem* [24].

10. Quoniam igitur, juxta ipsum Salomonem, *Cogitationes justorum judicia sunt* [25], opera est sedulo danda, ut intus in abdito cogitationum foro recta de rebus judicia feramus, habeamusque mentem trutinæ similem, quæ citra inclinationem ullam agenda quæque appendat. Quando quodvis mandatum et oppositum ei vitium judicio tuo permittitur, da victoriam legi Dei contra peccatum. Habendi appetentia major et æquitas judicantur? Pronuntia adversus alienorum cupiditatem, da calculum potiorem virtuti. Dissident inter se convicium et lenitas? Pudorem incute convicio, et antepone lenitatem. Odium et dilectio contendunt? Illud ignominia affectum, quam longissime ablegato, dilectionem vero honore decoratam, tibi ipsi facito familiarem. Simulatio et simplicitas, fortitudo et timiditas, prudentia et stultitia, justitia et injustitia, pudicitia et impudicitia, et, ut brevi dicam, virtus quælibet cum quolibet vitio judicium subit? Tunc igitur judiciorum rectitudinem ostendito in occulto animæ tuæ judicio, præceptumque quasi assessorem adhibens tibi, odium in nequitiam tuam commonstrato, aversans peccata, virtutes præferens. Si enim facis ut in singulis actionibus vincant apud te meliora, beatus eris *In die illa, cum judicabit Dominus occulta hominum secundum Evangelium nostrum, cogitationibus inter se et accusantibus, aut et defendentibus* [26], nec abibis condemnatus ob ullam ad mala inclinationem: sed justitiæ coronis honoraberc quibus virtutem per omnem tuam vitam coronaveris. Quot bona conciliabit tibi Proverbiorum liber, qui docet et veram colere justitiam, et judicium dirigere?

11. Ecquid igitur his amplius? *Ut det*, inquit, *innocentibus astutiam, ac puero juveni et sensum et intelligentiam* [27]. Dupliciter intelligimus innocentiam. Aut enim quamdam a peccato alienationem, quæ ratione fit, excogitamus; vitiique velut quadam radice per longam attentionem bonorumque meditationem excisa, ob integram ejus privationem, innocentiæ appellationem accipimus; aut innocentia dicitur, cum mali nondum est experientia, cum sint qui sæpe ob puerilem ætatem aut vitæ alicujus institutum vitia quædam non experiantur. Exempli gratia, puer non novit superbiam, non novit dolum et fallaciam. Rursus sunt qui ruri degentes, non sciunt dolos mercatorum, neque forenses simultates. Qui tales sunt, eos innocentes vocamus; non quod voluntate a malitia secesserint, sed quod nondum habitum malum fuerint experti. Innocens

---

[18] I Cor. 1, 30. [19] Prov. 1, 3, juxta LXX. [20] III Reg. III, 25 seqq. [21] Prov. xxiv, 23. [22] Psal. lvii, 2. [23] Prov. xx, 10. [24] Isa. v, 20. [25] Prov. xii, 5. [26] Rom. ii, 16, 15. [27] Prov. 1, 4.

autem proprie est, qualis erat David, cujus hæc sunt : *Ego autem in innocentia mea ambulavi* [28] : qui videlicet omnem nequitiam per virtutis exercitationem ab anima sua amoverat, qui et bonorum hæreditatem consequitur. *Dominus enim bonis non privabit eos, qui ambulant in innocentia* [29]. Quisquis ejusmodi fuerit, fidenter dicturus est : *Judica me, Domine, quoniam ego in innocentia mea ambulavi* [30]. Ac iterum : *Judica me secundum justitiam meam, et secundum innocentiam meam super me* [31]. Morum autem simplicitas, generositas, carens artificio indoles, character sunt innocentis atque insigne. Cujusmodi erat Jacob : *Fuco carens*, inquit, *habitans domum* [32] : hoc est, utens naturali simplicitate, nullamque speciem ab arte confictam, quasi quamdam larvam, ad obvios quoslibet decipiendos sibi ipsi circumponens. Hic tamen innocentem dicere videtur hominem mali inexpertum : cui etiam laudabili astutia opus esse ait, ut præter naturalem simplicitatem comparet quoque prudentiam in experimento sitam, bonaque astutia quasi quodam telo communitus, vix possit inimicorum insidiis circumveniri. Oportet enim, puto, perfectum virum, prudentem quidem esse ad bonum, simplicem vero ad malum. Hinc velut ex fonte quodam hauriant innocentes salutarem astutiam. *Vir enim astutus thronus est sensus* [33]. Et, *Astutus, malis supervenientibus, abscondit se* [34]. Et, *Qui autem curet reprehensiones, astutior est* [35]. Est igitur astutia id quo aguntur omnia per artificiosam quamdam industriam, quemadmodum maleficium est id quo malum solum perpetratur. Quoniam igitur actio omnis in astutum **108** cadit, itemque in omnibus mala occurrunt, duo significat astuti nomen. Et qui quidem in aliorum perniciem solertia et artificio utitur, malus est ; qui vero actutum ac prudenter suum ipsius bonum deprehendens, noxas dolose ac insidiose sibi ab aliis præparatas evitat, est astutus laude dignus. Itaque ad vocem astutiæ animum diligenter attende ; noverisque medium quemdam esse habitum, quo alter quidem astutia ex sano consilio usus in rem suam, et proximi usus, laudandus est : alter vero ipsam ad proximi perniciem adhibens, reprehensioni fit obnoxius, ut qui industria sua ceu quadam perdendi occasione utatur.

12. Porro hujusce dexteritatis usu plena est historia in utramque partem. Pulchra est astutia Hebræorum, qui, deceptis Ægyptiis, ut urbium conditarum mercedem receperunt [36], ita materias ad tabernaculum construendum sibi compararunt. Laudabiliter astutia usæ sunt nutrices, quæ mares Hebræorum servavere [37]. Pulchra est astutia Rebeccæ, quæ benedictionem magnam filio concilia-

vit [38]. Rahab pulchre fuit astuta [39] : pulchre itidem Rachel [40]. Illa, quod exploratores servavit : hæc, quod patrem decepit, et ab idololatria liberavit. At vero Gabaonitæ adversus Israelitas prave astuti exstitere [41]. Mala fuit astutia Absalonis, qui simulatione æquitatis pellexit subditos, ac patri insidiaturus magnam rebellium copiam coegit [42]. Reprehenduntur etiam aliqui, quod inierint consilium astutum et malignum in populum Dei [43]. Cæterum hoc loco astutiam, quæ utiliter adhibetur, Scriptura probat, cum sit quasi armatura ad vitæ negotia, atque per seipsam animas simpliciorum communiat. Nam hanc astutiam si habuisset Eva, serpentis dolis seduci non facile potuisset. Innocentem igitur, qui, quod credat sermoni omni, facile mente corrumpitur, doctrina ejusmodi munit et corroborat : siquidem astutiæ utilitatem ceu quoddam ad vitæ negotia adjumentum ei impertit.

13. Consequens est ut consideremus quomodo puero juveni det sensum et intelligentiam [44]. Duplex cum sit homo, ut ait Apostolus [45], unus exterior, interior alter ; necesse nobis est, ætatem etiam, tam secundum eum qui conspicitur, quam secundum eum qui in occulto intelligitur, pariter in utroque accipere. Dicere autem puerum recens natum corporalem sensum recipere, propemodum risum movet. Quem enim sensum largiri potest hic liber, cum et visus, et auditus, et olfactus, et gustus, et tactus statim nobiscum edantur, nec accedant ex doctrina, sed per hos natura animal absolvat? Neque igitur puer corporaliter intelligendus est, neque ullus sensus ex enumeratis : sed de interiore homine accipiendæ ætates sunt. Didicimus enim in multis Scripturæ locis, quemdam animæ statum puerilem esse, alium esse ejusdem vigentis, alium jam senis. Verbi causa, uti a Paulo fuimus edocti [46], pueri erant Corinthii, idcircoque lacte adhuc eis opus erat, primaria scilicet et simpliciore Evangelii doctrina, cum solidam dogmatum escam nondum digerere possent. Adolescens autem animo est, qui prorsus omnibus virtutis **109** partibus absolutus est, qui spiritu fervet, qui ad pietatis actiones strenuus est, et ad omnia opera bona fortiter peragenda vegetus : qui et violentus ab Evangelio vocatur [47], valens scilicet rapere regnum cœlorum : quem et sanctus Spiritus velut ad hymnos canendos idoneum assumit : *Juvenes enim*, inquit, *et virgines laudent nomen Domini* [48]. Et in Joele promissum est, fore, ut juvenes visiones videant [49]. Senex autem animo est, qui prudentia perfectus est : qualis erat Daniel, qui in juvenili corpore sapientiam gravitatemque omni canitie venerabiliorem præ se ferebat. Quapropter ei dicunt viri illi pleni dierum malorum : *Veni,*

---

[28] Psal. xxv, 11. [29] Psal. lxxxiii, 13. [30] Psal. xxv, 1. [31] Psal. vii, 9. [32] Gen. xxv, 27. [33] Prov. xii, 23. [34] Prov. xxvii, 12. [35] Prov. xv, 5. [36] Exod. xii, 35. [37] Exod. i, 17. [38] Genes. xxvii 15. [39] Jos. ii, 4 sqq. [40] Genes. xxxi, 54 sqq. [41] Jos. ix, 4 sqq. [42] II Reg. xv, 4 sqq. [43] Psal. lxxxii, 4. [44] Prov. i, 4. [45] II Cor. iv, 16. [46] I Cor. iii, 1, 2. [47] Matth. xi, 12. [48] Psal. cxlviii, 12. [49] Joel ii, 28.

sede in medio nostrum, et nuntia nobis, quod tibi Deus dederit honorem senectutis⁵⁰. Itaque et hic puerum novum dicit eum, qui per lavacrum regenerationis renatus est et educatus, atque ut parvulus effectus, quique per ejusmodi statum idoneus est ad regnum cœlorum. Proverbiorum igitur liber infanti sic recens nato, rationale lac et sincerum appetenti, ubi per se exercitatus est, sensum et intelligentiam impertit : sensum quidem præsentium, intelligentiam vero futurorum. Erudit enim] in rebus humanis, tribuitque rerum sensum; sic ut neque turpibus voluptatibus quisquam inserviat, neque mundi hujus inani gloriæ inhiet. Præstereaque futuri sæculi intelligentiam confert, ac sermonibus suis ad promissorum fidem provehit.

14. Sed quoniam ætatum differentias ad internum hominem transtulimus, consequens etiam fuerit, ut sensuum nomina ad animæ potentias transferamus. Itaque cum dicit⁵¹ : *Sermonibus meis admove aurem tuam*, scire nos convenit quod obsequentem animum requirat, haud secus ac Dominus : *Qui habet aures audiendi, audiat*⁵² ; et illud : *Sermo sapiens in aurem obedientem*⁵³. Per hæc igitur et consimilia sanum auditus sensum puero novo dat. Cum vero dicit, *Noli attendere pravæ mulieri*⁵⁴ ; ac rursus : *Noli defigere in eam obtutum tuum*⁵⁵ ; item : *Oculi tui recta videant*⁵⁶ ; largiri se puero animæ quasi visum aperte ostendit. Et cum admonet, *Comede, fili, mel, ut dulcescat guttur tuum*⁵⁷ (doctrinam divinam tropice mel appellans : *Quam dulcia enim, inquit, faucibus meis eloquia tua, super mel ori meo*⁵⁸); per hanc admonitionem perficit spiritualem animæ gustum, de quo dictum est : *Gustate et videte, quoniam suavis est Dominus*⁵⁹. Est autem et tactus quidam animæ, quo sapientia eam attingit, amatorem suum velut amplectens. *Ama enim*, inquit, *ipsam, ut te amplexetur*⁶⁰. Et rursus Ecclesiastes, *Tempus est amplectendi et tempus longe discedendi ab amplexu*⁶¹. Corpora quidem amplexibus impuris coinquinantur; anima vero sapientiæ amplexu tota ex toto ei conjuncta, sanctimonia completur ac puritate. Sic igitur puero novello sensum tribuit. Quomodo vero intelligentiam indit? Nimirum cum dicit : *Non proderunt facultates in die mala*⁶². Injicit enim cordi tuo cogitationem de die illa, in qua tibi pecuniarum copia adjumento non erit, neque eximet te æterna pœna. Aut cum dicit : *Innocentes autem hæreditabunt terram*⁶³ : terram videlicet illam, cujus etiam mites sunt hæredes, tum juxta Psalmistam dicentem : *Mites autem hæreditabunt terram*⁶⁴, tum juxta prædicatam a Domino beatitudinem, *Beati enim*, inquit, *mites, quoniam ipsi possidebunt terram*⁶⁵. Et rursus : *Gloriam sapientes hæredita-* bunt⁶⁶. Ita ad bona quæ promissa sunt desideranda exstimulat animam. Hanc intelligentiam puero novo dat, metum quidem minarum quæ peccatoribus intentantur, desiderium vero eorum quæ justis sunt parata. *Hæc enim audiens sapiens, sapientior erit*⁶⁷. Magnam vim Proverbiis ascribit Scriptura, videlicet quod superant sapientum sapientiam, et quod documenta in hoc libro tradita, majora sunt quam quæ apud sapientes reperiuntur. Quare aliorum quidem magistrorum discipuli innumeri exsistunt : ejus vero libri auditores, sapientes sunt. Quoniam autem ambiguum est sapientum nomen (sapientes enim dicuntur etiam mundi hujus sapientes⁶⁸, itemque sapientes vocantur⁶⁹, qui sapientiam veram Dominum nostrum Jesum Christum per fidem in ipsum receperunt), eos qui a doctrina nostra alieni sunt, ubi ad sanam Parœmiarum doctrinam accesserint, sapientiores fore Scriptura pollicetur, sic ut rerum inanium spreta cognitione, admirationem suam in veritatem transferant. Aut quoniam multis modis sapiens dicitur (etenim et qui sapientiæ desiderio tenetur, et qui jam proficit in sapientiæ contemplatione, et qui jam in eo habitu perfectus est, eodem nomine appellantur), hæc ubi audierit sapiens, sive qui sapientiæ fuerit amator, sive qui jam in ipsa profecerit, futuri sunt sapientiores. Et vero ut multa de rebus divinis dogmata discent, ita multa de humanis docebuntur, hoc ipso libro varie vitium profligante, et rursus multis modis virtutem inducente. Linguam iniquam frenat, oculum erudit prava intuentem, manus violentas neminem sinit priorem inferre, otium abigit, desideria turpia reprimit, docet prudentiam, docet fortitudinem, temperantiam adornat. Quare hæc qui edoctus fuerit, oderitque fortiter in semetipso deteriora, et boni desiderium impetu majore velut acclamatione quadam fuerit adeptus, sapiens cum sit suo ipsius impetu, tamen per perfectionem ex doctrina accedentem sapientior efficitur.

15. *Intelligens autem gubernationem obtinebit*⁷⁰. Qui ad artem aliquam assumendam accessurus est, eum oportet aptam expeditamque naturam ad eam exercendam habere; luctatorem, corpus bene constitutum et robustum; cursorem, concinnitatem membrorum atque levitatem; ad eumdem modum gubernatorem, acumen mentis ac sagacitatem. Quamobrem non quemlibet ad gubernationem vocat Scriptura, sed intelligentem. Quid autem est gubernatio, nisi omnino animi scientia atque ars, circa rerum humanarum instabilitatem, quomodo par sit eam trajicere? Nam locis multis invenimus vitam hanc aquas et mare a Scriptura appellatam, ut in Psalmo : *Misit de summo, et accepit me : assumpsit me de aquis multis*⁷¹. Etenim vitæ

---

⁵⁰ Dan. xiii, 50. ⁵¹ Prov. xxii, 17. ⁵² Matth. xiii, 9. ⁵³ Prov. xxv, 12. ⁵⁴ Prov. v, 2. ⁵⁵ Eccli. ix, 3. ⁵⁶ Prov. iv, 25. ⁵⁷ Prov. xxiv, 13. ⁵⁸ Psal. cxviii, 103. ⁵⁹ Psal. xxxiii, 9. ⁶⁰ Prov. iv, 6, 8. ⁶¹ Eccle. iii, 5. ⁶² Prov. xi, 4. ⁶³ Prov. ii, 21. ⁶⁴ Psal. xxxvi, 11. ⁶⁵ Matth. v, 4. ⁶⁶ Prov. iii, 35. ⁶⁷ Prov. i, 5. ⁶⁸ 1 Cor. i, 20. ⁶⁹ II Cor. xi, 19. ⁷⁰ Prov. i, 5. ⁷¹ Psal. xvii, 17.

tumultum aquas aperte vocat. Neque enim res secundæ, et quarum studio plerique tenentur, stabilitatem ac diuturnitatem habent, neque res adversæ ac tristes constanter perseverant : sed agitationi cuidam motuique et inopinatis mutationibus obnoxia sunt omnia. Quemadmodum igitur fieri non potest, ut mare diu idem permaneat (quod enim nunc tranquillum ac stabile vides, paulo post conspicies ventorum vi exasperatum ; quod vero efferatum est, et æstu effervescens, mox tranquillitas alta sedat) : sic etiam res mundanæ in utramque partem facile convertuntur. Eam ob causam gubernatore opus est, ut et in vitæ tranquillitate omnibus ex animi sententia procedentibus, mutationes præstoletur, nec in præsentibus tanquam semper permansuris conquiescat, neque de se desperet in statu mœstiore, neque abundantiore tristitia absorptus [72] submergatur. Neque enim corporis valetudo, neque juventutis flos, neque domus felicitas, neque reliqua vitæ prosperitas, diu durat: sed si in hac vitæ serenitate versaris, tamen rerum procellam ac tempestatem aliquando exspecta. Veniet enim morbus, veniet et paupertas, vento non semper a puppi surgente. Sed et virum in omnibus spectabilem ac æmulandum invadunt inexspectata plerumque dedecora, atque improvisi casus quasi quidam turbines omnem vitæ felicitatem interturbant. Imo etiam assidua mala sunt tibi fluctuum loco, quorum alii aliis succedentes vitam tibi exasperant, ac horrendam vitæ tempestatem tibi inducunt. Videbis aliquando et hæc præterlapsa, vitamque in hilaritatem et in vere jucundam tranquillitatem transmutatam. Ille igitur est intelligens gubernator qui subjectæ naturæ habita ratione, ea quæ accidunt, tractat, quique sibi ipse similis semper permanens, neque rebus lætis effertur, neque in ærumnis animo concidit. Rursus etiam ad alia nobis utile est gubernationis beneficium. Novi enim et alios fluctus, et horrendam tempestatem adversus animam insurgentem, tempestatem videlicet, quæ ex vitiosis carnis affectibus oritur. Nam iræ, et timores, et voluptates, et molestiæ ex carnis sensu velut ex violento quodam turbine erumpentes, sæpenumero animam gubernatore carentem submerserunt. Oportet igitur mentem quasi quemdam gubernatorem affectibus præsidentem, carnemque navigii instar **112** conscendentem, et cogitationes quasi clavos perite circumvertentem, fluctus strenue conculcare : itemque in 'altitudine permanentem; et affectibus prope inaccessam, nequaquam eorum amaritudine veluti salsugine quadam compleri, sed semper orantem dicere : *Eruar ab iis qui oderunt me, et de profundis aquarum. Non me demergat tempestas aquæ : neque absorbeat me profundum* [73].

16. Vis enarrem tibi et aliam navigationem, ad quam necessarium est nobis gubernationis donum?

Regnum cœlorum simile est homini negotiatori [74]. Quotquot igitur evangelicam viam ambulamus, mercatores sumus, observandis præceptis comparantes nobis cœlestium possessionem. Oportet igitur nos multas et varias divitias cœlestes colligere, si nolimus affici pudore in lucro exhibendo, perinde atque ii qui talenta acceperant, nolimusque audire : *Serve male et piger* [75] : itemque nitendum, ut impositis mercibus hanc vitam tuto transeamus. Nam multi multa a juventute colligentes, ubi ad mediam fere ætatem progressi sunt, nequitiæ spiritibus adversus eos tentationes excitantibus, tempestatis onus, utpote gubernatione destituti, non sustinuerunt; sed omnium illarum rerum jacturam fecere. Unde alii *Circa fidem naufragaverunt* [76]; alii, prava voluptate in modum inexspectatæ cujusdam procellæ ingruente, comparatam ab juventa castitatem amiserunt. Miserabile spectaculum : aliquem post jejunium, post durum vitæ genus, post prolixas preces, post lacrymas large profusas, post continentiam annorum viginti, aut forte triginta etiam, per animi inconsiderantiam ac incuriam, nudum et spoliatum omnibus inveniri [77]. Item, eum, qui præceptorum quæstu opulentus est, consimilem fieri prædiviti cuipiam mercatori, qui ob copiam mercium lætus, secundo vento navigante nave, horrenda maria emensus, diffracto ad ipsos portus navigio, derepente fuisset nudatus omnibus : siquidem et iste laboribus ac sudoribus parta bona unico dæmonis assultu perdidit, peccato tanquam immani quadam procella immersus. Conveniens vox ei qui omnem simul virtutem naufragio amisit : *Veni in altitudinem maris, et tempestas demersit me* [78].

17. Tene igitur quam diligenter vitæ gubernacula; guberna oculum tuum, ne quando tibi impetuosus libidinis fluctus per oculos illabatur; aurem, linguam, ne quid excipiat noxii, ne quid eorum quæ vetita sunt loquatur. Cave evertat te iræ æstus ; cave obruant te ictus formidinum; cave immergat te onus tristitiæ. Fluctus affectiones sunt animi, quibus altiorem te si constituas, eris securus vitæ gubernator. Sed si non scite ac constanter horum quodlibet declinaveris, velut navigium quoddam non saburratum, continuis vitæ casibus circumactus, in peccati pelago submergere. Audi igitur qui fieri possit, tibi ut accedat gubernandi peritia. Mos est navigantibus in cœlum suspicere, indeque navigationis cursum instituere, interdiu quidem ope solis, noctu vero **113** ope Ursæ, aut alterius cujusvis ex iis quæ semper lucent stellis , horumque ductu semper rectum conjectare. Et tu igitur oculos in cœlum attolle, juxta eum qui dixit : *Ad te levavi oculos meos, qui habitas in cœlis* [79]. Respice ad solem justitiæ, teque Domini mandatis, instar splendidissimorum quorumdam astrorum, dirigentibus, habe oculum insomnem , oculis tuis

---

[72] II Cor. II, 7. [73] Psal. LXVIII, 15, 16. [74] Matth. XIII, 45. [75] Matth XXV, 26. [76] I Tim. I, 19. [77] II Cor. V, 3. [78] Psal. LXVIII, 3. [79] Psal. CXXII, 1.

non præbens somnum, neque palpebris tuis dormitationem [80], ut te perpetuo deducant mandata. *Lucerna* enim, inquit, *pedibus meis lex tua, et lumen semitis meis* [81]. Etenim, si clavo nunquam indormieris, dum in hac vita versabere, in instabili scilicet rerum mundanarum statu, Spiritus opem consequere, qui te ulterius deducet, et lenibus auris atque pacificis tuto transvehet, donec incolumis evadas ad tranquillum illum ac serenum portum voluntatis Dei, cui gloria et imperium in æterna sæcula sæculorum. Amen.

HOMILIA XIII.
Exhortatoria ad sanctum baptisma.

1. Sapiens ille Salomon, rerum in vita gerendarum tempora distinguens, et singulis quæ fiunt idoneum assignans, ait : *Omnibus tempus est, et tempus omni rei est : tempus pariendi, et tempus moriendi* [82]. Ego vero immutata paululum sapientis sententia, dixerim vobis inter annuntiandum salutare præconium, tempus moriendi esse, et tempus nascendi. Quorsum hic sermo mutatus? Quia ille quidem de ortu interituque disserens, corpoream naturam secutus, ortum morti præposuit (fieri enim non potest, ut mortem experiatur qui prius natus non sit) : ego vero de generatione spirituali verba facturus, mortem vitæ præpono. Cum enim carne morimur, contingit nobis ut spiritu nascamur, uti ipse quoque Dominus ait : *Ego occidam, et vivere faciam* [83]. Moriamur igitur, ut vivamus. Perimamus affectum carnis, qui Dei legi subjici non potest [84], ut valida spiritus affectio in nobis gignatur, unde vita paxque solet oriri. Sepeliamur una cum Christo, qui pro nobis mortuus est, ut etiam una cum Christo, qui nobis resurrectionis auctor fuit, resurgamus. Tempus aliud aliis quidem rebus idoneum est : proprium somni, proprium vigiliarum, proprium belli, proprium pacis : sed baptismatis tempus tota hominum vita est. Neque enim corpus quod non respirat, vivere, neque anima quæ Conditorem non cognoscit, consistere potest. Dei enim ignoratio animæ mors est. Qui autem non baptizatus, ille nec illuminatus est. Rursus sine luce, nec oculus quæ sua sunt cernit, nec anima Deum contemplari potest. Itaque tempus omne ad salutem per baptisma adipiscendam opportunum est : sive **114** noctem dicas, sive diem, sive horam, sive temporis punctum, sive quidvis minutissimum. Credere tamen par est, id tempus opportunius esse, quod fuerit magis proprium magisque affine. Quid autem majorem habere potest cum baptismate cognationem, quam dies Paschatis? Hæc enim dies monumentum est resurrectionis : baptisma vero vis est atque facultas resurgendi. Itaque in resurrectionis die suscipiamus resurrectionis gratiam. Quapropter e longinquo Ecclesia alumnos suos præconio alto convocat, ut quos pridem parturiit, tum demum pariat, eisque a primæ institutionis doctrina tanquam a lacte submotis solidam dogmatum escam præbeat degustandam. Joannes prædicabat baptisma pœnitentiæ, ad idque egrediebatur Judæa tota : prædicat Dominus baptisma adoptionis filiorum; ecquis eorum qui in ipso spem reposuere, morem non geret? Baptisma illud vim habebat introducendi : hoc, perficiendi. Illud erat secessus a peccato : hoc conjunctio est cum Deo. Unius viri erat prædicatio Joannis, et omnes ad pœnitentiam traxit : tu vero, qui per prophetas doceris : *Lavamini, mundi estote* [85] : qui per psalmos admoneris, *Accedite ad eum, et illuminamini* [86] : qui per apostolos faustum illum nuntium audis : *Agite pœnitentiam, et baptizetur unusquisque vestrum in nomine Domini Jesu Christi in remissionem peccatorum, et accipietis promissionem Spiritus sancti* [87] : qui ab ipso Domino invitaris, dicente : *Venite ad me, omnes qui laboratis et onerati estis, et ego reficiam vos* [88] (hæc enim omnia hodie in lectione concurrerunt); differs tamen deliberasque et cunctaris? Tu qui a puero fidei rudimentis imbutus es, nondum assensisti veritati? Tu qui semper ediscis, nondum pervenisti ad cognitionem? Per omnem vitam experimentum capis, ad senectutem usque exploras; quando tandem fies Christianus? quando agnoscemus te ut nostrum? Anno superiore hoc tempus præstolabare, nunc rursus exspectas venturum. Cave deprehendaris promissa facere vita longiora. Ignoras quid sequens dies parturus sit; ne tibi promitte quæ tua non sunt. Ad vitam te, homo, vocamus; quid fugis vocationem? Ad bonorum participationem; quid donum prætermittis? Apertum est cœlorum regnum : verax est qui vocat : via facilis; non tempore, non sumptu, non labore opus est; quid differs? quid tergiversaris? quid jugum perhorrescis, velut juvenca quædam jugum nondum experta? *Suave est, leve est* [89] : collum non obteret, sed condecorat. Neque enim lignum illud quod a jugo propendet, circa collum ligatur, sed ultro ac libere trahentem poscit. Vides incusari Ephraim tanquam vitulam asylo percitam, quod legis contempto jugo, inordinate oberret [90]? Subde indomitam cervicem tuam; Christi fias jumentum, ut ne jugo solutus liberamque vitam degens, capi a bestiis facile possis.

2. *Gustate et videte quoniam suavis est Dominus* [91]. Qui fieri poterit, ut mellis dulcedinem exhibeam ignorantibus? *Gustate et videte.* **115** Sensus ratione omni evidentior est ad experimentum. Judæus circumcisionem non differt propter communicationem illam : *Omnis anima quæ non circumcidetur die octavo, peribit de populo suo* [92] : tu vero circumcisionem non manu factam, sed quæ per baptisma in exspoliatione carnis perficitur [93], differs,

---

[80] Psal. cxxxi, 4. [81] Psal. cxviii, 105. [82] Eccle. iii, 1, 2. [83] Deut. xxxii, 39. [84] Rom. viii, 7. [85] Isa. i, 16. [86] Psal. xxxiii, 6. [87] Act. ii, 38. [88] Matth. xi, 28. [89] ibid. 30. [90] Ose. iv, 16. [91] Psal. xxxiii, 9. [92] Gen. xvii, 14. [93] Coloss. ii, 11.

posteaquam Dominum ipsum audivisti : *Amen, amen dico vobis, nisi quis natus fuerit per aquam et Spiritum, non intrabit in regnum Dei*. Et illic quidem dolor est et ulcus : sed hic ros animæ, et cordis ulcerati medela. Adoras eum qui pro te mortuus est? Sine igitur una cum ipso sepeliri te per baptisma. Si ei non fueris insertus per similitudinem mortis ejus, quomodo resurrectionis eris socius? Israel ille in Moysen baptizatus est in nube et in mari, cum tibi commonstraret typos, ac veritatem quæ in extremis temporibus ostendenda erat, quasi signo et charactere impresso, cognoscendam præberet : tu vero fugis baptisma, quod non in mari figuratur, sed in veritate perficitur; non in nube, sed in Spiritu : non in Moysen conservum, sed in Christum conditorem. Israel nisi transisset mare, a Pharaone sejunctus non fuisset : tu quoque nisi per aquam transieris, ab amara diaboli tyrannide non separabere. Non bibisset utique ille ex spirituali petra, si non fuisset per figuram baptizatus : neque tibi dabit quisquam potum verum, nisi fueris vere baptizatus. Comedit ille panem angelorum post baptisma ; tu vero quomodo comedes vivum panem, nisi prius baptismo susceperis? Ingressus est ille ad terram promissionis propter baptisma : tu vero quomodo reverteris in paradisum, nisi sis baptismate obsignatus? An non nosti flammeum gladium ad custodiendam viam ligni vitæ appositum fuisse, incredulis quidem horrendum et flammantem, credentibus vero accessu facilem et jucunde coruscantem? Imo versatilem illum fecit Dominus : cum enim fidelem viderit, terga dat; cum vero quempiam non obsignatum, aciem obvertit.

3. Elias currum ignis, igneosque equos ad se venientes non expavit : sed ad superna proficisci percupiens, formidanda ausus est, atque læte admodum, cum adhuc in carne viveret, currus flammeos ascendit. Tu vero non igneos currus inscensurus, sed per aquam et Spiritum ad cœlum ascensurus, non accurris ad vocationem? Elias vim baptismatis in ara holocaustorum ostendit non igni, sed aqua victimam totam exurens, cum alioqui ignis natura aquæ adversetur. Postquam enim aqua ter mystice tunc super aram effusa fuisset, ignis exstitit origo, atque in modum olei flammam accendit. *Accipite mihi*, inquit, *hydrias, et infundite super holocaustum, et super segmenta lignorum. Et dixit : Secundo facite, et secundo fecerunt : Tertio facite, et tertio fecerunt*. Quibus Scriptura ostendit per baptisma Deo conjungi ac conciliari qui venerit, puramque ac cœlestem lucem in accedentium animis per fidem in Trinitatem refulgere. **116** Quod si aurum ecclesiæ distribuerem, non utique esses mihi dicturus: Cras veniam, et cras dabis : sed jam exposceres, urgens distributionem,

et dilationem animo iniquo ferres. Quoniam vero hic ille magnorum donorum largitor non materiam pulchre coloratam, sed animæ puritatem tibi offert, comminisceris excusationes ; atque causas et impedimenta recenses, cum ad donum deberes accurrere. O rem miram ! renovaris, nec conflaris ; reformaris, nec contereris ; curaris, nec sentis dolorem, et tamen id beneficii tecum non reputas. Servus hominum si esses, servisque fuisset proposita libertas, nonne occurrisses ad statam diem, conducens patronos, judicesque rogans, ut omni opera assereris in libertatem? Quin et alapam, postremam servorum pœnam perferres, ut in posterum a verberibus liber fieres et immunis. Quoniam autem te servum, non hominum, sed peccati, ad libertatem præco vocat, ut te captivitate solutum ex æquo cum angelis civitate donet, teque efficiat per adoptionis gratiam filium Dei, et bonorum Christi hæredem : nondum tempus esse hæc dona excipiendi dicis. O impedimenta prava ! O turpem et interminatam occupationem ! Quousque tandem voluptates ? usquequo deliciæ? Viximus multum tempus mundo, reliquum vivamus et nobis ipsis. Ecquid animæ æquiparabile ? Quid regno cœlorum comparandum ? Quis tibi consiliarius fide dignior quam Deus? Quis prudentior sapiente, aut quis utilior bono? Quis conditore conjunctior? Nec Evæ serpentis consilio credidisse magis quam Domini profuit. O inepta verba! Non vacat sanari, nondum ostendas mihi lucem, nondum conjungas me Regi. Nonne hæc aperte loqueris? Imo etiam his absurdiora. Tu enim si esses tributis publicis obnoxius, nuntiareturque undelibet debitoribus rescissio æris alieni : deinde esset qui per injuriam privare te hac condonatione conaretur; succenseres utique et clamares, ut qui ea communis beneficii portione, quæ ad te attineret, spoliareris. Postquam vero non præteritorum modo condonatio, sed futurorum etiam largitiones prænuntiatæ sunt; te ipse injuria afficiens, quantum ne ullus quidem inimicus tibi nocuisset, putasne te tibi convenienter consuluisse, utiliterque providisse, qui scilicet non admittas condonationem, sed in ære alieno immoriaris? maxime cum scias, quod decies mille talentorum debitor consecutus fuisset condonationem, nisi ipse per suam in conservum inhumanitatem exactionem in se renovasset. Quod ne nobis quoque accidat post acceptum hoc munus, si debitoribus nostris non dimittamus, cavendum, ut donum firmum in nobis ac stabile permaneat.

4. Ingredere in conclave animæ tuæ, revolve gestorum tuorum memoriam. Si multa sunt peccata tua, ne desperes ob multitudinem. *Ubi enim abundavit delictum, superabundavit gratia*; si modo gratiam suscipias. Multum enim debenti, **117** multum remittetur, ut amplius diligat : sin

---

Joan. III, 5. Coloss. II, 12. Rom. VI, 3. I Cor. x, 2. Psal. LXXVII, 25. Joan. VI, 51. Gen. III, 24. ibid. IV Reg. II, 11. III Reg. XVIII, 34. Matth. XVIII, 24 sqq. Rom. V, 20.

autem parva ac levia, nec ad mortem⁷ fuerint peccata tua; cur anxius es de futuro, qui haud ignave præterita pertuleris; idque, cum necdum esses lege instructus? Nunc puta velut in trutina animam tuam appendi, hinc ab angelis, hinc a dæmonibus attractam. Utris, quæso, dabis cordis momentum? Quid apud te vincet? voluptas carnis, an animæ sanctimonia? præsentium oblectatio, an futurorum desiderium? Angeline te suscipient, an detinebunt qui jam tenent? In acie duces tesseram tribuunt sub se militantibus, ut et amici facile se invicem inclament, et si in conflictu fuerint cum hostibus commisti, queant citra confusionem sejungi. Agnoscet te nemo, nosterne sis, an hostium, nisi mysticis signis necessitudinem affinitatemque ostenderis, nisi signatum sit super te lumen vultus Domini⁸. Quomodo vindicabit te angelus? quomodo eripiet ex hostibus, nisi agnoverit signaculum? Quomodo dicturus es tu, Dei sum, si notas ac insignia non exhibeas? An ignoras, exterminatorem domos signatas præteriisse, in his vero quæ signatæ non erant, primogenita occidisse⁹? Thesaurus non obsignatus diripi a furibus facile potest : ovi signo carenti tuto struuntur insidiæ.

5. Juvenis es? Retine juventutem baptismatis freno. Transiit flos ætatis? Cave feceris viatici jacturam, cave amiseris munimentum, cave cogites de undecima hora velut de prima¹⁰ : quandoquidem et eum qui jam primum editur in lucem, mortem ob oculos habere convenit. Si quis medicus promitteret tibi, se artibus quibusdam ac industria juvenem te ex sene facturum esse, nonne desiderares illam adesse diem, in qua teipsum visurus esses ad ætatis vigorem reversum? Sed cum baptismus facturum se spondet ac pollicetur, ut anima tua quam vetustate confecisti, ac iniquitatibus rugosam maculosamque reddidisti, ad pristinum florem redeat ; aspernaris benefacientem, nec accurris ad promissionem. Itane vero magnum pollicitationis miraculum videre non cupis? quomodo sine matre regeneretur homo? quomodo inveteratus et erroris desideriis¹¹ corruptus, vigeat rursus, repubescatque, et ad verum juventutis florem revertatur? Baptismus captivis est redemptionis pretium, debitorum condonatio, mors peccati, regeneratio animæ, indumentum lucidum, sigillum quod conatu nullo frangi potest, vehiculum ad cœlum, regni conciliator, adoptionis donum. Tot ac tantis bonis, o miser, voluptatem ducis potiorem? Novi enim procrastinationem tuam, quanquam eam verbis contegis ; clamant res ipsæ, tametsi voce taces. Sine, utar corpore ad fruendas turpes libidines, voluter in cœno voluptatum, cruentem manus, diripiam aliena, **118** dolose ambulem, pejerem, mentiar ; et tunc cum tandem aliquando a malis destitero, suscipiam baptisma.

Quod si peccatum bonum est et honestum, illud ad finem usque serva : sin noxium est patranti, quid in exitiosis immoraris? Nemo bilem evomere cum vult, mala intemperantique diæta eam sibi multo abundantiorem congerit. Par enim fuerit corpus a noxiis purgare, non morbum viribus majorem efficere. Exstat navis interim dum impositarum mercium onus sustentat ; si quid ultra accesserit, mergit. Time ne tibi etiam paria accidant ; neve si peccata committas venia majora, ante portus speratos naufragium facias. Non videt Deus quæ fiunt? non agnoscit tuas cogitationes? an iniquitates tuas juvat? *Suspicatus es*, inquit, *iniquitatem, quod ero tibi similis*¹². Tute mortalis viri amicitiam cum ambis, beneficiis eum allicis, dicisque ac facis, quibus gavisurum ipsum intelligis : sed Deo conjungi volens, et in filii locum receptum iri sperans, si interea tamen quæ Deo inimica sunt perpetres, et per legis violationem eum dedecores, unde maxime illum offendis, indene ipsius familiaritatem necessitudinemque tibi polliceris? Vide ne liberationis spe, si tibi ipse malorum copiam congesseris, peccatum quidem coacerves, venia vero priveris. *Deus non irridetur*¹³. Cave abutaris gratia ad quæstum. Ne dixeris : Bona est quidem lex, sed jucundius peccatum. Diaboli hamus voluptas est, trahens ad perniciem. Voluptas mater est peccati : peccatum vero stimulus mortis est¹⁴. Voluptas nutrix est æterni vermis : quæ fruentem se ad tempus quidem demulcet ; deinde vero germina felle amariora producit. Nihil aliud clamat procrastinatio nisi illa : Regnet in me primum peccatum, postea regnabit aliquando etiam Dominus. Exhibebo mea membra arma injustitiæ iniquitati : deinde exhibebo ea aliquando etiam arma justitiæ Deo¹⁵. Sic et Cain offerebat sacrificia, prima in usum commodumque suum, secunda conditori et largitori Deo. Cum idoneus es qui opereris, absumis in peccatis juventutem tuam. Postquam elanguerunt organa, tunc ea Deo offers, cum non amplius potes his ad ullam rem uti, sed ea necesse est torpere ob diutinam tabem, vigore et robore resoluto. Continentia in senectute continentia non est : sed animus ad lasciviendum invalidus. Mortuus non coronatur : nemo ideo justus, quod ei mali faciendi facultas non sit. Vires ac potentia dum tibi suppetunt, fac vincas ratione peccatum. Hoc enim virtus est, declinare a malo, et efficere bonum¹⁶. Nam cessare a malo, neque **119** laude, neque castigatione ex se dignum est. Peccare si desieris ob ætatem, beneficium est infirmitatis. Laudamus autem eos qui animi proposito boni sunt, non eos, qui necessitate aliqua a malo arcentur. Cæterum quis tibi vitæ limitem præfixit? quis certum senectutis terminum tibi definivit? quis sponsor futurorum apud te adeo fide dignus? An non vides infantes abreptos? an non vi-

---

⁷ I Joan. v, 17. ⁸ Psal. iv, 7. ⁹ Exod. xii, 23. ¹⁰ Matth. xx, 12. ¹¹ Ephes. iv, 22. ¹² Psal. xlix, 21. ¹³ Galat. vi, 7. ¹⁴ I Cor. xv, 55. ¹⁵ Rom. vi, 13. ¹⁶ I Petr. iii, 11.

des eos qui ætate vigent, abduci, atque de medio tolli? Nullum præfinitum tempus vita habet. Quid exspectas, ut beneficio febris et munere baptisma accipias? quando neque salutaria verba proferre poteris, neque forte tibi clare audire licebit, morbo caput ipsum occupante : non manus ad cœlum attollere, non in pedes erigi, non genu flectere ad adorandum, non commode doceri, non diligenter confiteri, non pacisci cum Deo, non inimico renuntiare, neque forte in recipiendis initiamentis rem scienter prosequi; cum dubitent qui adsunt, utrum senseris gratiam, an sine sensu quæ aguntur accipias. Imo etiam etsi sciens gratiam susciperes, tunc quidem talentum habes, sed lucrum non refers.

6. Imitare eunuchum[17]. Ille invenit qui ipsum prima fidei elementa doceret, nec doctrinam ac documenta aspernatus est : sed in currum evexit pauperem dives, idiotam et aspernabilem magnificus et sumptuosus; atque regni Evangelium edoctus, suscepit corde fidem, non sigillum Spiritus distulit. Cum etiam pervenissent ad aquam, *Ecce*, inquit, *aqua*. Vox ingentis gaudii : Ecce quod quæritur, *Quid prohibet me baptizari?* Ubi prompta voluntas est, quod impediat nihil est. Nam qui vocat, benignus est : expeditus est minister, uberrima gratia. Studium insit et alacritas, tumque nullum erit impedimentum. Unus est qui prohibet, ille videlicet, qui nobis vias ad salutem obstruit, quem prudentia vincamus. Ille cunctationis ac moræ nobis auctor est; nos ad opus faciendum insurgamus. Ille inanibus promissis corda nostra decipit : nos ejus cogitata ne ignoremus. Nonne suggerit ut hodie perpetremus peccatum, suadet e diverso, ut justitiam in crastinum reservemus? Quapropter Dominus prava ejus consilia evertens, ait : *Hodie si vocem meam audieritis*[18]. Ille dicit : Hodiernum mihi, crastinum Deo. Dominus contra vociferatur : Hodie vocem meam audite. Considera inimicum; suadere non audet, ut omnino a Deo secedas (novit id auditu Christianis grave esse), sed fraudulentis artibus atque insidiosis aggreditur. Sapiens est ad malefaciendum[19]. Intelligit nos homines in præsenti solum tempore vivere, actionemque omnem in præsenti tempore fieri. Quamobrem hodierna die nobis fraudulenter surrepta, nobis spem crastinæ relinquit. Deinde cum dies crastina venit, rursus accedit malus noster divisor, sibique hodiernum, Domino vero crastinum poscit, atque sic semper **120** præsens quidem per voluptatem subtrahens, futurum vero spei nostræ proponens, imprudentes nos et incautos e vita subducit.

7. Vidi ego aliquando talem callidæ cujusdam avis astutiam. Nimirum cum pulli ejus essent captu faciles ob teneritudinem, se ipsa objiciebat ut paratam prædam, atque ante venantium manus versans, neque facile poterat a venatoribus capi, neque spem capiendæ prædæ eis adimebat. Sed interea dum ipsos spe varie detineret, ac circa se occuparet, fugiendi copiam ac securitatem pullis suis subministravit, ac postremo ipsa quoque simul avolavit. Time ne et tibi similia accidant, qui certa incertorum spe derelinquas. Huc igitur ades dum mihi, teipsum totum ad Dominum transfer; da nomen tuum; Ecclesiæ ascribere. Miles recensetur in catalogo : athleta inscriptus decertat : civis civitate donatus inter tribules annumeratur. Omnibus his obnoxius es, ut miles Christi, ut athleta pietatis, ut cœli municeps. Conscribere in hoc libro, ut in cœlesti transcribaris. Disce, edocearis evangelicam disciplinam, exactam oculorum vigilantiam, linguæ continentiam, corporis servitutem, animi humilitatem, mentis puritatem, iræ exstinctionem. Ad quidpiam si adigeris, superadde[20] : si spoliaris, ne litiga[21] : si haberis odio, dilige[22] : persecutionem si patiaris, sustine[23]; conviciis si afficiaris, obsecra. Fac moriaris peccato[24] : crucifigare cum Christo : dilectionem totam in Dominum transmove. Sed difficilia sunt hæc et gravia. Quid, quæso, rerum bonarum facile est? Quis dormienti tropæum statuit. Quis inter delicias et tibiarum modulos coronis fortitudinis exornatus est? Nemo nisi cucurrerit, sustulit bravium. Gloriam pariunt labores, comparantur coronæ defatigatione. *Per multas tribulationes oportet nos intrare in regnum cœlorum*[25], dico et ego : sed has tribulationes ea quæ in regno cœlorum fruenda est beatitudo excipit, peccati vero labores dolor gehennæ atque tristitia exspectat. Imo etiam si quis diligenter animadvertit, ne ipsa quidem diaboli opera ab iniquitatis operariis sine labore patrantur. Qui sunt castitatis sudores? At sudore madet scortator, absumente illum voluptate. Num continentia tantum demit corpori, quantum exsecrabilis ac rabiosa incontinentia corrumpit? Noctes quidem insomnes peragunt qui pernoctant in precationibus : sed qui invigilant iniquitati, eas longe molestius traducunt. Nam et timor, ne deprehendare, et voluptatum stimulus omnem prorsus requiem fugant. Quod si itineris ad salutem deducentis angustias fugiens, latam amplamque peccati viam persequare; vereor ne latam ad finem usque secutus, consentaneum itineri diversorium reperias. Sed servatu difficilis est thesaurus. Invigila itaque, frater. Habes, si velis, adjutores, precationem ad noctis custodiam, **121** jejunium quod domum custodiat, cantum psalmorum, quo recreetur animus. Hæc tibi socia adjunge. Hæc tecum simul pernoctent ad res pretiosas custodiendas. Quid, dic mihi, nonne melius est ditescentes nos pro supellectilis pretiosæ custodia sollicitudinem pati, quam ne habere quidem initio quidquam quod custodiamus? Nemo spoliationis metu repudiat bona. Ita enim nihil rerum humanarum consisteret, si in singulis quorum studio tenemur, adversos casus attenderemus. Nam sterilitas agriculturam, naufragia

[17] Act. viii, 27 sqq. [18] Psal. xciv, 8. [19] Jerem. iv, 22. [20] Matth. v, 41. [21] ibid. 40. [22] ibid. 44. [23] 1 Cor. iv, 12, 13. [24] Rom. vi, 2. [25] Act. xiv, 21.

mercaturam, nuptias viduitas, liberorum educationem orbitas comitatur. Attamen aggredimur opera ipsa, meliori spe innixi : rerum vero exitum Deo nostra moderanti committimus. Tute verbis quidem sanctimoniam magni facis : re vero ipsa in deploratorum perditorumque numero versaris. Vide ne quando te pœniteat malorum consiliorum, cum ex pœnitentia nihil capies utilitatis. Prudentem te reddat virginum exemplum [26]. Illæ oleum in vasis non habentes, cum ingredi illas una cum sponso oporteret, tum necessariis rebus destitui se animadverterunt. Quapropter Scriptura fatuas etiam eas vocat, quod id tempus quo utendum oleo erat, in circumeundo et comparando insumentes, imprudenter et incaute a thalami gaudio semetipsas excluserunt. Vide ne tu quoque annum de anno, menses de mensibus, diem de die differens, nec oleum luminis alimentum assumens, in diem inexspectatam aliquando incidas, cum jam deficiet te vivendi facultas, eritque undique angustia, et afflictio cujuscunque levaminis expers, desperantibus medicis, desperantibus et propinquis, cum crebro et sicco anhelitu pressus, vehementi febre internas partes inflammante atque succendente, ingemisces quidem pectore imo, sed qui condoleat reperies neminem. Ac loquere quidem tenue aliquid et remissum : sed non erit qui audiat ; quidquid autem proferes, velut deliramentum contemnetur. Quis tum conferet baptisma ? Quis monebit te, sopore alto et gravi ex morbo correptum ? Mœrent propinqui, morbum alieni contemnunt : monita quasi perturbationem afferentia negligit amicus, aut forte etiam medicus decipit, nec de teipso desperas ob naturalem vitæ amorem. Nox est, nec sunt auxiliarii ulli : non adest qui baptizet. Astat mors, urgent qui abducant. Ecquis te eripiet ? Deus, qui contemptus est ? Te scilicet tum exaudiet, tu enim eum nunc audis. Tempus præfinitum prorogabit ? Scilicet dato tempore probe usus es.

8. *Nemo te seducat inanibus verbis* [27]. Nam repentinus tibi imminebit interitus [28], et exitium procellæ simile aderit. Veniet angelus tristis, abducens violenter, trahensque animam tuam peccatis vinctam, crebro se ad quælibet præsentia obvertentem, ac sine voce gementem, occluso jam genituum ac lamentorum organo. O quam dilaniabis te ipse! quantum ingemisces! Sed te tuorum consiliorum frustra pœnitebit, cum videbis hinc hilaritatem justorum de egregia donorum distributione lætantium, illinc mœrorem peccatorum qui in altissimis tenebris jacebunt. Quæ tunc dicturus es in dolore cordis tui ? Hei mihi, hoc grave peccati onus, cum id exuere ita facile esset, non abjeci ! sed horum malorum acervum traxi. Hei mihi, maculas ac sordes non ablui ! sed sum peccatis commaculatus. Nunc essem cum angelis : nunc cœlestium bonorum deliciis fruerer. O prava consilia ! ob temporariam peccati delectationem æternum excrucior : ob carnis voluptatem igni trador. Justum est judicium Dei : vocabar, et non obediebam : docebar, et animum non attendebam : obtestabantur me, et ego deridebam. Hæc et alia ejusdem generis proferes, deflens temetipsum, si hinc ante baptisma abriparis. O homo, aut gehennam metue, aut enitere ut regnum adipiscare. Vocationem ne sperne. Cave dixeris : *Habe me excusatum* [29], ob hanc et illam rationem. Causa nulla excusare potest. Mihi quidem subit lacrymari, cum hoc mecum reputo, quod turpitudinis opera ingenti Dei gloriæ præfers, quodque peccato firmissime inhærens ob libidinis delectationem a promissis bonis te ipse excludis, sic ut tibi cœlestis illius Jerusalem bona videre [30] non liceat. Illic innumera angelorum multitudo, primogenitorum cœtus, apostolorum throni, prophetarum sedes, patriarcharum sceptra, martyrum coronæ, justorum laudes. Exopta ut cum his numereris, posteaquam Christi dono ablutus fueris et sanctificatus. Ipsi gloria et imperium in sæcula sæculorum. Amen.

HOMILIA XIV.
In ebriosos.

1. Movent quidem me ad dicendum vespertina spectacula : sed ex altera parte impetum meum cohibet, alacritatemque retundit priorum laborum inutilitas. Nam et agricola si priora semina enata non sint, ad aliud semen in iisdem arvis rursus spargendum segnior est et tardior. Etenim si ex tot exhortationibus, in quibus tum præterito tempore vos indesinenter adhortati sumus, tum postea per has septem jejuniorum hebdomadas nocte ac die Evangelium gratiæ Dei sine ulla intermissione vobis denuntiavimus, fructus nullus nullaque utilitas emersit; qua spe sermonem hodie habebimus ? O quot noctes frustra vigilastis ! quot dies frustra convenistis ! si tamen frustra. Nam qui in bonis operibus progressum fecit, deinde vero ad consuetudinem antiquam revertitur, non insumptorum modo laborum mercedem amittit, sed fit etiam pœnæ graviori obnoxius; quod cum Dei verbum bonum degustaverit, mysteriorumque cognitione dignatus sit, perdidit omnia, brevi voluptate inescatus. *Nam minimus quidem venia ac misericordia dignus est : potentes vero*, inquit, *potenter torquebuntur* [31]. Vespera una, et unus inimici assultus omnem illum laborem dissolvit et evertit. Quæ ergo mihi alacritas nunc ad dicendum ? Quare etiam tacuissem, mihi credite, nisi Jeremiæ timuissem exemplum : qui cum ad populum contumacem verba facere nollet, passus est quæ ipse recenset : quod factus est ignis in ejus visceribus, ac undique dissolvebatur, nec ferre poterat [32]. Mulieres lascivæ, timoris Dei oblitæ, æternum ignem aspernatæ, in illa ipsa die cum ob resurrectionis memoriam oportuerat eas in domibus sedere, ac

---

[26] Matth. xxv, 1 sqq. [27] Ephes. v, 6. [28] I Thess. v, 3. [29] Luc. xiv, 18. [30] Psal. cxxvii, 5. [31] Sap. vi, 7. [32] Jerem. xx, 9.

recordari diei illius, in qua aperientur cœli, et apparebit nobis judex e cœlis, et tubæ Dei, et resurrectio mortuorum, et judicium justum, et redditio unicuique juxta opus suum; cum de his cogitare debuissent, suaque corda a pravis cogitationibus purgare, et priora peccata lacrymis delere, atque ad Christi occursum pro magno illo die apparitionis ejus sese præparare, servitutis Christi excusso jugo, velamentis honestatis a capite rejectis, contempto Deo, spretis ipsius angelis, virilem omnem aspectum citra pudorem ferentes, comas agitantes, trahentes tunicas, ac pedibus simul ludentes, lascivienti oculo, effuso risu, ad saltandum quasi quodam furore concitæ[33], omnem juvenum libidinem in seipsas provocantes, in martyrum basilicis pro mœnibus civitatis choros constituentes, loca sancta officinam obscenitatis suæ effecere. Cantilenis meretriciis ut aerem conspurcarunt, ita terram tripudiis pulsatam pedibus immundis fœdarunt; spectaculum sibi ipsis juvenum turbam undique statuentes, plane inverecundæ, prorsusque insipientes, nullum insaniæ modum omittentes. Hæc quomodo tacebo? quomodo, ut par est, lugebo? Vinum nobis harum animarum damnum intulit. Vinum, Dei donum ad infirmitatis levamen sobriis datum, nunc lasciviæ factum est instrumentum intemperantibus.

2. Ebrietas, voluntarius ille dæmon, per voluptatem in animas insiliens; ebrietas, nequitiæ parens, resque virtuti inimica, fortem virum ignavum reddit: pudicum impudicum; justitiam non novit, tollit prudentiam. Quemadmodum enim aqua igni est adversa: sic immodicum vinum rationem exstinguit. Quapropter pigrabar quidquam contra ebrietatem dicere, non quod malum quoddam sit exiguum, aut contemnendum, sed quod sermo noster nihil esset profuturus. Etenim si ebrius desipit, et vertigine laborat; frustra loquitur qui increpat non audientem. Quos igitur alloquemur? siquidem qui admonitione indiget, ea quæ dicuntur, non auscultat: temperanti vero et sobrio opus non est sermonis auxilio, cum ab hoc vitio purus sit et immunis. Quid igitur capiam consilii in præsenti rerum statu, si et sermo inutilis sit, nec silentium tutum? Negligemus curationem? Sed periculosa est negligentia. Dicamne contra ebrios? Sed in emortuas aures insonabimus. Fortassis igitur sicut in pestilentibus morbis corporum curatores eos quidem qui sani sunt, remediis quibusdam morbum prævenientibus communiunt; iis vero qui morbo jam correpti sunt, manus non adhibent: sic etiam nobis media ex parte utilis est sermo, qui impertiturus sit tutelam et antidotum sanis et integris, non liberationem aut medelam ægrotantibus.

3. Quid differs, o homo, a brutis animantibus? Nonne rationis dono, qua a tuo conditore accepta, creaturæ cujuslibet princeps effectus es et dominus? Quisquis igitur se ipso intelligentia ac cognitione privat per ebrietatem, *Comparatus est jumentis insipientibus, et similis factus est illis*[34]. Imo etiam dixerim ego temulentos rationis magis esse expertes quam ipsa pecora: siquidem quadrupedia omnia et bestiæ, certos ac constantes ad coitum motus impetusque habent: quorum vero animum temulentia occupat, et quorum corpus calor præter naturam accedens implet, hi omni tempore et omni hora ad impuros turpesque complexus concitantur, atque ad voluptates. Nec hoc modo eos brutos reddit et stupidos: sed sensuum etiam eversio temulentum quovis pecore deteriorem efficit. Enimvero quodnam brutum animal videndi audiendique sensu languescit ita, ut temulentus? Nonne ignorant familiarissimos, et sæpe ad alienos velut ad familiares ac necessarios accurrunt? Nonne sæpenumero umbras tanquam rivulos aut convalles transiliunt? Rursus eorum aures sonitu ac strepitu quodam quasi æstuantis maris implentur: terra vero sursum erigi videtur, et montes in orbem circumverti. Hi aliquando quidem rident indesinenter; aliquando vero dolent lugentque insolabiliter. Et modo audaces sunt et intrepidi; modo trepidi timidique. His somni quidem graves sunt, et excussu difficiles, prope suffocantes, planeque morti vicini; vigiliæ vero somnis stupidiores. Nam insomnium quoddam est vita ipsorum, qui cum nec vestem habeant, neque quod in crastinum edant, regnant, et exercitibus in ebrietate imperant, construunt urbes, ac pecunias elargiuntur. Visis ejusmodi tantoque errore eorum corda replet vinum. Alii vero in contrarios affectus prolabuntur. Despondent animum, tristes sunt, dolentes, lacrymis se dedentes, formidolosi, et consternatu faciles. Idem vinum pro varia corporum habitudine varios ac diversos affectus in animis parit. In quibus enim, sanguine diffuso, ad superficiem usque effloruerit, eos hilares lætosque et gaudio perfusos reddit: quorum vero habitudinem pondere suo obstruxerit, eos, contracto ac compresso sanguine, ad contrariam affectionem transmovet. Et quid opus est reliquarum perturbationum catervam recensere? indolem morosam, animum exacerbatu facilem, mores querulos, repentinam animi mutationem, clamorem, tumultum, procivitatem ad omnem dolum, animum iras recondere ac frenare nescium.

4. Quin etiam ipsa in fruendis voluptatibus incontinentia ex vino quasi ex fonte manifeste prorumpit; atque una cum mero irrepit impudicitiæ labes, quæ omnem pecorum in feminas insaniam demonstrat procacitate ac lascivia ebriorum minorem esse. Et quidem bruta animalia naturæ terminos non ignorant: ebrii vero in masculo feminam, in femina masculum requirunt. Sed omnia temulentiæ mala ne verbis quidem persequi ac commemorare facile est.

---

[33] Isa. III, 16. [34] Psal. XLVIII, 13.

Nam pestilentiæ damna quodam temporis intervallo accedunt hominibus, aere suam ipsius corruptionem paulatim in corpora transferente : sed illata a vino detrimenta simul statim irruunt. Postquam enim animam ita perdidere, ut sint omnigenis maculis compuncti, præterea ipsam quoque corporis habitudinem corrumpunt. Etenim non ob immodicas solum voluptates quibus velut furore quodam ad salacitatem concitantur, contabescunt ac diffluunt : sed ob ipsam etiam molem ac tumorem, corpus nimio humore repletum laxumque et vitali vigore solutum circumferunt. Horum lividi sunt oculi, subpallida superficies cutis, spiritus impeditus ac coagmentatus, lingua resoluta, clamor ind'stinctus, titubantes pedes velut puerorum, spontaneæ superfluitatum egestiones quasi ab inanimatis profluentes. Ob luxum miserabiles, miserabiliores quam qui in mari tempestate jactantur, quos fluctus alii aliis succedentes, ac demergentes, ex undis emergere non sinunt. Hunc ad modum horum quoque animæ vino madentes submerguntur. Quapropter ut jactata tempestate navigia cum plus æquo onerantur, onere ejecto necesse est allevari : ita et hi ea quæ ipsos gravant, necessario egerunt. Vix enim vomitu et dejectione ab onere liberantur, tanto miserabiliores infeliciter navigantibus, quantum hi quidem ventos et mare et externa impedimenta causantur : ille vero ebrietatis tempestatem sibi ipsis sponte asciscunt. Qui a dæmone obsidetur, miseratione dignus est : ebrius vero eadem perpetiens, ne dignus quidem est cujus misereamur, quandoquidem cum voluntario dæmone colluctatur. Hi præterea quædam ebrietatis pharmaca componunt, operam industriamque in eo ponentes, non ut ne quid mali a vino patiantur, sed ut ipsorum ebrietas jugis sit et assidua. Enim vero, saltem quod ad potandi tempus attinet, exigua eis est dies, brevis itidem nox vel hiberna. Denique hujus mali finis nullus est. Nam ipsum se merum promovet ad amplius. Nam enim levat necessitatem : sed alterius potus necessitatem inevitabilem inducit, exurens inebriatos, semperque desiderium plus bibendi provocans. Sed dum inexplebilem bibendi sitim sibi comparare cogitant, contra atque animo destinarunt accidit. Nam assiduo deliciarum usu suos sensus languidos reddunt ac retusos. Sicut enim nimius fulgor visum hebetat, et sicut qui ab ingenti sono ac fragore obtunduntur, ob immodicum percussum eo deveniunt, ut nihil omnino audiant : sic etiam hi præ nimio voluptatis studio imprudentes et incauti voluptatem amittunt. Vinum namque, etsi merum, ipsis est insipidum et aquæ simile : cum vero vinum recens sumitur, videtur tepidum ; id etsi recentissimum est, etsi nix ipsa, tamen flammam ex immodico vino intus in ipsis accensam exstinguere non potest. Cui

væ? cui tumultus? cui judicia? cui molestiæ et tricæ? cui contritiones supervacuæ? cujus lividi oculi? Nonne immorantium in vino, et explorantium ubi compotationes fiant [34]? Væ, lamentationis vox est. Lamentatione quidem digni sunt ebrii, quod ebriosi regnum Dei consecuturi non sint [36]. Tumultus vero fit ob turbationem ex vino rationi accedentem. Et inde molestiæ, quod amaræ digestiones ex vini voluptate huc illuc repant. Horum namque ligantur pedes, ligantur manus per suscitatas sibi ab ebrietate fluxiones. Imo enim ante hæc infortunia, ipso bibendi tempore, idem quod phrenetici perpetiuntur. Postquam enim fuligine, quam vinum exhalans sursum emittit, repletæ sunt cerebri membranæ, caput ut intolerabilibus doloribus corripitur, ita super humeros rectum manere non valens, huc illuc super vertebras nutans, jactatur. Tricas autem dicit immoderatam in conviviis ac contentiosam garrulitatem. Denique contritiones inaniter fiunt ebriis, cum erigere se præ ebrietate non queant. Nam evertuntur, atque variis modis cadunt, unde ipsis necesse est inaniter contritiones in corpore habere.

5. Sed quis hæc dixerit vino obrutis? Nam gravantur capite ex crapula, dormitant, oscitant, offusam oculis caliginem habent, nauseant. Quapropter non audiunt magistros, qui ipsis undelibet inclamant : *Nolite inebriari vino, in quo est luxuria* [37]. Ac rursus : *Luxuriosum vinum, et contumeliosa ebrietas* [38]. Quibus contemptis, statim fructum referunt ebrietatis. Nam intumescit corporis moles, humidi sunt oculi, os siccum est et perustum. Ut enim cava, dum in se torrentes confluunt, plena esse videntur ; sed ubi exundatio præteriit, sicca aridaque relinquuntur ; ita et ebriosorum os, restagnante vino, plenum quodam modo est, et madidum, sed simul ut paululum effluxit, siccum et humoris expers deprehenditur. Imo cum semper vitietur, et immodico vino obruatur, etiam humorem vitalem amittit. Quæ enim hominis constitutio tam valida, ut temulentiæ malis obsistat? Quibus enim artibus fieri possit, ut corpus semper incalescens, semperque vino madens, non efficiatur evanidum, exoletumque et fluxum? Hinc tremores debilitatesque : siquidem præ immodico vino spiritu in eis præciso atque interrupto, nervorumque exsoluto robore, agitatio ac tremor toti corporis moli accedit. Quid vis Caini maledictionem tibi ipse asciscere, tremens ac vagabundus per totam vitam [39]? Corpus enim quod naturali fulcro destituitur, circumagi necesse est et contremiscere.

6. Usquequo vinum? usquequo ebrietas? Periculum est ne tandem cœnum lutumque pro homine fias, ita totus admistus vino es, unaque pariter putruisti, vinum ex quotidiana crapula obolens, et hoc corruptum, perinde ut vasa nulli omnino usui

---

[34] Prov. xxiii, 29, 30. [36] I Cor. vi, 10. [37] Ephes. v, 18. [38] Prov. xx, 1. [39] Genes. iv, 14.

idonea. Hos Isaias luget : *Væ qui surgunt mane, et siceram persequuntur, qui exspectant vesperam : vinum enim comburet eos. Nam cum cithara et tibiis vinum bibunt, opera autem Domini non respiciunt, et opera manuum ejus non considerant* [40]. Potum omnem qui inebriare potest, solent Hebræi siceram appellare. Itaque qui ineunte die explorant ubi compotationes fiant, et œnopolia ac cauponas collustrant, seque mutuo ad compotandum conjungunt, et omnem animi curam in hæc insumunt, hos propheta deplorat, quod tempus nullum sibi ipsi ad Dei miracula consideranda reservent. Nec enim oculis eorum vacat suspicere in cœlum, ejusque pulchritudinem condiscere, et omnem rerum conditarum ornatum expendere, ut recto horum ordine opificem intelligant : sed statim incipiente die conviviorum suorum loca variis tapetibus ac floridis aulæis ornant ; atque studium ac diligentiam in poculis apparandis ostendunt, vasa ad refrigerandum vinum, craterasque et phialas velut in pompa aliqua ac conventu publico disponentes, ut vasorum diversitas ipsis satietatem obtegat, et alternatio poculorum ac permutatio eos diu in bibendo detineat. Quinetiam adsunt quidam convivii magistri, ac pincernarum principes et architriclini : imo ordo in confusione, ac dispositio in re incomposita excogitatur, ut quemadmodum sæculi magistratibus ex satellitibus major auctoritas accedit, sic etiam, ebrietati velut reginæ cuidam famulitio tradito, dederus ejus ac turpitudinem quam diligentissime contegant. Præterea coronæ, flores, unguenta, suffitus, et innumera quædam externa oblectamenta perditos diutius occupat. Deinde convivio longius progrediente, oriuntur de ampliore potu certamina contentionesque et lites, dum se mutuo ebrietate superare conantur : atque certaminum horum præfectus **128** diabolus est, et victoriæ præmium peccatum. Nam qui plus exhaurit meri, is ab aliis reportat victoriam. Revera *Gloria in confusione ipsorum* [41]. Contendunt enim inter se, ac se ipsi ulciscuntur. Quæ oratio, eorum quæ fiunt, assequi posset turpitudinem? Omnia sunt insipientia referta, omnia confusione : victi victoresque ebrii sunt, derident ministri. Labat manus, os non suscipit, venter disrumpitur, nec tamen malum mitescit. Miserum corpus naturali vigore exsolutum undelibet diffluit, haud sustinens immodici potus violentiam.

7. Miserabile Christianorum oculis spectaculum : vir ætate florens, validus corpore, inter militares ordines clarus, aliorum manibus domum deportatur, quod erigere se non queat, neque suis ipsius pedibus abire. Vir qui terrori hostibus esse debuerat, pueris in foro ridendi occasionem præbet; sine ferro prostratus est, sine hostibus enectus. Vir armiger, in ipso ætatis flore consistens, a vino consumptus est et confectus, quidquid hostes voluerint perpeti paratus. Ebrietas rationis pernicies, roboris lues, senectus immatura, exigui temporis mors. Quid enim aliud sunt temulenti nisi idola gentium? *Oculos habent, et non vident : aures habent, et non audiunt* [42] ; manus resolutæ sunt, pedes emortui. Ecquis hæc machinatus est? quis auctor est horum malorum? quis hoc insaniæ pharmacum nobis admiscuit? O homo, convivium aciem effecisti. Juvenes ejicis ductos manu tanquam vulneratos e prælio, juventutis florem vino enecasti. Ac vocas quidem veluti amicum ad cœnam, ejicis autem mortuum, exstincta a vino illius vita. Cum autem vino exsatiati esse putantur, tum bibere incipiunt, et pecudum more bibunt quasi a fonte sponte manante, et scatebras numero æquales accumbentibus ministrante. Nam procedente jam convivio, adolescens habens egregios humeros, nondum ebrius, prægrandem vini refrigerati phialam afferens, huc ingreditur : qui depulso ipsorum pocillatore, stans in medio, per obliquos tubos parem compotoribus distribuit ebrietatem. Novus hic est rei modum nullum habentis modus, ut data pari portione inter se mutuo luxurient, nec possit alter quisquam alterum bibendo superare. Nam distributis inter se tubis, et sibi quisque obversum tubum suscipientes, tanquam ex **129** quodam lacu more boum uno spiritu bibunt, tantum gutture attrahere festinantes, quantum sibi desuper vas refrigeratorium per argenteas fistulas demittit. Respice ad tuum miserum ventrem : disce suscipientis vasis magnitudinem, videlicet quod cotylæ (1) unius cavo circumscribatur. Ad trullam ne respicias, eam exhausturus, sed ad tuum ipsius ventrem, quod jamdudum expletus sit. Quapropter, *Væ qui surgunt mane, et siceram persequuntur, qui exspectant vesperam* [43], et diem in ebrietate transigunt, sic ut nullum sibi dent tempus ad opera Domini inspicienda, neque ad opera manuum ejus consideranda. *Vinum enim eos comburet* [44], quod vini calor carni accedens, igniculus fiat ignitorum inimici jaculorum. Vinum enim rationem demergit et mentem : vitiosos vero affectus ac libidines quasi quoddam apum examen exsuscitat. Quis enim currus, ab equuleis tractus, adeo temere fertur, auriga excusso? Quodnam navigium gubernatore destitutum, a fluctibus huc illuc exagitatum, non tutius est temulento?

8. Per ejusmodi mala, viri simul et mulieres, constitutis choris communibus, animabusque vinoso dæmoni traditis, se mutuo libidinum spiculis consauciarunt. Risus utrinque, cantilenæ obscenæ, meretricii gestus ad libidinem provocantes. Rides, dic mihi, ac gaudes gaudium impudicum, cum lacrymari ob præterita et ingemiscere oporteret? Ca-

---

[40] Isa. v, 11, 12. [41] Philipp. v, 19. [42] Psal. CXIII, 5, 6. [43] Isa. v, 11. [44] ibid.

(1) Sunt qui existimant novem circiter uncias liquoris in cotyla contineri : quantum fere hemina continere dicitur a quibusdam; nec enim ea de re satis inter se conveniunt eruditi.

nis meretricias cantilenas, psalmis et hymnis, quos didicisti, ablegatis. Moves pedes, et more insanientium exsilis, ducisque quas non deberes choreas, cum genua flexa oportuisset ad adorandum? Utras lugebo? puellasne nuptiarum inexpertas, an connubii jugo subditas? Illæ quidem amissa virginitate reversæ sunt; hæ vero pudicitiam maritis haud retulerunt. Nam si quæ forte peccatum vitarunt corpore, omnino tamen in animis corruptionem susceperunt. Hæc et de viris a me dicta sint. Aspexit nequiter, nequiter conspectus est. *Qui aspexerit mulierem ad concupiscendum, jam mœchatus est*[45]. Si ob fortuitos casus tantum periculum impendet obiter conspicientibus, quantum futurum est ob occursus qui de industria fiunt, ut videant mulieres præ ebrietate se indecore gerentes, suosque gestus componentes ad lasciviam, et cantilenas molles canentes, quæ vel auditæ solum, omne voluptatis œstrum lascivientibus ingerere possunt? Quid dicent, aut quid causabuntur, qui ex ejusmodi spectaculis ingens malorum examen sibi collegere? Nonne se ideo aspexisse, ut concupiscentiam excitarent? Obnoxii igitur sunt judicio adulterii secundum inevitabilem Domini sententiam. Quomodo vos Pentecoste excipiet, qui in Pascha fuistis ita contumeliosi? In Pentecoste Spiritus sancti adventus manifestus **130** fuit et notus omnibus: tu vero in antecessum temet adversarii spiritus habitaculum effecisti, et templum factus es idolorum, cum debuisses templum Dei fieri per Spiritus sancti inhabitationem [46]. Accersivisti exsecrationem prophetæ, in Dei persona dicentis: *Convertam solemnitates eorum in luctum*[47]. Quomodo servis imperabitis, cum vos quasi mancipia stolidis ac exitiosis cupiditatibus inserviatis? Quomodo castigabitis liberos, cum vos incastigatam vitam atque incompositam vivatis? Quid igitur? Num vos in his relinquam? Sed vereor, ne forte qui immoriger est, fiat inde impudentior; qui vero compunctus est, tristitia abundantiore absorbeatur [48]. Nam, inquit, *Medela sedabit peccata magna* [49]. Jejunio curetur ebrietas; psalmo, cantilena obscena; lacrymæ sint risus remedium; pro saltatione genu flectatur; pro manuum plausu pectus percutiatur; pro vestitus ornatu ostendatur humilitas. In primis redimatte a peccato eleemosyna [50]. Nam *Pretium redemptionis viri, sunt suæ ipsius divitiæ* [51]. Plures eorum, qui in ærumnis versantur, fac habeas socios precationis, si forte nequitiæ consilium tibi remittatur. Quando sedit populus ad edendum et bibendum, et surrexerunt ad ludendum [52] (ludus autem ipsorum idololatria erat): tunc Levitæ in suos fratres armati, manus suas in sacerdotium consecrarunt. Itaque et vobis qui Dominum timetis, quotquot nunc de actionum improbatarum turpitudine doluistis, illud præcipimus: Si videritis quos stultitiæ gestorum suorum pœniteat, eorum misereamini tanquam vestrorum membrorum ægrotantium: sin pervicaces ac vestram pro ipsis mœstitiam spernentes, *Exite de medio eorum, et separemini, et immundum ne tangatis* [53]: ut sic illi quidem pudore affecti, suam ipsorum pravitatem cognoscant: vos vero mercedem æmulationis Phinees recipiatis [54], justo judicio Dei ac Salvatoris nostri Jesu Christi, cui gloria et imperium in sæcula sæculorum. Amen.

HOMILIA XV.
De fide.

1. Dei quidem jugiter meminisse, res pia est, et qua Dei amans animus nunquam exsatiatur: quæ vero sunt Dei, sermone prosequi audax cœptum fuerit; cum mens nostra longo intervallo a rerum dignitate absit, rursusque sermo obscure ac imperfecte intellecta exprimat. Itaque si intelligentiam nostram longe superet rerum magnitudo, sermo autem ab ipsa intelligentia superetur, quomodo silere necesse non fuerit, ne forte theologiæ dignitas ex verborum tenuitate periclitari videatur? Dei quidem gloria afficiendi cupido quibusvis ratione præditis insita est natura: sed rei pro dignitate tractandæ impares sunt ex æquo omnes. Quanquam autem pietatis studio alter alteri præstamus: nemo tamen ita cæcutit, seque ita seducit, **131** ut ad summum comprehensionis apicem pervenisse se existimet; imo quanto magis videbitur cognitione ac scientia proficere, tanto amplius suam imbecillitatem sentiet. Talis erat Abraham, talis erat Moyses: quibus cum licuit Deum videre, quantum videre homini fas est, tunc maxime uterque humilem se præstitit. Abraham quidem nominat semet terram ac cinerem [55]: Moyses vero se dicit hominem voce gracili et lingua tarda [56]. Videbat enim eam esse linguæ debilitatem, quæ rerum intellectarum magnitudini enarrandæ inservire non posset. Sed quia auris omnis nunc aperta est ad theologiam audiendam, nec Ecclesia satiatur ejusmodi auditionibus, confirmans quod ab Ecclesiaste dictum est: *Non implebitur auris auditu* [57], dicere pro virili necesse est. Dicemus autem, non quantus est Deus, sed quantum possumus nos assequi. Nec enim quoniam medium hunc inter cœlum et terram locum oculis totum collustrare non possumus, continuo, certe quoad ejus fieri potest, conspicere nolumus: sic etiam nunc paucis verbis pietati faciamus satis, sed in toto sermone victoriam dignitati naturæ atque amplitudini concedamus. Neque enim linguæ angelorum, quæcunque illæ sunt, neque archangelorum, exque cum tota simul rationali natura coactæ, ad minimam partem pertingere poterunt, nedum toti explicandæ pares sint. Tu vero si quid voles de Deo dicere, aut audire; dimitte corpus tuum, dimitte corporeos sensus, re-

---

[45] Matth. v, 28. [46] Rom. viii, 11. [47] Amos viii, 10. [48] II Cor. ii, 7. [49] Eccle. x, 4. [50] Dan. iv, 24. [51] Prov. xiii, 8. [52] Exod. xxxii, 6. [53] Isa. lii, 11; II Cor. vi, 17. [54] Num. xxv, 11. [55] Gen. xviii, 27. [56] Exod. iv, 10. [57] Eccle. i, 8.

linque terram, relinque mare, aerem infra teipsum colloca, prætergredere ætates, temporum constitutos ordines, terræ ornamenta : supra æthera tollere, transcende stellas, omnia quæcunque in eis admirationi sunt, earum ornatum, magnitudinem, quidquid ex eis orbis universus capit utilitatis, rectum ordinem, splendorem, situm, motum, quomodo inter se conjungantur, aut sejungantur a se invicem. Omnia mente ac ratione prætergressus, transvolans cœlum, illoque effectus excelsior, cogitatione sola pulcherrima quæque circumspice, exercitus cœlestes, choros angelorum, archangelorum dignitates, gloriam dominationum, thronorum sedes, virtutes, principatus, potestates. Prætermissis omnibus, emergente ratione supra omnem creaturam, mente ultra hæc erecta, contemplare divinam naturam : stantem, immutabilem, varietatis expertem, affectionum vacuam, simplicem, compositioni nulli obnoxiam, indivisibilem, lucem inaccessam [58], potentiam ineffabilem, magnitudinem finibus nullis circumscriptam, gloriam supermicantem, bonitatem desiderabilem, pulchritudinem singularem, qua quidem animus sauciatus vehementer percellatur, sed quæ pro dignitate verbis explicari non possit.

2. Illic Pater et Filius et Spiritus sanctus, increata natura, Dominica majestas, naturalis bonitas. Pater omnium principium, eorum quæ exsistunt causa, radix viventium. Unde prodiit vitæ fons, sapientia, virtus, Dei invisibilis in omnibus simillima imago [59], Filius ex Patre genitus, vivens Verbum, Deus exsistens, et exsistens **132** apud Deum [60] : exsistens, non adventitius : exsistens ante sæcula, non postea acquisitus ; Filius, non possessio ; opifex, non opificium ; creator, non creatura : omnia exsistens, quæcunque est Pater, Filius, inquam, et Pater. Observa mihi has proprietates. Manens igitur in eo quod est Filius, omnia est Pater, secundum ipsius Domini vocem, dicentis : *Omnia quæcunque habet Pater, mea sunt* [61]. Revera enim omnia quæ archetypo exemplari adsunt, imaginis sunt. *Vidimus* enim, inquit evangelista, *gloriam ejus, gloriam quasi Unigeniti a Patre* [62] : hoc est, non ex dono et munere data ei sunt miracula, sed ex naturæ communione Filius habet paternæ divinitatis majestatem. Nam accipere, commune est et creaturæ : habere autem ex natura, proprium est geniti. Itaque ut Filius, naturaliter possidet quæ sunt Patris : ut Unigenitus, omnia in seipso comprehendit, cum nihil quidquam cum altero dividatur. Ex ipsa igitur Filii appellatione discimus naturæ esse consortem, non jussu creatum, sed sine ullo intervallo ex substantia splendentem, sine ullo temporis spatio cum Patre conjunctum, æqualem in bonitate, æqualem in potestate, consortem majestatis. Ecquid enim, nisi sigillum et imago, ostendens in se Patrem totum?

Quæcunque autem postea, hominum dispensans salutem, quam nobis per carnem conspicuus effectus exhibuit, ita tibi ex corporis constitutione edisserit, ut dicat missum se esse, et nihil a seipso facere posse, et accepisse se mandatum et alia id genus, ne ullam tibi occasionem præbeant ad imminuendam Unigeniti divinitatem. Nam humilis ille ad tuam infirmitatem accessus, dignitatem potentis minuere non debet : sed naturam intellige congruenter Deo convenienterque, verba vero humiliora de incarnatione accipe. De quibus si vellemus nunc accurate tractare, incauti ac imprudentes multam, imo infinitam verborum copiam ad susceptum argumentum aggereremus.

3. Sed ad propositum revertamur. Mens quæ a terrenis affectionibus pura esse potuerit, omnemque intelligibilem creaturam relinquere, et quasi piscis aliquis e profundo ad summam superficiem enatare, jam in creationis puritate constituta, illic videbit Spiritum sanctum, ubi Filius est, et ubi Pater : qui et ipse omnia coessentialiter secundum naturam habet, bonitatem, rectitudinem, sanctimoniam, vitam. Nam, inquit, *Spiritus tuus bonus* [63]. Ac rursus, *Spiritum rectum* [64]. Rursusque, *Spiritum sanctum* [65]. Quin et Apostolus : *Lex Spiritus vitæ* [66]. Horum nihil ascititium ei, nec quidquam postea adventitium adest ; sed quemadmodum calefactio separari ab igne non potest, nec splendor a luce : sic nec a Spiritu sanctificatio, vivificatio, bonitas, rectitudo. Illic **133** igitur Spiritus consistit, illic in beata natura ; non cum multitudine numeratur, sed in Trinitate conspicitur, solitarie enuntiatur, non in turmis ac cœtibus comprehenditur. Ut enim Pater unus est, et Filius unus : sic unus etiam Spiritus sanctus. At vero administri spiritus in singulis ordinibus multitudinem, quæ vix numerari potest, nobis exhibent. Quod igitur supra creaturam est, id in creatura ne quæras : ne cum sanctificatis deprimas quod sanctificat. Ille replet angelos, replet archangelos, sanctificat potestates, vivificat omnia. Ille in omnem creaturam divisus, cum aliter alius particeps ejus fiat, nihil tamen a participantibus minuitur. Omnibus quidem gratiam suam largitur, non tamen insumitur in participantes, sed et qui acceperunt, replentur, et ipsi nihil quidquam deest. Et quemadmodum sol cum corpora illustrat, et ab eis varie participatur, nihil minuitur a participantibus : ita etiam Spiritus gratiam suam omnibus impertiens, integer manet et indivisus. Omnibus lumen dat ad assequendam Dei notitiam, afflat prophetas, legislatores sapientiam docet, sacerdotes consecrat, corroborat reges, justos perficit, prudentes cohonestat, operatur dona sanationum, vivificat mortuos, solvit compeditos, alienos adoptat in filios. Hæc operatur per supernam generationem. Si publicanum credentem nactus fuerit, reddit evangelistam [67] ; si inciderit in piscatorem,

[58] 1 Tim. vi, 16. [59] Coloss. i, 15. [60] Joan. i, 2. [61] Joan. xvi, 15. [62] Joan. i, 14. [63] Psal. cxlii, 10. [64] Psal. l, 12. [65] ibid. 13. [66] Rom. viii, 2. [67] Matth. ix, 9.

theologum facit [68]; si persecutorem pœnitentem offenderit, efficit apostolum gentium, præconem fidei, vas electionis [69]. Per ipsum debiles evadunt fortes, pauperes ditescunt, idiotæ et sermonis rudes sapientia sapientibus præstant. Paulus infirmus; et tamen ob Spiritus præsentiam, corporis ipsius sudaria sanitatem afferebant suscipientibus [70]. Petrus erat et ipse corpore infirmo circumdatus : sed per inhabitantem Spiritus gratiam, umbra e corpore prolapsa morbos ægrotantium fugabat [71]. Pauperes Petrus et Joannes (non enim eis erat argentum, neque aurum [72]) : sed tamen largiebantur sanitatem multis accepto auro, erat adhuc mendicus : sed recepto a Petro beneficio, saliens quasi cervus, Deumque laudans, mendicare desiit. Non noverat Joannes mundi sapientiam, tamen per Spiritus potentiam protulit verba, quæ sapientia nulla potest contueri. Ille et in cœlo consistit, et terram replet, et ubique adest, nec usquam continetur. Totus in unoquoque inhabitat, et totus cum Deo est. Dona ministrat non ministri more : sed sua ipsius auctoritate partitur munera. *Dividit* enim, inquit, *peculiariter unicuique, prout vult* [73]. Mittitur quidem in dispensatoris et œconomi modum : sed agit propria potestate. Precemur illum, ut animis nostris adsit, nec ullo tempore nos deserat, per gratiam Domini nostri Jesu Christi : cui gloria et imperium in sæcula sæculorum. Amen.

134 HOMILIA XVI.
In illud, « In principio erat Verbum [74]. »

1. Omnis quidem Evangeliorum vox reliquis documentis a Spiritu traditis magnificentior est et præstantior, quod in his per servos prophetas locutus sit ad nos, in Evangeliis vero Dominus ipse per se nos allocutus sit. Sed qui inter ipsos evangelicos præcones vocalissimus est, quique auditu omni majora, et intelligentia omni altiora locutus est, Joannes est, ille tonitrui filius, cujus audivimus exordium, quod ex Evangelii libro lectum est : *In principio erat Verbum; et Verbum erat apud Deum, et Deus erat Verbum* [75]. Novi multos ex iis etiam qui a veritatis doctrina alieni sunt, quique de sapientia mundana gloriantur, hæc et admiratos esse, et scriptis suis inserere ausos fuisse. Fur est enim diabolus; ac nostra, cum fabularum narrator sit, ad suos vates effert. Quod si carnalis sapientia verborum vim tantopere est admirata, quid nos Spiritus discipuli faciemus? Obiterne audiemus, et exiguam quamdam vim in eis inesse existimabimus? Ecquis ita stupidus fuerit, qui tantam sententiæ pulchritudinem tamque incomprehensibilem dogmatum altitudinem non miretur; nec veram eorum comprehensionem concupiscat? At enim admirari pulchra difficile non est : sed ea quæ admirationi fuere perfecte intelligere, hoc arduum est atque perdifficile. Nam et solem hunc sensibilem nemo est qui non laudet : quandoquidem ejus magnitudine et pulchritudine et radiorum æqualitate et splendida luce magnopere delectatur. Attamen si in ipsius orbem oculorum obtutus figere vehementius contenderit, non solum exoptata visurus non est ; sed visus etiam integritatem corrumpet. Tale aliquid arbitror accidere menti ei, quæ accuratius scrutari conatur hæc verba : *In principio erat Verbum.* Quis quæ ad principium spectant, ut par est, intelliget? Quænam verborum vis inveniatur, quæ pro rei dignitate possit cogitata exprimere? Traditurus nobis Joannes quæ ad theologiam Filii Dei attinent, nullum aliud orationis exordium nisi principium universorum prætulit. Spiritus sanctus noverat qui essent adorturi Unigeniti gloriam ; præviderat qui essent nobis objecturi sophismata, quæ ipsi ad subvertendos auditores excogitassent. Nimirum, Si genitus est, non erat : et, Antequam gigneretur, non erat : item, Ex non exsistentibus subsistentiam accepit. Linguæ enim per verba suasoria exacutæ magis quam anceps quivis gladius, loquuntur talia. Ne igitur similia cuiquam dicere liceat, Spiritus sanctus hæc in Evangelio occupans dixit : **135** *In principio,* inquit, *erat Verbum.* Hanc vocem si tenueris, nihil a maleficis illis patieris mali. Nam si ille dixerit, Si genitus est, non erat : tu dicito, *In principio erat.* Sed, inquit, priusquam genitus esset, quomodo erat? Tu ne dimittas illud, *Erat :* ne dereliqueris illud, *In principio.* Principii summitas non apprehenditur : quod extra et ultra principium sit, non invenitur. Ne quis te decipiat varia vocis significatione. Nam rerum multarum multa sunt principia in hac vita : sed unum est principium supra omnia, quod ultra est. Nam, inquit Parœmia, *Principium viæ bonæ* [76]. Sed viæ principium est primus motus, unde iter ordimur, cujus prior pars potest reperiri. Et, *Principium sapientiæ timor Domini* [77]. Præjacet autem et huic principio aliud quoddam, cum perceptionis artium principium sit prima elementorum institutio. Elementum igitur sapientiæ timor Domini est : sed hoc principio est aliquod antiquius, animæ scilicet status, ejus, qui nondum sapientiam edoctus est, nec Dei timorem adeptus. Principia dicuntur etiam civiles potentatus, videlicet præcelsæ dignitates : sed hæc principia, aliquorum sunt principia, et unumquodque eorum aliquo refertur. Etenim lineæ principium punctum est, et superficiei principium linea, et corporis principium superficies, et orationis compositæ principia, elementa.

2. Non certe ejusmodi est illud principium. Nulli enim alligatum est, servit nulli, cum nullo conspicitur : sed liberum est ; dominum non habet ; exsolutum est omni ad aliud relatione, menti insuperabile ; quod cogitationibus transcendere non est, ultra quod nihil quidquam reperiri potest. Nam si

[68] Matth. iv, 19. [69] Act. ix, 15. [70] Act. xix, 12. [71] Act. v, 15. [72] Act. iii, 6. [73] I Cor. xii, 11. [74] Joan. i, 1. [75] ibid. [76] Prov. xvi, 5. [77] Psal. cx, 10.

mentis cogitatione contenderis principium præver|tere, comperies id tibi præire, et prius cogitatis occurrere. Sine mentem tuam, quantum velit, excurrere, et extendere se ad superiora : deinde post innumeros errores ac multos inanes conatus, eam ad se iterum reversam invenies, quod principium se posterius ac inferius reddere non possit. Principium enim semper cogitato ulterius superiusque esse deprehenditur. *In principio* igitur *erat Verbum.* O rem miram ! Ut ex æquo inter se conjunctæ sunt voces omnes! Illud, *Erat,* idem valet quod illud, *In principio.* Ubi est blasphemus? ubi adversus Christum pugnans lingua, quæ dicit : Erat aliquando, cum non esset? Audi Evangelium : *In principio erat Verbum.* Quod si *in principio erat,* quando non erat? Ipsorumne lugebo impietatem, an inscitiam exsecrabor? At antequam gigneretur, non erat. Nosti scilicet quando genitum sit, quo quid prius possis tempori attexere? Etenim illud, *Antequam,* vox est temporis, alterum alteri antiquitate præponens. Quomodo autem par fuerit temporis conditorem generationem habere temporis vocibus subjectam? *Erat* igitur *in principio.* Quod si ab hac voce, *Erat,* non discesseris, blasphemiæ malignæ aditum nullum dabis. Ut enim qui in mari versantur, cum inter duas anchoras fluctuant, tempestatem aspernantur : ita et tu hanc pravam turbationem, quæ vitam hominum per nequitiæ spiritus invasit, quæque multorum fidem exagitat, deridebis, si modo in horum verborum propugnaculo tanquam in portu ac statione animam tuam tenueris.

3. Jam inquirit mens nostra, Quis erat in principio? *Verbum,* inquit. Quale verbum? humanumne verbum, an verbum angelorum? Enimvero indicat nobis Apostolus angelis quoque suam esse linguam, cum ait : *Si linguis hominum loquar et angelorum*[78]? Jam vero *verbi* duplex est intelligentia : alterum enim voce profertur, quod posteaquam prolatum est, in aere perit : alterum vero internum est, inque animis nostris insitum, verbum scilicet mentis. Est et aliud verbum, oratio artificiosa. Vide ne te decipiat vox ambigua. Quomodo enim erat in principio verbum humanum, cum homo principium ortus atque originem posterius acceperit? Ante hominem bestiæ, ante hominem pecora, reptilia omnia tum terrestria tum aquatica, volucres cœli, stellæ, sol, luna, herbæ, semina, terra, mare, cœlum. Non igitur in principio erat verbum humanum, sed ne angelorum quidem. Nam creatura omnis posterior sæculis est, accepto a conditore existendi principio. Verbum autem quod insitum in animo est, et ipsum singulis quæ intellecta sunt, recentius est. Sed verbum prout Deo convenit interpretare. Nam cum de Unigenito ad te loqueretur, Verbum ipsum dixit. Quemadmodum igitur et lucem paulo post dicet, et vitam, et resurrectionem; neque tamen, cum audis lucem, ad sensibilem hanc et oculis visibilem lucem recurris; neque cum vitam audis, communem hanc intelligis, quam bruta etiam animalia vivunt : ita quoque cum Verbum audis, cave incidas mentis imbecillitate in terrenas humilesque cogitationes, sed vocis significationem perscrutare. Cur Verbum? Ut perspicuum sit processisse ex mente. Cur Verbum? Quia citra passionem genitum est. Cur Verbum? Quia imago est genitoris, totum in seipso genitorem ostendens, nihil inde separans, et per se perfectum exsistens : quemadmodum et verbum nostrum totius nostræ cogitationis refert imaginem. Etenim quæ in corde cogitavimus, ea verbo proferimus, idque quod loquimur, reconditi in corde conceptus imago est et simulacrum. Nam ex cordis abundantia promitur verbum. Ac quidem cor nostrum est veluti fons quidam : prolatum vero verbum, est veluti rivulus aliquis, qui ex hoc fonte emanat. Tantum igitur est id quod profluit, quantum id quod primum emergit; et quale est id quod occultum est, tale est quoque quod apparet. Verbum igitur dixit, tibi ut ostendat Patris generationem passioni non subjici, teque doceat divinam Filii substantiam perfectam esse, denique ut per hæc æternam Filii cum Patre conjunctionem commonstret. Nam et verbum nostrum, mentis fetus, citra passionem generatur; neque enim secatur, neque dividitur, neque fluit, sed mens tota in sua natura permanens, verbum totum et absolutum producit, atque id verbum quod procedit, omnem mentis generantis virtutem in se complectitur. Postquam igitur tantum ad Unigeniti theologiam ex verbi voce desumpseris, quantum pium fuerit, tum quidquid alienum esse ac dissentaneum repereris, id devita, omnique studio prætergredere. *In principio erat Verbum.* Quod si dixisset : In principio erat Filius, tibi in mentem una cum Filii appellatione venisset quædam passionis cogitatio. Quoniam enim quæ apud nos generant, tempore generant, et cum passione generant, idcirco hæc occupaturus, *Verbum* dixit, suspiciones absonas in antecessum corrigens, ut animam tuam illæsam servaret.

4. *Et Verbum erat apud Deum.* Rursus, *Erat,* ob eos qui impie dicunt quod non erat. Ubi erat *Verbum?* Non in loco : quandoquidem in loco non continentur quæ circumscribi non possunt. Sed ubi erat? *Apud Deum.* Neque Pater in loco, neque Filius in ambitu ullo, aut certa circumscriptione comprehenditur : sed infinitus Pater, infinitus et Filius. Quidquid cogitaveris, et quocunque spiritu tuo perrexeris, omne id Deo plenum invenies : ubique offendes pariter coextensam Filii hypostasim. *Et Verbum erat apud Deum.* Admirare cujuscunque vocis accuratum delectum. Non dixit : In Deo erat Verbum, sed *Apud Deum,* ut hypostaseos proprietatem declararet. Non dixit : In Deo, ut ne

---

[78] I Cor. XIII, 1.

confundendæ hypostaseos daret occasionem. Nam prava illa est blasphemia eorum, qui commiscere omnia conantur ; dicuntque Patrem et Filium et Spiritum sanctum, unum esse subjectum, atque rei uni nomina diversa ascribi. Impietas pessima, nec minus fugienda quam eorum qui ore blasphemo affirmant Filium Dei Deo et Patri secundum substantiam dissimilem esse. *Et Verbum erat apud Deum*. Deinde postquam Verbi vocem ad ostendendam generationis apathiam adhibuit, statim et noxam eam quæ ex Verbi nomine accedere poterat, curavit. Atque semet quasi ex blasphemantium calumnia eximens, Quid, inquit, est Verbum? *Deus erat Verbum*. Ne mihi artificiose comminiscare quasdam verborum distinctiones, neve maligno tuo artificio convicium ullum doctrinæ Spiritus aspergas. Habes sententiam : subditus esto Domino. *Deus erat Verbum : hoc erat in principio apud Deum* [79]. Rursus evangelista omnem suam theologiam quam de Unigenito nobis tradidit, paucis verbis in summam redigit. Quodnam *Hoc*? *Hoc*, Verbum Deus. Postquam enim ejus tibi conceptum distincte expressit, in tuoque animo per doctrinam quasi insculpsit quæ ignorabas, ac Verbum Christum in tuum cor velut in domum introduxit, ita demum hanc vocem profert, *Hoc*. Quale *Hoc*? Foras ne respice, eum, qui per demonstrantem vocem tibi ostenditur, circumspecturus : sed in occultos animæ tuæ recessus ingredere, et quem didicisti Deum in principio exsistere, procedere velut Verbum, apud Deum versari, hunc cognoscens admiransque, et tuum Dominum in te per doctrinam residentem adorans, scito quod hic erat in principio : hoc est, semper apud Deum Patrem suum. Has mihi paucas voces servate, illas quasi sigillum in vestra memoria imprimentes. Hæ futuræ sunt murus firmissimus adversus insidiantium incursus : hæ animarum sunt salutare munimentum, iis, qui ipsas prætendent ac opponent. Si quis te adorsus dixerit : Cum non esset, genitus est, si enim erat, quomodo genitus est? hanc istam adversus gloriam Unigeniti calumniam dæmonum quasi vocem aversare. Tu autem reversus confugito ad Evangeliorum voces : *In principio erat Verbum*, *et Verbum erat apud Deum*, *et Deus erat Verbum*. *Hoc erat in principio apud Deum*. Dic quater, *Erat*, atque hoc eorum convicium, *Non erat*, facies irritum. Hæc fidei fundamenta maneant inconcussa. Super hæc, Deo dante, ædificabimus et reliqua. Neque enim possumus omnia vobis simul explanare ; ne forte quæ diligenter a vobis collecta sunt, oratione prolixiore irrita reddamus. Mens enim quæ apprehendendis simul omnibus impar est, haud aliter se habet ac venter, qui ob nimiam saturitatem sumptos cibos concoquere non potest. Opto igitur ut hæc et gustando dulcescant, et concoquendo prosint. Ego autem vobis ea quæ supersunt, paratus sum ministrare : in Christo Jesu Domino nostro, cui gloria et imperium in sæcula sæculorum. Amen.

HOMILIA XVII.
In Barlaam martyrem.

1. Antea quidem sanctorum mors planctu et lacrymis cohonestabatur. Joseph deflevit acriter mortuum Jacob [80], atque Moysis mortem Judæi haud parum planxere [81] ; multis quoque lacrymis Samuelem condecorarunt [82] : nunc vero exsultamus in sanctorum obitu. Tristium namque natura post crucem mutata est ; nec amplius sanctorum mortem lamentis prosequimur : sed tripudiis divinis circum illorum sepulcra choreas ducimus. Somnus enim justis mors est. Imo potius ad vitam meliorem profectio. Hinc martyres, dum mactantur, exsultant. Nam desiderium vitæ beatioris dolorem cædis enecat. Ad coronas martyr respicit, non ad pericula ; non horret plagas, sed palmas numerat ; non videt lictores in terra flagris cædentes, sed angelos e cœlo gratulantes animo intuetur ; præmia æterna spectat, non temporalia pericula. Splendidum et apud nos jam arrhabonem obtinent, cum inter divinas acclamationes omnium plausu celebrentur, populumque frequentissimum e sepulcris congregent.

2. Hoc ipsum sane in forti ac strenuo Barlaam hodie factum est. Insonuit enim bellica martyris tuba, et pietatis milites, ut eernitis, convocavit. Annuntiatus præconio est jacens Christi athleta, et statim Ecclesiæ theatrum ad convolandum impulit. Et quemadmodum fidelium Dominus aiebat : *Qui credit in me*, *etiamsi mortuus fuerit*, *vivet* [83] ; mortuus est strenuus ille Barlaam, et tamen conventus publicos congregat : consumptus in sepulcro est, et tamen invitat ad convivium. Nunc tempus nobis est exclamandi : *Ubi sapiens ? ubi scriba ? ubi conquisitor hujus sæculi* [84]? Vir agrestis nobis est hodie invictus magister pietatis, quem ut prædam captu facilem tyrannus trahebat, sed expertus, eum agnovit armigerum insuperabilem : quem deridebat rustice loquentem, sed angelico robore vigentem reformidavit. Nec enim una cum linguæ organo barbarus erat animus, neque una cum syllabis mens claudicare videbatur : sed alter erat Paulus, cum Paulo dicens : *Etsi imperitus sermone*, *sed non scientia* [85]. Obtorpuerunt carnifices cædendo ; sed martyr inveniebatur vegetior. Fatiscebant lacerantium manus, sed ejus qui lacerabatur animus non flectebatur ; flagra compagem exsolverunt nervorum, sed fidei vigor tenacius astringebatur. Perfossa latera absumebantur : sed mentis philosophia efflorebat. Enecta erat carnis illius pars major ; at quasi necdum certamina exorsus, vigebat. Cum enim pietatis amor animam occupat, tum ipsa omne pugnarum genus irridet ; et quicunque illam rei ada-

---

[79] Joan. I, 1, 2. [80] Genes. L, 1. [81] Deut. XXXIV, 8. [82] I Reg. XXV, 1. [83] Joan. XI, 25. [84] I Cor. I, 20. [85] II Cor. XI, 6.

matæ causa cædunt, delectant magis quam excruciant. Testimonio mihi est illud **140** apostolorum desiderium, quo Judæorum verbera olim suavia ipsis et grata reddebantur. *Ibant* enim, inquit, *gaudentes a conspectu concilii, quod digni habiti essent qui pro ejus nomine contumeliam paterentur* [86]. Talis est et ille miles qui hodie nobis celebratur. Hic tormenta pro gaudio duxit : hic dum cæderetur, rosis peti se rebatur. Impietatis damna tanquam tela fugiebat ; judicis iram habebat pro fumi umbra. Satellitum efferatos ordines irridebat, qui scilicet ob pericula velut ob coronas tripudiaret. Plagis affectus perinde lætabatur, ac si honore afficeretur. Suppliciis acrioribus ita exsultavit, quasi præmia lautissima accepisset. Despuebat gladios nudos, manus tortorum sustinebat tanquam cera molliores, supplicii lignum velut salutare osculabatur, septis carcerum ceu pratis gaudebat, excogitatis tormentis veluti variis floribus oblectabatur. Dexteram habuit igne firmiorem : quod postremum tormentum ei ab inimicis admotum est. Etenim libamen dæmonibus facturi ignem aræ cum imposuissent, adductum martyrem ante eam sistunt, atque dextram supinam super altare protendere jubentes, manu velut ærea ara abusi sunt, ardente thure in ea maligne imposito. Sperabant enim fore, ut vi ignis devicta manus thus in aram necessario ac velociter excuteret. Heu varias impiorum præstigias! Quoniam, inquiunt, vulneribus innumeris animum pervicacis illius luctatoris non fleximus, illius certe manum per flammam flectamus. Quoniam artibus diversis animum non concussimus, certe igni admotam dexteram quatiamus. Sed ne illa quidem spes his miseris profuit. Etenim flamma quidem manum perrosit : sed tamen manus permansit flammam quasi cinerem ferens. Non dedit tergum sævienti igni fugitivorum in morem : sed immota perstitit contra flammam strenue dimicans, atque martyri facultatem dans Prophetæ verba proferendi : *Benedictus Dominus Deus meus, qui docet manus meas ad prœlium, et digitos meos ad bellum* [87]. Ignis enim cum manu confligebat ; sed ignis vincebatur. Flammam inter et dexteram martyris instruebatur lucta ; sed dextera novam quamdam luctaminum victoriam habebat : quandoquidem per mediam manum transeunte flamma, manus adhuc ad luctam porrigebatur. O manum igne pertinaciorem! o manum ab igne flecti nesciam! o ignem a manu vinci edoctum? Vi ignis ferrum emollitum cedit ; æs paret ignis potentiæ ; vinci ab eodem et lapidum durities solet. Nunc vero ignis vehementia quæ domat omnia, dexteram exurens nequaquam flexit.

3. Ob id jure optimo posset martyr ad Dominum clamare : *Tenuisti manum dexteram meam,* **141** *et in voluntate tua deduxisti me, et cum gloria suscepisti me* [88]. Quomodo te, o strenue Christi miles, appellabo? Vocabo statuam? Sed multum imminuero tuam constantiam. Ignis enim receptam in se statuam emollit : dexteram vero tuam, ut saltem moveri videretur, non adegit. Ferreumne nominabo? Sed hanc similitudinem fortitudine tua reperio inferiorem. Nam tu solus flammæ suasisti, ut ne manum domaret : tu solus habuisti dexteram aræ loco ; tu solus ardente dextra dæmonum facies alapis percussisti, et tunc quidem in prunas commutata manu, eorum capita colliquefecisti ; nunc vero ea in cineres redacta, ipsorum exercitus calcans excæcas. Quid autem puerili balbutie victorem magnum deprimo? Locum martyris laudandi cedamus linguis magnificentioribus, atque vocaliores doctorum tubas ad id præconium invitemus. Exsurgite nunc mihi, o præclari athleticorum gestorum pictores. Mutilatam hujus ducis imaginem artibus vestris adornate. Coronatum athletam obscurius a me depictum, solertiæ vestræ coloribus illustrate. Velim abeam victus a vobis, egregia martyris facta pictura repræsentaturis : gaudeam tali hodie per vestram dexteritatem victoria superatus. Videam manus et ignis inter se luctam a vobis accuratius expressam : videam luctatorem in vestra imagine splendidius depictum. Plorent dæmones, ob martyris victorias per vos hodieque prostrati. Manus ardens et victrix denuo eis ostendatur. Depingatur in tabella et certaminum præfectus Christus ; cui gloria in sæcula sæculorum. Amen.

HOMILIA XVIII.
In Gordium martyrem.

1. Naturæ lex est apibus, ab alvearibus non prius abire, quam rex earum volatui præierit. Quoniam igitur et Domini populum vidi nunc primum ad cœlestes flores martyres exeuntem, quæro ducem. Quis concitavit magnum hoc examen? quis hibernam mœstitiam verna hilaritate commutavit? Nam nunc primum populus ex urbe tanquam ex alvearibus quibusdam effusus ad suburbanum decus, augustum hoc et perpulchrum martyrum stadium, frequentissimus convenit. Itaque cum nos quoque excitatos ac debilitatis oblitos adduxerit martyris miraculum ; age sane et ipsi, voce pro viribus edita, bombitemus quasi circum florem gestorum viri illius, operam et piam et astantibus gratam navantes. *Dum* enim *laudatur justus, lætabuntur populi,* dicebat nobis modo sapiens ille Salomon [89] ; **142** quanquam apud me ipse addubitabam quidnam sibi velit hoc ænigma parœmiastæ. An dicat populum lætari alicujus rhetoris aut oratoris periti, qui orationem ad admirationem audientibus movendam composuerit, sono quodam, eoque eleganti, auresque circumstrepenti : quod scilicet tum sententiarum inventionem atque dispositionem, tum dictionis pompam atque harmonicum concentum mire probat? Sed certe hoc nunquam dixerit, cum

---

[86] Act. v, 41. [87] Psal. cxliii, 1. [88] Psal. lxxii, 24. [89] Prov. xxix, 2.

nusquam tali dicendi genere usus sit; nec nos hortatus est, ut magnificis verbis et splendidis laudes beatorum prosequamur: qui scilicet pedestrem dictionem locutionemque ornatu carentem ubique prætulerit. Quid igitur est quod dicit? Quod lætantur populi lætitia spirituali, si solum egregia justorum facinora revocent in memoriam: quandoquidem iis quæ audiunt, ad æmulationem imitationemque bonorum inducuntur. Nam virorum qui bene in republica versati sunt historia, quasi quamdam lucem salutem consecuturis affert ad viam vitæ dirigendam. Quapropter simul atque, narrante ipso Spiritu, vitam Moysis audivimus, statim fuimus æmulati virtutem viri, illaque morum mansuetudo[80] unicuique optanda visa est atque laudanda. Et quidem ex verborum amplificatione reliquorum hominum conflantur elogia: sed quod ad justos attinet, gestarum a se rerum veritas satis fuerit ad egregiam eorum veritatem demonstrandam. Quare cum vitas eorum qui pietate claruerunt, enarramus, primum per servos Dominum afficimus gloria; deinde justos testimonio eorum quæ nobis nota sunt laudamus, postremo populum recte factorum auditione exhilaramus. Est enim hortamentum ad castitatem vita Josephi[81]: incitamentum vero ad fortitudinem historia Sampsonis est[82].

2. Divina igitur schola legem non novit præconiorum: sed gestorum testimonium loco præconiorum habet; quippe quod et sanctis ad laudem sufficiat, et contendentibus ad virtutem satis impertiat utilitatis. Præconiorum namque lex est, patriam investigare, genus ex alto repetere, et educationem referre: sed lex nostra, propinquorum præterita mentione, ex iis quæ cuique propria sunt, elogium ac laudationem complet. Quid enim ego inde splendidior sum et illustrior, si quando urbs gravia magnaque certamina sustinuit, ac fusis hostibus tropæa clara crexit? quid tum, si habet situm ita opportunum, ut et in hieme et in æstate commoda sit? Quod si etiam eadem et virorum ferax sit, et alendis pecoribus idonea, quid mihi ex iis emolumenti? Sed et equorum gregibus omnes quæ sub sole sunt regiones superat. Quid hæc tandem possunt nos ad virtutem hominibus convenientem promovere? An non etiam si de vicini cujuspiam montis cacuminibus disserimus, quomodo nubes transcendant, et quam longissime porrigantur in aerem, et quos decipiemus tum, cum ex his laudes viris tribuerimus? Maxime omnium ridiculum est, spreto a justis orbe toto, nos ex paucis eorum quæ contempserunt, laudes eorum celebrare. Recordatio igitur satis fuerit perpetuæ utilitatis percipiendæ. Nec enim jam opus illis est, ut quidpiam ipsis ad commendationem accedat: sed nobis in hac vita commorantibus ad eos imitandos necessaria recordatio est. Quemadmodum enim ignem naturaliter comitatur illustratio, et unguentum bonus odor: ita quoque bona opera utilitas necessario sequitur. Quanquam ne hoc quidem parvi momenti est, veritatem eorum quæ tunc gesta sunt diligenter assequi. Nam tenuis quædam fama, qua viri illius in certaminibus præclara facinora conservantur, ad nos usque pervenit. Atque quodammodo videmur nos pictoribus consimiles esse. Illi enim cum ex imaginibus imagines depingunt, plurimum, ut constat, desciscunt ab archetypis: sic et periculum non exiguum est, ne nos, qui res ipsas non conspeximus, imminuamus veritatem. At quando adest dies memoriam referens martyris, qui splendide in suis pro Christo testimoniis decertavit, dicamus quæcunque novimus. Hic natus est ex hac urbe; unde etiam eo magis illum diligimus quod proprium nobis ornamentum sit. Quemadmodum enim feraces arbores eos quos nutriunt fructus propriæ terræ ferunt acceptos: sic etiam hic ex nostræ terræ sinu egressus, et ad summam gloriæ altitudinem evectus, patriæ quæ se produxit ac educavit, proprios pietatis fructus dedit fruendos. Boni quidem sunt externi etiam fructus, si et suaves fuerint, et alimento abundantes; sed tamen externis multo jucundiores sunt nostrates ac vernaculi, qui, quod ad nos attinent, præter suavitatem videntur adhuc decus quoddam nobis et ornamentum conferre. Erat autem militiæ ascriptus, in qua locum insignem tenuit; ita ut militibus centum esset præfectus, corporisque robore et animi fortitudine inter militares ordines clareret. Cum igitur tyrannus qui tunc imperabat, amaritudinem animi atque crudelitatem usque ad Ecclesiæ bellum extenderet, tolleretque adversus pietatem manum Deo infensam, et denuntiaretur ubique ac ediceretur in omni foro et in omni loco insigni, ut ne adoraretur Christus, alioquin morte multarentur cultores; cumque præceptum esset, ut omnes adorarent idola, haberentque pro diis lapides et ligna artis cælatura conformata, alioquin si qui dicto audientes non essent, perferrent intolerabilia; cum denique confunderetur turbareturque civitas tota, piique essent prædæ expositi, diriperentur pecuniæ, plagis dilaniarentur corpora Christianorum, traherentur mulieres per mediam civitatem; tum juventus non concitabat misericordiam, nulla senectutis reverentia erat, sed qui nihil admiserant mali, maleficorum subibant supplicia. Angusti erant carceres, desertæ erant domus opulentæ, solitudines refertæ profugis. Crimen autem hæc tolerantium erat pietas. Et pater prodebat filium, et patrem filius indicabat: fratres in fratres furebant, et servi in dominos suos insurgebant. Atque dira quædam nox genus hominum ita invaserat, ut omnes, diabolo ad insaniam adigente, se invicem ignorarent. Diruebantur ædes precationis manibus impiorum, evertebantur altaria, nec erat

---

[80] Num. xii, 3. [81] Genes. xxxix, 8. [82] Jud. xiv, 5 sqq.

oblatio ulla, neque sufflitus, non locus sacrificandi, sed tristitia ingens velut nebula quædam occupabat omnia, fugabantur Numinis cultores, omnis chorus pietatis erat consternatus : sed dæmones tripudiabant, nidoribus ac sanguine omnia coinquinantes. Tunc strenuus ille vir, antevertens judiciorum necessitatem, abjecto cingulo extorris erat. Spreto igitur magistratu, spreta gloria, spretis divitiis omnis generis, propinquis, amicis, famulis, deliciis vitæ, reliquis, quorum studio homines tenentur, ad profundissimas ac hominibus impervias solitudines confugit, actam cum bestiis vitam societate idololatrarum ducens mansuetiorem, imitatus zelotem Eliam, qui cum idololatriam videret Sidoniæ invalescentem, in montem Choreb profugit, degebatque in spelunca, conquirens Deum, donec vidit optatissimum, quantum homini fas est Deum videre [93].

3. Talis igitur erat et Gordius, qui fugit tumultus civiles, turbam forensem, magistratuum fastum, tribunalia, calumniatores, vendentes, ementes, jurantes, mentientes, verborum turpitudinem, facetias et reliqua omnia, quæ populosæ urbes secum trahunt ita ut cymbæ a magnis navibus trahuntur. Qui cum purgasset aures, purgasset oculos, corque ante omnia purgasset, ut posset Deum videre, ac beatus efficeretur ; vidit ex revelatione, didicit mysteria, non ab hominibus, neque per homines, sed magno usus præceptore Spiritu veritatis. Unde cum vitam reputasset, quam inutilis sit, quam vana, quam omni somnio et umbra fragilior, exstimulatus est vehementius ad supernam vocationem concupiscendam. Ac veluti athleta, jam se jejuniis, vigiliis, precationibus, assiduaque et indesinenti oraculorum Spiritus meditatione satis exercitatum esse, atque ad certamen unctum, animadvertens, illam ipsam diem in qua tota plene civitas, dæmonis bellum amantis diem festum celebratura, certamenque equestre spectatura, theatrum occuparat, observavit. Cum igitur collectus fuisset in eminentem locum populus omnis, non Judæus aberat, non Græcus : imo vero erat eis admista multitudo magna Christianorum, qui incaute viventes, et una cum concilio vanitatis sedentes, nec congressus male agentium declinantes, celeritatem equorum et aurigarum peritiam tunc ipsi quoque spectabant. Sed et servos heri demiserant, et pueri e litterariis ludis accurrebant spectatum, et aderant pariter feminæ quotquot plebeiæ erant et obscuræ. **145** Refertum autem erat stadium, jamque ad equestre certamen conspiciendum intenti erant omnes. Tunc igitur generosus ille vir magnique animi et magnæ constantiæ, desuper ex montibus in theatrum descendens, non extimuit populum, non attendit quot adversariorum manibus se objiceret : sed intrepido corde et elato animo, veluti saxa crebra aut arbores multas, eos qui in stadio sedebant, prætergressus, in medio constitit, confirmans illam sententiam : *Justus ut leo confidit* [94]. Atque animo erat adeo intrepido, ut, in conspicuo theatri loco constitutus, vocem illam quam quidam etiamnum superstites audierunt, firma cum fiducia ac clamore emiserit : *Inventus sum a non quærentibus me : palam apparui his, qui me non interrogabant* [95]. Quibus verbis significavit non fuisse se vi ad pericula adductum, sed ultro obtulisse se certamini, imitatum Dominum, qui cum per noctis tenebras a Judæis minime cognosceretur, se ipse prodidit.

4. Mox igitur theatrum inopinato spectaculo in se convertit, vir cum esset horrendo aspectu, cujus ob diutinam in montibus moram caput squalidum erat, barba promissa, vestitus sordidus, totum corpus aridum, qui baculum gestabat, ac pera erat indutus ; in quibus omnibus gratia quædam, qua intus illustrabatur, elucebat. Sed simul atque cognitus fuit quis esset, statim permistus quidam clamor excitatus est ab omnibus, domesticis quidem fidei præ gaudio plaudentibus, adversariis vero veritatis judicem ad eum de medio tollendum provocantibus, eumdemque in antecessum morti addicentibus. Itaque clamore ac tumultu plena erant omnia ; neglecti sunt equi, neglecti aurigæ, curruum ostentatio strepitus inanis erat. Nullius enim oculus ad aliud nisi ad videndum Gordium erat intentus, nec auris ulla aliud nisi illius verba audire volebat. Atque confusus quidam rumor, veluti aura, theatrum totum pervadens, strepitum circi superabat. Ubi vero silentium per præcones populo imperatum est, conquieverunt tibiæ, consiluerunt varia musicorum instrumenta ; audiebatur Gordius, spectabatur Gordius, statimque adducebatur ad præsidem illic sedentem, certamenque disponentem. Interea igitur miti voce ac leni, quis et unde esset interrogabatur. Ubi autem dixit patriam, genus, gradum obtentæ dignitatis, causam fugæ, reditum : Adsum, inquit, mandatorum vestrorum contemptum simul et fidem in Deum, in quo spem reposui, factis ostensurus ; audivi enim, inquit, te multos crudelitate superare : quamobrem id tempus tanquam explendo meo voto idoneum elegi. His verbis præsidis ira instar ignis accensa, totum viri furorem in semet concitavit. Jam, inquit, voca lictores. Ubi laminæ plumbeæ ? ubi flagra ? Extendatur in rota, torqueatur in equuleo, afferantur suppliciorum instrumenta, bestiæ, ignis, gladius, crux, fossa paretur. At enim, inquit, quid habet lucri scelestus ille, cum semel tantum **146** moriatur (1) ? Imo, respondit statim Gordius, quantum damnum patior, quod sæpe pro Christo mori non

---

[93] III Reg. xix, 1 seqq. [94] Prov. xxviii, 1. [95] Isa. lxv, 1.

(1) Judex hoc dicere voluit : Sceleratus ille (sic martyrem vocabat) quem fructum referet ex sua

possim! Præses autem, præter feritatem naturalem, sævior adhuc evadebat, respiciens ad viri dignitatem, cujus magnam animi sublimitatem suum ipsius dedecus putaret. Et quo magis videbat animum illius imperterritum, eo magis efferebatur, magisque viri constantiam excogitandis cruciatibus superare contendebat. Hæc præses.

5. Martyr vero, conjectis in Deum oculis, animam suam demulcebat his sacrorum Psalmorum verbis : *Dominus mihi adjutor, et non timebo quid faciet mihi homo* [96]; et illud : *Non timebo mala, quoniam tu mecum es* [97], et ejusdem generis alia, quibus ad fortitudinem excitamur, quæ e sacris eloquiis didicerat. Sed tantum abfuit ut minis cederet, aut perterreretur, ut etiam provocaret in semetipsum supplicia. Quid cunctamini? inquit; quid statis? Lanietur corpus, torqueantur membra; perferant quoscunque volueritis cruciatus. Spem beatam mihi ne invideatis. Nam quanto magis tormenta augebitis, tanto majus mihi præmium comparabitis. Convenit nobis de his cum Domino. Pro vibicibus, in corpore eminentibus, in resurrectione amictu lucido induemur : pro ignominia, coronæ : pro carcere, paradisus : si condemnamur cum maleficis, vivemus cum angelis. Multa in me serite, ut metam messem multiplicem. Cum autem non possent eum terroribus expugnare, resque fieri non posset; mutato consilio blanditiis aggrediebantur. Tale est enim artificium diaboli, timidum perterrefacit, fortem emollit. Ejusmodi erant tunc quoque malefici præsidis versutiæ. Nam, posteaquam vidit eum minis nihil cedere, dolis ipsum atque illecebris circumvenire conatur. Pollicebatur munera. Alia dabat, alia ab imperatore tribuenda esse promittebat, locum in militia illustrem, largitionem pecuniarum, quidquid velit.

6. Sed cum frustra tentaretur (auditis enim his pollicitationibus, vir beatus præsidis dementiam irrisit, si quid quod cum regno cœlorum comparari possit, daturum se arbitraretur), tum iræ impotens erat, et gladium distringebat, et lictorem ponebat ob oculos, et per manum et per linguam cæde se contaminans, virum beatum morti addixit. Interea ad hunc locum transivit theatrum omne; et quotquot reliqui erant incolæ, pro mœnibus effusi, magnum illud et palæstricum spectaculum cernebant : quod erat et angelis et creaturæ omni admirandum, luctuosum diabolo, dæmonibus formidandum. Vacua civibus effecta est civitas, multitudine acervatim fluminis instar in hunc locum transcurrente. Non fuit mulier, quæ a 147 spectaculo abesse voluerit, non vir obscurus, aut illustris abfuit. Custodias custodes domorum deserebant; apertæ erant mercatorum tabernæ; jacebant in foro res venales; una omnium erat custodia ac securitas, exiisse omnes æqualiter, et ne unum quidem maleficum in urbe remansisse. Relinquebant servi dominorum ministeria; et quodcunque peregrinorum aut indigenarum erat, omne id hoc in loco ad virum conspiciendum astabat. Tunc etiam virgo marium sustinere aspectum ausa est, senexque et infirmus, illata vi debilitati, erant extra muros. Jam igitur virum beatum morte ad vitam properantem circumstantes amici cum gemitibus amplectebantur, ac extremam salutem dicebant, atque effusis ferventibus lacrymis, precabantur ne semet traderet igni, ne suam absumeret juventutem, ne jucundum hunc solem derelinqueret. Alii consiliis ad persuadendum idoneis eum decipere nitebantur : Nega verbo solo; in animo vero, ut voles, serva fidem. Utique non attendit Deus linguam, sed loquentis mentem. Ita enim tibi licebit et judicem mitigare, et Deum propitium reddere.

7. At ille inflexibilis erat et indomitus, nec ullo tentationum impetu vulnerari poterat. Comparaveris animi ipsius immotam constantiam domui sapientis, quam neque ventorum vis intoleranda, neque vehemens imber ex nubibus erumpens, neque torrentes diffusi queunt concutere, ob petræ firmitatem [98]. Ejusmodi erat vir ille, fidei quæ in Christum est fulcimentum inconcussum conservans. Et vero spiritualibus oculis circumcurrentem diabolum cum cerneret, concitantem alium ad lugendum, adjuvantem alium ad persuadendum, plorantibus quidem illud Domini verbum dixit, *Nolite flere super me* [99] : sed flete super hostes Dei, qui in pietatis cultores talia audent, quique per hanc flammam quam ad nos comburendos accendunt, gehennæ ignem sibimet parant. Desinite flere, et cor meum affligere. Ego enim non semel solum mori paratus sum pro nomine Domini Jesu [1], sed et millies, id si fieri posset. Aliis vero qui, ut lingua negaret, suadebant, respondit, linguam quæ a Christo creata erat, quidquam in conditorem loqui non posse. Corde enim credimus ad justitiam, ore vero confitemur ad salutem [2]. Num militaris ordinis desperata salus est? nullusne centurio pius? Recordor primum centurionis ejus, qui Christi cruci astans, ex miraculis cognita ejus potentia, fervente adhuc Judæorum scelere, eorum non extimuit iram, neque metu veritatem reticuit : sed confessus est, nec negavit eum vere esse Filium Dei [3]. Novi et alium centurionem, qui Dominum, cum adhuc in carne commoraretur, cognovit Deum esse potestatumque regem, et jussu solo per administros spiritus opem egentibus conferre posse : quem et fide Israelem universum su-

[96] Psal. cxvii, 6. [97] Psal. xxii, 4. [98] Matth. vii, 24, 25. [99] Luc. xxiii, 28. [1] Act. xxi, 13.
[2] Rom. x, 10. [3] Matth. xxvii, 54.

pertinacia, si semel mortuus fuerit? Neque enim in hanc vitam rursus redibit, ejus ut gaudiis perfruatur, neque tamen ulla alia vita est, qua frui deinceps possit. Magna sane hominis impii, nec unquam satis deflenda cæcitas.

perasse Dominus pronuntiavit. Nonne et Cornelius, cum centurio esset, promeruit ut angelum videret, ac postremo per Petrum salutem adipisceretur? Quippe eleemosynæ ejus et preces exauditæ sunt apud Deum. Illorum volo esse discipulus. Quomodo igitur negabo Deum meum, quem a puero adoravi? Nonne horrescet cœlum desuper? nonne obscurabuntur mea causa sidera? num tellus aliquo modo me sustinebit? *Nolite errare: Deus non irridetur*. Ex ore nostro nos judicat; ex verbis justificat, exque verbis condemnat. Annon legistis tremendam hanc Domini comminitationem? *Qui negaverit me coram hominibus, negabo et ego eum coram Patre meo, qui in cœlis est*.

8. Cur autem hæc simulem suadetis? Ut mihi quidpiam ex tali arte comparem? ut paucos dies lucrifaciam? At jacturam faciam totius æternitatis. Ut effugiam carnis dolores? Sed nequaquam videbo bona justorum. Perire solerter, et astute ac dolose æternum sibi supplicium accersere, manifesta fuerit dementia. Sed et vobis do consilium. Si male sentitis, mutata sententia pietatem discite: sin autem simulatis, tempori ut serviatis, *Deponentes mendacium, loquimini veritatem*. Dicite *Quod Dominus Jesus Christus in gloria est Dei Patris*. Nam emittet hanc vocem lingua omnium, cum *In nomine Jesu omne genu flectetur, cœlestium, terrestriumque, ac infernorum*. Mortales sunt homines omnes: sed martyres pauci. Ne exspectemus ut mortui fiamus: sed e vita ad vitam transeamus. Quid naturalem mortem præstolamini? Infructuosa est, quæstus nullius, communis pecorum hominumque. Quisquis enim nascendo in vitam introivit, aut fuit tempore absumptus, aut morbo dissolutus, aut violento quodam ac inevitabili casu abreptus. Cum igitur mori omnino oporteat, vitam nobis per mortem comparemus. Spontaneum facite quod est coactum. Vitæ ne parcite, qua necesse est privari. Sane etsi terrena pariter essent in perpetuum permansura, nihilominus dauda opera esset, ut ea cœlestibus permutaremus: sed si brevi tempore durant, et dignitate ita imparia sunt, ingens insania fuerit, ob horum studium beatitudines in spe repositas amittere. Hæc cum dixisset, crucisque signo se circumscripsisset, ibat ad ictum, nihil immutato colore, nihil alterata faciei alacritate. Nam ita animo affectus erat, non quasi inventurus fuisset lictorem, sed quasi fuisset se manibus angelorum concrediturus qui statim eum recens jugulatum assumeres, ad beatam vitam velut Lazarum transferrent. Quis populi illius enarrabit clamorem? Quodnam tonitruum fragorem tantum ex nubibus in terram demisit, quantus tunc e terra in cœlum ascendit? Hoc est stadium coronati illius athletæ. Hæc dies admirandum illud spectaculum conspexit, quod 149 non obscuravit tempus, non dissolvit consuetudo, non vicit poste-

riorum eventuum magnitudo. Quemadmodum enim solem semper intuentes, semper admiramur: ita quoque viri illius memoriam semper recentem habemus. Nam *In memoria æterna erit justus*, et apud incolas terræ, dum terra erit, et in cœlis, et apud Judicem justum; cui gloria et imperium in sæcula sæculorum. Amen.

HOMILIA XIX.
In sanctos quadraginta martyres.

1. Quæ satietas in recolenda martyrum memoria esse possit, ei, qui martyres amore prosequatur, cum honor quem conservis bonis deferimus, nostræ erga communem Dominum benevolentiæ specimen sit et monumentum? Etenim obscurum non est eum qui strenuos viros commendarit, ipsos in similibus occasionibus imitaturum esse. Lauda sincere eum qui martyrium pertulit, ut efficiare martyr voluntate, ac demum sine persecutione, sine igne, sine verberibus eamdem atque illi mercedem consequare. Nobis autem non unus ad venerationem proponitur, non duo duntaxat, non ad decem usque beatorum se numerus extendit: sed viri quadraginta, quasi animam unam in diversis corporibus habentes, in una fidei conspiratione ac concordia, unam in cruciatibus tolerantiam, unamque pro veritate constantiam ostenderunt. Omnes inter se consimiles, pares sententia, pares certamine. Quamobrem et gloriæ coronas pares promeruere. Qua igitur oratione possunt pro merito laudari? Ne quadraginta quidem linguæ satis fuerint tot virorum virtuti celebrandæ. Et vero si vel unum cultu et observantia prosequeremur, is utique eloquentiæ nostræ vim superaret, nedum multitudo tanta, phalanx militaris, agmen inexpugnabile, quod ut in bellis vincere, ita laudibus assequi nemo potest.

2. Age jam, illos in medium recolenda eorum memoria adducentes, communem utilitatem ex eis capiendam astantibus proponamus, exhibita omnibus, velut in tabella, horum virorum fortitudine. Nam et res in bello fortiter gestas sæpe tum oratores, tum pictores exprimunt, illi quidem eas sermone ornantes, hi vero ipsas depingentes in tabellis, et utrique non paucos ad fortitudinem excitarunt. Quæ enim historiæ sermo per auditum exhibet, ea ob oculos ponit silens pictura per imitationem. Hunc ad modum et nos astantibus in memoriam revocemus virorum virtutem, eorumque gestis velut in conspectum adductis, qui generosiores sunt, animoque ipsis conjunctiores, eos ad æmulationem exstimulemus. Nam congregatos exhortari ad virtutem, hæc est martyrum laus. Neque enim habiti de 150 sanctis sermones præconiorum legibus dignantur servire. Nam qui laudant, ex mundanis causis laudum originem sumunt: quibus vero mundus crucifixus est, quomodo quidquam ex iis quæ

Matth. viii, 8-10. Act. x, 3 seqq. Galat. vi, 7. Luc. xix, 22. Matth. xii, 37. Matth. x, 33. Ephes. iv, 25. Philipp. ii, 11. ibid. 10. Psal. cxi, 7.

in mundo sunt, eorum claritati atque commendationi locum ullum præbere poterit? Non una erat sanctis patria : siquidem alius aliunde venerat. Quid igitur? ipsosne extorres dicemus, an orbis cives? Quemadmodum enim in symbolorum collationibus ea quæ ab unoquoque collata sunt, conferentium fiunt communia : ita quoque in his beatis uniuscujusque patria communis est omnium, omnesque undecunque profecti, alter cum altero patriam communicant. Imo vero quid attinet terrenas patrias investigare ; cum nosse quæ nunc eis civitas sit, liceat? Civitas igitur martyrum, civitas est Dei [14] : cujus opifex et artifex Deus [15], superna Jerusalem, libera, mater Pauli, et eorum, qui ei sunt consimiles. Et vero hominum quidem genus, aliud alius : sed genus spirituale, unum omnium. Communis enim ipsorum pater Deus, et fratres omnes, non ab uno et ab una geniti, sed ex Spiritus adoptione in concordiam inter se per charitatem convenientes. Chorus paratus, magna accessio eorum, qui a sæculo Deum gloria afficiunt, non sigillatim congregati, sed acervatim translati. Quis vero translationis modus? Ili magnitudine corporis, et ætatis vigore ac robore omnibus suis æqualibus præstantes, in militares catalogos relati sunt; atque ob experientiam bellicam, animique fortitudinem, jam primos honores apud imperatores obtinebant, quod ob virtutem celeberrimi essent apud omnes.

3. Postquam autem promulgatum est impium illud scelestumque edictum, ut ne quis confiteretur Christum, alioqui subeunda pericula essent, tum nullum non intentabatur genus suppliciorum, atque judices iniquitatis accendebantur multa ira ac ferina in hos pietatis cultores. Insidiæ ac doli eis tendebantur, studiosiusque exquirebantur varia tormentorum genera. Tortores implacabiles erant, ignis paratus, gladius acuebatur, crux defixa, fossa, rota, flagella. Alii conjiciebant se in fugam, alii succumbebant, alii fluctuabant. Quidam vero ante experimentum minis solis absterriti sunt. Alii, cruciatibus jam non longe dissitis, vertigine laborarunt : alii aggressi certamina, deinde ad finem usque laborum perseverare haud valentes, in medio fere certamine despondentes animum, non secus atque hi qui in mari tempestate jactantur, etiam partas jam patientiæ merces naufragio amiserunt. Tunc igitur invicti illi ac strenui Christi milites prodeuntes in medium, ostendente præfecto imperatoris litteras, ac obedientiam exigente, **151** libera voce, confidenter fortiterque, nihil tormentorum aspectu perterrefacti, neque minas formidantes, esse se Christianos confessi sunt. O beatas linguas, quæ sacram illam vocem emiserunt, quam cum aer recepit, sanctificatus est : qua audita plausum excitarunt angeli, diabolus vero una cum dæmonibus sauciatus est : quam denique Dominus inscripsit in cœlis.

4. Itaque unusquisque eorum in medium prodiens, dixit : Christianus sum. Et quemadmodum in stadiis, ad certamen qui accedunt, simul dicunt nomina sua, et ad certaminis locum transeunt : ita et hi quoque tunc ea quæ sibi ortus indiderat nomina abjicientes, a communi Salvatore suum quisque nomen desumpsere, idque fecere singuli, adeo ut sequens priori semet adjungeret. Ex quo factum est omnium nomen unum : quippe jam non erat talis aut talis, sed Christiani vocabantur omnes. Quid igitur tunc præfectus? Nam callidus erat et varius, tum ut seduceret blanditiis, tum ut minis subverteret. Primum quidem blanditiis pelliciebat, firmitatem pietatis atque constantiam frangere conatus. Juventutem vestram ne prodatis, neve cum morte intempestiva hujus vitæ jucunditatem commutetis. Nam ab re fuerit eos qui in bellis fortiter agere consueverunt, maleficorum morte interire. Ad hæc pollicebatur pecunias. Rursus dabat honores ab imperatore, dignitatumque distributiones, atque sexcentis ipsos versutiis expugnare nitebatur. Cum autem nihil emollirentur hoc tentamine, transit ad aliud artificii genus. Plagas eis mortemque et suppliciorum intolerabilium periculum intentat. Et hic quidem talia, martyres vero qualia? Quid, inquiunt, offerendis muneribus tuis, o hostis Dei, inescas nos, ut secedamus a Deo vivente, et exitiosis dæmonibus inserviamus? Quid tantum dederis, quantum conaris auferre? Odi munus, quo damnum inferatur : non suscipio honorem dedecoris parentem. Pecunias das hic permansuras, gloriam marcescentem. Notum me facturus es imperatori, sed a vero rege abalienas. Quid parce pauca ex mundanis rebus polliceris? Mundus totus a nobis contemptus est. Res visibiles cum ea spe quæ nobis in votis est, non queunt comparari. Vides hoc cœlum ut pulchrum aspectu, ut magnum? vides terram, quanta sit, et quæ in ea sunt admirationi? Nihil horum adæquat justorum beatitudinem : siquidem hæc prætereunt, nostra vero manent. Concupisco donum unum, coronam justitiæ : gloriæ unius impotenti desiderio teneor, ejus, quæ est in regno **152** cœlorum. Honorem supernum ambio : gehennæ metuo supplicium. Ignis ille extimescendus mihi est : quem vero vos comminamini, is conservus est. Contemptores idolorum novit revereri. Jacula puerorum puto plagas vestras. Corpus enim cædis, quod, si diutius restiterit, coronam splendidiorem consequetur ; sin autem citius defecerit, liberabitur judicibus tam violentis qui, cum famulatum corporum vobis sumpseritis, adhuc etiam contenditis animis dominari : qui, nisi Deo nostro præferamini, sævitis quasi extrema ignominia a nobis affecti ; atque horrenda hæc supplicia intentatis, crimen nobis objectantes pietatem. At offenditis non timidos, neque vitæ cupidos, neque qui

---

[14] Hebr. xii, 22. [15] Hebr. xi, 10.

facile perterreantur, idque pro Dei dilectione. Nos enim et rotari, et torqueri equuleo, et comburi, et omne tormentorum genus perferre parati sumus.

5. Hæc autem cum audisset superbus ille ac barbarus, haud ferens virorum dicendi libertatem, ira ejus supra modum effervescente, reputabat secum quodnam artificium excogitaret, ut mortem et longam et amaram simul eis strueret. Invenit tandem ejusmodi artificium, sed attendite quam acerbum et grave. Cum enim considerasset regionis naturam, quod frigida esset, et anni tempus, quod hibernum, observata nocte in qua maxime malum augebatur, præsertim cum boreas in ipsa tunc spiraret, denudatos omnes jussit sub dio in media civitate congelatos mori. Scitis autem omnino vos, qui hiemem experti estis, quam intolerabile sit illud tormenti genus. Neque enim fieri potest ut id aliis notum sit, nisi quibus post ipsam experientiam suppetunt eorum de quibus loquimur exempla. Corpus enim quod frigori exponitur, primum quidem totum lividum est, sanguine congelato : exinde agitatur ac effervescit, dentibus in se impingentibus, retractis nervis, et mole omni præter voluntatem contracta. Quin et acutus quidam cruciatus, et dolor inenarrabilis ad ipsas usque medullas perveniens, sensu intolerabili algentes afficit. Tum mutilatur, extremis partibus quasi ab igne concrematis. Calor enim ab extremitatibus corporis fugatus, et ad interiora confugiens, partes a quibus abscedit, relinquit mortuas : eas vero ad quas contruditur excruciat, morte paulatim per congelationem accedente. Tunc igitur ea in illos lata sententia est, ut sub dio pernoctarent, cum stagnum, circum quod condita erat civitas, in qua sancti decertabant, esset velut quædam planities equitabilis, glacie illud transmutante, cumque id ex frigore ad continentis naturam redactum, super dorsum iter accolarum pedibus tutum præberet, prætereaque fluvii qui jugiter fluebant, glacie constricti, desiissent manare, et aquarum natura mollior in lapidum duritiem conversa esset, cum denique acres boreæ flatus animantia omnia urgerent ad mortem.

6. Tunc igitur audito edicto (et mihi hic consideres velim virorum insuperabilem constantiam), unusquisque postrema etiam tunica late abjecta, per frigus ad mortem progrediebatur, alter alterum quasi ad spolia diripienda cohortatus. Neque enim, inquiunt, vestem exuimus : sed veterem hominem, qui secundum desideria erroris corrumpitur, deponimus [16]. Gratias tibi agimus, Domine, quod una cum hoc amictu abjiciamus peccatum. Quoniam propter serpentem indui fuimus [17], exuamur propter Christum. Vestes tenacius ne retineamus, ob paradisum, quem amisimus. Quid retribuemus Domino [18]? Exutus est quoque Dominus noster. Quid magnum servo, ea quæ Dominus perpessus est, perpeti? Imo vero nos sumus, qui ipsum Dominum exuimus [19]. Militum enim est illud scelus, illi exuerunt, diviseruntque vestes [20]. Quamobrem nostram accusationem litteris proditam per nos ipsos deleamus. Acris est hiems, at dulcis paradisus : congelatio aspera, sed jucunda requies. Paululum exspectemus, et nos sinus patriarchæ confovebit. Unam noctem æternitate tota mutemus. Exuratur pes, ut perpetuo cum angelis tripudiet ; diffluat manus, ut sese ad Dominum attollendi fiduciam habeat. Quot e nostris commilitonibus in acie ceciderunt, imperatori mortali servata fide? nos vero vitam istam pro fide in verum regem non projiciemus? Quot mortem maleficorum pertulerunt, in sceleribus deprehensi? nos vero pro justitia mortem non sustinebimus? Ne declinemus, o commilitones, terga ne demus diabolo. Carnes sunt, ne pepercerimus ; cum mori omnino necesse sit, moriamur ut vivamus. *Fiat sacrificium nostrum in conspectu tuo, Domine* [21]; suscipiamurque velut hostia vivens [22], accepta tibi, hoc isto frigore holocaustum effecti, oblatio pulchra, novum holocaustum, frigore, non igni consumptum. Hos sermones consolatorios inter se conferentes, et alter alterum exhortantes, actis velut in bello excubiis quibusdam, noctem transmittebant (1), ferentes præsentia strenue, speratis gaudentes, deridentes hostem. Unum autem erat omnium votum. Quadraginta ingressi sumus in stadium, quadraginta coronemur, o Domine. Ne unus quidem desit huic numero. Venerabilis est hic numerus, quem quadraginta dierum jejunio honorasti [23], per quem lex ingressa est in mundum [24]. Elias cum Dominum per quadraginta dies in jejunio conquisisset, ipsum vidit [25]. Et hæc quidem erat illorum precatio : sed unus ex eorum numero cruciatui succumbens, ineffabilem luctum deserto ordine, sanctis dereliquit. Verum non sivit Dominus eorum preces irritas esse atque inefficaces. Nam cui martyrum concredita

[16] Ephes. iv, 22. [17] Gen. iii, 21. [18] Psal. cxv, 12. [19] Matth. xxvii, 28. [20] ibid. 35. [21] Dan. iii, 40. [22] Rom. xii, 1. [23] Matth. iv, 2. [24] Exod. xxxiv, 28. [25] III Reg. xix, 8.

(1) Hic ingenue fatebor duos fratres Basilium et Gregorium mihi videri vix inter se conciliari posse. Gregorius enim eo quem dixi loco conceptis verbis ait beatorum martyrum supplicium tribus diebus perseverasse : Basilius vero non obscure indicat id una nocte fuisse terminatum. Nam, inquit, *noctem transmittebant, ferentes præsentia strenue*, etc. Atque aliquanto infra, hoc idem apertius Pater gravissimus significat, ubi docet sanctos martyres tum demum crematos fuisse incipiente die. Cum enim Basilius de unica nocte mentionem fecerit, dies ille, quo incipiente ait sanctos martyres igni fuisse traditos, non videtur de alio intelligi posse, quam eo, qui hanc ipsam noctem secutus est. Ex quo fit, ut martyres, de Basilii sententia, non post tres dies, sed post horas fere duodecim, die incipiente, combusti sint. Ego igitur duos fratres inter se conciliare non aggrediar. Velim provinciam hanc suscipiant peritiores.

custodia erat, is non longe e quodam gymnasio, dum se calefaceret, rei exitum observabat, milites eos qui ad ipsum confugerent suscipere paratus. Nam et hoc quoque excogitatum fuerat, ut in propinquo balneum esset, quo remedium promptum sententiam mutantibus denuntiaretur. Sed quod maligne adversariis excogitatum est, videlicet, ut talem certaminis locum adinvenirent, in quo paratum levamen robur decertantium atque constantiam labefacturum esset : hoc martyrum patientiam splendidiorem reddidit. Non enim is cui necessaria desunt, tolerans est : sed is, qui inter bonorum fruendorum copiam in malis ferendis perseverat.

7. Cum autem hi decertarent, ille vero eventum observaret, spectaculum mirum vidit, virtutes quasdam e cœlis descendentes, et velut a rege munera magna militibus distribuentes : quæ aliis quidem omnibus dona dispertiebant, sed tamen unum reliquerunt non donatum, judicantes indignum cœlestibus honoribus : qui statim animo ob dolorem concidens, transfugit ad adversarios. Miserabile spectaculum justis, miles transfuga, vir strenuissimus captus, direpta a lupo ovis Christi : atque illud miserabilius, quod et æternam vitam amisit, et ne hac quidem fruitus est, carne ipsius ad caloris accessum statim exsoluta. Et hic quidem vitæ amans, frustra admisso scelere, cecidit : sed lictor ut vidit eum abscessisse, et ad balneum accurrisse, semet substituit in locum desertoris, et indumentis abjectis se ipse nudis admiscuit, idem quod sancti clamans, *Christianus sum.* Atque repentina hac mutatione astantes obstupefaciens, ut numerum complevit, ita illorum de emollito transfuga mœrorem accessione sua delinivit, imitatus eos qui in acie versantur, qui, uno aliquo in prima acie cadente, confestim replent phalangem, ut ne inter ipsos ordinum densitas defectu illius interrumpatur. Fecit igitur et ipse quiddam non dissimile. Vidit cœlestia miracula, agnovit veritatem, confugit ad Dominum, annumeratus est inter martyres. Discipulorum renovavit facta. Abiit Judas, et ei subrogatus est Matthias [16].

155 Imitator effectus est Pauli, heri persecutor, hodie Evangelii præco [17]. Habuit et ipse ex superis vocationem, *Non ab hominibus neque per hominem* [18]. Credidit in nomine Domini nostri Jesu Christi : baptizatus est in ipsum, non ab alio, sed a propria fide, non in aqua, sed in proprio sanguine.

8. Ita demum, ineunte die, adhuc spirantes (1) igni traditi sunt, atque reliquiæ ignis in fluvium projectæ fuere, ut beatorum certamen per omnem creaturam transiret. Decertarunt in terra, tolerantiam ostenderunt in aere, traditi igni sunt, aqua ipsos excepit. Illorum est vox illa : *Transivimus per ignem et aquam, et eduxisti nos in refrigerium* [19]. Hi sunt qui regionem nostram obtinentes, veluti densæ quædam turres ipsam adversus hostium incursum tuto communiunt, non in uno loco seipsos concludentes, sed multis locis jam hospitio excepti, regionesque multas adornantes. Et quod mirum est, non singulatim divisi accedunt ad suscipientes, sed inter se commisti conjunctim tripudiant. O rem miram! Neque numero pauciores sunt, neque plures. Eos in centum si diviseris, proprium numerum non excedunt : si in unum collegeris, nihilominus tamen quadraginta permanent, non aliter atque ignis natura. Nam et ille ad accendentem transit, et totus est apud habentem : sic etiam quadraginta, et omnes simul sunt, et omnes apud singulos sunt. Beneficentia uberrima, donum quod non absumitur, paratum auxilium Christianis, ecclesia martyrum, exercitus tropæa gestantium, chorus laudes divinas celebrantium. Quantum impendisses laboris, ut reperires unum aliquem, qui pro te Dominum exoraret? Sunt quadraginta, precationem concordem sursum emittentes. Ubi duo aut tres congregati sunt in nomine Domini, illic est in medio ipsorum [20]. Ubi vero quadraginta fuerint, quis de Dei præsentia ambigat? Qui angustia aliqua premitur, ad quadraginta martyres confugit ; qui lætatur, recurrit ad eosdem : ille quidem ut a malis liberetur ; hic vero, ut res sibi secundæ esse pergant. Hic mulier pia pro liberis orans deprehenditur : peregrinanti marito reditum, infirmo salutem petit. Fiant cum martyribus preces vestræ. Adolescentes imitentur æquales suos : patres talium filiorum patres esse exoptent : matres matris bonæ discant exemplum. Mater unius illorum beatorum, cum vidisset alios jam frigore consumptos, suum vero filium **156** adhuc spirantem (2), tum ob robur, tum

[16] Act. i, 26. [17] Act. v, 20. [18] Galat. i, 1. [19] Psal. lxv, 12. [20] Matth. xviii, 20.

(1) Quod ait vir eruditissimus Tillemontius, videri in verbis, *adhuc spirantes,* vitii aliquid inesse, de eo mihi cum illo non omnino convenit. Aio igitur Basilium cum locupletissimis auctoribus Gregorio, Ephræmo et Gaudentio, qui traditos igni fuisse martyres jam mortuos dicunt, conciliari satis commode posse. Notum est enim, hominem, qui ita graviter ægrotat, ut depositus jam et desperatus sit, haberi pro mortuo, imo etiam sæpius mortuum dici. Ex quibus colligitur, sanctos martyres, cum jam animam agerent eo tempore, quo igni traditi sunt, mortuos dici potuisse. Præterea beati martyres, cum alii aliis essent robustiores, sine dubio non uno et eodem tempore mortui sunt. Fieri ergo potuit, ut cum igni traditi sunt, jam mortui essent debiliores, adhuc vero paululum respirarent valentiores. Id autem si semel concedatur, indiscriminatim, parte pro toto accepta, aut mortui dici potuerunt, aut non mortui.

(2) Quod hic ait Basilius, unum martyrem adhuc respirasse, cum cæteri jam frigore consumpti essent et confecti, id ita intelligi debet, ut hi quidem respirarent, sed citra ullam spem sanitatis recipiendæ, ille vero sic, ut vires recuperare posse crederetur. Alioquin enim Basilius pugnantia loqueretur, qui paulo ante dixerit sanctos martyres adhuc respirasse tum, cum traditi sunt igni. Martyr autem ille qui adhuc respirasse dicitur, vocatur in Actis Melito.

ob animum in ferendis malis acrem, cumque eum lictores, quod forte consilium mutare potuisset, relinquerent, ipsa suis ipsius manibus sublatum imposuit currui, in quo reliqui simul jacentes ad rogum ferebantur, vere martyris mater. Non enim ignave flevit, nec quidquam humile, aut illo temporis articulo indignum locuta est. Sed, Abi, inquit, o fili, viam bonam cum æqualibus, cum contubernalibus ; ne disjungaris a chorea : ne reliquis serius Domino sistaris. Revera radicis bonæ bonum germen. Ostendit generosa mater, quod eum pietatis dogmatibus magis quam lacte enutriverit. Atque is quidem sic educatus, sic a pia matre deductus est : diabolus vero pudore affectus abiit. Nam commota in illos creatura omni, omnia invenit horumce virorum virtute superata, noctem vento gravi agitatam, regionem frigidam, tempestatem anni, corporum nuditatem. O chorus sanctus, o sacer ordo, o confertissimum et infractum agmen, o communes generis humani custodes, boni curarum socii, precum fautores, legati potentissimi, stellæ orbis terrarum, Ecclesiarum flores! Non vos terra operuit, sed cœlum suscepit : apertæ sunt vobis paradisi portæ. Dignum spectaculum exercitu angelorum, dignum patriarchis, prophetis, justis, viri, qui in ipso juventutis flore contempta vita, præ parentibus, præ liberis, Dominum dilexerunt. Ætatem illam dum agerent, in qua spes vivendi habetur, aspernati sunt temporariam vitam, ut Deum glorificarent in suis ipsorum membris, spectaculum mundo angelisque et hominibus effecti[31]. Erexerunt collapsos, ambigentes confirmarunt, piis religiosisque desiderium altero tanto majus reliquere. Omnes uno tropæo pro pietate erecto, una etiam justitiæ corona exornati sunt, in Christo Jesu Domino nostro, cui gloria et imperium in sæcula sæculorum. Amen.

HOMILIA XX.
De humilitate.

1. Utinam homo mansisset in ea quam apud Deum habebat gloria, habuisset sublimitatem non fictam, sed veram : potentia Dei nobilitatus, sapientia divina illustratus, vita æterna illiusque bonis oblectatus. Sed ubi divinæ gloriæ desiderium transmutavit, et majorem sperans, et accipere festinans quod assequi nequibat, amisit quod habere poterat : maxima salus homini, morbique medela, et reditus ad primum statum, est humilem esse, nulliusque gloriæ apparatum a se comminisci, sed a Deo quærere. Ita enim erratum corriget, ita morbo medebitur, ita ad præceptum sacrum, quod deseruit, recurret. Postquam autem diabolus spe falsæ gloriæ hominem dejecit, non cessat eum iisdem irritamentis provocare, et innumera ad hoc machinamenta comminisci. Et quidem divitiarum copiam ceu magnum quiddam ei ostendit ut inde efferatur, illicque studium ponat : quod tamen nihil confert ad gloriam, imo potius in magnum periculum adducit. Nam pecuniarum comparatio avaritiæ quidem materia est, nec tamen earum possessio ad existimationem bonam quidquam facit : imo vero vane excæcat, frustra extollit, morbum inflammationi cuipiam non dissimilem in anima producit. Tumor enim corporum inflammatorum nec sanus est, nec utilis : sed morbosus et noxius, periculi origo, et causa interitus. Tale quid et in anima facit superbia. Etenim non e pecuniis solum nascitur elatio ; nec solum ob pecunias magnifico victu et amictu superbiunt homines, mensas instruentes sumptuosiores quam necessitas exigat, easdemque delicatas, induentes vestes non necessarias, ædes amplas exstruentes, ornantesque vario cultu, ingentem famulorum subsequentium turmam, innumerorumque adulatorum globum post se trahentes : verum etiam ob dignitates quas per suffragia obtinuere, ultra quam natura sinit, efferuntur. Plebs dignitatem si dederit, si quo jure præsidendi cohonestaverit, si decreverit præstantissimum quemdam honorem, et hic certe quasi humanam naturam transcendentes, tantum non ipsis nubibus insidere se arbitrantur, homines subjectos pro scabello ducentes, seque attollentes in ipsos collatæ sibi dignitatis auctores, et adversus eos, quorum opera eximii quidam viri esse videntur, insolescentes. Agunt rem dementiæ plenam, cum habeant gloriam somnio debiliorem, circumdenturque splendore nocturnis visis inaniore : qui scilicet populi nutu conflatur, et nutu ejusdem dissolvatur. Ejusmodi erat demens ille Salomonis filius, ætate juvenis, mentis prudentia junior, qui cum populo imperium mitius petenti durius comminatus esset, et per minas regnum amisisset, unde regnaturum se augustius sperabat, inde ex dignitate quam habebat, dejectus est[32]. Reddit autem hominem insolentem et manuum vis, et celeritas pedum, et corporis venustas : quæ a morbis abolentur, et tempore absumuntur ; nec animadvertit quod Omnis caro fenum sit, et omnis gloria hominis, sicut flos feni. Aruit fenum et flos decidit[33]. Talis erat gigantum ob robur ac vires arrogantia[34], talis erat quoque stolidi illius Goliath superbia Deo infensa[35]. Talis erat et Adonias de pulchritudine gloriabundus[36], et Absalom prolixitate comæ superbiens[37].

2. Imo vero quod inter alia mortalium bona videtur maximum esse ac constantissimum, sapientia et prudentia, id quoque habet vanam elationem, paratque sublimitatem non veram cum harum rerum habeatur ratio nulla, si Dei desit sapientia. Nam diabolo ipsi male cessit adhibitum in hominem artificium ; et quod machinatus est contra hominem, id struxit insciens adversus semetipsum : siquidem non tantum nocuit ei, quem a Deo et a vita æterna abalienaturum se speraverat, quantum se ipse prodidit, transfuga a Deo factus, et morti æternæ addictus. Atque laqueo

---
[31] I Cor. iv, 9. [32] III Reg. xii, 4, 14. [33] Isa. xl, 6, 7. [34] Gen. vi, 4 ; Sap. xiv, 6. [35] I Reg. xvii, 4. [36] III Reg. i, 5 sqq. [37] II Reg. xiv, 26.

quem Domino struxit, captus ipse est, crucifixus in ea cruce, in qua crucifixurum se rebatur; et ea morte mortuus qua Dominum speravit a se occisum iri. Quod si mundi princeps, primus ille et maximus et invisibilis sapientiæ mundanæ magister capitur suis ipsius artificiis, et ad insipientiam extremam redigitur : multo magis ejus discipuli atque æmulatores, etiamsi innumeris commentis utantur, *Dicentes se esse sapientes, stulti facti sunt* [38]. Adhibet artes malas Pharao ad Israelem disperdendum : sed non animadvertit inde irritam fore suam astutiam, unde nihil hujusmodi exspectabat. Et infans ejus jussu ad mortem expositus, clam in domo regia nutritur [39] : qui et illius et gentis totius eversa potentia, esset Israelem incolumem educturus. Abimelech vero, homicida ille, Gedeonis spurius filius, qui legitimos septuaginta filios occiderat, hocque ad stabiliendam regni possessionem sapienter excogitatum fuisse putaverat, ut cædis illius adjutores conterit, ita ab ipsis conteritur, ac tandem mulieris manu et lapidis ictu perit. Quin et Judæi omnes consilium sibi exitiosum contra Dominum architectati sunt, cum dicerent : *Si siverimus sic, omnes credent in eum : et venient Romani, et tollent nostrum locum et gentem* [40]. Post hoc consilium occidentes Christum, velut gentem ac regionem servaturi, hoc ipso consilio utramque perdidere, tum e regione pulsi, tum a legibus ac cultu Dei abalienati. Et in summa, ex innumeris exemplis discere cuique licet, prærogativam sapientiæ humanæ debilem esse, parvamque et humilem magis quam magnam ac sublimem.

3. Itaque nemo prudens, neque de sapientia sua efferet se, neque de cæteris quas ante nominavi rebus : sed obtemperabit optimæ admonitioni beatæ Annæ ac Jeremiæ prophetæ. *Ne glorietur sapiens in sapientia sua : et ne glorietur fortis in fortitudine sua : et ne glorietur dives in divitiis suis* [41]. Sed quænam est vera gloriatio, et in quo magnus est homo ? *In hoc*, inquit, *glorietur qui gloriatur, si cognoscit ac intelligit quod ego sim Dominus* [42]. Hæc est sublimitas hominis, hæc est gloria atque majestas, vere cognoscere quod magnum est, eique adhærere, et gloriam a Domino gloriæ conquirere. Ait enim Apostolus : *Qui gloriatur, in Domino glorietur* [43]; ubi dicit : *Christus factus est nobis sapientia a Deo, et justitia, et sanctificatio, et redemptio : ut quemadmodum scriptum est, Qui gloriatur, in Domino glorietur* [44]. Hæc est enim perfecta ac integra in Deo gloriatio, cum quis non ob suam justitiam extollitur, sed novit destitui se quidem vera justitia, verum sola in Christum fide justificatum esse (1). Atque **159** in hoc gloriatur Paulus, quod justitiam suam contemnat : quærat vero eam, quæ per Christum est, quæ ex Deo est, justitiam in fide [45] : ut cognoscat illum, et virtutem resurrectionis ejus, et communionem afflictionum ipsius, conformis factus morti ejus, si quo modo ad resurrectionem mortuorum pertingat. Hic cecidit superbiæ altitudo omnis. Nihil unde gloriari queas, relictum est tibi, o homo, cujus videlicet gloriatio ac spes sita in eo sit, ut mortifices tua omnia, quærasque futuram in Christo vitam : cujus cum habeamus primitias, jam in his sumus, omnino in gratia ac dono Dei viventes. Et Deus quidem est, *Qui operatur in nobis et velle et efficere, pro bona voluntate* [46]. Rursus Deus sapientiam suam quam in nostram gloriam prædestinavit, revelat per Spiritum suum [47]. Præstat Deus vires ac robur in laboribus. *Abundantius omnibus laboravi*, inquit Paulus; *non ego autem, sed gratia Dei, quæ est mecum* [48]. Eximit Deus de periculis præter omnem humanam spem. *Ipsi*, inquit, *in nobismetipsis responsum mortis habuimus ut non simus fidentes in nobis, sed in Deo, qui suscitat mortuos : qui ex tanta morte nos eripuit, et eripit : in quem speramus quoniam et adhuc eripiet* [49].

4. Quid igitur, dic, quæso, te ipse quasi de tuis ipsius bonis effers, cum deberes pro acceptis donis gratiam largitori habere ? *Quid enim habes, quod non accepisti ? Quod si etiam accepisti, quid gloriaris quasi non acceperis* [50] ? Non tu Deum cognovisti per tuam justitiam : sed Deus cognovit te propter suam bonitatem. *Cum cognoveritis Deum*, inquit, *quin potius cogniti sitis a Deo* [51]. Non tu apprehendisti Christum per virtutem, sed Christus te per suum adventum apprehendit. *Insequor*, inquit, *si etiam apprehendam, in quo et apprehensus sum a Christo* [52]. *Non vos me elegistis*, inquit Dominus, *sed ego elegi vos* [53]. An quoniam honore affectus es, gloriaris et misericordiam occasionem arripis superbiendi ? Et tunc cognoscas teipsum, quis sis, velut Adam ejectus e paradiso [54], velut Saul desertus a Spiritu Dei [55], velut Israel a radice sancta resectus. *Fide*, inquit, *stas : noli altum sapere, sed time* [56]. Judicium sequitur gratiam ; et quomodo datis usus fueris, expendit judex. Quod si ne hoc quidem intelligis, fuisse te gratiam consecutum, aut si præ nimia stupiditate tuam ipsius virtutem existimas gratiam esse, non es beato Petro apostolo præstantior. Nec enim Dominum amore

[38] Rom. I, 22. [39] Jud. IX, 1 seqq. [40] Joan. XI, 48. [41] I Reg. II, 3; Jer. IX, 23. [42] ibid. 24. [43] I Cor. I, 31. [44] ibid. 30. [45] Philip. III, 9. [46] Philip. II, 13. [47] I Cor. II, 7, 10. [48] I Cor. XV, 10. [49] II Cor. I, 9, 10. [50] I Cor. IV, 7. [51] Galat. IV, 9. [52] Philipp. III, 12. [53] Joan. XV, 16. [54] Gen. III, 24. [55] I Reg. XVI, 14. [56] Rom. XI, 20.

(1) Quod ait hoc loco Basilius, hominem sola in Christum fide justificari, id, nisi explicetur, potest simpliciores in errorem inducere. Notandum igitur, Basilium id sibi in hac oratione proponere, ut ostendat nos in nostris operibus gloriari non posse. Quare hoc dicit : Etsi jejunas, etsi stipem erogas, etsi alia id genus recte facis, non propterea justificabere ; sed accedat oportet fides, non quod fides sola sine operibus justificet, sed quod ad justificationem necessario requiratur.

majori prosequi poteris, quam qui ita vehementer dilexit ut etiam voluerit pro ipso mori. Sed quoniam animo elatiore locutus est, cum dixit : *Et si omnes scandalizati fuerint in te, ego tamen nunquam scandalizabor* [87], timiditati humanæ traditus est, cecidítque in inficiationem, lapsu erudiendus ad metum atque ad cautionem, edocendusque infirmis parcere et **160** debilibus, quod et suam cognovit infirmitatem, et perspicue intellexit quod quemadmodum, cum in pelago mergeretur, per Christi dexteram erutus est, ita in scandali procella ob incredulitatem in pereundi periculum veniens, Christi virtute servatus sit : qui ei etiam prædixerat quod erat futurum, his verbis : *Simon, Simon : ecce Satanas expetivit, ut cribraret vos sicut triticum. Et ego rogavi pro te, ut non deficiat fides tua : et tu aliquando conversus, confirma fratres tuos* [88]. Ac Petrus quidem sic reprehensus, accepit opem merito, et auxilium, ut fastum deponere, et infirmis parcere disceret. Rursus Pharisæus ille, impudens et supra modum superbus, non in seipso solum confidens, sed publicano etiam coram Deo conviciatus, justitiæ gloriam ob superbiæ crimen amisit. Sed descendit publicanus justificatus præ eo, quod gloriam Deo sancto daret, et ne attollere quidem auderet oculos, sed propitiationem solum exposceret : quippe et habitu, et percutiendo pectore, et alia nulla re præter propitiationem quæsita se ipse accusabat [59]. Vide igitur et cave exemplum gravis damni, ob superbiam. Justitiæ fecit jacturam, quod ultra modum superbiret; amisit mercedem, quod fideret sibi plus æquo ; humili postpositus est et peccatori, quod se pluris quam illum faceret, nec Dei exspectaret judicium, sed suum ipsius proferret. Tu vero adversus neminem unquam te efferas, et ne adversus eos quidem qui magni sunt peccatores. Qui multis magnisque peccatis obnoxius est, eum sæpe liberat humilitas. Itaque ne te ipse præ altero justificaveris ; nequando Dei sententia, etsi tua justificatus, condemnere. *Non judico meipsum*, inquit Paulus. *Nihil enim mihi conscius sum : sed non in hoc justificatus sum. Qui autem judicat me, Dominus est* [60].

5. Perpetrasse te boni aliquid arbitraris ? Age gratias Deo, ne extolle te contra proximum. *Opus suum*, inquit, *probet unusquisque, et tum in semetipso tantum gloriam habebit, et non in alio* [61]. Quid enim proximum juvisti, quod fidem es confessus, aut exsilium perpessus ob Christi nomen, aut jejunii labores constanter pertulisti? Lucrum tuum est, non alterius. Time ne similiter cadas atque diabolus, qui elatus contra hominem, ab homine prostratus est, et vice scabelli traditus est conculcato. Talis est et Israelitarum casus. Cum enim adversus gentes velut immundas efferrentur, vere immundi facti sunt : gentes vero effectæ sunt mundæ.

Ac illorum quidem justitia sicut pannus menstruatæ facta est [62] : gentium vero iniquitas impietasque deleta est per fidem. In summa, memineris veri illius proverbii : *Superbis Deus resistit, humilibus vero dat gratiam* [63]. Habe in promptu sententiam Domini : *Omnis qui se humiliat, exaltabitur; et qui se exaltat, humiliabitur* [64]. Ne tui ipsius fias judex iniquus, neque ad gratiam expende : si videare tibi quidquam boni habere, numerata illa re, delictisque oblivioni ultro traditis, neque ob recte facta hodierna insolescas, neque recentium aut veterum malefactorum **161** tibi veniam concedas : sed cum præsens reddiderit te elatum, revoca in memoriam antiquam agendi rationem, sicque stolidus tuus tumor cessabit. Et si proximum peccantem videris, cave consideres ipsius peccatum solum : sed etiam quæ fecit aut facit recte, cogita; et sæpe eum deprehendes teipso meliorem, expensis rebus omnibus, non una duntaxat parte examinata. Neque enim Deus hominem in parte expendit : *Ego enim*, inquit, *opera et cogitationes eorum venio congregaturus* [65]. Quin etiam cum Josaphat aliquando ob præsens peccatum increparet, meminit quoque recte factorum ipsius, his verbis : *Verumtamen verba bona inventa sunt in te* [66].

6. Hæc et similia adversus superbiam nobismetipsis semper accinamus, demittentes nos ipsos ut exaltemur, imitantes Dominum, qui de cælo in extremam humilitatem descendit, et vice versa ex humilitate ad decentem altitudinem evectus est. Comperimus enim Domini gesta omnia nos ad humilitatem instruere. Infans cum esset, statim in spelunca, et ne in lecto quidem, sed in præsepi jacuit. In domo fuit fabri lignarii et matris pauperis, matri subditus et illius sponso : docebatur, audiebat quibus sibi opus non erat : interrogabat, sed ita tamen, ut interrogans esset admirationi ob sapientiam. Subdebatur Joanni, et Dominus a servo baptisma accipiebat : insurgentium in se resistebat nulli, neque potestatem ineffabilem, qua præditus erat, exercebat : sed concedebat quasi potentioribus, et temporariæ potestati potentiam ei convenientem permittebat. Sistebatur pontificibus in rei habitu : ducebatur ad præsidem, et judicium subibat, et cum potuisset calumniatores redarguere, silentio ferebat calumnias. Conspuebatur a servis vilissimisque mancipiis, morti tradebatur, eique apud homines turpissimæ. Sic omnia ab ortu ad finem usque ætatem hominis absumpsere : sed post tantam humilitatem, gloriam tandem ostendit, ignominiæ socios in societatem gloriæ suæ admittens. Quorum primi sunt beati discipuli, qui pauperes et nudi orbem terrarum percurrerunt, non in sapientia sermonis, non cum sectatorum frequentia, soli, vagi ac desolati, terram ac mare peragrantes, flagris cæsi, lapidibus petiti, divexati, occisi denique.

---

[87] Matth. xxvi, 33. [88] Luc. xxii, 31, 32. [59] Luc. xviii, 11-14. [60] I Cor. iv, 3, 4. [61] Galat. vi, 4. [62] Isa. lxiv, 6. [63] Prov. iii, 34; Jac. iv, 6; I Petr. v, 5. [64] Luc. xiv, 11. [65] Isa. lxvi, 18. [66] II Paralip. xix, 3.

Hæc nobis sunt paterna documenta et divina. Hæc imitemur, ut nobis per humilitatem accedat gloria æterna, perfectum illud ac verum Christi donum.

7. Quomodo ergo ad salutarem humilitatem deveniemus, exitioso superbiæ tumore derelicto? Si quid ejusmodi exercuerimus in omnibus, nec quidquam neglexerimus tanquam nullum inde damnum perpessuri. Anima enim studiis similis fit atque exercitationibus, et ad ea quæ efficit, formatur fingiturque. Tibi et habitus, et vestitus, et incessus, et sessio, et victus ratio et lecti apparatus, et domus, et omnis ædium supellex instructa sit ad tenuitatem. Quin et sermo, et cantus, et congressus cum proximo, et hæc quoque ad modestiam magis quam ad fastum composita esse videantur. Ne mihi in sermone sophisticam jactantiam, aut in cantilenis nimiam vocis suavitatem, aut superbam ac gravem disceptandi rationem ostendas: sed fac reseces in omnibus amplitudinem atque magnificentiam, officiosus in amicum, mitis erga famulum, patiens erga petulantes, humanus erga humiles, consolans afflictos, invisens dolore affectos, neminem omnino contemnens, suavis in compellando, hilaris in respondendo, comis, præbens omnibus facilem accessum, neque narrans laudes tuas, neque alios ad narrandum subornans, neque admittens inhonestum sermonem, eximias tuas dotes, quoad ejus fieri poterit, obtegens. Contra, ob peccata te ipse accusa [67]; et ne exspectes aliorum reprehensionem, ut justum initio sermonis seipsum accusantem imitere, ut Jobo similis sis [68], quem non puduit ejus quæ in civitate erat multitudinis: sed erratum suum coram ipsis evulgavit. Ne sis in objurgando gravis, neque cito, neque animo commoto redarguas (hoc enim resipit arrogantiam quamdam), neque ob res parvi momenti condemnes, tanquam si ipse perfecte justus exsistas. Complectere delinquentes, ac spiritualiter ipsos instaura, uti monet Apostolus: *Considerans teipsum, ne et tu tenteris* [69]. Tantum studii in eo ponito ut ne apud homines gloria afficiare, quantum cæteri ut gloriam adipiscantur, si quidem memineris Christi, qui dicit mercedem apud Deum amitti, cum quis sponte claritatem apud homines atque splendorem sibi comparat, bonumque idcirco facit ut conspiciatur ab hominibus. *Recipiunt* enim, inquit, *mercedem suam* [70]. Itaque ne tibi ipse damnum afferas, claritatem volens apud homines obtinere. Quandoquidem Deus est spectator magnus, ambias gloriam consequi apud Deum: splendidam quippe mercedem retribuit. At adeptus es præclaram dignitatem, hominesque colunt te atque observant, et gloriam dant? Esto subditis similis, *Non velut dominium*, inquit, *in cleris exercens* [71], neque te geras more mundanorum principum. Nam qui vult primus esse, cum omnium servum esse Dominus jussit [72]. Sed, ut verbo dicam, persequere humilitatem ita, ut ejus amatorem decet. Ama illam, et gloria te afficiet. Sic iter es rite facturus ad veram gloriam, quæ est in angelis, et apud Deum. Confitebitur autem te Christus tanquam discipulum suum, coram angelis [73]; tibique dabit gloriam, si humilitatem imiteris ipsius, qui dixit: *Discite a me, quia mitis sum et humilis corde, et invenietis requiem animabus vestris* [74]: cui gloria et imperium in sæcula sæculorum. Amen.

HOMILIA XXI.
Quod rebus mundanis adhærendum non sit, et de incendio extra Ecclesiam facto.

1. Ego quidem, dilectissimi, putabam fore, ut, dum frequenter sermonis stimulos vehementius admoveo, vobis viderer molestus esse ac morosus, tanquam qui nimiam quamdam dicendi libertatem ostendam, quæ neque hospitem deceat, neque virum similibus vitiis obnoxium: vos tamen fuistis reprehensionibus ad benevolentiam provocati, et plagas a lingua nostra inflictas fomitem majoris studii fecistis. Nec mirum quidquam est et insolens. Estis enim in rebus spiritus sapientes. *Argue autem sapientem, et diliget te*, inquit alicubi in suis scriptis Salomon [75]. Quapropter, fratres, etiam nunc exhortatione eadem utor, volens vos, quoad ejus facere potero, a diaboli retibus abducere. Nam magnum ac varium bellum nobis, dilectissimi, quotidie infert hostis veritatis. Infert autem, uti scitis, dum cupiditates nostras jacula adversum nos efficit, semperque vires a nobis ad nos lædendos mutuatur. Quoniam enim magnum potentiæ illius partem indissolubilibus legibus Dominus colligavit, nec sivit ipsum impetu suo humanum genus e terra simul delere, jam invidus ille per nostram insipientiam a nobis furtim reportat victoriam. Et quemadmodum improbi homines atque avari, quorum opera ac propositum est ex alienis ditescere, sed quibus non suppetit potentia ut violentiam apertam exerceant, vias insidiose occupare solent, et si viderint in eis locum quempiam, aut vallibus profundis diffractum, aut arborum densitate umbrosum, eo recipientes se, et longe ante ejusmodi tegumentis, quominus viatores prævideant, impedientes, confertim et ex improviso in illos insiliunt, ne quisquam periculi laqueos priusquam in illos inciderit, possit videre: sic ille qui nobis ab initio infensus est et hostis, voluptatum mundanarum umbras subiens, quæ in hujus vitæ via ad occultandum prædonem et ad dandas insidiatori latebras idoneæ esse solent, inde inopinato interitus laqueos nobis subjicit. Itaque si modo velimus substratam vitæ viam tuto percurrere, atque animam simul et corpus vulnerum turpitudine immunia offerre Christo, coronasque ob victoriam accipere, oportet nos animi oculos semper undecunque vigilantes circumagere, et res omnes jucundas ha-

---
[67] Prov. xviii, 17. [68] Job xxxi, 34. [69] Galat. vi, 1. [70] Matth. vi, 2. [71] I Petr. v, 3. [72] Marc. x, 44. [73] Luc. xii, 8. [74] Matth. xi, 29. [75] Prov. ix, 8.

bere suspectas, ac statim praeterire, et ad nullam animum appellere, ne si aurum quidem videatur fuse sparsum, quod in cupientium manus venire paratum sit (*Divitiae* enim, inquit, *si affluant, nolite cor apponere*[76]); neque si proferat terra delicias omnes ac sumptuosa tabernacula (nam *Nostra conversatio in coelo est, unde etiam Salvatorem exspectamus Christum*[77]); neque si choreae, et comessationes, et ebrietates, et mensae tibiarum modulis resonantes proponantur (*Vanitas* enim, inquit, *vanitatum, omnia vanitas*[78]); neque si offerantur corpora formosa, in quibus animae pravae inhabitent (*A facie* enim *mulieris velut a facie serpentis fuge*, inquit Sapiens[79]); neque si potentatus dominatusque, ac satellitum aut adulatorum turmas exspectare liceat, neque si promittatur altus thronus atque splendidus, gentes ac civitates voluntariae servituti subjiciens (*Omnis* enim *caro fenum, et omnis gloria hominis quasi flos feni; aruit fenum, et flos cecidit*[80]). Etenim sub his omnibus adeo jucundis communis ille hostis latitat, exspectans num quando rebus conspectis illecti, via recta derelicta, nos ipsos in illius insidias conjiciamus. Quin etiam metuendum valde est, nequando ad haec incaute accurrentes, nihilque noxii in fruenda illa jucunditate inesse rati, doli hamum deglutiamus in primo gustu occultatum: deinde, ne ab hoc tracti, partim libentes, partim inviti his rebus alligemur, inscientesque a voluptatibus ad horrendum latronis hospitium trahamur, ad mortem scilicet.

2. Quare necessarium est et utile omnibus, fratres, nos more viatorum aut cursorum succinctos, et undelibet levitatem animabus nostris ad cursum hunc perficiendum conciliantes, ad viae finem recta festinare. Nec quisquam fingere me nomina nova suspicetur, quod humanam vitam viam nunc vocavi; cum et David propheta sic vitam nominaverit: qui nunc quidem alicubi ita dicit, *Beati immaculati in via, qui ambulant in lege Domini*[81]: nunc vero ad Dominum suum clamat, *Viam iniquitatis amove a me, et lege tua miserere mei*[82]. Rursus alicubi Dei adversum eos qui sibi infesti erant, celerem opem collaudans et ad lyram hilare aptans, dicebat: *Et quis Deus praeter Deum nostrum? Deus qui praecingit me virtute, et posuit immaculatam viam meam*[83]: ratus, nec immerito, vitam quam homines ubicunque terrarum degunt, sive egregiam, sive pravam, ita esse appellandam. Quemadmodum enim qui aliquod iter haud remisse susceptum conficiunt, gressus pedum ad cursum peragendum certatim ulterius promoventes, jugiterque gressum humi prius fixum veloci alterius translatione posteriorem reddentes, pertingunt facile ad viae finem: ita qui in vitam a conditore introducti sunt, statim in ipso initio particulas temporis ingredientes, ac priorem semper posteriorem relinquentes, ad vitae terminum perveniunt. Annon etiam praesens vita vobis videtur continua quaedam et porrecta via esse, et iter aetatibus quasi quibusdam mansionibus interstinctum? quod ut profectionis initium partum maternum unicuique exhibet, ita cursus finem tentoria sepulcrorum ostendit, atque huc omnes conducit, alios citius, serius alios, et hos quidem per omnia temporis intervalla profectos, illos vero ne in primis quidem vitae stationibus commoratos. Et alias quidem vias quae ex urbe ad urbem ducunt, licet declinare, et per eas non proficisci, si quis ita volet: haec vero, etiamsi nos differre cursum voluerimus, eos qui in se incedunt viatores violenter apprehensos ad destinatam a Domino metam trahit; nec fieri potest, dilectissimi, ut is qui semel extra portam ad hanc vitam deducentem egressus est, idque iter inivit, non etiam ad illius terminum perveniat: sed unusquisque nostrum ubi e materno sinu exivit, statim temporis fluento illigatus rapitur, semper a tergo diem quam vixit relinquens, nec unquam ad hesternam, etiamsi velit, reverti valens. Nos autem laetamur cum progredimur ulterius, et permutata aetate quasi nonnihil acquirentes, gaudemus; ac beatum quiddam ducimus, cum quis ex puero vir, et ex viro senex factus est. Sed fugit nos tantum vitae spatium a nobis amitti, quantum viximus, sicque inscientibus nobis vita absumitur, quanquam semper ipsam ex eo quod ante actum est, quodque jam praeterfluxit, metiamur: neque cogitamus quam incertum sit, quantum nobis temporis ad hunc cursum impertire velit qui nos ad hoc iter perficiendum misit, et quando cuilibet cursori sit introitus portas aperturus, et quod oporteat nos quotidie ad profectionem hinc faciendam praeparatos esse, et Domini nutum oculis fixis exspectare. *Sint* enim, inquit, *lumbi vestri praecincti, et lucernae ardentes: et vos similes hominibus exspectantibus dominum suum, quando revertatur a nuptiis, ut, cum venerit, et pulsaverit, confestim aperiant ei*[84].

3. Neque diligenter considerare volumus, quae sarcinae leves sint nobis ad hunc cursum, et tales, ut cum colligentibus transferri possint, reddantque, cum possidentium sint propriae (1), futuram vitam perquam hilarem: quae vero graves sint et molestae, atque humi defixae, et ejusmodi, ut suapte natura hominum propriae nunquam esse possint, nec possessores suos per angustam illam portam subsequi permittantur. Sed tamen reliquimus quae colligenda erant: quae vero contemnere par fuerat, collegimus. Et quae nobiscum copulari,

---

[76] Psal. LXI, 11. [77] Philip. III, 20. [78] Eccle. I, 2. [79] Eccli. XXI, 2. [80] Isa. XL, 6, 7. [81] Psal. CXVIII, 1. [82] ibid. 29. [83] Psal. XVII, 32, 33. [84] Luc. XII, 35, 36.

(1) Hic virtutes ac recte facta intelliguntur, quae propria sunt pietatem colentium.

vereque esse possunt ornamentum animæ simul et corpori conveniens, his ne attendimus quidem : quæ vero perpetuo aliena manent, solam nobis infamiam inurentia, ea coacervare nitimur; inanem operam sumentes, atque ejusmodi suscipientes laborem, perinde ut si quispiam se ipsum seducens, in pertusum dolium infundere voluerit. Notum enim ac perspectum vel pueris omnibus esse opinor, nihil eorum quæ in vita jucunda sunt, et quorum gratia plerique insaniunt, vere nostrum esse, aut ex se esse posse : sed constare, ipsa omnibus pariter extranea esse, tum iis qui eis frui videntur, tum iis qui ne illa quidem attingunt. Nec enim si qui in vita plurimum auri congesserint, id ipsorum proprium perpetuo manet : sed etsi undecunque constrictum, aut fugit a viventibus adhuc, transiens ad potentiores, aut jam morti proximos deserit, ne vult **166** una cum iis qui ipsum comparārunt, peregre proficisci. Sed hi quidem ab eo, qui vi animas a misera hac carne separat, ad ineluctabilem migrationem tracti, frequenter convertentes se ad pecunias, sudores quos a juventute ob eas emisere, deplorant : divitiæ vero in alienas manus commigrant, posteaquam solum illis colligendi laborem atque avaritiæ crimen adsciverint. Neque si quis innumera terræ jugera possideat, et magnificas ædes, et animantium greges omnis generis, fueritque humano omni potentatu septus, his perpetuo fruitur, sed ab ipsis ad breve tempus accepto nomine, aliis iterum opes cedit, ipsum vero exigua tellus recondit. Imo etiam sæpe ante sepulturam, et antequam hinc discedat, videbit sua bona ad alios, eosque fortasse inimicos, transire. An ignoramus quam multi agri, quam multæ ædes, quam multæ gentes ac civitates, etiam adhuc viventibus qui ea possederant, aliorum dominorum nomina prioribus exutis induerint? et quemadmodum ii qui olim servituti addicebantur, consenderint principatus thronum, qui vero domini herique vocabantur, si cum subditis sederint, bene secum actum arbitrati sint, ac succubuerint suis ipsorum servis, rebus, velut in tesserarum circumactu, derepente transmutatis?].

4. Jam vero ea quæ nobis ad cibum ac potum excogitata sunt, et quidquid petulantes divitiæ ultra necessitatem ad ingrati nihilque continentis ventris obsequium adinvenere, quando nostra sunt, etiamsi perpetuo infunduntur ? Quæ ubi gustum in transitu duntaxat modica quadam voluptate affecerint, mox tanquam molesta ac superflua ægre ferimus, festinanterque foras ejicimus, ut in summum vitæ discrimen venientes, si in visceribus diu permanerent. Mortem enim non paucis intulit satietas, fuitque in causa, cur nihil amplius degustarent. Lasciva denique cubilia, impurique complexus, et omnia rabiosæ atque insanientis animæ opera, nonne naturæ sunt detrimentum plane evidens, et pernicies clara, et dotum quæ cuique vere propriæ sunt abalienatio ac imminutio, cum corpus tenuetur in complexibus, et alimento congruentissimo atque ad conservanda membra accommodatissimo spolietur? Itaque unumquemque illorum qui cubilibus impudicis volutantur, statim post facinus, cum œstrum elanguit carnis, mensque, detestabili fine obtento eorum quæ tentavit, recollegit sese tanquam ex ebrietate aut tempestate quadam, et, ubinam sit, considerandi otium nacta est, incontinentiæ suæ valde admodum pœnitet. Sentit enim corpus et imbecillius factum esse, et ad munera necessaria obeunda pigrum ac prorsus debile. Hoc igitur cum ipsi quoque pædotribæ intelligerent, continentiæ legem in palæstris sanxerunt, adolescentium corpora a voluptatibus tuta servantem, eisque certantibus ne aspicere quidem elegantes formas permittentes, si vellent capita sua coronis exornare, quod incontinentia risum in luctatione afferat, non coronam.

5. Hæc quidem tanquam aliena omnino atque inania, et quæ nullius propria esse possint, operæ pretium est clausis oculis præterire : eorum vero quæ vere nostra sunt, convenit **167** curam multam habere. Quid autem vere nostrum est? Anima, qua vivimus, quæ tenuis est ac intelligens, cuique nihil eorum quæ gravant opus est, et corpus quod ei pro vehiculo ad transigendam vitam a conditore datum est. Hoc enim homo est, mens accommodæ ac congruenti carni illigata. Hoc a sapientissimo universorum opifice in utero materno formatur. Hoc in lucem ex tenebrosis illis thalamis educit pariendi tempus. Hoc, rebus terrenis ut imperaret, constitutum est. Huic substrata creatura est ad virtutis exercitium. Huic posita lex est, ut pro viribus imitetur conditorem, atque disciplinam cœlestem in terris adumbret. Hoc abscedit, hinc evocatum. Hoc ad Dei qui ipsum misit, tribunal sistitur : hoc in judicium vocatur : hoc eorum quæ per vitam patravit debitam mercedem recipit. Atque virtutes quoque possessiones nostras fieri deprehenderit quis, ubi fuerint cum natura diligenter contextæ; et neque laborantes nos in terra volunt deserere, nisi vitiis introductis eas per vim sponte fugaverimus, et ad futuram vitam festinantes præcurrunt, et collocant inter angelos suum possessorem, et sub conditoris oculis æternum fulgent. Divitiæ vero, et potentatus, et claritudo, et deliciæ, et omnis ejusmodi turba quotidie per nostram insipientiam augescens, neque introivit nobiscum in vitam, neque cum illis unquam abiit : sed in unoquoque homine fixum et ratum manet, quod olim a justo dictum est : *Nudus egressus sum ex utero matris meæ, nudus etiam revertar* [85].

6. Itaque qui sibi optime consulit, curabit animam quammaxime, hocque modis omnibus et sin-

---

[85] Job 1, 11.

cerum et genuinum servare conabitur : carnis vero sive fame conficiatur, sive cum frigore aut calore luctetur, sive a morbis excrucietur, sive violentum quid ab aliquibus perpetiatur, rationem parvam habebit, illud Pauli in singulis adversitatibus proferens, ac dicens : *Licet exterior homo noster corrumpatur, interior tamen renovatur de die in diem* [86]. Et ubi venire se in vitæ periculum viderit, haudquaquam apparebit timidus : sed sibi ipse confidenter dicturus est : *Scimus quod si terrestris nostra domus hujus tabernaculi dissolvatur, ædificationem ex Deo habemus : domum non manufactam, æternam in cœlis* [87]. Si quis tamen voluerit corpus etiam commiserari, tanquam quod una possessio sit, quæ animæ necessaria est, eique ad vitam in terra degendam suppetias fert, exiguam necessitatum ejus curam suscipiet, ut illud et contineat tantum, et per mediocrem curam sanum conservet ad animæ ministerium, non ita autem ut ipsum satietate lascivire sinat. Quod si viderit illud plurium desiderio incendi, idque citra necessitatem, ei reclamabit, præscribens illud Pauli : *Nihil intulimus in hunc mundum ; conspicuum est, quod neque auferre quidquam possumus. Habentes autem alimenta, et quibus tegamur*, **168** *his contenti erimus* [88]. Etenim si hæc perpetuo corpori occinat, inclametque, illud et morigerum et semper ad profectionem cœlestem expeditum reddet, eritque auxilio majori ad ea quæ proposita sunt obeunda munia : sin autem insolens ac protervum esse permiserit, et quibusvis quotidie tanquam immanem quamdam bestiam oppleri, tum demum ipsius pondere ad terram violenter vergente attractus, jacebit inaniter ingemiscens. Quin et ad Dominum adductus, et terreni illius itineris sibi commissi fructum rogatus, nec reddere valens, plurimum lamentabitur, etenim perpetuis tenebris habitabit, delicias, eorumque fallaciam non parum incusans, quibus salutis tempus sibi ademptum est. Sed nihil tunc utilitatis ex lacrymis capiet. *In inferno* enim *quis tibi confitebitur?* inquit David [89].

7. Caveamus igitur quam celerrime fieri poterit, ne nos ipsi sponte suffocemur. Quod si quispiam jam olim inescatus, aut divitiarum pulverem inique apud se coacervavit, earumque curis illigavit animum, aut lasciviæ scelus quod vix elui potest, naturæ adjunxit, aut criminibus aliis semet exsatiavit : is, dum adhuc tempus est, antequam ad integrum exitium perveniat, deponat majorem sarcinarum partem, et priusquam navis submergatur, mercium indecore congestarum faciat jacturam, atque operarios marinos imitetur. Illi enim, etiamsi necessariorum aliquid in navi vehant, tamen si ex pelago insurgat in se effervescens quædam tempestas, et navem pondere pressam minetur obruere, quam velocissime possunt, onus magna ex parte allevant, ac merces indiscrimi-

natim jaciunt in mare, ut navim reddant fluctibus superiorem, et animabus solis atque corporibus, si modo fieri possit, vitandi periculi locum præbeant. Imo etiam hæc apud nos et statuere et exsequi longe magis nobis quam illis convenit. Illi enim quidquid tandem ejecerint, illico amittunt, et de cætero incidunt inviti in paupertatem, nos vero quo citius pravum hoc onus projecerimus, eo ampliores præstantioresque divitias animabus nostris accumulabimus. Scortatio namque, et quæcunque talia sunt, ejecta pereunt, et eo deveniunt ut ne sint quidem amplius, cum lacrymis deleantur : sanctimonia vero et justitia in illorum postea locum transeunt, res leves, et quæ fluctibus nullis queant obvolvi. Neque vero pecuniæ probe ejectæ pereunt effundentibus ac projicientibus : sed quasi in alias quasdam onerarias naves tutiores, pauperum videlicet ventres, exportatæ conservantur, et ad portus perveniunt, custodiunturque jacientibus, quibus ornamento sunt, non periculo.

8. Statuamus igitur de nobismetipsis, dilectissimi, humanius quiddam, et divitiarum onus, si modo nobis prodesse plane velimus, multis distribuamus : qui illud et transvehent perquam læte, et in Domini sinu, velut in promptuariis tutissimis recondent, *Ubi tinea non demolitur, neque fures effodiunt, neque furantur* [90]. Divitiis effundi in egenos cupientibus per nos liceat. Ob oculos nostros hodieque jacentes Lazaros ne prætereamus, neque eis mensæ nostræ micas, **169** quæ ad ipsos saturandos sufficiunt, invideamus, atque immitem illum divitem imitati, ad eamdem atque ipse gehennæ flammam veniamus [91]. Nam multum quidem tunc Abrahamum rogabimus, multum etiam quoscunque qui vitam suam probe transegerint : sed lucrum nullum ex nostro clamore consecuturi. *Frater enim non redimit, redimet homo* [92]? Unusquisque autem illorum clamans dicturus nobis est : Commiserationem quam ipse erga alios ignorasti, ne quæras, neque velis accipere adeo magna, tu, qui a minoribus erogandis abstinuisti. Collectis in vita bonis fruere. Lacrymare nunc, cum tunc lacrymantem fratrem intuens, ejus non sis misertus. Hæc dicent nobis, nec injuria. Imo vereor ne nos impetant acerbioribus etiam verbis, cum divitem illum, ut scitis, improbitate superemus. Neque enim, ut divitiis prorsus parcamus, humi prostratos fratres præterimus : neque ut opes nostras liberis aut aliis propinquis servemus, aures precibus egenorum occludimus ; sed ut ad deteriora transmota impensa, munificentiam pravitatis incitamentum faciamus iis, qui eam sectantur. Quot enim utriusque sexus quorumdam mensam circumstant ! quorum alii obscenis verbis oblectant convivatorem, alii indecoris et obtutibus et gestibus incontinentiæ ignem accendunt, alii dicteriis mutuis volunt risum invitanti movere, alii laudi-

[86] II Cor. IV, 16. [87] II Cor. V, 1. [88] I Tim. VI, 7, 8. [89] Psal. VI, 6. [90] Matth. VI, 20. [91] Luc. XVI, 19, seqq. [92] Psal. XLVIII, 8.

bus falsis eum circumveniunt. Nec hoc modo lucri faciunt, ut convivio ita splendido excipiantur: sed manus etiam pretiosis muneribus plenas referunt; et discunt ex nobis, esse sibi utilius prosequi talia et efficere, quam virtutem colere. Quod si in nostrum conspectum pauper venerit, qui vix etiam præ fame loquatur, aversamur hominem eamdem atque nos naturam habentem, fastidimus, festinanter transimus, quasi veriti, ne si etiam lentius gradiamur, ejusdem miseriæ efficiamur participes. Et si in terram oculos, calamitate pudorem ei incutiente, dimiserit, eum hypocrisis dicimus artificem esse: si vero libere ac confidenter, fame graviter exstimulatus, aspexerit nos, econtrario impudentem appellamus ac violentum. Et si integris vestibus a quopiam sibi datis contectus fuerit, quasi inexplebilem repellimus, ac juramus paupertatem ab illo simulari: si vero panniculis putridis amiciatur, rursus abigimus uti male olentem, et quamvis Conditoris nomen precibus suis admisceat, continuoque interposita religione oret, ne in similes ærumnas incidamus, tamen immisericordem nostram voluntatem flectere non potest. Quapropter gehennæ ignem graviorem quam qui divitem illum combussit⁹³, reformido. Quod si tempus permitteret, satisque esset virium, illius vobis, uti Scriptura docuit, explicata historia tota, loquendi muneri satisfecissem: **170** nunc vero tempus est defatigatos vos dimittere. Ipsi autem si quid ob mentis simul ac linguæ imbecillitatem prætermissum a nobis sit, id animo impressum in quorumdam pharmacorum morem animarum vulneribus admovete. *Da enim sapienti occasionem, et sapientior erit,* inquit Scriptura⁹⁴. *Potens est autem Deus omnem gratiam abundare facere in vobis, ut in omnibus semper omnem sufficientiam habentes, abundetis in omne opus bonum⁹⁵.*

9. Verum jam ad portum, ut videtis, deductam orationem nostram fratres quidam ad consilii suasionisque cursum revocant, jubentes, ne quæ heri miracula a Domino facta sunt, prætereamus, neque tropæum a Servatore contra diaboli rabiem erectum obticeamus; sed demus vobis inter hymnos canendos exsultandi occasionem. Nam, ut scitis, diabolus iterum suam in nos rabiem ostendit, ignisque flamma armans semetipsum, septa oppugnavit Ecclesiæ. At rursus communis mater vicit, et id machinamenti intorsit in ipsum hostem, nec quidquam ille effecit, nisi quod odium suum prodidit. Gratia reflatu repressit vim hostis atque impetum; permansit templum illæsum. Non potuit admota ab hoste tempestas concutere petram, super quam Christus gregis sui ovile ædificavit⁹⁶. Inter nos se etiam nunc collocavit, qui olim in Babylone fornacem ignis exstinxit⁹⁷. Quantum putatis ingemiscat hodie diabolus, conatus ejus quem sibi in animum induxerat, non assecutus finem. Nam vicinum Ecclesiæ rogum hostis ille incendit, ut prosperos nostros successus infestaret. Jam flamma violentis illius flatibus undecunque excitata, super materiam sibi subjectam diffundebatur, ac depascebatur aerem vicinum, ædem sacram attingere coacta, nosque protrahens in calamitatis societatem: sed in eum qui incendit Servator ipsam contorsit, jussitque rursus vesaniam suam in seipsum vertere. Ac quidem insidiarum arcum apparârat adversarius, sed emittere jaculum prohibitus est; imo potius immisit quidem, at in illius caput retortum est. Amaras illas lacrymas, quas nobis præparavit, sortitus ipse est. Sed inimico infligamus, fratres, vulnus quoddam gravius, intendamus illi luctum. Quomodo id possit fieri, dicam quidem ego, vos vero exsequamini. Sunt qui erepti fuere ex ignis potentia a Conditore, nec ullum eis de cætero vitæ subsidium superest, sed animam solam et corpus periculo subduxere. Nos ergo, quotquot adversitatem illam experti non sumus, facultates nostras illis communes faciamus. Amplectamur fratres vix servatos, dicamus quisque cuique: *Mortuus erat, et revixit; perierat, et inventus est⁹⁸*; atque corpus nostro affine contegamus. Opponamus vi inimici atque injuriis nostram consolationem, ut etiam cum nocuit ille, magnum nullum detrimentum intulisse videatur, nec quemquam ostendat quem pugnando vicerit, sed disperditis fratrum facultatibus, liberalitate nostra victus comperiatur.

10. Vos autem, fratres, qui hoc periculo evasistis, ne multum doleatis de his quæ acciderunt **171** malis, neque mente commoveamini: sed mœroris excutite caliginem, ac generosius quiddam cogitantes, animas vestras corroborate; et quod accidit, id in coronarum occasionem vertite. Nam, si inconcussi perstiteritis, haud secus ac egregium aurum ex igne resplendentes, et fide probatiores deprehendemini, et majori pudore estis adversarium affecturi, qui suis insidiis ne lacrymam quidem ciere vobis potuerit. Patientiam Jobi vobis in memoriam revocate. Dicite vobis ipsi, quæ ille: *Dominus dedit, Dominus abstulit: sicut Domino placuit, ita et factum est⁹⁹.* Nec quisquam his quæ sibi contigere adducatur ut cogitet ac dicat res nostras providentia nulla gubernari; neque Domini administrationem ac judicium incuset: sed in athletam illum intueatur, ipsumque sibi cogitationum meliorum consiliarium adhibeat. Reputet omnia ex ordine certamina, in quibus ille victor exstitit, et quot jaculis a diabolo petitus, letalem nullam plagam acceperit. Evertit quidem illius domesticam prosperitatem, eumdemque alternis adversitatum nuntiis obruere statuerat. Cum enim prior cladem aliquam adhuc annuntiaret, nuntius alter rerum deteriorum tristitiam afferens veniebat, malaque connectebantur inter se, et cala-

⁹³ Luc. xvi, 24. ⁹⁴ Prov. ix, 9. ⁹⁵ II Cor. ix, 8. ⁹⁶ Matth. xvi, 18. ⁹⁷ Dan. iii, 49. ⁹⁸ Luc. xv, 24. ⁹⁹ Job i, 21.

mitates undarum incursum imitabantur, atque priusquam priores lacrymæ sedarentur, aliarum asserebatur occasio. Sed justus tempestatis excepto impetu, et undarum vi in spumam commutata, velut scopulus stabat, emittebatque ad Dominum gratam illam vocem : *Dominus dedit, Dominus abstulit : sicut Domino placuit, ita et factum est*, nec quidquam eorum quæ accidebant, lacrymis dignum duxit. Ubi vero advenit qui narraret quemadmodum filiis et filiabus convivantibus violentus quidam ventus oblectationis domum conquassasset, tunc solum scidit vestem, ostendens condolentem naturam, atque iis agendis declarans patrem esse se liberorum amantem. Attamen etiam tunc terminum ac modum imponens dolori, et piis illis vocibus quod evenerat ornans, dicebat : *Dominus dedit, Dominus abstulit : sicut Domino placuit, ita et factum est*, tantum non clamans in hunc modum : Pater vocatus sum dum voluit qui me patrem effecit. Statuit rursus sobolis mihi coronam auferre, haud repugno quominus sua auferat. Obtineat quod Domino visum est : ipse est generis conditor, ego organum. Quid necesse est, servus cum sim, dolere me frustra, ac de sententia quam nequeo irritam facere, conqueri? Verbis ejusmodi quasi jaculis justus ille diabolum confodit.

11. Postquam autem iterum inimicus eum vidit esse victorem, nec ulla harum ærumnarum concuti posse, tentationis admovit machinamentum carni ipsi, et corpore infandis vulneribus percusso effecit, ut ex eo vermium fontes scaturirent, virumque ex regio throno deturbatum in sterquilinio collocavit. Ille vero vel talibus **172** angustiis lacessitus, permansit immotus ; et lacerato corpore, pietatis thesaurum in recondito animæ recessu inviolatum servabat. Cum igitur non haberet quod jam faceret hostis, insidiarum veterum recordatur ; atque ad impium ac blasphemum consilium uxoris animum pertrahens, opera illius aggrediebatur athletam concutere. Ac illa quidem temporis diuturnitati cedens, justo astitit, humi prona, manus super iis quæ videbat complodens, pietatis ei fructus exprobrans, hinc veterem rei familiaris opulentiam recensens, illinc mala præsentia commonstrans, et qualem ex qualibus sortitus esset vitam, et quam pro multis sacrificiis mercedem a Domino recepisset. Et semper verba pusillo quidem mulierum animo digna proferebat : sed talia tamen, quæ virum omnem perturbare, et animum vel fortem subvertere possent. Vaga, inquiebat, et ancilla oberro, regina servio, et ad meorum famulorum manus respicere coacta sum, et quæ multos olim nutrivi, bene nunc mecum agi existimo si enutriar ex alienis. Addebat, melius esse ac utilius si de terra se ipse exscinderet, impiis verbis utendo, et gladium iræ Conditoris exacuendo, quam si malorum tolerantia sibi ipsi et uxori certaminum laborem proroget. Ille vero his verbis magis quam ullo malorum priorum offensu, et vultum ira replente, ad uxorem velut hostem conversus, quid dicit? *Quare tanquam una de stultis mulieribus locuta es* [1]? Depone, o mulier, inquit, illud consilium. Quousque dictis tuis dedecorabis vitam communem? Violasti, quod Deus avertisset, conversationem meam atque societatem, et tuis istis verbis vitam meam etiam calumnia aspersisti. Videor nunc mihi dimidia ex parte impie egisse : siquidem unum quidem corpus utrosque nos nuptiæ præstiterunt, sed tu prolapsa es in blasphemiam. *Si bona suscepimus de manu Domini, mala non sustinebimus* [2]? Redigas tibi in memoriam præterita bona. Compensa bona malis. Nullius hominis vita beata est omnino. Semper felicem esse, solius Dei est. Tu igitur si ob præsentia dolore afficeris, ex præteritis te ipsa consolare. Nunc lacrymaris, at prius risisti : nunc pauper es, at prius fuisti dives. Bibisti limpidum vitæ laticem, jam turbidum bibens animo æquo patiare. Ne fluviorum quidem fluenta perpetuo apparent pura. Est autem fluvius vita nostra, ut nosti, continue fluens, ac fluctibus alternatim sibi succedentibus referta. Etenim jam pars præterfluxit, pars adhuc transit : pars jam emersit e fontibus, pars vero emersura est, et ad commune mortis mare festinamus omnes. *Si bona suscepimus de manu Domini, mala non sustinebimus?* Cogimusne judicem nobis perpetuo paria suppeditare? Docemusne Dominum, quomodo debeat vitam nostram moderari? Decreta sua penes ipsum sunt. Res nostras pro suo arbitratu regit. Est enim sapiens ; et quod utile est, id suis servis admettit.

12. Cave curiosius perscruteris Domini judicium. Æqui bonique fac solum quæ ab illius sapientia dispensantur. Quidquid dederit tibi, cum gaudio accipe. Ostende in adversis exstitisse **173** te lætitia pristina dignam. His dicendis repulit Job et hunc diaboli assultum, et integrum ei pudorem de illata clade incussit. Quid igitur hinc evenit? Fugit iterum ab illo morbus, tanquam qui accessisset frustra, nec quidquam amplius effecisset. Reversa caro in alteram pubertatem reviruit : floruit rursus vita bonis omnibus, et duplicatæ divitiæ undecunque in domum confluxerunt, ut quasi nihil amisisset, unam partem haberet, pars vero altera justo esset patientiæ merces. Sed cur et equos, et mulos, et camelos, et oves, et agros et omnes opulentiæ delicias duplo recepit, liberorum vero numerus mortuis par prodiit? Quoniam bruta animalia et caducæ omnes divitiæ penitus interierant : liberi vero licet mortui, optima sui parte vivebant. Itaque aliis filiis filiabusque iterum a Conditore ornatus, etiam hanc possessionem habebat duplicatam. Alii enim parentibus in vita afferebant lætitiam : alii, qui scilicet prævissent, geni-

[1] Job ii, 10. [2] ibid.

torem exspectabant, omnes Job circumstaturi, ubi humanæ vitæ judex congregaverit Ecclesiam universalem, ubi tuba adventum regis denuntians, edito in sepulcris sonitu vehementiore, corporum depositum reposcet. Tunc et nunc qui videntur mortui esse, viventibus citius sistentur opifici universorum. Idcirco, opinor, cum reliquas opes geminatas ei admensus fuisset, liberos tamen numero pares ei sufficere judicavit. Vides quot et quanta justus ille Job per patientiam sibi congesserit bona? et tu igitur, si quid tibi molesti ex hesterno igne, qui dæmonum insidiis incensus est, accidit, id patienter ferto, et quam damnum intulit tristitiam cogitationibus melioribus consopito. Et juxta id quod scriptum est, *Jacta super Dominum curam tuam, et ipse te enutriet* [3]. Ipsum decet gloria in sæcula sæculorum. Amen.

AD ADOLESCENTES,

Quomodo possint ex gentilium libris fructum capere.

1. Invitant me multa, ut dem vobis, adolescentes, consilium de iis quæ optima judico, quæque vobis morem gesturis profutura esse existimavi. Cum enim id ætatis sim, fuerimque jam exercitatus multis rebus, et mutationem illam, qua omnia docentur, satis superque in utramque partem sim expertus, hinc factus sum rerum humanarum peritus, sic ut vitam recens instituentibus quasi viam tutissimam ostendere possim. Præterea statim post parentes necessitudine naturæ et propinquitate vobis ita conjunctus sum, ut ego non minori vos benevolentia prosequar, quam vestri patres: vos vero, nisi forte mea de vobis existimatio me decipiat, arbitror, si me respicitis, parentes minime desideraturos. **174** Itaque, si animo alacri verba mea exceperitis, inter eos qui ab Hesiodo laudantur, secundum locum obtinebitis: sin minus, ut ego nihil molesti dicam, ita vos carminum illorum reminiscamini, in quibus ait ille: Optimum quidem esse eum qui ex seipso ea quæ decent perspicit; bonum vero eum qui demonstrata ab aliis sequitur; eum denique qui ad neutrum idoneus est, ad omnia inutilem esse.

2. Neque vero miremini, si vobis quotidie ad præceptores euntibus, et cum veteribus viris, iisque præstantissimis consuescentibus, per ea quæ reliquerunt scripta, dicam me ex me ipso conducibilius quiddam adinvenisse. Accedo igitur, id vobis consilii daturus, ut ne semel vestri animi gubernaculum his viris permittentes quasi navigii alicujus, quacunque duxerint, hac sequamini: sed quidquid in eis utile fuerit carpentes, cognoscatis quid etiam contemni oporteat. Quæ igitur sint hæc, quoque modo discernamus, hoc jam docebo, inde exorsus. Nos, adolescentes, humanam hanc vitam nihil omnino esse arbitramur, nec quidquam bonum omnino putamus, aut nominamus, quod utilitatis nobis aliquid solum in hoc ævo afferat. Non avorum splendorem, non vires corporis, non pulchritudinem, non magnitudinem, non honores delatos ab omnibus hominibus, non regnum ipsum, non quidquid humanum dici potest, magnum nobis videtur, imo ne votis quidem dignum censemus, neque habentes respicimus: sed spe procedimus longius, et ad alteram vitam comparandam facimus omnia. Quæ igitur prodesse nobis possunt ad illam acquirendam, ea et amplecti, et totis viribus prosequi oportere dicimus: quæ vero ad eam non attinent, velut pretii nullius digna contemnere. Quæ autem hæc vita sit, et ubi et quomodo nobis ducenda, ut fuerit longius exponere quam præsens institutum sinat, ita fuerit auditorum majorum quam vos estis, audire. Tantum dicam, atque ex hoc fortasse vobis satis ostendero, quod si quispiam omnem simul ex quo homines nati sunt felicitatem sermone complexus, in unum coacervaverit, eam tamen comperiet ne minimæ quidem bonorum illorum parti æquiparandam esse: sed omnia præsentis vitæ bona plus a minimo futurorum dignitate distare, quam a rebus veris umbra et somnium. Imo vero ut exemplo magis idoneo utar, quanto anima omnibus præstat corpori, tanta est et utriusque vitæ differentia. Ad hanc autem deducunt sermones sacri, per arcana nos erudientes. Sed, dum per ætatem non licet intelligentiæ eorum altitudinem audire et assequi, interim in aliis scriptis non omnino diversis quasi in umbris quibusdam et speculis in antecessum animi intuitu exercemur (1), eos, qui in militari disciplina **175** exercentur, imitati: qui ubi in manuum motu atque saltationibus experientiam adepti fuerint, in certaminibus ex hac ipsa ludicra disciplina fructum percipiunt. Et certe putandum est certamen certaminum omnium maximum nobis propositum esse, pro quo agenda nobis sunt omnia et laborandum pro viribus ut ad id præparemur, atque poetis, et historicis, et rhetoribus, et hominibus omnibus utendum, unde utilitas aliqua ad animam curandam accessura sit. Quemadmodum enim infectores quidquid tingendum est prius curis quibusdam præparant, et ita demum colorem sive purpureum sive quempiam alium inducunt: eodem modo et nos quoque, si indelebilis in nobis honesti gloria omni tempore permansura est, his externis ante ininiati, deinde sacras et arcanas doctrinas ediscemus: et solem velut in aqua videre assueti, sic luci ipsi oculos admovebimus. Quod si mutua quædam convenientia intersit inter doctrinas, earum nobis cognitio valde utilis fuerit: sin minus, certe earum inter se collatarum discrimen internosse,

---

[3] Psal. LIV, 23.

(1) Basilius hoc dicit, Christianum ita adjuvari rofana poetarum et oratorum doctrina, ut milites gesticulandi saltandique arte in suis exercitationibus adjuvantur.

ad potiorem firmandam non parum contulerit. Sed cuinam rei comparata doctrina utraque, possis imaginem assequi? Certe quemadmodum arboris propria virtus est, tempestivo fructu scatere, et tamen folia etiam circum ramos exagitata aliquid eis ornamenti conciliant : ita et animæ quoque primarius fructus est veritas ipsa, sed tamen haud ingratus est externæ sapientiæ amictus, tanquam si folia quædam fructui et umbraculum et aspectum non inamœnum præbeant. Dicitur igitur et Moyses ille perquam eximius, cujus nomen apud omnes homines ob sapientiam maximum est, exercitato in Ægyptiorum disciplinis animo [a], ita ad ejus *qui est* contemplationem devenisse. Similiter autem posterioribus quoque temporibus sapientem Danielem sapientiam Chaldæorum in Babylone edoctum [b], ita demum doctrinas sacras attigisse tradunt. Sed quod externæ hæ disciplinæ non sint animabus inutiles, sat dictum est : consequens est ut jam dicamus, quomodo ipsarum participes fieri vos oporteat. Primum quidem rebus omnibus quæ a poetis dicuntur (ut hinc initium sumam), varia cum dicant, nequaquam ordine adjiciendus animus est : sed ubi facta aut dicta virorum bonorum vobis narraverint, eos et diligere et imitari operæ pretium est, et quam maxime nitendum ut tales efficiamur ; sed cum ad flagitiosos homines devenerint, tunc obturatis auribus cavendum ne imitemur, non minus quam Ulyssem aiunt illi Sirenum cantus cavisse. Nam sermonibus pravis assuescere, quædam via est ad ipsa facta. Quapropter custodia omni servanda anima est, ne per sermonum voluptatem quidquam vitiosum imprudentes suscipiamus, perinde ut qui melle admisto sumunt venena. Non igitur poetas 176 laudabimus, cum conviciantur, cavillanturque : non cum amasios aut ebrios depingunt : non cum felicitatem affluenti mensa atque cantilenis dissolutis metiuntur. Sed minime omnium, poetis de diis disserentibus intenti erimus ; et maxime cum de illis tanquam de multis, iisque ne inter se quidem consentientibus habuerint sermonem. Frater enim adversus fratrem apud illos seditionem concitat atque discordiam, et pater adversus liberos, hisque rursus adversus parentes implacabile bellum est. Adulteria autem deorum amoresque et apertos complexus, et maxime congressus Jovis, qui, ut ipsi dicunt, princeps est omnium et supremus (quæ si quis dicat vel de brutis animalibus, erubuerit), actoribus scenicis relinquamus.

3. Eadem certe et de historicis dicere habeo, præsertim cum ad audientium animum oblectandum historias conscribunt. Ne etiam rhetorum mentiendi artem imitabimur. Etenim neque in judiciis, neque in aliis actionibus conveniens nobis fuerit mendacium, qui rectam ac veram vitæ viam amplexi simus, et quibus non litigare lege præceptum sit. Sed illa magis probabimus, in quibus virtutem laudaverint, aut vituperarint vitium. Ut enim reliqui solo florum bono odore aut colore perfruuntur, apes vero mel etiam ex eis excerpere norunt : ita hic quoque, qui non solam ejusmodi librorum jucunditatem ac suavitatem consectantur, iis licet aliquid etiam utilitatis ex illis in anima reponere. Omnino igitur ad apum exemplum, his libris utendum vobis est. Illæ enim neque floribus omnibus ex æquo insidunt, neque etiam ad quos advolarint, eos totos auferre conantur : sed cum ex eis quantum idoneum est ad opus, semel collegere, reliquum dimittunt. Nos quoque si sapimus, ubi quantum nobis congruit, ac veritati affine est, ex his scriptis collegerimus, reliquum prætermittemus. Et quemadmodum in decerpendo roseti flore sentes devitamus : sic et in talibus sermonibus quidquid utile est carpentes, noxium vitemus. Statim igitur ab initio disciplinas singulas considerare, et ad finem accommodare, operæ pretium est, ut est in Dorico proverbio, *lapidem ad funiculum ducentes*. Et quando per virtutem ad nostram illam vitam pervenire nos oportet, de hac autem multa poetis, multa historicis, multo plura philosophis decantata sunt, ad ejusmodi sermones maxime adjungendus animus est. Nec enim utilitas parva est, familiaritatem quamdam atque consuetudinem virtutis ingenerari adolescentum animis, cum soleant inconcussa permanere talium documenta, alte in eis ob animorum teneritudinem impressa insculptaque. Ecquid tandem aliud Hesiodum cogitasse putabimus, cum illos versus ab omnibus decantatos composuit, nisi ut adhortaretur adolescentes ad virtutem? Aspera quidem, inquit, primum est et accessu difficilis, multoque sudore ac labore plena, atque ardua via, quæ deducit ad virtutem. Quapropter non est cujusvis ad eam viam accedere, ob acclivitatem : neque ei, qui accessit, facile est ad extremum pervenire. Sed, cum semel summum attigerit, intueri licebit quam lævis et pulchra 177 sit, quam facilis et expedita, jucundiorque itinere alio ad vitium ducente : quod statim ob viciniam arripi posse dixit idem ille poeta. Mihi enim videtur, cum hæc litteris proderet, nihil aliud sibi proposuisse, quam ut hortaretur nos ad virtutem, invitaretque omnes ut essent boni, et ne laboribus fracti, ante obtentum finem desistamus. Atque etiam si quis alius similiter virtutem celebravit, ejus sermones velut in idipsum ferentes recipiamus.

4. Jam vero, ut ego a viro quodam, qui assequendi mentem poetæ peritus erat, audivi, tota Homeri poesis virtutis laus est ; in eoque omnia præter id quod ornandi sermonis gratia adjectum est, huc tendunt, maxime autem ubi Cephallenorum ducem e naufragio nudum servatum exhibuit. Primum quidem narrat reginam eum, simul ut in conspectum venit, reveritam esse, tantum aberat ut pudore eum

[a] Act. vii, 22. [b] Dan. i, 4.

deberet, quod nudus solusque conspiceretur, cum virtus vestium loco eum exornaret. Deinde a reliquis quoque Phæacibus tanti æstimatum esse, ut relictis deliciis in quibus vivebant, suspicerent illum omnes, æmularenturque, nec ullum tunc in Phæacibus fuisse, qui aliud quidquam optaret magis quam ut Ulysses esset, idque e naufragio servatus. In his enim aiebat ille mentis poetæ interpres, Homerum tantum non clamantem dicere : Habenda est vobis, o homines, virtutis cura, quæ et una cum naufrago enatat, et in terram ejectum nudum felicibus Phæacibus reddit venerabiliorem. Et profecto res sic se habet. Nam possessiones reliquæ non sunt possessorum magis quam quorumlibet aliorum, velut in tesserarum ludo huc et illuc translatæ. Virtus autem ex possessionibus sola est, quæ nequeat auferri : tum vivo, tum mortuo astans. Unde et Solon mihi videtur illud ad divites dicere (1) :

*Sed nos divitiis non commutabimus ullis
Partam virtutem : nam semper firma manebit.
At vero huc illuc humana pecunia transit.*

Consimiles autem his sunt et Theognidis versus, in quibus dicit Deum (quemcunque tandem ille Deum dicat) hominibus alio et alio modo trutinam degravare, interdum illos divitiis affluere, interdum nihil habere. Quin et Ceus sophista Prodicus alicubi in suis scriptis affinia his in virtutem ac vitium conscripsit : qui et ipse audiendus attento animo est, cum vir sit non contemnendus. Hæc autem dicit, quantum ego viri sententiam memoria teneo, siquidem verba ipsa non memini, nisi quod hæc simpliciter absque metro enarrarit. Nimirum ad Herculem juvenem, et fere eam ætatem, quam nunc vos, agentem, et utram viam, hancne quæ per labores ad virtutem ducit, an alteram illam facillimam carperet, **178** deliberantem, mulieres duas accessisse, eas autem esse Virtutem ac Vitium, et ipsas tacentes discrimen quod inter se intererat, habitu ipso confestim declarasse. Unam quidem a comendi arte pulchritudinis comparandæ causa exornari, et deliciis diffluere, omneque voluptatis examen secum copulatum ducere, isthæc ostendere, et plura his adhuc pollicentem conari Herculem ad se trahere : alteram vero macram et squalidam esse, et habere oculos intentos, et talia alius generis proferre, polliceri nihil remissum, nihil jucundum, sed permultos sudores laboresque, ac pericula tota terra marique subeunda : præmium autem horum esse, deum fieri (ut quidem ille loquitur) ; denique hanc ipsam Herculem secutum esse. Et fere quotquot sese ob sapientiam spectabiles aliquo modo præstitere, singuli pro viribus, aut minus aut amplius, virtutis laudem in suis scriptis reliquerunt, quibus obtemperandum est, eorumque sermones ipsa vita exprimere conandum. Nam qui philoso-

phiam verbotenus apud alios manentem facto confirmarit, sapit solus, reliqui velut umbræ volitant (2). Hocque mihi videtur esse ejusmodi , tanquam si pictor admirandum quiddam, puta hominis pulchritudinem, imitatus sit : hic autem ipse talis vere exsistat, qualem ille in tabulis expressit. Nam magnifice in propatulo virtutem collaudare, et orationes longas de ea habere, privatim vero voluptatem temperantiæ præferre, et quæstum justitiæ anteponere, hoc ego dixerim simile esse actoribus scenicis personas quasdam sustinentibus, qui plerumque velut reges et dynastæ introducuntur, cum neque reges sint, neque dynastæ, et forte omnino liberi quidem. Ad hæc musicus non lubens toleravit sibi esse dissonam lyram : neque præfectus chori chorum sibi astare, qui quam maxime concinnus non sit. A se igitur quisque dissidebit ipse, nec vitam cum verbis consentientem exhibebit : sed lingua quidem juravit, mens vero injurata est, dicet ex Euripide ; et videri potius bonus quam esse studebit. Atqui hic est extremus injustitiæ terminus, si qua fides Platoni habenda est, quempiam videri justum, qui non sit. Sermones igitur qui rerum honestarum complectuntur præcepta, sic recipiamus. Et quoniam bonæ quoque priscorum hominum actiones aut memoriæ successione ad nos usque conservantur, aut in poetarum aut historicorum monumentis custodiuntur, ne utilitas quidem, quæ hinc nasci potest, desit nobis. Verbi gratia, homo quidam circumforaneus conviciis Periclem consectabatur, hic autem non attendebat, et die tota perstitit uterque, ille quidem permultis probris incessens, hic vero nequaquam curans. Deinde vespere jam facto, tenebrisque obortis, vix discedentem Pericles facem præferens deduxit, ne sibi inutilis foret exercitatio philosophiæ. Rursus quidam Euclidi Megarensi iratus, mortem ei **179** minitatus est, ac juravit : hic rursum juravit facturum se ut sibi ille placaretur ac infestus esse desineret. Quam utile fuerit talium exemplorum aliquid in memoriam venire, cum vir jam ab ira detinetur,! Nam credendum non est tragœdiæ temere dicenti : *In hostes ira armat manum :* sed longe satius ne irasci quidem omnino. Quod si id facile factu non est, rationem certe velut frenum iræ objicientes, efferri eam ulterius ne permittamus.

5. Sed rursus orationem reducamus ad actionum bonarum exempla. Percutiebat quidam Sophronisci filium Socratem in ipsam faciem, facto sæpius impetu : hic autem nihil repugnavit, sed sivit ebriosum illum iram suam exsatiare, sic ut intumesceret jam ejus vultus præ plagis, essetque saniosus. Ubi autem ille a verberibus destitisset, Socrates quidem nihil aliud fecisse dicitur, quam fronti suæ quasi statuæ inscripsisse auctorem, *Talis faciebat,*

---

* Matth. v, 39.

(1) Et Plutarchus quoque in *Solonis Vita*, c. 3, hos versus tribuit Soloni : sed tamen inter Theognidis *Gnomas* versu 316 legi, jam pridem notavit Ducæus.

(2) Versus est Homeri Ὀδυσσ. K, 495, qui scriptus est de Tiresia vate Thebano.

te jue hoc modo vindicasse. Haec fere cum tendant eodem ac nostra, operae pretium esse censeo viros tantos nobis esse imitandos. Illud enim Socratis germanum est praecepto illi, maxillam caedenti praebere oportere et alteram⁶, nedum ulciscamur nos. Periclis autem factum, aut Euclidis, est huic simile, quod persequentes sustinere, et ipsorum iram leniter tolerare oporteat : huic rursus, quod inimicis bene, non male precari debeamus⁷. Quare quisquis in his fuerit prius eruditus, praeceptis illis, tanquam quae fieri non possint, non denegabit amplius fidem. Neque vero praeterierim Alexandri factum, qui cum filias Darii captivas haberet, quarum incredibilis pulchritudo fuisse praedicatur, ne aspicere quidem dignatus est : turpe esse judicans, virorum victorem vinci a mulieribus. Hoc spectat eodem atque illud, quod qui aspexerit mulierem libidinose, quanquam adulterium opere non commisit, quoniam tamen concupiscentiam in animum admisit, crimine non vacet ⁸. Quin et illud Cliniae, qui unus e Pythagorae discipulis est, vix crediderim cum nostris institutis fortuito consentire, non consulto ea imitari. Ecquid autem erat, quod fecit ille ? Jurejurando cum ei liceret talentorum trium effugere multam, solvere maluit quam jurare, idque cum non esset falso juraturus ; praeceptum quo nobis jusjurandum interdicitur ⁹, ut mihi videtur, edoctus. Sed ad hoc idem quod initio dicebam, rursus revertamur : non omnia ex ordine, sed solum quae utilia sunt, suscipienda nobis esse. Turpe namque fuerit rejicere nos cibos exitiosos, disciplinarum vero quae animam nostram nutriunt, rationem nullam habere, sed torrentis in morem quidquid obvium est trahentes, id in animum recondere. Et quidem quomodo rationi consentaneum est, ut nauclerus non temere se ventis permittat, sed ad portum dirigat scapham, sagittariusque in scopum intendat, et faber ferrarius aut lignarius finem artis appetat : nos vero inferiores simus **180** opificibus ejusmodi, cum certe res nostras intelligere possumus ? Itaque artificum operi inerit finis quispiam, humanae vero vitae scopus nullus est, cujus intuitu omnia facere ac dicere oporteat eum qui brutis animalibus omnino similis esse nolit ? Aut sic temere instar navigiorum non saburratorum, mente nostra ad animae gubernacula non sedente, sursum ac deorsum per vitam circumferremur ; sed quemadmodum in gymnicis certaminibus, inque musicis, si ita placet, eorum certaminum quorum coronae proponuntur, exercitationes fiunt, nec quisquam ad luctam exercens se, aut ad pancratium, subinde cithara aut tibia canere meditatur. Non Polydamas certe, sed ille ante certamen in Olympiis currus agitatos retinebat, et inde vires ac robur intendebat. Milo quoque a scuto illito non dimovebatur, sed impulsus resistebat, non minus quam statuae eae quae plumbo colligantur. Et uno verbo, exercitatione praeparabantur ad certamina. Quod si, pulvere ac gymnasiis relictis, ad sonos modosque Marsyae aut Olympi Phrygum curiosius attendissent, num statim fuissent coronas ac gloriam assecuti, aut cavissent ne in corpore ridiculi viderentur ? Contra, Timotheus cantu dimisso, in palaestris non degebat. Neque enim ita omnibus musica praestitisset, cui scilicet tanta inesset artis peritia, ut et animum per concitatam austeramque harmoniam ad iram excitaret, et rursus demulceret emolliretque per remissam, cum vellet. Hac item arte, cum aliquando Phrygios modos Alexandro incinuisset, incitasse eum dicitur ad arma inter coenandum : et rursus reduxisse ad convivas, cantu remisso. Vim adeo magnam et in musica, et in gymnicis certaminibus ad finem consequendum exercitatio praebet.

6. Quoniam vero coronarum memini et athletarum, illi laboribus sexcentis super sexcentos exantlatis, et undecunque aucto sibi robore, posteaquam multum gymnicis laboribus desudarunt, plagasque multas in exercitiorum loco accepere, et victum non jucundissimum, sed a magistris exercitiorum praescriptum sumpsere, et ne longum faciam, ubi in reliquis ita vixerunt, ut ipsorum vita ante certamen certaminis exercitatio sit, tunc exuunt se ad stadium, nullum non laborem, nullum non periculum adeuntes, ut oleastri, aut apii, aut alterius cujusvis rei similis accipiant coronam, et victores per praeconem renuntientur. Nobis autem, quibus proposita sunt vitae praemia, eaque tam et ob multitudinem et ob magnitudinem miranda, ut verbis explicari non possint, si in utramque aurem dormitemus, et valde licenter vivimus, dabiturne haec praemia manu altera arripere ? Ita enim et laudanda esset deses vita, et Sardanapalus ille haberetur omnium felicissimus, aut etiam Margites ille, si lubet, quem Homerus ait neque arasse, **181** neque fodisse, neque aliud quidquam eorum quae in vitae commodum cedunt, peregisse, si tamen Homeri haec sint. Nonne potius verus est Pittaci sermo, qui difficile esse dixit bonum esse ? Etenim nobis reipsa multos labores perpessis vix tandem licebit bona illa assequi, quorum antea dicebam nullum exemplum in humanis reperiri. Non igitur incuriose vivendum nobis est, neque spes magnae otio brevi commutandae, nisi velimus probra sustinere, poenasque subire, non hic quidem apud homines (quanquam et hoc parvum non est saltem prudenti ac cordato), sed in judicii locis, sive sub terra, sive ubivis constituta sint. Enimvero a recto decoroque praeter animi sententiam qui aberrarit, forte veniam aliquam obtinebit a Deo : qui vero fuerit consulto mala amplexus, implacabiliter supplicia longe majora perferet. Quid igitur faciemus ? dicet aliquis. Quid aliud, nisi ut animae curam geramus, ab omnibus aliis vacantes ?

---

⁷ Matth. v, 44. ⁸ ibid. 28. ⁹ ibid. 33.

7. Non igitur corpori inserviendum, nisi omnino necesse sit; sed ea quæ potiora sunt, animæ sunt tribuenda, ita ut ipsam ex ea quam cum corporis affectionibus habet communione, tanquam ex carcere per philosophiam eximamus, simulque etiam corpus vitiis atque libidinibus reddamus inexpugnabile. Ventri quidem ministranda sunt necessaria, non quæ sunt perquam jucunda, velut ii qui quosdam mensarum structores coquosque exquirunt, totamque terram ac mare vestigant, velut moroso hero tributa pendentes, digni miseratione ob ejusmodi occupationem, haud remissius quam qui in inferno versantur, excruciati, plane dissecantes ignem, cribro ferentes aquam, et in pertusum dolium infundentes, laborum finem nullum habentes. Comas autem ac vestimenta plus satis curare, aut, ut ait Diogenes, adversa fortuna utentium est, aut injustorum. Quare cincinnatum esse et appellari, æque turpe censendum dico, atque scortari, aut alienis nuptiis insidiari. Quid enim ejus qui mente præditus est interest, utrum tenui ac sumptuosa veste induatur, an pallium vile gestet, modo et frigori et calori arcendo satis sit? Et ad hunc modum reliqua quoque ultra necessitatem non sunt excolenda, nec corporis habenda est major cura, quam quantum animæ prosit. Nam comptum esse et corporis amatorem, viro hac illa appellatione vere digno non minus probrosum fuerit, quam alteri cuivis vitio ignave obnoxium esse. Nam omne studium huc conferre ut corpus quam optime se habeat, non hominis est semet cognoscentis, neque intelligentis sapientem illam admonitionem, qua docemur, quod sub aspectum cadit, id hominem non esse, sed requiri sapientiam quamdam præstantiorem, qua quisque nostrum seipsum qualis tandem sit agnoscat. Hoc autem difficilius est mentem non puram habentibus, quam lippienti solem aspicere. Est autem animæ purgatio, ut **182** semel, et quantum vobis satis sit, dicam, voluptates per sensus irrepentes aspernari, non oculos pascere insulsis præstigiatorum ostentationibus, aut corporum stimulum voluptatis immittentium aspectu, non per aures harmoniam corruptam in animam infundere. Vitia enim quæ illiberalis dejectique animi fetus sunt, ex hoc musicæ genere solent oriri. Sed musica altera, quæ et melior exsistit, et ad melius perducit, consectanda nobis est : qua usus David, sacrorum carminum auctor, furorem regis atque insaniam, ut aiunt, sedavit [10]. Ferunt etiam Pythagoram, cum in comessatores temulentos incidisset, jussisse tibicinem comessationi præsidentem, mutata harmonia, Doricos modos eis canere : ipsos autem ita hoc cantu resipuisse, ut, abjectis corollis, pudore suffusi domum reverterentur. Alii vero more Corybantum ad tibiam insaniunt ac debacchantur. Ita hoc differt, sanis aut pravis cantilenis aures impleri! Quare eam, quæ nunc viget, musicam minus quam quidvis turpissimum experiri debetis. Pudet me etiam interdicere, ne sufflitus omnis generis, qui olfactui voluptatem afferant, admisceantur aeri, et ne unguentis vos ipsos inficiatis. Quid autem quis dixerit de non perquirendis tactus gustusque voluptatibus, nisi quod cogant eos qui his captandis vacant, ad ventrem et ad ea quæ sub ventre sunt, pecorum more, pronos ac propensos vivere? Uno verbo, totum corpus contemnendum est ei, qui in ipsius voluptatibus quasi in cœno nolit volutari, aut tantum ei indulgendum est, in quantum, inquit Plato, philosophiæ inservit, non longe aliter locutus atque Paulus, qui monet nullam corporis habendam curam ad cupiditatum materiam [11]. Etenim qui corporis, ut se optime habeat, curam gerunt, animam autem illo usuram nullius pretii parvipendunt, quid differunt ab iis qui instrumentis aptandis dant operam, artem vero per hæc operantem negligunt? Quapropter ratione plane contraria corpus castigandum est et cohibendum, haud secus ac impetus cujusdam belluæ; atque ii tumultus qui ab ipso in anima excitantur, ratione veluti flagro compescendi sunt, non autem habenis voluptati omnino laxatis negligenda mens est, adeo ut quasi auriga qui ab equis effrenis violenterque agitatis abreptus sit, ducatur. Nec abs re erit Pythagoræ meminisse, qui cum didicisset aliquem ex familiaribus sese et exercitationibus et escis valde admodum saginare, et carnosum reddere : Sic, inquit, non desines graviorem tibimetipsi carcerem exstruere? Unde dicunt et Platonem provenientis a corpore noxæ præscium, insalubrem Atticæ locum Academiæ de industria elegisse, ut nimis bonum corporis statum quasi superfluam quamdam vitis feracitatem amputaret. Ego autem corporis habitudinem summe bonam etiam periculosam esse a medicis audivi.

8. Cum igitur nimia illa corporis cura et corpori ipsi inutilis sit, et animæ officiat, ei submittere se et obsequi manifesta fuerit insania. Sed, si hoc contemnere studeremus, vix aliud quidquam humanum esset nobis admirationi. **183** Quid enim jam nobis, si corporis voluptates fastidiamus, opus erit divitiis? Ego quidem non video, nisi, ut in fabulis est draconum, jucundum sit et gratum thesauris defossis invigilare. Multum autem abfuerit, ut qui liberaliter in talibus habere se didicerit, unquam humile quidpiam et turpe facto aut dicto sibi proponat. Quidquid enim superfluum est, et necessitatis modum excedit, sive Lydia arena sit, sive formicarum auriferarum opus, tanto magis aspernabitur, quanto minus indigebit : quippe usum ipsum necessitatibus naturæ metietur, non voluptatibus. Nam qui necessarios terminos excessero, cum jam sibi, more eorum qui in declive feruntur, nihil firmum suppetat, ad quod se recipiant, nusquam ulterius abripi intermittunt : sed

[10] I Reg. xvi, 23. [11] Rom. xiii, 14.

quo plura compararint, eo magis opus habebunt paribus, aut etiam amplioribus ad cupiditatem explendam, secundum Execestidæ filium Solonem, qui ait :

*Divitiis nullum statuunt mortalia finem
Pectora.*

In his etiam Theognide magistro utendum est, qui dicit :

*Non amo divitias, non opto : at vivere tantum
Exiguo liceat, nil sit ut inde mali.*

Ego autem in Diogene etiam omnium simul humanarum rerum admiror contemptum, qui pronuntiavit se rege magno ditiorem, quod in vita paucioribus quam ille egeret. Nobis autem, nisi Pythii Mysi adsint talenta, nisi sint terræ tot et tot jugera, nisi pecorum greges innumeri, sufficiet nihil. Sed tamen, opinor, par est divitias absentes non expetere, nec desiderare : si vero adsint, non magis ob ipsarum possessionem jactare se quam ob scientiam dispensandi easdem. Nam præclarum est illud Socratis, qui divitem quemdam virum magnopere de pecuniis superbientem non prius admiraturum se dixit, quam ipsa rei experientia didicisset eum iis uti nosse. Nonne si ob aurum et ebur valde se extulissent Phidias et Polycletus, quorum alter Eleis Jovem, alter Argivis Junonem fecit, essent derisui, quod relicta arte, per quam ipsum etiam aurum jucundius pretiosiusque effectum est, gloriam ex opibus alienis captassent : nos autem, qui virtutem humanam ex se non sufficere ad ornatum putamus, remue verecundia minore dignam facere videbimur ? An divitias quidem despiciemus, et illabentes per sensus voluptates habebimus despicatui, assentationem vero et adulationem prosequemur, et Archilochi vulpeculæ astutiam versutiamque æmulabimur ? Atqui nihil est viro prudenti fugiendum magis, quam ad gloriam vivere, eaque quæ vulgo ac multitudini probantur, spectare, et rectam rationem vitæ ducem non statuere, ita ut licet **184** hominibus omnibus contradicere, et ignominiam ac periculum subire honesti causa oporteat, tamen nihil eorum quæ recta judicata sunt, invertere velimus. An eum qui non ita affectus est, ab Ægyptio illo sophista aliquid differre dicemus, qui, cum vellet, planta fiebat et bestia, et ignis et aqua, et res omnes ? Nam et ipse modo quidem justitiam laudabit apud eos qui eam colunt : modo vero loquetur pugnantia, ubi injustitiam probari animadverterit : quod solent adulatores efficere. Et quemadmodum polypodem aiunt colorem suum in subjectæ terræ colorem mutare, sic ille suam sententiam ex eorum, quibuscum versatur, genio mutabit. Hæc quidem etsi perfectius in nostris libris condiscemus, at certe quantum adumbrandæ nunc virtuti satis est, tantum ex documentis externis rudius delineemus. Qui enim diligenter ex quacunque re utilitatem colligunt, iis quasi magnis fluminibus solent undecunque fieri accessiones multæ. Nam quod dictum est, parvum parvo adjungendum esse, id a poeta non magis de argenti augmento quam de qualibet scientia recte dictum fuisse existimandum est. Bias igitur filio ad Ægyptios abeunti, et percontanti quidnam agendo rem ei gratissimam facturus esset, Viaticum, inquit, si paraveris tibi ad senectutem ; virtutem viaticum appellans, exiguis eam terminis circumscribens, quippe qui ejus utilitatem humana vita definierit. Ego autem, etiamsi quispiam proferat in medium senectam Tithoni, sive Arganthonii, sive Mathusalæ illius, qui longissimæ apud nos vitæ fuit, qui annos mille minus triginta vixisse dicitur, etiamsi totum ex quo homines conditi sunt tempus dimetiatur, veluti puerilem sententiam ridebo tum, cum ad prolixum illud et nulli senio obnoxium sæculum respiciam, cujus non est finem ullum mente apprehendere, non magis utique quam immortalis animæ interitum assignare. Ad quod ævum possidendum viaticum ut comparetis, hortor vos, lapidem omnem, ut est in proverbio, moventes, unde aliqua vobis utilitas ad hoc assequendum accessura sit. Neque vero quoniam difficilia sunt hæc, et laborem requirunt, segnes ac pigri efficiamur : sed memores ejus qui admonuit vitam optimam ab unoquoque seligendam esse, ac sperare eam consuetudine jucundam redditum iri, optima aggredi par est. Turpe est enim tempus præsens amittere, et elapsum postea revocare, cum nullum amplius dabitur dolentibus. Ego quidem quæ optima esse censeo, partim **185** nunc dixi, partim vobis per omnem vitam suadebo : vos vero, cum tria sint ægritudinum genera, ei quod insanabile est similes ne videamini, neque ostendatis animi morbum, morbo eorum qui corpore ægrotant consimilem. Etenim invaletudine parva qui laborant, ipsi accedunt ad medicos : qui vero morbis majoribus correpti fuere, medicos accersunt ad se ; qui autem in aliquem atræ bilis morbum prorsus immedicabilem lapsi sunt, ne accedentes quidem admittunt : quod cavete ne vobis nunc accidat, si eos qui mente ac ratione præditi sunt, fugiatis.

HOMILIA XXIII.
In sanctum martyrem Mamantem.

1. Haud ignoro panegyricorum eorum qui in publico conventu fiunt, difficultatem ac pondus : sed ut hoc scio, ita et debilitatem meam ipse persentio. Causa namque ipsa postulat, ut aliquid dicatur dignum iis qui convenere, et spe quam de nobis concipiunt, et rei argumento. Quoniam enim in maxima celebritate hodie referimus martyrum memoriam, mens omnis erecta est, et auris parata, exspectans ut dignum aliquid martyre illo dicatur, ac ipso illius desiderio concionem cogit. Nam liberi grati magnifica patrum præconia exigunt, nec paterentur eorum quæ laudanda essent magnitudinem ex dicentis tenuitate periclitari. Quapropter quo major est vestra alacritas, eo periculum majus. Quid igitur sumus facturi? Quomodo rursus exple-

bimus desideria vestra, et ipsi non abibimus, re, de qua nunc agitur, infecta? Adhortabimur animum unumquemque, ut quæ in memoria habuit cum huc accessit, ea secum in mente refricet, abscedatque domesticis alimentis enutritus, et suo ipsius viatico exhilaratus. Memineritis velim martyris, quotquot eo in somnis fruiti estis. Meminerint omnes, qui hoc in loco constituti, ipsum adjutorem ad precandum habuere : quibus cum operarentur præsto fuit, simul ut nomine vocatus est : quos ex peregrinatione reduxit, quos ex infirmitate erexit, quibus liberos jam vita functos restituit, quibus prorogavit præfinitum vitæ tempus. Collectis omnibus, ex communi symbolo præconium componite. Communicate inter vos, quæ quisque novit impertiat ignoranti : quæ ignorat, ab edocto accipiat. Atque ubi sic ex mutuo symbolo alius alium paveritis, imbecillitati nostræ ignoscite.

2. Hæc enim martyris sunt præconia, divitiæ spiritualium donorum. Non possumus illum ex profanorum præconiorum lege cohonestare : non possumus parentes et proavos illustres in medium proferre. Turpe est enim alieno ornatu decorari eum qui sua ipsius virtute illustris est. Nam ex consuetudinis legibus talia in panegyricis usurpant. Alioqui veritatis lex proprias cujusque laudes exposcit. Neque enim æquum celerem reddit ejus qui genuit in cursu præstantia : neque canis laudatio est, ex velocissimis prognatum esse. Sed quemadmodum reliquorum animalium virtus in unoquoque consideratur : ita et viri propria laus est, quæ ex propriis ipsius recte factis testimonium habet. Quid ad filium patris claritudo? Sic martyr ille splendorem non aliunde mutuatus est : sed ipse per vitæ rationem bonæ famæ faculam accendit. A Mamante reliqui, non ab aliis Mamas nobilitatur. Filii qui ab eo pietatem edocti sunt, in ipso glorientur. Ipse enim ex seipso virtutem ubertim profundit. Non quasi torrens aliquis confluente alieno gloriatur : sed fons est, qui ex suis ipsius sinibus decorem effundit. Admiremur virum non alieno ornatu cohonestatum, sed illustratum suo. Vides claros equorum nutritores? vides alba eorum monumenta, quomodo lapides sint, iique neglecti? Martyris vero memoria, et omnis regio commota est, et civitas tota transtulit se ad celebritatem. Ne divitum quidem cognati excurrunt ad majorum suorum sepulcra, sed omnes ad pietatis locum accedunt. Patrem hunc ducem veritatis, non autem patres corporum auctores appellant. Vides quemadmodum virtus honoretur, non divitiæ? Ita Ecclesia cum eos, qui præcessere, honorat, eos qui præsentes sunt, cohortatur. Ne mihi, inquit, studeas divitiis, ne sapientiæ mundi [12] exolescenti, ne gloriæ marcescenti; evanescunt hæc una cum vita : sed cultor sis pietatis. Hæc enim et ad cœlum te evehet, hæc et immortalem memoriam ac perennem apud homines claritatem tibi comparabit.

3. Quare si quis pastoris meminit, divitias ne admiretur. Convenimus enim non ut divitem laudemus; cave abieris admirans divitem, sed potius paupertatem cum pietate conjunctam. Pastor nihil magnum, neque exquisitum vitæ genus præ se fert. Nonne iratus irritanti te probri loco diceres : Pastor es? Pastor nihil amplius quotidiano victu possidet, habet peram appensam, clavam gestat et diurnum viaticum, nihil crastinum curat, bestiis infestus, animalibus mansuetissimis contubernalis, fugiens forum, declinans tribunalia, non agnoscens sycophantas, mercaturæ imperitus, divitias ignorans, proprium tectum non habens, sed mundi tecto communi degens, noctu suspiciens in cœlum, et ex stellis miraculum conditoris cognoscens. Pastor est. Veritatis ne nos pudeat. Fabulatores profanos ne imitemur, ne contegamus veritatem ornatu verborum. Nuda est veritas, absque patrocinio ipsa semet ostendit. Plura si dicas, deprimis. Magis eam admirabere per præconium. Pastor et pauper, hæc sunt Christiano ornamenta. Gymnasii, in quo pietas tradita est, præfectos si inquisieris, piscatores invenias et publicanos : si discipulos, coriarii sunt pauperes. Dives nullus, nusquam claritudo, interiere una cum mundo hæc omnia. Vide igitur cujus diem celebremus, cujus gratia omnes hilares simus, ob quem immutata civitas sit. Quoniam pastoris meminimus, ne illud nomen contemnas. Audivisti Abelem, qui primus placuit, pastorem fuisse [13]. Quis eum imitatus est? Magnus ille legislator Moyses, qui conatum Pharaonis et dolum aufugiens, atque contubernalium insidias exosus, hic in monte Choreb pastor erat; dumque pasceret, in Dei venit colloquium [14]. Non cum disceptaret judicio, angelum in rubo vidit : sed cum pasceret, colloquio illo cœlesti dignus habitus est. Quis post Moysen? Jacob patriarcha, qui in pascendo pro veritate patientiam ostendens [15], in parva imagine totius suæ vitæ effigiem reliquit. Cui impertivit studium ejusmodi? Davidi. David a pastoritia arte pervenit ad regnum [16]. Sorores enim sunt ars pascendi et ars regnandi, nisi quod altera irrationalium, altera rationalium præfecturam sibi concreditam habet. Ita illa scientiæ majoris fundamentum est. Quapropter utramque complectens Dominus, et pastor est et rex, pascens expertes rationis, ratione majore præditos sub regni administrationem pertrahens. Vis discere quantæ dignitatis sit pastor? *Dominus pascit me* [17]. Quomodo vero ars pascendi soror est regni? *Quis est iste rex gloriæ* [18]? Qui illic pastor, hic rex dicitur. Cave autem existimes ab aliis quidem hoc ei testimonium dari, sed eum hujus nominis pudere. Nam spurios pastores silentio prætermittens, verum illud pasto-

---

[12] I Cor. II, 6. [13] Gen. IV, 2. [14] Exod. III, 1, 4. [15] Gen. XXXI, 38. [16] I Reg. XVI, 11, 12. [17] Psal. XXII, 1. [18] Psal. XXIII, 8, 10.

ritiæ artis testimonium sibi vindicat : *Ego sum pastor bonus* [19]. *Ego sum, et non mutatus sum* [20]. Qua dicendi ratione utitur cum magna dicit : *Ego manu mea firmavi terram : ego extendi cœlum solus* [21] : sicut cum et alia magnifica ac digna quæ de Deo dicantur, profert, sic dicit : *Pastor bonus?* Abigit spurios, et veritatem sibi ipse assumit. *Ego sum pastor bonus.* Disce quis sit pastor, et quis sit bonus. Fungitur ipse interpretis munere. *Verus pastor animam suam ponit pro ovibus : mercenarius vero, et qui non est pastor, cujus non sunt oves propriæ, non curat, cum lupum venientem videt* [22].

4. Hic quærit Ecclesia, si pastor Dominus est, quis sit mercenarius pastor? Num diabolus? Et si diabolus est mercenarius pastor, quis sit lupus? Certe quidem lupus est diabolus, bestia illa immanis, rapax, insidiatrix, communis omnium hostis. Habeat igitur appellationem propriam mercenarius pastor. Mercenarios pastores dicebat tunc Dominus ad eos conversus, qui tunc aderant. Sunt autem etiam nunc, utinam non essent! qui sibi cognomen mercenariorum conciliant. Tunc pontifices indicabantur et Pharisæi, et omnis illa Judaica secta. Illos pastores mercenarios dicebat, qui quæstus, non veritatis gratia potestatem pascendi arripuerant. Qui prætextu vano precantur, ut viduarum panem atque orphanorum comedant, ii mercenarii sunt. Utilitati suæ qui inserviunt, quique præsens sectantes, non intendunt in futurum, mercenarii sunt, non pastores. Et nunc mercenarii multi, qui pro misera gloriola vitam suam vendunt, qui et nunc schisma in sanis Domini verbis explicandis conflant. Hæc enim cum Dominus dixisset, schisma exortum est inter eos [23]. Alii dicebant, Dæmonium habet : alii, Non potest efficere dæmon, ut oculi cæci videant [24]. Vides quam vetus sit dissensionis vitium? Statim autem ventilabrum paleas discernit a frumento [25]. Et quod quidem leve est et instabile, sejungitur ab eo quod vim habet nutriendi : quod vero ad alimentum spirituale idoneum est, agricolis tribuitur. Idcirco schisma exortum est, et alii sic dissidebant, alii sic. Judæorum est scindi : sed Dei Ecclesia, quæ inconsutilem tunicam, a summo contextam, a militibus sine scissura servatam accepit, quæque Christum induit, vestem ne scindat [26]. *Et cognosco meas, et cognoscunt me meæ* [27]. Rapuit hæc ad suam blasphemiam confirmandam hæreticus. Ecce, inquit, dictum est : *Cognoscunt me meæ, et cognosco meas.* Quid igitur significat illud, cognoscere? essentiamne intelligere, an metiri magnitudinem? An illa de divinitate intelligere, quæ tu nosse impudenter affirmas? Annon ex superioribus modum intelligis cognitionis? Ecquid in Deo agnoscimus? *Oves meæ vocem meam audiunt.* Vide quomodo cognoscatur Deus; ex eo quod mandata ipsius audimus, ex eo quod

illa audientes conficimus. Cognoscere Deum, est servare Dei præcepta. Num debet esse de Dei essentia disceptatio curiosior? num de rebus quæ mundum transcendunt, quæstio? num invisibilium intelligentia? *Cognoscunt me meæ, et cognosco meas.* Scire satis tibi est, bonum pastorem esse, animam suam pro ovibus posuisse. Cognitio Dei continetur his finibus. Quantus autem sit Deus, et quis modus ejus, et qualis secundum essentiam, talia ut sunt interroganti periculosa, ita ei qui interrogatur inexplicabilia : silentium autem, talium medela est. *Oves meæ vocem meam audiunt* [28]. Audiunt, inquit, non disceptant. Hoc est, non sunt inobsequentes, non contendunt. Audisti Filium, ne tu mihi artificiose disputes de modis generationis, neque quorum causa afferri nequit, ea ad causam adducas : ne per schisma separa quod conjunctum est. Eam ob rem in antecessum communivit te evangelista. Audisti pridem, et etiam nunc audis, *In principio erat Verbum* [29], ut ne Filium fetum humanum putes, qui ex non existente productus sit. *Verbum* dixit tibi ob apathiam. Dixit tibi, *Erat*, propterea quod ante omne tempus est. *Principium* dixit, ut Genitum conjungeret cum Genitore. Vidisti quomodo ovicula morigera vocem Domini audiat. *In principio, et erat, et Verbum.* Neque dicas : Quomodo erat? et, Si erat, genitus non est; et, Si genitus est, non erat. Non est ovicula, quæ talia dicit. Pellis ovilla est : sed intus lupus est qui loquitur. Cognoscatur insidiator. *Oves meæ vocem meam audiunt.* Audisti Filium? Intellige similitudinem quam cum Patre habet. Similitudinem dico, ob imbecillitatem corporum valentiorum. Alioqui veritas ita habet (non enim vereor accedere veritati), non sum ad sycophantiam propensus. Identitatem dico, custodiens Patris et Filii proprietatem. In hypostasi Filii, formam intellige paternam, ut mihi perfectam imaginis rationem serves, ut mihi religiose intelligas illud, *Ego in Patre, et Pater in me est* [30]. Nolim intelligas essentiarum confusionem, sed characterum identitatem. At enim, dilecti, res quam maxime contraria esse videtur, quippe quia debilitatem nostram vestra in audiendo obedientia aliquid in medium afferre ac dicere coegit, ut potentia Dei in organi debilitate maxime elucesceret. Forte enim ob eam causam valde abundavit nostra debilitas, ut gloria majore afficeretur qui quod infirmum est corroborat. Qui vero hanc nostram celebritatem reduxit, et præteriti anni votis finem dedit, et succedenti tempori initium largitus est (eadem enim dies præteritum circulum nobis terminat, et rursus insequentis fit initium), qui igitur congregavit nos, et tribuit usum futuri, conservet nos in semetipso illæsos, inoffensos, a lupi raptu securos: Ecclesiam hanc, quæ magnis martyrum turribus munitur, custodiat inconcus-

---

[19] Joan. x, 11. [20] Malach. iii, 6. [21] Isa. xliv, 24. [22] Joan. x, 11-14. [23] Joan. ix, 16. [24] Joan. x, 20, 21. [25] Matth. iii, 12. [26] Joan. xix, 23, 24. [27] Joan. x, 14. [28] Joan. x, 27. [29] Joan. i, 1. [30] Joan. xiv, 10.

sam: insidias omnes, et hæretici furoris assultum avertat. Præterea in tranquillitate nobis præstet, ut discamus oracula divina, datamque Spiritus gratiam doceamus: quia ipsi gloria et imperium cum sancto Spiritu, nunc et semper, et in sæcula sæculorum. Amen.

HOMILIA XXIV.

Contra Sabellianos, et Arium, et Anomœos.

1. Pugnat Judaismus cum Hellenismo, et uterque cum Christianismo, quemadmodum Ægyptii et Assyrii et sibi invicem et Israeli erant infensi. Ita quoque in vitio comperimus timiditatem atque audaciam et inter se pugnare, et fortitudini adversari. Talis quædam pugna etiam adversus rectam confessionem utrinque mota est, hinc a Sabellio, illinc ab iis qui prædicant inæqualitatem. Nos vero sicut ethnicos fugimus, et improbum simulacrorum cultum sumus aversati, et deorum multitudinem quam inducunt impiam esse judicavimus: sic quoque Judæorum Filium Dei negantium refugimus blasphemiam, veriti scilicet minas illas: *Qui negaverit me coram hominibus, negabo et ego eum coram Patre meo, qui in cœlis est* [30]. Fugiamus igitur, ut par est, eos etiam qui his cognata dogmata contra veritatis doctrinam excogitant. Postquam enim callidus ille ad nocendum diabolus Christianos vidit a Judæis ac gentilibus abalienari, statimque infensos nos illis esse nominum causa; imposito utrisque nomine nostro, sic rursus Judaicam infieiationem ac gentilem deorum multitudinem introducere conatur. Qui enim Unigenitum dicunt opus Dei esse atque facturam, deinde adorant, et velut Deum profitentur; ii dum colunt creaturam, non Creatorem, aperte gentilium errores introducunt: qui vero Deum ex Deo negant, et nomine quidem **190** Filium confitentur, sed reipsa et vere subsistentiam ejus abolent, ii rursus Judaismum renovant. Cum enim Verbum confitentur, ipsum comparant cum eo quod in mente concipitur verbo; cumque sapientiam dicunt, consimilem esse dicunt habitui qui in anima manet eruditorum. Et idcirco unam personam Patris et Filii profitentur, quod homo quoque unus dicitur non divisus, ob verbum quod in ipso est et ob sapientiam. Atqui evangelista statim ab initio clamat: *Et Deus erat Verbum* [30*], subsistentiam propriam dans Filio. Etenim si in corde erat Verbum, quomodo Deus intelligi potuit? rursus quomodo erat apud Deum? Nam neque verbum quod in homine est, homo est, neque apud ipsum esse dicitur, sed in ipso. Neque enim vivens est, neque subsistens: sed Dei Verbum vita est et veritas [31]. Et nostrum quidem verbum simul atque prolatum est, amplius non est: sed de Dei Verbo quid dicit Psalmus? *In æternum, Domine, Verbum tuum permanet in cœlo* [31*].

2. Atque hinc quidem hoc bellum infertur: illinc vero quod et quale certamen est contra veritatem? Substantiam quidem concedunt, propriamque Filii personam esse, et Patris propriam confitentur: sed naturæ inducunt inæqualitatem. Et Filii nomen voce tenus concedant, sed reipsa ipsum demittunt ad creaturam, haud verentes vocem Domini, se ei qui Patrem videre gestiebat præmonstrantis: *Qui enim*, inquit, *vidit me, vidit Patrem* [32]. Hæc autem vox, si quis recte judicat, utrorumque obturat blasphemias. Neque enim seipsum Patrem esse dicit, qui scilicet personas aperte distinguat, his verbis: *Qui vidit me*. Illinc namque ostendit propriam suam personam. Cum vero subjungit: *Vidit Patrem*, respicit ad paternam personam, ac distinguit a semetipso manifeste. Quod idem facit quoque, ubi ait: *Si cognovissetis me, et Patrem meum utique cognovissetis* [31*]. Non enim personarum confusionem indicant hæc, sed deitatis similitudinem exhibent discriminis cujusvis expertem. Audiant autem hæc ipsa verba et adversarii, quod qui Filii consortio dignatus est, is Patre privatus non sit. Nec enim diversum Genitor genuit, sed talem qualis ipse est. Audi, Anomœe, *Ego et Pater unum sumus* [33]. Audi et tu, Sabelli, *Ego exivi a Patre, et ad ipsum vado* [33*]. Et uterque ex evangelica doctrina proprium vulnus curet. Et tu quidem unitatem sume ex absolutissima naturæ similitudine: tu vero illud, *Ab eo exivi, et ad ipsum vado*, ad personarum diversitatem referas. Conveniat igitur de his inter nos, agamusque pacem, et a longo contra pietatem bello desistamus, acutis illis impietatis armis abjectis, et hastis in aratra, gladiis vero in falces conflatis [34]. Neque tu dicas *solum*: sed sequere cum, qui **191** dicit: *Non sum solus, quia qui misit me Pater, mecum est* [34*]. Alius igitur est Pater qui misit, alius qui missus est Filius. Ac rursus: *Ego*, inquit, *testimonium perhibeo de meipso, et testimonium perhibet de me qui misit me Pater* [35]. Et: *In lege vestra*, inquit, *scriptum est, quod duorum hominum testimonium verum est* [35*]. Numera, si lubet, personas. *Ego*, inquit, *sum qui testimonium perhibeo*. Unus. *Et testimonium perhibet de me qui misit me*. En duo. Nec ego sic audacter numero, sed Dominus ipse docuit, cum dixit: *In lege vestra scriptum est, quod duorum hominum testimonium verum sit*. Tu vero, qui alio impietatis genere adversus Deum pugnas, qui Filium dicis Deo natura dissimilem, qui æqualitatem non concedis, qui inducis vitæ intervallum (1), reverere Paulum dicen-

---

[30] Matth. x, 33. — [30*] Joan. I, 1. — [31] Joan. xiv, 6. — [31*] Psal. cxviii, 89. — [32] Joan. xiv, 9. — [32*] ibid. 7. — [33] Joan. x, 30. — [33*] Joan. xvi, 28. — [34] Isa. ii, 4. — [34*] Joan. viii, 16. — [35] ibid. 14. — [35*] ibid. 17, 18.

(1) Basilius impetit eos, qui Verbum æternum non esse profitentes, arbitrabantur intervallum quoddam fuisse, quo Patris vita a vita Filii distaret.

tem : *Qui est imago Dei invisibilis* [16]; hocque duo patres. Principia duo qui inducit, deos duos largiare imagini viventi, ut vitæ archetypæ per omnia similis sit. Confitere Patrem esse Filii, non creaturæ, opificem. Et in vera Patris confessione sine eum qui genitus est, ipsi dignitate parem esse, revocans in memoriam illud evangelistæ testimonium : *Deum Patrem suum dicebat, faciens se æqualem Deo* [36]. Æqualitas autem illa, quam cum Patre habet, intelligitur esse secundum naturam, non secundum magnitudinis corporeæ mensuram. Quomodo autem non rapinam arbitratus est esse se æqualem Deo [37], si, ut tu blasphemas, nunquam æqualis fuit? Quomodo rursus in Dei forma erat [37*], qui, ut tu dicis, nunquam similis fuit?

3. Talis quidem utrinque pugna nobis est ; veritas vero quæ? Neque tu reformides personas confiteri : sed dic Patrem, dic et Filium, non rei uni nomina duo attribuens, sed ex utraque appellatione significationem propriam discens. Nam ingens improbitas est non suscipere documenta Tomini, qui nobis perspicue aliam personam ab alia distinguit. *Si enim abiero*, inquit, *rogabo Patrem, et alium Paracletum mittet vobis* [38]. Itaque Filius est qui rogat, Pater est qui rogatur, Paracletus vero qui mittitur. Nonne ergo aperte impudens es, qui cum audias, *Ego*, de Filio, *Ille*, de Patre, *Alius*, de Spiritu sancto, misces tamen omnia, omniaque confundis, et rei uni tribuis appellationes omnes? Vicissim neque tu ad stabiliendum impietatem sumito secretionem personarum. Etsi enim duo sunt numero, tamen natura non sunt disjuncti : neque qui duo dicit alienationem inducit. Unus Deus et Pater, unus Deus et Filius, non dii duo, cum Filius identitatem habeat cum Patre. Non enim aliam in Patre intueor divinitatem, aliam in Filio ; neque aliam naturam illam, et aliam hanc. Quamobrem perspicua ut sit tibi personarum proprietas, numera separatim Patrem, et separatim Filium : sed ne scindaris in multitudinem deorum, unam in utroque essentiam confiteare. Ita et Sabellius cadit, et Anomœus conteretur.

4. Sed cum essentiam unam dico, cave intelligas duo ex uno divisa, sed ex principio Patre Filium subsistentem, non Patrem et Filium ex una superiore essentia emergentes. Non enim fratres dicimus, sed Patrem et Filium confitemur. At essentiæ identitas est, quia ex Patre Filius, non præcepto factus, sed ex natura genitus, non dissectus a Patre, sed eo manente perfecto perfectus illucescens. Et mihi, quotquot aut non perfecte dicta assecuti estis, aut calumniandi causa nos circumstatis, non quærentes ut ex nobis aliquid capiatis emolumenti, sed observantes ut aliquid eorum quæ dicimus carpatis, ne circumcursantes dixeritis : Prædicat deos duos, deorum multitudinem annuntiat. Non sunt dii duo, neque enim sunt prædicat. Talis autem est Marcion, et si quis illi similis sit impietate. Ac rursus, qui Genitum alterius essentiæ a Genitore esse dicit, is quoque dicit deos duos, ob essentiæ dissimilitudinem multitudinem deorum inducens. Etenim si una est divinitas ingenita, una vero genita, tu es qui deorum prædicas multitudinem, cum Ingenitum Genito contrarium dicas, statuasque essentias etiam plane contrarias : siquidem essentia Patris esset ingenerata, essentia vero Filii, generatio. Quare non duos modo deos, sed eos etiam inter se pugnantes dicis : et quod gravissimum est, non tribuis pugnam proposito animi, sed naturali dissidio, quod non possit unquam ad pacificam concordiam venire. At veritatis doctrina ea quæ utrinque inter se pugnant, declinavit. Ubi enim unum est principium, et unum quod ex ipso est, ubi rursus unum est exemplar, et imago una, unitatis ratio haudquaquam labefactatur. Quapropter Filius ex Patre per modum generationis existens, et naturaliter in semetipso Patrem exprimens, ut imago quidem, integerrimam absolutissimamque habet similitudinem ; ut genitura vero, consubstantialitatem servat. Neque enim qui in foro imaginem regiam intuetur, et regem dicit eum qui in tabula est, confitetur reges duos, imaginem, et eum cujus imago est : neque si dixerit : Hic est rex, ostendens videlicet eum qui in tabula pictus est, continuo exemplar ipsum appellatione regis privat. Imo vero, dum hoc confitetur, ei dignitatem firmavit. Nam si imago rex est, profecto jure potiore par est regem esse eum, qui imagini ut sit causa est. Atqui hic ligna, et cera, et pictoris ars corruptibilem imaginem efficit, effigiem scilicet rei corruptibilis, et ejus qui effictus est artificiosum simulacrum : illic vero ubi audieris imaginem, splendorem gloriæ intellige. Quisnam autem splendor, et quæ gloria? Apostolus ipse statim interpretatus est, cum subjunxit : *Et character hypostaseos* [38*]. Idem igitur et hypostasis quod gloria, et character quod splendor. Quare perfecta manente et nihil imminuta gloria, perfectus procedit splendor. Atque sic imaginis ratio ut Deum decet accepta, et divinitatis nobis unitatem exhibet. Ille enim in illo, et ille in hoc. Nam et hic talis est, qualis ille, et ille qualis hic. Ita uniuntur duo, propterea quod non differant, nec Filius secundum aliam speciem et extraneum characterem intelligatur. Rursus igitur dico : Unus et unus, sed natura indivisa est, et perfectio imperfectionem omnem excludens. Unus igitur Deus, quandoquidem per utrumque species una consideratur, quæ integre in utroque ostenditur. Sed jamdiu sermonem nostrum moleste ferre vos video, et tantum non audire me puto, quod confessis immorans quæstiones valde decantatas non attingam. Omnium enim

---

[34] Coloss. i, 15. [36] Joan. v, 18. [37] Philipp. ii, 6. [37*] ibid. [38] Joan. xiv, 16. [38*] Hebr. i, 3.

aures arrectæ nunc sunt, ut de Spiritu sancto aliquid audiant. Ego vero velim maxime, sicut traditum simpliciter accepi, sicut ingenue et candide assensus sum, sic et auditoribus tradere, ut non eorumdem mihi sit semper reddenda ratio, sed ut confessione una persuasos habeam discipulos. Quoniam autem circumstatis nos, judices magis quam discipuli, qui probare nos velitis, non autem quidquam discere quæratis : necesse nobis est velut in judicio iis quæ objiciuntur respondere, semperque interrogari, et semper quæ accepimus dicere. Adhortamur autem vos, ut ne omnino quod vobis placet, ex nobis audire quæratis, sed quod Domino acceptum est, et consonum Scripturis, nec contrarium Patribus. Itaque quæ dicebamus de Filio, propriam videlicet ipsius personam confiteri oportere, eadem habemus et de Spiritu sancto dicere. Non enim ideo Spiritus idem est qui Pater, quod scriptum sit : *Spiritus est Deus* [39]. Neque rursus Filii et Spiritus persona una est, eo quod dictum sit : *Si quis autem Spiritum Christi non habet, hic non est ejus; Christus autem in vobis est* [40]. Etenim hinc decepti nonnulli, Spiritum et Christum eumdem esse opinati sunt. Sed quid dicimus? Hinc commonstrari naturæ conjunctionem necessitudinemque, non personarum confusionem. Est namque Pater habens *esse* perfectum, nec ullius indigens, radix ac fons Filii et Spiritus sancti. Est et Filius in plena divinitate vivens Verbum, et proles Patris, quæ eget nullius. Quin et plenus est Spiritus, non pars alterius, sed perfectus et integer in seipso consideratur. Et conjunctus quidem est Patri Filius inseparabiliter, conjunctus quoque Filio est Spiritus. Nihil enim est quod dirimat, nihil quod sempiternam illam conjunctionem intercidat. Nullum enim inter illos sæculum intercurrit, nec potest animus noster separationem ullam excogitare, adeo ut aut Unigenitus non sit semper cum Patre, aut Spiritus sanctus non semper exsistat cum Filio.

5. Ubicunque igitur Trinitatem conjunximus, noli velut unius rei indivisæ partes tres animo tibi fingere (impia est enim hæc cogitatio), sed trium incorporeorum perfectorum essentiam communem atque individuam intellige. Ubi enim est Spiritus sancti præsentia, illic et Christus præsens est : ubi vero Christus, illic utique et Pater adest. *An nescitis, quod corpora vestra templum sunt habitantis in vobis Spiritus sancti* [41]? Et : *Si quis templum Dei profanat, hunc perdet Deus* [42]. Quamobrem cum per Spiritum sanctificamur, suscipimus Christum in interiore nostro homine habitantem, et una cum Christo Patrem communiter apud dignos manentem. Hanc autem conjunctionem declarat et baptismalis traditio, et fidei confessio. Etenim si alienus esset natura Spiritus, quomodo simul annumeraretur? Et si temporum processu postea accessisset Patri ac Filio, qua ratione æternæ naturæ conjungeretur? Qui enim separant a Patre et Filio et inter creaturas numerant Spiritum, ut baptismum imperfectum, ita faciunt confessionem fidei imperfectam. Neque enim Trinitas, Spiritu subtracto, Trinitas manet. Et rursus, si una aliqua creatura adjuncta fuerit, nulla non creatura cum Patre et Filio annumerabitur. Ecquid enim prohibet dicere, Credimus in Patrem et Filium et in creaturam omnem? Si enim pium est credere in partem creaturæ, profecto longe religiosius fuerit creaturam omnem ad hanc confessionem adhibere. Quod si credas in omnem creaturam, non in angelos et administros spiritus credes solum, sed etiam si quæ sunt adversariæ potestates, cum et ipsæ pars sint creaturæ, atque in professione fidei cum eis paciscere. Sic ea quæ in Spiritum est blasphemia, in impios ac nefandos sermones te conducit. Nam ubi primum de Spiritu quæ non oportet dixeris, hoc tibi exploratum fit et cognitum ex Spiritus derelictione. Sicut enim qui clausit oculos, domesticas in se habet tenebras : ita qui secessit a Spiritu, is ab illuminante semotus, animi cæcitate confunditur.

6. At ne separes a Patre et Filio Spiritum sanctum, absterreat te traditio. Sic Dominus docuit, prædicavere apostoli, Patres conservavere, confirmavere martyres. Satis habeas loqui ita, ut edoctus es. Et cave arguta illa et captiosa objicias mihi : Ingenitus est, aut genitus. Quod si ingenitus est, Pater est ; sin autem genitus, Filius est : si denique neutrum horum, creatura est. Ego autem cum Patre quidem Spiritum novi, at novi non esse Patrem : item, illum cum Filio accepi, sed non accepi Filium fuisse appellatum. Atqui conjunctionem quidem quam cum Patre habet intelligo, ex eo, quod ex Patre procedit : eam vero quam habet cum Filio, quoniam audio : *Si quis Spiritum Christi non habet, hic non est ejus* [43]. Etenim si Christo conjunctus non est, quomodo cum Christo conjungit? Sed et Spiritum veritatis dici audio [44]. Veritas autem Dominus est [45]. Cum autem audio Spiritum adoptionis [46], recordor ejus quam natura habet cum Filio et Patre unitatis. Quomodo enim adoptaret quod extraneum est? quomodo rursus conciliaret conjungeretque quod alienum est? Sic itaque neque sum verborum architectus, neque majestatem *Spiritus* reprobo : sed eos qui creaturam appellare audent, deploro defleoque, quod sophismate exili et paralogismo fucato in barathrum detrudant semetipsos. Nam, inquiunt, tria hæc mens nostra percipit; nec quidquam est in rerum natura, quod non in hanc rerum divisionem cadat. Aut enim, inquiunt, ingenitus est, aut genitus, aut creatus : at neque primum, neque secundum, igitur tertium. Istud vestrum *igitur* maledictioni æternæ vos reddet obno-

---

[39] Joan. IV, 24. [40] Rom. VIII, 9, 10. [41] I Cor. VI, 19. [42] I Cor. III, 17. [43] Rom. VIII, 9. [44] Joan. XIV, 17. [45] ibid. 6. [46] Rom. VIII, 15.

xios. Esne perscrutatus omnia? omniane ratiocinatione tua subjecisti divisioni? nihil inexploratum reliquisti? omnia mente tua complexus es? omnia tua cogitatione comprehendisti? nosti quæ sub terra? nosti quæ in profundo? Dæmonum jactantia hæc est:

Mensura est pelagi, et numerus mihi notus arenæ.

Quod si multa ignoras, et infinito plura sunt quæ ignoras, quam quæ nosti, cur non etiam cum omnibus fateris citra pudorem tuam istam de modo quo Spiritus sanctus exsistit ignorantiam, cum hæc nihil habeat periculi? Mihi autem non vacat quidem cogitationum tuarum vanitatem redarguere, neque quam multa in rebus sint quæ mentis tuæ perceptionem fugiant, ostendere; tamen illud vestros libenter rogarim, et fidenter affirmo fore, ut pœniteat te aliquando impiæ hujus astutiæ, qua Spiritum sanctum creaturam dicis. Annon times peccatum, cujus nulla est venia [47]? Aut putas te proferre posse blasphemiam quampiam, quæ hanc superet impietate? Nam ex una hac voce gravissima quæque impendent, alienatio a Deo secundum naturam ipsam, servitutis humilitas, servilia munia, privatio sanctimoniæ, cum ea desit quæ naturæ congruit, accidetque Spiritui ipsi, ut eodem modo ex gratiæ distributione particeps fiat sanctimoniæ, quo eam et reliqua quæ significata sunt, habent. Et sicut datur nobis manifestatio Spiritus ad utilitatem, et sicut cuilibet pro modo ac ratione fidei admetitur [48], ita et Spiritus ipse sanctimoniæ particeps erit, si vere, uti Pneumatomachi existimant, creatus est.

7. Sed ne sinamus stultitiam eorum qui se omnia mente sua comprehendisse putant, confutatione carere. Nobis igitur respondeant. Quid tandem est sensibilis hujus solis essentia? Unumne ex quatuor elementis, an compositus est ex quatuor? Atqui neque terra est, neque aer, neque aqua, neque ignis. Hæc enim rectum motum habent; aliis sursum, aliis deorsum vergentibus. Terra enim et aqua deorsum feruntur propter gravitatem; aer vero et ignis sursum versus moventur ob levitatem: sol autem in orbem movetur. Non igitur unum ex quatuor est. Imo ne compositus quidem ex illis est, cum ea quæ composita sunt, utpote ex contrariis constantia, fatiscant, iis quorum contrarius motus est se invicem alio pertrahentibus. At vero solis motus indefessus est, ob idque irrequietus. Quare compositus non est. Atqui quidquid in corporibus numeratur, id aut simplex est, aut compositum. Sol autem neque est corpus simplex: non enim in rectum movetur; neque compositum: non enim fatiscit ex motu. Non est igitur sol. Tales sunt argutæ vestræ divisiones, quæ derisui sunt oculos habentibus. Rursus quomodo videmus nos homines? Sicne, ut suscipiamus formas rerum visibilium, an ita ut virtutem quamdam ex nobis ipsis emittamus? Atqui neque suscipimus rerum visibilium imagines (qui enim fieri potest ut in exiguo pupillæ meatu cœli hemisphærium imprimatur?), neque ex nobis quidquam emittimus (quomodo enim rursus id quod emittitur satis fuerit, ut ad tantam cœli vastitatem expandatur?); quod si neque recipimus visibilium imagines, neque virtutem ullam ex nobis ipsis emittimus, non igitur videmus. Quid igitur? coarguamne vestros syllogismos, an vobis hoc optabo, vera ut concludatis? Quid ab hujusmodi argumentis differt artificiosa vestra de Spiritu loquendi ratio, quam apud miseras mulierculas aut affines mulieribus eunuchos jactatis? Cave audias infesto animo et calumnioso. Spiritus si ex Deo est, quomodo ad creaturam demittis? Non enim illud es dicturus, ex Deo omnia esse. Quemadmodum enim Christus Dei dicitur, nec tamen creatura est sicut nos (*Nos enim Christi, Christus vero Dei* [49]), sed aliter nos Christi dicimur, velut servi Domini, aliter Christus Dei dicitur, velut Filius Patris; ita et Spiritus non, quoniam omnia ex Deo sunt, et ipse, ut omnia, ex Deo est. Neque enim quoniam et administri spiritus sunt [50], continuo similis illis est et Spiritus sanctus, ob appellationem. Nam unus est vere Spiritus. Ut enim multi sunt filii, unus autem verus Filius : ita, etiamsi omnia dicantur ex Deo, proprie tamen Filius ex Deo, et Spiritus ex Deo est. Nam et Filius a Patre exivit, et Spiritus ex Patre procedit. At Filius quidem ex Patre per generationem, Spiritus vero ex Deo, arcano modo atque ineffabili. Vide igitur quantum fuerit periculum gloriam Paracleti extenuare. Filius delatum sibi honorem, spreto Spiritu, non recipit. *Ille enim*, inquit, *me glorificabit* [51], non ut servus cum creaturis. Etenim si cum omnibus glorificaret, non esset dictum: *Ille*. Nunc vero illa ad unum relatio glorificationem præstantiorem quam quæ ab aliis exhibetur, indicat. Nec enim sicut qui dicebant, *Gloria in altissimis Deo* [52]; sed sicut qui dixit, *Pater, glorificavi te, opus consummavi quod dedisti* [53]. Et sicut Pater glorificat Filium, dicens, *Et glorificavi te, et iterum glorificabo* [54]: sic et Filius Spiritum in suam et Patris societatem admittit. Alioquin ostendat mihi aliquis gloriam hac majorem, et concedo nihil nisi verum dici ab adversariis. *Qui vos spernit, me spernit* [55]. Quare? Propter Spiritum videlicet in ipsis inhabitantem. Itaque qui non honorat Spiritum, Filium non honorat: *Filium* vero *qui non honorat, Patrem non honorat* [56]. Sic igitur perfidia quæ admittitur in unum aliquod eorum quæ credenda sunt, inficiatio est totius deitatis. Spiritus si creatus est, non est divinus. Atqui Spiritus, inquit, *divinus qui fecit me* [57]. Et, *Replevit*, inquit, *Deus Beseleel Spiritu divino sapientiæ et prudentiæ* [58]. Itaque ad utrum reperis divinum accedere?

[47] Matth. xii, 32. [48] 1 Cor. xii, 7. [49] I Cor. iii, 23. [50] Hebr. i, 14. [51] Joan. xvi, 14. [52] Luc. ii, 14. [53] Joan. xvii, 4. [54] Joan. xii, 28. [55] Luc. x, 16. [56] Joan. v, 23. [57] Job xxxiii, 4. [58] Exod. xxxv, 31.

ad creaturam, an ad deitatem? Quod si ad creaturam, etiam Patrem Domini nostri Jesu Christi creaturam dices. Nam de eo scriptum est : *Sempiterna quoque ejus virtus, et divinitas* [59]. Si vero ad deitatem, blasphemiæ imposito fine, Spiritus agnosce majestatem. Adeo insipiens es, ut ne ab ipsa quidem voce ad dignas Spiritu notiones deducare.

[59] Rom. i, 20.

MONITUM.

198 Multa hodie nomine Asceticorum comprehendi solent, Præfationes, Sermones quidam peculiares; libellus *De fide*, alius libellus *De judicio Dei*, *Moralia*, *Regulæ majores*, *Regulæ minores*, *Constitutiones monasticæ*; sed olim non omnia hæc in Asceticis comprehendebantur. Ita igitur Photii ætate, Basilii opus ἀσκητικὸν restringebatur, ut solum duos *De judicio* ac *De fide* libellos, *Moralia*, *Regulas* tum *majores* tum *minores* proprie complecteretur. Ut autem reliqua fere omnia Basilii opera in dubium revocantur, ita quoque maxima pars Asceticorum quibusdam νοθείας suspecta est. Quoniam tamen antiqui scriptores Basilium auctorem faciunt Asceticorum, vel morosiores critici saltem aliquam eorum partem facile ei tribuunt: sed ita tamen, ut quidquid præcipuum est, omne id ejus esse negent. Nec hi quidem inter se consentiunt. Alii enim satis habent *Regulas breviores* Basilio Magno abjudicare. Alii iniquiores ei abjudicant *Regulas minores* simul et *majores*, et *Moralia*, et libellos *De Dei judicio* ac *De vera fide*. Cum autem singulorum opiniones explicare, easque aut confutare aut approbare nimis longum sit, more nostro de his rebus in Præfatione disputabimus.

Pauca quoque de libris antiquis dicere libet. Multos, eosque et optimos et vetustissimos in iis quas invisere licuit bibliothecis invenimus, in Regia, in Colbertina et in Coisliniana. Neque vero ex his solum bibliothecis novæ nostræ editioni ornamenta quæsivimus, sed exteras etiam non duximus negligendas esse. Scripsi igitur Messanam, quo simul ut pervenerunt litteræ meæ, eruditissimi et humanissimi viri D. Gregorius Arena prior, et D. Dionysius Spagnoli linguæ Græcæ lector, monachi ordinis S. Basilii Magni, ambo non minus bonarum litterarum juvandarum, quam gloriæ sanctissimi sui Patris amplificandæ studiosi, amplissimam ac celeberrimam suam bibliothecam diligentissime scrutari cœperunt: in qua, quod ad rem pertinet, invenere brevem lucubratiunculam ineditam, cui titulus est : Πῶς δεῖ εἶναι τὸν μοναχόν, et additamenta quædam in *Moralia*. Præter hæc, aliam orationem ad me transmittendam curarunt ii, quos modo dixi, doctissimi viri : de qua commodius multo alibi dicemus.

Omnia autem fere ut in impressis libris : at *Regulæ* in aliis codicibus alio ordine disponuntur. Nec prætereundum silentio, quasdam ex *Regulis brevioribus* in aliquibus codicibus deesse : sed præterquam quod hæ paucæ sunt, in ipsis nihil est magni, aut quod alicujus sit momenti. Ad *Regulas* quidem quod attinet, eas eodem ordine quo jam vulgatæ sunt in editione Parisiensi, edendas curabimus : sed libellos *De Dei judicio* ac *De vera fide* aliter disponemus. Ita enim hæc duo opuscula locantur in ea quam modo dixi editione, ut primum locum obtineat libellus *De vera fide*, secundum libellus *De judicio Dei* : quod non minus adversatur ipsius auctoris consilio, quam veterum librorum auctoritati, in quibus hos duos sermones inverso ordine, eoque vero et proprio, collocari constat. Arbitror autem operarum culpa factum esse, ut ii, quos nominavi, libelli in editione Parisiensi loco positi sint non suo : eoque magis, quod ipsos in editione Veneta eodem quo in veteribus libris ordine disponi videamus.

S. P. N. BASILII
CÆSAREÆ CAPPADOCIÆ ARCHIEPISCOPI
ASCETICA.

SANCTI PATRIS NOSTRI
BASILII,
Cæsareæ Cappadociæ archiepiscopi,

PRÆVIA INSTITUTIO ASCETICA.

1. Præclara quidem sunt regis edicta, quæ ad subjectos regendos circumscribuntur : sed tamen mandata quæ militibus dantur observanda, majora sunt et augustiora. Itaque tanquam si militaria mandata nobis denuntiarentur, attendat quisquis supernæ ac magnæ dignitatis cupidus est, Christoque semper astare vult, cum audit magnam illam vocem : *Si quis mihi ministrat, me sequatur. Et ubi ego sum, illic et minister meus sit* [60]. Ubi est Christus rex? In cœlo videlicet. Huc tibi, o miles, dirigendus est cursus. Obliviscere omnis quietis terrenæ. Nullus miles domum construit, aut agros acquirit, aut sese variis mercaturis, quibus pecuniæ comparantur, immiscet. *Nemo qui militat, implicatur vitæ negotiis, ut ei qui se in militiam delegit, placeat* [61]. Habet miles regia alimenta ; non ei opus est sibi parare victum, neque in eo exquirendo sese occupare. Ubique patent sibi subjectorum domus ex regis edicto. Non necesse est ut operam det in exstruendis ædificiis, ponitur in plateis tabernaculum ; sumitur cibus necessitate cogente ; potus aqua est, tantumque ei dormire licet, quantum natura dedit. Itinera autem ac vigiliæ multæ ; tolerantiæ adversus æstum et frigus, certamina contra hostes, pericula extrema, et plerumque, si ita contigerit, mors ipsa, sed mors gloriosa, honoresque ac regia munera. Laboriosa in bellis vita, splendida in pace. Præmium est recte factorum ac corona, ei, qui ejusmodi vitam in præclaris rebus gerendis egregie transegerit, principatum accipere, amicum appellari regis, regi cominus astare, jungi dextram dextræ, manu regia cohonestari, præfecturam obtinere apud subditos, atque pro externis amicis, quibuscunque voluerint, apud regem deprecari.

2. Age igitur, Christi miles, exempla pauca ex humanis rebus mutuatus, de æternis bonis cogita. Propone tibi vitæ genus, quod domo atque civitate et opibus destituatur. Esto liber, et a mundanis omnibus curis solutus : ne vinciat te uxoris desiderium, aut sollicitudo de sobole. Hoc enim fieri non potest in militia divina. *Nam arma militiæ nostræ non carnalia sunt, sed potentia Deo* [61]. Non vincit te corporis natura, neque strangulat te invitum, non captivum pro libero efficit. Noli in terra relinquere liberos, sed eos sursum deducere ad cœlum : non corporalia nuptiis agglutinari, sed ambire spirituales, dominium in animas habere, ac spiritualiter filios procreare. Imitare cœlestem sponsum, hostium invisibilium assultus reprime, contra principatus et potestates bellum gere, sic ut expellas ipsas, primum quidem ex animo tuo, ut nullam in te habeant partem : deinde ab iis qui ad te confugiunt, teque ducem sibi ac propugnatorem constituunt, ut ipsi tuis sermonibus incolumes serventur. Subverte ratiocinationes adversus Christi fidem insurgentes : impiam ac pravam ratiocinationem per piam doctrinam impugna. *Consilia enim,* inquit, *destruentes, et omnem altitudinem extollentem se adversus scientiam Dei* [63]. Et maxime quidem in magni regis manu, quæ adversarios terret ac fugat ubi semel apparuerit, posita fiducia sit : cum vero voluerit probum te ac bonum etiam per pericula reddi, suasque copias cum adversariorum copiis committere decreverit, tunc te acie instructum nullus frangat labor, animus maneat in periculis immotus, et e terra ad terram, atque e mari ad mare alacriter transmigra. Cum enim, inquit, persequuntur vos, fugite ex civitate in civitatem [64]. Et ubi oportuerit ad judicium vocari, astare ante magistratus, populorum assultus perferre, horrendum carnificis intueri aspectum, audire vocem asperam, instrumentorum ad puniendum destinatorum gravem conspectum tolerare, tormenta experiri, et usque ad mortem decertare, propter hæc omnia ne diffidas ; ob oculos habens Christum, qui his tua causa fuit obnoxius, sitque compertum tibi, te in istis ob Christum versari oportere, teque in ipsis esse victurum. Regem enim victorem sequeris, qui te suæ victoriæ vult esse participem. Neque enim victus es, etsi mortuus ; imo vero tunc integerrimam reportasti victo-

---

[60] Joan. xii, 26. [61] II Tim. ii, 4. [61] II Cor. x, 4. [63] ibid. 5. [64] Matth. x, 23.

riam : quippe qui veritatem immutabilem ad finem usque tibi ipsi servaveris, ac inconcussam retinueris loquendi pro veritate fiduciam.

5. Et quidem ab interitu ad æternam vitam, ab **201** hominum ignominia ad Dei gloriam, a mundi adversitatibus atque suppliciis ad æternam requiem, quæ tibi cum angelis communis futura est, proficiscere. Terra te civem non suscepit, at cœlum suscipiet. Mundus persecutus est : sed tollent te angeli, ut sistant te coram Christo. Quin et amicus appellabere, esque auditurus jucundissimam illam laudem : Macte animo, serve bone et fidelis, miles generose, Dominique imitator, ac regis sectator, ego te meis donis remunerabor : ego tuos audiam sermones, quoniam tu etiam audivisti meos. Petes fratrum qui vexantur salutem; atque sociis fidei ac sacræ charitatis discipulis bonorum a rege communicationem impetrabis, prætereaque tripudiabis tripudia sempiterna, geres coronam inter angelos, atque creaturis sub rege imperans, una cum beatorum choro in æternum beatus vives. Quod si te adhuc in mundo post certamina etiam relinquere volet, ut plura et varia ineas certamina, multosque cum a visibilibus tum ab invisibilibus bellis salvos et incolumes serves, gloria tua etiam in terra magna erit, et in pretio eris apud amicos, qui te tutorem adjutoremque ac bonum legatum invenerint. Hi nutrient te tanquam strenuum militem : hi colent te veluti virum fortissimum ac generosissimum : hi salutabunt te amice et comiter, teque uti Dei angelum cum gaudio suscipient, quemadmodum Paulus ait, velut Christum Jesum [63]. Hæc et ejusdem generis alia divinæ militiæ exempla sunt. Neque vero ad solos viros spectat oratio. Militat enim apud Christum et muliebre genus, ob animi fortitudinem ad militiam delectum, nec ob corporis imbecillitatem rejectum, cum feminæ complures non minus fortiter quam ipsi viri sese gesserint. Imo etiam non desunt quæ gloriam longe majorem consecutæ sint. Ex his sunt quæ virginalem chorum componunt. Ex his, quæ confessionis certaminibus, et martyrii victoriis clarent. Quin Dominum ipsum etiam, dum inter nos versaretur, sequebantur non viri solum, sed mulieres quoque, et per utrosque ministerium Servatoris perficiebatur. Cum igitur talia et tam eximia præmia militiæ Christi destinentur, ac seponantur, ejus afficiantur desiderio et patres filiorum, et matres filiarum. Adducant sua pignora, spe æterna læti, cujus sui filii secum futuri sunt participes, atque apud Christum patronos bonosque legatos ac deprecatores habere cupientes. Neque simus pusillo animo in liberos, neque perterreamur, si labore conficiantur : sed de gloria ipsis tribuenda lætemur. Offeramus Domino quæ ab ipso sunt data, ut socii etiam gloriæ filiorum efficiamur, adducentes simul et sistentes nosmetipsos. **202** Certe iis qui hanc animi alacritatem ostenderint, atque ita decertarint, jure ac merito quispiam ex Psalmista dixerit : *Benedicti vos a Domino, qui fecit cœlum et terram* [66]. Et sicut Moses, orabit pro ipsis : *Benedic, Domine, operibus illorum : frange supercilium eorum qui illis adversantur* [67]. Viriliter agite tanquam generosi, generososque cursu ad sempiternas coronas contendite, in Christo Jesu Domino nostro, cui gloria in sæcula. Amen.

EJUSDEM SERMO ASCETICUS,

Et exhortatio de renuntiatione sæculi, et de perfectione spirituali.

1. *Venite ad me, omnes qui laboratis, et onerati estis, et ego reficiam vos,* inquit vox ipsa divina [68]. Hæc sive futuram, sive præsentem significet requiem, nos certe hortatur, partim ut multarum divitiarum onus abjiciamus, erogando eas pauperibus : partim ut peccatorum multitudinem, quæ inde accedit, per liberalitatem et confessionem deponentes, ad cruciferam monachorum vitam accurramus. Quisquis igitur Domino obedire sibi proposuit, festinatque ad pauperem ac quietam vitam, vere admirandus est, beatusque dicendus. Sed adhortor, ut ne inconsideranter hoc faciat, nec sibi fingat aliquod vitæ genus remissum, salutemque sine pugna obtinendam : quin potius antea exerceat sese ac probet ad tolerandas corporis animique molestias : ne si seipsum in inopinata certamina injecerit, ac deinde tentationibus sibi ingruentibus resistere non possit, ad ea unde recesserat, cum pudore et risu recurrat, quippe qui ad sæculum non sine animæ condemnatione revertatur; multisque offendiculum factus, vitam in Christo institutam omnibus suspectam reddat, quasi agi non possit : cujus rei periculum nostis omnes, quotquot Evangelia legistis, in quibus ipsa divina vox dicit : *Expedit ei magis ut mola asinaria imponatur in collo ejus, et projiciatur in mare, quam ut scandalizet unum de pusillis istis* [69]. Neque enim solum erit obnoxius desertoris condemnationi : sed etiam exitii eorum qui ab ipso sunt eversi, reus futurus est, etsi stultis quibusdam cogitationibus persuadere sibi videtur, se in sæculo degentem per bona opera Numen esse placaturum : quod effici ab ipso non potest. Qui enim in eo vitæ genere, in quo non facilis ad peccatum accessus patet, ob assiduam animi attentionem, adversarii luctationes sufferre non potuit, quomodo in vita multis peccatis exposita, cujus ipse sit moderator, virtutem ullam excolere et exercere poterit ? Sed ut det aliquis, eum vitam recte moderari posse, tamen Christi derelicti crimen non effugiet, quemadmodum et hi discipuli in Evangelio designati, de quibus divinus evangelista ait : *Multi autem discipulorum abierunt retro, et jam non ambulabant cum Jesu, dicentes : Durus est sermo ipsius,* **203**

[63] Galat. iv, 14. [66] Psal. cxiii, 15. [67] Deut. xxxiii, 11. [68] Matth. xi, 28. [69] Matth. xviii, 6.

quis potest eum audire [70]? Ea enim de causa benignissimus Deus saluti nostræ providens, vitam hominum divisit in duplex vitæ genus, conjugium dico ac virginitatem, ut qui virginitatis certamen subire non valeret, hic sibi adjungeret uxorem: sic tamen, ut illud sciret, reddendam sibi esse rationem continentiæ, sanctitatisque, et ejus cum his sanctis, qui in conjugio et in liberorum educatione vitam egerunt, similitudinis. Qualis erat in Veteri Testamento Abraham, qui unico filio citra dolorem ac molestiam immolato, inde gloriabatur, quod Deum prætulisset: qui etiam, cum ad excipiendos peregrinos paratus esset, fores tabernaculi sui apertas tenebat. Non enim audivit: *Vende quæ habes, et da pauperibus* [71]. Imo Job et alii plurimi, Davidque et Samuel his majora præstitere. Erat quoque ejusmodi Petrus in Novo Testamento, ac cæteri apostoli. Etenim fructus dilectionis in Deum ac proximum ab unoquoque homine repetendi sunt; horumque mandatorum, seu potius omnium, quæcunque violata fuerint, pœnas dabit. Sicut et Dominus in Evangeliis declarat, cum dixit: *Qui amat patrem aut matrem plus quam me, non est me dignus* [72]. Et, *Qui non odit patrem suum, et matrem suam, et uxorem, et filios, adhuc autem et animam suam, non potest meus esse discipulus* [73].

2. Annon tibi videntur fuisse iis etiam qui uxores duxerunt, Evangelia lata? Ecce, tibi planum factum est obedientiam quæ Evangelio reddenda est, ab omnibus hominibus sive monachis sive conjugatis exigendam esse. Etenim qui conjugio sese implicuerit, ei satis fuerit, si incontinentia, et feminæ libido, suaque cum ipsa consuetudo sibi condonetur: sed reliqua præcepta æque omnibus sancita periculum afferunt violatoribus. Christus enim cum Patris præcepta annuntiaret, ad eos qui in mundo erant loquebatur; quod si contigit aliquando, ut ipse seorsum interrogatus discipulis suis responderit, sententiam suam declaravit, his verbis: *Quæ autem vobis dico, omnibus dico* [74]. Ne igitur deses exsistas, o tu, qui elegisti uxoris societatem, quasi mundum amplecti penes te sit. Nam pluribus laboribus et custodia majore tibi opus est ad obtinendam salutem: quippe qui in mediis laqueis, mediaque rebellium potestatum ditione sedem delegeris, habeasque ob oculos peccatorum irritamenta, atque ad ea concupiscenda omnes tui sensus quasi loco suo emoti noctuque diuque impellantur. Scias igitur te cum defectore luctationem non evitaturum esse, neque de eo citra multos labores victoriam reportaturum in evangelicis dogmatibus custodiendis. Quomodo enim in ipsa certaminis fossa versans, certamen cum hoste detrectare poteris? Quæ utique tota est terra sub cœlo contenta: per quam circumire hunc et obambulare tanquam rabiosum canem, quærentem quem devoret, ex Jobi historia edocemur. Itaque si cum adversario inire pugnam recuses, transi in alterum mundum, in quo ipse non sit; tumque licebit tibi cum illo non decertare, atque in dogmatis evangelicis servandis sine periculo iners permanere. Quod si id fieri non potest, eam quæ tibi cum illo futura est pugnam discere festines, artem luctaminum ex Scripturis edoctus; ut ne ex ignorantia ab ipso devictus, æterno igni tradaris. Et hæc quidem adversus eos qui matrimonio juncti præcepta Christi observare secure negligunt, quasi in transcursu dicta sint. Tu vero, qui cœlestis vivendi ritus amator es, atque angelicæ vitæ negotiator, quique sanctorum Christi discipulorum commilito esse cupis, corrobora teipsum ad res adversas perferendas, et virili animo monachorum cœtum ac senatum adi: ac initio quidem tuæ renuntiationis virum te ostende, ut ne ob eorum qui secundum carnem cognati sunt, amorem et affectum deorsum trahare, sed valido et forti animo mortalia cum immortalibus commutes. Ubi vero res quæ ad te pertinent dereliqueris, esto inflexibilis et constans, certoque scias eas præmittere te in cœlum: siquidem ipsas in sinu pauperum reconditas cum multa accessione apud Deum es inventurus. Cum autem ab amicis ac familiaribus divelleris, cave conficiaris mœrore nimio, quandoquidem cum Christo qui pro te crucifixus est, conjungeris: quo quid, quæso, a nobis amabilius excogitari potest? Quando autem, Deo juvante, in primo hoc pugilatu tuum adversarium superaveris, nolito teipsum tanquam vas quoddam ignominiosum projicere. Ex quo enim rebus terrenis remisisti nuntium, jam honorem apud Christum tibi conciliasti; sed magnopere cura et provide, ut virum tuæ vitæ tutissimum ducem reperias, probe edoctum conducere eos qui ad Deum pergunt, plenum virtutibus, ejus quæ in Deum est dilectionis testimonium habentem ex suis ipsius operibus, divinarum Scripturarum gnarum, animo sedato præditum, pecuniarum non amantem, a negotiis alienum, quietum, Deo acceptum, diligentem pauperes, non iracundum, injuriarum immemorem, ad eorum qui ipsum adeunt ædificationem multum laborantem, vanæ gloriæ non cupidum, non superbum, nullis assentationibus flectendum, non obnoxium mutationi, nihil Deo præferentem. Et, si quempiam hujusmodi nanciscare, omnem tuam voluntatem exspuens, et foras rejiciens, huic te ipsum trade, ut quasi vas sincerum inveniaris, qui scilicet eas quæ in te infunduntur virtutes ad laudem et gloriam tuam serves. Etenim si quidpiam ex iis vitiis quibus antea deditus eras, in teipso reliqueris, tunc bonis quæ in te fuerant immissa, in vappam transmutatis, tanquam vas quoddam nulli usui aptum foras projiciere.

3. Hoc secundum est luctamen, quod cum salutis nostræ hoste ineundum est. Documenta enim magistrorum bonorum, bona sunt: malorum au-

---

[70] Joan. vi, 67, 61. [71] Matth. xix, 21. [72] Matth. x, 37. [73] Luc. xiv, 26. [74] Marc. xiii, 37.

tem, mala sunt omnino. Cum enim nobis persuadere non potuerit malus ille adversarius noster, ut in mundi tumultu et exitio permaneremus, **205** suadere conatur, ne vitæ accurate dediti simus, neve permittamus nos viro, qui omnia nostra peccata ob oculos nobis ponat, corrigatque : sed ut nos credamus cuipiam honoris amore insanienti, suæque erga suos convictores indulgentiæ obtentu sua ipsius vitia commendanti : ut cum ita nos latenter innumeris vitiis rursus addixerit, nostris ipsis peccati vinculis nos obstringat. Quod si viro te dedas multis virtutibus instructo, bonorum ejus efficieris hæres, erisque apud Deum et apud homines beatissimus : sin autem ob corporis curam exquiras magistrum una tecum ad tua vitia descendentem, aut ut rectius loquar, una tecum corruentem, frustra renuntiationis certamen subiisti, qui te ipse vitæ vitiosis affectibus obnoxiæ mancipaveris, cæcoque ductore usus, teipsum in foveam dederis præcipitem. *Si enim cæcus cæco dux fuerit, ambo in foveam cadent* [75]. *Sufficit enim discipulo ut sit sicut magister ejus* [76]. Sunt Dei verba, nec unquam excident. Vita tua ex lege athletica est instituenda, sin minus, non coronabere, uti dixit Apostolus : *Et si quis certet, non coronatur, nisi legitime certaverit* [77].

4. Si igitur Dei auxilio repereris (prorsus autem si quæras, reperies) bonorum operum doctorem, observa apud teipsum, ut nihil præter ejus sententiam peragas. Quidquid enim sine ipso efficitur, furtum est et sacrilegium, quod mortem infert, non utilitatem, tametsi tibi videtur esse bonum. Etenim si bonum est, cur fit clanculum, non in aperto? Interroga animum tuum, te ad prædandum industrie provocantem : siquidem dum bonis non obtemperas, te ad sinistras actiones instruit. Noli eorum qui a bestiis morsi sunt, incantamenta emendare, si non calleas incantandi artem, ne forte postea quam serpentes attraxeris, ab eisque implicatus fueris, nec possis deinde ipsis resistere, immisericorditer ab eis absumare. Ne imitare carnis nobilitati, neque honorem exquiras : *Qui enim carnalis est, non capit ea quæ sunt Spiritus* [78]. Ne tentes quidpiam eorum quæ ex consuetudine vera habentur, adulterare, neque per tuam mollitiem pugnantes decipere, in te vero peccatorum onus congerere, non in strato molliore, non in vestimentis, aut calceamentis, aut in alio ullo habitu, aut in ciborum varietate, aut in mensa quæ instruatur contra atque permittit tuæ renuntiationis tempus, non stando, non sedendo, non manuum operi remissiori et elegantiori incumbendo. Hæc enim omnia non solum si adsunt tibi, sed etiam si requiruntur, non bonum habebunt exitum. Nam nisi **206** celeriter diabolicas esse insidias noveris, easque excideris ex corde tuo, te ab ea vivendi ratione quæ in Christo instituta est, deturbabunt.

Verum ubi in animum tuum induxeris te esse omnium hominum ignominiosissimum, peccatoremque maximum, ac peregrinum et erronem ; teque ex misericordia ab iis qui ante te nuntium sæculo remisere, receptum esse : stude omnium esse ultimus et omnium servus. Hæc enim tibi afferent honorem et gloriam veram, non illa. Aures habe apertas ad obediendum, manus vero paratas ad ea quæ audivisti explenda. Sit tibi os taciturnum, et cor circumspectum. Ne vaces vanis sermonibus : sed esto prudens et intelligens ad sacras et salutares Scripturas auscultandas. Fabulæ mundanæ si audientur, sint tibi gustatu acerbæ : contra, sermones sanctorum virorum sint tibi ceu favi mellis. Festina eos imitari, qui se ante in moribus emendandis exercuere : et ne exspectes, dum singula doceare. Contende ut pervenias ad majores virtutes, et minores non negligas. Nullum parvipendas vitium, etsi id quod patratur, minus sit quam ut ullum scandalum pariat ; imo vero citius emenda per pœnitentiam, quamvis multi multa admittant delicta et parva et majora, nec tamen pœnitentiam agant. Ne sis alienorum peccatorum judex. Habent enim judicem justum, *Qui reddet unicuique secundum opera ejus* [79]. Tu quod tuum est tene, et pro virili onus tuum leve reddas. Qui enim aggravat suum onus, ipse et portabit illud. Salus pœnitentia est : dementia vero mors est pœnitentiæ.

5. Subducito te a vanis hominibus : at vero quam plurimum te Deo ostende. In publicum prodire, quantum in te est, penitus refugias, ac cordis tui effusiones devita. Egressus es enim e cella tua? Deseruisti continentiam ; oculos conjecisti in mundum, in mulierem meretricem incidisti, quæ cum et aures tuas illicebris verbis, et oculos tuos vultus pulchritudine, atque delicatis escis gustum incantaverit, te veluti hamo pertrahet ad seipsam. Deinde tuis membris implicata, teque in sinum suum recipiens, tuum istud firmum servandæ continentiæ desiderium emollit, et ita demum te a recta et sancta vivendi ratione sensim submotum in seipsa corrumpit. Quod si forte, Deo auxiliante, ret a ejus effugere valeas, redibis quidem ad cellam, sed non idem, fractus potius et languidus, isque, qui omnem virtutis actionem ægre feras, quique nonnisi multo tempore ad tuum ipsius habitum reverti possis. Etenim te tuæ cogitationes ad angustias adducent ob utriusque vitæ desiderium, et non nisi multo labore victoriam animæ parere poteris. Itaque si necessitate quapiam urgente contigerit te e cella egredi, tunc Dei timore ceu **207** thorace circummunitus, inserta in manum charitate Christi, oppugnatisque per omnem continentiam incursibus voluptatum, simul ut negotium absolveris, statim revertere, non immorans, sed ad reditum velocibus alis usus, et tanquam innocens quædam columba, ad arcam unde emissus

---

[75] Matth. xv, 14. [76] Matth. x, 23. [77] II Tim. ii, 5. [78] I Cor. ii, 14. [79] Rom. ii, 6.

fuisti, confugiens, ferens in ore misericordiam Christi, sicque internis cogitationibus persuade, te requiem salutarem in nullo alio loco invenire posse. Juvenis es sive corpore, sive animo : æqualium tuorum consuetudinem declina, ab iisque velut a flamma aufuge. Hostis enim multos quos per ipsos incenderat, æterno igni tradidit, atque spiritualis dilectionis specie illos in horrendum illud quinque civitatum barathrum dejecit : et qui in pelago ab omni vento et tempestate servati fuerant incolumes, eos in portu desidentes una cum navi vectoribusque in profundum submergit. In sedili procul a coævo sede. Cum recubas ad somnum capiendum, indumenta tua non sint vicina illius indumentis; imo potius senem intermedium adhibe. Quando vero tecum loquitur, aut ex adverso psallit, responde ei vultu humi defixo, ne forte oculis in vultus conjectis, a satore inimico libidinis semen suscipias, ac corruptionis et interitus manipulos metas. In domo, aut in loco, ubi nemo est qui videat opera vestra, ne meditandorum divinorum eloquiorum aut alterius cujuscunque rei, vel maxime necessariæ obtentu, cum ipso inveniare : nihil enim magis necessarium est quam anima pro qua Christus mortuus est. Subdolæ isti cogitationi quæ rem offendiculo vacare submonet, fidem ne adhibe : sed ob multam experientiam eorum qui lapsi sunt, quique hæc tibi clara et manifesta reddunt, penitus tibi persuadeas idipsum offendiculum esse.

6. Crede meis verbis, quæ ex corde in fratres benevolo prodeunt. Accede ad senes qui facilem ad se aditum non præbent : qui proverbiorum quidem sententiis juvenes ad virtutem cohortantur, nec tamen facile lædunt. *Omni custodia serva cor tuum* [80]. Etenim uti aurum indesinenter diu noctuque observatur a furibus, atque præter exspectationem et te inscio subripitur; cave ne te primi parentis peccato seductam in errorem impellat adversarius, teque cito ex voluptatis paradiso expellat. Qui enim Adamum per escæ furtum vita spoliavit, speraveratque fore, ut Jesum supplantaret, is tibi quoque multo magis hanc primam malorum causam propinare non verebitur, venenum efficax id esse non nescius. Nam gulæ vitium non in escarum copia, **208** sed in appetitione et in modico gustatu, vim suam exserere solet. Ergo si brevis alicujus gustatus appetitio potuit subjicere te ingluviei vitio, tibi nullo negotio interitum afferet. Quemadmodum enim aquæ scaturigo in multos ductus divisa facit, ut omnis locus his ductibus circumjacens virescat : ita et gulæ vitium si se in cor tuum effuderit, ipsum irrigatis omnibus tuis sensibus, qui sunt nequitiæ quasi silva in te consita, animam tuam ferarum habitaculum efficiet. Ego enim vidi multos, qui vitiis mancipati redierunt ad sanitatem : sed ex omnibus ne unum quidem, qui occulte manducaret, aut gulosus esset, emendatum vidi ; imo vero aut vitæ continentis institutum deserunt, atque in mundo corrumpuntur, aut inter continentes occultari conantur, et diaboli fiunt commilitones per voluptatem. Ili enim mendaces sunt, multis juramentis obnoxii, perjuri, contentiosi, ad referiendum parati, clamosi, et qui negent se comedisse, illiberales, molles, queruli, scrutatores, et qui tenebris gaudeant, omneque vitæ piæ ac sanctæ institutum ultro oppugnent. Etenim, ut gulæ vitium contegant, in malorum incidunt multitudinem : qui quidem specie tenus inter electos, at reipsa inter reprobos numerantur.

7. Ingluvies morti tradidit Adamum, atque per ventris voluptatem mundo exitium intulit [81]. Irridetur Noe, Cham devotus est [82], primogeniti jura admittit Esau [83], atque cum Chananæis affinitatem contrahit [84]. Lot filiarum maritus fit [85], ipse sui ipsius gener et socer, pater vir, et avus pater, utriusque naturæ terminos afficiens contumelia. Hæc etiam Israelem impulit ad adorandum simulacrum, eorumque cadavera in deserto prostravit [86]. Hæc et quemdam prophetam qui a Deo ad objurgandum impium regem fuerat missus, feræ bestiæ pabulum efficit : et quem Jeroboam rex cum omni regia potestate ulcisci non poterat, is ventris suadela captus, miserandam mortem recipit [87]. Daniel vero desideriorum vir [88], subacto et domito ventre, potitus est regno Chaldæorum [89], idolum evertit [90], draconem interemit [91], frenavit leones [92], prænuntiavit Dei incarnationem [93], atque mysteria abstrusa interpretatus est [94]. Sancti tres pueri qui ventris voluptate superiores exstitere, ira regis contempta, in fornacem hanc horrendam et ardentem Nabuchodonosoris regis jussu succensam intrepidi descendere ausi sunt [95]. Statuam illam quæ pro Deo habebatur, vanam esse ac inertem ostenderunt : et quæ multo tempore a Satana constructa fuerat ad Dei gloriam injuria afficiendam, eam ceu spolium accipiendo, eamdem suo Domino attulerunt. Ili fuere auctores, ut ipse infensissimus rex et exercitus omnis, quem adversus Deum instruxerat, Deum cum omni creatura hymnis celebrarent [96]. Et, ut brevi omnia dicam, si ventrem edomas, habitabis paradisum : sed si non edomas, a morte absumeris.

8. Sis fidus virtutum thesaurus, tuique spiritualis **209** patris lingua ceu clavi utere. Hæc aperiat os tuum ad assumendum panem, hæc et ipsum claudat. Ne admittas consiliarium serpentem, qui boni consilii loco prædam te abducere cupit. Vita clandestinæ comesturæ peccatum vel usque ad linguæ gustum. Etenim si in modico evertere te potuerit, lucta te superabit, teque vinculis

---

[80] Prov. iv, 23. [81] Gen. iii, 6. [82] Gen. ix, 21, 23. [83] Gen. xxv, 33. [84] Gen. xxxvi, 2. [85] Gen. xix, 35. [86] Num. xiv, 37. [87] III Reg. xiii, 24. [88] Dan. ix, 23 ; x, 11-19. [89] Dan. v, 29. [90] Dan. xiv, 21. [91] ibid. 26. [92] Dan. vi, 22. [93] Dan. ix, 24 sqq. [94] Dan. vii, viii, et passim. [95] Dan. iii, 21. [96] ibid. 94 sqq.

constringet. Ne præbeas tuas aures quibusvis garrientibus, neve respondeas cuilibet nugatori in iis colloquiis, quæ piæ exercitationis instituto minime conveniant. Auditor fias documentorum bonorum, et horum meditatione serva cor tuum. Avertas a mundanis sermonibus tuas aures, ne forte cœni respersione animam commacules tuam. Ne cures audire aliorum verba, neque caput tuum in medium colloquentium immittas : ne et tu irridearis, et ipsos obtrectatores efficias. Ne sis curiosus, neque omnia intueri velis, ut ne vitiorum saniem in animum tuum introducas. Utiliter vide, utiliter audi, utiliter loquere, utiliter responde. Coram natu majore sedere ne temere audeas. Quod si id facere jubearis, eamdem atque ille sedem neque occupes, sed huc atque illuc circumspiciens, sellam inferiorem invenire coneris, ut te Deus ob humilitatem gloria afficiat. Interrogatus responde decenti ac humili voce : si non interrogaris, tace. Dum alius interrogatur, cohibe os tuum, ne lingua tua excurrens, et a procaci corde impulsa, quempiam vitam asceticam accurate excolentem offendat, teque in criminum vincula conjiciat. Cum autem sedes, non superpones alteri cruri alterum crus tuum : siquidem istud facere, animi parum attenti atque aliud agentis indicium est. Si sermonem habes cum aliquo qui te sit inferior, aut etiam ab eo aliquid interrogaris, segniter negligenterque non respondebis, quasi fratrem ad Dei contumeliam contemnas. Ait enim Proverbium : *Qui ignominia afficit pauperem, irritat eum qui fecit ipsum*[97]. Sermo ad consolandum et ad exhortandum aptus præeat reliquis tuis verbis, qui tuam in proximum charitatem confirmet. Ponatur et medius, qui dissimilis non sit, nec sit dispar quoque, qui in fine colloquii habetur, idque cum hilari vultu, ut ei qui tecum colloquitur, lætitiam impertiat. In omnibus quæ præclare a proximo tuo geruntur, lætare, Deoque da gloriam : quandoquidem ejus recte facta tua sunt, sicut et tua illius. Primos accubitus et primas sedes in congressibus devita, ultimumque locum sectare, ut potius audias : *Amice, ascende*[98]. Sinistra tua se in mensa non inordinate gerat, neque adversus dextram sibi arroget auctoritatem. Imo potius iners sit et otiosa : sin minus, dexteræ sub-erviat. Quotiescunque ad preces vocaris, succinat os tuum, operique divino intersis ad extremam usque precationem, ratus te inde non sine magno detrimento recessurum. Etenim si cum cibum capis ad tuum corpus sustentandum, avelli vix potes a mensa, nisi prius vitæ necessariis plene satisfeceris, nec facile quidem id facturus sis absque ingenti necessitate : quanto magis spiritualibus epulis debes adesse, tuumque animum precatione corroborare ? Quantum enim differt cœlum a terra, et cœlestia a terrestribus : tantum a corpore anima differt.

9. Anima cœli est imago, in qua videlicet inhabitat Dominus : caro vero constat e terra, quæ ab hominibus mortalibus, et a brutis animalibus incolitur. Quare corporis necessitates ad precum horas accommoda, sisque paratus non ei cogitationi obedire, quæ te ab opere divino avellat. Is enim dæmonibus mos est, videlicet æquæ causæ nomine atque simulatione per precum horas nos ad recedendum instigare, ut specioso quodam obtentu a salutari precatione nos abducant. Ne dixeris simulatione usus : heu caput meum ! heu ventrem meum ! obscuros commentitii doloris testes adhibens, atque quiescendi causa vigiliarum vigorem infringens. Imo potius vaca occultis precibus, quas in occulto videns Deus, te in aperto remunerabitur [99]. Habe superabundantem quæstum per optimam vivendi rationem, ut divitias reconditas in necessitatis die reperias. Occurrentibus ministerii tui vicibus, verba hortativa et consolatoria cum corporis labore conjunge ad commonstrandum erga eos quibus inservis amorem tuum, ut ministerium tuum fiat gratum, utpote quod sale conditum sit [1]. Opera tibi incumbentia ab alio confici nequaquam sinas, ne merces quoque erepta tibi, alteri tribuatur, teque humiliato, alter divitiis tuis sibi gloriam comparet. Decenter et sedulo tanquam Christo inserviens imple tui ministerii munia. *Maledictus enim*, inquit, *omnis qui facit opera Domini negligenter*[2]. Time, velut Deo spectante, abusum ex nimietate et contemptu proficiscentem, etiam si ministeria quæ tibi in manibus tuis sunt, vilia esse videantur. Magnum est servitii opus, et per illud acquiritur cœlorum regnum. Est enim virtutum sagena, cum in seipsa omnia Dei præcepta ferat. Et primum quidem omnium complectitur humilitatem, quæ parens est virtutis omnis, copiamque affert bonorum : tum est illud, *Esurivi, et dedistis mihi manducare : sitivi, et dedistis mihi bibere : hospes eram, et infirmus, et in carcere, et ministrastis mihi*[3]. Et maxime cum officia debita in animo humili citra elationem iramque et murmurationem præstantur. Æmulator esto eorum qui recte vivunt, atque ipsorum actiones in tuo corde inscribe. Opta esse ex paucorum numero. Nam rarum est bonum ; ob idque pauci sunt qui ingrediantur in regnum cœlorum. Cave putes eos omnes fieri salvos, qui in cella degunt, tum malos, tum bonos. Non enim res ita se habet. Multi quidem accedent ad sanctum ac pium vitæ genus : sed pauci ejus jugum subeunt. Violentorum enim est regnum cœlorum, et violenti rapiunt illud [4]. Verba hæc Evangelii sunt. Violentiam appellavit corporis afflictationem, quam suapte sponte sustinent discipuli Christi, dum suam ipsorum voluntatem corporisque quietem rejiciunt, ac omnia Christi præcepta servant. Igitur si vis rapere Dei regnum, efficiare violentus, cervicem tuam jugo

[97] Prov. xvii, 5. [98] Luc. xiv, 10. [99] Matth. vi, 18. [1] Coloss. iv, 6. [2] Jerem. xlviii, 10. [3] Matth. xxv, 35, 36. [4] Matth. xi, 12.

servitutis Christi submitte. Jugum ejus constringe circa collum tuum, id tuam cervicem premat, fac idem reddas tenue ac leve per laborem virtutis, in jejuniis, in vigiliis, in obedientia, in silentio, in psalmodiis, in precationibus, in lacrymis, in manuum opere, in toleranda afflictione omni, quæ tibi tum ex dæmonibus, tum ex hominibus accedit.

10. Ne tibi temporis progressu persuadeat superba aliqua cogitatio, ut de laboribus remittas, ne forte si ad exitus fores nudus virtutibus deprehensus fueris, extra regni portas inveniare. Ne efferat te cleri gradus : sed potius humiliet. Nam animæ profectus, humilitatis profectus est : defectus vero et ignominia ex animi elatione gignitur. Quanto ad majores sacerdotii gradus appropinquare te contigerit, tantum humilia te ipse, filiorum Aaron veritus exemplum. Cognitio pietatis, cognitio est humilitatis atque mansuetudinis. Humilitas æmulatio est Christi : elatio autem et audacia atque impudentia æmulatio est diaboli. Christum æmulare, non antichristum : Deum, non Dei adversarium : Dominum, non servum : misericordem, non immisericordem : humanum, non inhumanum : eos qui sunt thalami nuptialis, non eos qui tenebrarum. Ne ambias fratribus imperare, ne alienorum peccatorum onera collo tuo imponas. Expende cujusque diei opus, idque cum opere diei præteriti confer, et ita demum melior fieri stude. Proficere in virtutibus, ut prope accedas ad angelos. Permane in cella non per dies, non per menses, sed per multorum annorum circuitus, laudans Dominum tuum noctu diuque, Cherubim exemplo atque imitatione. Si sic incœperis, sicque desieris, tum demum arcto itinere per breve exercitationis tuæ tempus confecto, in paradisum cum Dei auxilio ingrediere, in splendore lampadis animæ, cum Christo gaudens in sæcula sæculorum. Amen.

SERMO EJUSDEM DE ASCETICA DISCIPLINA.

Quomodo monachum ornari oporteat.

1. Oportet monachum in primis nihil in vita possidere. Rursus cum oportet corporis solitudinem, habitus modestiam, vocem moderatam, sermonem ordinatum habere, de cibo et potu tranquillum esse et quietum, silentio comedere, coram senioribus tacere, audire coram sapientioribus, æquales amare, consilium charitate conditum inferioribus dare, a malis carnalibusque ac negotiorum amatoribus secedere, plura cogitare, et pauca loqui, temerarium non esse in sermone, neque plus æquo colloqui, non facilem esse ad risum, verecundia cohonestari : oculos deorsum, animam sursum habere : non contradicere contradictionibus, obedientem esse, manibus laborare, novissimorum assidue meminisse, spe gaudere, afflictionem sufferre, indesinenter orare, in omnibus gratias agere : humilem esse erga omnes, odisse arrogantiam, sobrium esse, corque a pravis cogitationibus purum servare, mandatis exsequendis thesauros in cœlo recondere, suas ipsius quotidianas cogitationes actionesque examinare, vitæ negotiis vanisque sermonibus non implicari : non curiosius inquirere in secordium vitam, sed vitam sanctorum Patrum imitari : cum his qui excolunt virtutem gaudere, non ipsis invidere : eos qui patiuntur commiserari, atque una cum ipsis lacrymari; hos valde lugere, neque tamen eos condemnare ; a peccato resipiscentem probris non insectari, seipsum nunquam justificare : ante omnia coram Deo et hominibus sese peccatorem confiteri, inordinatos admonere ; eos qui sunt pusilli animi, consolari : famulari infirmis, pedes sanctorum lavare, hospitalitati et fraterno amori diligenter vacare, in pace esse cum domesticis fidei, aversari hominem hæreticum, genuinos et veraces libros legere, apocryphos ne attingere quidem omnino : de Patre et Filio et Spiritu sancto non disceptare, sed Trinitatem increatam et consubstantialem libere profiteri et sentire, atque percontatoribus dicere : Oportet baptizari nos ita, ut traditum accepimus : credere autem sicut baptizati sumus : glorificare vero, quemadmodum credidimus. In operibus et sermonibus bonis occupari, omnino non jurare, non dare fenori pecuniam, non frumentum, non vinum, non oleum ad quæstum majorem faciendum : a crapula et ebrietate ac sæculi curis abstinere : dolose et fraudulenter cum aliquo non agere, neque omnino adversus quemquam loqui : non detrahere, neque ullo modo obtrectationes libenter auscultare : nihil statim contra quemquam credere : non iræ tyrannide opprimi, non vinci a cupiditatibus, non temere irasci proximo, iram non tenere contra quemquam, malum pro malo non reddere : maledictis potius vexari, quam vexare : percuti, quam percutere : injuriam pati, quam facere : spoliari, quam spoliare.

2. Et certe ante omnia oportet abstinere monachum a congressu mulierum, et a vini potu : quoniam vinum et mulieres ad apostasiam perducunt sapientes [5] : atque in Domini præceptis pro virili exsequendis animum non desponderare, sed mercedem laudemque ab ipso exspectare, et æternæ vitæ possessionem desiderare : illud Davidis ob oculos jugiter habere, ac dicere : *Providebam Dominum in conspectu meo semper, quoniam a dextris est mihi, ne commovear* [6]. Et ut filius quidem debet ex toto corde, et tota fortitudine, et tota mente ac viribus Deum diligere [7] : ut servus vero, cum revereri ac metuere, ipsi obedire, cum timore ac tremore salutem suam operari [8] : fervere spiritu, indutum esse universam Spiritus sancti armaturam, non currere in incertum, pugnare non tanquam qui aerem verberet [9] : superare adver-

---

[5] Eccli. xix, 2.   [6] Psal. xv, 8.   [7] Luc. x, 27.   [8] Philipp. ii, 12.   [9] I Cor. ix, 26.

sarium in corporis infirmitate, et in paupertate animi; omnia imperata facere, seque inutilem fateri [10] : sancto gloriosoque et metuendo Deo gratias agere ; nihil per contentionem ac vanam gloriam efficere [11], sed propter Deum, et ad placendum ei : *Quoniam Deus dissipavit ossa eorum qui hominibus placent* [12]. Omnino non gloriari, neque suimet ipsius laudes prædicare, neque prædicanti alteri aures libenter præbere : latenter in omnibus servire : nihil ad humanam ostentationem patrare, sed solam quæ a Deo datur laudem quærere : versare animo formidandum et gloriosum ejus adventum, et eum qui hinc fieri debet transitum, recondita justis bona, ignem paratum diabolo et angelis ejus. Sed ante hæc omnia apostolici dicti meminisse : *Condignas non esse passiones hujus temporis ad futuram gloriam, quæ revelabitur in nobis* [13]. Atque in antecessum cum Davide dicere : Custodientibus ejus mandata retributio multa [14], merces ingens, coronæ justitiæ, æterna tabernacula, vita finem nunquam habitura, gaudium inenarrabile, perpetua et inconcussa mansio apud Patrem et Filium et Spiritum sanctum, qui est Deus verus in cœlo, faciei ad faciem patefactio, choreæ cum angelis, cum Patribus, cum patriarchis, cum prophetis, cum apostolis, cum martyribus et confessoribus, cum iis denique qui Deo ab æterno placuerunt, quibuscum inveniri concemur, gratia Domini nostri Jesu Christi, cui gloria et imperium in sæcula sæculorum. Amen.

PROŒMIUM.

De judicio Dei.

1. Optimi Dei benignitate ac humanitate, per gratiam Domini nostri Jesu Christi, ex Spiritus sancti operatione, a falsa quidem gentilium traditione ac doctrina liberatus, ab antiqua vero origine et ab initio a Christianis parentibus educatus, vel a puero didici ab ipsis literas sacras, quæ me ad veritatis cognitionem adduxerant. Ubi vero ad virilem ætatem perveni, tunc sæpius peregrinatus, et in pluribus, ut credi par est, negotiis versatus, in cæteris quidem artibus et scientiis maximam inter eos qui illarum quasque diligenter excolebant, concordiam animadverti : contra vero, in sola Dei Ecclesia, pro qua Christus mortuus est, et super quam large 214 Spiritum sanctum effudit, multos vidi et inter se et in divinis literis intelligendis valde admodum dissentire. Et quod maxime horrendum est, reperi ipsos Ecclesiæ præfectos in tanta inter se sententiæ ac opinionis diversitate constitui sicque Domini nostri Jesu Christi mandatis adversari, Deique Ecclesiam tam immisericorditer dilacerare, tamque crudeliter obturbare ejus gregem, ut, exortis Anomœis, nunc, si unquam alias, in ipsis quoque impleatur illud : *Ex vobis ipsis exsurgent viri loquentes perversa, ut abducant discipulos post se* [15].

2. Hæc atque ejusdem generis alia cum intuerer, prætereaque cum dubitarem quæ et unde esset tanti mali causa ; primum quidem (1) quasi in profundis tenebris degebam, et tanquam in statera constitutus, modo huc, modo illuc propendebam, quod alius alio aut ad seipsum me traheret, ob diutinam hominum consuetudinem, aut rursus alio propelleret, ob eam quam in divinis Scripturis agnovissem veritatem. Cum autem in eo statu diu permansissem, et eam quam dixi causam diligenter perscrutarer, mihi in mentem venit libri Judicum, qui narrat unumquemque fecisse quod in oculis suis rectum erat, atque etiam causam ejus rei declarat, his verbis [16] : *In diebus illis non erat rex in Israel*. Horum igitur cum mihi in mentem venisset, illud quoque de præsenti rerum statu excogitavi : quod forte dictu quidem horrendum est et mirabile, sed tamen, si intelligatur, verissimum est. Num videlicet inter Ecclesiæ alumnos tanta hæc discordia ac pugna hodieque exoriatur ob unius magni verique et solius universorum regis ac Dei contemptum, cum quisque deserat Domini nostri Jesu Christi doctrinam, et quasdam ratiocinationes ac regulas peculiares suapte auctoritate sibi arroget, malitque adversus Dominum imperare quam a Domino regi. Hoc igitur cum mecum reputassem, eumque de impietatis magnitudine attonitus, ulterius pervestigassem, nihilominus mihi persuasi vel ex iis quæ in vita fiunt rebus, eam, quam superius dixi, causam, veram esse et germanam. Videbam enim omnem populorum disciplinam atque consensionem tandiu perseverare, dum omnes principi uni in communi obtemperant : omnem vero discordiam ac seditionem, itemque multorum principatum ex ducis ac principis defectu proficisci. Vidi autem aliquando ego ipse apum turmam lege quadam naturali conductam, suumque regem servato ordine sequen-

[10] Luc. xvii, 10. [11] Philipp. ii, 3. [12] Psal. lii, 6. [13] Rom. viii, 18. [14] Psal. xviii, 12. [15] Act. xx, 30. [16] Judic. xxi, 24.

(1) Narrat Basilius sibi gravissimas dissensiones consideranti, quæ Ecclesiam anno 557 permiscebant, usu evenisse, *ut primum quidem quasi in profundis tenebris versaretur, et tanquam in statera constitutus, modo huc, modo illuc propenderet, cum eum alius alio modo aut ad seipsum traheret, ob diutinam hominum consuetudinem, aut rursus ab eo repelleretur ob cognitam in divinis Scripturis veritatem.* Hæc Basilii dubitatio in eam partem accipi non debet, quasi incertus hæserit, utri sententiæ, utris partibus se addiceret. Nihil ejusmodi ei contigisse perspicimus ex epistolis 204 et 223. Erat ei non de sententiis deliberatio, sed de causa dissensionum, quam dum inquirit, interdum eo ferebatur, ut nonnulla in quibusdam hominibus probaret aut excusaret ob consuetudinem; rursus autem ea improbabat ob veritatem consuetudini minime obnoxiam. Sic alius aliter eum aut ad se trahebat aut ab eo repellebatur. MARAN.

tem. Et multa quidem talia ego conspexi, multaque audivi : verum plura noverunt **215** qui his investigandis operam navarunt, sic ut ex his etiam verum esse ostendatur quod dicimus. Si enim eorum qui ad unum nutum respiciunt, et rege uno utuntur, proprius est ordo rectus atque consensus : sine dubio dissensio omnis et seditio argumento est, non esse qui imperet. Itaque hac eadem ratione, ejusmodi dissensio mutua quæ in nobis reperitur tam adversus Domini præcepta, quam adversus nosmetipsos, indicio sit, nos aut vero rege secessisse juxta illud : *Tantum qui tenet nunc, teneat, donec abcesserit* [17] : aut eum negare secundum illud : *Dixit insipiens in corde suo : Non est Deus* [18]. Cujus rei quasi quoddam signum seu argumenta ii subjungit illud : *Corrupti sunt, et abominabiles facti sunt in studiis suis* [19].

3. Hic igitur nequitiam eam, quæ apparet, impietatis ejus, quæ latenter in animo deliteseit, quasi signum esse ostendit Scriptura. At beatus apostolus Paulus corde perditos ad timorem judiciorum Dei vehementius reducturus, id pœnæ loco constituit, ut qui veram Dei cognitionem neglexerint, ita condemnentur. Quid enim dicit? *Et sicut non probaverunt Deum habere in notitia : tradidit illos Deus in reprobum sensum, ut faciant ea quæ non conveniunt, repletos omni iniquitate, malitia, avaritia, nequitia, plenos invidia* [20], etc. Quanquam Apostolum arbitror non a semetipso excogitasse judicium hoc (Christum enim in se loquentem habebat [21]), sed inductum illa voce illius, qua dicit, se ideo in parabolis loqui ad turbas, ut ne intelligant divina Evangelii mysteria [22], quoniam priores ipsi oculos suos clauserant, auribusque graviter audierant, et incrassatum erat insipiens cor eorum [23] : ut vice pœnæ in majoribus sufferrent cæcitatem, qui scilicet priores, oculis animi obscuratis, sponte excæcati essent : quod pati veritus David dicebat : *Illumina oculos meos, ne unquam obdormiam in morte* [24]. Ex his igitur atque similibus liquere judicabam, in universum quidem reprobam malamque cognitionem per Dei ignorationem ex vitiorum pravitate creari : sed proprie tamen multorum mutuam dissensionem ex eo evenire, quod indignos nos reddamus, qui a Domino regamur. Quod si statuissem aliquando ad ejusmodi vitam considerandam incumbere, neque metiri poteram magnitudinem ejusmodi stuporis, vel inconsiderantiæ, vel dementiæ, vel, quæ est malitiæ nimietas, quo alio vocabulo appellem, nescio. Etenim si vel in ipsis brutis animalibus mutuam consensionem non ob aliud conservari deprehendimus, quam quod duci obtemperent : ecquid nos dicere possumus, qui ita inter nos dissidere, et ita Domini præceptis

adversarii reperiamur? Nonne nobis putandum est, nunc quidem hæc omnia ad doctrinam et conversionem nostram a benigno Deo proponi, eadem vero in magna illa ac metuenda judicii die ad verecundiam et condemnationem eorum **216** qui eruditi ac emendati non fuerint, ab eo ipso proferenda esse, qui scilicet et jam dixerit, et semper dicat : *Cognovit bos possessorem, et asinus præsepe domini sui : Israel vero me non cognovit, et populus me non intellexit* [25], et alia ejusdem generis multa? Illud quoque, quod ab Apostolo dictum est : *Et si quid patitur unum membrum, compatiuntur omnia membra : sive glorificatur unum membrum, congaudent omnia membra* [26]. Item illud : *Ut non sint schismata in corpore, sed idipsum pro invicem sollicita sint membra* [27], ut quæ ab una anima inhabitante moveantur. Quamobrem ita tandem institutum est? Ego quidem ob eam causam opinor, ut multo magis ejusmodi et ordo et disciplina servaretur in Dei Ecclesia, ad quam dictum est : *Vos autem estis corpus Christi, et membra ex parte* [28]. Quippe unum et solum verum caput, quod est Christus, continet ac connectit unumquodque cum altero ad concordiam. Apud quos vero non exstat concordia, non vinculum pacis [29] servatur, non in spiritu lenitas [30] custoditur : imo vero dissidium, lis et æmulatio reperitur. Magnæ quidem audaciæ ac temeritatis fuerit eos qui sunt ejusmodi, membra Christi appellare, aut dicere ipsos ab eo regi : sed ingenui animi fuerit fidenter affirmare, illic dominari ac regnare carnis affectum juxta hanc Apostoli vocem, qui modo decretorio ait : *Cui exhibetis vos servos ad obediendum, servi estis ejus cui obeditis* [31]. Recenset autem perspicue hujusce affectus proprietates, cum sic loquitur : *Cum enim sint inter vos zelus et contentio, et dissidia, nonne carnales estis* [32]? Simulque horum vitiorum exitum gravem esse, nihilque ipsis esse cum pietate commune asseveranter docet, his verbis : *Affectus carnis, inimicitia est adversus Deum : legi enim Dei non est subjecta : nec enim potest* [32*]. Idcirco *Nemo*, inquit Dominus, *potest duobus dominis servire* [33].

4. Deinde cum ipse unigenitus Dei Filius Dominus et Deus noster Jesus Christus, per quem omnia facta sunt [34], clamet : *Descendi de cœlo, non ut faciam voluntatem meam, sed voluntatem ejus qui misit me Patris* [35]; et : *A me ipso facio nihil* [35]; et : *Mandatum accepi quid dicam, et quid loquar* [36] : itemque cum Spiritus sanctus magna dona et admiranda distribuat, ac perficiat omnia in omnibus, nihilque a semetipso loquatur, sed quæcumque audierit a Domino, hæc loquatur [37]; quomodo, quæso, non longe magis necessarium est, ut uni-

[17] II Thess. II, 7. [18] Psal. XIII, 1. [19] ibid. [20] Rom. I, 28, 29. [21] II Cor. XIII, 3. [22] Matth. XIII, 13. [23] ibid. 15. [24] Psal. XII, 4. [25] Isa. I, 3. [26] I Cor. XII, 26. [27] ibid. 25. [28] I Cor. XII, 27. [29] Ephes. IV, 3. [30] Galat. IV, 4. [31] Rom. VI, 16. [32] I Cor. III, 3. [32*] Rom. VIII, 7. [33] Matth. VI, 24. [34] Joan. I, 3. [35] Joan. VI, 38. [35] Joan. VIII, 28. [36] Joan. XII, 49. [37] Joan. XVI, 13.

versa Dei Ecclesia, in pacis vinculo spiritus unitatem diligenter servare studens [38], compleat quod in Actis dictum est : *Multitudinis credentium erat cor unum, et anima una* [39]? Nemo enim caius ii sius voluntatem proponebat faciendam, sed omnes simul in uno sancto Spiritu quærebant voluntatem solius Domini Jesu Christi, qui ait : *Descendi de cœlo, non ut faciam voluntatem meam, sed voluntatem ejus qui misit me, Patris* [40] ; ad quem dicit : *Non pro eis autem rogo tantum, sed et pro eis qui credunt per verbum eorum in me, ut omnes unum sint* [41]. Cum ita demum ex his, et ex **217** pluribus, quæ silentio prætermisi, mihi clare et evidenter persuasissem concordiam in tota simul Ecclesia Dei necessariam esse, juxta Christi voluntatem, in sancto Spiritu, contraque, contumaciam quæ in Deum est, maxime si mutuo dissidio conjungatur, periculosam esse et perniciosam (*Qui enim*, inquit, *contumax est in Filium, non videbit vitam, sed ira Dei manebit super ipsum* [42]) : illud consequens esse duxi, ut tandem expenderem quænam peccata veniam apud Deum obtinere possint, et ob quæ et ob qualia delicta fiat quis contumaciæ judicio obnoxius. Relectis igitur Scripturis divinis, reperio in Veteri ac Novo Testamento, neque in multitudine neque in magnitudine peccatorum, sed in una tantummodo cujuscumque tandem præcepti violatione, contumaciam adversus Deum clare judicari, communemque sententiam a Deo ferri in omnem inobedientiam (1). Atque in Veteri quidem lego horrendum illum ipsius Achar exitum [43], aut ejus qui Sabbato ligna collegerat historiam [44] : quorum neuter unquam alias deprehenditur in Deum peccasse, aut homini ulli ulla in re sive magna sive parva injuriam fecisse. Sed tamen alter quidem ob solam ac primam lignorum collectionem inevitabiles pœnas luit, ne pœnitentiæ quidem invento loco, quandoquidem Dei jussa confestim a cuncto populo lapidibus obruitur : alter vero, quod solum sustulisset aliquid ex donariis et muneribus, iisque nondum in synagogam exportatis, necdum ab iis qui ad talia recipienda destinabantur, assumptis, non sibi modo, sed uxori etiam et liberis exitii atque perniciei auctor fuit, prætereaque et ipsi tabernaculo una cum suis omnibus. Jamque peccati vindicta ignis in modum populum omnem populatura erat, idque cum neque rem nosset, neque peccanti conscius esset, nisi statim populus, qui divinam iram senserat, fuisset contritus ob interfectorum virorum cladem, et nisi Jesus Nave filius pulvere conspersus procidisset una cum senioribus, sicque reus per sortem deprehensus, eas quas dixi pœnas dedisset.

5. At fortasse dicet quispiam, de his quidem existimari merito posse, ipsos aliis etiam sceleribus fuisse obstrictos, ob quæ et in illis deprehensi sint : sed tamen sacram Scripturam de his solis tanquam gravioribus morteque dignis mentionem fecisse. Sed præterquam quod valde audax est et temerarius quisquis sacris Scripturis adjicit aliquid aut demit, nunquid, quæso, et Mariam Moysis sororem, cujus virtutem nemini fidelium incognitam esse arbitror, de multitudine peccatorum accusabit? Hæc cum solum aliquid contra Moysen improbando dixisset, idque ipsum vere (*Uxorem enim*, inquit, *Æthiopissam sibi adjunxit* [45]), tantam experta est Dei indignationem, ut ne ipso quidem Moyse precante peccati pœna sibi remitteretur. Cum video ipsum Moysen, **218** Dei famulum, magnum illum virum, tot ac tantis honoribus a Deo insignitum, et sæpe ipsius testimonio ita comprobatum, ut audierit : *Novi te præ omnibus, et invenisti gratiam coram me* [46] : cum igitur hunc video in contradictionis aqua ob nullam aliam rem, nisi quod tantummodo populo ob aquæ penuriam murmuranti dixerat : *Num ex hac petra educemus vobis aquam* [47]? hac sola de causa eam comminationem statim sibi ascivisse, fore ut non ingrederetur in terram promissionis, quæ omnium, quæ Judæis promissa fuerant, tunc summa erat : cum video hunc rogantem, et veniam non obtinentem : cum video pauca illa verba in causa fuisse, cur tot ac tanta recte facta veniam non meruerint, ut plane, juxta Apostolum, severitatem Dei [48] cerno, ita persuadeo mihi plane verum esse illud : *Si justus vix salvus efficitur, impius et peccator ubi parebit* [49]? Et quid hæc commemoro? Cum horrendam illam Dei sententiam audio, quæ in eum etiam qui ex ignorantia præceptum unum violat, pronuntiata est, non habeo quomodo pro merito illius magnitudinem extimescam. Scriptum est enim : *Et anima si peccaverit et fecerit unum ex omnibus præceptis Domini, quæ non oportet fieri, et non agnoverit, et deliquerit, et acceperit peccatum, afferet arietem immaculatum de ovibus pretio argenti ob delictum ad sacerdotem. Et exorabit pro eo sacerdos propter ejus ignorantiam, quam ignoravit, et ipse non scivit, et remittetur illi. Deliquit enim delictum coram Domino* [50]. Quod si adversus delicta quæ ex ignorantia committuntur, judicium profertur tam severum, ad eaque expianda necessarium est sacrificium, quod et justus Job pro filiis obtulisse se testatur [51], ecquid dixerit quis de iis qui scientes delinquunt, aut de his qui, dum illi peccant, silentium agunt? Et ne indignationem, quæ contra istiusmodi homines commovetur, ex solis conjecturis verisimilibus colligere videamur, rursus divinæ Scripturæ necesse est meminisse, cum vel

[38] Ephes. iv, 3. [39] Act. iv, 52. [40] Joan. vi, 38. [41] Joan. xvii, 20. [42] Joan. iii, 36. [43] Jos. vii, 19-24. [44] Num. xv, 32 sqq. [45] Num. xii, 1. [46] Exod. xxxiii, 12. [47] Num. xx, 10. [48] Rom. xi, 22. [49] I Petr. iv, 18. [50] Levit. v, 17-19. [51] Job i, 5.

(1) Hoc videtur dicere Basilius : Necesse non esse peccata aut multa aut magna patrari, ut quis dicatur inobsequens : sed satis esse, si vel unum præceptum violetur.

unius historiæ narratione talium judicium ob oculos ponere possit. *Et filii,* inquit, *Heli sacerdotis, filii pestilentes* [53]. Cum autem tales essent, propterea quod pater in hos vehementius non inveheretur, tanta ira Dei lenitatem incendit, ut, alienigenis irruptionem facientibus, illi ipsi ejus filii una die in bello interficerentur, superareturque universus populus, non paucis ex eo cadentibus, imo etiam, circa arcam sancti fœderis Dei fierent, quæ ne audita quidem unquam antea fuerant : sic ut arca quam neque Israelitis, neque ipsis sacerdotibus omnibus, neque quovis tempore contingere licebat, quæque non in quovis loco asservabatur, alio aliunde exportata sit ab impiis manibus, et sedis sanctæ loco in simulacrorum delubris collocata fuerit. Ex quibus conjectare fas est, quanto risui ludibrioque ipsum etiam Dei nomen alienigenæ illi habuerint. Adhæc litteris proditum est et ipsum Heli miserrimo exitu vitam finisse, postquam hanc comminationem audivisset, fore ut semen ipsius e sacerdotali dignitate submoveretur : quod et contigit.

6. Tot et tanta acciderunt populo. Talia pertulit pater ob filiorum iniquitatem, qui tamen ob suos ipsius mores nullo unquam crimine accusatus est. Imo etiam neque illorum flagitia tacitus sustinuit : sed multum admonuerat, ut ne amplius in ejusmodi peccatis perseverarent. Aiebat enim : *Absit, filii : non sunt boni rumores quos audio de vobis* [53]. Atque etiam magnitudinem sceleris exaggerans, periculum formidabilius ipsis ob oculos ponebat. *Si enim,* inquit, *peccans peccaverit homo in hominem, orabunt pro eo ad Dominum. Si vero in Deum peccaverit, quis orabit pro ipso* [54]? Quoniam tamen, ut dixi, id, quod par erat, animi studium in ipsos non ostendit, evenerunt quæ memoravimus. Ejus quidem generis judicia plurima in Veteri Testamento adversus omnem inobedientiam reperio ; cum vero rursus ad Novum devenio, in quo Dominus noster Jesus Christus ne delicta quidem per ignorantiam admissa a pœna exsolvit, sed ita tamen, ut adversus ea quæ scienter patrata sunt, minas majores intendat, his verbis : *Ille autem servus, qui cognovit voluntatem domini sui, et non præparavit seipsum, neque fecit secundum voluntatem ejus, vapulabit multis : qui autem non cognovit, et fecit digna plagis, vapulabit paucis* [55]. Quoties igitur ejusmodi sententias ipsius unigeniti Dei Filii considero, et sanctorum apostolorum adversus peccantes indignationem contemplor ; cumque eorum qui vel unum quodvis peccatum commisere, calamitates considero, easque tales ac tantas, et quæ minores non sunt quam illæ quas ex Veteri retuli, imo potius majores, tum judicii severitatem intelligo. Nam *cui commendarant multum, plus petent ab eo* [56]. Ecce igitur et jam beatus Paulus et vocationis dignitatem et suam in omne peccatum indignationem ostendens simul, qualia dicit : *Nam arma militiæ nostræ non carnalia sunt, sed potentia Deo ad destructionem munitionum, consilia destruentes, et omnem altitudinem extollentem se adversus scientiam Dei, et in captivitatem redigentes omnem intellectum in obsequium Christi : non autem id solum, sed et in promptu habentes ulcisci omnem inobedientiam* [57]. Ubi si quis singula quæ dicta fuere, expendat diligentius, mentem divinæ Scripturæ accuratius nosse poterit, eam videlicet nequaquam permisisse, ut cujusque nostrum anima falsarum quarumdam opinionum erroribus huc illuc errans in peccati lubricum laberetur, quod aliqua quidem peccata puniri, aliqua vero impunita relinqui existimaret. Sed quid dicit? *Consilia destruentes, et omnem altitudinem extollentem se adversus scientiam Dei,* quasi omne peccatum ob divini præcepti contemptum altitudo appelletur extollens se adversus scientiam Dei : quod et in Numerorum libro clarius declaratur. Cum enim, peccatis quæ voluntaria non sunt enumeratis, sacrificiisque ad hæc expianda constitutis, jam et de voluntariis idoneas leges populo sancire Deus vellet, sic incipit : *Et anima quæ faciet in manu superbiæ* (audaciam eorum qui voluntarie peccant, manum vocans superbiæ : quod Apostolus *altitudinem* appellat *extollentem se adversus scientiam Dei*), *anima igitur,* inquit, *quæ faciet in manu superbiæ, sive indigena, sive advena fuerit ille, hic Deum exasperabit, et exterminabitur anima illa e medio populi sui. Quoniam verbum Domini contempsit, et mandata ipsius dissipavit : extritione exteretur anima illa : peccatum ipsius in ipsa* [58].

7. Hic illud observandum, quod, nisi extritione extrita fuerit anima illa, peccatum ejus non in ea solum manet, sed ad eos etiam qui bonam æmulationem non ostenderunt, permanat : sicut scriptum est multis locis, sæpeque factitatum. Et ut ex minoribus metuere in majoribus discamus, quali indignatione in Deuteronomio moveatur adversus eos qui sacerdotis vel judicis dicto audientes non fuerint, consideremus. Ait igitur : *Et homo, qui fecerit in superbia, ita ut non obediat sacerdoti assistenti ad ministrandum in nomine Domini Dei tui, vel judici, quicunque fuerit in diebus illis, et morietur homo ille, et auferes malum ex Israel. Et omnis populus qui audierit, timebit, et impie non agent ultra* [59]. Ad quæ respicere par est, quo quis, pro rei dignitate commotus, horrore majori corripiatur. Deinde dicit : *Et in captivitatem redigentes omnem intellectum in obsequium Christi. Omnem intellectum,* non hunc, aut illum. *Et in promptu habentes ulcisci ;* et hic rursus non hanc, aut illam, sed *Omnem inobedientiam.* Profecto dece-

---

[53] I Reg. ii, 12. [53] I Reg. ii, 24. [54] ibid. 25. [55] Luc. xii, 47, 48. [56] ibid. 48. [57] II Cor. x, 4-6. [58] Num. xv, 30, 31. [59] Deut. xvii, 12, 13.

pit nos pessima consuetudo: profecto magnorum malorum nobis causa exstitit perversa hominum traditio, quæ videlicet, vitalis aliquibus peccatis, alia indifferenter admiserit, quæque dum se in aliqua quidem vehementer indignari simulat, velut in homicidium, adulteriumque, et in alia generis ejusdem, aliqua vero ne simplici quidem objurgatione digna judicat, velut iram, aut convicium, aut temulentiam, aut avaritiam, et si qua sunt his similia, adversus quæ omnia etiam alibi Paulus in Christo loquens eamdem sententiam protulit, cum dixit: *Qui talia agunt, digni sunt morte*⁶⁰⁻⁶⁵. Ubi vero omnis altitudo, quæ se adversus Dei scientiam extollit, destruitur, omnisque intellectus captivus ducitur ad obediendum Christo, et omnis inobedientia æqualiter punitur (1), ibi nihil superest non destructum, nihil remittitur non punitum, nihil a Christi obedientia exclusum relinquitur. Communem enim et maximam impietatem in omni inobedientia sitam esse apostolus Paulus declaravit, his verbis: *Qui in lege gloriaris, per prævaricationem legis Deum inhonoras* ⁶⁶. Sed nunquid verba hæc sunt solum sine re? Ecce igitur qui in Corintho uxorem patris habebat, qui cum, hoc uno excepto, nullius alterius flagitii insimularetur, tamen non solum ipse traditur Satanæ ad carnis interitum, donec dignis pœnitentiæ fructibus emendasset peccatum, sed universam 221 simul Ecclesiam, quod id scelus ulta non esset, consciam ejusdem criminis effecit ⁶⁷. *Quid vultis? In virga veniam ad vos* ⁶⁸? Et paulo post: *Et vos inflati estis, et non magis luctum habuistis, ut tollatur de medio vestrum qui hoc opus fecit* ⁶⁹. Quid vero Ananias ille, cujus mentio est in Actis ⁷⁰? Quodnam aliud malum perpetrasse inveniter, præter illud ipsum? Ubi igitur apparet, ipsam iram tanta dignum fuisse? Divenditis suis facultatibus, attulit pecunias, easque ante apostolorum pedes deposuit: sed tamen, quod aliquam pretii partem seposuisset, propterea eadem hora una cum uxore morte plectitur, ne dignus quidem habitus qui de agenda ob admissum peccatum pœnitentia quidquam audiret, non qui saltem obtineret tempus, quo ob scelus compungi posset, non qui præfinitum spatium acciperet ad agendam pœnitentiam. Porro talis ac tanti judicii exactor, tantæque Dei in peccantem iræ minister beatus ille Petrus, omnibus discipulis prælatus, cui soli majora data quam aliis sunt testimonia, qui prædicatus est beatus, cui claves regni cœlorum concreditæ sunt, cum audit a Domino: *Si non lavero te, non habes partem mecum* ⁷¹, quale cor, quæso, et quantumvis lapideum ad metum timoremque judiciorum Dei non inducet? præsertim cum nullius flagitii, nulliusve contemptus significationem ullam dedisset, imo potius egregio honore Dominum affecisset suum; eumdemque esset reveritus ita, ut servum ac discipulum decebat. Cum enim vidisset suum et universorum Deum ac Dominum, et regem, et herum, et magistrum, et Servatorem, simulque omnia, in ministri habitu linteo cinctum, et pedes ipsius lavare volentem, mox indignitatis suæ quasi conscius, et ob accedentis dignitatem attonitus, exclamavit: *Domine, tu mihi lavas pedes* ⁷²? Et iterum: *Non lavabis mihi pedes in æternum* ⁷³. Hac de causa tantæ ei intenduntur minæ, ut, nisi rursus cognita verborum Domini veritate, contradictionem hanc per obedientiam correxisset, non ejus recte facta præterita, non virtutes quibus præditus erat, non Domini testimonia beatum eum ac fortunatum prædicantia, non dona, non promissa, neque ipsa revelatio ejus benevolentiæ talis ac tantæ, quam in unigenitum Filium Deus et Pater habebat, hanc inobedientiam contumaciamque sanare potuisset.

8. Sed si omnia recensere volo quæ in Veteri ac Novo Testamento nanciscor, fortasse narrantem me tempus deficiet. Jam vero cum et ad ipsas Domini nostri Jesu Christi, quæ in Evangelio sunt, voces devenio, et ipsius illius qui judicaturus est vivos et mortuos, verba attendo, quibus major auctoritas tribuitur a fidelibus, quam cuivis historiæ, aut alii cuivis argumento, magnam quidem in eis, ut ita dicam, necessitatem intueor Deo in omnibus obediendi: sed nullam omnino, quod ad præcepta attinet, veniam 222 relinqui reperio non pœnitentibus ad inobedientiam expiandam, nisi si quid aliud contra tam apertas clarasque et absolutas sententias audiendum sit, aut vel ipsa etiam cogitatione comminiscendum. *Cælum*, inquit, *et terra transibunt, verba autem mea non præteribunt*⁷⁴. Nullum est hoc loco discrimen, nulla distinctio, nihil usquam omnino relictum est. Non dixit: Hæc aut illa, sed, *Verba mea*, omnia simul videlicet, *non præteribunt*. Scriptum est enim: *Fidelis Dominus in omnibus verbis suis* ⁷⁵: sive vetet quidvis, sive præcipiat, sive promittat, sive minetur, sive quæ interdicta sunt, agantur, sive quæ jussa sunt, omittantur. Etenim id quod mox de Petro retuli judicium fuerit ad hoc satis animæ non omnino incredulitatis morbo laboranti, ut bonorum operum prætermissionem perinde atque malorum perpetrationem puniri compertum habeat ac persuasum: qui cum nihil quod vetitum esset fecisset, nullumque hujusmodi præceptum prætermisisset, quod prætermittentis aut segnitiem argueret aut contemptum, sed ministerium Domini honoremque ab eo delatum re-

---

⁶⁰⁻⁶⁵ Rom. I, 32. ⁶⁶ Rom. II, 2. ⁶⁷ I Cor. v, 1-5. ⁶⁸ I Cor. IV, 21. ⁶⁹ I Cor. v, 21. ⁷⁰ Act. v, 1-11. ⁷¹ Joan. XIII, 8. ⁷² ibid. 6. ⁷³ ibid. 8. ⁷⁴ Matth. XXIV, 35. ⁷⁵ Psal. CXLIV, 13.

(1) Quod ait Basilius, inobedientiam omnem ex æquo plecti, non ita intelligendum est, ut idem plane supplicium de omni inobedientia sumatur: sed sic, ut inobedientia omnis, nulla excepta, plectatur; etiamsi alia, peccati habita ratione, aut gravius mulctetur, aut levius.

excussset reverentiæ duntaxat causa, tamen ejusmodi comminationem audivit, quam vitare non potuisset, nisi, ut jam dictum est celeri ac vehementi emendatione iram prævertisset. Quoniam tamen libuit benigno ac misericordi Deo patienter nobiscum ac leniter agere, sæpeque et multis exemplis idipsum nobis commonstrare, ut animus multitudine atque assiduitate vix tandem aliquando commotus et excitatus, dictinam iniquitatis consuetudinem delere posset, nunc eorum duntaxat facienda mentio est, qui in magna ac horrenda judicii die ad Domini nostri Jesu Christi lævam stabunt : quibus dicturus est is, qui omni judicandi potestate a Patre accepta, venit illuminaturus abscondita tenebrarum, consiliaque cordium patefacturus : *Discedite a me, maledicti, in ignem æternum, qui paratus est diabolo et angelis ejus*[76]. Quin et causam subjunxit, nequaquam dicens : Quia occidistis, aut fornicati estis, aut mendacium dixistis, aut cuipiam intulistis injuriam, aut aliud quidquam saltem minutissimum ex iis quæ prohibita sunt, fecistis : sed quid ? Quoniam bona opera neglexistis. *Esurivi enim*, inquit, *et non dedistis mihi manducare : sitivi, et non dedistis mihi potum : hospes eram, et non collegistis me : nudus, et non cooperuistis me : infirmus et in carcere, et non visitastis me*[77]. Illi benignissimi Dei gratia, *qui vult omnes homines salvos fieri, et ad veritatis agnitionem pervenire*[78], docetque hominem scientiam, animadverti hæc atque id genus alia in divinis Scripturis, ubi hujus dissensionis qua multi a se invicem et a Domini nostri Jesu Christi præceptis dissident, causam admodum horrendam novi, ubi formidandum illud judicium quod contra tantam iniquitatem proferendum est, edoctus sum, ubi inobedientiam quamlibet, qua omne Dei judicium violatur, æqualiter plecti didici; itemque **223** gnarus et metuendi illius judicii, quod in eos pronuntietur qui cum ipsi non peccassent, tamen quod studium bonum in peccantes non ostendissent, iræ facti sunt participes, idque, cum sæpe admissi peccati ne conscii quidem essent; necessarium duxi, etsi sero, quod semper exspectarem eos, qui idem pietatis certamen suscepissent, nec tantum haberem fiduciæ in me uno, forte tamen non in empestive, ut eos commonefaciam, qui se in hoc pietatis certamine exercent, necessarium igitur putavi, nunc saltem pro viribus secundum omnium communia vota ex divinis Scripturis proferre quæ displicent Deo et in quibus delectatur : ut per Domini nostri Jesu Christi gratiam et Spiritus sancti doctrinam secedentes, tam a voluntatem nostrarum consuetudine, quam ab humanarum traditionum observatione, ambulantes vero juxta Evangelium beati Dei Jesu Christi Domini nostri, sicque hoc tempore viventes ut ei placeamus. partim iis quæ prohibentur rebus studiosius vitandis, partim iis, quæ approbantur, diligentius exsequendis, digni habeamur qui in futuro immortalitatis sæculo iram fugiamus in contumaciæ filios venturam, talesque exsistamus, qui æternam vitam et cœleste regnum mereamur, quod a Domino Jesu Christo promissum est omnibus *Custodientibus testamentum ejus, et memoria retinentibus mandata ejus, ut faciant ea*[79]. Et quoniam memini Apostoli, qui dicit : *In Christo Jesu neque circumcisio aliquid valet, neque præputium : sed fides quæ per charitatem operatur*[80]; consequens simul ac necessarium existimavi, ut sanam fidem ac piam de Patre et Filio et Spiritu sancto sententiam prius exponerem, et ita demum moralia attexerem.

EJUSDEM DE FIDE.

1. Dei optimi gratia cum mihi innotuisset vestræ pietatis mandatum, idque dignum vestra ista in Christo erga Deum dilectione, quo piæ fidei confessionem litteris consignatam a nobis petivistis, primum quidem tenuitatis atque infirmitatis meæ conscios respondere veritus sum : sed simul atque memini Apostoli, qui dixit : *Supportantes invicem in charitate*[81]; et rursus : *Corde enim creditur ad justitiam : ore autem confessio fit ad salutem*[81]; rem periculosam duxi, si vobis morem non gererem, silentioque salutarem confessionem præterirem, fiduciam habens per Christum in Deo, sicut scriptum est : *Non quod sufficientes simus cogitare aliquid a nobis, quasi ex nobis : sed sufficientia nostra ex Deo est*[83], qui tum quidem illos, nunc vero nos etiam, idque propter vos, idoneos effecit ut ministri essemus Novi Testamenti, non litteræ, sed spiritus[84]. Id autem fidelis ministri proprium esse scitis utique et vos ipsi, nimirum ut quæ conservis suis dispensanda a benigno Domino acceperit, eadem pura et sincera ipsis servet. Quocirca ego quoque, quæ ex divina Scriptura didici, ea ad communem utilitatem ita, ut Deo placet, apponere decreo. Etenim si ipse **224** Dominus, in quo bene complacitum est Patri, *In quo sunt omnes thesauri sapientiæ et scientiæ absconditi*[85], qui a Patre accepta potestate omni, omnique judicio, ait : *Mandatum dedit mihi, quid dicam, et quid loquar*[86]; et iterum : *Quæ ergo ego loquor, sicut dixit mihi Pater, sic loquor*[87]; item si Spiritus sanctus a seipso non loquitur, sed quæcunque audierit ab eo, hæc loquitur[88]; quanto potiori jure id in nomine Domini nostri Jesu Christi sentire et facere pium simul et securum nobis fuerit? Dum igitur adversus hæreses vario tempore exortas pugnandum esset, majorum exempla secutus, consequens esse existimavi, ut ejus quæ a diabolo seritur in pietatis habita ratione, ea quæ inducuntur blasphemiæ vocibulis contrariis cohiberem, aut etiam everterem : et aliis atque aliis verbis prout ægrotantium utilitas cogebat, uterer,

---

[76] Matth. xxv, 41. [77] ibid. 42. 43. [78] I Tim. ii, 4. [79] Psal. cii, 18. [80] Galat. v, 6. [81] Ephes. iv, 2. [82] Rom. x, 10. [83] II Cor. iii, 5. [84] ibid. 6. [85] Coloss. ii, 3. [86] Joan. xii, 49. [87] ibid. 50. [88] Joan. xvi, 13.

quæ etiamsi sæpe scripta non invenirentur, tamen a pio Scripturæ sensu non abhorrebant: quod Apostolus quoque non raro fecit, qui Græcorum verbis congruenter suo proposito convenienterque uti non fastidivit. Nunc autem communi scopo tam nostro quam vestro convenire putavi, si in sanæ fidei simplicitate sequerer vestræ istius in Christo dilectionis mandatum, eaque dicerem quæ a sacra Scriptura accepissem, sed sic, ut parcus sim in illis nominibus et verbis usurpand,s, quæ ipsis litteris et syllabis in divina Scriptura non reperiuntur, tametsi eam quam Scriptura præfert sententiam servant: quæ vero præter dictionis novitatem novum etiam et peregrinum sensum nobis exhibent, quæque non inveniuntur usurpata a sanctis, ea uti peregrina et a pia fide aliena omnino averser. Est igitur fides assensus haud hæsitans super iis quæ audita sunt, veritatem eorum quæ Dei munere prædicata sunt, persuasissimam habens: quam fidem ostendit Abraham hoc testimonio laudatus: *Non hæsitavit diffidentia, sed confortatus est fide, dans gloriam Deo: imo plenissime sciens quod is qui promisit, potens est et facere*[89]. Quod si *Fidelis est Dominus in omnibus verbis suis*[90], *Fidelia etiam omnia mandata ejus, confirmata in sæculum sæculi, facta in veritate et æquitate*[91], manifestus a fide lapsus est ac superbiæ crimen, si quis aut quidquam eorum quæ scripta sunt reprobet, aut aliquid ex iis quæ scriptis mandata non sunt, introducat, cum Dominus noster Jesus Christus dicat: *Oves meæ vocem meam audiunt*[92]; et paulo ante dixerat: *Alienum autem non sequentur, sed fugient ab eo: quia non noverunt vocem alienorum*[93]: Apostolusque, sumpto ex hominibus exemplo, quidpiam in divinis Scripturis addere, aut demere vehementius vetet, his verbis: *Tamen hominis confirmatum testamentum nemo spernit, aut superordinat*[94].

2. Omnem itaque vocem ac sententiam a Domini **225** doctrina alienam sic nos semper et nunc fugere statuimus, cum scopus, qui, uti prius dixi, nunc nobis et vobis propositus est, ab argumentis illis, a quibus alias alia modo ad aliquid aut scribendum aut dicendum adducebamur, multum differat. Nam tunc quidem confutare hæresim, et diaboli insidias subvertere conabamur: nunc vero simpliciter fidem sanam confiteri ac declarare nobis proponimus. Itaque nunc nobis non idem congruit dicendi genus. Quemadmodum enim homo qui præliaturus est, et qui operam agriculturæ daturus, non eadem in manus instrumenta sumit (alia namque sunt instrumenta eorum qui in securitate res ad victum necessarias sibi ipsi labore parant, et aliæ sunt armaturæ eorum qui in bello ordinantur), sic qui in sana doctrina cohortatur, et qui contradicentes refutat, eodem dicendi genere non utatur. Aliud enim usurpatur dicendi genus ad refellendum, aliud ad exhortandum. Alia simplicitas eorum qui in pace pietatem confitentur, et alii sudores eorum qui se adversus falsæ scientiæ discrepantiam opponunt. Quamobrem nos quoque sic sermones nostros in judicio disponentes, ubique ea quæ ad custodiendam aut ædificandam fidem pertinent, modo apto atque consentaneo adhibeamus, sic ut modo iis qui diabolico artificio eam destruere nituntur, resistamus validius, modo vero iis qui in ipsa ædificari volunt, simplicius et familiarius ipsam expendamus, nihilque aliud peragamus quam quod ab Apostolo dictum est: *Ut sciatis quomodo oportea' vos unicuique respondere*[95]. Sed antequam deveniamus ad ipsam fidei confessionem, illud etiam merito observandum fuerit: Dei majestatem et gloriam, cum et sermone inexplicabilis sit ac mente incomprehensibilis, uno verbo aut una cogitatione neque declarari, neque intelligi posse, imo etiam eam a sacra Scriptura per plura verba nostro usu recepta, vix etiam iis qui puro corde sunt, veluti per speculum, obscure significari. Nam promissum est fore, ut facies ad faciem, et perfecta cognitio iis qui digni habiti fuerint, in futuro sæculo exhibenda sit: nunc vero sive Paulus quis sit, sive Petrus, videt quidem vere quæ videt, et non errat, neque imaginatione luditur, sed tamen per speculum et in ænigmate cernit, et quod nunc ex parte est[96], cum gratiarum actione suscipiens, quod perfectum est[97], in futuro ævo cum ingenti gaudio exspectat. Quod ita esse confirmat apostolus Paulus, qui suum sermonem tali quodam modo componit: Quemadmodum, *Cum essem parvulus*[98], prima eloquiorum Dei elementa recens edoctus, *loquebar ut parvulus, sapiebam ut parvulus, cogitabam ut parvulus:* **226** *cum vero vir factus sum*, et ad mensuram ætatis plenitudinis Christi[99] pervenire festino, *evacuavi quæ erant parvuli.* Atque in divinis Scripturis percipiendis ita profeci, et excellui, ut ea quæ in Judaico cultu habetur cognitio puerilis animi motibus sit comparanda, et contra notitia per Evangelium acquisita viro jam in omnibus perfecto conveniat. Sic et quod nunc in cognitione perfectum videtur, si cum futuri sæculi scientia iis qui digni exstiterint revelanda conferatur, exiguum quiddam est et obscurum usque adeo, ut magis a futuri sæculi claritate absit, quam visio per speculum et in ænigmate facta abest ab illa quæ facie ad faciem fit. Confirmant autem hoc et beati Petrus et Joannes, aliique Domini discipuli. Nam etiamsi in præsenti vita semper magis ac magis proveherentur ac proficerent, nihilominus tamen ipsi quoque incredibilem esse magnitudinem ejus scientiæ probant, quæ in futuro sæculo possidenda servatur. Qui postquam visi essent digni qui eligerentur a Domino, qui una cum ipso vitam degerent, qui illius essent apostoli, qui spiritualia dona

[89] Rom. iv, 21. [90] Psal. cxliv, 13. [91] Psal. cx, 8. [92] Joan. x, 27. [93] ibid. 5. [94] Galat. iii, 15.
[95] Coloss. iv, 6. [96] 1 Cor. xiii, 12. [97] ibid. 10. [98] ibid. 11. [99] Ephes. iv, 13.

acciperent : qui postquam audissent, *Vobis datum est nosse mysteria regni cœlorum*[1], post ejusmodi cognitionem, postquam aperta sibi essent quæ cæteris operta fuerant et occulta, tamen aliquanto post, adventante jam passione Domini, audiunt : *Adhuc multa habeo vobis dicere, sed non potestis portare modo*[2].

3. Ex his atque hujus generis aliis discimus, quantum sacra Scriptura novit immensitatem cognitionis, tantum humanam naturam in hac vita assequendis divinis mysteriis imparem esse, cum unusquisque semper magis ac magis proficiat, nec quisquam sit, qui unquam ad summum illud pertingat, donec venerit quod perfectum est, quando abolebitur quod ex parte est. Itaque ad omnes simul Dei glorias declarandas non sufficit nomen unum, nec singula omnino citra periculum assumuntur. Etenim si quis dixerit, *Deus*, ab eo non declaratus est *Pater* : cum vero dicitur *Pater*, huic nomini deest illud, *Conditor*. Rursus his quoque non adjungitur bonitas, sapientia, potestas, et reliqua quæ in sancta Scriptura reperiuntur. Rursus quoque si illud, *Pater*, cum integra ejus significatione, sicut apud nos est in usu, accipiamus in Deo, impie sentimus, cum affectum, semen genitale, ignorantiam, infirmitatem et ejusdem generis alia indicet. Similiter autem et de illo, *Conditor*, hoc idem dicendum est. Nam ejus nominis notio apud nos tempus, materiam, instrumenta adjumentaque requirit : a quibus omnibus, quantum homini fas est, puram esse oportet piam de Deo opinionem. Etsi enim mentes omnes conjungerentur ad perscrutandum, omnesque linguæ ad enuntiandum concurrerent, nemo tamen, ut dixi, hoc unquam pro rei merito assequi posset. Hanc autem sententiam luculenter nobis ob oculos ponit sapientissimus Salomon, cum ait : *Dixi : Sapiens efficiar : et ipsa elongata est a me longe ultra quam erat*[3] : non quod fugiat, sed quod ipsa iis maxime videtur esse incomprehensibilis, quibus per Dei gratiam cognitio major accessit. Quamobrem sacra Scriptura nominibus verbisque pluribus necessario utitur ad quamdam, eamque obscuram, divinæ gloriæ partem exprimendam. Nobis autem quod vos urgeatis, nec facultas est, nec otium omnia colligendi quæ ubique in divina Scriptura dicta sunt de Patre et Filio et de Spiritu sancto : sed tamen si pauca ex omnibus apponamus, ita conscientiæ vestræ satisfactum iri arbitramur, tum ut nostra sententia Scripturis innixa innotescat, tum ut vestra ipsorum aliorumque idem a nobis desiderantium persuasio constans fiat et certa. Ut enim multa unam sententiam piam esse nobis nuntiant, ita etiam æquus judex, opinor, pietatem in omnibus inesse ex paucis cognoscet.

4. Credimus igitur et confitemur unum solum verum et bonum Deum, et Patrem omnipotentem, ex quo omnia : Deum et Patrem Domini nostri et Dei Jesu Christi. Et unum unigenitum ipsius Filium Dominum et Deum nostrum Jesum Christum, solum verum, per quem omnia facta sunt[4], sive visibilia, sive invisibilia, et in quo omnia consistunt[5] : qui in principio erat apud Deum, et Deus erat[6], et post hæc, juxta Scripturam, in terra visus est, et cum hominibus conversatus est[7] : qui cum in forma Dei esset, non rapinam arbitratus est esse se æqualem Deo, sed semetipsum exinanivit : et per nativitatem ex Virgine, formam servi accipiens, et habitu inventus ut homo, omnia quæ in ipsum et de ipso scripta sunt, implevit, secundum Patris præceptum, factus obediens usque ad mortem, mortem autem crucis[8]. Et postquam tertia die resurrexisset a mortuis, secundum Scripturas[9], visus est sanctis suis discipulis, ac reliquis, sicut scriptum est. Et ascendit in cœlos, et sedet in dextra Patris, unde venturus est in consummatione hujus sæculi ad excitandos omnes, et ad reddendum unicuique juxta opus illius : quando justi quidem assumentur ad vitam æternam, et ad regnum cœlorum, peccatores vero addicentur sempiterno supplicio, *ubi vermis eorum non moritur, et ignis non exstinguitur*[10]. Et unum solum Spiritum sanctum Paracletum, in quo signati sumus in diem redemptionis[11], Spiritum veritatis, Spiritum adoptionis, in quo clamamus, Abba, Pater[12] : qui dividit et efficit dona quæ a Deo dantur, singulis prout vult ad utilitatem[13] : qui docet et suggerit omnia, quæcunque audierit a Filio[14] : qui bonus est, qui deducit ad omnem veritatem, omnesque credentes firmat et ad cognitionem certam, et ad accuratam confessionem, et ad cultum pium, et ad spiritualem et veram adorationem Dei Patris unigenitique ejus Filii Domini et Dei nostri Jesu Christi, et sui ipsius. Nomen autem quodlibet quamdam illius qui nominatur proprietatem nobis manifeste explicat; atque in unoquoque nominatorum omnino pie peculiares quædam proprietates considerantur, Pater quidem in proprietate Patris, Filius vero in proprietate Filii, sanctus autem Spiritus in sua ipsius proprietate. Neque Spiritus sanctus a seipso loquitur[15], neque Filius a semetipso facit quidquam[16] : et Pater quidem mittit Filium; Filius vero mittit Spiritum sanctum. Sic sentimus, sicque baptizamus in Trinitate consubstantiali juxta præceptum ipsius Domini nostri Jesu Christi, qui dixit : *Euntes docete omnes gentes, baptizantes eos in nomine Patris, et Filii, et Spiritus sancti : docentes eos servare omnia quæcunque mandavi vobis*[17]. Quæ si servaverimus, dilectionem in eum nostram ostendimus, atque, uti scriptum est, digni

---

[1] Matth. xiii, 11. [2] Joan. xvi, 12. [3] Eccle. vii, 24. [4] Joan. i, 3. [5] Coloss. i, 17. [6] Joan. i, 1. [7] Baruch. iii, 38. [8] Philipp. ii, 6 8. [9] 1 Cor. xv, 4. [10] Marc. ix, 43. [11] Ephes. iv, 30. [12] Rom. viii, 15. [13] 1 Cor. xii, 11. [14] Joan. xiv, 26. [15] Joan. xvi, 13. [16] Joan. viii, 28. [17] Matth. xxviii, 19, 20.

efficimur qui in ea maneamus[13] : si vero ea non servemus, ita aliter affecti redarguimur. *Qui enim non diligit me,* inquit Dominus, *sermones meos non servat*[14]. Et rursus : *Qui habet mandata mea et servat ea : ille est qui diligit me*[15].

5. Miror autem valde admodum, quod cum ipse Dominus noster Jesus Christus dicat : *Nolite gaudere, quia daemonia vobis subjiciuntur : gaudete autem, quod nomina vestra scripta sunt in coelis*[16] ; et iterum : *In hoc cognoscent omnes quia discipuli mei estis, si dilectionem habueritis ad invicem*[17] ; unde Apostolus in omnibus charitatis necessitatem exhibet ac testatur, dicens : *Si linguis hominum loquar, et angelorum, charitatem autem non habeam, factus sum velut aes sonans, aut cymbalum tinniens : et si habuero prophetiam, et noverim mysteria omnia, et omnem scientiam ; et si habuero omnem fidem, ita ut montes transferam, charitatem autem non habuero, nihil sum*[18] ; et paulo post : *Sive autem prophetiae evacuabuntur, sive linguae cessabunt, sive scientia destruetur*[19], et caetera, quibus subjungit : *Nunc autem manet fides, spes, charitas, tria haec; major autem horum est chari as*[20] ; cum igitur haec et talia a Domino et ab Apostolo statuantur, miror, inquam, quomodo homines res destruendas et cessaturas tanto studio et affectu prosequantur; quomodo vero ea quae manent, et praesertim charitatem omnium maximam, quae Christianum suo proprio charactere constituit, non modo ipsi nullo modo curent, sed etiam curantibus adversentur, et dum adversus eos pugnant, implent quod dictum est, videlicet neque ipsi ingrediuntur, imo ingredientes ingressu prohibent[21]. Quapropter adhortor vos et rogo, ut missa curiosa inquisitione, relictaque indecenti verborum contentione, iis quae a sanctis et ab ipso Domino dicta sunt, contenti sitis, eaque quae coelestem vocationem deceant, sentiatis, et vitam agatis Christi Evangelio dignam, ob exspectationem vitae aeternae regnique coelestis : quod paratum est omnibus servantibus mandata Dei et Patris, quae sunt secundum Evangelium beati Dei Jesu Christi Domini nostri, in Spiritu sancto, et veritate. De his a vestra pietate admoniti necesse esse et officio nostro **229** convenire duximus, haec tandem indicare, nostramque sententiam vobis et per vos aliis in Christo fratribus manifestam reddere, ad omnem vestram ipsorumque dubitationem in nomine Domini nostri Jesu Christi penitus tollendam ; ne aliquorum mens ullo modo circumferatur ob diversitatem eorum, quae alias alio modo exposita a nobis sunt, videlicet semper nos iis quae a veritatis oppugnatoribus afferebantur argumentis resistere cogebamur : neve impugnatio eorum qui nobis aliena tribuere volunt, aut qui etiam saepenumero, ut simpliciores ad se pertrahant, suos ipsorum errores contra nostram sententiam nobis affingunt, quemquam commoveat : a quibus etiam vos, ut ab hominibus ab evangelica et apostolica fide atque charitate alienis, necessario cavere debetis, ac meminisse Apostoli, qui dixit : *Sed licet nos, aut angelus de caelo evangelizet vobis praeterquam quod evangelizavimus vobis, anathema sit*[22] : ut custodientes et illud, *Attendite a falsis prophetis*[23] : item illud : *Ut subtrahatis vos ab omni fratre ambulante inordinate, et non secundum traditionem, quam acceperunt a nobis*[24], ex sanctorum institutis incedamus, tanquam *superaedificati super fundamentum apostolorum et prophetarum, summo angulari lapide ipso Domino nostro Jesu Christo, in quo omnis aedificatio constructa crescit in templum sanctum in Domino*[25]. *Deus autem pacis sanctificet vos totos, et integer vester spiritus, et anima, et corpus citra reprehensionem in adventu Domini nostri Jesu Christi servetur. Fidelis est Deus qui vocavit vos : qui etiam faciet*[26], si modo mandata ejus servemus, gratia Christi in Spiritu sancto.

6. Cum de his quae ad sanam fidem pertinent satis pro tempore in superioribus a nobis dictum fuisse putemus, jam moralia, quae promisimus, in nomine Domini nostri Jesu Christi tradere conemur. Quaecunque igitur hactenus sparsim in Novo Testamento aut interdicta aut approbata invenimus, ea pro nostra virili parte in regulas quasdam compendiarias, quo facilius a quovis intelligerentur, colligere curavimus, apposito ad singulas regulas numero etiam capitum Scripturae, quae in qualibet regula contineantur; sive ex Evangelio sumpta sint, sive ex Apostolo, Actisve : ut qui regulam legerit, numerumque ei appositum viderit, verbi gratia, primum aut secundum, deinde Scripturam ipsam sumpserit in manus, et praedicti numeri caput investigaverit, ita demum testimonium ex quo regula confecta est, inveniat. Volebam quidem primum, ea etiam quae ex Veteri Testamento proferuntur, cum singulis Novi Testamenti auctoritatibus respondeant, regulis illis adjungere : sed cum necessitas urgeret, nostris **230** in Christo fratribus jampridem sibi promissa nunc maxime a nobis majorem in modum exigentibus, memini illius, qui dixit : *Da sapienti occasionem, et sapientior erit*[27]. Quamobrem si cui libuerit, sufficienti occasione ex iis quae apponuntur testimoniis abrepta, Vetus Testamentum assumere potest, atque per seipsum omnium divinarum Scripturarum concordiam ac consensum cognoscere, praesertim cum credentibus, nihilque de veritate verborum Domini dubitantibus satis sit vel unica dictio. Quare etiam satis esse duxi, si non omnia, quae in Novo Testamento reperiuntur, sed pauca ex omnibus apponerem.

---

[13] Joan. xv, 10. [14] Joan. xiv, 24. [15] ibid. 21. [16] Luc. x, 20. [17] Joan. xiii, 35. [18] I Cor. xiii, 1, 2. [19] ibid. 8. [20] ibid. 13. [21] Luc. xi, 52. [22] Galat. i, 8. [23] Matth. vii, 15. [24] II Thess. iii, 6. [25] Ephes. ii, 20. [26] I Thess. v, 23, 24. [27] Prov. ix, 9.

INDEX MORALIUM.

1. De pœnitentia, et quod sit tempus idoneum ad pœnitentiam, deque proprietatibus, et fructibus ipsius.
2. De eo quod qui a Deo inire gratiam studeat, ejus studium esse sincerum debet, atque ab omni penitus rei contrariæ admistione vacuum.
3. De charitate erga Deum, et quomodo ea vere cognoscitur.
4. Qui sit honor erga Deum, et quæ item contumelia.
5. De charitate mutua, et proprietatibus ipsius.
6. Quod in confessione Dei, et Christi ejus, fidenter fortiterque agendum sit.
7. Quod non sit satis ad salutem confessio Domini, facientibus contra mandata ejus.
8. De fide et summa auctoritate ac certitudine verborum Domini.
9. De cognitione sive scientia ignorationeque rerum ad officium nostrum pertinentium.
10. Quis sit finis peccati, quisve item præcepti Dei.
11. De judiciis Dei, et quantopere ea sint metuenda.
12. De improbatione et impugnatione aut contradictione, vel obedientia et observatione voluntatum Dei.
13. De eo quod singulis momentis voluntate ac studio indilato parati esse debeamus ad ea, per quæ possimus inire Dei gratiam.
14. De maturitate opportuna et commoda cujuslibet recte facti.
15. Quod non debet quis, sperans in aliorum recte factis, negligere ipse officium suum.
16. De iis qui prodesse sibi aliquid opinantur, si cum bonis et Deo charis hominibus vivant, ipsi autem boni nihil faciant.
17. Quomodo occasione vitæ hujus, in qua sumus, uti debemus.
18. De modo et affectione animi, quæ teneri **231** ab his debeat, qui studium suum adhibent in conservandis præceptis Dei.
19. De iis, qui alios impediunt, vel ab aliis ipsi impediuntur, quominus obire possint mandatum Dei.
20. De baptismate, et quæ sit ratio et virtus baptismatis.
21. De communione corporis et sanguinis Christi, et quæ sit ratio hujus sacramenti.
22. Quomodo alienatur aliquis a Deo, quomodove item conciliatur.
23. De iis qui, præ animi impotentia, in ea etiam quæ oderunt, peccata prolabuntur.
24. De mendacio et veritate.
25. De inutili atque otioso sermone, deque utilium et studiosorum sermonum usu ac tractatione.

26. Quod ad ea confirmanda, quæ a nobis vel fiunt, vel dicuntur, primum petitis de sanctis litteris testimoniis utendum sit, deinde iis etiam, quæ in communi vitæ consuetudine nota sunt.
27. Quod pro viribus enitendum nobis est, ut quam simillimi Deo et sanctis ejus simus.
28. Quod perspicaces esse debemus et discreti in habendo bonorum et malorum delectu.
29. Qua ratione efficere possimus, ut professioni nostræ auctoritatem comparemus.
30. De honore habendo rebus consecratis Deo.
31. De usu rerum quæ sanctis sunt attributæ.
32. De debitis et persolutionibus.
33. De iis qui alios scandalizant, vel aliunde ipsi scandalizantur.
34. Quod debeat unusquisque pro modulo virium suarum exemplar se ad res honestas cæteris præbere.
35. De iis qui res honestas ac bonas vituperant.
36. De honore et animi propensione erga sanctos.
37. De iis qui in rebus minutis studium suum adhibent pro facultate sua.
38. Quomodo accipiendi tractandique sint hospites.
39. De firmitate et constantia animi in scandalis retinenda.
40. De iis qui aliter docent.
41. Quod excidi debent, qui auctores scandalorum sunt, et quod cum infirmioribus temperate et indulgenter est agendum.
42. De eo quod Dominus venerit ad implendam legem.
43. **232** De differentia inter mandata legis et mandata Evangelii.
44. Quod onus Domini leve sit, et quod peccatum grave.
45. De æqualitate in honoribus servanda, et de submissione animi, sive humilitate.
46. De studio recte factorum majorum et minorum.
47. De divitiis et paupertate, et de iis quæ his esse solent adjuncta et consequuntur.
48. De beneficentia in fratres, et quod propterea opus faciendum sit.
49. De iis qui in judicio experiuntur, ac litigant et seipsos defendunt, vel etiam alios.
50. De pace et pacificatione.
51. Cujusmodi esse debeat is, qui proximum nitatur corrigere.
52. De mœrore suscipiendo eorum causa, qui peccant, quomodove cum illis congrediendum: quando defugiendi, quandoque item in consortium cum cæteris recipiendi.
53. Quod sit eorum judicium, qui injuriarum memoriam retinent, quæ sibi fuisse videntur illatæ.

PATROL. GR. ED. LAT. XVIII.

54 De judicio, et judicii suspensione vel discretione.
55 De affectione animi erga Deum, quomodoque ejus beneficia prædicare debemus, et pro iis gratias agere.
56 De oratione, et quando, et quid, et quomodo, et pro quibus orandum sit.
57 De elatione animi, quæ ex recte factis nascitur.
58 De acquisitione donorum Dei, et de eorum in alios communicatione.
59 De honore et gloria humanis.
60 De differentia donorum divinorum, deque eorum inter se concordia, qui in his præcellunt, vel etiam inferiores sunt.
61 De abjecta conditione (si ut homines respicias) eorum qui suscipiunt gratiam Dei.
62 De tentationibus, et quando iis concedere oportet, et quando item resistere, quomodove adversariis occurrere.
63 De timore vel animi præsentia in periculis.
64 De lætitia, quam habere debemus in iis, quæ Christi causa incommoda sustinemus.
65 Quomodo in ipso etiam extremo vitæ exitu orare nos conveniat.
66 De iis qui eos deserunt, qui pro defendenda pietate certamina suscipiunt, itemque de iis, qui eos adjuvant.
67 De iis qui morientium causa misere mœrore se affligunt.
68 De **233** differentia, quæ est inter vitam hanc et futuram.
69 De iis, quæ simul et conjunctim a sanctis litteris vel vetantur, vel etiam jubentur.
70 De iis, quibus Evangelii prædicatio committitur: et quando, et quos, et quid docere, et quomodo ante corrigere seipsos debeant, qui tales sunt: et quomodo in prædicatione libere et fortiter agere, quomodove eorum qui sibi crediti sint, commodis et saluti providere, et cujusmodi animi affectione, et in cujusmodi studiis versari: et quomodo castos se ab iis vitiis conservare, quæ ut plurimum ejusmodi hominum generi solent esse adjuncta: et quos docendos susceperint, ad cujusmodi mensuram eos perducere, quomodove reluctantes inducere: et quomodo iis auscultare, qui propter metum aliquem eorum prædicationem recusant, quomodoque item ab iis recedere, qui ipsam ex improbitate nolunt admittere, et quomodo aliquos designare, vel designatos jam improbare: oportereque unumquemque qui cæteris præsit, obnoxium se esse existimare ad reddendam iis qui ejus curæ crediti sint, rationem de omnibus quæ faciant et dicant.
71 De iis quæ conjunctim præcepta sunt iis qui aliis præsunt.
72 Qua ratione debeant ii, qui docentur, spirituales magistros discernere ab iis qui tales non sunt, quomodove erga ipsos esse animati, vel quomodo quæ ab ipsis dicantur suscipere.
73 De iis, qui matrimonio conjuncti sunt.
74 De viduis.
75 De servis et dominis.
76 De filiis et parentibus.
77 De virginibus.
78 De iis, qui militiæ operam dant.
79 De principibus et subjectis.
80 Cujusmodi in universum ratio esse Christianos postulet, et cujusmodi eos qui aliis præsunt.

---

*INITIUM MORALIUM.

234 REGULA I.

Quod oportet credentes Domino primum pœnitentiam agere, juxta prædicationem Joannis, et ipsius Domini nostri Jesu Christi. Quippe illi qui nunc pœnitentiam non agunt, ipsi gravius condemnantur, quam ii qui ante Evangelium fuerunt condemnati.

Caput I.

Exinde cœpit Jesus prædicare et dicere: Pœnitentiam agite: appropinquavit enim regnum cœlorum (*Matth.* IV, 17). *Tunc cœpit exprobrare civitatibus, in quibus factæ sunt plurimæ virtutes ejus, quod non egissent pœnitentiam. Væ tibi, Chorozaim;* *væ tibi, Bethsaida; quia si in Tyro et Sidone factæ essent virtutes, quæ factæ sunt in vobis, olim in sacco et cinere desidentes, pœnitentiam egissent. Verumtamen Tyro et Sidoni remissius erit in die judicii, quam vobis* (*Matth.* XI, 20-22), etc.

Quod præsens tempus pœnitentiæ et veniæ peccatorum tempus sit: in futuro vero sæculo erit justum judicium remunerationis.

Caput II.

Ut autem sciatis, quod potestatem habet Filius hominis in terra dimittendi peccata, ait (*Marc.* II, 10): *Amen dico vobis, quæcunque alligaveritis super terram, erunt ligata in cœlo: et quæcunque solveritis super terram, erunt soluta in cœlo. Iterum amen*

---

* Hic titulus legitur in editione Ven. et in antiquis duobus libris. Hoc opus divisum invenitur in editione Paris. in multa capita, pro argumentorum varietate; sed illorum capitum ne vestigium quidem exstat in veteribus nostris libris; quoniam tamen ejusmodi divisio res distinguit, memoriamque juvat, nihil mutandum judicavi.

dico vobis, quod si duo ex vobis consenserint super terram, de omni re, quamcunque petierint, fiet illis a Patre meo qui in cœlis est (Matth. XVIII, 18, 19)... Quia venit hora, in qua omnes qui in monumentis sunt, audient vocem ipsius : et procedent, qui bona fecerunt, in resurrectionem vitæ; qui vero mala egerunt, in resurrectionem judicii (Joan. v, 28, 29). An divitias bonitatis ejus, et patientiæ, et longanimitatis contemnis, ignorans quod benignitas Dei ad pœnitentiam te adducit? Secundum autem duritiam tuam et impœnitens cor, thesaurizas tibi iram in die iræ et revelationis, et justi judicii Dei, qui reddet unicuique secundum opera ejus (Rom. II, 4-6). Et tempora quidem hujus ignorantiæ despiciens Deus, nunc annuntiat **235** hominibus omnibus, ut pœnitentiam agant; eo quod statuit diem, in quo judicaturus est orbem (Act. XVII, 30, 31).

Quod pœnitentiam agentes oporteat amare flere, et reliqua, quæ pœnitentiæ propria sunt, ex corde proferre.

Caput III.

Et recordatus est Petrus verbi Jesu, qui dixerat ei : Priusquam gallus cantet, ter me negabis. Et egressus foras flevit amare (Matth. XXVI, 75)... Sed qui consolatur humiles, consolatus est nos in adventu Titi. Non solum autem in adventu ejus, sed etiam in consolatione qua consolatus est in vobis, referens nobis vestrum desiderium, vestrum fletum, vestram æmulationem pro me (II Cor. VII, 6, 7). Et paulo post : Ecce enim hoc ipsum, secundum Deum contristari vos, quantam in vobis effecit sollicitudinem; sed defensionem, sed indignationem, sed timorem, sed desiderium, sed æmulationem, sed vindictam : in omnibus vos exhibuistis incontaminatos esse negotio (ibid., 11). Multique credentium veniebant, confitentes et annuntiantes actus suos. Multi etiam ex eis, qui curiosa exercuerant, allatos libros combusserunt coram ipsis (Act. XIX, 18, 19).

Quod illud non satis sit pœnitentibus, si tantummodo recesserint a peccatis, sed eis opus esse ut fructus pœnitentiæ dignos ferant.

Caput IV.

Videns autem multos Pharisæorum et Sadducæorum venientes ad baptismum suum, dixit eis : Progenies viperarum, quis demonstravit vobis fugere a ventura ira? Facite ergo fructus dignos pœnitentiæ : et ne vobis libeat dicere intra vos ipsos (1) : Patrem habemus Abraham. Dico enim vobis, quod potens est Deus de lapidibus istis suscitare filios Abrahæ. Jam enim et securis ad radicem arborum posita est. Omnis ergo arbor, quæ non facit fructum bonum, exciditur, et in ignem mittitur (Matth. III, 7-11).

Quod post discessum ex hac vita non est tempus recte factorum : quandoquidem Deus præsens tempus in lenitate impertivit ad facienda ea, quibus gratia ipsius conciliatur.

Caput V.

Tunc simile erit regnum cœlorum decem virginibus, quæ accipientes lampades suas, exierunt obviam sponso. Quinque autem ex eis erant prudentes, et quinque fatuæ : quæ fatuæ, acceptis lampadibus suis, non sumpserunt oleum **236** secum : prudentes vero acceperunt oleum in vasis suis cum lampadibus suis. Moram autem faciente sponso, dormitaverunt omnes et dormierunt. Media autem nocte clamor factus est : Ecce sponsus venit, exite obviam ei. Tunc surrexerunt omnes virgines illæ, et ornaverunt lampades suas. Fatuæ autem sapientibus dixerunt : Date nobis de oleo vestro, quia lampades nostræ exstinguuntur. Responderunt vero prudentes, dicentes : Ne forte non sufficiat nobis et vobis; ite potius ad vendentes, et emite vobis. Dum autem irent emere, venit sponsus : et quæ paratæ erant, intraverunt cum eo ad nuptias, et clausa est janua. Novissime autem veniunt et reliquæ virgines, dicentes : Domine, Domine, aperi nobis. At ille respondens ait : Amen dico vobis, nescio vos (Matth. XXV, 1-13). Contendite intrare per angustam portam, quia multi, dico vobis, quærent intrare, et non poterunt. Cum autem surrexerit paterfamilias, et clauserit ostium, et cœperitis foris stare, et pulsare ostium, dicentes : Domine, Domine, aperi nobis : et respondens dicet vobis : Nescio vos unde sitis (Luc. XIII, 24, 25). Ecce nunc tempus acceptabile, ecce nunc dies salutis : nemini dantes ullam offensionem, ne vituperetur ministerium, sed in omnibus exhibentes nosmetipsos sicut Dei ministros (II Cor. VI, 2-4). Ergo dum tempus habemus, operemur bonum erga omnes (Gal. VI, 10).

REGULA II.

Quod fieri nequit, ut is qui sese etiam negotiis a pietate alienis immiscet, Deo serviat.

Caput I.

Nemo potest duobus dominis servire : aut enim unum odio habebit, et alterum diliget ; aut unum sustinebit, et alterum contemnet. Non potestis Deo servire et mammonæ (Matth. VI, 24). Nolite jugum ducere cum infidelibus. Quæ enim participatio justitiæ cum iniquitate? aut quæ societas luci ad tenebras? quæ autem conventio Christo ad Belial? aut quæ pars fideli cum infideli? quis autem consensus templo Dei cum idolis? (II Cor. VI, 14-16.)

Quod oportet eum qui Evangelio obedit, primum purgari ab omni inquinamento carnis et spiritus, ut sic acceptus fiat Deo in perpetrandis sanctimoniæ operibus.

Caput II.

Væ vobis, Scribæ et Pharisæi hypocritæ, quia mundatis externam poculi patinæque partem, intrinsecus autem plena sunt rapina et intemperantia. Pharisæe cæce, munda prius quod est intra poculum et patinam, ut et exteriores ipsorum partes puræ fiant (Matth. XXIII, 25, 26). Has ergo ha-

---

(1) Hunc locum ita interpretatur Erasmus : Et ne sitis hac mente, ut dicatis intra vos ipsos, etc. Ad verbum, Ne videamini dicere, etc.

bentes **237** promissiones, charissimi, mundemus nos ab omni inquinamento carnis et spiritus, perficientes sanctificationem in timore Dei (*II Cor.* VII, 1).

Quod impossibile est discipulum Domini fieri eum qui re aliqua præsenti afficitur, aut aliquid tolerat, quod se vel modice a Dei mandato avocet.

Caput III.

Qui amat patrem aut matrem plus quam me, non est me dignus. Et qui amat filium aut filiam plus quam me, non est me dignus. Et qui non accipit crucem suam et sequitur me, non est me dignus (*Matth.* x, 37, 38). *Si quis vult post me venire, abneget semetipsum, et tollat crucem suam, et sequatur me. Qui enim vult animam suam salvam facere, perdet eam* (*Matth.* XVI, 24, 25).

REGULA III.

Quod primum et magnum mandatum in lege a Domino declaratum sit illud esse, Deum diligere ex toto corde: secundum vero, diligere proximum sicut seipsum.

Caput I.

Ait illi Jesus: Diliges Dominum Deum tuum ex toto corde tuo, et ex tota anima tua, et ex tota fortitudine tua, et ex tota mente tua. Hoc est primum et magnum mandatum; secundum autem simile, istud est: Diliges proximum tuum sicut teipsum (*Matth.* XXII, 37-39).

Quod argumentum sit quod quis Deum non diligat, et ipsius Christum, si ipsius mandata non servat: dilectionis autem testificatio est mandatorum Christi observatio in tolerandis usque ad mortem afflictionibus, quæ illius causa eveniunt.

Caput II.

Qui habet mandata mea, et servat ea, ille est qui diligit me. Qui non diligit me, sermones meos non servat (*Joan.* XIV, 21, 24). *Si præcepta mea servaveritis, manebitis in dilectione mea, sicut et ego præcepta Patris mei servavi, et maneo in ejus dilectione* (*Joan.* XV, 10). *Quis nos separabit a charitate Christi? tribulatio? an angustia? an persecutio? an fames? an nuditas? an periculum? an gladius? Sicut scriptum est* (*Psal.* XLIII, 22): *Quoniam propter te mortificamur tota die; æstimati sumus sicut oves occisionis. Sed in his omnibus superamus, propter eum qui dilexit nos* (*Rom.* VIII, 35-38).

238 REGULA IV.

Quod is honore et gloria afficit Deum, qui voluntatem illius efficit: et contra, contumelia, qui legem illius violat.

Caput I.

Ego te glorificavi super terram; opus consummavi, quod dedisti mihi ut faciam (*Joan.* XVII, 4). *Sic luceat lux vestra coram hominibus, ut videant opera vestra bona, et glorificent Patrem vestrum qui in cœlis est* (*Matth.* v, 16). *Ut sitis sinceri et sine offensa in diem Christi, repleti fructibus justitiæ, qui sunt per Jesum Christum, in gloriam et laudem Dei* (*Philipp.* I, 10, 11). *Qui in lege gloriaris, per prævaricationem legis Deum inhonoras* (*Rom.* II, 23).

REGULA V.

Quod oportet ab omni odio erga omnes purum esse, et inimicos diligere: pro amicis vero animam ponere, ubi necessitas vocarit; et talem habere dilectionem, qualem habuit erga nos Deus, et Christus ipsius.

Caput V.

Audistis, quod dictum est antiquis: Diliges proximum tuum, et odio habebis inimicum tuum. Ego autem dico vobis: Diligite inimicos vestros (*Matth.* v, 43, 44). Et paulo inferius: *Eritis ergo vos perfecti, sicut Pater vester cœlestis perfectus est* (ibid. 48) ... *Sic enim Deus dilexit mundum, ut Filium suum unigenitum daret* (*Joan.* III, 16) ..... *Hoc est præceptum meum, ut diligatis invicem, sicut dilexi vos. Majorem hac charitatem nemo habet, quam ut animam suam ponat quis pro amicis suis* (*Joan.* XV, 12, 13.) .... *Et eritis filii Altissimi, quia ipse benignus est super ingratos et malos. Estote ergo misericordes, sicut et Pater vester misericors est* (*Luc.* VI, 35) ..... *Commendat autem charitatem suam Deus in nobis: quod cum adhuc peccatores essemus, Christus pro nobis mortuus est* (*Rom.* v, 8) ..... *Estote ergo imitatores Dei sicut filii charissimi: et ambulate in dilectione, sicut et Christus dilexit nos, et tradidit semetipsum pro nobis oblationem et hostiam Deo* (*Ephes.* v, 1, 2).

Quod certa nota discipulorum Christi mutua est in ipso dilectio.

Caput II.

In hoc cognoscent omnes, quia discipuli mei estis, si dilectionem habueritis ad invicem (*Joan.* XIII, 35).

239 Quod evidens argumentum sit, aliquem charitatem Christi in proximum non habere, si quidpiam peragit, quod noceat, aut molestiam ei afferat ad fidei excisionem: tametsi id quod efficitur, ratione quadam speciali a Scriptura concessum est.

Caput III.

Si enim propter cibum frater tuus contristatur, jam non secundum charitatem ambulas. Noli cibo tuo illum perdere, pro quo Christus mortuus est (*Rom.* XIV, 15).

Quod Christianus eum etiam qui adversus ipsum male afficitur, omni modo et quantum in se est, delinire debeat.

Caput IV.

Si ergo offers munus tuum ad altare, et ibi recordatus fueris quia frater tuus habet aliquid adversum te, relinque ibi munus tuum ante altare, et vade prius reconciliare fratri tuo: et tunc veniens offer munus tuum (*Matth.* v, 23, 24).... *Cum maledicimur, benedicimus : cum persecutionem patimur, sustinemus : cum blasphemamur, obsecramus* (*I Cor.* iv, 12, 13).

Quod is qui dilectionem secundum Christum habet, eum etiam, quem diligit, quandoque molestia afficit ad ipsius utilitatem.

Caput V.

Et nunc vado ad eum qui misit me ; et nemo ex vobis interrogat me : Quo vadis ? sed quia hæc locutus sum vobis, tristitia implevit cor vestrum. Sed ego veritatem dico vobis : expedit vobis ut ego vadam. Si enim non abiero, Paracletus non veniet ad vos (*Joan.* xvi, 5-7)...... *Ita ut magis gauderem : quoniam etsi contristavi vos in epistola, non me pœnitet, etsi me pœnituisset. Video enim quod epistola illa* (*etsi ad horam*) *vos contristavit. Nunc gaudeo, non quod contristati estis, sed quod contristati estis ad pœnitentiam. Contristati estis enim secundum Deum, ut in nullo detrimentum patiamini ex nobis* (*II Cor.* vii, 7-9).

REGULA VI.

Quod intrepide ac sine ulla verecundia libere agere oporteat in confessione Domini nostri Jesu Christi et doctrinæ ejus.

Caput I.

Quod dico vobis in tenebris, dicite in lumine : et quod in aurem audivistis, prædicate super tecta. Et nolite timere eos, qui occidunt corpus, animam autem non possunt occidere : sed potius timete eum, qui potest et animam et corpus perdere in gehennam (*Matth.* x, 27, 28)..... *Omnis ergo qui confitebitur me coram hominibus, confitebor et ego eum coram Patre meo, qui est in cælis* (*ibid.* 32)..... *Nam qui me erubuerit et meos sermones, hunc Filius hominis erubescet, cum venerit in majestate sua, et Patris, et sanctorum angelorum* (*Luc.* ix, 26)... *Noli itaque erubescere testimonium Domini nostri, neque me vinctum ejus : sed collabora Evangelio, ut bonus miles Christi* (*II Tim.* i, 8).

REGULA VII.

Quod licet quis videatur Dominum confiteri, et ejus sermones auscultet : is tamen, si ejus mandatis non pareat, condemnatus est, licet aliquo Dei consilio permissum sit, ut fuerit donis spiritualibus ornatus.

Caput I.

Non omnis qui dicit mihi, Domine, Domine, intrabit in regnum cælorum : sed qui facit voluntatem Patris mei, qui est in cælis. Multi dicent mihi in illa die, Domine, Domine, nonne in nomine tuo prophetavimus ? et in nomine tuo dæmonia ejecimus ? et in nomine tuo virtutes multas fecimus ? Et tunc confitebor illis : Nunquam novi vos. Discedite a me, qui operamini iniquitatem (*Matth.* vii, 21-23), etc...... *Quid autem vocatis me, Domine, Domine, et non facitis quæ dico ?* (*Luc.* vi, 46) etc.... *Confitentur se nosse Deum, factis autem negant ; cum sint abominabiles, et dicto non audientes, et ad omne opus bonum reprobi* (*Tit.* i, 16).

REGULA VIII.

Quod non oportet ambigere et dubitare de iis quæ a Domino dicuntur : sed persuaderi omne Dei verbum verum esse ac possibile, etsi natura repugnat. Hic enim situm est fidei certamen.

Caput I.

Quarta autem vigilia noctis venit Jesus ad eos ambulans super mare. Et videntes eum discipuli super mare ambulantem, turbati sunt, dicentes : Phantasma est : et præ timore clamaverunt. Statimque Jesus locutus est eis dicens : Habete fiduciam. Ego sum, nolite timere. Respondens autem illi Petrus dixit : Domine, si tu es, jube me ad te venire super aquas. Et ipse ait : Veni. Et descendens Petrus de navi, ambulabat super aquas, ut veniret ad Jesum. Videns vero ventum validum, timuit : et cum cœpisset mergi, clamavit dicens : Domine, salvum me fac. Et continuo Jesus extendens manum, apprehendit eum, et ait illi : Modicæ fidei, quare dubitasti ?... (*Matth.* xiv, 25-31.) *Litigabant ergo Judæi ad invicem, dicentes : Quomodo hic potest nobis dare carnem ad manducandum ? Dixit ergo eis : Amen, amen dico vobis, nisi manducaveritis carnem Filii hominis, et biberitis ejus sanguinem, non habebitis vitam in vobis* (*Joan.* vi, 53, 54)..... *Ait autem ad illum angelus : Ne timeas, Zacharia, quia exaudita est deprecatio tua : et Elisabeth uxor tua pariet tibi filium* (*Luc.* i, 13). *Et paulo post : Et dixit Zacharias ad angelum : Unde hoc sciam ? Ego enim sum senex, et uxor mea processit in diebus suis. Et respondens angelus dixit ei : Ego sum Gabriel, qui asto ante Deum : et missus sum loqui ad te, et hæc tibi evangelizare. Et ecce eris tacens, et non poteris loqui usque in diem, quo hæc fiant, pro eo quod non credidisti verbis meis, quæ implebuntur in tempore suo* (*ibid.* 18-20)..... *Et non infirmatus est in fide, nec consideravit corpus suum jam emortuum, cum fere centum esset annorum, et emortuam vulvam Sarræ. In promissione vero Dei non hæsitavit diffidentia, sed confortatus est fide : dans gloriam Deo, plenissime sciens quod quodcunque promisit, potens est et facere : ideo et reputatum est illi ad justitiam* (*Rom.* iv, 19-22).

Quod qui in minoribus non credit Domino, eum constat longe magis in majoribus ipsi fidem non habere.

Caput II.

Si terrena dixi vobis, et non creditis ; quomodo, si dixero vobis cœlestia, credetis ? (*Joan.* iii, 12.) *Qui fidelis in minimo est, et in multo fidelis est : et* qui in minimo iniquus est, et in multo iniquus est (Luc. xvi, 10).

Quod non oportet quemquam suis ratiocinationibus niti ad ea quæ a Domino dicuntur reprobanda : sed nosse debet Domini verba fide esse digniora quam suam ipsius persuasionem.

Caput III.

Tunc dicit illis Jesus : *Omnes vos scandalum patiemini in me in ista nocte. Respondens autem Petrus, ait illi : Etsi omnes scandalizati fuerint in te, ego nunquam scandalizabor. Ait illi Jesus : Amen dico tibi, in hac nocte, antequam gallus cantet, ter me negabis* (Matth. xxvi, 31-34). *Vespere autem facto, discumbebat cum duodecim discipulis : et edentibus illis, dixit eis : Dico vobis, quod unus vestrum me traditurus est. Et contristati valde, cœperunt singuli dicere ei : Nunquid ego sum, Domine ?* (Ibid. 20-22.) *Et facta est vox ad eum : Surge, Petre, occide, et manduca. Ait autem Petrus : Absit, Domine, quia nunquam manducavi quidquam commune, aut immundum. Et vox iterum secundo ad eum : Quæ Deus purificavit, tu communia ne dixeris* (Act. x, 13-15). Consilia destruentes, et omnem altitudinem extollentem se adversus scientiam Dei, et in captivitatem redigentes omnem intellectum in obsequium Christi (II Cor. x, 5).

REGULA IX.

Quod non oportet quemquam negligentem esse in his cognoscendis, quæ officii sui sunt : sed debet Domini verba attente audita intelligere, et voluntatem ejus facere.

Caput I.

Respondens autem Petrus dixit ei : Edissere nobis parabolam istam. At Jesus dixit : Adhuc et vos sine intellectu estis ? Nondum intelligitis quod omne quod in os intrat, in ventrem vadit, et in secessum emittitur ? quæ autem procedunt de ore, de corde exeunt, et ea coinquinant hominem ? (Matth. xv, 15-18.) *Cum quivis audit sermonem regni, et non intelligit, venit malus, et rapit quod seminatum est in corde ejus : hic est qui secus viam seminatus est* (Matth. xiii, 19). *Et paulo post : Qui autem in terram bonam seminatus est, hic est qui audit sermonem, et intelligit : qui denique fructum affert, et facit, alius quidem centesimum, alius autem sexagesimum, alius vero tricesimum* (ibid. 23). *Et advocans totam turbam, dicebat illis : Audite me et intelligite* (Marc. vii, 14). *Videte itaque quomodo caute ambuletis : non quasi insipientes, sed ut sapientes : redimentes tempus, quoniam dies mali sunt. Propterea nolite fieri imprudentes, sed intelligentes quæ sit voluntas Dei* (Ephes. v, 15-17).

Quod in rebus minime ad nos pertinentibus nullo modo debemus curiosi esse.

Caput II.

Et post buccellam introivit in eum Satanas. Et dicit ei Jesus : Quod facis, fac citius. Hoc autem nemo scivit discumbentium, ad quid dixit ei (Joan. xiii, 27, 28). *Igitur qui convenerant, interrogabant eum, dicentes : Domine, si in tempore hoc restitues regnum Israel ? Dixit autem eis : Non est vestrum nosse tempora vel momenta, quæ Pater posuit in sua ipsius potestate* (Act. i, 6, 7).

Quod proprium est eorum, qui de ineunda cum Deo gratia solliciti sunt, de rebus ad officium ipsorum pertinentibus percontari.

Caput III.

Et accesserunt ad eum discipuli ejus dicentes : Edissere nobis parabolam zizaniorum agri (Matth. xiii, 36). *Et ecce, unus accedens, ait illi : Magister bone, quid boni faciam, ut habeam vitam æternam ?* (Matth. xix, 16.) *Dicebat ergo ad turbas quæ exibant ut baptizarentur ab ipso : Genimina viperarum, quis ostendit vobis fugere a ventura ira ?* (Luc. iii, 7.) *Et paulo post : Et interrogabant eum turbæ, dicentes : Quid faciemus ?* (ibid. 10). *Erant autem cum publicani, tum milites. His autem auditis, compuncti sunt corde, et dixerunt ad Petrum, et ad reliquos apostolos : Quid faciemus, viri fratres ?* (Act. ii, 37.)

Quod curandum sit ei qui interrogatur, ut recte et præclare respondeat.

Caput IV.

Et ecce, quidam legisperitus surrexit tentans eum, et dicens : Magister, quid faciendo vitam æternam possidebo ? At ille dixit ad eum : In lege quid scriptum est ? quomodo legis ? Ille respondens dixit : Diliges Dominum Deum tuum ex toto corde tuo, et ex tota anima tua, et ex tota mente tua, et proximum tuum sicut teipsum. Dixitque illi : Recte respondisti. Fac hoc et vives (Luc. x, 25-29). *Sermo vester semper in gratia, sale sit conditus, ut sciatis quomodo vos oporteat unicuique respondere* (Coloss. iv, 6).

Quod gravius est judicium eorum qui noverunt, nec tamen faciunt : licet a periculo non vacet, cum quis per ignorantiam peccat.

Caput V.

Ille autem servus, qui cognovit voluntatem domini sui, et non præparavit, et non fecit secundum voluntatem ejus, vapulabit multis. Qui autem non cognovit, et fecit digna plagis, vapulabit paucis (Luc. xii, 47, 48).

REGULA X.

Quod finis peccati mors.

Caput I.

Qui incredulus est Filio, non videbit vitam, sed ira Dei manebit super eum (Joan. iii, 36). *Cum enim servi essetis peccati, liberi fuistis justitiæ. Quem ergo fructum habuistis tunc in illis, in quibus nunc erubescitis ? Nam finis illorum mors* (Rom. vi, 20, 21). *Et paulo post : Stipendia peccati mors* (ibid. 23). *Stimulus autem mortis peccatum.* (I Cor. xv, 56).

Quod finis mandati Dei est vita æterna.

Caput II.

Amen, amen dico vobis : si quis sermonem meum servaverit, mortem non videbit in æternum (Joan. VIII, 51). Sed qui misit me Pater, ipse mihi mandatum dedit, quid dicam, et quid loquar. Et scio quod mandatum ejus vita æterna est (Joan. XII, 49, 50). Nunc vero liberati a peccato, servi autem facti Deo, habetis fructum vestrum in sanctificationem, finem vero vitam æternam (Rom. VI, 22).

244 REGULA XI.

Quod non sunt contemnenda Dei judicia, sed timenda, licet debita pœna non statim subsequatur.

Caput I.

Sed potius timete eum, qui potest et animam et corpus perdere in gehennam (Matth. x, 28).... Quod si dixerit servus ille in corde suo : Moram facit dominus meus venire : et cœperit percutere servos, et ancillas, et edere, et bibere, et inebriari : veniet dominus servi illius, in die in qua non sperat, et hora qua nescit, et dividet eum, partemque ejus cum infidelibus ponet (Luc. XII, 45-47). Vide, sanus factus es : jam noli peccare, ne deterius tibi aliquid contingat (Joan. v, 14).... Nemo vos seducat inanibus verbis : propter hæc enim venit ira Dei in filios diffidentiæ (Ephes. v, 6).

Quod qui propter priora peccata correptus fuit, et veniam consecutus est, si rursum peccarit, sibi ipsi iræ judicium priore gravius parat.

Caput II.

Vide, sanus factus es, jam noli peccare, ne deterius tibi aliquid contingat (Joan. v, 14).

Quod cum quipiam in judicium iræ Dei inciderint, cæteri metu perculsi erudiri et corrigi debeant.

Caput III.

Aderant autem quidam ipso in tempore, nuntiantes illi de Galilæis, quorum sanguinem Pilatus miscuerat cum sacrificiis eorum. Et respondens Jesus dixit illis : Putatis quod hi Galilæi præ omnibus Galilæis peccatores fuerint, quia talia passi sunt? Non, dico vobis : sed nisi pœnitentiam egeritis, omnes similiter peribitis. Aut illi decem et octo, super quos cecidit turris in Siloe, et occidit eos, putatis quod ipsi debitores fuerint præter omnes homines habitantes in Jerusalem? Non, dico vobis : sed si pœnitentiam non egeritis, omnes similiter peribitis (Luc. XIII, 1-5)..... Audiens autem Ananias hæc verba, cadens exspiravit. Et factus est timor magnus super omnes qui audierunt hæc (Act. v, 5).... Neque murmuretis, sicut quidam eorum murmuraverunt, et perierunt ab exterminatore. Hæc autem in figura contingebant illis : scripta sunt autem ad correctionem nostram, in quos fines sæculorum devenerunt (I Cor. x, 10, 11).

Quod quis plerumque ipsis etiam nequitiæ 245 operibus pœnæ loco traditur, ob præcedentem impietatem.

Caput IV.

Et sicut non probaverunt Deum habere in notitia, tradidit illos Deus in reprobum sensum, ut faciant ea quæ non conveniunt (Rom. I, 28)......... Eo quod charitatem veritatis non receperunt ut salvi fierent, ideo mittit illis Deus operationem erroris, ut credant mendacio (II Thess. II, 10, 11).

Quod multitudo peccatorum nequaquam placat Deum : sed is qui ipsi acceptus est, sive vir, sive mulier sit.

Caput V.

In veritate dico vobis, multæ viduæ erant in diebus Eliæ in Israel, quando clausum est cœlum annis tribus et mensibus sex, cum facta esset fames magna in omni terra; et ad nullam illarum missus est Elias, nisi in Saraphtha Sidonis ad mulierem viduam (Luc. IV, 25, 26)...... Nolo enim vos ignorare fratres, quod patres nostri omnes sub nube fuerunt et omnes mare transierunt, et omnes in Moyse baptizati sunt, in nube, et in mari : et omnes eamdem escam spiritalem manducaverunt, et omnes eumdem potum spiritalem biberunt : bibebant enim de spiritali sequente eos petra, petra autem erat Christus. Sed non in pluribus eorum beneplacitum est Deo : nam prostrati sunt in deserto (I Cor. x, 1-5).

REGULA XII.

Quod omnis contradictio, etiamsi ex amico ac pio affectu oriatur, a Domino abalienat contradicentem : quodque verbum Domini cum omni certitudine suscipiendum est.

Caput I.

Et cœpit lavare pedes discipulorum, et extergere linteo, quo erat præcinctus. Venit ergo ad Simonem Petrum ; et dicit ei Petrus : Domine, tu mihi lavas pedes ? Respondit Jesus, et dixit : Quod ego facio, tu nescis modo, scies autem postea. Dicit ei Petrus : Non lavabis mihi pedes in æternum. Respondit ei Jesus : Si non lavero te, non habes partem mecum (Joan. XIII, 5-8).

246 Quod non oportet traditiones humanas sequi, ita ut mandatum Dei irritum faciamus.

Caput II.

Deinde interrogant eum Pharisæi et scribæ : Quare discipuli tui non ambulant juxta traditionem seniorum, sed illotis manibus manducant panem ? At ille respondens dixit eis : Bene prophetavit Isaias de vobis hypocritis, sicut scriptum est : Populus hic labiis me honorat, cor autem eorum longe est a me. In vanum autem me colunt, docentes doctrinas, præcepta hominum. Relinquentes enim mandatum Dei, tenetis traditionem hominum (Marc. VII, 5-8; Isa. XXIX, 13), etc.

Quod omnia prorsus servanda sunt, quæ a Domino per Evangelium et apostolos fuerunt tradita.

Caput III.

Euntes docete omnes gentes, baptizantes eos in nomine Patris, et Filii, et Spiritus sancti: docentes eos servare omnia quæcunque mandavi vobis (Matth. xxviii, 19, 20).... *Erant autem justi ambo ante Deum, incedentes in omnibus mandatis et justificationibus Domini sine querela (Luc.* i, 6)...... *Qui vos audit, me audit: qui autem vos spernit, me spernit (Luc.* x, 16)..... *Itaque, fratres, state, et tenete traditiones, quas didicistis sive per sermonem, sive per epistolam, tanquam per nos (II Thess.* ii, 15).

Quod nemo debet suam ipsius voluntatem voluntati Domini præponere: sed in omni re Dei voluntatem quærere, et exsequi.

Caput IV.

Quia non quæro voluntatem meam, sed voluntatem ejus qui misit me Patris (Joan. v, 30).... *Et positis genibus, oravit dicens: Pater, si vis, transfer calicem istum. Verumtamen non mea voluntas, sed tua fiat (Luc.* xxii, 41, 42)...... *In quibus et nos omnes aliquando conversati sumus in desideriis carnis nostræ, facientes voluntatem carnis et cogitationum nostrarum: et eramus natura filii iræ sicut et cæteri (Ephes.* ii, 3).

REGULA XIII.

Quod oportet quemque semper sobrium esse, et ad Dei opera sedulo perficienda paratum, dilationis periculum agnoscentem.

Caput I.

Sint lumbi vestri præcincti, et lucernæ ardentes: et vos similes hominibus exspectantibus dominum suum, quando revertatur a nuptiis: ut cum venerit, et pulsaverit, confestim **247** *aperiant ei. Beati servi illi, quos cum venerit dominus, invenerit vigilantes. Amen dico vobis, quod præcinget se, et faciet illos discumbere, et transiens ministrabit illis. Et si venerit in secunda vigilia, et si in tertia vigilia venerit, et ita invenerit, beati sunt servi illi. Hoc autem scitote, quod si sciret paterfamilias, qua hora fur veniret, vigilaret utique, et non sineret perfodi domum suam. Et vos estote parati, quia qua hora non putatis, Filius hominis veniet (Luc.* xii, 35-40), etc.... *De temporibus autem et momentis, fratres, non indigetis ut scribamus vobis: ipsi enim diligenter scitis, quod dies Domini sicut fur in nocte, ita veniet (I Thess.* v, 1, 2). *Et paulo post: Igitur non dormiamus sicut et cæteri, sed vigilemus, et sobrii simus (ibid.* 6).

Quod omne tempus debet reputari opportunum ad ea studiose agenda, quæ Deo placent.

Caput II.

Me oportet operari opera ejus, qui misit me, donec dies est (Joan. ix, 4).... *Itaque, charissimi mei, sicut semper obedistis, non ut in præsentia mea tantum, sed multo magis nunc in absentia mea, cum metu et tremore vestram salutem operamini (Philipp.* ii, 12).

REGULA XIV.

Quod res quæ inter se non conveniunt, non sunt miscendæ: sed singulorum quæ fiunt aut dicuntur, proprium tempus agnoscendum est.

Caput I.

Tunc accedunt ad eum discipuli Joannis, dicentes: Quare nos et Pharisæi jejunamus frequenter, discipuli autem tui non jejunant? Et ait illis Jesus: Nunquid possunt filii sponsi lugere quandiu cum illis est sponsus? Venient autem dies, cum auferetur ab eis sponsus, et tunc jejunabunt in illis diebus (Matth. ix, 14, 15), etc.... *Itaque, fratres, non sumus filii ancillæ, sed liberæ: in libertate igitur qua Christus nos liberavit, state, et nolite iterum jugo servitutis contineri (Gal.* iv, 31; v, 1).

REGULA XV.

Quod non oportet, spe in bonis aliorum operibus reposita, officium suum negligere.

Caput I.

Facite ergo fructus dignos pœnitentiæ; et ne velitis dicere intra vos ipsos: Patrem habemus Abraham (Matth. iii, 8, 9).

248 REGULA XVI.

Quod nihil juvantur qui simul vivunt cum eis qui Deo placent, nec tamen animum suum virtutibus ornant: tametsi eodem modo atque ipsi vivere videntur.

Caput I.

Tunc simile erit regnum cœlorum decem virginibus, quæ accipientes lampades suas, exierunt obviam sponso. Quinque autem ex eis erant prudentes, et quinque fatuæ. Quæ erant fatuæ, acceptis lampadibus suis, non sumpserunt oleum secum: prudentes vero acceperunt in suis vasis cum lampadibus suis (Matth. xxv, 1-4). *Hæc paulo post subjungit de fatuis: Postea vero veniunt reliquæ virgines dicentes: Domine, Domine, aperi nobis. At ille respondens ait: Dico vobis, nescio vos (ibid.* 11-13).... *Dico vobis: in illa nocte erunt duo in lecto uno; unus assumetur, et alter relinquetur. Erunt duæ molentes in unum; una assumetur, et altera relinquetur. Et respondentes dicunt illi: Ubi, Domine? Qui dixit illis: Ubicunque fuerit corpus, illuc congregabuntur et aquilæ (Luc.* xvii, 34, 35, 37).

REGULA XVII.

Quod cum per proprietates nobis a Scriptura indicatas agnovimus quale sit instans tempus, debemus hac conjectatione facta res nostras ad illud accommodare.

Caput I.

Ab arbore autem fici discite parabolam. Cum jam ramus ejus tener fuerit, et folia nata, scitis quod prope est æstas. Ita et vos cum videritis hæc omnia, scitote quod prope est in januis (Matth. xxiv, 32)... *Cum videritis nubem orientem ab occasu, statim dicitis: Nimbus venit: et ita fit. Et cum austrum flantem, dicitis: Quod æstus erit: et fit.*

Hypocritæ, faciem cœli et terræ nostis probare, hoc autem tempus quomodo non probatis? (Luc. xii, 54-56.) *Jam tempus breve est, ut et qui habent uxores, tanquam non habentes sint : et qui flent, tanquam non flentes : et qui gaudent, tanquam non gaudentes : et qui emunt, tanquam non possidentes : et qui utuntur hoc mundo, tanquam non utantur : præterit enim figura hujus mundi (I Cor.* vii, 29-31).

249 REGULA XVIII.

Quod mandata Dei eo modo fieri debent, prout Dominus præcepit. Qui enim in modo ea faciendi offendit, licet mandatum exsequi videatur, reprobus est apud Deum.

Caput I.

Dicebat autem et ei, qui se invitaverat : Cum facis prandium, aut cœnam, noli vocare amicos tuos, neque fratres tuos, neque cognatos tuos, neque vicinos divites, ne forte et ipsi te reinvitent, et fiat tibi retributio. Sed cum facis convivium, voca pauperes, debiles, claudos et cæcos, et beatus eris, quia non possunt retribuere tibi : retribuetur enim tibi in resurrectione justorum (Luc. xiv, 12-14).

Quod non oportet Dei mandatum facere ad humanam gratiam conciliandam, aut propter ullam aliam affectionem : sed in omnibus hunc scopum habere, ut placeas Deo, et detur Deo gloria.

Caput II.

Attendite, ne eleemosynam vestram faciatis coram hominibus, ut videamini ab eis : alioqui mercedem non habetis apud Patrem vestrum, qui in cœlis est. Cum ergo facis eleemosynam, noli tuba canere coram hominibus, sicut hypocritæ faciunt in synagogis, et in vicis, ut honorificentur ab hominibus. Amen dico vobis, recipiunt mercedem suam (Matth. vi, 1, 2), *et cætera... Sive ergo manducatis, sive bibitis, sive aliud quid facitis, omnia in gloriam Dei facite (I Cor.* x, 31)... *Sed sicut probati sumus a Deo, ut crederetur nobis Evangelium, ita loquimur, non quasi hominibus placentes, sed Deo, qui probat corda nostra. Neque enim aliquando fuimus in sermone adulationis, sicut scitis, neque in occasione avaritiæ : Deus testis est : nec quærentes ab hominibus gloriam, neque a vobis, neque ab aliis (I Thess.* ii, 4-6).

Quod Domini mandata et coram Deo et coram hominibus cum conscientia et bono studio perficienda sunt. Qui enim non sic facit, condemnatus est.

Caput III.

Væ vobis, scribæ et Pharisæi hypocritæ, quia mundatis externam poculi patinæque partem : intus autem plena sunt rapina et intemperantia. Pharisæe cæce, munda prius internam poculi et patinæ partem, ut et exteriores hujus partes puræ evadant (Matth. xxiii, 25, 26)... *Qui tribuit in simplicitate (Rom.* xii, 8)... *Omnia facite sine murmurationibus et disceptationibus (Philipp.* ii, 14)... *Finis autem* **250** *præcepti est charitas de corde puro et conscientia bona (I Tim.* i, 5)... *Habens fidem, et bonam conscientiam, quam quidam repellentes, naufragium fecerunt circa fidem (ibid.* 19).

Quod propter æquam minorum administrationem ex justo judicio retribuantur majora.

Caput IV.

Euge, serve bone et fidelis, super pauca fuisti fidelis, super multa te constituam : intra in gaudium domini tui (Matth. xxv, 23). *Et paucis post interjectis : Omni enim habenti dabitur, et abundabit : ab eo vero qui non habet, et quod habet, auferetur (ibid.* 29)... *Si ergo in iniquo mammona fideles non fuistis : quod verum est, quis credet vobis? Et si in alieno fideles non fuistis : quod vestrum est quis dabit vobis? (Luc.* xvi, 11, 12).

Quod Domini mandata cum inexplebili desiderio sunt peragenda, semper ulterius festinando.

Caput V.

Beati qui esuriunt et sitiunt justitiam (Matth. v, 6)... *Fratres, ego me nondum arbitror comprehendisse. Unum autem, quæ quidem retro sunt obliviscens, ad ea vero quæ priora sunt extendens meipsum, juxta scopum persequor ad bravium supernæ vocationis in Christo Jesu (Philipp.* iii, 13, 14).

Quod mandata Dei ita fieri debent, ut quantum in faciente situm est, omnes illuminentur, et gloria afficiatur Deus.

Caput VI.

Vos estis lux mundi. Non potest civitas abscondi supra montem posita : neque accendunt lucernam, et ponunt sub modio, sed super candelabrum, et lucet omnibus qui in domo sunt. Sic luceat lux vestra coram hominibus, ut videant opera vestra bona, et glorificent Patrem vestrum qui in cœlis est (Matth. v, 14-16). . . *Nemo autem accendens lucernam, operit eam vase, aut subter lectum ponit, sed super candelabrum, ut intrantes videant lumen (Luc.* viii, 16)... *Ut sitis sinceri, et sine offensa in diem Christi, repleti fructibus justitiæ, per Jesum Christum in gloriam et laudem Dei (Philipp.* i, 10).

REGULA XIX.

Quod is impediri non debet qui Dei voluntatem facit : sive ex Dei præcepto, sive ex ratione mandato pareat : neque faciens debet morem gerere impedientibus, licet sint necessitudine conjuncti, sed in sua sententia perseverare.

Caput I.

Tunc venit Jesus a Galilæa in Jordanem ad Joannem, ut baptizaretur ab eo. Joannes autem prohibebat eum, dicens : Ego opus habeo ut **251** *a te baptizer, et tu venis ad me? Respondens autem Jesus dixit ei : Sine modo : sic enim decet nos implere omnem justitiam (Matth.* iii, 13-15), *etc. . . Exinde cœpit Jesus ostendere discipulis suis, quod oportet eum ire Jerosolymam, et multa pati a senioribus, et principibus sacerdotum, et scribis, et occidi, et tertia die resurgere. Et apprehendens eum Petrus,* cœpit increpare illum, dicens : Propitius tibi sis, Domine : non erit tibi hoc. Qui conversus, dixit Petro : Vade post me, satana; scandalum es mihi, quia non sapis ea quæ Dei sunt, sed ea quæ hominum (Matth. XVI, 21-23)... Et offerebant illi parvulos, ut tangeret illos. Discipuli autem increpabant offerentes. Videns autem Jesus, indigne tulit, et ait illis : Sinite parvulos venire ad me, et ne prohibueritis eos; talium est enim regnum cœlorum (Marc. x, 13, 14)... Et cum moraremur per dies plures, advenit quidam a Judæa, propheta, nomine Agabus. Is cum venisset ad nos, tulit zonam Pauli : et alligans sibi pedes et manus, dixit : Hæc dicit Spiritus sanctus : Virum, cujus est zona hæc, sic alligabunt in Jerusalem Judæi : et tradent in manus gentium. Cum autem audissemus hæc, rogabamus et nos, et qui loci illius erant, ne ascenderet Jerosolymam. At respondit Paulus : Quid facitis flentes, et affligentes cor meum ? Ego enim non solum alligari, sed et mori paratus sum pro nomine Domini Jesu. Et cum ei non suaderetur, quievimus, dicentes : Domini voluntas fiat (Act. XXI, 10-14)... Qui et Dominum occiderunt Jesum, et suos prophetas, et nos persecuti sunt, et Deo non placent : et omnibus hominibus adversantur, prohibentes nos gentibus loqui, ut salvi fiant, ut impleant peccata sua semper : pervenit autem ira super illos usque in finem (I Thess. II, 15, 16).

Quod is qui conficit Dei mandatum animo non sincero, et tamen in speciem sinceritatem doctrinæ Domini servat, non prohibendus est ; propterea quod quantum per rem ipsam licet, nemo læditur : imo vero aliqui interdum ab ipso juvantur ; admonendus tamen est, ut mentem habeat recte factis dignam.

Caput II.

Cum ergo facis eleemosynam, noli tuba canere ante te, sicut hypocritæ faciunt in synagogis, et in vicis, ut honorificentur ab hominibus. Amen dico vobis, recipiunt mercedem suam. Te autem faciente eleemosynam, nesciat sinistra tua quid faciat dextera tua, ut sit eleemosyna tua in abscondito; et Pater tuus, qui videt in abscondito, ipse reddet tibi in propatulo (Matth. VI, 2-4). Et de precatione similiter... Respondit autem ei Joannes dicens : Magister, vidimus **252** quemdam in nomine tuo ejicientem dæmonia, qui non sequitur nos, et prohibuimus, quia non sequitur nos. Jesus autem ait : Nolite prohibere eum : nemo est enim qui faciat virtutem in nomine meo, et possit cito male loqui de me. Qui enim non est adversum nos, pro nobis est (Marc. IX, 37-40)... Quidam quidem et propter invidiam, et contentionem, quidam autem et propter bonam voluntatem Christum prædicant : quidam ex charitate, scientes quod in defensionem Evangelii positus sum ; quidam autem ex contentione Christum annuntiant non sincere, existimantes se pressuram suscitare vinculis meis. Quid enim? Attamen omni modo, sive per occasionem, sive per veritatem, Christus annuntiatur, et in hoc gaudeo, sed et gaudebo. (Philipp. I, 15-18).

REGULA XX.

Quod Domino credentes baptizari debent in nomine Patris, et Filii, et Spiritus sancti.

Caput I.

Euntes docete omnes gentes, baptizantes eos in nomine Patris, et Filii, et Spiritus sancti (Matth. XXVIII, 19)... Amen, amen dico tibi, nisi quis natus fuerit denuo, non potest videre regnum Dei (Joan. III, 3)... Et rursus : Amen, amen dico tibi, nisi quis natus fuerit ex aqua et Spiritu, non potest introire in regnum Dei (ibid. 5).

Quæ sit ratio aut vis baptismatis ? Nempe ut baptizatus et mente et sermone et actione mutetur, atque per virtutem sibi datam fiat id ipsum, quod est illud ex quo natus est.

Caput II.

Quod natum est ex carne, caro est : et quod natum est ex spiritu, spiritus est. Non mireris quod dixi tibi : Oportet vos nasci denuo. Spiritus ubi vult spirat, et vocem ejus audis, sed nescis unde veniat, et quo vadat. Sic est omnis qui natus est ex spiritu (Joan. III, 6-8)... Moriamini quidem peccato, vivatis autem Deo in Christo Jesu (Rom. VI, 11)... Quicunque baptizati sumus in Christo Jesu, in mortem ipsius baptizati sumus. Consepulti igitur sumus cum illo per baptismum in mortem : ut quomodo Christus surrexit a mortuis per gloriam Patris, ita et nos in novitate vitæ ambulemus. Si enim complantati facti sumus similitudini mortis ejus, nimirum et resurrectionis erimus : hoc scientes, quod vetus homo noster simul crucifixus est ut destruatur corpus peccati, ut ultra non serviamus peccato. Qui enim mortuus est, justificatus est e peccato (ibid. 3-7)... In quo et circumcisi estis circumcisione **253** non manufacta, in exspoliatione corporis peccatorum carnis, in circumcisione Christi, consepulti ei in baptismo, in quo et simul resurrexistis per fidem operationis Dei, qui suscitavit illum a mortuis (Coloss. II, 11, 12)... Quicunque enim in Christo baptizati estis, Christum induistis. Non est Judæus, neque Græcus, non est servus, neque liber : non est masculus, et femina. Omnes enim vos unum estis in Christo Jesu (Galat. III, 27, 28).. Exspoliantes veterem hominem cum actibus suis, et induentes novum, qui renovatur in agnitionem, secundum imaginem ejus, qui creavit illum : ubi non est Gentilis et Judæus, circumcisio et præputium, barbarus, Scytha, servus, liber : sed omnia, et in omnibus Christus (Coloss. III, 9-11).

REGULA XXI.

Quod necessaria etiam ad vitam æternam sit participatio corporis et sanguinis Christi.

Caput I.

Amen, amen dico vobis : Nisi manducaveritis carnem Filii hominis, et biberitis ejus sanguinem, non habetis vitam in vobis. Qui manducat meam carnem, et bibit meum sanguinem, habet vitam æternam *(Joan.* vi, 53, 54), et reliqua.

Quod qui accedit ad communionem, non considerata hac ratione, secundum quam corporis et sanguinis Christi participatio datur, is nullam ex ea utilitatem capiat : et quod qui indigne assumit, condemnatus sit.

Caput II.

Amen, amen dico vobis, nisi manducaveritis carnem Filii hominis, et biberitis ejus sanguinem, non habetis vitam in vobis (Joan. vi, 53). *Et paulo inferius : Sciens autem Jesus apud semetipsum, quod murmurarent de hoc discipuli ejus, dixit eis : Hoc vos scandalizat ? Si ergo videritis Filium ascendentem ubi erat prius ? Caro non prodest quidquam : spiritus est qui vivificat. Verba quæ ego locutus sum vobis, spiritus et vita sunt (ibid.* 62, 63)... *Itaque quicunque manducaverit panem hunc, vel biberit hunc Domini calicem indigne, reus erit corporis et sanguinis Domini. Probet autem seipsum homo, et sic de pane illo edat, et de calice illo bibat. Qui enim manducat et bibit indigne, judicium sibi manducat et bibit, non dijudicans cor[p]us Domini (I Cor.* xi, 27-29).

254 Qua ratione manducandum sit corpus Domini, et sanguis bibendus, in commemorationem obedientiæ Domini usque ad mortem, ut qui vivunt, non jam sibi vivant, sed ei qui pro ipsis mortuus est et resurrexit *(I Cor.* v, 15).

Caput III.

Et accepto pane, cum gratias egisset fregit, et dedit eis dicens : Hoc est corpus meum, quod pro vobis datur : hoc facite in meam commemorationem. Similiter et calicem, postquam cœnavit, dicens : Hic calix novum testamentum est in sanguine meo, qui pro vobis funditur (Luc. xxii, 19, 20)..... *Quoniam Dominus Jesus in qua nocte tradebatur, accepit panem, et gratiis actis, fregit, et dixit : Accipite, manducate : hoc est corpus meum, quod pro vobis frangitur : hoc facite in meam commemorationem. Similiter et calicem, postquam cœnavit, dicens : Hic calix novum testamentum est in meo sanguine. Hoc facite quotiescunque bibetis, in meam commemorationem. Quotiescunque enim manducabitis panem hunc, et hunc calicem bibetis, mortem Domini annuntiabitis donec veniat (I Cor.* xi, 23-26)..... *Charitas enim Christi urget nos, æstimantes hoc quod si unus pro omnibus mortuus est, ergo omnes mortui sunt : et pro omnibus mortuus est, ut et qui vivunt, jam non sibi vivant, sed ei, qui pro ipsis mortuus est, et resurrexit (II Cor.* v, 14, 15), *ut multi fiant unum corpus in Christo..... Panis quem frangimus nonne participatio corporis Christi est? Quoniam unus panis, unum corpus multi sumus. Omnes enim de uno pane participamus (I Cor.* x, 16, 17).

Quod hymnis laudandus sit Dominus ab eo qui sancta participat.

Caput IV.

Edentibus autem illis, accepit Jesus panem, et cum gratias egisset, fregit deditque discipulis (Matth. xxvi, 26), *et quæ sequuntur. Quibus adjungit : Et hymno dicto, exierunt in montem Olivarum (ibid.* 30).

REGULA XXII.

Quod peccatum, cum perpetratur, abalienat a Domino : conciliat vero et adjungit diabolo.

Caput I.

Amen, amen dico vobis, quod omnis qui facit peccatum, servus est peccati (Joan. viii, 34)..... *Vos ex patre diabolo estis, et desideria patris vestri vultis facere (ibid.* 44)..... *Cum enim servi essetis peccati, liberi fuistis justitiæ (Rom.* vi, 20).

Quod necessitudo cum Domino non in carnis **255** conjunctione noscitur, sed in studio divinæ implendæ voluntatis perficitur.

Caput II.

Qui ex Deo est, verba Dei audit (Joan. viii, 47)... *Et nuntiatum est illi, dictumque : Mater tua, et fratres tui stant foris, volentes te videre. Qui respondens dixit ad eos : Mater mea et fratres mei hi sunt, qui verbum Dei audiunt, et faciunt (Luc.* viii, 20, 21)..... *Vos amici mei estis, si feceritis quæ ego præcipio vobis (Joan.* xv, 14)..... *Quicunque enim Spiritu Dei aguntur, ii sunt filii Dei (Rom.* viii, 14).

REGULA XXIII.

Quod qui præter voluntatem trahitur a peccato, is intelligere debet, se ab alio peccato, prius a se commisso, constrictum teneri, cui sponte inserviens, tandem rapitur ab ipso etiam ad ea quæ non vult.

Caput I.

Scimus enim quod lex spiritualis est, ego autem carnalis sum, venundatus sub peccato. Quod enim operor, non intelligo. Non enim quod volo, hoc ago : sed quod odi, illud facio. Si autem quod nolo, illud facio, consentio legi quod bona est. Nunc autem jam non ego operor illud, sed quod habitat in me peccatum. Scio enim quod non habitat in me, hoc est, in carne mea, bonum : nam velle adjacet mihi, perficere autem bonum, non invenio. Non enim quod volo, facio bonum : sed quod nolo malum, hoc ago. Si autem quod nolo ego, illud facio : jam non ego operor illud, sed quod habitat in me peccatum (Rom. vii, 14-20).

REGULA XXIV.

Quod non mendacium, sed verum in omnibus dicendum.

Caput I.

Sit autem sermo vester, Est, est : Non, non : quod autem his abundantius est, a malo est (Matth. v, 37)... *Deponentes mendacium, loquimini veritatem unusquisque cum proximo suo* (*Ephes.* IV, 25)..... *Nolite mentiri invicem* (*Coloss.* III, 9).

REGULA XXV.
Quod quæstiones inutiles et contentiosæ non sunt faciendæ.

Caput I.
Hæc commone, testificans coram Domino : noli contendere verbis ad nullam utilitatem, ad subversionem audientium (*II Tim.* II, 14)..... *Stultas autem et sine disciplina quæstiones devita, sciens quod generant lites* (*ibid.* 23).

Quod non sunt proferenda verba otiosa, quæ **256** nihil utilitatis afferant. Etenim loqui, aut etiam facere ipsum bonum non ad ædificationem fidei, id sanctum Dei Spiritum tristitia afficit.

Caput II.
Dico autem vobis, quod de omni verbo otioso quod locuti fuerint homines, reddent rationem in die judicii (*Matth.* XII, 36)..... *Omnis sermo spurcus ex ore vestro non procedat : sed si quis bonus ad ædificationem fidei, ut det gratiam audientibus. Et nolite contristare Spiritum sanctum Dei : in quo obsignati estis in diem redemptionis* (*Ephes.* IV, 29, 30).

REGULA XXVI.
Quod verbum omne aut res testimonio divinæ Scripturæ obfirmanda sunt ad integram bonorum persuasionem, et ad malorum verecundiam.

Caput I.
Et accedens ad eum tentator dixit : Si Filius Dei es, dic ut lapides isti panes fiant. Qui respondens dixit : Scriptum est : Non in solo pane vivet homo, sed in omni verbo, quod procedit de ore Dei (*Matth.* IV, 3; *Deut.* VIII, 3)..... *Et repleti sunt omnes Spiritu sancto, et cœperunt loqui aliis linguis, prout Spiritus sanctus dabat eloqui illis* (*Act.* II, 4)..... *Stupebant autem omnes, et mirabantur ad invicem, dicentes : Quidnam vult hoc esse ? Alii autem irridentes dicebant : Musto pleni sunt isti. Stans autem Petrus cum undecim, levavit vocem suam, et locutus est eis : Viri Judæi, et qui habitatis Jerusalem universi, hoc vobis notum sit, et auribus percipite verba mea. Non enim sicut vos putatis, hi ebrii sunt, cum sit hora diei tertia : sed hoc est, quod dictum est per prophetam Joel : Et erit in novissimis diebus, dicit Deus, effundam de Spiritu meo super omnem carnem, et prophetabunt* (*Act.* 12-17; *Joel.* II, 28)... *et quæ sequuntur.*

Quod oportet etiam iis quæ in natura ac consuetudine vitæ nota sunt, uti ad confirmationem eorum quæ fiunt aut dicuntur.

Caput II.
Attendite a falsis prophetis, qui veniunt ad vos in vestimentis ovium, intrinsecus autem sunt lupi rapaces. A fructibus eorum cognoscetis eos. Nunquid colligunt de spinis uvam, aut de tribulis ficus ? Sic omnis arbor bona fructus **257** *bonos facit : putrida autem arbor fructus malos facit* (*Matth.* VII, 15-17), *et cætera..... Et murmurabant Scribæ eorum et Pharisæi, dicentes ad discipulos ejus : Quare cum publicanis et peccatoribus manducatis et bibitis ? Et respondens Jesus dixit ad illos : Non egent qui sani sunt medico, sed qui male habent* (*Luc.* V, 30-32)....*Nemo militans implicat se vitæ negotiis, ut ei qui se in militiam delegit, placeat. Quod si certet etiam aliquis, non coronatur nisi legitime certaverit* (*II Tim.* II, 4, 5).

REGULA XXVII.
Quod non debemus fieri similes eis qui a Domini doctrina sunt alieni : contra, quod oportet imitari Deum et sanctos ejus pro data nobis ab illo facultate.

Caput I.
Scitis quod principes gentium dominentur illis : et qui magni sunt, potestatem exerceant in eas. Non ita erit inter vos; sed quicunque voluerit inter vos primus fieri, erit vester minister ; et qui voluerit inter vos primus esse, erit vester servus : sicut Filius hominis non venit ut ministraretur sibi, sed ut ministraret, et daret animam suam redemptionem pro multis (*Matth.* XX, 25-28)..... *Nolite conformari huic sæculo, sed transformamini per renovationem mentis vestræ, ut probetis quæ sit voluntas Dei* (*Rom.* XII, 2)..... *Imitatores mei estote, sicut et ego Christi* (*I Cor.* XI, 1).

REGULA XXVIII.
Quod non oportet temere et inconsiderate abripi et attrahi ab iis qui simulant veritatem : sed ex dato nobis a Scriptura signo unumquemque cognoscere.

Caput I.
Attendite a falsis prophetis, qui veniunt ad vos in vestimentis ovium, intrinsecus autem sunt lupi rapaces. A fructibus eorum cognoscetis eos (*Matth.* VII, 15, 16)..... *In hoc cognoscent omnes quod discipuli mei estis, si dilectionem mutuam habueritis inter vos* (*Joan.* XIII, 35)..... *Ideo notum vobis facio, quod nemo in Spiritu Dei loquens, dicit anathema Jesum* (*I Cor.* XII, 3).

REGULA XXIX.
Quod debet unusquisque professionem suam per sua opera confirmare.

Caput I.
Ipsa opera, quæ ego facio, testimonium perhibent de me, quod Pater miserit me (*Joan.* V, 36)..... *Si non facio opera Patris mei, ne credatis* **258** *mihi: si vero facio, etsi non creditis mihi, operibus meis credite, ut cognoscatis, et credatis quod Pater in me est, et ego in Patre* (*Joan.* X, 37, 38)..... *Nullam in ulla re dantes offensionem, ut non vituperetur ministerium. Sed in omnibus exhibentes nosmetipsos sicut Dei ministros, in multa patientia, in tribulationibus* (*II Cor.* VI, 3, 4), etc.

REGULA XXX.

Quod res sacræ per admistionem eorum quæ communi usui destinantur non sunt profanandæ.

Caput I.

Et intravit Jesus in templum Dei, et ejecit omnes vendentes, et ementes in templo, et mensas nummulariorum, et cathedras vendentium columbas evertit: et dicit eis : Scriptum est : Domus mea domus orationis vocabitur : vos autem fecistis eam speluncam latronum (Matth. xxi, 12, 13; Isa. lvi, 7)... Nunquid domos non habetis ad manducandum et bibendum? aut Ecclesiam Dei contemnitis, et confunditis eos qui non habent? (I Cor. xi, 22)... Si quis esurit, domi manducet : ut non in judicium conveniatis (ibid. 34).

Quod id quod Deo dicatum est, tandiu velut sanctum honorandum sit, quandiu voluntas Dei in ipso conservatur.

Caput II.

Jerusalem, Jerusalem, quæ occidis prophetas, et lapidas eos qui ad te missi sunt, quoties volui congregare filios tuos, quemadmodum gallina congregat pullos suos sub alas, et noluisti! Ecce, relinquitur vobis domus vestra deserta (Matth. xxiii, 37, 38).

REGULA XXXI.

Quod res assignatæ iis qui Deo se consecrarunt, in alios non sint insumendæ : nisi si quid supersit superfluum.

Caput I.

Erat autem mulier gentilis Syrophœnissa genere, et rogabat eum ut dæmonium ejiceret de filia sua. Qui dixit illi : Sine prius saturari filios : non est enim bonum sumere panem filiorum, et projicere catellis. At illa respondit et dixit illi : Utique, Domine ; nam et catelli comedunt sub mensa de micis puerorum. Et ait illi : Propter hunc sermonem vade, exiit dæmonium de filia tua (Marc. vii, 26-29).

REGULA XXXII.

Quod ex æquo et bono unicuique reddi debent quæ sua sunt.

Caput I.

Et interrogaverunt eum, dicentes : Magister, scimus quia recte dicis, et doces, et non accipis personam, sed viam Dei in veritate doces : licet nobis tributum dare Cæsari, an non? Considerans autem dolum illorum, dixit ad eos : Quid me tentatis? Ostendite mihi denarium. Cujus habet imaginem et inscriptionem? Respondentes dixerunt : Cæsaris. Et ait illis : Reddite ergo quæ sunt Cæsaris, Cæsari : et quæ sunt Dei, Deo (Luc. xx, 21-25)... Reddite ergo omnibus debita : cui tributum, tributum : cui vectigal, vectigal : cui timorem, timorem : cui honorem, honorem. Nemini quidquam debeatis, nisi ut invicem diligatis (Rom. xiii, 7, 8).

REGULA XXXIII.

Quod scandalum non sit dandum.

Caput I.

Qui autem scandalizaverit unum de pusillis istis, qui in me credunt, expedit ei ut suspendatur mola asinaria ad collum ejus, et demergatur in profundum maris (Matth. xviii, 6). Et rursum : Væ homini illi, per quem scandalum venit (ibid. 7)... Sed hoc judicate magis, ne ponatis offendiculum fratri, vel scandalum (Rom. xiv, 13).

Quod quidquid Domini voluntati adversatur, scandalum sit.

Caput II.

Exinde cœpit Jesus ostendere discipulis suis, quod oporteret eum ire Jerosolymam, et multa pati a senioribus, et principibus sacerdotum, et scribis, et occidi, et tertia die resurgere. Et apprehendens eum Petrus cœpit increpare illum, dicens : Propitius sis tibi, Domine, non erit tibi hoc. Qui conversus, dixit Petro : Vade post me, Satana, scandalum mihi es, quia non sapis ea quæ Dei sunt, sed quæ hominum (Matth. xvi, 21-23).

Quod licet a Scriptura res vel verbum aliquod concedatur, ea tamen vitanda sunt, cum alii ad peccatum simili re concitantur, vel eorum erga bonum alacritas minuitur.

Caput III.

De esu igitur eorum quæ idolis immolantur, scimus, quod nullum est idolum in mundo, et quod nullus est Deus, nisi unus. Nam, etsi sunt qui dicuntur dii, sive in cœlo, sive in terra (siquidem sunt multi dii, et domini multi), nobis tamen unus Deus, Pater, ex quo omnia, et nos in illum : et unus Dominus, Jesus Christus, per quem omnia, et nos per ipsum : sed non in omnibus est scientia. Quidam autem cum conscientia idoli usque nunc quasi idolothytum manducant, et conscientia illorum cum sit infirma, polluitur. Esca autem nos non commendat Deo. Neque enim si manducaverimus, abundamus : neque si non manducaverimus, deficimus. Videte autem ne forte hæc licentia vestra offendiculum fiat infirmis. Si enim quis viderit te, qui habes scientiam, in idolio recumbentem, nonne conscientia ejus qui infirmus est ædificabitur ad manducandum idolothyta? et perit infirmus in tua scientia frater, propter quem Christus mortuus est? Sic autem peccantes in fratres, et percutientes conscientiam ipsorum infirmam, in Christum peccatis. Quapropter, si esca scandalizat fratrem meum, non manducabo carnem in æternum, ne fratrem meum scandalizem (I Cor. viii, 4-13)... Nunquid non habemus potestatem manducandi et bibendi? Nunquid non habemus potestatem sororem mulierem circumducendi, sicut et cæteri apostoli, et fratres Domini, et Cephas? Aut ego solus et Barnabas non habemus potestatem hoc operandi? Quis militat suis stipendiis unquam? quis plantat vineam, et de fructu ejus non edit? Aut quis pascit gregem, et *de lacte gregis non manducat?* (*I Cor.* IX, 4-7) et cætera.

Quod, ne cui offendiculo simus, id etiam quod non est necessarium, effici debet.

Caput IV.

Et cum venissent Capharnaum, accesserunt qui didrachma accipiebant, ad Petrum, et dixerunt : Magister vester non solvit didrachma? Ait, Etiam. Et cum intrasset in domum, prævenit eum Jesus dicens : Quid tibi videtur, Simon? Reges terræ a quibus accipiunt tributa vel censum? A filiis suis, an ab alienis? Dicit ipsi Petrus : Ab alienis. Dixit illi Jesus : Ergo liberi sunt filii. Ut autem non scandalizemus eos, progressus ad mare, mitte hamum, et eum piscem, qui primus ascenderit, tolle, et aperto ore ejus, invenies staterem; illum sumens, da eis pro me et te (*Matth.* XVII, 23-27).

Quod in Domini voluntatibus, tametsi nonnulli scandalum perpetiuntur, exhibenda est invicta quædam libertas.

Caput V.

Non quod intrat in os, coinquinat hominem : sed quod exit ex ore, hoc coinquinat hominem. Tunc accedentes discipuli ejus dixerunt ei : **261** *Scis quod Pharisæi, audito hoc verbo, scandalizati sunt? At ille respondens ait : Omnis plantatio, quam non plantavit Pater meus cœlestis, eradicabitur. Sinite illos : cæci sunt, duces cæcorum. Cæcus autem si cæco ducatum præstet, ambo in foveam cadent* (*Matth.* XV, 11-14)... *Amen, amen dico vobis : Nisi manducaveritis carnem Filii hominis, et biberitis ejus sanguinem, non habetis vitam in vobis* (*Joan.* VI, 53). *Et paulo post : Ex hoc multi discipulorum ejus abierunt retro : et jam non cum illo ambulabant. Dixit ergo Jesus ad duodecim : Nunquid et vos vultis abire?* (*Ibid.* 66, 67). ... *Quia Christi bonus odor sumus Deo, in iis qui salvi fiunt, et in iis qui pereunt : aliis quidem odor mortis in mortem, aliis vero odor vitæ in vitam. Et ad hæc quis idoneus?* (*II Cor.* II, 15, 16.)

REGULA XXXIV.

Quod unusquisque in sua ipsius mensura debet sese aliis typum bonorum operum proponere.

Caput I.

Discite a me, quia mitis sum, et humilis corde (*Matth.* XI, 29)... *Scio enim promptum animum vestrum : pro quo de vobis glorior apud Macedones : quoniam Achaia parata est ab anno præterito, et vestra æmulatio provocavit plurimos* (*II Cor.* IX, 2).. *Et vos imitatores nostri facti estis, et Domini, excipientes verbum in tribulatione multa, cum gaudio Spiritus sancti : ita ut facti sitis forma omnibus credentibus in Macedonia et in Achaia* (*I Thess.* I, 6,7).

REGULA XXXV.

Quod ii qui sancti Spiritus fructum eamdem ubique pietatis rationem conservantem in quopiam animadvertunt, nec tamen sancto Spiritui illum acceptum referunt, sed adversario tribuunt, ipsi in ipsum Spiritum sanctum blasphemi sunt.

Caput I.

Tunc oblatus est ei· dæmonium habens, cæcus et mutus, et curavit eum, ita ut mutus et cæcus et loqueretur et videret. Et stupebant omnes turbæ, et dicebant : Nunquid hic est filius David? Pharisæi autem audientes dixerunt : Hic non ejicit dæmones nisi in Beelzebub principe dæmoniorum. Jesus autem sciens cogitationes eorum, dixit eis : Quod si ego in Spiritu Dei ejicio dæmonia, utique pervenit in vos regnum Dei (*Matth.* XII, 22-25, 28)... Quibus deinceps subjungit : *Ideo dico vobis, omne peccatum et blasphemia remittetur hominibus; Spiritus autem blasphemia non remittetur hominibus. Et quicunque dixerit verbum contra Filium hominis, remittetur ei : qui autem dixerit contra Spiritum sanctum, non remittetur ei, neque in hoc sæculo, neque in futuro* (*ibid.* 31, 32).

262 REGULA XXXVI.

Quod servantes formam doctrinæ Domini, cum omni studio et honore suscipiendi sunt ad ipsius Domini gloriam : qui vero neque eos audit, neque suscipit, condemnatur.

Caput I.

Qui recipit vos, me recipit : et qui me recipit, recipit eum qui me misit (*Matth.* X, 40)... *Et quicunque non receperit vos, neque audierit sermones vestros, exeuntes ex illa domo vel civitate, excutite pulverem de pedibus vestris. Amen dico vobis : tolerabilius erit terræ Sodomorum et Gomorrhæorum in die judicii, quam illi civitati* (*ibid.* 14, 15)... *Qui accipit, si quem misero, me accipit : qui autem me accipit, accipit eum qui me misit* (*Joan.* XIII, 20). *Necessarium autem existimavi Epaphroditum fratrem, et cooperatorem, et commilitonem meum, vestrum autem apostolum, et ministrum necessitatis meæ, mittere ad vos* (*Philipp.* II, 25)... Et paulo post : *Excipite itaque illum in Domino cum omni gaudio, et eos qui sunt ejusmodi, in honore habete* (*Philip.* II, 29).

REGULA XXXVII.

Quod obsequium pro viribus etiam in rebus minimis præstitum, Deo est acceptum, etiam si præstetur a mulieribus.

Caput I.

Et quicunque potum dederit uni ex minimis istis calicem aquæ frigidæ tantum in nomine discipuli, amen dico vobis, non perdet mercedem suam (*Matth.* X, 42)... *Respiciens autem vidit eos qui mittebant munera sua in gazophylacium divites. Vidit autem quamdam viduam pauperculam mittentem illuc duo minuta, et dixit : Vere dico vobis, quia vidua hæc pauper plus quam omnes misit. Nam omnes hi ex abundanti sibi miserunt in munera Dei : hæc autem ex eo quod deest illi, omnem victum quem habuit,* misit (*Luc.* xxi, 1-4)... *Cum autem Jesus esset in Bethania in domo Simonis leprosi, accessit ad eum mulier habens alabastrum unguenti pretiosi, et effudit super caput ipsius recumbentis. Videntes autem discipuli ejus, indignati sunt, dicentes : Ut quid perditio hæc unguenti? Potuit enim istud venundari multo et dari pauperibus. Sciens autem Jesus, ait illis : Quid molesti estis huic mulieri? Opus enim bonum operata est in me* (*Matth.* xxvi, 6-10). ... *In Actis de Lydia : Cum autem baptizata esset, et domus ejus, deprecata est, dicens : Si judicastis me fidelem Domino esse, introite in domum meam, et manete. Et coegit nos* (*Act.* xvi, 15).

263 REGULA XXXVIII.

Quod Christianus etiam citra tumultum et cum frugalitate debeat fratres hospitio excipere.

Caput I.

Dicit ei unus ex discipulis ejus, Andreas frater Simonis : Est puer unus hic, et habet quinque panes hordeaceos et duos pisces : sed hæc quid sunt inter tam multos? Dixit autem Jesus : Facite homines discumbere. Erat autem fenum multum in loco. Discubuerunt ergo viri numero quasi quinque millia. Accepit autem Jesus panes, et cum gratias egisset, distribuit discumbentibus : similiter autem et ex piscibus quantum volebant (*Joan.* vi, 8-11)... *Mulier autem quædam, Martha nomine, excepit illum in domum suam. Et huic erat soror nomine Maria, quæ etiam sedens secus pedes Jesu, audiebat verbum illius. Martha vero satagebat circa frequens ministerium : quæ stetit, et ait : Domine, non est tibi curæ quod soror mea reliquit me solam ministrare? Dic ergo illi ut me adjuvet. Respondens autem Jesus dixit ei : Martha, Martha, sollicita es, et turbaris circa plurima; tamen paucis opus est, aut uno. Maria autem bonam partem elegit, quæ non auferetur ab ea* (*Luc.* x, 38-42).

REGULA XXXIX.

Quod non oportet quemquam mutabilem esse, sed in fide stabilem, quodque ab iis bonis quæ sunt in Domino, divelli non debet.

Caput I.

Qui autem super petrosa seminatus est, hic est qui verbum audit, et continuo cum gaudio accipit illud. Non habet autem in se radicem, sed est temporalis ; facta autem tribulatione aut persecutione propter verbum, continuo scandalizatur (*Matth.* xiii, 20, 21)... *Itaque, fratres mei, stabiles estote, immobiles, abundantes in opere Domini semper* (*I Cor.* xv, 58). *Miror quod tam cito transferimini ab eo qui vos vocavit in gratia Christi, in aliud Evangelium* (*Gal.* i, 6).

REGULA XL.

Quod non sunt ferendi ii qui alienam et diversam doctrinam tradunt, etiamsi simulatione utantur ut instabiles decipiant vel redarguant.

Caput I.

Videte ne quis vos seducat. Multi enim venient in nomine meo, dicentes : Ego sum Christus; **264** *et multos seducent* (*Matth.* xxiv, 5)... *Attendite a Scribis qui volunt ambulare in stolis, et amant salutationes in foro, et primas cathedras in synagogis, et primos discubitus in conviviis : qui devorant domos viduarum, et simulatione diu orant. Ili accipient damnationem majorem* (*Luc.* xx, 46, 47) .. *Sed licet nos, aut angelus de cœlo evangelizet vobis, præterquam quod evangelizavimus vobis, anathema sit. Sicut prædiximus, et nunc iterum dico : Si quis vobis evangelizat præter id quod accepistis, anathema sit* (*Gal.* i, 8, 9).

REGULA XLI.

Quod exscindendum est quidquid scandalum affert, etiamsi conjunctissimum quiddam ac maxime necessarium esse videatur.

Caput I.

Væ homini illi per quem scandalum venit! Si autem pes tuus vel manus tua scandalizet te, abscide ea, et projice abs te. Bonum tibi est ad vitam ingredi claudum vel debilem, quam duos pedes vel duas manus habentem mitti in ignem æternum. Et si oculus tuus scandalizat te, erue eum, et projice abs te (*Matth.* xviii, 7-9).

Quod oportet mitius agere cum iis qui in fide sunt infirmiores, eosque diligenti cura ad perfectionem adducere : ita tamen temperate, ut Dei mandatum non negligatur.

Caput II.

Arundinem quassatam non confringet, et linum fumigans non exstinguet, donec ejiciat ad victoriam judicium : et in nomine ejus gentes sperabunt (*Matth.* xii, 20, 21)... *Infirmum autem in fide assumite* (*Rom.* xiv, 1)... *Et si præoccupatus fuerit homo in aliquo delicto, vos qui spirituales estis, hujusmodi instruite in spiritu lenitatis, considerans teipsum, ne et tu tenteris. Alter alterius onera portate, et sic adimplete legem Christi* (*Gal.* vi, 1, 2).

REGULA XLII.

Quod non putandum est Dominum venisse, ut legem et prophetas evertat, sed ut adimpleat, et adjiciat quæ sunt perfectiora.

Caput I.

Nolite putare quoniam veni solvere legem, aut prophetas : non veni solvere, sed adimplere (*Matth.* v, 17)... *Legem ergo destruimus per fidem? Absit! sed legem statuimus* (*Rom.* iii, 31).

265 REGULA XLIII.

Quod quemadmodum lex actiones malas vetat, ita Evangelium ipsa animi vitia latentia prohibet.

Caput I.

Audistis quia dictum est antiquis : Non occides : qui autem occiderit, reus erit judicio. Ego autem dico vobis, quia omnis qui irascitur fratri suo temere, reus erit judicio (Matth. v, 21, 22)..... Non enim qui in manifesto, Judæus est : neque quæ in manifesto, in carne, est circumcisio: sed qui in abscondito, Judæus est, et circumcisio cordis in spiritu, non littera: cujus laus non ex hominibus, sed ex Deo est (Rom. II, 28, 29).

Quod sicuti lex partem, sic Evangelium in unoquoque recte facto expostulat integritatem.

Caput II.

Omnia quæcunque habes vende, et da pauperibus, et habebis thesaurum in cœlo: et veni, sequere me (Luc. XVIII, 22)..... In quo et circumcisi estis circumcisione non manu facta in exspoliatione corporis peccatorum carnis, in circumcisione Christi (Coloss. II, 11).

Quod ii regnum cœlorum consequi non possint, qui Evangelii justitiam non ostenderint majorem esse, quam quæ in lege præscribitur.

Caput III.

Nisi abundaverit justitia vestra plus quam Scribarum et Pharisæorum, non intrabitis in regnum cœlorum (Matth. v, 20)...... Si quis alius videtur confidere in carne, ego magis, circumcisus octavo die, ex genere Israel, de tribu Benjamin, Hebræus ex Hebræis, secundum legem Pharisæus, secundum æmulationem persequens Ecclesiam, secundum justitiam, quæ in lege est, conversatus sine querela. Sed quæ mihi erant lucra, hæc arbitratus sum propter Christum detrimenta. Verumtamen existimo omnia detrimentum esse propter eminentem scientiam Jesu Christi Domini nostri: propter quem omnia detrimentum feci, et arbitror stercora esse, ut Christum lucrifaciam, et inveniar in illo non habens meam justitiam, quæ ex lege est, sed illam quæ per fidem est Christi, quæ ex Deo est justitiam (Philipp. III, 4 - 9).

REGULA XLIV.

Quod jugum Christi suave est, et onus ejus leve ad recreandos eos qui illud subeunt : omnia vero quæ ab Evangelii doctrina sunt aliena, gravia sunt et onerosa.

Caput I.

Venite ad me, omnes qui laboratis et onerati estis, et ego reficiam vos. Tollite jugum meum super vos, et discite a me quia mitis **266** sum et humilis corde, et invenietis requiem animabus vestris. Jugum enim meum suave est, et onus meum leve (Matth. XI, 28 - 30).

REGULA XLV.

Quod non possunt regno cœlorum digni haberi ii, qui inter se non imitantur eam conditionis æqualitatem, quam pueri inter se invicem servant.

Caput I.

Amen dico vobis, nisi conversi fueritis, et efficiamini sicut parvuli, non intrabitis in regnum cœlorum (Matth. XVIII, 3).

Quod qui majorem gloriam assequi cupit in regno cœlorum, is debeat hic humilitatem et ultimum locum amplecti.

Caput II.

Quicunque ergo humiliabit se sicut parvulus iste, hic est major in regno cœlorum. Sed quicunque voluerit magnus fieri inter vos, erit vester minister (Matth. XX, 26): et qui voluerit in vobis primus esse, erit omnium servus (Marc. x, 44)..... Nihil per contentionem aut inanem gloriam, sed in humilitate superiores sibi invicem arbitrantes (Philipp. II, 3).

REGULA XLVI.

Quod ex comparatione rationis ejus, quæ in rebus minoribus servatur, studium in majoribus a nobis requiritur.

Caput I.

Unusquisque vestrum Sabbato non solvit bovem suum aut asinum a præsepio, et ducit adaquare? Hanc autem filiam Abrahæ quam alligavit Satanas ecce decem et octo annis, non oportuit solvi a vinculo isto die Sabbati? (Luc. XIII, 15, 16)... Dicebat autem parabolam ad illos, quod nempe oportet semper orare, et non deficere. Judex quidam erat in quadam civitate, qui Deum non timebat, et hominem non reverebatur. Vidua autem erat in civitate illa, et veniebat ad eum, dicens : Vindica me de adversario meo. Et nolebat aliquandiu. Post hæc autem dixit intra se : Et si Deum non timeo, nec hominem revereor; tamen quia molesta est mihi hæc vidua, vindicabo illam, ne in novissimo veniens suggillet me. Ait autem Dominus : Audite quid judex iniquitatis dicit: Deus autem non faciet vindictam electorum suorum clamantium ad se die ac nocte (Luc. XVIII, 1-7).... Nemo militans implicat se vitæ negotiis, ut ei qui se in militiam delegit, placeat. Quod si certet etiam aliquis, non coronatur, nisi legitime certaverit (II Tim. II, 4, 5).

Quod ex comparatione eorum qui per fidem **267** in rebus minoribus timore correpti sunt, ac desiderio laudabili studium et diligentiam adhibuerunt, alii qui majora contemnere aut negligere deprehensi fuerint, gravius sunt condemnandi.

Caput II.

Regina Austri surget in judicio cum viris generationis hujus, et condemnabit illos, quia venit a finibus terræ audire sapientiam Salomonis, et ecce plus quam Salomon hic (Luc. XI, 31)..... Viri Ninivitæ surgent in judicio cum generatione ista, et condemnabunt eam : quia pœnitentiam egerunt in prædicatione Jonæ, et ecce plus quam Jonas hic (Matth. XII, 41).

Quod is qui diligentiam in minoribus ostendit, non debet contemnere majora : sed tenetur præsertim majora præcepta exsequi, et simul minora perficere.

Caput III.

Væ vobis, Scribæ et Pharisæi, hypocritæ, quia decimatis mentham, et anethum, et cyminum, et reliquistis quæ graviora sunt legis, judicium, et misericordiam, et fidem. Hæc oportuit facere, et illa non omittere. Duces cæci, excolantes culicem, camelum autem glutientes (Matth. xxiii, 23, 24).

REGULA XLVII.

Quod non oporteat quemquam sibi ipsi colligere thesaurum in terra, sed in cœlo : et quis sit modus colligendi thesauri in cœlo.

Caput I.

Nolite thesaurizare vobis thesauros in terra, ubi tinea et ærugo demolitur, et ubi fures effodiunt, et furantur. Thesaurizate autem vobis thesauros in cœlo, ubi neque tinea, neque ærugo demolitur, et ubi fures non effodiunt, nec furantur (Matth. vi, 19-20)..... Vendite quæ possidetis, et date eleemosynam. Facite vobis sacculos qui non veterascunt, thesaurum non deficientem in cœlis (Luc. xii, 33)..... Omnia quæcunque habes vende, et da pauperibus, et habebis thesaurum in cœlis (Luc. xviii, 22)..... Ut facile tribuant, communicent, thesaurizent sibi fundamentum bonum in futurum; quo apprehendant veram vitam (I Tim. vi, 18, 19).

REGULA XLVIII.

Quod oportet quemvis misericordem esse et liberalem : qui enim non sunt hujusmodi, coarguuntur.

Caput I.

Beati misericordes, quoniam ipsi misericordiam consequentur (Matth. v, 7)..... Omni petenti te, tribue (Luc. vi, 30)..... **268** Sine affectione, sine misericordia, qui cum justitiam Dei cognovissent, nempe quod qui talia agunt, digni sunt morte (Rom. i, 31, 32)..... Ut facile tribuant, communicent (I Tim. vi, 18).

Quod quidquid possidet quispiam ultra ea quæ ad vitam necessaria sunt, debet id beneficii loco impertire, ex mandato Domini, qui ea etiam quæ habemus, largitus est.

Caput II.

Qui habet duas tunicas, det non habenti : et qui habet escas, similiter faciat (Luc. iii, 11)..... Quid enim habes, quod non accepisti? (I Cor. iv, 7)..... Vestra abundantia illorum inopiam suppleat; ut et illorum abundantia vestræ inopiæ sit supplementum, ut fiat æqualitas, sicut scriptum est : Qui multum, non abundavit : et qui modicum, non minoravit (II Cor. viii, 14, 15; Exod. xvi, 18).

Quod non oportet divitem esse, sed pauperem, juxta Domini sententiam.

Caput III.

Beati, pauperes, quia vestrum est regnum Dei (Luc. vi, 20)..... Væ vobis divitibus, quia habetis consolationem vestram (ibid. 24).... Altissima paupertas eorum abundavit in divitias simplicitatis eorum (II Cor. viii, 2)..... Nam qui volunt divites fieri, incidunt in tentationem, et in laqueum, et in desideria multa stulta et nociva, quæ mergunt homines in interitum et perditionem. Radix enim omnium malorum est avaritia, quam quidam appetentes, erraverunt a fide, et inseruerunt se doloribus multis (I Tim. vi, 9, 10).

Quod non oportet sollicitum esse de copia rerum ad vitam necessariarum : neque saturitati, neque magnificentiæ studium est impertiendum, sed oportet purum esse ab omni specie avaritiæ et cultus.

Caput IV.

Videte, et cavete ab omni avaritia : quia non in abundantia cujusquam vita ejus est ex his quæ possidet (Luc. xii, 15)..... Ornare se non intortis crinibus, aut auro, aut margaritis, vel veste pretiosa (I Tim. ii, 9)..... Habentes alimenta, et quibus tegamur, his contenti erimus (I Tim. vi, 8).

Quod neminem oportet sollicitum esse de iis **269** quæ sibi ipsi sunt necessaria : neque in rebus quæ ad præsentem vitam degendam comparantur, reponenda spes est, sed sui cura Deo committenda est.

Caput V.

Non potestis Deo servire et mammonæ. Ideo dico vobis, ne solliciti sitis animæ vestræ quid manducetis, et quid bibatis, neque corpori vestro quid induamini. Nonne anima plus est quam esca, et corpus plus quam vestimentum? Respicite volatilia cœli, quoniam non serunt, neque metunt, neque congregant in horrea : et Pater vester cœlestis pascit illa. Nonne vos magis pluris estis illis? Quis autem vestrum sollicite cogitans, potest adjicere ad staturam suam cubitum unum? Et de vestimento quid solliciti estis? Considerate lilia agri, quomodo crescunt : non laborant, neque nent. Dico autem vobis : neque Salomon in omni gloria sua coopertus est sicut unum ex istis. Quod si fenum agri, quod hodie est, et cras in clibanum mittitur, Deus sic vestit, an non multo magis vos, modicæ fidei? Nolite ergo solliciti esse, dicentes : Quid manducabimus, aut quid bibemus, aut quo operiemur? Hæc enim omnia gentes inquirunt. Scit enim Pater vester cœlestis, quia his omnibus indigetis. Quærite autem primum regnum Dei, et justitiam ejus : et hæc omnia adjicientur vobis. Nolite ergo solliciti esse in crastinum : crastinus enim dies sollicitus erit sibi ipsi : sufficit diei malitia sua (Matth. vi, 24-34)... Hominis cujusdam divitis uberes fructus ager attulit, et cogitabat intra se, dicens : Quid faciam, quia non habeo quo congregem fructus meos? Et dixit : Hoc faciam : destruam horrea mea, et majora exstruam, et illuc congregabo omnia quæ nata sunt mihi, et bona mea. Et dicam animæ meæ : Anima, habes multa bona reposita in annos plurimos : requiesce, comede, bibe, lætare (Luc. xii, 16-19), et cætera... Divitibus hujus sæculi præcipe non sublime sapere, neque sperare in incerto divitiarum, sed in Deo qui præstat nobis omnia abunde ad fruendum (I Tim. vi, 17).

Quod adhibenda sit cura et sollicitudo circa fratrum necessitatem secundum Domini voluntatem.

Caput VI.

Venite, benedicti Patris mei, possidete paratum vobis regnum a constitutione mundi. Esurivi enim, et dedistis mihi manducare: sitivi, et dedistis mihi bibere: hospes eram, et collegistis me: nudus, et cooperuistis me: infirmus, et visitastis me: in carcere eram, et venistis ad me (Matth. xxv, 34-36)... Et paulo post: *Amen dico vobis, quandiu fecistis uni ex his fratribus meis minimis, mihi fecistis* (ibid. 40)... *Cum sublevasset ergo oculos* **270** *Jesus, et vidisset quod turba multa venit ad se, dicit ad Philippum: Unde ememus panes, ut manducent hi?* et reliqua (Joan. vi, 5).... *De collatione autem quæ fit in sanctos, sicut ordinavi Ecclesiis Galatiæ, ita et vos facite. In una Sabbatorum unusquisque vestrum apud se seponat, recondens quod per facultates licuerit: ut non, cum venero, tunc collationes fiant* (I Cor. xvi, 1, 2).

Quod is qui viribus præditus est debeat operari, et aliquid impertiri indigentibus. Qui enim non vult operari, neque dignus est qui manducet.

Caput VII.

Dignus est operarius cibo suo (Matth. x, 10)... *Omnia ostendi vobis, quoniam sic laborantes, oportet suscipere infirmos, ac meminisse verba Domini, quoniam ipse dixit: Beatius est dare, quam accipere* (Act. xx, 35)... *Qui furabatur, jam non furetur: magis autem laboret operando manibus quod bonum est, ut habeat unde tribuat necessitatem patienti* (Ephes. iv, 28)... *Cum essemus apud vos, hoc denuntiabamus vobis: quoniam si quis non vult operari, nec manducet* (II Thess. iii, 10).

REGULA XLIX.

Quod ne de iis quidem quæ corpori circumponuntur, litigare oportet, etiamsi ad id contegendum necessaria sint.

Caput I.

Percutienti te in dextram maxillam, præbe et alteram: et ab eo qui aufert tibi vestimentum, etiam tunicam noli prohibere. Omni autem petenti te, tribue: et ab eo qui aufert quæ tua sunt, ne repetas (Luc. xvi, 29, 30)... *Audet aliquis, habens negotium adversus alterum, judicari apud iniquos, et non apud sanctos?* (I Cor. vi, 1)... Et paulo post: *Jam quidem omnino delictum est in vobis, quod judicia habetis inter vos. Quare non magis injuriam accipitis? quare non magis fraudem patimini? Sed vos injuriam facitis, et fraudatis: et hoc fratribus* (ibid. 7, 8).

Quod non oportet pugnare, aut seipsum ulcisci: sed erga omnes, si fieri potest, pacem servare, juxta Domini mandatum.

Caput II.

Audistis quia dictum est: Oculum pro oculo, et dentem pro dente. Ego autem dico vobis, non resistere malo. Sed quisquis te percusserit in dexteram maxillam, obverte illi et alteram (Matth. v, 38, 39); et reliqua ...*Charitatem habete in vobis, sed et pacem* **271** *habete inter vos* (Marc. ix, 49)... *Nulli malum pro malo reddentes: providentes bona coram omnibus hominibus: si fieri potest, quod ex vobis est, cum omnibus hominibus pacem habentes: non vosmetipsos vindicantes, charissimi, sed date locum iræ* (Rom. xii, 17-19).... *Servum autem Domini non oportet litigare, sed mansuetum esse ad omnes* (II Tim. ii, 24).

Quod non oportet etiam ad alterum, qui injuria afficitur, vindicandum, ulcisci eum qui injuriam facit.

Caput III.

Tunc accedentes manus injecerunt in Jesum, et tenuerunt eum. Et ecce unus ex his qui erant cum Jesu, extendens manum, exemit gladium suum, et percutiens servum principis sacerdotum, amputavit auriculam ejus. Ait autem illi Jesus: Converte gladium tuum in locum suum: quia omnes qui acceperint gladium, gladio peribunt (Matth. xxvi, 50-52).... *Et misit nuntios ante conspectum suum: et euntes venerunt in civitatem Samaritanorum, ut pararent illi. Et non receperunt eum, quia facies ejus erat euntis in Jerusalem. Cum vidissent autem discipuli ejus Jacobus et Joannes, dixerunt: Domine, vis dicamus ut ignis descendat de cælo et consumat illos, sicut et Helias fecit? Conversus autem increpavit illos, et abierunt in aliud castellum* (Luc. ix, 52-56).

REGULA L.

Quod alii quoque ad pacem Christi sunt adducendi.

Caput I.

Beati pacifici, quoniam ipsi filii Dei vocabuntur (Matth. v, 9)... *Pacem relinquo vobis: pacem meam do vobis* (Joan. xv, 27).

REGULA LI.

Quod oportet prius seipsum purgare a quocunque tandem delicto, et tunc alterum coarguere.

Caput I.

Quid autem vides festucam in oculo fratris tui, et trabem in oculo tuo non vides? Aut quomodo dicis fratri tuo: Sine ejiciam festucam de oculo tuo, et ecce trabs est in oculo tuo? Hypocrita, ejice primum trabem de oculo tuo, et tunc videbis ejicere festucam de oculo fratris tui (Matth. vii, 3-5).... *Propter quod inexcusabilis es, o homo omnis qui judicas. In quo enim judicas alterum, teipsum condemnas: eadem enim agis tu qui judicas. Scimus enim quoniam judicium Dei est secundum veritatem in eos qui talia agunt. Existimas autem hoc, o homo qui* **272** *judicas eos qui talia agunt, et facis eadem, quia tu effugies judicium Dei?* (Rom. ii, 1 3).

REGULA LII.

Quod non oportet indifferenter se gerere erga peccantes, sed eorum causa tristitia affici et lugere.

Caput I.

Et ut appropinquavit, videns civitatem, flevit super illam, dicens : Quia si cognovisses et tu, et quidem in hac die, quæ ad pacem tibi : nunc autem abscondita sunt ab oculis tuis (Luc. xix, 41, 42)... *Omnino auditur inter vos fornicatio, et talis fornicatio qualis nec inter gentes nominatur, ita ut uxorem patris aliquis habeat. Et vos inflati estis : et non magis luctum habuistis, ut tollatur de medio vestrum qui hoc opus fecit (I Cor.* v, 1, 2). *Ne iterum cum venero ad vos, humiliet me Deus meus, et lugeam multos ex iis qui ante peccaverunt, et non egerunt pœnitentiam (II Cor.* xii, 21).

Quod non oportet silere, quando aliqui peccant.

Caput II.

Si autem peccaverit frater tuus, increpa eum (Luc. xvii, 3), etc. *Et nolite communicare operibus infructuosis tenebrarum, magis autem et redarguite (Ephes.* v, 11).

Quod oportet in congressum et colloquium peccatorum venire, non ob aliam causam, quam ut ipsos ad pœnitentiam revocemus; quo tandem modo fieri poterit citra peccatum.

Caput III.

Et ecce multi publicani et peccatores venientes, discumbebant cum Jesu et discipulis ejus. Et videntes Pharisæi, dixerunt discipulis ejus : Quare cum publicanis et peccatoribus manducat magister vester? At Jesus audiens, ait illis : Non est opus valentibus medicus, sed male habentibus. Euntes autem discite quid est : Misericordiam volo, et non sacrificium. Non enim veni vocare justos, sed peccatores ad pœnitentiam (Matth. ix, 10-13). *Erant autem appropinquantes ei omnes publicani et peccatores, ut audirent illum. Et murmurabant Scribæ et Pharisæi, dicentes : Quia hic peccatores recipit, et manducat cum illis. Et ait ad illos parabolam istam, dicens : Quis ex vobis est, qui habet centum oves, et si perdiderit unam ex illis, nonne dimittit nonaginta novem in deserto, et vadit ad illam quæ perierat, donec* **273** *inveniat eam? (Luc.* xv, 1-4), etc. *Quod si quis non obedit verbo nostro, per epistolam hunc notate, et ne commisceamini cum illo, ut confundatur. Et nolite quasi inimicum existimare, sed corripite ut fratrem (II Thess.* iii, 14, 15). *Si quis autem contristavit, non me contristavit : sed ex parte, ut non onerem omnes vos. Sufficit illi, qui ejusmodi est, objurgatio hæc quæ fit a pluribus : ita ut e contrario magis donetis, et consolemini, ne forte abundantiori tristitia absorbeatur qui ejusmodi est (II Cor.* ii, 5-7).

Quod oportet eos qui perseverant in sua ipsorum nequitia, aversari, posteaquam eorum curatio omni modo tentata fuerit.

Caput IV.

Si peccaverit in te frater tuus, vade, corripe eum inter te et ipsum solum. Si te audierit, lucratus es fratrem tuum : si vero non audierit, adhibe tecum unum, vel duos, ut in ore duorum vel trium testium stet omne verbum. Quod si non audierit eos, dic Ecclesiæ : si autem Ecclesiam quoque non audierit, sit tibi sicut ethnicus et publicanus (Matth. xviii, 15-17).

REGULA LIII.

Quod non debet Christianus injuriarum acceptarum memor esse, sed illas iis qui in se deliquerint ex corde condonare.

Caput I.

Si non dimiseritis hominibus delicta eorum, neque Pater vester cœlestis dimittet delicta vestra; si autem dimiseritis hominibus peccata eorum, dimittet et vobis Pater vester cœlestis (Matth. vi, 14, 15).

REGULA LIV.

Quod non oportet se invicem judicare in iis quæ a Scriptura sunt concessa.

Caput I.

Nolite judicare, ut non judicemini. In quo enim judicio judicatis, judicabimini (Matth. vii, 1)... *Nolite judicare, et non judicabimini : nolite condemnare, et non condemnabimini (Luc.* vi, 37).... *Alius quidem credit se manducare omnia; qui autem infirmus est, olera manducat. Is qui manducat, non manducantem non spernat : et qui non manducat, manducantem non judicet. Deus enim illum assumpsit. Tu quis es qui judicas alienum servum? Domino suo stat, aut cadit : stabit autem : potens est enim Deus statuere illum. Alius enim* **274** *judicat diem inter diem : alius vero judicat omnem diem, unusquisque in suo sensu abundet. Qui sapit diem, Domino sapit : et qui non sapit diem, Domino non sapit. Et qui manducat, Domino manducat : gratias enim agit Deo. Et qui non manducat, Domino non manducat, et gratias agit Deo (Rom.* xiv, 2-6). *Et paulo post : Itaque unusquisque nostrum pro se rationem reddet Deo. Non ergo amplius nos invicem judicemus (ibid.* 12, 13)..... *Nemo ergo vos judicet in cibo, aut in potu, aut in parte dici festi, aut neomeniæ, aut sabbatorum, quæ sunt umbra futurorum (Coloss.* ii, 16, 17).

Quod non oportet hæsitare in his quæ a Scriptura permissa sunt.

Caput II.

Beatus qui non judicat semetipsum in eo quod probat. Qui autem discernit, si manducaverit, condemnatus est : quia non ex fide. Omne autem, quod non est ex fide, peccatum est (Rom. xiv, 22, 23)... *Si mortui estis cum Christo ab elementis mundi, quid tanquam viventes in mundo decernitis? Ne tetigeris, neque gustaveris, neque contrectaveris : quæ sunt omnia in interitum ipso usu, secundum præcepta et doctrinas hominum (Coloss.* ii, 20-23).

Quod de rebus incertis non est judicandum.

Caput III.

Itaque nolite ante tempus judicare, quoadusque veniat Dominus, qui et illuminabit abscondita tene-

brarum, et manifestabit consilia cordium : et tunc laus erit unicuique a Deo (I Cor. IV, 5).

Quod non oportet judicare habita personarum ratione.
Caput IV.
Si circumcisionem accipit homo in Sabbato, ut non solvatur lex Moysi, quid mihi indignamini quia totum hominem sanum feci in Sabbato? Nolite judicare secundum faciem, sed justum judicium judicate (Joan. VII, 23, 24).

Quod non debemus quemquam condemnare, nisi prius ipso præsente diligenter expenderimus illius agendi rationem, etiamsi adsint multi accusatores.
Caput V.
Dicit Nicodemus, ille qui venit ad eum nocte, qui unus erat ex ipsis : Nunquid lex nostra judicat hominem, nisi prius audierit ab ipso, et **275** cognoverit quid faciat?... (Joan. VII, 50, 51.) Et cum dies complures ibi immorarentur, Festus regi retulit causam Pauli, dicens : Vir quidam est relictus a Felice vinctus, de quo cum essem Hierosolymis, significarunt mihi principes sacerdotum et seniores Judæorum, postulantes adversus illum damnationem ; ad quos respondi : Quia non est Romanis consuetudo tradere aliquem hominem, priusquam is qui accusatur, præsentes habeat accusatores, locumque defendendi accipiat de crimine (Act. XXV, 14-16).

REGULA LV.
Quod sciendum est atque confitendum cujusvis boni largitionem, et ipsarum afflictionum quæ Christi causa accidunt, tolerantiam a Deo proficisci.
Caput I.
Non potest homo accipere quidquam, nisi fuerit ei datum de cœlo (Joan. III, 27).... Quid autem habes quod non accepisti?... (I Cor. IV, 7.) Gratia enim estis salvati per fidem, et hoc non ex vobis, Dei donum est : non ex operibus, ut ne quis glorietur (Ephes. II, 8)... Et hoc a Deo, quia vobis donatum est pro Christo, non solum ut in eum credatis, sed ut etiam pro illo patiamini, idem certamen habentes (Philipp. I, 28, 29), etc.

Quod Dei beneficia non sunt silentio prætermittenda, sed grates pro ipsis sunt persolvendæ.
Caput II.
Et rogabat illum vir, a quo dæmonia exierant, ut cum eo esset. Dimisit autem eum Jesus, dicens : Redi in domum tuam, et narra quanta tibi fecit Deus. Et abiit per universam civitatem, prædicans quanta illi fecisset Jesus (Luc. VIII, 38, 39).... Et cum ingrederetur quoddam castellum, occurrerunt ei decem viri leprosi, qui steterunt a longe. Et levaverunt vocem, dicentes : Jesu præceptor, miserere nostri. Et aspiciens, dixit eis : Euntes, ostendite vos sacerdotibus. Et factum est dum irent, mundati sunt. Unus autem ex illis, ut vidit quod sanatus est, regressus est cum magna voce glorificans Deum. Et cecidit in faciem ante pedes ejus, gratias agens ei: et hic erat Samaritanus. Respondens autem Jesus dixit : Nonne decem mundati sunt? Et novem ubi sunt? Non sunt inventi qui redierint, ut darent gloriam Deo, nisi hic alienigena. Et ait illi : Surge, vade : fides tua te salvum fecit (Luc. XVII, 12-19).... Gratia autem Dei sum id quod sum (I Cor. XV, 10).... Omnis creatura Dei bona est, et nihil rejiciendum, quod cum gratiarum actione percipitur (I Tim. IV, 4).

276 REGULA LVI.
Quod precationibus et vigiliis assidue incumbendum sit.
Caput I.
Petite, et dabitur vobis : quærite, et invenietis : pulsate, et aperietur vobis. Omnis enim qui petit, accipit : et qui quærit, invenit : et pulsanti aperietur (Matth. VII, 7, 8), etc. Dicebat autem et parabolam ad illos : quod oportet semper orare, et non deficere, dicens : Judex quidam erat in quadam civitate (Luc. XVIII, 1, 2), et reliqua. Attendite autem vobis, nequando graventur corda vestra in crapula, et ebrietate, et curis hujus vitæ : et derepente superveniat in vos dies illa. Tanquam laqueus enim superveniet in omnes, qui sedent super faciem omnis terræ. Vigilate itaque, omni tempore orantes, ut digni habeamini fugere ista omnia, quæ futura sunt, et stare ante Filium hominis (Luc. XXI, 34-36).... Orationi instate, vigilantes in ea, in gratiarum actione (Coloss. IV, 2)..... Semper gaudete, sine intermissione orate (I Thess. V, 16).

Quod oportet etiam pro iis quæ quotidiana corporis necessitas requirit, prius gratias agere Deo, et ita demum sumere.

Caput II.
Et acceptis quinque panibus, et duobus piscibus, cum gratias egisset, fregit, et dedit discipulis suis : discipuli autem turbæ (Matth. XIV, 19)... Et cum hæc dixisset, et sumpsisset panem, gratias egit Deo in conspectu omnium : et cum fregisset, cœpit manducare (Act. XXVII, 35)... Omnis creatura Dei bona est, et nihil rejiciendum, quod cum gratiarum actione percipitur (I Tim. IV, 4).

Quod non oportet inani et prolixa precatione uti in petendis rebus quæ corruptioni sunt obnoxiæ et Domino indignæ.

Caput III.
Orantes autem, nolite multum loqui, sicut ethnici. Putant enim quod in multiloquio suo exaudientur. Nolite ergo assimilari eis : scit enim Pater vester cœlestis, quid opus sit vobis, antequam petatis eum (Matth. VI, 7, 8)... Et vos nolite quærere quid manducetis, et quid bibatis : et nolite in sublime tolli. Hæc enim omnia gentes mundi quærunt. Pater autem vester scit quoniam his indigetis (Luc. XII, 29, 30).

Quomodo orandum sit, et in quali animi statu.
Caput IV.

Pater noster (1), *qui es in cœlis, sanctificetur nomen tuum : adveniat regnum tuum : fiat voluntas tua* (Matth. vi, 9, 10), *et cætera. Quærite autem primum regnum Dei, et justitiam ejus* (Ibid. 33)... *Cum steteritis orantes, dimittite si quid habetis adversus aliquem* (Marc. xi, 25)... *Volo ergo viros orare in omni loco, levantes puras manus, sine ira et disceptationibus* (I Tim. ii, 8).

Quod alii pro aliis orare debeant, et pro iis qui verbo veritatis præfecti sunt.

Caput V.

Ait autem Dominus : Simon, Simon, ecce Satanas expetivit vos, ut cribraret sicut triticum. Ego autem rogavi pro te, ut non deficiat fides tua (Luc. xxii, 31, 32)... *Orantes omni tempore in spiritu et in ipso vigilantes semper in omni instantia et obsecratione pro omnibus sanctis, et pro me, ut detur mihi sermo in apertione oris mei cum fiducia, notum facere mysterium Evangelii, pro quo legatione fungor in catena : ita ut in ipso audeam prout oportet me loqui* (Ephes. vi, 18-20)... *De cætero orate pro nobis, ut sermo Domini currat, et glorificetur in omnibus, sicut et apud vos* (II Thess. iii, 1).

Quod pro inimicis etiam orandum sit.

Caput VI.

Orate pro calumniantibus et persequentibus vos, ut sitis filii Patris vestri qui in cœlis est (Matth. v, 44, 45).

Quod non debet vir velato capite orare, prophetareve, neque mulier, aperto.

Caput VII.

Volo autem vos scire, quod omnis viri caput Christus est : caput autem mulieris, vir : caput vero Christi, Deus. Omnis vir orans, aut prophetans, quidquam habens in capite, deturpat caput suum : omnis vero mulier orans aut prophetans non velato capite, deturpat caput suum (I Cor. xi, 3-5), *et reliqua.*

REGULA LVII.

Quod non oportet magnifice sentire de seipso ob recte facta, neque alios contemnere.

Caput I.

Dixit autem ad quosdam qui in se confidebant, tanquam justi, et aspernabantur cæteros, parabolam istam. Duo homines ascenderunt in templum ut orarent : unus Pharisæus, alter vero publicanus. Pharisæus stans, hæc apud se orabat : Deus, gratias ago tibi quia non sum sicut cæteri hominum : raptores, injusti, adulteri, vel etiam ut hic publicanus. Jejuno bis in Sabbato : decimas do omnium quæ possideo. Et publicanus a longe stans, nolebat nec oculos ad cœlum levare : sed percutiebat pectus suum, dicens : Deus, propitius esto mihi peccatori.

Dico vobis, descendit hic justificatus in domum suam ab illo : quia omnis qui se exaltat, humiliabitur : et qui se humiliat, exaltabitur (Luc. xviii, 9-14).

REGULA LVIII.

Quod non putandum sit Dei donum pecunia aut alia quavis arte comparari.

Caput I.

Cum vidisset autem Simon, quod per impositionem manuum apostolorum datur Spiritus sanctus, obtulit eis pecuniam, dicens : Date et mihi hanc potestatem, ut cuicunque imposuero manus, accipiat Spiritum sanctum. Petrus autem dixit ad eum : Pecunia tua tecum sit in perditionem : quoniam donum Dei existimasti pecunia possideri. Non est tibi pars, neque sors in sermone isto, cor enim tuum non est rectum coram Deo. Pœnitentiam itaque age ab hac nequitia tua : et roga Dominum, si forte remittatur tibi hæc cogitatio cordis tui. In felle enim amaritudinis, et obligatione iniquitatis video te esse (Act. viii, 18-23).

Quod unicuique pro fidei ratione dantur a Deo dona ad utilitatem.

Caput II.

Habentes autem donationes, secundum gratiam, quæ data est nobis, differentes, sive prophetiam secundum rationem fidei (Rom. xii, 6)... *Unicuique autem datur manifestatio Spiritus ad utilitatem : alii quidem per Spiritum datur sermo sapientiæ : alii autem sermo scientiæ, secundum eumdem Spiritum : alteri fides, in eodem Spiritu : alii dona sanitatum : alii prophetia: alii discretiones spirituum : alii genera linguarum : alii interpretatio linguarum* (I Cor. xii, 7-10).

Quod Dei donum gratis acceptum, sit gratis conferendum : quodque lucrum ex eo non sit quærendum, suarum voluptatum causa.

Caput III.

Infirmos curate, leprosos mundate, dæmones ejicite : gratis accepistis, gratis date. Nolite possidere aurum, neque argentum, neque æs in zonis vestris (Matth. x, 8, 9)... *Petrus autem dixit : Argentum et aurum non est mihi : quod autem habeo, hoc tibi do. In nomine Jesu Christi Nazareni surge, et ambula: Et apprehensa manu ejus dextera, allevavit eum* (Act. iii, 6)... *Neque enim fuimus in sermone adulationis, sicut scitis : neque in occasione avaritiæ, Deus testis est : neque quærentes ab hominibus gloriam, neque a vobis, neque ab aliis. Cum possemus oneri esse, ut Christi apostoli : tamen fuimus benevoli in medio vestrum. Tanquam si nutrix foveat filios suos : ita desiderantes vos cupide, volebamus tradere vobis non solum Evangelium Dei, sed etiam animas nostras, quoniam charissimi nobis facti estis* (I Thess. ii, 5-8).

Quod qui primum Dei donum probo ac grato animo suscepit, idque diligenter excoluit ad

---

(1) Hic notari potest Dominicam orationem reperiri integram in Messanensi libro.

Dei gloriam, is alia etiam accipiat : qui vero talis non exstitit, priore etiam privatur, paratumque non consequitur, imo vero pœnæ traditur.

Caput IV.

Et accedentes discipuli dixerunt ei : Quare in parabolis loqueris eis? Qui respondens ait illis : Quia vobis datum est nosse mysteria regni cœlorum, illis autem non est datum. Qui enim habet, dabitur ei, et abundabit : qui autem non habet, et quod habet, auferetur ab eo. Ideo in parabolis loquor eis, quia videntes non vident, et audientes non audiunt, neque intelligunt. Et adimpletur in eis prophetia Isaiæ (Matth. XIII, 10-14).... *Sicut enim peregre homo proficiscens, vocavit servos suos, et tradidit illis bona sua. Et huic quidem dedit quinque talenta, alii autem duo, alii vero unum, unicuique secundum propriam virtutem, et profectus est statim. Abiit autem qui quinque talenta acceperat, et operatus est in eis, et comparavit alia quinque talenta. Similiter et qui duo acceperat, lucratus est alia duo* (Matth. XXV, 14-17). Et paulo post : *Omni enim habenti dabitur : qui vero non habet, et quod habet, auferetur ab eo. Et inutilem servum ejicite in tenebras exteriores: illic erit fletus, et stridor dentium* (ibid. 29, 30).]

REGULA LIX.

Quod non oportet Christianum humana gloria affici, neque sibi vindicare eximium honorem : quin potius debet emendare eos qui ipsum sic in pretio habent, aut majorem de eo existimationem concipiunt.

Caput I.

Et ecce, unus accedens ait illi : Magister bone, quid boni faciendo vitam æternam possidebo? Qui dixit ei : Quid me dicis bonum? Nemo bonus nisi unus Deus (Matth. XIX, 16, 17).... *Gloriam ab hominibus non accipio* (Joan. V, 41). Et paucis interjectis : *Quomodo vos potestis credere, qui gloriam ab invicem accipitis, et gloriam quæ a solo Deo est, non quæritis?* (Ibid. 44).... *Væ vobis Pharisæis, quia diligitis primas cathedras in synagogis, et salutationes in foris* (Luc. XI, 43).... *Neque enim aliquando fuimus in sermone adulationis, sicut scitis, neque in occasione avaritiæ, Deus testis est, nec quærentes ab hominibus gloriam, neque a vobis, neque ab aliis* (I Thess. II, 5, 6) ... *Et factum est cum introisset Petrus, obvius venit ei Cornelius, et procidens ad pedes ejus adoravit. Petrus vero elevavit eum dicens: Surge, nam et ego ipse homo sum* (Act. X, 25, 26).... *Statuto autem die, Herodes vestitus veste regia, et sedens pro tribunali, concionabatur. Populus autem acclamabat: Dei vox, et non hominis. Confestim autem percussit eum angelus Domini, eo quod non dedisset gloriam Deo : et consumptus a vermibus exspiravit* (Act. XII, 21-23).

REGULA LX.

Quod cum diversa sint Spiritus dona, unusquisque omnia recipere non possit, neque omnes idem, oportet unumquemque modeste et cum gratiarum actione in dono sibi concesso permanere, et omnes inter se mutuo in Christi charitate concordes esse, velut membra in corpore : ita ut qui inferior est in donis, is comparatione ejus qui sibi præstat, animum haud despondeat; qui vero superior est, nequaquam spernat inferiorem. Qui enim divisi sunt, ac inter sese dissident, digni sunt interitu.

Caput I.

Omne regnum divisum contra se, desolabitur : et omnis civitas vel domus divisa contra se non stabit (Matth. XII, 25)... *Quod si invicem mordetis, et comeditis, videte ne ab invicem consumamini* (Galat. V, 15).... *Non pro eis autem rogo tantum, sed et pro eis qui credunt per verbum eorum in me: ut omnes unum sint, sicut tu, Pater, in me, et ego in te; ut et ipsi in nobis unum sint* (Joan. XVII, 20, 21) .... *Multitudinis autem credentium erat cor unum et anima una : nec quisquam eorum, quæ possidebat, aliquid suum esse dicebat, sed erant illis omnia communia* (Act. IV, 32)... *Dico enim per gratiam quæ data est mihi, omnibus qui sunt inter vos : non plus sapere quam oportet sapere, sed sapere ad sobrietatem : unicuique sicut Deus divisit mensuram fidei. Sicut enim in uno corpore multa membra habemus, omnia autem membra non eumdem actum habent : ita multi unum corpus sumus in Christo, singuli autem alter alterius membra : habentes autem donationes secundum gratiam, quæ data est nobis, differentes* (Rom. XII, 3-6), *et cætera*... *Obsecro autem vos per nomen Domini Jesu Christi, ut idipsum dicatis omnes, et non sint in vobis schismata : sitis autem perfecti in eodem sensu, et in eadem sententia* (I Cor. I, 10).... *Sicut enim corpus unum est, et membra habet multa, omnia autem membra corporis unius cum sint multa, unum corpus sunt : ita et in Christo. Etenim in uno Spiritu omnes nos in unum corpus baptizati sumus, sive Judæi, sive gentiles, sive servi, sive liberi* (I Cor. XII, 12, 13), etc... *Ut idem sapiatis omnes, eamdem charitatem habentes, unanimes, idem sentientes : nihil per contentionem, neque per inanem gloriam, sed in humilitate superiores sibi invicem arbitrantes : non quæ sua sunt singuli considerantes, sed et ea quæ aliorum* (Philipp. II, 2-4).

REGULA LXI.

Quod ii qui sunt gratiæ Domini administri, non propterea contemnendi sunt, quod nullius pretii esse videantur, abjectique. Hi enim maxime Deo placent.

Caput I.

Confiteor tibi, Pater, Domine cœli et terræ, quia abscondisti hæc a sapientibus et prudentibus, et re-

velasti ea parvulis. Ita, Pater : quoniam sic fuit placitum ante te (Matth. xi, 25, 26).....*Et veniens in patriam suam, docebat eos in synagoga eorum, ita ut mirarentur, et dicerent : Unde huic sapientia hæc et virtutes ? Nonne hic est fabri filius ? Nonne mater ejus dicitur Maria, et fratres ejus Jacobus, et Joseph, et Simon, et Judas ? et sorores ejus, nonne omnes apud nos sunt ? Unde ergo huic omnia ista ? Et scandalizabantur in eo. Jesus autem dixit eis : Non est propheta sine honore, nisi in patria sua, et in domo sua. Et non fecit ibi virtutes multas, propter incredulitatem eorum* (Matth. xiii, 54-58) ... *Videte enim vocationem vestram, fratres, quia non multi sapientes secundum carnem, non multi potentes, non multi. nobiles. Sed quæ stulta sunt mundi elegit Deus, ut confundat sapientes : et infirma mundi elegit Deus, ut confundat fortia; et ignobilia mundi, et contemptibilia elegit Deus, et ea quæ non sunt, ut ea quæ sunt destrueret, ut non glorietur omnis caro in conspectu Dei* (I Cor. i, 26-29).

REGULA LXII.

Quod qui crediderunt Deo, et baptizati sunt, if confestim præparandi sint ad tentationes usque ad mortem sustinendas, quæ sibi ab ipsis etiam familiaribus sunt inferendæ : quandoquidem qui sese hoc modo non præparavit, is, calamitate statim ingruente, facile commovetur.

Caput I.

Et baptizatus Jesus confestim uscendit de aqua. Et ecce aperti sunt ei cœli, et vidit Spiritum Dei descendentem sicut columbam, et venientem super se. Et ecce vox de cœlis, dicens : Hic est Filius meus dilectus, in quo mihi complacui. Tunc Jesus ductus est in desertum a Spiritu, ut tentaretur a diabolo (Matth. iii, 16, 17 ; iv, 4).... *Ecce ego mitto vos sicut oves in medio luporum. Estote ergo prudentes, sicut serpentes, et simplices, sicut columbæ. Cavete autem ab hominibus. Tradent enim vos in conciliis, et in synagogis suis flagellabunt vos. Et ad præsides et ad reges ducemini propter me, in testimonium illis, et gentibus* (Matth. x, 16-18). *Et post pauca : Tradet autem frater fratrem in mortem, et pater filium : et insurgent filii in parentes, et morte eos afficient. Et eritis odio omnibus propter nomen meum : qui autem perseveraverit usque in finem, hic salvus erit* (ibid. 21, 22). *Et qui non accipit crucem suam, et sequitur me, non est me dignus* (ibid. 38).... *Hæc locutus sum vobis, ut non scandalizemini. Absque synagogis facient vos : sed venit hora, ut omnis qui interficit vos, arbitretur obsequium se præstare Deo. Et hæc facient robis, quia non noverunt Patrem neque me* (Joan. xvi, 1-3), etc.... *Nam qui supra petram : qui cum audierint, cum gaudio suscipiunt verbum : et hi radices non habent, qui ad tempus credunt, et in tempore tentationum recedunt* (Luc. viii, 13).... *Non enim volo ignorare vos, fratres, de tribulatione nostra quæ facta est nobis in Asia : quoniam supra modum gravati sumus supra virtutem, ita ut etiam modus servandæ vitæ nobis non suppeteret : sed ipsi in nobismetipsis decretum mortis habuimus, ut non simus fidentes in nobis, sed in Deo, qui suscitat mortuos* (II Cor. i, 8, 9).... *Et omnes qui pie volunt vivere in Christo Jesu, persecutionem patientur* (II Tim. iii, 12).

Quod nemo debet seipsum objicere tentationibus, antequam Deus permiserit ; imo debet quisque orare, ut ne incidat in tentationem.

Caput II.

Sic ergo orate : Pater noster, qui es in cœlis, sanctificetur nomen tuum, adveniat regnum tuum (Matth. vi, 9). *Et paulo post : Et ne nos inducas in tentationem, sed libera nos a malo* (ibid. 13).... *Post hæc autem ambulabat Jesus in Galilæam ; non enim volebat in Judæam ambulare, quia quærebant eum Judæi interficere. Erat autem in proximo dies festus Judæorum, Scenopegia. Dixerunt igitur ad eum fratres ejus : Transi hinc, et vade in Judæam, ut et discipuli tui videant opera quæ facis. Nemo quippe in occulto quid facit, et quærit ipse palam esse. Si hæc facis, manifesta teipsum mundo. Neque enim fratres ejus credebant in eum. Dicit ergo eis Jesus : Tempus meum nondum adest, tempus autem vestrum semper est paratum. Non potest mundus odisse vos : me autem odit, quia ego testimonium perhibeo de illo, quod opera ejus mala sunt. Vos ascendite ad diem festum hunc; ego nondum ascendo ad diem festum istum, quia meum tempus nondum impletum est. Hæc cum dixisset eis, mansit in Galilæa. Ut autem ascenderunt fratres ejus, tunc et ipse ascendit ad diem festum, non manifeste, sed quasi in occulto* (Joan. vii, 1-10).... *Surgentes autem orate, ne intretis in tentationem* (Luc. xx, 46).

Quod oportet per tempus secedere ab insidiantibus : sin permittatur quispiam incidere in tentationem, exitum ut sustinere possit, utque Dei voluntas fiat, precibus exposcendum est.

Caput III.

Cum autem persecuti vos fuerint in civitate ista, fugite in aliam (Matth. x, 23). *Pharisæi autem egressi consilium ceperunt adversus eum, quomodo perderent eum. Jesus autem sciens, recessit inde* (Matth. xii, 14, 15). *Ab illo ergo die cogitaverunt ut interficerent eum. Jesus ergo jam non palam ambulabat inter Judæos* (Joan. xi, 53, 54). *Et positis genibus, orabat dicens : Pater, si vis transferre calicem istum a me : verumtamen non mea voluntas, sed tua fiat* (Luc. xxii, 41, 42). *Tentatio vos non apprehendit nisi humana : fidelis autem Deus est, qui non patietur vos tentari supra id quod potestis, sed faciet etiam cum tentatione proventum, ut possitis sustinere* (I Cor. x, 13).

Quod Christianus in singulis quæ sibi inducuntur tentationibus, debet meminisse eorum quæ in sacra Scriptura adversus malum instans dieta sunt, atque ita illæsum se servare, et adversariorum conatus irritos facere.

Caput IV.

Tunc Jesus ductus est, in desertum a Spiritu, ut tentaretur a diabolo. Et cum jejunasset quadraginta diebus, et quadraginta noctibus, postea esuriit. Et accedens ad eum tentator dixit : Si Filius Dei es, dic ut lapides isti panes fiant. Qui respondens dixit : Scriptum est : Non in solo pane vivet homo, sed in omni verbo quod procedit de ore Dei (Matth. IV, 1-4).

284 REGULA LXIII.

Quod non oportet Christianum metuere, et inter calamitates sollicitum esse, sic ut ejus animus ab ea quæ in Deo habenda est fiducia, avocetur. Quin potius debet confidere tanquam Domino præsente, atque consulente rebus ipsius, et adversus omnes ipsum corroborante, ipsoque Spiritu sancto vel idipsum etiam quod adversariis respondendum sit edocente.

Caput I.

Nolite timere eos, qui occidunt corpus, animam autem non possunt occidere : sed potius timete eum qui potest et animam et corpus perdere in gehennam. Nonne duo passeres asse veneunt ? Et unus ex illis non cadit super terram, sine Patre vestro. Vestri autem etiam capilli capitis omnes numerati sunt : nolite ergo timere, multis passeribus meliores estis vos (Matth. x, 28-31). *Cum autem induxerint vos in synagogas, et ad magistratus, et potestates, nolite solliciti esse qualiter aut quid respondeatis, aut quid dicatis : Spiritus enim sanctus docebit vos in ipsa hora quid oporteat vos dicere (Luc.* XII, 11, 12)... *Et fit procella magna venti, et fluctus ingrediebantur in navim, ita ut illa jam impleretur. Et erat ipse in puppi super cervical dormiens. Et excitant eum, et dicunt illi : Magister, non est curæ tibi quod perimus ? Et excitatus increpavit ventum, et dixit mari : Tace, obmutesce. Et cessavit ventus, et facta est tranquillitas magna. Et ait illis : Quid timidi adeo estis ? Quomodo non habetis fidem (Marc.* IV, 37-40)? ..... *Exsurgens autem princeps sacerdotum, et qui cum illo erant (quæ est hæresis Sadducæorum), repleti sunt zelo : et injecerunt manus suas in apostolos, et posuerunt eos in custodia publica. Angelus autem Domini per noctem aperuit januas carceris, et educens eos dixit : Ite, et stantes loquimini in templo plebi omnia verba vitæ hujus. Qui cum audissent, intraverunt diluculo in templum, et docebant (Act.* v, 17-21)... *Non enim volumus ignorare vos, fratres, de tribulatione nostra, quæ facta est nobis in Asia (II Cor.* I, 8). *Et paucis interjectis : Qui ex tanta morte nos eripuit, et eruit : in quem speravimus, quoniam et adhuc eripiet (ibid.* 10).

REGULA LXIV.

Quod quidvis vel usque ad mortem cum gaudio sustinendum sit pro nomine Domini, et ipsius mandatis.

Caput I.

Beati qui persecutionem patiuntur propter justitiam, quoniam ipsorum est regnum cœlorum. **285** *Beati estis, cum opprobriis affecerint vos, et persecuti fuerint, et dixerint omne verbum malum adversum vos mentientes, propter me. Gaudete et exsultate, quoniam merces vestra copiosa est in cœlis (Matth.* v, 10-12)... *Beati estis, cum vos oderint homines, et cum separaverint vos, et exprobraverint, et ejecerint nomen vestrum tanquam malum, propter Filium hominis. Gaudete in illa die, et exsultate : ecce enim merces vestra multa est in cœlis (Luc.* VI, 22, 23)... *Et convocantes apostolos, cæsis denuntiaverunt ne loquerentur in nomine Jesu, et dimiserunt eos. Et illi quidem ibant gaudentes a conspectu concilii, quoniam digni habiti sunt pro nomine Domini contumeliam pati. Omni autem die non cessabant in templo et per singulas domos docentes, et evangelizantes Jesum Christum (Act.* v, 40-42)... *Cujus factus sum ego Paulus minister. Nunc gaudeo in passionibus meis pro vobis, et adimpleo ea quæ desunt passionum Christi in carne mea, pro corpore ejus, quod est Ecclesia (Col.* I, 23, 24).

REGULA LXV.

Quod etiam in ipso vitæ exitu ea quæ decent, petenda sunt.

Caput I.

Et circa horam nonam clamavit Jesus voce magna, dicens : Eli, Eli, lamma sabachthani? hoc est : Deus meus, utquid dereliquisti me?... (Matth. XXVII, 46.) *Et clamans voce magna Jesus ait : Pater, in manus tuas commendo spiritum meum. Et hoc dicens, exspiravit (Luc.* XXIII, 46)... *Et lapidabant Stephanum invocantem, et dicentem : Domine, ne statuas illis peccatum. Et cum hoc dixisset, obdormivit (Act.* VII, 59, 60).

REGULA LXVI.

Quod non sint deserendi ii, qui pro pietate decertant.

Caput I.

Respondit eis Jesus : Modo creditis ? Ecce venit hora, et nunc venit, ut dispergamini unusquisque in propria, et me solum relinquatis (Joan. XVI, 31, 32)... *Scis hoc quod aversi sunt a me omnes, qui in Asia sunt, ex quibus est Phygellus et Hermogenes. Det misericordiam Dominus Onesiphori domui : quia sæpe me refrigeravit, et catenam meam non erubuit : sed cum Romam venisset, sollicite me quæsivit, et invenit. Det illi Dominus invenire misericordiam a Domino in illa die. Et quanta Ephesi ministravit, tu melius nosti (II Tim.* I, 15-18)... *In prima mea defensione nemo mihi adfuit, sed omnes me dereliquerunt : non illis imputetur (II Tim.* IV, 16).

286 Quod orandum est pro iis qui in tentationibus probantur.

Caput II.

Simon, Simon, ecce Satanas expetivit vos ut cribraret sicut triticum. Ego autem rogavi pro te, ut non deficiat fides tua (Luc. xxii, 31, 32)... Et Petrus quidem servabatur in carcere. Oratio autem fiebat sine intermissione ab Ecclesia ad Deum pro eo (Act. xii, 5).

REGULA LXVII.

Quod dolere ob eos qui obdormierunt, alienum sit ab iis qui certa fide tenent mortuorum resurrectionem.

Caput I.

Sequebatur autem illum multa turba populi et mulierum, quæ et plangebant, et lamentabantur eum : conversus autem dixit ad illas : Filiæ Jerusalem, nolite flere super me (Luc. xxiii, 27, 28)... Nolo autem vos ignorare, fratres, de dormientibus, ut non contristemini sicut et cæteri qui spem non habent. Si enim credimus quod Jesus mortuus est, et resurrexit : ita et Deus eos qui dormierunt per Jesum, adducet cum eo (I Thess. iv, 13, 14).

REGULA LXVIII.

Quod etiam post resurrectionem non sunt exspectanda ea quæ sunt hujus ætatis propria : sed sciendum est vitam futuri sæculi angelicam esse, et nullius rei indigam.

Caput I.

Respondens Jesus dixit illis : Filii hujus sæculi ducunt uxores, et nuptui dantur : illi vero qui digni habebuntur sæculo illo, et resurrectione ex mortuis, neque ducunt uxores, neque nuptui dantur. Neque enim ultra mori possunt : æquales enim angelis sunt, et filii sunt Dei, cum sint filii resurrectionis (Luc. xx, 34-36).... Sed dicet aliquis : Quomodo resurgunt mortui? qualive corpore venient? Insipiens, tu quod seminas, non vivificatur, nisi prius moriatur. Et quod seminas, non corpus, quod futurum est, seminas, sed nudum granum, ut puta tritici, aut alicujus cæterorum. Deus autem dat illi corpus, sicut voluit (I Cor. xv, 34-36). Et paulo post : Sic et resurrectio mortuorum. Seminatur in corruptione, resurgit in incorruptione : seminatur in ignobilitate, resurgit in gloria : seminatur in infirmitate, resurgit in virtute : seminatur corpus animale, resurgit corpus spiritale (ibid. 42-44).

Quod Domini adventus localis aut carnalis non **287** sit exspectandus : sed præstolari oportet adventum subito per universum orbem in gloria Patris futurum.

Caput II.

Tunc si quis vobis dixerit : Ecce hic est Christus, aut illic, ne credideritis. Exsurgent enim pseudo-Christi, et pseudo-prophetæ, et dabunt signa magna et portenta, adeo ut in errorem inducantur, si fieri potest, etiam electi (Matth. xxiv, 23, 24).... Vos autem videte : ecce, prædixi vobis omnia. Sed in illis diebus, post tribulationem illam, sol contenebrabitur, et luna non dabit splendorem suum : et stellæ cœli erunt decidentes, et virtutes quæ in cœlis sunt, movebuntur. Et tunc videbunt Filium hominis venientem in nubibus cum virtute et gloria multa (Marc. xiii, 23-26).... Hoc enim vobis dicimus in verbo Domini, quia nos qui vivimus, qui residui sumus in adventum Domini, non præveniemus eos qui dormierunt : quoniam ipse Dominus in jussu, in voce archangeli, et in tuba Dei descendet de cœlo, et mortui in Christo resurgent primum (I Thess. iv, 15, 16).

REGULA LXIX.

Quæcunque conjunctim interdicuntur, etiam adversus ea intentantur minæ.

Caput I.

De corde enim exeunt cogitationes malæ, homicidia, adulteria, fornicationes, furta, falsa testimonia, blasphemiæ. Hæc sunt quæ coinquinant hominem (Matth. xv, 19, 20)... Discedite a me, maledicti, in ignem æternum, qui paratus est diabolo et angelis ejus. Esurivi enim, et non dedistis mihi manducare; sitivi, et non dedistis mihi potum ; hospes eram, et non collegistis me ; nudus, et non cooperuistis me ; infirmus, et in carcere, et non visitastis me (Matth. xxv, 41-43)... Væ vobis divitibus, quia habetis consolationem vestram. Væ vobis qui saturati estis, quia esurietis : væ vobis qui ridetis nunc, quia lugebitis et flebitis; væ cum benedixerint vobis omnes homines (Luc. vi, 24-26)... Attendite autem vobis, ne forte graventur corda vestra in crapula, et ebrietate, et curis hujus vitæ, et derepente superveniat in vos dies illa (Luc. xxi, 34)... Et sicut non probaverunt Deum habere in notitia, tradidit illos Deus in reprobum sensum, ut faciant ea quæ non conveniunt : repletos omni iniquitate, fornicatione, avaritia, nequitia (Rom. i, 28, 29), etc... Nam : Non adulterabis, non occides, non furaberis, non **288** concupisces : et si quod est aliud mandatum (Rom. xiii, 9), etc... Nolite errare : neque fornicarii, neque idolis servientes, neque adulteri, neque molles, neque masculorum concubitores, neque avari, neque ebriosi, neque maledici, neque rapaces, regnum Dei possidebunt (I Cor. vi, 9, 10)... Ne forte contentio, æmulationes, animositates, dissensiones, detractiones, susurrationes, inflationes, seditiones sint inter vos (II Cor. xii, 20, 21)... Manifesta sunt autem opera carnis, quæ sunt adulterium, fornicatio, immunditia, lascivia, idolorum servitus, veneficia, inimicitiæ, contentio, æmulationes, iræ, rixæ, dissensiones, sectæ, invidiæ, homicidia, ebrietates, comessationes, et his similia : quæ prædico vobis, sicut et prædixi, quoniam qui talia agunt, regnum Dei non consequentur (Galat. v, 19-21)... Non efficiamur inanis gloriæ cupidi, invicem provocantes, invicem invidentes (ibid. 26)... Omnis amaritudo, et ira, et indignatio, et clamor, et blasphemia tollatur a vobis, cum omni malitia (Ephes. iv, 31)... Fornicatio autem, et omnis immunditia, aut avaritia, nec nominetur in vobis, sicut decet sanctos: aut turpitudo, aut stultiloquium, aut scurrilitas, quae non conveniunt (Ephes. v, 3, 4)... Mortificate ergo membra vestra, quae sunt super terram, fornicationem, immunditiam, libidinem, concupiscentiam malam, et avaritiam, quae est simulacrorum servitus: propter quae venit ira Dei super filios incredulitatis. Nunc autem deponite et vos omnia, iram, indignationem, malitiam, blasphemiam, turpem sermonem de ore vestro. Nolite mentiri invicem (Coloss. III, 5-8)... Sed injustis, et non subditis, impiis, et peccatoribus, sceleratis, et contaminatis, parricidis, et matricidis, homicidis, fornicariis, masculorum concubitoribus, plagiariis, mendacibus, perjuris, et si quid aliud sanae doctrinae adversatur, quae est secundum Evangelium gloriae beati Dei, quod creditum est mihi (I Tim. I, 9-12)... In novissimis temporibus discedent quidam a fide, attendentes spiritibus erroris, et doctrinis daemoniorum: in hypocrisi loquentium mendacium, cauteriatam habentium suam conscientiam: prohibentium nubere, abstinere a cibis, quos Deus creavit ad percipiendum cum gratiarum actione fidelibus, et iis qui cognoverunt veritatem (I Tim. IV, 1-3)... Si quis aliter docet, et non accedit sanis sermonibus Domini nostri Jesu Christi, et ei quae secundum pietatem est, doctrinae: is superbus est, nihil sciens, sed languens circa quaestiones, et pugnas verborum, ex quibus oritur invidia, contentio, blasphemiae, suspiciones malae, perversae conflictationes hominum mente corruptorum, et qui veritate privati sunt, existimantium quaestum esse pietatem. Discede a talibus (I Tim. VI, 3-5)... In novissimis diebus instabunt tempora periculosa. Erunt enim homines seipsos amantes, cupidi pecuniarum, elati, superbi, blasphemi, parentibus non obedientes, ingrati, scelesti, sine affectione, sine foedere, criminatores, incontinentes, immites, sine benignitate, **289** proditores, protervi, tumidi, voluptatum amatores magis quam Dei: habentes speciem quidem pietatis, virtutem autem ejus abnegantes; et hos devita (II Tim. III, 1-5)... Eramus enim aliquando et nos insipientes, increduli, errantes, servientes desideriis et voluptatibus variis, in malitia et invidia agentes, odiosi, odientes invicem (Tit. III, 3).

Quaecunque conjunctim comprobantur, certe etiam benedictionis promissionem habent conjunctam.

Caput II.

Beati pauperes spiritu, quoniam ipsorum est regnum coelorum. Beati qui lugent, quoniam ipsi consolabuntur. Beati mites, quoniam ipsi possidebunt terram. Beati qui esuriunt et sitiunt justitiam, quoniam ipsi saturabuntur. Beati misericordes, quoniam ipsi misericordiam consequentur. Beati mundo corde, quoniam ipsi Deum videbunt. Beati pacifici, quoniam filii Dei vocabuntur. Beati qui persecutionem patiuntur propter justitiam, quoniam ipsorum est regnum coelorum. Beati estis, cum probra intulerint vobis, et persecuti vos fuerint, et dixerint omne verbum malum adversum vos mentientes, propter me. Gaudete et exsultate, quoniam merces vestra copiosa est in coelis (Matth. v, 3-12)... Venite, benedicti Patris mei, possidete paratum vobis regnum a constitutione mundi. Esurivi enim, et dedistis mihi manducare; sitivi, et dedistis mihi bibere; hospes eram, et collegistis me; nudus, et cooperuistis me; infirmus, et visitastis me; in carcere eram, et venistis ad me (Matth. xxv, 34-36)... Sive qui ministrat in ministrando, sive qui docet in doctrina: qui exhortatur in exhortando, qui tribuit in simplicitate, qui praeest in sollicitudine, qui miseretur in hilaritate; dilectio sine simulatione: odientes malum, adhaerentes bono, charitate fraternitatis invicem diligentes, honore invicem praevenientes, sollicitudine non pigri, spiritu ferventes: Domino servientes: spe gaudentes: in tribulatione patientes: orationi instantes: necessitatibus sanctorum communicantes: hospitalitatem sectantes. Benedicite persequentibus vos: benedicite, et nolite maledicere. Gaudete cum gaudentibus, et flete cum flentibus: idipsum invicem sentientes: non alta sapientes, sed humilibus consentientes. Nolite esse prudentes apud vosmetipsos: nulli malum pro malo reddentes: providentes bona coram omnibus hominibus. Si fieri potest, quod ex vobis est, cum omnibus hominibus pacem habentes: non vosmetipsos ulciscentes, charissimi, sed date locum irae: scriptum est enim: Mihi vindicta, ego retribuam, dicit Dominus. Sed si esurierit inimicus tuus, ciba illum: si vero sitit, potum da illi. Noli vinci a malo, sed vince in bono malum (Rom. XII, 7-20)... Nullam in ulla re dantes offensionem, ut non vituperetur ministerium: sed in **290** omnibus exhibeamus nosmetipsos, sicut Dei ministros, in multa patientia, in tribulationibus, in necessitatibus, in angustiis, in plagis, in carceribus, in seditionibus, in laboribus, in vigiliis, in jejuniis, in castitate, in scientia, in longanimitate, in benignitate, in Spiritu sancto, in charitate non ficta, in verbo veritatis, in virtute Dei, per arma justitiae a dextris et a sinistris, per gloriam et ignobilitatem, per infamiam et bonam famam: ut seductores, et veraces: sicut qui ignoti, et cogniti: quasi morientes, et ecce vivimus: ut castigati, et non mortificati: quasi tristes, semper autem gaudentes: sicut egentes, multos autem locupletantes: tanquam nihil habentes, et omnia possidentes (II Cor. vi, 3-10)... De caetero, fratres, gaudete, perfecti estote, exhortamini, idem sapite, pacem habete (II Cor. xiii, 11)... Fructus autem Spiritus est charitas, gaudium, pax, patientia, benignitas, bonitas, fides, mansuetudo, continentia, castitas (Galat. v, 22)... Obsecro itaque vos ego vinctus in Domino, ut digne ambuletis vocatione, qua vocati estis, cum omni humilitate, et mansuetudine, cum patientia, supportantes invicem in charitate: solliciti servare unitatem Spiritus in vinculo pacis. Unum corpus et unus Spiritus, sicut et vocati estis in una spe vocationis vestrae (Ephes. IV, 1-4)... Estote igitur invicem benigni, misericordes, donantes invicem, sicut et Deus in Christo donavit vobis. Estote ergo imitatores Dei, sicut filii charissimi : et ambulate in dilectione, sicut et Christus dilexit nos, et tradidit semetipsum pro nobis oblationem, et hostiam Deo in odorem suavitatis (ibid. 32; v, 1, 2)... Si qua ergo consolatio in Christo, si quod solatium charitatis, si qua societas spiritus, si qua viscera et miserationes, implete gaudium meum, ut idem sapiatis omnes, eamdem charitatem habentes, unanimes, idipsum sentientes, nihil per contentionem aut inanem gloriam (Philipp. II, 1-3)... De cætero, fratres, quæcunque sunt vera, quæcunque honesta, quæcunque justa, quæcunque pura, quæcunque amabilia, quæcunque bonæ famæ, si qua virtus, et si qua laus, hæc cogitate. Quæ et didicistis, et accepistis, et audistis et vidistis in me, hæc agite (Philipp. IV, 8, 9)... Igitur, si consurrexistis cum Christo, quæ sursum sunt quærite, ubi Christus est in dextera Dei sedens : quæ sursum sunt sapite, non quæ super terram. Mortui enim estis, et vita vestra est abscondita cum Christo in Deo (Coloss. III, 1-3)... Induite vos ergo, sicut electi Dei, sancti et dilecti, viscera misericordiarum, benignitatem, humilitatem, mansuetudinem, patientiam (ibid. 12)... Corripite inquietos, consolamini pusillanimes, suscipite infirmos, patientes estote ad omnes. Videte ne quis malum pro malo alicui reddat : sed semper quod bonum est sectamini et in vos invicem et in omnes. Semper gaudete : sine intermissione orate. In omnibus gratias agite : **291** hæc est enim voluntas Dei in Christo Jesu, in vobis. Spiritum nolite exstinguere : prophetias nolite spernere. Omnia autem probantes, quod bonum est tenete : ab omni specie mala abstinete vos (I Thess. v, 14-22)... Senes ut sobrii sint, pudici, prudentes, sani fide, dilectione, patientia. Anus similiter, in habitu sancto, non criminatrices, non multo vino servientes, bene docentes, ut modestas reddant adolescentulas, ut viros suos ament, ut filios suos diligant, ut sint prudentes, castæ, domus curam habentes, benignæ, subditæ viris suis, ut non blasphemetur verbum Dei (Tit. II, 2-5)... Admone illos principatibus et potestatibus subditos esse, obedire, ad omne opus bonum paratos esse, neminem blasphemare, non litigiosos esse, sed modestos, omnem ostendentes mansuetudinem ad omnes homines (Tit. III, 1, 2)... Charitas fraternitatis maneat : hospitalitatem nolite oblivisci ; per hanc enim latuerunt quidam, angelis hospitio recepti. Mementote vinctorum, tanquam simul vincti : laborantium, tanquam et ipsi in corpore morantes. Honorabile connubium in omnibus, et thorus immaculatus : fornicatores enim et adulteros judicabit Deus. Sint mores sine avaritia, contenti præsentibus (Hebr. XIII, 1-5).

REGULA LXX.

Quod ii quibus concredita est Evangelii prædicatio, debent cum precatione et obsecratione constituere sive diaconos, sive presbyteros, quorum prior vita inculpata sit et probata.

Caput I.

Tunc dicit discipulis suis : Messis quidem multa, operarii autem pauci. Rogate ergo Dominum messis, ut mittat operarios in messem (Matth. IX, 37, 38)... Et cum dies factus esset, vocavit discipulos suos, et elegit duodecim ex ipsis quos et apostolos nominavit : Simonem quem et cognominavit Petrum, et Andream fratrem ejus, et Jacobum, et Joannem, Philippum, et Bartholomæum, et Matthæum, et Thomam, Jacobum Alphæi, et Simonem qui vocatur Zelotes, et Judam Jacobi, et Judam Iscariotem, qui et fuit proditor (Luc. VI, 13-16)... Post hæc autem designavit Dominus et alios septuaginta, et misit illos binos ante faciem suam in omnem civitatem et locum, quo erat ipse venturus. Dicebat itaque illis : Messis quidem multa, operarii autem pauci. Rogate ergo Dominum messis, ut mittat operarios in messem suam (Luc. x, 1, 2)... Primum quidem sermonem feci de omnibus, o Theophile, quæ cœpit Jesus facere et docere usque in diem qua præcipiens apostolis per Spiritum sanctum, quos elegit, assumptus est (Act. I, 1, 2)... Et statuerunt duos, Joseph qui vocabatur Barsabas, qui cognominatus est Justus, et Matthiam. Et orantes dixerunt : Tu, Domine, qui corda nosti omnium, ostende, quem elegeris **292** ex his duobus unum, accipere locum ministerii hujus, et apostolatus, de quo prævaricatus est Judas, ut abiret in locum suum. Et dederunt sortes eis, et cecidit sors super Matthiam, et annumeratus est cum undecim apostolis (ibid. 23-26)..... Si quis episcopatum desiderat, bonum opus desiderat. Oportet ergo episcopum irreprehensibilem esse, unius uxoris virum, sobrium, prudentem, ornatum, hospitalem, aptum ad docendum, non vinolentum, non percussorem, non turpis lucri cupidum : sed æquum, non litigiosum, non avarum, qui suæ domui bene præsit, filios habentem in subjectione cum omni reverentia (si quis autem domui suæ præesse nescit, quomodo Ecclesiæ Dei diligentiam habebit ?), non neophytum, ne in superbiam elatus, in judicium incidat, et in laqueum diaboli. Oportet autem illum et testimonium habere bonum ab iis qui foris sunt, ut non in opprobrium incidat, et in laqueum diaboli. Diaconos similiter, pudicos, non bilingues, non multo vino deditos, non turpe lucrum sectantes : habentes mysterium fidei in conscientia pura. Et hi autem probentur primum : deinde ministrent, nullum crimen habentes (I Tim. III, 1-10).... Hujus rei gratia reliqui te Cretæ, ut ea quæ desunt corrigas, et constituas per civitates presbyteros, sicuti ego disposui tibi. Si quis sine crimine est, unius uxoris vir, filios habens fideles, non in accusatione luxuriæ, aut non subditos. Oportet enim episcopum sine crimine esse, sicut Dei dispensatorem : non superbum, non iracundum, non vinolentum, non percussorem, non turpis lucri cupidum, sed hospitalem, boni amantem, sobrium, justum, sanctum, continentem, amplectentem eum qui secundum doctrinam est fidelem sermonem, ut potens sit et exhortari in doctrina *sana, et eos qui contradicunt, arguere* (Tit. 1, 5-9).

Quod non oportet facilem esse circa ordinationes, neque ad eas inconsideranter accedere: quandoquidem non vacat periculo, quidquid probatum non est. Si quis autem quempiam in aliquo delicto deprehenderit, eum prodere debet, ut neque ipse peccati particeps fiat, neque reliqui offendantur, sed magis timere discant.

Caput II.

Manus cito nemini imposueris, neque communicaveris peccatis alienis (I Tim. v, 22).... *Adversus presbyterum accusationem noli recipere, nisi sub duobus aut tribus testibus. Peccantes autem coram omnibus argue, ut et cæteri timorem habeant (ibid.* 19-20).

293 Quod non oportet eum qui electus est, a se ipso ad prædicationem accedere: sed tempus beneplaciti Dei exspectare, tuncque aggredi prædicationem, cum hæc cura sibi demandata fuerit, iisque prædicare, ad quos missus fuerit.

Caput III.

Hos duodecim misit Jesus, præcipiens eis, dicens: In viam gentium ne abieritis, et in civitatem Samaritanorum ne intraveritis: sed potius ite ad oves quæ perierunt domus Israel (Matth. x, 5, 6).... *Et ecce mulier Chananæa a finibus illis egressa clamavit, dicens ei: Miserere mei, Domine, fili David: filia mea male a dæmonio vexatur: qui non respondit ei verbum. Et accedentes discipuli ejus rogabant eum, dicentes: Dimitte eam, quia clamat post nos. Ipse autem respondens ait: Non sum missus nisi ad oves, quæ perierunt domus Israel* (Matth. xv, 22-24).... *Ego enim ex Deo processi et veni: neque enim a meipso veni, sed ille me misit* (Joan. viii, 42).... *Et illi quidem qui dispersi fuerant a tribulatione quæ facta fuerat sub Stephano, perambulaverunt usque Phœnicen, et Cyprum, et Antiochiam, nemini loquentes verbum, nisi solis Judæis (Act.* xi, 19, 20).... *Paulus servus Jesu Christi, vocatus apostolus, segregatus in Evangelium Dei (Rom.* i, 1).... *Quomodo autem audient sine prædicante? quomodo vero prædicabunt, nisi mittantur? (Rom.* x, 14, 15).... *Paulus apostolus Jesu Christi secundum imperium Dei Salvatoris nostri, et Christi Jesu spei, nostræ* (I Tim. i, 1, 2).

Quod qui ad prædicationem Evangelii vocatus est, is confestim obedire debet, non autem procrastinare.

Caput IV.

Ait autem ad alterum: Sequere me. Ille autem dixit: Domine, permitte mihi primum ire, et sepelire patrem meum. Dixitque ei Dominus: Sine ut mortui sepeliant mortuos suos: tu autem vade, et annuntia regnum Dei (Luc. ix, 59, 60).... *Cum autem placuit Deo, qui me segregavit ex utero matris meæ, et vocavit me per gratiam suam, ut revelaret Filium suum in me, ut evangelizarem illum in gentibus: continuo non acquievi carni et sanguini, neque veni Jerosolymam ad antecessores meos apostolos, sed abii in Arabiam, et iterum reversus sum Damascum* (Galat. i, 15-17).

Quod diversa et aliena doctrina non est tradenda.

Caput V.

Amen, amen dico vobis, qui non intrat per ostium in ovile ovium, sed ascendit aliunde, ille fur est et latro. Qui autem intrat per ostium, pastor est ovium (Joan. x, 1, 2). Et paulo post: *Ego sum* **294** *ostium ovium. Omnes quotquot venerunt fures sunt et latrones: sed non audierunt eos oves* (ibid. 7, 8)... *Sed licet nos aut angelus de cœlo evangelizet præterquam quod evangelizavimus vobis, anathema sit. Sicut prædiximus, et nunc iterum dico: Si quis vobis evangelizat præter id quod accepistis, anathema sit* (Galat. i, 8, 9)... *Si quis aliter docet et non accedit sanis sermonibus Domini nostri Jesu Christi, et ei quæ secundum pietatem est doctrinæ, superbus est, nihil sciens (I Tim.* vi, 3, 4), etc.

Quod omnia quæ a Domino in Evangelio et per apostolos præcepta sunt, docendi sunt ii qui crediderunt, atque etiam quæcunque his consentanea sunt.

Caput VI.

Euntes docete omnes gentes, baptizantes eos in nomine Patris, et Filii, et Spiritus sancti, docentes eos servare omnia quæcunque mandavi vobis (Matth. xxviii, 19, 20)... *Cum autem pertransirent civitates, tradebant eis custodire dogmata, quæ erant decreta ab apostolis et senioribus in Jerusalem (Act.* xvi, 4)... *Hæc doce et exhortare (I Tim.* vi, 2)... *Tu autem loquere quæ decent sanam doctrinam (Tit.* ii, 1).

Quod cui sermo doctrinæ Domini concreditus est, is si quid conticuerit eorum quæ ad complacendum Deo necessaria sunt, reus est sanguinis eorum qui periclitantur, aut quia quæ prohibita fuere, admissa sunt, aut quia quæ fieri debebant, sunt omissa.

Caput VII.

Væ vobis legisperitis, quia tulistis clavem scientiæ; ipsi non introistis, et eos qui introibant, prohibuistis (Luc. xi, 52)... *Cum venissent autem de Macedonia Silas et Timotheus, coarctabatur sermone Paulus, testificans Judæis esse Christum Jesum. Contradicentibus autem eis, et blasphemantibus, excutiens vestimentum suum, dixit ad eos: Sanguis vester super caput vestrum; mundus ego: ex hoc ad gentes vadam (Act.* xviii, 5, 6)... *Quapropter contestor vos hodierna die, quia mundus sum a sanguine vestro. Non enim subterfugi quominus annuntiarem omne consilium Dei vobis (Act.* xx, 26, 27).

Quod in iis etiam quæ a Scriptura præcepta et

jussa non fuerunt, oportet tamen unumquemque ad id quod melius est cohortari.

Caput VIII.

Sunt eunuchi qui de matris utero sic nati sunt: et sunt eunuchi qui facti sunt ab hominibus: **295** *et sunt eunuchi qui seipsos castraverunt propter regnum cœlorum. Qui potest capere, capiat* (Matth. x, 12)... *De virginibus autem præceptum Domini non habeo: consilium autem do, tanquam misericordiam consecutus a Domino, ut sim fidelis. Existimo ergo hoc bonum esse propter instantem necessitatem, quoniam bonum est homini sic esse. Alligatus es uxori? Noli quærere solutionem. Solutus es ab uxore? Noli quærere uxorem* (I Cor. VII, 25-27), etc.

Quod nemini licet alios cogere ad ea facienda, quæ ipse non efficit.

Caput IX.

Et vobis legisperitis væ: quia oneratis homines oneribus, quæ portare non possunt, et ipsi uno digito vestro non tangitis sarcinas (Luc. XI, 46).

Quod is qui præficitur doctrinæ, sese reliquis boni omnis exemplar præbere debet, adeo ut ea quæ docet, prius perficiat.

Caput X.

Venite ad me, omnes qui laboratis et onerati estis, et ego reficiam vos. Tollite jugum meum super vos, et discite a me, quia mitis sum, et humilis corde (Matth. XI, 28, 29)... *Postquam ergo lavit pedes discipulorum suorum, et accepit vestimenta sua: cum recubuisset iterum, dixit eis: Scitis quid fecerim vobis? Vos vocatis me, Magister, et Domine: et bene dicitis: sum etenim. Si ergo ego lavi pedes vestros, Dominus, et Magister: et vos debetis alter alterius lavare pedes. Exemplum enim dedi vobis, ut quemadmodum ego feci vobis, ita et vos faciatis alter alteri* (Joan. XIII, 12-15)... *Omnia ostendi vobis, quoniam sic laborantes oporteat suscipere infirmos* (Act. XX, 35).... *Imitatores mei estote, sicut et ego Christi* (I Cor. XI, 1)... *Nemo adolescentiam tuam contemnat: sed exemplum esto fidelium, in verbo, in conversatione* (I Tim. IV, 12), etc.

Quod non oportet eum qui præest aliis docendis, ob sua recte facta securum esse: verum nosse debet proprium et præcipuum curæ sibi commissæ munus esse, ut ii qui ipsi concrediti sunt, meliores efficiantur.

Caput XI.

Vos estis sal terræ. Quod si sal infatuatus fuerit, in quo salietur? Ad nihilum valet ultra, nisi ut mittatur foras, et conculcetur ab hominibus (Matth. V, 13)... *Omne quod dat mihi Pater, ad me veniet: et eum qui venit ad me, non ejiciam foras. Quia descendi de cœlo, non ut faciam voluntatem meam, sed voluntatem* **296** *ejus qui misit me, Patris. Hæc est autem voluntas ejus qui misit me, ut omnis qui videt Filium, et credit in eum, habeat vitam æternam* (Joan. VI, 37-40)... *Quæ est enim nostra spes, aut gaudium, aut corona gloriæ? nonne vos ante Dominum nostrum Jesum Christum estis, in adventu ejus? Vos enim estis gloria nostra, et gaudium* (I Thess. II, 19).

Quod qui præficitur ad docendum, debet obire vicos et civitates omnes sibi concreditas.

Caput XII.

Et circuibat Jesus totam Galilæam, docens in synagogis, et prædicans Evangelium regni, et sanans omnem morbum et omnem languorem (Matth. IV, 23)... *Et ipse iter faciebat per civitates et castella prædicans regnum Dei, et evangelizans: et duodecim cum illo* (Luc. VIII, 1).

Quod omnes convocandi sunt ad obediendum Evangelio: item quod sermo cum omni libertate sit annuntiandus, sitque dandum veritati testimonium, quanquam nonnulli prohibeant, et quoquo modo vel ad mortem usque persequantur.

Caput XIII.

Quod dico vobis in tenebris, dicite in lumine: et quod in ore audivistis, prædicate super tecta. Et nolite timere eos qui occidunt corpus, animam autem non possunt occidere (Matth. X, 27, 28)..... *Nuptiæ quidem paratæ sunt, sed qui invitati erant, non fuerunt digni. Ite ergo ad exitus viarum, et quoscunque inveneritis, vocate ad nuptias* (Matth. XXII, 8, 9)... *Respondit ei Jesus: Ego palam locutus sum mundo: ego semper docui in synagoga, et in templo, quo omnes Judæi conveniunt: et in occulto locutus sum nihil* (Joan. XVIII, 20)... *Et cum adduxissent illos, statuerunt in concilio: et interrogavit eos princeps sacerdotum, dicens: Nonne præcipiendo præcepimus vobis ne doceretis in nomine isto? Et ecce replestis Jerusalem doctrina vestra: et vultis inducere super nos sanguinem hominis istius. Respondens autem Petrus et apostoli dixerunt: Obedire oportet Deo magis quam hominibus* (Act. V, 27-29)... *Nisi quod Spiritus sanctus per omnes civitates mihi protestatur, dicens, quoniam vincula et tribulationes me manent. Verum pro nihilo hæc habeo, neque vita mea chara est mihi ipsi, ut consummem cursum meum cum gaudio, et ministerium quod accepi a Domino Jesu, ad testificandum Evangelium gratiæ Dei* (Act. XX, 23, 24)... *Nam ipsi scitis, fratres, introitum nostrum ad vos, quia non inanis fuit: sed ante passi, et contumeliis affecti, sicut scitis, in Philippis, fiduciam habuimus in Deo nostro loqui ad vos Evangelium Dei nostri, in multo certamine* (I Thess. II, 1, 2).

297 Quod orandum est pro profectu eorum qui crediderunt, gratiæque pro hoc sunt persolvendæ.

Caput XIV.

Non pro eis autem rogo tantum, sed et pro eis qui credunt per verbum eorum in me, ut omnes unum sint, sicut tu, Pater, in me, et ego in te, ut et ipsi in nobis unum sint (Joan. XVII, 20, 21)... *Et iterum: Pater, quos dedisti mihi, volo ut ubi sum ego, et illi sint mecum (ibid.* 24)... *In ipsa hora exsultavit spiritu Jesus, et dixit: Confiteor tibi, Pater, Domine cœli et terræ, quod abscondisti hæc a sapientibus, et prudentibus, et revelasti ea parvulis. Etiam, Pater: quoniam sic placuit ante te (Luc.* x, 21)... *Primum quidem gratias ago Deo meo per Jesum Christum pro omnibus vobis : quia fides vestra annuntiatur in universo mundo. Testis enim mihi est Deus, cui servio in spiritu meo, in Evangelio Filii ejus, quod sine intermissione memoriam vestri facio in orationibus meis (Rom.* i, 8, 9)... *Testis enim mihi est Deus, quomodo cupiam omnes vos in visceribus Jesu Christi. Et hoc oro, ut charitas vestra adhuc magis ac magis abundet in scientia, et in omni sensu, ut probetis potiora, ut sitis sinceri, et sine offensa in diem Christi : repleti fructibus justitiæ per Jesum Christum in gloriam et laudem Dei (Philipp.* i, 8-11).

Quod ea quæ recte facta sunt per Dei gratiam, etiam aliis patefacienda sint ad gloriam Dei.

Caput XV.

Et reversi apostoli narraverunt illi quæcunque fecerunt (Luc. ix, 10)... *Cum autem venissent, et congregassent ecclesiam, retulerunt quanta fecisset Deus cum illis (Act.* xiv, 26)... *Ut autem et vos sciatis quæ circa me sunt, quid agam : omnia vobis nota faciet Tychicus charissimus frater, et fidelis minister in Domino : quem misi ad vos in hoc ipsum, ut cognoscatis quæ circa nos sunt (Ephes.* vi, 21, 22).

Quod non modo præsentium, sed absentium etiam cura gerenda sit, omniaque facienda prout postularit ædificationis ratio.

Caput XVI.

Et alias oves habeo quæ non sunt ex hoc ovili, et illas oportet me adducere; et vocem meam audient; et fiet unum ovile, unus pastor (Joan. x, 16)... *Propter quod non amplius sustinentibus nobis placuit, ut Athenis relinqueremur soli : et misimus Timotheum fratrem nostrum, et ministrum Dei in Evangelio Christi, ad confirmandos vos, et exhortandos pro fide vestra (I Thess.* iii, 1, 2).

Quod iis auscultandum sit, qui nos ad præstandum beneficium invitant.

Caput XVII.

Hæc illo loquente, ecce princeps accessit, et adorabat cum, dicens : Filia mea modo defuncta est ; sed veni, impone manum tuam super eam, et vivet. Et surgens Jesus, sequebatur eum (Matth. ix, 18, 19). . *Cum autem vicina esset Lydda Joppe, discipuli audientes quod Petrus esset in ea, miserunt duos viros ad eum, rogantes : ut ne gravaretur venire usque ad se. Exsurgens autem Petrus, venit cum illis (Act.* ix, 38).

Quod qui veritatis doctrinam suscipiunt, ii sint in ipsa per visitationem stabiliendi.

Caput XVIII.

Post aliquot autem dies dixit ad Barnabam Paulus : Revertentes jam visitemus fratres nostros per universas civitates, in quibus prædicavimus verbum Domini, quomodo se habeant (Act. xv, 36)... *Nos autem, fratres, desolati a vobis ad tempus horæ, aspectu, non corde, abundantius festinavimus faciem vestram videre cum multo desiderio : quoniam voluimus venire ad vos, ego quidem Paulus, et semel et iterum, sed impedivit nos Satanas (I Thess.* ii, 17, 18). *Et paulo post : Propter quod non amplius sustinentibus nobis placuit, ut Athenis relinqueremur soli : et misimus Timotheum fratrem nostrum, et ministrum Dei in Evangelio Christi, ad confirmandos vos et exhortandos pro fide vestra, ut nemo moveatur in tribulationibus istis; ipsi enim scitis quod in hoc positi sumus (I Thess.* iii, 1-3).

Quod proprium est ejus qui Dominum diligit, magna cum charitate erga eos quos docet, quavis ratione et cum omni studio ipsorum curam gerere, etiamsi in doctrina cum publice tum privatim tradenda vel ad mortem usque perseverare oportuerit.

Caput XIX.

Bonus pastor animam suam ponit pro ovibus (Joan. x, 11)... *Cum ergo prandissent, dicit Simoni Petro Jesus : Simon Joannis, diligis me plus his ? Dicit ei : Etiam, Domine; tu scis quia amo te. Dicit ei iterum : Simon Joannis, diligis me ? Ait illi : Etiam, Domine ; tu scis quia amo te. Dicit ei : Pasce oves meas. Dicit ei tertio : Simon Joannis, amas me ? Contristatus est Petrus, quia dixit ei tertio, Amas me ? et dixit ei : Domine, tu omnia nosti : tu scis quia amo te. Dixit ei Jesus : Pasce oves meas (Joan.* xxi, 15-17)... *Una autem Sabbatorum, cum convenissent discipuli ad frangendum panem, Paulus disputabat cum eis, profecturus in crastinum,* **299** *protraxitque sermonem usque in mediam noctem (Act.* xx, 7)... *Et paucis interjectis : Ascendens autem, frangensque panem, et gustans, satisque allocutus usque in lucem, profecius est (ibid.* 11)... *Quomodo nihil subtraxerim utilium, quominus annuntiarem vobis et docerem vos publice et per domos, testificans Judæis atque gentilibus in Deum pœnitentiam, et fidem in Dominum nostrum Jesum (ibid.* 20, 21)... *Propter quod vigilate, memoria retinentes, quoniam per triennium nocte et die non cessavi cum lacrymis monens unumquemque vestrum (Act.* xx, 31)... *Memores enim estis, fratres, laboris nostri, et fatigationis : nocte ac die operantes, ne quem vestrum gravaremus, prædicavimus Evangelium Dei (I Thess.* ii, 9), etc.

Quod qui præficitur doctrinæ tradendæ, is debet esse misericors et clemens, et maxime erga eos, quorum animæ sunt male affectæ.

Caput XX.

Et videntes Pharisæi, dicebant discipulis ejus : Quare cum publicanis et peccatoribus manducat magister vester? At Jesus audiens, ait : Non est opus valentibus medicus, sed male habentibus. Euntes au-

tem discite quid est : Misericordiam volo, et non sacrificium : non enim veni vocare justos, sed peccatores ad pœnitentiam (Matth. ix, 11-13)... Videns autem turbas, misertus est eis, quia erant vexati, sicut oves non habentes pastorem (ibid. 36).

Quod oportet in corporeis etiam necessitatibus eos qui nobis concrediti sunt, commiserari, et ipsorum curam gerere.

Caput XXI.

Misereor turbæ, quia triduo jam perseverant mecum, et non habent quod manducent, et dimittere eos jejunos nolo ne deficiant in via (Matth. xv, 32)... *Et venit ad eum leprosus, deprecans eum, atque ad genua illius se provolvens, ac dicens illi : Si vis, potes me mundare. Jesus autem misertus, extensa manu sua tetigit eum, et ait illi : Volo : mundare* (Marc. i, 40, 41)... *In diebus autem illis, crescente numero discipulorum, factum est murmur Græcorum adversus Hebræos, eo quod despicerentur in ministerio quotidiano viduæ eorum. Convocantes autem duodecim multitudinem discipulorum, dixerunt : Non est æquum nos derelinquere verbum Dei, et ministrare mensis. Considerate, fratres, viros ex vobis testimonio vestro comprobatos septem, plenos Spiritu sancto et sapientia, quos constituemus super hoc opus* (Act. vi, 1-3).

300 Quod is cui concreditur verbum Dei, se a majorum negotiorum studio subducere non debet, dum magno conatu in exsequendis minoribus suam ipsius operam navat.

Caput XXII.

Convocantes autem duodecim multitudinem discipulorum, dixerunt : Non est æquum nos derelinquere verbum Dei, et ministrare mensis (Act. vi, 2). Et paulo post : *Nos vero orationi et ministerio verbi instantes fuerimus* (ibid. 4).

Quod neque ad ostentationem, neque ad quæstum adhibendus est doctrinæ sermo, blandiendo audientibus, ut nostris voluptatibus aut commodis consulamus : sed nos tales esse addecet, tanquam qui ad gloriam Dei coram ipso loquamur.

Caput XXIII.

Omnia vero opera sua faciunt ut videantur ab hominibus : dilatant enim phylacteria sua, et magnificant fimbrias vestimentorum suorum, amantque primos recubitus in cœnis, et primas cathedras in synagogis, et salutationes in foris, et vocari ab hominibus, Rabbi, Rabbi. Vos autem nolite vocari Rabbi : unus est enim magister vester : omnes autem vos fratres estis. Et patrem nolite vocare vobis super terram : unus est enim Pater vester, qui in cœlis est. Nec vocemini magistri : nam magister vester unus est, Christus (Matth. xxiii, 5-10)... *Mea doctrina non est mea, sed ejus qui misit me. Si quis voluntatem ipsius faciat, cognoscet de doctrina, utrum ex Deo sit, an ego a meipso loquar. Qui a semetipso loquitur, gloriam propriam quærit : qui autem quærit gloriam ejus, qui misit eum, hic verax est, et injusti-*

tia in illo non est (Joan. vii, 16-18)... *Non enim sumus, sicut plurimi, adulterantes verbum Dei : sed velut ex sinceritate, sed velut ex Deo, coram Deo in Christo loquimur* (II Cor. ii, 17)... *Exhortatio enim nostra non de errore, neque de immunditia, neque in dolo : sed sicut probati sumus a Deo, ut crederetur nobis Evangelium : ita loquimur, non quasi hominibus placentes, sed Deo, qui probat corda nostra. Neque enim aliquando fuimus in sermone adulationis apud vos, sicut scitis : neque in occasione avaritiæ : Deus testis est : neque quærentes ab hominibus gloriam, neque a vobis, neque ab aliis; licet possemus in auctoritate esse, tanquam apostoli Christi* (I Thess. ii, 3-6).

301 Quod non oportet eum qui præest aliis docendis, abuti sua potestate ad subjectorum contumeliam, neque contra illos extolli, quin potius gradum illum accipere ceu quamdam occasionem humilitatis, quæ eis ostendenda sit.

Caput XXIV.

Quis, putas, est fidelis servus et prudens, quem constituit dominus super familiam suam, ut det illis cibum in tempore ? Beatus ille servus, quem cum venerit dominus ejus, invenerit sic facientem. Amen dico vobis, quoniam super omnia bona sua constituet eum. Si autem dixerit malus servus ille in corde suo : Moram facit dominus meus venire ; et cœperit percutere conservos suos, manducetque et bibat cum ebriosis : veniet dominus servi illius in die qua non sperat, et hora qua ignorat : et dividet eum, partemque ejus ponet cum hypocritis. Illic erit fletus, et stridor dentium (Matth. xxiv, 45-51).... *Vos vocatis me, Domine, et Magister : et vere dicitis : sum etenim. Si ergo ego lavi pedes vestros, Dominus et Magister : et vos debetis alter alterius lavare pedes* (Joan. xiii, 13, 14)... *Facta est autem et contentio inter eos, quis eorum videretur esse major. Jesus autem dixit eis : Reges gentium dominantur eis, et qui potestatem habent super eas, benefici vocantur. Vos autem non sic : sed qui major est in vobis, fiat sicut junior : et qui præcessor est, sicut ministrator. Nam quis major est, qui recumbit an qui ministrat ? Nonne qui recumbit ? Ego autem in medio vestrum sum, sicut qui ministrat* (Luc. xxii, 24-26)... *A Mileto autem mittens Ephesum, vocavit majores natu Ecclesiæ : qui cum venissent ad eum, dixit eis : Vos scitis, a prima die qua ingressus sum in Asiam, qualiter vobiscum per omne tempus fuerim : serviens Domino cum omni humilitate, et multis lacrymis et tentationibus, quæ mihi acciderunt ex insidiis Judæorum* (Act. xx, 17-19).... *Libenter enim suffertis insipientes, cum sitis ipsi sapientes. Sustinetis enim, si quis vos in servitutem redigit, si quis devorat, si quis accipit, si quis extollitur, si quis in faciem vos cædit. Secundum ignobilitatem dico, quasi nos infirmi fuerimus in hac parte* (II Cor. xi, 19-21.)

Quod non sit prædicandum Evangelium per contentionem, aut invidiam, aut quamdam animi adversum aliquos concitationem.

Caput XXV.

Ecce puer meus, quem elegi, dilectus meus, in quo sibi bene complacuit anima mea. Ponam Spiritum meum super eum, et judicium gentibus nuntiabit. Non contendet, neque clamabit, neque audiet aliquis in plateis vocem ejus (Matth. xii, 18, 19)..... *Quidam quidem et propter invidiam* **302** *et contentionem, quidam autem et propter bonam voluntatem Christum prædicant : quidam ex charitate, scientes quoniam in defensionem Evangelii positus sum : quidam autem ex contentione Christum annuntiant, non sincere, existimantes pressuram se suscitare vinculis meis* (*Philipp.* i, 15-17).

Quod non oportet humanis præsidiis et donis uti ad Evangelii prædicationem, ne ab ipsis obscuretur Dei gratia.

Caput XXVI.

Confiteor tibi, Pater, Domine cœli et terræ, quia abscondisti hæc a sapientibus et prudentibus, et revelasti ea parvulis (Matth. xi, 25).... *Non enim misit me Christus baptizare, sed evangelizare : non in sapientia verbi, ut non evacuetur crux Christi (I Cor.* i, 17)..... *Et ego cum venissem ad vos, fratres, veni non in sublimitate sermonis, aut sapientiæ, annuntians vobis testimonium Dei. Non enim judicavi me scire aliquid inter vos, nisi Jesum Christum : et hunc crucifixum. Et ego in infirmitate, et timore, et tremore multo fui apud vos : et sermo meus, et prædicatio mea non in persuasibilibus humanæ sapientiæ verbis, sed in ostensione Spiritus et virtutis; ut fides nostra non sit in sapientia hominum, sed in virtute Dei (I Cor.* ii, 1-5).

Quod non putandum est, quod nostra ipsorum solertia et arte prædicationem ad prosperum exitum deducamus : sed fiducia omnino in Deo collocanda est.

Caput XXVII.

Fiduciam autem talem habemus per Christum ad Deum : non quod sufficientes simus cogitare aliquid a nobis, quasi ex nobis : sed sufficientia nostra ex Deo est. qui et idoneos nos fecit ministros novi testamenti (II Cor. iii, 4-6).... *Habemus autem thesaurum istum in vasis fictilibus, ut sublimitas sit virtutis Dei, et non ex nobis (II Cor.* iv, 7).

Quod is cui concredita fuit Evangelii prædicatio, nihil amplius debeat possidere quam quæ ad necessarium ipsius usum requiruntur.

Caput XXVIII.

Nolite possidere aurum, neque argentum, neque æs in zonis vestris: non peram in via, neque duas tunicas, neque calceamenta, neque virgam : dignus enim est operarius cibo suo (Matth. x, 9, 10).... *Nihil tuleritis in via, neque virgas, neque peram, neque panem, neque pecuniam, neque duas tunicas habeatis (Luc.* ix, 3).... *Argentum aut aurum aut vestem nullius concupivi : ipsi scitis (Act.* xx, 33)...

Nemo militans vitæ negotiis implicatur, ut placeat ei qui ipsum in militiam delegit (II Tim. ii, 4).

303 Quod animus haud sit applicandus ad rerum mundanarum curas in eorum gratiam, qui his nimio affectu vacant.

Caput XXIX.

Ait autem ei quidam de turba : Magister, dic fratri meo ut dividat mecum hæreditatem. At ille dixit : Homo, quis me constituit judicem, aut divisorem super vos ? (Luc. xii, 13, 14).... *Nemo militans implicatur vitæ negotiis (II Tim.* ii, 4).

Quod illi qui ad gratiam audientium conciliandam Dei voluntates libere nuntiare negligunt, excidant a Domini mancipio : quandoquidem iis quibus placere volunt, sese mancipant.

Caput XXX.

Quomodo vos potestis credere, qui gloriam ab invicem accipitis, et gloriam, quæ a solo Deo est, non quæritis ? (Joan. v, 44)... *Si adhuc hominibus placerem, Christi servus non essem (Gal.* i, 10).

Quod is qui docet, hunc sibi proponere debeat scopum, ut singulos in virum perfectum in mensuram ætatis plenitudinis Christi aptet et componat, unumquemque tamen in suo ipsius ordine.

Caput XXXI.

Estote ergo vos perfecti, sicut Pater vester cœlestis perfectus est (Matth. v, 48).... *Non pro eis autem rogo tantum, sed et pro eis qui credunt per verbum eorum in me : ut omnes unum sint, sicut tu, Pater, in me, et ego in te, ut et ipsi in nobis unum sint (Joan.* xvii, 20, 21).... *Et ipse dedit quosdam quidem apostolos, quosdam autem prophetas, alios autem pastores et doctores ad consummationem sanctorum in opus ministerii, in ædificationem corporis Christi : donec occurramus omnes in unitatem fidei, et agnitionis Filii Dei, in virum perfectum, in mensuram ætatis plenitudinis Christi (Ephes.* iv, 11-13).

Quod in patientia et mansuetudine erudiendi sint adversarii, exspectata nimirum ipsorum pœnitentia, quoad omnis modus diligentiæ erga ipsos adimpleatur.

Caput XXXII.

Neque contendet, neque clamabit, neque audiet aliquis in plateis vocem ejus. Arundinem quassatam non confringet, et linum fumigans non exstinguet, donec ejiciat ad victoriam judicium (Isa. xlii, 2-4; *Matth.* xii, 19, 20)... *Servum autem Domini non oportet litigare, sed mansuetum esse ad omnes, idoneum* **304** *ad docendum, tolerantem malorum, in mansuetudine erudientem eos qui adversantur : nequando Deus det illis pœnitentiam ad cognoscendam veritatem, et resipiscant a diaboli laqueo (II Tim.* ii, 24-26).

Quod cedendum est, cum aliqui præsentiam ejus qui verbum prædicat, recusant ob timorem ac metum, nec oportet contentiose instare.

Caput XXXIII.

Et rogaverunt illum omnis multitudo regionis Gadarenorum, ut discederet ab ipsis : quia magno timore tenebantur. Ipse autem ascendens navim, reversus est (*Luc.* viii, 37).

Quod ab iis etiam qui propter animi improbitatem prædicationem Evangelii non suscipiunt, secedere debeamus, ne pro corporis quidem necessitatibus beneficia ab ipsis accipientes.

Caput XXXIV.

Et quicunque non receperit vos, neque audierit sermones vestros, exeuntes de domo illa vel civitate, excutite pulverem de pedibus vestris (*Matth.* x, 14)... In quamcunque autem civitatem intraveritis, et non susceperint vos, exeuntes in plateas ejus, dicite : Etiam pulverem qui adhæsit nobis de civitate vestra, extergimus in vos : tamen hoc scitote, quia appropinquavit in vos regnum Dei (*Luc.* x, 10, 11)... Cum venissent autem de Macedonia Silas et Timotheus, detinebatur sermone Paulus, testificans Judæis esse Christum Jesum. Contradicentibus autem eis et blasphemantibus, excutiens vestimenta, dixit ad eos : Sanguis vester super caput vestrum : mundus ego ; ex hoc ad gentes vadam (*Act.* xviii, 5, 6).

Quod recedendum est ab immorigeris, postquam erga ipsos adhibitus fuerit omnis diligentiæ modus.

Caput XXXV.

Jerusalem, Jerusalem, quæ occidis prophetas, et lapidas eos qui ad te missi sunt, quoties volui congregare filios tuos, quemadmodum gallina congregat pullos suos sub alas suas, et noluistis ! Ecce relinquitur vobis domus vestra deserta (*Matth.* xxiii, 37, 38)... Vobis oportebat loqui verbum Dei : sed quoniam repellitis illud, et indignos vos judicatis æterna vita, ecce convertimur ad gentes. Sic enim præcepit nobis Dominus : Posui te in lucem gentium, ut sis in salutem usque ad extremum terræ (*Act.* xiii, 46, 47 ; *Isa.* xlix, 6)... Hæreticum hominem post unam et secundam correptionem devita : sciens quia subversus est, qui ejusmodi est, et delinquit, cum sit proprio judicio condemnatus (*Tit.* iii, 10, 11).

Quod in omnibus erga omnes servanda est verborum Domini integritas, sic ut nihil efficiatur ob animi inclinationem.

Caput XXXVI.

Testor coram Deo et Christo Jesu, et electis angelis, ut hæc custodias sine præjudicio, nihil faciens in alteram partem declinando (*I Tim.* v, 21).

Quod singula ab eo qui doctrinæ tradendæ præficitur, considerate et cum multo examine et facienda sint et dicenda, eo nempe consilio, ut rem faciat Deo gratam : quippe qui vel ab ipsis qui sibi concrediti fuere, debeat comprobari, eorumque testimonio commendari.

Caput XXXVII.

Vos scitis a prima die, qua ingressus sum in Asiam, qualiter vobiscum per omne tempus fuerim : serviens Domino cum omni humilitate, et multis lacrymis et tentationibus (*Act.* xx, 18, 19). Et paulo post : Argentum, aut aurum, aut vestem nullius concupivi. Ipsi scitis : quoniam ad ea quæ mihi opus erant, et his qui mecum sunt, ministraverunt manus istæ (*ibid.* 33, 34)... Vos testes estis, et Deus, quam sancte, et juste, et sine querela vobis qui creditis, fuimus : sicut vos scitis (*I Thess.* ii, 10).

REGULA LXXI.

Quæ conjunctim de episcopis ac presbyteris dicta sunt.

Caput I.

Si quis episcopatum desiderat, bonum opus desiderat. Sed oportet episcopum irreprehensibilem esse (*I Tim.* iii, 1, 2), etc... Seniorem ne increpaveris, sed obsecra ut patrem : juniores ut fratres, seniores mulieres ut matres, juniores ut sorores, in omni castitate (*I Tim.* v, 1, 2)... Juvenilia autem desideria fuge : sectare vero justitiam, fidem, charitatem, pacem cum iis qui invocant Dominum de corde puro. Stultas autem et sine disciplina quæstiones devita, sciens quia generant lites. Servum autem Domini non oportet litigare, sed mansuetum esse ad omnes (*II Tim.* ii, 22-24), etc... Tu autem assecutus es meam fidem, doctrinam, institutionem, propositum, patientiam, persecutiones, passiones (*II Tim.* iii, 10, 11)... Hujus rei gratia reliqui te in Creta, ut ea quæ desunt corrigas, et constituas per civitates presbyteros, sicut ego disposui tibi, si quis sine crimine est (*Tit.* i, 5, 6), etc.

Caput II. — De diaconis.

Et elegerunt Stephanum virum plenum fide et Spiritu sancto, et Philippum, et Prochorum, et Nicanorem, et reliquos, quos statuerunt ante conspectum apostolorum : et orantes imposuerunt eis manus (*Act.* vi, 5, 6)... Diaconos similiter pudicos, non bilingues, non multo vino deditos, non turpe lucrum sectantes (*I Tim.* iii, 8), etc.

REGULA LXXII.

De auditoribus.

Quod debeant auditores qui Scripturas fuerint edocti, explorare ac probare ea quæ a magistris dicuntur : et quæ quidem consona sunt Scripturis, suscipere ; quæ vero aliena, rejicere, eosque qui in ejusmodi doctrinis perseverant vehementius aversari.

Caput I.

Væ homini illi, per quem scandalum venit. Et si oculus tuus scandalizat te, erue eum (*Matth.* xviii, 7, 9) : similiter et de manu et de pede... Amen amen dico vobis : Qui non intrat per ostium in ovile ovium, sed ascendit aliunde, ille fur est et latro (*Joan.* x, 1). Et post pauca : Alienum autem non sequentur, sed fugient ab eo : quia non noverunt vocem alienorum (*ibid.* 5)... Sed licet nos, aut angelus de cœlo evangelizet vobis præter id quod accepistis, anathema sit

(*Gal.* 1, 8)... *Prophetias nolite spernere. Omnia autem probate : quod bonum est, tenete. Ab omni specie mala abstinete* (*I Thess.* v, 20-22).

Quod ii qui non multum callent Scripturas, debeant ex Spiritus fructibus characterem ac notam sanctorum agnoscere : et eos quidem qui tales sunt, admittere, ab iis vero qui non sunt hujusmodi, recedere.

Caput II.

Attendite a falsis prophetis, qui veniunt ad vos in vestimentis ovium, intrinsecus autem sunt lupi rapaces. A fructibus eorum cognoscetis eos (*Matth.* vii, 15, 16).... *Imitatores mei estote, fratres, et observate eos qui ita ambulant, quemadmodum nos exemplar habetis* (*Philipp.* iii, 17).

Quod qui recte verbum veritatis tractant, ii perinde atque Dominus sint suscipiendi, ad gloriam ejus qui illos misit Jesu Christi Domini nostri.

Caput III.

Qui recipit vos, me recipit (*Matth.* x, 40).... *Qui recipit si quem misero, me recipit* (*Joan.* xiii, 20).... *Qui vos audit, me audit* (*Luc.* x, 16) **307**.... *Et tentationem in carne mea non sprevistis, neque respuistis : sed sicut angelum Dei excepistis me, sicut Christum Jesum* (*Gal.* iv, 14).

Quod qui non auscultant iis qui mittuntur a Domino, non in eos modo contumeliosi sunt, sed in eum etiam qui ipsos misit : quin et sibi ipsis judicium gravius asciscunt, quam quod in Sodomos ac Gomorrhas prolatum est.

Caput IV.

Et quicunque non receperit vos, neque audierit sermones vestros, exeuntes de civitate aut domo illa, excutite pulverem de pedibus vestris. Amen dico vobis, tolerabilius erit terræ Sodomorum et Gomorrhæorum in die judicii, quam illi civitati (*Matth.* x, 14, 15).... *Qui vos spernit, me spernit* (*Luc.* x, 16)..... *Itaque qui spernit, non hominem spernit, sed Deum, qui etiam dedit Spiritum suum sanctum in nobis* (*I Thess.* iv, 8).

Quod doctrina mandatorum Domini ita sit accipienda, tanquam quæ vitam æternam et regnum cœlorum nobis conciliet : item quod debeamus in ea studiose nos exercere, licet ardua et difficilis esse videatur.

Caput V.

Amen amen dico vobis, quia qui verbum meum audit, et credit ei qui misit me, habet vitam æternam, et in judicium non venit, sed transiit a morte in vitam (*Joan.* v, 24).... *Cumque evangelizassent civitati illi, et docuissent multos, reversi sunt Lystram, et Iconium, et Antiochiam, confirmantes animas discipulorum, exhortantes, ut permanerent in fide : et quoniam per multas tribulationes oportet nos intrare in regnum cœlorum* (*Act.* xiv, 20-22).

Quod reprehensio et objurgatio ita accipienda sit, quasi medicamentum quoddam quo vitiosus affectus depellatur, et sanitas paretur. Ex quo perspicuum est, quod qui mansuetudinem ac lenitatem simulant vitioso quodam hominibus placendi studio, nec peccantes redarguunt, ii illos prorsus damno afficiant, atque adversus ipsam veram eorum vitam insidias struant.

Caput VI.

Si autem peccaverit in te frater tuus, vade, corripe eum inter te et ipsum solum : si te audierit, lucratus es fratrem tuum (*Matth.* xviii, 15).... *Congregatis vobis et meo spiritu cum virtute Domini nostri Jesu Christi, tradere hujusmodi Satanæ in interitum carnis, ut spiritus salvus sit in die Domini Jesu* (*I Cor.* v, 4, 5).... *Quod epistola illa* (*etsi ad horam*) *vos contristavit, nunc gaudeo : non quia contristati estis, sed quia contristati estis ad pœnitentiam. Contristati enim estis secundum Deum,* **308** *ut in nullo detrimentum patiamini ex nobis. Quæ enim secundum Deum tristitia est, pœnitentiam in salutem haud pœnitendam operatur* (*II Cor.* vii, 8-10) .. *Quam ob causam increpa illos dure, ut sani sint in fide* (*Tit.* i, 13).

REGULA LXXIII.

Quod vir ab uxore, aut uxor a viro non debeat separari, nisi alter deprehendatur in adulterio, aut pietatis sit impedimento.

Caput I.

Dictum est autem : Quicunque dimiserit uxorem suam, det ei libellum repudii. Ego autem dico vobis, quia omnis qui dimiserit uxorem suam, excepta stupri causa, facit eam mœchari; et qui dimissam duxerit, adulterat (*Matth.* v, 31, 32).... *Si quis venit ad me, et non odit patrem, et matrem, et uxorem, et filios, et fratres, et sorores, adhuc autem et animam suam, non potest meus esse discipulus* (*Luc.* xiv, 26).... *Dico autem vobis, quia quicunque dimiserit uxorem suam, nisi ob stuprum, et aliam duxerit, mœchatur : et qui dimissam duxerit, mœchatur* (*Matth.* xix, 9).... *Iis autem qui matrimonio juncti sunt, præcipio, non ego, sed Dominus, ut uxor a viro non separetur : quod si separata fuerit, maneat innupta, aut marito reconcilietur : et vir uxorem non dimittat* (*I Cor.* vii, 10, 11).

Quod non licet viro, uxore dimissa, aliam ducere : neque fas est repudiatam a marito, ab alio duci uxorem.

Caput II.

Dico autem vobis, quia quicunque dimiserit uxorem suam, nisi ob stuprum, et aliam duxerit, mœchatur; et qui dimissam duxerit, mœchatur (*Matth.* xix, 9).

Quod viri debent diligere uxores suas, dilectione qua Christus dilexit Ecclesiam, qui, ut eam sanctificaret, seipsum pro ipsa tradidit.

Caput III.

Viri, diligite uxores vestras, sicut et Christus dilexit Ecclesiam, et seipsum tradidit pro ea, ut illam sanctificaret, mundans lavacro aquæ in verbo (Ephes. v, 25, 26). Et paucis interjectis : *Ita viri debent diligere uxores suas, ut corpora sua* (ibid. 28), etc. Quod oportet uxores subjici suis ipsarum viris, **309** quemadmodum et Ecclesia Christo subjecta est, ut faciant Dei voluntatem.

Caput IV.

Mulieres viris suis subditæ sint, sicut Domino : quoniam vir caput est mulieris, sicut et Christus caput est Ecclesiæ : et ipse salvator est corporis. Sed sicut Ecclesia subjecta est Christo : ita et mulieres viris suis in omnibus (Ephes. v, 22-24)... *Ut prudentiam doceant adolescentulas, ut viros suos ament, filios diligant : ut sobriæ sint, castæ, domus custodes, benignæ, subditæ viris suis, ut non blasphemetur verbum Dei* (Tit. II, 4, 5).

Quod non debent mulieres se ad parandam pulchritudinem exornare, sed studium omne et curam ad bona opera conferre, atque hunc verum et Christianis mulieribus convenientem ornatum esse existimare.

Caput V.

Similiter et mulieres in habitu ornato cum verecundia et sobrietate ornantes se, non in tortis crinibus, aut auro, aut margaritis, vel veste pretiosa : sed, quod decet mulieres, promittentes pietatem, per opera bona (I Tim. II, 9, 10).

Quod debent mulieres silere in ecclesia, et sedulo domi de modo placendi Deo inquirere.

Caput VI.

Mulieres vestræ in ecclesiis taceant, non enim permittitur eis loqui, sed subditas esse. Si quid autem volunt discere, domi viros suos interrogent. Turpe est enim mulieribus loqui in ecclesia (I Cor. XIV, 34, 35). *Mulier in silentio discat cum omni subjectione. Docere autem mulieri non permitto, neque dominari in virum, sed esse in silentio. Adam enim primus formatus est, deinde Eva. Et Adam non est seductus, mulier autem seducta in prævaricatione fuit. Salvabitur autem per filiorum generationem, si permanserint in fide, et dilectione, et sanctificatione, cum sobrietate* (I Tim. II, 11-15).

REGULA LXXIV.

Quod oportet viduam, robustiore corpore præditam, in cura ac studio vitam degere, memorem eorum quæ ab Apostolo dicta sunt, et testimonii, quod Dorcadi datum est.

Caput I.

In Joppe autem erat quædam discipula nomine Tabitha, quæ interpretata dicitur Dorcas. Hæc erat plena operibus bonis, et eleemosynis **310** *quas faciebat* (Act. IX, 36). *Et paulo post : Et circumsteterunt illum omnes viduæ flentes, et ostendentes tunicas et vestes quas faciebat cum esset cum ipsis Dorcas* (ibid. 39)... *Vidua eligatur non minus sexaginta annorum, quæ fuerit unius viri uxor : in operibus bonis testimonium habens, si filios educavit,* *si hospitio recepit, si sanctorum pedes lavit, si tribulationem patientibus subministravit, si omne opus bonum subsecuta est* (I Tim. v, 9, 10).

Quod vidua quæ ob recte facta ab Apostolo memorata illustris est et clara, quæque ad ordinem vere viduarum pervenit, precibus et obsecrationibus cum jejuniis noctu diuque insistere debeat.

Caput II.

Et erat Anna prophetissa, filia Phanuel, de tribu Aser : hæc processerat in diebus multis, et vixerat cum viro annis septem a virginitate sua. Et hæc vidua usque ad annos octoginta quatuor : quæ non discedebat de templo, jejuniis et obsecrationibus serviens nocte ac die (Luc. II, 36, 37). *Quæ autem vere vidua est et desolata, sperat in Deo, et instat obsecrationibus et orationibus nocte ac die : quæ vero in deliciis est, vivens mortua est* (I Tim. v, 5, 6).

REGULA LXXV.

Quod oportet servos cum omni benevolentia ad Dei gloriam suis secundum carnem dominis obedire, in iis certe, in quibus mandatum Dei non solvitur.

Caput I.

Servi, obedite dominis carnalibus cum timore et tremore in simplicitate cordis vestri, sicut Christo : non ad oculum servientes, quasi hominibus placentes, sed ut servi Christi, facientes voluntatem Dei ex animo, cum benevolentia servientes, sicut Domino, et non hominibus : scientes, quoniam unusquisque quodcunque fecerit bonum, hoc recipiet a Domino, sive servus, sive liber (Ephes. VI, 5-8). *Quicunque sunt sub jugo servi, dominos suos omni honore dignos arbitrentur, ne nomen Dei et doctrina blasphemetur. Qui autem fideles habent dominos, non contemnant, quia fratres sunt : sed magis serviant, quia fideles sunt et dilecti, qui beneficii participes sunt* (I Tim. VI, 1, 2). *Servos dominis suis subditos esse, in omnibus placentes, non contradicentes, non fraudantes, sed omnem fidem bonam ostendentes ; ut doctrinam Salvatoris nostri Dei ornent in omnibus* (Tit. II, 9, 10).

311 Quod oportet dominos, qui memores sunt veri Domini, quam operam ipsis dederint servi, eam quoque servis pro viribus præbere, in Dei timore et mansuetudine erga ipsos, ad Domini exemplum.

Caput II.

Sciens Jesus, quia omnia dedit ei Pater in manus, et quia a Deo exivit, et ad Deum vadit, surgit a cœna, et ponit vestimenta sua : et cum accepisset linteum, præcinxit se. Deinde mittit aquam in pelvim, et cœpit lavare pedes discipulorum, et extergere linteo, quo erat præcinctus (Joan. XIII, 3-5). *Et paulo post : Vos vocatis me, Magister et Domine, et bene dicitis : sum etenim. Si ergo ego lavi pedes vestros Dominus et Magister , et vos debetis alter alterius lavare pedes. Exemplum enim dedi vobis, ut quemadmodum feci vobis, ita et vos faciatis* (ibid. 13-15). *Domini, eadem facite illis, remittentes minas : scientes quia et vester ipsorum Dominus est in cœlis, et personarum acceptio non est apud eum* (Ephes. VI, 9).

REGULA LXXVI.

Quod liberi debent parentes colere, eisque obedire in omnibus, quæ Dei mandato nequaquam officiunt.

Caput I.

Et dixit mater ejus ad illum : Fili, quid fecisti nobis sic ? Ecce pater tuus et ego dolentes quærebamus te (*Luc.* II, 48). Nec multo post : *Et abiit cum eis, et venit Nazaret : et erat subditus illis* (*ibid.* 51). *Filii, obedite parentibus vestris in Domino; hoc enim justum est. Honora patrem et matrem, quod est mandatum primum in promissionibus, ut bene sit tibi, et eris longævus super terram* (*Ephes.* VI, 1-3).

Quod parentes in disciplina et correctione Domini, cum mansuetudine et lenitate debent liberos educare, nullamque, quantum in ipsis est, eis iræ ac tristitiæ occasionem dare.

Caput II.

Et vos, patres, nolite ad iracundiam provocare filios vestros ; sed educate illos in disciplina, et correptione Domini (*Ephes.* VI, 4). *Patres, nolite ad indignationem provocare filios vestros, ut non pusillo animo fiant* (*Coloss.* III, 21).

REGULA LXXVII.

Quod oportet virgines ab omni sæculi hujus sollicitudine liberas esse, ut possint sic gratias Deo agere, ut non distrahantur neque mente neque corpore ob spem regni cœlorum.

Caput I.

Sunt eunuchi qui seipsos castraverunt propter regnum cœlorum. Qui potest capere, capiat (*Matth.* XIX, 12). *Volo autem vos sine sollicitudine esse. Qui sine uxore est, sollicitus est quæ Domini sunt, quomodo placiturus sit Domino : qui autem cum uxore est, sollicitus est quæ sunt mundi; quomodo placiturus sit uxori. Differunt et mulier et virgo. Innupta curat quæ Domini sunt, ut sit sancta et corpore et spiritu. Quæ autem nupta est, curat quæ sunt mundi, quomodo placitura sit viro. Porro hoc ad utilitatem vestram dico : non ut laqueum vobis injiciam, sed ut id quod honestum est, vos doceam, et facile adhæreatis Domino citra ullam distractionem* (*I Cor.* VII, 32-35).

REGULA LXXVIII.

Quod non licet militantibus quemquam concutere aut calumniari.

Caput I.

Interrogabant autem eum et milites, dicentes : Quid faciemus et nos ? Et ait illis : Neminem concutiatis, neque calumniam faciatis : et contenti estote stipendiis vestris (*Luc.* III, 14).

REGULA LXXIX.

Quod oportet principes ac magistratus vindices esse legum Dei.

Caput I.

Nam principes non sunt terror bonorum operum, sed malorum. Vis autem non timere potestatem ? Bonum fac, et habebis laudem ex illa. Dei enim minister est tibi in bonum. Si autem malum feceris, time : non enim sine causa gladium portat. Dei enim minister est : vindex in iram ei, qui malum agit (*Rom.* XIII, 3, 4).

Quod oportet subjici potestatibus supereminentibus in iis quibus non præpeditur Dei mandatum.

Caput II.

Omnis anima potestatibus sublimioribus subdita sit. Non est enim potestas, nisi a Deo : quæ autem sunt potestates, a Deo ordinatæ sunt. Itaque qui resistit potestati, Dei ordinationi resistit : qui autem resistunt, sibiipsis damnationem acquirent. Nam principes non sunt terror bonorum operum, sed malorum, etc. (*Rom.* XIII, 1, 2)... *Obedire oportet Deo magis quam hominibus* (*Act.* V, 29)... *Admone illos principatibus et potestatibus subditos esse, obedire, ad omne opus bonum paratos esse* (*Tit.* III, 1).

REGULA LXXX.

Cujusmodi Christianos esse velit Scriptura, nimirum tanquam Christi discipulos, qui sese ad ea sola conforment, quæ in ipso vident, aut quæ ab ipso audiunt.

Caput I.

Tollite jugum meum super vos, et discite a me (*Matth.* XI, 29).... *Vos vocatis me, Magister, et Domine : et bene dicitis : sum etenim. Si ergo ego lavi pedes vestros Dominus et Magister, et vos debetis alter alterius lavare pedes. Exemplum enim dedi vobis, ut quemadmodum ego feci vobis, ita et vos faciatis* (*Joan.* XIII, 13-15).

Tanquam oves Christi, quæ audiant vocem sui solius pastoris, ac ipsum sequantur.

Caput II.

Oves meæ vocem meam audiunt, et ego cognosco eas, et sequuntur me (*Joan.* X, 27). Et superius : *Alienum autem non sequentur, sed fugient ab eo, quia non noverunt vocem alienorum* (*ibid.* 5).

Ipsos tanquam Christi palmites in eo esse radicatos, qui in ipso fructum afferentes, quidquid ei convenerit, et ipso dignum fuerit, perficiant et habeant.

Caput III.

Ego sum vitis, vos palmites (*Joan.* XV, 5).

Hos esse tanquam Christi membra, in omni exercitatione mandatorum Domini, aut donorum Spiritus sancti perfectos pro dignitate capitis, qui est Christus.

Caput IV.

Nescitis, quoniam corpora vestra membra sunt Christi ? (*I Cor.* VI, 15)... *Veritatem autem facientes in charitate, crescamus in illo per omnia, qui est caput, Christus, ex quo totum corpus compactum et connexum per omnem juncturam subministrationis, secundum operationem in mensuram unius-*

cujusque membri, augmentum corporis facit in ædificationem sui in charitate (Ephes. iv, 15, 16).

314 Tanquam Christi sponsam, servantem puritatem, in eo quod in solis Sponsi voluntatibus ambulet.

Caput V.

Qui habet sponsam, sponsus est (Joan. III, 29)... Despondi enim vos uni viro virginem castam exhibere Christo (II Cor. XI, 2).

Tanquam templa Dei sancta, illos puros esse, et iis duntaxat quæ ad Dei cultum pertinent, repletos.

Caput VI.

Si quis diligit me, sermonem meum servet, et Pater meus diliget eum, et ad eum veniemus, et mansionem apud eum faciemus (Joan. XIV, 23)... Vos enim estis templum Dei vivi. Dicit enim Scriptura : Inhabitabo in illis, et inambulabo, et ero illorum Deus (II Cor. VI, 16; Lev. XXVI, 12).

Illos tanquam hostiam incontaminatam, nullo membro, nullaque parte mutilam, religionis sanctitatem conservare.

Caput VII.

Obsecro vos, fratres, per misericordias Dei, ut exhibeatis corpora vestra hostiam viventem, sanctam, Deo placentem, rationabile obsequium vestrum (Rom. XII, 1).

Tanquam filios Dei, formatos ad Dei imaginem juxta modum hominibus concessum.

Caput VIII.

Filioli, adhuc modicum vobiscum sum (Joan. XIII, 33)... Filioli mei, quos iterum parturio, donec formetur Christus in vobis (Galat. IV, 19).

Tanquam lucem in mundo, sic ut ipsi minime sint nequitiæ obnoxii, et eos qui ad se accedunt, illuminent ad agnitionem veritatis recipiendam, ut fiant quod oportet, vel declarent quid sint.

Caput IX.

Vos estis lux mundi (Matth. v, 14)... Inter quos lucetis sicut luminaria in mundo (Philipp. II, 15).

Tanquam sal in terra, ita ut ii qui cum ipsis societatem habuerint, renoventur spiritu ad consequendam integritatem.

Caput X.

Vos estis sal terræ (Matth. v, 13).

Velut verbum vitæ, sic ut per suam erga **315** præsentia mortificationem spem veræ vitæ confirment.

Caput XI.

Inter quos lucetis sicut luminaria in mundo, verbum vitæ continentes, ad gloriam meam in die Christi (Philipp. II, 15, 16).

Cujusmodi velit Scriptura eos esse, quibus credita est Evangelii prædicatio, veluti apostolos, et ministros Christi, ac fideles mysteriorum Dei dispensatores, sola Domini præcepta re et verbo integerrime complentes.

Caput XII.

Ecce ego mitto vos sicut oves in medio luporum (Matth. x, 16)... Euntes docete omnes gentes (Matth. XXVIII, 19)... Sic nos existimet homo ut ministros Christi, et dispensatores mysteriorum Dei : quod superest autem, illud requiritur in dispensatoribus, ut fidelis quis inveniatur (I Cor. IV, 1, 2).

Velut præcones regni cœlorum, ad destruendum eum qui habet imperium mortis in peccato.

Caput XIII.

Euntes autem prædicate, dicentes : Quia appropinquavit regnum cœlorum (Matth. x, 7)... Obtestor ego coram Deo et Jesu Christo, qui judicaturus est vivos et mortuos in apparitione sua, et in regno suo : prædica verbum Dei (II Tim. IV, 1, 2).

Veluti formam, aut regulam pietatis, ut eorum qui Dominum sequuntur, rectitudo in omnibus perficiatur, redarguatur vero eorum perversitas, qui in quavis re illius detrectant imperium.

Caput XIV.

Quæ quidem retro sunt, obliviscens, ad ea vero quæ sunt priora extendens meipsum, juxta scopum persequor ad bravium supernæ vocationis Dei in Christo Jesu. Quicunque ergo perfecti sumus, hoc sentiamus : et si quid aliter sapitis, et hoc vobis Deus revelabit. Verumtamen ad quod pervenimus, ad id eadem regula procedamus, ut idem sentiamus (Philipp. III, 13-16)... Exemplum esto fidelium in verbo, in conversatione, in charitate, in fide, in castitate (I Tim. IV, 12)... Stude teipsum probatum exhibere Deo, operarium non erubescendum, recte secantem sermonem veritatis (II Tim. II, 15).

Veluti oculum in corpore, qui possint discernere **316** bona et mala, et dirigere membra Christi ad ea quæ unicuique congruunt.

Caput XV.

Lucerna corporis est oculus : si igitur oculus tuus sit simplex, totum corpus tuum lucidum erit (Matth. VI, 22).

Velut pastores ovium Christi, qui ne animam quidem occasione data pro ipsis ponere recusent, ut eis impertiant Evangelium Dei.

Caput XVI.

Bonus pastor animam suam ponit pro ovibus (Joan. x, 11)... Attendite igitur vobis, et universo gregi, in quo vos Spiritus sanctus posuit episcopos, ad pascendum Ecclesiam Dei (Act. xx, 28).

Tanquam medicos, qui cum multa commiseratione juxta scientiam doctrinæ Domini curent animarum morbos, ad acquirendam in Christo sanitatem et perseverantiam.

Caput XVII.

Non est opus valentibus medicus, sed male habentibus (Matth. IX, 12)... Debemus autem nos, qui *fortes sumus, imbecillitates infirmorum sustinere* (*Rom.* xv, 1).

Sicuti patres, et nutrices liberorum ex se natorum, qui ob magnum suæ in Christo dilectionis affectum, non eis modo Evangelium Dei, sed suas etiam ipsorum animas ex animo impertiri velint.

Caput XVIII.

Filioli, adhuc paulisper vobiscum sum (*Joan.* xiii, 33)... *Nam in Christo Jesu per Evangelium ego vos genui* (*I Cor.* iv, 15)... *Tanquam si nutrix foveat filios suos, ita desiderantes vos cupide, volebamus tradere vobis non solum Evangelium Dei, sed etiam animas nostras: quoniam charissimi nobis facti estis* (*I Thess.* ii, 7, 8).

Veluti Dei adjutores, qui pro Ecclesia totum suum ipsorum studium in sola opera Deo digna conferant.

Caput XIX.

Dei enim sumus adjutores: Dei agricultura, Dei ædificatio estis (*I Cor.* iii, 9).

317 Tanquam plantatores palmitum Dei, qui nihil alienum a vite, quæ Christus est, nihilque infructuosum inserant; sed ea quæ propria sunt et frugifera, omni studio meliora reddant.

Caput XX.

Ego sum vitis vera: et Pater meus agricola est. Omnem palmitem, in me non ferentem fructum, tollit, et omnem, qui fert fructum, purgat, ut fructum uberiorem efferat (*Joan.* xv, 1, 2)... *Ego plantavi, Apollo rigavit: sed Deus incrementum dedit* (*I Cor.* iii, 6).

Velut ædificatores templi Dei, qui sic uniuscujusque animam apparent, ut fundamento apostolorum et prophetarum apte congruat.

Caput XXI.

Secundum gratiam Dei, quæ data est mihi, ut sapiens architectus fundamentum posui: alius autem superædificat. Unusquisque autem videat quomodo superædificet. Fundamentum enim aliud nemo potest ponere, præter id quod positum est, quod est Jesus Christus (*I Cor.* iii, 10, 11)... *Ergo jam non estis hospites, et advenæ: sed estis cives sanctorum, et domestici Dei: superædificati super fundamentum apostolorum et prophetarum, summo angulari lapide ipso Christo Jesu, in quo omnis ædificatio constructa crescit in templum sanctum in Domino, in quo et vos coædificamini in habitaculum Dei in Spiritu* (*Ephes.* ii, 19-22).

Caput XXII.

Quid proprium est Christiani? Fides quæ per charitatem operatur. Quid est proprium fidei? Certa et indubitata persuasio veritatis verborum divinorum, quæ nulla, neque ex naturali necessitate inducta, neque pietatis nomine efficta, ratiocinatione concutiatur. Quid est proprium fidelis? In hujusmodi persuasione constitui vi et auctoritate eorum quæ dicta sunt, nec audere quidquam rejicere, aut addere. Etenim si omne quod non est ex fide, peccatum est, ut ait Apostolus (*Rom.* xiv, 23), fides autem ex auditu est, auditus vero per verbum Dei (*Rom.* x, 17); omne quod est extra divinam Scripturam, cum ex fide non sit, peccatum est. Quid est proprium ejus quæ erga Deum est charitatis? Servare mandata ipsius, eo animo, ut gloria illi detur. Quid proprium est dilectionis erga proximum? Non quærere quæ sua sunt, sed illius qui diligitur, ad utilitatem animæ ac corporis. Quid proprium Christiani? Generari denuo ex aqua et Spiritu per baptismum. Quid proprium est ejus qui generatus est ex aqua? Ut quemadmodum Christus peccato semel mortuus est, ita etiam ipse sit mortuus, et ad omne peccatum immobilis, sicut scriptum est: *Quicunque baptizati sumus in Christo Jesu, in morte ipsius baptizati sumus. Consepulti enim* **318** *sumus cum illo per baptismum in mortem, hoc scientes, quia vetus homo noster simul crucifixus est ut destruatur corpus peccati, et ultra non serviamus peccato* (*Rom.* vi, 3-6). Quid proprium est ejus, qui fuit generatus ex Spiritu? Ut fiat illud pro data mensura, quod est id ex quo natus est, veluti scriptum est: *Quod natum est ex carne, caro est: et quod natum est ex spiritu, spiritus est* (*Joan.* iii, 6). Quid est proprium illius qui denuo natus est? Exuere veterem hominem una cum actibus ejus, et cupiditatibus: et induere novum qui renovatur in agnitionem, secundum imaginem ejus qui creavit illum (*Coloss.* iii, 9), sicut scriptum est: *Quicunque in Christum baptizati estis, Christum induistis* (*Galat.* iii, 27). Quid proprium Christiani? Purum esse ab omni inquinamento carnis et spiritus in sanguine Christi, ac perficere sanctimoniam in timore Dei et dilectione Christi (*II Cor.* vii, 1): nequaquam habere maculam aut rugam, aut quidpiam hujusmodi, sed esse sanctum et incontaminatum (*Ephes.* v, 27), et sic edere corpus Christi, et bibere sanguinem. *Qui enim manducat et bibit indigne, judicium sibi manducat et bibit* (*I Cor.* xi, 29). Quid est proprium illorum qui edunt panem, et bibunt poculum Domini? Perpetuam servare memoriam illius qui pro nobis mortuus est et resurrexit. Quid est proprium eorum qui servant ejusmodi memoriam? *Ut jam non sibi vivant, sed ei qui pro ipsis mortuus est, et resurrexit* (*II Cor.* v, 15). Quid proprium Christiani? Ut in omnibus justitia illius major sit justitia Scribarum et Pharisæorum (*Matth.* v, 20), juxta modum et regulam doctrinæ, quæ in Evangelio Domini tradita est. Quid proprium Christiani? Ut alter alterum diligat, sicut et Christus dilexit nos (*Ephes.* v, 2). Quid proprium est Christiani? Providere Dominum in conspectu suo semper (*Psal.* xv, 8). Quid est proprium Christiani? Singulis diebus ac horis vigilare, atque ad eam perfectionem qua placeat Deo, paratum esse, scientem quod qua hora non putat, Dominus venturus sit (*Luc.* xii, 40).

EJUSDEM SERMO ASCETICUS.

1. Homo ad imaginem et similitudinem Dei factus est (*Gen.* 1, 26) : sed peccatum, anima ad vitiosas cupiditates impulsa, deformavit imaginis pulchritudinem. Deus autem, qui hominem condidit, vera est vita. Itaque qui Dei similitudinem amisit, is perdidit vitæ consortium; qui vero extra Deum est, vitam beatam degere non potest. Revertamur igitur ad gratiam initio nobis concessam, ex qua excidimus per peccatum : et rursus juxta Dei imaginem exornemus nosmetipsos, ac conditori per omnem affectuum vacuitatem similes efficiamur. Qui enim in seipso, quoad ejus fieri potest, illam divinæ naturæ ab affectibus vacuitatem imitatus fuerit, is in sua ipsius anima Dei imaginem in integrum restituit. Qui autem effectus est Deo similis juxta eum quem diximus modum, omnino etiam divinæ vitæ adeptus est similitudinem, perpetuo in 319 æterna illa beatitudine mansurus. Itaque si per affectuum vacuitatem rursus Dei imaginem recuperemus, vitæque perpetuitatem nobis impertiat Dei similitudo, cæteris omnibus neglectis, huc studium convertamus ut anima nostra nullius unquam vitii tyrannide opprimatur; sed mens nostra immota et insuperabilis permaneat in tentationum assultibus, ut divinæ beatitudinis fiamus participes. Huic autem studio adjumento est virginitas, iis qui ratione duce id donum coluerint. Non enim in sola a procreandis liberis abstinentia constituitur virginitatis donum; sed vita omnis vitæque ratio ac mores virginitatem excolere debent, sic ut cælibis integritas in omni studio appareat. Fieri enim potest, ut aliquis sermone etiam stuprum et oculis adulterium committat, audituque polluatur, ac inquinamentum recipiat in corde, perque cibi ac potus intemperantiam extra castimoniæ terminos egrediatur. Nam qui in his omnibus intra virginitatis limites seipsum per continentiam continet, revera ostendit in semetipso perfectum et omnibus numeris absolutum virginitatis donum.

2. Quamobrem si desideremus animæ nostræ characterem per affectuum vacuitatem ad Dei similitudinem componi et exornari, ut hoc pacto etiam a nobis vita sempiterna comparetur, attendamus nobismetipsis, ne forte quidpiam promissione indignum perpetrantes, prolato adversum Ananiam judicio efficiamur obnoxii. Nam Ananiæ initio licebat possessionem suam Deo non polliceri ac vovere : sed postquam ad humanam gloriam respiciens, possessionem suam Deo per pollicitationem consecravit, ut hominibus ob munificentiam esset admirationi, parte pretii seposita, ejusmodi adversum se indignationem Domini commovit, cujus Petrus minister fuit, ut ne pœnitentiæ quidem spatium inveniret (*Act.* v, 1 - 5). Quapropter ante vitæ religiosæ professionem quilibet potest juxta id quod concessum ac legitimum est, vitæ commoda amplecti, ac nuptiarum societati se dedere :

sed ubi jam professus est, seipsum Deo custodire debet, veluti sacrum quoddam donum, ne sacrilegii damnationem subeat, si corpus per professionem Deo dicatum rursus communis vitæ ministerio contaminet. Atque hoc dico, non unum tantum modo vitii genus spectans, quemadmodum opinantur quidam, qui in sola corporis custodia virginitatis virtutem constituunt; sed respicio ad omnem vitiosæ affectionis speciem, sic ut nullo mundano vitio inquinetur qui seipsum Deo custodire studet. Ira, invidia, injuriarum illatarum memoria, mendacium, superbia, mentis evagatio, intempestiva garrulitas, segnities in orando, eorum quæ non sunt cupiditas, in mandatis perficiendis negligentia, vestimentorum ornamentum, 320 faciei cultus, congressiones, colloquia præter decorum et sine necessitate habita; hæc omnia quam diligentissime sunt cavenda ab eo qui per virginitatem Deo seipsum consecravit : siquidem propemodum æquale est periculum in unum aliquod horum delabi, et in vetito peccato versari. Omnia enim quæ ex vitioso animi affectu fiunt, corrumpunt quodammodo animæ puritatem, suntque vitæ divinæ impedimento. Ad hæc igitur respiciat oportet, qui sæculo nuntium remisit, ut Dei vas, seipsum scilicet, nullo prorsus vitioso usu coinquinet. Illud autem maxime est considerandum, quod qui vitam angelorum elegit, transtulerit se ad incorpoream vitæ rationem, cum naturæ humanæ terminos transgressus sit. Hoc enim proprium est angelicæ naturæ, a nuptiali societate liberam esse, neque ad ullam aliam contemplandam pulchritudinem distrahi, sed oculos in divinam faciem assidue intentos habere. Quamobrem qui jam in angelicæ dignitatis ordinem transivit, si humanis vitiis inquinetur, similis est pantheræ pelli, cujus setæ neque prorsus albæ sunt, neque nigræ omnino, sed cum sint diversorum colorum mistura distinctæ et interpunctæ, neque in nigris numerantur, neque in albis. Hæc igitur communior quædam sit admonitio exhortatioque iis qui continentem ac castam vitam delegere.

3. Sed cum de singulis quoque disserere operæ pretium sit, necesse est de his etiam brevem relinqui sermonem. Qui a communi vivendi ratione recessere, seque exercent in diviniore vitæ instituto, non per se et sine adminiculo exerceantur. Convenit enim contestatam esse et spectatam hujusmodi vitam, ut libera fiat a prava suspicione. Et quemadmodum lex spiritualis non vult pauciores esse quam decem, qui mysticum pascha comedant : ita hic eorum qui simul vitam spiritualem excolunt numerum denarium potius augeri oportet quam minui. Hanc honestam vivendi rationem unus aliquis moderetur, qui ob vitæ morumque ac omnis modestæ conversationis probationem reliquis præpositus sit : quin et ætatis ac temporis habeatur ratio ad obtinendas priores partes. Nam quod antiquius est in hominum natura, majorem

quodammodo præfert venerationem. Hic autem, fratribus ultro cum docilitate solum et humilitate obedientibus, tanta potiatur potestate, ut nulli eorum qui conventum componunt, liceat ipsius voluntati resistere, cum aliquid eorum quæ ad honestatem et vitæ integritatem conferunt præcipit. Sed, ut ait Apostolus, constitutis a Deo potestatibus non resistendum esse (docet enim condemnari eos qui Dei ordinationi resistunt [*Rom.* XIII, 1, 2]): ita hic quoque persuasum sit oportet reliquis fratribus non fortuito, sed ex divina voluntate datam esse præfecto ejusmodi potestatem, ut is qui secundum Deum est profectus, antistite quidquid utile est animæ et fructuosum suggerente, aliis vero obedienter bona consilia suscipientibus, minime impediatur. Quoniam igitur prorsus convenit cœtum hunc præposito obedientem esse ac subditum, necesse est in primis talem eligi vitæ hujus moderatorem, ut illius vita iis, qui ad ipsum respiciunt, sit cujusvis virtutis exemplar: et, ut ait Apostolus, qui sobrius sit, temperans, modestus, et ad docendum idoneus (*I Tim.* III, 2). Sic, meo quidem judicio, exploranda est et hujus vita, non solum an temporis spatio senectam attigerit (accidit enim cum canitie etiam ac rugis inveniri juveniles mores): sed præsertim an mores et agendi ratio per modestiam et gravitatem incanuerint, ut quidquid ab illo dicitur et efficitur, pro lege conventui sit et pro regula. Iis autem qui in ejusmodi vitæ instituto degunt, convenit hæc parandi victus ratio, quam Apostolus præcepit, ut manibus operantes honeste panem suum edant (*II Thess.* III, 12). Opera autem sunt conficienda, moderante sene aliquo vitæ sanctimonia probato ac spectato, qui manualia ipsorum opera ad requisitos usus impendat, ut et illud mandatum impleatur, quod in sudore ac labore victum comparari præcipit (*Gen.* III, 19), et honestas irreprehensa maneat atque inculpata, cum ob nullam victus necessitatem in publicum prodire cogantur. Hic vero sit optimus servandæ continentiæ modus et regula, neque ad voluptatem, neque ad afflictationem carnis respicere, sed in utroque immoderantiam fugere, ut neque turbetur ob obesitatem, neque ei ob morbum et languorem mandatorum conficiendorum facultas adimatur. Nam utrinque æquale detrimentum animæ accedit, et cum caro subdita non est, si videlicet ex bona habitudine præceps agatur ad indecoros motus, et cum remissa exsolutaque ac immobilis præ doloribus detinetur. Non enim animæ in tali corporis statu otium est oculos libere sursum attollendi, imo omnino necesse est eam de doloris sensu occupari, ad ipsum inclinari, simulque deprimi per malam corporis affectionem.

4. Sit itaque rerum usus necessitati accommodus ac conveniens, neque vinum habeatur ut abominandum, si modo ad medelam assumatur, neque studiose paretur citra necessitatem; et reliqua omnia similiter necessariis usibus, non cupiditatibus inserviant eorum qui vitam asceticam excolunt. Omnis vita tempus sit orandi. Quoniam tamen maxime quibusdam intervallis ea contentio, quæ ad psallendum et ad genua inflectenda adhibetur, interrumpenda est, observandæ sunt horæ a sanctis pro precibus designatæ. Ait igitur magnus David: *Media nocte surgebam ad confitendum tibi, super judicia justitiæ tuæ* (*Psal.* CXVIII, 62): quem et Paulus et Silas secuti esse comperiuntur, quippe qui media nocte Deum in carcere laudaverint (*Act.* XVI, 25). Deinde dicit idem propheta: *Vespere et mane et meridie* (*Psal.* LIV, 18). Quin et Spiritus sanctus circiter horam tertiam advenit, velut in Actis didicimus (*Act.* II, 15), cum nempe, Pharisæis discipulos ob varium linguarum usum irridentibus, ait Petrus ebrios eos non esse, qui hæc loquerentur: quandoquidem hora erat tertia. Hora vero nona memoriam refert Dominicæ passionis, quæ vitæ nostræ causa suscepta est. Sed, quoniam dicit David: *Septies in die laudem dixi tibi super judicia justitiæ tuæ* (*Psal.* CXVIII, 164), illa autem orandi tempora, quæ diximus, nequaquam explent precum hebdomada, dividenda est meridiana precatio, sic ut pars una anteaquam cibus sumatur, altera post acceptum cibum fiat quo etiam ea Dei laudatio quæ septies die in toto diei circuitu persolvitur, nobis sit pro exemplari (1). Aditus ad monasteria obstruatur mulieribus: imo non quivis viri ingrediantur, sed quibus præfectus ingressum permiserit. Cum enim quilibet sine delectu ingreditur, animus plerumque in intempestivos sermones ac inutiles fabulas sese effundit, et ex vanis colloquiis delabitur in vanas inutilesque cogitationes. Ob idque lex communis ea sit, ut solus præses de iis interrogetur et respondeat, de quibus necessario sermo aliquis haberi debet: minime autem respondeant cæteri iis qui supervacaneis collocutionibus nugantur, ut ne simul ad inanium verborum seriem pertrahantur.

5. Apotheca autem communis omnium sit, nec quidquam ceu cujusvis proprium nominetur, non vestimentum, non calceamentum, non quidvis aliud quod ad necessarium corporis usum pertineat. Sed usus sit penes præfectum, ita ut quod cuique convenit, id ex communibus tribuatur juxta moderatoris præceptum. Jam vero in hoc communi contubernio dilectionis lex non permittit particulares amicitias ac sodalitates. Nam necesse est omnino, affectus particulares plurimum communi concordiæ nocere. Quamobrem respicere se mutuo debent omnes cum æquali amoris mensura, unusque et idem in toto cœtu tenendus est dilectionis modus. Quod si quis ob quamcunque causam monachum fratrem aut propinquum majori studio quam alium quemvis prosequi comperiatur,

---

(1) Notatu digna sunt quæ hic dicuntur de septem horis, quibus oporteat Deum laudari.

is tanquam in totam societatem contumeliosus castigetur. Nimius namque erga unum aliquem amor magnum in cæteros defectum arguit. Ei autem qui ob delictum aliquid condemnatus est, irrogentur pœnæ pro peccati mensura, vel ut cum cæteris stare ad psallendum prohibeatur, vel non admittatur ad precum societatem, vel a cibi participatione arceatur : qua in re disciplinæ communi præfectus pœnam delinquenti pro peccati magnitudine decernet. Fiat autem per vices in communi conventu ministerium, duobus vicissim in una hebdomade negotia quæque necessaria peragentibus, ut et communis exsistat humilitatis merces, nec cuiquam liceat ne in bono quidem sodales superare, omnes vero pariter interquiescant. Hæc enim laboris et requietis vicissitudo facit ut lassitudinem laborantes non sentiant. Cum necesse **323** fuerit in publicum prodire, penes est præfectum contubernii, quos voluerit dirigere, aut imperare quibus utile fuerit et opportunum, ut res domesticas curent, et domi maneant. Sæpe enim in juvenum corporibus, etiamsi quam studiosissime sese per continentiam affligant, coloris decor nescio quomodo per ætatem efflorescit, et libidinis occasio occurrentibus oboritur. Si quis igitur, quantum ad corporis florem, juvenis est, occultet et abscondat hujusmodi elegantiam ac venustatem, donec apparens ille decor ad debitum statum pervenerit. Nihil in eis iram indicet, aut injuriarum acceptarum memoriam, aut invidiam, aut contentionem, neque gestus, neque motus, non verbum, non acris oculorum obtutus, neque faciei conformatio, aut si quid aliud convictorem nostrum ad iram provocare soleat. Quod si quispiam in aliquod horum inciderit, etiamsi prior molestia aliqua affectus sit : id tamen satis non est ad peccatum cui obnoxius fit excusandum. Malum enim quoquo tempore admissum, ex æquo malum est (1). Omne quidem juramentum exterminetur e monachorum cœtu : habeatur vero pro juramento nutus capitis, aut assensus per vocem datus, sive quis loquatur, sive audiat. Si quis autem fidem non habuerit nudæ affirmationi, is suam ipsius conscientiam arguit proditque, tanquam qui non dixerit verum inter loquendum, ob idque in delinquentium numerum referatur a præposito, et pœna medicinali castigabitur. Completo jam die, omnique opere tum corporali tum spirituali absoluto, par est unumquemque in corde suo ante quietem suam ipsius conscientiam examinare. Et si quid contigit præter decorum, sive cogitatio interdicta, aut colloquium præter officium, aut in orando segnities, aut in psallendo negligentia, aut communis vitæ desiderium, nequaquam occultet peccatum, sed cœtui confiteatur, ut morbus illius qui in ejusmodi malum incidit, per communem precationem sanetur.

(1) Horum verborum hæc est sententia : malum quovis tempore admissum, per se quidem et na-

EJUSDEM SERMO ASCETICUS.

1. Unus est asceticæ vitæ scopus, ut consulat animæ saluti ; et quidquid proposito huic conducere potest, id sicut divinum mandatum cum timore observandum est. Neque enim ipsa Dei mandata ad quidquam aliud spectant, nisi ut salutem adipiscatur qui eis auscultaverit. Convenit igitur, ut quemadmodum qui se in balneum demittunt, omni amictu nudantur, ita etiam qui ad asceticum vitæ genus accedunt, omni re sæculi hujus exuti, vitam philosophicam ingrediantur. Id itaque præcipuum est, et cujus **324** maxime curam gerere Christianus debet, ut vitiosis affectibus, qui varii sunt ac diversi, animamque coinquinant, denudetur : deinde vero oportet, ut qui ad vitam sublimem respicit, opes suas ac facultates derelinquat : cum rerum terrenarum cura ac sollicitudo magnam in animo aberrationem generent. Cum igitur plures ad eumdem salutis scopum intenti, communem inter se vitam amplexi fuerint, id inter ipsos ante omnia obtineat necesse est, ut unum in omnibus sit cor, et voluntas una, unumque desiderium, utque ex Apostoli præcepto, omne conventus agmen efficiatur unum corpus ex diversis membris coagmentatum (*I Cor.* xii, 12). Hoc autem aliter fieri non potest, nisi obtinuerit hæc consuetudo, ut nihil nominatim ac peculiariter cuiquam tribuatur, neque vestimentum, neque vas, neque quidpiam aliud ex iis quæ conducunt vitæ communi, ut singula usibus necessariis, non autem possessoribus destinentur. Et sicuti vestimentum parvum corpori majori, aut majus parvo non convenit, sed quidquid cuique accommodatum est, id utile est et commodum : ita etiam alia omnia, lectus, stragula, calidum vestimentum, calceamentum, ejus qui his valde indiget, debent esse, non possidentis. Quemadmodum enim qui vulneratus est, non qui sanus est, medicamento utitur : sic etiam iis quæ ad sublevandum corpus excogitata sunt, perfruatur, non qui delicate vivit, sed is cui levamen opus est.

2. Quoniam autem varia sunt hominum ingenia, neque similiter de rebus utilibus omnes judicant, ne qua, unoquoque ad suum arbitrium vivente, oboriatur perturbatio, is qui ex publico testimonio cunctis prudentia, constantia, ac vitæ integritate præstiterit, aliis regendis præficiendus est : ut quod in eo bonum est, id omnium qui ipsum fuerint imitati, fiat commune. Ut enim si plures pictores unius faciei lineamenta pingant, omnes imagines futuræ sunt inter se similes, utpote uni assimilatæ : eumdem ad modum si multa ingenia unum imitandum sibi proponant, in omnibus æqualiter bona vitæ forma elucescet. Itaque uno aliquo jam delecto et prælato, cessabunt omnes privatæ voluntates, seque ad id quod præstantius est, conformabunt omnes, præcepto apostolico obsecuti, quo

tura sua æqualiter malum esse : sed tamen ob circumstantias levius fieri, aut gravius.

anima omnis potestatibus eximiis subdita esse jubetur, quoque monemur eos qui restiterint, judicio atque condemnationi obnoxios effici (*Rom.* xiii, 1, 2). Vera autem et perfecta subditorum erga præfectum obedientia in eo declaratur, si non a flagitiosis modo abstineant ex præfecti consilio, sed si ne ea quidem quæ laudabilia sunt, citra illius arbitrium peragant. Nam abstinentia et omnis corporalis afflictatio ad aliquid utilis est : sed si quis animi sui motum secutus, quod sibi placet egerit, et præposito consilium sibi danti non obtemperaverit, peccatum futurum est majus, quam recte factum. *Qui enim resistit* **325** *potestati, Dei ordinationi resistit* (*ibid.* 2) ; atque obedientiæ major merces quam abstinentiæ virtuti tribuitur. Eodem autem modo communem et æqualem omnibus inter se charitatem esse convenit, quo homo naturaliter erga singula sua membra affectus est, qui totum suum corpus pariter sanum vult, quando et uniuscujusque membri dolor æqualem corpori molestiam exhibet. At quemadmodum in nobismetipsis dolor uniuscujusque ægrotantis membri similiter totum corpus attingit, et tamen sunt membra alia aliis præstantiora (non enim pariter de oculo atque de pedis digito afficimur, etiamsi dolor æqualis sit): ita unumquemque in omnes qui in conventu vixerint, commiserationem quidem atque amorem parem ostendere operæ pretium est; sed tamen, ut decet, iis qui utiliores sunt, major deferetur honor. Quoniam autem omnino æquali amoris mensura sese invicem diligere debent, injuria est privatas quasdam sodalitates ac contubernia in conventu reperiri. Qui enim unum præ aliis diligit, is, quod non perfecte cæteros diligat, se ipse arguit. Quare ex conventu contentio indecora, et singularis amor sunt æqualiter amandandi. Oritur enim ex contentione inimicitia : ab amicitia vero particulari et sodalitate suspiciones et invidiæ nascuntur. Cum enim æqualitas aufertur, id ubique eis qui ea spoliantur, invidiæ et odii origo et causa est. Quapropter jussit etiam Dominus nos bonitatem illius qui solem similiter super justos ac injustos exoriri curat, imitari (*Matth.* v, 45). Quemadmodum igitur Deus ex æquo impertit omnibus lucem, ita et Dei imitatores communem et parem charitatis radium in omnes effundant. Ubi enim deficit charitas, illic utique ejus loco succedit odium. Quod si, ut Joannes ait, *Deus charitas est* (*1 Joan.* iv, 16), prorsus necesse est diabolum odium esse. Sicut ergo qui habet charitatem, Deum habet : sic qui odium habet, is diabolum in seipso nutrit. Quamobrem ut æqualis similisque charitas quibusvis ab omnibus est exhibenda, ita honor, uti addecet, unicuique est tribuendus. In iis autem qui sic conjuncti sunt et copulati, non futura est major dilectio ob corporalem consanguinitatem : neque si quis quidem germanus alicujus frater sit, filiusve, aut filia, is licet cognatione conjunctus, magis quam cæteri amabitur ob sanguinis communionem. Qui enim in his naturam sequitur, is nondum a natura perfecte recessisse convincitur, sed etiamnum a carne gubernari. Sermo autem inutilis, et inepta mentis avocatio ex mutuo colloquio orta, sint interdicta. Sed si quid animarum ædificationi conducit, de eo duntaxat instituendus est sermo : imo vero ea ipsa quæ utilia fuerint, modeste et tempore congruenti ab iis quibus sit loquendi facultas, dicenda sunt. **326** Quod si quispiam ex inferiorum numero sit, licentiam hanc et facultatem a superiore exspectet. Murmurationes autem, et collocutiones in aurem, et quæ per nutus fiunt significationes, hæc omnia rejiciantur, cum murmuratio præ se ferat obtrectationis suspicionem, significatio vero, quæ per nutum datur, rem aliquam latentem et malignam fratri indicet. Quæ autem sunt ejusmodi, odii initium sunt atque suspicionis. Cum autem necessarium fuerit mutuum colloquium, vocis modum formet necessitas, ita ut eum qui propinquus est, remissiore voce compellemus, eum vero qui procul dissidet, contentius alloquamur. Sed si quis dum cuipiam consilium dat, aut eum exhortatur ad rem aliquam, altiorem minacioremque adhibet vocem, is ut contumeliosus in conventu non sit. Exire autem e monasterio, nisi statutum sit et necessarium egredi, nequaquam licet. Verum quoniam non virorum modo conventus sunt, sed etiam virginum, cætera quidem omnia quæ relata sunt, utrisque erunt communia : sed tamen unum sciendum est, ampliorem majoremque in mulierum vita requiri honestatem ac modestiam, itemque paupertatis, silentii, obedientiæ, sororiique amoris virtutem, quamdam in exeundo curam, atque in congressibus cautionem, mutuam benevolentiam et particularium sodalitatum amandationem. In his enim omnibus cum majore studio institui debet virginum vita. Cui concredita est disciplinæ cura, ea non quod jucundum est sororibus, quærat, neque ab eis gratiam inire studeat, sic ut quæ ipsis in deliciis sunt, indulgeat, sed se semper gravem, metuendam, ac reverendam exhibeat. Nosse enim debet, se eorum quæ in cœtu communi præter officium admittuntur, rationem coram Deo esse redditturam. Atque unaquæque ex conventus numero a præfecta petat non quod gratum est et suave, sed quod est perutile, et conducibile, nihilque de iis quæ jubentur, inquirat (ejusmodi enim consuetudo exercitatio est et gradus ad rebellionem) : sed quemadmodum sine ullo examine recipimus Domini præcepta, scientes omnem Scripturam divinitus inspiratam esse et utilem, ita et sorores jussa antistitæ citra disceptationem excipiant, omne consilium sibi ab ea datum alacri animo, non ex tristitia aut necessitate, exsequentes, ut ipsarum obedientia mercedem consequatur. Cæterum non tantummodo obediant, cum docentur quæ ad disciplinæ severitatem pertinent, sed etiamsi forte jejunium prohibuerit magistra, aut ad eum qui vires reficere ac reparare possit cibum sumendum adhortetur, aut etiam aliquid aliud levamini afferendo opportunum necessitate præscripserit, perficiant omnia æqualiter, et quidquid ab illa **327** dicitur, legem esse sibi persuadeant. Cum autem necessitate postulante de negotio quodam necessario sermonem haberi oportuerit, sive cum viro aliquo, sive cum eo qui rei alicui curandæ præfectus sit, sive cum quovis alio qui ad rem requisitam aliquid conferre valeat, par est antistitam ipsam sermonem habere, una aut altera ex sororibus secum præsente: quæ jam ob mores et ætatem in alicujus conspectum colloquiumque venire tuto possint. Quod si alteri privatim quidpiam utile in mentem veniat, id suggerat præfectæ, atque ita quod dicendum fuerit, per illam dicetur.

EJUSDEM
REGULÆ FUSIUS TRACTATÆ.

PROOEMIUM.

1. Quoniam, Deo juvante, in nomine Domini nostri Jesu Christi simul convenimus nos, qui unum et eumdem pie vivendi finem nobis proposuimus, vosque quidem non obscure præ vobis fertis, teneri vos desiderio aliquid discendi eorum quæ ad salutem pertineant, mihi vero Dei justificationes annuntiandi incumbit necessitas, cum nocte ac die sim memor Apostoli, qui ait: *Per triennium nocte et die non cessavi, cum lacrymis monens unumquemque*[1]; et quoniam præsens tempus est convenientissimum, hicque locus præbet silentium, ac prorsus ab externis tumultibus immunis est, mutuo simul precemur, ut nos quidem opportune conservis nostris frumenti demensum demus: vos autem accepto sermone, velut bona terra, perfectum et multiplicem justitiæ fructum reddatis, sicut scriptum est [2]. Obsecro igitur vos per charitatem Domini nostri Jesu Christi, qui dedit semetipsum pro peccatis nostris [3], simus tandem aliquando de animabus nostris solliciti, doleamus anteactæ vitæ vanitatem, decertemus pro futuris ad gloriam Dei, et Christi ipsius, adorandique ac sancti Spiritus. Ne maneamus in socordia hac et dissolutione, neve præsens quidem tempus per jugem pigritiam amittentes, in crastinum vero et in posterum differentes operum initium, deinde ab eo qui animas nostras reposcit, inventi imparati a bonis operibus, et a nuptialis thalami gaudio excludamur, et frustra inutiliterque ploremus, tunc vitæ tempus male præteritum lugentes, cum nihil amplius profuerit pœnitentibus. *Nunc tempus acceptabile*, inquit Apostolus, *nunc dies salutis* [4]. Hæc est pœnitentiæ ætas, illa remunerationis; hæc operæ et laboris, illa rependendæ mercedis; hæc tolerantiæ, illa solatii. Nunc Deus adjutor est eorum qui se a via mala convertunt: tunc horrendus et quem nullus fallet, humanarum actionum, verborumque et cogitationum inquisitor. Nunc experimur lenitatem, tunc justum judicium cognoscemus, cum videlicet resurrexerimus, alii ad supplicium æternum, alii ad vitam æternam, et unusquisque **328** secundum sua ipsius opera receperit. Quousque Christo, qui nos ad suum cœleste regnum vocavit, obsequi differimus? An non recipiemus nos ad bonam frugem? an non a consueta vivendi ratione revocabimus nos ad Evangelii integritatem? An non ob oculos nobis ponemus illam Domini metuendam ac conspicuam diem, in qua hos quidem qui ad Domini dexteram per sua opera accesserint, regnum cœlorum suscipiet, illos vero qui ob bonorum operum privationem ad sinistram dejecti fuerint, gehenna ignis et tenebræ æternæ involvent. *Illic*, inquit, *erit fletus et stridor dentium* [5].

2. Atqui cœlorum quidem regnum concupiscere nos dicimus, et tamen de iis quibus comparari potest, nihil sumus solliciti: imo tametsi nullum pro conficiendo Domini mandato laborem subimus, nihilominus æquales honores ac præmia cum iis qui ad mortem usque peccato restiterint, recepturos nos esse præ mentis nostræ vanitate existimamus. Quis sementis tempore domi desidens, aut dormiens, instante messe manipulis sinum implevit? quis ex vinea a se non plantata nec exculta uvas legit? Illorum sunt fructus, quorum et labores: iis qui vicerint, præmia et coronæ tribuuntur. Quis unquam coronabit eum qui ne accinxit se quidem contra adversarium? quandoquidem non modo vincendum est, sed et legitime decertandum, juxta Apostolum[6]; hoc est, ne minimum quidem punctum ex iis quæ præscripta sunt, negligendum est: imo singula perficienda sunt ita ut nobis præceptum est. *Beatus enim*, inquit, *servus quem cum venerit Dominus, invenerit*, non facientem utcunque, sed, *sic facientem* [7]. Item, *Si recte quidem obtuleris, recte autem non diviseris, peccasti* [8]. Nos vero si vel unicum mandatum confecisse nos arbitremur (neque enim confecisse

---

[1] Act. xx, 31. [2] Matth. xiii, 23. [3] Tit. ii, 14. [4] II Cor. vi, 2. [5] Matth. xxv, 30. [6] II Tim. ii, 5. [7] Luc. xii, 43. [8] Gen. iv, 7, sec. LXX.

dixerim : omnia siquidem inter se cohærent juxta sanam Scripturæ mentem, sic ut uno exsoluto necesse sit alia etiam simul exsolvi), non propter violata mandata iram exspectamus, sed propter mandatum peractum præmia præstolamur. Qui ex decem talentis sibi commissis unum aut alterum retinuerit, reliqua vero reddiderit, non ideo probus declaratur quod majorem partem persolverit, sed improbus et avarus esse convincitur ob hanc minoris partis direptionem. Quid autem dico direptionem? quandoquidem cui concreditum fuerat talentum unum, etiamsi deinde illud ipsum quod acceperat, totum ac integrum reddidisset, tamen propterea quod tradito talento nihil addidit, condemnatur. Qui per decennium patrem honoravit, **329** et postea unam duntaxat plagam incussit, non ut bene de illo meritus, honore afficitur, sed condemnatur ut parricida. *Euntes*, inquit Dominus, *docete omnes gentes, docentes ipsos, non hæc quidem observare, illa vero negligere, sed, servare omnia quæcunque mandavi vobis* [9]. Et Apostolus ratione non dissimili scribit : *Nullam in ulla re dantes offensionem, ut ne vituperetur ministerium, sed in omnibus exhibeamus nosmetipsos sicut Dei ministros* [10]. Etenim si non omnia essent necessaria ad salutis propositum, non utique omnia mandata fuissent conscripta : neque fuisset sancitum, ut necessario servarentur omnia. Ecquid mihi proderunt cætera recte facta, si propterea quod fratrem fatuum appellavero, sim gehennæ addicendus? Quam enim utilitatem percipit qui a multis liber est, si vel uno redigitur in servitutem? *Qui enim*, inquit, *facit peccatum, servus est peccati* [11]. Quid etiam cuiquam prodest multorum morborum esse expertem, si ipsius corpus vel ab uno morbo corrumpitur?

3. Ergo, inquiet aliquis, Christiani permulti qui omnia non servant præcepta, inutiliter et sine fructu aliqua custodiunt? Ad hoc juvat meminisse beati Petri, qui postquam tam multa præclare gesserat, taliterque beatus fuerat prædicatus, ob unum duntaxat erratum audivit : *Si non lavero te, non habebis partem mecum* [12]. Omitto autem dicere, neque segnitiem neque contemptum, ea re indicari, sed ostendi honorem, atque reverentiam in Dominum suam. Sed dicet aliquis : Scriptum est : *Quisquis invocaverit nomen Domini, salvus erit* [13], sicut is qui invocaverit, satis sit ipsa nominis Domini invocatio ad salutem adipiscendam. Verum audiat et ille Apostolum dicentem : *Quomodo ergo invocabunt, in quem non crediderunt* [14]? Quod si credis, audi Dominum qui ait : *Non omnis qui dicit mihi, Domine, Domine, intrabit in regnum cœlorum : sed qui facit voluntatem Patris mei, qui in cœlis est* [15]. Nam certe qui Domini voluntatem facit, non ita tamen ut Deus vult, neque hoc ex affectu amoris erga Deum peragit, is operi perficiendo frustra studium impertit,

juxta vocem ipsius Domini nostri Jesu Christi, qui dicit : *Faciunt, ut videantur ab hominibus : amen dico vobis, receperunt mercedem suam* [16]. Unde Paulus apostolus edoctus est dicere : *Etiamsi distribuero in cibos pauperum omnes facultates meas, et si tradidero corpus meum, ut comburar, charitatem autem non habuero, nihil mihi prodest* [17]. In summa autem tria hæc ego video animi discrimina, quibus ex inevitabili quadam necessitate ad obediendum compellimur. Aut enim supplicii metu a malo declinamus, versamurque in affectu servili ; aut mercedis fructus requirentes, ob nostram ipsorum utilitatem mandata explemus, et hoc pacto mercenariis efficimur similes ; aut ob ipsum honestum, charitatemque erga legislatorem nostrum, gaudentes quod digni simus habiti, qui tam glorioso ac bono Deo serviamus, et ita **330** demum ut filii afficimur. Neque igitur is qui in timore perficit mandata, semperque desidiæ pœnam suspectam habet, alia quidem quæ sibi præcepta fuerint, exsequetur, alia vero negliget : sed omnis inobedientiæ vindictam sibi ex æquo metuendam suspicabitur. Et idcirco beatus prædicatur qui veretur omnia ob metum [18] : stat autem firmus in veritate, cum possit dicere : *Providebam Dominum in conspectu meo semper, quoniam a dextris est mihi, ne commovear* [19] : qui scilicet nihil eorum quæ ad officium pertinent, prætermittere velit. Et, *Beatus vir, qui timet Dominum*. Quam ob causam ? Quia *In mandatis ejus volet nimis* [20]. Itaque timentium non est aliquid ex iis quæ præcepta fuerint, præterire, aut negligenter exsequi : imo ne mercenarius quidem quidquam eorum, quæ præscripta sint, violare volet. Quomodo enim præmium feret ob vineæ culturam, si pacta omnia non servaverit ? Etenim si vel unum ex iis quæ necessaria exstiterint, defuerit, inutilem ipsam possessori reddidit. Ecquis præterea detrimenti mercedem persolvat injuriæ actori ? Tertium ministerium erat ob charitatem præstitum. Quis igitur filius, cujus is scopus sit, ut complaceat patri, ipsum in rebus majoribus exhilaratum, tristitia ob rei minoris momenti afficere volet? Quod etiam multo magis præstabit, si meminerit Apostoli, qui dicit : *Et nolite contristare Spiritum sanctum Dei, in quo signati estis* [21].

4. Qui igitur maximam violant mandatorum partem, quo in numero collocari cupiunt ? qui neque Deum ut Patrem obsequiis colant, neque ei tanquam magna pollicenti habeant fidem, neque ut Domino serviant. *Si enim*, inquit, *Pater sum ego, ubi est gloria mea? et si Dominus sum ego, ubi est timor meus* [22]? *Qui enim timet Dominum, in mandatis ejus volet nimis* [23]. Ait vero, *Per prævaricationem legis Deum inhonoras* [24]. Quomodo igitur si vitam voluptariam vitæ quæ juxta mandata degitur, anteponamus, vitæ beatitudinem, et civitatis cum sanctis

---

[9] Matth. xxviii, 19, 20. [10] II Cor. vi, 3, 4. [11] Joan. viii, 34. [12] Joan. xiii, 8. [13] Joel ii, 32.
[14] Rom. x, 14. [15] Matth. vii, 21. [16] Matth. vi, 5. [17] I Cor. xiii, 3. [18] Prov. xxviii, 14.
[19] Psal. xv, 8. [20] Psal. cxi, 1. [21] Ephes. iv, 30. [22] Malac. i, 6. [23] Psal. cxi, 1. [24] Rom. ii, 23.

jus æquale, et cum angelis gaudia in Christi conspectu nobis pollicemur? Est animi vere stolidi, talia comminisci. Quomodo cum Job ero, qui ne levissimam quidem calamitatem cum gratiarum actione pertulerim? Quomodo cum Davide, qui leniter me non gesserim cum adversario? Quomodo cum Daniele, qui assidua abstinentia et sedula precatione Deum non exquisierim? Quomodo cum singulis quibusvis sanctis, qui illorum vestigia secutus non sim? Quis certaminum arbiter ita judicii expers est, ut victorem et eum qui non decertavit, paribus coronis dignos esse censeat? Quis imperator iis qui vicerint, et iis qui ne comparuerint quidem in pugna, distribuit unquam æqualem spoliorum partem? Deus quidem bonus est, sed est quoque justus. Remunerat autem justus pro merito, sicut scriptum est : *Benefac, Domine, bonis, et rectis corde. Declinantes autem in obligationes, adducet Dominus* **331** *cum operantibus iniquitatem* [25]. Misericors quidem est, sed et judex. *Diligit* enim, inquit, *misericordiam et judicium Dóminus* [26]. Eam ob causam dicit : *Misericordiam et judicium cantabo tibi, Domine* [27]. Didicimus quinam sint, quorum misereatur . *Beati* enim, inquit, *misericordes, quoniam ipsi misericordiam consequentur* [28]. Vides quam considerate utatur misericordia ? Neque citra judicium misericors est, neque judicat citra misericordiam. *Misericors* enim *Dominus, et justus* [29]. Ne igitur dimidia ex parte Deum cognoscamus, neque ipsius benignitas ignaviæ nobis occasio sit. Ideo tonitrua, ideo fulmina, ut ne contemnatur bonitas. Qui efficit ut sol oriatur [30], ipse etiam cæcitate multat [31]. Qui imbrem dat [32], etiam ignem pluit [33]. Illa clementiam, hæc severitatem indicant : aut propter illa diligamus, aut propter hæc timeamus, ne nobis quoque dicatur : *An divitias bonitatis ejus, et patientiæ, et longanimitatis contemnis, ignorans quod benignitas Dei ad pænitentiam te ducit? Secundum autem duritiam tuam, et impœnitens cor, thesaurizas tibi iram in die iræ* [34]. Quoniam igitur neque salvi esse possunt, qui opera ex Dei præcepto conficienda non egerint, neque absque periculo quidquam eorum quæ imperata fuerint, prætermittitur (ingens enim arrogantia est constitui nos legislatoris judices, et alias quidem leges comprobare, alias vero rejicere), agedum nos qui in pietatis palæstram venimus, quique vitam quietam et a negotiis remotam, tanquam ad custodienda Evangelii dogmata adjutricem sumus amplexi, communem curam consiliumve adhibeamus, ne quod præceptum nos effugiat. Etenim si Dei hominem oportet perfectum esse, sicut scriptum est, et uti doctrina superius tradita docuit, prorsus necesse est eum in quovis mandato perfici et absolvi ad mensuram ætatis plenitudinis Christi [35], quando etiam ex divina lege animal quod mutilatum sit,

etiamsi fuerit mundum, Deo ad sacrificium acceptum non est. Quamobrem quod sibi quisque deesse putarit, id in communi examinandum proponito. Nam quod latet, adhibita ex pluribus diligenti perscrutatione, facilius inveniri poterit, Deo videlicet, uti pollicitus est Dominus noster Jesus Christus [36], nobis rei quæ quæritur inveniendæ auctore, ex sancti Spiritus doctrina atque admonitione. Quemadmodum igitur mihi necessitas incumbit, et væ mihi est, si non evangelizavero [37] : ita et vobis æquale impendet periculum, si segniter inquisiveritis, aut ad ea quæ tradita sunt observanda et reipsa conficienda languidius ac remissius affecti fueritis. Quapropter Dominus dicit : **332** *Sermo quem locutus sum, ille judicabit eum novissimo die* [38]. Item : *Servus qui non cognovit voluntatem Domini sui, et fecit digna plagis, vapulabit paucis : qui vero novit, et non fecit, neque paravit se ad voluntatem ejus, vapulabit multis* [39]. Precemur igitur, ut ego inculpate dispensem sermonem ; vos vero utiliter doctrinam excipiatis. Tanquam ergo, qui sciamus divinæ Scripturæ verba in nostro conspectu ante Christi tribunal sistenda esse (*Arguam enim te,* inquit, *et statuam contra faciem tuam peccata tua* [40]), ita et iis quæ dicuntur attendamus diligenter, et sedulam divinis monitis exsequendis operam demus, quandoquidem ignoramus qua die aut hora Dominus noster venturus sit [41].

CAPITA REGULARUM FUSIUS TRACTATARUM.

1 De ordine et serie mandatorum Domini.
2 De charitate adversus Deum, et quod propensio et vis secundum naturam insint hominibus ad exsequenda Domini præcepta.
3 De charitate erga proximos.
4 De timore Dei.
5 De continua mentis attentione.
6 Quod necesse sit in secessu vitam degere.
7 Quod vita agenda sit cum iis qui eodem animo impulsi Deo placere sibi proponunt : et quod difficile simulque periculosum fuerit solitarium vivere.
8 De renuntiatione.
9 Quod non oporteat quemquam suis consanguineis suas facultates relinquere.
10 Quinam ex iis qui ad vitam secundum Deum agendam accedunt sint admittendi, et quando, aut quomodo.
11 De servis.
12 Quomodo oporteat conjugatos admittere.
13 Quod etiam utilis est iis qui introducuntur silentii exercitatio.
14 De iis qui seipsos Deo voverunt, et deinde professionem suam irritam facere conantur.

---

[25] Psal. cxxiv, 4, 5. [26] Psal. xxxii, 5. [27] Psal. c, 1. [28] Matth. v, 7. [29] Psal. cxiv, 5. [30] Matth. v, 45. [31] IV Reg. vi, 18. [32] Zach. x, 1. [33] Gen. xix, 24. [34] Rom. ii, 4, 5. [35] Ephes. iv, 13. [36] Joan. xiv, 26. [37] I Cor. ix, 16. [38] Joan. xii, 48. [39] Luc. xii, 47. [40] Psal. xlix, 21. [41] Matth. xxiv, 42.

15 De pueris suscipiendis et instituendis : item de virginum professione.
16 De continentia.
17 Quod oportet etiam a risu abstinere.
18 Quod omnia quæ nobis apponuntur, sunt degustanda.
19 Qui modus sit in continentia servandus.
20 Quis sit modus excipiendi ad cibum sumendum.
21 Quomodo oporteat se gerere inter sedendum et accumbendum in tempore prandiorum aut cœnarum.
22 **333** Quodnam vestimentum conveniat Christiano.
23 De zona.
24 De modo quo vivere debeant inter se.
25 Quod præfectus qui peccantes non arguit, horrendum subiturus est judicium.
26 Quod omnia, etiam cordis arcana, sint præposito detegenda.
27 Quod ipse quoque præfectus, si quando aberret, ab iis qui inter fratres primas obtinent, sit admonendus.
28 Quomodo oporteat affici omnes erga immorigerum, et inobsequentem.
29 De eo qui cum elatione animi aut murmuratione laborat.
30 Cujusmodi affectu debeat præpositus curam fratrum suscipere.
31 Quod accipiendum est ministerium a præposito impositum.
32 Quomodo oporteat affici erga eos qui nobis sanguine conjunguntur.
33 Quis sit modus colloquendi cum sororibus.
34 Quales illos esse par sit, qui inter fratres res necessarias dispensant.
35 Num in eodem pago constituendi sint plures fratrum conventus.
36 De iis qui a fratrum cœtu secedunt.
37 Si precum et psalmodiæ obtentu et nomine negligenda sint opera : item quæ tempora precationi sint apta, et primo an operandum sit.
38 Cujusmodi artes professioni nostræ congruant.
39 Quæ ratio tenenda sit in operibus divendendis, quæve in peregrinando.
40 De negotiationibus quæ fieri solent in celebrationibus.
41 De imperio et de obedientia.
42 Quo animo, et quo affectu operari debeant qui operantur.
43 Quales conveniat esse præfectos, et quomodo conventum gubernare debeant.
44 Quibus permittendæ sunt peregrinationes, et quomodo ipsi posteaquam reversi sunt, interrogandi sint et examinandi.
45 Quod post præfectum etiam aliquis alius constituendus est qui, eo absente aut occupato, fratrum curam possit suscipere.
46 Quod quisquam neque fratris peccatum, neque suum ipsius celare debeat.
47 De iis qui non comprobant quæ a præposito assignata sunt.
48 Quod curiose inquirendum non est in præfecti administrationem ac gubernationem : sed oportet suo quemque operi attendere.
49 De controversiis quæ interdum oriuntur **334** inter fratres.
50 Quænam debeat esse præpositi objurgatio.
51 Quomodo corrigendum sit delinquentis peccatum.
52 Quo animo pœnæ quæ imponuntur, sint perferendæ.
53 Quomodo artium magistri correcturi sint delinquentes pueros.
54 Quod conventui præfecti negotia ad se spectantia debeant aliis communicare.
55 An sit consentaneum pietatis proposito, medicina uti.

S. P. N. BASILII
CÆSAREÆ CAPPADOCIÆ ARCHIEPISCOPI
REGULÆ FUSIUS TRACTATÆ
PER INTERROGATIONES ET RESPONSIONES TRADITÆ.

335 INTERROGATIO I.

De ordine et serie mandatorum Domini.

Quandoquidem interrogandi potestatem dedit nobis Scriptura, ante omnia edoceri postulamus, num ordo aliquis sit et series in Dei mandatis, ita ut aliud sit primum, aliud secundum, et sic deinceps: aut omnia inter se cohæreant, omniaque quantum ad principatus rationem attinet, inter se sint æqualia, sic ut secure possit quivis auspicari, unde velit, tanquam in circulo aliquo.

RESPONSIO.

Vetus est quæstio vestra, et jam olim in Evangeliis proposita, cum legisperitus qui ad Dominum accesserat, dixit: *Magister, quod est mandatum primum in lege? et Dominus respondit: Diliges Dominum Deum tuum ex toto corde tuo, et ex tota anima tua, et ex totis viribus tuis, et ex tota mente tua. Hoc est primum et magnum mandatum. Secundum autem simile illud est: Diliges proximum tuum sicut teipsum* ⁴². Ipse igitur Dominus in ordinem sua distribuit mandata. Primum quidem et maximum mandatum ad Dei dilectionem spectare **336** pronuntiavit; illud vero quod pertinet ad proximi dilectionem, primo illi simile, seu potius quod expleat primum, et ab eo dependeat, secundum ordine posuit. Quamobrem ex dictis, et ex aliis similibus, quæ in divinis Scripturis proferuntur, ordo ac series omnium Domini mandatorum deprehendi ac intelligi potest.

INTERROGATIO II.

De charitate adversus Deum, et quod propensio et vis secundum naturam insint hominibus ad exsequenda Domini præcepta.

Itaque de Dei dilectione primum ad nos loquere. Nam audivimus quidem Deum esse diligendum, sed quomodo id præstari possit, discere exoptamus.

RESPONSIO.

1. Sane Dei dilectio non in doctrinæ præceptis posita est. Neque enim ab alio didicimus luce gaudere, et vitam desiderare, neque parentes diligere, aut nutritores. Sic igitur, aut etiam multo magis, non in externa disciplina situs est Dei amor : sed simul atque constitit animal illud (hominem dico), vis quædam rationis in seminis modum insita nobis fuit, quæ intra se amandi facultatem atque necessitudinem continet. Quam vim ubi schola divinorum præceptorum excepit, eam excolere diligenter, et scite nutrire, atque Deo juvante ad perfectionem perducere consuevit. Quamobrem et nos studium vestrum tanquam scopo attingendo necessarium comprobantes, Deo largiente, vobisque per preces vestras nos adjuvantibus, scintillam divini amoris intra vos reconditam pro data nobis a Spiritu sancto facultate, suscitare conabimur. Sciendum autem est hanc unam quidem virtutem esse, sed tamen ejus vi et efficacia mandatum quodvis perfici ac comprehendi. *Qui enim diligit me,* inquit Dominus, *mandata mea servabit* ⁴³. Et rursus: *In his duobus mandatis universa lex et prophetæ pendent* ⁴⁴. Nunc autem accuratum sermonem instruere non aggrediemur, cum ita imprudentes omnem sermonem ad mandata spectantem in parte concluderemus, sed pro modulo nostro, et quantum proposito præsenti convenit, vos de ea quam Deo debemus charitate commonebimus: si prius illud dixerimus, nos omnium mandatorum quæ a Deo nobis tradita sunt, conficiendorum vim et facultatem ab eo in antecessum accepisse, ut neque ægre feramus, perinde quasi insolens aliquid a nobis exigatur, neque efferamur, tanquam qui aliquid amplius quam quod datum est rependamus. Et cum his viribus recte et apte utimur, vitam virtutibus ornatam pie traducimus : **337** corrupto vero illarum usu, in vitium delabimur. Atque hæc est vitii definitio, facultatum, quæ ad bonum perficiendum nobis a Deo datæ sunt, usus malus, et a Domini præceptis alienus : quemadmodum contra, virtutis, quam Deus requirit, usus earumdem ex bona conscientia proficiscens secundum Domini mandatum. Quod cum ita sit, idem de charitate dicturi sumus. Cum igitur de diligendo Deo mandatum acceperimus, statim a prima nostra constitutione insitam possedimus diligendi vim ac facultatem : neque

---

⁴² Matth. xxii, 36-39. — ⁴³ Joan. xiv, 23. — ⁴⁴ Matth. xxii, 40.

ejus rei demonstratio ab externis argumentis petitur, sed quivis ipse a seipso et in seipso illud ediscere potest. Quippe bonas res ac pulchras naturaliter appetimus, quanquam ut primum aliud alii videtur pulchrum et bonum ; itemque necessitudine et propinquitate conjunctum amamus licet indocti, et nostra sponte beneficos omni benevolentia complectimur. Ecquid, quæso, divina pulchritudine admirabilius? Quæ cogitatio magnificentia Dei gratior est et suavior? Quale animi desiderium tam vehemens est et violentum, quam illud quod a Deo ingeneratur animæ vitio omni purgatæ, et dicenti ex vero affectu : *Vulnerata charitatis ego sum* [45]? Ineffabiles omnino sunt et inenarrabiles divinæ pulchritudinis fulgores : non eas detegit oratio, non excipit auris. Etsi luciferi splendores dixeris, et lunæ claritatem, et solis lumen, omnia præ illius gloria vilia sunt et obscura, atque cum vera luce comparata, magis distant ab illa, quam profunda tristisque ac illunis nox a clarissima meridie dissidet. Pulchritudo hæc carneis quidem oculis conspici non potest , sed a sola anima ac mente apprehenditur. Ea si quando quempiam sanctorum illustravit, statim intolerandum in ipsis reliquit desiderii stimulum : quippe qui præsentis vitæ pertæsi dicebant : *Heu mihi, quia incolatus meus prolongatus est* [46]. *Quando veniam et apparebo ante faciem Dei* [47]? Item illud : *Dissolvi et esse cum Christo multo longeque melius* [48]. Illud quoque : *Sitivit anima mea ad Deum fortem vivum* [49]. Et : *Nunc dimittis servum tuum , Domine* [50]. Cum enim hanc vitam veluti carcerem ægre ferrent, ita demum eorum impetus contineri vix poterat , quorum scilicet animas divinum desiderium attigisset. Qui cum inexplebili contemplandæ divinæ pulchritudinis cupiditate flagrarent, illud precabantur, ut contemplatio jucunditatis Domini ad æternam omnem vitam sese extenderet. Sic igitur concupiscunt naturaliter homines res bonas ac honestas. Quod autem proprie pulchrum est et amabile, bonum est. Jam vero bonum est Deus: bonum autem appetunt omnia : Deum igitur omnia appetunt.

2. Quare quidquid voluntate nostra recte perficitur, inest nobis etiam naturaliter, si saltem cogitationes nostras non perverterit nequitia. Itaque Dei amor ceu necessarium debitum a nobis reposcitur, cujus privatio animæ est malorum omnium gravissimum. Nam abalienatio **338** et aversio a Deo malum est futuris etiam gehennæ suppliciis intolerabilius, eique cui contingit, gravius, non secus ac oculo luminis privatio, etiamsi dolor non adsit, et animali, ademptio vitæ. Quod si liberi amant naturaliter parentes, declaret autem hoc et brutorum animalium habitus, et hominum in prima ætate erga matres affectus, non videamur rationis magis expertes quam parvuli, neque bestiis agrestiores, quasi sine ullo amore erga Conditorem nostrum, et ab ipso abalienati : quem etiamsi ex ejus bonitate non nosceremus qualis sit, tamen ob id solum quod ab eo conditi sumus, diligere et amare quam maxime deberemus, perpetuoque de ejus memoria non aliter pendere, quam de matrum suarum ulnis pueruli soleant. Inter eos autem qui naturæ ductu diliguntur, primas tenet qui bene de nobis meritus est. Atque hæc affectio non hominum modo propria est, sed eis etiam cum omnibus fere animantibus communis est, ut videlicet boni cujusvis accepti auctores benevolentia prosequantur. *Cognovit*, inquit, *bos possessorem, et asinus præsepe domini sui* [51]. Absit autem ut de nobis dicantur quæ sequuntur, nimirum, *Israel autem me non cognovit, et populus me non intellexit* [52]. Nam de cane compluribusque ejusmodi aliis animalibus, quid attinet dicere quantam ostendant suis nutritoribus benevolentiam? Quod si erga eos qui de nobis bene meriti sunt, benevolentiam amoremque naturalem habemus, nullumque non subimus laborem, ut beneficia prius in nos collata remuneremur, quisnam sermo Dei dona pro merito explicare possit? Tanta quidem est horum multitudo, ut etiam numerum effugiant : item magnitudine tanta sunt et talia, ut vel unicum satis ad id sit, ut omnimodam largitori gratiam rependere debeamus. Alia igitur omittam, quæ tametsi per se ipsa excellunt magnitudine et dignitate, tamen a majoribus non secus obscurata quam stellæ a solis radiis, per se in dignitate obscuriora et tenuiora apparent. Nec enim vacat, beneficiis præstantioribus prætermissis, ex minoribus benefici Dei bonitatem admetiri.

3. Sileantur igitur solis ortus, lunæ conversiones, temperies aeris, vicissitudines temporum, aquæ ex nubibus lapsæ, aliæ e terra erumpentes, mare ipsum, tota terra, quæ ex terra nascuntur, quæ in aquis degunt, genera in aere versantia, innumeræ animalium differentiæ, omnia denique quæ destinantur ad vitæ nostræ ministerium. Sed ne volentes quidem illud prætérire possumus, nec fieri potest ullo modo, ut is certe qui sana mente præditus est et rationis compos, id beneficii taceat, quanquam multo minus de eo pro merito aliquid dici possit, quod cum hominem condidisset ad imaginem et similitudinem suam, eumque cohonestasset sui ipsius cognitione, et ratione exornasset præ cæteris **339** animantibus, ipsique dedisset facultatem ut se incredibili paradisi pulchritudine oblectaret, ac tandem illum constituisset omnium terrestrium principem, deinde a serpente deceptum, et collapsum in peccatum, et per peccatum in mortem, et in ærumnas ea dignas, non propterea tamen ipsum neglexit : sed lege quæ ei adjumento esset, primum tradita, custodiæ ejus et curæ præfecit angelos, misit prophetas ad redarguenda vitia et ad virtutem docendam, impetum

[45] Cant. II, 5. [46] Psal. CXIX, 5. [47] Psal. XLI, 3. [48] Philipp. I, 23. [49] Psal. XLI, 3. [50] Luc. II, 29. [51] Isa. I, 3. [52] ibid.

nequitiæ per minas excidit et repressit, pollicitationibus excitavit bonorum alacritatem, utriusque generis finem non raro in diversis personis ad alios commonendos in antecessum declaravit (1), et tamen post hæc et talia, nos in contumacia perseverantes non est aversatus. Non enim nos deseruit bonitas Domini, neque per stupiditatem qua delatos ab ipso honores habebamus despicatui, abolevimus ejus in nos amorem, etiamsi in benefacientem contumeliosi essemus : imo vero revocati sumus a morte, et vitæ rursus ab ipso Domino nostro Jesu Christo restituti. Qua in re etiam beneficentiæ ratio majorem movet admirationem : *Cum enim in forma Dei esset, non rapinam arbitratus est esse se æqualem Deo : sed semetipsum exinanivit, formam servi accipiens* [53].

4. Atque etiam infirmitates nostras suscepit, portavit languores, pro nobis vulneratus est, ut nos livore ejus sanaremur [54] : item redemit a maledicto, factus pro nobis maledictum [55], mortemque pertulit ignominiosissimam, ut nos ad gloriosam vitam reduceret. Nec satis habuit mortuos duntaxat ad vitam revocare, verum etiam largitus est divinitatis suæ dignitatem, atque æternam requiem humanum omne cogitatum lætitiæ magnitudine superantem præparavit. Quid igitur retribuemus Domino pro omnibus quæ retribuit nobis [56]? Est autem adeo bonus, ut neque remunerationem exigat, sed sat habet, si solum pro iis quæ tribuit, diligatur. Quæ omnia ubi mente recolo, ut meum affectum prodam, in horrorem quemdam et terrificum stuporem incido, nequando ob animi inconsiderantiam, aut propter meam circa res vanas occupationem a Dei dilectione excidens, Christo sim dedecori ac opprobrio. Qui enim nunc decipit nos, et per mundanas illecebras nos omni arte in benefici largitoris oblivionem inducere conatur, is in animarum nostrarum perniciem nobis insultans, et in nos invadens, tunc coram Domino contemptum nostrum probro vertet, atque de contumacia et de defectione nostra gloriabitur : qui cum nec creaverit nos, nec pro nobis subierit mortem, tamen suæ contumaciæ, suæque in observandis Dei mandatis negligentiæ socios nos ac comites habuerit. Illud quod Domino **340** infertur probrum, et illa adversarii jactantia mihi suppliciis gehennæ gravior videtur, quod Christi inimico præbeamus materiam adversus eum qui pro nobis mortuus est, et resurrexit, jactando se et efferendi : cui tamen ea de causa, sicut scriptum est, majorem gratiam debemus. Sed hactenus de dilectione Dei. Neque enim fuit animus, uti jam dixi, omnia dicere, nec enim fieri potest : sed summatim parvum monumentum quo divinum desiderium semper excitetur, animo vestro relinquere.

INTERROGATIO III.
De charitate erga proximum.

Sane consequens jam fuerit, ut de mandato et ordine et vi secundo disseratur.

RESPONSIO.

1. Superius quidem diximus legem earum quæ nobis seminis in modum insitæ fuerunt facultatum cultricem esse et altricem : verum quoniam proximum juxta ac nosmetipsos diligere jussi sumus, consideremus num etiam a Deo hujusce mandati conficiendi facultatem acceperimus. Quis, quæso, ignorat, hominem animal esse mansuetum et sociabile, non autem solitarium et ferum ? Nihil enim tam proprium est nostræ naturæ, quam ut mutuo consociemur, et alii aliorum indigeamus, eosque qui ejusdem sunt generis diligamus. Quorum igitur semina Dominus ipse prius nobis contulit, eorum etiam fructus postea reposcit, dicens : *Mandatum novum do vobis, ut diligatis invicem* [57]. Cum autem ad exsequendum illud mandatum animum nostrum excitare vellet, discipulorum suorum characterem et notam non in prodigiis et miraculis inauditis constituit, quanquam horum patrandorum eis vim et potestatem per Spiritum sanctum largitus fuisset : sed quid dicit ? *In hoc cognoscent omnes, quia discipuli mei estis, si dilectionem habueritis ad invicem* [58]. Et sic ubique connectit hæc præcepta, ut beneficia in proximum collata in seipsum transferat. *Esurivi* enim, inquit, *et dedistis mihi manducare* [59], etc. Deinde subjungit : *Quatenus fecistis uni ex his fratribus meis minimis, mihi fecistis* [60].

2. Itaque per primum licet secundum etiam exsequi, ac rursus per secundum reverti ad primum ; et qui Dominum amat, consequens est ut proximum quoque diligat. *Qui enim diligit me*, inquit Dominus, *mandata mea servabit* [61]. Ait autem : *Hoc est præceptum meum ut diligatis invicem, sicut ego dilexi vos* [62]. Ac rursus qui amat proximum, ei ipsi quæ Deo debetur charitati satisfacit, cum ipse recipiat in se hanc beneficentiam. Quapropter fidelis Dei servus Moyses tantum erga fratres ostendit amorem, ut etiam ex Dei libro in quo fuerat inscriptus, deleri voluerit, si peccati venia populo non concederetur [63]. **341** Paulus vero pro fratribus suis cognatis secundum carnem anathema esse a Christo optare ausus fuit [64] : quippe qui Domini exemplo fieri se salutis omnium pretium cuperet, simulque nosset fieri non posse, ut a Deo abalienaretur qui ob ejus amorem gratiam Dei abjecisset servandi maximi mandati causa, imo ob id multo plura quam quæ dedisset recepturum esse. Cæterum ad hanc usque mensuram pervenisse sanctorum erga proximum charitatem, ex dictis abunde demonstratum est.

[53] Philipp. II, 6, 7. [54] Isa. LIII, 4. [55] Galat. III, 13. [56] Psal. CXV, 12. [57] Joan. XIII, 34. [58] ibid. 35. [59] Matth. XXV, 35. [60] ibid. 40. [61] Joan. XIV, 23. [62] Joan. XV, 12. [63] Exod. XXXII, 32. [64] Rom. IX, 3.

(1) Hoc dicit Basilius : jam multis locis declaratum fuisse exitum utriusque classis, qua continentur et boni et mali.

INTERROGATIO IV.
De timore Dei.
RESPONSIO.

Atque iis quidem qui recens introducuntur ad pietatem, institutio ea quæ fit per timorem, utilior est, sapientissimo Salomone admonente ac dicente: *Principium sapientiæ, timor Domini* [65] : sed vobis veluti jam ex Christi infantia egressis, nec amplius lacte indigentibus, sed qui solido dogmatum alimento secundum internum hominem ad perfectionem deduci potestis, præceptis sublimioribus opus est, in quibus tota ejus quæ in Christo est dilectionis veritas perficitur. Nimirum cavendum est vobis, ne forte uberiora Dei dona graviori multæ obnoxios vos reddant, si in beneficum largitorem ingrati exstiteritis. Cui enim, inquit [66], *commendarerunt multum, plus repetent ab eo.*

INTERROGATIO V.
De cavenda mentis evagatione.
RESPONSIO.

1. Illud certe sciendum est, nos non posse aliud quodvis mandatum servare, neque Deum aut proximum diligere, si huc et illuc mente divagemur. Neque enim artem aut scientiam probe callere potest, qui ab alia ad aliam transit : neque unam etiam comparare, qui ea quæ propria finis sunt, ignorat. Par namque est actiones ad scopum et fidem quadrare : siquidem nihil quod rectum sit, via inepta et incongruenti peragitur. Nam neque artis ærariæ finis per figlinæ opera acquiri solet : neque per sedulum tibiæ cantum parantur athleticæ coronæ, sed unicuique fini peculiaris ac idoneus labor requiritur. Quare exercitatio etiam quæ fit juxta Christi Evangelium ad placendum Deo, in eo posita est, si curis mundi amandatis, omnem mentis avocationem propellamus. Quamobrem Apostolus, etsi alioquin permissæ sint nuptiæ, fuerintque habitæ benedictione dignæ, tamen eas quæ ex his nascuntur occupationes curis pro Deo gerendis opposuit, perinde quasi hæc inter se cohærere non possent, his verbis : *Qui sine uxore est, sollicitus est quæ Domini sunt, quomodo placiturus sit Deo : qui autem cum uxore est, sollicitus est quæ sunt mundi, quomodo placiturus sit uxori* [67]. Ita et Dominus suis discipulis animo sincero et ab omni aberratione vacuo præditis testimonium reddidit dicens : *Vos de mundo hoc non estis* [68]. Et contra, fieri non posse testatus est, ut mundus reciperet Dei cognitionem, et Spiritum sanctum caperet : *Pater enim juste,* inquit, *etiam mundus te cognovit* [69] ; et : *Spiritus veritatis, quem mundus non potest accipere* [70].

2. Quisquis igitur vere Deum sequi vult, vinculis affectionum vitæ hujus solvatur necesse est : quod per integrum secessum morumque veterum oblivionem perficitur. Quare nisi nos ipsi et a cognatione carnali et a societate vitæ removerimus, veluti ad alterum mundum per animi habitudinem transmigrantes, juxta eum qui dixit : *Nostra enim conversatio in cœlis est* [71], scopum nostrum attingere non possumus, Deo videlicet ut placeamus, cum Dominus verbis decretoriis dixerit : *Sic omnis ex vobis qui non renuntiat omnibus quæ possidet, non potest meus esse discipulus* [72]. Ilis autem peractis, cor nostrum omni custodia servandum est [73], ne unquam amittatur Dei cogitatio, neve rerum mirabilium ab eo gestarum memoria vanis phantasmatibus coinquinetur : sed circumferenda est sancta Dei cogitatio, sic ut quasi sigillum indelebile ex perpetua et pura recordatione in animis nostris imprimatur. Ita enim a nobis comparatur Dei dilectio, quæ simul excitat ad conficienda Dei mandata, et ipsa ab ipsis vicissim perpetuo et constanter servatur. Atque hoc Dominus ostendit, qui nunc quidem ait : *Si diligitis me, mandata mea servate* [74] : nunc vero, *Si præcepta mea servaveritis, manebitis in dilectione mea* [75] ; et, quod efficacius etiam possit commovere : *Sicut et ego Patris mei præcepta servavi, et maneo in ejus dilectione* [76].

3. Quibus illud nos docet, semper in opere quod *faciendum* constituerimus, præcipientis voluntatem tanquam scopum nobis proponere debere, ad eumque studium nostrum dirigere, uti etiam alio loco dicit : *Descendi de cœlo, non ut faciam voluntatem meam, sed voluntatem ejus qui misit me, Patris* [77]. Ut enim artes quæ ad parandum victum excogitatæ sunt, ubi proposuerint sibi scopos quosdam peculiares, congruenter illis convenienterque singula opera sua accommodant : ita etiam cum opera nostra finem unum ac regulam habeant, nimirum ut mandata modis Deo acceptis exsequamur, opus accurate peragi aliter non potest nisi ad jubentis voluntatem efficiatur. Futurum est autem ut, si in quovis opere diligens studium ad voluntatem Dei faciendam conferamus, Deo per hanc recordationem conjungamur. Quemadmodum enim faber ferrarius, cum securim, exempli causa, cudit, ejus qui id sibi operis locavit memor est, ipsumque fert in animo, ac formam hanc quæ sibi ab eo præscripta est et magnitudinem attendit, atque suum opus ad voluntatem ejus qui illud injunxit, dirigit (si enim hunc ceperit oblivio, aut quidpiam aliud, aut longe dissimile efficiet ejus, quod facere instituerat) : ita et Christianus omni actione tum parva tum magna ad Dei voluntatem directa, simul et opus suum diligenter conficit, et memoriam præcipientis servat, ac implet quod dictum est : *Providebam Dominum in conspectu meo semper, quoniam a dextris est mihi, ne commovear* [78]. Quin et perficit præceptum illud :

---

[65] Prov. i, 7. [66] Luc. xii, 48. [67] I Cor. vii, 32, 33. [68] Joan. xv, 19. [69] Joan. xvii, 25. [70] Joan. xiv, 17. [71] Philipp. iii, 20. [72] Luc. xiv, 33. [73] Prov. iv, 23. [74] Joan. xiv, 15. [75] Joan. xv, 10. [6] ibid. [77] Joan. vi, 58. [78] Psal. xv, 8.

Sive manducatis, sive bibitis, sive quid facitis, omnia in gloriam Dei facite [79]. Si quis autem agendo depravat præcepti integritatem, eum languide Dei meminisse planum est. Memores igitur vocis illius qui dixit : *Nonne cœlum et terram ego impleo? dicit Dominus* [80] ; et : *Deus appropinquans ego sum, et non Deus de longe* [81] ; et : *Ubi sunt duo vel tres congregati in nomine meo, ibi sum in medio eorum* [82] ; omnia facere debemus, ut fieri decet quæ in oculis Domini efficiuntur, et omnia cogitare, ut cogitari decet quæ ab ipso cernuntur. Sic enim et perpetuus futurus est timor odio habens iniquitatem, sicut scriptum est [83], et contumeliam, et superbiam, et vias malorum, atque charitas perficitur, impletque quod dictum fuit a Domino : *Non quæro voluntatem meam, sed voluntatem ejus qui misit me, Patris* [84], cum anima continuo sibi plane persuadeat et bonas actiones judici et vitæ nostræ arbitro acceptas esse, et malas ab eo condemnari. Puto autem una cum hoc etiam illud contingere, ut ne ipsa quidem Domini mandata conficiantur ad captandam hominum benevolentiam. Nemo est enim qui se ad inferiorem convertat, si persuasum habeat adesse præstantiorem. Quin potius si contigerit, ut quæ fiunt cuipiam homini clariori et illustriori grata sint et accepta, alteri vero viliori invisa et reprehensione digna videantur ; contempta hac inferioris reprehensione, pluris facit præstantioris approbationem. Quod si inter homines res ita se habeant, quænam, quæso, anima vere prudens et sana, quæ Deum præsentem esse sibi penitus persuaserit, iis omissis quibus Deo placere possit, modo se ad aucupandam humanam gloriam conversura est, modo vero neglectis Dei mandatis, inserviet humanæ consuetudini, aut a communi et anticipata opinione vincetur, aut flectetur a dignitatibus? Sic erat animatus qui dixit : *Narraverunt mihi iniqui fabulationes, sed non ut lex tua, Domine* [85]. Et rursus : *Et loquebar in testimoniis tuis in conspectu regum, et non confundebar* [86].

344 INTERROGATIO VI.

Quod necesse sit in secessu vitam degere.

RESPONSIO.

1. Atque etiam ad cavendam mentis evagationem conducit remota ac solitaria habitatio. Vitam siquidem, quæ promiscue agitur cum iis qui secure perfectam præceptorum observationem contemnunt, perniciosam esse ac exitiosam ipse etiam Salomon ostendit, qui nos ita docet : *Noli esse sodalis viro furioso, neque una cum amico iracundo habites : ne forte discas vias ejus, et sumas laqueos animæ tuæ* [87]. Et illud : *Exite de medio eorum, et separamini, dicit Dominus* [88], eodem pertinet. Ne igitur per oculos auresve subeant peccati irritamenta, eique imprudentes assuescamus : neve rerum quas viderimus et audierimus quasi formæ quædam ac imagines, in anima permaneant ad exitium interitumque nostrum ; et ut in precatione insistere possimus, primum habitatio eligatur solitaria et ab hominum consortio remota. Sic enim licebit et priores mores vincere, per quos vitam egimus a Christi præceptis alienam (non mediocre autem est hoc certamen, suam ipsius consuetudinem superare : nam consuetudo per longum tempus corroborata, naturæ vim ac robur obtinet), et poterimus quoque peccati maculas abstergere, tum diligenti precatione, tum meditatione assidua voluntatum Dei : cui meditationi precationique, inter multos qui animum distrahant, eumque in vitæ hujus negotiis occupatum teneant, vacare non possumus. Et illud : *Si quis vult post me venire, abneget semetipsum* [89], quis unquam inter hos degens explere poterit? Nos enim oportet, si nosmetipsos abnegemus, et crucem Christi tollamus, sic ipsum sequi. Abnegare autem semetipsum est præteritorum prorsus oblivisci, atque a voluntatibus suis secedere : quem secessum in promiscua hominum consuetudine servare difficillimum fuerit, ne dicam viribus omnino impar. Atque etiam ne quis tollat crucem suam, Christumque sequatur, impedimento est ejusmodi vitæ societas. Nam præparare se ad mortem pro Christo perferendam, mortificare membra quæ sunt super terram, accingi quasi in instructa acie ad periculum omne subeundum, quod nobis pro Christi nomine impendeat, vitæque præsenti non affici, hoc est crucem suam tollere : ad quod magna nobis impedimenta a communi vitæ consuetudine accedere videmus.

2. Et præter alia omnia quæ multa sunt, respiciens animus in delinquentium multitudinem, primum quidem non habet spatium peccata sua sentiendi, seque ob delicta conterendi per pœnitentiam; 345 imo deterioribus secum collatis, etiam quamdam sibi vindicat virtutis speciem : deinde præ tumultibus et negotiis quæ vita communis parere solet, a pretiosissima Dei memoria abstractus, non id duntaxat detrimenti accipit ut nec gaudeat, nec delectetur in Deo, nec perfruatur Domini deliciis, nec verborum ejus dulcedinem degustet, ita ut dicere queat : *Memor fui Dei, et delectatus sum* [90] ; et : *Quam dulcia faucibus meis eloquia tua, super mel ori meo* [91] ; sed etiam judicia ipsius aspernari ac prorsus oblivisci assuescit, quo nullum majus aut perniciosius malum ei accidere potest.

INTERROGATIO VII.

Quod vita agenda sit cum iis qui eodem animo impulsi, Deo placere sibi proponunt : et quod difficile simulque periculosum sit, solitarium vivere.

Quoniam igitur ex verbis tuis nobis persuasis-

---

[79] I Cor. x, 31. [80] Jerem. xxiii, 24. [81] ibid. 23. [82] Matth. xviii, 20. [83] Psal. cxviii, 163. [84] Joan. v, 30. [85] Psal. cxviii, 85. [86] ibid. 46. [87] Prov. xxii, 24, 25. [88] II Cor. vi, 17. [89] Luc. ix, 23. [90] Psal. lxxvi, 4. [91] Psal. cxviii, 103.

simum est, vitam quæ degitur cum iis qui Domini præcepta contemnunt, periculosam esse, ex ordine discere volumus, num qui secessit a talibus, debeat privatim et seorsum a cæteris degere, an cum fratribus concordibus, et qui eumdem pietatis scopum sibi constituerint, vitam ducere.

RESPONSIO.

1. Vitam quæ simul cum pluribus agitur, ad multa utiliorem esse scio. Ac primum quidem, quod nemo nostrum sit, qui sibi ipsi sufficiat ad sublevandas corporis necessitates, sed in comparandis rebus necessariis alter alterius opera indigeamus. Quemadmodum enim pes aliam quidem obtinet facultatem, alia vero caret, et neque sine reliquorum membrorum auxilio suam ipsius vim reperit idoneam, aut perseveranter sibi ipsi sufficientem, neque in se subsidia habet, quæ quod sibi deest, suppleant : ita quoque in solitaria vita, et quod adest nobis, inutile redditur, et quod deest, comparari non potest : siquidem opifex Deus nos alterum alterius ope egere decrevit, sicut scriptum est [92], ut sic inter nos conjungamur. Sed præterea diligendi Christi ratio et modus unumquemque quod proprium sibi fuerit, spectare non sinit. *Charitas* enim, inquit, *non quærit quæ sua sunt* [93]. Vita autem solitaria et seorsum a cæteris omnibus acta scopum unicum habet, ut suis quisque utilitatibus inserviat. Hoc autem aperte adversatur charitatis legi, quam implevit Apostolus, qui non sua, sed multorum commoda quærebat, ut salvi fierent [94]. Ad hæc in hujusmodi secessu unusquisque ne delictum quidem suum facile cognoscet, cum non habeat a quo redarguatur, et mansuete ac clementer corrigatur. Reprehensio enim quæ ab inimico etiam fit, sæpe in viro probo et æquo sanitatis quærendæ desiderium parit : peccatum vero ab eo qui sincere diligit, scienter curatur. *Qui* enim, inquit, *diligit, diligenter erudit* [95]. Talem autem in solitudine reperire difficillimum est, si prius in vitæ societatem adjunctus non fuerit. Quare accidit ei quod dictum est : *Væ uni, quia si ceciderit, non est qui erigat eum* [96]. Ad hæc præcepta plura a pluribus simul congregatis facile perficiuntur, ab uno non item : quandoquidem dum unum fit, impeditur alterum. Exempli causa, infirmi visitatio facit ut hospes non excipiatur, et rerum ad vitam necessariarum largitio et distributio (maxime quando in his ministeriis multum insumendum est temporis) in causa est cur ad facienda opera studium conferri non possit, ut ut deseratur mandatum maximum, et maxime saluti conducibile : siquidem neque nutritur qui esurit, neque amicitur qui nudus est. Quis igitur inertem et infructuosam vitam ei, quæ fructuosa sit et Domini præcepto consentanea, velit anteponere ?

2. Quod si etiam omnes, qui fuimus in una vocationis spe assumpti [97], unum corpus sumus, ac caput Christum habemus, sumusque singuli alii aliorum membra [98], nisi per concordiam in sancto Spiritu coagmentemur in unius corporis compagem ; contra, si quisque nostrum eligat vitam solitariam, neque in rebus dispensandis communi utilitati, ut Deo acceptus sit, inserviat, sed illi suæ cupiditati in qua sibi placet, obsequatur : qui fieri poterit, ut divisi ac disjuncti mutuam membrorum inter se habitudinem, obsequiaque et obedientiam nostro capiti, qui Christus est, servemus ac tueamur ? Neque enim possumus, si vitæ genere separemur, una cum eo qui gloria afficitur, gaudere : neque cum eo qui patitur, simul pati [99], cum unusquisque non valeat, ut credibile est, proximi statum cognoscere. Ad hæc cum nemo unus idoneus sit, qui dona spiritualia omnia suscipiat, sed juxta rationem fidei [1], quæ est in unoquoque, detur Spiritus, in vitæ societate proprium cujusque donum fit contubernalium commune. *Alteri enim datur sermo sapientiæ, alteri vero sermo scientiæ, alteri fides, alii prophetia, alii dona sanationum* [2], etc. : quæ singula qui accipit, is ipsa non sua magis quam aliorum causa habet. Quare in vitæ communitate, Spiritus sancti vis et efficacia uni tributa simul ad omnes transeat necesse est. Qui igitur vivit ab omni hominum cœtu sejunctus, fortasse unum donum habet : sed cum illud in seipso defossum detineat, ipsum per inertiam inutile reddit : quod quanti sit periculi nostis quotquot legistis Evangelia. Contra, in plurium contubernio et suo quisque dono fruitur, ipsumque multiplicat communicando, et ex alienis tanquam ex suis fructum capit.

3. Præterea plura commoda, quæ enumerare omnia non facile sit, complectitur vitæ societas : siquidem et ad bona quæ a Deo nobis data sunt conservanda, utilior est quam solitudo, et ad cavendas externas inimici insidias tutior est expergefactio illa, quæ a vigilantibus fit, siquando contingat, ut unus aliquis obdormiscat eo mortis somno, quem ut deprecaremur a nobis, docuit nos David his verbis [3] : *Illumina oculos meos, ne unquam obdormiam in morte :* et peccanti, si condemnationem concorditer a pluribus prolatam vereatur, facilius est secedere a peccato, sic ut convenire possit in eum illud : *Sufficit illi qui ejusmodi est, objurgatio hæc quæ fit a pluribus* [4] : et ei qui recte agit, satis est magna illa ac firma persuasio, quæ sibi multis approbantibus, atque operi assentientibus, innascitur. Si enim in ore duorum aut trium testium stabit omne verbum [5], profecto qui bonum opus peregerit cum plurium testimonio, longe so-

---

[92] Eccli. xiii, 20. [93] I Cor. xiii, 5. [94] I Cor. x, 33. [95] Prov. xiii, 24. [96] Eccle. iv, 10. [97] Ephes. iv, 4. [98] I Cor. xii, 12. [99] ibid. 26. [1] Rom. xii, 6. [2] I Cor. xii, 8-10. [3] Psal. xii, 4. [4] II Cor. ii, 6. [5] Matth. xviii, 6.

lidius firmabitur. Cæterum pericula præter ea quæ diximus, vitam solitariam comitantur. Primum quidem et maximum in eo situm est quod sibi quisque placet. Cum enim neminem habeat qui ipsius opus probare possit, ad præcepti perfectionem jam pervenisse se arbitrabitur : deinde animi habitudinem semper inexercitam includens, neque vitia sua, neque profectum quem in quibusvis operibus fecerit, cognoscit, cum materia omnis et occasio mandatorum conficiendorum resecetur.

4. In quo enim humilitatem ostendit, qui neminem habet, quo seipsum declaret humiliorem ? In quo commiserationem, amputata et abscissa plurium societate ? Quomodo autem exercebit se ad patientiam, nemine voluntatibus ipsius obsistente ? Quod si quispiam dicat Scripturarum doctrinam satis sibi esse ad mores emendandos, perinde facit atque is qui discit quidem ædificare, nec unquam tamen ædificat, aut eodem modo atque is qui edoctus est artem ærariam, sed qui data sibi documenta ad actum redigere non vult. Ad quem Apostolus possit dicere : *Non auditores legis justi sunt apud Deum, sed factores legis justificabuntur* [6]. Ecce enim Dominus ob benignitatis suæ magnitudinem non sola doctrina quæ in verbis sita est, contentus fuit : sed ut expresse evidenterque in dilectionis perfectione nobis traderet humilitatis exemplum, cinxit se ipse, et discipulorum pedes lavit. Quem igitur tu lavabis ? in quem officiosus eris ? præ quo futurus es ultimus, si ipse tecum solus degas ? Bonum autem et jucundum illud, fratrum videlicet eodem in loco habitatio, quam unguento odorem ex summi pontificis capite emittenti Spiritus sanctus comparat [7], qua tandem ratione in solitaria habitatione implebitur ? Itaque certaminis stadium, et expedita proficiendi via, et perpetuum exercitium, et mandatorum Domini meditatio, fratrum est eodem in loco habitatio : quæ et pro scopo habet Dei gloriam ex præcepto Domini nostri Jesu Christi, qui dixit : *Sic luceat lux vestra coram hominibus, ut videant opera vestra bona, et glorificent Patrem vestrum qui in cœlis est* [8], et ritum ac formam sanctorum servat, quorum fit in Actis mentio, et de quibus scriptum est : *Omnes autem qui credebant erant simul in eodem loco, et habebant omnia communia* [9]. Et rursus : *Multitudinis autem credentium erat cor unum, et anima una : nec quisquam, eorum quæ possidebat aliquid suum esse dicebat, sed erant illis omnia communia* [10].

INTERROGATIO VIII.
De renuntiatione.

Num oporteat primum renuntiare omnibus, et ita demum ad vitæ genus quod secundum Deum sit, accedere.

RESPONSIO.

1. Cum Dominus noster Jesus Christus post documenta multa, eaque ex multis operibus valide comprobata, dicat omnibus : *Si quis venit ad me, abneget semetipsum, et tollat crucem suam, et sequatur me* [11] ; et iterum : *Sic ergo omnis ex vobis, qui non renuntiat omnibus quæ possidet, non potest meus esse discipulus* [12]; arbitramur hoc præceptum ad plura a quibus abalienari oportet, pertinere. Nam et diabolo ante omnia et carnis affectibus renuntiamus, qui nuntium remisimus occultis turpitudinibus, cognationibus corporeis, hominum amicitiis et vitæ consuetudini, quæ integritati Evangelii salutis adversetur. Et quod his magis necessarium est, sibi ipse renuntiat qui exuit veterem hominem cum actibus ipsius [13], qui corrumpitur secundum desideria erroris [14]. Ac etiam renuntiat omnibus mundanis affectibus, qui pietatis scopo impedimento esse possunt. Itaque qui ejusmodi est, veros parentes eos esse existimabit, qui ipsum in Christo Jesu per Evangelium genuerint [15] : fratres vero eos, qui acceperint eumdem adoptionis Spiritum, prætereaque omnibus divitiis tanquam rebus alienis, ut reipsa sunt, intendet. Uno verbo, is cui propter Christum mundus totus crucifixus est, et ipse mundo [16], quomodo adhuc potest curarum mundanarum particeps esse ? cum Dominus noster Jesus Christus et animæ odium et sui ipsius abnegationem ad summum perducat his verbis : *Si quis vult post me venire, abneget semetipsum, et tollat crucem suam* ; tumque subjungit : *et sequatur me* [17]. Et rursus : *Si quis venit ad me, et non odit patrem suum, et matrem, et uxorem, et filios, et fratres, et sorores, adhuc autem et animam suam, non potest meus esse discipulus* [18]. Quamobrem in eo sita est perfecta renuntiatio, si quem nec ipsius vitæ amor moveat, sed habeat sententiam mortis, sic ut nihil sibi confidat [19]. Inde autem initium sumit, si videlicet alienemur a rebus externis, exempli causa, a possessionibus, ab inani gloria, a vitæ consuetudine, a rerum inutilium studio, uti docuerunt nos sancti Domini discipuli, Jacobus et Joannes, qui patrem suum Zebedæum, ipsumque, a quo tota illorum victus ratio pendebat, navigium reliquere : Matthæus vero, cum ab ipso telonio surrexit, Dominumque secutus est : qui non telonii solum emolumenta reliquit, sed pericula etiam contempsit, quæ a magistratibus tum sibi tum consanguineis suis impendebant, quod vectigalium rationes reliquisset infectas. Paulo denique totus etiam mundus crucifixus erat, et ipse mundo [20].

2. Sic qui vehementer Christum sequi desiderat, nihil, quod ad hanc vitam attineat, curare amplius potest, non ipsum parentum aut propinquorum amorem, si Domini præceptis adversetur

---

[6] Rom. ii, 13. [7] Psal. cxxxii, 1, 2. [8] Matth. v, 16. [9] Act. ii, 44. [10] Act. iv, 32. [11] Matth. i, 24. [12] Luc. xiv, 33. [13] Coloss. iii, 9. [14] Ephes. iv, 22. [15] I Cor. iv, 15. [16] Galat. vi, 14. [17] Matth. xvi, 24. [18] Luc. xiv, 26. [19] II Cor. i, 9. [20] Galat. vi, 14.

(tunc enim locum etiam habet illud : *Si quis venit ad me, et non odit patrem suum et matrem*[11], et cætera) : non humanum timorem, ita ut illius causa aliquid utilium subtrahatur : quod præstitere sancti, qui dicebant : *Obedire oportet Deo magis quam hominibus*[12] : non hominum profanorum risum quem bona opera concitarint, sic ut eorum contemptui cedat. Quod si quispiam velit eorum qui Dominum sequuntur, vim ac robur, cum desiderio conjunctum, accuratius ac dilucidius cognoscere, meminerit Apostoli, qui ad docendos nos narrat quæ ad se spectabant, ac dicit : *Si quis videtur confidere in carne, ego magis : circumcisus octavo die, ex genere Israel, de tribu Benjamin, Hebræus ex Hebræis, secundum legem Pharisæus : secundum æmulationem persequens Ecclesiam, secundum justitiam quæ in lege est, conversatus sine reprehensione : sed quæ mihi erant lucra, hæc arbitratus sum propter Christum detrimenta. Verumtamen existimo omnia detrimentum esse propter eminentem scientiam Jesu Christi Domini nostri : propter quem omnia detrimentum feci, et arbitror stercora esse, ut Christum lucrifaciam*[13]. Etenim (ut nonnihil audacter, at vere tamen eloquar) si Apostolus ipsa legis privilegia quæ ad tempus tradita erant, comparavit cum spurcissimis corporis sordibus, quas et aversamur, et a nobis citissime removemus, quod videlicet obessent Christi cognitioni, eique quæ in ipso est justitiæ, et nostræ ad ipsius mortem conformationi, quid quis dixerit de hominum institutis ? Et quid opus est nostris ratiocinationibus et sanctorum exemplis confirmare sermonem ? cum ipsa liceat afferre Domini verba, iisque timentem animam convincere : quibus hæc aperte ac evidenter testatur, ubi dicit : *Sic ergo omnis ex vobis, qui non renuntiat omnibus quæ possidet, non potest meus esse discipulus*[14]. Et alibi post illud, *Si vis perfectus esse*, prius dixerat : *Vade, vende quæ habes, et da pauperibus*; tumque subjunxit : *Veni, sequere me*[15]. Atque etiam mercatoris parabola huc spectare cuivis æquo rerum æstimatori videbitur. *Simile est enim*, inquit, *regnum cœlorum homini negotiatori, quærenti bonas margaritas; inventa autem una pretiosa margarita, abiit, et vendidit omnia quæ habuit, et emit eam*[16]. Planum est enim regnum cœleste per pretiosam margaritam adumbrari : quod nos assequi non posse declarant Domini verba, nisi omnia simul quæ habemus, et divitias, et gloriam, et genus, et si quid aliud est, cujus studio desiderioque plerique teneantur, pro eo comparando deseramus (1).

3. Deinde fieri quoque non posse ut recte agatur quod cupitur studiosius, si mens in varias curas diducta sit, idem Dominus affirmavit, cum dixit : *Nemo potest duobus dominis servire*[17] ; et rursus : *Non potestis Deo servire et mammonæ*[18]. Quamobrem thesaurus cœlestis a nobis eligendus est solus, ut in eo cor habeamus. *Ubi enim*, inquit, *est thesaurus tuus, ibi et cor tuum erit*[19]. Si igitur nobis ipsis aliquam possessionem terrenam aliquasque opes corruptioni obnoxias servaverimus, necesse est, mente hic quasi in quodam cœno defossa, animam ad Dei contemplationem nunquam pertingere, nec ullo unquam cœlestis pulchritudinis bonorumque nobis promissorum desiderio commoveri : quæ adipisci non possumus, nisi assiduum ac vehemens desiderium nos ad ea petenda impellat, suscipiendumque eorum causa laborem levem reddat. Est igitur renuntiatio, ut ex dictis constat, dissolutio simul vinculorum terrenæ hujus ac temporariæ vitæ, et humanorum officiorum liberatio : quæ nos efficit magis idoneos, qui iter ad Deum deducens inceptemus. Est et occasio impedimenti expers, qua obtinetur possessio ususque rerum pretiosarum *super aurum et lapidem pretiosum multum*[20]. Et, ut in summa dicam, est cordis humani ad cœlestem conversationem translatio, sic ut dicere possimus : *Nostra enim conversatio in cœlis est*[21]. Et, quod maximum est, similitudinis ejus quam cum Christo habere debemus, initium est : qui propter nos egenus factus est, cum esset dives[22] : quam nisi prius consequamur, vivendi rationem Christi Evangelio consentaneam attingere non possumus. Quando enim aut cordis contritio, aut mentis humilitas, aut iræ, tristitiæ, sollicitudinum, et, ne longum faciam, exitiosorum animi motuum liberatio in divitiis hujusque vitæ curis et aliarum rerum affectu atque consuetudine comparari potest ? Uno verbo, cui ne de ipsis quidem rebus necessariis sollicito esse licet, veluti victu et vestitu, huic, quæso, quænam ratio permittet, ut malis divitiarum curis tanquam spinis detineatur, quæ quin jactum ab animarum nostrarum agricola semen ferat fructum, impediunt ? Domino nostro dicente : *Hi sunt qui in spinis seminati fuerunt, qui a curis et divitiis et voluptatibus vitæ suffocantur, et non referunt fructum*[23].

INTERROGATIO IX.

Qui adjungitur iis qui Domino consecrantur, debetne facultates suas cognatis improbis citra delectum concredere?

RESPONSIO.

1. Cum Dominus dicat : *Vende quæ habes, et da*

---

[11] Luc. xiv, 26. [12] Act. v, 29. [13] Philipp. iii, 4-8. [14] Luc. xiv, 33. [15] Matth. xix, 21. [16] Matth. xiii, 45, 46. [17] Matth. vi, 24. [18] ibid. [19] ibid. 21. [20] Psal. xviii, 11. [21] Philipp. iii, 20. [22] II Cor. viii, 9. [23] Luc. viii, 14.

(1) Ait Combefisius, videri auctorem e regno cœlorum excludere eos, qui non renuntiant omnibus, nec paupertatem evangelicam amplexantur : sed videtur ipse hujus loci sententiam assecutus non fuisse. Non enim auctor universe ait necesse esse, ut omnes, qui salvi esse volunt, renuntient omnibus : sed ait duntaxat, eos qui semel vitam monasticam professi sunt, omnibus renuntiare debere, si salutem æternam consequi velint.

pauperibus, et habebis thesaurum in cœlo : et veni, sequere me [34]; et iterum : *Vendite quæ possidetis, et date eleemosynam* [35]; puto eum qui hujusmodi consilio ductus a suis discedit, opes suas non oportere negligere, sed illud curare, ut omnia accurate accepta jam tanquam Domino consecrata cum omni pietate distribuat, aut per seipsum, si potest, eique licet per experientiam, aut per alios, qui multo cum examine delecti sint, quique facto de se periculo, ostenderint se eas fideliter prudenterque dispensare posse, cum scire debeat ipsas non sine periculo aut propinquis relinqui, aut a quovis obvio distribui. Etenim si is cujus curæ regia bona concredita sunt, etiamsi sæpe nihil ex iis quæ jam parta fuere, rapuerit, si tamen quæ acquiri poterant, negligentia sua non compararit, a crimine non absolvitur; quodnam judicium censere debemus ferendum ab iis qui res Domino jam dicatas ignave ac negligenter dispensarint? Nonne negligentium multæ futuri sunt obnoxii? uti scriptum est : *Maledictus quisquis facit opera Domini negligenter* [36].

2. Ubique autem nobis cavendum est, ne, unius mandati obtentu et nomine, alterum dissolvere videamur. Neque enim pugnare, aut cum iniquis contendere nobis decorum fuerit (siquidem servum Domini non oportet litigare [37]) : sed qui a carnalibus propinquis iniquius tractatus est, debet meminisse Domini, qui ait : *Nemo est qui reliquerit domum, aut fratres, aut sorores, aut patrem, aut matrem, aut uxorem, aut liberos, aut agros,* non simpliciter, sed *propter me et Evangelium, qui non accipiat centies tantum in tempore hoc, et in sæculo venturo vitam æternam* [38]. Certe quidem hisce improbis declarari oportet, ipsos sacrilegii scelere obstringi, idque ex præcepto Domini, qui ait : *Si peccaverit frater tuus, vade, corripe eum* [39], etc. Sed cum ipsis pro tribunali externo litigare vetat pietatis sermo, his verbis : *Ei qui vult tecum judicio contendere, et tunicam tuam tollere, dimitte ei et pallium* [40]; et, *Audet aliquis vestrum, habens negotium adversus alterum,* 352 *judicari apud iniquos, et non apud sanctos* [41] ? Illos autem coram his in judicium vocemus, majore habita ratione salutis fratris, quam copiæ divitiarum. Postquam enim Dominus dixit : *Si te audierit,* subjunxit : *lucratus es,* non pecunias, sed *fratrem tuum* [42]. Est tamen cum explanandæ veritatis causa, ipso injuriæ auctore nos non raro ad communium arbitrorum judicium provocante, ad examen devenimus, nequaquam ipsi aggressi, sed eos qui provocaverant secuti, non nostrum iræ aut contentionis motum in apertum proferentes, sed veritatem declarantes. Sic enim et illum a malis eximemus vel invitum, et ipsi mandata Dei non violabimus, tanquam Dei ministri, non pugnaces, nec avari, constanter veritati patefaciendæ insistentes, et nusquam concessum studii modum excedentes.

INTERROGATIO X.

Num omnes qui accedunt, recipiendi sint, vel quinam : et utrum statim sint admittendi, an cum probatione, et cum quali probatione.

RESPONSIO.

1. Cum benignus Deus, idemque Salvator noster Jesus Christus prædicet, ac dicat : *Venite ad me, omnes qui laboratis, et onerati estis, et ego reficiam vos* [43]; periculosum est repellere eos qui nostra opera accedunt ad Dominum, ejusque jugum suave, ac præceptorum onus, quo ad cœlum attollimur, subire volunt. Nec tamen permittendum est, ut ullus illotis pedibus ad sancta documenta veniat, sed quemadmodum Dominus noster Jesus Christus adolescentem qui ad se accesserat de ejus vita anteacta percontatus est, cumque eam recte fuisse actam comperisset, præterea ut compararet quod ad perfectionem deerat, præcepit, et tunc ei se sequendi copiam fecit : ita profecto et a nobis præterita accedentium vita est expendenda, et iis qui quid recte jam gesserint, documenta perfectiora tradenda sunt, qui vero vel ex prava vita convertuntur, vel ex indifferenti statu ad perfectam vitam in Dei cognitione sitam transeunt, hos perscrutari par est, nimirum qualibus præditi sint moribus, num instabiles, num ad judicia ferenda proni.

2. Enimvero qui sunt hujusmodi, inconstantiæ sunt suspecti. Illi nempe, præterquam quod ipsi nihil utilitatis capiunt, præterea sunt etiam cæteris detrimenti auctores, sparsis in opus nostrum probris, mendaciisque, et blasphemiis. Cum autem cura atque diligentia nihil non corrigatur, vincatque omnigena animæ vitia Dei timor, isti non sunt statim desperandi, sed ducendi ad idoneas exercitationes, sic ut 353 temporis progressu ac laboriosis exercitiis periculum facientes eorum sententiæ atque propositi, si modo firmi aliquid in ipsis invenerimus, illos tuto admittamus : sin minus, dum adhuc extra sunt, dimittamus, ne experimentum fratribus afferat damni aliquid et exitii. Atque etiam explorare operæ pretium est, num quis prius peccatis implicitus, abjecta omni verecundia prodat occultam turpitudinem, seque ipse accuset, simulque malorum suorum operum socios pudore afficiat, illosque a se ableget, juxta eum qui dixit : *Discedite a me, omnes qui operamini iniquitatem* [44]; num etiam muniat se ad posteram vitam, ut ne amplius in similia vitia dilabatur. Cæterum communis cujusque probandi modus est, utrum scilicet citra pudorem paratus sit ad omnem humilitatem, sic ut artes suscipiat vel vilissimas, si illarum opus utile esse ratio comprobarit. Postquam autem unusquisque quasi vas quoddam Domino com-

---

[34] Matth. xix, 21. [35] Luc. xii, 33. [36] Jerem. xlviii, 10. [37] II Tim. ii, 24. [38] Marc. x, 29, 30. [39] Matth. xviii, 15. [40] Matth. v, 40. [41] I Cor. vi, 1. [42] Matth. xviii, 15. [43] Matth. xi, 28. [44] Psal. vi, 9.

modum, et ad quodvis bonum opus paratum omni tentatione adhibita declaratus fuerit ab iis qui talia scite scrutari possunt, ita demum inter eos qui se Domino dedicarunt, annumeretur. Maxime autem ei, qui ab illustriore quodam vitæ genere juxta Domini nostri Jesu Christi exemplum ad humilitatem festinat, aliqua quæ probrosa admodum apud externos esse videantur, præscribenda sunt; observandumque, num sine ulla dubitatione seipsum ceu operarium pudoris expertem Deo exhibeat.

INTERROGATIO XI.
De servis.
RESPONSIO.

Porro quicunque servi, sub jugo detenti, ad fratrum conventum confugiunt, admoniti et meliores effecti, ad dominos suos remittendi sunt : in quo imitandus est beatus Paulus, qui cum genuisset Onesimum per Evangelium, eum ad Philemonem remisit [45], sic ut alteri quidem persuaserit, ut si servitutis jugum modo Domino placenti perferretur, dignum cum regno cœlorum redderet, alterum vero exhortatus est non minus modo quas huic intenderat, remitteret, memor veri Domini, qui dixit : *Si dimiseritis peccata eorum, dimittet et Pater vester cœlestis delicta vestra* [46], sed ut animo etiam æquiore erga ipsum afficeretur, sic scribens : *Forsitan enim ideo discessit ad horam, ut æternum illum reciperes : jam non ut servum, sed pro servo charissimum fratrem* [47]. Sed tamen si dominus improbus sit, qui aliqua contra legem præscribat, vimque servo inferat ad mandata veri heri Domini nostri Jesu Christi violanda, operam dare debemus, ut ne nomen Dei blasphemetur propter servum illum, qui quidpiam egerit non acceptum Deo. Adhibetur autem ejusmodi sollicitudo, aut cum servus ille præparatur ad eas ærumnas quibus afficiendus est tolerandas, ut, quemadmodum scriptum est [48], Deo magis quam homini obediat, aut cum qui servum recepere, tentationes quæ sibi ipsius causa imminent, perferunt eo qui Deo acceptus sit modo.

INTERROGATIO XII.
Quomodo recipiendi sint qui connubio junguntur.
RESPONSIO.

Atque ii etiam qui, matrimonio conjuncti, ad hujusmodi vitæ genus accedunt, interrogandi sunt, an mutuo consensu id efficiant ex Apostoli præcepto (*Nam*, inquit, *sui corporis potestatem non habet* [49]); sicque qui accedit, coram pluribus testibus recipiendus est. Nam obedientiæ Deo debitæ nihil est præferendum. Quod si dissentiat altera pars, repugnetque, quod minus sollicita sit, quomodo placeat Deo, in mentem veniat Apostoli, qui dicit : *In pace autem vocavit nos Deus* [50]; atque impleatur præceptum Domini, qui dixit : *Si quis venit ad me, et non odit patrem suum, et matrem, et uxorem et filios*, etc., *non potest meus esse discipulus* [51]. Nihil enim obedientiæ Deo debitæ est anteponendum. Cæterum nos castæ vitæ agendæ consilium non raro tum vehementium precum, tum assidui jejunii ope in multis prævaluisse novimus, Domino eos qui prorsus obstinati erant, sæpe etiam per corporalem necessitatem ad rectum judicium comprobandum inducente (1).

INTERROGATIO XIII.
Quod etiam utilis est novitiis silentii exercitatio.
RESPONSIO.

Atqui novitiis utilis est etiam silentii exercitatio. Etenim si linguam doment, simul et daturi sunt magnum continentiæ argumentum, et in silentio studiosissime atque attentissime discent ab iis qui scienter sermone utuntur, quando et interrogare et unicuique respondere oporteat. Est enim et vocis contentio, et sermonis modus, et opportunitas temporis, et verborum proprietas, quæ pietatis cultoribus propria sit et peculiaris : quam fieri non potest ut discat qui consueta non dediscerit. Silentium autem simul et priorum oblivionem ex intermissione parit, et otium ad discenda bona suppeditat. Quamobrem, nisi aut peculiare aliquod negotium, et ad animæ suæ curam, et ad inevitabilem operis alicujus, quod in manibus sit, necessitatem pertinens, aut instituta quæstio aliqua urgeat, in silentio degendum est, excepta videlicet psalmorum modulatione.

INTERROGATIO XIV.
De iis qui seipsos Deo voverunt, et deinde professionem suam irritam facere conantur.
RESPONSIO.

Utique horum unusquisque, qui inter fratres admissus fuerit, postea quae professionem suam resciderit, perinde aspici debet, ut qui in Deum peccaverit, coram quo et in quo pactorum confessionem deposuit. *Si vero*, inquit, *in Deum quis peccaverit, et quis orabit pro eo* [52]? Qui enim seipsum dicavit Deo, et deinde ad aliud vitæ genus transiit, factus est sacrilegus, cum ipse sui ipsius fur fuerit, donariumque Deo consecratum abstulerit. Quibus æquum est non amplius fores fratrum aperiri, nec si in brevi quidem transitu ad poscendum tectum accederent. Perspicua est enim Apostoli regula,

---

[45] Philem. 10, 12. [46] Matth. vi, 14. [47] Philem. 15, 16. [48] Act. v, 29. [49] I Cor. vii, 4. [50] I Cor. vii, 15. [51] Luc. xiv, 26. [52] I Reg. ii, 25.

(1) Basilius ultimis suæ responsionis verbis rationem reddit, cur permiserit viro monasterium ingredi, invita uxore, et vice versa. Nam, inquit, non raro vidimus, partem dissentientem, per preces et jejunia adductam tandem fuisse ad assentiendum. Sed si altera pars nunquam consensisset, procul dubio Basilius virum aut mulierem ante professionem e monasterio egredi debere dixisset.

qua jubemur subducere nos ab omni inordinato, neque commisceri cum illo, ut confundatur [53].

INTERROGATIO XV.

Qua ætate permittendum sit ut Deo seipsos voveant : qua item ætate virginitatis professio rata habenda sit et firma.

RESPONSIO.

1. Cum Dominus dicat : *Sinite pueros venire ad me* [54], et Apostolus eum laudet, qui ab infantia sacras litteras didicit [55], rursusque præcipiat liberos educari in disciplina et correptione Domini [56], omne tempus, primæ etiam ætatis, iis qui accedunt excipiendis idoneum esse censemus, eos quidem qui parentibus orbati sunt, nostrapte sponte assumentes, ut ad Jobi exemplum orphanorum parentes efficiamur [57]; eos vero, qui sub parentibus sunt, ab ipsis adductos, coram multis testibus suscipientes, ne occasionem demus volentibus occasionem, sed eorum qui adversum nos blasphemiam loquuntur, os omne injustum obstruatur. Excipiendi igitur sunt ad hunc modum, nec ipsi tamen statim in fratrum corpore aut annumerandi sunt, aut recensendi, ne si illi a fine proposito aberrarent, ipsorum probra in pium vitæ institutum refunderentur : sed educandi illi quidem sunt in omni pietate, tanquam communes fratrum liberi, præteraque puerorum, sive mares sint, sive feminæ, separari oportet et domos et diætam, **356** ut erga seniores neque licentiam majorem, neque fiduciam immodicam habeant, sed congressus raritate erga antiquiores reverentiam servent, neque ex pœnis quæ perfectioribus ob neglecta officia irrogantur (siquando eos ab his discessisse contigerit), peccandi facilitas, aut sæpe animi elatio latenter eis innascatur, dum in iis quæ ipsi recte faciunt, sæpenumero antiquiores delinquentes vident. Qui enim puer est mente, ab eo qui ætate puer est, nihil differt. Quare nihil mirum si in utrisque eadem etiam vitia sæpenumero reperiantur. Neque vero in quibus antiquiores decorum servant ob suam ætatem, ea juniores ante tempus et præter decorum temere agant ob frequentem cum ipsis consuetudinem.

2. Quapropter cum hujus œconomiæ, tum reliquæ etiam servandæ disciplinæ ac sanctimoniæ causa distinctam esse oportet puerorum et natu majorum habitationem. Præteraque, dum necessaria illa juvenibus exercitatio fiet, non turbabitur monachorum domus. Precationes autem quæ per diem institutæ sunt, et pueris et antiquioribus sint communes. Nam pueri majorum exemplo compungi consuescunt : antiquiores vero in precationibus a pueris haud parum adjuvantur. Cæterum quod ad somnum, ad vigilias, ad tempus, mensuramque et qualitatem alimentorum attinet, convenienter pueris decernantur exercitationes et diætæ peculiares. Præficiatur autem talibus quispiam ætate provectior, cæterisque experientia præstantior, qui etiam lenitatis testimonium habeat : ut paterna clementia ac perito sermone corrigat juvenum peccata, atque peculiaria remedia singulis delictis afferat ; simulque et reprehendatur peccatum, et anima ad imperturbatum quemdam statum exerceatur. Exempli causa, iratus est quispiam suo coæquali ? Eum placare, ipsique pro facinoris ratione subservire cogatur. Nam humilitatis assuetudo iracundiam animi quasi exscindit ; cum contra ejusdem elatio plerumque nobis iram ingeneret. Sumpsit cibos præter tempus ? Maxima diei parte jejunet. Immodice aut indecore cibum cepisse deprehensus est ? Ipse refectionis tempore a cibo abactus, alios rite edentes intueri cogatur, ut et abstinentia plectatur, et honestatem discat. Protulit verbum otiosum, contumeliam in proximum, mendacium, aliquid aliud quod interdictum sit ? Et ventre et silentio castigetur.

3. Atque etiam litterarum studium eorum instituto accommodatum esse oportet, et vocabulis e Scriptura sumptis utantur, et ipsis narrentur admirabilium factorum historiæ loco fabularum, et edoceantur sententias Proverbiorum, et memoriæ præmia eisdem proponantur tam pro nominibus quam pro rebus, ut jucunde et quasi animum relaxantes, nulla cum molestia, nullaque offensione, ad scopum pertingant. **357** Præteraque qui sunt ejusmodi, recte educati, attentionem animi facile assequentur, atque mentis aberrationem vitare assuescent, si a magistris assidue interrogentur, ubi sit eorum animus, et quid in mente versent. Etenim illa ætas, utpote simplex, fraudis nescia, et ad mendacium inepta, nullo negotio animi arcana prodit : accedit etiam, quod qui talis est, ne perpetuo vetitis commentis immorari deprehendatur, fugiet absurdas cogitationes, atque objurgationum dedecus reveritus, semetipsum assidue ab ineptis revocabit.

4. Animus igitur dum adhuc facile conformari potest, dumque tener est, ac instar mollis ceræ, rerum oblatarum formas nullo negotio induit, ad omnia bona statim ab initio exercendus est : ut ubi adfuerit ratio, habitusque discernendi accesserit, a jactis initio elementis, et a traditis pietatis formis cursus instituatur, ratione id quod utile est suggerente, consuetudine vero facilitatem ad recte agendum præbente. Tunc autem admittenda est virginitatis professio, tanquam quæ jam firma sit, et quæ ab ipsorum sententia ac judicio proficiscatur, jam perfecta et absoluta ratione : post quod tempus et præmia et pœnæ peccantibus aut recte facientibus ab æquo judice pro operum merito decernuntur. Testes autem hujusce propositi adhibendi sunt ecclesiarum præfecti, ut ipsorum opera et corporis sanctimonia veluti res quædam sacra Deo dedicetur, et firma sit hæc actio per testimonium.

---

[53] II Thess. III, 14. [54] Marc. x, 14. [55] II Tim. III, 15. [56] Ephes. vi, 4. [57] Job xxix, 12.

Nam, inquit, *in ore duorum aut trium testium stabit omne verbum* [58]. Sic enim et fratrum agendi ratio nec male audiet, et eis qui se ipsos Deo desponderunt, ac deinde professionem irritam facere conantur, nulla impudentiæ occasio relinquetur. Sed qui in virginitate vitam agere non vult, is, tanquam qui res Domini curare non valeat, coram iisdem testibus dimittatur. Cæterum qui professus fuerit post multam indagationem ac deliberationem, quam ei licere debet privatim facere dierum plurium spatio, ne quid per raptum a nobis fieri videatur, ita demum suscipiendus est, et inter fratres annumerandus, eamdem deinceps et domum et diætam habiturus cum majoribus. Sed quod dicere nos fugit, et nunc addere non abs re fuerit, nos, quod quibusdam artibus statim a puero danda opera sit, ubi jam pueri aliqui ad eas discendas visi fuerint esse idonei, nequaquam prohibere, quominus cum artis magistris interdiu maneant. Sed noctu eos necessario ad æquales suos transmittimus, quibuscum cibum etiam capiant necesse est.

INTERROGATIO XVI.

An ei qui pie vivere vult, necessaria sit temperantia.

RESPONSIO.

1. Liquet necessariam esse temperantiæ exercitationem : primum quidem, quoniam temperantia ab Apostolo inter fructus Spiritus recensetur [59]; deinde vero, quoniam dicit nostrum ministerium etiam per illam inculpatum fieri, his verbis utens : *In laboribus, in vigiliis, in jejuniis, in castitate* [60]; et alibi : *In labore et ærumna, in vigiliis sæpe : in fame et siti, in jejuniis sæpe* [61]; et rursus : *Omnis autem qui in agone contendit, ab omnibus se abstinet* [62]. Nulla autem res alia tam corpus castigat quam temperantia, aut illud æque in servitutem redigit. Nam juventutis fervor, et libidinum reprimendarum difficultas temperantia quasi freno quodam cohibetur. *Non enim prosunt stulto deliciæ*, juxta Salomonem [63]. Ecquid autem carne in deliciis degente, et juventute sese quoquoversum ferente stultius fingi potest ? Quapropter Apostolus dicit : *Et carnis curam ne faciatis ad concupiscentias* [64]; item : *Quæ in deliciis est, vivens mortua est* [65]. Adde quod exemplum deliciarum quibus dives fruebatur, temperantiam nobis necessariam esse ostendat, ne forte audiamus quod dives audivit, nimirum : *Recepisti bona tua in vita tua* [66].

2. Quam vero metuenda intemperantia sit, etiam Apostolus docuit, cum illam numeravit inter defectionis proprietates, ac dixit : *In novissimis diebus instabunt tempora periculosa. Erunt enim homines seipsos amantes* [67]. Ac pluribus nequitiæ generibus recensitis, subjunxit : *Criminatores, intemperantes* [68]. Atque Esau etiam intemperantia ceu malo maximo accusatus est, tanquam qui prioris ortus jura pro uno edulio vendidisset [69]. Præterea per intemperantiam cœpit homo non obtemperare. At sancti omnes temperantiæ laude fuerunt spectati. Imo potius omnis sanctorum ac beatorum vita, ipsiusque Domini in carne præsentis exemplum ad hoc suggerendum nobis prodest. Moyses per longam in jejunio et precatione perseverantiam legem accepit [70], Deique verba audivit, *Tanquam si quis*, inquit, *loqueretur cum amico suo* [71]. Elias Dei visione dignus tunc est habitus, cum ipse quoque pari modo abstinentia usus est [72]. Quid autem Daniel ? Quo pacto conspexit mira ? An non post vicesimam jejunii diem [73] ? Quomodo vero tres pueri vim ignis exstinxerunt ? Nonne per abstinentiam [74] ? Ac etiam Joannis tota vivendi ratio ab abstinentia sumpsit exordium [75]. Ab hac Dominus quoque se ipse ostendere cœpit [76]. Temperantiam autem dicimus non universam prorsus ciborum abstinentiam (hoc enim violenta quædam vitæ dissolutio est), sed eam, qua a rebus jucundis abstinemus, quæ ad pertinaciam carnis frangendam et ad attingendum pietatis scopum instituta sit.

3. Et in summa, quibus rebus frui desiderant qui libidinose vivunt, earum abstinentia nobis qui ad pietatem informamur, necessaria est. Neque vero in sola escarum voluptate moderanda exercetur temperantia, sed sese ad omnem etiam rei cujusque adversantis privationem extendit. Quare qui perfecte temperans est, non ita ventrem domabit, ut vincatur ab humana gloria ; non ita turpem cupiditatem superabit, ut non amplius superet divitias, aut alium quemvis probrosum affectum, veluti iram, aut tristitiam, aut reliqua vitia, quæ animas disciplinæ inexpertes in servitutem redigere solent. Fere enim, quod in omnibus præceptis cernimus, illa inter se connexa esse, neque fieri posse, ut alterum separatim ab altero impleatur, id maxime in temperantia cernitur. Etenim et humilis est qui circa gloriam temperans est, et evangelicam inopiæ mensuram explet qui erga divitias temperanter afficitur, et iræ expers qui indignationem et iracundiam continet in officio. Imo etiam perfecta temperantiæ ratio linguæ præfinit terminos, et oculis limites, et auribus auditionem non curiosam : in quibus si quis non immoratur, intemperans est et protervus. Vides quemadmodum circum hoc unum præceptum, reliqua omnia tanquam in choro inter se conjuncta cohæreant ?

---

[58] Matth. xviii, 16. [59] Galat. v, 23. [60] II Cor. vi, 5. [61] II Cor. xi, 27. [62] I Cor. ix, 25. [63] Prov. xix, 10. [64] Rom. xiii, 14. [65] I Tim. v, 6. [66] Luc. xvi, 25. [67] II Tim. iii, 1, 2. [68] ibid. 3. [69] Gen. xxv, 33. [70] Deut. ix, 9. [71] Exod. xxxiii, 11. [72] III Reg. xix, 8. [73] Dan. x, 3. [74] Dan. i, 8. [75] Matth. iii, 4 ; Luc. i, 15. [76] Matth. iv, 2.

INTERROGATIO XVII.

Quod oportet etiam risum continere.

RESPONSIO.

1. Atque etiam quod a plerisque negligitur, id diligenter pietatis studiosis cavendum est. Nam intemperanti ac immodico risu detineri, indicio est grassari intemperantiam, nec sedari motus, nec a severa ratione comprimi laxitatem animi. Risu quidem leni et hilari effusionem animi detegere indecorum non est, quantum scilicet necesse fuerit ut solum indicetur quod scriptum est, *Cordis læti facies floret* [77] : sed cachinnis vocem sustollere, et corpore præter voluntatem concuti, non ejus est qui mente quieta sit, aut **360** probus, aut sui ipsius compos. Hoc risus genus Ecclesiastes quoque reprobans, tanquam quod animi constantiam maxime labefactet, ait : *Risui dixi circumlationem* [78] ; et : *Sicut vox spinarum sub olla, ita risus stultorum* [79] ; et Dominus eos quidem affectus, qui necessario corpus comitantur, et reliquos alios qui virtutis testimonium præ se ferunt, veluti lassitudinem et commiserationem erga afflictos, ipse suscepisse perhibetur : sed, quantum ex Evangeliorum historia constat, risu nunquam usus est, imo vero eos qui risu tenentur, miseros pronuntiat [80]. Neque vero fallat nos ambiguum risus nomen. Est enim Scripturæ familiare, sæpenumero animi gaudium et hilarem affectum ex bonis ortum, risum appellare, quemadmodum ait Sara : *Risum mihi fecit Deus* [81] ; et illud : *Beati qui nunc fletis, quia ridebitis* [82]. Item illud Jobi : *Os autem verax implebit risu* [83]. Nam omnia hæc nomina pro hilaritate ob animi gaudium usurpata sunt. Quamobrem qui affectu omni superior est, quique nullum patitur voluptatis incitamentum, aut certe qui nullum prodit, sed gerit se constanter ac fortiter adversus omnem noxiam delectationem, is perfectus est continens ; qui autem ejusmodi est, utique liber est ab omni peccato. Imo vero aliquando ab ipsis etiam rebus, quæ permittuntur, quæque necessariæ sunt ad vitam, abstinendum est, cum scilicet ob fratrum nostrorum utilitatem abstinentia instituitur. Sic Apostolus : *Si esca,* inquit, *scandalizat fratrem meum, non manducabo carnem in æternum* [84]. Qui etiam cum haberet potestatem vivendi ex Evangelio, non usus est hac potestate; ne quod offendiculum daret Evangelio Christi [85].

2. Temperantia igitur tollit peccata, turbulentos motus amandat, mortificat corpus ad ipsas etiam usque naturales affectiones ac cupiditates, initium est spiritualis vitæ, conciliat æterna bona, stimulum voluptatis in seipsa exstinguit. Voluptas enim magna illa est mali illecebra, qua nos homines ad peccatum valde admodum proclives sumus : a qua anima omnis velut ab hamo ad interitum pertrahitur. Quare qui ab ipsa non effeminatur, nec frangitur, per temperantiam peccata omnia vitat. Quod si quispiam, vitatis plurimis, ab uno superatur, is continens non est : quemadmodum neque sanus est, qui uno corporali morbo laborat ; neque liber, qui imperio subjicitur unius, quicunque tandem ille sit, vilisque et plebeius. Ac reliquæ quidem **361** virtutes cum in occulto exerceantur, raro veniunt in hominum conspectum : continentia vero eum a quo possidetur, vel ipso congressu notum efficit. Ut enim obesitas et bonus color athletam notat, ita corporis macies et pallor, qui ex continentia emergit, indicio est, Christianum vere athletam esse præceptorum Christi : qui inimicum suum in corporis infirmitate vincat, viresque suas in pietatis certaminibus ostendat, convenienter verbis illis : *Cum infirmor, tunc potens sum* [86]. Quantum ex eo lucri est, si solum continentem videamus, vix et parce rebus necessariis utentem, et veluti onerosum naturæ ministerium persolventem, tempusque quo iis immoratur, ægro animo ferentem, et cito a mensa ad opera peragenda surgentem. Arbitror enim animum ejus qui circa ventrem intemperans est, nullo sermone æque ac temperantis occursu vel solo commoveri, aut immutari. Atque hoc est, uti videtur, ad Dei gloriam edere, et bibere, ut in mensa etiam luceant bona nostra opera, ut Pater noster qui in cœlis est, gloria afficiatur.

INTERROGATIO XVIII.

Quod omnia quæ nobis apponuntur sunt degustanda.

RESPONSIO.

Et illud quoque necessario statuatur, temperantiam iis qui pro pietate certant, prorsus ad corpus macerandum necessariam esse : *Omnis enim qui in agone contendit, ab omnibus se abstinet* [87]. Sed tamen, ne una cum Dei inimicis corruamus, qui suam ipsorum conscientiam habent cauterio inustam, ob idque abstinent a cibis, quos Deus creavit, ut a fidelibus cum gratiarum actione sumantur [88], omnia, si quando occasio se dederit, degustanda nobis sunt, ut videntibus compertum sit et exploratum, cuncta mundis munda esse [89], omnemque Dei creaturam esse bonam, nec quidquam quod cum gratiarum actione assumatur, rejiciendum esse : *Sanctificatur enim per verbum Dei et orationem* [90]. Sic autem servanda est temperantiæ ratio, ut alimentis vilioribus, et ad vitam necessariis, quantum necessitas postulat, utamur, et in eisque capiendis satietatis damnum vitemus, et ab his quæ ad voluptatem parata sunt, prorsus abstineamus. Ita enim et voluptariorum libidinem excidemus, et eos quorum conscientia cauterio notata est, certe quantum in nobis erit, curabimus, et nosmetipsos a suspicione, utrinque liberabimus. **362** *Utquid enim,*

---

[77] Prov. xv, 13. [78] Eccle. ii, 2. [79] Eccle. vii, 7. [80] Luc. vi, 25. [81] Gen. xxi, 6. [82] Luc. vi, 21. [83] Job viii, 21. [84] I Cor. viii, 13. [85] I Cor. ix, 12. [86] II Cor. xii, 10. [87] I Cor. ix, 25. [88] I Tim. iv, 2, 3. [89] Tit. i, 15. [90] I Tim. iv, 4, 5.

inquit, *libertas mea judicatur ab aliena conscientia*[91]? Temperantia hominem indicat, qui una cum Christo mortuus sit, ac terrestria sua membra mortificarit. Hanc novimus matrem esse castimoniæ, sanitatis conciliatricem, atque impedimentorum quibus eorum quæ in Christo sunt operum fecunditas præpeditur, maxime expultricem esse; siquidem, juxta Domini vocem, curæ hujus sæculi, voluptates vitæ, reliquarumque rerum cupiditates verbum suffocant[92], atque adeo infructuosum redditur. Ab hac etiam aufugiunt dæmones, cum Dominus ipse nos docuerit, genus illud nisi precatione et jejunio nequaquam exire[93].

INTERROGATIO XIX.
Quis sit continentiæ modus.

RESPONSIO.

1. In animi quidem vitiis unus est continentiæ modus, integra scilicet a rebus ad perniciosam voluptatem ferentibus alienatio. In cibis autem quemadmodum alii aliis sunt necessarii, suntque et pro ætate et pro vitæ instituto, et pro corporis habitudine convenienter distincti : ita quoque illis utendi modus et ratio diversa sunt. Quo fit ut regula una omnes pietatis exercitatores comprehendi non possint. Iis autem qui rebus administrandis fuerunt præfecti, permittimus, ut habita ratione eorum quæ cuique accidunt, mensuram pro ascetis sanis a nobis statutam prudenter immutent. Neque enim omnia sigillatim oratio complecti potest : sed ea solum quæ a communi et generali doctrina dependent. Præfecti enim danda ægrotis per cibos solatia, aut levamentum ejus qui cæteroquin defatigatus fuerit propter operum assiduitatem, aut etiam levamen illius qui exempli gratia ad itineris aut arduæ cujusvis alterius rei laborem accingitur, pro necessitatis ratione semper præscribent, sequenturque eum, qui dicit, *Dividebatur singulis prout cuique opus erat*[94]. Neque igitur idem sumendi cibi tempus, neque modus, neque mensura omnibus sanciri potest : sed sit is scopus communis, ut fiat satis necessitati. Ventrem namque supra modum impleri, atque cibis onerari, res est maledicto digna, cum Dominus dixerit : *Væ vobis qui saturati estis nunc*[95]; hoc quoque et ipsum corpus ad opera inutile, et proclive ad somnum, et incommodis magis expositum reddit. Neque vero esus jucunditas finis loco habenda est, sed usus ad vitam necessarius, vitata voluptatis intemperantia, atque protervitate. Etenim servire voluptatibus nihil aliud est quam ventrem Deum suum efficere. Quoniam enim corpus nostrum, utpote quod semper exinaniatur ac diffluat, expletione indiget (quæ etiam causa est cur cibi appetitiones naturales sint), recta cibis utendi ratio repleri ad animalis conservationem jubet quod evacuatum est, sive sicco, sive humido opus fuerit alimento.

2. Quod igitur nos simpliciore apparatu a necessitate liberaturum est, id est adhibendum. Hoc autem declaravit Dominus ipse, cum fatigatam multitudinem, ne in via deficeret, epulo excepit, uti scriptum est[96]. Etenim cum excogitando apparatu aliquo sumptuoso posset in deserto miraculum augere, adeo tenuem ac simplicem cibum eis paravit, ut et panes hordeacei essent, et pars piscis adhiberetur ad panem[97]. De potu autem ne mentionem quidem fecit, quod aqua quæ sponte naturæ scaturit, necessitatique sufficit, in promptu sit omnibus; nisi tamen ejusmodi potus cuipiam noceret ob infirmitatem, sic ut ex Pauli ad Timotheum consilio rejici deberet[98]. Imo vero omnia quæ manifesto nocent, rejicienda sunt. Neque enim par est escas corporis conservandi causa assumere, ac rursus per ipsas escas inferre bellum corpori, eique ad mandatum conficiendum impedimento esse. Atque hoc idem nobis exemplo est, ut ad ea quæ nocent fugienda, licet grata sint et jucunda, animum nostrum assuefaciamus. Quod igitur facilius paratur, prorsus est anteponendum, ut ne continentiæ prætextu cariora ac sumptuosiora anxie inquiramus, et magno partis condimentis edulia appareamus : sed quod in unaquaque regione nullo negotio haberi potest, et vile est, et quo vulgus facile utitur, deligamus, ita ut ex quæsitis alimentis utamur iis solis quæ ad vitam sunt maxime necessaria, uti oleo, et aliis ejusmodi, et si quid ad necessarium ægrotantium levamen idoneum sit, idque si citra sollicitudinem tumultumque et negotium comparare liceat.

INTERROGATIO XX.
Quæ ratio tenenda sit in cibis, cum excipiuntur hospites.

RESPONSIO.

1. Vana gloria, studium placendi hominibus, et quælibet res ad ostentationem gesta, prorsus in omni negotio Christianis interdicta sunt : quandoquidem qui et ipsum mandatum ideo perficit, ut spectetur ab hominibus, et gloria afficiatur, mercedem ob ipsum sperandam amittit. Itaque iis qui omnem humilitatis speciem propter Domini præceptum amplexi sunt, fugiendus admodum est omnis vanæ gloriæ modus. Quoniam autem videmus mundanos homines, qui cum pudore ferant paupertatis humilitatem, et ubi aliquis ipsis suscipiendus est hospes, omnem ciborum copiam ac magnificentiam studiosius apparent, timeo ne nos quoque clanculum eidem vitio fiamus obnoxii, atque de paupertate, quæ a Christo beata prædicata est[99], erubescere deprehendamur. Quemadmodum igitur vasa argentea, aut vela purpurea, aut stratum molle, aut vestimenta pellucida extrinsecus comparare nobis non convenit : sic fuerit indecorum excogitare epulas a nostra vi-

[91] I Cor. x, 29. [92] Matth. xiii, 22. [93] Matth. xvii, 20. [94] Act. ii, 45. [95] Luc. vi, 25. [96] Matth. xv, 32. [97] Joan. vi, 9. [98] I Tim. v, 23. [99] Matth. v, 3.

vendi ratione multum abhorrentes. Nam circumcursare nos, ac investigare ea quæ non ad necessarium usum requiruntur, sed quæ ad miseram voluptatem et ad inanem exitiosamque gloriam adinventa fuerunt, non turpe modo, et a scopo nobis proposito alienum, sed detrimentum etiam affert non leve, cum scilicet qui in deliciis vivunt, et ventris voluptatibus metiuntur beatitudinem, nos quoque eisdem curis quibus ipsi cum admiratione et stupore incumbunt, distentos vident. Etenim si malæ sunt deliciæ, et fugiendæ, nunquam eas amplecti debemus. Nihil enim eorum quæ reprobata sunt, potest ullo tempore opportunum esse. Qui laute et delicate vivunt, præstantissimisque illinuntur unguentis, et vinum percolatum bibunt, eos incusat Scriptura [1]. Et ob delicias vidua, quæ viva erat, dicitur mortua [2]. Dives ob hujus vitæ delicias privatus est paradiso [3]. Quid igitur nobis cum apparatibus sumptuosis? Accessit hospes aliquis? Si frater sit, et idem vitæ institutum sequatur, suam ipsius mensam agnoscet. Quæ enim reliquit domi, ea inventurus est apud nos. At fatigatus est ex itinere? Tantum afferimus levamenti, quantum requiritur ad lassitudinem sublevandam.

2. Advenit alius sæculo huic addictus? Ex factis discat quæ ei sermo non persuasit, et frugalitatis in escis servandæ formam et exemplar accipiat. Maneant in ipso monumenta mensæ Christianorum, et ejus paupertatis, quæ Christi causa citra verecundiam perferenda est. Quodsi his ille minime commovebitur, ac potius deridebit, rursus nobis non exhibiturus est molestiam. Nos autem, cum divites quosdam videmus, qui deliciarum usum ponunt in præcipuis bonis, eorum vicem valde dolemus, quod vita omni in vanitate insumpta, et voluptatibus suis pro Deo habitis, nescientes in vita hac recipiunt bonorum partem, ac per præsentes delicias in paratum ignem præcipitantur, et in illius ardorem: imo siquando sese nobis obtulerit occasio, ne ipsis quidem hæc dicere dubitemus. Quod si futurum est, ut ipsi quoque simus eorumdem rei, et quoad licet nobis, inquiramus etiam ea quæ pertinent ad voluptatem, et ipsa ad ostentationem apparemus, vereor ne quæ destruimus, ea ædificare videamur, et per quæ cæteros judicamus, nosmetipsos condemnemus, qui simulate vita utamur, modo in hanc, modo in illam formam mutati, nisi forte immutemus etiam vestimenta nostra tum, cum in viros claros et superbos inciderimus. Quod si id turpe est, longe turpius est mensam nostram ob delicatos commutare. Æquabilis et constans est Christiani vita, et unicum scopum habet, Dei gloriam. *Sive enim manducatis, sive bibitis, sive quid facitis, omnia in gloriam Dei facite*, ait Paulus qui in Christo loquebatur [4]. At vero multiformis et varia est hominum mundanorum vivendi ratio, quæ scilicet aliis atque aliis modis ad conciliandam accedentium gratiam transformetur.

3. Quare tu quoque si copia ciborum atque lautitia fratri voluptatem afferre volens, mensam tuam immutas, ejus accusas erga voluptatem studium, atque per ea quæ instruis, ipsius exprobras gulam, cum tamen ejusdem circa hæc voluptatem redarguas. Annon sæpenumero, genere et modo apparatus consideratis, conjectavimus quis sit qui exspectetur, aut quid sit? Nequaquam Dominus laudavit Martham in multiplex ministerium distractam: sed, *Sollicita es*, inquit, *et turbaris circa multa* [5]; atqui paucis, vel uno opus est: paucis quidem, quantum scilicet ad apparatum; uno vero, nempe fine ipso, ut videlicet necessitati fiat satis. Quale autem alimentum Dominus ipse millibus quinque apposuerit, haud ignoras. Votum autem Jacobi ad Deum hoc est: *Si dederis mihi*, inquit, *panem ad comedendum, et vestimentum ad induendum* [6]: non dixit, Si dederis mihi delicias et sumptuosum apparatum. Quid vero sapientissimus Salomon? *Divitias et paupertatem*, inquit, *ne dederis mihi: sed constitue mihi necessaria, et sufficientia, ut ne satiatus mendax fiam, et dicam: Quis me videt? aut pauper furer, et jurem nomen Dei mei* [7]: ita æstimans, divitias quidem satietatem esse, paupertatem vero penuriam integram esse rerum ad vitam necessariarum; per ea autem quæ sufficiunt, statum quemdam nec indigentem, nec rerum ad usum requisitarum copia abundantem indicavit. Porro aliud alii sufficit pro corporis habitudine, et pro necessitate instante. Huic enim opus est alimento uberiore ac validiore propter laborem: illi vero, tenuiore levioreque, et in omnibus congruente, propter infirmitatem: sed generatim opus est omnibus viliore et paratu faciliore. Attamen cura et quædam mensæ decentia necessaria est in omnibus, sed ita tamen, ut extra præscriptos nobis necessitatis terminos nunquam egrediamur; imo vero hospitalitatis is finis sit, ut spectetur quod necessitas cujusque accedentium postulat. Ait enim: *Veluti utentes mundo hoc, et non abutentes* [8]. Abusus autem sumptus est ultra necessitatem. Non sunt nobis pecuniæ? Nec sint. Non sunt referta nostra horrea? Quid tum? Vivimus enim in diem, et in labore positus nobis est victus. Cur igitur escam a Deo esurientibus datam ad delicatorum voluptatem insumimus? in quo peccamus utrinque, cum et illis egestatis angustias, et his satietatis incommoda augeamus.

366 INTERROGATIO XXI.
Quomodo oporteat se gerere inter sedendum et accumbendum in tempore prandii aut cœnæ.

RESPONSIO.
Quandoquidem Domini nos ubique ad humilitatem assuefacientis præceptum est, ut et in pran-

---

[1] Amos vi, 6. [2] 1 Tim. v, 6. [3] Luc. xvi, 22. 20. [7] Prov. xxx, 8, 9. [8] 1 Cor. vii. 31. [4] 1 Cor. x, 31. [5] Luc. x, 41, 42. [6] Gen. xxviii,

diis accumbentes postremum locum occupemus [9], necesse est ei, qui omnia juxta mandatum peragere studet, ne hoc quidem præceptum negligere. Quamobrem si mundani aliqui nobiscum accumbant, fieri nos eis in hac etiam parte exemplum par est, ut non extollantur, neque primam sedem perquirant. Cum autem omnes pari consilio in unum coeant, ut videlicet quavis occasione aliquod suæ humilitatis specimen dent, locum quidem ultimum ex Domini mandato occupare unicuique convenit : sed tamen si ad eum tenendum contentiosus fieret impulsus, ejusmodi agendi ratio improbanda esset, tanquam quæ evertat ordinem, tumultumque afferat. Præterea si alter alteri cedere nolumus, atque de hoc pugnamus, ita iis qui de principe loco certant, similes efficiemur. Quare et hic quoque prudenter cognoscentes curantesque quod nobis decorum fuerit, accubationis ordinem permittere debemus excipientis arbitrio, quemadmodum submonuit et Dominus, cum dixit pertinere ad patremfamilias harumce rerum dispositionem [10]. Sic enim et nos invicem perferemus in dilectione, honeste omnia et secundum ordinem facientes : et illud demonstrabimus, nos non ad faciendam coram multis ostentationem, neque ad popularem gratiam demerendam humilitatem sectari, ex obstinata ac vehementi contentione : quin potius obtemperando exercebimus humilitatem. Altercari enim majus est superbiæ indicium, quam primam sedem inter accumbendum tenere, cum jussi eam acceperimus.

INTERROGATIO XXII.

Quodnam vestimentum conveniat Christiano.

RESPONSIO.

1. Superius demonstratum est et humilitatem, et simplicitatem, et in omnibus vilitatem, et sumptus tenuitatem necessarias esse, ut sint nobis causæ paucæ, quibus ob corporeas necessitates distrahamur. Itaque eo animo hæc etiam ratio circa vestitum observanda est. Etenim si danda nobis est opera, ut omnium simus postremi, utique quod etiam in hoc genere infimum fuerit, summopere est præferendum. Quemadmodum enim viri gloriæ cupidi, sibi ipsi ex vestimentorum etiam amictu gloriam aucupantur, quod spectari, et magni æstimari ob amictum splendidum et pretiosum ambiant : sic videlicet qui suam ipsius vitam per humilitatem redegit ad infimam conditionem, quod in his quoque infimum fuerit, id sumere debet. Ut enim in publica cœna Corinthiis vitio datur [11], quod sumptuoso suo apparatu eos qui non habebant, pudore afficerent, ita plane communi quoque et conspicuo vestimentorum usu, is qui vulgi consuetudinem superat ornatus, ex quadam veluti comparatione, pauperi pudorem incutit. Cum autem Apostolus dicat : *Non alta sapientes,*

sed humilibus consentientes [12], scrutetur seipsum quisque, utri magis similes esse Christianis conveniat, iisne qui in regiis aulis habitant, et mollibus vestibus amicti sunt, an nuntio et præconi adventus Domini, quo major inter mulierum natos non surrexit, Joannem dico Zachariæ filium [13], cujus indumentum erat ex pilis cameli [14]. Sed et veteres sancti in melotis, in pellibus caprinis obambulabant [15].

2. Quis autem scopus in utendo habendus sit, admonuit Apostolus unico verbo cum dixit : *Habentes alimenta, et quibus tegamur, his contenti erimus* [16], tanquam solo nobis integumento opus sit : nec jam in vetitam varietatis et jactantiæ ex ea proficiscentis vanitatem, ne quid pejus dicam, incidamus. Hæc enim deinceps ab inutilibus vanisque artibus introducta sunt in vitam. Atque etiam notus est primus tegumentorum usus, quem Deus ipse dedit indigentibus. Ait enim : *Fecit ipsis Deus tunicas pelliceas* [17]. Nam ad indecora tegenda satis erat etiam ejusmodi tunicarum usus. Sed quoniam præterea alius concurrit scopus, ut nempe per indumenta foveamur, necesse fuerit animum appelli ad utriusque rei usum, ut et membra nostra indecora contegantur, et auxilio sint adversus aeris incommoda. Quoniam autem et in ipsis tegumentis alia sunt multum utilia, alia minus, ea quæ ad plures usus accommodari possunt, par est præferri, sic ut neque lædatur paupertatis ratio, neque alia ad ostentationem, alia ad domesticum usum parta habeamus, neque rursus alia vestimenta sint diurna, alia nocturna : sed excogitandus est atque comparandus unus aliquis hujusmodi vestitus, qui ad omnia nobis sufficere possit, tum ad decorum ac honestum interdiu amictum, tum ad necessarium noctu operimentum. Ex hoc autem contingit, ut inter nos et cultum communem habeamus, et Christianus quasi peculiari quodam charactere vel ex ipso indumento notetur. Quæ enim ad unum et eumdem finem spectant, ea ut plurimum eamdem inter se formam servant.

3. Atque etiam in eo utilis est peculiaris hæc amictus ratio, quod prænuntiet unumquemque, ac vitæ secundum Deum actæ professionem in antecessum declaret : quæ res facit ut qui nobiscum versantur, convenientes ac congruas actiones a nobis exigant. Indecorum enim et inhonestum non æque in hominibus obscuris, atque in iis qui magna profitentur, apparet. Plebeium enim aut obscurum quempiam hominem infligentem plagas, aut publice accipientem, et voces obscenas emittentem, et in tabernis versantem, et alia id genus indecore peragentem, nemo facile attenderit, cum facta illa universo vitæ ipsius instituto convenire intelligat : sed qui perfectum vitæ genus profitetur, si quid vel minimum neglexerit eorum quæ officii sunt, hunc omnes observant,

---

[9] Luc. xiv, 10. [10] ibid. [11] I Cor. xi, 22. [12] Rom. xii, 16. [13] Matth. xi, 8, 11. [14] Matth. iii, 4. [15] Hebr. xi, 37. [16] I Tim. vi, 8. [17] Gen. iii, 21.

ipsique id probri loco objiciunt, ac faciunt quod dictum est : *Conversi dirumpent vos* [18]. Quare hac cultus habitusque professione, tanquam documento quodam, a vitiis infirmiores arcentur vel inviti. Ut igitur in vestitu peculiaris quidam est ornatus militis, alius senatoris, alius alterius, ex quibus ut plurimum conjectantur ipsorum dignitates : ita quoque Christianum habere vel in vestitu peculiare quiddam, quo traditus ab Apostolo modestus ornatus conservetur, par est et decorum. Qui quidem modo statuit episcopum ornatum esse debere [19], modo vero mulieres in habitu cultuque ornato esse jubet [20], ita tamen, ut ornatus vox ex proprio Christianismi proposito accipiatur. Hoc idem et de calceamentis dico, adeo ut quod minime exquisitum est, quodque minimo sumptu parari potest, ac necessitatis scopo sufficit, omni tempore præferatur.

INTERROGATIO XXIII.
De zona.

RESPONSIO.

Necessarium esse zonæ usum declarant etiam priores sancti. Joannes quidem pellicea zona lumbos suos præcingebat [21], et ante ipsum etiam Elias. Scriptum est enim, quasi hominis proprium quiddam fuisset illud : *Vir pilosus, et zona pellicea circa renes ejus* [22]. Et Petrus quoque zona usus fuisse perhibetur, ut liquet ex verbis angeli sic illum alloquentis : *Præcingere, et subliga soleas tuas* [23]. Prætereaque beatum Paulum, ex eo quod Agabus in eum pronuntiavit vaticinio, zona usum fuisse constat. *Virum enim,* inquit, *cujus est zona hæc, sic alligabunt in Jerusalem* [24]. Et Job etiam præcingi Dominus præcipit. Etenim quasi hoc signum sit animi cujusdam virilis, et ad rem gerendam parati, ait : *Accingere tanquam vir lumbum tuum* [25]. Itemque zonæ usum omnibus Domini discipulis familiarem fuisse ex eo intelligitur, quod interdictum ipsis fuerit, ne æs haberent in zonis [26]. Et alioqui necesse est ei, qui per se ipse aliquod opus tracturus sit, succinctum esse et ad motus liberum, sic ut zona quoque ei sit opus, per quam tunica ad corpus contrahatur : et ipsum, si undelibet sit circumplicata, magis fovebit, eumdemque ad motus expeditum præstabit. Nam et Dominus cum pararet se, ut ministraret discipulis, accepto linteo cinxit se [27]. Cæterum de indumentorum multitudine nihil opus est dicere, cum in eo quem de paupertate habuimus sermone ea res antea a nobis satis expensa sit. Etenim si is qui duas tunicas habet, non habenti jubetur alteram dare [28], sine dubio plures possidere sui ipsius causa prohibetur. Quibus igitur duas tunicas habere vetitum est, iis quid attinet de earum usu legem sancire?

INTERROGATIO XXIV.
Iis abunde nobis explicatis, jam consequens fuerit, ut discamus, qua ratione debeamus inter nos vivere.

RESPONSIO.

Cum Apostolus dicat : *Omnia honeste et secundum ordinem fiant* [29], honestam illam esse et ordinatam vivendi in communi fidelium societate rationem arbitror, qua membrorum corporalium servatur ratio : ut alius quidem oculi vim obtineat, cui scilicet concredita sit communis rerum cura, quique et quæ facta fuerint probet, et facienda prævideat consideretque : alius vero aurium aut manus, ut et audiantur et agantur quæ congruunt : et ex ordine quisque cujusque loco sit. Sciendum est igitur quod quemadmodum in membris periculosum est unumquodque membrum munus suum negligere, aut non alio uti ad eam rem, cujus causa a conditore Deo factum est (sive enim manus, sive pes non obtemperet ductui oculi, illa quidem ad totius interitum res exitiosas attrectabit, hic vero offendet, aut etiam per præcipitia deferetur : sive oculus ita clauserit se, ut non videat, necesse est et ipsum perire una cum reliquis membris quæ patiuntur quæ diximus) : ita neque præfecti negligentia periculo vacat, cum judicandus sit pro omnibus, neque subditi contumacia detrimento ac damno caret, imo est magis periculosa si etiam aliis offendiculo sit. Quisquis igitur in suo ipsius loco accuratum ac diligens studium ostendit, exsequiturque præceptum Apostoli, qui ait : *Studio non pigri* [30], alacritatis laudem obtinet : si vero negligens sit, sibi contraria asciscet, videlicet miseri cognomen, et illud væ : *Maledictus enim,* inquit, *omnis qui facit opera Domini negligenter* [31].

INTERROGATIO XXV.
Quod præfectus, qui peccantes non redarguit, horrendum subiturus sit judicium.

RESPONSIO.

1. Quamobrem cui demandata est communis cura, is ita afficiatur, quasi qui de singulis redditurus sit rationem. Quippe si inciderit in peccatum frater unus, nec tamen antea justificationem Dei ei declararit, aut si lapsus, in eo perstiterit, quod modum emendandi se ab eo non edoctus fuerit, sciat sanguinem ipsius ex suis manibus requisitum iri, uti scriptum est [32] : et maxime, si quidquam eorum quæ placent Deo, non ex inscitia neglexerit, sed potius ex eo quod ab assentationem ad uniuscujusque vitia sese accommodet, disciplinæ integritatem labefactarit. *Qui enim,* inquit, *beatos vos dicunt, decipiunt vos, et semitam pedum vestrorum turbant* [33]. *Qui autem conturbat vos, portabit judicium, quicunque est ille* [34]. Quapropter, ne id nobis contingat, in iis quæ cum fratribus habebi-

---

[18] Matth. vii, 9. [19] I Tim. iii, 2. [20] I Tim. ii, 9. [21] Matth. iii, 4. [22] IV Reg. i, 8. [23] Act. xii, 8. [24] Act. xxi, 11. [25] Job xxxviii, 3. [26] Matth. x, 9. [27] Joan. xiii, 4. [28] Luc. iii, 11. [29] I Cor. xiv, 40. [30] Rom. xii, 11. [31] Jerem. xlviii, 10. [32] Ezech. iii, 20. [33] Isa. iii, 11. [34] Galat. v, 10.

mus colloquiis regulam apostolicam sequi debemus. *Neque enim*, inquit, *aliquando fuimus in sermone adulationis, sicut scitis: neque in occasione avaritiæ, Deus testis est: nec quærentes ab hominibus gloriam, neque a vobis, neque ab aliis* [35].

2. Qui ergo ab his vitiis purus est, forte ductum erractionis expertem, sibique fructuosum, et se sequentibus salutarem præstare poterit. Quisquis enim vere in charitate agit, non autem propter humanos quosdam honores, neque ad vitandam delinquentium offensionem, ut eis jucundus fiat et gratus, is cum dicendi libertate sincere et pure prolaturus est sermonem, quippe qui in ulla re veritatem adulterare nolit. Quamobrem ei etiam conveniunt quæ subinde dicta sunt: *Sed facti sumus parvuli in medio vestrum, tanquam si nutrix foveat filios suos: ita desiderantes vos cupide, volebamus tradere vobis non solum Evangelium Dei, sed etiam animas nostras* [36]. Qui vero non ita sese gerit, dux est cæcus, et seipsum dat præcipitem, et sequentes simul trahit. Quantum igitur malum sit, fratri esse auctorem errandi loco recti ductus, ex dictis intelligi potest. Hoc præterea indicio est neque perfici dilectionis mandatum: siquidem nullus pater filium suum, si in foveam casurus sit, deserit, neque postquam lapsus est, eum in ruina derelinquit. Quanto autem magis horrendum sit, animam in malorum abyssum delapsam relinqui in exitio, quid jam attinet dicere? Debet igitur pro fratrum animabus vigilare, et tanquam qui rationem redditurus sit, ea quæ ad cujusque salutem faciunt, curare. Imo de his ita sollicitus esse debet, ut etiam ad mortem usque suum pro ipsis studium ostendat, **371** non modo ob ea quæ de charitate a Domino generatim omnibus dicta sunt, nempe, *Ut animam suam ponat quis pro amicis suis* [37], sed etiam ob peculiarem agendi rationem illius, qui dixit: *Desiderantes vos cupide, volebamus tradere vobis non solum Evangelium Dei, sed etiam animas nostras* [38].

INTERROGATIO XXVI.
Quod omnia etiam cordis arcana sint præposito detegenda.

RESPONSIO.

Unusquisque autem eorum qui subditi sunt, si modo profectum eximium velit facere, et in ejus vitæ quæ ex Domini nostri Jesu Christi præceptis transigitur, firmo et stabili statu versari, debet neque motum ullum animæ occultum apud seipsum servare, neque verbum ullum inconsiderate proferre, sed hisce fratribus, qui infirmis benigne et humane curandis præfecti sunt, cordis arcana aperire. Ita enim quod laudabile est, stabilitur, quod vero reprobum, congruenti remedio sanabitur: atque per mutuum hujusmodi exercitium perfectio a nobis comparabitur, facta paulatim accessione.

INTERROGATIO XXVII.
Quod ipse quoque præfectus, siquando aberret ab his qui inter fratres primas obtinent, admonendus sit.

RESPONSIO.

Atque etiam quemadmodum præfectus in omnibus fratrum dux esse debet, ita quoque vicissim, siquando præfectus ipse delicti alicujus suspectus fuerit, ipsum commonefacere munus est reliquorum. Quamobrem ne exsolvatur disciplina, iis qui cum ætate tum prudentia præstant, danda est admonendi potestas. Si quid igitur fuerit, quod emendari operæ pretium sit, juvabimus et fratrem, et per illum nosmetipsos, qui hunc ipsum qui veluti vitæ nostræ regula est, suaque rectitudine perversitatem nostram redarguere debet, ad rectam viam reduxerimus: sin autem temere turbati fuerint nonnulli illius causa, ipsi iis quæ falso suspecta fuerant cognitis, certiores facti, ab ea quam de ipso conceperant suspicione liberantur.

INTERROGATIO XXVIII.
Quomodo oporteat affici omnes erga immorigerum et inobsequentem.

RESPONSIO.

1. Sane cum quis segniter obedit Domini mandatis, primum quidem operæ pretium est omnes **372** eum tanquam membrum ægrum miserari, et præfectum suis ipsius hortamentis infirmitatis illius curationem tentare: perseverantem vero in contumacia, et emendari nolentem, acrius coram toto fratrum cœtu coarguere, eique cum omni hortatu mederi. Quod si sæpius admonitus, pudore non afficitur, neque reipsa semetipsum sanat, eum veluti sui ipsius pestem (ut est in proverbio), non quidem sine multis lacrymis ac gemitibus, sed tamen ut membrum corruptum et penitus inutile, medicorum exemplo, a communi corpore resecare debemus. Ili enim quodcunque tandem membrum insanabili morbo correptum repererint, ut ne latius lues serpat, vicinasque partes ob continuitatem corrumpat, secando urendove illud tollere soliti sunt. Quod et necesse est a nobis effici in iis qui Domini mandata odio habent, aut impediunt; Domino ipso jubente ac dicente: *Si oculus tuus dexter scandalizat te, erue eum, et projice abs te* [39]. Quæ enim talibus tribuitur humanitas, insulsæ illi Heli benignitati est assimilis, qua erga filios suos præter Dei voluntatem usus, coarguitur [40]. Ostendere itaque ementitam erga malignos benignitatem, est veritatem prodere, insidiari communitati, et ad mala indifferenter patranda assuefacere, cum jam non fiat quod scriptum est: *Cur non magis luctum habuistis, ut tolleretur de medio vestrum qui hoc opus fecit* [41]? sed necessario accidit quod subditur: *Modicum fermentum totam*

---

[35] I Thess. ii, 5, 6. [36] ibid. 7, 8. [37] Joan. xv, 13. [38] I Thess. ii, 8. [39] Matth. v, 29. [40] I Reg. ii, 13. [41] I Cor. v, 2.

massam corrumpit⁴². Peccantes autem, inquit Apostolus⁴³, coram omnibus argue; statimque ejus rei causam affert, his verbis : *Ut et cæteri timorem habeant.*

2. In summa autem quisquis medelam sibi a præposito adhibitam recusat, secum ipse pugnat. Etenim si parere non vult, sed suam tuetur voluntatem, cur tandem cum eo manet? cur etiam ipsum assumit vitæ suæ moderatorem? Ubi autem quis semel in fratrum corpore numerari consensit, si judicetur vas esse ministerio idoneum, tametsi mandatum vires superare videtur, judicio in eum qui ultra vires præcepit, rejecto, docilitatem et obedientiam ad interitum usque ostendat, memor Domini, qui *Factus est obediens usque ad mortem, mortem autem crucis*⁴⁴. Rebellio autem et contradictio plura mala arguit, fidei morbum, dubitationem de spe, fastum ac superbiam morum. Neque enim quisquam detrectat imperium, qui non prius contempserit consilii auctorem : neque qui credit Dei promissis, spemque firmam in eis reponit, etiamsi præcepta ardua sint et difficilia, unquam in ipsis observandis torpebit, cum sciat non esse condignas passiones hujus temporis ad futuram quæ revelabitur gloriam⁴⁵. Et cui persuasum est, cum qui sese humiliat, exaltatum iri⁴⁶, majorem alacritatem, quam quæ a præcipiente exspectatur, **373** ostendit, quippe qui illud non ignoret, quod momentanea afflictionis levitas mira supra modum æternum pondus gloriæ pariat⁴⁷.

INTERROGATIO XXIX.
De eo qui cum animi elatione aut murmuratione agit.

RESPONSIO.

Sane opus ejus, qui murmuravit, aut extulisse se compertus est, cum operibus eorum qui corde humiles sunt, et spiritu contriti, nequaquam commiscendum est : imo his pii nullo modo uti debent. *Nam quod hominibus altum est, abominatio est ante Deum*⁴⁸. Quin etiam aliud est præceptum Apostoli, dicentis : *Neque murmuraveritis, sicut quidam eorum murmuraverunt, et perierunt ab exterminatore*⁴⁹. Item illud : *Non ex tristitia, aut ex necessitate*⁵⁰. Quare non est admittendum talium opus, æque ac vituperabile sacrificium : quod certe nefas fuerit cæterorum operi admisceri. Si enim qui obtulerunt in altari ignem alienum, tantam iram experti sunt⁵¹, qui, quæso, periculosum non est, opus quod ab animi affectione Deo invisa proficiscatur, ad mandata ipsius exsequenda adhibere? *Quæ enim,* inquit, *est societas justitiam inter et injustitiam? aut quæ pars fideli cum infideli*⁵²? Idcirco ait : *Iniquus qui immolat mihi vitulum, velut qui occidit canem : et qui offert similaginem, velut*

*sanguinem suillum*⁵³. Unde pigri et rebellis opera a fratrum conventu sunt necessario removenda. Atque ea in parte diligentem operam ponere præfectos par est, ut neque ipsi violent decretum illius qui dixit : *Ambulans in via immaculata, hic mihi ministrabat : non habitabat in medio domus meæ, qui faciebat superbiam*⁵⁴; neque auctores sint, ut qui præcepto admiscet peccatum, laborisque segnitie, aut animi tumore, qui ex majori industria oriatur, opus coinquinat, in sua pravitate permaneat, qui quod eo utantur, illum sua ipsius mala sentire non sinunt. Itaque et præposito persuasum sit oportet, se, nisi suo fratri, ut decet, præsit, sibi gravem atque inevitabilem iram ascicere. Nam sanguis illius requiretur de manibus ipsius, sicut scriptum est⁵⁵. Ac etiam ita comparatus sit subditus, ut nullum mandatum, ne difficillimum quidem, conficiat pigre ac segniter, cui scilicet persuasum esse debeat, tribuendam sibi esse in cœlis multam mercedem. Exhilaret igitur subditum spes gloriæ, ut in omni gaudio et patientia opus Domini fiat.

374 INTERROGATIO XXX.
Quali animi affectione debeant præfecti fratrum curam habere.

RESPONSIO.

Vicissim præfectum non extollat dignitas, ne ipse quoque ab ea quæ humilibus promissa est beatitudine⁵⁶ excidat, aut etiam inflatus incidat in judicium diaboli⁵⁷ : sed illud pro certo habeat, plurium curam habere esse pluribus servire. Ut igitur qui sauciis multis ministrat, detergitque singulorum vulnerum saniem, et remedia pro præsentis mali natura adhibet, ex hoc ministerio nequaquam occasionem sumit elationis, sed potius humilitatis, studiique ac sollicitudinis : sic multo etiam magis cui totius fratrum societatis sanandæ provincia est delegata, is ut omnium minister, et tanquam qui de omnibus rationem redditurus sit, animum attendere et sollicitus esse debet. Hoc enim pacto assecuturus est propositum, cum Dominus dicat : *Qui vult esse inter vos primus, sit omnium novissimus, et omnium minister*⁵⁸.

INTERROGATIO XXXI.
Quod exhibitum a præfecto ministerium sit suscipiendum.

RESPONSIO.

Atque officia etiam ad corpus pertinentia, quæ ab iis præstantur, qui inter fratres principatum videntur tenere, suscipienda sunt ab inferioribus. Nam humilitatis ratio et majorem, ut subserviat, admonet, et minori ostendit non ab re sibi operam dari. Nam Domini exemplum ad hoc nos deducit, qui pedes discipulorum suorum lavare dignatus

---
⁴² ibid. 6. ⁴³ I Tim. v, 20. ⁴⁴ Philipp. ii, 8. ⁴⁵ Rom. viii, 18. ⁴⁶ Matth. xxiii, 12. ⁴⁷ II Cor. iv, 17. ⁴⁸ Luc. xvi, 15. ⁴⁹ I Cor. x, 10. ⁵⁰ II Cor. ix, 7. ⁵¹ Levit. x, 1, 2. ⁵² II Cor. vi, 14, 15. ⁵³ Isa. lxvi, 3. ⁵⁴ Psal. c, 6, 7. ⁵⁵ Ezech. iii, 18. ⁵⁶ Matth. v, 3. ⁵⁷ I Tim. iii, 6. ⁵⁸ Marc. ix, 34.

non est, nec tamen ipsi adversus id ausi sunt resistere. Sed et qui initio ob multam reverentiam recusarat Petrus, statim ipse, inobedientiæ periculum edoctus, obedivit. Non est igitur cur metuat subditus, ne ab humilitatis proposito aberret, siquando sibi subserviat major. Sæpe enim confertur officium ad eum docendum, et ad dandum efficax exemplum magis, quam quod instans ulla necessitas id postulet. Ostendat igitur in obedientia et imitatione humilitatem, non autem reluctans superbiæ ac arrogantiæ opus efficiat, obtentu et simulatione humilitatis. Contradictio enim indicio est velle eum, qui repugnat, sui juris esse neque alteri parere. Magis ergo inflationis et contemptus specimen edit, non autem humilitatis ac obedientiæ in omnibus. Quapropter necesse fuerit obedire ei qui dixit: *Supportantes invicem in charitate* [59].

375 INTERROGATIO XXXII.

Quomodo oporteat erga cognatos secundum carnem affici.

RESPONSIO.

1. Iis quidem qui semel admissi sunt inter fratres, permittere non debet præfectus, ut ad quidquam distrahantur, aut per speciem visitandorum cognatorum secedant a fratribus, vitamque degant a testibus remotam, aut curis incumbant, suis secundum carnem propinquis patrocinaturi. Nam in summa, meum et tuum in fratribus dici vetat Scriptura: *Erat enim*, inquit, *omnium credentium cor unum et anima una: nec quisquam eorum, quæ possidebat, aliquid suum esse dicebat* [60]. Itaque parentes alicujus vel fratres secundum carnem, si quidem secundum Deum vivunt, ab omnibus fratribus tanquam communes patres aut cognati colantur. *Quicunque enim fecerit*, inquit Dominus, *voluntatem Patris mei qui in cœlis est, hic frater meus et soror et mater est* [61]. Sed tamen satius ducimus horum curam attinere ad fratrum præfectum. Quod si implicati sunt vita communi, nulla res cum eis nobis communis est, qui honestum decorumque servare et assidue Deo cohærere studemus, citra ullam mentis aberrationem. Nam præterquam quod nihil ipsis afferimus utilitatis, tumultibus etiam atque perturbatione nostram ipsorum vitam replemus, peccatorumque occasiones accersimus. Sed ne eos quidem qui olim fuerint propinqui, acceduntque ad visitandos nos, si Dei aspernentur mandata, ac pietatis officium ducant pro nihilo, par est suscipere, ut qui Dominum non diligant, qui dixit: *Qui non diligit me, sermones meos non servat* [62]. *Quæ est autem societas justitiæ et iniquitati? aut quæ pars fideli cum infideli* [63]?

2. Et in primis prorsus curandum est, ut iis qui adhuc in virtutum exercitio degunt, adimantur peccandi occasiones, quarum hæc est maxima, recordatio anteactæ vitæ, nequando ipsis contingat quod dictum est: *Conversi sunt cordibus suis in Ægyptum* [64]: quod plerumque usu venit, quando cum iis qui secundum carnem propinqui sunt, crebrum ac frequens colloquium seritur. In universum autem permitti non debet, ut sive cognatus, sive externus aliquos sermones habeat cum fratribus, nisi de illis id nobis persuasum sit, ipsos ad ædificationem et animarum perfectionem in collocutionem venire. Quod si opus est eos qui semel accesserint, alloqui, fungantur hoc munere ii quibus concreditum est donum loquendi, tanquam iis qui scienter possint loqui et audire, quæ ad fidei ædificationem pertineant; cum Apostolus non omnibus inesse 376 loquendi facultatem, sed id donum paucis concessum fuisse manifeste doceat, cum dixit: *Alii enim per Spiritum datur sermo sapientiæ: alii autem sermo scientiæ* [65]. Et alio in loco: *Ut potens sit exhortari in doctrina sana, et eos, qui contradicunt, arguere* [66].

INTERROGATIO XXXIII.

Quis sit modus colloquendi cum sororibus.

RESPONSIO.

1. Qui semel nuptias abnegavit, abnegabit utique multo magis eas curas, quibus ait Apostolus confici maritum, quomodo scilicet placiturus sit suæ uxori [67], omninoque ab omni sollicitudine quæ ad incundam a muliere gratiam suscipitur, purgabit semetipsum, veritus judicium ejus, qui dixit: *Deus dissipavit ossa eorum qui hominibus placent* [68]. Quare ne cum viro quidem congredi animum inducet, ad ejus sibi conciliandam gratiam; sed ob id studium quod cuique a proximo juxta Dei præceptum debetur, necessitate exigente, cum eo in colloquium veniet. Neque vero sine ullo delectu cuilibet volenti concedenda est loquendi potestas: neque ad eam rem tempus omne, aut omnis locus idoneus est. Sed si juxta Apostoli præceptum nolumus cuiquam offendiculo esse [69], neque Judæis, neque Græcis, neque Ecclesiæ Dei, sed omnia decore ac ordinate, omniaque ad ædificationem perficere, necesse fuerit et personæ, et temporis, et utilitatis, et loci delectum decenter ac rite haberi: quibus omnibus vel umbra quævis suspicionis pravæ fugabitur. In omni autem agendi ratione apparebit gravitatis ac castimoniæ specimen in iis, qui admissi sunt et adlecti, cum scilicet mutuis fruentur conspectibus, et de rebus Deo placentibus, sive ad corporis necessitatem, sive ad animarum curam pertineant, deliberabunt. Sint autem non pauciores quam duo ex utraque parte. Nam persona una facile fit obnoxia suspicioni, ut ne quid amplius dicam, et ad ea quæ dicuntur, confirmanda, minus habet roboris, cum aperte declaret Scriptura [70], in duobus aut tribus stare omne verbum. Neque vero plures quam tres,

---

[59] Ephes. iv, 2. [60] Act. iv, 32. [61] Matth. xii, 50. [62] Joan. xiv, 24. [63] II Cor. vi, 14, 15. [64] Num. xiv, 4. [65] I Cor. xii, 8. [66] Tit. i, 9. [67] I Cor. vii, 33. [68] Psal. lii, 6. [69] I Cor. x, 32. [70] Deut. xix, 15; Matth. xviii, 16.

ne studium sedulitatis ejus quæ propter Domini nostri Jesu Christi præceptum adhibetur, impediatur.

2. Quod si necessarium est quosdam ex aliis fratribus quidquam, quod ad quempiam privatim pertineat, loqui aut audire, non hi ipsi in mutuum veniant congressum et colloquium : sed cum selectis sororibus ætate provectioribus res ipsorum tractent selecti seniores, et ita eorum opera sermo, qui necessarius fuerit, fiat. Hic autem ordo non in mulieribus solum erga viros, aut in viris erga mulieres, sed in personis etiam ejusdem sexus erga sexus ejusdem personas servetur. Hi igitur præter reliquam in omnibus pietatem **377** ac gravitatem, sint etiam prudentes et in interrogando, et in respondendo, fidelesque et providi ad sermonem administrandum, ac impleant illud : *Disponet sermones suos in judicio* [71], sicut ut simul et negotia eorum qui sese ipsorum fidei commiserint, conficiantur, et de iis quas tractaverint rebus nihil jam habeant dubitationis. Inserviant autem et corporis necessitatibus alii quidam, et ipsi quoque cum approbatione, qui sint et ætate provecta et habitu ac moribus graves, ut ne percutiant alicujus conscientiam per malam suspicionem. *Utquid enim libertas mea judicatur ab aliena conscientia* [72]?

INTERROGATIO XXXIV.
Cujusmodi esse debeant ii qui fratribus dispensant res necessarias.

RESPONSIO.

1. Atque etiam ex iis, qui intus res necessarias distribuunt, omnino necesse est in singulis ordinibus aliquos esse, qui eos imitari possint a quibus efficiebatur quod dictum est in Actis : *Dividebatur singulis prout cuique opus erat* [73]: qui curent magnopere, ut misericordes sint ac lenes erga quoslibet, neque ulli suspicionem præbeant singularis studii aut propensionis erga quosdam, juxta mandatum Apostoli, qui dixit : *Nihil faciens in alteram partem declinando* [74], neque vicissim contra, jurgii et contentionis, quam idem tanquam a Christianis alienam rejicit dicens : *Si quis videtur contentiosus esse, nos talem consuetudinem non habemus, neque Ecclesiæ Dei* [75] : ut horum causa, et iis, quibuscum ipsis contentio est, necessarias res subtrahant, et iis, in quos animi inclinatione propendent, plus æquo largiantur. Illud autem significationem habet odii fraterni, hoc vero amoris singularis, qui hinc maxime vituperatur, quod per eum ea quæ e charitate oritur concordia fugetur e fratrum cœtu, et in ipsius locum suspiciones pravæ, æmulationesque et contentiones, ac quædam ad agendum segnities succedant.

2. Quamobrem qui fratribus distribuunt necessaria, tum ob ea quæ dicta sunt, tum ob alia ejusdem generis multa, quæ accidere solent, eos necesse est summe ab amore singulari et a contentione puros esse atque expurgatos. Saneque debent hujus affectus sibi ipsi conscii esse, ac studium adeo magnum ostendere, tam ipsi, quam ii qui alio munere junguntur ad fratrum ministerium, tanquam si non hominibus, sed Domino ipsi inserviant, qui ob multam bonitatem delata iis qui se ipsi consecrarunt, honorem et studium, perinde habet, quasi ea ipse accepisset, et pro his hæreditatem regni cœlorum pollicetur. *Venite* enim, inquit, *benedicti Patris* **378** *mei, possidete paratum vobis regnum a constitutione mundi. Nam quatenus fecistis uni ex his fratribus meis minimis, mihi fecistis* [76]. Contraque oportet segnitiei et incuriæ agnoscere periculum, ac meminisse ejus, qui dixit : *Maledictus omnis qui facit opera Domini negligenter* [77]. Etenim non e regno solum ejiciuntur, sed Domini etiam exspectant sententiam illam, quæ adversus istiusmodi homines lata est, horrendam quidem et terribilem : *Discedite a me, maledicti, in ignem æternum, qui paratus est diabolo et angelis ejus* [78]. Quod si ii qui in curam et ministerium incumbunt lucrum tantum ex suo studio referunt, et judicium tam grave ex negligentia præstolantur, quanta iis qui ministrandi munus suscipiunt, opus est sollicitudine, ut se reddant dignos, qui vocentur Domini fratres ? id quod Dominus docet, cum dicit : *Quicunque enim fecerit voluntatem Patris mei, qui in cœlis est, hic meus et frater et soror et mater est* [79].

3. Quisquis enim Dei voluntatem per totam suam vitam scopum sibi non proposuit, sic ut et in sanitate per studium operum Domini ostendat dilectionis laborem, et in infirmitate tolerantiam omnem atque lenitatem cum gaudio commonstret, is in periculo versatur. Primum quidem et maximum est, quod a Domino et a fratrum ipsius consortio sit abalienatus, quoniam separavit se ipse, cum Dei voluntatem non fecit : secundum vero, quod audet indigne particeps fieri eorum quæ dignis parata sunt. Quapropter etiam in hoc opere pretium est meminisse Apostoli, qui dixit : *Adjuvantes autem etiam exhortamur, ne in vacuum gratiam Dei recipiatis* [80] : et jubemus eos qui in locum fratrum Domini vocati sunt, talem Dei gratiam contumelia non afficere, neque dignitatem tantam amittere ob neglectam Dei voluntatem, sed potius obtemperare eidem Apostolo, dicenti : *Obsecro vos ego vinctus in Domino, ut digne ambuletis vocatione, qua vocati estis* [81].

INTERROGATIO XXXV.
An in eodem pago construi conveniat plures fratrum conventus.

RESPONSIO.

1. Hanc nobis quæstionem membrorum exemplum, quod ad multas res usurpamus, commode

---

[71] Psal. cxi, 5. [72] I Cor. x, 29. [73] Act. iv, 35. [74] I Tim. v, 21. [75] I Cor. xi,16. [76] Matth. xxv, 34,40. [77] Jerem. xlviii, 10. [78] Matth. xxv, 41. [79] Matth. xii, 50. [80] II Cor. vi, 1. [81] Ephes. iv, 1.

explanat. Quoniam igitur superius ostensum est, corpori, quod ad omnem actionem pulchre ac rite aptum futurum sit et accommodatum, opus esse oculis, et lingua, et reliquis, quæcunque necessaria sunt et potissima, difficile sane, nec sine multo negotio invenitur anima quæ plurium oculus esse possit. Etenim si fratrum præfectum disciplinæ ratio postulet et providum, et loquendi peritum, et sobrium, et misericordem, et in perfecto corde justificationes Dei requirentem, **379** qui, quæso, fieri potest, ut hujusmodi plures in eodem pago reperiantur? Quod si tamen adinvenirentur forte aliquando duo aut tres, quod quidem non est facile factu, nec unquam factum cognovimus, longe præstabilius est, si hi inter se curam sollicitudinemque partiantur, alterque alterius laborem sublevet, videlicet ut peregre profecto altero, aut occupatione aliqua distento, aut aliis quibusdam casibus impedito, quemadmodum usu venit, ut unus aliquis præpositus secedat nonnunquam a fratrum conventu, præsto sit alter, qui de ejus absentia ipsos consoletur; aut si res non ita se habeat, ad conventum alium se conferat, cui opus sit moderatore. Atque etiam ad scopum quem nobis proposuimus, multum nobis prodesse potest externorum negotiorum experientia. Quemadmodum igitur artium communium periti invident artium earumdem æmulis, ipsa re latenter æmulationem vulgo ingenerante : ita etiam hoc ut plurimum accidit in hac vita. Initio enim de virtute contendentes, studentesque superare se invicem, sive in recipiendis hospitibus, sive in augendo monachorum numero, sive in aliis quibusdam ejusmodi operibus faciendis, tum demum progrediendo in rixas et jurgia delabuntur. Deinde contingit, ut peregre quidem advenientibus fratribus oboriatur dubitatio multa difficultasque, ejus quam exspectabant requiei vice ac loco, dum scilicet ita animo distrahuntur, ut nesciant ad utros accedere oporteat, quando et hos illis anteponere grave est, et tamen fieri non potest ut utrisque, maxime si festinent, fiat satis : iis vero, qui ab initio accesserunt ad eamdem cum ipsis vitam agendam, non mediocrem afferent animi anxietatem, quos suæ vitæ moderatores oporteat seligi, cum omnino necesse sit, si qui deligantur, reliquos improbari.

2. Contingit igitur statim a prima die, ut ipsi ex quadam animi elatione lædantur, quod non seipsos forment ad disciplinam, sed assuescant fratrum judices fieri atque censores. Cum ergo nullum bonum certum et confessum reperiatur in divisis ac distinctis habitationibus, imo vero cum sint incommoda tot et tanta, prorsus abs re fuerit alias ab aliis separari. Quod si forte domicilium aliquod ita jam constructum sit, cito emendandum est ac reformandum, et maxime post detrimentorum experientiam. Nam in sententia sua perseverare, manifesta contentio est. *Si quis autem videtur contentiosus esse*, inquit Apostolus, *nos talem consuetudinem non habemus, neque Ecclesiæ Dei* [81]. Quam enim causam dicturi sunt impedimento sibi esse, ne conjungantur? Num ob res necessarias comparandas? At paratu sunt longe faciliores in communi domicilio, cum una lucerna, et unus focus, et omnia talia omnibus sufficere possint. Oportet enim, si quid aliud, etiam in his facilitatem omnimodo **380** requiri, sic ut earum quæ necessario possidendæ sunt rerum copia imminuatur. Accedit etiam, quod in divisis habitationibus major numerus esse debeat eorum qui necessaria fratribus extrinsecus afferunt : contra, dimidio minor in uno et eodem contubernio. Quam autem difficile sit inveniri virum, qui Christi nomen non dedecoret, sed qui suum cum externis congressum in peregrinationibus efficiat sua professione dignum, vobis, me vel tacente, notum est. Ad hæc qui sic disjuncti permanent, qua ratione possunt, eos qui in communi vivunt, ædificare, sive compellendo ad pacem, si quando opus fuerit, sive exhortando ad præcepta alia? qui quod inter se conjuncti non sunt, pravas sibimetipsis suspiciones moveant. Prætereaque audimus Apostolum ad Philippenses scribentem : *Implete gaudium meum, ut idem sapiatis, eamdem charitatem habentes, unanimes, idem sentientes : nihil per contentionem, neque per inanem gloriam, sed in humilitate superiores sibi invicem arbitrantes, non quæ sua sunt singuli considerantes, sed etiam ea quæ aliorum* [83].

3. Quæ igitur major est humilitatis significatio, quam si fratrum præfecti alii aliorum imperio subjiciantur? Si enim pares sunt in spiritualibus donis, eos simul decertare satius est. Quemadmodum igitur ostendit nobis Dominus ipse, cum discipulos binos et binos misit[84] : ita sic ipsis alter alteri submitti prorsus cum gaudio volet, haud immemor Domini dicentis : *Qui se humiliat, exaltabitur* [85]. Quod si forte hic pauciora habuerit, ille plura, præstabilius est debiliorem a fortiori assumi. Atque etiam quomodo non manifeste violatur apostolicum præceptum quo dicitur : *Non quæ sua sunt singuli considerantes, sed etiam ea quæ aliorum* [86]? Arbitror enim fieri non posse, ut hoc in divisis mansionibus recte perficiatur, cum qualibet turma pro iis quibuscum versatur, curam singularem et propriam gerat, cæteros vero non curet : quod, ut dixi, manifeste adversatur Apostoli præcepto. Et quoniam sancti illi, quorum frequens est mentio in Actis, idipsum plerumque testantur, de quibus scriptum est, modo quidem : *Multitudinis credentium erat cor unum et anima una*[87]; modo vero : *Omnes credentes erant in eodem loco, et habebant omnia communia*[88] : liquet nullam fuisse inter hos omnes divisionem, nec quemquam fuisse sui juris : sed omnes una et eadem cura gubernatos fuisse ; idque,

---

[82] I Cor. xi, 16. [83] Philipp. ii, 2, 3. [84] Marc. vi, 7. [85] Luc. xviii, 14. [86] Philipp. ii, 4. [87] Act. iv, 32. [88] Act. ii, 44.

etiamsi horum omnium numerus esset quinque millium : in quibus fortasse non pauca erant, quæ hominum judicio viderentur conjunctionem ac concordiam impedire. Cum autem qui in singulis vicis reperiuntur, adeo illis numero inferiores sint, quæ ratio permittit ipsos a se invicem separatos esse? Utinam autem fieri posset, ut non modo qui in eodem pago simul sunt congregati, sic permanerent, sed plures etiam, qui diversis in locis constituti sunt fratrum conventus, ab una tantum cura, eorum, qui æquo in omnes animo sapienterque rebus omnium consulere possent, in spiritus consensione et pacis vinculo regerentur!

INTERROGATIO XXXVI.

De iis qui secedunt a fratrum societate.

RESPONSIO.

Sane qui semel mutuo professi sunt victuros se simul in eodem loco, iis nequaquam licitum est indifferenter abire et secedere ; quando illud quod quis in iis quæ cepit consiliis non perseveret, duabus de causis contingit, vel ex damno, quod ex communi habitatione oriatur, vel ex animi instabilitate illius, qui sententiam mutet. Qui igitur separat se a fratribus ob detrimentum, non occultet in semetipso causam, sed damnum prodat juxta modum a Domino traditum, cum dixit : *Si peccaverit frater tuus, vade, corripe ipsum inter te et ipsum solum* [89], etc. Et quidem si id quod postulat, emendetur, et fratres lucratus est, nec ipsorum societatem ignominia afficit : sin eos in malo perseverare, nec emendationem admittere viderit, iis qui de rebus ejusmodi judicare possint, indicabit, et ita demum adhibitis plurium testimoniis secedat. Jam autem non separabitur a fratribus, sed ab alienis, cum Dominus hominem in malo permanentem ethnico et publicano comparet. Qui enim, inquit, ejusmodi est, *sit tibi sicut ethnicus et publicanus* [90]. Quod si subducit se a fratrum consortio sua ipsius levitate, suam infirmitatem curet ; aut si nolit, a fratribus non admittatur. Cæterum si alius alio trahatur propter Domini mandatum, tales non submovent se, sed munere ac ministerio suo funguntur. Aliam præterea causam, ob quam separandi sint fratres, ratio non admittit : primum quidem, quoniam nomini Domini nostri Jesu Christi, quod ipsos conjunxit, infertur dedecus ; deinde, quoniam uniuscujusque conscientia erga alterum pura esse non poterit, sed mutua futura est inter illos suspicio. Hoc autem aperte pugnat cum præcepto Domini, qui ait : *Si offers munus tuum ad altare, et ibi recordatus fueris quia frater tuus habet aliquid adversum te, relinque ibi munus tuum ante altare, et vade, prius reconciliare fratri tuo, et tunc veniens offer munus tuum* [91].

INTERROGATIO XXXVII.

An precum et psalmodiæ obtentu et nomine opera sint negligenda. et quæ tempora precationi sint idonea : et primum, an oporteat operari.

RESPONSIO.

1. Cum Dominus noster Jesus Christus dicat, *Dignus est*, non simpliciter, neque indiscriminatim quilibet, sed *operarius cibo suo* [92] : Apostolus vero jubeat laborare, bonumque propriis manibus efficere, ut unde tribuamus egenti, habeamus [93], diligenter laborandum esse, re ipsa liquet. Neque enim pietatis scopum ceu segnitiei prætextum et laboris fugam ducere oportet : sed ceu certaminis, majorisque laboris ac nostræ in afflictionibus tolerantiæ materiam et occasionem, ut et nobis dicere liceat : *In labore et ærumna, in vigiliis abundantius, in fame et siti* [94]. Quippe non ob corporis castigationem modo, sed etiam propter charitatem erga proximum, utilis nobis est hujusmodi vitæ ratio, ut et infirmis fratribus per nos Deus suppeditet necessaria, juxta formam in Actis ab Apostolo traditam, cum ait : *Omnia ostendi vobis, quoniam sic laborantes, oportet suscipere infirmos*, [95]. Et rursus : *Ut habeatis unde tribuatis egenti* [96] ; quo digni judicemur, qui audiamus : *Venite, benedicti Patris mei, possidete paratum vobis regnum a constitutione mundi. Esurivi enim, et dedistis mihi manducare : sitivi, et dedistis mihi bibere* [97].

2. Et quidem quantum sit otii malum, quid attinet memorare, cum Apostolus aperte præcipiat [98], ut qui non laborat, neque etiam manducet? Quemadmodum igitur necessarium est unicuique quotidianum alimentum : ita quoque labor pro viribus necessarius est. Neque enim temere Salomon laudis loco scripsit illud : *Panem otiosa non comedit* [99]. Et rursus Apostolus de seipso ait : *Neque gratis panem manducavimus ab aliquo, sed in labore et fatigatione, nocte et die laborantes* [1] ; quanquam sibi, utpote Evangelium prædicanti, ex Evangelio vivere liceret. Quin et Dominus cum malitia conjunxit pigritiam, dicens : *Serve male et piger* [2]. Sed et sapiens Salomon non ex iis solum quæ jam memorata sunt, operantem laudat, sed redarguit etiam pigrum comparatione tenuissimorum animalium, cum ait : *Vade ad formicam, o piger* [3]. Quare metuendum est ne forte et hoc nobis in judicii die objiciatur, cum qui nobis facultatem operandi dedit, opera huic facultati convenientia a nobis exiget. Etenim *Cui*, inquit, *commendaverunt multum, plus petent ab eo* [4]. Quoniam autem precum et psalmodiæ obtentu nonnulli opera refugiunt, sciendum est in aliis quidem quibusdam rebus proprium esse cujusque rei tempus, juxta Ecclesiasten, qui dixit : *Omni negotio tempus est* [5] : sed precationi et psalmodiæ, sicut et pluribus aliis rebus, nullum non tempus idoneum

[89] Matth. xviii, 15. [90] Matth. xviii, 17. [91] Matth. v, 23, 24. [92] Matth. x, 10. [93] Ephes. iv, 28. [94] II Cor. xi, 27. [95] Act. xx, 35. [96] Ephes. iv, 28. [97] Matth. xxv, 34, 35. [98] II Thess. iii, 10. [99] Prov. xxxi, 27. [1] II Thess. iii, 8. [2] Matth. xxv, 26. [3] Prov. vi, 6. [4] Luc. xii, 48. [5] Eccle. iii, 1.

esse, ita ut intereadum admovemus manus ad opera, modo quidem ipsa lingua (quando id fieri potest, aut conducit potius ad fidei ædificationem), sin minus, corde in psalmis et hymnis et canticis spiritualibus Deum collaudemus, uti scriptum est [6], et ita inter operandum precationem expleamus, gratias quidem agentes ei, qui et manuum vires ad conficienda opera, et mentis solertiam ad cognitionem comparandam suppeditavit, quique materiam largitus est, tam eam quæ in instrumentis, quam eam quæ in excultis a nobis artibus adhibetur, precantes vero, ut huc spectent manuum nostrarum opera, ut Deo placeamus.

3. Hoc modo etiam mentem a vanis cogitationibus avocamus, cum in qualibet actione a Deo exposcimus et felicem operis successum, et ei qui vim agendi impertivit, rependimus gratias, cumque, uti antea dictum, propositum ei placendi custodimus. Etenim nisi hæc ita se habeant, qui fieri potest, ut cohæreant inter se quæ ab Apostolo dicta sunt, et illud videlicet, *Sine intermissione orate* [7]; et illud, *Nocte et die operantes* [8]? Neque vero, quoniam gratiarum actio lege etiam præcepta est omni tempore, eamque vitæ nostræ necessariam esse et ex natura et ex ratione commonstratum est, idcirco oportet precationum tempora in fratrum conventibus constituta negligere, quæ necessario deligimus, quod eorum quodlibet accepta a Deo beneficia singulari quodam modo in memoriam revocet. Matutinum quidem, ut animi ac mentis nostræ primi motus Deo consecrentur, et nihil aliud prius curandum suscipiamus, quam exhilarati fuerimus Dei cogitatione, sicut scriptum est : *Memor fui Dei, et delectatus sum* [9] : neque corpus ante admoveatur operi, quam effecerimus quod dictum est : *Ad te orabo, Domine; mane exaudies vocem meam. Mane astabo tibi, et videbo* [10]. Rursus vero tertia hora surgatur ad precandum, fratresque convocentur, etiamsi divisi alii aliis operibus fuerint occupati ; et ita Spiritus donum circa tertiam horam apostolis collatum in memoriam redigentes, omnes uno eodemque animo illum venerentur, ut ipsi quoque fiant digni, quibus sanctitas conferatur, simulque petant, ut dux sit itineris, ac ea quæ utilia sunt, edoceat, juxta eum, qui dixit : *Cor mundum crea in me, Deus, et spiritum rectum innova in visceribus meis. Ne projicias me a facie tua, et Spiritum sanctum tuum ne auferas a me. Redde mihi lætitiam salutaris tui, et spiritu principali confirma me* [11]. Et alibi : *Spiritus tuus bonus deducet me in terram rectam* [12]. Sicque rursus incumbamus operibus.

4. Quod si forte aliqui propter operum aut locorum naturam longius abfuerint, illic sine ulla hæsitatione singula quæ communiter statuta sunt, exsequi necessario debent : nam *Si*, inquit Dominus, *duo vel tres sunt congregati in nomine meo,* *ibi sum in medio eorum* [13]. Sexta quoque hora necessariam esse precationem, sanctorum exemplo, judicavimus, qui dicunt : *Vespere et mane et meridie narrabo et annuntiabo : et exaudiet vocem meam* [14]. Et ut liberemur ad incursu et dæmonio meridiano [15], etiam eodem tempore recitetur nonagesimus psalmus. Nonam autem horam ad orandum necessariam esse apostoli ipsi nobis prodidere in Actis : in quibus narrantur Petrus et Joannes ascendisse in templum *Ad horam orationis nonam* [16]. Jam completa die, de iis quæ in ipsa data sunt nobis, aut recte a nobis gesta sunt, persolvantur gratiæ, itemque ea quæ prætermissa sunt, confiteamur : quippe sive voluntarium, sive non voluntarium, sive etiam latens peccatum admissum est, aut in verbis, aut in factis, aut in ipso corde, Deum de his omnibus per preces placamus. Prodest enim plurimum præterita considerare, ut ne rursus in similia delabamur. Quapropter inquit : *Quæ dicitis in cordibus vestris, in cubilibus vestris compungimini* [17].

5. Ac rursus, nocte incipiente, petendum est, ut inoffensa et a visis libera requie fruamur : qua hora etiam nonagesimus psalmus necessario dicatur. Mediam autem noctem nobis ad orandum necessariam esse tradiderunt Paulus et Silas, quemadmodum Actorum historia declarat, his verbis : *Media autem nocte Paulus et Silas laudabant Deum* [18]. Et Psalmista, cum ait : *Media nocte surgebam ad confitendum tibi, super judicia justitiæ tuæ* [19]. Et rursus antevertere diluculum par est, et ad precationem exsurgere, ne in somno ac cubili a die deprehendamur, juxta eum qui dixit : *Prævenerunt oculi mei diluculum, ut meditarer eloquia tua* [20]. Ex quibus temporibus nullum est negligendum ab iis, qui diligenter ad Dei et Christi ipsius gloriam vivere instituerunt. Diversitatem autem atque varietatem in precibus et in psalmodia, quæ statis horis fiunt, utilem esse arbitror, quod in æqualitate quidem torpescat sæpe nescio quomodo animus, atque præsens absens est ; mutatis vero et variatis psalmodia et cantu per singulas horas, renovatur ejus desiderium, et attentio instauratur.

INTERROGATIO XXXVIII.

Cum abunde tuo nos sermone docueris, et precationem omitti nullo modo posse, laboremque necessarium esse : reliquum est jam, ut doceamur, quæ artes professioni nostræ conveniant.

RESPONSIO.

Speciatim quidem artes aliquas decernere facile non est, quod aliæ apud alios requirantur juxta locorum naturam, et negotiationum quæ in singulis regionibus fiunt commoditatem. In universum tamen ita harum delectus designari potest, ut eæ exerceantur, quæcumque vitæ nostræ servant quietem atque tranquillitatem, et quæ neque indigent

---

[6] Coloss. III, 16. [7] I Thess. V, 17. [8] II Thess. III, 8. [9] Psal. LXXVI, 4. [10] Psal. V, 4, 5. [11] Psal. L, 12, 13. [12] Psal. CXLII, 10. [13] Matth. XVIII, 20. [14] Psal. LIV, 18. [15] Psal. XC, 6. [16] Act. III, 1. [17] Psal. IV, 5. [18] Act. XVI, 25. [19] Psal. CXVIII, 62. [20] ibid. 148.

negotio multo ad suam ipsarum materiam parandam, neque multa sollicitudine, ad ea quæ facta sunt divendenda, quæque neque virorum neque mulierum **385** indecoros congressus nobis conciliant, aut noxios : siquidem peculiarem scopum nobis in omnibus propositum esse existimandum est, simplicitatem scilicet atque vilitatem ; nobisque cavendum, ne stultis ac noxiis hominum cupiditatibus inserviamus, iis efficiendis, quæ ipsis in studio esse solent. Quare in textoria quidem, id quod in vitæ consuetudine versatur, non quod ad juvenes captandos ac laqueis irretiendos ab impuris quibusdam excogitatum est, a nobis assumi debet. Similiter quoque in sutoria, in iis solum rebus quæ ad necessarium vitæ usum requiruntur, per artem operam nostram ponamus. Architectura vero, et ars lignaria, et æraria, et agricultura, ipsæ quidem per se necessariæ sunt vitæ, multumque afferunt utilitatis, nec speciali ratione a nobis rejiciendæ sunt : sed tamen quandocunque aut nobis creant tumultum, aut conjunctionem vitæ fratrum distrahunt, illas tunc necesse est vitare ; cum eas artes anteponere debeamus, quæ neque vitam nostram distrahant, neque impedimento sint, quominus assidua Domini præsentia servetur, et quæ neque a tempore aut psalmodiæ, aut precationis, aut reliquæ disciplinæ avocent eos qui in pietatis exercitio insistunt. Quare siquando in eis nihil insit, quod præcipuo vitæ nostræ instituto noceat, hæ plurimis aliis anteponendæ sunt, et maxime agricultura, cum per se comparet necessaria, liberetque a longiore vagatione agricolas, impediatque quominus discurrant huc et illuc, si modo, ut diximus, neque a vicinis, neque a contubernalibus tumultus nobis et turbas excitet.

INTERROGATIO XXXIX.
Quomodo opera sint vendenda, suscipiendaque peregrinatio.

RESPONSIO.

Atque in eo etiam ponendum studium est, ne opera procul divendamus, neve nos ipsos vendendi causa demus in publicum. Convenientius enim fuerit in uno eodemque loco commorari, utiliusque, tum ad mutuam ædificationem, tum ad perfectam quotidiani victus conservationem. Quare malimus detrahi aliquid de pretio, quam modici lucri gratia extra terminos abire. Quod si id fieri non posse docuerit experientia, operæ pretium est, ne peregrinatio sit nobis infructuosa, et loca et civitates piorum virorum seligere, atque multos fratres, quorum singuli sua ipsorum opera exportent, ad eos qui designabuntur conventus simul concurrere ; simulque proficisci, ut cum psalmis, precibusque, et mutua ædificatione iter conficiant. Cum autem pervenerint ad locum, eligant eadem diversoria, tum mutuæ custodiæ gratia, tum ut

nullum precandi tempus, neque diurnum, neque **386** nocturnum, nos effugiat, tum ut unusquisque ex hominum intractabilium et avarorum congressu minus detrimentum accipiat, si sit cum pluribus, quam si solus esset. Nam vel injuriosissimi nolunt suæ injustitiæ testes multos habere.

INTERROGATIO XL.
De nundinis quæ fiunt in conventibus.

RESPONSIO.

Verumenimvero ne eas quidem nundinationes quæ in locis, ubi martyres coluntur, fiunt, nobis convenire ostendit Scriptura. Non enim alius cujusquam rei gratia in martyriis aut locis adjacentibus decet Christianos reperiri, quam orandi causa, et ut sanctorum constantiam, qui pro pietate ad mortem usque decertarunt, in memoriam revocantes, ad similem æmulationem incitentur, meminerintque perquam horrendæ iræ Domini, qui cum et semper et ubique mitis esset et humilis corde, uti scriptum est [11], in eos solos qui circum templum vendebant emebantque flagellum intendit [12], tanquam si mercatura precationis domum in latronum speluncam transmutasset. Neque vero, quoniam alii jam eam quæ apud sanctos obtinebat consuetudinem violavere, qui cum pro se invicem orare debuissent, et una cum pluribus Deum adorare, et cum lacrymis implorare, ipsumque pro peccatis propitium reddere, gratias pro beneficiis rependere, ac verbis hortativis sese ædificare (quod adhuc nostra etiam memoria usitatum et observatum fuisse novimus), pro his omnibus forum, nundinasque, ac commune emporium et tempus illud et locum efficiunt, continuo nos etiam hos imitari par est, ejusque rei participatione absurda et inepta confirmare : sed nobis eos conventus ad imitandum proponere debemus, qui de Domino nostro in Evangeliis narrantur, Apostolique mandata, tanquam quæ ad hanc agendi rationem conducant, perficere. Ita autem scribit : *Cum convenitis, unusquisque vestrum psalmum habet, doctrinam habet, apocalypsim habet, linguam habet, interpretationem habet : omnia ad ædificationem fiant* [13].

INTERROGATIO XLI.
De auctoritate et obedientia.

RESPONSIO.

1. Sane in his ipsis quæ concessæ sunt artibus, nequaquam permittendum est unicuique, ut eam, quam callet, aut discere vult, exerceat : sed eam, ad quam judicabitur idoneus. Nam qui se ipse abnegavit, seque spoliavit omnibus suis voluntatibus, non quod vult, facit, sed quod **387** docetur. Neque vero ratio sinit eum a semetipso quod utile est deligere, qui semel semetipsum aliis gubernandum tradiderit, qui ad quodcunque eum in nomine Domini idoneum cognoverint, ad id destinabunt

---

[11] Matth. xi, 29. [12] Joan. ii, 15. [13] I Cor. xiv, 26.

ipsum. Quisquis enim in opere deligendo cupiditati suæ obsequitur, insimulat se ipse. Primum quidem, quod placeat sibi ipsi : deinde, quod aut propter gloriam mundanam, aut propter spem lucri, aut propter aliquid hujusmodi, ad hanc artem propendeat, aut quod laborem leviorem anteponat ob segnitiem atque socordiam. Cum autem quis in his vitiis versatur, argumentum est nondum hunc a cupiditatum malignitate liberum esse. Neque vero se abnegavit, qui suis inservire vult affectibus, neque remisit nuntium mundi negotiis, cum adhuc lucri et gloriæ desiderio teneatur. Neque etiam mortificavit membra sua terrestria, qui non sustinet operum laborem : sed potius præ se fert arrogantem esse se et contumacem, ut qui suum unius judicium melius esse ducat et præstantius plurium sententia. Sive igitur tenet quis artem a communitate haud improbatam, eam deserere non debet (est enim animi inconstantis, et mentis incertæ, nihili facere præsentia) : sive non habet, sibi ipsi ne sumat, sed quod a majoribus probatum est, suscipiat, ut in omnibus obedientia servetur. Quemadmodum autem sibi ipsi delectum permittere, indecorum esse monstratum est : ita quoque rem ab aliis approbatam non suscipere, probro vertitur. Imo etiam si quis habeat artem, non placeat autem ejus usus fraternitati, abjiciat ipsam prompto animo, seque nullius rei mundanæ studiosum esse ostendat. Nam facere quidem cogitationum voluntates, ejus est qui spem non habet, juxta Apostoli sententiam [25] : sed exhibita in omnibus obedientia, quiddam est laude dignum, cum idem Apostolus aliquos laudet, quod seipsos dederint primum Domino, deinde etiam nobis per voluntatem Dei [26].

2. Cæterum unumquemque oportet operi suo intentum esse, eique animo alacri et studioso incumbere, et velut Deo inspectore, impigro studio et attentiore diligentia illud inculpate exercere, ut semper dicere possit : *Ecce sicut oculi servorum in manibus dominorum suorum, ita oculi nostri ad Dominum Deum nostrum* [26] : non autem ab alio ad aliud transire. Nec enim natura nostra pluribus simul muneribus fungi potest, ideoque unam artem accurate factitare, quam multas imperfecte attingere, utilius est. Etenim si distrahant plura, et ex alio ad aliud transeamus, præterquamquod nullum opus absolvitur, inde etiam animi levitas, si jam inest, redarguitur, aut si nondum fuerit, ingeneratur. Quod si ita aliquando necessitas postulet, par est enim qui idoneus est, aliis etiam artibus suppetias venire : neque id a semetipso, sed si quando invitatus sit, sic ut id nequaquam faciamus nostro primo consilio, sed casu quodam urgente, quemadmodum et in corporis membris fit, quando, titubante pede, manu innitimur. Et rursus, quemadmodum a seipso artem aggredi detri-

mentosum est : sic detrectare imperata, dignum est reprehensione : quod fiat, ne alatur arrogantiæ vitium ; neve obedientiæ et docilitatis regula dissolvatur. Cæterum instrumentorum cura præcipue ad cujusque artis opificem attinet. Quod si forte aliquando contigerit, ut aliquod negligatur, ea res tanquam quæ omnium communis sit, ita convenienti modo ab iis curari debet qui id primi animadverterint. Etsi enim ipsorum usus quorumdam sit proprius : tamen quæ ex his percipitur utilitas, communis est. Contemnere enim alterius artis instrumenta, veluti nihil ad se spectantia, ejus est, qui ea pro alienis habet. Neque vero eos qui artes tractant, decet sibi vindicare instrumentorum dominium, ita ut aut fratrum præfecto potestatem non faciant his utendi ad quam ipse cumque rem velit, aut sibi ipsis libertatem dent ea vendendi, aut permutandi, aut alio quovis modo tradendi, aut alia, præter ea quæ habent, comparandi. Qui enim semel ita statuit, ne se suarum quidem manuum dominum esse, sed qui potius opera alteri regenda commisit, quomodo convenienter suo instituto faciet qui ejusmodi est, si summum jus obtineat in artis instrumenta, et in his dominii dignitatem usurpet?

INTERROGATIO XLII.
Quo consilio et quo animo ii qui laborant, laborare debeant.

RESPONSIO.

1. Atque illud etiam nosse operæ pretium est, eum qui laborat, labori incumbere debere, non ut per opera suis inserviat necessitatibus, sed ut Domini præceptum impleat, qui dixit : *Esurivi, et dedistis mihi manducare* [27], etc. Nam pro seipso sollicitum esse, omnino a Domino prohibitum est, cum dixit : *Ne solliciti sitis animæ vestræ quid manducetis, neque corpori vestro quid induamini* [28] ; item cum subjungit : *Hæc enim omnia gentes inquirunt* [29]. Quamobrem in opere suscipiendo huc quisque spectare debet, ut sublevet indigentes opera sua, non autem ut commodis suis serviat. Ita enim non accusabitur de suiipsius amore, atque fraternæ charitatis benedictionem a Domino accipiet, qui ait : *Quatenus fecistis uni ex his fratribus meis minimis, mihi fecistis* [30]. Nec quisquam Apostoli verba sententiæ nostræ adversari existimet, qui dicit : *Ut operantes, suum panem manducent* [31]. Hoc enim ad inordinatos dictum est, et ad segnes, perinde ac si ipsis diceret, præstabilius esse unumquemque sibi victum parare, nec aliis gravem esse, quam vitam in otio traducere. *Audimus enim*, inquit, *quosdam inter vos esse inordinate ambulantes, nihil operantes, sed curiose agentes : iis autem qui sunt ejusmodi*, inquit, *denuntiamus, et obsecramus, ut cum quiete operantes, suum panem manducent* [32]. Et illud : *Nocte autem et die operantes, ne gravaremus quem-*

---
[25] I Thess. iv, 12. [26] II Cor. viii, 5. [26] Psal. cxxii, 2. [27] Matth. xxv, 35. [28] Matth. vi, 25. [29] ibid. 32. [30] Matth. xxv, 40. [31] II Thess. iii, 12. [32] ibid. 11, 12.

piam [33], eodem pertinet, quandoquidem Apostolus fraternæ charitatis causa ad inordinatos exscindendos sese laboribus ultra quam sibi præscriptum fuerat, subjiciebat. Cæterum ejus, qui ad perfectionem festinat, est noctem et diem operari, ut possit impertiri ei qui opus habuerit [34].

2. Quisquis enim in seipso, aut in eo etiam, qui distribuendarum rerum necessariarum curam suscepit, spem suam collocat, aut suum, aut contubernalis sui opus subsidium sibi esse ad vitam degendam sufficiens existimat, is, quatenus spem reponit in homine, venit in periculum, ne incidat in maledictionem, qua dicitur : *Maledictus homo qui spem habet in homine, et fulciet carnem brachii sui : et a Domino recedet anima ejus* [35]. Scriptura enim illis quidem verbis, *Qui spem habet in homine*, in alterum spem conferre, his vero, *Et fulciet carnem brachii sui*, in seipso confidere vetat. Horum autem utrumque nominatur defectio a Domino. Imo etiam adjungitur utriusque exitus : *Quia erit quasi silvestris myrica in deserto, et non videbit quando venerint bona* [36]. Ostendit videlicet Scriptura, spem aut in se, aut in alio quovis repositam, defectionem a Domino esse.

INTERROGATIO XLIII.

Modus qui servandus sit in faciendis operibus, abunde fuit nobis explicatus : prætereaque si quid forte reliquum esset, id invenire ipso rerum usu doceremur. Jam vero id ut exponas, rogamus, quales scilicet esse oporteat fratrum præfectos, aut quomodo suos contubernales gubernare debeant.

RESPONSIO.

1. Dictum quidem est quasi in summa de hac etiam parte : quoniam tamen haud immerito partem hanc vobis amplius explanari vultis (nam qualis fuerit præfectus et princeps, tales plerumque fieri solent et subditi), ipsam necesse est non obiter ac oscitanter prætermittere. Oportet igitur ut is qui præfectus est, memor præcepti Apostoli, qui ait, *Exemplo esto fidelium* [37], vitam suam efficiat cujuscunque præcepti Domini evidens exemplum, ut videlicet iis, qui a se docendi sunt, causam nullam relinquat, cur Domini mandatum tale esse putent, quod aut fieri non possit, aut quod contemni debeat. Initio igitur primum hoc est, nimirum in charitate Christi ita excolenda est ab eo humilitas, ut, vel ipso tacente, operum suorum exemplum ad docendum proponatur sermone quovis efficacius. Etenim si **390** hæc est Christianismi meta, imitatio Christi juxta humanitatis mensuram, prout convenit uniuscujusque vocationi, ii quibus credita est plurium regendorum cura, infirmiores sua ipsorum opera ad imitandum Christum promovere debent, juxta beatum Paulum, qui dicit : *Imitatores mei estote, sicut et ego Christi* [38].

2. Proinde servando eo, qui a Domino nostro Jesu Christo traditus est, humilitatis modo, ipsos primos accuratum et omnibus numeris absolutum exemplar fieri operæ pretium est. *Discite* enim *a me,* inquit, *quia mitis sum et humilis corde* [39]. Morum igitur mansuetudo, et humilitas cordis, characterem præpositi atque insigne constituant. Si enim Dominus servis suis ministrare non erubuit, sed voluit servus esse terræ et luti, quod finxit ipse, et in hominem conflavit : *Ego enim,* inquit, *in medio vestrum sum, sicut qui ministrat* [40]; quid æqualium nostrorum causa facere par est, ut existimare possimus assecutos nos illum imitatione fuisse ? Hoc igitur unum est, quo maxime præditum esse præfectum oportet. Tum misericordem esse, et eos, qui inexperti officiorum aliquid omiserint, patienter sufferentem, non prætereuntem silentio peccata, sed rebelles tolerantem leniter, medelamque cum omni clementia atque moderatione eis adhibentem. Item idoneum esse, qui remedii modum morbo convenientem excogitet, non autem aspere increpantem, sed cum mansuetudine commonefacientem, atque erudientem, uti scriptum est [41], pervigilem in administrandis rebus præsentibus, providum futurorum, peritum decertandi cum fortibus, et debilium infirmitates perferendi, talem, qui omnia et facere et dicere possit ad eorum qui secum degunt, perfectionem. Præfecturam non sibi sumentem, sed qui delectus sit ab iis qui primas obtinent in aliis fratrum conventibus, et qui in vita ante acta morum suorum specimen sufficiens ediderit. *Et hi enim,* inquit, *probentur primum, deinde ministrent, nullum crimen habentes* [42]. Sic qui ejusmodi est, accipiat præfecturam, instituatque inter fratres disciplinam, et opera, prout unusquisque idoneus est, dispertiatur.

INTERROGATIO XLIV.

Quibus permittendæ sint peregrinationes, et quomodo, ubi redierint, sint interrogandi.

RESPONSIO.

1. Peregrinandi detur facultas ei, qui citra animæ suæ detrimentum, et cum utilitate eorum, quibuscum graditur, iter perficere possit. Nam si nemo idoneus affuerit, præstat in rerum necessariarum penuria afflictionem omnem atque **391** angustiam vel ad mortem usque perpeti, quam corporalis levamenti causa certissimum animæ detrimentum negligere. *Bonum est enim mihi,* inquit Apostolus, *magis mori, quam ut gloriam meam quis evacuet* [43] : et hoc in iis, quæ liberum est omittere, quanto igitur magis in his, quæ præcepta sunt? Quanquam etiam huic ipsi incommodo medetur lex charitatis. Si enim contigerit, ut in uno fratrum conventu desit, qui commode mitti possit, ii qui propinqui sunt, supplebunt quod deerit, iter facientes simul, nec unquam a se invicem disjungentur, ut tam qui infirmi sunt anima, quam qui corpore etiam debiles sunt, ii sic cum fortioribus

---

[33] II Thess. III, 8. [34] Ephes. IV, 28. [35] Jer. XVII, 5. [36] Jerem. XVII, 6. [37] I Tim. IV, 12. [38] I Cor. XI, 1. [39] Matth. XI, 29. [40] Luc. XXII, 27. [41] II Tim. II, 25. [42] I Tim. III, 10. [43] I Cor. IX, 15.

conjuncti, incolumes serventur. Atque hoc longe antea a præposito constitutum sit, ne postea in ipso necessitatis articulo remedium ullum, quod per temporis angustias adhibere liceat, nanciscatur. Cæterum præfectus post reditum viatorem percontetur, quid egerit, in quorum hominum venerit congressum, quos cum eis sermones habuerit, quid versaverit animo, num diem totam totamque noctem exegerit in timore Dei, an prævaricatus sit, et aliquid violaverit eorum quæ statuta sunt, aut externis incommodis victus, aut sua ipsius segnitie dilapsus.

2. Et quod quidem recte gestum est, laudando confirmet: in quo vero deliquit, id corrigat diligenti ac perita adhortatione. Ita enim et qui peregre proficiscentur, vigilantiores erunt, si itineris rationem reddere cogantur, et nos ne in separationis quidem tempore vitam ipsorum negligere videbimur. Hoc autem et sanctis familiare fuisse, Actorum historia tradit, ubi docet, quemadmodum Petrus Hierosolymam reversus, aliis illic commorantibus rationem reddiderit societatis ejus, quæ sibi fuisset cum gentibus [44]; similiterque, quemadmodum Paulus et Barnabas reversi, coacta Ecclesia, annuntiaverint quæ cum ipsis fecisset Deus [45]; et rursus, quod siluerit universa multitudo, et audierit Barnabam et Paulum, qui narrabant quæcunque Deus fecisset per ipsos. Illud autem nosse oportet, itiones, negotiationesque et quæstus cauponios fratribus omni modo fugiendos esse.

INTERROGATIO XLV.

Quod oportet post præfectum etiam alium aliquem esse, qui possit, eo absente, aut occupatione aliqua distento, fratrum curam suscipere.

RESPONSIO.

1. Quandoquidem usu venit non raro, ut vel propter corporis infirmitatem, vel peregrinandi necessitatem, vel ob alium quemvis casum, præfectus absit a fratrum conventu, etiam aliquis alius cum approbatione tam ipsius, quam aliorum qui approbandi periti sint, ad hoc delectus sit, ut eo absente suscipiat fratrum curam, sic ut etiam præsentes unus aliquis sermone adhortetur soleturque, non autem fratres, absente præposito, formam status popularis assumant, ad regulæ et traditæ disciplinæ dissolutionem, et quæcunque approbata sunt et recepta, ad Dei gloriam observentur: ut etiam adsit qui advenientibus hospitibus prudenter respondeat, et qui sermonem requirunt, ædificentur pro argumenti dignitate, nec tamen fratrum communitas confundatur. Etenim si omnes æqualiter accurrant ad dicendum, id tumultus causa est, et perturbatæ disciplinæ signum; cum Apostolus ne eos quidem qui docendi munere donati sunt, plures simul loqui sinat, ubi dicit: *Quod si alii revelatum fuerit, prior taceat* [46]. Et rursus hujusce perturbationis in ptiam coarguit,

his verbis: *Si ergo convenerit universa Ecclesia in unum, et omnes linguis loquantur, intraverint autem idiotæ, aut infideles, nonne dicent, quod insanitis* [47]?

2. Quod si ex ignorantia alium interroget hospes; quanquam qui alterius loco interrogatus est, copiose respondere possit, sileat tamen ipse disciplinæ servandæ causa, eumque cui hæc provincia data est, ostendat, uti coram Domino fecere apostoli, idque, ut recte decenterque sermone utamur. Etenim si in sanandis corporibus non est cujusvis aut medicamento aut ferro uti ad infirmos curandos, sed illius, qui et longo tempore et experientia, et curationum exercitio, et peritorum documentis artem hanc assecutus sit; quomodo par fuerit quoslibet ad curationem eam, quæ per sermonem adhibetur, indiscriminatim prosilire? Qua in re quod etiam minimum est, si negligatur, maximum detrimentum affert. Enimvero apud quos ne panis quidem distributio quibuslibet permittitur, sed ejusmodi munus ad quemdam, qui cum approbatione huic rei præpositus sit, pertinet, quomodo non cum delectu ac cautione multo majore alimentum spirituale petentibus dandum est ab aliquo, qui ad id magis idoneus sit? Quare non est arrogantiæ vulgaris, aliquem de Dei judicio interrogatum tam audacter tamque temere respondere audere, neque eum, cui sermonis dispensandi partes traditæ sunt, indicare: qui cum sit omnino fidelis ac prudens dispensator, et ad spiritualem escam in tempore distribuendam electus est [48], et, ut scriptum est [49], ad suos sermones in judicio dispensandos. Quod si quidpiam fugiat eum qui respondere debet, noverit vero alter, non statim ipsum redarguere festinet, sed privatim quod sibi visum est, suggerat. Hæc enim causa est inferioribus, efferendi se adversum superiores. Quare etiamsi quis responderit utiliter, sed præter officium, pœnis perturbatæ disciplinæ obnoxius est.

INTERROGATIO XLVI.

Quod non debet quisquam fratri aut sibi ipsi peccata occultare.

RESPONSIO.

Peccatum omne præfecto declarari oportet, sive ab eo ipso qui peccavit, sive ab iis qui conscii sunt, si ipsi non possint mederi, uti a Domino præceptum est. Enimvero vitium silentio dissimulatum morbus est in animo obliteseens. Ut igitur eum de nobis bene meritum esse non dixerimus, qui exitiosa mala in corpore includeret, sed eum potius, qui ea afficiendo dolore, et incidendo preferret in apertum, ut aut per vomitum rejiceretur quod noxium est, aut tandem morbo jam detecto, modus curandi facile cognosceretur; ita utique peccatum occultare, est consciscere mortem ægrotanti. *Nam*, inquit, *stimulus mortis, peccatum* [50].

[44] Act. xi, 5 sqq. [45] Act. xv, 12. [46] I Cor. xiv, 30. [47] I Cor. xiv, 23. [48] Luc. xii, 42. [49] Psal. cxi, 5. [50] I Cor. xv, 56.

Objurgationes autem apertæ meliores sunt amicitia absconditâ [51]. Itaque alter alteri non occultet peccatum, ut ne fratricida pro fratris amatore evadat, neque ipse sibiipsi. *Qui enim*, inquit, *non medetur sibi in operibus suis, frater est perdentis se ipsum* [52].

INTERROGATIO XLVII.
De iis qui non admittunt ea quæ a præposito constituta sunt.

RESPONSIO.

Cum quis præpositi statuta non admittit, debet aperte vel privatim ei contradicere, si modo suppetat ipsi valida aliqua ratio, eaque Scripturis consentanea, vel silentio mandatum conficere. Quod si eum pudeat, ad hoc adhibeat alios quosdam internuntios, ut, si hoc mandatum Scripturæ adversetur, ipse et seipsum et suos fratres a noxa eximat: sin autem liqueat illud a recta ratione alienum non esse, se a vana ac periculosa inquisitione liberet. *Qui enim hæsitat*, inquit, *si manducaverit, condemnatus est: quia non ex fide* [53]: et ut simplicioribus nullam infringendæ obedientiæ occasionem det. *Expedit enim*, inquit Dominus, *ut suspendatur mola asinaria circa collum ejus, et projiciatur in mare, quam ut scandalizet unum de pusillis istis* [54]. Quod si quipiam perseveraverint in contumacia, clanculum quidem queribundi, sed non detegentes tamen mœrorem, tanquam disceptationis inter fratres exortæ auctores, et perinde ac si certissimam mandatorum auctoritatem concussissent, essentque rebellionis et inobedientiæ magistri, e fratrum conventu amandentur. *Ejice enim*, **394** inquit, *pestilentem ex concilio, et exibit cum eo jurgium* [55]. Et rursus: *Expellite pravum a vobis ipsis. Nam paululum fermenti totam conspersionem fermentat* [56].

INTERROGATIO XLVIII.
Quod præpositi agendi ratio non est curiose examinanda, sed suo quisque operi intentus esse debet.

RESPONSIO.

Cæterum ne quis facile in hoc disceptationis ac contentionis vitium incidat, ad suum et aliorum detrimentum, illud in universum inter fratres observandum est, ut initio nullus investiget curiose præfecti agendi rationem, neque eorum, quæ fiunt, satagat, iis solum exceptis, qui tum gradu, tum prudentia ipsi præposito sunt proximi; quos etiam necessario ad consilium ac deliberationem de rebus communibus faciendam adhibebit, obsecutus hortamento illius, qui dixit: *Omnia fac cum consilio* [57]. Cum enim ei animas nostras gubernandas commiserimus, tanquam Deo de his rationem redditurò; abs re omnino fuerit in rebus vilissimis ipsi fidem non adhibere, et absurdis ineptis ue contra fratrem suspicionibus et nos ipsos repleri, et aliis earumdem occasionem præbere. Ne igitur id contingat, unusquisque ad quod vocatus est, in eo permaneat: et ita totum se in rerum ad se pertinentium cura occupet, ut in inquirendis aliorum negotiis nullo modo sollicitus sit, sed sanctos Domini discipulos imitetur, inter quos, cum res ipsa quæ de Samaritana narratur, quamdam posset injicere suspicionem: *Nihilominus tamen*, inquit, *nemo dixit: Quid quæris, aut quid loqueris cum ea* [58]?

INTERROGATIO XLIX.
De iis quæ in controversiam veniunt inter fratres.

RESPONSIO.

De controversiis autem quæ inter fratres oriuntur, illud statuendum est. Quotiescunque dissident aliqui inter se de re aliqua, non oportet contentiose inter se colluctari, sed ad aliquos magis idoneos judicium transferre. Quare ne ordo confundatur, omnibus interrogantibus, et semper, neve garriendi et nugandi detur occasio, unum aliquem esse oportet approbatum, qui possit ea de quibus nonnulli ambigunt, aut communi fratrum examini proponere, aut ad præfectum referre. Ita enim rectius et magis scite quæsita expendentur. Etenim si in unoquoque negotio scientia atque experientia opus est, multo magis in ejusmodi rebus. Et si instrumentorum usum nemo inexpertis committat, multo magis operæ pretium fuerit sermonis tractationem **395** peritis concedere: qui possint et locum et tempus et interrogandi modum dignoscere, atque citra contentionem, tum prudenter quærendo, tum sapienter auscultando, controversiarum enodationem ad communitatis ædificationem summa cum diligentia servare.

INTERROGATIO L.
Quomodo præpositus increpare et objurgare debeat.

RESPONSIO.

Cæterum præpositus delinquentes non objurget, aliqua animi commotione impulsus. Nam redarguere fratrem cum indignatione et ira non est illum a peccato liberare, sed se ipsum delictis obstringere. Quamobrem dixit: *In mansuetudine corripiat eos qui resistunt* [59]. Neque, si in contemptum veniat alicui, ob id præbere se vehementem debet: ubi vero alium contemni viderit, erga eum qui deliquit declaret se benignum ac indulgentem, quin potius tunc in ipsum peccatum invehatur. Ita enim et suspicionem a se illam hominis seipsum immodice amantis submovebit, et planissime se non peccantem odisse, sed peccatum aversari declarabit, qui scilicet diverse se gerat in sua, et in alterius causa. Quod si indignatur non eo quem dixi modo, sed diverso, præ se fert, se neque propter Deum, neque propter delinquentis periculum, sed ob suæ gloriæ cupiditatem, aut imperitandi studium indignari. Oportet enim studium quidem pro Dei gloria, cui violatione mandati infertur injuria, ostendi: misericordiam vero fraterno amore dignam, pro

---

[51] Prov. xxvii, 5. [52] Prov. xviii, 9. [53] Rom. xiv, 23. [54] Matth. xviii, 6. [55] Prov. xxii, 10. [56] I Cor. v, 13, 6. [57] Eccli. xxxii, 24. [58] Joan. iv, 27. [59] II Tim. ii, 25.

fratris salute, qui in peccato periclitatur (quia *Anima quæ peccaverit, ipsa morietur*[60]), in quovis peccato tanquam in peccatum incitari, et in eo acriter vindicando animi fervorem commonstrare.

INTERROGATIO LI.

Quomodo delictum illius qui peccavit, corrigendum sit.

RESPONSIO.

De reliquo corrigat male affectos ad modum medicorum, non irascens debilibus, sed pugnans adversus morbum : imo vero insurgat in vitia, atque severiore disciplina, si opus est, morbum animæ sanet, exempli causa, vanam gloriam, injungendis humilitatis exercitiis : otiosos sermones silentio : immodicum somnum, vigiliis in precando insumendis : segnitiem corporis, labore : edacitatem indecoram, jejunio : murmurationem, separatione a reliquis, sic ut neque ex fratribus quisquam velit cum eo operari, neque ipsius opus cæterorum operibus admiscere, sicut supra dictum est, nisi exacta citra pudorem pœnitentia appareat eum hoc vitio liberatum esse. Tunc enim opus, quod inter murmurandum confectum fuerit, admitti poterit : et tamen ne sic quidem inserviat fratrum usui, sed ad alium usum convertatur. Horum autem ratio in superioribus satis exposita fuit.

INTERROGATIO LII.

Quo animo irrogatæ pœnæ perferendæ sint.

RESPONSIO.

Quemadmodum autem diximus medelam infirmis a præposito afferendam esse citra ullam animi concitationem : ita vicissim ab iis qui curantur, mulctæ odii loco non sunt accipiendæ, neque cura ea, quæ ex misericordia ad animæ eorum salutem ab ipso adhibetur, ducenda est pro tyrannide. Turpe est enim eos qui ægro corpore sunt, tantum medicis confidere, ut sive secent, sive urant, sive amarulentis medicamentis molestiam creent, ipsos de se bene meritos fuisse putent ; nos vero erga animarum nostrarum medicos, quando disciplina duriore salutem nobis afferunt, non eodem modo affici, cum Apostolus dicat : *Et quis est, qui me lætificet, nisi qui contristatur ex me*[61]? Item : *Ecce enim hoc ipsum, secundum Deum contristari vos, quantam in vobis operatur sollicitudinem*[62]. Quare, habita finis ratione, qui molestiam quæ secundum Deum est, nobis exhibet, beneficus habendus est.

INTERROGATIO LIII.

Quomodo ab artium magistris pueri delinquentes corrigendi sint.

RESPONSIO.

Atque etiam oportet artium magistros, si qua in re deliquerint discipuli contra ipsam artem, privatim vitium reprehendere, et errata emendare. Quæcunque vero peccata indicant morum perversitatem, veluti contumacia, contradictio, segnities circa opera, aut otiosus sermo, aut mendacium, aut quidpiam aliud ejusmodi, quod piis interdictum sit, ea oportet ad communis disciplinæ moderatorem referre, et coram eo redarguere, ut ipse et mensuram et modum quibus peccata sanentur, excogitet. Si enim objurgatio est animæ curatio, non est cujuslibet objurgare, sicut nec mederi, nisi si præfectus ipse, multo adhibito examine, id cuipiam permiserit.

INTERROGATIO LIV.

Quod ii qui præficiuntur fratrum conventibus, de negotiis suis inter se colloqui debent.

RESPONSIO.

Operæ pretium est autem, fratrum præfectos nonnunquam statis quibusdam temporibus et locis in unum convenire : in quibus res præter rationem occurrentes, moresque tractatu difficiles, et quomodo singula gesserint, sibi invicem exponant, ut si quis in aliquo deliquerit aliquando, id certissime detegatur multorum judicio, contraque, si quid recte factum sit, id plurium testimonio confirmetur.

INTERROGATIO LV.

An medicinæ usus pietatis instituto conveniat.

RESPONSIO.

1. Quemadmodum singulæ artes subsidii loco ob naturæ debilitatem nobis a Deo concessæ sunt, velut agricultura, quod ea quæ sua sponte e terra gignuntur, non essent satis ad necessitates sublevandas, textoria vero, quod necessarius esset indumentorum usus tum ad decorum, tum ad arcendas aeris injurias, pariterque ars domorum exstruendarum : ita et ars medica data est. Cum enim corpus nostrum, utpote morbis obnoxium, variis incommodis, tum extrinsecus advenientibus, tum intrinsecus ab alimentis proficiscentibus subjaceat, et modo redundantia, modo defectu afflictetur, ars medica pro exemplo medelæ ejus, quæ animo curando adhibenda sit, nobis a totius vitæ nostræ moderatore Deo concessa est, cujus ductu quod superfluum est rescinderetur, et quod deest, adjiceretur. Ut enim si essemus in paradiso voluptatis, nihil industria et labore indigeremus : ita quoque, si a morbis essemus immunes, uti ante lapsum, cum primum res creatæ sunt, fuerat concessum, nullo medicinæ subsidio nobis ad levamen opus esset. Sed quemadmodum posteaquam expulsi sumus in hunc locum, et audivimus illud : *In sudore vultus tui vesceris pane tuo*[63], tunc facta longa experientia multoque insumpto labore in excolenda terra, ad lenienda ejus exsecrationis incommoda artem agriculturæ effecimus, Deo nobis

---

[60] Ezech. xviii, 4. [61] II Cor. ii, 2. [62] II Cor. vii, 11. [63] Gen. iii, 19.

ejus artis intelligentiam atque cognitionem impertiente : sic quoque ubi in terram, unde fueramus assumpti, denuo reverti jussi sumus, et ad molestam carnem morti ob peccatum addictam, ob idque his morbis subjectam, juncti sumus, oblatum est nobis medicinæ etiam auxilium, quo saltem aliquantulum ægrotantes levarentur.

2. Neque enim fortuito ex terra **398** germinaverunt herbæ, quæ ad singulos morbos accommodatæ sunt : imo certe productæ sunt ex conditoris voluntate, commodis nostris inservituræ. Quamobrem ea quidem naturalis vis, quæ in radicibus inest, et in floribus, aut foliis, aut fructibus, aut succis, aut quæcunque ex metallis, aut ex mari ad corporis utilitatem opportuna esse deprehensa sunt, ab aliis inventis, quæ ad cibum et potum spectant, nihil differunt : sed tamen quod superflue ac curiose excogitatum est, et multum negotii requirit, et quasi omnem nostram vitam convertit ad carnem curandam, vitandum est Christianis ; dandaque nobis studiose opera est, ut ita, siquando opus fuerit, hac arte utamur, ut ei non tribuamus omnem bonæ aut malæ valetudinis causam, sed ut ad declarandam Dei gloriam et ad habendum animæ curandæ exemplar, usum eorum quæ offert, admittamus. Quod si defecerint nos medicinæ præsidia, nequaquam levandi mali omnem spem in hac arte reponamus : sed sciendum, fore, ut aut non sinat tentari nos ultra quam possumus [65], aut quemadmodum olim Dominus, modo lutum faciens, illinebat, jubebatque lavari in Siloam [65], modo sola voluntate contentus erat, dicens : *Volo, mundare* [66] ; quosdam vero in afflictationibus decertare permisit, probatiores ipsos per tentationem efficiens ; ita nunc quoque peculiari aliqua ratione agere nobiscum velit, qui scilicet aliquando invisibiliter latenterque medeatur, cum id animis nostris expedire judicaverit, aliquando vero statuat nos et ipsis corporeis auxiliis in nostris morbis uti, idque, ut hac curationis dilatione firmam et stabilem reddat accepti beneficii memoriam, aut etiam, quemadmodum dixi, ut aliquod exemplum, quod in curandis animis imitari possimus, nobis proponat. Ut enim in corpore necesse est amoveri quod alienum est et contrarium, et quod deest apponi : sic etiam in animis nostris, non abs re fuerit quod alienum est et contrarium removere, et quod secundum naturam est, assumere. Siquidem fecit Deus hominem rectum [67], nosque ad bona opera condidit, ut in eis ambulemus.

3. Et quemadmodum illic secari, uri, et amara medicamenta sumere non recusamus, corporis sanandi causa : ita etiam hic, sermonem objurgatorium quantumvis secantem, et amarulenta reprehensionum remedia pro animæ medela operæ pretium est perferre : quod quidem iis qui emendati non fuerant exprobrat propheticus sermo, his verbis : *Nunquid resina non est in Galaad ? aut medicus non est ibi ? Quare non ascendit sanatio filiæ populi mei* [68] ? Atque hoc etiam, quod in morbis inveteratis, per longum tempus, perque auxilia simul dolorem creantia et varia, exspectatur sanitas, indicio est, animæ quoque peccata per sedulas preces, et **399** diuturnam pœnitentiam, ac disciplinam severiorem, quam ratio ad sanationem nobis sufficientem esse monuerit, a nobis corrigi debere. Non igitur, quoniam aliqui arte medica non probe utuntur, ejus nobis utilitas omnis fugienda est. Neque enim, quoniam intemperantes quidam voluptatum sectatores coquinaria, aut pistoria, aut textoria ad delicias excogitandas abutantur, cum limites rerum necessariarum excedant, continuo omnes simul artes rejici a nobis debent : contra potius, quod ab illis corruptum fuit, id ex recto ipsarum usu coarguendum est. Sic etiam et in medicina, par non est acceptum a Deo munus criminari ob malum usum. Nam et in medicorum manibus sanitatis suæ spem collocare, belluinum est ; quod tamen usu venire nonnullis miseris videmus, qui etiam non verentur eos appellare servatores : et commoda ex ea nascentia omnino aversari, animi est obstinati. Sed sicut Ezechias ficorum massam non putabat primam esse sanitatis suæ causam [69], neque ei acceptam referebat corporis sui curationem, sed ad Dei gloriam gratiarum etiam actionem adjecit ob conditas ficus : sic nos quoque, si a Deo bene prudenterque vitam nostram moderante plagas accipimus, primum quidem ab ipso petimus, ut indicet nobis causam, cur ita plectamur : deinde, ut liberemur ab his molestiis, deturque nobis patientia, adeo ut una cum tentatione præstet etiam eventum, quo possimus sufferre [70].

4. Collatum autem nobis sanitatis beneficium, sive per vinum oleo admistum [71], ut in eo qui incidit in latrones, sive per ficus, ut in Ezechia [72], cum gratiarum actione recipimus. Nec quidquam differre arbitremur, sive modo invisibili Deus nos curet, sive corporeum quiddam adhibeat : quæ corporalia sæpenumero efficacius non conducunt ad munus Domini intelligendum. Atque etiam sæpe castigationis causa in morbos collapsi, ad asperam gravemque curationem perferendam pœnæ loco condemnati sumus. Itaque neque sectiones, neque ustiones, neque acrium molestorumque remediorum acerbitatem, neque inedias, neque exactam diætæ et victus rationem, neque rerum exitialium abstinentiam a nobis repudiandas esse recta ratio suadet, salvo tamen (rursus dico) proposito animæ utilitatis, quippe cui hoc exemplum propositum sit, ut illud in sui ipsius curatione imitari discat. Periculum autem est non mediocre, ne mens in errorem incidat, quasi omnis morbus subsidiis medicinæ indigeret. Non enim naturæ tribuendæ

[65] I Cor. x, 13. [65] Joan. ix, 6, 7. [66] Matth. viii, 3. [67] Eccle. vii, 30. [68] Jerem. viii, 22. [69] IV Reg. xx, 7. [70] I Cor. x, 13. [71] Luc. x, 34. [72] IV Reg. xx, 7.

sunt ægritudines omnes, neque ex vitioso victu, aut aliis quibusdam corporalibus principiis nobis accedunt : quibus quidem curandis utilem esse medicinam nonnunquam videmus. Sæpe enim morbi sunt peccatorum mulctæ, ad convertendos nos irrogatæ. *Quem enim*, inquit, *diligit Dominus, castigat* [73]. Item : *Ideo inter vos multi infirmi, et imbecilles, et dormiunt multi. Si enim nosmetipsos dijudicaremus, non utique judicaremur. Dum judicamur autem, a Domino corripimur, ut non cum hoc mundo damnemur* [74]. **400** Quamobrem qui sunt hujusmodi, ubi nostra ipsorum delicta cognoverimus, usu medicinæ prætermisso, pœnas sibi illatas debent silentio perferre, juxta eum, qui dixit, *Iram Domini portabo, quoniam peccavi ei* [75] : et ita emendare se, ut dignos pœnitentiæ fructus edant : item meminisse Domini, qui dixit : *Ecce sanus factus es : jam noli peccare, ne deterius tibi aliquid contingat* [76]. Accidunt autem etiam aliquando ægritudines, postulante diabolo, cum scilicet benignus Dominus aliquem velut pugilem magnum cum ipso in certamen committit, et jactantiam ipsius summa servorum suorum tolerantia deprimit : quod in Job factum fuisse didicimus [77]. Aut etiam iis qui malorum intolerantes sunt, in exemplum a Deo proponuntur quidam, qui adversa ad mortem usque perseveranter tolerare potuerunt, velut Lazarus, qui cum tot et talibus ulceribus afflictaretur [78], nusquam tamen scribitur quidquam ab illo divite aut petivisse, aut morosum se præstitisse et molestum ob præsentem rerum statum. Quapropter assecutus est requiem in sinu Abrahæ, tanquam qui recepisset mala in vita sua [79]. Quanquam et aliorum morborum causam in sanctis contingere reperimus, velut in Apostolo. Etenim, ne naturæ terminum videretur excedere, neve quispiam arbitraretur eum naturaliter aliquid solito majus et excellentius habere (quod visum est Lycaonibus, qui ei coronas obtulere et tauros [80]), idcirco ad declarandam naturam humanam jugiter cum ægritudine conflictabatur.

5. Quid igitur emolumenti ex medicina accedere possit ejusmodi hominibus ? ceu potius, quod eis periculum non impendet, qui scilicet ad corpus curandum se a recta ratione avertant ? Qui vero ex prava diæta sibiipsis ascivere infirmitatem, ii corporis curatione, quasi quodam typo et exemplari, ad animam curandam uti debent, sicut superius dictum est. Etenim et ex re nostra fuerit, a noxiis ex medica ratione abstinere, utilia seligere, præcepta servare. Atque ipsa etiam corporis ab infirmitate ad bonam habitudinem commutatio sit nobis loco solatii, ut ne desperemus de anima, quasi ex peccatis ad suam ipsius integritatem rursus per pœnitentiam reverti non posset. Neque igitur fugienda penitus ars ista est, neque in ea omnis spes collocanda. Sed quemadmodum utimur quidem agricultura, sed tamen a Deo petimus fructus, et quemadmodum committimus gubernaculum gubernatori, Deum vero rogamus ut ex pelago evadamus incolumes : ita quoque, si, cum ratio sinit, medicum advocemus, ab ea quæ in Deo ponenda est spe non excidimus. Videtur autem mihi hæc ars ad continentiam quoque non parum conferre. Video enim et voluptates ab ipsa rescindi, et satietatem damnari, et victus varietatem, nimiamque in apparandis condimentis solertiam velut incommodam ablegari : et in summa indigentiam ab eadem appellari sanitatis matrem, ita ut ex hac etiam parte ejus consilium nobis inutile non sit. Sive igitur utimur aliquando medicinæ præceptis, sive ea repudiamus ob aliquam causam earum, quas ante memoravimus, huc spectandum est, ut Deo placeamus, consulaturque animæ utilitati, et compleatur mandatum Apostoli, qui dicit : *Sive ergo manducatis, sive bibitis, sive quid facitis, omnia in gloriam Dei facite* [81].

[73] Prov. iii, 12. [74] I Cor. xi, 30-32. [75] Mich. vii, 9. [76] Joan. v, 14. [77] Job ii, 6. [78] Luc. xvi, 20. [79] ibid. 22, 25. [80] Act. xiv, 12. [1] I Cor. x, 31.

SANCTI PATRIS NOSTRI BASILII

CÆSAREÆ CAPPADOCIÆ ARCHIEPISCOPI

CAPITA REGULARUM BREVIUS TRACTATARUM.

401 1 An liceat aut expediat cuipiam, ut sibi permittat aut facere aut dicere quæ bona putat, citra testimonium divinarum Scripturarum.
2 Qualem professionem a se mutuo exigere debent, qui simul secundum Deum vivere volunt.
3 Quomodo convertemus peccantem, aut quomodo erga eum qui se non convertit, affici debemus.
4 Si quis etiam ob levia peccata urgeat fratres dicens, pœnitentiam ab ipsis esse agendam, nunquid et ipse immisericors est, et charitatem dissolvit.
5 Quæ cuique pro quoque peccato agenda pœnitentia sit.
6 Qui verbis confitetur se pœnitere, peccatum vero non corrigit, cujusmodi est.
7 Quodnam sit judicium adversus eos qui defendunt peccantes.
8 Quem vere pœnitet, quomodo is recipiendus est.
9 Quomodo erga eum qui citra pœnitentiam peccat, afficiamur.
10 Quanto cum tremore, quantisque cum lacrymis recedere debet a peccatis anima, quæ misere volutata est in multis peccatis.
11 Quomodo oderit quis peccata.
12 Quomodo persuasum esse potest animæ, Deum sibi peccata dimisisse.
13 An, qui post baptisma peccavit, debeat de salute sua desperare, maxime si in multis peccatis deprehensus fuerit : vel usque ad quam mensuram peccatorum sperandum sit in Dei bonitate per pœnitentiam.
14 Ex quibus fructibus probari debet vera pœnitentia.
15 Quid significet hoc : *Quoties peccaverit in me frater meus, et dimittam ei* [81].
16 Cur aliquando anima etiam citra conatum compungitur, dolore fere naturaliter in se incidente ; aliquando vero ita doloris expers est, ut etiam quovis conatu adhibito, compungi non possit.
17 Si quis comedere in animo habuerit, deinde condemnaverit se ipsum, an id sibi tanquam anxie sollicito vertendum sit vitio.
18 An par fuerit, ei qui in fratrum conventu aliquando deliquit, munus aliquod demandare post multam exercitationem, et si par sit, quale tandem illud esse debet.
19 Si quis venit in suspicionem peccati, **402** nec tamen aperte illud committat : nunquid debeat is observari, ut deprehendatur quod suspectum est.
20 An ille qui in peccatis versatus fuerit, refugere debeat hæreticorum societatem, aut etiam prave viventium consuetudinem declinare.
21 Unde mentis aberratio, et variæ cogitationes, et quomodo ipsas corrigamus.
22 Unde nascuntur inhonesta illa visa noctu contingentia.
23 Per qualia verba otiosus sermo judicatur.
24 Quid est convicium.
25 Quid est obtrectatio.
26 Qui detrahit fratri, vel audit detrahentem, et tolerat, qua dignus est pœna.
27 Si quis detrahat præfecto, quomodo ipsi attendemus.
28 De eo qui voce audaciore, et verbis petulantibus respondet.
29 Quomodo quis possit non irasci.
30 Quomodo exscindamus vitium concupiscentiæ malæ.
31 An ridere prorsus non liceat.
32 Intempestivus et immodicus sopor unde nascatur, et quomodo ipsum propulsemus.
33 Qua ratione deprehendatur quis studio placendi hominibus obnoxius esse.
34 Quomodo effugiat quis vitium complacendi hominibus.
35 Quo pacto agnoscatur superbus, et quomodo curetur.
36 Nunquid honos quærendus sit.
37 Quomodo qui piger est ad mandatum conficiendum, diligentiam studiumque possit recuperare.
38 Si præcipiatur aliquid fratri, et contradicat, postea vero a seipso abeat.
39 Si quis obediens murmuret.
40 Si quis frater fratri molestiam conficiat, quomodo emendandus sit.
41 Si nolit se purgare.
42 Quæ ratio tenenda sit, si is qui offendit, purget

---

[81] Matth. xviii, 21.

se, is vero qui offensus est, nolit cum eo in gratiam redire.
43 Quomodo quis auscultare debeat expergefacienti ad precandum.
44 Si is qui expergefactus fuit ad precandum fiat moestus, aut etiam irascatur, qua mulcta dignus est.
45 De eo qui negligit internosse Dei placita, ne gravius plectatur, tanquam qui cognoverit, nec tamen fecerit.
46 An qui alium patitur peccare, reus sit peccati.
47 Si erga eos qui peccant, silendum sit.
48 Quo termino judicetur avaritia.
49 Quid est perperam agere.
50 Si quis vestimentis pretiosioribus depositis, aliud vile, sive pallium, sive calceamentum, certo quodam modo velit, ut sibi conveniat, num peccet, aut quali morbo laboret.
51 Quid sonat *Raca* [81].
52 Quis sit inanis gloriæ cupidus, quisve placere hominibus studeat.
53 Quodnam sit inquinamentum carnis, et quod inquinamentum spiritus, et quomodo ab ipsis purgabimus nosmetipsos. Aut quæ est sanctimonia, et quomodo eam adipiscamur.
54 Quid est amor sui: item quomodo qui sui ipsius amore corripitur, cognoscet semetipsum.
55 Quodnam est discrimen inter amaritudinem, indignationem, iram et irritationem.
56 Quis est qui alta sapit, et quis arrogans, et quis superbus: item quis fastuosus, et quis inflatus.
57 Si quis vitio cuipiam inemendabili sit obnoxius, et frequentius reprehensus læditur, an profuerit magis hoc ipsi permittere.
58 An solum judicetur is, qui de industria mentitus est: aut etiam is, qui nesciens aliquid absolute contra veritatem locutus fuerit.
59 Si quis cogitaverit duntaxat aliquid facere, nec tamen fecerit, an is quoque velut mendax judicetur.
60 De eo qui proterve decrevit facere aliquid eorum quæ displicent Deo.
61 Si quis neque operari potest, neque psalmos discere velit.
62 Quid fecerit quis, ut condemnetur tanquam qui talentum occultavit.
63 Quid fecerit quis, ut condemnetur tanquam illi qui murmuraverunt contra postremos.
64 Quid est offendiculo esse, et qua id ratione cavebimus.
65 Quomodo quis veritatem detinet in injustitia.
66 Quid est altercatio, et quid contentio.
67 Quid est immunditia, et quid impuritas.
68 Quid est proprium iræ, et quid proprium æquæ indignationis.
69 De eo qui licet non minus edat quam cæteri, neque sit fracto et invalido corpore, conqueritur tamen, tanquam qui non queat operari.
70 Quomodo puniendus sit, qui vestibus aut calceamentis abutitur.
71 Non desunt qui ciborum suavitatem expetant magis quam copiam, alii vero satietatis ergo copiam anteponunt suavitati: qui igitur utrique tractandi sint.
72 De eo qui in cibis sumendis immodeste inter fratres recumbit, aut voracius sese ingurgitat.
73 De eo qui non fraternæ emendationis desiderio redarguit delinquentem, sed ex libidine se ipsum ulciscendi.
74 De iis qui recedunt a fratrum conventu, præferuntque vitam solitariam.
75 An peccati cujusque, sive mente, sive verbo, sive opere patratum fuerit, auctorem Satanam dicere oporteat.
76 An oporteat mentiri, videlicet utilis cujusdam œconomiæ causa.
77 Quid est dolus, et quid morum perversitas.
78 Inventores malorum qui sint.
79 Si quis assidue se ipsum accuset, quod durius tractet fratrem, quomodo corrigetur.
80 Unde fit, ut animus noster quasi destituatur bonis cogitationibus, sollicitudinibusque Deo placitis.
81 Si pii sunt eodem modo objurgandi, atque alii quivis indifferentes.
82 Si forte anus idem peccatum admiserit, quod adolescentula, num obnoxia sit mulctæ eidem.
83 Si quis multa recte gesserit, deliquerit vero in uno duntaxat, quomodo cum eo nobis agendum est.
84 De eo qui tumultuosis moribus atque turbulentis præditus est.
85 Si conveniat aliquid proprium habere in fratrum societate.
86 Si quis dicat: Neque accipio a fratribus, neque eis do, sed meis contentus sum: quid erga talem observandum est.
87 Si unicuique liceat suum vetus indumentum dare, cum voluerit, ex præcepto.
88 Quid est sollicitudo hujus vitæ.
89 Quia scriptum est: *Pretium redemptionis animæ viri, suæ ipsius divitiæ* [83]: quid nobis faciendum est, qui his destituimur?
90 Si licet nocturnum vestimentum habere, sive ex pilis confectum, sive aliud.
91 Si frater cui nihil proprium suppetit, rogatus fuerit ab aliquo, ut det id ipsum quod gestat: quid facere debeat, maxime si nudus fuerit, qui petit.

---

[81] Matth. v, 22. [83] Prov. xiii, 8.

92 Cum Dominus jubeat bona vendere, qua mente et quo sensu id faciendum est.

93. Qui semel bona sua reliquit, et proprium nihil habere professus est, quo animo uti debet rebus ad vitam necessariis, veluti vestitu ac victu.

94 De eo qui dereliquit tributa, et accessit ad fratres.

95 An expediat iis qui recens advenerunt, statim divinas Scripturas ediscere.

96 An permittendum sit cuilibet volenti, ut discat litteras, aut lectioni vacet.

97 Si quis dicit, Volo ad modicum tempus a vobis utilitatem capere, num excipiendus sit.

98 Quali animo præditus esse debet præfectus in iis quæ præcipit, aut constituit.

99 Quonam affectu oporteat increpantem increpare.

100 Qui forinsecus adveniunt mendicantque, quomodo hos dimittemus.

101 De eo, cui credita dispensatio est, et de mendicantibus.

102 De egrediente a fratrum cœtu quacunque de causa.

103 Cum usu veniat nonnunquam, ut et ipse senior labatur in aliquibus, an sit ipse redarguendus.

104 Quæ ratio tenenda sit in officiis fratribus delegandis.

105 An statim ut aliqui in fratrum conventum ingressi fuerint, debeant artes discere.

106 Cujusmodi pœnis in fratrum societate uti oporteat.

107 De eo qui dicit cupere se simul cum fratribus vivere.

108 An conveniat præfectum, præfecta absente, cum sorore aliqua loqui de iis, quæ pertinent ad fidei ædificationem.

109 An conveniat præfectum cum præfecta frequenter colloqui.

110 An ipso seniore sororis confessionem excipiente, ipsa etiam senior adesse debeat.

111 Si senior, sorore seniore inscia, jusserit aliquid a sororibus fieri, an senior illa jure ac merito indignetur.

112 Si quis accedit ad vitam quæ secundum Deum est, an conveniat talem recipi a præfecto citra consensum fratrum.

113 An possit is cui animarum cura concredita est, hoc observare : *Nisi conversi fueritis, et facti fueritis sicut parvuli* [84].

114 Nunquid cuivis et quodvis imperanti obedire conveniat.

115 Quomodo sibi invicem obedire oporteat.

116 Ad quosnam terminos se debet extendere obedientia.

117 Qui non assentitur iis quæ sibi quotidie injunguntur, quantum attinet ad propositum quoddam præceptum, et artem discere cupit; is quali morbo laborat, et nunquid tolerari debeat.

118 Qui strenuus est in mandato conficiendo, sed facit quod sibi non præcipitur, sed quod ipsi est placitum, qualem mercedem habet.

119 An liceat unicuique delatum sibi munus recusare, et aliud petere.

120 An conveniat aliquo abire non monito præfecto.

121 An licitum sit graviora opera rejicere.

122 Cui pœna hæc irrogata fuit, nimirum ut non accipiat benedictionem, si is dicat : Nisi accepero benedictionem, non edo : nunquid ferendus est.

123 Si quis molestia afficiatur, quod non permittatur facere id quod commode facere non potest, an tolerandus sit.

124 An ille qui usquam in hæreticos et gentiles incidit, debeat una cum ipsis cibum capere, aut ipsos salutare.

125 Cui munus aliquod creditum est, et sine ulla commonitione facit aliquid præter id quod ipsi injunctum fuit, debetne ille munus suum retinere.

126 Quomodo quis non vincatur a voluptate eduliorum.

127 Dicunt quidam fieri non posse, ut homo non irascatur.

128 Cum quis vult abstinentiam supra vires exercere, ita ut etiam in mandato, quod sibi proponitur, conficiendo impediatur, num id ei permittendum est.

129 De eo qui multum jejunat, et in edendo non potest cibum tolerare.

130 Quomodo jejunandum sit, ubi jejunio opus fuerit.

131 Qui non capit cibos, quos fratres edunt, sed alios requirit, num recte facit.

132 Qui dicit : Id mihi nocet, et ægre fert, nisi aliud datum fuerit : quid hoc est.

133 Si etiam murmuraverit ille ciborum causa.

134 Si etiam iratus recuset necessaria accipere.

135 An conveniat aliquem fatigatum quidquam consuetis amplius requirere.

136 An necesse sit omnes ad horam prandii convenire : et si quis non occurrit, sed post prandium venit, quomodo nobis cum eo agendum sit.

137 An recte faciat, qui verbi gratia statuit certo quodam aut cibo aut potu ad aliquod tempus abstinere.

138 An oporteat inter fratres aliquem plus aliis jejunare.

139 Imbecilliores ad laborem evadimus, aucto jejunio. Quid igitur magis facto opus est ? Labo-

[84] Matth. xviii, 3.

remne rescindere propter jejunium, an negligere jejunium propter laborem?

140 Si quis temperans non fuerit in noxiis cibis capiendis, imo vero his abunde sumptis incidat in morbum, nunquid cura illius sit suscipienda.

141 An conveniat peregrinos reperiri in officinis.

142 An debeant artifices opus ab aliquo accipere, citra præfecti sententiam.

143 Quomodo operarii commissa sibi instrumenta debeant accurare.

144 Si quis ex negligentia aliquod perdat, aut aliquo per contemptum abutatur.

145 Si quis ex seipso alicui commodet, aut illud accipiat.

146 Si urgente necessitate, præpositus ab ipso petat instrumentum, et contradicat.

147 Cum quis explendo cellarii aut coqui munere, vel quovis alio hujusmodi destinetur, si non interfuerit in constituto psalmodiæ et precationis tempore, isne nullum animæ detrimentum patitur.

148 Qualem potestatis mensuram inter dispensandum obtineat is cui cellarii cura fuit concredita.

149 Cuinam judicio obnoxius erit œconomus, si aliquid fecerit pro personarum ratione, aut per contentionem.

150 Si præ negligentia non dederit fratri necessaria.

151 An ministranti liceat voce altiore loqui.

152 De eo qui ultra quam vires ipsius ferre **407** possunt, in ministrando defatigatur.

153 Cui lanæ concreditæ sunt, quomodo debeat illas accurare.

154 Si forte cum pauci sunt fratres, et inserviunt pluribus sororibus, eo necessitatis deveniant ut a se invicem separentur, ad opera agenda divisi, utrum id periculo vacet.

155 Quomodo in hospitio tractare oporteat ægrotantes.

156 Nunquid is cui cellarii, aut alterius ejusmodi cura tradita est, debeat semper illius curam habere, aut immutari.

157 Quo animo quis debeat Deo servire.

158 Quo affectu debeat quivis mulctam sustinere.

159 Qui ægre fert increpantem, qualis est.

160 Quo animo debeamus fratribus inservire.

161 Qua humilitate debeat quis a fratre ministerium accipere.

162 Mutua charitas qualis esse debet.

163 Quomodo quis proximi dilectionem acquirere valeat.

164 Quidnam sibi velit illud : *Nolite judicare, et non judicabimini* [85].

165 Quomodo cognoscet quis, utrum Dei studio commoveatur in peccantem fratrem, an irascatur.

166 Quo animo ei qui ad mandatum conficiendum urget, auscultandum sit.

167 Qualis debet esse anima, quando prorsus digna habita est, quæ in Dei opere occupetur.

168 Quo affectu vestimentum aut calceamentum, qualecunque tandem fuerit, accipere oporteat.

169 Si frater junior jubeatur aliquid docere alterum ætate grandiorem, quomodo ipsum adibit.

170 Si æqualis habenda sit ratio, tum ejus qui aliquid magis recte facit, tum illius qui minus recte.

171 Si tristitia afficiatur inferior, cum is qui magis pius est, sibi anteponitur.

172 Quo timore, aut qua fidei plenitudine, aut quo animo corpus Domini nobis accipiendum sit.

173 An deceat tempore psalmodiæ, quæ in domo fit, colloquia seri.

174 Quomodo possit quis ex animo et cum alacritate exsequi Domini mandata.

175 Quomodo constat ab aliquo amari fratrem, juxta Domini mandatum.

176 Quinam sint inimici quos diligere jussi sumus.

177 Quomodo debeant fortes imbecillorum infirmitates portare.

178 Quid est, alterum alterius onera portare [86].

179 Quomodo potest quis absque charitate fidem habere tantam, ut montes transferat, aut bona sua omnia det pauperibus, aut **408** corpus suum tradat, ut exuratur.

180 Quo animo et qua attentione ea audienda sint, quæ nobis cibum sumentibus leguntur.

181 Si duæ fratrum societates fuerint inter se vicinæ, et altera egestate laboret, altera vero ad impertiendum sit arctior, quomodo inopem affici oportet erga tenacem.

182 Quibus fructibus probari debet qui ex misericordia peccantem redarguit.

183 Si contingat nonnunquam ut aliqui in fratrum conventu viventes dissideant inter se, an periculo vacet una cum eis versari, charitatis causa.

184 Quomodo possit quis, quoties vel hortatur, vel arguit, studere non solum quomodo scienter loquatur, sed etiam quomodo debitam tum Deo, tum iis quoque quibuscum sermonem habet, animi affectionem servet.

185 Si quis in loquendo auditores sibi assentientes videns, gaudeat, quo pacto cognoscet seipsum, affectune bono lætetur, an vitiosa quadam affectione sibi propria.

186 Pro quibus amicis animam ponere debemus.

187 An unusquisque ab iis qui sibi sanguine conjunguntur, quidquam accipere debeat.

188 Quomodo eos qui nostri olim fuere contubernales, et eos qui cognatione nobis conjunguntur, cum accedunt, videamus.

189 Si adhortando etiam velint nos ad propria reducere.

---

[85] Luc. vi, 37. [86] Gal. vi, 2.

190 An oporteat nos misereri cognatorum secundum carnem, salutem illorum concupiscentes.
191 Quis est mansuetus.
192 Quæ est tristitia secundum Deum, et quæ sit mundi tristitia.
193 Quale est in Christo gaudium.
194 Qualem luctum admittemus, ut beatitudine digni efficiamur [87].
195 Quomodo quis omnia facit ad gloriam Dei.
196 Quomodo edit quis bibitque ad gloriam Dei.
197 Quomodo efficiet dextera ut sinistra non cognoscat.
198 Quid sit humilitas, et quomodo eam assequemur.
199 Quomodo exoptaverit quis se etiam periculis objicere pro Domini mandato.
200 Quomodo ii qui diutius in Dei opere laboraverunt, possint recens accedentes juvare.
201 Quomodo quis attentionem in precando assequetur.
202 An fieri possit, ut in omnibus et semper acquiratur attentio.
203 Utrum eorum quæ secundum Domini mandatum fiunt, una et eadem mensura in omnibus sit, an alius majorem, alius vero habeat minorem.
204 Quomodo quis efficitur dignus, qui fiat Spiritus sancti particeps.
205 Qui sint pauperes spiritu [88].
206 Cum Dominus præcipiat ut ne simus solliciti quid edamus, aut quid bibamus, aut quo tegamur [89], quousque id mandati se extendit, et quomodo perficitur.
207 Qua mente laborare oporteat.
208 An bonum sit penitus silentium excolere.
209 Quomodo timere potuerimus Dei judicia.
210 Quis sit amictus ille honestus ab Apostolo traditus.
211 Quis modus diligendi Deum.
212 Quomodo Dei dilectio obtineatur.
213 Quæ sint indicia charitatis erga Deum.
214 In quo discrepant a se invicem benignitas et bonitas.
215 Quis sit pacificus ille qui a Domino dicitur beatus [90].
216 In qua re converti oporteat, ac fieri velut parvulos [91].
217 Quomodo suscipiamus regnum Dei velut parvulus.
218 Qualem intelligentiam a Deo exposcere debeamus.
219 Si beneficium acceperimus ab aliquo, quomodo tum Domino debitam gratiarum actionem puram ac integram persolvere, tum eam etiam quæ benefacienti debetur, scite et rite rependere poterimus.

220 An cuilibet volenti permittendum sit ut cum sororibus in colloquium veniat.
221 Cum Dominus doceat orandum esse, ut ne intremus in tentationem [92], an orandum sit ut ne in corporis dolores incidamus.
222 Quis sit uniuscujusque nostrum adversarius, quomodove erga ipsum erimus benevoli [93].
223 Qui ob aliquam rationem Deo placitam jejunare vult, cum etsi non velit videtur ab hominibus, quid faciet.
224 An etiam nunc alii a prima hora operentur, alii ab undecima, et quinam hi sint [94].
225 Cum Dominus dixerit: *Ubi duo vel tres fuerint congregati in nomine meo, ibi sum in medio eorum* [95], quomodo hoc digni effici valeamus.
226 Cum Apostolus dicat: *Dum maledicimur, benedicimus: dum blasphemamur, obsecramus* [96], quomodo benedicere debeat cui maledicitur, et quid obsecrare qui blasphematur.
227 Utrum oporteat unumquemque ea quæ sentit, aliis etiam patefacere, an cum sibi persuasum fuerit, rem fieri Deo placitam, eam debeat apud seipsum continere.
228 Nunquid voluntas eorum qui scandalizantur, in omni re explenda sit, an vero sint quædam, in quibus simulatione utendum non sit, quanquam scandalum patiuntur nonnulli.
229 An oporteat vetitas actiones citra verecundiam omnibus publicare, aut aliquibus duntaxat, et quinam hi sint.
230 Quid est cultus, et quis est rationalis cultus [97].
231 Si frater inique se gerat in me, et inimicus sit mihi, aut aliquando etiam sacerdos, an liceat mihi data de inimicis præcepta etiam erga illum servare.
232 Si quis ab aliquo injuria affectus nemini id referat, lenitatis et patientiæ causa, et Deo judicium relinquere videatur, an secundum Dominum faciat.
233 Ex omnibus recte factis si vel unum desit alicui, utrum propterea salutem non adipiscatur.
234 Quomodo quis mortem Domini annuntiabit.
235 An expediat multa ex Scripturis ediscere.
236 Qui digni habiti sunt, ut discerent quatuor Evangelia, quomodo hanc gratiam suscipere debeant.
237 Quinam animus dirigitur ad Dei voluntatem.
238 Nunquid fieri possit, ut quis sine ulla intermissione psallat, legatve, aut seria tractet de Dei verbis, nec ullum temporis spatium medium detur, cum usu veniat, ut nonnulli sordidioribus corporis necessitatibus cogantur satisfacere.
239 Quis sit bonus thesaurus, et quis malus.
240 Quamobrem dicta sit lata porta, et spatiosa via, quæ ducit ad interitum [98].
241 Quomodo angusta sit porta, et arcta via, quæ

---

[87] Matth. v, 5. [88] ibid. 3. [89] Matth. vi, 31. [90] Matth. v, 9. [91] Matth. xviii, 3. [92] Luc. xxii, 40. [93] Marc. vii, v, 25. [94] Matth. xx, 1 sqq. [95] Matth. xviii, 20. [96] I Cor. iv, 12. [97] Rom. xii, 1. [98] Matth. 13.

ducit ad vitam, et quomodo quis per ipsam ingrediatur.

242 Quid sit illud : *Fraterno amore, ad vos mutuo diligendos proni*[1].

243 Quid sibi velit Apostolus, cum dicit : *Irascimini et nolite peccare ; sol non occidat super iram vestram*[2] : ac etiam cum alibi dixit : *Omnis amaritudo, et indignatio, et ira tollatur a vobis*[3].

244 Quid sit illud : *Date locum iræ*[4].

245 Quis sit prudens ut serpens, et simplex sicut columba.

246 Quid significet illud : *Charitas non indecore se gerit*[5].

247 Quæ sit gloriatio in Domino[6], et quæ sit interdicta.

248 Si Dominus dat sapientiam, et a facie ipsius oriatur cognitio et prudentia : item si per Spiritum alii datur sermo sapientiæ, alii vero sermo scientiæ, quomodo exprobrat Dominus discipulis illud : *Adhuc et vos sine intelligentia estis*[7] ; et qua ratione Apostolus quosdam accuset veluti imprudentes.

249 Quid sit sanctum, et quid sit justum.

250 Quomodo det quis sanctum canibus, aut projiciat margaritas ante porcos : aut quomodo contingat quod sequitur : *Nequando conculcent eas pedibus suis, et conversi disrumpant vos*[8].

251 Quomodo Dominus interdum prohibeat gestare sacculum et peram in via, interdum vero dicat : *Sed nunc qui sacculum habet, tollat similiter et peram. Et qui non habet, vendat vestem suam, et emat gladium*[9].

252 Quis sit panis quotidianus, cujus quotidianam largitionem rogare edocti sumus.

253 Quid sit talentum, et quomodo illud multiplicabimus.

254 Quid sit mensa, in quam oportebat te, inquit Dominus, mittere pecuniam.

255 Quo abire jussus est qui audivit, *Tolle* **411** *quod tuum est, et vade*[10].

256 Quænam sit merces quam hi pariter atque ultimi accipiunt.

257 Quinam sint palea quæ comburitur igne inexstincto[11].

258 Quisnam sit qui condemnatur ab Apostolo his verbis : *Volens in humilitate et religione*[12], etc.

259 Quisnam sit fervens spiritu[13].

260 Cum Apostolus nunc quidem dicat : *Nolite fieri imprudentes*[14] : nunc vero, *Nolite prudentes esse apud vosmetipsos*[15], an fieri possit, ut apud semetipsum prudens non sit is qui imprudens non est.

261 Quam ob rem ipsi etiam sancti aliquas res quas petivere, non impetrarint a Domino.

262 Quid intersit inter mendicitatem et paupertatem : et quomodo verum dicat David, cum ait : *Ego autem mendicus sum et pauper*[16].

263 Quid vult docere Dominus per exempla, quibus subjungit illud : *Sic ergo omnis ex vobis qui non renuntiat omnibus bonis suis, non potest meus esse discipulus*[17].

264 Quid sit sinceritas.

265 An ad solos sacerdotes dictum sit : *Si offers munus tuum ad altare*[18], et reliqua.

266 Quid sit sal quem habere Dominus jussit[19].

267 Si alius multis vapulabit, alius paucis[20], quomodo dicant nonnulli, nullum pœnarum finem futurum iis qui puniendi sunt.

268 Quonam sensu dicantur quidam filii inobedientiæ et filii iræ[21].

269 Cum scriptum sit : *Facientes voluntates carnis, et cogitationum*[22], an aliæ sint carnis voluntates, aliæ cogitationum : et quales sint hæ.

270 Quid sit illud : *Aporiamur, sed non destituimur*[23].

271 An per eleemosynam purgabitur quispiam ab omnibus quæ admiserit peccatis.

272 Cum Domini præceptum sit, non sollicitum esse de crastino[24], quomodo salubriter id præcepti intelligemus.

273 Quid sit, quod cum quis fecerit, blasphemat in Spiritum sanctum[25].

274 Quomodo quis in hoc sæculo efficiatur fatuus.

275 An sancti propositum impedire Satanas possit.

276 Quid sit, quod dictum fuit ab Apostolo : *Ut probetis quæ sit voluntas Dei bona, et beneplacens, et perfecta*[26].

277 Quodnam sit cubiculum, in quod orantem intrare Dominus jubet.

278 Quomodo spiritus cujuspiam oret, mens tamen illius infructuosa sit[27].

279 Quid sibi vult illud : *Psallite sapienter*[28].

280 Quis sit qui mundus est corde[29].

281 Quæ soror psallere non vult, num cogenda est.

282 Quinam sint ii qui dicunt : *Manducavimus coram te et bibimus*, et tamen audierunt : *Non novi vos*[30].

412 283 An is qui facit alicujus voluntatem, sit illius socius.

284 Si in egestate sit fratrum societas ob aliquam morborum afflictationem, an sine ulla dubitatione ab aliis queat necessaria recipere ; et si convenit, a quibus isthæc accipiet.

285 Utrum fratres cum fratribus negotiantes, ju-

---

[19] Marc. vii, 14. [1] Rom. xii, 10. [2] Ephes. iv, 26. [3] ibid. 31. [4] Rom. xii, 19. [5] I Cor. xiii, 5. [6] II Cor. x, 17. [7] Matth. xv, 16. [8] Matth. vii, 6. [9] Luc. xxii, 36. [10] Matth. xx, 14. [11] Matth. iii, 12. [12] Coloss. ii, 18. [13] Rom. xii, 11. [14] Ephes. v, 17. [15] Rom. xii, 16. [16] Psal. xxxviii, 18. [17] Luc. xiv, 33. [18] Matth. v, 23. [19] Marc. ix, 49. [20] Luc. xii, 47. [21] Ephes. ii, 6. [22] ibid. 2. [23] I Cor. iv, 8. [24] Matth. vi, 34. [25] Marc. iii, 29. [26] Rom. xii, 2. [27] I Cor. xiv, 14. [28] Psal. xlvi, 8. [29] Matth. v, 8. [30] Luc. xiii, 26, 27.

| stum rei traditæ pretium sollicite anxieque requirere debeant.

286 Qui in fratrum societate vivit, sed incidit in morbum corporalem, an abducendus sit in hospitium.

Hæc duntaxat complectebatur allatum ex Ponto exemplar. Reliqua autem XXVII capita cum animadversionibus addita sunt ex codice Cæsariensi.

287 Qui sint fructus pœnitentia digni.

288 Qui vult confiteri peccata sua, num omnibus et quibuslibet debet confiteri, aut quibus.

289 Quem pœnituit peccati, et rursus in idem peccatum labitur, quid faciet.

290 Quomodo quis semper magis ac magis proficit in opere Domini.

291 Quæ sit arundo contrita, aut fumigans linum : et quomodo quis illam non confringet, hoc vero non exstinguet [31].

292 An conveniat in fratrum conventu puerorum sæculo addictorum magistrum esse.

293 Quomodo cum iis agendum sit, qui devitant graviora peccata, levia vero patrant indiscriminatim.

294 Qua de causa non servet aliquis assiduam Dei memoriam.

295 Quibus signis cognoscatur qui non est attento animo.

296 Quomodo animus habeat persuasum se a peccatis purum esse.

297 Quomodo a peccatis converti oporteat.

298 An Scriptura permittat bona facere ad sibi ipsi placendum.

299 Quomodo sibi persuadebit animus, se a gloriæ studio alienum esse.

300 Quis modus conversionis, cum de re sub aspectum non cadente fit sermo.

301 Quod si dicat quis : Non mea me condemnat conscientia.

302 An ex cella penaria erogandum sit externis inopibus.

303 An in fraterna communitate iis quæ a quibusvis dicuntur, obediendum sit.

304 Utrum pro iis qui fratribus fuere oblati, aliquid accipere oporteat ab eorum parentibus, si dare aliquid voluerint.

305 An ab externis conveniat accipere, sive amicitiæ, sive prioris propinquitatis gratia.

413 306 Qua ratione vitatur mentis aberratio.

307 An alternis vicibus incipiendum sit psallere aut precari.

308 An fratribus aliquid danti, vicissim retribuere oporteat : et si convenit pro ratione rei datæ rependere vices.

309 Si consueta, et quæ secundum naturam sunt, cuipiam contingant, an audere debeat ad sanctorum communionem accedere.

310 Nunquid in communi domo Dominicam cœnam conveniat celebrari.

311 Utrum cum aliqui rogant, eos invisere oporteat.

312 An laici qui nos invisunt adhortandi sint ad precationem.

313 An cum aliqui nos visitant, oporteat laborare.

PROŒMIUM

IN REGULAS BREVIUS TRACTATAS.

Benignus Deus, qui docet hominem scientiam [31], iis quidem quibus creditum est donum docendi præcipit per Apostolum, ut perseverent in doctrina [32], eos vero qui divinorum documentorum ædificatione indigent, per Moysen admonet, dicens : *Interroga patrem tuum, et annuntiabit tibi : majores tuos, et dicent tibi* [33]. Quapropter necesse est nos quidem, quibus creditum est munus docendi, paratos esse omni tempore et promptos ad instruendas perficiendasque animas, et modo publice coram tota Ecclesia contestari, modo privatim permittere unicuique eorum, qui ad nos accesserint, ut suo arbitratu nos seorsum rogare possint quæ pertinent et ad sanitatem fidei, et ad veritatem ejus vivendi ritus qui est ex Evangelio Domini nostri Jesu Christi, ex quibus utrisque homo Dei constanter perficitur : vos vero nihil otiosum, nihil vobis infructuosum relinquere, sed præter ea quæ in communi discitis, etiam privatim de rebus conducibilibus interrogare, et omne vitæ otium ad vestram utilitatem dirigere. Ergo si nos in hoc congregavit Deus, multaque, quod ad externos tumultus attinet, requie perfruimur, neque ad quidquam aliud agendum convertamur, neque somno rursus corpora tradamus, sed in meditandis ac expendendis rebus necessariis transigamus reliquam notis partem, explentes quod dictum est a beato Davide : *In lege Domini meditabitur die ac nocte* [35].

[31] Matth. xii, 20. [32] Psal. xciii, 10. [33] I Tim. i, 3. [34] Deut. xxxii, 7. [35] Psal. i, 2.

SANCTI PATRIS NOSTRI

BASILII

Cæsareæ Cappadociæ archiepiscopi,

414 INTERROGATIO I.

An liceat, aut expediat alicui, ut sibiipsi permittat facere dicereve quæ bona existimat, citra testimonium divinarum Scripturarum.

RESPONSIO.

Cum Dominus noster Jesus Christus dicat quidem de sancto Spiritu, *Non enim loquetur a semetipso, sed quæcunque audierit, hæc loquetur* [36]; de seipso vero : *Non potest Filius a se facere quidquam* [37]; et iterum : *Ego ex meipso non sum locutus, sed qui misit me Pater, ipse mihi mandatum dedit quid dicam, et quid loquar : et scio quia mandatum ejus vita æterna est : quæ ergo ego loquor, sicut dixit mihi Pater, sic loquor* [38]; quis eo dementiæ deveniet, ut a seipso audeat aliquid vel cogitatione concipere, qui scilicet ductore sancto et bono Spiritu indigeat, ut dirigatur in viam veritatis, sive in mente, sive in sermone, sive in actione, et cæcus sit, et in tenebris degat, sine sole justitiæ ipso Domino nostro Jesu Christo, qui suis mandatis tanquam radiis illuminat? *Præceptum enim Domini,* inquit, *lucidum, illuminans oculos* [39]. Sed quoniam rerum aut verborum apud nos usitatorum alia in sancta Scriptura per Domini mandatum declarata sunt, alia silentio prætermissa : de iis quidem quæ scripta sunt, nulli omnino licet aut aliquid facere eorum quæ vetita sunt, aut aliquid omittere eorum quæ jussa sunt, cum Dominus semel præceperit, ac dixerit : *Et servabis verbum quod præcipio tibi hodie : non adjicies ad ipsum, nec detrahes ab ipso* [40]. Formidabilis enim quædam judicii exspectatio superest, atque æmulatio ignis, qui eos qui aliquid ejusmodi audent, devorabit [41] : de iis vero quæ silentio præterita sunt, regulam nobis tradidit apostolus Paulus cum dixit : *Omnia mihi licent, sed non omnia expediunt : omnia mihi licent, sed non omnia ædificant. Nemo quod suum est, quærat : sed quod alterius, unusquisque* [42]. Quare necesse omnino est, aut Deo ex ejus mandato subjici, aut aliis 415 propter mandatum illius. Scriptum est enim : *Subjecti invicem in timore Christi* [43]. Quin et Dominus ait : *Qui vult inter vos esse magnus, sit omnium postremus, et omnium servus* [44]; abalienatus videlicet a suis voluntatibus, exemplo ipsius Domini, dicentis : *Descendi de cœlo, non ut faciam voluntatem meam, sed voluntatem ejus, qui misit me, Patris* [45].

INTERROGATIO II.

Qualem professionem a se mutuo exigere debeant qui simul secundum Deum vivere volunt.

RESPONSIO.

Eam, quæ a Domino cuique accedenti proposita est, cum dixit : *Si quis vult post me venire, abneget semetipsum, et tollat crucem suam, et sequatur me* [46]. Qualem autem vim habeat horum unumquodque, dictum est in ea, quæ ad ipsum pertinet, interrogatione.

INTERROGATIO III.

Quomodo convertemus peccantem : aut si non convertat sese, quomodo cum illo agendum sit.

RESPONSIO.

Velut præceptum est nobis a Domino, cum dixit : *Si peccaverit frater tuus, vade, corripe eum inter te et ipsum solum. Si te audierit, lucratus es fratrem tuum ; si vero non audierit, adhibe tecum etiam unum, aut duos, ut in ore duorum testium aut trium stet omne verbum. Quod si non audierit eos, dic Ecclesiæ. Si autem non audierit quoque Ecclesiam, sit tibi sicut ethnicus et publicanus* [47]. Si itaque hoc contingat, *Sufficit tali objurgatio hæc, quæ fit a pluribus* [48] ; cum Apostolus scripserit . *Argue, increpa, obsecra in omni patientia, et doctrina* [49]. Et rursus : *Quod si quis non obedit verbo nostro, per epistolam hunc notate, et ne commisceamini cum illo, ut confundatur* [50].

INTERROGATIO IV.

Si quis pro levissimis etiam peccatis coarctet ac urgeat fratres, his verbis : Debetis agere pœnitentiam, nunquid et ipse immisericors est, et charitatem dissolvit.

RESPONSIO.

Cum Dominus affirmaverit iota unum aut unum apicem a lege non præterire, donec omnia fiant [51], pronuntiaveritque homines de omni verbo otioso quod locuti fuerint, rationem in judicii die esse reddituros [52], nihil contemnendum est quasi parvum. *Qui enim,* inquit, *rem contemnit, contemnetur ex ea* [53]. Et alias quale peccatum audeat quis parvum dicere, postquam 416 Apostolus hanc protulit sententiam : *Per prævaricationem legis Deum inhonoras* [54]? Quod si stimulus mortis peccatum est, non hoc, aut illud, sed indefinite omne omnino peccatum, immisericors est qui silet, non qui redarguit, tanquam qui venenum relinquat in eo qui a venenata bestia morsus est, non autem eximat. Quinetiam qui ejusmodi est, evertit charitatem. Scriptum est enim : *Qui parcit baculo, odit filium suum : qui autem diligit, diligenter castigat* [55].

INTERROGATIO V.

Quomodo debeat quis pœnitentiam agere de singulis peccatis, et cujusmodi fructus pœnitentia dignos ostendere.

RESPONSIO.

Nimirum si habeat animum illius, qui dixit : *Iniquitatem odio habui, et abominatus sum* [56]. Item si præstiterit quæ referuntur in sexto Psal-

---

[36] Joan. xvi, 13. [37] Joan. v, 19. [38] Joan. xii, 49, 50. [39] Psal. xviii, 9. [40] Deut. iv, 2. [41] Hebr. x, 27. [42] I Cor. x, 22-24. [43] Ephes. v, 21. [44] Marc. ix, 34. [45] Joan. vi, 38. [46] Matth. xvi, 24. [47] Matth. xviii, 15-17. [48] II Cor. ii, 6. [49] I Tim. iv, 2. [50] II Thess. iii, 14. [51] Matth. v, 18. [52] Matth. xii, 36. [53] Prov. xiii, 13. [54] Rom. ii, 23. [55] Prov. xiii, 24. [56] Psal. cxviii, 163.

imo, et in aliis multis, et si fecerit quæ ob peccatum ab alio admissum facta fuisse testatur Apostolus, ab iis qui secundum Deum contristati fuerant. *Ecce enim*, inquit, *hoc ipsum secundum Deum contristari vos, quantam in vobis operatum est sollicitudinem : sed defensionem, sed indignationem, sed timorem, sed desiderium, sed vindictam, sed æmulationem. In omnibus exhibuistis vos incontaminatos esse in negotio* [87]. Itidem si, Zachæi exemplo, oppositam virtutem crebro excoluerit.

INTERROGATIO VI.

Qui verbis confitetur se pœnitere, peccatum vero non corrigit, quis est.

RESPONSIO.

Existimo de eo qui hujusmodi est, id scriptum fuisse : *Si te rogaverit inimicus magna voce, ne credideris ei : septem enim sunt nequitiæ in anima ejus* [58]. Et alio in loco : *Sicut canis cum redierit ad suum vomitum, et odibilis efficitur: sic homo sua malitia revertens ad peccatum suum* [59].

INTERROGATIO VII.

Quodnam est judicium adversus eos qui peccantes defendunt.

RESPONSIO.

Gravius quam quod prolatum fuit in eum de quo dictum est : *Expedit illi ut suspendatur mola asinaria circa collum ejus, et projiciatur* **417** *in mare, quam ut scandalizet unum de pusillis istis* [60]. Non enim jam objurgationem ad emendationem, sed defensionem ad peccati confirmationem accipit qui peccavit, imo vero invitat alios ad similia vitia : quamobrem defensori hujusmodi et patrono, nisi ediderit fructus pœnitentia dignos, convenit quod a Domino dictum est : *Si oculus tuus dexter scandalizat te, erue eum et projice abs te. Expedit enim tibi ut pereat unum membrorum tuorum, et non totum corpus tuum conjiciatur in gehennam* [61].

INTERROGATIO VIII.

Quomodo debet suscipi, quem vere pœnitet.

RESPONSIO.

Velut Dominus docuit, cum dixit : *Convocat amicos, et vicinos, dicens : Congratulamini mihi, quia inveni ovem meam, quæ perierat* [62].

INTERROGATIO IX.

Quomodo erga eum qui citra pœnitentiam peccat, erimus animati.

RESPONSIO.

Uti Dominus præcepit, cum dixit : *Si autem et Ecclesiam non audierit, sit tibi sicut ethnicus et publicanus* [63]; et sicut Apostolus docuit, cum scripsit : *Subtrahatis vos ab omni fratre ambulante inordinate, et non secundum traditionem quam acceperunt a nobis* [64].

INTERROGATIO X.

Anima quæ in multis peccatis misere versata fuerit, quo timore et quibus lacrymis recedere debeat a peccatis, et qua spe quave affectione ad Deum accedere.

RESPONSIO.

Primum quidem odisse debet reprobam suam vitam anteactam, et ipsam ejus memoriam exsecrari detestarique. Scriptum est enim : *Iniquitatem odio habui et abominatus sum, legem autem tuam dilexi* [65]. Deinde vero timoris magistram assumere æterni judicii ac supplicii comminationem; itemque cognoscere, tempus lacrymarum tempus esse pœnitentiæ, uti docuit David in sexto psalmo. Quippe certissime credat peccata purgari per sanguinem Christi, in magnitudine misericordiæ, et multitudine miserationum Dei, qui dixit : *Si fuerint peccata vestra quasi phœniceum, sicut nivem dealbabo; et si fuerint ut coccinum, sicut lanam dealbabo* [66]. Tum demum nacta facultatem ac potestatem placendi Deo, dicit : *Ad vesperum demorabitur fletus, et* **418** *ad matutinum lætitia. Convertisti planctum meum in gaudium mihi: conscidisti saccum meum, et circumdedisti me lætitia, ut cantet tibi gloria mea* [67]. Atque ita accedens, psallit Deo, ac dicit : *Exaltabo te, Domine, quoniam suscepisti me, nec delectasti inimicos meos super me* [68].

INTERROGATIO XI.

Quomodo oderit quis peccata.

RESPONSIO.

Eventus tristis ac molestus semper odium parit in eos qui ejusmodi rerum auctores sunt. Si cui igitur persuasum sit, quot et quantorum malorum causa peccata sint, ea sponte et ex animo prosequitur ejusmodi odio, quale ostendit, qui dixit : *Iniquitatem odio habui et abominatus sum* [69].

INTERROGATIO XII.

Quomodo animus habeat persuasum, peccata sibi a Deo fuisse remissa.

RESPONSIO.

Nempe si viderit affectum se, sicuti illum, qui dixit : *Iniquitatem odio habui et abominatus sum* [70]. Deus enim cum unigenitum Filium suum pro remissione peccatorum nostrorum demisit, ea, quantum in ipso fuit, omnibus in antecessum condonavit. Quoniam autem misericordiam et judicium David sanctus canit [71], testaturque Deum misericordem esse et justum, necesse fuerit quæ et prophetæ et apostoli in locis ubi de pœnitentia agunt, retulere, ea a nobis effici, ut appareant judicia justitiæ Dei, et misericordia ipsius in condonandis peccatis exerceatur.

---

[57] II Cor. vii, 11. [58] Prov. xxvi, 25. [59] ibid. 11. [60] Luc. xvii, 2. [61] Matth. v, 29. [62] Luc. xv, 6. [63] Matth. xviii, 17. [64] II Thess. iii, 6. [65] Psal. cxviii, 163. [66] Isa. i, 18. [67] Psal. xxix, 6, 12, 13. [68] Psal. xxix, 2. [69] Psal. cxviii, 163. [70] ibid. [71] Psal. c, 1.

INTERROGATIO XIII.

An oporteat post baptisma peccantem de salute desperare, si inveniatur in multitudine peccatorum: aut usque ad cujusmodi mensuram peccatorum sperandum sit in benignitate Dei, per pœnitentiam.

RESPONSIO.

Si fieri potest ut multitudo miserationum Dei numeretur, ac magnitudo misericordiæ Dei mensura quapiam circumscribatur, collata cum multitudine et magnitudine peccatorum, tunc abjiciatur spes omnis. Quod si ea, ut constat, et ad mensuram et ad numerum redigi possint, fieri autem non queat ut metiatur quis Dei misericordiam, ac miserationes numeret, non tempus est desperandi, sed agnoscendi misericordiam, ac detestandi peccata, quorum venia **419** proponitur in Christi sanguine, velut scriptum est. Quod autem nequaquam desperandum sit, docemur ex multis locis, multisque modis, maxime autem ex parabola Domini nostri Jesu Christi, quæ de eo filio narratur [72], qui acceptam hæreditatem paternam insumpserat in peccata. Cujus pœnitentia qualem et quantam celebritatem meruerit, ex ipsis Domini verbis ediscimus. Sed et per Isaiam dicit Deus: *Si fuerint peccata vestra quasi phœniceum, sicut nivem dealbabo: et si fuerint ut coccinum, sicut lanam dealbabo* [73]. Quod quidem tantummodo verum esse nobis sciendum est, si pœnitentiæ modus ex animi affectione peccatum exsecrante eximius et excellens adhibeatur, sicut scriptum est tum in Veteri, tum in Novo Testamento: et edatur fructus dignus, uti dictum est in ea, quæ ad hoc pertinet, interrogatione.

INTERROGATIO XIV.

Ex quibus fructibus probanda sit vera pœnitentia.

RESPONSIO.

Mores pœnitentium, et affectus recedentium a peccato, et studium fructuum pœnitentia dignorum relata sunt in suis locis.

INTERROGATIO XV.

Quid hoc sibi vult: « *Quoties peccaverit in me frater meus, et remittam ei* [74]? » *Et in cujusmodi peccatis meum est condonare.*

RESPONSIO.

Potestas remittendi non absolute tradita est, sed consistit in obedientia pœnitentis, et in concordia quæ habenda est cum eo, qui animam ipsius curat. Scriptum namque est de talibus: *Si duo ex vobis consenserint super terram, de omni re quamcunque petierint, fiet illis a Patre meo, qui in cœlis est* [75]. At vero de cujusmodi peccatis id sit intelligendum, ne quærere quidem licet, cum Testamentum Novum nullum nobis discrimen indicet, sed quibuslibet rite pœnitentibus polliceatur veniam cujusque: et A maxime, cum Dominus ex sua ipsius persona pollicitus sit de omni re.

420 INTERROGATIO XVI.

Cur aliquando anima etiam sine conatu, dolore naturaliter fere quasi illapso, compungatur, aliquando vero ita doloris expers sit, ut etiam conatu adhibito compungi non possit.

RESPONSIO.

Talis quidem compunctio donum Dei est, aut ad excitandum desiderium, ut animus gustata doloris ejusmodi dulcedine, eum excolere studeat, aut ad id demonstrandum, posse animum diligentioris studii ope in assidua compunctione versari, ut nullus sit excusationi locus iis qui illam ex negligentia amiserint: sed conari, et tamen non posse, simul et nostram negligentiam cui in alio tempore dediti fuerimus, manifeste arguit (neque enim fieri potest, ut quis derepente aliquid aggressus, id assequatur citra meditationem, ac citra multam assiduamque exercitationem), et eodem tempore indicio est, animum subjici vitiis aliis, neque sibi ab his permitti, ut vel ad ea quæ vult liber sit; juxta eam quam Apostolus protulit sententiam: *Ego autem carnalis sum, venumdatus sub peccato. Non enim quod volo, hoc ago: sed quod odi, illud facio* [76]. Et rursus: *Nunc autem jam non ego operor illud, sed quod habitat in me peccatum* [77]: nimirum Deus ipse id nobis ad nostram utilitatem contingere sinit, si quomodo animus per ea quæ invitus patitur, cognitionem attingat ejus, in cujus potestate sit, et ut sibiipsi conscius quibus in rebus peccato serviat præter voluntatem, resipiscat ex laqueo diaboli, inveniens Dei misericordiam ad eos quos vere pœnitet suscipiendos paratam.

INTERROGATIO XVII.

Si quis comederе in anima habuerit, deinde condemnaverit seipsum, nunquid id ei tanquam anxie sollicito sit vitio vertendum.

RESPONSIO.

Sane si memoria, nondum natura perturbante, prævertit esuriendi tempus, manifesta est animi aberratio, accusans ipsius tum erga præsentia affectionem, tum erga ea quæ Deo placent, segnitiem. Parata est autem etiam sic Dei misericordia. Etenim si quis seipsum condemnarit, pœnitentiæ causa absolutus est a crimine, et si caverit de cætero lapsum, memor Domini qui dixit, *Ecce sanus factus es, jam noli peccare, ne deterius tibi aliquid contingat* [78]. Quod si cogente natura, et fame invalescente, sensus commoveat **421** memoriam, sed tamen superet ratio tum ob studium, tum ob suam circa meliora occupationem; memoria hæc non condemnanda est, sed victoria laudanda.

INTERROGATIO XVIII.

An par fuerit, ei qui in fratrum conventu aliquando deliquit, munus aliquod demandare post multam

---

[72] Luc. xv, 13 sqq. [73] Isa. i, 18. [74] Matth. xviii, 21. [75] ibid. 19. [76] Rom. vii, 14, 15. [77] ibid. 17. [78] Joan. v, 14.

exercitationem, et si par sit, quale tandem illud esse debeat.

RESPONSIO.

Memores Apostoli dicentis, *Sine offensione estote et Judæis, et Gentibus, et Ecclesiæ Dei : sicut et ego per omnia omnibus placeo, non quærens quod mihi utile est, sed quod multis, ut salvi fiant* [79], multam adhibere debemus curam, ne quod offendiculum demus Evangelio Christi, neve infirmis simus offensioni, et ne quosdam instruamus ad improbitatem. Quamobrem in his quoque qui hujusmodi sunt, necessario considerandum est et expendendum id quod faciat ad fidei ædificationem, et ad cujusque virtutis in Christo profectum.

INTERROGATIO XIX.

Si quis veniat in suspicionem peccati, nec tamen aperte illud committat, nunquid debeat is observari, ut deprehendatur id quod suspectum est.

RESPONSIO.

Pravæ suspiciones, et quæ a proposito malevolo proficiscuntur, culpantur ab Apostolo [80]. Verum is cui fuit demandata omnium cura, omnes observet necesse est, in charitate Christi, et desiderio illius qui suspectus est, curandi, ut fiat quod dictum est ab Apostolo : *Ut exhibeamus omnem hominem perfectum in Christo Jesu* [81].

INTERROGATIO XX.

Debetne is qui in peccatis versatus fuerit, hæreticorum societatem refugere, aut etiam prave viventium consuetudinem declinare.

RESPONSIO.

Cum Apostolus dixerit, *Subtrahatis vos ab omni fratre ambulante inordinate, et non secundum traditionem quam acceperunt a nobis* [82], in universum quævis cujusque rei vetitæ societas et in mente, et in sermone, et in actione, noxia est omnibus et periculosa. Est autem operæ pretium eos qui in peccatis versati sunt, sese etiam diligentius observare. Primum quidem, quod animus peccato assuetus, ad illud ut plurimum proclivior sit : deinde vero, quod quemadmodum in curandis iis qui corpore laborant, cautione majore opus est, ita ut ea etiam quæ sanis utilia sunt, sæpenumero rejiciantur, ita in iis etiam qui animo ægrotant, multo major cautio et diligentia requiratur. Quantum autem detrimentum accedat ex peccantium societate, idem Apostolus hocce argumento declarat : *Modicum fermentum totam massam fermentat* [83]. Quod si ab iis qui in moralibus errant tantum affertur detrimentum, ecquid de iis dicendum est, qui prave sentiunt de Deo, quos opinio prava ne in cæteris quidem sanos esse permittit, semel ob ipsam ignominiæ vitiis traditos? uti liquet ex multis locis, et maxime ex iis quæ in Epistola ad Romanos de quibusdam dicta

sunt hunc in modum : *Et sicut non probaverunt Deum habere in notitia, tradidit illos Deus in reprobum sensum, ut faciant ea quæ non conveniunt: repletos omni iniquitate, fornicatione, malitia, avaritia, nequitia: plenos invidia, homicidio, contentione, dolo, malignitate: susurrones, detractores, Deo odibiles, contumeliosos, superbos, elatos, inventores malorum, parentibus non obedientes, insipientes, incompositos, sine affectione, absque fœdere, sine misericordia: qui cum justitiam Dei cognovissent, non intellexerunt quoniam qui talia agunt, digni sunt morte: et non solum qui ea faciunt, sed etiam qui consentiunt facientibus* [84].

INTERROGATIO XXI.

Unde mentis aberratio, et variæ cogitationes: et quomodo ipsas emendabimus.

RESPONSIO.

Evagatur animus, ubi iners est, nec in rebus necessariis occupatur. Iners autem ex eo efficitur mens, et plus justo secura, quod Deum adesse non credat, corda et renes scrutantem. Si enim hoc crederet, perageret prorsus quod dictum est : *Providebam Dominum in conspectu meo semper, quoniam a dextris est mihi, ne commovear* [85]. Qui autem hoc, et quæ huic similia sunt, facit, neque audebit unquam, neque ei licebit per otium, quidquam cogitare eorum, quæ minime dirigantur ad fidei ædificationem, etiamsi bonum esse videtur, nedum eorum, quæ prohibita sunt, et Deo non placent.

INTERROGATIO XXII.

Unde nascuntur turpia illa visa noctu contingentia.

RESPONSIO.

Nascuntur certe ex absurdis motibus interdiu in animo contingentibus. Quod si anima in Dei judiciis occupata, exstiterit pura, atque res honestas et Deo placitas assiduo meditata fuerit, etiam ejusmodi insomnia habebit.

INTERROGATIO XXIII.

Ex cujusmodi verbis otiosus sermo judicetur.

RESPONSIO.

In summa verbum omne, quod non facit ad propositum in Domino negotium, otiosum est. Et tantum est ejusmodi verbi periculum, ut etiamsi bonum sit quod dicitur, si tamen non dirigatur ad fidei ædificationem, non jam propter verbi bonitatem is qui locutus est, effugiat periculum, sed propterea quod verbum non protulerit ad ædificationem, contristet Spiritum sanctum Dei. Hoc enim aperte docuit Apostolus, his verbis : *Omnis sermo spurcus ex ore vestro non procedat, sed si quis bonus ad ædificationem fidei, ut det gratiam audientibus* [86]; quin et illud subjungit : *Et nolite contristare Spiritum sanctum Dei, in quo signati estis* [87]. Contristare autem

---
[79] I Cor. x, 32, 33. [80] I Tim. vi, 4. [81] Coloss. i, 28. [82] II Thess. iii, 6. [83] I Cor. v, 6. [84] Rom. i, 28-32. [85] Psal. xv, 8. [86] Ephes. iv, 29. [87] Ephes. ii, 30.

Spiritum Dei, quantum malum sit, quid jam attinet dicere?

INTERROGATIO XXIV.
Quid est convicium.

RESPONSIO.

Verbum omne, quod eo animo profertur, ut imprimatur dedecus, convicium est, quanquam ipsum verbum non videtur esse contumeliosum. Atque hoc planum est et manifestum ex Evangelio, in quo de Judæis dicitur illud : *Ipsum conviciis sunt consectati, dixeruntque ei : Tu es illius discipulus* [88].

INTERROGATIO XXV.
Quid est obtrectatio.

RESPONSIO.

Duo tempora esse arbitror, in quibus liceat mali aliquid de aliquo dicere , nimirum quando necesse est aliquem cum aliis qui ad id idonei sint, consilium inire quo pacto corrigendus sit qui peccavit ; et rursus cum opus fuerit communire aliquos, qui sæpe ex ignorantia alicui malo tanquam bono adjungi possent : quandoquidem præcipit Apostolus, ut ne cum talibus conjungamur [89], ne quis forte nanciscatur laqueos animæ suæ. Quod quidem eumdem Apostolum fecisse comperimus ex his quæ ad Timotheum scribit : *Alexander ærarius multa mihi mala ostendit, quem et tu devita : valde enim restitit verbis nostris* [90]. At vero præter hujusmodi necessitatem, si quis aliquid dicat contra aliquem, ut idipsum criminetur, aut vitio vertat, maledicus est et obtrectator, tametsi verum est quod dicitur.

INTERROGATIO XXVI.
Qui detrahit fratri, vel audit detrahentem et tolerat : qua dignus est animadversione.

RESPONSIO.

Separandi sunt ambo a reliquorum societate. *Detrahentem enim secreto proximo suo, hunc persequebar* [91]. Et alibi dictum est : *Detrahentem nolito libenter audire, ne evertaris* [92].

INTERROGATIO XXVII.
Si vero detrahat quis præfecto, quomodo ipsi attendemus.

RESPONSIO.

Judicium illud manifestum est ex ira Dei adversum Mariam, quando de Moyse oblocuta est, cujus peccatum Deus, ne ipso quidem Moyse precante, inultum reliquit [93].

INTERROGATIO XXVIII.
Si quis voce audaciore, et verbis petulantibus respondeat alicui, et de hoc commonefactus dicat : Nihil mali mihi est in corde, eine fides adhibenda est ?

RESPONSIO.

Non omnia animi vitia manifesta sunt omnibus, ne ei quidem, qui his obnoxius est, quemadmodum contingit et in corpore. Ut igitur in corpore harum rerum periti signa quædam habent morborum occultorum, et qui ipsius ægri sensum effugiunt : ita et in animo, etsi suum ipsius morbum non sentit qui peccat, fides tamen habenda est Domino, qui et huic, et iis qui cum ipso sunt, declarat, malum hominem ex malo cordis sui thesauro mala proferre. Etenim qui malus est, bonum aliquod verbum aut factum sæpe etiam simulat : bonus vero mali aliquid simulare non potest. *Providentes enim bona*, inquit, *non tantum coram Domino, sed etiam coram hominibus* [94].

INTERROGATIO XXIX.
Quomodo possit quis non irasci.

RESPONSIO.

Si ab inspectore Deo et a Domino præsente se semper conspici putet. Quis enim subjectus unquam in principis oculis quidquam audet eorum, quæ ipsi non placent ? Etsi non exspectet ab aliis obedientiam, ipse tamen præparetur ad obtemperandum, ratus se ab omnibus superari. Si enim obedientiam requirit utilitatis suæ causa, noverit quod Domini sermo unumquemque aliis inservire debere doceat : sin ulciscitur violatum Domini præceptum, non opus est ira, sed misericordia et commiseratione, juxta eum qui dixit : *Quis infirmatur, et ego non infirmor* [95] ?

INTERROGATIO XXX.
Quomodo amputabimus vitium pravæ concupiscentiæ.

RESPONSIO.

Flagranti atque vehementi desiderio explendi voluntatem Dei, talique, quale se habere indicavit, qui dixit : *Judicia Domini vera, justificata in semetipsa ; desiderabilia super aurum et lapidem pretiosum multum, et dulciora super mel et favum* [96]. Semper enim desiderium rerum meliorum, si potestatem habeat atque facultatem fruendi iis quæ desiderantur, cogit minora aspernari aversarique, uti docuere omnes sancti : quanto autem magis ea quæ mala sunt et pudore digna.

INTERROGATIO XXXI.
An omnino ridere non liceat.

RESPONSIO.

Cum Dominus eos qui nunc rident, condemnet [97], perspicuum est nullum tempus fideli ad ridendum unquam dari : maxime, cum tot sint, qui Deum ignominia afficiant [98] per legis violationem, et in peccatis morti tradantur, pro quibus mœrere convenit ac ingemiscere.

---

[88] Joan. ix, 28. [89] II Thess. iii, 14. [90] II Tim. iv, 14. [91] Psal. c, 5. [92] Prov. xx, 13. [93] Num. xii, 10. [94] Rom. xii, 17. [95] II Cor. xii, 29. [96] Psal. xviii, 10, 11. [97] Luc. vi, 25. [98] Rom. ii, 23.

INTERROGATIO XXXII.

Intempestivus et immodicus sopor unde nascatur, et quomodo ipsum propulsemus.

RESPONSIO.

Contingit hujusmodi sopor, cum anima Dei cogitationibus fit segnior, Deique judicia aspernamur : deponimus autem ipsum, cum sincere ac rite cogitamus de majestate Dei, ejusque voluntatem expetimus, juxta eum qui dixit : *Si dedero somnum oculis meis, et palpebris meis dormitationem, et requiem temporibus meis, donec inveniam locum Domino, tabernaculum Deo Jacob* [1].

INTERROGATIO XXXIII.

Qua ratione deprehenditur quis studio placendi hominibus obnoxius esse.

RESPONSIO.

Cum studium erga laudatores ostenderit, segnitiem vero et socordiam erga vituperatores. Si enim Domino placere vult, semper et ubique idem erit, perficiens quod dictum est : *Per arma justitiæ a dextris et a sinistris : per gloriam et ignobilitatem : per infamiam et bonam famam : ut seductores, et veraces* [2].

INTERROGATIO XXXIV.

Quomodo effugerit quis vitium complacendi hominibus : et quomodo hominum laudes ei futuræ non sint admirationi.

RESPONSIO.

Si sibi certo persuaserit Deum præsentem esse : si studuerit assidue Deo placere, si denique beatitudines a Domino promissas animo ferventi concupiscat. Nemo enim in sui heri oculis ad illius ignominiam et ad suam ipsius condemnationem, conservo placiturus, evagatur.

INTERROGATIO XXXV.

Quo pacto agnoscitur superbus, et quomodo curatur.

RESPONSIO.

Cognoscitur quidem ex eo quod ea quæ ad principatum pertinent, requirit : curatur vero, si fidem habeat sententiæ illius, qui dixit : *Dominus superbis resistit, humilibus autem dat gratiam* [3]. Illud tamen sciendum est, ut quis superbiæ judicium extimuerit, non posse tamen ab eo vitio sanari, nisi omne dominandi studium reliquerit : quemadmodum linguam aut qualemcunque artem dediscere non potest, qui non omnino supersederit non solum facere, aut loqui aliquid quod pertineat ad hanc artem, sed etiam de ea loquentes audire, et eam factitantes videre : quod in quovis etiam vitio observandum est.

INTERROGATIO XXXVI.

An honos debeat quæri.

RESPONSIO.

Reddere quidem honorem, cui honor debetur, A edocti sumus [3] : requirere autem honorem, prohibiti, his Domini verbis : *Quomodo vos potestis credere, qui gloriam ab invicem accipitis, et gloriam quæ a solo Deo est, non quæritis* [4] ? Quare gloriam ab hominibus quærere argumentum est incredulitatis, et pietatis abalienatio, cum Apostolus dixerit [5] : *Si adhuc hominibus placerem, Christi servus non essem.* Quod si ii qui accipiunt datam ab hominibus gloriam, sic condemnati sunt : ii qui non oblatam inquirunt, judicium quod exprimi non potest subibunt.

INTERROGATIO XXXVII.

Quomodo qui piger est ad mandatum conficiendum, diligentiam studiumque queat recuperare.

RESPONSIO.

Si ei persuasum sit de præsentia Domini Dei omnia inspicientis, et de minis pigrescenti intentis, deque spe magnæ illius remunerationis retribuendæ a Domino, qui per apostolum Paulum pollicitus est, accepturum unumquemque propriam mercedem secundum suum laborem [6] : item ad id faciunt quæcunque alia id genus scripta sunt, ut aut proprium uniuscujusque studium accendatur, aut comparetur patientia ad gloriam Dei.

INTERROGATIO XXXVIII.

Si præcipiatur aliquid fratri, et contradicat, postea vero a semetipso abeat.

RESPONSIO.

In eo quidem quod contradixit velut contumax, aliosque ad idipsum provocans, statuatur esse obnoxius judicio huic : *Contradictiones suscitat omnis malus : Dominus autem angelum immisericordem immittit ipsi* [7]. Sit autem persuasissimum ei, se non homini contradicere aut obedire, sed Domino ipsi, qui dixit : *Qui vos audit, me audit : et qui vos spernit, me spernit* [8]. Ac tandem prius compunctus, excuset sese, sicque, si sibi permissum fuerit, opus peragat.

INTERROGATIO XXXIX.

Si quis obediendo murmuret.

RESPONSIO.

Cum Apostolus dixerit [9] : *Omnia facite sine murmurationibus et hæsitationibus*, quisquis murmurat, abalienatus est etiam a conjunctione fratrum, et opus illius ab illorum usu : palam est enim, eum tum incredulitate, tum spei ambiguitate laborare.

INTERROGATIO XL.

Si frater fratri molestiam aspergat, quomodo emendandus est.

RESPONSIO.

Si quidem ita molestiam exhibuit, quemadmodum Apostolus, cum dixit [10] : *Contristati enim estis secundum Deum, ut in nullo detrimento patiamini ex nobis*, non is qui contristavit, indiget

---

[1] Psal. cxxxi, 4, 5. [1] II Cor. vi, 7, 8. [2] Jac. iv, 6. [3] Rom. xiii, 7. [4] Joan. v, 44. [5] Galat. i, 10. [6] I Cor. iii, 8. [7] Prov. xvii, 11. [8] Luc. x, 16. [9] Philipp. ii, 14. [10] II Cor. vii, 9.

emendatione, sed qui contristatus fuit, proprietates ejus quæ secundum Deum sit tristitiæ debet ostendere. Quod si tristitia affecit in rebus indifferentibus, recordetur is, qui molestum se præbuit, Apostoli dicentis [11]: *Si propter cibum frater tuus contristatur, jam non secundum charitatem ambulas;* et cognito ejusmodi peccato, impleat quod dictum est a Domino [12]: *Si offers munus tuum ad altare, et ibi recordatus fueris quia frater tuus habet aliquid adversum te, relinque ibi munus tuum ante altare, et vade prius reconciliari fratri tuo; et tunc veniens, offer munus tuum.*

INTERROGATIO XLI.
Si vero purgare se nolit qui contristavit.

RESPONSIO.
Ea erga ipsum exsequi debemus, quæ de eo qui peccavit, nec tamen pœnitentiam egit, dicta sunt a Domino [13]: *Si autem etiam Ecclesiam non audierit, sit tibi sicut ethnicus et publicanus.*

INTERROGATIO XLII.
Quod si purget se qui molestia affecit, is autem qui contristatus est, nolit cum eo in gratiam redire.

RESPONSIO.
Manifestum est Domini judicium, quod de tali prolatum est in parabola servi cum conservo suo, qui cum rogaretur, patientiam habere noluit: Conservi autem, inquit, videntes quæ facta fuerant, narrarunt domino suo; dominus autem iratus, revocavit suam in illum gratiam, eumque tradidit tortoribus, donec debitum redderet [14].

INTERROGATIO XLIII.
Quomodo quis auscultare debet expergefacienti ad precandum.

RESPONSIO.
Si quis cognoscit detrimentum sibi ex somno allatum, videlicet quod animus neque seipsum sentit, intelligit vero lucrum vigiliarum, et maxime præstantissimam illam gloriam, quando quis Deo accedit ad precandum, is auscultabit expergefacienti, sive ad orandum, sive ad conficiendum aliud quodvis mandatum, tanquam homini, qui beneficia magna et omne desiderium superantia conferat.

INTERROGATIO XLIV.
Sed si mœstus fiat, qui fuit expergefactus, aut etiam irascatur, qua multa dignus est.

RESPONSIO.
Interim separatione et inedia plectendus est, si forte possit compunctus agnoscere quot et quantis bonis se ipse stupide privet, sicque conversus exhilaretur, eodem affectus beneficio, quo ille, qui dixit [15]: *Memor fui Dei, et delectatus sum.* Quod si permanserit in stupore, abscindatur a corpore, tanquam putrefactum corruptumque membrum. Scriptura siquidem est [16]: *Expedit ut pereat unum membrorum tuorum, et non totum corpus tuum projiciatur in gehennam.*

INTERROGATIO XLV.
Si quis, audito Domino, qui dixit [17], quod servus qui cognoverit voluntatem heri sui, nec tamen fecerit, neque paraverit se ad ipsius voluntatem, multas plagas accepturus sit; qui vero non cognoverit, digna autem plagis peregerit, paucis sit plectendus, neglexerit nihilominus internosse Dei placita, num habeat quo se soletur.

RESPONSIO.
Perspectum est hunc ignorantiam simulare, et peccati judicium evitare non posse. *Si enim non venissem,* inquit Dominus [18], *et locutus fuissem eis, peccatum non haberent: nunc autem excusationem non habent de peccato suo,* cum Scriptura sacra omnibus ubique annuntiet Dei voluntatem. Quare qui ejusmodi est, minime cum iis, qui ignoravere, levius subit judicium : imo vero cum illis gravius condemnatur, de quibus dictum est [19]: *Sicut aspidis surdæ, et obturantis aures suas, quæ non exaudiet vocem incantantium, licet a venefico incantata sapiente.* Cæterum cui tradendæ doctrinæ munus commissum est, is si annuntiare neglexerit, perinde ut homicida damnatur, sicut scriptum est [20].

INTERROGATIO XLVI.
An qui patitur alterum peccare reus sit peccati.

RESPONSIO.
Judicium hoc perspicuum est ex verbis Domini ad Pilatum, cum dixit [21]: *Qui tradidit me tibi, majus peccatum habet.* Ex hoc enim planum est, Pilatum quoque, cum eos qui tradiderant, toleravit, obnoxium fuisse peccato, licet leviori. Quin etiam id aperte declarat Adamus, qui sustinuit Evam : item Eva ipsa, quæ toleravit serpentem ; nullus enim ex his tanquam innocens dimissus est impunitus. Sed et ipsa Dei contra eos indignatio, re diligentius considerata, idipsum ostendit : nam cum Adam excusationis loco prætenderet illud, *Uxor quam dedisti mihi, hæc dedit mihi, et comedi* [22]; respondit Deus : *Quia audisti vocem uxoris tuæ, et comedisti de ligno, ex quo solo præceperam tibi, ne comederes, maledicta terra in operibus tuis* [23], et cætera.

INTERROGATIO XLVII.
Si erga eos qui peccant, silendum sit.

RESPONSIO.
Sane quod hoc fieri non debeat, perspicuum est ex præceptis Domini, qui in Veteri quidem Testamento dixit [24] : *Correptione corripies proximum tuum : et non accipies peccatum propter ipsum;* in Evangelio vero [25] : *Si peccaverit in te frater tuus, vade, corripe eum inter te et ipsum solum. Si te audierit, lucratus es fratrem tuum ; si autem te non*

---

[11] Rom. xiv, 15. [12] Matth. v, 23, 24. [13] Matth. xviii, 17. [14] ibid. 31-34. [15] Psal. lxxvi, 4. [16] Matth. v, 30. [17] Luc. xii, 47, 48. [18] Joan. xv, 22. [19] Psal. lvii, 5, 6. [20] Ezech. xxxiii, 8. [21] Joan. xix, 11. [22] Genes. iii, 12. [23] Gen. iii, 17. [24] Levit. xix, 17. [25] Matth. xviii, 15-17.

audierit, adhibe tecum adhuc unum vel duos, ut in ore duorum vel trium testium stet omne verbum. *Quod si non audierit eos, dic Ecclesiæ; si autem Ecclesiam quoque non audierit, sit tibi sicut ethnicus et publicanus.* Porro quam grave sit hujusce peccati judicium, intelligi potest primo quidem ex sententia Domini, qui in universum dixit [26] : *Quisquis non obedit Filio, non videbit vitam : sed ira Dei manebit super eum;* deinde ex historiis etiam, quæ tum in Veteri, tum in Nova Scriptura referuntur. Ecce enim quando Achar furatus est linguam auream et vestem, iratus est Dominus omni populo, idque tum peccati auctorem, tum peccatum ipsum ignoranti, donec detectus esset is, cujus jam facta est mentio, ac **431** horrendum illud exitium una cum suis omnibus subiisset [27]. Heli vero, etiamsi silentio non ferret filios suos, qui erant filii pestilentes, sed sæpenumero commonuisset ipsos, ac dixisset [28] : *Nolite, filii; non bona audio de vobis;* itemque longiore sermone et peccati absurditatem et inevitabilem condemnationem patefecisset, quoniam tamen non penitus ultus fuerat, neque in eos ostenderat idoneam æmulationem, adeo exasperavit iram Dei, ut et populus una cum filiis ipsius interemptus sit, et capta sit ab alienigenis arca ipsa, et ipse quoque miseranda morte interierit. Quod si adversus eos qui sceleris auctori conscii non fuerunt, imo qui prohibuerunt peccatum, et testimonium reddidere adversus illud, ira tanta exarsit, ecquid quis dicere poterit de iis qui sciunt, et tamen conticescunt? Qui quidem, nisi ea præstiterint quæ ab Apostolo ad Corinthios dicta sunt, his verbis [29] : *Quare non magis luctum habuistis, ut tollatur de medio vestrum qui hoc opus fecit?* ac etiam quæ deinceps ipsos fecisse testatus est ipse, cum scripsit [30] : *Ecce enim hoc ipsum, quod secundum Deum contristati estis, quantam in vobis operatum est sollicitudinem : sed defensionem, sed indignationem, sed timorem, sed desiderium, sed æmulationem, sed vindictam; in omnibus exhibuistis vos incontaminatos esse in hoc negotio;* periclitantur omnino omnes simul hoc etiam tempore idem exitium subire, aut etiam tanto gravius, quanto legis Mosaicæ contemptore deterior est qui Dominum spernit [31], patratque idem quod ille qui ante peccavit, ac etiam ante damnatus est. *Septies enim vindicatum est de Cain : de Lamech vero* in simile peccatum lapso *septuagies septies* [32].

INTERROGATIO XLVIII.
Quo termino definiatur avaritia.

RESPONSIO.
Cum quis transgressus fuerit legis limitem. Contingit autem hoc juxta Vetus Testamentum, cum quis majorem sui ipsius quam proximi curam suscipit : scriptum est enim : *Diliges proximum tuum sicut teipsum* [33] ; at vero juxta Evangelium, quando quis suimet causa aliquid præter res pro instanti die necessarias expetit, velut is, qui audivit : *Stulte, hac nocte animam tuam repetunt a te : quæ autem parasti, cujus erunt* [34]? Quibus magis generatim adjungit : *Sic qui sibi thesaurizat, et non est in Deum dives* [35].

432 INTERROGATIO XLIX.
Quid est perperam agere.

RESPONSIO.
Quidquid non ob necessitatem, sed propter ornatum atque jactantiam assumitur, id tanquam res perperam acta accusatur.

INTERROGATIO L.
Si quis vestimentis pretiosioribus rejectis, aliud vile, sive pallium, sive calceamentum ita velit, ut sibi conveniat, isne peccat, aut quali morbo ? laborat.

RESPONSIO.
Quisquis, hominibus placiturus, vult ut deceat se vestis, eum liquet morbo complacendi hominibus laborare, animumque habere a Deo abalienatum, et ostentationis vitio in ipsis etiam rebus vilibus indulgere.

INTERROGATIO LI.
Quid sit Raca [36].

RESPONSIO.
Vernaculum verbum est, contumeliam mitiorem significans, quod erga familiares usurpatur.

INTERROGATIO LII.
Cum Apostolus dicat, modo quidem : « *Non efficiamur inanis gloriæ cupidi* [37]; » *modo vero :* « *Non ad oculum servientes, quasi hominibus placere studentes* [38] ; » *quis est inanis gloriæ cupidus, et quis est, qui placere hominibus studet.*

RESPONSIO.
Cupidum quidem inanis gloriæ arbitror esse eum, qui ob tenuem mundi gloriam, a spectatoribus aut ab auditoribus accipiendam, facit aliquid aut dicit ; studiosum vero complacendi hominibus eum, qui ad alicujus hominis arbitrium, ipsi placiturus, aliquid peragit, etiamsi id quod efficitur, sit ignominia dignum.

433 INTERROGATIO LIII.
Quodnam sit inquinamentum carnis, et quodnam sit spiritus inquinamentum, et quomodo ab ipsis purgabimus nosmetipsos : aut quæ est sanctimonia, et quomodo ipsam adipiscemur.

RESPONSIO.
Carnis quidem inquinamentum fuerit, admisceri iis qui patrant prohibita : spiritus vero, indifferentem esse erga eos qui talia sentiunt, aut peragunt. Purus est autem aliquis, cum obedit Apostolo, qui dixit [39], ne cibum quidem cum ejusmodi homine su-

---

[26] Joan. III, 36. [27] Josue VII, 21-26. [28] I Reg. II, 24. [29] I Cor. v, 2. [30] II Cor. VII, 11. [31] Hebr. x, 29. [32] Genes. IV, 24. [33] Levit. XIX, 18. [34] Luc. XII, 20. [35] ibid. 21. [36] Matth. v, 22. [37] Galat. v, 26. [38] Ephes. VI, 6. [39] I Cor. v, 11.

mendum esse, et quæcunque sunt in hanc sententiam; aut cum in se sentiet quod a Davide dictum est [40] : *Tædium tenuit me a peccatoribus derelinquentibus legem tuam,* italemque mœstitiam ostenderit, qualem ostenderunt Corinthii, quando ipsis vitio datum est, quod erga eum qui peccaverat, fuerant indifferenter affecti [41] : siquidem in omnibus testificati sunt se in eo negotio puros fuisse. Sanctimonia autem est, addictum esse Deo sancto integre, et indesinenter omni tempore, iis, quæ ipsi accepta sunt, curandis, diligenterque agendis. Nam quod mutilatum est, nequaquam accipitur inter sacra dona; et quod semel dedicatum est Deo, in communem et humanum usum reducere impium est et horrendum.

INTERROGATIO LIV.

Quid sit amor suiipsius : item quomodo qui suiipsius amans est semetipsum cognoscat.

RESPONSIO.

Multa dicuntur improprie, velut illud : *Qui amat animam suam, perdet eam : et qui odit animam suam in hoc mundo, in vitam æternam custodiet eam* [42]. Amans igitur suiipsius est, qui seipsum amat. Agnoscit autem seipsum, si quæ facit, ea faciat sui causa; etiamsi id quod efficitur, juxta mandatum fuerit. Nam requiei suæ gratia, aliquid omittere eorum, quæ sive in animo sive in corpore attineant ad fratris utilitatem, hoc vel ab aliis etiam habetur ceu manifestum amoris suiipsius vitium, cujus finis interitus est.

INTERROGATIO LV.

Quodnam sit discrimen inter amaritudinem, furorem, iram et excandescentiam.

RESPONSIO.

Furoris quidem et iræ discrimen in animi forte affectione et motu consistit : quandoquidem qui irascitur, in solo animi affectu perturbationem patitur, uti indicat qui dixit : *Irascimini, 434 et nolite peccare* [43]; qui autem furit, præterea præ se fert majus quiddam : *Furor enim illis,* inquit, *secundum similitudinem serpentis* [44]; item : *Herodes furens pugnabat adversus Tyrios et Sidonios* [45]. Denique vehementior ille qui ex furore oritur motus nominatur excandescentia : amaritudo vero graviorem quamdam mali stabilitatem ostendit.

INTERROGATIO LVI.

Cum Dominus hanc protulerit sententiam : « Qui se exaltat, humiliabitur [46]; *» item cum præcipiat Apostolus : « Ne alta sapiamus* [47], *» et alio in loco dicat: « Arrogantes, superbi, elati* [48]: *» et iterum, « Charitas non inflatur* [49], *» quis est qui altum sapit, et quis arrogans, et quis superbus, et quis elatus, aut quis inflatus.*

RESPONSIO.

Sane qui alta sapit, is fuerit, qui seipsum extollit, qui ob sua recte facta de se sentit magnifice, seque offert exemplo Pharisæi illius [50], nec dimittit se ad humilia. Quin et idem ille dici possit inflatus, quo crimine accusati sunt Corinthii [51]. Arrogans autem est, qui non ambulat juxta instituta, neque facit, ut incedat secundum eamdem regulam, idemque sentiat [52] : sed qui potius propriam comminiscitur justitiæ viam atque pietatis. Superbus autem est, qui de iis, quæ habet, jactat se, quique supra quam est, studet videri. Elatus vero aut forte est idem qui superbus, aut non longe ab illo dissidet, juxta illud Apostoli dictum : *Elatus est, nihil sciens* [53].

INTERROGATIO LVII.

Si quis vitio cuipiam inemendabili obnoxius sit, frequentiusque reprehensus lædatur, an eum potius dimitti expediat.

RESPONSIO.

Hoc jam alibi dictum est, peccantes cum mansuetudine atque lenitate esse convertendos, eo, quem Dominus indicavit, modo. Quod si ei, ut convertatur, satis non fuerit plurium reprehensio et objurgatio, quemadmodum Corinthio illi : qui ejusmodi est tanquam ethnicus habendus est. Nemini autem ulla ratione tutum fuerit eum qui a Domino condemnatus est, retinere, cum dixerit Dominus [54], expedire ut quis uno oculo, aut una manu, aut uno pede amisso in regnum ingrediatur, quam, si uni ex his pepercerit, totus mittatur in gehennam ignis, ubi est **435** fletus et stridor dentium : et Apostolus testificetur [55], totam massam modico fermento fermentari.

INTERROGATIO LVIII.

An tantummodo is qui de industria mentitus est, judicetur : aut etiam qui nesciens aliquid absolute contra veritatem locutus sit.

RESPONSIO.

Judicium Domini etiam de iis qui per ignorantiam peccant manifestum est ex verbis illis : *Qui non cognovit, et fecit digna plagis, vapulabit paucis* [56]. Ubique autem pœnitentia rite et egregie peracta, veniæ spem firmam et stabilem habet.

INTERROGATIO LIX.

Si quis cogitaverit duntaxat aliquid facere, nec tamen fecerit : an et ille velut mendax judicetur.

RESPONSIO.

Si ex mandato est, quod facere cogitavit, non ut mendax solum, sed ut contumax etiam condemnatur : *Scrutans enim corda et renes Deus* [57].

INTERROGATIO LX.

Si quis præventus constituerit se quidpiam facturum eorum, quæ Deo non placent, magisne convenit abstinere ab eo quod male statutum est, an metu mendacii peccatum committere.

RESPONSIO.

Cum Apostolus dicat : *Non quod sufficientes*

---

[40] Psal. CXVIII, 53. [41] II Cor. VII, 11. [42] Joan. XII, 25. [43] Psal. IV, 5. [44] Psal. LVII, 5. [45] Act. XII, 20. [46] Luc. XVIII, 44. [47] Rom. XI, 20. [48] II Tim. III, 2. [49] I Cor. XIII, 4. [50] Luc. XVIII, 11. [51] I Cor. V, 2. [52] Philipp. III, 16. [53] I Tim. VI, 4. [54] Matth. V, 29, 30. [55] I Cor. VI, 6. [56] Luc. XII, 48. [57] Psal. VII, 10.

simus cogitare aliquid a nobis, quasi ex nobis [58]; item cum Dominus ipse sic confiteatur : *Non possum ego facere a me quidquam* [59]; et rursus: *Verba quæ ego loquor vobis, a me ipso non loquor* [60]; et alio in loco : *Descendi de cœlo, non ut faciam voluntatem meam, sed voluntatem ejus qui misit me Patris* [61], pœnitentiam agere debet qui est ejusmodi ; primum quidem quod aliquid qualecunque tandem fuerit, a seipso audet decernere ; neque enim ipsa etiam bona ex propria auctoritate facere oportet : deinde vero, et quidem multo magis, quod præter Dei placita quidpiam statuere veritus non est. Quod autem rescindendum sit, quidquid ex præjudicata opinione statutum est præter præceptum Domini, aperte ostenditur in apostolo Petro, qui præventus apud se statuerat quidem illud : *Non lavabis mihi pedes in æternum* [62]; sed postquam audivit Dominum pronuntiantem : *Si non lavero te, non habebis partem mecum*, confestim mutata sententia dixit : *Domine, non tantum pedes meos, sed et manus, et caput*.

436 INTERROGATIO LXI.
Si quis neque laborare potest, neque psalmos discere velit, quid de eo fieri debet.

RESPONSIO.

Cum Dominus in parabola dixerit de ficu illa infecunda : *Succide illam, utquid etiam terram occupat* [63]? necesse quidem est providere ci cum omni diligentia : sed, si morem non gerit, id quod de eo qui in peccato perseverat, præscriptum est, etiam erga illum observetur. Quisquis enim bono non dat operam, cum diabolo et angelis ejus condemnatur.

INTERROGATIO LXII.
Quid fecerit quis, ut condemnetur velut qui talentum occultavit.

RESPONSIO.

Quisquis apud seipsum detinet qualemcunque tandem gratiam Dei, ut ea ipse perfruatur, non autem alios beneficii hujus facit participes, is velut occultans talentum condemnatur.

INTERROGATIO LXIII.
Quid est, quod cum fecerit quis, condemnatur, ut ii, qui murmuraverunt contra postremos.

RESPONSIO.

Condemnatur ob suum quisque peccatum : et quidem qui murmuraverint, ob murmurationem. Verum sæpe alii alia de causa murmurant. Hi quidem, quod sibi desint alimenta : ut qui gulosi sint, et ventrem deum faciant : illi vero, quod par cum postremis præmium acceperint, ostendentes invidiam homicidii sociam ; alii denique ob aliquam quamvis causam.

INTERROGATIO LXIV.
Cum Dominus noster Jesus Christus dicat : « Expedit illi ut mola asinaria suspendatur circa collum ejus, et projiciatur in mare, potius quam ut scandalizet unum de pusillis istis [64] *:» quid est scandalum dare, aut quomodo illud caveamus, ut ne judicium adeo horrendum subeamus.*

RESPONSIO.

Sane scandalo est aliquis, cum verbo aut actione legem violat, aliumque inducit ad legem perfringendam, 437 velut serpens Evam, et Eva Adam : ac etiam cum prohibet exsequi voluntatem Dei, ut Petrus Dominum, cum dixit : *Propitius sit tibi, Domine, non erit tibi hoc* [65]; qui audivit : *Vade post me, Satana, scandalum es mihi, quia non sapis ea quæ Dei sunt, sed ea quæ hominum* [66] ; aut quando suscitat animum infirmi alicujus ad vetitum quiddam, prout ab Apostolo scriptum est, his verbis : *Si quis enim viderit te, qui habes scientiam, in idolio recumbentem, nonne conscientia ejus qui infirmus est ædificabitur ad manducandum idolothyta* [67]? quibus isthæc adjungit : *Quapropter si esca scandalizat fratrem meum, non manducabo carnem in æternum, ne fratrem meum scandalizem* [68]. Oritur autem scandalum pluribus ex causis. Vel enim ex eo qui scandalizat, scandalum nascitur ; aut scandalum proficiscitur ex eo qui scandalizatur. Ac rursus id in his contingit variis modis ; aliquando enim ex malitia, aliquando vero ex imperitia vel hujus, vel illius. Interdum etiam in recta verbi tractatione, eorum, qui scandalum patiuntur, malitia magis declaratur, perinde ut in ipsis rebus. Aut enim uno aliquo mandatum Dei faciente, aut iis, quæ in sua potestate sita sunt, libere utente, scandalizatur qui scandalizatur. Cum itaque de rebus quæ ex mandato fiunt, vel dicuntur, offenduntur homines, et de his scandalizantur (ut in Evangelio quidam de his, quæ a Domino fiebant, et dicebantur ex voluntate Patris), tunc Domini meminisse operæ pretium est, qui, cum accessissent ad se discipuli, ac dixissent : *Scis quod Pharisæi, audito verbo hoc, scandalizati sunt?* eis de ejusmodi hominibus responsum dedit, his verbis : *Omnis plantatio quam non plantavit Pater meus cælestis, eradicabitur. Sine illos : cæci sunt duces cæcorum. Cæcus autem si cæco ducatum præstet, ambo in foveam cadent* [69]. Et multa hujuscemodi poterit quis invenire tum in Evangeliis, tum apud Apostolum. Cum vero ob ea quæ in potestate nostra posita sunt, offenditur quis, aut scandalum patitur, tunc revocanda sunt in memoriam hæc Domini ad Petrum verba, quando dixit : *Ergo liberi sunt filii; ut autem non scandalizemus eos, profectus ad mare mitte hamum : et eum piscem qui primus ascenderit, tolle : et aperto ore ejus, invenies staterem; illum sumens, da eis pro me et te* [70], item quæ ab Apostolo ad Corinthios scripta sunt his verbis : *Non manducabo carnem in æternum, ne fratrem meum scandalizem* [71]; ac rursus : *Bonum est non manducare*

---

[58] II Cor. III, 5. [59] Joan. v, 19. [60] Joan. xiv, 10. [61] Joan. iv, 38. [62] Joan. xiii, 8, 9. [63] Luc. xiii, 7. [64] Matth. xviii, 6. [65] Matth. xvi, 22. [66] ibid. 23. [67] I Cor. viii, 10. [68] ibid. 13. [69] Matth. xv, 12-14. [70] Matth. xvii, 25, 26. [71] I Cor. viii, 13.

carnem, *et non bibere vinum, neque in quo frater tuus offenditur, aut scandalizatur, aut infirmatur*[72]. Quam autem metuendum sit in iis, quæ videntur sita esse in potestate nostra, aspernari fratrem qui ob hæc scandalo afficitur, ostendit præceptum Domini, qui in universum prohibet **438** omne scandali genus, ac dicit [73] : *Videte ne contemnatis unum ex his pusillis : dico enim vobis, quia angeli eorum semper vident faciem Patris mei, qui in cœlis est.* Quin et idem testatur Apostolus, qui quidem modo dicit [74] : *Sed hoc judicate magis, ne ponatis offendiculum fratri, vel scandalum :* modo vero hoc delictum vehementius interdicit verborum apparatu uberiore, ubi ait : *Si quis enim viderit te, qui habes scientiam, in idolio recumbentem, nonne conscientia ejus, qui infirmus est, ædificabitur ad manducandum idolothyta? Et peribit infirmus frater in tua scientia, propter quem Christus mortuus est*[75]. Quibus adjungit : *Sic autem peccantes in fratres, et percutientes conscientiam eorum infirmam, in Christum peccatis. Quapropter, si esca scandalizat fratrem meum, non manducabo carnem in æternum, ne fratrem meum scandalizem* [76]. Et alio in loco postquam dixit : *An ego solus et Barnabas non habemus potestatem hoc operandi* [77]? subinde adjungit : *Sed non usi sumus hac potestate, sed omnia sustinemus, ne quod offendiculum demus Evangelio Christi* [78]. Cæterum, cum rem ita horrendam esse demonstratum sit, in iis quæ in potestate nostra posita sunt, fratri esse exemplo malo, quidnam possit quis de iis dicere, qui vetita faciendo aut loquendo dant scandalum? et maxime, cum aut scientia majore præditus esse videtur qui est offensioni, aut constituitur in aliquo gradu sacerdotali : qui cum debeat aliis esse præpositus velut regula et exemplar, si vel minimum quid neglexerit eorum quæ scripta sunt, aut fecerit prohibitum quiddam aut aliquid quod præceptum sit omiserit, aut uno verbo indifferenter et silentio tulerit quidvis hujusmodi, judicio tanto vel ob hoc unum obnoxius est, ut sanguis illius qui peccavit, inquit [79], ex manibus ipsius requiratur.

INTERROGATIO LXV.

Quomodo quis veritatem detinet in injustitia.

RESPONSIO.

Quando datis a Deo bonis abutitur ad suas ipsius voluntates : quod respuit Apostolus his verbis : *Non enim sumus, sicut plurimi, adulterantes verbum Dei* [80] ; ac rursus : *Neque enim aliquando fuimus in sermone adulationis, sicut scitis : neque in occasione avaritiæ, Deus testis est; nec quærentes ab hominibus gloriam, neque a vobis, neque ab aliis* [81].

INTERROGATIO LXVI.

Quid est æmulatio, et quid contentio.

RESPONSIO.

Sane æmulatio est, cum quis, ne altero videatur esse inferior, aliquid studet facere; contentio autem est, alios per ea quæ quis facit, cum ostentatione atque jactantia provocare et exstimulare ad similia. Nam aliquando **439** Apostolus, facta contentionis mentione, continenter adjungit inanem gloriam, his verbis · *Nihil per contentionem, neque per inanem gloriam*[82] : aliquando vero inani gloria prius memorata, una cum hac prohibet quoque contentionem alio nomine, inquiens [83] : *Non efficiamur inanis gloriæ cupidi, invicem provocantes.*

INTERROGATIO LXVII.

Quid est immunditia, et quid impuritas.

RESPONSIO.

Immunditiam quidem lex indicavit, cum in rebus quæ ex naturali necessitate præter voluntatem accidunt, vocem illam usurpavit : impuritatem vero designare mihi videtur Salomon sapientissimus, cum indulgentem voluptati et doloris expertem nominat, sic ut impuritas sit animi affectio, quæ non habet, vel non fert dolorem athleticum : quemadmodum incontinentia est, quæ non habet imperium in eas quæ infestant voluptates.

INTERROGATIO LXVIII.

Quid est furoris proprium, et quid proprium æquæ indignationis, et quomodo plerumque exorsi ab indignatione, in furorem incidisse deprehendimur.

RESPONSIO.

Furoris proprium est animæ impetus cum consilio opprimendi ejus qui irritavit; indignationis autem, quæ prudens sit, proprium fuerit, sibi emendationem peccantis proponere, ex affectu rem factam ægre ferente. Porro animum a bono exordientem delabi in malum, nihil mirum est : quippe a quolibet plura hujusmodi possunt reperiri. Quapropter operæ pretium est meminisse Scripturæ divinæ, quæ sic habet : *Juxta iter scandala posuerunt mihi* [84] ; et iterum : *Si autem et certet aliquis, non coronatur, nisi legitime certaverit* [85] ; est autem ubique cavenda nimietas, importunitasque ac perturbatio. Nam ea de causa unumquodque eorum quæ memorata sunt, quanquam bonum esse videtur, sæpenumero in malum degeneravit.

INTERROGATIO LXIX.

Qui non minus edit quam cæteri, neque est fracto et invalido corpore, cujusque morbi non cognoscuntur, conqueritur tamen se laborare non posse, quomodo agendum cum illo sit.

RESPONSIO.

Omnis prætextus segnitiei prætextus est pec-

---

[72] Rom. xiv, 21. [73] Matth. xviii, 10. [74] Rom. xiv, 13. [75] I Cor. viii, 10, 11. [76] ibid. 12, 13. [77] I Cor. ix, 6. [78] ibid. 12. [79] Ezech. iii, 18. [80] II Cor. ii, 17. [81] I Thess. ii, 5, 6. [82] Philipp. ii, 3. [83] Galat. v, 26. [84] Psal. cxxxix, 6. [85] II Tim. ii, 5.

cati; nam ad mortem usque par est studium sicut et patientiam ostendere. Quod **440** autem segnities nequitiæ conjuncta segnem ac pigrum condemnet, planum est ex verbis Domini, qui dixit [86]: *Serve male et piger.*

INTERROGATIO LXX.

Quomodo tractandus sit qui abutitur vestibus aut calceamentis; cum enim reprehenditur, nimiam parcitatem et murmurationem in reprehendente suspicatur. Quod si permaneat in eodem proposito post alteram tertiamve admonitionem idoneam, quid huic facere conveniat.

RESPONSIO.

Abusum amandat Apostolus, cum ait: *Tanquam utentes mundo hoc, et non abutentes*[87]. Usus enim mensura est utendi necessitas inevitabilis: usus vero qui necessitatem excedit, aut avaritiæ, aut voluptatis, aut vanæ gloriæ morbo obnoxius est. Cæterum qui perseverat in peccato, is subit judicium idem, quod qui pœnitentiam non agit.

INTERROGATIO LXXI.

Sunt qui in cibis suavitatem consectantur magis quam copiam : alii vero copiam magis quam suavitatem satietutis causa exoptant : qui igitur utrique tractandi sunt.

RESPONSIO.

Ægrotant utrique, hi voluptate, illi immodica aviditate. Neque vero voluptarius, neque is qui plus æquo in quacunque re avidus est, vitat condemnationem. Quamobrem leniter et benigne ambo curandi sunt, ad vitium hoc sanandum. Quod si ex morbo non convalescant, judicium eorum qui pœnitentiam non agunt perspicuum est et compertum.

INTERROGATIO LXXII.

Si quis in cibis sumendis inter fratres se gerat immodeste. voracius edens aut bibens, an ipsum reprehendere oporteat.

RESPONSIO.

Qui hujusmodi est, non servat præceptum Apostoli, qui dixit: *Sive manducatis, sive bibitis, sive quid facitis, omnia in gloriam Dei facite*[88]; ac iterum : *Omnia honeste et secundum ordinem fiant*[89]; et indiget correctione, nisi si qua illum urgeret laborandi aut festinandi necessitas : imo etiam tunc vitanda sedulo offensio est.

441 INTERROGATIO LXXIII.

Qui non desiderio correctionis fraternæ, sed libidine seipsum ulciscendi redarguit delinquentem, quomodo is corrigi debeat, si sæpius admonitus perseveret in eodem vitio.

RESPONSIO.

Qui hujusmodi est, pro homine sui amante dominandique cupido habeatur, ac correctionis modus pro pietatis solertia ei declaretur. Quod si in sua perseveret nequitia, manifestum est judicium, quod in eos, quos non pœnitet, pronuntiatur.

INTERROGATIO LXXIV.

Qui secedunt a fratrum conventu, voluntque solitariam vitam degere, aut cum paucis eumdem pietatis scopum sequi, an a cæteris sint separandi, ex Scriptura edoceri postulamus.

RESPONSIO.

Cum Dominus sæpe dixerit : *Filius a seipso nihil facit* [90]; item : *Descendi de cœlo, non ut faciam voluntatem meam, sed voluntatem ejus qui misit me, Patris*[91]; quin etiam cum ita testetur Apostolus : *Quod caro concupiscit adversus spiritum, spiritus autem adversus carnem: hæc enim sibi invicem adversantur, ut non quæcunque volumus, illa faciamus*[92], quidquid eligitur propria voluntate, id alienum est a pietatis cultoribus. Verum de iis qui hujusmodi sunt, in quæstionibus fuse explicatis uberius respondimus.

INTERROGATIO LXXV.

An peccati cujusque, sive mente, sive verbo, sive actione patratum fuerit, Satanam auctorem dicere conveniat.

RESPONSIO.

In universum arbitror Satanam per se ipsum cuiquam auctorem esse non posse ad peccandum : sed modo insitis unicuique a natura motionibus, modo etiam interdictis affectionibus utens, per has eos, qui non vigilant, ad ea quæ vitiorum propria sunt conatur abducere. Naturalibus quidem motionibus usus est, velut in Domino facere tentavit, quando illum esurientem animadvertens, dixit : *Si Filius Dei es, dic ut lapides isti panes fiant* [93]; affectibus vero interdictis utitur, ut in Juda, quem cum avaritiæ morbo laborare intellexisset, hacce affectione usus, avarum illum nummis triginta argenteis ad proditionis scelus impulit. Quod autem etiam mala ex nobisipsis nascantur, manifeste Dominus ostendit : *De corde enim,* **442** inquit, *exeunt cogitationes malæ* [94]. Id autem iis contingit, qui ex incuria naturalia bonorum semina inculta relinquunt, convenienter dicto illi Proverbiorum : *Velut ager, vir insipiens; et velut vinea, homo ratione egens. Si dimiseris eum, desertus fiet, et herbis luxuriabit totus, et fit derelictus* [95]. Ea autem anima quæ ex hujusmodi negligentia manet inculta et derelicta, necessaria quadam consecutione producit spinas ac tribulos, experiturque quod dictum est : *Exspectavi ut faceret uvam, fecit autem spinas* [96]. De qua anima prius dictum fuerat : *Et plantavi vineam Sorec* [97]; quod si interpreteris, sonat *electam*. Huic autem consimile quiddam potest quis invenire etiam apud Jeremiam ex persona Dei dicentem : *Ego plantavi vitem fructiferam, totam veram: quomodo conversa es in amaritudinem, vitis aliena* [98]?

---

[86] Matth. xxv, 26. [87] I Cor. vii, 3. [88] I Cor. x, 31. [89] I Cor. xiv, 40. [90] Joan. v, 19. [91] Joan. vi, 38. [92] Galat. v, 17. [93] Matth. iv, 3. [94] Matth. xv, 19. [95] Prov. xxiv, 30, 31, juxta LXX. [96] Isa. v, 4. [97] ibid. 2. [98] Jerem. ii, 21.

INTERROGATIO LXXVI.

An oporteat mentiri, videlicet rei cujusdam utilis causa.

RESPONSIO.

Hoc non permittit sententia Domini, qui præcise dixit mendacium ex diabolo esse [99], nullo assignato mendacii discrimine. Quin et Apostolus id testatur cum scripsit : *Et si certet aliquis, non coronatur, nisi legitime certaverit* [1].

INTERROGATIO LXXVII.

Quid est dolus, et quid malignitas.

RESPONSIO.

Malignitas quidem est, uti arbitror, ipsa prima et occulta morum malitia : dolus vero, est sedula ad struendas insidias opera, cum scilicet quis, bono quodam simulato, eoque alicui instar illecebræ objecto, illius ope molitur insidias.

INTERROGATIO LXXVIII.

Inventores malorum qui sint.

RESPONSIO.

Qui, præter ea quæ plerisque familiaria ac nota sunt mala, quædam adhuc alia comminiscuntur inveniuntque.

443 INTERROGATIO LXXIX.

Si quis assidue seipsum accusat, quod aspere tractet fratrem, quomodo corrigetur.

RESPONSIO.

Res quidem ista, quantum ex ea conjecto, venit vel ab animo eximium aliquid de se excogitante, aut a tristitia ex delictis eorum, qui recte agere deberent, ortum habente. Cum enim bono aliquo exspectato, contrarium quiddam et molestum accidit, tum id vehementius nescio quomodo animum percellit. Cura autem opus est majore, ut si quidem primum fuerit superbiæ vitium, id coerceamus ; sin secundum, antequam ad indignationem veniatur, misericordiam exhortando atque commonefaciendo ostendamus. Quod si hæc medendi ratio inefficax apparuerit propter insidentis vitii pravitatem, tum demum indignationis vehementiam una cum commiseratione ad peccantis utilitatem emendationemque opportune ac jure adhibuerimus.

INTERROGATIO LXXX.

Unde fit, ut cogitationes bonæ sollicitudinesque Deo placitæ mentem veluti deficiant : et qua ratione fiet, ut id caveamus.

RESPONSIO.

Cum David dixerit [2] : *Dormitavit anima mea præ tædio,* perspicuum est hujusmodi vitium ex animi sopore ac stupore exoriri. Siquidem animum vigilantem et sobrium sollicitudo Deo grata et bona cogitatio nequaquam deficit : quin potius eis semetipsum deesse videt. Nam, si corporis oculus neque satis est ad contemplanda etiam pauca A quædam Dei opificia, neque si quid semel conspicatus sit, exsatiatur, sed etiamsi semper idem videat, tamen aspicere non desinit, quanto magis animæ oculus, si vigilans sit et expergefactus, ad Dei mirabilia, et ad illius judicia speculanda nequaquam sufficit. *Judicia* enim, inquit, *tua abyssus multa* [3] ; et alio in loco : *Mirabilis facta est scientia tua ex me : confortata est, non potero ad eam* [4]; et multa hujuscemodi. Quod si deficit animam cogitatio bona, profecto adhuc deficit ipsam illuminatio : non quod deficiat quod illuminat, sed quod dormitet quod illuminari debet.

444 INTERROGATIO LXXXI.

Si pii sunt æqualiter objurgandi atque quivis alii indifferentes quando in eodem utrique peccato deprehenduntur.

RESPONSIO.

Si respexerimus ad animum peccantis et ad modum peccati, cognoscemus etiam modum increpandi. Nam, etiamsi idem peccatum esse videatur tum hominis indifferenter se gerentis, tum pii, tamen inter utrumque intercedit discrimen non mediocre. Pius enim, cum pius sit laboretque simul ac contendat ut placeat Deo, casu aliquo et fere quasi invitus aberravit et lapsus est ; qui vero gerit se indifferenter, nullam neque sui ipsius, neque Dei rationem habens, atque vel ipso nomine id indicante, nullum discrimen ponens peccatum inter et virtutem, præcipuis ac ingentibus malis ægrotat, videlicet quod aut Deum aspernetur, aut Deum esse non credat. Hæc enim duo in causa sunt, cur peccet anima, ut testatur Scriptura, cum nunc quidem ait : *Dixit injustus, ut delinquat in semetipso ; non est timor Dei ante oculos ejus* [5] ; nunc vero : *Dixit insipiens in corde suo, Non est Deus : corrupti sunt et abominabiles facti sunt in studiis* [6]. Itaque aut contempsit, proptereaque peccat, aut inficiatur Deum ipsum esse, et eam ob causam in studiis corrumpitur, tametsi videtur confiteri. *Confitentur enim,* inquit, *se nosse Deum, factis autem negant* [7]. Quæ cum ita se habeant, etiam objurgandi modum erga eos qui sunt ejusmodi diversum esse oportere puto. Pius enim quasi locali quodam præsidio indiget, et in ipsa re in qua offendit, debet objurgationem sufferre ; indifferens vero, cum totum simul corruperit animæ bonum, ægrotetque ipsis generalioribus malis, aut tanquam contemptor, uti jam dixi, aut tanquam incredulus, et lugeri, et admoneri, et objurgari debet, quoad ei persuaderi possit, aut Deum esse justum judicem, et ita expavescat ; aut in universum, Deum esse, sicque perterreatur. Atque etiam id scire operæ pretium est, contingere sæpe piorum delicta, divina providentia ita dispensante ad eorum utilitatem : Deus enim labi eos aliquando permittit, ad sanandam priorem

---

[99] Joan. viii, 44. [1] II Tim. ii, 5. [2] Psal. cxviii, 28. [3] Psal. xxxv, 7. [4] Psal. cxxxviii, 6. [5] Psal. xxxv, 1. [6] Psal. xiii, 1. [7] Tit. i, 16.

quamdam animi elationem, quale est quod a Petro dictum fuit, et in eo ipso obtigit.

445 INTERROGATIO LXXXII.

Quoniam scriptum est, « Anus ut matres [8], » si forte anus admiserit peccatum idem quod adolescentula, an obnoxia sit multæ eidem.

RESPONSIO.

Apostolus quidem anus honorari oportere docuit ut matres, non ut facientes quidquam reprehensione dignum. Quod si contigerit aliquando ut anus peccatum idem atque adolescentula admiserit, primum quidem, ut ita dicam, consideranda sunt naturalia ætatis vitia, atque hoc pacto objurgationis modus ætati utrique conveniens est definiendus. Exempli causa, naturalis fere est senectæ pigritia, juventuti non item: quemadmodum mentis aberratio, perturbatioque, et audacia, et quæcunque ejusdem generis sunt, juventuti, non autem senectuti insita sunt, et a naturali juventutis calore videntur adjuvari. Quamobrem peccatum idem, puta segnities, gravius reprehendendum est in adolescentula, ætate nihil illam excusante. Sic peccatum idem, mentis aberratio, aut audacia, aut perturbatio anum reddit majori animadversione dignam, ætate ipsa ad lenitatem tranquillitatemque ostendendam suppetias veniente. Ad hæc et peccati modum abs re non fuerit in utraque persona expendere, sicque multa quadam convenienti idoneam medendi rationem adhibere.

INTERROGATIO LXXXIII.

Si quis multa recte faciens, in uno delinquat duntaxat, quomodo ipsum tractabimus.

RESPONSIO.

Velut Petrum Dominus.

INTERROGATIO LXXXIV.

Si quis, turbulentis ac tumultuosis moribus præditus, propterea correptus, dicat alios bonos, alios malos a Deo fuisse factos, an recte loquatur.

RESPONSIO.

Hæc opinio jampridem veluti hæretica damnata est: siquidem est blasphema et impia, animamque ad peccatum proclivem efficit. Quare aut corrigatur, aut pellatur e medio [9], ut ne illud contingat: *Modicum fermentum totam massam adulterat* [10].

446 INTERROGATIO LXXXV.

Nunquid conveniat aliquid proprium habere in fratrum societate.

RESPONSIO.

Hoc contrarium est testimonio quod in Actis refertur de iis qui crediderant, in quibus scriptum est: *Nec quisquam eorum, quæ possidebat, aliquid suum esse dicebat* [11]. Quare qui dicit suum aliquid esse, seipsum alienum facit ab Ecclesia Dei, et a charitate Domini, qui et verbo et facto docuit animam suam pro amicis ponendam esse, nedum opes externas.

INTERROGATIO LXXXVI.

Si quis dicat, Neque accipio a fratribus, neque eis do, sed meis contentus sum, ecquid nobis erga talem observandum fuerit.

RESPONSIO.

Hic nisi pareat doctrinæ Domini, qui dixit: *Diligite invicem, sicut ego dilexi vos* [12], pareamus nos Apostolo, qui ait: *Auferte pravum ex vobis ipsis* [13], ne illud usu veniat: *Modicum fermentum totam massam adulterat* [14].

INTERROGATIO LXXXVII.

Si liceat unicuique suum vetus indumentum aut calceamentum dare cui velit, juxta mandatum.

RESPONSIO.

Dare aut accipere, etiam secundum mandatum, non est cujuslibet, sed ejus cui post factum periculum delatum est munus dispensandi. Proinde sive vetus, sive novum fuerit, hic, habita ratione temporis cujusque, et dabit, et recipiet.

INTERROGATIO LXXXVIII.

Quid sit sollicitudo hujus vitæ.

RESPONSIO.

Omnis cura, tametsi nihil eorum quæ prohibita sunt, videtur complecti, nisi tamen conferat ad pietatem, hujus vitæ sollicitudo est.

INTERROGATIO LXXXIX.

Quoniam scriptum est, « Pretium redemptionis animæ viri sunt suæ ipsius divitiæ [15]; » *quid nobis faciendum est, quibus id non suppetit.*

RESPONSIO.

Si quidem hoc nobis studio fuerit, nec tamen potuerimus, meminerimus responsi Domini ad Petrum, qui de hujusmodi re admodum 447 sollicitus dixerat [16]: *Ecce nos reliquimus omnia, et secuti sumus te: quid ergo erit nobis?* sic autem ipsi respondet: *Omnis qui reliquerit domum, vel fratres, aut sorores, aut patrem, aut matrem, aut uxorem, aut filios, aut agros, propter me et Evangelium, centuplum accipiet, et vitam æternam possidebit.* Si vero hoc prætermiserimus ex incuria, nunc studium ostendamus. Quod si jam neque tempus suppetit, neque facultas, consoletur nos Apostolus, qui dixit [17]: *Non quæro vestra, sed vos.*

INTERROGATIO XC.

Si licet nocturnum vestimentum habere, sive ex pilis confectum, sive aliud alterius generis.

RESPONSIO.

Sua sunt tempora usui ejus quod ex pilis conficitur vestimenti. Non enim hæc in usu sunt corporalis necessitatis causa, sed afflictationis et humiliationis animæ. At cum prohibita sit duorum possessio, an possit usus ille adhiberi citra eam, quam ante dixi, causam, secum quisque reputet.

[8] I Tim. v, 2. [9] I Cor. v, 2. [10] Galat. v, 9. [11] Act. iv, 32. [12] Joan. xiii, 34. [13] I Cor. v, 2. [14] Gal. v, 9. [15] Prov. xiii, 8. [16] Matth. xix, 27-29. [17] II Cor. xii, 14.

INTERROGATIO XCI.

Si frater, cui nihil proprium suppetit, rogatus fuerit ab aliquo, ut det idipsum quod gestat, quid facere debet, maxime si nudus fuerit, qui petit.

RESPONSIO.

Sive nudus, sive pravus, sive etiam quis ex necessitate, sive ex avaritia petat, semel dictum est non esse cujuslibet dare, aut accipere : sed ejus, qui prius probatus, muneri hujusmodi fuit præpositus. Observetur autem illud : *Unusquisque, in quo vocatus est, in hoc maneat* [18].

INTERROGATIO XCII.

Cum Dominus facultates jubeat vendere, qua ratione hoc faciendum est : utrum quoniam bona ipsa nocent natura sua, an propter animi aberrationem, quæ ex eis ipsi accedere solet.

RESPONSIO.

Ad hoc primum quidem dici illud potest, quod bona singula, si ipsa per se essent mala, nequaquam fuissent a Deo creata: *Omnis enim*, inquit, *creatura Dei bona est, et nihil rejiciendum* [19] ; deinde vero, quod mandatum Domini non docuit bona tanquam mala rejicienda esse et fugienda, sed dispensanda. Et condemnatur aliquis, non quod habuerit omnino, sed quod senserit de ipsis perverse, aut quod non bene eis usus sit. Animus siquidem horum amore liber, sanusque, necnon et eorumdem juxta mandatum dispensatio nobis prodest ad plurima, eaque maxime necessaria, **448** modo quidem ad emendanda nostra peccata ; quapropter scriptum est : *Verumtamen quod superest, date eleemosynam : et ecce omnia munda sunt vobis* [20] ; modo vero ad possidendum cœlorum regnum, et ad thesaurum qui nunquam defecturus est comparandum, sicut in alio loco dictum est [21] : *Nolite timere, pusillus grex, quia complacuit Patri vestro cœlesti dare vobis regnum. Vendite quæ possidetis : et date eleemosynam. Facite vobis sacculos, qui non veterascunt, thesaurum non deficientem in cœlis.*

INTERROGATIO XCIII.

Qui semel bona sua reliquit, et nihil proprium habere professus est, quo animo uti debet rebus ad vitam necessariis, veluti vestitu ac victu.

RESPONSIO.

Ita ut meminerit, uti scriptum est [22], Deum esse qui dat escam carni omni. Verumtamen cura opus est, ut tanquam Dei operarius cibo suo sit dignus, isque in ipsius potestate positus non sit, sed ab eo cui fuit cura hæc concredita, et in tempore et in mensura sibi subministretur, sicut scriptum est [23]: *Dividebatur autem singulis, prout cuique opus erat.*

INTERROGATIO XCIV.

Si quis relictis tributis ad fratres accedat, cognati autem ipsius pro ipso divexentur ab exactoribus, utrum detur inde hæsitandi locus, aut afferatur detrimentum, tum huic, tum iis, qui illum receperunt.

RESPONSIO.

Dominus noster Jesus Christus iis qui se percontabantur, liceretne censum Cæsari dare, an non, respondet [24] : *Ostendite mihi denarium : cujus habet imaginem et inscriptionem ?* cum autem dixissent, *Cæsaris*, respondit his verbis : *Reddite ergo quæ sunt Cæsaris, Cæsari : et quæ sunt Dei, Deo :* cum igitur ex hoc perspicuum sit, declarasse Dominum, eos subjectos esse mandatis Cæsaris, apud quos inveniantur quæ sunt Cæsaris ; si is, cum ad fratrum conventum accessit, tale aliquid ex iis, quæ ad Cæsarem pertinebant, attulerit, tributa exsolvere debet. Quod si cum discessit, sua omnia propinquis suis reliquit, nullus est hæsitandi locus, neque ipsi, neque iis, qui eum receperunt.

449 INTERROGATIO XCV.

An expediat iis, qui recens advenerunt, statim Scripturarum sententias ediscere.

RESPONSIO.

Et hæc ipsa quæstio ex iis, quæ superius jam dicta sunt, explanetur. Etenim quæ ad usum spectant, ea par est et necessarium ab unoquoque ex divina Scriptura edisci, et ut perficiatur pietas, et ut humanis traditionibus non assuescat.

INTERROGATIO XCVI.

Nunquid cuilibet volenti permittendum sit, ut discat litteras, aut lectioni vacet.

RESPONSIO.

Cum Apostolus dicat : *Ut non quæcunque vultis, illa faciatis* [25], quidquid in unaquaque re deligitur ex propria voluntate, id cuipiam permittere exitiosum est : quidquid vero præfectis comprobatur; tametsi repugnat voluntati, id amplecti operæ pretium est. Cæterum huic etiam competit incredulitatis crimen, cum Dominus dixerit : *Estote parati ; quia, qua hora non putatis, Filius hominis veniet* [26]. Compertum est enim istum vitæ diuturnitatem moramque sibi proponere.

INTERROGATIO XCVII.

Si quis dicit, Volo ad modicum tempus vestra opera proficere, isne admittendus est.

RESPONSIO.

Cum Dominus dixerit, *Eum qui venit ad me, non ejiciam foras* [27], Apostolus vero ita locutus fuerit, *Sed propter subintroductos falsos fratres, qui subintroierunt explorare libertatem nostram, quam habemus in Christo Jesu, ut nos in servitutem redigerent : quibus neque ad horam cessimus subjectione, ut veritas Evangelii permaneat apud vos* [28],

---

[18] I Cor. vii, 24. [19] I Tim. iv, 4. [20] Luc. xi, 41. [21] Luc. xii, 32, 33. [22] Psal. xxxv, 25. [23] Act. civ, 35. [24] Luc. xx, 22-24. [25] Galat. v, 17. [26] Luc. xii, 40. [27] Joan. vi, 37. [28] Gal. ii, 4, 5.

par quidem fuerit accessum ipsi concedere, tum quod eventus incertus est : si quidem saepenumero utilitate per aliquod tempus percepta, jam lubens illud vitae institutum omnino amplectetur, quod non raro factum est : tum ut ipse servatam apud nos disciplinam perspectam habeat, qui fortasse de nobis longe alia suspicabatur. Caeterum necesse est etiam coram ipso servari exactiorem disciplinam, ut et elucescat veritas, et cujusvis negligentiae tollatur suspicio. Ita enim et nos Deo placebimus, et ille aut capiet utilitatem, aut redarguetur.

450 INTERROGATIO XCVIII.
Qualem animum habere debeat praefectus in iis quae praecipit, vel constituit.

RESPONSIO.

Erga Deum quidem velut minister Christi [29], et dispensator mysteriorum Dei, timens ne quid praeter voluntatem Dei in Scripturis testatam aut dicat, aut instituat, et inveniatur falsus testis Dei, aut sacrilegus, quod aut introducat quidpiam a Domini doctrina alienum, aut aliquid Deo gratum et acceptum praetermittat. Erga fratres vero, *Tanquam si nutrix foveat filios suos* [30], cupidus impertiendi unicuique ad placendum Deo, et ad utilitatem simul omnibus afferendam, non modo Dei Evangelium, sed suam etiam animam, juxta mandatum Domini et Dei nostri Jesu Christi, qui dixit : *Mandatum novum do vobis, ut diligatis invicem, sicut ego dilexi vos* [31]. *Majorem hac dilectionem nemo habet, ut animam suam ponat quis pro amicis suis* [32].

INTERROGATIO XCIX.
Quonam animo oporteat increpantem increpare.

RESPONSIO.

Erga Deum quidem, eo ipso quem habuit David, cum diceret : *Vidi insensatos, et tabescebam ; quia eloquia tua non custodierunt* [33]. Erga eos vero, qui increpantur, habendus est hujusmodi animus, qualem induerit pater et medicus, commiserationi et misericordiae admistum, curans scilicet filium suum perite ; et maxime si adfuerit dolor, et curandi modus sine cruciatu adhiberi non possit.

INTERROGATIO C.
Quomodo eos, qui forinsecus adveniunt ac mendicant, dimittemus : item utrum unusquisque qui voluerit debeat panem, aut aliud quidvis erogare, an potius conveniat munus hoc uni alicui delegari.

RESPONSIO.

Cum Dominus pronuntiarit non esse bonum sumere panem filiorum, et projicere canibus, et tamen illud etiam approbarit : *Nam et catelli edunt de micis, quae cadunt de mensa dominorum suorum* [34]; cui munus dispensandi fuit assignatum, is examine praemisso illud impleat. Quisquis autem id facit praeter hujus sententiam, increpetur veluti disciplinae corruptor, donec suum locum servare didicerit, cum Apostolus dicat : *Unusquisque, in quo vocatus est, fratres, in hoc permaneat* [35].

451 INTERROGATIO CI.
An ille cui dispensatio eorum, quae Domino dedicata sunt, concredita est, necesse habeat exsequi illud : « *Omni petenti te, tribue ; et volentem a te mutuum accipere, ne averseris* [36]. »

RESPONSIO.

Illud : *Omni petenti te, tribue ; et volentem a te mutuum accipere, ne averseris*, est loco quasi tentationis, quemadmodum eorum, quae proxime sequuntur, series declarat ; atque praeceptum illud datum est in improbos : quod non primaria ratione, sed casu quodam exigente, debet perfici. Siquidem primarium Domini praeceptum illud est : *Vende quae habes, et da pauperibus* [37] ; et rursus : *Vendite quae possidetis, et date eleemosynam* [38]. Quod si non sine periculo ad alios transfertur quod aliis destinatum est, cum Dominus dicat : *Non sum missus nisi ad oves quae perierunt domus Israel* [39] ; item : *Non est bonum sumere panem filiorum, et abjicere catellis* [40], quidni et a se quisque judicet quod justum est ?

INTERROGATIO CII.
An quacunque de causa e fratrum conventu egredientem exhortando oporteat detinere, an non ; et, si oportet, quibus tandem conditionibus detinendus sit.

RESPONSIO.

Cum Dominus dixerit : *Eum qui venit ad me, non ejiciam foras* [41] ; ac rursus : *Non est opus valentibus medicus, sed male habentibus* [42] ; et alio in loco : *Quis ex vobis habens centum oves, si aberraverit una ex ipsis, non dimittit nonaginta novem, et profectus quaerit errabundam, donec invenerit* [43] ? nihil non adhibendum est ad curandum infirmum, atque danda est sedula opera, ut luxatum membrum, ut ita dicam, in suum locum restituatur. Quod si in suo vitio, qualecunque tandem sit, perseveraverit, tum perinde atque alienus dimittendus est. Scriptum est enim : *Omnis plantatio quam non plantavit Pater meus coelestis, eradicabitur. Sinite illos, caeci sunt* [44]..

INTERROGATIO CIII.
Quod quidem senioribus parendum sit vel usque ad mortem, hoc jam didicimus : verum quoniam usu venit nonnunquam, ut et ipse senior labatur in aliquibus, an sit ipse redarguendus, et quomodo, et a quibus, edoceri postulamus ; si vero id non ferat, quid faciendum est.

RESPONSIO.

De his enucleate dictum est in latiore responsione.

---

[29] I Cor. iv, 1. [30] I Thess. ii, 7. [31] Joan. xiii, 34. [32] Joan. xv, 13. [33] Psal. cxviii, 158. [34] Matth. xv, 26, 27. [35] I Cor. vii, 24. [36] Luc. vi, 30 ; Matth. v, 42. [37] Luc. xviii, 22. [38] Luc. xii, 33. [39] Matth. xv, 24. [40] ibid. 40. [41] Joan. vi, 37. [42] Matth. x, 12. [43] Matth. xviii, 12. [44] Matth. xv, 13, 14.

452 INTERROGATIO CIV.

Quomodo debent fratribus munera et officia committi: utrum a solo præfecto ita judicante, an etiam a fratribus suffragium ferentibus: itemque in sororibus similiter.

RESPONSIO.

Si unusquisque ea quæ sentit, aliis proponere edoctus est, quanto magis quæ sunt hujusmodi, ea fieri debent, adhibito eorum, qui ad hoc apti sunt, judicio? quare Dei negotium secundum Deum concredendum est iis qui se jam ostenderint credito munere fungi posse modo Domino grato. Et in summa necessarium fuerit præfectum in omni negotio sacræ Scripturæ meminisse, quæ sic habet: *Fac omnia cum consilio* [45].

INTERROGATIO CV.

Nunquid ii qui accedunt ad fratres debeant statim artes ediscere.

RESPONSIO.

Præpositi judicabunt.

INTERROGATIO CVI.

Cujusmodi multis in fratrum societate uti oporteat ad peccatores convertendos.

RESPONSIO.

Tempus et modus præpositorum judicio decernatur, spectatis tum vigore ac ætate corporis, tum habitu animi, tum discrimine peccati.

INTERROGATIO CVII.

Si quis dicat cupere se cum fratribus vivere, sed tamen propter obsequium quod suis secundum carnem propinquis præstandum est, aut etiam propter tributa sæpe impediatur quominus omnino amplectatur hujusmodi vitam, an accessus ad fratres ei permitti debeat.

RESPONSIO.

Cupido quidem æqui bonique non exscinditur sine periculo: neque tamen ei, qui semel ingressus sit, tempus et facultatem res externas et a vita secundum Deum instituta alienas tractandi dare tutum est. Quod si ingressus quis seipsum rebus internis dedat, nec quidquam secum afferat eorum quæ externa sunt, is meliorem de se spem ostendit.

453. INTERROGATIO CVIII.

An conveniat præfectum, præfecta absente, cum sorore aliqua loqui de iis quæ ad fidei ædificationem pertinent.

RESPONSIO.

In his non servatur præceptum Apostoli, qui dixit: *Omnia honeste et secundum ordinem fiant* [46].

INTERROGATIO CIX.

An conveniat præfectum cum præfecta frequenter colloqui: et maxime si id aliquos fratres offendat.

RESPONSIO.

Cum Apostolus dixerit: *Utquid enim libertas mea judicatur ab alia conscientia* [47]? non abs re fuerit imitari ipsum dicentem: *Non usi sumus hac potestate, ne quod offendiculum demus Evangelio Christi* [48]; et quoad fieri potest, rariora brevioraque colloquia facere operæ pretium est.

INTERROGATIO CX.

An sorore seniori confitente, adesse oporteat etiam ipsam seniorem.

RESPONSIO.

Honestius cautiusque coram ipsa seniore fiet confessio seniori, qui scite ac prudenter pœnitentiæ atque correctionis modum possit suggerere.

INTERROGATIO CXI.

Cum senior ipse jussit aliquid a sororibus fieri, nesciente ipsa seniore, an senior illa jure ac merito indignetur.

RESPONSIO.

Jure optimo.

INTERROGATIO CXII.

Si quis accedit ad vitam quæ secundum Deum est, convenitne talem recipi a præfecto citra fratrum notitiam: an potius hoc cum illis quoque prius communicari oporteat.

RESPONSIO.

Dominus docet ob pœnitentem amicos ac vicinos convocari. Quare multo magis necessarium est, ut is qui accedit, scientibus 454 cunctis fratribus suscipiatur, ut simul inter se et gaudeant, et precentur.

INTERROGATIO CXIII.

An possit is cui animarum cura concredita est, observare illud: « Nisi conversi fueritis et facti fueritis sicut parvuli [49]*: » §quandoquidem res illi est cum multis personis et diversis.*

RESPONSIO.

Cum sapientissimus Salomon dixerit [50]: *Tempus est omni rei*, scire debemus et humilitati, et potestati exercendæ, et reprehensioni, et exhortationi, et misericordiæ, et libertati loquendi, et benignitati, et severitati, et, ut uno verbo dicam, rei cuique suum tempus esse. Quare sunt aliquando edenda humilitatis specimina, puerorumque imitanda est humilitas: et maxime tum cum tempus est mutui honoris et officiorum præstandorum, operæque et curæ circa corpus adhibendæ, quemadmodum Dominus docuit; aliquando vero potestate a Domino ad ædificationem, non autem ad destructionem [51] tradita utendum est, cum videlicet necessitas postulat loquendi libertatem. Et ut exhortationis tempore exhibenda est benignitas: ita tempore severitatem exigente, æmulatio est ostendenda, atque in reliquis rebus singulis, eodem modo.

INTERROGATIO CXIV.

Cum Dominus præcipiat [52]: *« Si quis te adegerit ad milliarium unum, vade cum illo duo; » itemque Apostolus doceat, ut subjecti simus alter alteri in timore Christi* [53], *num cuivis et quodvis imperanti obediendum sit.*

RESPONSIO.

Imperantium differentia obedientiæ eorum qui-

---

[45] Eccli. xxxii, 24. [46] I Cor. xiv, 40. [47] I Cor. x, 29. [48] I Cor. ix, 12. [49] Matth. xviii, 3. [50] Eccle. iii, 1. [51] II Cor. xiii, 10. [52] Matth. v, 41. [53] Ephes. v, 21.

bus imperatur, nihil officere debet; neque enim Moses Jothor rectum sibi consilium dantem aspernatus est⁵⁵. Cum autem eorum, quæ jubentur, exiguum non sit discrimen (alia siquidem adversantur mandato Domini, aut corrumpunt illud, aut re, quæ prohibita sit, admista, ipsum multis modis coinquinant: alia conveniunt cum mandato: alia, etiamsi aperte cum eo non conveniant, adjuvant tamen, ac veluti adminicula quædam mandati sunt), necesse est meminisse Apostoli, qui dicit: *Prophetias nolite spernere: omnia autem probantes, quod bonum est tenete: ab omni specie mala abstinete vos*⁵⁶; ac rursus: *Consilia destruentes, et omnem altitudinem extollentem se adversus scientiam Dei, et in captivitatem redigentes omnem intellectum in obsequium Christi*⁵⁶. Quare si quid quod omnino cohæreat cum mandato Domini, aut ei conducat, nobis præcipitur, **455** id tanquam Dei voluntatem studiosius diligentiusque suscipere debemus, exsequentes quod dictum est: *Obedientes alter alteri in charitate Christi*⁵⁷. Cum vero aliquid quod contrarium sit mandato Domini, aut id corrumpat, aut inquinet, nobis ab aliquo præceptum fuerit, tunc opportune dicemus: *Obedire oportet Deo magis quam hominibus*⁵⁸: memores Domini, qui ait: *Alienum autem non sequentur, sed fugient ab eo, quia non noverunt vocem alienorum*⁵⁹; et Apostoli etiam qui securitatis nostræ gratia ausus est vel ipsos angelos perstringere his verbis: *Etiamsi nos ipsi, aut angelus de cœlo evangelizet vobis præterquam quod evangelizavimus vobis, anathema sit*⁶⁰. Ex quibus illud docemur, quod licet necessitudine maxima nos attingat, et gloria præter modum excellat, qui vetat, quod a Domino imperatum est, aut contra quod ille vetuerit, faciendum suadeat is cuivis Dominum diligenti fugiendus est aut etiam exsecrationi habendus.

INTERROGATIO CXV.
Quomodo alter alteri obedire debeat.

RESPONSIO.
Veluti dominis servi, prout a Domino præceptum est: *Qui vult inter vos esse magnus, sit omnium ultimus, et omnium servus*⁶¹. Quibus hæc efficaciora et ad persuadendum aptiora adjungit: *Quemadmodum Filius hominis non venit ut ministraretur ei, sed ut ministraret*⁶²; item prout ab Apostolo dictum est: *Per charitatem Spiritus servite invicem*⁶³.

INTERROGATIO CXVI.
Ad quosnam terminos sese debet extendere obedientia, ut servetur mensura, qua Deo placere possimus.

RESPONSIO.
Hoc Apostolus docuit, proposita nobis obedientia Domini, qui *Factus est obediens usque ad mortem, mortem autem crucis*⁶⁴: quin et dixerat antea: *Hoc sentite in vobis, quod et in Christo Jesu*⁶⁵.

INTERROGATIO CXVII.
Qui non assentitur iis quæ sibi quotidie injunguntur, ut propositum quoddam mandatum conficiat, cupit vero artem ediscere, quali morbo laboret, et nunquid debeat tolerari.

RESPONSIO.
Qui est hujusmodi, is et contumax, et sibimetipsi placens, et incredulus est: quandoquidem non timuit judicium Domini, qui dixit: *Estote parati: quia qua hora non putatis, Filius hominis veniet*⁶⁶. Si quis enim diebus **456** singulis et quavis hora Dominum exspectet, is sollicito animo est, ne diem hodiernum otiosus prætereat, nihilque amplius curat. Quod si jussus fuerit artem ediscere, ex obedientia id lucrum referat, ut placeat Deo, non autem condemnetur ob procrastinationem.

INTERROGATIO CXVIII.
Qui strenuus est in mandato conficiendo, sed facit quod sibi non præcipitur, sed quod ipse vult, qualem mercedem habet.

RESPONSIO.
Illius qui sibi placet. Cum autem Apostolus dicat: *Unusquisque nostrum proximo suo placeat in bonum, ad ædificationem*⁶⁷, magisque nos invitet his quæ subjungit verbis: *Nam et ipse Christus non sibi placuit*⁶⁸; imminens sibi periculum nosse debet, qui placet sibimetipsi; quin etiam ille idem contumax esse et intractabilis convincitur.

INTERROGATIO CXIX.
An liceat unicuique assignatum sibi opus recusare, et aliud petere.

RESPONSIO.
Cum obedientia, sicut jam dictum est, limites suos ad mortem usque extendat, delatum munus qui recusat, et requirit aliud, primum violat obedientiam, et aperte declarat se minime abnegasse semetipsum: deinde etiam aliorum plurium malorum tum sibi, tum cæteris auctor exsistit. Aperit enim plerisque januam contradictionis, ac seipsum ad hanc assuefacit. Et quoniam non potest unusquisque judicare quid conducat sibi, non raro opus sibi noxium diligit. Ad hæc pravas fratribus suspiciones movet, tanquam si operi quod requirit, esset magis addictus, quam iis quibuscum operari necesse est. Quare, uno verbo, imperium detrectare multorum ac ingentium malorum radix est. Quod si inesse sibi rationem aliquam operis recusandi putet, declaret illam præfectis, idque ipsis expendendum relinquat.

---

⁵⁵ Exod. xviii, 19. ⁵⁶ I Thess. v, 20-22. Il ⁵⁶ Cor. x, 4, 5. ⁵⁷ Ephes. iv, 2. ⁵⁸ Act. v, 29. ⁵⁹ Joan. v, 10. ⁶⁰ Galat. i, 8. ⁶¹ Marc. x, 44. ⁶² ibid. 45. ⁶³ Galat. v, 13. ⁶⁴ Philipp. ii, 8. ⁶⁵ ibid. 5. ⁶⁶ Luc. xii, 40. ⁶⁷ Rom. xv, 2. ⁶⁸ ibid. 3.

INTERROGATIO CXX.

An conveniat aliquo abire, moderatore non prius commonefacto.

RESPONSIO.

Cum Dominus dicat : *Neque enim a meipso veni, sed ille me misit*[69], quanto magis unusquisque nostrum non debet sibiipsi illud permittere? Enimvero id qui sibi indulget, clare ostendit laborare se morbo superbiæ, seque esse obnoxium judicio Domini, qui dixit : *Quod hominibus altum est, abominatio est ante Deum*[70]. Et in summa quidquam sibi permittere, id vitio datur.

INTERROGATIO CXXI.

An liceat graviora opera recusare.

RESPONSIO.

Qui vere et sincere Deum diligit, et constanter ac certo exspectat retribuendam a Domino mercedem, nequaquam præsentibus contentus est, sed semper aliquam requirit accessionem, et quiddam amplius exoptat. Et tametsi supra vires quidpiam efficere videtur, non tamen est securus, tanquam qui mensuram impleverit ; quin potius sollicitudinem assiduam patitur, velut qui longe absit a debita perfectione, audiens Dominum ita præcipientem : *Cum feceritis omnia quæ præcepta sunt, tum dicite : Servi inutiles sumus : quod debebamus facere, fecimus*[71]; item cum audit Apostolum, cui mundus crucifixus erat, et ipse mundo[72], qui hæc dicere veritus non est : *Ego me nondum arbitror comprehendisse. Unum autem, quæ quidem retro sunt obliviscens, ad ea vero quæ sunt priora extendens meipsum, ad destinatum persequor, ad bravium supernæ vocationis Dei in Christo Jesu*[73]. Qui cum sibi, utpote Evangelium annuntianti, ex Evangelio vivere liceret[74], ait : *In labore et fatigatione, nocte et die operantes, non quod non habeamus potestatem, sed ut nos ipsos formam demus vobis ad imitandum nos*[75]. Quis igitur adeo stupidus est et incredulus, ut iis quæ fecerit, unquam acquiescat, aut aliquid velut gravius aut laboriosius detrectet?

INTERROGATIO CXXII.

Cui hæc multa irrogata fuit, nimirum ut non accipiat benedictionem, si is dicat : Nisi accepero benedictionem, non edo ; nunquid ferendus sit.

RESPONSIO.

Certe an peccatum tanta multa dignum sit, ut quis arceatur a sumendo cibo, prorsus judicabit qui pœnam hanc irrogavit. Quod si quispiam habitus fuerit benedictione sola indignus, et edendi facultate ei data, edere tamen recuset, is tanquam contumax in hoc et pervicax judicetur. Atque etiam noverit semetipsum, intelligatque se sibi, dum hoc facere cupit, non mederi, sed peccatum peccato adjungere.

INTERROGATIO CXXIII.

Si quis ægre ferat non permitti sibi, ut faciat quæ apte facere non potest, isne tolerandus est.

RESPONSIO.

De hac re dictum est plerisque in locis, quod in universum propria voluntate uti, aut pro arbitrio agere, alienum sit a recta ratione : itemque, quod plurium judicio non parere, est contumaciæ et contentionis periculum adire.

INTERROGATIO CXXIV.

Si quando forte inciderit quispiam in hæreticos aut in gentiles, an is debeat aut cum ipsis cibum capere, aut ipsos salutare.

RESPONSIO.

Salutationem quidem, si videlicet communis illa sit et vulgaris, nullo modo vetuit Dominus, cum dixerit : *Si salutaveritis amicos vestros tantum, quid amplius facitis? Nonne et ethnici sic faciunt*[76]? Quod vero ad cibum una capiendum attinet, habemus præceptum Apostoli, quo docemur in quibus hoc vitari debeat, ita loquentis : *Scripsi vobis in epistola, ne commisceremini cum fornicariis, ac non omnino cum fornicariis hujus mundi, aut cum avaris, aut cum rapacibus, aut idolorum cultoribus : alioquin deberetis utique de hoc mundo exiisse. Nunc autem scripsi vobis, ut ne commisceamini. Si aliquis, qui frater nominatur, est aut fornicator, aut avarus, aut idolis serviens, aut maledicus, aut ebriosus, aut rapax : cum ejusmodi ne cibum quidem capiatis*[77].

INTERROGATIO CXXV.

Cui munus aliquod creditum est, et nemine admonito facit aliquid præter id quod ei injunctum fuit, aut ultra quam ipsi præscriptum est, isne debet id munus retinere.

RESPONSIO.

Aliquid sibimetipsi assumere in universum displicet Deo : neque id convenit, neque expedit iis quibus vinculum conservandæ pacis in studio est. Quod si perseveraverit in sua protervia, præstat id officii ab ipso auferri. Non enim servat præceptum ejus qui dixit : *Unusquisque in quo vocatus est, fratres, in hoc permaneat*[78] ; et quod ad commovendum magis valet, addit : *Non plus sapere quam oportet sapere, sed sapere ad sobrietatem : unicuique sicut Deus divisit mensuram fidei*[79].

INTERROGATIO CXXVI.

Qua ratione quis non vincatur a voluptate eduliorum.

RESPONSIO.

Nempe si utilitatis rationem semper habere apud se statuerit ducem ac magistram eorum, quæ pro usu assumuntur, sive suavia fuerint, sive insuavia.

INTERROGATIO CXXVII.

Dicunt quidam fieri non posse, quin homo irascatur.

RESPONSIO.

Non continuo si fieri potest ut miles irascatur

---

[69] Joan. vii, 28. [70] Luc. xvi, 15. [71] Luc. xvii, 10. [72] Gal. vi, 14. [73] Philipp. iii, 13, 14. [74] I Cor. ix, 14. [75] II Thess. iii, 8, 9. [76] Matth. v, 47. [77] I Cor. v, 9-11. [78] I Cor. vii, 24. [79] Rom. xii, 3.

in oculis regis, rationi consentaneum est quod dicitur. Etenim si hominis, qui secundum naturam æqualis est, aspectus id vitium coerceat propter dignitatis præstantiam, quanto magis idem vitabitur si cui sit persuasum, se motuum suorum Deum inspectorem habere? Deus enim, qui scrutatur corda et renes, multo magis videt animi motus, quam homo quæ oculis subjiciuntur.

INTERROGATIO CXXVIII.

Cum quis vult abstinentia supra vires uti, ita ut etiam in mandato quod sibi proponitur conficiendo impediatur, idne ipsi permittendum est.

RESPONSIO.

Quæstio hæc non mihi rite proposita videtur. Abstinentia enim non sita est in ciborum nihil ad rem pertinentium amotione, ex qua consequitur ea, quæ ab Apostolo redarguitur [80], immoderata corporis afflictatio, sed in perfecto a propriis voluntatibus secessu. Quam autem periculosum sit a mandato Domini excidere ob propriam voluntatem, ex Apostoli verbis liquet, ubi ait [81]: *Facientes voluntates carnis, et cogitationum, et eramus natura filii iræ.*

INTERROGATIO CXXIX.

Qui multum jejunat, ob idque in capiendo cibo communem escam sufferre non potest, utrum potius eligere debet, jejunarene cum fratribus, et una cum ipsis edere, an, immodici jejunii causa, in cibo sumendo aliis eduliis opus habere.

RESPONSIO.

Jejunii tempus non est arbitrium cujusque; sed est, cum ea, quæ ad Dei cultum pertinent, id requirunt (1): quemadmodum et Acta apostolorum narrant [84], et ab electo Davide discimus [83]. Si quis igitur jejunat hunc in modum, utique consequitur etiam jejunandi facultatem. *Fidelis est enim qui repromisit* [83*].

460 INTERROGATIO CXXX.

Quomodo jejunandum est, cum opus fuerit jejunio propter aliquid eorum quæ ad pietatem excolendam requiruntur: utrum tanquam coacte, an cum animi promptitudine.

RESPONSIO.

Cum Dominus dicat: *Beati qui esuriunt, et sitiunt justitiam* [84], quidquid ad pietatem conducit, id nisi libenter ac studiose fiat, periculosum est. Quare qui jejunat quidem, sed id animo alacri non facit, vocatur in periculum; cæterum in tempore necessitatis ejusmodi necesse est jejunare, quandoquidem Apostolus inter sua alia recte facta illud etiam ad docendos nos enumerat: *In jejuniis sæpe* [85].

---

[80] Coloss. II, 23. [81] Ephes. II, 3. [81] Act. XIII, 2, 3. [83] Psal. XXXIV, 13. [83*] Hebr. x, 23. [84] Matth. v, 6. [85] II Cor. XI, 27. [86] Luc. XII, 29. [87] ibid. 30. [85] Act. IV, 35. [89] Num. XI, 1. [90] I Cor. x, 10.

† (1) Ait vir doctissimus Combefisius, accipiendum hunc locum de personis: cujus si sententiam amplectare, sic vertas velim: *Jejunii tempus non in cujusvis arbitrio, sed in eorum qui ad pietatem excolendam accedunt, necessitate situm est.*

INTERROGATIO CXXXI.

Qui non capit cibos, quos fratres edunt, sed alios requirit, nunquid recte faciat.

RESPONSIO.

In universum cibos requirere contrarium est mandato, cum Dominus dixerit: *Nolite quærere quid manducetis, et quid bibatis: et nolite in sublime tolli* [86]; cumque, quod ad perterrendum magis valet, statim addiderit: *Hæc enim omnia gentes inquirunt* [87]. Est autem ejus, penes quem distribuendi munus est, diligenter exsequi illud: *Dividebatur autem singulis, prout cuique opus erat* [88].

INTERROGATIO CXXXII.

Qui dicit, Id mihi nocet, et ægre fert, nisi aliud sibi datum fuerit, quid hoc est.

RESPONSIO.

Apparet, huic persuasum non esse de spe Lazari, neque ipsum charitatem illius cui omnium et suiipsius cura concredita est, perspectam habere. In universum autem non debet quivis de re aut noxia aut expedienti judicium sibi permittere: sed id deferendum est ei, cujus munus est de cujusque utilitate judicare: qui præcipue inquirat animæ emolumentum, sicque secundo loco ea quæ ad corporis necessitatem pertinent, subministret juxta Dei voluntatem.

INTERROGATIO CXXXIII.

Si vero ob cibum etiam murmuraverit.

RESPONSIO.

Eorum qui in deserto murmuravere,[89] judicio obnoxius est. Ait enim Apostolus: *Neque murmuretis, sicut quidam eorum murmuraverunt, et perierunt ab exterminatore* [90].

INTERROGATIO CXXXIV.

Si iratus quispiam aliquid eorum, quæ necessaria sunt, accipere recuset.

RESPONSIO.

Qui ejusmodi est, etiamsi poscat, dignus est qui non impetret, quoad vitium illud, imo potius vitia illa sanata esse præpositus judicaverit.

461 INTERROGATIO CXXXV.

An conveniat quempiam, labore defatigatum, quidquam consuetis amplius exposcere.

RESPONSIO.

Si laborem suscipit ob retribuendam a Deo mercedem, hinc laboris sui quærere non debet levamentum, sed semetipsum ad Domini præmium apparare, haud ignorans se ut pro labore remunerationem, ita quoque pro angustia consolationem a Domino consecuturum. Ille autem cujus ea provincia est, ut impleat illud: *Dividebatur singulis prout cuique opus erat* [91]; debet necessario laborantem quemque cognoscere, et ut par est, curare.

INTERROGATIO CXXXVI.

An necesse sit omnes ad horam prandii convenire: et qui abfuerit, veneritque post prandium, quomodo nobis cum eo agendum sit.

RESPONSIO.

Si abfuerit quidem ob loci aut operis necessitatem, tanquam qui servet praeceptum illius, qui dixit : *Unusquisque, in quo vocatus est, fratres, in hoc maneat* [92]; examine praemisso ignoscet communis disciplinae inspector : sin cum simul occurrere potuisset, non festinavit, culpa hujusce negligentiae cognita, usque ad constitutam horam sequentis diei maneat jejunus.

INTERROGATIO CXXXVII.

Nunquid rectum sit hoc, ut aliquis, exempli causa, in animo statuat se ad aliquid certum tempus ab aliquo cibo aut potu abstinere.

RESPONSIO.

Cum Dominus dixerit : *Non ut faciam voluntatem meam, sed voluntatem ejus qui misit me* [93], omne judicium voluntatis propriae periculo non vacat. Cujus rei ignarus David aiebat : *Juravi, et statui custodire judicia justitiae tuae* [94], non voluntates meas.

INTERROGATIO CXXXVIII.

An in fratrum conventu cuipiam permitti debeat ut plusquam caeteri jejunet, aut vigilet ex propria voluntate.

RESPONSIO.

Cum Dominus dixerit : *Descendi de coelo non ut faciam voluntatem meam, sed voluntatem ejus qui misit me, Patris* [95], quidquid quis fecerit ex propria voluntate, id cum facientis **462** sit proprium, alienum est a pietate : et metuendum est, ne quando de eo, quod facere videtur, a Deo audiat : *Ad te conversio illius et tu dominaberis illius* [96]. Quin et in ipsis etiam bonis aliquid amplius prae caeteris velle, contentionis vitium est, a vana gloria proficiscens : quod vetitum esse ostendens Apostolus, ait : *Non enim audemus inserere aut comparare nos quibusdam, qui seipsos commendant* [97]. Quare relictis propriis voluntatibus, eoque ut videri velimus aliquid excellentius facere quam reliqui, parere debemus Apostolo admonenti ac dicenti : *Sive manducatis, sive bibitis, sive quid facitis, omnia in gloriam Dei facite* [98]. Contendere enim, et efferri inani gloria, ac sibi placere, res sunt omnino alienae ab iis qui bonum certamen legitime decertant. Quapropter ait, modo quidem : *Non efficiamur inanis gloriae cupidi* [99] ; modo vero : *Si quis videtur contentiosus esse, nos talem consuetudinem non habemus, neque Ecclesiae Dei* [1] : item in alio loco : *Debemus nos non nobismetipsis placere* [2]; quibus haec ad commovendum efficaciora adjungit : *Etenim Christus non sibi placuit* [3]. Quod

si quispiam existimat opus sibi esse asperitate majore, sive in jejuniis, sive in vigiliis, sive in quacunque alia re, patefaciat rei communi praefectis hanc ipsam rationem, ob quam asperitate majori indigere se arbitratur : quod autem ipsis probatum fuerit, observet. Saepe enim alio potius modo necessitati ipsius consulere oportebit.

INTERROGATIO CXXXIX.

Aucto jejunio, evadimus ad laborem debiliores. Quid igitur magis facto opus est : rescinderene laborem propter jejunium, an negligere jejunium propter laborem.

RESPONSIO.

Operae pretium est jejunare, et edere juxta accommodatam pietati rationem ; ut cum conficiendum fuerit Dei mandatum per jejunium, jejunemus, ac vice versa, cum Dei mandatum cibum corpus corroborantem exigit, comedamus, non tanquam helluones, sed ut operarii Dei. Servandum est enim quod dictum est ab Apostolo : *Sive manducatis, sive bibitis, sive quid facitis, omnia in gloriam Dei facite* [4].

INTERROGATIO CXL.

Si quis temperans non fuerit in noxiis cibis capiendis, imo vero iis abunde sumptis incidat in morbum, nunquid ejus cura suscipienda sit.

RESPONSIO.

Intemperantia manifestam praefert nequitiam ; atque in primis de hoc vitio sollicitum esse necesse est, ut remedium **463** ei afferatur. Etenim benignus Deus, quantum malum incontinentia sit, ostendere cum vellet, animam saepe in iis etiam quae corpori nocent, in vitium intemperantiae labi permisit, si forte posset per corporalem morbum, quem intemperantiae causa perferebat, suum ipsius detrimentum nosse, et adduci ad servandam in omnibus temperantiam. Caeterum curam corporis erga eos qui ob intemperantiam male afficiuntur, gerere quidem cito rationi et benignitati convenit, non tamen sine ullo examine, sed sollicite, ne forte corpore curando animam relinquamus incuratam. Quamobrem si quis quempiam ita affectum conspexerit, ut per corporis curationem probe eruditus sit, animamque vitiis propriis irretitam curet, adhibenda est ipsi corporalis cura. Quod si in curando corpore contemnere animam deprehendatur, praestabilius est, qui ejusmodi est, eum in doloribus iis, quos ob suam intemperantiam suffert, derelinqui, si forte temporis progressu ad sui ipsius et aeterni supplicii notitiam perveniens, possit animae sanitati providere. *Dum enim judicamur, a Domino corripimur, ut non cum hoc mundo damnemur* [5].

INTERROGATIO CXLI.

An conveniat peregrinos reperiri in officinis, aut etiam aliquos ex contubernalibus, loco suo relicto.

RESPONSIO.

Eo excepto, qui operariis invisendis, et dispen-

---

[91] Act. iv, 35. [92] I Cor. vii, 24. [93] Joan. vi, 38. [94] Psal. cxviii, 106. [95] Joan. vi, 38. [96] Gen. iii, 16. [97] II Cor. x, 12. [98] I Cor. x, 31. [99] Galat. v, 26. [1] I Cor. xi, 16. [2] Rom. xv, 1. [3] ibid. 3. [4] I Cor. x, 31. [5] I Cor. xi, 32.

sandis operibus præfectus fuit, quisquis hoc facere inventus fuerit, veluti qui rectum ordinem harmoniæ membrorum dissolverit, licito etiam egressu prohibeatur : in loco autem, qui castigationi idoneus judicatus fuerit, sedens, attente et solito laboriosius pensum reddat, quoad servare didicerit quod dictum est ab Apostolo : *Unusquisque in quo vocatus est, in hoc permaneat* [6].

INTERROGATIO CXLII.

An debeant artifices opus ab aliquo accipere citra sententiam illius, cui demandata est harumce rerum cura.

RESPONSIO.

Judicio furis, aut cujusvis cum fure currentis obnoxius esto uterque, tum qui dat, tum qui accipit.

INTERROGATIO CXLIII.

Quomodo operarii commissa sibi instrumenta debeant accurare.

RESPONSIO.

Primum tanquam dicata Deo et consecrata : deinde tanquam qui sine ipsis studium impigrum, quod debetur, ostendere non queant.

INTERROGATIO CXLIV.

Si quis ex negligentia aliquid perdiderit, aut eo præ contemptu abusus fuerit.

RESPONSIO.

Qui abusus fuerit, veluti sacrilegus : qui vero perdiderit, tanquam sacrilegii auctor judicetur, cum sint Domino dedicata omnia, et Deo consecrata.

INTERROGATIO CXLV.

Quod si suo jure commodaverit alicui, aut ab eo acceperit.

RESPONSIO.

Velut temerarius et contumax judicetur. Hæc enim ejus qui his curandis præpositus est, ipsaque distribuit, propria sunt.

INTERROGATIO CXLVI.

Quod si etiam urgente necessitate præpositus ipse ab eo petierit instrumentum, ille vero negaverit.

RESPONSIO.

Qui semetipsum suaque membra in Christi charitate tradidit usui aliorum, qua ratione de supellectile poterit cum præposito litigare, ad quem etiam pertinet supellectilis cura ?

INTERROGATIO CXLVII.

Cum quis obeundo cellarii aut culinæ munere detinetur, vel quovis alio hujusmodi, si non interfuerit constituto psalmodiæ et precationis tempore, nullumne patitur animæ detrimentum.

RESPONSIO.

Unusquisque in officio suo, velut membrum in corpore, regulam propriam servat : et munus quidem commissum si negligat, infert sibi detrimentum ; sed si communitati insidias struat, majorem in modum periclitatur. Quare juxta ipsum verbo-

rum sensum impleat quod scriptum est : *Cantantes et psallentes in cordibus vestris Domino* [7]. Quod si corpore non possit cum cæteris accurrere, non sit sollicitus, perficiens quod dictum est : *Unusquisque in quo vocatus est, in hoc maneat* [8]. Cavendum autem est, ne quis forte cum rem injunctam valeat conficere opportuno et convenienti tempore, ita ut aliis etiam exemplum detur, nihilominus tamen ad reliquorum offendiculum muneris sui prætexat occupationem, atque adeo in negligentium judicium incidat.

INTERROGATIO CXLVIII.

Qualem potestatis modum inter dispensandum obtineat is cui cellarii cura concredita est.

RESPONSIO.

Erga eum quidem a quo huic præfectus est post prævium examen, memor fuerit Domini ipsius, qui dixit : *Non possum ego a meipso facere quidquam* [9]; erga eos vero, quorum curam suscipit, respiciat uniuscujusque necessitatem. Nam scriptum est : *Dividebatur singulis, prout cuique opus erat* [10]. Eadem autem ratio ab omnibus teneatur, quibus dantur ejusmodi negotia.

INTERROGATIO CXLIX.

Cuinam judicio obnoxius erit œconomus, si quid fecerit habita personarum ratione, aut per contentionem.

RESPONSIO.

Cum Apostolus nunc quidem præcipiat nihil agendum esse ex animi inclinatione,[11] nunc vero pronuntiet illud : *Si quis videtur contentiosus esse, nos talem consuetudinem non habemus, neque Ecclesiæ Dei* [12]; qui fuerit ejusmodi, is, quoad se emendaverit, declaretur a Dei Ecclesia alienus. Expendendum est autem circumspectius, ad quid quisque idoneus sit, sicque committendum munus quodlibet, ut ii qui cuipiam committunt quod ei non convenit, nequaquam veluti mali et animarum et mandatorum Domini dispensatores condemnentur, nec li quoque quibus munus committitur, excusandi peccati rationem hinc invenire videantur.

INTERROGATIO CL.

Si ex negligentia non dederit fratri necessaria.

RESPONSIO.

Hoc judicium manifestum est ex verbis Domini, qui dixit : *Discedite a me, maledicti, in ignem æternum, qui paratus est diabolo, et angelis ejus. Esurivi enim, et non dedistis mihi manducare : sitivi, et non dedistis mihi potum* [13], etc. Item ex his dictis : *Maledictus omnis qui facit opera Domini negligenter* [14].

INTERROGATIO CLI.

An ministranti liceat voce altiore loqui.

RESPONSIO.

Vocis modum præfinit audientium necessitas. Quare ea si sit submissior, tanquam languidior ad susurrum prope accedit, atque redarguenda est;

---

[6] 1 Cor. vii, 24. [7] Ephes. v, 19. [8] 1 Cor. 7, 24. [9] Joan. v, 30. [10] Act. iv, 35. [11] I Tim. v, 21. [12] 1 Cor. xi, 16. [13] Matth. xxv, 41, 42. [14] Jerem. xlviii, 10.

sin autem altior sit citra necessitatem, cum scilicet is qui audit, etiam submissius loquentem posset audire, tunc is qui damnatus est, clamor [15] efficitur, nisi audientis languor eo necessitatis nos adducat, ut clamore utamur, sicque eum veluti ex somno excitemus. Hoc enim et Dominus fecisse memoratur, velut ait evangelista : *Jesus autem clamavit, et dixit : Qui credit in me, non credit in me, sed in eum qui misit me* [16].

INTERROGATIO CLII.

Si quis vice sua dum culinæ dat operam, supra vires laboret, adeo ut per dies aliquot a solito opere impediatur, nunquid conveniat imponi huic ejusmodi munus.

RESPONSIO.

Dictum est oportere, ut cui operum dispensatio delegata est, is prius habilitatis et virium laborantis habita ratione, mandata sua dirigat, ut ne audiat illud : *Qui fingis laborem in præceptum* [17]. Verumtamen refragari non debet, cui datum est mandatum : quandoquidem obedientia ad mortem usque limites suos extendit.

INTERROGATIO CLIII.

Quomodo ea, cui lanæ fuerunt concreditæ, has debeat servare, et quomodo debeat iis quæ operantur attendere.

RESPONSIO.

Servet lanas, tanquam quæ fuerit custodiendo Dei deposito præfecta ; unicuique autem sorori citra ullam contentionem, ullamque personarum rationem opus proprium assignabit, atque distribuet.

INTERROGATIO CLIV.

Si forte quando pauci sunt fratres, et inserviunt pluribus sororibus, eo necessitatis deveniant, ut a se invicem separentur, utpote ad agenda opera divisi, idne periculo vacat?

RESPONSIO.

Si cura hæc a Domini mandato accipit testimonium, et secundum Deum impenditur, quilibet operantium in suo opere placet Deo. Ipsorum autem conjunctio inter se in eo posita est, si omnes unanimes sint, sentientes idem, implentes quod ab Apostolo dictum est : *Nam et si corpore absens sum, sed spiritu vobiscum sum* [18].

INTERROGATIO CLV.

Quandoquidem nos qui in hospitio infirmis inservimus, edocemur ita operam præbere, quasi Domini fratribus serviamus : si talis non fuerit cui ministratur, quomodo illum debemus curare.

RESPONSIO.

Cum Dominus dixerit : *Quicunque enim fecerit voluntatem Patris mei, qui in cœlis est, hic meus frater, et soror, et mater est* [19], si quis ejusmodi non fuerit, sed peccator esse deprehendatur, sitque dignus sententia illa : *Omnis qui facit peccatum, servus est peccati* [20], primum quidem cohortatione atque admonitione præfecti indiget. Sed si perseveraverit in iisdem vitiis, perspicuum est adversum ipsum judicium ejusdem Domini, qui ita

subjungit : *Servus autem non manet in domo* [21], itemque Apostoli, ita præcipientis : *Auferte malum ex vobis ipsis* [22]. Sic enim nullus ministrantibus inerit hæsitandi locus, omnesque quibuscum degebat, tuti erunt et securi.

INTERROGATIO CLVI.

Nunquid is cui cellarii, aut alterius rei ejusmodi cura tradita est, debeat semper illius curam habere, aut permutari.

RESPONSIO.

Si recti ordinis scientiam et regulæ integritatem servat, supervacaneum hunc permutari, vel potius grave est et difficile. Habeat autem necesse est asseclam aliquem, qui paulatim ad id instituatur muneris, ut ne necessitate successorem postulante, si hic deesset, perturbemur : imo etiam ne sæpe aliquem ineptum huic operi præficere cogamur : unde fit necessario, ut corrumpatur integritas ob ejus imperitiam, rectaque disciplina dissolvatur.

INTERROGATIO CLVII.

Quo affectu debeat quis servire Deo : et in universum, quid sit hic affectus.

RESPONSIO.

Bonum affectum puto esse vehemens desiderium placendi Deo : quod sit et insatiabile, et firmum, et immutabile. Comparatur autem hic solerti et assidua contemplatione majestatis gloriæ Dei, itemque cogitationibus ex grato animo proficiscentibus, ac continua recordatione concessorum nobis a Deo bonorum. Ex quibus animæ innascitur illud : *Diliges Dominum Deum tuum ex toto corde tuo, et ex totis viribus tuis, et ex tota mente tua* [23], exemplo illius qui dixit : *Quemadmodum desiderat cervus ad fontes aquarum, ita desiderat anima mea ad te, Deus* [24]. Serviendum itaque Deo est hoc affectu, ita ut impleatur quod ab Apostolo dictum est : *Quis separabit nos a charitate Christi? Tribulatio, an angustia, an persecutio, an nuditas, an periculum, an gladius* [25] ? etc.

INTERROGATIO CLVIII.

Quo animo debeat quis irrogatam sibi pœnam recipere.

RESPONSIO.

Eo scilicet, qui filio convenit ægrotanti, et in vitæ discrimen adducto, cum a patre et medico curatur, etiamsi amarus acerbusque fuerit medendi modus, cum ei persuasum esse oporteat, diligi se, ac peritum esse objurgatorem, debeatque sanitatem cupere.

INTERROGATIO CLIX.

Qui ægre fert increpantem se, qualis est.

RESPONSIO.

Neque novit periculum peccati, et maxime erga Deum, neque emolumentum pœnitentiæ, neque fi-

---

[15] Ephes. iv, 31. [16] Joan. xii, 44. [17] Psal. xciii, 20. [18] Coloss. ii, 5. [19] Matth. xii, 50. [20] Joan. viii, 34. [21] ibid. 35. [22] I Cor. v, 13. [23] Marc. xii, 30. [24] Psal. xli, 1. [25] Rom. viii, 35.

dem habuit ei qui dixit : *Qui vero diligit, diligenter castigat* [26]; atque etiam semetipsum constituit alienum a quæstu illius qui dixit : *Corripiet me justus in misericordia, et increpabit me* [27]. Prætereaque qui hujusmodi est, ejus consuetudo fratribus exitiosa est; siquidem eos a suscepto certamine abducit.

INTERROGATIO CLX.
Quo animo debeamus fratribus inservire.

RESPONSIO.

Veluti Domino ipsi servientes, qui dixit : *Quatenus fecistis uni ex his fratribus meis minimis, mihi fecistis* [28]. Cæterum si fuerint ejusmodi ii quibus obsequium præstatur, id quoque conducit ad comparandam hujusmodi affectionem. Quapropter curam illorum diligentiorem præpositi suscipere debent, ut ne, velut corporis studio dediti, ventri serviant, atque voluptatibus : sed tanquam Dei et Christi amatores, per patientiam perfectam, fiant gloriatio Domini, ad diaboli ignominiam, non aliter atque justus Job.

469 INTERROGATIO CLXI.
Qua humilitate debeat quis a fratre obsequium accipere.

RESPONSIO.

Velut servus ab hero, et qualem ostendit Petrus apostolus, Domino sibi ministrante : in quo etiam periculum eorum qui aliquam sibi operam dari recusant, ediscimus.

INTERROGATIO CLXII.
Qualem alter erga alterum debeat habere charitatem.

RESPONSIO.

Qualem Dominus ostendit et docuit, cum dixit : *Diligite invicem, sicut ego dilexi vos. Majorem hac charitatem nemo habet, ut animam suam ponat quis pro amicis suis* [29]. Quod si ipsam quoque animam ponere oportet, quanto magis necesse fuerit in rebus minoribus studium, animique promptitudinem ostendere, non quod humanis officiis satisfacere quæramus, sed eo consilio, ut Deo placeamus, ad uniuscujusque utilitatem.

INTERROGATIO CLXIII.
Qui poterit quis dilectionem erga proximum consequi.

RESPONSIO.

Primum quidem si timeat judicium transgredientium mandatum Domini, qui dixit : *Qui incredulus est Filio, non videbit vitam, sed ira Dei manebit super eum* [30] : deinde si requirat vitam æternam; nam *Mandatum ejus vita æterna est* [31]. Primum autem et magnum mandatum est : *Diliges Dominum Deum tuum ex toto corde tuo, et ex tota mente tua, et ex totis viribus tuis; secundum vero simile est huic : Diliges proximum tuum sicut teipsum* [32] : tum etiam si studeat Domino similis fieri, qui dixit : *Mandatum novum do vobis, ut diligatis invicem, sicut ego dilexi vos* [33]; denique si secum ita cogitet : Si de nobis bene meritus est frater, debemus ei vel ipso humano more charitatem, quam etiam servant gentiles, ut in Evangelio Dominus declarat his verbis : *Et si diligitis eos qui vos diligunt, quæ vobis est gratia? nam et peccatores diligentes se diligunt* [34]; sin autem male meritus est, etiam sic eum non modo propter mandatum, sed etiam tanquam majorum beneficiorum largitorem debemus diligere; si modo Domino credamus, qui dixit : *Beati estis, cum vos affecerint probris, et persecuti vos fuerint, et dixerint omne verbum malum adversum vos, mentientes, propter me. Gaudete et exsultate, quoniam merces vestra copiosa est in cœlis* [35].

470 INTERROGATIO CLXIV.
Quid sibi velit illud : « Nolite judicare, et non judicabimini [36].*»*

RESPONSIO.

Cum Dominus aliquando dicat : *Nolite judicare, et non judicabimini*, aliquando vero justum judicium judicare præcipiat [37]; non omne nobis interdicitur judicium, sed judicii discrimina edocemur. In quibus autem judicare oporteat, et in quibus non sit judicandum, clare ostendit nobis Apostolus, qui de his quidem quæ in uniuscujusque potestate sita sunt, nec a Scriptura præscripta, sic loquitur : *Tu autem quid judicas fratrem tuum* [38] ? ac rursus : *Non ergo amplius invicem judicemus* [39]. De his vero, quæ displicent Deo, ita scribit, condemnans eos qui non judicant, et suum ipsius judicium proferens in medium, his verbis : *Ego quidem ut absens corpore, præsens autem spiritu, jam judicavi ut præsens eum qui id ita operatus est : in nomine Domini nostri Jesu Christi, congregatis vobis, et meo spiritu, cum virtute Domini Jesu, tradere hujusmodi Satanæ in interitum carnis, ut spiritus salvus sit in die Domini Jesu* [40]. Quare si quid in nostra potestate positum sit, aut etiam plerumque incertum sit, ob hoc non debet frater judicari, juxta id quod ab Apostolo de iis quæ ignorantur, dictum est : *Itaque nolite ante tempus de aliquo judicare, quoadusque veniat Dominus, qui et illuminabit abscondita tenebrarum, et manifestabit consilia cordium* [41]. At Dei judicia omnino necesse est vindicari, ut ne simul iræ Dei participes fiat qui conticescit : nisi si sit aliquis, qui quod eadem atque ille qui accusatur, perpetret, fratris judicandi libertatem non habeat, audiens Dominum dicentem : *Ejice primum trabem de oculo tuo, et tunc videbis ejicere festucam de oculo fratris tui* [42].

---

[26] Prov. xiii, 24. [27] Psal. cxl, 5. [28] Matth. xxv, 40. [29] Joan. xv, 12, 13. [30] Joan. iii, 36. [31] Joan. xii, 50. [32] Matth. xxii, 37-39. [33] Joan. xiii, 34. [34] Luc. vi, 32. [35] Matth. v, 11, 12. [36] Luc. vi, 37. [37] Joan. vii, 24. [38] Rom. xiv, 10. [39] ibid. 13. [40] I Cor. v, 3-5. [41] I Cor. iv, 5. [42] Matth. vii, 5.

INTERROGATIO CLXV.

Quomodo cognoscet quis, utrum Dei studio commoveatur in peccantem fratrem, an iracundia.

RESPONSIO.

Si adversus quodvis peccatum senserit in se illud quod scriptum est : *Tabescere me fecit zelus tuus, quia obliti sunt verba tua inimici mei* [43], tum Dei zelus perspicue ostenditur. Sed tamen et hic quoque opus est solerti prudentia, ad fidei ædificationem. Hæc autem affectio nisi fuerit prius in animo, eumque moverit, motus sit inæqualis, et in nulla re pietatis propositum servatur.

INTERROGATIO CLXVI.

Quo affectu ei, qui ad mandatum conficiendum urget, auscultandum est.

RESPONSIO.

Affectu tali, quali puer fame victus nutrici ad sumendum cibum advocanti obsequitur : quali etiam homo quilibet, qui victum quærens, res ad vitam necessarias largienti obedit ; imo vero longe etiam majore, quanto scilicet æterna vita præsenti præstantior est. Nam *Mandatum Dei*, inquit Dominus, *vita æterna est* [44]. Quod autem in pane comestura est, id in mandato est operis executio, dicente iterum Domino ipso : *Meus cibus est, ut faciam voluntatem ejus, qui misit me, Patris* [45].

INTERROGATIO CLXVII.

Qualis debeat esse anima, cum digna habita est quæ in Dei opere occupetur.

RESPONSIO.

Qualis erat, quæ dicebat : *Quis sum ego, Domine mi, Domine, et quæ domus mea, quia dilexisti me* [46]? Exsequens videlicet quod scriptum est : *Gratias agentes Patri, qui idoneos nos fecit ad partem sortis sanctorum in lumine, qui eripuit nos de potestate tenebrarum, et transtulit in regnum Filii dilectionis suæ* [47].

INTERROGATIO CLXVIII.

Quo animo vestimentum aut calceamentum, qualecunque tandem fuerit, accipere oportet.

RESPONSIO.

Si minus aut majus quam pro statura est, indicet necessitatem suam debita cum modestia : sin autem dissidium fuerit de vilitate, vel propterea quod non novum sit, recordetur Domini dicentis : *Dignus est*, non simpliciter quivis, sed, *operarius cibo suo* [48]. Percontetur autem se ipse, an pro dignitate mandatorum Domini, aut promissionum, effecerit quidquam, et tunc non requiret aliud, sed futurus est de eo quod datum fuit sollicitus, velut

qui ultra meritum acceperit. Nam quod dictum est de alimento, id in omni re ad corporis usum attinente loco regulæ habendum est.

INTERROGATIO CLXIX.

Si frater junior jubeatur aliquid docere alterum ætate grandiorem, quomodo sese erga illum geret.

RESPONSIO.

Velut qui fungitur ministerio, ex mandato Domini Dei, timens ne subeat judicium illius, qui dixit : *Maledictus quisquis facit opera Domini negligenter* [49] : ac etiam cavens, ne forte inflatus in diaboli judicium incidat [50].

INTERROGATIO CLXX.

Si æqualis habenda sit ratio tum ejus, qui magis, tum illius, qui minus recte facit.

RESPONSIO.

Quod in condonandis peccatis sanxit Dominus his verbis : *Remittuntur peccata ejus multa, quoniam dilexit multum : cui autem parum dimittitur, parum diligit* [51]; itemque quod de presbyteris Apostolus constituit, cum dixit : *Qui bene præsunt presbyteri, duplici honore digni habeantur, maxime qui laborant in verbo et doctrina* [52], id erga omnes qui ejusmodi sunt, servari debere arbitror.

INTERROGATIO CLXXI.

Si tristitia afficiatur inferior, cum is qui magis pius est sibi anteponitur, quomodo ipsi consulemus.

RESPONSIO.

Qui hujusmodi est, ob malignitatem perspicue condemnatur per Evangelii parabolam, in qua eos qui quosdam pari præmio secum donatos fuisse ægre tulerant, ita Dominus alloquitur : *An oculus tuus nequam est, quia ego bonus sum* [53]? Quin etiam adversus hunc et alios ejusmodi manifestum est judicium Dei, per Prophetam, qui dicit : *Ad nihilum deductus est in conspectu ejus malignus : timentes autem Dominum glorificat* [54].

INTERROGATIO CLXXII.

Quali cum timore, aut qua animi persuasione, aut quo affectu corpus et sanguis Christi nobis accipienda sint.

RESPONSIO.

Timorem quidem docet nos Apostolus, cum ait : *Qui manducat et bibit indigne, judicium sibi manducat et bibit* [55]; persuasio vero integra habetur ex fide verborum Domini (1), qui dixit : *Hoc est corpus meum, quod pro vobis traditur ; hoc facite in meam commemorationem* [56]; item ex fide testimonii Joannis, qui memorata prius Verbi gloria, posthac incarnationis modum induxit his verbis : *Verbum caro factum est, et habitavit in nobis, et vidimus*

---

[43] Psal. cxviii, 139. [44] Joan. xii, 50. [45] Joan. iv, 34. [46] II Reg. vii, 18, juxta LXX. [47] Coloss. i, 12, 13. [48] Matth. x, 10. [49] Jer. xlviii, 10. [50] I Tim. iii, 6. [51] Luc. vii, 47. [52] I Tim. v, 17. [53] Matth. xx, 15. [54] Psal. xiv, 4. [55] I Cor. xi, 29. [56] Luc. xxii, 19.

(1) Arbitror, quicunque simpliciter verum quærunt, eos mihi facile assensuros omnes, ipsum Christi corpus ex Basilii sententia in Eucharistia contineri, non ejus simplicem figuram. Ait enim vir summus, τὴν πληροφορίαν seu persuasionem verbis Domini effici : quibus sane non corporis figura, sed ipsum corpus exprimitur.

gloriam ejus, gloriam quasi Unigeniti a Patre, plenum gratiæ et veritatis [57]; itidem quoniam Apostolus scripsit : *Qui cum in forma Dei esset, non rapinam arbitratus est esse se æqualem Deo : sed semetipsum exinanivit formam servi accipiens, in* **473** *similitudinem hominum factus, et habitu inventus ut homo. Humiliavit semetipsum, factus obediens usque ad mortem, mortem autem crucis* [58]. Cum igitur animus, his et talibus verbis fidem adhibens, gloriæ majestatem didicerit, humilitatisque et obedientiæ magnitudinem admiratus fuerit, quod talis ac tantus ad mortem usque Patri obtemperavit, vitæ nostræ causa, eum arbitror ita affici, ut simul Deum et Patrem diligat, *Qui proprio Filio non pepercit, sed pro nobis omnibus tradidit illum* [59]; simul unigenitum ejus Filium, qui obedivit usque ad mortem pro nostra redemptione ac salute. Et ita demum obsequi potest Apostolo, qui bonam in his conscientiam iis qui sani sunt proponit ceu regulam quamdam, ubi ait : *Charitas enim Christi urget nos æstimantes hoc, quoniam, si unus pro omnibus mortuus est, ergo omnes mortui sunt. Et pro omnibus mortuus est, ut qui vivunt, jam non sibi vivant, sed ei qui pro ipsis mortuus est, et resurrexit* [60]. Quisquis panis et poculi fit particeps, sic affici et præparari debet.

INTERROGATIO CLXXIII.

An deceat tempore psalmodiæ, quæ in domo fit, colloquia aliqua fieri.

RESPONSIO.

Non oportet, exceptis iis quorum munus et cura est disciplinæ et operum distributioni providere, idque aliqua re necessaria urgente; et neque tunc inconsiderate, sed habita ratione et loci, et disciplinæ, et gravitatis, et scandali, quod vitari debet: reliquis omnibus necessarium est silentium. Si enim ipso loquendi tempore, et ex iis ipsis quibus concreditum est munus docendi, prior silere jussus est, *si alii revelatum fuerit* [61], quanto magis psalmodiæ tempore silentium privatis necessarium est?

INTERROGATIO CLXXIV.

Quomodo possit quis ex animo et cum alacritate Domini exsequi mandata.

RESPONSIO.

Experimentum jucundæ et utilis rei, et ipsa rerum hujusmodi exspectatio animum naturaliter movet ad id diligendum et concupiscendum. Si quis igitur odio habuerit et abominatus fuerit iniquitatem [62], purusque fuerit ab omni peccato, per quod, quemadmodum per morbum satietas cibi atque fastidium contingit, sic in animo etiam circa Dei justificationes segnities et pigritia ingeneratur: si præterea constantissime crediderit mandatum Dei vitam æternam esse, omniaque promissa, iis qui id servant, certa esse et vera, is afficitur perinde atque ille, qui dixit : *Judicia Domini vera, justificata in idipsum : desiderabilia super aurum et lapidem pretiosum multum, et dulciora super mel et favum. Etenim servus tuus custodit ea : in custodiendis illis retributio multa* [63].

474 INTERROGATIO CLXXV.

Quomodo constet fratrem ab aliquo amari ex mandato Domini : et quomodo convincatur non ita diligere.

RESPONSIO.

Dilectionis duæ sunt dotes præcipuæ, dolere et sollicitum esse de quibus læditur qui amatur : gaudere contra et allaborare pro ipsius commodis. Beatus igitur quisquis luget propter peccantem, cujus periculum formidandum est : itemque quisquis ob recte facientem gaudet, cujus lucro nihil potest conferri, sicut scriptum est. Quin et illud etiam Paulus apostolus testatur, cum ait [64] : *Si patitur unum membrum, compatiuntur omnia membra*, servata utique ratione ejus, quæ in Christo est, charitatis : *Et si gloria afficitur unum membrum*, ex consilio videlicet placendi Deo, *congaudent omnia membra*. Qui autem non ita affectus est, aperte fratrem non diligit.

INTERROGATIO CLXXVI.

Quinam sint inimici quos diligere jussi sumus; et quomodo diligemus inimicos : utrum tantummodo beneficiis in ipsos conferendis, an etiam ipso animi affectu : et nunquid hoc fieri possit.

RESPONSIO.

Inimici proprium est nocere, et insidiari. Quisquis igitur quoquo modo nocet cuipiam, inimicus appellari potest : præcipue autem, qui peccat. Nam, quantum in ipso est, modis variis nocet, eique quocum vivit aut consuetudinem habet, insidiatur. Quoniam autem ex corpore et anima constat homo, quod ad animam quidem pertinet, amemus hujusmodi viros, redarguendo ipsos, admonendoque, et omni modo ad conversionem inducendo : quod vero ad corpus, eos, si vitæ necessariis indigeant, beneficiis afficiendo. Quod autem dilectio in animi consistat affectione, perspicuum est omnibus. Id autem fieri posse ostendit ac docuit Dominus, qui Patris ac suam ipsius dilectionem pro inimicis, non autem pro amicis, usque ad mortem obediendo declaravit : quemadmodum testatur Apostolus his verbis : *Commendat autem charitatem suam Deus in nos, quoniam cum adhuc peccatores essemus, Christus pro nobis mortuus est* [65]. Quin etiam ad idipsum nos adhortatur, cum dicit : *Estote ergo imitatores Dei, sicut filii charissimi, et ambulate in dilectione, sicut et Christus dilexit nos, et tradidit semetipsum pro nobis, oblationem et hostiam Deo* [66]. Neque vero hoc præcepisset, utpote bonus et **475** justus, nisi id faciendi tribuisset facultatem : quod vel ipsi naturæ necessario insitum esse declaravit. Nam bestiæ quoque bene de se meritos naturaliter

---

[57] Joan. 1, 14. [58] Philipp. ii, 6-8. [59] Rom. viii, 32. [60] II Cor. v, 14, 15. [61] I Cor. xiv, 30 [62] Psal. cxviii, 163. [63] Psal. xviii, 10, 12. [64] I Cor. xi, 26. [65] Rom. v, 8, 9. [66] Ephes. v, 1, 2.

diligunt. Quodnam autem beneficium tantum ab amico, quantum ab inimicis confertur? Conciliant nobis beatitudinem a Domino his verbis promissam: *Beati estis, cum persecuti vos fuerint, et affecerint probris, et dixerint omne malum verbum adversum vos, mentientes, propter me. Gaudete et exsultate, quoniam merces vestra copiosa est in cœlis* [67].

INTERROGATIO CLXXVII.

Quomodo debent fortes infirmorum infirmitates portare [68].

RESPONSIO.

Si portare est tollere et curare, secundum id quod scriptum est: *Ipse infirmitates nostras suscepit, et morbos portavit* [69], non quod in se hæc ille susceperit, sed quod eos in quibus hæc erant, curaverit, etiam hoc in loco pœnitentiæ modus et ratio conveniet, per quam infirmiores valentiorum cura atque diligentia curabuntur.

INTERROGATIO CLXXVIII.

Quid hoc significet : « *Alter alterius onera portate* [70]; » *et hoc facientes, qualem legem adimplebimus.*

RESPONSIO.

Hoc idem est atque id quod dictum est superius. Peccatum enim grave est, atque ad ima inferni animam detrudit. Alii autem aliorum peccatum tollimus, et auferimus, cum eos qui peccant, ad conversionem inducimus. Cæterum verbum *portare*, pro eo quod est tollere, etiam ab hujus regionis incolis solet usurpari, veluti ipse sæpenumero a plerisque audivi. Adimplebimus autem legem Christi, qui dixit: *Non veni vocare justos, sed peccatores ad pœnitentiam* [71]; quique nobis hanc legem imposuit: *Si peccaverit frater tuus, vade, corripe eum. Si te audierit, lucratus es fratrem tuum* [72].

INTERROGATIO CLXXIX.

Quomodo potest quis absque charitate fidem habere tantam, ut montes transferat, aut omnia sua bona det pauperibus, aut corpus suum tradat, ut exuratur.

RESPONSIO.

Si recordemur Domini, qui dixit: *Faciunt enim ut spectentur ab hominibus* [73]; itemque si meminerimus responsi illius ad quosdam, qui dixerant: *Domine, Domine, nonne in nomine tuo prophetavimus, et in nomine tuo dæmonia ejecimus, et in nomine tuo virtutes multas fecimus* [74]? quibus respondet: *Nescio vos unde sitis* [75], non quod mentirentur, sed quod Dei munere ad proprias voluntates fuissent abusi, quæ res a Dei dilectione aliena est, possumus nullo negotio ea quæ dicta sunt, intelligere. Porro Dei munus seu donum vel ab indigno recipi nihil mirum est: siquidem Deus in tempore bonitatis et patientiæ [76] solem suum oriri facit super malos et bonos [77], idque sæpe ad utilitatem etiam aut ejus ipsius, qui donum suscipit, si forte bonitatem Dei reveritus, hincque exstimulatus, studeat ei complacere, aut etiam aliorum, juxta id quod ab Apostolo dictum est: *Quidam quidem et propter invidiam et contentionem, quidam vero et propter bonam voluntatem Christum prædicant* [78]. Quibus paulo post hæc subjungit: *Verumtamen quod omni modo, sive occasione, sive veritate Christus annuntietur, et in hoc gaudeo* [79].

INTERROGATIO CLXXX.

Quo animo et qua attentione ea audienda sint, quæ nobis cibum sumentibus leguntur.

RESPONSIO.

Voluptate majore quam qua edimus ac bibimus, ut mens videatur non distrahi ad corporis voluptates: sed potius delectari magis verbis Domini, quemadmodum affectus erat qui dixit: *Et dulciora super mel et favum* [80].

INTERROGATIO CLXXXI.

Si quædam fratrum societates fuerint inter se vicinæ, et una egestate laboret, altera vero ad largiendum sit arctior difficiliorque, quomodo inopem affici oportet erga tenacem.

RESPONSIO.

Qui edocti sunt vel ipsam animam in dilectione Christi pro se invicem ponere, quomodo rerum ad corpus pertinentium parci esse possunt? Tanquam si obliti sint ejus, qui dixit: *Esurivi, et non dedistis mihi manducare* [81], etc. Quod si hoc contigerit, æquo animo ferre debent, qui in egestate versantur: et Lazarum imitantes persuadeant sibi, se in futuro sæculo consolationem inventuros.

INTERROGATIO CLXXXII.

Ex quibus fructibus probari debet, qui misericordiæ impulsu peccantem fratrem redarguit.

RESPONSIO.

Primum quidem ex præcipuis misericordiæ argumentis, juxta id quod ab Apostolo dictum est: *Si patitur unum membrum, compatiuntur omnia membra* [82]; et: *Quis scandalizatur, et ego non uror* [83]? deinde vero, si parem de quolibet peccato accipiat dolorem, et ex quibuslibet, sive in se, sive in alium peccantibus, simili tristitia ac luctu afficiatur, denique si redarguendo traditum a Domino modum non corrumpat.

INTERROGATIO CLXXXIII.

Si contingat aliquando ut aliqui in fratrum conventu viventes dissideant inter sese, an tutum sit charitatis gratia talibus assentiri.

RESPONSIO.

Cum Dominus dixerit: *Da, Pater, ut sicut ego et tu unum sumus, sic et ipsi unum sint in nobis* [84]; itemque Apostolus scripserit: *Unanimes, idem sentientes* [85]; itidem cum narretur in Actis illud: *Erat*

---

[67] Matth. v, 11, 12. [68] Rom. xv, 1. [69] Isa. LIII, 4. [70] Gal. vi, 2. [71] Luc. v, 32. [72] Matth. xviii, 15. [73] Matth. vi, 5. [74] Matth. vii, 22. [75] Luc. xiii, 27. [76] Rom. ii, 4. [77] Matth. v, 45. [78] Philipp. i, 15. [79] ibid. 18. [80] Psal. xviii, 11. [81] Matth. xxv, 42. [82] I Cor. xii, 26. [83] II Cor. xi, 29. [84] Joan. xvii, 21. [85] Philipp. ii, 2.

credentium cor unum, et anima una[86], inter quos dissensio est, ii sunt ab iis quæ modo diximus, alieni. Dilectio enim, quæ quidem rationi consentanea sit, servat quod dictum est : *Qui autem diligit, diligenter castigat*[87] ; quæ vero aliena est a ratione, qualiscunque tandem fuerit, reproba est, Domino ipso dicente : *Qui amat patrem aut matrem plus quam me, non est me dignus*[88].

INTERROGATIO CLXXXIV.

Quomodo possit quis, et quando exhortatur, et quando corripit, non modo id curare, ut scite loquatur, sed ut animi etiam affectionem tum Deo, tum iis quos alloquitur, debitam conservet.

RESPONSIO.

Si quis meminerit Apostoli, qui dixit, *Sic nos existimet homo ut ministros Christi, et dispensatores mysteriorum Dei*[89], is non ut propriam quamdam scientiam dispensat ex sua auctoritate, sed veluti Dei ministerio in curandis animabus quæ Christi sanguine redemptæ sunt, fungitur, cum timore ac tremore erga Deum, ad exemplum illius, qui dixit : *Ita loquimur, non quasi hominibus placentes, sed Deo, qui probat corda nostra*[90], et cum affectu atque misericordia erga audientes, faciens quod dictum est : *Tanquam si nutrix foveat filios suos : ita desiderantes vos cupide, volebamus tradere vobis non solum Evangelium Dei, sed etiam animas nostras*[91].

INTERROGATIO CLXXXV.

Si quis in aliquo, quem habeat, sermone, auditores videat affici ex iis quæ dicit, proptereaque lætetur, quomodo cognoscet seipsum, utrum affectu bono, an vitiosa quadam affectione sibi propria gaudeat.

RESPONSIO.

Si in laudibus solis gaudium collocarit, planum est hunc vitiosa affectione sibi propria commoveri; sed si lætetur, quod statim laudatores id, quod audiunt, intelligere animadverterit **478**, sataque sit spes obedientiæ : postea vero de utilitate sollicitior, si aut recte facta his laudibus consentanea in ipsis comperiens afficiatur lætitia, aut si laudatores nihil profecisse videns, doleat, agat gratias Deo, quod, velut Dei et fratrum amans, dignus habitus sit qui commoveretur, non inquirens gloriam suam, sed gloriam Dei, et fratrum ædificationem.

INTERROGATIO CLXXXVI.

Quandoquidem talem dilectionem habere edocemur, ut animam etiam pro amicis ponamus, discere postulamus, pro qualibus amicis id velle oporteat.

RESPONSIO.

Credere par est animi quidem affectionem, aut hujus recte facti modum varium quiddam esse et diversum : alia enim sæpe suscipienda sunt pro peccatoribus, alia pro justis facienda. Sed tamen edocti sumus et pro justis et pro injustis ad mortem usque dilectionem indiscriminatim ostendere. *Commendat enim*, inquit, *charitatem suam Deus in nos : quoniam cum adhuc peccatores essemus, Christus pro nobis mortuus est*[92]. Hæc vero ad sanctos dicit Apostolus : *Tanquam si nutrix foveat filios suos : ita desiderantes vos cupide, volebamus tradere vobis non solum Evangelium Dei, sed etiam animas nostras : quoniam charissimi nobis facti estis*[93].

INTERROGATIO CLXXXVII.

An unusquisque ab iis, qui sibi sanguine conjunguntur, quidquam accipere debeat.

RESPONSIO.

Certe necesse est, ut iis, qui ad Dominum accedunt, bona ad ipsos pertinentia reddant cognati, nihilque subtrahant, ne subeant judicium sacrilegii. Attamen, dum hæc consumuntur in oculis eorum, ad quos attinere visa sunt, id plerumque et his ipsis causam dat sese efferendi, et pauperibus ad idem vitæ genus accedentibus tristitiæ fit occasio. Quare contingit illud, ob quod redarguuntur Corinthii ab Apostolo, cum dixit : *Confunditis eos qui non habent*[94]. Quapropter cui Ecclesiarum in loco sitarum concredita est cura, is, si fidelis sit, prudenterque dispensare possit, sic se erga eum gerat, ut in illis fiebat, quorum habetur mentio in Actis[95], qui ferentes ponebant ante pedes apostolorum. Sed ei talia administrare non est omnium, sed eorum duntaxat qui præmisso examine huic rei præfecti sunt : ita quoque id quod a talibus datum est, hic, prout judicarit, administrabit.

479 INTERROGATIO CLXXXVIII.

Quomodo eos qui nostri olim fuere contubernales, et eos qui cognatione nobis conjunguntur, cum ad nos accedunt, videbimus.

RESPONSIO.

Ut Dominus ostendit, ac docuit, cum annuntiatum fuisset ipsi : *Mater tua et fratres tui foris stant, videre te volentes*[96] : ad quos objurgatoriis verbis respondet : *Quæ est mater mea, et qui sunt fratres mei? Quicunque enim fecerit voluntatem Patris mei, qui in cœlis est, hic meus frater, et soror, et mater est*[97].

INTERROGATIO CLXXXIX.

Quod si etiam adhortando velint nos ad propria reducere, nunquid ipsis auscultandum sit.

RESPONSIO.

Si id fiat propter fidei ædificationem, qui sic potest abire, is præmisso prævio examine dimittatur ; sin autem propter officium humanum, audiat Dominum respondentem ei qui dixerat : *Permitte mihi prius abire, et dicere vale iis qui sunt domi meæ. Nemo mittens manum suam ad aratrum, et respiciens retro, aptus est regno Dei*[98]. Quod si de eo qui renuntiare tantum voluerat, hujusmodi prolatum est judicium, ecquid de hoc dicendum est?

[86] Act. iv, 32. [87] Prov. xiii, 24. [88] Matth. x, 37. [89] I Cor. iv, 1. [90] I Thess. ii, 4. [91] ibid. 7, 8. [92] Rom. v, 8, 9. [93] I Thess. ii, 7, 8. [94] I Cor. xi, 22. [95] Act. iv, 35. [96] Luc. viii, 20. [97] Matth. xii, 48, 50. [98] Luc. ix, 61, 62.

INTERROGATIO CXC.

An debeamus misereri cognatorum secundum carnem, salutem illorum concupiscentes.

RESPONSIO.

Qui natus est ex Spiritu juxta Domini vocem [99], quique potestatem accepit ut fieret filius Dei [1], hunc pudet cognationis secundum carnem, et propinquos agnoscit eos qui fidei propinquitate sibi conjunguntur, quibus testimonium dat Dominus, his verbis : *Mater mea, et fratres mei hi sunt qui verbum Dei audiunt et faciunt* [2]. Atque ille misereatur omnium quidem, qui se a Domino removent, sed non aliter propinquorum secundum carnem, quam omnium. Quod si quispiam erga hos magis affectus, affectionis suae patronum habere putat Apostolum, qui dicit : *Optabam enim ego ipse anathema esse a Christo pro fratribus meis qui sunt cognati mei secundum carnem* [3], is intelligat ex iis quae sequuntur, non cognationem secundum carnem, sed Israel ipsum, egregiaque beneficia in eum a Deo collata in pretio ab Apostolo haberi : non quod Israelitae essent ipsius cognati, sed quod cognati ejus secundum carnem essent Israelitae, quodque tot ac tantis fuissent a Deo affecti beneficiis. Et quidem quoniam ipsorum erat adoptio, et gloria, et legis constitutio, cultusque, quoniam ad ipsos pertinent testamenta et promissiones, quoniam ipsorum sunt patres, quoniam ex ipsis est Christus secundum carnem [4]; idcirco tanti salutem illorum facit : non respiciens ad cognationem, sed ad Domini incarnationem pro ipsis factam, qui dixerat : *Non sum missus nisi ad oves, quae perierunt, domus Israel* [5].

INTERROGATIO CXCI.

Quis sit mitis.

RESPONSIO.

Qui non immutatur in judiciis eorum, quae ad complacendum Deo in studio habentur.

INTERROGATIO CXCII.

Quae sit tristitia secundum Deum, et quae mundi.

RESPONSIO.

Tristitia quidem secundum Deum est, cum quis ex neglecto mandato Dei afficitur dolore, sicut scriptum est : *Defectio tenuit me pro peccatoribus derelinquentibus legem tuam* [6]; mundi vero tristitia est, cum id quod aegritudinem creat, humanum est et mundo dignum.

INTERROGATIO CXCIII.

Quale est in Domino gaudium : et quid est, quod si fecerimus, gaudere debeamus.

RESPONSIO.

Gaudere iis quae secundum mandatum Domini ad Dei gloriam fiunt, gaudium in Domino est. Cum igitur Domini conficimus mandata, aut aliquid propter nomen Domini perpetimur, tum gaudere, et alter alteri gratulari debemus.

INTERROGATIO CXCIV.

Qualem luctum suscipiemus, ut beatitudine digni efficiamur [7].

RESPONSIO.

Continetur haec quaestio in superiori, quae est de tristitia illa, quae secundum Deum est, cum scilicet lugemus ob peccata, aut ob contumeliam Deo illatam, ex eo quod quis Deum ignominia afficiat per legis transgressionem, aut ob periclitantes in peccato. *Anima enim*, inquit, *quae peccat, ipsa morietur* [8]; imitantes illum, qui dixit : *Et lugeam multos ex iis qui ante peccaverunt* [9].

INTERROGATIO CXCV.

Quomodo quis omnia faciat ad gloriam Dei.

RESPONSIO.

Cum omnia propter Deum ex mandato Dei facit, et nulla in re ad humanas laudes respicit, cumque ubique memor est Domini, qui dixit : *Sic luceat lux vestra coram hominibus, ut videant opera vestra bona, et glorificent Patrem vestrum, qui in coelis est* [10].

INTERROGATIO CXCVI.

Quomodo edat quis, bibatque ad gloriam Dei.

RESPONSIO.

Si benefacientis meminerit, ejusque animus ita afficiatur, vel ipso corporis statu id attestante, ut non velut curarum expers edat, sed tanquam qui Deum habeat inspectorem ; item si inter sumendum cibum habet hunc scopum, ut non veluti servus ventris comedat propter voluptatem, sed velut operarius Dei ; ut in faciendis operibus quae mandato Christi fiunt, vegetior reddatur.

INTERROGATIO CXCVII.

Quomodo faciat dextera, ut nesciat sinistra.

RESPONSIO.

Tum cum assiduo ac vehementi desiderio placendi Deo, mens omnino sollicita ne excidat ab officio, legitimis modis decertat. Tunc de nulla re, et ne de altero quidem membro cogitat, nisi de eo duntaxat, quod ad propositum conducit : ut artifex, qui in singulis operibus unum illud tantummodo instrumentum spectat, quod sibi ad ea facienda utile est.

INTERROGATIO CXCVIII.

Quid sit humilitas, et quomodo eam assequemur.

RESPONSIO.

Omnes seipso praestantiores existimare humilitas quidem est, ex praescripto Apostoli [11]. Ea autem comparabitur, primum quidem, si quis meminerit mandati Domini, qui dixit : *Discite a me, quia mitis sum, et humilis corde* [12]. Quod locis multis, variisque modis et ostendit, et docuit. Itidem, si fidem ei adhibuerit, qui hoc promissum fecit : *Qui*

---

[99] Joan. III, 8. [1] Joan. I, 12. [2] Luc. VIII, 21. [3] Rom. IX, 3. [4] Rom. IX, 4, 5. [5] Matth. XV, 53. [6] Psal. CXVIII, 53. [7] Matth. V, 5. [8] Ezech. XVIII, 4. [9] II Cor. XII, 21. [10] Matth. V, 16. [11] Philipp. II, 3. [12] Matth. XI, 29.

humiliat se, exaltabitur [13]. Deinde, si ex æquo et indesinenter in omni negotio vacaverit humilitatis studiis, seque in ipsis exercuerit. Vix enim hoc modo per assiduam meditationem humilitatis habitum poterit adipisci, ut in artibus etiam fieri consuevit. Atque etiam in qualibet virtute quæ secundum mandatum Domini nostri Jesu Christi possidenda fuerit, idem est modus comparandi.

INTERROGATIO CXCIX.

Quomodo quis paratissimus erit ad se etiam periculis objiciendum pro Domini mandato.

RESPONSIO.

Primum quidem, si meminerit Dominum ipsum pro nobis Patri obedientem fuisse usque ad mortem [14]: deinde, si ei sit persuasum de vi ac virtute mandati, quod vita æterna sit, sicut scriptum est [15]: postremo, si crediderit Domino, qui dixit: *Qui voluerit animam suam salvam facere, perdet eam* [16]: *qui autem perdiderit animam suam propter me et Evangelium, hic salvam faciet eam.*

INTERROGATIO CC.

Qui fieri potest, ut ii qui jam pridem in Dei opere laboraverunt, queant recens accedentes adjuvare.

RESPONSIO.

Hoc modo, cum videlicet, si corporis viribus valeant, studium impigrum ostendunt, atque semetipsos cujusvis recte facti exemplar præstant: sin valetudine sint infirma, cum eum animi statum præ se ferunt, ut et ex vultu, et ex omni motu notum sit persuasum eis esse, Deum ipsos inspicere, et Dominum adesse: denique, cum in se ostendunt charitatis proprietates, quæ enumerantur ab Apostolo, cum dicit: *Charitas patiens est, benigna est, non æmulatur, non agit perperam, non inflatur, non indecore se gerit, non quærit quæ sua sunt, non irritatur, non cogitat malum, non gaudet super iniquitate, congaudet autem veritati: omnia suffert, omnia credit, omnia sperat, omnia sustinet. Charitas nunquam excidit* [17]. Hæc enim omnia etiam in debili corpore perfici possunt.

INTERROGATIO CCI.

Quomodo quis attentionem in precando assequetur.

RESPONSIO.

Si ei persuasum sit, Deum sibi ob oculos esse. Si quis enim principem aut præpositum intuens, et cum eo loquens, oculos intentos habet, quanto magis qui Deum precatur, intentam mentem habebit in eum qui scrutatur corda et renes, facturus quod scriptum est: *Levantes puras manus, sine ira et disceptationibus* [18].

INTERROGATIO CCII.

An fieri possit, ut in omnibus et semper attentio acquiratur: et quo pacto eam possit quis assequi.

RESPONSIO.

Fieri id posse ostendit, qui dixit: *Oculi mei semper ad Dominum* [19]; et: *Providebam Dominum in conspectu meo semper, quoniam a dextris est mihi, ne commovear* [20]. Quomodo autem possit illud fieri, dictum est superius: nimirum si facultas non detur animæ per tempus, ut intermittat de Deo deque operibus et donis Dei cogitare, et pro omnibus confiteri, et gratias persolvere.

INTERROGATIO CCIII.

Utrum eorum quæ ex mandato Domini recte fiunt, una et eadem mensura in omnibus sit, an alius majorem, alius minorem habeat.

RESPONSIO.

Nequaquam unam esse in omnibus mensuram, sed alium et plus accepisse, et plus præ se ferre; alium vero minus, compertum est ex verbis Domini, qui modo quidem ait: *Qui vero in terram bonam seminatus est, hic est qui audit verbum, et intelligit, qui recte fructum affert, et facit, alius quidem centesimum, alius autem sexagesimum, alius vero tricesimum* [21]: quod in iis quoque qui mnas acceperant, reperitur [22]; modo vero: *Uni quidem dedit quinque talenta, alii autem duo, alii vero unum* [23].

INTERROGATIO CCIV.

Quomodo quis efficiatur dignus, qui fiat Spiritus sancti particeps.

RESPONSIO.

Dominus noster Jesus Christus docuit his verbis: *Si diligitis me, mandata mea servate. Et ego rogabo Patrem, et alium Paracletum dabit vobis, ut maneat vobiscum in æternum, Spiritum veritatis, quem mundus non potest accipere* [24]. Quandiu igitur non servamus omnia mandata Domini, neque ii sumus, qui hoc testimonium ab ipso recipiamus, *Vos non estis ex hoc mundo* [25], ne id exspectemus, ut Spiritus sancti participes efficiamur.

INTERROGATIO CCV.

Qui sint pauperes spiritu [26].

RESPONSIO.

Cum Dominus dicat, alias quidem: *Verba quæ ego locutus sum vobis, spiritus et vita sunt* [27]; alias vero: *Spiritus sanctus docebit vos omnia, et suggeret quæcunque dixero vobis* [28]; *non enim*, inquit, *loquetur a semetipso, sed quæcunque audierit a me, hæc loquetur* [29]: ii pauperes sunt spiritu, qui non ob ullam aliam causam pauperes facti sunt, nisi ob doctrinam Domini, qui dixit: *Vade, vende omnia quæ habes, et da pauperibus* [30]. Quod si quispiam, paupertatem sibi etiam quoquomodo oblatam

---

[13] Luc. xiv, 11. [14] Philipp. ii, 8. [15] Joan. xii, 50. [16] Marc. viii, 35. [17] I Cor. xiii, 4-8. [18] I Tim. ii, 8. [19] Psal. xxiv, 15. [20] Psal. xv, 8. [21] Matth. xiii, 23. [22] Luc. xix, 16. [23] Matth. xxv, 15. [24] Joan. xiv, 15-17. [25] Joan. xv, 19. [26] Matth. v, 3. [27] Joan. vi, 64. [28] Joan. xiv, 26. [29] Joan. xvi, 13. [30] Matth. xix, 21.

amplexus, hanc ad Dei voluntatem direxerit exemplo Lazari, ne hic quidem ab illa beatitudine alienus est.

INTERROGATIO CCVI.

Cum Dominus præcipiat, ut ne solliciti simus quid edamus, aut quid bibamus, aut quo tegamur[31], quousque id mandatum se extendit, aut quomodo perficitur.

RESPONSIO.

Hoc mandatum perinde atque mandatum quodlibet ad mortem usque se extendit. Dominus enim obedivit etiam usque ad mortem[32]. Conficitur autem per fiduciam Dei. Nam prohibita sollicitudine, promissionem adjungit Dominus his verbis : *Novit enim Pater vester, quibus opus habetis, antequam vos petatis ipsum*[33]. Talis erat Apostolus, qui dicebat : *Responsum mortis habuimus, ut non simus fidentes in nobis, sed in Deo, qui suscitat mortuos*[34]. Nimirum quod ad animi propositum atque præparationem attinebat, moriebatur quotidie, sed servabatur benevolentia Dei. Quapropter fidenter aiebat : *Quasi morientes, et ecce vivimus*[35]. Adjuvat autem hujusmodi voluntatem fervens etiam circa mandata Domini studium, horumque conficiendorum desiderium inexplebile, quo quis si teneatur, ei ne vacat quidem circa corporis necessitates distrahi.

INTERROGATIO CCVII.

Itaque, si neque sollicitos esse oportet de vitæ necessariis, et aliud est præceptum Domini, qui dixit : « *Operamini non cibum qui perit*[36], » *inutile fuerit operari et laborare.*

RESPONSIO.

Dominus ipse in utroque loco præceptum suum explanavit. Illic enim posteaquam vitæ necessaria inquirere prohibuisset his verbis : *Nolite quærere quid edatis, aut quid bibatis : hæc enim omnia gentes mundi inquirunt*[37] ; tunc præceptum dedit, et dixit : *Quærite autem regnum Dei et justitiam ejus*[38]. Quomodo autem ea quæri debeant, in illis, qui ipsis digni habentur, declaravit. Hic vero cum vetuit operari cibum qui perit, illud docuit, nos operari debere cibum qui permanet in vitam æternam[39] : quem ipse alio in loco rursus indicavit, cum dixit : *Meus cibus est, ut faciam voluntatem ejus qui misit me, Patris*[40]. Quod si Deus vult, ut enutriatur esuriens, 485 ut sitiens potum accipiat, ut vestiatur nudus[41], et reliqua, prorsus necesse est Apostolum imitari, qui ait : *Omnia ostendi vobis, quoniam sic laborantes, oportet suscipere infirmos*[42]. Item obediendum est eidem, dicenti : *Magis autem laboret, operando manibus suis quod bonum est, ut habeat unde tribuat necessitatem patienti*[43]. His igitur sic nobis a Domino per Evangelium et Apostolum traditis, omnino prohibitum esse patet, aut sui ipsius causa sollicitum esse, aut operari; sed ex Domini mandato, ob necessitatem proximi sollicitum esse, ac diligentius operari par est : maxime cum Dominus datam iis qui sibi dicati sunt operam recipiat in semetipsum, ejusque gratia regnum cœlorum promittat.

INTERROGATIO CCVIII.

An in universum bona sit exercitatio silentii.

RESPONSIO.

Silentii utilitas ex temporis opportunitate, exque persona probatur, uti ex divina Scriptura edocemur. Ex temporis quidem opportunitate, veluti cum dicit : *Prudens in tempore illo tacebit, quia tempus malum est*[44] ; et rursus : *Posui ori meo custodiam, cum consisteret peccator adversum me*[45]. Ex persona vero, ut cum Apostolus scribit : *Quod si alii revelatum fuerit sedenti, prior taceat*[46] ; ac iterum : *Mulieres vestræ in ecclesiis taceant*[47]. Aliquando etiam iis qui linguam intemperantiorem habent, nec servare possunt illud : *Omnis sermo spurcus ex ore vestro non procedat, sed si quis bonus ad ædificationem fidei*[48], necessarium est silentium integrum, donec in dicendo et a vitio petulantiæ per id curentur, et per otium discere potuerint, quando, et quid, et quomodo loqui oporteat, ut quemadmodum scriptum est, *Det gratiam audientibus*[49].

INTERROGATIO CCIX.

Quomodo timere potuerimus Dei judicia.

RESPONSIO.

Mali cujusvis exspectatio naturaliter timoris est conciliatrix. Ita enim metuimus et bestias et principes, ubi ab ipsis mali alicujus exspectamus experimentum. Si quis igitur crediderit veras esse minas Domini, earumque exspectaverit horrendum gravissimumque experimentum, Dei pertimescit judicia.

486 INTERROGATIO CCX.

Quisnam est amictus ille honestus, ab Apostolo traditus.

RESPONSIO.

Usus ad proprium scopum honeste ac decenter accommodatus, habita ratione temporis, loci, personæ, atque necessitatis. Non enim eadem integumenta ratio comprobat tempore hiemis ac æstatis : neque idem est habitus operarii et quiescentis, famuli et ejus cui famulatur, militis et privati, aut viri et feminæ.

INTERROGATIO CCXI.

Quis modus diligendi Deum.

RESPONSIO.

Assidua et animi supra vires contentio ad exsequendam Dei voluntatem, eo proposito desiderioque, ut ejus gloria quæratur.

---

[31] Matth. vi, 31. [32] Philipp. ii, 8. [33] Matth. vi, 32. [34] II Cor. i, 9. [35] II Cor. vi, 9. [36] Joan. vi, 27. [37] Matth. vi, 31, 32. [38] ibid. 53. [39] Joan. vi, 27. [40] Joan. iv, 34. [41] Matth. xxv, 35, 36. [42] Act. xx, 35. [43] Ephes. iv, 28. [44] Amos. v, 13. [45] Psal. xxxviii, 2. [46] I Cor. xiv, 30. [47] ibid. 34. [48] Ephes. iv, 29. [49] ibid.

INTERROGATIO CCXII.
Quomodo Dei obtineatur dilectio.
RESPONSIO.

Si cum bona conscientia et æquo animo affecti fuerimus ob ejus beneficia; id quod contingit vel in brutis. Videmus enim et canes panis largitorem tantummodo diligere; discimus hoc etiam ex iis quæ sic objurgatorio modo dicta sunt per Isaiam prophetam : *Filios genui et exaltavi : ipsi autem spreverunt me. Cognovit bos possessorem, et asinus præsepe domini sui; Israel vero me non cognovit, et populus me non intellexit* [50]. Quemadmodum enim bos et asinus sponte naturæ altorem diligunt, ob beneficium ab ipso acceptum : ita et nos, si animo bene conscio et æquo susceperimus beneficia, quomodo Deum tot ac tantorum beneficiorum auctorem non amabimus, cum secundum naturam, ut ita dicam, et nemine docente, hujusmodi affectus animæ sanæ innascatur?

INTERROGATIO CCXIII.
Quæ sint indicia charitatis erga Deum.
RESPONSIO.

Docuit nos Dominus ipse, cum dixit : *Si diligitis me, mandata mea servate* [51].

487 INTERROGATIO CCXIV.
In quo discrepent a se invicem benignitas et bonitas.
RESPONSIO.

Cum David dixerit, alias quidem : *Benignus est Dominus universis* [52], et : *Benignus vir qui miseretur et commodat* [53]; alias vero : *Benefac, Domine, bonis* [54]; Jeremias itidem : *Bonus est Dominus sustinentibus eum* [55], latius arbitror benignitatem patere quippe quæ quoslibet, quibus opus est, beneficiis afficiat; contractiorem vero esse bonitatem, ut quæ in dandis beneficiis justitiæ rationes adhibeat.

INTERROGATIO CCXV.
Quis sit pacificus, qui a Domino dicitur beatus [56].
RESPONSIO.

Is qui una cum Domino operatur, juxta Apostolum, qui dicit : *Pro Christo legatione fungimur, tanquam Deo exhortante per nos: obsecramus pro Christo, reconciliamini Deo* [57]; et rursus : *Justificati ex fide, pacem habemus ad Deum* [58]. Pax enim, quæ aliter se habet, rejecta est a Domino, cum dixit: *Pacem meam do vobis: non quomodo mundus dat, ego do vobis* [59].

INTERROGATIO CCXVI.
Qua in re converti et effici sicut parvuli debeamus [60].
RESPONSIO.

Docet nos ipse Evangelii locus, ubi rationem ob quam hoc dictum sit, declarat : nimirum ut ne quæramus principatum, sed naturæ agnoscamus æqualitatem, et ejusmodi amplectamur æqualitatem erga eos qui videntur inferiores nobis esse in aliquibus. Tales enim sunt pueri inter sese, ii certe, qui eorum quibuscum versantur malitiæ nondum assuefacti sunt.

INTERROGATIO CCXVII.
Quomodo suscipiemus regnum Dei ut parvulus.
RESPONSIO.

Si tales fuerimus in recipienda Domini doctrina, qualis est puer in discendis disciplinis : non contradicens, non contendens cum præceptoribus, sed fideliter et cum docilitate tradita sibi documenta excipiens.

488 INTERROGATIO CCXVIII.
Cujusmodi intelligentiam petere debeamus a Deo, quomodove ipsa fieri digni possimus.
RESPONSIO.

Sane quid intelligentia sit, ipse nos Deus docet per prophetam, cum ait : *Non glorietur sapiens in sapientia sua, et non glorietur fortis in fortitudine sua, et non glorietur dives in divitiis suis; sed in hoc glorietur qui gloriatur, quod intelligat ac cognoscat Dominum* [61]; et per Apostolum, his verbis : *Sed intelligentes quæ sit voluntas Domini* [62]. Possumus autem effici intelligentia digni, si modo fecerimus quod scriptum est : *Vacate, et intelligite, quod ego sum Deus* [63] ; et si persuasum nobis sit, verum esse omne verbum Dei : *Nisi enim credideritis,* inquit, *non intelligetis* [64].

INTERROGATIO CCXIX.
Si beneficium acceperimus ab aliquo, quomodo poterimus tum Domino debitam gratiarum actionem puram ac integram persolvere, tum eam quoque, quæ benefacienti debetur, scite et rite rependere, neque deficientes a modo, neque illum transgredientes.
RESPONSIO.

Si nobis fuerit persuasissimum, Deum quidem cujusvis boni et auctorem esse et perfectorem : eum autem, qui nobis operam prabet, tanquam accepti a Deo beneficii ministrum agnoverimus.

INTERROGATIO CCXX.
An cuilibet volenti permittendum sit, ut veniat in colloquium cum sororibus : aut quis, et quando, et quomodo cum sororibus sermonem habebit.
RESPONSIO.

De his dictum est in quæstionibus fusius explicatis, virum scilicet cum viro quemque suo jure, simpliciter et sine delectu, unum cum alio colloqui non debere, nedum cum muliere : sed eum, qui præmisso prævio examine, potest juvare et juvari. Quod si quispiam meminerit Domini, qui dixit : *Omne verbum otiosum, quod locuti fuerint homines, reddent rationem de eo in die judicii* [65], is pertimescit in omni re judicium hujusmodi ;

---

[50] Isa. I, 2, 3. [51] Joan. xiv, 15. [52] Psal. cxliv, 9. [53] Psal. cxi, 5. [54] Psal. cxxiv, 4. [55] Thren. III, 25. [56] Matth. v, 9. [57] II Cor. v, 20. [58] Rom. v, 1. [59] Joan. xiv, 27. [60] Matth. xviii, 3. [61] Jerem. ix, 23, 24. [62] Ephes. v, 17. [63] Psal. xlv, 11. [64] Isa. vii, 9, apud LXX. [65] Matth. xii, 36.

quin etiam obedit Apostolo, qui ait : *Sive manducatis, sive bibitis, sive quid facitis, omnia in gloriam Dei facite* [66] ; et alibi : *Omnia ad ædificationem fiant* [67]; **489** nec quidquam vult otiose et inutiliter facere. Quod autem attinet ad illam quæstionis partem : Quis, et quando, et quomodo, illud observandum est, ut tempus locusque et persona eligantur, a quibus remota sit vel mali cujusque suspicio : ac etiam cavebitur in omnibus offendiculum, fletque congressus ad fidei ædificationem. Imo neque ratio sinit personam unam cum una congredi. Nam, inquit, *Boni duo super unum* [68], et præterea ad faciendam fidem plus valent : *Væ autem soli, quia si ceciderit, non est qui erigat* [69].

INTERROGATIO CCXXI.

Cum Dominus doceat orandum esse, ut ne intremus in tentationem [70], *an rogandum sit, ut ne incidamus in corporis dolores : et si quis inciderit, quomodo eos perferet.*

RESPONSIO.

Non distinxit tentationis genus, sed in universum præcepit : *Orate ne intretis in tentationem;* qui autem jam inductus sit, ei a Domino petendus est una cum tentatione exitus ejusmodi, quo possit sufferre* [71] : ut perficiatur a nobis illud : *Qui autem perseveraverit usque in finem, hic salvus erit* [72].

INTERROGATIO CCXXII.

Quis sit cujusque nostrum adversarius; aut quomodo ipsi consentientes erimus [73].

RESPONSIO.

Specialiter hoc loco Dominus adversarium vocat eum, qui aliquid eorum quæ ad nos pertinent, a nobis auferre conatur. At vero sumus ei consentientes, si servaverimus præceptum Domini, qui dixit : *Ei ipsi qui vult tecum judicio contendere, et tunicam tuam tollere, dimitte et pallium* [74], et in omni hujusmodi re ad eumdem modum.

INTERROGATIO CCXXIII.

Cum Dominus dixerit : « *Tu autem cum jejunas, unge caput tuum, et faciem tuam lava, ne videaris hominibus jejunans* [75]; » *qui ob aliquam rationem Deo placitam jejunare vult, quemadmodum etiam sancti sæpenumero fecisse comperiuntur : quando vel invitus conspicitur, quid faciet.*

RESPONSIO.

Hoc præceptum spectat ad eos qui ideo mandatum Dei conficere student, ut videantur ab hominibus, ut videlicet vitium complacendi hominibus curent. Nam quod Domini mandatum, **490** ad gloriam Dei factum, natura sua a Dei amatoribus occultari ægre admodum possit, Dominus his verbis ostendit : *Non potest civitas abscondi supra montem posita : neque accendunt lucernam, et ponunt eam sub modio* [76], etc.

INTERROGATIO CCXXIV.

An etiam nunc alii a prima hora operentur, alii ab undecima [77] ; *et quinam sint hi.*

RESPONSIO.

Hoc fortasse cuilibet notissimum est ex iis quæ in divina Scriptura memorantur, multos quidem esse, qui juxta Apostoli testimonium a puero discunt sacras litteras [78] : multos etiam, qui, Cornelii exemplo, naturæ quidem motibus recte utuntur [79], sed tamen, præceptorum penuria, tarde pertingunt ad scientiæ perfectionem. *Quomodo enim*, inquit, *credent, si non audierint* [80]? Si igitur contigerit, ut sint nonnulli, qui, Cornelii exemplo, in nulla re mala occupati, contra perfectionis cupidi, ea bona, quæ facere et cognoscere possunt, vere sincereque exerceant, his Deus largitur quæ et Cornelio largitus est, nec eis vertit segnitiei vitio præteritum tempus, quandoquidem, ut jam dixi, id non accidit ipsorum culpa : sed hoc studio contentus est, quod per ea quæ pro tempore posthac studiose agunt, et ad finem usque diligentius perficiunt, declaratur.

INTERROGATIO CCXXV.

Cum Dominus dixerit : « *Ubi duo vel tres fuerint congregati in nomine meo, ibi sum in medio eorum* [81] : » *quomodo hoc digni effici poterimus.*

RESPONSIO.

Qui in nomine alicujus congregati sunt, ejus, qui eos congregavit, consilium scire omnino debent, et ad illud sese componere, ut consequantur ipsius gratiam, eique complaceant, non autem fiant obnoxii malitiæ aut negligentiæ judicio. Ut enim qui sunt ab aliquo vocati, si metere in animo habuerit qui vocavit, ad metendum se parant, si vero ædificare sibi proposuerit, accingunt se ad ædificandum : ita nos, qui vocati sumus a Domino, memores esse debemus Apostoli, qui ait : *Obsecro vos ego vinctus in Domino, ut digne ambuletis vocatione, qua vocati estis, cum omni humilitate et mansuetudine, cum patientia supportantes invicem in charitate : solliciti servare unitatem spiritus in vinculo pacis. Unum corpus, et unus spiritus, sicut et vocati estis in una spe vocationis vestræ* [82]. Apertius autem rem totam nobis Dominus ostendit, per id promissum quod privatim unicuique fecit his verbis : *Si quis diligit* **491** *me, sermonem meum servabit, et Pater meus diliget eum, et ad eum veniemus, et mansionem apud eum faciemus* [83]. Sicut igitur observatis mandatis fit apud eum mansio : sic quoque in medio duorum vel trium est [84], si se ad illius voluntatem conformarint. Qui vero non ex vocationis dignitate, neque ad voluntatem Domini congregati sunt, tametsi videantur fuisse in nomine Domini coacti, audiunt tamen :

---

[66] 1 Cor. x, 31. [67] I Cor. xiv, 26. [68] Eccli. iv, 9, apud LXX. [69] ibid. 10. [70] Luc. xxii, 40. [71] I Cor. x, 13. [72] Matth. xxiv, 13. [73] Matth. v, 25. [74] ibid. 40. [75] Matth. vi, 17. [76] Matth. v, 14, 15. [77] Matth. xx, 2 seqq. [78] II Tim. iii, 15. [79] Act. x, 2. [80] Rom. x, 14. [81] Matth. xviii, 20. [82] Ephes. iv, 1-4. [83] Joan. xiv, 23. [84] Matth. xviii, 20.

Quid vocatis me, Domine, Domine, et non facitis quæ dico [85] ?

INTERROGATIO CCXXVI.

Cum Apostolus dicat : « *Dum maledicimur, benedicimus ; dum blasphemamur, consolamur* [86] : » quomodo male audiens debet benedicere, et quam consolationem adhibere debet qui conviciis afficitur.

RESPONSIO.

In universum existimo Apostolum illud hic docere nos exemplo suo, ut patientia utamur erga omnes, iisque qui mala faciunt, bona rependamus; ut videlicet non modo erga maledicos, sed etiam erga quemcunque maleficum hanc servemus agendi rationem, perficiamusque quod dictum est : *Noli vinci a malo, sed vince in bono malum* [87]. Illud autem consolari, usurpare solet Scriptura, non ex usu consueto, sed ut animum in certam veritatis notitiam adducat, veluti hoc loco : *Consolamini populum meum, dicit Deus* [88]. Quin et Apostolus ait : *Desidero enim videre vos, ut aliquid impertiar vobis gratiæ spiritualis ad confirmandos vos, id est, simul consolari in vobis, per eam quæ invicem est, fidem vestram atque meam* [89]; et alibi : *Sed qui consolatur humiles consolatus est nos Deus in adventu Titi* [90].

INTERROGATIO CCXXVII.

Utrum oporteat unumquemque ea quæ sentit, aliis patefacere; an cum sibi persuasum fuerit, rem quæ geritur, Deo esse gratam, eam debeat apud seipsum continere.

RESPONSIO.

Memores sententiæ Dei, qui dixit per prophetam : *Væ vobis qui prudentes estis in vobisipsis, et coram vobisipsis scientes* [91]; itemque horumce verborum Apostoli : *Desidero enim videre vos, ut aliquid impertiar vobis gratiæ spiritualis ad confirmandos vos, id est, simul consolari in vobis, per eam quæ invicem est, fidem vestram atque meam* [92], communicare nos res nostras cum iis qui nobis conjunctissimi sunt, quique tum fidei tum prudentiæ specimen dederunt, necesse esse arbitramur : ut aut quod erroneum est, corrigatur, aut quod recte factum est, stabiliatur, sicque effugiamus nos memoratum jam judicium, quod adversum eos qui in seipsis prudentes sunt, prolatum est.

492 INTERROGATIO CCXXVIII.

Utrum voluntas eorum qui scandalizantur, in omni re prorsus facienda sit, an potius sint quædam, in quibus simulatione utendum non sit, etiamsi scandalum patiantur nonnulli.

RESPONSIO.

Manifestum quoddam in his discrimen ostendimus, cum interrogati sumus suo loco, et maxima qua potuimus cura, ea de re disseruimus.

INTERROGATIO CCXXIX.

An oporteat vetitas actiones citra verecundiam omnibus detegere, aut aliquibus duntaxat, et quinam hi sint.

RESPONSIO.

Servanda est ratio eadem in peccatorum confessione, quæ in detegendis corporis morbis adhibetur. Quemadmodum igitur corporis morbos non omnibus patefaciunt homines, neque quibusvis, sed iis qui horum curandorum periti sunt : ita fieri quoque debet peccatorum confessio, coram iis qui curare hæc possint, prout scriptum est : *Vos qui fortes estis, infirmitates debilium portate* [93]; hoc est, cura ac diligentia vestra tollite.

INTERROGATIO CCXXX.

Quid sit cultus, et quis sit rationalis cultus [94].

RESPONSIO.

Cultus est, ut opinor, intenta, perpetuaque, nec interrupta ejus qui colitur, cultura : sed discrimen quod interest rationalem inter et irrationalem cultum, declarat nobis Apostolus, cum ait, modo quidem : *Scitis quod cum gentes essetis, ad simulacra muta, prout ducebamini, ibatis* [95]; modo vero : *Exhibete corpora vestra hostiam viventem, sanctam, Deo placentem, rationabile obsequium vestrum* [96]. Qui enim it, prout ducitur, reddit cultum irrationalem : siquidem non præeunte ratione, sed suo impetu atque voluntate impulsus, ducentis arbitrio quoquoversum ducitur, ac etiam præter sententiam fertur: qui vero ratione sana et consilio bono, multaque cura semper et ubique id quod Deo placet spectat et peragit, ab eo conficitur mandatum rationalis cultus, juxta eum qui dixit : *Lucerna pedibus meis lex tua, et lumen semitis meis* [97]; ac rursus : *Consilium meum, justificationes tuæ* [98].

493 INTERROGATIO CCXXXI.

Si frater inique se gerat in me et inimicus sit mihi, aut aliquando sacerdos etiam, an liceat mihi data de inimicis præcepta etiam erga illum servare.

RESPONSIO.

Nullum Dominus in traditis de inimicis mandatis, neque inimici, neque inimicitiæ discrimen expressit : quin potius in iis, quæ cæteris gradu præstant, idem peccatum gravius esse indicavit, cum ad ipsos dixit : *Quid autem vides festucam in oculo fratris tui, trabem vero in oculo tuo non vides* [99] ? Maxime igitur in talibus et in iis qui videntur esse præstantiores, opus est studio ac consideratione, ut et debitam curam pro eis sive in consolando sive in redarguendo cum convenienti lenitate suscipiamus, et reliquis omnibus, ex Domini mandato, erga ipsos observatis, nosmetipsos inculpatos in hac quoque parte servemus.

---

[85] Luc. vi, 46. [86] I Cor. iv, 12. [87] Rom. xii, 21. [88] Isa. xl, 1, apud LXX. [89] Rom. i, 11, 12. [90] II Cor. vii, 6. [91] Isa. v, 21. [92] Rom. i, 11, 12. [93] Rom. xv, 1. [94] Rom. xii, 1. [95] I Cor. xi, 2. [96] Rom. xii, 1. [97] Psal. cxviii, 105. [98] ibid. 24. [99] Matth. vii, 3.

INTERROGATIO CCXXXII.

Si quis ab aliquo injuria affectus, nemini id referat, lenitatis et patientiæ gratia, et Deo relinquere judicium videatur, an secundum Dominum faciat.

RESPONSIO.

Cum Dominus dixerit, modo quidem : *Dimittite si quid habetis adversus aliquem* [1]; modo vero : *Si peccaverit in te frater tuus, vade, corripe eum inter te et ipsum solum. Si te audierit, lucratus es fratrem tuum ; si autem non audierit, adhibe tecum adhuc unum vel duos, ut in ore duorum vel trium testium stet omne verbum. Quod si non audierit eos, dic Ecclesiæ. Si autem Ecclesiam quoque non audierit, sit tibi sicut ethnicus et publicanus* [2]; is lenitatis atque patientiæ fructum ostendere debet, ita ut pro eo qui injuriam intulit, preces ex vero affectu offerat Deo, dicatque : *Domine, ne statuas illi peccatum* [3], ut ne, veluti suo fratri iratus, judicio fiat obnoxius. Admoneri autem et redargui par est injuriæ auctorem, ut et iste ab ira quæ super contumaciæ filios venit, liberetur. Quod si neglexerit, conticueritque, exercendæ scilicet suæ patientiæ causa, admittit duplex peccatum : et quod ipse violat mandatum illud : *Arguendo argues proximum tuum, et non accipies propter eum peccatum* [4], et hoc silentio peccati fit particeps : et quod quem poterat fortasse redarguendo lucrari, velut Dominus præcepit [5], hunc sinit in malo perire.

494 INTERROGATIO CCXXXIII.

Ex omnibus recte factis si vel unum desit alicui : num propterea salutem non adipiscitur.

RESPONSIO.

Cum multa sint tum in Veteri, tum in Novo Testamento, quæ nos possint de hoc certiores facere, tamen satis esse duco cuivis fideli vel illud unum de Petro judicium, qui post tot et tanta præclare gesta (1), postque tales beatitudines a Domino promissas, laudesque ab eodem tributas, ubi in uno duntaxat visus est non obedire, atque hoc neque ob segnitiem, neque ob contemptum, sed propter reverentiam et honorem Domini, ob id solum audit : *Si non lavero te, non habes partem mecum* [6].

INTERROGATIO CCXXXIV.

Quomodo quis mortem Domini annuntiat.

RESPONSIO.

Sicut Dominus his verbis docuit : *Si quis venit ad me, abneget semetipsum, et tollat crucem suam* [7]. Quin et Apostolus idipsum declaravit, cum hoc confessus est : *Mihi mundus crucifixus est, et ego mundo* [8]. Quod quidem jam ante spopondimus in ipso baptismo : *Quicunque enim,* inquit, *baptizati sumus in Christo Jesu, in morte ipsius baptizati sumus* [9]; quibus hæc subjungit, interpretans quid sit in morte Domini baptizari : *Vetus homo noster simul crucifixus est, ut destruatur corpus peccati, ut nos ultra non serviamus peccato* [10] : quin potius ut omni vitæ studio puri, efficiamur digni testimonio Apostoli, qui dixit : *Mortui enim estis, et vita vestra est abscondita cum Christo in Deo* [11] : adeo ut confisi libere dicere possimus : *Venit princeps mundi hujus, et in me non habet quidquam* [12].

INTERROGATIO CCXXXV.

An expediat multa ex Scripturis ediscere.

RESPONSIO.

Duo cum sint magis generales ordines, et eorum qui aliis præficiuntur, et eorum quorum partes sunt morem gerere et obedire, secundum diversa dona, arbitror, cui præfectura et cura plurium concredita est, eum quæ omnibus congruunt, scire ac ediscere debere, ut cunctos doceat voluntates Dei, singulisque ea quæ ad ipsorum officium spectant, ostendat. At vero omnes alii memores Apostoli, qui dixit : *Non plus sapere, quam oportet sapere, sed sapere ad sobrietatem, unicuique, sicut Deus divisit* [13], officium suum diligenter discant, perficiantque, nihil amplius curantes, ut digni evadant voce Domini, qui ait : *Agedum, serve bone, super pauca fuisti fidelis, super multa te constituam* [14].

495 INTERROGATIO CCXXXVI.

Quicunque digni habiti sunt, qui discerent quatuor Evangelia, quomodo hanc debent suscipere gratiam.

RESPONSIO.

Cum Dominus hanc sententiam protulerit, *Cui commendaverunt multum, plus repetent ab eo* [15], amplius timere ac solliciti esse debent, quemadmodum Apostolus docuit, his verbis : *Adjuvantes autem etiam exhortamur, ne in vacuum gratiam Dei recipiatis* [16]. Hoc autem fit, si Domino credamus dicenti : *Si hæc scitis, beati estis si feceritis ea* [17].

INTERROGATIO CCXXXVII.

Quinam animus ad Dei dirigatur voluntatem.

RESPONSIO.

Is qui amplexus est sententiam Domini, qui dixit : *Si quis venit ad me, abneget semetipsum, et tollat crucem suam, et sequatur me* [18]. Nisi enim quis illud prius assecutus sit, ut abneget semetipsum et tollat crucem suam ; multa, quæ quominus sequatur, impediant, in processu ex seipso nanciscitur.

---

[1] Marc. xi, 25. [2] Matth. xviii, 15-17. [3] Act. vii, 59. [4] Lev. xix, 17, apud LXX. [5] Matth. xviii, 15. [6] Joan. xiii, 8. [7] Matth. xvi, 24. [8] Galat. vi, 14. [9] Rom. vi, 3. [10] ibid. 6. [11] Coloss. iii, 3. [12] Joan. xiv, 30. [13] Rom. xii, 3. [14] Matth. xxv, 21. [15] Luc. xii, 48. [16] II Cor. vi, 1. [17] Joan. xiii, 17. [18] Matth. xvi, 24.

(1) Illa recte facta, de quibus hic agitur, non generatim sumenda sunt pro quibuslibet recte factis, sed speciatim pro iis quæ præcipiuntur ac jubentur. Uno verbo, intelligenda sunt ipsa præcepta, non mera consilia.

INTERROGATIO CCXXXVIII.

Nunquid fieri possit, ut quis sine ulla intermissione psallat, legatve, aut seria tractet de Dei verbis, nullumque omnino sit medium temporis spatium, cum nonnullis contingat, ut sordidioribus corporis necessitatibus parere cogantur.

RESPONSIO.

De hac re Apostolus nobis regulam præscribit, cum dixit : *Omnia honeste et secundum ordinem fiant* [19]. Quamobrem oportet magis tum pro tempore tum pro loco, honestatis ac recti ordinis curam habere.

INTERROGATIO CCXXXIX.

Quis sit bonus thesaurus, et quis malus.

RESPONSIO.

Prudentia quidem, quæ circa omnem in Christo virtutem versatur ad gloriam Dei, bonus thesaurus est ; prudentia vero, quæ circa rerum a Domino prohibitarum malignitatem versatur, malus est thesaurus : ex quibus, juxta Domini vocem [20], in propriis utriusque factis ac verbis, sive bona, sive mala proferuntur.

496 INTERROGATIO CCXL.

Cur dicta sit lata porta, et cur via, quæ ducit ad interitum, appellata sit spatiosa [21].

RESPONSIO.

Dominus ob multam benignitatem, earum rerum, quæ notæ sunt, nominibus vocabulisque usus est ad declaranda veritatis dogmata. Quemadmodum igitur in terra declinatio a recto itinere, magnam habet latitudinem : sic, inquit, qui aberrat a via ducente ad regnum cœlorum, in multa erroris latitudine deprehenditur. Illas autem voces, *lata et spatiosa*, idem valere arbitror. Nam *spatiosum* etiam apud externæ doctrinæ peritos *latum* dicitur. Spatium igitur, id est, locus erroris, late extenditur : cujus finis est interitus.

INTERROGATIO CCXLI.

Quomodo angusta est porta, et arcta via, quæ ducit ad vitam : et quomodo quis per ipsam ingreditur [22].

RESPONSIO.

Rursum hoc etiam loco *angustum* et *arctum* nequaquam res inter se diversas significant : sed *arctum* indicat aliquid valde angustum, cum via videlicet ita coarctata est, ut prematur, hoc est, in angustum utrinque concludatur viator, nulla declinatione sive ad dexteram, sive ad sinistram, periculo vacante. Velut in ponte, quisquis deflectit in alterutram partem, ab amne undelibet subterfluente excipitur. Quapropter David dicit : *Juxta iter scandalum posuerunt mihi* [23]. Itaque qui per angustam et arctam viam ingredi sibi proposuit, A eum cavere oportet, ne ullo modo deflectat ac declinet a mandatis Domini, perficiens quod scriptum est : *Ne declines ad dextram, neque ad sinistram* [24].

INTERROGATIO CCXLII.

Quid sibi vult illud : « *Per fraternam charitatem ad mutuo vos diligendos propensi* [25]. »

RESPONSIO.

Studium illud quod e propensione ortum habet, de intento amore dicitur, cum scilicet is, qui diligitur, cupido ardentique affectu ab amante amatur. Ne igitur fraternus amor in superficie solum appareat, sed in animo insitus sit et fervidus, dictum est illud : *Per fraternam charitatem ad mutuo vos diligendos propensi.*

497 INTERROGATIO CCXLIII.

Quid sibi vult Apostolus, cum ait : « *Irascimini et nolite peccare : sol non occidat super iracundiam vestram* [26] : » *cum tamen idem ipse alio in loco dicat :* « *Omnis amaritudo, et ira, et indignatio tollatur a vobis* [27]. »

RESPONSIO.

Arbitror Apostolum Domini exemplo ita hic locutum esse. Quemadmodum enim Dominus cum in Evangelio antea dixisset : *Dictum est antiquis* hoc, deinde subjungit : *Ego autem dico vobis* hoc [28] : sic Apostolus etiam hoc loco, antiqui illius præcepti veteribus illis olim dati, *Irascimini, et nolite peccare* [29], facta prius mentione, paulo post id, quod nobis convenit, a seipso infert his verbis : *Omnis amaritudo, et ira, et indignatio, et clamor tollatur a vobis* [30].

INTERROGATIO CCXLIV.

Quid est hoc : « *Date locum iræ* [31]. »

RESPONSIO.

Hoc est aut non resistere malo, uti scriptum est, sed et percutienti in dexteram maxillam obvertere etiam alteram [32], etc. ; aut illud : *Cum autem persecuti vos fuerint in civitate ista, fugite in aliam* [33].

INTERROGATIO CCXLV.

Quis sit prudens ut serpens, et simplex sicut columba [34].

RESPONSIO.

Prudens quidem ut serpens is est, qui in doctrina tradenda ita se gerit, ut adhibita circumspectione, considerationeque, qua ratione quod docet et fieri, et facile fieri possit, omnia faciat, ut audientium animos ad auscultandum habeat paratos. Simplex vero ut columba, qui ne cogitat quidem de insidiatore ulciscendo, potiusque beneficia in illum conferre pergit, juxta præceptum Apostoli : *Vos autem nolite deficere benefacientes* [35]. Dominus enim, mittens discipulos ad prædican-

---

[19] I Cor. xiv, 40. [20] Matth. xii, 35. [21] Matth. vii, 13. [22] ibid. 14. [23] Psal. cxxxix. 6. [24] Deut. xvii, 11. [25] Rom. xii, 10. [26] Ephes. iv, 26. [27] ibid. 31. [28] Matth. v, 21, 22 et seqq. [29] Psal. iv, 5. [30] Ephes. iv, 31. [31] Rom. xii, 19. [32] Matth. v, 39. [33] Matth. x, 23. [34] ibid. 16. [35] II Thess. iii, 13.

dum, hæc ipsis præscribit; ubi et sapientia opus erat ad persuadendum, et patientia erga insidiatores : ut quemadmodum illic novit serpens et vultu blandiore accedere, et modo suasorio loqui, quo a Deo abduceret, et manciparet peccato [36]; ita nos quoque et faciem et mores et tempus assumamus, et omnibus modis sermones nostros in judicio dispensemus [37], ut abducamus nos a peccato, et ad Deum reducamus. Cæterum ad finem usque servemus patientiam in tentationibus, velut scriptum est [38].

498 INTERROGATIO CCXLVI.
Quid significat illud, « Charitas non indecore se gerit [39]. »

RESPONSIO.

Idem est ac si dicas, a proprio habitu non excidit. Charitatis autem habitus eæ sunt charitatis proprietates, quæ eodem in loco enumeratæ sunt ab Apostolo.

INTERROGATIO CCXLVII.
Cum Scriptura dicat : « Nolite gloriari, et nolite loqui excelsa [40]; » item cum Apostolus aliquando ita confiteatur : « Quod loquor, non secundum Dominum loquor, sed quasi in insipientia, in hac substantia gloriationis [41]; » ac rursus : « Factus sum insipiens gloriando [42]; » alias vero gloriari sinat, cum dicit : « Qui gloriatur in Domino glorietur [43]; » quæ est gloriatio in Domino, et quæ est ea quæ vetita est.

RESPONSIO.

Vehemens et necessarium Apostoli adversus vitia certamen aperte declaratur. Non enim hæc sui commendandi causa dicit, sed ut temeritatem arrogantiæ quorumdam ac fastum deprimat. Gloriatio autem in Domino est, cum quis recte facta non sibi ipsi, sed Domino ascribit, dicens : *Omnia possum in Christo qui me confortat* [44]. Vetita autem gloriatio potest duplici ratione considerari; vel juxta illud : *Laudatur peccator in desideriis animæ suæ* [45]; item : *Quid gloriaris in malitia, qui potens es* [46]? vel juxta illud : *Faciunt ut videantur ab hominibus* [47] : quandoquidem dum ob ea quæ faciunt, laudari volunt, in suis factis quodammodo gloriantur. Quin etiam qui ejusmodi sunt, sacrilegi etiam dici possunt, ut qui sibi Dei vindicent dona, et debitam Deo gloriam ad se rapiant.

INTERROGATIO CCXLVIII.
Si Dominus det sapientiam, et a facie ipsius oriatur cognitio et prudentia [48]; item si per Spiritum alii datur sermo sapientiæ, alii vero sermo scientiæ [49] : quomodo id exprobrat Dominus discipulis : « Adhuc et vos sine intelligentia estis [50] ? » et qua ratione Apostolus quosdam accusat velut intelligentia carentes [51] ?

RESPONSIO.

Si quis novit bonitatem Dei, qui vult omnes homines salvos fieri, et ad agnitionem veritatis venire [52], diligentiamque didicit Spiritus sancti in divisione atque efficacia donorum Dei, ei compertum est et notum, intelligentiæ tarditatem 499 non ex benefacientis segnitie, sed ex eorum in quos beneficia conferuntur incredulitate proficisci. Nec injuria reprehenditur qui intelligentiæ expers est, tanquam qui claudat oculos orto sole, ut in tenebris degat, neque sursum aspiciat ut illuminetur.

INTERROGATIO CCXLIX.
Quid est honestum, et quid est justum.

RESPONSIO.

Honestum quidem id esse puto, quod decet, et quod debetur ab inferioribus superiori, ex præstantiæ ratione; justum vero, quod pro operum merito atque dignitate singulis redditur. Et in honesto quidem, optima quæque tantummodo animo grato in memoriam revocantur, et compensantur : sed in eo quod justum est, mala quoque examinantur ac puniuntur.

INTERROGATIO CCL.
Quomodo dat quis sanctum canibus, aut projicit margaritas ante porcos; aut quomodo contingit id quod sequitur : « Ne forte conculcent eas pedibus suis, et conversi dirumpant vos [53]. »

RESPONSIO.

Aperte hoc nobis explicat Apostolus, qui iis, quæ ipse adversus Judæos dixerat, addit : *Qui in lege gloriaris, per prævaricationem legis Deum inhonoras* [54]. Itaque contumeliam, qua afficimus sanctos Domini sermones per legis violationem, hoc loco prohibuit Dominus. Ex qua violatione sequitur etiam, ut ii, qui alieni sunt a fide, simul et contemnenda ducant Domini dogmata, et ob illa ipsa audacia majore insurgant adversum nos, et conviciis atque accusationibus violatorem veluti disrumpant.

INTERROGATIO CCLI.
Quomodo Dominus interdum vetat portare sacculum et peram in via [55]; interdum vero dicit : « Sed nunc, qui habet sacculum tollat, similiter et peram : et qui non habet, vendat tunicam suam, et emat gladium [56]. »

RESPONSIO.

Hoc explanat Dominus ipse his verbis [57] : *Oportet enim adhuc in me impleri illud : Et cum iniquis deputatus est* [58]. Confestim enim post eventum vaticinii de gladio dicit Petro : *Converte gladium tuum in locum suum :* omnes 500 *enim qui acceperint gladium, gladio peribunt* [59] : ita ut illud, *Sed nunc qui habet sacculum, tollat* [60], seu *tollet* (sic enim etiam multa exemplaria habent), non sit quoddam præceptum, sed vaticinium Domini, qui prænuntiabat futurum, ut apostoli donorum et legis Do-

---

[36] Genes. III, 1 seqq. [37] Psal. CXI, 5. [38] Matth. XXIV, 13. [39] I Cor. XIII, 5. [40] I Reg. II, 3. [41] II Cor. XI, 17. [42] II Cor. XII, 11. [43] II Cor. X, 17. [44] Philipp. IV, 13. [45] Psal. X, 3. [46] Psal. LI, 3. [47] Matth. VI, 5. [48] Prov. II, 6. [49] I Cor. XII, 8. [50] Matth. XV, 16. [51] Rom. I, 31. [52] I Tim. II, 4. [53] Matth. VII, 6. [54] Rom. II, 23. [55] Luc. X, 4. [56] Luc. XXII, 36. [57] ibid. 37. [58] Isa. LIII, 12. [59] Matth. XXVI, 52. [60] Luc. XXII, 36.

mini obliti auderent et gladios assumere. Quod autem plerumque imperativo loquendi génere vice vaticinii usa sit Scriptura, planum est ex multis locis; veluti ex illo, *Fiant filii ejus orphani* [61]; et : *Diabolus stet a dextris ejus* [62]; et quæcunque sunt similia.

INTERROGATIO CCLII.

Quis sit panis ille quotidianus, cujus quotidianam largitionem rogare edocti sumus.

RESPONSIO.

Cum quis opus aliquod facit, memor Domini, qui dixit : *Ne solliciti sitis animæ vestræ, quid manducetis, aut quid bibatis* [63], itemque Apostoli, qui laborare præcipit, ut habeamus unde tribuamus necessitatem patienti [64], nec ob propriam utilitatem, sed ob mandatum Domini laborat (*Dignus est enim operarius mercede sua* [65]), is quotidianum panem, hoc est, panem naturæ nostræ ad quotidianam vitam utilem, non sui juris facit, sed eum a Deo petit; atque adeo posita ipsi ob oculos indigentiæ suæ necessitate, sic edit quod datur ab eo, cui cum probatione hæc cura concredita est, ut quotidie faciat illud : *Dividebatur singulis, prout cuique opus erat* [66].

INTERROGATIO CCLIII.

Quid sit talentum, aut quomodo illud multiplicabimus [67].

RESPONSIO.

Parabolam hanc ad omne munus Dei significandum dictam fuisse existimo, ut unusquisque, quocunque tandem dono eum Deus dignatus sit, id multiplicet, hoc ipso ad beneficentiam et utilitatem plurium adhibito. Siquidem nemo est, qui sit benignitatis Dei expers.

INTERROGATIO CCLIV.

Quæ est mensa illa, in quam oportebat te, inquit Dominus, injicere pecuniam.

RESPONSIO.

Parabolæ non reipsa repræsentant res contemplandas, sed duntaxat mentem deducunt ad propos'tum. Quemadmodum igitur pecunia solet nummulariis ad quæstum dari (sunt enim, ut ego Alexandriæ novi, qui recipiant, et idipsum peragant) : sic necesse est, ut qui qualecunque tandem donum acceperit, illud **501** communicet cum indigente, aut efficiat quod ab Apostolo de doctrina dictum est : *Hæc commenda fidelibus hominibus, qui idonei erunt et alios docere* [68]. Non enim solum in doctrina id consuevit fieri, sed etiam in omni negotio : quandoquidem aliis inest facultas, alii vero dispensandi peritiam acceperunt.

INTERROGATIO CCLV.

Quo abire jussus est qui audivit : « *Tolle quod tuum est, et vade* [69]. »

RESPONSIO.

Eum in locum fortasse, quo etiam qui a sinistris

steterunt, abire jussi sunt [70], quibus crimini datum est, quod cessassent a bonis operibus. Quisquis autem invidet fratri, homine nihil agente deterior est, cum mos sit Scripturæ multis in locis invidiam cum cæde conjungere [71].

INTERROGATIO CCLVI.

Quæ sit merces, quam hi pariter atque ultimi accipiunt.

RESPONSIO.

Fortasse non incusari, ob ea recte facta quæ quis gessit, commune est omnium obedientium. Nam coronari proprium est eorum qui bonum certamen legitime decertarunt, qui perfecerunt cursum, qui fidem servaverunt, in dilectione Jesu Christi Domini nostri. Potest autem pacta illa merces esse illud centuplum, quod Dominus spopondit recepturos in hoc tempore esse eos qui cunctas res præsentes reliquerint ob ipsius mandatum : ita ut illud, *Tolle quod tuum est* [72], de hac mercede dictum sit. Quoniam autem qui priores laborasse visi fuerant, adversus eos qui æquale præmium receperant, invidiæ morbo laborarunt, non par est ipsos vitam æternam sortiri, sed solo illo centuplo nunc accepto, in futuro sæculo condemnari ob invidiam, et audire illud : *Vade* [73].

INTERROGATIO CCLVII.

Qui sint palea, quæ inexstincto igne comburitur [74].

RESPONSIO.

Ii nimirum, qui utiles quidem sunt iis qui digni sunt regno cœlorum, perinde ut paleæ frumento, nec tamen affectu dilectionis erga Deum et proximum hoc faciunt, sive in spiritualibus donis, sive in corporalibus beneficentiis, atque ita imperfectos se esse sinunt.

502 INTERROGATIO CCLVIII.

Quis sit, qui condemnatur ab Apostolo his verbis : « *Volens in humilitate et religione* [75], » *etc.*

RESPONSIO.

Argumentum, de quo hic agitur, iis quæ sequuntur verbis arbitror explanari. Mox enim nominat immoderationem corpori haudquaquam parcentem : cujusmodi sunt Manichæi, et si qui sint horum similes.

INTERROGATIO CCLIX.

Quis sit fervens spiritu [76].

RESPONSIO.

Qui ferventi animi alacritate, et inexplebili desiderio, et studio impigro facit voluntatem Dei, in charitate Jesu Christi Domini nostri, juxta id quod scriptum est : *In mandatis ejus volet nimis* [77].

---

[61] Psal. cviii, 9. [62] ibid. 6. [63] Matth. vi, 25. [64] Ephes. iv, 28. [65] Matth. x, 10. [66] Act. iv, 35.
[67] Matth xxv,15. [68] II Tim. ii,2. [69] Matth. xx, 14. [70] Matth. xxv, 41. [71] Rom. i, 29 ; Galat. v, 21.
[72] Matth. xx, 14. [73] ibid. [74] Matth. iii, 12. [75] Coloss. ii, 18. [76] Rom. xii, 11. [77] Psal. cxi, 1.

INTERROGATIO CCLX.

Cum Apostolus nunc quidem dicat : « *Nolite fieri imprudentes* [78]; » *nunc vero,* « *Nolite esse prudentes apud vosmetipsos* [79], » *fierine potest ut prudens non sit apud semetipsum is qui imprudens non est?*

RESPONSIO.

Unumquodque praeceptum habet proprium limitem. Etenim huic mandato, *Nolite fieri imprudentes* [80], hoc subjungit, *sed intelligentes quae sit voluntas Dei*; alteri vero, *Ne sis prudens apud temetipsum* [81], additur illud : *verum time Dominum, et declina ab omni malo*. Quare imprudens quidem est, qui non intelligit voluntatem Domini : prudens vero apud semetipsum, quisquis suis ipsius ratiocinationibus utitur, neque in verbis Dei ambulat secundum fidem. Si quis igitur vult neque imprudens esse, neque prudens apud seipsum, debet Domini intelligere voluntatem per fidem in ipsum, et in timore Domini imitari Apostolum, qui ait : *Consilia destruentes, et omnem altitudinem extollentem se adversus scientiam Dei, et in captivitatem redigentes omnem intellectum in obsequium Christi* [82].

INTERROGATIO CCLXI.

Cum Dominus hoc promissum fecerit : « *Omnia quaecunque petieritis in oratione credentes, accipietis* [83]; » *ac rursus :* « *Si duo ex vobis consenserint super terram, de omni re quamcunque petierint, fiet illis* [84] : » *quomodo vel ipsi sancti quae petierunt, non acceperunt? velut etiam Apostolus, qui ait :* « *Propter quod ter Dominum rogavi, ut discederet a me* [85], » *nec tamen voti compos factus est : similiterque Jeremias propheta, et Moyses ipse.*

RESPONSIO.

Cum Dominus noster Jesus Christus in precatione sua dixerit, *Pater, si possibile est, transeat a me calix iste*; deinde addiderit : *Verumtamen non voluntas mea, sed tua fiat* [86] : primum quidem nosse operae pretium est, non licere nobis quaecunque volumus, petere : imo vero ne id quidem quod nobis expedit, poscere ullo modo novimus. Nam quid exposcamus, ut oportet, nescimus. Quare multa cum consideratione secundum voluntatem Dei petitiones adhibendae sunt. Quod si non audimur, scire oportet aut perseverantia aut ingenti contentione opus esse, juxta Domini parabolam, qua docemur semper orare oportere, non autem defatigari, et juxta id quod ab ipso in alio loco dictum est : *Propter improbitatem ejus surget, et dabit illi quotquot habet necessarios* [87]; aut emendatione et diligentia, juxta id quod Deus per prophetam ad quosdam dixit, ita loquens : « *Cum extenderitis manus vestras ad me, avertam faciem meam a vobis : et si preces multiplicaveritis, non exaudiam vos. Manus enim vestrae sanguine plenae sunt. Lavamini, mundi estote* [88], » etc. Quin autem et nunc fiant, et sint plenae sanguine manus multorum, dubitare non debent, qui fidem habent judicio illi Dei, quod A adversus eum pronuntiavit, qui populo renuntiare jussus, obticuerit, ita locutus : *Sanguis peccatoris ex manibus speculatoris requiretur* [89]. Quod cum verissimum ac constantissimum esse sibi persuasisset Apostolus, dicebat : *Mundus ego ex hoc tempore sum a sanguine omnium. Non enim subterfugi, quominus annuntiarem vobis omne consilium Dei* [90]. Quod si qui conticuerit solum, is reus futurus est sanguinis eorum, qui peccaverint, quid quis dixerit de iis qui per sua facta aut dicta aliis fuerint offensioni? Fit autem interdum, ut etiam propter indignitatem petentis petitum non impetretur : velut in Davide, qui cum rogasset ut liceret sibi aedificare domum Deo, prohibitus est : qui etiamsi gratus acceptusque esset Deo, tamen hoc honore non habitus est dignus. Jeremias vero ob nequitiam eorum pro quibus precatus est, videtur non exauditus fuisse. Quin etiam non raro contingit, ut praetermisso ex nostra negligentia opportuno tempore, quo orare oportuisset, comperimur posthac intempestive et incassum rogare. Quod autem attinet ad illud, *Propter hoc ter Dominum rogavi, ut discederet a me* [91], sciendum est earum calamitatum quae tum in rebus externis, tum in ipso corpore nobis eveniunt, multiplicem esse et variam rationem, Deo has vel inferente vel permittente per quamdam dispensationem subita horum malorum liberatione nobis utiliorem. Si quis igitur nosse potuerit, se ab adversitate per precationem ac rogationem liberari oportere, si rogat, tum exauditur : velut duo caeci in Evangelio, et decem leprosi, aliique complures : si vero perspectam non habuerit rationem, ob quam in tentationem inciderit (nam plerumque finem ob quem mala sibi irrogantur, assequi etiam per patientiam debet), deprecatusque fuerit calamitatem, cum tamen ad finem usque eam sustinere debuisset, non auditur : quandoquidem consilio benignitatis Dei non assentitur. Illud autem, *Si duo ex vobis consenserint* [92], quid sibi velit, ipsa loci series aperte declarat. Ibi enim de eo qui peccantem arguit, et de eo qui arguitur, verba facit. Quamobrem, cum Deus non velit mortem peccatoris, sicut vult ipsum converti et vivere [93] : qui reprehensus est, si animo compunctus sit, atque redarguentis assensus fuerit consilio, pro re omni, hoc est, pro omni peccato, cujus petierint veniam, dabitur ipsis a clementissimo Deo. Si enim qui increpatur, haud consenserit cum increpante, jam non conceditur venia, sed fit alligatio, juxta ea quae sequuntur verba : *Quaecunque alligaveritis super terram, erunt ligata in coelo* [94], sic ut impleatur judicium illud : *Si Ecclesiam quoque non audierit qui redargutus est, sit tibi sicut ethnicus et publicanus* [95].

---

[78] Ephes. v, 17. [79] Rom. xii, 16. [80] Ephes. v, 17. [81] Prov. iii, 7. [82] II Cor. x, 4, 5. [83] Matth. xxi, 22. [84] Matth. xviii, 19. [85] II Cor. xii, 8. [86] Matth. xxvi, 39. [87] Luc. xi, 8. [88] Isa. i, 15, 16. [89] Ezech. iii, 18. [90] Act. xx, 26, 27. [91] II Cor. xii, 8. [92] Matth. xviii, 19. [93] Ezech. xxxiii, 11. [94] Matth. xviii, 18. [95] ibid. 17.

INTERROGATIO CCLXII.

Cum Scriptura in rerum laudabilium numero egestatem et paupertatem ponat, velut in hoc loco : « *Beati egeni* [96] ; » *ac etiam in illo,* « *Desiderium pauperum exaudivit Dominus* [97] ; » *et rursum :* « *Egenus et pauper laudabunt nomen tuum* [98] ; » *quodnam est discrimen egestatem inter et paupertatem : et quomodo verum dicit David, cum ait :* « *Ego autem egenus sum et pauper* [99] ? »

RESPONSIO.

Cum recordor Apostoli qui dixit de Domino : *Quod propter nos egenus factus est, cum dives esset* [1], existimo egenum quidem eum esse, qui a divitiis exciderit in egestatem ; pauperem vero, qui ab initio in egestate fuerit, ac certo quodam qui Deo placeret modo ejusmodi adversitatem rexerit. Cæterum David egenum et pauperem esse se confitetur : sed fortasse hoc etiam dicit in persona Domini, qui egenus quidem nominatur secundum illud : *Qui propter nos egenus factus est, cum esset dives :* pauper vero, quod non divitis alicujus, sed fabri lignarii filius secundum carnem dictus est [2]. Forte etiam quoniam, sicut Job [3], non noverat res suas in thesaurum recondere, neque divitiis studere tanquam propriis, sed dispensare omnia ex voluntate Domini.

INTERROGATIO CCLXIII.

Quid vult docere Dominus per exempla, quibus subjungit illud : « *Sic ergo omnis ex vobis qui non renuntiat omnibus quæ possidet, non potest meus esse discipulus* [4]. » *Si enim qui turrim ædificare vult, aut prælium committere cum alio rege, apparare se debet aut ad ædificationem, aut ad bellum : sin autem impar fuerit, potest aut ab initio fundamentum non jacere, aut petere pacem : ergone is etiam, qui voluerit discipulus Domini fieri, debet renuntiare? et si animadverterit id difficile a se toleratum iri, an liceat ei ne ab initio quidem discipulum Domini fieri ?*

RESPONSIO.

Propositum est Domino in his exemplis, non permittere ut quivis Domini fiat discipulus, vel non : sed docere nullo modo fieri posse, ut aliquis inter ea quæ animum distrahunt, Deo placeat : in quibus periclitatur etiam, utpote qui facile possit insidiis diaboli capi, et ita demum rebus iis, quarum studio teneri videbatur, imperfectis relictis, ludibrio et risu dignus esse perhibetur. Quod sibi ne accideret deprecans Propheta, dicebat [5] : *Nequando supergaudeant mihi inimici mei : et dum commoventur pedes mei, super me magna locuti sunt.*

INTERROGATIO CCLXIV.

Cum Apostolus dicat : « *Ut sitis sinceri* [6] ; » *ac rursus,* « *Sed velut ex sinceritate* [7], » *quid est sincerum ?*

RESPONSIO.

Sincerum esse arbitror quod cum nulli rei admistum sit, et a re qualibet contraria sumine purgatum, coactum est et directum ad solam pietatem ; imo vero non ad pietatem modo, sed ad ea etiam, quæ in singulis et temporibus et rebus plane ad ipsius scopum requiruntur, ita ut si quis muneri alicui præpositus sit, is ne ad affinia quidem ei muneri distrahatur. Quod quidem prius est, declaratur ex ipsa serie verborum : nam his verbis, *Sed velut ex sinceritate*, subdit illud : *Sicut ex Deo, coram Deo in Christo loquimur* [8] ; alterum vero ex illo : *Non plus sapere quam oportet sapere, sed sapere ad sobrietatem : unicuique sicut Deus divisit mensuram fidei* [9] : itidem ex aliis verbis, quæ his subjunguntur.

INTERROGATIO CCLXV.

Utrum ad solos sacerdotes dictum sit : « *Si offers munus tuum ad altare, et ibi recordatus fueris quia frater tuus habet aliquid adversum te, relinque ibi munus tuum ante altare, et vade, prius reconciliare fratri tuo : et tunc veniens offer munus tuum* [10], » *an etiam ad omnes. Et quomodo unusquisque nostrum offert munus ad altare.*

RESPONSIO.

Hoc quidem præcipue ac primario loco par fuerit ad sacerdotes referri, cum scriptum sit : *Vos autem sacerdotes Domini vocabimini, ministri Dei omnes* [11]. Et : *Sacrificium laudis honorificabit me* [12]. Ac rursus : *Sacrificium Deo spiritus contribulatus* [13]. Quin et Apostolus ait : *Ut exhibeatis corpora vestra hostiam viventem, sanctam, Deo placentem, rationabile obsequium vestrum* [14]. Quorum unumquodque omnium commune est ; atque quod est ejusmodi, id ab unoquoque nostrum perfici necesse est.

INTERROGATIO CCLXVI.

Quid est sal quod habere Dominus jussit, cum dixit : « *Habete in vobis sal, et pacem habete inter vos* [15]. » *Quin et Apostolus ait :* « *Sermo vester semper in gratia, sale sit conditus* [16]. »

RESPONSIO.

Et hic ex contextu et serie utriusque capitis, sensus perspicuus est. Nam ex Domini verbis docemur, nullam causam ob quam alter ab altero disjungamur et dissideamus, præbere, sed nosmet ipsos semper in vinculo pacis ad unitatem spiritus conservare [17]. Ex verbis autem Apostoli discet quicunque meminerit illius, qui dixit : *Nunquid comedetur panis sine sale? nunquid vero et est sapor in verbis vanis* [18]? sermones suos dispensare ad fidei ædificationem, *Ut det gratiam audientibus* [19], tempore opportuno et decoro ordine utens , quo auditores magis morigeri fiant.

---

[96] Matth. v, 3. [97] Psal. x, 17, juxta Hebr. [98] Psal. LXXIII, 21. [99] Psal. XXXIX, 18. [1] II Cor. VIII, 9. [2] Matth. XIII, 55. [3] Job I, 21. [4] Luc. XIV, 33. [5] Psal. XXXVII, 17. [6] Philipp. I, 10. [7] II Cor. II, 17. [8] ibid. [9] Rom. XII, 3. [10] Matth. V, 23, 24. [11] Isa. LXI, 6. [12] Psal. XLIX, 23. [13] Psal. L, 19. [14] Rom. XII, 1. [15] Marc. IX, 49. [16] Coloss. IV, 6. [17] Ephes. IV, 3. [18] Job VI, 6. [19] Ephes. IV, 29.

INTERROGATIO CCLXVII.

Si alius multis vapulabit, alius vero paucis [10] : *quomodo dicunt quidam nullum esse pœnarum finem?*

RESPONSIO.

(1) Quæ ambigue et obscure videntur dicta fuisse in quibusdam divinæ Scripturæ locis, ea ex confessis ac manifestis aliorum locorum sententiis explanantur. Cum igitur Dominus pronuntiet aliquando hos in supplicium æternum ituros [21], aliquando vero mittat quosdam in ignem æternum paratum diabolo et angelis ejus [22] ; et alibi gehennæ ignis mentione facta, subjiciat illud : *Ubi vermis eorum non moritur, et ignis non exstinguitur* [23] ; olimque etiam de quibusdam prædixerit per prophetam, vermem eorum non moriturum, neque ignem eorum exstinctum iri [14] : hæc igitur et horum similia cum in multis divinæ Scripturæ locis habeantur, hoc quoque unum est ex artificiis diaboli, ut plerique homines velut obliti tot et talium Domini verborum ac sententiarum, quo majore cum audacia peccent, supplicii sibi finem præscribant. Etenim, si æterni supplicii futurus est aliquando finis, finem utique habitura est etiam vita æterna. Quod si non possumus illud de vita æterna intelligere, qua ratione supplicio æterno ascribitur finis? Nam æqualiter pro utroque habetur *æterni* adjectio. *Ibunt enim*, inquit, *hi in supplicium æternum : justi autem in vitam æternam* [15]. Itaque, cum hæc ita sint in confesso, sciendum est, neque illud, *Vapulabit multis*, neque illud, *Vapulabit paucis*, significare finem, sed diversitatem supplicii. Si enim Deus justus judex est non bonis solum, sed malis etiam, reddens unicuique juxta opera sua, potest alius esse dignus igne inexstinguibili, qui aut mollius aut acrius adurat : alius verme nunquam morituro, qui etiam aut mitius aut acerbius excruciet pro cujusque merito : alius gehenna, quæ varia ac penitus diversa supplicia habeat : alius exterioribus tenebris, ubi hic quidem in fletu solum, ille vero in dentium etiam stridore ob dolorum vehementiam exsistat. Quin et exteriores illæ tenebræ alias etiam prorsus esse interiores indicant. Et illud quod dictum est in Proverbiis, *In profundum inferni* [16], declarat quosdam esse in inferno quidem, sed non in profundo inferni, qui leviorem pœnam perferant. Nunc autem hoc etiam in corporis morbis ostendere licet. Nam febricitanti alteri accedunt symptomata, et aliæ quædam molestæ affectiones; alter vero febricitat tantummodo, et hic non simili modo, quo alter. Et alius non febri quidem, sed quodam membri alicujus dolore discruciatur : et hic rursus alio plus A aut minus. Hæ autem voces *multis* et *paucis*, prolatæ sunt quoque a Domino ex consueto usu, velut etiam alia quædam ejusmodi. Neque enim ignoramus hujusmodi loquendi genus sæpe de iis etiam qui uno aliquo morbo afflictantur, usurpari : veluti cum de aliquo homine duntaxat febricitante, aut ab oculis dolente mirabundi dicimus, Hic quot et quanta sustinuit mala, aut quot et quantos pertulit cruciatus. Quamobrem illud, *multis* et *paucis vapulare*, iterum dico, nequaquam porrigi, aut compleri ac finiri tempus, sed supplicium diversum esse significat.

INTERROGATIO CCLXVIII.

Quo sensu dicantur quidam filii contumaciæ [17], *et filii iræ* [18].

RESPONSIO.

Filios alicujus, sive bonus sive malus fuerit, solet Dominus appellare eos, qui ejus voluntatem faciunt. *Si enim*, inquit, *filii Abraham essetis, opera Abraham faceretis* [19]. Ac rursus : *Vos ex patre diabolo estis, et desideria patris vestri vultis facere* [20]. Quamobrem quisquis contumaciæ opera peragit, efficitur etiam contumaciæ filius. Fortasse etiam, quemadmodum non peccator modo, sed ipsum etiam peccatum diabolus nominatur, quod peccati, ut opinor, fuerit auctor : sic quoque ob eamdem causam contumacia ipsa poterit diabolus appellari. Filius autem iræ est aliquis, quatenus semetipsum ira dignum præstitit. Ut enim qui Domino sunt digni, faciuntque opera lucis ac diei, eos Apostolus filios lucis ac filios diei vocavit [31], ita par fuerit intelligere et illud : *Eramus filii iræ* [32]. Scire autem oportet filium contumaciæ et filium iræ unum et eumdem esse, cum Dominus pronuntiaverit : *Qui contumax est in Filium, non videbit vitam, sed ira Dei manebit super eum* [33].

INTERROGATIO CCLXIX.

Cum scriptum sit : « *Facientes voluntates carnis et cogitationum* [34] *:* » *nunquid voluntates carnis aliæ sunt, et aliæ cogitationum : et quales sint hæ.*

RESPONSIO.

Carnis quidem voluntates alio in loco singulatim nominatimque recenset Apostolus, his verbis : *Manifesta sunt autem opera carnis, quæ sunt adulterium, fornicatio, immunditia, luxuria, idolorum servitus, veneficia, inimicitiæ, contentiones, æmulationes, iræ, rixæ, dissensiones, sectæ, invidiæ, homicidia, ebrietates, comessationes, et quæ his similia* [35]. Et alibi generalius : *Sapientia carnis inimicitia est in Deum, legi enim Dei non est subjecta, nec enim potest* [36]. At vero cogitationum voluntates dici possunt ea consilia, quæ Scripturæ testimonio non probantur,

---

[10] Luc. xii, 47. [21] Matth. xxv, 46. [22] ibid. 41. [23] Marc. ix, 43. [14] Isa. lxvi, 24. [15] Matth. xxv, 46. [16] Prov. ix, 18. [17] Ephes. v, 6. [18] Ephes. ii, 3. [19] Joan. viii, 39. [30] ibid. 44. [31] I Thess. v, 5. [32] Ephes. ii, 3. [33] Joan. iii, 36. [34] Ephes. ii, 3. [35] Galat. v, 19-21. [36] Rom. viii, 7.

(1) Certe vir eruditissimus Lud. Ellies Dupin non legerat quæ hic a Basilio dicuntur, aut legisse non meminit, cum t. II, p. 590, non obscure dicit tantum virum pœnarum æternitatem non agnovisse.

qualia sunt illa, de quibus dictum est: *Consilia destruentes, et omnem altitudinem extollentem se adversus scientiam Dei* [37], et cogitata, quæ ad obediendum Christo captiva non ducuntur. Quapropter necessarium et tutum est, semper et ubique servare illud quod a Davide dictum est: *Et consilium meum, justificationes tuæ* [38].

509 INTERROGATIO CCLXX.

Quid sibi vult illud: « *In maximis difficultatibus versamur, sed non succumbimus?* »

RESPONSIO.

Cum Apostolus certissimam suam plenissimamque in Deum fiduciam ex humana sapientia huic adversa ostendit, singula quæ hoc loco habentur, sic ordinat. Quantum quidem attinet ad humanam sapientiam: *In omnibus*, inquit, *tribulationem patimur*; quantum vero ad fiduciam in Deum, subjungit illud, *sed non angustiamur* [39]. Rursus, quantum attinet ad sapientiam humanam, *In maximis difficultatibus versamur*; quantum vero ad fiduciam in Deum, *non succumbimus*. Et reliqua similiter. Cujusmodi sunt ea quæ fuerunt alibi ab ipso dicta: *Quasi morientes, et ecce vivimus: sicut egentes, multos autem locupletantes: tanquam nihil habentes, et omnia possidentes* [40].

INTERROGATIO CCLXXI.

Cum Dominus dicat: « *Verumtamen quod superest, date eleemosynam: et ecce omnia munda sunt vobis* [41] *:* » *nunquid peccata omnia, quæ quis commisit, mundantur per eleemosynam.*

RESPONSIO.

Series ipsa eorum quæ præcedunt, propositam quæstionem explanat. Nam, cum antea dixisset: *Mundatis quod de foris est calicis et catini: quod autem intus est vestrum, plenum est rapina et iniquitate* [42]; tum demum addidit illud: *Verumtamen quod superest, date eleemosynam: et ecce omnia munda sunt vobis*: omnia hæc videlicet, quæcunque per rapinam et avaritiam peccamus, et nequiter agimus. Sed et Zacchæus hoc declarat, his verbis: *Ecce dimidium bonorum meorum do pauperibus: et si quid aliquem defraudavi, reddo quadruplum* [43]. Itaque quæcunque sunt ejusmodi peccata, ut resolvi possint, et pro quibus liceat longe plura rependere, hoc modo expurgantur: hoc, inquam, modo: quandoquidem ipse per seipsum haud sufficit ad purgationem, sed primum indiget misericordia Dei et sanguine Christi: in quo etiam reliquorum omnium habemus redemptionem [44], si fecerimus ob singula fructus dignos pœnitentiæ [45].

510 INTERROGATIO CCLXXII.

Cum præceptum Domini sit, ut ne solliciti simus de crastino [46]*: quomodo sumus hoc mandatum recte intellecturi? Videmus enim nos ad parandas res necessarias multum studii convertere, ita ut ea etiam quæ possunt ad longius tempus sufficere, recondantur.*

RESPONSIO.

Quisquis suscepit doctrinam Domini, qui dixit: *Quærite primum regnum Dei, et justitiam ejus*, adhibuitque certissimam et integerrimam fidem veritati promissionis, quam ipse subjungit: *et hæc omnia adjicientur vobis* [47]: nequaquam in hujus vitæ curis verbum suffocantibus, ipsumque infecundum reddentibus, animum inutiliter occupat. Imo vero in bono certamine decertans ad complacendum Deo, credit Domino, dicenti: *Dignus est operarius cibo suo* [48], nec quidquam curat alimenti causa: sed laborat et sollicitus est, non propter se ipsum, sed propter mandatum Christi, quemadmodum ostendit ac docuit Apostolus, cum dixit: *Omnia ostendi vobis, quoniam sic laborantes oportet suscipere infirmos* [49]. Nam sui ipsius gratia sollicitum esse, crimen est amoris sui; ipsius contra, mandati ergo sollicitum esse et laborare, laus et præconium est animi, qui Christi et fratrum amore succenditur.

INTERROGATIO CCLXXIII.

Quid est quod faciens aliquis, blasphemat in Spiritum sanctum [50]*?*

RESPONSIO.

Ex blasphemia, quæ tunc prolata est a Pharisæis, in quos etiam pronuntiatum est judicium ejusmodi, perspicuum est, eum etiamnum in Spiritum sanctum blasphemum esse, qui efficaciam et fructus sancti Spiritus ascribit adversario: quod plerisque nostrum contingit, qui sæpe probum virum vanæ gloriæ cupidum temere appellamus, falsoque iracundiæ accusamus hominem, æmulationem bonam ostendentem, et ejusdem generis alia per pravas suspiciones ementitis nominibus vocamus.

INTERROGATIO CCLXXIV.

Quomodo quis efficiatur stultus in hoc sæculo.

RESPONSIO.

Si timuerit judicium Dei, qui dicit: *Væ vobis qui prudentes estis in vobis ipsis, et coram vobis scientes* [51]; eumque imitatus fuerit, qui dixit: *Brutus factus sum apud te* [52]: et si rejecta omni opinione prudentiæ, nullam propriam cogitationem **511** prius comprobarit tanquam bonam, imo si ne initio quidem quidquam prius cogitaverit, quam ab ipso Domini præcepto sit assuefactus ad id quod placet Deo, sive in opere, sive in sermone, sive in cogitatione, cum Apostolus dicat: *Fiduciam autem talem habemus per Christum ad Deum: non quod sufficientes sumus cogitare aliquid a nobis, quasi ex nobis: sed sufficientia nostra ex Deo est* [53], *qui docet hominem scientiam, sicut scriptum est* [54].

---

[37] II Cor. x, 4, 5. [38] Psal. cxviii, 24. [39] II Cor. iv, 8. [40] II Cor. vi, 9, 10. [41] Luc. xi, 41. [42] ibid. 39. [43] Luc. xix, 8. [44] Ephes. i, 7. [45] Luc. iii, 8. [46] Matth. vi, 34. [47] Matth. vi, 33. [48] Matth. x, 10. [49] Act. xx, 35. [50] Marc. iii, 29. [51] Isa. v, 21. [52] Psal. lxxii, 22. [53] II Cor. iii, 4, 5. [54] Psal. xciii, 10.

INTERROGATIO CCLXXV.

Nunquid sancti alicujus consilium propositumque Satanas possit impedire : quoniam scriptum est : « Ego quidem Paulus proposui venire et semel et iterum, sed impedivit nos Satanas [55]. »

RESPONSIO.

Inter recte facta quæ in Domino fiunt, alia perficiuntur a voluntate et a judicio animæ : alia vero ope corporis aut per studium aut per patientiam eduntur. Quæcunque igitur in animæ voluntate ac judicio sita sunt, ea Satanas impedire nullo modo potest : in iis vero quæ per corporalem actionem geruntur, Deus plerumque, eum, qui impeditur, probaturus ac exploraturus, aliquid nasci permittit impedimenti : ut aut mutasse bonum propositum convincatur, velut ii qui fuerant supra petram seminati, qui ad breve quidem tempus cum gaudio susceperunt verbum, exorta vero adversitate, confestim recesserunt [56] : aut appareat eum per recte factorum studium in bonis perseverare : quemadmodum ipse Apostolus, qui non raro proposuit ad Romanos accedere, et licet impeditus, velut ipse confessus est [57], tamen non destitit velle, donec quod proposuerat, perfecerit ; in patientia vero, uti Job, qui tanta mala perpessus a diabolo, qui eum impellebat, ut blasphemi aliquid diceret, aut esset in Deum ingratus, nihilominus tamen etiam ad extremas usque calamitates neque a pio judicio, neque a sana de Deo sententia recessit : siquidem de eo scriptum est : *In omnibus his nihil peccavit Job labiis suis coram Deo, et non dedit insipientiam Deo* [58]?

INTERROGATIO CCLXXVI.

Quid est, quod dictum est ab Apostolo : « Ut probetis quæ sit voluntas Dei bona, et beneplacens, et perfecta [59]. »

RESPONSIO.

Multa sunt, quæ vult Deus : alia quidem per tolerantiam et benignitatem, quæ et bona sunt et vocantur : alia vero per iram ob peccata nostra, quæ nominantur mala. *Ego enim sum*, inquit, *qui facio pacem, et creo mala* [60]. Mala autem, non propter quæ punimur, sed **512** per quæ erudimur. Porro quæ erudiunt, et per afflictationem ad conversionem ducunt, cedunt in bonum. Quæcunque igitur Deus vult ceu tolerans et benignus, hæc et nos velimus imitemurque necesse est. *Estote enim*, inquit, *misericordes, sicut et Pater vester misericors est* [61]. Itidem Apostolus : *Estote*, inquit, *imitatores Dei, sicut filii charissimi ; et ambulate in dilectione, sicut et Christus dilexit nos* [62]. Quæcunque vero peccatorum nostrorum causa per iram inducit, quæ, uti jam dixi, ideo appellantur mala, quod molestiam afferant, ea facere nobis nullo modo licet. Neque enim quoniam voluntas Dei est, ut homines sæpe aut fame, aut peste, aut bello, aut alia quadam hujusmodi calamitate interimantur, convenit huic nos voluntati inservire. Nam ad res hujusmodi etiam malis ministris utitur Deus, juxta id quod scriptum est : *Misit in eos iram indignationis suæ, indignationem, et iram, et tribulationem, immissionem per angelos malos* [63]. Primum igitur quærendum est, quæ sit Dei voluntas bona : deinde, ubi cognoverimus bonam ; tum expendendum, an bona hæc voluntas sit etiam Deo grata et accepta. Est enim aliquid quod peculiari quidem ratione et Dei est voluntas, et bona voluntas est : sed tamen, si id factum sit modo aut personæ aut tempori non apto, non jam amplius Deo placet. Exempli causa, voluntas erat Dei, eaque bona erat, adolere Deo : sed Deo gratum non erat id a Dathan et ab Abiron præstari [64]. Ac rursus, Dei est voluntas, eaque bona est, ut detur eleemosyna : sed id ad humanam gloriam consequendam facere, non amplius Deo gratum est [65]. Et iterum, voluntas Dei erat, eaque bona erat, ut discipuli id quod in aurem audierant, prædicarent super tecta [66] : sed ante tempus quidquam dicere, non jam amplius Deo erat jucundum : *Nemini enim*, inquit, *dixeritis visionem hanc, donec Filius hominis a mortuis resurgat* [67]. Et in summa omnis voluntas Dei bona tunc etiam placita est, cum in ipsa impletum fuerit quod dictum est ab Apostolo : *Omnia in Dei gloriam facite* [68]. Et, *Omnia honeste et secundum ordinem fiant* [69]. Rursus vero, cum aliqua fuerit voluntas Dei, eaque bona ac grata exstiterit, ne sic quidem oportet securo esse animo : sed contendere et curare, ut id perfectum sit et integrum, modo habita ratione ejus quæ fit rei, an fiat ex præcepto, modo facientis consideratis viribus. *Diliges enim*, inquit, *Dominum Deum tuum ex tota anima tua, et ex tota virtute tua, et ex omnibus viribus tuis, et ex tota mente tua, et proximum tuum sicut teipsum* [70] : quemadmodum etiam in Evangelio secundum Joannem Dominus docuit. Sed et sic conficiendum est mandatum omne, prout scriptum est : *Nam*, inquit, *beatus ille servus quem cum venerit dominus ejus, inveniet sic facientem* [71].

513 INTERROGATIO CCLXXVII.

Quale est conclave, in quod orantem intrare Dominus jubet?

RESPONSIO.

Conclave consuetudo nominare solet partem domus vacantem et separatam, in qua reponimus quidquid asservare voluerimus : aut in qua quis potest occultari, juxta id quod in propheta quoque dictum est : *Vade, populus meus, ingredere in conclave tuum, abscondere* [72]. Cæterum vim mandati argumentum ipsum declarat : siquidem sermo est ad ægrotos quosdam, quorum morbus studium

---

[55] I Thess. II, 18. [56] Luc. VIII, 13. [57] Rom. I, 13. [58] Job I, 22. [59] Rom. XII, 2. [60] Isa. XLV, 7. [61] Luc. VI, 56. [62] Ephes. V, 1, 2. [63] Psal. LXXVII, 49. [64] Num. XVI, 1 sqq. [65] Matth. VI, 2. [66] Matth. X, 27. [67] Matth. XVII, 9. [68] I Cor. X, 31. [69] I Cor. XIV, 40. [70] Luc. X, 27. [71] Matth. XXIV, 46. [72] Isa. XXVI, 20.

erat placendi hominibus. Quare, si quis ab illo vitio infestetur, recte facit, si secedat, sitque in precando solitarius, donec habitum assequi potuerit non respiciendi ad humanas laudes, sed in solum Deum intuendi, exemplo ejus, qui dixit : *Ecce sicut oculi servorum in manibus dominorum suorum: sicut oculi ancillæ in manibus dominæ suæ : ita oculi nostri ad Dominum Deum nostrum* [73]. Quod si quispiam ex Dei munere liber sit ab hoc vitio, non necesse habet bonum abscondere. Id quod docet Dominus ipse, his verbis : *Non potest civitas abscondi supra montem posita. Neque accendunt lucernam, et ponunt eam sub modio, sed super candelabrum, et lucet omnibus qui in domo sunt. Sic luceat lux vestra coram hominibus, ut videant opera vestra bona, et glorificent Patrem vestrum, qui in cœlis est* [74]. Atque hoc idem sentiendum est et de eleemosyna et de jejunio, quorum mentio fit in eodem loco ; et in universum de omni negotio pietatis.

INTERROGATIO CCLXXVIII.

Quomodo spiritus alicujus orat, mens autem illius sine fructu est?

RESPONSIO.

Hoc dictum est de iis qui lingua aliqua, quæ audientibus ignota sit, precantur. Ait enim : *Si orem lingua, spiritus meus orat, mens autem mea sine fructu est* [75]. Quando enim ignota sunt astantibus precum verba, sine fructu est mens precantis, cum nemo utilitatem ullam percipiat : quando autem qui adsunt, precationem quæ prodesse audientibus possit, intelligunt, tunc qui orat fructum hunc habet, ut meliores fiant qui juvantur. Atque etiam similis ratio est in omni pronuntiatione verborum Dei. Scriptum est enim : *Sed si quis bonus ad ædificationem fidei* [76].

INTERROGATIO CCLXXIX.

Quid significet illud, « *Psallite intelligenter* [77]. »

RESPONSIO.

Quod est in cibis sensus qualitatis cibi cujusque, hoc in verbis sacræ Scripturæ est intelligentia. Nam, inquit, *fauces cibos degustant :* **514** *mens vero verba dijudicat* [78]. Si quis igitur animo ita afficitur per vim et efficaciam uniuscujusque verbi, velut afficitur gustu per qualitatem cibi cujusque, is confecit mandatum illud : *Psallite intelligenter.*

INTERROGATIO CCLXXX.

Quis est qui mundus est corde [79] *?*

RESPONSIO.

Qui non convincitur a semetipso, tanquam qui mandatum spreverit Dei, aut prætermiserit, aut neglexerit.

INTERROGATIO CCLXXXI.

Quæ psallere non vult, an cogenda sit.

RESPONSIO.

Nisi alacriter accedat ad psallendum, et nisi ferat præ se affectum illius, qui dixit : *Quam dulcia faucibus meis eloquia tua, super mel ori meo* [80] ; et nisi putet magnum detrimentum desidiam esse, aut corrigatur, aut expellatur, ne modicum fermentum totam massam corrumpat [81].

INTERROGATIO CCLXXXII.

Quinam sunt ii, qui dicunt : « *Manducavimus coram te, et bibimus :* » *et tamen audient :* « *Nescio vos* [82]*?* »

RESPONSIO.

Fortasse illi, quos in sua persona descripsit Apostolus, his verbis : *Si linguis hominum loquar, et angelorum, et quæ sequuntur. Et si habeam omnem fidem : et si distribuero omnes facultates meas in cibos pauperum : et si tradidero corpus meum ut comburar, charitatem autem non habeam, nihil mihi prodest* [83]. Quod didicerat Apostolus a Domino, qui de quibusdam dixit : *Faciunt enim ut videantur ab hominibus. Amen dico vobis, recipiunt mercedem suam* [84]. Quidquid enim non charitatis erga Deum, sed humanæ laudis gratia efficitur, qualecunque tandem id fuerit, laudem pietatis non consequitur, sed vituperatur tanquam studium aut placendi hominibus vel sibi ipsi, aut contentionis, aut invidiæ, aut similis cujusdam causæ. Quamobrem quod est hujusmodi, id Dominus iniquitatis opus appellat, ubi eos qui dixerunt, *Manducavimus coram te,* etc., sic alloquitur : *Discedite a me, omnes operarii iniquitatis* [85]. Quomodo enim non essent operarii iniquitatis, qui Dei donis ad inquirendas suas voluptates abutuntur? Quales erant illi, de quibus dicit Apostolus : *Non enim sumus sicut plurimi adulterantes verbum Dei* [86]. Et rursus : *Existimantium quæstum esse pietatem* [87], et ejusdem generis multa. A quibus omnibus esse se purum nobis declaravit Apostolus, his verbis : *Non quasi hominibus placentes, sed Deo qui* **515** *probat corda nostra. Neque enim aliquando fuimus vobis in sermone adulationis, sicut scitis ; neque in occasione avaritiæ : Deus testis est ; nec quærentes ab hominibus gloriam, neque a vobis, neque ab aliis* [88].

INTERROGATIO CCLXXXIII.

An qui cujuspiam facit voluntatem, socius illius sit.

RESPONSIO.

Si credimus Domino, qui dicit : *Omnis qui facit peccatum, servus est peccati* [89] ; et iterum : *Vos ex patre diabolo estis, et desideria patris vestri vultis facere* [90] ; intelligimus quod non simpliciter exstitit socius, sed dominum et patrem suum constituit eum, cujus opus facit juxta ipsam Domini

---

[73] Psal. cxxii, 2. [74] Matth. v, 14-16. [75] I Cor. xiv, 14. [76] Ephes. iv, 29. [77] Psal. xlvi, 8. [78] Job xii, 11, apud LXX. [79] Matth. v, 8. [80] Psal. cxviii, 103. [81] Galat. v, 9. [82] Luc. xiii, 26, 27. [83] I Cor. xiii, 1 seqq. [84] Matth. vi, 2. [85] Luc. xiii, 26, 27. [86] II Cor. ii, 17. [87] I Tim. vi, 5. [88] I Thess. ii, 4-6. [89] Joan. viii, 34. [90] ibid. 44.

vocem. Quin et Apostolus perspicue idipsum testatur, his verbis : *Nescitis quoniam cui exhibetis vos servos ad obediendum, servi estis ejus, cui obeditis, sive peccati ad mortem, sive obedientiis ad justitiam* [91]?

INTERROGATIO CCLXXXIV.

Si in egestate sit aliqua fratrum societas ob quamdam adversitatem aut morbum, nunquid sine ulla dubitatione ab aliis possit necessaria recipere. Et si convenit, a quibus hæc accipiet.

RESPONSIO.

Quisquis memor est Domini, qui dixit, *Quatenus fecistis uni ex his fratribus meis minimis, mihi fecistis* [91], studiosius diligentiusque multum adhibet curæ, ut dignus sit qui Domini habeatur frater. Si quis igitur fuerit hujusmodi, accipiat citra ullam hæsitationem, sed gratias agat. A quibus autem accipere conveniat, et quando, et quomodo, expendere debet is cui concredita est communis cura, adeo ut recordetur Davidis, qui dixit : *Oleum peccatoris ne impinguet caput meum* [93]. Ac rursus : *Ambulans in via immaculata, hic mihi ministrabat* [94].

INTERROGATIO CCLXXXV.

An fratrum aliqua societas cum altera negotians, justum rei traditæ pretium sollicite inquirere debeat.

RESPONSIO.

An Scriptura permittat emptionem ac venditionem a fratribus mutuo exerceri, de eo quid dicam non habeo. Docemur enim alii cum aliis res nostras communicare ad usum ac necessitatem, sicut scriptum est : *Vestra abundantia illorum inopiam suppleat, et illorum* 516 *abundantia vestræ inopiæ supplementum sit, ut fiat æqualitas* [95]. Quod si ejusmodi necessitas aliquando contingat, debet emptor magis sollicitus esse, ne res minoris ematur, quam venditor ipse. Meminerint autem utrique ejus, qui dixit : *Damnum inferre viro justo, non est bonum* [96].

INTERROGATIO CCLXXXVI.

Qui in fratrum conventu vivit, sed incidit in morbum corporalem, num in hospitalem domum abducendus sit.

RESPONSIO.

Habenda est ratio loci cujusque, et finis, qui accommodetur ad communem utilitatem, ad gloriam Dei.

INTERROGATIO CCLXXXVII.

Qui sint digni fructus pœnitentiæ.

RESPONSIO.

Opera justitiæ peccato contraria : quos fructus edere debet pœnitens, exsequens quod dictum est : *In omni opere bono fructificantes* [97].

INTERROGATIO CCLXXXVIII.

Qui confiteri vult peccata sua, debetne confiteri omnibus, et quibuslibet, aut quibus?

RESPONSIO.

Consilium benignitatis Dei in peccantibus manifestum est, juxta id quod scriptum est : *Non volo mortem peccatoris, sicut ut convertatur ipse, et vivat* [98]. Quoniam igitur conversionis modus debet peccato congruere, ac etiam opus est fructibus dignis pœnitentiæ, juxta hanc sententiam, *Facite fructus dignos pœnitentiæ* [99], ut ne fructuum penuria locum habeant eæ quæ subsequuntur minæ : *Nam*, inquit, *omnis arbor non faciens fructum bonum, exscinditur, et in ignem mittitur* [1] ; peccata iis confiteri necesse est, quibus mysteriorum Dei concredita dispensatio est [2]. Sic enim et qui olim pœnitentiam egerunt, coram sanctis fecisse comperiuntur. Scriptum est enim, in Evangelio quidem [3], quod peccata sua Joanni Baptistæ confitebantur ; in Actis vero [4], apostolis ipsis, a quibus etiam baptizabantur cuncti.

INTERROGATIO CCLXXXIX.

Quem pœnituit peccati, et rursus in idem peccatum labitur, quid faciet?

RESPONSIO.

Si quis acta semel pœnitentia rursus idem peccatum admittat, liquet primam peccati illius causam non fuisse expurgatam, a qua veluti a quadam radice similia necesse est nasci. Quemadmodum enim si quis relicta radice voluerit 517 arboris ramos resecare, nihilominus radix manens aliquid haud dissimile rursus producit ; sic quoniam peccata aliqua non in seipsis habent principium, sed ex aliis originem ducunt, necessarium omnino est eum qui ab ipsis purus esse vult, primas peccatorum illorum causas tollere. Exempli causa, jurgium aut invidia haudquaquam a seipsis sumunt exordium, sed ex radice amoris gloriæ pullulant. Qui enim humanam gloriam aucupatur, huic jurgium est cum eo, qui bene audit : aut ei invidet, cui fuerit nominis splendore inferior. Si quis igitur, ubi se ipse semel condemnaverit invidiæ aut dissidii, in eadem rursus vitia incidat, noverit in intimis laborare se ex primaria illa invidiæ aut altercationis causa, ipso videlicet gloriæ studio. Et quidem oportet eum ex diverso per humilitatis exercitia (exercitium autem humilitatis est, in vilioribus negotiis occupari) id vitium amoris gloriæ curare, ut sic animo humili affectus, deinceps in ea, quæ ante diximus amoris gloriæ germina nequaquam incidat : et in singulis ejusmodi peccatis similiter.

---

[91] Rom. vi, 16. [92] Matth. xxv, 40. [93] Psal. cxl, 5. [94] Psal. c, 6. [95] II Cor. viii, 14. [96] Prov. xvii, 26. [97] Coloss. i, 10. [98] Ezech. xxxiii, 11. [99] Luc. iii, 8. [1] ibid. 9. [2] I Cor. iv, 1. [3] Matth. iii, 6. [4] Act. xix, 18.

INTERROGATIO CCXC.

Quomodo abundat quis in opere Domini semper [1]?

RESPONSIO.

Videlicet cum aut traditum sibi donum multiplicat, eorum, quibus benefacit, utilitati atque profectui consulendo : aut studium majus in opere Domini ostendit, quam in iis rebus, quæ ab hominibus magnopere requiruntur.

INTERROGATIO CCXCI.

Quæ est arundo quassata, aut fumigans linum? et quomodo quis illam non confringet, hoc vero non exstinguit [6]?

RESPONSIO.

Quassatam arundinem arbitror esse eum, qui vitio alicui obnoxius, mandatum Dei conficit : quem confringere et abscindere non oportet, sed curare potius, velut Dominus docuit cum dixit : *Attendite ne eleemosynam vestram faciatis coram hominibus, ut videamini ab eis* [7]. Quin et Apostolus præceptum dat, his verbis : *Omnia facite sine murmurationibus et disceptationibus* [8]. Et alio in loco : *Nihil per contentionem, aut inanem gloriam* [9]. Linum vero fumigans esse dicitur, cum quis exsequitur mandatum non ardenti desiderio, nec perfecto studio, sed segnius quodammodo ac remissius : quem non convenit coercere, sed potius excitare, recordatione judiciorum Dei, ac promissorum ipsius.

518 INTERROGATIO CCXCII.

Nunquid conveniat, ut in fratrum societate magister sit puerorum sæcularium.

RESPONSIO.

Cum Apostolus dixerit : *Patres, nolite ad iracundiam provocare filios vestros : sed educate illos in disciplina et correptione Domini* [10], si qui eos adducunt, adducant hac mente, et qui suscipiunt, tales sint ut planissime confidant posse se oblatos pueros in disciplina ac correctione Domini educare, servetur quod a Domino præceptum est his verbis : *Sinite parvulos venire ad me, et nolite eos prohibere : talium est enim regnum cœlorum* [11]. Sed citra propositum et spem ejusmodi, neque hoc gratum Deo, neque conveniens nobis, neque utile esse existimo.

INTERROGATIO CCXCIII.

Quomodo cum iis agendum est, qui devitant graviora peccata, patrant vero leviora indiscriminatim.

RESPONSIO.

Primum quidem nosse oportet, hanc differentiam in Novo Testamento non reperiri. Una namque habetur sententia adversus quælibet peccata, cum Dominus dicat : *Qui facit peccatum, servus est peccati* [12]. Et rursus : *Sermo quem locutus sum,*

A *ille judicabit eum in novissimo die* [13] ; et Joannes clamat : *Qui non obedit Filio, non videbit vitam, sed ira Dei manebit super ipsum* [14]; contumacia non ob peccatorum discrimen, sed ob transgressionem locum comminationi præbente. Uno verbo, si parvum et magnum peccatum liceat nobis dicere, sine controversia negari non potest, hoc cuique magnum esse, cujus quisque subjicitur dominio : illud vero parvum, cui quisque dominatur; ut in athletis fortior est qui vincit : victus vero debilior victore est, quisquis ille sit. Quapropter erga quemcunque cujusque generis peccatum admittentem servandum est præceptum Domini, qui dixit : *Si peccaverit in te frater tuus, vade, corripe eum inter te et ipsum solum. Si te audierit, lucratus es fratrem tuum : si autem non audierit, adhibe tecum adhuc unum, vel duos, ut in ore duorum aut trium testium stet omne verbum. Quod si non audierit eos, dic Ecclesiæ ; si autem Ecclesiam quoque non audierit, sit tibi sicut ethnicus et publicanus* [15]. Servetur autem in omnibus, quæ sunt ejusmodi, id quod dictum est ab Apostolo : *Quare non magis luctum habuistis, ut tollatur de medio vestrum qui hoc opus fecit* [16]? Oportet enim lenitatem atque misericordiam cum severitate conjungi.

519 INTERROGATIO CCXCIV.

Quæ causa est, quamobrem excidat quis a jugi recordatione Dei.

RESPONSIO.

Si quis beneficiorum Dei sit immemor, et in benefacientem exstiterit ingratus.

INTERROGATIO CCXCV.

Quibus signis cognoscitur is, cujus animus peregre est.

RESPONSIO.

Cum quis negligit ea, quæ conducant ad placendum Deo, cum Propheta dicat : *Providebam Dominum in conspectu meo semper, quoniam a dextris est mihi, ne commovear* [17].

INTERROGATIO CCXCVI.

Qua ratione persuadebit sibi animus, esse se purum a peccatis.

RESPONSIO.

Si quis in seipso deprehendat affectum Davidis, qui aiebat : *Iniquitatem odio habui et abominatus sum* [18] ; aut si conscius fuerit impletum fuisse in semetipso illud præceptum Apostoli, qui dixit : *Mortificate ergo membra vestra quæ sunt super terram, fornicationem, immunditiam, libidinem, concupiscentiam malam, et avaritiam, quæ est simulacrorum servitus : propter quæ venit ira Dei* [19] ; ubi et extendens ejusmodi sententiam adversus omne peccatum, adjecit : *In filios non obedientes, ut dicere*

---

[5] I Cor. xv, 58. [6] Matth. xii, 28. [7] Matth. vi, 1. [8] Philipp. ii, 14. [9] ibid. 3. [10] Ephes. vi, 4. [11] Matth. xix, 14. [12] Joan. viii, 34. [13] Joan. xii, 48. [14] Joan. iii, 36. [15] Matth. xviii, 15-17. [16] I Cor. v, 2. [17] Psal. xv, 8. [18] Psal. cxviii, 163. [19] Coloss. iii, 5, 6.

valeat : *Non adhæsit mihi cor pravum : declinantem a me malignum non cognoscebam* [10]. Jam vero intelligit aliquis esse se hoc modo affectum, si etiam adversus peccantes terribilem hanc sanctorum commiserationem induerit. Et quidem David dicit : *Vidi insensatos, et tabescebam, quia eloquia tua non custodierunt* [11]. Apostolus vero ait : *Quis infirmatur, et non infirmor? quis scandalizatur, et ego non uror* [12]? Si enim revera anima præstantior est corpore, videmus autem ægerrime ferre nos quasvis sordes in corpore, easque aversari ; atque ut omnis lacerationis, ita omnis damni aspectu cordi creari dolorem ac tristitiam ; quanto magis æquum est, ut ea quæ diximus, in se ob peccantes sentiat is, qui Christum ac fratres diligit, quotiescunque viderit peccantium animam velut a bestiis sauciari ac corrodi, atque ceu saniem putredinemque in ea apparere? David dicit : *Iniquitates meæ supergressæ* **520** *sunt caput meum : sicut onus grave gravatæ sunt super me. Putruerunt et corruptæ sunt cicatrices meæ a facie insipientiæ meæ. Miser factus sum et curvatus sum usque in finem : tota die contristatus ingrediebar* [13]. Ait vero Apostolus : *Stimulus mortis, peccatum est* [14]. Cum igitur quis aut ob propria peccata, aut ob aliena, uti jam dictum est initio, animam suam ita affectam perspexerit, tunc certissime credat esse se a peccato liberum.

INTERROGATIO CCXCVII.

Quomodo a peccatis se convertere oportet.

RESPONSIO.

Si imitetur affectum Davidis, qui primum quidem ait : *Iniquitatem meam cognitam feci, et peccatum meum non abscondi. Dixi : Confitebor adversum me injustitiam meam Domino* [15]. Deinde si animi statum detegat, uti per sextum psalmum aliosque variis ac diversis modis edoctus est, atque ab Apostolo ea didicerit, quæ pro alieno peccato facta fuisse a Corinthiis testatus est, his verbis : *Quæ secundum Deum tristitia est, pœnitentiam ad salutem haud pœnitendam operatur* [16]. Quin et tristitiæ proprietates adjungit : *Ecce enim hoc ipsum, secundum Deum contristari, quantam in vobis peperit sollicitudinem : sed defensionem, sed indignationem, sed timorem, sed desiderium, sed æmulationem, sed vindictam : in omnibus exhibuistis vos incontaminatos esse in hoc negotio* [17]. Quare ex iis planum est et perspicuum, non oportere solum a peccato secedere, hosque pro peccatoribus affectus pati, sed ab ipsis etiam peccatoribus removeri. Nam et David id quoque declaravit, cum dixit : *Discedite a me, omnes qui operamini iniquitatem* [18] ; et Apostolus præcepit, ut ne sumatur cibus cum ejusmodi viro [19].

INTERROGATIO CCXCVIII.

Nunquid permittat Scriptura, prout placet, bona facere.

RESPONSIO.

Qui placet sibi ipsi, homini placet. Homo enim et ipse unusquisque est. Quemadmodum igitur *Maledictus est homo, qui spem habet in homine, et firmabit carnem brachii sui :* quod sui ipsius indicat fiduciam : quibus subjungit : *et a Domino recesserit anima ejus* [20] : sic etiam qui placet alteri, aut qui sibi ipsi placiturus aliquid agit, a pietate excidit, inciditque in studium hominibus placendi. *Faciunt enim*, inquit Dominus, *ut videantur ab hominibus. Amen dico vobis, recipiunt mercedem suam* [21]. Sed et Apostolus hoc confitetur : *Si adhuc hominibus placerem, Christi servus non essem* [22]. Imo divina Scriptura minas graviores intendit, his verbis : *Deus dissipavit ossa eorum, qui hominibus placent* [23].

521 INTERROGATIO CCXCIX.

Quomodo animus sibi certissime persuadebit esse se alienum a studio gloriæ.

RESPONSIO.

Cum obtemperat Domino, qui dixit : *Sic luceat lux vestra coram hominibus, ut videant opera vestra bona, et glorificent Patrem vestrum, qui in cœlis est* [34]; itemque Apostolo sic præcipienti : *Sive manducatis, sive bibitis, sive quid facitis : omnia in gloriam Dei facite* [35] : ut Dei cultor, neque præsenti neque futura gloria quæsita, sed Dei amore omnibus anteposito, possit præter ea, quæ præmissa sunt, hoc confidenter dicere : *Neque instantia, neque futura poterunt nos separare a charitate Dei, quæ est in Christo Jesu Domino nostro* [36]. Dicit enim ipse Dominus noster Jesus Christus : *Ego autem non quæro gloriam meam* [37]. Item : *Qui a semetipso loquitur, gloriam propriam quærit : qui autem quærit gloriam ejus, qui misit eum, hic verax est* [38].

INTERROGATIO CCC.

Quis modus conversionis, cum de re sub aspectum non cadente sermo est.

RESPONSIO.

Sane modus conversionis declaratur in ea quæstione, in qua quæsitum est, quomodo convertere se a peccatis oporteat. Ubi autem sermo est de re oculorum aciem fugiente, meminerimus Domini, qui ait : *Nihil est absconditum, quod non cognoscetur* [39]. Item : *Ex abundantia cordis os loquitur* [40].

INTERROGATIO CCCI.

Quod si dixerit quis : Mea me conscientia non condemnat.

RESPONSIO.

Hoc accidit etiam in morbis corporis. Multi enim sunt morbi, quos non sentiunt ægri : et tamen

---

[10] Psal. c, 3, 4. [11] Psal. cxviii, 158. [12] II Cor. xi, 29. [13] Psal. xxxvii, 5-7. [14] I Cor. xv, 56. [15] Psal. xxxi, 5. [16] II Cor. vii, 10. [17] ibid. 11. [18] Psal. vi, 9. [19] I Cor. v, 11. [20] Jerem. xvii, 5. [21] Matth. vi, 5. [22] Galat. i, 10. [23] Psal. lii, 6. [34] Matth. v, 16. [35] I Cor. x, 31. [36] Rom. viii, 38, 39. [37] Joan. viii, 50. [38] Joan. vii, 18. [39] Matth. x, 26. [40] Luc. vi, 45.

medicorum potius credunt observationi, quam suo ipsorum stupori attendant. Hunc ad modum et in morbis animi, hoc est in peccatis, etiamsi quis, peccati haud conscius, se ipse non arguat : fidem tamen debet iis adhibere, qui res illius melius videre possunt. Hoc præstiterunt sancti apostoli, qui cum de sua sincera erga Dominum affectione nihil dubitarent, audientes tamen : *Unus ex vobis tradet me* [41], potius Domini verbis credidere, dissidebantque, ac dicebant : *Nunquid ego sum, Domine* [42]? Apertius autem idipsum docet nos sanctus Petrus, qui ex vehementi humilitate non vult quidem sibi operam a Domino et Deo et magistro præberi : sed tamen cum esset sibi persuasissimum vera esse Domini verba, ubi audivit, *Si non lavero te, non habes partem mecum*, dicit : *Non tantum pedes meos, sed et manus, et caput* [43].

522 INTERROGATIO CCCII.

An ex cella penaria erogandum sit externis inopibus.

RESPONSIO.

Cum Dominus dixerit, *Non sum missus nisi ad oves, quæ perierunt, domus Israel* [44]; et : *Non est bonum sumere panem filiorum, et projicere canibus* [45]; ea quæ viris Deo dicatis destinata sunt, non necesse est in quoslibet promiscue insumere. Utrum autem fieri possit quod a muliere, quæ ob fidem laudatur, dictum est : *Etiam, Domine : nam et catelli edunt de micis quæ cadunt de mensa dominorum suorum* [46]; id in œconomi situm sit arbitrio, communi eorum, qui secundum ipsum præsunt, accedente consensu : ut ex abundanti sol, velut scriptum est [47], super bonos et malos oriatur.

INTERROGATIO CCCIII.

An in fratrum communitate is quæ a quibuslibet dicuntur, obediendum sit.

RESPONSIO.

Quæstioni huic sine multo negotio responderi non potest. Primum quidem, quod manifestæ perturbationis indicium præbet, ex eo, quod ab omnibus aliquid dicatur, cum Apostolus dicat : *Prophetæ autem duo aut tres dicant, et cæteri dijudicent* [48]. Itidem ipse in donorum partitionibus, proprium uniuscujusque loquentis ordinem constituit, his verbis : *Unicuique sicut Deus divisit mensuram fidei* [49]. Et in exemplo membrorum corporis [50], peculiarem esse loquentis locum perspicue ostendit, ac etiam idipsum accuratius distinguit explicatque his verbis : *Sive qui docet in doctrina, sive qui exhortatur in exhortando* [51], etc. Quare ex his planum est, non omnia omnibus permissa esse : sed debere unumquemque in sua vocatione manere, atque id quod a Domino concreditum est, diligentius perficere. Par itaque fuerit eum, qui præficitur communitati, præponiturque omnibus, multo cum examine hanc curam suscipere : ita ut congruenti sollicitudine vigilet pro singulis, ut Deo placendi, et habilitatis ac virium cujusque habita ratione, ad commune commodum sanciat imperetque : subditi vero, servata disciplina, et obedientia limites suos agnoscente, debent meminisse Domini, qui dixit : *Oves meæ vocem meam audiunt : et ego cognosco eas, et sequuntur me : et ego vitam æternam do eis* [52]; recordarique cum prius dixisse : *Alienum autem non sequentur, sed fugient ab eo, quia non noverunt vocem alienorum* [53]; et Apostolum ita loqui : *Si quis aliter docet, et non accedit sanis* 523 *sermonibus Domini nostri Jesu Christi, et ei quæ secundum pietatem est, doctrinæ, superbus est, nihil sciens* [54]; et iis quæ accidere solent, enumeratis, adjicit : *Secede ab his qui ejusmodi sunt* [55]; et rursus alio in loco : *Prophetias nolite spernere; omnia probate; quod bonum est, tenete; ab omni specie mala abstinete vos* [56]. Quamobrem, si quidpiam dicitur secundum mandatum Domini, aut dirigitur ad mandatum Domini, etiamsi mortis minas ingerat, obediendum est : sin autem aliquid præter mandatum est, aut mandatum lædit, etiamsi angelus ex cœlo, aut aliquis ex apostolis præcipiat, etiamsi promittat vitam, etiamsi mortem minitetur, nullo modo obtemperandum est, cum Apostolus dixerit : *Licet nos ipsi, aut angelus de cœlo evangelizet vobis præterquam quod evangelizavimus vobis, anathema sit* [57].

INTERROGATIO CCCIV.

Utrum pro iis qui fratribus traditi sunt, sit aliquid accipiendum ab eorum propinquis, si quidpiam velint dare.

RESPONSIO.

Hujus rei cura judiciumque attinet ad præfectum. Sed tamen si mea sententia exquiritur, existimo offendicula a multis magis remotum iri, et ad fidei ædificationem fore utilius, si ejusmodi repudientur munera. Nam si accipiantur, primum quidem contingit probris plerumque affici communitatem. Deinde ex ea re illud incommodum nascitur, quod propinquo etiam eorum qui quidpiam attulerunt, elationis detur occasio. Ad hæc, quod secundum id quod dictum est ab Apostolo de iis qui in communi loco sua edebant bibebantque, usu veniat illud : *Confunditis eos qui non habent* [58], et ejusmodi pleraque. Quare cum inde tot occasiones ad peccandum nascantur, operæ pretium est ejusmodi dona non accipere, sed præpositi arbitrio permittere, ut judicet et expendat a quibus ea accipi, et quomodo dispensari oporteat.

INTERROGATIO CCCV.

Utrum conveniat quidquam ab externis accipere, sive amicitiæ, sive prioris propinquitatis gratia.

RESPONSIO.

Quæstio hæc eamdem vim habet quam quæstio

---

[41] Matth. xxvi, 21. [42] ibid. 22. [43] Joan. xiii, 8, 9. [44] Matth. xv, 24. [45] ibid. 26. [46] ibid. 27. [47] Matth. v, 45. [48] I Cor. xiv, 29. [49] Rom. xii, 3. [50] ibid. 4, 5. [51] ibid. 7, 8. [52] Joan. x, 27, 28. [53] ibid. 5. [54] I Tim. vi, 3, 4. [55] ibid. 5. [56] I Thess. v, 20-22. [57] Galat. i, 8. [58] I Cor. xi, 22.

altera, an quidpiam a propinquis accipiendum a sit.

INTERROGATIO CCCVI.

Quomodo vitetur mentis aberratio.

RESPONSIO.

Nimirum si quis eam mentem induerit, in qua erat electus ille David, qui modo quidem dicebat : *Providebam Dominum in conspectu* 524 *meo semper, quoniam a dextris est mihi, ne commovear* [59]; modo vero : *Oculi mei semper ad Dominum : quoniam ipse evellet de laqueo pedes meos* [60]; modo autem : *Ecce sicut oculi servorum in manibus dominorum suorum ; sicut oculi ancillæ in manibus dominæ suæ : ita oculi nostri ad Dominum Deum nostrum* [61]. Atque ut res majores diligentius peragendas curemus, minore exemplo usi : reputet secum quisque, qualis est coram astantibus, etiamsi sint æquales : quomodo studeat præstare se inculpatum, tum in stando, tum in ambulando, tum in cujusque membri motu, tum in dicendo. Quemadmodum autem in eis quæ in hominum conspectum veniunt, decus coram hominibus tenere satagimus : ita quoque, multo magis, si sit alicui persuasum habere se et Deum inspectorem, qui scrutatur corda ac renes, ut scriptum est [62] : et unigenitum Filium Dei, qui implet promissum illud : *Ubi fuerint duo vel tres congregati in nomine meo, ibi sum in medio eorum* [63] : et Spiritum sanctum, qui præsidet, partiturque dona, ac efficit [64] : et angelos uniuscujusque custodes juxta id quod dictum est a Domino : *Videte ne contemnatis unum ex his pusillis : dico enim vobis, quia angeli eorum in cœlo semper vident faciem Patris mei, qui in cœlis est* [64*]; is modis pluribus et vehementius curat, quomodo complacentem Deo pietatem acquirat, et ita demum attentio vehementius perfectiusque stabilitur. Atque etiam si illud perficere studuerit : *Benedicam Dominum in omni tempore : semper laus ejus in ore meo* [65]; itidem illud : *Meditabitur in lege ejus die ac nocte* [66] : ut animus, ob æquabilem perpetuamque meditationem ac contemplationem voluntatum ac decretorum Dei, nullum inveniat aberrandi tempus.

INTERROGATIO CCCVII.

Nunquid alternis vicibus incipiendum sit psallere aut precari.

RESPONSIO.

In hoc inter multos qui idonei fuerint rectus ordo servetur, ut neque parvi momenti res putetur, aut indifferens : neque æquabilis unius aut alterius personæ delectus superbiæ suspectum reddat eum, qui præficitur, et quasi cæteri contemnerentur.

INTERROGATIO CCCVIII.

Utrum danti aliquid retribuere oporteat in fratrum conventu : et utrum necesse sit pro ratione rei datæ, vices rependere.

RESPONSIO.

Tota hæc quæstio humana est. Sed si grati animi danda significatio est, in eo, penes quem distributio est, positum arbitrium sit, et accipiendi ea quæ dantur, et vices rependendi ei qui dat.

525 INTERROGATIO CCCIX.

Si consueta et quæ secundum naturam sunt contingant cuipiam, debetne is ad sanctorum communionem accedere.

RESPONSIO.

Superiorem natura et consuetudine docuit Apostolus esse eum, qui in baptismo una cum Christo sepultus fuit [67]. Nam aliquando, nimirum eo in loco ubi de aquæ baptismate agitur, aliis quibusdam præmissis, ait : *Hoc scientes, quia vetus homo noster simul crucifixus est, ut destruatur corpus peccati, ut ultra non serviamus peccato* [68]; aliquando vero præcipit : *Mortificate ergo membra vestra, quæ sunt super terram, fornicationem, immunditiam, libidinem, concupiscentiam malam, et avaritiam, quæ est simulacrorum servitus : propter quæ venit ira Dei super filios incredulitatis* [69]. Nonnunquam etiam regulam proposuit, his verbis : *Qui autem sunt Christi, carnem suam crucifixerunt cum vitiis et concupiscentiis* [70]. Ego autem novi hæc Christi gratia completa fuisse tum in viris tum in feminis per genuinam in Dominum fidem. Quam autem metuendum sit judicium proferendum in eum, qui in immunditia degens ad sancta accederet, discimus etiam ex Veteri Testamento. Quod si amplius templo hic est [71], nos utique modo magis formidando docebit Apostolus, qui dixerit : *Qui manducat et bibit indigne, judicium sibi manducat et bibit* [72].

INTERROGATIO CCCX.

Nunquid in communi domo Dominicam cœnam conveniat celebrari.

RESPONSIO.

Quemadmodum Scriptura nullum vas commune permittit deferri in sancta, ita neque sancta in communi domo perfici, cum ex Dei jussu Testamentum Vetus quidquam ejusmodi fieri aperte non sinat. Cum autem Dominus dicat : *Plus quam templum est hic* [73]; Apostolus item : *Nunquid enim domos non habetis ad manducandum et bibendum ? Quid dicam vobis ? laudabo vos ? In hoc non laudo : ego enim tradidi vobis quod et accepi* [74], etc. : hinc erudimur non debere, neque communem cœnam in ecclesia edere aut bibere, neque Dominicam cœnam in domo contumelia afficere, præterquam si quis, necessitate cogente, locum aut domum puriorem delegerit in tempore opportuno.

---

[59] Psal. xv, 8. [60] Psal. xxiv, 15. [61] Psal. cxxii, 2. [62] Psal. vii, 10. [63] Matth. xviii, 20. [64] I Cor. xii, 11. [64*] Matth. xviii, 10. [65] Psal. xxxiii, 2. [66] Psal. i, 2. [67] Rom. vi, 4. [68] ibid. 6. [69] Col. iii, 5, 6. [70] Galat. v, 24. [71] Matth. xii, 6. [72] I Cor. xi, 29. [73] Matth. xii, 6. [74] I Cor. xi, 22, 23.

526 INTERROGATIO CCCXI.

Utrum rogati ab aliquibus, eos invisere debeamus.

RESPONSIO.

Visitare quidem res est Deo grata : sed eum, qui visitat, oportet esse auditorem prudentem, et sapientem in responsionibus, ita ut faciat quod dictum est : *Sermo vester in gratia sale sit conditus, ut sciatis quomodo oporteat unicuique respondere* [75]. Illud autem, quempiam visere vel consanguinitatis vel amicitiae causa, alienum est a nostra professione.

INTERROGATIO CCCXII.

Nunquid laicos qui nos invisunt, oporteat ad precandum exhortari.

RESPONSIO.

Si Dei sunt amici, haud abs re est, cum ad eos Apostolus scripserit : *Orate et pro me, ut detur mihi sermo in apertione oris mei, ut loquar cum fiducia mysterium Dei* [76].

INTERROGATIO CCCXIII.

Nunquid, nos invisentibus aliquibus, laborare conveniat.

RESPONSIO.

Eorum quae ex praecepto fiunt, nihil interrumpi debet, propter eos qui humani officii gratia ad nos accedunt : nisi peculiaris quaedam animae cura suscipi debeat, quae ex Domini mandato operae corporali anteponenda sit, cum sancti apostoli in Actis dicant : *Non est placitum, ut nos derelicto sermone Dei, ministremus mensis* [77].

POENAE.

1 Si quis integra corporis valetudine precari, aut psalmos ediscere neglexerit, excusans excusationes in peccatis [78], is a reliquorum consortio segregetur, aut jejunet hebdomadam unam.

2 Si quis cum charitate objurgatur ob aliquod erratum, nec tamen objurgationem susceperit, summa cum reverentia rogans et exposcens, ut delictorum sibi venia detur, is quoque a communitate separetur hebdomadam unam.

3 Si quis peccatum alicujus cognitum habuerit, neque correxerit ipsum, aut redarguerit in pace cum charitate Christi, sed cum tristitia ac molestia, quasi magis triumphet de fratre, quam curet peccati auctorem, is etiam **527** hebdomadas duas a caeteris sejungatur una cum eo qui fuit in peccato deprehensus : quandoquidem velut hostis, non ut frater corripuit.

4 Si quis quae facere possit, a fratre jussus, eum afficiat contumelia, aut contradicat, neque morem gerat cum omni in Christo gaudio, tanquam qui praefidens in suo abundet sensu, similiter hebdomadam unam segregetur.

5 Si quis inaniter gurriat, aut sit facetiis deditus, non servans cum timore ac tremore doctrinam beati Apostoli et Evangeliorum, is quoque ipse ab aliis separetur hebdomadam unam.

6 Si quis praeter *etiam* et *non*, aliud jusjurandum juret, et ipse a caeteris sejungatur unam hebdomadam.

7 Si quis quempiam deliquisse fratrem conscius est, idque ei advenienti exprobraverit, veluti traducendi causa, ipse similiter veluti nulla miseratione commotus, et alienis malis laetatus, a caeteris segregetur hebdomadam unam.

8 Si quis quempiam peccasse conscius est, eumque videt id indifferenter ferentem, nec cum cordis contritione ac multis lacrymis Dominum placantem, adhortetur et admoneat ipsum, ut agat poenitentiam, et poenitentiae ostendat opera. Quod si his factis neglexerit suam salutem, separetur prorsus qui est ejusmodi a communitate. *Nam modicum fermentum totam massam corrumpit*, ut vir sanctus dixit [79].

9 Si quis exeat citra necessaria negotia, ac circumeat intempestive, segregator qui hujusmodi est, ut quiescant domi pedes ejus, sicut scriptum est [80].

10 Si quis irascatur temere, nec actutum fratrem a se tristitia affectum consoletur, ut peccatum quod in ipsum peccavit, condonet sibi, ipse similiter segregator hebdomadam unam.

11 Si quis fuerit a fratre contumelia affectus, et a communitate rogatus, peccatum non condonarit, recordatus ejus qui dixit : *Si quis adversus aliquem habet querelam: sicut et Christus donavit* [81] : et ipse pariter a caeterorum consortio segretur hebdomadam unam.

12 Si quis (1) egrediatur e monasterio non accepta benedictione, aut non dimissus ab archimandrita cum precatione, a caeteris sejungatur.

13 Si quis possidet aliquid in monasterio, aut extra monasterium, caeterorum privetur consortio.

14 Si quis conjungens se eum aliquo, cogitat a

---

[75] Coloss. iv, 6. [76] Ephes. vi, 19. [77] Act. vi, 2. [78] Psal. cxl, 4. [79] Galat. v, 9. [80] Prov. vii, 11. [81] Coloss. iii, 13.

(1) Quae sequuntur Epitimia in vulgatis post Constitutiones monasticas posita sunt : sed ea conjungere libuit, idque non sine causa, cum in Reg. primo conjungantur caeteris cum hoc titulo generali : Τοῦ αὐτοῦ [Βασιλείου] καὶ ὅσα ἐπιτίμια, *Ejusdem* [Basilii] *epitimia quaecunque reperiri potuerunt.* Vere autem an falso tribuantur Basilio, more nostro in Praefatione expendimus.

monasterio egredi ob aliud quoddam malum, sit excommunicatus.

15 Si quis ex cubiculorum præfectis invenit **528** aliquem turbas excitantem, aut colloquentem in dormitorio, et non ejicit ipsum extra cœtum, ipse careat benedictione.

16 Si quis careat benedictione castigationis gratia et ex contemptu se non excusarit, et acceperit benedictionem, a cæteris sejungatur.

17 Si quis apponit quidpiam in mensa aut sibi ipsi, aut alteri : si non permissum fuerit, ipsi ab archimandrita, privetur benedictione.

18 Si quis absque capitis velamine opus facit in quocunque loco, privetur benedictione.

19 Si quis non data ab archimandrita facultate, cum aliquo externo accedente, aut cum aliquo contubernali colloquitur, exceptis iis, quorum hoc munus est, expers sit benedictionis.

20 Si quis abstulerit aliquid a fratre, et occultaverit, careat benedictione.

21 Si quis cum nulli pœnæ addictus sit, edit tamen non accepta benedictione, segregator a cæteris.

22 Si quis benedictionem ordine suo non receperit, careat benedictione : sin autem necessitate cogente non occurrit, excuset se.

23 Si quis inveniatur noctu privatim cum aliquo degens, vel locum ubi dormit commutans præter voluntatem præpositorum, cæterorum privetur consortio.

24 Si quis absque permissu intrudit se in opus aliud, privetur benedictione.

25 Si quis permutet aliquid cum aliquo, aut quidpiam largiatur præter sententiam archimandritæ, expers sit benedictionis.

26 Si quis vesperi post *Pater noster* inveniatur colloquens, aliorum privetur societate.

27 Si quis ex iis qui integra sunt valetudine, dormit extra oratorium, sit ab aliis sejunctus.

28 Si quis in mensa comedens nugatur, adigatur ad orandum.

29 Si quis caruerit benedictione, et ægre ferens vicissim redarguerit redarguentem, aut contradicens morem non gesserit, separetur a cæteris. Quod si dixerit redargui se immerito, causam notam faciat archimandritæ, et quod ab ipso statutum fuerit, sequatur.

30 Si quis sit cuipiam offensus, et id contemnens non reconcilietur ante ministerium : nisi dicat causam archimandritæ aut cubiculorum præfecto, sejungatur a cæteris.

31 Si quis in die oblationis removerit se a communione præter sententiam archimandritæ, expers sit benedictionis.

32 Si quis ex Scripturis contentiose disputat, careat benedictione : si vero commonitus perseveret, velut inobsequens et contumax, cæterorum privetur consortio.

33 **529** Si quis lavet aut alterius aut suam vestem præter voluntatem archimandritæ, careat benedictione.

34 Si quis absit a mensis, non dicta causa, maneat jejunus.

35 Si quis aliquid perdiderit, et hoc non invento, rem minime declararit archimandritæ, privetur benedictione.

36 Si duo simul familiarem inter se consuetudinem habere comperiantur, et commoniti non secesserint, sint a cæteris segregati, donec corrigantur.

37 Si quis vesperi non accesserit ad *Pater noster*, absque causa aliqua, is precari pergat, donec omnes dormierint.

38 Si quis in tempore communionis fratri alicui offensus, ei pacem non dederit, sit excommunicatus.

39 Si quis amovet fratrem ab ordine ministerii, exceptis iis, quorum hoc munus est, careat benedictione.

40 Si quis noverit fratrem, qui clam secedere e monasterio velit, et non declararit archimandritæ, aut præfectis, a cæteris separetur.

41 Si quis surgit de mensa præter voluntatem archimandritæ, insistat precationi usque ad tempus lucernarum.

42 Si quis post communionem egreditur de ministerio, quousque omnes acceperint benedictionem, citra humanam necessitatem, solus seorsum comedat.

43 Si quis in causa est cur aliquis benedictione careat intempestive, ipse careat benedictione.

44 Si quis inventus fuerit loquens per cellas, exceptis iis qui eas occupant, aut etiam hesychastis, sit benedictionis expers.

45 Si quis facetias loquatur, aut inaniter garriat, privetur benedictione.

46 Si quis inventus fuerit detrahens cuipiam aut aliquos detrahentes audiens, et non increpans ipsos, aut non indicans archimandritæ, una cum ipsis excommunicetur.

47 Si quis repertus fuerit in horto loquens cum aliquo, aut repetens psalmos, aut dormiens, exceptis operariis et præpositis, careat benedictione.

48 Si quis ierit ad janitoris ædes sine permissu præpositorum, privetur benedictione : si vero ierit ad custodiæ locum, cæterorum privetur consortio.

49 Si quis dederit foris aliquid aut acceperit, præter voluntatem archimandritæ, a cæteris separetur.

50 Si quis præter præpositos, alicui ex peregrinis accedentibus obviam factus, cum eo **530** colloquatur, excepto quod det pacem, sit benedictionis expers.

51 Si quis molestus est archimandritæ prætextu operæ per vices suscipiendæ, excepto cellario, aut archihebdomario, sit benedictionis expers : ut archihebdomarius, qui cuique vici

præest, et procurator habeant sedulam curam rerum quarumlibet necessariarum, ne in judicium negligentiæ incidant.

52. Si quis intempestive venit in culinam aut cellarium, præter præpositos et disciplinæ curatores, privetur benedictione.

53. Si quis expergefactus ab aliquo in tempore ministerii aut lectionis, ægre ferat, a cæteris segregetur.

54. Si quis sine causa post visitationem matutinam ingreditur in valetudinarium, præter hesychastas et præter eos quorum hoc officium est, careat benedictione.

55. Si quis præter voluntatem curatoris ægrotorum, ingressus in valetudinarium, illic requiescit, careat benedictione : si vero afflictatur, aut ægrotat, indicet id prius valetudinarii præfecto.

56. Si quis male habentium mutat locum ubi dormit præter voluntatem illius, qui valetudinario præest, a cæterorum separetur consortio.

57. Si quis ex designatis ad serviendum in valetudinario, apponat quidquam fratri præter sententiam illius qui valetudinario præponitur, sit benedictionis expers.

58. Si quis ex ægrotantibus inventus fuerit quidpiam permutans præter voluntatem illius, qui valetudinario præficitur, aut alicujus ex designatis ad ministerium, careat benedictione.

59. Si quis inventus fuerit scribens aut recipiens litteras, excepto archimandrita, a cæterorum sejungatur societate.

60. Si quis mittit alicui munusculum, aut recipit quidpiam alicunde, præter archimandritam, careat benedictione.

EPITIMIA IN CANONICAS.

1. Quæ juravit quodvis jusjurandum, hebdomadas duas a cæteris segregetur.
2. Quæ maledixit alicui ex senioribus quæ rebus monasterii regendis præponuntur, cæterarum privetur consortio hebdomadam unam.
3. Si qua quidpiam clanculum dicat adversus absentem sororem, eo consilio ut ei detrahat, cæterarum consortio privetur hebdomadam unam.
4. Quæ contumelia quavis aliquam affecerit, a cæteris separetur hebdomadam unam.
5. **531** Si qua alia præter anus quibus credita administratio est comperitur susurrare, a cæterarum societate removeatur hebdomadam unam.
6. Quæ, nulla cogente necessitate, intempestivum colloquium serens futiliter garrit, sejungatur a cæteris hebdomadam unam.
7. Quæ facetias loquitur, aut indecore ridet, segregator hebdomadam unam.
8. Quæ ministerii sui opus peragens et necessario negotio occupata, cum proxima colloquetur utendo aut clamore, aut temerario sermone, sejungatur a cæteris hebdomadam unam.
9. Quæ defendit eam quæ condemnata est ob aliquod erratum, ab [iis quibus post prævium examen administratio et cura rerum demandata est, simul cum ea quam defendit a reliquarum consortio segregetur hebdomadas duas.

10. Quæ cum aliquo ex iis qui foris accedunt collocuta fuerit, priusquam fuerit ei data facultas ab ea cui concredita cura est in omni disciplinæ auctoritate, segregetur a cæteris hebdomadam unam.

11. Quæ reperta fuerit murmurans ob rerum necessariarum angustias, aut ob laborem operum, cæterarum consortio privetur hebdomadam unam.

12. Quæ refragatur præcepto earum quibus rerum commissa est cura, segregetur a cæteris per unam hebdomadam.

13. Quæ contemptim, non autem quiete et silentio, implet præceptum, cæterarum consortio privetur hebdomadam unam.

14. Quæ exquisite ornare se velit, semel atque iterum commonefacta, coram præfecto redarguatur.

15. Quæ citra sententiam illarum quibus commissa est rerum cura ad matrem aut sororem abierit, segregetur hebdomadam unam.

16. Quæ movens oculos modo malo proximam affecerit molestia, a cæteris separetur hebdomadam unam.

17. Quæ post absolutas synaxes cum aliqua externa muliere confabulatur, separetur hebdomadas duas.

18. Quæ ab uno opere ad aliud opus transit sine jussu eorum qui rerum curam habent, a cæterarum consortio removeatur hebdomadam unam.

19. Quæ epitimium rejecerit, aut quæ contradicit, aut murmurat, utilitatem sibi ipsi ex correctione accessuram non agnoscens, a cæteris segregetur hebdomadas duas.

CAPITA CONSTITUTIONUM.

1. Quod precatio omnibus anteponenda est.
2. De cogitationibus cohibendis ac moderandis, et quod corpus malum non est, ut quidam putaverunt.
3. **532** Quod non oportet cum mulieribus incaute colloqui.
4. Quod oportet abstinentiam corporeis viribus metiri ; et quod corporis labor, bona res est et legitima.
5. Quod convenit ascetam in congruis operibus exercitari.
6. Quod non convenit ascetam cum omnibus hominibus incaute sermocinari.
7. Quod non oportet crebro et temere egredi.
8. Quod ascetis instabilibus confidentia ac loquendi libertas danda non est, imo vero quod hi vitandi sunt.
9. Quod non convenit ut asceta ingredi in clerum, aut fratribus præfici unquam cupiat.
10. Quod non convenit bona æmulari ob vanam gloriam.
11. De idoneo ad loquendum tempore.

12 Quod non convenit ascetam ad facetias respicere.
13 De mansuetudine, et quomodo charitas constituatur.
14 De prudentia.
15 De fide et spe.
16 De humilitate.
17 Quot modis nascantur pravæ cogitationes.
18 Ad canonicos in communi viventes.
19 Quod oportet ascetam firmo judicio accedere ad asceticam vitam, et de obedientia.
20 Quod non oportet sectari colloquia cum cognatis sæculo addictis, aut illorum res curare.
21 Quod non oportet a spirituali fraternitate resecari.
22 De obedientia uberius.
23 Quod asceta vilia etiam opera debet multa cum alacritate suscipere.
24 Quod non convenit honores ac dignitates requiri ab asceta.
25 De frugalitate ac simplicitate in alimentis.

26 Quod qui respicit ad perfectionem, nihil lædi possit egrediendo.
27 Quod asceta non debet privata negotia habere.
28 Quod oportet præfectum paterna benevolentia res ac negotia subditorum dispensare.
29 Quod non addecet in instituto ascetico duorum aut trium fratrum esse sodalitium.
30 Quod non convenit ut asceta delectum vestium expetat.
31 Quod debet præfectus viribus corporis sua mandata accommodare : et de iis qui vires suas occultant.
32 Quod non debent fratres tristitia affici, cum levamenti aliquid affertur debilioribus.
33 Quod non debent præfecti ascetis, qui suum ipsorum conventum deserunt, loquendi libertatem dare, aut ipsos admittere ad vitæ communitatem.
34 Quod non oportet ascetam in societate degentem, quidquam rerum terrenarum privatim possidere.

MONITUM.

533 Adnotavimus non unam omnium sententiam esse de *Asceticorum* scriptore. Alii *Ascetica* omnia Basilio Magno tribuunt ; alii aliquam eorum partem ei tribuere satis habent, sed ita tamen, ut omnes in eo conveniant, quod *Constitutionum monasticarum* Basilium Magnum auctorem faciant. De quibus omnibus satis fuse in Præfatione (n. 27) disputamus, ubi privatim ostendere conati sumus, si quid in *Asceticis* pro suspecto habendum sit, eam suspicionem maxime in *Constitutiones monasticas* injici debere (1).

(1) Chr. Frid. Matthæi *Lectionum Mosquensium* t. II, p. 37, Scholium edidit Theodori Studitæ, sæculi noni scriptoris, in hæc Basilii *Ascetica*. Quod cum pro eorum αὐθεντία non parum facere videatur, illud hic sistimus cum interpretatione nostra. EDIT.

Θεοδώρου ἡγουμένου τοῦ Στουδίου Σχόλιον εἰς τὰ μερικὰ Ἀσκητικὰ τοῦ Μεγάλου Βασιλείου. Ὅτι γνήσιον τοῦ μεγάλου Βασιλείου τὸ πικρὸν σύνταγμα, δῆλον μὲν καὶ ἀπ' αὐτοῦ τοῦ χαρακτῆρος τῆς ὑφηγορίας, τοῦ τε εἴδους τῆς φράσεως· δῆλον δὲ καὶ ἐκ τοῦ συνεμπίπτειν ταῖς τῶν ἄλλων Ἀσκητικῶν ἐννοίαις τε καὶ λέξεσιν, ὡς μὴ δοκεῖν τι ἄλλο τῷ καὶ μικρὸν γοῦν ἐπεσκεμμένως ἀναγινώσκοντι ἢ θάτερον ἐν θατέρῳ διεξέρχεσθαι. Ὅτι δὲ ἐκεῖνα τοῦ Πατρός, τίς ἀντερήσει; Ἢ ὃς τυφλώττοι κατὰ νοῦν ἐνεργούμενος τὴν κακίαν; Οἶμαι γάρ τινας, δριμυττομένους τῷ ἀκριβασμῷ τῆς διδασκαλίας, προσλαβόντας τε ἐπίκουρον τῆς αὐθαδείας τὸ εἰπεῖν τινα τῶν ἱστοριογράφων παρά τισιν ἀμφιβάλλεσθαι, ῥιψοκινδύνως νόθα αὐτὰ φάναι. Οἱ δ' αὐτοί μοι δοκοῦσι καὶ τὴν πρὸς Ἑβραίους Ἐπιστολήν, τήν τε Πέτρου δευτέραν, Ἰωάννου τε τὴν Ἀποκάλυψιν, ἑτέρας τε Καθολικάς, πρὸς συγγράμμασί τισι πατρικοῖς, ἐπειδὴ ὁμοίως ἀμφιβάλλονται, ἀμφιβάλλεσθαι. Ἀλλ' εἰ τὸ δεύτερον ἀσεβές, πῶς οὐχὶ καὶ τὸ πρότερον, ἤδη ἀποδεδειγμένων παρὰ τῇ Ἐκκλησίᾳ ἀμφοτέρων, καὶ οὐδαμῶς τοῦ ἀμφιβόλου χώραν ἐχόντος ἔτι; Εἰ δὲ τὸν Κύριον μὴ ὑπομνηματίσαι φήσωσιν, ἢ ἐπιπολαίως ἀνέγνων, ἢ συνιέντες κακουργοῦσι. Νομοθεσίαι γὰρ μοναστῶν, ἡνίκα φησίν, ἔγγραφοί τε καὶ ἄγραφοι, τί ἄλλο ἢ πάντως γε ταῦτα δηλοποιεῖται; Ἀπόδειξις δὲ καὶ ἐξ ἑτέρας θεωρίας. Ὁ γὰρ λέγει Βασίλειος ἐν τοῖς Ἀσκητικοῖς, τὰ ἱερὰ γράμματα παρὰ τῶν γονέων μεμαθηκέναι, φησὶ Γρηγόριος, τὰ μὲν δὴ πρῶτα παρὰ τῷ πατρὶ σπαργανοῦταί τε καὶ διαπλάττεται.) Εὕροι δ' ἄν τις

καὶ τὸν ὅσιον Θεοδόσιον πρός τισιν ἄλλοις κεχρῆσθαι αὐτοῖς, ὡς δηλοῖ ὁ περὶ αὐτοῦ Βίος. Πρὸς τίνα δ' αὖ ἄρα ἔμελλον ἕτερον ἐπερωτᾷν τὰ καθ' ἡμᾶς οἱ πάλαι ἐπηρωτηκότες μονάζοντες; ἢ τίνος ἦν ἄλλου ἐν τηλικαύτῃ ἐξουσίᾳ νομοθετεῖν, καὶ ὅλην ὑπόθεσιν σωτηρίας τὴν περὶ αὐτὰ πραγματείαν συστήσασθαι, ὡς μηδ' εἶναι ἄλλως σχεδὸν βαδίζειν ἀπταίστως τὴν κατὰ Θεὸν πορείαν ἢ ἐκ τῆς κατ' αὐτὴν ὑφηγήσεως; Ἡ τοίνυν δῶσιν ἰσόρροπα ἕτερα Ἀσκητικά, ὡς ἐκείνων ὄντων τοῦ μεγάλου Βασιλείου, καίπερ οὐδ' οὕτως ἄλλος εἴη Βασίλειος, διὰ τὸ ἰσοδύναμον τοῦ πνεύματος καὶ τοῦ φθέγματος, ἢ μή, καὶ οὐ βουλόμενοι, πάντως καταδέξονται τοῦ μεγάλου Βασιλείου εἶναι. Ἰστέον δέ, ὡς τὰ μὲν ἄλλα τὰ καθόλου Ἀσκητικὰ εἴρηται, ταῦτα δὲ τὰ μερικά. Ἔδει γὰρ τὸν λαμπτῆρα τοῦ κόσμου πρὸς ταῖς ἄλλαις αὐτοῦ ἀκτῖσι τῶν διδαγμάτων καταυγάζοντα τὴν ὑφ' ἥλιον πᾶσαν φωτίσαι ἡμᾶς, κἂν τοῖσδε τοῖς δυσὶ συγγράμμασιν.

« *Theodori Studitæ Scholium in particularia Ascetica Magni Basilii.* Præsens opusculum genuinum
« esse Basilii Magni fetum, cum ipse magniloquen-
« tiæ character, tum etiam genius dictionis mani-
« feste produnt. Idem etiam evincit hujus cum aliis
« *Asceticis* tanta, sive sensa sive etiam verba spe-
« ctes, similitudo, ut vel leviter attendenti non tam
« diversa opera quam alterum alterius explanatio
« esse videantur. Quis porro *Ascetica* illa, nisi per-
« versa mente ultro cæcutiat, sancto Patri abjudi-
« caverit? Quæ quidem spuritatis temere non-
« nullos arguisse novi, motos, ut opinor, hinc per-
« spicacitatis ambitione, inde historiographi alicu-
« jus auctoritate, illa a quibusdam in dubiorum
« numero haberi scribentis, suoque testimonio
« spuritatis assertorum confirmantis audaciam.
« Consequens autem videtur ut iidem pro dubiis
« habeant Epistolam ad Hebræos, secundam Petri,

SANCTI PATRIS NOSTRI
BASILII,
CÆSAREÆ CAPPADOCIÆ ARCHIEPISCOPI,
CONSTITUTIONES ASCETICÆ,
AD EOS QUI SIMUL AUT SOLITARIE VIVUNT.

PROOEMIUM.

1. Ex quo Christi amplexus es philosophiam, et supra cupiditates mundanas atque voluptates ac curas animum extulisti, et mentem instituisti omni modo ab affectionibus carnalibus abducere et avocare, non raro nobiscum habuisti sermonem, ac percontatus es, quomodo susceptum certamen oporteat absolvere, ut carnis cupiditatibus, quæ per corpus ad animam obrepunt, nusquam capiare; et quid primum quam maxime vitandum sit, et quid deinde: et quæ bona æmulanda, ut alia vitando, ab ineptis operibus faciendis declines; alia vero æmulando, perficias bona. Postea vero postulasti etiam, ut nostram de hac re sententiam exscriberem tibi, exponeremque. Quare adducti sumus ut ne bonam tuam æmulationem aspernaremur, sed potius eos quos jam habes mores, nostris consiliis fulciremus confirmaremusque; non quod doctrinam pro rei argumento idoneam prolaturi simus, sed ne doctrinam qua præditi sumus, silentio veluti aggere quodam abscondamus, et ita demum intentas homini talentum in terra occultanti pœnas effugiamus. Conjugium autem, ut plurimum, causa est hominibus et occasio cupiditatis illius, quæ circa voluptates mundanas ac curas versatur. Neque enim cupiditas ulla, quæ naturæ corporis insita sit, unquam reperiri potest vehementior violentiorque, quam ea est, qua viri feminas, aut feminæ mares appetunt, **534** idque non mirum, cum ipsa tendat suapte natura ad liberorum procreationem. Itaque cum conjugium maximi momenti esset, impetum quoque indere debebat vehementiorem: similiterque neque curæ ullæ ex iis quæ hominibus accidere solent, graviores sunt, quam quæ ex connubio acervatim advolant, velut Paulus ait: *Qui uxorem duxit sollicitus est de iis quæ sunt mundi* [82], utpote curarum sarcina degravatus. Etenim qui solus degit, seipsum tantummodo suasque necessitates corporales curat: aut fortasse eas etiam contempturus est, si semel id in animum suum inducere facile possit: qui vero curam suscipit uxoris ac liberorum, non jam amplius dominus exsistit suæ ipsius voluntatis, sed ea de causa necessario inservit voluptatibus, ac circa liberorum curam occupatus, haurit immensum curarum gurgitem: quas recensere longius foret, quam permittit præsens tempus.

2. Qui igitur cupit a mundi vinculis liber esse, nuptias quasi pedicas quasdam fugit: his autem vitatis, suam Deo vitam consecrat, profiteturque castitatem, ut jam sibi non liceat recurrere ad nuptias, sed adversus naturam, ejusque vehementiores impetus decertans, initis pro castitate certaminibus prorsus incumbet. Nam quisquis est ejusmodi, is Dei factus amator, ejusque apathiam paululum saltem consequi cupiens, atque spiritua-

---

[81] I Cor. vii, 33.

« Joannis Apocalypsim, aliasque Epistolas Catholicas, siquidem de illis etiam in quorumdam P. trum scriptis ambigitur. Si hoc autem impium, quomodo non impium erit *Ascetica* Basilio abjudicare, quandoquidem et de illis et de supradictis opusculis apostolicis litem solvit Ecclesiæ auctoritas, utraque recipiendo? Quod si dicant nullam a Theologo *Asceticorum* fieri mentionem, vel superficie tenus illum legisse, vel ultro mentiri se produnt. Quid enim aliud apud Gregorium innuunt *Regulæ monachorum scriptæ et non scriptæ?* Suppetit etiam alia probandi ratio. « Quod autem dicat Basilius in *Asceticis* (*sunt verba Gregorii*), se a parentibus suis sacras litteras didicisse, certe a patre suo primis elementis imbutus est et informatus. » Ad hæc notum est, divum Theodosium, præter quosdam alios, *Ascetica* usum fuisse, ut ex illius Vita colligere licet. At vero, quem alium de institutis nostris consulere potuissent antiqui monachi? Cujus erat tanta auctoritas leges statuere, sacramque illam legislationem quasi fundamentum salutis ponere, ita ut, nisi quis illa duce usus fuerit, non potuerit aliter via quæ est secundum Deum ambulare? Exhibeant ergo nobis alia *Ascetica* nostris æqualia, Magnoque illa Basilio ascribant (quanquam nec sic exsurget alius Basilius, eamdem vim ingenii eumdemque stylum referens): si non, vel inviti *Ascetica* nostra Basilii esse confitebuntur. Porro notandum est, alia *Ascetica* esse generalia; hæc autem, particularia. Hoc enim mundi sidus, aliis præceptorum suorum radiis totam quæ sub sole est terram illuminans, nos singulariter his saltem duobus opusculis illustrare debuit. »

lem sanctimoniam, tranquillitatemque et quietem, ac mansuetudinem, et quæ ex his nascuntur, lætitiam et gaudium degustare desiderans, in eo elaborat, ut procul ab omni terreno ac corporali affectu animum perturbante cogitationes suas abducat: imo etiam animi obtutu puro nulliusque tenebris obvoluto contemplatur divina, et lumine hinc emanante insatiabiliter perfunditur. Ubi autem animum exercuit ad habitum statumque hujusmodi, tum demum Deo, quantum fas est, fit similis, efficiturque dilectissimus ei atque charissimus: ut qui magno et arduo certamine exantlato, invita etiam materiæ admistione, animo a corporalium affectionum mistura expurgato ac semoto, potuerit in Dei colloquium venire. Par est igitur et consentaneum, eum, qui per eam quam dixi exercitationem ad hujusmodi habitum pervenerit, non denuo per carnis irritamenta, vitiorum ipsius participem fieri, neque animi oculum, vapores illinc ascendentes suscipientem, veluti profundissima quadam caligine obscurari: neque mentis obtutum ceu mordaci acrique humore ex libidinum fumo affectum, a divina et spirituali contemplatione excidere.

CAPUT PRIMUM.
Quod precatio omnibus est anteponenda.

1. Omnis actio, charissime, omnisque sermo Servatoris nostri Jesu Christi, pietatis ac virtutis regula est. Quapropter pietate ac virtute nobis veluti in quadam imagine depictis, etiam naturam humanam assumpsit, ut unusquisque et unaquæque ad id respicientes, pro viribus archetypum ac exemplar imitaremur. Nam eam ob causam corpus nostrum gerit, ut et nos illius vivendi rationem, quoad ejus fieri potest, exprimamus. Tu igitur aliquo ipsius aut dicto aut facto auditis, cave oscitanter simpliciterque ac temere audias; sed descende ad imas contemplationes: efficiare eorum quæ mystice tradita sunt, particeps. Martha quidem Dominum excipit: Maria vero ad illius pedes assidet [83]. Bonum est in utraque sorore studium: sed tamen distingue res ipsas. Nam Martha in ministerio occupata, apparabat quæ hospitis corpori futura erant necessaria; Maria vero assidens ad illius pedes, sermones ipsius audiebat. Altera igitur reficiebat visibile, invisibili serviebat altera. Vere enim qui aderat, is et homo erat et Deus, idem Dominus utriusque mulieris studium approbabat. At Martha cum premeretur labore, internuntium fieri sibi Dominum postulabat, ut se sua soror in ministrando juvaret. *Dic illi*, inquit, *ut surgens ministret mecum*. Cui Dominus: *Martha, Martha, sollicita es et turbaris circa multa. Porro unum est necessarium. Maria enim bonam partem elegit, quæ non auferetur ab ea* [84]. Neque enim ideo venimus, ut recumbamus in lectis, ventremque nutriamus: sed adsumus ut pascamus vos verbo veritatis, mysteriorumque contemplatione. Illam quidem non avocavit a suscepto opere, sed hanc laudavit ob illius attentionem. Vide mihi igitur duos status per mulieres duas designari, alterum quidem inferiorem, cum ministerium magis corporale amplectatur (quamquam et ipsum est utilissimum), alterum vero meliorem, cum ad mysteriorum contemplationem ascendat, magisque spiritualis sit. Hæc tu, qui auditor es, spiritualiter accipe, et utrumvis elige. Quod si ministrare vis, ministrato in nomine Christi. Aiebat enim ipse: *Quatenus fecistis uni de his fratribus meis minimis, mihi fecistis* [85]. Sive enim excipias hospites, sive mendicos reficias, sive miserearis dolentium, sive auxiliarem manum iis qui in necessitate ac calamitate constituuntur, porrigas, sive inservias ægrotantibus, recipit in seipsum Christus omnia. Sin autem velis Mariam imitari, quæ relicto corporis ministerio ad spiritualium spectaculorum contemplationem ascendit, hoc negotium legitime tracta. Relinque corpus, de ere agriculturam, et obsoniorum compositionem atque apparatum, et assideto ad pedes Domini, ejusque sermones auscultato, ut arcanorum divinitatis fias particeps. Nam contemplatio documentorum Jesu, ministerium corporis transcendit.

2. Accepisti igitur, charissime, exempla ac specimen. Utrumvis æmulare, aut egentium esto minister, aut dogmatum Christi amator. Quod si potes utraque imitari, utrinque referes fructum salutis. Primus tamen est spiritualis sermo, reliqua omnia sunt posteriora. *Maria enim*, inquit, *bonam partem elegit*. Si igitur et tu Christi cupis esse mystes, assideas ad ipsius pedes, suscipias ipsius Evangelium, ibi derelinques totam rem familiarem, et vacuus ab omni sollicitudine deges, imo etiam oblivisceris tui ipsius corporis, et ita demum poteris speculando cum ipso colloqui, ut imiteris Mariam, ac gloriam supremam consequare. Cum autem oras, cave alia pro aliis exposcas, et Dominum irrites, non pecunias, non humanam gloriam, non potentiam, non aliud quidquam rerum fluxarum; sed pete regnum Dei, et cunctas res corpori necessarias tibi ille suppeditaturus est, quemadmodum ipse Dominus ait: *Quærite regnum Dei, et justitiam ejus, et hæc omnia adjicientur vobis* [86]. Duplex est autem, charissime, orandi modus: alter quidem situs est in glorificatione cum humilitate; alter vero qui huic inferior est, in petitione. Cum ergo oras, nolito confestim ad petitionem accedere: sin aliter, in tuam voluntatem id criminis infers, quod necessitate adactus preces Deo adhibeas. Cum igitur ingrederis precari, relinque teipsum, uxorem, liberos; desere terram, transcende cœlum, derelinque omnem visibilem ac invisibilem creaturam, et incipe a glorificatione conditoris universorum, et ubi ipsi dederis gloriam, ne vagare mente huc et illuc, neque

---

[83] Luc. x, 38. [84] ibid. 40-42. [85] Matth. xxv, 40. [86] Matth. vi, 33.

Græcorum more enarres fabulas, sed carpe de sanctis Scripturis, et dic : Domine, benedico tibi, clementi et toleranti malorum, qui me quotidie peccantem fers patienter, et omnibus nobis pœnitentiæ agendæ facultatem præbes. Idcirco enim taces, ac nos sustines, Domine, ut tibi generis nostri salutem moderanti tribuamus gloriam : qui modo terrendo, modo admonendo, modo per prophetas, postremum per adventum Christi tui nos visitasti. Tu enim finxisti nos, non autem ipsi nos. Tu es Deus noster [87].

3. Cum autem pro viribus ex Scripturis glorificaveris, laudaverisque Deum, tum ordire humiliter, ac dic : Equidem non sum dignus, Domine, qui loquar coram te, quoniam valde peccator sum. Et licet nullius mali tibi conscius sis, tamen ita te oportet dicere. Nemo enim sine peccato est, nisi solus Deus. Nam cum peccata **537** multa committamus, tamen ne intelligimus quidem eorum maximam partem. Quapropter dicit Apostolus : *Nihil mihi conscius sum, sed non in hoc justificatus sum* [88], hoc est, committo multa peccata, nec tamen ea cognosco. Unde ait quoque Propheta : *Delicta quis intelliget* [89] ? Quare non mentiris cum teipsum dicis peccatorem. Etenim si ita esse noveris, etiam in hoc ipso peccas, quod dicis : Non sum peccator : sed dic potius : Pecco ego magis quam cæteri peccatores, qui violem illud præceptum, quod sic jubet : *Cum omnia recte feceritis, dicite : Servi inutiles sumus : quæ enim debuimus facere, fecimus* [90]. Sic semper cogitare te oportet, *Inutilis sum*. Ac rursus tecum reputa illud : *Humilitate superiores sibi invicem arbitrantes* [91]. Precare igitur Deum cum timore et humilitate. Ubi ergo protuleris humilitatis verba, dixerisque : Gratias ago tibi, Domine, quod patienter pertulisti peccata mea, et usque ad hoc tempus me reliquisti inultum : equidem jam pridem eram dignus, qui innumera supplicia paterer, expellereque e conspectu tuo, sed clementissima tua benignitas sustinuit me patienter ; gratias, inquam, ago tibi, tametsi non possum grates clementiæ tuæ debitas persolvere : et ubi duas glorificationis et humilitatis partes absolveris, tum demum quod debes petere, pete, non divitias, uti jam dixi, non gloriam terrenam, non corporis sanitatem. Ipse enim finxit te, ipsique curæ est salus tua, nec ignorat qua ratione prosit unicuique sive bona, sive mala valetudo : sed quemadmodum jussus es, pete regnum Dei [92]. Nam ipse, ut prius dixi, providebit corporis tui necessitatibus. Etenim rex noster maximæ est dignitatis, atque augustissimus, et indigne fert, si quis parvum quiddam ab ipso petat, si quis nostrum res haud convenientes ab eo efflagitet. Cave igitur ne orando in te convertas illius indignationem, sed pete tibi ipse digna rege Deo. Cum autem exposcis digna Deo, ne destiteris, donec accipias. Hoc enim indicans Dominus, in Evangelio dicit : *Quis vestrum habebit amicum, et ibit ad illum media nocte, et dicet illi : Amice, commoda mihi tres panes, quoniam amicus meus venit de via, et non habeo quod ponam ante illum : et ille de intus respondeat : Noli mihi molestus esse, jam enim ostium clausum est et pueri mei mecum sunt in cubili, non possum surgere et dare tibi. Dico vobis, et si non dabit illi, surgens eo quod amicus ejus sit, propter improbitatem tamen ejus surget, et dabit illi quotquot habet necessarios* [93].

4. Hoc exemplum idcirco nobis a Domino proponitur, ut doceat nos in fide firmos esse ac pertinaces. Exemplum enim sumit ab homine ad hominem, ut discas nunquam desperare ; ut cum petieris, nec acceperis, non desistas tamen, quoad accipias, si modo, uti dixi prius, **538** quæ Deus vult postules : neque dixeris, Peccator sum, et ideo non exaudior. Verum enimvero ne spem abjiceres, idcirco ait : *Et si non propterea quod ejus amicus sit, dabit illi, propter improbitatem tamen ejus dabit illi quotquot habet necessarios.* Cæterum sive mensis, sive annus, sive triennium, sive quadriennium, sive anni complures præterierint, donec impetres, ne superseris : sed cum fide roga, semper quod bonum est perficiens. Contigit enim non raro, ut quis in juventute pudicitiam coluerit, deinde subrepscrit voluptas, excitatæ sint naturales libidines, elanguerit precatio, accesserit juventuti vinum, perierit pudicitia, et homo alius pro alio factus sit. Sic fiunt mutationes, quod strenuo animo vitiosis affectibus non obsistamus. Oportet igitur unumquemque ex se omnem conatum adhibere, et tamen ad Deum clamare, ut sibi veniat suppetias. Si quis enim per ignaviam seipsum libidinibus dedat, prodatque seipsum hostibus : ei Deus auxilium non fert, neque exaudit, quandoquidem prior suo se peccato a Deo abalienavit. Qui enim a Deo se optat juvari, suo non deest officio : qui autem officio non deest, nunquam divino auxilio destituitur. Oportet itaque in nulla re a propria conscientia condemnari, et ita demum divinum auxilium flagitare : flagitandum autem est non segniter, neque mente huc et illuc divagante : siquidem quisquis est ejusmodi, non solum non consecuturus est quæ petet, imo vero Dominum magis exasperabit. Si quis cum aliquis coram principe stat, ac loquitur, stat cum multo timore, atque tum externum tum internum animæ oculum nequaquam vagum, sed intentum habet, ne forte in aliquod periculum veniat : quanto magis coram Deo cum timore ac tremore standum est, mente tota in illum solum, nusquam vero alio intenta ? Nam ipse non externum hominem modo videt velut homines, sed internum etiam intuetur. Proinde si sic, ut decet, steteris coram Deo, et quæ in te sunt, omnia pro viribus præstiteris, ne desistas, donec postulata

[87] Psal. XCIX, 3. [88] I Cor. IV, 4. [89] Psal. XVIII, 13. [90] Luc. XVII, 10. [91] Philipp. II, 3. [92] Matth. VI, 33. [93] Luc. XI, 5-8.

obtineas : sin a tua ipsius conscientia negligentiæ ac contemptus condemnaris, stesque in precando vaga mente, cum possis citra mentis aberrationem stare, stare coram Deo ne aude, ut ne cedat precatio tua tibi in peccatum. Quod si a peccato debilitatus, non potes citra mentis aberrationem precari, quantum potes vim tibi ipsi inferas, ac constanter sta coram Deo, mente in illum defixa, eaque ad seipsam advocata, sicque ignoscet Deus, quoniam non ex contemptu, sed ex infirmitate, ut convenit, stare coram Deo non potes. Si sic vi tibi illata omne opus bonum perficias; ne superséderis, quoad petita consequare : sed patienter fores ejus pulsa, cum petis. *Omnis enim*, inquit, *qui petit* **539** *accipit : et qui quærit invenit, et pulsanti aperietur* [94]. Quam enim aliam rem assequi vis, nisi solam secundum Deum salutem ?

5. Vis discere, o dilecte, quomodo patientes fuerint sancti, nec spem abjecerint? Abraham, cum junior esset, vocavit Deus, et ex Assyriorum terra transtulit in Palæstinam, atque ad eum dixit : *Tibi dabo terram hanc, et semini tuo post te; et velut sidera cœli, sic erit semen tuum, quod non enumerabitur* [95]. Et multorum annorum numerus effluxerat, et natura ipsius jam exstincta erat, mors vero pro foribus stabat, nec tamen dixit : Domine, mihi semper filios promittis, et gentium omnium futurum me patrem prænuntias. Mortui sunt mei naturales motus propter senectam, et Saræ uxori meæ nihil jam muliebre accidit præ senectute, tua igitur falsa est pollicitatio. Ambo enim jam senes qualem spem habere possumus? Non dixit hæc, neque cogitavit, sed in fide inconcussus permansit, et ætate ipsius senescente, spes juvenescebat. Et corpore vires suas amittente, ac desperationi locum dante, fides et animum et corpus corroborabat. Deus, inquit, est, qui promisit, ipse est Dominus naturæ, et aliter fieri non potest. Ipse est, qui quæ ex se fieri non possunt, ut fieri possint, facit : siquidem efficit omnia, et pro arbitrio transmutat. Imitare fidem Abrahæ. Postquam igitur debilitata fuisset natura, motusque exstincti, tum demum Dei vixit promissio. Accipe exempla. Nos autem annum oramus, et desistimus : biennium jejunamus, et supersedemus. Nolimus igitur animum despondere, cum Deus nobis aliquid promittit. Qui enim huic promiserat multiplicaturum se semen illius, idem quoque promisit se nobis daturum quod petierimus. Ait enim : *Venite ad me, omnes qui laboratis, et onerati estis, et ego reficiam vos* [96]. Cum enim tu longe ab ipso abesses, misericordia motus accersivit te laborantem, et gravissima peccati sarcina oneratum : ut levaret te onere, et requiem in posterum tibi largiretur ; et tu ei fidem non habes? Atqui licet tacere voluerimus, ab ipsa nostra conscientia redarguimur. Neque enim pro-

pterea ei fidem abrogamus, quod nos reficere non possit : sed jugum ipsius supra nos tollere recusamus, bonum illud et leve : pigetque in Dei regnum per angustam portam introire, et malumus peccatorum sarcinam gestare, et per voluptates libidinosas lata via incedere, et per amplam portam ingredi in interitum. At sæpe, inquit, petivi, et tamen non accepi. Prorsus, quia male petivisti, aut dubitanter, aut vaga mente, aut ea quæ tibi non conducunt. Quod si sæpe etiam flagitasti conducibilia, at non perseverasti. Scriptum est enim : *In patientia vestra possidete animas vestras* [97]. Item : *Qui perseveraverit usque in finem, hic saltus erit* [98].

6. Deus corda novit precantium. Quid igitur, inquit, petitione nostra opus est Deo? **540** Nonne novit quibus indigemus? Quid ergo necesse est petere? Novit quidem Deus quibus opus habemus, et omnia corporalia nobis fruenda abunde suppeditat, et cum bonus sit, pluit super justos et injustos, vultque solem suum super bonos et malos oriri [99], prius etiam quam a nobis rogatus sit : sed fidem, et virtutis opera et regnum cœlorum nisi cum labore et perseverantia multa efflagitaveris, ea nequaquam consequere. Oportet enim prius desiderare : tum ubi desideraveris, omnesque vires tuas adhibueris, ita ex animo quærendum in fide et patientia, neque committendum, ut ulla in re a propria conscientia condemnare, tanquam qui aut negligenter aut oscitanter roges, et ita demum, cum Deus voluerit, accipies : quando quidem quæ tibi expediant, melius ipse intelligit quam tu. Et fortasse ea de causa differt largitionem, ut hac arte te erga ipsum perseverantem reddat, intelligasque quid sit donum Dei, ac cum tremore custodias quod datum est. Quidquid enim multo labore ab aliquo comparatum est, id custodire conatur, ut ne hoc deperdito, perdat quoque multum suum laborem, neve contempto Dei munere, æterna vita indignus efficiatur. Quid enim Salomoni profuit cito sapientiæ donum accepisse, cum ipsum amiserit?

7. Itaque animo ne concidas, si illico non assequaris postulata. Si benignus Deus intellexisset futurum fuisse, ut donum illico acceptum a te non amitteretur, necdum rogatus ad id conferendum paratus fuisset. Nunc autem tibi prospiciens, hoc facit. Si enim qui talentum acceperat, idque integrum servaverat, propterea tamen quod ex ipso nullum quæstum comparaverit, condemnatus est [1], quanto magis condemnabitur qui ipsum perdiderit? Nos igitur horum haud ignari, sive citius, sive serius quidpiam receperimus, pergamus gratias Domino rependere : quando Dominus quæcunque facit, ea omnia pro nostra salute dispensat, tantum nos ne ex animi demissione flagitare desinamus. Idcirco enim Dominus protulit parabolam

[94] Luc. xi, 10. [95] Gen. xiii, 15, 16. [96] Matth. xi, 28. [97] Luc. xxi, 19. [98] Matth. x, 22. [99] Matth. v, 45. [1] Matth. xxv, 25 - 30.

de vidua illa, quæ judicem iniquum flexit perseverando [a], ut nos quoque per perseverantiam petita consequamur. Ex eo enim et nostra fides et dilectio erga Deum ostenditur, si re etiam non illico impetrata, nihilominus tamen grates ipsi perseveranter exsolvamus. Itaque et semper agamus gratias, ut digni habeamur, qui sempiterna ipsius bona recipiamus : quandoquidem ipsum addecet gloria in sæcula sæculorum. Amen.

541 CAPUT II.
De cogitationibus cohibendis ac moderandis, et quod corpus malum non sit, ut quidam putaverunt.

1. Primum quidem omnibus modis cogitationem continere debemus, ei pervigilis mentis inspectionem præficientes, ita ut menti non permittatur, ut ob inconsideratos impetus affectibus corporis facile in adversam partem trahentibus cedat. Corpus enim videt per oculum, animus vero cernit per mentem sibi agnatam, neque tamen alterum veluti in altero est, sed animus et mens unum sunt et idem, cum mens vis quædam naturalis sit, non autem adventitia ejus animi partis, in qua sita ratio est. Etenim animus quando sua intelligendi vi commota, quæ ei naturaliter a sancta Trinitate ipsius opifice insita est, de rebus, quæ et ad officium pertinent, et honestæ sunt, deliberat, tunc corporis assultus effugit ; motusque ejus inordinatos prospiciens ac reprimens, et in se digna tranquillitate degit, et in pacatissimo otio res naturæ suæ convenientes contemplatur, hoc videlicet, quantum fieri potest, intentis animi oculis in sancta et adoranda Trinitate contuens, considerandusque divinam illam majestatem ex splendoris magnitudine inaccessam, beatitudinis claritatem, sapientiam nullis terminis circumscriptam, firmam omnique fluctuatione vacuam tranquillitatem, et naturam affectuum nesciam ac immotam. Cui enim ex improviso accidere nihil potest, ut qui rerum omnium tam præsentium quam futurarum cognitionem in seipso reconditam habeat, complectaturque universa, et omnia teneat in manu, cuique nihil resistere, aut cujus aspectum nihil omnino sustinere potest : ei consentaneum est inesse tranquillitatem ac quietem perpetuam. Etenim rerum inexspectatarum repentini casus perturbationem hominum mentibus solent afferre. Quare quem nullum vitium infestat, imo quem virtus omnis, et omne bonum comitatur, is utique jure ac merito immutabile perpetuumque gaudium gaudere poterit, quando virtutis ac bonitatis comes est lætitia, quemadmodum Propheta dicit : *Lætabitur Dominus in operibus suis* [3].

2. Animus igitur qui mentem suam pervigilem et idoneis actionibus occupatam detinuerit, in iis quas dixi contemplationibus versabitur, moresque suos ad rectitudinem, et justitiam, honestatemque ac pacem exercebit. Ubi autem meditari, et res convenientes clare speculari destiterit, tunc insurgentia corporis vitia veluti canes temerarii et audaces, non parum, amisso moderatore, allatrant animam, et unumquodque vitium trahens ad se ejus vitalem facultatem, ipsam variis modis dilaniare conatur. Duplicem enim ego arbitror vim esse animæ, cum ipsa una et eadem exsistat, alteram corpus animantem, alteram vero rerum speculatricem, quam etiam 542 rationalem nominamus. Jam vero propterea quod conjuncta est corpori anima, ei suapte natura ob eam conjunctionem non autem voluntate, facultatem hanc vitalem impertitur. Quemadmodum enim fieri non potest quin sol eas res ad quas radios suos appulerit, illustret : ita fieri non potest quin animus corpori in quo fuerit, vitam tribuat. Facultas vero speculatrix in voluntate motum suum habet. Itaque si facultatem suam contemplatricem et rationalem assiduo vigilantem reddiderit, velut Propheta dicit : *Neque dormitet qui custodit te* [4], duplici ratione consopit vitiosos corporis affectus ; ut quæ et rerum præstantiorum sibique affinium contemplationi vacans, et corporis tranquillitati providens, frenet illos et compescat. Si vero quod se ignaviæ dediderit, detinet sine motu facultatem suam speculatricem, jam corporis libidines vitalem partem otiosam nactæ, partitæque, nullo regente ac prohibente, animum ad impetus actusque sibi proprios pertrahunt. Quare violentæ quidem sunt corporis affectiones, ratione in nobis otium agente ; morigeræ vero, ipsa ordinante ac gubernante.

3. Non igitur corpus dignum est reprehensione, si qui recte de ipso judicare velint. Par est enim etiam pravas opiniones eorum qui male de corpore sentiunt, per meæ sententiæ expositionem evertere. Quemadmodum enim, o dilecte, bona res equus est, et quo suapte natura concitatior ac vehementior fuerit, eo habetur præstantior : tamen ei utpote rationis experti opus est et moderatore et gubernatore. Ubi autem conscenderit illum auriga, conabitur ipse natura uti. Auriga igitur, si rite jumenti impetus regat, et sibiipsi utiliter eo utitur, et ad finem, quem sibi proposuit, pervenit, ipseque servatur incolumis, et jumenti usus sibi videtur optimus. Cum vero auriga male rexerit pullum, plerumque et pullus ipse deflectit a publica via, et in invia delabitur ; imo etiam præceps actus, nonnunquam sessorem ipsum præcipitat, atque ex aurigæ desidia uterque in periculum adducitur. Eumdem ad modum de anima quoque et de corpore cogita. Corpus enim naturales impetus sortitum est non ineptos, sed prorsus ad aliquid idoneos ac utiles. Expers est autem rationis, ut majori in pretio anima habeatur, ob rationis prærogativam. Ipsa enim si impetus corporis rite gubernarit, et ipsum

---

[a] Luc. XVIII, 2-5.   [3] Psal. CIII, 31.   [4] Psal. CXX, 3.

servat, et ipsa caret periculo : sin jus negligat regendi, et segnitiei somno victa, gubernationem corporis deseruerit, et ipsum veluti ratione destitutum, a recta via aberrat, et animam in eamdem ruinam detrudit, **543** non ex sua ipsius pravitate, sed propter illius socordiam. Etenim si ejusmodi essent istæ corporis affectiones, ut non possent ab animo domari, merito non a culpa abesset corpus : at si multorum, qui eis dominari studuerint, imperio subditæ fuerint, corpus ab iis qui ipsum velut pravitatis auctorem criminari conantur, nequaquam culpari potest : sed incusanda est negligentiæ anima, si suum in corpus dominium deseruerit, cum neque ipsa suapte natura malum in se habeat, sed in malo versetur boni defectu. Vitium enim nihil aliud est quam virtutis defectus.

CAPUT III.
Quod non oportet incaute cum mulieribus colloqui.

1. Ac de moderandis quidem cogitationibus, regendisque corporeis affectionibus, deque amplitudine atque tranquillitate interni hominis, itemque de rerum ad hunc attinentium contemplatione ac studio abunde pro virili superius disseruimus. Par est autem non solum cogitationes moderari, sed etiam, quoad ejus fieri potest, a rerum consuetudine recedere : maxime earum, quæ suo ad nos accessu libidinem nobis in memoriam revocantes, turbant ac confundunt mentem, bellaque et pugnas animo faciunt. Bellum enim quod invitis nobis accidit, sufferre plane necesse fuerit; sed spontaneum bellum sibi ciere est absurdissimum. In priore enim etiamsi quis superetur, forte veniam consequetur (absit tamen hoc a Christi athletis) : at vero in altero si quis vincatur, præterquamquod id admodum ridiculum est, præterea venia caret. Itaque operæ pretium est et mulierum colloquia et consuetudines quam maxime fugere, nisi inevitabilis quædam necessitas adigat ad collocutionem. Quod si deveneriinus ad hoc necessitatis, ab his tanquam ab igne cavendum est, et ab ipsis ocissime et celerrime secedendum. Considera autem quid ea de re Sapientia ipsa dicat : *Alligabit quis ignem in sinu, vestes autem non comburet ? aut ambulabit quis super carbones ignis, et pedes non comburet* [a] *?*

2. Quod si quis dicat, se ex frequenti mulierum colloquio atque consuetudine nequaquam lædi, is aut particeps non est masculæ naturæ, et est res quædam portentosissima, in utriusque sexus confinio posita, quales dicunt eos qui eunuchi nati sunt, si tamen hoc illis etiam demus quod nullo modo feminæ libidine afficiantur, aut commoventur : *Concupiscentia enim spadonis devirginare juvenculam*, inquit Sapiens [b], aut si expers non est, cum totus libidinibus immersus sit, **544** insciens ebrios et phreneticos imitatur, qui, gravissimis morbis affecti, existimant esse se a morbo immunes. Agedum quod rationi haud consentaneum est, id inter disceptandum concedamus, esse quempiam, qui nullo masculo affectu exstimuletur. Verum tametsi nihil sentit, tamen se nihil sentire vix cæteris etiam persuadere poterit. Porro quod quis, nulla sibi proposita virtute, multis offensioni est, hoc ei periculosum esse arbitror. Deinde vero aliud etiam considerandum est, quod etiamsi nullam viro perniciem afferant cogitationes, at non item de muliere quoque nobiscum contendet, quasi ea etiam corporearum libidinum expers sit : quin potius ipsa cum sæpe debili ratione prædita sit, irrepatque facile in eam libido, ex eo qui in ipsius collocutionem incaute venit, detrimenti aliquid accipit. Et ipse quidem non sauciatur : sed non raro, licet nesciens, sauciavit. Et muliercula, quæ spiritualis scilicet charitatis simulatione atque nomine ad ascetam frequenter accedit, incipit per oculos peccato impleri, obtutibusque lascivis depasci speciem proximi, et internam virginem, quam maxime sponsus amat, cogitationibus impuris corrumpere. Proinde ne corum, quæ diximus, quidquam eveniat, omnia prorsus (id si fieri poterit), sin minus, crebra saltem et longa mulierum colloquia consortiaque vitanda sunt : neque id ex odio sexus, apage : neque quasi abnegemus illarum cognationem, sed ut earum patrocinium suscipiamus, atque pro virili singulis quæ naturæ humanæ consortes sunt, suppetias feramus, iis maxime, quæ pro castitate in certamen descenderunt, velut quæ communia nobiscum certamina subeant. Caveamus autem congressum ac consuetudinem, ut ne libidinem, cui vale diximus, cuique nuntium remisimus, in memoriam revocemus.

CAPUT IV.
Quod oportet corporeis viribus abstinentiam metiri : et quod corporis labor bona res est et legitima.

1. Consequens utique fuerit, ut ventri etiam dominemur. Etenim ventris castigatio turbulentorum motuum refrenatio est : refrenatio vero turbulentorum motuum, quies est animi atque tranquillitas : animi autem tranquillitas fons exsistit virtutum fecundissimus. Porro temperantia et moderatio ventris optima est, si eam quisque corporis viribus metiatur. Enimvero ingens etiam afflictatio visa est quibusdam non gravis, eamque levamenti potius quam laboris loco habuere, ob corporeæ constitutionis fortitudinisque firmitatem ac vigorem. Verum quod hi tolerare potuerunt, aliis fuit periclitandi causa. Nam discrimen tantum invenerit quis corpora inter et corpora, quantum æs et ferrum a sarmentitiis lignis differunt. Itaque pro suis quisque viribus **545** temperantiam debet colere. Et quidem quæ in solo animo adolescunt virtutes, omnes omnibus æqualiter excolendæ proponentur; veluti mansuetudo, morum facilitas, humilitas,

---
[a] Prov. vi, 27, 28. [b] Eccli. xx, 2.

bonitas, fraternus amor, sinceritas, studium veritatis, commiseratio, lenitas, humanitas. Has enim virtutes dicimus animi esse peculiares, quandoquidem ad eas et paranda et excolendas nihil amplius corpus animo confert, nisi quod ei locus consilii et curia est, ubi de his deliberatur. Sed abstinentia, corporearum virium habita ratione, unicuique praescribetur, sic ut neque minus quam pro viribus contendamus, neque ultra vires progrediamur. Nam et hoc, opinor, considerandum est, ut ne corporis viribus per immodicam abstinentiam resolutis, ipsum ad bona opera iners et invalidum reddamus. Neque enim Deus cum hominem conderet, eum inertem et otiosum esse voluit, sed ad officia sua actuosum promptumque: quandoquidem Adamo praecepit, ut laboraret in paradiso, illumque custodiret [7] (etsi enim hisce verbis subjecta est notio quaedam sublimior, nihilominus tamen ipse etiam proprius verborum sensus imitatione ac studio dignus est), et tum deinde posteaquam ex eo ejectus est, pronuntiavit fore, ut in sudore vultus sui comederet panem [8]. Quod autem ea quae Adamo dicta sunt, dicta sint omnibus ex eo oriundis, ex re perspicuum est. Etenim illum Deus quidem morti addixit, his verbis: *Terra es, et in terram reverteris* [9]: sed omnes quotquot ab eo originem duxere, non secus ac ipse hujusce calamitatis participes exstitere. Convenit igitur nihil innovare praeter naturam terminosque, quos qui naturae commodis consulit, praescribit: sed in his immorari, corpusque ad agendum paratum, nusquam vero per immoderationem resolutum habere. Haec est enim, meo quidem judicio, optima agendi ratio, statutos limites servare.

2. Caeterum possimus etiam pluribus divinae Scripturae testimoniis nostrum sermonem confirmare. Divina namque Scriptura operari jubet, et corpore moveri, et potius aliorum fulcire debilitatem, quam alterius manu indigere: at illud tabe absumere et immodicis afflictationibus enervare, non item. Atque hujus rei testem fide dignissimum tibi adducam sanctum Paulum, qui alicubi quidem dicit: *Audimus quosdam inter vos ambulare inordinate, nihil operantes* [10]. Quin et inertiam, ordinis desertionem pronuntiavit: *Non enim*, inquit, *inordinate gessimus nos inter vos, neque gratis panem manducavimus ab aliquo, sed in labore, et fatigatione, nocte et die operantes* [11]. Et quod hoc etiam majus est: *Ad ea quae mihi opus erant, et his qui mecum sunt, ministraverunt manus* 546 *istae* [12]. Ac iterum alio in loco: *Ut operantes*, inquit, *suum panem manducent* [13]. Et rursus alibi: *Ut quieti sitis, et ut vestrum negotium agatis, et operemini manibus vestris* [14]. Oportet ascetam ab omni fastu liberum esse, et viam vere mediam et regiam euntem, nunquam ad alterutram partem declinare: neque dedere se mollitiei, neque per abstinentiae immoderationem corpus inutile reddere. Etenim si bonum esset hominem corpore fractum esse, et dum spiraret viveretque, mortuum tamen jacere, utique nos tales Deus ab initio condidisset. Quod si non ita fecit, omnino quod bonum esse novit, hoc etiam effecit; sin autem nos ita, ut bonum erat, condidit, peccant qui quod bene factum est, quantum in ipsis est, nequaquam servant.

3. Unum igitur consideret pietatis cultor, num pravitas aliqua per incuriam in anima sua delituerit, numcubi vigilantia et vehemens animi in Deum intentio oblanguerit, num Spiritus sanctificatio, et quae illinc animo accedit illustratio, obscurata sit. Nam si vigeant quae diximus bona, nullum rebellandi locum invenient affectiones corporis, animo in supernis occupato, nullamque corpori excitandarum libidinum occasionem tribuente. Si enim saepe cum nos de aliquibus hujusce vitae rebus intento animo cogitamus, tum visus tum auditus inertes permanent et desides, animaque, sensibus sine functione derelictis, tota in hac cogitatione haeret; potiori jure si viguerit in animo nostro divinus amor, ne spatium quidem de libidinibus cogitandi nobis futurum est. Quod si insurrexerint vel paululum, illico animi sublimitate sedabuntur. Utrum, quaeso, praestabilius est, arboresne frugiferas imitari, quae et ipsae opulentae sunt, et alios sua fertilitate exhilarant, an similem esse oleribus, quae prae aestu atque siccitate marcescunt; et esse, ut est apud prophetam [15], velut betam semicoctam, quae ne suis quidem usibus inservire possit (idque cum integras ad nos curandos vires a natura acceperimus), atque ex dimidia tantum parte, solo videlicet animo, ac non etiam corpore philosophiae operam dare? Etenim si fuissemus sine corpore constituti, necessario optima quaeque animo solo sectaremur. Verum quia duplex est homo, duplex etiam convenit esse virtutis studium, quod et corporis laboribus, et animae exercitiis excolatur. Labores autem corporis non sunt otium, sed ipsum opus.

4. Atque etiam illud considerandum est, ut ne necessitatis corporeae obtentu inserviamus voluptatibus. Nam si perpetuam inediam sustinentes, possemus debita corporis officia explere, utique optimum hoc esset: sed quoniam perpauca sunt corpora, quae ejusmodi victu non concidant, idcirco ut moderate jejunandum est, ita levamen maxime necessarium corpori afferendum; sic tamen, ut voluptas in sumendis cibis haudquaquam ducis vicem impleat, sed 547 ratione necessitati terminos diligenter praescribente, ac congruenter citra ullam commiserationem more periti medici infirmitatem curante. Quisquis enim, animo sic affecto, cibum sumit, in nihilo videbitur inferior non sumenti, quantum attinet ad philosophiam. Imo quod ad consilium mentemque spectat, non jeju-

---

[7] Gen. ii, 15. [8] Gen. iii, 19. [9] ibid. [10] II Thess. iii, 11. [11] ibid. 7, 8. [12] Act. xx, 34. [13] II Thess. iii, 12. [14] I Thess. iv, 11. [15] Isa. li, 20.

nium perpetuum modo, sed inediam etiam servavit, ac corpori prospiciendo laudem consequitur dispensationis optimæ. Non enim moderatus corporis victus et abstinentia solent cupiditates accendere, ac libidines indomitas reddere. Hoc enim ex ciborum redundantia oritur, et ex deliciis. De his satis, cum ad confirmandum quod nunc examinandum nobis propositum est, sufficiant quæ et ex naturæ legibus, et ex divinæ Scripturæ testimoniis protulimus. Sed cum ea quæ dicta sunt, non verbis ac monitis solum stabilire, sed efficacibus etiam exemplis sententiam nostram confirmare operæ pretium sit, ad ipsam jam progrediar Servatoris nostri vitam quam, in carne transactam, omnibus pie vivere volentibus virtutis formam ac exemplar proposuit, ut reliqui conspecta hac effigie, similem in vita sua formam exprimerent, nusquam hoc exemplar diversa ac impari imitatione perverteretes. Nam quod Servator suam ipsius vitam omnibus ipsi obtemperare volentibus proposuit imaginem vitæ optimæ, audi ipsum aperte hoc docentem : *Si quis* enim, inquit, *mihi ministrat, me sequatur* [16], haud indicans corpoream sequendi rationem (erat enim omnibus impervia, cum Dominum nunc secundum corpus in cœlis esse notum sit), sed vitæ, quantum fieri potest, accuratam imitationem.

5. Quomodo igitur vixit Servator noster, et quomodo conversatus est? Peccatum quidem non fecit [17]. Qui enim a peccato vinci justitia potuisset? qui vero mendacium vinceret veritatem? qui debellaretur potentia ab infirmitate? aut quomodo quod non est, id quod est superasset? Deus enim semper est, nullumque habet exsistendi tempus limitatum, nec finem ullum admittit. Peccatum vero nunquam est, neque in sua ipsius substantia deprehenditur. Verum in peccantibus magis quam in ipsis rebus, quæ male fiunt, per boni defectum subsistens, caliginem spiritualem per injustitias imprimit, quæ justitiæ lumine dissolvitur, cum lux in tenebris luceat [18], et eousque durent, quandiu delicta durant. Nam cessantibus pravis actionibus, jam peccati substantia simul etiam deletur et evanescit. *Quæretur enim,* inquit, *peccatum illius, et non invenietur* [19]; etiamsi alioqui supplicium peccantibus reservatum sit ob peccata, sitque perpetuus cruciatus ob iniquitates exspectandus. *Peccatum igitur non fecit, neque inventus est dolus in ore ejus* [20]. Sed contra lenitatis, patientiæ, benignitatis, mansuetudinis, humanitatis, comitatis, humilitatis, prudentiæ, et uno verbo virtutis cujuscunque 548 exempla multa præbuit, quæ clare recensentur in Evangeliis. Lenitatis quidem et patientiæ, cum pertulit Judæorum insidias, quæ posteriorum injuriarum magnitudine semper contegebant flagitia priora. Atque etiam cum redarguit ipsos lenit ter, solum videlicet quantum opus erat, ut eorum coerceret malignitatem, non ut etiam eos ulcisceretur, aut reos peragret vel tantillum, sed ut beneficiis illorum inhumanitatem, et bonorum largitione magnitudinem nequitiæ eorum vincere conaretur. Ad extremum etiam pro crucifigentibus se crucifigitur. Mansuetudinis autem et lenitatis, cum omnes ex convenienti sibi benignitate admisit, ac colloquendi præbuit libertatem, non viris probis modo, sed iis etiam, quibus studia turpissima familiaria erant ac consueta. Itaque sic accesserunt scorta ac publicani; non ut libidinis aut avaritiæ morbum augerent, sed ut detergerent morbum animæ. Neque magis confundebantur ex nequitiæ suæ conscientia, quam in spe medelæ confiderent. Nam inveniebant experientiam spe etiam altiorem. Humanitatis quoque et misericordiæ, cum nunc quidem fame in deserto confectis copiosam mensam ex tempore construxit, eosque dupliciter accepit, tum rerum necessariarum copia, tum insolenti suppeditandi modo [21]; nunc vero, cum misertus est jacentium, quod dispersi essent et dissipati velut oves pastore carentes [22], et cum sanavit corporeas infirmitates, et vitiata ac mutilata membra redintegravit, itemque, quando et animi morbos, et indissolubilia peccatorum vincula, et violentarum pactionum obligationes, quas cum diabolo peccati parente contraxeramus, dissolvit. Quanta autem exhibuit humilitatis exempla? Etenim non carne solum indui, sed parentum etiam, pro præsenti eorum statu, humilium partim fieri filius, partim putari voluit ; fieri quidem, matris : putari autem, illius, qui pater est appellatus [23]. Quot prudentiæ? cum modo Sadducæos, qui quodam septem fratrum vita functorum unius et ejusdem uxoris maritorum commento resurrectionem irridere conabantur, refutavit [24]; modo Pharisæorum discipulos una cum Herodianis pudore affecit, ubi ancipiti hac et captiosa quæstione proposita : *Num Cæsari dare censum oportet, an non* [25], ambiguum ancepsque responsum acceperunt, quod cum non dari, sed reddi præciperet, poterat utraque parte illorum amentiam resecare. *Reddite* enim, inquit, *quæ sunt Cæsaris, Cæsari* [26] : Cæsaris enim erat numisma, cujus imaginem ac inscriptionem ferebat.

6. Et hæ sunt præcipuæ animi virtutes, et præter illas aliæ etiam infinitis partibus plures : at corporis quot et quantæ exstant dotes? Quarum ostendendarum causa maxime allatum est 549 exemplum. In prima quidem ætate subditus parentibus [27], omnem laborem corporalem leni ac obedienti animo cum ipsis sustinuit. Cum enim homines illi essent justi quidem et pii, sed pauperes et rebus ad vivendum necessariis non admodum instructi (cujus rei testis est præsepe quod venerando partui inservivit [28]), erant, ut verisimile est,

---

[16] Joan. xii, 26. [17] I Petr. ii, 22. [18] Joan. i 5. [19] Psal. x, 15, sec. Hebr. [20] Isa. liii, 9; I Petr. ii, 22.
[21] Matth. xv, 32 seqq. [22] Matth. ix, 36. [23] Matth. xiii, 55. [24] Matth. xxii, 25. [25] ibid. 17. [26] ibid. 21.
[27] Luc. ii, 51. [28] Luc. ii, 7.

laboribus corporis assiduis dediti, sic ut hac ratione res necessarias sibiipsis compararent. Jesus autem, ut ait Scriptura, his subjectus, laboresque una cum ipsis perferendo, obedientiam suam prorsus declaravit. Cæterum autem temporis progressu, cum herilia divinaque beneficia detegeret, et, electis posthac discipulis, de prædicando cœlorum regno cogitaret, nequaquam in uno angulo positus aut corpore exsolutus, aliorum indigebat ministerio, sed modo obambulans, et assidue pedibus iter conficiens, una cum discipulis suis ministrabat, velut ipse dixit : *Ego autem in medio vestrum sum, sicut qui ministrat*[29]. Item : *Sicut Filius hominis non venit ministrari, sed ministrare*[30] : modo vero lavabat pedes discipulorum[31]. Rursus autem in docendo diu immorari, ac locum ex loco impigre permutare salutis nostræ gratia non intermittebat. Semel autem jumento, eoque ad exiguum duntaxat tempus usus fuisse comperitur[32], non ut reficeret corpus, sed ut ipsis operibus propheticam obsignaret. Quid vero apostoli? Nonne Dominum imitati sunt? nonne vacabant assiduis laboribus? Considera Paulum indesinenter laborantem, acriter iter facientem, navigantem, periclitantem, tempestate jactatum, fugatum, flagris cæsum, lapidibus petitum, animi alacritate et corporis firmitate ferendis omnibus tentationibus non imparem. Quod si enervasset corporis vires per immoderationem, haudquaquam ob hæc coronam assecutus fuisset. Quamobrem præclare faciet, qui Domini, illiusque discipulorum ac apostolorum vitam tam per animi virtutes quam per corporis exercitia imitando, corpus strenuum et optimorum operum ministrum præstabit. Animi enim est, bona seligere, quæ posthac perficiuntur corporis opera; corporis vero, exsequi quæ animus selegit. Quod si corpus invalidum est ad agendum, imperfectum remanet virtutis opus, cum occultetur in animi sententia veluti germen quoddam, quod in terræ sinibus emarcescit, nec ad usum eorum propter quos productum est, pervenit.

7. Sed, inquit, et Dominus pertulit inediam diuturnam, et Moyses quoque, et Elias propheta. Verum illud etiam animadverte, Dominum nostrum, et Moysen, itemque Eliam, id semel duntaxat fecisse : sed toto reliquo tempore corpus debita moderatione gubernasse, illudque reddidisse strenuum et validum, semper et in laboribus et in ærumnis versantes, sicque animi virtutes corporis ope illustrarunt, actuosam vitam ceu sigillum atque perfectionem spiritualis 550 vitæ præstantes. Hoc Moyses, hoc Elias, hoc etiam Joannes ipse effecit : qui ex arcano quodam Dei consilio diu in deserto commoratus, completoque hoc consilio ad regionem cultam profectus, tunc et prædicavit, et baptizavit (quod pertinet ad actionem), et ob suam loquendi libertatem adversus Herodem, certamen absolvit. Hoc et omnis sanctorum turma, et ipse Jesus fecit, in agendo scilicet perseverans : ut undelibet planum esset et exploratum cum ex naturæ legibus, tum ex divinarum Scripturarum doctrina, tum ex omnium sanctorum factis, tum ex vivendi ratione ipsius Servatoris nostri, tum ex regula vitæ virorum pie degentium, melius esse atque præstabilius, si corpus firmum sit ac robustum, quam si exsolutum sit ac enervatum : itemque, si reddatur ad bonas actiones strenuum, quam si voluntaria afflictatione iners fiat ac deses.

CAPUT V.
Quod convenit ascetam in iis operibus, quæ ipsum deceant, exercitari.

Cæterum in iis se operibus exercere asceta debet, quæ sibi conveniant : quæ videlicet ab omni cauponaria, longiorique mentis avocatione et turpi lucro aliena sint, quæque manentibus intra tectum nobis ut plurimum confici possint, ut et compleatur opus, et quies servetur. Quod si oportuerit ob inevitabilem quamdam necessitatem opus aliquod etiam sub dio perfici, ne hoc quidem philosophiæ futurum est impedimento. Qui enim vere philosophus est, ei cum corpus sit loco scholæ et gymnasii, sitque eidem animi sedes firmissima, etiam si in foro fuerit, sive in conventu, sive in monte, sive in agro, sive in media multitudinis frequentia, cet in naturali monasterio commoratur : quippe qui intus ad se advocet animum, et de rebus, quæ sibi conveniant, philosophetur. Fieri enim potest, ut et qui domi desidet, is tamen mente foras evagetur, et qui in foro versatur, is, si vigilet, quasi in solitudine sit, cum et ad semetipsum et ad Deum solum conversus sit, tumultusque ex rebus sensibilibus in animum irrepentes nequaquam sensibus excipiat.

CAPUT VI.
Quod non convenit ascetam incaute cum omnibus hominibus colloqui.

1. Jam ne illud quidem decet, seipsum hominibus omnibus concredere, aut se aperire, aut se incaute detegere. Qui enim secundum Deum vivit, huic complures insidiantur, atque ii ipsi plerumque qui sunt ei conjunctissimi, sæpe vitam ipsius explorant. Itaque operæ pretium est non temere cum externis congredi. Si enim, ut 551 ait Evangelium, non omnibus seipsum concredebat Servator (*Ipse enim*, inquit, *Jesus non credebat semetipsum eis*[33]) ; si ille, licet purus, inculpatus, nulli reprehensioni obnoxius, justus, si ille qui prorsus virtus ipsa erat, ita se gessit, quomodo nos peccatores, ad lapsum proclives, quorum viæ non semper directæ sunt ad scopum, partim propter infirmitatem naturalem, partim propter eum qui maligne ac fortiter nobis adversatur, quomodo, inquam, fieri poterit, ut si nosmetipsos curiosis ho-

---

[29] Luc. xxii, 27. [30] Matth. xx, 28. [31] Joan. xiii, 5. [32] Matth. xxi, 7. [33] Joan. ii, 24.

minibus prodiderimus, non conflemus in nos pravas calumnias, et nobis ipsis offendicula non struamus? Nam maligni ea etiam quæ recte fiunt, calumniari non raro conantur, et ne levissima quidem errata a conviciis immunia relinqui sinunt.

2. Par est igitur caute cum externis hominibus confabulari. Nam incidunt et in aliud quoddam vitium, dum de iis qui e sæculo recesserunt, imperite ac inscite cogitant. Suspicantur enim non mentem sententiamque eorum, qui vitæ genus immutarunt, immutatam fuisse, sed ipsam naturam humanam penitus in illis fuisse transformatam, nec judicant de ascetis, tanquam de hominibus, qui cum in iisdem affectibus versentur, eos tamen animi viribus, et sua a voluptatibus abalienatione vincant; sed arbitrantur corporis eorum naturam affectibus nullomodo obnoxiam esse. Ex quo fit, ut si vel paululum spiritualis vir a recto declinarit, statim omnes, etiam ii ipsi qui erant antea ferventissimi laudatores admiratoresque, fiant amarulenti accusatores, atque adeo non veras laudes prius tribuisse convincuntur. Quemadmodum enim labente aliquo athleta, confestim adversarius insurgit, illumque ferit, ac magis prosternit : sic etiam illi, ubi viderint eum qui in virtutis exercitio vivit, tantillum a recto deflexisse, tum ipsum conviciis calumniisque perinde ut immissis quibusdam spiculis insectantur : neque reputant secum, se quotidie innumeris vitiorum telis transfigi. At vero pietatis propugnatores, etiamsi ab iisdem obsideantur affectibus, sæpe tamen ab his aut parum, aut nihil accipiunt detrimenti; idque, quamvis adversarium vehementiorem quam illi sustineant. Nam hi quidem ei se adversarios professi sunt, et magni aliquid adeptum se esse arbitratur malignus ille, si de ipsis reportet victoriam, contraque, si succumbit, putat mortiferam plagam sibi infligi, tanquam qui perfecte et in omnibus virtutis partibus victus sit : sed bellum iis, qui se mundo sæculoque addixerunt, illatum, despicatui habetur, partim quod maxima eorum pars ad suam cladem stragemque suapte sponte currant, voluptatibus variis atque cupiditatibus ad peccatum allecti, adversarioque victoriam de se facillime reportandam offerentes, partim quod ii etiam qui parum peccato obsistere videntur, ob varia impedimenta haud difficile a palæstra secedant, 552 et terga vertentes, vehementerque sagittis petiti, multas ac fœdas cladis suæ notas ferant.

3. Quod si forte nonnulli, impetu etiam mundanarum curarum superato, maligni illius bello obversa facie opponere se potuerunt, non tamen paria certamina sustinuerunt, sed multo, vel potius infinitis partibus minora sunt ascetarum certaminibus. Alter enim contendit retinere jus suum, atque in litibus, quæ de præsentibus fiunt, pertinaciter decertat; alter vero vel de jure etiam suo iis qui secum litigant, concedit, perficiens illud : *Ab eo qui aufert quæ tua sunt, ne repete*[31]. Ille percussus percutit vicissim, et affectus injuria injuriam vicissim infert, atque hoc pacto stare se in æqualitate arbitratur : hic vero tolerat, quoad injuriam facienti aut etiam ferienti satietatem attulerit. Et hic idem studet omnibus corporis voluptatibus dominari : alter vero ad satietatem usque indulget voluptatibus. Quomodo igitur qui civile vitæ genus ducit, inter athletas numerabitur, si cum asceta comparetur? Velim consideres et aliud, quod iis solitum est usu venire, qui communem ac vulgarem vitam sequuntur, quandocunque res ascetarum expendunt. Simul ac enim asceta æquum esse duxerit, corpus post longam famem alimento suffulcire, tunc quasi is incorporeus esset, et materiæ expers, ipsum aut nihil, aut quam paululum alimenti sumere volunt.

4. Et si viderint ascetam non omnino immisericorditer corpus tractare, sed partim saltem præsenti necessitati satisfacere, eum conviciis ac calumniis consectantur, ac eos vocant heluones, voracesque, et id dedecus bibendique intemperantiam ab uno in omnes extendunt : neque illud reputant, se, cum his, et ex ipsis nonnulli etiam ter die cibum capiant, et escis crassissimis ac pinguissimis, ingentique carnium mole exsatientur, immodicamque vini copiam infundant, nihilominus tamen perinde atque canes post longam famem a vinculis solutos, mensis inhiare. Sed veri ascetæ et alimento siccissimo utuntur, et in quo præter imbecillitatem tenues admodum ad alendum vires sint, et comedunt semel per totam diem : qui cum ordinate vitam degere statuerint, moderateque ac prudenter cibum sumant, jure ac merito ubi edendi tempus advenit, tunc animo religionis libero corpori necessaria suppeditant. Quamobrem convenit libertatem nostram ab alia conscientia non judicari. Si enim nos cum gratia accipimus, quid pro iis de quibus gratias agimus, blasphemamur? dum tenuitatem, cibique vilitatem tanta cum hilaritate amplectimur, cum quanta ne illi quidem splendidissimum et omnigenum mensæ lautissimæ apparatum. Quod si quispiam ex his, quos dixi, hominibus ob prudentiam ac pietatem notus sit, habeatque in reverentia nostrum vitæ institutum, eum nostra mensa circumspecte communicare, si id usus poscat, a ratione alienum non est.

553 CAPUT VII.
Quod non oportet crebro et temere egredi.

1. Atque etiam operæ pretium est, nequaquam prætextu et visendi fratres, et cum ipsis colloquendi, crebro ac frequenter peregrinari. Nam et hoc diabolicum quoddam inventum est : siquidem conatur adversarius ejusmodi artificio constantiam nostram, et vitæ nostræ disciplinam evertere, nos-

---
[31] Luc. vi, 30.

que voluptatibus ac variis cogitationum tumultibus implicare. Imo vero nobiscum tacite colloquendo, peccata animæ et expendere et emendare debemus. Qui enim nuper ex animo hunc mundum dereliquit, ob suam quidem ad bona propens onem laudandus est : at nondum tamen virtutum assecutus est perfectionem, imo etiam quomodo eas consequi possit, ne cogitavit quidem ; ob idque ei opus est, præmisso prius sui ipsius tacito examine, inordinatos animi impetus ac motus excutere, hisque fortiter obluctari, et melioribus consiliis perturbationem sedare ; nam animi ordinatio ac sedatio argumentum est virtutis. Qui igitur assidue peregrinatur, transitque de loco in locum, ac semper animi attentionem crebramque meditationem ventilat, et effundit, paulatimque assuescit ad corporis voluptates respicere, quomodo poterit inspicere seipsum, aut agnoscere ea quæ se non recte habent, aut ipsa ad honestum decorumque revocare, cum magis ac magis ad vitiosas affectiones animus illius irritetur?

2. Par est igitur in quiete ut plurimum manere, et quemlibet in propria sede persistere, ut hoc constantiæ morum testimonium habeat : non tamen prorsus in cella sua inclusum esse, sed libere, si propterea nihil conscientia exprobret, necessitate cogente egredi, et fratres vitæ integritate et optimos et utilissimos invisere, sed ita tamen, ut ex utili congressu virtutum capiat exempla : quod consequetur, si, ut diximus, in prodeundo modus teneatur, nihilque fiat quod reprehendi possit. Sæpe enim insitum etiam animo tædium exeundo dissipatur ; idque in causa est cur iterum veluti convalescamus, ac paululum respiremus, alacriterque ad certamina pro pietate subeunda veniamus. Quod si quis, quod e cella non egrediatur, propterea sentiat de se magnifice, is noverit, se ob rem inanem inflari. Neque enim non exire, ex se laudandum est, aut data occasione exire, potest virum probum aut improbum reddere : sed firmum et immutabile judicium circa bonum, aut contra levitas et inconstantia hominem bonum reddit vel malum. Si quis vero posteaquam bonum in animo firmiter constabiliverit, diuturnaque exercitatione gubernandorum affectuum experientiam adeptus **554** fuerit, et domitis corporis libidinibus coercuerit tumultus animales, tum demum rationis freno confisus velit frequentius ac crebrius ad ædificandos visitandosque fratres egredi, eum, qui ejusmodi est, ratio ad exeundum potius inducet, ut posita super candelabro lucerna, doctrinæ bonæ lumen impertiat omnibus : si modo confidat posse et sermone et opere seipsum iis quibuscum congreditur, ceu quamdam virtutum scholam exhibere : et si semetipsum ita muniverit, ut Apostolus dixit : *Ne forte, cum aliis prædicaverim, ipse reprobus efficiar* [15].

CAPUT VIII.

Quod ascetis instabilibus confidentia ac libertas loquendi danda non sit : imo vero quod hi vitandi sint.

1. Atque ii etiam vitandi sunt, qui instabiles sunt, et modo ad hos, modo ad illos fratres accedunt, et irrequieto ac vehementi impetu jugiter circumeunt monasteria, et plane spiritualis dilectionis obtentu et nomine, carnis explent voluptates : quorum in animis nulla inest constantia, nulla stabilitas, nulla disciplina, nullus prudentiæ ornatus ; sed potius quidquid curiosum ac pravum est, quidquid refertum est inconstantia et dementia, dolo et simulatione, mendacio et fraudulenta adulatione. Hi enim sunt et lingua imperiti, et ventre intemperantes, et animo semper elati ac ventilati, quorum cogitationes vesperilionum volatum imitantur, nusquam ad rectum spectantes, sed oblique ac perverse volantes : quippe qui primo impetu aliud præ se ferant, sed mox mentis instabilitate ad aliud ferantur præter opinionem omnem, repentes non parum, at nullo modo progredientes.

2. Quin etiam similes sunt jumentis, quæ circa molas acta multum conficiunt itineris, et tamen eodem in loco semper reperiuntur, et corpore defatigato, ipsa tamen ultra exigui loci spatium non progrediuntur : sic illi quoque, jugiter in corporis libidinibus volutati, nullo modo ad spiritualem altitudinem procedunt : quin potius conficiunt circulum interminatum, ut qui semper una cum corporis concupiscentiis ac voluptatibus circumagantur, rursusque ferantur ex iisdem in eadem, nec a mala servitute liberentur, ob voluntatis suæ pravitatem. Hi ob intuentium oculos posito habitu ovillo quasi illicio quodam, intus gulosam malignamque et subdolam vulpem occultant, multosque in eamdem quoque nequitiam impellere conantur : qui cum rationis clavo destituantur, facile sive bono sive malo ductori morem gerunt ; et quidquid a quovis aut **555** recte aut probabiliter sibi propositum est, id ab ipsis habetur bonum. Itaque hos quoque student trahere in suam ipsorum perniciem, rati eorum nequitiam, suam ipsorum defensionem esse, pravitatisque societatem, imminutionem criminum. Hi igitur sunt omnino fugiendi, ut ne communicata animi peste noceant aliis, sed hi ipsi undelibet coerciti sero saltem ad bonum convertantur, pudore in illis pædagogi vices explente, atque virorum proborum odio ipsos de nequitiæ fuga admonente. Hoc enim docuit et Paulus, loquens de iis qui operi nulli incumbunt, sed agunt curiose : *Hunc*, inquit, *notate, et ne commisceamini cum illo, ut confundatur* [16].

---

[15] I Cor. ix, 27.   [16] II Thess. iii, 14.

CAPUT IX.

Quod non convenit, ut asceta cupiat unquam ingredi in clerum, aut fratribus præfici.

Cæterum nequaquam convenit, ut asceta cupiat unquam ingredi in clerum, aut fratribus præfici. Nam diabolica ista pestis est, labesque libidinis dominandi : quæ res summæ diaboli nequitiæ insigne est. Nam et ille ab hoc vitio præceps actus est in superbiæ lapsum : qui autem hoc morbo corripitur, perinde atque ille ægrotat. Deinde vero quos occupat morbus ille, eos invidos, contentiosos, accusatores, impudentes, calumniatores, assentatores, molitores, et præter decorum humiles, illiberales, arrogantes, ac innumeris turbis refertos efficit. Invidet enim qui ejusmodi est, viris claris, eosque calumniatur : imo etiam plerumque eorum mortem exoptabit, ut, hominibus qui ad opus idonei sunt, deficientibus, suffragia ad se devolvantur. Itidem penes quos est sortitio electioque, iis adulabitur, ob idque habebit animum servilem : at vero adversus inferiores, si adversentur, superbe ac insolenter invehitur. Dolos igitur consuet, turbis ac suspicionibus innumeris futurus est obnoxius, animique dissolvet tranquillitatem, prætereaque Deus pacis fugabitur, utpote cui locus non sit quiescendi. Cognito itaque detrimento, hanc absurdam cupidinem fugiamus. Quod si Deus aliquando eligat quempiam ad ejusmodi munera, novit, cum sit industrius ac sagax, quemadmodum ipsum etiam præstiturus sit dignum : nos autem conscii esse debemus nobis in tipsis, nunquam nos aliquid tale appetivisse, neque ullo modo ejusmodi desiderium [in animo habuisse. Nam et hic animæ morbus gravissimus est, et facit ut a bonis excidamus.

CAPUT X.

Quod non convenit bona æmulari, vanæ gloriæ causa.

1. Fugienda est quam maxime inanis gloria, quæ nos non ante labores a suscipiendo labore deterret (siquidem levius hoc esset malum), sed coronis spoliat post labores. Est autem difficilis expugnatu illa salutis nostræ insidiatrix, cum locet nobis insidias vel in ipsis cœli orbibus, virtutesque, quarum caudex ad cœlum usque pertingit, dejicere ac deturbare contendat. Ubi enim viderit pietatis mercatorem omnigenis virtutum mercibus onerariam mentis navem implevisse, tunc excitata sua tempestate, evertere ac submergere navem conatur. Cum enim mentem ejus, qui ad regnum supernum navigat, eo adduxit, ut ad infernas res et ad glorias humanas respiciat, tum demum omnibus animæ divitiis ceu flatu repentino dissipatis, fundamentique virtutum in terram dejectis, labores ad cœlum usque porrectos diruit ; quandoquidem facit ut mercedem ab hominibus ob exantlatos labores exposcamus nos, quos tamen oportebat ad Deum solum respicere, eique nostra recte facta recondere, ab illo solo pro merito præmia accipere. Nos vero, quoniam malumus ob hominum gloriam bona opera peragere, quam eis Dei causa incumbere, idcirco inani laudis mercede ab illis efflagitata, jure ac merito excidimus a divinis remunerationibus, non laborantes Deo, sed hominibus nosmetipsos operarios locantes : a quibus si semel præmiorum jacturam pro præmiis receperimus, quid jam a Deo exposcere possumus, cujus gratia nihil unquam agendum nobis proposuimus? Id autem verum esse disce ex sacro Evangelio, quod de iis qui hominum ergo faciunt bona, ait : *Amen dico vobis, recipiunt mercedem suam* [37].

2. Agedum fugiamus vanam gloriam, dulcem illum spiritualium divitiarum prædonem, jucundum animarum nostrarum hostem, virtutum tineam, non injucunde bona nostra diripientem : quæ fraudis suæ venenum melle illinit, porrigitque exitiosum poculum mentibus hominum, ut hoc vitio, opinor, inexplebiliter imbuantur. Nam dulce quiddam est imperitis humana gloria. Accedit etiam, quod quos subegit, eos nullo negotio a recto judicio inducat in errorem. Qui enim illius tenetur desiderio, is ut evertit sua cogitata ac judicia, ita quidquid plebeculæ est admirationi, id existimat eximium. Quo fit ut si pravi quidam sint aut temerarii qui quæ mala sunt admirentur, necessario ea quæ a studiorum suorum judicibus in bonis poni crediderit, facturus sit, qui laudari se cupit ; sic, ut inanis **557** gloria non exstirpet modo bonas actiones, sed ad malas etiam conducat. Par est igitur oculis in rectam rationem et in Deum rectæ rationis moderatorem conjectis, hoc itineris ingredi, quo Deus præit ducitque. Sive autem laudent nonnulli hujusmodi viam, non oportet eorum laudem magni facere erectis in supernum laudatorem oculis, sed ipsis duntaxat de recto circa bona judicio gratulari : sive vituperent alii, nequaquam convenit regredi, at misereri eorum, quod veri judicii sunt expertes, et in gravissimis mentis tenebris jaceant.

CAPUT XI.

De idoneo ad loquendum tempore.

Hæc quidem præcipua sunt officia, quæ non pro suæ præstantiæ magnitudine, sed pro modo facultatis nostræ explicata sunt : quæ vero sequuntur virtutes, quæ vulgares mores exornant, eæ, opinor, facile in omnium veniunt conspectum, velut est loquendi opportunitas, et utilis verborum prolatio. Utile autem fuerit, aut de virtute opportune disserere, aut necessitate instante ac urgente verba facere, aut etiam omnino loqui ad audientium ædificationem ; reliquos vero sermones velut superfluos ac vanos reprobare.

[37] Matth. vi, 5.

CAPUT XII.
Quod non convenit ascetam facetias sectari.

Operæ pretium est abstinere a facetiis omnibus. Contingit enim plerumque, ut qui talibus occupantur, a recta ratione aberrent, animo effundente se ad risum movendum, et prudentiæ cogitationem ac vim destruente. Sæpe autem hoc malum sensim procedens, postremo desinit in verborum obscenitatem et in extremas ineptias, adeo ut animi vigilantia, ejusque in facetias diffusio nunquam simul cohæreant. Quod si opus aliquando fuerit oblectamento verborum ut tristitia paululum remittatur, sit sermo vester refertus spirituali lepore, et evangelico sale conditus; ut gratum interni cujusdam ac sapientis consilii afferat odorem, dupliciterque auditorem exhilaret, et animi relaxatione, et prudentiæ gratia.

CAPUT XIII.
De mansuetudine, et quomodo charitas constituatur.

Oportet ascetam quam maxime plenum esse mansuetudine, quandoquidem spiritus mansuetudinis vel particeps jam factus est, vel fieri se participem cupit. Convenit autem hospitem hujus ei, qui hospitio excipitur, **558** similem esse. Quod si opus etiam aliquando fuerit indignatione adversus socordem, qui scilicet sit nobis subditus, ratione temperetur indignatio. Etenim ut homicidæ gladiis utuntur, ita utuntur et medici. Verum illi, quod ex ira et crudelitate ensem in manus sumunt, patrant facinora omnium scelestissima, cum eos qui ejusdem generis sunt, interimant : hi vero, quod ratione gladium admovent, maximam hinc afferunt utilitatem : quippe qui periclitantibus salutem conferant. Hunc ad modum et qui novit cum ratione indignari, ei magnopere prodest, cui indignatus est, cum ejus segnitiem, aut nequitiam corrigat : qui vero iræ vitio victus est, nihil peragit sani. Quod autem et eos qui mansuetudinem excolunt, deceat opportuna indignatio, hinc planum perspicuumque efficitur. Moyses enim qui hominum omnium mansuetissimus fuisse perhibetur [38], ubi ita temporis ratio poscere visa est, indignatus est, eoque processit concitationis, ut finierit indignationem tribulium cæde; hocque tum, cum conflassent vitulum [39]; tum etiam, cum se per Beelphegor inquinassent [40]. Quare potest etiam mansuetus cum ratione excandescere, nec tamen mansuetudinis dignitatem corrumpere. Nam nullo modo commoveri, aut tempestive non indignari, lentitudo fuerit naturæ, non mansuetudo. Atque etiam patientia solet, nescio quomodo, lenitatem sequi. Lenitas enim mater est patientiæ. Cæterum nihilominus in iis qui vere mansueti sunt, nec habent mores severitate attritos ac vitiatos, permista est etiam benignitas. Etenim mansuetudinis materia benignitas est. Hæc autem inter se permista ac conjuncta, præstantissimam virtutum charitatem efficiunt.

CAPUT XIV.
De prudentia.

Cæterum in omnibus quæ suscipiuntur rebus antecedere prudentia debet. Nam citra prudentiam omnia etiam quæ videntur esse bona, ob adversum tempus et ob immoderationem vertuntur in vitium : sed si ratio et prudentia tempus ac modum rebus bonis præscribat, mirabile quoddam emolumentum ex ipsarum usu tum a dantibus, tum ab accipientibus percipitur.

CAPUT XV.
De fide et spe.

Atqui res omnes quas aggredimur, præcedat fides in Deum, comiteturque spes bona, ut animæ quidem vires fulciamus per fidem, per bonam vero spem reddamur ad bona alacres. Neque enim ullus hominum in rebus bonis conatus absque superna ope fiet : neque accessura unquam est superna gratia ad **559** hominem non studiosum; sed ad perfectum virtutis cumulum conjuncta simul esse utraque hæc oportet, et humanum studium, et cœleste auxilium per fidem e supernis accersitum.

CAPUT XVI.
De humilitate.

Atqui in omnibus quæ recte a nobis fiunt, animus causas rectæ actionis referat Domino acceptas, nihil omnino suis se viribus recte facere ratus. Ejusmodi enim affectus solet humilitatem in nobis ingenerare. Virtutum autem ærarium humilitas est. Hæc tibi, ut ita dicam, a nobis proponuntur ceu quædam sermonum ad virtutem spectantium semina : tu vero his hinc acceptis, multiplicem nobis fructum profer, et exple hoc Sapientiæ dictum, quod sapientibus jubet occasiones dari, ut sapientiores fiant [41].

CAPUT XVII.
Quot modis malæ in animo cogitationes nascantur.

1. Cum autem jam antea disputaverimus de cogitationibus, neque tamen quot modis cogitationes pravæ in recto intellectu exoriantur, distinxerimus, id quoque nunc adjiciendum esse censuimus, ut perfectissima sit hujus partis tractatio. Duobus igitur modis intellectum rectum infestant turpes cogitationes, cum aut animus ex sua ipsius oscitantia in ea, quæ non decent, vagus fertur, inciditque ex imaginationibus in absurdas imaginationes, aut cum diabolus insidiose conatur menti res ineptas objicere, eamque a rerum laudabilium contemplatione considerationeque avocare. Cum igitur animus, attentione ac contentione mentis remissa, obvias rerum etiam vulgarium memorias semel susceperit, tunc intellectus inscite imprudenterque in eas res, quæ sic in memoria hærent, præceps actus, in eisque diutius occupatus, ex erroribus in

---
[38] Num. xii, 3. [39] Exod. xxxii, 27. [40] Num. xxv, 5. [41] Prov. ix, 9.

longos errores transit, ac tandem sæpenumero in turpissimas atque flagitiosissimas cogitationes delabitur. Oportet autem ejusmodi animi incuriam ac effusionem densiore et coarctiore mentis applicatione emendare, mentemque reducere, et eam bonorum contemplatione ad aliquam rem præsentem jugiter appellere.

2. Cum autem diabolus insidiari aggreditur, conaturque vehementer admodum suscitatas a se cogitationes velut ignita quædam spicula in quietum ac pacatum animum intorquere, eumque derepente incendere, et immissarum semel specierum memorias diuturnas ac tenaces efficere, **560** tunc vigilantia quadam et attentione fortiore insidias hujusmodi vitare debemus, non secus ac athleta aliquis custodia quadam diligentissima et corporis agilitate non sinit apprehendi se ab adversariis; et de cætero precationi et superni præsidii invocationi prorsus belli cessatio et telorum declinatio tribuendæ sunt. Hoc enim nos docuit Paulus, cum dixit: *In omnibus sumentes scutum fidei, in quo possitis omnia tela nequissimi ignea exstinguere* [44]. Etsi igitur etiam inter orandum suggerat pravas imaginationes, ne desistat animus ab orando, neque pravum illud hostis semen, aut imaginationes a versipelli illo præstigiatore suscitatas putet suam ipsius agriculturam esse, sed illud secum cogitans, ab impudente illo nequitiæ inventore absurdarum cogitationum speciem imprimi, insistat intentius precationi, rogetque Deum, ut malum illud munimen ab ineptarum cogitationum memoria exstructum evertat, ut citra impedimentum, subito quodam mentis impulsu, nulla temporis mora interposita, festinanterque, ad Deum accedere possit, nusquam pravarum cogitationum insidiis alienatus. Quod si etiam augeatur talis cogitationum assultus propter adversarii impudentiam, non propterea abjicienda spes omnis, aut certamina relinqui debent imperfecta: sed eo usque perseverandum, quoad Deus conspecta nostra perseverantia nos gratia Spiritus illustret, quæ et insidiatorem fuget, purgetque mentem nostram, et ipsam divino lumine impleat, efficiatque ut mens in tranquillitate pacatissima Deo cum lætitia inserviat.

CAPUT XVIII.
Ad canonicos in cœnobio versantes.

1. Ac de asceta quidem, qui seorsum agit, vitamque solitariam amplexus est, dilucide, quantum in nobis erat, superius disseruimus, quomodo et animum exercens ad bonum, et corpus apte et rite componens, philosophum perfectum nobis exprimere possit. At quoniam versantur simul in communitate plurimi ascetarum, animum mutuo exacuentes ad virtutem, et recte factorum comparatione seipsos ad progressum in bono faciendum concitantes, æquum esse putavimus, hos etiam sermonibus nostris adhortari. Cum autem prius cognoverint, qualis ac quanti boni participes fiant, eos oportet sic adhortationem nostram ad hoc spectantem suscipere, ut animi promptitudinem ac studium hujus boni præstantia dignum ostendant. Primum igitur ad id quod **561** ex natura est bonum, revertuntur, amplectentes societatem ac victum communem. Nam perfectissimam vitæ societatem appello ego eam a qua exclusa est omnis possessio propria, fugataque est animorum dissensio, et ex qua perturbatio omnis contentioque ac dissidia absunt: in qua vero omnia sunt communia, animæ, sententiæ, corpora et quæcunque alia, quibus corpora nutriuntur ac curantur, communis Deus, communis pietatis negotiatio, salus communis, communia certamina, communes labores, coronæ communes, ubi multi unus, et unus non solus, sed in pluribus.

2. Quid comparandum est huic vitæ instituto? quid beatius? quid hac conjunctione atque unitate perfectius? quid jucundius morum et animorum conspiratione? Homines ex diversis nationibus ac regionibus profecti, tam perfecte et sincere in unum coaluere, ut animus unus cernatur in multis corporibus, multa vero corpora mentis unius organa esse comperiantur. Qui infirmus est corpore, multos habet una secum ex affectu infirmos: qui animo ægrotat ac concidit, ei præsto sunt multi, a quibus curetur, pariterque erigatur. Hi æquabili jure inter se alii aliorum et servi sunt, et domini, et in libertate invicta servitutem sibi invicem exhibent integerrimam, quam vi non peperit fortuiti alicujus casus necessitas, quæ non parvam suis captivis affert tristitiam, sed eam cum gaudio produxit liberum animi arbitrium; charitate liberos homines alios aliis subjiciente, ac voluntati libertatem servante. Tales nos ab initio Deus esse voluit, et ea de causa condidit. Hi, peccato primi parentis Adæ occultato, antiquum revocant bonum. Divisio enim dissensioque et bellum non exstarent inter homines, nisi peccatum naturam divisisset. Hi Servatoris, institutorumque vitæ ejus, quam in carne degit, imitatores sunt sinceri. Quemadmodum enim ille coacto discipulorum cœtu omnia communia, et seipsum communem præbuit apostolis: ita hi quoque duci obedientes, si modo probe vitæ regulam observent, apostolorum ac Domini ipsius vivendi genus accurate imitantur. Hi angelorum æmulantur vitam, illorum exemplo societatem diligenter tuentes. Nulla est iis inter angelos, nulla contentio, nulla controversia, sed quisque quæ omnium sunt, possidet, et tamen omnes integra bona apud seipsos recondunt. Non sunt enim angelorum divitiæ materia quædam circumscripta, quæ, quandocunque in plures distribui opus sit, sectione indigeat, sed possessio est expers materiæ, et mentis divitiæ.

[44] Ephes. vi, 7.

3. Et idcirco bona hæc, cum apud singulos integra permaneant, omnes ex æquo efficiunt divites : quippe quæ peculiarem ipsis possessionem nulli controversiæ aut contentioni obnoxiam præbeant. Nam comtemplatio summi **562** boni, et virtutum manifestissima comprehensio, angelorum est thesaurus, ad quæ respicere licet omnibus, unoquoque horum notitiam ac possessionem adipiscente. Tales exsistunt qui veri sunt ascetæ, qui nequaquam vindicant sibi terrestria, sed disceptant de cœlestibus, eademque singuli individuis quibusdam partitionibus apud se quisque integra recondunt. Virtutis enim possessio est, et recte factorum divitiæ, et laudanda avaritia, et lacrymarum expers rapina, et insatiabilis aviditas coronam consecuta, et reus efficitur quisquis vim non facit. Rapiunt omnes, et nemo afficitur injuria, ob idque pax has divitias dispensat. Ili promissi regni bona præripiunt, qui per eximiam suam vivendi rationem ac societatem plane imitentur vitam cœlestem ac statum. Ili sunt perfecte inopes, nihil proprium, sed omnia inter se communia habentes. Quot et quanta bona nobis conciliarit Servatoris incarnatio, hi ipsi aperte humano generi ostenderunt, qui confractam hominum naturam, et in innumeras partes dissectam, quantum in ipsis fuit, rursus et ad seipsam et ad Deum collegerunt. Hæc enim summa est eorum quæ in carne gesta sunt a Salvatore, ut humanam naturam tam ad seipsam, quam et ad seipsum etiam accerseret, et sublata prava sectione revocaret priscam conjunctionem, non secus ac medicus optimus, qui corpus plures in partes concisum salutaribus medicamentis religat.

4. Atque hæc recensui, non ut glorier ullo pacto, et cœnobitarum recte facta verbis extollam (neque enim tanta mihi inest dicendi facultas, ut valeam magna exornare, imo potius his offundo tenebras per meam in dicendo infirmitatem), sed ut præclari hujus instituti altitudinem magnitudinemque pro viribus explicem ac ostendam. Quid enim potest ex æquo cum hoc bono comparari? Ibi enim ut pater unus est, qui imitatur supernum Patrem, ita complures filii sunt, qui vincere se invicem sua in præfectum benevolentia student, filii, inquam, qui et inter se concordibus sunt animis, et patrem egregiis officiis et obsequiis prosequuntur, non in natura statuentes conjunctionis ac necessitudinis suæ causam ; sed firmiorem natura rationem concordiæ suæ ducem ac custodem reponentes, seque constringentes vinculo Spiritus sancti. Quæ jam rerum terrestrium imago possit præclari illius instituti præstantiam ac dignitatem exprimere? Atqui profecto nulla quidem est in terrenis, sed sola superna relinquitur. Nullis affectibus obnoxius est Pater cœlestis ; his hic quoque immunis est, sibi sermone ac doctrina concilians omnes. Incorrupti filii cœlestis Patris ; hos etiam adoptavit integritas. Charitas connectit superna ; charitas etiam hos inter se coadunavit. Vere et diabolus ipse de hujusmodi phalange desperat, impar tot pugnatoribus adeo composite **563** ac confertim adversus ipsum militantibus, tantaque cum charitate, testitudine inter se facta, certantibus, Spirituque ita septis et communitis, ut ne minimum quidem illius assultibus accessum præbeant. Considera mihi concordem septem Machabæorum pugnam, invenies quoque apud hos concordiam ferventiorem. De his David propheta in odis exclamavit, ac dixit : *Ecce nunc quid bonum, vel quid jucundum, nisi habitare fratres in unum*[17]? Per bonum quidem integritatem hujus vitæ exprimit ; per jucundum vero, concordiæ et unanimitatis lætitiam. Hoc vivendi genus qui accurate ac diligenter excolunt, hi mihi videntur supremam virtutem æmulari.

CAPUT XIX.
Quod oportet ascetam cum firmo proposito accedere ad asceticam vitam, et de obedientia.

Atque iis quidem, qui perspicaci mente præditi sunt, oratio nostra, cum superius hujusce status proprietates exponeremus, vivendi regulam præscripsit. Verum, quoniam operæ pretium est propter simpliciores fratres, etiam manifestius hujusce instituti præscripta singulatim explicare, jamjam ad hoc convertamur. Oportet igitur in primis eum qui ad ejusmodi vivendi genus accedit, stabilem, firmum et immobilem animum habere, ac propositum ejusmodi, quod nequitiæ spiritus invadere ac mutare non possint, itemque martyrum constantiam firmitate animi usque ad mortem ostendere, sic ut et Dei mandata amplectatur, et magistris suis obtemperet. Hæc enim hujus instituti summa est. Quemadmodum enim Deus, qui Pater omnium et est, et vocari vult, obedientiam integerrimam a suis servis exigit : ita quoque inter homines spiritualis pater ad Dei leges præscripta sua accommodans, obedientiam requirit disceptationis contentionisque expertem. Si enim qui mechanicæ alicui arti, earum videlicet, quæ ad præsentem vitam utiles sunt, studium impertit, prorsus obedit artifici, neque ulla in re adversatur illius præceptis, et ne paululum quidem ab ipso secedit, sed omni tempore in oculis magistri est, cibumque et potum ac reliquum victum ab eo præscriptum recipit ; multo magis qui ad discendam pietatis sanctitatisque disciplinam accedunt, ubi semel persuaserint sibi, se ejusmodi scientiam a præfecto ediscere posse, se his præstabunt omnino dociles ac prorsus morigeros omnibus in rebus, neque eorum, quæ imperata sunt, exposcent rationem, sed injunctum opus perficient ; præterquamquod si ecrum quæ ad salutem attinent, quidpiam ignorent, licebit modeste et **564** cum decenti reverentia interrogare ac doceri. Omnis autem

[17] Psal. CXXXII, 1.

hominis diligentia in eo ponenda est, ut ne animi altitudo ob insurgentes voluptates deprimatur. Quomodo enim anima humi per carnis voluptatem confixa, potest adhuc libero obtutu in affine sibi atque intelligibile lumen suspicere? Quare ante omnia temperantiam castimoniæ tutum custodem, et quæ præsidem mentem huc illuc errare non sinat, excoli oportet. Ut enim constricta per canales aqua, cum non habeat quo se diffundat, recta a comprimente vi in altum fertur : ita et humanus animus temperantia quasi angusto quodam canali undelibet constrictus, quodammodo ex motus natura ad rerum sublimiorum desiderium attolletur, qui scilicet, quo effundatur, non habeat. Neque enim animus unquam stare potest, qui ejusmodi naturam a Conditore accepit, ut semper moveatur, et si prohibeatur movere se ad res vanas, fieri non potest, ut ad veritatem recta omnino non tendat. Temperantiam autem arbitramur non sola ciborum abstinentia circumscribi (hoc enim multi et apud gentiles philosophi factitarunt), sed maxime oculorum accurata occupatione. Quid enim prodest a cibis abstinere, si adulterii libidinem per oculos vores, aut lubens vanas ac diabolicas voces auribus audias? Abstinentia prorsus inutilis est, nisi et a fastu et a superbia, et a vana gloria, et ab omni affectu vitioso abstineas. Aut quid inde emolumenti, si abstineas ab escis, a pravis autem et vanis cogitationibus non prorsus abstineas? Quamobrem Apostolus dicebat : *Timeo ne corrumpantur sensus vestri* [44]. Abstineamus igitur ab his omnibus, ne merito Domini accusatio veniat in nos quoque, tanquam qui excolemus culicem, camelum vero glutiamus [45].

CAPUT XX.

Quod colloquia cum cognatis sæculo addictis non sunt requirenda, neque res illorum curandæ.

1. Convenit utique tam disjunctos esse affectu a cognatis amicisque et parentibus, quam separari videmus mortuos a viventibus. Qui enim se vere ad subeunda virtutis certamina exuit, mundoque universo ac rebus omnibus mundanis nuntium remisit, et ut amplius aliquid dicam, qui mundo crucifixit seipsum, mundo et omnibus qui in mundo sunt, mortuus est, sive parentes fuerint, sive fratres, sive tertium, aut quartum, aut remotissimum cognationis gradum obtineant. Et quidem si parentes secesserint a sæculo, et ad filii se vivendi rationem contulerint, tunc vere sunt cognati; non parentum, sed fratrum obtinentes **565** locum. Pater enim est verissimus, primus quidem universorum Pater ; secundus vero post illum, is qui præit in spiritualis vitæ instituto. Si vero pergant cognati vitam priorem retinere, pars sunt mundi, a qua nos separati sumus, et jam nulla ex parte cognati sunt nobis, qui, carnali homine deposito, eam quam cum ipsis habebamus propinquitatem exuerimus.

Qui autem hominum sæculo addictorum amicitiam diligenter requirit, studetque continuo cum ipsis congredi, is ex colloquiis assiduis affectus illorum introducit in animum, ac rursus mente cogitationibus mundanis repleta, a bono proposito excidit, atque semovet se a spirituali sapientia, et animus illius rediit ad vomitum priorem, atque adeo sauciatur ab hoste, qui cognatione carnali vitam spiritualem conturbat.

2. Precemur itaque optima cognatis nostris, justitiam, inquam, et pietatem, et quæ nos magni fecimus. Decet enim nos hæc precari : illis vero conducit, ut opera nostra hæc ipsa consequantur. Quare nos neque simus de illis solliciti, neque anxii. Nam diabolus, cum animadvertit nos omnem temporalem curam exuisse, et succinctos ad cœlum currere, tum referens nobis propinquorum memoriam, nosque ad res illorum curandas adigens, auctor est, ut etiam mens sit de mundanis negotiis sollicita, dum cogitat quæ sint cognatorum facultates, abundentne, an desint, quæ ipsis ex commerciis proveniant lucra, et quantum ex his augeantur divitiæ; quæ jacturæ nascantur ex adversis vitæ casibus, et quantum ex his illorum opes imminuantur : facitque, ut cum eis lætemur quidem de prosperis ipsorum successibus, contristemur vero ob infortunia, et simus ipsorum inimicis inimici, idque, licet jubeamur nullum inimicum habere [46], itemque gaudeamus una cum amicis, qui sunt sæpe indigni spirituali cognatione, et oblectemur de injustis ac fraudulentis ipsorum lucris : prava denique omnia temporalium rerum studia, quibus exutis spirituales cogitationes introduxeramus, ille denuo inducit in mentem, atque terrenis ac mundanis cogitationibus illius opera animum rursum subeuntibus destruit internum ascetam, solamque statuam monachi figuram circumferentem efficit : quæ scilicet nusquam virtutibus animata sit. Sæpe etiam ob ingentem in propinquos benevolentiam asceta ausus est et sacrilegium committere, ut inopiæ mederetur cognatorum. Etenim quæ pro sanctis, qui seipsos Deo dicarunt, servantur, res sacræ, vereque Deo consecratæ esse et intelliguntur, et judicantur. Quamobrem qui talium quidpiam aufert, unus est ex iis qui sacrilegium audent perpetrare.

3. Cognito igitur intolerabili illo damno, quod ex studio in propinquos nostros nascitur, susceptam eorum causa sollicitudinem tanquam diabolicum telum fugiamus. Nam et Dominus ipse ejusmodi affectum ac consuetudinem **566** vetuit : qui uni ex discipulis id non permisit, ut diceret vale propinquis : nec alteri, ut vel cadaver mortui patris humo superinjecta contegeret. Ei enim, qui vale propinquis suis dicere volebat, dixit : *Nemo mittens manum suam ad aratrum, et respiciens retro, aptus est regno cœlorum* [47]. Alteri vero, qui sepelire

---

[44] II Cor. xi, 3. [45] Matth. xxiii, 24. [46] Matth. v, 44. [47] Luc. ix, 62.

patrem postulabat: *Sequere me* [48], inquit, et ,[*Sine ut mortui sepeliant mortuos suos* [49]. Et quidem videbatur uterque rem æquissimam justissimamque rogare: sed Servator non probavit, et ne minimo quidem temporis momento permisit a se disjungi alumnos regni cœlorum, ne alta et cœlesti meditatione humilius aliquid ex quadam ad terrenos et carnales affectus propensione aut facerent, aut cogitarent, cum non liceat cœlestia curantibus aliquam habere rerum terrenarum rationem, velut jam translatis et animo supra mundum evectis. Quod si dixerit quispiam: Quomodo igitur jubet lex curam suscipere cognatorum, his verbis: *Et propinquos seminis tui ne despicias* [50]; et Apostolus similiter : *Si quis autem suorum et maxime propinquorum curam non habet, fidem negavit, et est infideli deterior* [51], ei paucis respondebimus, hoc a divino Apostolo ad homines sæculo addictos, ad homines qui terrenas opes possidebant, poterantque cognatorum inopiam levare, dictum fuisse. Similiter lex etiam hæc dixit, atque ut dicam brevius, sermo est de viventibus, non de mortuis: quandoquidem hi ab omni hujusmodi debito liberi sunt.

4. Tu autem mortuus es, et toti mundo crucifixus. Rejectis enim terrenis divitiis amplexus es paupertatem : et cum te ipse dicasti Deo, Dei factus es thesaurus. Ut mortuus, liber es ab omni in propinquos pecuniarum collatione: ut nihil omnino possidens, nihil habes quod largiaris. Imo etiam cum ipsum corpus obtuleris, et de cætero ne illius quidem potestatem habeas, tanquam quod res sit Deo consecrata, tibi eo uti non licet ad humanum usum : sed cum iis solis qui iisdem moribus præditi sunt, quandoquidem et ipsi sunt Deo prorsus dicati, versari debes. Qui igitur in te convenient quæ ex sancta Scriptura retulimus verba? aut quomodo peccaturus non es, si fœdus, quod tu ipse de .colenda pietate cum Deo inivisti, irritum facias?

CAPUT XXI.
Quod non oportet a spirituali fraternitate resecari.

1. Jam illud quoque pro certo habendum est, cum, qui semel fraternitati spirituali alligatus est et adjunctus, ab iis, quibus ascitus est, nullo modo resecari ac separari posse. Si enim homines sæpenumero in societatem terrenæ hujus vitæ convenientes, non queunt citra pacta separari : et qui hoc facit, **567** futurus est reus præscriptarum multarum : longe magis qui fœdus inierit spiritualis illius contubernii, quod indissolubilem ac perpetuam conjunctionem habet, is seipsum ab iis quibus permistus est, sejungere ac resecare non poterit. Alioqui, si hoc facit, pœnis gravissimis a cœlo infligendis obnoxium se reddit. Etenim si mulier quæ ad viri pervenit societatem, cum eoque carnali copula conjuncta fuit, si insidias ipsi struxisse deprehendatur, morte multatur: quanto magis qui spirituali societati ascitus est, is, ipso Spiritu sancto teste ac internuntio, reus sit ob secessum?

2. Quemadmodum igitur corporis membra, naturæ vinculo colligata, non possunt a corpore abscindi, aut, si abscissa fuerint, mortuum fit quod absciditur : sic et asceta qui in collegium fratrum cooptatus est, Spiritusque fœdere, quod vinculum est vinculo naturæ fortius, ligatus fuit et vinctus, jam ab iis quibuscum copulatus est, non poterit resecari. Alioqui, si hoc facit, mortuus est animo, et privatus Spiritus gratia, ut qui id fœdus quod eo auctore inierat, violaverit. Si vero aliquis dicat, pravos esse aliquos fratres (non enim omnes accusabit : si quidem non malo consilio pepigere societatem, sic ut uno consensu mali sint omnes); si quis igitur dicat, improbos esse aliquos fratres, et incaute bonum ab his everti, negligi honestatem, haberi despicatui convenientem ascetis disciplinam, ob idque a talibus separari se oportere, is secedendi sufficientem causam non excogitavit. Neque enim Petrus, aut Andreas, aut Joannes propter Judæ nequitiam submoverunt se a reliquo apostolorum choro, neque alius quisquam apostolus hanc ad recedendum ansam arripuit, neque quominus obediret Christo, ob illius pravitatem ullo modo impeditus est : sed documentis Domini obsecuti æmulabantur pietatem ac virtutem, non autem ad imitandam illius perversitatem adducebantur. Sic qui ait : Cogor propter malos a spirituali communitate separari, non idoneam inconstantiæ suæ causam invenit : quin potius terra petrosa est ipse, qui veritatis doctrinam alere non potest ob consilii instabilitatem, sed per modicæ tentationis assultum, aut affectuum vitiosorum intemperantiam, honestum vivendi genus non perfert, statimque tenerum doctrinæ germen per vitiorum æstum arescit. Atque causas verisimiles quidem illas, ut sibi ipse persuadet, sed quæ tamen ad se defendendum ante tribunal Christi haud satis idoneæ sunt comminiscitur ; fallitque semetipsum facile. Nihil enim facilius est, quam seipsum decipere, quod quisque sibi benevolus justoque indulgentior judex est, jucunda judicans esse conducibilia.

3. Quamobrem qui ejusmodi est, sit ipso veritatis **568** judicio condemnatus, tanquam qui multis scandali exsistat occasio, aut etiam pravo suo exemplo semper alios ad hujusmodi flagitia imitanda provocet, et vocis illius væ hæres evadat. *Et expedit ei ut suspendatur mola asinaria ad collum ejus, et demergatur in profundum maris* [52]. Cum enim semel anima defectioni assuefacta fuerit, multa intemperantia repletur, avaritiaque, et edacitate, mendacio atque malignitate omni, et postremo in imam nequitiam fertur, malis extremis infixa. Qui igitur talium d.x exstiterit, consideret quot animarum interitus reus fiat : qui ta-

---
[48] Luc. iv, 59. [49] ibid. 60. [50] Isa. lviii, 7. [51] I Tim. v, 8. [52] Matth. xviii, 6.

men ne animæ quidem suæ rationi reddendæ par esse possit. Cur enim qui ejusmodi est, non magis imitatur magnum Petrum, fitque reliquis firmæ fidei et constantis in bonis animi exemplum, ut fulgente virtutum illius splendore, etiam ii qui in nequitiæ tenebris degunt, ad quiddam melius deducantur[53]? Deinde vero Noe justus ille haudquaquam Deo dixit: Oportet exire me de mundo, cum sint pravi omnes; sed potius athletico ac generoso animo perseveravit, servavitque in pravitatis abysso tranquillam ac pacatam pietatem, nec unquam dissensit a Domino, sed per patientiam ac tolerantiam in mediis impietatis fluctibus pietatis onerariam navim tutam et incolumem præstitit[54]. Et Lot in Sodomis inter tantam impietatem iniquitatemque ac injustitiam degens, virtutem incorruptam custodivit, neque ullis omnino passus est pravis insidiis circumventam captivamque teneri: atque inter hospitum interfectores, eosque qui multa petulantia atque libidine contra naturæ leges ferebantur, et ipse conservavit sanctitatem incontaminatam, et reliquos ad eam exhortatus est pro virili, prius factis quam verbis edocens bonum ac virtutem. Tu vero meditans defectionem, ac Spiritus sancti secessum excogitans, fratrum negligentias aut veras aut a te confictas prætendis, facisque, ut illata fratribus calumnia quasi quoddam velamentum sit et tuæ pravitatis, et tuæ in laboribus segnitiei, quos pro virtute debueras subire.

4. Quare qui talis fuerit, his exemplis ad frugem meliorem revocatus, in pactis cum Spiritu initis acquiescat, quibus se in primis cœlestis partus incunabulis devinxerat. Neque enim si contigerit, ut unus digitus molesti aliquid in manu perferat, continuo etiam alius resecari pertinaciter volet: sed primum quidem dolorem effugiet amputationis, deinde vero permanebit firmus et constans, ut et operam eam quæ a periclitante danda esset, det ipse corpori, et ne manus omnino ramis naturalibus spoliata, proprio et innato ornatu privetur. Velim igitur transferas **569** exemplum ad ascetam, et considera quantum dolorem ac dedecus animis acri sensu præditis per resectionem afferat, et quomodo constituat seipsum mortuum et vitæ exsortem. Quod autem præceptor discipulum suum ad pravitatem inducere non velit, sic ut prava magistri institutio causa discipulo sit secessus atque defectionis, hoc modo, si placet, consideremus. Quid est pater? quid vero est magister? Pædotriba uterque. Alter quidem filio, alter vero discipulo studiose precatur ac vult meliora. Siquidem et illud naturale patribus est, ut optent liberos sibi esse quam optimos et prudentissimos, honestissimosque ac modestissimos: quo et filii clari sint, et patres virtutibus filii ad se redundantibus magis inclarescant. Similiter et palæstræ magistri, quos ipsi exercent, eos et strenuissimos et peritissimos efficere student, ut cum fortiter ac perite prosperum certamen peregerint, adversariorum fiant splendidi victores, eorumque legitima pugna manifesta laus sit magistrorum. Quisquis autem animum ad docendum induxit, naturaliter vult discipulos suos ad perfectissimam documentorum suorum cognitionem pervenire. Cum igitur ita sint natura affecti patres, quomodo non optarit sanctitatis doctor, ut suus discipulus reddatur optimus, ac spirituali sapientia sapientissimus? præsertim cum sciat, se, si suus discipulus talis evaserit, tum apud homines futurum celebrem, tum a Christo eximias coronas consecuturum, quandoquidem famulos illius, vel, ut rectius dicam[55], fratres, quando et hac voce uti Christus voluit, diligentia ac cura sua effecit ipsius consortio dignos.

5. Sed et aliud præterea consideremus, quod si malus evaserit discipulus ob ipsius institutionem, inurenda sit magistro judicii tempore indelebilis ignominia coram orbis terrarum publico conventu, nec sit modo pudore afficiendus coram universo cœlitum agmine, verum etiam puniendus sit. Unde igitur fiet, ut præceptor discipulum suum bene moratum ac modestum esse nolit? Et alioqui magistro non profutura est discipuli pravitas: cum enim ambo alter cum altero ætatem degere statuerit, in quod vitium discipulus inciderit, ejus fructus primum cum magistro communicat; more venenatorum serpentum, qui a quibus foventur, in eos primum virus immittunt. Quare perspicuum est undique, cum ex rerum natura, tum ex utilitate instituentis, optaturum ipsum, ac curaturum omni modo, ut suus discipulus fiat probus ac modestus. Etenim si malitiæ ac nequitiæ foret magister, ad hunc omnino finem eos qui ab ipso exercentur, studeret perducere: si vero doctor est virtutis ac justitiæ, haudquaquam volet, opinor, discipulum suum ad contrarium suis ipsius studiis **570** finem pervenire. Itaque æquus omnis prætextus sublatus est ei, qui vult a spirituali societate separari. Posita est autem ipsi ob oculos causa hujus consilii, intemperantia affectuum, laborum negligentia, corruptela ac instabilitas judicii. Non enim audivit a propheta David, *Beati qui custodiunt judicium*[56]; qui custodiunt, non qui evertunt. Hi sunt qui fatuis assimilantur: qui super arenam inconstantiæ mentis, ædificii spiritualis posuerunt fundamentum, quod paucæ tentationum guttæ, et modicus torrens ab illius maligni assultibus excitatus, subtracto fulcro, dissolvit ac disjicit.

CAPUT XXII.
De obedientia uberius.

1. Quomodo quidem indissolubilis conjunctio ab eo, qui se semel spirituali societati adjunxerit, servanda sit, quoad potuimus, ostendimus. Verum nunc iterum de obedientia instituamus sermonem,

---

[53] Gen. vi, 9. [54] Gen. xix. [55] Matth. xii, 49. [56] Psal. cv, 3.

et quod superius paucis perstrinximus, nunc diligentius explicemus, ostendamusque quantam exigat ab ascetis erga præfectum obedientiam accurata doctrina. Ex ipsa enim Scriptura adnitar modum illius ac mensuram declarare. Ad Romanos scribens apostolus Paulus, subjici eos et potestatibus cunctis supereminentibus jubet, mundanis, inquam, non spiritualibus potestatibus [57] : atque hoc ex his quæ sequuntur declaravit, ubi de tributis ac vectigali loquitur, et ubi, qui vel minimum resistit potestati, eum affirmat Deo ipsi resistere [58]. Itaque si hujus mundi principibus, qui ex humana lege principatum obtinuerunt, ita subjectos esse pietatis cultores voluit divina lex, idque, cum tunc in impietate degerent; quanta tandem ab asceta præstanda obedientia est ei, qui a Deo præses constitutus sit, ab ejusque legibus potestatem acceperit? Quomodo igitur Dei ordinationi non restiterit, qui resistit moderatori? præsertim cum aperte Apostolus jubeat omni in re parendum esse spiritualibus præpositis. *Obedite*, inquit, *præpositis vestris, et subjecti estote. Ipsi enim vigilant pro animabus vestris, tanquam rationem reddituri, ut cum gaudio hoc faciant, et non gementes : inutile hoc enim vobis est* [59]. Si igitur non perfecte obedire inutile est, operæ pretium est persequi nos quod magis expedit. Nam mea quidem sententia, hoc quod dicitur inutile, magni cujusdam detrimenti, reique pœnitendæ ac corrigendæ significationem habet.

2. Imitanda est autem maxime sanctorum obedientia, quam Deo exhibuerunt; si idoneo hoc exemplo ad exsequendum nostrum propositum utentes, obedientiam rite præstare velimus. Neque vero existimet quisquam, me, obedientiam præfectis debitam stabilire volentem, exempla sublimiora proferre, aut debitæ Deo obedientiæ obedientiam hominibus reddendam arroganter comparare audere. Non enim proprio marte, sed ipsis divinis Scripturis inductus hanc adhibui comparationem. Animadverte enim quid dicat Dominus in Evangeliis, ubi de obedientia servis suis reddenda legem ponit. *Qui recipit vos, me recipit* [60]. Et iterum alio in loco : *Qui vos audit, me audit; et qui vos spernit, me spernit* [61]. Quod autem apostolis dixit, id ab ipso de omnibus post eos moderamen habituris statutum fuisse, ex multis et indubitatis sacræ Scripturæ testimoniis evidentissimisque argumentis probari potest. Quamobrem fuimus nos etiam convenienter divinis oraculis locuti, cum diximus, nos sanctorum erga Deum obedientiam, nostræ erga præfectos obedientiæ exemplar nobis ipsis proponere oportere. Quomodo igitur suam sancti declararunt erga Dominum obedientiam? Considera mihi Abraham, qui jubetur relinquere domum, patriam, opes, possessiones, cognatos, amicos; itemque contraria consectari, terram alienam, locum ignotum, vagationem, paupertatem, timores, pericula, et ea quæ peregrinos comitantur incommoda. Considera illum et prompte obedientem, et relinquentem domesticam felicitatem ac quietem, et ejus loco amplectentem in aliena terra ærumnas, atque errationem.

3. Vides ascetam perfectissimum, et cujuscunque felicitatis mundanæ contemptorem, Dei causa? Sed reliqua persequamur. Venit ille quidem in Palæstinam, commonstratum a Deo locum ad incolendum : sed fame regionem hanc invadente, transmigrat in Ægyptum, et illic uxore rapta, haudquaquam animo concidit, neque de Dei consiliis conqueritur, quod pro obedientia ejusmodi præmia reciperet, quin potius animo leni hanc quoque injuriam injuriarum omnium gravissimam pertulit, non semel, sed rursus etiam a Gerarorum rege illatam. Cum enim semel statuisset Deo obedire, jam non attendebat quid de se decerneret Deus, sed qua ratione ipse perfectissimam ac inculpatam obedientiam præstaret. Et eam ob causam postremo recipit filium Isaac, diuturnæ precationis ac fidei præmium ac donum. Cum autem videret illum ad ætatis florem progredientem, exhibentemque parentibus bonam spem successionis et generis ad posteros propagandi, tum demum post spes tantas jubetur a Deo hunc ipsum ad altum montem deducere et illic largitori immolare. Porro ille durissima hac voce accepta, munereque horrore plenissimo, et ejusmodi, ut tantummodo auditum, nedum imperatum, naturam vinceret, hæc ut moderate tulit, ut non jam motus est mente, ut animo non concidit, sed tanquam agnum aliquem mactaturus, sic quieto et imperturbato animo, imposito sibi obedientiæ jugo, ibat cum filio, quod imperatum fuerat expleturus, nihil propterea Dei judicium curiose pervestigans, neque conquerens de eo, sed ad suum ipsius officium respiciens, ut ne ulla in re obedientiam infringeret suam. Sic igitur splendidam coronam consecutus est, toti terrarum orbi constitutus ipse fidei atque obedientiæ columna. Poteram quidem reliquorum etiam sanctorum, qui in veteri historia claruerunt, obedientiam commemorare, ut obedientia contradictionis expers formaretur in ascetis : sed ne orationem longam faciamus unumquemque hæc discere volentem ad sacras litteras auscultandas remittentes, ipsi ad Servatoris nostri discipulos sermonem convertemus ; ostensuri, quomodo obedierint, quomodove fuerint subditi. Dicebat ipsis Jesus, cum rudes adhuc in ejus disciplina essent, Dominumque arbitrarentur tantum non jamjam regnaturum, atque existimarent se nihil perpessuros, subituros nulla pericula, nullis molestiis afficiendos, sed regnaturos cum Christo, atque in regalis gloriæ cultusque et honoris societatem venturos. Atque ut hoc declarat Petrus, cum Jesum de sua

[57] Rom. xiii, 1. [58] ibid. 7. [59] Hebr. xiii, 17. [60] Matth. x, 40. [61] Luc. x, 16.

ipsius passione verba facientem increparet : *Assumens enim*, inquit, *eum Petrus, cœpit increpare illum, dicens : Propitius sis tibi, Domine, non erit tibi hoc* [61], his verbis ostendens mali nihil aut molesti suspicatum se fuisse : ita quoque idem declarant et filii Zebedæi, qui deprecaturam pro ipsis matrem adduxerint ad Dominum, ut honore afficerentur sedendi a dextris et a sinistris. Etenim nisi cito admodum regnaturum eum existimassent, non utique ausi fuissent id postulare ; quippe cum sessionem a dextris Patris in cœlo ad Servatorem pertinere intelligerent.

4. Quid igitur ipsis hæc exspectantibus ac sperantibus dicebat ? *Ecce ego mitto vos sicut oves in medio luporum* [63]. Et tamen re audita spei suæ maxime contraria, nequaquam responderunt : Accesseramus ob alias spes, et tu contraria his quæ speravimus, præcipis nobis? Otium ac quietem speravimus, et emittis ad pericula ? Exspectavimus honores, et tu infers ignominias ? Regnum speravimus, et tu ut fugemur, omniumque servi simus, jubes ? Nihil horum dixerunt, tametsi his quæ diximus, plura alia graviora que audierant, veluti illud : *Tradent vos in tribulationes, et occident vos, et eritis odio omnibus gentibus propter nomen meum* [64]. *Et ad præsides et reges ducemini propter me* [65]. Itaque cum hæc omnia præter exspectationem audivissent, tamen inflexa mentis cervice, subierunt jugum, animoque alacri ad pericula, ad fora, ad contumelias, ad lapidationes, ad flagra, ad ignominias, ad cruces, ad varias mortes processere. Imo etiam hæc pertulerunt alacritate tanta, ut gavisi sint, egerintque diem festum splendide tum, cum habiti sunt digni, qui fierent Christi passionum participes. *Gaudebant enim*, inquit, *quod digni habiti sunt pro nomine ipsius contumeliam pati* [66]. Exigitur ab eo qui secundum Deum asceta est, ut suo præfecto hanc præstet obedientiam. Christus enim elegit discipulos, ut hujus vivendi generis quamdam formam hominibus, sicuti antea a nobis dictum est, relinqueret. Nam præfectus nihil aliud est nisi is qui personam Servatoris sustinet, cum et Dei hominumque factus sit mediator, et Deo offerat salutem eorum, qui sibi parent.

5. Atque hoc ab ipso Christo edocemur, qui post se Petrum Ecclesiæ suæ pastorem constituit : *Petre enim*, inquit, *diligis me plus his ? Pasce oves meas* [67]. Atque etiam omnibus futuris pastoribus ac magistris eamdem potestatem tribuit. Et hujus rei argumentum est, quod omnes perinde atque ille ligent et solvant. Ut igitur oves obtemperant pastori, pergentes quacunque via eas duxerit : ita ii qui secundum Deum ascetæ sunt, præfectis obsequi debent, nequaquam curiosius perscrutantes eorum præcepta, quando libera sunt a peccato, sed omni alacritate atque studio imperata ex-

plentes. Quemadmodum enim faber lignarius aut domorum ædificator unoquoque artis instrumento utitur ad suum arbitrium, nec unquam dicet instrumentum non inserviturum se ei usui, ad quem illud adhibet artifex, sed moderatoris cedit manui : sic convenit ascetam, velut instrumentum quoddam utile artifici ad ædificium spirituale perficiendum, in omnibus obedire, in quibus ejus ministerium præfectus judicarit bonum ac laudabile, ne si suam ipsius operam non contulerit, spiritualis operis perfectionem corrumpat. Et ut instrumentum non sibi ipsi deligit quod faciendum est ad artem juvandam : ita operæ pretium est ascetam non sibi ipsi opera deligere, sed institutionem sui prudentiæ ac gubernationi artificis permittere. Novit enim qui prudenter præest, uniuscujusque et mores et affectus et animi motus diligenter exquirere, et ad hæc suum etiam ministerium in unoquoque accommodare. Quocirca nullomodo est ejus statutis adversandum, sed pro certo credendum, rem omnium esse difficillimam, semetipsum cognoscere ac curare, propterea quod ingenitus est hominibus sui amor, et quilibet quadam erga semetipsum propensione veritatis judicium eludat : at vero ab alio et cognosci et curari facile est, cum in iis qui cæteros judicant, vitiosus ille sui ipsorum amor ad veritatem discernendam nequaquam obstet. Stante enim in ascetarum conventu hac voluntatum consensione, nullo negotio et pax inter ipsos diversabitur, et salus cum charitate atque concordia omnium acquiretur.

CAPUT XXIII.
Quod debet asceta vilia etiam opera cum multa alacritate suscipere.

Atque etiam oportet ascetam viliora opera ingenti alacritate ac studio suscipere, scientem nihil omnino parvum esse, quod Dei causa fiat, sed magnum et spirituale et cœlo dignum, et ejusmodi quod mercedem illinc accessuram nobis conciliet. Etsi igitur oneraria jumenta, quæ communibus commodis inserviunt, sequi oportet, reluctandum non est, cum meminisse apostolorum debeat, quam alacriter Domino pullum adducere jubenti obediverint, cogitareque, eos etiam quorum causa nos jumentorum curam suscipimus, fratres Servatoris esse, benevolentiamque et studium in ipsos collatum referri ad Dominum, qui dixit : *Quatenus fecistis uni ex his fratribus meis minimis, mihi fecistis* [68] Quod si ea quæ fiunt pro minimis attribuit sibimetipsi, longe magis quæ fiunt pro electis, ea sibi vindicabit, modo ne suum ministerium teporis ac desidiæ causam putet, sed communiat seipsum in vigilantia omni, ut et ipse et qui secum sunt, percipiant utilitatem. Si igitur facienda sunt viliora quædam opera, scire convenit Servatorem quoque ipsum discipulis servivisse, abje-

[61] Matth. xvi, 22. [63] Matth. x, 16. [64] Matth. xxiv, 9. [65] Matth. x, 18. [66] Act. v, 41. [67] Joan. xxi, 15. [68] Matth. xxv, 40.

ctaque opera agere dedignatum non fuisse, et magnum esse homini, si Dei fiat imitator, atque per humilia hæc in hujus imitationis altitudinem ascendat. Quis autem jam quidquam eorum quæ Deus fecit, humile et abjectum appellarit?

CAPUT XXIV.
Quod non conveniat honores ac dignitates requiri ab asceta.

1. Operæ pretium est ascetam honores nullo modo consectari. Nam si hic laborum ac recte factorum præmium ac mercedem inquirit, miserandus est ob hanc remunerationem, qui scilicet pro temporalibus jacturam faciat æternorum; sin autem hic decertare instituerit, in cœlo autem coronari, non honores solum exquirere non debet, sed delatos etiam recusare, ac rejicere, ut ne præsens honor gloriam illic possidendam imminuat. Nam præsens vita in operibus atque certaminibus posita est tota; futura vero, in coronis atque præmiis, quemadmodum magnus ille Paulus, præsentem vitam consummaturus, et ad ea quæ illic sunt migraturus, ait : *Bonum certamen certavi, cursum consummavi, fidem servavi : de reliquo reposita est mihi corona justitiæ, quam reddet mihi Dominus, non hic, sed in illa die justus judex* [69]. Et rursus ipse Salvator ait : *In mundo hoc pressuram habebitis* [70]. Ac iterum idem Apostolus : *Per multas tribulationes oportet nos intrare in regnum cœlorum* [71]. Proinde si vis in futurum regnare, hic quietem ac honorem ne sectere : sed etiamsi nunc divexeris propter doctrinam, veritatis scilicet, scias te postea regnaturum. Nam præsentis molestiæ, quæ ob virtutem toleratur, hæc merces constituta est. Quod si nihil patiare adversi, coronas illic distribuendas ne exspectes, ut qui hic prius temetipsum constitutis ob coronas certaminibus ac laboribus non objeceris.

2. Honores igitur nequaquam ambiat asceta, nolitque cæteris anteponi. *Omnis enim qui se exaltat, humiliabitur : et qui se humiliat, exaltabitur* [72]. Si asceta se ipse exaltaverit, habet qui graviter ac potenter humiliet, ipsumque ad inferos usque demergere possit ; sin autem humiliaverit seipsum, splendide et magnifice admodum extolletur, Deo per suam potentiam humiliatum exaltante. Exspecta igitur rite exaltantem, o asceta, nec ullo modo animo deficias ob præsentia. Nam athleta es, et operarius Christi, qui te diem totam decertaturum, et totius diei æstum perlaturum pactus es. Cur nondum completa diei mensura, requiem consectaris? Vesperam, finem hujus vitæ præstolare, ut cum paterfamilias venerit, tribuat tibi mercedem. Vespere enim facto, dixit dominus vineæ procuratori suo : *Voca operarios, et redde illis mercedem* [73]; non in meridie, neque initio conductionis. Opperire igitur finem vitæ, et tunc pro merito mercedem referes. Nunc autem postremum locum occupa, ut tunc primum consequare [74].

CAPUT XXV.
De frugalitate ac simplicitate in alimentis.

Neque vero ciborum varietatem ullo modo debet asceta requirere, neque prætextu continentiæ alimenta commutare. Hoc enim eversio est communis disciplinæ, scandalorumque occasio, et hujus vocis *væ* hæres evadit is, qui in ascetica societate tales turbarum causas serit. Sed licet contingat, ut hoc obsonium sale conditum, quod sancti Patres loco alterius cujuspiam condimenti adhibendum judicarunt, tantillum aliis cibis injiciatur, immistum scilicet reliquo edulio aqua aut oleribus confecto, neutiquam asceta obtentu et nomine vanæ videlicet et voluntariæ pietatis, velut qui carnes recuset, alimenta pretiosiora ac delicatiora perquirat, sed frustum panis citra attentionem intingens in minimi hujus frusti sale conditi jusculo, cum omni gratiarum actione comedat. Nam minimum illud frustum in tantam aquæ copiam, aut leguminum (si ita fors ferat) injectum, non præfert delicias, sed severissima vereque asperrima est abstinentia ascetarum. Oportet igitur quæ ejusmodi sunt, nequaquam a sanctimoniæ cultore observari. Neque enim Judæorum more, sed deliciarum satietatem fugientes, ab ejusmodi rebus abstinemus.

CAPUT XXVI.
Quod qui respicit ad perfectionem, is nihil lædi possit egrediendo.

1. Quod si asceta dicat, detrimenti aliquid se pati, cum egreditur, aut peregrinatur ob necessaria communitatis negotia, ob idque exire recuset, nondum novit obedientiæ integritatem, neque intellexit hanc virtutem nequaquam comparari ejusmodi inertia atque pigritia. Respiciat igitur ad exempla sanctorum, quomodo morem gesserint, ne minimum quidem in quibusvis mandatis vel difficillimis contradicentes, aut reluctantes; et ita demum discat obedientiæ perfectionem. Si autem sit aliquis, qui etiam revera damnum inde recipiat, is roget fratres, ut pro ipso Deum orent, similiterque et ipse cum certissima spe a Deo petat, ut in omnibus spiritualibus recte factis, et in corporis ministeriis ad bona opera attinentibus, instrumentum fiat efficax et utile. Et sine dubio cui studium et alacritas quærentium bonum accepta sunt, is dabit facultatem et vires, cum ipse ad petendum cohortatus sit, ac dixerit : *Petite, et dabitur vobis; quærite, et invenietis; pulsate, et aperietur vobis. Omnis enim qui petit accipit : et qui quærit, invenit : et pulsanti aperietur* [75]. Et rursus alio in loco : *Si quis autem vestrum indiget sapientia, postulet a Deo, qui dat omnibus simpliciter, et non improperat : et dabitur ei ; postulet autem in fide, nihil hæsitans* [76]. Ac in omnibus deni-

---

[69] II Tim. IV, 7, 8. [70] Joan. XVI, 33. [71] Act. XIV, 21. [72] Luc. XIV, 11. [73] Matth. XX, 8. [74] Luc. XIV, 10. [75] Matth. VII, 7, 8. [76] Jac. I, 5, 6.

que rebus, ubi mens in perfecta obedientia vacillat, aut animi alacritatem Satanas impedit, obtundendo infringendove, hoc remedium adhibeamus, precemur videlicet Deum, et postulemus recte agendi facilitatem nobis dari, Deique timore configi carnes nostras [17], et animum nostrum attentum fieri, et minime vagum, sic ut carnis cupiditatibus voluptatibusque non capiatur. Etenim per mentis aberrationem cupiditates mundanæ animo innascentes, inæqualitates varias efficiunt in cogitationibus, et pigros nos ad bona opera reddunt.

2. Itaque nemo nostrum recuset ad communia et necessaria corporis ministeria suam ipsius operam conferre: sed rogemus Deum, ut facultatem adjuvandi cæteros ab ipso accipiamus. Nam si priorum exemplo recusent omnes, quis functurus est officiis? Cæteroquin operæ pretium, hoc te doceri aliquo etiam exemplo. Nam qui modo in aliquem ordinem ascriptus est miles, non eos, qui in exercitu sunt, ad suam consuetudinem transferre conatur, sed componit se ipse ad ordinis instituta atque consuetudinem. Par igitur fuerit, eum etiam, qui in spiritualem societatem allectus est, non illos ad suos mores accommodare velle, sed suos mores societatis moribus institutisque conformare.

577 CAPUT XXVII.
Quod asceta non debet privatus negotia habere.

Porro ne minimo quidem temporis momento asceta sui juris sit, ita ut vacet suis ipsius negotiis. Neque enim potest instrumentum absque artifice moveri, neque membrum potest ne puncto quidem temporis separari a toto corpore, aut moveri præter voluntatem interni artificis, aut præfecti totius corporis, neque ascetæ licet facere quidquam, aut exsequi præter præpositi sententiam. Quod si dicat se propter corporis infirmitatem mandatis conficiendis imparem esse, infirmitatem suam præfecto probandam permittet. Et alioqui si meminerit Scripturæ, adhortabitur seipsum ad imperata implenda, quandoquidem audiet Scripturam dicentem: *Nondum usque ad sanguinem restitistis, adversus peccatum repugnantes* [18]. Et rursus alibi: *Propter quod remissas manus et soluta genua erigite* [19].

CAPUT XXVIII.
Quod oportet præfectum paterna benevolentia res ac negotia subditorum administrare.

Sed et ipse præpositus, velut pater legitimorum filiorum curam suscipiens, quid fratri unicuique opus sit, attendet, curamque ac medelam convenientem afferet: et quod membrum sive animo sive corpore reipsa infirmum fuerit, id cum charitate atque benevolentia patre digna sustentabit.

CAPUT XXIX.
Quod non decet in ascetico instituto peculiarem quandam amicitiam esse inter duos aut tres fratres.

Ac decet fratres charitatem quidem inter se mutuam habere, sed non ita tamen, ut duo aut tres simul conspirantes, sodalitates aliquas constituant. Non enim hoc charitas est, sed seditio, divisioque, et eorum, qui sic coeunt, improbitatis argumentum. Si enim commune bonum disciplinæ diligerent, qui tales sunt, sine dubio communem æqualemque in omnes dilectionem haberent: si vero secantes ac separantes seipsos, aliqua communitas in communitate fiant, vitiosa est ejusmodi amicitiæ conjunctio, et est aliquid aliud, quod præter communem rem tales conjungit, novitas videlicet præter eum, qui obtinet, disciplinæ vigorem. Quare oportet neque ejusmodi sodalitia permitti in conventibus, neque charitatis servandæ causa quemquam fieri socium fratris, qui velit improbe agere, et communis disciplinæ jura violare: sed quandiu **578** omnes in bono permanebunt, unusquisque cum cæteris omnibus sociari ac conjungi debet. Quod si quis vigenti rerum statui obesse volens, fratrem attrahit, hic primum quidem ab eo qui sanus est, veluti mente ægrotans secreto est admonendus: sed si nolit privatim curari, alii etiam fratres prudentiores ad eum sanandum adjungendi sunt, juxta sacrum Evangelium: *Si autem te non audierit, adhibe tecum adhuc unum vel duos* [80]. Quod si ne eis quidem obsequatur, declarandus est ipsi præfecto animæ illius morbus: at si ne præfecto quidem obtemperarit, habendus est perinde ut ethnicus et publicanus [81], et sicut ovis peste correpta ab ovili arcendus, ut ne cæteros etiam morbo impleat. Denique si nemo ex pravo exemplo damnum patiatur, tunc tantummodo patientia, adhibitis tamen antea quæ prius diximus remediis, locum erga eum habebit, spe videlicet ipsum se aliquando in meliorem frugem recepturum. Verum patientia sic exercenda est, ut non resecetur quidem, sed non ita, ut non admoneatur, neque plectatur legitimis multis ac pœnis.

CAPUT XXX.
Quod non debet asceta vestium aut calceamentorum delectum expetere.

Cæterum vestimenta aut calceamenta pretiosa nobis exquirenda non sunt, sed eligenda viliora, ut in hac etiam re humilitatem ostendamus, et ne homines elegantes, et amantes suiipsorum, et fraterni amoris exsortes esse videamur. Qui enim primas exoptat, a charitate et humilitate excidit.

CAPUT XXXI.
Quod debet præfectus viribus corporis sua mandata accommodare: et de iis qui vires suas occultant.

Ac etiam caveat oportet præfectus, ne si graviora quam corporis vires ferant mandata injungat, infirmum provocet ad contradicendum: sed perinde ut pater ex æquo in omnes benevolus ac legitimus, corporeas cujusque vires consideret, atque ita mandata imponat, partiaturque. Cæterum gravissime plectentur ii, qui quas a Deo datas sibi cor-

---

[17] Psal. cxviii, 120. [18] Hebr. xii, 4. [19] ibid. 12. [80] Matth. xviii, 16. [81] ibid. 17.

poris vires habent, occultant, et adversus præpositos impudenter se gerunt, ac mandatis non obsequuntur. Si enim imminet præfecto periculum ingens ac intolerabile, si absconderit doctrinæ talentum, et non unicuique prænuntiaverit venturam ob peccatum frameam, longe magis periclitaturus est, qui acceptas a Deo ad commune commodum corporis vires otiosas reddit, occultatque.

579 CAPUT XXXII.
Quod non debent fratres tristitia affici, cum levamenti aliquid affertur debilioribus.

Atqui non convenit affligi fratres, aut indignari, quando præfectus infirmioribus convenientia munia assignat, eosque indulgentia dignos censet, necessitate ita postulante. Imo vero qui robustiores sunt, eos cæteris qui indulgentia indigent, tanquam debilioribus membris par est parcere, et hoc pacto charitatem spiritualem complere. Neque enim pes in corpore insurgit in manum, aut eam ad suum ipsius munus explendum cogit, neque tota manus minimo digito onus munii sui imponet : sed unumquodque membrum quam a natura sortitum est facultatem, hanc exercet, perfertque debiliora. Hæc disciplina si in spirituali conventu servetur, perspicuum erit nos vere corpus Christi esse, et membra ex parte [82] : quippe qui conjunctionis harmoniam ac concordiam omnis dissidii expertem semper inter nos custodiamus.

CAPUT XXXIII.
Quod non debent præfecti iis monachis, qui suum conventum deserunt, licentiam ejus rei faciendæ dare, aut hos admittere ad ritæ communitatem.

1. Oportet autem et spiritualium cœtuum præfectos, mutuam exercentes benevolentiam, mutuamque suiipsorum curam suscipientes, alterum alterius studia non destruere, neque simpliciter et inconsiderate desciscentes fratres mutuo admittere. Hoc enim summa confusio est, dissolutioque, et eversio spiritualis operis. Etenim de fratribus quidem, qui cordatiores sunt, ii cum Dei timore detineantur, constanter in bono persistunt : qui vero segniores sunt et pigriores, eos incutiendus ab hominibus pudor et vis ex hominibus impendens erudit ad bonum, ac dirigit. Si igitur qui negligentior sit, licere sibi animadverterit, impune labores delectæ semel societatis effugere, ad aliamque sedem transmigrare, et incaute incontinenterque vivere, facile discedet, atque exitii ipsius reus futurus est, qui ipsum prompte ac festinanter suscipit. Atque etiam malum illud progressum faciens, eos quoque, qui bene ac rite incedunt, non raro a recta et justa via abducit, omniumque interitus ei, qui labendi occasionem dedit, attribuetur. Quamobrem ne hoc eveniat, desertores fratres aut commonefaciamus, aut eo, unde exierunt, reducamus : aut si nobis non obsequantur, vitemus, aversemurque, et cum ipsis congredi nolimus, atque fratribus omnibus, ut hoc idem faciant, denuntiemus : ut videlicet aut illi ipsi ejusmodi aversatione castigati, revertantur ad proprium **580** ovile, et ab eo, quem semel sortiti fuerint, pastore pascantur : aut si iidem illi spiritualem societatem pergant aspernari, reliqui saltem, qui viderint quam exsecrabiles fuerint facti, hoc exemplo emendentur, et turpitudinem fugientes, imitari caveant.

2. Quod autem mei non sunt hi sermones, sed clari sermones Spiritus, apponam ipsa Pauli verba, quibus intemperanter viventes castigavit, atque inter cæteros ebriosos etiam et conviciatores pœnis ac multis subjicit. *Si enim*, inquit, *aliquis frater est fornicator, aut conviciator, aut ebriosus, cum ejusmodi nec cibum sumere* [83]. Ac rursus alio in loco de iis qui nihil agebant, sed curiosius inquirebant, dixit : *Hunc notate, et ne commisceamini cum illo* [84]. Quod autem is qui inita cum sancto Spiritu pacta violat, perpetret facinora pejora quam conviciatores, et ebriosi, et otiosi, perspectum est omnibus et compertum. Quare consequenter invitat nos ratio ipsa, ut spiritualis disciplinæ eversores, ab eorum, qui ipsam conservant, congressione arceamus probibeamusque. Tunc autem tantummodo fratris secessum citro reprehensionem oportet manere, quando ex præfecti judicio ob aliquod negotium fit.

CAPUT XXXIV.
Quod non oportet ascetam in aliquo conventu degentem quidquam rerum terrenarum privatim possidere.

1. Oportet autem ascetam, qui eam, quam exposuimus, societatem amplexus sit, ab omni privata rerum terrenarum possessione liberum esse. Etenim nisi hoc facit, primum quidem exactam ac sinceram societatem privata possessione corrumpit ; deinde vero ostendit se et valde incredulum, ut qui diffidat Deo, quasi eos, qui in nomine ipsius fuerint congregati, nutriturus non sit, neque audierit Davidem prophetam, dicentem : *Junior fui, etenim senui, et non vidi justum derelictum, nec semen ejus quærens panes* [85], sive spirituales, qui ad mentem pertinent, sive sensibiles, quibus corpus nutritur. Si enim ubi duo aut tres in nomine Christi congregati sunt, ibi in medio ipsorum est [86], multo magis ibi erit ubi longe major ac frequentior exstiterit hominum cœtus. Aut igitur nihil deerit necessariorum, si modo affuerit nobis Christus, cum Israelitis in deserto nihil defuerit utilium : aut etiamsi quidpiam defuerit ad probandos nos, præstabilius est nos indigere et esse cum Christo, quam citra illius societatem omnes mundi divitias possidere. Cæterum ejusmodi possessio ea in re detrimentum non sistit, sed illud etiam ulterius provehit. Enimvero qui proprium aliquid habere studet, nihil aliud, quam secessum ac defectionem meditatur. Nam **581** cui hoc in animo non est,

---

[82] I Cor. XII, 27. [83] I Cor. v, 11. [84] II Thess. III, 14. [85] Psal. XXXVI, 23. [86] Matth. XVIII, 20.

quid est tandem quod ipse possidere seorsum velit? A cum probe sciat, Christi munere servos ipsius omnibus rebus necessariis semper abundare. Proinde perspicuum est, qui talis sit, eum de resecanda ac morti tradenda anima sua cogitare, paucisque obolis salutem suam vendere, et (liceat mihi paulo audentius loqui) alterum Judam effici, ut qui a furto exordiatur (furtum est enim privata possessio), et desinat in proditionem, cum et ipse veritatis doctrinam prodat, perinde ut ille Dominum prodidit. Quando enim vitæ nostræ institutum est, neque separari ab illo cœtu, cui fuimus adjuncti, neque ullam rem privatam comparare, neque omnino quidquam moliri, quod clandestinum sit, aut ejusmodi, quod ad fratrum perniciem malo exemplo sit iis qui salvi fieri cupiunt; tum si quis timore Dei statutisque sancti Spiritus contemptis, primum quidem subreptionem (subreptio enim est qualitercunque et undecunque comparata privata possessio), deinde vero defectionem etiam ac secessum cogitaverit, quomodo is non prodidit veritatis doctrinam, quomodove non factus est alter Judas, cum quantum in se fuit, veritatem prodiderit? Cavendum est igitur omni modo, ne quidquam privatim possideamus, præter ea, quæ simul in communi suppeditantur omnibus: neque hac ratione solum integram ab omni labe mentem servemus, sed internum etiam hominem ab omnibus sordibus expurgemus; videlicet tum a cogitationibus impuris ac pravis, quæ internam Spiritus habitationem conspurcant, tum a dolo atque simulatione, invidiaque, et contentione, quæ charitatem radicitus evellunt, Deumque ab anima eorum qui hujusmodi sunt, fugant. Si enim Deus charitas est [87] qui charitatem non habet, divina gratia caret.

[87] I Joan. IV, 8.

2. Servet autem suam quisque animam in omni humilitate, sanctimonia, et in alacritate circa bona opera, mentemque ad præsentia occludat et videat, ne præsenti tempore ab aliqua Dei voluntate aberret, hujusque instituti vigorem frangat. Nam ejusmodi animi status ab omni nos mentis aberratione liberabit, facietque ut in metu ac constanti proposito bona prosequamur omnia, cum videlicet id semel firmiter ante omnia in animum induxerimus, Deum bonum esse, bonorumque omnium auctorem, non autem ullius cujuscunque mali, licet nos remedium amarius quidem, sed ad emendationem necessarium degustemus. Nam cum medicus sit humanarum animarum Deus, pro morborum natura vim medicamentorum idoneam temperat, ut expurget, cum opus fuerit, intimum vitium. Cum igitur hæc ita se habere plane intelligamus, gratias agamus semper, etiamsi, dum purgamur a negligentiis, medelam experiamur acriorem. At per tentationes probationem etiam sufferre, paucorum admodum hominum est, et Abrahæ similium. Hæc igitur sunt, quæ divina gratia ad exhortandos vos, qui communem ac socialem vitam amplexi fuistis, mentis nostræ humilitati subministravit. Quo vitæ genere nullum (uti oratio declaravit, et mens nostra novit) aut splendidius, aut jucundius, aut sublimius inter homines reperiri potest. Cum autem eos etiam, qui solitariam vitam degunt, pro virili exhortati simus, unumque atque idem sit utrisque propositum, nimirum placere Christo, et intercedat cognatio inter tradita his et illis præcepta, legamus quoque habitam ad illos orationem. Fortasse enim illinc etiam utile aliquid in hunc sermonem inferetur, quod magis ac magis id vitæ genus illustrare ac exornare possit.

APPENDIX

TOMI SECUNDI* OPERUM S. BASILII MAGNI,

COMPLECTENS

OPERA QUÆDAM, QUÆ, UT NOBIS QUIDEM VIDETUR, EI FALSO ASCRIPTA SUNT.

583 *SANCTI PATRIS NOSTRI*

BASILII,

Cæsareæ Cappadociæ archiepiscopi,

HOMILIA DE SPIRITU SANCTO.

Qui baptizatur, in Trinitatem baptizatur, in Patrem et Filium et Spiritum sanctum [88], non in principatus, neque in virtutes, neque in reliquas creaturas. Itaque perspectum ei sit Trinitatem supra creaturam esse; nec quidquam de Trinitate ad creaturam deprimere aggrediatur. Memor sit etiam Domini, qui Spiritum sanctum insufflavit [89], illaque insufflatione ostendit Spiritum essentiæ divinæ, non naturæ creatæ esse. Reputet etiam secum apostolicam de Trinitate expositionem, in qua unam operationem videmus Patris et Filii et Spiritus sancti, sic ut neque Filius, neque Spiritus creatus sit, aut factus secundum naturam. Non enim Deus sua ipsius creatura indiget ad suam operam edendam. Dicit autem Apostolus : « Divisiones donorum sunt, et idem Spiritus. Et divisiones ministrationum sunt, et idem Dominus. Et divisiones operationum sunt, idem vero Deus, qui operatur omnia in omnibus [90]. » Itaque quæ operatur Deus, ea operatur Spiritus. « Omnia, inquit, operatur unus et idem Spiritus, dividens singulis prout vult [91]. » Neque in servitutem abducat Spiritum, cum audit eum, prout vult, omnia quæ Dei sunt operari. Ac rursus : « Dominus autem Spiritus est. Ubi autem Spiritus Domini, ibi libertas [92]. » Etenim nisi dicat divinitatem in nobis inhabitantem Spiritum [93], dicente Joanne : « In hoc cognoscimus quod in nobis est, ex Spiritu quem dedit nobis [94], » spem omnem e medio tollet. Nisi enim Deus in nobis fuerit, neque vitam, neque bona æterna consequemur. Dicit autem iterum Paulus : « An nescitis quod templum Dei estis, et Spiritus Dei habitat in vobis [95]? » Et rursus : « Corpora vestra templum sunt Spiritus sancti, qui in vobis est, quem habetis A **584** a Deo [96]. » Et creaturæ quidem, ut cognoscat quæ Dei sunt, opus est revelatione : sed Spiritus hæc revelat. « Nobis, inquit, Deus revelavit per Spiritum suum [97]. » Quin et causa nostra scrutatur, quod in eo nos scrutamur. « Spiritus, inquit, scrutatur etiam profunda Dei [97*]. » Sed secundum se cognoscit sicut et noster spiritus. « Quis enim, inquit, hominum scit quæ sunt hominis, nisi spiritus, qui in ipso est? Ita et quæ Dei sunt nemo cognovit nisi Spiritus Dei [98]. » Atque, ut vivificat Deus; ait enim Paulus : « Præcipio coram Deo, qui vivificat omnia [99] : » ita dat vitam Christus, qui dicit : « Oves meæ vocem meam audiunt, et ego vitam æternam do eis [1]. » Vivificamur autem per Spiritum, uti Paulus ait : « Qui suscitavit B Christum ex mortuis, vivificabit et mortalia corpora vestra per ipsius Spiritum inhabitantem in vobis [2]. » Vivificaris igitur a Deo per Christum, in Spiritu. Et quoniam omnis operatio Filii per Spiritum manifestatur, idcirco Spiritus vocatur Dominus, Domini nomine ; et Christus, nomine Christi, ut modo dicebamus : « Dominus autem Spiritus est [3]. » Dictum quoque est : « Vos non estis in carne, sed in spiritu : siquidem Spiritus Dei habitat in vobis. Si quis autem Spiritum Christi non habet, hic non est ejus [4]. » Exinde subjungit : « Si autem Christus in vobis est [5], » cum consequenter debuisset dicere : Si autem Spiritus in vobis est. Nec est vox ulla divina, quæ Spiritum factum esse doceat. Illud enim, « Omnia per ipsum C facta sunt [6], » spectat ad creaturarum multitudinem : Spiritus autem non comprehenditur in multitudine : sed cum dualitate Trinitatem complet, estque a creatura extraneus, et maxime supereminet, cum sanctificet creaturam, vivificetque, et unctio exsistat in nobis, imo et in ipsa Domini carne. Non autem Dominus noster Jesus Christus per creaturam sanctificatur, quemadmodum dicit Petrus : « Jesum a Nazareth : quomodo unxit eum Deus Spiritu sancto et virtute [7]. » Neque per creaturam

---

[88] Matth. xxviii, 19. [89] Joan. xx, 22. [90] I Cor. xii, 4-6. [91] ibid. 11. [92] II Cor. iii, 17. [93] Rom. viii, 11. [94] I Joan. iv, 13. [95] I Cor. iii, 16. [96] I Cor. vi, 19. [97] I Cor. ii, 10. [97*] ibid. [98] ibid. 11. [99] I Tim. vi, 13. [1] Joan. x, 27, 28. [2] Rom. viii, 11. [3] II Cor. iii, 17. [4] Rom. viii, 9. [5] ibid. 10. [6] Joan. i, 3. [7] Act. x, 38.

* Nunc tertii.

potens est; ait enim : « In Spiritu Dei ejicio dæmonia [8]. » Neque a creatura ducitur, scriptum namque est : « Agebatur per Spiritum in desertum [9]. » Prophetæ veteres Dei dignitatem majestatemque conclamarunt : « Hæc dicit Dominus. » At vero novi prophetæ : « Hæc dicit Spiritus sanctus. » Et apostoli : « Visum est Spiritui sancto et nobis [10]. » Quapropter etiam Apostolus, ut ostendat se divina verba loqui, modo quidem ait : « An experimentum quæritis loquentis in me Christi [11]? » modo vero : « Puto quod Spiritum Dei habeam [12]. » Quin et Scriptura vetus Spiritus glorificatione plena est. « Verbo Domini, inquit Psaltes, cœli firmati sunt, et Spiritu oris ejus omnis virtus eorum [13]. » Et in libro Job scriptum est : « Divinus autem Spiritus qui fecit me [14]. » Ut autem præter Filium Verbum aliud quo cœli facti sint, supponi non potest (alioqui enim non essent per Dominum Jesum facti, si per aliud verbum facti fuissent) : ita neque Spiritus alius qui cum Verbo virtutes cœlorum firmet, **585** potest supponi. Cum autem Spiritum oris audimus, non humano more accipimus, sed ut Deum decet, quemadmodum et Verbum intelligi oportet. Neque enim Verbum vox est quæ dissolvatur : sed, ut Psaltes ait, « In æternum, Domine, Verbum tuum permanet in cœlo [15]. » Neque Spiritus flatus quidam est, qui diffundatur : sed flatus est qui consistit, permanetque. « Quo enim ibo a Spiritu tuo [16]? » inquit David, cum sit ubique, impleatque omnia, et in dignitate divina exsistat. Quod enim de Spiritu dixit, id et de facie Dei dicit, deque illius dextera, cum subjungit : « Et quo a facie tua fugiam ? Si ascendero in cœlum, tu illic es : si descendero in infernum, ades : si sumpsero pennas meas diluculo, et habitavero in extremis maris : etenim illuc manus tua deducet me, et tenebit me dextera tua [17]. » Et vox Dei de se simul et de Spiritu dicit illud : « Ego sum in vobis, inquit Dominus, et Spiritus meus stetit in medio vestrum [18]. » Neque igitur alienus est a Dei gloria Spiritus, ut qui ex ore ineffabili prodeat ineffabili modo : neque Deus ipse absque Spiritu est : sed Dei Spiritus, et apud Deum est, missus a Deo, perque Filium suppeditatus. Quemadmodum dicitur ex Patris persona : « Spiritus meus, qui est in te [19]. » Dicitur vero a Domino, « Paracletum mittam vobis : » quem utique vocat etiam « Spiritum veritatis [20]. » Unum itaque Patrem, unum Filium, et unum Spiritum secundum traditionem divinam confiteamur oportet, non patres duos, non duos filios : quandoquidem Spiritus Filius non est, neque nominatur. Non enim a Spiritu quempiam accipimus, quemadmodum a Filio Spiritum : sed ipsum ad nos accedentem, nosque sanctificantem suscipimus, deitatis videlicet communionem, adoptionis participationem, æternæ hæreditatis arrhabonem, et futurorum bonorum primitias. Nec quisquam extra sacra hæc nomina curiosius investiget ; neque Filii appellationem, neque generationem violenter ad Spiritum detorqueat ; sed Spiritus appellatione contentus sit atque similitudine. Sed enim ex Dei optimi gratia, recordatione verborum unigeniti Filii Dei viventis, et sanctorum ejus evangelistarum et apostolorum et prophetarum, qui ejus quod secundum Evangelium Domini nostri Jesu Christi est baptismatis doctrinam satis nobis explanarunt, edocti sumus baptisma illud quod in igne fit, ut ad malitiam arguendam, ita ad Christi justitiam recipiendam idoneum esse, sic ut simul malitiæ odium et virtutis desiderium pariat : item per fidem sanguine Christi ab omni peccato purgari, atque in aqua baptizatos nos in mortem Domini, quasi confessionem scriptam deposuisse, qua profitemur mortuos nos esse peccato et mundo, vivificari vero justitiæ, et ita demum in nomine sancti Spiritus baptizatos, denuo generatos fuisse, generatos vero et baptizatos in nomine Filii, Christum induisse, indutos autem homine novo, **586** qui secundum Deum creatus est, in nomine Patris baptizatos fuisse, Deique filios appellatos. Opus est igitur nutriri nos deinceps esca vitæ æternæ : quam nobis rursus dedit idem unigenitus Filius Dei viventis dicens : « Non in solo pane vivit homo, sed in omni verbo, quod egreditur per os Dei [21]. » Et quomodo id fiat, docuit ipse, cum dixit : « Meus cibus est ut faciam voluntatem ejus qui misit me, Patris [22]. » Et rursus : « Amen amen dico vobis. » Hoc iterum proponens ad ea quæ sequuntur confirmanda et ad auditores convincendos, ait : « Nisi manducaveritis carnem Filii hominis, et biberitis ejus sanguinem, non habetis vitam in vobis. Qui manducat meam carnem, et bibit meum sanguinem, habet vitam æternam, et ego resuscitabo eum in novissimo die. Caro enim mea vere est cibus : et sanguis meus vere est potus. Qui manducat meam carnem, et bibit meum sanguinem, in me manet, et ego in illo [23]. » Et paulo post scriptum est : « Multi ergo ex discipulis ejus audientes sermonem dixerunt : Durus est hic sermo. Quis potest eum audire ? Sciens autem Jesus apud semetipsum, quod murmurarent de hoc discipuli ejus, dixit eis : Hoc vos scandalizat ? Si ergo videritis Filium hominis ascendentem eo ubi erat prius ? Spiritus est qui vivificat : caro non prodest quidquam. Verba mea spiritus et vita sunt. Sed sunt quidam ex vobis, qui non credunt. Noverat enim ab initio Jesus, qui essent credentes, et quis traditurus esset ipsum. Et dicebat : Propterea dixi vobis, quod nemo potest venire ad me, nisi fuerit ei datum a Patre meo [24]. » Et postremo : « Cum ergo accepisset Jesus panem, et gratias egisset, fregit, deditque discipulis, et dixit : Ac-

---

[8] Matth. xii, 28. [9] Luc. iv, 1. [10] Act. xv, 28. [11] II Cor. xiii, 3. [12] I Cor. vii, 40. [13] Psal. xxxii, 6. [14] Job xxxiii, 4. [15] Psal. cxviii, 89. [16] Psal. cxxxviii, 7. [17] ibid. 7-10. [18] Agg. ii, 5, 6. [19] Isa. lix, 21. [20] Joan. xv, 26. [21] Matth. iv, 4. [22] Joan. iv, 34. [23] Joan. vi, 54-57. [24] ibid. 61-66.

cipite et comedite : hoc est corpus meum, quod pro vobis frangitur. Hoc facite in meam commemorationem. Et accepto calice, gratiis actis, dedit ipsis dicens : Bibite ex hoc omnes : hic est enim sanguis meus Novi Testamenti, qui pro multis effundetur in remissionem peccatorum [15]. » Et Apostolus : « Quotiescunque enim comederitis panem hunc, et calicem biberitis, mortem Domini annuntiabitis [16]. » Quid igitur verba hæc sunt, et quis eorum fructus ? Ut et comedentes et bibentes, semper memores simus ejus qui pro nobis mortuus est, et resurrexit, sicque edoceamur necessario servare debere apostolicum illud mandatum, quod nobis traditum est, quo dicitur : « Charitas enim Christi constringit nos, judicantes illud, quod si unus pro omnibus mortuus fuit, ergo omnes mortui fuerunt : et pro omnibus mortuus est, ut qui vivunt, non amplius sibi vivant, sed ei qui pro ipsis mortuus est et resurrexit [17]. » Qui enim edit et bibit, utique id facit ad servandam indelebilem memoriam obedientiæ Domini et plastæ, quæ ad mortem usque facta est, qui mea causa factus est id quod eram figmentum. Neque vero simpliciter edere jussus est, verum etiam tale Domini corpus jubemur judicare, deposito scilicet carnis ac spiritus inquinamento; et cum effecerimus nos ceu spiritualis unguenti receptaculum, ita demum ad purum sacrificium accedere, in Christo Jesu Domino nostro, cui gloria et imperium nunc et in sæcula sæculorum. Amen.

587 HOMILIA DICTA IN LACIZIS.

1. Pugnat inimicus, et externo tumultu concitato, sonitum sermone nostro majore edere conatur; sed nos consiliorum ejus haud ignari, aures ac mentem ad ea quæ hic leguntur, convertamus, eorum qui ab hoc auditorio absunt miserti, non una cum iis qui foris sunt abeuntes mente : at ubi corpore sumus, simus illic et animis. Revocate, quæso, in memoriam spiritualia oracula quæ vobis mane lecta sunt, doctrinam animabus utilem, animarum medelam. Memineritis documentorum in Psalmis contentorum : colligite mihi desumpta e Proverbiis præcepta : perscrutamini historiarum pulchritudinem : admonitiones apostolicas his adjungite. In primis velut coronidem adhibete evangelicorum verborum memoriam, ut capto ex omnibus fructu aliquo, domum revertamini, quisque ad id quod cupit, utilitatem ex Spiritu percipiendam consecutus. Sic omnino res se habet in frequentissima ecclesia : quot sunt vultuum differentiæ, tot et animorum ; quot ætatum, tot et peccatorum. Diversa autem et varia sunt artificia diaboli ; alium aliter seducit : ad quod unumquemque conspexerit procliviorem, ad id illecebris suis utitur.

2. Astat hic unus aliquis cujus animus invidia laboret ? [Utinam autem nullus esset, idque jure, mihi in votis est! Sed quia in hominum natura difficile est vitium nullum esse, neque parvum, neque magnum, quisque quod sibi profuturum est, id ex iis quæ recitata sunt seligat. Invidus es ? Accipe medelam. Iracundus es ? Proposita tibi est sanitas. Disseritur enim de his omnibus. Atque, si fieri potest, pauca dicemus, ex singulis quæ memoravimus nonnihil decerpentes. Avarus es ? Habes hic remedium. Superbus es ? Hic domabis fastum : hic, si voles, animi reprimes elationem. Omnia sententiarum spiritualium bona quasi e fonte scaturiente haurias ; et ita demum ubi tibi ipse abunde hauseris, domum revertere. Dictus est primus sermo in Parœmiis in modum proverbii, adjecta quadam obscuritate, ad mentem nostram exercendam : « Qui videt levia, misericordiam consequetur. » Apprehendistine per teipsum hujus dicti intelligentiam, an inquiris, cum sis diligens auditor, quomodo qui levia videt, is sit laudibus ornandus ? Nam quæ a voluntate pendent, merentur laudem. Videmus autem nos homines non qualia volumus, sed qualis est natura eorum quæ videntur. Quare, si quid asperum fuerit in superficie ; quale natura exstitit, tale videre datur. Si vero in res leves oculos conjecerimus, unde laus tribuetur levia conspicienti ? Levia sunt quæ 588 superficiem planam habent : asperum vero, quod primo intuitu inæqualiter compactum est. Cum igitur eorum quæ videntur, inæqualis sit natura ; qui fit ut eum qui levia videt, præter alterum qui aspera conspicit, laudet Scriptura ? Ita condemnat videntem montes, et scopulos, et barathra, et nemora densa, et germina inter se cohærentia quæ superficiem asperam præ se ferunt, aut etiam mare sæpe a ventis exasperatum, aut etiam terram aratro conscissam, et in partes asperas levitatis loco dissectam. Num qui hæc videt, condemnabitur ? Et ubi, quæso, justum Dei judicium, si ob ea quæ nobis invitis contingunt, condemnamur ? Si videro terram aliquam quæ natura inæqualis sit (qualis enim condita est, talis conspicitur) : num ego propterea condemnor ? Sed illud : « Qui videt levia, » velim sensu altiore intelligas. Adsunt coram te fratres diversæ sortis : pauper, alius dives : alius hospes, alius domesticus, qui aut te judice judicandi sunt, aut qui tuis largitionibus indigent. Si sederis judex, ne videas inæqualia, ne videas divitem sublimem, aut pauperem humilem. Si foribus tuis astiterit qui penuriæ suæ quærat levamen, ne sic quidem videas inæqualia. Ne dixeris : Hic amicus est, hic consanguineus, hic auctor est collati in me beneficii, ille peregrinus, alienus, ignotus. Inæqualia si videas, non consequere misericordiam ; levia vide. Natura est una : tum hic tum ille homo est. Penuria una, egestas in utroque eadem : fratri da, et peregrino, et cave fratrem aversaris : peregrinum autem pro fratre habe. Itaque levia videre operæ pretium est.

[15] Matth. xxvi, 26-28; Luc. xxii, 19, 20. [16] I Cor. xi, 26. [17] II Cor. v, 14, 15.

Amicum egestati suæ consulentem alieno ne præponas. Vult Deus te indigentibus solatium afferre, nullam personarum rationem habere, non propinquo dare, peregrinum vero repellere. Omnes propinqui, omnes fratres, unius patris filii omnes. Spiritualem patrem si quæris, ille cœlestis est : terrena si quæris, mater est terra, atque ex eodem luto conflati sumus omnes. Quare natura, quæ est secundum carnem, germana est : germana quoque est ea, quæ secundum spiritum est generatio. Eumdem sanguinem a primo homine habet, quem tu : eamdem a Domino gratiam accepit, quam tu. Vide igitur levia, ut misericordiam consequare. Ne dixeris : Hic dives est, et honore dignus : ille pauper, sed pauperem parvi facio : neque his vitæ conditionibus quibus alter alteri præstat inæqualiter honores distribuas. Est enim dives mendax, dives rapax, dives scortator, pauper justus. Itaque ne attende externæ speciei : sed occulta penitioraque ingressus, illic differentias distribue, honora qui quæ honore digna sunt possidet. Utrum magis honorandum, virtus an divitiæ? Quid ex iis quæ externa sunt, probas hominem, ea vero quæ abdita sunt, non scrutaris [28]? **589** Vides Bel extrinsecus quidem æs habuisse, intrinsecus vero lutum sub fulgente ære absconditum. Si videris eos qui in mundo illustres sunt, scias eos ære circumfulgere, intus vero lutum esse, ære quod putre est suffulciente. Multi quidem aurum intus habent, testam vero forinsecus circumpositam. Hic est thesaurus in testaceo vase reconditus. Hic pudicam vitam agit, ille scortatur. Uter ditior, qui pudicitiam colit, an qui habet pecunias inique collectas? Illius indelebilis est memoria ; hujus divitiæ temporariæ sunt. Hoc fur non perfodit, illud hodie floret, cras marcescit. Proinde vide levia ex æquo, una eademque ratione, sed tamen eorum quæ honore digna sunt discretionem e medio ne sustuleris, misericordiam ut nanciscare.

3. « Et ne habites una cum viro iracundo [29]. » Es autem dicturus : Est inter nos qui sit gloriæ cupidus, qui tamen iracundus non sit. Gloriæ cupidus es? Non vides levia. Iracundus es? « Et ne habites una cum viro iracundo. » Vides quam paucis verbis peccata corrigantur, nisi forte aures vestras duntaxat per vocem pulsemus, in cor vero dictorum intelligentiam non transmittamus. Sed sic tecum reputa : ubinam lectum est quod ad me spectat? Quæ de iracundis lecta sunt, agnosce tu qui iracundus es. Dicito : Hic meus est morbus, meam agnosco infirmitatem, accipe medelam. Quod si adeas medicum, et videris pretiosa medicamenta in variis tabulis collocata, considerabis quid morbo tuo conveniat. Non qui pedem offendit, quærit oculi curationem : sed qui oculum male affectum habet, remedium morbi hujus proprium conquirit. Sumat igitur quisque ex Scriptura, ea quæ morbo suo sunt agnata. Iracundus es? Cohibe iracundiam. « Vir enim, inquit, iracundus est inhonestus [30]. » Disce a Scriptura. Sit faciei tuæ speculum Scriptura. Ibi disce. Quoniam enim impia ratiocinatio, tenebris inductis, quantum peccatum ira sit, reputare te non sinit, Scriptura dicit tibi : « Inhonestus est vir iracundus. » Quomodo inhonestus est qui iracundus est? Exuit habitum humanum, belluinum habitum induit. Finge tibi animo iratum, efferbuit in ipso ira, et oculi mutati sunt : non sunt iidem oculi, ignescunt : excurrit ipsius sanguis, circum cor ebullit, tunicas subit oculorum : suffunditur sanguine, dum morbo succumbit ; alterat oculos suos. « Vir iracundus est inhonestus. » Si videris iratum dentes acuentem, cogita hominem ejusmodi similem esse apro, ut qui iracundiam internam dentium affrictu indicet. Si videris iratum spumantem : si videris indistincta in corde balbutientem : si videris iratum patris obliviscentem, non agnoscentem corpus filii, gerentem se in omnibus inconsulte ut **590** impetui suo satisfaciat, intueris ipsam rei turpitudinem. In alieno malo teipsum cura, ne et tu illius contrahas deformitatem. « Vir iracundus est inhonestus. » Et, « Ne habites una cum viro iracundo. » Mala res, cum cane colligari, ac perpetuum latratum ferre. « Vir iracundus est inhonestus. » Fuge congressum ejus atque consuetudinem, alioqui necesse tibi est aliquid viarum ipsius addiscere. Dixit rem contumeliosam, commovit et animum tuum. Quemadmodum canis latratus provocat canis alterius tumultum : ita quoque animum tuum prius sopitum ac quiescentem vox ejus ad iram concitavit, et alter alterum allatrastis, et ita demum alter alteri adversantes, ignominiosa verba velut fundas intorquetis. Dixit ille aliquid injuriosum : tu longe injuriosius respondisti, auspicantem atque aggredientem imitatus. Ille contumeliosi verbi receptis vicibus, commoveri non destitit : sed conversus peccatum suum adauxit. Superior evadere voluit verborum acerbitate. Tu rursus his auditis, supra modum attolleris, sicque malorum sit contentio. Qui autem in malorum certamine vincit, is magis miser est. « Vir iracundus est inhonestus. » Et, « Ne habites una cum viro iracundo. »

4. « Neque cœnes una cum viro invido [31]. » Vitium aliud quod in hominum vita diversatur, jugiterque animis nostris adhæret, et exedit cor magis quam rubigo ferrum, invidia est : in qua quidem sunt mala multa, sed unum utile est, quod malum sit possidenti. Enimvero invidus invidioso nocet parum ; sed se ipse mœrore gemituque ob proximi felicitatem absumit, nec imminuit agrum vicini, sed se ipse consumpsit per invidiam.

5. « Ne transfer terminos æternos [32]. In possessionem orphanorum ne ingrediaris [33]. » Ne ingrediaris in possessionem orphanorum, ut ingrediare

---

[28] Dan. xiv, 6. [29] Prov. xxii, 24. [30] Prov. xi, 25, juxta LXX. [31] Prov. xxiii, 6. [32] Prov. xxii, 28. [33] Prov. xxiii, 10.

in possessionem tuam. Est autem tua possessio paratum regnum cœlorum. Terminos patrum ne moveris. Ne concupiscas agros proximi [34]. Ne sulcum sulco adjiciens, agrum tuum paulatim adaugeas. Quantum enim ex aliena accessione terram dilataveris, tanto majus peccatum tibi accersis. Et terra quidem quæ tibi paulatim accesserat, et per avaritiam parta fuerat, hic remanet, nec amplius tua est, sed hæredum, ac iniquas opes relinquis successori : « Terra in æternum stat [35], » peccatum vero te sequetur, cum animam instar umbræ comitetur. Quemadmodum enim umbra sequitur corpus, ita et peccatum animæ cohæret. Tibi ne multiplices peccatum. Nusquam enim conquiescit avaritiæ morbus, sed ad ignis naturam similitudine accedit. Ignis enim postquam accensus est, festinat materiam omnem depascere : nec quisquam priusquam materia deficiat, eum sistere potest. Similiter quid potest avarum cohibere? Igne ipso est asperior, omnia continenter depascens. Usurpavit quæ proximi sunt; successit vicinus alius, ejus quoque bona sibi assumpsit. Non attendit iis quæ prius parta fuerunt, quod multa sunt : **591** sed iis quæ desunt, quod vicinos habet. Non lætatur possessis : sed de iis quæ desunt, dolet : neque attendit congestorum possessioni, sed opum ampliorum desiderio absumit semetipsum. Deinde hinc vigiliæ, curæ, sollicitudines. Quantum augescunt divitiæ, tantum affertur curarum mundanarum. Judex exspectatur, et avarus circumspectat ne ad judicium pertrahatur ; ne orphanus lacrymas suas in foro notas efficiat. Deliberat noctu, quos amarulentos patronos subornet, quemadmodum testimonia falsa mercede conducat; quomodo eum qui desolatus est expugnet, huncque, vel in ipso judicio occultata veritate, opprimat potentia, quomodo denique et judicem fallens, et pupillum bonis spolians, utrumque voret. Hæ curæ avari animam consumunt. Latrat canis, et dives furem esse existimat. Auditur muris strepitus, et salit cor divitis; servum suspectum habet, sunt ei suspecta omnia ; filios jam grandes velut insidiatores conspicit, quod eorum ætas successionem urget. Avari alio etiam morbo laborant. Victum suum in digitis ponit avarus (1); alias pecunias profert in medium, alias defossas habet, ad spes incertas seponens, ad spes, inquam, quæ spes nequaquam sunt. Etenim si ad spes reconderentur, apparatus earum pro spe æterna fuisset factus. Nunc autem sub lecto divitias incertas abscondit, venturum damnum avertere se ratus. Sed an ventura sit unquam utendi necessitas, incertum : contra, veniet tempus, in quo pecunias non dispensasse pœnitebit. Hoc certum est, et indubitatum, et ego sponsor sum. Est enim necesse mihi vos commonere, de-

que vitiis omnibus disserere : vobis vero, animum attendere, et ex verbis meis utilitatem capere, ut quilibet peccatum velut serpentis spolium exuens, ita demum nudatus, atque justitiam efflorescentem indutus revertatur, alius ex alio factus. Hoc enim conventus est. Eam ob causam patres nostri hos cœtus constituerunt, ut quæ diebus singulis ediscere non valemus, ob docentium commonentiumque penuriam, ea, singulis annis coacti, in communi conventu suscipiamus ; posteaque viaticum custodiamus ad subsequens tempus, et singula quasi in memoria adhuc insonantia retinentes, fugiamus peccatum, justitiæ vero opus persequamur.

6. « Ne transfer terminos æternos [36]. In possessionem orphanorum ne ingrediaris [37]. » Ne causeris liberos, o avare. Liberi sunt ? collige ipsis thesaurum æternum. Est enim thesaurus usus pius pecuniarum. Relinque liberis recordationem bonam magis quam divitias multas. Fac bene faciendo, ut omnes sint loco patrum filio tuo. **592** Aliquando de vita decedas necesse est ; deinde filium tuum in immatura ætate relinques adhuc tutoribus egentem. Quod si honestus fueris et bonus, unusquisque filium tuum ut suum enutriet; nam eis in mentem veniet fuisse te quoque orphanorum patrem; sin autem posteaquam in malitia vixeris, multosque affeceris mœrore, et in eos qui tecum congrediuntur fera omni fueris acerbior, ita demum migras de vita ; filium tuum reliquisti communem viventium hostem. Quemadmodum enim qui scorpii natum conspexerit, timet ne quando ætate provectior imitetur patrem : ita etiam tuis liberis paternæ nequitiæ hæredibus, priusquam ad ætatem pervenerint, struentur ab omnibus insidiæ. Quid igitur multos insidiatores liberis tuis et inimicos paras ? Et vero etiamsi semper victurus esses, par magis fuerat te multorum benevolentiam adjutricem habere. Sed cum res tuæ incertæ sint, ita benefacias, ut relinquas patronos ac curatores multos : ne quando te vita functo, posteaque divitiis, quas congesseris, ad hæredes successione utili transire non valentibus, unusquisque caput moveat, ac dicat : Quomodo male parta ad nepotes ac liberos transmissa non sunt? Hæc dico tibi ex humano loquendi modo : quæ vero dicantur a Domino (talia autem sunt qualia tibi Evangelium nuntiabit), haud ignoras.

7. Liberos ne prætendas. Cur speciosam peccandi causam profers ? Qui enim condidit filium, te quoque condidit. Qui tibi tribuit unde victitare possis, etiam filio vitæ subsidia præbebit. Redditurus est suæ quisque vitæ rationem Domino. Num nosti cui thesaurum pares ? « Thesaurizat, et ignorat cui congregabit ea [38]. » Filius plerumque causa est colligendarum opum. Sed quæ coacervasti, aut ra-

---

[34] Deut. v, 21. [35] Eccle. I, 4. [36] Prov. XXII, 28. [37] Prov. XXIII, 10. [38] Psal. XXXVIII, 7.

(1) Loci hujus hæc videtur esse sententia : Pecunias suas satis habet digitis suis numerare, nec eis utitur ad vitæ necessitates.

pta sunt a prædone, aut a sycophanta consumpta, aut capta ab hostibus, aut peste grassante evanuere. Nam modis multis evolant e conspectu divitiæ. Dic, quæso, cum peteres a Deo liberos, cum cuperes filiorum pater fieri; num hoc precibus addidisti, Da mihi liberos, ut avarus factus liberorum obtentu gehennæ tradar? Da mihi liberos, ut ne conficiam mandata? Da mihi liberos, ut Evangelium contemnam? Non hæc erant quæ tunc dicebas : sed liberos efflagitabas qui tibi vitæ essent adjutores. Accepisti adjutores ac socios; fac eos doceas et sermonibus bonis et exemplis utilibus, quales esse oporteat in iis quæ ad Deum attinent, cujusmodi sæpe vidisti. Nam hæ divitiæ pecuniis multis sunt pretiosiores. Hæc est bona hæreditas, a patre ad filios transmissa. « In possessionem ergo orphanorum ne ingrediaris. »

8. Et, « Ne cœnes una cum viro invido [39]. » Dictum jam est de invidia. Sed quo magis id mali caveatur, addamus invidiam vitium quoddam esse diaboli proprium. Nec enim statim diabolus conditus est diabolus : sed angeli potestate accepta, conversus est in dæmonis naturam. Ita qui hac pravitate erat infectus, atque a sua cum Deo conjunctione abalienatus, et ad defectionis partem conversus, tandem effectus est pravus dæmon, cum hominem animal exiguum conspexit ante omnem creaturam honoratum. Nimirum, homine antiquior cum esset, vidit natalitia omnia verbo fuisse condita. Ait enim, « Producant aquæ reptilia animarum viventium [40]. » Verbo fecit cete, quæ in mari Atlantico versantur. Verbo fecit terrestria. Hæc Dei mandato producta sunt. Mandato conditæ sunt elephantorum proceritates et camelorum. Equi bovesque et animalia omnia magnitudine ac robore præstantia, præcepto uno gregatim procreata sunt : et quod magis mirere, præcepto cœlum, præcepto sol, præcepto herba, præcepto aquarum natura, tum quæ super cœlum et super terram strata erat, tum quæ effusa fuerat in cava, omnia præcepto; homo vero manibus formatus est. Vidit honorem homini delatum, invidit diabolus. Vidit eum soli prælatum. Hic quidem prodiit per præceptum in rerum naturam : ille vero Dei manibus conformatus est. Rursus hic fuit conditus propter hominem, homo vero propter Deum; homo, ut Deus gloria afficiatur; sol, ut inserviat hominibus. Intellexit honorem homini datum. Vidit res alias fuisse prius creatas, hominem vero posterius, quod ei quasi patrifamilias præparasset domum plenam. Neque enim primum condidit hominem, ut ne pauper crearetur : sed fecit cœlum, ut tectum quoddam naturale conderet; substravit terram, ut hominis pedibus præpararet validum pavimentum. Illam omni herbarum ac fructuum genere atque copia florere voluit. Omnia homini parata : jumenta gregatim sunt instructa : condita fuit quælibet creatura. Animantes productæ sunt, partim communibus pascuis utentes, partim agrestes ad corporis exercitationem. Aliæ erant labore comparandæ, quo gratiores fierent : aliæ aderant prompte et sine negotio, ut confestim homini creando subservirent. Vidit terram eis sponte fructum parasse. Creatura omnis exspectabat qui fruerentur; tum demum productus est homo ad epulandum. Vidit benignissimum Deum terræ deliciis contentum non fuisse : cum vellet hominem suum ipsius ornamentum esse, eum in eximio habitaculo collocasse, in paradiso scilicet. Maligne se gessit diabolus, cum vidit multum homini affluere voluptatis, angelos pædagogos ei assidere, Deum eadem atque homines lingua utentem, propria voce loqui, erudire omnibus modis puerum parvulum, ut ad Dei similitudinem pertingeret; rursus, postquam consideravit hominem, postquam vidit exiguum hoc animal a Domino ad angelorum æqualitatem advocari, ut qui ipsum per virtutem ac rerum mundanarum moderatum usum eveheret ad animæ perfectionem. Etenim, quandiu solus fuit homo, ansam non habebat diabolus. Sed istuc contigit, postquam condita est mulier, tenerum illud animal, cui conditor necessariam teneritudinem naturalem indidit, ut ob benignitatem pueros propense educaret. Etenim, si austera esset mulier, non sane plorantem infantem ulnis complexa in sinu foveret, neque alimento suo neglectio, mammam ad lactentis pueri commodum præberet. Nunc vero materna illa charitas somnum e palpebris non raro fugat, ubi incommodum leve infanti acciderit. Ut igitur infans educaretur, muliebris sexus tener conditus est, tener, inquam, et humanus. Quamobrem teneræ ac molli indoli intentus diabolus, mores qui ad virtutem proni erant, pronos ad vitium effecit. Est itaque diaboli proprium hoc malum, invidia, invidia quæ nec potest verbis explicari, nec medelam admittit. Cui caput dolet, is medico declarat capitis dolorem ; qui invidiæ morbo laborat, ecquid dixerit? Exhibent mihi molestiam fratris bona? Verum id est : at dicere unumquemque pudet. Quid doles? tuumne ipsius malum, an alienum bonum? Canes quidem nutriendo reddimus mansuetos : sed invidum conferendis beneficiis efficimus morosiorem. Nec enim iis quibus donatur bonis gaudet : sed opulentia tua mœret, quod suppetat tibi facultas, unde illius suppleatur egestas. Ne igitur collabare in fraudem diaboli : invidit tibi, invidit, ejecit te e paradiso. Propter illum spinæ, propter illum sudor : propter illum exsilii locus, in quem delapsus patriæ antiquæ ne obliviscare. Memineris nobilitatis tuæ ; memineris patriæ, unde pulsus es ; memor sis ejus qui malis tantis te affecit. Ne paciscaris cum eo, neque unquam cum ipso venias in collocutionem. Nam intulit injurias duas, et ab initio depulit, et nunc reditum intercipit. Invidit tibi prima bona per mulierem :

[39] Prov. xxiii, 6. [40] Gen. i, 20.

ac rursus artificiis per mulierem utens, impedit quominus in pristinum statum restituare. Excogitavit scortationem, ut ne ingrediaris in paradisum. Non satis habuit damnum primum intulisse, te videlicet subvertisse : sed alteras fraudes artesque comminiscitur, cursum nostrum inhibiturus. Decipit mendacio atque circumvenit : si quidem iter in paradisum facientibus quidam murus est mendacium.

9. Innumeræ sunt illius artes. Illius germina sunt crudelitas, asperitas, avaritia, convicium : omnia quæcunque sermo veritatis odit, ea opus sunt diaboli. Osor hominum est, cum et Dei sit hostis. Deum prius odio habuit, rebellavit adversus Deum omnipotentem, sprevit Dominum, abalienatus est a Deo. Postquam autem vidit hominem ad imaginem ac similitudinem Dei factum, cum non posset Deum impetere, in imaginem Dei malignitatem **595** suam effudit ; velut si quis homo iratus imaginem lapidibus petat, cum regem non possit, lignum effigie ipsius insignitum percutiens. Vidi ego non raro in stadiis infestissima homini animalia, aut vidi, aut audivi : tutus enim sit nobis sermo. Ut ut est, pantheris ipsis insita est naturalis quædam in hominem ira, et maxime solent hominibus in oculos involare. Itaque belluæ furorem ridere qui volunt, imaginem velut hominem ei in charta ponunt ob oculos. Illa autem præ nimio impetu nihil cogitans, chartam velut hominem dilaniat, illicque suum in homines odium ostendit. Sic etiam diabolus suum in Deum odium patefacit in imagine, cum attingere Deum non possit. Sic ex illato nobis bello liquet malignum illum Dei hostem esse, ac primum Domino ipsi bellum gerere. Ille hominem ab Jerusalem in Jericho abduxit, ab altis ad cava. Nimirum Jerusalem in montana regione sita est ; Jericho vero in depresso ac humili loco ad salsum mare. Si quis vestrum vidit locum, quæ dicuntur, ea vera esse novit, Jericho videlicet in Palæstinæ cavis locari, Jerusalem vero summo in loco sitam esse, montis ejus, qui per totam illam regionem assurgit, cacumen occupantem. Itaque ab altis ad inferna descendit homo, ut incideret in latrones. Egressus est e firmo Jerosolymorum præsidio, ut commorantibus in deserto prædonibus fieret facilis captu : qui inflictis plagis eum denudarunt. Plagæ prius, tum demum denudatio. Plaga animæ peccatum est, denudatio animæ est indumenta incorruptibilitatis abjicere. Peccatum autem gratiam nobis per regenerationis lavacrum collatam abolet. Scortatio plaga, adulterium plaga alia, plaga invidia. Plaga unumquodque horum, plaga vitales ipsas partes consaucians, imposita a prædonibus plaga, a dæmonibus videlicet, qui sunt nobis adjutores ad peccata. Post plagas exutus est qui fuerat percussus. Si corporeum quiddam esset quod dicitur, prius exuissent, ut parcerent vesti, et tunc plagas incussissent. Aut ubi exuissent, inflixissent plagas, ut et servaretur vestis, et percussus vulneraretur. Nunc vero plagæ præcedunt vestium detractionem, ut discas peccatum doni ejus amissioni anteire, quod fuerat tibi per Domini benignitatem traditum. Ipsi gloria in sæcula sæculorum. Amen.

HOMILIA IN SANCTAM CHRISTI GENERATIONEM.

1. Christi generatio, germana illa primaque et divinitatis ejus propria, colatur silentio : imo vero cogitationibus nostris imperemus, ne hæc inquirant, neque curiose scrutentur. Ubi enim nec tempus nec sæculum intercessit, nec modus excogitatus est, nec spectator adfuit, nec est qui enarret, quomodo quidquam sibi mens finget? Quomodo etiam lingua ipsa rei intelligendæ inserviet? Atqui **596** Pater erat, et Filius genitus est. Ne dicas : Quando? sed prætereas hanc quæstionem. Ne quæras : Quomodo? dari namque responsum nullum potest. Nam *quando*, temporale quiddam sonat : illud vero, *quomodo*, efficit ut in generationis corporeos modos labamur. Dicere habeo ex Scriptura[41] esse eum velut splendorem ex gloria, et velut imaginem ex exemplari. Quoniam tamen hæc respondendi ratio animi tui non sistit curiositatem, ad majestatis arcanum confugio, fateorque non posse divinæ generationis modum ratiocinationibus ullis excogitari, neque ullis humanis verbis exponi. Cave dicas : Si genitus est, non erat : neque vafris verbis sententiam ineptam arripias, ita ut exemplis humanis veritatem corrumpas, coinquinesque theologiam. Dixi : *Genitus est*, ejus ut principium causamque exhibeam, non ut Unigenitum tempore posteriorem ostendam. Neque vero mens tua inania meditetur, transgrediens sæcula Filio antiquiora, quæ neque exsistunt neque exstitere. Qui enim fieri potest ut quæ condita sunt, conditore ipso sint antiquiora? Sed quod refugiebam, in id imprudens ex sermonis serie casu incidi. Omittamus igitur de sempiterna illa et arcana generatione loqui, illud cogitantes, mentem nostram intelligendis rebus esse imparem : sermonem rursus imbecilliorem, quam ut possit intellecta exprimere.

2. Considerare igitur oportet quantus sit a veritate ad sermonem lapsus. Enimvero mens non potest ad rerum incomprehensibilium naturam pertingere : neque tanta sermonis vis potest inveniri, ut ea quæ qualicunque tandem modo cogitata sunt, exæquet. Deus in terra, Deus inter homines, non ferens legem per ignem et tubam et montem fumantem, aut caliginem, et procellam animas audientium perterrefacientem ; sed per corpus mansuete ac blande cum iis qui eamdem atque ipse naturam habent, colloquens. Deus in carne, non intervallo operans velut in prophetis, sed insitam

---

[41] Hebr. 1, 3.

sibi et conjunctam humanitatem consecutus, atque quia hanc carnem exsecratam oportebat sanctificari, per suam carnem nobis cognatam omne hominum debilem corroborari, e Deo abalienatam cum eo genus reducens ad semetipsum. Quomodo igitur conjungi, delapsam a paradiso in cœlos reduci. per unum, inquit, in omnes splendor devenit? Quænam vero est hujusce dispensationis officina? Quonam modo divinitas est in carne? Velut ignis Virginis sanctæ corpus. Quænam autem generationis in ferro; non transitu, sed communicatione. Non principia? Spiritus sanctus, et virtus Altissimi obumenim ignis excurrit in ferrum, sed manens in loco, brans. Imo potius ipsa Evangelii verba audi. « Cum suam ei virtutem impartit : neque hac communica- enim esset, inquit, desponsata mater **598** ejus tione minuitur, sed quidquid suiipsius particeps Maria Joseph, antequam convenirent, inventa est est, omne id replet. Sic igitur et Deus Verbum, in utero habens de Spiritu sancto ⁴⁷. » Et virgo, et neque emotus est ex seipso, « Et tamen habitavit viro desponsata, habita est idonea ad hujus dispenin nobis ⁴² : » neque fuit mutationi obnoxius, « Et sationis ministerium, ut et virginitas honori estamen Verbum caro factum est ⁴³ : » neque cœlum set, et matrimonium non contemneretur. Virginitas destitutum fuit eo qui illud continebat, sed tamen enim ut ad sanctimoniam apta, selecta est : per de**597** suscepit terra in suo sinu cœlestem. Noli sponsationem vero comprehensa sunt initia nuptialapsum cogitare divinitatis. Non enim transit e rum. Simul autem, ut et Joseph puritatis Mariæ loco ad locum velut corpora. Neque divinitatem in esset testis domesticus, et ne foret calumniis obcarnem transmutatam putaveris alteratam fuisse. noxia, quasi virginitatem contaminasset, sponsum Nam quod immortale est, id immutabile est. Quo- habebat vitæ custodem. Possum et aliam quamdam modo igitur, inquis, Deus Verbum infirmitate corpo- rationem proferre, nihilo his quas protulimus virali repletus non est? Hoc dicimus, ne ignem qui- liorem, quod videlicet idoneum ad Incarnationem dem proprietatum ferri participem fieri. Ferrum Domini tempus olim præfinitum, et ante conditum nigrum est et frigidum, sed tamen ignitum ac can- orbem prædestinatum, tunc instaret, in quo Spidens, ignis formam induit; splendidum efficitur, ritum sanctum et Altissimi virtutem oportebat carnon ignem denigrat; inflammatur, non refrigerat nem illam Dei gestatricem conformare. Quoniam flammam. Hunc ad modum et humana Domini caro vero illa hominum ætas nihil puritati Mariæ æquancum divinitatis effecta est particeps, suam ipsius dum habebat, sic ut Spiritus sancti susciperet opeinfirmitatem nequaquam contulit divinitati. An rationem, occupata autem jam erat per desponsadivinitatem non concedis similiter sensibili huic tionem, electa est beata Virgo, nihil ex desponsaigni operari, sed affectionem in eo qui cujuscunque tione virginitate læsa. Allata est alia ratio a quodam affectionis expers est, ex humana imbecillitate tibi ex antiquis, videlicet excogitatam fuisse Josephi animo fingis, dubitasque quomodo fieri potuerit, ut desponsationem, ut Mariæ virginitas mundi hujus obnoxia corruptioni natura ex ea quam cum Deo principem lateret. Nam in Virgine adhibitus est dehabuit communione incorruptibilitatem obtinuerit? sponsationis apparatus, quasi quædam hæsitandi Disce igitur mysterium. Propterea Deus in carne occasio daretur maligno illi, qui jam pridem virest, ut latitantem in ea mortem enecet. Ut enim si gines observabat, ex quo audierat prophetam dimedicamenta venenis expellendis idonea corpori centem : « Ecce virgo concipiet, et pariet filium ⁴⁸. » misceantur, causas corruptionis expugnant, utque Deceptus igitur est per desponsationem virginitatis tenebræ in domo residentes adveniente luce dissol- insidiator ille. Noverat enim imperium suum per vuntur : sic mors, quæ in natura humana domina- Domini apparitionem, quæ in carne futura erat, batur, divinitatis præsentia abolita est. Et sicut destructum iri. glacies in aqua, dum quidem nox est et umbra, humori dominatur, sed solis calefacientis radio 4. « Antequam convenirent, inventa est in utero colliquescit : sic mors ad Christi usque adventum habens de Spiritu sancto. » Utrumque invenit Joregnavit ; sed, posteaquam apparuit gratia Dei salu- seph, tum graviditatem, tum causam, quod scilicet taris ⁴⁴, et ortus est sol justitiæ ⁴⁵, absorpta est esset ex Spiritu sancto. Quapropter veritus talis mumors in victoriam ⁴⁶, vitæ veræ non sustinens lieris vir appellari, « Voluit occulte dimittere eam ⁴⁹. » præsentiam. O altitudinem bonitatis amorisque Dei non ausus quæ in ea contigerant, patefacere. Cum in homines ! Servitutem excutimus magnitudine be- autem justus esset, mysteriorum assecutus est renignitatis. Rationem cur Deus inter homines sit, ho- velationem. « Hæc enim eo cogitante, angelus Domines requirunt, cum adoratam oportuisset boni- mini apparuit ei in somnis, dicens : Noli timere tatem. accipere Mariam conjugem tuam ⁵⁰. » Neque illud 3. Quid faciemus tibi, o homo? Manentem in cogitaveris, obumbraturum te peccatum absonis supernis Deum non inquisivisti, demittentem se ad quibusdam commentis. Nam vocatus es justus ; non te, atque per carnem conversantem non suscipis : est autem viri justi, silentio scelera contegere. sed cur necessitudinem cum Deo inieris, causam « Noli timere accipere Mariam conjugem tuam. » exposcis. Condiscito. Idcirco Deus in carne est, Ostendit se indignatum ei non fuisse, neque ipsam aversatum, sed veritum esse se eam tanquam Spi-

⁴² Joan. 1, 14. ⁴³ ibid. ⁴⁴ Tit. 11, 1. ⁴⁵ Mal. iv, 22. ⁴⁶ I Cor xv, 54. ⁴⁷ Matth. 1, 18. ⁴⁸ Isa. vii, 14. ⁴⁹ Matth. 1, 19. ⁵⁰ Matth. 1, 20.

ritu sancto repletam. « Quod enim in ea generatum est, de Spiritu sancto est [51]. » Et inde compertum est, non secundum communem carnis naturam fuisse Domini compagem. Statim enim carne perfectum erat quod utero gestabatur, non, ut indicant verba, per conformationes paulatim formam accepit. Non enim dictum est : Quod conceptum est, sed, « Quod generatum est. » Caro igitur ex sanctitate compacta, digna erat, quæ Unigeniti conjungeretur divinitati. « Pariet autem **599** filium, et vocabis nomen ejus Jesum [52]. » Observavimus, quibus de industria nomina imponuntur, in his per ea naturam subjectam ostendi, ut Abrahamo, Isaaco, Israeli. Horum enim appellatio non corporis characterem magis quam virtutis ab eis excultæ proprietatem significabat. Idcirco etiam nunc Jesus vocatur, hoc est, « Salus populi. » Jam vero mysterium et ante sæcula ordinatum, et olim per prophetas nuntiatum, exitum habuit. « Ecce virgo in utero suscipiet, et pariet filium, et vocabunt nomen ejus Emmanuel ; quod est interpretatum, Nobiscum Deus [53]. » Atque hæc appellatio jam a longo tempore mysterium totum declarat, fore videlicet, ut Deus inter homines versaretur, quandoquidem, inquit, vocem Emmanuel si interpreteris, sonat «Nobiscum Deus. » Nec quisquam Judaicis fraudibus pervertatur, qui aiunt, non virginem, sed puellam dictam esse a propheta. « Ecce enim, inquit, puella in utero suscipiet [54]. » Primum enim res est omnium absurdissima, quod a Domino pro signo traditum est, id existimare commune esse, et omnis naturæ confessione notum. Ecquid enim, ait propheta ? « Et adjecit Dominus loqui ad Achaz, dicens : Pete tibi signum a Domino Deo tuo in profundum, sive in excelsum. Et dixit Achaz : Non petam, et non tentabo Dominum [55]. » Mox paucis interjectis subjungit : « Propter hoc dabit Dominus ipse vobis signum. Ecce Virgo in utero suscipiet [56]. » Quoniam enim non petivit Achaz signum, neque in profundum, neque in excelsum, ut disceres eum qui in inferiores terræ partes descendit, eumdem esse qui et ascendit super cœlos omnes [57], idcirco Dominus ipse signum dedit ; signum autem inauditum, et prodigiosum, et valde a communi natura alienum. Eadem mulier et virgo et mater, et in virginitatis sanctimonia manens, et gignendæ prolis benedictionem sortita. Quod si nonnulli ex his qui Hebraicam vocem interpretati sunt pro virgine puellam reddidere, tamen nihil vitiatur sententia. Invenimus enim id in more Scripturæ positum, ut puella pro virgine sæpe usurpetur, velut ait in Deuteronomio : « Si quis invenerit puellam virginem, quæ desponsata non sit, et vim faciens dormierit cum ea, et deprehensus fuerit, dabit homo, qui dormivit cum ea, patri puellæ quinquaginta didrachmata [58]. »

5. « Et expergefactus accepit uxorem suam [59]. » Quanquam et affectu, et amore, et omni studio conjugibus convenienti uxorem suam esse rebatur, tamen a nuptialibus operibus abstinuit. « Non enim, inquit, cognoscebat eam, donec peperit filium suum primogenitum [60]. » Jam autem hinc oritur suspicio, Mariam posteaquam generationi Domini per Spiritum sanctum factæ pure inservivit, tum demum consueta nuptiarum opera non denegasse. Nos autem, etiamsi hoc pietatis doctrinam nihil lædat, **600** (siquidem ad dispensationis usque ministerium necessaria erat virginitas : quod vero postea evenit, id ratio mysterii curiosius inquirere non cogit), cum tamen Christi amantes audire non sustineant quod Deipara aliquando desierit esse virgo, testimonia illa sufficere arbitramur. Quod quidem attinet ad illud : « Non cognoscebat eam, donec peperit filium suum [61], » respondemus videri illud, « donec, » multis locis aliquod quidem tempus definitum indicare, sed tamen indefinitum vere significat. Quale est quod dictum est a Domino : « Et ecce ego vobiscum sum omnibus diebus, usque ad consummationem sæculi [62]. » Non enim futurum erat, ut Dominus post hoc sæculum non amplius cum sanctis versaretur : sed promissio præsentis denotat perpetuitatem, non rescindit futurum. Eodem igitur modo hic etiam illud, « donec, » acceptum fuisse dicimus. Cum autem dictum est, « Primogenitum, » non continuo primogenitus habet comparationem ad succedentes : sed qui primum aperit uterum, primogenitus appellatur. Declarat autem et Zachariæ historia Mariam perpetuo virginem permansisse: Ferunt enim, et id ex traditione ad nos usque pervenit, Zachariam, cum Mariam in virginum loco post Domini partum posuisset, templum inter et aram occisum a Judæis fuisse, videlicet accusatum a populo, quod hac ratione confirmaret admirabile illud et perquam decantatum signum, virginem peperisse, nec virginitatem violasse. « Cum autem natus esset Jesus, inquit, [in Bethleem Judææ, in diebus Herodis regis : ecce magi ab Oriente venerunt Jerosolymam dicentes : Ubi est qui natus est rex Judæorum [63] ? » Genus Persicum magi, vaticinationibus incantationibusque et naturalibus rerum affectionibus inter se oppositis intenti, ac rerum sublimium contemplationi vacantes. Videtur autem hujus vaticinationis particeps fuisse et Balaam, qui accersitus est a Balac, ut quibusdam ritibus dira Israeli precaretur : qui et in sua parabola quarta talia de Domino dicit : « Homo videns, inquit, audiens eloquia Dei, sciens scientiam Altissimi, ac Dei visionem in somnis videns : revelati oculi ejus. Ostendam ei, et non nunc, beatum prædico, et non appropinquat. Orietur stella ex Jacob, et consurget homo ex Israel [64]. » Quamobrem locum Judææ cum inquirerent, recordati vaticinii veteris, ac-

---

[51] Matth. I, 20. [52] ibid. 21. [53] ibid. 23. [54] Isa. VII, 14. [55] ibid. 10-12. [56] ibid. 14. [57] Ephes. IV, 9. [58] Deut. XXII, 28, 29. [59] Matth. I, 24. [60] ibid. 25. [61] ibid. 26. [62] Matth. XXVIII, 20. [63] Matth. II, 1. [64] Num. XXIV, 15-17.

cesserunt ut discerent ubi esset qui natus erat rex Judæorum. Fortasse autem et adversa potestate per Domini adventum jam debiliore effecta, vim agendi suam destrui sentientes, potentiam magnam nato tribuebant. Quare inventum puerum muneribus oblatis adoravere. Magi, gens aliena a Deo, et peregrina a testamento ac fœdere, primi habiti sunt digni qui adorarent, quod inimicorum testimonia sint fide digniora. Etenim, si Judæi adorassent primi, suum ipsorum genus exornare visi fuissent : nunc vero qui eam cognatione nulla attingunt, iidem velut Deum adorant, ut hi, qui ei affines sunt condemnentur, quod crucifigant **601** quem alienigenæ adoraverunt. Sed, cum animum appellerent ad cœlestium motus, non oscitanter mirum illud cœli spectaculum contemplabantur, stellam scilicet novam atque insolitam, quæ in Domini natali exorta fuerat.

6. Nec quisquam [apparatum astrologiæ trahat ad exortum stellæ explicandum. Qui enim sidus natalitium in numero stellarum quæ jam exstant, reponunt, harum hanc vel illam figuram putant causam esse rerum, quæ cuique in vita accidunt; hic vero nulla ex stellis quæ jam erant, nativitatem regiam designavit, neque ipsa ex consuetarum numero fuit. Quæ enim ab initio conditæ sunt, aut omnino immobiles sunt, aut motum irrequietum habent; stella vero quæ tunc apparuit, utrumque habuisse videtur, cum et moveretur, et staret. Et inter eas quidem, quæ jam sunt, fixæ nunquam moventur, errantes vero nunquam conquiescunt : hanc autem, cum in se ipsa utrumque complectatur, et motum et quietem, ad neutras pertinere liquet. Nam mota est quidem ex Oriente usque ad Bethleem : sed stetit supra locum ubi erat puer. Quapropter profecti magi ab Oriente, et ductum stellæ secuti, cum pervenissent in Hierosolyma, ut civitatem omnem adventu suo conturbarunt, ita regi Judæorum timorem incusserunt. Itaque, cum invenissent quem quærebant, muneribus cohonestarunt, auro, thure et myrrha. Fortasse hic quoque prophetiam Balaam secuti sunt, qui de Christo talia protulit : « Recumbens requievit ut leo, et ut catulus. Quis suscitabit eum? Qui benedicunt te, benedicti sunt : et qui maledicunt te, maledicti sunt [65]. » Quoniam igitur dignitatem regiam Scriptura indicat per leonem, per recubitum passionem, per facultatem vero benedicendi, divinitatem, magi vaticinio adhærentes, velut regi aurum, velut morituro myrrham, velut Deo thus obtulerunt. Neque vero iis qui curiose exponunt quæ ad partum attinent, illud dicere licet, stellam fuisse cometis consimilem, qui maxime ad significandas regum successiones videntur in cœlo consistere. Et hi enim fere immobiles sunt, in circumscripto loco facta inflammatione. Cometæ enim sive trabes sive scrobes fuerint, diversæ figuræ sunt, et nomina peculiaria figuris imponuntur. Omnium autem eadem est origo. Cum enim aer redundat circum terram, diffunditurque in æthereum locum, et cum quidquid crassum est ac turbidum in hac exhalatione, id veluti materiam igni præbet, ita tum stellæ conspectum manifestum reddit. Quæ autem stella in Oriente apparuit, et magos ad eum qui natus erat quærendum excitavit, rursus non videbatur ; donec ipsis consilii inopibus dedit se iterum in Judæa conspiciendam, ut discerent cujus stella esset, cuique inserviret, et propter quem esset oborta. Veniens enim stetit supra locum ubi erat puer [66]. Quamobrem etiam cum vidissent stellam magi, gavisi sunt gaudio magno [67]. Suscipiamus igitur et nos in nostris cordibus magnum illud gaudium. Hoc enim gaudium annuntiant angeli pastoribus [68].

602 Adoremus cum magis, una cum pastoribus demus gloriam, tripudiemus cum angelis, « Quia natus est hodie Salvator, qui est Christus Dominus [69]. Deus Dominus, et illuxit nobis [70], » non in forma Dei, ne quod debile erat, id perterrefaceret, sed in forma servi, ut quod servituti addictum erat, id libertate donaret. Quis est animo ita torpenti, quis ita ingratus, qui non gaudeat, non exsultet, non oblectetur præsentibus? Festum illud creaturæ omni commune est : largitur cœlestia mundo, archangelos ad Zachariam mittit et ad Mariam, atque choros angelorum instituit, qui dicunt : « Gloria in altissimis Deo, et in terra pax, in hominibus bona voluntas [71]. » Excurrunt stellæ e cœlo, magi proficiscuntur ex gentibus, terra excipit in spelunca. Nemo sit qui non conferat aliquid, nemo sit homo ingratus. Eloquamur et nos vocem aliquam exsultationis. Festum nostrum appellemus Theophaniam, celebremus salutaria mundi, natalem humanæ naturæ diem. Hodie soluta est Adami multa. Jam dici non potest, « Terra es, et in terram reverteris [72] ; » sed cœlesti conjunctus, admitteris in cœlum. Jam non audietur amplius : « In doloribus paries filios [73]. » Beata est enim quæ peperit Emmanuelem, et ubera, quæ nutrivere. Eam ob causam « Puer natus est nobis, et filius datus est nobis, cujus imperium super humerum ejus [74]. » Efflorescit cor meum, et mens fontis in morem scaturit ; sed exigua lingua et sermo hebes ad tantam gaudii magnitudinem annuntiandam. Cogita mihi, ut Deum decet, incarnationem Domini. Cogita mihi divinitatem intemeratam omnisque labis puram, etsi in terrena natura inhabitat. Emendat quod vitiosum est, non ipsa vitio impletur. Non vides hunc solem etiam in cœno versari, et tamen nihil accipere inquinamenti, itemque sordidis affulgere, et tamen graveolentiæ participem non esse? Imo vero eorum quibus diu immoratus fuerit putredinem exsiccat. Quid igitur naturæ ei quæ omni affectione ac corruptione vacat, times,

---

[65] Num. xxiv, 9. [66] Matth. ii, 9. [67] ibid. 10. [68] Luc. ii, 10. [69] ibid. 11. [70] Psal. cxvii, 27. [71] Luc. ii, 14. [72] Gen. iii, 19. [73] ibid. 16. [74] Isa. ix, 6.

ne quam ex nobis maculam contrahat? Propterea natus est, ut tu per id quod tibi affine est, expurgeris. Propterea adolescit, ut tu consuetudine atque necessitudine efficiare ei familiaris. O altitudinem bonitatis et amoris Dei in homines! Ob donorum magnitudinem fidem non habemus benefacienti; ob ingentem heri benignitatem, servi ejus esse nolumus. O ingrati animi vitium insulsum et pravum. Adorant magi, et Christiani inquirunt quomodo Deus in carne sit, et quali carne, et utrum assumptus sit homo perfectus an imperfectus. Prætermittantur silentio superflua in Ecclesia Dei, sentiamus quæ jam fidem obtinuere, ne curiosius investigentur quæ silentio præterita sunt. Adjunge temet iis qui Dominum cum gaudio ex cœlis suscepere. Cogita pastores sapientia imbutos, pontifices prophetiæ dono ornatos, mulieres lætitia perfusas, tum, cum Maria a Gabriele edoceretur gaudere [75], Elisabethque exsilientem in ipsis visceribus Joannem haberet [76]. Anna declarabat nuntium bonum [77], Simeon in ulnas suscipiebat [78], in parvo infante magnum Deum adorantes, non quod videbant contemnentes, sed divinitatis ipsius majestatem collaudantes. Nam virtus divina per humanum corpus quasi lux per vitreas membranas apparebat, iis qui oculos cordis expurgatos habebant affulgens : cum quibus utinam nos quoque inveniamur, retecta facie gloriam Domini quasi in speculo contuentes, ut et ipsi transformemur a gloria in gloriam, [79] gratia et benignitate Domini nostri Jesu Christi, cui gloria et imperium in sæcula sæculorum. Amen.

HOMILIA DE POENITENTIA.

1. Arrogantiam eorum qui pœnitentiam e medio tollere audent, non ferens frater observantia omni dignissimus, alterum nobis mandatum dedit, ubi hac superbia conspecta prudentem dextram fratribus ad pœnitentiam porrexit. Ilic autem sermo hominibus utilissimus est. Nemo enim homo sine peccato est. Nam de uno testimonium affertur, quod peccatum non fecerit [80]. Dicemus igitur de pœnitentia cum ex Veteri tum ex Novo Testamento. Hi enim thesauri sunt Ecclesiæ. Commendamus autem pœnitentiam, non quod peccatum fratris promoveamus (siquidem nolumus peccatorem in peccatum spe pœnitentiæ ruere), sed quod lapsum studeamus erigere. Desperatio enim quæ ab adversariis introducitur, eum qui semel lapsus est eo impellit, ut se in peccatis volutet; pœnitentiæ vero exspectatio hominem lapsum ad surgendum et ad amplius non peccandum instigat. Qui vero nos sumus, ut Deo legem imponamus? Vult Deus dimittere ; ecquis est qui prohibeat? Nos dicimus, non quid illi ausint, sed quod Deus præcipiat. « Nunquid qui cadit, non resurgit [81]? » Contradicunt Deo. Qui cadit, non resurgit. Non adduxit te tenui verbo ad fidem adhibendam, adducet te ad credendum, exemplo claro. Quid enim ita lautu difficile est ut coccinum? quid vero album apud nos ut nix, aut ut lana munda? Dicit tamen qui hæc condidit : Si fuerint peccata vestra velut colores, qui elui non possunt, si modo lavemini, in nivis puritatem transibunt [82]. At post baptismum non est hæc remissio. Dixit enim, inquit, « Lavamini, mundi estote [83]. » Atqui hoc maxime, si a nobis petissetis, poteramus ex Scriptura ostendere, veniam scilicet ac remissionem esse post baptisma. Non enim oportet ita contradicere, ut facilia seligamus : sed adversus ea quæ valida videntur, [contrario sermone est insurgendum. Dum enim obsistentia ab animo non amoventur, curari æger non potest.

2. Sed, quoniam rebus salsugine imbutis non datur dulcescendi locus, nosque nunc verba proferimus ex Veteri Testamento ; referamus quid opponant adversus ea quæ ex Veteri dicuntur. Aiunt enim quod si ante Servatoris passionem, priusquam sacer ille sanguis pro nobis effunderetur, quidpiam ex Veteri Testamento de pœnitentia nobis legeritis, dicimus in Veteri Testamento fuisse peccata remissa, sed in Novo propter passionem veniam non futuram. Si vero ex Novo ostenderimus et post baptismum et Spiritus participationem, qui peccaverit, eum pœnitentiæ beneficio revocari, palam est lapsis pœnitentiæ locum esse etiam post baptismum, sicque ea quæ in Veteri leguntur, robur auctoritatemque ad astruendam pœnitentiam habebunt. Alloquor velut attentos : unde et graviora attingo, ut semel lapsi, concepta spe bona, haudquaquam in peccato permaneamus. Non credidisti ei per exemplum probanti, Dei crede juramento. Dicit Deus : « Vivo ego, dicit Dominus [84]. » Convenit autem Deo hoc jusjurandum. Quoniam enim non habebat majorem semetipso, jurat autem propter incredulitatem eorum qui pœnitentiam abolent, « Vivo ego, dicit Dominus, » sed nemo absterreatur, quoniam « nolo mortem peccatoris, sed magis ut convertatur et vivat [85]. » Qui vivit, vivere te vult. Itane etiam cum Deus jurat, indignus est cui credatur ? Neque verbo, neque exemplo, neque juramento credis? Crede factis. Ninive eversa non est: egit enim pœnitentiam [86]. Eversam eam non fuisse indigne ferebat propheta : enata est cucurbita [87]. Excusat se tibi, ut memineris eum esse bonum. Vereor autem ne audias ab ipso : « An oculus tuus nequam est, quia ego bonus sum [88]? » Quis magis impius quam Achaab descriptus est? Velut legentibus loquor. Vineam præter reliquas prædas, domino occiso, rapuit [89]: descendit ad hæredium capiendum : descendit gaudens. Obviam venit qui tristitiam inferret, qui eum redargueret, propheta

---

[75] Luc. I, 28. [76] ibid. 44. [77] Luc. II, 38. [78] ibid. 28. [79] II Cor. III, 18. [80] Isa. LIII, 9. [81] Jerem. VIII, 4. [82] Isa. I, 18. [83] ibid. 16. [84] Ezech. XXXIII, 11. [85] ibid. [86] Joan. III, 10. [87] Joan. IV, 6. [88] Matth. XX, 15. [89] III Reg. XXI, 16 seqq.

videlicet, non inimicus, sed velut parcens pronuntiavit non suam, sed Dei sententiam. Lata sententia, induit saccum, exuit dominium. Scriptum est enim quod ipse propheta, qui ad sententiam dicendam missus fuerat, audierit a Deo. Quoniam precatus est Achaab, veritus minas, non in ipsius diebus erunt quæ dixi⁹⁰. Cogor remedium bonum exoptare. Sanctus ille David, vel post peccatum sanctus, ex decem præceptis tria in una causa transgressus est. Quoniam alloquimur vos, loquamur jam clarius. Factum est adulterium, et cædes, et concupiscentia alienæ uxoris⁹¹. Peccavit justus homo, et Deus ipsum proprii peccati constituit judicem. Et quoniam in nostro oculo trabem non videmus, videmus vero festucam in alieno⁹², crimen ejus tanquam alienum ei proponit, et dicit⁹³ : « Viri duo erant in civitate una, unus dives, alter pauper. Diviti erant multa : pauperi vero agna una : quæ et in sinu ejus dormiebat » (hoc autem uxoris erat mysterium), « manducabat cum ipso, et de poculo ejus bibebat. Venit, inquit, hospes divitem ; » recte vero dicitur « hospes ; » David videlicet his non assueverat. « Venit igitur ad eum hospes : Parcens ille, inquit, hospiti mactare de his quæ habebat, unam illam, inquit, pauperis agnam abreptam mactat. » Quantumvis sane cadat fortis, cito resurgit. Rem moleste fert David, erat enim David et in lapsu. « Vivit Dominus, dignus est morte qui fecit hoc⁹⁴. » Sententiam in se ipso tulit. Hanc ubi tulit, declaravit propheta quis esset homo ille. Statim David accessit ad remedium : vidit vulnus, ad medicum confugit. « Peccavi, » inquit, et statim adest medela ; et « Dominus transtulit peccatum tuum⁹⁵. » (1) Quid enim vis, unumne peccatum imputari sanctis, an justitiam multam ? Fecit peccatum, at fecit etiam justitias multas. Quid justum est apud justum Deum, paucorumne meminisse, an multorum oblivisci ? Sit statera, et qua mensura mensi fuerimus, admetientur nobis⁹⁶. Si peccata plura sunt, sit peccator : justitiæ plures, sit justus. Unus et unus. Nam omnia nostra ex abundantiori judicantur. Et res una alba albore superatur ab altera ; et dulci si compares aliquid aliud, dulcius est. Sic etiam justi sumus tanquam homines, non quod peccatum justitia sit. Unde Filius Dei justitia vocatur : nos vero participatione justitiæ justi sumus. Et Moyses aliquid lingua locutus est⁹⁷, quod tamen non comprehensum est historia. Et Abraham invenitur fidelis fuisse⁹⁸, et tamen fuit tempus cum esset incredulus⁹⁹. Non accuso justos, sed Deum gloria afficio. Non invito quemquam ut peccemus. Placuit Enoch Deo, inquit Scriptura¹, postquam genuisset filium. Si postea placuit, potest placere qui non placuit.

3. Sed veniamus ad Novum Testamentum, licet occurrant adhuc nobis plura e Veteri. Nam et Manasses qui idola quadruplicem faciem habentia in templo Dei collocarat, ut undecunque quis ingrederetur, idola adoraret, acta pœnitentia revocatus est ex captivitate. Transeamus ad Novum. Ex illo namque, unde potissimum excludere volunt pœnitentiam, pœnitentia potissimum prædicatur. Interrogemus Servatorem, Cur venisti? et respondet : « Non veni ut justos salvos faciam, sed peccatores, inquit², ob pœnitentiam. » Sciscitemur ex ipso. Quid gestas in humeris ? Ovem, inquit, perditam. Super quo gaudium fit in cœlo ? Super aliquo peccatore, inquit³, pœnitentiam agente. Angeli gaudent, et tu invides? Deus gaudens suscipit, et tu prohibes? Confugiamus ad Deum bonum alacritate majore. Duo, inquit⁴, erant, ambo filii (dicere mihi non potes pœnitentiam illam gentilium fuisse : sed ambo erant filii qui sua ex æquo diviserant). Junior quod habebat consumit : justus cum esset, excidit. At consumptis omnibus venit ad pœnitentiam, et ad patrem properat, et patri occursurus, cogitat quid sit ei dicturus. « Peccavi, inquit, in te, et coram cœlo⁵. » Hæc apud se statuit, nec latuit bonum patrem. Excusaturus se accessit : obviam ivit ille, habens ei honorem. Solum velis, et ipse præcurrit. Incipit loqui, et pater admittit. Considera viscera, et ne abscindas spem. Excepit, et ait : Mactate taurum, et stolam afferte, eamque primariam, et annulum in manum ipsius. Hæc omnia in aliam quidem sententiam exponuntur : sed tamen compendio significant bonam suscipientis cohortationem, non ad ea quæ volo, sed ad ea quæ dicit. Quod si suscipi hunc, posteaquam pavit porcos, posteaquam absumpsit omnia, indigne fers, indigne tulit et frater : contra ille honorifice excepit.

4. Et ficus quæ colebatur, et annos tres fructum non dederat, dimissa est, nec excisa ob spem futuri fructus. Dominus condonat, et tu contradicis ? Num quisquam est qui res sibi proprias rapiat ? Quod si Deus indulget, quis est qui contradicat ? Alioqui discamus orare : « Dimitte nobis debita nostra, quoniam dimisimus et nos⁶. » Tu dimittis, et Deus non dimittit ? Te tui ipsius fecit medicum. Qua mensura mensus fueris, remetietur tibi⁷. Dimittis; dimittit tibi. Tu malus cum sis, tamen benigne agis ; nonne multo magis is qui bonus est ? Ver-

---

⁹⁰ III Reg. xxi, 29. ⁹¹ II Reg. xi, 15 seqq. ⁹² Matth. vii, 3. ⁹³ II Reg. xii, 1-4. ⁹⁴ II Reg. xii, 5. ⁹⁵ ibid. 13. ⁹⁶ Matth. vii, 2. ⁹⁷ Exod. iv, 13, 14. ⁹⁸ Gen. xv, 6. ⁹⁹ Gen. xvii, 17. ¹ Gen. v, 22. ² Matth. ix, 13. ³ Luc. xv, 5-7. ⁴ Luc. xv, 11. ⁵ ibid. xxi, ⁶ Matth. vi, 12. ⁷ Matth. vii, 2.

(1) Quæ hoc loco traditur doctrina ut sanæ theologiæ, ita veritati prorsus est contraria ; nec satis mirari queo Combefisium, qui, ut ejus verbis utar, eam cum aliis Basilianis conciliare conatur. Certe si ex nulla alia re, at ex perversitate doctrinæ tam novæ quam Basilio indignæ discere ei licebat, orationem ejusmodi Basilio Magno tribui nec debere, nec posse.

satur Jesus cum peccatoribus, medicus cum infirmis. Indignantur Pharisæi, patres eorum qui nunc indignantur; non aversatur misericors. Ingressus est in domum Pharisæi, vocatus ; ingressa est post illum mulier peccatrix non vocata ⁸. Vidit peccatum, ivit ad justitiam ; vidit morbum, abiit eo, ubi erat medicus. Accessit non ad faciem, neque enim usque adeo audax erat ; non ipsius apprehendit manum, non enim audebat : sed ad pedes, quos lacrymis lavabat, effudit comam tunc solum honeste ; eam plerumque turpiter ostensam, tunc honeste nudavit. Datum tibi est exemplum, ut ad pedes Jesu confugias. Rediit ad Patrem, sed dicit : « Ego vobiscum sum ⁹. » Quandocunque libuerit, confugito confidenter, riga pedes, propinquus est ¹⁰. Et venit præsens, et abiit præsens. Hæc quæ ex Novo Testamento desumpta sunt, iis quæ in Veteri comperiuntur germana sunt et affinia. Quid prædicat Joannes? Baptismum pœnitentiæ. Atque in parabolis docet, non semel, non bis, ut dum sæpe doceris, discas. Petrus ter negat, tamen in fundamento collocatur. Paulus ex persecutoribus factus est prædicator. Sed hic quæstio est. Quid vero dicit ipse ? « Jesus Christus venit in mundum, ut peccatores salvos faceret, quorum primus sum ego ¹¹. » Declarat suum ipsius vitium, ut gratiæ ostendat magnitudinem. At dixerat Petrus, et benedictionem consecutus fuerat ; dixerat : « Filius es Dei » altissimi ¹² : cumque audisset : « Petra es ¹³, » præconio nobilitatus est. Quanquam autem petra est, non ut Christus petra, sed ut Petrus petra : Christus enim vere petra est inconcussa : Petrus vero propter petram. Nam Jesus dignitates suas largitur, nec exhauritur : sed quæ tribuit, retinet. Lux est. « Vos estis lux mundi ¹⁴. » Sacerdos est ; facit sacerdotes. Ovis est. « Ecce mitto vos sicut oves in medio luporum ¹⁵. » Petra est, petram facit, et servis dat sua. Hoc enim indicium est divitis, habere et tribuere. Verum qui apud nos divites sunt, cum largiuntur, ea quæ habent imminuunt. Divites enim non sumus, nam aliena possidemus. Ille vero sic dives est, ut quantumcunque largitus fuerit, tantum nihilo secius dives permanet, velut fons perennis. Quantumcunque hauseris, non decrescit fluentum. Imo non velut fons : nullum enim apud nos exemplum naturæ illi potest comparari. Quare cum habeamus dignum nihil, minoribus utimur, ut ignota utcunque cognoscamus. Negat ter Petrus, non ut Petrus cadat, sed ut et tu habeas consolationem. Flevit ; lacrymæ eum qui nostri misereretur, flexerunt. Nam bonum erat propositum animi. Ubique solus confitetur. « Spiritus quidem promptus : caro vero infirma ¹⁶. » Qui finxit, figmentum novit ¹⁷, portatque infirmitates, condonans delicta.

5. « Memento, Domine, inquit, quod pulvis sumus ¹⁸. » Ecquid enim est justitia nostra ? Vere magnus erat Abraham. Ita erat magnus, quoniam terra est et cinis ¹⁹. Qui enim cognoscit quantum intersit Deum inter et homines, novit seipsum. Audi et alias beatitudines. « Beati quorum remissæ sunt iniquitates, et quorum tecta sunt peccata ²⁰. » Deus beatos prædicat, et tu prohibes ? Loquunturne Scripturæ uti volumus ? debemusne obtemperare ita, ut scriptum est ? Atque hæc contra nos. Contentio quæ spem amputat, bona non est. Sed quia veniam post baptisma pollicemur (hoc enim maxime communit adversus scelus), scribit Apostolus in priore Epistola ad Corinthios : « Scortatio omnino inter vos nominatur, et talis scortatio qualis nec inter gentes nominatur ²¹. » Audistis mali magnitudinem, etiam latæ sententiæ vehementiam audite. « Congregatis vobis, inquit, et meo spiritu, in virtute Christi, tradatur qui hujusmodi est Satanæ, in interitum carnis, ut spiritus salvus sit ²². » Castigat, non enim tanquam inimicus rejicit. In priore quidem Satanæ tradidit ; in posteriore vero nihil priori contrarium scribit. « Confirmetur in illum charitas, ne tristitiæ nimietate pereat qui ejusmodi est ²³. » Solvit etiam indissolubilia Apostolus. Tunc jubet talem Satanæ tradere ; postea de eodem scribens, ac veniam dans, ait : « Ut ne circumveniamur a Satana ²⁴. » Nam si quem nostrum rapuit, jam nos circumvenit. Egreditur ovis ex caula, luporum fit pabulum. Introduc, ut insidias effugiat. Ita boni pastores, etiamsi rapta ovis sit, vellus saltem recuperare student. Si vellus mortuæ abstrahere bonum est, animam ex ore lupi eripere res nihili est ? Et victor in bello vulneratur, nec ob id non coronatur, quod vulneratus est : sed laboribus multis perfunctus, vulnera accepit. Opumne malum reputat Deus, multa vero bona non reputat ? Quot martyres qui primum negarant, rursus redintegrata pugna cladem resarsere ? Negarant autem non animo, sed lingua. Caro namque infirma est. Excidit qui abnegat ; rursus, cum confitetur, instauratur. Nec enim mala observat Deus, bona vero nullo loco numerat. Et cum quis torqueretur, plerumque cessit, cum ferre non posset, non commutans voluntatis propositum, sed labore victus. At dimissus, ac requiem nactus, restauratur. Servabiturne dictum breve adversus illum, tormenta vero non enumerabuntur ? At Deus judex est, non hominum audacia. Audes legem præscribere Deo, qui infirmitatem novit, et suppeditat auxilium, dabitque victoriam ? Quot sunt qui post vitam malam martyrium sustinuerunt ? Num quoniam cupiditas illexit, privabuntur laboribus ? Non angeli sumus, sed homines, et cadimus

---

[⁸ Luc. vii, 37 seqq. ⁹ Matth. xxviii, 20. ¹⁰ Deut. iv, 7. ¹¹ I Tim. i, 15. ¹² Matth. xvi, 16. ¹³ ibid. 18. ¹⁴ Matth. v, 14. ¹⁵ Matth. x, 16. ¹⁶ Matth. xxvi, 41. ¹⁷ Psal. cii, 14. ¹⁸ ibid. ¹⁹ Gen. xviii, 27. ²⁰ Psal. xxxi, 1. ²¹ I Cor. v, 1. ²² ibid. 4, 5. ²³ II Cor. ii 6, 7. ²⁴ ibid. 11.]

et resurgimus, idque sæpenumero hora eadem. « Et stella a stella differt in gloria [25]. » Quam ob causam? Etenim si mensura quædam est justitiæ, debent omnes æque justi esse: sin alii fulgent ut sol, alii splendent ut luna, alii autem pro astrorum discrimine coruscant, perspectum est alium ab alio superari : qui autem superatur, liquet eum peccatis parvis obnoxium esse. Quod si nemini qui peccavisset, daretur venia, foret discrimen in varietate.

6. Sed quoniam demonstrare necesse est, lapsos post baptisma salutem consequi, non sine metu loquor, ne præter animi mei sententiam desciscatis : omnino enim cupio non peccare qui baptismum accipiunt. Quod si qui aliquando præter voluntatem lapsi fuerint, non volo quod volunt qui pœnitentiam abrogant, nolentes nos una commori in cruce : sed quod Apostolus vult [26], nos una cum ipsa sepeliri, nec amplius vivere nos peccato ; hoc ipsum volo. « Non abjicio autem gratiam Dei, » ait Apostolus scribens ad Galatas [27], quod Spiritum acceperant. Num hoc manifestius quiddam quæris? Sed infert : « Sic stulti estis, ut cum Spiritu cœperitis, nunc carne consummemini [28]. » Ergo Spiritum acceperant. Et iterum : « Hoc solum volo discere a vobis : ex operibus legis Spiritum accepistis, an ex auditu fidei [29]? Currebatis bene [30]. » Videte quot prærogativæ. Audi peccata. Nunc carne consummamini, excidistis a Christo. » Vidisti ipsos habere Spiritum : audisti illud, « Evacuati estis a Christo [31] : » similiter quoque, « A gratia excidistis [32]. » Quid postea subjungit, locum dans instaurationi ? « Filioli mei, quos iterum parturio [33]. » Semel genuerat ; sed qui semel genuerat, non recusat etiam denuo gignere ad salutem. Quod si quispiam omnia alia animo malo agat, idipsum fuerit impium. Homines vero qui Spiritum acceperunt, qui bene cucurrerunt, tanta passi, periclitati, frustra toleratis adversis, lapsi et evacuati, iterum tamen regenerantur, ut rursus Dei formam recipiant. Num quidquam superest tibi, quod adversus pœnitentiam opponas? Quis nos formavit? Deus. Fecit nobis corpus, fecit nobis animam. Contemnitne ? Quis dedit nobis pharmacum vitæ? Cur adhibentur lectiones ? Ut desistamus a peccatis. Cur irrigamur? Ut fructum afferamus. Quid oramus? Ut dimittantur nobis peccata. Imponamus finem orationi. Quibusnam non est pœnitentia? Ille ipse est, qui pœnitentiæ spe male agens, habet maleficii habitum, ac pœnitentia privatus est. Spes est etiam post peccatum, est curatio etiam post ulcus, sed manet cicatrix. Beatum fuerit, ne vacillasse quidem : beatitudo altera, reddita post plagam sanitas. Deo autem, qui initio condidit, seque demittit ad infirmitatem, et propositum servat, ac pœnitentiam largitur, per eum qui nobis bona confert, Jesum Christum Dominum nostrum, gloria et imperium in sæcula sæculorum. Amen.

609 EJUSDEM HOMILIA

Adversus eos qui per calumniam dicunt dici a nobis deos tres.

1. Solatium magnum est animis qui ob concitatum in se odium afflictantur, una cum Domino odio haberi. « Si enim mundus vos odit, scitote, inquit, quod me ante vos odio habuit [34]. » Quapropter si Dilectus odio habetur, quid est magni, si nos apud homines quibus copiosa est odii supellex, odio digni habeamur? Prohibeor loqui tristium recordatione, quæ animum subit ; atque decidentes lacrymæ vocem intercipiunt, cum cogito quod dilectione et pace nobis a Domino relicta, nequaquam tamen quæramus quod relictum est. Donum est quod oculos fugit, nec in quoquam reperitur. Charitas relicta est, sed pugna manet. Data concordia est, sed odium accensum est. Magnum odii rogum inter nos accendimus. Plangimus quisque privatim, nec tamen convenit inter nos. Quis mihi dabit theatrum universum orbem terrarum, et vocem tuba validiorem, et lamentationes Jeremiæ, et lacrymas uberes, quibus cor doloribus contritum dirumpam, pulveremque nobis nunc ignominiose aspersum perfundam, et deplorem calamitatem communem? Quippe defecit mandatorum radix charitas. Quapropter insatiabili spiritus amplexu complector astantes, quod alter alteri conglutinati, spectaculum insolitum exhibuerunt. Nam privatim unusquisque velut arena effecti sumus, non sociati inter nos, sed singuli inter nos divisi. Neque enim detractis compagibus, potest ædificium consistere : neque Ecclesia in altum crescere, pacis charitatisque vinculis non colligata.

2. Aures paulisper nobis patienti animo commodate, non ad ostentationem dicturis, sed ad id impulsuris, ut vos in tristium societatem adjungamus; nam societas gemituum affert solatium lugentibus. Fortasse autem et tristitia nostra adunata, vehementius ad Dominum transibit. Num quisque nostrum ob languidam agendi rationem privatim exaudietur? Quod conspicimus, id antiquæ illius Patrum charitatis reliquiæ sunt. Nam illi eam ob causam publicos hos conventus adinvenere, ut certis anni temporibus convenientes, inductam temporum processu alienationem renovarent, iique qui dissiti sunt, si ad unum hunc locum accederent, sibi amicitiæ atque dilectionis initium congressum facerent. Hic est spiritualis conventus, quo vetera renovantur, futuris initium præbetur. Non enim venimus rerum venalium facturi permutationem, sed 610 charitatis commutationem mutuam exhibituri, daturi charitatem plenam, plenamque recepturi. Hæc sunt a patribus

---
[25] I Cor. xv, 41. [26] Rom. vi, 4. [27] Galat. ii, 21. [28] Galat. iii, 3. [29] ibid. 2. [30] Galat. v, 5, 7. [31] Galat. v, 4. [32] ibid. [33] Galat. iv, 19. [34] Joan. xv, 18.

nostris constituta. Nos autem qui ea velut per manus tradita accepimus, in quem statum degeneraverimus, spectaculum præsens ostendet. Plurimi eorum qui adsunt, magis sunt exploratores eorum quæ dicenda sunt, quam discipuli eorum quæ docentur. Atque exquiritur concio, non ut astantes ædificentur, sed ut insidiatores locum habeant calumniandi. Quod si forte dictum est quidpiam, quod conveniat cupiditatibus eorum qui sententiam explodunt, abiit qui audivit, tanquam si id quod suum est, apud nos reperisset. Hæc cordibus vestris inscribantur. Reddite testimonium veritati et nobis, adversus eos qui talia divulgant, videlicet quod nos donum vetus instauravimus.

3. Hæc enim sunt non timentium Dominum verba, sed aperientium contra nos os, quasi nos deos tres enuntiemûs. Deos tres qui prædicat, quid quærit in Ecclesia Domini? Alibi deorum multitudo, alibi religiosus Dei cultus. Qui tres dicit, audeat etiam dicere quatuor, numerum ad duodecim usque extendat. Quæ est igitur insania eorum qui exacutam linguam habent contra veritatem? Non sum pusillo animo ad reprehendendum, sed exspecto judicium Christi. Illic mihi ex adverso sistentur, qui hanc calumniam consuunt: « Novit Dominus qui sint sui [35]; » et, « Qui calumniatur pauperem, irritat eum qui fecit illum [36]. » Si fidem Patrum trado, cur missis Patribus me bello petis? Si credo in Patrem, si confiteor Filium, si non reprobo Spiritum. Trinitatem qui confitetur, si deos tres nominet, abrogat baptisma, et fidem impugnat. Quorsum mea persona supposita, Dominum bello impetis? Quis reliquit, ut baptizemus in nomen Patris et Filii et Spiritus sancti [37]? ego, an Dominus? Cujus sunt verba? præconis, an illius qui misit? Cur, quia personam meam calumniis facile obnoxiam reperis, ob me impugnas veritatem? ob me concutis fidei munimentum? Ego quidem expugnari facile possum: sed fides perstat inconcussa. « Unus Dominus [38], » disce ex verbis Pauli, non duo, aut tres. Etsi Filium Dominum nominavero, non in duos dominos, non in deos multos divisi dominationem. Dominus Pater, Dominus Filius: « Una fides [39], » cum Dominus unus sit. Unum uni comes est: uni Domino, una fides, uni fidei, « Unum baptisma [40]. » Sic unum ex uno per unum confirmatur. Sed si non dejicio Spiritum, neque eum in servili ordine colloco, propterea calumniam illam suscipio. Cave dicas quæ non dico, et videamus calumniæ tuæ verisimilitudinem. Quid occultas tuam ipsius calumniam? Mentiris, vir exsecrande, cum **611** ais deos tres a nobis prædicari, nec aperte dicis nos ipsos esse, qui eos qui Spiritum sanctum creaturam dicunt, anathemate ferimus. Hanc accusationem admitto. Eam ob causam ignem subibo et gladium exacutum. Sive rota collidat, sive tormenta in me moveantur eadem animi persuasione perferam tormenta, qua martyres hic jacentes coronas consecuti sunt. Itaque hoc me nomine accusa, quod non inter creaturas numero Spiritum sanctum. Quod si quid amplius dixeris, reddes rationem Judici. Modo legebatur, « Cum venerit Paracletus [41]; » tu vero inde occasionem arripuisti calumniandi, injuriam ut inferas. Paracletus, inquit, qui pro te rogat. Per quæ te afficit beneficio, per ea animum ingratum ostendis. Non igitur suscipis Paracleti beneficentiam. An non Dominus hanc sibi appellationem congruere sanxit? « Mittam vobis et alium Paracletum [42]. » Qui cum et alium dixit, nonne seipsum ante alium ostendit? Si ex me ipso loquor, ne audite me; sin autem quæ scripta sunt pronuntio, subjice te veritati. Perfectus neque minuitur, neque augetur. Unus ingenitus Deus: unus unigenitus ejus Filius ac Deus. Sicut non est Deus alter, qui quoque una cum ipso sit ingenitus: ita neque est Filius alter, qui quoque una cum ipso sit genitus. Quemadmodum non est voce tenus Pater, sic neque est voce tenus Filius. Deus Pater, Deus Filius: Deus perfectus Pater; Deus perfectus Filius. Incorporeus Pater, incorporeus Filius, incorporei character, et imago incorporea. Credis genitum esse? Cave quæras, Quomodo? Si enim licet quærere quomodo ingenitus sit ingenitus, licet et quærere quomodo genitus sit genitus: sin ingenitus quæstionem hanc non relinquit, quomodo scilicet sit ingenitus: ita neque genitus relinquit locum quærendi quomodo genitus sit. Cave quæras quæ investigari non possunt, non enim invenies. Etenim si quæras, a quo discere potes? A terra? Non exsistebat. A mari? Non erat liquidum. A cœlo? Non erat surrectum. A sole et luna et astris? Non erant condita. A sæculis? Ante sæcula Unigenitus. Ne interroga ea quæ non semper sunt, de eo qui semper est. Quod si nolis, sed contendas, derideo tuam amentiam: imo potius deploro tuam audaciam.

4. « In principio erat Verbum, et Verbum erat apud Deum, et Deus erat Verbum [43]. » Illud, « Erat, » explodit vocem, « Non erat, » et vox, « Deus, » explodit vocem, « Non Deus. » Crede iis quæ scripta sunt: quæ non sunt scripta, ne investiga. Hoc Verbum, Filius Dei, homo factum est ob lapsum hominem Adamum. Propter Adamum incorporeus in corpore. Propter corpus Verbum nubem assumpsit, corpus videlicet, ut ne res visibiles combureret. Demisit se ad carnem, ut et caro una cum illo erigeretur. Invisibilis in visibili, ut visibilia subiret. Velut homo, sub tempus; velut Deus, ante tempora. Illud, « velut, » **612** non similitudine, sed veritate; utrumque Deus et homo. Deus erat, homo factus est per Incarnationem. Non prius « factus est, » et tunc « erat: » sed prius « erat, » et tunc « factus est. » Ne igitur carnis dispensatio tollat Unigeniti deitatem. Hæc enim sunt hæretico-

---

[35] II Tim. II, 19. [36] Prov. xiv, 31. [37] Matth. xxviii, 19. [38] Ephes. iv, 5. [39] ibid. [40] ibid. [41] Joan. xv, 26. [42] Joan. xiv, 16; xvi, 7. [43] Joan. i, 1.

rum effugia, et Manichæorum deliramenta. « Nam fundamentum aliud nemo potest ponere præter hoc quod positum est, qui est Jesus Christus⁴⁴. » Genitus est per mulierem, ut genitos regeneraret. Crucifixus est sponte, ut eos qui inviti crucifixi erant, detraheret. Mortuus est sponte, ut eos qui præter voluntatem mortui erant, exsuscitaret. Mortem quam non suscipiebat, suscepit, ut eos qui sub morte erant vivificaret. Devoravit ipsum mors insciens : ubi devoravit, cognovit devoratum. Devoravit vitam, a vita devorata est. Devoravit unum cum omnibus, amisit propter unum omnes. Rapuit ut leo, contracti sunt dentes ipsius. Quapropter etiam velut debilis contemnitur. Nec enim amplius eam ut leonem timemus, sed velut pellem conculcamus. Unigeniti ex Patre generatio silentio colatur. Novit enim ipse qui genitus est, et qui genuit. Nosse enim debemus quæ loqui oporteat, et quæ oporteat silere. Non omnia verba queunt a lingua proferri, ut ne mens velut oculus solem totum intueri volens, etiam quod lumen habebat perdat. Nam in hoc cognoscis, si noveris te non comprehendisse. Itaque generationem illam quæ arcana est et inenarrabilis, silentio colamus. Quod si etiam huic concipiendæ impares sumus, ne afficia-

mur tristitia. Nam illa formidanda est ob naturam : hæc vero inexplicabilis ob rei novitatem. Joannes vox quidem dicebatur clamantis in deserto : sed homo erat natura. Cave igitur tollas ob Verbi nomen Unigeniti hypostasim. Sed forte dixeris : Cur igitur honoratior est qui a dextris sedet? Verum si per seipsum honorem haberet, foret honoratior : sin autem a Genitore accepit, est ejus qui dedit beneficium. Non erat alius Filius, ut a sinistris sederet. Unus ingenitus Deus, unus quoque Unigenitus illius, Filius et Deus. Decebat igitur Filium Patri dextram non cedere, sed Patrem Filio. Nimirum naturæ quæ a nostra separatur, separato etiam notionem. Nam apud nos pater ex alio patre est, et tempore indiget, et alimento, et incremento, et alia cura, nec quod vult pater, hoc generat. Deus vero potestatem habens cum voluntate concurrentem, genuit dignum seipso, genuit uti ipse novit : cui gloria et imperium in sæcula sæculorum. Amen.

613 SERMO DE LIBERO ARBITRIO.

Quibus inest divina lex, etc.

Est inter homilias Macarii Ægyptii ordine vicesima quinta. Vide ad annum 393. EDIT.

MONITUM.

614-617 Duas quæ sequuntur homilias jam olim edidere doctissimi viri Franciscus Combefisius et Joannes Baptista Cotelerius, ille Latine duntaxat, hic Græce et Latine, in **Monument. Eccl. Græc.** t. I, p. 28-40. Quanquam autem hæc opuscula pro spuriis habeamus, ea tamen rursus hoc loco edenda esse censuimus. In Præfatione de his oratiunculis disputatur.

SANCTI PATRIS NOSTRI
BASILII MAGNI
Cæsareæ Cappadociæ archiepiscopi,

In illud : *Ne dederis somnum oculis tuis, neque indormites palpebris tuis* ⁴⁵.

Non me dolore afficit eorum qui ad spiritalem hanc celebritatem convenerunt paucitas. Cerno enim imminutum esse quod tumultum concitare solet, adesse vero eos qui audiendi studio tenentur. Nullatenus enim iis opus habeo qui extra murmure perstrepunt : sed animas requiro auditionis cupidas, decenter circumstantes spiritale auditorium, quæque rite suscipiant commonitiones Spiritus, et memoria conservent documenta salutaria : quas res inesse iis qui adsunt exopto. Cum et pastori tutior sit operatio in paucitate, quam in multitudine gregum, et gubernatori ductu facilis sit una navis, licet etiam fluctus insurgant, undique terram alluentes, ac difficilem sua vehementia reddentes gubernationem. Propter charitatem quidem erga singulos, vellem cunctos adesse homines : sed quia cum multitudine insertum est quod est spurium, oro ut quod purum est, accurate discretum, separatumque a noxio, solum nobiscum sit ; non ad calumniam circumstans, sed vere audiens. Opto frumentum segregatum a palea. Hæc quippe omni vento doctrinæ circumfertur⁴⁶ : illud autem grave et firmum ac per se cadens, Spiritu secretum, horreo dignum censetur. Quid dicam? quo vos modo alloquar? Quo pacto antevertam præterita? futurorum debitum? Etenim præteritorum reus sum, et futurorum debitor. De qua Scripturæ parte vobis opportune **618** disseram ? Omnes ejusdem pretii sunt, omnes spiritales, omnes a Deo inspiratæ, omnes utiles. Verum nec facilis mihi est discretio ; nec vobis licet illam rejicere, hanc admittere, cum æqualis sit gratia in unaquaque, et proponatur nobis dignitate par undique proveniens

⁴⁴ I Cor. III, 11. ⁴⁵ Prov. VI, 4. ⁴⁶ Ephes. IV, 14.

IN ILLUD, *NE DEDERIS SOMNUM OCULIS TUIS*, ETC.

emolumentum. Locutus est nobis utilia verba, Proverbiorum conscriptor Salomon. Hoc primum auribus vestris immisit : hinc inchoemus istam ad vos homiliam. Perspicacem te vult esse discipulum et sublimem consilio. Horum utrumque exhibet duplex sermo : « Ne dederis somnum oculis tuis, neque dormitationem palpebris tuis. » Ne dederis somnum. Huncne prohibet somnum, communem naturæ affectionem, vultque nos pervigiles manere? Igitur accusatio est creatoris, qui vitæ nostræ conjunxit requiem somni? « Ne dederis somnum oculis tuis, neque dormitationem palpebris tuis. » Non eumdem sermonem repetit, sed differentiam novit somni et dormitationis. Somnus enim est, gravis sensuum stupor ; dormitatio autem, mistura vigiliæ ac somni. Quia igitur alii quidem profundo detinentur somno, donorum Dei oblivione quasi veterno occupati ; alii vero permiste interdum vigilant, interdum velut indormitant ; neque alienum admittunt, neque eum qui aliquando conversus est, neque ægrotum tanquam sanum. Vers. 5. « Ut salveris tanquam damula e laqueis. » Damula ceu dorcas animal est acie oculorum valens, ex qua dorcadis nomen tulit. Nihil latet dorcadis oculum ; novit quid cavere debeat; novit ubi sit cursus gubernaculum. Sed et damula sis, ad scrutanda quæ inferius sunt ; et avis, ad quærenda sublimia ; ut ne reti inhibearis, at excelsior fias laqueis. Nunquam avis incidit in rete, si naturaliter sibi insita penna aerem secans, super terram elevetur. Vult ergo te per mentis sublimitatem, quam a Creatore tuo accepisti, caute observare ; et pigritiæ coalumnum vitium insectari, tanquam quod felicem exsecutionem eorum quæ a Domino præcepta sunt nobis, expellat. Gravissimum peccatum est pigritia, animorum segnities. Noli esse circa mandata Domini otiosus, noli hoc quidem facere, illud vero differre. Fœneraticiam quamdam agis satisfactionem, ut qui totum impleveris. Sed vult te ad ea quæ sunt priora extendi [47]. Vides quod te cupiat rectum esse pietatis cursorem, ad bravium supernæ vocationis properantem [48] ? Non ergo oportet ut idem piger sit ac negotietur. Adest qui petit : si cessaveris ad eleemosynam, cessatio impedimento tibi est ad cursum salutis. Itaque ut te a somno excitet, æmulatoremque faciat bonorum operum ; parvo animali electo, omnium minimo, hoc apponit tibi. Vers. 6. « Vade ad formicam, o piger, et æmulare vias ejus. » Vidisti quo pacto te usus fuerit : vilem magistrum præmonstrat ; ut eo modo somnum excutiens, segnitiem repellens, verecundia affectus ob rem quæ in comparationem assumitur, teipsum dignum reddas Creatore. Si dixisset tibi, imitare equi cursum, imitare camelum **619** in gestatione onerum ; imitare bovem terræ cultorem ; respondisses, quomodo imitari potero quæ mole corporis ingentia sunt ? Aliud illis inest corporis robur, ego vero parvus sum et infirmus. Ne hoc prætenderes, animal procul dubio imbecillins tibi ad imitationem proposuit. « Vade ad formicam, o piger. » Quid contemnis magnum præceptorem? Formica te excitet ad operationem. « Et ab illa disce. » Illa non novit magistrum, non peregre profecta est, non didicit agriculturæ artem, non junxit bovem, non possidet bovem aratorem, non pugnat de terminis terræ, nec ad iram provocat vicinos, non hæc quidem detinet, illa vero assumit, nihil scit eorum quæ ad agriculturam pertinent ; non habet instantem dominum, non tributorum collectorem qui cogat, non famulos qui annona cum non fuerit iis distributa, contendant cum domino. Nihil horum adest : sed naturalis quædam necessitas animal excitat. Itaque natura tunc. Et tibi accedit ratio quæ naturæ parens est. Ratione antecellis formicam. Si facultas cooperaria est, præstantior facultas tua facultate formicæ. « Vade igitur ad formicam, piger, et ab illa disce. » Antea edoctus fuisti ; sed ex segnitie pristinam doctrinam abjecisti, et in oblivionem lapsus es ob somnum quem dilexisti. Disce a formica. Illa enim (Vers. 6, 7) agellum non habet, nec dominum, neque subjecta est necessitati, et nulli necessitati serviens, domini expers, vitam ducens sui juris ac liberam, ipsi sibi instat, et seipsam ad opus urget. Quis dixit formicæ, nunc messis est? et quis iterum dicet, nunc rursus hiems? Ut ostendat tibi providentiam Dei, per omnia pervenire ad nos ; ne vero etiam te liberum aut nullius dominio mancipatum existimares, formicam tibi commonstravit. Etenim illa non spontaneo quodam casu hæc operatur ; sed urgentem habet Dei dispensationem, præceptore usa lege naturæ. Hæc sunt documenta. Messis est, et formica operatur, quæ a tua operatione excidunt, in suum vertit lucrum. Vereor nequando tui accusatrix existat, quod laboriose Dei dona non collegeris, sicut ipsa repositoria sua implet. Disce formicarum hospitium. Illa sibi conficiens binas concamerationes ternasque contignationes, Noemum imitata, et diluvii apparatum in arca, alias quidem sibi subjectas, alias vero quæ domos supergrediantur construens, alias receptacula constituit, alias demensa. Vidistine aliquando formicinam cavernam ? Considerasti diligenter, aut ut nec formicina perdisceres ? Apte compositæ sunt formicæ stationes : separata sunt apud illam sordida a puris : in repositorio degit, et scita est repositio. Aspexi ego frumentum a formica repositum, non temere autem projectum, sed cum prudenti consilio (1) apotheca donatum. Scilicet ungulis findit medium frumenti, suspicata ne forte sub terram

[47] Philipp. iii, 13. [48] ibid.

(1) Confer. cum Homilia 9 *in Hexaemeron* : ut et quæ sequuntur de apibus, cum Homilia 8 et cum Commentario *in Isaiam* ad capitis vii versum 18.

cadens, indeque humectatum, perveniat ad germinationem : sed diffindit et mortuum reddit frumentum ; ut ad alimoniam aptum sit, ad germinationem inutile. Videturne tibi fide dignior esse magistra quæ tanta **620** sapientia et arte utitur? « Vade ad formicam, o piger; » disce formicæ bene constitutum ordinem; quo modo quæ frumentum convehunt, eas quæ egrediuntur non impediunt; sed unus est locus exeuntium, alius importantium : atque ordo in illis est, quamvis regem ducentem non habeant, nec divisionem in tribunos noverint : sed ut unus viarum bonus ordo, hinc alia, altera vero cum aliis illinc, quando se mutuo prætereunt, sibi invicem impedimento non sunt ad cursum. Quis autem hæc ordinavit? Ego existimo ordinum rectores et ducendis exercitibus præfectos hinc accepisse tacticam peritiam, et ad hominum disciplinam transtulisse. Sic sapientiæ lex antiquior est institutis artis. Adest formicæ et præscientia. Sæpe igitur e suis specubus proferentes frumentum exsiccant, cum fuerit madidum. Tunc ergo ubi videris annonaria frumenta extra formicarum cavernam, scito imbrem non futurum. Unde hoc, nisi a Domino, ut persistat animal, nec pereat fame? Noli ergo existimare res tuas irrationabili et spontaneo casu regi. Vers. 8. « Aut vade ad apem. » Quid vulgarius hisce exemplis? Quis ignorat formicam? Quis nescit apem? Animalia quæ teruntur, quæque nobiscum vivunt, ea nobis ostendit. Ut autem eorum accipiamus deductionem seu magisterium, quo nostri curam geramus ; quia non sufficiebat formicæ exemplum, apem adjecit. Nam poterat mihi dicere avarus, et retinens opum suarum, Imitor formicam : est enim animal immunificum, quod sibi congregat, alteri vero non congerit. Dixisset, Obtempero doctrinæ. Formica laborat ad proprium usum : igitur et ego repono : nihil me amplius admoneas. Verum hoc loco ut laboriosus sis et operosus, formicæ exemplum adductum est; ut autem munificus, apis (1). « Aut vade ad apem, et disce quomodo operaria est. » Utile est exemplum apis, ad dandum fructum et propter ultionem. Etenim apis dum ulciscitur se, plagæ immoritur : et Christiani mors est redditio mali. Illum quidem paululum probro affecisti, ipsum vero te interemisti per mandati violationem : « Nulli malum pro malo reddentes [49]. » Vidisti quo modo apis vitam cum aculeo projiciat? Ita et Christianus, cum de inimico vindictam sumit, per vulnus hosti inflictum vitam suam amittit. Ne sis ergo aut in hostium ultionem propensus, aut in bonis tuis avarus : sed ab ape disce; cui quidem mortem conciliat vindicta; operationem vero suam exhibet in usum regibus et privatis hominibus, delicate viventibus et morbo afflictis; nec non industria sua omnique vita utilis est usque ad odorem. Apis, varietate artis, etiam mel novit colligere ex eodem flore : et aliud quidem reponit in mel, aliud vero in favum; et ceram compingit melli. Quis docuit apem illam facere fistulas alveares, ac texere tenuem membranam? Quænam ex iis, vetere adito præceptore, ædificia sex laterum et quatuor laterum condere edocta fuit? Quo pacto angulum constituit per ceram, et parietes pertexuit, **621** ut anguli firmitatem procurarent, parietes mel custodirent? Cur non unam fistulam fecit, sed hinc illincque compegit mellis apothecas? Qua ratione cavo cuique suum immittit mel? Si unum construxisset receptaculum, pondere dirupta fuisset basis : verum supponit cava, parietes subjicit, angulos munit. Quis architectus? Non ille architecturam didicit. Vidisti quanta sit in ape sapientia, quantum in formica laboris studium? Nonne erubescimus, si a sapientia formicæ discedamus, et a diligentia apis superemur? Parva hæc animalia excitent mentem nostram ad bonorum operum curam. Animal gregale est : neque formica singulariter degit, neque apis solitarie : gregatim vivunt, gregatim volant. Nunquam vidisti apem seorsum volantem, sed inter se communem habent volatum. Non eæ sibi invicem invident flores; una ad prata proficiscuntur ; simul iterum ad propria loculamenta redeunt. Unaquæque suam cellulam agnoscit : a suo opere discedens communicat operationem cum sodalibus. Hoc autem apud nos non reperitur. Non enim amplius inter nos communicamus, nec ad flores Ecclesiarum communiter convolamus : sed cujusque aculeus vehementer elatus est contra proximum : et novit quidem se ex aculeo mori, in quo percutit fratrem; nihilominus tamen, magis iræ quam salutis suæ sollicitus, perpetrat quæ a Domino vetita sunt, nobisque conciliat æternum supplicium : a quo eripi deprecemur; in Christo Jesu Domino nostro, cui gloria et imperium, nunc et semper, et in sæcula sæculorum. Amen (2).

EJUSDEM DE JEJUNIO ORATIO III.

1. Jejunii et propitiationis adest tempus; non modo ciborum abstinentiæ, sed etiam peccatorum evitationis. Nos ipsos ab omni peccato subducentes, jejunemus alacriter; gnari quod jejunium sententiam Dei revocavit. Itaque lex ecclesiastica jejunium prænuntiat, præconem vocalissimum prætendens prophetarum et apostolorum chorum. Vocat autem ille non viros ac ætate provectiores solos, verum etiam mulieres ac pueros; horum

---

[49] Rom. xii, 17.

(1) Simili modo S. Chrysostomus Homilia 12 ad *populum Antiochenum*. In Rufino tamen, Præfatione ad librum tertium *De principiis*, apes dicuntur fingere favos ac mella, avaritia congregandi.

(2) Variæ quidem doxologiæ reperiuntur; sed maximam admirationem movet illa in Lupo Ferrariensi, hom. 2 : *Præstante Domino nostro Jesu Christo, qui patria virtute trinus et unus vivit et regnat, in sæcula sæculorum.*

quidem renovans juventutem, illarum vero naturam mutans in virilem virtutem. « In Christo enim Jesu non est masculus neque femina⁵⁰. » Præmia vero certantibus proponit, regnum cœlorum, coronam semper florentem, vitam æternam, si cum sanctitate jejunaverimus ; juxta beatum Joelem prophetam dicentem : « Sanctificate jejunium, prædicate curationem, congregate parvulos sugentes ubera. Sacerdotes, plorate coram altari, convocate senes. Egrediatur sponsa de thalamo suo, et sponsus de cubili suo⁵¹. » Sanctus quippe est jejunii modus, sancto Deo a sanctis sancte oblatus. Cunctos igitur præco vocat ad certamen. Sed multa inter certantes differentia **622** intercedit, cum vitæ, tum ætatis. Porro certamen « non est adversus sanguinem et carnem, sed adversus principes et potestates et spiritualia nequitiæ⁵². » Etenim qui habet inimicos et hostes visibiles, si quidem valeat, vicissim hostiliter adorietur : si vero careat viribus, abscondens se servabitur. Qui autem hostes habet invisibiles, quid acturus est, nisi Deum in auxilium vocet? Nam si dormierit, illi vigilant : si occultaverit se, illi intra ipsum pugnant. Molestus est inimicus : multa inducit tibi machinamenta in lucta vel avaritiæ, vel libidinis, vel crapulæ, deliciarum, et vanæ gloriæ. Aggreditur te etiam dormientem ; neque enim somni revereretur leges (1). Quid ergo ages, cui res est cum plurimis hujusmodi hostibus? Vallum fodies? Sed hoc transgredietur. Fossam interpones ? Sed et illam superabit. Qua ergo ratione decertare oportet? quo pacto tantas insidias cohibere? Neque enim cernere datur bellatores. Verum inventum est maximum subsidium, jejunium cum oratione. Hoc enim modo vincuntur qui hostibus visibilibus pejores sunt, mali dæmones : quemadmodum Dominus docet discipulos, de lunatico aiens : « Hoc genus in nullo expellitur, nisi per orationem et jejunium⁵³. » Itaque magnum hominibus bonum est, jejunium; quod quidem sententiam Dei revocavit. Prædicata est in Ninive subversio post triduum : et conversio ad Deum vicit subversionem. Subversionis enim comminatio, per conversionem relaxata est. Prudentes peccatores Ninivitæ, audito Jona subversionem prædicante, per jejunii modum comminationem cohibuerunt, et confessionis precisque remedio attraxerunt salutem.

2. Per jejunium Moses e cœlo legem detulit : per jejunium placavit Deum erga eos qui vitulum fabricaverant. Per jejunium Elias usque ad cœlum assumptus est ; arma gerendo castitatis, jejunium ; jejunium ciborum, et peccatorum abstinentiam. Si enim os jejunaverit, manus autem aliena rapuerint, audies : « Non tale jejunium elegi, dicit Dominus⁵⁴. » Si abstinueris cibis, et calumniatus fueris fratrem tuum, audies : « Non quod intrat in os, coinquinat hominem, sed quæ procedunt⁵⁵. » Proinde purus sit, et venter a cibis, et animus a peccatis. Interiora cum exterioribus consentiant. Neque corpus cibariis aggravetur, neque anima vitiis polluatur : uti cunctorum Deus dignos reddat nos regno cœlorum ; in Christo Jesu Domino nostro, cui gloria et imperium in sæcula sæculorum. Amen.

MONITUM.

Hanc lucubratiunculam jam olim Græce et Latine vulgavit vir' doctissimus Franciscus Combefisius in suo *Basilio recensito*, t. II, p. 98-103. Eamdem, qualem edidit, rursus hoc loco edendam esse judicavi. Quid autem de ea sentiam, in præfatione aperiam.

---

623 EJUSDEM

De religiosæ exercitationis informatione, sermo.

1. Cum Dominus noster Jesus Christus præcipiat : « Quod vobis dico in tenebris, dicite in luce ; et quod auditis in aure, prædicate super tecta⁵⁶; » Apostolus item silentii tremendum judicium ostendens, quibus sic Ephesiorum presbyteros compellat : « Contestor vos hodie, quia mundus sum a sanguine omnium ; non enim subterfugi, quominus annuntiarem vobis omnem veritatem et consilium Dei⁵⁷; » quin et nos, idem ut faciamus, admonet, qua scribit : « Hæc commone, contestans coram Deo⁵⁸. » Quia vero res non patitur ut omnibus coram de illis contester, quæ præcepta a Domino sunt, necessarium putavi ut ad vestram omnium in Christo charitatem scriberem, ac me quidem crimine liberarem, vosque adeo in nomine Domini nostri Jesu Christi, eorum quæ officii sunt, certiores efficerem ; ut neque vos ex ignorantia in mortis unquam stimulum⁵⁹, nempe peccatum, incidatis, ullumve Dei mandatum transgrediamini, de quibus scriptum est : « Mandatum ejus, vita æterna⁶⁰, » atque ab ea excidatis dicente Domino : « Qui incredulus est Filio, non videbit vitam, sed ira Dei manebit super eum⁶¹; » neque nos, eo quod

---

⁵⁰ Galat. III, 28. ⁵¹ Joel II, 15, 16. ⁵² Ephes. VI, 12. ⁵³ Matth. XVII, 20. ⁵⁴ Isa. LVIII, 5. ⁵⁵ Matth. XV, 11. ⁵⁶ Matth. X, 27. ⁵⁷ Act. XX, 26, 27. ⁵⁸ II Tim. II, 14. ⁵⁹ I Cor. XV, 56. ⁶⁰ Joan. XII, 50. ⁶¹ Joan. III, 36.

(1) *Neque enim somni revereretur leges.* Sunt leges somni, ut dormientis quies nequaquam obturbetur.

siluerimus, eorum qui ex peccato interierint, sanguinis obnoxii reperiamur. Hinc vero ejusque rei rationem adjungam; primum quidem quæ causa sit, quodve periculum, tantæ Ecclesiarum Dei ac cujusque rebus agendis dissonantiæ et dissensionis; tum deinde certas ex divina Scriptura probationes ac rationes, quibus conficitur, in omnem Deum mandati transgressionem acri tremendaque districtione animadvertere; ut quamvis pleraque quis videatur præstitisse; si tamen pauca, sive etiam unum quodvis mandatum neglexerit, vel etiam peccanti, quasi re media, aut cujus parum aut nihil intersit, acquieverit, silentiumque in eo tenuerit, nec ex judicii Dei ratione probum zelum æmulationemque ostenderit, hinc solum, unoque hoc reatu, pœnas daturus sit; ac vel si per ignorantiam ejusmodi aliquid ei acciderit, ne sic quidem inultus abibit.

2. Ad hæc, piam de Deo ac Patre, unigenitoque ejus Filio ac Deo, necnon Spiritu sancto, confessionem, liber complectetur; tumque eorum notitiam, quæ abs Scriptura præcepta sunt; a quibus abstinendum, ac quibus potissimum sedulo iis adhibenda opera, qui vitæ æternæ ac regni cœlorum desiderio teneantur. Cujusque item gradus seu ordinis propria sigillatim pariter exsequetur, ac præterea, compendiosum brevemque velut characterem, definitionis forma ex Scripturis sacris conabitur dare; affinemque rursus sermonis doctrinæ Dei præpositorum addet characterem: in quibus exacta atque exacte depurgata disciplinæ ratio elucescet; eorumque, ut sic dicam, qui hic discipuli sequuntur dignitas persplendescet. His consequenter adjungam, quæcunque fratrum quæstionibus motus, respondi, disceptando de vita, quæ pie religioseque instituitur; quorum omnium exempla ad vestram in Christo dilectionem transmisi; quo in vobis impleatur illud Apostoli: « Hæc commenda fidelibus hominibus, qui et alios docere erunt idonei 62. »

SANCTI PATRIS NOSTRI BASILII,

ARCHIEPISCOPI CÆSAREÆ CAPPADOCIÆ,

DE BAPTISMO LIBER PRIMUS.

CAPUT PRIMUM.

Quod oportet primum Domini doctrina imbui, tumque baptismate sancto initiari.

1. Dominus noster Jesus Christus, unigenitus Dei viventis Filius, cum post resurrectionem ex mortuis accepisset promissionem Dei et Patris, per prophetam Davidem dicentis, « Filius meus es tu, ego hodie genui te; postula a me, et dabo tibi gentes hæreditatem tuam, et possessionem tuam terminos terræ 63, » assumpsissetque discipulos suos, eis primum datam sibi a Patre potestatem declarat his verbis: «Data est mihi omnis potestas in cœlo et in terra 64: » et tunc mittit ipsos, dicens: « Euntes, docete omnes gentes, baptizantes eos in nomine Patris et Filii et Spiritus sancti, docentes eos servare omnia quæcunque mandavi vobis 65. » Cum igitur Domino præcipiente, primum, « Docete omnes gentes, » et deinde subjungente, « baptizantes eos, » et quæ sequuntur, vos quidem omisso priore posterioris a nobis rationem exegistis; nos vero rati contra mandatum Apostoli facturos nos, si non statim responderemus, cum dicat, « Parati estote ad respondendum cuilibet rationem vos interroganti 66; » tradidimus doctrinam baptismatis secundum Evangelium Domini, ejusque præstantioris baptismate beati Joannis, sed sic ut pauca ex multis quæ de eo in sacris Scripturis dicta sunt, in medium proferamus. Necessarium tamen duximus ad traditum a Domino ordinem recurrere, ut sic etiam vos hujus vocis, « Docete, » vim ac intelligentiam primum edocti, post deinde doctrina de gloriosissimo baptismate accepta, ad perfectionem prospere perveniretis, discentes servare omnia quæ Dominus discipulis suis præcepit, sicut scriptum est. Hic igitur audivimus dicentem, « Docete: » sed jam opus est de iis quæ alibi de hoc mandato dicta sunt, mentionem facere, ut primum sententiam Deo acceptam assecuti, deinde vero aptum necessariumque ordinem servantes, sic, juxta propositum placendi Deo, ab intelligentia hujus præcepti non aberremus. Familiare est enim Domino, ea quæ alicubi strictim præcepta sunt, per ea quæ in aliis locis relata sunt, perspicue explanare. Quale est illud: « Thesaurizate vobis thesauros in cœlo 67. » Nam hic simpliciter locutus, quomodo id fieri oporteat, in alio loco declarat, cum ait: « Vendite quæ possidetis, et date eleemosynam: facite vobis sacculos, qui non veterascunt, thesaurum non deficientem in cœlis 68. » Et multa hujusmodi alia.

2. Discipulus igitur est, ut ab ipso Domino discimus, quisquis ad Dominum accedit, ut

---

62 II Tim. II, 2. 63 Psal. II, 7, 8. 64 Matth. XXVIII, 18-20. 65 ibid. 19, 20. 66 I Petr. III, 15. 67 Matth. VI, 20. 68 Luc. XII, 33.

eum sequatur, hoc est, ut sermones ipsius audiat, credatque, ac ei obediat uti Domino, et regi, et medico, et doctori veritatis, ob spem vitæ æternæ, idque, si modo in his permanserit, sicut scriptum est : « Dicebat igitur ad eos, qui in se crediderant, Judæos : Si vos maneatis in sermone meo, vere discipuli mei estis, et cognoscetis veritatem, et veritas liberabit vos [69]; » sine dubio intelligens animæ libertatem, qua ab amarulenta diaboli tyrannide libera fit, dum a peccatorum dominio liberatur : « Qui enim, inquit, facit peccatum, servus est peccati [70], » et sub mortis condemnatione constitutus : quemadmodum etiam tradidit nobis Paulus apostolus, cum ait : « Eum enim qui peccatum non novit, peccatum pro nobis fecit, ut nos efficeremur justitia Dei in ipso [71]; » et rursus, «Sicut enim per inobedientiam unius hominis, peccatores constituti sunt multi, ita per unius obedientiam, justi constituentur multi [72]. » Qui autem credit Domino, seque idoneum exhibet ad docendum, discat oportet primum quidem desistere a peccato omni : deinde vero a re quacunque secedere, quæ ab obedientia Domino debita multas ob causas retrahat, etiamsi speciosæ esse videantur. Fieri enim non potest, ut qui peccatum patrat, aut hujus vitæ negotiis implicatur, aut de rebus ad vitam necessariis sollicitus est, servus sit Domini, nedum discipulus illius, qui non prius adolescenti dixit, « Veni, sequere me [73], » quam præcepisset ut bona sua venderet, daretque pauperibus. Imo ne hoc quidem ante præcepit, quam ita ipse confessus esset : « Hæc omnia custodivi [74]. » Qui enim nondum veniam peccatorum consecutus est, nec ab iis purgatus est in sanguine Domini nostri Jesu Christi, sed servit diabolo, et ab inhabitante in se peccato detinetur, non potest Domino servire, qui sententiam stabilem protulit, cum dixit : « Qui facit peccatum, servus est peccati: servus vero peccati non manet in domo [75]. » Testatur hoc idem et qui in Christo loquebatur Paulus, cum scribit : Qui vero servus est peccati, liber est a justitia [76]. » Et iterum Dominus dicit : « Nemo potest duobus dominis servire [77], » etc. Ex iis autem quæ breviter et fuse docuit, ostendit, qui de rebus sibi ad vivendum necessariis anxii sunt, eos ne servos quidem Dei esse posse, nedum discipulos. Unde re amplius considerata didicit Apostolus dicere : « Quæ participatio justitiæ cum iniquitate ? aut quæ societas lucis ad tenebras? quæ autem conventio Christi ad Belial ? aut quæ pars fideli cum infideli ? qui autem consensus templo Dei cum idolis [78]?» Ac rursus definite ait : «Caro concupiscit adversus spiritum, spiritus vero adversus carnem. Hæc enim sibi invicem adversantur, ut non quæcunque vultis, illa faciatis [79]. » Atque adhuc etiam modo ad pudorem incutiendum aptiore docens nos, quid dixerit, referamus. « Scimus enim, inquit, quia lex spiritualis est : ego autem carnalis sum, venumdatus sub peccato. Quod enim operor, non intelligo : non enim quod volo bonum, hoc ago : sed quod odi malum, illud facio. Si autem quod nolo ego, illud facio, consentio legi, quoniam bona est. Nunc vero non jam ego operor illud, sed quod habitat in me peccatum [80].» Et ubi hanc ipsam contemplationem pluribus persecutus est, quod fieri non possit, ut homo in quo peccatum dominatur, Domino serviat, manifeste nobis commonstrat eum, qui nos ex ejusmodi tyrannide exemit, cum dicit : « Infelix ego homo, quis me liberabit de corpore mortis hujus ? Gratias ago Deo per Jesum Christum Dominum nostrum [81]. » Et paulo post addit : « Nihil ergo nunc damnationis est iis qui sunt in Christo Jesu, qui non secundum carnem ambulant [82]. »

3. Quin etiam ex iis quæ alio in loco dicta sunt, magnum benignitatis Dei beneficium, per incarnationem Domini nostri Jesu Christi collatum, palam ostendit his verbis : « Sicut enim per inobedientiam unius hominis peccatores constituti sunt multi, ita et per obedientiam unius justi constituentur multi [83]. » Et alibi considerans Dei in Christo benignitatem, eamque magis admirabilem, ait : « Eum enim qui peccatum non novit, pro nobis peccatum fecit, ut nos efficeremur justitia Dei in ipso [84]. » Omnino igitur necesse est tum ex dictis, tum ex similibus locis nisi inaniter gratiam Dei susceperimus, primum liberari nos ab imperio diaboli, qui hominem peccato mancipatum ad mala quæ non vult inducit, deinde unumquemque, posteaquam præsentia omnia et seipsum abnegaverit, atque a vitæ studio recesserit, discipulum fieri Domini, quemadmodum dixit ipse : « Si quis venit ad me, abneget semetipsum, et tollat crucem suam, et sequatur me [85], » hoc est, discipulus meus fiat. Cæterum hoc idem in Lucæ Evangelio, cujus verba haud multo post referemus, latius, clariusque et significantius tradit. Liberamur autem omnes a tali peccatorum multa, quotquot credimus, gratia Dei, quæ est per unigenitum ipsius Filium Dominum nostrum Jesum Christum, qui dixit : « Hic est sanguis meus Novi Testamenti, qui pro multis effundetur in remissionem peccatorum [86]. » Sed et Apostolus idem testatur, cum scribit, nunc quidem, « Diligite vos mutuo, sicut et Christus dilexit nos, et tradidit semetipsum oblationem et hostiam Deo [87] : » nunc vero, « Christus nos redemit de maledicto legis [88] ; » et alia ejusdem generis multa. Cum igitur data fuerit venia peccatorum, tunc accipit homo libertatem a peccato, ab eo qui nos redemit Jesu Christo Domino nostro, ut possit

---

[69] Joan. viii, 31, 32. [70] ibid. 34. [71] II Cor. v, 21. [72] Rom. v, 19. [73] Matth. xix, 21. [74] Matth. xix, 20. [75] Joan. viii, 34. [76] Rom. vi, 20. [77] Matth. vi, 24. [78] II Cor. vi, 14-16. [79] Gal. v, 17. [80] Rom. vii, 14-17. [81] Rom. vii, 24. [82] Rom. viii, 1. [83] Rom. v, 19. [84] II Cor. v, 21. [85] Matth. xvi, 24. [86] Matth. xxvi, 28. [87] Ephes. v, 2. [88] Gal. iii, 13.

ad verbum accedere. Necdum tunc quispiam dignus est qui sequatur Dominum (iterum hoc dico), qui non prius adolescenti dixit, « Veni, sequere me, » quam dixisset, « Vende quæ habes, et da pauperibus [89]. » Imo ne hoc quidem ante præcepit, quam se ab omni transgressione purum esse confessus esset, dicens, fecisse se omnia quæ fuerant a Domino dicta. Quamobrem ea in re etiam ordinem servare necessarium est. Non autem ea tantum, quæ quovis modo habemus, et quæ ad vitæ usum necessaria sunt, contemnere docemur : sed ea etiam jura ac 627 officia, quæ tum lege, tum natura inter nos stabilita sunt aspernari discimus, Domino nostro Jesu Christo dicente : « Qui amat patrem aut matrem supra me, non est me dignus [90]: » quod similiter et de reliquis intelligendum est, qui nobis sunt proximi, et sine dubio multo magis de alienis, de iisque, qui a fide peregrini sunt. Quibus subjungit : « Qui non accipit crucem suam, et sequitur me, non est me dignus [91]: » quod cum præstaret Apostolus, ita ad nos erudiendos scribit : « Ego mundo crucifixus sum, et mundus mihi [92]. Vivo autem, jam non ego : vivit vero in me Christus [93]. »

4. Rursus autem Domini meminisse juvat, (1) qui unicuique in faciem, alii quidem dicenti, « Permitte mihi primum abire, et sepelire patrem meum, » ait : « Sine ut mortui sepeliant mortuos suos : tu vero abiens, annuntia regnum Dei [94]; » alii vero qui dixerat : « Permitte mihi prius ut abeam, et disponam res domi meæ, » severius et cum comminatione vehementiore respondit. Dixit videlicet : « Nemo admovens manum ad aratrum, et conversus retro, aptus est regno Dei [95]. » Adeo humanum omne officium, quod vel modicam dilationem jugi obedientiæ Domino debitæ affert, etiamsi honestum esse videatur, alienum est ab eo qui vult esse discipulus Domini, minisque gravioribus dignum habetur. Generalius autem decernit, cum dicit : « Si quis venit ad me, abneget semetipsum, et tollat crucem suam, et sequatur me. [96]. » Quod si revocemus in memoriam verba Domini ad eum qui dixit, « Beatus qui comedit panem in regno Dei [97]; » discimus magis horrendum iræ ac severitatis judicium, et quod ejusmodi homines ab omni bona spe abalienet. Ita autem loquitur : « Homo quidam fecit cœnam magnam, et vocavit multos. Et misit servum suum hora cœnæ, qui diceret invitatis : Venite, quia jam parata sunt omnia. Et cœperunt excusare se simul omnes. Primus dixit : Villam emi, et necesse mihi est exire, et videre illam : rogo te, habe me excusatum. Et alter dixit : Juga boum emi quinque, et eo ad probandum illa; rogo te, habe me excusatum. Et alius dixit : Uxorem duxi, et ideo non possum venire. Et reversus servus nuntiavit hæc domino suo. Tunc iratus paterfamilias dixit servo suo : Exi cito in plateas et vicos civitatis, et pauperes, ac debiles, et cæcos, et claudos introduc huc. Et ait servus : Domine, factum est ut imperasti, et adhuc locus est. Et ait dominus servo suo : Exi in vias et sepes, et compelle intrare, ut impleatur domus mea. Dico enim vobis, quod nemo virorum illorum qui vocati sunt, gustabit cœnam meam [98]. » Rursus autem unigenitus ipse Dei viventis Filius, qui missus est a Patre, non ut judicet mundum, sed ut servet mundum [99], constans sibiipsi, et voluntatem boni Dei et Patris 628 sui adimplens, severitatis sententiam proferens, doctrinam subjungit, quæ nos reddat dignos, qui ipsius fiamus discipuli, et ait : « Si quis venit ad me, et non odit patrem suum, et matrem et uxorem suam, et liberos, et fratres, et sorores, adhuc autem et animam suam, non potest meus esse discipulus [1]. » Odium videlicet præcipitur, non quod insidiarum struendarum studium impertiat, sed pietatis virtutem pariat, ne iis quæ ab ipsa retrahunt, morem geramus. « Et quisquis, » inquit, « non bajulat crucem suam, et sequitur me, non potest meus esse discipulus [2]. » Quod per baptisma in aqua collatum videmur pacisci, cum confiteamur, nos simul crucifixos esse, simul mortuos, simul sepultos, et quæ sequuntur, sicut scriptum est [3].

5. Cæterum considerata imbecillitate nostra, etiam per exempla voluit animum nostrum in veritatis certa persuasione confirmare, nosque ad obedientiam reddere paratiores, cum ait [4] : « Quis enim ex vobis volens turrim ædificare, non prius sedens computat sumptus, an habeat quibus opus habet ad perficiendum, ne postquam posuerit fundamentum, et non potuerit perficere, omnes qui viderint, incipiant illudere ei, dicentes : Hic homo cœpit ædificare, et non potuit consummare? Aut quis rex proficiscens ad committendum prælium cum altero rege, non sedens prius cogitat, si possit cum decem millibus occurrere ei, qui cum viginti millibus venit ad se? Alioqui adhuc illo longe agente, legationem mittens, rogat ea quæ pacis sunt. Sic ergo omnis ex vobis, qui non renuntiat omnibus, quæ possidet, non potest meus esse discipulus. Bonum est sal; si vero sal infatuatum fuerit, in quo condietur? Neque in terram, neque in sterquilinium utile est; foras projiciunt illud. Qui habet aures ad audiendum, audiat. » Si fidem his habeamus, liberati primum a diaboli tyrannide, ut qui ab omni re diabolo grata abstineamus, idque dono Dei per Dominum nostrum Jesum Christum, si modo non frustra ejusmodi donum susceperimus, deinde renuntiantes non solum mundo,

---

[89] Luc. xviii, 22. [90] Matth. x, 37. [91] ibid. 38. [92] Gal. vi, 14. [93] Gal. ii, 20. [94] Luc. ix, 59, 60. [95] ibid. 61, 62. [96] Matth. xvi, 24. [97] Luc. xiv, 15. [98] ibid. 16-24. [99] Joan. xii, 47. [1] Luc. xiv, 26. [2] ibid. 27. [3] Rom. vi, 4, sqq. [4] Luc. xiv, 28-35.

(41) Illud, *qui unicuique in faciem dixit*, ita accipi oportet : Quod Dominus uni homini in faciem dixit, id omnibus in faciem dixisse putandus est.

ejusque cupiditatibus, sed et juribus etiam atque officiis mutuis, itemque nostrae ipsorum vitae, si quid horum nos a debita Deo obedientia, quae intenta veloxque esse debet, abstraxerit, ita demum digni sumus, qui Domini efficiamur discipuli. Praeterea discimus et a Moyse, et a prophetis, et ab evangelistis, et ab apostolis, omnia tam visibilia quam invisibilia initio a Deo per unigenitum suum Filium Dominum et Deum nostrum Jesum Christum condita fuisse : docemur quoque et ea, quae in divinis Scripturis narrantur de Dei bonitate atque severitate in multa patientia, ad justitiam ejus declarandam, et ad erudiendum nos, et vaticinia de incarnatione Domini nostri Jesu Christi, **629** et de rebus inter se contrariis, quae tunc simul contigere; itemque de gloriosa ex mortuis resurrectione, et assumptione, et gloriosissimo adventu in consummatione saeculi, et dogmata illa purae secundum Evangelium et Deo acceptae pietatis, in dilectione Christi Jesu Domini nostri, ob spem vitae aeternae, et regni coelestis, et judicia justae mercedis, tam eorum, qui patrant prohibita, aut respuunt approbata, ad supplicium aeternum, quam eorum, qui pro dignitate Evangelii Dei in sana fide, quae per Dei charitatem operatur [5], vixerunt, ob spem vitae aeternae, et regni coelestis, quod est in Christo Jesu Domino nostro.

CAPUT II

Quomodo quis eo baptismate baptizatur, quod in Evangelio Domini nostri Jesu Christi commendatur.

1. Cum Dominus noster Jesus Christus praeceperit nobis, ut diligamus nos mutuo, sicut ipse dilexit nos [6], hocque nos per Apostolum Paulum doceat, ut nos mutuo in dilectione toleremus [7], vestrae in Christo pietatis praeceptum, de gloriosissimo secundum Evangelium Domini nostri Jesu Christi baptismate animo alacri accepi, non tanquam qui pro rei dignitate quidquam dicere queam, sed ut ad exemplum mulieris quae duo minuta conjecit [8], aliquid conferam. Et ea in re quoque precibus diligentium Dominum mihi opus est, ut boni Dei ac Christi ipsius gratia, sanctus ac bonus Spiritus, commonefaciens ac docens nos quae de Domino audierit, dirigat et nostram mentem in viam pacis, et sanam doctrinam ad fidei aedificationem, sic ut tam in nobis quam in vobis impleatur illud, « Da sapienti occasionem, et sapientior erit [9]. » Caeterum sciendum est, quod primum doceri oportet, sicque perquam miro baptismate dignum fieri. Ita enim Dominus ipse, et Deus noster Jesus Christus, unigenitus Dei viventis Filius, discipulis suis praecepit. Necessario igitur ea etiam quae ab ipso Domino dicta sunt de iis qui discipuli Christi fieri volunt, vobis separatim tradidimus, sic ut pauca saltem ex multis protulerimus. Quoniam autem promittitur fore, ut regnum Dei videamus propterea quod denuo nascamur, itemque, ut introeamus in regnum Dei, propterea quod nascamur ex aqua et spiritu, necesse esse duco, pauca e multis quae de regno coelorum dicta sunt, apponere, ne ullo modo ab eo aberremus. Nam in vita parvum non est quod parum abest, uti quidam nostrorum sapientium dixit, ac plerisque ex ipsis rebus manifestum est : sed tamen firmius etiam ejus rei ex sacerdotum et animalium sacrificandorum accurata consideratione [10] convinci **630** possumus : in quibus si modica aliqua macula reperiretur, aut mutilatio non totius membri, sed, quemadmodum scriptum est, partis alicujus, puta summitatis auriculae, neque homo eligebatur ad sacerdotium, neque animal ad sacrificium admittebatur, cum Apostolus dixerit : « Haec quidem in figura contingebant illis : scripta sunt autem ad commonefaciendum nos, in quos termini aetatum devenerunt [11]; » et Dominus excellentiam praestantiamque aperte declaraverit, his verbis : « Templo majus aliquid hic est [12]; » imo etiam magis ostenderit, animae curam diligentiorem nobis habendam esse, ubi dixit : « Cui commendaverunt multum, plus repetent ab eo [13]. »

2. Itaque regni coelorum faciamus mentionem. Dominus noster Jesus Christus, cum ascendisset in montem, et initium doctrinae ex beatitudinibus sumeret, eam beatitudinem praedicavit primam, quae pollicetur regnum coelorum. Dixit enim : « Beati pauperes spiritu : quoniam ipsorum est regnum coelorum [14]. » In octava vero beatitudine ait : « Beati qui persecutionem patiuntur propter justitiam : quoniam ipsorum est regnum coelorum [15]. » Et rursus futuram in tempore retributionis benedictionem per parabolam pastoris vaticinans, ait : « Venite, benedicti Patris mei, possidete paratum vobis regnum a constitutione mundi. Esurivi enim, et dedistis mihi manducare [16], » etc. Quin et in Lucae Evangelio, in alio tempore et loco, velut ipsa scripta indicant, rursus beatitudines exponens, dicit : « Beati pauperes spiritu : quoniam ipsorum est regnum coelorum [17]. » Et iterum, « Noli timere, pusille grex, quia placuit Patri vestro coelesti dare vobis regnum. Vendite quae possidetis, et date eleemosynam. Facite vobis sacculos qui non veterascunt, thesaurum non deficientem in coelis [18]. » Haec igitur et alia ejusdem generis sunt, per quae quis regno coelorum dignus efficitur. De iis autem sine quibus nemo in regnum coelorum ingredi potest, hanc sententiam Dominus pronuntiat in Evangelio Matthaei, et ait : « Nisi abundaverit justitia vestra plus quam Scribarum et Pharisaeorum, non intrabitis in regnum coelorum [19]. » Et rursus : « Nisi conversi fueritis, et efficiamini sicut parvuli, non intrabitis in regnum coelorum [20]. » Et

---

[5] Gal. v, 6. [6] Joan. xiii, 54. [7] Ephes. iv, 2. [8] Luc. xxi, 2. [9] Prov. ix, 9, juxta LXX. [10] Levit. xx, 18; xxii, 21. [11] I Cor. x, 11. [12] Matth. xii, 6. [13] Luc. xii, 48. [14] Matth. v, 3. [15] ibid. 10. [16] Matth. xxv, 34, 35. [17] Luc. vi, 20 ; Matth. v, 3. [18] Luc. xii, 32, 33. [19] Matth. v, 20. [20] Matth. xviii, 3.

iterum : « Quisquis non receperit regnum Dei velut parvulus, non intrabit in illud [11]. » Quin etiam dicit ad Nicodemum in Evangelio secundum Joannem : « Nisi quis natus fuerit denuo, non potest videre regnum Dei [12]. » Ac rursus : « Nisi quis natus fuerit ex aqua et spiritu, non introibit in regnum Dei [13]. »

3. De quibus autem una sententia prolata est, profecto si vel unum desit, par etiam et æquale omnibus periculum est. Si enim dicit Dominus, « Iota unum, aut unus apex non præteribit a lege, donec omnia fiant [14], » quanto magis ab Evangelio, cum Dominus ipse dicat : « Cœlum et terra transibunt, verba autem mea non præteribunt [15]? » Unde confisus apostolus Jacobus 631 pronuntiavit, dicens : « Quicunque fecerit totam legem, offenderit vero in uno, erit omnium reus [16]. » Didicit autem hoc dicere, ex iis quæ Dominus post beatitudines, post testimonia conditionem humanam superantia, post promissa Petro data, comminatus est, ita locutus, « Nisi lavero te, non habes partem mecum [17]. » Paulus vero Apostolus qui ea quæ desunt passionum Christi, pro corpore ipsius, quod est Ecclesia, adimplebat [18], in Christo loquens declarat ea, ob quæ quis maxime regnum cœlorum non adipiscitur, subjacetque mortis judicio, modo cum minus late dicit, « Quia qui talia agunt, digni sunt morte [19]. » Cur vero non dixit, Qui hæc, sed, « Qui talia agunt, regnum cœlorum non consequentur [20]? » Et iterum cum generalius ait, « Iniqui regnum Dei non possidebunt [21]. » Et alibi similiter. Atque etiam ipse Dominus noster Jesus Christus in Evangelio secundum Lucam sententiam protulit, his verbis usus : « Nemo admovens manum ad aratrum, et retro conversus, aptus est regno Dei [22]. » Est autem hic necessario observandum, quod non in peccata multa, sed in unum pronuntiatum sit horrendum adeo et inevitabile judicium, idque, de concessis ac licitis, etsi quis duntaxat atque vel brevi tempore obedientiam Domino multis de causis necessario debitam, quæ sine ulla excusatione et celerrima et intentissima esse debet, distulerit. Ex his igitur omnibus et similibus edocemur, adimplenda esse integre ac legitime omnia, quibus promissio regni cœlorum indicitur, et sine quibus donum regni denegatur; vitanda vero omnia, ob quæ nemo regni cœlorum hæres evadit, et ita demum exspectandum esse, dum promissione digni efficiamur. Oportet enim certamen quod ad placendum Deo suscipitur, non ab omni solum malitia remotum esse, sed integrum etiam et inculpatum in omni verbo Dei, cum Paulus apostolus, magnam et ineffabilem Dei et Christi ipsius erga nos dilectionem speculatus, pro justitia et salute nostra, subjungat : « Nullam in ulla re dantes offensionem, ut ne vituperetur ministerium nostrum : sed in omnibus commendemus nos ipsos ut Dei ministri [33]. »

4. Quemadmodum enim qui spiritu pauper est, nisi natus fuerit ex aqua et spiritu, ob latam sententiam in regnum cœlorum ingredi non potest : sic rursus, « Nisi abundaverit justitia illius plusquam Scribarum et Pharisæorum [34] : » aut si quid aliud hujusmodi defuerit, ob similem sententiam regno dignus non habetur. Scriptum est enim : « Ut exhiberet ipse sibi gloriosam Ecclesiam, non habentem maculam, aut rugam, aut aliquid hujusmodi, sed ut sit sancta et immaculata [35]. » Et ejusmodi multa sunt, quæ si quis diligentius legerit, in eo vehementius confirmabitur, quod omnia implere debet, ut regno cœlorum efficiatur dignus. Quod autem is qui justitia 632 abundat, aut denuo natus est, omnium simul virtutum, in quibus beatitudines sitæ sunt, et reliquarum perfectionem adimpleverit, quodque in confesso sit hæc et ejusdem generis alia ab ipso præstari, sermo de secunda generatione mox habendus, Deo dante, demonstrabit. Quoniam autem pietatis vestræ mandatum, uti prius dictum est, requisivit a nobis, ut de Evangelii baptismate maxime mirando sermonem institueremus, post ea quæ jam de regno cœlorum dicta sunt, consequens esse puto, ut etiam quæ inter Mosis et Joannis baptismum differentia sit, breviter discamus, et ita demum per gratiam Dei digni efficiamur, qui præstantissimam baptismatis Domini nostri Jesu Christi dignitatem in incomparabili gloriæ magnitudine intelligamus. Nam unigenitus viventis Dei Filius pronuntiavit aliquid templo majus hic esse, et majus etiam Salomone hic, et majus quoque Jona hic [36]. Et Apostolus cum jam Mosis gloriam Judæis in legis ministerio inaccessam explanasset, hoc testatur, hæc subjungens, « Nam nec glorificatum est quod claruit in hac parte, propter excellentem gloriam [37]. » Et Joannes Baptista, quo inter natos mulierum major est nemo [38], idem declarat, dum aliquando dicit : « Illum oportet crescere, me vero minui [39] : » aliquando vero, « Ego quidem baptizo vos in aqua in pœnitentiam, ille vero vos baptizat in Spiritu sancto et igni [40]; » et talia multa. Quanto autem excellentior est Spiritus sanctus aqua, tanto videlicet præstat et is qui baptizat in Spiritu sancto, ei qui baptizat in aqua : quod dictum volo et de ipso baptismate, sic ut Joannes ipse tantus et talis, et ita a Domino commendatus, prius citra verecundiam dixerit : « Non sum idoneus, ut solvam corrigiam calceamenti [41]. »

5. Quare ex his omnibus manifestum est quæ sit baptismatis secundum Evangelium Christi præstantia : quam etsi pro dignitate mente assequi non possumus, tamen eam ex ipsis Scripturis pro

---

[11] Marc. x, 15. [12] Joan. III, 3. [13] ibid. 5. [14] Matth. v, 18. [15] ibid. xxiv, 35. [16] Jac. II, 10. [17] Joan. XIII, 8. [18] Col. I, 24. [19] Rom. I, 32. [20] Gal. v, 21. [21] I Cor. vi, 9. [22] Luc. IX, 62. [33] II Cor. vi, 3. [34] Matth. v, 20. [35] Ephes. v, 27. [36] Matth. xii, 6, 42, 41. [37] II Cor. III, 10. [38] Matth. xi, 11. [39] Joan. III, 30. [40] Matth. III, 11. [41] Marc. I, 7.

viribus, et prout Deus idoneos nos effecerit, declarare pium est et utile. Quod igitur per Mosen traditum est baptisma, primum quidem cognoscebat discrimen peccatorum, cum non omnibus peccatis daretur veniæ donum ; deinde vero requirebat sacrificia diversa, purificationem prorsus exigebat, aliquandiu separabat a reliquis impurum et pollutum, dierum et temporum statuebat observationem, tuncque baptisma suscipiebatur velut sigillum purificationis. At vero Joannis baptisma multis modis excelluit. Nam peccata nullo modo discernebat, non exposcebat diversitatem sacrificiorum, purificationis diligentiam non adhibebat, non observabat dies aut tempora. Quin etiam sine ulla prorsus dilatione, simul atque ad gratiam Dei et Christi ejus aliquis accesserat, quantacunque et qualiacunque peccata confessus fuisset, et baptizabatur in Jordane fluvio, et statim veniam consequebatur peccatorum. Verum Domini baptisma humanum omnem captum superat, gloriamque habet omni desiderio ac voto humano sublimiorem, et gratiæ virtutisque præstantiam tanto ampliorem, quanto sol stellis antecellit. Imo etiam si sanctorum dicta in memoriam revocentur, validius adhuc incomparabilem illam excellentiam ostendunt. At non propterea silendum, sed nos ipsis Domini nostri Jesu Christi verbis veluti viæ ducibus usos, et velut per speculum et in ænigmate ductos necesse est loqui, non ut nostra interpretatione ob corporis debilitatem et abjectum sermonem gloria hæc imminuatur, sed ut etiam ea in re magnitudinem lenitatis ac benignitatis boni Dei miremur, quod eos qui de dilectionis in Christo Jesu et gratiæ ipsius magnificentia ore balbutienti loquuntur, perferat.

6. Cum igitur Dominus noster Jesus Christus dixisset, « Nisi quis natus fuerit denuo, non potest videre regnum Dei [42] ; » ac rursus, « Nisi quis natus fuerit ex aqua et spiritu, non potest introire in regnum Dei [43] ; » et post resurrectionem ex mortuis (adimpleto in se vaticinio Davidis, qui ex persona Dei ac Patris dixerat, « Filius meus es tu, ego hodie genui te : postula a me, et dabo tibi gentes hæreditatem tuam, et possessionem tuam terminos terræ [44], » quæ res et facta est, et jam omnium oculis exposita), tum demum discipulis suis, tanquam mandatum aliud opponens priori, quo in vias gentium abire prohibuerat [45], præcipit, dicens : « Euntes, docete omnes gentes, baptizantes eos in nomine Patris et Filii et Spiritus sancti [46]. » Necesse autem esse duco, singulorum verborum vim per fidem intelligere, et considerare, et ita loqui, ut nobis sermo per communes preces in apertione oris nostri dabitur. Scriptum namque est : « Nisi credideritis, non intelligetis [47]. » Et iterum : « Credidi, propter quod locutus sum [48]. » Et quoniam mihi persuasum est usum et nominum et verborum et rerum in divina Scriptura non accipi ex consuetudine, aut simpliciter et temere, ut contingere solet, neque a Deo, neque a Christo ejus, neque a sanctis prophetis, neque ab evangelistis aut ab apostolis, sed in Spiritu sancto, examine præmisso, ad scopum piæ sententiæ, idque non integre, sed ex parte, et quantum quodque contulerit ad propositum sanæ doctrinæ, tum ut quis pie sentiat, tum ut mentem ad contemplationem judiciorum et dogmatum pietatis dirigat, necesse est et nos accurate diligenterque singulis dictis attendere, et ex supernæ vocationis scopo sententiam eligere. Atque hoc præstabimus, si modo per communes preces corroboraverit nos Jesus Christus unigenitus Dei viventis Filius, ut id et in nobis fiat, sicut Apostolus dixit : « Omnia possum in Christo qui me corroborat [49]. »

7. Illud igitur, « denuo, » arbitror prioris generationis, quæ in peccatorum sordibus facta est, emendationem ostendere, cum Job dicat, « Nemo purus est a sordibus, ne si unus quidem dies sit vita ejus [50] ; » et David lugeat, ac dicat, « In iniquitatibus conceptus sum, et in peccatis concepit me mater mea [51] ; » et Apostolus ita contestatur : « Omnes enim peccaverunt, et egent gloria Dei : justificati gratis per gratiam ipsius per redemptionem quæ est in Christo Jesu, quem proposuit Deus propitiationem per fidem in sanguine ipsius [52]. » Quapropter etiam peccatorum venia datur credentibus, Domino ipso dicente, « Hic est sanguis meus Novi Testamenti, qui pro multis effunditur in remissionem peccatorum [53] ; » quemadmodum Apostolus rursus testatur, dicens : « Secundum beneplacitum voluntatis suæ, in laudem gloriæ gratiæ suæ, in qua gratificavit nos in dilecto, in quo habemus redemptionem per sanguinem ejus, remissionem peccatorum, secundum divitias gratiæ ejus, de qua nobis impertivit ubertim [54] ; » ut quemadmodum statua contrita ac confracta, amissa regis forma eximia, denuo conformatur a sapiente artifice ac bono opifice, gloriam operis sui resarciente, atque pristino splendori restituitur : sic etiam nos ob præcepti transgressionem male affecti, velut scriptum est, « Homo, cum in honore esset, non intellexit, comparatus est jumentis insipientibus, et similis factus est illis [55], » ad pristinam imaginis Dei gloriam revocemur. Nam, inquit, juxta imaginem et similitudinem Dei fecit Deus hominem [56]. Quomodo autem hoc factum sit, Paulus apostolus docuit, his verbis : « Gratia Deo, quod fuistis servi peccati, obedistis vero ex corde in eam formam doctrinæ, in quam traditi estis [57] ; » ut quemadmodum cera, typo sculpturæ admota, prorsus conformatur ad insitam sculpturæ formam : ita nos quoque posteaquam nosmet typo doctrinæ

[42] Joan. III, 3. [43] ibid. 5. [44] Psal. II, 7, 8. [45] ibid. X, 5. [46] Matth. 28, 19. [47] Isa. VII, 9. [48] Psal. CXV, 10. [49] Philipp. IV, 13. [50] Job. XIV, 4. [51] Psal. L, 7. [52] Rom. III, 23-25. [53] Matth. XXVI, 28. [54] Ephes. I, 5-8. [55] Psal. XLVIII, 13. [56] Gen. I, 27. [57] Rom. VI, 17.

evangelicæ tradidimus, informemur secundum internum hominem, implentes quod in modum præcepti ab eo dictum est. Ait enim : « Exuentes veterem hominem cum actibus suis, et induentes novum, qui renovatur in agnitionem, secundum imaginem ejus qui creavit illum [58]; » et multa hujusmodi.

8. Modum quidem et rationem, qua oportet ex aqua generari, Paulus in Christo loquens, decretoriis his verbis tradit : « An ignoratis, fratres, quia quicunque baptizati sumus in Christo Jesu, in morte ipsius baptizati sumus? Consepulti igitur sumus cum illo per baptismum in mortem, ut quomodo Christus surrexit a mortuis per gloriam Patris, ita et nos in novitate vitæ ambulemus. Si enim complantati facti sumus similitudini mortis ejus, et resurrectionis quoque erimus ; hoc scientes quia vetus homo noster simul crucifixus est, ut destruatur corpus peccati, ut ultra non serviamus peccato. Qui enim mortuus est, justificatus est a peccato. Si autem mortui sumus cum Christo, credimus quia simul etiam vivemus cum eo, scientes quod Christus resurgens ex mortuis jam non moritur, mors illi ultra non dominatur. Nam quod mortuus fuit, peccato mortuus fuit semel : quod autem vivit, vivit Deo. Ita et vos existimate vos ipsos mortuos quidem esse peccato, viventes autem Deo in Christo Jesu [59]. » Ex quibus omnibus etiam ratio secundæ generationis per quamdam similitudinem consideratur. Fieri autem non poterat ut quis, gratia Dei non præeunte, generaretur denuo; ut Apostolus ipse cum præcedentibus, tum subsequentibus de baptismate capitibus declarat. Nam facto hinc initio, « Commendat autem charitatem suam Deus in nos, quoniam, cum adhuc peccatores essemus, Christus pro nobis mortuus est : multo igitur magis nunc justificati in sanguine ejus, salvi erimus ab ira per ipsum. Si enim cum inimici essemus, reconciliati sumus Deo per mortem Filii ejus, multo igitur magis reconciliati, salvi erimus in vita ipsius [60]. »

9. Et multa ejusdem generis sunt, quæ perspicue et magnifice ostendunt magnam et inenarrabilem Dei in homines benignitatem, ob datam peccatorum veniam, ac potestatem atque virtutem eorum quæ ad gloriam Dei ac Christi ejus in spe vitæ æternæ per Jesum Christum Dominum nostrum perfecta sunt. Quapropter, « Sicut per unius delictum, » inquit, « in omnes homines in condemnationem : sic et per unius justitiam in omnes homines in justificationem vitæ [61]. » Et ubi ea quæ sequuntur, in modum dogmatum exposuit, tunc dicit : « An ignoratis, fratres, quia quicunque baptizati sumus in Christo Jesu, in morte ipsius baptizati sumus [62]? » Cur? Ut cum ea quæ officii nostri sunt, secundum fidem per charitatem facta fuerint, simul, præeunte gratia, inferamus, sicque perficiatur in nos bene-

placitum divinæ in Christo dilectionis. Itaque opus est certamine magno, eoque legitimo, ne talem ac tantam gratiam dilectionis Dei in Christo frustra accipiamus, eodem Apostolo dicente : « Eum namque qui peccatum non novit, pro nobis peccatum fecit, ut nos efficeremur justitia Dei in ipso. Adjuvantes autem et exhortamur, ut ne in vacuum gratiam Dei recipiatis [63]. » Quod autem « Cui multum concrediderint, plus ab eo sint repetituri [64], » constanter Dominus pronuntiavit. Quod et inculpato modo fit, si tam ea quæ antedictis subjunguntur, quam ea quæ in idem de baptismate argumentum conjunctim dicta sunt, diligenter serventur, et ea quæ his cohærent, in virtute ejusdem gratiæ Dei, per Jesum Christum Dominum nostrum in Spiritu sancto fideliter susceperimus, ut credentes intelligamus per gratiam Dei, eaque quæ intelligere promeruerimus, in Christi dilectione faciamus, qui dixit : « Si hæc scitis, beati estis, si faciatis ea [65]. » Nam « Intellectus bonus omnibus facientibus eum, » uti testatur Propheta [66]. Quin et ipse unigenitus Dei viventis Filius formidabile ac inevitabile judicium exponit, cum dicit : « Qui cognovit voluntatem domini sui, et non fecit, vapulabit multis [67]. » Imo ne eum quidem qui per ignorantiam deliquit, impunitum dimisit.

10. Et ut, quemadmodum ante dictum est, per manifestiora verba resque clariores ad cognitionem salutaris dogmatis ad baptisma attinentis, deducamur, in indubitata veritatis persuasione animum diligenter attendamus ad significata, omnemque sententiam ad pietatis scopum adaptemus. Baptizati sumus, inquit, ut per hoc illud discamus, quod quemadmodum lana in tincturam immersa colorem transmutat ; imo potius, ut Joanne Baptista, qui vaticinium illud de Domino edidit, « Ipse vos baptizabit in Spiritu sancto et igni [68], » duce utentes, ita illustremur luce cognitionis, ad magnam illam lucem intelligendam, hoc dicamus, quod sicut ferrum in igne a vento suscitato immersum, magis exploratur, an vitii aliquid in se habeat, paratiusque redditur ad purgationem, nec ejus modo color mutatur, sed ejus etiam durities ac resistentia transmutatur in mollitiem, efficiturque operi manuum opificis magis idoneum, ac rite adaptatur ad voluntatem domini, et relicta nigritudine splendidius seipso factum, non solum ignescit, et splendet, sed etiam vicina illustrat et calefacit : ita consentaneum est et necessarium, eum, qui fuerit in igne baptizatus, hoc est, in doctrinæ verbo, quod et peccatorum malitiam redarguit, et justificationum gratiam commonstrat, odio habere et exsecrari injustitiam, sicut scriptum est ; et optare, ut per fidem purificetur in virtute sanguinis Domini nostri Jesu Christi, cum dicat ipse, « Hic est sanguis meus Novi Testamenti, qui pro multis effunditur in remissionem peccatorum [69], » et Apostolus ita

[58] Col. III, 9, 10. [59] Rom. VI, 3-11. [60] Rom. v, 8-10. [61] ibid. 18. [62] Rom. VI, 3. [63] II Cor. v, 21, vi, 1.
[64] Luc. XII, 48. [65] Joan. XIII, 17. [66] Psal. CX, 10. [67] Luc. XII, 47, 48. [68] Matth. III, 11. [69] Matth. XXVI, 28.

testetur : « In quo habemus redemptionem per sanguinem ejus, remissionem peccatorum [70] : » et ut non ab omni solum iniquitate et peccato, sed ab omni etiam inquinamento carnis et spiritus purgetur, et tunc demum in mortem Domini baptizatus, conformari ad mortem, hoc est, mori peccato, sibi ipsi et mundo, ut secundum incarnationem vivens, et corde et sermone et factis typum ac figuram doctrinæ Domini nostri Jesu Christi, sicut cera sculpturæ accipiens, impleat quod scriptum est : « Gratia Deo, quod eratis servi peccati, obedistis vero ex corde in eam formam doctrinæ, in quam traditi estis [71] : » et ita dignus fiat, qui servet quod conjunctim appositum est : « Consepulti igitur sumus cum illo per baptismum in mortem [72]. » Quid causæ est? Ut quemadmodum excitatus est Christus ex mortuis per gloriam Patris : ita et nos in novitate vitæ ambulemus [73]. Necesse est enim mortuum sepeliri, et eum, qui in similitudine mortis sepultus est, resurgere per gratiam Dei in Christo, nec amplius ob peccata faciem interni hominis velut adustionem ollæ præferre [74], sed peccatis in igne detectis, et accepta per sanguinem venia, deinceps per novam vitam iis quæ in Christo sunt justificationibus præ omni lapide, qui multum pretiosus sit, coruscare.

11. Itaque deposita inobedientiæ duritia, ostendamus docilitatem ac obedientiam in præceptis, et spiritu ferventes resplendeamus, et a tenebrarum potestate, quæ in mortem abripit, liberemur : « Stipendia enim peccati mors [75] : » ut et in nobis fiat quod dictum est ab Apostolo, **637** « Absorpta est mors in victoriam : ubi est, mors, stimulus tuus? ubi est victoria tua, inferne [76]? » verum Domino, soli justitiæ, obtemperantes, illuminemur ab ipso, intelligentiamque ac virtutem consequamur, adeo ut justificemur in ipso ; nec reddamur solum nive candidiores (verax est enim Deus, qui et pollicitus est : « Si fuerint peccata vestra quasi phœniceum, sicut nivem dealbabo [77] »), sed eos etiam qui ad nos accedunt illustremus ; nunc quidem audientes Dominum dicentem, « Vos estis lux mundi [78]; » modo vero audientes ac facientes illud : « Sic luceat lux vestra coram hominibus, ut videant opera vestra bona, et glorificent Patrem vestrum, qui in cœlis est [79]. » Tunc et Apostolus idem omnino testimonium nobis reddet, his verbis : « Inter quos lucetis sicut luminaria in mundo, verbum vitæ continentes ad gloriam meam in die Christi [80]. » Quomodo vero vitæ novitas non foret lucidior, non comparatione modo gentilium, et mundanorum hominum, sed comparatione etiam longe præstantiori, eorum, qui secundum legem tanquam justi commendantur? cum non solum non appetamus accessionem, et amplius quiddam, velut mundani homines solent, sed ne ea quidem, quæ jam parta et nostra sunt, vindicemus nobis, imo vero legem transcendentes, ipsa ad egenos beneficiis afficiendos exoptemus : si quidem non benefacimus solum proximis, sed ad inimicos etiam et pravos benignitas nostra sese extendit, ita facientes ex illo Domini nostri Jesu Christi præcepto, « Estote misericordes, sicut et Pater vester qui in cœlis est misericors est [81]. » Quomodo vero tunc in novitate vitæ non ambulamus, aut justitiam magis quam Scribæ et Pharisæi non perficimus, cum obtemperamus Domino dicenti : « Dictum est antiquis : Oculum pro oculo, et dentem pro dente. Ego autem dico vobis, ut ne resistatis malo : sed quisquis te percusserit in dextram maxillam, obverte illi et alteram. Et ei qui vult tecum judicio contendere, et tunicam tuam tollere, dimittes et pallium. Et si quis adegerit te ad milliarium unum, abito cum illo duo [82]. » Non solum enim non ulciscimur peccata prius in nos admissa, uti, lege Moysis permittente, Scribæ et Pharisæi suadent ; sed majorem etiam malorum tolerantiam ostendimus, alacritatem ad paria aut etiam graviora sustinenda præferentes. Et hoc pacto utrumque consequimur : mortem quidem in eo quod ad indignationem adversus eum qui primam plagam nobis inflixit, non provocamur ; vitæ vero in Domino novitatem, in eo quod et alteri nosmet objicimus.

12. Quomodo autem legi etiam non mortuus est, qui non vindicat quod aufertur? quomodo etiam non in Christo vivit, qui dimittit et pallium? Similiterque et legalem omnem justitiam docemur transcendere. Quod autem non mundo tantum crucifigi, sed legi etiam mori nos oporteat, ex eodem Apostolo dogmatice discere licet. Aliquando enim dicit : « Ego mundo crucifixus sum, et mundus mihi [83]. Vivo autem, **638** jam non ego, vivit vero in me Christus [84] ; » aliquando vero, postquam multum de bona existimatione in lege olim comparata gloriatus fuerat, ait : « Quin etiam existimo omnia esse stercora, ut Christum lucrifaciam, et inveniar in illo non habens meam justitiam, quæ ex lege est, sed illam quæ est per fidem Jesu Christi, justitiam ex Deo in fide, ad agnoscendum illum, et virtutem resurrectionis ejus, et societatem passionum illius, configuratus morti ejus : si quomodo occurram ad resurrectionem mortuorum [85]. » E paulo post docens nos, ut sentiamus idem quod ipse, expressius dicit : « Quicunque ergo perfecti sumus, hoc sentiamus [86]. »

13. Et alibi animo vehementiore, velut dogma necessarium exponens, ait : « Itaque et vos mortificati estis legi per corpus Christi, ut sitis alterius, ejus scilicet qui ex mortuis resurrexit, ut fructificemus Deo. Cum enim essemus in carne, passiones peccatorum, quæ per legem erant, operabantur in membris nostris, ut fructificarent

---

[70] Ephes. I, 7. [71] Rom. VI, 17. [72] ibid. 4. [73] Rom. VI, 4. [74] Joel. II, 6; Nahum. II, 10. [75] Rom. VI, 23. [76] I Cor. XV, 54, 55. [77] Isa. I, 18. [78] Matth. V, 14. [79] ibid. 16. [80] Philipp. II, 15, 16. [81] Luc. VI, 36. [82] Matth. V, 38-41. [83] Galat. VI, 14. [84] Galat. II, 20. [85] Philipp. III, 8-11. [86] ibid. 15.

morti: nunc autem soluti sumus a lege, mortui ei, in qua detinebamur, ita ut serviamus in novitate spiritus, et non in vetustate litteræ [87]. Littera enim, » hoc est, lex, « occidit: spiritus vero, » hoc est, verbum Domini, « vivificat [88]. » Quemadmodum dicit ipse: « Caro non prodest quidquam: spiritus est, qui vivificat. Verba mea spiritus et vita sunt [89]. » Atque etiam eximius ille inter apostolos idem testatur, ubi dicit: « Ad quem ibimus? Verba vitæ æternæ habes. Et nos credidimus, et cognovimus, quia tu es Christus Filius Dei viventis [90]. » Quod si in veritatis certa persuasione diligentius servaverimus, effugere poterimus formidabile illud judicium a Moyse quidem minaciter ac prophetice scriptum: Prophetam vobis suscitabit Dominus Deus vester sicut me. Ipsum audietis in omnibus quæ præceperit vobis. Erit autem ita: Omnis anima quæ non audierit prophetam illum, exterminabitur e populo [91]; a Joanne vero Baptista, quo inter natos mulierum major est nemo [92], sententiose modo terribiliori dictum est: « Qui credit in Filium, habet vitam æternam: qui autem incredulus est Filio non videbit vitam, sed ira Dei manet super eum [93]. » Ut autem talis in baptismate mors, et ejusmodi in illa sepultura mœstitiam non exhibeat, ob corruptionis et interitus exspectationem, sed vitæ novitas, quæ spem gloriosæ resurrectionis stabilit, sementem jactam exsuperet, subjungit, dicens: « Si enim complantati facti sumus similitudini mortis ejus, nimirum et resurrectionis erimus [94]. » Nam si in tali mortis similitudine mortui, et una cum Christo sepulti, in novitate vitæ ambulaverimus, non exspectabimus mortalitatis corruptionem, sed sepulturam et velut seminum plantationem imitamur; ac mortificantes quidem nos ipsos operibus vetitis, et fidem, quæ per charitatem operatur, ostendentes, digni reddimur, qui, utpote earumdem rerum spe suffulti, **639** eadem atque Apostolus dicamus: « Nostra enim conversatio in cœlis est: unde etiam Salvatorem exspectamus Dominum Jesum Christum, qui transformabit corpus humilitatis nostræ, ut conforme reddatur corpori gloriæ ejus, secundum operationem quæ etiam possit subjicere sibi omnia [95]. Et sic semper cum Domino erimus [96], » cum ipse quidem Dominus noster Jesus Christus petat a Patre, et dicat: « Da, Pater, ut ubi ego sum, et isti mecum sint [97], » annuntiet vero nobis ac polliceatur idipsum, cum dicit: « Quisquis mihi ministrat, me sequatur: et ubi sum ego, illic et minister meus erit [98]; » et Paulus apostolus, qui et in Christo vaticinabatur, testimonium addat, ubi ita scribit: « Hoc enim vobis dicimus in verbo Domini, quia nos qui vivimus, qui residui sumus in adventu Domini, non præveniemus eos qui dormierunt. Quoniam ipse Dominus in jussu, in voce archangeli, et in tuba Dei descendet de cœlo: et mortui, qui in Christo sunt, resurgent primi. Deinde nos qui vivimus, qui relinquimur, simul rapiemur cum illis in nubibus obviam Domino in aera, et sic semper cum Domino erimus [99]. »

14. Atque hoc pacto in iis qui nunc servaverint illud, « Si enim complantati facti sumus similitudini mortis ejus, » tunc adimplebitur promissio illa: « itidem et resurrectionis erimus [1]; » quemadmodum et alibi dicit: « Nam si commortui sumus, et convivemus: si sustinemus, et conregnabimus [2]. » Cum autem Apostolus non ignoraret repetitionem audientibus ad integram confirmationem utilem esse, etiam iisdem rebus repetitis veritatis persuasionem magis stabilit. De se enim dicentem audimus: « Eadem scribere vobis me quidem haud piget, vobis vero tutum est [3]. » Quemadmodum didicimus de Joseph, qui bis regi Pharaoni somnium interpretatus est [4]: ita quoque somnii historiam imitatus, idem baptismatis dogma per rationes prioribus similes tradit his verbis: « Hoc scientes, quod vetus homo noster simul crucifixus est, ut destruatur corpus peccati, ut ultra non serviamus peccato [5]. » Itaque et his verbis docemur eum qui in Christo baptizatus est, baptizari in mortem ipsius; et non solum cum Christo sepeliri et conseri, sed primum simul crucifigi, ut in hoc etiam condiscamus, quod quemadmodum qui crucifigitur, abalienatur a viventibus, sic etiam qui in similitudine mortis simul cum Christo crucifixus est, omnino ab iis qui secundum veterem hominem vivunt, abalienetur, cum Dominus quidem præcipiat ut caveamus a falsis prophetis [6]; Apostolus vero dicat: « Subtrahatis vos ab omni fratre ambulante inordinate, et non secundum traditionem, quam acceperunt a nobis [7]. » Vetus enim homo, quem vocat, omnia simul et singulatim tam peccata quam inquinamenta tanquam sua membra indicat.

15. Et quemadmodum qui crucifixus est, recepta **640** mortis sententia, ab iis qui secum olim vixere sejungitur, iis qui in terra repunt effectus altior: ita quoque qui cum Christo crucifixus est per baptisma, is ab omnibus simul in hoc sæculo viventibus, sua mente ad cœlestem conversationem erecta, semotus est, sic ut vere et cum fiducia, quæ in Christo est, possit dicere: « Nostra enim conversatio in cœlis est [8]. » Ac rursus subdit: « Qui enim mortuus est, justificatus est a peccato [9], » hoc est, solutus est, liberatus est, purgatus est ab omni peccato, quod non solum in operibus ac verbis, verum etiam in cogitatione libidines et affectus commovente situm est. Et in

---

[87] Rom. vii, 4-6. [88] II Cor. iii, 6. [89] Joan. vi, 64. [90] ibid. 69, 70. [91] Deut. xviii, 15, 18, 19. [92] Matth. xi, 11. [93] Joan. iii, 36. [94] Rom. vi, 5. [95] Philipp. iii, 20. 21. [96] I Thess. iv, 16. [97] Joan. xvii, 24. [98] Joan. xii, 26. [99] I Thess. iv, 14-16. [1] Rom. vi, 5. [2] II Tim. ii, 11, 12. [3] Philipp. iii, 1. [4] Genes. xli, 1 sqq. [5] Rom. vi, 6. [6] Matth. vii, 15. [7] II Thess. iii, 6. [8] Philipp. iii, 20. [9] Rom. vi, 7.

alio loco sententiam protulit ita scribens : « Qui autem sunt Christi Jesu, carnem crucifixerunt, cum affectibus et concupiscentiis [10]. » Nimirum haec crucifigimus, quotquot in aqua baptizamur, quod baptisma similitudo est crucis, et mortis, et sepulturae, et resurrectionis mortuorum, sicut scriptum est. Et iterum : « Mortificate, inquit, membra vestra, quae sunt super terram (saltem in posterum omnino baptismatis pacta servantes), fornicationem, immunditiam, libidinem, concupiscentiam malam, et avaritiam, quae est simulacrorum servitus, propter quae venit ira Dei : » nec solum haec dixit, sed generalius subjunxit : « In filios incredulitatis [11] ; » ita ut jam ne brevis quidem voluptas mentem coinquinans, eum qui cum Christo in similitudine mortis consitus sit, infestet, sed per id ostendat cordis munditiem, quod odio habeat et exsecretur omnem malitiam vel ad ipsam usque cogitationem, quae libidines et affectus commoveat, quemadmodum dicit David : « Non adhaesit mihi cor pravum; declinantem a me malignum non cognoscebam [12] : » siquidem omnino ne eo quidem accedente conversus est. Consiti autem in similitudine mortis, prorsus excitamur una cum Christo. Nam ea, quae sequitur, sationis notio est ejusmodi. Nunc quidem juxta incarnationis mensuram internum hominem conformem praestamus in novitate vitae, et in obedientia usque ad mortem, in integra persuasione veritatis verborum ipsius, ut digni efficiamur, qui vere dicamus : « Vivo autem jam non ego, vivit vero in me Christus [13]. » In posterum vero, sicut idem Apostolus confirmavit his verbis : « Nam si commortui sumus, et convivemus : si sustinemus, et conregnabimus [14]. » Et similiter his adducit nos ad fidem adhibendam, cum dicit : « Si enim complantati facti sumus similitudini mortis ejus, itidem et resurrectionis erimus [15]. » Ac rursus idem dogma baptismatis ejusmodi nos docens modo magis suasorio, et vi majore, subjicit, dicens : « Christus resurgens ex mortuis, jam non moritur, mors illi ultra non dominatur. Nam quod mortuus fuit, peccato mortuus fuit semel : quod autem vivit, vivit Deo. Ita et vos existimate, vos ipsos quidem mortuos esse peccato, viventes autem Deo in Christo Jesu [16]. »

16. Itaque illam ipsius Domini nostri Jesu Christi de peccatorum nostrorum venia dispensationem per incarnationem ad mortem usque progressam adjiciens Apostolus, gravius ac validius, lata sententia, docet nos mortuos quidem **641** esse peccato, viventes vero Deo in Christo Jesu, ut quemadmodum Christus propter nos mortuus, et excitatus ex mortuis pro nobis, non amplius moritur, ita nos quoque baptizati in mortem in similitudine, moriamur peccato ; et per ascensum ex baptismate, velut ex mortuis excitati, vivamus Deo in Christo Jesu, et non moriamur amplius, hoc est, non amplius peccemus : siquidem, « Anima quae peccaverit, ipsa morietur [17]. » Et quemadmodum mors ei non amplius dominatur, ita et nobis non ultra dominetur peccatum, hoc est, non amplius peccatum perpetremus. Et quoniam « Qui peccatum facit, servus est peccati [18], » prorsus ab ejusmodi servitute liberati, sicut Paulus declaravit his verbis : « Qui autem sunt Christi, carnem crucifixerunt cum affectibus et concupiscentiis [19], » vivamus Deo in Christo Jesu, qui liberavit nos, uti scriptum est : « Christus nos redemit de maledicto legis, factus pro nobis maledictum [20]. » Longe autem potiori jure sumus a peccato liberati, gratia videlicet Domini Jesu Christi, sicut scriptum est : « Sicut enim per inobedientiam unius hominis peccatores constituti sunt multi : ita per unius obedientiam justi constituentur multi [21]. State igitur, inquit, et nolite iterum jugo servitutis detineri [22]. » Et ut ipse peccato mortuus est semel ; quod autem vivit, vivit Deo, ita et nos in aquae baptismate, quod crucis et mortis similitudinem refert, semel mortui peccato, custodiamus nos ipsos, et non amplius revertamur ad peccatum. Quin etiam pergamus vivere Deo in Christo Jesu qui dixit : « Qui mihi ministrat me sequatur [23] : » custodientes primum quidem praeceptum illud ipsius Domini, dicentis : « Sic luceat lux vestra coram hominibus, ut videant opera vestra bona, et glorificent Patrem vestrum qui in coelis est [24], » deinde monitum etiam Apostoli, scribentis : « Sive editis, sive bibitis, sive quid facitis, omnia in gloriam Dei facite [25]. » Assequemur autem horum quodque, si coelesti vocatione dignum quid sentientes, vitam agamus dignam Evangelio Christi, possimusque vere dicere : « Charitas enim Christi constringit nos, judicantes illud, quod si unus pro omnibus mortuus est, ergo omnes mortui sunt : et pro omnibus mortuus est, ut qui vivunt, non amplius sibi vivant, sed ei, qui pro ipsis mortuus est et resurrexit [26]. » Et ita fit hoc : « Manete in dilectione mea. Si mandata mea servaveritis, manebitis in dilectione mea, sicut ego Patris mei praecepta servavi, et maneo in ejus dilectione [27]. »

17. « Nullam autem ulla in re offensionem dantes, ut ne vituperetur ministerium ; sed velut Dei ministri in omnibus commendantes nosmetipsos [28], » sinceram ac veram ostendamus baptismatis promissionem, custodientes scilicet quae ab Apostolo hortamenti in morem ad quoscunque cum Christo consitos t cum ipso excitatos sic dicta sunt : « Ne igitur regnet peccatum **642** in vestro mortali corpore, ut obediatis

[10] Galat. v, 24. [11] Coloss. III, 5, 6. [12] Psal. c, 3, 4. [13] Galat. II, 20. [14] II Tim. II, 11, 12. [15] Rom. VI, 5. [16] ibid. 9-11. [17] Ezech. XVIII, 4. [18] Joan. VIII, 34. [19] Galat. v, 24. [20] Galat. III, 13. [21] Rom. v, 19. [22] Galat. v. 1. [23] Joan. XII, 26. [24] Matth. v, 16. [25] I Cor. x, 31. [26] II Cor. v, 14, 15. [27] Joan. xv, 9, 10. [28] II Cor. VI, 3, 4.

ei in ipsius concupiscentiis. Neque exhibeatis membra vestra arma iniquitatis peccato : sed exhibete vos Deo, tanquam ex mortuis viventes, et membra vestra arma justitiæ Deo [29]. » Et iterum : « Igitur, si consurrexistis cum Christo, quæ sursum sunt quærite, ubi Christus est in dextera Dei sedens ; quæ sursum sunt sapite, et non quæ super terram [30]. » Ac mea quidem sententia, sic per pauca quæ relata sunt, nobis Apostolus explicat magnam illam prævenientem, et cui vices referri non possint, immensæ benignitatis Dei gratiam, in dilectione Christi Jesu Domini nostri, cujus usque ad mortem obedientia, uti scriptum est, facta nobis est redemptio peccatorum, liberatio mortis in peccato, quod a sæculo est, regnantis, reconciliatio cum Deo, virtus qua grati efficimur Deo et accepti, justitiæ donum, societas sanctorum in æterna vita, regni cœlorum hæreditas et innumerorum aliorum bonorum præmium. Atque etiam sapienter ac valide nobis per ea, quæ conjunctim illata sunt, rationem baptismatis aquæ, quod in mortem Domini nostri Jesu Christi fit, tradidit. Quibus nos erudivit, ut communiamus nosmetipsos, ne frustra tantam ac talem gratiam suscipiamus, ubi videlicet ea dicit, quorum jam memini : « Ne igitur regnet peccatum in vestro mortali corpore, ut obediatis ei in concupiscentiis ipsius. Neque exhibeatis membra vestra arma iniquitatis peccato : sed exhibete vos Deo, tanquam ex mortuis viventes, et membra vestra arma justitiæ Deo [31], » etc.

18. Quibus nos omnino ab omni peccato et a legis justitia removens, ad justitiam vero secundum Deum per minas magis horrendas ac per bonam desiderabilemque promissionem vehementius adducens his verbis : « Stipendia enim peccati, mors ; donum vero Dei, vita æterna, in Christo Jesu Domino nostro [32], » id nos docet, ut rursus Dominum imitemur, et evadamus legali justitia superiores, subjungitque : « An ignoratis, fratres (scientibus enim legem loquor), quod lex dominatur homini, quanto tempore vivit ? Nam quæ sub viro est mulier, vivente viro, alligata est legi ; si autem mortuus fuerit vir, soluta est a lege viri. Igitur, vivente viro, vocabitur adultera, si fuerit cum alio viro : si autem mortuus fuerit vir, libera est a lege, ut non sit adultera, si fuerit cum alio viro. Itaque, fratres mei, et vos mortificati estis legi per corpus Christi, ut sitis alteri, ei scilicet qui ex mortuis resurrexit, ut fructificemus Deo. Cum enim essemus in carne, passiones peccatorum, quæ per legem erant, operabantur in membris nostris, ut fructificarent morti. Nunc autem soluti sumus a lege, mortui ei a qua detinebamur, ita ut serviamus in novitate spiritus, et non in vetustate litteræ [33], » etc. Quibus **643** discimus ineffabilem Dei in Christo Jesu benignitatem mirari, nosque majore cum timore ab omni inquinamento carnis et spiritus repurgare.

19. Cæterum discrimen quod spiritum inter et litteram intercedit, comparatis inter se alibi lege et Evangelio, sententiose declarat his verbis : « Littera enim occidit, spiritus vero vivificat [34] ; » legem appellans litteram, ut ex iis quæ superius scripta sunt, et ex iis quæ subjunguntur, liquet : spiritum vero, doctrinam Domini ; cum Dominus ipse dicat : « Verba mea spiritus et vita sunt [35]. » Quod si legalis justitia diligenter observata quosdam, qui se Deo in baptismate devoverant, promiserantque se non amplius sibi victuros, sed ei, qui pro ipsis mortuus est et resurrexit [36], tanquam adulteros judicat, veluti ex ante dictis clare demonstratum est, quidnam dixerit quis de humanis traditionibus ? De legali autem justitia idem Apostolus sententiam vehementiorem profert his verbis : « Quin etiam existimo omnia detrimentum esse, propter eminentem scientiam Jesu Christi Domini mei : propter quem omnia detrimentum feci, et arbitror stercora esse, ut Christum lucrifaciam, et inveniar in illo, non habens meam justitiam, quæ ex lege est, sed illam quæ est per fidem Christi Jesu, justitiam scilicet quæ ex Deo est [37]. » Judicium quidem de humanis traditionibus, ex verbis Domini manifestum est : quod vero attinet ad propria consilia, quæ ex sapientia humana fluunt, ea laboriosius evertenda esse docuit Apostolus, cum dixit : « Arma militiæ nostræ non carnalia sunt, sed potentia Deo ad destructionem munitionum, consilia destruentes, et omnem altitudinem extollentem se adversus scientiam Dei [38]. » Aut in universum institutus est sermo de justitia, quæ cuique manifesta est, etiamsi propter Deum studiose fiat ; de qua ille ipse iterum dicit : « Testimonium enim perhibeo illis, quod æmulationem Dei habent, sed non secundum scientiam Dei. Ignorantes enim justitiam Dei, et suam quærentes statuere, justitiæ Dei non sunt subjecti [39]. » Quare ex his et similibus manifesta est condemnatio eorum, qui Dei volunt judicia eludere. Scriptum est enim : « Væ qui sunt prudentes in semetipsis, et coram semetipsis scientes [40]. » Quin et Dominus apertius pronuntiavit fore, ut quisquis non susciperet regnum Dei velut puer, non introiret in ipsum [41]. Quapropter ab omnibus simul purum esse necesse est, tum diabolicis cupiditatibus, tum sæculi curis ac negotiis, tum traditionibus humanis, tum propriis voluntatibus, etiamsi speciosæ esse videantur, legisque fulciantur patrocinio, si vel ad modicum tempus diligentem celerrimamque ac debitam placitorum Dei exsecutionem remorentur, ut qui in hujusmodi baptismate professi sunt se simul esse cum Christo crucifixos, simul mortuos, simul sepultos, simul insitos, simul ex mortuis excitatos, fiduciam habeant vere dicendi :

---

[29] Rom. vi, 12, 13. [30] Coloss. iii, 1, 2. [31] Rom. vi, 12, 13. [32] Rom. vi, 23. [33] Rom. vii, 1-6. [34] II Cor. iii, 6. [35] Joan. vi, 64. [36] II Cor. v, 15. [37] Philipp. iii, 8, 9. [38] II Cor. x, 4, 5. [39] Rom. x, 2, 3. [40] Isa. v, 21. [41] Matth. xviii, 3.

« Ego mundo crucifixus sum (et potiori jure diabolo), et mundus mihi [42]. Vivo autem, jam non ego, vivit vero in me Christus [43] : » quibus justitiam justitia legali perfectiorem docet, ut digni habeamur regno cœlorum.

20. Tempus jam fuerit procedere nos ad aliud considerandum, et per Christi fidem intelligere et cognoscere quid sit baptizari in nomine Patris et Filii et Spiritus sancti. Primum quidem necesse est in unoquoque nomine gloriam atque majestatem ejus qui significatus est, seorsum indicare : deinde scire quod Dominus ipse declaret quid sit in nomine Spiritus sancti baptizari, cum dicit : « Quod natum est ex carne, caro est : et quod natum est ex spiritu, spiritus est [44], » ut carnalis ortus serie pro exemplo accepta, ex re notiore dogma pietatis clare vereque discamus ; cum sciamus, planeque nobis persuasum sit, quemadmodum id quod secundum carnem ex aliquo generatum est, tale est, quale est id ex quo genitum est, ita nos quoque ex spiritu generatos necessario spiritum fieri, spiritum autem non secundum magnam illam et humanæ menti incomprehensibilem Spiritus sancti gloriam, sed secundum eam, quæ et in divisione donorum Dei per Christum ipsius unicuique ad utilitatem fit, et in horum omnium operatione per ænigma conspicitur, similiterque aliis sententiis, sed in memoriam revocando præcepta Dei, quæ per Dominum nostrum Jesum Christum annuntiata sunt, eaque docendo, cum Dominus ipse noster Jesus Christus dicat : « Ipse vos docebit, et suggeret vobis omnia quæ dixi vobis [45] ; » prætereaque Apostolus fusius tradat quibus studiis quis efficiatur spiritus, cum scribit aliquando quidem : « Fructus autem Spiritus est charitas, gaudium, pax, patientia [46], » et quæ sequuntur, priusque dixerat : « Quod si spiritu ducimini, non estis sub lege [47] ; » et alibi : « Si spiritu vivimus, spiritu et ambulemus [48] ; » aliquando vero : « Habentes autem donationes secundum gratiam Dei, quæ data est nobis, differentes, sive prophetiam, secundum rationem fidei, sive ministerium in ministrando [49], » etc.

21. Per hæc et similia Dominus eos qui ex spiritu nati sunt, spiritum fieri dicit. Et Apostolus pariter idem testatur, his verbis : « Hujus rei gratia flecto genua mea ad Patrem Domini nostri Jesu Christi, ex quo omnis paternitas in cœlo et in terra nominatur ; ut det vobis secundum divitias gloriæ suæ, virtute corroborari per Spiritum suum, in internum hominem, ut inhabitet Christus [50]. » Quod si viventes spiritu, spiritu etiam ambulamus, sic quoque Spiritus sancti capaces effecti, poterimus Christum confiteri : siquidem nemo potest dicere Dominum Jesum, nisi in Spiritu sancto [51]. Ad hunc igitur modum Dominus, tum per seipsum, tum per Apostolum, docuit generatos ex spiritu spiritum fieri. Atque in hoc rursus imitabimur carnalem generationem ; primum quidem mutantes locum et mores transformantes, in eo quod internus homo spiritu corroboratur, ut possimus dicere : « Nostra autem conversatio in cœlis est [52] ; » corpus quidem in terra tanquam umbram circumferentes, animam vero una cum cœlestibus conversantem custodientes : deinde ab iis quoque qui in terra nobiscum vivunt, secedentes, cum David dicat, « Detrahentem secreto proximo suo, hunc persequebar. Superbo oculo et insatiabili corde, cum hoc non edebam. Oculi mei ad fideles terræ, ut sedeant mecum : ambulans in via immaculata, hic mihi ministrabat. Non habitabat in medio domus meæ faciens superbiam. Qui loquitur iniqua, non direxit in conspectu oculorum meorum, [53] » et in aliis similiter ; Apostolus vero gravius quiddam denuntiet : « Si quis frater nominatus aut fornicator fuerit, aut avarus, aut idolorum cultor, aut maledicus, aut ebriosus, aut rapax, cum tali ne cibum quidem sumatis [54]. »

22. Et sæpe idem ille, ubi talia adversus ejusmodi scelera præscribit, præmisso de immensa et gloriosa benignitatis Christi gratia aliquo sermone, perspicue et diligenter tradit cum quibus et cum qualibus convivendum nobis sit, dum dicit : « Ipse enim est pax nostra, qui fecit utraque unum, et medium parietem maceriæ solvit, inimicitiam in carne sua : legem mandatorum in decretis evacuans, ut duos condat in semetipso in unum novum hominem, faciens pacem, et reconciliet ambos in uno corpore Deo per crucem, interficiens inimicitiam in semetipso. Et veniens evangelizavit pacem vobis, qui longe fuistis, et pacem iis, qui prope : quoniam per ipsum habemus accessum utrique in uno Spiritu ad Patrem. Ergo jam non estis hospites et advenæ, sed estis concives sanctorum, et domestici Dei, superædificati super fundamentum apostolorum et prophetarum, summo angulari lapide ipso Christo Jesu, in quo omnis ædificatio coagmentata crescit in templum sanctum in Domino [55], » ut hoc pacto in similitudine mortis insititii Christo, et in nomine sancti Spiritus baptizati, et generati denuo secundum internum hominem in renovatione mentis, superstructique super fundamentum apostolorum et prophetarum, sic digni habeamur qui baptizemur in nomine unigeniti Filii Dei, promereamurque donum magnum cujus Apostolus meminit his verbis : « Quicunque in Christo baptizati estis, Christum induistis [56]. Non est Græcus et Judæus, circumcisio et præputium, barbarus, Scytha, servus et liber, sed omnia et in omnibus Christus [57]. »

23. Necessarium enim est et consequens, ut qui natus est, is etiam induatur : tantum si quemadmodum tabula ex quacunque tandem materia constet, inæqua-

---

[42] Galat. vi, 14.   [43] Galat. ii, 20.   [44] Joan. iii, 6.   [45] Joan. xiv, 26.   [46] Galat. v, 22.   [47] ibid. 18.
[48] ibid. 25.   [49] Rom. xii, 6.   [50] Ephes. iii, 14-16.   [51] I Cor. xii, 5.   [52] Philipp. iii, 20.   [53] Psal. c, 5-7.
[54] I Cor. v, 11.   [55] Ephes. ii, 14-21.   [56] Galat. iii, 27.   [57] Coloss. iii, 11.

litate deposita, derasaque asperitate, ita demum imaginis regiæ picturam induit, tuncque non ex ligni aut auri aut argenti discrimine æstimatur imaginis præstantia ; sed in accurata cum exemplari similitudine, cum multa diligentia ex artis præceptis rite expressa, materiæ quidem discrimen occultat, etiamsi in ea plurimum sit distantiæ atque discriminis, atque ad suam dignitatem admirandam spectatores inducit, sitque quovis principatu ac potentatu præstantior, sic etiam qui baptizatur, sive Judæus, sive Græcus, sive mas, sive femina, sive servus, sive liber, sive Scytha, sive barbarus [58], sive alius quivis ex quacunque generis differentia nomen adeptus, cum semel hominem veterem cum actibus suis in sanguine Christi exuerit, et in Spiritu sancto per illius doctrinam induerit novum, creatum secundum Deum in justitia atque sanctitate veritatis [59], renovatum ad agnitionem secundum imaginem Conditoris sui, dignus reddatur, qui pertingat ad Dei placitum ab Apostolo his expressum verbis : « Scimus enim, quod diligentibus Deum omnia cooperantur in bonum, iis qui secundum propositum vocati sunt. Nam quos præscivit, et prædestinavit conformes fieri imaginis Filii sui, ut sit ipse primogenitus in multis fratribus [60]. »

24. Tunc enim quasi Filium Dei indutus, fit dignus gradu perfecto, baptizaturque in nomen Patris ipsius Domini nostri Jesu Christi, qui juxta Joannis testimonium eam potestatem dedit, ut Dei fiamus filii [61], Dei, inquam, qui dicit : « Exite de medio eorum, et separamini, et immundum ne tetigeritis : et ego recipiam vos, et ero vobis in patrem, et vos eritis mihi in filios et filias, dicit Dominus omnipotens [62], » per gratiam ipsius Domini nostri Jesu Christi unigeniti Filii Dei viventis, « In quo neque circumcisio aliquid valet, neque præputium, sed fides quæ per charitatem operatur, » uti scriptum est [63] ; per quam nobis prospere cedit id quod ab ipso Domino nostro Jesu Christo continenter cum baptismatis præcepto appositum est, ubi dixit : « Docentes eos servare omnia quæcunque mandavi vobis [64] : » quorum observationem argumentum nostræ in se dilectionis esse declaravit Dominus ipse, his verbis : « Si diligitis me, mandata mea servate [65] ; » et rursus : « Qui habet mandata mea et servat ea, ille est qui diligit me [66]; » et iterum : « Si quis diligit me, sermonem meum servabit, et Pater meus diliget cum [67]. » Quin etiam vehementius ac modo ad persuadendum efficaciore ait: « Manete in dilectione mea. Si præcepta mea servaveritis, manebitis in dilectione mea, sicut et ego Patris mei præcepta servavi, et maneo in ejus dilectione [68]. » Quod si dilectionis necessaria testificatio observatio est mandatorum, illud timendum valde est, quod sine dilectione, etiam eximiorum donorum, supernarumque virtutum, et ipsius fidei summa efficacia, mandatumque ipsum quod perfectos reddit, nihil prosunt, cum Paulus apostolus qui in Christo loquebatur, dicat : « Si linguis hominum loquar et angelorum, charitatem autem non habeam, factus sum æs sonans, aut cymbalum tinniens. Et si habeam prophetiam, et noverim mysteria omnia, et omnem scientiam : et si habeam omnem fidem, ita ut montes transferam, charitatem vero non habeam, nihil sum. Et si distribuero in cibos pauperum omnes facultates meas, et si tradidero corpus meum, ut comburar, charitatem vero non habeam, nihil capio utilitatis [69]. » quod arbitror ab Apostolo definitive fuisse dictum, memori videlicet Domini dicentis : « Multi venient in illa die, dicentes, Domine, Domine, nonne in nomine tuo prophetavimus, et in nomine tuo dæmonia ejecimus, et in nomine tuo virtutes multas fecimus, et comedimus coram te, et bibimus, et nonne in plateis nostris docuisti ? » et respondet ipsis : « Nunquam novi vos. Discedite a me, operarii iniquitatis [70]. ».

25. Quare manifestum est et evidens hæc citra charitatem, etiamsi præcepta et justificationes fiant, custodianturque mandata Domini et charismata magna edantur, pro iniquitatis operibus haberi ; non ex propria ratione charismatum et justificationum, sed ex proposito eorum qui his utuntur ad proprias voluntates, dicente Apostolo, nunc quidem, « Existimantium quæstum esse pietatem [71], » nunc vero, « Quidam quidem propter invidiam et contentionem, quidam autem et propter bonam voluntatem Christum prædicant : quidam autem ex contentione Christum annuntiant, non pure, existimantes se afflictionem addere vinculis meis [72] ; » et alibi : « Non enim sumus, inquit, sicut multi, adulterantes verbum Dei [73]. » Ac rursus per negationem dixit : « Neque enim unquam in sermone adulationis fuimus erga vos, sicut scitis, neque in prætextu avaritiæ, Deus testis est : neque quærentes ab hominibus gloriam, neque a vobis, neque ab aliis ; cum possemus oneri esse ut Christi apostoli [74]. » Ex his autem ac similibus aperte ostenditur Domini justam esse responsionem, dicentis : « Discedite a me, operarii iniquitatis [75], » quod per Dei dona voluntati vestræ consulitis, tanquam si quis et medicis instrumentis, et peculiaribus condimentis, quæ ad morborum medelam et ad sanitatis salutisque curam confecta sint, utatur ad interitum, et illud Apostoli præceptum non servatis, qui dicit : « Sive manducatis, sive bibitis, sive quid facitis, omnia in gloriam Dei facite [76]. » Omnino igitur hominis interni necessaria est cura, ut intenta sit mens, et velut ad scopum gloriæ Dei alligata, ut servantes mandatum Domini, dicentis : « Facite arborem bonam, et fructum ejus bonum [77] ; » et iterum :

---

[58] Coloss. III, 11.   [59] Ephes. IV, 22-24.   [60] Rom. VIII, 28, 29.   [61] Joann. I, 12.   [62] Isa. V, 11 ; II Cor. VI, 17, 18.   [63] Gal. V, 6.   [64] Matth. XXVIII, 20.   [65] Joann. XIV, 15.   [66] ibid. 21.   [67] ibid. 23.   [68] Joann. XV, 9, 10.   [69] I Cor. XIII, 1-3.   [70] Matth. VII, 22, 23 ; Luc. XIII, 26, 27.   [71] I Tim. VI, 5.   [72] Philipp. I, 15-17.   [73] II Cor. II, 17.   [74] I Thess. II, 5-7.   [75] Luc. XIII, 27.   [76] I Cor. X, 31.   [77] Matth. XII, 33.

« Pharisæe cæce, purga prius internam poculi partem, et tunc externa ipsius pars tota munda erit [78]; » fructum ex boni cordis abundantia feramus, alius quidem centuplum, alius vero sexagecuplum, alius autem trigecuplum [79], sive operibus, sive verbis, ad gloriam Dei et Christi ipsius, caventes ubique ne Spiritum sanctum contristemus [80]; et ita effugiamus judicium ejusdem Domini, qui dicit, « Væ vobis, quia similes estis sepulcris dealbatis, quæ foris quidem apparent speciosa, intus vero plena sunt ossibus mortuorum, et omni spurcitia : sic et vos foris quidem apparetis hominibus justi ; intus autem pleni estis hypocrisi et iniquitate [81]. »

648 26. Quapropter oportet ante baptisma, iis, quæ documenta impediunt, prius remotis, imbui doctrina, et sic ad disciplinam idoneos seipsos reddere, cum Dominus ipse noster Jesus Christus per exempla præcedentem sententiam confirmet, et rursus dogmatis in morem inferat : « Sic omnis ex vobis, qui non renuntiat omnibus quæ possidet, non potest meus esse discipulus [82]. » Et iterum cum imperio : « Si quis venit ad me, abneget semetipsum, et tollat crucem suam, et sequatur me [83]. » Et iterum in modum definientis : « Qui non accipit crucem suam quotidie, et sequitur me, non est me dignus [84]. » Ex his et similibus ignitis sermonibus Domini nostri Jesu Christi dicentis, « Ignem veni missurus in terram, et quid volo, si jam accensus est [85]? » manifesta dum fit peccatorum malitia, virtusque eorum, quæ ad gloriam Dei et Christi ipsius recte geruntur, affulget, tunc cupimus omnino ac confitemur quæ sunt ab Apostolo dicta : « Infelix ego homo, quis me liberabit de corpore mortis hujus? Gratias ago Deo per Jesum Christum Dominum nostrum [86], » qui dixit : « Hic est sanguis meus novi testamenti, qui pro multis effundetur in remissionem peccatorum [87], » ita attestante Apostolo, « In quo habemus redemptionem per sanguinem ejus, remissionem peccatorum [88]; » et tunc accedimus ad aquæ baptisma, quod similitudo est crucis, mortis, sepulturæ, ac resurrectionis ex mortuis ; facientes servantesque pacta, quæ Apostolus eo in loco, ubi de hujusmodi baptismate agitur, obsignavit, cum dixit : « Scientes quod Christus excitatus a mortuis, jam non moritur ; mors illi ultra non dominatur. Nam quod mortuus fuit, peccato mortuus fuit semel : quod autem vivit, vivit Deo. Ita et vos existimate vos mortuos quidem esse peccato, viventes autem Deo in Christo Jesu. Non ergo regnet peccatum in vestro mortali corpore, ut obediatis ei in concupiscentiis ejus, neque exhibeatis membra vestra arma iniquitatis peccato : sed exhibete vos Deo, tanquam ex mortuis viventes, et membra vestra arma justitiæ Deo [89], » etc.

27. Tunc quivis in nomine Spiritus sancti dignus fit qui baptizetur, et denuo generatus mutet et locum et mores et convictores, ut spiritu ambulantes, evadamus digni qui in nomine Filii baptizemur, induamusque Christum. Nam qui natus est, eum indui etiam oportet, sicut Apostolus dixit : « Quicunque in Christum baptizati estis, Christum induistis [90]. » Ac rursus : « Exuentes veterem hominem cum actibus suis, et induentes novum, eum, qui renovatur in agnitionem, secundum imaginem ejus qui creavit illum : ubi non est gentilis et Judæus [91]. » Postquam autem induimus Dei Filium, qui eam potestatem, ut Dei filii fiamus, præbet, in nomine Patris baptizamur, prædicamurque filii Dei, **649** qui præcepit et dixit, velut ait propheta : « Quapropter exite de medio eorum, et separamini, dicit Dominus, et immundum ne tetigeritis : et ego recipiam vos, et ero vobis in patrem, et vos eritis mihi in filios et filias, dicit Dominus omnipotens [92]. » — « Has ergo habentes, inquit Apostolus, promissiones, charissimi, mundemus nos ipsos ab omni inquinamento carnis et spiritus, perficientes sanctificationem in timore Dei [93]. » Et iterum admonet his verbis : « Omnia facite sine murmurationibus ac disceptationibus, ut nulla fiat de vobis querela, et sitis simplices, irreprehensibiles Dei filii, in medio nationis pravæ ac perversæ : inter quos lucetis sicut luminaria in mundo : verbum vitæ continentes ad gloriam meam, in die Christi [94]. » Et rursus : « Igitur, si consurrexistis cum Christo, quæ sursum sunt quærite, ubi Christus est, in dextra Dei sedens : quæ sursum sunt sapite, non quæ super terram. Mortui enim estis, et vita vestra est abscondita cum Christo in Deo. Cum Christus apparuerit, vita vestra, tunc et vos apparebitis cum ipso in gloria [95], » quæ est ab ipso Domino promissa, ubi dixit : « Tunc fulgebunt justi sicut sol [96]. »

CAPUT III.
Quod oportet regeneratum per baptisma, exinde divinorum mysteriorum participatione nutriri.

1. Ex boni Dei gratia, verbis unigeniti Filii Dei viventis, et sanctorum ipsius evangelistarum prophetarumque et Apostoli, quæ baptismatis doctrinam secundum Evangelium Domini nostri Jesu Christi satis nobis declararunt, in medium adductis, illud didicimus, quod ignis quidem baptisma redarguat omnem malitiam, justitiam vero quæ secundum Christum est, suscipiat, quandoquidem ut vitii odium, ita virtutis desiderium parit, quodque sanguine Christi per fidem sumus ab omni peccato purgati, atque in aqua in Domini mortem baptizati, quasi quodam scripto professi, esse nos peccato et mundo mortuos, justitiæ vero justifi-

---

[78] Matth. xxiii, 26. [79] Matth. xiii, 8. [80] Ephes. iv, 30. [81] Matth. xxiii, 27, 28. [82] Luc. xiv, 33. [83] Matth. xvi, 24. [84] Matth. x, 38; Luc. ix, 23. [85] Luc xii, 49. [86] Rom. vii, 24, 25. [87] Matth. xxvi, 28. [88] Col. i, 14. [89] Rom. vi, 9-13. [90] Gal. iii, 27. [91] Col. iii, 9-11. [92] Isa. lii, 11; II Cor. vi, 17, 18. [93] II Cor. vii, 1. [94] Philipp. ii, 14-16. [95] Col. iii, 1-4. [96] Matth. xiii, 43.

catos; et ita demum in nomine Spiritus sancti baptizati, fuimus generati denuo; generati vero, et in nomine Filii baptizati, induimus Christum, induti autem hominem novum secundum Deum conditum, in nomine Patris baptizati sumus, et filii Dei appellati. Jam igitur opus est nutriri nos cibo vitæ æternæ, quem idem unigenitus Dei vivi Filius rursus nobis tradidit, cum aliquando quidem dixit : « Non in solo pane vivet homo, sed in omni verbo, quod procedit de ore Dei [97]. » Et quomodo id fiat, docuit, his verbis : « Cibus meus est, ut faciam voluntatem ejus qui misit me, Patris [98].» Ac rursus illa voce, « Amen, » ad eorum quæ infert confirmationem, et ad audientium persuasionem bis expressa ait : « Amen, amen dico vobis, nisi manducaveritis carnem Filii hominis, et biberitis ejus sanguinem, non habetis vitam in vobis. Qui manducat meam carnem et bibit meum sanguinem, habet vitam æternam; et ego resuscitabo eum in novissimo die. Caro enim mea vere est cibus : et sanguis meus vere est potus. Qui manducat meam carnem, et bibit meum sanguinem, in me manet, et ego in illo [99]. » Et paulo post scriptum est : « Multi ergo ex discipulis ejus audientes hunc sermonem, dixerunt : Durus est hic sermo; ecquis potest eum audire? Sciens autem Dominus in semetipso, quod murmurarent de hoc discipuli ejus, dixit eis : Hoc vos scandalizat? Si ergo videritis Filium hominis ascendentem ubi erat prius? Spiritus est qui vivificat : caro non prodest quidquam. Verba mea spiritus et vita sunt. Sed sunt quidam ex vobis, qui non credunt. Sciebat enim Jesus ab initio qui essent credentes, et quis traditurus esset eum. Et dicebat : Propterea dixi vobis, quod nemo potest venire ad me, nisi fuerit ei datum a Patre meo. Ex hoc multi discipulorum ejus abierunt retro, et jam cum illo non ambulabant. Dixit ergo Jesus ad duodecim : Nunquid et vos vultis abire? Respondit ei Simon Petrus : Domine, ad quem ibimus? Verba vitæ æternæ habes; et nos credidimus et cognovimus, quod tu es Christus Filius Dei [1]. »

2. Atque sub finem Evangeliorum scriptum est : « Jesus ergo, accepto pane et gratiis actis, fregit, deditque discipulis, et dixit : Accipite, comedite ; hoc est corpus meum, quod pro vobis frangitur, hoc facite in meam commemorationem. Et, accepto calice et gratiis actis, dedit ipsis dicens : Bibite ex eo omnes ; hic est enim sanguis meus novi testamenti, qui pro multis effunditur in remissionem peccatorum, hoc facite in meam commemorationem [2]. » Hæc autem Apostolus confirmat testimonio suo dicens : « Ego enim accepi a Domino quod et tradidi vobis, quoniam Dominus Jesus in qua nocte tradebatur, accepit panem, et gratias agens fregit, et dixit : Hoc est corpus meum, quod pro vobis frangitur. Hoc facite in meam commemorationem. Similiter et calicem, postquam cœnavit, dicens : Hic calix novum testamentum est in meo sanguine. Hoc facite in meam commemorationem. Quotiescunque enim manducabitis panem hunc, et calicem hunc bibetis, mortem Domini annuntiabitis, donec veniat [3]. » Quid itaque utilitatis habent hæc verba? Ut et edentes et bibentes, semper memores simus ejus, qui pro nobis mortuus est et resurrexit, sicque discamus necessario servare coram Deo et Christo ipsius traditum ab Apostolo dogma, quo dicit : « Charitas enim Christi constringit nos, judicantes hoc, quod si unus pro omnibus mortuus est, ergo omnes mortui sunt; et pro omnibus mortuus est, ut qui vivunt, non amplius sibi vivant, sed ei, qui pro ipsis mortuus est et resurrexit [4]. » Qui enim edit et bibit, videlicet ad indelebilem memoriam Jesu Christi Domini nostri, qui pro nobis mortuus est et resurrexit, rationem vero memoriæ obedientiæ Domini usque ad mortem, juxta doctrinam Apostoli non adimplet, qui, ut dictum est, ait : « Charitas enim Christi constringit nos, judicantes hoc, quod si unus pro omnibus mortuus est, ergo omnes mortui sunt (quod in baptismate professi sumus), et pro omnibus mortuus est, ut qui vivunt non amplius sibiipsis vivant, sed ei qui pro ipsis mortuus est et resurrexit; »is nihil capit utilitatis, juxta sententiam Domini, qui dixit : « Caro non prodest quidquam [5]. »

3. Præterea sibi ipsi accersit, qui ejusmodi est, judicium quoque Apostoli, dicentis : « Qui manducat et bibit indigne, judicium sibi manducat et bibit, non dijudicans corpus Domini [6]. » Etenim non horrendum modo judicium inest ei, qui in carnis ac spiritus inquinamento indigne ad sancta accedit; cum enim accedit, reus fit corporis et sanguinis Domini; sed etiam ei, qui otiose inutiliterque edit ac bibit (1), quod non per memoriam Jesu Christi Domini nostri, qui pro nobis mortuus est et resurrexit, servat quod dictum est : « Charitas Christi constringit nos, judicantes hoc, quod si unus pro omnibus mortuus est, ergo omnes mortui sunt, » et quæ sequuntur. Nam velut citra conscientiam et inutiliter bonum tantum ac tale irritum faciens, velutque ingrate ad hujusmodi mysterium accedens, negligentiæ ac segnitiei judicio obnoxium

[97] Matth. iv, 4. [98] Joan. iv, 34. [99] Joan. vi, 54-57. xxii, 19, 20. [3] I Cor. xi, 23-26. [4] II Cor. v, 14, 15.

[1] Joan. vi, 61-70. [2] Matth. xxvi, 26-28; Luc. [5] Joan. vi, 64. [6] I Cor. xi, 29.

(1) Quod hoc loco ait scriptor, id Combefisio gravius ac durius videtur. Sed tamen quod dixit, vere ab eo dici potuit; cum quicunque qui otiose ac inutiliter ad sancta accedit, metuendum quidem judicium subiturus sit, sed non tale tamen, quale futurum est eorum qui accedunt in inquinamento carnis ac spiritus. Inter cætera quæ Scultetus non vere ex Basilio protulit ad suam falsam opinionem confirmandam, et hic quoque locus invenitur : sed, ut verum fatear, quid eum juvare possit, non video. Imo quae hoc toto loco scripta sunt, vel negligenter legenti videbuntur aptissima ac efficacissima ad Catholicum dogma stabiliendum.

se præstat, cum Dominus eos, qui vel otiosum verbum proferunt, non sinat esse injudicatos [7], et vehementius quoque inertiæ judicium declaret, in eo qui in otio talentum servavit integrum [8], Apostolus vero nobis tradiderit, quod et qui verbum bonum profert, nec ad fidei ædificationem dispensat, contristet Spiritum sanctum [9], et ita debemus judicium illius, qui indigne edit ac bibit, considerare. Quod si etiam is, qui fratri propter cibum molestiam creat, a charitate excidit [10], sine qua et donorum etiam magnorum et justificationum opera nihil prosunt [11], quid quis dixerit de eo, qui otiose inutiliterque corpus edere, et sanguinem Domini nostri Jesu Christi bibere non veretur, ob idque amplius Spiritum sanctum contristat, quique citra constringentem charitatem (ita ut non sibi ipsi, sed ei qui pro nobis mortuus est et resurrexit Jesu Christo Domino nostro vivere apud se statuat) edere ac bibere audet? Oportet igitur, qui ad corpus et sanguinem Christi in recordationem illius qui pro nobis mortuus est et resurrexit, accedit, eum non ab omni solum carnis et spiritus inquinamento purum esse, ut ne in judicium edat et bibat, sed efficaciter etiam memoriam illius qui pro nobis mortuus est ac resurrexit, exprimere in eo quod mortificatus est peccato mundoque et sibi ipsi, vivat autem Deo in Christo Jesu Domino nostro.

LIBER SECUNDUS.

QUÆSTIO I.

An quisquis baptizatus est baptismate, quod in Evangelio Domini nostri Jesu Christi traditur, debeat mortuus quidem esse peccato, Deo vero in Christo Jesu vivere.

RESPONSIO.

1. Si quotquot regnum Dei concupiscimus, gratiam baptismatis æqualiter ac necessario nobis paramus, eaque opus habemus, juxta hanc sententiam a Domino prolatam : « Nisi quis natus fuerit ex aqua et spiritu, non potest introire in regnum Dei [12], » omnes igitur pariter debemus eamdem baptismatis rationem sequi, cum Apostolus generatim baptizatis omnibus dicat, « An ignoratis, fratres, quod quicunque baptizati sumus in Christo Jesu, in morte ipsius baptizati sumus? Consepulti enim sumus cum illo per baptismum in mortem, ut, quomodo surrexit Christus a mortuis per gloriam Patris, ita et nos in novitate vitæ ambulemus [13], » etc. Et alibi modo ad pudorem incutiendum aptiori clariusque tradit ejusmodi dogma, dicens : « Quicunque baptizati estis in Christo, Christum induistis. Non est Judæus, neque Græcus : non est servus, neque liber ; non est masculus et femina. Omnes enim vos unus estis in Christo Jesu [14]. » Quemadmodum rursus ad omnes dicit : « In quo et circumcisi estis circumcisione non manu facta, in expoliatione corporis peccatorum carnis, [in circumcisione Christi, consepulti ei in baptismo, in quo et consurrexistis per fidem [15]. » Quisquis igitur Evangelii baptismate baptizatus est, debet secundum Evangelium vivere, etiam ob ea quæ alibi dixit : « Testificor rursus omni homini circumcidenti se, quoniam debitor est universæ legis faciendæ [16]. »

2. Itaque plane constat, quemque uno baptismate baptizatum, uti scriptum est, juxta modum ejus, qui pro nobis mortuus est et resurrexit, ex æquo implere debere quod ab ipso Apostolo scriptum est : « Nam charitas Christi constringit nos, judicantes illud, quod si unus pro omnibus mortuus est, ergo omnes mortui sunt, et pro omnibus mortuus est, ut qui vivunt, jam non sibi vivant, sed ei qui pro ipsis mortuus est et resurrexit. » Si enim qui circumcisus est parte aliqua corporis, juxta Moysis circumcisionem, debet legem totam servare, quanto magis qui secundum Christi circumcisionem circumcisus est [17], propterea quod exuit totum corpus peccatorum carnis, sicut scriptum est, adimplere debet quod Apostolus dixit : « Ego mundo crucifixus sum, et mundus mihi [18] : vivo autem, jam non ego, vivit vero in me Christus [19] ? » Quare qui vere, juxta Apostoli verba, in mortem Christi baptizatus est, seipsum et mundo mortificavit, et multo magis peccato, prout ab Apostolo, ubi de baptismate sermo habetur, dictum est : « Vetus homo noster simul crucifixus est, ut destruatur corpus peccati, ut ultra non serviamus peccato [20]. » Nam inviolate pactus est Christum in omnibus sequi, quod est Deo integre vivere, implens omnino quæ dicta sunt ab Apostolo ; nunc quidem, « Obsecro itaque vos, fratres, per misericordiam Dei, ut exhibeatis corpora vestra hostiam viventem, sanctam, Deo placentem, rationalem vestrum cultum [21], » et quæ sequuntur ; nunc vero : « Non ergo regnet peccatum in vestro mortali corpore, ut obediatis ei in concupiscentiis ejus ; neque exhibeatis membra vestra arma iniquitatis peccato, sed exhibete vos Deo, tanquam ex mortuis viventes, et membra vestra arma justitiæ Deo [22]. » Atque etiam juxta hæc et ejusdem generis dogmata rursus dicit : « Non est Judæus, neque Græcus ; non est servus, neque liber ; non est masculus, neque femina : omnes enim vos unus estis in Christo Jesu [23], » ut digni reddamur omnes, veluti unus, qui id audiamus : « Adesdum, serve bone ; super pauca fuisti fidelis, super multa te constituam ;

---

[7] Matth. xii, 36. [8] Matth. xxv, 25-29. [9] Ephes. iv, 29. [10] Rom. xiv, 15. [11] I Cor. xiii, 1 sqq. [12] Joan. iii, 5. [13] Rom. vi, 3, 4. [14] Galat. iii, 27, 28. [15] Coloss. ii, 11, 12. [16] Galat. v, 3. [17] Coloss. ii, 11. [18] Galat. vi, 14. [19] Galat. ii, 20. [20] Rom. vi, 6. [21] Rom. xii, 1. [22] Rom. vi, 12, 13. [23] Galat. iii, 28.

intra in gaudium Domini tui [24]. » Quo habebimur digni, si quisque nostrum in quo vocatus est et electus, cura ampliore et studio impigro impertitam sibi gratiam, uti scriptum est [25], reddiderit auctiorem.

QUÆSTIO II.

An is qui ob pravam conscientiam, aut immunditiam, aut inquinamentum purus corde non est, sacerdotio citra periculum fungatur.

RESPONSIO.

Moyses quidem illius ætatis hominibus ad nos erudiendos formam dans, in lege a Deo tradita scribit : « Et locutus est Dominus ad Moysem, dicens : Loquere ad Aaron, dicens : Homo ex genere tuo in vestris generationibus, qui habet in seipso maculam, non accedet ad offerendum dona Deo suo : quia omnis homo in quo fuerit macula, non accedet [26]. » Atque postea maculam interpretatur. Non si admisceantur membra aliena, neque cum conteritur unum aliquod membrum, non solum si vel pars membrorum suorum vitiata impediat quominus munere suo facile ac expedito perfungatur, sed si decorum aut integritatem lædat. Dominus autem cum dicit, « Templo aliquid majus hic est [27], » nos docet tanto magis impium esse eum, qui inter sacrificandum audet tractare corpus Domini, qui dedit pro nobis seipsum Deo oblationem et hostiam in odorem suavitatis [28], quanto corpus unigeniti Filii Dei excellentius est arietibus ac tauris ; quod dictum sit sine comparatione, incomparabilis est enim hæc excellentia. Nunc autem macula, aut mutilatio non in membris corporis consideratur, sed in justificationibus evangelicæ pietatis cognoscitur, videlicet cum mandatum 654 fit ex aliqua parte exigua, aut non integre, aut non ita fit, ut sit Deo acceptum, adeo ut consilium humanum tanquam cicatrix quædam aut lepra in mandato appareat. Necessarium igitur est semper quidem, maxime vero tanti ac talis mysterii tempore, servare præceptum Apostoli qui dicit : « Has igitur habentes promissiones, charissimi, mundemus nos ab omni inquinamento carnis et spiritus, perficientes sanctificationem in timore Dei [29] : nullam in ulla re dantes offensionem, ne vituperetur ministerium, sed uti Dei ministri in omnibus commendantes nosmetipsos [30]. » Ita fiet quis dignus, qui Domini mysteriis juxta Dei Evangelium operam sacram impendat.

QUÆSTIO III.

An quispiam, cum ab omni carnis et spiritus inquinamento purus non est, tuto ac secure edat corpus Domini, et bibat sanguinem.

RESPONSIO.

Cum Deus in lege extremam pœnam in eum, qui in immunditia attingere sancta ausus esset, constituerit : siquidem typice illis quidem, nobis vero admonitionis causa, ita scriptum est : « Et locutus est Dominus ad Moysem, dicens : Dic Aaron, et filiis ejus : et attendant a sanctis filiorum Israel, et non profanabunt nomen sanctum meum ; quæcunque ipsi sanctificant mihi. Ego Dominus. Dic illis : In progenies ipsorum omnis homo, quicunque accesserit ab omni semine vestro ad sancta, quæcunque sanctificaverint filii Israel Domino, et fuerit immunditia ejus in illo, exterminabitur anima illa a facie mea. Ego Dominus [31] ; » si adversus eos qui temere accedunt ad ea quæ ab hominibus sanctificata sunt, minæ ejusmodi intentantur, quid quis dixerit contra eum, qui ad tantum ac tale mysterium non veretur accedere ? Quanto enim plus templo illic est, juxta Domini vocem [32], tanto gravius est et formidabilius corpore Christi impure vesci audere, quam arietes aut tauros edere, cum Apostolus dicat : « Itaque quicunque manducaverit panem, vel biberit calicem Domini indigne, reus erit corporis et sanguinis Domini [33] ; » imo judicium per repetitionem vehementius simul et formidabilius declaret, his verbis : « Probet autem seipsum unusquisque, et sic de pane edat, et de calice bibat. Qui enim manducat et bibit indigne, judicium sibi manducat et bibit, non dijudicans corpus Domini [34]. » Quod si is qui in sola immunditia constitutus est (immunditiæ autem proprietatem typice ex lege discimus), judicio tam horrendo obnoxius est, quanto magis qui in peccato est, Christique corpus temere edit, judicium gravius sibi accerset ? Mundemus igitur nos ab omni inquinamento (discrimen autem, 655 quod inquinamentum inter et immunditiam intercedit, prudentibus sapientibusque est manifestum), et ita demum accedamus ad sancta, ut eorum qui Dominum occiderunt effugiamus judicium, videlicet, « Quicunque manducaverit panem, vel biberit calicem Domini indigne, reus erit corporis et sanguinis Domini ; » possideamus vero vitam æternam, sicut promisit verax Dominus et Deus noster Jesus Christus, si modo edentes bibentesque memores fuerimus ipsius, qui pro nobis mortuus est, servaverimusque sententiam Apostoli, qui dicit : « Charitas enim Christi constringit nos, judicantes hoc, quod si unus pro omnibus mortuus est, ergo omnes mortui sunt : et pro omnibus mortuus est, ut qui vivunt non amplius sibi vivant, sed ei qui pro ipsis mortuus est et resurrexit [35] : » qua de re in baptismate fecimus pactionem.

QUÆSTIO IV.

An omni verbo Dei credendum sit et obtemperandum, adeo ut id quod dicitur, verum esse persuasissimum sit, etiamsi aut aliquod verbum aut factum ipsius Domini vel sanctorum inveniatur, quod videatur esse contrarium.

RESPONSIO.

1. Hæc quæstio, tametsi prorsus indigna est

---

[24] Matth. xxv, 21. [25] Ephes. iv, 7. [26] Lev. xxi, 16, 17, 21. [27] Matth. xii, 6. [28] Ephes. v, 2. [29] II Cor. vii, 1. [30] II Cor. vi, 3, 4. [31] Lev. xxii, 1-3. [32] Matth. xii, 6. [33] I Cor. xi, 27. [34] ibid. 28, 29. [35] II Cor. v, 14, 15.

quocunque, qui Dominum nostrum Jesum Christum unigenitum Dei vivi Filium, per quem omnia tam visibilia quam invisibilia facta sunt, confiteri non recusarit, quandoquidem ea verba quæ locutus est, a Patre audivit, tamen respondere necesse habemus, obedientes Apostolo dicenti : « Parati eritis ad respondendum cuilibet interroganti vos rationem ejus quæ in vobis est fidei [36]. » Et ne, si de nostro aliquid dicamus, ambiguitatem afferamus audientibus, Domini ipsius faciamus mentionem, dicentis videlicet, « Amen, amen dico vobis, iota unum aut unus apex non præteribit a lege donec omnia fiant [37] ; » et iterum : « Facilius est cœlum et terram præterire, quam legis unum apicem cadere [38]. » Quod si quidpiam est hic plus Salomone, si quidpiam est hic plus Jona [39], consequens est ut dicamus : Quidpiam etiam est hic plus Moyse, Apostolo, posteaquam Moysis gloriam Israelitis inaccessam recensuit, eamque contulit cum Domini nostri Jesu Christi gloria, subjungente, « Glorificatum non est, quod claruit in hac parte, propter excellentem gloriam. Si enim quod evacuatur, per gloriam est : multo magis quod manet, in gloria est [40]. » Ita etsi ex iis quæ protulimus locis ea quæ in Evangelio dicta sunt, ceu certissima per indubitatam fidem cognoscere ac confiteri didicimus, tamen hæc ipsius Domini verba in medium rursus adducamus : « Cœlum et terra transibunt, verba autem mea non præteribunt [41]. » Itaque Domini verba maxime omnium suffecerunt ad nostros animos in sancto atque principali Spiritu confirmandos, **656** sic ut indubitanter constanterque omne verbum ex Dei ore procedens susciperemus : sed tamen, ut quorumdam opitulemur imbecillitati, par fuerit testimonium quoque unius aut alterius ex multis adjicere. Ait itaque David : « Fidelia omnia mandata ejus, confirmata in sæculum sæculi, facta in veritate et æquitate [42]. » Ac rursus : « Fidelis Dominus in omnibus verbis suis, et sanctus in omnibus operibus suis [43], » et ejusmodi multa. Jehu autem in Regnorum libris dixit : « Videte quod non cadet verbum Domini in terram [44]. »

2. De iis vero quæ videntur inter se esse quodam modo contraria, satius est unumquemque sententiam adversus seipsum ferre, tanquam qui ad cognitionem divitiarum sapientiæ nondum pervenerit, et quod Dei judicia quæ investigari non possunt, attingere difficile sit, quam audaciæ ac pertinaciæ judicio obnoxium fieri, et audire : « Impius est qui dicit regi : Inique agis [45] ; » et, « Quis accusabit adversus electos Dei [46]? » Quamvis autem multorum judicio, multa perspicue solvantur, tamen in iis quæ contraria inter se esse videntur, illud observare debemus, quod cum aliquod verbum aut factum præcepto contrarium esse videtur, necessarium est unumquemque præcepto obsequi, non altitudinem divitiarum et sapientiæ [47] improbare, aut in peccatis prætextus prætexere [48]. Hoc enim Deo placere, et periculo carere ex divinis Scripturis didicimus. Sed si præceptum præcepto repugnare videtur, argumentis interim intellectis, et lecto integro loco, ita demum nihil pugnans esse cognoscamus, et id quod cuique convenit, juxta scopum supernæ vocationis observemus, ad quem videlicet scopum utraque præcepta tendant, partim morbum curantia, partim afferentia talem profectum, quo ad perfecte Deo placendum deducamur, cum Dominus dicat aliquando quidem, « Nemo lucernam accensam abscondit sub modio, sed super candelabrum ponit, et lucet omnibus qui sunt in domo; sic luceat lux vestra coram hominibus, ut videant bona vestra opera, et glorificent Patrem vestrum qui in cœlis est [49] ; » aliquando vero, « Te autem faciente eleemosynam, nesciat sinistra quid faciat dextera tua [50]. »

3. Et multa id genus invenias et apud evangelistas et apud Apostolum. Quod si præceptum quidem datum fuerit, quomodo vero fiat, non additum sit, obediamus Domino, qui ait : « Scrutamini Scripturas [51], » imitemurque apostolos, qui Dominum ipsum de eorum quæ ab ipso dicta erant interpretatione interrogarunt ; et eorum quæ ab ipso dicta sunt, ex iis quæ in alio loco dixit, veritatem salubritatemque ediscamus. Exempli causa, cum dictum est, « Thesaurizate autem vobis thesauros in cœlo [52], » quid hæc sibi velint, tum ex iis quæ adolescenti præcepta sunt, edocemur ubi videlicet Dominus ipse dicit : « Vende quæ habes, et da pauperibus, et habebis thesaurum in cœlo [53] ; » tum ex iis, quæ ad eos qui regnum cœlorum consequi cupiebant, dicta fuere, « Ne timeas, pusille grex, quia complacitum est Patri vestro cœlesti dare **657** vobis regnum. Vendite quæ possidetis, et date eleemosynam, facite vobisipsis sacculos qui non veterascunt, thesaurum non deficientem in cœlis [54]. » Si vero periculum etiam observationem mandati comitatur, quæ est gloriatio nostra, meminerimus Apostoli, qui dicit : « Bonum est mihi mori magis, quam ut gloriam meam quis evacuet [55]; » et alibi fusius : « Quis nos separabit a charitate Christi? tribulatio, an angustia, an persecutio, an fames, an nuditas, an periculum, an gladius [56]? » et quæ sequuntur. Ex quibus impensius erudimur mandata custodire, atque commonstrare dilectionem majorem erga Dominum, qui dicit, « Qui diligit me, mandata mea servabit [57], » et multis in locis similiter : in reliquis vero Apostolum imitari, ac dicere : «O altitudo divitiarum, et sapientiæ, et scien-

---

[36] I Petr. III, 15. [37] Matth. v, 18. [38] Luc. XVI, 17. [39] Matth. XII, 41, 42. [40] II Cor. III, 10, 11. [41] Matth. XXIV, 35. [42] Psal. CX, 8. [43] Psal. CXLIV, 13. [44] IV Reg. X. 10. [45] Job XXXIV, 18. [46] Rom. VIII, 33. [47] Rom. XI, 33. [48] Psal. CXL, 4. [49] Matth. v, 15, 16. [50] Matth. VI, 3. [51] Joan. v, 39. [52] Matth. VI, 20. [53] Matth. XIX, 21. [54] Luc. XII, 32, 33. [55] I Cor. IX, 15. [56] Rom. VIII, 35. [57] Joan. XIV, 23.

tiæ Dei, quam incrustabilia sunt judicia ejus, et impervestigabiles viæ ejus! Quis enim cognovit mentem Domini [58], » qui ex cœlis descendit, et Patris nobis verba annuntiavit? Cui credere necessarium est ac salutare, velut liberos parentibus, et pueros præceptoribus, juxta ipsius Domini nostri Jesu Christi vocem, ubi ait, « Nisi quis susceperit regnum Dei velut parvulus, non intrabit in illud [59]. »

QUÆSTIO V.

Utrum verbo cuilibet non obsequi sit aliquid ira et morte dignum, etiamsi privatim non singulis conjunctæ sint minæ.

RESPONSIO.

1. Dictum quidem est fusius de hoc argumento in epistola de concordia, an videlicet, verbo cuilibet non obsequi, sit aliquid ira ac morte dignum: sed ut nunc unum aut alterum testimonium ex multis allegemus, audiamus Joannem Baptistam, dicentem : « Qui credit Filio, habet vitam æternam : qui vero non credit Filio (quod autem definitum non est, id comprehendit omnia), non videbit vitam, sed ira Dei manebit super eum [60]; » et Dominum ipsum more definientis pronuntiantem, « Iota unum, aut unus apex non prætei ibit a lege, donec omnia fiant [61]. » Quod si quæ legis sunt, sic se habent, quanto magis, quæ sunt Evangelii? sicut Dominus ipse sæpe confirmavit. De eo autem, an res ita sit, etiamsi privatim non singulis conjunctæ sint minæ, satis esse arbitror credentibus, si meminerint Domini ipsius, qui, eo loco ubi doctrinam post beatitudines tradit, plura prohibita recensuit, et aliquibus quidem minas adjunxit, his verbis : « Quisquis irascitur fratri suo, obnoxius erit judicio : qui vero dixerit, Raca, obnoxius erit concilio : qui autem dixerit, Fatue, obnoxius erit gehennæ ignis [62], » et ejusmodi multa ; aliquibus vero nihil adjecit minarum, exempli gratia cum dicit : « Omnis qui videt mulierem ad concupiscendum, jam mœchatus est eam in corde suo [63]; » item, « Ego autem dico vobis, non jurare omnino [64]; » et paulo post : « Erit autem sermo vester, Est, est : Non, non ; quod autem his abundantius est, a malo est [65]. » Et multa alia id genus locutus, nec proposita ulla propria pœna, generalius adversus omnes sententiam tulit, cum prius dixit : « Nisi abundaverit justitia vestra plus quam Scribarum et Pharisæorum, non intrabitis in regnum cœlorum [66]. » Sub finem vero infert : « Omnis qui audit verba mea hæc, et non facit ea, assimilabitur viro stulto, qui ædificavit domum suam super arenam, et descendit pluvia, et venerunt flumina, et flaverunt venti, et irruerunt in domum illam, et cecidit, et fuit ruina illius magna [67]. »

2. Atque in aliis locis, peccatorum multorum facta mentione, non addidit destinatam unicuique pœnam : sufficere ratus quæ contra omnia in universum sæpenumero dicta erant. Quoniam autem indigent auxilio infirmiores, Apostoli quoque mentionem faciamus. Nam et ipse Dominum imitans, modo quidem dixit : « Si quis frater nominatus, aut fornicator est, aut avarus, aut idolis serviens, aut maledicus, aut ebriosus, aut rapax, cum tali ne cibum quidem sumite [68]; » modo vero, « Nolite mentiri alius adversus alium [69]; » et alibi, « Omnis ira, et indignatio, et clamor, et blasphemia tollatur a vobis, cum omni malitia [70]. » Et multa similia sæpe prætermissis minis dixit. Alibi tamen generalius pœnam quoque adjicit, ubi dicit : « Nolite errare : neque fornicatores, neque idolis servientes, neque adulteri, neque molles, neque masculorum concubitores, neque fures, neque avari, neque ebriosi, neque maledici, neque rapaces regnum Dei possidebunt [71]. » Sed iterum alio loco fusius scribit : « Et sicut non probaverunt Deum habere in notitia, tradidit illos Deus in reprobum sensum, ut faciant ea quæ non conveniunt; repletos omni iniquitate, fornicatione, nequitia, avaritia, malitia, plenos invidia, homicidio, contentione, dolo, malignitate, susurrones, detractores, Dei osores, contumeliosos, superbos, arrogantes, inventores malorum, parentibus non obedientes, insipientes, pactorum violatores, sine affectione, absque fœdere, immisericordes. Qui cum justitiam Dei cognovissent, videlicet, quod ii qui talia agunt, digni sint morte, non solum ea faciunt, sed etiam assentiuntur facientibus. Propter quod inexcusabilis es, o homo omnis, qui judicas. In quo enim judicas alterum, teipsum condemnas: eadem enim facis tu, qui judicas [72]. » Atque multis in locis similiter. Ex quibus illud conspicuum est, quod, etiamsi singulatim singulis speciebus non sint adjectæ supplicii minæ, necessario cognoscere debemus, eum, qui vel unum præceptum transgreditur, inevitabili necessitate sententiæ generali subjacere, cum Dominus noster Jesus Christus pronuntiarit, « Qui spernit me, et non accipit verba mea, habet qui judicet eum ; sermo quem locutus sum, ille judicabit eum in novissimo die [73], » et quæ sequuntur modo formidabiliore; et Joannes Baptista, quo major nemo [74], in modum definientis hoc testimonium reddat : « Qui non obedit Filio, non videbit vitam, sed ira Dei manebit super eum [75]. » Hoc enim familiare est Scripturæ sacræ, etiam in Testamento Veteri. Nam per Moysem, qui pleraque legis scripsit, contra omnes generalem maledictionem, quæ supplicium gravissimum auspicatur, minis adversus unum aliquem transgredientem aut negligentem omissis, subjecit, dicens, « Maledictus omnis qui

---

[58] Rom. xi, 33, 54. [59] Marc. x, 15. [60] Joan. iii, 36. [61] Matth. v, 18. [62] ibid. 22. [63] ibid. 28. [64] ibid. 34. [65] ibid. 37. [66] ibid. 20. [67] Matth. vii, 26, 27. [68] I Cor. v, 11. [69] Coloss. iii, 9. [70] Ephes. iv, 31. [71] I Cor. vi, 9, 10. [72] Rom. i, 27-32; ii, 1. [73] Joan. xii, 48. [74] Luc. vii, 28. [75] Joan. iii, 36.

non permanet in omnibus quæ in libro legis hujus scripta sunt [76].) Et alibi, « Maledictus, inquit, qui facit opera Domini negligenter [77]. » Si vero maledictus est qui negligenter facit, qui non facit, quonam supplicio dignus est?

QUÆSTIO VI.

An inobedientia posita sit in eo, si quid vetitorum fiat, aut etiam in eo, si quid comprobatorum omittatur.

RESPONSIO.

1. Cum Dominus noster Jesus Christus hoc judicium validius confirmaret, tum ut errorem præteritum amoliretur, tum ut nostra corda in sana fide stabiliret, voluit nos docere timorem judiciorum, non solum per verba, verum etiam per exempla : siquidem res ipsæ veritatem magis persuadent. Et primum quidem ait : « Nisi abundaverit justitia vestra plus quam Scribarum et Pharisæorum, non intrabitis in regnum cœlorum [78]. » Atque post integrum hunc locum in quo doctrinam suam proposuit, sententiam una cum exemplo adjunxit, his verbis : « Omnis qui audit verba mea hæc, et non facit ea, assimilabitur viro stulto, qui ædificavit domum suam super arenam, et descendit pluvia, et venerunt flumina, et flaverunt venti, et impegerunt in domum illam, et cecidit, et fuit ruina illius magna [79]. » Et iterum : « Arborem fici habebat quis plantatam in vinea sua, et venit quærens fructum in illa, et non invenit. Et dicit ad cultorem vineæ : Ecce anni tres sunt, ex quo venio quærens fructum in ipsa, et non invenio : succide illam : ad quid vel terram occupat [80]? » Et alibi apertius hoc judicium exponit, dicens, « Discedite a me, maledicti, in ignem æternum qui paratus est diabolo, et angelis ejus [81]. » Et adjungit non aliquod facinus admissum, ex iis quæ prohibentur, sed opus aliquod omissum, ex iis quæ comprobantur, dicens : « Esurivi enim, et non dedistis mihi manducare ; sitivi, et non dedistis mihi potum [82], » etc. Quin et multa similia invenire est, ex quibus ostendi possit non solum eos qui mala agunt, morte esse dignos, quibus et ignis inexstinguibilis paratus est, cum quibus et ii qui a bonis operibus vacant, condemnantur, sed eos etiam, qui bona negligenter faciunt. Scriptum namque est : « Maledictus omnis qui facit opera Domini negligenter [83]. »

2. Tempestivum autem fuerit meminisse etiam Joannis, ad eos, qui per baptismum veniam peccatorum acceperant, dicentis : « Progenies viperarum, quis demonstravit vobis fugere a ventura ira? Facite ergo fructus dignos pœnitentiæ. Et **660** ne liceat vobis dicere intra vosmetipsos : Patrem habemus Abraham ; dico enim vobis quod potest Deus ex lapidibus istis suscitare filios Abrahæ. Jam autem securis ad radicem arborum posita est. Omnis ergo arbor, quæ non facit fructum bonum, exciditur, et in ignem conjicitur [84]. » Quæ singula non ostendunt malum aliquod fuisse patratum, sed prætermissum esse pietatis officium. Si enim maledictus est, quisquis opera Domini facit negligenter, quod ea non cum congruenti animi alacritate fecerit, quanto magis maledicti, qui ne facere quidem bonum ullo modo volunt? Nec immerito audiunt : « Discedite a me, maledicti, in ignem æternum, qui paratus est diabolo, et angelis ejus [85]. » Quare ex his planum est, necessario in præceptis Domini nostri Jesu Christi, celeritate multa et impigro studio una cum bono ac intento desiderio opus esse ; ut et ipsi efficiamur digni beatitudine, sicut ipse Dominus noster Jesus Christus unigenitus Dei vivi Filius dixit : « Beati qui esuriunt et sitiunt justitiam, quoniam ipsi saturabuntur [86]. »

QUÆSTIO VII.

An liceat, aut complacitum, aut gratum Deo sit, eum qui peccato servit, justitiæ opus facere, secundum regulam pietatis sanctorum.

RESPONSIO.

Cum Deus in Veteri quidem Testamento dicat, « Peccator sacrificans mihi vitulum, est velut qui occidit canem, et offerens similam, velut qui offert sanguinem suillum [87], » præscripseritque sedulitatem tantam circa ea quæ in sacrificium offerebantur, et statuerit judicium horrendum adversus delinquentem ; in Novo vero Testamento Dominus noster Jesus Christus per seipsum in Evangeliis dixerit : « Qui facit peccatum, servus est peccati [88] ; » et : « Nemo potest duobus dominis servire [89] ; » et : « Non potestis Deo servire et mammonæ [90] ; » et tradiderit dogma apertissimum, dicens : « Sic omnis ex vobis, qui non renuntiat omnibus quæ possidet, non potest meus esse discipulus [91] ; » si igitur de mediis sententia talis lata est, quid quis dixerit de prohibitis ? Cumque per Apostolum dicat, « Nolite jugum ducere cum infidelibus : quæ enim participatio justitiæ cum iniquitate ? aut quæ societas luci ad tenebras? quæ autem conventio Christi ad Belial? aut quæ pars fideli cum infideli? qui autem consensus templo Dei cum idolis [92] ? » declaratum est rem propositam nullo modo licere, ingratamque Deo esse et audenti periculosam. Quapropter, adhortor, faciamus, quemadmodum Dominus docet, arborem bonam, et fructum ipsius bonum [93], atque purgemus primum internam poculi ac patinæ partem, et tunc externa ipsius pars erit munda tota [94]. Atque per Apostolum eruditi [95], mundemus nosmetipsos ab omni carnis et spiritus inquinamento, et tunc perficiamus sanctificationem in dilectione Christi, ut reddamur Deo grati ac Domino accepti, ad regnum cœlorum.

---

[76] Deut. xxvii, 26. [77] Jerem. xlviii, 10. [78] Matth. v, 20. [79] Matth. vii, 26, 27. [80] Luc. xiii, 6, 7. [81] Matth. xxv, 41. [82] ibid. 42. [83] Jerem. xlviii, 10. [84] Matth. iii, 7-10. [85] Matth. xxv, 41. [86] Matth. v, 6. [87] Isa. lxvi, 3. [88] Joan. viii, 54. [89] Matth. vi, 24. [90] ibid. [91] Luc. xiv, 33. [92] II Cor. vi, 14-16. [93] Matth. xii, 33. [94] Matth. xxiii, 26. [95] II Cor. vii, 1.

QUÆSTIO VIII.

An acceptum sit Deo opus præcepti, si non convenienter Dei præcepto fiat.

RESPONSIO.

1. Hujus quæstionis explanationem et quasi quamdam regulam quam in omni ejusmodi negotio sequamur, ex Veteri Testamento discimus, ubi velut ex persona Dei dicit : « Si recte quidem obtuleris, recte vero non diviseris, peccasti. Quiesce, ad te conversio ejus [96] ; » sicut non solum acceptum non sit, quod non est oblatum legitime; sed imputetur etiam sic offerenti ad peccatum : quin et juxta allatam ab Apostolo similitudinem, discere est, velut per humanum exemplum, regulam pietatis generatim in omnibus inviolabilem esse, ubi dicit : « Etiamsi certet quis, non coronatur, nisi legitime certaverit [97]. » Imo cum timore majore licet ipsius Domini nostri Jesu Christi meminisse, qui modum ac regulam exponit his verbis : « Beatus ille servus, quem cum venerit Dominus, invenerit sic facientem [98]. » Etenim cum hac voce, « sic, » usus est, ostendit a beatitudine excidisse eum, qui non sic facit, quemadmodum ex multis tum Veteris tum Novi Testamenti historiis ac dictis accurate edoceri ac certissime convinci possumus. Illud autem, « non sic, » fit, cum aliquid fit aut præter locum, aut præter tempus, aut præter personam, aut præter rem, aut præter modum, aut præter ordinem, aut denique cum non fit eo, quo decet, animo.

2. Primum autem, quomodo præter locum aliquid fiat, videamus. Apostolus sane, quo res clarius exhiberet, eosque, qui audiunt quæ pietatem decent, juvaret, iis, quæ consuetudinem obtinuerant, utitur, cum dicit : « Annon natura ipsa docet vos, quod viro quidem si comam nutriat, ignominia sit, mulieri vero si comam nutriat, gloria sit illi [99] ? » etc. Par igitur fuerit nos etiam iis, quæ in natura obtinuere, ad præsentis vitæ necessitatem uti. Etsi enim vita in cibo ac potu continetur, quis tamen sapientium velit in foro edere ac bibere ? Aut quis velit semina in saxa conjicere, ut et illa ipsa semina, et fructus exspectatos perdat ? Atque multa invenias præter locum periculose, aut etiam vitiose fieri. Rursus autem memores Apostoli, qui dixit : « Hæc in figura contingebant illis : scripta sunt autem propter admonitionem nostri, in quos fines sæculorum devenerunt [1] ; » videamus num ea quæ sancita sunt a Deo ad pietatem, et quæ societatem inter se habent, differentiam inviolabiliter servarint. Alia enim assignata erant Jerosolymis, et qui extra fecissent, periclitabantur : alia vero, eaque plura, et in ipso templo, et in altari, et in ipsa Jerusalem, aliisque locis, erant ad cultum Deo exhibendum selecta ; nec quisquam quæ in templo et altari fiebant, in aliis Jerosolymæ locis facere audebat, neque quæ in aliis locis fiebant, etiam in templo fieri permittebantur. Periculum est quoque, ne nos præter locum mandatum conficiamus ; maxime, si sacerdotii mysteria celebremus in profanis locis, cum ejusmodi res contemptum ostenderet in celebrante, et alii esset offendiculo pro alia variaque affectione, ob diversam multorum in harum rerum cognitione infirmitatem.

3. Quod si dicat quispiam : Cur igitur Apostolus dixit : « Volo ergo viros orare in omni loco [2], » propterea, videlicet, quod Dominus adorandi in omni loco potestatem dedit, his verbis : « Neque in Jerosolymis, neque in monte hoc adorabitis Patrem [3]. » Hoc dicere licet, quod illud, « in omni, » non comprehendit loca humanis usibus ac immundis ac profanis negotiis destinata, sed ab Jerosolymorum usque ambitu ad omnem totius orbis locum adorationem extendit, et juxta sacrificii prophetiam [4], ad eum locum qui studiose videlicet Deo dicatus sit, ad gloriosi mysterii sacrificium celebrandum. Etsi enim audivimus prophetam dicentem : « Vos sacerdotes Dei vocabimini [5] ; » tamen neque omnes ejusmodi sacerdotii aut ministerii potestatem usurpamus, neque alius alii datam gratiam sibi sumere potest, sed fideles singuli intra proprios doni Dei fines manent, ita docente nos Apostolo, cum dicit ad omnes quidem : « Obsecro autem vos, fratres, per miserationes Dei, ut exhibeatis corpora vestra hostiam viventem, sanctam, Deo placentem, rationalem cultum vestrum : et nolite conformari huic sæculo, sed transformamini in novitate spiritus vestri, ut probetis, quæ sit voluntas Dei bona, et beneplacens, et perfecta [6] ; » unicuique vero perspicue distinguit ministerium cuique conveniens, prohibetque alienum ordinem invadere, ubi ait : « Dico enim per Dei gratiam quæ data est mihi, cuilibet versanti inter vos, ut ne plus sapiat quam oportet sapere, sed sapiat ad sobrietatem, sicut unicuique Deus divisit mensuram fidei [7]. » Quin etiam per mutuam necessariamque membrorum corporeorum ordinationem, quæ ad elegantiam securitatemque tendit, moderatur in nobis nostrum illum statum mutuum, ut Deo in dilectione Christi Jesu in differentia donorum placeamus. Quippe dicit : « Sicut in uno corpore multa membra habemus, omnia autem membra non eumdem actum habent : ita multi unum corpus sumus in Christo, singuli autem alter alterius membra ; habentes autem donationes secundum gratiam quæ data est nobis differentes, sive prophetiam secundum rationem fidei, sive ministerium in ministrando [8], » etc.

4. Si vero ii qui operam mutuam conferunt ad unum illum attingendum scopum, quo videlicet placeant Deo, ac tantam inter se habent conjun-

---

[96] Genes. IV, 7. [97] II Tim. II, 5. [98] Matth. XXIV, 46. [99] I Cor. XI, 14, 15. [1] I Cor. X, 11. [2] I Tim. II, 8. [3] Joan. IV, 21. [4] Malach. I, 11. [5] Isa. LXI, 6. [6] Rom. XII, 1, 2. [7] Rom. XII, 3. [8] ibid. 4-7.

ctionem societatis in dilectione Christi, ipsi tamen proprium locum accepti doni transgredi non permittuntur, quomodo non multo magis loca alienis et contrariis rebus addicta debemus a sanctis secernere? Etenim tum ex omnibus quæ ex divina Scriptura relata sunt, tum ex ejusmodi aliis, et ex memoratis prius exemplis discamus oportet, opus, quod præter locum fit, in finem proposito scopo contrarium cedere. De eo autem, quod præter tempus geritur, ipsum Dominum nostrum Jesum Christum jam audire licet, qui dicit : « Quapropter simile factum est regnum cœlorum decem virginibus, quæ accipientes lampades suas, exierunt obviam sponso. Quinque autem ex eis erant prudentes, et quinque fatuæ : quæ fatuæ, acceptis lampadibus suis, non sumpserunt oleum secum : prudentes vero acceperunt oleum in vasis suis. Moram autem faciente sponso, dormitaverunt omnes, et dormierunt. Media autem nocte clamor factus est, Ecce sponsus venit, exite obviam ei. Tunc surrexerunt omnes virgines illæ, et ornaverunt lampades suas. Fatuæ autem sapientibus dixerunt : Date nobis de oleo vestro, quia lampades nostræ exstinguuntur. Responderunt prudentes, dicentes : Ne forte non sufficiat nobis et vobis ; ite potius ad vendentes, et emite vobis. Dum autem irent emere, venit sponsus, et quæ paratæ erant, intraverunt cum eo ad nuptias : et clausa est janua. Novissime vero veniunt et reliquæ virgines, dicentes : Domine, Domine, aperi nobis : at ille respondens dixit eis : Amen dico vobis, nescio vos. Vigilate itaque, quia nescitis diem, neque horam [9]. »

5. Quare cum sciam admonitionem sæpius de eodem judicio adhibitam validius commovere, magisque credi, eam quoque, quæ alio loco in eamdem sententiam prolata est, adjiciam. Dicit autem Dominus ipse : « Multi quærent intrare, et non poterunt. Cum autem ingressus fuerit paterfamilias, et clauserit ostium, et cœperitis dicere : Domine, Domine, aperi nobis, tunc respondens dicet : Non novi vos, unde sitis [10]. Propterea dico vobis, estote parati, quia qua hora non putatis, Filius hominis venturus est [11] ; » atque multis locis similiter. Quod si et Apostolus in testimonium advocandus est, audiamus ipsum, prophetæ verba ita referentem, « Tempore accepto exaudivi te, et in die salutis adjuvi te [12] ; » et posthac ex seipso inferentem : « Ecce nunc tempus acceptabile, ecce nunc dies salutis [13] ; » et iterum : « Ergo dum tempus habemus, operemur bonum, ad omnes quidem, maxime autem ad domesticos fidei [14]. » Si vero et testimonio alio opus est, meminerimus Davidis, qui dicit : « Pro hac orabit ad te omnis sanctus, in tempore opportuno [15] ; »

Salomonis itidem, qui in universum pronuntiavit, Omnia bona fieri in tempore suo [16].

6. In Veteri quidem Testamento, puta in Core [17], et in illis, qui sacerdotium sibi non concreditum invadere ausi sunt, et propter iræ severitatem in perniciem et exitium horrendum inciderunt, videmus quam grave sit præter personam aliquid facere : ab ipso vero Domino, ut cauti simus, erudimur : qui videlicet ad discipulos dixit : « Non missus sum nisi ad oves quæ perierunt domus Israel [18] ; » et ad mulierem : « Non est bonum sumere panem filiorum, et projicere catellis [19]. » Præter rem vero quidpiam fieri, ex Veteri quidem Testamento discimus, ubi cum præceptum esset, ut sacrificium fieret ex mundis et integris et maculæ expertibus, tamen non ex talibus oblatio facta est : qua de re Deus dixit, « Offer illud principi tuo, si admittet illud, si suscipiet faciem tuam [20] ; » ex Novo vero Testamento ab ipso Domino nostro Jesu Christo hoc idem edocemur : qui prophetiam Isaiæ contra Judæos profert, hoc modo : « Bene prophetavit Isaias de vobis, dicens : Populus hic labiis me honorat, cor autem eorum longe est a me : in vanum autem colunt me, docentes doctrinas, mandata hominum [21] ; » ab Apostolo quoque, qui fert testimonium de conscientia Judæorum, condemnatque ipsos ob justitiæ differentiam. Scribit autem sic : « Testimonium enim perhibeo illis quod æmulationem Dei habent, sed non secundum scientiam. Ignorantes enim justitiam Dei, et suam quærentes statuere, justitiæ Dei non sunt subjecti [22]. » Quapropter Apostolus, qui Deo placere vere studebat, cum quas in lege jamdiu fecerat justitias narrasset, hæc subjungit : « Quin etiam existimo omnia detrimentum esse propter eminentem scientiam Christi Jesu Domini mei ; propter quem omnia detrimentum feci, et arbitror stercora esse, ut Christum lucrifaciam, et inveniar in illo non habens meam justitiam, quæ ex lege est, sed illam quæ est per fidem Jesu Christi justitiam, quæ ex Deo est in fide, ad cognoscendum illum [23], » etc. Per hæc autem et similia erudit nos, ut multo magis caveamus, ne unquam regulæ quæ a Domino nostro Jesu Christo ad placendum Deo proposita est, humanam justitiam adjungamus.

7. De eo autem, quod præter mensuram fit, satis esse arbitror meminisse Domini nostri Jesu Christi, ad distinguendam mensuram veteris dilectionis, (scriptum autem est : « Diliges proximum tuum sicut te ipsum [24], ») qui dixit : « Mandatum novum do vobis, ut diligatis invicem, sicut ego dilexi vos [25]. Majorem hac dilectionem nemo habet, ut quis animam suam ponat pro amicis suis [26]. » Et in summa hoc idem de omnibus simul justificatio-

---

[9] Matth. xxv, 1-13. [10] Luc. xiii, 24, 25. [11] Matth. xxiv, 44. [12] Isa. xlix, 8. [13] II Cor. vi, 2. [14] Galat. vi, 10. [15] Psal. xxxi, 6. [16] Eccle. iii, 11. [17] Num. xvi, 31 seqq. [18] Matth. xv, 24. [19] Marc. vii, 27. [20] Malach. i, 8. [21] Marc. vii, 6, 7. [22] Rom. x, 2, 3. [23] Philipp. iii, 8, 9. [24] Matth. xix, 19. [25] Joan. xiii, 34. [26] Jean. xv, 13.

nibus ab ipso Domino discere licet, cum ita definierit : « Nisi abundaverit justitia vestra plus quam Scribarum et Pharisæorum, non intrabitis in regnum cœlorum [27]. » Præter ordinem vero et rerum seriem agitur, cum quis prima in secundo aut tertio loco tractat, et ea quæ in tertio loco collocata sunt, eorum, quæ prius locata fuerant, principium esse putat. Velut cum Dominus ei qui dixerat , « Hæc omnia custodivi a juventute mea, » hoc mandatum dedit : « Vende quæ habes, et da pauperibus, et tolle crucem tuam, et veni, sequere me [28]; » si quis ei 665, qui nihil eorum quæ præmissa sunt præstitisset, illud, « Sequere me » (quod posterius est), injungeret : et velut cum rursus Dominus dicit : « Si quis venit ad me, abneget semetipsum, et tollat crucem suam, et sequatur me [29], » si quis sequendi præceptum ponat ante priora. Et rursus cum Dominus post multa subjungit , « Sic omnis ex vobis qui non renuntiat iis quæ possidet , non potest meus esse discipulus [30], » si quis anteaquam ea quæ prius dicta sunt, servasset, discipulum se esse in animum inducat. Quapropter necesse est servare præceptum Apostoli qui dicit : « Omnia honeste et secundum ordinem fiant [31]. »

8. Denique fit aliquid non eo, quo debet, animo, exempli causa, cum dicit Dominus de iis qui studio placendi hominibus faciunt eleemosynam , aut alteri cuivis justificationi operam dant , ut videantur ab hominibus, « Amen dico vobis, habent mercedem suam [32]. » Adhuc autem malitiam eorum, qui ob affectum humanum præceptum Domini faciunt, gravius declarat, ubi illud ostendit , quod non mercede solum destituitur, sed supplicio etiam dignus est qui præceptum perficit, non secundum pietatem, sed ex studio placendi hominibus, aut alicujus alterius voluptatis gratia, aut avaritiæ, aut negotii : quos redarguit et Apostolus. Imo vero Dominus ipse vehementius tales condemnans, dicit : « Multi venient in illa die dicentes : Domine, Domine, nonne in nomine tuo prophetavimus , et in nomine tuo dæmonia ejecimus, et virtutes multas fecimus, et manducavimus tecum, et bibimus, et in plateis nostris docuisti? Et tunc respondebo illis dicens : Discedite a me, non novi vos unde sitis, operarii iniquitatis [33] : » ut ex his ac similibus illud perspicuum sit, quod etiamsi quis charismata operetur, etiamsi conficiat mandata , si tamen non conficit eo, quo debet, animo, et ex scopo, quem Dominus docuit his verbis : « Sic luceat lux vestra coram hominibus, ut videant opera vestra bona, et glorificent Patrem vestrum qui in cœlis est [34] ; » et quem Paulus apostolus in Christo loquens, tradidit, cum dixit : « Sive manducatis, sive bibitis, sive quid facitis, omnia in gloriam Dei facite [35] : » jure ac merito ea, quæ Dominus respondit , auditurus sit. Unde Apostolus dicere didicit : « Si linguis hominum loquar et angelorum, charitatem autem non habeam, factus sum æs resonans, aut cymbalum tinniens. Et si habuero prophetiam, et noverim mysteria omnia, et si habuero omnem fidem, ita ut montes transferam, charitatem autem non habeam, nihil sum. Et si distribuero in alendos pauperes omnes facultates meas, et si tradidero corpus meum ut comburar, charitatem autem non habeam, nihil capio utilitatis [36]. » Et alibi generalius ac vehementius ait : « Si adhuc hominibus placerem, Christi servus non essem [37]. »

9. Quod si Veteris etiam Testamenti testimonium ad ejusmodi sententiam certo probandam requiris, Moyses dicit : « Diliges Dominum Deum tuum ex toto corde tuo, et ex tota mente tua, et ex tota fortitudine tua : et diliges proximum tuum sicut teipsum [38]. » Quibus Dominus subjungit : « In his duobus mandatis universa lex et prophetæ pendent [39]. » Testatur hoc ipsum et Apostolus, 666 his verbis : « Plenitudo ergo legis est dilectio [40]. » Quod autem impuniti non relinquuntur qui non conficiunt hæc mandata, et pendentes ab ipsis justificationes, sed suppliciis sunt obnoxii, Moses ipse clamat dicens : « Maledictus omnis qui non permanet in omnibus quæ scripta sunt in hoc libro [41]. » David vero ait : « Iniquitatem si aspexi in corde meo, non exaudiat me Dominus [42]. » Et alibi : « Illic trepidabunt timore, ubi non erit timor, quoniam Deus dissipavit ossa eorum , qui hominibus placent [43]. » Itaque multa diligentia ac intenta cura opus est, ne si præter modum aliquem ex his quos retulimus, mandatum conficiamus, non modo talem ac tantam mercedem amittamus, sed etiam tam horrendis minis fiamus obnoxii.

QUÆSTIO IX.

An conveniat societatem cum iniquis habere, aut participem esse infructuosorum operum tenebrarum, etiamsi tales non sint ex numero eorum qui mihi sint concrediti.

RESPONSIO.

1. Iniquus quidem est quisquis legem integram non servaverit, aut violaverit vel unum mandatum. Etenim, si pars vel modica desit, totum periclitatur. Nam quod pene factum est, factum non est. Quemadmodum enim qui fere mortuus est, mortuus non est, sed vivit, et qui fere vixit, non vivit, sed mortuus est, et qui pene ingressus est, ingressus non est, sicut illæ quinque virgines : ita qui prope legem servavit, non servavit, sed iniquus est. Quapropter etiam erga iniquos, etiamsi germani et affines esse videantur, necesse est obedire Apostolo, qui aliquando quidem ait : « Si quis frater nominatus, aut fornicator, aut avarus, aut ebriosus, aut

---

[27] Matth. v, 20. [28] Matth. xix, 20, 21. [29] Matth. xvi, 24. [30] Luc. xiv, 33. [31] I Cor. xiv, 40. [32] Matth. vi, 5. [33] Matth. vii, 22, 23; Luc. xiii, 26, 27. [34] Matth. v, 16. [35] I Cor. x, 31. [36] I Cor. xiii, 1-3. [37] Gal. i, 10. [38] Deut. vi, 5. [39] Matth. xxii, 40. [40] Rom. xiii, 10. [41] Deut. xxvii, 26. [42] Psal. lxv, 18. [43] Psal. lii, 6.

conviciator, aut raptor fuerit, cum tali ne cibum quidem sumite [44]. » Observandum autem hic est, quod non eum modo qui in his omnibus offendit, ab ipsa etiam communi diæta segregaverit, sed eum etiam qui in uno aliquo ex his omnibus deliquit, cum non dixerit, Cum hoc, sed, « Cum tali : » aliquando vero, « Mortificate membra vestra quæ sunt super terram, fornicationem, immunditiam, libidinem, concupiscentiam malam, et avaritiam, quæ est simulacrorum servitus; propter quæ venit ira Dei » (et quidem generalius adjunxit) « in filios inobedientiæ [45]. Nolite ergo fieri participes eorum [46]. » Ac rursus : « Ut subtrahatis vos ab omni fratre ambulante inordinate, et non secundum traditionem, quam acceperunt a nobis [47]. » Et alibi similiter.

2. Quid sit autem infructuosorum operum participem non esse, ut perspicue cognoscamus, primum perpendamus quibus de rebus nomen infructuosi usurpetur, utrum de reprobatis tantummodo, an etiam de laudabilibus quidem, sed quæ non sano animi affectu fiant. In Veteri **667** igitur Testamento, sumpta ab arbore comparatione, dixit de sanctis Propheta : « Quæ fructum suum dabit in tempore suo [48]. » Salomon vero ait : « Opera justorum vitam faciunt; fructus vero impiorum peccata [49]. » Osee itidem dicit : « Serite vobisipsis ad justitiam, vindemiate fructum vitæ [50]. » Et Michæas : « Et erit terra in dissipationem cum habitantibus in ipsa, a fructibus studiorum ipsorum [51]. » Et prophetæ alii alia plura ; sed hæc quidem lucernæ instar luceant. Vera autem lux, sol ille justitiæ, ipse Dominus noster Jesus Christus clarius rem exprimit dicens : « Non potest arbor bona malos fructus facere, neque arbor putris fructus bonos facere [52]. » Et alibi similiter. Itaque cum fructuum nomen æqualiter rebus inter se contrariis impositum habeamus, de reliquo expendamus qui sint arbores infructuosæ, et quæ opera Apostolus dicat infructuosa. Arbores itaque infructuosæ declarantur nobis a Joanne Baptista, ubi iis, qui baptisma recipiebant ad remissionem peccatorum, et ut a sordibus omnibus purgarentur, dixit : « Facite igitur dignos pœnitentiæ fructus [53]. » Et paulo post subjungit : « Omnis ergo arbor, quæ non facit fructum bonum, exciditur, et in ignem conjicitur [54]. » Dominus vero clarius nos docet, iis quidem, qui a dextris sunt, dicens : « Venite, benedicti Patris mei, possidete paratum vobis regnum a constitutione mundi [55] ; » eorumque bonos fructus per ea quæ subjungit, indicat, eos vero qui a sinistris sunt, mittit in ignem æternum, diabolo et angelis ejus paratum [56]; quos non propterea culpat, quod peccatum patrarint, sed quod vacarint a bonis fructibus. « Esurivi enim, inquit, et non dedistis mihi manducare [57], » et quæ sequuntur : quæ inertia eos ad sortem redegit peccatorum, qui angeli diaboli a Domino vocantur.

3. Cum igitur declarata sit differentia eorum, qui contrarios fructus afferunt, et eorum, qui infructuosi sunt, de cætero videamus, quæ maxime sint, quæ Apostolus appellet opera infructuosa. Ego autem, dum hæc mecum reputo, non invenio quemquam medium inter eum qui ritu legitimo et Deo placente præceptum exsequitur, et eum qui malum patrat, et eum qui neutrum efficit, nisi eos qui bonum quidem faciunt, sed non ita, ut Deo sit acceptum, ob aliquam videlicet rationem ex his quas prius in ea quæstione memoravimus, ubi, an placeat mandati opus, si juxta mandatum non fiat, disputatum est : de quibus hoc dicit Dominus, quod mercedem suam habeant [58]. Hunc ad modum fatuæ quinque virgines, quæ juxta Domini ipsius testimonium et virgines erant, et paraverant lampades, et accenderant, hoc est, fecerant idem quod prudentes, et ierant obviam Domino, et in omnibus studium studio prudentium haud impar ostenderant, tamen ob hoc solum, quod in vasis oleum defuit, aberravere a scopo, atque ab ingressu ejus loci, ubi sponsus erat, exclusæ sunt [59]. Quales etiam **668** sunt, qui si duo sint in pistrino, et in eodem lecto, relinquuntur [59*]. Quorum fortasse causam Dominus obticuit, ut ostenderet, si res quævis vel parva desit, modo conveniat, et maxime, ut Apostolus docuit [60], si desit sincera charitas, rem nullam gratam esse et acceptam. Cum igitur perspectum nobis sit, unde opera fiant infructuosa, caveamus ne, re aliqua deficiente, legitimum certamen, quod ad placendum Deo suscipiendum sit, certemus, sed in omnibus commendemus nosipsos velut Dei ministros [60*]. Neque vero hoc solum, sed ne cum talibus quidem societatem ullam habeamus, uti Paulus in Christo loquens definite pronuntiavit, cum dixit : « Nolite communicare operibus infructuosis tenebrarum harum [61]. » Atque cum subjunxit illud : « Quin potius etiam redarguite [62], » ita modum non habendæ societatis docuit.

4. Quid autem sit rem participare, aut etiam quot modis hoc fiat, expendamus. Itaque, dum mihi in mentem venit, quod in Proverbiis dictum est : « Veni nobiscum, particeps esto sanguinis [63], » et apud Apostolum, « Exsistentes vos omnes mihi consortes gratiæ [64], » et, « Communicantes tribulationi meæ [65], » et, « Communicet autem is qui catechizatur verbo, ei qui se catechizat, in omnibus bonis [66]; » item, « Si videbas furem, currebas cum eo, et cum adulteris portionem tuam ponebas [67]; » itidem, « Arguendo argues fratrem tuum, et non accipies propter eum peccatum [68], » et, « Hæc fecisti, et tacui; suspicatus es iniquitatem,

[44] I Cor. v, 11. [45] Col. iii, 5, 6. [46] Ephes. v, 7. [47] II Thess. iii, 6. [48] Psal. i, 3. [49] Prov. x, 16. [50] Ose. x, 12. [51] Mich. vii, 13. [52] Matth. vii, 18. [53] Matth. iii, 8. [54] ibid. 10. [55] Matth. xxv, 34. [56] ibid. 41. [57] ibid. 42 seq. [58] Matth. vi, 5. [59] Matth. xxv, 2 sqq. [59*] Luc. xvii, 34, 35. [60] I Cor. xiii, 1-3. [60*] II Cor. vi, 4. [61] Ephes. v, 11. [62] ibid. [63] Prov. i, 11. [64] Philipp. i, 7. [65] Philipp. iv, 14. [66] Gal. vi, 6. [67] Psal. xlix, 18. [68] Lev. xix, 17.

quod ero tibi similis; arguam te et statuam contra faciem tuam [69] : » dum, inquam, horum et talium recordor, puto secundum opus societatem esse tum, cum aliqui cumdem scopum spectantes, mutuam sibi ad agendum operam præbuerint : secundum mentem vero, cum quis affectui agentis assensus fuerit, eique indulserit. Altera autem societas, quæ plerosque latet, divina Scriptura accurate expensa, perspicue cognoscitur, cum quis videlicet neque operam suam ad aliquid conferens, neque assentiens affectui, quin potius consilii, quo ductus agit, malitiam cognoscens, tamen conticuerit, et non redarguerit, neque juxta ea quæ superius scripta sunt, neque juxta id quod ab Apostolo Corinthiis dictum est : « Non luxistis ut tolleretur de medio vestrum qui hoc opus fecit [70] : » quibus subjunxit, « Modicum fermentum totam massam corrumpit [71]. » Metuamus itaque, et obtemperemus dicenti : « Expurgate vetus fermentum, ut sitis nova conspersio [72]. » Qui autem una cum aliquo facit quidem bonum bono animo, sed ignorat et affectus et propositi ipsius malitiam, non propterea quod una cum eo agit, communionis crimini futurus est obnoxius, sed propterea quod ab alieno affectu separatus est, servatque seipsum in regula dilectionis erga Deum, mercedem propriam juxta proprium laborem recipiet, quemadmodum ille, qui in lecto [73], et illa, quæ in pistrino reperietur [74], indicati nobis sunt ab ipso Domino Jesu Christo. Cæterum differentia quæ intercedit inter eos qui nobis concrediti sunt, aut non, in diligentiæ ac curæ debito sita est, non in participatione peccatorum. Curam enim proprie ac peculiariter iis solis, qui mihi concrediti sunt, debeo : sed mali et operum infructuosorum participatio, in omnibus pariter vetita est.

QUÆSTIO X.

An semper periculosum sit scandalum dare.

RESPONSIO.

1. Primum quidem necessarium arbitror scire, quid sit scandalum : deinde vero quæ sit differentia inter eos qui scandalum dant, et inter ea, quibus præbent scandalum, atque ita cognoscere tum quod vacat periculo, tum quod periculum habet. Scandalum igitur est, ut ego ex Scripturis inductus opinor, quidquid aut ad quamdam defectionem a veritate quæ secundum pietatem est, abducit, aut errorem asciscit, aut parat ad impietatem, aut in summa, quidquid impedit quominus præcepto Dei ad ipsam usque mortem obediamus. Itaque, si id quod aut dicitur, aut fit, bonum ex seipso fuerit, morbus vero illius, qui opere aut sermone utitur, ei rei in usu detrimentum attulerit, purus est a judicio eorum qui scandalum perpessi sunt, is, qui bonum ad fidei ædificationem aut dixit, aut fecit, quemadmodum Domino contigit, cum dixit, « Non quod intrat in os, coinquinat hominem, sed quod procedit ex ore, hoc coinquinat hominem [75]; » et ubi adversus eos qui scandalum perpessi fuerant, subjunxit : « Omnis plantatio quam non plantavit Pater meus cœlestis, eradicabitur [76]; » itidem, cum dixit : « Qui manducat meam carnem, et bibit meum sanguinem, habet vitam æternam [77]; » et paulo post : « Nemo potest venire ad me, nisi fuerit ei datum a Patre meo [78]; » quo tempore his verbis abusi sunt nonnulli ad perniciem, sicut scriptum est : « Et multi ex discipulis, audito hoc sermone, abierunt retro, nec amplius cum illo ambulabant. Dixit igitur Jesus ad duodecim : Num et vos vultis abire? Respondit ergo Simon Petrus : Domine, ad quem ibimus ? Verba vitæ æternæ habes, et nos credidimus, et cognovimus, quod tu es Christus Filius Dei viventis [79]. » Etenim quibus verbis ii quorum fides sana erat, ad fidei ædificationem, et ad salutem æternam comparandam usi sunt, iisdem ii quorum cognitio, aut fides infirma erat, ob propriam malitiam ad interitus occasionem abusi sunt, sicut scriptum est de Domino, « Hic positus est in ruinam et resurrectionem multorum [80]; » non quod sibi ipse contrarius sit, sed ob utentium contrariam animi sententiam, quemadmodum et Apostolus ait : « Aliis quidem odor vitæ ad vitam, aliis vero odor mortis ad mortem [81]. »

2. Quod si suapte natura malum est quod vel fit, vel dicitur, is qui illud fecit, aut dixit, tum proprii peccati, tum scandali judicium subibit, etiamsi is, cujus gratia scandalum oritur, scandalum non sit perpessus, velut de Petro discimus, ad quem Dominus, ministerium ac dispensationem obedientiæ usque ad mortem explere prohibitus, dixit : « Vade post me, Satana, scandalum es mihi [82]. » Et ratio, quæ subjicitur, licet paucis expressa, generales scandali proprietates ostendit : « Quia non sapis ea quæ Dei sunt, sed ea quæ hominum [83]. » Unde cognoscere possumus, omnem sententiam sententiæ Dei adversam scandalum esse, et ad opus usque progressam, homicidæ judicio fieri obnoxiam, ut scriptum est apud Oseam prophetam : « Absconderunt sacerdotes viam, interfecerunt Sicima, quoniam iniquitatem fecerunt in populo [84]. » Si vero quidpiam ex sua ipsius ratione fuerit licitum, sed accipiatur cum detrimento, et iis qui in fide aut cognitione debiles sunt, scandali occasio fiat, is qui fecit, scandali judicium non effugit, cum de iis qui tales sunt, nec debilibus parcunt, dicat Apostolus : « Sic autem peccantes in fratres, et percutientes conscientiam eorum infirmam, in Christum peccatis [85]. » Itaque, quando quod fit, inde offendiculi causa est, quod in se consideratum malum est, aut si ex licitis aliquid, et in nostra potestate constitutis,

---

[69] Psal. XLIX, 21. [70] I Cor. v, 2. [71] ibid. 6. [72] ibid. 7. [73] Luc. XVII, 34. [74] ibid. 35. [75] Matth. XV, 11. [76] ibid. 13. [77] Joan. VI, 55. [78] Joan. VI, 66. [79] ibid. 67-70. [80] Luc. II, 34. [81] II Cor. II, 16. [82] Matth. XVI, 23. [83] ibid. [84] Ose. VI, 9. [85] I Cor. VIII, 12.

cuipiam in fide vel cognitione infirmo offensioni fuerit, tunc apertum et inevitabile judicium habet, horrendum videlicet illud, quod ab ipso Domino pronuntiatum est, hoc modo : « Utilius est illi, ut suspendatur mola asinaria circa collum ejus, et projiciatur in mare, quam ut scandalizet unum ex pusillis istis [86]. » Fusius autem hoc in prioribus quæstionibus exposuimus, ubi et eorum, qui scandalum perpetiuntur, clarius expensa est indoles. Quapropter Apostolus etiam de licitis dicit : « Bonum est non manducare carnem, et non bibere vinum, neque in quo frater tuus offenditur, aut scandalizatur, aut infirmatur [87]. » Et rursus alibi ait : « Omnis creatura Dei bona est, nec quidquam, quod cum gratiarum actione sumatur, rejiciendum est [88]; » sed tamen dicit : «Non manducabo carnem in æternum, ne fratrem meum scandalizem [89]. » Quod si de licitis judicium ejusmodi fertur, quid quis dixerit de vetitis? Idcirco universalius erudit nos, cum dicit : « Sine offensione estote et Judæis et Græcis, et Ecclesiæ Dei, sicut et ego per omnia omnibus placeo, non quærens quod mihi utile est, sed quod multis, ut salvi fiant [90]. »

QUÆSTIO XI.

An conveniat, aut tutum sit, aliquid eorum quæ a Deo præcepta sunt, recusare, aut prohibere eum cui imperatum fuerit hoc ipsum facere, aut prohibentes tolerare, maxime si germanus et affinis sit qui prohibet, aut si speciosa aliqua ratio præcepto obstet.

RESPONSIO.

Cum Dominus dicat, « Discite a me, quod mitis sum et humilis corde [91], » perspicuum est omnia etiam a nobis certius disci tum, cum ipsius **671** Domini nostri Jesu Christi unigeniti Filii Dei vivi memores sumus : qui, cum Joannes Baptista ei dixisset : « Mihi opus est ut abs te baptizer, et tu venis ad me [92]? » respondit : « Sine modo : sic enim decet nos implere omnem justitiam [93]. » Atque etiam coram discipulis, cum Petrus deprecaretur eas tentationes, quas Dominus ipse sibi in Jerusalem subeundas prænuntiarat, videlicet, ut ne ipsi inducerentur, tunc cum indignatione majore dixit : « Vade post me, Satana, scandalum mihi es; quia non sapis ea quæ Dei sunt, sed ea quæ hominum [94]. » Et rursus, cum ille ipse Petrus, affectu reverentiæ erga Dominum pulsus, ministerium recusaret, iterum Dominus dixit : « Nisi lavero te, non habes partem mecum [95]. » Quod si corum, qui nobis genere similes sunt, exemplis amplius adjuvanda anima est, recordemur apostoli, qui dixit : « Quid facitis flentes, et affligentes cor meum? Ego enim non solum alligari, sed et mori in Jerusalem paratus sum, propter nomen Domini Jesu [96]. » Quis autem aut gloriosior ac celebrior fuerit Joanne, aut sincerior Petro? aut quæ rationes iis quas illi obtenderunt, videri possint religiosiores? Ego vero scio, quod neque sanctus ille Moses, neque Jonas propheta, ratiocinationibus suis ad obedientiam denegandam usi, inculpati permanserint apud Deum. Quibus erudimur, ut neque contradicamus, neque prohibeamus, neque toleremus prohibentes. Quod si Scriptura prorsus nos docuit hæc et ejusdem generis alia non tolerare, quanto magis in reliquis necesse habuerimus sanctos imitari? qui nunc quidem dicunt, « Obedire oportet Deo magis quam hominibus [97] : » nunc vero, « An justum sit, vos potius audire quam Deum, judicate. Non enim possumus quæ vidimus, et audivimus, non loqui [98]. »

QUÆSTIO XII.

An quisque debeat omnium in omnibus curam suscipere, an solum eorum, qui sibi concrediti sunt, idque juxta impertitum sibi a Deo per Spiritum sanctum donum.

RESPONSIO.

1. Cum Dominus noster Jesus Christus unigenitus Filius Dei per quem omnia facta sunt, et visibilia et invisibilia, confiteatur : « Non sum missus, nisi ad oves quæ perierunt domus Israel [99], » et discipulis suis dicat : « Sicut misit me Pater, et ego misi vos [1], » præcipiat vero, « In viam gentium ne abieritis, et in civitatem Samaritanorum ne intraveritis [2], » et post completam in se prophetiam Davidis, qui velut ex persona Dei et Patris dixit, « Filius meus es tu, ego hodie genui te : postula a me, et dabo tibi gentes hæreditatem tuam, et possessionem tuam terminos terræ [3], » tum demum discipulis suis præcipiat, « Euntes, docete omnes gentes [4]; » **672** quomodo non multo magis unusquisque nostrum diligentius servare debet præceptum Apostoli, qui scripsit : « Ne quis plus sapiat, quam oportet sapere, sed sapiat ad sobrietatem, sicut unicuique Deus divisit mensuram fidei [5], » et exspectandum, quando, et quid præcipiatur, ut iterum etiam ait : « Unusquisque in quo vocatus est, fratres, in hoc maneat [6]. » Sed et idem apostolus id quod aliis præcipit, accuratius custodiens dicit : « Dextras dederunt mihi et Barnabæ societatis, ut nos quidem in gentes, ipsi vero in circumcisionem [7]. »

2. Sed si necessitas aliqua ita aliquando postulet, dilectione Dei aut proximi ad id quod deest supplendum vocante, is qui obedierit, mercedem habebit voluntariæ obedientiæ. Vocat autem illa, quando Dei et Christi ipsius dilectio exigit ut impleatur mandatum Domini, qui dicit : « Mandatum novum do vobis, ut diligatis invicem, sicut ego dilexi vos [8]. Majorem hac dilectionem nemo habet, ut animam suam ponat quis pro amicis suis [9]. » Vocat vero proximi dilectio, quando aut ei qui præfectus est, opus est auxilio, aut agmen

---

[86] Luc. XVII, 2. [87] Rom. XIV, 21. [88] 1 Tim. IV, 4. [89] I Cor. VIII, 13. [90] I Cor. X, 32, 33. [91] Matth. XI, 29. [92] Matth. III, 14. [93] ibid. 15. [94] Matth. XVI, 23. [95] Joan. XIII, 8. [96] Act. XXI, 13. [97] Act. V, 29. [98] Act. IV, 19, 20. [99] Matth. XV, 24. [1] Joan. XX, 21. [2] Matth. X, 5. [3] Ps. II, 7, 8. [4] Matth. XXVIII, 19. [5] Rom. XII, 3. [6] I Cor. VII, 24. [7] Gal. II, 9. [8] Joan. XIII, 34. [9] Joan. XV, 13.

eorum qui curantur, aliquo, qui quod deest suppleat, indiget, dicente Apostolo : « Nemo quærat quod suum est, sed quisque quod alterius [10]; » nam Christi dilectio non quærit quæ sua sunt [11]; et alibi : « Ædificate singuli singulos, sicut et facitis [11]. » Quamobrem qui prædicationem, ad quam missus est, opere et sermone non complevit, reus est sanguinis eorum qui non audierint : nec dicere potest eadem, quæ Paulus apostolus senioribus Ephesiorum declarat : « Mundus sum ab hoc tempore a sanguine omnium vestrum. Non enim subterfugi, quominus annuntiarem vobis omne consilium Dei [13]. » Si vero amplius quid, quam quod præceptum est, facere potuerit ad ædificationem fidei, in dilectione Christi, mercedem habet, quam ostendit nobis Apostolus, dicens : « Si enim volens hoc ago, mercedem habeo : si autem invitus, dispensatio mihi credita est [14]. »

QUÆSTIO XIII.

An quævis tentatio pro servanda erga Deum obedientia, etiamsi mortis communicationem habeat, sustinenda sit, et maxime in iis qui nobis concrediti sunt, curandis.

RESPONSIO.

1. Si Dominus noster Jesus Christus unigenitus Filius Dei viventis, per quem omnia tum visibilia tum invisibilia facta sunt, qui vitam habet, quemadmodum habet qui ei dedit Pater, qui potestatem omnem a Patre accepit, cum accederent qui ipsum ad mortem pro nostra justitia et æterna vita subeundam erant apprehensuri, alacritate tanta obviam ivit, dicens : « Ecce traditur Filius hominis in manus peccatorum : surgite, eamus; ecce qui tradit me, prope est [15]; » et sicut in Evangelio secundum Joannem scriptum est : « Jesus itaque sciens omnia, quæ ventura erant super se, progressus dixit eis : **673** Quem quæritis? responderunt ei : Jesum Nazarenum. Dicit eis Jesus : Ego sum [16]; » nec multo post : « Dixi vobis, quod ego sum; si ergo me quæritis, sinite hos abire [17]; » quanto magis nos ea quæ naturaliter accidunt, debemus libenter perferre? ut propter obedientiam erga Deum nostram tentationes ab inimicis illatas vincentes, Deum afficiamus gloria, quod molestias quæ nobis ab inimicis exhiberi videntur, hilare ad mortem usque sustinemus, sententiam assecuti ejus, qui dixit : « Vobis donatum est pro Christo non solum ut in eum credatis, sed ut etiam pro illo patiamini [18]. » Prædicant autem Acta certamina apostolorum, in quibus narrantur contumelias ac mortes cum gaudio suscepisse, ut complerent prædicandi munus juxta mandatum Domini [19].

2. Docet autem nos et Apostolus, cum dicit : « Quis nos separabit a charitate Dei? tribulatio, an angustia, an persecutio, an fames, an nuditas, an periculum, an gladius? Sicut scriptum est : Propter te mortificamur tota die : æstimati sumus sicut oves occisionis. Sed in his omnibus superamus, per eum qui dilexit nos. Nam mihi persuasum habeo, quod neque mors, neque vita, neque angeli, neque principatus, neque potestates, neque virtutes, neque instantia, neque futura, neque altitudo, neque profundum, neque ulla creatura alia poterit nos separare a charitate Dei, quæ est in Christo Jesu [20] : » siquidem charitas quæ in Christo est, necessario et indesinenter conjunctam habet mandatorum observationem, quemadmodum Dominus ipse dixit : « Qui diligit me, mandata mea servabit : qui vero sermones meos non servat, hic non diligit me [21]; » et : « Vos amici mei estis, si feceritis quæ ego præcipio vobis [22]. » Novum autem et proprium ipsius mandatum est, ut nos mutuo diligamus, quod adimplens Apostolus, dicit : « Ita desiderantes vos, cupide volebamus tradere vobis non solum Evangelium Christi, sed etiam animas nostras, quoniam charissimi nobis facti estis [23]. » Itaque respicientes ad Christum, per gloriosam imitationem intendamus animi alacritatem; considerantes vero sanctos, quoad ejus fieri poterit, erudiamur, ut hac ratione alacriores facti, omne Domini mandatum citra maculam ac reprehensionem servemus, ingrediamurque in vitam æternam, et possideamus regnum cœlorum, quemadmodum promisit verax Dominus, et Deus noster Jesus Christus, unigenitus Dei vivi Filius.

[10] I Cor. x, 4. [11] I Cor. xiii, 5. [12] I Thess. v, 11. [13] Act. x, 26, 27. [14] I Cor. ix, 17. [15] Marc. xiv, 41, 42. [16] Joan. xviii, 4, 5. [17] ibid. 8. [18] Philipp. i, 29. [19] Act. iv et v. [20] Rom. viii, 35-39; Psal. xliii, 22. [21] Joan. xiv, 23, 24. [22] Joan xv, 14. [23] I Thess. ii, 8.

MONITUM.

674 Satis constat inter eruditos, eam Liturgiam, quæ nomen Basilii præfert, magni illius viri non esse : quoniam tamen Basilii nomine insignitur, ipsam hic edendam judicavimus. Eamdem Basilii Liturgiam ex Coptico conversam hoc ipso in loco vulgabimus quoque : quæ omnia e Liturgiis eruditissimi viri Eusebii Renaudotii mutuati sumus. De hac Basilii Liturgia paucis in Præfatione disseruimus.

LITURGIA
SANCTI BASILII ALEXANDRINA
EX CODICE GRÆCO-ARABICO.

(Deest nonnihil.)

Oratio veli.

Sacerdos dicit secreto :

Te glorificamus, opifex et rex omnium, et adoramus ineffabile et venerandum nomen tuum. Respice super nos et miserere nobis, et libera nos ab omnibus tentationibus, quia a te est auxilium, et protectio : salvum fac populum tuum quem acquisivisti per sanguinem Christi tui, per quem et cum quo tibi debetur gloria, etc.

Oratio alia ex divina Liturgia apostoli et fratris Domini Jacobi.

Deus, qui propter multam et inexplicabilem tuam erga homines charitatem, misisti unigenitum Filium tuum in mundum, ut ovem errabundam reduceret, ne repellas nos peccatores, qui offerimus tibi timendum hoc et incruentum sacrificium. Non enim in justitiis nostris confidentes sumus, sed in misericordia tua bona, per quam genus nostrum acquiris. Deprecamur et rogamus bonitatem tuam, procumbimusque coram te, ut non fiat in condemnationem populo tuo hoc institutum nobis ad salutem mysterium : sed sit in abolitionem peccatorum, ad renovationem animarum et corporum, et ad beneplacitum tuum Dei et Patris : et unigeniti Filii tui : bonique et vivificantis et consubstantialis tibi Spiritus tui, nunc et semper, et in sæcula sæculorum. Amen.

Oratio pro pace.

Pax omnibus.

Iterum precemur omnipotentem et misericordem Deum, Patrem Domini, Dei et Salvatoris nostri Jesu Christi, per quem obsecramus et rogamus te, amator hominum, bone Domine. Memento, Domine pacis, sanctæ, unius, catholicæ et apostolicæ tuæ Ecclesiæ.

675 Orate pro pace unius, sanctæ Ecclesiæ, etc.

Quæ est a finibus usque ad fines orbis, omniumque populorum, et omnium gregum. Pacem quæ e cœlo est immitte cordibus omnium nostrum ; sed et vitæ hujus pacem nobis concede. Regem, militares ordines, principes viros, consilia, plebes, vicinos nostros, ingressus et egressus nostros omni pace exorna. Rex pacis, pacem tuam da nobis : omnia enim dedisti nobis. Posside nos, Deus, qui præter te alium non novimus ; nomen tuum appellamus. Vivifica omnium nostrum animas, per Spiritum tuum sanctum ; neque prævaleat adversus nos servos tuos mors peccati, neque adversus omnem populum tuum.

Oratio pro papa.

Rursus etiam rogemus omnipotentem et misericordem Deum, Patrem Domini, Dei et Salvatoris nostri Jesu Christi, per quem obsecramus et rogamus te, amator hominum, bone Domine. Memento, Domine, sanctissimi et beatissimi pontificis nostri abb. N. papæ et patriarchæ magnæ urbis Alexandriæ. Conservans conserva eum nobis, per annos multos et tempora pacifica, perfecte fungentem eo qui illi a te commissus est pontificatu sancto, secundum sanctam et beatam tuam voluntatem, recte dispensantem verbum veritatis, pascentemque in sanctitate et justitia populum tuum, cum omnibus orthodoxis episcopis, presbyteris, diaconis ; cum omni plenitudine sanctæ, solius, catholicæ et apostolicæ tuæ Ecclesiæ : pacem et sanitatem ipsis et nobis benigne concedens, diebus omnibus. Preces etiam illorum quas faciunt pro nobis et pro omni populo tuo, nosque pro ipsis, suscipe super cœleste et benedictum altare tuum, in odorem suavitatis. Omnem quidem inimicum ipsius visibilem aut invisibilem, contere et subjice sub pedibus ejus velociter : ipsum vero in sancta Ecclesia tua in pace et justitia conserva.

Oratio pro congregatione.

Rursus invocemus omnipotentem et misericordem Deum, Patrem Domini Dei et Salvatoris nostri Jesu Christi per quem oramus.... *Deest ut videtur folium.* Facientes voluntatem tuam sanctam, per gratiam et miserationes et benignitatem unigeniti Filii tui, per quem et cum quo, etc.

Populus dicit : Credo in unum Deum.

Oratio osculi pacis S. Basilii.

Pax omnibus.

Domine Deus, qui creasti nos et adduxisti in vitam istam, qui demonstrasti nobis vias ad salutem, qui largitus es nobis cœlestium mysteriorum revelationem, tu es qui constituisti nos ad hoc ministerium in potestate Spiritus tui sancti. Placeat tibi, Domine, fieri nos ministros Novi tui Testamenti ; administratores sanctorum tuorum mysteriorum, **676** ut digni efficiamur offerre tibi dona et sacrificia pro peccatis nostris, et populi tui ignorantiis. Et da nobis ut cum omni timore et conscientia pura, offeramus tibi spirituale hoc et incruentum sacrificium : quod suscipiens super altare tuum sanctum, supercœleste et spirituale, in odorem suavitatis, mitte invicem nobis gratiam sancti tui Spiritus. Ita, o Deus, aspice super nos, et intuere rationalem hunc cultum nostrum, et suscipe illum, sicut suscepisti eumdem ab sanctis apostolis tuis, cultum hunc verum. Ita et ex manibus nostris, (quamvis) peccatorum, suscipe proposita dona ista, per bonitatem tuam, Domine ; et concede, ut accepta fiant, sanctificata per Spiritum sanctum, ad expiationem delictorum nostrorum, et populi tui ignorantiarum, et ad requiem animarum eorum qui obierunt, ut etiam nos humiles, peccatores, et indigni servi tui, digni effecti inculpate ministrandi ad altare sanctum tuum, accipiamus mercedem fidelium, et prudentium œconomorum, et inveniamus gratiam et misericordiam in die timenda retributionis tuæ justæ et bonæ. Nunc autem da nobis pacem in omnibus, et omni modo; et charitatem tuam concede nobis, Domine Deus noster, ad fraternum amorem neque simulatum, quo possimus ex puro corde nos invicem vehementer diligere. Dignare mundare nos ab omni inquinamento, ab omni dolo, omni malo, et versutia, et mortifera injuriarum recordatione ; nosque fac dignos omnes, Domine, salutandi invicem in osculo sancto, ut a condemnatione immunes, participes simus immortalis et supercœlestis doni tui, per miserationes unigeniti Filii tui, per quem benedictus es, et glorificatus cum omnibus sanctis, etc.

Oratio alia osculi pacis.

Deus, qui es magnus et æternus : qui creasti hominem in incorruptione, et mortem quæ per invidiam diaboli intraverat in mundum, per vivificam præsentiam unigeniti Filii tui destruxisti : qui pace cœlitus demissa terram implevisti, propter quam te angelorum exercitus glorificaverunt dicentes : « Gloria in excelsis Deo, et in terra pax, in hominibus bona voluntas[14] ; » bona illa voluntate pacis tuæ, imple corda nostra. Dignare mundare nos ab omni inquinamento, ab omni malo et versutia, et mortifera injuriarum recordatione : nosque fac dignos salutandi invicem in osculo sancto, ut condemnationis immunes, participes simus immortalis et cœlestis doni tui, in Christo Jesu Domino nostro, per quem, et cum quo tibi gloria et honor, etc.

Alia oratio osculi pacis.

Omnem superat vim rationis, et intellectus imaginationem[15], donorum tuorum, Domine, magnificentia. Quæ enim a sapientibus et prudentibus abscondideras, ea parvulis nobis revelasti[16]. Prophetæ etiam et reges cupientes ea videre, non viderunt[17], quæ administrare, et per ea sanctificari dedisti nobis peccatoribus. Unigeniti Filii tui dispensationem **677** nobis exhibuisti, et hujus sacrificii mystagogiam, in qua non legalis sanguis, non carnis justificatio, sed agnus spiritualis est, gladius quoque spiritualis et incorporeus. Hoc igitur sacrificium tibi offerentes, petimus a te, amator hominum, purifica nostra labia, et ab omni mistione materiali mentem nostram libera. Mitte nobis invicem gratiam sancti tui Spiritus, et nos dignos fac salutandi invicem in osculo sancto, ut condemnationis immunes, participes simus immortalis et cœlestis doni tui, in Christo Jesu Domino nostro, per quem, etc.

Datur osculum pacis.

Diaconus dicit : Stemus decenter.

Sacerdos alta voce : Dominus sit cum vobis omnibus.

Populus : Et cum spiritu tuo.

Sacerdos : Sursum habeamus corda.

Populus : Habemus ad Dominum.

Sacerdos : Gratias agamus Domino.

Populus : Dignum et justum est.

Sacerdos : Dignum et justum : dignum et justum : vere dignum est et justum.

Initium oblationis.

Domine qui es, Deus veritatis, exsistens ante sæcula et regnans in sæcula : qui in excelsis habitas in sæculum, et humilia respicis[18] : qui fecisti cœlum, et terram, et mare, atque omnia quæ in eis sunt : Pater Domini Dei et Salvatoris nostri Jesu Christi, per quem omnia fecisti[19], visibilia et invisibilia : qui sedes super thronum sanctæ gloriæ regni tui ; qui ab omni sancta potestate adoraris.

Diaconus : Qui sedetis, surgite.

Sacerdos : Cui assistunt angeli et archangeli, principatus et potestates, throni, dominationes et virtutes.

Diaconus dicit : Ad orientem aspicite.

Qui circum te consistunt, cherubim multi oculi, seraphim sex alis instructi, semper laudantes, clamantes et dicentes.

Diaconus : Attendamus.

Populus : Sanctus, sanctus, sanctus Dominus Sabaoth.

Sanctus, sanctus, sanctus es vere, Domine Deus noster, qui plasmasti nos, et fecisti nos, et posuisti nos in paradiso voluptatis. Cum vero transgressi essemus præceptum tuum, per deceptionem serpentis, et excidissemus vita æterna, expulsique essemus ex paradiso voluptatis, non abjecisti nos usque in finem, sed continenter præcepisti nobis per sanctos tuos prophetas, et in fine

[14] Luc. II, 14. [15] Philipp. IV, 7. [16] Matth. XI, 25. [17] Matth. XIII, 17. [18] Psal. CXII, 5, 6. [19] Joan. I, 3.

dierum istorum illuxisti nobis per unigenitum Filium tuum Dominum Deum et Salvatorem nostrum Jesum Christum : qui ex Spiritu sancto et ex sancta **678** Domina nostra Deipara semper Virgine Maria carnem assumens et homo factus, demonstravit nobis vias salutis, concedens nobis supernam regenerationem ex aqua et spiritu, et fecit nos sibi populum acquisitum : sanctificavit nos Spiritu tuo sancto. Qui dilexit suos qui erant in mundo, deditque seipsum redemptionem regnanti super nos morti, in qua detinebamur venundati sub peccato : cumque descendisset per crucem in infernum, resurrexit ex mortuis tertia die : et cum ascendisset in cœlum, sedit ad dexteram tuam Patris, definiens diem retributionis, in quo manifestatus judicabit orbem in justitia, et reddet unicuique secundum opus suum.

Populus : Secundum misericordiam tuam, Deus, et non, etc.

Sacerdos : Reliquit nobis hoc magnum pietatis mysterium. Cum enim traditurus foret seipsum in mortem pro mundi vita.

Populus : Credimus.

Accepit panem in sanctas, immaculatas, et beatas suas manus, cumque aspexisset in excelsa cœlorum ad te Patrem suum, Deum nostrum et Deum universorum : et cum gratias egisset.

Populus : Amen.

Benedixit.

Populus : Amen.

Sanctificavit.

Populus : Amen.

Fregit, dedit sanctis suis discipulis et apostolis, dicens : « Accipite, manducate. Hoc est corpus meum quod pro vobis et multis frangitur et datur in remissionem peccatorum. Hoc facite in meam commemorationem [30]. »

Similiter et calicem postquam cœnassent, cum miscuisset ex vino et aqua, gratias egit.

Populus : Amen.

Benedixit.

Populus : Amen.

Sanctificavit.

Populus : Amen.

Gustavit, et postea dedit sanctis suis discipulis et apostolis, dicens [31] : « Accipite, bibite ex eo omnes. Hic est sanguis meus novi testamenti, qui pro vobis et multis effunditur in remissionem peccatorum. Hoc facite in meam commemorationem. Quotiescunque enim manducaveritis panem hunc, et calicem hunc bibetis, mortem meam annuntiabitis et resurrectionem, ascensionemque meam confitebimini, donec veniam. »

Populus : Amen. Amen. Amen. Mortem tuam, Domine, etc.

Sacerdos : Memores igitur et nos sanctorum ipsius passionum, et resurrectionis a mortuis, atque **679** ad cœlos ascensionis, sessionisque ad dextram tuam Dei et Patris, gloriosique et timendi secundi adventus, tua ex tuis donis tibi offerimus, pro omnibus, propter omnia, et in omnibus.

Populus : Te laudamus; tibi benedicimus.

Diaconus : Inclinamini Deo cum timore.

Sacerdos dicit secreto : Rogamus et deprecamur te, amator hominum, bone Domine, nos peccatores et indigni servi tui, et adoramus te cum beneplacito bonitatis tuæ : ut veniat Spiritus tuus sanctus super nos servos tuos, et super proposita hæc dona tua, sanctificetque et efficiat ea Sancta sanctorum.

Diaconus : Attendamus.

Populus : Amen.

Sacerdos alta voce : Et faciat panem quidem istum fieri corpus sanctum ipsius Domini Dei et Salvatoris nostri Jesu Christi, in remissionem peccatorum, et vitam æternam, ex illo participantibus.

Populus : Amen.

Sacerdos : Et calicem hunc, pretiosum sanguinem Novi Testamenti ipsius Domini Dei et Salvatoris nostri Jesu Christi, in remissionem peccatorum, et vitam æternam, ex illo participantibus :

Populus : Amen. Kyrie eleison, *ter*.

Et nos fac dignos, Domine, communicandi mysteriis tuis sanctis, ad sanctificationem animæ, corporis, et spiritus, ut efficiamur unum corpus et unus spiritus ; et inveniamus partem, consequamurque hæreditatem cum omnibus sanctis qui a sæculo tibi placuerunt.

Memento, Domine, sanctæ, unicæ, catholicæ tuæ Ecclesiæ, et pacatam fac eam, quam acquisivisti pretioso sanguine Christi tui.

In primis memento, Domine, sancti Patris nostri archiepiscopi abb. N. papæ et patriarchæ magnæ urbis Alexandriæ, quem dignare sanctis tuis Ecclesiis præstare in pace salvum, gloriosum, sanum, longævum, recte dispensantem verbum veritatis, et pascentem gregem tuum in pace.

Memento, Domine, orthodoxorum, presbyterorum, omnisque ordinis diaconi, et ministerii, omniumque virginitatem servantium et omnis fidelissimi populi tui.

Memento nostri, Domine, ut omnium nostrum miserearis simul et semel.

Populus : Miserere nostri, Deus Pater omnipotens.

Sacerdos : Miserere nostri, Deus Pater omnipotens, *ter*.

Populus : Kyrie eleison, *ter*.

Sacerdos : Memento etiam, Domine, salutis urbis nostræ hujus, et eorum qui cum fide Dei habitant in ea.

Memento, Domine, aeris, et fructuum terræ.

680 Memento, Domine, pluviarum, et sementum terræ.

---

[30] I Cor. xi, 24.   [31] ibid. 25, 26.

Memento, Domine, exundationis aquarum fluvialium juxta mensuram.

Lætifica etiam et renova faciem terræ: sulcos ejus inebria, multiplica genimina ejus. Præsta nobis illam, qualis esse debet ad sementem et ad messem: benedicendoque nunc benedic. Vitam nostram guberna. Benedic coronæ anni benignitatis tuæ [32] propter pauperes populi tui, propter viduam et orphanum, propter peregrinum et advenam, et propter nos omnes sperantes in te, et invocantes nomen tuum sanctum; oculi enim omnium in te sperant, et tu das escam illorum in tempore opportuno [33]. Fac nobiscum secundum bonitatem tuam, qui das escam omni carni [34]. Imple gaudio et lætitia corda nostra, ut in omnibus semper omnem sufficientiam habentes, abundemus in omne opus bonum, ad faciendam voluntatem tuam sanctam.

Populus: Kyrie, eleison.

Sacerdos: Memento, Domine, eorum qui pretiosa hæc dona tibi offerunt, et eorum a quibus, propter quos et per quos ea intulerunt, mercedemque cœlestem illis omnibus tribue: quandoquidem, Domine, præceptum est unigeniti Filii tui, memoriā sanctorum nos communicare. Etiam meminisse dignare, Domine, eorum qui a sæculo tibi placuerunt, sanctorum Patrum, patriarcharum, apostolorum, prophetarum, prædicatorum, evangelistarum, martyrum, confessorum, et omnis spiritus justi, qui in fide Christi consummatus est.

Præcipue vero sanctissimæ, gloriosissimæ, immaculatæ, benedictionibus cumulatæ, Dominæ nostræ Deiparæ, et semper virginis Mariæ.

Sancti gloriosi prophetæ præcursoris Baptistæ et martyris Joannis.

Sancti Stephani primi diaconorum et primi martyrum.

Et sancti beatique Patris nostri Marci apostoli et evangelistæ; et sancti Patris nostri Thaumaturgi Basilii.

Sancti N. cujus memoriam hodierna die celebramus, et omnis chori sanctorum tuorum, quorum precibus et intercessionibus etiam nostri miserere, et salva nos propter nomen tuum sanctum quod invocatum est super nos.

Diaconus legit diptycha.

Sacerdos secreto: Similiter memento, Domine, et omnium ex ordine sacerdotali qui pridem quieverunt, et eorum qui erant in statu sæculari. Præsta omnium animas requiescere in sinibus sanctorum Patrum nostrorum Abraham, Isaac, et Jacob. Induc et congrega eos in locum herbidum, super aquam requietis, in paradiso voluptatis, unde fugit dolor, tristitia et gemitus, in splendore sanctorum tuorum.

681 *Et post diptycha sacerdos dicit:* Illis quidem, Domine, quorum animas accepisti, illic quietem tribue, eosque in regnum cœlorum transferre dignare. Nos vero hic peregre habitantes, conserva in fide tua, et deduc nos ad regnum tuum, concedens nobis tuam pacem omni tempore, ut in hoc sicut et in omnibus, glorificetur, exaltetur, laudetur, benedicatur, et sanctificetur sanctissimum, gloriosum, et benedictum nomen tuum, cum Christo Jesu et sancto Spiritu.

Populus: Sicut erat.

Diaconus dicit: Descendite, diaconi.

Sacerdos: Pax omnibus.

Prœmium fractionis.

Iterum gratias agamus omnipotenti Deo Patri Domini Dei et Salvatoris nostri Jesu Christi, qui etiam nunc nobis per gratiam suam præstitit, ut staremus in sancto loco isto, manusque levaremus, et ministraremus nomini sancto ejus. Illum igitur oremus, ut nos dignos efficiat communione et perceptione sanctorum ejus mysteriorum, immaculati corporis et pretiosi sanguinis Christi ejus, omnipotens Dominus et Deus noster.

Diaconus: Orate.

Sacerdos: Pax omnibus.

Oratio ad fractionem, S. Basilii.

Deus noster, Deus salvos faciendi [35], tu doce nos gratias agere digne pro beneficiis tuis, quæ præstitisti et præstas nobis semper. Tu es Deus noster, qui suscipis ista dona: munda nos ab omni inquinamento carnis et spiritus [36], et doce perficere sanctitatem in timore tuo, ut in puro testimonio conscientiæ nostræ suscipientes partem sanctificatorum tuorum, uniamur sancto corpori et sanguini Christi tui, ea digne suscipientes. Teneamus Christum habitantem in cordibus nostris, et efficiamur templum sancti tui Spiritus. Ita, Deus noster, neminem ex nobis reum facias tremendorum tuorum istorum mysteriorum: neque infirma anima, aut corpore (simus), quod ex illis indigne participaverimus. Sed da nobis ad extremum usque vitæ spiritum digne suscipere spem sanctificationum tuarum, ad viaticum vitæ æternæ, ad defensionem acceptabilem coram timendo tribunali Christi tui, ut et nos cum omnibus sanctis qui a sæculo tibi placuerunt, fiamus participes æternorum tuorum bonorum, quæ præparasti diligentibus te, Domine. Et fac nos dignos, Domine, ut cum fiducia, damnationis immunes, audeamus invocare te cœlestem Deum Patrem, et dicere, etc.

Oratio alia ad fractionem.

Dominator Domine, Pater omnipotens, Deus magnus, æternus et mirabilis in gloria, qui custodis testamentum tuum et misericordiam tuam diligentibus te: qui dedisti nobis remissionem peccatorum per unigenitum Filium tuum, Dominum Deum et Salvatorem nostrum Jesum Chri-

---

[32] Psal. LXIV, 12. [33] Psal. CIII, 27, 28. [34] Psal. CXXXV, 25. [35] Psal. LXVII, 21. [36] II Cor. VII, 1.

stum. Vita **682** omnium, auxilium eorum qui ad te confugiunt, et spes invocantium te; cui assistunt millies millia et decies millies dena millia sanctorum angelorum et archangelorum, cherubim atque seraphim, et omnis cœlestium virtutum multitudo. Qui sanctificasti proposita dona ista per illapsum sanctissimi tui Spiritus : munda nos ab occultis et manifestis peccatis nostris, et omnem cogitationem, displicentem bonitati tuæ, longe repelle a nobis. Sanctifica animas nostras, corpora, spiritus et conscientias, ut corde puro, et anima illuminata, audeamus cum fiducia, absque timore invocare te cœlestem Deum, Patrem sanctum, et dicere, etc.

Alia oratio ad fractionem.

Qui adoptionis gratiam nobis largitus es per lavacrum regenerationis et renovationis Spiritus sancti, nunc etiam præsta ut absque simulatione, vel hypocrisi, corde puro, et conscientia fiduciæ plena, labiisque non titubantibus invocemus te, Abba Pater; utque ethnici multiloquii, simulque Judaicæ stultitiæ futilitatem abjicientes, humili voce quæ Christianos deceat, orationis supplicationem tibi offerre, juxta salutarem unigeniti Filii tui institutionem valeamus : atque in sanctificatione animæ, corporis et spiritus, increatum, sine principio et sine fine, audeamus inclamare omnium Dominum, cœlestem Deum, Patrem sanctum, et dicere, etc.

Populus dicit orationem Dominicam : et ea dicta sacerdos dicit : Ita, Pater bone et boni amator, ne nos inducas in tentationem, neque dominetur nobis omnis iniquitas; sed libera nos ab indecentibus operibus, cogitationibus, motibus, aspectibus et tactibus, et tentatorem re infecta depelle : comprime etiam insitos nobis naturales motus, et perniciosos ad peccandum impetus omnino a nobis reprime : per Dominum Deum et Salvatorem nostrum Jesum Christum, per quem et cum quo, etc.

Diaconus : Inclinate capita vestra.

Oratio inclinationis capitis.

Deus, qui tantopere dilexisti nos, ut concederes nobis adoptionis dignitatem, ut filii Dei vocaremur et essemus [37], hæredes quidem tui, Patris, cohæredes autem Christi tui [38]. Inclina, Domine, aurem tuam, et audi nos inclinantes tibi capita nostra; et munda nostrum interiorem hominem, sicut purus est unigenitus Filius tuus, quem suscepturi sumus. Fugiat fornicatio et immunda cogitatio, per eum qui ex Virgine natus est Deum; vanitas et antiquum malum superbia, eum qui pro nobis humiliavit semetipsum : timiditas, eum qui passus est carne, et crucis tropæum erexit; vana gloriatio, eum qui alapis et flagellis cæsus est, nec avertit faciem suam ab opprobrio sputorum; **683** livor, homicidium, dissidium et odium, Agnum Dei qui tulit peccatum mundi; ira et injuriarum memoria, eum qui afflixit cruci chirographum debitorum; dæmones et diabolus, eum qui malignas potestates triumphavit, et tenebrarum principatus spoliavit. Omnis terrena cogitatio, eum qui ad cœlos assumptus est : ut ita caste, purissimi mysterii participes fiamus, sanctificemurque in integrum, in anima, corpore et spiritu; concorporei, comparticipes, et uniformes effecti Christo tuo : impleaturque os nostrum laude, et labia nostra exsultatione [39], ut laudemus gloriam tuam, Patris, et unigeniti Filii tui æterni, per quem, etc.

Alia oratio sancti Basilii post Pater noster.

Quoniam tuum est regnum, tua est potentia et gloria Patris et Filii et Spiritus sancti, nunc, etc.

Diaconus : Inclinate capita vestra Deo.

Oratio inclinationis capitis.

Dominator Domine, Pater misericordiarum, et Deus totius consolationis [40], inclinantibus tibi capita sua benedic, eosque sanctifica, custodi, robora, et virtute confirma. Ab omni opere malo averte illos, et omni operi bono adjunge illos, præstaque ut condemnationis immunes percipiant immaculata ista et vivifica mysteria ad remissionem peccatorum, ad Spiritus sancti communicationem, per gratiam, misericordias et benignitatem, etc.

Alia apud Ægyptios ex Liturgia præsanctificatorum apostoli Marci post perceptionem sanctorum mysteriorum.

Perfecta sunt beneficentiæ tuæ munera, quæ sunt timenda et superbenedicta mysteria unigeniti Filii tui, Domini Dei et Salvatoris nostri Jesu Christi. Salutares ejus passiones confessi sumus, mortem ejus vivificam prædicavimus : sanctam ejus tertia die resurrectionem credidimus. Mysterium completum est. Gratias agimus tibi, Domine, Deus, Pater omnipotens, quoniam misericordia tua magna est super nos, et ea perfecisti nobis, in quæ desiderant angeli prospicere. Supplicamus et rogamus bonitatem tuam, amator hominum, ut purifices nos omnes qui prosternimur coram te, uniasque tibi ipsi per participationem divinorum tuorum mysteriorum, efficiamurque repleti sancto tuo Spiritu, et firmiter stabiliti in tua recta fide. Repleamur desiderio dilectionis tuæ veræ, et glorificantes te ubique in Christo Jesu Domino nostro, per quem et cum quo, etc.

Diaconus : Attendamus Deo cum timore.

Sacerdos : Pax omnibus.

Dominator, Domine, Deus Pater omnipotens, qui sanas animas nostras, corpora et spiritus. Tu es qui præcepisti Petro principi sanctorum tuorum discipulorum et apostolorum, ex ore unigeniti Filii

---

[37] I Joan. III, 1. [38] Rom. VIII, 17. [39] Psal. CXXV, 2. [40] II Cor. I, 3.

tui Domini Dei et Salvatoris nostri Jesu Christi dicentis ei : « Tu es Petrus, et super hanc petram ædificabo **684** Ecclesiam meam, et portæ inferi non prævalebunt adversus eam: et dabo tibi claves regni cœlorum : et quodcunque ligaveris super terram erit ligatum in cœlis : et quodcunque solveris super terram erit solutum in cœlis [41]. » Simus igitur omnes servi tui, patres mei et fratres, sacerdotes et levitæ, omnisque populus tuus fidelis, prostratus coram sancta gloria tua in hac hora sancta, ferens simul pretiosam tuam crucem, simus omnes soluti et liberi ex ore mei peccatoris, per sanctum tuum Spiritum bonum et benignum. Deus, per Filium tuum qui tulit peccatum mundi, incipe susceptionem pœnitentiæ servorum tuorum ab ipsis, ad lucem agnitionis, ad propitiationem peccatorum, quia non vis mortem peccatoris, sed ut convertatur et vivat [42]; tu es enim Dominus; Dominus Deus miserator et misericors, patiens et multæ misericordiæ et verax [43], auferens injustitias, iniquitates, et peccata. Quod si quidquam peccaverimus tibi verbo aut opere, remitte, dimitte et parce nobis, tanquam bonus et benignus Deus. « Si enim iniquitates observaveris, Domine, Domine, quis sustinebit? Quia apud te propitiatio est [44]; » quia tu es propitiatio peccatorum nostrorum, illuminatio et Salvator animarum nostrarum. Deus, nos omnes libera, et omnem populum tuum libera ab omni peccato, abnegatione omni et blasphemia, ab omni maledictione et exsecratione, magia, veneficio, idololatria perjura, perjurio, ab anathemate, et dirarum imprecatione, a dissidio formato, a sagitta volante, a lamento justorum et iniquorum, ab omni occursu hæreticorum et ethnicorum. Concede nobis, Domine, mentem, prudentiam et virtutem ad fugiendum usque in finem ab omni opere malo adversarii, et da nobis ut faciamus semper quod tibi placitum est. Scribe nomina nostra cum omni choro sanctorum tuorum in regno cœlorum, in Christo Jesu Domino nostro, per quem et cum quo, etc.

Sacerdos elevat σπουδικόν : hoc est, majorem Hostiæ partem, et voce elevata clamat : Sancta sanctis.

Populus : Kyrie eleison, *ter.*

Unus Pater sanctus, unus Filius sanctus, unus Spiritus sanctus. Amen.

Sacerdos : Dominus cum omnibus vobis.

Populus : Et cum spiritu tuo.

Sacerdos : Benedictus Dominus in sæcula.

Populus : Amen.

Sacerdos : Pax omnibus.

Populus : Et cum spiritu tuo.

Sacerdos dicit confessionem : Corpus sanctum, et sanguis pretiosus verus Jesu Christi Filii Dei. Amen.

Populus : Amen.

Sanctum, pretiosum corpus, et sanguis verus Jesu Christi Filii Dei. Amen.

Populus : Amen.

685 Corpus et sanguis Emmanuelis Dei nostri, hoc est vere. Amen.

Populus : Amen.

Credo, credo, credo, et confiteor usque ad ultimum spiritum, quod sit ipsa caro vivifica unigeniti Filii tui, Domini Dei et Salvatoris nostri Jesu Christi. Accepit ipsam ex sancta Domina nostra, Deipara et semper virgine Maria : et fecit illam unam cum divinitate sua, non mistione, confusione, aut alteratione. Confessus quoque est sub Pontio Pilato præclaram confessionem : tradiditque pro nobis omnibus ipsam carnem super lignum crucis sanctæ, voluntate sua. Vere credo, quod ejus divinitas nunquam omnino separata est ab ejus humanitate, non momento, aut in ictu oculi. Tradidit ipsam ad liberationem, et ad remissionem peccatorum, et vitam æternam illis qui ex ea participant. Credo eam ipsam vere esse.

Populus : Amen.

Diaconus : In pace et charitate, etc.

Sacerdos elevata voce : Per quem et cum quo te decet omnis gloria, honor et adoratio, Patri et Spiritui sancto, nunc, etc.

Sacerdos dicit psalmum L *et orationem ad communionem diei convenientem.*

Diaconus : Congregamini et intrate, diaconi, cum modestia.

Oratio gratiarum actionis, post perceptionem sanctorum mysteriorum.

Diaconus : Ad orationem state.

Sacerdos : Pax omnibus.

Populus : Et cum spiritu tuo.

Diaconus : Orate pro, etc.

Populus : Kyrie, eleison.

Sacerdos dicit hanc orationem : Impletum est gaudio os nostrum et lingua nostra exsultatione [45], ob perceptionem sanctorum tuorum mysteriorum, Domine. Quæ oculus non vidit, nec auris audivit, nec in cor hominis ascenderunt, ea præparasti, Deus, diligentibus nomen sanctum tuum [46], et revelasti ea parvulis Ecclesiæ sanctæ tuæ. Ita, Pater, quia sic fuit beneplacitum ante te [47]. Benedictus es, o Deus, Pater Domini Dei et Salvatoris nostri Jesu Christi.

Diaconus : Inclinate capita vestra.

Oratio inclinationis capitis.

Dominator Domine, Deus, Pater omnipotens, qui facis misericordiam in millia, invocantibus te in veritate [48], respice de cœlo facie benigna, et oculo sereno super servos tuos : tibi enim inclinaverunt colla cordium sua, expectantes a te magnam et divitem misericordiam, et a te misericordiam et benedictionem consequi. Benedic eos omni benedi-

[41] Matth. XVI, 18, 19.   [42] Ezech. XVIII, 23.   [43] Psal. LXXXV, 15.   [44] Psal. CXXIX, 3, 4.   [45] Psal. CXXV, 2.   [46] I Cor. II, 9.   [47] Luc. X, 21.   [48] Psal. CXLIV, 18.

ctione **686** spirituali : sanctifica eos in Spiritu tuo sancto. Angelum pacificum uniuscujusque nostrum vitæ prælice, custodientem, servantem, protegentem, illuminantem, dirigentem nos ad omne opus bonum. Miserans miserere, et clementer salva et miserere ; in æternum est misericordia tua. Sanctam etiam hanc diem, omnesque dies vitæ nostræ, da nobis, Domine Deus, absque peccato transigere, cum omni gaudio, sanitate, pace, salute, beneficiis, sanctimoniaque omni, et tuo timore perficere, per gratiam, miserationes et benignitatem Christi Jesu, cum quo benedictus es et glorificatus cum Spiritu sancto.

Oratio dicenda per dies quadragesimales sancti jejunii.

Dominator Domine omnipotens, qui creaturam omnem in sapientia condidisti : qui per ineffabilem tuam providentiam et multiplicem bonitatem adduxisti nos ad venerabiles dies istos, in purgationem animarum et corporum, passionum coercitionem, et spem resurrectionis ; qui per quadraginta dies tabulas divinis characteribus inscriptas dedisti servo tuo Moysi ; concede etiam nobis, o bone, certamen præclarum, cursum jejunii perficere, fidem indivīsam servare : capita draconum invisibilium conterere ; victoresque peccati renuntiari, et damnationis immunes pervenire ad adorandam sacram resurrectionem : quoniam sanctum est nomen tuum Patris, et Filii, et Spiritus sancti, nunc, etc.

Oratio dimissionis, ad manuum impositionem.

Adesto, Domine, servis tuis, laudantibus et invocantibus te, et deduc eos, auxilium præstans, in omni opere bono. Erige corda eorum a terrenis omnibus absurdis cogitationibus. Da illis vivere et sapere quæ vivos decent, et tua intellectu percipere. Qui benedicis benedicentes te, Domine, et sanctificas eos qui in te confidunt, salva populum tuum, et benedic hæreditati tuæ; et custodi Ecclesiæ tuæ plenitudinem. Sanctifica diligentes decorem domus tuæ. Tu eis gloriam retribue per divinam potentiam tuam, et ne derelinquas nos, Deus, sperantes in te.

Ægrotos sana.

Peregrinantibus pacem tribue.

Aeres tempera.

Et fructibus terræ benedic. Da pacem mundo tuo, Ecclesiis tuis, sacerdotibus, regibus nostris, exercitui et omni populo tuo.

Defunctis requiem præsta : eorumque qui dona obtulerunt, et pro quibus obtulerunt, memor esto.

Eos qui in quacunque tribulatione et angustia sunt, salva.

Et nobis gratiam tuam mitte. In Trinitatis fide nos usque ad ultimum vitæ nostræ spiritum perfice, quoniam omne datum bonum, et omne donum perfectum desursum est, descendens a te Patre luminum[49]. Et tibi gloriam, gratiarum actionem et adorationem mittimus, **687** Patri, et unigenito Filio tuo, et Spiritui sancto tuo, nunc, etc.

Diaconus : Gratia Domini Dei et Salvatoris nostri Jesu Christi cum omnibus vobis[50]. Ite in pace.

Populus : Kyrie, eleison (*bis*). Domine, benedic. Amen.

Sacerdos dicit benedictionem dimissionis.

Diaconus : Iterum, ite in pace.

Diaconi dicunt : Iterum salvatus. Domine, benedic. Amen.

Sacerdos dicit orationem dimissionis diaconorum.

Postquam perfecimus sacram liturgiam, sicut jussi sumus, Domine, et perceptione sanctorum immaculatorum, immortalium, cœlestium et tremendorum mysteriorum digni facti sumus, imus de virtute in virtutem nos peccatores et indigni servi tui, digni facti ministrandi altari sancto tuo, qui tibi obtulimus incruentum sacrificium, immaculatum corpus et pretiosum sanguinem magni Dei et Salvatoris nostri Jesu Christi : ad gloriam tuam, Patris sine principio, ipsiusque unigeniti Filii tui, et Spiritus sancti, boni, vivificantis et consubstantialis tibi. Oramus ut ad dexteram tuam consistere mereamur in die tua timenda et justa, per intercessiones et supplicationes gloriosissimæ dominæ nostræ Deiparæ semperque virginis Mariæ, et omnium sanctorum tuorum, quoniam benedictus es nunc, etc.

Explicit in pace divina Liturgia sancti Patris nostri Thaumaturgi Basilii.

Sciendum est quod, Impletum est gaudio os nostrum, *non dicit sacerdos feria quinta majori, sed illius orationis loco dicit :*

Gratias agimus tibi, Domine hominum amator, benefactor animarum nostrarum, qui die huic hodierno simili dignos fecisti nos cœlestium et immortalium mysteriorum, quæ oculus non vidit, *usque ad finem.*

---

[49] Jac. I, 17. [50] II Cor. XIII, 13.

LITURGIA

S. BASILII EX COPTICO CONVERSA.

688 ORATIO PRÆPARATIONIS.

Domine, qui nosti corda omnium[80'], sancte et in sanctis requiescens, solus sine peccato, et potens ad remissionem peccatorum concedendam. Tu, Domine, scis indignitatem meam, meque minus præparatum, nec sufficienter dispositum, ut accedam ad ministerium hoc tuum sanctum. Sed nec tanta mihi confidentia est, ut accedam, et aperiam os meum coram gloria tua sancta; sed secundum multitudinem clementiæ tuæ, ignosce mihi peccatori, et concede mihi ut inveniam gratiam et misericordiam in hac hora; et mitte mihi virtutem ex alto[81], ut incipiam et præparer, perficiamque, sicut tibi placitum est, ministerium tuum sanctum, secundum beneplacitum voluntatis tuæ, cum odoribus thuris. Ita, Domine, esto nobiscum, esto socius operis nostri; benedic nobis; tu es enim remissio peccatorum nostrorum, lux animarum nostrarum, vita, fortitudo, et fiducia nostra; tu es ipse cui sursum mittimus laudem, gloriam et adorationem, Pater, Fili et Spiritus sancte, nunc et semper et usque in sæcula sæculorum omnium. Amen.

Oratio postquam præparatum fuerit altare.

Sacerdos. Tu, Domine, docuisti nos magnum hoc mysterium salutis; tu vocasti nos abjectos et indignos servos tuos, ut essemus ministri altaris tui sancti. Tu, Domine, effice nos dignos, per virtutem Spiritus tui sancti, ut hoc ministerium perficiamus, ita ut non incidamus in judicium coram gloria tua magna, et offeramus tibi sacrificium hoc benedictionis, gloriamque et magnificentiam per illud, in sancto tuo. Deus gratiæ largitor, et salutis mandator, qui omnia in omnibus operaris, da nobis ut sacrificium nostrum coram te acceptum sit, pro peccatis meis, et pro insipientiis plebis tuæ, quia purum est, sicut donum Spiritus tui sancti, in Christo Jesu Domino nostro, per quem te decet gloria et honor, cum ipso, et Spiritu sancto vivificante, tibique consubstantiali, nunc et semper et in omnia sæcula sæculorum. Amen.

Oratio gratiarum actionis.

Sacerdos. Gratiam agamus bonorum auctori misericordi, Deo Patri Domini Dei et Salvatoris nostri Jesu Christi, quia ipse protexit nos, adjuvit et servavit nos, suscepitque nos ad se, misertus est nostri, perduxitque nos ad hanc horam. Ipsum nunc precemur, ut custodiat nos hoc sancto die et omnibus diebus vitæ nostræ, in omni pace, omnipotens Dominus Deus noster.

Diaconus. Ad adorationem state.

Sacerdos. Domine Deus omnipotens, Pater Domini Dei et Salvatoris nostri Jesu Christi, gratias agimus tibi de omnibus, et propter omnia, et in omnibus, quia protexisti nos, adjuvisti nos, conservasti nos, suscepisti nos ad te, et misertus es nostri, auxilium dedisti nobis, et ad hanc horam nos perduxisti.

Diaconus. Orate ut Deus misereatur nostri.

Sacerdos. Eapropter petimus et obsecramus bonitatem tuam, o amator hominum, ut concedas nobis hunc diem sanctum et omnes dies vitæ nostræ in pace cum timore tuo transigere. Omnem invidiam, omnem tentationem, omnem operationem Satanæ et consilium hominum improborum, impetumque hostium tam occultorum quam manifestorum, depelle a nobis, ab omni populo tuo et ab hoc loco sancto; quæ autem bona, quæ placita sunt, nobis jube. Tu enim ipse es, qui dedisti nobis potestatem calcandi serpentes et scorpiones, omnemque virtutem inimici[81']. Et ne nos inducas in tentationem, sed libera nos a malo[82], per gratiam et misericordiam amoremque erga homines Filii tui unigeniti, Domini Dei et Salvatoris nostri Jesu Christi, per quem tibi debetur honor, gloria et imperium, cum ipso, et Spiritu sancto vivificante, tibique consubstantiali, nunc et semper, et in omnia sæcula sæculorum. Amen.

Oratio oblationis sive propositionis panis et calicis.

Domine Jesu Christe, Fili unigenite, Verbum Dei Patris, eique consubstantiale, et coæternum et Spiritui sancto: tu es panis vivus, qui descendisti de cœlo, et prævenisti nos, impendistique animam tuam perfectam et absque vitio, pro vita mundi: rogamus obsecramusque bonitatem tuam, o amator hominum, ostende faciem tuam super hunc panem, et super hunc calicem, quos super mensam hanc tuam sacerdotalem posuimus: benedic eos †, sanctifica eos †, et consecra eos †: transfer eos, ita ut panis quidem hic, fiat corpus tuum sanctum, et hoc mistum in hoc calice, sanguis tuus pretiosus, ut sint nobis omnibus præsidium, medicina,

---

[80'] Act. I, 24. [81] Luc. XXIV, 49. [81'] Luc. X, 19. [82] Matth. VI, 13.

salus animarum, corporum, spirituumque; quia tu es Deus noster, tibique debetur laus et potestas, cum Patre tuo bono, et Spiritu vivificante, tibique consubstantiali, nunc et semper, et in omnia saecula saeculorum. Amen.

Tunc operiet sacerdos discum et calicem, utrumque integumento suo, et omnia majori velo teget; tum osculabitur altare, conversusque ad ipsius latus australe, adorabit Deum et osculabitur altare. Tum circuitu peracto, descendet coram altari, pronuntiabitque absolutionem super ministros sedentes coram eo. Quod si adsit ipsi sacerdos socius, ipse pronuntiabit absolutionem.

Oratio absolutionis ad Filium.

Domine Jesu Christe, Fili unigenite, et Verbum Dei Patris, qui dirupisti omnia vincula peccatorum nostrorum passione tua salutari et vivifica, qui inspiravisti in faciem discipulorum tuorum, apostolorumque sanctorum, dicens eis : « Accipite Spiritum sanctum ; quorum remiseritis peccata, remittuntur eis, et quorum retinueritis, retenta sunt 53 ; » tu etiamnum, Domine, per apostolos tuos sanctos, eos elegisti qui sacerdotio semper in Ecclesia tua sancta fungerentur, ut relaxarent peccata super terram, ligarentque et solverent omnia iniquitatis vincula. Rogamus obsecramusque bonitatem tuam, o amator hominum, pro servis tuis, patribus meis, fratribus meis, et infirmitate mea, qui capita sua coram gloria tua sancta inclinant : praesta nobis misericordiam tuam, et solve omnia vincula peccatorum nostrorum. Quod si adversum te peccaverimus prudenter vel imprudenter, vel cordis duritia, opere aut verbo, aut pusillanimitate, tu, Domine, qui nosti humanam imbecillitatem, tanquam bonus et hominum amator, Deus, concede nobis remissionem peccatorum nostrorum; benedic nos et purifica nos, absolveque nos et omnem populum tuum; imple nos timore tuo, et dirige nos ad voluntatem tuam sanctam et bonam, quia tu es Deus noster, et tibi debetur gloria, honor et potestas, cum Patre tuo bono, et Spiritu tuo sancto, nunc, etc. Servi tui hodie in ministerio constituti, sacerdos, diaconus et clerus, omnis populus et infirmitas mea, absoluti sint ex ore sanctae Trinitatis, Patris, Filii et Spiritus sancti, et ex ore unicae, solius, sanctae, catholicae et apostolicae Ecclesiae; ex ore duodecim apostolorum, et ex ore contemplativi evangelistae Marci apostoli et martyris, ut etiam patriarchae sancti Severi, et doctoris nostri sancti Dioscori, sancti Joannis Chrysostomi, sancti Cyrilli, sancti Basilii, et sancti Gregorii, necnon ex ore trecentorum decem et octo Nicaeae congregatorum, et centum quinquaginta qui Constantinopoli, centum qui Ephesi : ut etiam ex ore venerandi Patris nostri archiepiscopi Anba N. ejusque in ministerio apostolico consortis, venerandique Patris episcopi Anba N. et ex ore humilitatis meae, qui peccator sum, quia benedictum et gloria plenum est nomen sanctum tuum, Pater, Fili, et Spiritus sancte, nunc et semper, etc.

Oratio thuris.

Osculabitur sacerdos caput sacerdotis ministrantis. Quodsi fuerit cum eo socius, osculabitur gradus altaris, ascendensque osculabitur altare, et accipiet naviculam thuris, et adolebit incensum. Ordinem qui de incenso vespertino scriptus est observabunt, quinquies adolendo, et his peractis dicet sacerdos orationem sequentem.

Deus aeternus, absque principio et fine, magnus in praeceptis tuis et potens in operibus tuis : qui es ubicunque, et in omnibus : esto nobiscum peccatoribus, Domine, in hac hora : consiste in medio omnium nostrum, purifica corda nostra, et sanctifica animas nostras : munda nos ab omnibus peccatis quae commisimus, voluntarie aut involuntarie. Concede nobis, ut offeramus coram te sacrificia rationabilia, sacrificia benedictionis, et incensum spirituale.

Ingrediatur intra velum, in locum Sancti sanctorum.

Rogamus te, Deus noster. Memento, Domine, pacis unius tuae, et unicae sanctae catholicae et apostolicae Ecclesiae. Memento, Domine, beati Patris nostri et venerandi archiepiscopi papae Anba N. et Patris nostri episcopi Anba N. Memento, Domine, congregationum nostrarum, et eis benedic; fac ut sint absque impedimento, et perturbatione, ut celebremus eas juxta sanctam et beatam voluntatem tuam, domos orationis, domos mundationis, domos sanctitatis, domos benedictionis. Concede ut illas possideamus, Domine, nos, et servi tui, qui nobis usque in aeternum successuri sunt. Exsurge, Domine Deus, et dissipentur inimici tui, et fugiant a facie tua omnes qui oderunt nomen tuum sanctum 54. Et populus tuus fruetur benedictionibus millies millenis et decies millies millenis, perficientque voluntatem tuam, per gratiam, clementiam, amoremque erga homines Filii tui unigeniti Domini Dei Salvatoris nostri Jesu Christi, per quem, etc.

Circuibit altare cum incenso semel, osculabitur illud, descendetque laevo pede; versus orientem stabit e regione altaris, adolebitque thus ter, eadem dicens, quae prius; tum patriarcham, si adsit, incensabit seorsim ab aliis; quodsi abfuerit, dabit incensum sacerdotibus, non aliis. Deinde prostrationem faciet : cumque lecta fuerit Epistola Pauli Coptice, dicet orationem sequentem secreto. Si fuerit cum eo sacerdos socius, is eam recitabit. Diaconus leget Epistolam Coptice, et deinde Arabice, ut etiam Catholicon, sive lectionem ex Epistolis Catholicis. Hic adoletur incensum ter circum altare a sacerdote celebrante.

---

53 Joan. xx, 22. 54 Psal. LXVII, 2.

Oratio post Apostoli seu Paulinæ Epistolæ lectionem.

Sacerdos. Domine, scientiæ et sapientiæ largitor, qui ea revelas quæ profundis tenebris abscondita sunt: qui potestate magna rationem hominibus indidisti: qui bonitate tua vocasti Paulum, cum fuisset aliquando persecutor, ut esset vas electum, et in eo complacuisti, ut fieret apostolus, annuntiator et prædicator Evangelii regni tui, Jesu Christe Deus noster. Te nunc etiam, bone, et hominum amator, deprecamur, ut des nobis et omni populo tuo mentem ab omni distractione liberam, intellectumque purum, ut discamus et intelligamus, quanta sit utilitas doctrinæ tuæ sanctæ, quæ ad nos illius ministerio pervenit. Et quemadmodum similis tibi fuit, o auctor vitæ, ita nos pariter dignos effice, ut in opere et fide similes illi simus, glorificemusque nomen tuum sanctum, gloriemurque in cruce tua omni tempore. Tuque es cui honorem, gloriam, potentiam et adorationem referimus, cum Patre tuo bono et Spiritu sancto, nunc et semper, etc.

Tum unus diaconorum leget Catholicon Coptice et Arabice, et postquam lectum fuerit Coptice, dicet sacerdos celebrans hanc orationem: quod si patriarcha ipse sacra faciat, dicet eam sacerdos.

Oratio post Catholicon.

Sacerdos. Domine Deus, qui per sanctos apostolos tuos manifestasti nobis mysterium Evangelii gloriæ Christi tui [55], et **690** dedisti illis secundum magnitudinem doni infiniti gratiæ tuæ, prædicare toti mundo abundantiam investigabilis misericordiæ tuæ; rogamus te, Domine, fac nos dignos parte et sorte illorum. Concede nobis semper ut ambulemus in eorum vestigiis, ut agones eorum imitemur, et communicemus cum eis, laboribus et sudoribus, quos pro pietate sustinuerunt. Conserva Eclesiam tuam sanctam, quam per eos fundasti, benedic agnis gregis tui, et multiplica hanc vineam quam plantavit dextera tua [56], in Christo Jesu Domino nostro: per quem, etc.

Finita lectione Catholici Arabice, ascendet sacerdos ad altare et adolebit incensum semel, tum recitabitur oratio sequens.

Oratio Actuum apostolorum.

Sacerdos. Deus, qui suscepisti sacrificium Abrahami, et pro Isaaco arietem ei præparasti [57], ita suscipe a nobis, Domine, hujus thuris sacrificium, et pro eo mitte nobis divitem misericordiam tuam. Munda nos ab omni fœtore peccati, et præsta nos dignos esse, ut coram bonitate tua, o hominum amator, pure et perfecte ministremus omnibus diebus vitæ nostræ. Memento, Domine, pacis, etc.

Perficit illam ex oratione thuris Pauli, nulla re detracta vel addita; qua expleta chorum solus cum incenso circuibit. Finita lectione Actorum Coptice et Arabice, dicent ter, Sanctus: *quo finito sacerdos dicet hanc orationem.*

Oratio Evangelii sancti.

Domine et magister Jesu Christe Deus noster, qui dixisti divis apostolis tuis et discipulis tuis sanctis: « Multi prophetæ et justi cupierunt videre quæ vos videtis, et non viderunt, et audire quæ auditis, et non audierunt: beati autem oculi vestri qui vident, et aures vestræ quæ audiunt [58] : » da ut digni efficiamur audiendi et opere perficiendi Evangelia tua sancta, per orationes sanctorum tuorum.

Diaconus. Orate pro Evangelio sancto.

Sacerdos. Memento etiam, Domine, omnium qui præceperunt nobis, ut eorum meminissemus in nostris ad te orationibus et precibus. O Domine, quietem illis tribue quorum præcessit dormitio: infirmos sana, quia tu vita es omnium nostrum, salus omnium, spes omnium, medela omnium, resurrectioque omnium nostrum: et tu es ipse cui gloriam, honorem et adorationem referimus, cum Patre tuo bono, et Spiritu sancto vivificante, tibique consubstantiali, nunc et semper, etc.

Tum dicet psalmum, et post tertium versum sacerdos Evangelium incensabit. Ascendet ad altare, rursusque incensum offeret, semel signans naviculam signo crucis; deinde circuibit cum incenso Evangelium, tum altare semel: descendet ab altari, accipiet Evangelium a diacono, converteturque ad occidentem. Accedent sacerdotes omnes, et illud osculabuntur: ipse postremus illud osculabitur, dabitque illud diacono ministranti, quem etiam incensabit. Cumque diaconus dicet : State, *conversus sacerdos ad orientem dicet :* In nomine Dei. *Mox incensum ter adolebit ad sanctuarium. Dicet diaconus :* Benedic, Domine, *et dicet :* Initium sancti Evangelii secundum Matthæum, Marcum, Lucam, Joannem. *Cumque interpres Evangelii dicit,* State cum timore Dei, *convertitur sacerdos ad occidentem, incensat tribus vicibus Evangelium. Tum conversus ad sanctuarium, illud incensat etiam ter, deinde sacerdotes semel, stans in loco suo, recitans aliquid interea ex oratione Evangelii. Tum diaconos semel incensat : nec desinit interim thuribulo adolere coram Evangelio, ad finem usque lectionis ejus Coptice; et in ultimo commate incensat ter, dat autem Evangelium legendum diacono, si probe illud legere sciat; sin minus, leget illud ipse sacerdos. Quod si diaconus legat Evangelium ex ambone, incensatio Evangelii primo et postremo fiet ad limen chori. Cumque dicet interpres,* Domini et Dei nostri, *redibit ad sanctuarium, et incensum tribus vicibus adolebit, dicetque sequentem orationem secreto, quando Evangelium leget Arabice, facie ad orientem conversa. Quod si*

---

[55] II Cor. iv, 4.   [56] Psal. LXXIX, 16.   [57] Gen. XXII, 11 sqq.   [58] Matth. XIII, 17, 16.

sacerdos socius, ad quem ejus pertinet recitatio, ibi adsit, dabit ei thuribulum, et ipse eum recitabit.

Oratio post Evangelium secreto dicenda.

Longanimis, multæ misericordiæ et verax, suscipe orationes, deprecationes et supplicationes nostras, pœnitentiamque, et confessionem nostram super altare tuum sanctum, purum et cœleste, ut digni efficiamur auditores Evangeliorum tuorum sanctorum, et præcepta et mandata tua observemus, et in iis centesimum, sexagesimum, et tricesimum fructum proferamus, in Christo Jesu Domino nostro. Memento, Domine, infirmorum populi tui, respice eos cum misericordia et clementia, eosque sana. Memento, Domine, patrum, fratrumque nostrorum peregre absentium, reduc eos in domos suas salvos et incolumes.

Tempore Nili exundationis et pluviæ dicetur:
Memento, Domine, aquarum fluminis, et benedic illis, augens illas juxta mensuram suam.

Tempore sementis dicetur a prima Paophi ad primam Baini:
Memento, Domine, seminum, plantarumque, ut crescant et multiplicentur.

Ab Epiphania ad primam ejusdem mensis:
Memento, Domine, aeris cœli et fructuum terræ, eisque benedic. Memento, Domine, salutis loci hujus sancti tui, omniumque locorum et monasteriorum, sanctorum Patrum nostrorum orthodoxorum. Memento, Domine, salutis hominum et animalium. Memento, Domine, servi tui regis terræ nostræ, atque illum in pace et dignitate conserva. Memento, Domine, patrum, fratrumque nostrorum, qui obdormierunt, quieveruntque in fide orthodoxa. Memento, Domine, sacrificiorum oblationumque, et iis retribue mercedem, qui has tibi oblationes obtulerunt, easque ad te suscipe. Memento, Domine, captivorum qui in servitutem abducti sunt, reducque captivitatem **691** eorum. Memento, Domine, eorum qui calamitatibus et angustiis opprimuntur. Memento, Domine, catechumenorum populi tui; miserere eorum, confirma eos in fide tua, et reliquias omnes cultus idolorum aufer ab eorum cordibus; legem tuam, timorem tuum, præcepta tua, veritates tuas et mandata tua statue in cordibus eorum: da illis firmam cognitionem verbi quo per catechesin instituti sunt; utque statuto tempore digni evadant lavacro regenerationis in remissionem peccatorum suorum, præpara eos habitaculum Spiritui sancto tuo per gratiam.

Post lectionem Evangelii afferet illud diaconus ad sacerdotem, qui illud osculabitur, ut etiam clerus et populus, et interea recitabit sacerdos Orationem veli secreto, stans ad latus veli, capite inclinato.

Oratio veli.

Deus qui tuo erga homines amore ineffabili Filium tuum unigenitum in mundum misisti, ut ovem errabundam ad te reduceret, rogamus te, Domine, ne nos a te in æternum repellas, dum offerimus tibi tremendum hoc et incruentum sacrificium: neque enim justitiæ nostræ confidimus, sed misericordiæ tuæ, qua genus nostrum vivificasti. Rogamus et obsecramus bonitatem tuam, amator hominum, ut neque nobis, neque plebi tuæ sit in judicium mysterium hoc, quod ad salutem nostram instituisti, sed in abstersionem peccatorum nostrorum et remissionem negligentiarum nostrarum. Gloria et honor nomini tuo sancto, Patris, et Filii, et Spiritus sancti, nunc et semper, etc.

Interea cum absolvitur hæc oratio, osculabitur sacerdos gradus altaris, ascendet ad sanctuarium, osculabitur altare, et conversus ad occidentem recitare incipiet tres majores orationes. Dum sacerdos dicit, Pax omnibus, *conversus ad sacerdotes fratres suos, capitis inclinatione salutat, et conversus ad occidentem, populum cruce signat.*

Oratio pro pace.

Sacerdos. Iterum oremus Deum omnipotentem, Patrem Domini Dei et Salvatoris nostri Jesu Christi. Rogamus et obsecramus bonitatem tuam, amator hominum, memento, Domine pacis, unicæ illius tuæ, sanctæ, catholicæ et apostolicæ Ecclesiæ, quæ a finibus ad fines usque terræ diffunditur, omni populo et terris benedic. Pacem illam cœlestem cordibus nostris immitte, sed et pacem istius vitæ nobis benigne concede: reges orthodoxos, exercitum, duces, consiliarios, vulgus promiscuum, et vicinos nostros, ingressum et exitum nostrum omni pace exorna. O rex pacis, da nobis pacem tuam, qui omnia dedisti nobis. Posside nos, Deus Salvator noster: nam præter te alium non novimus, et nomen tuum sanctum invocamus. Vivant itaque animæ nostræ per Spiritum tuum sanctum, neque mors peccati dominetur super nos servos tuos, nec super omnem populum tuum. Domine, miserere.

Pro patriarcha et episcopis.

Rursus precamur te, Domine omnipotens, Pater Domini Dei et Salvatoris nostri Jesu Christi, rogamus et obsecramus bonitatem tuam, o amator hominum.

Si patriarcha ipse celebret, dicet socius sacerdotis:

Memento, Domine, beati Patris nostri, et venerandi archiepiscopi papæ N. ejusque in ministerio apostolico consortis venerandi Patris episcopi N. Custodi et conserva nobis illos annis multis, et tranquillis temporibus, ut opere impleant et perficiant sanctitatem episcopatus, quæ ipsis a te concredita est, secundum voluntatem tuam sanctam et beatam; verbumque veritatis recte dispensent, plebem tuam cum sanctitate et justitia regant, simul cum reliquis episcopis orthodoxis, hegumenis, presbyteris, et diaconis, omnique plenitudine unicæ tuæ, unius, sanctæ, catholicæ et apostolicæ Ecclesiæ. Da nobis et ipsis pacem et salutem in omni loco, precesque omnes, quas fundunt pro nobis et omni populo tuo ad te suscipe, ut etiam eas quæ a nobis pro ipsis fiunt.

Hic sacerdos semel adolet incensum, dicens ea quæ supra declarata sunt: quod si socium sacerdotem habuerit, id ipsius vice faciet.

Super altare tuum sanctum, spirituale, cœleste, ut etiam thuris odoramenta; universos eorum hostes visibiles et invisibiles, contere et deprime sub vestigiis eorum velociter; eos autem in pace et justitia custodi in Ecclesia tua sancta, Domine, miserere.

Pro congregatione.

Iterum etiam oramus te, Deus omnipotens, Pater Domini Dei et Salvatoris nostri Jesu Christi, petimus et obsecramus bonitatem tuam, o amator hominum: memento, Domine, congregationum nostrarum et benedic illis. Da ut sint nobis absque turbatione et impedimento, ut eas celebremus secundum voluntatem tuam sanctam et beatam, domos orationis, domos benedictionis, domos sanctitatis; concede nobis in illis esse, Domine, et servis tuis qui post nos in sæculum usque futuri sunt.

Oratio pro Ecclesia, quam hoc loco recitabit sacerdos jejunii diebus.

Cultum idolorum ab omni orbe procul remove; Satanam et omnem virtutem ejus pessimam contere, et dejice sub pedibus nostris velociter; hæreses et auctores earum compesce, ut rescindatur et abrumpatur omnis hæretica pravitas, Ecclesiæ tuæ sanctæ inimica. Domine, sicut olim, ita et nunc eas deprime; aufer illas hæreticis; tenebras cordis sui, miseriamque ipsis suam perspicue demonstra: compesce invidiam eorum, consilia, machinationes, dolos, et detractiones, dextrasque quibus adversum nos abutuntur, imbelles omnino esse jubeto. Conventicula eorum reprime, divide consultationes eorum, o Deus, qui dissipasti consilium Achitophel [59].

692 *Adolebit incensum ad orientem tribus vicibus.*
Exsurge, Domine Deus, dissipentur omnes inimici tui, et fugiant a facie tua omnes qui oderunt nomen sanctum tuum [60].

Conversus ad occidentem, sacerdotes, diaconos et populum incensabit.

Et populus tuus millies millenis benedictionibus, et decem millies millibus cumulatus adimpleat omnes voluntates tuas.

Tum conversus ad orientem dicet:

Per gratiam, clementiam et amorem erga homines Filii tui unigeniti, Domini Dei et Salvatoris nostri Jesu Christi, etc.

Populus dicet Symbolum fidei orthodoxæ. *Adolebit sacerdos ter incensum ad orientem, dabitque thuribulum illi qui deferre solet, tum dicent Symbolum: quo tempore lavabit sacerdos ter manus suas, et antequam eas abstergat, convertetur ad populum, educetque manus ex aqua coram eo, et a sordibus diligenter purgabit.*

Post recitationem Symboli dicet: Pax omnibus.
Respondebitque populus: Et cum spiritu tuo.

Tum conversus signabit populum semel in modum crucis, et dicet hanc orationem.

Oratio osculi pacis ad Patrem.

Sacerdos. Deus magne et æterne, qui hominem absque vitio condidisti, et mortem quæ Satanæ invidia in mundum intraverat [61], per adventum vivificantem Filii tui unigeniti Jesu Christi Domini Dei et Salvatoris nostri destruxisti, replevistique terram cœlesti pace: tu quem celebrant angelorum exercitus, dicendo: « Gloria in excelsis Deo, et pax super terram, et in hominibus bona voluntas [62], » imple per beneplacitum tuum, Domine, corda nostra pace tua, et munda nos ab omni macula omnique simultate, omni fraude, omni malo, omnique injuriarum recordatione mortifera. Fac, Domine, ut omnes digni simus amplectendi invicem in osculo sancto, et ita illius participes simus, ut non in judicio repellas nos ab immortali et cœlesti dono tuo, per Christum Jesum Dominum nostrum.

Oratio alia osculi pacis.

Sacerdos. Superant omnem sermonis facultatem, et omnem vim mentis, divitiæ munerum tuorum, Domine, qui abscondisti sapientibus et prudentibus, et nobis parvulis revelasti ea [63], quæ cupierunt prophetæ et reges videre, et non viderunt [64]. Hæc in nos peccatores gratiose contulisti, ut ea administraremus, et per ea sanctificaremur, cum Filii tui dispensationem nobis exhibuisti, et sacrum ritum istius sacrificii incruenti: nec enim illud est sanguinis legalis, aut justitiæ corporeæ, sed Agnus est spiritalis, gladiusque rationalis et incorporeus, in hoc sacrificio, quod tibi offerimus. Rogamus et obsecramus bonitatem tuam, o hominum amator, purifica labia nostra, et libera mentes nostras ab omni contagione materiali; mitte nobis gratiam Spiritus tui sancti, et dignos effice salutandi invicem in osculo sancto, ut non incidentes in judicium, percipiamus donum tuum immortale et cœleste, per Jesum Christum Dominum nostrum.

Oratio pacis Jacobi apostoli.

Sacerdos. Deus, omnium Domine, dignos effice hac salute nos peccatores indignissimos, ut ab

---

[59] II Reg. xv, 31, sqq. [60] Psal. LXVII, 2. [61] Sap. II, 24. [62] Luc. II, 14. [63] Matth. XI, 25. [64] Luc. x, 24.

omni labe omnique hypocrisi purgemur, amplectamurque invicem in osculo sancto; et unum corpus, unusque spiritus efficiamur in vinculo charitatis et pacis Domini nostri Jesu Christi, cum quo benedictus es, et cum Spiritu tuo vivificante, tibique consubstantiali, nunc et semper, et in omnia sæcula sæculorum. Amen.

ANAPHORA SANCTI BASILII.

Diaconus. Accedite, astate, o viri, cum tremore, et ad orientem aspicite. Attendamus.

Populus. Misericordia, pax et sacrificium laudis.

Ter signum crucis hic fit, primum a sacerdote super seipsum; secundo super diaconos ministrantes; tertio super populum.

Sacerdos. Dominus vobiscum.

Populus. Et cum spiritu tuo.

Sacerdos. Sursum levate corda vestra.

Populus. Habemus ad Dominum.

Sacerdos. Gratias agamus Deo.

Populus. Dignum et justum est.

Sacerdos. Dignum et justum, dignum et justum est, vere est dignum, conveniens, necessarium, dignum et justum, Domine qui exsistis, Domine Deus vere, qui es ante sæcula, regnans usque in æternum, qui in excelsis habitas, et humilia respicis [65], qui creasti cœlum et terram, mare et omnia quæ in eis sunt, Pater Domini Dei et Salvatoris nostri Jesu Christi, qui cuncta visibilia et invisibilia per eum creasti, sedens super thronum gloriæ tuæ, quem adorant omnes potestates sanctæ.

Diaconus. Qui sedetis, surgite.

Sacerdos. Circa quem consistunt angeli et archangeli, principatus, potestates, throni, dominationes, virtutes.

Diaconus. Ad orientem aspicite.

Sacerdos. In circuitu enim tuo stant cherubim, oculis pleni, et seraphim sex alis instructi, hymnum gloriæ concinunt indesinenter dicentes.

Populus. « Sanctus, sanctus, sanctus Dominus [66]. »

Sacerdos ter in modum crucis signabit, primo seipsum, secundo ministros, tertio populum: tum dicet:

Sanctus, sanctus, sanctus es vere, Domine Deus noster, qui formasti nos, fecisti nos, et posuisti nos in paradiso voluptatis [67]. Cum autem mandata tua circa lignum vitæ violassemus per deceptionem serpentis, a vita æterna excidissemus, et a paradiso voluptatis ejecti fuissemus [68], non in finem usque deseruisti nos, sed continuo nobis per prophetas tuos sanctos promissa edidisti: in novissimis vero diebus, nobis sedentibus in tenebris et umbra mortis, Filium tuum unigenitum Dominum Deum et Salvatorem Jesum Christum manifestasti [69], qui incarnatus est de Spiritu sancto et ex Virgine san-

Acta Maria, et homo factus est, qui viam salutis nos docuit, et supernam illam nativitatem per aquam et spiritum nobis donavit, fecitque nos populum congregatum, mundavitque nos per Spiritum sanctum suum. Ipse cum dilexisset suos qui erant in mundo [70], tradidit seipsum ad salutem pro nobis in mortem, quæ super nos regnabat [71], qua peccatorum nostrorum causa constricti tenebamur: descendit ad inferos per crucem, surrexit a mortuis die tertia, ascendit ad cœlos, seditque ad dexteram tuam, o Pater, designavitque diem retributionis, in quo apparebit ad judicandum orbem in justitia [72] et tribuendum unicuique juxta opera sua [73].

Populus. Secundum misericordiam tuam, Domine, et non secundum peccata nostra.

Sacerdos. Instituit nobis mysterium hoc magnum pietatis et religionis, cum statuisset tradere se morti pro mundi vita.

Populus. Credimus in rei veritate ita esse.

Sacerdos. Accepit panem in manus suas sanctas, puras et immaculatas, beatas et vivificantes, et aspexit in cœlum ad te, o Deus, Patrem suum et omnium Dominum.

Tunc accipiet oblationem super manus suas, auferetque velum de super disco.

Populus. Amen.

Sacerdos levabit oculos dicens: Et gratias egit †.

Populus. Amen.

Sacerdos. Et benedixit eum †.

Populus. Amen.

Sacerdos digito ter oblationem suam signabit in modum crucis.

Et sanctificavit eum †.

Populus. Amen.

Sacerdos franget oblationem in tres partes, quas ita ad se invicem adjunget, ut quodammodo divisæ non sint. Quæ dum faciet, digitos intra discum detergit, ne quid ex oblatis adhæreat, et dicet:

Et fregit eum, deditque sanctis discipulis et apostolis suis dicens: « Accipite, manducate ex hoc omnes. Hoc est enim corpus meum quod pro vobis frangitur, et pro multis datur in remissionem peccatorum; hoc facite in mei memoriam. »

Populus. Amen.

Sacerdos tenens calicem manu sua, dicet: Similiter etiam calicem post cœnam, aqua et vino miscuit.

Sacerdos calicem ter cruce signabit, et dicet: Gratias egit †.

Populus. Amen.

Sacerdos. Benedixit eum †.

Populus. Amen.

Sacerdos. Sanctificavit eum †.

Populus. Amen.

Sacerdos. Gustavit, et dedit discipulis suis et apostolis sanctis, dicens: « Accipite, bibite ex eo

---

[65] Psal. CXII, 5. [66] Isa. VI, 3. [67] Gen. II, 8. [68] ibid. III, 6 sqq. [69] Luc. I, 79. [70] Joan. XVII, 1.
[71] Rom. V, 14. [72] Psal. XCVII, 9. [73] Rom. II, 6.

omnes. Hic est enim sanguis meus novi testamenti, qui effunditur pro vobis, et pro multis in remissionem peccatorum; hoc facite in mei memoriam [74]. »

Sacerdos calicem in crucis formam movebit, ita tamen ut non agitet.

Populus dicet : Amen, hoc ita est.

Sacerdos. « Quotiescunque manducabitis ex hoc pane, et bibetis ex hoc calice, mortem meam annuntiabitis, et resurrectionem meam confitebimini, meique memores eritis donec veniam [75]. »

Populus. Mortem tuam annuntiamus, Domine, et resurrectionem tuam confitemur.

Sacerdos. Memoriam agimus passionis ejus sanctæ, resurrectionis ejus a mortuis, ascensionis in cœlum, et sessionis ipsius ad dexteram tuam, o Pater : secundi etiam ipsius e cœlo adventus terribilis et gloria plenissimi, offerimusque tibi hæc dona ex bonis tuis, pro omnibus, ex omnibus, et in omnibus.

Diaconus. Adorate Deum cum timore et tremore.

Sacerdos dicet invocationem.

Rogamus te, Christe Deus noster, nos peccatores indigni servi tui; et adoramus te per beneplacitum bonitatis tuæ, ut adveniat Spiritus sanctus tuus super nos, et super hæc dona proposita, et sanctificet ea, efficiatque ea Sancta sanctorum tuorum.

Habebit sacerdos interea manus expansas et sursum sublatas, interpellans pro illapsu.

Dicet populus : Amen.

Sacerdos elevans vocem. Et panem quidem hunc, *ter panem cruce signabit,* faciat corpus sanctum, *inclinabit caput suum et menu corpus innuet,* ipsius Domini Dei et Salvatoris nostri Jesu Christi, quod datur in remissionem peccatorum et vitam æternam ei qui illud percipiet.

Populus. Amen.

« *Sacerdos calicem ter cruce signabit et dicet :* Et hunc calicem, sanguinem pretiosum novi testamenti tui, *tunc corpus et sanguinem pretiosum designabit,* ipsius Domini Dei et Salvatoris nostri Jesu Christi, qui datur in remissionem peccatorum et vitam æternam illis qui illum percipient.

Populus. Amen.

Sacerdos. Fac, Domine, ut digni simus communicandi sanctis tuis, ad sanctificationem corporum, animarum, spirituumque nostrorum, ut simus corpus unum, spiritusque unus, sortemque et partem consequamur cum omnibus sanctis tuis qui ab initio tibi placuerunt. Memento, Domine pacis, unicæ tuæ, unius, sanctæ, catholicæ et apostolicæ Ecclesiæ tuæ.

Diaconus. Orate pro, etc.

Sacerdos. Quam acquisivisti tibi sanguine pretioso Christi tui, conserva eam in pace, et omnes episcopos orthodoxos, qui in ea sunt. Primum quidem memento, Domine, beati Patris nostri venerandique archiepiscopi papæ Anba N.

Diaconus. Orate pro, etc.

Sacerdos. Et qui cum eis verbum veritatis recte dispensaverunt, concede illos Ecclesiæ tuæ sanctæ, ut pascant gregem tuum in pace. Memento, Domine, hegumenorum, presbyterorum orthodoxorum, et diaconorum.

Diaconus. Orate pro, etc.

Sacerdos. Omniumque ministrorum et cunctorum qui virginitatem et puritatem colunt, omnisque populi tui fidelis. Memento, Domine, ut miserearis omnium nostrum.

Diaconus. Miserere nostri, Deus Pater omnipotens.

Populus. Kyrie eleison (*ter*).

Sacerdos. Memento, Domine, salutis hujus loci tui sancti, omnisque loci et monasterii Patrum nostrorum orthodoxorum.

Diaconus. Orate pro, etc.

Sacerdos. Et habitantium in eo cum fide Dei. Dignare, Domine, aeri cœli et fructibus terræ benedicere.

Dicet in tempore exundationis Nili a duodecima Baini ad nonam Paophi :

Dignare, Domine, implere aquas fluminum hoc anno, et illis benedicere.

Tempore sementis, nempe a decima Paophi ad vicesimam Tybi :

Memento, Domine, seminis herbarum, et viroris agri hoc anno, fac ut crescant, quantum fieri potest, per gratiam tuam. Lætifica faciem terræ, ut appareat fecunditas ejus, et fructus ipsius multiplicentur; præpara ei sementem et messem; vitam nostram prout expedit guberna; benedic coronæ anni per benignitatem tuam, propter egenos populi tui, propter viduas et orphanos, propter peregrinos et necessitatem patientes, et propter nos omnes qui in te confidimus et nomen sanctum tuum ardenter quærimus, quia oculi omnium in te sperant, quod in tempore suo sis ipsis bonum largiturus. Age nobiscum juxta bonitatem tuam, qui das escam omni carni; imple corda nostra lætitia et suavitate, ut nobis semper in omnibus rebus suppetant necessaria, et abundemus in omni opere bono.

Diaconus. Orate pro, etc.

Sacerdos hic innuit super panem et vinum manibus suis, dicetque :

Memento, Domine, eorum qui hæc dona tibi obtulerunt, et eorum pro quibus ea obtulerunt, et qui obtulerunt pro se et suo nomine, da iis omnibus mercedem e cœlo.

Circuibit sacerdos socius altare cum thuribulo, et ab inferiori parte thus adolebit, lavabitque manus suas, et eas velo bombycino involvet.

---

[74] Luc. xxii, 19. [75] I Cor. xi, 26.

Tum dicet sacerdos celebrans :

Nunc, Domine, ex præcepto Filii tui unigeniti communicamus memoriæ sanctorum tuorum, qui tibi placuerunt ab initio, Patrumque nostrorum sanctorum, patriarcharum, prophetarum, apostolorum, martyrum, prædicatorum, evangelistarum, omniumque spirituum justorum, qui in fide vitam finierunt. Præcipue vero et maxime, sanctæ et gloria plenæ semper Virginis Genitricis Dei, divæ sanctæ Mariæ; sancti Joannis Baptistæ præcursoris et martyris; sancti Stephani primi diaconi et primi martyris, videntisque Deum; evangelistæ Marci sancti apostoli et martyris; patriarchæ sancti Severi, et doctoris nostri Dioscori; sancti Joannis Chrysostomi, sancti Athanasii apostolici, sancti Cyrilli, sancti Basilii, sancti Gregorii, patrisque nostri sancti abbatis Antonii summæ sanctitatis viri, justique patris Pauli, sanctorumque trium Macariorum, et sancti patris nostri Joannis hegumeni, patris nostri Bischoi hominis perfecti, patrumque sanctorum Romæorum, Maximi et Diomedis, quadraginta novem martyrum, et potentis sancti patris Moysis, patrisque nostri Isidori, et Arsenii; patrisque nostri Joannis Nigri presbyteri; patrisque nostri Danielis hegumeni, patrisque nostri justi Junii et patris nostri Ephræm, patrisque nostri Pacomii, patris vitæ cœnobiticæ, Theodorique ejus discipuli, patrisque nostri Sanutii archimandritæ, et abbatis Veisæ ejus discipuli. Item patris nostri Abuniferi seu Onufrii anachoretæ, patris nostri Simeonis Stylitæ, patris nostri Samuelis confessoris, Justique et Apollo ejus discipulorum, patrisque nostri Barsomæ Sapientis, patris nostri Benitii presbyteri, et abbatis Joannis ejus discipuli, et patris nostri abbatis Barsomæ nudi, et patris nostri abbatis Fegii nudi, et sancti N. cujus hodie memoriam celebramus, omnisque chori sanctorum tuorum, quorum precibus et supplicationibus miserere nostrum omnium, et libera nos propter nomen tuum sanctum quod invocatum est super nos.

Sacerdos. Memento etiam, Domine, omnium qui dormierunt et quieverunt in sacerdotio et omni ordine laicorum. Dignare, Domine, animas eorum omnium quiete donare in sinu sanctorum Abraham, Isaac et Jacob: induc eos in locum viridem super aquas refrigerii, in paradisum voluptatis, in locum unde fugiunt dolor cordis, tristitia, et suspiria, in lumine sanctorum tuorum.

Diaconi dicent diptycha, et nomina defunctorum recitabunt.

Sacerdos dicit post diptychon : Eos, Domine, quorum animas suscepisti, jube in hoc loco quiescere, et nos etiam hic peregrinos, in fide tua custodi, et pacem tuam nobis usque in finem benigne concede.

[76] Psal. LXVI, 2.

Populus. Sicut erat, etc.

Sacerdos. Et dirige nos in regnum tuum, ut sicut in hoc, ita etiam in omnibus laudetur, benedicatur et extollatur nomen tuum magnum, omnibus modis sanctum, excellens, venerandum, et benedictum, Jesu Christi etiam Filii tui dilecti, et Spiritus sancti.

Sacerdos. Pax omnibus.
Populus. Et cum spiritu tuo.

Proœmium ante fractionem.

Sacerdos. Iterum gratias agimus tibi, Deus omnipotens, Pater Domini Dei et Salvatoris nostri Jesu Christi, quod fecisti nos dignos consistendi in hoc loco sancto, levandique manus nostras, et nomini tuo sancto serviendi. Precamur eum rursus, ut nos efficiat dignos communione et participatione mysteriorum ejus divinorum et immortalium, corporis sancti et sanguinis pretiosi Christi ejus, omnipotens Dominus Deus noster.

Populus. Amen.

Cum dicet sacerdos hanc benedictionem, velum sericeum dextra gestans et ad occidentem conversus, eo velo populo signum faciet, manum super disco tenens; quando vero recitatur benedictio, diaconi dicent deprecationem, sacerdos vero faciem et oculos convertet ad corpus quod in disco positum est, dicetque :

Deus misereatur nostri et benedicat nobis: illuminet vultum suum super nos, et misereatur nostri [76].

Tum sacerdos sumet corpus sanctum manu dextra, imponetque sinistræ, ponetque digitum super corpus in latere despotici seu majoris **695** *particulæ, eo loco ubi fractum est, et dicet :*

Corpus sanctum.

Tolletque digitum suum de super corpore, immittetque in calicem, et intinget extremum pollicis sui sanguine pretioso : tum educet digitum e sanguine, et iterum signabit sanguinem sanguine, in modum crucis gloriosæ, et dicet :

Et sanguis pretiosus Christi ipsius omnipotentis Domini Dei nostri.

Tum educet digitum suum e calice sanguine pretioso tinctum, et signabit eo corpus una cruce, desuper fractura e latere majoris particulæ, et infra ex parte exteriori corporis, unam crucem formans super sanguinem, et duas super corpus.

Diaconus dicet : Orate.
Sacerdos. Pax omnibus.
Populus. Et cum spiritu tuo.

Oratio fractionis ad Patrem.

Sacerdos. Domine Deus noster, magne, æterne, gloriæ mirabilis, qui observas testamentum tuum, et promissiones tuas, iis qui te diligunt ex toto corde suo : qui dedisti nobis salutem a peccatis nostris per Filium tuum unigenitum Jesum Christum Dominum nostrum ; qui es vita omnium, auxilium eorum qui ad te confugiunt ; spes ad te clamantium ; coram quo consistunt millies mille et decies millies decem mille angeli et archangeli, cherubim et seraphim, et omnis multitudo innumerabilis potestatum coelestium ; qui sanctificasti has oblationes propositas, per illapsum super eas Spiritus sancti tui : munda nos, Domine, a peccatis nostris occultis et manifestis, et ab omni cogitatione quæ bonitati tuæ non placeat. Deus, hominum amator, talem a nobis repelle : purifica corpora et animas nostras, corda nostra et conscientias nostras, ut cum corde puro et anima lucida, inconfusa facie, charitate perfecta, et spe secura, audeamus cum fiducia et absque timore orare ad te, Deus Pater sancte et cœlestis, et dicere : « Pater noster. »

Oratio fractionis alia Basilii.

Deus, parens lucis, vitæ principium, scientiæ largitor, donorum creator, gratiose opifex, animarum nostrarum benefactor ; thesaurus sapientiæ, doctor sanctorum, fundator sæculorum, precum purarum susceptor, iis qui in eum toto corde confidunt donator munerum quæ desiderant angeli prospicere ; qui e profundo nos eduxit in lucem, qui dedit nobis vitam ex morte ; qui concessit nobis libertatem, et manumissionem a servitute ; qui tenebras erroris quæ in nobis erant illustravit, per præsentiam in carne unigeniti Filii sui. Tu ergo etiamnum, Domine, illustra oculos cordis nostri, et perfectos nos effice animis, corporibus, spiritibusque nostris, ut corde sancto et labiis puris audeamus orare te, Deus Pater, sancte qui es in cœlis, et dicamus.

Oratio fractionis alia Joannis Chrysostomi.

Dedisti nobis gratiam adoptionis, per lavacrum regenerationis et renovationis Spiritus sancti ; nunc autem dignos effice, ut absque hypocrisi, corde puro, conscientia fiduciæ plena, labiisque ab omni offensa liberis, oremus te, Pater, ut eas futilitates respuendo, quæ gentium multiloquii et Judaici supercilii sunt, possimus offerre tibi preces orationemque, juxta institutionem saluberrimam Filii tui unigeniti, voce pura, qualis Christianos decet ; et cum sanctitate animæ, corporis et spiritus, audeamus absque timore clamare ad te, increatum, absque initio, ingenitum, nostrum et omnium Dominum, Deum Patrem sanctum qui es in cœlis, et dicamus : « Pater noster, qui es in cœlis, etc. »

Oratio post Pater noster.

Ita nempe rogamus te, o Pater sancte et bone, bonitatisque amator, « ne nos inducas in tentationem [77], » neque permittas ullam iniquitatem in nos dominari [78], imo potius libera nos ab actionibus inutilibus, earumque cogitationibus, earum motibus, aspectibus earum, illecebris earum ; tentationemque exstingue et repelle a nobis. Coerce pariter motus illarum qui in nobis excitantur, et remove a nobis causas quæ nos ad peccandum impellunt : eripe nos per potestatem tuam sanctam per Christum Jesum Dominum nostrum.

Diaconus dicet : Inclinate capita vestra Domino.

Populus. Coram te, Domine.

Sacerdos dicet orationem inclinationis ad Patrem.

Superabundavit gratia bonorum opificis Filii tui unigeniti Domini Dei et Salvatoris nostri Jesu Christi. Confitemur passionem ejus salutarem, mortem ejus annuntiamus, credimusque ejus resurrectionem, mysterii complementum. Gratias agimus tibi, Domine Deus omnipotens, quia misericordia tua magna fuit erga nos, cum præparaveris nobis ea quæ angeli videre cupiunt. Petimus rogamusque te, amator hominum, ut nos omnes purifices et ad te colligas per communionem nostram mysteriorum divinorum tuorum, et pleni efficiamur Spiritu tuo sancto, [confirmemurque in fide recta, pleni item desiderio charitatis tuæ veræ, et gloriam tuam omni tempore enarremus per Jesum Christum Dominum nostrum.

Diaconus. Attendamus Deo cum timore.

Oratio absolutionis ad Patrem.

Sacerdos. Domine Domine Deus omnipotens, qui sanas animas, corpora et spiritus nostros, tu es qui dixisti Petro patri nostro, per os Filii tui unigeniti Domini Dei et Salvatoris nostri Jesu Christi, « Tu es Petrus, et super hanc petram ædificabo Ecclesiam meam, et portæ inferi non prævalebunt adversus eam, et dabo tibi claves regni cœlorum : quod ligaveris super terram, erit ligatum in cœlis, et quod solveris super terram, erit solutum et in cœlis [79]. » Sint etiamnum, Domine, patres et fratres mei absoluti ex ore meo, per Spiritum sanctum tuum, o bone et amator hominum. Deus, qui tollis peccata mundi [80], præveni eos, suscipiens pœnitentiam servorum tuorum ab ipsis, quæ sit lumen ad cognitionem, et remissio peccatorum nostrorum, quia tu [Deus miserator et misericors es, longanimis et multæ misericordiæ, et justus. Si in te peccaverimus verbo aut opere, parce et remitte nobis, bone et amator hominum. O Domine, absolve nos, et populus tuus absolutus sit.

Hic sacerdos meminit vivorum et mortuorum.

Memento, Domine pacis, unicæ, sanctæ, catholicæ et apostolicæ Ecclesiæ ; confirma in bono ad extremum usque vitæ spiritum, et custodi in pace omnes Patres nostros orthodoxos, episcopos, hegumenos, presbyteros, diaconos, subdiaconos, lectores, cantores, exorcistas, monachos, virgines,

---

[77] Matth. vi, 13.   [78] Psal. cxviii, 133.   [79] Matth. xvi, 18, 19.   [80] Joan. i, 29.

viduas, orphanos, continentes, laicos, servos, liberos, peregre absentes, et populum hujus loci, tam viros quam mulieres, senes et juvenes, parvos et magnos, qui venerunt, quique non venerunt : qui dixerunt nobis, ut eorum meminissemus, et qui non dixerunt ; quos novimus, et quos ignoramus ; qui odio nos, et qui amore prosequuntur. Vivos custodi per angelum pacis, et mortuorum animas fac, Domine, quiescere in sinu Patrum nostrorum sanctorum Abraham, Isaac et Jacob, in paradiso voluptatis. Et omnes Christianos orthodoxos, ab ortu solis usque ad occasum, et a dextra ad sinistram, singulos, Domine, conserva in pace : et infirmitatem meam solve ab omni peccato, omnique maledicto, omnique abnegatione et perjurio, omnique stultitia, tam hæreticorum, quam ethnicorum. Concede nobis, Domine, intellectum, robur et intelligentiam, ut ad finem usque fugiamus ab omni re mala in oppositam, et da nobis ut faciamus omni tempore id quod tibi acceptum est. Scribe nomina nostra cum omnibus choris sanctorum tuorum, in regno cœlorum, per Jesum Christum Dominum nostrum.

Diaconus. Cum timore Deo attendamus.
Populus dicet. Unus Pater sanctus.
Ubi diaconus dixerit. Cum timore, etc.
Populus. Kyrie, eleison.

Sacerdos attollit despoticon manibus sublatis, et inclinat se, tum clamat alta voce, Sancta sanctis. *Omnesque e populo prostrati erunt in terram super facies suas : immittetque sacerdos despoticon in sanguinem, extrema sui parte, formabitque cum eo crucem unam in sanguine : tum educet, et eo signabit corpus sanctum in disco, cruce una : tum signabit eum semel sanguine pretioso in modum crucis, et ita perficiet tres ex sanguine super corpus. Peractis vero signationibus tribus, mittet despoticon in sanguinem, intra calicem, dicens :*

Benedictus Dominus Jesus Christus Filius Dei, et Spiritus sanctus. Amen.

Tum accipiet sacerdos tertiam partem in qua erat despoticon, dividetque in tres partes : quodsi fuerint magnæ, franget eas in disco, et tres partes manui dextræ imponet, quam retinebit elevatam : lævam vero intra discum, et dicet :

Corpus sanctum et sanguis pretiosus, purus, verus, Jesu Christi Filii Dei nostri. Amen. Corpus et sanguis Emmanuelis Dei nostri, hoc est in rei veritate. Amen. Credo, credo, credo et confiteor, usque ad extremum vitæ spiritum, hoc esse corpus vivificum Filii tui unigeniti Domini Dei et Salvatoris nostri Jesu Christi : accepit illud ex omnium nostrum Domina, Deipara, diva et sancta Maria, et unum illud fecit cum divinitate sua, sine confusione, commistione, aut alteratione. Confessus est confessionem bonam coram Pontio Pilato, et tradidit se ipsum pro nobis super lignum crucis sanctæ, sola sui ipsius voluntate, pro nobis omnibus. Vere credo ipsius divinitatem separatam non fuisse ab ipsius humanitate, ne unica quidem hora aut nictu oculi : tradidit illud pro nobis ad salutem, remissionem peccatorum et vitam æternam ei qui illud percipiet. Credo hoc in rei veritate ita esse.

Deinde sacerdos teget corpus sanctum velo sericeo, alio obvolvet manus suas : similiter diaconus calicem bombycino operiet ; tum sacerdos caput inclinabit, et dicet :

Omnis honor, gloria et adoratio debetur Trinitati sanctæ, Patri, Filio et Spiritui sancto.

Deinde sacerdos osculabitur altare, caputque inclinabit fratribus suis sacerdotibus, et populo dextrorsum et sinistrorsum ; deteget latus disci coram se, canentque ex psalmo, et dicet sacerdos secreto :

Dignos fac, Domine, nos omnes ut corpus tuum sanctum percipiamus, et sanguinem tuum pretiosum ad mundationem corporum, animarum spirituumque, et peccatorum nostrorum remissionem comparandam.

Tum communicabit sacerdos, corpusque et sanguinem pretiosum sacerdoti socio distribuet ; tum ministris et populo deinceps : tandemque mulieribus ex altari cum disco descendens.

Dicet diaconus : Orate pro omnibus Christianis.

Oratio gratiarum actionis post communionem.

Sacerdos. Ora nostra repleta sunt gaudio, et lingua nostra exsultatione, quia participes facti sumus sacramentorum tuorum immortalium, Domine ; quia quæ oculus non vidit et auris non audivit, nec humanum cor comprehendit, illa ipsa præparasti, Deus, diligentibus nomen tuum sanctum [81], et revelasti ea parvulis [82] Ecclesiæ tuæ sanctæ. Ita, Pater, fuit beneplacitum ante te [83], quia tu misericors es, et mittimus tibi sursum gloriam, honorem et adorationem, Patri, Filio, et Spiritui sancto, nunc et semper, etc.

Oratio inclinationis post communionem.

Sacerdos. Servi tui, Domine, qui tibi ministrant, orant nomen tuum sanctum, simulque coram te se inclinant. Esto in illis, Domine, ambula inter eos, adjuva illos in omni opere bono, erige corda eorum ab omni perversa et terrena cogitatione. Da illis ut vivant et cogitent ea, quæ ad vitam pertinent, intelligantque quæ tua sunt, per Filium tuum unigenitum Jesum Christum Dominum nostrum, ad quem nos et omnis populus tuus clamamus dicentes : Domine, miserere nostri, o Salvator.

Sacerdos dicet benedictionem.

O Domine, esto nobis misericors, benedic nobis, ostende faciem tuam super nos [84], et miserere nostri. « Domine, salvum fac populum tuum, benedic hæreditati **697** tuæ, et rege eos, et extolle illos usque in æternum [85]. » Conserva illos in fide recta,

---

[81] I Cor. II, 9. [82] Matth. XI, 25. [83] ibid. 26. [84] Psal. LXXIX, 4. [85] Psal. XXVII, 29.

gloria, et honore, omnibus diebus vitæ suæ, et constitue illos in charitate quæ omnia superat, et pace quæ omni intellectu superior est, per preces et orationes, quas faciet pro nobis Domina omnium nostrum, Mater Dei, diva et sancta Maria, et quatuor lucidi sancti Michael, Gabriel, Raphael et Suriel, et quatuor animalia incorporea, necnon viginti quatuor presbyteri, cherubimque, seraphim et cœlestes ordines. Per orationes patriarcharum et prophetarum, Joannis Baptistæ, et centum quadraginta quatuor millium, dominorumque Patrum apostolorum, trium sanctorum puerorum, sancti Stephani, sancti domini Georgii, sancti utriusque Theodori, et sancti Patrumque amatoris Mercurii, sancti Patris Mennæ, et omnium chororum martyrum, et Patris nostri Antonii viri sanctissimi, sanctorumque patrum trium Macariorum, omnisque chori cruce signatorum, justorum piorum, sapientum virginum, et angeli diei istius benedicti. Veniat benedictio eorum, charitas eorum, patientia eorum, auxilium eorum : et benedictio dici Dominicæ Salvatoris nostri boni sit cum omnibus nobis usque in æternum. Amen.

Cum absolverit vasorum ablutionem, bibet aquam in iis residuam, dimittetque plebem benedictione recitata.

Explicit Missa Basilii.

ORATIONES SIVE EXORCISMI
MAGNI BASILII

In obsessos dæmonibus et quamlibet infirmationem (1).

(GOAR, *Euchologium Græcum*, p. 729.)

Deus deorum, et Dominator dominantium, igneorum exercituum conditor, et virtutum immaterialium opifex, cœlestium et terrestrium artifex, « quem nullus hominum vidit, sed neque videre potest [86], » quem timet et tremit universa creatura, qui superbientem quondam ducem perduellemque ejus exercitum in terram dejecisti, et omnes angelos ejusdem defectionis reos, dæmones factos in abyssi tenebras detrusisti : exorcismum hunc tremendo tuo nomine absolvendum nequitiæ præfecto et omnibus cohortibus ejus superno lumine lapsis terrori fieri concede, in fugam illum verte, ipsique et dæmonibus ejus omnino discedere præcipe; ne quid noxium signatæ a te imagini moliatur ; sed animum fortem hi virtute consignati, calcandi serpentes, scorpiones, et omnem inimici potestatem [87] assumant. Laudatur enim et magnificatur, et ab omni spiritu in timore celebratur sanctissimum nomen tuum, Patris, et Filii, et Spiritus sancti, nunc et semper, et in sæcula sæculorum. Amen.

Alia ejusdem oratio.

Dominum precemur.

Exorcizo te, blasphemiæ auctorem, rebellionis antesignanum, nequitiæ vexilliferum. Exorcizo te, qui e superno lucis consortio ejectus es, et in abyssi tenebras propter elationem detrusus. Exorcizo pater et omnem virtutem tecum lapsam, tui propositi sequacem. Exorcizo te, spiritus immunde, per Deum Sabaoth, et omnem angelorum Dei, Adonai, Eloi, Dei Omnipotentis exercitum : exi, et a servo Dei hoc discede. Exorcizo te per Deum cuncta verbo creantem, et per Dominum nostrum Jesum Christum unigenitum ejus Filium, ante sæcula ab eo ineffabiliter et absque mutatione genitum, visibilis et invisibilis creaturæ conditorem, qui hominem ad imaginem suam formavit, qui naturæ lege primum eum instruens, et angelorum tutela custodiens, cœli reseratis cataractis, ejus demum peccata diluvio disperdidit ; et impiis deinde gigantibus profligatus, profanorumque turre concussa, Sodomorum et Gomorrhæorum terram igne, sulphure et cinere (cujus testis est evaporans perennis fumus) consepelivit; qui virga mari percusso, et siccis pedibus transfretato populo, tyrannum Pharaonem, et adversum Deo exercitum impietatis arma moventem, in æternum fluctibus obruit. Qui posteris temporibus e Virgine pura, salvo pudoris ejus sigillo, ineffabiliter incarnatus, vetustas sordes nostras transgressionis delicto contractas in sese abluere sustinuit. Exorcizo te per eum qui in Jordane baptizatus est, et per gratiam incorruptionis exemplar in aquis nobis exhibuit. Cujus ratione angeli et omnes cœlorum virtutes viso Deo incarnato obstupuerunt, cum principii exsors Pater, generationem Filii causæ expertem revelavit, et Spiritus sancti

---

[86] I Tim. vi, 16. [87] Luc. x, 19.

(1) Liturgiæ Basilianæ hæc subjicienda judicavimus, quæ inter dubia merito locum habent. EDIT. PATR.

descensus Trinitatis unioni testimonium perhibuit. Exorcizo te per eum qui venti procellam increpavit, qui maris tempestatem sedavit, dæmonum catervas fugavit, pupillas oculorum a nativitate lucis expertes luto cæcis ut respicerent coaptavit, et veterem generis nostri massam reformavit, mutis loquelam restituit, lepræ plagas abstersit, mortuos a monumentis excitavit, et ad sepulturam usque cum hominibus est conversatus, et resurrectione deprædatus est infernum, et omnem hominem morti insuperabilem reddidit. Exorcizo te per Deum omnipotentem, homines cœlitus inspirata voce afflantem, apostolis opitulantem, et orbem universum pietate replentem. Extimesce, fuge, evola, discede, dæmon impure, sceleste, terrene, abysso recluse, seductor, informis, propter impudentiam visibilis, propter simulationem invisibilis, ubicunque reperiaris, aut latites : sive ipse sis Beelzebub, aut commovens, aut draconiformis, aut ferina facie ; vel ut vapor, vel ut avis, vel noctiloquus, vel surdus, vel privatus loquela, vel derepente terrens, vel discerpens, vel ponens insidias, vel somnum gravem inducens, vel morbum, vel debilitatem, vel risu agitatus, vel dulces lacrymas excitans, vel lascivus, vel fœtidus, vel libidinosus, vel voluptuosus, vel gaudens venenis, vel amore insaniens, vel astrorum inspector, vel reclusus, vel impudens, vel contentiosus, vel inconstans, vel cum luna mutabilis, vel omni tempestate circumactus, vel matutinus, vel meridianus, vel nocturnus, aut intempestivus, aut antelucanus, si sponte occurreris, aut ab aliquo missus fueris, si derepente ingrueris, in mari, in flumine, sub terra, in puteo, in loco præcipiti, in fovea, in lacu, in loco calamis consito, in silva, in loco a terra remoto, vel immundo, in saltu, in quercetis, in arbore, in ave, in fulgure, e balnei tecto, e piscina, ex idolorum fano, aut unde novimus vel ignoramus ; sive sis notus aut ignotus, aut e quocunque incircumspecto loco ; dividere, et elongare, imaginem Dei manu efformatam erubesce ; similitudinem incarnati Dei extimesce, ne in servo Dei hoc abscondaris, ne virga ferrea, ignis fornax, tartarus, et dentium stridor, inobedientiæ tuæ pœna te maneat. Time, obmutesce, fuge, ne subterfugias, ne abscondaris alia immundorum spirituum versutia : sed abi in terram inaquosam, desertam et incultam, quam homo non habitat, Deus autem solus circumspicit, qui omnes invidentes et insidiantes suæ imagini, tenebrarum vinculis alligatos, et te in malis omnibus expertum malorumque inventorem diabolum in longam diem et noctem perpetuam constrictum tenebit. Quia Dei timor magnus, et magna est gloria Patris, et Filii, et sancti Spiritus, nunc et semper, et in sæcula sæculorum. Amen.

697. *Alia ejusdem oratio.*

Deus cœlorum, Deus luminum, Deus angelorum tuæ potestati subditorum, Deus archangelorum tuæ fortitudini subjacentium, Deus gloriosarum dominationum, Deus sanctorum, Pater Domini nostri Jesu Christi, qui animas morte captivas vinculis solvisti, qui per unigenitum Filium tuum primum hominem tenebris confixum illuminasti, qui doloribus nostris solutis onus omne dissipasti, qui omnem inimici insultum a nobis elongasti : Fili et Verbum Dei, qui morte tua nos immortales, et gloria quoque tua effecisti beatos, et ex hominibus deos evadere concessisti : qui soluto omni peccatorum nostrorum per crucem tuam vinculo, et contritione nostra assumpta et curata, viaque nobis in cœlum strata, corruptionem in immortalitatem convertisti : exaudi me affectu et timore clamantem ad te, cujus timore montes, cum ejus quæ sub cœlo est firmamento, tabescunt, cujus virtute mutæ elementorum formæ terminis suis sistentes tremunt, per quem vindictæ ignis limites sibi præstitutos non excedit, sed stat voluntatis tuæ nutum præstolatus, per quem creatura omnis parturit suspiriis inauditis emissis ad tempus usque præfinitum jussa consistere, quem contraria omnis natura fugit, quo inimici acies domatur, dæmon excidit, serpens conculcatur, draco de medio tollitur ; per quem gentes nomen tuum profitentes illustratæ sunt, et in te, Domine, devictæ sunt ; per quem vita apparuit, spes firmata est, roborata est fides, prædicatum est Evangelium ; per quem homo in te credens reformatus est. Quis enim sicut tu, Deus omnipotens? Propterea rogamus te, Deus patrum nostrorum, Deus misericordiarum æterne, et super omnem substantiam, accedentem ad te in sancto tuo nomine et dilecti Filii tui Jesu Christi, et sancti, et omnipotentis, et vivifici tui Spiritus suscipe : ab anima ejus infirmitatem omnem, infidelitatem omnem, omnem spiritum immundum, discerpentem, subterraneum, igneum, fœtentem, libidinosum, auri vel argenti cupidum, superbum, fornicarium, omnem dæmonem immundum, tenebrosum, informem, impudentem expelle. Ita, Deus noster, amove a servo N. omnem diaboli operationem, omnem magiam, et veneni affectum, idololatriam, divinationem, astrologiam judiciariam, necromantiam, aruspicum et ariolandi artem, voluptuosam passionem, libidinem, avaritiam, ebrietatem, fornicationem, adulterium, impuritatem, inverecundiam, iram, contentionem, inconstantiam, et suspicionem omnem malignam. Ita, Deus noster, Spiritum tuum pacificum inspira in illum, ut ab eo custoditus fructus producat fidei, virtutis, sapientiæ, puritatis, continentiæ, dilectionis, bonitatis, spei, mansuetudinis, longanimitatis, patientiæ, modestiæ, intellectus ; quia servus tuus in nomine Jesu Christi vocatus est, et suffragantibus angelis, archangelis, gloriosis dominationibus, et omni cœlesti exercitu fidem in te habet. Cum illa etiam corda nostra custodi, quia potens es, Domine, et tibi gloriam referimus, Patri, et Filio, et sancto Spiritui, nunc et semper, et in sæcula sæculorum. Amen.

ALIA EJUSDEM ORATIO.

(FABRIC. *Bibliotheca Græca*, ed. Harles, tom. IX, p. 63.)

Malorum tolerator et sempiterne rex, qui in lignum sustulisti condemnationem, quæ per lignum nata erat, atque te ipsum longanimitatis præbuisti exemplum iis, qui vestigia tua sectanda eligunt; tu qui pro Dei hostibus in crucem te agentibus intercessionem obtulisti ipse coæterno Patri : hominum amator, Domine, ignosce illis, quibus exosi sumus, quique insidiantur nobis, nos calumniantur, illudunt, aut nobis invident, aut quocunque modo ex insidiis et contumelia dæmonis, odio gaudentis, nos oderunt et aversantur, ignosce illis stoliditatis in nos suæ peccatum, muta animos ipsorum, et ex malitia ad moderationem traducito. Cordibus ipsorum inspira charitatem, alienam ab omni dolo ac simulatione. Constringe nobis illos indissolubilibus benevolentiæ spiritalis vinculis, et notis tibi rationibus eos vitæ tuæ puræ ac sinceræ participes perfice. Iis vero, qui nos amant, aut corporalibus necessitatibus propter sanctum nomen tuum ministrant, opulenta dona tua rependle, et sorte ac præmio dignare illos fidelium ac prudentium œconomorum. Illos quoque, qui bono animo, infirmitatis nostræ memores, pro nobis orant, larga gratia tua remunerare. Quique miseris nobis et indignis injunxerunt ut pro illis oraremus, his, quæ e re ipsorum sunt, benigne largitor, præbe, quæ salutis suæ causa te orant, et divitem misericordiam ac locupletes miserationes tuas ad illos demitte. Miserere omnium, misericors Domine, qui tibi confidunt, omnes ad divinum amorem tuum attrahe. Tuere omnes ac defende et suscipe, nosque peccatores et inutiles, servos tuos ac regni tui hæredes redde. Tuum enim est misereri, nosque salvare, o Deus noster, quoniam tua est potentia in sæcula. Amen.

S. P. N. BASILII SERMO OB SACERDOTUM INSTRUCTIONEM.

(Angelo MAI, *Biblioth. nova Patrum* t. VI, p. 584, ex cod. Vat. 2157.)

697 " Attende tibi, o sacerdos, et vide ministerium quod accepisti, ut ipsum cum Dei timore exerceas [88]. Videsis : non enim terrestre tibi commissum est ministerium sed cœleste, non humanum sed angelicum. Stude temet exhibere operarium irreprehensibilem, rectam veritatis doctrinam tradentem. Cave ne ad synaxim consistas, habens cum aliquo inimicitiam, ne Paracletus a te fugiat. Die synaxeos ne quemquam in judicium voces, neque omnino contendas, sed in abdito ora, lectioni vacans usque ad hanc horam; atque ita compunctus ad sanctum altare accede. Neque hac illac circumspectes, neque preces festinando decurtes; nec, dum oras, cujuslibet hominis respectum habeas, sed præsentem specta regem, et circumstantes angelos. Nec quidquam simules, neque divinum corpus, cum non oportet, distribuas. Dignum te effice sacris canonibus, et quomodo hi præcipiunt, sic liturgiam exerce. Considera igitur, quomodo ad sanctam mensam venias, quomodo rem sacram opereris, et quid distribuas, et quomodo retineas. Cave itaque, ne Dominica præcepta obliviscaris, et discipulorum ejus traditiones. Dicit enim : « Nolite dare sancta canibus, nec projicite margaritas meas ante porcos [89]. » Videsis ergo et tu, ne humano metu abducaris, et Dei Filium indignorum manibus tradas : sed neminem ex terræ proceribus reverearis, et ne diadema quidem gestantes expavescas hora illa qua liturgiam peragis. Observa eos qui volunt sacra dona in suis ædibus participare; tu videbis ministros etiam a feminis munerari, et quidem etiam ab indignis. Videsis itaque, quomodo sacri canones ac synodi sanctorum Patrum decreverint, atque ita te gere, neque distribuas indignis sive laicis sive clericis, ob eum finem, ut ad orthodoxam fidem ipsos convertas. Væ illis, qui talibus tradunt ! Cave insuper ne muscæ in sanctum calicem decidant, aut hic humectetur, aut fiat mucidus, aut pulvere sordidetur, aut hæreticorum manu contrectetur. Vide etiam, quomodo reponas post absolutam liturgiam, ne te festinante margarita decidat, aut in calice remaneat, vel habens laticem sanctus calix pulvere inquinetur. Sed utraque re recte composita, abi in pace. Hanc traditionem si observaveris, o sacerdos, salvabis te atque illos quos docturus es; orans etiam pro me misero Dominum, cui debetur gloria per sæcula. Amen.

[88] Coloss. IV, 17. [89] Matth. VII, 6.

SANCTI BASILII

TRACTATUS

DE CONSOLATIONE IN ADVERSIS.

Incerto sed antiquo interprete (1).

697 1. Quemadmodum navis cum undarum tempestate quassatur, nisi gubernatorem peritissimum habeat, a fluctibus maris cito conteritur, ita et homo cum in aliquibus adversis fuerit constitutus, nisi habuerit mentem divinis eloquiis eruditam, cito animus ejus frangitur, et salutis suæ sustinet damnum. Quisquis ergo ille es positus in adversis, paulisper, peto, verbis meis aurem diligenter accommoda, ut tibi in quantum possum, consolationem ex Scripturarum fontibus proferam. Igitur si egestate constrictus, penuriæ pondere opprimeris; si amissa sæculi dignitate, ignobilitatis te vita contristat; si membrorum fortitudinem subsequens languor debilitat; si exstinctis charis et liberis, tristitia sæculi animum tuum mentemque conturbaverit, vel si lepræ macula corpore ac membris repletus, populi multitudine et turba carueris: noli tamen in his adversis positus frangi, vel mente concidere; sed ad Dei potius præcepta confugias, ut inde consolationem calamitatis tuæ assumas; ut ex verbis Dominicis instructus, velut optimus gubernator navigium tuum, hoc est, conversationem vitæ tuæ, in portum tranquillitatis inducas. Ne ergo velis, frater dilectissime, odii causa existimare Deum super nos castigationem inducere: imo erga nos maxime vera ejus charitas approbatur; ita enim te per Salomonem ipse Dominus in Proverbiis monet: *Fili, noli deficere a disciplina Domini, ne fatigeris cum ab eo corrigeris: quem enim diligit Dominus, corripit* [90]. Nam et pater, quamvis charissimum filium, in errore inventum castigat; et magister sæpe discipulum, ut in melius proficiat, verberat.

2. Duplex autem causa est ob quam castigatio divinitus hominibus irrogatur. Flagellat interea justum, ut emendetur in melius, et pristinæ conversationis corrigat vias. Et hoc esse ita, divinis eloquiis approbabo. Sed primum convenit explicare quod justus propterea affligitur, ut per tentamenta plurima probetur. *Omne gaudium existimate, fratres mei, cum in tentationibus variis incideritis, scientes quod probatio fidei vestræ patientiam operatur,* inquit Jacobus in Canonica [91]. Item in sequentibus ponit et dicit: *Beatus vir, qui suffert tentationem, quoniam cum probatus fuerit, accipiet coronam vitæ, quam repromisit Deus diligentibus se* [92]. Unde ergo gaudendum est, charissime, cum corpus hoc nostrum affligitur, vel cum Dei judicio duris examinatur laboribus. Nec enim tantum in prosperis quantum in adversis convenit gloriari Christiano. Audi denique in quibus Paulus glorietur: *Gloriamur,* ait, *in spe charitatis Dei: non solum autem, sed et gloriamur in tribulationibus, quia tribulatio patientiam operatur; patientia autem probationem, probatio vero spem. Spes autem non confundit, quia charitas Dei diffusa est in cordibus nostris per Spiritum sanctum qui datus est nobis* [93]. Vide quantæ virtutes justis viris ex tribulationibus oriuntur. Et quemadmodum terra cum fuerit pinguis ac fertilis, nisi per industriam agricolæ crebro ac jugiter fuerit culta, non solum fructus hominibus denegat, verumetiam e contrario generat spinas: ita justus, nisi variis tentationibus fuerit confectus assidue, non solum ipse non proficit, sed aliquoties in lapsum incurrit. Et hoc ita esse, supradicti magistri docemur exemplo. Qui cum multis de virtutibus sibi conscius esset, et in tantis meritis coram Deo processisset, ut usque ad cœlum tertium raptus, et in paradisum ductus, ineffabilia verba audisset: ne tamen eum pro virtutibus superbiæ tumor invaderet, et gratiam meritorum amitteret, colaphizandum eum divina Providentia angelo Satanæ tradidit; in quo ille exsultans, ita ad Corinthios scripsit: *Ex sublimitate,* inquit, *revelationum ne extollar, datus est mihi stimulus carnis meæ, angelus Satanæ, qui me colaphizet, ut non extollar. Propter quod ter Dominum rogavi ut discederet a me, et dixit mihi: Sufficit tibi gratia mea; nam virtus in infirmitate perficitur* [94]; et iterum: *Placet mihi in infirmitatibus, in contumeliis, in necessitatibus, in persecutionibus, in angustiis pro Christo: cum enim infirmior, tunc potens sum* [95].

3. Gratulanter igitur ac patienter omnia adversa mundi quæ nobis inferuntur, debemus excipere; scientes nos certissime tunc in Dei esse memoria. **698** Valde enim delicatus est qui et in hac vita constitutus, abundanter vult omni lætitia perfrui, et in

---

[90] Prov. III, 11, 12. [91] Jac. I, 2, 3. [92] ibid. 12. [93] Rom. v, 2-5. [94] II Cor. XII, 7-9. [95] ibid. 10.

(1) Vide Præfationem, § 14.

futuro sæculo dona cœlestia adipisci. Quis enim aliquando sanctorum a periculis sæculi potuit esse immunis ac liber? Quia si diligenter eorum scrutaberis vitam, nullum absque tentationibus de hoc mundo migrasse reperies : sed omnes diversas tribulationes quas habet mundus, patientissime tolerantes, ad veram et incorruptam gloriam pervenerunt. Denique Abraham patriarcha tanta gratia fidei erat repletus, et in tantum dilexerat Dominum, ut charissimum pro eo filium pene gladio interimeret [96]. Magis enim voluit parricida audiri, quam Dei imperium præterire; præscius enim erat vocis salutaris dicentis : *Si quis dilexerit filium aut filiam super me, non est me dignus* [97]. Ut Deo igitur dignus haberetur, secundum ejus præceptum, filium unicum hostiam offerebat; et quem hæredem putabat, interficiendum propriis manibus non dolebat. Cur igitur non dolebat? Quia cor ejus amor divinus accenderat, et calor fidei ejus omnem dolorem exstinxerat. Talis igitur ac tantus patriarcha Abraham, sic amabilis Deo et charus, cui etiam ipse Dominus testimonium perhibuit, dicens : *Nunc cognovi quoniam tu times Deum tuum, et non pepercisti filio tuo dilectissimo propter me* [98], non potuit esse immunis, ut absque tribulatione ac tentamentis securam degeret vitam; sed omnia perpessus adversa, meruit omnium sanctorum pater audiri. Denique cum quodam tempore pestilentiam famis prævalere in terra sentiret, et cum Sarra conjuge sua in Ægyptum descendisset, timens ne ab Ægyptiis propter pulchritudinem interficeretur uxoris, ait ad eam : *Ne me dixeris virum tuum esse, sed fratrem me potius confitere, nequando me interfecto, te possideant* [99]. Nulli esse dubium puto, qualem quis possideat mentem, quando interfectionem sibi imminere suspicatur, quando vicinam mortem ab aliquo sibi opinatur inferri. Non cibus vel potus ei dulcis est, sed amarus; sed et cum somnus eum oppresserit, etiam tunc jugulari se a carnifice perspicit in sopore. Quamvis ille auxilio Dei protectus, ab omnibus perseverabat illæsus, verumtamen suspicione contritus, magna eum formido invaserat. Aliam quoque parem tribulationem in terra Geraram sub Abimelech rege perpessus est : et eos quos adversarios metuebat, et a quibus sibi imminere mortem putabat, ab his maximis honoribus Dei nutu venerabatur [1]. Isaac quoque filius ejus similem tribulationem in terra Geraram ipse sustinuit. Nam et ipse timens ne interficeretur, Rebeccam uxorem, sororem esse confessus est : sed etiam nihilominus maximas tribulationes perpessus est [2]. Denique cum Jacob Esau fratrem suum benedictionis causa persequeretur, in terram Mesopotamiam Jacob mortis formidine effugatus est [3]. Nam et quando filium ejus Joseph fratres in Ægypto vendiderunt, et patri nuntium retulerunt, dicentes eum a bestia devoratum, tantum ei dolorem incusserunt, ut vestimenta propria scindens, et squalore se sacci operiens, filium amantissimum lugeret amissum [4]. Ipse quoque Joseph multa tentamenta perpessus, probabilis factus est. Denique æmulationis causa in Ægypto a fratribus in servitutem redactus est. Itaque dominus suus bonam ejus conversationem aspiciens, principem eum domus suæ constituit. Domina vero propter speciem decoris in amore adolescentis turpiter colligata est, et capta fœditate libidinis, famulum Christi conabatur invadere. Cumque talibus accensa ardoribus sæpius eum ad opus sceleratissimum invitaret, et ille tam dirissimum facinus perpetrare abnueret, una e diebus solum eum operantem reperiens accessit, et per vestimentum eum tenuit impudenter, et veneno mortifero ore repleto ait ad eum : *Concumbe mecum* [5]. O perniciosa cohortatio! Impudentissima mulier, hanc mihi oblationem profers temporalem, ut lætitia me sempiterna defraudes! Quid mihi vipereo ore morbum pestiferum et insanabilem conaris infundere? quid ad deceptionem meam profers verborum blandimenta, quæ dolo et amaritudine plena sunt? Mel quidem labia tua lallare videntur, sed vitanda est talis dulcedo quæ postremo fel efficitur. Per te enim a principio diabolus de paradiso Adam protoplastum expulit : sed illius expulsio ad meam cautelam proficiet. Venumdatus sum, ut tibi servitutem exhiberem, non ut in tuum adulterium fœdissimum consentirem ; venumdatus sum, ut tibi obsequium præberem, non ut castitatem meam perderem. Licet ob fratrum meorum invidiam servus hominum factus sum, peccati non efficiar servus. Patrum meorum sequor vestigia, criminis tui particeps esse non patior. Tunc Joseph relinquens vestimenta in manibus ejus, nudus exiit foras; licet indumento corporis nudus, castitatis gloria coopertus. Vestimentum quidem, quod veterascit, et a tineis devoratur, reliquit ; sed pudicitia, quæ semper floret, indutus abscessit, et oblectatione spurcissima irritari non passus est. Sed illa impudens cum se confusam intuetur, et a viro castissimo triumphatam, omnem ardorem libidinis deflectit in furiam, et veniente marito, verbis accusat innoxium : *Induxisti*, inquit, *ad nos puerum, qui nos deludat* [6]. At ille verbis fallacibus persuasus, statim eum detrusit in carcerem; sed Deus erat cum eo. Et licet retrusus humiliaretur in vinculis, liberabat eum puritas mentis : etsi squalore ergastuli membra horrebant, pudicitia animæ refulgebat. Sed Dominus, semper qui innocentibus præsto est, et qui exaltare humiles consuevit, ab omnibus tribulationibus eum eripuit, et totius terræ Ægypti dominatorem constituit. Et iste quem in servitutem venumdederunt fratres, paulo post ma-

---

[96] Genes. xxiii, 1 sqq. [97] Matth. x, 37. [98] Genes. xxii, 13. [99] Gen. xii, 13. [1] Gen. xx, 1 sqq. [2] Gen. xxvi, 7 sqq. [3] Gen. xxvii, 43 sqq. [4] Gen. xxxvii, 28 sqq. [5] Gen. xxxix, 12. [6] Gen. xxxix, 14.

lorum omnium immemor, fratribus alimenta præbebat; et quia Domini nostri Salvatoris typum gerebat, pro malis bona retribuebat.

4. Idcirco autem Job exemplum nobis producatur in medium, quod velut generalis medela infirmas et invalidas mentes satis superque roborare sufficiat. Si quis enim quibuslibet oppressus miseriis, si quis innumeris calamitatibus occupatus, hunc virum diligenter mentis obtutu perspexerit, maximam ex eo consolationem sui doloris inveniet. Iste enim in tantum divino famulatui se mancipaverat, et ita Dominum inculpate colebat, ut ita laudari ejus præconio mereretur. Sic enim divina Scriptura testatur : *Ait*, inquit, *Dominus diabolo, Considerasti sensu tuo puerum meum Job, quia non est ei similis quisquam in terris, homo sine crimine, verax Dei cultor* [7] ? Sed et pro filiis in tantum erat sollicitus, ut pro eis sacrificia quotidiana offerret. Et quidem cum Scriptura nulla filiorum delicta commemoret, ille tamen, qui vere ac religiose filios diligebat, timebat ne forte in corde suo, ut homines, aliquid cogitarent adversum Deum, malitiæ : et sola opinione conterritus, per divinas hostias filiorum corda mundabat. Quanti hodie patres filios aperte negligere in multis ac peccare conspiciunt, et non solum sacrificia pro eis non offerunt, sed nec sermonem ad arguendum eos proferunt, ut pravas derelinquant vias ! Et dum eos contristare nolunt ad modicum, æternam eis tristitiam generant ! Sed hujusmodi patres ostendunt se non veram charitatem habere, sed falsam : si autem eos diligerent, utique secundum Scripturam diligenter corriperent ; sed propterea fortasse peccantes filios negligunt, quia nec suæ salutis aliquando curam habuerunt. Beatus autem Job, quemadmodum ipse sine querela Domino serviebat, ita filiorum corda donis ac muneribus procurabat. In viduis autem fidelibus quam misericors fuerit, ipsum ausculta dicentem : *Os*, inquit, *viduæ benedixit me : justitia autem indutus eram. Vestitus eram judicio sicut chlamyde. Oculus eram cæcorum, pes autem claudorum. Ego autem eram pater impotentium* [8]. Sed et quod infinitas possederit divitias, Scriptura testatur : *Fuerunt*, inquit, *Job filii septem, et filiæ tres; et erant pecora ejus oves numero septem millia, cameli tria millia, juga boum quingenta, asini feminæ gregales quingentæ, et ministerium multum nimis habuit* [9]. Audiens itaque cum ille bonorum æmulus divina voce laudari, invidiæ livore exarsit, et postulavit a Domino ut suæ ditioni ejus traderet facultates : et ecce subito diversis modis omnem ejus substantiam vastare aggreditur, et tunc de præda jumentorum, modo de combustione ovium, post hæc de interfectione nuntiat famulorum. Ipse enim diabolus qui hæc cuncta agebat, ipse quoque nuntium deferebat. Nec tamen ex improviso tantam perniciem inferens, virtutem fidei ejus potuit frangere, vel animum illius in verba blasphemiæ declinare. Noverat enim Job nihil se intulisse in hunc mundum, verum nec auferre quid posse [10]. Ad ultimum autem, cum ei de filiorum ac filiarum nuntiatum est nece, commota sunt viscera ejus, et ita vestimentum proprium scidit, ac sui capitis comam totondit, et in eam terræ pulverem sparsit. Nec tamen, hæc faciens, in verba blasphemiæ mens ejus inflexa est ; sed confestim ad Dei laudes conversus, procidens in terram adoravit et dixit : *Nudus exivi de matris utero, nudus etiam vado sub terram. Dominus dedit, Dominus abstulit : sicut Domino placuit, ita factum est ; sit nomen Domini benedictum* [11]. Magnum nobis Job sanctissimus documentum ostendit, ut contra omnes fluctus sæculi turbulentos mens nostra inconcussa permaneat, ne fatigati adversis in verba blasphemiæ erumpamus ; sed ut iisdem verbis utamur, quibus et ipse usus est dicens : *Sit nomen Domini benedictum in sæcula*. Sed insatiabilis adversarius cum tot damnis eum afficiens nihil in eum agere potuisset, et cum rursum eum a divina potentia laudari audisset, ait ad Dominum : *Pellem pro pelle, et omnia quæcunque habuerit homo, pro anima sua dabit : sed mitte manum tuam, et tange ossa ejus et carnes, et vide an in faciem tibi benedicat* [12]. Tunc Dominus, præscius omnium futurorum, tradidit ei corpus tantummodo, animam autem custodire præcepit. Tradidit eum Dominus, non ut voluntati diaboli pareat, sed ut famulum suum probabiliorem efficiat, et ejus tolerantia in universo mundo clarescat. Tunc percussit Job vulnere pessimo a pede usque ad caput ; et tulit testam ut saniem vulnerum raderet [13], et sedebat in stercore extra civitatem, qui paulo ante in regali sedebat solio ; et despiciebant eum universi, quem primum subditi metuebant. Isti igitur tali ac tanto, qui in tanta excellentia enitebat, nunc uxor ejus de mercede operis sui exhibet alimentum, quæ etiam sempiternum supplicium ei inferre conata est, dicens : *Dic unum verbum in Domino, et morere* [14]. At ille vir philosophicus, at ille totius patientiæ magisterio repletus sprevit ac repulit tale consilium, dicens : *Tanquam una ex insipientibus mulieribus locuta es : si bona excepimus de manu Domini, mala non toleramus* [15] ? Vide tentationum pondus, ut patientiæ magnitudinem possis agnoscere. Sublimis erat in potentia sua, abundans in divitiis, copiosus in filiis ; et universis his privatus, nudus apparuit. Mos enim est athletarum ut ad certamen nudi procedant. Merito ergo et hic beatus contra diabolum congressurus, cunctis facultatibus velut quodam vestimento exutus est ; sed in tali certamine constitutum, hæc verba eum contra diabolum arbitror protulisse : O, inquit, diabole, idcirco in me tam crudeliter desævisti, ut per me tua potentia arguatur. Quid tan-

---

[7] Job I, 8. [8] Job XXIX, 13-15. [9] Job I, 2, 3. [10] I Tim. VI, 7. [11] Job I, 21. [12] Job II, 4, 5.
[13] Ibid. 7, 8. [14] Ibid. 9. [15] ibid. 10.

quam vorago cunctos quæris absorbere? Quid, qui te nihil læserunt, devorare quæris ut leo? Quid innocentibus nocere festinas? Non erubescis, cum toties sis a famulis Dei prostratus ac victus? Non tibi sufficiebat, cum de tanta humilitate ad hanc me egestatem perduceres? Non tibi sufficiebat, cum filios meos ac filias meas sub uno momento necares? Insuper sævissimis doloribus corpusculum meum afflixisti, ut ex putredine carnium vermium globi ebulliant. Tu quidem contra membra fragilia aggressus es bellum inferre, sed stabilitatem animæ commovere non poteris. Improbis venenis confidens, fidem meam quassare conatus es : sed ego confidens in Deo meo, effrenatas tuas conteram vires. Et cum sis subdolus, in tuis me laqueis irretire tentasti, sed me ab his retibus eripuit Dominus. Tu licet temporales mihi inferas cruciatus, ipse in sempiternis es torquendus suppliciis : et quidem si mortales vermes de meo procedant corpusculo, tu ab immortalibus vermibus devorandus es in gehenna. Tu licet multiplicata inferas tentamenta, ego non mutabo meam innocentiam : et licet projectus 700 extra urbem, Deum meum benedicere non desinam.

5. Sed et justi illius Tobiæ exemplum si diligenter consideres, maximam ex eo consolationem invenies. Iste denique in ministrationibus pauperum admodum occupatissimus fuit. Et si qui ex genere ejus defuncti fuissent, secundum religionis nostræ ritum ut convenit sepeliebat. Siquidem, ut fertur, consuetudo talis Assyriis est, ut mortuis terræ denegent sepulturam; sed eorum cadavera pellibus involuta, super faciem terræ exponunt, scilicet ut a bestiis vel avibus devorentur. Hic ergo dum captivus cum plurima multitudine Judæorum apud Assyrios degeret, et ad sepeliendum defunctorum corpora, ut dixi, studium daret : ab hoc opere tam religioso, tam pio, prohibitus aliquando a rege Assyriorum, nihilominus tamen etiam occulte opus usitatum, prout poterat, conabatur explere. Quodam denique tempore cum in Pentecostes die festissimo epulæ sibi, utpote pro solemnitate, solito gratiores præparatæ fuissent, non est passus cibos suos solus sumere. Ait ergo ad filium : Vade, fili, et voca, si quem inveneris pauperem ex] fratribus nostris, eum tamen, qui timet Dominum, ut manducet nobiscum [16] : et ecce sustineo te, fili, donec venias. At ille dum iret, reperit quemdam Hebræum necatum laqueo, et projectum in publico. Qui continuo regressus, quod viderat, indicavit patri. Ille cum hæc audisset, non eum paratæ epulæ, non eum diei festivitas, non saltem minæ tyranni a bono opere retraxerunt : sed surgens illico pergit ad publicum : atque cadaver humo, ut solebat, operiens, reversus cum luctu prandium quod reliquerat sumit. Hic ergo tam pius, tam operibus bonis ornatus, ad ultimum aspectu caruit oculorum. Et qui primum miseris conferebat solatium, aliorum postmodum indigebat auxilio. Sed Dominus ad fidei ejus patientiam comprobandam, tentari eum taliter voluit. Et ille sciens magis sibi adversa prodesse quam prospera, æquanimiter usque in finem patientiam tenuit. Idcirco eum Raphael angelus collaudat, et dicit : *Opera Dei revelare et confiteri, honorificum est. Nam quando orabas tu et Sara murus tua, ego obtuli memoriam orationis vestræ in conspectu claritatis Dei : et cum sepelires tu mortuos similiter, et quia non cunctatus es exsurgere, et derelinquere prandium tuum, et abiisti : missus sum tentare te* [17]. Et iterum : *Misit me Dominus curare te, et Saram nurum tuam* [18]. Et quidem nos hæc breviter, ut potuimus, explicavimus. Si quis autem diligentissime sanctorum omnium vitam attendat, non aliter eos nisi in laboribus et adversis claruisse perspiciet.

6. Hoc jam, quia verbera prosunt (ut superius præmisimus), comprobandum est; et quod tunc erga nos divinus amor agnoscatur, cum diversis cruciatibus ac tentamentis conficimur. Sic enim nos Salomon in Proverbiis instruit : *Qui parcit,* inquit, *baculo, odit filium suum : si autem diligit, diligenter corripit* [19]. Ergo cum nutu Dei corripimur in adversis, non odium tunc in nos, sed charitas comprobatur. Ideo autem castigat, quia non vult mortem peccatoris, sed ut convertatur et vivat [20]. Non nos affligit ac verberat, ut nos in interitum mittat, sed ut convertamur ad eum, et misericordiam ipsius adipisci possimus. Ipsum denique Dominum per Prophetam audi loquentem, qui ait : *Si dereliquerint legem meam, et mandata mea non custodierint, visitabo in virga iniquitates eorum, et in verberibus peccata eorum; misericordiam autem meam non dispergam ab eis, neque decipiam eos in veritate mea* [21]. Frequenter enim rerum prosperitas arrogantiam generat, et per longanimitatem in superbia mens inflatur humana. Propterea verus ille animarum medicus Deus, cum diversis languoribus vitiorum ægrotare nostram viderit mentem, hoc est, cum nos superbiæ tumor inflaverit; vel ad diripiendum aliena, avaritiæ morbus pulsaverit; vel ad concinnandas insidias fratribus, invidia persuaserit; vel cum desidia animus noster oppressus, religionem Dei neglexerit, per corporales castigationes, veluti per quædam medicamina animum nostrum curare festinat. Cum enim permittit nos aut captivitate vastari, aut rerum nostrarum sustinere jacturam, aut ingentem valetudinem membra nostra pulsare, vel cujuslibet in nos tentamenta generis irrogari, sanitatem nobis animæ per hæc cupit inferre, non damna. Ita enim per Isaiam prophetam ipse testatur : *Et propter peccatum,* inquit, *modice contristavi eum, et percussi eum, et*

---

[16] Tob. II, 2 seq.   [17] Tob. XII, 7 seq.   [18] ibid. 14.   [19] Prov. XIII, 24.   [20] Ezech. XXXIII, 11.
[21] Psal. LXXXVIII, 31-34.

averti faciem meam ab eo : et contristatus est, et ambulavit tristis, et consolatus sum eum, et sanavi eum ¹². Denique Manasses ille rex cum abundantia ac deliciis frueretur, et super Judaicum populum principem se cerneret; insuper elatus recessit a Domino: templum quoque Dei replevit idolis, ac plurimorum sanctorum sanguinem fudit: sed et Isaiam prophetam serra lignea secavit, et multa exsecranda opera perpetravit ²³. Cum autem ab Assyriis captus fuisset, vinctus compedibus atque onustus ferro, in Babyloniam deductus, videns se oppressum angustiis, in amaritudine animæ suæ conversus clamavit ad Dominum, qui salutem animarum, non mortem desiderat: et ereptum cum ex inimicorum manibus, in pristinum constituit regnum ²⁴. Vides quomodo cum calamitas ab erroris via correxit; vides quod ei captivitas velut quoddam medicamentum animæ remedium contulit, et salutem suam, quam prius per elationem amiserat, miseriis postmodum afflictus invenit. Ecce quantum generi humano prosunt damna carnalia. Securitas autem rerumque prosperitas sæpe, ut diximus, animæ generat detrimentum.

7. Et quid dicam de peccatoribus? David ille justus, qui secundum cor Domini fuit electus, de quo ipse Dominus dixit: *Inveni David filium Jesse, virum secundum cor meum, qui facit omnes voluntates meas* ²⁵, cui regni potestatem, ac prophetiæ concesserat gratiam; cum esset in maxima abundantia, et in securitate ac divitiis floruisset, multasque sibi nationes auxiliante Domino subdidisset; quia paululum ab eo tribulatio elongaverat, immobilem se esse putabat. Ipse denique ait: *In mea abundantia non movebor in æternum* ²⁶. Tamen iste ab una muliere captus, in uno delicto duo crimina perpetravit. Uriam Etheum virum innocentem **701** occidit, cujus adulteraverat conjugem ²⁷. Si autem tunc tribulationibus pressus fuisset, in tam grande peccatum minime incidisset, per quod naufragium Spiritus sancti pateretur. Unde postquam delictum suum agnovit, et sancto Spiritu privatum se esse persensit, ad recuperandam pristinam gratiam obsecrans clamabat ad Dominum: *Spiritum rectum innova in visceribus meis: et ne projicias me a facie tua: et Spiritum sanctum tuum ne auferas a me*,²⁸. Quando autem tribulationibus maxime esset confectus, et congressionibus hostium undique circumdatus, qui cum eo sæpissime dimicantes, quiescere eum non sinebant, ex toto corde clamabat ad Dominum, a quo protinus impetrabat auxilium, sicut ipse ait in psalmo: *Ad Dominum cum tribularer, clamavi, et exaudivit me* ²⁹; et iterum: *In die tribulationis meæ Deum exquisivi: manibus meis nocte contra eum, et non sum deceptus*³⁰. Non solum autem in his positus, a delictis se gravibus abstinebat, verum etiam modicam incontinentiam velut crimen maximum arbitrabatur. Denique quodam tempore, cum gens Philisthinorum Bethlehem obsideret, et David esset in munitione, desideravit, et dixit: *Quis dabit mihi aquam, ut bibam, de lacu qui est in Bethlehem in porta* ³¹? Cumque tres viri potentes inter media castra Philisthinorum erumpentes, aquam ei de eodem lacu bibere detulissent, reprehendit se, et noluit bibere, sed libavit eam Domino, et dixit: *Propitius esto mihi, Domine: non faciam hoc, ut sanguinem virorum horum qui abierunt in animabus suis, bibam. Et noluit bibere* ³². Considera ergo, frater, diligenter, ac perspice, quale ille naufragium prius in abundantia pertulit, et qualem postmodum humilitatis intulit philosophiam. Cum in securitate degeret, occidens virum innoxium, ignorabat esse peccatum. In humilitate vero, allatam sibi cum periculo aquam crimen arbitratus est bibere. Animadvertens igitur beatus David, quod sibi utilitatem conferebat humilitas, dicebat ad Dominum: *Cognovi, Domine, quia æquitas judicia tua, et in veritate tua humiliasti me* ³³. Item in eodem psalmo in humilitate sua gratulanter adjecit: *Bonum mihi, quia humiliasti me, ut discam justificationes tuas* ³⁴; et iterum: *Juxta est Dominus his qui tribulato sunt corde, et humiles spiritu salvabit* ³⁵. Quando enim in tribulationibus positus est homo, sæpe memor est Dei, et Deus est juxta eum, imo et requiescit. Sic enim declarat ipse Dominus per prophetam: *Super quem*, ait, *requiescam, nisi super humilem, et mansuetum, et trementem verba mea* ³⁶? Difficile autem poterit esse quisquam humilis vel quietus, nisi fuerit prius confectus tribulationibus.

8. Non te ergo, dilectissime, corporis damna contristent, sed quidquid Dominus miserit, gratulanter ac viriliter suffer. Si te diversi corporis languores pulsaverint, peto ne turbetur cor tuum, ne animus tuus frangatur, ne vox tua erumpat in verba blasphemiæ; sed potius patientissimi illius beati Job exemplum ante oculos tuos pone. Dicito quod audisti ipsum dicentem: *Sicut Domino placuit, ita factum est: sit nomen Domini benedictum* ³⁷. Novi enim quosdam, maxime eos qui lepræ macula sunt corpore aspersi, in tantam desperationem pro hac plaga venire, ut putent se omnino destitutos esse a Domino; sed hoc patitur ille qui non est divinis eloquiis eruditus. Si autem in lege Domini die nocteque meditaretur, si sciret *Dei esse vera judicia et justificata in semetipsa, et desiderabilia super aurum et lapidem pretiosum multum, et dulciora super mel et favum* ³⁸, tanquam vera medicamina ulcera morbi susciperet. Diceret quoque et ipse: *Memor fui judiciorum tuorum a sæculo, Domine, et consolatus sum* ³⁹. Licet enim parvo tem-

---

²² Isa. LVII, 17, 18. ²³ IV Reg. XXI, 4 sqq. ²⁴ II Par. XXXIII, 11 sqq. ²⁵ I Reg. XIII, 14; Act. XIII, 22. ²⁶ Psal. XXIX, 7. ²⁷ II Reg. XI. ²⁸ Psal. L, 12, 13. ²⁹ Psal. CXIX, 1. ³⁰ Psal. LXXVI, 3. ³¹ II Reg. XXIII, 15. ³² ibid. 17. ³³ Psal. CXVIII, 75. ³⁴ ibid. 71. ³⁵ Psal. XXXIII, 19. ³⁶ Isa. LXVI, 2. ³⁷ Job I, 21. ³⁸ Psal. XVIII, 10, 11. ³⁹ Psal. CXVIII, 52.

pore asperum et amarum hoc vulnus, grande animæ remedium generat in posterum. Crede mihi, frater, nunquam sic in balneis corpora abluuntur sordibus, ut animæ sordes per hujuscemodi languores emundantur. Nonne et medicus cum vulnus curaverit ægroti, ferri concisione membra dilaniat, aut si necesse fuerit, etiam per ignis ministerium exurit, et dolorem ideo infert, ut dolorem quem habuit mors generare, expellat? Nunquid ergo medicum per odium hoc fecisse incusas: cui ut hoc faciat, munera ante et dona largitus es? Multo magis ille cœlestis medicus Deus paterno affectu cupit curare quos fecit, quos etiam a morte ipse redemit. Et ideo in corpore nostro temporales infert plagas, ut animam nostram a plagis, quæ mortem generant æternam, liberet.

9. Noli ergo turbari, frater, sed libenti animo quæcunque Dominus intulerit, suscipe. Noli graviter ferre quod deserueris populum civitatis. Quid enim te juvat habitare cum turbis, aut quid te lædit si a turbis fueris segregatus? In hoc enim omnibus modis laborandum est, ne in futuro sæculo civitate Dei privemur. Nam et hi qui morantur in urbibus, et quibus murorum ambitus apti videntur, si scelerum morbo correpti, suam neglexerint vitam, civitatis illius cœlestis, quæ sanctorum omnium mater est, privantur consortio. Et tu, cum sis in plagis ac doloribus constitutus, et ab hac lutea urbe exclusus; si sapienter hæc toleraveris, et humiliter Deo tuo servieris, civitatis ipsius ac paradisi colonus efficieris. Non enim pro exsecratione animæ, sed propter qualitatem ægritudinis, a populi consortio recessisti: eo quod generis ejus morbus, ut quidam asserere volunt, contactu suo soleat polluere: animam vero non solum non polluit, verum etiam si fuerit immunda, purificat. Unde peto non confundaris, charissime: ne turbetur cor tuum, ne te asperitas vulnerum ad desperationem vitæ futuræ adducat. Ne velis stultam illam opinionem cogitare quorumdam, qui se ita in die resurrectionis arbitrantur resurgere: et hæc quam vana, quam inanis suspicio! Dic mihi, quisquis ille es qui ista affirmas, ex mentis arbitrio loqueris, an alicubi in divinis paginis scriptum esse legisti? Sed apparet mihi nunquam te divinarum Scripturarum verba legisse; nam si hujusmodi rebus studium habuisses, nunquam te morbus perfidiæ invasisset. O quantam perniciem animæ imperitia generat! o quam sævissimum vulnus mens inerudita acquirit! Sed jam ab his perfidiæ cogitationibus, peto, frater, ut fugias, et quia multum erras, dum Scripturas ignoras, pete a Domino ut tibi tribuat intellectum. Clama ad Dominum, et dicito: *Da mihi intellectum, et discam mandata tua* [40]; et : *Doce me justificationes tuas* [41], quia *beatus homo quem tu erudieris, Domine, et de lege tua docueris eum, ut mitiges ei a diebus malis* [42]. Si autem de lege sua te docuerit Dominus, nullo modo te perfidiæ procella perturbabit.

10. Si ergo cupis ut te instruat Dominus, Scripturas inspiratas a Domino assidue lege, vel certe legenti libenter aurem accommoda, et magnam ex his consolationem invenies, quæ te a doloribus mitiget. Non parva medicamina sunt, frater charissime, libris inserta divinis : verbi gratia, si multis peccatis oppressus animus tuus ægrotat, lege librum Psalmorum, et ibi invenies medicamentum vulnerum tuorum. Dicito ad Dominum : *Ego dixi, Domine, miserere mei : sana animam meam, quia peccavi tibi* [43]. Si autem ob desperationis morbum animus dubitat pœnitere ; ipse te Dominus per prophetam ad se invitat, dicens : *Convertimini ad me, et ego convertar ad vos* [44]; et iterum : *Nunquid non est resina, aut medicus in Galaad? quare non ascendit sanitas filiæ populi mei* [45]? Iterum in Evangelio ipse Dominus dicit : *Venite ad me, omnes qui laboratis et onerati estis, et ego requiescere faciam vos* [46]. Si vero mens tua per superbiæ vitium intumescit, invenies in Proverbiis scriptum : *Deus superbis resistit, humilibus autem dat gratiam* [47], ut hoc quoque medicamine possimus malum evitare superbiæ, et humilitatem assumere. Iterum si te avaritiæ ardor inflammat, audi Apostolum, qualiter hujus morbi qualitatem exponat, dicens : *Radix omnium malorum est pecuniarum cupiditas, quam quidam appetentes, naufragaverunt a fide, et inseruerunt se doloribus multis* [48]. Tunc tu hujus pessimi vulneris agnoscens malitiam, clama ad Dominum : *Inclina cor meum in testimonia tua, et non in avaritiam* [49]. Nec enim est ulla passio animæ cujus non in libris divinis medicamenta invenias : quorum nunc facere mentionem, tempus non patitur. Nam et ipse si ad requirendum adhibueris studium, sine dubitatione ulla, Deo donante, reperies.

11. Sed quoniam nunc in hac parte animum tuum ægrotare intelligo, cum dicas hoc, qui cum plaga lepræ de mundo excesserit, ita eum denuo post mortem resurgere : ausculta igitur diligenter, ut hanc mortiferam suspicionem a te possis avertere. Ergo si ita est ut dicis, quicunque in quo statu defunctus fuerit, in eo iterum esset necesse resurgere ; verbi gratia, qui cum uno oculo aut pede vel manu, vel aliquo debilitato membro ex hac vita decesserit, ita eum resurgere oporteret. Noli, frater, noli sic impie credere : sed audi in quo statu nos post resurrectionem Dominus esse prædixerit. Qui autem meruerint resurrectionem, non nubunt neque nubentur, sed erunt sicut angeli in cœlis [50]. Si non nubunt, sed sunt sicut angeli, utique nec infirmitati alicui ultra subjacet caro ; sed quæ fuit mortalis, induit immortalitatem. Item de hoc Dominus audi quid dicat : *Tunc,* inquit, *ju-*

---

[40] Psal. cxviii, 73. [41] ibid. 12, 26, 68, 135. [42] Psal. xciii. 12, 13. [43] Psal. xl, 5. [44] Zach. i, 3.
[45] Jerem. viii, 22. [46] Matth. xi, 28. [47] Prov. iii, 34; Jac. iv, 6; I Petr. v, 5. [48] I Tim. vi, 10.
[49] Psal. cxviii, 36. [50] Matth. xxii, 30.

sti *fulgebunt in regno Patris sui, sicut sol* [51]. Manifestum autem nobis est, quod justorum plurimi innumerabilibus confecti vulneribus, hac luce privati sunt, maxime cum beati martyres manibus ac pedibus amputatis, ac toto corpore laniati, alii truncatis auribus naribusque, alii effossis oculis, coronam in coelis adepti sint. Quis igitur sit tam impius, tam sacrilegus, ut eos in eo statu in quo defuncti sunt, affirmet resurgere? Ecce et Lazarus ille mendicus, qui toto corpore repletus erat ulceribus, ante foras divitis jacebat, de cujus mensa micas cupiebat, ut suam esuriem satiaret; et ille dives bysso utebatur et purpura, et corpore robustus ac pinguis jucundabatur in epulis, et hic quidem ita. Sed vide post paululum qualis repentina in eis immutatio facta est. Iste qui splendide delectabatur in epulis, post excessum vitæ cruciabatur in flammis; et ille qui fuerat ulceribus repletus ac fame consumptus, in Abrahæ sinibus consolabatur. Vide quantam requiem Lazarus meruit pro corporis cruciamento, et in quibus ardoribus dives deputatus est propter parvi temporis lætitiam. Quid ei profuerunt illæ saginatæ carnes? quid illi contulerunt divitiæ? Ecce in tantis ardoribus positus est, ut guttam aquæ impetrare non valuerit. Viderat namque Lazarum in Abrahæ sinu jucundari, et elevavit vocem suam, dicens : *Pater Abraham, miserere mei, et mitte Lazarum, ut intingens extremum digiti sui in aquam, refrigeret linguam meam, quia crucior in hac flamma* [52]. Ecce quem paulo ante superelatus despiciebat, cujus carnes vulneribus tabefactas horrebat, nunc ab eo solatii patrocinium, oppressus cruciatibus postulat. Sed quid ad eum respondit Abraham ? *Fili*, inquit, *recepisti bona in vita tua, similiter et Lazarus mala : nunc autem hic consolatur, tu vero cruciaris* [53]. Hoc solum te debuit, charissime, suadere, quod ideo ad tempus hæc sustineas mala, ut in perpetuum in Abrahæ sinibus collæteris : et non ita rursum vivere te arbitreris post mortem.

12. Audi autem quid beatus Job sperabat, cum in tantis vulneribus esset constitutus ; qui magis idcirco tormenta corporis patientissime tolerabat, quia confidebat idipsum corpus in die resurrectionis in melius conformari. Denique ausculta, quid in ipsis vulneribus dicat. *Scio*, inquit, *quod Redemptor meus vivit, et in novissimo die resurrecturus sum, et rursum circumdabor pelle mea, et in carne mea videbo Deum, quem visurus sum ego ipse, et non alius. Reposita est hæc spes mea in sinu meo* [54]. Et tu quoque, frater, habeto talem spem et talem fiduciam, quod possis post immortalis splendorem inducere : et omnes corporis cruciatus facile ac leviter sustinebis ; et non solum te dolores poenales in nullo contristabunt, sed insuper animæ lætitiam generabunt. Quia si de corporis immutatione hæc quæ diximus, pauca sunt, accipe quid etiam Paulus hujuscemodi causa apertissime doceat, quemadmodum dubios et incredulos assertione plenissima arguit. Dicebant quidam etiam tunc : *Quomodo resurgunt mortui? quo autem corpore veniunt?* Quibus ita respondit : *Insipiens*, inquit, *tu quod seminas, non vivificatur, nisi prius moriatur. Et quod seminas, non corpus quod futurum est, seminas, sed nudum granum, utputa tritici aut alicujus alterius. Deus autem dat illi corpus prout voluit* [55]. Hoc est : Quemadmodum tu granum tritici nudum spargis in terra, nullam in se viriditatem habens, nullum amictum; et cum in terra fuerit putrefactum, denuo multiplicatum resurgit in spicas, et non nuda grana, sed velut pulchri cujusdam corporis foliorum amictu vestita ; hoc est enim quod ait, *Deus enim dat illi corpus prout vult*. Ita enim coruptibile corpus hoc, cum nunc fuerit in sinibus terræ sepultum, vere non vivificatur, nisi veluti granum tritici seminetur. Quando autem nutu Dei tempus resurrectionis advenerit, non corruptibile ut seminatum est, sed incorruptibile et immortale resurget. Ita namque in posterioribus sequitur : *Seminatur*, inquit, *in corruptione, surget in incorruptione; seminatur in contumelia, surget in gloria; seminatur in infirmitate, surget in virtute; seminatur corpus animale, surget corpus spiritale* [56]. Hoc est : Corpus hoc quod nunc gerimus, cito post mortem corrumpitur, et in putredinem vermium vertitur ; aliquoties etiam ante mortem dissolvitur ; antequam spiritus exhalet, membrorum compagines languorum putredine amputantur. Multas contumelias patitur, infirmitates plurimas sustinet, esurit, sitit, lassatur, anxiatur, asperitatem frigoris patitur : sed hoc corpus animale est, hoc est animæ per quam in hac vita consistimus. Quod autem resurgit, spiritale est, quia sancto Spiritu recreatur. Sic enim in psalmo scriptum est : *Emittes Spiritum tuum, et creabuntur, et renovabis faciem terræ* [57]. Modo terrenum circumferimus corpus, tunc coeleste induemur ; quia sunt corpora coelestia, et corpora terrestria. Sed alia coelestium claritas, et alia terrestrium. Terrestrium quidem claritas, temporalis est et caduca ; coelestium autem claritas, sempiterna est : quod tunc manifestabitur, quando corruptibile hoc induerit incorruptionem, et mortale hoc induerit immortalitatem [58]. Noli ergo dubitare, charissime, quod possis coeleste corpus induere. Ne velis arbitrari, quod lepræ macula aut qualecunque corporis vulnus a claritate nos coelestium separet : imo per hæc magis regnum coeleste acquiritur, ut memorati Lazari ac beati Job docemur exemplo. Excludimur vero a regno, si vitia in nobis et peccata permanserint. Excludimur **703** a regno, si omnipotentem Deum credimus impotentem. Impotentem autem ille asserit Deum, qui se existimat non posse ab eo transformari in melius. Nunquid Dominus, qui potest arefactas et in nihilum redactas carnes atque ossa

[51] Matth. xiii, 45. [52] Luc. xvi, 24. [53] Luc. xvi, 25. [54] Job xix, 25-27. [55] 1 Cor. xv, 35-38. [56] ibid. 42-44. [57] Psal. ciii, 50. [58] 1 Cor. xv, 54.

arentia vivificare et resuscitare, convertere in claritatem cœlestem non potest? Noli, frater, rogo, noli sic credere, ut Deum omnipotentem esse non deneges, et in hac parte asseras impotentem.

13. Sed forte inde animus tuus ad desperationem adducitur vitæ, eo quod te dicas deliquisse in multis, et peccatorum causa his te vulneribus respersum. At in hoc magis Dei in te amorem debes arbitrari, non odium; quia in hoc te sæculo tanquam filium voluit emendare, ut purum te animo atque immaculatum in futuro recipiat. Sic enim scriptum est [59]: *Quem diligit Dominus, corripit : flagellat autem omnem filium quem recipit.* Si ergo videris peccatorem nulla dispendia pati, nulla ægritudine corporis laborare, nullis opprimi angustiis, agnosce quod hunc Dominus, eo quod multum deliquerit, recipere non vult. Et propterea non flagellatur, quia suscipi non meretur. Te autem ideo castigat, ut æternæ morti non tradat. Sic enim ait beatus David: *Castigans castigavit me Dominus, et morti non tradidit me* [60]. Nam et Jerusalem cum peccaret in Dominum, et prophetas qui ad corrigendum eam missi fuerant, occidisset, ideo eam in direptione et captivitate in Babyloniam tradidit, ut per captivitatis jugum ad se filios suos converteret : non ut puniret, sed ad meliora corrigeret. Denique post septuaginta annos, ad pristinam eos patriam revocavit. Ita enim eam per sacerdotes in Jeremia [Isaia] misericors Dominus consolatur : *Loquimini, sacerdotes, ad cor Jerusalem, et consolamini eam : quia bibit de calice furoris Domini, et recepit a Domino duplicia peccata sua* [61]. Igitur si justus es, gaudere te convenit in adversis, ut probabilior fias. Quia si peccator es, similiter quia afflictus es gratulare. Propterea enim hic affligeris, ut a sordibus te diluas peccatorum, et in sæculo futuro consolationem invenias. Utrisque proderit cordis afflictio ; quia *Sacrificium Deo*,

spiritus contribulatus : cor contritum et humiliatum Deus non despicit [62]. Nam peccator cum castigatur a Domino, si priores actus suos emendare noluerit, et in desperationem vitam suam adduxerit, si dixerit, Jam mihi nulla est venia, jam me oblitus est Dominus, jam omnis vita mea in perditione posita est; nullam requiem spero post mortem, si me meus factor causa hominis non despexisset, non me talibus pœnis conficeret : iste talis ipse sibi causa mortis efficitur : ultro se desperationis gladio perimit, deque eorum se numero esse consignat, quos propheta denuntiat, cum dicit : *Flagellasti eos, et non doluerunt : verberasti eos, et noluerunt percipere disciplinam* [63]. Sed tu, frater, a tali consortio omnibus modis, rogo, declina, et divinum judicium gratanter et dulciter suscipe. Dicito et ipse, *Judicia Domini dulciora super mel et favum* [64]. Nam etsi amara castigatio videatur ad tempus, dulces fructus in posterum generat. Ista te castigatio a vitiis revocat, et ad virtutes instigat. Per hanc castigationem mors expellitur, et vita acquiritur. Castigatio ista caret pœnæ futuræ tristitia, et jucunditatem acquiret æternam. Castigatio ista superbiam reprimit, et humilitatem in qua requiescit Dominus, generat. Dicito et tu : *Bonum mihi quia humiliasti me, ut discam justificationes tuas* [65]. Quia si libenti animo hæc a me dicta perceperis et in Dei laudibus atque in gratiarum actione permanseris, et per singulas horas Deum benedixeris, senties te in spiritu cum Domino. Qui enim semper memor est Dei, semper erit cum eo. Ipse quoque dolores tui corporis mitigabit ; ipse ad tolerantiam animum tuum corroborabit ; et licet corpore repletus videaris ulceribus, mentem intrinsecus sanam et incolumem possidebis ; adjuvante Domino nostro Jesu Christo, qui vivit et regnat in sæcula sæculorum. Amen.

[59] Hebr. xii, 6. [60] Psal. cxvii, 18. [61] Isa. xl, 2. [62] Psal. l, 18, 19. [63] Jerem. v, 3. [64] Psal. xviii, 11. [65] Psal. cxviii, 71.

EJUSDEM S. PATRIS BASILII

DE LAUDE SOLITARIÆ VITÆ.

Exstat inter Opera S. Petri Damiani, cap. 19 opusculi xi, quod inscribitur : *Dominus vobiscum.* Vide *Patrologiæ Latinæ* tom. CXLV, col. 246 D.

SANCTI BASILII

CÆSAREÆ CAPPADOCIÆ EPISCOPI

ADMONITIO AD FILIUM SPIRITUALEM.

Vide *Patrologiæ Latinæ* tom. CIII, col. 683.

MONITUM.

Homilias tres sub Basilii nomine Græce ex codicibus Mosquensibus edidit Christianus Fridericus Matthæi in *Glossariis Græcis minoribus* (Mosquæ 1774, in-4). Prima, quæ inscribitur Περὶ τελειότητος βίου μοναχῶν, *De perfectione vitæ monasticæ*, non aliud est quam Basilii epistola ex recensione Garnerii ordine 22, eodem titulo insignita; quod præcedentes editores fugit, qui hanc homiliam omnino spuriam pronuntiarunt. Tertiam Basilii nomen ementiri nemo non videt. Secunda, quæ inscribitur : *De misericordia et judicio*, Basilio adjudicanda videtur, si testimonio Symeonis Logothetæ fides cum ejus loca in Sermone 4 non semel exscripserit. (Cf. pagg. 490, 491 ed. Garner.) EDIT.

S. P. N. BASILII
CÆSARFÆ CAPPADOCIÆ ARCHIEPISCOPI
HOMILIA DE PERFECTIONE VITÆ MONASTICÆ.

Cum multa sint per divinam Scripturam revelata, *etc.*, *ut in epistola* 22.

EJUSDEM
DE MISERICORDIA ET JUDICIO.

Benedic, Pater,

Oblitus Dei mundus, fratres, nil nisi iniqua in proximum, et inhumana in impotentes sentit, ut divinus dicit Apostolus, quod *Sicut non probaverunt Deum habere in notitia, tradidit illos Deus in reprobum sensum, ut faciant ea quæ non conveniunt, repletos omni iniquitate, malitia, avaritia, nequitia, plenos invidia, homicidio, contentione, dolo, malignitate, susurrones, detractores, Deo odibiles, contumeliosos, superbos, elatos, inventores malorum, parentibus non obedientes, insipientes, sine affectione, sine misericordia* [66]; quos ad pietatem revocans Deus, et abstinentiam a malis docet, et studium misericordiæ erga proximum, juxta doctrinam Isaiæ prophetæ de Dei persona dicentis : *Quiescite agere perverse, discite benefacere* [67]. Multa profecto protulit lex de non lædendo proximo præcepta, et de colenda misericordia et humanitate mandata. Quorum si quis alterutrum omiserit, non sufficiet alterum ad justificandum hominem. Non enim acceptabilis apud Deum beneficentia in egenos, quæ ex iniquis lucris fit; nec laudabilis qui ab iniqui- A tate abstinet, nisi quoque fratribus de suis communicet. Scribitur enim de iniquis qui Deo nihilominus dona offerre student : *Hostiæ impiorum abominabiles Domino* [68]; et de misericordiam non agentibus : *Qui obturat aurem suam ad clamorem pauperis, et ipse clamabit, et non exaudietur* [69]. Qua de causa nobis consiliatur Proverbium : *Honora Dominum de justis laboribus tuis, et de primitiis æquarum frugum tuarum da ei* [70]. Quod si enim ex iniquitate et rapina Deo offerres, præstabilius foret nec talia possidere, nec ex istis offerre. Nam sanctum donum vota impetrabitur, uti scriptum est : *Vota justorum acceptabilia apud Deum* [71]. Et rursus, si quid justo labore acquisieris, et Deo oblationes of-ferre nolueris, quibus alantur pauperes, rapinæ de-
B putatur tibi, uti dictum est per prophetam Malachiam : *Primitiæ et decimæ vobiscum sunt . . . . et erit dissipatio in domibus vestris* [72]. Conjunctis igitur et misericordia simul et judicio, cum judicio possideas, et impendas in misericordiam, sicuti scriptum est : *Misericordiam et judicium custodi, et accede ad Deum tuum semper* [73]. Eleemosynam enim

---

[66] Rom. 1, 28 sqq. [67] Isa 1, 16. [68] Prov. xv, 8; xxi, 27. [69] Prov. xxi, 13. [70] Prov. iii, 9. [71] Prov. xv, 8. [72] Malach. iii, 8 10. [73] Ose. xii, 6.

et æquitatem diligit Deus. Quamobrem accedit ad Deum, qui misericordiam custodit et justitiam. Restat ut hic quisque semetipsum probet, et rem familiarem dives attentius expendat de qua Deo dona oblaturus est : an pauperem oppresserit consideret, aut gravaverit debiliorem, aut sibi subjectos spoliaverit, libidinem pro justitia professus. Jubemur enim justum et æquum colere, etiam in servos. Noli vim adhibere quod potestate valeas, nec alios eo defraudari quod domineris ; sed quia multa tibi licent, observa justitiam. Non enim in eo quod non poteris, apparebit tua in Deum pietas et veneratio; sed ex eo quod transgredi legem cum potueris, non transgrederis. Quod si ea pauperi largieris, quæ pauperibus fuerunt erepta, melius foret, si neque eripuisses, neque dedisses. Quid rem tuam inquinas iniquis eam lucris augendo? Quid abominationem facis tuam ex iniquitate oblationem, offerre studendo per misericordiam in alterum pauperem? Illius miserere, quem lædis. In illum te humanum præbe, illum fove, et ita misericordiam cum judicio observabis. Non communicabit Deus cum avaritia, nihil Domino cum prædonibus et raptoribus. Pauperes Deus nobis alendos commisit, non quasi fuisset ipse huic muneri impar, sed quod a nobis justitiæ et humanitatis fructus quærebat ad nostrum profectum. Non ex iniquitate fit eleemosyna, nec ex maledictis benedictio, neque e lacrymis beneficia. Dicit Deus illis qui lacrymas movent iniqua patientium : *Quæ oderam, vos fecistis ; operiebatis lacrymis altare Domini, et fletu, et gemitu*[74]. **703.** De opibus miserere per laborem quæsitis, et noli inique agere, misericordiam prætendens de iniquitate tua Deo offerendam. Vana enim hæc præsumptio, et ad laudem spectans quæ ab hominibus est, non ad eam quæ a Deo. Quamobrem egregie Dominus monet cavendum esse ne ab hominibus videamur[75]. Nam si eleemosynam facis ut a Deo cernaris, cavebis profecto ne eam ex rapina facias, pro certo habens quod ita Deo non placebis. Sic faciamus eleemosynam, ut a Deo accipiamus. Deus autem non dat nisi illis quos laudat, rapacem vero laudat neminem. Non est cur Deo dona offeras, si fratrem tuum contristeris. *Si offers,* inquit, *munus tuum ad altare, et ibi recordatus fueris quia frater tuus habet aliquid adversum te, recede prius et vade reconciliari fratri tuo, et tunc veniens offer munus tuum*[76]. Memento Zachæi publicani, qui quadruplum se redditurum promisit, si quid alicui defraudavisset, et tunc dimidium reliquorum bonorum pauperibus erogavit[77]. Non enim fugiebat illum hæc Christo probanda esse, nec ante Christo probandas in pauperes erogationes, quam dimitterentur divitiæ inhoneste paratæ. Atque ea ratione Deus Zachæi probitatem laudavit dicens : *Hodie salus domui huic facta est*[78]. Et hæc quidem ad eos qui misericordiam agunt, de justitia vero parum curant. Ad illos autem qui ab iniquitate abstinent, misericordiam vero negligunt, dicimus quod *Omnis arbor quæ non facit fructum bonum, excidetur et in ignem mittetur*[79], nec unquam talis arbor cœlesti placebit agricolæ asserenti quod venit quærens fructum in ficulnea, et non invenit, et eam jussit succidi, ne terram occuparet[80]. Damnare quoque eum videtur Deus, qui pignus pauperi non reddiderit, illique gravia minatur. *Si clamaverit ad me,* inquit, *qui pignus non recepit, exaudiam eum, quia misericors sum*[81]. Grave erat et iniquum relictas post messem spicas congregare, et remanentes colligere racemos, et decidentes sublegere olivas, sed pauperibus illa carpenda dimittebant[82]. Quod si autem tanta præcepta ad eos spectabant, qui sub lege erant, quid de Christi discipulis dicamus ? Ad quos Dominus : *Nisi abundaverit justitia vestra,* inquit, *plus quam Scribarum et Pharisæorum, non intrabitis in regnum cœlorum*[83]. Quapropter non solum ex agris et reditibus, sed etiam ex operibus manuum levandos esse pauperes commemorat Apostolus : *Operemini,* inquit, *manibus vestris quod bonum est, ut habeatis unde tribuatis necessitatem patienti*[84]. Sequi eum cupienti suadet Dominus, ut substantiam omnem vendat, et det pauperibus, ipsumque ita sequatur[85]. Servis quidem suis et perfectis perfectam et absolutam eleemosynarum plenitudinem commendat, ut absoluto quod est per divitias ministerio, ad cultum rationis et spiritus transeant. A cæteris vero continuas de re sua largitiones et erogationes postulat, ut per illas divinæ misericordiæ imitatores inveniantur, humanitatem agentes, et liberalitatem, et benignitatem. Nam, *Date,* inquit, *et dabitur vobis*[86]. Per ista, et illos secum communicaturos denuntiat. Hi enim sunt, qui a dextris Domini stabunt, ad quos superveniens rex dicet : *Venite, benedicti Patris mei, possidete paratum vobis regnum a constitutione mundi. Esurivi enim, et dedistis mihi manducare : sitivi, et dedistis mihi bibere : nudus eram, et collegistis me : infirmus et in carcere eram, et venistis ad me. Et cum justi mirabuntur, et dicent :* Quando hæc fecimus in te, Domine ? respondebit : *Amen, amen dico vobis, quandiu fecistis uni ex his fratribus meis minimis, mihi fecistis*[87]. Nam studium in sanctos, pietas est in Christum ; et studiosus pauperum adjutor, cum Christo communicabit, non solum si largietur magna de magnis, sed etiam si de parvis in medium proferet, si nihil præter calicem aquæ frigidæ potum dederit discipulo in nomine discipuli[88]. Indigentia enim discipulorum, quæ mundo egestas, tibi verus divitiarum fons, dives. Quippe qui per eam Christi cooperator inveniris; milites Christi alis, et quidem libens, non coactus. Nam cœlestis rex tributa non exigit, nec imponit, sed libenter offerentes sus-

---

[74] Malach. II, 13. [75] Matth. VI, 1. [76] Matth. V, 23 24. [77] Luc. XIX, 6 sqq. [78] ibid., 9. [79] Matth. III, 10. [80] Luc. XIII, 7. [81] Exod. XXII, 27. [82] Deut. XXIV, 21, 22. [83] Matth. V, 20. [84] Ephes. IV, 28. [85] Matth. XIX, 21. [86] Luc. VI, 38. [87] Matth. XXV, 34 40. [88] Matth. X, 42.

cipit, ut dantes accipiant et colentes colantur, et peritura communicantes æternorum efficiantur participes. Quæ nos per omnia memoria teneamus, et ante oculos animæ, ne oblatam negligamus occasionem, et tempus præsens dimittentes aliud exspectemus, ne morantes semper et de die in diem differentes mors improviso opprimat. Concedat Dominus ut fructibus bonis pleni, et vigiles, et mandatorum memores, in adventum ejus illustrem parati inveniamur et expediti, in ipso Christo et Deo nostro, quocum Patri et sancto Spiritui gloria, imperium, honos, nunc et semper, et in sæcula sæculorum. Amen.

EJUSDEM

HOMILIA CONSOLATORIA AD ÆGROTUM.

Benedic, Pater,

Pauci dies hominum, brevis ærumnosæ vitæ splendor, tela araneæ, instabilis opinio, imago vitæ somnium, sed beatissima justorum requies. Pax est in cœlis perpetua dono largitoris æterni, nec mirum. Cui enim immutabilis natura, huic et continua largitio. Quapropter temporale nobis hic certamen : æterna vero cum præmiis illic victoria. Desudamus enim ut in palæstra, in hac vita, miseriis oppressi, et cum multis homini colluctandum. Voluptates fortem emolliunt, deliciæ virilem effeminant, socordia nervos frangit, calumniatores contumelias serunt, adulatores insidias fingunt, metus in desperationem abit, et tali procella continuo jactatur homo. Tædio enim sunt non miseriæ tantum vitæ, sed propter lugendam varietatem ea quoque, quæ jucunda videntur; et vitam transimus prope ærumnis et lacrymis plenam. Quod si scire libuerit, disce miserias vitæ. Seminatus est homo in utero, sed pressura seminationi præfuit. Descendit semen in destinatam sibi semitam; quæ exordia generationis si vel leviter consideremus, erubeamus oportet. Susceptum semen vertitur in sanguinem, sanguis addensatur in carnem, caro paulatim formatur, formata modo incomprehensibili animatur, animata convenientibus sibi alitur, exsilit fœtus loci angustiis compressus, indigne fert naturæ carcerem; sed venit tandem dies partus, solvuntur uteri claustra, patet exitus, dimittit vulva quem tenuerat. In vitam illapsus est ærumnarum athleta, auram haurit os nati, at quid postea? Prima vox, lacrymæ. Ab istis principiis, de omni vita pronunties licet. Allapsus est in terram infans, et non risit, sed vix allapsus statim dolore afficitur et lacrymatur. Sentiebat enim se in ærumnarum mare projectum esse. At ubi cum lacrymis creverit, et lactem invitus hauserit, fit ex infante puer, et parentes extimuit et familiares. Adolescentiam adeptus pædagogis traditur in disciplinam. En finis timori nullus. Pigritiæ indulsit, plagis cæsus est, vigilias suscepit; at doctrinam consecutus est, mire profecit, disciplinas exhausit, promeruit famam, omni eloquentiæ genere fulget, plenam habet legum scientiam, labentibus annis virorum ad ordinem accessit, militiæ se tradidit. Principium hic rursus majorum malorum. Reformidat magistratus, insidias suspicatur, lucro inservit, quærit, furit lucri causa, vigilat, litibus vivit implicatus, per rationarios codices peregrinatur, non vi tractus, sed libens famulatur, laborat supra vires, noctu curis conficitur, diu operi instat ut servus. Prodidit enim libertatem utilitatis amor. Deinde cum multa tulerit et subierit, honores adeptus est, ad summum provectus est imperium, gentibus imperat, exercitibus præficitur, maxima laude floret, opibus abundat; at laboranti simul effluxit tempus, senectus dignitatibus obviavit; antequam divitiis frueretur, recedit raptus fato, et in ipso portu evertitur navis. Spes vanas comes sequitur mors, et homines ludibrio habet. Hæc est hominum vita, mare turbidum, instabilis aer, somnium inconstans, præceps amnis, fumus evanescens, recedens umbra, pelagus fluctibus agitatus; procella profecto horrenda, navigium vero fragile, et nautæ nos dormimus. Terribilis enim et atrox vitæ pelagus, vanæ spes, ut procella, nos petris affligunt; pressuræ, tanquam fluctus, mugiunt; insidiæ, tanquam scopuli, latent; inimici, tanquam canes, inhiant; mors, tanquam naufragium, instat. Cognoscis tempestatem, dirige procellam, considera quomodo navigas, ne cymbam graviori onere obruas, aut iniquis divitiis, aut cupiditatum operibus; quapropter clamat beatus Paulus congruenter : *Est quæstus magnus pietas* [89]. Donum cœleste, thesaurus mysteriorum, sapientiæ oceanus, fides quieta, confessio ab omni sollicita disquisitione abhorrens, sancta prædicatio, per linguam prolata, per aures admissa, animæ inserta, Trinitatis illuminationem afferens.

---

[89] I Tim. vi, 6.

Est quœstus magnus pietas cum sufficientia. Nihil enim sufficientia ditius, vita per omnia abundans, pax tranquilla, bonum nemini invisum, utilitas perpetua, pondus sine pressura, dies sine indigentia, lætitia sine arrogantia. Qui sufficientiam exercent, effugiunt divitiarum tempestatem. Nam omnia pertimet dives : dies, quia litium tempus ; vespertinum, quia opportunum latronibus ; noctes, quia curis sollicitæ; auroram, quia adulatoribus celebratur. Nec tempora tantum, sed et loca metuit. Horret latronum impetus, furum insidias, malignorum calumnias, læsorum crimina, potentium rapinas, famulorum nequitiam, delatorum astutiam, exactorum insaniam, vicinorum consilia, murorum vetustatem, domorum ruinas, barbarorum incursus, civium dolos, judicum sententias, jacturam bonorum quæ habuerit, possessorum amissionem. Homo, dic mihi, si tanta hiems divitiarum, ubi ver lætitiæ? *Est quœstus magnus pietas cum sufficientia.* Non præsenti vita circumscribitur, inquit. Æterna enim possessio, nam sumptibus impendendis non comparatur. Dic, Paule, *Nihil intulimus in hunc mundum* [90]. Sufficit hæc parilis nascentium nuditas ad redarguendum, qui ex vitæ conditionibus inæqualibus oritur, fastum. *Nihil intulimus in mundum ;* nudi ex utero matris sumus egressi. Nihil habens vitam ingressus es, avare : non aurum, ex terra enim eruitur ; non argentum, quod tecum non seminatum est ; non vestimenta, nam hæc ad artem textoriam spectant ; non domus, quas elaboraverunt divitiæ, et manus ædificaverunt ; non dignitates, nisi forte quæ ad Dei imaginem ; non potestatem, quam tempus destruit et metit mors. Nudus in mundum venisti, utinam et a peccatis nudus de vita recedas! *Nihil intulimus in vitam, haud dubium quod nec auferre quid possumus* [91]. Quid, Paule, nihil de vita auferemus? Nihil profecto, nisi virtutes, quas gesserimus. Auferemus sapientiam, si illa floruerimus. Auferemus eleemosynas, si illis abundaverimus. Istæ animam commendant, vitam quasi bamo capiunt. Hic manent divitiæ, aurum rapitur, metitur argentum, alienantur prædia, obruitur fama, cessat potestas, exstinguitur metus. Nam dissoluta vitæ scena, dissolvitur simul et scenæ apparatus. Quid igitur? *Habentes alimenta, et quibus tegamur, contenti simus* [92]. Redundantia effugio, tanquam inutilia ; et quæro necessarium, tanquam crimini nulli obnoxium. Ibi nudus apparebit dives ; quod si virtutes habuerit, dives quoque ibi ; quod si vero in his nudus, erit in æternum pauper. Nihil enim probata paupertate ditius. Petrus pauper [92*]; sed morti prædam eripuit. Joannes pauper ; at claudi pedes restituit. Philippus pauper ; conspexit tamen in Filio Patrem [93]. Matthæus pauper ; nam cum rapina divitias exuerat [94]. Thomas pauper ; at manus in thesaurum summum misit, in latus Domini [95]. Paulus pauper ; sed in paradisum raptus est [96]. Dominus pauper secundum carnem, divinitate vero ditissimus. Ecce enim hodie profudit divitias sanationis, socrum Petri a morbo liberavit, tactu fugavit febrem. Laborantem excitavit, nulla exploratione facta, nullo apparente remedio [97]. Multa fuerat perpessa, at nemo illius misertus erat. Hic astat solus rerum omnium moderator, et sedata est corporis tempestas. Observa prodigium. Tres eadem ratione curavit, viros duos et feminam : Lazarum, filium viduæ et filiam Jairi, et quare, exaudi, Mirus est hic sermo. Ut probet ipsum esse et legis et gratiæ dominum, hac de causa similem in utrisque observat imaginem. Ita enim ibi tres statuerat populo duces : Moysem et Aaron et Mariam. Audi cum per prophetas clamantem : *Popule meus, quid feci tibi, aut quid molestus fui tibi? Responde mihi... Quia misi ante faciem tuam Moysem et Aaron et Mariam* [98]. Moyses legem significabat, Aaron prophetas, et Maria Ecclesiam, quam læserant idololatriæ sordes, quam restituit misericordia sua Verbum caro factum. Quapropter Ecclesia uti Maria a spirituali Pharaone liberata, a diabolo, et a dæmonum servitute, cum videt veterem hominem Ægyptii ad normam baptisterii aquis submersum, arripit tympanum gratiæ, et ad lignum crucis chordas virtutum accommodans, fidibus prætentatis, clamat : *Cantemus Domino ; gloriose enim magnificatus est* [99]. Descendit de cœlo, et a Patre non recedit ; in antro partus est, et thronum suum non dereliquit ; in præsepio reclinatus est, et Patris sinum non deseruit ; ex virgine factus est caro, et prout Deus sine patre remansit ; descendit, et e supernis non digressus est ; ascendit, et Trinitati nulla accessio facta ; formam servi accepit, et cum Patre ex æquo semper cultus est ; sed est Patris Verbum, et imago, et splendor, et character: Verbum, nunquam enim ratione caret ; imago, non cerata tabula, sed conforme sigillum ; splendor, lux enim soli coæterna ; character, nam qui conspicit Filium, conspicit et Patrem. Ipsi gloria et imperium cum unigenito Filio et vivificante Spiritu, nunc et semper, et in sæcula sæculorum. Amen.

---

[90] I Tim. vi, 7. [91] ibid. [92] ibid. 8. [92*] Act. iii, 6. [93] Joan. xiv, 9. [94] Luc. v, 27, 28. [95] Joan. xx, 27. [96] II Cor. xii, 4. [97] Luc. iv, 38, 39. [98] Mich. vi, 3, 4. [99] Exod. xv, 1.

MONITUM.

Quidquid antiquitatem sapit, id omne nonnullis placere solet. Hæc causa est, cur Latinam quarumdam Basilii orationum interpretationem olim ab antiquissimo scriptore Rufino adornatam typis mandandam curaverimus : quam eo magis placituram speramus, quod nunc primum e veteribus libris in lucem prodeat. Plura in Præfatione.

HOMILIÆ SANCTI BASILII

CÆSARIENSIS EPISCOPI,

QUAS TRANSTULIT RUFINUS DE GRÆCO IN LATINUM.

INCIPIT PRÆFATIO.

Aliqua tibi in Latinum verti olim poposceras, Apronianc, fili charissime : quod et ex parte aliqua feci in præsenti dum in Urbe essem, sed et nunc aliquantum addidi. Octo ergo beati Basilii breves istos homeliticos transtuli libellos. Hoc autem scire te volo, quod stilus ejus in Græci sermonis splendore et dicendi gratia multum beato nostro similat Cypriano, quia revera nec vitæ meritis satis discrepant. Quamvis enim beatus Cyprianus primam martyrii palmam felici cruore mercatus sit, haud segnius [al. segnis] tamen et Basilius secundam palmam confessionis indeptus est ; per dies singulos ac momenta adversum luxuriam per sobrietatem, adversum libidinem per virginitatem, adversum iram per mansuetudinem, adversum superbiam per humilitatem, indesinenti conscientiæ suæ martyrio coronatus est. Est ergo sermo ejus magis moralis, qui et instituere possit animos ad bonam vitam, et a laboribus relevare. Habet autem et in hoc majorem gratiam, quod ejus lectio etiam religiosis feminis, et præcipue admirandi studii matronæ tuæ filiæ nostræ invenitur aptissima, dum nullis prorsus dogmatum quæstionibus asperatur, sed eloquentiæ ejus limpidissimum flumen lenibus et satis placidis fertur fluentis. Sane si id in Latino, sermonis nostri paupertate, minus splendidum videris, neque illi ascribas, neque mihi, sed tibi ipsi magis, qui bono operi minus idoneum subrogasti ministrum.

Explicit Præfatio.

HOMILIA I.

In psalmum primum.

1. *Omnis Scriptura divinitus inspirata utilis est ad docendum*[1] : hac ipsa de causa a Spiritu sancto conscripta, quod velut ex communi quodam sanctitatis fonte, omnes nobis ex hac remedia propriis passionibus assumamus. *Sanitas enim*, inquit, *compescit peccata multa*[2]. Alia namque sunt quæ prophetæ tradunt, alia quæ historici. Lex quoque alia ; Proverbiorum etiam commonitio alia. Psalmorum vero liber quæcunque utilia sunt ex omnibus continet, futura prædicit, veterum gesta commemorat, legem viventibus tribuit, gerendorum statuit modum ; et, ut breviter dicam, communis quidam bonæ doctrinæ thesaurus est, apta singulis ac necessaria subministrans. Veteribus namque animarum vulneribus novit mederi : sed et recentibus velocissimum scit adhibere remedium, atque intactis perseverantiam salutis adhibere, sed et universis pariter passionibus subvenire, quæ dominationibus variis humanas animas agunt : et hoc fit modulato quodam et delectabili canore, humanum sensum ad pudicitiam provocante. Quoniam quidem videns Spiritus sanctus obluctantem ac resistentem ad virtutis viam humani generis animum, et ad delectationes vitæ magis inclinari, quam ad virtutis rectum iter erigi, delectabilibus modulis cantilenæ vim seriemque doctrinæ permiscuit, ut dum suavitate carminis mulcetur auditus, divini sermonis pariter utilitas inseratur, secundum sapientes medicos, qui si quando usus poposcerit, austeriora medicamenta ægris offerre mortalibus solent, ne [al. mortalibus, ne] æger utilitatem pro austeritate refugiat, ora ac summitates poculi, quo remedium porrigitur, melle circumliniunt. Propterea ergo psalmorum nobis per modulos aptata sunt carmina, ut qui vel ætate pueri, vel adolescentes sunt moribus, quasi cantilena quadam psallentes delectari

[1] II Tim. III, 16. [2] Eccle. x, 4.

videantur : re autem vera animas illuminent ac mentem. Plurimi enim ex his qui in Ecclesiam coeunt, neque apostolica præcepta facile possunt, neque prophetica, cum discesserint, retinere; psalmorum vero responsa et intra domos, interdum etiam in publico canunt. Et sicubi quis quamvis fero ac rabido spiritu raptetur [*al.* spiritu furore], si forte fuerit psalmi, ut ita dixerim, carminibus incantatus, continuo omnis rabies ferocitatis abscedit.

2. Psalmus tranquillitas animarum est, et signifer pacis, perturbationes vel fluctus cogitationum cohibens, iracundiam reprimens, luxum repellens, sobrietatem suggerens, amicitias congregans, adducens in concordiam discrepantes, reconcilians inimicos. Quis enim ultra inimicum ducat eum, cum quo unam ad Deum psalmi emiserit vocem? Ex quo intelligitur quia et, quod bonorum omnium maximum est, charitatem psalmus instaurat, conjunctionem quamdam per consonantiam vocis efficiens, et diversum populum in unius chori concordiam consona modulatione consocians. Psalmus dæmones fugat, angelos ad adjutorium salutis invitat. Scutum in nocturnis terroribus, diurnorum requies laborum, tutela pueris, juvenibus ornamentum, solamen senibus, mulieribus aptissimus decor. Deserta habitari facit et urbes : sobrietatem docet : insipientibus primum efficitur elementum, proficientibus incrementum, perfectis stabile firmamentum : totius Ecclesiæ vox una est. Psalmus solemnitates decorat ; psalmus tristitiam quæ secundum Deum est, molitur ; psalmus etiam ex corde lapideo lacrymas movet. Psalmus angelorum opus : exercituum cœlestium spirituale thymiama. O vere admirandi magistri sapiens inventum, ut simul et cantare valeamur, et quod ad utilitatem animæ pertinet doceamur, per quod magis necessaria doctrina nostris mentibus informatur, pro eo quod si qua per vim et difficultatem aliquam animis nostris fuerint inserta, continuo dilabuntur : ea vero quæ cum gratia et delectatione **714** suscipimus, nescio quo pacto magis residere in mentibus, ac memoriæ videntur inhærere! Quid autem est quod non discatur ex psalmis? Num omnis magnitudo virtutis, num norma justitiæ, num pudicitiæ decor, num prudentiæ consummatio, num pœnitentiæ modus, num patientiæ regula, num omne quidquid dici potest bonum procedit ex ipsis? Dei scientia perfecta, prænuntiatio Christi in carne venturi, judicii futuri comminatio, et resurrectionis spes, suppliciorum metus, futuræ gloriæ pollicitatio, mysteriorum revelatio. Omnia prorsus in his velut in magno quodam et communi thesauro recondita sunt bona, atque conferta. Quem librum Propheta, cum multa sint organa musicorum, huic tamen organo, quod psalterium appellatur, aptavit, de superioribus, ut mihi videtur, inspiratam ei gratiam per Spiritum sanctum docens, quoniam quidem hoc solum organum musicorum sonos de superioribus habere fertur aptatos. Cithara namque vel lyra ex inferiori parte æs vel tympanum habens, resonat ac resultat ad plectrum : psalterium vero harmonias de superioribus habere fertur aptatas, et sonorum causas desuper dare : quo scilicet etiam per hoc nos doceret quæ sursum sunt et superiora requirere, et non delectatione carminum ad inferiora, id est, ad vitia carnalia declinare. Sed et illud arbitror profundius nobis prophetica hac indicari ratione, ac per formam nos organi istius doceri, quod ii qui diligentes et apti moderatique sunt moribus, facile et pervium ad superiora iter habeant. Sed videamus tandem quid etiam per ipsa psalmi indicetur initia.

3. *Beatus*, inquit, *vir qui non abiit in consilio impiorum*[a]. Structores domorum si quando excelsas fabricarum moles construere, atque immensam altitudinem educere parant, talia jaciunt fundamenta, quæ convenienter possint supponendæ structuræ magnitudinem ferre. Sed et navium constructores cum ingentes et onerarias contexere voluerint rates, aptas prius supponendis oneribus velut fundamentum quoddam navis locant carinas. In generatione quoque animalium, primum omnium coagulari et compaginari per naturam cor dicitur, ex quo secundum talis principii consequentiam, reliqua quoque membrorum indumenta ei circumtexi compaginarique dicuntur, quæ secundum magnitudinem primi fundamenti, quod est cor, superponi per naturam ac supercrescere perhibentur. Quod ergo est in domo fundamentum, et in navi carina, et in corpore animalium cor, hanc mihi videtur habere virtutem ad omne psalmorum corpus etiam principii hujus brevis iste versiculus. Quoniam quidem multa et laboris ac sudoris plena hominibus erat daturus præcepta, his qui se velint ad pietatis certamina præparare, idcirco ante omnia beatitudinis utitur appellatione, ut tantorum spe præmiorum tolerabilius mœrores vitæ hujus doloresque patiamur. Ita et eos qui iter agunt et asperas ac difficiles vias incedunt, opportune spes refovet mansionis : et negotiatores audere facit marina sustentare discrimina lucri desiderium, et agricolarum labores in oblivionem trahit fructuum spes. Propter quod et communis vitæ nostræ eruditor atque unicus doctor Spiritus veritatis, sapientissima arte mercedes ante nominat quam labores : quarum cupiditate provocati, pondus ingruentium molestiarum facilius toleremus. *Beatus* ergo *vir qui non abiit in consilio impiorum*. Est quidem prima et vera ac propria beatitudo una, sicut et bonum unum quod est Deus : quemadmodum et Paulus commemorat dicens, *Secundum Evangelium beati Dei et Salvatoris nostri Jesu Christi*[b]. Re enim vera illud

---

[a] Psal. 1, 1. [b] II Tim. 11, 13.

est solum beatum quod et solum bonum est, ad cujus auxilium universa respiciunt, quod omnes desiderant, quæ est sola inconvertibilis natura, imperturbabilis vita; ubi nullus mœror accedit, in qua non est immutatio, quam non contingit ulla conversio; fons perennis, indesinens gratia, sine fine thesaurus. Imperiti vero homines et sæculum diligentes, dum ignorant boni naturam, beata putant interdum ea quæ nullius momenti esse dicenda sunt, id est, divitias, vel corporis sanitatem, vel honorum gloriam, quorum nihil prorsus est bonum secundum suam naturam; non solum pro eo quod facilem patitur in contraria permutationem, verum quia nequaquam bona esse credenda sunt, quæ bonos facere non possunt eos qui possident ea. Quis enim per facultates justus effectus est? quis pudicus per sanitatem? Imo vero interdum et econtrario facultatem delinquendi præbuerunt his qui vel sanitate vel divitiis abuti competenter et utiliter nescierunt. Beatus ergo is qui ea quæ vere sunt pretiosa possidet : qui non deficientes divitias obtinet. Sed quomodo cognoscimus eum *qui non abiit in consilio impiorum*? Verum priusquam dicamus quid sit abire in consilio impiorum, videtur esse conveniens, quæstionem quæ in loco generatur, absolvere. Cur, inquit, Propheta virum solum ad beatitudinem vocat? Nunquidnam excluduntur a beatitudine mulieres? Absit! una enim animi virtus viri et mulieris : quoniam quidem et creatura consimilis, unde et merces utrique eadem præparata. Audi quid dicit in Genesi : *Fecit*, inquit, *Deus hominem ad imaginem suam : masculum et feminam fecit eos* ⁵. Quorum autem una natura est, eorum etiam una operatio ac virtus eadem est; quorum autem opus æquale est, eorum etiam merces una est. Quare ergo cum de viro dixisset, reticuit de muliere? Quoniam sufficere æstimavit cum una esset utriusque natura, ejus qui principaliter a Deo creatus est, facere mentionem, ut in illius commemoratione inveniatur uterque complexus. *Beatus ergo qui non abiit in consilio impiorum*. Intuere verborum diligentissimum ordinem : quomodo unusquisque sermo proprii dogmatis ratione subnixus est. Non dixit, qui non vadit in consilio impiorum, sed *qui non abit*. Qui enim adhuc in vita hac degit, nondum beatificari potest, propter incertos exitus vitæ; qui autem adimpletis omnibus quæ mandata sunt, finem pacificum cum justitiæ operibus adimplevit, hic jam sine ullo discrimine vel ambiguitate beatificari potest. Quare ergo iterum dicit, *Beati qui ambulant in lege Domini*⁶? **715** Non enim eos qui ambulaverunt, sed eos qui ambulant in lege Domini beatificat sermo divinus. Idcirco arbitror, quod ii qui operantur quod bonum est, in eo ipso quod operantur, amplectuntur; et non tam ipsi quam opus ipsorum collaudationem beatitudinis promeretur. Nondum tamen ii qui malum fugere cœperint, et semel vel bis declinaverint a peccato, continuo beati dicendi sunt, nisi cum potuerint in omnibus vel verbis vel negotiis effugere malum, ita ut nunquam comprehendantur ab eo, et adhærere bono. Sed quid faciemus quod in præsentis versiculi lectione quædam nobis contraria suggeruntur? Non enim dixit, beatus qui boni aliquid egerit, sed, *beatus* qui illud vel illud mali non fecit, id est, *qui in consilio impiorum non abiit, et in via peccatorum non stetit, et in cathedra pestilentiæ non sedit* ⁷. Hoc enim pacto videbuntur etiam equi et boves vel cætera muta animalia quæ nihil horum facere possunt, beatitudinem promereri. Quando enim equus impium aliquid commisit, aut in cathedra pestilentiæ sedit? Sed exspecta paulisper, et competenter fortassis explanabitur quæstio. Addidit enim Propheta : *Sed in lege Domini fuit voluntas ejus, et in lege ejus meditabitur die ac nocte* ⁸, quod utique opus designat, et opus rationabilis cujusque. In quo et illud unum signatur, quoniam initium virtutis est non facere malum, profectus agere bona, consummatio vero permanere in bonis. Sic enim et alibi dicit : *Declina a malo et fac bonum : inquire pacem et persequere eam* ⁹.

4. Sapienter ergo et satis erudite initium nobis aperit ad virtutem, per declinationem mali. Non enim primo quæ perfecta oportebat obtendi; nec conveniens est ei qui adhuc male agit dicere ut bene agat, sed ut recedat a malis : quo scilicet evacuatus et exinanitus a malis, tunc et capax boni effici possit, et insuescere in operibus bonis absque consortio et commistione contrarii. Scalæ namque cuidam et ascensionibus [al. ascensionis gradibus] similem ego dixerim virtutis ac pietatis viam, similemque illi scalæ quam beatus Jacob vidit in somnis, cujus quædam pars in terra adhuc erat stabilita, et proxima contiguaque terrenis, pars vero pertendebatur atque erigebatur ad cœlum ¹⁰. In quo illud sine dubio indicatur, quod ii qui initia adhuc ac prima elementa ad iter virtutis arripiunt, primis, ut ita dixerim, innixi gradibus, moliuntur ascensum; quibus cum firmioribus plantis institerint, stabilibusque vestigiis, ex ipsis intentiore conatu poterunt etiam ad superiora conscendere, usquequo in quantum est possibile humanæ naturæ, paulatim profectu succedente ad summa perveniant. Sicut ergo ascendentibus scalam primus gradus est ascensionis a terra discedere, ita etiam virtutis ac pietatis ascensus initium habet discedendi a malo. Nam qualecunque otium cuilibet non recto operi præferendum est, sicut illa sunt quæ præcipiuntur : *Non adulterabis, non homicidium facies, non furaberis* ¹¹; quæ omnia otium potius animæ ac quietem, quam efficaciam operis alicujus inducent. Ea vero quæ ad profe-

⁵ Gen. i, 27. ⁶ Psal. cxviii, 1. ⁷ Psal. i, 1. ⁸ ibid. 2. ⁹ Psal. xxxvi, 27. ¹⁰ Gen. xxviii, 12. ¹¹ Rom. xiii, 9.

ctum perfectionis pertinent, opus exigunt, ut illud, *Diliges proximum tuum sicut teipsum* [12]; et : *Vende omnia bona tua, et da pauperibus* [13]; et : *Si quis te angariaverit mille passus, vade cum illo alia duo* [14] : quæ utique singula agones quosdam pii certaminis continent, et animæ non otium, sed utile negotium poscunt. Admiranda igitur divinæ sapientiæ ratio, quæ nos facilioribus initiis ad meliora provocat, et ad perfectiora perducit. Tria igitur sunt quæ nobis proposuit observanda : non ire in consilio impiorum, non stare in via peccatorum, non sedere in cathedra pestilentiæ. Quem utique ordinem e rebus naturalibus sumptum versiculis suprascriptis inseruit. Primum enim omnium in cogitatione et consilio hominum res versantur : tum deinde his quæ cogitatione et consilio decreta fuerint permanere et persistere homines solent. Prima ergo beatitudo cogitationi et consilio, si justa fuerint, datur. Ex quibus velut radicibus per actus corporis bonos, fructus proferimus, quos scilicet radix cordis bona ac pia suggerit. Adulterium namque prius in animo concipitur impudici, cum libidine cor accensum impuras concupiscentias æstuat : tum deinde ipsa corruptio per actus corporis adimpletur. Unde et Dominus intrinsecus esse dicebat quæ coinquinant hominem. Quia ergo impietas proprie dicitur hoc quod in Deum peccatur, non accidat nobis, ex infidelitate aliquando ambiguitatem aliquam recipere de Deo. Hoc est enim abire in consilio impiorum, si dicas in corde tuo : Putas Deus est qui singula quæque et singulos quosque dispensat? Putas erit judicium et retributio unicuique secundum opera sua? Quare ergo justi egent, et peccatores abundant? Justi infirmi sunt, illi fortes? Justi ignobiles, illi vero potentes ac nobiles? Ne forte casu magis et fortuna volvuntur universa, et eventus sunt incerti, nescio qui, atque iniquis ac fortuitis motibus sors humana vexatur? Si talia cogites, si hæc in corde tuo conspicias, abiisti in consilio impiorum. Beatus ergo qui ambiguitatem in corde suo de Deo non concipit, qui non præsentibus tædiis ac molestiis vincitur, sed justitiam Dei in tempore futuræ examinationis exspectat ; qui non de creatore omnium Deo opiniones habuit infideles. Sed et ille beatus dicitur *qui in via peccatorum non stetit*. Via namque hoc vitæ nostræ spatium dicitur, pro eo quod unusquisque mortalium ad certum finem et manifestum festinat ac tendit. Sicut enim ii qui in navibus dormiunt, etiamsi ipsi non sentiant, nave tamen ventis agitata perducuntur ad portum, et cursus eos ipse perducit ad finem : ita etiam nos cum tempus vitæ nostræ defluxerit, motibus quibusdam naturalibus constricti, et acti, ferimur ad proprium finem. Utputa, dormis tu, et tempus præterit : vigilas et occupatus es mente, cogitationibusque distraheris, et te nesciente tempus abit, et vita consumitur. Cursum ergo quemdam currimus omnes homines, et ad proprium finem unusquisque compellimur, et propterea omnes sumus in via. Cujus rei sensum hoc modo percipere possumus. Viator es in præsenti via, omnia præteris, omnia post tergum relinquis. Nunquam vidisti in via opaca nemorum et amœna virentium, vel si qua alia sunt quibus pascitur et delectatur obtutus? Parum quid delectatus es, deinde pertransisti. Rursumque occurrerunt tibi saxa aspera, confragosæ convalles, abrupta præcipitia, scopuli pendentes ; nonnunquam etiam occurrerunt bestiæ, serpentes, et alia nonnulla molesta oculis et aspera sensibus : parum quid contristatus es, deinde omnia reliquisti. Talis est vita nostra. Neque ea quæ grata sunt, neque ea quæ sunt tristia perseverant Neque ergo via tua est, neque ea quæ in via sunt, tua sunt. Inter eos qui iter agunt statim ut prior moverit pedem, posterior vestigiis ejus insistens, iisdem ipsis gressibus nititur : tum deinde et alius qui post ipsum est, eadem quæ prior molitur.

5. Intuere ergo nisi talia sunt et valde similia quæ habet hominum vita. Tu hodie tenes agrum, crastino tenebit alius. Vides possessiones nobiles, et potentes domos? Quot jam singulæ ipsarum dominorum nomina commutarunt ! Appellata est primo illius nomine, tum deinde transmutata est ad alium, et alterius nomine nuncupata est. Inde venit ad alium, et nunc illius dicitur. Nonne via est vita nostra? Et alium nunc, alium iterum nunc recipit possessorem, habentque singuli sequentes se invicem. *Beatus ergo est qui in via peccatorum non stetit*. Quid est autem quod dixit, *non stetit?* In prima ætate positi homines, neque in malitia sumus, neque in virtute consistimus (utriusque enim expers est ætas talis et affectus) : cum autem intellectus ratio in nobis cœperit adimpleri, tunc impletur illud quod scriptum est : *Cum autem venit mandatum, peccatum revixit, ego autem mortuus sum* [15]. Tunc enim moriuntur cogitationes malæ, ex passionibus carnis atque animæ motibus generatæ. Re enim vera cum venerit mandatum, id est, cum discretio atque intelligentia boni ac mali inesse cœperit cordi, si non obtinuerit animam recta cogitatio, ac defenderit eam ne carnalibus vitiis captivetur, cum adest quidem homini recte agendi facultas et ratio, nec agit tamen recte ; tunc accidit ut peccatum reviviscat, moriatur autem anima, ex eo quod oppressa delictis inter mortuos numeratur. Beatus ergo, qui non stetit neque moratus est in via peccatorum, sed cogitatione meliore ad pietatis se convertit exercitia. Duæ enim sunt viæ invicem sibi contrariæ. Una lata est et spatiosa : alia arcta est et angusta. Et hæ duæ viæ duos habent itineris duces, quorum uterque eos qui iter agunt certatim ut se sequan-

---

[12] ibid. 10. — [13] Matth. xix, 21. [14] Matth. v, 41. [15] Rom. vii, 9.

tur provocat et instigat. Et illa quidem quæ lata est et spatiosa via, habet ducem dæmonem seductorem, spiritum pessimum, qui sequentes se per libidinem et luxuriam in perditionem præcipitat et in mortem. Illa vero quæ angusta est et ardua, ducem itineris habet angelum bonum, qui per laborem virtutis sequentes se perducit ad beatum et optimum finem. Donec ergo quis nostrum parvulus est et in præsenti vita mollia quæque sectatur et suavia, nullam futurorum providentiam gerit : cum autem jam vir fuerit effectus et mentis suæ sensu ad perfectum pervenerit intellectum, ipsum sibi ordinem vitæ mortalis invenit suggerentem, vel ea quæ ad virtutem, vel ea quæ ad libidinem pertinent. Et cum crebrius ad utraque oculum mentis suæ cœperit retorquere, præsto est ei discernere ac judicare de singulis. Continuo namque peccatorum vita, omnia quæ præsentis sæculi sunt, ostendit ei grata, et suggerit expetenda : justorum autem vita sola ea esse bona quæ sunt futura decernit, et quanto magis bona ea esse et optima repromittit, tanto virtute ac labore præsentis vitæ expetenda ea esse persuadet. Illa vero fluxa et luxuriosa vita nihil futurum, nihil quod non videri ac teneri, imo vero quod gustari possit suggerit expetendum ; præsentibus perfruendum potius quam de futuris persuadet esse pendendum. Æstuat igitur omnis anima cogitationibusque discerpitur, et nunc quidem cum de æternis cogitat, virtutem laboremque diligit et amplectitur ; cum vero intuetur præsentia, libidinem cunctis quæ sperantur præfert, voluptatemque præponit. In his enim delicias carnis, in illis ejus interitum videt : hic ebrietatem, ibi sobrietatem prospicit atque jejunium ; hic risu dissolvitur, ibi lacrymis affligitur ; hic luxuriam, ibi orationes ; hic delectationes, ibi gemitus ; hic impudicitiam, ibi pervidet castitatem. Quoniam ergo id quod vere bonum est sola cogitatione concipi potest per fidem, re enim ipsa a nobis longe discretum est, et oculus id non vidit, nec auris audivit (peccati autem dulcedo præsto semper est et parata, atque affluenter semper suggerit copias suas), beatus qui non poterit ejus illecebris decipi in perditionemque demergi, sed per laboris patientiam spem salutis exspectat. Beatus ergo, qui cum ad initium vitii istius venerit, in viæ electione non fallitur, nec stat in ea via quæ ducit ad mortem, sed illa derelicta ac post tergum data, sequitur iter quod ducit ad vitam.

6. *Et in cathedra pestilentiæ non sedit.* Putas istas dici cathedras in quibus corporali sessione requiescimus, et ex illo ligno in quo sedemus ad peccatum nobis præstatur occasio, ut debeamus cathedram vel sedile quod forte peccator quis præoccupaverit refugere, ne ibi quasi in cathedra pestilentiæ sedeamus ? Aut illud magis putandum est, quod cathedra dicitur hoc, cum judicio quodam animi et confirmato consilio residet quis in malis ? Quod utique cavendum est, quoniam cum consilio et definitione sententiæ, velut de judicii cathedra, in peccatorum operibus permanemus. Tunc enim quasi stabilitate quadam et immobilitate animus roboratus, difficilem se præstat ad conversionem. Inveteratum namque vitium animæ, et malum diuturna meditatione ac longiturnitate temporis confirmatum vix aboleri unquam poterit ac depelli, velut in naturam quodam modo longa consuetudine usuque conversum. In primis igitur optandum est, si possibile est, ne contingere quidem malum. Secundum autem, ut ita dixerim, bonum est, post experimentum malæ contagionis velut venenatum quoddam vulnus effugere, secundum illud quod scriptum est apud Salomonem de muliere mala : *Noli*, inquit, *confirmare oculum tuum ad eam, sed resili ab ea, et noli immorari* [16]. Nunc vero videmus quosdam in juventute quidem ad carnis vitia esse lapsos, et usque ad ipsam canitiem in malis suis permanere atque **717** persistere. Sicut enim ii qui in voraginem cœni prolapsi, quocunque se visi fuerint convertere vel commovere, in eodem semper hæsitant luto : ita etiam isti libidinis suæ spurcitias omnibus suis motibus per dies singulos renovant. Beatum ergo est ne cogitare quidem malum. Si vero per surreptionem inimici suscepisti consilium malum vel impium, ne stes, neque permaneas in peccato. Quodsi et hoc acciderit, statim ne confirmeris et resideas in malo. Non ergo sedeas in cathedra pestilentiæ. Si intellexisti quid est cathedra quam sermo descripsit, id est, quod perseveratur ac perduratur in malo : inquiramus etiam qui sint isti pestilentes, quorum fugiendam esse cathedram suadet sermo divinus. Pestilentiam dicunt esse ii quibus nosse talia cura est, cum morbus talis vel homines vel animalia obtinuerit, qui tradi ab uno in alterum et per omnes serpere soleat et extendi. Tales ergo quidam sunt operarii iniquitatis qui cum alter alteri ægritudinis suæ tradiderint morbum, omnes simul ægrotant : simul etiam ac pariter pereunt. Aut non vides quomodo ii qui scortorum gratia fores obsident lupanarium, irrident castos et sobrios viros, cum ipsi inter se dedecorum suorum narrationes velut fortia gesta dinumerant, cum opera tenebrarum et turpitudinum dedecora velut virtutum suarum prædicant ornamenta ? Isti sunt pestilentes, qui mala sua docendo cæteros, communia omnium faciunt mala, cum ad imitationem illiciunt audientes, ad consortium malorum suorum plurimos associare nituntur ; non aliter quam fragili stipulæ arentibusque virgultis ignis immissus, si forte etiam ventorum flatibus animetur, omnes pariter agros silvasque populatus absumit : ita peccati flamma ex uno in alterum succensa, et crebris narrationibus velut ventorum quibusdam flatibus verberata, insuper

---

[16] Prov. ix, 15

etiam malignorum spirituum nequioribus flabris et turbinibus concitata, omnem pariter humani generis silvam depascitur et absumit. Quid enim aliud in illis turpissimis luxuriosorum geritur officinis, cum adolescentes in unum coeunt, cum cœnæ symbola præparantur, cum narrationes obscenæ, cum potibus scorta miscentur? inter quos, si quis forte paulo modestior fuerit inventus vel pigrior ad peccatum, irridetur ab omnibus, et iners atque inutilis judicatur. Parva, quæso, est hujuscemodi pestilentia, aut exigua hujusmodi contagio vitiorum? Quid deinde, si incipiat aliquis avaritiæ morbos imitari, et omnes aviditatis vias atque aditus proculcare? Quid, si ambitionis luem, honoris desideria, potentiæ cupiditatem, et singula hujusmodi? Quæ cum turpi vitio priores quique appetunt, exempla pessima cæteris præstant, et medullis ipsis humani generis morbum inserunt, urbes late populosque vastantem. Jam vero livoris et zeli æmulationem quæ non vel regalis aula congemuit, vel quis non militiæ gradus sensit? Quæ castra, quod forum, quæ urbs, quis non ordo deflevit? cum factionibus conjurationibusque insidiæ majoribus, inferioribus facinus propinatur. Sic in singulis quibusque sceleribus unus ex altero accensus, pestilentiæ contaminatione prosternitur, unde merito hujus modi homines dicendi sunt pestilentes. Ne ergo sedeas, inquit, in consilio talium hominum, ne consensus eorum expetas neve conventus, ne morbi eorum contagione maculeris, neque malorum consiliorum vel particeps vel arbiter fias. Sed quid agimus? Adhuc nobis in initiis sermo est, et jam modum excedimus ejus brevitatis, quæ sufficere multitudini debeat; quoniam quidem et vos si plura dicantur, non facile omnia potestis memoriæ commendare, et nobis ministerium verbi pro ingenita corporis fragilitate nequaquam ad plura suppeditat, deficiente nobis voce; quamvis ea quæ dicta sunt in ipsa sui brevitate habere perfectionem aliquam videantur. Continent namque quomodo vel fugienda sint mala, vel expetenda sint bona. Quæ utique, Deo juvante, si a vobis et retineri memoria, et opere videamus impleri, etiam ad complendum quæ sunt reliqua in expositione provocabimur. Præstabit autem Deus et nobis eorum quæ dicta sunt mercedem, et vobis fructum ex his quæ audistis, per gratiam Domini nostri Jesu Christi, cui gloria in sæcula sæculorum. Amen.

HOMILIA II.

De eo quod scriptum est [17] : « *Attende tibi, ne forte fiat in corde tuo sermo occultus iniquitas.* »

1. Sermonis usum Deus nobis qui nos creavit indulsit, pro eo ut cordis occulta consilia invicem nobis verbi ministerio panderemus, et pro communi in alterutrum affectione naturæ unusquisque nostrum proximo suo velut ex arcanis quibusdam domiciliis consilii secreta depromeret. Si enim nuda tantummodo atque intecta anima viveremus, ex ipsis tantum mentis motibus atque intentionibus cogitationum ad alterutrum nosceremur. Verum quoniam vigor animæ velamine carnis operitur, ad indicanda atque in publicam faciem proferenda ea quæ in profundo cogitationibus vel sensibus commovemus, verbis ac nominibus et vocabulis indigemus. Cum igitur motus hic mentis nactus fuerit vocis significantiam, tum velut vehiculo quodam sermonis aeris ictu vectus, ad audientem a loquente transfertur. Et si quidem invenerit tranquillam quietamque audientiam, sicut in portu fidissimo ac tutissimo in auribus auditorum sermo reconditur : si vero velut fluctus quosdam et saxosa vada auditorum tumultus et murmur docentibus refragatur, in medio aeris spatio sermo transfretans naufragabit. Quamobrem præbete tranquillitatem per silentium verbo, fortassis enim aliquid poterit utilitatis afferre sermo veritatis, si tamen non auditoris ignavia, dum minus intentus est animus, facile dilabatur. Talis namque natura ipsa verbi spiritu compaginante formata est, ut velox brevisque sit, et transcursu concita multa designet in paucis, ut per ipsam sui brevitatem tenacius a memoria reservetur. Hæc namque est natura emendati sermonis, ut neque obscuritate quæ dicuntur offuscet; neque abundans ineptiis, vim rerum quæ indicantur faciat evanescere. Talis enimvero etiam hic est qui nobis nunc ex Moysi voluminibus recitatus est sermo, si tamen meministis vos quibus verbi divini attentior cura est, nisi forte pro brevitate sui paulo tardiores quosque transfugit auditus. Est autem sermo hic : *Attende tibi, ne forte fiat in te sermo absconsus in corde tuo iniquitas.* Faciles sumus ad delicta cogitationum nos homines : propter quod et qui finxit singillatim corda nostra [18], sciens quod non parum delictorum in his motibus admittitur qui fuerint ex proposito animi mentisque concepti, ante omnia puritatem et munditias cordis injungit ac præcipit. In quo enim proclivius vergimus ad peccatum, hanc nobis partem majore cautela diligentiaque communit. Sicut enim infirmiora quæque corporum membra peritior ac bene prudens medicus, antequam ipse morbus immineat, studio præcurrente et diligentia cujusdam præcurationis antevenit : ita et communis omnium provisor et animarum medicus Deus, hoc quod maxime in nobis ad culpam lubricum prævidebat, circumdare tutioribus septis studuit, et circumvallare cautioribus munimentis. Nam ii actus qui ministerio corporis adimplentur, opus habent et tempore, et opportunitate, et labore, et adjutoriis, cæterisque hujuscemodi instrumentis : mentis vero motus et cogita-

---

[17] Deut. xv, 9. [18] Psal. xxxii, 15.

tionum lapsus absque tempore consummantur, sine labore complentur, omne tempus habent opportunum. Intuere namque mihi ambitiosum quempiam et ingenti supercilio honestatis elatum, imaginem quamdam continentiæ et sobrietatis habitu exteriore gestantem, in mediis quoque virorum laudabilium et sapientium residentem; hic subita cogitatione mentis percurrit et evolavit ad loca peccati, maligna desideria mente concepit, colloquia quoque intra se inhonesta finxit et turpia : totus in occulta mentis suæ officina universam sibimet libidinis imaginem deformavit, gestusque descripsit. Hic ignotum quidem omnibus peccatum et sine ullo teste commisit : sed arguetur ac revelabitur sine dubio per adventum ejus qui reserat occulta tenebrarum, et manifestat consilia cordium [19]. *Observa ergo, ne forte fiat in corde tuo verbum occultum iniquitas. — Qui enim aspexerit mulierem ad concupiscendum eam, jam mœchatus est eam in corde suo* [20]. Propter quod corporis quidem actus possunt nonnullis obstaculis intervenientibus impediri : ubi autem mente delinquitur, quia facile est puncto cogitationis evagari, tam pernix adhærebit noxa delicti. Ubi ergo velox occasio peccati, ibi etiam celeris providetur cura remedii, et ideo protestatur dicens : *Ne forte fiat in corde tuo verbum occultum iniquitas*. Sed jam ad ipsum potius verbi initium recurramus.

2. *Attende*, inquit, *tibi*. Singula quæque animalium a conditore omnium Deo ad defensionem et tutelam sui, occasiones quasdam proprias acceperunt, quibus, saluti suæ cum necesse fuerit, auxilium ferant : et invenias, si diligenter intendas, plurima quæque nullo docente adversum ea quæ sibi perniciem moliuntur, vel obniti vehementius, vel declinare callidius : et rursum naturali quodam impulsu, ad ea quæ expediunt ferri atque compelli. Propterea ergo etiam nobis eruditionis causa magnificum istud mandatum præcepit Deus, ut quod illis adest per naturam, id nobis ope verbi ac rationis addatur, et quod in mutis animalibus absque imperio efficitur, hic nobis per præcepti diligentiam conquiratur : ut majore providentia conservemus ea quæ nobis divinitus indulta sentimus ; fugientes quidem peccatum sicut muta animalia sponte sua fugiunt noxios et mortiferos cibos : sectemur vero justitiam sicut illa fecundos et utiles pastus nullo cogente sectantur. *Attende ergo tibi*, ut possis discernere ab utilibus noxia. Sed quoniam dupliciter est attendere, aliud quidem corporeis oculis intueri corporea, aliud vero intellectualis animæ virtutibus incorporea et spiritualia conspicari : in hoc loco si quidem de oculis carnalibus dictum esse sentiamus, continuo verbi sententia arguetur absurda. Quomodo enim quis semetipsum totum corporali oculo attendere poterit vel comprehendere ? Quia primo neque semetipsum oculus considerare et intueri potest, neque vicina sibi et imminentia conspicari supercilia ; sed neque in verticem capitis dirigit aciem suam, aut aliquo pacto propria terga conspiciet, nec aliquid omnino proprio videbit ex vultu : non latentia viscerum, non occulta venarum. Quod si ita est, impium videbitur, dicere impossibilia esse Spiritus sancti mandata. Superest ergo ut ad mentis intuitum præcepti vigor atque intelligentia transferatur. *Attende ergo tibi*, id est undique teipsum circumspice : pervigiles gere ad custodiam tui oculos animæ. *In medio laqueorum ingrederis* [21], occulte tibi ab inimico tenduntur insidiæ, doli, machinæ, pedicæ ubique defossæ. Circumspice ergo omnia, et cauta intentione considera, ut effugias sicut damula ex laqueis [22], et sicut aves ex retibus. Nam et damula non incurrit laqueum, pro eo quod visum dicitur acutissimum gerere, unde et nominis sui etymologiam servat in Græcis ; avis vero auxilio usa pennarum, cum voluerit effugere dolos retis, altiora aeris itinera secat. Vide ergo tu, ne forte deterior mutis animalibus ad cautelam tuæ salutis exsistas, ne forte laqueis irretitus [23], venatio et captura diaboli fias, captus ab eo secundum illius voluntatem.

3. *Attende ergo tibi*, id est, neque tuis, neque his quæ circa te sunt, sed tibi soli attende. Aliud enim sumus nos ipsi, aliud quæ nostra sunt, aliud quæ circa nos sunt. Nos namque sumus anima et mens, secundum quam ad imaginem ejus qui nos creavit facti sumus ; nostrum vero est corpus et corporalis sensus ; circa nos autem sunt mundana substantia, vivendi artes, cæteraque usus instrumenta mortalium. Quid igitur præcepit sermo ? Ne attendas, inquit, carni, neque ea quæ carnis bona videntur, studio impensiore secteris ; id est sanitatem corporis, decorem cultumque vultus, voluptatem carnis atque delicias : neque vitæ longioris vota suspires, non divitias sæculi, non ambitionis gloriam ; non potentiam caducæ felicitatis mireris, et nihil omnino quod ad præsentis vitæ ministerium pertinet, magnum æstimes et appetendum : ut, dum in sollicitudinis tuæ intentione raptaris, illa quæ vere magna sunt, et in quibus vere vita est negligas : sed attende tibi, id est animæ tuæ. Hanc excole, huic omnibus curis, omnibusque studiis consule : ita ut omnem maculam quæ in eam forte nequitiæ vitiis obrepsit abluas et expurges intentione meliorum : exornes vero eam et excolas omnibus virtutis pietatisque monilibus. Quoniam quidem corpus tuum mortale est, anima vero immortalis, et duplex quædam est vita nostra. Una quidem carni huic familiaris, et cito cum ea deficiens : alia vero animæ cognata, nec ullo fine aut circumscriptione claudenda. Attende ergo tibi, et non mortalibus et caducis velut perpetuis incumbas et æternis : neve rursum quæ æterna sunt tanquam caduca et transeuntia negligas atque contemnas. Contemne potius

---

[19] 1 Cor. iv, 5. [20] Matth. v, 28. [21] Eccli. ix, 20. [22] Prov. vi, 5. [23] II Tim. ii, 26.

et despice carnem tuam : pertransit enim. Adhibe diligentiam et studium animæ : immortalis est enim. Intuere igitur et attende eum omni cautela tibi ipsi, ut scias distribuere unicuique parti quod convenit : carni quidem victum et vestitum, animæ vero doctrinam pietatis, conversationem severam et gravem, exercitium virtutis, emendationemque vitiorum ; non pinguedini corporis deservire; neque circa carnis lætitiam cursitare. Quoniam quidem, *Caro concupiscit adversus spiritum, spiritus autem adversus earnem : et hæc sibi invicem adversantur* [25], vide ne forte tu in hujus belli congressione manus accommodans carni, et auxilia ei quamplurima subministrans, potentiam ejus adversus spiritum erigas, et meliorem tui partem deteriori facias esse subjectam. Sicut enim stateræ momentum si in unam partem depresseris, leviorem sine dubio alteram facies : ita in hoc animæ et corporis jugo, cum in unam partem propensior exstiteris, clara erit alterius et manifesta diminutio. Quis enim dubitat, cum corpus luxuria fluitat carnibusque distenditur, ignavum et obtusum effici mentis vigorem? Si vero anima florentioribus virtutis exercitiis imbuatur, et meditatione meliorum ad culmen propriæ magnitudinis erigatur, fatiscere corporis statum, et commoda infirmitate marcescere facit. Et hoc indicans beatus Apostolus dicebat : *Nam si is qui foris est homo noster eorrumpitur, sed qui intus est renovatur de die in diem* [25].

4. Hoc ergo idem præceptum et infirmioribus utile est, et robustioribus commodum. Nam et in infirmitatibus medici ægris præcipere solent, ut sibi attendant, et nihil omnino contemnant quod ad medelam possit adhiberi. Similiter ergo et medicus animarum nostrarum Sermo divinus, animæ ex peccatorum acerbitate languenti, magnifice brevissimi hujus præcepti succurrit auxilio, dicens : *Attende tibi*, id est, ut si quando forte deliqueris, secundum magnitudinem delicti etiam remedii et emendationis cura pensetur. Grande alicui peccatum et grave commissum est, grandi sine studio confessione indiget pœnitentiæ, multis et amaris lacrymis, intentis pernoctatisque vigiliis, jugibus continuatisque jejuniis. Si leve est delictum, et par commissi sit similis pœnitentia. Tantum attende tibi, ut intelligas et agnoscas et sanitatem animæ et languorem. Multi enim, dum sibi non attendunt, ægritudines graves et insanabiles pati se nesciunt, et ne hi quidem ipsi sentiunt quod ægrotant. Propter quod magna est præcepti hujus utilitas, per quod et ægris cura suggeritur, et sanis perfectionis demonstratur integritas. Unusquisque autem nostrum qui in discipulatum nos verbi Dei mancipavimus, unius alicujus operis ministerium gerit eorum quæ in Evangelio præcepta sunt. In magna enim domo, in hac Ecclesia dico, non sunt tantummodo vasa diversa aurea et argentea, vel ignea et fictilia, sed et artificia quamplurima et diversa [26]. Habet namque domus Dei, quæ est Ecclesia Dei vivi [27], venatores vel captores; habet viatores, habet architectonas, structores, agricolas, pastores, athletas, milites, quibus omnibus commode satis aptabitur brevissimi hujus mandati vigor, ut unicuique et operis diligentiam tribuat, et propositi ac mentis desideria atque incitamenta commoveat. Venator es, et ad capturam a Domino destinatus, qui dixit : *Ecce ego mittam multos venatores, et capient eos supra omnem montem* [28]? Attende ergo tibi diligenter, necubi te venatio Domini effugiat, et evadat, quominus verbo veritatis capias et offeras Domino ad salutem eos qui, erroribus decepti nequitiæ, feri ac palabundi per aspera quæque peccatorum et devia pervagantur. Viator es, talis qualis ille qui orat ad Dominum : *Dirige gressus meos in semitis tuis, ut non moveantur vestigia mea* [29]? Attende tibi, ne forte erres a via, ne declines in dexteram neque in sinistram, sed via recta, via regali incede. Architectus es? Attende tibi ut fundamentum fidei quod est Christus Jesus, cum omni diligentia jacias et cautela. Structor es? Vide quomodo ædifices; ne ligna et fenum, ne stipulam vel paleas, sed argentum et aurum et lapides strue pretiosos [30]. Pastor es? Attende tibi, ne quid te prætereat eorum quæ ad pastoris studium ac diligentiam pertinent. Si autem quæ sint ista perquiris, ausculta. Quod erravit converte et revoca, quod attritum est colliga, quod ægrum est sana. Agricola es? Attende tibi, ut diligenter circumfodias infructuosam ficum, et adhibeas stercoris squalorem, et totum facias quidquid spectat ad fructuosum eventum. Miles es? Attende tibi, uti ne militans Deo implices te negotiis sæcularibus, ut placeas ei qui te probavit [31] : sed *Collabora Evangelio, ut milites in illis bonam militiam* [32], dimicans adversus spiritus nequitiæ et adversus principes et potestates, adversus mundi hujus rectores tenebrarum [33]. Tum deinde etiam adversus vitia carnis assume scutum fidei, et omnia arma spiritus, quibus indutus possis resistere adversus ignita jacula diaboli [34]. Athleta es? Attende tibi, ne quid adversus leges athleticas geras, quia nemo coronatur, nisi qui legitime certaverit [35]. Imitare Paulum, qui sic currit ut comprehendat, et sic luctatur non quasi aera verberans, sed macerat corpus suum et servituti subjicit, ne forte aliis prædicans, ipse reprobus inveniatur [36]. Evigila ergo et tu, et indesinentem oculum ad considerandas adversarii astutias gere. Si curris, **720** sic curre ut comprehendas, ea quæ retro sunt obliviscens, et ad

---

[25] Galat. v, 17. [25] II Cor. iv, 16. [26] II Tim. ii, 20. [27] I Tim. iii, 15. [28] Jerem. xvi, 16. [29] Psal. cxviii, 133. [30] I Cor. iii, 12. [31] II Tim. ii, 4. [32] II Tim. i, 8; I Tim. i, 18. [33] Ephes. vi, 12. [34] ibid. 16. [35] II Tim. ii, 5. [36] I Cor. ix, 24-27.

ea quæ in ante sunt extendens [37]. Si colluctaris, adversus invisibiles adversarios pugna. Talem te esse vult hujus præcepti sententia, nihil remissum, nihil somno et ignavia præpeditum, sed sollicite et vigilanter cuncta circumspectantem; prudentem te esse vult in consiliis, in actibus strenuum. *Attende ergo tibi.*

5. Deficiet me tempus in singulis quibusque producendis quæ in opus Evangelii edocentur hujus præcepti virtute. Attende tibi, ut vigiles ad omnia, ut nihil te in consiliis præterea; observare præsentia, futura prospicere, quæ in manibus sunt commode dispensare, quæ sperantur fideliter exspectare; ne forte præsentibus jactanter te et inaniter perfrui putes, sicut nonnulli leves et instabiles juvenes vana cogitatione mentis inflati, si quando forte per silentium temporis et nocturnam quietem, falsis imaginibus per cogitationem mente conceptis, describunt semetipsis excelsas dignitates, præclara conjugia, liberorum felicitatem, prolixam senectutem, obsequia subjectorum, clientium famulatus, et cum in re nihil sit, vanæ cogitationis tumore supra omnes homines efferuntur: ingentes domos intra momentum struunt, eas subitis et mente sola conspectis facultatibus replent, immensa terrarum spatia et agros uberes occupant, et tanta possessionum jura defendunt, quanta nutus vagæ mentis incluserit; sed et fructum earum structis latius horreis vanitatis recondunt. Addunt nihilominus greges, armenta, servitia, magistratus, regna etiam ipsa et imperii fastigia alta præsumunt; gerunt bella, movent classica, tropæa statuunt, ducunt triumphos, et per totius regni curas inani sollicitudine debacchantur; ita ut in manibus tenere omnia, et nusquam comparentibus tanquam præsentibus se perfrui arbitrentur. Proprius est iste languor otiosæ et desidis animæ, videre somnia vigilantem. Quam dissolutionem mentis et inflammationem cordis et cogitationum præsecans et restringens Sermo divinus, saluberrimi præcepti hujus auctoritate succurrit, dicens: *Attende tibi*, id est, ne ea quæ nusquam sunt cogites, sed ut præsentia et quæ palam sunt diligenter expedias. Arbitror autem etiam illud vitium resecare volens legislator, mandati hujus adjutorium protulit, quoniam facile est unicuique curiosius aliena perquirere, quam propria et domestica procurare. Ne ergo hoc accidat, desine, inquit, mala aliena discutere; desine de aliorum actibus tua perstrepere et concelebrare convivia; desine poculis tuis aliena probra miscere, et inter epulas tuas alterius vitæ innocentiam lacerare. Noli ergo attendere alienis languoribus; sed attende tibi ipsi: hoc est, ad perscrutationem tui converte oculos animæ tuæ, quia multi secundum verbum Domini festucam in oculo fratris vident, trabem vero quæ in suo oculo est non considerant [38]. Tu ergo nunquam cesses temetipsum perscrutari; si vita tua secundum normam dirigitur mandatorum, si conversatio tua omni culpa vacat. Attende ergo et circumspice teipsum; non eorum qui extra te sunt culpas et peccata dinumeres, nec sollicite disquiras sicubi maculæ aliquid in proximo reperias, secundum Pharisæum illum tumidum et jactantem, qui stabat seipsum justificans, et exprobrans ac despiciens publicanum; sed teipsum discutere ac judicare non cesses; ne quid in cogitatione deliqueris, ne quid sis prolapsus in lingua, dum incauta loquacitate prævenit et præcurrit sermo consilium; ne quid etiam in actibus tuis et manuum opere commiseris, quod vel avaritiæ, vel iræ, vel libidini ministratum sit. Si hæc intra temetipsum semper discutias et inquiras, multa invenies quæ intra te debeas emendare, pro quibus debeas pœnitudinem gerere. Et tanquam homo si quid tale repereris, dic sicut publicanus ille dicebat: *Deus, propitius esto mihi peccatori* [39]. Attende ergo tibi ipsi. Illic tibi sermo etiamsi in rebus prosperis degas, et omnis tibi vita secunda felicitate succedat, utilis semper et necessarius apparebit tanquam bonus et fidelis consiliarius, commonitiones vitæ suggerens melioris. Si vero adversis et tristibus urgearis, et hæc tibi in tempore necessitatis commonitio suggeratur, maximum illico remediorum solatium dabit, ut neque in prosperis arrogantius extollaris, neque in adversis mollius et remissius resolvaris. Divitiis flores et polles, et illustrium proavorum consulatibus intumescis? patriæ parentum nobilitate te jactas? pulchritudine corporis erigeris et decore? honoribus extolleris, et asseclarum fulciris obsequiis? Tum maxime attende tibi ipsi, et memento quia mortalis es, et quia *Terra es, et in terram ibis* [40], et quia potest et ad te dici: *Stulte, hac nocte auferent abs te animam tuam, et quæ præparasti cujus erunt* [41]? Intuere eos qui ante similis potentiæ dignitatibus effulserunt. Ubi sunt? quid agunt? ubi fasces eorum? ubi magistratus? ubi diversarum infulæ dignitatum? ubi denique eloquentissimi rhetores, et vehementissimi oratores? ubi qui crebros conventus orationum suarum favoribus concelebrabant? ubi popularis aura? ubi exquisita equorum præparata certamina? ubi denique satrapæ? ubi reges? ubi tyranni? Nonne omnia pulvis et cinis est? Nonne omnia antiquæ fabulæ, superfluaque narratio est? Nonne in perexiguis ossibus angustæ vasculo urnæ conclusis, omnis memoria eorum continetur? Denique intuere et inspice eorum sepulcra, si potueris discernere, quis ibi servus quisve sit dominus, quis pauper quisve dives. Discerne ibi si potes plebeium a rege, virum fortem ab imbecilli, decorum ab informi. Si ergo horum omnium memor fueris, nulla tibi orietur elationis occasio, sed semper memor eris tui, si præcepti memor attenderis tibi.

[37] Philipp. III, 13. [38] Matth. VII, 5. [39] Luc. XVIII, 13. [40] Gen. III, 19. [41] Luc. XII, 20.

6. Quod si ignobilis es et obscuro loco natus, pauper ex pauperibus procreatus, non domo gaudens, non patria, invalidus viribus, quotidiano quoque indigens sumptu, vivens sub potentum colaphis, cum timore omnibus ac tremore subjectus, cunctisque humilitate paupertatis expositus, sicut ait, *Pauper non suffert minas* [11], non ergo in temetipsum despicias et desperes, neque quia nihil tibi in praesenti vita magnificum praesto est, omnem tibi abscindas et amputes spem bonorum; sed revoca animos tuos ad ea quae jam tibi bona indulgentia divina concessit, et ad ea nihilominus erige mentem tuam, quae futura in posterum repromisit. Considera ergo primo omnium quod homo es, id est, solum in terris animal ipsis divinis manibus formatum. Nonne sufficeret hoc solum recte et integre sapienti ad magnum summumque solatium, quod ipsius Dei manibus, qui omnia reliqua praecepti solius fecit auctoritate subsistere, homo fictus es et formatus? Tum deinde quod cum ad imaginem Creatoris et similitudinem sis, potes sponte etiam ad angelorum dignitatem culmenque remeare. Animam namque accepisti intellectualem, et rationalem, per quam Deum possis agnoscere, et naturam rerum conspicabili rationis intelligentia contemplari; sapientiae dulcissimis fructibus perfrui praesto est. Tibi omne cedit animantium genus, quae per convexa montium vel praerupta rupium aut opaca silvarum feruntur; omne quod vel aquis tegitur, vel praepetibus pennis in aera suspenditur. Omne, inquam, quod hujus mundi est, servitio et subjectioni tuae liberalis munificentia Conditoris indulsit. Nonne tu, sensu tibi rationabili suggerente, diversitates artium reperisti? Nonne tu urbes condere, omnemque earum reliquum usum pernecessarium viventibus invenisti? Nonne tibi per rationem quae in te est mare pervium fit? Terra, flumina fontesque tuis vel usibus vel voluptatibus famulantur. Nonne aer hic et coelum ipsum atque omnes stellarum chori vitae mortalium ministerio cursus suos atque ordines servant? Quid ergo deficis animo et deesse tibi aliquid putas, si non tibi equus producitur phaleris exornatus, et spumanti ore frena mandens argentea? Sed sol tibi producitur, veloci rapidoque cursu ardentes tibi faces caloris simul ac luminis portans. Non habes aureos et argenteos discos; sed habes lunae discum purissimo et blandissimo splendore radiantem. Non ascendis currum, nec rotarum lapsibus veheris; sed habes pedum tuorum vehiculum tecum natum. Quid ergo beatos censes eos qui aurum quidem possident, alienis autem pedibus indigent ad necessarios commeatus? Non recubas eburneis thoris; sed adjacent fecundi cespites viridantes et herbidi thori, florum varietate melius quam fucatis coloribus Tyrii muricis picti, in quibus dulces et salubres somni nullis curarum morsibus effugantur. Non te contegunt aurata laquearia; sed coelum te contegit ineffabili fulgore stellarum depictum. Haec quidem quantum ad communem humanitatis attinet vitam; accipe vero majora. Propter te Deus in hominibus, Spiritus sancti distributio [12], mortis oblatio, resurrectionis spes. Propter te divina praecepta hominibus delata, quae te perfectam doceant vitam, et iter tuum ad Deum per mandatorum tramitem dirigant. Tibi panduntur regna coelorum, tibi coronae justitiae praeparantur; si tamen labores et aerumnas pro justitia ferre non refugis.

7. Et si attendas tibi, horum plura invenies et majora, nec deficies animo ad aerumnarum praesentium tolerantiam, dum ad futura praecepti hujus eruditione sustolleris. Sed ne illa quidem parte te incommonitum praeteribo. Si quando te, id est, mentem tuam, iracundia exasperat, et stimulis immorantis aegritudinis intumescis, cum rabidus dentium stridor, genarum pallor, tremor labiorum, cum totus denique ferinos motus agis, si attendas tibi, id est, si recorderis praecepti, iracundiam quidem velut equum indomitum et ferocem, divini sermonis ictum verberibus, continuo coercebis: linguam vero protinus ab insolentia refrenabis, et manus nequaquam ad ultionem irritantis extendes. Si quando vero obscenae concupiscentiae illecebrosis animam suggestionibus vexant, et praecipitem eam in luxum libidinis rapiunt, si attendas tibi, et recorderis hujus praecepti, invenies quia praesens ista dulcedo libidinis ad finem amarissimum vergit, et iste qui nunc carni nostrae incubat luxus, generabit ex se pervigilem suppliciorum vermem perpetua ultione conscientiam fodientem. Sed et calor iste desiderii carnalis fervorque libidinis temporalis, aeternos gehennae ignes et ultricium flammarum perpetua promulgabit incendia. His cogitationibus mente conceptis, libido quidem penitus effugata discedet, admiranda vero quaedam quies et tranquillitas animae reparabitur: velut si inverecundarum protervarumque tumultus ac strepitus famularum per adventum et praesentiam gravis ac verecundae dominae comprimatur. *Attende* igitur *tibi*, et intellige quod animae tuae pars quidem melior rationalis est: pars vero irrationalis et passibilis. Et illi quidem parti meliori naturaliter praesto est imperare: huic vero inest famulari et obedire rationi. *Attende* ergo *tibi*, ne forte patiaris vinctam et dedititiam tradi irrationabilibus passionibus rationabilem mentem, neque indulgeas adversum virtutem rationis vitia insolescere, et summam regni in sua jura ditionemque convertere. Si ergo horum singula quaeque diligenti examinatione consideres, satis superque sufficient itineris vitae tuae rectum tibi tramitem demonstrare, qui te absque errore ullo usque ad ipsa coeli regna perducat. Denique, si attendas tibi, non re-

---

[11] Prov. xiii, 8. [12] Hebr. ii, 4.

quiris ut ex universæ creaturæ contemplatione Conditorem ejus agnoscas ; sed in temetipso velut in quodam parvo ac minori mundo deprehendas Creatoris tui sapientiam. Incorporeum namque et incomprehensibilem intelligis Deum, ex ipsa anima quæ in te immortalis est ; quoniam quidem neque tua mens principaliter in loco aliquo continetur, sed tantum ex consortio corporis invenitur in loco. Invisibilem esse Deum credes animæ tuæ substantia contemplata, quia ne ipsa quidem potest carnalibus oculis intueri. Neque enim color ei ullus aut habitus est, vel forma ei aliqua corporeæ descriptionis exprimitur ; sed ex virtutibus tantum innotescit, atque in operationibus. Et ideo neque in Deo requiras oculorum visum, sed sola mente ac fide ad eum conversus, intellectualem de eo sensum atque intelligentiam conspice. Admirare quoque opificis sapientiam, quomodo animæ tuæ virtutem consortio corporis modulatus est, ita ut per omnes ejus partes infusa duceretur, et quam plurimum inter se membra distantia ad unam consonantiam concordiamque constringeret. Intuere ergo et attende quæ sit ista virtus animæ quæ ab ea traditur corpori, membrisque diffunditur, quive rursum sit qui a carne ad animam redit ac redundat affectus ; vel quomodo vitam quidem suscipit corpus ab anima, recipit vero anima dolores mœroresque de corpore. Require quæ sint ejus receptacula memoriæ, qui eruditionis litterarumque thesauri ; quomodo non obliterantur ea quæ prima didicimus, additamentis novorum augmentisque recentium : sed manet uniuscujusque disciplinæ inconfusa distinctio, velut æreis quibusdam tabulis cordis et libris mentis incisa : quomodo anima cum ad carnis vitia dilabitur et declinat, propriæ virtutis perdit decorem, et quomodo rursum dedecore abjecto nequitiæ, et virtutis institutionibus expurgata, ad Creatoris imaginem ac similitudinem reformatur.

8. Attende si videtur, post hanc animæ considerationem, quid etiam ratio in se naturæ corporeæ generat, et admirare quam dignum rationabili animæ admirandus opifex construxit hospitium. Rectum inter omnes animantes finxit solum corpus humanum, ut ex ipso habitu videas et cognoscas, quia supernorum tibi est cœlestiumque cognatio. Omnia namque quadrupedia prona et ventri obedientia ficta sunt : homini vero intuitus erectus ad cœlum datus est, ut non ventrem spectet, neque infra ventrem positis vitiis vacet, sed omnem habeat impetum vel conatum ad superioris viæ cursum. Nam idcirco etiam caput in summo culmine totius humanæ fabricæ situm est, et in ipso quod præclarius est in homine sensus isti corporei instituti sunt ; id est, visus, auditus, gustus et odoratus, qui omnes vicini et pene sibi cohærentes, brevibus tamen dirempti spatiis, in nullo suis usibus invicem officiisque præpediunt vel obsistunt. Oculi quidem excelsiores, speculæ sortiti sunt locum, ut parva superciliorum prominentia superaddita in rectum tenderetur obtutus, et universorum consideratio facilior eis et moderatior fieret. Aures vero quibusdam inæqualibus anfractibus adapertæ, icti æris sonum distincta modulatione suscipiunt. Opus etiam hoc miræ et inæstimabilis sapientiæ Dei, ut vocem quidem extrinsecus nullo vetante suscipiant, quinimo et dum per inflexos anfractus ducitur, magis sonora reddatur ; nihil tamen aliud extrinsecus incidere inflexionum ipsa objectacula patiantur, quod impedire possit auditum. Jam vero si linguæ intueris naturam, quomodo quidem mollis est, et motu perfacilis, ita ut ad omnem verbi usum quamlibet variis et diversis motibus absque ullius rigoris difficultate deserviat ; sed et dentium murus simul et vocis organo ministerium præbens, dum linguæ ipsi validissima exhibet circumvallationis obstacula, simul et cibis ministret molendo per alios, per alios incidendo. Et ita per hæc omnia cogitationem tuam trahens, competenter ac pie considera. Illud quoque quod aeris spiritum pulmone revocamus, calorem corde servamus; digestionis membra perpende, sanguinis per venas meatus. Ex his omnibus investigabilem Dei sapientiam cernens, tu quoque cum Propheta stupens et admirans exclama : *Amirabilis facta est scientia tua ex me* [44]. Attende ergo tibi, ut possis attendere Deo.

HOMILIA III.
De eo quod scriptum est in Evangelio [45] : « *Cujusdam divitis fructus uberes ager attulit,* » etc.

1. Duplex est tentationum species. Aut enim tribulatio cor vexat humanum, et sicut aurum in camino per patientiam probatur unusquisque et agnoscitur : aut interdum etiam ipsa vitæ prosperitas ad tentationem cedit hominibus. Similis namque ejusdemque ignaviæ est in adversis humilem ac miserabilem fieri, et prosperis insolentem efferri. Exemplum sane quod non debemus animo dejici in adversis, habemus magnificum Job, inclinari in tristibus penitus nescientem ; qui omnem diaboli violentiam velut torrentis cujusdam adversum se turbinem venientem, immobili corde et inconcussa mentis vivacitate suscepit ; tanto clarior ex tentationibus factus, quanto difficiliora et periculosiora ei sunt ab inimico intenta certamina. Exempla vero eorum qui per secundos vitæ successus prosperitatesque tentantur, multa quidem habemus et alia ; non minus tamen ejus qui de Evangelio recitatus est divitis, qui alias quidem premebat reconditas divitias, alias inani spei inaniter præsumebat, dum benignitas Dei aviditatis ejus intemperantiam non statim ab initio nec continuo, ut pullulare cœperat, punit ; quinimo et reconditas divitias novis nihilominus et adventitiis opibus

[44] Psal. cxxxviii, 6. [45] Luc. xii, 16 sqq.

cumulat, si forte eum aliquando nimietate ipsa satiatum ad sensum et intelligentiam humanitatis adduceret, animumque ejus per abundantiam suaderet aliquid de indigentibus cogitare. Sed videamus quid de eo Sermo dicit divinus. *Hominis*, inquit, *cujusdam divitis fructus uberes ager attulit, et cogitabat apud semetipsum, dicens : Quid faciam ? Destruam horrea mea, et majora reædificabo.* Dicis fortasse : Cur ager hominis qui nihil boni operatur, sic uberes attulit fructus ? Ut magis magisque Dei patientia nosceretur, dum ad hujuscemodi homines beneficia suæ benignitatis extendit : *Pluit enim super justos et injustos, et solem suum oriri facit super bonos et malos* [46]. Verum talis illa benignitas Dei, sicut per nimiam patientiam facultatem conversionis et emendationis misericorditer impertitur gratis, sic majora et graviora supplicia coacervat ingratis. Largitus ergo est Dominus imbres uberes agris hominis avari, solem præstitit ad nutriendas segetes, multiplicandasque fruges, ut acervos divitis augeret in omnibus moderata temperies. Igitur quæ a Deo præbentur etiam ingratis, ista sunt, terræ fecunditas, aeris temperies, fructuum lætitia, boum subsidia, et omnia quibus anni proventus fecundis successibus adimplentur : quæ vero ab homine procedunt, qualia, quæso, sint videamus. Animus angustus, et parum putans omne quod nascitur ; cujus abundantiæ deesse semper aliquid computans, tum deinde in humanum propositum impertiendi cuiquam causam nullam idoneam ducens. Vides beneficiis divinis dives **723** quam gratus (1) exsistit ? Communis hominis naturæ non meminit. Æquum non putat saltem ex superfluis suis aliquid impertiri mandati memor, *Nusquam non cesses benefacere indigenti* [47]. Scriptum non legit nec recordatur præceptum esse, ut *Fides et misericordia non deserant te*, et [48] *Confringe esurienti panem tuum* [49] ; et quæcunque vel a prophetis, vel a cæteris doctoribus quotidie prædicantur, dives nec videt, nec audit, nec intelligit, sed horrea quidem diruit, et majora reædificat, ac fructibus largioribus replet. Avari tamen divitis cor et propositum non repletur. Semper enim studet cumulare vetera novellis, et augmentis præsentium superare præterita ; et dum cumulis semper crescentibus solitos cupit vincere numeros con litorum, ad inextricabiles istos cogitationis exitus devolutus est, ut nec veteribus cederet, nec sufficeret novellis. Propterea ergo cassæ quidem ejus cogitationes, sollicitudo vero inutilis et inanis. *Quid,* inquit, *faciam ?* Quis non talem misereatur ? quis non infelicitatem ejus doleat ? Angustatur ex abundantia, constringitur et coarctatur ex opulentia. Infelix in præsentibus bonis, infelicior in futuris. Et, ut vides, ager ei non tam reditus largiores, quam gemitus attulit graviores. Terra ei non fructuum copiam, sed curarum molestiam germinavit ; ita ut curis ac mœroribus stimulatus, egentibus et esurientibus similes perferat cruciatus. Denique et egeni vox ista est, *Quid faciam ? unde cibus, unde vestitus ?* Eadem conqueritur et dives. *Quid faciam ? ubi recondam ?* Iisdem cruciatibus pro sollicitudine facultatum, quibus pauper pro egestate torquetur. Vides divitem nec opimis copiis posse lætari, sed mentem ejus absumit ac solvit affluentia dum nullo intellectu humanitatis admonitus, sentire non potest id sibi abundare quod aliis deest. Non enim apostolicis [Apostoli] commonitionibus accommodat aurem suam, ut discat ab eo abundantiæ suæ rationem cum dicit [50] : *Ut vestra abundantia fiat,* id est proficiat, *ad aliorum inopiam.*

2. Et quidem mihi videtur talis hæc passio animæ similis esse his qui tantum gulæ indulgent, ut disrumpi magis nimio cibo eligant, quam alicui indulgere reliquias. Sed recordare, o homo, quis est qui largitus est tibi teipsum : quis sis in memoriam revoca. Servus es Dei, et dispensatio tibi commissa est Dominicæ facultatis. Recordare ergo quis est qui tibi injunxit officium dispensandi familiam suam. Quid est quod multis prælatus es ? Non est utique sine causa quod tibi a bono et justo Deo officium tribuitur largiendi, et aliis necessitas imponitur indigendi. Dispensatorem te igitur conservorum tuorum ex Dominicis facultatibus esse cognosce : nec æstimes quod omnia ventri et deliciis tuis terra producat. Quæ in manibus habes commissa tibi magis quam concessa cognosce. Parvo tempore aliquantum super his lætaris : et abuti eis voluptuosius delectaris. Cum vero hæc pariter cum vita nostra defluxerint, rationem dispensationis nostræ evocamur a Domino reddituri. Hic mihi paulisper indulge, quisquis es, qui divitiarum dispensator es in hoc mundo ; et te in illo terribili Dei judicio tribunali astantem, paululum quid vacans, si tamen vacare potes a divitiarum sollicitudinibus, intuere ; cum interrogari cœperis commissas tibi opes cum quibus indigentibus divisisti : quibus necessitatem patientibus subvenisti ; quos de carceribus, de vinculis, de gladio, profusa pecunia liberasti : quibus pupillis pater, cui viduæ vir, castis provisionibus exstitisti ? Pecunia mea, fructus mei, quid apud te operis, quid utilitatis habuere ? Tu ad hæc sine dubio respondebis : Omnia simul reposita et recondita claustris validissimis et signaculis tutissimis communivi : nulli quidquam tribui ; quinimo et ad custodienda ea vigilias meas addidi, curas impendi, sollicitudines tribui. Sed stulto consiliario usus es temetipso. Deliberans enim ais : *Quid faciam ?*

[46] Matth. v, 45. [47] Prov. iii, 27. [48] ibid. 3. [49] Isa. lviii, 7. [50] II Cor. viii, 14.

(1) Ironice *gratus.*

Consequens utique erat, de talibus deliberantem dicere : Aperiam horrea mea, et replebo esurientes animas pauperum, patefaciam quæ recondita sunt, et invitabo indigentes ac relevabo afflictos. Imitabor beatum Joseph[51], et humanitatis voce proclamabo, *Si quis indiget panibus, veniat ad me*, ut gratiam quam Dominus indulgentiori liberalitate largitus est, communem cum omnibus faciam : velut ex communibus ergo fontibus hauriat unusquisque quod sufficit. Sed tu nihil tale non solum proloqueris, verum ne cogitas quidem : quinimo hominibus quidem divina invides beneficia, tuam vero ipsius animam malignis consiliis crucias et affligis, et cogitas abundantiam Dei humanam facere penuriam. Aderant etiam qui animam repeterent, qui pignus hujus vitæ revocarent : et ille adhuc ad animam de opulentia loquebatur, et hac nocte auferendæ a se animæ dicebat : *Anima, habes bona multa in annos multos : manduca et bibe et epulare*. Sed vide dispensationem justi judicii Dei. Indulget ei prodere ac proferre omnia consilia sua, publicare sententiam suam, ut et ipse dignam tali mente ac voto condemnationis sententiam ferat. Quod utique propterea scriptum est, non tantum ut quid ille passus sit nosceremus : sed quomodo nos effugere debeamus ne similiter condemnemur.

3. Quod si difficile tibi putas, o homo, magnificentiam divinæ largitionis imitari, imitare terram. Si levare sursum oculos non potes, saltem ea quæ deorsum sunt et in pedibus intuere. Affer etiam tu fructum sicut terra : noli esse deterior insensibili elemento. Illa enim fructus quos affert non suis usibus vindicat, sed tuis ministrat obsequiis ; tu vero fructus illius solus invadis, et tibi soli concludis. Quod si te in tantum aviditatis morbus astringit, ut tua velis facere omnia, accipe et ad hoc salutare remedium. Beneficium largientis præbenti magis permanet quam suscipienti ; nam misericordia quidem ad indigentem pervenit, gratia vero multiplicatæ mercedis permanet tribuenti. Esurienti dedisti panem ; ille quidem pastus est et refectus ; sed ad te redit quod dedisti cum fructibus et usuris. Quod si id difficile putas, considera frumentum quod seminatur in terra, si non ad seminantis potius quam ad suscipientis lucrum cedit. Ita etiam cibus dum tribuitur indigentibus, cum multo fenore divinæ gratiæ retribuetur in posterum. Sit ergo tibi finis agriculturæ hujus initium cœlestium sationum. *Seminate* enim, inquit, *vobis ad justitiam*[52]. Quid ergo afflictaris ? quid temetipsum excrucias, luto et lateribus concludens humanæ vitæ subsidia ? Scriptum non legis : *Melius nomen bonum super divitias multas*[53]? Si ergo et tu gloriam ex divitiis quæris, cognosce quia melius est mille filiorum quos per misericordiam filios acquisieris patrem vocari, quam mille aureorum dominum dici. Facultates namque relinquentur hic, etiamsi nolumus ; bonorum vero operum conscientia nobiscum pergit ad Dominum. Et considera quanta tibi nunc erit gloria, cum te omnis populus qui ex promptuariis tuis pastus est et refectus, pro tribunali magni illius et justissimi Judicis caterva constipante circumdabit, et pastorem te suum ac tutorem pium et misericordem patrem omni gratiarum voce testabitur. Quod si magistratus in theatris, mimis et athletis, et gladiatoribus, aliisque hujusmodi generibus hominum, totum patrimonium suum largitur ac prodigit, ut unius horæ favorem vulgi acquirat, nihil sibi ulterius profuturum, tu dubitas et cunctaris munificus esse in hujuscemodi largitionibus, in quibus judex residet Dominus, faventium et acclamantium vulgus est angeli, ubi omnes qui a sæculo fuerunt sancti, laudatores et prædicatores tui sunt ; ubi laus et favor non simul cum die cessat, sed cum sæculis permanet ; ubi corona tibi non auri, sed justitiæ dabitur, ubi non honorem unius urbis, sed cœlorum regna mereberis ? Et hæc omnia conquiruntur per misericordias pauperum, dispensationes indigentium, in quibus cibi corruptibilis pretio, incorruptibilem regni cœlorum gloriam æternamque mercaris.

4. Veni ergo, si videtur, si horum quæ dicimus apud te fides vera est, divitias nostras consulte et utiliter disponamus, præparemus nova et præclarissima munera. Edamus primam candidam in vestitu et indumentis nudorum ; secundam vero non minus nobilem, fessas et pereuntes fame animas reparemus. Circumeamus urbem et requiramus eos qui nec ad misericordiam quidem poscendam per debilitatem venire potuerunt, præstemus sumptum, quæcunque sunt necessaria largiamur. Nec te pigeat visitare ægrum, requirere clinicum. Memento quoniam et nos cum decumberemus in grabato nostro[54], cum essemus debiles, et non possemus ipsi per nos ire ad Deum, Deus ipse venit ad nos. Misit enim Filium suum in similitudinem carnis peccati[55], qui nobis attulit cibum seipsum. Ipse est enim panis vitæ qui de cœlo descendit, et dat vitam huic mundo[56]. Et quo ore, quæso, qua impudentia panem de cœlo accipientes, nos panem de terra non damus fratribus ? Quod si adhuc nobis sufficit copia patrimonii, edamus etiam illam novissimam, sed non minus favorabilem editionem : eamus ad carceres, requiramus vinctos, humanis miseriis et angoribus condoleamus. In his enim omnibus tibi Christus occurrit, qui cum sit incomprehensibilis secundum deitatis naturam, invenietur tamen abs te per opera misericordiæ ; ipse enim dixit : *Quia esurivi et dedisti mihi manducare : sitivi, et dedisti mihi bibere : nudus fui, et restisti*

---

[51] Gen. xlvii. [52] Osc. x, 12. [53] Prov. xxii, 1. [54] Joan. v, 8-12. [55] Rom. viii, 3. [56] Joan. vi, 33.

me: æger fui et in carcere, et venisti ad me [57]. Vides qualia munera præparat Sermo divinus? Ibi histriones accipiunt, et gladiatores, et perit omne quod perditis datur; hic in istis esurientibus et sitientibus, nudis, ægris et vinctis, Christus se suscipi profitetur. Quid agis, o dives? quid cogitas? quid deliberas? Christo esuriente tu horrea tua claudis? imo nec claudis, sed minora destruis, et majora ædificas? Christo indigente vestitu, tuæ vestes a tineis consumuntur? Christo egente, aurum quæris, aurum desideras, aurum recondis, omnia aurum vides, aurum tibi et vigilanti cogitatio est, et somnia dormienti? Sicut enim ii qui per insaniam mente translati sunt, non jam res ipsas, sed passionis suæ phantasias vident, ita etiam mens avari semel vinculis cupiditatis astricta, semper aurum, semper argentum videt, semper reditus computat: gratius aurum intuetur quam solem videt, ipsa ejus oratio et supplicatio ad Deum aurum quærit; et vellet atque optaret ut omnia ei in aurum converterentur. Denique quod potest, frumentum in aurum vertere conatur, vinum in aurum mutat, lana ei aurum efficitur. Omnis fructus ejus, omne negotium, omne quod movetur, in aurum vertitur: interdum etiam usuræ arte nequissima ex ipso auro aurum nascitur. Sed quid agis? Nec satietas unquam, nec finis erit cupiditati. Nam interdum pueris gulæ nimium deditis indulgemus desideratos cibos avidius sumere, ut nimietate ipsa satiati horrescant, et avertant se de reliquo ab hujuscemodi cupiditate. Avaritia tamen nihil tale patitur, sed quanto plus invenerit, tanto amplius quærit. Sed quid dicit Scriptura divina? *Divitiæ si affluant, nolite cor apponere* [58]. Tu vero fluentes divitias obstruis et concludis, ut intra lacus tuos stagnantes etiam irruptiones operentur. Inde denique est quod nunc etiam horrea tua rumpunt et dejiciunt, paternis non contentæ claustris, et avitos terminos excedentes. Sed quid dicis? *Majora reædificabo*. At hoc satis incertum est. Quis tibi reædificandi tempus indulget? Velocius enim tu dejiceris quam illa erigentur. Verum ille dives habeat vanæ et malignæ cogitationis finem dignum et terminum competentem.

5. Vos autem, fratres, si mihi auscultatis, reserate aditus promptuariorum vestrorum, et largior divitiis vestris atque affluentior exitus procuretur, quam dudum fuerat quæsitus ingressus: tanquam affluentissimus fluvius ad segetes rigandas multis derivationibus trahatur per omnem terram misericordiæ vestræ affluentia. Aut nescitis quia et puteorum aqua, si frequentius hauriatur, et salubrior efficitur et abundantior: quod si otiosa remanserit et immobilis, inutilior et corruptior fiet? Ita et pecunia si cesset et jaceat, inutilis erit; si moveatur et operetur, communem omnibus et utilitatem profert et fructum. Mete ergo uberes pecuniæ tuæ fructus, orationes dico pauperum, intercessionemque sanctorum, qui pro te officiorum tuorum memores, apud'justum judicem Deum dignis operum tuorum allegationibus postulent. Caveamus exemplum divitis istius, **725** qui dum præsentes divitias concludit, et de futuris sollicitudinem gerit, divitiis pariter abreptus et vita, pertrahitur ad tribunal horrificum, in quo accusatrix quidem ejus assistit ipsa illa quæ et totius vitæ ejus comes exstitit avaritia; defensor vero et intercessor nusquam ullus apparet: circumspectat namque sanctorum multitudinem divinis tribunalibus assistentem, et intentis ac sollicitis oculis circumlustrat, si quem forte videat charum sibi et familiarem in hac vita obsequiis suis factum, nec usquam tamen ullum invenit. Nullus est qui dicat, Domine, dignus est cui ignoscas, dilexit enim gentem nostram, et ecclesiam ipse ædificavit nobis [59]. Nullæ viduæ quæ procidentes et flentes rogent per Petrum, ostendentes vestimenta sua, quæ eis largitus est dives [59*]. Nullus ergo miserebitur ejus qui non est misertus; scriptum est enim: *Beati misericordes, quoniam ipsi misericordiam consequentur* [60]; et iterum, *Date, et dabitur vobis, et qua mensura mensi fueritis, eadem remetietur vobis* [61]. Sed ne hoc fortassis adversus eum temere et immerito coacervare videamur, sermones ipsius percunctemur, et videamus cum ei fructus ager uberes attulisset, quid sentit. Facit saltem hoc, quod utique etiam avaro competebat? oratne Deum et deprecatur, ut fructus ad maturitatem sine læsione perveniant, ne grando verberet, ne turbo vastet, ne procella subvertat? solent enim et hæc frugibus sæpe maturis incidere. Nihil horum, sed destruere parat horrea, et majora reædificare.

6. Et ipse quidem in corde suo loquitur; sed qui videt in occulto intra se loquentem, audit in cœlis; propterea et inde responsa redduntur. Quæ autem sunt quæ loquitur? *Anima*, inquit, *habes bona multa, manduca, bibe, epulare*. Nonne, si dici potest, muti animalis vox ista est? Si enim suinam animam habuisset, quid ei aliud, quam manducandi et bibendi bona [*al.* vana] imperare debuerat? Nunc autem totus animalis homo est et totus carneus, ut animam suam carnalibus et corruptibilibus escis æstimet esse pascendam, et ea quæ in secessum egeruntur animæ præparet ad utendum; cujus utique natura talis est, ut virtutibus alatur, ut verbo Dei saginetur, ut intellectibus piis et religiosis disciplinis, atque exercitiis excolatur. Si quid tale habes bonum, hæc bona ad animam defer. Verum tibi, quoniam Deus venter est, et totus servus es carnis, audi dignam te appellationem, qua te non hominum quisquam, sed ipse Dominus appellat; ait, enim: *Stulte, hac nocte auferetur a te anima tua; et quæ præparasti cujus erunt?* Ipsis illis æternis cruciatibus major est

---

[57] Matth. xxv, 35 sqq. [58] Psal. lxi, 11. [59] Luc. vii, 4. [59*] Act. ix, 39. [60] Matth. v, 7. [61] Luc. vi, 38.

stultitiæ nota. Qui enim paulo post erat rapiendus e vita, quæ cogitat? *Destruam,* inquit, *horrea mea.* Cui ego respondeo : Et recte quidem facis; nam vere destruere debes horrea iniquitatis, et ea quæ male ædificaveras manibus tuis ipse subvertere. Destrue promptuaria ex quibus nullus misericordiam consecutus est; dejice ac subrue mammonæ obscura et tetra domicilia. *Destruam,* inquit, *horrea mea, et majora reædificabo.* Quod si et ista repleveris, quid, quæso, facturus es? Iterum sine dubio destrues, et iterum reædificabis. Et quis finis hujus stulti laboris et vani? Instanter ædificare et instantius destruere. Si vis ego ostendam tibi horrea jam parata : esurientium pauperum ventres; in ipsis tuos conclude thesauros. Tales enim tibi thesauri servabuntur in cœlis, in quibus *neque tinea comedit, neque fures effodiunt et furantur* [62]. Sed dicis : Cum secunda horrea replevero, tunc dabo pauperibus. Longos tibi promittis annos, et satis lata vitæ spatia polliceris. Talia ista promissio non futuram continet humanitatem, sed præsentis misericordiæ dilationem. Quid enim nunc misericordiam fieri vetat? Frumenti copia est, tempus anni prosperum, esurientes præsto sunt flentes, nudi te circumstant gementes, vincti de carceribus et ægri de lectulis miserabili te et flebili lamentatione circumstrepunt. Tu misericordiam quid in crastinum differs, cum hodie crudelis et immisericors fias? Audi saltem sapientissimi consilium Salomonis : *Ne dicas,* inquit, *Abi nunc, et redi crastino, et dabo tibi* [63]; *non enim scis quid pariat superventura dies* [64]. Sed ne hujusmodi mandata suscipias, aures tibi obstruit avaritia. Num te oportebat gratias agere Deo, exsultare ac lætari quod non ipse mendicans alienas circuis fores, sed alii ante tuas januas sedent, a te misericordiam postulantes? Tu vero difficilis es ad præbendum, et contristaris ac declinas ne quis tibi paulo molestior cogente necessitate paupertatis exsistat; quasi non potuisset fieri ut esses unus ex his qui ante januam tuam fame perditi jacent. Et tu quidem satis digne : nam voto et mente ac proposito pauper es, et totius boni egenus. Cum enim non habeas charitatem, cum desit tibi humanitas, desit fides, desit spes in Deo, cum tibi desit misericordia, quid te egestuosius? quid te mendicius? Pars tua cum tineis et muribus horreorum tuorum rosoribus erit. Qui utique si talia non videres, si non corrumpi ea cerneres et consumi, quis te persuadere posset aliquid inde largiri?

7. Sed dicis : Quid injustum est, si cum aliena non invadam, propria diligentius servo? O impudens dictum! Propria dicis? Quæ ex quibus reconditis in hunc mundum detulisti? Quando hanc ingressus es lucem, quando de ventre matris existi, quibus, quæso, facultatibus, quibusque subsi-diis stipatus ingressus es? Adventum tuum in hunc mundum disce ab apostolo Paulo dicente : *Nihil enim intulimus in hunc mundum, sed nec auferre quidem quid possumus. Habentes autem victum et vestitum, his contenti simus* [65]. Terra communiter omnibus hominibus data est : proprium nemo dicat, quod e communi plusquam sufficeret sumptum, et violenter obtentum est. Verumtamen nudus ex ventre matris existi, nudus similiter reverteris in terram. Et si quidem terræ elementum putas fortuito substitisse, impius es, qui ignoras conditorem Deum. Si vero agnoscis beneficium largitoris, gratus esto Creatori, et require apud temetipsum rationem, cur plus tibi quam cæteris præstitit. Nunquid iniquus est Deus, ut nobis non æqualiter distribuat vitæ subsidia, ut tu quidem esses affluens et abundans, aliis vero deesset, et egerent? An idcirco magis quia et tibi voluit benignitatis suæ documenta conferre, et alium per virtutem patientiæ coronare? Tu vero susceptis Dei muneribus et in sinum tuum redactis, nihil te putas agere iniquum, si tam multorum vitæ subsidia solus obtineas. Quis enim tam injustus, tam invidus [*al.* avidus], tam avarus, quam qui multorum alimenta suum non jam usum, sed abundantiam et delicias facit? Neque enim majoris est criminis habenti tollere, quam, cum possis et abundes, indigentibus denegare. Esurientium panis est quem tu detines, nudorum vestimentum est quod tu recludis, miserorum redemptio est et absolutio pecunia quam tu in terram defodis. Tantorum te ergo scias invadere bona, quantis possis præstare, si velis.

8. Bona quidem sunt, ais, verba, sed melius est aurum. Nihil mirum, nam si quis cum impudicis de pudicitia loquatur, et scorta vituperet et exprobret, ii animi quibus libido dominatur, ex ipsa commonitione ad impudicitiam multo acrius accenduntur : sed tibi iterum ante faciem adducam ipsas futuri judicii Dei formas, ut intelligas quales tibi gemitus recondis. O quam multi pretii tibi in die judicii sermo ille videbitur, de quo superius diximus, qui ait : *Venite, benedicti Patris mei, percipite regnum quod vobis præparavit Pater meus a constitutione mundi. Esurivi enim, et dedistis mihi manducare : sitivi, et dedistis mihi bibere : nudus fui, et operuistis me* [66]. Qualis tibi rursum horror, qualisque sudor, qualesve tenebræ supervenient audienti condemnationis illius sententiam qua dicitur : *Discedite a me, maledicti, in tenebras exteriores, quæ præparatæ sunt diabolo et angelis ejus. Esurivi enim, et non dedistis mihi manducare : sitivi, et non dedistis mihi bibere : nudus fui, et non cooperuistis me* [67]. Neque enim in his verbis, is qui aliena invasit, arguitur; sed is qui non communiter usus est his quæ habuit, condemnatur. Nos

---

[62] Matth. vi, 20. [63] Prov. iii, 28. [64] Prov. xxvii, 1. [65] I Tim. vi, 7, 8. [66] Matth. xxvi, 34-36. [67] ibid. 41-43.

quidem quoâ utile credidimus, commonuimus. Si quis autem obedire vult divinis præceptis, non ignorat quæ sit repromissionum merces. Qui vero obedire non vult, et negligit, manifesta est ignis æterni comminatio, cujus opto vos inexpertes effici et alienos, et effugere pœnas impiis repromissas; facientes illud quod scriptum est, ut redemptio animarum vestrarum sint divitiæ vestræ, et ad præparata pergatis regna cœlestia, per eum qui vos vocavit Christum Jesum Dominum nostrum, cui gloria et imperium in sæcula sæculorum. Amen.

HOMILIA IV.

De invidia.

1. Bonus est Deus, et dignis largitur quæ bona sunt. Malus est diabolus, et malitiam quam semel ipse concepit, hanc etiam hominibus docet : et sicut proprium est boni Dei liberalitas et largitio, ita proprium est diaboli livor et invidia. Et ideo observemus, fratres, vitii hujus incursum, ne forte participes operum diaboli efficiamur, et pari cum eo sententia condemnemur. Si enim qui elatus est, et superbus, in judicium et in laqueum incidit diaboli : quanto magis invidus pœnam diaboli et sententiam non evadet? Nihil igitur humanæ animæ invidiæ malo perniciosius accidere potest. Quod malum lædit quidem parum quid etiam eos in quos intenditur, gravius vere et perniciosius eos a quibus procedit, affligit. Sicut enim ærugo ferrum, ita invidia illam ipsam animam in qua est, interimit et consumit ; et sicut aiunt viperas dilacerato et exeso illo ipso materno utero quo conceptæ sunt nasci, ita et invidiæ natura illam ipsam ante omnes qua concepta est, vel ex qua generatur, animam consumit et perdit. Tristitia namque et mœror quidam de prosperitatibus proximorum est invidiæ vitium ; et ideo nunquam deesse potest invido mœroris occasio. Si ager proximi opimis fructibus lætus sit, si abundet successionibus facultatum, si lætetur animo et prosperitatibus gaudeat, hæc omnia velut pabulum quoddam est et nutrimentum languoris invidiæ. Nec differt homine nudo eo qui potest telis undique incursantibus transfodi. Si virum fortem videat et robustum, unum istud vulnus est invidi. Decorum alium videt, et forma præcipuum ; aliud istud lividi telum est. Virtute animi clarus est quis et prudentia cæteris eminens ; sermonis quoque prolatione ac virtute magnificus : secat hoc quoque maxime invidum, et interna mente discruciat. Alius augescentibus divitiis suis consulte utitur, et censum sibi a Deo datum communem cum indigentibus facit, misericordia clarus efficitur, et in omnium laude humanitatis beneficus celebratur : omnia hæc cor invidi feriunt, et eo sævior est vis doloris, quo eum ne proferre quidem ac publicare potest : sed est quidem semper in gemitibus et mœrore ac mente confusus, et totus malo vitii grassantis absumitur, nec interrogatus tamen potest indicare languorem. Erubescit enim enuntiare in publicum quia tabescit invidia, quia amici bonis et successibus proximi ipse consumitur, quia fratris bona sua mala sunt. Hæc enim dicturus est sine dubio, si velit quæ vera sunt dicere. Verum, quoniam erubescit horum aliquid confiteri, recondit et celat intrinsecus morbum ipsa ejus interna viscera consumentem. Neque ergo medicum languoris sui assumere, neque remedii aliquid invenire potest, cum præcipue omnes Scripturæ repletæ sint verbi divini medicamentorum, quibus possint ista curari.

2. Sed inde quidem remedium non requirit. Unum autem sibi solum remedium putat, si forte ei cui invidet infaustum aliquid accidat, si aliquis lapsus occurrat. Hoc tantummodo ad languoris sui remedium ducit, si eum qui paulo ante clarus ac beatus habebatur infelicem videat ac defectum : tunc jam et amicus efficitur, tunc et fletus suos sociat, tunc et lacrymas mutuatur, cum eum cui invidebat flentem viderit et lugentem. Et gaudere quidem cum gaudente non pertulit, nunc vero gaudio flet cum flente. Non enim humanitatis tanquam communes casus mortalium miseratur, nec ut abstergat animo prioris vitii maculam, sed ut graviorem lapso sensum doloris infligat. Si forte accidat filii orbitas, tunc amplius in defuncti laudibus commoratur, et mille præconiis magnificat puerum, ut vultu decorus, ut acer ingenio, ut ad omnia aptus et commodus ; **727** et laudat ipse defunctum, cujus viventis laudem ne ab aliquo quidem prolatam ferebat audire. Sed in hoc ipso cum laudat, si videat etiam alios vel similia vel etiam præstantiora sentire, continuo conversus morbum demonstrabit invidiæ. Miratur et laudat divitias, sed post ruinas, decorem vultus et corporis robur in languoris macie et tabo ægritudinis prædicat, et in omnibus inimicum se præsentium servat, amicum vero pereuntium.

3. Quid igitur hoc morbo tetrius? quid humanæ vitæ perniciosius? quid tam naturæ inimicum? quid tam Deo ipsi adversum? Nec mirum, nam et ipsum malitiæ principem diabolum adversum humanum genus nihil aliud quam invidiæ morbus accendit. Per hanc namque stimulatus, etiam Deo ausus est repugnare. Etenim adversum Deum indignans pro his donis quæ homini concesserat, quoniam in ipsum Deum nihil poterat, homini quem diligebat perniciem mortemque molitus est. Eadem nihilominus etiam primus diaboli discipulus perpetravit, ab ipso et invidiæ vitium et homicidii opus edoctus, socia sibi et cognata crimina, quæ etiam sanctus Apostolus velut a se invicem indissociata simul pariterque commemorans, dicit : *Pleni invidia, homicidiis* [68]. Quid est ergo quod in hac

[68] Rom. 1, 29.

parte egit diabolus, ob honorem qui a Deo datus est homini, et continuo incensus invidia est, ut interimeret eum qui fuerat honoratus a Deo? Sine dubio ut ad eum redundaret injuria, qui præstiterat gratiam. Verum, quoniam adversus Deum ipse pugnare non poterat, adversum fratrem pugnare hominem docuit. Fugiamus ergo, fratres, vitii hujus causam, quæ prima adversari Deo docuit, quæ parricidii exstitit mater, quæ naturæ jura confudit, quæ ignorantiam consanguinitatis invexit. Quid enim contristaris, o homo, cum nihil mali perpessus sis? Quid impugnas eum qui tibi videtur in bonis degere, cum te in nullo defraudaverit? Quid si aliquid etiam tibi profuit, nihil videris aliud agere quam tuimetipsius bonis et utilitatibus invidere. Talis erat et Saul, qui beneficia David ad occasionem persecutionis ejus accepit. Primo quidem quod per spiritualem illam citharam divinitus modulatam, et plectro sancti Spiritus pulsam, ab incursione dæmonis liberatus est. Verum quid ad hæc beneficii memor rependit? Pro plectro salutifero, hastam mortiferam retorquet in David. Tum deinde belli discrimine simul et opprobrio liberatus, prostrato Golia cui nullus provocanti audebat occurrere, quoniam pro hoc mulierum exsultantium chori in hymnis triumphalibus ad eum qui fecerat fortiter, collocatæ salutis gratiam referentes dicebant, *Percussit David in decem millibus, et Saul in millibus* [69], pro hac sola voce quæ ex ipsa veritate processerat, ad insidias et interitum ejus qui salutem patriæ contulerat, incitatur. Et cum eum profugum atque extorrem finibus patriis fecisset ac sedibus, nec sic quidem cessavit invidia, sed et armatos mittit post ipsum, et aliquando mille, aliquando tribus millibus cum bellatoribus insectatur [70]. Sed, etsi ad deserta confugit, etsi apud allophylos latet, ne ibi quidem parcit, semper insidiatores mittit post ipsum; semper dolis et factionibus circumvenit eum cujus beneficiis intra conscientiam suam se novit obnoxium. Si ergo interrogetur quæ belli causa est, quid aliud respondebit, nisi beneficia viri causam sibi esse odiorum? Qui etiam eo ipso tempore cum ab ipso quæreretur ad mortem, noctu ab eo dormiens deprehensus, et absque ulla dubitatione expositus ad interitum ac traditus in manus inimici, reservatur tamen et indulgetur, et ad pœnitentiam remittitur [71]. Et est ei testimonio vox illa, in qua commaculare justus manus suas in sanguine prodi et expositi sibi persecutoris abstinuit; nec tamen his tantis ac talibus beneficiis mens invidi flectitur: sed rursum movet arma, rursum persecutiones excitat nequiores. Sed nihilominus in manus traditur: et rursum in spelunca deprehensus, opportunus fit neci. In quo pietas quidem et misericordia David magis clarescit, et Saul malitia vel crudelitas manifestius declaratur. Nihil ergo his inimicitiis difficilius, quæ ex invidiæ amarissimo fonte descendunt. Quoniam quidem hi qui ex aliis occasionibus inimici sunt, si alter forte aggrediatur alterum beneficiis vincere, continuo ferocitas mitigatur; in invidum autem si beneficia conferantur, multo amplius inflammatur; et quanto plura fuerit consecutus, tanto majoribus incendiis conflagrabit. Magis enim irascitur et dolet, quod ab eo boni aliquid consequitur, quem nolit quidquam boni vel habere vel posse præstare. Quam feram belluam, quos venenatos serpentes mores isti non superant? Canes beneficii memores videas; leones cæteræque feræ mitescunt et vincuntur ad gratiam: soli invidi beneficiis gravius inflammantur.

4. Quid etiam fortissimum illum et nobilissimum virum Joseph servum fecit? Nonne invidia fratrum [71]? In quo etiam admiratione digna est vanitas ipsa commenti. Pertimescentes enim exitum somniorum, fratrem subjiciunt servituti: quo scilicet servus effectus, non posset a liberis adorari. Sed si quidem vera sunt somnia, quid proderit argumenti genus? Si impleri necesse est quod prædictum est, superflua est obsistentis intentio; si vero fallitur adolescens in somniis, frustra invidetis erranti. Non invidia, sed miseratione dignus est, qui illuditur. Sed multo aliter quam opinabantur, callida eorum commenta divinæ providentiæ dispensatio temperavit. Per ea namque ipsa prædictorum finis struitur et impletur per quæ putabatur arceri. Certum est enim quia nisi venundatus fuisset Joseph, utique in Ægyptum non venisset; nec si pudicitiæ tenax dominæ lascivientis insidias incidisset, non fuisset retrusus in carcerem, nec ministris Pharao familiarior exstitisset, nec somniorum regis interpres fuisset ascitus, ex quo etiam summam potestatem regendæ Ægypti moderandæque sortitus est; et pro frumentaria dispensatione a fratribus suis ob hoc ipsum illuc properantibus adoratus. Verum transeamus ad speciem illius invidiæ, quæ omne piaculi genus humanæ conditionis excedit. Judæorum odium adversum Salvatorem nonne ex invidia descendit? Et **728** quæ erat causa invidiæ? Mirabilia signorum. Cujusmodi vero erant mirabilia? Salus animæ et corporum sanitas. Pascebantur esurientes, et qui pascebat impugnabatur. Vita mortuis reddebatur, et is qui vitam tribuebat, insidias vitæ per invidiam sustinebat. Dæmones fugabantur, et imperanti dæmonibus doli ab hominibus tendebantur. Leprosi mundabantur, claudi ambulabant, surdi audiebant, cæci videbant. Qui hujuscemodi gratiam largiebatur hominibus, ab hominibus flagris servilibus fugabatur. Affligebant eum qui mortalibus venerat reddere libertatem: et judicabant homines judicem mundi. Ad ultimum vero eo usque furor piaculi prorupit, ut auctorem vitæ morte multarent. Sic omnia mala ex radice nascuntur invidiæ, et hoc uno tanquam validissimo mucrone usus

---

[69] I Reg. xviii, 7. [70] I Reg. xxiv, 3. [71] I Reg. xxvi, 7. [72] Gen. xxxvii, 28.

ab initio mundi usque ad consummationem ejus, diabolus omnes pene animas trucidavit ac perdidit. Denique nihil omittit, quin pro eo quod ipse passione invidiæ dejectus est, etiam nos lapsu similis vitii dejicere studeat. Idcirco et Salomon sapientissimus omnium, cum homine invido nec cœnandum quidem suadet, vel ad convivium veniendum [73]: per hoc ostendens quod totius vitæ nostræ tempore a consortiis hominum qui in hujuscemodi vitiis irretiti sunt, alieni prorsus et segregati esse debeamus. Sicut enim aridam quamque fragilemque materiem studium nobis est procul ab igne statuere: ita oportet, quantum fieri potest, ab omnibus invidorum non solum amicitiis, verum etiam fabulis et colloquiis segregari, et velut a malignis et venenatis jaculis occultari. Non enim possibile est aliter incurrere invidiam, nisi notitiæ et familiaritatis obtentu; quoniam quidem secundum Salomonis sermonem: *Invidia viro ab amico suo est* [74]. Vere enim ita se res habet. Non enim invidet Ægyptio Scytha, aut Britanno Indus æmulatur: sed unusquisque gentis suæ hominibus et contribulibus invidet, et non ignotis quibusque, sed vicinis et proximis ac familiaribus suis, imo vero his qui vel artificii ejusdem vel officii vel operis exsistunt. Armat etiam proximas ætates morbus invidiæ nonnunquam, et propinquos sanguinis: atque inter ipsa sæpe fraternæ germanitatis jura grassatur. Et prorsus sicut rubigo propria ferri corruptio est, ita et amicitiarum propria corruptela invidia est. Sed et illud in causa languoris hujus vel admirari jam quis poterit vel laudare, quod quanto amplius creverit, tanto fit perniciosior ei cui crescit? Sicut enim omne jaculum quod vehementius fuerit intortum, si forte in aliquod solidum et durum corpus illiserit, in eum continuo qui jecerat repercussum jaculum retorquetur ac resilit: ita etiam motus invidentis et animorum telum cum nihil nocuerit ei cui intenditur, vulnus tamen invidentis efficitur. Nemo namque tristitia sua unquam imminuere bona proximi potuit: æmulans tamen semetipsum tabo confecit invidiæ. Et ego quidem arbitror venenatis et mortiferis serpentibus morbi hujus esse venena graviora. Nam ab illis aiunt cum prius morsus corpori defixerint, per vulnus dentium venena diffundi: invidiæ autem virus interdum etiam solo aspectu infunditur oculorum; nonnunquam etiam solo concipitur auditu. Continuo namque ut viderit quis vel audierit ea quæ non vult de his quibus invidet, statim dilabitur, statim corruit, statim tabescit: et quamvis decori vultus, quamvis solidi ac sani sit corporis, repente velut ictus venenati serpentis morsibus consumitur et tabescit, venis noxii rheumatis per oculos usque ad cordis arcana penetrantibus, ac viscerum interiora vastantibus. Sed ego omitto tali assertione uti; vulgaris enim videbitur sermo. Illud tamen dico, quoniam adversarii humani generis dæmones, cum viderint propositum hominis suis studiis aptum, ad omne facinus voluntatis suæ eo velut organo abutuntur. Et quid non perhorrescis minister effici dæmonum, sed recipis in te malum per quod inimicus exsistas his qui te non læserunt, inimicus quoque Dei apud quem omnis bonitas absque invidiæ macula est? Fugiamus invidiam, obicem pietatis, obstaculum regni cœlorum, viam gehennæ, pignus et primitias quasdam pœnæ perpetuæ.

5. Fugiamus quinimo malum quod magisterio serpentis edoctum est, quod a dæmonibus inventum est, quod inimicus homo bonis Dei seminibus supersevit. Sed ex ipso quoque interdum vultu non minus invidi declarantur. Obstrusiores his namque oculi, et obscuriores genæ: demissum et triste supercilium. Anima quoque ipsa passione dejecta, et penitus incurvata. Nusquam veritatis judicium in negotiis servatur; non sermo ullus honestus eis videtur aut gratus; nihil apud eos nobile, nihil clarum probatur; sed sicut vultures jucunda quæque et amœna loca transeunt, et suavissimis odoribus redolentia transvolant prata, ad fœtida vero quæque cadavera, et loca tetris repleta nidoribus convolant: et sicut muscæ, omisso sano corpore, sicubi ulcus est concitæ præcipitesque conveniunt: ita et invidi si quid ab aliquo in hac vita bene gestum est, si quid præclarum in actibus, in verbis probabile, in moribus admirandum est, nihil prorsus vident, nihil retractant: sicubi autem quid aut culpabiliter gestum, aut incauto sermone prolatum, ut hominibus accidere solet, hoc proferunt, aut in publicum ventilant; et notitiam viri non ex bonis gestis dictisque, sed ex minimis probabilibus fieri volunt. Quo malo quid nequius? quid tetrius? quid perniciosius dicam? omittere et reticere ea quæ laude digna sunt: rimari vero sicubi quid inveniat quo opus virtutis ex accidentis culpæ occasionibus criminetur? Denique isti tales magnanimum quemque virum protervum vocant; constantem vero et patientem, sine affectu et sensu doloris appellant. Sobrium autem acerbum dicunt; justum, crudelem; prudentem, callidum vocant. Arrogantem liberum criminantur; liberalem vero luxuriosum dicunt. Avarum nominant parcum; et omnes virtutum species decolorare contrariis et a malitia assumptis appellationibus gestiunt; ita ut sæpe etiam invidos quibus ipsi invident, nominent. Quid igitur est? In accusatione et obtrectatione vitiorum sermonis terminum dabimus? Sed hoc ex parte remedium est. Nam ostendere **729** ægro magnitudinem morbi, et per hoc concitare ejus sollicitudinem, ne languoris vim negligat, pars videbitur medicinæ. Verum, si in hoc eum reliqueris gradu, nec remediorum ostenderis viam, nihil aliud est quam salutem prodidisse languentis. Quid ergo est? Quomodo vel vitandus est morbus ne patiamur, vel si patimur

---

[73] Prov. xxiii, 6. [74] Eccle. iv, 5.

fugiendus? Primo, ut mihi videtur, statuere debemus apud animos nostros nihil magnificum neque expetendum quidquam esse in rebus visibilibus : non opulentiam magni pendere, neque florentis gloriæ tumorem mirari ; non robur et valetudinem corporis. Nihil enim eorum quæ temporalia sunt et prætereunt opinandum est bonum, neque omnino horum aliquid quæ videmus ; quoniam *quæ videntur temporalia sunt, quæ autem non videntur æterna sunt* [75]. Ideo ergo eum qui affluit divitiis dignum non putemus invidia ; neque is qui sublimitate præcellit, æmulatione dignus habendus est, pro magnitudine potestatis crastino nusquam futuræ. Sed neque corporis virtus et magnificum robur ad invidiam veniat, unius febriculæ caloribus resolvendum, nisi forte quis velut virtutis organis his utatur ad utiles atque optimos actus. Is enim qui indulta sibi corporis fortitudine abutitur ad impia ac proterva ministeria, nihil aliud est quam si quis acceptum ad hostem repellendum gladium, in suum vertat exitium. Quod si quis concessas sibi a Deo facultates in ministeriis indigentium et pauperum sustentatione dispensat, iste non invidia dignus est, sed amore, qui deliciis et voluptatibus suis necessitatem pauperum prætulit, et communem suum victum cum fratribus fecit.

6. Tum deinde eminet quis per prudentiam, et accepta gratia verbi divini Scripturæ sensum aperit, et obscuritates divini et prophetici sermonis exponit : quis unquam talibus adversetur ? Quis divini muneris beneficia feralis invidiæ labe contaminet, maxime si ea quæ dicuntur per sancti Spiritus donum et gratiam depromantur, et ob hoc etiam auditorum favor et collaudatio prosequatur? Sic habeto tu quasi tuum sit istud bonum, et tibi per fratrem a Deo doctrinæ destinatum sit donum ; si tamen libenter propter te suscipias. Tum deinde venam quidem fontis largius profluentem nullus obturat; nec a solis splendore ullus inhibetur obtutus ; et nemo invidet alii solem videnti ; nec super cæteros, sed cum cæteris habere ei sufficit participium lucis. Et tu, verbo spirituali in Ecclesia profluente et per gratiam sancti Spiritus pietatis dogmata proloquente, non cum lætitia admoves et adjungis auditum, et instruerie ac proficis, sed mordet te et stimulat audientium favor; et optas si nemo proficeret, tantum ut nemo laudaret. Et quæ erit hujus rei excusatio apud cordium nostrorum judicem Deum? Si ergo, ut diximus, abundat quis in facultatibus, abutitur autem eis tam commode quam sermo divinus edocuit, communem sibi censum cum indigentibus ponens, non invidia talis iste, sed charitate dignus est et amore. Si vero e contrario agat, id est, ut facultates quas honeste dispensare debuerat, abuti per luxuriam ac turpitudinem properet, nec sic quidem invidia, sed misericordia dignus est ; quoniam quidem nec laude

aliquid dignum, sed probris et vituperationibus gerit. Similiter et is qui abundat in verbo, siquidem per gratiam sancti Spiritus loquitur : si vitæ suæ merito commendat, et probat vera esse quæ prædicat ; si non refragantur doctrinæ verbis gesta doctoris ; si denique non Spiritus sancti voluntati ministram tantummodo exhibet linguam : invidere talibus et adversari, nihil aliud est quam dicere : Nollem mandata Dei hominibus innotescere, nollem homines de morte ad salutis viam revocari. Si vero is qui loquitur, non secundum Deum loquitur, nec per gratiam Dei docet, sed verba profert humani tantummodo ingenii arte composita : nihil in ipsis divini Spiritus, nihil quod cor fodiat, conscientiam pulset, lacrymam moveat : si denique vita moresque doctoris, prolatis refragantur eloquiis, si aliena sunt ab actibus et moribus suis ea quæ alios docet : nequaquam, quæso, erga tales excitetur invidia. Reclamat enim his continuo apostolicus sermo, et in os eorum ac faciem retorquetur dicens : *Qui alium doces, teipsum non doces? Qui prædicas non furandum, furaris ? Qui dicis non mæchandum, mæcharis ? Qui abominaris idola, sacrilegium facis* [76]? Quinimo miseratione, ut diximus, et luctu digni sunt isti. Tu vero audi commonentem te David per Spiritum sanctum, et dicentem : *Noli æmulari inter malignantes, neque æmulatus fueris facientes iniquitatem : quoniam sicut fenum cito arescent, et sicut olera herbarum cito deficient* [77]. Decet ergo servum Dei neque viris bonis invidere, et super falsis ac simulatis dolere; et æmulationem potius ad imitanda bona, quam invidiam capere. Si vidisti sobrium, si patientem, si constantem in certaminibus pietatis, siquidem et tu talis es, dilige et illum quasi alterum te. Si vero aliquid tibi deest, imitare eum cujus vitam laudabilem vides. Hoc autem studii modo et apud temetipsum proficies, et apud eos qui te vident laudabilis eris. Hæc enim est natura virtutis, ut per arbitrii libertatem a quocunque volente et laborante possit acquiri. In nobis namque potestas hujus studii sita est; nam divitias, pulchritudinem corporis, robur et cætera hujusmodi quæ putantur esse bona, non est in nostra potestate ut habere possimus. Sed si majus bonum quod vere bonum est, id est, virtus animi, merito ab omnibus qui recte judicant, cunctis bonis corporeis præferendum est, cur quod summum et vere bonum est, et in nostra est positum potestate, negligimus, imitari ; pro his vero bonis quæ falsa sunt nec jure bona dicuntur, tam intentis studiis agitamur, ut pro his perniciosissimæ cladi succumbamus invidiæ ?

7. Sed ne illud quidem commonitionem nostri sermonis evadat. Num vides quantum malum in vita hominum obtineat simulatio? Et hæc de invidiæ stirpe procedit ; nam bilinguem esse homi-

[75] II Cor. IV, 18. [76] Rom. II, 21, 22. [77] Psal. XXXVI, 1. 2.

nem et duplici mente, non aliunde quam invidia nascitur. In profundo namque cordis odium tegit, in labiorum vero superficiem coloratam dulcedinem profert : secundum 730 objectos marinis fluctibus scopulos, qui exiguæ aquæ respersione cooperti, ignorantibus et incautis improvisa naufragia moliuntur. Sic ergo etiam mors nobis inde velut ex malignis fontibus influit, id est, cum decedimus a bono, cum alieni efficimur a Deo, cum sanctitatis ordinem pacemque confundimus, cum totius honestæ vitæ jura violamus. Fugiamus eam et acquiescamus magis suadenti Apostolo et dicenti : *Nolite effici inanis gloriæ cupidi : invicem provocantes, invicem invidentes*[78]; *sed magis benigni, misericordes, donantes vobis ipsis delicta, sicut et Deus donavit vobis in Christo Jesu Domino nostro*[79]; cum quo est Deo Patri cum Spiritu sancto gloria in sæcula sæculorum. Amen.

HOMILIA V,

In principium Proverbiorum Salomonis, quam dixit cum esset presbyter, jubente episcopo.

1. Magna est obedientiæ merces ; et ideo obtemperemus summo sacerdoti et benignissimo patri agones nobis quosdam de eloquiis sancti Spiritus proponenti : qui tanquam magister peritissimus venatorum, in locis asperis et difficilibus delectatur catulorum suorum cursus probare. Proposuit autem nobis in principio Proverbiorum movere sermonem. Quam vero difficilis captu sit libri hujus, id est, proverbialis sermonis intellectus, nullus ignorat eorum qui Scripturarum vel notitiam vel studium habent. Verumtamen non idcirco revocandus est pes ab omni conatu, sed spem dicendi erigere debemus ad Dominum per orationes summi sacerdotis pastoris nostri ut detur nobis sermo in adapertione oris nostri[30]. Tres istos libros novimus principaliter sapientissimi Salomonis, Proverbiorum et Ecclesiasten, et quæ dicuntur Cantica canticorum. Quorum unusquisque certam ac propriam continet rationem : utilitas tamen et prospectus idem omnibus, erudiendi humanum sensum atque excolendi mortalium vitam. Proverbia igitur eruditio est moralis et emendatio vitiorum ac vitæ probabilis regula, humanus actus linea quadam dirigens cautiore. Ecclesiastes autem de rebus naturalibus disserit, et quanta sit in hoc mundo vanitas, quantumque in rebus inane demonstrat : ut per hoc utique nequaquam nos huic rei quam vanitatem docuit, persuadeat adhærere, et curas nostras rebus fugientibus inaniter occupare. Cantica vero canticorum perfectionem quodammodo edocent animarum. Consonantiam namque et conjunctionem sponsæ describunt ad sponsum, quæ est animæ ad verbum Dei connexio. Sed ad propositum revertamur.

2. *Proverbia*, inquit, *Salomonis filii David, qui regnavit in Israel.* Proverbiorum nomen in verbis vulgaribus habere consuetudo hominum solet, id est, ea quæ vulgo velut ex traditione quadam antiquitatis loquuntur, sicut ipsa apud Græcos etymologia enuntiati sermonis ostendit. Quo genere sermonis abutimur ad multa quæ in vita accidunt similia : verum hæc teneat de proverbii nomine vulgi communis opinio. Apud nos vero proverbium est sermo utilis occulta intra se continens, et habens quidem aliquid utilitatis etiam in aperto, plurimum tamen in profundo sensus contegens et in occulto. Denique et Dominus ita dicebat : *Hæc in proverbiis locutus sum vobis, sed venit hora cum jam non in proverbiis, sed palam loquar vobis*[81]; per quod indicat, quia proverbialis sermo palam et in manifesto non habeat intellectum, sed obliquis quibusdam indiciis et occultis, prudentioribus quibusque et eruditioribus voluntatem dicentis insinuet. *Proverbia* igitur, inquit, *Salomonis, filii David*, id est, verba totius vitæ cursui necessaria. Addidit autem etiam nomen scriptoris, ut auctoritate personæ desiderium studiumque legentis invitet. Semper enim doctoris præjudicium sermonem quidem commendabilem facit, auditorum vero animos ad studiorum desiderium suscitat. Proverbia ergo Salomonis, illius scilicet ad quem dixit Dominus : *Ecce dedi tibi cor sapiens et prudens, sicut non fuit ante te, et post te non exsurget similis tibi*[82]; et iterum : *Dedit Dominus sapientiam et prudentiam Salomoni multam valde, et abundantiam sensus cordis, sicut arena quæ est ad oram maris : ita ut multiplicaretur sapientia Salomonis super omnem prudentiam hominum omnium antiquorum, et super omnes sapientes Ægypti*[83]. Vides quantam vim obtinet superscriptio nominis ? *Proverbia*, inquit, *Salomonis filii David.* Adjicitur etiam patris nomen, ut cognoscatur quoniam sapiens erat Salomon , ex sapiente et propheta parente progenitus, id est, qui ab infantia esset sacris litteris institutus, qui non regnum vel principatum iniqua aliqua sorte susceperit, velut indebita sibi regna pervaserit ; sed judicio justo patris prophetæ, per quem utique Dei voluntate regni summa digniori ex filiis tradebatur. Hic ergo fuit rex in Jerusalem[84]. Nec hoc quidem otiose dictum est. Non enim solum pro distinctione reliquorum regnorum certi loci regna nominantur, sed ut etiam conditorem famosissimi illius templi, et in figuram futurorum bonorum structi simul nosceres, et omnium quæ in ea urbe mirabiliter instituta sunt, auctorem parentemque condisceres. Multum autem conducit ad amplectendum institutionum sermonem regem esse qui scribit. Si enim, ut quidam definierunt, regnum est legitima quædam cura et institutio, certum est quia instituta quæ dantur ab eo rege, qui tamen digne meritoque

[78] Galat. v, 26. [79] Ephes. iv, 32. [80] Ephes. vi, 19. [81] Joan. xvi, 25. [82] III Reg. iii, 12. [83] III Reg. v, 29, 30. [84] III Reg. i, 35.

sortitus est, legum vim teneant, et sanciant jura vivendi, maxime cum id in commune omnibus consulat, et non propriæ utilitatis decernatur intuitu. Hoc enim differt rex a tyranno, quoniam hic quidem quod sibi utile est consulit, ille quod omnibus.

3. Enumerat ergo consequenter quanta sit libelli hujus utilitas, et dicit primo, quia ex proverbiis est scire sapientiam et disciplinam. Est autem sapientia divinarum humanarumque rerum et causarum quibus hæc constant, agnitio vel scientia. Si quis ergo de Deo digne sermonem profert, agnovit sapientiam, sicut et Paulus qui dicebat : *Sapientiam autem loquimur inter perfectos, sapientiam vero non hujus mundi, neque principum hujus mundi qui destruuntur, sed* **731** *loquimur Dei sapientiam in mysterio absconditam, quam prædestinavit Deus ante sæcula* [85]. Sed et is qui ex mundi conditione et creaturarum magnitudine conditorem intelligit et advertit, etiam ipse per hujus mundi sapientiam Deum cognovit. *Invisibilia enim ejus a creatura mundi per ea quæ facta sunt, intellecta conspiciuntur* [86]. Perducit autem nos ad intelligentiam Dei proverbialis sermo cum dicit : *Dominus sapientia fundavit terram* [87], et rursum : *Cum præpararet cœlum, præsens eram cum ipso, et ego eram apud eum compaginans, et ego eram cui adgaudebat* [88]. Hæc enim omnia ex persona sapientiæ nobis disputans, manifestius nobis ejus scientiam tradit, tanquam ipsa de se humanis hæc auribus proloquentem. Sed et illud quod ait : *Dominus creavit me initium viarum suarum* [89], et de ea quæ in hujus mundi opere ostenditur sapientia prolocutus est, quæ velut vocem quodammodo ipsa per ea quæ videntur emittit, quia a Deo facta sint, et non sua sponte processerint, quæ tam sapienter et tam magnifice compaginata cernuntur. Sicut enim *Cœli enarrant gloriam Dei, et facturam manuum ejus annuntiat firmamentum* [90], enarrant autem non per sonum vocis, sed per operis sapienter dispositi confessionem : *Non enim sunt loquelæ neque sermones quibus non audiantur voces eorum* [91] : ita sunt quidam sapientiæ sermones et rationes, quæ ante omnia insertæ sunt creaturis, id est, illa ipsa ratio per quam unumquodque a sapientia procreatum est, per quam ipsa etiam tacens clamat, et creatorem suum Dominum profitetur. Primo enim omnium ratio et sapientia rerum producta est, tum deinde ipsæ substantiæ, cum jam ratio earum et sapientia qua possint subsistere præcessisset, per quam ad intellectum quoque solius sapientis Dei mortalium dirigeretur intentio.

4. Præterea est etiam humana quædam sapientia, id est, rerum quæ in vita communi geruntur experientia, secundum quam uniuscujusque artis peritos sapientes dicimus. Quam plurima ergo pars libri hujus ad cohortationem sapientiæ spectat, cum dicit : *Sapientia in exitu canitur, in plateis autem fiducialiter agit, in summis vero muris prædicatur* [92]. In quibus tametsi profundiora sacramenta comprehendit, tamen etiam hoc nihilominus suggerit, ut per ea quæ naturaliter hominibus grata satis et accepta cognoscit, id est, per laudem sapientiæ provocet animas et invitet, ut non segniter vel remisse ejus expetant disciplinas, cujus laus et utilitas in omnibus invenitur, id est, in viis, in plateis, et in munitionibus civitatis. Quæ singula idcirco enumerat, ut magnificentiam rationis quæ in rebus habetur, ostendat. Exitus enim et plateæ, omnis vitæ nostræ indicant actus, in quibus providendum nobis est semper inesse sapientiam. Cautelam vero et munimentum seu continentiam vitæ nostræ designat in muris, in quorum summitate, non in fundamentis, neque in initiis, sed in summa perfectione fiducialiter agere sapientia designatur. Volens quoque nos familiarius jungere et consociare sapientiæ, ait : *Dic sapientiam sororem tuam esse* [93] ; et iterum : *Ama eam, et servabit te* [94]. Tunc deinde communem ejus ad omnes utilitatem demonstrans : *Jugulavit*, inquit, *victimas suas* [95], id est, cibos fortes solidosque [96] præparavit, his qui pro possibilitate sumendi exercitatos habent sensus ad discretionem boni vel mali. *Miscuit*, inquit, *in cratere vinum suum* [97] : *vinum quod lætificat cor hominis* [98]. Craterem vero ipsum purificatorum nominat sapientiæ mysticum participium, unde licet omnibus, unicuique tamen pro captu virium et meritorum profectibus haurire quod satis est. Præparasse vero se dicit mensam suam. In hoc magnificis quibusdam sermonum formis, spiritualem nobis intellectum vocabulis carnalibus introducit. Rationabilem namque cibum animæ, et talem qualem hanc habemus in manibus verbi Dei explanationem, præparatam nominat mensam. Cum ingenti, inquit, prædicatione convocans et invitans. Audis prædicationem dici, et dubitas hæc de mysterio verbi referri? Quod autem dicit cum excelsa prædicatione, nihil humile, nihil dejectum vel obscurum inesse dogmatibus sapientiæ declarat. Quomodo autem invitat? Audi. *Si quis est*, inquit, *insipiens, declinet ad me* [99] ; quæ stulta sunt enim hujus mundi vocavit Deus, ut confundat sapientes. Nam sicut infirmi indigent medicina, ita et insipientes indigent sapientia. Addit præterea : *Melius est eam mercari, quam auri et argenti thesauros* [1] ; et : *Pretiosior est*, inquit, *lapidibus pretiosis, et omne pretiosum non est ea dignum* [2] ; et : *Fili, si sapiens fueris, tibi sapiens eris, et proximo tuo* [3] ; et : *Sapienti filio directi sunt actus* [4], et multa alia, quæ si diligentius percurras libri ipsius textum, dicta invenies de sapientia. Verum quoniam ipse Salomon ait : *Quoniam in malevolam animam non introibit sapien-*

---

[85] I Cor. ii, 6, 7. [86] Rom. i, 20. [87] Prov. iii, 19. [88] Prov. viii, 27. [89] ibid. 22. [90] Psal. xviii, 1. [91] ibid. 4. [92] Prov. i, 20. [93] Prov. vii, 4. [94] Prov. iv, 6. [95] Prov. ix, 2. [96] Hebr. v, 14. [97] Prov. ix, 2. [98] Psal. ciii, 15. [99] Prov. ix, 4. [1] Prov. iii, 14. [2] ibid. 15. [3] Prov. ix, 12. [4] Prov. xiii, 13.

tia [5], purgari prius studet per timorem Dei mentes eorum, quos ad studium sapientiæ invitat ac provocat. Non enim fas est salutaria sapientiæ sacramenta sordidis mentibus pollutisque committere, vel imparatos atque indociles sensibus [al. sensus], et totius rationabilis doctrinæ et eruditionis inexpertes subita sapientiæ luce perstringi. Tale est enim quale si quis polluto ac fœtido vasculo unguentum suave ac pretiosum recondat. Propterea ergo ait : *Initium sapientiæ, timor Domini* [6]. Timor autem Domini purificatio animæ est : secundum quod et Propheta dicit : *Confige a timore tuo carnes meas* [7]; velut si diceret, quia ubi timor Dei est, omne ibi flagitium cessat : dum corporis membra velut clavis confixa, ad nullius turpitudinis vel sceleris ministerium commodantur. Sicut enim is qui clavis ferreis confixus et dolore terebratus, ad corporalia gesta immobilis manet : ita etiam ii quorum timor Domini corda transfixit, neque oculum movere ad ea quæ non licet possunt, neque manuum ministerio fungi ad gesta nefaria, neque prorsus quidquam gerere possunt quod divina lex prohibet : quoniam clavorum dolore confixus est, quem de futuri judicii exspectatione perpetitur.

5. Contaminatos ergo et indociles animos ac vafros Sapientia a suis auditoribus abigit, et excludit dicens : *Qui autem sine timore sunt, ante portas errabunt* [8]; et iterum : *Quæretur sapientia apud malos, et non invenietur* [9]; et iterum : *Quærent me mali et non invenient* [10] : pro eo scilicet quod nulla divina timoris purificatione mundantur. Itaque, si quis adire salutaris sapientiæ desiderat scholas, prius per timorem Dei ab omni malitiæ contagione purificatus accedat. Apparuit ergo nobis etiam aliud bonum ex Proverbiorum doctrina veniens, utilitas timoris Dei sapientiæ institutionibus introducta. Verum quoniam secundus sermo Proverbiorum promittit etiam disciplinæ scientiam, videamus quid sibi velit sermonis ipsius virtus. Disciplina vel eruditio est institutio quædam cum labore adhibita animæ, ita ut interdum eam malitiæ sordibus expurget, quæ : *Ad præsens quidem non videtur lætitiæ esse, sed mœroris : postea vero pacatissimum fructum his qui per eam eruditi sunt, reddit justitiæ ad salutem* [11]. Hanc igitur disciplinam vel eruditionem intelligere non cujuscunque mentis est, pro eo quod multi ad ea quæ incurrunt molesta vel tristia, dum per imperitiam ineruditæ mentis nequaquam ex correptione utilem fore rerum exitum provident, ignavæ mentis desperatione continuo deficiscunt, et impatientes ad austeritatem curæ, magis se imperitiæ languoribus tradunt. Propterea ergo admirandam et se dignam justi proferunt vocem dicentes : *Domine, ne in ira tua arguas me : neque in furore tuo corripias me* [11]. Non enim correptionem refugiunt : sed iram devitant. Simile est et illud huic : *Corripe nos, Domine, verumtamen in judicio, non in ira* [13]. Et iterum alibi : *Disciplina Domini aperuit mihi aures* [14]. Sicut enim pueri cum negligentius studiis operam impendunt, si forte magistrorum ac pædagogorum verberibus excitentur, sollicitiores effecti, capacius quæ docentur assumunt : et idem sermo, qui ante correptiones et verbera non audiebatur a puero, nunc velut auribus ejus vi verberum patefactis et auditur et capitur, et memoriæ commendatur : ita etiam erga eos accidit qui verbum Dei non audiunt, divinamque doctrinam negligunt atque contemnunt, cum fuerit eis a Deo illata correptio, et tribulationibus ac pressuris sæculi fuerint flagellati : tum demum ea quæ semper audiebant, vel quæ ex divinis præceptis eis recitabantur, tanquam nunc primo ad aures suas delata suscipiunt. Propterea ergo dixit : *Quia disciplina Domini aperuit mihi aures*. Disciplina ergo, ut diximus, commonet vel corripit inquietos, sicut fiebat et per apostolum Paulum, cum dicit tradidisse se quemdam Satanæ ut discat non blasphemare [15], velut spiculatori cuidam et carnifici reo tradito, per quem caro quidem patiatur interitum, spiritus autem salvus fiat in die Domini. Alios vero disciplina emendatos jam revocat et restituit ad salutem, sicut illum qui dixit : Post captivitatem meam pœnitentiam egi [16]. Et ideo necessarium videtur disciplinæ hujus virtutem semper diligentius utilitatemque perquirere. Ipse igitur sapientissimus Salomon sciens quid ex ea commoditatis oriretur, præcepit dicens : *Noli cessare parvulum emendare*, hoc est ad disciplinam revocare : *quia si percusseris eum virga, non morietur. Nam tu quidem virga percuties eum ; animam vero ejus liberabis a morte* [17]. Et iterum : *Quis enim est filius quem non corripit pater* [18]? Tum deinde ostendit hanc disciplinam pretiosiorem esse hujus mundi facultatibus apud eos qui sanum sapiunt, cum dicit : *Suscipite disciplinam, et non argentum, ut in tempore tribulationis non deficiatis* [19]; id est, cum vel corporis morbis afficimur, vel propinquorum et charorum nostrorum urgemur adversis, ne aliter quid de Deo quam pietas et religio postulat sentiamus; sed ut in omni patientia correptiones Domini pro his quæ deliquimus toleremus : et tu tanquam disciplina pietatis edoctus, dicas in adversis : *Iram Domini sustinebo, quia peccavi* [20]; addas quoque his et illud : *Bonum mihi quia humiliasti me, ut discam justificationes tuas* [21]. Talis erat et Apostolus qui aiebat : *Ut castigati, et non mortificati* [22] ; et iterum : *Cum autem arguimur, a Domino corripimur, ut non cum hoc mundo damnemur* [23].

6. Quoniam ergo et litterarum disciplina dici-

---

[5] Sap. I, 4. [6] Prov. I, 7. [7] Psal. cxviii, 20. [8] Eccli. I, 28. [9] Prov. xiv, 6. [10] Prov. I, 28. [11] Hebr. xii, 11. [12] Psal. vi, 1. [13] Jerem. x, 24. [14] Isa. L, 5. [15] I Tim. I, 20. [16] Jerem. xxxi, 19. [17] Prov. xxiii, 13, 14. [18] Hebr. xii, 7. [19] Prov. viii, 10. [20] Mich. vii, 9. [21] Psal. cxviii, 71. [22] I Cor. vi, 9. [23] I Cor. xi, 32.

tur, id est, eruditio atque institutio, secundum quod scriptum est de Moyse, quia eruditus est in omni sapientia Ægyptiorum [24], uti non se quis eruditionibus et disciplinis quibuslibet passim tradat ac subdat : competenter primus iste Proverbiorum versiculus commonet dicens necessarium esse scire sapientiam et disciplinam, id est, ut illam sapientiam disciplinamque sectemur, quæ nos ad salutem veritatis sua luce perducat. Quamplurimi namque disciplinis se geometriæ tradunt, Ægyptiorum studiis repertæ, alii astrologiæ a Chaldæis introductæ, alii per alia quæque diversa : quibus dum umbras quasdam et inanes notarum lineas quærunt, et per aerem signorum calculos ducunt, vera his Dei disciplina quæ divinis litteris traditur, pro eloquii sui simplicitate vilescit. Sed et poetica vel rhetorica disciplina quamplurimos occupavit : ubi omnis materia dicendi mendacium est. Neque enim poeticum videbitur aliquid nisi fabulosum fuerit et confictum, neque rhetoricum nisi arte et calliditate connexum, neque sophisticum erit quid nisi deceptiosum fuerit et fallens. Quia igitur quamplurimi talibus studiis occupati, in hujuscemodi quodammodo erroribus consenuerunt, nullum de agnoscendo Deo laborem studiumque sumentes, necessariam proverbialis sermo suggerit scientiam disciplinæ, per quam scire conveniat quibus nos velut utilitatibus et salutaribus debeamus dedere disciplinis : a quibus vero velut vanis et inutilibus declinare. Potest autem qui Proverbiis diligenter attendit, intelligere etiam verba prudentiæ, ut si quid ex eis investigare potuerit, ad utilitatem suæ salutis acquirat. Scimus igitur prudentiam unam ex generalibus esse virtutibus, per quam boni malique gnari efficimur, vel si quid horum neutrum est comprehendimus. Prudens ergo a principalis prudentiæ vocabulo nuncupatus est. Sed objiciat fortasse mihi aliquis : Quomodo ergo serpens prudentissimus omnium fuisse dictus est bestiarum [25], et rursum Dominus jubet nos prudentes effici sicut serpentes [26], et iterum prudens esse dicitur villicus iniquitatis [27]? Tripliciter, ut mihi videtur, prudentiæ nomen intelligendum est : vel cum quis callide alteri nocet ut sibi prosit, videns quod nisi alterius damno sibi consulere non possit, ut fecit hic villicus iniquitatis sibi providens domini detrimentis, qui prudenter **733** fecisse ipsius Domini sententia designatus est ; vel iterum cum quis nullo suæ utilitatis intuitu, sed solo iræ, vel invidiæ, vel cujuslibet alterius mali, quod de pravo ingenio descendit, impulsu, ita alterum supplantat et decipit, ut ipse præter mali operis effectum nihil acquirat : sicut serpens primum hominem in paradiso decepisse describitur, in quo sibi non solum nihil profuit alterius subversione, verum etiam multam gravioris condemnationis excepit. Tertium vero prudentiæ genus est quo sine ullius detrimento sibi quisque ac suæ saluti astutius consulit, dum vel quæ commoda sunt diligenter eligimus, vel certe comprehensi in periculis persequentium caput nostrum qui est Christus, et quæ in eum est fidem omni cum cautela et observantia custodimus : secundum quod, ut ego arbitror, Dominus prudentes nos effici tanquam serpentes jubet ; quibus hoc aiunt naturalis inesse cautelæ, ut reliquis membris persecutoribus objectis, solum caput cautius ab incursantium periculis tueantur. Qui ergo intelligit verba prudentiæ, continuo deprehendit quæ sint verba fallacia in quibus dolosa deceptio, et quæ sint veritatis specie magis quam veritate composita. Agnoscit nihilominus et quæ sint verba quæ ad utilitatem vitæ atque honestorum actuum proferuntur : ex quibus tanquam peritissimus trapezites quod bonum est continebit, ab omni specie mala se abstinebit [28]. Hæc est prudentia per quam et ille prudens vocatur, *Qui ædificavit domum suam supra petram*[29], id est, qui in fide Christi actuum suorum ædificium collocat, ventis turbinibusque commotis, et imbribus ei ac fluminibus appulsis, immobilis domus atque inconcussa perduret. Per quod edocet Dominus prudentem virum in tentationibus sive his quæ oriuntur ex terra, et fluminum ac torrentium vice rheumata nobis carnis et sanguinis movent, sive in his quæ ad ventorum ac procellarum vicem de aeris sedibus commoventur, per illos adversum quos nobis certamen et pugna est, principatus et potestates, et principem mundi hujus aeris, qui nunc operatur in filiis diffidentiæ : in his, inquam, omnibus qui prudens est vir, id est qui, audiens Proverbiorum sermonem, bene didicit verba prudentiæ, et eruditionibus se atque institutionibus assiduis præmunivit, inconcussus atque immobilis perseverat. Tales erant et illæ quinque virgines prudentes, quæ per prudentiæ disciplinam proviso sibi ipsis et præparato oleo in lampadibus suis, introire nuptiales thalamos cum Sponso potuerunt [30]. Stultæ autem quæ a studiis cessaverunt, his quibus oleum poterat præparari, alienæ gaudii nuptialis effectæ sunt [31]. Hæc dicta sunt de eo ut ostenderemus quid sit scire verba prudentiæ.

7. Nunc videamus quid est etiam hoc quod dictum est, *Suscipere versutias sermonum* [32]. Sermo quidem qui verus est et ex sana mente procedit, purus et simplex est eadem dicens, et de iisdem semper confirmans. Qui vero varius est et instabilis, arte quadam semper et diversis ligaturis ac molitionibus profertur ; implicitus atque in multas facies transformatur, et versatur semper per mille versutias, pro eo videlicet quod nullis veritatis fundamentis ac soliditate subnixus est, sed pro auditorum delectamentis ac pro libidine aurium temperatur. Ut ergo possimus fortiter et constanter obsistere adversus ea verba quæ arte magis

[24] Act. vii, 22. [25] Gen. iii, 1. [26] Matth. x, 16. [27] Luc. xvi, 8. [28] I Thess. v, 21. [29] Matth. vii, 25. [30] Matth. xxv, 10. [31] ibid. 12. [32] Prov. i, 3, juxta LXX.

quam veritate subnixa sunt, instruit nos proverbiale mandatum, ut si ejus institutionibus intendamus, et lectionem ejus non negligenter et perfunctorie transeamus, velut munimentis inde quibusdam intelligentiæ assumptis, cum congressio nobis talis fuerit objecta bellorum, sciamus suscipere verborum versutias, et velut ex insidiis quibusdam tela directa intelligentiæ scuto refellere. Cum vero aliter quidem natura rei se habeat, aliter vero de ea sermo pronuntiet, in assensum non vere cogimur rei, versutia quædam verbi est et subversio veritatis; vel, cum pellaciter nobis imago proponitur veritatis, instruitur autem fallentibus verbis mendacii dolus, ut aliud alii quidem videatur quod dicitur, alio autem tendat sensus loquentis. Unde et canibus vulpes vel lepores insectantibus cum aliorsum currendi impetum demonstraverint, si vero in aliam subito converterint partem, stropham, id est versuram, fecisse dicuntur. Versutiæ igitur sunt verborum quæ ex scientia falsi nominis ab hæreticis prætenduntur; qui non suscipientes simplicitatem spiritualis doctrinæ, per sophismatum versutias et verborum dolos fortitudinem veritatis eludunt. Suscipit ergo istas versutias verborum qui ex Proverbiorum libris et sermonibus diligentius fuerit eruditus, ut siquando ei intenta fuerit quæstio ex utraque parte conclusiones recipiens, et difficillimum admittens aditum respondendi, tamen si plenius ex divinis litteris fuerit instructus, non continuo mente confusus turbabitur et hærebit; sed etiam si absolutionis exitus in promptu non erit, paria tamen objicere illico inveniet, et adversarium zeli sui converso in eum mucrone percutere, ut si non superior, vel æqualis abscedat. Præstant nobis etiam hoc Proverbia, ut possimus intelligere veram justitiam. Et quoniam justitia dicitur virtus vel affectus animi, unicuique prout dignum est rependens; et hoc competenter implere valde difficile est, dum aliis per prudentiam deest comprehendere quid unaquæque res habeat meriti; alii propriis vitiis occupati, et ira, odio, gratia vel misericordia præventi, quod verum atque æquum est consulere non possunt : ex quo fit ut vel contemnant, et despiciant pauperes, vel injustos et violentos divites, potentesque non arguant.

8. Pollicetur ergo Proverbiorum liber discipulis suis intellectum præstare veræ justitiæ. Sicut enim per lumen mundi quod sunt apostoli, *Vos enim*, inquit, *estis lux mundi*[33], pervenimus ad veram lucem quæ est Christus, et sicut per sermones sapientium pervenimus ad veram sapientiam quæ est Filius Dei; ita per eruditionem justitiæ quam ex divinis libris edocemur, ad hanc quam dicit veram justitiam, qui est Christus Dominus, pervenimus. Est tamen et in actibus humanis vera justitia, est et simulata justitia. De qua re multi etiam sæculi sapientes quamplurima scripta reliquere. Sed ab illis quoniam illa quæ vere vera est Dei justitia ignorabatur, **734** nihil dignum proferri potuit de humana justitia. Proverbialis vero doctrina, quoniam ab illo cœlesti justitiæ fonte descendit, merito veræ justitiæ intelligentiam præbituram se hominibus repromittit, per quam simul etiam quæ sit simulatæ justitiæ fallacia cognoscamus. Nam et Israel fallitur in qualitate justitiæ; quærens enim suam justitiam statuere justitiæ, Dei non est subjectus. Sed et diversarum gentium leges idcirco inter se in quamplurimis diversæ sunt et contrariæ, quia ratio veræ justitiæ apud eos liquere non potuit. Nam apud quasdam parricidium justum putatum est; apud alias omne homicidium exsecrabile ducitur. Apud quasdam nationes pudicitia in primis habetur, apud alias omne incestum sacratius quoddam matrimonium ducitur; et diversa apud singulas quasque nationes justa, et apud alias eadem injusta haberi deprehendes. Hic vero liber omnes, qui per se fuerint eruditi, ab hujuscemodi confusionibus liberat. Est ergo quædam justitia quæ inter nos homines conversatur, per quam vel quod æquum est singulis tribuentes, vel si id ad liquidum comprehendere non valemus, mente tamen ac proposito tali agentes, nequaquam justitiæ terminis atque æquitatibus excludimur. Est vero etiam cœlestis ac divina justitia, per quam justus judex universam creaturam suam justissima ratione dispensat, quæ ab hominibus cum summa difficultate vix aliqua ex parte intueri vel considerari potest, præ magnitudine dogmatum quæ in ea continentur. Hoc enim arbitror dici in Psalmis per prophetam, *Justitia tua sicut montes Dei*[34], et magnitudinem dogmatum ejus montibus coæquari. Promittit ergo se hanc veram divinamque justitiam in manifestum adducere his qui proverbiali eruditioni operam dederint.

9. Sed et his pariter edocebit, quoniam quidem aliqua peccata voluntate committimus, aliqua etiam contra voluntatem incidimus. Examen ergo justitiæ non potest idem in utroque servari : verbi gratia, ut si agatur apud nos duarum meretricum causa, unius quidem quæ distracta lenoniis ac lupanaribus prostituta, turpem corporis quæstum avaris dominis cogatur appendere, alterius quæ stimulante luxu ac præcipitante libidine in turpes semetipsam prodat amplexus : nonne cum unius tituli sit crimen, diversum ex justitia judicium sortietur? Item si delinquat quis qui a puero pessime institutus est, et per iniquos atque injustos parentes in hunc mundum ingressus est, apud quos etiam verbis et actibus flagitiosis ac turpibus infectus animus et nequiter institutus adolevit, alius vero qui multas habuit occasiones quibus ad virtutem provocaretur, honesta monita nutritorum, parentum instituta gravissima, eruditionem

---

[33] Rom. x, 5. [34] Psal. xxxv, 7.

verbi divini, conversationem severam, et omnia quibus rudes animi excoli debeant ad virtutem ; post hæc si etiam hic priori illi delictum simile incurrat, nonne sub ejusdem tituli culpa, graviori pœnæ iste censendus est? Quoniam quidem ille pro hoc solo culpabitur, quod inserta sibi naturaliter salutaris seminis germina non excoluit, et, ut ita dixerim, suscitavit e terra; hic autem quod cum hæc similiter habuerit, etiam ea quæ ei addita fuerant per bonæ institutionis industriam prodegit ac perdidit, negligentiæ lapsibus in profundum vitæ pessimæ devolutus. Ideo ergo intelligere veram justitiam sensus est optimi, et intelligentiæ perfectæ. Perfectæ etenim sine dubio mentis intelligere Christum, *Qui factus est nobis sapientia a Deo, et justitia, et sanctificatio et redemptio* [35]. Denique conjungitur ad intelligentiam veræ justitiæ, et judicium dirigere, quod utique impossibile est fieri, nisi prius id quis a justo judice didicerit Christo. Neque enim ipse ille sapientissimus omnium Salomon potuisset famosissimum illud de duabus meretricibus et puero proferre judicium, nisi virtute Christi veri judicis inspiratus. Cum enim propositæ sibi quæstionis et causæ nullus testis posset adhiberi, ad naturæ se continuo testimonium vertit, ut ipsius stipulationibus tacitis quod latebat agnosceret, dum aliena mater interitum pueri libens et intrepida suscepit, vera autem mater naturalibus affectibus stimulata et intimis tremefacta visceribus, ipsa in nece parvuli solo jugulabatur audito. Qui ergo scit veram justitiam, et ab ipsa institutus est et edoctus, hic dum unicuique dependit quod justum est, competenter judicium dirigit. Sicut enim ut militare se habet exercitium juvenum, si specula forte defixa sit, in quam vibrare missilia certamen propositum est ac tela dirigere; ille sine dubio probabilis judicatur, qui neque supergressus est notam speculæ neque inferior abiit, sed cujus ipsum propositi signi punctum dirigentis oculi ductu tremens sagitta percussit : ita etiam justitiæ judex judicii sui dirigere debet examen ; neque eminentiorum personas mirari, neque ad inferiores injusta miseratione deflecti : utrumque enim divina lex prohibet, cum dicit : *Usquequo personas peccatorum accipitis* [36]? et iterum : *Non misereberis pauperem in judicio* [37]. Apostolus vero de omnibus pariter pronuntiat dicens : *Nihil facietis in alteram partem declinando* [38]. Directum igitur atque indeclinabile judicium, veræ justitiæ præstat peritia : si tamen a tali corde ministretur, quod non vel pecunia corrumpi, vel amicitiis inflammari, vel ad gratiam potentium possit infringi. Ad hos dicit in psalmo Propheta : *Recte judicate, filii hominum* [39]. Argumentum namque est vere justitiæ inhabitantis in corde, judicii æquitas. Unde et ipse Salomon in consequentibus exsecratur pondera majora et pondera minora [40], abominabile enim est utrumque apud Deum : proverbialiter iniquitatem judicii in ponderum inæqualitate designans. Non solum autem in judiciis hæc utilitas adhibetur, sed et in singulis quæ nobis in vita eligimus ad utendum : quoniam quidem habemus in nobisipsis naturale quoddam animi judicium, per quod mala segregamus a bonis. Quæ virtus animi habens insita et inserta semina judicandi, si veræ justitiæ eruditionibus excolatur, directum et æquum tenebit judicii ac discretionis examen : quæ velut in quodam tribunali mentis nostræ residens, quæ laudabilia sunt amplectitur, quæ vero turpia et vitiosa condemnat. Verbi gratia, castitas apud te et impudicitia judicantur : menti tuæ judicii hujus summa committitur. Residet mens tua in excelsa sede : cedens utriusque partis examen. Et impudicitia quidem libidinem adhibet advocatum sibi : timore vero Dei patrono utitur pudicitia. Et si quidem condemnaveris atque exsulare penitus a tuis tribunalibus impudicitiam feceris, palmam vero contuleris pudicitiæ, directum judicium commissi tibi examinis protulisti. Si vero in persuasionem libidinis vergens, peccatum prætuleris castitati, perversum judicium protulisti. Continuo adversum te proferetur illa prophetæ sententia, quæ dicit : *Væ his qui dicunt dulce amarum, et amarum dulce. Væ his qui ponunt tenebras lucem, et lucem tenebras* [41]. >

10. Verum quoniam secundum ipsum Salomonem *Cogitationes justorum judicia sunt* [42], intrinsecus intra occulta cordis nostri penetralia, oportet nos uniuscujusque rei per quam vivimus, absque ulla perversitate vel declinatione habere judicium : et velut statera quadam mente nostra uti, qua singula quæque gesta nostra æquissima moderatione libremus. Cum ergo unumquodque mandatum Dei apud nos, id est, in animo et cogitatione nostra adversum resistentem sibi iniquitatem negotium gerit, tu semper adversum peccatum legi Dei palmam tribue. Si iniquitas apud te cum æquitate ingreditur, adversum injustas concupiscentias proferto sententiam : patere æquitatem de auditorio mentis tuæ redire victricem. Injuriæ et patientiæ agunt apud te causam : sperne injurias, probra et maledicta confunde : victoriam vero defer patientiæ. Inimicitiæ et charitas apud te negotium gerunt : infames pronuntia inimicitias, extorres domo et patriæ finibus factas, in exsilium trude : charitatem vero pro concione collaudans, et cum omni honestate magnificans, inseparabiliter adhærere tuis sedibus facito. Simulatio et simplicitas, constantia et timor, prudentia et stultitia, justitia et injustitia, parcimonia et luxuria, et ut simul universa comprehendam, omnis virtus adversum omne vitium certamen habens intra te, id est intra cor tuum, et apud mentis tuæ judicium negotium movet. Quid ergo est? Si veram justitiam

---

[35] I Cor. 1, 30. [36] III Reg. 111, 23. [37] Psal. LXXXI, 2. [38] I Tim. v, 21. [39] Psal. LVII, 2. [40] Prov. xx, 10. [41] Isa. v, 20. [42] Prov. xii, 5.

didicisti, et rectum tenes directumque judicium, semper intra te condemna vitia, et semper palmam concede virtuti. Si enim in singulis quibusque actibus tuis quæ bona sunt semper obtineant, beatus eris *in illa die, in qua judicabit Deus occulta hominum secundum Evangelium nostrum : et cogitationibus inter se invicem accusantibus aut etiam defendentibus* [43], non condemnaberis tanquam is qui nequaquam cogitationibus tuis malis quibus tunc accusaberis, justitiam sanctitatemque prodideris, percepturus eas coronas quibus prius vincentem apud te coronaveras ipse virtutem. Ecce quantorum tibi bonorum Proverbiorum liber præstitit causas : edocens te quæ sit vera justitia, et quomodo judicium dirigatur.

11. Sed quid etiam post hæc additur? *Ut det*, inquit, *innocentibus astutiam, puero autem juniori sensum et cogitationem.* Dupliciter intelligimus innocentiam. Aut enim alienum effici a peccato, et emendare se, ac longa bonorum meditatione convertere, et velut radicem ipsam ex se malitiæ resecare pro eo quod ultra nocendi propositum non gerat, innocens quis appellatur : aut innocentia dicitur, in his qui nondum vel voluntatem vel possibilitatem nocendi habent, sive ætatis sive studiorum talium quorumque contemplatione ; verbi causa, ut si dicamus, puer nescit superbiam, nescit dolum et fallacias : et iterum sunt quidam rus habitantes, fraudis utique negotiatorum et calliditatis ignari, sed a forensibus nequitiis ac versutiis alieni : quos et ipsos innocentes appellamus, non quod proposito malitiam studioque declinent, sed quod nondum inciderint in usum nequitiæ. Verumtamen innocens proprie est, qui talis est, qualis fuit David qui dicebat : *Ego autem in innocentia mea ingressus sum* [44] : id est, qui omne propositum nocendi ex anima sua, recepta atque introducta mentibus suis boni voti virtute, abjecit ac depulit : propter quod merito et hæreditatem bonorum sperat cum dicit, quoniam Dominus *Non fraudabit bonis eos qui ambulant in innocentia* [45]. Ideo denique et cum omni fiducia dicebat : *Judica me, Domine, quoniam ego in innocentia mea ingressus sum* [46]; et iterum : *Judica me secundum justitiam tuam, et secundum innocentiam meam super me* [47]. Designat ergo et describit quodammodo innocentem etiam simplicitas morum et sermonum sinceritas, et nihil vel in actibus affectatum, vel in sermone fucatum. Talis erat et Jacob, *Simplex habitans domum* [48] : id est naturali simplicitate vivens : nihil arte compositum, nihil figmento ad fallendos videntium oculos præparatum. Talem etiam mihi videtur nunc proverbialis sermo innocentiam memorare, quæ penitus nequitiæ expers sit, usumque nocendi non noverit. Unde et laudabilem ei requirit astutiam, ut ad simplicitatem naturæ cautela quoque addatur industriæ : et velut quodam scuto bonæ hujus astutiæ circumdatus, adversum nequitiæ tela invulnerabilis maneat. Oportet namque perfectum virum secundum Apostolum prudentem quidem esse in bono, simplicem vero in malo. Astutiæ ergo opus est cavere malum ; simplicitatis autem virtus est non facere malum. Ex his igitur fontibus sibi simpliciores quique astutiam hauriant ad salutem : intelligentes quæ ejus opera describuntur. Vir enim, inquit, *astutus sedes est sensuum* [49]; et : *Astutus autem supervenientibus malis occultabitur* [50]; et : *Qui custodit increpationes, astutior est* [51]. Astutia ergo est, sicut etymologia Græci sermonis ostendit, omnium operum artiumque peritia. Qui ergo omnium operum peritiam recipit, astutus jure dicitur. Opera autem sunt quædam bona, sunt autem et mala : idcirco interdum ad bonum, interdum ad malum astutus accipitur. Et is quidem, quia ad alterius perniciem astute quid molitur et callide, nequam est ; qui vero in operibus bonis astute quid providet et prudenter, vel intentatos sibi insidiantium dolos sollicite cauteque declinat, astutia laudabiliter utitur. Attende ergo diligentius et considera qualis tibi præcipiatur astutia, quia media quædam significatio est nominis istius : et, sicut diximus, qui eis in bonis rebus utitur, laudabilis : qui vero in sinistris, exsecrabilis invenitur.

12. Unde et abundanter per omnem textum divinæ Scripturæ ad utramque partem intelligentia ejus invenitur inserta. Bona namque astutia proficiscentes Hebræi circumvenerunt Ægyptios, vasa ab eis aurea et argentea vestesque sumentes [52], quibus possent utique et mercedes operis quo urbes eorum exstruxerant, repensari : et materies vel impensæ ad construendum Dei tabernaculum præparari. Laudabili astutia usæ sunt obstetrices Hebræorum contra tyranni præcepta, salutem nascentibus Hebræis maribus parvulis conferentes [53]. Laudabili astutia mater Rebecca juniori filio benedictionum primitias contulit [54]. Bona astutia usa est Raab : bona etiam Rachel [55] : altera exploratoribus occultatis [56], altera parente in idolorum superstitiosis inquisitionibus falso [57]. Mala vero astutia deceperunt Gabaonitæ Israelitas [58]. Mala astutia usus est Absalom benignitatis specie ad se cor populi declinando, et paterna regna insidiosa calliditate in sua vota flectendo [59]. Culpabiliter et de illis propheta pronuntiat, de quibus dicit : *Super populum tuum astute cogitaverunt consilium* [60]. Verumtamen proverbialis sermo laudabilem nos astutiam docet, quæ, sicut diximus, in omnibus vitæ negotiis adversum nequitiæ dolos scutum quoddam debeat esse simplicibus. Denique si hanc prima mulier habuisset astutiam, nunquam

---

[43] Rom. II, 15, 16. [44] Psal. xxv, 11. [45] Psal. lxxxiii, 13. [46] Psal. xxv, 1. [47] Psal. vii, 9. [48] Gen. xxv, 27. [49] Prov. xii, 23. [50] Prov. xxvii, 12. [51] Prov. xv, 5. [52] Exod. xii. 35. [53] Exod. i, 17. [54] Gen. xxvii, 28. [55] Jos. ii, 4. [56] Gen. xxxi, 34. [57] Jos. ix, 4. [58] II Reg. xv, 4. [59] Psal. lxxxii, 4. [60] II Cor. iv, 16.

profecto dolis fuisset decepta serpentis. Ideo ergo simplicem et innocentem qui temere credit omni verbo, uti ne corrumpantur sensus ejus a simplicitate Christi, circumvallat et communit astutia; velut auxilia ei quædam adversus vitæ hujus certamina suggerens dimicanti.

13. Sed videamus jam nunc quomodo *puero juniori sensum dat et cogitationem*. Quoniam, sicut Apostolus describit [61], omnis quidem homo duplex est, et alius est exterior, alius vero interior, id est, unus qui videtur, et alius qui intelligitur; et ideo necesse est, nos ea quæ de ætate dicuntur homini cui magis convenire videtur, aptare. Et siquidem dicamus de exterioris hominis ætate, quod puero juniori sensum præbeat corporalem liber hic, id est, vel visum, vel auditum, vel odoratum, vel gustum tactumque, ridiculi res videbitur; hæc enim in nobis pariter cum ipsa statim nativitate subsistunt, nec aliquando talia per doctrinam institutionis adduntur. Neque enim puer corporaliter intelligendus est, neque sensus unus ex his putandus quos supra enumeravimus; sed ad ætatem interioris hominis est referendus intellectus: quoniam et in multis Scripturæ locis de puerili animæ ætate docemur, et alibi de juvenili, alibi quoque etiam de senili, sicut ab apostolo Paulo didicimus, dicente de Corinthiis [62], quia parvuli essent, et ideo eos lacte potaverit, quia primis eos et simplicibus Evangelii instruxerit elementis, cum necdum valerent perfectorum dogmatum sumere solidos cibos. Juvenis autem secundum interiorem hominem dicitur, qui ex omni parte in animi virtute perfectus est: qui spiritu ferventi in actibus pietatis, et robustus ac validus ad omne opus nititur bonum: quem et Evangelia violentum designant, id est, qui vim faciens diripere possit regna cœlorum: qui etiam ad laudandum Dominum invitatur per Prophetam dicentem, *Juvenes et virgines, laudate nomen Domini* [63]; de quo dicitur etiam per Joel prophetam: *Et juvenes eorum visiones videbunt* [64]. Senior autem secundum interiorem hominem dicitur quisquis ille est perfecti sensus maturique consilii: sicut erat Daniel, in tenero adhuc corpore maturitatem senilis animi et consummatæ prudentiæ sententiam gerens: propter quod et dicebant ad eum illi inveterati malorum dierum, *Veni et sede in medio nostrum, et annuntia nobis: quoniam dedit tibi Deus presbyterium* [65]. Et ideo ergo consequens est puerum quem dicit juniorem, qui magis novus quam junior designatur in Græco, hunc, inquam, puerum vel juniorem vel novum, eum intelligi qui per baptismi lavacrum renovatus est, et conversus factus est sicut puer, et ideo aptus efficitur regno cœlorum. Huic ergo tali puero tanquam nuper genito, et rationabili ac sine dolo lac concupiscenti, liber iste proverbialis doctrinæ sensum tribuit, et cogitationem atque intelligentiam præstat. Et sensum quidem ad rerum præsentium intellectum referri potest, cogitatio vero intelligi de futuris: quoniam quidem et humanæ regulam conversationis edocemur, uti ne fallamur in actibus vitæ, et vanitati ac libidini rerum præsentium succumbamus: neve inanis gloriæ aura capiamur; et nihilominus etiam futuræ spei cogitationes optimas suggerit, quo scilicet ea quæ fide credimus, per patientiam exspectamus.

14. Verum quoniam ætatis differentias ad interiorem hominem traximus, consequens est etiam cætera pari intelligentia persequi; et eum quem diximus sensum non ad corporeum intellectum, sed virtutem animæ revocare. Et ideo si quando dicit, *Meis verbis admove aurem tuam* [66]: scire nos oportet quia aurem animæ, id est, obedientiam mentis requirit, sicut et Dominus dicebat: *Qui habet aures audiendi, audiat* [67]; et alibi: *Sermo sapiens in aures audientis* [68]. Per hæc ergo et horum similia dat huic puero juniori vel novo, de quo superius diximus, sensum obedientiæ. Cum vero dicit: *Noli attendere malæ mulieri* [69]; et rursum: *Non confirmes oculum tuum ad eam* [70]; et: *Oculi tui recta videant* [71]: manifeste per hæc velut visum quemdam animæ novi hujus pueri tribuit. Et iterum commonet dicens: *Manduca mel, fili, ut indulcentur fauces tuæ* [72]. Mel figuraliter nominat doctrinæ cœlestis eloquia: *Quam dulcia enim faucibus meis eloquia tua, super mel et favum ori meo* [73]: et per hanc commonitionem spiritualem, gustum animæ informat in puero, illum scilicet gustum de quo dictum est: *Gustate et videte quoniam suavis est Dominus* [74]. Est autem quidam et tactus animæ, secundum quem tactum contingit eam sapientia, et complectitur velut amatricem quamdam suam. Ita enim dicit: *Ama eam, et complectetur te* [75]. Et rursus Ecclesiastes: *Tempus*, inquit, *complectendi, et tempus longe fieri a complexibus* [76]. Nam corpora quidem impuris complexibus polluuntur; anima vero in complexus sapientiæ veniens, et semina vitæ concipiens, sanctos edit partus salutis. Hoc ergo modo sensum puero juniori vel novo proverbialis doctrina præstabit: cogitationem vero præstabit cum dicit: *Non proderunt divitiæ in die malo* [77]; injicit namque cordi tuo per hæc cogitationem diei illius in quo tibi abundantia divitiarum subvenire non poterit, nec illis te æternis suppliciis liberabit. Sed et cum dicit: *Innocentes autem hæreditate possidebunt terram* [78], illam videlicet terram quam etiam mansueti in hæreditatem percipient: sicut Dominus in Evangelio repromittit [79], et sicut Propheta designat in psalmis, cum dicit:

[61] I Cor. III, 1,2. [62] Matth. XI, 12. [63] Psal. CXLVIII, 12. [64] Joel II, 28. [65] Dan. XIII, 50. [66] Prov. XXII, 17. [67] Matth. XIII, 9. [68] Prov. XXV,12. [69] Prov. V, 2. [70] Eccli. IX, 8. [71] Prov. IV, 25. [72] Prov. XXIV, 13. [73] Psal. CXVIII, 103. [74] Psal. XXXIII, 9. [75] Prov. IV, 6. [76] Eccle. III, 5. [77] Prov. XI, 4. [78] Prov. II, 21. [79] Matth. V, 4.

Mansueti autem hæreditate possidebunt terram [80]. Sed et cum ait, *Gloriam sapientes hæreditabunt* [81], ad desiderium repromissæ beatitudinis sensus animæ suscitat; et ista est cogitatio quæ puero novo per institutionem doctrinæ inseritur cordi, ex interminatione pœnarum quæ peccatoribus præparatæ sunt; desiderium bonorum et concupiscentia beatitudinis commovetur ex his quæ justis ac fidelibus repromissa sunt. *His enim auditis sapiens sapientior erit* [82]. Multum est quod de Proverbiorum sermone promittitur, id est, quia excedat etiam sapientium sapientiam, et totius doctrinæ eorum supergrediens modum, plus aliquid cæteris liber iste contineat; ita ut videatur quod cum unaquæque doctrina imperitos suscipiat auditores, ad audienda ac discenda proverbia sapiens quis debet accedere, ut his auditis non tam sapiens, quod jam esse debet, sed sapientior fiat. Scimus autem quod sapiens multis modis dicitur. Nam et illi qui secundum sapientiam mundi hujus eruditi sunt, sapientes dicuntur [83] : et qui ad fidem Christi accesserunt, qui est vera sapientia Dei, sapientes [84] utique tanquam sapientiæ discipuli merito nominantur; ad quorum doctrinam hanc ipsam quam habemus in manibus, id est, Proverbiorum sermonem, cum accesserint hujus mundi sapientes, sapientiores eos futuros Scripturæ sententia repromittit. Et quomodo non erunt sapientiores vanam scientiam recusantes, et assumentes scientiam veritatis ? Vel certe quoniam multis modis sapiens dicitur; nam qui desiderat sapientiam, sapiens appellatur, et is qui jam cœpit proficere in eruditionibus sapientiæ, et ipse sapiens dicitur : et qui ad perfectum eruditus est, sine dubio sapiens nominatur. Qui ergo hæc audierit sapiens, id est, qui discendæ et inquirendæ sapientiæ desideria prima conceperit; vel ii qui jam in aliquibus videntur esse profectibus, et per hoc sapientes dicuntur, efficientur sine dubio sapientiores : ex his verbis cognoscentes quamplurima de cœlestibus divinisque dogmatibus, quamplurima etiam de humanis rebus atque terrenis. Cum totus iste liber varia præceptorum commonitione nunc malitiam de humanis mentibus effuget, nunc excitet introducatque virtutem, nunc linguæ petulantis temeritatem refrenet, nunc oculum a malis conspectibus servet, nunc manus ab iniqui operis motibus arceat, injustas concupiscentias abigat, segnitiem negligentiamque discutiat, laborem et patientiam laudet, prudentiam doceat, sobrietatem ac pudicitiam suadeat; cum ergo per hæc omnia vitiorum quidem et totius mali operis odium animæ discentis indicat, totius vero boni desiderium suscitet, certum est quod sapientiores ex sapientibus efficit.

15. *Intelligens autem gubernationem acquiret* [85]. Omnis homo qui alicujus artis vult assumere disciplinam, explorare debet prius si naturalibus suis motibus vel positionibus apta est ars illa quam expetit et conveniens, verbi causa si quis athleta vult esse, ut habeat lineamenta corporis bene composita, robusta membra, et valida nervorum compage districta. E contrario qui cursorum cupit inire certamina, considerat utique si corpore levis sit, et agilis motu. Ita et gubernator, si locorum memor, si intellectu prudens, si in omnibus vigilans. Propterea ergo et nunc non quemlibet ad gubernandum sermo proverbialis assumit, sed intelligentem. Quid autem est gubernatio ? Sine dubio disciplina quædam animæ, per quam infidum et fluctuosum hoc vitæ nostræ pelagus cum omni moderatione et observantia transeamus. In multis namque Scripturæ locis aquas et maria vitam hanc nostram invenimus esse nominatam, sicut in Psalmis cum dicit : *Misit e summo et accepit me : et assumpsit me de multitudine aquarum* [86]. Manifestissime etenim mobilitatem ac perturbationem vitæ hujus aquas appellat, pro eo quod neque ea quæ hominibus bona videntur et prospera immutabiliter permanent, neque rursus adversa et tristia perseverant; sed omnia inconstantia quadam et conversionibus ac permutationibus dilabuntur. Sicut enim impossibile est mare in eodem tranquillitatis statu diutius permanere, sed quod nunc quietum videbatur et placidum, paulo post immanibus videas fluctibus excitari : et rursus quos nunc cernis insanos undarum tumores ipsa pene nubila verberantes, paulo post stagnantia videas, et in modum marmoris placida æqualitate constrata, ita etiam vitæ humanæ negotia faciles et subitas vicissitudines permutationesque recipiunt. Propterea ergo gubernatione indiget vita nostra; et ut in tranquillitate positi, id est, cum omnia nobis ex sententia ac voluntate procedunt, permutationes prospiciamus futuras, nec quasi immortalibus rebus his præsentibus vel prosperis incumbamus : et rursus in tristibus vel adversis nequaquam nosmetipsos despiciamus, ne quis forte ampliore tristitia absorbeatur [87], et in profundum turbati maris, id est, lasciviosis vitæ erroribus demergatur. Neque ergo sanitas corporis, neque florentis gratia juventutis, neque opulentia domus, neque cæteræ hujus vitæ prosperitates diu permanent, stabiliterque perdurant. Sed dum in talibus degis, dum in tranquillitate navigas vitæ, prospice ac prævide tempestatem aliquam, id est, perturbationem rerum futuram. Imminet namque ægritudo post sanitatem, paupertas post opulentiam. Non enim semper flat ventus a puppe, nec semper æquis lineis vela tenduntur. Aliquoties enim in summa felicitate viventes, subitis perturbationibus velut repentinis quibusdam procellarum incursionibus demerguntur : et rursus nonnulli quos diversarum tentationum molestiæ, et vitæ in-

[80] Psal. xxx, vi, 11. [81] Prov. iii, 35. [82] Prov. i, 5. [83] I Cor. i, 20. [84] II Cor. xi, 19. [85] Prov. i, 5.
[86] Psal. xvii, 17. [87] II Cor. ii, 7.

feliciores angustiæ velut rabidi quidam fluctus, et sævi turbines fatigabant, receperunt vitæ suæ quietem, et transactis omnibus ac depulsis, ad lætitiam mentis et tranquillitatem animi restituti sunt. Hic ergo intelligens gubernator, qui prudenti sollicitoque prospectu, rerum mortalium instabilitate **738** præcognita, cor suum ad rerum permutationes ac vicissitudines præparat, et intrepidus semper interritusque consistens, idem semper est,. et semper sibi similis invenitur : id est, neque jactans et elatus in prosperis, neque dejectus et corruens in adversis. Sed et aliud nobis utile gubernationis bonum, et disciplina gubernatoris occurrit. Scio ego præterea et alios fluctus : novi et alias undas adversus animam insurgentes, quæ contra eam ex carnis vitiis concitantur. Ira enim et timor, libidines et tristitiæ, avaritiæ et rapinæ, ac diversa luxuriæ genera, velut procellæ quædam ac turbines violenti, ex prudentia carnis adversus animam concitantur. Qui si eam absque disciplina et vigilantia gubernatoris offenderint, continuo elisam eam atque submersam, fœdis miserandisque naufragiis mergent. Oportet igitur mentem nostram ac sensum velut gubernatorem quemdam totius navis in edito residere ; et excelsiorem vitiis ac passionibus factum, gubernaculorum clavos, id est, cogitationum motus arte peritissima moderari, et omne corpus nostrum velut navis cursum certis lineis dirigentem, constanter quidem fluctibus obviare, et insurgentes undarum tumores impetu sulcantis carinæ compescere ; ipsum vero in excelso et edito positum, nequaquam prorsus amaritudine vitiorum tanquam inquieti maris elatione respergi, sed elevantem oculos semper ad cœlum, orare Deum et dicere : *Libera me de profundo aquarum, et ne me demergat tempestas aquæ : neque absorbeat me profundum* [88].

16. Vis tibi enarrem etiam aliud navigium, ad quod necessaria nobis est gubernationis hujuscemodi gratia ? *Regnum cœlorum simile est homini negotianti* [89]. Omnes ergo qui secundum Evangelium vivimus, negotiatores sumus, qui ex mandatorum Dei mercimoniis possessionem nobis regni cœlestis acquirimus. Oportet ergo nos diversas ac varias congregare bonorum cœlestium facultates : ne forte cum exquiri cœperint talenta quæ nobis negotiandi causa commissa sunt, confundamur si nulla lucra creditæ nobis Dominicæ pecuniæ demonstremus, et consequatur nos tristis illa et terribilis vox dicens, *Serve male et piger* [90]. Si ergo aliqua nobis convecta sunt mercimonia, cum omni cautela vitæ hujus nobis transfretanda sunt spatia. Videmus enim plurimos in juventute ex operibus mandatorum Dei multas congregasse divitias ; medio vero vitæ suæ tempore tentationibus insurgentibus a spiritibus malignis, tentationum pondus non potuisse sufferre, profecto ex eo quod gubernationis eis non adfuit disciplina ; sed omnia quæ bene prius acquisita fuerant perdiderunt, sicut sunt sine dubio ii *Qui circa fidem naufragaverunt* [91]. Alii vero castitatis quam ex juventute servaverunt, tanquam procella quadam exsurgente, naufragia nequissimæ libidinis incurrerunt, et o miserandum lugendumque spectaculum, post jejunia, post afflictiones corporis, post lacrymas ubertim profusas, post continentiam plurimi temporis, per desidiam animæ et negligentiam, horum omnium bonorum nudus et inanis relinquitur. Nonne similis tibi iste talis videtur homini negotianti, qui infinitis et magnificis mercibus oneratam navem lætus et hilaris agens, et vela prosperis flatibus laxans, posteaquam immensi et sævi maris spatia infinita transgressus est, ad ipsum jam portum atque in ipsis, ut ita dixerim, januis quietis nave collisa, et omnibus in quibus merito gloriabatur submersis, nudus et naufragus vix ipse tabulæ innixus evasit ? Talis sine dubio est qui multis laboribus et multo sudore censu virtutis ac sobrietatis quæsito, subita eum dæmonis incursione perdiderit ; qui velut diræ procellæ impetu peccati violentia submersus, et ab omni pariter bonorum virtute naufragus factus, dignam illam proferet vocem : *Veni in profundum maris, et tempestas demersit me* [92].

17. Contine ergo diligentius et cautius vitæ tuæ gubernacula, et guberna oculum tuum, ne forte per oculi lasciviam rapidus te concupiscentiæ fluctus elidat. Guberna auditum, ne forte detrahentium et male loquentium te amaritudo respergat : ne recipias auditionem vanam. Guberna linguam, ne quid vel quod non expedit, vel quod non licet proloquaris. Guberna animos, ne minis hominum et terroribus conturberis ; ne te tristitiæ pondus absorbeat. Omnes vitiorum passiones, fluctus quidam sunt adversus animam insurgentes. Quorum si semper altior et excelsior sedeas, et intentus sis ad animam gubernandam, liberaberis a vitæ naufragio. Quæ vitia in te si non singula quæque observans cohibueris ac declinaveris, sed indulseris animæ vitiorum suorum voluptatibus vivere, velut navis sine gubernaculis palabunda semper et oberrans, peccatorum scopulis illidetur. Audi vero quomodo tibi ipsa gubernandi disciplina quæratur. Mos est navigantibus cœlum semper intendere, et inde vias sui cursus agnoscere, per diem quidem solis indiciis, in nocte vero septentrionis cæterorumque astrorum signis ac lineis regi. Et tu ergo habeto semper oculos tuos elevatos ad cœlum, secundum eum qui dixit : *Ad te levavi oculos meos, qui habitas in cœlis* [93]. Respice ad solem justitiæ : et stellis quibusdam clarioribus, quæ sunt mandata Dei, dirige cursum tuum, et intuitum his defige pervigilem. *Non des somnum oculis tuis, neque palpebris tuis dormitationem* [94], ut per mandatorum observantiam nullus tibi viæ error occurrat. *Lucerna* enim, inquit, *pedibus meis verbum tuum, Domine,*

---

[88] Psal. LXII, 15. [89] Matth. XIII, 45. [90] Matth. XXV, 26. [91] I Tim. I, 19. [92] Psal. LXVIII, 3. [93] Psal. CXXII, 1. [94] Prov. VI, 4.

et lux semitis meis [93]. Si enim nunquam dormitaveris in gubernaculis vitæ tuæ, dum per hanc instabilem et fluxam rerum naturam mundi hujus transitum facis, mereberis etiam Spiritus sancti adjutorium, qui te lenibus auris semper ad priora et anteriora perducat, usquequo restituaris ad illum quietissimum et tranquillissimum portum divinæ voluntatis in Christo Jesu, cui gloria in sæcula sæculorum. Amen.

HOMILIA VI.
De fide.

1. Dei quidem sine intermissione memorem esse pium est, nec unquam fidelis anima capere potest ejus satietate fastidium; verbo autem audere disserere Deum, vel explicare temerarium est, cum præcipue sensus humanæ mentis a rerum veritate quamplurimum decidat, et rursum sermonis interpretatio obscurius et infirmius quæ in corde sentiuntur exponat. Si ergo sensus quidem noster abest a rerum veritate quamplurimum, sermo vero longe inferior atque imbecillior sensu est, quomodo non in Dei rebus utroque silentium præstat, ne forte vilitate sermonis summa nobis dignæ fidei periclitetur et admiratio naturæ Dei humani verbi infirmitate minuatur? Nam desiderium quidem inquirendæ atque enarrandæ gloriæ Dei, universæ rationabili naturæ divinitus sentimus insertum; sed competenter et digne de Deo proloqui, simul omnibus et communiter deest. Voto sane et proposito pietatis, alter altero aliquantum differimus: nemo tamen ita elatus est et mente excidit, ut arbitretur se intelligentiæ fastigia summa complexum. Sed qui religiosius quærit, quanto amplius se viderit scientiæ consideratione progressum, tanto magis fragilitatis suæ intelligentiam capiet. Talis erat Abraham, talis et Moyses; qui cum primum Deum videre ut videri ab hominibus fas erat, potuerunt, tunc se uterque magis humilians, Abraham quidem terram se et cinerem nominabat [96], Moyses vero gracilis vocis et linguæ se tardissimæ fatebatur [97]; pervidebat enim infirmitatem linguæ suæ magnitudinem divinorum sensuum ministrare non posse. Verumtamen quoniam totius fraternitatis auditus patet nunc et intentus est, cupiens aliquid de fide Divinitatis audire, nec satiari unquam ambitus Ecclesiæ potest in hujuscemodi disceptationibus, secundum sententiam Ecclesiastis dicentis, *Quia non replebitur auris auditu* [98], necessarium puto pauca pro viribus dicere. Dicemus autem non qualis et quantus est Deus, sed quantum humana lingua proloqui fas est. Neque enim quoniam locum, qui est inter cœlum et terram, oculis totum penetrare non possumus, etiam quantum possibile est nobis, cernere declinabimus. Ita ergo et nunc pietatem quidem fidei sermone quo possumus explicamus, naturæ vero illius eminentiæ concedimus supra omnem sermonem et supra omnem sensum palmam tenere. Neque enim ipsæ angelorum linguæ, si quæ illæ sunt, neque archangelorum cum universa rationabili creatura pariter congregatæ, parum quid naturæ illius contingere ut est potuerunt ac proferre. Verumtamen tu si de Deo aliquid vel dicere vis vel audire, relinque paulisper corporis sensus; imo ipsum, ut ita dicam, totum corpus tuum. Relinque terram, desere maria, ipsum quoque aerem tibi subjicito: transgredere tempora, et curriculorum sæcularium ordinem transi. Excede totius mundi statum: conscende etiam super æthurem, stellarum quoque fulgorem, vel cursum, vel ordinem, vel motus varios et diversos, vel inter se invicem connexionem dissensionemque transgredere. Excede omnia, ipsum quoque cœlum superior effectus despice, et in superioribus ejus positus sola mente conspicare quis in illis regionibus decor, quis splendor rationabilium cœlestiumque virtutum. Intuere angelorum choros, archangelorum ministerium circumspice, glorias intuere dominationum, consessum thronorum, virtutum, principatuum. Et hæc, inquam, nihilominus omnia supergrediens et transcurrens, et super omnem creaturam caput tui sensus extollens, et mente atque intelligentia cunctis his superior factus, ibi demum ineffabilem illam Dei contuere naturam, inconvertibilem quamdam et immutabilem, impassibilem, simplicem, incompositam, invisibilem, inaccessam lucem [99], inexplicabilem virtutem, sine fine magnitudinem, gloriam inconspicabilem, bonitatem concupiscibilem, inexquisitum decorem, qui mentis quidem puræ contingat et moveat affectus, indicari autem atque explicari sermone non possit.

2. Ibi est Pater et Filius et Spiritus sanctus; sola natura quæ creata non est, dominationis potestas, bonitas naturalis: Pater initium omnium, causa cunctorum, radix viventium, ex qua procedit fons vitæ, sapientiæ virtus, et imago indemutata invisibilis Dei [1], qui est Filius ex Patre genitus, Verbum sive ratio vivens, qui erat Deus, et erat apud Deum, et semper erat: non factus, sed natus ex Patre ante sæcula: non assumptus postmodum vel adoptatus in Filium: non possessio, nec factura, sed creator et factor omnium: qui est omnia quæ Pater est, Filium dixi et Patrem: observa mihi semper istas proprietates. Cum ergo sit Filius, et hoc ei proprium sit quod est Filius, est omnia quæ Pater est, secundum vocem suam qua dicit Dominus et Salvator: *Omnia quæ habet Pater, mea sunt* [2]. Revera enim certum est omnia esse in imagine, quæcunque sunt in prototypo, cujus imago est. *Vidimus enim*, inquit evangelista, *gloriam ejus tanquam Unigeniti a Patre* [3], in quo indicat non per donum gratiæ datam ei virtutem, sed ex naturali consortio habentem Filium paternæ majestatis in-

---

[93] Psal. cxviii, 105. [96] Gen. xviii, 27. [97] Exod. iv, 10. [98] Eccle. i, 8. [99] 1 Tim. vi, 16. [1] Col. i, 15. [2] Joan. xvi, 15. [3] Joan. i, 14.

demutabilem gloriam : accipere namque cum omni creatura commune est, habere autem naturaliter proprium est ejus qui ex natura Patris natus est. Ut ergo Filius naturaliter quæ Patris sunt possidet; ut Unigenitus vero omnia pariter quæ Patris sunt in semetipso complectitur, dum inter plures hæreditaria divisio non habetur. Unde ex ipsa Filii appellatione edocemur cum paternæ esse naturæ consortem; non ex præcepto creatum, sed ex ipsa substantia refulgentem; inseparabiliter Patri ac sine ullo initio cohærentem. Æqualis est in bonitate, æqualis in virtute, particeps gloriæ. Et quid amplius? Ex eo quod signaculum et imago est Patris, totum in se indicat et ostendit esse quod Pater est. Quæcunque autem tibi post hæc ex corporali assumptione fuerit prolocutus, humanæ salutis dispensationem **740** struens, quam in carne venerat expleturus, eloquitur. Missum se dicit, et non posse ex se facere quidquam, nisi quod viderit Patrem facientem; et mandatum accepisse, et multa alia hujusmodi; sed hæc non tibi occasionem præstent ad deitatem unigeniti Filii defraudandam. Non enim hoc quod pro tui indulgentia et miseratione inferiora se gerit et agit, imminutio naturalis ejus debet accipi dignitatis; sed naturam quidem intellige Deo dignam : verborum autem humilitatem, rationem dispensationis adverte. De quibus si velimus nunc singula quæque discutere, infinitum verborum numerum, et spatia temporis multa consumimus. Sed ad propositum revertamur.

3. Igitur si potuerit mens humana omnem sensum corporeæ naturæ et materialis excedere, sed et universam intelligibilem et rationalem prætergredi creaturam, et velut piscis quidam de profundo ad summitatem aquarum evadens et natus, sinceri ac puri intuitus percipere libertatem, ibi videbit etiam Spiritum sanctum, ubi Filium vidit et Patrem, eadem omnia habentem, ejusdem substantiæ ac naturæ, bonitatis quoque et inconvertibilitatis, sanctitatis ac vitæ. Scriptum est enim, quoniam *Spiritus tuus bonus* [4], et, *Spiritus rectus* [5]; et, *Spiritus sanctus* [6]. Et Paulus dixit : *Lex autem Spiritus vitæ* [7]. Horum ergo omnium nihil ei extrinsecus accidit; sed sicut inseparabilis est calor ab igne, et fulgor a luce, ita et a Spiritu sancto sanctificatio, et vivificatio, et bonitas, et inconvertibilitas. Ibi ergo assistit Spiritus sanctus, imo ibi est in illa beata natura, nec in numero reliquæ multitudinis numeratus, sed in Trinitate perspicitur, et in illa unitate comprehenditur, nec reliquis substantiis annectitur. Sicut enim Pater unus est et Filius unus, ita et Spiritus sanctus unus est : cæteri vero qui ministeriales spiritus appellantur, per singulos quosque ordines, innumerabiles indicant multitudines. Sed tu noli quærere inter creaturas eum qui supra omnem creaturam est; neque deducas inter eos qui sanctificantur eum qui sanctificat, quo replentur angeli, inspirantur archangeli, sanctificantur virtutes, vivificantur universa: qui in omnem creaturam dividitur, et ob hoc aliter ab hoc, aliter vero participatus ab alio. Et cum omnibus suis gratias largitur, non tamen a participantibus assumitur vel impenditur, sed et illi replentur, et ipse indeminutus et integer permanet. Aut si difficile hoc tibi et intellectu peregrinum videtur, respice fulgorem solis, quomodo cum singula et diversa corpora circumlustret, ac lucis gratiam præstet omnibus et caloris, in nullo tamen substantia ejus ab his qui de eo participant, aut imminui videtur aut scindi : ita etiam Spiritus sanctus illuminat omnia ad intelligentiam Dei; inspirat prophetas, legislatores sapientiam docet, sacerdotes consummat, corroborat reges, perfectos efficit justos, sobrios quæ honesta sunt docet; præstat gratias sanitatum, vivificat mortuos, vinctos solvit, alienigenas per adoptionem in regenerationem baptismi vocat. Si publicanum susceperit, repletum fide eum evangelistam producit [8]. Si piscatorem assumpserit, theologon, id est, verbi Dei præconem facit [9]. Si persecutorem fidei, vas electionis ostendit [10]. Per hunc qui infirmi sunt, fortes fiunt, et pauperes divites efficiuntur. Imperiti sermone, sapientioribus sapientiores fiunt. Unde et Paulus in infirmitate quidem multa, et timore ac tremore, verbum Dei prædicabat : verum per Spiritus sancti gratiam, sudaria a corpore ejus assumpta, et incommodis adhibita, præbebant sanitatem plenissimam [11]. Petrus et ipse cum in infirmitate corporis positus esset, per gratiam tamen Spiritus sancti, quos etiam umbra sui contigisset, ab omni ægritudine salvabantur [12]. Pauper erat Petrus et Joannes, non enim habebant argentum neque aurum, sed sanitatis munus donabant auro pretiosius omni. Cum enim a multis claudus ille frequenter accepisset aurum vel argentum, mendicus tamen nihilominus permanebat : postea vero quam per Petrum gratiam Spiritus consecutus est, et a mendicitate cessavit, et tanquam cervus exsiliens, Deum laude honorabat [13]. Nesciebat Joannes mundi hujus sapientiam, et Spiritus sancti virtute prolocutus est verba quibus nulla philosophia, nulla eruditorum lingua posset occurrere. Iste ergo sanctus Spiritus et in cœlis est, et in terra replet, et ubique adest, et nusquam concluditur. Totus in singulis est, et totus cum Deo est. Non velut officio fungens ministri divina dona largitur ; sed auctoritate dividit gratiam: *Dividit* enim *unicuique Spiritus prout vult* [14]. Qui mittitur quidem secundum dispensationem, operatur vero secundum auctoritatem ac potestatem. Hunc adesse et inspirare animas nostras oremus, et nunquam nos derelinquet per gratiam Domini nostri Jesu Christi, cui gloria in sæcula sæculorum.

[4] Psal. CXLII, 10. [5] Psal. L, 12. [6] ibid. 13. [7] Rom. VIII, 2. [8] Matth. IX, 9. [9] Matth. IV, 19. [10] Act. IX, 15. [11] Act. XIX, 1·12. [12] Act. V, 15. [13] Act. III, 6-8. [14] I Cor. XII, 11.

HOMILIA VII,

Seu epistola ad virginem lapsam.

Tempus est exclamare nos illud propheticum, *Quis dabit capiti meo aquam, et oculis meis fontem lacrymarum* [15], ut defleam contritionem filiæ populi mei? et licet cæteros obtexerint profunda silentia, atque atrocitate vulneris obstupefacti vitalis animæ motus, atque ipsum pene doloris sensum amiserint, sed nos tam crudele funus absque lacrymis videre non possumus. Etenim si Jeremias [Isaias] propheta eos qui in bello vulnerati sunt tam multiplici lamentatione prosequitur, quid nos de tam funestæ animæ vulnere patiemur? *Vulnerati*, inquit, *tui non sunt, gladio vulneraii et defuncti* [16]; sed mucro mortis hujus quam lamentamur, mucro peccati est, in quo ignita jacula maligni, corpora simul et animas hostilis flamma succedunt. Mecum pariter divinæ leges in hoc funere congemiscunt, quæ clamabant semper, et summis vociferationibus commonebant: *Non concupisces mulierem proximi tui* [17]. Mecum sacrosancta Evangelia hujuscemodi lapsum videntia, producunt longa suspiria, quod frustra clamaverint, frustra præceperint, quia *Omnis qui videt mulierem ad concupiscendum eam, jam mæchatus est eam in corde suo* [18]. Et quomodo nunc intueri **741** possunt istam quam Domino conjunxerant sponsam jam velut quadam libertate mœchantem? Ingemiscunt mecum et indignantur etiam ipsi sanctorum spiritus, et præcipue Phinees zelo Dei plenus, quod ei non licet nunc quoque arrepto simoraste dignam sumere commissi sceleris ultionem. Indignatur etiam mecum Joannes Baptista, quod non potest superna sede derelicta, sicut tunc eremum dereliquerat, ad arguendum facinus occurrere; et si ita res posceret, caput magis perdere quam libertatem. Quinimo secundum beatum Abel, etiam ipse defunctus adhuc loquitur, et multo magis modo, quam tunc pro Herodiade, clamat et dicit: *Non licet tibi eam habere* [19]; quia licet corpus sepultum sit Joannis, et lingua jam sileat, sermo tamen Dei non est alligatus. Si enim pro conservi matrimonio polluto usque ad mortem exseruit libertatem, quid nunc faciet, tantam contumeliam erga Dominicos thalamos videns? quod tu sacratæ jugum virginitatis abjiciens, atque immaculatos externi regis respuens thoros, turpi te et infami corruptelæ sociaveris. Et quoniam nefarii commissi nullum tibi subsistit effugium, nec excusatio ulla succurrit, crimine obtegis crimen; quia et impius cum ceciderit in profundum malorum, contemnit [20]. Ipsam nunc sponsionem tuam negas, et de his quæ sponso spoponderas inficiare conaris, nec virginitatem te asseris promisisse. Sed quomodo negare poteris, cum professionis tuæ quam Deo professa es, testes et homines et angelos habeas? Recordare et revoca ad mentem bonam confessionem; recordare ut habueris casta et honesta consortia; ut virginum annumerata sis choris, et conventiculis sis admista sanctorum. Memento venerandæ aviæ tuæ, corpore quidem fessæ, viridis vero virtute. Memento matris summos agones in Domino perferentis, et novis atque inauditis laboribus proprium corpus a veteri consuetudine refrenantis. Memento sororis, et intuere eam; in quibusdam priores imitantem, in quibusdam etiam superantem, et virginitatis profectibus majorum in religione gloriam cumulantem; quæ te utpote sororem quam propositi sui æmulam crederet, ad similem cursum vitæ exemplis et verbis institutionis provocabat. Memento ut frequentaveris virginales illos et similes angelis choros, et ut in carne posita spiritaliter vixeris: ut cœlestem habueris in terris conversationem. Memento ut dies quietos et noctes lucidas duxeris, in psalmis et hymnis et canticis spiritalibus delectata; ut sanctas orationes profuderis ad Deum; castum et immaculatum cubile servaveris, mensam quoque frugi, sobriaque convivia, et incessum tota virginali reverentia decoratum. Ubi nunc tibi est honestus ille habitus, ubi vultus verecundiæ, et index animorum simplicitas vestis? ubi honesti pudoris ille laudabilis rubor, quem tamen gratus ex abstinentia pallor obduceret, et æmula vigiliarum macies omni decore gratior offuscaret? Quoties in orationibus conservandæ virginitatis gratia lacrymas profudisti? Quoties ad servos Dei scribens, ut pro te orarent deprecata es? Cur, quæso? ut infamis istius corruptelæ gratiam consequi mereberis, an ut Domino per incorruptionem jungereris? Quoties, o ingrata, cœlestis sponsi munera suscepisti? Quantus tibi honor nominis illius contemplatione delatus est? Quoties ambierunt te virginales illius chori, et tanquam unam e numero suo in conviviis, in consortiis, in sodalitatibus habuere, prout vita simplex et casta deposcit? Quoties benedictiones tibi virginum datæ, ac sanctorum litteræ ad te velut ad sponsam Christi honorabiliter emissæ? Et nunc levi aura spiritus aeris hujus, qui nunc operatur in filios diffidentiæ [21], pulsata, illa omnia denegas, omnia respuis, omnia in oblivionem ducis, et cœlestem thesaurum exiguæ libidinis voluptate commutas, quæ ad præsens quidem indulcat fauces tuas, postea autem amariorem felle invenies. Pro his omnibus quis est qui non cum luctu ac lacrymis illam super te propheticam **742** proferat vocem dicens: *Quomodo facta es meretrix, civitas fidelis Sion* [22]? Quomodo autem non et Dominus respondeat ad aliquem sacerdotum, quem dignum suo judicarit colloquio et dicat: Vidisti quæ fecit mihi virgo Jerusalem [23]? Ego eam mihi spoponderam in fide, et in incorruptione, et in justitia, et in judicio, in misericordia et miserationibus, sicut per Osee prophetam præcepi [24]; ipsa autem dilexit alienos, et vivente me viro suo, adultera dici maluit [25], nec timuit alii viro sociari. Quid autem

---

[15] Jerem. ix, 1. [16] Isa. xxii, 2. [17] Deut. v, 21. [18] Matth. v, 28. [19] Matth. xiv, 4. [20] Prov. xviii, 3.
[21] Ephes. v, 6. [22] Isa. i, 21. [23] Jerem. xviii, 13. [24] Ose. ii, 19, 20. [25] Rom. vii, 3.

etiam paranymphum illum talium nuptiarum, Paulum dico, et illum apostolum, et hunc qui nunc tibi et magister et testis et medicus fuit, cum tu derelicta domo paterna Domino jungebaris? non, inquam, sentis Apostolum hæc ad te verba proferentem : Ego quidem te uni viro virginem castam exhibui Christo, et veritus sum ne forte sicut serpens seduxit Evam astutia sua, corrumperentur sensus tui [26]; propterea incessabiliter commonitionibus innumeris conatus sum omnem aditum reprimere et cohibere libidinis, et passionum perturbationes arcere, omnique custodia custodire Dominicam sponsam. Præcepi denique et dixi, quia sola quæ innupta est cogitat quæ Domini sunt, ut sit sancta et corpore et spiritu [27]. Denique et culmen tibi virginalis dignitatis aperui : templum te esse dixi Spiritus sancti, pennas tibi per hæc aptans quodammodo, ut ad Jesum volatu celeri properares. Sed et ne qua vis ex insidiis lapsum tibi aliquem moliretur, horrificis deterrui præceptis dicens : *Si quis templum Dei violaverit, disperdet eum Dominus* [28]. In orationibus quoque meis munimen semper addebam dicens, ut integrum tuum corpus et anima et spiritus servaretur sine querela [29]; sed, ut video, sine causa laboravi in te, quæ tot et tantis laboribus meis amarum exitum reddidisti. Et nunc necesse est ut lugeam, pro qua oportuit me lætari. Video enim quod seducta es a serpente aliquanto deterius quam Eva, quia non solum sensus tuus a simplicitate, sed et corpus a virginitate corruptum est; et horrendum illud incurristi, quod et dicere me piget, et silere non possum, quia est sicut ignis ardens et flamma succensa in ossibus meis : et dissolvor undique et non possum ferre, quia' tulisti membra Christi, et fecisti ea membra meretricis [30]. Hoc est quod super omnia mala malum est : hoc est quod comparationem sceleris non habet. Denique sic dicit et propheta : *Transite*, inquit, *insulas Cethim, et videte : in Cedar mittite, et intelligite si facta sunt talia, si mutavit gens deos suos, et certe ipsi non sunt dii : virgo autem mea mutavit gloriam suam, et gloria ejus in confusionem redacta est* [31]. Obstupuit cœlum super his, et horruit nimis valde. Hæc etiam nunc Dominus dicit : Quia duo pessima fecit virgo mea : me dereliquit verum animæ suæ sponsum [32], et abiit ad amatorem impium et scelestum, animæ et corporis corruptorem. Discessit a Deo salutari suo, et exhibuit membra sua servire immunditiæ et iniquitati [33]: mei autem oblita est, et abiit post amatorem suum. Expediebat illi infelicissimo ut mola asinaria circumligaretur collo ejus, et projiceretur in mare magis quam scandalizaret virginem meam [34]. Quis unquam ita temerarius exstitit servus, quis in tantum processit insaniæ, ut aggredi Dominicum cubile tentaret? Quis unquam latro in tantum furoris elatus est, ut templum Dei auderet irrumpere, scilicet vasa viventia, vasa in quibus Dei anima ad imaginem facta habitabat? Quis unquam comperit, in omni hoc sæculo, in media civitate luce clara violatas esse regias iconas, et porcorum formas pro imperialibus vultibus impositas? Quid deinde si quis matrimonium hominis corruperit, nonne absque ulla miseratione duobus vel tribus moritur testibus? Quanto magis merebitur graviora supplicia, qui Filium Dei conculcaverit, et eam quæ ipsi consecrata est polluerit sponsam, et spiritui gratiæ contumeliam fecerit [35]. Sed ipsa, inquit, voluit, et non invitæ vim feci. Et illa procax atque impudens, domina Ægyptia, ipsa sponte sua sancto Joseph insiliit; sed nequaquam virtutem pudicitiæ furentis libido prostravit. Licet vi et manu fuerit aggressa, validior fuit casti mens, quam procacitas impudicæ. Sed illa, inquit, hoc animo statuit, et proposito jam non erat virgo : et si ego noluissem, alium sine dubio suscepisset. Quid tum? Et Filium hominis oportuit pati, et oportuit tradi [36]; sed væ illi per quem Filius hominis traditus est [37]. Et scandala necesse est venire, sed væ illi per quem veniunt [38]. Verum post omnia, nunquid qui cecidit non adjiciet ut resurgat [39]? Ut quid aversa est virgo aversione impudenti, quæ audit a Christo dici per Jeremiam : *Et dixi, postea quam fornicata 'es, per hæc omnia ad me convertere* [40]; et : *Nunquid resina non est in Galaad, aut medicus non est ibi? Quare non ascendit sanitas filiæ populi mei* [41]? Sed et multa alia invenies in Scripturis divinis mali hujus remedia. Multa sunt medicamenta quæ post perditionem revocant ad salutem. Nunquid mors est? Num est et resurrectio? Respice quam horrifica sunt quæ de æterno judicio conscribuntur : vide quanta de pœnitentia dicuntur, quanta decreta de remissione constituta sunt peccatorum, quam innumera exempla de conversionibus et emendationibus scripta sunt. Drachma quæ perierat inventa est [42]; ovis quæ erraverat, humeris reportata est [42*]: filius qui consumpserat paternam substantiam cum meretricibus vivens luxuriose, et regressus est et receptus, et ex mortuis dicitur vivus effectus [43]. Vides quanta medicamina invenis, si uti velis, si sanare animam tuam cupias. Adduc ad cogitationem novissimum diem (neque enim sola eris quæ in perpetuum vivas); sed adduc ante oculos tuos tempus illud quo jam in morte constringimur; quo novissimus spiritus arctissimis angustiis cogitur : horam illam recordare quam Dei sententia perurget, et angeli educere animam de corpore festinant. Quæ est in illa hora perturbatio? Ubi tunc carnis desideria, ubi flamma libidinis? Ubi corporis et voluptatis illecebra? Procul hæc universa discedunt; nusquam

---

[26] II Cor. xi, 2. [27] I Cor. vii, 34. [28] I Cor. iii, 17. [29] I Thess. v, 23. [30] I Cor. vi, 15. [31] Jerem. ii, 10, 11. [32] ibid. 12, 13. [33] Rom. vi, 19. [34] Matth. xviii, 6. [35] Hebr. x, 28, 29. [36] Luc. ix, 22. [37] Matth. xxvi, 24. [38] Matth. xviii, 7. [39] Psal. xl, 9. [40] Jerem. iii, 7. [41] Jerem. viii, 22. [42] Luc. xv, 8, 9. [42*] ibid 4-6. [43] ibid. 13 sqq.

horum memoria remanet; sola nos peccatorum stimulat conscientia, et hinc atque hinc ea quæ relinquimus contuentes, amarius illa sola quo adducendi sumus tota formidine et consternatione perhorrescimus. Solam illam perfectionis æternæ necessitatem cogitatione volventes, unde avellamur miserabiliter recordamur, et quo abJucimur terribiliter contuemur. Hæc tibi per momenta in tuo corde describe, et communem semper vitæ exitum recordare: aut certe quod horum majus est, pone tibi ante oculos adventum Filii Dei cum sanctis suis angelis venientis; veniet enim et non silebit [44], veniet judicare vivos et mortuos, et reddere unicuique secundum opera sua [45], veniet et in tuba illa terribili sonitu concinente, ita ut excitet omnes qui a sæculis dormierunt, ut præcedant ii qui bona egerunt, in resurrectionem vitæ, qui autem mala, in resurrectionem judicii [46]. Memento visionis illius quam Daniel vidit, per quam futurum judicium ante uniuscujusque oculos ponit. Ait enim: *Videbam, et ecce sedes posita erat, et vetus dierum sedebat: et indumentum ejus candidum sicut nix, et capilli capitis ejus sicut lana munda. Rotæ ejus sicut ignis ardens: fluvius ingens ante ipsum currebat. Millia millium ministrabant ei, et dena millia denum millium adstabant ei. Judicium collocatum est, et libri aperti sunt* [47]. Sive bona, sive mala, sive occulta, sive manifesta, sive dicta, sive cogitata, simul omnia in publicum deferenda, et ad universorum auditum singula perventura sunt, simul et angelis et hominibus cuncta revelanda sunt, in Christo Jesu Domino nostro.

HOMILIA VIII.
In psalmum LIX.

1. Consideranti mihi et providenti intentos ad audiendum animos vestros, et mearum virium infirmitatem, occurrit quædam similitudo pueri jam quidem validioris, nondum tamen a lacte depulsi, mamillam matris quæ forte longa ægritudine refrixerit perurgentis. Et quamvis sciat mater in uberibus suis fontem lactis aruisse, pulsata tamen a puero sæpius et distracta, præbet mamillam, non ut nutriat parvulum, sed ut flentem compescat et cohibeat vagientem. Ita igitur etiam in nobis, licet jugi hac ægritudine et varia infirmitate omnis dicendi virtus aruerit, tamen spectantibus vobis et velut plorantibus proferre cogimur verbum; non quod digne vos pascat et nutriat, sed tantum desiderantibus satisfaciat: quoniam quidem tanta est magnitudo dilectionis vestræ, ut etiam salutationis vobis a me vox sola sufficiat. Ave igitur, Ecclesia Dei, et disce frequentius, imo indesinenter hoc dicere quod nuper in psalmi responsione cecinimus (VERS. 13): *Da nobis auxilium de tribulatione, et vana salus hominis.* In quo, ut video, nec occasio quidem nobis infirmitatis opitulatur.

Siquidem secundum intelligentiam psalmi, tribulatio non infirmitatis occasio est, sed divinum animæ invitat auxilium. Unde opportune dicent ii qui propter peccata abjecti fuerant, et propter misericordiam reparati sunt (VERS. 3): *Deus, abjecisti nos et destruxisti nos: iratus es, et misertus es nobis.* Et quoniam ad ordinem et consequentiam psalmi sermo devolutus est, si videtur, prout possumus, expositionis ipsius assumamus originem.

2. Historia psalmi hujus secundum attitulationem suam manifeste et evidenter posita in Scripturis sanctis non invenitur; simile tamen aliquid reperiri potest ab his qui attentius legunt in secundo libro Regnorum, ubi scriptum est: *Et percussit David Adrazar filium Moab regem subeuntem inferre manum suam super flumen Euphratem: et occupavit David mille currus ex castris ejus, et septem millia equites, et viginti millia virorum: et dissolvit David omnes currus ejus, et superfuerunt ex his centum currus* [48]. Post pauca ait: *Et regnavit David in Israel: et erat David faciens judicium et justitiam, et Joab filius Sarviæ erat princeps militiæ* [49]. Et iterum post pauca ait: *Et miserunt filii Ammon et conduxerunt Syriam Roob, et Syriam Soba, viginti millia virorum. Et vidit Joab quia factum est bellum contra faciem suam, elegit ex omnibus filiis Israel electos, et posuit contra Syriam. Et viderunt servi Adrazar quoniam astiterunt contra ipsos Israelitæ, tradiderunt se Israelitis, et servierunt eis* [50]. Huic historiæ soli invenimus aptari posse convenienter attitulationem psalmi hujus: sed tamen videamus quod illud tempus erat, scilicet quo tituli ascriptio gerebatur. Quando autem regibus tituli ascribuntur, nisi cum clariora aliqua et magnificentiora eorum gesta signantur, sine dubio quæ in victoriis atque in rebus bellicis peraguntur? Videtur ergo quæstione dignum, quod velut a miseriis quibusdam et lamentationibus incipit: oportebat namque lætum esse et exsultantem successibus suis, et non lugentis uti vocibus, sed ovantis. Cum enim victoriæ solemnitas geritur, non solum militaribus viris lætitia est et negotiatoribus et agricolis et artificibus, et omnibus omnino quibus discusso hostili metu pacis gaudia secura succedunt. Quomodo ergo dicit, *Deus, abjecisti nos,* cum utique certum sit quod vincere non potuissent, nisi eos et suscepisset Dominus et juvisset? Quomodo autem destruxit quos in tantum produxit augmentum, quibus adjecit arma, currus, equos, bellatores, provincias quoque ditioni eorum subdidit, Arabiam divitem, Phœnicem, Mesopotamiam, cæterasque confines; regem potentem Adrazar perimi dedit, atque omnem exercitum fundi? Videamus ergo ne forte ingrata [*vel* ingrati] esse videamur, post hæc omnia dicere ad Deum, *Deus, abjecisti nos et destruxisti nos: iratus es et misertus es nobis.* Arbitror ergo quod tempus quidem

[44] Psal. XLIX, 3. [45] Rom. II, 6. [46] Joan. V, 29. 15, 16. [50] II Reg. X, 6, 9, 19. [47] Dan. VII, 9, 10. [48] II Reg. VIII, 3, 4. [49] ibid.

ascribendorum titulorum hoc erat quo victoriæ titulus deberet affigi; virtus autem eorum quæ scribuntur referri debet ad finem : finis autem dicitur quod in fine sæculi, id est, in consummatione ejus aptatur. Propter quod et pro his qui immutabuntur scribi dicitur psalmus, quod est, ut omnia simul dicam, de universo genere humano intelligendum : in omnes etenim debet psalmi intelligentia pervenire. Hi enim qui mutabuntur, vel qui immutabuntur, sunt, qui neque corporalis conversationis eumdem quem prius ordinem tenent, neque eosdem quos ante animos gerunt. Videtur ergo per prophetiam psalmus ostendere et describere eos, qui parentum conversatione deserta, vel gentium superstitionibus derelictis, ad instituta se evangelica contulerunt, et sunt immutati, id est, nos qui multorum deorum cultum ad unius Dei transferimus venerationem, et idolorum errores ad creatoris transtulimus veritatem ; qui libidinum dedecora et luxuriæ corruptelam ad sobrietatis et pudicitiæ ornamenta convertimus, qui pro ebrietate sobrietatem, et pro effusione jejunium, honestatem pro obscenitate mutavimus, pro turpibus canticis spirituales agimus psalmos, pro dedecorosis cubilibus in Dei oratione prosternimur. Quomodo ergo non de nobis attitulatur ista commutatio? Quomodo non nobis ista Spiritus sancti præparantur eloquia? Quomodo non sermo iste divinus e cœlo lapsus, Dei Ecclesiæ loco muneris datus est, et per singula cum relegitur et recitatur, velut pastus quidam uberrimus et copiosissimus animarum cibus a sancto Spiritu ministratur? Superscribitur ergo psalmus in tituli ascriptione, id est, ne forte levis quædam et perfunctoria ejus cantilena putaretur; neve tanquam in aliqua corruptibili materia inscripta, citum habere abolitionis exitum videretur, et ad modicum inserta memoriæ, tum deinde rerum et cogitationum confusione protinus exolesceret. Hoc est ergo quod indicat, ut hæc scriptura tanquam tituli alicujus inscriptio sulcata profundius in anima describatur, et fixa semper atque immobilis maneat, ad æterna animæ commemorationis monimenta sufficiens. Si vero insolescere velit Judæus, ut aliena nobis dicat esse quæ scripta sunt, ex consequentibus convincetur, in quibus diversæ congregationes, et ea quæ longe sunt cum his quæ prope : ait enim (VERS. 9), *Meus est Galaad, et meus est Manasses.* Hoc idem et de Ephrem et de Juda, quibus adjungit et sociat Moab et Idumæam, et simul omnes Allophylos sibi subditos esse denuntiat.

3. *Deus ergo,* inquit, *abjecisti nos.* Quos? Qui longe nos fecimus ab eo. Interventu ergo peccatorum et mediis inter nos et Deum intercedentibus iniquitatibus abjecisse nos dicitur Deus. Ait enim et alius propheta, quia inter nos et Deum peccata separant. *Destruxisti nos,* inquit, sine dubio quia eramus constructi et pessime ædificati : huic enim qui ædificat in altum domum suam, et superbiæ celsum culmen extollit, destructio remedium erit ; unde et pro summo beneficio suscipiendæ sunt 744 infirmitates quæ a Deo corporibus infliguntur, per quas elatio dejicitur animorum, vel destruitur carnis et sanguinis arrogantia. Iratus est tunc utique cum essemus filii iræ, id est, sicut et cæteri, spem non habentes, et sine Deo in hoc mundo [51]. Et misertus est nobis, sine dubio cum Unigenitum suum dedit ad repropitiandum pro peccatis nostris, ut in sanguine ejus haberemus redemptionem nostram. Quæ utique beneficia nec intelligere unquam nec sentire potuissemus, nisi potasset nos (VERS. 5) *vino compunctionis.* Vinum dicit verbum quod potest cor insipiens et dissolutum austeritate sui et stimulis ad intelligentiam suscitare. (VERS. 6.) *Dedisti,* inquit, *timentibus te significationem ut fugiant a facie arcus.* Moyses quidem Israeliticos postes sanguine Agni obsignaverat [52] ; tu vero dedisti nobis signum ipsum sanguinem veri Agni immaculati, qui oblatus est victima pro totius mundi salute. Sed et Ezechiel hoc signum dicit in frontibus dari ; ait enim : *Ite post ipsum et percutite, nolite parcere, neque misereamini seni juvenique, neque parvulis; sed et virgines et mulieres occidite, et delete penitus : d omnes autem super quos est signum in frontibus eorum non accedatis* [53]. (VERS. 8.) *Deus,* inquit, *locutus est in sancto suo, et exaltabor et partibor Siccimam.* Siccima ager est hoc nomine appellatus, quem præcipuum et electum Joseph filio suo pater dederat Jacob [54]. Hic ager typum mihi videtur habuisse Prioris Testamenti, quod videbatur filiis Israel populo privata largitione concessum. Nunc ergo ait, quod hanc præcipuam et velut privatam quamdam hæreditatem populi in divisionem vocabo, et communem cum cæteris omnibus faciam. Cum autem divisum factum fuerit testamentum in omnes, et cuncta ejus utilitas universis cœperit esse communis, Deo pro nobis omnibus melius aliquid providente, tunc etiam convallis tabernaculorum demetietur, hoc est, universus orbis terrarum, qui vallis tabernaculorum pro habitaculis corporum dictus est. Hic velut quadam sorte divisus atque dimensus per singula loca ecclesiarum Dei, parochiis et incolatibus distinguetur. Tunc etiam ea quæ divisa sunt congregabit ille : *Qui pacificat per sanguinem suum, sive quæ in terra sunt, sive quæ in cœlis* [55], *et qui medium parietem sepis solvens, fecit utraque unum* [56].

4. VERS. 9, 10. *Meus est Galaad, et meus est Manasses.* Nepos est Galaad iste Manasses : ostendit ergo patriarcharum consequentium a Deo descendisse ; ex quibus Christus secundum carnem. *Et Ephrem susceptio capitis mei, Juda rex meus.* Illas quæ in terræ divisione fuerant partes, rur-

---

[51] Ephes. II, 3, 12. [52] Exod. XII, 7. [53] Ezech. IX, 5, 6. [54] Gen. XLVIII, 22. [55] Coloss. I, 20.
[56] Ephes. II, 14.

suum ad semetipsas connectit et sociat. *Moab lebes spei meæ.* Alius interpres ait, *lebes* lavacri hæres significatur, vel vas securitatis ; quoniam quidem erat gens abjecta a Deo, interposita comminatione ne ingrederetur Ecclesiam Dei, sicut dicit : Moabitæ et Ammonitæ non ingredientur Ecclesiam Domini usque ad tertiam et quartam progeniem, et usque in sæculum sæculi [37]. Verum quoniam peccatoribus remissio per baptismum datur, et exinde præteritorum gestorum securitas nascitur, ostendens etiam ipsis salutem et securitatem per baptismum tribuendam, ait : *Moab lebes spei meæ,* vel *lavacri,* vel *securitatis ;* sed spem competenter accipimus ; non enim quæ dicebantur erant instantia ; sed speranda. Omnes ergo Allophyli subjecti sunt Christo, suavi jugo ejus libenter sua colla subdentes ; et propterea *in Idumæam extendit calceamentum suum.* Calceamentum est deitatis Verbi caro ejus quæ Deum subjecta portavit, et qua velut calceatus sermo Dei, hunc nostrum calcavit et ingressus est mundum. Beatificans ergo propheta tempus futurum, quo tanta spes in adventum Christi humano generi arrideret, addit : *Quis,* inquit, *deducet me in civitatem circumstantiæ ?* Ut puto, Ecclesiam dicit : civitatem quidem, pro eo quod jure æquitatis et divinis legibus vivit : *circumstantiæ* vero, quod secundum Græcam significantiam *munitionis* melius dicitur, videtur munimenta fidei designare ; sed etiam alius interpres ait *civitatem circumseptam.* Quis ergo dabit mihi videre magnum istud et venerabile humano generi munus adveniens? Hoc est nimirum quod etiam Dominus dicebat : *Quia multi prophetæ et justi cupierunt videre quæ videtis, et non viderunt* [58].

5. VERS. 13. *Da ergo,* inquit, *nobis auxilium de tribulatione.* Non quæram auxilium a corporis robore, neque a lætitia carnis, neque ab his quæ apud homines gloriosa dicuntur et prospera ; non a divitiis poscam auxilium, non ex opulentia facultatum, non ex virium magnitudine, non ex nobilitate honorum opem quæram : sed de tribulatione, de angustia, de afflictione auxilium poscam a Domino. Hoc enim faciebat et Paulus, qui cum gloriaretur in tribulationibus [59], dicebat : *Quando enim infirmor, tunc potens sum* [60]. Da ergo nobis auxilium (Domine) *de tribulatione.* Cur quæso ? *Quia tribulatio patientiam operatur, patientia vero probationem, probatio autem spem : spes vero non confundit* [61]. Vides quo cursu te facit ascendere tribulatio ? Perducit ad ipsa summa spei fastigia. Æger es ? Æquanimiter tolera, quoniam *Quem diligit Dominus, castigat* [62]. Pauper es ? Lætare, quia manet te successio et hæreditas Lazari. Contumelias pateris propter nomen Christi ? Beatus es, quoniam tibi ista confusio angelici consortii gloriam parat. Persuadeamus nobis, fratres, et certissima definitione suadeamus, ut in tempore tentationis non respiciamus ad humanam spem, nec speremus humanis auxiliis juvari : sed in lacrymis et suspiriis et afflictione, in oratione pervigili, in jugi et intenta supplicatione durantes, ita demum nobis Dei speremus auxilium de tribulatione, si humana velut inania et nihil profutura contemnamus auxilia : fixi et confirmati et corroborati in spe nostra, qui est Christus Jesus Dominus noster, cui est gloria et potestas in sæcula sæculorum. Amen.

---

[37] Deut. xxiii, 3. [58] Matth. xiii, 17. [59] Rom. v, 3. [60] II Cor. xii, 10. [61] Rom. v, 3-5. [62] Heb. xii 16.

DE PLURIBUS REBUS

AD DOCTRINAM S. BASILII PERTINENTIBUS (a).

Hoc volumine continentur præclarissima antiquitatis monumenta, S. Basilii liber *De Spiritu sancto*, ejusque *Epistolæ*. Magna sane cujuslibet operis commendatio, nomen S. Basilii ; neque enim quidquam ab illo ingenio profectum, quod medium et tolerabile videri possit. Sed libri *De Spiritu sancto* eo majus pretium, quod eum Basilius et longo usu in hæresibus vincendis exercitatus suscepit, et summo studio, ut in tempore magnis doctrinæ præsidiis indigente, invicta animi fortitudine, ut adversus potentes hæreticos, elucubravit. In *Epistolis* S. Basilii vetus disciplina præclaris institutis et canonibus illustratur, historia ecclesiastica ditatur uberi et copiosa rerum gestarum segete, formantur mores optimis præceptis, et, quod præcepta longe superat, depictis sine arte eximiis S. Basilii virtutibus. Neque etiam spernenda quæ in appendicem conjecta sunt, viginti quatuor orationes a Simeone Logotheta ex S. Basilii verbis et sententiis constructæ, et liber *De virginitate* auctorem habens episcopum S. Basilio æqualem vel certe supparem.

Sed quo pluris fiunt hæc monumenta, eo magis verendum ne longior mora pluribus displicuerit ; et quia octo annorum intervallo prodit hoc volumen, minus curæ habuisse publicum commodum videamur. Non tamen negligentia, sed necessariæ causæ moras attulerunt. Nam eruditus sodalis, qui edendorum sancti Basilii operum curam suscepit, jam gravi ægritudine correptus erat, cum secundum volumen in lucem edidit. Defunctum hoc labore cupiditas bene de re ecclesiastica et litteraria merendi incitavit, ut tertium tomum repugnante valetudine pararet. Sed languidos conatus ingravescens morbus abrupit, vixque dimidium interpretationis suæ retractaverat, appositis e Tillemontio historicis notis, quas, abjecto scribendæ *S. Basilii Vitæ* consilio, necessarias ducebat ; vix, inquam, hæc navaverat, cum vires penitus defecerunt, ac tandem piam et laudabilem vitam pretiosa in conspectu Domini morte conclusit anno 1725, die 3 Junii. Ad desiderium, quod illius virtutum ornamenta omnium nostrum animis incusserunt, illud accessit molestiæ, ut opus ab eruditis exspectatum, quodque multi ære suo jamdudum emerant, non tamen cito eorum manibus et judiciis committi posset. Jam enim quisque intelligit quantum laboris et operæ impendendum fuerit, non quidem in evolvendis codicibus mss. (collati enim cum editis fuerant diligenti manu, excepto tamen Harlæano, qui cum Mediceo et Coisliniano maximum exstitit præsidium), sed in aliis rebus, quæ ad accuratam editionem necessariæ sunt, præsertim in disponendis ordine chronologico epistolis, in concinnanda *S. Basilii Vita*, ejusque explananda doctrina, id quod jam nobis, misso longiori exordio, aggrediendum est.

§ 1.

I. *S. Basilius minus commode interpretatur illud synodi Nicænæ, ex alia essentia aut hypostasi.* II. *Sed merito negat unam in tribus personis hypostasim a synodo admissam. Ipsi etiam trium hypostasium defensores sæpe hypostasim pro essentia sumunt.* III. *Novitas unius hypostasis.* IV. *Tres hypostases apud scriptores Nicæna synodo antiquiores.* V. *Quid synodus Nicæna senserit ex S. Alexandro et S. Athanasio spectatur.* VI. *Occidentalium sententia de hypostasi. Quo sensu eadem vox usurpata in sæcularibus scholis.*

I. Sanctus Basilius, ut erat acerrimus trium hypostasium defensor, dare noluit adversariis suis, vocem hypostasis eodem sensu ac essentiam a synodo Nicæna usurpatam fuisse. Refellit Basilii interpretationem Petavius (1), eamque hoc argumento impugnat, *quod qui isti synodo interfuere Patres aliqui, aut paulo certe postea floruerunt, tum collecti aliis in synodis, tum seorsim singuli* ὑπόστασιν *pro* οὐσίᾳ *sumpserunt : quod nunquam fecissent, si contrarium apud Nicæam ante fecissent.* Duo continentur hac Petavii sententia, quæ nobis distinguenda sunt, quamvis ipse non distinguat : nam non solum ὑπόστασιν pro οὐσίᾳ sumptam a Nicænis Patribus hoc loco fuisse, sed etiam unam in tribus personis hypostasim ab hac synodo et ab aliis quos citat Patribus admissam contendit. Examinandum ergo nobis est an Basilius in utroque reprehendendus sit, et quod hypostasim in fide Nicæna idem valere ac essentiam, et quod unam in tribus personis hypostasim a synodo admissam fuisse negaverit.

Locus ex quo ambigendi nata materia, legitur in fidei formula ab Eustathio, postulante Basilio, subscripta, quæ est epistola 125, olim 78 inter Basilianas. Ibi Sabelliani his synodi verbis abuti dicuntur : Ἐὰν δέ τις λέγῃ ἐξ ἑτέρας οὐσίας ἢ ὑποστάσεως τὸν Υἱὸν, ἀναθεματίζει ἡ καθολικὴ καὶ

---

(1) Lib. IV *De Trin.*, cap. 1.

(a) Hæc tomo III editionis Benedictinæ præmittuntur.

ἀποστολικὴ Ἐκκλησία : *Si vero quispiam dixerit ex alia essentia aut hypostasi Filium esse, eum anathemate ferit catholica et apostolica Ecclesia.* Deinde additur : Οὐ γὰρ ταυτὸν εἶπον ἐκεῖ οὐσίαν καὶ ὑπόστασιν. Εἰ γὰρ μίαν καὶ τὴν αὐτὴν ἐδήλουν ἔννοιαν αἱ φωναί, τίς χρεία ἦν ἑκατέρων; Ἀλλὰ δῆλον ὅτι, ὡς τῶν μὲν ἀρνουμένων τὸ ἐκ τῆς οὐσίας εἶναι τοῦ Πατρὸς, τῶν δὲ λεγόντων, οὔτε ἐκ τῆς οὐσίας, ἀλλ' ἐξ ἄλλης τινὸς ὑποστάσεως, οὕτως ἀμφότερα, ὡς ἀλλότρια τοῦ ἐκκλησιαστικοῦ φρονήματος, ἀπηγόρευσαν· ἐπεὶ ὅπουγε τὸ ἑαυτῶν ἐδήλουν φρόνημα, εἶπον ἐκ τῆς οὐσίας τοῦ Πατρὸς τὸν Υἱόν· οὐκέτι προσθέντες καὶ τὸ, ἐκ τῆς ὑποστάσεως. *Non enim idem dixerunt illic essentiam et hypostasim. Etenim si una et eadem notio subjecta vocibus, quid opus erat utraque? Sed perspicuum est, aliis quidem (Filium) ex Patris essentia esse negantibus, aliis vero neque ex essentia esse, sed ex aliqua alia hypostasi dicentibus, illos ita demum utramque opinionem tanquam a sententia ecclesiastica alienam rejecisse. Nam ubi suam ipsorum declarabant sententiam, dixerunt ex essentia Patris Filium, non amplius adjicientes illud, ex hypostasi.*

Non facile est statuere quosnam hæreticos Basilius, ob Filii originem ex alia quam Patris hypostasi deductam, a synodo notatos dicat. Videtur vel Valentinianos dicere, ut existimat Petavius, qui ex collatitia velut stipe ab æonibus conflatum esse Jesum asserebant; vel generatim Gnosticos, qui Christum non mundi creatoris, sed ignoti cujusdam dei filium esse fingebant. Legendum putat Combefisius, ut est in uno codice ms., ὅτι ἐξ οὐσίας, *aliis ex essentia illum quidem esse, sed ex alia hypostasi dicentibus.* Sed hæc emendandi ratio nec lucem affert, nec difficultatem minuit. Equidem non invitus concedam Petavio nihil omnino de ejusmodi hæreticis pronuntiasse synodum, nec satis firmo argumento Basilium niti, dum his vocibus, *ex alia essentia aut hypostasi*, duas res significari pertendit. Nihil enim vetat eamdem sententiam diversis verbis confirmari : neque hæc in symbolo Nicæno damnata propositio, *Erat aliquando, quando non erat*, dissimilis est sequenti, *Non erat antequam nasceretur*. Videtur ergo idem evenisse Basilio, quod interdum optimam sententiam tuentibus evenit, ut in iis solvendis quæ adversarii objiciunt, minus commode versentur. Difficile enim est non fateri his verbis, *ex alia hypostasi*, essentiam designari. Sed levissimus hic Basilii nævus est, nec causæ summam attingit, quæ tota vertebatur hoc cardine, utrum synodus Nicæna unam in tribus personis hypostasim admisisset. Etiamsi Basilius unius testimonii explicationem longius repetat, etiamsi concedere adversariis nolit, quod incolumi sua causa concedere poterat; in eo certe synodi mentem accuratissime perspexit, quod tres hypostases ab ea sublatas negaverit. Atque id quidem nobis paulo accuratius examinandum est, ac demonstrandum Nicænam synodum, etsi hypostasim pro essentia hoc loco sumpsit, non idcirco unam in tribus personis hypostasim admisisse : tres autem hypostases semper in Oriente, saltem a Noeti temporibus, summo consensu viguisse. Petavio assentiuntur alii theologi, in primis Thomassinus, qui in libro tertio *De incarnatione Verbi*, cap. 1, contendit, *non nisi senescente quarto Ecclesiæ sæculo hypostasis nomen ab usia seu essentia discriminatum esse*, idque allatis synodi Nicænæ et Athanasii testimoniis efficere conatur.

II. Fucum doctissimis viris fecit hypostasis voci subjecta interdum essentiæ significatio; et quoties vident apud antiquos scriptores hypostasim hoc sensu usurpari, inde concludunt unam his scriptoribus hypostasim placere. At plurimum peccat hæc rationis conclusio. Nam trium hypostasium acerrimus defensor Basilius sæpe hypostasim hoc sensu accipit. Ait in libro *De Spiritu sancto*, cap. 16, p. 33, Spiritum sanctum gratiam suam conferre angelis, Εἰς τὸν ἀπαρτισμὸν καὶ συμπλήρωσιν τῆς ὑποστάσεως αὐτῶν, *In hoc ut perficiatur compleaturque illorum substantia.* Non potest hoc loco ὑπόστασις aliter accipi ac οὐσία. Hinc in eodem capite, p. 32, sanctitas dicitur esse *extra substantiam* angelorum, Ἔξωθεν τῆς οὐσίας, quia sanctitatem accipiunt a Spiritu sancto, nec eam a sua ipsorum essentia habent. Similiter lib. v *adversus Eunom.*, p. 341, omnis substantia justorum a Spiritu sanctificari dicitur : Πᾶσα ὑπόστασις δικαίων. . . ἡγίασται. In libro secundo, p. 252, totam Patris naturam ait in Filio imprimi velut in sigillo : aut quemadmodum artium substantia ex docentibus in discipulos tota transit, ὁποία τῶν τεχνῶν ἡ ὑπόστασις ἐκ τῶν διδασκόντων ὅλη τοῖς μαθητευομένοις ἐγγινομένη.

Gregorius Nazianzenus, cujus summa exstitit cum Basilio in tribus hypostasibus defendendis consensio, divinam essentiam hypostasis nomine designat in orat. 34, p. 542, ubi de Deo et de iis quæ circa Deum prædicantur, sic loquitur : Τί γὰρ ὄντι αὐτῷ κατὰ τὴν φύσιν καὶ τὴν ὑπόστασιν, ὑπάρχει τὸ μὴ ἀρχὴν ἔχειν μηδὲ ἐξίστασθαι, μηδὲ περατοῦσθαι, ἀλλὰ ὅλον τὸ εἶναι περιλαμβάνειν, λείπεται προσφιλοσοφεῖν τε καὶ προσεξετάζειν· *Quid enim secundum naturam et hypostasim exsistenti, conveniat ei nec principium habere, nec a se unquam desciscere, nec fine ullo terminari, sed totum esse complecti, id præterea philosophandum et inquirendum relinquitur.*

Cyrillus Hierosolymitanus, quem cum S. Meletio et aliis trium hypostasium defensoribus conjunctissimum fuisse constat, interdum hypostasis nomine substantiam intelligit. Sic enim loquitur in cat. 6, n. 5 : Ἀκατάληπτός ἐστιν ἡ ὑπόστασις ἡ θεία· *Comprehendi non potest substantia divina* ; et cat. 16, de Spiritu loquens ait : Φύσιν δὲ ἢ ὑπόστασιν μὴ πολυπραγμόνει· *Naturam aut substantiam ne curiose investiges.*

Sic etiam Epiphanius interdum ὑπόστασιν pro οὐσία sumit, velut cum ait hæres. LXXIV, n. 4, Μία θεότης τῆς αὐτῆς δυνάμεως, τῆς αὐτῆς ὑποστάσεως· *Una divinitas, ejusdem virtutis, ejusdem hypostasis.* Idem tamen sentiebat, τρεῖς ἀναγκαῖον εἶναι τὰς ὑποστάσεις, ὁμολογεῖν, *necesse esse tres hypostases confiteri*, idque conceptis verbis Basilio scripserat, qui hanc illius doctrinam plurimum laudat in epist. 258. Quare vitio non caret Epiphanii contextus in *Ancorato*, n. 6, ubi sic legitur : Ἐὰν γὰρ εἴπῃς τὸ ὁμοούσιον, ἔλυσας Σαβελλίου τὴν δύναμιν· ὅπου γὰρ ὁμοούσιον, μιᾶς ὑποστάσεώς ἐστι δηλωτικόν. Addendam esse negationem ac legendum οὐ μιᾶς vidit ipse Petavius, qui sic interpretatur : *Usurpando consubstantialis vocabulo Sabellii robur infringis : non enim consubstantialis vox singularem hypostasim significat.*

Ruunt ergo argumenta Petavii, et ex allatis exemplis perspicitur hypostasim interdum pro οὐσίᾳ sumi posse, quamvis tres hypostases admittantur, ac proinde Nicænos Patres, etiamsi hypostasim pro οὐσίᾳ sumpserint, non idcirco unam in tribus personis hypostasim decrevisse. Neque hujus rei longe petenda explicatio. Quamvis enim essentia sit id quod commune est tribus personis, hypostasis vero id quod proprium; sæpe tamen essentiæ nomine hypostasis comprehenditur, ac vicissim ipsa hypostasis essentiam comprehendit. Dum enim essentia sive natura consideratur, quatenus conjuncta est cum personalibus proprietatibus, sive cum hypostasi, tunc eodem sensu usurpatur ac persona sive hypostasis : unde S. Alexander Alexandrinus, cujus verba mox referemus, Patrem et Filium *duas hypostasi naturas vocat.* Sic etiam hypostasis, dum consideratur quatenus cum essentia conjuncta est, interdum pro essentia sumitur. Quemadmodum ergo sancti Patres, etsi interdum essentiam sumunt pro hypostasi, sive persona, non idcirco tres essentias admittunt; ita ex eo quod hypostasim nonnunquam sumant pro essentia, non sequitur unam ab illis hypostasim admitti.

III. Sed jam longius nobis promovenda Basilii defensio : hactenus enim probatum, immerito affingi synodo Nicænæ unam hypostasim : nunc probandum tres hypostases semper in Oriente usurpatas summo consensu fuisse, saltem a Sabellii et Noeti tempore; nec ullos habuisse adversarios, præter Antiochenos nonnullos, quos Latini hac voce ob linguæ suæ inopiam offensi in sententiam suam traxerunt.

Ipsa illa controversia, quæ de hypostasibus exorta est, eximio nobis argumento perpetuam Orientis doctrinam demonstrat. Discimus enim ex Gregorio Nazianzeno tres hypostases, antequam hæc prodiret dissensio, Ecclesiæ Orientalis usu, nemine repugnante, contritas fuisse. Sic enim loquitur S. Gregorius in orat. 21, p. 395 : Τῆς γὰρ μιᾶς οὐσίας, καὶ τῶν τριῶν ὑποστάσεων λεγομένων μὲν ὑφ' ἡμῶν εὐσεβῶς· τὸ μὲν γὰρ τὴν φύσιν δηλοῖ τῆς θεότητος, τὸ δὲ τὰς τῶν τριῶν ἰδιότητας, νοουμένων

(2) Athanas. epist. ad Antiochenses.

δὲ καὶ παρὰ τοῖς Ἰταλοῖς ὁμοίως, ἀλλ' οὐ δυναμένοις διὰ στενότητα τῆς παρ' αὐτοῖς γλώττης καὶ ὀνομάτων πενίαν, διελεῖν ἀπὸ τῆς οὐσίας τὴν ὑπόστασιν, καὶ διὰ τοῦτο ἀντεισαγούσης [*leg.* ἀντεισάγουσι] τὰ πρόσωπα· ἵνα μὴ τρεῖς οὐσίαι παραδειχθῶσι, τί γίνεται; Ὡς λίαν γελοῖον ἢ ἐλεεινόν· πίστεως ἔδοξε διαφορά, ἡ περὶ τὸν ἦχον μικρολογία. *Nam cum essentia una, et tres hypostases a nobis pie dicerentur (quod alterum divinitatis naturam, alterum trium personarum proprietates declaret), atque eodem quidem modo apud Romanos intelligerentur, cæterum ob linguæ illius angustiam et verborum inopiam, hypostasim ab essentia distinguere non possent, eoque factum esset, ut ne tres substantias admittere viderentur, personarum vocabulum inducerent, quid tandem contigit? Res profecto ridicula vel potius miseranda : diversæ fidei speciem præbuit levis illa et jejuna de vocum sono altercatio.*

Habemus ergo totius dissensionis originem, et initium unius hypostasis. Antequam Latinis in interpretanda hypostasis voce molestiam facesseret linguæ inopia, nulla erat apud Græcos ea de re controversia, nulla varietas; ac proinde non solum Nicæni Patres, sed et quotquot hypostasis vocabulo ad efferendum dogma usi sunt, non unam hypostasim, sed tres hypostases dixerunt. Gregorii testimonium confirmat Acacius Berœensis, qui sic loquitur apud Cyrillum Alexandrinum, epist. 15 : *Beatus Paulinus*, inquit, *tres hypostases aperte dicere recusabat, quamvis eadem virtute et veritate sentiret ac prædicaret. Secutus est autem piissimos Occidentis episcopos propterea quod angustior est lingua Romana, quam ut secundum Græcam nostram phrasim tres hypostases dicere queat.*

Illud etiam novitatem unius hypostasis demonstrare possit, quod cum epistolæ Sardicensis synodi adjuncta a nonnullis fuisset quædam fidei confessio, in qua una hypostasis, ut apostolica doctrina, tradebatur, hanc fidei confessionem Alexandrina synodus ut spuriam rejecit, ac Antiochenos hortata est (2), ut eam nec legi nec proferri paterentur. Eusebius Vercellensis in subscribendo eam ne proferendam quidem esse pronuntiat.

IV. Sed præcipuum nobis argumentum suppeditant scriptorum ecclesiasticorum testimonia, tum eorum qui ante concilium Nicænum floruerunt, tum eorum qui synodo interfuerunt, aut post eam scripsere. Nullus sane proferri potest, qui unam in tribus personis hypostasim dixerit : quotquot autem in explicando Trinitatis mysterio hypostasis voce usi sunt, tres hypostases summo consensu numerant.

Origenes tom. II *in Joannem*, p. 56, sic contra Sabellianos pronuntiat : Ἡμεῖς μέντοιγε τρεῖς ὑποστάσεις πειθόμενοι τυγχάνειν, τὸν Πατέρα καὶ τὸν Υἱὸν καὶ τὸ ἅγιον Πνεῦμα· *Nos autem persuasum habemus tres esse hypostases, Patrem et Filium et Spiritum sanctum.* Refellit in libro VIII *contra Cel-*

sum, pag. 386, eosdem hæreticos, qui Patrem et Filium duas esse hypostases negabant; ipse vero *duas hypostasi res esse* asseverat, ὄντα δύο τῇ ὑποστάσει πράγματα.

S. Basilius in libro *De Spiritu sancto* cap. 29, n. 72, p. 61, citat illud Dionysii Alexandrini : Εἰ τῷ τρεῖς εἶναι τὰς ὑποστάσεις, μεμερισμένας εἶναι λέγουσι, τρεῖς εἰσι κἂν μὴ θέλωσιν· ἢ τὴν θείαν Τριάδα παντελῶς ἀνελέτωσαν· *Si eo quod tres sunt hypostases, divisas esse dicunt, tres sunt etiamsi nolint : aut divinam Triadem prorsus tollant.* Tres ergo hypostases admittit Dionysius Alexandrinus, sed eos refellit, qui ex eo quod tres sint, divisas esse contendebant, quasi non una esset in tribus essentia. Atque id quidem accurate observandum, ut perspiciamus quam immerito Dionysium Romanum cum Alexandrino pugnare existiment duo exinii scriptores, Petavius (3) et Pet. Coustant (4). Uterque enim unam hypostasim asseri contendit a Dionysio Romano in hoc testimonio apud Athanasium, lib. *De Decret. Nic.*, n. 26, p. 231 : Ἑξῆς δ᾽ ἀνεικότως λέγοιμι καὶ πρὸς διαιροῦντας καὶ κατατέμνοντας καὶ ἀναιροῦντας τὸ σεμνότατον κήρυγμα τῆς Ἐκκλησίας τοῦ Θεοῦ καὶ μοναρχίαν εἰς τρεῖς δυνάμεις τινὰς καὶ μεμερισμένας ὑποστάσεις καὶ θεότητας τρεῖς· *Jam vero,* inquit, *æquum fuerit adversus illos disputare, qui augustissimam Dei Ecclesiæ prædicationem monarchiam in tres quasdam virtutes ac separatas hypostases tresque divinitates dividunt, discindunt destruuntque.* Nulla sane inter utrumque Dionysium sententiæ varietas : uterque hypostases divisas vituperat : neque una hypostasis Romano affingi potest, cum idem prorsus dicat ac Alexandrinus. Sed potius ex eo quod tres hypostases divisas refellat, non obscura conclusio est nihil eum reprehensurum fuisse, si una in tribus hypostasibus essentia fuisset admissa. Nullus ergo scriptor ante Nicænam synodum proferri potest, qui unam in tribus personis hypostasim docuerit.

V. Quid senserint Nicæni Patres ex duobus locupletissimis testibus perspici potest, S. Alexandro Alexandrino et S. Athanasio. Primus sic loquitur in epist. ad Alexandrum Constantinopolitanum apud. Theodoret. l. 1 *Hist. eccl.*, c. 4, p. 15 : Οἷόν ἐστι τό · Ἐγὼ καὶ ὁ Πατὴρ ἕν ἐσμεν· ὅπερ φησὶν ὁ Κύριος, οὐ Πατέρα ἑαυτὸν ἀναγορεύων, οὐδὲ τὰς τῇ ὑποστάσει δύο φύσεις μίαν εἶναι σαφηνίζων, etc. *Cujusmodi est illud :* « *Ego et Pater unum sumus* [1]. » *Quod quidem Dominus dicit, non quo seipsum Patrem renuntiet, nec quo duas hypostasi naturas* (hoc est, duas hypostases) *unam esse demonstret,* etc. Alibi explicabitur, cur S. Alexander duas hypostasi naturas dicat : nunc satis est monere, eum hac loquendi ratione usum esse, quia naturam, quæ una prorsus est numero, ut conjunctam cum personalibus proprietatibus in unaquaque persona considerabat.

Non discedit ab optimi decessoris et magistri vestigiis Athanasius, qui sub finem libri, quem de verbis Domini scripsit, *Omnia mihi tradita sunt* [2], etc., sic loquitur (pag. 108) : Τὸ γὰρ τρίτον τὰ τίμια ζῶα ταῦτα προσφέρειν τὴν δοξολογίαν, Ἅγιος, ἅγιος, ἅγιος, λέγοντα, τὰς τρεῖς ὑποστάσεις τελείας δεικνύντα ἐστίν· *Dum ter veneranda illa animalia glorificationem proferunt,* « *Sanctus, sanctus, sanctus* [3], » *tres hypostases perfectas ostendunt.* Et in libro Περὶ τῆς ἐνσάρκου ἐπιφανείας τοῦ Θεοῦ Λόγου (p. 878) : Μία γὰρ ἡ θεότης καὶ εἰς Θεὸς ἐν τρισὶν ὑποστάσεσιν· *Una enim deitas et unus Deus in tribus hypostasibus.* Hypostasis eodem sensu sumitur in libro, *Quod unus est Christus.* Postremum hoc opus abjudicant nonnulli Athanasio, de secundo non deest omnino dubitandi locus. At primum a nemine in dubium revocatur; si tamen excipias Tillemontium, qui fatetur se hac una re detineri quominus hoc opus certissime attribuat Athanasio, quod illud de tribus hypostasibus testimonium pugnare videatur cum tribus aliis Athanasii locis, in quibus sanctus Pater hypostasim pro essentia sumit, nempe in *Epistola ad Afros,* in libro *De synodis,* et in quarta *adversus Arianos oratione.* Sed etiamsi demus his in locis, quæ Petavius argumenti loco protulit, hypostasim idem esse ac essentiam; certe non ait Athanasius unam esse in tribus personis hypostasim, sed idem facit quod ab acerrimis trium hypostasium defensoribus factum demonstravimus. Sed tamen si excipias librum *De synodis,* ubi ait Basilium Ancyranum *confiteri ex Patris essentia esse et non ex alia hypostasi Filium,* καὶ μὴ ἐξ ἑτέρας ὑποστάσεως, in aliis duobus testimoniis ad personam ipsam hypostasis revocari potest. Sic enim loquitur in *Epist. ad Afros* (pag. 894) : Ἡ δὲ ὑπόστασις οὐσία ἐστί, καὶ οὐδὲν ἄλλο σημαινόμενον ἔχει, ἢ αὐτὸ τὸ ὄν· ὅπερ Ἰερεμίας ὕπαρξιν ὀνομάζει λέγων, Καὶ οὐκ ἤκουσαν φωνὴν ὑπάρξεως. Ἡ γὰρ ὑπόστασις καὶ ἡ οὐσία, ὕπαρξίς ἐστιν· ἔστι γὰρ καὶ ὑπάρχει. *Hypostasis autem substantia est, neque aliam habet significationem, quam hoc ipsum quod est : quod Jeremias vocat* ὕπαρξιν, *seu exsistentiam, dicens :* « *Et non audierunt vocem exsistentiæ meæ* [4]. » *Nam hypostasis et substantia, idipsum est quod* ὕπαρξις, *seu exsistentia : est enim et exsistit.* Et in orat. quarta in *Arianos* (pag. 617) : Ὥσπερ δὲ μία ἀρχὴ καὶ κατὰ τοῦτο εἷς Θεός, οὕτως ἡ τῷ ὄντι καὶ ἀληθῶς καὶ ὄντως οὖσα οὐσία καὶ ὑπόστασις, μία ἐστὶν ἡ λέγουσα· Ἐγώ εἰμι ὁ ὤν· καὶ οὐ δύο, ἵνα μὴ δύο, ἀρχαί· *Porro quemadmodum unum est principium et proinde unus Deus, ita quæ verissime est essentia et hypostasis, una est quæ dicit :* « *Ego sum qui sum* [5], » *non autem duæ, ne scilicet duo sint princi-*

---

[1] Joan. x, 30. [2] Luc. x, 22. [3] Apoc. iv, 8. [4] Jerem. ix, 10. [5] Exod. iii, 14.

(3) Lib. iv *De Trin.*, cap. 1.   (4) *Epist. Rom. Pont.* p. 290.

pia. In primo testimonio mirifice consentit Athanasius cum aliis Patribus Græcis, qui hypostasis nomen opposuere hæreticis Verbum et Spiritum sanctum exsistere negantibus, et idcirco tres hypostases defenderunt. In altero Patrem manifeste designat, et deitatis unitatem ex eo probat, quod solus Pater principium sit, a quo duæ aliæ personæ.

Atque etiamsi Athanasius in aliis operibus unam hypostasim admisisset, nihil id detrahere posset de testimonio, quod eruimus ex libro in illud, *Omnia mihi tradita sunt.* Scriptus enim hic libellus ante mortem Eusebii Nicomediensis, id est, ante annum 342. Nondum tunc percrebuerant de hypostasi controversiæ; nec causa suberat ulla, cur Athanasius eam loquendi rationem fugeret, qua non solum Alexander, sed etiam Origenes et Dionysius Alexandrinus usi fuerant. Quamobrem etiamsi Athanasium arcta cum Latinis et Antiochenis conjunctio ad professionem unius hypostasis adduxisset, non idcirco priora illius scripta in dubium venire deberent. Sed tamen asseverare licet nusquam eum unam in tribus personis hypostasin ponere ; imo ex quarta illius adversus Arianos oratione duo proferam testimonia, in quibus hypostasim eodem prorsus sensu ac Origenes et S. Alexander, usurpat. Sic igitur loquitur n. 25, p. 636 : Μαίνεται μὲν οὖν Ἄρειος ἐξ οὐκ ὄντων εἶναι λέγων τὸν Υἱὸν, καὶ ἦν ποτε, ὅτε οὐκ ἦν· μαίνεται δὲ καὶ Σαβέλλιος λέγων τὸν Πατέρα εἶναι Υἱὸν, καὶ ἔμπαλιν τὸν Υἱὸν εἶναι Πατέρα, ὑποστάσει μὲν ἓν, ὀνόματι δὲ δύο· *Quocirca insanit profecto Arius, cum ait Filium ex nihilo esse, fuisseque aliquando cum non esset ; insanit pariter Sabellius, cum Patrem Filium esse, et Filium Patrem esse docet, unum quidem hypostasi, sed nomine duos.* Et sub finem ejusdem orationis : Τὸ τοίνυν λεγόμενον ὑπὸ τοῦ μακαρίου Πέτρου, ὀρθὸν, καὶ εἰλικρινῆ τὴν Θεότητα τοῦ Μονογενοῦς κηρύσσει, οὐ τὴν ὑπόστασιν χωρίζων τοῦ Θεοῦ Λόγου ἀπὸ τοῦ ἐκ Μαρίας ἀνθρώπου· *Rectum est igitur quod ait beatus Petrus qui veram Unigeniti prædicat divinitatem, nec Dei Verbi hypostasim disjungit ab homine ex Maria assumpto.* In hoc postremo testimonio hypostasis multo aptius ad personam quam ad substantiam revocatur. In primo autem contendit Petavius non personam, sed id tantum quod revera exsistit, intelligendum esse. At negare non potest unam hypostasim rejici. Porro tres hypostases non alio consilio sancti Patres defenderunt, nisi ut Filium et Spiritum non efficientias quasdam ac nomine tenus personas esse, sed Filium vere ut Filium, Spiritum sanctum vere ut Spiritum exsistere probarent. In eamdem prorsus sententiam loquitur Athanasius, dum Patrem et Filium hypostasi unum dici non patitur. In quo consentit cum decessore suo, qui duas in Patre et Filio hypostases agnoscit; consentit cum Basilio, qui unum hypostasi Deum a Sabellio prædicari docet, epist. 214, n. 3. Unum addam Athanasii locum, in quo manifeste tres hypostases, ut supra Dionysius uterque, admittit. Οὔτε

τρεῖς ὑποστάσεις, inquit in *Expos. fid.* n. 2, μεμερισμένας κατ' ἑαυτὰς, ὥσπερ σωματοφυῶς ἐπ' ἀνθρώπων, ἐστι λογίσασθαι. *Neque tres hypostases per seipsas divisas, ut in hominibus pro natura corporum accidit, fas est in Deo cogitare.*

Post concilium multo uberiorem habemus testium copiam : nam si singulos sæculi quarti scriptores Græcos enumeremus, totidem erunt trium hypostasium defensores, quibus etiam adjungendum est concilium primum CP., sive œcumenicum secundum. Docet enim hæc synodus in epistola ad Damascum unam esse Patris et Filii et Spiritus sancti essentiam, ἐν τρισὶ τελείαις ὑποστάσεσιν, ἤγουν τρισὶ τελείοις προσώποις, *in tribus perfectis hypostasibus, sive tribus perfectis personis* Non utar auctoritate Gelasii Cyziceni, qui in Actis Nicæni concilii Osium inducit (parte II, c. 12) ex mandato ac decreto totius synodi respondentem ac τριάδα ὑποστάσεων prædicantem. Nemo est enim qui multum hujus scriptoris testimonio tribuat. At sequentibus sæculis summum fatetur Petavius consensum exstitisse Græcorum in tribus hypostasibus prædicandis.

VI. Ipsi Occidentales eamdem loquendi rationem libenter ad usus suos asciverunt, postquam subsistentiæ voce inventa difficultas omnis evanuit. Atque id quidem sæculo quinto contigit. Sed tamen longe antea videntur perspexisse tres hypostases percommode Græco sermone usurpari. Id colligitur ex epistola 214 Basilii, n. 4, ubi sic loquitur : Περὶ δὲ τοῦ, ὅτι ὑπόστασις καὶ οὐσία οὐ ταυτόν ἐστι, καὶ αὐτοὶ, ὡς νομίζω, ὑπεσημήναντο οἱ ἀπὸ τῆς Δύσεως ἀδελφοὶ, ἐν οἷς τὸ στενὸν τῆς ἑαυτῶν γλώττης ὑφορώμενοι, τὸ τῆς οὐσίας ὄνομα τῇ Ἑλλάδι φωνῇ παραδεδώκασιν· ἵνα, εἴ τις εἴη διαφορὰ τῆς ἐννοίας, σώζοιτο αὐτὴ ἐν τῇ εὐκρινεῖ καὶ ἀσυγχύτῳ διαστάσει τῶν ὀνομάτων· *Quod autem hypostasis et essentia idem non sunt, id et ipsi, ut puto, subindicarunt Occidentales fratres, dum linguæ suæ angustias subveriti, essentiæ nomen lingua Græca tradiderunt, ut si qua esset sententiæ discrepantia, illa ipsa servaretur in clara et minime confusa nominum diversitate.*

Quinetiam ipse Damasus tres hypostases videtur admisisse. Nam in epistola ad Paulinum prædicat *unum Deum in tribus hypostasibus :* Θεὸν ἕνα ἐν τρισὶν ὑποστάσεσιν. Spuria videntur hæc postrema verba doctissimo Epistolarum pontificum Romanorum editori propterea quod desunt in exemplaribus Latinis. Sed tamen confirmari possent Flaviani testimonio, qui Paulinum coram magistro militum sic alloquitur apud Theodoretum l. v, c. 3, p. 201 : Εἰ τὴν Δαμάσου, ὦ φιλότης, κοινωνίαν ἀσπάζῃ, ἐπίδειξον ἡμῖν σαφῶς τὴν τῶν δογμάτων συγγένειαν. Ἐκεῖνος γὰρ μίαν τῆς Τριάδος οὐσίαν ὁμολογῶν, τὰς τρεῖς ὑποστάσεις διαῤῥήδην κηρύττει· σὺ δὲ ἀντίκρυς τῶν ὑποστάσεων ἀναιρεῖς τὴν Τριάδα. *Si Damasi communionem amplecteris, o amice, doctrinæ nobis manifestam similitudinem ostende. Nam ille quidem unam eamdemque Trinitatis substantiam confitens, tres hypostases diserte prædicat. Tu contra, Trinitatem tollis hypostaseωn.* Ex his patet Damasum sui cum Græcis consensus aliquod monumentum edidisse, quod in Oriente notum omnibus et testatum esset. Nam nihil prorsus respondere potuit Paulinus, teste Theodoreto. Nullum autem videtur aptius proferri posse monumentum, in quo id præstiterit Damasus, quam epistola ad Paulinum. Objicit Petavius synodi Romanæ epistolam sub eodem Damaso, in qua una hypostasis et essentia docetur. Sed hypostasis vocem merito deesse in exemplaribus Latinis probavimus, not. ad epist. 93, p. 186.

Videor mihi ex his posse concludere neminem prorsus exstitisse inter Catholicos Orientales, qui unam in tribus personis hypostasim admitteret, præter Paulinum Antiochenum ejusque amicos. Neque etiam dicere verebor tres hypostases inmerito a S. Hieronymo, ut loquendi rationem sua sponte non accuratam vituperari. *Tota sæcularium litterarum schola*, inquit in epistola ad Damasum papam, *nihil aliud hypostasim nisi usiam novit : et quisquam, rogo, ore sacrilego tres substantias prædicabit?* Etsi abundabat eruditione S. Hieronymus, videntur tamen hac in re opiniones anticipatæ ei illusisse. Nam Budæus et post eum Henricus Stephanus observant sæpe apud antiquos scriptores hypostasim de iis dici quæ vere exsistunt, et iis opponi quæ specie tantum aut cogitandi ratione. Unde Budæus in *Commentariis* profert hunc Aristotelis locum *De mundo*, cap. 4 : Συλλήβδην δὲ τῶν ἐν ἀέρι φαντασμάτων τὰ μέν ἐστι κατ' ἔμφασιν, τὰ δὲ καθ' ὑπόστασιν · *Ad summam eorum, quæ in aere apparent, alia specie tenus exsistunt, alia habent etiam hypostasim.* Addit etiam illud Themistii in *Phys.* II : Ἃ μηδὲ τῷ λόγῳ χωριστὰ, ταῦτα καὶ ὑποστάσει χωρίζουσι · *Quæ ne ratione quidem separari possunt, ea etiam hypostasi separant.* Cum ergo hypostasis opponatur iis quæ sola ratione aut specie tantum exsistunt, merito sancti Patres, ut Patrem vere esse patrem, Filium vere esse filium, Spiritum vere esse spiritum ostenderent, tres hypostases prædicarunt contra Sabellium et Noetum, qui cum tres quidem personas dicerent, teste Basilio epist. 214, n. 3, sed hoc personæ nomen ad metaphoricos sensus detorquerent; aliquid eis opponi debuit, quod pariter eludere non possent. At nihil ad eam rem aptius, nihil significantius hypostasis voce. Unde Sabellius unum prorsus hypostasi Deum esse contendebat, ut ibidem testatur Basilius.

§ II.

I. *Videtur S. Basilius prima specie pugnare cum S. Athanasio et S. Gregorio in tribus hypostasibus defendendis.* II. *Non tamen discedit a debita animi moderatione. Quo sensu hanc quæstionem magni momenti esse duxit. Quo sensu cum defensoribus unius hypostasis communionem ineundam negavit.*

I. Quamvis S. Basilius in defendendis tribus hypostasibus traditionem Ecclesiæ secutus sit, forte tamen a nonnullis eo nomine accusabitur, quod nimio abreptus studio a temperamentis in synodo Alexandrina præscriptis discesserit. Cum enim audivisset anno 373 Paulinum acceptis Roma perhonorificis litteris vehementer efferri, ejusque amicos cum Ecclesia S. Meletii conjungi velle, ac operam dare ut Terentium in partes suas traherent; statim scripsit ad hunc comitem, ut ejus animum præoccuparet, aut si qua eum opinione adversarii præoccupassent, penitus convelleret. In hac autem epistola sic suam de hypostasibus sententiam exponit : Οὐ μέντοι τούτου γε ἕνεκεν δυνάμεθά ποτε ἑαυτοὺς πεῖσαι, ἢ Μελέτιον ἀγνοῆσαι, ἢ τῆς ὑπ' αὐτὸν Ἐκκλησίας ἐπιλαθέσθαι, ἢ τὰ ζητήματα, ὑπὲρ ὧν ἐξ ἀρχῆς ἡ διάστασις γέγονε, μικρὰ ἡγήσασθαι, καὶ ὀλίγην ἔχειν διαφορὰν νομίσαι πρὸς τὸν τῆς εὐσεβείας σκοπόν. Ἐγὼ γὰρ, οὐχ ὅπως εἰ ἐπιστολήν τις ἀνθρώπων δεξάμενος ἐπ' αὐτῇ μέγα φρονεῖ, τούτου ἕνεκεν ὑποσταλῆναί ποτε καταδέξομαι· ἀλλ' οὐδ' ἂν ἐξ αὐτῶν ἥκῃ τῶν οὐρανῶν, μὴ στοιχῇ δὲ τῷ ὑγιαίνοντι λόγῳ τῆς πίστεως, δύναμαι αὐτὸν κοινωνὸν ἡγήσασθαι τῶν ἁγίων · *Non idcirco tamen mihi ipse unquam persuadere possim, ut aut Meletium ignorem, aut Ecclesiæ cui præest obliviscar, aut quæstiones, de quibus ab initio nata dissensio, exiles putem, et parvi ad pietatis propositum momenti. Ego enim non solum, si quis ob acceptam ab hominibus epistolam efferatur, non idcirco abstrahi me unquam et subduci patiar : sed neque, si ex ipsis missa sit cœlis, nec sanam ille profiteatur fidei doctrinam, possum illum sanctorum communionis participem existimare.* Cur autem de hac quæstione et de Paulino sic sentiat, hanc affert rationem, quod Paulinus, dum unam hypostasim, tres personas perfectas admittit, in hoc a Sabellio non discedat, qui pariter unam hypostasim, et tres personas admiserat. Quare contendit Basilius conjunctionem cum ejusmodi hominibus unam hypostasim profitentibus, sine gravissimis incommodis iniri non posse : Τίς δ' ἂν γένοιτο τῆς διαβολῆς ταύτης χαλεπωτέρα, καὶ μᾶλλον δυναμένη τοὺς πολλοὺς διασαλεῦσαι, ἢ εἰ φανείησάν τινες ἐξ ἡμῶν Πατρὸς καὶ Υἱοῦ καὶ ἁγίου Πνεύματος μίαν ὑπόστασιν λέγοντες · *Quænam autem hac calumnia gravior esse possit, et ad multos commovendos aptior, quam si qui ex nobis videantur Patris et Filii et Spiritus sancti unam hypostasim dicere?* In eamdem sententiam sic alloquitur Epiphanium in epistola 258, n. 3 : Ἱκανῶς δέ μου κἀκεῖνο τὴν ψυχὴν παρεκάλεσε, τὸ προστεθὲν παρὰ τῆς σῆς ἀκριβείας τοῖς λοιποῖς καλῶς καὶ ἀκριβῶς θεολογηθεῖσι· τὸ τρεῖς ἀναγκαῖον εἶναι τὰς ὑποστάσεις ὁμολογεῖν. Ὥστε τοῦτο καὶ οἱ κατὰ Ἀντιόχειαν ἀδελφοὶ διδασκέσθωσαν παρὰ σοῦ, πάντως δέ που καὶ ἐδιδάχθησαν· οὐ γὰρ ἂν εἵλου δηλονότι τὴν πρὸς αὐτοὺς κοινωνίαν, μὴ τοῦτο αὐτῶν μάλιστα τὸ μέρος ἀσφαλισάμενος · *Valde autem meum illud etiam animum recreavit, quod diligentia tua cæteris præclare et accurate tractatis adjecit, necesse esse tres hypostases confiteri. Quapropter fratres Antiocheni hoc etiam a te edoceantur; profecto autem jam edocti sunt : nam sine dubio eorum amplexus non esses communionem, nisi maxime tibi de hoc capite cautum esset.*

Videntur hæc prima specie pugnare cum Gregorii Nazianzeni de hac quæstione judicio, et summa Athanasii in sedanda discordia animi moderatione. Hæc enim controversia videtur Gregorio (or. 21, p. 396) *res prorsus ridicula vel miseranda, ὡς λίαν γελοῖον ἢ ἐλεεινόν· levis et jejuna de vocum sono altercatio, ἡ περὶ τὸν ἦχον μικρολογία.* Plenis manibus Athanasium laudat, qui *utraque parte leniter et benigne accita, verborumque sententia diligenter et accurate perpensa, posteaquam concordes reperit, nec, quantum ad doctrinam, ullo modo inter se dissidentes, ita negotium transegit, ut nominum usum concedens rebus eos constringeret.* Num igitur Basilius cum Gregorio et Athanasio pugnat, ac permagni ad pietatem momenti esse censet, quod isti levissimi esse momenti ducebant? Num necessarium confiteri esse statuit, quod cujusque arbitrio relinquebant; et quibus nullam prorsus modestiam volebant exhiberi, eos ad communionem negat admitti oportere?

II. Ut S. Patris sententia perspiciatur, observandum est 1° eum accuratissime servare quod præcipue ab Alexandrina synodo sancitum fuerat, ut neutra pars alteri hæresis aut erroris notam inureret. Hoc maxime ridiculum vel potius miserandum Gregorio videbatur, quod *de fide controversia esse videretur levis et jejuna de vocum sono altercatio*: quod objiceretur Sabellianismus ob tres personas, et Arianismus ob tres hypostases; quod eo tandem res adducta esset, *ut periculum esset, ne orbis terrarum fines una cum syllabis abrumperentur.* Nihil ejusmodi commissum a Basilio, qui in hac ipsa ad Terentium epistola adversarios suos domesticos fidei appellat, eosque simplicitate magis, quam malitia ad Sabellianorum loquendi similitudinem accedere fatetur, et in pluribus aliis locis eorum fidei testimonium tribuit, ut in epist. 156, n. 1, ubi eos, qui Antiochiæ inter se dissident sententia divisos esse negat. Hinc etiam in epist. 258, n. 3, fratres Antiochenos vocat eos qui a Paulini partibus stabant, precatur ut Ecclesiam Antiochenam, quæ in doctrina consentit, aliquando conjunctam videre contingat, nec jam ipsa contra se recta fides scissa sit.

Non erat ergo Basilius ex vehementi illo hominum genere, de quibus Hieronymus in epistola ad Damasum papam sic loquitur: *Interrogemus*, inquit, *quid tres hypostases posse arbitrentur intelligi. Tres personas subsistentes aiunt : respondemus nos ita credere. Non sufficit sensus, ipsum nomen efflagitant : quia nescio quid veneni in syllabis latet. Clamamus, si quis tres hypostases, ut tria enypostata, hoc est tres subsistentes personas, non confitetur, anathema sit. Et quia vocabula non ediscimus, hæretici judicamur.* Deerat sane ejusmodi hominibus eximia illa virtus, quæ in omnibus Basilii dictis et factis elucebat, lenitas et animi moderatio. Suspicatur tamen Tillemontius (t. XII, p. 46) Hieronymum non sibi constare in his narrandis. Nam cum vehementes illi trium hypostasium defensores, inquit eruditus scriptor, nihil aliud peterent ab Hieronymo, nisi ut tres hypostases confiteretur; quomodo non eos placasset trium hypostasium confessione? Deinde vero postquam tres hypostases confessum se esse narravit, cur statim addit, *Et quia vocabula non ediscimus*? Videntur hæc pugnantia Tillemontio. Sed minus animadvertit doctissimus criticus Hieronymum hoc loco non tres hypostases confiteri, sed medium se esse velle inter utrasque partes. Non enim dicit, Si quis tres hypostases non confitetur, anathema sit : sed is est sensus illius verborum : Si quis tres hypostases confitendo, non ut tres personas subsistentes, sed ut tres substantias confitetur, anathema sit. Id patet ex his quæ sequuntur : *Si quis autem hypostasim usiam intelligens, non in tribus personis unam hypostasim dicit, alienus a Christo est.* Secum ergo non pugnabat Hieronymus, sed neutram loquendi rationem amplectens, quidquid utrique poterat inesse vitii, id prorsus rejiciebat, nec tamen placare poterat morosos illos adversarios.

2° Neque etiam reprehendendus Basilius, quod exortam de hypostasibus controversiam magni esse momenti duxerit, neque in hoc pugnat cum synodo Alexandrina. Etsi enim hæc quæstio tanti esse non debebat, ut inter Catholicos idem sentientes pax dissiliret; erat tamen satis magni momenti, si spectetur hæreticorum ad accusandam Ecclesiam ingenium proclive. Cum enim Catholicis Sabellianismum affingere non desinerent, campum illis ad calumnias aperuisset unius hypostasis ad exemplum Sabellii confessio. Quare cum Epiphanio assentitur, necesse esse tres hypostases confiteri; nequaquam id necessarium esse putat, ut Catholicus aliquis habeatur, sed ut locus Arianorum calumniis non detur, addo etiam, ut servetur accepta a majoribus traditio.

3° Cum tanto animi ardore in id incumbit Basilius, ne unius hypostasis defensores cum Ecclesia Meletii conjungantur, seque adduci posse negat, ut Paulinum communionis sanctorum participem agnoscat; diligenter expendendum quid ei propositum fuerit. Non enim id agebatur, ut schismati Antiocheno finis imponeretur, et ad legitimum pastorem S. Meletium oves redirent. Si tanti commodi spes affulsisset, certo scio Basilium omnia paci et charitati posthabiturum fuisse, ac libenter suscepturum Paulini plebem et clerum, etiamsi unam hypostasim admitterent. Sed Paulini amicorum consilia omnia eo spectabant, ut Paulinus, excluso S. Meletio, solus Antiochiæ præesset. Hinc Basilius in eadem epist. 214, n. 1, adduci se posse negat, *ut aut Meletium ignoret, aut Ecclesiæ cui præest Meletius obliviscatur.* Non immerito ergo communionem cum Paulino ineundam negabat; quippe cum iniri non posset, quin Meletius rejiceretur, qui solus Antiochiæ legitimus erat episcopus. Eadem de causa Basilius (epist. 258, n. 3) leniter reprehendit in Epiphanio initam cum Paulini Ecclesia communionem : non quod unius hypostasis defensores excommunicandos et ab Ecclesia ejiciendos duceret; sed Epiphanii constantiam requirebat, qui cum tres hypostases necesse esse confiteri censeret, cum hominibus unam hypostasim profitentibus communicaverat, spreta et rejecta Meletii communione. Fecit eadem defendendi Meletii necessitas, ut unius hypostasis professio, quæ magno aliquo commodo compensata, levis visa esset, cum maximis in Meletium injuriis conjuncta, permagni esse momenti videretur. Neque etiam ab Arianorum calumniis valde metuendum fuisset, si una hypostasis, veluti nævus quidam tolerabilis et ignoscendus, veniam apud Catholicos habuisset, sed si summum honorem ac celebritatem adepta esset, ac magna Meletii Ecclesia pusillo Paulini conventui fuisset adjuncta, velut si flumen rivulo adjungatur; tunc Arianis patuisset latissimus ad calumniandum campus.

§ III.

I. *Vituperatus a nonnullis S. Basilius, quod Dei titulum Spiritui sancto non semper tribuerit.* II. *Hoc temperamento usus est, ut infirmis consuleret et Ecclesiam suam hæreticorum furori subtraheret.* III. *Neutrum prorsus vituperandum.* IV. *Objecta solvuntur.* V. *Basilius semper idem sentiens non semper eodem modo in hæreticis refellendis versatur.*

I. Nunc aliud reprehensionis genus, longe diversum superiori, propulsandum a S. Basilio. Quod enim interdum de sancto Spiritu sic disserit, ut nomen Dei non tribuat, id et nonnullis olim indignationem movit, nec desunt hodie qui Basilii hac in re fortitudinem animi et constantiam requirant. Prodiit paucis ab hinc annis opusculum quoddam, in quo de Basilii facto disseritur. Basilium reprehendit auctor opusculi, non tamen sine debita tanto doctori reverentia, quod animi moderationem et lenitatem longius produxerit. Existimat illius consilium non modo eos exitus non habuisse, quos sibi proponebat, ut placarentur Pneumatomachi, et reducerentur infirmi, sed etiam locum dedisse occultis hæreticis, qualis erat Eustathius Sebastenus, sese cum Basilio conjungendi; pluribus autem displicuisse non solum monachis, sed etiam episcopis ac ipsi S. Meletio. Negat idem scriptor certo constare an S. Athanasio probata fuerit Basilii agendi ratio : variam ea de re censet fuisse Gregorii Nazianzeni sententiam : ac ipsum etiam Basilium, cum videret se rem præclarissimam non facere, in gratiæ loco hoc petiisse a Spiritu sancto ejusque divinitatis defensoribus ; postea autem hoc temperamentum missum fecisse, quo nunquam usus est in defendendo consubstantiali. Nemo fere est qui tot rationum momentis undique exquisitis et comportatis, non prima specie manus dandas esse putet. Sed si singula vestigentur accuratius, aliud prorsus feretur de S. Basilio judicium.

II. Duabus potissimum de causis S. doctor Dei voce interdum in prædicanda S. Spiritus divinitate abstinuit. Prima erat, ut infirmis consuleret : altera ut furentibus hæreticis locum præriperet perturbandæ et vastandæ Cappadociæ.

Cum Tarsensis Ecclesia in Arianorum manus incidisset, catholici presbyteri cum episcopo hæretico communicare nolebant, ac seorsim, ut in pluribus aliis Ecclesiis factum est, plebem suam regebant. Sed inter eos exorta dissensio, ac Cyriaco presbytero, cujus fides in suspicionem venerat, alii presbyteri conditiones nonnullas ferebant, quibus ille assentiri nolebat. Consultus Basilius duas ea de re epistolas scripsit, alteram ad presbyteros Tarsenses, alteram ad ipsum Cyriacum. Demonstrat (epist. 113) presbyteris in eo statu res Ecclesiæ versari, ut nihil antiquius esse debeat, quam membra divulsa conjungere. *Fiet autem conjunctio,* inquit, *si velimus, quibus in rebus animas non lædimus, in his nos ad infirmiores accommodare. Cum igitur ora multa in Spiritum sanctum aperta sint, ac linguæ ad jaciendas in illum blasphemias sint exacutæ, rogamus vos ut, quantum in vobis est, ad parvum numerum blasphemantes redigatis; et qui Spiritum sanctum creaturam esse non dicunt, eos recipiatis in communionem, ut blasphemi relinquantur soli, ac vel pudore suffusi ad veritatem redeant, vel, si in peccato manent, auctoritate careant ob paucitatem. Nihil igitur amplius exposcamus : sed volentibus nobiscum conjungi fratribus fidem Nicænam proponamus : ac, si ei assentiuntur, illud quoque exigamus, Spiritum sanctum creaturam duci non oportere, et eos qui dicunt, recipi ab ipsis in communionem non debere. Nihil autem præter hæc exposcendum esse censeo.* Ipsum autem Cyriacum hortatur (epist. 114), ut fidem Nicænam profiteatur, nec ullam in ea vocem rejiciat, ac præterea Spiritum sanctum creaturam dici non debere, nec cum iis qui dicunt, communicandum esse declaret. Non probabat ergo Basilius hanc legem Cyriaco imponi, ut Dei nomen Spiritui sancto tribueret, modo rem hoc nomine significatam confiteretur.

Quod autem observari voluit ad sanandos et reducendos infirmiores, id ipse observavit, ut pravorum hæreticorum insidias Ecclesia Cæsariensis effugeret. Res a S. Gregorio Nazianzeno sic narratur, or. 20, p. 364 : Οἰκονομεῖν δὲ τοὺς λόγους ἐν κρίσει, τῶν ἀναγκαίων ἐνόμιζε, τῷ θείῳ Δαβὶδ περὶ τούτου συμβούλῳ χρώμενος, καὶ μικρὸν ὅσον τὸν τοῦ πολέμου καιρὸν διαφέρειν, καὶ τὴν τῶν αἱρετικῶν δυναστείαν, ἕως ὁ τῆς ἐλευθερίας ἐπιλάβοι καιρὸς, καὶ δῷ τῇ γλώσσῃ τὴν παρρησίαν. Οἱ μὲν ἐζήτουν λαβέσθαι γυμνῆς τῆς περὶ τοῦ Πνεύματος φωνῆς, ὡς εἴη Θεὸς (ὅπερ ὂν ἀληθὲς, ἀσεβὲς ἐκείνοις ὑπελαμβάνετο, καὶ τῷ κακῷ προστάτῃ τῆς ἀσεβείας), ἵνα τὸν

μὲν τῆς πόλεως μετὰ τῆς θεολόγου γλώσσης ὑπερ-
ορίσωσιν, αὐτοὶ δὲ κατασχόντες τὴν Ἐκκλησίαν, καὶ
τῆς ἑαυτῶν κακίας ὁρμητήριον ποιησάμενοι, ἐντεῦθεν τὸ λειπόμενον ἅπαν, ὡς ἔκ τινος ἀκροπόλεως
καταδράμωσιν. Ὁ δὲ ἐν ἄλλαις μὲν φωναῖς γραφι-
καῖς καὶ μαρτυρίαις ἀναμφιλέκτοις ταυτὸν δυναμέ-
ναις, καὶ ταῖς τῶν συλλογισμῶν ἀνάγκαις οὕτως
ἦγχε τοὺς ἀντιλέγοντας, ὥστε μὴ ἀντιβαίνειν ἔχειν,
ἀλλ' οἰκείαις συνδεῖσθαι φωναῖς, ἥπερ δὴ καὶ μεγί-
στη λόγου δύναμις καὶ σύνεσις· δηλώσει δὲ καὶ ὁ
λόγος ὃν περὶ τούτου συνέγραψε κινῶν τὴν γραφίδα,
ὡς ἐκ πυξίδος τοῦ Πνεύματος. Τὴν δὲ κυρίαν φωνὴν
τέως ὑπερετίθετο, παρά τε τοῦ Πνεύματος αὐτοῦ, καὶ
τῶν γνησίων τούτου συναγωνιστῶν χάριν αἰτῶν, τῇ
οἰκονομίᾳ μὴ δυσχεραίνειν, μηδὲ μιᾶς ἀντεχομένους
φωνῆς, τὸ πᾶν ἀπολέσαι δι' ἀπληστίαν, τῷ καιρῷ
παρασυρείσης τῆς εὐσεβείας. Αὐτοῖς μὲν γὰρ οὐδε-
μίαν εἶναι ζημίαν ὑπαλλαττομένων μικρὸν τῶν λέξεων, καὶ φωναῖς ἄλλαις τὸ ἴσον διδασκομένοις· οὐδὲ
γὰρ ἐν ῥήμασιν ἡμῖν εἶναι τὴν σωτηρίαν μᾶλλον ἢ
πράγμασι· μηδὲ γὰρ τὸ Ἰουδαίων ἔθνος ἀποβαλεῖν
ἄν, εἰ τὴν ἠλειμμένον φωνὴν ἀντὶ τῆς Χριστοῦ πρὸς
ὀλίγον ἐπιζητοῦντες, ἠξίουν μεθ' ἡμῶν τάττεσθαι·
τῷ δὲ κοινῷ μεγίστην ἂν βλάβην γενέσθαι, τῆς Ἐκκλησίας κατασχεθείσης· *Cæterum sermones cum
judicio disponere, de Davidis consilio et sententia* [6],
*necessarium esse judicabat, ac belli tempus, et hære-
ticorum principatum aliquantisper tolerare, quoad
libertatis tempus successisset linguæque libertatem
ac licentiam attulisset. Illi enim nudam et apertam
vocem de Spiritu sancto, quod Deus esset, arripere
studebant (quod quidem tametsi verum erat, impium tamen illis atque improbo impietatis antistiti
videbatur), ut eum quidem cum theologica lingua
civitate pellerent, ipsi autem Ecclesiam occuparent,
eamque sceleris sui propugnaculum efficerent, atque
hinc deinde, velut ex arce quadam, id omne, quod
reliquum erat, popularentur. At ille in aliis quidem
vocibus e Scriptura petitis, testimoniisque minime
dubiis eamdem vim habentibus, necessariisque argumentis, adversarios ita comprimebat, ut nullo modo
repugnare ac contra niti possent : sed, quæ maxima
sermonis virtus et prudentia est, propriis vocibus
constringerentur, quemadmodum is liber, quem hoc
argumento edidit, perspicue ostendet, in quo calamum quasi ex Spiritus pyxide movet. Sed tamen
propriam vocem interim usurpare differebat, tum ab
ipsomet Spiritu, tum a sinceris ipsius propugnatoribus in gratiæ loco hoc petens, ne hoc suo consilio
offenderentur ; nec committerent, ut dum unam voculam mordicus retinere conarentur, propter inexplebilem cupiditatem omnia perderent, convulsa nimirum turbulento tempore ac distracta pietate. Ipsos
enim nihil ex eo incommodi ac detrimenti accepturos,
si vocabula paulum immutarentur, modo aliis verbis
eadem docerentur (neque enim salutem nostram in*

[6] Psal. CXI, 5. [7] Rom. VIII, 28.

(5) Nyss., 1 Eunom. 314; Theodoret., lib. IV, c. 18.

*verbis potius quam in rebus consistere : quippe cum
ne Judæi quidem rejiciendi sint, si ad aliquod tempus pro Christo vocem Uncti sibi concedi postulantes,
in nostrum numerum atque ordinem ascribi velint) :
at reipublicæ non posse majorem perniciem ac pestem afferri, quam si Ecclesia ab hæreticis occupa-
retur.* In hac Basilii agendi ratione, sive infirmis
consulat, sive hæreticorum furori Ecclesiam suam
objicere caveat, haud equidem video quid reprehendi possit.

III. Quod spectat ad lenitatem in infirmos adhibitam : 1° nihil illa catholico dogmati, nihil usi-
tato ad exprimendum dogma sermoni nocebat.
Tutum erat dogma cum Nicænæ fidei professione,
tum iis quæ huic formulæ Basilius adjicienda ducebat. Quinetiam tota illa accommodatio eo spectabat, ut quamplurimi ad confitendam in Ecclesia
divinitatem sancti Spiritus allicerentur : nec sane
consentaneum erat (ep. 113), ut cum hæretici libenter in sua communione retinerent eos etiam qui
hæretice non sentiebant, Catholici a sua remove-
rent eos qui catholice sentiebant. Neque etiam de
catholici sermonis auctoritate quidquam detrahe-
batur. Etsi enim infirmis concedebatur ut Spiritum
sanctum non appellarent Deum, non tamen concedebatur ut hanc vocem damnarent, nec idcirco
illam alii Catholici usurpare et prædicare desine-
bant. Quare spes erat infirmos, dum quotidie in
Ecclesia Spiritum sanctum Deum appellari audiunt,
atque huic voci aures assuefaciunt, brevi inanem
illum scrupulum deposituros. Atque hæc maxime
spes Basilium fovebat. *Enimvero persuasum mihi est*,
inquit (ep. 113), *diuturniore inter nos consuetudine
ac mutua citra contentionem exercitatione, si quid
etiam amplius adjiciendum sit explanandi causa,
daturum id Dominum, qui ipsum diligentibus omnia
cooperatur in bonum* [7].

2° Non animadvertunt ii, quibus hæc agendi ratio non placet, magnum esse discrimen inter ea
quæ hæreticis ignave et turpiter, et ea quæ infirmis benigna quadam accommodatione concedun-
tur (5). Hoc tantum petebat a Basilio Modestus imperatoris nomine, ut unam vocem, nempe consubstantiale, e fidei symbolo tolli pateretur. At Basilius ne unam quidem syllabam sacrorum dogmatum prodi, nihil prorsus addi aut demi, ac
ne ipsum quidem formulæ ordinem mutari debere respondit. Idem tamen iis qui, cum catholice
sentirent, nondum Nicænam formulam recepterant,
benignæ excusationis veniam non denegabat, saltem in episcopatus primordiis, ut perspicitur ex
epist. 52. Aliud est enim infirmis unam aliquam
vocem remittere, aliud hæreticorum artibus aut
minis concedere ; ut ea vox e catholici sermonis
usu amandetur. Si concessum fuisset hæreticis ut
consubstantiale deleretur, triumphum illi egissent

ex Ecclesia, quæ non eos recepisse, sed ab eis recepta videretur ; quod quidem nunquam committendum esse merito docet Basilius in epist. 266. At iisdem redeuntibus sine consubstantialis professione, non tamen sine professione fidei hac voce contentæ; numerum filiorum suorum augebat Ecclesia, incolumi prorsus traditionis deposito.

3° Sententiæ suæ magnos ascriptores et imitatores habuit Basilius. Præter Athanasium, qui Basilii factum probavit et defendit, ut modo videbimus, Basilium imitatur Gregorius Nazianzenus in oratione 44, p. 710, ubi sic loquitur : Συμϐῶμεν ἀλλήλοις πνευματικῶς· γενώμεθα φιλάδελφοι μᾶλλον ἢ φίλαυτοι. Δότε τὴν δύναμιν τῆς θεότητος, καὶ δώσομεν ὑμῖν τῆς φωνῆς τὴν συγχώρησιν· ὁμολογήσατε τὴν φύσιν ἐν ἄλλαις φωναῖς, αἷς αἰδεῖσθε μᾶλλον· καὶ ὡς ἀσθενεῖς ὑμᾶς ἰατρεύσομεν, Ἔστιν ἃ καὶ τῶν πρὸς ἡδονὴν παρακλέψαντες. Αἰσχρὸν μὲν γὰρ, αἰσχρὸν καὶ ἱκανῶς ἄλογον, κατὰ ψυχὴν ἐῤῥωμένους, μικρολογεῖσθαι περὶ τὸν ἦχον, καὶ κρύπτειν τὸν θησαυρὸν, ὥσπερ ἄλλοις βασκαίνοντας, ἢ μὴ καὶ τὴν γλῶσσαν ἁγιάσῃτε δεδοικότας· αἴσχιον δὲ ἡμῖν ὃ ἐγκαλοῦμεν παθεῖν, καὶ μικρολογίαν καταγινώσκοντας, αὐτοὺς μικρολογεῖσθαι περὶ τὰ γράμματα. Μιᾶς θεότητος, ὦ οὗτοι, τὴν Τριάδα ὁμολογήσατε, εἰ δὲ βούλεσθε, μιᾶς φύσεως· καὶ τὴν Θεὸς φωνὴν παρὰ τοῦ Πνεύματος ὑμῖν αἰτήσομεν. Δώσει γὰρ, εὖ οἶδα, ὁ τὸ πρῶτον δοὺς καὶ τὸ δεύτερον, καὶ μάλιστα, εἰ δειλία τις εἴη πνευματικὴ, ἀλλὰ μὴ ἔνστασις διαβολικὴ τὸ μαχόμενον. Ἔτι σαφέστερον εἴπω καὶ συντομώτερον, μήτε ὑμεῖς ἡμᾶς εὐθύνητε τῆς ὑψηλοτέρας φωνῆς (φθόνος γὰρ οὐδεὶς ἀναϐάσεως), οὔτε ἡμεῖς τὴν ἐφικτὴν τέως ὑμῖν ἐγκαλέσομεν, ἕως ἂν καὶ δι' ἄλλης ὁδοῦ πρὸς τὸ αὐτὸ φέρησθε καταγώγιον· οὐ γὰρ νικῆσαι ζητοῦμεν, ἀλλὰ προσλαϐεῖν ἀδελφούς, ὧν τῷ χωρισμῷ σπαρασσόμεθα · *Verum spiritualiter inter nos hanc controversiam transigamus: fraternæ potius charitatis studium, quam nostri amorem præ nobis feramus. Vim divinitatis ac potentiam nobis date, et nos vicissim divinitatis vocem vobis concedemus. Naturam aliis vocibus, quibus plus tribuitis, confiteamini : ac vos, ut infirmos curabimus, nonnulla vobis grata et jucunda suffurantes. Etenim turpe quidem illud est, turpe, inquam, ac perabsurdum, cum animo optime valeatis, circa vocis sonum jejunos et minutos vos præbere, ac thesaurum occultare, quasi aliis eum invidentes aut metuentes, ne linguam quoque vestram sanctificetis; turpius autem nobis est eodem vitio teneri, quod vobis objicimus, atque, cum anxiam vestram de minutis rebus contentionem damnemus, litterarum tamen minutias anxie urgere. Trinitatem, o viri, unius deitatis esse fateamini, aut, si magis placet, unius naturæ : atque hanc vocem, Deus, a Spiritu vobis postulabimus. Dabit enim profecto secundum, qui primum dedit, idque potissimum, si id de quo pugnatur, spiritualis quædam timiditas fuerit, ac non diabolica contentio. Atque, ut apertius et compendiosius loquar, sic inter nos agamus, ut nec vos, sublimioris vocis*

ergo, nos in crimen vocetis (nec enim invidia et reprehensione premi debet hujusmodi ascensus), nec nos vicissim eam vocem, cujus modo capaces estis, vobis objiciemus : quandiu alio itinere ad idem hospitium feremini. Non enim victoriam ambimus, sed ut fratres, quorum separatione distorquemur, ad nos redeant, laboramus. Hæc Gregorius disserebat Constantinopoli : ejusque animi moderationem paulo post ipsa synodus Constantinopolitana judicii sui auctoritate comprobavit, quæ Dominum appellavit Spiritum sanctum, sed ut iis consuleret, quorum animis scrupulus, subabsurdus ille quidem, sed tamen ignoscendus insidebat, Dei vocem in symbolum inserendam esse non censuit.

Sed forte indulgentia in infirmos ipsa humanitatis specie placebit, at minus considerata, nimiumque remissa videbitur Basilii cum improbis hæreticis agendi ratio. Sed tamen si alterum probetur, alterum improbari non potest. Nam cum Arianis aditum in Cappadociam hoc temperamento intercluderet Basilius, tunc, si unquam alias, plurimis infirmis consulebat, quos persecutio in maximum periculum conjecisset. Deinde vero non indigna res erat charitate Basilii, ne furentibus quidem hæreticis amplius quidquam proponere, quam quod omnino necessarium ad catholicum dogma judicabat?

Illud autem in primis observandum est, nequaquam commisisse Basilium, ut Dei nomen Spiritui sancto in Ecclesia tribui desineret, sed sæpe illi hunc titulum et per se et per alterum seipsum, Gregorium Nazianzenum, tribuisse. Id testatur Gregorius Nazianzenus, qui his, quæ modo retulimus, statim addit (p. 364) : Ἐπεὶ ὅτι γε παντὸς μᾶλλον ᾔδει τὸ Πνεῦμα Θεὸν, δῆλον μὲν ἐξ ὧν καὶ δημοσίᾳ τοῦτο πολλάκις ἐκήρυξεν, εἴ ποτε καιρὸς ἦν, καὶ ἰδίᾳ τοῖς ἐρωτῶσι προθύμως ἀνωμολόγησε, σαφέστερον δὲ πεποίηκεν ἐν τοῖς πρὸς ἐμὲ λόγοις, πρὸς ὃν οὐδὲν ἀπόῤῥητον ἦν αὐτῷ περὶ τούτων κοινολογουμένῳ, μηδὲ ἁπλῶς τοῦτο ἀποφηνάμενος, ἀλλ', ὃ μηδέπω πρότερον πολλάκις πεποίηκεν, ἐπαρασάμενος ἑαυτῷ τὸ φρικωδέστατον, αὐτοῦ τοῦ Πνεύματος ἐκπεσεῖν, εἰ μὴ σέϐοι τὸ Πνεῦμα μετὰ Πατρὸς καὶ Υἱοῦ ὡς ὁμοούσιον καὶ ὁμότιμον. Εἰ δέ μέ τις δέξαιτο κοινωνὸν ἐκείνου κἂν τοῖς τοιούτοις, ἐξαγορεύσω τι καὶ τῶν τοῖς πολλοῖς τέως ἀγνοουμένων, ὅτι τοῦ καιροῦ στενοχωροῦντος ἡμᾶς, ἑαυτῷ μὲν οἰκονομίαν ἐπέτρεψεν, ἡμῖν δὲ τὴν παῤῥησίαν, οὓς οὐδεὶς ἔμελλε κρίνειν. οὐδὲ ἀποϐάλλειν τῆς πατρίδος ἀφανείᾳ τετιμημένους, ὡς ἐξ ἀμφοτέρων ἰσχυρὸν εἶναι τὸ καθ' ἡμᾶς Εὐαγγέλιον· *Nam quod alioqui melius quam quivis alii, Spiritum sanctum Deum agnosceret, cum ex eo perspicue constat, quod et hoc sæpe de loco superiore, quoad per tempus licebat, prædicavit, et privatim apud eos, a quibus interrogabatur, haud cunctanter confessus est : tum vero in suis ad me sermonibus apertius id demonstravit (neque enim quidquam unquam, cum de his rebus mecum colloqueretur, animo tectum occultumque habuit) non simpliciter hoc affirmans, sed, quod antea ipsi perraro accideral, sibi rem omnium maxime horrendam imprecatus, nempe ut ab ipso Spiritu excideret, nisi cum Patre et Filio Spiritum, ut consubstantialem et honore parem, veneraretur. Quod si quis me in tantis quoque rebus, illius socium admiserit, aliquid, quod plerisque incognitum ante fuit, evulgabo. Nam cum tempus in summas angustias nos redigeret, hanc ipse rationem inibat, ut sibi quidem œconomiam, nobis autem, quos ob nominis obscuritatem nemo in judicium adducturus, patriaque ejecturus esset, loquendi libertatem committeret. Atque ita Evangelium nostrum firmum et validum erat, utriusque præsidio suffultum.*

IV. Jam vero perfacile refelluntur quæ eruditum opusculi auctorem detinuerunt, quominus sancti Basilii agendi rationem probaret. Quod ait consilium illius nec ad reducendos infirmos, nec ad placandos Pneumatomachos profuisse, fateor me nescire ex quibus id fontibus hauserit. Quis enim ei dixit pacem inter presbyteros Tarsenses Basilii opera restitutam non fuisse? quis ei dixit nullum exitum habuisse susceptos ab eo labores, ut, quotquot catholice sentiebant, eos in unam consensionem ac communionem adduceret; cum præsertim in epist. 69, ad sanctum Athanasium, spem hujus consilii ad exitum perducendi præ se ferat : in alia autem ad eumdem Athanasium (ep. 82) aliquanto post scripta declaret, quidquid circa fidem sanum est in Cappadocia et vicinis locis vere ad eorum, qui idem sentiunt, communionem et unitatem propendere? Quod spectat ad Pneumatomachos, semper illi quidem bellum inexpiabile cum Basilio gessere, sed tamen certa et explorata res est, gravissimas eum procellas a Cappadocia propulsasse, non solum magnis præliis sustinendis, sed etiam prudenti secessu, cum hæreticorum insidias anno 371 declinavit. Erant enim in insidiis collocati, ut una voce ex ejus ore arrepta, impetum in Ecclesiam facerent. Quare ite ac tanta prælia non certasset Basilius, nisi cauta et provida consilia præcessissent : non tot fulsissent miracula, non Cappadociam Valens unam ex omnibus provinciis eximiam habuisset, si Basilium non plus movisset Ecclesiarum utilitas, quam calidiorum ingeniorum querelæ.

Non tutiori fundamento nititur quod ait idem scriptor, occultos hæreticos, qualis erat Eustathius, hac Basilii accommodatione et facilitate usos esse, ut sese cum eo conjungerent, ac gravissimis postea illum calumniis vexarent. Jamdudum conjunctissime cum Eustathio et amantissime vixerat Basilius, antequam hæc de Spiritu controversia prodiret. Non multo post exortam hanc controversiam dissiluit eorum amicitia, propterea quod Basilius, etsi in probanda et periclitanda hominum suspectorum fide morosus non erat, ita tamen in constringendo et firmissimis nodis tenendo Eustathio cautus fuit, ut cum iste hæc vincula effugere non posset, odium et iracundiam in Basilium palam et aperte evomuerit. Basilii ergo lenitas in defendenda Spiritus divinitate nequaquam Eustathium cum eo conjunxit, sed potius summa in hoc dogmate tuendo constantia disjunxit.

Formula autem, cui subscripsit Eustathius, non solius Basilii, sed etiam Theodoti et Meletii opus est; et cum temperamento et accommodatione non careat, nec Spiritum sanctum appellet Deum, quis credat cum opusculi auctore, Basilium propterea Theodoto et Meletio in offensionem venisse, quod Dei nomen interdum Spiritui sancto non tribueret? Magnæ profecto exstiterunt Theodoti Nicopolitani in Basilium injuriæ (ep. 99); sed illius morositatis causa, Basilii communio cum Eustathio, non vocis unius prætermissio. Metuit aliquandiu Basilius ne S. Meletio, in iis quæ ad Eustathium spectabant, parum æquo uteretur. Sed statim atque in Armeniam profectus, consilii sui rationem sancto exsuli exposuit, summam illius æquitatem expertus est. Quod autem egerat in defendenda Spiritus divinitate, nunquam id ei aut apud alium episcopum purgandi sui laborem attulit.

Auctor opusculi non solum adversarios affingit Basilio, qui nulli exstitere; sed etiam quos habuit defensores, ab eo avellere conatur, S. Athanasium et S. Gregorium Nazianzenum : ac de altero quidem dubitat, an factum Basilii aliquando probaverit, alterum non semper probasse contendit. Equidem non video quid nobis relictum sit, quo nitamur in rebus criticis, si Basilio patrocinium eripiatur S. Athanasii. Exstant duæ illius epistolæ in Basilium perhonorificæ, altera ad Palladium, altera ad Joannem et Antiochum. In utraque Basilium defendit, accusatum a monachis Cæsariensibus, quod in dogmatis defensione remissius aliquid egisset. Unde Athanasius ait : *Si suspectus esset Basilius in iis quæ ad veritatem spectant, laudabilem fore eorum contentionem.* Declarat eum *magis pro veritate certare, et eos qui doctrina egent edocere.* Hortatur monachos, *ut, respicientes ad propositum veritatis illius et œconomiam, glorificent Dominum,* etc. Quænam illa œconomia, quæ monachis Basilii accusandi materiam dedit? quodnam dogma visus est remissius defendere? Nihil sane reperias præter quæstionem de Spiritu sancto. Huc accedit testimonium Gregorii Nazianzeni, cujus ex epistola 27 discimus Basilium, cum die festo S. Eupsychii Deum non appellasset Spiritum sanctum, monachorum querelas in se concitasse. Res ergo et personæ congruunt. Ipsum etiam congruit tempus. Nam Basilius hac usus est œconomia, ac in has incurrit criminationes, antequam sanctus Athanasius e vita migrasset, nempe anno 371.

Quod spectat ad S. Gregorium Nazianzenum, tempus assignari posse non puto, quo factum amici probare desierit. Hanc enim illius animi moderationem, et vivente ipso et mortuo, laudavit, nec laudavit solum, sed etiam imitatus est. Ubi primum accusatus est in quodam convivio Basilius, exarsit in illius reprehensorem indignatio Gregorii.

Postquam venit Constantinopolim Gregorius (6), ut ibi catholicam fidem pene exstinctam exsuscitaret, non solum in refellendis hæreticis acrem se et indefessum præbuit, sed etiam in sanandis exemplo Basilii infirmis lenem et moderatum, ut declarat illius testimonium, quod ex oratione 44 deprompsimus. Reversus Constantinopoli orationem habuit in laudes Basilii, in qua inter alia illius præclare facta prudentem illam molestissimo tempore accommodationem recenset.

Temperamentum a Basilio adhibitum eo etiam nomine minus probatur, quod suum ipse consilium repudiaverit, nec quidquam simile in defendendo consubstantiali commiserit. Utrumque sua ponte refellitur. Nullum inconstantiæ vestigium hac in re neque in operibus Basilii, neque apud Gregorium Nazianzenum, qui non tam multam operam in defendendo amico insumpsisset, si sui illum facti credidisset pœnituisse. Ipsum etiam consubstantiale infirmioribus animis condonavit Basilius, ut supra diximus.

V. Atque ut tota illius in ejusmodi rebus agendi ratio perspiciatur, abs re non erit breviter exponere, quid ab hæreticis redeuntibus aut ab hominibus suspectis pro temporum varietate postulaverit. Sanæ doctrinæ Basilius ab infantia ad extremum usque spiritum retinentissimus fuit: nunquam in ejus cor ulli sermoni a sana doctrina alieno patuit aditus; nulla illi sententiæ mutatio affingi poterat; sed tamen accepta a teneris doctrinæ semina fatetur ipse usu crevisse (ep. 204, n. 6, p. 306; ep. 223, n. 3, p. 338). In iis autem quæ usu et exercitatione illi accesserunt, numerari potest quædam in dignoscendis hæreticorum cavillationibus prudentia, quæ cum in horas mutari solerent, non uno et eodem modo caveri debuerunt. In ea rerum perturbatione, quam Arianorum de simili et dissimili tricæ induxerunt anno 360, nec simile nec dissimile placebat Basilio, sed identitatem naturæ et consubstantiale profitebatur (ep. 8, p. 82). Postea rebus mutatis, cum jam ab Arianorum perfidia non tanta essent pericula, simile secundum essentiam suscipiebat Basilius, modo illud adderetur, *citra ullam differentiam*; secus vero hanc vocem suspectam existimabat (ep. 9, n. 3). Atque hæc quidem Basilius non sua causa statuebat (ipse enim consubstantiale profitebatur), sed si qui suspecti essent, satis esse putabat ad eorum fidem purgandam, ut simili secundum essentiam adderent illud *citra ullam differentiam* (ibid.). Ex quo illud etiam perspici potest, Basilium nemini necessitatem imposuisse consubstantialis profitendi. Neque id mirum videri debet. Nam cum epistolam nonam scriberet, ex qua hæc desumpsimus, communione et amicitia conjunctus erat cum Silvano Tarsensi et pluribus aliis episcopis, qui, etsi fidem Nicænam acerrime defenderent, nondum tamen consubstantialis vocem palam et aperte receperant. Notum est omnibus quanta lenitate Athanasius et Hilarius cum ejusmodi hominibus agendum censuerint.

Videntur consubstantiale nondum recepisse qui fidei confessionem e Scripturis depromptam (tom. II, p. 223), ἔγγραφον ὁμολογίαν, a Basilio petierunt. Unde Basilius eorum consulens infirmitati promittit se non usurum *nominibus et verbis, quæ ipsis litteris et syllabis non reperiuntur quidem in divina Scriptura, sed tamen insitam Scripturæ sententiam servant*. In fidei confessione, quam ad eos misit, consubstantiale non adhibuit (p. 224): quod quidem Basilius cum metueret ne reprehenderetur, declarat idem sibi propositum non esse ac in aliis operibus; aliud enim esse hæreticos refellere, aliud sanam fidem simpliciter exponere (p. 225).

Non deerant initio episcopatus Basilii, qui consubstantiale nondum recepissent. Hos Basilius partim vituperandos, partim venia dignos judicat (ep. 52, n. 1, p. 145). Sed ejusmodi homines perpauci videntur fuisse. Nam post concilium Tyanense plerique consubstantiali manus dederunt, exceptis triginta quatuor Asianis episcopis, quos minime mirum est communi consilio obstitisse (7). Erat enim hæc regio sic emancipata errori, ut gratias Deo habendas existimet Basilius, *si qui omnino in Asiano tractu extra labem hæreticorum sint*. Sensim itaque evenit, ut ex iis qui catholice sentiebant vix quisquam consubstantiale non admitteret (ep. 331). Postquam autem grassari cœpit hæresis Pneumatomachorum, tum vero non modo nihil amplius detractum est de fide Nicæna, sed etiam aliquid visum est huic formulæ addendum. Basilius Cyriacum Tarsensem presbyterum hortatur (ep. 114, p. 207), ut fidem Nicænam recipiat, nec ullam in ea vocem rejiciat; imo huic fidei addat *Spiritum sanctum dici creaturam non oportere, nec cum iis qui dicunt communicandum*. Non multo post Basilius, re cum sancto Meletio et Theodoto deliberata, illud etiam Eustathio præscripsit (ep. 125, p. 216), ut Spiritum sanctum itidem ut Patrem et Filium glorificaret: atque hanc glorificationem deinceps, ut rem necessario addendam synodo Nicænæ, proposuit, ut perspici potest ex epistolis 175 et 258, n. 2. Nihil magis incendit Pneumatomachos, quam hæc Spiritus glorificatio cum Patre et Filio. Sed Basilius declarat (*De Spir. S.* c. 29, p. 65) se nec gladii nec ignis metu usitatam constanti traditione glorificationem relicturum. Hoc tantum eis concedit (ib. c. 25, p. 54) ut quamvis præpositio *cum* aptior sit ad glorificationem persolvendam, si tamen uti malint conjunctione, etc., ut in baptismo, id eis, nemine repugnante, liceat.

---

(6) Naz., ep. 27.

(7) Sozom., lib. VI, c. 12.

§ IV.

I. *Celeberrimum S. Basilii de processione Spiritus ex Filio testimonium refertur.* II. *Græcorum scriptura magnis incommodis laborat.* III. *Latinorum lectio apte cum Basilii doctrina, necessario cum ejus ratiocinatione cohæret.* IV. *Latinorum causa codicum mss. auctoritate defenditur.*

I. Exstat initio libri tertii *Adversus Eunomium* insignis locus, qui cum manifestum habeat de Spiritus ex Filio processione testimonium, si sine lituris ac sine additamentis legatur, gravissimæ Græcos inter et Latinos controversiæ materiam dedit. Defendit hoc catholicæ veritatis præsidium R. P. Ludovicus Vallée, emeritus theologiæ professor ac bibliothecæ Sanctæ Genovefæ præfectus, in erudita dissertatione, anno 1721 Parisiis edita apud Delaunay, via Jacobæa. Nihil potius aut melius facere possint, qui rem omnibus vestigiis indagare volunt, quam si eximium illud opus accurate perlegant : quod quidem cum omni argumentorum genere ita cumulatum et illustratum sit, ut nec dubitandi nec addendi locum relinquat, cumque non incommode cum nostris S. Basilii voluminibus compingi possit; libenter sane conticescerem. Sed quia celeberrimus Basilii locus in hac nova editione ita prodiit, ut in codicibus mss. hac in urbe exstantibus legebatur, non ut aliorum codicum longe plurium longeque antiquiorum auctoritas, ac ipsius sententiæ series et junctura postulabant, operæ pretium est huic incommodo mederi, et ex memorata dissertatione in gratiam eorum, quibus ad ipsum fontem adire non vacat, nonnulla derivare.

Ut facilius perspiciatur quid Græci, quid Latini in testimonio Basilii probent aut rejiciant, uncinis includemus quæ a Græcis addita Latini queruntur, asteriscis vero quæ a Latinis propugnata Græci aversantur.

Initio libri tertii proponit Basilius hanc Eunomii blasphemiam ita loquentis : *Cum autem hæc nobis de Unigenito sufficiant, consequens fuerit, ut jam de Paracleto quoque dicamus, non vulgi opiniones temerarias secuti, sed sanctorum in omnibus doctrinam servantes : a quibus cum didicerimus eum dignitate et ordine tertium, tertium quoque natura esse credimus.*

Sic respondet Basilius : *Quod igitur non putet oportere in simplici ac nuda multorum fide permanere, sed artificiosis quibusdam ac captiosis rationibus veritatem rursus ad id quod sibi videtur, detrudere, satis ex iis quæ dixit ostendit. Nam multorum opinione contempta, qua Spiritum sanctum glorificant, simulat tenere se sanctorum doctrinam : at eos qui eam ipsi tradiderunt, tacet, etiam nunc eadem faciens quæ, dum de Unigenito dissereret, fecisse convictus est. Deinde dicit a sanctis quidem se didicisse, tertium esse ordine et dignitate Spiritum, a seipso autem credere, naturam quoque tertium esse. Qui vero sint sancti illi, et in quibus scriptis hanc doctrinam ediderint, dicere non potest. Fuitne unquam homo sic audax in inducendis divinorum dogmatum innovationibus? Cur enim necesse est, si dignitate ac ordine tertius est Spiritus, natura quoque tertium esse? Dignitate quidem secundum esse a Filio,* ut qui esse ab illo habeat, et ab ipso accipiat, et annuntiet nobis et omnino ex illa causa pendeat* tradit [fortasse] pietatis sermo. At natura tertia uti, neque ex sanctis Scripturis edocti sumus, neque ex Scripturæ dictis consecutione ulla colligi potest.*

Quemadmodum enim Filius ordine quidem secundus a Patre est, quoniam ab illo est, et dignitate, quia origo ejus et causa est, quatenus est illius Pater, et quoniam per ipsum accessus aditusque est ad Deum et Patrem; non autem natura secundus, quoniam deitas in utroque una est : ita profecto et Spiritus sanctus, etsi tum ordine tum dignitate secundus est a Filio, [ut hoc etiam omnino concedamus,] tamen non jure sequi ut alienæ sit naturæ, inde patet, etc.

Tum Basilius, argumento ex angelis petito, quorum diversi ordines et dignitatis gradus, nec tamen diversa natura, sic concludit : *Sic profecto et Spiritus sanctus : etsi dignitate inferior est atque ordine [ut aiunt]; accepimus enim ipsum, [inquit,] tertium a Patre et Filio numeratum; cum Dominus ipse in traditione salutaris baptismatis tradiderit ordinem, his verbis :* (Euntes baptizate in nomine Patris et Filii et Spiritus sancti;) *at in quamdam naturam tertiam a Filio et Patre ejectum eum fuisse nusquam didicimus.*

Non difficile est animadvertere illud Græcis maxime molestum esse, quod Spiritus S. a Filio esse habere dicitur : iisdem autem plurimum placere, quæcunque uncinis inclusa eo spectant, ut Basilius non asseveranter pronuntiare, sed velut hæsitans concedere videatur Spiritum ordine et dignitate minorem Filio esse. Vident enim, si id Basilius asseveret, inde sequi ut Spiritum ex Filio procedere crediderit. Sed hæc scriptura, quam Græci per fas et nefas defenderunt, longe alteri posthabenda, sive interiora quædam indicia spectentur, ut consensus cum Basilii cæterorumque Patrum doctrina, et sententiæ ipsius series et continuatio ; sive ex antiquorum codicum mss. numero et auctoritate res dijudicetur. Utrumque argumentum breviter explanabimus, his qui uberiorem hujus quæstionis cognitionem percipere volent, ad supra dictam dissertationem dimissis.

II. Inest sane magnum hoc vitium lectioni Græcorum, quod Basilium inducat de re omnibus testata, et ab ipso Basilio sæpe confirmata turpiter dubitantem. Quid enim absurdius, quam Filium Patre minorem ordine et dignitate asseverare, Spiritum Filio minorem ordine et dignitate dicere non audere? Hoc profecto non cadebat in Basilium, qui conceptis verbis docet in libro *De Spiritu sancto*, cap. 17, eumdem ordinem intercedere inter Spiritum ac Filium, ac inter Filium et Patrem : *Ut se habet Filius ad Patrem,* inquit, *sic ad Filium Spiritus secundum verbi Dei ordinem in baptismo traditum.* Ridiculam ergo formidinem Basilio affingit illud, *fortasse*, ac illud, *ut hoc etiam omnino concedamus*, et infra, *ut aiunt*. Huic rationi non parum addit momenti quod ait Basilius Eunomium etiam nunc eadem facere, *quæ dum de Unigenito dissereret, fecisse convictus est*. Indicat enim Basilius his verbis initium libri primi, ubi nudat artificia Eunomii, qui cum *piam traditionem, Patrum fidem*, rejecta multitudinis opinione apposuisset, statim de suo impietatem et blasphemiam addebat. Sic ergo illum interrogat Basilius : in hac fide *ubinam scriptum est, Credimus ingenerationem esse essentiam Dei universorum; aut, Credimus Unigenitum essentia dissimilem esse Patri?* Demonstrat eum sic aperte loqui debuisse, non insidias lectoribus struere, *et opinioni suæ velut hamo ad mortem trahenti simplicitatem fidei, ceu escam quamdam circumdare, ut imperiti ad id quod apparet festinantes, incaute impietatis scelere transfigantur*. Cum ergo Eunomium Basilius disputare incipientem de Spiritu, eadem facere dicat, *quæ dum de Unigenito dissereret, fecisse convictus est*; necesse est ut in utroque loco principia illa, quæ impietati mox efferendæ velut escam hamo prætendebat, nec dubia visa fuerint nec incerta Basilio.

In eo etiam secum aperte pugnat Basilius, si Græcorum scriptura recipiatur, quod postquam ab Eunomio auctores doctrinæ celari dixit, ipsum Eunomium hanc doctrinam ex Christi verbis repetere asserat. *Simulat se servare doctrinam sanctorum; at eos qui illam ipsi tradiderunt tacet.* Et infra : *Accepimus enim ipsum, inquit, tertium a Patre et Filio numerari : cum Dominus ipse in traditione salutaris baptismatis tradiderit ordinem, his verbis :* « *Euntes baptizate* [7], » etc. Licet ergo oculis ipsis cernere perfidas manus, quæ hunc locum corruperunt. Nihil enim magis repugnat, quam ut Eunomium Basilius auctores hujus doctrinæ tacuisse dicat, quem tamen eamdem doctrinam Christi verbis acceptam fateatur retulisse. Delendum ergo illud, *inquit*, ac manifestum est non Eunomium hic loqui, sed Basilium qui Eunomii verba non solet in suam orationem intexere, nisi postquam ea ordine suo retulit. At verba modo citata nusquam refert Basilius ut Eunomii verba, nec profecto referre potuit.

Jam vero, si hæc spuria sunt, sequitur genuina esse quæ in lectione Græcorum desunt de processione Spiritus ex Filio. Eadem enim manu facinus utrumque commissum, nec alio consilio assuta dubitationis indicia, nisi ut minus miraremur Basilium, qui de Filio disserens, accurate explicat, quo sensu minor sit ordine et dignitate, non idem etiam de Spiritu disserentem fecisse. Erat enim hæc explicatio prorsus necessaria asseveranti Spiritum ordine et dignitate minorem esse Filio ; dubitanti et hæsitanti minus necessariam Græci existimarunt.

Antequam veniam ad propugnatam a Latinis lectionem, libet aliud additamentum animadvertere in his verbis : Τίνες δὲ οἱ ἅγιοι καὶ ἐν ποίοις λόγοις τὴν διδασκαλίαν πεποίηνται, εἰπεῖν οὐκ ἔχει· *Qui vero sint sancti illi, et in quibus scriptis hanc doctrinam ediderint, dicere non potest*. Hæc verba, εἰπεῖν οὐκ ἔχει, *dicere non potest*, quæ ex quatuor Regiis mss. eruta sunt, in tribus autem aliis et in antiquis editionibus desunt, manifestum habent perfidiæ et corruptelæ indicium. Quis enim credat Basilium ita in ecclesiastica traditione hospitem et peregrinum fuisse, ut cum ipse Filium ordine et dignitate minorem pronuntiet, illius doctrinæ, quæ de Spiritu idem tradit, auctores nullos ab Eunomio citari posse diceret? Sive Basilii sunt, quæ infra leguntur, *Cum Dominus ipse in traditione salutaris baptismatis tradiderit ordinem*, etc., ipsum Dominum agnoscit Basilius hujus doctrinæ auctorem, nedum auctores nullos proferri posse existimet. Sive Eunomio tribuenda hæc verba ; non laborat auctorum doctrinæ suæ penuria, qui ipsum Dominum citat auctorem. Mendose ergo in hanc novam editionem irrepserunt hæc verba : sed tamen non parum prosunt ad demonstrandam Græcorum in hoc Basilii contextu adulterando audaciam.

Assentiri enim non possum erudito dissertationis auctori, qui Basilium putat ad impiam Eunomii de tertia substantia sententiam respicere, dum ait : *Simulat se servare sanctorum doctrinam, at eos qui eam ipsi tradiderunt, tacet*. Distinguit enim accurate Basilius ea quæ Eunomius *a sanctis se didicisse* aiebat, nempe, *tertium esse ordine et dignitate Spiritum*, ab iis quæ se *a seipso credere* fatebatur, nempe, *natura quoque tertium esse*. Quod ergo addit Basilius, *Quinam autem sancti illi, et quibus in scriptis hanc doctrinam edidere?* id prorsus immerito referretur ad ea quæ se Eunomius *a seipso credere*, non *a sanctis accepisse* aiebat. Quare cum eum sic interrogat Basilius : *Quinam autem sunt sancti illi, et quibus in scriptis hanc doctrinam edidere?* non obscure declarat Eunomium callide reticuisse sanctorum testimonia ac præsertim Christi verba, ex quibus Spiritum sanctum ordine tertium esse colligitur, quia, cum hæc verba Spiritus sancti divinitatem evidenter astruant, si ea retulisset Eunomio, manifestior exstitisset eorum, quæ de suo statim addebat, impietas.

III. Scriptura, quam defendunt Latini, non solum apte et commode cum tota Basilii doctrina, sed etiam necessario cum illius ratiocinatione ejusque argumentis cohæret. Spiritum ex Patre et Filio procedere vel hoc unum testimonium demonstrare possit, quod sub finem libri II *in Eunomium* habemus. Nam cum Eunomius impie Filium creaturam Patris, Spiritum creaturam Filii vocaret, Basilius impietatem illius perhorrescit, quod creaturam diceret Spiritum sanctum : ac deinde illum sic arguit,

---

[7] Matth. xxviii, 19.

quod Spiritus originem non Patri et Filio, sed soli Filio attribueret. *Illud vero,* inquit (p. 270), *cui non patet, quod nulla Filii operatio a Patre divisa sit, nec quidquam sit in rerum natura, quod ad Filium pertineat, et a Patre alienum sit?* « *Omnia enim,* inquit, *mea tua sunt, et tua mea*[a]. » *Quomodo igitur Spiritus causam Unigenito soli attribuit, et ad ejus accusandam naturam illius creationem usurpat?* Luce clarius est Basilium inter et Eunomium convenisse, Spiritus originem Filio attribuendam, sed in eo controversiam exstitisse, quod Eunomius soli Filio attribueret, Basilius Patri et Filio. Sententiam suam Basilius non perfunctorie probat. Contendit duo fore principia, si Spiritus origo soli Filio tribuatur. Demonstrat eum non dirimendum esse a Patre, cum et Apostolus conjuncte Spiritum Christi et Spiritum Dei Patris appellet; *ac Dominus Spiritum veritatis dicat* (est enim ipse Christus *veritas*) *et de eo dicat : A Patre procedit.*

Neque etiam obscure perspicitur Basilii sententia ex his verbis epist. 52, n. 2 : *Non enim quæ fratrum inter se cognationem habent, dicuntur consubstantialia, id quod quidam existimant, sed cum causa et id quod ex causa exsistentiam habet, ejusdem sunt naturæ, consubstantialia dicuntur.* Manifesta est et aperta conclusio, quam theologi ex his verbis deducunt. Nam si ea tantum dici debent consubstantialia, quorum alterum ex altero originem habet, non potuit Spiritus tot locis apud Basilium consubstantialis Filio dici, nisi cum ex Filio originem habere constaret. Equidem hoc testimonium paulo aliter interpretatus sum ac Petavius; sed nihil de argumenti pondere decedit. In ea enim, quam infra afferam, interpretatione negat Basilius ea tantum dicenda consubstantialia, quæ fraterna tenentur cognatione, ut nonnulli existimabant; sed tunc etiam hanc vocem congruere contendit, *cum causa et id quod ex causa exsistentiam habet, ejusdem sunt naturæ.* Ex quo patet Basilium inter et adversarios convenisse, Filium ex Patre, Spiritum ex Patre et Filio exsistentiam habere, ejusdemque esse naturæ, sed isti, quanquam erant Catholici, nec Filium Patri, nec Spiritum Patri et Filio consubstantialem dicere volebant, quia videbatur eis illa vox minus convenire, *cum causa et id quod ex causa exsistentiam habet, ejusdem sunt naturæ.*

In eadem epistola Basilius sanctum et inviolabilem esse contendit ordinem personarum, *quem in Evangelio didicimus a Domino dicente :* « *Euntes baptizate in nomine Patris et Filii et Spiritus sancti*[b]. » Idem docet in ep. 125, n. 3. Qualis sit ille ordo personarum, perspicimus ex lib. i *in Eunomium,* ubi sic loquitur : *Nos autem,* inquit (p. 232), *secundum relationem causarum ad ea quæ ex ipsis sunt, Patrem Filio præponi dicimus.* Idem autem de sancto Spiritu dicendum demonstrant hæc verba ex cap. 17 libri *De Spiritu sancto* jam citata : *Ut se habet Filius ad Patrem, sic ad Filium Spiritus,* etc. Atque hæc relatio fusius explicatur in cap. 18 ejusdem libri.

Iis addi possunt nonnulla ex quinto *in Eunomium* libro, qui liber etiamsi Basilii non sit, ei tamen a Græcis adjudicatur, ac totus ex ejus sententiis compositus est. Ibi (pag. 305) legimus Spiritum esse *Verbum Filii, imaginem Filii, Spiritum Filii, procedere per Deo per Filium.* Nec omittenda illa quæstio (*ibid.*), *Cur et Spiritus Filius Filii non dicitur?* Quæ quidem perabsurda fuit, si ex Filio Spiritus non procedit.

Quod si unquam Basilius Spiritum a Filio procedere docuit, tum maxime hujus depromendæ doctrinæ necessarium exstitit tempus, cum illum Filio minorem ordine et dignitate esse, in suscepta adversus subtiles hæreticos disputatione pronuntiavit. Nam qui de Filio obiter agens, eum ordine et dignitate minorem Patre non ausus est dicere, nisi statim causam adderet, quia a Patre esset, et Pater ejus origo, quanto magis hæc illi cautio adhibenda fuit, cum Spiritum sanctum, de quo data opera disserebat, Filio minorem ordine et dignitate diceret? Quinetiam manca erit vel potius absurda Basilii ratiocinatio, nisi Spiritum Filio minorem esse ordine et dignitate, quia a Filio esse habet, si minus dixerit, saltem cogitaverit et crediderit. Huc enim tota rediret hæc ratiocinatio : Quemadmodum Filius qui a Patre esse habet, ordine et dignitate minor est Patre, non tamen natura ; sic Spiritus, qui a Filio esse non habet, ordine et dignitate minor est Filio, non natura. Quo quid absurdius fingi potest? Necesse est ergo ut causa, cur Spiritus ordine et dignitate tertius sit, si minus a Basilio verbis expressa, saltem illius animo obversata sit. Sed hujus causæ, ut jam dixi, conceptis verbis efferendæ necessitatem imponebat Eunomii perfidia, qui hoc principium in alienissimos sensus rapiebat, et Spiritum natura tertium esse inde colligebat. Unde Basilius in libro *De Spiritu sancto,* cap. 6, Filium negat inferiorem dignitate, ac prorsus æqualem esse contendit.

IV. Ad tot et tanta rationum momenta, quæ etiam sine codicibus mss. valerent, accedit codicum mss. auctoritas, non eorum quidem, qui nunc in bibliothecis nostris exstant, sed eorum quos olim exstitisse certissimis monumentis cognoscimus. Hugo Etherianus, sæculi duodecimi scriptor, qui tres libros ad Latinorum defensionem Alexandro tertio nuncupavit anno 1177, citat in secundo libro, cap. 19, illud Basilii de Spiritu dictum, *a Filio esse habens.* In libro tertio, cap. 12, sensum magis quam verba refert. At in cap. 13 ejusdem libri locum integrum refert sine additamentis dubitationem Basilio affingentibus, non vero sine insigni illa sententia, quæ Spiritum a Filio esse habere declarat.

[a] Joan. xvii, 10. [b] Matth. xxviii, 19.

Atque hæc Etherianus laudat, ut minime dubia minimeque controversa. Nec Nicetas Maroniensis, qui Etherianum eodem sæculo oppugnavit, ullam huic testimonio suspicionem falsi injicere conatus est, ut discimus tum ex Bessarione, qui se hoc testimonium in libro Nicetæ vidisse testatur (8) ; tum maxime ex Leone Allatio, qui hoc testimonium a Niceta, ut integrum, susceptum fuisse asseverat (9). Neque etiam codicibus, quibus sæculo duodecimo utebatur Euthymius Zigabenus, inerant spuria additamenta. Is enim in *Panoplia* testatur Basilium non dubitasse, *an Spiritus sanctus esset ordine et dignitate posterior Filio.*

Sæculo decimo tertio prodire cœperunt nonnulli codices, in quibus deerat testimonium Græcis incommodum, additamenta cum illis facientia non deerant. Sed velim laudatam dissertationem evolvant, qui scire avent, quomodo Beccus, ejusque duo comites et archidiaconi, Constantinus Meleteniotes, et Georgius Metochita hos codices et recentes esse et perpaucos et ab aliis longe antiquioribus ubique terrarum dispersis refelli ostenderint. Eamdem causam strenue defenderunt sæculo decimo quarto duo alii inter Græcos doctissimi scriptores, Demetrius Cydonius et Manuel Calecas. In concilio autem Florentino sex prolatis codicibus, unus tantum papyraceus Græcis favit, quinque alii Latinis ; quorum codicum quatuor in membranis scripti erant. Cum autem in eodem concilio Marcus Ephesius dictitasset, se scire libros esse apud Constantinopolim supra mille, in quibus Græcorum lectio contineretur; mendacium illius oculis suis ac manibus comprehendit Bessarion, qui Constantinopolim reversus, ut ipse testatur in epist. ad Alexium Lascarim, omnibus inspectis bibliothecis, lectionem Græcis incommodam nullo prorsus in codice recenti ac post dissensionem scripto reperit; at in aliis non paucioribus ac longe antiquioribus reperit. In primis autem memorabile est quod de duobus codicibus in monasterio Christi Salvatoris Pantepopiæ a se inventis narrat; quorum in altero antiquissimo et membranaceo veritas violata fuerat, spatio vacuo adhuc facinus testante; in altero autem papyreo et ante annos trecentos scripto perfusa erat atramento tota illa pars, quæ Spiritum ex Filio tanquam ex causa docet dependere.

Ejusmodi codices etiamsi in bibliothecis Græcorum nulli jam exstarent, nihil tamen de eorum auctoritate decederet; quippe cum certissimis historiæ monumentis et testimoniis memorentur, quæ nullo prorsus facinore deleri, nullo furto abscondi possunt. Neque etiam ambiguum esse possit, utri codices potiores sint existimandi, antiqui an recentes : scripti ante exortam de Spiritu sancto controversiam, antequam Græcorum interesset quid-

quam in contextu Basilii attentare, an quos postea iidem Græci in ipso contentionis æstu protulere, cum nihil ad causæ suæ defensionem non auderent. Quare eorum, qui S. Basilii operibus in lucem edendis præfuerunt, videtur in eo requirenda diligentia, quod nulla prorsus editio, si tamen excipias Trapezuntii Latinam interpretationem, eximium de Spiritus sancti processione testimonium in avitam sedem restituerit, ac nævos de industria injectos expunxerit.

§ V.

I. *Utrum S. Basilius ea tantum consubstantialia crediderit, quorum alterum ex altero originem habet.* II *Utrum mundum temporis momento creatum crediderit.*

I. Jam observavimus argumentum non leve processionis Spiritus sancti ex Filio reperiri in epistola 52 S. Basilii ad canonicas. Sed quia idem ille locus negotium facessit doctissimis theologis, aliquid operæ insumendum in eo explicando. Videtur enim ea sola existimare consubstantialia, quorum unum ab altero originem accepit. Sic autem loquitur pag. 145, n. 2 : Οὐ γὰρ τὰ ἀδελφὰ ἀλλήλοις ὁμοούσια λέγεται, ὅπερ τινὲς ὑπειλήφασιν· ἀλλ᾽ ὅταν καὶ τὸ αἴτιον καὶ τὸ ἐκ τοῦ αἰτίου τὴν ὕπαρξιν ἔχον, τῆς αὐτῆς ὑπάρχῃ φύσεως, ὁμοούσια λέγεται· *Non enim quæ fratrum inter se rationem habent, dicuntur consubstantialia, id quod quidam existimant; sed cum causa et id quod ex causa exsistentiam habet, ejusdem sunt naturæ, consubstantialia dicuntur.* Basilii verba sic explicat Petavius (10) cum Caleca, Bessarione et Demetrio Cydone, ut illum ea proprie consubstantialia dicere existimet, quæ originis habitudine jungantur ; cætera vero minus proprie, ut Petrus et Paulus. Sed si S. Patris verba expendantur accuratius, non videtur hoc loco id negare, quod ipse conceptis verbis asseverat in epist. 38, homines esse inter se consubstantiales; sed eos tantum refellit, qui consubstantialis notionem rebus inter se fraterna cognatione junctis ita proprie attribuebant, ut divinis aptari non posset.

1° Fatetur Basilius consubstantialis notionem, qualis exponebatur ab adversariis, locum aliquem habere in ære et conflatis ex ære numismatibus. Ibi enim est substantia quædam anterior, quæ in multa dividitur. 2° Examinandum est quinam refellantur his verbis : *Non enim quæ fratrum inter se rationem habent, consubstantialia dicuntur, id quod quidam existimant.* Non eos sane refellit, qui Petrum et Paulum consubstantiale esse dicebant ob naturæ similitudinem, ac inde concludebant Patrem et Filium, utpote lumen et lumen, esse consubstantiales. His tantum adversatur, qui consubstantiale rejiciebant. Sed quid in eis reprehendit ? Nihil aliud profecto, nisi quod consubstantiale iis tantum attribuerent, quæ fraternam habent cogna-

(8) Ep. ad Alex. Lascarim.
(9) *Enchirid.*, c. 20.

(10) *De Trinit.* lib. vii, cap. 4.

tionem. Hanc enim arripiebant causam, cur a personis divinis, ut fraternam cognationem, ita etiam consubstantiale excluderent. Quare non erat cur Basilius in contrarium vitium curreret, et quod adversarii negabant sine fraterna cognatione posse consistere, id cum ea conciliari non posse diceret. Satis erat ostendere, non ea tantum dici consubstantialia, quæ fraternam habent cognationem : *sed cum causa et id quod ex causa exsistentiam habet, ejusdem sunt naturæ,* tunc recte dici consubstantialia. 3° Non leviter prætereunda hæc verba, *id quod quidam existimant.* Ex his enim patet non communem a Basilio opinionem refelli, quam ipse alibi profitetur, ut modo observavimus, sed singulare nonnullorum hominum commentum, qui putabant *consubstantialis* voce exhiberi notionem *substantiæ, et eorum quæ ex substantia, adeo ut divisa substantia appellationem consubstantialis conciliet iis in quæ divisa est.*

II. S. Basilii mentem minus calluerunt, qui eum in opere sex dierum explicando sic versari existimarunt, ut mundum temporis momento cum suo ornatu creatum a Deo doceat. Omnibus certe Moysis vestigiis accuratissime insistit. Quærit homil. 2, n. 1, pag. 22, cur terra dicatur incomposita, idem vero de cœlo non dicatur. Terram ideo incompositam dici statuit, quia nondum plantas, arbores et flores protulerat. At ipsum cœlum incompositum fuisse contendit. *Hæc eadem,* inquit, *et de cœlo dixerimus, nondum illud excultum fuisse, nec proprium recepisse ornatum : utpote quod nondum sole nec luna splendesceret, neque astrorum choris coronaretur. Nondum enim istæc condita erant. Quare a veritate non aberraveris, si cœlum incompositum dicas. Invisibilem autem terram appellavit ob duas causas ; vel quod nondum esset illius spectator homo ; vel quod demersa innatantibus super ipsius superficiem aquis videri non posset. Nondum enim erant aquæ in suas stationes congregatæ, quas postea aggregatas Deus maria appellavit.*

Hæc profecto nihil redolent ex subtili illa opinione, quæ mundum cum suo ornatu temporis puncto prodiisse censet. Idem perspicitur ex num. 3 ejusdem homiliæ, p. 15, et ex homil. 5, n. 5, p. 44. Occurrit in homil. 4, n. 4, huic quæstioni : *Si aqua erat super terram, cava omnia quæ nunc pelagus continent, referta erant. Quo igitur colligendæ erant aquæ, concavis jam occupatis?* Sic respondet : *Ad hæc respondebimus, tunc et receptacula fuisse præparata, cum aquam oportuit in unam secerni congregationem. Neque enim erat illud quod est extra Gades mare, etc.*

His addere non pigebit, quæ Basilius de creatione solis peracute observat. Sic loquitur homil. 4, n. 5, p. 37 : Ἵνα μὴ τῷ ἡλίῳ τὴν τοῦ ἀναξηραίνειν τὴν γῆν αἰτίαν προσθῶμεν, πρεσβυτέραν τῆς τοῦ ἡλίου γενέσεως τὴν ξηρότητα τῆς γῆς ὁ Δημιουργὸς παρεσκεύασεν · *Ne soli ariditatis terræ causam attribueremus, antiquiorem solis generatione ar.ditatem terræ opifex effecit.* Et homil. 6, n. 2, p. 51 : *Cœlum et terra præcesserant, post hæc creata lux fuerat, dies et nox discretæ fuerant; item firmamentum, et aridæ detectio. Terra propriis germinibus erat referta, quandoquidem et innumera protulerat herbarum genera, et omnimodis plantarum speciebus exuberabat. Necdum tamen erat sol, neque luna : ne lucis auctorem et patrem appellarent solem, neve rerum e terra nascentium opificem qui Deum ignorant existimarent.*

Jam vero perfacile est exponere quo sensu Basilius mundum temporis momento productum dixerit. Testimonium quod objicitur, exstat homil. 1, n. 6, ubi sic loquitur : "Ἡ τάχα διὰ τὸ ἀκαριαῖον καὶ ἄχρονον τῆς δημιουργίας εἴρηται τό, ‹ Ἐν ἀρχῇ ἐποίησεν, › ἐπειδὴ ἀμερές τι καὶ ἀδιάστατον ἡ ἀρχή. Ὡς γὰρ ἡ ἀρχὴ τῆς ὁδοῦ οὔπω ὁδός, καὶ ἡ ἀρχὴ τῆς οἰκίας οὐκ οἰκία· οὕτω καὶ ἡ τοῦ χρόνου ἀρχὴ οὔπω χρόνος, ἀλλ᾽ οὐδὲ μέρος αὐτοῦ τὸ ἐλάχιστον... Ἵνα τοίνυν διδαχθῶμεν ὁμοῦ τῇ βουλήσει τοῦ Θεοῦ ἀχρόνως συνυφεστάναι τὸν κόσμον, εἴρηται τό, ‹ Ἐν ἀρχῇ ἐποίησεν· › ὅπερ ἕτεροι τῶν ἑρμηνευτῶν, σαφέστερον τὸν νοῦν ἐκδιδόντες, εἰρήκασιν, ‹ Ἐν κεφαλαίῳ ἐποίησεν ὁ Θεός, › τουτέστιν ἀθρόως καὶ ἐν ὀλίγῳ· *Aut fortasse ob factam in momento et citra tempus creationem dictus est,* ‹ In principio fecit [10] : › *quandoquidem partium et divisionis expers principium. Quemadmodum enim principium viæ nondum est via, et domus principium nequaquam domus est : sic et temporis principium nondum tempus est, imo neque pars ipsius minima... Igitur ut mundum voluntate Dei citra ullam temporis moram simul substitisse edoceamur, dictum est :* ‹ In principio fecit. › *Quod ipsum interpretes alii, sententiam dilucidius reddentes, dixerunt :* ‹ In capitulo fecit Deus, › *hoc est, subito et brevi.* Sed ex his verbis nihil aliud colligi potest, nisi id quod Christiani omnes semper tenuerunt, omnia temporis momento e nihilo educta, nec quidquam Dei restitisse voluntati. Hinc idem docet Basilius de iis quæ sigillatim ad mundi ornatum prodiere. Sic enim de terræ germinibus loquitur homil. 5, n. 5, pag. 44 : *In minimo etiam temporis puncto a germinatione exorsa terra, ut Conditoris leges servaret, per omnem accretionis speciem progrediens, confestim germina deduxit ad perfectionem.*

§ VI.

1. Traditionis auctoritas defensa a sancto Basilio adversus Eunomium et Pneumatomachos. II. Valde etiam studiosus exstitit catholici sermonis defendendi. Quid de conciliis sentiat. III. Cur adversarios ad Scripturam provocat. IV. Quo sensu omnia Scripturis confirmanda, nihil Scripturis addendum dixit. V. Quo sensu auditores probare debere quæ a magistris dicuntur.

1. Non interest eorum, qui sectas ab Ecclesia

---

[10] Gen. I, 1.

dissidentes defendunt, in his argumentis, quæ ad Ecclesiæ et traditionis ei commissæ auctoritatem spectant, sese venditare. Cum enim eventui unius pugnæ sua omnia committunt, semelque hac in re victis nihil superest ad causæ defensionem; tum vero eo facilius in hoc dogmate quam in aliis vincuntur, quod ne errosis quidem novitate molestiam facessunt, sed omnium hæreticorum, qui unquam exstitere, vestigiis insistunt. Ausus est tamen Scultetus (10°) ad acerrimum traditionis defensorem Basilium provocare, nec timide aut verecunde versatur in illius testimoniis colligendis. Sed ut Sculteti temeritas in promptu omnibus sit, paucis exponenda S. doctoris sententia : quanquam Ecclesiæ traditionem non magis eruditis scriptis, quam rebus fortiter gestis defendit. Non segnis sane et indiligens opera illius in explicandis Scripturis : sed idem acerrimus exstitit traditionis defensor. Probe enim sciebat verbum Dei non solum scripto ab apostolis, sed etiam viva voce traditum Ecclesiæ fuisse; et quod Ecclesia in omnibus sæculis constanter docuit, id non aliunde quam ab apostolis acceptum esse, nec ab eo, quod scripserunt apostoli, divelli posse, nisi aliud scripto apostoli, aliud viva voce docuisse fingantur. Hujus sententiæ præclarum reliquit testimonium in libro primo *adversus Eunomium*, qui cum in doctrina divinitus revelata eamdem ac in rebus philosophicis licentiam peteret, ac in Catholicos jocaretur, quasi *ex multitudine verum a falso secernerent, majori parti tributa palma, ac priorum agmini concessa victoria, aures posterioribus obturarent*, sic a sancto doctore refellitur (p. 210) : *Quid dicis? palmamne demus antiquioribus? ne revereamur multitudinem Christianorum, neque eorum qui nunc sunt, neque eorum qui fuerunt, ex quo prædicatum est Evangelium? Ne reputemus dignitatem eorum, qui donis spiritualibus cujuscunque generis claruerunt; quibus omnibus inimicam et adversam hanc viam impietatis recens excogitasti; sed clausis prorsus animæ oculis, et sancti cujuslibet viri memoria e mente depulsa, unusquisque cor nostrum otiosum ac purgatum captionibus ac sophismatis tuis subdamus?* Ambigi non potest utrum imitatæ sint recentes sectæ, Basilium an Eunomium : utrum cum Basilio sanctorum Patrum auctoritatem, ac multitudinem Christianorum omnium, tum eorum qui nunc sunt, tum eorum qui ab Ecclesiæ ortu exstiterunt, reveritæ sint; an cum Eunomio tantam auctoritatem tricis et cavillationibus exagitaverint.

Non minoris momenti videntur esse quæ sequuntur. *Magna profecto*, inquit (*ib.*, p. 211), *foret tua potentia, si quæ multiplici suo artificio diabolus consecutus non est, ea tibi solo imperio assequi contingeret; si videlicet persuasu ac inductu tuo traditionem, quæ per præteritum omne tempus apud tot sanctos obtinuit, impio vestro commento postpone-*

(10°) *Medul. theol.*, part. iv.

remus. Ex his perspicimus omnia diaboli artificia in suscitandis hæresibus eo spectasse, ut apostolicam prædicationem, quam Ecclesia veluti sacrum depositum custodit, penitus convelleret; sed ejus conatus irritos fuisse. Qui ergo *traditionem per præteritum omne tempus apud tot sanctos prædicatam* impugnarunt, hi non Spiritum sanctum in Scripturis interpretandis ducem habuerunt, sed diaboli ad evertendam Ecclesiam emissarii fuere. Hinc hæresum originem ex contemptu sanctorum Patrum repetit Basilius in commentario *in Isaiam*. *Nonnulli sunt*, inquit (p. 555), *qui cum Patres et tradita ab eis dogmata fastidiant, ipsi hæresum cupiunt esse auctores.*

Si qua sane dogmata sine traditione defendi possent propter apertissima Scripturæ testimonia, id potissimum de Filii ac Spiritus sancti divinitate statui deberet. Nullo tamen in dogmate acrius defensa traditio. Quam necessarium sit hoc Ecclesiæ præsidium, pluribus locis declarat Basilius. *At ne separes*, inquit in homil. 24 (p. 194), *a Patre et Filio Spiritum sanctum, absterreat te traditio. Sic Dominus docuit, prædicavere apostoli, Patres conservavere, confirmavere martyres.*

Sed præcipue in libro *De Spiritu sancto* omnes ingenii vires in defendenda catholici dogmatis traditione profundit. *Id quod impugnatur fides est*, inquit (cap. 10, pag. 21), *isque scopus est communis omnibus adversariis et sanæ doctrinæ inimicis, ut soliditatem fidei in Christum concutiant, apostolicam traditionem solo æquatam abolendo. Eapropter, sicut qui bonæ fidei debitores sunt, probationes e Scriptura clamore exigunt, Patrum testimonium, quod scriptum non est, velut nullius momenti rejicientes.* Et cap. 27 (p. 54) : *Ex asseveratis in Ecclesia dogmatibus et prædicationibus, alia quidem habemus e doctrina scripto prodita, alia vero nobis in mysterio tradita recepimus ex traditione apostolorum : quorum utraque vim eamdem habent ad pietatem; nec iis quisquam contradicet : nullius certe, qui vel tenui experientia noverit quæ sint Ecclesiæ instituta. Nam si consuetudines, quæ scripto proditæ non sunt, tanquam haud multum habentes momenti, aggrediamur rejicere, imprudentes Evangelium in ipsis rebus præcipuis lædemus, imo potius prædicationem ad nudum nomen contrahemus.* Cur ad traditionem confugiendum sit, ut doctrina Ecclesiæ percipiatur, hanc etiam affert rationem (p. 55), quod non solum omnia Scripturis consignata non fuerint, sed etiam ipsa Scriptura obscuritate quadam involvatur. *Est autem silentii species etiam obscuritas, qua utitur Scriptura, intellectu difficilem reddens dogmatum sententiam idque ad legentium utilitatem* (p. 206).

Speravit Scultetus hæc eludi posse, si hanc partem libri *De Spiritu sancto*, ex qua postremum testimonium deprompsimus, non Basilii fetum esse, sed manus alienæ facinus; aut saltem Basilium hoc loco non de præcipuis fidei capitibus, sed de ritualibus traditionibus, *quarum aliæ nullius momenti, aliæ ex hominum memoria in ipsa Ecclesia Romana pridem deletæ,* disserere responderet.

Primum illud commentum, quod perfidæ manus suspiciones in librum *De Spiritu sancto* injicere conatur, sic jam ab omnibus explosum est, ut nova opera non sit refellendum. Quod autem spectat ad alteram Sculteti responsionem, verum illud quidem est Basilium hoc loco nonnulla commemorare quæ ad essentiam sacramentorum non pertinent : sed non idcirco minus exploratum est ejus principium, nempe utraque eamdem vim ad pietatem habere, et quæ Scripturis prodita sunt, et quæ recepimus ex traditione apostolorum. Nam illa etiam, quæ ad essentiam sacramentorum non pertinent, par habent momentum, sive Scripturis, sive traditione apostolorum contineantur; pariter enim immutari possent, quemadmodum ritus mergendi in aquam, qui in Scripturis memoratur ac ipsa baptismi voce significatur, quia tamen ad essentiam baptismi non pertinet, immutatus est ab Ecclesia. Frustra ergo S. Basilium exagitat Scultetus, quasi in hoc Basilii loco regula cum exemplis et exempla cum regula pugnent. Non enim id dicit Basilius, Evangelium in præcipuis partibus lædi, et prædicationem ad nudum nomen redigi, si ritus nonnulli immutentur ab Ecclesia : sed ex contemptu traditionis hoc gravissimum incommodum consequi docet, ut nihil prorsus in Ecclesiæ cultu et doctrina supersit integrum, sed ipsa eucharistiæ consecratio, confirmationis sacramentum, ipsa etiam fidei professio in Patrem et Filium et Spiritum sanctum evertantur (pag. 57). Hujus sententiæ veritatem demonstrant exemplo suo recentes sectæ, quæ, traditione semel rejecta, non solum pios Ecclesiæ ritus, sed etiam eucharistiæ consecrationem, qualis a Basilio describitur, ac sacramentum confirmationis sustulerunt, et prædicationem Evangelii ita ad nudum nomen redegerunt, ut tota religio cujusque arbitrio et libidini permissa sit, ac ne ipsa quidem Trinitatis doctrina adversus Unitarios defendi possit.

II. Testis est etiam locuples Basilius, quanto animi ardore defendi debeat usitatus in Ecclesia ad dogma exprimendum sermo. Nam, cum pati non possent Pneumatomachi Spiritum sanctum una cum Patre et Filio glorificari, demonstrat hanc glorificandi rationem et apud antiquos Patres usitatam esse, et in toto Occidente et in Oriente vigere. Deinde sic loquitur (cap. 29, pag. 63) : *Qui fit igitur, ut ego sim innovator, et recentiorum verborum architectus? cum totas nationes, civitates, et consuetudinem omni hominum memoria vetustiorem, insuper et viros Ecclesiæ columnas, omni scientia ac virtute Spiritus claros, duces ac patronos hujus vocis exhibeam? Ob hæc hostilis illa acies adversus nos commota est, omnisque civitas, vicus et omnes extremi fines pleni sunt nos calumniantium vocibus. Molesta quidem hæc ac lugenda cordibus quærentium pacem : verum quoniam est magna patientiæ merces, toleratas pro fide afflictiones secutura, præter hæc et gladius splendescat, et securis acuatur, et ignis ardeat Babylonico illo vehementius, et omnia suppliciorum instrumenta in nos moveantur; quod ad me quidem attinet, nihil arbitror formidabilius, quam non formidare minas, quas Dominus in Spiritum blasphemias jacientibus intentavit. Igitur apud cordatos homines ad purgationem mei sufficiunt hæc quæ dicta sunt, quod recipimus vocem adeo gratam ac familiarem sanctis, insuper et tam diutino usu confirmatam. Nam ex quo tempore est annuntiatum Evangelium usque ad præsens, ostenditur in Ecclesiis usitatam fuisse : et quod est omnium maximum, pium ac religiosum sensum habere demonstratur.*

Non minus enituit Basilii studium et animi ardor in defendenda conciliorum auctoritate. Hinc declarat (epist. 114) *trecentos decem et octo Patres, non sine Spiritus sancti afflatu locutos esse.* Quamvis ergo ab eo non peteretur, ut a synodi fide et sententia discederet, sed tantum ut unam vocem illius auctoritate consecratam imperatori cederet (11); nec exsilii, nec tormentorum minis, nec, quod sancto episcopo gravius esse debebat, luporum gregi imminentium metu adduci potuit, ut hoc nefas admitteret.

III. Objicit Scultetus illud Basilii ex epist. 189 : *Criminantur,* inquit (p. 277, n. 3), *quod unam bonitatem, et unam potentiam, et unam divinitatem dicamus. Neque id extra veritatem : dicimus enim. Sed criminando objiciunt, non sic suam habere consuetudinem, nec Scripturam assentiri. Quid igitur ad hoc quoque nos? Non putamus æquum esse, ut vigentem apud ipsos consuetudinem, rectæ doctrinæ legem et normam ducamus. Etenim, si valet ad rectæ doctrinæ demonstrationem consuetudo, licet et nobis profecto usitatum apud nos morem opponere. Quod si hunc illi rejiciunt, neque nobis prorsus illos sequi necesse. Itaque Scriptura divinitus inspirata nobis sit arbitra; et apud quos inventa fuerint dogmata divinis verbis consona, ad eos accedet omnino veritatis suffragium.* Ex his concludit Scultetus soli Scripturæ judicium a Basilio ac arbitrium attribui controversiarum.

Sæpe alias hunc locum Basilii decantavere Protestantes; sed tamen quid eis prosit non video. Nam, 1° etiamsi Basilius Pneumatomachis vere et ex animo concessisset controversiæ, quam cum eis habebat, judicium ex sola Scriptura petendum; quid hoc faceret cum Protestantibus? Consuetudini Cæsariensi unam in personis divinis bonitatem, unam potentiam prædicanti contrariam Ecclesiæ suæ consuetudinem opponebant Pneumatomachi : in hac consuetudinum varietate, quid mirum si ad Scripturam provocat Basilius? At Protestantes, cum novum religionis genus condiderunt, non ha-

(11) Nyss., 1 Eunom., p. 514; Theodoret., lib. IV, c. 18.

baere consuetudinem aut traditionem, quam constanti Ecclesiæ traditioni opponerent. Uti ergo non possunt auctoritate Basilii, qui traditionem non rejicit, sed quia inesse fingebatur in Ecclesiarum consuetudinibus varietas, ad Scripturam confugit.

2° Hæc traditionis varietas merum est commentum Pneumatomachorum. Solebant enim ut novum exagitare, quidquid illorum evertebat hæresim. Hinc consuetudinem glorificandi cum Patre et Filio Spiritus, quam Basilius in omnibus Ecclesiis vigere et semper viguisse demonstrat, (12) novam esse et ab Ecclesia minime probatam dictitabant. Quin etiam in hac ipsa epistola 189, postquam Ecclesiæ suæ consuetudinem objecere, statim vanitatem et mendacium confitentur, ac unam in personis divinis deitatem non improbant, modo ad Spiritum sanctum non extendatur. *Sed apertius*, inquit Basilius (n. 4), *orationis suæ nudant propositum : Patri quidem convenire, ut Deus sit, ac Filium similiter divinitatis nomine honorari assentientes; Spiritum vero, qui una cum Patre et Filio numeratur, divinitatis notione minime comprehendi, sed a Patre ad Filium usque terminata divinitatis potentia, naturam Spiritus a divina gloria secerni.*

3° Quo tempore Basilius ad Eustathium archiatrum hanc scripsit epistolam, consilium suscepit, Amphilochii rogatu, scribendi adversus Pneumatomachos libri *De Spiritu sancto* : et cum in hoc opere traditionem tam acriter defendat, nemo illam in epistola rejectam suspicari possit. Præterea cum provocat ad Scripturas Basilius, non, ut Protestantes, earum interpretationem cujusque arbitrio permittit. Ne ipsi quidem Pneumatomachi hanc sibi licentiam arrogabant. Quamvis enim sub Valente plurimum possent, quia tamen in Ecclesia dominari et plebem suam facere volebant, cogebantur ut plurimum sese ad usitatas in Ecclesia interpretationes Scripturæ accommodare. Hinc anno 371 cum Basilium malo animo observarent, de Spiritus sancti divinitate disserentem patienter audierunt (13); et cum Spiritum nominatim Deum non appellasset, belli ei inferendi causam arripere non valuerunt. Anno autem 374 hoc tantum in eo reprehenderunt, quod Spiritum cum Patre et Filio glorificaret (14) : cætera non ausi sunt improbare.

IV. Utitur etiam Scultetus regula morali sancti Basilii 26, cap. 1, ubi sic habetur : *Quod verbum omne aut res testimonio divinæ Scripturæ obfirmanda sunt ad integram persuasionem bonorum et ad malorum verecundiam.* Et reg. 80, cap. 22, ubi statuit proprium esse fidelis nihil ex his quæ scripta sunt rejicere audere aut quidquam his addere. *Etenim*, inquit Basilius, *si omne quod non est ex fide peccatum est*, ut ait Apostolus[11], « *fides autem ex auditu est, auditus autem per verbum Dei*[12], » *omne quod est extra divinam Scripturam, cum ex fide non sit, peccatum est.* Idem Scultetus nonnulla alia colligit loca, in quibus similiter sancitur, ne quid addatur aut detrahatur sacræ Scripturæ. Quæ autem non sunt scripta, ea pro liberis habenda concludit ex his verbis (15) : *Quoniam alia in sancta Scriptura per Domini mandatum declarata sunt, alia silentio prætermissa; de iis quidem quæ scripta sunt, nulli omnino licet aut aliquid facere eorum quæ vetita sunt, aut aliquid omittere eorum quæ jussa sunt... de iis vero quæ silentio prætermissa sunt, regulam nobis tradidit apostolus Paulus, cum dixit : « Omnia mihi licent, sed non omnia expediunt. Nemo quod suum est quærat : sed quod alterius unusquisque. »* Quare necesse omnino est aut Deo ex ejus mandato subjici, aut aliis propter mandatum illius.

Inutilis sane Sculteti labor in ejusmodi testimoniis colligendis. In primo Basilius auctor est, ut in adhortando et increpando adhibeantur Scripturæ testimonia; deinde ait in sequenti capite, *iis etiam quæ in natura aut consuetudine vitæ nota sunt, utendum esse ad confirmationem eorum quæ fiunt aut dicuntur.* Quis inde sequi suspicetur, penes Scripturam solam arbitrium esse et normam dirimendarum controversiarum, nec verbi divini, quod ab apostolis viva voce prædicatum tota Ecclesia custodit, habendam esse rationem?

Cum vetat Basilius ne quid addatur Scripturæ aut detrahatur, nequaquam excludit traditionem. Docet enim (16) adhibenda esse in refellendis hæreticis ea nomina et verba, *quæ ipsis quidem litteris et syllabis in Scriptura divina non reperiuntur, sed tamen eam quam præfert Scriptura sententiam servant. Quæ vero præter dictionis novitatem novum etiam sensum et peregrinum nobis exhibent, quæque non inveniuntur usurpata a sanctis, ea uti peregrina et a pia fide aliena* aversari se declarat. Traditionem ergo Basilius non dissociat a Scriptura, sed quæ traditione nituntur, et a sanctis usurpata sunt, ea negat peregrina et a fide aliena, etiamsi nominatim non legantur in Scripturis. Hinc in testimonio, quod depromptum est ex reg. mor. 80, verbum divinum, sive scriptum sit, sive voce prædicatum, nullo habet discrimine. Probat enim, quidquid extra Scripturam est peccatum esse, quia peccatum est quidquid non est ex fide, fides autem ex auditu, verbi videlicet divini, sive prædicati, sive scripti. In libro secundo *adversus Eunomium* (p. 243) idem præceptum inculcat, ne quid addatur aut detrahatur iis quæ a Spiritu sancto tradita

---

[11] Rom. XIV, 23. [12] Rom. X, 17.

(12) Lib. *De Spir.*, c. 1, n. 3, et c. 27, n. 65, et c. 29, n. 75.
(13) Naz., or. 20, p. 364.
(14) Lib. *De Spir.*, cap. 1, n. 3.
(15) Reg. brev. 1, p. 564.
(16) Tom. II, pag. 224 et 225.

sunt; ac nominatim Scripturæ et traditionis meminit. *Proinde oportet*, inquit, *eum, qui Christi judicium ob oculos habet, novitque quam periculosum sit quidpiam subtrahere, aut addere iis, quæ a Spiritu tradita sunt, non conari quidquam a seipso innovare, sed in iis quæ prius a sanctis nuntiata sunt, acquiescere. Quod igitur nec communis consuetudo, nec Scripturarum usus admisit: id audere, nonne summæ dementiæ est?*

Magnæ indiligentiæ arguitur Scultetus ex testimonio, quod e reg. 1 brev. desumpsit. His enim verbis, *quæ silentio prætermissa sunt*, non ea intelligit Basilius, de quibus nihil in Scriptura legitur, sed de quibus nihil nominatim præscribitur aut vetatur: quales erant cibi simulacris immolati. Perspicua res est ex verbis Pauli, quæ citat Basilius.

V. Non omittendum est aliud testimonium ab eodem Sculteto objectum, ex regula morali 72, cap. 1, ubi hæc leguntur: *Quod debeant auditores qui in Scripturis eruditi sunt, explorare ac probare ea quæ a magistris dicuntur: et quæ quidem consona sunt Scripturis suscipere; quæ vero aliena, rejicere, eosque qui in ejusmodi doctrinis perseverant, vehementius aversari.*

Non imprudens Scultetus hæc verba resecuit, *qui in Scripturis eruditi sunt*, τοὺς πεπαιδευμένους τὰς Γραφάς. Ex his enim manifesta conclusio est Scripturam non omnibus proponi, ut unicam fidei regulam, nec omnibus claram et perspicuam esse in iis quæ ad fidem pertinent. Hinc Basilius in capite sequenti iis, *qui non multum in Scripturis versati sunt*, præcipit ut bonos ac malos pastores a fructibus eorum dignoscant. Quin etiam ne primis quidem concedit, ut Scripturam arbitrio suo interpretentur, et prout quisque sibi videbitur a Spiritu sancto edoctus. Sed eam Scripturæ interpretationem intelligit, quæ Ecclesiæ auctoritate et constanti traditionis consensu nititur. Ipse enim (ep. 204, n. 6) hac potissimum via Arianas novitates evitaverat. Nam, cum edoctus fuisset ab avia Macrina, quæ ei tradebat beatissimi Gregorii verba, quæcumque ad ipsam memoriæ continuatione servata pervenerant; postquam e patria in exteras provincias profectus est, si quos inveniebat secundum traditam pietatis regulam ambulantes, eos et patrum loco habebat, et animæ suæ duces sequebatur. Sic veritatem ab hæresi, pastores a lupis dignoscebat, non propriis suis Scripturæ studiis innitendo, sed ea constanter retinendo, quæ S. Gregorius Neocæsariensis ante exortam hæresim Arianam tota Ecclesia probante et applaudente prædicaverat.

Suppeditat nobis Ecclesia Neocæsariensis argumenta quædam, quæ hic videntur non omittenda. Musonius, qui hanc Ecclesiam rexit difficillimis temporibus, sic solebat admonere, cum concionaretur: *Cavete canes* (ep. 28, p. 108), *cavete operarios malos.* Quomodo autem hos canes arcebat a grege? *Erat ille vir novitatis inimicus, ostendens* (p. 106) *in seipso priscam Ecclesiæ speciem, ad veterem statum, veluti ad sacram quamdam imaginem, Ecclesiæ sibi commissæ formam effingens, ita ut qui cum eo vixerunt, una cum iis qui ante ducentos annos et amplius luminarium instar resplenduerant, vixisse sibi videantur. Adeo nihil de suo, nec ullum recentioris mentis inventum vir ille promebat: sed secundum Moysis benedictionem proferre noverat ex cordis sui arcanis, bonis scilicet thesauris, vetera veterum, et vetera ante faciem novorum.*

Quanta fuerit talis institutionis utilitas, inde demonstrat Basilius (p. 107), quod soli Neocæsarienses, vel certe cum paucis admodum in tanta rerum tempestate ac procella tranquillam vitam Musonio gubernante egerint. Non enim eos attigit ventorum hæreticorum æstus, submersionis importans et naufragia animabus facile mutabilibus.

Musonii sedi Atarbius, non fidei ac virtuti successit; cumque hæresim Arianæ contrariam conaretur inducere, Basilius in tanta animarum pernicie silere non potuit, ac Neocæsarienses prioribus litteris admonuit, ut ab hoc sibi magistro caverent. Sic eos compellat in epist. 210: *Fidei eversio*, inquit (n. 3, p. 314), *apud vos excogitatur inimica apostolicis et evangelicis doctrinis, inimica traditioni Gregorii vere magni, et eorum, qui ei successerunt usque ad beatum Musonium, cujus profecto documenta etiamnum in vestris auribus resonant. Nam Sabellii malum, olim quidem exortum, sed traditione magni illius viri exstinctum, conantur nunc isti renovare, qui dum timent ne arguantur, somnia in nos fingunt.*

§ VII.

I. *S. Basilius conceptis verbis docet Christum adesse præsentem in eucharistia.* II. *Requirit ut illud,* « Hoc est corpus meum [12], » *non minus certo credamus quam illud,* « Verbum caro factum est [13]. » III. *Insignis locus a Sculteto depravatus explicatur.* IV. *Basilii sententia confirmatur ex precibus liturgiæ.*

I. Sive Basilio ascribantur libri *De baptismo*, sive non, certe sub ejus nomine citari ac laudari possunt, cum toti ex ejus sententiis ac verbis compositi sint. In libro secundo quæritur, cap. 2: *An is qui ob pravam conscientiam, aut immunditiam, aut inquinamentum purus corde non est, citra periculum possit sacrificare.* Quæstioni apponitur responsum, ducta comparatione ex his quæ in sacerdotibus veteris legis requirebantur. Tum de sacerdotibus novæ legis sic statuitur: Ὁ δὲ Κύριος λέγων, Μεῖζον τοῦ ἱεροῦ ὧδε, παιδεύει ἡμᾶς ὅτι τοσοῦτον ἀσεβέστερός ἐστιν ὁ τολμῶν ἱερατεύειν τὸ σῶμα τοῦ Κυρίου τοῦ δόντος ἑαυτὸν ὑπὲρ ἡμῶν προσφορὰν καὶ θυσίαν τῷ Θεῷ εἰς ὀσμὴν εὐωδίας, ὅσον τὸ σῶμα τοῦ μονογενοῦς Υἱοῦ τοῦ Θεοῦ ὑπερ-

---

[12] Matth. xxvi, 26, et alibi. [13] Joan. i, 14.

ἔχει κριῶν καὶ ταύρων· οὐκ ἐκ συγκρίσεως, ἀσύγκριτος γὰρ ἡ ὑπεροχή· *Dominus autem cum dicit:* «*Templo majus hic est* [15],» *nos docet tanto magis impium esse eum, qui audet sacrificare corpus Domini qui dedit pro nobis seipsum Deo oblationem et hostiam in odorem suavitatis* [16], *quanto corpus unigeniti Filii Dei excellentius est arietibus ac tauris: quod dictum sit sine comparatione, incomparabilis enim est excellentia.* Sic etiam in capite tertio ex pœna iis in lege imposita, qui sancta immundi tangere audebant, demonstratur, quantum sit scelus corpore Domini indigne vesci : Ὅσῳ γὰρ πλεῖον τοῦ ἱεροῦ ὧδε, κατὰ τὴν τοῦ Κυρίου φωνήν, τοσούτῳ δεινότερον καὶ φοβερώτερον τὸ ἐν μολυσμῷ ψυχῆς τολμῆσαι ἄψασθαι τοῦ σώματος τοῦ Χριστοῦ, παρὰ τὸ ἄψασθαι κριῶν ἢ ταύρων, τοῦ Ἀποστόλου εἰπόντος· Ὥστε ὃς ἂν ἐσθίῃ, etc. : *Quanto enim plus templo illic est, juxta Domini vocem, tanto gravius est et formidabilius in animæ inquinamento audere tangere corpus Christi, quam arietes aut tauros tangere; cum Apostolus dicat,* «*Itaque quicunque manducaverit* [17],» etc. Nihil sane in his exstat testimoniis, quod eludi vel detorqueri possit. Sacrificatur et consecratur corpus Christi : Christus præsens adest in altari, «*Templo major hic est.*» Illud discrimen statuitur inter antiquæ et novæ legis sacrificia, quod in primis vituli et tauri occisi fuerint, in nostris corpus Christi offeratur : discrimen sane commentitium, si sacrificium novæ legis corpus absentis Christi repræsentet; quippe cum idem præstiterint sacrificia veteris legis; idque eo aptius et significantius, quo cædes alicujus animalis aptior ad mortem Christi repræsentandam, quam res inanimæ, panis et vinum.

Eadem sententia paucioribus verbis statuitur in *Regulis brevioribus. Si quis autem,* inquit Basilius interrog. 309, *cum in immunditia sit, accedat ad sancta; etiam ex Veteri Testamento terribile illius discimus judicium. Quod si amplius templo hic est, nos utique modo magis formidando docebit Apostolus, qui dixit :* «*Qui manducat et bibit indigne, judicium sibi manducat et bibit* [18].»

II. Basilius inter ea, quæ certo credere debemus, etiamsi repugnet natura, eucharistiam numerat. Hanc enim in *Moralium* libro habemus regulam (reg. 8, p. 240):"Ὅτι οὐ δεῖ διακρίνεσθαι, καὶ διστάζειν ἐπὶ τοῖς ὑπὸ τοῦ Κυρίου λεγομένοις, ἀλλὰ πεπληροφορῆσθαι πᾶν ῥῆμα Θεοῦ ἀληθὲς εἶναι καὶ δυνατόν, κἂν ἡ φύσις μάχηται· ἐνταῦθα γὰρ καὶ ὁ ἀγὼν τῆς πίστεως· *Quod non oportet ambigere et dubitare de iis quæ a Domino dicuntur : sed persuaderi omne Dei verbum verum esse ac possibile, etsi natura repugnat; hic enim situm est fidei certamen.* Ad hanc regulam comprobandam inter alia refert illud: *Litigabant ergo Judæi ad invicem, dicentes: Quomodo hic potest nobis dare carnem ad manducandum? Dixit ergo eis: Amen amen dico vobis:*

Nisi manducaveritis carnem Filii hominis, et biberitis ejus sanguinem, non habetis vitam in vobis [19].

Pluribus in locis pertractat Basilius de optima communicandi ratione, quam in eo positam esse docet, ut cum certo credamus Christum pro nobis crucifixum esse, ejusque carnem et sanguinem nobis apponi, hac illius passionis recordatione ad eum amandum accendamur. Sic in regula breviore 172 hæc instituitur quæstio, Ποταπῷ φόβῳ, ἢ ποίᾳ πληροφορίᾳ, ἢ ποίᾳ διαθέσει μεταλάβωμεν τοῦ σώματος καὶ τοῦ αἵματος τοῦ Χριστοῦ; *Quali cum timore, aut qua animi persuasione, aut quo affectu participes simus corporis et sanguinis Christi?* Argumento est ejusmodi interrogatio magnum aliquod agi mysterium, quod tremorem incutere debeat, magnamque fidem ac sanctitatem postulet.

Interrogationi huic subjicitur responsio : Τὸν μὲν φόβον διδάσκει ἡμᾶς ὁ Ἀπόστολος, λέγων· Ὁ ἐσθίων καὶ πίνων ἀναξίως κρῖμα ἑαυτῷ ἐσθίει καὶ πίνει· τὴν δὲ πληροφορίαν ἐμποιεῖ ἡ πίστις τῶν ῥημάτων τοῦ Κυρίου εἰπόντος· Τοῦτό ἐστι τὸ σῶμά μου, τὸ ὑπὲρ ὑμῶν διδόμενον· τοῦτο ποιεῖτε εἰς τὴν ἐμὴν ἀνάμνησιν, etc. : *Timorem quidem docet nos Apostolus, cum ait:* «*Qui manducat et bibit indigne, judicium sibi manducat et bibit* [20];» *persuasionem autem efficit fides verborum Domini, qui dixit:* «*Hoc est corpus meum quod pro vobis traditur: hoc facite in meam commemorationem* [21].» *Item ex fide testimonii Joannis, qui memorata prius Verbi gloria, posthac Incarnationis modum induxit, his verbis:* «*Verbum caro factum est* [22],» etc. *Itidem quoniam Apostolus scripsit:* «*Qui cum in forma Dei esset* [23],» etc.

Nemo est, qui hæc legens non facile perspiciat, 1° Christi verba, *Hoc est corpus meum,* ut firmissima fide credenda, a Basilio proponi; 2° non minus certo credenda esse, quam sequentia, *Verbum caro factum est,* etc. *Qui cum in forma Dei esset,* etc. Utraque enim testimonia, tum quæ ad eucharistiam, tum quæ ad incarnationem spectant, eodem prorsus modo proponuntur, ut verbis quidem clara et aperta, sed mysterii magnitudine difficilia : ita ut explicatione non indigeant ad lucem verbis afferendam, sed fide ad res credendas. Nec quisquam est profecto, qui, si prima conetur eludere, secunda non codem modo prodat eludenda.

Postquam Basilius exposuit quo timore et qua animi persuasione communicandum sit, tertiæ interrogationis parti, quo affectu accedendum sit ad hoc mysterium, sic satisfacit: *Cum igitur animus his et talibus verbis fidem adhibens, gloriæ majestatem didicerit, humilitatisque et obedientiæ magnitudinem admiratus fuerit, quod talis ac tantus ad mortem usque Patri obtemperavit vitæ nostræ causa, eum arbitror ita affici, ut simul Deum et Patrem diligat, qui proprio Filio non pepercit, sed*

[15] Matth. xii, 6. [16] Ephes. v, 2. [17] I Cor. xi, 27. [18] Ibid. 29. [19] Joan. vi, 53, 54. [20] I Cor. xi, 27. [21] Luc. xxii, 19. [22] Joan. i, 14. [23] Philipp. ii, 6.

pro nobis omnibus tradidit illum, simul unigenitum ejus Filium, qui obedivit usque ad mortem pro nostra redemptione et salute. Addit eum, qui sic affectus et præparatus est, adimplere illud Pauli : *Charitas enim Christi urget nos* [25], etc. Sic autem affici et præparari debere concludit, quisquis panis et poculi sit particeps.

Eadem doctrina statuitur in *Regulis moralibus*, et in libro I *De baptismo*. Sic enim in regula 21, cap. 2 (tom. II, p. 253), legimus: *Quod qui accedit ad communionem non considerata hac ratione secundum quam corporis et sanguinis Christi participatio datur, is nullam ex ea utilitatem capiat: et quod qui indigne assumit, condemnatus sit*. Et cap. 3 : *Qua ratione manducandum sit corpus Domini et sanguis bibendus in commemorationem obedientiæ Domini usque ad mortem, ut qui vivunt, non jam sibi vivant, sed ei qui pro ipsis mortuus est et resurrexit* [25]. Similiter in libro I *De baptismo*, cap. 3, postquam eadem Scripturæ testimonia retulit, ac in libro *Moralium*, nempe ex cap. VI (vers. 54) Joannis : *Amen, amen dico vobis, Nisi manducaveritis carnem Filii hominis*, etc., et ex Matthæo [26] et Paulo [27] institutionem eucharistiæ referentibus; tum vero sic concludit : *Quid igitur utilitatis habent hæc verba? Ut edentes et bibentes, semper memores simus ejus, qui pro nobis mortuus est et resurrexit; sicque discamus necessario servare coram Deo et Christo ipsius traditum ab Apostolo dogma, qui dicit: « Charitas Christi urget nos, judicantes hoc, quod, si unus pro omnibus mortuus est, ergo omnes mortui sunt, et pro omnibus mortuus est; ut qui vivunt, non amplius sibi vivant, sed ei qui pro ipsis mortuus est et resurrexit* [28]. » Nihil verbis opus est, ut in his locis eamdem prorsus sententiam ac in *Regulis brevioribus* constitui pateat. Res per se clara et manifesta. Quemadmodum enim in *Regulis brevioribus* hic animi affectus ad communionem requiritur, ut ex persuasione, quam animis nostris verba Christi, *Hoc est corpus meum* [29], imprimere debent, item ex verbis Joannis, *Verbum caro factum est* [30], et Pauli, *Qui cum in forma Dei esset* [31], etc., ad eum amandum, qui pro nobis mortuus est, accendamur; ita in libris *Moralium* et *De baptismo* eamdem prorsus communicandi ratio in commemorationem passionis Domini præcipitur.

Perabsurde ergo Scultetus (16*) secum facere putat illud Basilii : *Quid igitur utilitatis habent hæc verba? Ut edentes et bibentes, semper memores ejus simus, qui*, etc. Nam, 1° Modus ille communicandi in commemorationem Domini repetitur, ut jam diximus, ex fide et persuasione, quam in animis nostris efficere debent verba Christi, *Hoc est corpus meum*, et alia testimonia, quibus ejus divinitas et incarnatio ac passio continentur. 2° Non dicit manducationem corporis Domini et potum ejus sanguinis in commemoratione ipsius passionis positam esse; sed illud corpus sic manducari, et sanguinem sic bibi debere, ut commemorationem illius passionis celebremus. 3° Eos etiam qui indigne communicant, corpus et sanguinem Domini sumere in commemorationem passionis illius, sed non in seipsis hanc memoriam exprimere docet : *Qui enim edit et bibit*, inquit, *videlicet ad indelebilem memoriam Jesu Christi Domini nostri, qui pro nobis mortuus est et resurrexit, rationem vero memoriæ obedientiæ Domini usque ad mortem, juxta doctrinam Apostoli non adimplet, qui, ut dictum est, ait, « Charitas Christi urget nos, »* etc., *is nihil capit utilitatis*.

Quæ sequuntur, a Combefisio ut duriora et severiora reprehenduntur. *Præterea sibi ipsi accersit qui ejusmodi est judicium quoque Apostoli dicentis* : « *Qui manducat et bibit indigne, judicium sibi manducat et bibit, non dijudicans corpus Domini* [32]. » *Etenim horrendum judicium est non modo ei, qui in carnis ac spiritus inquinamento indigne accedit ad sancta, cum enim accedit, reus fit corporis et sanguinis Domini; sed etiam ei qui otiose inutiliterque edit ac bibit*. Hæc prorsus immerito vituperantur. Is enim otiose inutiliterque edere dicitur, qui sine charitate edit ; idque patet cum ex superioribus verbis, tum ex ratione, quam addit Basilius, cur ejusmodi hominem horrendum judicium maneat : *Quod*, inquit, *non per memoriam Jesu Christi Domini nostri ; qui pro nobis mortuus est et resurrexit, servat quod dictum est : « Charitas Christi urget nos, »* etc.

III. Alio utitur Basilii testimonio Scultetus, quod sic refert : *Carnem et sanguinem totam suam mysticam conversationem in carne et doctrinam Evangelii vocavit Christus*. Unde concludit Scultetus (p. 250) *neminem alium hanc carnem edere, hunc sanguinem bibere, quam qui fideli corde ista omnia sibi applicarit*.

Sed Sculteti in hoc testimonio referendo non laudabilior fides, quam in explicando peritia. Sic enim hunc locum legimus in epist. 8, n. 4, ubi Basilius objecti ab Arianis hujus testimonii, *Ego vivo propter Patrem* [33], solutionem affert : Δύναται δὲ καὶ ζωὴν λέγειν, ἣν ζῇ ὁ Χριστός, τὸν λόγον τοῦ Θεοῦ ἔχων ἐν ἑαυτῷ· καὶ ὅτι τοῦτό ἐστι τὸ δηλούμενον, ἐκ τοῦ ἐπιφερομένου εἰσόμεθα. Καὶ ὁ τρώγων με, φησὶ, ζήσεται δι' ἐμέ. Τρώγομεν γὰρ αὐτοῦ τὴν σάρκα, καὶ πίνομεν αὐτοῦ τὸ αἷμα, κοινωνοὶ γινόμενοι, διὰ τῆς ἐνανθρωπήσεως καὶ τῆς αἰσθητῆς ζωῆς, τοῦ λόγου καὶ τῆς σοφίας· σάρκα γὰρ καὶ αἷμα πᾶσαν αὐτοῦ τὴν μυστικὴν ἐπιδημίαν ὠνόμασε, καὶ τὴν ἐκ πρακτικῆς καὶ φυσικῆς καὶ

---

[25] II Cor. v, 14. [25] ibid. 15. [26] Matth. xxvi, 26 sqq. [27] I Cor. xi, 23 sqq. [28] I Cor. v, 1, 15. [29] Matth. xxv, 26. [30] Joan. i, 14. [31] Philipp. i, 6. [32] I Cor. xi, 29.

(16*) *Medul. theol.*, part. IV, p. 229.

θεολογικῆς συνεστῶσαν διδασκαλίαν ἐδήλωσε, δι' ἧς τρέφεται ψυχὴ, καὶ πρὸς τὴν τῶν ὄντων τέως θεωρίαν παρασκευάζεται· Potest autem et vitam dicere, quam vivit Christus, Verbum Dei habens in seipso. Atque id ipsum esse, quod significatur, ex his quæ sequuntur videbimus. « Et qui manducat me, inquit, vivit propter me [34]. » Edimus enim ipsius carnem, et bibimus ipsius sanguinem, participes facti, per incarnationem et sensibilem vitam, Verbi et sapientiæ. Carnem enim et sanguinem, totam suam mysticam in carne conversationem vocavit, et doctrinam ex practica et naturali et theologica notione constantem declaravit: per quam et nutritur anima, et ad eorum quæ sunt contemplationem interim praparatur.

Comparat ergo Basilius vitam, quam sacra humanitas cum Verbo hypostatice conjuncta vivit, cum vita, quam ex eucharistia ducimus. In utroque autem catholicum dogma mirifice commendat, et dum nos Christi carnem edere et illius sanguinem bibere dicit, et dum vitæ genus, quam ex illius carne et sanguine percipimus, exponit. Illud certe conceptis verbis declarat nos ita carnem Christi edere, ejusque sanguinem bibere, ut simul participes fiamus Verbi et sapientiæ, quia carnis et sanguinis nominibus tota Christi persona, tota illius in carne mystica conversatio, sive mysticus adventus, designatur. Sed si carnem et sanguinem Christi non re, sed sola fide sumeremus, absurdum dictu esset nos per hanc carnem et sanguinem participes fieri Verbi et sapientiæ. Tunc enim et caro et Verbum eodem modo sumerentur, nempe fidei beneficio. Deinde vero cur monet Christi carne et sanguine totum Christi mysticum in carne adventum, sive totam illius personam designari; cur, inquam, id monet, nisi ut nobis non inanimam carnem, non a divinitate separatam apponi demonstret? Sed si hæc caro sola fide percipitur, quis metuendi locus ne inanima sit, aut a divinitate separata? Sic etiam Basilius, ut similitudinem demonstret inter eam vitam, quam ex eucharistia ducimus, et eam, quam sacra humanitas cum Verbo hypostatice conjuncta vivit, hanc vitam ad animam pertinere admonet. At inutilis prorsus admonitio, si carnem et sanguinem non ore, sed sola mente percipimus: perabsurda etiam tota comparatio, si cum humanitas Christi cum Verbo hypostatice conjuncta sit, nos sola mente cum illius carne et sanguine conjungimur.

IV. His addi debent quæ in libro *De Spiritu sancto* leguntur, non Basilii solum, sed etiam omnium Christianorum fidem exhibentia: Τὰ τῆς ἐπικλήσεως ῥήματα ἐπὶ τῇ ἀναδείξει τοῦ ἄρτου τῆς εὐχαριστίας καὶ τοῦ ποτηρίου τῆς εὐλογίας, τίς τῶν ἁγίων ἐγγράφως ἡμῖν καταλέλοιπεν; Οὐ γὰρ δὴ τούτοις ἀρκούμεθα, ὧν ὁ Ἀπόστολος ἢ τὸ Εὐαγγέ-

λιον ἐπεμνήσθη, ἀλλὰ καὶ προλέγομεν καὶ ἐπιλέγομεν ἕτερα ὡς μεγάλην ἔχοντα πρὸς τὸ μυστήριον τὴν ἰσχὺν, ἐκ τῆς ἀγράφου διδασκαλίας παραλαβόντες· *Invocationis verba*, inquit (cap. 27, n. 66), *cum conficitur panis eucharistiæ et poculum benedictionis, quis sanctorum in scripto nobis reliquit? Nec enim his contenti sumus, quæ commemorat Apostolus aut Evangelium, verum alia quoque ante et post dicimus, tanquam multum habentia momenti ad mysterium, quæ ex traditione non scripta accepimus*. Nemo negaverit indicari a Basilio has preces, quæ in liturgia ipsi attributa leguntur (tom. II, p. 679): Ἐλθεῖν τὸ Πνεῦμά σου τὸ ἅγιον ἐφ' ἡμᾶς τοὺς δούλους σου ἐπὶ τὰ προκείμενά σου δῶρα ταῦτα, καὶ ἁγιάσαι καὶ ἀναδεῖξαι ἅγια ἁγίων· καὶ ποιῆσῃ τὸν μὲν ἄρτον, τοῦτον γίνεσθαι εἰς τὸ ἅγιον σῶμα αὐτοῦ τοῦ Κυρίου δὲ καὶ Θεοῦ καὶ Σωτῆρος ἡμῶν Ἰησοῦ Χριστοῦ, εἰς ἄφεσιν ἁμαρτιῶν, καὶ εἰς ζωὴν τὴν αἰώνιον τοῖς ἐξ αὐτοῦ μεταλαμβάνουσι· τὸ δὲ ποτήριον τοῦτο, τὸ τίμιον αἷμα τὸ τῆς Καινῆς Διαθήκης αὐτοῦ τοῦ Κυρίου δὲ καὶ Θεοῦ καὶ Σωτῆρος ἡμῶν Ἰησοῦ Χριστοῦ, etc.: *Ut veniat Spiritus sanctus tuus super nos, servos tuos, et super proposita hæc dona tua, sanctificet, ue et efficiat ea sancta sanctorum. Et faciat panem quidem istum fieri corpus sanctum ipsius Domini Dei et Salvatoris nostri Jesu Christi, in remissionem peccatorum et vitam æternam, ex illo participantibus; et calicem hunc, pretiosum sanguinem novi testamenti ipsius Domini Dei et Salvatoris nostri Jesu Christi*, etc. Unde autem ejusmodi preces in omnibus Ecclesiis, nisi ex certissima fide, qua Christiani omnes panem et vinum mutari in corpus et sanguinem Christi credebant? Cui enim id precari in mentem venisset? quis has preces, tanquam multum habentes momenti ad mysterium addidisset verbis evangelicis, si Ecclesiæ propositum non erat mutationem impetrare?

§ VIII.

I. *S. Basilii testimonia de peccatorum confessione.* II. *Invidia et alia ejusmodi peccata confessionis legi subjecta.* III. *De peccato originali.* IV. *De Christi gratia.*

I. Longius, quam mihi propositum est, tempus extraherem, si in omnibus colligendis immorarer, quæcunque ex S. Basilii operibus ad dogmata confirmanda erui possunt. Quare hanc finiemus pertractationem appositis de peccatorum confessione, de peccato originali et de Christi gratia testimoniis.

Confessionem peccatorum necessariam esse ad veniam a Deo consequendam docet Basilius in homil. *in psal.* xxxii: *Vult tui misereri judex*, inquit (p. 134), *teque miserationum suarum facere participem; si modo post peccatum repererit te humilem, contritum, prava opera multum deplorantem, ac ea quæ clam facta sunt erulgantem citra pudorem, rogantem fratres tibi ut sint adjumento ad accipiendum*

[34] Joan. vi, 58. [35] Ibid.

medelam. In *Regulis brevioribus* hæc instituitur quæstio (quæst. 229) : *Utrum oporteat vetitas actiones citra verecundiam omnibus detegere, an aliquibus duntaxat : et quinam hi sint :* sic respondet S. Basilius : *Servanda est ratio eadem in peccatorum confessione, quæ in detegendis corporis morbis adhibetur. Quemadmodum igitur corporis morbos non omnibus patefaciunt homines, neque quibusvis, sed iis qui horum curandorum periti sunt : ita fieri quoque debet peccatorum confessio coram iis qui curare hæc possint, prout scriptum est :* « *Vos qui fortes estis, infirmitates debilium portate* [35], » *hoc est, cura ac diligentia vestra tollite.* Similis est quæstio 288 : *Qui vult confiteri peccata sua, debetne confiteri omnibus et quibuslibet, an certis quibusdam?* Sic respondet Basilius : *Consilium benignitatis Dei in peccantibus manifestum est, juxta id quod scriptum est :* « *Nonvolo mortem peccatoris, sed ut convertatur ipse, et vivat* [36]. » *Quoniam igitur pœnitentiæ modus debet peccato congruere, ac etiam opus est fructibus dignis pœnitentiæ, juxta hanc sententiam,* « *Facite fructus dignos pœnitentiæ* [37], » *ut ne fructuum penuria locum habeant eæ quæ subsequuntur minæ.* « *Nam,* inquit, *omnis arbor non faciens fructum bonum, exscinditur, et in ignem mittitur* [38] ; » *peccata iis confiteri necesse est, quibus mysteriorum Dei concredita dispensatio est* [39]. *Sic enim et qui olim pœnitentiam egerunt, coram sanctis fecisse comperiuntur. Scriptum est enim, in Evangelio quidem* [40], *quod peccata sua Joanni Baptistæ confitebantur; in Actis vero* [41], *apostolis ipsis, a quibus etiam baptizabantur cuncti.* Vide commentarium *in Isaiam* p. 553.

Negat Scultetus (17) ex his locis specialem peccatorum enumerationem aut confessionis necessitatem erui posse. Sed eludendi locum non relinquit petitum ex corporeis morbis exemplum, tum etiam quod ait Basilius pœnitentiæ imponendæ modum peccato congruere debere. Quomodo enim morbus animi curabitur, si peccatorum numerus et graves circumstantiæ celentur? aut quomodo pœna peccatorum numero et magnitudini congruet, nisi singula peccata et circumstantiæ aperiantur? Illud autem, τῆς ἐπιστροφῆς ὁ τρόπος, reddi debet, pœnitentiæ imponendæ modus, vel pœnæ modus : minime vero, *conversionis modus.* Hanc enim in sententiam usurpari solet ea vox in ejusmodi locis : cujus rei multa suppetunt apud Basilium exempla, ut in epist. 75. Frustra ergo Scultetus confitendi necessitatem, de qua in quæst. 288 agitur, in eo positam esse contendit, quod, si quis confiteri velit peccata, quamvis necesse id non sit, is non aliis confiteri debeat, quam iis quibus credita est dispensatio mysteriorum Dei. Si confessio cujusque arbitrio permissa esset, nec ulla esset confitendi necessitas; satius multo ac tutius foret apud prudentes ac pietate insignes viros peccata confiteri, quam apud presbyteros, qui non semper prudentia ac pietate excellunt. Quare Basilius, cum ait necesse esse peccata iis confiteri, quibus credita est dispensatio mysteriorum Dei, simul et confessionem peccati necessariam esse, et pœnitentiam inter sacramenta numerandam esse demonstrat.

Mitto aliam cavillationem Sculteti, qui memoratas a S. Basilio peccatorum confessiones ante baptismum, nec præscriptas fuisse, nec singulorum peccatorum enumerationem habuisse objicit. At minime probat his exemplis uti non debuisse Basilium, ut ad præscriptam a Christo omnium peccatorum confessionem hortaretur, et a pravo pudore avocaret.

Utitur etiam Scultetus regula breviore 110, in qua præcipitur, ut virgines per præfectam, sive seniorem suam presbytero confiteantur. Sed hoc vitium superiorum editionum in hac novissima emendatum est, nec quidquam aliud præcipit Basilius, nisi ut adsit decori causa præfecta virginum, dum sorores confitentur presbytero. Idem antea præscripserat in reg. 108, ut præfectus, absente præfecta, cum sororibus de rebus ad fidei ædificationem pertinentibus non loquatur. Sed ne peccatorum confessio excipi debere videretur, huic rei occurrendum esse duxit.

Hanc Basilii doctrinam confirmant tres illius epistolæ canonicæ, quæ dum varias peccatorum species et gradus accurate persequuntur, quam arcte servatum fuerit confitendi præceptum demonstrant ; quantaque exstiterit episcoporum in peccatis pro merito puniendis diligentia. Mulieres adulteræ (ep. 200, can. 34), vel sponte confessæ, vel convictæ, non percurrebant varios pœnitentiæ gradus, sed inter consistentes tempus explebant. Cautio enim erat ne in periculum mortis conjicerentur, si peccatum vulgaretur. Sed, si nullum erat confitendi et puniendi peccati præceptum, cur non illa etiam remittebatur inter consistentes pœnitentia, quæ periculo prorsus non carebat? cur furti (ep. 217, can. 61) convictus duplo graviorem pœnam sustinebat, quam sponte confessus? Nemo prorsus ab hac lege confitendorum peccatorum immunis. Presbyteri et diaconi (can. 70), qui se labiis tenus peccasse confitebantur, excidebant gradu suo : ac ne illis quidem communio cum presbyteris aut diaconis relinquebatur, si quid amplius peccasse deprehenderentur.

II. In his canonibus avaritiæ, invidiæ et aliis ejusmodi vitiis nullæ nominatim constituuntur pœnæ. Sed non idcirco putandum est confessionis legi subjecta non fuisse. Nam Basilius in *Regulis brevioribus*, postquam (reg. 288) statuit peccata

---

[35] Rom. xv, 1; Gal. vi, 2. [36] Ezech. xxxiii, 11. [37] Luc. iii, 8. [38] ibid. 9. [39] I Cor. iv, 1. [40] Math. iii, 6. [41] Act. xix, 8.

(17) *Medul. theol.*, part. iv, p. 256.

iis solis confitenda esse, quibus credita est dispensatio mysteriorum Dei, hanc quæstionem instituit : Ὁ μετανοήσας ἐπὶ ἁμαρτήματι, καὶ πάλιν εἰς τὸ αὐτὸ ἐμπεσὼν ἁμάρτημα, τί ποιήσει (reg. 289); *Qui pænitentiam egit peccati, ac rursus in idem labitur peccatum, quid faciet?* Declarat Basilius ejusmodi homines idcirco relabi, quia radicem peccati non tollunt : ac profert exempli loco invidiam et jurgium, quæ ex radice amoris gloriæ pullulant. Unde sic concludit : *Si quis igitur, ubi se ipse semel condemnaverit invidiæ aut jurgii, in eadem rursus incidat; noverit se ex primaria invidiæ aut jurgii causa, gloriæ studio in intimis laborare.*

Ejusmodi ergo peccata sacerdotum prudentiæ curanda permittebantur : sed non idcirco confessionis legi subtrahebantur. Atque id confirmare possumus testimonio Gregorii Nysseni, qui cum in epistola canonica queratur, quod de nonnullis peccatis, qualia sunt convicia (p. 119), maledicta (p. 121), usura et alienarum rerum sub negotii prætextu raptus, conditi a Patribus canones non fuerint, nec tantum sibi auctoritatis assumat, ut ejusmodi constituat canones; hæc tamen peccata confessioni subjecta esse manifeste indicat, ac summo studio a sacerdotibus curanda. Sic enim loqui ur de illo inter negotiandum alienæ rei raptu : Ὁ δὲ δι' ὑφαιρέσεως λανθανούσης σφετεριζόμενος τὸ ἀλλότριον, εἶτα δι' ἐξαγορεύσεως τὸ πλημμέλημα αὐτοῦ τῷ ἱερεῖ φανερώσας, τῆς περὶ τὸ ἐναντίον τοῦ πάθους σπουδῇ θεραπεύσει τὴν ἀρρωστίαν· λέγω δὲ διὰ τοῦ τὰ προσόντα παρέχειν τοῖς πένησιν, ἵνα τῷ προέσθαι ἃ ἔχει, φανερὸς γένηται καθαρεύων τῆς κατὰ πλεονεξίαν νόσου· εἰ δὲ μηδὲν ἔχοι, μόνον δὲ τὸ σῶμα ἔχοι, κελεύει ὁ Ἀπόστολος, διὰ τοῦ σωματικοῦ κόπου τὸ τοιοῦτον ἐξιλάσασθαι πάθος· *Qui autem latenti ablatione sibi rem alienam usurpat, ac deinde per confessionem peccatum suum sacerdoti aperit, per contrarium vitio studium ægritudinem curabit: dico autem, largiendo, quæ habet, pauperibus, ut dum quæ habet profundit, se ab avaritiæ morbo liberum aperte ostendat: sin autem nihil aliud præterquam solum corpus habeat, jubet Apostolus per laborem corporalem ei morbo mederi* ⁴⁴. Similia habet Basilius de usuris (can. 14, ep. 188), quas qui accepit, eum a sacerdotio non excludit, modo injustum lucrum in pauperes insumat et ab avaritiæ morbo liberum se exhibeat.

III. Peccatum, quod ex primo omnes parente traximus, sic prædicat Basilius, ut facile pateat nihil aliud S. Augustinum contra Pelagianos defendisse, nisi quod perpetua Ecclesiæ prædicatione constabat. *Exsolve*, inquit Basilius homil. *in famem* p. 70, *peccatum primigenium, ciborrorum largitione. Quemadmodum enim Adam improbo esu peccatum transmisit: sic nos insidiantem escam abolemus, si fratris necessitatem famemque curamus.* Et in psal. xxix (p. 129) : *Pulcher quidem eram*, inquit, *secundum naturam, sed languidus, propterea quod ex serpentis insidiis peccato mortuus eram.* Alibi (in psal. xxxii, p. 152) vocat serpentem peccati auctorem. Ibidem (p. 155) : *Propter condemnationem in nos ob peccatum prolatam terra dicimur, nos qui a Deo audivimus :* « *Terra es, et in terram ibis.* » Et in psal. xxxiii (p. 158) : *Quandoquidem ii, qui ideo creati erant ut Domino servirent, sub inim ci servitute detinebantur, illorum animas pretioso suo sanguine redimet.*

Sæpe alias Basilius de peccato primorum parentum loquitur, ut de culpa nequaquam Adami et Evæ propria, sed ad eorum posteros pertinente. *Adamus*, inquit in homil. de eo, *Quod Deus non est auctor malorum* (tom. II, p. 79), *secedendo a Deo mortem conscivit sibi ipsi, juxta id quod scriptum est :* « *Ecce qui elongant se a te, peribunt* ⁴⁵. » *Sic non creavit Deus mortem, sed nos nobis ipsis ex prava mente eam accersivimus.* Non omittendum est insigne testimonium ex epist. 261, n. 2, ubi sic loquitur Basilius : *Itaque, si Domini in carne adventus non fuit, non dedit Redemptor pro nobis pretium morti, nec per seipsum mortis regnum resecuit. Si enim aliud esset, quod mortis imperio subjectum erat, aliud quod assumptum a Domino; non desiisset mors ea quæ sua sunt, operari, nec lucrum nostrum factæ fuissent deiferæ carnis passiones : non interemisset peccatum in carne : non Christo vivificati fuissemus, qui eramus in Adamo mortui; non resartum fuisset, quod collapsum erat; non instauratum, quod confractum; non conjunctum Deo, quod serpentis fraude fuerat abalienatum.* In libro i *De baptismo* hæc leguntur (cap. 2, n. 7) : *Illud igitur,* « *denuo,* » *arbitror prioris generationis, quæ in peccatorum sordibus facta est, emendationem ostendere, cum Job dicat :* « *Nemo purus est a sordibus, ne si unus quidem dies sit vita ejus* ⁴⁴ »; *et David lugeat, ac dicat :* « *In iniquitatibus conceptus sum, et in peccatis concepit me mater mea* ⁴⁵ »; *et Apostolus ita contestetur :* « *Omnes enim peccaverunt, et egent gloria Dei, justificati gratis per gratiam ipsius per redemptionem quæ est in Christo Jesu, quem proposuit Deus propitiationem per fidem in sanguine ipsius* ⁴⁶. » *Quapropter etiam peccatorum venia datur credentibus, Domino ipso dicente :* « *Hic est sanguis meus novi testamenti, qui pro multis effunditur in remissionem peccatorum* ⁴⁷ : » *quemadmodum Apostolus rursus testatur, dicens :* « *Secundum beneplacitum voluntatis suæ, in laudem gloriæ gratiæ suæ, in qua gratificavit nos in dilecto, in quo habemus redemptionem per sanguinem ejus, remissionem peccatorum, secundum divitias gratiæ ejus de qua nobis impertivit ubertim* ⁴⁸ »; *ut quemadmodum statua contrita ac confracta, amissa regis forma eximia, denuo conformatur a sapiente artifice ac bono opifice, gloriam operis sui resarciente, atque pristino splendori restituitur : sic etiam nos ob præcepti*

⁴⁴ Ephes. iv, 28. ⁴⁵ Psal. lxxii, 27. ⁴⁴ Job xiv, 4, juxta LXX. ⁴⁵ Psal. l., 7. ⁴⁶ Rom. iii, 23-25. ⁴⁷ Matth. xxvi, 28. ⁴⁸ Ephes. i, 5-8.

transgressionem male affecti, velut scriptum est, « Homo cum in honore esset, non intellexit, comparatus est jumentis insipientibus, et similis factus est illis [49], » ad pristinam imaginis Dei gloriam revocemur.

IV. Sic affectum hominem indigere, ut eum Dei gratia præveniat, et novam ei creationem impertiat, mirifice pluribus locis demonstrat Basilius, cujus testimonia nonnulla hic apponemus. Unde vero facultas mihi, inquit in psal. XXIX (p. 125), te exaltandi : Quoniam tu me præveniens suscepisti. Perspicue dixit, « Suscepisti me, » pro « sublevasti me, » et superiorem insurgentibus in me effecisti. Veluti si quis puerum quempiam natandi imperitum manu suscipiens, eum aquis altiorem sustineat. Qui igitur, opitulante Deo, a casu exsurgit, is grati animi significatione per bona opera exaltationem Deo pollicetur. Aut velut si quis debilem quempiam luctatorem suffulciens, ab imminente lapsu liberet, ac colluctante reddat superiorem : illi quidem victoriæ præbet occasionem, huic vero conceptam de lapsu alterius lætitiam adimit. Vide ejusdem homiliæ n. 3, p. 126; et n. 5, p. 129, et aliam homiliam in psalmum XLIV, n. 4, et reg. moral. 55, et in Isaiam, p. 610. Et in homilia De humilitate (p. 159) : Nihil unde gloriari queas relictum est tibi, o homo... Quid igitur, dic, quæso, te ipse quasi de tuis ipsius bonis effers, cum deberes pro acceptis donis gratiam largitori habere? « Quid enim habes quod non accepisti? quod si etiam accepisti, quid gloriaris quasi non acceperis [50]? » Non tu Deum cognovisti per tuam justitiam; sed Deus cognovit te propter suam bonitatem. « Cum cognoveritis Deum, inquit, qui potius cogniti sitis a Deo [51]. » Non tu apprehendisti Christum per virtutem, sed Christus te per suum adventum apprehendit. « Insequor, inquit, si etiam apprehendam, in quo et apprehensus sum a Christo [52]. » Non vos me elegistis, inquit Dominus [53], sed ego elegi vos. » An quoniam honore affectus es, gloriaris et misericordiam occasionem arripis superbiendi? Et tunc cognoscas teipsum, quis sis, velut Adam ejectus e paradiso, velut Saul desertus a Spiritu Dei, velut Israel a radice sancta resectus. « Fide, inquit, stas : noli altum sapere, sed time [54]. » Judicium sequitur gratiam; et quomodo datis usus fueris, expendit judex. In his quæ sequuntur perseverantiæ donum commendatur : Quod si ne hoc quidem intelligis, fuisse te gratiam consecutum, aut si præ nimia stupiditate tuam ipsius virtutem existimas gratiam esse, non es beato Petro apostolo præstantior. Nec enim Dominum amore majori prosequi poteris, quam qui ita vehementer dilexit ut etiam voluerit pro ipso mori. Sed, quoniam animo elatiore locutus est cum dixit : « Etsi omnes scandalizati fuerint in te, ego tamen nunquam scandalizabor [55], » timiditati humanæ traditus est, ceciditque in inficiationem, lapsu erudiendus ad metum atque

ad cautionem, educendusque infirmis parcere et debilibus, quod et suam cognovit infirmitatem, et perspicue intellexit quod quemadmodum cum in pelago mergeretur, per Christi dexteram erutus est, ita in scandali procella ob incredulitatem in pereundi periculum veniens, Christi virtute servatus sit. In psal. XXXIII, n. 2 : Neque enim in potentia hominis, neque in sapientia, sed in Dei gratia salus est. Vide homiliam in psal. VII, ad hæc verba : Et diriges justum. Sic loquitur in homilia in psal. XXXII, n. 5 (p. 137) : Atque etiam multum est discriminis in peccatis ac recte factis : hæc enim lenæ vendita, vi in peccato est, illa vero ab initio heram bonam nacia, in virginitate educata est. Cur hæc affecta beneficio sit, illa vero condemnata : et quid sit unicuique horum a judice retribuendum; quibus omnibus tibi in mentem venientibus, cogita Dei judicia abyssos esse, nec a quolibet facile comprehendi posse, quod in divinis thesauris conclusa sunt. Sed et credendi data promissio est a Deo, videlicet, « Dabo tibi thesauros absconditos et invisibiles [56]. » Postquam igitur ea cognitione, quæ est facie ad faciem, digni habiti fuerimus, etiam eas quæ in Dei thesauris sunt abyssos intuebimur. Quod si ea quæ in Scriptura de utribus dicta sunt, collegeris, propheticæ sententiæ intelligentiam magis assequeris. Et n. 7 : Et quoniam multi sunt vocati, pauci vero electi [57], beatum dicit non vocatum, sed electum. Beatus namque, quem elegit. Quæ autem beatitudinis causa? Exspectata bonorum æternorum hæreditas... Salvus autem fit non quivis, sed reliquiæ solum secundum electionem gratiæ [58]. Vide homil. in psal. CXIV, n. 5, p. 202.

Satis patet ex his quæ attulimus, quantum enitent divina potentia in humani cordis conversione. Sed præterea in eamdem sententiam nonnulla referenda. Subjiciamur ergo Deo, inquit (in psal. LXI, n. 2), quod salutare ab ipso est. Quid autem sit salutare, explicat. Non nuda quædam est operatio, aliquam nobis beneficentiam afferens, qua ab infirmitate liberemur, bonaque corporis habitudine utamur. Sed quid est salutare? « Etenim ipse Deus meus, et Salvator meus, susceptor meus, non movebor multum [59]. » Filius qui ex Deo est, Deus noster est. Idem etiam Salvator est generis humani, debilitatem nostram fulciens, ac commotionem ex tentationibus animis nostris advenientem corrigens. Vide homil. in psal. XXXII, n. 3, p. 133, et in psal. XXXIII, n. 4, p. 146, et Homil. de fide, p. 133, reg. moral. 55, cap. 1.

Divinitatem Filii demonstrat Basilius ex summo illius in humanas mentes imperio. Petra dicitur, inquit in libro De Spiritu sancto, c. 8, p. 15, eo quod validum sit et inconcussum, et quavis arce firmius propugnaculum fidelibus. Et pag. 16 : Omnia autem facit contactu virtutis, ac voluntate bonitatis operans. Pascit, illuminat, alit, deducit, medetur,

[49] Psal. XLVIII, 13. [50] I Cor. IV, 7. [51] Gal. IV, 9. [52] Philipp. III, 12. [53] Joan. XV, 16. [54] Rom. XI, 20, 17. [55] Matth. XXVI, 33. [56] Isa. XLV, 3. [57] Matth. XXII, 14.

erigit. Quæ non sunt, facit ut sint, condita conservat. Hoc modo bona ex Deo per Filium ad nos perveniunt, majore celeritate in singulis operantem, quam ullus sermo exprimere valeat. Neque enim fulgura, neque lucis per aerem tam velox discursus est, non oculorum celeres ictus, non ipsius intellectus nostri motus : sed horum quodque magis vincitur divinæ operationis celeritate, quam animantia quæ sunt apud nos maxime segnia, non dicam volatilium, neque ventorum, neque cœlestium orbium impetu, sed ipsius mentis nostræ motu superantur. Nam quo tandem temporis spatio egeat, qui portat omnia verbo virtutis suæ, quique nec corporaliter operatur, neque manuum opera ad creandum opus habet, sed eorum quæ fiunt naturam habet voluntate non coacta obsequentem.

Nullo alio argumento libentius utitur ad divinitatem sancti Spiritus demonstrandam. Neque enim fieri potest, inquit (cap. 12, p. 23), *ut Filium quis adoret nisi in sancto Spiritu, aut ut Patrem invocet nisi in adoptionis Spiritu.* Vide cap. 13, et epist. 38, n. 4. Demonstrat in cap. 15 ejusdem libri, Spiritum sanctum a Patre et Filio disjungi non posse (p. 29), si quidem in baptismo *vim vivificam immittit, a morte peccati renovans animas nostras in pristinam vitam : ac vitam nostram operatur.* Et cap. 19, pag. 41 : *Sive quis creationem accipiat de exstinctorum reviviscentia; an non magna Spiritus operatio, qui nobis suppeditat vitam ex resurrectione, et ad spiritualem illam vitam animas nostras adaptat? Sive creatio dicatur esse eorum, qui hic per peccatum lapsi sunt, in meliorem statum mutatio (nam ita quoque nonnunquam usurpatur juxta Scripturæ consuetudinem, velut cum Paulus dicit,* « *Si qua in Christo nova creatura* [60] », » *renovatio quæ hic fit, et a vita terrestri ac turbulentis affectibus obnoxia ad cœlestem conversationem transmutatio, quæ fit in nobis per Spiritum, ad summam admirationem deducit animos nostros.* Similiter in epist. 8, n. 11 : *Tria creationis genera in Scriptura nominata invenimus. Unum quidem ac primum, ex nihilo productionem : secundum vero, ex pejore in melius immutationem ; tertium, resurrectionem mortuorum. In his reperies Spiritum sanctum una cum Patre et Filio operantem.* Sæpe alias cordis conversio vocatur nova creatio, ut *in psal.* xxxii, pag. 138; et in homilia, *Quod Deus non est auctor malorum*, p. 75, et lib. v *adversus Eunomium*, p. 303, et Comment. *in Isaiam*, p. 423.

Quantum fiduciæ in divina gratia poneret Basilius ex his perspici potest, quæ de conciliandis Antiochenæ Ecclesiæ dissensionibus loquitur in epist. 66, p. 160 : *Hæc vero conciliare,* inquit, *et ad unius corporis harmoniam redigere, illius est solius, qui et siccis ossibus, ut ad nervos et carnem denuo redeant, non enarrabili sua potestate largitur. Dominus autem omnino magna per eos, qui se digni sunt, efficit.* Et in epist. 203 (p. 300) : *Non enim ignoratis, nos palam omnibus propositos, veluti scopulos in mari prominentes, furorem fluctuum hæreticorum excipere ; eosque dum circa nos franguntur, ea quæ retro nos sunt, non alluere. Illud autem,* « *nos,* » *cum dico, non ad humanas refero vires, sed ad Dei gratiam, qui in hominum imbecillitate potentiam suam declarat, quemadmodum ait propheta ex persona Domini dicens :* « *An me non timebitis, qui arenam mari terminum posui* [61] *?* » Nam omnium infirmissima ac vilissima re, arena, ingens ac grave pelagus constrinxit Omnipotens. Similia habes in homilia *in psal.* xxxii (p. 138) : *Cum igitur audieris quempiam magna minitantem, jactantemque se tibi omnis generis ærumnas, damna, aut plagas, aut mortem illaturum, respice ad Dominum gentium consilia dissipantem, et populorum cogitationes reprobantem.* Et postea, n. 9 (p. 140) : *Neque igitur rex ex armis sufficiens ad salutem auxilium habet, neque fortis vir sibi ad omnia sufficere potest. Imbecillitas enim et infirmitas sunt omnia simul humana, si cum vera potentia comparentur.* Propterea « *Infirma mundi elegit Deus, ut confundat fortia* [62]. » Et : « *Ex ore infantium et lactentium perfecit laudem, ut destruat inimicum et ultorem* [63] ; » nam divina gratia in infantibus ac rudibus operans, maxime resplenduit. Præclarissimum est initium epist. 161, ad Amphilochium : *Benedictus Deus, qui sibi placentes in singulis ætatibus eligit, electionisque secernit vasa, et his utitur ad ministerium sanctorum : qui nunc etiam te, cum fugeres, ut tumet dixisti, non nos, sed vocationem quam per nos futuram suspicabaris, inevitabilibus gratiæ retibus illigavit, ac in mediam Pisidiam deduxit ut homines Domino capias, et ex profundo pertrahas ad lucem, quos cepit diabolus, ut suam ipsius faciant voluntatem.*

Agmen claudet insigne testimonium, quod e S. Basilii Liturgia depromptum Petrus Diaconus (18) citat in libro *De incarnatione et gratia*, c. 8 : *Hinc etiam,* inquit, *beatus Basilius Cæsariensis episcopus in oratione sacri altaris, quam pene universus frequentat Oriens, inter cætera :* Dona, inquit, Domine, virtutem et tutamentum ; malos, quæsumus, bonos facito, bonos in bonitate conserva ; omnia enim potes, et non est qui contradicat tibi : cum enim volueris, salvas, et nullus resistit voluntati tuæ. Ecce quam breviter, quamque docte doctor egregius olim huic controversiæ finem posuit, docens per hanc precem non a seipsis, sed a Deo malos homines bonos fieri, nec sua virtute, sed divinæ gratiæ adjutorio in ipsa bonitate perseverare.

---

[58] Rom. xi, 5. [59] Psal. lxi, 6. [60] II Cor. v, 17. Matth. xxi, 16. [61] Jerem. v, 22. [62] I Cor. i, 27. [63] Psal. viii, 3;

(18) *Biblioth. Patr.*, tom. XI, p. 198.

S. P. N. BASILII
CÆSAREÆ CAPPADOCIÆ ARCHIEPISCOPI
LIBER DE SPIRITU SANCTO

AD S. AMPHILOCHIUM ICONII EPISCOPUM (1).

CAPUT PRIMUM.
Prœmium in quo ostenditur necessarias esse de minutissimis theologiæ partibus perscrutationes.

1. Collaudavi in moribus tuis discendi et laborandi studium; ac supra modum delectatus sum attentione, atque vigilantia elucente in tua illa sententia, qua vocem nullam ex iis quæ in omni sermonis usu de Deo proferuntur, citra examen relinquendam **2** putas, o caput charum, mihique maxime omnium pretiosum, frater Amphilochi. Postquam enim recte audivisti hanc Domini admonitionem : *Quisquis petit, accipit, et qui quærit, invenit*[64], petendi diligentia, vel desidiosissimum mihi videris ad impartiendum excitare posse. Quin et illud in te majorem in modum admiror, quod non tentandi gratia, ut nunc plerique, quæstiones proponis, sed ut quid sit verum investiges. Nam qui curiosis auribus nostra verba captent, quique quæstiones nobis objiciant, horum hoc tempore magna est copia. At in animum discendi avidum, quique ad ignorationis medelam verum inquirat, difficillimum est incidere. Etenim ut venatorum laqueus et hostium insidiæ, ita fraudem occultam et arte instructam habent multorum interrogationes, qui proferunt in medium quæstiones, non ut ex his aliquid capiant utilitatis, sed ut, si minus accommodatas suæ cupiditati responsiones inveniant, hanc belli causam habere justam videantur.

2. Quod si *Stulto interroganti sapientia imputabitur*[65] : auscultatorem prudentem, quem propheta cum admirabili consiliario copulavit[66], quanti æstimabimus? Æquum est profecto, ut eum approbatione omni complectamur, ac longius provehamus, manum illius studio simul admoventes, et in omnibus cum eo ad perfectionem contendente laborantes. Nam haud perfunctorie voces theologicas audire, sed conari, quid in quaque dictione, quid in quaque syllaba reconditi sensus lateat perscrutari, non est eorum qui segnes sunt ad pietatem, sed qui vocationis nostræ scopum intelligunt : quandoquidem nobis propositum est, ut similes efficiamur Deo, quatenus humanæ naturæ fas est. Porro similitudo non est absque cognitione : cognitio vero sine documentis non paratur. Doctrinæ autem initium, est oratio, orationis partes syllabæ ac dictiones. Proinde syllabas excutere, non est aberrare a scopo. Nec vero quoniam minutæ, ut alicui forte videbuntur, quæstiones; idcirco et negligendæ sunt : imo quoniam difficilis est inventu veritas, undique nobis est vestiganda. Etenim si, ut artes, ita et pietatis acquisitio paulatim minutis accessionibus augescit; nihil est contemnendum iis qui ad cognitionem instituuntur : quemadmodum si quis prima elementa ut minuta contemnat, nunquam perfectorum sapientiam assequetur. Næ et Non, syllabæ duæ sunt : attamen bonorum optimum veritas, et extremus pravitatis terminus mendacium, frequenter his minutis verbis comprehenduntur. Sed quid hæc commemoro, cum jam si quis vel capite annuat, tum cum martyrio pro Christo perfungendum est, totam pietatem explevisse judicetur? Quod si hæc ad hunc habent modum, quid esse possit in verbis, quæ de Deo dicuntur, **3** adeo pusillum, ut vel recte vel secus dictum, non magnum habeat momentum in utramque partem? Nam si ex lege nec unum iota nec apex unus præteribit[67], quomodo nobis tutum fuerit vel minutissima transilire? At quæ tute a nobis enucleari postulasti, eadem exigua sunt et magna : prolationis quidem compendio exigua, atque ob id fortasse contemptui obnoxia, sed rerum significatarum vi magna : ad similitudinem sinapis, quod cum sit minutissimum inter arida semina, si cura debita adhibeatur, in altitudinem satis magnam exsurgit, ubi vis in eo latens sese explicuerit[68]. Quod si quis ridet, nostram videns circa syllabas, ut psalmi verbis utar, fabulationem[69]; ipse quidem futurum sciat, ut infrugiferum sui risus fructum metat : nos vero haudquaquam cedentes hominum conviciis, nec illorum vituperatione victi studium investigandi deseramus. Tantum enim abest, ut me harum re-

---

[64] Luc. xi, 10. [65] Prov. xvii, 28. [66] Isa. iii, 3. [67] Matth. v, 18. [68] Matth. xiii, 31, 32. [69] Psal. cxviii, 85.

(1) Ex interpretatione Erasmi pluribus locis emendata.

rum tanquam minutarum pudeat, ut si vel minimam dignitatis earum partem attingam, tum mihi gratulaturus sim, ut magna quædam assecuto, tum fratri nobiscum hæc perscrutanti non mediocre lucrum hinc dicturus obvenisse. Itaque, cum in minimis verbis conspiciam certamen maximum, spe præmii non detrecto laborem : ratus sermonem tum mihi fore utilem, tum audientibus satis magnum fructum allaturum. Quapropter cum ipso jam (dicendum enim est) sancto Spiritu ad explanationem accedam. Et si vis ut me in disputationis viam inducam, ad hujus quæstionis originem paulisper divertam.

3. Nuper precanti mihi cum populo, et utroque modo glorificationem absolventi Deo ac Patri, interdum cum Filio una cum sancto Spiritu, interdum per Filium in sancto Spiritu ; quidam ex iis qui aderant, crimen intenderunt, dicentes nos non modo peregrinis ac novis uti vocibus, verum etiam inter se pugnantibus. Tu porro maxime illorum utilitati consulens, aut si prorsus ipsi insanabiles sint, tamen propter eorum, qui in ejusmodi homines incidunt, securitatem, postulasti quampiam dilucidam doctrinam de vi harum syllabarum evulgari. Jam igitur nobis breviter dicendum est, quantum orationi ratum quoddam et exploratum principium ponentibus fieri potest.

CAPUT II.

Unde sit orta hæreticorum de syllabis observatio.

4. Exilis illa istorum hominum de syllabis ac dictionibus observatio non simplex est, quemadmodum alicui videri possit, neque ad mediocre malum tendit, sed profundum habet atque obtectum adversus pietatem consilium. Contendunt enim ostendere dissimilem esse prolationem Patris, et Filii, et Spiritus sancti, tanquam inde facilem habituri ipsius etiam secundum naturam dissimilitudinis probationem. Habent enim isti vetus quoddam commentum, ab Aetio hujus hæreseos principe inventum, qui in epistolis suis alicubi scripsit ea quæ secundum naturam dissimilia sunt, dissimiliter proferri : ac vice versa, quæ dissimiliter proferuntur, esse dissimilia secundum naturam. Atque ad hujus dicti confirmationem traxit Apostolum dicentem, *Unus Deus et Pater, ex quo omnia ; et unus Dominus Jesus Christus, per quem omnia* [70]. Quemadmodum igitur voces se habent inter sese ; ita, inquit, se habebunt et naturæ, quæ per ipsas significantur : sed inter se discrepant *per quem* et *ex quo :* dissimilis igitur Patri Filius. Ex hoc itaque morbo et istorum circa præpositiones nugacitas dependet. Unde Deo quidem et Patri tanquam eximiam quamdam portionem attribuunt illud, *ex quo ;* Filio vero et Deo assignarunt illud, *per quem ;* Spiritui autem sancto, illud, *in quo ;* negantque hunc syllabarum usum usquam inverti, ut, quemadmodum dixi, ex discrepantia prolationis simul appareat et naturæ discrepantia. Atqui non obscurum est, eos, dum de syllabis subtiliter nugantur, impiæ doctrinæ vim ac robur astruere. Siquidem his syllabis, *ex quo,* conditorem volunt significari ; rursus his, *per quem,* ministrum aut instrumentum ; his denique, *in quo,* tempus aut locum declarari, ut is qui condidit universa, intelligatur nihilo honorabilior instrumento : Spiritus autem sanctus nihilo plus, quam locus aut tempus, ad res condendas attulisse videatur (1).

CAPUT III.

E mundana philosophia natam esse de syllabis sophisticam disputationem.

5. Induxit porro ipsos in hunc errorem externorum quoque scriptorum observatio, qui voces, *ex quo* et *per quem,* rebus natura separatis attribuerunt. Siquidem illi putant his vocibus, *ex quo,* significari materiam ; his vero, *per quem,* instrumentum designari, 5 aut prorsus ministerium. Vel potius (quid enim vetat, tota illorum doctrina repetita, paucis arguere, et quam isti homines dicant a vero dissidentia et quam ipsi non constent sibi ?) qui inani philosophiæ dederunt operam, dum multifariam exponunt causæ naturam, eamque in propria significata dividunt, alias aiunt esse causas principales, alias cooperantes, aut concausales, alias autem hanc rationem habere ut sine iis nihil efficiatur. Atque harum cuique peculiarem etiam attribuunt appellationem, ita ut aliter opifex, aliter instrumentum significetur. Nam opifici congruere existimant illud, *a quo ;* aiunt enim proprie dici, a fabro factum fuisse scamnum : at instrumento convenire illud, *per quem ;* dicunt enim, per securim et terebellum et reliqua. Similiter hanc particulam, *ex quo,* illi faciunt propriam materiæ ; siquidem e materia fit opificium. Porro particulam, *juxta quod,* putant significare conceptum animo, vel extrinsecus objectum artifici exemplar. Vel enim prius cogitatione sibi depingit id quod facere destinat, et sic quod animo concepit, ad opus perducit : vel ad exemplar jam editum respiciens, ad illius similitudinem operationem dirigit. Hanc autem particulam, *propter quod,* vo-

[70] 1 Cor. VIII, 6.

(1) Sic reddit hunc locum, Erasmus : *Spiritus sanctus nihilo plus ad res condendas momenti attulisse videatur, nisi quod tempus aut locum præbuerit rebus condidis.* At non tantum honoris Spiritui sancto habebant impii hæretici, ut ab eo tempus et locum creata dicerent ; sed eum comparabant cum loco et tempore, ut Filium cum instrumento : ac ei appellationem loci imponebant, ut ait Basilius cap. 4 ; cujus cavillationis ansam videntur arripuisse ex usitata apud scriptores ecclesiasticos sententia, qui Spiritum sanctum dicere solent *plenitudinem bonorum Dei* esse, ut ait Didymus lib. I *De Spiritu sancto,* ac in eo *cuncta Dei dona consistere.* Ipse Basilius probat, cap. 26 hujus libri, Spiritum sanctum esse veluti locum eorum qui sanctificantur.

lunt competere fini ; scamnum enim esse factum ad usum hominum. Denique his verbis, *in quo*, tempus aut locum indicari. Quando enim factum est ? in tali tempore. Ubi factum est ? in tali loco. Hæc autem tametsi nihil conferunt ad id quod fit, tamen absque his nihil potest fieri. Operantibus enim et loco et tempore opus est. Ilas observationes ex inanibus disciplinis ac vana deceptione desumptas cum isti didicerint atque admirati sint, eas etiam ad simplicem et arte omni carentem Spiritus doctrinam transferunt, ut et Deum Verbum diminuant, et Spiritum sanctum rejiciant : qui quidem vocem instrumentis inanimis aut servili ac prorsus humili ministerio a profanis scriptoribus assignatam, loquor de dictione, *per quem*, ad Dominum universorum non veriti sunt transferre ; nec pudet Christianos serræ aut mallei vocabulum universæ creaturæ Conditori attribuere.

CAPUT IV.
Harum syllabarum usum sine discrimine in Scriptura adhiberi.

6. Nos porro frequenter his uti vocibus etiam veritatis sermonem confitemur, haud tamen Spiritus libertatem humilibus et abjectis exterorum disciplinis ullo modo servire dicimus : verum habita ratione ejus quod subinde occurrit, enuntiationes congruenter usui convenienterque immutari. Neque enim illud, *ex quo*, prorsus significat materiam, quemadmodum illi putant : sed est Scripturæ familiarius hanc vocem ad supremam causam adhibere. Exempli causa in hoc loco, *Unus* 6 *Deus, ex quo omnia* [71]. Ac rursum : *Omnia autem ex Deo* [72]. Utitur tamen veritatis sermo hac ipsa dictione etiam sæpe de materia, veluti cum ait : *Facies arcam e lignis imputrescibilibus* [73] ; et : *Facies candelabrum ex auro puro* [74] ; et : *Primus homo e terra terrenus* [75] ; et : *E luto compositus es tu æque atque ego* [76]. At isti, ut naturæ, quemadmodum diximus, diversitatem constituant, definierunt hanc vocem soli Patri congruere. Ac principia quidem observationis acceperunt ab externis scriptoribus, non tamen his in omnibus accurate inserviunt : sed Filio quidem, secundum præscriptionem illorum, instrumenti vocabulum imposuerunt, Spiritui vero sancto, loci. Aiunt enim, *in Spiritu* : et aiunt, *per Filium*. At Deo vocem, *ex quo*, attribuerunt, non amplius hic alienos sequentes, sed ad apostolicos, ut ipsi dicunt, usus transeuntes ; secundum quod dictum est : *Ex ipso autem vos estis in Christo Jesu* [77]; et : *Omnia autem ex Deo* [78]. Quid igitur est, quod ex hac argutia conficitur ? Alia natura causæ, alia instrumenti, alia loci : alienus ergo secundum naturam Filius a Patre, si quidem et instrumentum ab opifice ; alienus etiam et Spiritus sanctus, quandoquidem separatur locus aut tempus ab instrumentorum aut eorum qui instrumentis utuntur natura.

CAPUT V.
Et de Patre dici, «*per quem,* » *et de Filio,* « *ex quo,* » *et de Spiritu sancto.*

7. Ad hunc quidem modum se habent, quæ ab istis afferuntur : nos autem demonstrabimus quod proposuimus, nec Patrem sibi sumentem has voces *ex quo*, ad Filium projecisse has, *per quem*, neque rursus a Filio, sicut isti præscribunt, non recepi Spiritum sanctum in consortium harum vocum, *ex quo*, aut, *per quem*, quod tamen nova istorum distributio definit. *Unus Deus et Pater, ex quo omnia : et unus Dominus Jesus Christus, per quem omnia* [79]. Non sunt hæ voces legem ferentis, sed hypostases distinguentis. Non enim ut naturæ induceret diversitatem, sed ut inconfusam Patris et Filii notionem exhiberet, ita locutus Apostolus. Nam quod hæ voces inter se contrariæ non sint, neque velut in prælio separatæ adversus hostilem aciem, ad bellum inter se gerendum excitent naturas ad quas accesserint, inde liquet. Collegit ambas in una et eadem persona beatus 7 Apostolus dicens : *Quoniam ex ipso, et per ipsum, et in ipsum omnia* [80]. Quod autem hæc ad Dominum referat, quivis fatebitur, qui vel tenuiter inspiciat mentem orationis. Cum enim Apostolus prius ex Isaiæ prophetia posuisset illud : *Quis cognovit sensum Domini, aut quis consiliarius ejus fuit ?* subjecit : *Quoniam ex ipso, et per ipsum, et in ipsum sunt omnia* [81]. Quæ certe de Deo Verbo universorum conditore dicta esse a propheta, ex iis quæ præcedunt, discas licebit. *Quis mensus est manu aquam, et cœlum palmo, et totam terram pugno ? Quis statuit montes in libra, et colles in statera ? Quis cognovit sensum Domini, aut quis consiliarius illi fuit* [82] ? Nam hæc dictio, *quis*, hic non prorsus id quod haberi nequit, significat, sed quod est rarum : velut in hoc : *Quis insurget mihi adversus perverse agentes* [83] ? Et : *Quis est homo qui vult vitam* [84] ? Et : *Quis ascendet in montem Domini* [85] ? Similiter et hoc loco dictum : *Quis est qui cognovit sensum Domini, et consilii illius particeps fuit* [86] ? *Pater enim diligit Filium, et omnia ostendit illi* [87]. Hic est qui continet terram, eamque pugno complexus est ; qui cuncta digessit in ordinem, eaque ornavit ; qui et montes æqualiter libravit, et aquis terminos præscripsit, et omnibus quæ in mundo sunt, suum designavit ordinem : qui totum cœlum modica totius suæ potestatis particula comprehendit : quam sermo propheticus figurate palmum appellavit. Unde congruenter Apostolus adjecit : *Ex ipso, et per ipsum, et in ipsum omnia* [88]. Ex hoc

---

[71] I Cor. viii, 6. [72] I Cor. xi, 12. [73] Gen. vi, 14. [74] Exod. xxv, 31. [75] I Cor. xv, 47. [76] Job xxxiii, 6. [77] I Cor. i, 30. [78] I Cor. xi, 12. [79] I Cor. viii, 6. [80] Rom. xi, 36. [81] ibid. 34, 36 : Isa. xl, 13. [82] Isa. xl, 12, 13. [83] Psal. xciii, 16. [84] Psal. xxxiii, 13. [85] Psal. xxiii, 3. [86] Isa. xl, 13. [87] Joan. v, 20. [88] Rom. xi, 36.

siquidem iis quæ sunt, causa ut sint manat, juxta voluntatem Dei et Patris. Per ipsum perseverant ac consistunt omnia ; universorum conditore unicuique rei creatæ ea etiam quæ ad sui conservationem necessaria sunt dimetiente. Quapropter sane etiam universa sese ad illum convertunt, invincibili atque insedabili quodam desiderio, et arcano affectu ad auctorem et largitorem vitæ respicientia, juxta illud quod scriptum est : *Oculi omnium in te sperant* [89] (1); et rursum : *Omnia a te exspectant* [90] ; et : *Aperis tu manum tuam, et imples omne animal benedictione* [91].

8. Quod si adversus hanc nostram expositionem instabunt, quæ illos ratio liberabit, quominus evidenter in se ipsos incurrant? Etenim si concessuri non sunt de Domino dictas esse has tres voces, *ex ipso*, et *per ipsum*, et *in ipsum* : omnino necessum est, ut Deo et Patri proprie tribuantur. Atque hinc palam conciderit illorum observatio. Reperitur enim non modo, *ex quo*, sed etiam, *per quem*, accommodari ad Patrem. Quæ vox si nihil præ se fert humile, quam tandem ob causam eam velut inferioris dignitatis assignant Filio? Quod si omnino declarat ministerium, respondeant nobis : Deus gloriæ et Pater Christi, cujus principis est minister? Igitur isti quidem 8 ad hunc modum a seipsis undique subvertuntur, nobis autem utrinque quod firmum est servabitur. Etenim sive de Filio evicerit dictum esse quod recitavimus, comperietur hæc particula, *ex quo*, Filio convenire : sive quis contendat prophetæ verba ad Deum esse referenda, rursus concedet vocem hanc, *per quem*, Deo congruere ; et utraque vox parem dignitatem obtinebit, eo quod pari ratione de Deo usurpetur. Atque juxta modum utrumque, perspicuum erit has particulas parem inter se habere dignitatem, quod de una eademque persona usurpatæ sint. Sed ad propositum revertamur.

9. Apostolus scribens Ephesiis, ait : *Veritatem autem loquentes in charitate, crescamus in ipsum per omnia, qui est caput Christus, ex quo totum corpus dum compingitur et connectitur, per omnem juncturam subministrationis, secundum operationem in mensura uniuscujusque partis incrementum corporis facit* [92]. Et rursus in Epistola ad Colossenses, ad eos qui non habebant Unigeniti notitiam dictum est : *Qui tenet caput*, hoc est, Christum, *ex quo totum corpus, per juncturas et connexiones subministratum, augescit augmento Dei* [93]. Quod enim Christus caput est Ecclesiæ, alio loco didicimus,

Apostolo dicente : *Et ipsum dedit caput super omnia Ecclesiæ* [94]. Et : *E plenitudine ejus accepimus nos omnes* [95]. Et ipse Dominus : *De meo accipiet, et annuntiabit vobis* [96]. Et in summa, diligenter legenti varii usus videbuntur illius *ex quo*. Nam et Dominus : *Novi*, inquit, *virtutem ex me exiisse* [97]. Similiter autem et de Spiritu compluribus locis observavimus illud, *ex quo*, positum esse. Qui enim, inquit, *seminat in Spiritu, e Spiritu metet vitam æternam* [98]. Item Joannes : *Ex hoc cognoscimus quod in nobis est, e Spiritu quem nobis donavit* [99]. Et angelus : *Quod enim in ea generatum est, e Spiritu sancto est* [1]. Et Dominus ait : *Quod natum est e Spiritu, Spiritus est* [2]. Atque id quidem ad hunc habet modum.

10. Jam vero demonstrandum est hanc vocem, *per quem*, pariter et de Patre, et de Filio, et de Spiritu sancto in Scripturis usurpari. Ac de Filio sane supervacaneum fuerit proferre testimonia, tum quia hoc notum est, tum quod hoc ipsum ab adversariis astruitur. Nos porro demonstrabimus hanc particulam, *per quem*, etiam de Patre fuisse positam. *Fidelis*, inquit, *Deus, per quem vocati estis in consortium Filii ipsius* [3] ; et : *Paulus apostolus Jesu Christi per voluntatem Dei* [4] ; et rursum : *Itaque non es jam servus, sed filius, et hæres per Deum* [5]. Item illud : *Quemadmodum surrexit Christus a mortuis per gloriam Patris* [6]. Et Isaias : *Væ*, inquit, *qui profunde facitis consilium, et non per Dominum* [7]. Quin et de Spiritu sancto possunt etiam apponi multa hujus vocis testimonia. *Nobis autem*, 9 inquit, *Deus revelavit per Spiritum* [8]. Et alio loco : *Bonum depositum custodi per Spiritum sanctum* [9] ; ac rursus : *Alii quidem per Spiritum datus est sermo sapientiæ* [10].

11. Eadem vero et de syllaba, *in*, dicere possumus, quod etiam hanc de Deo et Patre Scriptura usurparit, velut in Veteri Testamento : *In Deo*, inquit, *faciamus virtutem* [11] ; et : *In te cantatio mea semper* [12] ; et rursus : *In nomine tuo exsultabo* [13] ; et apud Paulum : *In Deo*, inquit, *qui condidit omnia* [14] ; et, *Paulus ac Silvanus et Timotheus Ecclesiæ Thessalonicensium in Deo Patre* [15] ; et, *Si tandem aliquando prosperum iter habeam in voluntate Dei, veniendi ad vos* [16] ; et : *Gloriaris*, inquit, *in Deo* [17]. Et reliqua quæ ne enumerare quidem facile sit. At nobis non est propositum ostentare testimoniorum multitudinem, sed probare observationes ipsorum rectas non esse. Siquidem hanc particulam de Domino ac Spiritu sancto usurpatam esse, tanquam per se notum, demonstrare omittam. Illud tamen necessa-

[89] Psal. cxliv, 13. [90] Psal. ciii, 27. [91] Psal. cxliv, 16. [92] Ephes. iv, 15,16. [93] Col. ii, 19. [94] Ephes. i, 22. [95] Joan. i, 16. [96] Joan. xvi, 14. [97] Luc. viii, 46. [98] Gal. vi, 8 [99] I Joan. iii, 24. [1] Matth. i, 20. [2] Joan. iii, 6. [3] I Cor. i, 9. [4] II Cor. iv, 1. [5] Gal. iv, 7. [6] Rom. vi, 4. [7] Isa. xxix, 15. [8] I Cor. ii, 10. [9] II Tim. i, 14. [10] I Cor. xii, 8. [11] Psal. cvii, 14. [12] Psal. lxx, 6. [13] Psal. lxxxviii, 17. [14] Ephes. iii, 9. [15] II Thess. i, 1. [16] Rom. i, 10. [17] Rom. ii, 17.

(1) Sic reddit hunc locum S. Ambrosius, lib. ii *De Spiritu sancto*, cap. 9 : In ipso, *quid est?* Quia omnia admirabili quodam desiderio et inenarrabili amore *auctorem vitæ et ministratorem gratiæ suæ ac muneris intuentur, secundum quod scriptum est :* « Oculi omnium, » etc. In Commentario in Isaiam cap. v, p. 477, hæc leguntur : *Unigenitus ipsum bonum, quod appetunt omnia, cujus amor naturali et inenarrabili modo omnium ratione utentium animis instillatus.*

rio dicendum est, prudenti auditori sufficere illam objectorum confutationem, quæ a contrario ducitur. Nam si prolationis diversitas arguit naturam diversam, quemadmodum isti dicunt : jam vocum identitas vel pudore cogit eos fateri essentiam in nullo discrepantem.

12. Neque enim solum cum de Deo fit sermo, harum vocum usus variat ; verum etiam ad mutuos invicem significatus sæpenumero transferuntur, quoties altera alterius recipit significationem, veluti, *Possedi hominem per Deum* [18], inquit Adam, perinde atque si dixisset *ex Deo*. Et alibi : *Quæ præcepit Moyses Israeli per mandatum Domini* [19]. Et rursus : *Nonne per Deum horum manifestatio est* [20]? Joseph de insomniis cum iis qui in carcere erant, disserens et ipse aperte pro *ex Deo* dixit *per Deum*. Et contra, *ex quo*, pro *per quem* usurpavit Paulus, velut cum ait : *Factus ex muliere* [21], pro *per mulierem*. Nam id nobis alibi perspicue distinxit, cum ait feminæ convenire, e viro natam esse, viro autem per feminam : *Quemadmodum mulier ex viro, ita vir per mulierem* [22]. Sed tamen hic Apostolus, simul ostendens diversum harum vocum usum, simul obiter corrigens quorumdam errorem, existimantium Domini corpus esse spirituale ; ut ostenderet carnem Dei gestatricem (1) ex humana massa concretam fuisse, maluit uti verbo significantiore (nam hæ dictiones, *per mulierem*, transitoriæ generationis suspicionem erant daturæ : at hæ, *ex muliere*, abunde declarant communionem, quam natura geniti cum genitrice habet), non quod ille secum pugnet, sed ut ostendat has voces facile sibi vicissim cedere. **10** Quando igitur de quibuscunque definitum est proprie dici, *per quem*, de iisdem etiam vox, *ex quo*, usurpatur ; qua ratione fit, ut ad pietatis calumniam hæ dictiones inter se prorsus separentur?

CAPUT VI.

Occurrit iis qui affirmant Filium non esse cum Patre, sed post Patrem ; ubi et de gloriæ æqualitate.

13. Atqui nec ad ignorantiæ excusationem confugere possunt, cum tanto artificio tantaque perversitate dicta nostra excipiant : qui quidem nobis palam indignantur, quod una cum Patre adimpleamus Unigenito glorificationem, quodque Spiritum sanctum a Filio non separemus. Unde novatores nos appellant, novitatisque architectos et verborum inventores, et quibus non aliis probrosissimis nominibus? Quorum convicia tantum abest ut indigne feram, ut nisi nos ipsorum exitium dolore perpetuoque cruciatu afficeret, propemodum dicerem me etiam ipsis pro maledictis habere gratiam, ut qui mihi concilient beatitudinem. *Beati enim*, inquit, *estis, cum probris vos impetiverint propter me* [23]. Hujusmodi autem sunt ea quorum causa indignantur. Non est, inquiunt, cum Patre Filius, sed post Patrem ; unde consequitur ut per eum gloria Patri tribuatur, sed cum eo nequaquam. Nam illud, *cum eo*, æqualitatem declarat, *per eum* autem, ministerium significat. Neque etiam cum Patre, inquiunt, et Filio collocandus est sanctus Spiritus, sed sub Filio et Patre, sic ut non una cum illis collocetur, sed subdatur, neque connumeretur, sed subnumeretur. Atque talibus quibusdam verborum versutiis, pervertunt fidei sinceritatem simplicitatemque. Proinde quam veniam assequentur imperitiæ prætextu, per quos ob istam curiositatem ne aliis quidem imperitis esse licet?

14. Nos vero primum illud ipsos rogemus, quomodo dicant Filium post Patrem? num tempore recentiorem, num ordine, an dignitate? Sed nullus adeo demens est ut dicat conditorem sæculorum, quoquam esse tempore posteriorem, cum nullum sit intervallum, quod naturalem Filii cum Patre conjunctionem dirimat. Neque etiam hominum cogitatione filius patre recentior dici possit, non ob id modo quod simul intelligantur secundum relationem, verum etiam quod ea dicuntur posteriora tempore, quæ a præsenti tempore minus absunt : et rursus illa priora, quæ longius absunt a præsenti tempore. Exempli causa, quæ Noe temporibus acta sunt priora sunt iis quæ narrantur de subversis Sodomis, quod illa longius dissita sint a præsenti **11** tempore : et hæc illis posteriora, quod quodammodo appareant præsenti tempori viciniora. At ejus vitæ, quæ omne tempus et omnia sæcula transcendit, existentiam metiri distantia a præsenti tempore, an non præter impietatem, omnem etiam dementiam superat ; si quemadmodum res generationi corruptionique obnoxiæ, aliis aliæ priores esse dicuntur, eumdem ad modum Deus et Pater, collatus cum Filio et Deo qui est ante sæcula, superat? At enim Patrem esse anteriorem nemo possit animo concipere, eo quod Domini generationem nec ulla prorsus cogitatio, neque ulla notio transcendat : Joanne pulchre duabus vocibus cogitationem intra circumscriptos terminos recludente, cum ait : *In principio erat Verbum* [24]. Nam neque ex hac voce, *erat*, cogitatio exitum reperire potest ; neque principium imaginatio transcendere. Quantumvis enim cogitatione curras ad anteriora : ex voce, *erat*, exitum non reperis. Et quantumvis insiteris videre quæ sint ultra Filium, non poteris

[18] Gen. IV, 1. [19] Levit. VIII, 21. [20] Gen. XL, 8. [21] Gal. IV, 4. [22] I Cor. XI, 12. [23] Matth. V, 11. [24] Joan. I, 1.

(1) Christi caro Deifera vocatur Homil. *in psalmum* XXXIX, et Comment. *in caput* II *Isaiæ*, ut observat Ducæus. Addit idem vir doctissimus, Theodoretum graviter olim hallucinatum fuisse in reprehensione anathematismi quinti, ubi ait Christum a Basilio θεοφόρον ἄνθρωπον, *hominem Deiferum*, vocatum fuisse in libro *De Spiritu sancto* et in Explanatione psalmi quinquagesimi. Non enim parum interest inter hominem Deiferum et carnem Deiferam.

tamen superare principium. Itaque pium est juxta hanc rationem Filium simul cum Patre intelligere.

15. Quod si velut in loco humiliore Filium Patri subesse imaginantur; ut in sublimi sedeat Pater, ac dein Filius in locum inferiorem detrusus sit; fateantur istud, et nos tacebimus, aperta loquendi ratione per se absurditatem habente. Nam nec in ratiocinando sibi constant, qui non concedunt Patrem ad universa pertingere, cum eorum qui sani sunt, cogitatio credat Deum implesse universa : nec recordantur Prophetæ dicentis : *Si ascendero in cœlum, tu illic es ; si descendero ad inferos, ades*[25]; qui supra et infra partiuntur inter Patrem et Filium. At ut nihil dicam ad redarguendam illorum imperitiam, rebus incorporeis locum attribuentium; quid excusabit eorum impietatem, qua tam impudenter repugnant adversanturque Scripturis? quod genus est illud : *Sede a dextris meis*[26] ; et : *Consedit in dextra majestatis Dei*[27]. Neque enim dextrum significat locum inferiorem, quod isti prædicant, sed relationem ad id quod æquale est; quippe cum dextrum non accipiatur corporaliter (sic enim possit etiam esse aliquid sinistrum in Deo) sed honorificis assidendi verbis Filii majestatem honoremque Scriptura ob oculos ponat. Reliquum est igitur, ut hac voce dignitatis inferiorem gradum indicari asserant. Discant igitur quod Christus est Dei virtus, et Dei sapientia[28], et imago Dei invisibilis[29], et splendor **12** gloriæ[30], quodque hunc Pater signavit Deus, seque totum in eo expressit. Hæc igitur et quæcunque his similia sunt per universam Scripturam testimonia, utrum dicemus humilitatis habere significationem, an ceu præconia quædam, Unigeniti majestatem, et æqualem cum Patre gloriam ebuccinari? Audiant insuper et ipsum Dominum palam suam gloriam cum Patre æqualem asserentem, cum ait : *Qui videt me, videt et Patrem*[31] Ac rursus : *Cum venerit Filius in gloria Patris*[32]; et : *Ut honorificent Filium, quemadmodum honorificant Patrem*[33]. Item illud : *Vidimus gloriam ejus, gloriam tanquam Unigeniti a Patre*[34]. Rursus : *Unigenitus Deus, qui est in sinu Patris*[35]. Horum dum isti nihil considerant, locum hostibus destinatum attribuunt Filio. Nam sinus paternus sedes est digna Filio ; scabelli vero locus iis convenit, quibus opus est subjectione. Nos igitur ad alia properantes, obiter in transcursu testimonia attigimus ; tibi vero per otium licet, collectis probationibus, gloriæ sublimitatem, ac virtutis eminentiam in Filio perspicere. Quanquam ne hæc quidem auditori æquo parva videbuntur, nisi quis carnaliter et abjecte intelligat has voces, *dextrum* et *sinum* : ut loco circumscribat Deum, fingatque figuram ac formam situmque corporalem : quæ ab intelligentia rei simplicis et immensæ ac incorporeæ longe semota sunt, præter-

quam quod illius cogitatio humilis pariter in Patrem cadit atque in Filium. Quare non dejicit Filii dignitatem, sed adjungit blasphemiæ crimen adversus Deum quisquis talia disserit. Quæcunque enim ausus fuerit evomere in Filium, necesse est ut eadem transferat in Patrem. Nam qui Patri superiorem locum ad præsidendum tribuit, ac Filium dicit humiliore loco sedere, is quæcunque corporeis accidunt, ea omnia habiturus est suum figmentum consequentia. Quod si istæ imaginationes sunt vino delirantium, ac per phrenitidem mente commotorum, quomodo pium fuerit eum, qui natura, gloria dignitateque conjunctus est, non simul cum Patre adorari et glorificari ab his qui ab ipso edocti sunt, eum qui non honorificat Filium, non honorificare Patrem[36]? Quid porro dicemus? quid justæ excusationis afferemus in formidabili ac communi totius creaturæ judicio, si posteaquam Dominus aperte denuntiavit se venturum in gloria Patris[37], et Stephanus Jesum vidit stantem a dextris Dei[38], et Paulus Spiritu afflatus testificatus est de Christo, quod est in dextra Dei[39] ; atque etiam cum Pater dicat, *Sede a dextris meis*[40], et Spiritus sanctus testimonium perhibeat, quod consederit ad dextram majestatis Dei[41]; nos throni consortem, et honoris ejusdem participem, ab æqualitatis statu ad inferiorem dejiciamus locum ? Siquidem arbitror statione et consessu naturæ, firmitatem ac stabilitatem omnimodam significari ; juxta quem tropum et Baruch Deum immobilem et immutabilem semper **13** esse ostendens, ait : *Tu sedes in æternum, et nos perimus in ævum*[42] : dextro autem loco indicari dignitatis æqualitatem. An non igitur audax facinus fuerit, Filium glorificationis consortio privare, veluti qui mereatur in loco minus honorato collocari?

CAPUT VII.

Adversus eos qui dicunt non congruenter de Filio dici, ‹ cum quo, › sed, ‹ per quem. ›

16. Sed hoc loquendi genus, *cum ipso*, aiunt, omnino peregrinum est et inusitatum : contra, istud, *per ipsum*, tum sermoni Scripturæ familiarissimum tum fratrum usu tritum esse. Quid igitur nos ad ista? Nimirum beatas esse aures quæ non audierunt vos, et beata corda, quæ a vestris sermonibus servata sunt illæsa. Vobis porro qui Christum diligitis, dico Ecclesiam utrumque harum vocum usum agnoscere, neutrumque rejicere, quasi alter alterum destruat. Cum enim in Unigenito naturæ majestatem ac dignitatis excellentiam contemplamur, ei cum Patre gloriam esse testamur. Rursus cum cogitamus quæ bona nobis suppeditarit, aut quomodo nos ad Deum adduxerit ac Deo asseruerit, confitemur hanc gratiam, *per ipsum* et *in ipso* nobis effici. Quare altera particula, *cum quo*, propria est glorificantium ; altera, *per quem*,

---

[25] Psal. cxxxviii, 8. [26] Psal. cix, 1. [27] Hebr. i, 3. [28] I Cor. i, 24. [29] Coloss. i, 15. [30] Hebr. i, 3. [31] Joan. xiv, 9. [32] Marc. viii, 38. [33] Joan. v, 23. [34] Joan. i, 14. [35] ibid. 18. [36] Joan. v, 23. [37] Matth. xvi, 27. [38] Act. vii, 55. [39] Rom. viii, 34. [40] Psal. cix, 1. [41] Hebr. viii, 1. [42] Baruch iii, 3.

propria est gratias agentium. Quin et illud mendacium est hanc vocem, *cum quo*, ab usu piorum alienam esse. Quotquot enim morum constantia, antiquitatis majestatem speciosis novitatibus prætulerunt, ac majorum traditionem citra mutationem conservarunt, tum ruri, tum in civitatibus hac voce utuntur. Cæterum qui consueta fastidiunt, et in vetera tanquam in obsoleta insurgunt, ii sunt qui novitates suscipiunt, quemadmodum in vestimento, qui ornatum amant, novum semper præferunt communi. Videas itaque etiamnum rusticanæ plebis in hac voce morem antiquum : istorum autem artificum, et in verborum pugnis contritorum signata novæ sapientiæ cauterio verba. Proinde quod a majoribus nostris dictum est, et nos dicimus, gloriam videlicet communem esse Patri ac Filio, quapropter cum Filio glorificationem Patri persolvimus. Quanquam hoc nobis non est satis, sic a Patribus esse traditum; nam et illi Scripturæ secuti sunt sententiam, ex testimoniis, quæ paulo ante vobis e Scriptura citavimus, principia sumentes. Splendor enim cum gloria intelligitur, et imago cum archetypo, et Filius omnino cum Patre, cum nec nominum consequentia, nedum rerum natura, separationem admittat.

CAPUT VIII.

Quot modis intelligatur hæc particula, « per quem, » et in quo sensu congruentius dicitur, « cum quo: » ubi etiam exponitur, quomodo mandatum accipit Filius, et quomodo mittitur.

17. Itaque cum Apostolus gratias agit Deo per Jesum Christum [43], ac rursus cum ait sese per illum accepisse gratiam et apostolatum ad obedientiam fidei in omnibus gentibus [44], aut cum dicit nos per eum accessum habere ad gratiam hanc in qua stamus et gloriamur [45], illius erga nos beneficia declarat, nunc quidem ut a Patre gratiam bonorum in nos transfundentis, nunc rursum ut per se ipsum conciliantis nos Patri. Siquidem cum ait, *Per quem accepimus gratiam et apostolatum* [46], significat bonorum largitionem ab illo proficisci. Rursum cum ait : *Per quem accessum habemus* [47], assumi nos, ac Deo per Christum conjungi ostendit. Num igitur gratiæ quam in nobis operatur confessio diminuit illius gloriam ? an potius dictu verius fuerit, enarrationem beneficiorum decens esse glorificandi argumentum ? Hanc ob causam comperimus Scripturam non uno nomine nobis significare Dominum, nec his tantum quæ divinitatem ac magnitudinem ejus declarant, sed interdum quidem uti vocibus naturam exprimentibus; novit enim nomen Filii, quod est super omne nomen [48], et Filium verum dicere, et Unigenitum Deum, et virtutem Dei, et sapientiam, et Verbum. Et rursus, ob multiplicem in nos beneficentiam, quam ob divitias bonitatis pro varia sua sapientia egentibus præstat, aliis innumeris appellationibus eumdem designat, dum aliquando vocat illum pastorem, alias regem, et rursus medicum, denique sponsum, viam, ostium, fontem, panem, securim ac petram. Hæc enim non naturam indicant, sed, quod aiebam, operationis varietatem : quam ex affectu, quem gerit erga suum figmentum, indigentibus, ut cuique opus est, impartit. Eos enim qui ad ejus regimen confugerunt, quique per malorum tolerantiam communicandi facilitatem præstiterunt, oves appellat; seque talium pastorem esse profitetur, qui vocem ipsius audiunt, nec attendunt doctrinis peregrinis. *Oves enim meæ*, inquit, *vocem meam audiunt* [49]. Rex autem vocatur eorum, qui jam altius assurrexerunt, ac legitimo imperio, et gubernatione opus habent. Quin et ostium dicitur, eo quod per rectitudinem præceptorum educit ad pias actiones : et rursus tuto perducit ad caulas eos, qui per fidem in ipsum ad cognitionis bonum confugerint. Unde, *Per me si quis introierit, et ingredietur, et egredietur, ac pascua inveniet* [50]. Petra dicitur [51], eo quod validum sit et inconcussum et quavis arce firmius propugnaculum fidelibus. In his hæc vox, *per ipsum*, aptissimum ac clarum usum habet, quoties velut ostium et velut via dicitur. At vero ut Deus et Filius, cum Patre communem habet gloriam: *Quoniam in nomine Jesu omne genu flectetur, cœlestium, terrestrium et infernorum, et omnis lingua confitebitur, quod Dominus Jesus Christus in gloria sit Dei Patris* [52]. Quam ob rem ambabus vocibus utimur, altera propriam illius dignitatem, altera ejus erga nos munificentiam prædicantes.

18. Omne enim animarum auxilium per ipsum est, atque juxta singula curandi ac providendi genera excogitata est peculiaris quædam appellatio. Cum enim animam incontaminatam, non habentem maculam aut rugam, quasi puram virginem sibi adjungit, sponsus appellatur ; cum vero eam pravis diaboli plagis afflictatam recipit, ac peccatis graviter laborantem sanat, (medicus vocatur. Utrum igitur quod hisce modis nostri curam gerit, cogitationes nostras eo deducet, ut humilius de eo sentiamus? an potius e diverso efficiet, ut Servatoris et ingentem potentiam et humanitatem erga nos admiremur, quod et compati nostris infirmitatibus sustinuit, et se ad nostram infirmitatem potuit demittere ? Neque enim cœlum ac terra, immensaque maria, nec animantia, vel in aquis vel in terris degentia, nec plantæ, nec astra, nec aer, nec anni tempora, nec multiplex universi ornatus, excellentiam potentiæ illius perinde commendat, atque quod Deus incomprehensibilis potuit per carnem citra noxam cum morte conflictari, ut nobis sua ipsius passione largiretur immortalitatem, quod si Apostolus ait : *In his omnibus superamus per eum qui dilexit nos* [53] : nequaquam hac voce humile quoddam ministerium indicat, sed auxilium potius, quod per imperium suæ potentiæ operatur in nobis.

---

[43] Rom. 1, 8. [44] ibid. 5. [45] Rom. v, 2. [46] Rom. 1, 5. [47] Rom. v, 2. [48] Philipp. 11, 9. [49] Joan. x, 27. [50] Joan. x, 9. [51] 1 Cor. x, 4. [52] Philip. 11, 10, 11. [53] Rom. viii, 57.

Siquidem ipsum alligavit fortem, diripuitque vasa illius [54], videlicet nos, quibus ad omnia mala opera fuerat abusus; fecitque vasa utilia Domino, apparatos ad omne opus bonum [55], per liberi arbitrii nostri præparationem. Hoc pacto accessum ad Patrem habuimus per ipsum, translati de potestate tenebrarum in partem sortis sanctorum in lumine [56]. Ne igitur dispensationem Filii coactum ex servili humilitate ministerium existimemus: sed voluntariam sollicitudinem ex bonitate ac misericordia, juxta voluntatem Dei et Patris, erga suum figmentum exhibitam. Sic enim servabimus pietatem, si in omnibus rebus ab eo peractis et **16** perfectam illi potentiam testimonio nostro tribuerimus, nec usquam illum a paterna voluntate separaverimus. Quemadmodum utique cum Dominus appellatur via [57], ad sublimiorem intelligentiam potius, quam ad vulgarem ac communem animo ferimur. Audientes enim viam, profectum eum, qui serie atque ordine per justitiæ opera et scientiæ illuminationem ad perfectionem tendit, intelligimus, semper id quod anterius est appetentes, et ad ea quæ restant nosmetipsos extendentes [58], donec perveniamus ad beatum finem, quæ est Dei cognitio, quam Dominus per sese in ipsum credentibus largitur. Revera enim bona est via, exorbitationis errorisque nescia, Dominus noster, ad Patrem, qui verum bonum est, perducens. *Nemo enim*, inquit, *venit ad Patrem nisi per me* [59]. Talis est igitur noster ad Deum ascensus per Filium.

19. Rursus autem qualis sit etiam Patris erga nos per eumdem bonorum suppeditatio, consequens jam fuerit disserere. Nimirum cum omnis natura creata, tum hæc visibilis, tum intelligibilis, ad hoc ut consistat, Dei cura egeat; opifex Verbum, unigenitus Deus opem, quantum cuique opus est, distribuens, varia quidem et omnis generis auxilia, ob varietatem eorum qui beneficio juvantur, sed tamen unicuique congruentia juxta necessitatis modum dimetitur. Eos qui in tenebris ignorantiæ detinentur, illuminat: propterea lumen verum dicitur. Judicat, juxta operum meritum remetiens præmium; ob id judex justus dicitur. *Pater enim neminem judicat, sed omne judicium dedit Filio* [60]. Erigit e ruina, qui e sublimitate vitæ ad peccatum delapsi sunt; ob id vocatur resurrectio [61]. Omnia autem facit contactu virtutis, ac voluntate bonitatis operans. Pascit, illuminat, alit, deducit, medetur, erigit. Quæ non sunt, facit, ut sint, condita conservat. Hoc modo bona ex Deo per Filium ad nos perveniunt, majore celeritate in singulis operantem, quam ullus sermo exprimere valeat. Neque enim fulgura, neque lucis, per aerem tam velox discursus est, non oculorum celeres ictus, non ipsius intellectus nostri motus: sed horum quodque magis vincitur divinæ operationis celeritate, quam animantia quæ sunt apud nos maxime segnia, non dicam volatilium, neque ventorum, neque cœlestium orbium impetu, sed ipsius mentis nostræ motu superantur. Nam quo tandem temporis spatio egeat qui portat omnia verbo virtutis suæ [62], quique nec corporaliter operatur, neque manuum opera ad creandum opus habet, sed eorum quæ fiunt naturam habet voluntate non coacta obsequentem? Sicuti Judith: *Cogitasti*, inquit, *et præsto fuerunt tibi omnia quæ cogitasti* [63]. Attamen ne forte ex magnitudine eorum quæ fiunt rapiamur in imaginationem, ut putemus Dominum principio carere, quid ait is qui per se vita est? **17** *Ego vivo propter Patrem* [64]. Et Dei virtus: *Non potest Filius a se facere quidquam* [65]. Rursus, is qui ex se perfecta est sapientia: *Mandatum accepi, quid dicam, et quid loquar* [66]: per hæc omnia ducens nos ad Patris cognitionem, et admirationem eorum quæ gerebat, ad illum referens, ut per ipsum cognoscamus Patrem. Non enim ex operum differentia Pater conspicitur, quasi peculiarem atque separatam actionem exhibeat (quæcunque enim videt Patrem facientem, hæc et Filius similiter facit [67]), verum ex gloria, quæ ei ab Unigenito defertur, operum miraculum carpit, dum præter operum magnitudinem, de ipso etiam auctore operum gloriatur, et exaltatur ab iis qui agnoscunt eum Patrem Domini nostri Jesu Christi: *Per quem omnia, et propter quem omnia* [68]. Ideo dicit Dominus: *Omnia mea tua sunt*, ut ad ipsum originem rerum conditarum referens: *Et tua mea* [69]; ut inde principia creandi accipiens; non quod auxiliis utatur ad operandum, neque quod ei particularibus mandatis uniuscujusque operis ministerium concredatur: nam istud quidem servile, et a divina dignitate immenso semotum intervallo: sed quod Verbum paternis bonis plenum, resplendens a Patre, omnia facit ad similitudinem ejus qui ipsum genuit. Nam si juxta essentiam nihil differt a Patre, nec potentia etiam a Patre differet. Porro quorum æqualis est potentia, horum omnino æqualis est et operatio. Christus siquidem Dei virtus est, et Dei sapientia [70]. Et sic omnia per ipsum facta sunt [71], omniaque per ipsum et in ipsum condita sunt [72], non quod instrumentali quodam ac servili ministerio fungatur : sed quod tanquam conditor paternam impleat voluntatem.

20. Itaque cum ait : *Ego ex me ipso locutus non sum* [73]; et rursum : *Sicut dixit mihi Pater, ita loquor* [74]; et : *Sermo quem audistis non est meus, sed ejus qui misit me* [75]; et alibi : *Quemadmodum mandavit mihi Pater, sic facio* [76]: non quod careat libero arbitrio ac voluntatis motu, neque quod ex datis signis veniam ac licentiam agendi exspectet,

---

[54] Matth. XII, 21. [55] II Tim. II, 29. [56] Coloss. I, 12, 13. [57] Joan. XIV, 6. [58] Philipp. III, 13. [59] Joan. XIV, 6. [60] Joan. V, 22. [61] Joan. XI, 25. [62] Hebr. I, 3. [63] Judith IX, 4. [64] Joan. VI, 58. [65] Joan. V, 19. [66] Joan. XII, 49. [67] Joan. V, 19. [68] Hebr. II, 10. [69] Joan. XVII, 10. [70] I Cor. I, 24. [71] Joan. I, 3. [72] Coloss. I, 16. [73] Joan. XII, 49. [74] ibid. 50. [75] Joan. XIV, 24. [76] ibid. 31.

ideo talibus utitur verbis : sed ut declaret propriam voluntatem conjuncte atque inseparabiliter Patri adhærentem. Proinde quod dicitur mandatum, ne sermonem imperiosum per vocalia organa prolatum intelligamus, Filio velut subdito præscribentem quid facere debeat : sed juxta sensum Deo dignum, intelligamus voluntatis communicationem, veluti formæ cujuspiam in speculo imaginem, a Patre in Filium sine tempore demanantem. *Pater enim diligit Filium, et omnia ostendit illi* [77]. Itaque quæcunque habet Pater, Filii sunt; non quod hæc illi paulatim accrescant, sed adsunt semel universa. Non enim inter homines qui artem perdidicit, ac diutina exercitatione firmum artis in animo fixumque habitum gerit, deinceps potest juxta scientiæ rationes, quas in mente tenet, per sese operari, Dei vero sapientia, architectus universæ creaturæ, semper perfectus, citra doctorem sapiens, Dei virtus, in quo sunt omnes thesauri sapientiæ et scientiæ occulti [78], eget speciali **18** mandato, quo° ei modus ac mensura operationum præfiniatur. Scilicet tu quidem etiam pædagogeum aperies in vanitate cogitationum tuarum, et hunc quidem facies præsidentem loco doctoris, illum vero astantem cum discipuli imperitia : dein paulatim additis præceptionibus discentem sapientiam, et ad perfectionem procedentem. At ex hoc, si modo noveris consequentiam, quæ est in ratiocinationibus, observare, invenies Filium semper quidem discere, nec unquam ad perfectionem pervenire posse, eo quod infinita sit Patris sapientia, nec infinitæ rei finis possit apprehendi. Itaque qui non concesserit Filium ab initio habere omnia, nunquam concessurus est illum ad perfectionem perventurum. Sed pudet me istius humilis cogitationis, in quam e sermonis serie deductus sum. Igitur ad ea quæ sunt in oratione sublimia iterum revertamur.

21. *Qui vidit me, vidit Patrem* [79] : non figuram, non formam : pura enim est a compositione divina natura; sed bonitatem voluntatis, quæ cum essentia concurrens, similis et æqualis, imo potius eadem in Patre et Filio intelligitur. Quid igitur sibi vult illud, *Factus obediens* [80] ? item illud : *Pro nobis omnibus tradidit eum* [81] ? Significatur videlicet Filium a Patre hoc habuisse, ut pro sua bonitate operaretur pro hominibus. Tu vero et illa audito : *Christus nos redemit a maledicto legis* [82]; item : *Cum adhuc peccatores essemus, Christus pro nobis mortuus est* [83]. Diligenter autem attende etiam verba Domini, quod postquam nos de Patre erudivit, authenticis et herilibus vocibus uti solet, dicens : *Volo, mundare* [84]; et, *Tace, obmutesce* [85]; et, *Ego autem dico vobis* [86]; et illud, *Mutum et surdum dæmonium, ego tibi præcipio* [87] : et quæcunque alia id genus : ut ex his quidem Dominum et conditorem nostrum cognosceremus, per illa vero Patrem Do-

mini et conditoris nostri discerneremus. Ita doctrina undelibet vera monstratur, scilicet ex eo quod Pater per Filium creet, neque propterea Patris vim creandi imperfectam argui, neque Filii operationem ostendi infirmam; sed voluntatis unitatem conjunctionemque declarari. Itaque hæc vox, *per quem*, confessionem habet causæ principalis; non autem sumitur ad insectationem ac reprehensionem causæ efficientis.

19 CAPUT IX.

Propriæ ac distinctæ de Spiritu notiones, doctrinæ Scripturarum congruentes.

22. Jam vero etiam de Spiritu communes nostræ notiones cujusmodi sint expendamus, tum eas quæ nobis de illo e Scripturis collectæ sunt, tum eas quas Patrum traditione non scripta accepimus. Primum igitur, quis, auditis Spiritus appellationibus, animo non erigitur, et ad supremam naturam cogitationem non attollit ? Nam Spiritus Dei dictus est, et Spiritus veritatis, qui ex Patre procedit [88] : Spiritus rectus, Spiritus principalis [89]. Spiritus sanctus, propria est illius ac peculiaris appellatio : quod sane nomen omnium maxime rem incorpoream et ab omni materia puram et incompositam declarat. Quapropter et Dominus cum eam, quæ Deum in loco adorari existimabat, edoceret, rem incorpoream comprehendi non posse, *Spiritus*, inquit, *est Deus* [90]. Proinde fieri non potest, ut qui audit Spiritum, naturam loco circumscriptam, aut mutationibus et alterationibus obnoxiam, aut omnino creaturæ similem sibi animo fingat : sed ad id quod summum est cogitatione progrediens, intelligentem substantiam cogitet necesse est, virtute infinitam, magnitudine incircumscriptam, nec temporum nec sæculorum dimensionem recipientem, ea quæ habet bona large impartientem. Ad quem omnia convertuntur quæ egent sanctificatione : quem omnia appetunt juxta virtutem viventia, cujus afflatu velut irrigantur et adjuvantur, ut perveniant ad proprium suum naturalemque finem. Qui perficit cætera, ipse vero in nullo deficit : qui non vivit per instaurationem, sed vitam suppeditat; nec accessionibus augescit, sed statim plenus est : qui in seipso firmatur, et nusquam non adest. Origo sanctificationis, lux intelligibilis : universæ potentiæ rationali ad veritatis investigationem velut illustrationem quamdam ex sese præbens. Natura inaccessus, sed qui capi possit ob benignitatem; omnia quidem implens virtute, sed solis iis qui digni sunt communicabilis, quibus sese non eadem impertit mensura, sed juxta proportionem fidei dispertitur vim suam. Simplex essentia, varius potentiis; qui singulis totus adest, et totus ubique est. Qui sic dividitur ut ipse nihil patiatur; cujus sic omnes participes sunt, ut ipse maneat integer, radii solaris in morem, cujus beneficium

[77] Joan. v, 20. [78] Coloss. ii, 3. [79] Joan. xiv, 9. 13. [82] Rom. v, 8, 9. [84] Matth. viii, 3. [85] Marc. iv, 39. xv, 26. [89] Psal. l, 12, 13. [88] Joan. iv. 24. [80] Philipp. ii, 8. [81] Rom. viii, 32. [83] Galat. iii, [86] Matth. v, 22 seqq. [87] Marc. ix, 24. [90] Joan.

fruenti tanquam uni adest, et tamen terram ac mare illustrat, misceturque aeri. Sic et Spiritus sanctus, unicuique capacium cum adsit quasi soli, sufficientem omnibus gratiam ac integram infundit quo: fruuntur quæcunque de illo participant, quantum ipsis fas est natura, non quantum ille potest.

23. Spiritus autem cum anima conjunctio non fit loci propinquitate (nam qui fiat ut ad incorporeum corporaliter accedas?), sed a cupiditatibus recessu, quæ post accesserunt animæ propter amicitiam erga carnem, et a Dei consortio alienarum. Itaque, si quis ab eo, quod vitii labe contraxerat, probro purgetur, atque ad nativam pulchritudinem reversus velut regiæ imagini formam veterem per puritatem reddat, hoc uno demum modo potest ad Paracletum appropinquare. Ille autem, veluti sol, purum nactus oculum, ostendet tibi in scipso imaginem illius qui videri non potest. In beata autem hujus imaginis contemplatione videbis ineffabilem archetypi pulchritudinem. Per hunc corda sustolluntur in altum, manu ducuntur infirmi, proficientes perficiuntur. Illic eis qui ab omni sorde purgati sunt illucescens, per communionem quam cum ipso habent, spirituales reddit. Et quemadmodum corpora nitida, pellucidaque, contacta radio, fiunt et ipsa supra modum splendida, et alium fulgorem ex sese profundunt, ita animæ quæ Spiritum ferunt, illustranturque a Spiritu, fiunt et ipsæ spirituales, et in alios gratiam emittunt. Hinc futurorum præscientia, mysteriorum intelligentia, occultorum comprehensio, donorum distributiones, cœlestis conversatio, cum angelis chorea: hinc gaudium nunquam finiendum, hinc in Deo perseverantia, hinc similitudo cum Deo, et quo nihil sublimius expeti potest, hinc est ut deus fias. Communes igitur nostræ notiones de sancto Spiritu, quas de magnitudine dignitateque illius, deque operationibus, ab ipsis Spiritus eloquiis sentire didicimus, ut e multis pauca afferamus, sic habent. Nunc autem ad contradicendi cupidos veniendum est, conabimurque illorum objectiones refellere, quas e falsi nominis scientia nobis proponunt.

CAPUT X.

Adversus eos qui dicunt non oportere Patri et Filio adjungere Spiritum sanctum.

24. Non oportet, inquiunt, Patri et Filio adjungere Spiritum sanctum: partim eo quod sit alienæ naturæ, partim quod dignitate sit inferior. Quibus æquum est ut apostolorum verbis respondeamus: *Deo oportet obedire magis quam hominibus* [51]. Nam si Dominus aperte in tradendo salutifero baptismate præcepit discipulis, ut baptizarent omnes gentes in nomine Patris et Filii et Spiritus sancti [52], haud dedignatus cum illo consortium: contra isti dicunt, non oportere Spiritum Patri Filioque conjungere; an non Dei præcepto palam adversantur? Etenim, si dicunt hujusmodi conjunctione non declarari ullam communionem aut consortium; dicant quidnam conveniat hoc existimare, et quam aliam efferant magis peculiarem consortii rationem? Et quidem si Dominus sibi et Patri non adjunxit Spiritum in baptismo, neque etiam nobis vitio vertant quod eos conjungimus. Nihil enim nos diversum neque sentimus, neque loquimur. Sin autem illic conjunctus est Patri et Filio Spiritus, nec quisquam est adeo impudens, ut aliud quidquam dicat, ne sic quidem nos in jus vocent, si Scripturas sequimur.

25. Sed belli adversum nos apparatus instructus est, omnisque cogitatio intenta est in nos, et linguæ maledicorum hic vehementius jaculantur quam ii, qui Christum occiderant, olim lapidibus impetierunt Stephanum. Verum ne consequantur, ut lateat nos quidem esse belli occasionem, sed quæ aguntur revera ad excelsum spectare. Itaque in nos quidem machinas et insidias instruunt, seque mutuo exhortantur ad ferendas suppetias, ut quisque peritia aut robore valet. Cæterum id quod oppugnantur, fides est, isque scopus communis est omnibus adversariis, et sanæ doctrinæ inimicis, ut soliditatem fidei in Christum concutiant, apostolicam traditionem solo æquatam abolendo. Eapropter, sicut solent qui bonæ fidei debitores sunt, probationes e Scriptura clamore exigunt, Patrum testimonium, quod scriptum non est, velut nullius momenti rejicientes. At de tuenda veritate nihil remittemus, neque ignavia a ferendis illi auxiliis desistemus. Etenim si Dominus nobis, ut necessarium ac salutare dogma, Spiritum cum Patre conjunctionem tradidit; his autem non ita videtur, sed dividere ac distrahere Spiritum et ad servilem naturam detrudere: an non verum est, apud illos blasphemiam ipsorum plus habere ponderis, quam Domini præscriptum? Agedum igitur omni contentione deposita, ita de iis quæ in manibus sunt, inter nos disceptemus.

26. Christiani unde nos? Per fidem, dicet quilibet. Salvi autem simus, quo modo? Nimirum regenerati per gratiam quæ confertur in baptismo. Nam unde alioqui? Ergone postquam hanc salutem per Patrem et Filium et Spiritum sanctum ratam ac firmatam noverimus, traditam nobis doctrinæ formam abjiciemus? Id profecto multis dignum suspiciis fuerit, si comperiamur nunc longius abesse a salute nostra, quam tum cum credidimus; si quæ tunc recepimus, nunc abnegamus. Par et æquale damnum est, sive quis baptismatis expers decedat de vita sive recipiat baptisma, cui unum aliquod eorum quæ tradita sunt desit. Et quisquis professionem, quam in prima institutione deposuimus, cum liberati a simulacris accessimus ad Deum vivum, in omni tempore non servat, nec eam quasi tutissimum præsidium per totam suam vitam complectitur, seipsum alienum reddit a promissis

[51] Act. v, 29. [52] Matth. xxviii, 19.

Dei, suo ipsius chirographo repugnans, quod in professione fidei deposuit. Nam si mihi vitæ initium est baptismus, ac dierum omnium primus est dies regenerationis; perspicuum est et vocem illam omnium pretiosissimam esse, quæ in adoptionis gratia prolata est. Itane igitur traditionem, quæ me adducit ad lucem, quæ Dei cognitionem largita est, per quam factus sum filius Dei, qui prius propter peccatum eram hostis, deseram, seductus istorum speciosis sermonibus? Quin potius et illud mihi precor, ut cum hac professione contingat hinc decedere ad Dominum: et ipsos hortor, ut inviolatam servent fidem usque ad diem Christi, et indivulsum a Patre et Filio custodiant Spiritum: doctrinam baptismatis tum in fidei professione, tum in gloriæ persolutione servantes.

CAPUT XI.
Prævaricatores esse illos qui negant Spiritum.

27. Cui væ? cui afflictio? cui angustia ac tenebræ? cui sempiterna condemnatio? Nonne prævaricatoribus? nonne iis qui fidem abnegarunt? Sed unde probantur abnegasse? Nonne hinc, quod suas ipsi professiones irritas fecerunt? Quid autem professi sunt, aut quando? Professi sunt credere se in Patrem et Filium et Spiritum sanctum, tum cum renuntiantes diabolo et angelis ejus salutiferam illam vocem ediderunt. Quod igitur istis dignum vocabulum excogitatum est a filiis lucis? Nonne perfugæ ac prævaricatores appellantur, ut qui salutis suæ pacta violarint? Quo igitur nomine eum qui Deum abnegavit, quo eum qui Christum abnegavit, appellem? Quonam alio, quam prævaricatoris ac desertoris? At ei qui negavit Spiritum, quod me vis nomen imponere? Nonne hoc idem, quippe qui pactum cum Deo initum violarit? Ergo cum et fidei in Spiritum professio beatitudinem pietatis nobis conciliet, et abnegatio crimini abnegati Dei faciat obnoxios: an non horrendum est ipsum nunc rejicere, non ignem, non gladium, non crucem, non flagella, non rotam, non tormenta metuentes, sed solis sophismatibus seductionibusque istorum, qui Spiritui rebelles sunt, deceptos? Testificor omni homini Christum profitenti, et Deum neganti, quod Christus nihil illi proderit; aut Deum invocanti, Filium vero spernenti, quod inanis est fides illius. Item ei qui Spiritum rejicit, testificor quod fides ejus qua profitetur Patrem et Filium, inanis erit: **23** quam nec habere potest nisi simul adsit Spiritus. Non enim credit in Filium, qui non credit Spiritui; nec credit in Patrem, qui non credit Filio. *Nec enim potest dicere Dominum Jesum, nisi in Spiritu sancto*[93]; et, *Deum nemo vidit unquam, sed unigenitus Filius, qui est in sinu Patris, hic nobis enarravit*[94]. Insuper talis expers est veræ adorationis. Neque enim fieri potest, ut quis Filium adoret, nisi in Spiritu sancto, aut ut Patrem invocet, nisi in adoptionis Spiritu.

CAPUT XII.
Adversus eos qui dicunt sufficere baptisma tantum in nomine Domini.

28. Neminem vero in fraudem inducat illud Apostoli, quod Patris et Spiritus sancti nomen in baptizatis commemoratione frequenter omittit: neque ideo putet indifferentem esse nominum invocationem. *Quicunque*, inquit, *in Christum baptizati estis, Christum induistis*[95]; et rursus, *Quicunque in Christo baptizati estis, in mortem illius baptizati estis*[96]. Nam Christi appellatio, totius est professio: declarat siquidem et Deum qui unxit, et Filium qui unctus est, et Spiritum sanctum qui est unctio: quemadmodum a Petro in Actis didicimus, *Jesum Nazarenum, quem unxit Deus Spiritu sancto*[97]. Item in Isaia, *Spiritus Domini super me, eo quod unxit me*[98]; et Psalmicus ille cantor, *Propterea unxit te Deus Deus tuus oleo exsultationis præ consortibus tuis*[99]. Videtur tamen interdum Apostolus etiam solius Spiritus fecisse mentionem in baptismate. *Omnes enim*, inquit, *in uno corpore in unum Spiritum baptizati sumus*[1]. Illis et illud consonat, *Vos autem baptizabimini in Spiritu sancto*[2]; et, *Ipse vos baptizabit in Spiritu sancto*[3]. At non ideo quis dixerit perfectum esse baptisma, in quo solum Spiritus nomen invocatum est. Oportet enim inviolabilem semper manere traditionem, quæ in vivifica gratia data est. Nam vitam nostram de corruptione qui liberavit, potestatem nobis renovationis dedit: quæ potestas causam habet ineffabilem, et in mysterio reconditam, sed magnam animabus salutem conferentem, ut quidquam addere aut detrahere plane sit ab æterna vita excidere. Proinde si in baptismo separare Spiritum a Patre et Filio, ut periculosum est baptizanti, ita baptismum accipienti inutile; quomodo nobis tutum fuerit a Patre et Filio distrahere Spiritum? Fides autem et baptisma duo sunt modi parandæ salutis, inter se cognati et inseparabiles. Nam fides perficitur per baptismum, **24** baptismus vero fundatur per fidem, et utraque res per eadem nomina impletur. Sicut enim credimus in Patrem et Filium et Spiritum sanctum, sic et baptizamur in nomine Patris et Filii et Spiritus sancti. Ac præcedit quidem professio ad salutem perducens; sequitur autem baptisma consignans assensum nostrum.

CAPUT XIII.
Quare apud Paulum angeli simul cum Patre et Filio adjunguntur.

29. Atqui et alia sunt, inquiunt, quæ simul Patri et Filio annumerantur, nec tamen continuo simul cum illis glorificantur. Veluti cum Apostolus obtestans Timotheum, angelos simul adducit, dicens: *Obtestor te in conspectu Dei, et Christi Jesu, et electorum ejus angelorum*[4]: quos tamen non minime separamus a reliquis creaturis, neque sustinemus eos Patri et Filio annumerare. Ego vero,

[93] 1 Cor. XII, 3. [94] Joan. I, 18. [95] Gal. III, 27. [96] Rom. VI, 3. [97] Act. X, 38. [98] Isa LXI, 1. [99] Psal. XLIV, 8. [1] 1 Cor. XII, 13. [2] Act. I, 5. [3] Luc. III, 16. [4] I Tim. V, 21.

tametsi hic sermo nulla dignus est responsione, tam manifestam præferens absurditatem, tamen illud dico, quod conservum etiam testem forte aliquis adducat apud mansuetum ac placabilem judicem, quique maxime sua in eos qui judicentur lenitate minime dubiam et controversam judiciorum æquitatem demonstrat. Cæterum ut aliquis fiat liber e servo, atque vocetur Filius Dei, et a morte revocetur ad vitam, a nullo alio potest dari, nisi ab eo qui naturalem habet societatem et a servili conditione est alienus. Quomodo enim sociabit Deo, qui ipse est alienus? quomodo liberos reddet, qui ipse est jugo servitutis obnoxius? Itaque non ob eadem fit Spiritus et angelorum mentio : sed Spiritus commemoratur tanquam auctor ac Dominus vitæ, angeli vero tanquam conservorum adjutores, fidelesque veritatis testes adhibentur. Siquidem mos est sanctis, Dei præcepta testibus adhibitis tradere; sicut etiam hic ipse ad Timotheum loquitur : *Quæ accepisti a me coram multis testibus, ea depone apud fideles homines*[4]. Et nunc angelos attestatur, sciens angelos pariter affuturos judici, cum venerit in gloria Patris, ut judicet orbem terrarum in justitia. *Quisquis enim*, inquit, *confessus fuerit me coram hominibus, et Filius hominis confitebitur eum coram angelis Dei : qui vero abnegaverit me coram hominibus, abnegabitur in conspectu angelorum Dei*[5]. Et Paulus alibi dicit, *In revelatione Domini Jesu de cœlo cum angelis*[6]. Hanc ob causam hic jam contestatur coram angelis, eximias sibi præparans probationes ad magnum illud tribunal.

30. Neque hic modo, verum etiam omnes omnino, quibus aliquod verbi ministerium commissum est, nullo tempore contestari cessant, imo et cœlum et terram inclamant, ut intra quorum ambitum omnia nunc gerantur, quæque in examine rerum in hac vita gestarum sint simul cum judicandis futura. *Advocabit enim*, inquit, *cœlum sursum, et terram, ad dijudicandum populum suum*[7]. Unde Moyses traditurus eloquia populo, *Testor*, inquit, *vobis hodie et cœlum et terram*[8]. Et rursus cum canticum diceret : *Attende, cœlum, et loquar, et audiat terra verba ex ore meo*[9]. Item Isaias : *Audi, cœlum, et auribus percipe, terra*[10]. Jeremias autem etiam stupore quodam perculsum fuisse cœlum narrat ob audita impia populi facta : *Obstupuit cœlum super hoc, et exhorruit amplius vehementer, quoniam duo etiam mala fecit populus meus*[11]. Itaque et Apostolus sciens angelos hominibus præfectos, ceu pædagogos quospiam aut morum gubernatores, vocavit illos in testimonium. At Jesus Nave etiam lapidem testem sermonibus statuit (jam vero et collis alicubi testis appellatus est a Jacob)[12] : *Erit enim*, inquit, *lapis in vobis hodie in testimonium in extremis diebus, cum mentiti fueritis Domino Deo nostro*[13] : fortasse credens virtute divina et lapides vocem emissuros ad increpationem transgressorum; sin minus, certe illud fore, ut uniuscujusque conscientia admonitionis vehementia prorsus vulneretur. Ad hunc igitur modum, ii quibus commissa fuit animarum gubernatio, testes, quicunque tandem illi sint, præparant, ut in posterum producantur. Sed Spiritus non ad usum occasionis, sed ob naturæ communionem Deo conjunctus est, haud ille quidem a nobis pertractus, sed a Domino adjunctus.

CAPUT XIV.

Objectio, quod et in Moysen nonnulli baptizati sunt, et in illum crediderunt; et hujus solutio, ubi et de figuris.

31. Verum, inquiunt, tametsi baptizamur in Spiritu, non inde par est ut Spiritus cum Deo numeretur, quando et in Moysen nonnulli baptizati sunt in nube et in mari[14]. Similiter autem et in confesso est jam fuisse etiam in homines fidem. *Credidit enim populus Deo et Moysi famulo ejus*[15]. Quid igitur, inquiunt, ex fide ac baptismo Spiritum sanctum usque adeo attollis ac magnificas supra creaturam, cum eadem jam Scripturarum testimoniis tribuantur etiam hominibus. Quid igitur dicemus? Nimirum illud, quod in Spiritum quidem fides est æque atque in Patrem et Filium; similiter etiam baptisma. Quod si et in Moysen et nubem, velut in umbram et figuram. Neque vero, quoniam divina rebus humilibus et humanis præfigurantur, ideo et divinorum humilis est natura, quam figurarum adumbratio sæpe præsignificavit. Est enim figura rerum, quæ exspectantur, declaratio per imitationem, quod futurum est indicando præmonstrans. Velut Adam figura futuri[16], et petra figurate Christus[17] : et aqua promanans e petra[18], figura vivificæ potentiæ Verbi. *Si quis enim*, inquit, *sitit, veniat ad me, et bibat*[19]. Et manna typus vivi panis, qui de cœlo descendit[20] : et serpens super vexillo positus, salutiferæ passionis per crucem consummatæ, eoque qui respiciebant ad illum, servabantur[21]. Similiter et quæ de eductis Israelitis scripta, ad significationem eorum qui baptismo salvi fiunt, narrata sunt[22]. Servata sunt enim Israelitarum primogenita, quemadmodum et baptizatorum corpora, cum gratia datur iis qui sanguine signati fuerunt. Sanguis enim pecudis, figura sanguinis Christi; primogenita vero typus hominis, qui primus conditus est; qui quoniam necessario in nobis est, dum successionis serie usque ad finem transmittitur, ideo in Adam omnes morimur[23], et regnavit mors usque ad legis consummationem, et Christi adventum. Conservata autem sunt a Deo primogenita, ne ea tan-

---

[4] II Tim. II, 2. [5] Luc. XII, 8, 9. [6] II Thess. I, 7. [7] Psal. XLIX, 4. [8] Deut. IV, 26. [9] Deut. XXXII, 1. [10] Isa. I, 2. [11] Jer. II, 12, 13. [12] Gen. XXXI, 47. [13] Josue XXIV, 27. [14] I Cor. X, 2. [15] Exod. XIV, 31. [16] Rom. V, 14. [17] I Cor. X, 4. [18] Exod. XVII, 6. [19] Joan. VII, 37. [20] Deut. VIII, 3; Joan VI, 41. [21] Num. XXI, 9. [22] Exod. XII, 13. [23] I Cor. XV, 22.

geret exstinctor, ut ostenderetur, nos jam non amplius mori in Adam, qui in Christo vivificati sumus. Cæterum mare et nebula, in præsenti quidem, inducebat ad fidem per admirationem; in futurum autem, tanquam typus gratiam venturam præsignabat. *Quis sapiens, et intelliget hæc*[14]? quomodo mare, per figuram baptisma, separans a Pharaone, quemadmodum et lavacrum hoc a diaboli tyrannide. Illud occidit hostem in sese, moritur et hic inimicitia, quæ nobis fuit cum Deo. Ab illo populus exiit illæsus; ascendimus et nos ab aquis tanquam ex mortuis vivi, servati per gratiam ejus qui vocavit nos. Nubes autem umbra doni Spiritus, qui libidinum flammam mortificando membra refrigerat.

32. Quid igitur? num quia typice in Moysen baptizati sunt, ideo exigua est gratia baptismatis? Sane hoc pacto nec aliud quidquam in nostris mysteriis fuerit magnum, si quod in singulis augustum est, per præcedentes figuras deprimamus. Ac ne Dei quidem erga homines charitas magnum quiddam et eximium, qui unigenitum Filium dedit pro peccatis nostris : quandoquidem et Abraham filio suo non pepercit[15]. Nec Domini passio gloriosa; siquidem aries loco Isaac victimæ figuram explevit[16]. Neque descensus ad inferos horribilis; quando quidem Jonas tribus diebus, ac totidem noctibus, mortis figuram prius explevit[17]. Idem ergo facit et de baptismate, qui veritatem cum umbra comparat, et cum figuris confert ea quæ figuris significantur, ac per Moysen et mare **27** totam simul evangelicam dispensationem elevare aggreditur. Nam quæ peccatorum remissio, quæ vitæ renovatio in mari, quod donum spirituale per Moysen? quæ illic peccati interemptio? Non illi Christo commortui sunt, eoque nec cum illo resuscitati sunt[18]. Non portabant imaginem illius cœlestis[19], non mortificationem Jesu in corpore circumferebant[20], non exuerunt veterem hominem, non induerunt novum, qui renovatur in agnitionem secundum imaginem illius qui eum condidit[21]. Quid igitur confers baptismata, quorum sola communis appellatio; rerum autem tanta differentia, quanta somnii a veritate, ac umbræ et imaginum, ab his quæ revera subsistunt.

33. Sed et ipsa fides in Moysen non fidem in Spiritum parvæ esse dignitatis ostendit; sed secundum istorum ratiocinationem, ea potius, quæ de Deo universorum profitemur, extenuat. *Credidit enim*, inquit, *populus Deo, et Moysi famulo ejus*[22]. Deo itaque copulatus est Moyses, non Spiritui; eratque typus, non Spiritus, sed Christi. Nam Dei et hominum mediatorem[23] per se ipsum tunc in ministerio legis præfigurabat. Neque enim Spiritus figura erat Moyses, inter Deum et populum intercedens. Data est enim lex disposita per angelos,

in manu mediatoris[24] (videlicet Moysis), secundum provocationem populi dicentis: *Loquere tu nobis, et non loquatur nobis Deus*[25]. Itaque fides in Moysen ad Dominum refertur, mediatorem inter Deum et homines, qui dixit : *Si crederetis Moysi, crederetis utique mihi*[26]. An igitur parvi momenti fides in Dominum, quia per Moysen præsignata est? Sic si quis in Moysen baptizatus est, non idcirco exigua Spiritus gratia in baptismate. Quanquam alioqui possum dicere consuetudinem esse Scripturæ, Moysis nomine etiam significare legem, velut illud : *Habent Moysen et prophetas*[27]. Itaque de legali baptismate loquens, Baptizati sunt, inquit, in Moyse[28]. Cur igitur gloriationem nostræ spei, et dives illud Dei ac Servatoris nostri donum, qui per regenerationem renovat, velut aquilæ, juventutem nostram, contemptibile reddere conantur ii, qui ex umbra et figuris calumniantur veritatem? Profecto animi omnino infantilis est, puerique cui revera lacte est opus, ignorare magnum illud mysterium nostræ salutis : quod quemadmodum ad disciplinas discendas introduci solemus, ita in exercitatione pietatis, dum ad perfectionem inducimur, primum rebus quæ facilius percipiuntur, et quarum cognitio nobis congruit, ceu primis quibusdam elementis instituti sumus; Deo qui nostra gubernat, quasi oculos in tenebris enutritos, ad magnum veritatis lumen, paulatim assuefaciendo, subvehente. Dum enim infirmitati nostræ parcit, in profunda sapientiæ suæ opulentia, inque imperscrutabilibus intelligentiæ suæ judiciis placidam **28** hanc nobisque accommodam adhibuit institutionem, prius corporum umbras intueri, et in aquis solem cernere consuefaciens, ne protinus spectaculo puræ lucis offensi caligaremus. Ad consimilem enim rationem tum lex umbram habens futurorum[29], tum per prophetas facta olim delineatio, quæ est veritatis ænigma, exercitamenta oculorum cordis excogitata sunt : quod videlicet ab his futurus erat nobis transitus facilis ad reconditam in mysterio sapientiam. Itaque de figuris quidem hactenus. Neque enim licet huic loco diutius immorari. Alioqui quod obiter incidit, longe majus fieret argumento principali.

CAPUT XV.
Responsio ad id quod subinferunt, nos et in aquam baptizari : ubi et de baptismate.

34. Quid igitur ad hæc? Multis quippe solutionibus abundant. Etiam in aquam baptizamur, nec tamen aquam universæ creaturæ præferemus, neque ei Patris ac Filii honorem impertiemus. Atque illorum quidem verba talia sunt, qualia hominum ira commotorum, qui ob affusas rationi ex affectu tenebras, a nullo temperant, quod ad ulciscendum eum a quo offensi sunt faciat. Nos autem ne de his quidem gravabimur disserere. Aut enim

---

[14] Ose. xiv, 10. [15] Gen. xxii, 16. [16] ibid. 13. [17] Jon. ii, 1. [18] Rom. vi, 8. [19] 1 Cor. xv, 49. [20] II Cor. iv, 10. [21] Coloss. iii, 9, 10. [22] Exod. xiv, 31. [23] I Tim. ii, 5. [24] Gal. iii, 19. [25] Exod. xx, 19. [26] Joan. v, 46. [27] Luc. xvi, 29. [28] 1 Cor. x, 2. [29] Hebr. x, 1.

ignorantes docebimus, aut maligne obsistentibus non concedemus. Sed paulo altius.

35. Dei ac Servatoris nostri circa hominem dispensatio revocatio est a lapsu, reditusque ad Dei familiaritatem ab alienatione quam induxit inobedientia. Hanc ob causam, adventus Christi in carne, evangelicæ conversationis formæ, afflictiones, crux, sepultura, resurrectio, ut homo qui salvus fit per imitationem Christi, veterem illam filiorum adoptionem recipiat. Itaque necessarium est ad vitæ perfectionem Christum imitari, non solum in exemplis, quæ in vita demonstravit, lenitatis, humilitatis ac patientiæ, verum etiam ipsius mortis, sicut Paulus ait Christi imitator : *Conformatus morti ejus, si quo modo perveniam ad resurrectionem ex mortuis*[40]. Quomodo igitur fit, ut simus in similitudine mortis ejus[41]? Consepulti cum illo per baptisma[42]. Quis igitur est modus sepulturæ, aut quis ex imitatione fructus? Primum quidem necesse est vitæ prioris seriem interrumpi. Id autem nemo potest consequi, nisi natus denuo, juxta Domini vocem[43]: siquidem regeneratio, uti ipsum etiam nomen declarat, alterius vitæ initium est. Quare antequam alteram vitam incipias, oportet priori finem imponere. Quemadmodum enim in his qui stadii **29** finem assecuti sese reflectunt, statio quædam et requies inter contrarias motiones interponitur : sic et in mutatione vitæ videbatur necessarium, ut mors inter priorem et posteriorem vitam intercederet, quæ et præcedentia finiat, et initium det sequentibus. Quomodo igitur assequimur descensum ad inferos? Christi sepulturam imitantes per baptismum. Eorum enim qui baptizantur corpora, quodammodo in aquis sepeliuntur. Proin depositionem operum carnis arcano modo significat baptismus, juxta Apostolum dicentem : *Circumcisi estis circumcisione non facta manu, in exspoliatione corporis carnis, in circumcisione Christi, sepulti cum illo in baptismo*[44]. Ac baptisma quodam modo repurgat animam a sordibus, quæ ei a carnali sensu accedunt, juxta id quod scriptum est : *Lavabis me, et super nivem dealbabor*[45]. Hanc ob causam non Judæorum more in quibuslibet inquinamentis abluimur, sed unum novimus salutiferum baptisma : quandoquidem una est pro mundo mors, et una ex mortuis resurrectio, quarum figura est baptisma. Quapropter qui nostram vitam dispensat Dominus, baptismatis pactum nobis statuit, mortis ac vitæ typum habens : mortis quidem imaginem explente aqua, Spiritu vero vitæ arrham præbente. Hinc itaque nobis perspicuum est quod quærebatur, quamobrem aqua conjuncta fuerit Spiritui. Cum enim duo scopi propositi sint in baptismo, videlicet ut aboleatur corpus peccati, ne postea fructificet morti, tum ut vivatur Spiritu, et fructus habeatur in sanctificatione ; aqua, mortis exhibet imaginem, corpus velut in sepulcro recipiens ; Spiritus vero vim vivificam immittit, a morte peccati renovans animas nostras in pristinam vitam. Hoc igitur est denuo nasci ex aqua et Spiritu[46] : quippe quia mors perficitur in aqua, vitam vero nostram operatur Spiritus. Tribus igitur demersionibus, ac totidem invocationibus, magnum baptismatis mysterium peragitur, ut et mortis figura exprimatur, et per traditionem divinæ scientiæ animus illustretur eorum qui baptizantur. Itaque si qua est gratia in aqua, non est ex ipsius aquæ natura, sed ex Spiritus præsentia. Non enim est baptismus depositio sordium corporis, sed conscientiæ bonæ interrogatio apud Deum[47]. Itaque ad eam vitam, quæ est ex resurrectione, præparans nos Dominus, totam evangelicam conversationem proponit ; ut non irascamur, ut malorum tolerantes simus, et a voluptatum amore puri, ut a studio pecuniæ mores sint liberi, præscribens, ita ut quæ illud sæculum juxta naturam possidet, ea nos præcipientes ex animi inductione peragamus. Proinde si quis definiens dicat Evangelium esse vitæ, quæ est ex resurrectione, figuram, mihi nequaquam videatur a recto aberrare. Ad scopum igitur revertamur.

36. Per Spiritum sanctum datur in paradisum **30** restitutio, ad regnum cœlorum ascensus, in adoptionem filiorum reditus : datur fiducia Deum appellandi Patrem suum, consortem fieri gratiæ Christi, filium lucis appellari, æternæ gloriæ participem esse, et ut semel omnia dicam, esse in omni benedictionis plenitudine, tum in præsenti hoc sæculo, tum in futuro : repositorum nobis in promissis bonorum, quæ per fidem fruenda exspectamus, perinde quasi jam adsint, gratiam velut in speculo contemplantes. Nam si talis est arrhabo, quale est illud quod perfectum est? et si tantæ sunt primitiæ, quæ erit totius consummatio? Insuper et illinc cognoscitur quantum inter eam gratiam quæ a Spiritu proficiscitur, et baptismum, qui aqua constat, sit discriminis, quod Joannes quidem baptizavit in aqua ad pœnitentiam, Dominus autem noster Jesus Christus in Spiritu sancto. *Ego equidem*, inquit, *baptizo vos in aqua ad pœnitentiam : qui autem post me venit, potentior me est ; cujus non sum dignus ut gestem calceamenta : ipse vos baptizabit in Spiritu sancto, et igni*[48] ; ignis baptismum probationem quæ fiet in judicio, dicens, quemadmodum Apostolus ait : *Uniuscujusque opus quale sit, ignis probabit*[49] ; et rursus : *Dies enim declarabit, quod in igne patefit*[50]. Jam vero sunt nonnulli, qui in certaminibus pro pietate, revera non imitatione mortem pro Christo perpessi, nihil symbolis quæ sunt in aqua opus habuerunt ad salutem, nimirum in proprio baptizati sanguine. Neque hæc ita loquor, quod aquæ baptisma spernam, sed ut istorum rationes dejiciam, qui adversus Spiritus eriguntur ; quique

[40] Philipp. III, 10, 11. [41] Rom. VI, 5. [42] ibid. 4. [43] Joan. III, 3. [44] Coloss. II, 11. [45] Psal. L, 9. [46] Joan. III, 5. [47] I Petr. III, 21. [48] Matth. III, 11. [49] I Cor. III, 13. [50] ibid.

commiscent non miscenda, et similia faciunt, quæ comparationem respuunt.

CAPUT XVI.

Quod in omni notione Spiritus sanctus inseparabilis est a Patre et Filio, sive in creatione intelligibilium creaturarum, sive in humanarum rerum dispensatione, sive in judicio quod expectatur.

37. Ad id igitur quod initio institutum est redeamus, quod videlicet in omnibus Spiritus sanctus inseparabilis et prorsus indistractus sit a Patre et Filio. Paulus Corinthiis scribens eo in loco in quo de dono linguarum tractat, ait[*]: *Si omnes prophetetis, ingrediatur autem aliquis infidelis, aut idiota, arguitur ab omnibus, dijudicatur ab omnibus : occulta cordis ejus manifesta fiunt, atque ita procidens in faciem, adorabit Deum, renuntians quod Deus sit vere in vobis*[51]. Itaque, si ex prophetia, quæ juxta distributionem donorum Spiritus editur, agnoscitur Deus in prophetis esse, consultent isti quem locum attributuri sint Spiritui sancto : utrum æquius sit illum cum Deo jungere, an ad creaturarum ordinem extrudere. Quin et ista Petri ad Sapphiram verba, *Quid est quod convenit inter vos tentare Spiritum sanctum? non mentiti estis hominibus, sed Deo*[52]; ostendunt eadem in Spiritum sanctum, et in Deum esse peccata. Atque hoc etiam pacto discere poteris, Spiritum sanctum in omni operatione conjunctum et inseparabilem esse a Patre et Filio. Cum Deus efficit distributiones operationum, ac Dominus divisiones ministrationum, simul adest Spiritus sanctus, partitionem donorum pro cujusque dignitate proprio arbitrio dispensans. *Nam*, inquit, *divisiones donorum sunt, idem autem Spiritus. Et divisiones administrationum sunt, idem autem Dominus. Et divisiones operationum sunt, idem autem Deus, qui operatur omnia in omnibus. Hæc autem omnia*, inquit, *operatur unus et idem Spiritus, dividens seorsim cuique, prout vult*[53]. Attamen non quoniam Apostolus primo loco meminit Spiritus, secundo Filii, tertio Dei et Patris, protinus oportet suspicari ordinem omnino inversum esse. A nostra siquidem habitudine sumpsit exordium. Nam cum dona accipimus ; nobis is qui distribuit, occurrit primum ; mox cogitamus eum qui misit ; postremo cogitationem perducimus ad fontem auctoremque bonorum.

58. Jam etiam ex rebus initio conditis discas licet Spiritus cum Patre et Filio communionem. Nam puræ et intelligentes et supermundanæ virtutes, sanctæ tum sunt, tum nominantur, ex gratia a Spiritu sancto infusa sanctimoniam consecutæ. Quare silentio prætermissus est modus creationis cœlestium virtutum ; nam ex sensibilibus tantum creatorem nobis aperuit is qui conditi orbis conscripsit historiam. Tu vero, qui facultatem habes ex visibilibus invisibilia deprehendendi, glorifica Conditorem in quo condita sunt omnia, sive visibilia, sive invisibilia, sive principatus, sive potestates, sive virtutes, sive throni, sive dominationes[54], et si quæ aliæ sunt rationales naturæ, quæ nominari non possunt. In horum autem creatione cogita mihi primariam causam eorum quæ fiunt, Patrem ; conditricem, Filium ; perfectricem, Spiritum sanctum : ut voluntate quidem Patris sint administratorii spiritus, Filii vero operatione perducantur ut sint, Spiritus autem præsentia perficiantur. Porro angelorum perfectio est sanctificatio, et in hac perseverantia. Ac nemo me credat tres originales hypostases ponere, aut Filii operationem dicere imperfectam. Principium enim eorum quæ sunt, unum est, per Filium condens et perficiens in Spiritu. Ac nec Pater, qui operatur omnia in omnibus, imperfectam habeat operationem : neque Filius inconsummatam creationem, nisi a Spiritu perficiatur. Hoc enim pacto nec Pater opus habebit Filio, sola voluntate creans ; attamen vult creare per Filium. Neque Filius egebit auxilio, juxta Patris similitudinem operans, sed et Filius vult per Spiritum perficere : nam *Verbo Domini cœli firmati sunt, et Spiritu oris ejus omnis virtus eorum*[55]. Itaque nec Verbum est significativa aeris percussio per vocis instrumenta prolata : nec Spiritus oris halitus partibus respiratoriis efflatus : sed Verbum est quod in principio erat apud Deum, et Deus erat[56]. Spiritus autem oris Dei, Spiritus est veritatis, qui a Patre procedit[57]. Itaque tria intelligis, mandantem Dominum, creans Verbum, et confirmantem Spiritum. Quæ porro alia possit esse confirmatio, quam in sanctimonia perfectio ; confirmationis voce significante constantiam, immutabilitatem et soliditatem in bono ? Sanctificatio autem non est absque Spiritu. Neque enim cœlorum virtutes suapte natura sanctæ sunt ; alioquin nihil differrent a Spiritu sancto ; sed juxta proportionem qua se invicem superant, a Spiritu habent sanctificationis mensuram. Quemadmodum enim cauterium non sine igne intelligitur, cum aliud sit subjecta materia, et aliud ignis : itidem et in cœlestibus virtutibus, substantia quidem earum, puta spiritus est aerius, aut ignis immaterialis, juxta id quod scriptum est, *Qui facit angelos suos spiritus, et ministros suos flammam ignis*[58] ; quapropter et in loco sunt, et fiunt visibiles, dum iis qui digni sunt, apparent in specie propriorum corporum. Sed sanctificatio, quæ est extra substantiam illorum, perfectionem illis affert per communionem Spiritus. Conservant autem dignitatem per perseverantiam in bono, habentes quidem in eligendo liberum arbitrium, nunquam tamen ab ejus qui vere bonus est consortio excidentes : ita ut si

---

[51] I Cor. xiv, 24, 25. [52] Act. v, 9, 4. [53] I Cor. xii, 4-11. [54] Col. i, 16. [55] Psal. xxxii, 6. [56] Joan. i, 1. [57] Joan. xv, 25. [58] Psal. ciii, 4.

subduxeris ratione Spiritum, perierint angelorum choreæ, sublatæ sint quoque archangelorum præfecturæ, atque confusa fuerint omnia : vita ipsorum nulli legi, nulli ordini, nulli regulæ subjaceat. Quomodo enim dicent angeli : *Gloria in excelsis Deo*[59], nisi a Spiritu accepta potestate ? *Nemo siquidem potest dicere Dominum Jesum, nisi in Spiritu sancto, et nullus in Spiritu Dei loquens dixit Jesum anathema*[60]; quod sane dixerint pravi et adversarii spiritus, quorum lapsus comprobat quod dicimus, virtutes invisibiles esse sui arbitrii, æque ad virtutem atque ad vitium vertibiles, et ob id opus habentes auxilio Spiritus. Ego vero ipsum Gabrielem haud alio modo arbitror prædicere futura[61], quam præscientia Spiritus, eo quod unum ex divisione donorum Spiritus sit prophetia. Porro qui mysteria visionis viro desideriorum jussus erat annuntiare[62], unde nactus erat sapientiam, ut posset docere arcana, nisi per Spiritum sanctum? 33 cum patefactio mysteriorum peculiariter ad Spiritum sanctum pertineat, juxta id quod scriptum est : *Nobis reseravit Deus per Spiritum*[63]. Throni vero et dominationes, principatus et potestates, quomodo beatam traducerent vitam, nisi semper viderent vultum Patris qui in cœlis est[64]? At visio non est absque Spiritu. Quemadmodum enim si in nocte tollas lucernam e domo, cæci sunt oculi, facultates relinquuntur inertes, nec agnoscitur rerum dignitas, sed per ignorantiam aurum perinde ac ferrum conculcatur : sic in spirituali ordine, impossibile est piam illam ac sanctam vitam permanere citra Spiritum : nihilo profecto magis quam exercitus in recto ordine manere potest absente duce, aut chorus in consonantia, nisi chori præfectus temperet harmoniam. Qui possent dicere seraphim, *Sanctus, sanctus, sanctus*[65], nisi docti per Spiritum, quoties pium fuerit hujus glorificationis verba canere? Sive igitur laudant Deum omnes angeli ejus ac omnes virtutes ejus, fit Spiritus ope. Sive astant millies mille angeli, ac centies centum millia ministrantium, officium suum citra reprehensionem in virtute Spiritus perficiunt. Itaque tota illa supercœlestis et ineffabilis harmonia, tum in cultu Dei, tum in ultramundanarum virtutum inter ipsas consonantia nequaquam servari posset, nisi præesset Spiritus. Sic igitur in creatione iis, quæ non proficiendo perveniunt ad perfectionem, sed ab ipsa protinus creatione perfecta sunt, adest Spiritus sanctus; in hoc, ut perficiatur compleaturque illorum substantia, gratiam suam conferens.

39. Cæterum dispensationes circa hominem quæ factæ sunt a magno Deo, et Servatore nostro Jesu Christo juxta bonitatem Dei, quis negabit per Spiritus gratiam esse adimpletas? Sive velis prisca spectare, patriarcharum benedictiones, auxilium per legem datum, figuras, prophetias, fortiter in bellis gesta, miracula per sanctos edita : sive quæ circa Domini in carne adventum dispensata sunt : per Spiritum gesta sunt. Primo enim adfuit ipsi carni Domini, dum factus unctio, et inseparabiliter conjunctus, sicut scriptum est : *Super quem videris Spiritum descendentem, et manentem super eum, hic est Filius meus dilectus*[66]; et, *Jesum a Nazareth, quem unxit Deus Spiritu sancto*[67]. Deinceps omnis actio præsente Spiritu peragebatur. Hic præsens aderat cum et a diabolo tentaretur. *Deductus est* enim, inquit, *Jesus a Spiritu in desertum, ut tentaretur*[68]. Tum edenti miracula indivulse aderat. *Si enim ego*, inquit, *in Spiritu Dei ejicio dæmonia*[69]. Nec deseruit excitatum a mortuis. Dominus enim renovans 34 hominem, eique iterum reddens gratiam, quam ex afflatu Dei acceptam amiserat, cum inspirasset in faciem discipulorum, quid ait? *Accipite Spiritum sanctum. Quorumcunque remiseritis peccata, remittuntur ; et quorumcunque retinueritis, retenta sunt*[70]. Jam vero Ecclesiæ ordo et gubernatio nonne palam et citra contradictionem per Spiritum sanctum peragitur? *Ipse enim*, inquit, *dedit Ecclesiæ primum apostolos, deinde prophetas, tertio doctores : ad hæc virtutes, præterea dona sanationum, subsidia, gubernationes, genera linguarum*[71]. Hic enim ordo juxta distributionem donorum Spiritus digestus est.]

40. Quin, si quis accuratius perpendat, comperiet, ne in tempore quidem illo, quo exspectata Domini apparitio fiet de cœlo, otiosum fore Spiritum sanctum, ut quidam arbitrantur : sed simul aderit in illo etiam die revelationis illius, quo judicaturus est orbem terrarum in justitia ille beatus et solus potens. Quis enim adeo ignarus est bonorum, quæ Deus præparavit dignis, ut nesciat justorum coronam esse Spiritus gratiam, quæ largius tunc perfectiusque dabitur, spirituali gloria cuique pro recte gestis distributa? In splendoribus enim sanctorum mansiones multæ sunt apud Patrem[72], hoc est, dignitatis discrimina. *Sicut enim stella a stella differt in claritate, ita et resurrectio mortuorum*[73]. Itaque qui consignati sunt Spiritu sancto in diem redemptionis, quique Spiritus primitias, quas accepere, puras et integras servaverint, ii sunt qui audient : *Euge, serve bone et fidelis, super pauca fuisti fidelis, super multa te constituam*[74]. Similiter et qui contristaverint Spiritum sanctum pravitate studiorum suorum, aut qui non fecerint lucrum et sorte data, ab iis aufertur id quod acceperunt, beneficio in alios translato : aut, secundum aliquem ex evangelistis[75], etiam penitus discindentur : dissectio siquidem intelli-

---

[59] Luc. II, 14. [60] I Cor. XII, 3. [61] Luc. I, 26. [62] Dan. X, 10. [63] I Cor. II, 10. [64] Matth. XVIII, 10. [65] Isa. VI, 3. [66] Joan. I, 33. [67] Act. X, 38. [68] Matth. IV, 1. [69] Matth. XII, 28. [70] Joan. XX, 22, 23. [71] I Cor. XII, 28. [72] Joan. XIV, 2. [73] I Cor. XV, 41, 42. [74] Matth. XXV, 21. [75] Matth. XXIV, 51.

genda est in hoc, quod prorsus a Spiritu sancto alienabuntur. Neque enim corpus dividitur, ut una pars tradatur supplicio, altera absolvatur. Nam id quidem fabulosum, neque justo dignum judice, cum totum peccaverit, dimidium addici poenae. Nec anima in duas partes secatur, cum tota per totum habuerit peccandi affectum, simulque cum corpore malum operetur. Sed dissectio, ut dixi, perpetua est animae a Spiritu alienatio. Nunc enim, tametsi non admiscetur indignis, attamen aliquo pacto videtur adesse semel baptizatis, exspectans ut salutem per conversionem consequantur; tum vero in totum ab anima, quae gratiam ipsius profanaverit, resecabitur. Eoque non est in inferno qui confiteatur, neque in morte qui memor sit Dei [76], cum jam non adsit sancti Spiritus adjutorium. Quomodo igitur intelligi potest absque Spiritu sancto fieri judicium, cum Scriptura **35** declaret ipsum esse et justorum praemium [77], quando pro arrhabone exhibebitur quod perfectum est; et primam peccatorum condemnationem, cum eo etiam quod habere videntur, spoliati fuerint? Porro maximum argumentum conjunctionis illius, quam Spiritus cum Patre et Filio habet, illud est, quod eodem modo dicitur habere se erga Deum, quo erga unumquemque nostrum se habet spiritus, qui est in nobis. *Quis enim*, inquit, *hominum novit ea quae sunt hominis, nisi spiritus qui est in ipso? Sic et quae Dei sunt, nemo novit, nisi Spiritus qui ex Deo est* [78]. Et haec quidem hactenus.

CAPUT XVII.
Adversus eos qui dicunt non connumerari Patri ac Filio sanctum Spiritum, sed subnumerari: ubi et de pia connumeratione summarius fidei decursus.

41. Caeterum subnumerationem quid dicant, aut in cujus rei significationem vocem hanc usurpent, ne cogitare quidem facile est. Nam et hanc nobis e mundi sapientia fuisse invectam, notum est omnibus et perspectum. An vero aliquam habeat propriam rationem ad id quod nunc agitur, hoc consideremus. Aiunt igitur qui rerum inanium periti sunt, quaedam nomina esse communia, quorum significatio multa complectitur: alia magis propria, et alia aliis vim habere magis peculiarem. Exempli causa, commune nomen est essentia, quod pariter de omnibus praedicatur, sive inanimis sive animatis. Peculiarius autem animal, quod de paucioribus quidem praedicatur quam illud prius, sed tamen ejus contemplatio magis extenditur, quam eorum quae illi subjecta sunt. Nam in eo rationalium simul et irrationalium natura comprehenditur. Rursum magis speciale nomen est homo, quam animal: item vir specialius est nomen quam homo, et viro specialius est hic aut ille vir, puta Petrus, aut Paulus, aut Joannes. An igitur hoc subnumerationem esse sentiunt, rei communis in ea quae subjecta sunt divisionem? At non crediderim illos ad tantum stuporem devenisse, ut dicant Deum universorum, velut communitatem quamdam, ratione sola intelligibilem, nulla autem in hypostasi subsistentem, in subjecta dividi: deinde hanc subdivisionem etiam subnumerationem dici. Istud sane ne insani quidem dixerint. Nam praeter impietatem etiam sermonem instituunt, cum eo quod proponunt pugnantem: siquidem quae subdividuntur, ejusdem sunt essentiae, cujus sunt illa a quibus dividuntur. Sed ob magnam absurditatis evidentiam videmur oratione destitui, nec habere quibus verbis illorum stultitiam reprehendamus; adeo ut mihi videantur propter amentiam aliquid lucrifacere. Quemadmodum enim in corpora mollia cedentiaque non possis egregiam **36** plagam impingere, eo quod obsistere contraque niti non queant: ita eos qui palam insaniunt non possis forti ac virili redargutione percellere. Superest igitur ut abominandam illorum impietatem silentio praetereamus. At non patitur silere me nec fratrum charitas, nec adversariorum improbitas.

42. Quid igitur dicunt? Videte quanta sit in dictis illorum arrogantia. Nos, inquiunt, profitemur, iis qui honore pares sunt convenire connumerationem; iis vero qui inferioris sunt conditionis, subnumerationem. Et istud cur tandem dicitis? Neque enim intelligo absurdam vestram sapientiam. An quod aurum auro connumeratur, plumbum vero non item erit dignum quod connumeretur, sed ob materiae vilitatem subnumerabitur auro? Atque etiam vimne tantam tribuitis numero, ut is vel rerum vilium pretium attollere, vel pretiosarum rerum dignitatem dejicere valeat? Ergo rursus aurum pretiosis lapidibus subnumerabis; atque in his ipsis, elegantioribus ac majoribus subnumerabis minus lucidos ac minores. Sed quid non dicant, qui ad nihil aliud vacant, nisi aut ad dicendum, aut audiendum aliquid novi? Posthac cum Stoicis et Epicureis nominentur qui impietatem inita subductaque ratione docent. Quae namque vel possit fieri meliorum ad pretiosiores subnumeratio? Aereus obolus aureo stateri quomodo subnumerabitur? Quoniam non dicimus, inquiunt, duo possideri numismata, sed unum et unum. Utrum igitur utri horum subnumeratur? Nam utrumque similiter profertur. Itaque si quodque per se numeres, facis aequalitatem pretii eodem numerandi modo: sin autem ea conjunxeris, rursus unam et eamdem facis dignitatem, utrumque alteri connumerans. Quod si quidquid in numerando posteriore loco posueris, id habebit subnumerationem, numeranti in manu est ab aereo numismate numerationem incipere. Sed imperitiae confutationem in aliud tempus rejicientes, ad ea quae rem causamque continent, orationem vertamus.

43. Etiamne Filium dicitis subnumerari Patri, ac Spiritum Filio; an soli Spiritui tribuitis subnu-

---

[76] Psal. vi, 6. [77] 1 Petr. i, 12. [78] 1 Cor. ii, 11.

merationem? Etenim si Filium quoque subnumeratis, rursus eamdem impietatis doctrinam instauratis, dissimilitudinem essentiae, dignitatis dejectionem, nativitatem tempore posteriorem, et in summa, omnes simul blasphemias in Unigenitum unico isto verbo revolvere ostendemini : quibus contradicere prolixius est, quam pro praesenti instituto, praesertim cum aliis in locis impietas a nobis pro viribus refutata sit. Quod si soli Spiritui putant convenire subnumerationem, discant Spiritum eodem modo pronuntiari cum Domino, quomodo et Filius pronuntiatur cum Patre. Nomen enim Patris et Filii et Spiritus sancti similiter editum est. Itaque quemadmodum se habet Filius ad Patrem, ita ad Filium sese habet Spiritus, secundum traditum in baptismo verborum ordinem [79]. Quod si Spiritus Filio junctus est, **37** Filius autem Patri; liquet ipsum etiam Spiritum Patri adjungi. Quem igitur locum habet, ut dicant alterum connumerari, alterum subnumerari, cum in una eademque serie nomina sint ordinata? In summa porro, quae res ex omni rerum genere unquam a sua ipsius natura excidit dum numeratur? Nonne potius quae numerantur, talia perseverant qualia sunt ab initio; numerus autem adhibetur a nobis ceu signum, quo declaratur multitudo suppositorum? Nam ex corporibus alia numeramus, alia metimur, alia libramus; et quorum continua est natura, ea mensura comprehendimus; quorum discreta, numero subjicimus, exceptis iis quae ob tenuitatem rursus fiunt etiam mensurabilia; quae vero gravia sunt, librae momento discernimus. Non itaque quoniam nobis ipsis signa ad quantitatis notitiam excogitavimus, protinus etiam naturam eorum quae signata sunt, immutavimus. Quemadmodum igitur quae libra expendimus, ea non sublibramus inter sese, etiamsi unum sit aurum, alterum stannum; neque submetimur quae mensura dijudicantur: ita nec ea quae numerantur, ullo modo subnumerabimus. Quod si in caeteris nihil est, quod subnumerationem recipiat, qua fronte dicunt Spiritui competere subnumerationem? At hi ethnico morbo laborantes, existimant quae dignitatis gradu aut naturae ac substantiae submissione inferiora sunt, iis convenire subnumerationem.

CAPUT XVIII.
Quomodo in professione trium hypostaseon pium monarchiae dogma servamus, ubi et eorum, qui dicunt Spiritum subnumerari, refutatio.

44. Cum Patrem et Filium et Spiritum sanctum traderet Dominus, non cum numero simul tradidit. Non enim dixit, In primum et secundum et tertium, neque, In unum et duo et tria : sed per sancta nomina [80] cognitionem fidei ad salutem perducentis largitus est. Quare quod nos salvos facit, fides est. Numerus vero, signum declarans quot sint supposita, excogitatus est. Sed qui undelibet sibi ipsis noxas contrahunt, etiam numerandi facultate adversus fidem abutuntur : qui quidem cum nulla alia res ob numeri accessionem immutetur, tamen in divina natura numerum metuunt, ne scilicet per eum honoris Paracleto debiti modum excedant. Sed, o sapientissimi, sint maxime supra numerum, quae non possumus assequi ; quemadmodum prisca Hebraeorum pietas propriis ac peculiaribus notis ineffabile Dei nomen exarabat, inde etiam ejus supra omnia eminentiam declarans. Quod si et numerus adhibendus est, nequaquam et per eum depravanda veritas. Aut enim silentio honorentur ineffabilia, aut pie numerentur sancta. Unus **38** Deus et Pater, et unus unigenitus Filius, et unus Spiritus sanctus. Unamquamque hypostasim singulariter efferimus ; cum autem connumerare opus fuerit, haudquaquam inducte numerando ad plurium deorum notionem efferimur.

45. Neque enim juxta compositionem numeramus, ab uno ad plura facientes incrementum, ut dicamus unum, duo, tria, neque primum, secundum ac tertium. *Ego enim Deus primus, et ego post haec* [81]. Secundum autem Deum nunquam hactenus audivimus : quippe Deum ex Deo adorantes, etiam proprietates profitemur hypostaseon, manemusque in uno principatu, non dissipantes theologiam in scissam multitudinem, eo quod unam in Deo Patre et Deo Unigenito formam, ut ita loquar, contemplamur, in una et omnino simili deitate expressam. Filius enim in Patre, et Pater in Filio : quandoquidem hic talis est, qualis ille, et ille qualis hic ; atque in hoc unum sunt. Itaque juxta personarum proprietatem, unus sunt et unus ; at juxta communem naturam, unum sunt. Quomodo igitur, si unus et unus sunt, non sunt duo Dii? Quoniam rex dicitur et regis imago, non autem duo reges. Neque enim potestas scinditur, neque gloria dividitur. Quemadmodum enim principatus ac potestas nobis dominans una est : sic et glorificatio quam illi deferimus una est, non multae ; nam imaginis honor ad exemplar transit. Quod igitur hic est per imitationem imago, hoc illic natura Filius. Et quemadmodum in iis quae arte fiunt, similitudo est secundum formam ; ita in divina incompositaque natura, in communione deitatis est unio. Unus autem est et Spiritus sanctus, atque ipse singulariter enuntiatur, per unum Filium uni Patri copulatus, ac per se complens glorificandam super omnia ac beatam Trinitatem : cujus cum Patre et Filio consortium satis illud declarat, quod in turba creaturarum positus non est, sed solitarie profertur. Neque enim unus est de multis ; sed unus est. Quemadmodum enim unus est Pater, et unus Filius : ita et unus est Spiritus sanctus. Et vero a creaturarum natura tantum semovetur, quantum par est id quod singulare est, a collectivis et multitudinem habenti-

[79] Matth. xxviii, 19. [80] ibid. [81] Isa. xliv, 6.

bus distare. Patri autem ac Filio in tantum unitus est, quantum consortii habet unitas cum unitate.

46. Sed nec hinc solum probatur naturæ communio, verum illinc quoque, quod ex Deo esse dicitur ; non sicut ex Deo sunt omnia, sed tanquam ex Deo procedens ; non per generationem, quemadmodum Filius, sed tanquam Spiritus oris ejus. Omnino autem nec os membrum est, nec Spiritus est flatus resolubilis; sed et os, prout Deo convenit, dicitur, et Spiritus essentia vivens, sanctificationis domina, ita ut consortium quidem inde declaretur, modus autem exsistentiæ ineffabilis servetur. **39** Quin et Spiritus Christi dicitur, tanquam illi natura conjunctus. Eoque, *Si quis Christi Spiritum non habet, hic non est ejus* [82]. Unde solus Spiritus digne glorificat Dominum. *Ille enim*, inquit, *me glorificabit* [83], non ut creatura, sed tanquam Spiritus veritatis, dilucide in se ipso declarans veritatem ; et tanquam Spiritus sapientiæ, Christum qui est Dei virtus et Dei sapientia, in sua magnitudine revelans. Denique tanquam Consolator in seipso exprimit Consolatoris, a quo missus est, bonitatem : et in sua propria dignitate ejus a quo processit, majestatem exhibet. Est igitur gloria, alia quidem naturalis, veluti gloria solis est lumen ; alia externa, quæ ex libera voluntate cum judicio dignis defertur. At hæc rursum gemina est. *Filius enim*, inquit, *glorificat patrem, et servus dominum suum* [84]. Itaque ex his duabus, ea quæ servilis est, a creatura defertur ; altera vero quæ, ut ita loquar, contubernalis est, a Spiritu præstatur. Quemadmodum enim de seipso dixit : *Ego te glorificavi super terram, opus perfeci quod dedisti mihi ut perficerem* [85] ; sic et de Paracleto dictum est : *Ille me glorificabit, quoniam de meo accipiet, et annuntiabit vobis* [86]. Et quemadmodum Filius glorificatur a Patre, qui ait, *Et glorificavi, et iterum glorificabo* [87] : sic glorificatur Spiritus per consortium quod habet cum Patre et Filio, et per Unigeniti testimonium, dicentis : *Omne peccatum et blasphemia remittetur vobis hominibus, sed in Spiritum blasphemia non remittetur* [88].

47. Cum autem per vim illuminatricem intendimus oculos in pulchritudinem imaginis Dei invisibilis, perque hanc subvehimur ad pulcherrimum spectaculum archetypi ; ibi videlicet adest inseparabiliter cognitionis Spiritus, vim imaginis speculativam in seipso exhibens iis, qui veritatis contemplatione delectantur ; non foris ostendens, sed in seipso inducens ad agnitionem. Quemadmodum enim nemo novit Patrem nisi Filius [89] : sic nullus potest dicere Dominum Jesum, nisi in Spiritu sancto [90]. Non enim dictum est, Per Spiritum, sed, *In Spiritu* ; et, *Spiritus est Deus* ; *et qui adorant eum, in Spiritu et veritate oportet ado-* *rare* [91]; sicut scriptum est : *In lumine tuo videbimus lumen* [92] ; hoc est, in illustratione Spiritus. *Lumen verum, quod illuminat omnem hominem venientem in mundum* [93]. Itaque in seipso ostendit Unigeniti gloriam, et veris adoratoribus in seipso Dei cognitionem præbet. Proinde via ad Dei cognitionem est ab uno Spiritu, per unum Filium ad unum Patrem. Ac rursus, nativa bonitas et naturalis sanctimonia et regalis dignitas ex Patre per Unigenitum ad Spiritum permanat. Ad hunc modum et hypostases profitemur, nec pium monarchiæ dogma labefactatur. Cæterum qui subnumerationem ponunt, dicentes primum, secundum ac tertium, sciant sese deorum multitudinem, juxta gentium errorem, in illibatam Christianorum **40** theologiam inducere. Ad nihil enim aliud tendit subnumerationis dolosa inventio, quam ut profiteamur Deum primum, secundum ac tertium. Sed nobis sufficit a Domino præscriptus ordo, quem qui confundet non minus peccabit, quam peccat istorum impietas. Quod ergo naturalis communio nequaquam modo subnumerationis dissolvitur, velut isti errando putant, satis dictum est. Sed concedamus pertinaci et inaniter sapienti, demusque id quod aliquo posterius est, sic exprimi, ut ei subnumeretur. Videamus jam quid ex hoc sermone consequatur. *Primus*, inquit, *homo, de terra terrenus : secundus homo Dominus, de cœlo* [94] ; et alibi, *Non primum*, inquit, *quod spirituale est, sed quod animale, deinde quod spirituale* [95]. Ergo si primo subnumeratur secundum, id autem quod subnumeratur, vilius est eo cui subnumeratur : igitur secundum vos vilior est spiritualis animali, et homine terreno cœlestis.

CAPUT XIX.

Adversus eos qui dicunt non esse glorificandum Spiritum.

48. Sit ita, inquiunt, at ea gloria nullo pacto debetur Spiritui, ut a nobis glorificationibus sit extollendus. Unde igitur probaturi sumus Spiritus dignitatem intellectum omnem superantem, si Patris et Filii communio visa est istis minime sufficiens ad id testificandum? Sane possumus et ad ea quæ nominibus significantur respicientes, et ad operationum ejus magnitudinem, et ad beneficia quæ in nos, imo quæ in omnem creaturam confert, pro modulo nostro naturæ illius sublimitatem ac potentiam incomprehensibilem percipere. Spiritus vocatus est, ut est illud, *Spiritus Deus* [96] ; et, *Spiritus vultus nostri, Christus Dominus* [97]. Sanctus dicitur, quemadmodum sanctus Pater, et sanctus Filius. Creaturæ siquidem inducta est aliunde sanctimonia ; Spiritui vero sanctitas completiva est naturæ. Ideoque non sanctificatur, sed sanctificat. Bonus item dicitur sicut Pater bonus est, et sicut bonus est is qui ex bono natus est : cui bonitas est

---

[82] Rom. VIII, 9. [83] Joan. XVI, 14. [84] Malach. I, 6. [85] Joan. XVII, 4. [86] Joan. XVI, 14. [87] Joan. XII, 28. [88] Matth. XII, 31. [89] Matth. XI, 27. [90] I Cor. XII, 3. [91] Joan. IV, 24. [92] Psal. XXXV, 10. [93] Joan. I, 9. [94] I Cor. XV, 47. [95] ibid. 46. [96] Joan. IV, 24. [97] Thren. IV, 20.

ipsa essentia. Rectus vocatur, ut rectus Dominus Deus [98], eo quod per se sit ipsa veritas, et ipsa justitia, nec in hanc nec in illam partem se vertens aut flectens, propter naturæ immutabilitatem. Paracletus nuncupatur velut Unigenitus : sicut ipse ait, *Ego rogabo Patrem meum, et dabit vobis alium Paracletum* [99]. Hoc pacto communia sunt nomina Patri, Filio et Spiritui sancto, qui has appellationes ex naturæ consortio habet. Unde enim aliunde? Rursum Spiritus principalis, et Spiritus veritatis, et Spiritus sapientiæ dictus est. *Spiritus divinus qui me fecit* [1]; et, *Beseleel*, inquit, *implevit Deus 41 Spiritu divino sapientiæ et intellectus et scientiæ* [2]. Talia igitur nomina eximia illa quidem et magna, nec tamen, quod ad gloriam attinet, exaggerationem ullam habentia.

49. At operationes quales sunt? Ineffabiles quidem ob magnitudinem, innumerabiles vero ob multitudinem. Nam quo pacto intelligemus ea quæ fuerunt ante sæcula? quæ erant illius operationes ante creaturam intelligibilem? quanta autem ab illo beneficia in creaturam? ad hæc, quæ potestas ad ventura sæcula? Erat enim, et ante erat, et simul aderat cum Patre et Filio ante sæcula. Quare etiamsi quid cogitaris ante sæcula, hoc tamen reperias Spiritu esse posterius. Quod si creationem reputes, consolidatæ sunt cœlorum virtutes a Spiritu, ita ut consolidationem intelligas firmitatem, quæ non facile bonorum habitu excidat. Etenim quod Deo conjunctæ sunt, quodque ad malitiam verti non queunt, quodque in beatitudine perpetuo perseverant virtutes, id illis a Spiritu accedit. Christi adventus; Spiritus præcurrit. In carne adventus, et Spiritus inseparabilis. Operationes virtutum, dona sanationum; sed per Spiritum sanctum. Dæmones expulsi in Spiritu Dei. Diabolus spoliatus est imperio simul præsente Spiritu. Peccatorum facta remissio, sed in gratia Spiritus. *Abluti enim estis et sanctificati in nomine Domini nostri Jesu Christi, et in Spiritu sancto* [3]. Conjunctio cum Deo fit per Spiritum. *Misit enim Deus Spiritum Filii sui in corda nostra, clamantem, Abba Pater* [4]. Resurrectio a mortuis, Spiritus virtute. *Emittes siquidem Spiritum tuum, et creabuntur, et renovabis faciem terræ* [5]. Sive quis creationem accipiat de exstinctorum reviviscentia; an non magna Spiritus operatio, qui nobis suppeditat vitam ex resurrectione, et ad spiritualem illam vitam animas nostras adaptat? Sive creatio dicatur esse eorum, qui hic per peccatum lapsi sunt, in meliorem statum mutatio (nam ita quoque nonnunquam usurpatur juxta Scripturæ consuetudinem, velut cum Paulus dicit, *Si qua in Christo nova creatura* [6]), renovatio quæ hic fit, et a vita terrestri ac turbulenta affectibus obnoxia ad cœlestem conversationem transmutatio, quæ fit in nobis per Spiritum, ad summam admirationem deducit animos nostros. In his utrum metuere debemus, ne dignitatem inmodicis honoribus transgrediamur? an contra, ne illius notionem ad humilia deprimamus, etiamsi videamur maxima de eo loqui, quæ quidem humana mente concipi, humanaque lingua proferri possunt? Hæc dicit Spiritus sanctus, sicut hæc dicit Dominus : *Descende, et perge cum illis, nihil hæsitans, quoniam ego misi illos* [7]. Num hæc sunt abjecti ac metu consternati verba? *Separate mihi Barnabam et Saulum in opus ad* 42 *quod accersivi illos* [8]. Num servus ita loquitur? Et Isaias : *Dominus misit me, et Spiritus ejus* [9]; et, *Descendit Spiritus a Domino, et deduxit illos* [10]. At ne rursus mihi deductionem accipias pro humili ministerio. Nam hoc opus etiam Dei esse testatur Scriptura. *Deduxisti,* inquit, *sicut oves populum tuum* [10]; et, *Qui deducis velut ovem Joseph* [11]; et, *Deduxit eos in spe, et non timuerunt* [12]. Proinde cum audieris, *Cum venerit Paracletus, ille vobis suggeret, ac vos ducet in omnem veritatem* [13] : cogita deductionem, sicuti doctus es; ne calumnieris cogitatum.

50. At, inquies, *Etiam interpellat pro nobis* [14] : proinde quantum is qui supplex est, beneficii auctore inferior est, tantum quoque Spiritus ratione dignitatis a Deo remotus. At tu nondum audisti de Unigenito, quod is est in dextera Dei, et interpellat pro nobis [15]? Itaque quia Spiritus in te est, si tamen omnino in te est, et quia nos excæcatos ad eligendum quod utile est, docet, deducitque, ne eam ob causam piam ac sanctam de eo opinionem amittas. Nam profecto summus fuerit ingrati animi gradus, benefacientis humanitatem ad ingrati animi occasionem vertere. Nolite igitur contristare Spiritum sanctum [16]. Audite quid dicat martyrum primitiæ Stephanus, inobedientiam ac rebellionem exprobrans populo. *Vos,* inquit, *semper Spiritui sancto resistitis* [17]. Et rursum Isaias : *Exacerbaverunt Spiritum sanctum, et versus est illis in inimicitiam* [18]. Et alibi, *Domus Jacob irritavit Spiritum Domini* [19]. Audite, inquam, an non hæc summam potentiam declarent? Judicio legentium permitto, quas tandem oporteat eos, qui hæc audiunt, opiniones concipere; utrum tanquam de instrumento, deque obediente, et parem conditionem cum creatura sortito, denique nobis conservo sentire; an gravissimum vel verbo solo hanc blasphemiam piorum aures subire? Servum dicis Spiritum? Sed servus, inquit, non novit quid faciat dominus ipsius [20] : Spiritus autem non aliter novit quæ sunt Dei, quam spiritus hominis novit quæ in ipso sunt [21].

[98] Psal. xci, 16. [99] Joan. xiv, 16. [1] Job xxxiii, 4. [2] Exod. xxxi, 3. [3] I Cor. vi, 11. [4] Galat. iv, 6. [5] Psal. ciii, 30. [6] II Cor. v, 17. [7] Act. x, 20. [8] Act. xiii, 2. [9] Isa. xlviii, 16. [10] Isa. lxiii, 14. [10] Psal. lxxvi, 21. [11] Psal. lxxix, 1. [12] Psal. lxxvii, 53. [13] Joan. xiv, 26; xvi, 13. [14] Rom. viii, 34. [15] ibid. [16] Ephes. iv, 30. [17] Act. vii, 51. [18] Isa. lxiii, 10. [20] Psal. cv, 32. [19] Joan. xv, 15. [21] I Cor. ii, 11.

CAPUT XX.

Adversus eos, qui dicunt Spiritum nec in servili, nec in herili conditione esse, sed in conditione liberorum.

51. Neque servus, inquit, neque dominus, sed liber. O mirum stuporem, o miserandam audaciam ista loquentium! Quid amplius deplorem? utrum inscitiam, an blasphemiam istorum? qui quidem de Deo dogmata humanis exemplis dedecorant; ac hominum consuetudinem, per quam dispar est dignitatum excellentia, ad divinam et ineffabilem naturam accommodare nituntur : haud reputantes apud homines quidem nullum esse natura servum. Aut enim potentia oppressi, sub jugum servitutis inducti sunt, velut in bello capti : aut ob paupertatem in servitutem adacti sunt, velut Ægyptii Pharaoni : aut juxta sapientem quamdam et arcanam dispensationem, qui inter filios deteriores sunt, parentum voce, sapientioribus ac melioribus in servitutem addicti sunt; quam haudquaquam condemnationem, sed beneficium potius dixerit æquus rerum æstimator. Nam qui ob sensus inopiam, non habet in sese id quod natura imperat, huic utilius est alterius fieri mancipium, ut dum dominantis prudentia dirigitur, similis sit currui qui aurigam recepit, aut navi quæ nauclerum habet clavo assidentem. Hanc ob causam Jacob dominus Esau ex benedictione patris [11], ut stultus a sapiente vel invitus beneficio afficeretur, quippe non habens proprium curatorem, videlicet mentem. Et Chanaan filius servus erit fratribus suis [12], quoniam indocilis erat ad virtutem, imprudentem habens patrem, videlicet Cham. Ad hunc igitur modum hic fiunt servi; liberi vero sunt, qui effugerunt paupertatem, aut bellum, aut qui aliorum cura non egent. Itaque quamvis hic herus, ille servus appelletur, omnes tamen et quatenus sumus ejusdem inter nos conditionis, et tanquam illius qui nos condidit mancipia, conservi sumus. Illic porro quid potes e servitute eximere? Nam statim ac condita sunt, simul cum eis condita servitus. Sibi enim invicem non imperant, eo quod cœlestia plus habendi non tenentur desiderio. Deo autem subjecta omnia, ac tanquam domino debitum timorem, ac tanquam conditori debitam gloriam persolvunt. *Filius enim gloria afficit patrem, et servus dominum suum* [13]. Et ex his duobus alterum omnino Deus requirit. *Nam si Pater,* inquit, *sum ego, ubi est gloria mea? Si Dominus sum ego, ubi est timor meus* [14]? Alioqui vita custodiæ ac inspectioni Domini non subdita, omnium maxime miserabilis foret. Cujusmodi sunt virtutes desertrices, quæ quod cervicem erexerunt adversus Deum omnipotentem, servitutem detrectant, non quod aliter natura comparatæ sint, sed quod subditæ esse nolint Creatori. Quem igitur appellas liberum? Eum qui sine rege est? qui neque imperandi alteri potestatem habet, neque alterius imperium admittit? At nec est istiusmodi natura in rebus conditis, et hoc de Spiritu cogitare aperta impietas est. Quare si Spiritus creatus est, profecto servit cum omnibus. *Omnia enim,* inquit, *serviunt tibi* [15]; sin supra creaturam est, regni quoque consors est.

CAPUT XXI.

Testimonia ex Scripturis Spiritum appellari Dominum.

52. Sed quid opus est ex rebus humilibus pugnantes, doctrinæ turpiter parare victoriam, cum liceat illustriorum appositione, gloriæ excellentiam, cui contradici non possit, demonstrare? Quod si proferemus ea quæ nos Scriptura docuit, forsitan magno vehementique clamore vociferabuntur, et auribus obturatis Pneumatomachi tollentes lapides, aut quidquid forte occurrerit, in arma quisque vertentes, in nos irruent. Sed non est nobis incolumitas anteponenda veritati. Invenimus igitur apud Apostolum : *Dominus autem dirigat corda vestra in dilectionem Dei, et in patientiam Christi pro tribulationibus* [16]. Quis est Dominus dirigens in dilectionem Dei, et in patientiam Christi pro tribulationibus? Respondeant nobis, qui Spiritum in servitutem adigunt. Sive enim de Deo et Patre fuisset sermo, omnino dixisset : *Dominus vos dirigat in dilectionem sui :* sive de Filio, addidisset, *in suam ipsius patientiam.* Quærant igitur quænam sit alia persona, quam Domini vocabulo deceat honorari. Huic affine est et illud, quod alibi positum est : *Dominus vos impleat et abundare faciat charitate, in vos invicem et in omnes, quemadmodum et nos in vos, ad confirmandum corda vestra irreprehensibilia in sanctificatione, coram Deo et Patre nostro, in adventu Domini nostri Jesu Christi cum omnibus sanctis suis* [17]. Quem Dominum precatur, coram Deo et Patre nostro in adventu Domini nostri irreprehensibilia fidelium Thessalonicensium corda, confirmata in sanctitate constabilire? Respondeant nobis, qui cum ministratoriis spiritibus, qui mittuntur ad ministerium, collocant Spiritum sanctum. At non habent quod respondeant. Quapropter audiant et aliud testimonium, evidenter Spiritum sanctum appellans Dominum. *Dominus,* inquit, *Spiritus est* [18]; et rursum : *Tanquam a Domino Spiritu* [19]. Ne vero ulla relinquatur occasio contradicendi, ipsa Apostoli verba proferam in medium : *Usque ad hodiernum enim diem idem velamen in lectione Veteris Testamenti manet, non revelatum, quod in Christo abrogatur. Cum autem conversus fuerit ad Dominum, tolletur velamen. Dominus autem Spiritus est* [20]. Cur hoc dicit? Quoniam qui nudo intellectui litteræ assidet, et illic circa legales observationes occupatus est, Judaica litteræ interpretatione quasi velo tectum habet cor : atque id illi accidit, eo quod ignoret corporalem legis observationem in adventu Christi abolitam esse, jam figuris ad veritatem trans-

---

[11] Gen. xxvii, 37. [12] Gen. ix, 25. [13] Malach. 1, 6. [14] ibid. [15] Psal. cxvi, 91. [16] II Thess. iii, 5. [17] I Thess. iii, 12, 13. [18] II Cor. iii, 17. [19] ibid. 18. [20] ibid. 14, 16, 17.

latis. Sunt enim supervacaneæ lucernæ solis adventu; et cessat lex, et prophetiæ silent, simul ut illuxit veritas. At qui potuit ad profunda **45** legalis sensus penetrare, ac discussa legis obscuritate, ceu velamento, introire ad arcana, hic Mosen imitatus est, velamen, dum loquitur cum Deo, tollentem [31]; ipse se etiam convertens a littera ad spiritum. Quare velamini quod impositum est super faciem Mosi, respondet legalium documentorum obscuritas; conversioni autem ad Dominum respondet spiritualis intelligentia. Ergo qui in lectione legis aufert litteram, convertit sese ad Dominum (Dominus autem nunc Spiritus dicitur), ac similis redditur Mosi, ex apparitione Dei faciem glorificatam habenti. Sicut enim quæ juxta floridos colores posita sunt, e splendore promanante colorantur et ipsa: sic qui evidenter intendit oculos in Spiritum, ex illius gloria quodammodo transformatur ut fiat illustrior, dum veritate a Spiritu promanante, ceu luce quadam, corde illuminatur. Et hoc est transformari a gloria Spiritus ad propriam gloriam, haud parce, neque tenuiter, sed in tantum, quantum par est illustrari eum qui a Spiritu illuminatur. Non vereris, o homo, Apostolum dicentem [32]: *Templum Dei estis, et Spiritus Dei habitat in vobis* [33]? Num potuisset unquam servile domicilium appellatione templi honorare? Quid qui Scripturam divinitus inspiratam appellat, eo quod afflatu Spiritus scripta sit, num contumeliosis et Spiritum attenuantibus verbis utitur?

CAPUT XXII.

Confirmatio naturalis communionis Spiritus, eo quod æque ac Pater et Filius incomprehensibilis est.

53. Non solum autem ex hoc quod easdem habet appellationes, et in operationibus consors est Patri et Filio, dilucet naturæ illius excellentia; verum etiam ex eo quod pariter incomprehensibilis est intellectu. Quæ enim de Patre loquitur, quod sit supra cogitationem humanam, quæque de Filio, eadem Dominus et de Spiritu sancto dicit: *Pater juste, et mundus te non cognovit* [34]; mundum appellans hic non globum e cœlo et terra constantem, sed caducam hanc innumerisque mutationibus obnoxiam vitam. Ac de seipso loquens, *Adhuc modicum*, inquit, *et mundus me jam non videt, vos autem videtis me* [35]. Rursus hic eos qui materiali carnalique vita devincti sunt, et oculis tantum expendunt veritatem, mundum appellans, qui non amplius oculis cordis visuri erant Dominum nostrum, eo quod resurrectionem non crederent. Hæc autem eadem dixit et de Spiritu: *Spiritum*, inquit, *veritatis, quem mundus non potest accipere, quod* **46** *non videat illum, neque cognoscet eum: vos autem cognoscitis illum, quod apud vos manet* [36]. Carnalis siquidem homo mentem habens ad contemplationem haud exercitatam, imo vero totam in affectu carnis velut in cœno defossam gerens, non potest ad spirituale lumen veritatis attollere oculos. Quapropter mundus, hoc est, carnis cupiditatibus addicta vita, velut oculus imbecillis non ferens radii solaris lumen, Spiritus gratiam non recipit. At Dominus cum hoc discipulis testimonium dedisset, quod mundæ essent vitæ ob doctrinam ipsius, dat etiam, ut jam ad speculationem contemplationemque Spiritus sint idonei. *Jam* enim, inquit, *vos mundi estis propter sermonem quem locutus sum vobis* [37]. *Unde mundus quidem non potest illum accipere, quandoquidem non videt illum : vos autem novistis eum, quoniam apud vos manet* [38]. Eadem dicit et Isaias: *Qui stabilivit terram, et quæ in ea sunt, deditque spirationem populo, qui est super illam, et Spiritum calcantibus eam* [39]. Nam qui conculcant terrena, iisque superiores evaserunt, digni prædicati sunt dono Spiritus sancti. Quem ergo mundus capere non potest, quique a solis sanctis per cordis puritatem videri potest, qualem esse existimandum est, aut quales illi honores competere?

CAPUT XXIII.

Spiritus glorificationem esse enumerationem eorum quæ illi adsunt.

54. Et reliquæ quidem virtutes singulæ in loco circumscripto esse creduntur. Nam angelus qui astabat Cornelio [40], non in eodem momento astabat et Philippo [41]: neque qui locutus est Zachariæ ab altari [42], per idem tempus etiam in cœlo suam implebat stationem. At Spiritus creditur simul [43] et in Abacuc et in Daniele in Babylonia operari; et cum Jeremia in catarrhacta [44], et cum Ezechiele super Chobar versari [45]. *Spiritus enim Domini replevit orbem terrarum* [46]; et, *Quo ibo a Spiritu tuo, et a facie tua quo fugiam* [47]? Et propheta, *Quoniam ego vobiscum sum, dicit Dominus: et Spiritus meus stat in medio vestri* [48]. Eum vero qui ubique est, ac una cum Deo adest, cujus esse naturæ credere oportet? utrum omnia complectentis, an particularibus arctatæ locis, qualem esse naturam angelorum patet ex dictis? Verum hoc dixerit nemo. Igitur qui natura divinus est, qui magnitudine incomprehensus, qui potens in operationibus, qui bonus in beneficentiis, hunc non supra modum efferemus? non supra modum glorificabimus? Ego vero nihil aliud intelligo gloriam, quam enumerationem mirabilium, quæ illi adsunt. Itaque aut isti interdicunt nobis, ne prorsus mentionem faciamus bonorum, quæ ab **47** illo accipimus, aut omnino ea quæ illi adsunt commemorasse, est summam glorificationem implesse. Nam ne Deum quidem et Patrem Domini nostri Jesu Christi et unigenitum

---

[31] Exod. xxxiv, 34. [32] I Cor. iii, 16. [33] II Tim. iii, 16. [34] Joan. xvii, 25. [35] Joan. xiv, 19. [36] ibid. 17. [37] Joan. xv, 3. [38] Joan. xiv, 17. [39] Isa. xlii, 5. [40] Act. x, 3. [41] Act. viii, 26. [42] Luc. i, 11. [43] Dan. xiv, 33. [44] Jerem. xx, 2, apud LXX. [45] Ezech. i, 1. [46] Sap. i, 7. [47] Psal. cxxxviii, 7. [48] Agg. ii, 5, 6.

illius Filium aliter glorificare possumus, quam pro virili nostra illius prodigia recensendo.

CAPUT XXIV.
Redargutio absurditatis eorum qui non glorificant Spiritum, ex collatione eorum quæ in creaturis gloria afficiuntur.

55. Deinde vero gloria et honore coronatus est quilibet homo, et gloria et honor et pax cuivis facienti bonum [49] in promissis reposita sunt. Est autem et peculiaris quædam Israelitici populi gloria, quorum, inquit, est adoptio et gloria et cultura [50] : et suam ipsius gloriam quamdam commemorat Psalmorum cantor : *Dum cantaverit tibi gloria mea* [51] ; et rursus, *Exsurge, gloria mea* [51]. Est autem quædam gloria solis, lunæ et stellarum [53]. Ac juxta Apostolum fit etiam administratio damnationis cum gloria [54]. Itaque cum tam multa sint quæ gloria potiuntur, vis Spiritum unum ex omnibus inglorium esse? Et tamen *Ministratio*, inquit, *Spiritus est in gloria* [55]. Qui fit igitur ut ille indignus sit qui glorificetur? Et magna quidem est gloria justi juxta Psalmorum cantorem [56]. At gloria Spiritus juxta tuam opinionem nulla est. Annon igitur evidens periculum est ne talibus dictis inevitabile crimen in nosmetipsos accersamus? Si homo qui salvus fit ex operibus justitiæ, etiam timentes Dominum glorificat, multo minus Spiritum debita gloria fraudabit. Sit, inquiunt, glorificandus, sed non cum Patre et Filio. Et qui consentaneum est rationi, alium locum imaginatione designare Spiritui, eo relicto, quem statuit Dominus; et gloriæ consortio spoliare eum qui ubique conjunctus est divinitati, in professione fidei, in baptismate redemptionis, in operatione virtutum, in inhabitatione sanctorum, in beneficiis in subditos conferendis? Neque enim est ullum omnino donum absque sancto Spiritu ad creaturam perveniens; quando ne simplex quidem verbum in defensionibus pro Christo quis possit dicere, nisi adjuvante Spiritu, quemadmodum in Evangeliis a Domino et Servatore nostro didicimus [57]. Porro ut his omnibus neglectis, atque ea communione, quam in omnibus habet, oblivioni tradita, a Patre et Filio ipsum avellamus, nescio an quisquam sancti Spiritus particeps assensurus sit. In quo igitur ordine illum collocabimus? creaturarum? At universa creatura servit : Spiritus 48 autem liberum reddit : *Ubi enim Spiritus Domini, ibi libertas* [58]. Atque cum multa sint quæ possim hic commemorare, quam non conveniat Spiritum sanctum annumerare rebus creatis, de his dicere nunc supersedebo. Nam si incipiam pro argumenti dignitate, et quæ pro nobis faciunt, probationes adducere, et quæ ab adversariis objiciuntur, diluere, prolixo sermone erit opus, loquacitateque voluminis deterrebimus lectores. Idcirco, hoc alteri proprio tractatui reservato, propositis adhæreamus.

56. Consideremus igitur singulatim. Natura bonus est, ut bonus Pater, et bonus Filius. Creatura vero per electionem ejus quod bonum est, particeps est bonitatis. Profunda Dei novit : sed creatura per Spiritum accipit arcanorum reserationem. Vivificat cum Deo qui vivificat omnia, cum Filio qui dat vitam. *Qui enim excitavit*, inquit, *Christum a mortuis, vivificabit et mortalia corpora vestra, per ipsius Spiritum qui inhabitat in vobis* [59] ; atque iterum : *Oves meæ vocem meam audiunt, et ego vitam æternam do illis* [60]. Sed Spiritus quoque vivificat, inquit [61]. Ac rursum : *Spiritus autem*, inquit, *vita propter justitiam* [62]. Quin et Dominus testatur Spiritum esse qui vivificat. *Caro non prodest quidquam* [63]. Quomodo igitur Spiritum a vivificandi potestate submoventes eum naturæ conjungemus, quæ ipsa vita egeat? Quis adeo contentiosus, quis adeo exsors doni cœlestis, et absque gustu bonorum Dei verborum, quis adeo spei æternæ expers, ut Spiritum a Deitate distractum creaturæ copulet?

57. In nobis, inquiunt, Spiritus est tanquam donum a Deo. At donum nequaquam iisdem honoribus afficitur, quibus is qui dedit. Donum quidem Dei Spiritus est, sed donum vitæ. *Lex enim*, inquit, *Spiritus vitæ liberavit nos* [64]. Et donum potentiæ : *Accipietis enim virtutem Spiritus sancti supervenientis in vos* [65]. Num igitur ob id contemnendus est? Annon et Filium dedit hominibus? *Qui*, inquit, *proprio Filio non pepercit, sed pro nobis omnibus tradidit illum, quomodo etiam non una cum eo omnia nobis donabit* [66]? Et alibi : *Ut sciamus quæ a Deo nobis donata sunt* [67], de mysterio assumpti hominis loquens. Itaque qui ista loquuntur, annon Judæorum ingratum animum amentiamque superant, qui scilicet excellentiam divinæ bonitatis vertant in occasionem blasphemiæ? Accusant enim Spiritum, quod nobis dat fiduciam Deum appellandi patrem nostrum. *Emisit enim Deus Spiritum Filii sui in corda nostra clamantem*, Abba, Pater [68], ut illius vox propria fiat eorum qui ipsum acceperunt.

49 CAPUT XXV.
Quod Scriptura hac syllaba « in » pro « cum » utatur : ubi etiam probatur « et » idem pollere quod « cum. »

58. Qui fit igitur, inquiunt, ut Scriptura nusquam tradat Spiritum glorificari cum Patre et Filio, sed studiose vitet ne dicat, cum Spiritu, ac ubique malit glorificare in ipso, quasi hoc congruentius judicet? At ego nequaquam dixerim hanc syllabam *in* exhibere sensum minus honorificum, imo potius, si sane accipiatur, ad maximam celsitudinem erigere mentem, quandoquidem observavimus hanc frequenter usurpari pro *cum*. Quod

[49] Rom. II, 10. [50] Rom. IX, 4. [51] Psal. XXIX, 13. [51] Psal. CVII, 2. [53] I Cor. XV, 41. [54] II Cor. III, 9. [55] ibid. 8. [56] Psal. XX, 6. [57] Matth. X, 19. [59] II Cor. III, 17. [62] Rom. VIII, 11. [60] Joan. X, 27. [61] Joan. VI, 64. [64] Rom. VIII, 10. [63] Joan. VI, 64. [65] Rom. VIII, 2. [65] Act. I, 8. [66] Rom. VIII, 32. [67] I Cor. II, 12. [68] Galat. IV, 6.

genus est illud, *Ingrediar domum tuam in holocautomatibus* [69] : pro his vocibus, *cum holocautomatibus. Et eduxit eos in argento et auro* [70], hoc est, *cum argento et auro*. Item illud, *Non egredieris in virtutibus nostris* [71], pro, *cum virtutibus nostris*, aliaque hujus generis innumerabilia. Omnino lubens ab ista nova sapientia didicero, qualem glorificationem Apostolus absolverit per hanc dictionem *in*, juxta formam quam isti nunc tanquam e Scriptura proferunt. Nusquam enim inveni dictum : Tibi Patri honor et gloria per unigenitum Filium tuum in Spiritu sancto : qui sermo nunc istis usitatior est ipsa, ut ita loquar, respiratione. Horum quidem singula separatim invenire licet, conjunctim vero posita in hac constructione nusquam poterunt ostendere. Itaque si exacte urgent ea quæ in Scripturis habentur, ostendant unde ista dicant. Quod si concedunt consuetudini, neque nos ab ea excludant.

59. Nos enim ambas dictiones in fidelium usu deprehendentes, ambabus utimur : gloriam quidem Spiritui ex æquo per utramque persolvi rati, eis vero qui depravant veritatem, credimus magis os obturari per eam præpositionem, quæ cum sensum in Scripturis similem habeat, non ita facile ab adversariis expugnari potest (est autem ipsa illa cui nunc ab istis contradicitur) utpote quæ pro *et* conjunctione sumatur. Nam idem est dicere, *Paulus et Silvanus, et Timotheus* [72], atque, Paulus cum Timotheo et Silvano. Nominum enim connexio, utraque pronuntiatione similiter servatur. Itaque si cum Dominus dixerit Patrem et Filium et sanctum Spiritum, ipse dicam, Patrem et Filium cum Spiritu sancto; aliudne, quod ad sententiæ vim attinet, dixero ? Porro per conjunctionem *et* connecti nomina, multis testimoniis probari potest. *Gratia enim*, inquit, *Domini nostri Jesu Christi, et charitas Dei, et communio Spiritus sancti* [73]; ac rursus, *Obsecro autem vos per Dominum nostrum Jesum Christum, et per charitatem Spiritus* [74]. Itaque si 50 pro conjunctione *et* voluerimus uti præpositione *cum*, quid fecerimus diversi ? Ego sane non video, nisi quis ob frigidas grammaticæ regulas conjunctionem tanquam copulativam, ac majorem unionem facientem præferens, præpositionem rejiciat, quasi non obtineat parem vim. Sed si de his a nobis ratio exposceretur, forte multis verbis non opus esset nobis ad respondendum. Nunc vero neque de syllabis, neque hoc aut illo dictionis sono disputant, sed de rebus juxta vim ac veritatem maximo inter se discrimine dissidentibus. Qua de causa, cum indifferens sit syllabarum usus, isti has quidem admittere, illas vero ab Ecclesia submovere moliuntur. Ego vero etsi primo statim auditu præpositio evidentem utilitatem habet, attamen etiam rationem reddam, juxta quam patres nostri non otiose illius quoque usum amplexi sint. Nam præterquam quod hæc idem valet quod *et*, ad refellendam Sabellii malitiam, similiterque atque illa conjunctio hypostaseon proprietatem declarat, velut, *Ego et Pater veniemus* [75], et : *Ego et Pater unum sumus* [76]; præterea eximium habet sempiternæ communionis ac perpetuæ conjunctionis testimonium. Nam qui dixit, cum Patre Filium esse, simul et hypostaseon proprietatem et inseparabile consortium expressit. Quod idem etiam in rebus humanis videre est, in quibus *et* conjunctio declarat communem operationem : et præpositio *cum* quodammodo etiam significat communionem. Quod genus est, Navigarunt in Macedoniam Paulus et Timotheus, sed et Tychicus et Onesimus missi sunt Colossensibus : ex his discimus illos rem eamdem fecisse. Sed si audierimus, connavigarunt, et simul missi sunt, etiam illud addiscimus, alterum cum altero actionem absolvisse. Ita Sabellii errorem destruens hæc vox ut non alia æque, addit illis et eos qui directe opposito impietatis genere insaniunt. De his loquor, qui temporalibus intervallis Filium a Patre, et Spiritum sanctum a Filio distrahunt.

60. Cæterum a syllaba *in* eo maxime differt, quod præpositio *cum* mutuam conjunctionem eorum qui communiter aliquid agunt exhibet, velut connavigantium, aut cohabitantium, aut quidvis aliud communiter perficientium : at præpositio *in* declarat relationem ad id in quo sunt operantes. Siquidem cum audimus, *innavigant*, aut *inhabitant*; protinus cogitamus scapham aut domum. Itaque juxta communem usum, harum syllabarum talis est inter ipsas differentia, majorque inveniri poterit a studiosis. Neque enim mihi vacat de ratione syllabarum exquirere. Quoniam igitur demonstratum est præpositionem *cum* significantissime reddere conjunctionis intelligentiam, inducias a vobis, si videtur, impetret, ac desistite atrox et implacabile bellum cum illa gerere. Sed tamen quamvis hæc vox tam 51 apta sit ad significandum, si cui cordi fuerit in glorificationibus per syllabam *et* nomina connectere et glorificare, quemadmodum in Evangeliis, ubi de baptismate, didicimus, Patrem et Filium et Spiritum sanctum ; etiam ita fiat, nemo contradicturus est. Hac conditione, si videtur, inter nos consentiamus. Sed isti citius abjecerint linguas, quam hanc vocem recipiant. Hoc igitur est, quod nobis acerrimum ac irreconciliabile bellum excitat. In Spiritu sancto, inquiunt, danda est gloria Deo, non autem et Spiritui : atque acerrime huic voci tanquam Spiritum deprimenti adhærescunt. De qua non inutile fuerit prolixius dicere. Quæ cum audierint isti, demirabor, si non eam

[69] Psal. LXV, 13. [70] Psal. CIV, 37. [71] Psal. XLIII, 10. [72] I Thess. I, 1. [73] II Cor. XIII, 13. [74] Rom. XV, 30. [75] Joan. XIV, 23. [76] Joan. X, 30.

ut proditricem et ad Spiritus gloriam ultro transfugam repudiabunt.

CAPUT XXVI.

Quot modis dicitur in, *totidem modis de Spiritu accipi.*

61. Mihi igitur consideranti videtur, etsi simplex ac brevis sit hujus syllabæ pronuntiatio, multa et varia per eam significari. Quot enim modis dicitur *in*, totidem modis invenimus eam syllabam conceptibus de Spiritu subservire. Nam forma dicitur esse in materia, et potentia in eo quod ejus capax est, et habitus in eo qui secundum illum affectus est, aliaque hujus generis multa. Itaque quatenus Spiritus sanctus vim habet perficiendi creaturam rationalem, absolvens illius fastigium, formæ rationem obtinet. Nam qui jam non vivit secundum carnem, sed Spiritu Dei agitur, ac Filius Dei nominatur, et conformis imagini Filii Dei factus est, spiritualis dicitur. Et sicut cernendi vis est in oculo sano, sic operatio Spiritus in anima purgata. Eoque Paulus optat Ephesiis, ut oculos habeant illuminatos in Spiritu sapientiæ [77]. Et quemadmodum ars est in eo qui illam adeptus est, ita gratia Spiritus in eo qui recepit eam, semper quidem præsens, at non perpetuo operans. Nam et ars potentia quidem est in artifice ; actu vero tum, cum secundum illam operatur : itidem Spiritus semper quidem adest dignis, sed operatur prout opus est, aut in prophetiis, aut in sanationibus, aut in aliis miraculorum operationibus. Præterea sicut in corporibus est sanitas, aut calor, aut in genere affectionis facile mobiles ; sic et in anima frequenter est Spiritus, in iis qui propter mentis instabilitatem facile gratiam acceptam expellunt, nequaquam permanens : qualis erat Saul, et septuaginta seniores filiorum Israel, præter Eldad et Modad [78] (nam apud hos solos ex omnibus Spiritum mansisse apparet), et in genere, si quis est istis animi proposito consimilis. Item quemadmodum verbum est in animo, interdum ut in corde cogitatum, interdum ut lingua prolatum : sic et Spiritus sanctus, vel **52** cum testimonium præbet spiritui nostro, et clamat in cordibus nostris, *Abba, Pater* [79], vel cum loquitur pro nobis, juxta id quod dictum est, *Non vos estis qui loquimini, sed Spiritus Patris, qui loquitur in vobis* [80]. Jam vero et ut totum in partibus, Spiritus intelligitur juxta donorum distributionem. Omnes enim invicem sumus membra, sed habentes dona secundum Dei gratiam nobis datam diversa. Ea propter *Non potest dicere oculus manui : Non opus habeo te; aut rursus caput pedibus: Non est mihi vobis opus* [81]. Sed omnia quidem simul complent corpus Christi in unitate Spiritus; necessariam autem utilitatem sibi invicem reddunt ex donis. Deus enim posuit membra in corpore, unumquodque illorum ut voluit. Membra autem eamdem habent pro se mutuo sollicitudinem, juxta spiritualem mutuæ affectionis ipsis insitæ communionem. Eoque *Sive patitur unum membrum, una cum eo patiuntur omnia membra : sive glorificatur unum membrum, simul gaudent omnia membra* [82]. Rursus quemadmodum partes sunt in toto, ita singuli sumus in Spiritu, eo quod omnes in uno corpore in unum Spiritum baptizati sumus.

62. Porro quod mirum dictu videbitur, nihilo tamen minus verum est ; etiam veluti locus eorum qui sanctificantur, sæpenumero dicitur Spiritus. Et constabit ne hoc quidem loquendi genere diminui Spiritum, sed glorificari potius. Nam nomina corporalia etiam ad spirituales intelligentias, evidentiæ gratia, frequenter Scriptura transfert. Observavimus igitur et Psalmodum de Deo loquentem, *Esto mihi in Deum protectorem, et in locum munitum, ut salvum me facias* [83]. De Spiritu vero, *Ecce locus*, inquit, *apud me, et sta super petram* [84] : quid aliud appellans locum, nisi visionem in Spiritu, in qua cum esset Moyses, potuit videre Deum evidenter ipsi apparentem ? Hic est locus veræ adorationis proprius. *Attende enim*, inquit, *ne offeras holocautomata tua in quovis loco, sed in loco quemcunque elegerit Dominus Deus tuus* [85]. Quod igitur est holocautoma spirituale ? Sacrificium laudis [86]. Quo loco hoc offeremus, nisi in Spiritu sancto ? Ubi hoc didicimus ? Ab ipso Domino dicente, *Veri adoratores adorabunt Patrem in Spiritu et veritate* [87]. Hunc locum cum vidisset Jacob dixit : *Dominus est in loco hoc* [88]. Itaque Spiritus vere locus est sanctorum. Sanctus itidem, locus est Spiritui proprius, ac præbet seipsum ut inhabitet cum Deo, ac templum illius vocatur. Sicut enim in Christo loquitur Paulus, *Coram Deo*, inquit, *in Christo loquimur* [89] : et Christus in Paulo, velut ipse ait, *An experimentum quæritis qui loquitur in me Christi* [90] ? sic et in Spiritu loquitur mysteria, ac Spiritus rursum loquitur in eo.

63. In rebus ergo conditis ad hunc modum multifariam variisque rationibus dicitur Spiritus **53** inesse : verum magis pium est dicere, eum esse cum Patre et Filio, quam illis inesse. Nam gratia ab eo manans, habitante in iis qui digni sunt, ac suas operationes in illis exercente, recte dicitur inesse iis qui sunt illius capaces. At illius subsistentia quæ fuit ante sæcula, ac perpetuitas nunquam desitura cum Filio et Patre considerata, sempiternæ conjunctionis requirit appellationes. Nam *coesse* proprie ac vere dicitur de iis, quæ sibi invicem inseparabiliter adsunt. Nam calorem ferro

---

[77] Ephes. I, 17, 18. [78] Num. XI, 25, 26. [79] Rom. VIII, 16, 15. [80] Matth. X, 20. [81] I Cor. XII, 21. [82] ibid. 26. [83] Psal. XXX, 3. [84] Exod. XXXIII, 21. [85] Deut. XII, 13. [86] Psal. XLIX, 14. [87] Joan. IV, 23. [88] Gen. XXVIII, 16. [89] II Cor. II, 17. [90] II Cor. XIII, 3.

quidem ignito inesse dicimus : at una simul cum ipso igne esse. Item corpori sanitatem inesse dicimus, vitam autem simul cum anima esse. Quare ubi propria et connaturalis atque inseparabilis communio est, hæc vox *cum* significantior est, ut quæ inseparabilis conjunctionis cogitationem suggerat intellectui. Ubi autem gratia ab ipso proficiscens, accedere ac rursus decedere potest, proprie et vere inesse dicitur ; etiamsi illius gratia in iis qui receperunt, sæpenumero propter affectus in bono perseverantiam perpetua permaneat. Proinde quoties propriam Spiritus dignitatem intelligimus, cum Patre et Filio ipsum contemplamur : ubi vero gratiam in eos, qui illius sunt participes, operantem reputamus, in nobis esse Spiritum dicimus. Et quæ a nobis defertur glorificatio in Spiritu, non habet professionem dignitatis illius, sed nostræ ipsorum imbecillitatis confessionem, dum ostendimus nos ex nobis ipsis ad glorificandum sufficientes non esse, sed sufficientiam nostram esse in Spiritu sancto, in quo corroborati, pro beneficiis acceptis Deo nostro gratias absolvimus : juxta quod a malitia purgati sumus; quippe alius alio plus aut minus, auxilio Spiritus adjuti ad offerendum hostias laudis Deo. Secundum unum igitur modum sic pie gratiarum actionem in Spiritu persolvimus. Quanquam et hoc invidia non caret, ut aliquis de seipso testificetur, dicatque : Spiritus Dei in me est, et per gratiam illius sapiens factus refero gloriam. Nam hæc vox Paulum decet : *Videor et mihi Spiritum Dei habere*[91]; et rursus, *Egregium depositum serva per Spiritum sanctum qui habitat in nobis*[92]. Item de Daniele legimus[93], quod Spiritus Dei sanctus fuerit in eo; et si quis illis assimilis sit virtute.

64. Alter autem intellectus est, nec ipse rejiciendus, quod sicut in Filio cernitur Pater, sic Filius cernitur in Spiritu. Itaque adoratio quæ sit in Spiritu, mentis nostræ operationem ut in luce factam indicat, ut discere licet ex iis quæ Samaritanæ dicta sunt. Nam cum illa consuetudine regionis decepta existimaret in loco esse adorationem; Dominus eam dedocens dixit in Spiritu et veritate adorare oportere[94] : nimirum seipsum appellans veritatem. Quemadmodum igitur in Filio dicimus adorationem, velut in imagine Dei ac Patris : sic et in Spiritu tanquam in seipso Domini divinitatem exprimente. Unde et in adoratione inseparabilis est a Patre et Filio Spiritus sanctus. Nam si sis extra illum, nullo pacto es adoraturus : contra, si **54** in illo fueris, nullo modo eum separabis a Deo, nihilo profecto magis quam lumen separabis ab iis quæ visui patent : impossibile siquidem est cernere imaginem Dei invisibilis, nisi in lumine Spiritus. Et qui intuetur imaginem, hunc impossibile est lumen ab imagine separare. Quod enim ut videas in causa est, id necesse est, ut simul cum iis quæ cernuntur, videatur. Itaque proprie et congruenter per illuminationem Spiritus conspicimus splendorem gloriæ Dei ; per characterem autem ad eum, cujus est character et æquale sigillum, subvehimur.

CAPUT XXVII.

Unde initium habet syllaba, cum, *et quam vim habeat, ubi et de Ecclesiæ legibus nullo scripto proditis.*

65. Quam igitur ob causam, inquiunt, cum proprie conveniat hæc syllaba, *in*, Spiritui, ac nobis ad exprimendum quemvis de Spiritu intellectum sufficiat, vos novam istam syllabam induxistis, qui dicitis, *Cum Spiritu*, non, *In Spiritu sancto*; alioquin nec necessariis, nec ab Ecclesia probatis vocibus utentes? Quod igitur hæc syllaba, *in*, Spiritui sancto non in sortem proprie cessit, sed Patris Filiique communis est, in superioribus dictum est. Arbitror autem et illud satis demonstratum, quod *in* non solum nihil detrahit dignitati Spiritus, verum etiam ad summam celsitudinem erigit cogitationes eorum, qui non prorsus mente corrupti sunt. Superest autem disserere de syllaba *cum*, unde cœperit, et quam vim habeat, et quomodo Scripturæ concordet.

66. Ex asservatis in Ecclesia dogmatibus et prædicationibus, alia quidem habemus e doctrina scripto prodita ; alia vero nobis in mysterio tradita recepimus ex traditione apostolorum : quorum utraque vim eamdem habent ad pietatem; nec iis quisquam contradicet : nullus certe, qui vel tenui experientia noverit quæ sint Ecclesiæ instituta. Nam si consuetudines quæ scripto proditæ non sunt, tanquam haud multum habentes momenti aggrediamur rejicere, imprudentes Evangelium in ipsis rebus præcipuis lædemus, imo potius prædicationem ad nudum nomen contrahemus. Verbi gratia, ut ejus quod primum est et vulgatissimum primo loco commemorem : ut signo crucis eos qui spem collocant in Christo signemus, quis scripto docuit? Ut ad Orientem versi precemur, quæ nos docuit Scriptura? Invocationis verba cum conficitur panis **55** Eucharistiæ et poculum benedictionis, quis sanctorum in scripto nobis reliquit? Nec enim his contenti sumus, quæ commemorat Apostolus aut Evangelium, verum alia quoque et ante et post dicimus, tanquam multum habentia momenti ad mysterium, quæ ex traditione non scripta accepimus. Benedicimus autem et aquam baptismatis, et oleum unctionis, imo ipsum etiam qui baptismum accipit. Ex quibus scriptis? Nonne a tacita secretaque traditione? Ipsam vero olei unctionem, quis sermo scripto proditus docuit? Jam ter immergi hominem, unde haustum? Reliqua autem quæ fiunt in baptismo, veluti renuntiare Satanæ et angelis ejus, ex qua scriptura habemus? Nonne ex minime publicata et arcana hac doctrina, quam patres no-

---

[91] I Cor. vii, 40. [92] II Tim. i, 14. [93] Dan. v. 11. [94] Joan. iv, 24.

stri silentio quieto minimeque curioso servarunt? Quippe illud probe didicerant, mysteriorum reverentiam silentio conservari. Nam quæ nec intueri fas est non initiatis, qui conveniebat horum doctrinam scriptis vulgari? aut quid tandem sibi voluit magnus ille Moyses, qui non omnia quæ erant in templo passus sit omnibus esse pervia [95]? sed profanos extra sacros cancellos statuit; ac priora quidem atria purioribus permittens, Levitas solos dignos censuit numinis ministerio [96]: mactationes autem holocautomatumque oblationes, et reliqua quæ ad rem sacram pertinent sacerdotibus assignavit [97]; atque unum ex omnibus selectum in adyta admisit [98], et ne hunc quidem semper, sed uno tantum die quotannis: quin et hujus diei certam horam qua fas esset ingredi, præstituit, quo propter novitatem et insolentiam, cum stupore intueretur Sancta sanctorum [99]: probe sciens pro sua sapientia, res usu tritas et ex se obvias, expositas esse contemptui: rebus vero quæ sepositæ sunt ac raræ quodammodo naturaliter conjunctam esse summam admirationem ac studium. Ad eumdem profecto modum, et qui initio certos Ecclesiæ ritus præscripserunt apostoli et Patres, in occulto silentioque mysterii suam servavere dignitatem. Neque enim omnino mysterium est, quod ad populares ac vulgares aures effertur. Hæc est ratio, cur quædam citra scriptum tradita sint, ne dogmatum notitia neglecta, propter assuetudinem vulgo veniret in contemptum. Aliud utique est dogma, aliud prædicatio. Nam dogmata silentur, prædicationes vero publicantur. Est autem silentii species etiam obscuritas qua utitur Scriptura, **56** intellectu difficilem reddens dogmatum sententiam, idque ad legentium utilitatem. Hanc ob causam omnes spectamus ad Orientem, cum precamur, pauci tamen novimus, quod id facientes antiquam requirimus patriam, videlicet paradisum, quem plantavit Deus in Eden ad Orientem [1]. Erecti itidem perficimus deprecationes in una Sabbati, sed rationem non omnes novimus. Non enim solum quod veluti simul cum Christo resuscitati, quæ sursum sunt quærere debeamus, in die resurrectionis datæ nobis gratiæ stando precantes nosmetipsos commonefacimus, sed quod is dies videatur aliquo modo imago venturi sæculi. Eoque cum sit principium dierum, non primus a Moyse, sed unus appellatus est. *Facta est enim*, inquit, *vespera, et factum est mane, dies unus* [2]: tanquam qui sæpe recurrat. Igitur unus est idem et octavus, unum illum singularem ac verum octavum, cujus et Psalmista in quibusdam Psalmorum inscriptionibus meminit [3], per significans, statum videlicet hoc tempus secuturum, diem non desiturum, vesperæ nescium, successoris expertem, ævum illud nunquam finiendum nec unquam senescens. Necessario igitur in hoc die Ecclesia suos alumnos docet, preces suas stando absolvere, ut assidua commonitione vitæ illius nunquam desituræ, non negligamus ad eam demigrationem parare viaticum. Quin et totum illud quinquaginta dierum tempus admonitio est resurrectionis, quam in altero sæculo exspectamus. Nam unus ille et primus dies septies multiplicatus, septem sacræ Pentecostes hebdomadas absolvit. A primo enim incipiens, in eumdem desinit, per similes, qui in medio intercedunt, dies quinquagies evolutus. Unde et æternitatem similitudine refert, dum velut in motu circulari, ab iisdem orsus signis in eadem desinit. Quo in die, corporis erecto habitu precari potius nos Ecclesiæ ritus docuerunt, nimirum per evidentem commonitionem quasi transferentes mentem nostram a præsentibus ad futura. Insuper et quoties genua flectimus, et rursus erigimur, ipso facto ostendimus, quod ob peccatum in terram delapsi sumus, et per humanitatem ejus qui creavit nos in cœlum revocati sumus.

67. Deficiet me dies, si Ecclesiæ mysteria citra scriptum tradita pergam recensere. Omitto **57** cætera: ipsam fidei professionem in Patrem et Filium et Spiritum sanctum, e quibus habemus scriptis? Etenim si quoniam ex baptismi traditione, juxta pietatis consecutionem, ut baptizamur, ita et credere debemus, similem baptismo professionem exhibemus: concedant etiam nobis, ut juxta eamdem consequentiam glorificationem fidei consimilem persolvamus. Quod si glorificandi modum veluti scripto non traditum rejiciunt, proferant nobis et professionis fidei et cæterorum quæ commemoravimus probationem e Scripturis. Adhæc cum tam multa sint quæ scripto prodita non sunt, et tantum habent momenti ad pietatis mysterium, unicam dictiunculam quæ a majoribus ad nos devenit, non concedant, quam nos ex inaffectata consuetudine in Ecclesiis, quæ perversæ et corruptæ non sunt, permanentem invenimus, haud mediocrem rationem habentem, neque mediocre adjumentum ad mysterii vim afferentem?

68. Dictum quidem est quæ sit vis utriusque pronuntiationis. Dicetur autem et rursum ubi concordent inter sese, et ubi differant: non quod inter se pugnent per contrarietatem, sed quod utraque peculiarem afferat intellectum ad pietatem. Nam præpositio *in*, ea quæ ad nos spectant magis declarat: at præpositio *cum*, exprimit communionem Spiritus cum Deo. Quapropter vocibus ambabus utimur, altera quidem dignitatem Spiritus exprimentes, altera gratiam quæ in nobis est enuntiantes. Sic et in Spiritu et cum Spiritu offerimus gloriam Deo: nihil ex nobis dicentes, sed ex tradita a Domino doctrina, velut e regula, ad ea quæ conjuncta sunt, sibique invicem cohærent, ac necessariam in mysteriis copulationem

---

[95] Num. IV, 20. [96] Num. XVIII, 21, 22. [97] ibid. 7. [98] Exod. XXX, 10. [99] Levit. XVI, 2. [1] Gen. II, 8. [2] Gen. I, 5. [3] Psal. VI et XII.

habent, dictionem transferentes. Nam eum qui in baptismate connumeratus est, necessario judicamus et in fide oportere copulari. Professionem autem fidei, velut initium quoddam ac matrem glorificationis fecimus. Sed quid faciendum est? Nunc enim doceant nos, ne baptizemus, quemadmodum accepimus, aut ne credamus, quemadmodum baptizati sumus, aut ne glorificemus, quemadmodum credimus. Demonstret enim aliquis, aut non esse necessariam et individuam horum inter se consequentiam, aut in hisce novitatem non esse totius destructionem. At non desinunt isti sursum deorsum jactare, glorificationem cum sancto Spiritu carere testimonio, carere Scriptura, et alia hujusmodi. Dictum est quidem nihil referre ad sensum, sive dicas, Gloria Patri et Filio et Spiritui sancto, sive dicas, Gloria Patri et Filio cum sancto Spiritu. Non igitur fas est cuiquam syllabam *et*, ex ore Domini profectam rejicere aut expungere : nec quidquam vetat alteram quæ idem pollet, recipere : quæ quomodo cum illa vel conveniat vel discrepet, superius demonstravimus. Confirmat autem sententiam nobis et Apostolus, **58** indifferenter utraque voce utens interdum ita loquens : *In nomine Domini Jesu Christi, et in Spiritu Dei nostri* [4]; ac rursus, *Congregatis vobis et meo Spiritu cum virtute Domini Jesu* [5]; nihil interesse ratus, sive conjunctione, sive præpositione ad nominum conjunctionem utaris.

CAPUT XXVIII.

Quod quæ de hominibus dicit Scriptura tanquam una cum Christo regnantibus, ea de Spiritu dici non concedunt adversarii.

69. Videamus porro an defensionem aliquam patribus nostris super hujusmodi usu possimus excogitare. Nam qui nobis ita loquendi fuerunt auctores, magis quam nos hærent in crimine. Paulus igitur Colossensibus scribens : *Et vos*, inquit, *cum essetis mortui delictis ac præputio, vivificavit simul cum Christo* [6]. Num igitur toti populo et Ecclesiæ donavit Deus vitam quæ est cum Christo, sancto autem Spiritui non est vita cum Christo? Quod si istud vel animo concipere impium est, annon pium fuerit, ut habet natura, ita etiam professionem conjunctim persolvere? Adhæc, annon extremi stuporis est, fateri sanctos esse cum Christo (siquidem Paulus peregrinans a corpore præsens est apud Dominum [7]; et ubi emigravit, jam cum Christo est) : hos vero Spiritui, quantum quidem in ipsis est, neque hoc tribuere, ut æque saltem atque homines cum Christo sit? Quin et Paulus seipsum Dei cooperatorem appellat in administratione Evangelii : sed Spiritum sanctum, per quem in omni creatura quæ sub cœlo est, fructificat Evangelium, si cooperatorem appellemus, hic quoque impietatis nos reos peraget? Et ut videtur, vita sperantium in Domino abscondita est cum Christo in Deo, cumque Christus apparuerit vita nostra, tum et ipsi cum eo apparebunt in gloria [8] : ipse autem Spiritus vitæ, qui liberavit nos a lege peccati [9], nequaquam est cum Christo, neque in vita latente et abscondita cum illo, neque in manifestatione gloriæ, quam nos in sanctis patefaciendam esse exspectamus? Hæredes Dei et cohæredes Christi nos sumus [10] : Spiritus vero exhæres est, et exsors communionis Dei et Christi ejus? Et ipse quidem Spiritus testimonium perhibet spiritui nostro, quod simus filii Dei [11] : nos vero Spiritui, ne ejus quidem societatis, quam illi cum Deo esse a Domino didicimus, testimonium præbemus? Porro quod est amentiæ caput, nos per fidem in Christum quæ est in Spiritu, resurrecturos cum illo, et simul cum illo sessuros esse in supercœlestibus speramus, cum transformaverit corpus humilitatis nostræ ab animali ad spirituale; Spiritui vero non consessum, non gloriam, non aliud quidquam eorum quæ ab ipso habemus, impertimus? sed quibus nos **59** ipsos esse dignos, ex ejus qui promisit non mendaci munere, credimus, horum nihil Spiritui sancto, quasi superent illius dignitatem concedimus? Et tibi quidem pro merito licet semper esse cum Domino : et exspectas, ut raptus in nubibus in occursum in aerem, semper sis cum Domino [12] : Spiritum autem esse cum Christo negas? Qui scilicet eum, qui ipsum cum Patre ac Filio numerat ac locat, expellis et ejicis, velut qui impietatem non ferendam admiserit.

70. Pudet reliqua adjungere; quod tu quidem exspectas fore, ut cum Christo glorificeris : siquidem simul affligimur, ut simul quoque glorificemur [13] : Spiritum autem sanctificationis non glorificas simul cum Christo, quasi ne pari quidem tecum honore dignum. Et tu quidem speras te cum eo regnaturum, Spiritum vero gratiæ afficis contumelia, servi famulique locum illi assignans. Atque hæc dico, non ut duntaxat ostendam tantumdem honoris deberi Spiritui in glorificatione, sed ut illorum dementiam redarguam, qui ne hoc quidem illi concedunt, sed velut impietatem horrent, Spiritus cum Patre et Filio in gloria consortium. Quis potest hæc absque gemitu commemorare? Annon manifestum est, ita ut vel puer intelligat, ea quæ nunc fiunt prooemia esse defectionis fidei, quam minatus est Dominus? Quibus contradici fas non erat, ea facta sunt ambigua. Credimus in Spiritum, et nostris ipsorum professionibus repugnamus. Baptizamur, et rursum pugnamus. Ut vitæ auctorem invocamus, et ut conservum despicimus. Cum Patre et Filio Spiritum accepimus, et eum ut creaturæ partem contemptui habemus. Isti autem, quid orare debeant nescientes [14], si eo adducuntur, ut aliquid etiam magnifice loquantur de Spiritu, perinde quasi dignitatem ipsius assequantur; quod in dictis modum excedit, reprimunt. Quos suam infirmitatem

[4] I Cor. vi, 11. [5] I Cor. v, 4. [6] Coloss. ii, 13. [7] II Cor. v, 8. [8] Coloss. iii, 3, 4. [9] Rom. viii, 2. [10] Rom. viii, 17. [11] ibid. 16. [12] I Thess. iv, 16. [13] Rom. viii, 17. [14] Rom. viii, 26.

deplorare oportebat : quoniam idonei non sumus, qui pro beneficiis, quibus reipsa afficimur, verbis gratias agamus. Superat enim omnem intellectum ac sermonis naturam redarguit, cum ea ne minimam quidem dignitatis illius partem adæquet, juxta verba libri qui inscribitur Sapientia : *Exaltate enim*, inquit, *quantumcunque potueritis : superat enim et adhuc; et exaltantes eum multiplicate. Nolite laborare : non enim assequemini* [15]. Profecto terribiles vobis istiusmodi sermonum reddendæ rationes qui a Deo mentiri nescio audistis, irremissibilem esse blasphemiam in Spiritum sanctum [16].

CAPUT XXIX.

Enumeratio virorum in Ecclesia illustrium, qui in scriptis suis usi sunt hac voce, « cum. »

71. Sane contra id quod dicunt, glorificationem cum Spiritu carere testimonio, nec in Scripturis exstare, illud dicimus : si **60** nihil aliud est receptum absque Scripturis, ne hoc quidem recipiatur ; sin plurima arcana citra scriptum recepta sunt nobis, cum aliis pluribus et hoc recipiemus. Arbitror autem apostolicum esse, etiam non scriptis traditionibus inhærere. *Laudo enim*, inquit, *vos, quod omnia mea meministis, et quemadmodum tradidi vobis, traditiones tenetis* [17]. Et illud, *Tenete traditiones quas accepistis sive per sermonem sive per epistolam* [18] : quarum una est et hæc de qua nunc agimus, quam qui ab initio præscripserunt, tradideruntque posteris, usu semper simul cum tempore progrediente, ipsam longa consuetudine in Ecclesiis irradicarunt. Ergo si velut in tribunali, probationibus e scripto destituti, multos vobis testes producamus, nonne sententiam absolventem a vobis consequemur? Ego quidem arbitror : *In ore siquidem duorum ac trium testium stabit omne verbum* [19]. Qnod si etiam temporis diuturnitatem pro nobis facientem vobis evidenter ostendamus, annon videbimur vobis probabilia dicere, non posse litem istam jure nobis intendi? Veneranda enim sunt quodammodo vetusta dogmata, quæ ob antiquitatem, ceu canitiem quamdam, habent quiddam reverendum. Enumerabo itaque vobis hujus dictionis patronos vindicesque (simul enim æstimatur in eo, quod tacetur, etiam tempus); neque enim ex nobis primum initium sumpsit. Qui potuit? Nimirum nos revera hesterni sumus, quemadmodum dicit Job [20], saltem si tam longi temporis, quod huic consuetudini æquale est, habeatur ratio. Equidem ipse, si modo par sit me quod mihi proprium est dicere, vocem hanc tanquam paternam quamdam hæreditatem conservo, acceptam a viro multum temporis in servitio Dei versato, per quem et baptizatus sum, et Ecclesiæ ministerio admotus. Cæterum cum apud me reputo, an quis veterum ac beatorum virorum his, quibus nunc reclamatur vocibus, usus sit; multos reperio, et ob antiquitatem fide dignos, et accurata, non secundum hos homines, scientia ornatos;

quorum alii præpositione, alii conjunctione in glorificatione sermonem copulantes, nihil diversum sane quod ad rectam attinet pietatis intelligentiam, existimati sunt facere.

72. Irenæus ille, et Clemens Romanus, et Dionysius Romanus, et Alexandrinus Dionysius, id quod etiam audita mirum est, in secunda ad sibi cognominem epistola *De accusatione ac defensione*, hunc in modum finivit sermonem. Transcribam autem vobis ipsa hominis verba. *His omnibus*, inquit, *congruenter et nos, forma etiam ac regula a presbyteris, qui ante nos vixerunt, accepta, concordibus vocibus cum illis gratias agentes, tandem nunc vobis scribere desinimus. Deo autem Patri et Filio Domino nostro Jesu Christo cum sancto Spiritu gloria et imperium in sæcula sæculorum, amen.* Nec quisquam **61** dicere possit hæc correcta fuisse ac immutata. Neque enim ita sermonem confirmasset, dicens videlicet accepisse se formam ac regulam, si *in Spiritu* dixisset : hujus enim vocis usus creber est. At illud erat, quod egebat defensione. Qui quidem et in medio scripti, sic loquitur adversus Sabellianos : *Si eo quod tres sunt hypostases, divisas esse dicunt, tres sunt etiamsi nolint : aut divinam Trinitatem prorsus e medio tollant.* Ac rursum, *Divinissima enim ob id etiam post unitatem Trinitas est.* Sed et Clemens simplicius, *Vivit*, inquit, *Deus et Dominus Jesus Christus et Spiritus sanctus.* Irenæus autem, qui vicinus fuit apostolorum temporibus, quomodo faciat mentionem Spiritus, disputans adversus hæreses, audiamus. *Eos vero*, inquit, *qui effrenes sunt, et feruntur ad suas concupiscentias, nullum habentes divini Spiritus desiderium, merito Apostolus carnales vocat* [21]. Et alibi dicit idem . *Ne expertes facti divini Spiritus, frustremur regno cœlorum, inclamat Apostolus* [22], *quod caro non possit hæreditatem capere regni cœlorum.* Quod si cui et Eusebius Palæstinus propter multiplicem experientiam idoneus videtur, cui habeamur fides ; et ex illo voces easdem ostendimus in dubitationibus de priscorum multiplici conjugio. Loquitur enim hunc in modum, se ad dicendum excitans : *Sanctum prophetarum Deum lucis auctorem per Salvatorem nostrum Jesum Christum cum sancto Spiritu invocantes.*

73. Jam vero et Origenem in multis Psalmorum expositionibus deprehendimus, cum sancto Spiritu gloriam deferentem Deo, virum qui non omnino sanas habet in omnibus de Spiritu opiniones; nihilominus et hic multis in locis reveritus consuetudinis robur, pias voces emisit de Spiritu : qui quidem in sexto, ni fallor, libro *Enarrationum in Evangelium Joannis*, etiam adorandum Spiritum evidenter pronuntiat, ita scribens ad verbum : *Quoniam aquæ lavacrum significat purgationem animæ ab omnibus malitiæ sordibus ablutæ, nihilo tamen minus et per seipsum ei qui seipsum præbet divini-*

---

[15] Eccli. xliii, 33, 34. [16] Luc. xii, 10. [17] I Cor. xi, 2. [18] II Thess. ii, 14. [19] Deut. xix, 15. [20] Job viii, 9. [21] I Cor. iii, 3. [22] I Cor. xv, 50.

tali adorandæ Trinitatis, per virtutem invocationum, donorum principium ac fontem habet. Ac rursus in commentariis, quibus exponit Epistolam ad Romanos, *Sacræ*, inquit, *virtutes capaces sunt Unigeniti et sancti Spiritus deitatis*. Ad hunc modum, opinor, traditionis vis sæpe compulit homines etiam suis ipsorum dogmatibus contradicere. At nec Africanum historicum talis glorificandi forma præteriit. Siquidem constat in quinto libro *de temporibus Epitomes*, et ipsum ad hunc loqui modum : *Nos enim qui et illorum 62 verborum modum didicimus, nec ignoramus fidei gratiam, gratias agimus Patri, qui nobis suis creaturis præbuit universorum Salvatorem ac Dominum nostrum Jesum Christum, cui gloria, majestas cum sancto Spiritu in sæcula*. At de cæteris fortassis dubitari possit, aut credi possint immutata eam rationem habere, ut fraus ægre deprehendi possit, cum in unica syllaba positum sit discrimen. Verum quæ pluribus verbis dicta citavimus, ea nec insidias admittunt, et ab ipsis libris paratum habent testimonium. Porro quod alioqui fortassis humilius foret, quam ut in medium adducatur, sed ei tamen qui de novitate accusatur, perutile propter temporis antiquitatem, hoc quoque nunc adjicimus. Visum est patribus nostris, vespertini luminis gratiam haudquaquam silentio accipere, sed mox ut apparuit agere gratias. Quis autem fuerit auctor illorum verborum, quæ dicuntur in gratiarum actione ad lucernas, dicere non possumus. Populus tamen antiquam profert vocem, neque cuiquam unquam visi sunt impietatem committere, qui dicunt, *Laudamus Patrem et Filium et Spiritum sanctum Dei*. Quod si quis etiam novit Athenogenis hymnum, quem tanquam aliquod amuletum discipulis suis reliquit, festinans jam ad consummationem per ignem ; is novit et martyrum sententiam de Spiritu. Et hæc quidem hactenus.

74. Cæterum Gregorium Magnum, et illius voces quo loco ponam ? annon cum apostolis et prophetis ? virum qui eodem Spiritu quo illi versatus, quique sanctorum vestigiis per omnem vitam inhæsit, quique evangelicæ conversationis vigorem, quandiu vixit, præstitit. Equidem hoc dixerim : Injuria affecerimus veritatem, si non animam illam annumeremus iis qui Deo juncti sunt, qui velut insignis magnaque lucerna in Ecclesia Dei resplenduit, qui e Spiritus ope tremendam habuit adversus dæmones potestatem ; tantam vero sermonis gratiam acceperat ad obedientiam fidei inter gentes, ut acceptis non plus septemdecim Christianis universum populum et urbanum et rusticanum per agnitionem adjunxerit Deo. Ille et fluminum aquas in diversum vertit, præcipiens illis in magno nomine Christi, et paludem exsiccavit, belli causam præbentem fratribus avaris. Cæterum prædictiones de futuris ejusmodi sunt, ut nihilo sit inferior cæteris prophetis. Sed omnino perlongum fuerit viri percensere miracula : qui propter donorum excel-

lentiam quæ in ipso operabatur Spiritus in omni virtute et signis ac prodigiis, ab ipsis veritatis hostibus alter Moses 63 appellabatur. In tantum in illo in omnibus tum dictis tum factis, quæ per gratiam peragebantur, veluti lumen quoddam refulgebat, cœlestis virtutis indicium, quæ ex occulto assectabatur illum. Hujus adhuc etiamnum magna est apud ejus regionis homines admiratio, novaque ac semper recens memoria sic infixa est Ecclesiis, ut nullo tempore obsolescat. Itaque non factum aliquod, non dictum, non ritum ullum mysticum, ultra quam ille reliquit, Ecclesiæ adjecerunt. Quapropter etiam multa ex his quæ apud illos aguntur, imperfecta esse videntur, propter institutionis antiquitatem. Nam qui in Ecclesiarum administrationem successerant, nihil ex his quæ post illum excogitata sunt, loco additamenti voluerunt recipere. Unum itaque ex Gregorii institutis est, etiam ille ipse glorificationis modus, cui nunc contradicitur, ex illius traditione in Ecclesia custoditus. Nec multum fuerit negotii, ei, qui iter breve susceperit, super his certitudinem accipere. Hanc fidem et Firmiliano nostro fuisse, testantur libri quos reliquit. Insuper et Meletium illum admirandum in eadem fuisse sententia, narrant qui cum illo vixerunt. Sed quid opus est vetera commemorare ? sed et nunc in Oriente, nonne hoc uno potissimum eos qui pie sentiunt agnoscunt, hac voce veluti quodam signo suos ab alienis dijudicantes ? Ut autem ego e quodam Mesopotamio audivi, viro et linguæ perito, et sententia incorrupto, ne fieri quidem potest ut aliter lingua vernacula loquantur, etiamsi velint : sed necesse illis est ut per syllabam *et*, vel potius per voces quæ idem pollent quod illa, juxta proprietatem linguæ regionis illius glorificationem proferant. Quin et Cappadoces sic juxta regionis morem loquimur, jam tum in linguarum divisione, dictionum utilitatem providente Spiritu. Quid porro Occidens totus, propemodum ab Illyrico usque ad fines nostri orbis ? nonne hanc vocem tuetur ?

75. Qui fit igitur, ut ego sim innovator, et recentiorum verborum architectus ? cum totas nationes, civitates, et consuetudinem omni hominum memoria vetustiorem, insuper et viros Ecclesiæ columnas, omni scientia ac virtute Spiritus claros, duces ac patronos hujus vocis exhibeam ? Ob hæc hostilis illa acies adversus nos commota est, omnisque civitas, vicus, et omnes extremi fines pleni sunt nos calumniantium vocibus. Molesta quidem hæc ac lugenda cordibus quærentium pacem : verum quoniam est magna patientiæ merces, toleratas pro fide afflictiones secutura, præter hæc et gladius splendescat, et securis acuatur, et ignis ardeat Babylonico illo vehementius, et omnia suppliciorum instrumenta in nos moveantur ; quod ad me quidem attinet, nihil arbitror formidabilius, quam non formidare minas, quas Dominus in Spiritum blasphemias jacientibus 64 intentavit. Igitur apud

cordatos homines ad purgationem mei sufficiunt hæc quæ dicta sunt, quod recipimus vocem adeo gratam ac familiarem sanctis, insuper et tam diutino usu confirmatam. Nam ex quo tempore est annuntiatum Evangelium usque ad præsens, ostenditur in Ecclesiis usitata fuisse: et quod est omnium maximum, pium ac religiosum sensum habere demonstratur. Cæterum apud magnum illud tribunal, quam nobis excusationem apparaverimus? Nimirum quod induxit nos ad gloriam Spiritus primum honos illi habitus a Domino, in baptismate Spiritum adjungente sibi et Patri [13]: præterea, quod quisque nostrum per talem initiationem ad Dei cognitionem institutus est: super omnia vero terror minarum arcens omnem indignitatis et humilioris opinionis cogitationem. Adversarii porro quid tandem dicturi sunt? quam blasphemiæ excusationem afferent? qui neque honorem, quem Dominus tribuit Spiritui, reveriti sunt, nec minis illius deterriti. Istis quidem liberum est de suo consultare negotio, aut etiam mutare consilium. Ipse vero optarim maxime quidem, ut Deus bonus det suam pacem, quæ ita in cordibus omnium præsideat, ut isti qui in nos fremunt, et in nos atrociter conglomerati insurgunt, in Spiritu lenitatis et charitatis compescantur. Quod si prorsus efferati sunt, nec mansuescere possunt, certe det nobis illorum facta toleranter ferre. In summa, qui mortis sententiam in sese habent, his molestum non est pro fide affligi: sed maxime intolerabile est pro ea non certasse, quandoquidem athletis non perinde grave est in certamine plagas accipere, quam ne admitti quidem omnino in stadium. Aut fortassis hoc erat silentii tempus, juxta sapientem Salomonem [14]. Nam quid prodest revera clamare adversus ventum, cum tempestas adeo violenta vitam occupet, a qua mens quælibet eorum qui verbo initiati sunt, ut oculus in quo pulveris aliquid insidet, ita ratiocinationum falsarum errore oppleta, confusa est; quælibet aures gravissimis et insolitis sonis obtunduntur, turbine vero circumaguntur omnia, suntque in periculo ruinæ.

CAPUT XXX.
Expositio præsentis Ecclesiarum status.

76. Cui igitur comparabimus præsentem statum? Profecto similis prælio navali, quod ex veteribus offensis viri quidam bellis nauticis assueti ac bellaces, dum multum inter sese odium alunt, suscitarunt. Nunc igitur in hac imagine mihi spectā classem utrinque adverso impetu horrendum in modum ingruentem, mox ira jam eo erumpente ut sit immedicabilis, congressos dimicare. Pone, si vis, violento turbine circumagi classem, caliginemque densam e nubibus incumbere, adeoque obscurare omnes rerum visibilium species, ut nulla jam sit amicorum et hostium discretio, propterea quod ob confusionem symbola militaria sint ignota. Huic imagini evidentiæ ergo addamus etiam mare intumescere, atque ab imo sursum ferri, ac vehementem imbrem e nubibus deorsum erumpere, horribilemque procellam ingentibus ac decumanis fluctibus exsurgere. post hæc ventis undique concursantibus, totam classem inter se cum fragore collidi, atque ex iis qui in acie stant, alios quidem castra sua prodere, atque flagrante prælio transfugere; alios vero cogi, ut pariter et scaphas impellant a ventis actas, et occurrant irrumpentibus, seseque mutuo per seditionem trucident: quam seditionem partim invidia adversus præstantiores, partim quæ singulis adest vincendi cupiditas excitavit. Ad hæc cogita confuso quodam et indiscreto sonitu universum illud mare compleri, partim e ventorum strepitu, partim e collisione navium, partim ex undarum impetu ferventium, partim ex vociferatione præliantium, varias voces ob ingruentia mala emittentium, ut neque nauclerī, neque gubernatoris exaudiatur vox, sed sit ingens quædam perturbatio confusioque, incredibilis quadam malorum magnitudine, ob vitæ desperationem, omnem eis peccandi licentiam afferente. Adjice iisdem et immedicabilem quemdam morbum, gloriæ adipiscendæ insanam cupiditatem, adeo ut nave jam in fundum prolabente, ipsi vectores de primatus contentione nihil remittant.

77. Transi jam ab imagine ad ipsum mali exemplar. Annon olim videbatur quodammodo Arianum schisma, in adversariam Ecclesiæ Dei partem separatum, in hostium acie ipsum per se solum obsistere? Verum posteaquam e longa atrocique contentione usque ad manifestum certamen in nos instructi sunt, tum denique bellum in multas partes juxta modos innumerabiles dissectum est, sic ut partim ob communem simultatem, partim ob privatam suspicionem omnibus odium implacabile esset. Hæc vero tempestas Ecclesiarum qua tandem marina procella non est atrocior? in qua ut omnes Patrum termini loco moti sunt, ita omne fundamentum, et si quod dogmatum munimentum, convulsum est. Volvuntur insuper et quassantur omnia, putri basi innitentia, dumque alii in alios vicissim impetum facimus, alii ab aliis subvertimur. Et si te prior non percusserit hostis, is qui auxiliatur, vulnerat. Quod si ille ceciderit ictus, commilito jam insurgit. Tantum inter nos habemus societatis, quantum communi odio adversarios prosequimur. Ubi porro præterierint hostes, jam nos inter nos hostes videmus esse. His de causis quis enumerare possit naufragiorum multitudinem, vel eorum qui hostium impressione demerguntur, vel qui ex occultis sociorum insidiis occidunt, vel qui per imperitiam ducum pereunt; cum Ecclesiæ una cum ipsis hominibus, hæreticorum dolis velut sub aqua latentibus scopulis illisæ, perditæ sint: alii vero ex hostibus salutiferæ passionis, qui gu-

---

[13] Matth. xxviii, 19. [14] Eccle. iii, 7.

bernacula occuparunt, circa fidem naufragium fecerint? Cæterum turbæ ab hujus mundi principibus proficiscentes, qua non procella, quo non turbine horribilius subvertunt populos? Ecclesias vero caligo quædam adeo plane tristis ac mœsta occupat, videlicet luminaribus mundi, quæ Deus posuerat ad illuminandas populorum animas, domo profligatis. Porro immodica jam inter ipsos vincendi contentio, cum jam immineat terror minitans ruinam universi, adimit mali sensum. Nam privata simultas plus est quam commune publicumque bellum, dum adversarios vincendi gloria præfertur publicæ omnium utilitati, quibus præsens temporariaque gloriæ voluptas prior ac potior est præmiis in posterum repositis. Eoque omnes pariter quocunque possunt modo interfectrices manus sibi invicem afferunt. Acerbus autem quidam clamor eorum, qui ex contentione sese mutuo collidunt, confusaque vociferatio, indistinctus sonitus e nunquam silentibus tumultibus, totam prope jam Ecclesiam implevit, per excessus ac defectus rectum pietatis dogma subvertentibus. Nam alii quidem ad Judaismum, ob personarum confusionem, alii contra, ad paganismum per naturarum contrarietatem deferuntur: adeo ut nec divinitus inspirata Scriptura inter illos sequestram agere possit, nec apostolicæ traditiones illos inter se conciliare valeant. Sed unicus amicitiæ finis est ad gratiam loqui: ac sufficiens est inimicitiæ causa, opinionibus dissentire. Porro erroris similitudo res est quavis conjuratione firmior ad seditionis societatem. Theologus vero quilibet est, is etiam, qui maculis innumerabilibus animam habeat notatam. Hinc rerum novatoribus multa copia simul excitantium seditionem. Itaque qui seipsos suis elegere suffragiis, quique affectant principatum, ii Ecclesiarum præfecturas sortiuntur, repulsa sancti Spiritus administratione. Jamque prorsus evangelicis ritibus ob sublatum rerum ordinem confusis, ineffabilis est ad præfecturas irruptio, unoquoque eorum qui ambitione laborant, sese in dignitates per vim intrudente. Jam vero gravis quædam anarchia ab hoc principatus amore populos invasit: unde irritæ sunt prorsus ac inanes præfectorum exhortationes, dum nemo se magis alteri auscultare, quam aliis imperare debere, ob fastum ex inscitia conceptum existimat.

78. Has ob res silere utilius judicavi, quam loqui, tanquam hominis vox per tantos tumultus exaudiri non possit. Nam si vera sunt quæ dixit Ecclesiastes [15], verba sapientum in quiete audiri, plurimum abest, ut in hoc statu rerum de his loqui conveniat. Me vero etiam illud propheticum dictum reprimit: *Intelligens in tempore illo tacebit: eo quod tempus malum est* [16], in quo alii quidem supplantant, alii vero insultant lapso, alii vero applaudunt; sed qui **67** labascenti manum ex misericordia porrigat, nullus est; quanquam juxta legem veterem [17], ne is quidem qui vel jumentum inimici sub onere collapsum præterierit, caret reprehensione. Sed non itidem fit hisce temporibus. Quinam fieret? quando refrigerata omnium charitate, sublata est fratrum conspiratio, concordiæ vero etiam nomen ignoratur; sublatæ sunt autem etiam amicæ admonitiones, nusquam viscera Christiana, nusquam lacryma ex commiseratione. Non est qui infirmum in fide suscipiat, sed tantum odium inter tribules exarsit, ut quisque magis de proximi lapsibus, quam de propriis recte factis exsultet. Quemadmodum autem in contagiis pestilentiarum etiam ii qui summa cura servant victus rationem, tamen iisdem morbis quibus alii laborant, dum ob consuetudinem eorum qui corrupti sunt, opplentur ipsi ægrotatione: itidem nunc omnes similes inter nos facti sumus, a contentione, quæ nostros animos occupavit, ad malorum æmulationem perducti. Hinc implacabiles et amari sedent erratorum examinatores, iniqui vero et malevoli recte factorum judices: ac tantum, ut videtur, malum nobis insedit, ut ratione destituamur magis, quam ipsa animalia bruta: siquidem illa quæ sunt ejusdem generis, inter sese consociantur, at nobis atrocissimum bellum est adversus domesticos.

79. Itaque propter has omnes causas silendum erat, sed in diversam partem retraxit charitas, non quærens quod ipsius est [18], ac vincere cupiens omnem temporum ac rerum difficultatem. Quin et pueri qui fuerunt in Babylonia docuerunt nos, etiamsi nemo sit qui pietati suffragetur, tamen privatim quod officii nostri est peragere: qui quidem ex incendio medio canebant hymnos Deo, haud reputantes multitudinem aspernantium veritatem, sed sibi invicem sufficientes, cum essent tres [19]. Quapropter ne nos quidem deterruit hostium nubes, sed fixa spe in præsidio Spiritus, cum omni fiducia veritatem annuntiavimus. Alioqui foret omnium miserrimum, eos qui conviciis incessunt Spiritum, tam facile adversus piam doctrinam animo efferri ac insolescere: nos vero qui talem habemus protectorem ac patronum, non audere doctrinam tradere, quæ ex majorum traditione perpetua memoriæ serie ad nos usque servata fuit. Magis tamen excitavit impetum nostrum igneus charitatis tuæ non fictæ fervor, morumque tuorum gravitas ac taciturnitas: quæ res spondebant fore, ut ea quæ dicturi essemus non prodirent in vulgus: non quod digna sint quæ celentur, sed ne margaritæ projiciantur porcis. Et hæc quidem hactenus. Quod si tibi de his satis dictum videtur, sit hic sermonis finis: sin minus, nulla invidia est, studiose insidentem inquisitioni, per interrogationem a contentione alienam aliquid addere cognitioni. Dabit enim Dominus aut per nos aut per alios, eorum quæ desunt complementum, juxta scientiam quæ dignis subministratur a Spiritu.

[15] Eccle. ix, 17. [16] Amos v, 13. [17] Ezech. xxiii, 5. [18] I Cor. xiii, 5. [19] Dan. iii, 12.

SANCTI PATRIS NOSTRI BASILII

EPISTOLÆ

68-69 SECUNDUM ORDINEM TEMPORUM NUNC PRIMUM DISPOSITÆ ET IN TRES CLASSES DISTRIBUTÆ.

CLASSIS I. Continet epistolas ante episcopatum scriptas ab anno 357 ad annum 370. Quibus adduntur nonnullæ dubiæ, quia videntur ad hoc tempus pertinere.

II. Quas episcopus scripsit ab anno 370 ad annum 378.

III. Epistolas nulla temporis nota signatas, cum pluribus dubiis et spuriis nonnullis.

CLASSIS PRIMA.

EPISTOLA I*.

Fingit Basilius sese, dum Eustathium frustra quærit in variis regionibus, pene dubitasse annon fato aut fortuna omnia fiant, sed illius litteris recreatum mutasse sententiam; hæc, inquam, fingit ut refellat acutius, et providentiam salutat.

Eustathio philosopho.

Jam me animo deficientem ob illatas ab ea quæ dicitur fortuna injurias, a qua semper aliquid impedimenti exstitit, quominus tecum congrederer, litteris miro quodam modo recreatis ac consolatus es. Jam enim apud me ipse quodam modo versabam, annon forte verum sit, quod a pluribus dictitatur, necessitate quadam ac fato res nostras sive parvas sive magnas regi, nec ullius rei nos homines esse dominos; aut si res ita se non habet, fortuna quadam humanam vitam prorsus agitari. Atque his cogitationibus plurimam dabis veniam, ubi causas, quibus ad eas adductus sim, didiceris. Ego reliqui Athenas ob tuæ philosophiæ famam, contemptis quæ illic sunt. Præterii autem citius Hellesponti civitatem, quam quisquam Ulysses Sirenum cantus. Et Asiam quidem admiratus sum; sed ad bonorum, quæ in ea sunt, metropolim (1) properabam. Postquam autem veni in patriam, teque ingens lucrum in ea quæsitum non inveni; hinc **70** mihi deinceps multæ variæque occasiones inopinatorum obortæ sunt impedimentorum. Vel enim ægrotandum prorsus fuit, teque idcirco carendum; vel necesse fuit te-

A cum abeunte in Orientem proficisci non posse, et cum tandem aliquando innumeris laboribus in Syriam pervenissem, philosophi, qui in Ægyptum abierat, congressum non assequi. Rursus igitur proficiscendum fuit in Ægyptum, longo et difficili itinere, ac ne illic quidem assequendum quod erat in optatis. Sed tam infausto amore capiebar, ut aut ad Persas eundum mihi esset, et ad extremos usque barbaros simul proficiscendum (siquidem illuc etiam veneras : usque adeo obsistebat dæmon), aut hic sedendum Alexandriæ : id quod et contigit. Puto enim nisi pecudis instar præmonstratum ramum sequendo defatigatus essem, futurum fuisse ut vel ultra Nyssam Indicam actus pergeres, ac si quis extremus orbis no-
B stri locus, in eo etiam errares. Sed quid multa opus est referre ? Nunc postremo cum in patria verseris, tecum esse non contigit, eo quod diuturnis morbis detinear : qui nisi deinceps mitiores fiant, ne in hieme quidem prudentiam tuam conveniemus. Hæc, quæso, nonne sunt opera fati, uti tu dixeris ? nonne necessitatis ? hæc nonne propemodum poetarum de Tantalo fabulas superarunt ? Sed, ut dixi, ex litteris tuis melius me habui, nec jam amplius in eadem sum sententia. Censeo autem oportere. Deo bona largienti gratias agere, procrastinanti vero non successere. Et sane, si nobis dederit tecum esse, optima hæc simulque jucundissima putabimus :

Cæsaream; illuc enim mente et animo ferebatur; hic illius viæ finis; et dum hunc ei titulum tribuit ob rerum bonarum ornamenta, satis indicat jure debitum non fuisse.

---

* Alias CLXV. Scripta anno 357.

(1) *Metropolim.* Liquet urbem in Hellesponto sitam esse Constantinopolim. Asiæ autem metropolim non Ephesum videtur appellare Basilius, sed

si rem differat, damnum leniter feremus. Nam melius profecto, quam nos ipsi eligere possimus, nostra moderatur.

EPISTOLA II*.

Gregorio nihil curanti de situ solitudinis Basilii, sed scire aventi, quomodo ibi vivatur, exponit Basilius non quid ipse faciat (humiliter enim fatetur se non multum proficere), sed quid faciendum sit : quanta sint solitudinis ad pietatem adjumenta, quomodo Scripturarum lectioni subjungenda oratio, quid in sermone et in incessu, quid in cibo et potu et vestimento, quid in somno observandum.

Basilius Gregorio.

1. Agnovi epistolam tuam, velut qui amicorum liberos ex apparente in ipsis similitudine cum parentibus cognoscunt. Quod enim ais, loci structuram magni momenti non esse ad ciendum in animo tuo desiderium aliquod vitæ nobiscum agendæ, antequam de instituto ac vivendi ratione aliquid didiceris; sententia vere tua est, tuoque digna animo, 71 qui terrena omnia nihil esse existimas, ad beatitudinem nobis in pollicitationibus repositam. Quid autem ipse in hac solitudine noctu ac interdiu agam, dicere pudet. Reliqui equidem urbis commorationes, ut innumerabilium malorum causas : at me ipse nondum relinquere potui. Sed similis sum hominibus in mari summa difficultate, eo quod navigandi insolentes sint, laborantibus et nauseantibus, qui navigii magnitudinem, ut vehementius succutientem ægre ferunt, indeque in lembum aut naviculam transeuntes, ubique nauseant et in angustiis versantur : una enim cum ipsis transit nausea ac bilis. Ad hunc igitur modum se quoque nostræ res habent. Nam insitos animi morbos circumferentes, ubique iisdem perturbationibus sumus obnoxii. Quare non magnopere adjuti sumus hac solitudine. Quæ autem facta oporteret, et unde nobis daretur inhærere vestigiis ejus qui salutis dux fuit (*Si quis enim*, inquit, *vult post me venire, abneget semetipsum, et tollat crucem suam, et sequatur me*[20]), hæc sunt :

2. Enitendum est, ut mentem pacatam ac quietam habeamus. Quemadmodum enim oculus continenter circumactus, et nunc quidem in obliqua deflexus, nunc vero sursum ac deorsum frequenter contortus, clare ac perspicue rem objectam cernere non potest ; sed aciem in rem visam defigi oportet, si modo perspicua futura est visio : ita et humana mens sexcentis mundi curis distracta, veritatem clare conspicere non potest. Sed cum quidem qui nondum nuptiarum vinculis constrictus est, rapidæ cupiditates, ac impetus non facile superabiles, et amores perditissimi conturbant : conjugio autem illigatum alius curarum tumultus excipit ; in orbitate desiderium prolis, susceptis liberis, de his educandis sollicitudo : uxoris custodia, domus cura, servorum gubernatio, accepta contractis in rebus damna, contentiones cum vicinis, forenses concertationes, negotiationis alea, agriculturæ labores. Una quæque dies oritur suam ferens animi caliginem : quin et noctes diurnas curas excipientes, iisdem rerum speciebus mentem fallunt. Horum autem una vitatio est, secessus a toto mundo. Verum secessus a mundo, non est corpore extra ipsum esse, sed animam ab affectionum cum corpore consensione avellere, ac sine civitate esse, sine domo, sine propriis rebus, sine amicorum societate, sine possessionibus, sine rebus ad victum necessariis, sine negotiis, nullas res contrahentem, humanarum disciplinarum expertem, paratum ad suscipiendas corde informationes, quæ ex doctrina divina ducuntur. Est autem cordis præparatio, documentorum ex prava consuetudine 72 illud præoccupantium oblivio. Nam nec in cera scribere potest, qui jam insitas litteras non deleverit : nec animo divina dogmata mandare, qui anticipatas e consuetudine opiniones ex eo non sustulerit. Ad id autem plurimum affert adjumenti solitudo, quæ vitiosos animi nostri motus consopit, ac rationi otium dat eos ex animo penitus exscindendi. Quemadmodum enim belluæ, si demulceantur, facile vinci possunt; ita libidines, iræ, pavores, mœrores, venenata illa animæ mala, solitudine sopita, nec irritamento jugi efferata, vi rationis facilius superantur. Esto igitur locus aliquis hujusmodi, qualis hic noster, ita ab hominum commercio liber, ut religiosæ exercitationis continuatio a nullo extraneo intercidatur. Pietatis autem exercitatio animam divinis cogitationibus alit. Ecquid igitur beatius, quam in terra concentum angelorum imitari; statim quidem ac dies incipit ad preces surgentem, hymnis et canticis Creatorem venerari; exinde sole jam clare dilucescente, ad opera conversum, comitante ubique oratione, hymnis etiam opera tanquam sale condire? Siquidem hilarem jucundamque animæ æquabilitatem hymnorum solatia conferunt. Quies igitur principium expurgationis animæ, nec lingua loquente res humanas, nec oculis nitidos corporum colores aut concinnitates circumspicientibus; nec auditu animæ vigorem dissolvente per acromata modorum ad voluptatem compositorum, aut per hominum facetorum ac ridiculorum verba : id quod maxime animi vim frangere solet. Mens enim, quæ ad externa non dissipatur, neque per sensus in mundum diffunditur, redit quidem ad se ipsa ; per se autem ad Dei cogitationem ascendit ; atque decore illo illustrata ipsius etiam naturæ obliviscitur, nec jam cibi cura distrahitur aut amictus sollicitudine ; sed terrenis curis vacua, omne suum studium ad æterna bona adipiscenda transfert

---

[20] Matth. xvi, 24.

* Alias 1. Scripta initio secessus.

quomodo colat temperantiam atque fortitudinem, quomodo justitiam, ac prudentiam, ac reliquas virtutes, quæ, sub hæc genera distributæ, singula decenter in vita peragenda viro probo suggerunt.

3. Maxima autem via ad officii investigationem est et Scripturarum divinitus inspiratarum meditatio. In his enim et rerum agendarum præcepta reperiuntur, et beatorum hominum res gestæ litteris traditæ, veluti animata quædam vitæ secundum Deum institutæ simulacra, ad bonorum operum imitationem proponuntur. Ac proinde quacunque 73 in re quisque mendose sese ipse habere senserit; in illam imitationem assidue incumbens, tanquam ex communi quadam medicinæ officina, appositum suæ infirmitati medicamentum invenit. Ac castitatis quidem amator historiam Josephi assidua lectione evolvit, atque ab eo actiones temperantiæ plenas ediscit, non solum a voluptatibus continentem illum reperiens, sed etiam habitu in virtute firmum. Fortitudinem vero discit a Jobo, qui, rebus suis retro sublapsis, ac egens ex divite, orbus ex pulchræ prolis parente temporis momento factus, non solum idem permansit, infractos animi sensus ubique retinens; sed ne amicis quidem, qui ad consolandum venerant, insultantibus et dolores conjunctim intendentibus, ira commotus est. Rursus quis reputans quomodo clemens simul et magnanimus esse possit, ita ut animo in peccatum, clementia erga homines utatur; invenit Davidem generosum quidem in bellicis facinoribus, clementem vero et placidum in inimicis ulciscendis. Talis et Moses, ingenti quidem ille animo in eos insurgens, qui in Deum peccaverant, sed leniter inflictas sibi calumnias perferens. Ac omnino, ut pictores, cum imagines ex imaginibus pingunt, crebro ad exemplar respicientes, inde formam in suum opus transferre conantur : sic etiam qui sese omnibus virtutis partibus absolutum perficere studet, ad sanctorum vitas, velut ad simulacra quædam viva et actuosa, respicere debet, et quod illis inest boni suum imitando facere.

4. Preces rursus lectionibus succedentes vegetiorem ac fortiorem animam amore in Deum concitatam excipiunt. Est autem oratio illa præclara, quæ perspicuam Dei notionem animæ imprimit : idque Dei inhabitatio est, insidentem intus Deum memoria complecti. Sic Dei efficimur templum ; cum nec terrenis curis perpetuus memoriæ tenor interpellatur, nec improvisis commotionibus perturbatur intellectus; sed omnia fugiens Dei cultor ad Deum secedit, repellens provocantes ad libidinem affectiones, ac in studiis ad virtutem ducentibus immoratur.

5. Atque illud quidem imprimis studio esse debet, sermone non inscite uti, sed interrogare sine litigandi studio, respondere sine ambitione ; non interpellare disserentem, si quid dicat utile, neque cupidum esse proprii sermonis ostentationis causa interserendi; modum tenere loquendi et audiendi; discere etiam sine verecundia, docere liberaliter, nec occultare si 74 quid ab alio didiceris; velut improbæ mulieres facere solent, quæ spurios partus subjiciunt; sed grato animo parentem doctrinæ prædicare. Vocis vero sonus mediocris præferendus est, ut nec exilior auditum præterfugiat, nec nimia contentione importunus sit. Expendendum tecum prius quid dicturus sis, atque ita demum edendum et vulgandum. Adeuntibus affabilem esse oportet, atque in colloquiis suavem ; nec voluptatem facetis sermonibus aucupari ; sed benigna adhortatione lenitatem obtinere. Ubique asperitas, etiamsi objurgandum sit, rejicienda. Si enim prior te ipse per humilitatem abjeceris, hoc pacto ei, cui curatione opus est, acceptus eris. Plerumque vero utilis nobis et illa increpationis ratio a propheta adhibita, qui cum David peccasset, non a semetipso sententiam induxit condemnationis, sed accersita persona utens, ipsum proprii judicem peccati constituit; ita ut cum in se ipse sententiam dixisset, nihil jam succenseret arguenti.

6. Consentaneus autem humili ac demisso sensui tristis oculus atque deorsum vergens, habitus neglectus, squalida coma, vestis sordida ; adeo ut quæ lugentes data opera faciunt, ea sua sponte nobis inesse videantur. Tunica cingulo ad corpus astricta sit : cinctus neque ilia exsuperet, id enim muliebre ; neque laxus ita ut tunica diffluat ; id enim molle. Incessus esto nec segnis, nec animum dissolutum arguat ; nec rursus vehemens ac superbus, ne stolidos animi impetus indicet. Unus vestimenti scopus, ut idoneum sit carnis ad hiemem et æstatem operimentum. Neque vero in colore florido exquiratur, neque in opere tenue ac molle. Etenim in veste pigmentorum lautitias consectari, non absimile est venustatis studio, quo mulieres ducuntur, dum genas et crines alieno flore inficiunt. Sed et eo usque crassa tunica sit ut socia opus non habeat, ad eum qui induitur calefaciendum. Calcearium autem pretio quidem vili, sed cui nihil desit ad usum explendum. Et ut semel omnia uno verbo complectar, ut in veste necessarium præcipue sectandum : ita in cibo panis explebit necessitatem, aqua sedabit sitim recte valenti; quibus accedent quæcunque ex leguminibus pulmenta corpori vires ad necessarios usus conservare possunt. Edere autem decet non belluantium speciem præbentes, sed ubique modestiam et mansuetudinem atque in voluptatibus continentiam retinentes, ne tum quidem animam a Dei cogitatione habentes otiosam, sed ex ipsa alimentorum natura, et corporis ea suscipientis structura, divinarum laudum materiam ducentes, quod varia ciborum genera qualitati corporis accommodata, ab eo qui omnia moderatur, in

venta sint. Preces ante cibum fiant, quæ donis **75** Dei dignæ sint, tum quæ nunc largitur, tum quæ in futurum recondidit. Preces etiam post cibum, quæ et gratiarum actionem pro acceptis bonis et promissorum petitionem habeant. Hora una capiendo cibo destinata, eademque per circuitum revertens; adeo ut ex viginti quatuor horis diei ac noctis, vix illa una ad curandum corpus insumatur : reliquas asceta in animi exercitatione transigat. Somni leves sint, ejusque modi, qui excuti facile possint, naturalem cum tenui victus ratione necessitudinem habentes : imo vero de industria magnarum rerum curis interrumpantur. Nam altiore correptum esse sopore, membris solutis, ita ut facilis pateat aditus imaginibus a ratione alienis, id quotidianæ morti addicit ita dormientes. Sed quod aliis diluculum, id pietatis cultoribus media nox : cum maxime nocturna quies otium animæ largiatur, neque oculis, neque auribus quidquam visu aut auditu exitiosum in cor immittentibus, sed mente sola per se cum Deo rationem habente, seque corrigente per peccatorum recordationem et regulas sibi ipsi præscribente ad vitia declinanda, ac Dei auxilium ad ea, quæ studio habet, perficienda implorante.

EPISTOLA III*.

Laudat Basilius Candidiani in honorum perfunctione moderationem animi et litterarum studium : ejus præsidium implorat adversus violentiam agrestis cujusdam, qui ipsius ædes invaserat et expilaverat.

Candidiano.

1. Cum in manus sumpsi epistolam tuam, contigit mihi quiddam auditu dignum. Reveritus sum illam quasi publicum quidpiam annuntiantem; dumque ceram resolverem, intuens extimui, quantum nullus Spartiata reus Laconicam scytalem. Sed postquam solvi ac singula perlegi, subiit mihi ridere, partim quidem præ gaudio, quod nihil audirem novi; partim vero quod cum Demosthenis rebus tuas compararem. Nimirum posteaquam ille paucis quibusdam saltatoribus tibicinibusque suppeditasset, non amplius Demosthenes, sed choragus vocari voluit : tu vero idem ipse es, sive suppedites, sive non (suppeditas autem pluribus militum denis millibus, quam quot ille hominibus necessaria subministrabat), qui quidem nobis non pro dignitate scribis, sed consueto more, nec quidquam remittis de litterarum studio; sed, ut ait Plato, in ipsa tempestate ac æstu negotiorum, veluti sub murum quemdam validum abscedens, nullo prorsus tumultu mente turbaris : imo nec alios, quantum in te est, perturbari sinis. Ac res quidem tuæ tales, magnæ profecto et admirandæ his qui perspicere possunt; **76** rursus autem minime admirandæ, si quis eas cum toto vitæ instituto comparet. Jam vero nostras audi, quæ et mirabiles sunt, et merito nobis acciderunt.

2. Agrestis quidam ex iis qui nobiscum Annesis commorantur, mortuo famulo meo, non se negotii quidquam cum illo habuisse dixit, non ad me accessit, non conquestus est, non rogavit ut a volente acciperet, non minatus est se vim facturum, nisi acciperet ; sed subito cum nonnullis ipsi temeritate similibus domum nostram invasit, mulieresque quæ eam custodiebant verberibus contudit, ac effractis foribus exportavit omnia, partim sibi ipse rapiens, partim ad diripiendum cuilibet proponens. Itaque, ne extremus nos infirmitatis terminus simus, videamurque omnibus ad injurias idonei ; quod studium omnibus nostris in rebus ostendisti, hoc idem nunc ut impendas exorari te sine. Hac enim una re tranquillitas nobis servetur, si strenuo tuo præsidio instructi simus. Erimus autem multa hac contenti, si a pagi præposito comprehensus, brevi tempore in carcere includatur. Etenim non ob ea solum quæ perpessi sumus, indignamur : sed in posterum etiam securitate indigemus.

EPISTOLA IV**.

Olympio, qui dona miserat, perurbane gratias agit Basilius, incusans quod contubernalem suam pauperiem expulerit.

Olympio.

Ecquid agis, o præclare, qui amicam nobis paupertatem et philosophiæ nutricem solitudine expellis? Arbitror enim fore, ut ipsa tibi judicium intenderet unde vi, si qua ei loquendi facultas accederet : Volui ego cum hoc homine una degere, nunc quidem Zenonem laudante, qui amissis naufragio omnibus nihil non virile locutus est, sed, Euge, dixit, o fortuna, redigis nos ad detritum pallium : nunc vero Cleanthem mercede aquam ex puteo haurientem, unde et ipse victitabat, et magistris æra persolvebat. Quin et Diogenem nunquam intermisit admirari, id sibi laudi habentem, ut solius naturæ rebus contentus esset; adeo ut poculum etiam projecerit, postquam a puero didicit cavis manibus inclinans bibere. His te et talibus contubernalis nostra incusaret, nunc magnificis donis expulsa. Adjiceret autem et aliquid minarum : Si hic te iterum deprehendero, Siculas aut Italicas delicias priora exstitisse ostendiam : ita te accurate copiis meis ulciscar. Sed de his hactenus. Gavisus autem sum, cum audivi te jam remedia aggressum esse ; teque his juvari precor. Sacræ **77** autem tuæ animæ convenerit sollicitudinum et molestiarum expers corporis curatio.

EPISTOLA V***.

Consolatur Nectarium Basilius unici filii morte afflictum.

Ad Nectarium consolatoria.

1. Nondum tertium aut quartum diem traduxe-

---

* Alias CLXXIII. Scripta in secessu.
* Alias CLXX. Scripta eodem tempore.
** Alias CLXXXVIII. Scripta eodem tempore.

ram intolerabilis casus auditione perculsus; et cum adhuc ambigerem, quia ne clare quidem potuerat nobis molestæ rei nuntius id quod acciderat enarrare; cumque rumorem vix reciperem quia falsum esse optabam, accepi litteras episcopi, quibus accurate infausta res significabatur. In quo quidem quantum ingemuerim, quantumque effuderim lacrymarum, quid attinet vel dicere? Quis enim adeo corde lapideo, aut omnino humanæ naturæ expers, ut in ejusmodi eventu nihil patiatur, aut modicum dolorem animo accipiat? Domus splendidæ successio, fulcimentum generis, patriæ spes, parentum piorum germen cum innumeris votis educatum, in ipso ætatis flore ex mediis patris manibus ereptum abit. Hæc quam adamantis naturam non valeant dissolvere, et ad commiserationem adducere? Quare nihil est magni, si et nos penitus hoc infortunium percuiit, qui vobis prorsus sumus ab initio addicti; et gaudia vestra et molestias nostra facimus. Atque hactenus quidem pauca esse videbantur quæ vobis molestiam afferrent, imo pleraque ex sententia vobis fluere, sed subito dæmonis invidia evanuit tota illa domus felicitas et animarum hilaritas; ac hominibus tristis historia facti sumus. Igitur si ob ea quæ acciderunt lugere, et lacrymas effundere volumus, tempus vitæ nobis non sufficiet; nec si homines omnes nobiscum gemant, infortunio planctum adæquare poterunt: imo etiamsi fluviorum aquæ lacrymæ fiant, nequibunt casus illius lamenta explere.

2. Sed si velimus Dei donum, quod cordibus nostris indidit, nunc promere, rationem dico sobriam, quæ et in rebus secundis modum novit animabus nostris præstituere, et in tristioribus casibus res humanas in memoriam revocare, nosque admonere eorum, quæ et vidimus et audivimus, vitam videlicet infortuniis hujusmodi esse refertam, ac multa calamitatum humanarum esse exempla, et præter hæc omnia mandatum Dei esse, ut qui in Christum credunt, non lugeant mortuorum causa, ob spem resurrectionis; ac patientiæ magnæ magnas esse apud certaminum judicem coronas gloriæ repositas: si igitur rationi permiserimus ut hæc nobis occinat, licebit fortasse modicum aliquod mali lenimen **78** invenire Quare adhortor te, ut strenuum athletam, ut contra plagæ magnitudinem obtendaris, nec succumbas ponderi doloris, neque absorbearis animo: persuasum habens, etsi rationes eorum quæ a Deo dispensantur, nos latent; at profecto quod a sapiente nosque amante dispensatur, accipiendum, etiamsi molestum sit. Novit enim ipse, quomodo unicuique dividat quod utile est, et quam ob causam inæquales vitæ terminos nobis præstituat. Est enim causa aliqua hominibus indeprehensa, ob quam alii quidem citius hinc abripiuntur, alii vero diutius in hac calamitosa vita ad ærumnas perferendas relinquuntur. Itaque in omnibus adorare illius in nos amorem debemus, nec ægre ferre: memores magnæ illius et celeberrimæ vocis, quam magnus ille athleta Job emisit, cum in uno convivio liberos decem exiguo temporis momento oppressos vidit: *Dominus dedit, Dominus abstulit; sicut Domino visum, ita et factum est*[31]. Admirabilem illam vocem nostram faciamus: par merces a justo judice paria præclare facta designantibus. Non sumus filio orbati: sed restituimus ei qui mutuo dederat: neque exstincta est illius vita, sed in melius transmutata: nec humus dilectum nostrum obtexit, sed cœlum suscepit. Paulisper exspectemus, et una cum eo quem desideramus, erimus. Neque longum est tempus sejunctionis, cum omnes in hac vita tanquam in via ad idem diversorium contendant: in quod hic jam advenit, ille supervenit, alter festinat: finis autem unus omnes excipiet. Etsi enim citius viam confecit, eamdem omnes ingrediemur, omnesque idem manet diversorium. Tantum nobis contingat illius puritati per virtutem assimilari, ut moribus doli expertibus eamdem, ac qui in Christo infantes sunt, requiem consequamur.

EPISTOLA VI*.

Basilius Nectarii uxorem similiter consolatur.

Nectarii conjugi consolatoria.

1. Nolebam alloqui dignitatem tuam, considerans, ut oculo inflammato lenimentum vel tenerrimum dolorem affert, ita animæ gravi mœrore afflictæ, etiamsi multum solatii ferat oratio, molestam tamen quodammodo videri, in ipso doloris articulo adhibitam. At ubi mihi in mentem venit, sermonem mihi cum Christiana futurum, jampridem in rebus divinis instituta, nec ad humanos casus imparata; non existimavi æquum esse ut officio meo deessem. Novi qualia sint matrum viscera; cumque peculiariter considero tuam in omnes benignitatem atque mansuetudinem, conjicio quantum probabile sit in præsentibus malis dolorem esse. Filium amisisti **79**, quem viventem matres omnes prædicabant beatum, talesque suos esse optabant: mortuum vere perinde luxerunt, ac si suum quæque humo contexisset. Illius mors plaga exstitit provinciarum duarum, et nostræ, et Cilicum. Cum illo magnum et illustre genus concidit, veluti fulcro sublato concussum. O incursum mali dæmonis, quantum potuit mali patrare! O terra talem coacta suscipere casum! Horruit forte ipse sol, si quis in eo sensus, triste illud spectacu-

---

[31] Job 1, 21.

* Alias CLXXXIX. Scripta in secessu.

tum. Et quis tantum dicere poterit, quantum inops consilii animus suggerit?

2. Verum nostra non fiunt citra providentiam, quemadmodum in Evangelio didicimus, ne passerem quidem cadere sine voluntate Patris nostri [32]. Quare si quid contigit, voluntate contigit Conditoris nostri. Quis autem Dei voluntati resistit? Suscipiamus quod accidit; moleste enim ferentes, neque id quod factum est reparamus, ac præterea nosmetipsos perdimus. Ne culpemus justum Dei judicium. Nimium imperiti sumus, quam ut arcana illius judicia exploremus. Tunc Dominus amoris in se tui periculum facit. Tibi nunc tempus est, ut per patientiam partem martyrum consequare. Machabæorum mater septem filiorum mortem conspexit, nec ingemuit, nec ignobiles lacrymas effudit; sed gratias agens Deo, quod videret eos igne et ferro et acerbissimis verberibus e vinculis carnis exsolvi. Deo quidem probata fuit, celebris vero habita est apud homines [33]. Afflictio magna, fateor et ego: sed et magna a Domino præmia patientibus reposita. Mater cum effecta es, puerumque vidisti, ac gratias egisti Deo; plane sciebas mortalem a te, cum mortalis sis, genitum esse. Quid igitur mirum, si mortuus est mortalis? Sed dolet nobis, quod præter tempus. Incertum, utrum hoc non fuerit tempestivum: nos siquidem eligere quæ animabus utilia sunt, et præfinire terminos humanæ vitæ non novimus. Circumspice totum terrarum orbem, in quo habitas; et cogita omnia mortalia esse quæ videntur, omnia corruptioni obnoxia. Respice ad cœlum; et illud ipsum aliquando dissolvetur; ad solem, ne ille quidem permanebit. Stellæ omnes, animalia terrestria et aquatilia, terræ ornatus, terra ipsa, omnia corruptioni obnoxia, omnia paulo post non amplius futura. Horum cogitatio sit casus solatium. Cave calamitatem seipsa metiaris, ita enim tibi videbitur intolerabilis: sed eam cum omnibus rebus humanis comparans, inde reperies illius solatium. His autem omnibus illud validissimum addendum habeo: parce marito; alter alteri solamen estote; ne facias ei graviorem calamitatem, dolore te ipsa conficiens. Omnino autem arbitror sermonem solatio imparem esse: sed precibus in re præsenti opus esse censeo. Precor itaque ipsum Dominum, ut sua non enarrabili potentia tangens cor tuum, cogitationibus bonis animum tuum illustret, ut in teipsa consolationis habeas argumenta.

EPISTOLA VII*.

Basilius significat futurum se providisse, ut penuriæ verborum accusaretur, nec tamen idcirco consulentibus respondendum non esse. Hortatur Gregorium, ut totum se tradat veritatis defensioni, nec se consulat.

Gregorio sodali.

Ne tum quidem ignorabam, cum scriberem prudentiæ tuæ, vocem omnem theologicam imparem esse cogitationi dicentis, imparem interrogantis desideriis; propterea quod sermo imbecillius nescio quomodo solet cogitatis rebus inservire. Si ergo infirma cogitatio nostra, et cogitatione inferior lingua; quid exspectandum nobis fuit in iis quæ disseruimus, nisi penuriam verborum objectum iri? Neque tamen idcirco potui silentio prætermittere quod quærebatur. Nam proditionis periculum est, si non libenter dentur de Deo responsa his qui Dominum diligunt. Illa igitur, sive satis esse videantur, sive etiam accuratiore quodam additamento indigeant, tempus proprium, ut emendentur, postulant. Quod autem nunc ad rem attinet, hortamur te, uti jam etiam hortati sumus, ut totum te veritatis defensioni, ac motibus menti tuæ ad bonum stabiliendum a Deo impressis tradas, his contentus nec amplius quidquam a nobis requirens: qui cum multo inferiores simus quam quis suspicari possit, imbecillitate nostra doctrinam hædimus magis, quam roboris aliquid patrocinio nostro addimus veritati.

EPISTOLA VIII**.

Perculsus casu inopinato Basilius, cum se ad Gregorium recepisset, desiderium suorum his litteris lenit, eosque admonet ut caveant ab Arianis. Deum Patrem, Deum Filium, Deum Spiritum sanctum confiteri oportere statuit. Tres deos affingentibus respondet, Deum natura, non numero unum dici; simile et dissimile rejicit, identitatem substantiæ requiriri, ac Filium Patri esse consubstantialem declarat. Plura explanat Scripturæ loca ab adversariis objecta. Denique sancti Spiritus divinitatem probat.

Apologia de secessu ad Cæsarienses, et de fide pertractatio.

1. Sæpe miratus sum, cur eo sitis in me animo affecti, et unde vos tenuitas nostra, eaque exigua et modica ac fortasse nihil habens amabile, tantopere capiat; nosque sermonibus adhortemini, amicitiam et patriam commemorantes, veluti profugos quosdam paternis visceribus ad vos rursus conantes revocare. Ego autem profugum me esse fateor, neque negaverim: sed jam causam, si cupitis, ediscetis. Maxime quidem re inopinata tunc perculsus, quemadmodum qui ob repentinos strepitus illico expavescunt, non cohibebam cogitationes, sed elongavi fugiens, ac tempore multo a vobis abfui. Deinde vero et desiderium quoddam subiit mihi sacrorum dogmatum, et philosophiæ quæ circa illa versatur. Quomodo enim possim, aiebam, habitantem in nobis malitiam domare? Quis mihi fiat Laban, liberans me ab Esau atque ad supernam philosophiam deducens? Quoniam autem, Deo dante, voti compotes, quantum licuit, facti sumus, electionis invento vase et puteo profundo, dico autem Christi os Gregorium: nobis parumper, quæso, parum, rogamus, concedite temporis; non quod in urbe commorationem ambiamus (neque enim ignoramus, homines hoc pa-

[32] Matth. x, 9. [33] II Mach. vii, 1 seqq.

* Alias II. Scripta videtur in secessu.

** Alias CXLI. Scripta anno 360.

cto a maligno decipi), sed quod versari cum sanctis longe utilissimum esse judicemus. Dum enim de divinis dogmatibus aliquid dicitur, auditurque frequentius, contemplationum quemdam habitum, qui ægre amittatur, suscipimus. Et res quidem nostræ ita se habent.

2. Vos autem, o divina et omnium mihi charissima capita, cavete Philistinorum pastores, ne quis puteos vestros clanculum obstruat, et puram eorum, quæ ad fidem pertinent, cognitionem obturbet. Hoc enim eis semper studio est, non ex Scripturis sacris docere animas simpliciores, sed sapientia extranea veritatem circumvenire. Qui enim *ingenitum* et *genitum* in nostram fidem introducit, docetque eum qui semper est, aliquando non fuisse, cumque qui natura ac semper Pater est, patrem fieri, et Spiritum sanctum non esse sempiternum, nonne ille palam Philistæus est, invidens patriarchæ nostri ovibus, ne ex pura et in vitam æternam saliente aqua bibant [34], sed illud prophetæ oraculum trahant in semetipsos : *Me dereliquerunt fontem aquæ vivæ, ac foderunt sibi ipsis cisternas obtritas, quæ non poterunt aquam continere* [35]; cum confiteri oporteat Deum Patrem, Deum Filium, Deum Spiritum sanctum, uti eloquia divina, et qui ea sublimius intellexere, docuerunt. Cæterum ad eos qui tres deos nobis exprobrant, illud dicatur : unum nos Deum non numero, sed natura confiteri. Quidquid enim unum numero dicitur, id vere unum non est, neque natura simplex : Deum vero simplicem et incompositum confitentur omnes. Non igitur unus numero est Deus. Quod autem dico, est ejusmodi. Unum numero mundum esse dicimus, non tamen unum natura, neque simplicem illum quemdam. Dividimus enim ipsum in elementa ex quibus constat, in ignem, aquam, aerem et terram. Rursus homo unus numero dicitur. Unum enim hominem sæpe dicimus, sed non simplex quidam ille est, cum ex corpore et anima constet. Similiter et angelum unum numero dicimus, sed non unum natura, neque simplicem : siquidem essentiam cum sanctimonia hypostasim angeli intelligimus. Itaque si quidquid unum est numero, unum natura non est, et quod natura unum ac simplex est, unum numero non est, nos autem Deum natura unum dicimus ; quomodo nobis numerum affingunt, quem prorsus a beata illa ac spirituali natura amovemus? Numerus enim pertinet ad quantitatem : quantitas vero corporali naturæ conjuncta est ; numerus ergo corporeæ est naturæ. At Dominum nostrum corporum opificem esse credimus. Quapropter et numerus omnis ea designat, quæ materialem ac circumscriptam naturam sortita sunt : monas vero et unitas simplicis ac incomprehensibilis essentiæ insigne. Quisquis igitur nu-

merum aut creaturam confitetur Filium Dei , aut Spiritum sanctum, imprudens materialem ac circumscriptam naturam inducit. Circumscriptam autem dico, non modo eam quæ loco continetur, sed etiam quam prænotione comprehendit is, qui ipsam e nihilo producturus est, quæque scientia comprehendi potest. Quidquid igitur sanctum est, habet autem naturam circumscriptam, et adventitiam sanctitatem, obnoxium esse potest malitiæ. Filius autem, et Spiritus sanctus, fons est sanctimoniæ, unde rationalis quæque creatura pro virtutis ratione sanctificatur.

3. Nos, secundum veram doctrinam, neque similem, neque dissimilem Patri Filium dicimus. Nam æque utrumque horum repugnat. Enimvero simile et dissimile, qualitatum habita ratione dicuntur : Deus autem liber est a qualitate. Verum identitatem naturæ confitentes et consubstantiale admittimus, et compositionem fugimus ; cum is qui secundum essentiam Deus et Pater est, Deum secundum essentiam et Filium genuerit. Ex hoc enim consubstantiale ostenditur. Nam Deus secundum essentiam Deo secundum essentiam consubstantialis. Siquidem et homo dicitur deus, velut in hoc loco, *Ego dixi : Dii estis* [36]. Quin etiam dæmon appellatur deus, secundum illud, *Dii gentium dæmonia* [37]. Sed illi quidem ex dono, hi vero ex mendacio nomen accipiunt. Deus vero solus est secundum essentiam Deus. Cum autem dico, *solus*, essentiam Dei sanctam et increatam significo. Nam vox, *solus*, et de uno aliquo homine, et de universa prorsus natura dicitur. De uno aliquo, velut cum verbi gratia dicitur de Paulo, solum raptum esse ad tertium usque cœlum, et audisse arcana verba, quæ non liceat homini loqui [38] : de natura vero universa, velut cum David dicit : *Homo, sicut fenum dies ejus* [39]. Hic enim non hominem aliquem, sed universam naturam indicat : nam omnis homo temporarius et mortalis. Sic intelligimus de natura dicta esse et illa : *Qui solus habet immortalitatem* [40]; et, *Soli sapienti Deo* [41]; et, *Nemo bonus, nisi unus Deus* [42]. Hic enim *unus* significat idem, quod *solus*. Et, *Qui extendit cœlum solus* [43]; et rursus, *Dominum Deum tuum adorabis, et illi soli servies* [44]; et, *Non est Deus præter me* [45]. Nam *unus* et *solus* de Deo dicuntur in Scriptura non ad distinctionem a Filio aut Spiritu sancto, sed adversus eos qui cum dii non sint, dii tamen falso nominantur, ut est illud : *Dominus solus duxit eos, et non erat cum eis deus alienus* [46]; et, *Everterunt filii Israel Baalim, et nemora Astaroth, et serviebant Domino soli* [47]. Et iterum Paulus : *Sicut sunt dii multi, et domini multi, nobis tamen unus Deus, Pater, ex quo omnia, et unus Dominus Jesus Christus, per quem omnia* [48]. Verum hic quærimus, quomodo cum dixisset, *Unus Deus*, ea voce non

---
[34] Joan. iv, 14. [35] Jerem. ii, 13. [36] Psal. lxxxi, 6. [37] Psal. xcv, 5. [38] II Cor. xii, 4. [39] Psal. cii, 15. [40] I Tim. vi, 16. [41] Rom. xvi, 27. [42] Luc. xviii, 19. [43] Job ix, 8. [44] Deut. vi, 13. [45] Deut. xxxii, 39. [46] ibid. 12. [47] I Reg. vii, 4. [48] I Cor. viii, 5, 6.

fuerit contentus (diximus enim, cum *solus* et *unus* de Deo dicuntur, significari naturam), sed et vocem *Pater* apposuerit, et Christi fecerit mentionem. Suspicor itaque existimasse hoc loco vas electionis Paulum, satis non esse tantummodo Deum Filium, et Deum Spiritum sanctum prædicare; id quod per dictionem, *Unus Deus*, declaraverat, nisi præterea per adjectionem *Patris*, eum ex quo omnia sunt, exprimeret; et per mentionem Domini, Verbum per quod omnia sunt, significaret, et rursus, per Jesu Christi adjunctionem, incarnationem annuntiaret, et passionem poneret ob oculos : et resurrectionem commonstraret. Nam illud, Jesus Christus, notiones tales nobis indicat. Quapropter etiam Dominus ante passionem non vult dici Jesus Christus, et discipulis præcipit, ut ne cuiquam dicant ipsum esse Jesum Christum [49]. Propositum enim illi erat post absolutam dispensationem ac resurrectionem ex mortuis, et in cœlos assumptionem, tum demum ipsis committere, ut eum Jesum Christum prædicarent. Ejusmodi est et illud : *Ut cognoscant te solum verum Deum, et quem misisti Jesum Christum* [50]; illud itidem : *Creditis in Deum, et in me credite* [51] : ubique cogitationem nostram præmuniente Spiritu sancto ; ne accedentes ad alterum, altero excidamus ; neve theologiæ intenti negligamus dispensationem ; atque in impietatem, dum in aliquo offendimus, incidamus.

4. Verba autem divinæ Scripturæ, quæ arrepta adversarii, et ad suam ipsorum sententiam detorta, uobis ad eversionem majestatis Unigeniti objiciunt, simili modo expendamus, notionem eorum pro viribus explicantes. Ac primum nobis proponatur illud : *Ego vivo propter Patrem* [52]. Hoc enim unum est ex jaculis, quæ in cœlum vibrantur ab his, qui eo impie utuntur. Illud autem dictum hoc loco non ipsam ante sæcula, ut arbitror, vitam designat (quidquid enim propter alterum vivit, vita ipsa esse nequit; quemadmodum neque quod ab alio calefactum est, calor ipse esse potest : Christus autem et Deus noster dixit : *Ego sum vita* [53]), sed vitam hanc in carne, et in hoc tempore factam, quam propter Patrem vixit. Nam ipso volente in vitam hominum advenit : neque dixit, Ego vixi propter Patrem; sed, *Ego vivo propter Patrem*, aperte præsens tempus significans. Potest autem et vitam dicere, quam vivit Christus, Verbum Dei habens in seipso. Atque id ipsum esse, quod significatur, ex his quæ sequuntur videbimus. Et qui **84** *manducat me*, inquit, *vivit propter me* [b]. Edimus enim ipsius carnem, et bibimus ipsius sanguinem, participes facti, per incarnationem et sensibilem vitam, Verbi et sapientiæ. Carnem enim et sanguinem totam suam mysticam in carne conversationem vocavit, et doctrinam ex practica et naturali et theologica notione constantem declaravit : per quam et nutritur anima, et ad eorum quæ sunt contemplationem interim præparatur. Et hæc est fortasse illius dicti sententia.

5. Ac rursus, *Pater meus major me est* [54]. Utuntur enim et hoc dicto ingratæ creaturæ, mali progenies. Ego vero ex hac etiam voce consubstantialem esse Filium Patri credo demonstrari. Comparationes enim scio proprie inter ea quæ ejusdem naturæ sunt fieri. Angelum namque angelo dicimus majorem, et hominem homine justiorem, et volucrem voluci velociorem. Itaque si comparationes inter ea quæ ejusdem speciei sunt, instituuntur; Pater autem secundum comparationem dictus est Filio major; consubstantialis Patri Filius. Inest autem et alia notio his verbis. Quid enim mirum, si majorem seipso Patrem confessus est, qui Verbum est et caro factus est [55] : cum et angelis visus sit secundum gloriam minor, et hominibus secundum speciem? *Minuisti enim eum*, inquit, *paulo minus ab angelis* [56]; et iterum : *Eum autem qui modico quam angeli minoratus est* [57]; item, *Vidimus eum, et non habebat speciem, neque decorem : sed species ejus deficiens præ omnibus hominibus* [58]. Hæc autem omnia sustinuit propter multam suam in opus suum benignitatem, ut perditam ovem recuperaret, et introduceret servatam, et eum, qui ab Jerosolymis Jerichunta descenderat, ob idque inciderat in latrones, ad propriam rursus patriam sanum incolumemque reduceret. An etiam præsepe ei exprobrabit hæreticus, per quod cum esset ratione destitutus, a Verbo nutritus est? an objiciet paupertatem, quod lectulus defuit fabri filio? Propterea Patre minor Filius, quod tua causa factus est mortuus, ut te a mortalitate liberaret, et cœlestis participem vitæ faceret. Velut si quis et medicum accuset, quod demittens se ad morbos, particeps fetoris fiat, ut sanet ægrotantes.

6. Propter te et horam et diem judicii ignorat, quanquam nihil sapientiam veram latet ; omnia enim per ipsam facta sunt [59]. Hominum autem nemo unquam quod fecit ignorat. Verum id ita dispensat ob tuam infirmitatem, ut neque ii qui peccaverunt, ob præfiniti temporis angustiam in desperationem adducantur, quasi non relictum sit pœnitentiæ tempus : neque rursus ii qui diu cum adversaria potestate pugnant, ob temporis diuturnitatem aciem deserant. Itaque consulit utrisque **85** per ignorationem quam præ se fert ; alteri quidem ob præclarum certamen tempus contrahens, alteri vero propter peccata pœnitentiæ tempus reservans. Quanquam cum se ipse in Evangeliis inter eos qui ignorant, ob multorum, uti dixi, infirmitatem, numeravit [60] ; in Actis apostolorum velut perfectos seorsum alloquens, non sine sui ipsius exceptione dicit : *Non est vestrum nosse*

---

[49] Matth. xvi, 20. [50] Joan. xvii, 3. [51] Joan. xiv, 1. [52] Joan. vi, 58. [53] Joan. xi, 25. [54] Joan. vi, 58. [55] Joan. xiv, 28. [b] Joan. i, 14. [56] Psal. viii, 6. [57] Hebr. ii, 9. [58] Isa. liii, 2, 3. [59] Joan. i, 3. [60] Marc. xiii, 32.

tempora vel momenta, quæ Pater posuit in sua potestate [61]. Atque hæc quidem prima aggressione dicta sint rudius. Sed jam inquirenda sublimior dicti intelligentia, et pulsandæ fores scientiæ, si quo modo possim patremfamilias excitare, qui spirituales panes petentibus se largitur; quandoquidem amici sunt et fratres quos convivio excipere cupimus.

7. Sancti discipuli Salvatoris nostri, cum ad summum contemplationis, quantum hominibus fas est, pervenissent, et Christi sermone expurgati fuissent, finem quærunt, et beatitudinem extremam nosse desiderant; id quod et a suis angelis et a seipso ignorari Dominus pronuntiavit, diem appellans accuratam omnem eorum, quæ de Deo cogitantur, comprehensionem : horam vero, unitatis ac monadis contemplationem, quarum scientiam soli Patri attribuit. Suspicor igitur Deum dici id quod est de seipso scire, et id nescire quod non est. Justitiam enim et sapientiam nosse dicitur Deus, cum ipse justitia et sapientia sit ; injustitiam vero et malitiam ignorare ; non enim est injustitia neque malitia, qui condidit nos Deus. Itaque si dicitur Deus, id quod de seipso nosse, atque id nescire quod non est : non est autem Dominus noster secundum incarnationis considerationem, et crassiorem doctrinam, extremum illud bonum desiderabile : non igitur cognovit Salvator noster finem et extremam beatitudinem. *Sed neque angeli,* inquit, *sciunt* [61*] : hoc est, neque contemplatio quæ in ipsis est, neque rationes ministeriorum sunt extremum illud bonum desiderabile. Nam horum etiam scientia crassa est, si comparetur cum ea, quæ est facie ad faciem. *Solus autem Pater,* inquit, *novit* [62] : quippe et ipse est finis, et extrema beatitudo. Cum enim non amplius Deum in speculis, neque per aliena cognoscemus [63], sed ad ipsum veluti solum et unum accedemus ; tunc et extremum finem sciemus. Nam Christi regnum esse ferunt omnem materialem cognitionem ; Dei vero et Patris, immaterialem, et, ut ita dixerim, ipsius divinitatis contemplationem. Atque etiam Dominus noster et ipse finis est, et extrema beatitudo secundum Verbi considerationem. Quid enim ait in Evangelio? *Et ego resuscitabo eum in novissimo die* [64] : resurrectionem dicens transitum a materiali cognitione ad immortalem contemplationem ; **86** diem autem novissimum appellans eam cognitionem, post quam non est alia. Tunc enim mens nostra excitatur, et ad beatam sublimitatem erigitur, cum Verbi unitatem ac monada contemplata fuerit. Sed quoniam mens nostra crassior effecta terræ illigata est, et luto admiscetur, et contemplationi nudæ intenta esse non potest ; per cognatas corpori ipsius pulchritudines manu ducta, conditoris operationes considerat, eaque interim ex effectibus cognoscit, ut ita paulatim aucta, possint aliquando ad ipsam etiam nudam divinitatem accedere. In eamdem autem arbitror sententiam dictum fuisse et illud : *Pater major me est* [65] : illud itidem, *Non est meum dare, sed quibus paratum est a Patre* [66]. Hoc enim est quod et Christus regnum tradere dicitur Deo et Patri [67] ; cum primitiæ, non finis sit, secundum rudiorem, ut dixi, doctrinam, quæ nostri non ipsius Filii respectu intelligitur. Quod autem hæc ita se habent, rursus discipulis in Actis apostolorum interrogantibus, *Quando restitues regnum Israel,* respondit, *Non est vestrum nosse tempora vel momenta, quæ Pater posuit in propria potestate* [68]. Hoc est, non eorum est, qui carni et sanguini illigati sunt, talis regni cognitio. Posuit enim Pater contemplationem istam in propria potestate : potestatem dicens eos, qui sub ipsius sunt potestate ; proprios vero eos, quos rerum inferiorum ignoratio non tenet. Nolim autem intelligas tempora et momenta sensibilia, sed quædam cognitionis intervalla a sole intelligibili facta. Oportet enim istam Domini nostri precationem ad finem perduci ac impleri. Jesus enim est qui precatus est : *Da eis, ut et ipsi in nobis unum sint, sicut ego et tu, Pater, unum sumus* [69]. Deus enim cum unus sit, si in singulis fuerit, omnes unum efficit ; et accedente unitate, perit numerus. Atque equidem sic aggressus sum hoc dictum secundo tentamine. Quod si quis meliora dicat, aut nostra pie emendet ; et dicat, et emendet, et eum pro nobis remunerabit Dominus. Nulla enim apud nos habitat invidia, ut qui nec contentionis, nec inanis gloriæ studio ad hanc verborum investigationem accesserimus ; sed propter fratrum utilitatem, ne testacea vasa thesaurum Dei habentia ab hominibus saxeo corde præditis et incircumcisis, qui ex stulta sapientia armati sunt, circumveniri videantur.

8. Rursus per sapientem Salomonem in Proverbiis creatus est. *Dominus enim,* inquit, *creavit me* [70]. Et initium viarum evangelicarum nominatur, quæ nos ad regnum cœlorum ducunt ; non secundum essentiam creatura, sed secundum dispensationem factus via. Nam *factum esse,* et *creatum esse,* idem significant. Factus est enim quatenus via et janua et pastor et nuntius et ovis, ac rursus pontifex et apostolus ; nominibus aliis pro alia considerandi ratione positis. Rursus quid dicat hæreticus **87** de non subjecto Deo, et propter nos facto peccato? Scriptum namque est : *Cum subjecta fuerint illi omnia, tunc et ipse Filius subjectus erit ei, qui subjecit sibi omnia* [71]. Non times, o homo, cum Deus non subjectus appellatur ! Tuam enim subjectionem, suam facit ; et quod tu reluctaris adversus virtutem, seipsum non

---

[61] Act. I, 7. [61*] Marc. XIII, 32. [62] ibid. [63] I Cor. XIII, 12. [64] Joan. VI, 40. [65] Joan. XIV, 28. [66] Matth. XX, 30. [67] I Cor. XV, 24. [68] Act. I, 6, 7. [69] Joan. XVII, 21. [70] Prov. VIII, 22. [71] I Cor. XV, 28.

subjectum nominat. Ita aliquando et seipsum dicit esse persecutioni obnoxium. Ait enim : *Saule, Saule, quid me persequeris*[72]? cum videlicet Damascum curreret, Christi discipulos vincire volens. Et rursus seipsum nudum vocat, si unus aliquis ex fratribus nudus exstiterit. *Nudus enim,* inquit, *eram, et cooperuistis me*[73]. Item, cum alius in carcere versatur, seipsum inclusum esse dicit. Ipse enim peccata nostra tulit, et morbos portavit. Una autem ex infirmitatibus est quod subjecti non simus ; et hanc portavit. Quapropter et res adversas, quæ nobis accidunt, proprias suas facit Dominus ; ob eam quam nobiscum habet societatem, perpessiones nostras suscipiens.

9. Sed et illud , *Non potest Filius facere a se quidquam*[74], usurpant Dei hostes ad audientium eversionem. Mihi autem et hoc dictum maxime declarat ejusdem naturæ esse Filium ac Patrem. Etenim, si unaquæque rationalium creaturarum aliquid a seipsa facere potest, libere in pejus meliusve inclinans, Filius autem non potest a semetipso quidquam facere ; Filius creatura non est. Quod si creatura non est, Patri est consubstantialis. Ac rursus , nulla creatura quodcunque vult, potest efficere : Filius autem omnia quæcunque voluit, fecit in cœlo et in terra : non est igitur creatura Filius. Et iterum, creaturæ omnes aut constant ex contrariis, aut contrariorum sunt capaces. Filius vero est ipsa justitia, et a materia secretus : proinde Filius creatura non est. Quod si creatura non est , consubstantialis est Patri.

10. Sed jam quidem satis pro viribus proposita dicta explanavimus. Jam deinceps etiam ad eos qui Spiritum sanctum oppugnant, sermonem convertamus, ut omnem animi eorum altitudinem, quæ se contra Dei cognitionem effert[75], dejiciamus. Spiritum sanctum creaturam dicis. Omnis autem creatura serva est Creatoris : *Omnia enim,* inquit, *sunt serva tua*[76]. Si vero servus est, adventitiam quoque habet sanctitatem : quidquid autem adventitiam sanctitatem habet, capax est malitiæ : at Spiritus sanctus, cum secundum essentiam sanctus sit, fons appellatur sanctitatis[77] : non est igitur creatura Spiritus sanctus. Quod si creatura non est, consubstantialis est Deo. Quomodo autem servum vocas, dic mihi , eum, qui te per baptismum e servitute eximit? *Nam,* inquit, *lex Spiritus vitæ liberavit me a lege peccati*[78]. Sed neque mutabilem audebis unquam ejus essentiam dicere ; si modo ad potentiæ adversæ naturam respicias, quæ fulguris in morem e cœlo lapsa est, et vera vita excidit, propterea quod ascitam externamque sanctitatem habuit, successitque consilio malo mutatio. Itaque posteaquam ab unitate excidit, et angelicam abjecit dignitatem, ex moribus dictus est diabolus, exstincto quidem priore ac beato habitu, excitata vero adversa illa potentia. Ad hæc si Spiritum sanctum dicit creaturam, circumscriptam ac finitam illius naturam inducit. Quomodo ergo stabit illud : *Spiritus Domini replevit orbem terrarum*[79]? illud quoque, *Quo ibo a Spiritu tuo*[80] ? Sed neque ipsum natura simplicem, ut apparet, confitetur. Dicit enim ipsum numero unum. Quidquid autem unum numero est, id, ut dixi, simplex non est. Si vero simplex non est Spiritus sanctus, ex essentia et sanctitate constat : quod autem est ejusmodi, compositum est. Sed quis adeo demens fuerit, ut Spiritum sanctum dicat compositum, ac non simplicem, et Patri et Filio consubstantialem secundum simplicitatis rationem?

11. Quod si sermone progrediendum est, majoraque inspicienda, hinc maxime divinam sancti Spiritus potentiam contemplemur. Tria creationum genera in Scriptura nominata invenimus : unum quidem ac primum, ex nihilo productionem ; secundum vero, ex pejore in melius immutationem ; tertium, resurrectionem mortuorum. In his reperies Spiritum sanctum una cum Patre et Filio operantem. Cœli enim producuntur. Quid jam dicit David? *Verbo Domini cœli firmati sunt , et spiritu oris ejus omnis virtus eorum*[81]. Rursus creatur homo per baptisma. *Si qua enim in Christo nova creatura*[82]. Jam quid dicit discipulis Salvator? *Euntes docete omnes gentes, baptizantes eos in nomine Patris et Filii et Spiritus sancti*[83]. Vides et hic una adesse cum Patre et Filio Spiritum sanctum. Quid autem dices et de resurrectione mortuorum, postquam defecerimus , et in nostrum pulverem reversi fuerimus? Terra enim sumus, et in terram ibimus, et mittet Spiritum sanctum, et creabit nos, et renovabit faciem terræ[84]. Nam quod sanctus Paulus resurrectionem dixit, id David renovationem appellavit. Rursus autem audiamus eum, qui ad tertium usque cœlum raptus est. Quid dicit ? *Templum estis Spiritus sancti in vobis inhabitantis*[85]. Templum autem omne , Dei templum est. Quod si templum sumus Spiritus sancti ; Spiritus sanctus Deus est. Dicitur autem et templum Salomonis ; verum tanquam ejus qui exstruxit. Quod si sic sumus templum Spiritus sancti, Spiritus sanctus Deus est : *Qui enim omnia condidit, Deus est*[86] ; si vero tanquam ejus, qui adoratur, et inhabitat in nobis, confiteamur ipsum esse Deum. *Adorabis namque Dominum Deum tuum, et illi soli servies*[87]. Quod si eis vox illa, *Deus,* displicet, discant quid hoc nomen significet. Nimirum ex eo quod posuerit omnia, vel spectet omnia, Deus nominatur. Si igitur Deus dicitur, eo quod posuerit vel spectet omnia ; Spiritus autem cognoscit omnia quæ Dei sunt, velut spiri-

---

[72] Act. ix, 4. [73] Matth. xxv, 36. [74] Joan. v, 19. [75] II Cor. x, 5. [76] Psal. cxviii, 91. [77] Rom. i, 4. [78] Rom. viii, 2. [79] Sap. i, 7. [80] Psal. cxxxviii, 7. [81] Psal. xxxii, 6. [82] II Cor. v, 17. [83] Matth. xxviii, 19. [84] Psal. ciii, 30. [85] I Cor. vi, 19. [86] Hebr. iii, 4. [87] Matth. iv, 10.

tus, qui in nobis est, novit quæ nostra sunt [88] : igitur Spiritus sanctus Deus est. Et rursus, si gladius Spiritus verbum est Dei [89], Deus est Spiritus sanctus. Illius est enim gladius, cujus etiam verbum vocatur. Quod **89** si etiam nominatur Patris dextera (*Dextera enim Domini fecit virtut m* [90]; et : *Dextera tua, Domine, percussit inimicos* [91]; Dei autem digitus Spiritus sanctus est, secundum illud : *Si ego in digito Dei ejicio dæmonia* [92]; id quod in alio Evangelio scriptum est. *Si ego in Spiritu Dei ejicio dæmonia* [93]) : Spiritus sanctus ejusdem naturæ ac Pater et Filius.

12. Atque ista quidem nobis de adoranda et sancta Trinitate in præsenti dicta sint. Nunc enim fieri nequit, ut latius rationem illius exquiramus. Vos vero, acceptis a nostra humilitate seminibus, maturam spicam vobisipsis excolite, siquidem et a nobis, ut nostis, exigitur talium usura. Confido autem Deo, fructum allaturos vos et trigecuplum et sexagecuplum, et centuplum, ob vestræ vitæ puritatem. Nam *beati mundo corde, quoniam ipsi Deum videbunt* [94]. Neque vero regnum cœlorum aliud quidquam putetis, fratres, quam eorum quæ sunt contemplationem, quam etiam divinæ Scripturæ vocant beatitudinem. *Regnum enim cœlorum intra vos est* [95]. Circa internum autem hominem nihil aliud quam contemplatio consistit. Reliquum est igitur, ut contemplatio regnum sit cœlorum. Quorum enim nunc umbras videmus quasi in speculo, postmodum terreno hoc corpore liberati, et incorrupto ac immortali induti, horum archetypa videbimus. Cernemus autem, modo vitam nostram ad id quod rectum est, direxerimus, atque recta fides curæ nobis fuerit, sine quibus nemo Dominum videbit. *Nam in malignam animam*, inquit, *non introibit sapientia, neque habitabit in corpore obnoxio peccato* [96]. Nemo autem reclamet, dicens : Qui res ante pedes positas ignoras, de incorporea et prorsus immateriali essentia nobis philosopharis. Illud enim absurdum judico, ut sensus quidem sinamus libere suis oppleri materiis, mens vero sola a propria operatione arceatur. Ut enim sensus sensibilia, ita mens intelligibilia attingit. Simul autem et hoc dicendum, naturalia judicia documenti expertia a conditore nostro Deo indita fuisse. Visum enim nemo edocet ut percipiat colores aut figuras; neque auditum ut sonos et voces; neque olfactum, ut bene et male olentium rerum vapores; neque gustum, ut sapores ac succos; neque tactum, ut mollia et dura, ut calida aut frigida. Neque sane quisquam mentem docebit intelligibilia assequi. Et quemadmodum sensus, si quid ipsis acciderit incommodi, egent solum cura-

tione, et suum ipsorum munus explent facile ; ita et mens carni illigata, et ortis ex ea phantasiis oppleta, fide indiget et recta vita, quæ pedes ipsius velut cervi cujusdam præparant [97], eamque ad alta erigunt. Hoc ipsum etiam sapiens ille Salomon admonet ; ac nunc quidem nobis objicit non verecundantem opificem formicam [98], ac per eam nobis actuosam viam describit : nunc vero sapientis apiculæ in fingendis favis organum [99] : ac per eam naturalem contemplationem suggerit, in qua etiam de sancta Trinitate doctrina admiscetur; siquidem ex rerum creatarum pulchritudine **90** convenienter creator consideratur. Sed jam gratiis actis Patri et Filio et Spiritui sancto, finem imponamus litteris : siquidem modus omnis, ut etiam est in proverbio, optimus est.

EPISTOLA IX*.

Laudat Basilius in Maximo amorem primariorum bonorum, suum de Dionysii Alexandrini scriptis judicium profert, et de simili secundum essentiam. Invitat ut ad se veniat (sibi enim ægrotanti et latenti in solitudine integrum non esse ad eum ire), aut saltem scribat.

Maximo philosopho.

1. Imagines vere animorum sunt sermones. Cognovimus itaque te ex litteris, quantum, aiunt, ex unguibus leonem : gavisique sumus, quod invenerimus te haud segniter affectum erga primaria ac maxima bona, dilectionem Dei et proximi. Indicium autem facimus hujus quidem, tuam in nos humanitatem, illius vero, studium scientiæ. Omnia autem in his duobus posita esse, nulli Christi discipulo ignotum est.

2. Cæterum quæ postulas Dionysii scripta, venere illa quidem ad nos, et valde multa : sed non adsunt libri, et idcirco non misimus. Sententia autem nostra hæc est. Non omnia viri hujus admiramur : imo sunt, quæ prorsus etiam improbemus. Nam fere illius quæ nunc circumstrepit, impietatis, Anomœam dico, is est, quantum quidem scimus, qui primus semina hominibus præbuerit. Causa autem, opinor, non sententiæ pravitas, sed vehemens studium Sabellio adversandi. Hunc ergo ego arborum cultori soleo comparare, detortam recentem plantam erigenti, deinde, immoderate retrahendo, aberranti a medio, et ad contrariam partem plantam abducenti. Tale aliquid et huic viro contigisse comperimus. Cum enim Libyos impietati occurreret vehementer ; non intellexit se nimio contendendi studio in contrarium malum delabi. Et cum ei satis esset non idem esse subjecto Patrem et Filium demonstrare, atque hæc adversus blasphemum palmaria tenere ; ut manifestam prorsus et redundantem victoriam habeat, non modo hypostaseum alietatem statuit, sed etiam essentiæ

---

[88] I Cor. ii, 10, 11. [89] Ephes. vi, 17. [90] Psal. cxvii, 16. [91] Exod. xv, 6. [92] Luc. xi, 20. [93] Matth. xii, 28. [94] Matth. v, 8. [95] Luc. xvii, 21. [96] Sap. i, 4 [97] Psal. xvii, 34. [98] Prov. vi, 6. [99] Eccli. xi, 3.

* Alias XLI. Scripta circa annum 361.

differentiam, ac potentiæ gradus, et gloriæ diversitatem. Quare inde contigit, ut mutarit quidem malum malo, a recta autem doctrina aberrarit. Illinc etiam non sibi constat in scriptis, nunc quidem tollens consubstantiale 91 propter eum, qui hac voce ad hypostases destruendas prave utebatur; nunc vero admittens in iis quæ defensionis causa ad cognominem scripsit. Ad hæc de Spiritu voces emisit minime dignas Spiritu, ab adorata illum deitate sejungens, et in inferioribus una cum creata ac ministra natura numerans. Vir igitur ille est ejusmodi.

3. Ego vero, si mea ipsius exponenda sententia, *simile secundum essentiam*, si modo illud, *citra differentiam ullam*, adjunctum habeat, suscipio, ut eodem rediens ac consubstantiale, secundum sanam videlicet consubstantialis sententiam. Quod cum intelligerent Nicæni Patres, postquam, *Lumen de lumine*, et *Deum verum de Deo vero*, et aliis ejusmodi nominibus Unigenitum appellarunt, consequenter consubstantiale adjecere. Neque igitur luminis a lumine, neque veritatis a veritate, neque Unigeniti essentiæ a Patris, essentia, ulla unquam excogitari differentia potest. Itaque, si quis ita, ut dixi, acceperit, admitto vocem. Si quis autem illud, *citra ullam differentiam*, abscindat a simili, id quod Constantinopoli factum est, suspectum habeo verbum, ut Unigeniti gloriam imminuens. Nam in imaginibus etiam obscuris et quæ plurimum ab exemplaribus dissident, simile concipere non raro solemus. Quoniam igitur consubstantiale arbitror minus esse fraudi obnoxium, sic et ipse profiteor. Sed cur non accedis ad nos, o optime, ut coram de ejusmodi rebus colloquamur inter nos, nec res tanti momenti inanimis litteris committamus, præsertim cum alioqui nostra vulgare non omnino statuerimus? Ne igitur et ipse nobis dicas illud Diogenis ad Alexandrum, tantumdem esse huc a vobis, et istuc a nobis viæ. Nos enim præ infirmitate fere, plantarum in morem, eodem semper loco detinemur; præstereaque illud, *latitare in vita*, inter primaria bona ducimus. Tu autem vales, ut audio, et præterea cum teipsum orbis terrarum civem feceris, æquum est ut huc etiam ad nos, tanquam ad aliquam tuæ patriæ partem ventites. Nam si vobis actuosis competunt populi et urbes, quibus recte facta ostenditis; at nobis ad contemplationem et mentis meditationem, qua Deo conjungimur, optima adjutrix requies: quam multam atque abundantem in hoc secessu metimus; quod quidem cum ipso dictum sit, qui illam nobis suppeditat, Deo. Quod si omnino colendi potentatus sunt, ac nos qui humi jacemus contemnendi; tu certe alia scribas, et ita nos exhilares.

---

* Alias CLXXV. Scripta in secessu.
" Alias CCXXXIX. Scripta eodem tempore.

EPISTOLA X*.

Basilius Dionysium mittit ad ipsius matrem, ut eam in solitudinem alliciat; velut columba cicur unguento oblita emittitur, ut alias odore attrahat.

92 *Ad viduam.*

Talis quædam ars est columbas aucupandi. Postquam unam ceperunt qui ejusmodi rebus operam dant, eamque cicurem ac secum vescentem effecerunt: tum vero, illius alis unguento oblitis, ipsam conjungi sinunt externis. Unguenti autem illius fragrantia liberum illum gregem ei, cujus ipsa cicur est, possessionem addit. Nam fragrantiam sequuntur et reliquæ, tectumque subeunt. Sed quo consilio inde exordior epistolam? Postquam cepi filium Dionysium, olim Diomedem, atque illius animæ alas divino unguento inunxi; misi ad tuam dignitatem, ut et ipsa una cum eo convoles, et nidum petas quem apud nos is, quem dixi, compegit. Quod si dum vivo, hæc viderim, ac dignitatem tuam ad sublime vitæ genus translatam; multis personis Deo dignis opus mihi erit, ut ei debitum honorem adimpleam.

EPISTOLA XI**.

Basilius diem festum celebraverat cum filiis unius ex amicis suis, quem per eos salutat, ac hortatur, ut si curis Dei dono exsolvatur, secum vitam traducat.

Sine inscriptione, amicitiæ ergo.

Postquam Dei gratia diem sanctum transegimus cum filiis nostris, ac vere perfecta solemnia celebravimus Domino, ob eximium eorum in Deum amorem, sanos præmisimus ad tuam præstantiam, Deum benignissimum precantes, ut et ipsis detur pacificus angelus adjutor ac viæ comes, teque sanum, et in omni tranquillitate constitutum reperiant: ut ubicunque fueritis, servientes Domino, eique gratias agentes, lætitiam nobis, dum in hoc mundo sumus, fama rerum vestrarum afferatis. Si vero Deus sanctus tribuat tibi, ut quam citissime ab istis curis expediaris, rogamus ut nihil antiquius habeas, quam ut vitam degas nobiscum. Existimo enim te non inventurum qui ita diligant, et amorem vestrum tanti faciant. Quandiu igitur, Deo dispensante, separati erimus, des operam ut nos ad omnem occasionem litteris consoleris.

EPISTOLA XII***.

Olympium perurbane hortatur Basilius ut sæpius ad se scribat.

Olympio.

Scribebas nobis prius pauca, nunc vero ne pauca quidem: ac videtur breviloquentia, tempore progrediens, omnino fieri taciturnitas. 93 Redi itaque ad consuetudinem, quandoquidem non amplius queremur, quod Laconice ad nos scribas; sed et breves litteras, ut magni tui amoris argumenta, plurimi faciemus. Tantum nobis scribe.

*** Alias CLXXI. Scripta videtur in secessu.

EPISTOLA XIII*.
Amica salutatio.

Olympio.

Quemadmodum res cæteræ sua quæque tempestate mature proveniunt, vere quidem flores, æstate vero spicæ, et autumno malum : ita hiemis fructus sunt sermones.

EPISTOLA XIV**.

Basilius significat Gregorio sibi statutum esse non exspectare illius adventum, sed statim proficisci ad suam Ponti solitudinem : situm hujus loci pluribus describit, ac Tiberinam pro illo lepide contemnit.

Gregorio sodali.

1. Ego cum frater Gregorius ad me scripsisset, velle se jampridem nobiscum congredi, tibique addidisset idem etiam statutum esse ; partim quia sæpe deceptus sum, segnior ad credendum factus, partim et negotiis distractus, exspectare non potui. Mihi enim jam in Pontum migrandum est, ubi forte aliquando, Deo volente, finem oberrandi faciemus. Nam, cum vix tandem projecissem spes inanes, quas de te quondam habebam, imo, si verius loquendum est, somnia (nam mihi probatur qui spes vigilantium somnia esse pronuntiavit), abscessi in Pontum vitæ institutum quærens. Illic mihi Deus agrum ostendit cumulate moribus meis congruentem, ita ut qualem sæpe feriantes ac lusitantes animo fingere solemus, talem reipsa videamus.

2. Mons enim est altus, densa silva contectus, frigidis ac limpidis aquis septentrionem versus irriguus. Hujus ad radices supinus campus substernitur, humoribus ex monte defluentibus jugiter pinguescens. Huic autem silva sponte circumfusa variarum omnisque generis arborum, ei est propemodum septi loco ac valli, adeo ut exigua sit, si cum eo comparetur, vel ipsa Calypsus insula, quam omnium plurimum Homerus ob pulchritudinem miratus videtur. Parum enim abest quin insula sit, quatenus septis in orbem undelibet clauditur. Nam profundis voraginibus ex duabus partibus præruptus est : a latere vero amnis e præcipiti labens, est et ipse murus continuus, ascensusque difficilis. Mons autem utrinque extentus et per curvatos anfractus voraginibus junctus, per vias montis infimas partes intercludit. Habent autem infimæ illæ partes aditum unum, cujus nos domini sumus. Porro habitationem aliæ quædam fauces excipiunt, altam quamdam cervicem in vertice erigentes, sic ut campus ob oculos expassus pateat, liceatque e sublimi fluvium etiam circumfluentem intueri : qui, ut mihi quidem videtur, non minorem oblectationem affert, quam Strymon ex Amphipoli aspicientibus. Hic enim fluento lentiore restagnans, etiam præ quiete fluvius esse fere desinit : ille

A vero omnium, quos ego viderim, fluviorum celerrime fluens, ex vicina rupe non nihil fit asperior : a qua sese refundens, in profundum verticem convolvitur ; atque adeo mihi et cuivis intuenti aspectum omnium jucundissimum, incolisque commoditatem uberrimam præbet, ac piscium innumerabilem copiam in verticibus nutrit. Quid attinet exhalationes a terra manantes, aut auras e fluvio commemorare? Florum sane aut canorarum avium multitudinem alius fortasse miretur : sed mihi his animum advertere non vacat. Quod autem maximum de hoc loco dicere possumus, illud est, quod cum ob situs opportunitatem ad omnes fructus proferendos idoneus sit, unum omnium mihi jucundissimum quietem ac tranquillitatem alit ; non solum quatenus ab urbanis tumultibus liber est, sed etiam quia ne viatorem quidem ullum ad nos transmittit, si eos excipias, qui inter venandum nobiscum miscentur. Nam præter reliqua feras etiam enutrit, non ursos aut lupos vestros (absit!), sed cervorum atque silvestrium caprarum greges, leporesque, et si quid his simile. Num igitur cogitas, quo ego periculi stultus venerim, cum hujusmodi sedem Tiberina, orbis terrarum barathro, commutare cuperem? Quem ad locum nunc properanti veniam dabis. Nam profecto nec Alcmæon inventis Echinadibus amplius oberrare voluit.

EPISTOLA XV***.

Basilius Arcadio commendat cives metropolis.

Arcadio comiti privatarum.

Dedere majus beneficium quam accepere metropolis nostræ cives, cum mihi litterarum ad tuam dignitatem occasionem obtulerunt. Illis enim humanitas, cujus causa epistolam acceperunt a nobis, etiam ante litteras nostras parata erat, ob consuetam et tibi natura insitam in omnes comitatem. Nos autem occasionem salutandæ probitatis tuæ non imitabilis in maximo lucro duximus : precantes Deum sanctum, ut te ei magis ac magis placente, et rerum tuarum splendore majorem in modum crescente, cum ipsi lætemur, et cum his qui ex tua potestate beneficia percipiunt, gaudeamus : tum etiam aliquando eos qui nostras tibi litteras in manus tradiderint, ita redeuntes excipiamus, ut cum omnibus lenitatem tuam laudent, semperque perspiciant non inutilem sibi deprecationem nostram apud tuam eximiam beneficentiam exstitisse.

EPISTOLA XVI****.

Refellitur Eunomii temeritas divinæ naturæ comprehensionem sibi arrogantis, cum ne minutissimorum quidem animalium cognitionem investigando assequi posset.

Adversus Eunomium hæreticum.

Qui eorum quæ sunt investigationem compa-

---

* Alias CLXXII. Scripta videtur in secessu.
** Alias XIX. Scripta post an. 360, antequam esset presbyter.
*** Alias CCCCXV. Scripta in secessu.
**** Alias CLXVIII. Scripta imperante Juliano.

rari posse dicit, is procul dubio via quadam et ordine mentem suam ad eorum quæ sunt, cognitionem appulit ; et in rebus captu facilibus et minutis exercitatus, ita demum per hanc cognitionem, ad eam quoque quæ cogitationem omnem superat, suam comprehendendi facultatem promovit. Qui igitur eorum quæ sunt cognitionem apprehendisse se gloriatur, is animalis minutissimi ex iis quæ in conspectum cadunt, naturam explicet, et quæ sit formicæ natura dicat : an spiritu et anhelitu contineatur ipsius vita ; an corpus ossibus distinctum ; an compages nervis atque ligamentis firmata ; an musculorum et glandularum ambitu contineatur nervorum situs ; an medulla a sincipite ad caudam usque una cum dorsi vertebris protendatur ; an membris quæ moventur, ex nervosæ membranæ complexu motum imprimat ; an sit in ipsa jecur, et in jecore vas quoddam, quod fel suscipiat ; sintne renes, et cor, et arteriæ, et venæ, et pelliculæ, et diaphragmata ; sitne animal nudum an pilosum; utrum ungulas indivisas, an pedes multifidos habeat ; item quanto tempore vivat, et quomodo aliæ alias gignant ; quandiu gestetur fetus, et quomodo neque omnes formicæ pedestres sint, neque omnes alatæ, sed repentibus humi aliis, aliæ per aerem ferantur. Qui ergo de eorum quæ sunt cognitione gloriatur, interim formicæ nobis explicet naturam ; atque ita demum ejus potestatis, quæ intellectum omnem superat, naturam scrutetur. Quod si minutissimæ formicæ naturam nondum cognitione apprehendisti, quomodo incomprehensibilem Dei naturam imaginatione tua comprehensam esse gloriaris ?

EPISTOLA XVII[*].

Laudat Basilius Origenis scripta et susceptam veritatis defensionem : persecutorum prædicit exitium : Origeni ejusque filiis prospera omnia precatur.

Origeni.

Et dum audiris, oblectas; et dum legeris, per scripta majori nos afficis lætitia. Ac Deo quidem optimo gratias multæ, qui fecit, ut nihil detrimenti acciperet veritas ex eorum proditione, qui summam videlicet potestatem habent : sed per vos defensionem doctrinæ veritatis **96** implevit. Illi quidem velut cicuta aut aconitum, et si qua est alia exitialis herba, brevi tempore cum floruerint, illico exarescent. Vobis vero Dominus mercedem efflorescentem ac semper novam ob ea, quæ pro ipsius nomine locuti estis, largietur. Propter quæ det vobis Dominus et prosperitatem omnem domesticam, et in filios filiorum benedictionem transmittat. Cæterum liberos tuos nobilissimos, expressam bonitatis tuæ effigiem, vidi libenter atque amplexus sum, precorque illis quidquid ipse pater precetur.

[1] Philipp. I, 21.

[*] Alias CCCLXXXIV. Scripta imperante Juliano.
[**] Alias CCXI. Scripta videtur sub Juliano.

EPISTOLA XVIII[**].

Hortatur Basilius Macarium et Joannem, ut spe regni cœlestis quæ sola non fallit, nec potentium minis, nec falsorum amicorum vituperiis a pietate deterreantur.

Macario et Joanni.

Neque agricolis agriculturæ novi sunt labores, neque nautis pelagi tempestas inexspectata, neque operariis mercede conductis æstivus sudor insolitus; nec profecto his, qui piam vitam elegerunt, mundi hujus afflictio improvisa. Sed unicuique eorum, quos diximus, proprius ac notus artem exercentibus adjunctus est labor; non ille quidem propter se eligendus, sed ad bonorum exspectatorum perfruitionem. Spes siquidem, quæ hominum omnem continent ac consociant vitam, insitam unicuique harum rerum difficultatem consolantur. Atque ex iis quidem, qui pro terræ fructibus aut rebus terrenis desudant, alios spes omnino frustratæ sunt, cum cogitatione tenus exspectatis politi essent : quibus autem etiam ex sententia processit eventus, iis spe altera iterum opus fuit, præterlabente ac marcescente celeriter priore. Verum iis solis qui pro pietate laborant, nec mendacium abolevit exspectationem, nec finis labores labefactavit, stabili ac firmo excipiente cœlorum regno. Vos ergo non conturbet mendax calumnia, nec minæ terreant eorum, qui summam potestatem habent; non risus contristet aut contumelia familiarium, nec condemnatio ab hominibus curam et studium præ se ferentibus, a quibus fortissima ad decipiendum esca prætenditur, simulata adhortatio, quandiu veritatis doctrina nobis patrocinabitur. His autem omnibus obluctetur recta ratio, defensorem sibi advocans et adjutorem, magistrum pietatis Dominum nostrum Jesum Christum, pro quo et pati dulce est, et mori lucrum [1].

EPISTOLA XIX[***].

Per Petrum Basilius rescribit Gregorio, cujus Laconicas in epistolas jocatur.

97 Gregorio sodali.

Litteræ venerunt mihi non ita pridem a te, plane tuæ, non tam indiciis manus, quam propriis epistolæ notis. Pauca enim erant verba sententiam uberem exhibentia. Ad quas statim non respondimus, quod nos quidem peregre essemus; tabellarius vero, cum epistolam uni familiarium nostrorum dedisset, propere discesserit. Sed nunc per Petrum alloquimur te, simul et salutationis persolventes debitum, et occasionem alterius epistolæ præbentes. Omnino autem nullus labor epistolæ Laconicæ, quales sunt, quæ a te subinde ad nos perveniunt.

[***] Alias III Scripta videtur Cæsareæ, cum esset presbyter.

EPISTOLA XX[*].

Amice objurgat Leontium Basilius, quod raro scribat; eumque probat inexcusabilem esse utpote nunquam carentem occasionibus scribendi, ac præterea sophistam; sibi vero excusationem petit, tum ex crebris occupationibus, tum quia non jam eo utitur dicendi genere, quod placeat sophistis. Mittit sua adversus Eunomium opera.

Leontio sophistæ.

Raræ quidem tibi et a nobis litteræ; non tamen rariores quam tuæ; idque, cum multi continenter a vobis ad nos venerint; quibus singulis si ordine litteras commisisses, nihil impediret quominus videremur una tecum esse, teque perinde frui, ac si adessemus, et tecum versaremur : adeo continua fuit multitudo ad nos venientium. At cur non scribis, cum quidem negotium nullum sit sophistæ scribere? Imo si manus pigra est, ne scribere quidem opus erit; alius enim tibi dabit operam. Lingua autem sola opus est, quæ etiamsi nos non alloquatur, at profecto unum ex iis qui tecum sunt, alloquetur. Quod si nemo adsit secum ipsa loquetur; tacebit autem nequaquam, cum sit et sophistica et Attica : non magis, quam lusciniæ, quando eas vernum tempus ad canendum excitaverit. Nobis enim crebræ illæ occupationes, quibus nunc distinemur, excusationem fortasse afferant, si litteris desinius : et quædam veluti sordes ex continuo vulgaris sermonis usu jam contractæ non immerito deterrent, quominus vos sophistas alloquamur; qui nisi sapientia vestra dignum aliquid audieritis, indignabimini, nec perferetis. Te vero contra æquum est tuam vocem ad omnem occasionem promulgare, cum sis maxime omnium quos novi Græcorum ad dicendum idoneus : novi enim, ut puto, qui inter vos sunt celeberrimi : quare nulla excusatio tacenti. Atque hæc quidem hactenus. Misi autem et scripta adversus Eunomium, quæ quidem utrum lusus dicenda sint, an lusu paulo graviora, tibi ipsi judicandum relinquo : qui quod attinet quidem ad tuamipsius personam, his, opinor, **98** non amplius indiges : sed adversus perversos, in quos incideris, telum tibi non infirmum futurum spero; non quod ita multum scripti robore confidamus, sed quod probe sciamus idoneum te esse, qui ex paucis argumentis multa invenias. Quod si quid tibi infirmius, quam esse oporteat, videbitur, redarguere ne pigreris. Hoc enim potissimum amicus ab adulatore differt, quod hic quidem ad delectationem loquitur, ille vero ne molesta quidem prætermittit.

EPISTOLA XXI[**].

Accusatus in superiore epistola Leontius, quod non scriberet, videtur in ipsum Basilium crimen convertisse, et Julianum accusasse quod litteras suas non reddidisset. Unde perurbane Basilius et se et Julianum defendit.

Leontio sophistæ.

Videtur aliquid ex communi rerum statu in propriis suis bonus Julianus percipere. Reponitur enim et ipse, et accusatur vehementer, quando A quidem nunc omnia iis, a quibus exigitur, quique accusantur, redundant. Non tamen tributorum debitiones sunt, sed epistolarum. Quanquam, quomodo debitor sit, ignoro. Semper enim epistolam dedit, atque hanc detulit. Nisi forte et apud te celeberrimum illud quadruplum primas obtinet. Neque enim tanti æstimavere Tetractyn Pythagoræi, quanti nunc quadruplum qui pecunias publicas colligunt. Et forte contrarium fieri par erat, ut qui sophista es, ac tanta dicendi copia affluis, nihil ipse quadruplo solvendo obstrictus esses. Nec me existimes hæc succensentem scribere. Oblector enim tuis etiam reprehensionibus; siquidem a pulchris aiunt omnia cum pulchritudinis accessione fieri; adeo ut et dolere et irasci non eos dedeceat. Libentius sane viderit quis amicum irascentem, quam alium colentem. Nunquam igitur desinas talia incusare. Litteræ enim erunt ipsæ criminationes, quibus mihi nullus sermo carior, quique majorem ferat voluptatem.

EPISTOLA XXII[***].

Monasticæ vitæ officia breviter exponit Basilius non appositis Scripturæ testimoniis, sed hac pertractandi ratione in aliud tempus dilata.

De perfectione vitæ monasticæ.

1. Multa cum sint, quæ divinitus inspirata Scriptura iis, qui Deo student placere, observanda declarat; de his solis interim, de quibus nunc apud vos commota quæstio est, ut didici ex ipsa sacra Scriptura, brevem admonitionem **99** subjicere necessarium esse duxi; ita ut de quaque re testimonium, haut sane ad percipiendum difficile, agnoscendum iis relinquam, qui in legendo exercentur et alios submonere poterunt. Oportet Christianum ea quæ vocatione cœlesti digna sunt, sentire, ac dignam Evangelio Christi vitam degere. Non oportet Christianum animo evagari, neque ulla in re a recordatione Dei, ejusque placitorum et judiciorum abduci. Oportet Christianum, justificationes legis in omnibus transcendentem, neque jurare, neque mentiri. Non oportet blasphemare, non contumelia afficere: non pugnare, non semetipsum ulcisci, non malum pro malo reddere, non irasci. Oportet quacunque læsum injuria patientem esse, atque tempestive eum qui læsit redarguere, non propriæ vindictæ studio, sed correctionis fraternæ secundum mandatum Domini. Non oportet in absentem fratrem quidquam dicere, illius traducendi consilio, quod quidem obtrectatio est, etiamsi vera sint quæ dicuntur. Aversari de fratre detrahentem oportet. Scurrilia non proferenda. Non ridendum, nec perferendi dicaces. Non loquendum otiose, aliquid proferendo, quod nec ad utilitatem audientium pertineat, nec ad necessarium et concessum nobis a Deo usum : adeo ut et laborantes studeant, quantum fieri potest, silentio laborare; bonos autem ipsos sermones iis proponant, quibus commissum est prudenter

---

[*] Alias LXXXIII. Scripta anno 364.
[**] Alias CCCLXXIII. Scripta annoeodem.

[***] Alias CCCCXI. Scripta videtur anno 364.

dispensare sermonem ad ædificationem fidei ; ne sanctus Dei Spiritus afficiatur tristitia. Non oportet ut quisquam ex supervenientibus libere accedat ad fratrum aliquem aut colloquatur, antequam ii quibus cura disciplinæ in omnibus servandæ commissa est, expenderint an ita placeat Deo, ut aliis prodesse possit. Non oportet vino inservire, neque carnis teneri desiderio, nec ullo prorsus in cibo aut potu voluptatem quærere; nam qui certat, servat temperantiam in omnibus. Nihil eorum quæ utenda unicuique traduntur, oportet habere ut proprium, aut reservare; sed tamen quod spectat ad curam et sollicitudinem, omnibus, ut ad Dominum pertinentibus, attendentem, nihil eorum quæ projecta aut neglecta sunt, si ita acciderit, præterire. Non oportet quemquam vel suiipsius dominum esse, sed velut a Deo traditum in servitutem fratribus unanimis, ita et sentire omnia et facere; unumquemque tamen in suo ordine.

2. Non oportet murmurare, nec in rerum necessariarum angustiis, nec in operum labore, quandoquidem unumquodque judicii est eorum, quibus commissa rerum illarum potestas. Nec clamor fieri debet, nec quævis alia species, aut motus ex quo significetur iracundia, aut animi aberratio ab hac persuasione, Deum esse præsentem. Oportet vocem usu metiri. Non oportet petulanter aut contemptim cuiquam respondere, aut quidquam facere, sed in omnibus modestiam atque reverentiam erga omnes ostendere. Non oculis innuendum est cum dolo; nec alia quælibet species 100 adhibenda, aut membri motus qui fratri afferat tristitiam aut contemptum indicet. Ornatus in vestibus aut calceis quæri non debet; quod quidem vana ostentatio est. Viliora quæque adhibenda ad usum corporis. Nihil ultra id quod necessarium est, aut ad magnificentiam insumendum ; quod quidem abusus est. Honor exquirendus non est, aut ambiendus primatus. Debet unusquisque cæteros sibi anteferre. Non oportet inobsequentem esse. Non oportet otiosum comedere cum, qui laborare potest; sed et qui occupatur in eorum aliquo, quæ ad Christi gloriam præclare fiunt, vim sibiipsi facere debet ad studium operis pro viribus conficiendi. Oportet unumquemque, præpositis approbantibus, cum ratione et animi persuasione ita omnia facere, usque ad ipsum etiam esum et potum, ut ad Dei gloriam referenda. Non oportet ab uno ad alium laborem transire, citra approbationem eorum qui sunt rebus ejusmodi moderandis præpositi; nisi quempiam ineluctabilis necessitas ad auxilium debilioris subito vocaverit: debet unusquisque manere in eo quod ipsi præscriptum est; nec propriam mensuram transgrediens, aggredi non præscripta; nisi ii, quibus hæc commissa sunt, aliquem auxilio indigere judicaverint. Non oportet reperiri quempiam ab alia officina in aliam abeuntem. Nihil ex contentionis studio aut ex simultate cum aliquo suscepta faciendum.

3. Invidendum non est alterius laudi, neque cujusquam vitiis lætandum. Oportet in charitate Christi dolere et afflictari de fratris vitiis, gaudere vero ob illius recte facta. Non oportet indifferentem esse erga peccantes, aut silentio eos tolerare. Oportet ut qui redarguit, cum omni commiseratione redarguat ex Dei timore, et eo consilio ut convertat peccantem. Oportet ut qui redarguitur aut increpatur, libenter id accipiat, suam ipsius in increpatione utilitatem agnoscens. Non oportet ut, cum aliquis accusatur, alius coram illo aut coram aliis nonnullis contradicat accusanti. Quod si quando accusatio videatur alicui a ratione aliena, privatim coarguentem interrogare debet, atque aut persuadere, aut persuaderi. Oportet unumquemque quantum in se est, ei qui adversum se aliquid habuerit, mederi. Non succensendum ei quem peccasse pœnitet, sed ex corde condonandum. Oportet eum qui peccati pœnitere se dicit, non compungi solum ob peccatum admissum, sed fructus etiam pœnitentiæ dignos facere. Qui pro prioribus peccatis correptus est, ac veniam consecutus, is si rursus peccaverit, deterius priore comparat sibimetipsi judicium iræ. Qui post primam et alteram admonitionem permanet in delicto, suo indicandus præposito, si forte eum a pluribus correptum pudeat. Quod si ne sic quidem emendatus fuerit, deinceps exscindendus est, ut scandalum, atque habendus pro ethnico ac publicano ad securitatem eorum qui obedientiam sibi studio habent, secundum id quod dictum est : Impiis cadentibus, justi timore corripiuntur. Sed et deflendus est, ut membrum a corpore 101 abscissum. Non oportet in iracundia fratris solem occidere, ne nox utrumque separet, ac in die judicii crimen ineluctabile relinquat. Tempus non protrahendum ad sui emendationem, eo quod non constet de crastina; quippe cum multi post multa consilia, crastinum non adepti sunt. Non oportet ventris satietate decipi, ex qua imagines nocturnæ nascuntur. Non oportet distrahi opere immoderato, nec debet quisquam frugalitatis terminos excedere, secundum Apostolum dicentem : *Habentes autem alimenta, et quibus tegamur, his contenti erimus*[1]; propterea quod copia ultra necessitatem perducta imaginem avaritiæ exhibet, avaritia idololatriæ nomine damnatur[2]. Non oportet argenti cupidum esse, neque thesauros colligere in res inutiles quæ non conveniant. Oportet ut qui ad Deum accedit, paupertatem amplectatur in omnibus, et confixus sit timore Dei, secundum eum qui dicit : *Confige timore tuo carnes meas; a judiciis enim tuis timui*[3]. Det autem Dominus, ut quæ diximus cum omni animi persuasione suscipientes, ad Dei gloriam dignos fructus Spiritus, Dei beneplacito, atque Domini nostri Jesu Christi auxilio ostendatis. Amen.

---

[1] I Tim. vi, 8. [2] Coloss. iii, 5. [3] Psal. cxviii, 120.

EPISTOLA XXIII.

Cum quidam in eo loco, ubi tunc erat Basilius, monasticam vitam amplecti vellet, distulit eum Basilius, volens eum in monasterio suo suscipere ; sed nunc mutato consilio eum mittit, ac præcipit ut se non exspectato suscipiatur, eique aliquis, quem ipse elegerit, præficiatur vitæ sanctioris magister.

Commendatitia ad monachum.

Ille, ut ait, condemnans vitæ hujus vanitatem, atque exploratum habens præsentis vitæ oblectamenta hic finem habere, materiam duntaxat æterno igni præparantia, et cito transeuntia, convenit me, volens ab hac misera valdeque luctuosa vita secedere, ac relictis carnis voluptatibus deinceps viam ad Domini mansiones deducentem ingredi. Quoniam ergo, si instituti vere beati sincero desiderio tenetur, habetque in sua anima bonum ac laudabilem amorem, diligens Dominum Deum ex toto corde, et ex totis viribus et ex tota mente, necesse est ut illi ob oculos vestra pietas arctæ ac coangustatæ viæ incommoda et asperitates ponat, eumque constituat in spe bonorum, quæ nunc nondum videntur, sed in promissionibus reposita sunt his qui Domino digni fuerint; idcirco per epistolam adhortor incomparabilem vestram in Christo perfectionem, ut eum, si fieri potest, instituatis, et sine me renuntiationem illi secundum Dei beneplacitum conficiatis, ac informetur et elementis imbuatur secundum ea quæ a Patribus sanctis statuta et scriptis mandata sunt; deinde ei proponantur omnia quæcunque ad vitæ asceticæ accuratam rationem attinent, et sic admittatur, labores pro pietate sponte suscipiens, ac sese suavi Domini jugo submittens ; et ad imitationem illius qui propter nos egenus factus est [5] carnemque gestavit, vitam instituens, ac secundum propositum currens ad vocationis supernæ præmium, laudem a Domino consequatur. Ego enim illum hic amoris erga Deum coronam accipere studentem distuli, volens ipsum cum vestra pietate inungere ad ejusmodi certamina, et unum ex vobis, quem ipse petierit, magistrum ei præficere, qui eum præclare exerceat, et intenta ac beata sollicitudine spectatum athletam efficiat, principem tenebrarum hujus sæculi et spiritualia nequitiæ, quibuscum nobis secundum beatum Apostolum lucta est [6], vulnerantem et prosternentem. Quod ergo volebam vobiscum agere, vestra in Christo dilectio etiam sine me perficiat.

EPISTOLA XXIV.**

Negat Basilius se calumniis facile credidisse; hortatur Athanasium, ut nullum illis det locum, ac liberos, ut par est, diligat.

Athanasio, Athanasii episcopi Ancyræ patri.

Ut hominis vita calumniis superior sit, id ex rebus difficillimis unam esse, ne dicam ex iis quæ fieri non possunt, et mihi persuasum est, et tuæ probitati dubium arbitror non esse. Sed nullam ex se ansam, neque iis qui res accurate observant, neque iis qui injuriæ causa lapsibus nostris insidiantur, præbere; id et fieri potest, et hominum est prudenter et accommodate ad pietatis normam viventium. Nos autem non adeo faciles esse arbitreris, aut adeo credulos, ut sine examine a quibusvis obtrectationes admittamus. Meminimus enim spiritualis præcepti, vanum rumorem admittendum non esse admonentis [7]. Sed tamen quoniam vos ipsi, qui dicendi arti datis operam, ea quæ apparent non apparentium signa esse dicitis; illud censemus (nec moleste feras, si quid a nobis docentium more dicetur : nam infirma mundi et abjecta elegit Deus [8], ac sæpe per hæc electorum salutem dispensat) : quod, inquam, dico admoneoque, illud est : ut sermonem omnem et omnem decoram actionem considerate exsequamur, et secundum Apostoli præceptum [9], nullam demus ulla in re offensionem. Decere enim arbitror, ut qui multum in doctrina percipienda exsudavit, gentiumque et urbium gubernacula tenuit, ac magnam progenitorum virtutem æmulatur, ipsius vita in virtutis exemplum proponatur. Porro amorem erga liberos non verbis nunc demonstrare debes, qui utique jampridem demonstrasti, ex quo pater factus es; nec naturali solum amore uti, quem etiam bruta animantia fetibus suis exhibent, uti et tu dixisti, et experientia declarat : sed dilectionem etiam animi inductione et voluntate intendere, eo magis quod eos tales esse vides, qui paternis votis digni sint. Quare non opus est hæc nobis persuaderi, cum satis sit testimonium quod ex rebus ipsis percipitur. Illud autem veritatis causa non intempestivum adjicere, fratrem Timotheum chorepiscopum non esse, qui rumores ad nos detulerit. Nam nec coram, neque per litteras parvi quidquam aut magni, quod calumniæ affine esset, de te locutus deprehenditur. Quamobrem aliquid nos audivisse non negamus : sed affirmamus Timotheum non esse, qui tibi struxerit calumnias. Omnino autem audientes, si nihil aliud, illud certe Alexandri faciemus, ut calumniam patienti alteram aurem integram reservemus.

EPISTOLA XXV.***

Amica et charitatis plena expostulatio cum Athanasio Ancyrano, qui Basilium nec per litteras admonitum, nec per communem aliquem amicum, palam et aperte insectabatur et minabatur, ac omnibus Cæsarea venientibus dicebat noxas quasdam ab eo scribi et componi.

Athanasio episcopo Ancyræ.

1. Nuntiarunt mihi quidam ex his qui Ancyra ad nos veniunt, multi autem sunt hi, ac ne numerare quidem facile sit; uno autem ore omnes re-

---

[5] I Cor. VIII, 9. [6] Ephes. VI, 12. [7] Exod. XXIII, 1. [8] I Cor. I, 27. [9] II Cor. VI, 3.

* Alias CCCLXXXIII. Scripta videtur Cæsareæ cum esset presbyter.
** Alias LIV. Scripta ante annum 369.
*** Alias LIII, scripta etiam ante an. 369.

ferentes, te charum caput (quomodo verbis utar lenissimis?) non suavissime nostri meminisse, neque pro tuis moribus. Me vero nihil rerum humanarum, probe scias, percellit, nec cujusquam ex omnibus inexspectata immutatio; cum dudum naturæ imbecillitatem et in contraria mutabilitatem perspexerim. Unde neque, si quid rerum nostrarum retro sublapsum est, et ex pristino honore convicia atque injuriæ nobis nunc fiunt, id magni facio. Sed illud mihi revera præter opinionem et instar monstri visum est, eum te esse qui ita erga nos affectus sis, ut irascaris nobis ac succenseas, imo etiam jam minas aliquas intentes, ut referunt qui audivere. 104 Ac minas quidem omnino (verum enim dicetur) irrisi. Equidem essem omnino puer, si ejusmodi formidarem terricula. Hoc vero mihi et terribile et multa dignum sollicitudine visum est, quod integritas tua, quam inter paucos tum rectæ fidei firmamentum, tum veteris ac veræ dilectionis semen in solatium Ecclesiis servari credimus, usque adeo præsentis rerum status particeps sit, ut quorumlibet hominum calumniæ plus apud te valeant, quam longa nostri experientia, et ad rerum absurdarum suspicionem sine argumentis abducaris. Quanquam, quid dico suspicionem? Qui enim indignatus est ac minatus, ut de te referunt, non suspicantis, sed jam clare et explorate persuasi videtur quodam modo iracundiam declarasse.

2. Sed, ut dixi, in hoc tempus causam rejicimus. Nam quanti laboris erat, o admirande, in brevi epistola, quibus de rebus velles, velut solum cum solo colloqui: aut si litteris res ejusmodi non crederes, nos ad te accersere? Quod si hæc omnino renuntiare oportebat, ac dilationi spatium non dabat difficilis ad coercendum iracundia; at certe unum aliquem ex familiaribus, et ad tegenda arcana idoneis licebat sermonis ad nos perferendi ministrum adhibere. Nunc vero qu's est ex iis, qui ad vos qualiumcunque negotiorum causa proficiscuntur, cujus aures hoc sermone non circumsonuerint, noxas quasdam a nobis scribi et componi? Nam isto te vocabulo usum esse aiunt, qui totidem verbis tua referunt. Me autem multa animo et cogitatione versantem, nihil quidquam de consilii inopia eximit. Quare et aliquid tale mihi in mentem venit, num quis hæreticus dolose suis ipsius scriptis nomen meum ascribens, rectitudini tuæ molestiam crearit, atque ad vocem istam emittendam adegerit. Non enim iis quæ a nobis scripta sunt adversus eos qui Filium et Deum Deo et Patri secundum essentiam dissimilem dicere ausi sunt, aut adversus eos qui Spiritum sanctum creaturam et opificium esse blasphemo ore docuerunt, contumeliam hanc facere voluisses, qui magna illa ac celebria certamina pro recta fide per-

tulisti. Liberabis autem nos ab hac sollicitudine, si modo volueris quæ te ad hanc in nos offensionem commoverint, aperte significare.

105 EPISTOLA XXVI*.

Cæsarium Basilius, in eo terræ motu qui Nicæam evertit, mirabiliter servatum hortatur, ut gratias re et opere Deo persolvat, ac eamdem semper mentem retineat quam in ipso periculi articulo habuerat.

Cæsario Gregorii fratri.

Gratia Deo, qui mirabilia sua et in te ostendit, teque ex tali morte servavit patriæ ac nobis amicis. Reliquum jam est, ut ingrati non videamur, nec indigni beneficio tanto, sed pro viribus enarremus Dei miracula, et quam re experti sumus benignitatem, eam celebremus; nec verbis tantum persolvamus gratias, sed et opere tales simus, qualem et nunc esse te persuasum habemus, facta ex miris in te editis conjectura. Atque ut adhuc magis Deo servias hortamur, accessionibus semper timorem augens, et ad perfectionem progrediens, ut prudentes dispensatores vitæ nostræ deprehendamur, ad quam nos benignitas Dei reservavit. Nam si omnibus nobis præceptum est, ut exhibeamus nos Deo tanquam ex mortuis viventes [10], quomodo non id magis præceptum iis, qui ex portis mortis erecti sunt? Id autem maxime, ut mihi quidem persuadeo, præstiterimus, si velimus eamdem semper retinere mentem, quam tempore periculorum habebamus. Omnino enim venerat nobis in mentem vitæ vanitas, ac nihil fidum esse in rebus humanis, nihil stabile, ut quæ tam facile mutentur. Subierat etiam nos, ut verisimile est, quædam præteritorum pœnitentia, et de futuris promissio, Deo, si servaremur, inserviendi, ac nobis ipsis diligentia omni invigilandi. Si quam enim nobis cogitationem mortis periculum imminens injiciat, hæc te arbitror, ut his quam simillima cogitasse. Quare necessarii cujusdam debiti solutione obstricti sumus. Hæc simul lætus ob Dei munus, simul et de futuris sollicitus, perfectioni tuæ subjicere ausus sum. Tuum autem est verba nostra æquo et leni animo accipere, quemadmodum et coram in colloquiis solebas.

EPISTOLA XXVII**.

Basilius ex morbo sanatus hieme impeditur quominus invisat Eusebium. Properaturum se pollicetur, si per anni tempus et per famem liceat.

Eusebio, episcopo Samosatorum.

Ubi Dei gratia ac præsidio tuarum precum paululum emergere ex morbo visus sum, ac recollegi meas vires, tunc hiems supervenit, domi nos includens, nec loco sinens moveri. Etsi enim solito longe mitior occurrit, mihi tamen satis vehemens fuit ut impediret, quominus non modo eo vigente iter ingredi, sed nec paululum quidem ex cubiculo

[10] Rom. vi, 13.

* Alias CCCLXII, scripta an. 368.

** Alias VI, scripta eodem anno.

106 prospicere possem. Sed neque hoc parvi duco, quod dignus habear, qui cum tua pietate per litteras colloquar, jamque in antecessum spe responsionum acquiescam. Quod si et tempestas sinat, et vitæ nobis adhuc supersit tempus, nec impervium nobis iter fames efficiat; cito sane precum tuarum subsidio voti compotes esse, teque domi invenientes, in multo otio magnis tuæ sapientiæ thesauris exsatiari possimus.

EPISTOLA XXVIII*.

Consolatur Neocæsarienses morte episcopi sui afflictos, et hortatur ut tranquillum statum, quem curis defuncti acceptum referre debent, nimium lugendo non amittant, sed diligenter caveant a lupis, et pro se quisque conentur pastorem eligere similem iis qui a Gregorii tempore usque ad hunc beatum ecclesiam rexerunt.

Ecclesiæ Neocæsariensi consolatoria.

1. Postulabant quidem quæ acciderunt nostram ipsorum præsentiam, tum ut honorem beato viro vobiscum, qui ei conjunctissimi estis, una persolverem, tum ut mœroris, quem casus attulit, ex ipso rerum tristium spectaculo particeps forem, tum etiam ut de necessariis consiliis vobiscum communicarem. Sed quia corpoream conjunctionem multa interpellant, reliquum erat ut per litteras vobiscum partirer præsentia. Miras igitur viri dotes, propter quas etiam maxime damnum nobis intolerandum accidisse arbitramur, nec epistolæ mensura capiat, et alioquin intempestivum de præclare factorum multitudine sermonem instituere, cum adeo conciderit animus noster ob mœrorem. Quodnam enim illius factum tale est, quod aut e nostra memoria excidat, aut silentio jure ac merito prætermittatur? Fieri enim non potest, ut semel omnia dicantur acervatim : ex parte autem dicere, vereor ne proditionem habeat veritatis. Interiit vir omnium æqualium in omnibus simul humanis bonis præstantissimus, columen patriæ, Ecclesiarum decus, columna et fulcimentum veritatis, firmamentum fidei in Christum, suorum tutela, adversariis inexpugnabilis, paternarum custos, novitatis inimicus, ostendens in seipso priscam Ecclesiæ speciem, ad veterem statum, veluti ad sacram quamdam imaginem, Ecclesiæ sibi commissæ formam effingens, ita ut qui cum eo vixerunt, una cum iis qui ante ducentos annos et amplius luminarium instar resplenduerant, vixisse sibi videantur. Adeo nihil de suo, nec ullum recentioris mentis inventum vir ille promebat : sed, secundum Moysis benedictionem, proferre noverat ex cordis sui arcanis, bonis scilicet thesauris, vetera veterum, et vetera ante faciem novorum [11]. **107** Hinc et primo loco non secundum ætatem in conventibus episcoporum dignus habebatur, sed supra omnes erat sapientiæ antiquitate, primas communi concessu obtinens. Quanta autem talis institutionis utilitas, nemo requisierit, modo in vos oculos convertat. Nam soli quos noverimus, aut certe cum paucis admodum, in tanta rerum tempestate ac procella tranquillam illius gubernatione vitam egistis. Non enim vos attigit hæreticorum ventorum æstus, submersiones importans et naufragia animabus facile mutabilibus. Neque vero attingat unquam, o universorum Domine, qui famulo tuo Gregorio, a quo basis Ecclesiæ ab initio compacta, tranquillitatis longissimæ munus dedisti. Quam vos hoc tempore amittere nolite, neque immodicis lacrymis, ac totos vos mœrori dedendo, rerum necessariarum opportunitatem insidiantibus prodatis. Quod si omnino lugendum est (ita sane non sentio, ne in hoc iis qui spem non habent, similes simus), vos, si videtur, postquam veluti lugubris quidam chorus proprium vobis ducem præfeceritis, concinnius cum ipso casum defleto.

2. Atque is quidem, etsi ad extremam senectutem non pervenit, at certe quod ad tempus, quo vobis præfuit, attinet, satis vitæ habuit. Corporis autem tantum particeps fuit, quantum necesse erat, ut animi constantiam in illius doloribus perferendis ostenderet. Forte autem vestrum aliquis existimet, tempus commiserationis esse incrementum et amoris accessionem, non autem satietatis occasionem his qui experti sunt, ita ut quanto longiori tempore estis beneficium experti, tanto amplius orbitatem sentiatis; cæterum corporis justi vel umbram apud pios quovis honore dignam esse. Atque optandum quidem ut multi ex vobis sic animo affecti sint (neque enim ego ipse dixerim virum esse negligendum) : sed hoc consilii do, ut dolorem humaniter perferatis. Etenim quæcunque dicere possint qui damnum deplorant, neque a meipso ignorantur. Silet quidem lingua fluviorum in morem aures alluens : cordis autem profundum, a nemine hactenus comprehensum, somniis debilius, quantum sane ad homines attinet, avolavit. Quis illo ad futurum prævidendum acutior? Quis in tam stabili ac firma animi indole idoneus fuit, qui fulgure citius res aggrederetur? O civitas multis quidem jam malis præoccupata : sed tamen nullo prorsus in partibus ad vitam necessariis sic læsa! Nunc defloruit tibi ornatus pulcherrimus, conticuit Ecclesia, conventus tristes sunt, consessus sacer coryphæum desiderat, sermones mystici **108** explanatorem exspectant, pueri patrem, senes æqualem, optimates principem, populus patronum, pauperes nutritorem; omnes nominibus maxime propriis ipsum vocantes, in propria calamitate luctum sibi quisque proprium atque convenientem edunt. Sed quo mihi sermo præ lacrymarum voluptate rapitur? Non evigilabimus? non semetipsos colligemus? non respiciemus ad communem Dominum, qui postquam unumquemque sanctorum ætati

---

[11] Levit. xxvi, 10.

* Alias LXII, scripta anno 368

suæ sivit inservire, congruis temporibus ad se rursus revocavit? Nunc in tempore illius verborum recordamini, qui cum concionaretur apud vos, semper admonebat, *Cavete canes*, inquiens, *carete operarios malos* [12]. Canes non pauci. Quid dico canes? Imo vero lupi graves, qui sub ovium specie dolum contegentes, ubique terrarum gregem Christi divellunt : qui vobis vitandi sunt vigilantis alicujus pastoris præsidio. Hunc vestrum quidem est petere, animis ab omni contentione atque ambitione repurgatis : Domini vero, ostendere, qui a magno illo Ecclesiæ vestræ duce Gregorio usque ad hunc beatum, alterum in alterius locum sufficiens, semperque adaptans, velut ex quadam pretiosorum lapidum commissura, mirum ornamentum Ecclesiæ vestræ largitus est. Quare nec de successuris desperandum est. Novit enim suos Dominus, et proferre in medium potest, quos fortasse non exspectamus.

3. Dudum me volentem sermoni finem imponere, dolor cordis non sinit : sed obtestor vos per Patres, per rectam fidem, per hunc beatum, erigatis animum, proprium sibi quisque id quod agitur ducentes, et rerum in utramque partem exitus participes se in primis fore existimantes, ita ut rerum communium curam, ut plerique solent, in proximum non rejiciatis, ac postea unoquoque in animo suo res negligente, omnes sibi ipsi per incuriam proprium malum imprudentes accersant. Hæc autem sive ut vicinorum commiserationem, sive ut idem sentientium communionem, sive etiam, quod verius est, ut charitatis legi obsequentium, et periculum silentii declinantium, omni cum benevolentia excipite; persuasum illud habentes vos esse nostram gloriationem quemadmodum et nos vestra erimus in Domini die : nosque prout pastor vobis dabitur, vel arctius charitatis vinculo vobiscum esse conjungendos, vel prorsus disjungendos, quod quidem absit, neque Dei gratia fiet, neque sane ipse nunc contumeliosi quidquam dixerim. Hoc autem scire vos volumus, etsi beatum illum ad Ecclesiarum pacem concurrentem non habuimus propter quasdam, ut ipse nobis affirmavit, anticipatas opiniones; sed tamen idem cum ipso sentiendi, cumque semper certaminum adversus hæreticos participem advocandi, nos, Deo teste et hominibus qui nostri periculum fecerunt, nullum tempus intermisisse.

109 EPISTOLA XXIX[*].

Basilius Ancyranis significat acceptum ex morte eorum episcopi Athanasii dolorem, cujus summa de ecclesiis merita prædicat. Hortatur ut caveant, ne rursus in electione episcopi dissensiones nascantur.

Ecclesiæ Ancyræ consolatoria.

Diuturnum nobis silentium imposuit animi stupor ex gravissimo tristis eventus nuntio. Postquam vero paululum quodam modo ex taciturnitate nos recollegimus, quam velut ii, quorum aures vehementi tonitru perculsæ sunt, passi sumus ; necessario nunc de eo quod accidit, ingemuimus, et inter luctus epistolam hanc ad vos misimus, non consolandi gratia, (quis enim sermo inveniatur tantæ medicus calamitatis?) sed cordis nostri dolorem, quantum possimus, vobis hac voce significantes. Opus nunc mihi essent Jeremiæ lamentationes, et si quis sane alius ex beatis hominibus calamitatem maximam modo commovendis animis idoneo lamentatus est. Cecidit vir, vere columna et firmamentum Ecclesiæ, vel potius ipse quidem ad beatam vitam sublatus a nobis abiit : non leve autem periculum est, ne multi subtracto hoc fundamento corruant, et quæ in nonnullis putrida sunt, manifesta fiant. Clausum est os, et justa dicendi libertate, et gratiæ verbis ad fratrum ædificationem scatens. Abierunt mentis consilia, quæ vere in Deo commovebatur. O quoties mihi (accusabo enim me ipse) indignari subiit in virum, quod totus in eo desiderio ut discederet, essetque cum Christo, permanere in carne propter nos non prætulerit [13]. Cuinam deinceps Ecclesiarum curam deferemus? quem adjungemus molestiarum socium? quem lætitiæ participem? O gravem tristemque solitudinem! Quomodo plane similes facti sumus solitario pelicano [14]? Sed tamen juncta inter se Ecclesiæ membra, velut ab anima quadam, ab ipsius regimine in unam consensionem et accuratam communionem compacta, et serventur constanter per pacis vinculum ad spiritualem coagmentationem, et servabuntur semper, Deo id largiente, ut firma ac immota maneant beatæ illius animæ opera, quæcumque Ecclesiis Dei exantlavit. Verum certamen non parvum incumbit, ne rursus lites ac discordiæ in præsulis electione nascentes, omnem simul laborem ex qualibet dissensione subvertant.

110 EPISTOLA XXX[**].

Præter morbos, hiemem et negotia, aliæ causæ Basilium prohibuere ad Eusebium proficisci. Matrem amisit, unde morbus recruduit. Ecclesiis non melius est quam ipsius corpori. Narrat electos fuisse Ancyræ et Neocæsareæ episcopos. Precibus Eusebii acceptum refert, quod inimicorum insidias effugerit.

Eusebio, episcopo Samosatorum.

Si omnes ordine scriberem causas, quibus in hunc usque diem detentus sum, quanquam ad tuam pietatem proficisci omnino cupiebam, historiæ seriem infinitam pertexerem. Morbos quidem alios aliis succedentes, hiemis molestiam, negotiorum continuitatem omitto dicere, cum nota sint, et jam prius indicata præstantiæ tuæ. Nunc autem, quod unicum habebam vitæ solatium, matrem etiam ob mea peccata amisi. Nec me derideas, qui id ætatis lugeam orbitatem, sed ignosce mihi, se-

---

[12] Philipp. III, 2. [13] Philipp. I, 23. [14] Psal. CI, 7.

[*] Alias LXVII, scripta anno 368 exeunte.

[**] Alias VII, scripta anno 369.

parationem animæ patienter non ferenti, cui nihil comparandum in reliquis rebus video. Rursus igitur mihi reversi sunt morbi, rursusque in lecto decumbo, exiguis prorsus viribus fluctuans, et tantum non singulis horis necessarium vitæ finem exspectans. Ecclesiæ autem non alio fere modo ac corpus meum affectæ sunt, bona quidem spe nulla affulgente, rebus vero semper in deterius sublabentibus. Interim Neocæsarea et Ancyra visæ sunt habere successores eorum qui obierunt, et huc usque conquiescunt. Sed nec iis, qui nobis insidiantur, ut aliquid iracundia sua et acerbitate dignum facerent, hactenus concessum est; nosque ejus rei causam tuis pro Ecclesiis precibus palam tribuimus. Quare pro Ecclesiis precando et Deum exorando ne delasseris. Iis qui digni fuere, qui tuæ sanctitati ministrent, dic salutem plurimam.

EPISTOLA XXXI*.

Fames nondum sedata Basilium detinet, quominus comitetur Hypatium consanguineum suum. Hunc sanare concessum non fuerat his qui dona curationum habebant. Quamobrem eum commendat Eusebio, ut vel fratres religiosissimos accersat, qui ei medeantur, vel ipsum ad illos cum litteris mittat.

Eusebio, episcopo Samosatorum.

Nondum nos fames reliquit; quapropter in civitate remanere necesse habemus, vel dispensationis causa, vel commiserationis in afflictatos. Unde ne nunc quidem potui comitem me viæ præbere colendissimo fratri Hypatio, quem non tantum honoris **111** causa fratrem appellare possum, sed propter naturalem quæ inter nos intercedit necessitudinem : consanguinei enim sumus. Quali ille morbo laboret, neque tuam præstantiam fugit. Dolemus autem, quod in eo spes omnis abscissa sit levamenti, quandoquidem iis qui sanationis dona habent, nihil in illo eorum quæ solent, operari concessum est. Quocirca rursus precum tuarum auxilium implorat. Tu autem exorari te sine, ut opem solitam non deneges, tum ob tuam erga ægrotantes commiserationem, tum nostra causa, qui pro eo precamur: et si fieri potest, fratres religiosissimos ad temetipsum accersas, ut in tuis ipsius oculis ei medela afferatur; sin hoc fieri nequit, illum cum litteris dimittere et fratribus ultra commorantibus commendare digneris.

EPISTOLA XXXII**.

Cum Cæsarius moriens sua omnia pauperibus legasset, ejus pater et frater quidquid reliquum fuit de ipsius bonis, quæ expilata fuerant, id statim in pauperibus sublevandis et debitoribus absolvendis insumpserunt; sed postea sycophantæ multi prodierunt, qui pecuniam a se Cæsarium accepisse dicerent. Unde Gregorium molestissimis negotiis implicatum Basilius Sophronio commendat.

Sophronio magistro.

1. Particeps est temporis et Deo dilectissimus frater noster Gregorius episcopus. Dolet enim cum omnibus et ipse injuriis continuis, velut inexspectatis quibusdam plagis perculsus. Nam homines Deum non timentes, fortasse etiam et magnitudine malorum coacti, calumnias illi inferunt eo nomine, quod Cæsarius pecunias ab ipsis acceperit. Nec damnum molestum est; dudum enim didicit pecunias contemnere; sed quia cum exiguam omnino partem acceperint illius bonorum, eo quod res ipsius penes servos essent ac homines servis nihilo indole meliores, qui, liberrime pretiosissima quæque partiti, paucissima omnino eis reservarunt; hæc illi existimantes nulli obnoxia esse creditori, mox in egenos insumpsere, tum ob suam ipsorum propensionem, tum ob defuncti vocem. Fertur enim dixisse moriens : *Mea omnia volo esse pauperum.* Itaque ut dati a Cæsario mandati ministri, statim hæc dispensarunt utiliter. Et nunc circumstat Christiani quidem paupertas, unius autem ex forensibus hominibus negotiorum moles. Quapropter in animum subiit hæc omnia tuæ omnino laudabili probitati indicare, ut et virum honorans, qui tibi jampridem notus est, et Dominum glorificans, qui in se suscipit quæ servis suis fiunt, et honorem nobis habens, qui eximio quodam modo tui sumus, cum ea quæ convenient, de hoc viro dicas Comiti thesaurorum, tum modum excogites summa **112** tua prudentia, quo ab istis contumeliosis et intolerandis molestiis liberetur.

2. Omnino autem nemo virum ita ignorat, ut aliquid de eo suspicetur indecori, quasi pecuniarum amore hæc fingat. Est enim in promptu liberalis illius animi demonstratio. Quod enim reliquum est de Cæsarii bonis, id libenter cedit ærario, ut opes ipsius illic custodiantur, patronus vero ærarii respondeat iis qui adoriuntur, et probationes requirat, quia nos ejusmodi rebus idonei non sumus. Discere enim potest perfectio tua, neminem, quamdiu licuit, discessisse non compotem eorum quæ volebat, sed nullo quemque negotio consecutum esse quod petebat, ita ut multos etiam pœniteret, quod non plus ab initio petiissent, ex quo etiam maxime plures facti sunt calumniatores. Dum enim ad priorum exemplum respiciunt, alium alius excipit sycophanta. Adhortamur igitur gravitatem tuam, ut his omnibus obsistat, cohibeatque, velut fluentum quoddam, ac intercidat malorum continuitatem. Nosti autem quomodo sis huic rei remedium allaturus, ita ut minime exspectes dum te modum edoceamus : qui cum simus hujus vitæ negotiorum inexperti, hoc ipsum ignoramus, quomodo his liberari possimus. Itaque sis ipse et consiliarius et patronus, auxilii genus summa tua prudentia excogitans.

EPISTOLA XXXIII***.

Idem Gregorii negotium Aburgio commendat.

Aburgio.

Et quis ita veterem amicitiam novit honorare e

---

* Alias CCLXVII, scripta anno 369.
** Alias LXXXIV, scripta anno eodem.
*** Alias CCCLVIII, scripta anno 369.

virtutem revereri, et cum afflictis dolere, ut tu ipse? Cum igitur Deo dilectissimum fratrem nostrum Gregorium episcopum negotia apprehenderint, neque alias tolerabilia, ac maxime moribus ipsius contraria; visum est nobis optimum esse ad tuum confugere patrocinium, et a te aliquam molestiarum solutionem reperire conari. Ærumna enim intolerabilis est, negotia eum cogi tractare, qui ab his et natura et voluntate alienus est; et pecunias a paupere reposci, et in medium protrahi, ac forensem fieri, qui jampridem vitam quietam ducere statuit. Sive igitur Comitem thesaurorum alloqui utile judicaveris, sive quosvis alios, id tuæ sit prudentiæ.

113 EPISTOLA XXXIII*.

Luget Basilius ecclesiam Tarsensem ab hæreticis, dum episcopi cunctantur, occupatam; sed dolorem lenit Eusebii recordatione, a quo nihil prætermissum ad ecclesiæ utilitatem. Deum precatur, ut eum ecclesiis conservet, sibique rursus cum illo congredi concedat.

Eusebio, episcopo Samosatorum.

Quomodo sileam in hoc rerum statu? aut id a me impetrare non valens, quomodo dignam his quæ eveniunt aliquam orationem reperiam, ut vox nostra non suspirio similis sit, sed lamentationi gravitatem mali abunde significanti? Perit nobis et Tarsus. Neque id solum molestum est, etsi intolerabile: nam illud molestius, civitatem tantam ac tam opportune sitam, ut Isauros, Cilices, Cappadoces, ac Syros per seipsam conjungat, unius aut duorum hominum temeritate, in perniciem nullo negotio conjectam fuisse, dum vos cunctamini, deliberatisque, et vos mutuo respicitis. Optimum igitur fuerit, secundum solertiam medicorum (omnino autem magna mihi copia, ob morbum mecum habitantem, ejusmodi exemplorum), qui cum doloris magnitudo modum excessit, stuporem in laboribus ægrotanti conciliant, ita quoque nostris ipsorum animis, ne intolerandis doloribus corripiantur, stuporem in malis precari. Sed tamen quamvis sic misere afflicti simus, una utimur consolatione, ut respiciamus ad tuam mansuetudinem, ac tui cogitatione et recordatione dolorem animi mitigemus. Quemadmodum enim oculis, posteaquam intente res splendidas conspexere, recreationis aliquid affert ad cæruleos ac virides colores redire; ita quoque animis nostris veluti blanda quædam contrectatio dolorem abigens, recordatio tuæ lenitatis ac diligentiæ est; et maxime cum omnia a te pro virili facta esse consideremus. Ex quibus et abunde nobis hominibus, si de rebus æquo animo judicemus, nihil culpa tua periisse ostendisti; et apud Deum tui bonarum rerum studii magnam tibi mercedem comparasti. Utinam autem concedat te nobis et suis ecclesiis Dominus ad utilitatem vitæ hominum et emendationem animarum nostrarum, nobisque iterum dignetur tuum perutilem congressum concedere.

EPISTOLA XXXV**.

Commendat Leontium Basilius tanquam alterum seipsum.

Sine inscriptione, de Leontio.

De multis quidem, ut ad me pertinentibus tibi scripsi: sed et de pluribus scribam. Nam nec fieri potest ut indigentes desint; nec mihi beneficia denegare integrum. **114** Non est tamen quisquam mihi conjunctior, et qui me, si quid et prospere eveniat, magis consolari possit, quam colendissimus frater Leontius: cujus domum ita suscipe, quasi memetipsum nactus fuisses non in ea paupertate, in qua nunc divino beneficio versor, sed opulentiam quamdam consecutum, et prædia possidentem. Nam palam est fore, ut pauperem me non faceres, sed servares præsentia, aut copiam augeres. Hoc itaque facias etiam prædictæ viri domui rogamus. Erit autem tibi a me pro his omnibus consueta merces, preces ad Deum sanctum pro laboribus, quos suscipis bonum te et probum præbens, ac petitiones indigentium antevertens.

EPISTOLA XXXVI***.

Rogat Basilius, ut presbytero qui cum ipso educatus fuerat eique ad victum labore suo ministrabat, nova peræquatio non noceat.

Sine inscriptione, auxilii causa.

Novisse jamdudum nobilitatem tuam arbitror, loci illius presbyterum una mecum fuisse educatum. Quid igitur aliud dicendum mihi est, quo benignitatem tuam exorem, ut videas illum amice, atque ei ad negotia opem feras? Si enim me amas, ut profecto amas; non dubium quin et quos eodem loco ac meipsum habeo, totis viribus recreare coneris. Quid igitur est quod rogo? Ut ei descriptio antiqua servetur. Enimvero non parum laborat, mihi ad victum ministrans, eo quod ego, ut ipse scis, nihil proprium habeam, sed amicorum et propinquorum rebus sustenter. Itaque perinde ut meam, imo ut tuam habe hujus fratris domum, et pro collato in eum beneficio præbebit Deus et tibi, et domui, et toti tuo generi opem consuetam. Scias autem mihi prorsus curæ esse, ut ex peræquatione nulla huic viro injuria inferatur.

EPISTOLA XXXVII****.

Commendatur idem presbyter, eademque de causa.

Sine inscriptione, causa illius qui secum fuerat enutritus.

Suspectam jam habeo epistolarum multitudinem. Ac vehementer quidem, nec petentium importunitatem ferens, clamare cogor. Sed tamen scribo, cum aliam mei expediendi viam invenire non possim, quam si dem illis litteras flagitantibus subinde a nobis. Vereor itaque ne, quia multi litteras perferunt, unus e multis existimetur et frater ille. Ego enim multos mihi in patria amicos ac cognatos esse

---

* Alias V, scripta anno 369.
** Alias CCXXXVI, scripta ante episcopatum.
*** Alias CCXXXVIII, scripta ante episcopatum.
**** Alias CCXLVIII, scripta etiam ante episc.

fateor, meque parentis loco constitutum esse propter dignitatem illam, in qua sum a Domino collocatus. Hunc autem collactaneum habeo nutricis meæ unum filium, et precor, ut domus, in qua fui enutritus, in eodem statu permaneat; ne benefica in omnes 115 dignitatis tuæ præsentia, huic viro causa sit et origo molestiæ. Sed quia etiamnum ex eadem domo alor, nihil habens meorum, sed charorum sustentatus facultatibus; precor ut huic domo, in qua nutritus sum, ita parcas, ut mihi alimenti copiam conservaturus. Pro his te Deus æterna requie remuneret. Atque illud etiam, quod omnium verissimum est, dignitati tuæ notum esse volo, servitiorum partem maximam illum a nobis habuisse, hanc mercedem alimentorum meorum parentibus meis suppeditantibus. Merces autem illa non est omnino donum, sed usus per vitam. Quare si quid grave illis acciderit, licet ei illa ad me remittere, et ego via alia tributis ac exactoribus ero obnoxius.

EPISTOLA XXXVIII*.

Cum metueret Basilius, ne Gregorius frater, ut multi alii, essentiam ab hypostasi non satis secerneret, exponit ei quid intersit inter utrumque: ac tres hypostases, unam essentiam in Trinitate defendit, idque illustrat exemplo ex Iride petito. Explicat quo sensu Paulus splendorem gloriæ et figuram hypostasis dixerit.

Gregorio fratri de discrimine essentiæ et hypostasis.

1. Quoniam multi essentiam, quæ communis est, in mysticis dogmatibus non secernentes ab hypostaseωn ratione, in easdem recidunt notiones, nihilque existimant interesse, utrum essentia an hypostasis dicatur (unde etiam placuit nonnullis sine examine res ejusmodi admittentibus, ut unam essentiam, ita et hypostasim unam dicere: et vice versa, qui hypostases tres profitentur, etiam essentiarum divisionem secundum eumdem numerum ex hac confessione statuendam esse putant): propterea ne tu quoque similia patiaris, brevem ea de re sermonem tibi commentarii loco confeci. Harum igitur vocum, ut paucis rem declarem, notio hæc est.

2. Ex omnibus nominibus alia, de rebus pluribus et numero differentibus dicta, notionem quamdam magis generalem habent, velut *homo*. Qui enim hoc dixit, communi natura per id nomen indicata, non circumscripsit hac voce certum quemdam hominem, proprie isto nomine designatum. Non enim magis Petrus homo est quam et Andreas, et Joannes, et Jacobus. Itaque communitas rei significatæ similiter omnes, qui sub eodem nomine recensentur, comprehendens, subdivisionem postulat, per quam non hominem generatim, sed Petrum aut Joannem cognoscamus. Alia vero nomina magis peculiarem habent 116 notionem, qua non communitas naturæ consideratur in re significata, sed cujusdam rei circumscriptio nullam habens cum eo quod similis est naturæ, in eo quod proprium est, communionem; exempli causa, Paulus, aut Timo-theus. Non enim jam ejusmodi vox in naturam communem fertur, sed a generali significatione separans, rerum quarumdam circumscriptarum notionem nominibus declarat. Itaque cum duobus aut etiam pluribus simul conjunctis, puta, Paulo, et Silvano, et Timotheo, inquiritur essentiæ humanæ definitio, non aliam quis in Paulo reddet essentiæ rationem, aliam in Silvano, et aliam in Timotheo: sed quibus verbis Pauli essentia ostensa fuerit, eadem etiam aliis convenient; ac consubstantiales inter se sunt, qui eadem essentiæ ratione designantur. Ubi vero quis eo, quod commune est, intellecto, ad proprietatum se converterit considerationem, per quas alterum ab altero separatur; non jam amplius ratio, per quam unumquodque cognoscitur, cum ea ratione, quæ de alio profertur, per omnia consentiet, quamvis in aliquibus communitatem habere comperiatur.

3. Hoc igitur dicimus: quod proprie dicitur, id hypostasis nomine indicari. Qui enim hominem dixit, confusam quamdam ideam per indefinitam significationem auribus intulit, sic ut natura quidem eo nomine ostendatur, subsistens autem res, et proprie nomine designata, minime significetur. Qui autem Paulum dixit, ostendit in re hoc nomine significata subsistentem naturam. Hoc igitur hypostasis est, non indefinita essentiæ notio, quæ ob communitatem rei significatæ nullam sedem reperit, sed quæ quod commune in aliqua re et incircumscriptum est, per conspicuas proprietates restringit ac circumscribit; quemadmodum et Scriptura ipsa solet simile quidpiam facere, cum in multis aliis locis, tum in historia Jobi. Nam quæ ad ipsum attinent narratura, postquam primo id quod commune est commemoravit, et dixit, *homo*; statim dirimit per id quod proprium est, addendo, *quidam*[18]. Sed essentiæ quidem descriptionem, ut sermonis proposito nihil conducentem reticuit: illud autem *quidam* propriis notis indicat, et locum referens et morum indicia, et quæcunque extrinsecus collecta distinctura illum erant, et a communi significatu separatura; adeo ut perspicua in omnibus esset illius, cujus res gestæ narrantur, descriptio, ex nomine, ex loco, ex animi proprietatibus, ex iis quæ extrinsecus in eo conspiciebantur. Quod si essentiæ dedisset rationem, nulla sane fuisset eorum, quæ dicta sunt, in naturæ explicatione mentio. Eadem enim ratio fuisset ac de Baldad Sauchita, deque Sophar Minnæo, et de singulis, quorum ibi mentio fit, hominibus[16]. Quam igitur in nostris rebus agnovisti discriminis rationem inter essentiam et hypostasim, eam et ad divina dogmata transferens, non errabis. De Patris essentia quidquid 117 tibi suggeret cogitatio (fas enim non est ad certam ullam ac definitam cogitationem animum sistere, eo quod persuasum sit hanc essentiam su-

---

[15] Job I, 1. [16] Job II, 11.

* Alias XLIII. Scripta videtur anno 369 aut 370.

pra omnem esse cogitationem), id et de Filio intelliges, similiter et de Spiritu sancto. Nam ratio increati et incomprehensibilis una et eadem in Patre e in Filio et in Spiritu sancto est. Neque enim aliud magis est incomprehensibile, aut increatum, aliud minus. Quoniam autem oportet per proprias notiones inconfusam Trinitatis distinctionem habere; quod communiter consideratur, quale est, quod increatum dico, quod est supra omnem cogitationem, aut si quid ejusmodi; id nequaquam una assumemus ad proprietatem dijudicandam, sed requiremus tantum per quæ uniuscujusque notio dilucide et citra admistionem ab ea, quæ simul consideratur, sejuncta sit.

4. Itaque non abs re esse mihi videtur hoc pacto rationem investigare. Quodcunque ad nos ex divina potestate bonum venerit, omnia in omnibus efficientis gratiæ opus esse dicimus, quemadmodum ait Apostolus: *Hæc autem omnia operatur unus atque idem Spiritus, dividens sigillatim unicuique prout vult* [17]. Inquirentes autem, an a solo sancto Spiritu bonorum largitio originem habens, ita ad dignos perveniat, rursus a Scriptura huc deducimur, ut largitionis bonorum, quæ Spiritus sanctus in nobis efficit, auctorem et causam unigenitum Deum esse credamus. Omnia enim per ipsum facta esse [18], et in ipso consistere [19], a sancta Scriptura didicimus. Cum igitur ad hanc intelligentiam fuerimus evecti, rursus a divinitus inspirato adminiculo ceu manu ducti docemur, omnia ab illa quidem virtute ex nihilo produci, non tamen ab illa sine principio; sed quamdam esse virtutem ingenite et sine principio subsistentem, quæ causa est rerum omnium causæ. Nam ex Patre Filius, per quem omnia, quocum semper Spiritus sanctus inseparabiliter intelligitur. Non enim potest quisquam de Filio cogitare, qui non sit prius a Spiritu illustratus. Quoniam igitur Spiritus sanctus, a quo omnis in rem creatam bonorum largitio scaturit, Filio quidem cohæret ac conjunctus est, quicum simul sine ullo intervallo concipitur; habet vero esse ex ea causa, quæ Pater est, connexum, unde et procedit; illius secundum hypostasim proprietas hoc signo declaratur, quod post Filium et cum Filio cognoscitur, et quod ex Patre subsistit. Filius vero qui ex Patre procedentem Spiritum per sese ac secum notum facit; ac solus unigenite ex ingenita luce effulsit, nullam, quod ad signorum, quibus dignoscitur, proprietatem attinet, cum Patre aut Spiritu sancto communitatem habet: sed iis, quæ dixi, signis solus agnoscitur. Qui autem est super omnia Deus, præcipuam quamdam **118** suæ hypostasis notam, quod Pater est, et quod nulla subsistit ex causa, solus habet; hocque rursus indicio et ipse proprie cognoscitur. Quapropter in essentiæ communitate dicimus nec cohærere, nec communicari posse quæ considerantur in Trinitate indicia, per quæ proprietas constituitur traditurque in fide personarum, unaquaque propriis indiciis discrete intellecta; ita ut ex dictis indiciis differentia hypostaseωn deprehendatur; at vero, quantum attinet ad id quod immensum est, quod comprehendi non potest, quod creatum non est, quod loco nullo circumscribitur, et reliqua ejusmodi omnia, discrimen nullum sit in vivifica natura: in Patre, inquam, et Filio, et Spiritu sancto, sed continua quædam et indivisa societas in ipsis perspiciatur. Atque per quas quis cogitationes majestatem unius earum, quæ in Trinitate creduntur, personarum intellexerit, per easdem sine ullo prorsus discrimine procedet, in Patre, et Filio et Spiritu sancto gloriam atque majestatem cernens: nullo spatio inter Patrem, et Filium, et Spiritum sanctum intercedente, in quo mens velut vacuo obambulet. Nihil enim est, quod inter ipsos medium inseratur: neque præter divinam naturam ulla alia res est subsistens, quæ ipsam a seipsa rei alienæ interpositu dividere queat; neque spatii cujuspiam non subsistentis vacuitas intercedit, quæ divinæ essentiæ harmoniam hiulcam efficiat, continuum interjectu vacui dirimens. Sed qui Patrem intellexit, et eum in seipso intellexit, et Filium animi perceptione simul est complexus. Qui autem percepit Filium, a Filio Spiritum non separavit, sed consequenter quidem secundum ordinem, conjuncte vero secundum naturam, trium simul permistam in seipso fidem expressit. Et qui Spiritum tantum dixit, comprehendit simul hac confessione et eum cujus Spiritus est. Et quia Christi est Spiritus, et ex Deo, quemadmodum dicit Paulus [20]: ut qui catena extremum unum qui apprehendit, alterum etiam extremum simul attraxit; ita qui Spiritum attraxit, ut ait Propheta [21], et Filium et Patrem per ipsum simul traxit. Quin etiam Filium si quis vere apprehenderit, habebit eum utrinque, hinc quidem Patrem suum, illinc vero Spiritum proprium una secum adducentem. Neque enim a Patre qui semper est in Patre abscindi poterit, neque a proprio Spiritu unquam sejungetur qui in ipso efficit omnia. Similiter autem et qui Patrem recepit, simul quoque et Filium et Spiritum potestate recepit. Non enim potest ullo modo sectio aut divisio excogitari, ita ut aut Filius absque Patre intelligatur, aut Spiritus sejungatur a Filio: sed in his ineffabilis quædam et incomprehensibilis deprehenditur tum societas, tum distinctio, neque hypostaseωn differentia naturæ conjunctionem divellente, neque essentiæ communitate indiciorum proprietatem confundente. Ne mireris autem si idem et conjunctum et discretum esse dicimus, et quamdam cogitamus, velut in ænigmate, novam **119** et admirabilem discretionem conjunctam, et conjunctionem discretam. Etenim si quis non ex contendendi et calumniandi

---

[17] I Cor. xii, 11. [18] Joan. i, 3. [19] Coloss. i, 17. [20] Rom. viii, 9. [21] Psal. cxviii, 131.

studio sermonem audit, potest etiam in rebus, quæ sensu percipiuntur, quiddam simile inveniri.

5. Ac verba quidem mea accipite, ut exemplum et umbram veritatis, non ut ipsam rerum veritatem. Non enim fieri potest, ut omnino quadret id quod in exemplis speculamur, cum iis, ad quæ usus exemplorum adhibetur. Unde igitur dicimus discretum simul et conjunctum ex iis, quæ nostris sensibus conspicua sunt, spectari? Jam olim arcus in nube splendorem verno tempore vidisti; arcum illum dico, quem communis loquendi usus iridem vocare consuevit: quem quidem harum rerum periti dicunt conflari, tum cum admiscetur humor aliquis aeri; vi ventorum id quod in vaporibus humidum ac crassum est, effectum jam nebulosum, in pluviam exprimente ac resolvente. Ferunt autem fieri hoc modo. Ubi solis radius oblique id quod in nebula densum et opacum est, penetravit, deinde recta orbem suum in aliqua nube impressit; quidam luminis quasi repercussus ac reditus ad seipsum fit, splendore ab eo quod humidum et nitens est contrariam in partem reflexo. Quoniam enim ea inest flammeis fulgoribus natura, ut si in rem quampiam lævem inciderint, rursus reflectantur ad semetipsos, rotunda est autem solis figura, quæ per radium in humido lævique aere imprimitur; propterea necessario secundum solaris orbis figuram, aer etiam qui nubi proximus est, per splendescentem fulgorem circumscribitur. Itaque is fulgor et in se continuus et divisus est. Multicolor enim ac multiformis cum sit, secun variis tincturæ floribus latenter commiscetur, colorum inter se diversorum commissuram atque permistionem oculis nostris, nemine sentiente, subripiens; adeo ut non agnoscatur medius intercedens cœruleum inter et rutilum locus, ac miscens per se et separans diversitatem colorum, aut rutilum inter et purpureum, aut istum inter et electrinum. Nam omnium splendores simul conspecti, et micant, et dum signa mutuæ conjunctionis occultant, judicium effugiunt, ita ut deprehendi non possit quousque pertineat id quod rutilum est, aut smaragdinum in fulgore, et unde incipiat non jam tale esse, quale in fulgore apparet. Quemadmodum igitur in hoc exemplo et colorum discrimina clare dignoscimus, et alterius ab altero intervallum sensu deprehendere non possumus; sic mihi, quæso, existima et de divinis dogmatibus rationem iniri posse; ita ut hypostaseon quidem proprietates, ceu flos quidam eorum quæ in iride apparent, in singulis personis, quæ in sancta Trinitate creduntur, effulgeant: nullum vero quod ad naturæ proprietatem **120** attinet, intelligatur alterius ab altera discrimen, sed in essentiæ communitate proprietates per quas unaquæque persona dignoscitur, in unaquaque resplendeant. Nam et illic in exemplo essentia, quæ multicolorem illum splendorem emittebat, et per solarem radium refringebatur, una erat: flos vero rei conspectæ, erat multiformis: nimirum ratione ipsa etiam per rem creatam nos docente, ut in dogmatis rationibus non conturbemur, si quando in quæstionem ad investigandum difficilem incidentes, in iis quæ dicuntur admittendis quasi vertigine laboremus. Quemadmodum enim in iis quæ oculis apparent, potior visa est causæ ratione experientia; ita et in dogmatibus captum nostrum longe transcendentibus, perceptione quæ ratiocinando comparatur, potior est fides, et separationem in hypostasi, et conjunctionem in essentia docens. Quoniam igitur aliud commune, aliud peculiare in sancta Trinitate consideravit nostra disputatio; communionis quidem ratio refertur ad essentiam, hypostasis vero proprium cujusque signum est.

6. Sed fortasse putat aliquis non congruere expositam de hypostasi doctrinam cum sententia Apostoli scripturæ, ubi de Domino dicit, eum splendorem gloriæ ipsius, et figuram hypostasis esse [22]. Si enim hypostasim tradidimus esse proprietatum uniuscujusque concursum, illud autem confessum et exploratum est, quemadmodum in Patre aliquid proprie consideratur, per quod solus agnoscitur, ita idem eodem modo de Unigenito quoque credi; qui fit ut hoc loco Scriptura hypostasis nomen Patri soli ascribat, Filium vero formam dicat hypostasis, non suis, sed Patris insignibus et notis designatum? Etenim si hypostasis proprium existentiæ uniuscujusque signum est; Patris autem proprium illud sit, ut ingenitus sit, explorata res est, ac Patris tamen proprietatibus Filius figuratur ac designatur; igitur non jam proprium illud Patri manet, ut solus dicatur ingenitus, siquidem Patris proprietate ipsa etiam Unigeniti exsistentia designatur.

7. Sed nos hoc dicimus, ad aliud hoc loco propositum spectare Apostoli orationem, ad quod respiciens his usus est vocibus, gloriæ splendorem, dicens, et hypostasis figuram: quod propositum si quis diligenter consideraverit, nihil reperiet his quæ diximus contrarium, sed sermonem ad singularem quamdam notionem revocatum. Non enim ut hypostases inter se ex signis conspicuis secernantur, apostolica instituitur oratio, sed ut genuina indivisaque et consociata Filii ad Patrem relatio intelligatur. Quemadmodum enim non dixit, *Qui est gloria Patris* (quanquam veritas ita se habet), sed, hoc prætermisso ut explorato, non aliam quamdam gloriæ speciem in Patre, et aliam in Filio cogitandam esse docens, ipsius Patris gloriæ splendorem esse Unigeniti gloriam decernit; ex lucis exemplo perficiens, ut **121** Filius cum Patre indivise intelligatur. Quemadmodum enim ex flamma quidem splendor, ne-

[22] Hebr. 1, 3.

que tamen flamma posterior, sed simul ut effulsit flamma, etiam lux simul resplenduit ; sic vult etiam ex Patre quidem Filium intelligi, neque tamen ulla intervalli distantia a Patris exsistentia Unigenitum dirimi, sed semper una cum causa id quod ex causa est concipi. Eumdem igitur ad modum, veluti sententiam prius expositam interpretans, etiam hypostasis figuram dicit, corporalibus nos exemplis ad invisibilium manu ducens intelligentiam. Quemadmodum enim etsi corpus omnino in figura est, alia figurae, alia corporis ratio, ac si quis utriusvis horum tradat definitionem, neutiquam in eam quae alterius est incidat ; sed tamen etiamsi ratione figuram a corpore discreveris, natura non admittit discretionem, sed alterum cum altero conjunctim intelligitur : ita rem explicari oportere censet Apostolus : quamvis fidei doctrina inconfusam ac discretam doceat hypostaseωn differentiam, nihilominus tamen Unigeniti etiam cum Patre cohaerentiam ac veluti concretionem his verbis declarat ; non quod in hypostasi quoque non sit Unigenitus, sed quod in sua cum Patre conjunctione nihil medium admittat, adeo ut quisquis animi oculis Unigeniti characterem intente respexerit, veniat etiam in hypostasis Patris intelligentiam ; non tamen mutata aut permista proprietate, quae in ipsis consideratur, quasi vel Patrem genitum, vel Filium ingenitum animo fingamus, sed quod fieri non potest, ut si alter ab altero disjungatur, jam id quod reliquum fuerit, per se solum intelligamus. Nam fieri non potest, ut quis, Filio nominato, etiam non cogitet de Patre, cum appellatio haec per relationem Patrem quoque simul indicet.

8. Quoniam igitur qui Filium videt, videt et Patrem, ut ait in Evangelio Dominus [23], propterea Unigenitum hypostasis Patris characterem esse pronuntiat. Et quo magis perspecta fiat haec sententia, et alias Apostoli voces adjiciemus, in quibus Filium imaginem Dei invisibilis [24], et eumdem rursum bonitatis ipsius imaginem esse dicit, non quod differat imago ab exemplari, si invisibilitatis bonitatisque habeatur ratio, sed ut perspicuum sit idem esse quod exemplar, etiamsi aliud sit. Non enim possit imaginis ratio servari, nisi per omnia conspicuam ac cujuscunque differentiae expertem habeat similitudinem. Proinde imaginis pulchritudinem qui perspexit, exemplar mente complectitur. Et qui Filii velut formam mente concepit, hypostasis paternae expressit effigiem, illum per hunc videns, non ingeniti rationem quae Patris est, in effigie cernens (alioquin idem prorsus esset, et non aliud), sed pulchritudinem ingenitam in genita intuens. Quemadmodum enim qui in puro speculo **122** impressam formae speciem perspexit, claram expressi vultus cognitionem adeptus est ; sic qui Filium cognoverit, effigiem paternae hypostasis per Filii notitiam animo suscepit. Omnia enim quae Patris sunt, conspiciuntur in Filio, et omnia quae Filii sunt, Patris sunt : quandoquidem et totus Filius in Patre manet, et totum rursus habet in semetipso Patrem [25]. Quare Filii hypostasis quasi forma ac facies est, qua Pater cognoscitur : et Patris hypostasis in forma Filii agnoscitur, manente quae in illis consideratur proprietate ad claram hypostaseωn distinctionem.

EPISTOLA XXXIX*.

Basilium invitat Julianus ut ad se veniat.

Julianus Basilio.

Non bellum denuntias, ait proverbium : at ego addam etiam illud comoediae veteris : *O nuntium verborum aureorum!* Age igitur, reipsa ostende, et ad nos quamprimum advola. Certe amicus ad amicum venies. Publica ac assidua circa negotia occupatio videtur quidem quodam modo molesta esse iis, qui perfunctorie id agunt : qui vero diligentiam adhibent, modesti sunt, ut mihi persuadeo, ac prudentes, et prorsus ad omnia idonei. Quare sumo mihi relaxationem, ita ut liceat nihil negligenti etiam requiescere. Vivimus enim inter nos non cum sola aulica simulatione, quam te credo hactenus expertum esse ; ex qua qui laudant, majori odio prosequuntur, quam inimicissimos ; sed cum decenti invicem libertate arguentes cum opus est et reprehendentes, non minus diligimus inter nos, quam qui maxime amici sunt. Ex eo accidit (quod sine invidia dicere liceat) ut dum relaxamur, seria agamus ; et dum seria agimus, minime fatigemur, et secure dormiamus : siquidem et vigilans, non pro me magis quam pro caeteris omnibus, ut par est, vigilo. Haec apud te fortasse nugatus sum, et effutivi levitate quadam animi (meipsum namque, sicut Astydamas, collaudavi), veruntamen ut tibi persuadeam conspectum tuum, sapientis videlicet hominis, magis nobis profuturum quam impedimenti quidquam allaturum, haec scripsi. Propera igitur, ut dixi, publico usurus cursu : cunque apud nos, quantum tibi videbitur, fueris ; tum quo voles a nobis, ut decet, dimissus proficisceris.

123 EPISTOLA XL**.

Jactat Julianus lenitatem suam, potentiam ac dominatum, spem Saporis sub leges mittendi cum Indis et Saracenis, originem denique ex Constantio ; et Basilium impudentiae accusat, quod talem se spernat. Leniter edicit, ut sibi Caesarea transeunti mille auri librae praestosint. Minatur Basilio, nisi id fecerit. Addit se intellexisse quae legit, et condemnasse.

Julianus Basilio.

Insitam mihi a puero lenitatem et humanitatem hactenus prae me ferens, omnes qui sub sole

---

[23] Joan. XIV, 9. [24] Coloss. I, 15. [25] Joan. XIV, 11.

* Alias CCVI.   ** Alias CCVII.

degunt in meam potestatem redegi. Ecce enim barbaræ omnes nationes, quæ ad Oceani usque limites incolunt, ad meos pedes munera perferunt. Similiter autem et Sagadares qui ad Danubium habitant, pulchrivaripuriformes, quorum aspectus speciei humanæ similis non est, sed forma prorsus efferata, ii nunc meis pedibus advolvuntur; et quæ meo imperio conveniunt, facturos pollicentur. Neque huc duntaxat feror: sed oportet me quam celerrime in Persidem venire, et Saporem illum Darii nepotem profligare, donec mihi vectigalis ac tributarius fiat: ac simul etiam vicina Indorum ac Saracenorum regio devastanda, donec hi omnes mihi primas concedentes, vectigalia et tributa pendant. Tu vero supra horum potentiam sapis, pietate indutum te esse dictitans, sed præ te ferens impudentiam, et ubique me Romanorum imperio indignum esse divulgans. Nonne ipse nosti me Constantii illius potentissimi nepotem esse? Quamvis autem hæc de te sic cognoverim; non tamen discedo a priore illa animi affectione, quam ego et tu adhuc ætate juvenes communem inter nos habuimus. Sed placido ac sereno animo tibi edico, ut auri libras mille mihi abs te mittantur cum Cæsarea transibo, et adhuc publicum iter tenebo, quam citissime ad Persicum bellum contendens; ac profecto, nisi tu hoc feceris, paratus sum Cæsaream totam destruere, et antiqua illius ornamenta evertere; ac ibi et templa et statuas erigere; adeo ut omnibus persuadeam, ut morem gerant Romanorum imperatori, nec efferantur. Itaque memoratum aurum numeratum, libraque, statera et trutina examinatum, tuto per unum aliquem ex fidelibus tuis familiaribus ad me mittas, illudque tuo anulo obsignes; ut cognoscente te tandem aliquando, licet sero, nullum veniæ locum esse, ego delictis tuis placer. Quæ autem legi, intellexi et condemnavi.

EPISTOLA XLI*.

Juliani impietatem liberrime arguit Basilius, ridet auri summam hominis herbis viventi imperatam. Negat ei impie in Deum se gerenti profuturam legem in veneficos latam. Denique promuntiat eum non intellexisse quæ legit; si enim intellexisset condemnaturum non fuisse.

Basilius ad hæc Juliano.

1. Exigua sunt tua præsentis fortunæ præclare facta: improba vero quæ contra nos egregie gessisti, vel potius non contra nos, sed contra temetipsum. Ego enim contremisco, cum in mentem venit te purpura indutum, ac tuum infame caput corona redimitum esse, quæ sine pietate non ornat imperium tuum, sed ignominia aspergit. Tu porro excelsus, et supra modum magnus effectus, posteaquam scelesti ac omnis virtutis et honestatis hostes dæmones te in hoc pertraxerunt, non solum supra omnem humanam natu-

ram sentire cœpisti, sed etiam in Deum verticem tollere, ac Ecclesiam omnium matrem ac nutricem injuria afficere, significans mihi, homini vilissimo, ut auri libras mille ad te mittam. Et auri quidem pondus animum meum non perculit, quamvis valde magnum sit; sed amaras mihi lacrymas excussit, ob hanc tuam celerrimam perniciem. Nam mecum ipse considero, me et tuam strenuitatem sacras ac optimas litteras simul didicisse. Nimirum evolvimus uterque sanctas ac a Deo inspiratas Scripturas, atque tunc nihil te latuit. Nunc vero indecorus factus es, ejusmodi elatione animi veluti castris circumclusus. Noveras nos nudiustertius, serenissime, pecuniarum copiæ cupidos non esse; et tamen nunc mille auri libras a me petivisti. Velis nobis, serenissime parcere; qui tantum possidemus, quantum, si hodie comedere voluerimus, nobis non sufficiet. Cessat apud nos, ut par est, coquorum ars; nec eorum culter sanguinem attingit. Ciborum nostrorum optimi, quibus affluimus, herbarum folia sunt cum pane asperrimo, et vino acescente: ne scilicet stupentes sensus nostri ob ventris ingluviem in vesania versentur.

2. Nuntiavit et illud mihi Lausus spectabilis tuus tribunus, ac sincerus mandatorum tuorum minister, accessisse mulierem quamdam ad tuam serenitatem ob filii veneno sublati interitum; atque a vobis judicatum veneficos nusquam esse; si sint, e medio tolli: aut illos solos conservari, qui contra bestias pugnant. Atque hoc quod a vobis recte judicatum est, mirum mihi visum est. Illud enim ridiculum est omnino, quomodo magnos vulnerum dolores parvis remediis sanare tentes. Dum enim afficis injuria, frustra viduarum ac orphanorum curam suscipis: quorum alterum stultum est et periculosum; alterum vero humani et misericordis. Grave est nobis, qui privati sumus, apud imperatorem loqui: sed gravius tibi videbitur apud Deum causam dicere. Nullus enim Dei et hominum mediator apparebit. Quæ legisti, non intellexisti; nam si intellexisses, non sane condemnasses.

EPISTOLA XLII**.

Chiloni demonstrat auctor epistolæ non satis esse recte incipere, sed in perseverantia omnia esse posita; plura tradit solitariæ vitæ præcepta, in his ut non statim ad summum perfectionis se intendat, sed paulatim progrediatur. Cavendum imprimis monet, ne per speciosam causam recte in sæculo vivendi et spirituales conventus obeundi, solitudinis fastidium obrepat.

Ad Chilonem discipulum suum.

1. Salutaris rei auctor ero tibi, germane frater, si libenter a me consilium de rebus agendis acceperis: ac de iis maxime, de quibus ipse rogasti ut tibi consilium daremus. Nam solitariam quidem vitam incipere multi fortasse ausi sunt: sed

* Alias CCVIII et CCIX.   ** Alias I.

rem, ut par est, absolvere pauci profecto elaboraverunt. Ac omnino non in proposito solum consistit exitus : sed in exitu laborum fructus. Nulla ergo utilitas, non properantibus ad propositi finem, sed initio solo monachorum vitam circumscribentibus : quin etiam et deridendum relinquunt suum ipsorum propositum, in ignaviæ et levitatis crimen apud exteros incurrentes. Nam et de talibus Dominus dicit : *Quis volens domum ædificare, non prius sedens computat sumptum, an habeat quibus opus sit ad absolvendum? ne posteaquam posuerit fundamentum, et non potuerit perficere, incipiant illudere ei prætereuntes, dicentes : Hic homo fundamentum posuit, et non potuit consummare* [26]. Initium igitur alacrem ac promptum in virtute progressum habeat. Etenim generosissimus athleta Paulus nolens nos de vita bene ante acta securos otiari, sed quotidie ultra progredi, ait : *Quæ retro sunt obliviscens, ad ea vero quæ sunt priora extendens meipsum, juxta scopum persequor ad bravium supernæ vocationis* [27]. Nam talis **126** est tota hominum vita non contenta iis quæ præcesserunt, sed nutrita non magis præteritis quam futuris. Quid enim prodest homini hesterna ventris satietas, hodie insita fame conveniens cibi solatium non inveniente ? Sic igitur neque animæ lucrum ullum ex recte facto hesterno, quod ab hodierno opere justo deseritur. *Qualem enim*, inquit, *reperio te, talem te judico.*

2. Itaque vanus est justi labor, inculpati item sunt peccatoris mores, superveniente immutatione; alteri quidem a virtute ad vitium, alteri autem a vitio ad virtutem translato. Hæc et Ezechielem velut ex persona Domini docentem audire licet. Si enim, inquit, justus declinans deliquerit, non recordabor eorum quæ juste fecit antea : sed in peccato suo morietur [28]. Dicit autem idipsum et de peccatore : Si considerans fecerit justitiam, vivet in ipsa [29]. Quo enim tot ac tanti labores famuli Moysis, cum ipsum vel unius momenti contradictio terræ promissæ aditu arcuerit? Quo et Giezi cum Elisæo convictus, cum sibi lepram pecuniæ amore asciverit? Quid et sapientiæ multitudo Salomonem juvit, tantusque Dei amor præteritus, cum postmodum insano mulierum amore delapsus sit in idololatriam? Sed neque beatum Davidem mentis aberratio inculpatum dimisit, ob admissum in uxorem Uriæ peccatum. Satis autem esset et Judæ a virtute ad vitium lapsus, ad eum, qui vitam secundum Deum agit, communiendum : qui tamdiu Christi discipulus, postea magister ob exiguum lucrum divendito, sibi ipse laqueum paravit. Illud itaque perspectum tibi sit, frater, non cum qui bene incipit, perfectum esse : sed qui bene desinit, eum esse Deo probatum. Ne igitur dederis, frater, somnum oculis, neque palpebris tuis dormitationem [30], ut salvus fias velut dama ex cassibus, et velut avis ex laqueis [31]. Considera per medios te laqueos transire, et supra excelsum murum ambulare, ex quo periculosus cadenti lapsus. Quapropter ne statim ad vitæ asceticæ apicem temetipsum intendas : maxime vero ne tibi ipse confidas, ut ne ob imperitiam ex summo ascetici instituti labaris. Nam satius fuerit paulatim proficere. Itaque voluptates vitæ sensim subtrahe, tuam omnem consuetudinem delens, ne forte si subito omnes simul voluptates irritaris, tibi ipse turbam tentationum accersas. Cum autem unum voluptatis morbum vi superaveris, accinge te ad voluptatem aliam debellandam ; et ita demum voluptates omnes tempestive domabis. Nam voluptatis quidem nomen unum, sed res diversæ. Sis itaque primum, frater, in **127** tentatione omni patiens. Qualibus autem tentationibus fidelis probatur, damnis mundanis, criminationibus, mendaciis, contumacia, obtrectationibus, persecutionibus? Ilis et similibus probatur fidelis. Deinde sis etiam quietus, non præceps verbis, non litigiosus, non in contentionem pronus, non cupidus gloriæ vanæ, non effutiens arcana, sed fide dignus, non in sermone multus, sed esto semper non ad docendum, sed ad discendum paratus. Ne curiose de vita mundana inquiras, unde nihil tibi accessurum sit emolumenti. Ait enim : *Ut ne loquatur os meum opera hominum* [32]. Qui enim ea quæ peccatorum sunt lubens loquitur, cito in se exsuscitat voluptates. Imo potius curiosus sis in vita justorum exquirenda : ita enim tibi ipse comparabis utilitatem. Ne sis tui ostendendi cupidus, pagos aut domos circumcursans ; sed hæc ut animarum laqueos fuge. Si quis autem te ob multam pietatem, in domum suam multis de causis invitet, discat qui talis est fidem curationis sequi, qui, cum Jesus curationis ergo ad ipsum properaret, deprecatus est his verbis : *Domine, non sum dignus ut intres sub tectum meum, sed tantum dic verbum et sanabitur puer meus* [33]. Cum autem ei Jesus dixisset : *Vade, sicut credidisti, fiat tibi* [34] : puer illa ipsa hora sanatus est. Hoc itaque tibi notum sit, frater, non Christi præsentia, sed petentis fide liberatum fuisse ægrotantem. Ita et nunc precante te in quo fueris loco, et ægroto credente se precibus tuis adjutum iri, eveniet illi omnia ex sententia.

3. Plus autem quam Dominum propinquos tuos non diliges. *Qui enim*, inquit, *patrem, aut matrem, aut fratres supra me diligit, non est me dignus* [35]. Quid vero sibi vult Domini mandatum? *Si quis*, inquit, *non tollit crucem suam, et sequitur me, non potest meus esse discipulus* [36]. Quod si iis qui sanguine tibi conjuncti sunt, una cum Christo mortuus es, quid rursus vis cum illis versari? Sin autem quæ destruxisti propter Christum, rursus ædificas propter cognatos tuos, prævaricatorem teipsum constituis. Ne igitur ob affinium tuorum

---

[26] Luc. xiv, 28-30. [27] Philip. iii, 13, 14. [28] Ezech. xviii, 24. [29] ibid. 27, 28. [30] Psal. cxxxi, 4. [31] Prov. vi, 5. [32] Psal. xvi, 4. [33] Matth. viii, 8. [34] ibid. 13. [35] Matth. x, 37. [36] Luc. xiv, 27.

usus a loco tuo recedas : recedens enim a loco tuo, fortasse a moribus tuis recedes. Non amator sis turbæ, non ruris, non civitatum, sed solitudinis : apud temetipsum manens semper citra ullam mentis aberrationem; precationem et psalmodiam opus tuum esse existimans. Neque etiam lectiones negligas, Testamenti Novi maxime, propterea quod sæpe ex Veteri Testamento oritur detrimentum : non quod scriptæ sint res noxiæ, sed quod eorum qui læduntur, mens infirma. Omnis enim panis ad alendum idoneus ; sed nocet infirmis. Sic igitur omnis Scriptura divinitus inspirata est atque utilis [37], nec in ea quidquam inquinatum est; nisi quod quis inquinatum esse putat, id ipsi inquinatum est. **128** Omnia autem proba : quod bonum est, tene : ab omni specie mala abstine [38]. *Omnia enim licent, sed non omnia expediunt* [39]. Itaque his quibuscum versaris nulla in re sis offendiculo, sis lætus, fratrum amans, blandus, humilis, non excidens hospitalitatis proposito per eduliorum lautitiam, sed præsentibus contentus, nihil a quoquam ultra quotidianum solitariæ vitæ usum accipias : ac præsertim fuge aurum velut animæ insidiatorem, et peccati patrem, ac diaboli ministrum. Te ipse avaritiæ obnoxium ne constitueris, obtentu ministerii erga pauperes. Si quis autem egenorum gratia afferat tibi pecunias, et aliquos noveris indigere; ei ipsi, cui sunt pecuniæ, consilium da, ut fratribus indigentibus distribuat, ne forte conscientiam tuam coinquinent acceptæ pecuniæ.

4. Voluptates fuge : prosequere continentiam; ac corpus quidem laboribus exerce : animam vero assuefacito tentationibus. Pro certo tenens corporis et animæ dissolutionem mali cujuscunque esse liberationem, bonorum æternorum exspecta fruitionem, cujus omnes sancti effecti sunt participes. Tu vero indesinenter expendens ac librans, diabolico suggestui oppone piam cogitationem, ei velut in trutina momento lancis præponderanti cedens. Et præsertim cum prava insurgens cogitatio dixerit : Quæ utilitas degendi in hoc loco? quod lucrum secessus ab hominum societate? An ignoras constitutos a Deo episcopos Ecclesiarum Dei cum hominibus ex more vivere, et spirituales indesinenter celebrare conventus, quos qui obeunt plurimum percipiunt utilitatis ? Illic enim Proverbiorum aperiuntur ænigmata , explicantur apostolica documenta , exponuntur evangelicæ sententiæ, theologia auditur ; illic congressus fratrum spiritualium, magnam occurrentibus ex vultus aspectu utilitatem præbentium. Tu autem te ipse a tantis bonis effecisti alienum, atque hic desides belluarum in morem efferatus. Vides enim hic solitudinem magnam , inhumanitatem non modicam , penuriam doctrinæ, disjunctionem a fratribus, ac spiritum erga Dei mandatum valde inertem ac socordem. Cum igitur talibus ac tantis te speciosis rationibus prava insurgens cogitatio frangere voluerit ; oppone ei per piam ratiocinationem ipsius rei experientiam, dicens : Quandoquidem tu mihi dicis bona esse quæ in mundo sunt , propterea ego illuc transmigravi, indignum meipsum judicans mundi bonis. Sunt enim mundi bonis mala admista, ac longe exsuperant mala. Nam cum aliquando accessissem ad spirituales conventus, in unum fratrem vix tandem incidi, qui Deum timere videbatur ; sed is tenebatur **129** sub diabolo; atque ex ipso audivi lepidos sermones, et confictas ad obvios quosque decipiendos fabulas. Multos post ipsum offendi fures , raptores , tyrannos. Vidi ebriorum speciem indecoram ; vidi sanguinem oppressorum ; vidi quoque mulierum pulchritudinem , qua pudicitia mea torquebatur. Ac fornicationis quidem opus effugi ; sed virginitatem meam cordis cogitatione inquinavi. Et multos quidem sermones animæ utiles audivi ; sed tamen nullum apud magistrum reperi dignam sermonibus virtutem. Post hoc rursus audivi innumerabiles tragœdias, quæ effeminatis modis animum subibant. Rursus audivi citharam suaviter resonantem, plausum saltantium, scurrarum vocem, stoliditatem multam, facetias, turbæ immensæ clamorem. Vidi lacrymas spoliatorum, dolores eorum qui abducebantur a tyrannide, ejulatum eorum qui torquebantur. Et vidi, et ecce non erat conventus spiritualis, sed mare ventis agitatum ac turbatum, omnes simul fluctibus suis tentans obruere. Dic mihi, o cogitatio mala , et temporariæ voluptatis ac vanæ gloriæ dæmon, quid mihi est lucri, si hæc et spectem et audiam, cum nulli eorum quibus injuria fit, opem ferre queam : neque liceat mihi imbecilles defendere, aut errantes corrigere ; imo etiam insuper me ipse forte perditurus sim ? Quemadmodum enim paululum aquæ puræ magna venti procella ac pulvere dissipatur ; sic quæ nobis videmur præclare in sæculo facere, malorum multitudine obruuntur. Nam tragœdiæ , velut pali , in cordibus eorum qui in sæculo sunt, per lætitiam ac gaudium infiguntur, ut psalmodiæ puritati tenebras offundant. Porro ejulatus gemitusque hominum injuriam a tribulibus patientium proferuntur, ut pauperum ostendatur patientia.

5. Quæ igitur mihi alia utilitas, nisi certe animæ damnum? Itaque eam ob causam ego velut passer transmigro in montes. Sum enim sicut passer ex laqueo venantium liberatus [40]. Etenim in hac solitudine dego, o mala cogitatio , in qua Dominus versatus est. Hic quercus Mambre : hic scala ferens ad cœlum, et angelorum castra a Jacob conspecta ; hic solitudo, in qua populus purificatus legem accepit , et ita demum in terram promis-

---

[37] II Tim. iii, 16. [38] I Thess. v, 21. [39] I Cor. vi, 12. [40] Psal. cxxiii, 7.

sionis ingressus Deum vidit. Hic mons Carmelus, in quo Elias commorans placuit Deo; hic campus, in quem cum Esdras secessisset, omnes libros divinitus inspiratos, Deo jubente, eructavit. Hic solitudo, in qua beatus Joannes, locustas edens, hominibus poenitentiam prædicavit. Hic mons Olivarum, in quem cum Christus ascendisset oravit, orare nos docens. Hic Christus solitudinis amator. Ait enim : *Ubi duo sunt aut tres congregati in nomine meo, ibi sum in medio eorum* [41]. Hic angusta et arcta via, quæ ducit ad vitam. Hic doctores et prophetæ, in solitudinibus errantes, ac montibus, speluncisque et foraminibus terræ [42]. Hic apostoli et evangelistæ, et monachorum semota ab urbibus vita. Hæc itaque ultro suscepi, ut consequar quæ Christi martyribus et omnibus aliis [sanctis promissa sunt ; ut vere ac citra mendacium dicam : *Propter verba labiorum tuorum ego custodivi vias duras* [43]. Novi enim charum Deo Abraham qui voci Dei obsecutus est, et in solitudinem migravit ; et Isaac potentia oppressum, et Jacob patriarcham peregrinantem ; pudicum Joseph divenditum ; pueros tres abstinentiæ inventores, qui adversus ignem pugnarunt ; Danielem semel et iterum in fossam leonum conjectum ; Jeremiam libere loquentem, cœni lacui addictum ; Isaiam arcanorum spectatorem, serra sectum ; abductum in captivitatem Israelem ; Joannem adulterii objurgatorem, capite truncatum ; martyres Christi de medio sublatos. Et quid pluribus moror ? ubi et ipse Salvator pro nobis crucifixus est, ut morte sua vivificaret nos, et unumquemque nostrum ad patientiam incitaret ac traheret. Ad hunc festino, et ad Patrem, et ad Spiritum sanctum. Legitimus inveniri conor, indignum memet judicans mundi bonis. Cæterum neque ego propter mundum, sed mundus propter me. Hæc igitur apud temetipsum reputans, eaque diligenter, ut tibi dictum est, exsequens, decerta pro veritate usque ad mortem. Etenim Christus ad mortem usque factus est obediens. Sed et Apostolus dicit : *Videte ne quando sit in, ullo vestrum cor pravum, ut desciscat a Deo vivente : sed exhortemini vos invicem, et ædificate singuli singulos, quandiu dicitur dies hodiernus* [44]. Nam dies hodiernus significat totum vitæ nostræ tempus. Sic igitur vivens, frater, te ipse servabis, nosque exhilarabis, et Deum glorificabis in sæcula sæculorum. Amen.

EPISTOLA XLIII[*].

Basilius, seu quivis alius epistolæ auctor, evangelica præcepta solitariis breviter exponit.

Admonitio ad juniores.

Disce tu qui solitariam vitam degis, quique fidelis homo ac pietatis cultor es, et edocere evangelicum vivendi genus, corporis in servitutem redactionem, spiritum humilem, mentis puritatem, iræ exstinctionem. Coactus, insuper adde propter Dominum ; damno affectus, ne litiges ; odio habitus, dilige ; persecutione appetitus, sustineto ; male audiens, obsecra. Sis peccato mortuus ; sis una cum Deo crucifixus ; curam omnem transfer in Dominum, ut reperiaris ubi angelorum sunt myriades, primogenitorum conventus, apostolorum throni, prophetarum præcellentes sedes, sceptra patriarcharum, martyrum coronæ, justorum præconia. Inter hos justos ut tu ipse annumereris, concupisce, in Christo Jesu Domino nostro. Ipsi gloria in sæcula. Amen.

EPISTOLA XLIV[**].

Lapso monacho auctor epistolæ primum peccati magnitudinem, deinde misericordiam divinam ante oculos ponit et ut ad se veniat, benigne hortatur.

Ad monachum lapsum.

1. Salutem non dicimus, quia non est salus impiis. Adhuc enim incredulus sum, nec in pectus meum intrat tantum nefas ac magnum facinus, quod admisisti : si quidem res, uti jam omnibus manifesta est, ita sese habet. Admiror enim quomodo sapientia tanta absorpta sit, quomodo tam accurata vivendi ratio dissoluta ; unde circumfusa fuerit cæcitas tanta ; quomodo nihil prorsus considerans, talem ac tantam animarum perniciem induxeris. Id enim si verum est, tradidisti et tuam ipsius animam barathro, et omnium, qui impietatem hanc audiunt, robur exsolvisti. Irritam fecisti fidem ; aberrasti a certamine bono. Quapropter doleo tua causa. Quis enim sacerdos, ubi audierit, tua causa non lamentabitur ? quis ecclesiasticus non plangit ? quis laicus tristitia non afficitur ? quis monachus non mœret ? Forte etiam sol ob tuum lapsum obscuratus est, et virtutes cœlorum commotæ sunt ob exitium tuum. Quin et lapides sensus expertes insaniam tuam defleverunt : ploravere quoque inimici ob iniquitatis tuæ magnitudinem. O magnam cæcitatem ! O miram crudelitatem ! Deum non timuisti ; homines reveritus non es ; non te amici moverunt ; sed simul omnium naufragium fecisti : simul spoliatus es omnibus. Quocirca iterum causa tua, miser, doleo. Qui regni violentiam atque difficultatem omnibus annuntiabas, regno excidisti. Qui doctrinæ metum omnibus incutiebas, Dei non habuisti timorem ob oculos tuos. Qui sanctimoniam prædicabas, scelestus deprehenderis. Qui de paupertate gloriabare, pecuniarum inventus es raptor. Qui imminens a Deo supplicium disserendo ostendebas, tibi ipse accersivisti supplicium. Quomodo te lugebo ? quomodo tua causa dolebo ? quomodo excidit lucifer qui mane oriebatur, et contritus est in terra ? Cuilibet audienti auris utraque tinniet.

---

[41] Matth. xviii, 20. [42] Hebr. xi, 38. [43] Psal. xvi, 4. [44] Hebr. iii, 12, 13.
[*] Alias II. [**] Alias III.

Quomodo Nazaræus auro splendidior, fuligine factus est obscurior? venerandus filius Sion, quomodo factus est vas inutile? Cujus in sacris Scripturis legendis prædicabátur memoria ab omnibus, ejus hodie memoria cum sonitu periit. Qui erat ingenio acri et veloci, velociter interiit; præditus prudentia multiplici, multiplex peccatum perpetravit. Quibus enim profuit doctrina tua, ii ex tuo exitio damnum accepere. Qui aures colloquiis tuis adhibuerunt, **132** obturavere pernicie tua audita. Ego vero lamentans tristemque vultum præ me ferens, et undelibet exsolutus, et cinerem velut panem comedens, sacco in plagam meam injecto, tibi ejusmodi præconia recenseo, imo potius orationem funebrem componens, consolationem nullam, nullamque medelam admitto; quippe abscondita est ab oculis meis consolatio, nec est fomentum apponere, neque oleum, neque ligamenta. Est enim plaga mea doloris plena. Unde sanabor?

2. Si qua igitur adhuc spes tibi superest salutis; si qua exigua Dei recordatio, si quod desiderium futurorum bonorum, si quis metus suppliciorum, quæ servata sunt non pœnitentibus, resipisce velociter: attolle oculos tuos in cœlum, intellige, desiste a tua nequitia, excute circumfusam tibi ebrietatem, insurge in eum qui te prostravit. Fortiter conare e terra resurgere. Recordare boni pastoris, qui persequens eruet te. Etiamsi supersint crura duo, aut auriculæ summitas, resili ab eo qui te vulneravit. Memor esto miserationum Dei, qui curat oleo et vino. Ne desperes salutem. Revoca in memoriam quæ scripta sunt, mergne lapsum resurgere, aversum converti [45], percussum curari, a bestiis captum liberari, confitentem non rejici. Non enim vult Deus mortem peccatoris, quemadmodum vult converti ipsum, et vivere [46]. Ne contempseris, velut in malorum profundum collapsus [47]. Tempus patientiæ est, tempus lenitatis, tempus curationis, tempus emendationis. Lapsus es? exsurge. Peccasti? desine. Ne stes in via peccatorum [48], sed resili. Nam cum conversus ingemueris, tunc servabere. Est enim ex laboribus sanitas, et salus ex sudoribus. Vide igitur ne forte, dum servare vis quæ cum nonnullis pactus es, inita cum Deo pacta, quæ coram multis testibus professus es, transgrediare. Ne igitur ob humanas quasdam ratiocinationes cuncteris ad me venire. Ego enim receptum mortuum meum lugebo, ego curabo, ego amare flebo super contritione filiæ generis mei. Excipient te omnes, omnes se tibi laborum socios adjungent. Ne despondeas animum: memor sis dierum antiquorum. Est salus: est emendatio. Confide, ne desperes. Non est lex citra misericordiam morte condemnans, sed gratia differens pœnam, exspectans emendationem. Nondum occlusæ sunt fores; audit sponsus: non dominatur peccatum. Redintegra denuo luctam: ne moreris, sed tui ipsius et omnium nostrum miserere in Christo Jesu Domino nostro, cui gloria et imperium nunc et semper in sæcula sæculorum. Amen.

133 EPISTOLA XLV[*].

Cum quidam relictis magnis opibus monasticam vitam amplexus esset, ac postea ex summo pietatis fervore in adulterium et alia scelera incidisset, auctor epistolæ, qui cum eo Hierosolymis commoratus fuerat, peccati et scandali magnitudinem ei exponit, simulque spe misericordiæ divinæ, et exemplo Judæorum ac Gentilium, qui tunc ad Dei cultum compellebantur, ad certamen revocat.

Ad monachum lapsum.

1. Duplex timor subiit mentis meæ sinus tua causa. Aut enim præoccupans me immisericors quidam animi motus in crimen inhumanitatis conjicit: aut rursus misereri volentem, etiam ut ad vitia remollescam, male convertit. Quare et hanc meam epistolam exaraturus, manum quidem torpescentem ratiocinationibus corroboravi, sed vultum, ex concepta propter te tristitia anxium, mutare non potui: tanto mihi, tua causa, incusso pudore, ut oris etiam flexus, labiis meis in luctum conversis, statim concideret. Hei mihi, quid scribam, aut quid cogitem in trivio constitutus? Si mihi prioris tuæ vanæ vivendi rationis veniat in mentem, cum circumfluerent te divitiæ, ac humi repens gloriola, horreo: cum adulatorum te sequeretur multitudo, ruerarisque brevi ac temporaria voluptate, non sine manifesto periculo et iniquo quæstu: et partim quidem magistratuum timor te de salute cogitantem exagitaret: partim vero publicorum negotiorum tumultus tuam interturbarent domum, atque malorum frequentia mentem tuam ad eum, qui opitulari tibi poterat, retorqueret: cum paulatim Servatorem circumspicere meditareris, timores quidem tibi ad tuam utilitatem inferentem, liberantem vero ac protegentem te, qui ei dum in tuto esses, illuseras: cum te ad innovandos acquirendosque honestos mores exerceres, periculosissimam tuam opulentiam nihili faciens, reique familiaris curam et uxoris consuetudinem refugiens. Quin etiam totus sublimis, velut peregrinus et erro, agris et civitatibus peragratis, petisti Jerosolyma, ubi et ipse tecum commoratus ob athleticos te labores beatum prædicabam, cum per septenarios circulos jejunus perseverans Deo philosophareris, simulque congressus humanos veluti in fugam conversus devitares, atque tranquillo ac solitario vivendi genere tibi parato, civiles tumultus declinares. Præterea corpus tuum cilicio aspero lancinans, et zona dura astringens lumbos tuos, patienter ossa tua atterebas. Quin et ilia inedia concavans, ea usque ad dorsi partes laxa effecisti, atque fasciæ mollis rejecto usu, abdomen intrinsecus cucurbitæ in morem contractum, reni-

---

[45] Jerem. VIII, 4. [46] Ezech. XVIII, 32. [47] Prov. XVIII, 3. [48] Psal. I, 1.

[*] Alias IV.

bus adhærescere cogebas. Ad hæc, evacuato carnis toto adipe, exsiccasti strenue meatus sub ventre sitos, et ipso ventre inedia coarctato, faciebas ut costatæ partes, tecti quasi quædam eminentia, umbram inducerent **134** partibus umbilici, atque contracto toto organo, nocturnis horis confitens Deo, lacrymarum rivis barbæ pilos madefactos complanabas. Quid autem opus est recensere me singula? Memineris quot sanctorum ora exceperis osculo, quot sacra corpora amplexus sis, quot viri manus tuas velut intaminatas foverint; quot servi Dei, velut venerantes, confugerint ad genua tua complectentes.

2. At horum quis tandem finis? Adulterii fama nuntiati crimen, sagitta velocius pervolans, aures nostras sauciat, acutiore stimulo viscera nostra compungens. Quæ tam artificiosa præstigiatoris versutia in tam perniciosum casum te conjecit? Quænam diaboli sinuosa retia te constringentia, virtutis nervos immobiles reddiderunt? Quo abiere laborum tuorum narrationes? Sed fortasse æquum non est his fidem adhibere? Et quomodo non ex manifestis ea etiam credemus quæ hactenus abscondita fuerunt? siquidem animas quæ ad Deum confugiebant, juramentis horrendis obstrinxisti, cum tamen nominatim quidquid his voculis, *Est* et *Non*, amplius est, diabolo attribuatur [49]. Itaque simul quoque exitiosi perjurii fuisti sponsor, atque instituti ascetici charactere in contemptum adducto, ad apostolos usque ipsumque Dominum dedecus ac infamiam transmisisti. Dedecorasti castitatis gloriationem; labe aspersisti continentiæ votum, captivorum facti sumus tragœdia, a Judæis et gentilibus res nostræ in scenam et actus deducuntur. Discidisti monachorum studia; diligentiores cautioresque in metum formidinemque conjecisti, adhuc diaboli potestatem admirantes; negligentiores vero ad sequendum incontinentiæ exemplum traduxisti. Dissolvisti, quantum in te fuit, gloriationem Christi, qui dixit: *Confidite, ego vici mundum* [50], ejusque principem. Creatorem dedecoris miscuisti patriæ. Vere implevisti Proverbium, *Velut cervus sagitta ictus in jecore* [51]. Sed quid jam? Non cecidit fortitudinis turris, o frater: non obsorduerunt correctionis ac convectionis remedia: non occlusa est civitas perfugii. Ne in profundo malorum permaneas, nec te tradas homicidæ. Novit Dominus elisos erigere. Ne procul fugias, sed ad nos recurre. Resume iterum labores juveniles, secundis recte factis humi repentem sordidamque voluptatem delens. Respice ad finis diem, ita vitæ nostræ vicinum ac propinquum, et nosce quomodo jam Judæorum et Gentilium filii a Dei cultum compelluntur, nec omnino abneges mundi Servatorem: ne te maxime horribilis illa comprehendat sententia: *Non novi vos, quinam sitis* [54].

135 EPISTOLA XLVI*.

Virginem lapsam vehementer arguit auctor epistolæ, eamque virginitatis voto, quod negabat, vere obstrictam fuisse demonstrat; ac dolorem suum significat, quod, Christo sponso derelicto, impium corruptorem elegerit Postremo mortis, judicii et æterni supplicii metu, ac spe misericordiæ divinæ ad pœnitentiam adducere conatur.

Ad virginem lapsam.

1. Nunc tempus exclamandi propheticum illud, ac dicendi: *Quis dabit capiti meo aquam, et oculis meis fontem lacrymarum, et deplorabo vulneratos filiæ populi mei* [63]? Quamvis enim illos altum silentium teneat, jaceantque semel malo obruti, ac lethale vulnus ipsum etiam mali sensum abstulerit; nos tamen sine lacrymis tantum casum prætermittere non oportet. Etenim, si quorum corpora in bello percussa erant, eos Jeremias innumeris lacrymis dignos judicavit: quidnam quis dixerit in tanta animarum calamitate? *Vulnerati tui*, inquit, *non sunt vulnerati gladii, et mortui tui non sunt mortui belli* [54]. Sed veræ mortis aculeum defleo, peccatum grave, et ignita maligni jacula, quæ animas una cum corporibus crudeliter combussere. Certe scelere tanto in terra conspecto valde ingemuerint Dei leges, quæ interdicunt semper, ac clamant, olim quidem, *Non concupisces uxorem proximi tui* [55]: per sacra vero Evangelia: *Quisquis viderit mulierem ad concupiscendum eam, jam mœchatus est eam in corde suo* [56]. Nunc autem vident adulterium impudenter committere ipsam Domini sponsam, cujus caput Christus. Profecto et ipsi ingemiscant sanctorum spiritus: Phinees quidem zelotes, quod non etiam nunc ei liceat, hasta in manu sumpta, corporaliter scelus ulcisci: Joannes vero Baptista, quod non possit, relictis supernis sedibus, ut olim solitudine, ad redarguendam iniquitatem accurrere; ac si quid pati oporteat, caput potius amittere quam loquendi libertatem. Quin potius, siquidem et nobis beati Abelis exemplo, licet mortuus, adhuc loquitur, etiam nunc clamat et vociferatur altius Joannes, quam olim de Herodiade: *Non licet tibi habere eam* [57]. Etsi enim Joannis corpus, prout naturæ necessarium est, divinam sententiam excepit, siletque lingua, *Tamen verbum Dei non est alligatum* [58]. Qui enim, nuptiis conservi violatis, loquendi libertatem ad mortem usque perduxit, quonam esset animo futurus, si tantam contumeliam sancto Domini thalamo illatam conspiceret?

2. At tu, postquam divinæ illius conjunctionis abjecisti jugum, atque intaminatum veri regis thalamum fugiens, in turpem illam impiamque corruptelam fœde lapsa es, cum jam non habeas

---

[49] Matth. v, 37. [50] Joan. xvi, 33. [51] Prov. vii, 22, 23. [52] Luc. xiii, 27. [53] Jerem. ix, 1. [54] Isa. xxii, 2. [55] Deut. v, 21. [56] Matth. v, 28. [57] Matth. xiv, 4. [58] II Tim. ii, 9.

* Alias V.

quomodo amaram hanc accusationem effugias, **136** nec ullo modo aut arte malum illud abscondere queas, præceps in audaciam prorumpis. Et quoniam impius, in profundum malorum lapsus, deinceps contemnit, ipsa etiam pacta cum vero sponso inita abnegas, neque esse te virginem, nec unquam promisisse clamitans, quamvis multa acceperis, multa demonstraveris virginitatis pignora. Revoca tibi in memoriam præclaram professionem, quam professa es coram Deo, angelisque et hominibus. Revoca tibi in memoriam societatem venerandam, et sacrum virginum chorum, ac cœtum Domini, et Ecclesiam sanctorum. Memineris quoque aniculæ in Christo aviæ, quæ virtute juvenescit etiamnum, et floret : matris itidem quæ in Domino cum illa decertat, et novis quibusdam ac insuetis laboribus consuetudinem dissolvere conatur : similiter et sororis partim illas pro viribus imitantis, partim etiam vincere contendentis, et avita præclare facta virginitatis ornamento superantis, et te sororem, uti putabat, ad simile certamen tum sermone, tum vita haud ignave provocantis. Horum recordare, et angelicæ una cum eis circa Deum choreæ, et spiritualis in carne vitæ, et cœlestis in terra instituti. Recordare dierum tranquillorum, et noctium illuminatarum, et cantilenarum spiritualium, et psalmodiæ sonoræ, precum sanctarum, thori casti atque intaminati, virginei progressus, mensæ sobriæ, ac præclare precantis ut incorrupta tibi virginitas servaretur. Ubi tua illa gravis species et honesti mores, vestis vilis virginem decens, pulcher ex pudore rubor, et decorus ex abstinentia ac vigiliis efflorescens pallor, atque omni pulchro colore decentius elucescens? Quoties in precibus pro virginitate citra maculam servanda, forte lacrymas effudisti? Quot litteras ad sanctos exarasti, per quas tibi eorum efflagitabas preces, non ut humanas nuptias, imo ignominiosam illam corruptionem assequereris, sed ut a Domino Jesu non excideres? Quoties sponsi accepisti dona? Quid opus est honores etiam illius causa ab iis qui ejus sunt, delatos memorare? convictum cum virginibus? factos cum eisdem progressus? salutationes a virginibus exhibitas? laudes ob virginitatem? virgineas eulogias, litteras ut ad virginem scriptas? At spiritus aerii, qui nunc in filiis contumaciæ operatur, exigua aura modo suscepta, abnegasti hæc omnia, et pretiosam illam et dimicatione omni retinendam possessionem brevi voluptate commutasti : quæ ad tempus quidem guttur tuum illinit et exhilarat, sed postea felle amarior comperietur.

3. Ad hæc quis non ingemiscens dicat : *Quomodo* **137** *facta est meretrix civitas fidelis Sion* [59]? Quomodo autem non ipse Dominus ad eorum, qui nunc in Jeremiæ spiritu ambulant, aliquos dicat : *Vidisti quæ fecit mihi virgo Israel* [60]? *Ego despondi ipsam mihi ipsi in fide et integritate, in justitia et in judicio et in misericordia atque miserationibus*, quemadmodum et per Oseam prophetam [61] ei promisi. Ipsa vero dilexit alienos, et vivente me viro, adultera audit, nec veretur viri alterius esse. Quid vero sponsæ dux divinus ac beatus Paulus, vetus ille, et novus hic, quo sequestro ac doctore, relicta paterna domo, Domino conjuncta es? An non dicat tanto malo dolens uterque? *Timor enim quem timebam, venit mihi, et quem metueram, occurrit mihi* [62]. *Desponsavi enim te uni viro, virginem castam exhibere Christo* [63] : sed metuebam semper, ne quodam modo, ut serpens Evam decepit versutia sua, ita aliquando corrumperentur sensus tui [64]. Quapropter innumeris incantamentis semper conatus sum affectuum tumultum comprimere, et innumeris excubiis Domini sponsam custodire, et vitam innuptæ semper exponebam, quod innupta sola curat quæ Domini sunt, ut sit sancta corpore et spiritu [65]; et virginitatis dignitatem enarrabam, et templum Dei te appellans, velut alas addebam, alacritate erigens ad Jesum; et per mali timorem ad cavendum casum suppetias ferebam, cum dicerem : *Si quis templum Dei profanat, hunc perdet Deus* [6]. Sed et præsidium ex precibus meis addebam, si qua ratione integrum tibi corpus et anima et spiritus posset citra reprehensionem in adventu Domini nostri Jesu Christi servari. At frustra hæc omnia in te laboravi, mihique amarus exstitit dulcium illorum laborum exitus, rursusque ingemendi necessitas ob eam, de qua gaudere me oportebat. Ecce enim decepta es a serpente amarulentius quam Eva. Corrupta est non mens tua solum, sed etiam una cum mente corpus tuum. Et horrendum illud quod et dicere pudet, nec tamen silere queo (est enim velut quidam ignis in ossibus meis accensus et ardens, resolvorque undique et non possum ferre), tollens utique membra Christi, membra fecisti meretricis [67]. Hoc unum ex omnibus malum nequit cum alio comparari : hoc novum est in vita facinus. *Pertransite*, inquit, *insulas Chettiim, et videte, et in Cedar mittite, et considerate vehementer, an facta sint talia, an permutarint gentes deos suos : et isti non sunt dii* [68]; virgo autem mutavit gloriam suam, ejusque gloria est in turpitudine sua. Obstupuit cœlum ob hoc, et inhorruit terra vehementius. Dicit etiam nunc Dominus : Duo mala perpetravit **138** virgo : me dereliquit verum animarum sanctarum sanctum sponsum, et confugit ad impium et iniquum animæ simul et corporis corruptorem [69]. Defecit a Deo servatore suo, et præbuit membra sua serva immunditiæ et iniquitati [70]. Oblita est autem mei, et post amatorem suum ibat [71], a quo non juvabitur.

4. Expediret ei ut mola asinaria circa collum ipsius posita fuisset, et in mare projectus esset,

---

[59] Isa. I, 21. [60] Jerem. XVIII, 13. [61] Ose. II, 17. [62] Job III, 25. [63] II Cor. XI, 2. [64] ibid. 5. [65] I Cor. VII, 34. [66] I Cor. III, 17. [67] I Cor. VI, 15. [68] Jerem. II, 10, 11. [69] ibid. 12, 13. [70] Rom. VI, 19. [71] Ose. II, 13.

potius quam offendiculo fuisset [71] virgini Domini. Quis servus contumax ita insaniit, ut in herilem thorum se ipse injiceret? aut quis praedo eo amentiae devenit, ut ipsa Dei donaria contingeret, non vasa inanimata, sed corpora viventia, et animam inhabitantem habentia factam ad imaginem Dei? Quis unquam auditus est in media civitate et serena meridie imagini regiae formas immundorum porcorum inscribere ausus esse? Nuptias humanas si quis violaverit, immisericorditer, coram duobus aut tribus testibus, moritur. Quanto graviore supplicio, putatis, dignus censebitur, qui Filium Dei viventis conculcavit, eique promissis obstrictam sponsam adulterio contaminavit, ac spiritum virginitatis contumelia affecit [73]. At illa, inquit, volebat, nec invitae vim intuli. Sed et libidinosa illa Ægyptia domina pulchri Josephi amore insaniebat; verum non vicit virtutem pudici furor impudicae, neque, illa manibus vim inferente, ad iniquitatem ille adactus. At illa hoc decreverat, inquit, nec amplius erat virgo; et si ego non voluissem, fuisset ab altero corrupta. Oportebat quidem et Filium hominis tradi : sed væ illi per quem traditus est [74]; atque scandala venire necesse est : sed væ illi per quem veniunt [75].

5. Ad haec autem, *Nunquid qui cadit, non resurgit? aut qui se avertit, non convertitur* [76]? Cur avertit se virgo aversione impudenti, tametsi audivit Christum sponsum per Jeremiam dicentem : *Et dixi, postquam scortata fuit haec omnia : Ad me revertere; et reversa non est* [77]. *Nunquid resina non est in Galaad? aut medicus non est ibi? Quare non ascendit sanatio filiae populi mei* [78]? Ac multa quidem reperias in divina Scriptura mali remedia, multa ex interitu ad salutem medicamenta, de morte atque resurrectione mysteria, de horrendo judicio deque aeterno supplicio testimonia, de poenitentia et venia peccatorum dogmata; innumera illa conversionis exempla, drachmam, oviculam, filium qui consumpserat res suas cum scortis, perditum et repertum, mortuum et rursus viventem. Utamur his mali remediis : per haec animae nostrae medeamur. Cogita autem diem extremam (siquidem non tu sola saeculum aeternum vives), anxietatem, suffocationem, mortis horam, urgentem Dei sententiam, festinantes angelos, animum interea graviter perturbatum, et conscientia peccatrice amare excruciatum, seque miserabiliter ad ea quae hic sunt convertentem, ac ineluctabilem longae illius peregrinationis necessitatem. Describe mihi in mente tua extremum communis vitae finem, cum veniet Filius Dei in gloria sua cum angelis suis: *Veniet enim, et non silebit* [79]; nimirum quando veniet judicaturus vivos ac mortuos, atque unicuique secundum opus suum redditurus, quando tuba illa magnum quiddam ac horrendum sonans excitabit eos qui ab orbe condito dormierint, et procedent qui bona fecerint, in resurrectionem vitae [80], qui vero mala, in resurrectionem judicii. Revoca tibi in memoriam Danieli oblatam Dei visionem, quomodo nobis ob oculos judicium ponat. *Aspiciebam*, inquit, *donec throni positi sunt, et Antiquus dierum sedit. Vestimentum ejus candidum quasi nix, et capillus capitis ejus quasi lana munda; rotae ejus ignis ardens. Flumen ignis trahebat in conspectu ejus. Mille millia deserviebant ei, et dena millia denum millium assistebant ei. Judiciique locum constituit, et libri aperti sunt* [81]; bona, mala, manifesta, occulta, actiones, verba, cogitationes, omnia acervatim, ut ab omnibus et angelis et hominibus exaudiri possint, clare et aperte revelantes. Ad haec quomodo affectos necesse est esse eos qui male vixerint? Ubi itaque anima illa abscondetur, quae in oculis tot spectatorum subito visa fuerit dedecoris plena? Quali vero corpore infinita illa et intolerabilia perferet supplicia, ubi ignis inexstinctus, et vermis indesinenter puniens, et imum inferi tenebricosum et horrendum, et ululatus amari, et ejulatus ingens, et ploratus, et stridor dentium, et ubi mala finem non habent? Ab his post mortem liberari non datur, neque est industria ulla, neque ars effugiendi amara supplicia.

6. Haec nunc vitare licet. Dum autem licet, erigamus nosmetipsos ex casu, neque de nobis ipsi desperemus, si a malis discesserimus, Jesus Christus venit in mundum peccatores salvos facturus. *Venite, adoremus et procidamus ante illum, et ploremus coram ipso* [82]. Verbum vocans nos ad poenitentiam, clamat ac vociferatur : *Venite ad me, omnes qui laboratis et onerati estis, et ego reficiam vos* [83]. Est igitur via salutis, si modo velimus. Deglutivit mors praevalens : sed probe scito, Deum rursum abstulisse lacrymam omnem ab omni facie poenitentium [84]. *Fidelis Dominus in omnibus verbis suis* [85]. Non mentitur cum dicit: *Si fuerint peccata vestra quasi phoeniceum, sicut nivem dealbabo: si vero fuerint ut coccinum, sicut lanam dealbabo* [86]. Paratus est magnus ille animarum medicus morbum tuum sanare; qui non tui solius, sed eorum omnium, qui peccato in servitutem addicti sunt, promptus est liberator. Verba illius sunt: dulce illud ac salutare os dixit : *Non opus habent valentes medico, sed male habentes. Non veni ad vocandum justos, sed peccatores ad poenitentiam* [87]. Quaenam ergo tua excusatio est, aut alterius cujusvis, cum haec ipse clamet? Vult Dominus purgare te a doloris plaga, ac post tenebras tibi lumen ostendere. Quaerit te pastor bonus, ovibus quae non erravere, derelictis. Te ipsa si dedideris, non cunctabitur, neque dedignabitur te suis ipsius humeris portare, laetus quod ovem suam perditam invenerit. Stat pater, ac exspectat tuum ab errore reditum. Revertere tantummodo, teque longe adhuc stante, accur-

---

[71] Luc. xvii, 2. [72] Hebr. x, 29. [73] Marc. xiv, 21. [74] Matth. xviii, 7. [75] Jerem. viii, 4. [76] Jerem. iii, 7. [77] Jerem. viii, 22. [78] Psal. xlix, 3. [79] Joan. v, 29. [80] Dan. vii, 9, 10. [81] Psal. xciv, 6. [82] Matth. xi, 28. [83] Isa. xxv, 8. [84] Psal. cxliv, 13. [85] Isa. i, 18. [86] Matth. ix, 12, 13.

rens cadet in collum tuum, et amicis amplexibus jam pœnitentia expurgatam complectetur. Quin etiam stola prima animam induet, homine vetere cum operibus suis exutam, annulumque manibus mortis sanguine ablutis circumponet, et calceos dabit pedibus a via mala ad cursum Evangelii pacis conversis. Atque lætitiæ ac gaudii diem annuntiabit suis tum angelis tum hominibus, ac omnibus modis salutem tuam celebrabit. Ait enim: *Amen dico vobis, quod gaudium est in cœlo coram Deo, super uno peccatore pœnitente* [88]. Quod si quispiam ex iis qui stare sibi videntur, vitio verterit, quod cito assumpta es; ipse ille bonus pater pro te respondebit, dicens: Lætandum est et gaudendum, quia hæc filia mea mortua erat, et revixit, et deperdita erat, et inventa est [89].

CLASSIS SECUNDA.

Epistolæ quas S. Basilius episcopus scripsit ab anno 370 ad annum 378.

EPISTOLA XLVII*.

Gregorius Theologi pater Eusebium Samosatensem, misso Eustathio diacono, invitat ad electionem episcopi Cæsariensis, ut eo adjuvante Basilius eligi possit.

Gregorio sodali (1).

Quis dabit mihi alas sicut columbæ [89]? aut quomodo senium meum renovetur, ut ad dilectionem vestram transire, et meum vestri desiderium exsatiare possim, et molestias animi narrare, et a vobis aliquod afflictationum levamen consequi? Nam mortuo beato episcopo Eusebio, metus nos cepit haud parvus, ne forte qui aliquando Ecclesiæ metropolis nostræ insidiati sunt (2), eamque hæreticis zizaniis complere voluerunt, nunc occasionem nacti, satam multo labore in hominum animis pietatem pravis suis doctrinis eradicent, ejusque scindant unitatem: quod et in multis Ecclesiis factitarunt. Postquam autem et cleri litteræ ad nos venerunt, exhortantes ut ne ejusmodi tempore despiciamus; circumspiciens quoquoversum, recordatus sum vestræ charitatis rectæque fidei, et studii quod semper in Ecclesiis Dei adhibetis. Atque ea de causa misi dilectum Eustathium condiaconum, qui vestram gravitatem adhortetur, exoretque ut exantlatis omnibus pro Ecclesiis laboribus hunc quoque addatis, simulque senium meum vestro recreetis congressu, ac percelebrem sanæ Ecclesiæ pietatem instauretis, præficientes ei una nobiscum (si modo digni habeamur, qui vobiscum opus bonum adjuvemus) pastorem secundum Domini voluntatem, qui possit ipsius populum gubernare. Habemus enim ob oculos virum, nec vobis ignotum: quem si obtinere possumus, scio acquisituros nos magnam apud Deum fiduciam, atque in populum, qui nos advocavit, beneficium maximum collaturos. Sed iterum atque sæpius rogo (3), ut omni deposita segnitie occurratis et hiemis difficultates antevertatis.

[88] Luc. xv, 7. [89] ibid. 32. [40] Psal. LIV, 7.

* Alias IV. Scripta anno 370.

(1) Legi non potest attentius hæc epistola, quin eam non a Basilio, sed potius de Basilio scriptam esse pateat. Plures tamen decepit titulus; at hodie inter eruditos fere convenit eam a Gregorio patre, filii manu, ad Eusebium Samosatensem scriptam fuisse. Nam senem se esse declarat auctor epistolæ et in Cappadocia episcopum, ut qui litteris cleri ad electionem episcopi, et Ecclesiæ Cæsariensis defensionem invitatus fuerit. Is autem ad quem scribit et eadem dignitate præditus erat, et laboribus pro Ecclesia susceptis clarus, et amicus Basilio, nec Cappadociæ vicinus. Omnia in Eusebium Samosatensem mirifice conveniunt, quem Basilii ordinationi scimus interfuisse.

(2) Indicat Gregorius structas ab Arianis insidias Ecclesiæ Cæsariensi anno 365, cum Valens in hanc urbem venit cum suo Arianorum episcoporum comitatu. Tunc Basilius, qui se in solitudinem pacis tuendæ causa receperat, ad succurrendum episcopo suo advolavit, omnibus rebus Ecclesiæ utilitati posthabitis, ac præclarum illum triumphum reportavit, de quo Gregorius orat. 20, p. 59.

(3) Minime mirum quod Eusebius in remotam provinciam ad electionem episcopi vocetur. Nam, cum unus sit episcopatus, et unus grex, sæpe incidunt tempora ejusmodi, ut curam suam et sollicitudinem episcopi exteris Ecclesiis debeant. Ut hæream in exemplo Eusebii Samosatensis, nemini sanctus ille martyr in hoc genere concessit, ac in variis Ecclesiis presbyteros et diaconos, atque etiam episcopos magno Ecclesiæ commodo ordinavit, ut testatur Theodoretus *Hist.* lib. IV, c. 13. Ex hac autem epistola et nonnullis aliis ejusdem Gregorii, et ex laboribus, quos a patre Basilii causa susceptos narrat in orationibus 19 et 26, facile perspicimus episcopos electionum otiosos spectatores non fuisse, sed plurimas earum partes conciliando et adhortando sustinuisse. Quin etiam electio interdum penes episcopos erat; et cum varia essent plebis ac cleri studia, ut in Basilii electione contigit, tunc ea pars vincebat cui major favebat episcoporum numerus. Hinc cum ad canonicam Basilii electionem deesset unius episcopi suffragium, Gregorius Nazianzi episcopus, quamvis senio ac morbo confectus, Cæsaream advolavit, *ut electionem calculo suo adjuvaret,* βοηθήσων τῇ ψήφῳ, Greg. Naz., orat. 19, p. 311, et 20, p. 543.

EPISTOLA XLVIII.

Hiemem excusat Basilius cur non scripserit. Mittit epistolas Antiochia allatas. Narrat de Demophilo simulacrum pietatis et rectae fidei prae se ferente, et de episcoporum, post egressum Eusebii, adventu et schismatico animo. Rogat ut se revisat vere ineunte.

Eusebio, episcopo Samosatorum.

Vix nacti sumus qui litteras ad tuam pietatem deferret, siquidem nostri homines ita hiemem exhorrescunt, ut ne paululum quidem ex aedibus prospicere velint. Nam tanta nivium copia abluti sumus, ut cum ipsis aedibus cooperti jam duos menses in speluncis latitemus. Prorsus itaque nobis ignosces, cum et Cappadocum animi timiditatem, et corporum torporem noveris, si citius non scripsimus, neque fecimus praestantiam tuam eorum quae Antiochia allata sunt certiorem : quae quidem omnino tibi nota facere rancidum est et frigidum, ut qui dudum didiceris, ut verisimile est; sed tamen nihil incommodi esse existimantes, etiam cognita significare, misimus allatas per lectorem epistolas. Ac de his quidem hactenus. Constantinopolis autem jamdudum habet Demophilum, ut et illi ipsi narrabant, atque ut procul dubio jam prius sanctitati tuae nuntiatum est. Ac de illo quidem simulacrum quoddam rectae fidei et pietatis ab omnibus advenientibus, **142** summo consensu jactatur, adeo ut etiam dissidentes civitatis partes coaluerint in unum, atque ex vicinis episcopis nonnulli conjunctionem amplexi sint. Nostri autem spe et exspectatione non exstitere meliores. Nam cum statim post egressum tuum advenissent, multa quidem tristia dixere, multa etiam fecere, ac tandem discesserunt firmato nobis schismate. Utrum autem melius aliquid futurum sit, atque utrum ab improbitate discessuri sint, nemini nisi Deo compertum est. Itaque res praesentes sunt ejusmodi. Ecclesia autem reliqua per Dei gratiam praeclare stat, teque exoptat, simul ac ver prodierit, iterum apud nos videre, et per bonam tuam doctrinam renovari. Mihi autem corpus solito melius non se habet.

EPISTOLA XLIX**.

Basilius gratias agit Arcadio, qui conceptam a se de eo spem significaverat. Promittit ei Basilius martyrum reliquias, ad ecclesiam ab ipso constructam, si quas reperire possit.

Arcadio episcopo.

Gratias egi Deo sancto lectis pietatis tuae litteris, precorque ut et ego ea spe, quam de me concepisti, dignus sim, et tu honoris, quem mihi habes in nomine Domini Jesu Christi, mercedem perfectam referas. Valde autem laetatus sum, quod curam Christiano dignam suscipiens, domum ad gloriam nominis Christi construxeris, ac vere dilexeris, sicut scriptum est [90], decorem domus Domini : tibi ipsi praeparans coelestem mansionem, destinatam A in requie diligentibus nomen Christi. Quod si reliquias martyrum investigare possim, cupio et ipse studii tui adjutor esse. Nam si in memoria aeterna erit justus [90*], profecto bonae illius memoriae, quam tibi sanctus impertiet, erimus participes.

EPISTOLA L***.

Basilius gratias agit episcopo cuidam aetate et virtute venerando, qui prior ad eum scripserat adhortandi causa.

Innocentio episcopo.

Eccui alii conveniebat et timidis fiduciam addere, et dormientes excitare, nisi tuae domini mei pietati : qui tuam in omnibus rebus perfectionem in hoc quoque declarasti, quod te etiam ad nos humiles demittere volueris, ut germanus discipulus illius qui dixit : *Illic sum in medio vestri*, non tanquam recumbens, sed *tanquam ministrans* [91]. Nam et ipse dignatus es nobis ministrare spiritualem tuam laetitiam, atque venerandis tuis litteris animos nostros recreare, et velut puerorum infantiam ulnis tuae magnitudinis amplecti. Precare igitur (bonum tuum animum rogamus), ut digni simus qui a **143** vobis magnis viris adjuvemur, et os ac sapientiam accipiamus, ut vobis audeamus Spiritum sanctum ducem habentibus succinere : cujus te amicum ac glorificatorem esse audientes, magnas ob illam tuam firmam ac stabilem in Deum dilectionem gratias agimus, orantes ut pars nostra cum veris adoratoribus inveniatur, inter quos et tuam perfectionem reperiri persuasum habemus, et magnum illum et verum episcopum, qui totum orbem suis miraculis complevit, Dominum rogamus.

EPISTOLA LI****.

Refellit Basilius affictam sibi calumniam, quod Dianium Caesariensem anathematizasset. Fatetur se doluisse, quod is formulae Constantinopoli a Georgio allatae subscripsisset; sed tamen ad ejus communionem accessisse, postquam ab illo aegrotante accersitus, nihil eum contra Nicaenam fidem sibi proposuisse cognovit.

Bosporio episcopo.

1. Quomodo putas animum meum vulneratum fuisse auditione illius calumniae, qua me aspreserunt nonnulli ex hominibus non metuentibus Judicem perditurum omnes, qui loquuntur mendacium [92] ? Ita ut noctem totam ob dilectionis tuae verba pene insomnem transegerim : adeo medium cor meum tetigerat maeror. Revera enim secundum Salomonem [93], calumnia virum humiliat : nec quisquam ita obduruit et percalluit, ut animo non moveatur, et humi non sternatur, si in ora incidat ad mendacium proclivia. At enim necesse est omnia perferre, omnia sustinere, nostram ipsorum ultionem permittentes Domino, qui nos non despiciet. *Nam qui calumniatur pauperem, irritat ipsius Conditorem* [94]. Caeterum qui novam illam

---

[90] Psal. xxv, 8. [90*] Psal. cxi, 7. [91] Luc. xxii, 27. [92] Psal. v, 7. [93] Eccle. vii, 8. [94] Prov. xiv, 31.

* Alias CCLIV. Scripta initio episcopatus.
** Alias CCCCVIII. Scripta eodem tempore.
*** Alias CCCCIX. Scripta initio episcopatus.
**** Alias LXXXVI. Scripta eodem tempore.

blasphemiæ fabulam adversum nos concinnarunt, videntur omnino non credere Domino, qui rationem nos in die judicii vel de otioso verbo -reddituros pronuntiavit [95]. Dic autem, quæso, egone beatissimum Dianium anathematizavi? Hoc enim de nobis dictitarunt. Ubi? vel quando? coram quibus? quo prætextu? nudis verbis, an scripto? alios duces sequens, an ipse inceptor et auctor facinoris? O impudentiam hominum omnia facile loquentium! O contemptum judiciorum Dei! Nisi forte commento suo hanc etiam tragœdiam adjicient, factum me esse aliquando ita dementem, ut mea ipsius verba non noscerem. Nihil enim ejusmodi, dum rationis compos fui, aut fecisse me scio, aut omnino facere voluisse. Sed potius mihi hujus rei conscius sum, me ab incunte ætate educatum fuisse in illius amore, et intuendo considerasse quam esset ille vir aspectu venerabilis, quanta majestate præditus, quantum dignitatis sacerdotalis ore præferens. Postquam autem mihi deinceps et ratio adfuit, tum vero et ex animæ bonis eum noveram ipsiusque **144** delectabar consuetudine, simplicitatem et ingenuitatem ac liberalitatem morum perspiciens, et quæcunque alia propria erant viri ornamenta, animi mansuetudo, magnanimitas simul et lenitas, decori studium, animus iræ expers, hilaritas et affabilitas gravitate permista. Quare ipsum inter homines virtute spectatissimos numerabam.

2. Sed tamen circa extremum vitæ tempus (non enim celabo veritatem) dolui de illo inconsolabiliter cum pluribus in patria Dominum timentibus, quod subscripsisset fidei a Georgio Constantinopoli allatæ. Deinde, ut ille pro sua morum lenitate et mansuetudine non gravabatur omnibus paterno pectore satisfacere, cum jam in morbum, ex quo etiam e vita discessit, incidisset; nobis accersitis, dixit, Domino teste, se scripto Constantinopoli allato in simplicitate cordis assensisse, sed nihil ad fidei Nicææ a sanctis Patribus expositæ eversionem sibi proposuisse, neque aliud in corde habere, quam quod ab initio traditum acceperat: imo etiam precari se, ut ne separetur a sorte beatorum trecentorum decem et octo episcoporum, qui piam illam doctrinam orbi annuntiarunt. Quare omni cordis dubitatione ob hanc asseverationem soluta, ad ejus communionem, ut tumet etiam nosti, accessimus, et mœrere desiimus. Igitur quæ nobis cum hoc viro intercessere, ejusmodi sunt. Quod si quis dicat se nefariæ alicujus in illum contumeliæ conscium nobis esse, is non in angulo susurret serviliter, sed in apertam lucem prodiens, libere arguat.

EPISTOLA LII.

Cum rumores iniqui de Canonicis ad Basilium, de Basilio ad canonicas perlati fuissent, utrosque dedocuit Bosporius. Multa de Consubstantiali disserit Basilius, quod a nonnullis rejici, a patribus Antiochenis vituperatum fatetur: aptissimum tamen esse contendit adversus hæreses Arii et Sabellii. Refellit eos qui Spiritum sanctum Filio aut Patri præponebant.

Ad canonicas.

1. Quantum nobis antea doloris attulit molestus rumor, quo aures nostræ circumsonuerunt, tanta affecit lætitia religiosissimus episcopus frater noster Bosporius, meliora de vestra pietate narrans. Dixit enim, Dei gratia, omnes illos rumores hominum esse commenta non accurate veritatem rerum vestrarum cognitam habentium. Addebat autem se et calumnias invenisse apud vos de nobis nefandas, qualesque protulerint, qui non exspectant se vel otiosi verbi rationem reddituros Judici in die justo retributionis illius. Quare gratias egi Domino, cum ipse sanatus ex noxia de vobis opinione, quam, ut verisimile est, ex hominum calumnia suscepram; tum etiam vos audiens deposuisse falsas de me suspiciones, ubi audistis **145** quæ frater noster asseveravit: qui quidem vobis suam ipsius sententiam dum exposuit, omnino et nostram simul declaravit. Una enim in utroque nostrum de fide sententia: siquidem et eorumdem Patrum hæredes sumus, qui quondam Nicææ magnum pietatis præconium promulgarunt: cujus reliquæ quidem partes calumniæ nulli obnoxiæ sunt; sed vocem Consubstantialis male a nonnullis acceptam, sunt qui nondum receperint: quos quis et jure reprehenderit, ac rursus venia dignos judicarit. Nam Patrum vestigiis non insistere, nec sua sententia vocem illorum potiorem ducere, res est reprehensione digna, ut plena arrogantiæ. Rursus autem vituperatam ab aliis vocem, suspectam habere, videtur id quodam modo mediocrem illis excusationis veniam conciliare. Nam revera qui in Pauli Samosatensis causa convenerant, vocem hanc quasi male sonantem culparunt. Dixerunt enim consubstantialis voce exhiberi notionem substantiæ et eorum quæ ex substantia; adeo ut divisa substantia appellationem consubstantialis conciliet iis in quæ divisa est. Quæ quidem cogitatio locum aliquem habet in aere et in conflatis ex eo numismatibus: at in Deo Patre et in Deo Filio substantia non est antiquior, neque utrique superposita intelligitur: hoc enim cogitare, aut dicere, omnem impietatis modum excedit. Quid enim ingenita antiquius sit? Tollitur etiam hac blasphemia fides in Patrem et Filium: nam inter se fratrum rationem habent quæ ex uno subsistunt.

2. Et quia Filium ex nihilo productum adhuc tunc erant qui dicerent; ut hanc quoque præciderent impietatem, consubstantiale usurparunt.

---

[95] Matth. xii, 36.

* Alias CCC. Scripta initio episcopatus.

Nam sine tempore est et sine intervallo Filii cum Patre conjunctio. Demonstrant autem et superiora verba hanc illorum esse mentem. Postquam enim dixerunt lumen de lumine, atque Filium ex Patris substantia genitum esse, non vero factum; his consubstantiale subjunxerunt: indicantes, quam quis luminis rationem in Patre reddiderit, eam et Filio aptam et congruentem futuram: siquidem lumen verum cum vero lumine, secundum ipsam luminis notionem, dissimilitudinem nullam habebit. Cum igitur Pater lumen sit principii expers Filius vero lumen genitum, ac uterque lumen et lumen, jure consubstantialem dixerunt, ut naturæ æqualem dignitatem demonstrarent. Non enim quæ fratrum inter se rationem habent, dicuntur consubstantialia, id quod quidam existimant; sed cum et causa, et id quod ex causa exsistentiam habet, ejusdem sunt naturæ, consubstantialia dicuntur.

3. **146** Cæterum vox eadem Sabellii quoque pravitatem corrigit: tollit enim hypostasis identitatem, et perfectam personarum notionem inducit. Neque enim quidquam sibiipsi consubstantiale est, sed alterum alteri: quare præclare ac pie se habet illa vox, et hypostaseων proprietatem definiens, et naturæ sine ullo discrimine similitudinem demonstrans. Cum autem ex Patris substantia Filium esse dicimus, eumque genitum, non autem factum; ne prolabamur in corporales perpessionum cogitationes. Non enim divisa est substantia a Patre in Filium: neque fluendo dilapsa generavit, neque proferens, quemadmodum arbores fructus proferunt: sed inenarrabilis et indeprehensus cogitationibus hominum divinæ generationis modus. Humilis enim revera et carnalis est mentis, caducis ac temporalibus assimilare æterna, ac existimare, quemadmodum corporalia, ita et Deum pari modo generare; cum oporteat sumptis ex contrario argumentis ad pietatem concludere, quia mortalia sic, immortalem non sic. Neque igitur neganda generatio divina, nec corporeis cogitationibus contaminanda mens.

4. Sanctus autem Spiritus cum Patre quidem et Filio numeratur, quia et supra rem creatam est; sed eo ordine numeratur, quem in Evangelio didicimus a Domino dicente: *Euntes baptizate in nomine Patris et Filii et Spiritus sancti* [95]. Qui autem præponit Filio, aut Patre dicit antiquiorem, resistit Dei ordinationi et a sana fide alienus est: acceptum glorificationis modum non servans, sed sibiipsi vocum novitatem, ut placeat hominibus, excogitans. Si enim Deo sit superior, ex Deo non est. Scriptum est enim: *Spiritus autem ex Deo est* [96]. Si autem ex Deo, qui fieri potest ut eo ex quo est antiquior sit? Jam vero quæ insania, cum unus sit ingenitus, aliquid aliud dicere ingenito superius? Sed neque prior est Unigenito; quippe cum inter Filium et Patrem nihil medium sit. Si autem non est ex Deo, est vero per Christum; omnino non est. Quare illa circa ordinem novitas ipsius exsistentiæ habet eversionem, et fidei totius negatio est. Æque igitur impium est, et eum ad rem creatam deducere, et aut supra Filium aut supra Patrem ponere, sive secundum tempus, sive secundum ordinem. Atque hæc quidem sunt, quæ a vestra pietate audivimus requiri: quod si Dominus dederit, ut in unum veniamus, fortassis de his fusius disceptabimus, ac nobis, quibus de rebus certiores fieri cupimus, aliquid quod satisfaciat et persuadeat a vobis exhibebitur.

147 EPISTOLA LIII[*].

Demonstrat Basilius chorepiscopis, sive episcopis sibi subditis, quorum nonnulli pretio manus imponere ferebantur, quanta sit hujus facti turpitudo; ac declarat ab altaribus recessurum, si quis post hanc acceptam epistolam tale quidpiam designaverit.

Chorepiscopis.

1. Rei turpitudo, de qua scribo, hoc ipso quod in suspicionem omnino venit ac sermonem, dolore animum meum implevit: hactenus sane visa est mihi incredibilis. Quod ergo de illa scribo, qui sibi ipse conscius est, accipiat ut medelam; qui autem non conscius, ut præmunitionem; indifferens vero, quod quidem deprecor ne in vobis reperiatur, ut obtestationem. Quid autem est, quod dico? Dicuntur nonnulli ex vobis ab iis qui ordinantur, pecunias accipere, idque pietatis nomine inumbrare. Hoc autem pejus est. Etenim si quis malum sub specie boni perficit, pœna duplici dignus est: quandoquidem et quod non bonum est, facit, et utitur ad peccatum committendum bono, ut ita dicam, adjutore. Hæc si ita se habent, deinceps non fiant, sed emendentur: siquidem necesse est dicere argentum accipienti, quod ab apostolis dictum est ei, qui dare volebat, ut Spiritus sancti participationem emeret: *Pecunia tua tecum sit in perditionem* [97]. Nam levius delinquit qui præ inscitia emere vult, quam qui Dei donum vendit. Venditio enim facta est; et quod tu gratis accepisti, id si vendideris, tanquam Satanæ venditus gratia privaberis. Nam cauponariam introducis in res spirituales, et in ipsam Ecclesiam, ubi corpus et sanguis Christi concredita nobis sunt. Hæc ita fieri non oportet. Quale autem sit artificium, dicam. Putant se ideo non peccare, quod non ante accipiant, sed post ordinationem accipiant. Accipere autem est quandocunque accipere.

2. Rogo itaque, reditum illum, imo potius viam in gehennam ducentem relinquite, nec manus ejusmodi muneribus contaminantes, indignos vos efficiatis, qui mysteria sancta celebretis. Ignoscite autem mihi. Primum quidem tanquam non credens, deinde tanquam fidem adhibens, interminor. Si

---

[95] Matth. xxviii, 19. [96] I Cor. ii, 12. [97] Act. viii, 20.

[*] Alias LXXVI. Scripta initio episcopatus.

quis post hanc meam epistolam tale aliquid admiserit, ab his quidem quae hic sunt altaribus secedet (1): quaeret autem ubi Dei donum emens denuo divendere queat. **148** Nos enim ac Dei Ecclesiae consuetudinem talem non habemus. Caeterum uno addito desinam. Propter avaritiam ista fiunt. Avaritia autem et radix malorum omnium est, et vocatur idolatria [98]. Nolite igitur Christo praeferre simulacra ob modicum argentum; nec rursus Judam imitari, quaestus causa iterum tradentes eum, qui semel pro nobis crucifixus est. Alioquin et agri et manus eorum, qui hos fructus percipiunt, Aceldama vocabuntur.

ejus sit vivendi ratio. Habete autem et ipsi apud vos catalogum, ut cum scriptis apud nos repositis vestra conferantur, nec cuiquam liceat seipsum, cum voluerit, inscribere. Ita sane, si qui post primam indictionem a presbyteris introducti fuerint, inter laicos rejiciantur. Eorum autem examen de integro repetite, et si digni fuerint, suffragio vestro suscipiatur. Expurgate Ecclesiam, indignos ex ea ejicientes. Atque in posterum examinate quidem, qui digni sint, et eos admittite: sed prius non ascribite, quam ad nos retuleritis; aut scitote laicum futurum esse, qui sine nostro judicio in ministerium fuerit admissus.

EPISTOLA LIV [*].

Renovat Basilius antiquas Ecclesiae leges de clericorum in pagis electione, et pravas novitates, quae obrepserant, abrogat.

Chorepiscopis.

Permolestum mihi est, quod jam canones Patrum defecerint, ac disciplina omnis Ecclesiis abacta sit; et timeo, ne paulatim, hac indifferentia progrediente, res ecclesiasticae in summam confusionem delabantur. Observata olim in Dei Ecclesiis consuetudo Ecclesiae ministros omni diligentia probatos admittebat; ac in omnem eorum vitam sedulo inquirebatur: an non essent maledici, an non ebriosi, an non prompti ad pugnas, an juventutem suam frenarent, ita ut sanctimoniam, sine qua Deum nemo videbit [99], exercere possent. Atque hoc examinabant quidem presbyteri et diaconi, qui una cum ipsis habitabant: referebant autem ad chorepiscopos, qui cum suffragia testium veracium accepissent, ac episcopum admonuissent, sic sacratorum numero ministrum ascribebant. Nunc autem primum quidem nos excludentes, ac ne referre quidem ad nos dignati, omnem in vosmetipsos auctoritatem transtulistis: deinde rem negligentes, presbyteris et diaconis permisistis, ut quos vellent, vita non examinata, secundum animi affectionem, aut ex consanguinitate ortam, aut ex alia aliqua amicitia, in Ecclesiam indignos introducerent. Quapropter multi quidem ministri in unoquoque pago numerantur; sed dignus ministerio altarium ne unus quidem, ut vos ipsi testificamini, hominum penuria laborantes in electionibus. Quoniam igitur video rem in malum jam insanabile progredi, nunc praesertim, cum plurimi militiae metu, seipsos in ministerium conjiciant, necessario accessi ad Patrum canones renovandos; ac vobis scribo, ut mittatis mihi catalogum ministrorum cujusque pagi, et a quo quisque **149** introductus sit, et quae

EPISTOLA LV [**].

Decretum Basilii adversus extraneas mulieres cum Paregorius presbyter minus observaret, hortatur eum Basilius ut parendo potius quam excusando sese defendat: secus depositionem minuatur, atque ipsam etiam excommunicationem tum ipsi, tum eum recipientibus, si sacerdotium citra emendationem sibi arroget.

Paregorio presbytero.

Legi tuas litteras cum omni patientia; sumque admiratus, cur cum possis apud nos breviter et facile factis tuis causam agere, in rebus reprehensis persistere velis, ac longis sermonibus curare tentes insanabilia. Nec primi, nec soli, Paregori, sancivimus, ut ne una cum viris habitarent mulieres. Sed lege canonem a sanctis nostris Patribus editum in synodo Nicaena, qui manifeste sancivit extraneas mulieres non esse. Vita autem caelebs in eo honestatem habet, ut a convictu mulieris separetur. Quare si quis verbo professus, reipsa quae conjugatorum sunt facit, palam est eum virginitatis quidem honestatem in nomine persequi, sed nequaquam ab indecora voluptate abstinere. Tanto ergo magis oportebat te postulationi nostrae facile cedere, quanto te ais esse liberiorem ab omni corporea libidine. Neque enim virum septuaginta annos natum existimo libidinose habitare cum muliere: nec quod turpe aliquod facinus fuisset admissum, idcirco constitui quae constitui; sed quod ab Apostolo didicimus offendiculum fratri non ponere ad scandalum [1]. Scimus autem quod a nonnullis recte geritur, aliis occasionem esse peccandi. Quare praecipimus sanctorum Patrum decretum sequentes, ut a muliercula separeris. Quid igitur chorepiscopum incusas, et veteris inimicitiae facis mentionem? Quid de nobis quereris quod faciles calumniis aures praebeamus, ac non potius de te ipse, qui adduci non potes, ut a mulieris consuetudine recedas? Ejice igitur illam **150** ex tuis aedibus, et in monasterio constitue. Sit illa cum virginibus,

---

[98] Col. III, 5. [99] Hebr. XII, 14. [1] Rom. XIV, 13.

[*] Alias CLXXXI. Scripta initio episcopatus.
[**] Alias CXCVIII. Scripta etiam initio episcopatus.
(1) Ambigi possit an non illa ab altaribus secessio excommunicationem simul cum depositione includat. Non tamen videtur Basilius graviorem depositione poenam intentare. Haec enim verba, *gratia privabere, quaret autem ubi Dei donum emens denuo divendere queat*, nihil aliud designant nisi abrogationem ministerii, quo nonnulli ad turpem quaestum abutebantur. Praeterea in Canonibus apostolicis, quos saepe Basilius sequitur, ut infra videbimus, sola depositio infligitur ei qui pretio ordinavit: qui autem sic ordinatus est, etiam a communione segregatur, can. 22.

et apud te serviant viri, ut ne Dei nomen propter vos blasphemetur. Hæc donec feceris, innumerabilia quæ per epistolas scribis nihil te juvabunt; sed morieris otiosus, ac reddes Domino rationem otii tui. Quod si ausus fueris citra emendationem sacerdotium tibi vindicare, anathema eris omni populo; et qui te receperint, excommunicati per omnem Ecclesiam erunt.

EPISTOLA LVI[*].

Basilius querentem Pergamium, quod litteris suis non respondisset, placare conatur, seque non arrogantia ex potestate orta, sed sollicitudine, qua nunc distringitur, adductum esse declarat, ut Pergamii obliviscatur.

Pergamio.

Sum equidem natura proclivis ad oblivionem, sed accessit mihi et negotiorum multitudo, quæ innatam infirmitatem adauget. Quamobrem etsi non memini me litteras accipere nobilitatis tuæ, tamen te ad me scripsisse persuasum habeo; non enim mentiturum te prorsus fuisse. Quod autem non respondi, culpa non fuit mea, sed illius qui responsa non poposcit. Nunc autem ad te veniunt hæ litteræ, quæ et præterita excusent et salutationis alterius initium præbeant. Quare cum ad me scribes, ne alterum scribendi ordinem a te incipi opineris, sed hisce litteris debitum persolvi. Quamvis enim mea epistola prioris tuæ sit remuneratio, quia tamen plus duplo modum excedit, utrumque ordinem explebit. Vides qualia nos cavillari cogat otium? Tu vero desine, o vir optime, paucis verbis magna crimina, quæque nequitia superari non possint, inferre. Nam amicorum oblivio et contemptus ex potestate ortus, omnia simul mala complectuntur. Sive enim secundum Domini præceptum non diligimus, neque etiam impositam nobis notam et characterem retinemus. Sive factu inani et arrogantia replemur inflati, incidimus in diaboli judicium ineluctabile. Quare si de nobis ita sentiens, his verbis usus es; precare ut improbitatem, quam in nostris moribus deprehendisti, fugiamus; sin autem consuetudine quadam inconsiderata ad has voces devenit lingua, nos ipsi consolabimur, tuamque benignitatem, ut ex factis testimonia proferat, rogamus. Illud enim probe scias, hanc sollicitudinem, qua nunc distringimur, occasionem nobis factam esse humilitatis. Quapropter tui tunc obliviscemur, cum et nosmetipsos **151** ignorabimus. Cave igitur, nequando negotia indolis ac morum malorum indicium esse ducas.

EPISTOLA LVII[**].

Meletium hortatur Basilius, ut sæpius scribat, et in magnis molestiis versantem consoletur. Optat ut sibi illum aliquando videre contingat; jamque huic cupiditati obsequeretur, nisi fratres retinuissent certis de causis, quas Theophrastus narrabit.

Meletio, episcopo Antiochiæ.

Si quo modo nota fieret pietati tuæ magnitudo lætitiæ, quam mihi affers, quotiescunque scribis, scio te nunquam oblatam scribendi occasionem prætermissurum fuisse; sed et consulto multas nobis subinde epistolas facturum, cum non ignores mercedem consolationi afflictorum a benigno Deo repositam. Omnia enim hic dolore plena sunt, ac una nobis est avocatio malorum, sanctitatis tuæ cogitatio; quam manifestiorem nobis efficit tuum per litteras omni sapientia ac gratia refertas colloquium. Quare cum epistolam tuam in manus sumimus, primum quidem modum ipsius intuemur, eamque tantum diligimus, quanto uberior fuerit ac copiosior: deinde legentes, semper quidem occurrente oratione delectamur: fini vero appropinquantes, afficimur molestia; adeo quidquid dixeris in litteris, bonum est. Nam bonum est quod a bono corde redundat. Quod si nobis contingeret tuis precibus, dum in terra versamur, etiam coram congredi, et ab ipsa viva voce utilia documenta recipere, aut aliqua tum ad præsens tum ad futurum sæculum viatica; id certe judicaremus bonorum maximum, ac benevolentiæ divinæ proœmium reputaremus. Jamque huic obsequeremur cupiditati, nisi germanissimi ac in omnibus amantissimi fratres cohibuissent: quorum propositum ne litteris evulgem, id fratri Theophrasto exposui, ut præstantiæ tuæ singula declaret.

EPISTOLA LVIII[***].

Carpit Basilius simplicitatem fratris, qui falsam nomine avunculi epistolam attulerat, et aliam pariter falsam postea misit. Cum tertia venisset, merito dubitavit Basilius, qui bis deceptus fuerat, sed tamen respondit episcopis, ut par erat. Hortatur fratrem ut sibi difficilem vitam ingresso adsit, seque venturum promittit, si ab episcopis congruenti modo vocetur.

Gregorio fratri.

Quomodo tecum litteris pugnem? Quomodo te digne tangam ob tuam in omnibus simplicitatem? Quis tertio, dic mihi, in eosdem incidit casses? Quis tertio in eumdem incidit laqueum? Ne bellua quidem id facile committat. Fictam mihi epistolam unam attulisti, **152** velut a perquam venerando episcopo et communi nostro patruo conscriptam, decipiens me, nescio qua gratia. Hanc accepi ut ab episcopo per te allatam. Quidni enim? Ostendi amicis multis præ gaudio, gratias egi Deo. Deprehensum est commentum, ipso episcopo propria voce negante. Propterea pudore affecti sumus: optavimus terram nobis dehiscere, fallaciæ et mendacii ac fraudis probris aspersi. Aliam rursus mihi reddiderunt, ut per famulum tuum Asterium ab ipso episcopo mihi missam. Ne hanc quidem vere episcopus ipse misit, quemadmodum reverendissimus frater Anthimus nobis renuntiavit. Rursus tertiam nobis attulit Adamantius. Quomodo per te tuosque missam suscipi a me decebat? Cupivi lapideum mihi cor esse, ut neque recordarer præteritorum, neque animadverterem præsentia,

[*] Alias CCCLIV. Scripta initio episcopatus.
[**] Alias LVI. Scripta anno 371.
[***] Alias XLIV. Scripta anno 371.

ut plagam omnem demissis in terram oculis more pecudum ferrem. Sed quid faciam meo ipsius animo, qui post unum et alterum experimentum nihil inexploratum admittere potest? Haec scripsi, simplicitatem tuam perstringens, quam alioqui Christianis non congruentem, huic tempori haud convenire video; ut saltem deinceps tum ipse tibi caveas, tum mihi parcas: siquidem, libere enim me ad te loqui oportet, talium minister es fide haud dignus. Verumtamen quicunque fuerint, qui scripserint, eis, ut par erat, jam respondimus. Sive igitur tentamentum mihi injiciens, epistolam misisti, sive revera accepisti ab episcopis, habes responsa. Te vero decebat alia in praesenti tempore curare, frater cum sis, necdum naturae oblitus, neque me inimici loco habeas: quandoquidem vitam ingressi sumus, quae corpus nostrum conterit, ac animam quoque conficit, propterea quod vires nostras superat. Caeterum quoniam sic mihi bellum indicere statuisti, idcirco adesse te nunc oportebat, atque negotiorum esse participem. *Fratres enim*, inquit, *in necessitatibus utiles sint* [2]. Quod si revera nostrum congressum admittunt episcopi omni reverentia dignissimi, et locum nobis definitum et tempus indicent, meque per suos homines accersant. Ut enim patruo meo occurrere non recuso, ita nisi modo congruenti vocatus fuero, non feram (1).

EPISTOLA LIX[*].

Rumpit silentium Basilius, ac dissensionis causis in sua peccata rejectis avunculum obtestatur, ut tandem aliquando simultatem deponat, ex qua totae civitates et populi laeduntur. Facturum se promittit quidquid ei pacis conciliandae causa visum fuerit esse faciendum.

Gregorio patruo.

1. *Silui. Num et semper silebo*, ac amplius committam [3] ut molestissimum silentii damnum contra meipsum obfirmem, nec ipse scribens, nec alloquentem audiens? Ego enim cum hactenus in hac tristi sententia permanserim, videor mihi non immerito prophetae verba et ipse posse proferre: *Toleravi sicut parturiens* [4]: semper quidem concupiscens aut congressum, aut sermonem, semper autem proposito excidens ob mea peccata. Non enim ullam aliam eorum, quae fiunt, causam excogitare queo, nisi quod persuasum mihi est veterum me peccatorum in dilectionis tuae separatione poenas luere; si tamen de te separationem vel nominare fas est a quolibet homine, nedum a nobis, quibus ab initio patris loco fuisti. Sed peccatum meum nunc, velut densa quaedam obducta nubes, horum omnium ignorationem induxit. Cum enim

[2] Eccli. XL, 24. [3] Isa. XLII, 14. [4] Isa. XLII, 14.

considero, praeter dolorem qui mihi ea ex re creatus est, aliud nihil inde consecutum me esse, quomodo non merito nequitiae meae ascribam praesentia? Caeterum sive peccata sunt eorum quae acciderunt causa, hic mihi molestiarum finis esto: sive aliquid consilii intendebatur, adimpletum omnino est quod expetebatur. Non enim modicum est damni tempus. Quapropter continere me amplius cum non possem, prior rupi vocem, obsecrans ut et nostri memor sis, et tui ipsius, qui per omnem vitam, majorem quam consanguinitas exigebat, nostri curam ostendisti, nuncque civitatem diligas nostra causa, non autem propter nos te ipse abalienes a civitate.

2. Si qua igitur consolatio in Christo, si qua communio Spiritus, si quae viscera et miserationes, exple votum meum; siste hic tristia: initium aliquod affer rerum deinceps hilariorum, ducem te aliis praebens ad optima, minime autem alium ad illicita sequens. Neque enim corporeus character ita proprius cujusquam deputatus est, ut animi tui pax et mansuetudo. Par igitur fuerit, cum talis sis, alios ad te trahere, ac omnibus ad te accedentibus praestare, ut veluti cujusdam unguenti fragrantia, morum tuorum lenitate impleantur. Nam etiamsi quid nunc obsistat, tamen paulo post ipsum etiam pacis bonum cognoscetur. Quandiu autem ob dissensionem calumniae locum habebunt, necesse est suspiciones semper in pejus adaugeri. Sane ne illis quidem decorum est nos negligere, sed maxime omnium, praestantiae tuae. Si quid enim peccamus, meliores erimus admoniti. Hoc autem fieri non potest citra congressum. Sin autem nihil facimus mali, cur odio habemur? Atque haec quidem ad meam ipsius defensionem profero.

3. Quid autem Ecclesiae, quae nostri dissidii non ad suam utilitatem participes sunt, pro seipsis dixerint, melius quidem tacere. Non enim ut molestiam exhibeam, verba facio; sed ut molestis rebus finem imponam. Tuam autem prudentiam omnino nihil fugit: sed multo majora ac perfectiora quam quae nos cogitamus, ipsa tua mente poteris excogitare, aliisque dicere: qui certe etiam ante nos Ecclesiarum vidisti detrimenta, magisque quam nos doles, jam olim eductus a Domino, neminem ex minimis contemnere. Nunc autem damnum non uno aut altero circumscribitur, sed totae civitates ac populi calamitatum nostrarum participes sunt. Famam enim in remotis provinciis quid vel dicere attinet, qualis futura sit de nobis? Decet igitur ut tua magnanimitas

---

[*] Alias XLVI. Scripta anno 371.

(1) Negat Basilius se adfuturum, nisi decenter advocetur, id est, nisi mittantur qui eum in indictum locum deducant. Erat Basilius, ut in ejus modi officiis exhibendis diligentissimus, ita etiam in reposcendis attentus. Meletius Antiochenus et Theodorus Nicopolitanus, cum Basilium ad celebritatem quamdam obiter advocassent per Hellenium Nazianzi Peraequatorem, nec iterum misissent qui de iisdem admoneret aut deduceret; displicuit Basilio perfunctoria invitandi ratio, ac veritus ne suspectus illis esset, adesse noluit.

contentionis studium aliis relinquat, imo ex illorum etiam animis extrahat, si fieri potest : ipse autem patientia molestias superes. Nam ulcisci se, cujusvis irati est : sed ipsa etiam ira superiorem esse, hoc certe tuum est solius, et si quis tibi virtute consimilis. Illud autem non dicam, eum qui nobis succenset, in insontes iram immittere. Itaque sive adveniendo ad nos, sive scribendo, sive ad te accersendo, sive quocunque volueris modo, consolare animum nostrum. Nobis enim in optatis est, ut in Ecclesia appareat pietas tua, et nos simul et populum tum ipso conspectu, tum gratiæ tuæ sermonibus cures. Quod si istud fieri potest, erit optimum : si vero aliud quid videbitur, et illud amplectemur. Hoc tantum a te certo impetrem, ut quod prudentiæ tuæ visum fuerit, id nobis significes.

EPISTOLA LX*.

Significat Basilius se fratris adventu et litteris avunculi spem pacis afferentibus recreatum fuisse. Probaturum se promittit quidquid avunculo de congressus tempore et loco placuerit. Fratri se diffidere testatur, ob ea quæ prius gesta fuerant.

Gregorio patruo.

Et antea libenter videbam fratrem meum. Quidni enim ? cum et frater meus sit, et talis : et nunc eodem affectu suscepi advenientem, nihil meo amore imminuto. Absit enim sic afficiar animo, ut et naturæ oblivisear, et cum propinquis inimicitias geram. Sed et corporis infirmitatum, et aliorum animi dolorum consolationem duxi esse viri præsentiam, et **155** a præstantia tua per ipsum allatis litteris valde sum delectatus ; quas quidem jamdudum mihi cupiebam venire, non aliam ob causam, nisi ut ne et nos vitæ humanæ adderemus tristem historiam mutuæ inter propinquissimos dissensionis, voluptatem quidem inimicis afferentis, amicis vero mœrorem, ac Deo displicentis, qui in perfecta dilectione characterem ac notam suorum discipulorum posuit. Quocirca et necessario rescribo, pro nobis ut ores obsecrans, et in reliquis rebus curam nobis ut propinquis impendas. Quid autem sibi velint quæ acta sunt, quoniam præ inscitia intelligere non possumus, id statuimus verum judicare, quod ipse nobis exponere dignatus fueris. Necesse est autem reliqua etiam a tua prudentia definiri, mutuum inter nos congressum, tempus accommodum, et idoneum locum. Si igitur omnino gravitas tua ad nostram humilitatem descendere non recusat, nosque aliquo sermone impertire ; sive cum aliis, sive privatim fieri congres-

ᵃ Eccle. x, 16.

* Alias XLV. Scripta anno 371.
** Alias XLVII. Scripta circa an. 371.
*** Alias CLXXXV. Scripta circa an. 371.
(1) Liquet hunc ducem non solum a communione et precibus remotum fuisse, sed etiam ab Ecclesia prorsus ejectum. Porro in Libya, ubi cum imperio etiam excommunicatus versabatur, nemo poterat eum in his, quæ ad rem publicam

sum volueris, morem geremus ; cum semel apud nos statuerimus servire tibi in charitate, ac omnino exsequi quæ ad Dei gloriam a tua pietate nobis præcipientur. Cæterum fratrem perquam reverendum non coegimus quidquam nobis viva voce dicere, quia neque antea ipsius sermo operum testimonio confirmabatur.

EPISTOLA LXI**.

Basilius respondet litteris, quibus Athanasius excommunicatum a se fuisse Libyæ ducem nuntiaverat. Declarat ducem ex litteris Athanasii sic Ecclesiæ innotuisse, ut nemo cum eo ignem aut aquam aut tectum commune velit habere.

Athanasio, Alexandriæ episcopo.

Legi sanctitatis tuæ litteras, in quibus adversus Libyæ ducem, hominem nefandum, ingemuisti. Ac deflevimus quidem patriam nostram, quod talium malorum mater sit et nutrix. Deflevimus quoque Libyam regioni nostræ vicinam, malorum nostrorum participem, ac moribus ferinis traditam hominis crudeliter simul et flagitiose viventis. Hoc igitur erat, quod sapienter dixerat Ecclesiastes : *Væ tibi, civitas, cujus rex junior est* ᵃ (est autem hic quiddam etiam molestius); et cujus principes non a nocte comedunt, sed in ipso meridie lasciviunt, pecoribus ipsis efferatius in alienas nuptias furentes. Illum quidem flagella manent a justo Judice, æquali mensura ipsi rependenda, quæ prior ipse illius sanctis inflixit. Innotuit autem et Ecclesiæ nostræ ex litteris pietatis **156** tuæ, et abominandum ipsum existimabunt omnes, sic ut non ignem (1), non aquam, non tectum cum ipso commune habeant, si quid prosit hominibus ita animi impotentibus communis atque unanimis condemnatio. Satis autem magna illi infamiæ nota, vel ipsæ litteræ, dum ubique leguntur. Non enim intermittemus eas omnibus ejus et propinquis et amicis et hospitibus ostendere. Omnino autem, etiamsi non eum protinus tangant inflictæ pœnæ, quemadmodum Pharaonem ; certe aliquando gravem et acerbam ei remunerationem in posterum ferent.

EPISTOLA LXII***.

Parnassenam Ecclesiam, cujus episcopus obierat, ex antiquo more consolatur Basilius ; denique operam hortatur, ut a Deo pastorem secundum ejus voluntatem impetrent.

Ecclesiæ Parnassi consolatoria.

Et morem sequentes antiquum ex longa temporum serie vigentem, et fructum Spiritus, dilectionem secundum Deum, vobis exhibentes, per litteras pietatem vestram invisimus, ac dolorem vobiscum in hoc eventu, et rerum quæ in manibus

pertinent, fugere, nec videtur Athanasius edicere potuisse, ut nemo cum eo ignem aut aquam aut tectum commune haberet. At is, si in Cappadociam privatus rediisset, merito subiisset has ignominiæ notas. Simili modo Basilius in epist. 288 hominem in vitiis pertinacem excommunicat, ac jubet toti pago denuntiari *eum admittendum non esse ad ullam rerum ad vitam pertinentium societatem.*

sunt sollicitudinem partimur. Ac de molestis quidem rebus hoc tantum dicimus, tempus esse ut respiciamus ad præcepta Apostoli, nec mœreamus *ut et cæteri, qui spem non habent* [6]; nec tamen hunc casum citra ullum doloris sensum feramus, sed damnum quidem sentiamus : at dolori minime succumbamus, pastorem ob illius obitum beatum existimantes, ut qui in senectute pingui decesserit, et in maximis a Domino honoribus requieverit. De cæteris autem rebus, hæc habemus quæ adhortemur, mœrore omni deposito, ad sese redeundum esse, et ad necessariam Ecclesiæ curam assurgendum, ut Deus sanctus suum ovile curet, vobisque donet pastorem secundum suam voluntatem, qui vos cum scientia pascat.

EPISTOLA LXIII[*].

Basilius perhonorifice salutat principalem Neocæsareæ, quem ex fama tantum et ex colloquiis Elpidii communis amici noverat; petitque ab eo ut se numero amicorum adscribat.

Principali Neocæsareæ.

Virum sapientem, etiamsi longe terrarum degat, etiamsi nunquam oculis viderim, amicum judico; sententia tragici Euripidis est. Quapropter etsi nobis ex congressu, qui coram sit, nondum magnanimitatem tuam cognoscere contigit, me tamen tibi amicum esse et familiarem dico. Ne putes assentationem esse hunc sermonem. Famam enim amicitiæ conciliatricem habeo, magno sonitu res tuas omnibus hominibus prædicantem. At postquam et cum 157 digno omni reverentia Elpidio congressi sumus, ita nobis innotuisti et tantopere nos cepisti, ac si diu tecum fuissemus versati, ac longa experientia quæ tibi insunt bona cognovissemus. Non enim desiit ille tua nobis ornamenta sigillatim narrare : animi magnitudinem, altam et excelsam mentem, morum facilitatem : rerum experientiam, mentis prudentiam, vitæ gravitatem hilaritate permistam ; vim dicendi, et quæcunque alia ipse quidem longo nobiscum colloquio recensuit, nobis autem scribere non est integrum, ne ultra modum epistolam producamus. Quomodo igitur virum talem non amarem? quomodo continere me possem, quominus exclamans animi mei affectum declarem? Salutationem itaque suscipe, vir eximie, quæ tibi ex vera ac sincera amicitia adhibetur : longe enim absunt a servili ac illiberali adulatione mores mei : meque scribe in amicorum tuorum numero, litteris te frequentibus ostendens et absentiam deliniens.

EPISTOLA LXIV[**].

Perhonorifice salutat Hesychium, quem et olim cognoverat, et ex sermone Elpidii plurimi faciebat.

Hesychio.

Multa quidem me etiam ab initio cum tua digni-

tate conjungebant, communis litterarum amor, ubique ab his quæ experti sunt pervulgatus, et antiqua nostra cum viro admirabili Terentio amicitia. At postquam vir optimus, quique mecum omnis necessitudinis nomen adimplet, omni honore dignus frater Elpidius mecum sermonem habuit, ac singula virtutum tuarum ornamenta narravit (est autem, si quis alius, maxime idoneus, qui et virtutem hominis spectet, eamque sermone prædicet) : in me tantum tui accendit desiderium, ut te nostris aliquando antiquis laribus adesse precer : quo non auditione sola, sed experientia etiam ornamentis tuis fruamur.

EPISTOLA LXV[***].

Prior scribit Atarbio Basilius, eique cedit quamvis natu major, ac rogat ut et ipse deinceps charitatem præ se ferat, et cogitet quanti intersit mutua concordia ad bellum repellendum, quod in orbem circuibat, ac tandem ad eos perventurum erat.

Atarbio.

Ecquis erit silentii finis, si ego ætatis reposcens jura, exspectem a te fieri initium salutandi, tua autem dilectio diutius velit in malo quiescendi consilio perseverare? Sed cum ego 158 in amicitia vinci idem valere existimem ac vincere, profiteor me tibi concedere hoc laudis et gloriæ in propria sententia retinenda studium. Ipse autem prior ad scribendum accessi, non ignorans charitatem omnia sufferre, omnia sustinere, nusquam quod suum est quærere; quapropter nunquam excidit [7]. Nam dejici non potest, qui se per charitatem proximo submittit. Fac igitur et ipse saltem deinceps primum ac maximum Spiritus fructum, charitatem præ te ferens, projicias irascentium tristitiam, quam nobis per silentium declarasti, et concipias corde lætitiam, pacem cum fratribus idem sentientibus, studium et sollicitudinem pro Ecclesiarum Domini perpetuitate. Noveris enim, nisi parem nos laborem pro Ecclesiis suscipiamus, ac sanæ doctrinæ adversarii ad earum eversionem et cumulatam ruinam; nihil impedire quominus veritas ab inimicis eversa pereat, ac condemnationis et ipsi participes simus, quod non omni studio atque alacritate in mutua concordia ac in his quæ ad Deum spectant conspiratione, sollicitudinem pro virili ad Ecclesiarum conjunctionem ostenderimus. Hortor igitur, hanc opinionem ex animo tuo ejicias, te nemine alio ad communionem indigere. Non enim et viri secundum charitatem ambulantis, aut Christi legem adimplentis, sese a fratrum conjunctione abscindere. Simul autem velim et illud cogitet bonus tuus animus, belli malum quod in orbem circumagitur, tandem aliquando ad nos etiam perventurum ; ac si nos quoque una cum aliis injuriæ participes simus, non inventuros, qui commiserescant, eo quod lætitiæ tempore iis qui injuria

---

[6] I Thess. iv, 12.   [7] I Cor. xiii, 7 sqq.

[*] Alias CCCLXXI. Scripta circa an. 371.
[**] Alias CCCL. Scripta circa eumdem annum.

[***] Alias CCCLXIII. Scripta circa an. 371.

afficiebantur commiserationis symbolam non erogaverimus.

EPISTOLA LXVI*.

Rogat Athanasium Basilius, ut Occidentales ad succurrendum Orienti excitet; et cum dissidium Antiochenum solus sedare possit, hanc provinciam suscipiat.

Athanasio, episcopo Alexandriæ.

1. Nemini arbitror tantum doloris afferre præsentem Ecclesiarum statum, seu potius, ut verius loquar, confusionem, quantum præstantiæ tuæ, qui comparas cum priscis præsentia, quantumque hæc ab illis distent, intelligis, ac illud etiam consideras, si res eodem impetu in pejus dilabantur, nihil prohibiturum, quominus Ecclesiæ brevi in aliam quamdam formam penitus transmutentur. Hæc sæpe mecum ipse cogitavi, si nobis adeo miserabilis Ecclesiarum depravatio videtur, quali eum animo his in rebus esse par sit, qui priscam tranquillitatem 159 et in fide concordiam Ecclesiarum Domini expertus est? At quemadmodum plurima pars doloris ad præstantiam tuam pervenit, ita decere arbitramur, ut et sollicitudinis pro Ecclesiis plurima ad tuam prudentiam pertineat. Dudum novi et ipse, pro mediocri mea rerum notitia, unam esse Ecclesiis nostris auxilii viam, si nobiscum conspirent Occidentales episcopi. Nam si voluerint, quod adhibuerunt studium in uno aut altero, perverse in Occidente sentire deprehensis, illud etiam pro nostrarum partium parœcia ostendere; fortasse rebus communibus non nihil accesserit utilitatis, imperatore multitudinis auctoritatem reverente et populis ubique ipsos sine dubio sequentibus. Quis autem ad hæc perficienda potentior est prudentia tua? quis ad videndum quid deceat acutior? quis ad perficienda quæ prosunt efficacior? quis ad dolendum ex fratrum afflictione propensior? quis perquam reverenda canitie tua Occidenti toti venerabilior? Relinque aliquod monumentum mortalibus, tua vivendi ratione dignum, Pater in primis venerande. Innumeros illos pro pietate exantlatos labores hoc uno facto exorna: mitte aliquos ex sancta tua Ecclesia viros in sana doctrina potentes ad Occidentales episcopos: expone illis calamitates quibus premimur; suggere modum opis ferendæ; fias Samuel Ecclesiis; affligere una cum populis bello oppugnatis; offer pacificas preces; pete gratiam a Domino, ut aliquod pacis monumentum Ecclesiis immittat. Scio epistolas infirmas esse, ut res tanti momenti suadeatur. Sed neque tu aliorum exhortatione indiges, non sane magis quam generosissimi pugiles puerorum acclamatione: neque nos docemus ignorantem, sed festinanti impetum intendimus.

2. Ad reliquas quidem res Orientis fortasse tibi plurium etiam adjumento opus est, atque Occidentales necesse est exspectare. Sed præclarus Antiochenæ Ecclesiæ status aperte ex tua pietate pendet, ita ut in alios quidem temperamento utaris (1), alios vero compescas, atque Ecclesiæ robur per concordiam restituas. Tibi enim, sapientissimorum medicorum more, curandi initium a præcipuis partibus esse faciendum, melius ipse quam quisquam alius perspicis. Quid autem habeant orbis terrarum Ecclesiæ, quod præferendum sit Antiochiæ? quam si 160 contingeret ad concordiam redire, nihil impediret, quominus velut caput corroboratum universo corpori sanitatem suppeditet. Revera autem tua indiget sapientia et evangelica commiseratione urbis illius ægritudines, quæ non ab hæreticis modo scissa est, sed ab iis etiam, qui idem inter se sentire se dicunt, discerpitur. Hæc vero conciliare, et ad unius corporis harmoniam redigere, illius est solius, qui et siccis ossibus, ut ad nervos et carnem denuo redeant, non enarrabili sua potestate largitur. Dominus autem omnino magna per eos, qui se digni sunt, efficit. Rursus igitur et hic magnanimitatem tuam decere tantarum rerum administrationem speramus, adeo ut populi quidem tumultum compescas, præfecturas autem particulares abroges, et omnes sibi invicem subjicias in dilectione, ac robur priscum Ecclesiæ restituas.

EPISTOLA LXVII**.

Rogatu Dorothei apertius explicat Basilius, quod prioribus indicaverat litteris, sic Antiochiæ res componendas, ut Meletius Ecclesiæ corpori præsit, in alios autem œconomia adhibeatur: ita enim et ipsis Occidentalibus placuisse, ut litteræ per beatum Sylvanum allatæ testantur.

Athanasio, episcopo Alexandriæ.

Mihi quidem satis esse videbatur in prioribus litteris, præstantiæ tuæ tantum indicare, quidquid ex sanctæ Ecclesiæ Antiochenæ populo in fide firmum est, in unam concordiam et unitatem adducendum esse; id, inquam, satis esse videbatur, ut demonstrarem religiosissimo episcopo Meletio oportere, quæ in plures partes nunc divisa sunt, adjungere. Sed quia idem ille dilectus condiaconus noster Dorotheus clariorem de his mentionem postulavit, necessario testamur et universo Orienti in votis esse, et a nobis Meletio omnimodo conjunctis expeti, ut eum videamus Ecclesiam Domini gubernantem; virum et fide inculpatum, et tum vita nullum cum aliis comparationi locum relinquentem; tum quod ipse universo, ut ita dicam, corpori Ecclesiæ præsit, reliqua vero sint velut partium segmenta. Quare undique necessarium simul et utile, huic viro conjungi alios, velut fluminibus magnis minora: circa alios autem aliquod temperamentum adhiberi, quod et illis conveniat, et pacificet populum, et prudentiæ tuæ

---

* Alias XLVIII. Scripta anno 371.
** Alias L. Scripta eodem anno.

(1) Spectant hæc ad Paulinum, quem cum provideret Basilius non libenter de suo opinato jure

decessurum, aliquid illi ejusque clericis deferri volebat, quod hanc jacturam compensaret ac molestiam leniret. Clarius hæc indicantur in epistola sequenti.

ac perquam celebri solertiæ studioque competat. Cæterum eximiam tuam prudentiam nullo modo latet, eadem jam et unanimibus tuis Occidentalibus placuisse, ut ostendunt litteræ per beatum Sylvanum nobis allatæ.

161 EPISTOLA LXVIII.

Cum Meletio agit Basilius de Dorotheo Romam mittendo. Nuntiat de Euippii adventu, et aliorum Arianorum exspectatione.

Meletio, episcopo Antiochiæ.

Hactenus quidem voluimus retinere apud nos religiosissimum fratrem Dorotheum condiaconum, ut eum sub finem negotiorum dimittentes, singulas res gestas præstantiæ tuæ per ipsum significaremus. Sed tamen quoniam, dum diem ex die differimus, in longum tempus protracti sumus, statim atque nobis, ut in rebus difficillimis, consilium aliquod de rebus agendis in mentem venit, misimus prædictum virum, qui sanctitatem vestram conveniat, referatque per se ipse singula, et commentarium nostrum ostendat, ut si utilia videantur quæ a nobis excogitata sunt, ea in rem conferri curet vestra præstantia. Hæc autem, ut in summa dicam, vicit sententia, ut idem ille frater noster Dorotheus Romam proficiscatur, excitetque aliquos ex Italia qui nos invisant, mari utentes, ut interpellatores devitent. Animadverti enim eos qui apud Imperatorem potentes sunt, neque velle, neque posse illum de exsulibus submonere: sed quod nihil pejus in ecclesiis fieri videant, id pro lucro ducere. Igitur, si et prudentiæ tuæ utile consilium esse visum fuerit, dignabere et epistolas exarare, et commentarium dictare, de quibus, et ad quos ipsum verba facere oporteat. Atque ut auctoritatem aliquam habeant litteræ, adjunges omnino eos qui idem sentiunt, etiamsi non adsint. Hic autem res incertæ adhuc et dubiæ; cum Euippius advenerit quidem, sed nondum quidquam declaraverit. Minantur quidem et concursum quemdam eorum, qui idem ac illi sentiunt, ex Armenia Tetrapoli et ex Cilicia.

EPISTOLA LXIX.

Laudat Basilius Athanasii studium et curam omnium Ecclesiarum; gratias agit ob missum ad se Petrum presbyterum. Iterum ad eum mittit Dorotheum, ut ejus consiliis nuuitus Romam proficisca ur. Narrat visum esse Romam scribere, ut inde idonei legati mittantur, ac placere nonnullis, ut Romani Marcellum damnent, sibique idem videri. Rogat denique ut Dorotheum ad primum navigationem dimittat, et legatos ex Occidente advenientes moneat, quomodo pax concilianda sit ac in primis Ecclesia Antiochena curanda.

Athanasio, episcopo Alexandriæ.

1. Quam dudum de tua præstantia opinionem habemus, eam tempus progrediens semper confirmat: vel potius simul crescit ex eorum quæ singulatim fiunt accessionibus. Nam plerisque aliis satis est sua cujusque propria circumspicere: tibi vero id satis non est, sed tanta inest tibi omnium Ecclesiarum cura, quanta illi is, quo privatim tibi a communi nostro Domino concredita est: quippe qui nullum tempus intermittas disserendi, admonendi, scribendi ac subinde mittendi, qui optima commoneant. 162 Atque nunc etiam dignum omni honore fratrem Petrum e sacro cleri tui cœtu missum multo cum gaudio excepimus, et bonum peregrinationis ipsius consilium laudavimus, quod quidem præ se fert secundum præstantiæ tuæ mandata, concilians contraria ac divulsa conjungens. Unde et nos cum aliquid in hujus rei studium conferre vellemus, convenientissimum initium rebus daturos duximus, si, velut ad universorum apicem, ad tuam confugeremus perfectionem, ac te et consiliario, et duce eorum quæ agenda sunt uteremur. Hac de causa et fratrem Dorotheum diaconum Ecclesiæ, cui reverendissimus episcopus Meletius præest, bono rectæ fidei studio utentem, et pacis Ecclesiarum videndæ cupidum, ad pietatem tuam remisi, ut consiliis tuis obsequens (quæ et tempore et rerum experientia, et quod præ cæteris habeas a Spiritu consilium, tutiora ac securiora efficere potes), ita demum expetita ac desiderata aggrediatur. Hunc et suscipies videlicet, et intueberis pacificis oculis, eumque precum subsidio firmatum, ac litterarum viatico munitum, imo etiam bonorum qui apud te sunt nonnullis adjunctum, ad proposita deduces. Nobis autem operæ pretium esse visum est ad episcopum Romæ scribere, ut res nostras invisat, et consilium daret, ut cum illinc communi ac synodico decreto aliquos mitti difficile sit, ipse hoc negotium suo marte aggrediatur, eligens homines idoneos ad perferendos itineris labores; idoneos ad eos, qui apud nos perversi sunt, lenitate ac animi constantia corrigendos; apte et attemperate utentes sermone, secumque habentes quæcunque post Ariminense concilium gesta sunt, ad eorum quæ per vim illic acta fuerant dissolutionem; iique, nemine sciente, citra strepitum per mare huc adveniant, ut opinionem inimicorum pacis prævertant.

2. Requiritur autem et illud a nonnullis qui hic sunt, ac necessario quidem, ut etiam nobis ipsis videtur, ut ipsi Marcelli hæresim velut perniciosam, et noxiam, et a sana fide alienam exterminent. Nam hactenus in omnibus quas scribunt litteris, Arium quidem infausti nominis virum susque deque anathemate ferire, et ab Ecclesiis relegare non cessant: Marcello vero, qui impietatem ei ex diametro oppositam protulit, et in ipsam divinitatis Unigeniti existentiam impius fuit, et Verbi appellationem prave accepit, nullum videntur intulisse vituperium. Qui Verbum quidem dictum fuisse Unigenitum concedit, ad usum et ad tempus progrediens, sed rursus

---

* Alias LVII. Scripta anno 371.

** Alias LII. Scripta anno 371.

ad eum unde prodiit revertens, neque ante exitum esse, neque post reditum subsistere. Atque hujus rei argumenta sunt servati apud nos nefariæ illius scriptionis 163 libri. Sed tamen nusquam eum reprobare visi sunt; idque eo nomine vituperati, quod eum ab initio ex veritatis ignoratione in ecclesiasticam etiam communionem receperint. Igitur et illius, ut par est, fieri mentionem res præsentes postulant, ut qui occasionem quærunt, occasionem non habeant, dum sani ad tuam se sanctitatem adjungunt, et qui circa veram fidem claudicant, manifesti omnibus fiunt; ita ut deinceps eos qui idem ac nos sentiunt, agnoscamus, nec jam velut in nocturna pugna nullum sit amicorum et inimicorum discrimen. Hortamur solum, ut statim ad primam navigationem prædictus diaconus mittatur, ut possit saltem anno sequenti aliquid eorum, quæ precamur, perfici. Illud autem ante etiam quam dicamus, ipse et intelligis, et curabis videlicet, ut ubi, Deo volente, advenerint, non immittant Ecclesiis schismata: sed eos qui eadem sentiunt, omni ratione ad conjunctionem compellant, etiam si nonnullos reperiant, qui privatas quasdam discordiarum inter se causas habeant; ne populus orthodoxus multas in partes scindatur, una cum præpositis abscedens. Studium enim in eo ponendum est, ut paci posthabeantur omnia; ac præ omnibus Ecclesiæ Antiochenæ cura suscipiatur, ne sana illius pars circa personas scissa debilitetur. Sed magis hæc omnia et ipse deinceps curabis, posteaquam, quod optamus, adjuvante te Deo, omnes habueris tibi, quæ ad Ecclesiarum statum pertinent, committentes.

EPISTOLA LXX*.

Orientis mala eximiis coloribus depingit Basilius, et Damasum rogat, ut ex more et instituto decessorum suorum auxilium ferat, inprimis Dionysii, qui olim in Cappadociam miserat, qui captivos redimerent.

Sine inscriptione, de synodo.

Dilectionis antiquæ leges renovare, et Patrum pacem, cœleste illud Christi donum ac salutare quod tempore exaruit, ad vigorem iterum revocare, necessarium quidem nobis ac utile; jucundum autem, sat scio, et tuo Christi amanti animo videbitur. Quid enim fiat jucundius, quam homines tanto locorum intervallo sejunctos charitatis vinculo videre in unam membrorum harmoniam in corpore Christi colligari? Omnis propemodum Oriens, Pater colendissime (dico autem Orientem quidquid ab Illyrico ad Ægyptum usque protenditur), ingenti tempestate ac æstu exagitatur: cum dudum quidem sparsa hæresis ab inimico veritatis Ario, nunc vero impudenter emergens, ac veluti radix amara fructum exitiosum proferens, jam dominetur; propterea quod sanæ doctrinæ in unaquaque parœcia signiferi

* Alias CCXX. Scripta anno 371.

per calumniam ac injuriam exciderunt Ecclesiis, tradita autem his, qui simpliciorum animas captivas ducunt, rerum potestas. Horum 164 unicam solutionem exspectavimus, miserationis vestræ visitationem: ac nos semper consolata est mirabilis vestra charitas præterito tempore, et læto rumore allato, fore ut a vobis inviseremur, animis ad breve tempus corroborati sumus. Postquam autem spe excidimus, non jam amplius ferentes, eo devenimus, ut vos per litteras obsecremus, ut ad opem nobis ferendam excitemini, et ex his qui idem ac nos sentiunt mittatis aliquos, qui vel dissidentes concilient, vel Dei Ecclesias ad amicitiam reducant, vel saltem perturbationis auctores vobis clarius indicent; ita ut deinceps vobis manifestum sit, quibuscum communionem deceat habere. Omnino autem nihil exposcimus novi, sed quod et cæteris olim beatis ac Deo dilectis viris usitatum, et præcipue vobis. Novimus enim ex serie memoriæ, a patribus nostris interrogatis et litteris etiamnum apud nos asservatis edocti Dionysium beatissimum illum episcopum, qui apud vos et recta fide et reliquis virtutibus enituit, invisisse Ecclesiam nostram Cæsariensem, et patres nostros per litteras consolatum esse, ac misisse, qui fratres captivos redimerent. Nunc autem difficilior ac tristior est rerum nostrarum status, et cura majore indiget. Neque enim terrenarum ædium lugemus demolitionem, sed excidium Ecclesiarum; neque corporum servitutem, sed animarum captivitatem quotidie ab hæresis propugnatoribus perfici videmus. Quare nisi jam ad suppetias ferendas excitemini, paulo post nec quibus manum porrigatis inventuri estis, omnibus sub hæresis potestatem redactis.

EPISTOLA LXXI**.

Gregorio dolorem suum significat Basilius, quod amicissimi sibi homines cuidam calumniatori aures præbeant. Negat defensione opus esse; culpam rejicit in Gregorium, quod secum magnam anni partem non traducat: rogat ut secum adversus imminentem hostem certaturus veniat. Quo ex certamine sperat se saltem exsilii laudem reportaturum.

Gregorio Basilius.

1. Accepi pietatis tuæ litteras per fratrem sane quam reverendum Hellenium: et quæcunque nobis significaveras, ipse aperte narravit. Audientes autem quomodo affecti fuerimus, nihil omnino dubitas. Sed quia decrevimus dolore omni potiorem facere nostrum in te amorem, accepimus etiam hæc, ut par erat, ac precamur Deum sanctum, ut 165 reliquos dies vel horas, sic in animi erga te affectione conservemur, quemadmodum et præterito hactenus tempore, in quo nullius nobis ipsis neque parvi neque majoris delicti sumus conscii. Quod si ille, qui nunc primum sese ad vitam Christianorum emergere profitetur, ac sibi honori alicui fu-

** Alias XXXIII. Scripta anno 371.

turum putat, nobiscum conflictari, ea effingit quæ non audivit, et narrat quæ non intellexit; nihil mirum. Sed illud mirandum et ab opinione abhorrens, quod ejusmodi rerum auditores habet germanissimos mihi apud vos fratres; nec auditores modo, sed et discipulos, ut videtur. Quod si alioqui mirum esset, talem esse eum qui docet, meque eum esse cui maledicitur; certe temporum infelix status nihil nos ægre ferre docuit. Nam jamdudum majores his contumeliæ familiares nobis factæ sunt ob nostra peccata. Ego igitur, si necdum istius fratribus meæ de Deo sententiæ experimentum dedi, ne nunc quidem habeo quod respondeam. Quibus enim longum tempus non persuasit, quomodo brevis epistola persuadeat? Sin illa satis sunt, nugæ existimentur quæ proficiscuntur a calumniatoribus. Sed tamen, si permiserimus effrenatis linguis et expertibus disciplinæ cordibus, de quibus voluerint loqui, auresque ad suscipiendum paratas habuerimus, non nos solum res aliorum secus accipiemus, sed nostras etiam alii.

2. His autem illud in causa est, quod pridem hortabar ne fieret, nunc autem defessus sileo, quod non una conveniamus. Nam si ex veteri pacto et pro debita nunc Ecclesiis a nobis cura, magnum anni partem simul traduceremus, aditum non dedissemus calumniantibus. Tu autem, si videtur, his quidem vale dicito; ipse vero exorari te sine, ut nobiscum ad propositum certamen allabores, ac nobiscum occurras ei qui bellum nobis infert. Si enim tantum appareas, supprimes ipsius impetum, eosque, qui ad patriæ res evertendas conspirant, dissipabis, ubi ipsis notum feceris te, Dei gratia, cœtus nostri ducem esse, ac omne os loquentium contra Deum iniquitatem obturabis. Hæc si fiant, res ipsa declarabit quis tui ad præclara facinora sectator, et quis claudicans ac veritatis doctrinæ ignavus proditor. Quod si res Ecclesiæ proditæ sunt, parum mihi curæ fuerit eos verbis convincere, qui tanti me faciunt, quanti facere possint qui nondum suo se modulo metiri didicerunt. Enimvero brevi, Deo largiente, ipsis operum testimoniis calumniæ arguentur; siquidem exspectamus pro veritatis doctrina forte etiam nos majus aliquid passuros; sin minus, saltem omnino ex ecclesiis et patria ejectum iri. 166 Sed, si nihil evenerit eorum quæ speramus, non procul abest Christi judicium. Quare si congressum ob ecclesias exposcis, paratus sum, quocunque advocaveris, accurrere; sin autem, ut calumnias diluam, de his respondere nunc mihi non vacat.

EPISTOLA LXXII*.

Hesychium rogat Basilius, ut sibi in placando Callisthene operam navet.

Hesychio.

Novi et amorem in me tuum, et rerum optimarum studium. Quare cum mihi placandus sit desideratissimus filius Callisthenes, existimavi, si te socium caperem sollicitudinis, facilius me perfecturum quod cupio. Succenset ille vir disertissimo Eustochio, nec immerito succenset. Servorum ipsius in se audaciam ac furorem incusat. Hunc rogamus exorari se sinat, ut eo timore contentus, quem et temerariis illis et eorum heris incussit, contentionem, venia data, dissolvat. Nam hoc pacto utrumque consequetur, et honestam speciem apud homines, et laudem apud Deum, si modo terrori velit patientiam admiscere. Tu igitur, si qua tibi cum illo viro intercedit amicitia ac familiaritas, ab eo id beneficii postula: et quos noris in civitate idoneos ad eum flectendum, socios adhibe sollicitudinis, dicens eis rem mihi gratissimam fore. Quin et diaconum sic dimitte, ut quarum rerum causa missus est, his perfectis redeat. Nam pudet me homines, qui ad me confugiunt, nihil juvare posse.

EPISTOLA LXXIII**.

Laudat Callisthenem Basilius quod Eustochii servis iratus rei arbitrium sibi permiserit. Petenti ut in locum, ubi injuriam fecerunt, abducantur, demonstrat multa inde consequi incommoda. Concedit ut Susina usque sistantur; vel potius rogat ut sibi vindicta permittatur; ac si juravit Callisthenes traditurum se eos ad pœnam secundum leges, contentus sit pœna quam Ecclesiæ leges imponunt, et militem, quem miserat, cito revocet.

Callistheni.

1. Gratias egi Deo lectis tuæ gravitatis litteris: primum, quod hominis honorem libenter mihi habentis veniret ad me salutatio: siquidem virorum præstantissimorum colloquium plurimi facio; alterum voluptati fuit, recordationem bonam consequ'. Signum autem recordationis litteræ, quas ubi accepi, ac earum sensum intellexi, miratus sum quomodo vere, ut omnium erat opinio, paternam mihi reverentiam exhibuerint. Quod enim æstuans 167 et iratus et ad ulciscendos molestiæ auctores paratus, multum remisisti de impetu, nosque rei dominos fecisti; id mihi locum dedit in te tanquam in filio spirituali lætandi. Pro his igitur quid aliud superest, nisi ut tibi bona precemur? ut amicis quidem sis gratissimus, inimicis vero formidandus, et omnibus pariter reverendus, ut et qui aliqua in re officio suo defuerint, cognita tua lenitate culpent se ipsi, quod in te virum talem deliquerint.

2. Sed quia jussisti famulos in locum, ubi turbam ac tumultum excitarunt, abduci, scire velim quid tuæ bonitati id requirenti propositum sit. Si enim aderis ipse, et facinoris pœnas ipse repetes, aderunt pueri: quid enim aliud faciendum, si id tibi statutum est? Sed nescio ego quid jam beneficii accepero, si pueros ex supplicio eruere non valeam. Quod si te negotia per viam detinuerint, quis homines illic suscipiet? quis pro te illos ulciscetur? Quod si videtur ut tibi in conspectum

---

* Alias CCCLI. Scripta circa an. 371.

** Alias CCCLXXXVIII. Scripta circa an. 371.

prodeant, idque omnino statutum, jube Sasimos usque sistantur, ac ibi ostende lenitatem morum tuorum et magnanimitatem. Postquam enim in potestatem acceperis eos qui offenderunt, et hoc pacto demonstraveris non contemptui habendam esse tuam dignitatem, illæsos dimitte, quemadmodum prioribus litteris rogavimus, gratiam a nobis iniens, et a Deo facti mercedem exspectans.

3. Hæc autem dico, non quod res ita perfici debeat, sed cedens commotioni tuæ, ac metuens, ne quid iracundiæ minus coctum resideat, et quemadmodum oculis inflammatis vel mollissima medicamenta dolorem ferunt, ita et nunc oratio mea accendat te magis quam compescat. Illud enim maxime decorum foret, ac tibi maximum ornamentum afferre posset, mihique non parvam apud amicos et æquales meos gloriæ materiam, si vindicta mihi permitteretur. Omnino autem etiam si juraveris traditurum te eos ad supplicium secundum leges; neque animadversio nostra minor est ad vindictam, neque divina lex ignobilior observatis in sæculo legibus. Sed fieri poterat, ut hic ex legibus nostris, in quibus et ipse spem salutis positam habes, puniti, et te jurisjurandi necessitate solverent, et ipsi parem peccatis pœnam explerent. Sed rursus epistolam longius produco. Nam dum hæc tibi persuadere vehementer studeo, nihil eorum quæ in mentem veniunt, prætervire possum; veritus scilicet ne ideo irrita sit mea precatio, quod aliquid in docendo prætermiserim. At enim, colendissime ac germane Ecclesiæ fili, confirma spes meas, quas in te nunc positas habeo, et consentientia 168 omnium de tua animi moderatione et lenitate testimonia; ac militi scribe ut a nobis cito discedat. Is enim hactenus nihil odii aut contumeliæ omisit: quippe cum malit te molestia non afficere, quam omnes nos familiares ac amicos habere.

EPISTOLA LXXIV*.

Basilius malorum patriæ descriptione Martinianum adducere conatur, ut imperatorem adeat, et quanta ex divisione Cappadociæ consequantur incommoda demonstret, vel saltem scribendo opem ferat in tanta calamitate.

Martiniano.

1. Quanti me arbitraris, quanti æstimaturum ut in unum aliquando inter nos veniamus, tecumque diutius verser, adeo ut omnibus bonis quibus ornatus es, perfruar? Si enim plurimum valet ad eruditionis testimonium, multorum hominum vidisse urbes, et mores nosse; id existimo brevi tempore tuum congressum præstare. Quid enim refert utrum multos sigillatim videas, an unum qui omnium simul experientiam adeptus sit? Imo vero maxime præstare dixerim, quæcunque rerum optimarum cognitionem sine labore conciliant, et puram ab omni vitii permistione scientiam virtutis colligunt. Enimvero sive facinus præclarissimum, sive sententia memoratu digna, sive virorum alios superantium instituta, omnia in animi tui thesauro reconduntur. Quare non annum tantum, sicut Alcinous Ulyssem, sed per totam vitam meam audire te exoptarim, eamque longam hac de causa fieri, quamvis mihi gravis sit et molesta. Sed quid ego nunc scribo, cum adesse oporteret? Quia me afflictata patria festinanter ad se vocat. Qualia autem patiatur, non ignoras, vir optime. Eam enim, veluti Pentheum, vere Mænades quidam, dæmones, discerpsere: siquidem eam secant atque resecant, vulnera, imperitorum medicorum more, per inscientiam suam reddentes graviora. Itaque, cum laboret dissecta, reliquum est ut ei tanquam ægrotanti medeamur. Scripserunt igitur ac nos urgent cives, atque accedere necesse est, non quod rebus aliquid allaturi simus auxilii, sed ut derelictionis exprobrationem effugiamus. Nosti enim procliveis esse ad sperandum qui in angustiis sunt, procliveis et ad conquerendum, semper in id quod prætermissum est, culpam conferentes.

2. Equidem et ejus rei gratia convenire te debebam, ac consilium dare; vel potius obsecrare ut strenuum quiddam ac prudentia tua dignum excogites, nec patriam nostram in genua prolapsam despicias: sed in aulam proficiscens ac libertate tua utens denunties eis, ne sibi videantur duas ex una possidere provincias: neque enim ex alia quadam terra alteram harum 169 induxere: sed idem fere egerunt, ac si quis equum aut bovem possidens, deinde duas in partes dividens, duos pro uno habere sibi videatur; non enim effecit duos, sed unum e medio sustulit; ac demonstres etiam iis qui plurimum possunt, imperium non hoc pacto adaugeri, neque enim robur in numero, sed in ipsis rebus positum esse: siquidem nunc arbitramur alios quidem fortasse veritatis ignoratione, alios vero eo quod nolint verbis molesti esse, alios parvipendentes, ea quæ fiunt negligere. Si igitur imperatorem ipsum adire posses, id et rebus commodissimum foret et præclaro vitæ tuæ instituto decorum. Sin autem hoc alioqui grave est tum ob anni tempestatem, tum ob ætatem quæ, uti tu ipse dicis, comitem habet pigritiam; at saltem scribendi nullus labor. Quamobrem, si litterarum præsidium patriæ impertias, primum quidem conscius tibimetipsi eris, nihil quod in tua potestate situm esset, a te fuisse omissum; deinde afflictis etiam, ipsa commiserationis specie, satis magnum afferes solatium. Sed utinam fieri posset, ut interesses ipsis rebus, ac oculis tuis mæstitiam videres. Sic enim forte ex rerum conspectarum evidentia commotus, vocem aliquam et animi tui magnitudine et civitatis afflictione dignam emitteres. Sed tamen narrantibus nobis fidem ne deroges. Revera Simonide, aut

---

* Alias CCCLXXIX. Scripta anno 371.

aliquo simili poeta indigeremus, evidenter scienti calamitates lugere. Sed quid dico Simonidem? Æschylum dicere oportuit, aut si quis alius ei similis, calamitatis magnitudinem clare exponens, voce alta lamentatus est.

3. Nam cœtus illi, sermonesque et eruditorum virorum in foro colloquia, ac quæcunque civitati nostræ antea nomen et famam pepererant, nos deseruere. Quare eruditorum et eloquentium hominum rarius nunc quisquam ad forum accedere deprehendatur, quam olim Athenis infamiæ notis inusti, aut manibus non puri. Introducta est autem horum loco Scytharum quorumdam aut Massagetarum inscitia. Una autem vox est exactorum, et eorum a quibus exigitur, quique flagellis cæduntur. Porticus utrinque lugubre quiddam personantes, velut propriam videntur vocem edere, de his quæ fiunt ingementes. Occlusa autem gymnasia et noctes non illustratæ non sinit aliquo nos in numero habere ipsa de vita sollicitudo. Non enim leve periculum est, ne amotis optimatibus, velut fulcris corruentibus, simul evertantur omnia. Ecquis autem sermo exprimendis nostris malis par fuerit? Alii abierunt fugientes, pars senatus nostri, non ignobilior, perpetuum exsilium Podando præferentes. Cum autem Podandum dico, Ceadem me Laconicum dicere puta; aut sicubi naturale barathrum vidisti; quæ loca nonnulli Charonia, nomine sua sponte occurrenti, appellarunt, **170** exitiosam auram exhalantia. Ejusmodi loco persimile existima Podandi malum. Ex tribus igitur partibus, alii cum uxoribus ac focis fugiunt, alii abducuntur ut captivi, maxima pars optimatum civitatis, miserandum amicis spectaculum, inimicorum vota explentes; si quis tamen omnino exstitit, qui nobis tantum mali imprecaretur. Tertia jam relicta pars est. Ili autem amicorum ac familiarium non ferentes secessum, simulque infirmiores quam ut rebus necessariis provideant, vitam ipsam oderunt. Hæc hortamur ut nota omnibus facias, tua ipsius voce ac justa dicendi libertate, quam tibi vita conciliat; clare illud prædicens, nisi cito consilium mutent, non habituros in quibus humanitatem ostendant. Vel enim aliquid auxilii laturus es communibus rebus, vel saltem idem facturus, quod Solon, qui, cum cives derelictos defendere non posset, arce jam occupata, armatus ante fores sedebat, hoc ipso habitu declarans, se his quæ fiebant non assentiri. Hoc autem pro certo scio, etiam si quis nunc sententiam tuam non probet, paulo post benevolentiæ simul et prudentiæ maximam laudem tibi daturum, cum res viderit ita, ut prædictæ fuerant, evenire.

EPISTOLA LXXV*.

Aburgium monet Basilius quid patriæ debeat, eumque illius malorum pictura permovere conatur, ut auctoritate sua utatur ad opem civibus ferendam.

Aburgio.

Cum multa sint, quibus indoles tua super alios eminet; nihil tamen tibi tam proprium est, quam patriæ amor, rependente te justas illi vices, ex qua ortus talis evasisti, ut claritas tua per totum orbem terrarum celebretur. Itaque illa ipsa patria, quæ te progenuit ac enutrivit, in veterum historiarum incredibilem statum devenit; nec quisquam in urbem nostram adveniens, etiamsi sit ex iis quibus maxime nota est, illam agnoscat. Adeo in omnem solitudinem subito transmutata est; pluribus quidem jam antea magistratibus ei ablatis, nunc autem fere omnibus Podandum translatis. Ab his avulsi qui residui sunt, in omnem et ipsi desperationem inciderunt, ac omnium animos ita infregerunt, ut jam rari sint etiam incolæ in civitate, atque hic ingens facta sit solitudo, miserandum quidem amicis spectaculum, valde autem jucundum et gratum insidiantibus dudum nostro casui. Cujus est igitur manum nobis **171** porrigere? aut cujus, lacrymas commiserationis nostra causa profundere, nisi clementiæ tuæ, quem etiam alienæ civitatis similiter afflictæ mala tangerent, non modo illius, quæ te in lucem edidit? Itaque si qua polles potentia, eam in præsens tempus nobis ostende. Magna profecto habes a Deo adjumenta, qui te nullo tempore dereliquit, tibique multa dedit benevolentiæ suæ argumenta: tantum velis omnino ad curam nostri suscipiendam exsurgere, atque auctoritatem qua vales, ad opem civibus ferendam adhibere.

EPISTOLA LXXVI**.

Corporis infirma valetudine et Ecclesiarum cura detinetur Basilius, quominus in aulam proficiscatur. Sed interim per litteras confugit ad Sophronium in summo patriæ communis exitio.

Sophronio magistro.

Magnitudo quidem calamitatum, quæ patriæ nostræ acciderunt, memetipsum in aulam proficisci cogeret, et magnanimitati tuæ mœrorem, quo civitas nostra afficitur, exponere, cæterisque quicunque plurimum in rebus potestis. Sed quia et corporis infirma valetudo, et Ecclesiarum me cura detinet, interim per epistolam lamentari apud tuam magnitudinem festinavi; declarans nec naviculam in mari vehementibus ventis immersam ita velociter ex oculis unquam evanuisse, neque urbem ullam terræ motibus excussam aut aquis submersam ita subito periisse, ut civitas nostra hac nova rerum administratione absorpta in exitium funditus incidit. Atque adeo nostra in fabulam cessere. Actum est enim de civitatis ordine (1); omnis autem civilis

---

* Alias CCCLXI. Scripta anno 371.
** Alias CCCXXXI. Scripta eodem anno.
(1) *De civitatis ordine*, id est de curia, quæ ordo vocari solet. Unde illud Ammiani de Gallo Cæsare lib. IV, c. 7: *Antiochensis ordinis vertices sub uno elogio jussit occidi.* Vide cod Theod. tom. IV, p. 335.

cœtus ob ea, quæ magistratibus acciderunt, animo concidens, urbanis ædibus desertis, per agros et rura divagatur. Jam defecit rerum necessariarum tractatio: ac omnino spectaculum fœdissimum facta est, quæ prius tum de litteratis viris, tum de reliquis bonis, quibus opulentæ urbes abundant, gloriabatur. Unum autem duximus, ut in malis, solatium, calamitates nostras apud tuam clementiam deflere, ac obsecrare, si quid potes, ut civitati in genua provolutæ porrigas manum. Modum vero quo rebus opportune subvenias, equidem ipse indicare non possum. Sed tibi omnino et invenire ob prudentiam facile, et uti inventis ob datam tibi a Deo potestatem non difficile.

172 EPISTOLA LXXVII[*].

Videtur hanc epistolam Basilius ad Elpidium præsidis Therasii assessorem scripsisse. Hortatur ut a præside non discedat, sed tantas curas, quæ ex divisione Cappadociæ supervenerant, cum eo partiatur.

Sine inscriptione, de Therasio.

Illud etiam ex bona præfectura magni percepimus Therasii, quod facundia tua crebro apud nos venerit. Verum hoc ipsum amisimus præside privati. Sed quia quæ nobis semel a Deo concessa sunt, firma manent, atque in nostris invicem animis per memoriam insident, etiamsi corpore disjungamur, saltem frequenter scribamus, et inter nos de necessariis rebus loquamur: maxime autem præsenti tempore, quo hiems hasce inducias brevissimas nobiscum fecit. Spero autem te non discessurum a viro in primis admirando Therasio, decere existimantem cum eo tantas curas partiri, neque etiam frustra occasionem amplectentem, ex qua tibi et amicos videre et ab ipsis videri liceat. Multa autem cum habeam dicenda et de multis, in congressum distuli, non tutum esse existimans epistolis res ejusmodi committere.

EPISTOLA LXXVIII[**].

Rogat Basilius ut Elpidius, vir maxime idoneus qui Cappadociæ afflictis rebus succurrat, remanere in hac provincia jubeatur.

Sine inscriptione, pro Elpidio.

Non me latet bonum illud studium, quo erga colendissimum sodalem nostrum Elpidium afficeris; quomodo pro tua consueta prudentia humanitatis ostendendæ occasionem præfecto subministraveris. Nunc igitur ut hoc beneficium absolvas, per epistolam te rogo, ac præfectum moneas, ut peculiari mandato patriæ nostræ virum hunc præficiat, ex quo tota pene publicorum negotiorum cura dependet. Quamobrem multas poteris ac speciosas suggerere causas præfecto, quibus necessario adducetur, ut illum in nostra patria remanere jubeat.

Cæterum quo in statu res nostræ sint, et quam vir sit rebus gerendis idoneus, profecto nihil opus est te a nobis edoceri: cum hoc ipse pro tua prudentia plane intelligas.

EPISTOLA LXXIX[***].

Gratias agit Eustathio Basilius, quod ad se certamini expositum scripserit, et Eleusinium optimum commilitonem miserit. Narrat se cum præfecto et cubiculi præposito jam pugnasse.

Eustathio, episcopo Sebastiæ.

Et antequam litteras tuas acciperem, haud ignorabam quantum pro quavis anima labores, maxime vero pro nostra humilitate, eo quod huic certamini expositus sim: et postquam 173 reddidit litteras perquam colendus Eleusinius, ipsumque præsentem conspexi; Deum laudavi, qui nobis adjutorem talem ac commilitonem per spirituale auxilium in certaminibus pro pietate subeundis concessit. Noscat porro summa tua pietas nobis jam pugnas aliquas cum magnis potestatibus fuisse, easque vehementes; cum et præfectus et cubiculi præpositus ex propria animi affectione pro adversariis nostris disputarent; sed nos hactenus animo inconcusso assultum omnem sustinuisse miseratione Dei, quæ nobis suppeditavit opem Spiritus, ac per ipsum imbecillitatem nostram corroboravit.

EPISTOLA LXXX[****].

Sperat Basilius Ecclesias Athanasii precibus et consiliis ex tempestate horrenda servari posse. Hortatur ut nec precari cesset, nec scribere. Prætermissam ab eo scribendi occasionem dolet: magnum sibi solatium a Deo accepisse videretur, si Athanasium videre contingeret.

Athanasio, Alexandriæ episcopo.

Quo magis Ecclesiarum morbi ingravescunt, eo magis omnes ad tuam convertimur præstantiam, unum nobis malorum solatium superesse credentes, tutelam tuam; qui et virtute precum, et rerum optimarum in negotiis suggerendarum scientia, servare nos posse ex hac horrenda tempestate apud omnes pariter, qui vel tantillum aut auditu aut experientia præstantiam tuam noverunt, existimaris. Quare ne cesses et precari pro animabus nostris, et nos per litteras excitare: quarum si scires quanta sit utilitas, nunquam sane oblatam tibi ad nos scribendi occasionem prætermisisses. Quod si precum tuarum ope haberer dignus, qui viderem te, ac iis quæ in te sunt bonis perfruerer, atque ad meæ vitæ historiam congressum cum tuo vere magno et apostolico animo adjicerem; profecto mihi viderer ærumnis, quas in omni mea vita perpessus sum, parem a Dei benignitate consolationem accepisse.

---

[*] Alias CCXXVI. Scripta anno 371.
[**] Alias CCXV. Scripta eodem anno.
[***] Alias CCCVIII. Scripta anno 371.
[****] Alias XLIX. Scripta anno 371, aut 372 ineunte.

EPISTOLA LXXXI[*].

Rogatus ab Innocentio Basilius ut, eo mortuo, ipsius Ecclesiæ curam suscipiat, tantum onus a se deprecatur. Sed alteri illius petitioni libenter annuens, offert ei presbyterum omni virtutum genere ornatum, ut enim successorem suum designet. Alium petierat Innocentius, bonum illum quidem, sed prædicto viro longe inferiorem.

Innocentio episcopo.

Quantum gavisus sum acceptis dilectionis tuæ litteris, tantum dolui quod mihi sollicitudinis, quæ meas vires superat, onus imposueris. Quomodo enim possim ex tanto intervallo tantum munus sustinere? Quandiu enim vos quidem possidet Ecclesia, tanquam in propriis fulcris quiescit : si vero de vestra vita Dominus quidpiam statuerit, quosnam hinc vobis pares ad fratres curandos mittere valeam? Quod spectat ad petitionem tuam, quam per litteras significasti (recte quidem et prudenter faciens, ut vivus videre velis eum, qui electum Domini gregem post te gubernaturus est, id quod et beatus Moses et exoptavit et vidit) ; cum igitur et locus amplus sit, et celebris ; tuumque opus apud multos clarum, ac tempora difficilia, magno indigentia gubernatore ob continuas procellas, et insurgentes in Ecclesiam fluctus; tutum animæ meæ esse non putavi rem perfunctorie tractare; maxime cum habeam in memoria quod scripsisti, te mihi coram Domino adversaturum, lites ob Ecclesiarum incuriam intendentem. Ne igitur tecum in judicium veniam, sed potius socium te reperiam meæ apud Christum defensionis ; circumspiciens in presbyterii urbis consessu, elegi pretiosissimum vas, alumnum beati Hermogenis, qui magnam illam atque insuperabilem fidem scripsit in magna synodo: presbyterum Ecclesiæ a multis jam annis, gravibus ac constantibus moribus præditum, peritum canonum, hominem accuratæ fidei, in continenti et ascetico instituto hactenus degentem, etsi illius jam carnem consumpsit austerioris vitæ rigor : pauperem ac nullos in hoc mundo reditus possidentem, adeo ut ne panis quidem copia ipsi suppetat, sed manuum labore una cum fratribus, qui cum eo sunt, victum sibi comparet. Hunc libet mittere. Si igitur viro tali indiges, non vero juniore aliquo, ad hoc tantum idoneo ut mittatur, ac negotia peragat exteriora ; cito ad me prima occasione oblata scribere ne graveris, ut hunc tibi virum mittam, electum Dei, et huic rei aptum, reverendum adeuntibus, et in mansuetudine adversantes erudientem. Quem statim etiam poteram mittere : sed quia ipse prior efflagitasti hominem, cætera quidem probum ac nobis dilectum, sed nominato viro longe inferiorem ; tibi meam ipsius sententiam notam esse ac perspectam volui : ut si indiges ejusmodi viro, aut unum aliquem ex fratribus mittas, qui ipsum circa a jejunia assumat : aut mihi scribas, si neminem habes qui ad nos usque itineris laborem perferre possit.

EPISTOLA LXXXII[**].

Confugit ad Athanasium in summis Ecclesiæ malis, et rogat ut communem epistolam scribat pluribus episcopis ejus communionem appetentibus, sed initium ab eo fieri volentibus : aut si suspecti sint episcopi, eam ad se mittat : non prius se illam traditurum, quam responsa ab episcopis acceperit.

Athanasio, episcopo Alexandriæ.

Cum quidem ad res ipsas respicimus, intuemurque difficultates quibus boni quælibet effectio quodam quasi vinculo impedita detinetur, tum vero in summam de nobis ipsis desperationem venimus; sed cum rursus in tuam gravitatem conjicimus oculos, cogitamusque te medicum morborum, quibus Ecclesiæ laborant, a Domino nostro reservatum ; animos resumimus, et ex desperatione, in quam lapsi fueramus, ad spem erigimur meliorum. Dissoluta est Ecclesia omnis, quemadmodum neque prudentia tua ignorat. Ac vides prorsus ex mentis contemplatione, velut ex alta quadam specula, quæ ubique gerantur : quomodo velut in pelago, multis simul navigantibus, fluctus violentia omnes simul inter se collidantur ; flatque naufragium, partim ob externam causam mare violenter exagitantem, partim ob navigantium sibi mutuo obstantium ac se impellentium perturbationem. Satis est in hac similitudine sermonem concludere, cum nec sapientia tua quidquam amplius requirat, nec rerum status det nobis dicendi libertatem. Ad hæc autem quis idoneus gubernator? quis fide dignus, qui Dominum excitet, ut increpet ventos et mare? Quis alius quam qui a puero pro pietate in certaminibus dimicavit? Quoniam igitur vere nunc propendet quidquid inter nos circa fidem sanum est, ad eorum, qui idem sentiunt, communionem atque unitatem , fidenter patientiam tuam rogatum venimus, ut nobis omnibus scribas epistolam unam, quæ quid agendum sit admoneat. Sic enim volunt a te initium sibi fieri colloquiorum ad communionem pertinentium. Sed quia fortasse suspecti videntur tibi ob memoriam præteritorum, hoc velim, facias, Pater religiosissime, epistolas ad episcopos mihi mitte, aut per aliquem eorum quibus istic fidem habes, aut etiam per fratrem Dorotheum condiaconum nostrum, quas cum acceperc non prius dabo, quam ab eis responsa accepero ; sin minus, *Peccator ero in te omnibus diebus vitæ meæ*[a]. Hoc profecto majorem metum incutere non debuit ei, qui id primus dixit ad patrem, quam nunc mihi ad te patrem spiritualem dicenti. Quod si hoc omnino apud te desperatum est ; saltem nos in hoc ministerio crimine libera, qui sine dolo et

[a] Genes. XLIII, 10.

[*] Alias CCCXIX. Scripta anno 372.
[**] Alias LI. Scripta anno 371 exeunte, aut 372 ineunte.

artificio, pacis studio et mutuæ inter nos, qui de **176** Domino idem sentimus, conjunctionis, ad hoc legati et interpretis munus accessimus.

EPISTOLA LXXXIII*.

Censitorem hortatur Basilius, ut miseræ Cappadociæ calamitates sublevet, eique commendat unius ex amicis suis possessionem quamdam, quæ circa Chamanenem sita erat, et tributis premebatur.

Censitori.

Mihi quidem consuetudo cum tua nobilitate et coram congressus brevis admodum exstitit : sed accepta ex auditu cognitio, qua multis viris insignibus conjungimur, nec exigua, nec contemnenda. An vero et apud te ex fama in aliquo numero sumus, ipse melius noveris. Tua quidem existimatio talis apud nos est, qualem diximus. Quoniam autem vocavit te Deus ad munus humanitati demonstrandæ idoneum, per quod potes patriam nostram omnino solo æquatam instaurare ; decere me arbitror tuam bonitatem admonere, ut spe divinæ remunerationis talem te exhibere velis, ut immortalem memoriam consequaris, et requiei æternæ hæres evadas ob allevatas calamitosis ærumnas. Cum autem et mihi quædam sit circa Chamanenem possessio, eam æque ac tuam tuearis rogo. Nec mireris si mea dicam, quæ sunt amicorum ; nam cum reliquis virtutibus et amicitiam didici, ac memini illius qui sapienter dixit, *amicum esse alterum seipsum*. Hanc igitur possessionem, quæ ad illum pertinet, velut meam tuæ dignitati commendo ; ac rogo, ut considerans domus molestias, des illis et præteritorum temporum consolationem et in futurum optabilem eis habitationem istam reddas, quæ ob tributorum ei impositorum multitudinem fugienda est et desperata. Sed et ipse operam dabo, ut cum tua urbanitate conveniens de singulis plenius disseram.

EPISTOLA LXXXIV**.

Præsidem Cappadociæ, quem Eliam esse credimus, perhonorifice salutat Basilius, ejusque factum reprehendit, quod dum senis cujusdam nepotem annos quatuor natum curiæ addicit, ipsum senem in nepote rursus ad munera publica protraxerit. Pluribus probat mutandum esse quod decretum inique fuerat.

Præsidi.

1. Fere incredibile est quod scripturus sum : scribetur tamen veritatis causa. Etsi cupiditate omni tenebar, quam possem sæpissime cum tua probitate colloquendi; postquam tamen hanc litterarum occasionem nactus sum, non accurri ad lucrum, sed hæsitavi ac me retraxi. Illud itaque ea in re mirabile est, quod quæ contingere cupiebam, ea ubi contigere, non sum amplexus. Hoc autem fuit causæ, quod puderet me videri non puræ amicitiæ causa, sed aliquid utilitatis aucupantem subinde scribere. Sed illud mihi in mentem venit (quod et tu considerans velim existimes

* Alias CCCCXXVII. Scripta anno 372.

me non quæstus magis quam amicitiæ causa in colloquium venire), **177** aliter præsides alloqui decere ac privatos. Non enim nobis eodem modo adeundus est medicus ac plebeius ; neque etiam præses eodem modo ac privatus : sed danda est opera, ut hujus arte, illius auctoritate ad nostros usus perfruamur. Quemadmodum enim ad solem ambulantes, velint nolint, umbra omnino sequitur : ita et cum magistratibus colloquia quæstus quidam comitatur, levamen afflictorum. Primam igitur epistolæ causam adimpleat ipsa magnanimitatis tuæ salutatio ; quod ipsum, etiamsi nullum aliud scribendi argumentum suppeteret, causam æquam esse putandum est. Saluteris igitur a nobis, vir optime, ac omni hominum generi custodiaris, præfecturas ex præfecturis gerens, et alios atque alios tua administratione adjuvans. Id enim et mihi facere mos est, et tibi debetur ab iis, qui vel tantillum tuam in administranda provincia virtutem experti sunt.

2. Post votum illud, meam quoque pro misero sene precationem excipe, quem diploma regium muneribus publicis exemit ; vel potius cui et ipsa ante regem senectus immunitatem necessariam dederat. Confirmasti et ipse beneficium regis, naturam reveritus, et publicis rebus providens, ut mihi videtur, ne quod periculum , homine propter ætatem desipiente, in rem publicam inveheretur. Quomodo autem illum, vir admirande, alia rursus via imprudens in media negotia protraxisti ? Quod enim illius nepotem nondum annos quatuor natum curiæ addixisti, quid aliud est quam senem in nepote rursus de integro ad publica munera pertrahere ? Nunc autem rogo ætatis utriusque miserearis, et utrumque liberes ob ea quæ insunt utrique miseratione digna. Alter quidem parentes non vidit, nec cognovit, sed per alienas manus in hanc vitam ingressus est, statim a cunabulis parente utroque orbatus ; alter vero tandiu in vita reservatus est, ut nullum calamitatis genus effugeret. Vidit enim filii mortem immaturam ; vidit et domum successoribus destitutam : videbit autem nunc, nisi quid tua humanitate dignum cogites, solamen orbitatis in occasionem sibi innumerabilium malorum converti. Non enim puerulus in curialium album ascribetur, aut tributa colliget, aut militibus annonam suppeditabit : sed rursus necesse miseri senis canitiem dedecorari. Concede igitur gratiam et legibus consentaneam, et naturæ congruentem : jubens ut alteri quidem usque ad virilem ætatem concedatur, alter autem in lecto mortem exspectet. Continua autem negotia et ineluctabilem necessitatem alii excusent. Neque enim tui moris est aut calamitosos spernere, aut leges parvi facere, aut amicis non cedere supplicantibus, etiamsi te ab hominibus circumsteterint negotia.

** Alias CCCLXXXIX. Scripta anno 372.

178 EPISTOLA LXXXV*.

Quod sæpe et in conventibus et in privatis colloquiis rogaverat Basilius, ut rustici ob vectigalia jurare non cogerentur, idem nunc per litteras obtestatur.

De cavendo jurejurando.

Non desinimus in omni conventu contestari, et privatis in colloquiis idem inculcare, ut rustici ob publica vectigalia ad jusjurandum ab exactoribus non adigantur. Reliquum erat, ut etiam per litteras de iisdem coram Deo et hominibus contestaremur, consentaneum esse, ut mortem hominum animabus inferre desinatis, et aliquos alios exigendi modos excogitetis, ac per vos hominibus liceat animas a vulnere integras habere. Ad te hæc scribimus non quod indigeas, ut te verbis hortemur (habes enim domestica Domini metuendi incitamenta), sed ut per te discant omnes, qui ex te pendent, Sanctum ad iracundiam non provocare, et rem vetitam mala consuetudine indifferentem non facere. Neque enim eis ullo pacto ad exactiones prosunt juramenta : et malum certissimum in animo suscipiunt. Ubi enim homines in perjuriis exercitati fuerint, non amplius solvere properant, sed fraudis instrumentum ac dilationis ansam sibi inventum esse jusjurandum existimant. Sive igitur Dominus celeres pœnas inferat perjuris ; non habebunt qui in jus vocati respondeant consumptis supplicio debitoribus : sive patienti animo eos toleret Dominus, quoniam, ut prius dixi, qui patientiam Domini experti sunt, ipsius contemnunt bonitatem ; ne frustra legem violent, neque in seipsos Dei iram accendant. Dixi quæ debui, videbunt immorigeri.

EPISTOLA LXXXVI**.

Petit Basilius ut per quos direptum Dorothei presbyteri frumentum, per eosdem restituatur.

Præposito.

Scio maximum et primum præstantiæ tuæ studium esse, ut omni ratione juri faveas. Alterum, ut et amicis benefacias, et eos qui ad tuæ magnanimitatis patrocinium confugiunt, tueare. Concurrunt itaque omnia in causa præsenti. Nam et justa res est, pro qua deprecamur ; et nobis pergrata, quos inter tuos amicos numerare dignatus es ; et eis debita, qui constantiæ tuæ auxilium ad injurias quas acceperunt propulsandas implorant. Frumentum enim quod duntaxat ad necessarium vitæ usum optatissimus frater Dorotheus habebat, quidam ex iis, **179** quibus rerum publicarum administratio concredita est, in Berisis diripuerunt, sive sua sponte ad hanc violentiam, sive ab aliis inducti. Verum nulla ex parte res culpa caret. Quid enim minus lædit, qui ex se malus est, quam qui aliorum ministrat improbitati ? siquidem idem damnum his qui injuria afficiuntur. Petimus igitur, ut per quos hic spoliatus est, ab his frumentum ablatum recipiat, nec eis liceat facinoris culpam in alios rejicere. Quanti autem momenti est rei frumentariæ penuriam effugere, tanti faciemus tuæ magnanimitatis beneficentiam, si eam conferre dignatus fueris.

EPISTOLA LXXXVII***.

Eadem de re scribit Basilius ad præsidem, quem Eliam esse credimus.

Sine inscriptione, de iisdem rebus.

Miratus sum quomodo te sequestro tantum nefas perpetratum sit in compresbyterum ; adeo ut quod unicum habebat sustentandæ vitæ præsidium, id ei ereptum sit. Quod autem gravissimum est, illud est, quod qui hoc ausi sunt, facinoris culpam in te transferunt : quem par erat non modo non permittere, sed etiam totis viribus impedire quominus hæc committantur, maxime quidem in quosvis homines : sin minus, saltem contra presbyteros, eosque quotquot idem ac nos sentiunt, ac eamdem pietatis viam ineunt. Itaque, si qua tibi cura est ut me recrees ; fac cito quæ acta sunt corrigantur. Potes enim, Dei dono, et hæc et his adhuc majora perficere, quibus consultum volueris. Scripsi autem et ad patriæ(1) Præpositum : ut si sua sponte æqua facere noluerint, judiciorum auctoritate facere cogantur.

EPISTOLA LXXXVIII****.

Hortatus fuerat Basilius civitatem ad symbolam auri comparatitii, sed cum magistratus plerique essent in agris, postulat a præside, ut vel de auri summa aliquid interim remittat, vel tempus præstitutum proroget.

Sine inscriptione, causa exactoris pecuniarum.

Quam difficile sit aurum comparatitium (2) cogere, omnium maxime præstantia tua novit : neque ul-

---

* Alias CCCV. Scripta anno 372.
** Alias CLXXIX. Scripta eodem anno.
*** Alias CCCXC. Scripta etiam anno 372.
**** Alias CCXLIII. Scripta eodem anno.

(1) Patriam suam vocat Basilius locum, in quo educatus fuerat apud aviam suam. Eumdem locum similiter designat supra initio epistolæ 8. Ait in epistola 51 se, cum pluribus in patria timentibus Deum, insolabiliter doluisse, quod Dianius formulæ Constantinopoli allatæ subscripsisset. Hunc autem presbyterum, qui in patria Basilii degebat, non alium esse perspicitur ei presbytero, qui Basilii collactaneus erat, ac domum, in qua Basilius educatus fuerat, certis conditionibus commissam administrabat, ut patet ex epistolis 36 et 37.

(2) Aurum illud sic vocabatur quia idcirco conferebatur, ut inde vestes militares compararentur, ut observat Gothofredus ad lib. vii *Cod. Theod.*, tit. 6, leg. 3. Nam provinciæ Orientis, exceptis duabus, nempe Osroene et Isauria, non vestem ipsam militarem præbebant, sed aurum compensationis gratia. Porro Valens in lege secunda ejusdem tituli, quæ Marcianopoli data est anno 368, jusserat *Omnem canonem vestium ex Kal. Sept. ad Kal. Aprilis largitionibus tradi : proposita Rectori provinciæ vel ejus officio condemnationis pœna.* Unde patet hanc Basilii epistolam ad rectorem Cappadociæ, quem Eliam esse non levibus de causis existimamus, scriptam esse mense Martio ac non longe ante Pascha, quod hoc anno 372 incidit in diem octavum Aprilis.

Jum paupertatis nostrae testem tam locupletem habemus, quam temetipsum : qui summa humanitate et nostri misertus es, et **180** hactenus, quantum in te fuit, indulgenter nobiscum egisti, nusquam a leni illo morum tuorum statu discedens ob metum eorum, quae a sublimioribus potestatibus imminebant. Quoniam igitur reliquum est nobis de tota summa paululum auri; ac illud ex symbola, ad quam civitatem universam hortati sumus, necesse est colligi; clementiam tuam rogamus, nobis praestitutum tempus paulisper proroges, ut et qui ab urbe absunt, admoneantur. In agris enim sunt plerique magistratuum, ut ne ipse quidem ignoras. Quod si ita mitti potest, ut tot librae desint, tantumdem enim nobis reliquum est, hoc ut fiat, te rogo; et reliquum postea mittetur : sin autem omnino necesse est illud simul transmitti in thesauros; id quod ab initio efflagitavi, ut tempus indictum nobis producas.

EPISTOLA LXXXIX*.

Litteris solatur Basilius desiderium videndi Meletii, eumque per Dorotheum obtestatur ut pro se oret, et si ad Occidentales scribendum sit, litteras dictet : se enim jam scripsisse per Sabinum, sed tanquam a synodo mittendum qui litteras perferat. Negat se apud Athanasium quidquam promovere posse, nisi a Meletio ejusque sociis initium fiat communionis Athanasio offerendae.

Meletio episcopo Antiochiae.

1. Bonus Deus occasiones nobis salutandae dignitatis tuae praebens, vehementiam desiderii demulcet. Nam testis ipse est desiderii nostri, quo flagramus, vultus tui videndi, ac bona tua et utili animabus doctrina perfruendi. Nunc autem per religiosissimum ac optimum fratrem Dorotheum condiaconum advenientem obtestor te, in primis, ut depreceris pro nobis, ne populo simus offendiculo, neque precibus vestris impedimento, quominus Dominum placetis. Deinde suggerimus etiam, ut omnia per praedictum fratrem digneris ordinare : ac si ad Occidentales scribendum est, propterea quod litterae sunt necessariae etiam ab uno e nostris perferendae, has ipsas litteras dictes. Nos enim nacti diaconum Sabinum ab illis missum scripsimus ad Illyricos, et ad Italiae et Galliae episcopos, et quosdam alios, qui privatim ad nos litteras dederant. Consentaneum autem, ut tanquam a communi synodi mittatur aliquis, qui litteras secundas deferat, quas ipse jubeto exarari.

2. Quod jam ad reverendissimum episcopum Athanasium attinet, probe scientem eximiam tuam prudentiam monebo, fieri non posse, ut meis litteris aliquid promoveatur, aut quidquam eorum quae oportet perficiatur, nisi et a vobis, qui tunc ipsius communionem procrastinatis, hanc ipsam aliquo pacto accipiat. Aiunt enim ipsum omnino propendere ut nobiscum **181** conjungatur, et quidquid poterit, collaturum; sed dolere, quod et tunc dimissus sit sine communione, et etiamnum promissa maneant irrita. Res autem Orientalium quomodo se habeant nequaquam profecto latet aures pietatis tuae : ac per se ipse accuratius omnia praedictus frater enarrabit. Quem quidem dignare statim post Pascha dimittere, quia responsa Samosatis exspectat : ejusque et propensam voluntatem approba, et precibus tuis corroboratum ad res propositas agendas dimitte.

EPISTOLA XC**.

Declarat Basilius quantum laetitiae perceperit, ex litteris Occidentalium, et ex adventu Sabini; a quo edoctos Occidentales de rebus Orientis tandem auxilio venturos sperat. Quod quidem ut impetret, Orientalis Ecclesiae calamitates describit. His quae canonice in Occidente gesta sunt assentiri se profitetur.

Sanctissimis fratribus ac episcopis Occidentalibus.

1. Bonus Deus, qui semper afflictionibus consolationes admiscet, nobis etiam nunc largitus est inter multos dolores, ut modicum aliquod solatium nancisceremur ex litteris, quas a vestra integritate reverendissimus Pater noster Athanasius acceptas ad nos transmisit, fidei rectae testimonium et inviolabilis vestrae concordiae atque conspirationis argumentum habentes, ita ut et pastores Patrum vestigia sequentes, et Domini populum cum scientia pascentes exhibeant. Haec omnia adeo nos exhilararunt, ut moerorem nostrum solverent, et exiguum quemdam risum animis nostris concitarent, ex tristi hoc rerum statu, in quo nunc versamur. Auxit autem nobis solamen Dominus per religiosissimum filium et condiaconum Sabinum, qui et ea quae apud vos praeclare geruntur, enarrans accurate, aluit animas nostras; et de rebus nostris experientia edoctus, perspicue vobis enuntiabit; ut primum quidem constanti et vehementi ad Dominum prece nobiscum decertetis; deinde vero ut et pro viribus solatium Ecclesiis afflictatis afferre ne recusetis. Nam hic omnia fatiscunt, fratres reverendissimi; et deficit ad continuos adversariorum assultus Ecclesia, non secus ac navigium quoddam in medio mari fluctuum impulsibus sibi invicem succedentibus agitatum ; nisi Dei nos bonitas cito visitet. Quemadmodum igitur proprium ipsorum bonum ducimus, vestram inter vos concordiam et unitatem; ita et rogamus, ut nostrarum vos dissensionum misereat; nec, quia locorum situ dissiti sumus, nos a vobis sejungatis, sed quia Spiritus communione conjungimur, nos in unius corporis concentum admittatis.

2. Notae autem calamitates nostrae, vel nobis tacentibus : siquidem per totum terrenum orbem **182** jam personuerunt. Contemnuntur Patrum dogmata; nullo numero habentur apostolicae traditiones; novatorum inventa regnant in Ecclesiis : de caetero homines verborum artifices sunt, non theologi; primas tenet mundi sapientia, expulsa crucis gloriatione. Abactis pastoribus introducuntur

---

* Alias CCLXXIII. Scripta anno 372.

** Alias LXI. Scripta anno 372.

lupi graves, qui Christi gregem discerpunt. Domus orationis destitutæ concionatoribus, solitudines lamentantibus refertæ. Seniores lugent, dum antiqua comparant cum præsentibus; juniores miserabiliores sunt, qualibus privati sint, ignorantes. Atque hæc quidem apta ad eorum commiserationem commovendam, qui Christi dilectionem edocti sunt; sed comparatus cum rerum veritate sermo longe ab ipsarum magnitudine abest. Si quod igitur solatium dilectionis, si qua communicatio Spiritus, si qua commiserationis viscera, ad ferendas nobis suppetias concitemini. Arripite studium pietatis, nos ex hac tempestate eripite. Proferatur et apud nos libere bona illa Patrum promulgatio, infamem Arii hæresim evertens, Ecclesias vero in sana doctrina ædificans, in qua Filium Patri consubstantialem confitemur, atque Spiritus sanctus pari honore simul et numeratur, et adoratur; ut quam vobis Dominus dedit pro veritate libertatem, et in divinæ salutarisque Trinitatis confessione gloriationem, hanc et nobis per vestras preces opemque vestram largiatur. Cæterum ille ipse, quem jam dixi, diaconus singula dilectioni vestræ nuntiabit. Omnibus autem quæ canonice a vestra præstantia acta sunt, assensi sumus, apostolicum vestrum rectæ doctrinæ studium laudantes.

EPISTOLA XCI[a].

Valeriani litteris respondet, eumque per Sabinum salutat, et obtestatur ut oret pro miseris Ecclesiæ Orientalis rebus; quibus sanandis necessarium esse docet, Occidentis auxilium.

Valeriano, Illyricorum episcopo.

Grates Domino largienti nobis, ut dilectionis veteris fructum in tua puritate videamus: qui scilicet adeo corpore sejunctus, nobis te per epistolam conjunxisti, nosque spirituali tuo et sancto desiderio complexus, non enarrabilem quemdam amorem animis nostris indidisti. Nam reipsa vim didicimus Proverbii illius: *Ut animæ sitienti aqua frigida, ita nuntius bonus de terra longinqua*[b]. Magna enim est apud nos fames charitatis, frater colendissime. Causa autem manifesta, nimirum eo quod multiplicata sit iniquitas, multorum refrixit charitas. Eam ob causam et litteras tuas plurimi fecimus, et vices rependimus tibi per eumdem virum religiosissimum condiaconum nostrum 183 et fratrem Sabinum: per quem et tibi nosmet notos facimus, et te obsecramus, ut in precibus pro nobis invigiles, ut tandem aliquando rebus nostris Deus sanctus tranquillitatem ac quietem impertiat, et ventum hunc ac mare increpet; ita ut liberemur ex illo æstu et perturbatione in qua nunc constituti sumus[1], summam semper submersionem exspectantes. Sed id nobis magnifice Deus in præsenti indulsit, ut vos audiremus summo consensu et unitate inter vos esse conjunctos,

[1] Prov. xxv, 25.

[a] Alias CCCXXIV. Scripta anno 372. Quam dulce Basilio cum episcopis longe remotis charitate con-

ac veritatis doctrinam sine impedimento apud vos annuntiari: siquidem aliquando (si modo non jam conclusum est hujus mundi tempus, sed adhuc vitæ humanæ dies supersunt) necesse est, ut fidem renovetis Orienti, et bonorum quæ ab eo accepistis, remunerationem eidem in tempore persolvatis. Nam sana apud nos pars, quæque majorum pietatem tuetur, non parum fatiscit; diabolo multis ac variis artificiorum assultibus pro sua ipsius astutia eam concutiente. Utinam autem vestris precibus, qui Dominum diligitis, exstinguatur prava illa et populorum deceptrix erroris Ariani hæresis; reluceat autem bona Patrum nostrorum doctrina, qui Nicæam convenerunt, adeo ut consentanea salutari baptismati glorificatio adimpleatur beatæ Trinitati.

EPISTOLA XCII[a].

Orientales ad scribendum impellit non solum solatium in narrandis ærumnis; sed etiam spes illa, Occidentales tandem auxilio venturos, ubi de rebus Orientis ex Sabino cognoverint. Describunt calamitates Orientis, ut his permoti Occidentales episcopi mittant, qui et hæresis progressus coerceant et pacem inter ipsos catholicos reconcilient.

Ad Italos et Gallos.

1. Religiosissimis ac sanctissimis fratribus comministris in Italia et Gallia unanimis episcopis Meletius, Eusebius, Basilius, Bassus, Gregorius, Pelagius, Paulus, Anthimus, Theodotus, Vitus, Abraamius, Jovinus, Zenon, Theodoretus, Marcianus, Barachus, Abraamius, Libanius, Thalassius, Joseph, Boethus, Iatrius, Theodotus, Eustathius, Barsumas, Joannes, Chosrhoes, Isaacis, Narses, Maris, Gregorius, Daphnus, in Domino salutem. Affert aliquid solatii afflictis animis ipsum suspirium sæpius ex imo corde ductum, ac lacryma erumpens vim afflictionis repellit. Nobis autem non, ut suspirium et lacrymæ, solatium affert mala nostra charitati vestræ narrare: sed præterea nos fovet melior quædam spes, forsitan 184 fore ut, si dolores nostros vobis denuntiaverimus, excitemus vos ad ferendam nobis opem, quam quidem Ecclesiis Orientalibus a vobis adfuturam jampridem speravimus, necdum tamen sumus assecuti; Deo, qui omnia in sapientia moderatur, omnino secundum arcana justitiæ suæ judicia, ut in his tentationibus diutius detineamur, dispensante. Non enim ignorastis, fratres reverendissimi, res nostras, quarum fama ad extremas etiam orbis terrarum partes pervenit: neque certe affectum omnem exuistis erga unanimes fratres, cum discipuli sitis Apostoli, qui proximi dilectionem legis complementum esse docet. Sed, quod jam diximus, inhibuit vestram alacritatem justum Dei judicium, quod constitutam ob peccata nostra afflictionem nobis plene admittitur. Vos tamen adhortamur, ut nunc saltem et ad veritatis studium, et ad nostri

jungi.

[a] Alias LXIX. Scripta anno 372.

commiserationem excitemini, ubi omnia didiceritis, etiam quæcunque antea aures vestras effugere, a religiosissimo fratre nostro condiacono Sabino, qui poterit vobis ea quoque, quæ epistolam prætereunt, per se ipse enarrare : per quem exhortamur vos, ut viscera induatis miserationis, omnique deposita segnitie laborem dilectionis suscipiatis, et neque viæ longitudinem, neque domesticas occupationes, neque aliud quidquam humanum cogitetis.

2. Neque enim Ecclesia una periclitatur; neque duæ aut tres in gravem hanc tempestatem delapsæ. Nam ferme a finibus Illyrici usque ad Thebaidem hæresis malum depascitur. Cujus prava semina prius quidem infamis Arius jecit : altis autem radicibus firmata a pluribus, qui Arium inter et nostram ætatem interjecti impietatem studiose excoluere, nunc exitiosos fructus protulerunt. Nam pietatis eversa sunt dogmata : confusæ Ecclesiæ leges. Hominum Dominum non timentium ambitio in præfecturas insilit, jamque aperte præmium impietatis principatus propositus est, ita ut qui graviores blasphemias ructatus est, dignior habeatur, qui populo episcopus præsit. Periit gravitas sacerdotalis : defecere qui gregem Domini cum scientia pascant : ambitiosis pauperum pecunias in proprios usus et in munerum largitiones semper insumentibus. Evanuit accurata canonum disciplina ; peccandi multa libertas. Nam qui hominum studiis ad principatum devenerunt, in hoc ipso studii gratiam rependunt, quod omnia ad voluptatem indulgeant peccantibus. Periit judicium æquum : quisque ex sui cordis voluntate ambulat. Nequitia modum nullum habet : exleges populi : deest præpositis dicendi libertas. **185** Servi enim eorum, a quibus collatum beneficium, qui hominum opera sibiipsis dominatum compararunt. Jam quoque et illud mutui belli telum a quibusdam, defensio videlicet doctrinæ sanæ, excogitatum est : et dum privata odia occultant, pro veritate se odisse simulant. Alii vero, dum fugiunt ne turpissimis criminibus arguantur, populis furorem ad mutuam discordiam inspirant, ut communibus malis res suas obumbrent. Quapropter et implacabile est hoc bellum : iis qui mala egere, communem pacem, ut occulta ipsorum dedecora detegentem, metuentibus. Ob hæc rident increduli, fluctuant qui firmiter non credunt : fides est ambigua, offunditur animis ignoratio, eo quod veritatem imitentur, qui doctrinam in malitia adulterant. Silent enim piorum ora ; soluta vero blasphema omnis lingua ; profanata sunt sancta ; fugiunt precationis domos populi saniores, ut impietatis scholas, ac in solitudinibus ad Dominum in cœlis inhabitantem cum gemitibus et lacrymis manus attollunt. Pervenerunt autem profecto et usque ad vos quæ in plerisque civitatibus geruntur. Nimirum populi cum uxoribus liberisque et ipsis senibus pro mœnibus effusi, sub dio preces fundunt, ferentes omnes aeris ihjurias multa cum patientia, et auxilium a Domino exspectantes.

3. Quæ lamentatio his calamitatibus digna? quales lacrymarum fontes his malis pares erunt? Itaque, dum adhuc nonnulli videntur stare, dum adhuc veteris status vestigium servatur, priusquam cumulatum Ecclesiis superveniat naufragium, festinate ad nos, jam festinate, ita precamur, fratres germanissimi : in genua provoluti manum porrigite. Fraterna vestra viscera commoveantur nostra causa, profundantur lacrymæ commiserationis. Mediam orbis partem ab errore absorberi ne sinatis : nec fidem apud eos feratis exstingui, apud quos primum illuxit. Quid igitur facto opus sit, ut rebus nostris subveniatis, et quomodo commiserationem ostendatis erga divexatos, nullo modo a nobis necesse erit vos discere : sed sanctus ipse Spiritus vobis suggeret. At certe celeritate opus est ad eos, qui supersunt, servandos, et plurimum fratrum præsentia, ut synodi numerum expleant, qui huc advenient, ut non solum ex eorum qui miserint gravitate, sed etiam ex suo ipsorum numero pondus atque auctoritatem ad res emendandas habeant : qui et fidem in Nicæa a nostris Patribus scriptam instaurent, et hæresim proscribant, et Ecclesiis loquantur pacifica, eos qui idem sentiunt, ad concordiam adducentes. Hoc enim profecto omnium maxime dignum est miseratione, quod et ea pars quæ videtur esse sana, divisa **186** est in semetipsam : ac nos circumstant, ut verisimile est, similes calamitates his, quæ olim Hierosolymis, Vespasiano obsidente, acciderunt. Illi enim simul et externo premebantur bello, et domestica tribulium seditione absumebantur. Apud nos autem, præter apertum hæreticorum bellum, aliud præterea ab iis, qui videntur recte sentire, excitatum, ad extremam debilitatem Ecclesias perduxit. Ob quæ et maxime indigemus auxilio vestro, ut qui apostolicam profitentur fidem, excogitata a se schismata dissolventes, deinceps auctoritati Ecclesiæ subjiciantur, ut perfectum fiat Christi corpus jam in omnibus membris integritati restitutum ; ac non solum aliorum bona laudemus, id quod nunc facimus, sed etiam nostras ipsorum Ecclesias in pristinum rectæ fidei decus restitutas videamus. Revera enim laude summa dignum est, quod a Domino pietati vestræ datum est, adulterinum quidem a probo ac puro discernere, Patrum vero fidem sine ulla dissimulatione prædicare : quam quidem et nos suscepimus, agnovimusque apostolicis notis signatam : eique et cæteris omnibus, quæ in synodico scripto (1) canonice et legitime statuta sunt, assentimur.

---

(1) Exstat synodica illa epistola, Græce quidem apud Sozomenum et Theodoretum, Latine vero in collectione Romana ex veteribus monumentis descripta. Sed cum synodus in hac epistola doceat Patrem et Filium et Spiritum sanctum *unius esse hypostasis et essentiæ*, τῆς αὐτῆς

EPISTOLA XCIII*.

Docet Basilius bonum esse et perutile quotidie communicare: observat quater singulis hebdomadibus Cæsarienses, atque etiam sæpius communicare. Respondet alteri quæstioni an persecutionis tempore liceat communionem manu sua accipere, si nec presbyter adsit nec diaconus.

Ad Cæsariam patriciam, de communione.

Singulis etiam diebus communicare, ac participem esse sancti corporis et sanguinis Christi, bonum est et perutile: cum ipse perspicue dicat: *Qui comedit meam carnem, et bibit meum sanguinem, habet vitam æternam*[a]. Quis enim dubitat quin vitæ continenter esse participem nihil aliud sit quam multiplici ratione vivere? Nos quidem quater singulis hebdomadibus communicamus, Dominica die, quarta die, in parasceve et Sabbato, et aliis diebus, si sancti alicujus memoria recolatur. Quod autem persecutionum temporibus cogitur quis, absente sacerdote aut diacono, communionem sua ipsius manu accipere, id grave non esse supervacuum est ostendere; quia hoc diuturna consuetudo ipsis rebus confirmat. Omnes enim in solitudinibus monachi, ubi non est sacerdos, communionem domi servantes, suis ipsorum manibus sumunt. Alexandriæ autem et in Ægypto unusquisque etiam de plebe ut plurimum habet domi communionem, et quando vult, per se ipse fit illius particeps. Postquam enim semel sacerdos sacrificium absolvit, ac porrexit: qui illud, ut totum simul accepit, is dum quotidie participat, merito credere debet se ab eo qui dedit participare et accipere. Enimvero etiam in Ecclesia sacerdos porrigit partem: quam qui suscipit, cum omni potestate retinet, et sic ori admovet propria manu. Itaque idem valet, sive quis partem unam a sacerdote accipiat, sive multas simul.

EPISTOLA XCIV**.

Cum amplissimum ædificium construeret Basilius, inde illius accusandi arrepta causa: huc accesserunt ab episcopis dissidentibus aliæ criminationes. Primam accusationem repellit, ac ædificium suum imperatoris judicio comprobatum, et rei publicæ utile esse docet. Cæteras differt in aliud tempus. Interim præsidem rogat ut Alexandri factum imitetur.

Heliæ rectori provinciæ.

Volebam et ipse tuam dignitatem adire, ne ob

[a] Joan. vi, 53.

absentiam minus aliquid haberem, quam qui calumniantur; sed quia infirma corporis valetudo prohibuit, solito longe vehementius ingruens, necessario ad scribendum veni. Ego igitur, vir admirande, cum nuper una cum tua præstantia versarer, volebam et de omnibus meis exterioribus negotiis cum tua prudentia communicare; volebam et de Ecclesiis sermonem instituere, ut nihil postea calumniis loci relinqueretur. Sed me repressi, omnino præposterum esse existimans, ac immoderatum studium, viro tanta negotiorum multitudine onerato curas adhuc, easque non necessarias, injicere. Ad hæc, dicetur enim quod res est, et alias timui ne forte in necessitatem veniremus vulnerandæ mutuis altercationibus animæ tuæ, quæ pura sua in Deum pietate perfectam religiosi cultus mercedem percipere debet. Nam revera si ipsi te ad nos abstrahamus, parum tibi otii ad res publicas relinquemus; ac idem fere faciemus, ac si quis nauclerum, qui navem nuper compactam in magna gubernat tempestate, sarcinis novis prægravet, cum aliquid detrahere oneris, et quantum fieri potest allevare oporteat. Unde mihi videtur et magnus imperator, ubi nostram hanc sollicitudinem perspexit, veniam dedisse, ut Ecclesias per nos ipsi administraremus. Jam vero eos qui sinceris tuis auribus obstrepunt, interrogatos volo, quid a nobis rebus publicis allatum sit detrimenti? quid parvum magnumve in rebus communibus nostra Ecclesiarum gubernatione lædatur? nisi quis dicat damnum ab eo rebus afferri, qui precationis domum magnifice extructam erigit Deo nostro, et ædes circum illam, aliam quidem liberali specie, episcopo privatim addictam, alias vero interiores Dei famulis ex ordine distributas; quarum usus communis vobis rectoribus, et vestro comitatui. Ecquem injuria afficimus, dum peregrinis, sive hac transeuntibus, sive medela aliqua ob morbum indigentibus hospitia construimus, atque sic necessarium constituimus solatium, ægrorum curatores, medicos, jumenta, deductores (1)? Quibus necesse fuit et artes adjungi, tum quæ ad vitam sunt necessariæ, tum quæ ad honestius vitæ institutum fuerunt excogitatæ: alias rursus ædes ad

ὑποστάσεως καὶ οὐσίας, quomodo Basilius et cum eo plures alii, qui unam in tribus hypostasim ferre non poterant, omnibus tamen, quæ synodi litteris continentur, declarant se assentiri? Magnum sane indicium hanc vocem ὑποστάσεως subdititiam esse et assutam. Sed huc accedit cum ipsa epistola ab Holstenio edita, in qua legitur tantum Patrem et Filium *unius esse substantiæ*, tum maxime ipsius Basilii testimonium, qui in epist. 214 docet ipsos etiam Occidentales dicrimen inter essentiam et hypostasim subindicasse; siquidem in litteris suis, *cum linguæ suæ inopiam suspectam haberent, essentiæ nomen Græca lingua ediderant*. Non ergo dixerunt Occidentales Patrem et Filium ejusdem esse ὑποστάσεως καὶ οὐσίας, sed tantum ejusdem οὐσίας, omissa hypostasis voce. Atque inde etiam colligitur eos non Græce scripsisse, nec epistolam,

quæ est apud Sozomenum et Theodoretum, primarium esse et germanissimum exemplar, ut eruditus editor litterarum summorum pontificum contra Tillemontium et alios contendit, sed potiori jure hanc laudem editæ ab Holstenio epistolæ Latinæ tribuendam.

* Alias CCLXXXIX. Scripta circa ann. 372.
** Alias CCCLXXII. Scripta anno 372.

(1) *Deductores*, id est, eos qui obviam ibant, et abeuntes deducebant. Videtur honoris causa hoc munus clericis sæpe commissum fuisse. Nam Basilius in epist. 243 testatur Arianos sibi omnia ecclesiastica munia arrogare, in his ut deducant proficiscentes. Queritur in epist. 98, quod se Meletius et Theodotius perfunctorie invitaverint, nec quemquam miserint, qui iterum admoneret aut deduceret.

facienda opera idoneas, quæ omnia ipsi loco ornatum, et rectori nostro gloriam ferunt, laude in eum redundante. Tu certe non idcirco ad nos regendos invitus adducturus es, quod solus animi magnitudine possis opera collapsa instaurare, loca non habitata incolis complere, et uno verbo solitudines in urbes transformare. Qui igitur ad hæc se adjutorem præbet, eum abigere et injuriis afficere consentaneum, an honorare ac colere? Neque existimes, vir optime, verba tantum esse quæ dicimus : siquidem jam in opere versamur, cum materiam hactenus comportaverimus. Hæc igitur ad nostram coram rectore defensionem dicta sint. Quæ autem par est adversus accusatorum querelas, ut Christiano et amico existimationem meam curæ habenti, respondere, ea nunc necesse est prætermittere, ut et epistolæ modo longiora, et aliunde inanimis epistolis non tuto committenda. Sed ne ante congressus nostri tempus nonnullorum calumniis inductus, aliquid de tua in me benevolentia remittere cogaris, fac idem quod Alexander. Nam et illum ferunt, cum quidam ex familiaribus calumnia appeteretur, aurium quidem alteram accusatori præbuisse, alteram vero diligenter manu occlusisse : demonstrantem, oportere ut qui recte judicaturus est, non totus statim a præoccupantibus abducatur, sed dimidium auditus integrum ad defensionem servet absenti.

189 EPISTOLA XCV*.

Invitatus a Meletio et Theodoto Basilius ad diem festum, medio mense Junio celebrandum, scripserat ad Eusebium per Theophrastum diaconum. Quo mortuo ante perlatas litteras, cum dies tam uti triginta superessent, litteras illas misit Basilius Eustathio, ut cito perferrentur ad Eusebium. Declarat Basilius se ad hunc locum et diem venturum, si ipse etiam veniat Eusebius : secus vero, nequaquam iturum, sed potius profecturum ad ipsum Eusebium.

Eusebio, episcopo Samosatorum.

Cum dudum scripsissem pietati tuæ tum aliis de rebus, tum ut in unum veniremus, spe excidi, non perlatis in manus dignitatis tuæ litteris, quas beatus diaconus Theophrastus accepit quidem, dum necessario ad circuitum quemdam conficiendum peregrinamur, sed minime transmisit ad tuam pietatem, eo quod illum morbus, ex quo mortuus est, anteverterit. Unde tam sero veni ad scribendum, ut ob summas temporis angustias nihil sit utilitatis ex his litteris exspectandum. Nam religiosissimus episcopus Meletius et Theodotus mihi præcepere ut ad ipsos proficiscar; tum ad amoris significationem congressum offerentes, tum etiam emendationem aliquam eorum, quæ nunc molestiam afferunt, fieri volentes. Indixerunt autem nobis tempus quidem conveniendi, medium mensem Junium proxime sequentem : locum vero Phargamum, locum insignem martyrum splendore, ac frequentissimo conventu singulis annis ab ipsis celebrato. Cum autem mihi, postquam reditu meo didici beatum diaconum obiisse, et litteras apud me inertes jacere, otiandum non esset, eo quod adhuc triginta tres dies nobis ad diem constitutum supersint; misi celeriter ad reverendissimum fratrem Eustathium comministrum nostrum has litteras, ut ipsius opera transmittantur ad tuam gravitatem, ac cito rursus responsa ad nos referantur. Etenim si fieri potest, aut alioqui placitum tibi, ut eo venias, nos quoque veniemus; sin minus, nos certe, Deo volente, congressus debitum ab anno præterito contractum persolvemus; nisi rursus impedimentum aliquod nobis acciderit ob peccata : congressum vero cum episcopis in aliud tempus differemus.

EPISTOLA XCVI**.

Demonstrat Basilius quantum afflicta Cappadocia damnum fecerit, ablato ei præstantissimo præside (Helia). Rogat ut illum Sophronius commendet imperatori, et illatas ei criminationes diluat.

Sophronio magistro.

Ecquis ita civitatem suam diligens, ac patriam, a qua editus in lucem et nutritus æque ac parentes honorans, uti tu ipse, qui et urbi universæ generatim et cuique sigillatim bona precaris, nec precaris solum, sed vota etiam per te ipse confirmas? Hæc enim potes, Deo dante, atque utinam possis quam diutissime, ita benignus ac clemens. Sed tamen, hac te potestate prædito, patria nostra 190 per somnium ditata est, viro quidem commissa, qualem non alium dicunt, qui res nostras antiquissimas sciunt, in rectoris sedem conscendisse; sed cito eo privata improbitate nonnullorum, qui ex illius libero et nescio assentationis animo insanam belli ei inferendi arripuerunt, et calumnias ei instruxerunt, clam tuæ præstantiæ auribus. Quapropter omnes universe lugemus, rectore ablato, qui solus poterat jam in genua provolutam urbem nostram denuo erigere, æqui sinceroi custode, affabili, injuriam patientibus, terribili delinquentibus, æquabili et eodem pauperibus et divitibus, et quod maximum est, res Christianorum ad antiquum decus revocante. Quod enim a muneribus omnium quos scimus hominum maxime abhorruit, nec cuiquam præter jus gratificatus est, id ut exilius cæteris illius virtutibus prætermittimus. Hæc quidem sero testificamur, nosmetipsos more eorum, qui nænias cantitant, consolantes, nihil rebus auxilii ferentes. Sed tamen nec illud inutile, ut viri memoria in magno tuo pectore recondatur, eique ut bene de a merito gratiam habeas; ac si quis ex iis, qui se justitiæ posthabitos fuisse moleste ferunt, in ipsum insurrexerit, tuearis ac defendas, omnibusque aperte demonstres eum a te inter necessarios ascribi : satis causæ esse putans ad necessitudinem, tum bonum de eo testimonium, tum ipsam rerum experientiam, quæ tempori minime respondet. Nam

* Alias CCXLI, scripta anno 372.

** Alias CCCXXXII, scripta anno 372.

quæ ne multis quidem annis ab alio fiant, hæc brevi tempore ab eo perfecta. Porro satis magnum nobis beneficium, ac eorum quæ acciderunt solamen, si et illum commendes imperatori, et illatas ei criminationes diluas. Hæc tibi universam existima patriam una voce mea disserere, ac commune omnium votum esse, ut præstantiæ tuæ ope aliquid huic viro prospere ac feliciter cedat.

EPISTOLA XCVII*.

Eximium pacis studium declarat Basilius in vehementi illa dissensione, quæ ei cum Anthimo ob Cappadociæ divisionem supervenit.

Senatui Tyanorum.

Qui occulta revelat, et cordium consilia in lucem profert, Dominus largitus est vilibus et abjectis intelligentiam difficilium ad deprehendendum, ut nonnulli putant, machinationum. Nihil igitur latuit nos, nec quidquam eorum quæ facta sunt, occultum fuit. Attamen nos neque videmus, neque audimus quidquam aliud, quam Dei pacem, et quæ ad eam ferunt. Nam etsi alii potentes sunt, et magni, et sibi ipsis fidentes, tamen nos nihil sumus et nullius pretii; quare nunquam tantum nobis sumemus, ut in solitudine videamur nobis negotia conficere posse: quippe cum probe sciamus, magis nos uniuscujusque 191 fratrum auxilio indigere, quam manum alteram alterius ope: siquidem et ex ipsa corporis nostri constitutione societatem necessariam esse Dominus nos docuit. Cum enim hæc ipsa nostra membra considero, quorum nullum sibi ipsi ad agendum satis est: quomodo mihi ipse videbor ad vitæ negotia sufficere? Neque enim pes tuto gradiatur, non suffulciente altero: neque oculus recte videat, non habens alterum consortem, et cum eo socialiter his quæ videntur, intentus. Auditus accuratior, qui per utrosque meatus vocem suscipit, et fortior apprehensio, digitorum conjunctione. Et in summa, nihil neque eorum quæ natura, neque eorum quæ libera voluntate perficiuntur, citra conspirationem eorum quæ ejusdem generis sunt, perfici video; cum et preces ipsæ, si desint qui conspirent, longe sint seipsis debiliores, ac Dominus inter duos aut tres, qui ipsum concorditer invocaverint, medium se fore promiserit. Sed et dispensationem ipsam Dominus suscepit, ut per sanguinem suæ crucis sive terrena sive cœlestia pacificaret. Quare, ob hæc omnia, in pace manere reliquos dies nostros optamus, in pace fieri obdormitionem nostram precamur. Statui pacis causa nec laborem ullum prætermittere, non humile dictu quidquam aut factu, non itineris longitudinem vereri, non quidquam aliud molestum refugere, ut mercedem pacificationis adipiscar. Quod si quis nos viam ad hæc monstrantes sequitur, hoc optimum, et voti finis est: sin autem in contrarium trahat, ego ce te ne sic quidem a mea sententia

recedam. Unusquisque autem operum suorum in remunerationis die fructus agnoscet.

EPISTOLA XCVIII**.

Rationes exponit cur Nicopolim non iverit. Iturum se dicit in hanc urbem, ut cum Meletio colloquatur; vel etiam cum eodem Samosata venturum. Indictus cum episcopis secundæ Cappadociæ congressus; item alius cum Eustathio. Excusatione utitur, cum missæ non sint ad Eusebium litteræ episcoporum. Perstat in suo consilio ut Gregorius sit episcopus. Nuntiat Palmatium Maximo ad persecutionem ministrare. Rogat Eusebium ut ad se veniat.

Eusebio, episcopo Samosatorum.

1. Cum Nicopolim mente animoque ferrer, postquam urbanitatis tuæ litteras accepi quibus venturum te negabas, relaxatus sum ex mea cupiditate, simulque totius meæ infirmitatis recordatus. Venit autem mihi in mentem et eorum qui advocaverant perfunctoria invitandi ratio, qui cum me per honoratissimum fratrem Hellenium Nazianzi peræquatorem in transcursu vocassent, qui iterum de iisdem submoneret, aut me deduceret, non dignati sunt mittere. Itaque cum ob peccata nostra simus ipsis suspecti, timuimus ne illorum 192 conventus lætitiam præsentia nostra obturbaremus. Nam cum magnanimitate tua vel ad magnas tentationes accingi non pigramur; absque te autem vel intuendis levibus ærumnis impares sumus. Quoniam igitur de rebus ecclesiasticis futurus erat mihi cum illis congressus, celebritatis quidem tempus prætermisi, congressum autem in quietum ac expers perturbationis tempus distuli; meque satius esse duxi Nicopolim venientem de necessariis Ecclesiarum rebus cum religiosissimo episcopo Meletio colloqui, si Samosata pergere recuset: sin autem non recuset, simul cum eo advolabimus, modo id mihi ab utroque declaretur, videlicet ab illo ipso nobis de his rescribente (scripsimus enim), atque a tua pietate.

2. Eramus etiam cum episcopis secundæ Cappadociæ congressuri: qui postquam alterius provinciæ nomen habuerunt, subito existimarunt se ex alia ac nos natione et gente esse, tantumque nos ignorarunt, quantum qui nullum prorsus periculum fecere, nec unquam in colloquium venerunt. Exspectabatur autem et alius congressus cum verendissimo episcopo Eustathio, quocum congressi sumus. Nam quia multi clamitabant aliquid ab eo in fide adulterari, venimus ei in colloquium, eumque invenimus Dei ope ad omnem rectam fidem bono animo assectantem. Porro episcoporum litteræ culpa illorum ipsorum, a quibus nostras transmitti oportebat, ad dignitatem tuam missæ non sunt: sed et me fugerunt, e memoria ob assiduas curas elapsæ. Cæterum fratrem Gregorium vellem et ego Ecclesiam gubernare ingenio suo parem. Ea autem erat Ecclesia omnis quæ sub sole est, in unum collecta. Cum autem fieri id non queat, episcopus sit, non ex loco ornamentum accipiens,

* Alias LXVIII, scripta anno 372.

** Alias CCLIX, scripta anno 372.

sed loco ex sese addens. Nam viri vere magni est non magnis tantum parem esse, sed etiam, quæ parva sunt facultate sua magna facere. Quid autem faciendum Palmatio, qui post tot ac tantas fratrum admonitiones adhuc ministrat Maximo ad persecutiones? Sed tamen ne nunc quidem litteras ad illum mittere gravantur: nam quominus veniant et corporea invaletudine et domesticis negotiis prohibentur. Noveris porro, Pater Deo dilectissime, res nostras tua omnino præsentia indigere, ac necesse esse ut venerandum senium adhuc semel moveas, quo Cappadociam jam fluctuantem et casui proximam sustentes.

193 EPISTOLA XCIX*.

Terentio exponit Basilius, quomodo desertus a Theodoto perficere non potuerit, quod ex mandato imperatoris et litteris Terentii susceperat, ut episcopos Armeniæ daret. Cæterum curæ sibi fuisse, ut episcopos pacificaret, ac multa non recte fieri solita in Armenia emendaret. Accepisse etiam se a Satalensibus suffragia, quibus rogabatur ut eis episcopum daret, ac de inflictis Cyrillo Armeniæ episcopo calumniis cognovisse.

Terentio Comiti.

1. Cum diligenter admodum in id incubuissem, ut ex parte saltem et imperatoris mandato obtemperarem et amicissimis dignitatis tuæ litteris, cujus ego sermonem omnem omnemque sententiam voluntate recta ac bono consilio plenam esse certo scio, studium meum ad opus deducere mihi non licuit. Causa autem prima quidem et verissima, peccata mea, quæ ubique occurrunt mihi, ac meos gressus subvertunt: deinde etiam episcopi, qui datus adjutor fuerat, animi a nobis alienatio. Nescio enim quid passus reverendissimus frater noster Theodotus, qui ab initio promiserat mutuam se nobis operam in omnibus daturum, nosque libenter Getasis Nicopolim adduxerat, ubi nos vidit in civitate, sic aversatus sit, sic peccata nostra metuerit, ut neque ad matutinas preces, neque ad vespertinas nos voluerit assumere: æqua ille quidem faciens, quod ad me attinet, ac vitæ meæ convenientia, sed non utiliter communi Ecclesiarum tranquillitati consulens. Horum autem causam nobis afferebat, quod non gravaremur reverendissimum episcopum Eustathium in communionem recipere. Quod autem egimus, est ejusmodi.

2. Vocati ad conventum, qui a fratre Theodoto habebatur, ac charitate impulsi, ut vocanti obsequeremur, ne congressum videremur irritum et inutilem reddere, dedimus operam ut in colloquium cum prædicto fratre Eustathio veniremus. Ac illi quidem proposuimus quæcunque de fide illum criminatur frater Theodotus; rogavimusque, si rectam fidem sequeretur, manifestum id nobis faceret, ut cum eo communionem haberemus: sin autem alieno esset animo, probe sciret nos quoque ab ipso abalienatum iri. Itaque cum multos sermones inter nos habuissemus, diemque illam totam in his expendendis insumpsissemus; flexo jam in vesperam die, discessimus ab invicem, colloquio nullam ad certam conclusionem perducto. Sed iterum sequenti die mane considentes, de iisdem disseruimus, accedente jam et fratre Pœmenio, Sebastiæ presbytero, et vehementer adversarium nobis doctrinam defendente. Paulatim igitur et ea dissolvimus, quorum nomine videbatur me accusare, et eos ad assentiendum iis quæ a me quærebantur adduxi, ita ut gratia Domini inveniremur ne de 194 minimis quidem rebus inter nos dissidentes. Ita igitur circa nonam fere horam surreximus ad precandum, ac Domino gratias egimus, nobis largienti, idem ut sentiremus, idemque loqueremur. Ad hæc oportebat me et scriptam aliquam confessionem ab homine accipere, ut et illius adversariis manifesta fieret hæc assensio, et cæteris idoneum exstaret illius propositi monumentum. Sed ipse volui ob plurimam diligentiam, cum fratre Theodoto congrediens, libellum fidei ab ipso accipere, eique quem nominavi viro offerre: ut duo consequerer, nempe ut et ipse fidem rectam confiteretur, et his satisfieret, nullam habentibus contradicendi materiam, post acceptas ipsorum conditiones. At Theodotus, priusquam didicisset quam ob causam convenissemus, et quid ex colloquio consecuti essemus, non jam nos ad synodum vocandos judicavit. Sed e medio itinere reversi sumus, animum despondentes, quod nostros pro pace Ecclesiarum labores irritos redderet.

3. Postea igitur imposita mihi necessitate in Armeniam eundi, cum nossem singulare hominis ingenium, vellemque coram locuplete teste cum ipse rationem eorum quæ egeram reddere, tum illi satisfacere, veni Getasa in agrum religiosissimi episcopi Meletii, ubi et ipse, quem dixi, Theodotus mecum interfuit: sicque ibi accusatus ab eo ob conjunctionem cum Eustathio, dixi ex congressu consecutum me esse, ut eum in omnibus idem ac nos sentientem haberem. Cum autem asseveraret Eustathium negasse, postquam ab eo discessimus, suisque propriis ipsum discipulis affirmare, se nulla prorsus in re nobiscum de fide consensisse, ad hæc ego occurrebam (ac vide, vir in primis admirande, an non justissimas huic rei et invictissimas responsiones attulerimus), persuasum mihi esse conjecturam facienti ex reliqua viri constantia, ipsum haud ita leviter in contraria circumferri, neque nunc quidem confiteri, nunc vero negare quæ dixerit; hominem mendacium in rebus minimis, ut horribile quiddam, aversantem, nedum in rebus tanti momenti ac ita omnium fama celebratis veritati unquam adversari velit. Quod si vera esse contingat quæ a vobis dictitantur, proponendus est ei libellus, qui omne rectæ fidei specimen complectatur. Quod si eum subscribendo assentiri reperero, manebo in illius com-

---

* Alias CLXXXVII, scripta anno 372.

munione: sin autem deprehendero recusantem, ab illius conjunctione discedam. Cum autem hæc probarentur episcopo Meletio, et fratri Diodoro presbytero (nam iis quæ fiebant intererat), illic sane quam reverendus frater Theodotus assensus est; cumque adhortatus esset, ut descenderemus Nicopolim, tum ut Ecclesiam ipsius inviseremus, tum 195 et ipsum itineris comitem Satalos usque haberemus, ac nos Getasis reliquisset, ubi Nicopolim venimus, oblitus eorum quæ et a me audierat, et quæ nobiscum pactus fuerat, nos iis, quas paulo ante retuli, contumeliis ac ignominiis affectos dimisit.

4. Quomodo ergo possem, caput præstantissimum, mandatorum quidquam perficere, et episcopos Armeniæ dare? sic erga me affecto curarum socio, cujus opera sperabam me idoneos viros inventurum, eo quod in ejus parœcia non desint et religiosi, et prudentes, et linguæ periti, et qui reliquos usus gentis proprios sciant; quorum nomina cum sciam, volens tacebo, ne quid impedimenti nascatur, quominus alio saltem tempore Armeniæ utiliter consulatur. Et nunc cum Satala usque cum tali corpore pervenissem, reliqua quidem visus sum Dei gratia constituere; cum pacem composuerim inter episcopos Armeniæ, eosque, ut par erat, allocutus sim, ut deponerent consuetam indifferentiam, ac sincerum pro Domini Ecclesiis studium resumerent: quin et regulas ipsis dederim de iis, quæ indifferenter in Armenia peccabantur, quomodo illos deceret curam suscipere. Accepi autem et a Satalorum Ecclesia suffragia, quibus rogabar ut episcopum ipsis darem. Curæ etiam mihi illud fuit, ut de aspersa criminatione fratri nostro Cyrillo Armeniæ episcopo inquirerem; ac Dei gratia reperimus falso commotam ex calumnia illius inimicorum, quam et manifeste coram nobis confessi sunt. Atque utcunque Satalorum populum visi sumus ipsi placare, ita ut non jam ab illius communione refugiat. Quod si hæc parva sunt, et nihili facienda, at nihil a nobis amplius perfici poterat, ob mutuam inter nos ex diaboli artificio dissensionem. Atque hæc quidem tacenda erant, ne mea ipsius probra vulgare videar; sed quia aliter causam dicere non poteram apud magnanimitatem tuam, in necessitatem veni omnis rerum gestarum veritatis enarrandæ.

---

* Alias CCLVI, scripta anno 379.
** Alias CCII, scripta eodem anno.
(23) Nemo sane non miretur Gregorium Nyssenum concilia coegisse contra Basilium, eique insidias struxisse. Sed quia Basilius id ascribit simplicitati Gregorii, facile perspicitur non malum animum, sed potius immoderatum fratris juvandi studium reprehendi. Nam cum esset Gregorius homo minime astutus, et ad suspicandam in aliis fraudem tardissimus, merito metuebat Basilius ne, dum is cum hominibus vaferrimis con-

EPISTOLA C*.

Gratias agit Basilius ob litteras ab Eusebio in vicina Armenis regione acceptas. Retinet antiquum eundi Samosata desiderium, quamvis et æger sit et negotiorum mole oppressus. Invitat Eusebium ad diem festum sancti Eupsychii, qui erat septimus Septembris. Sibi enim illius consilio ad multa opus esse, in his ut deliberet de molestiis sibi simplicitate Gregorii Nysseni exhibitis

Eusebio, episcopo Samosatorum.

Sic vidi litteras dilectionis tuæ in regione Armenis vicina, quemadmodum videant navigantes facem eminus in mari splendentem, præsertim si ventis mare intumuerit. Nam natura quidem suaves, ac plurimum habentes 196 solatii litteræ gravitatis tuæ: sed tunc maxime earum suavitatem tempus auxit; quod quale fuerit, quantoque nos mœrore affecerit, non equidem dixerim, cum semel statuerim eorum, quæ molestiam attulerunt, oblivisci, sed condiaconus noster pietati tuæ enarrabit. Me autem reliquit omnino corpus, adeo ut ne levissimos quidem motus possim sine dolore ferre. Sed tamen precor, ut possit mihi antiquum desiderium nunc saltem ope precum tuarum adimpleri; quamquam in multas me difficultates conjecit ipsa peregrinatio, tandiu neglectis Ecclesiæ nostræ rebus. Quod si Deus, dum in terra versamur, concedere dignetur, ut in Ecclesia nostra pietatem tuam videamus, certe bonas spes etiam de futuris rebus habebimus, nos a Dei donis non omnino exclusos esse. Hoc itaque si fieri potest, rogamus ut fiat in solemni conventu, quem singulis annis celebramus in memoria beatissimi martyris Eupsychii jam appropinquante, die septima mensis Septembris. Nam circumstant nos digna sollicitudine negotia, quæ auxilio tuo indigent, tum ad constitutionem episcoporum, tum ad deliberationem et considerationem eorum, quæ in nos meditatur Gregorii Nysseni simplicitas; qui synodos cogit Ancyræ, nec ullum nobis insidiandi modum prætermittit (1).

EPISTOLA CI**.

Redux ex Armenia Basilius cum didicisset de morte insignis alicujus personæ, consolatur hac epistola eum, quem præcipue hoc eventu afflictum sciebat.

Consolatoria.

Optandum erat, epistolam primam scribentibus, lætiorem habere litterarum materiam. Nam hoc pacto res nobis ex sententia successissent, quia omnibus volumus pietatis institutum profitentibus, totam vitam ad prosperos successus perduci. Sed

---

siliatur, et se et fratrem in res molestissimas conjiceret. Non multo lenius castigat illius simplicitatem Basilius in epist. 58. queriturque quod sibi bellum indicat; quia sese in pacificationem, invito Basilio, interponebat, et in componendo Basilium inter et avunculum dissidio minus caute versabatur. Insidiæ ergo illæ et concilia adversus Basilium, eodem sensu accipienda, ac bellum in epistola mox citata memoratum, utpote ex eadem profecta simplicitate.

cum vitæ nostræ moderator Dominus pro non enarrabili sua sapientia, omnino ad utilitatem animarum nostrarum hos eventus dispensaverit, per quos tibi quidem molestam vitam constituit, nos vero qui tibi charitate in Deo conjuncti sumus, a fratribus nostris, quo in rerum statu sis, edoctos ad commiserationem adduxit; necessarium nobis visum est, solatium, quod in nobis situm est, tibi afferre. Itaque fieri si posset, ut ad eum usque locum, in quo tuæ nobilitati versari contingit, proficisceret, utique nihil prius fecissem. Quoniam vero et corporis adversa valetudo, et negotiorum quibus distinemur multitudo, **197** hoc ipsum iter, quod subiimus, ad magnum Ecclesiarum nostrarum damnum convertit; per litteras præstantiam tuam invisere in animum induximus, admonentes calamitates ipsas non frustra Dei servis a Domino, qui nos gubernat, accidere, sed ad probationem veræ in Deum conditorem nostrum dilectionis. Quemadmodum enim certaminum labor athletas ad coronam, ita etiam Christianos probatio in tentationibus ad perfectionem adducit; si modo ea quæ a Domino dispensantur, cum debita patientia in omni gratiarum actione suscipiamus. Domini bonitate gubernantur omnia. Nihil eorum quæ nobis accidunt ut molestum accipere oportet, etiamsi in præsentia infirmitatem nostram tangat. Etsi enim rationes ignoramus, ob quas unumquodque eorum quæ contingunt, veluti bonum a Domino nobis exhibetur, tamen hoc nobis persuasum esse debet, omnino utile esse quod evenit, sive nobis ob patientiæ mercedem, sive animæ assumptæ, ne diutius in hac vita immorans, vigente in hoc mundo malitia repleretur. Si enim hac vita circumscriberetur Christianorum spes, non immerito sane molestum videretur citius a corpore disjungi : sin autem veræ vitæ initium est, iis qui secundum Deum vivunt, animæ e corporis vinculis solutio; quid tristitia afficimur, sicut et ii qui spem non habent[10]? Fac igitur hortatu meo, ut doloribus non succumbas, sed his te celsiorem superioremque ostendas.

EPISTOLA CII*.

Certiores facit, præmisso Nicia, Satalenses, se eorum precibus adductum esse, ut eis consanguineum suum, et sibi et matri et populo charissimum, omnibus rebus eorum utilitati posthabitis, episcopum concederet.

Civibus Satalenis.

Ego tum vestris tum populi totius precibus commotus, et Ecclesiæ vestræ curam suscepi, et vobis coram Domino pollicitus sum, nihil me prætermissurum eorum quæ penes me forent. Quapropter coactus sum, uti scriptum est, quasi pupillam oculi mei tangere[11]. Adeo honor quem vobis maximum habeo, rei nullius recordari me sivit, non consanguinitatis, non consuetudinis, quæ mihi puero cum

[10] I Thess. IV, 12. [11] Zachar. II, 8.

* Alias CLXXXIII, scripta anno 372.
** Alias CCXCVI, scripta eodem anno.

A viro exstitit, præ vestris postulatis; sed omnium quæ mihi privatim cum eo ad conjunctionem intercedunt, oblitus, non reputans gemituum copiam, quam populus meus isto præposito destitutus edet, non lacrymas universæ illius cognationis, non ipsius matris jam senis, quæ solo illius auxilio sublevatur, mœstitiam attendens; horum simul omnium, quæ talia et tanta sunt, rationem non habens, id unum spectavi, ut Ecclesiam vestram viri tanti præfectura ornarem, eique succurrerem, jam ob diuturnam præpositi privationem in genua provolutæ, et multo **198** ac valido adminiculo, ut erigatur, indigenti. Nostra itaque sic se habent. Vestra autem jam reposcimus, ne minora videantur spe nostra et fide, quam viro dedi, illum a me ad amicos mecumque conjunctissimos mitti, sed ut quisque vestrum alius alium suo in virum studio ac amore superare conetur. Ostendite igitur præclaram illam contentionem, ac magnitudine obsequii cor illius demulcete, ut eum capiat oblivio patriæ, oblivio cognatorum, oblivio populi tantum pendentis ab ejus regimine, quantum infans recens natus ab ubere materno. Præmisimus autem Niciam, ut ea quæ acta sunt dignitati vestræ nota faciat, et diem festum agatis in antecessum, ac Domino, qui opera nostra vestrum votum adimplere dignatus est, gratias rependatis.

EPISTOLA CIII**.

Nuntiat Satalensibus virum præstantissimum a se episcopum illis concedi.

Satalensibus.

Perduxit ad exitum Dominus populi sui petitiones, eique per nostram humilitatem pastorem dedit, dignum nomine, nec verbum, ut plerique solent, cauponantem, sed qui vobis rectam doctrinam diligentibus, vitamque Domini præceptis consentaneam profitentibus, placere majorem in modum possit in nomine Domini, qui illum spiritualibus suis donis adimplevit.

EPISTOLA CIV***.

Cum ad alias Cappadociæ calamitates illud accessisset, ut omnes Ecclesiæ ministri censui subjicerentur, rogat Modestum Basilius, ut immunitatem aliquam non deneget, eamque episcopi arbitrio committat.

Modesto præfecto.

Ad virum tantum vel litteras dare, etiamsi nulla alia sit causa, maximo est honori intelligentibus; quia colloquia cum viris dignitate cæteros longe superantibus, plurimum splendoris iis, quibus id obtigerit, afferunt. Mihi autem pro universa patria laboranti necessaria est apud tuam magnanimitatem deprecatio, quam rogo leniter et tuo more perferas, ac patriæ nostræ jam in genua inclinatæ manum porrigas. Negotium porro

*** Alias CCLXXIX, scripta anno 372.

cujus causa te precamur, ejusmodi est. Eos qui Deo nostro ministrant, presbyteros videlicet et diaconos, vetus census immunes reliquit. Qui autem nunc recensioni **199** operam dant, ii, ut nullo a sublimi tua potestate accepto mandato, eos recensuere, nisi forte quidam aliunde ab ætate immunitatem haberent. Rogamus igitur, ut hoc nobis tuæ beneficentiæ monumentum relinquas, quod venturo omni ævo bonam tui memoriam conservet, nobisque concedas, secundum legem antiquam census, sacros ministros; nec in personas eorum, qui nunc ascripti sunt, conferatur remissio (sic enim beneficium transiturum est ad successores : quos non semper contingit ministerio sacro esse dignos), sed secundum liberæ descriptionis formam, communis quædam clericorum fiat concessio, adeo ut qui Ecclesias gubernant, quovis loco ministrantibus immunitatem donent. Hæc et tuæ magnanimitati immortalem recte factorum gloriam conservabunt, et imperatoris familiæ precatores multos comparabunt, et ipsis rebus publicis non parum afferent emolumenti ; siquidem non omnino clericis , sed iis qui quovis tempore affliguntur, immunitatis solatium præstamus ; quod quidem, et cum liberi sumus , non prætermittimus, ut perspicere potest quisquis voluerit.

EPISTOLA CV*.

Dolere se significat, quod Terentii filias Samosatis non viderit. Laudat earum in Trinitatis confessione constantiam, quamvis in medio impietatis degant; eusque hortatur ut perseverent, et eorum qui Filii aut Spiritus divinitatem negant, communionem et colloquium fugiant.

Diaconissis Terentii Comitis filiabus.

Ego et cum Samosata advenissem, speravi venturum me in sermonem dignitati vestræ : et hujus rei compos minime factus , æquo animo damnum non tuli ; considerans quandonam futurum sit, ut vel ego possim rursus ad regiones vestras accedere, vel vobis ad nostras venire placeat. Verum hæc sint in Domini voluntate posita. Quod autem nunc agitur , ubi inveni proficiscentem ad vos filium Sophronium , lætus hanc ei epistolam dedi, quæ et salutationem vobis perferat, et nostram animi sententiam declaret , qui scilicet Dei gratia non desinimus vestri meminisse ac pro vobis Domino gratias agere, quod radicis bonæ bona sitis germina, bonis operibus fecunda, et vere tanquam lilia in medio spinarum. Quod enim cum tanta perversitas hominum veritatis doctrinam **200** corrumpentium vos circumstet, minime tamen fraudibus ceditis, nec ad vigentem nunc novitatem relictis apostolicis fidei documentis transferimini; quomodo non dignum sit , pro quo grates magnæ Deo agantur? quomodo non magnas laudes vobis merito conciliet ? In Patrem et Filium et Spiritum sanctum creditis : cavete ne hoc prodatis depositum. Patrem rerum omnium principium ; Filium unigenitum, ex eo genitum, verum Deum, perfectum ex perfecto, imaginem vivam , Patrem totum in semetipso ostendentem : Spiritum sanctum, exsistentiam a Deo habentem, sanctitatis fontem, vim vitæ conciliatricem, gratiam perfectos efficientem : per quem homo in filium adoptatur, et id quod mortale est, immortalitate donatur : conjunctum Patri et Filio in omnibus, in gloria et æternitate, in potestate et regno , in dominio et divinitate, quemadmodum et ipsa baptismatis salutiferi traditio testatur. At vero qui aut Filium aut Spiritum dicunt esse creaturam, aut omnino Spiritum in ministrorum ac servorum redigunt ordinem, longe absunt a veritate ; quorum fugienda communio ac sermones vitandi, velut animarum pernicies. Quod si unquam Domino largiente in unum veniamus , fusius vobiscum de fide disseram ; adeo ut ex deductis e Scriptura demonstrationibus tum veritatis vim tum hæresis debilitatem perspiciatis.

EPISTOLA CVI**.

Militem maximis virtutibus præditum Basilius in sua peregrinatione cognoverat. Nunc acceptæ ab eo epistolæ re spondet, et ad perseverantiam hortatur.

Militi.

Cum pro multis debeam grates Domino persolvere, quæ ab eo in mea peregrinatione accepi, bonum maximum judicavi, quod boni Domini dono præstantiam tuam cognoverim. Virum enim cognovi, qui in militari etiam vita perfectum Dei amorem et charitatem servari posse, et Christianum non ex vestimenti forma, sed ex animi habitu dignosci debere demonstrat. Et tunc igitur libentissime sum tecum congressus : et nunc, quoties recordor, maxima fruor voluptate. Itaque strenue age, et corroborare, et Dei amorem nutrire ac augere semper stude, ut et tibi bonorum ab eo copia accrescat. Nullo autem indigeo argumento, quo te mei memorem esse edocear, cum res ipsæ perhibeant testimonium.

EPISTOLA CVII***.

Julittam consolatur, quam durus exactor promissi immemor premebat. Scripsisse se ait ad illum et ad Helladium, sed ad præfectum scribere ausum non esse.

Julittæ viduæ.

Omnino dolui, lectis nobilitatis tuæ litteris, quod eædem te iterum circumstent angustiæ. Ecquid autem faciendum hominibus, **201** ita versipelle ostendentibus ingenium, et alias aliud dicentibus, nec stantibus in suis ipsorum pactis? Si enim post factas coram me et coram expræfectis pollicitationes, nunc quasi nihil dixisset, tempus præstitutum ita coarctat ; videtur ille vir omnem erga nos pudorem abjecisse. Litteras tamen ad illum dedi, pudorem incutiens, eique sua

---

* Alias CCCI, scripta anno 372.
** Alias CDVII, scripta eodem anno.
*** Alias CCLXXXVII, scripta anno 372.

promissa in memoriam revocans. Scripsi autem et ad Helladium, præfecti domesticum, ut per ipsum de tuis rebus certior fiat præfectus. Ego enim decere non putavi tantum mihi licentiæ sumere cum tanto judice; eo quod nondum ei de ulla re privata scripserim, verearque ne quo pacto rem improbet: quippe cum summi viri in ejusmodi rebus, ut nosti, facile irascantur. Si ergo aliquid inde accedet emolumenti, erit Helladio ascribendum, viro et probo et optime de me sentienti, et Deum timenti, et summam libertatem apud præfectum obtinenti. Potest autem sanctus te ex omni ærumna eximere, si modo ex animo vero ac sincero spem in eo reponamus.

EPISTOLA CVIII*.

Mirari se significat, quod cum Julittæ tempus concessurum se promisisset, nunc promissa perficere nolit. Revocat ei in memoriam aliud promissum de chartis omnibus, si aurum de quo convenerat accepisset, viduæ reddendis.

Tutori hæredum Julittæ.

Miratus sum, ubi audivi te bonarum illarum promissionum ac liberalitati tuæ convenientium oblitum, nunc huic sorori violentissimam ac implacabilem exactionem inferre: et quid conjiciam ex his quæ dicuntur, nescio. Nam et tibi plurimam eorum, qui tui periculum fecere, testimonio liberalitatem scio attribui, et promissorum memini, quibus te coram me et illo obstrinxisti: cum diceres tempus quidem brevius scribi, sed te amplius concessurum, eo quod te velles ad rei necessitatem accommodare, et huic viduæ ignoscere, quæ tantam simul pecuniæ summam e domo sua emittere cogitur. Quænam autem causa, cur mutatio tanta contigerit, ego intelligere non queo. At quæcunque fuerit, rogo te, ut tuæ liberalitatis memor, et ad Dominum bonæ voluntatis remuneratorem respiciens, tempus 202 induciarum initio promissum concedas: ut possint venditis rebus suis debitum dissolvere. Illud etiam probe memini pollicitum te esse, si aurum, de' quo convenerat, acciperes, chartas omnes, tum eas quæ coram judicibus, tum quæ privatim confectæ, mulieri prædictæ traditurum. Obsecro itaque, et mihi honorem defer, et magnam tibi apud Dominum benedictionem compara, in memoriam promissa revocans, teque hominem esse cognoscens, ac tempora illa exspectare debere, quibus ope divina indigebis. Quam quidem tibi ipse per præsentem duritiam ne intercluseris: sed misericordias Dei in teipsum converte, benignitatem omnem et clementiam afflictis demonstrans.

EPISTOLA CIX*.

Rogat Basilius Helladium comitem, ut sua apud præfectum gratia viduam tueatur, quæ præter sortem etiam usuras reddere cogebatur, contra pactionum et promissorum fidem.

Helladio Comiti.

Quamvis benignitati tuæ obstrepero refugiam ob magnitudinem potestatis tuæ, ne amicitia tua ultra modum impleri videar, tamen me res necessariæ quiescere non sinunt. Hanc igitur sororem, quæ et sanguine mihi conjuncta est, et ob viduitatem afflictatur, et res filii orphani procurat, ubi vidi jam ultra vires ærumnis intolerabilibus constringi, misertus illius, atque animo dolens, rogare te festinavi, ut si qua suppetat facultas, misso ab ea viro operam navare digneris; ut quod ipsa præsens coram me promiserat, eo jam reddito nulla amplius ei fiat injuria. Sic enim pacta fuerat, ut si sortem solveret, remitterentur usuræ. Nunc igitur qui res illius hæredum procurant, præter sortem usuras etiam conantur exigere. Igitur ut perspectum et exploratum habens Dominum res viduarum atque orphanorum suas facere : ita studium tuum et operam impende huic negotio, in spem futuræ ab ipso Deo nostro mercedis. Existimo enim, si præfecti maxime admirandi clementia sortem solutam esse didicerit, fore ut illum misereat domus illius cætera ærumnosæ et infelicis et in genua provolutæ, atque ad injurias, quæ extrinsecus inferuntur, imparis. Rogo igitur, et necessitati ignoscas, quæ ut tibi molestus essem coegit, et in hoc negotium incumbas pro potestate, quam Christus tibi, benignis ac probis moribus prædito, et his quæ accepisti ad optima quæque utenti largitus est.

EPISTOLA CX***.

Basilius data a præfecto scribendi licentia utitur, ut ei commendet Tauri incolas, quibus graviora ferri tributa imponebantur.

Modesto præfecto.

Quantum mihi honoris ac libertatis concessisti, morum lenitate non veritus te ad nos demittere, tanta tibi atque etiam majora, quandiu vixeris, a bono nostro Domino incrementa tribui splendoris precamur. Me autem et jampridem scribere, et honore, qui ex te percipitur, perfrui cupientem retinebat amplissimæ dignitatis reverentia: quippe cum vererer, ne quando libertate immoderatius uti viderer. Nunc vero simul et accepta ab incomparabili tua magnanimitate scribendi licentia, simul et necessaria res hominum afflictorum confidere coegit. Si quid igitur tenuissimorum preces apud viros potentissimos valuerint: sine te, vir in primis admirande, hoc exorem, ut pro tua benigna voluntate, rusticitati miserandæ salutem largiaris, ac jubeas ut ferri tributum iis qui Taurum ferri feracem incolunt, fiat tolerabile, ne statim obruantur, sed publicis usibus diu inserviant: quam rem omnium maxime curæ esse admirandæ tuæ humanitati persuasum habeo.

---

* Alias CCLXXXVIII, scripta anno 372.
** Alias CDXXII, scripta eodem anno.

*** Alias CCLXXVII, scripta anno 372.

203. EPISTOLA CXI[*].

Commendat amicum, qui a praefecto accersitus fuerat ob illatas ei criminationes.

Modesto praefecto.

Alias quidem magnanimitati tuae obstrepere ausus non fuissem, qui et memet metiri, et potestates dignoscere sciam. Sed ubi amicum mihi hominem vidi difficultatibus implicatum, eo quod accersitus sit, hanc ei epistolam praebere ausus sum, ut eam, veluti quoddam supplicantis insigne offerens, aliquid humanitatis consequatur. Certe autem, etsi nullius pretii sumus, moderatio ipsa praefectorum humanissimum potest flectere, et nobis veniam conciliare; ut si vir nihil peccavit, ipsius veritatis beneficio salvus sit et incolumis: si quid autem commisit, illud ei mea supplicantis causa remittatur. Quo autem in statu sint res nostrae, quis melius quam tu novit, qui ea quae in unoquoque infirma sunt, consideras, ac mirabili tua providentia omnia moderaris?

204. EPISTOLA CXII[**].

Cum Domitianus Basilii necessarius in Andronicum, praepotentem virum, peccasset, Basilius hortatur Andronicum, ut Domitiano in metu et ignominia degenti novum supplicium non infligat, caeterisque qui eum intuentur, pene metu mortuis et quid futurum sit observantibus, humanitatis laudandae materiam praebeat.

Andronico duci.

1. Si corpore ita valerem, ut facile peregrinationem sustinere possem et hiemis molestias ferre, non equidem scriberem; sed ipse ad tuam magnanimitatem proficiscerer duabus de causis; ut et vetus promissi debitum persolverem (nam promisisse scio, venturum me Sebastiam, atque praestantia tua fruiturum: quod quidem feci, sed congressus compos non fui, propterea quod paulo post tuam probitatem adveni), deinde ut et legationem per me ipse obirem, quam mittere hactenus reformidabam, non tanti faciens me, ut ejusmodi beneficium consequar, ac illud etiam cogitans neminem esse qui vel principi vel privato per litteras aeque persuadere possit, ac si ipse coram adsit, et ex criminibus alia diluat, pro aliis supplicet, aliis veniam precetur; quorum nihil facile fieri possit per epistolam. Sane his omnibus unum habens quod opponam, te scilicet divinum caput, cui satis erit nostram de re sententiam declarare; reliqua vero addes ex temetipso; rem sine cunctatione aggressus sum.

2. At vides quomodo circuitione utar, dum aperire vereor ac refugio, qua de causa orationem instituam. Domitianus ille necessarius noster est ab antiquo ex parentibus, sic ut nihil omnino differat a fratre. Quamobrem enim quod verum est non dicam? Deinde causam edoctus, ob quam haec pertulit, dignum esse dixi qui sic pateretur. Neque enim quisquam sit, qui si parum aut multum in A tuam virtutem peccaverit, poenam effugiat. Sed quoniam videmus hunc in metu et ignominia degentem, salutemque ipsius in tua sententia sitam, satis illum poenae dedisse judicavimus, et, ut magnanimum quiddam simul et humanum de eo cogites, obsecramus. Nam rebelles sub potestatem redigere, et fortis est viri, et vere imperantis: at benignum esse ac mansuetum in prostratos, hominis est magnanimitate et clementia omnes superantis. Itaque tibi, si voles, in uno et eodem licebit tuam et in ulciscendo et in servando ad arbitrium magnanimitatem ostendere. Hic modus supplicii satis sit Domitiano, metus eorum quae exspectat, et quae se pati dignum esse novit. Ilis nihil illi ad poenam adjicias supplicamus. Illud enim considera dominos eorum qui laeserant exstitisse multos ex iis qui ante nos vixere, de quibus nullus ad posteros transmissus 205 sermone; at vero iram remisisse, qui philosophia vulgus antecelluerunt, quorum immortalis memoria in omni aevo perhibetur. Addatur igitur et hoc praeconiis tuis. Largire nobis, qui tua celebrare cupimus, ut humanitatis exempla superioribus temporibus decantata laudando superemus. Sic et Croesus filii interfectori iram remissise dicitur, seipsum ad supplicium offerenti: et magnus ille Cyrus huic ipsi Croeso amicus post victoriam fuisse. Hos inter te numerabimus, et pro virili haec praedicabimus, nisi exiles quidam esse omnino tanti viri praecones existimemur.

3. Caeterum illud caeteris necesse est addere, eos qui quidvis deliquerint, non ob ea quae jam admissa sunt puniri (qua enim arte quae facta sunt, infecta reddantur?); sed ut aut ipsi deinceps meliores fiant, aut aliis sapiendi sint exemplum. Horum autem neutrum nunc deesse quisquam dixerit: ipse namque horum recordabitur etiam post mortem; reliquos vero, dum in hunc intuentur, metu mortuos esse puto. Quare quidquid supplicio adjecerimus, nostram ipsorum iram explere videbimur: quod multum abesse, ut de te verum sit, ego sane dixerim, neque adduci potuissem, ut ejusmodi verbum ullum proferrem, nisi majori beneficio affici dantem quam accipientes perspicerem. Neque enim paucis perspicua erit ista animi magnitudo. Nam Cappadoces omnes quid futurum sit observant, qui quidem optaverim ut inter reliqua tua ornamenta hanc quoque magnanimitatem numerent. Finem epistolae imponere vereor, ratus, quod omissum fuerit, mihi damno fore. Tantum hoc adjungam, eum etsi a multis epistolas habet ipsius incolumitatem ac salutem exposcentibus, nostram omnibus potiorem duxisse, cum nescio unde didicerit nos apud tuam praestantiam in aliquo esse numero. Ut igitur neque eum spes fallat, quam in nobis habet, et nobis liceat apud nostros gloriari; te, domine perquam eximie, exorari si-

---

[*] Alias CCLXXVI, scripta anno 372.

[**] Alias CLXIV. Scripta anno 372.

nas, ut nostræ annuas petitioni. Profecto autem nullo deterius eorum qui unquam philosophati sunt, considerasti res humanas: et nosti quam bonus thesaurus lis, qui omnibus egentibus operam suam præbent, jam olim repositus sit.

EPISTOLA CXIII*.

Demonstrat Basilius in magna rerum ecclesiasticarum perturbatione liberaliter agendum esse cum infirmioribus, nec amplius quidquam a fratribus exposcendum, nisi ut fidem Nicænam recipiant, et Spiritum sanctum fateantur creaturam dici non debere, nec cum iis qui dicunt, communicandum.

Presbyteris Tarsensibus.

Congressus cum illo, magnas habui Deo sancto gratias, qui et me illius præsentia ex multis angoribus consolatus est, et vestram charitatem perspicue per ipsum ostendit. Nam vestrum fere omnium veritatis studium in viri unius proposito cognovi. Quæ igitur privatim inter nos locuti sumus, ea ipse vobis referet. **206** Quæ autem ex me charitatem vestram par est cognoscere, hæc sunt. Tempus plurimum incumbit ad eversionem Ecclesiarum, idque jam a longo tempore perspeximus. Ædificatio autem Ecclesiæ, delictorum emendatio, erga debiles commiseratio, sanorum fratrum defensio nulla prorsus est. Sed neque remedium ullum, aut morbus prior curetur, aut impendens caveatur. Ac profecto similis est Ecclesiæ status (ut claro utar exemplo, etiamsi vilius esse videatur) vetusto vestimento, quod facile qualibet occasione discinditur, nec potest iterum ad pristinum robur redire. Itaque ut in tali tempore magno opus est studio ac multa diligentia, ut aliquid accedat emolumenti Ecclesiis. Emolumentum est autem membra prius divulsa conjungi. Fiet autem conjunctio, si velimus, quibus in rebus animas non lædimus, in his nos ad infirmiores accommodare. Cum igitur ora multa in Spiritum sanctum aperta sint, ac linguæ multæ ad jaciendas in illum blasphemias sint exacutæ : rogamus vos, ut quantum in vobis est, ad parvum numerum blasphemantes redigatis; et qui Spiritum sanctum creaturam esse non dicunt, eos recipiatis in communionem, ut blasphemi relinquantur soli, ac vel pudore suffusi ad veritatem redeant, vel si in peccato manent, auctoritate careant ob paucitatem. Nihil igitur amplius exposcamus : sed volentibus nobiscum conjungi fratribus fidem Nicænam proponamus : ac si ei assentiuntur, illud quoque exigamus, Spiritum sanctum creaturam dici non oportere, et eos qui dicunt, recipi ab ipsis in communionem non debere. Nihil autem præter hæc exposcendum esse censeo. Enimvero persuasum mihi est diuturniore inter nos consuetudine ac mutua citra contentionem exercitatione, si etiam quid amplius adjiciendum sit explanandi causa, daturum id Dominum, qui ipsum diligentibus omnia cooperatur in bonum [18].

EPISTOLA CXIV**.

Cum exorta esset in clero Tarsensi aliqua dissensio, Basilius pacis constituendæ cupidus hanc Cyriaco conditionem fert, ut Nicænam fidem nulla prorsus excepta voce recipiat, et fateatur Spiritum sanctum creaturam dici non debere, nec cum iis qui dicunt communicandum. Spondet pro fratribus nihil eos amplius ab eo petituros.

Cyriaco, Tarsi commoranti.

Quantum sit pacis bonum, quid opus est apud pacis filios dicere? Quia igitur magnum illud bonum, et admirandum, et omnibus qui Dominum diligunt maxime expetendum, jam pene ad nudam vocem redactum est, eo quod multiplicata sit iniquitas, refrigerata jam in multis charitate; hoc unum arbitror iis qui germane et vero Domino serviunt, studio esse debere, ut Ecclesias variis partibus multisque modis inter se discissas ad unitatem reducant. Quod et ego facere dum aggredior, immerito curiosi hominis crimen sustineam. Nihil **207** enim Christiani tam proprium est, quam pacem conciliare : unde et hujus rei mercedem maximam nobis Dominus promisit. Postquam igitur cum fratribus congressus sum eorumque perspexi magnum in fratres et in vos, sed et multo majorem in Christum amorem, ac fidei integritatem et firmitatem; et utrumque ipsis magno esse studio, ut neque a vestra charitate segregentur, neque fidem sanam prodant ; hac eorum bona mente comprobata, ad vestram gravitatem scribo, obsecrans omni charitate, ut eos vere et ex animo conjunctos omnisque ecclesiasticæ curæ participes habeatis. Quin et illis spopondi rectam esse vestram mentem, ac vos Dei gratia pro vestro veritatis studio ad omnia paratos esse, quæcunque pro veritatis doctrina pati oportuerit. Quæ autem, ut mihi persuadeo, neque vobis adversantur, et prædictis fratribus satis sunt ad integram persuasionem, hæc sunt : ut fidem a Patribus nostris, qui Nicææ quondam convenerunt, editam profiteamini, nullamque in ea vocem rejiciatis, sed sciatis trecentos decem et octo Patres, qui citra contentionem convenerunt, non sine Spiritus sancti afflatu locutos esse ; atque illud etiam huic fidei addatis, Spiritum sanctum creaturam dici non oportere, nec cum iis qui dicunt, communicandum, ut Dei Ecclesia pura sit, zizanium nullum sibi admistum habens. Hæc si illis vestra charitas ad persuasionem proposuerit ; ipsi quoque et consentaneum vobis parati sunt obsequium exhibere. Ego enim pro fratribus spondeo, eos nulla in re esse contradicturos , sed cumulatissime modestiam omnem vobis exhibituros ; si modo perfectio vestra hoc unum quod a vobis expetunt, lubenter ipsis concesserit.

[18] Rom. viii, 28.

* Alias CCIII. Scripta circa an. 372.

** Alias CCIV. Scripta circa an. 372.

EPISTOLA CXV*.

Iracundam mulierem monet parum prodesse sine justitia liberalitatem in pauperes: rogat ut se docere desinat, sed potius cogitet de judicio Dei, ubi nec servi testes aderunt, nec eunuchi. Horum vitia nativis coloribus describuntur.

Ad Simpliciam hæreticam.

Temere homines et odio prosequuntur meliores, et diligunt pejores. Quapropter et ipse contineo linguam, contumeliarum mearum opprobrium silentio premens. Ego autem supernum judicem exspectabo, qui novit malitiam omnem in fine ulcisci. Nam etiamsi quis pecunias arena copiosius profundat, si justitiam conculcat, animam suam lædit. Semper enim Deus sacrificium, non quasi, opinor, eo egeat, quærit; sed pretiosum sacrificium, mentem piam ac justam admittit. Quando autem quispiam prævaricando se ipse proculcat, ejus preces pro impuris ducit. Itaque de extrema die te ipsa commoneas, et nos si videbitur, **208** ne doceto. Novimus plura quam tu, et internis spinis non tam præfocamur, neque paucis bonis decuplam malitiam admiscemus. Excitasti in nos et lacertas et rubetas, bestiolas quidem vernas, sed immundas. At e supernis veniet avis, quæ has depascetur. Mihi enim reddenda ratio, non ut tu existimas, sed ut Deus judicare novit. Quod si et testibus opus erit, non sistentur servi, neque eunuchorum genus inhonestum ac perniciosum, non, inquam, genus illud, neque femineum, neque masculum, mulierum amore insaniens, invidum, mercede vili conductum, iracundum, fractum, ventri serviens, avarum, sævum, cœnæ plorans jacturam, inconstans, illiberale, quidvis accipiens, insatiabile, furiosum, et zelotypum: et quid jam ultra dicendum est? simul ut natum est, ferro damnatum. Quomodo ergo fieri poterit, ut horum mens recta sit, quorum et pedes distorti sunt? Ili caste quidem vivunt absque mercede per ferrum: sed amore insaniunt absque fructu, ob suam ipsorum turpitudinem. Non hi producentur judicii testes, sed oculi justorum, et conspectus virorum perfectorum, quotquot tunc oculis ea cernent, ad quæ nunc animi cogitatione respiciunt.

EPISTOLA CXVI**.

Firminum cum audisset Basilius, relicta vitæ asceticæ exercitatione, arma sequi, dehortatur eum [ab hoc consilio, atque auctor est, ut beatos progenitores imalit patriæ regenda, quam paternum avum armorum professione initari.

Firmino.

Et raræ sunt litteræ tuæ et breves, sive segnitie scribendi, sive alioqui satietatis, quæ ex copia nasci posset, vitandæ consilio; sive quod etiam te ipse sermonis brevitati assuefacias. Nobis certe nihil satis est, sed etiamsi redundent copia, desiderio impares sunt; eo quod velim singulas res tuas discere, quomodo tibi corpus habeat, quo-

modo pietatis exercitatio; utrum in iis quæ initio decrevisti, perseveres; an aliquid novi consilii susceperis, ut quæque res acciderit, ita sententiam immutans. Quod si idem permaneres, multitudinem litterarum non exposceremus: sed satis nobis esset hoc tantum: *Ille illi : valere nos scias, et vale.* Quoniam autem audimus, quæ et dicere nos pudet, te relicto beatorum progenitorum ordine ad avum paternum transfugere, et Brettanium fieri velle pro Firmino, hæc ipsa avemus audire, et quibus rationibus ad hanc vitæ viam ineundam adductus sis, discere. Verum quoniam ipse ob consilii pudorem conticuisti: nos te adhortamur, ut pudore digna consilia non capias, et si quid subiit animum tuum, hoc ex mente expulso, iterum ad te redeas, ac longo vale militiæ armisque et castrorum molestiis **209** dicto, revertare in patriam, satis ad vitæ securitatem et ad omnem splendorem existimans, urbi, itidem ut majores, præesse: id quod tibi citra laborem obventurum confidimus, respicientes tum ad idoneas naturæ dotes, tum ad competitorum paucitatem. Sive igitur hoc consilium ab initio captum non est, sive captum postea rejectum est, cito nobis significato: si vero, quod absit, eadem manent consilia, sua sponte nuntiata nobis veniat calamitas; litteris vero opus non habemus.

EPISTOLA CXVII***.

Firminus respondet præcedenti epistolæ, dolorem suum significat, quod a pietatis exercitatione discessisset: promittit deinceps se ad priorem vitam rediturum; seque impetraturum sperat ut dimittatur. Cæterum Dei auxilio confidit suam virginitatem servandæ voluntatem regiis mandatis potiorem futuram.

Sine inscriptione, piæ ac religiosæ exercitationis causa.

Ego et alias tuæ me dignitati deberi puto; et nunc illa sollicitudo in qua versor, necessario me ejusmodi ministeriis obnoxium facit, etiamsi quivis e turba præcepta tradat, nedum tu, quem multa mecum et alia jura conjungunt. Itaque præterita expendere necesse non est; siquidem dicere licet, causam me fuisse molestiarum; dum a bona illa pietatis exercitatione, et quæ sola ad salutem ducit, pertinaciter discessi; unde et cito huic perturbationi ad tentationem traditi sumus. Atque hæc quidem transierunt, nec caruere admonitione, ut ne iterum in eadem mala incidam. Quod attinet ad futura, pietati tuæ persuasissimum esse velim, ea nobis Dei dono facillime processura; cum res et æqua sit, nec quidquam grave habeat; et amici nobis multi, qui sunt in aula, prompto animo gratificentur. Itaque delineabitur a nobis rogatio ad similitudinem dati libelli vicario: quam quidem si nulla protrahat mora, statim dimittar, ex scripto solutionem metus afferens. Persuasum autem habeo in ejusmodi rebus potiorem esse regis

---

* Alias LXXXVII. Scripta circa an. 372.
** Alias CLXXIV. Scripta circa eumdem annum.
*** Alias CCXXXIV. Scripta circa an. 372.

mandatis voluntatem nostram, quam si immutatam ac immotam a proposito vitæ perfectæ exhibuero, inexpugnabilis nobis et inviolabilis Dei auxilio virginitatis erit custodia. Fratrem autem mihi a te traditum et lubens vidi, et inter familiares habeo : quem et Deo et tuo testimonio dignum esse opto.

210 EPISTOLA CXVIII*.

Jovinum Basilius perhonorifice invitat ut sese invisat.

[Jovino, episcopo Perrhes.

Habeo te debitorem boni debiti. Nam mutuo dedi tibi charitatem, quam me cum fenore recipere oportet : siquidem et Dominus noster hoc fenoris genus nequaquam aversatur. Solve igitur, o charum caput, in nostram patriam veniens. Et hæc quidem sors est. Quænam vero versura ? Quod is vir ad nos venturus sis, qui tanto nobis præstas, quanto parentes liberis sunt meliores.

EPISTOLA CXIX**.

Cum duo Eustathii discipuli, Basilius et Sophronius, perfidiam suam horrendis in Basilium calumniis ac illiberali fuga ex ejus domo nudassent; Basilius Eustathium, misso ad singula narranda fratre Petro, obsecrat, ut improbis discipulis aurem non præbeat, ac disjuncta magis astringere conetur, quam dissidium augere.

Eustathio, episcopo Sebastiæ.

Etiam per dignum omni honore ac religiosissimum fratrem meum Petrum tuam saluto dilectionem, obsecrans, sicut alia quavis in occasione, ita et nunc, ut pro me preceris, ut, ex fugiendis his ac noxiis moribus mutatus, tandem aliquando dignus evadam Christi nomine. Profecto autem etiamsi nihil dicam, colloquemini inter vos de rebus nostris, et quæ gesta sunt, accurate indicabit, ut ne sine examine pravas contra nos suspiciones accipias, quas probabile est eos struere, qui nos contumeliis et præter Dei timorem et præter hominum opinionem vexaverunt. Qualia enim nobis ostenderit eximius ille Basilius, quem veluti vitæ meæ præsidium a tua pietate susceperam, equidem vel dicere verecundor : disces autem singula a fratre nostro edoctus. Atque hæc dico, non cum ulciscens (precor enim non imputari ipsi a Domino), sed providens ut stabilis mihi a te dilectio permaneat, quam vereor ne calumniarum magnitudine commoveant, quas illos ad lapsus defensionem credibile est adornare. Quodcunque autem nobis crimen inferant, interroget eos prudentia tua, an nos insimulaverint, 211 an peccati, cujus nunc nos incusant, emendationem postulaverint; an omnino sui contra nos doloris significationes dederint. Nunc vero sese vultu hilari ac simulatis dilectionis sermonibus immensam quamdam doli et acerbitatis voraginem animo occultasse, illiberali fuga ostenderunt. In quo quidem quantum nobis mœroris attulerint, quantum risus moverint iis qui semper piam vitam in misera hac urbe exsecrantur, et veluti artem ad fidem faciendam, et simulationem ad decipiendum excogitari commentum pietatis affirmant, profecto, etiamsi nos nequaquam narraverimus, notum est prudentiæ tuæ ac perspectum : adeo ut nullum jam vitæ institutum tam suspectum sit ad improbitatem his civibus, quam vitæ asceticæ professio. Quæ quidem quomodo curanda sint, tuæ erit prudentiæ cogitare. Quæ enim contexuit in me crimina Sophronius, bonorum non sunt procemia, sed divisionis separationisque initia, eoque tendunt, ut charitas etiam, quæ in nobis est, refrigescat. Quem quidem ut miseratio tua a noxio illo impetu coerceat, obsecramus : ac tua dilectione coneris ea quæ disjuncta sunt, magis astringere, nec eorum, qui ad dissidium erumpunt, intendere separationem.

EPISTOLA CXX***.

Monitus ab Eusebio Basilius scribendum esse ad Occidentales, nec reperiens quomodo scribat, mittit commentarium Meletio per Sanctissimum. Sperat consilia de se Antiochiæ inita brevi ad exitum ventura. Nuntiat Faustum, qui est cum papa, præter canones ordinatum fuisse loco Cyrilli : Meletium rogat ut id omnibus indicet.

Meletio, episcopo Antiochiæ.

Litteras accepi a religiosissimo episcopo Eusebio, quæ præcipiunt, ut rursus scribatur ad Occidentales de rebus quibusdam ecclesiasticis. Et voluit a nobis informari epistolam, eamque ab omnibus communicatoribus subscribi. Quoniam igitur non inveni quomodo scriberem de his quæ præcepit, commentarium pietati tuæ misi, ut, et eo lecto, et iis, quæ a desideratissimo fratre Sanctissimo compresbytero referentur, attente auditis, ipse de his rebus, ut tibi videbitur, scribere digneris. Nos parati sumus et scriptum illud comprobare, et communicatoribus cito deferendum curare, ut cum omnium subscriptionibus 212 proficiscatur, qui iturus est ad Occidentis episcopos. Cito nobis quid sanctitati tuæ in mentem venerit, significari jube, ut quæ tibi visa fuerint, non ignoremus. De iis autem quæ struuntur aut etiam jam structa sunt contra nos Antiochiæ, dignitati tuæ ille ipse frater referet; nisi antevertens rerum fama quæ gesta sunt nuntiet. Nam spes est fore, ut minæ ad exitum brevi perveniant. Volo autem pietatem tuam scire, a fratre Anthimo Faustum, qui est cum papa, episcopum ordinatum fuisse, ne suffragiis quidem acceptis, et loco ordinatum reverendissimi fratris Cyrilli, ita ut Armenia seditionibus referta sit. Quapropter ne in nos mentiantur, neve rerum confusio nobis detur crimini, hæc dignitati tuæ significavi. Dignaberis autem absque dubio et ipse ea reliquis indicare. Arbitror enim multos hac ordinis perturbatione afflictum iri.

---

* Alias CCCXVIII. Scripta anno 372 exeunte, aut 373 ineunte.
** Alias CCCVII. Scripta etiam anno 372 exeunte, aut 373 ineunte.
*** Alias LVIII. Scripta anno 373.

EPISTOLA CXXI*.

Theodotum hortatur Basilius ut Sanctissimo aures præbeat; eumque facit de ordinatione Fausti certiorem.

Theodoto, episcopo Nicopolitano.

Acerba hiems ac longissima, adeo ut ne litterarum quidem solatium facile habuerimus. Unde raro me scio et ad tuam pietatem scripsisse, et litteras accepisse. Sed quia desideratissimus frater noster Sanctissimus compresbyter ad vos usque iter suscepit, per ipsum et dignitatem tuam saluto, et obtestor ut pro me preceris, et memorato fratri aurem accommodes, ut quo sint loco res ecclesiarum, ab ipso docearis, atque pro virili studium ac operam in res propositas conferas. Scias autem Faustum ad nos venisse habentem a papa litteras, quæ ut ordinaretur episcopus petebant. Cum autem pietatis tuæ et reliquorum episcoporum posceremus testimonia, contemptis nobis abiit ad Anthimum, et ab illo accepta, nobis non admonitis, ordinatione, rediit.

213 EPISTOLA CXXII**.

Scribit ad Pœmenium Basilius de ordinatione Fausti; ac rogat ut certiorem se faciat, utrum ea res sanari necne possit.

Pœmonio, episcopo Satalorum.

Petiisti procul dubio litteras ab Armenis, cum per tuam civitatem reversi sunt; et causam didicisti, cur ipsis non dederim epistolam. Siquidem ex amore veritatis locuti sunt, dedisti nobis tua sponte veniam : sin autem occultarunt ; quod equidem non existimo ; saltem ex nobis audi. Egregius ille in omnibus Anthimus, qui jam a multo tempore pacem nobiscum pepigerat, ubi tempus opportunum invenit suam ipsius gloriam inanem explendi, et aliquid molestiæ nobis exhibendi, Faustum ordinavit, propria auctoritate propriisque manibus, nullius ex vobis exspectato suffragio, ac nostra his in rebus irrisa diligentia. Quia ergo disciplinam veterem perturbavit, vosque est aspernatus, quorum ego suffragium præstolabar, ac rem fecit, ut equidem arbitror, haud gratam Deo; hanc ob causam in illos indignatione commotus, ad neminem Armenorum litteras ullas dedi, ne ad tuam quidem pietatem. Sed neque Faustum admisi ad communionem, aperte testificans, nisi vestras mihi litteras afferat, cum me alienum ab eo omni tempore futurum, tum unanimes meos, ut idem de illo sentiant, adducturum. Itaque si sanabilia sunt quæ evenere, da operam ut et ipse scribas, tribuens ei testimonium, si vitam illius laudabilem vides, et alios adhorteris. Sin autem insanabilia, et hoc mihi indica, ut eorum omnino nullam amplius habeam rationem ; quanquam, uti demonstrarunt, jam se in eam partem excitarunt, ut suam ipsorum communionem ad Anthimum transferant, nobis A nostraque Ecclesia, ut obsoletis ad amicitiam contemptis.

EPISTOLA CXXIII***.

Dolorem significat Urbicio quod ad se tentationum æstu flagrantem non venerit. Hortatur ut veniat aut consolaturus aut deducturus.

Urbicio monacho.

Eras adventurus ad nos (et in proximo erat bonum) ut nos summo saltem digito tentationibus æstuantes refrigerares. Quid deinde ? Obstiterunt mea peccata, et impetum represserunt, ut sine ulla medela laboremus. Quemadmodum enim in fluctibus alius quidem desinit, alius vero insurgit, et alius horrore nigrescit : ita quoque malorum nostrorum alia cessavere, alia præsentia sunt, exspectantur alia, ac unicum malorum nobis, ut plurimum, remedium, tempori cedere, nosque persecutoribus subducere. At jam adsis nobis, aut consolaturus, aut daturus consilium, aut etiam deducturus, ac certe ipso conspectu facturus ut melius me habeam. Et quod maximum est, precare etiam atque etiam, ut ratio nostra a 214 malo et a fluctu non obruatur : sed in omnibus gratum Deo animum servemus, ne inter malos servos numeremur, benefacienti quidem gratias rependentes, castiganti vero per adversa, morem non gerentes ; sed potius ex ipsis ærumnis utilitatem capiamus, tum maxime ei credentes, cum eo indigemus maxime.

EPISTOLA CXXIV****.

Significat suum amicorum desiderium, quibus cum careret inter ærumnas, vitam sibi prorsus injucundam trahere videbatur.

Theodoro.

Dicunt nonnulli eos qui amoris morbo capti sunt, cum violenta quadam necessitate ab amatis divelluntur, si in dilectæ formæ imaginem intueantur, morbi vehementiam oculis perfruendo compescere. Utrum autem hæc vera sint, necne, dicere non queo : sed quod mihi erga tuam probitatem accidit, ab his non longe abest. Quoniam enim evenit mihi affectio quædam in sacram tuam ac doli expertem animam, ut ita dicam, amatoria, desideratis autem fruendi copia non est, quemadmodum neque ullo alio bono, ob peccatorum meorum impedimentum, mihi visus sum imaginem bonitatis tuæ expressissimam in religiosissimorum fratrum nostrorum præsentia videre. Ac mihi si contigisset cum tua ingenuitate absque illis congredi, visus essem mihi et illos in te conspicere; proptereaquod dilectionis modus in unoquoque vestrum tantus est, ut æque quisque superandi studium præ se ferat. Gratias de iis Deo sancto egi; precorque ut, si quod adhuc tempus ad vivendum supersit, fiat mihi per te vita jucunda : quemadmodum nunc quidem miseram rem esse vitam ac fugiendam existimo, a charissi-

---
* Alias CXCV. Scripta anno 373.
** Alias CCCXIII. Scripta eodem anno.
*** Alias CCCXLIII. Scripta anno 373.
**** Alias CCCXXVIII. Scripta eodem anno.

nvorum consuetudine separatam. Non est enim, mea sententia, in quo quis bono animo esse possit, si ab iis, qui vere diligunt, disjungatur.

EPISTOLA CXXV*.

Redeuntibus ad veritatem aut suspectis Nicæna fides præscribenda, secundum sanam interpretationem. Nam Marcellus consubs antiali, et quidam a Sabellio orti his vocibus ex alia essentia vel hypostasi abusi sunt, quamvis synodus non idem esse doceat essentiam et hypostasim. Fides Nicæna totidem verbis refertur; sed quia de Spiritu sancto obiter tantum ibi actum est, illud nunc necessario præscribendum, ut anathematizentur, qui Spiritum creaturam dicunt aut sentiunt, aut natura sanctum esse non confitentur. Glorificandus est cum Patre et Filio: et ab eorum communione recedendum, qui illum dicunt creaturam. Additur adversus calumniantes, nec genuinum illum, nec ingenitum dici. Anathematizantur qui eum administratorium dicunt aut Filio præponunt, et Filium Patri.

Exemplar fidei a sanctissimo Basilio dictatæ, cui subscripsit Eustathius Sebastiæ episcopus.

1. Qui aut alia fidei confessione præoccupati sunt, et ad orthodoxorum unitatem transire volunt, aut etiam nunc primum ad institutionem doctrinæ veritatis cupiunt accedere, ii docendi sunt scriptam a beatis Patribus fidem in concilio olim Nicææ coacto. Hoc ipsum autem fuerit utile etiam adversus eos, quos suspicio est doctrinæ sanæ adversari, quique speciosis suis effugiis sensum opinionis pravæ contegunt. Nam his quoque sufficit hæc ipsa fides. Vel enim emendabunt suum ipsorum occultum morbum: aut eum in imo occultantes, ipsi quidem fraudis judicium ferent, nobis vero facilem in die judicii defensionem parabunt, cum revelabit Dominus abscondita tenebrarum et patefaciet consilia cordium [13]. Sic itaque suscipiendi sunt, ut credere se confiteantur secundum verba a Patribus nostris edita Nicææ, et secundum his verbis significatam sententiam. Sunt enim nonnulli, qui in hac etiam fide doctrinam veritatis depravent, et illius verborum sensum ad suum ipsorum arbitrium detorqueant. Siquidem ausus est et Marcellus, cum in Domini nostri Jesu Christi hypostasim esset impius, ipsumque nudum verbum esse statueret, inde ansam principiorum arripere, *consubstantialis* notionem male exponens. Et nonnulli ab impia Sabellii Libyensis hæresi, hypostasim et essentiam idem esse rati, ansam inde trahunt ad blasphemiæ suæ defensionem, quod ita in fide scriptum sit: *Si vero quispiam dixerit ex alia essentia aut hypostasi Filium esse, eum anathemate ferit Catholica et Apostolica Ecclesia.* Non enim idem dixerunt illic essentiam et hypostasim. Etenim si una et eadem notio subjecta vocibus, quid opus erat utraque? Sed perspicuum est, aliis quidem (Filium) ex Patris essentia esse negantibus, aliis vero neque ex essentia esse, sed ex aliqua alia hypostasi dicentibus, illos ita demum utramque opinionem tanquam a sententia ecclesiastica alienam rejecisse. Nam ubi suam ipsorum declarabant sententiam, dixerunt ex essentia Patris Filium, non amplius adjicientes illud, *ex hypostasi.* Quare illud quidem ad eversionem positum est nequioris sententiæ; hoc vero declarationem habet salutaris dogmatis. Confitendum igitur est consubstantialem esse Patri Filium, quemadmodum scriptum est. Confitendum etiam, in propria hypostasi Patrem esse, in propria Filium, in propria Spiritum sanctum, quemadmodum et ipsi manifeste exposuerunt. Plene enim et clare ostenderunt, dicendo, *lumen de lumine,* aliud quidem esse lumen quod genuit, aliud vero quod genitum est, lumen tamen et lumen, ita ut una et eadem sit essentiæ ratio. Apponamus autem jam et ipsam, quæ Nicææ conscripta est, fidem.

2. Credimus in unum Deum Patrem omnipotentem, omnium tam visibilium quam invisibilium factorem. Et in unum Dominum Jesum Christum Filium Dei, genitum ex Patre Unigenitum, hoc est, ex essentia Patris. Deum de Deo, lumen de lumine, Deum verum de Deo vero: genitum, non factum; consubstantialem Patri, per quem omnia facta sunt, tum quæ in cælo, tum quæ in terra. Qui propter nos homines et propter nostram salutem descendit, et incarnatus est, factus homo: passus est, et resurrexit tertia die, ascendit ad cælos, venturus ad judicandum vivos et mortuos. Et in Spiritum sanctum. Qui autem dicunt, Erat aliquando, quando non erat, et, Antequam nasceretur non erat, et quod ex non exsistentibus factus est, aut dicunt eum ex alia hypostasi aut essentia esse, aut mutabilem, aut alterabilem Dei Filium, eos anathemate percutit Catholica et Apostolica Ecclesia.

3. Quoniam igitur hic cætera quidem pæne et accurate definita sunt, partim ad emendanda quæ læsa fuerant, partim ad præcavenda quæ suboritura prævidebantur; doctrina autem de Spiritu sancto strictim posita, nec ullam disquisitionem visa requirere, eo quod nondum tunc esset hæc mota quæstio, sed sine insidiis insita esset credentium animis de illo sententia: paulatim autem crescentia impietatis semina, quæ prius quidem ab Ario hæresis auctore jacta, postea vero ab iis qui illius errores improbe exceperunt, ad Ecclesiarum perniciem enutrita sunt, ipsaque impietatis series in blasphemiam contra Spiritum erupit; propterea adversus eos, qui sibiipsis non parcunt, neque inevitabiles minas a Domino nostro Spiritus sancti blasphematoribus intentatas prospiciunt, illud necessario proponendum est: oportere ut anathemate feriant eos qui Spiritum sanctum dicunt esse creaturam, et eos qui sic sentiunt, et eos qui non confitentur cum natura

---

[13] I Cor. iv, 5.

* Alias LXXVIII. Scripta anno 373.

sanctum esse, sicut natura sanctus est Pater, et natura sanctus est Filius, sed ipsum a divina ac beata natura abalienant. Rectae autem sententiae argumentum est, illum non separare a Patre et Filio (oportet enim nos baptizari quemadmodum accepimus, et credere quemadmodum baptizamur, glorificare vero ita, ut credimus, Patrem et Filium et Spiritum sanctum) atque etiam ab eorum qui Spiritum creaturam dicunt, ut aperte blasphemantium, communione recedere: hoc explorato et citra controversiam manente (nam necessaria est ob sycophantas observatio) neque ingenitum dici a nobis Spiritum sanctum; unum enim novimus ingenitum, et unum rerum principium, Patrem Domini nostri Jesu Christi: neque genitum; unum enim esse unigenitum, in fidei traditione didicimus: Spiritum autem veritatis ex Patre procedere edocti, ex Deo esse confitemur citra creationem. Praeterea anathemate feriendi, qui administratorem dicunt Spiritum sanctum, ut qui illum in creaturarum ordinem hac voce detrudant. Nam administratorios spiritus creaturas esse nobis tradidit Scriptura, ubi dicit: *Omnes sunt administratorii spiritus, in ministerium missi* [14-15]. Denique propter eos qui omnia permiscent, nec doctrinam in Evangeliis relictam **217** custodiunt, necesse est hoc quoque declarare, eos etiam qui ordinem nobis a Domino traditum invertunt, et Filium ante Patrem, et Spiritum sanctum ante Filium collocant, fugiendos esse, ut qui aperte cum pietate pugnent. Immotus enim et inviolabilis custodiendus ordo, quem ex ipsa Domini voce traditum accepimus, dicentis: *Euntes docete omnes gentes, baptizantes eos in nomine Patris, et Filii, et Spiritus sancti* [16].

Subscriptio Eustathii episcopi.

Eustathius episcopus haec a me tibi Basilio lecta agnovi; et ea quae supra scripta sunt, comprobavi. Subscripsi autem una mecum praesentibus fratribus, Frontone nostro, et chorepiscopo Severo, et aliis quibusdam clericis.

EPISTOLA CXXVI[*].

Atarbium, qui adveniente Nicopolim Basilio aufugerat, commonet Basilius ut ad se veniat, rationem eorum redditurus, quae contra Basilium in Ecclesia, et contra fidem dixisse eum viri graves asseverabant.

Atarbio.

Cum Nicopolim usque venissem, sperans me et tumultus excitatos sedaturum et quantum fieri posset, remedium his quae praeter ordinem ac legem ecclesiasticam acta fuerant, laturum; dolui vehementer, ubi probitatem tuam non offendi, sed te omni celeritate didici excessisse, idque e medio fere conventu, qui a vobis habebatur. Qua-

[14-15] Hebr. 1, 14. [16] Matth. xxviii, 49.

[*] Alias CCCCLXIV. Scripta anno 375.

propter necessario ad scribendam epistolam veni, qua te ut ad nos accedas commoneo, ut ipse per te moerorem nostrum lenias, quo ad mortem usque perculsi sumus, postquam audivimus te media in ecclesia ausum ea esse, quae hactenus auribus nostris inaudita erant. Atque haec quidem etsi molesta ac gravia, adhuc tamen tolerabilia sunt, utpote in hominem gesta, qui vindictam eorum quae passus est Deo committens, totus in eo est ut concilaret pacem, nec sua culpa noxii quidquam populo Dei eveniat. Sed quia nonnulli ex honorandis et fide omni dignis fratribus nuntiaverunt nobis quaedam in fide a te novari, et contra sanam doctrinam pronuntiari his magis commoti, atque magno aestu agitati, ne praeter innumera vulnera ab his qui in Evangelii veritatem peccaverunt, Ecclesiae inflicta, adhuc **218** etiam malum aliud nascatur, renovata ac redintegrata veteri hostis Ecclesiae Sabellii haeresi (his enim fratres narraverunt nobis affinia esse dicta), eam ob causam scripsimus, ut ne graveris ad nos parvo itinere confecto accedere, ac plene de his rebus satisfaciens, tum dolorem nostrum mitigare, tum Dei Ecclesias solari, quae nunc intolerabili et gravi dolore et ob ea quae gesta sunt, et ob ea quae rumor est a te dicta esse, afficiuntur.

EPISTOLA CXXVII[**].

Narrat se Nicopoli gravibus molestiis laborantem, adventu Jovini recreatum fuisse; ac Eusebium rogat ut eum pro rebus suis et canonum causa fortiter gestis collaudet.

Eusebio, episcopo Samosatorum.

E Deus benignissimus, qui paria molestiis solatia innectit et consolatur humiles, ne imprudentes nimia tristitia absorbeantur, aequalem iis, quae nobis Nicopoli obtigerunt, perturbationibus consolationem adjunxit, religiosissimum episcopum Jovinum in tempore adducens: qui quidem quam opportune nobis advenerit, ipse exponat. Nos enim, ne epistola multum protrahatur, tacebimus; tum etiam ne videamur eos qui mutatis animis amici nobis facti sunt, culpae commemoratione quodam modo notare. Sed largiatur Deus sanctus, ut in regiones nostras adventes, ut tuam gravitatem amplectamur ac singula referamus. Solent enim quodam modo quae in experiendo molestiam attulerunt, aliquam in narrando consolationem habere. Caeterum pro iis quae cumulate quidem, quantum ad ipsius in nos amorem attinet, praecipue autem ac fortiter, quantum ad accuratam canonum observationem, episcopus religiosissimus conatus est, lauda illum; ac Domino gratias age, quod alumni tui ubique virtutis tuae effigiem repraesentent.

[**] Alias CCLIII. Scripta anno 375.

EPISTOLA CXXVIII*.

Eusebio, qui gratiam inter Basilium et Eustathium sarcire voluerat, respondet Basilius se pro pace mori paratum esse, sed veram pacem quærere, atque ut Eustathius clare et sine ambagibus respondeat, optare. Affirmat enim nihil ejus modi facturum, neque a medii hominis consilio discessurum. Unde concludit se non debere cum eo communicare, ne denegatam Euippio communionem Euippii similibus reddere videatur. Quid agendum cum aliis fidem Patrum non recipientibus exponit.

Eusebio, episcopo Samosatorum.

1. Ego meum ad pacandas Domini Ecclesias studium re quidem demonstrare nondum digne potui; sed cordi meo tantam inesse hujus rei cupiditatem dico, ut meam etiam libenter vitam profundam, ut odii flamma a maligno accensa exstinguatur. Ac nisi pacis studio non abnegaverim venire Coloniam, non pacificetur **219** mihi vita. Veram equidem illam pacem, quæ nobis ab ipso Domino relicta est, exquiro : et quod volui mihi ad persuasionem dari, hominis est nihil aliud quam veram pacem desiderantis, quamvis aliter nonnulli veritatem pervertentes interpretentur. Utantur igitur illi suis linguis, ut volunt; nam profecto illos aliquando horum verborum pœnitebit.

2. Cæterum sanctitatem tuam oro, ut eorum quæ initio proposita fuere meminerit, nec decipiatur alias pro aliis quæstionibus responsiones excipiens, neque vim et pondus addat eorum cavillationibus, qui sine dicendi facultate, ex solo animi sui proposito omnium nequissime veritatem depravant. Proposui enim simplicia et clara et facilia ad recordandum verba, utrum eos qui non recipiunt Nicænam fidem, arceamus a communione, et utrum cum iis qui creaturam dicere Spiritum sanctum audent, partem habere nolimus. Ille autem, cum ad verbum quæstionibus respondere debuisset, ea nobis quæ misisti consarcinavit, idque non mentis simplicitate, ut aliquis suspicetur, neque ob hanc causam, quod consequentia animadvertere non posset. Sed illud ei in mentem venit, si neget quæ proponimus, fore ut se ipse populis aperiat et nudet ; sin autem nobis assentitur, discessurum se ab illo medii hominis consilio, quo nihil hactenus antiquius habuit. Fucum ergo nobis non faciat, neque cum aliis tuam etiam circumveniat prudentiam, sed breve nobis responsum mittat ad quæstionem, aut confitens communionem cum fidei hostibus, aut negans. Hæc ei si persuaseris, et miseris mihi rectas, et quales precor, responsiones; ego sum qui hactenus omnia peccavi : ego illam omnem culpam in me recipio, tune a me humilitatis significationem reposce. Quandiu autem horum nihil fiet, ignosce, religiosissime Pater, si non possim cum simulatione ad Dei aram accedere. Nisi enim hoc metuerem, cur me ipse ab Euippii communione sejunxissem, viri adeo in litteris excellentis, adeo ætate provecti, ac tot et tanta amicitiæ jura mecum habentis ? Quod si hæc recte et, ut par erat, pro veritate gessimus, ridiculum utique fuerit cum iis, qui eadem ac ille dicunt, per hosce perpolitos ac lepidos homines, qui medii videntur, conjunctum videri (1).

3. Non tamen mihi omnino faciendum videtur, ut nos ab his, qui fidem non recipiunt, alienemus, sed ut aliquam illorum curam secundum antiquas charitatis leges suscipiamus, **220** ipsisque scribamus unanimi consensu, omnem consolationem cum misericordiæ visceribus adhibentes, ac Patrum proposita fide ad communionem illos provocemus ; ac si eos quidem ad assentiendum adduxerimus, nos communiter cum illis conjungamus ; sin autem id non assequamur, nobis inter nos contenti simus, et alternantem illum animum e nostris moribus amoveamus, revocantes evangelicam et doli expertem disciplinam, in qua vivebant qui ab initio accedebant ad fidem. *Erat enim*, inquit, *credentium cor unum et anima una* [17]. Itaque tibi si auscultaverint, id optimum est ; sin minus, agnoscite belli auctores, ac deinceps de reconciliatione ad nos litteras dare desinite.

EPISTOLA CXXIX**.

Refert Basilius absurdum quoddam Apollinarii testimonium, cujus ut auctor ipse Basilius existimaretur, Sebasteni fuerant machinati. Nuntiat quæ de se apud aulam statuta fuerant, et postea rescissa vel dilata. Agit etiam de Sanctissimo ac de litteris ad Occidentales mittendis, quos rogandos putat ut communionem suam non sine delectu concedant.

Meletio, episcopo Antiochiæ.

1. Sciebam novum auribus præstantiæ tuæ visum iri, quod nunc infertur crimen proclivi ad omnia dicenda Apollinario. Nam nec ipse ante hoc tempus eum accusari noveram : sed nunc Sebasteni alicunde illa perscrutati, in medium protulerunt, ac scriptum, ex quo maxime nos etiam ut

[17] Act. IV, 32.

* Alias CCLXV. Scripta anno 373.
** Alias LIX. Scripta anno 375.
F (1) Mirum videri possit, cur Basilius communicare cum Arianis sibi videretur, si cum Eustathio communicaret. Nam Eustathius nondum cum Arianis communicabat, neque hoc facinus aggressus est, nisi anno 375 exeunte. Ipse Basilius, postquam communionem Eustathio renuntiavit, non se ab Arianis communicationibus disjunxit, ut patet ex epistolis 245 et 250, ad Theophilum et Patrophilum. Cur ergo visus sibi fuisset cum Arianis per Eustathium conjungi, qui tamen cum Arianis non communicabat : cum ipso autem Eustathio conjungi per eos sibi non videbatur, qui cum Eustathio communicabant? Aliud causæ esse non puto cur ita se gesserit Basilius, nisi quod Eustathii communicatores nequaquam illius sententiæ ascriptores et astipulatores essent : Eustathius vero Arianorum errorem damnare, et catholicam fidem profiteri nollet. Quamobrem si cum Eustathio communicasset, visus sibi fuisset Arianam hæresim fovere, vel saltem tolerare : at idem in incommodum non incurrebat, cum iis communicans, qui se ab Eustathio nondum disjunxerant.

eadem sentientes condemnant, talia habens verba circumferunt: *Quare ubique conjuncte, magis vero unite alietati intelligere necesse est primam identitatem; secundam et tertiam eamdem dicentes. Quod enim primo est Pater, hoc est secundo Filius, et tertio Spiritus sanctus. Rursus autem, quod primo est Spiritus, hoc secundo Filius, quatenus etiam Dominus est Spiritus : et tertio Pater, quatenus videlicet Spiritus est Deus. Et ut violentius significetur res non enarrabilis, Pater paterne Filius est, Filius vero filialiter Pater. Atque similiter de Spiritu; quatenus sane unus Deus Trinitas est.* Hæc sunt quæ divulgantur, quæ quidem nunquam possum credere commenta esse circumferentium, quamvis ex eorum in nos calumnia nihil illos existimem non audere. Cum enim ad quosdam ex suis scriberent, postquam calumniam in nos effudere, hæc addiderunt, hæreticorum quidem verba esse asseverantes, scripti autem parentem tacentes, ut apud vulgus nos existimemur auctores esse. Sed tamen non eo usque, ut verba comminiscerentur, processisset eorum astus, ut mihi quidem ipse persuadeo. Unde, **221** ut et criminationem in nos invalescentem propulsaremus, et omnibus ostenderemus nihil nobis cum his qui hoc dicunt commune esse, coacti sumus viri illius, ut ad Sabellii impietatem accedentis, mentionem facere. Et hæc quidem hactenus.

2. Venit autem ex aula quidam nuntians, post primam imperatoris motionem, ad quam eum impulerunt qui calumnias nobis inferunt, latam esse alteram quamdam sententiam, ut ne dederemur accusatoribus, neque illorum traderemur voluntati : id quod initio fuerat decretum ; sed interim fieret aliqua dilatio. Si igitur aut ista ita maneant, aut aliquid aliud humanius statuatur, pietati tuæ significabimus. Sin autem priora vincent, ne hoc quidem te latebit.

3. Cæterum frater Sanctissimus a multo sane tempore apud vos est, et quid requirat, præstantiæ tuæ innotuit. Itaque, si quid necessarium habere videatur epistola ad Occidentales, eam a te exaratam ad nos mittere digneris, ut ab unanimibus subscribi curemus, ac paratam habeamus subscriptionem in charta separata, quam possimus connectere cum charta quæ a fratre nostro compresbytero circumfertur. Ego enim cum in commentario nihil invenirem quod rem causamque contineret, non habui qua de re scriberem Occidentalibus. Necessaria enim præoccupata sunt : superflua vero scribere prorsus vanum est. De iisdem autem molestiam exhibere, nonne etiam ridiculum fuerit? Illa autem mihi visa est velut intacta esse materia, locumque litteris dare, si ipsus adhortemur, ne sine judicio recipiant communiones ex Oriente venientium, sed semel una parte electa, reliquos communicatorum testimonio admittant, nec cuilibet fidei formulam scribenti, sub doctrinæ orthodoxæ obtentu assentiantur. Ita enim reperientur cum hominibus inter se pugnantibus communicare : qui verba quidem sæpe eadem proferunt, sed pugnant inter se, quantum qui maxime dissentiunt. Itaque, ne magis hæresis accendatur, dum qui inter se dissentiunt, acceptas ab ipsis litteras sibi mutuo objiciunt, rogandi sunt, ut cum judicio communiones (1) peragant, et eas quæ cum accedentibus ad ipsos, et eas quæ scripto secundum Ecclesiæ normam fiunt.

222 EPISTOLA CXXX*.

Reprehensus a Theodoto Basilius quod nihil scripsisset de Eustathio, respondet se idcirco non scripsisse, quod res omnibus nota sit, non quod parvi facienda. Neque enim Eustathii discessio a communione Basilii, convicia in Basilium adjuvante Theophilo Cilice, fides Ariana Gelasio data in Cilicia, scripta in Cilicia calumniis referta, reordinatio, novum facinus de Eustathio nuntiatum, videri levia possint, ut quidam Basilio videri dictabant. Duas causas affert cur Eustathio non respondent.

Theodoto, episcopo Nicopolitano.

1. Recte atque convenienter nos tetigisti, frater colendissime prorsus ac desideratissime, quod ex quo a tua pietate tunc discessimus, ferentes Eustathio illas de fide propositiones, nihil tibi neque parvum neque magnum de illius rebus significaverimus. Ego autem non quod facile contemnenda sint, quæ ab eo in me commissa sunt, neglexi : sed quod fama apud omnes jam homines pervulgata sit, nec quemquam a me doceri opus sit, ut hominis propositum cognoscat. Huic enim rei et ipse providit, quasi metueret ne paucos haberet suæ sententiæ testes, epistolas contra me conscriptas in remotissima quæque loca transmittens. Itaque se

---

* Alias CXCVI. Scripta anno 373.

(1) Duplicem communicandi rationem esse ex hoc loco et ex epist. 224 perspicimus, alteram cum iis qui coram accedunt, alteram per litteras. Prima aut ad sacram Eucharistiam, aut ad preces admittendo fiebat. Iratus Theodotus, ut supra vidimus in epist. 99, quod Basilius ab Eustathii communione non discederet, contumeliam eo perduxit, ut illum nec ad matutinas, nec ad vespertinas preces assumeret. Ipse Basilius adversarios provocat in epist. 224, ut aliquem a se ex clericis Apollinarii ad communionem aut ad preces admissum fuisse demonstrent. Quod spectat ad alterum communionis genus, non omnes litteræ signum erant communionis, sed quæ, ut ait Basilius, *secundum Ecclesiæ normam* fiebant, sive litteræ canonicæ. Sic enim appellat Basilius in eadem epist. 224, ubi, communionis cum Apollinario initæ suspicionem repellens, negat se unquam litteras canonicas ad eum dedisse. Unde confirmari potest, quod in Vita S. Cypriani novæ edit. prolatum est, epistolam Stephani papæ ad Cyprianum, non esse certissimum communionis argumentum, et contra quam videtur Tillemontio, post negatam legatis episcopis communionem scribi potuisse. Una autem ex notis, quibus ejusmodi epistolæ dignoscebantur, ea videtur exstitisse, ut is ad quem scribebatur, episcopus salutaretur, si hac dignitate ornatus esset. Discimus enim ex epist. 240, Theophilum Castabalorum episcopum, cum nec aperte conjungi cum Basilio vellet, nec aperte disjungi, scribere ad eum noluisse, ne ut episcopum salutare cogeretur, Basilius postquam se ab Eustathii communione disjunxit, nunquam illum episcopum vocat.

ipse a nostra communione abscidit, neque in constitutum locum convenire nobiscum in animum inducens, neque discipulos suos adducens, ut promiserat: sed me dilacerans una cum Theophilo Cilice in frequentissimis conventibus, nuda et aperta criminatione, ut aliena ab ipsius doctrina populi animis dogmata inserentem. Hæc quidem satis magna erant, ut nostram omnem cum eo conjunctionem dirimerent. Postquam vero et in Ciliciam venit, atque Gelasium quemdam conveniens, eidem fidem exposuit, quam conscribere erat Arii solius, et si quis germanus illius discipulus; tum demum magis etiam in disjunctione obfirmati sumus, illud animo considerantes, neque Æthiopem pellem suam unquam mutaturum, neque pantheram maculas suas [18], neque hominem in perversis nutritum dogmatibus hæresis vitium deterere posse.

2. His audax facinus addidit, ut in nos scriberet vel potius componeret longos sermones omni convicio ac calumnia refertos: quibus nihil respondimus hactenus, propterea quod edocti sumus ab Apostolo non nosmetipsos ulcisci, sed locum iræ dare [19]; tum etiam quia cum consideraremus dissimulationis profundum, qua sese nobis omni tempore insinuavit, muti quodam modo præ stupore effecti sumus. Verum etiamsi nihil horum esset, id quod recens ausus est, cuinam horrorem et hominis detestationem penitus non ingeneret? Qui videlicet ut audio (si modo verus rumor, nec commentum est ad calumniam excogitatum), etiam reordinare nonnullos ausus est, quod hactenus ab hæreticorum nemine factum videtur. Quomodo ergo hæc leniter ferre possimus, et sanabilia hominis peccata existimare? Itaque sermonibus falsis ne abducamini, neque hominum facile **223** omnia in malam partem accipientium suspicionibus fidem adhibeatis, quasi nos res hujusmodi in indifferentibus ponamus. Hoc enim tibi persuadeas, vir nobis desideratissime ac colendissime, nunquam me tantum doloris animo meo acceptum scire, quantum nunc, cum de ecclesiasticarum legum perturbatione audivi. Sed solum precare, ut det nobis Dominus nihil ex iracundia agere, sed charitatem habere, quæ se indecore non gerit, nec inflatur [20]. Vide enim quemadmodum qui ea carent, supra mensuram humanam elati sint, et indecore se gerant, ea facinora audentes, quorum præteritum tempus non habet exempla.

EPISTOLA CXXXI[a].

Significat Basilius acceptum dolorem ex Eustathii calumniis. Hæc tribuit peccatis suis Declarat se nec tres deos admittere, nec Apollinarii communionem amplecti, quamvis ad eum ante plures annos scripserit. Fusius diluet singulas criminationes, si opus erit.

Olympio.

1. Idoneus certe rerum inopinarum auditus, ut tinnitum in utrisque hominis auribus efficiat. Quod et mihi nunc contigit. Etsi enim maxime jam exercitatis meis auribus acciderunt scripta illa, quæ in me circumferuntur, propterea quod et prius ego ipse epistolam accepi, meis quidem peccatis dignam, sed quam ab iis a quibus scripta est, nequaquam exspectassem; tamen posteriora tantum mihi visa sunt in se habere acerbitatis, ut obscurarent priora. Quomodo enim non fere de meæ mentis statu dejectus sum, cum in epistolam ad religiosissimum fratrem Dazinam scriptam incidi, innumeris contumeliis, intoleratisque in me accusationibus et assultibus refertam, quasi in deterrimis contra Ecclesiam consiliis deprehensus essem? Sed et statim argumenta, ut vera esse conjecta in nos probra viderentur, apposita sunt ex scriptis nescio a quo compositis. Ac partem quidem agnovi, fateor, ab Apollinario Laodicensi scriptam esse; neque tamen hoc ipsum dicta opera unquam legi, sed ex aliis audivi narrantibus. Alia vero nonnulla reperi ascripta, quæ nec unquam legi, nec alio referente audivi; atque horum testis est in cœlo fidelis. Quomodo igitur, qui mendacium aversantur, **224** qui charitatem complementum legis esse didicerunt, qui debilium infirmitates portare se profitentur, adduci potuerint, ut his nos calumniis appeterent, et ex alienis scriptionibus condemnarent, multa mecum considerans, causam invenire non possum, nisi quod, id quod initio dixi, hujus etiam rei molestiam, pœnarum, quæ mihi ob peccata debitæ sunt, partem esse judicavi.

2. Nam primum quidem animo dolui, quod veritates a filiis hominum diminutæ sint: deinde vero egomet mihi timui, ne etiam aliis peccatis odium hominum adjicerem, nihil esse fidei in ullo prorsus homine existimans; siquidem illi ipsi, quibus in maximis rebus confidebam, tales erga me, tales erga ipsam veritatem sese præbuerunt. Noveris igitur, frater, et quisquis veritatis amator, nec mea esse scripta, nec mihi probari, siquidem non ex mea sententia composita fuerunt. Quod si scripsi aliquando ante annos multos ad Apollinarium aut ad aliquem alium, accusari non debeo. Nam nec ipse accuso, si quis ex sodalitio aliquo in hæresim abscissus est (omnino autem homines novistis, tametsi nominatim non appello), quia unusquisque suo ipsius peccato morietur. Hæc quidem ad missum tomum respondi, ut et ipse veritatem intelligas, et iis qui veritatem in injustitia detinere nolunt, manifestam facias. Quod si fusius singulas criminationes diluere oportuerit, et hoc, adjuvante Deo, præstabo. Nos, frater Olympi, neque deos tres dicimus, nec cum Apollinario communicamus.

---

[18] Jer. xiii, 25. [19] Rom. xii, 19. [20] I Cor. xiii, 4.

[a] Alias CCCLXXXII. Scripta anno 373.

EPISTOLA CXXXII[*].

Cum varii de Abramio sermones essent, scribit ad eum Basilius statim ac didicit in ædibus Saturnini comitis Antiochiæ versari.

Abramio, episcopo Batnorum.

Quo in loco pietas tua versetur ab autumno prorsus ignoravi. Etenim incertos rumores reperiebam, aliis te Samosatis commorari nuntiantibus, aliis rure, aliis vero te circa Batnas ipsas visum a se esse affirmantibus: quapropter haud crebro scripsi. Nunc autem simul ut didici te Antiochiæ versari in ædibus colendissimi **225** Saturnini comitis, dedi epistolam libenter desideratissimo ac religiosissimo fratri Sanctissimo compresbytero : per quem saluto dilectionem tuam, obsecrans ut ubicunque fueris, in primis quidem memineris Dei, deinde et nostri, quos ab initio diligere statuisti, et inter maxime necessarios numerare.

EPISTOLA CXXXIII[**].

Petrum salutat et hortatur, ut, quemadmodum cæterarum rerum, ita etiam Athanasii in se amoris successor sit, et fraternitatis ubique diffusæ curam eodem studio, ac beatissimus ille vir, suscipiat.

Petro, episcopo Alexandriæ.

Corporalis quidem amicitiæ conciliatores sunt oculi, eamque diuturna consuetudo confirmat. Sed veram charitatem donum Spiritus constituit, conjungens longo distantia locorum intervallo, ac amicis præstans ut sese invicem cognoscant, non corporeis notis, sed animæ proprietatibus. Quod ipsum et in nobis Domini gratia perfecit, largiens ut te videremus animi oculis, teque amplecteremur vera dilectione, ac veluti cohæreremus tibi, et in unam veniremus unionem ex fidei communione. Nobis enim est persuasum te, viri talis alumnum, et longa illius consuetudine usum, eodem incedere spiritu, eademque pietatis dogmata sequi. Quapropter cf tuam saluto præstantiam, obtestorque ut cum cæteris rebus etiam magni illius viri in nos amorem excipias, mihique sæpe de tuis rebus scribas, et curam suscipias fraternitatis ubique diffusæ, visceribus iisdem ac studio eodem, quo et beatissimus ille vir in omnes, qui Deum in veritate diligunt, usus est

EPISTOLA CXXXIV[***].

Gratias agit quod nuper scripserit. Hortatur ut sæpius scribat. Negat se copiam habere librarii aut notarii.

Pæonio presbytero.

Quantopere me litteris oblectaveris, profecto ex iis quæ scripsisti conjecturam facis : adeo puritas cordis, ex quo verba illa profluxere, accurate ex litteris perspiciebatur. Nam aquarum rivulus fontem suum indicat; sermonis autem natura pectus, unde emanavit, depingit ac designat. Quare absurdum quiddam et a verisimili longe alienum A mihi fateor evenisse. Cum enim tuas semper litteras legere percuperem, ubi epistolam in manus sumpsi, ac legi, iis quæ scripta erant non sum delectatus magis, quam dolui, jacturam considerans, quanta nobis per silentii tempus evenerit. Sed quia scribere cœpisti, hoc facere ne intermittas; nam magis delectabis, quam qui multas pecunias avaris mittunt. Scriptor autem nullus **226** mihi aderat, neque ex iis qui eleganter scribunt, neque ex iis qui velociter. Nam quos exercueram, horum alii ad pristinum vitæ genus rediere; alii vero diuturnis morbis afflictati labores ferre non possunt.

EPISTOLA CXXXV[****].

Basilius ingenue exponit quid de duobus libris a Diodoro compositis sentiat, et de dialogis scribendis multa peracute observat. Sperat Diodorum plura scripturum : ipse vero tantum se a scribendo, quantum a valetudine et otio remotum esse dicit. Primum librum remittit, alterum retinet, volens describere, nec copiam habens tachygraphi.

Diodoro, Antiochiæ presbytero.

1. Legi missos a tua præstantia libros. Et secundo quidem valde oblectatus sum, non solum propter brevitatem, ut par erat hominem jam ad omnia segniter et debiliter sese habentem, verum etiam quod simul et frequens est sententiis, ac perspicue tum adversariorum objecta, tum etiam objectis responsa continet : et simplex nec elaboratum dicendi genus congruere mihi visum est Christiani proposito, non tam ad ostentationem, quam ad communem utilitatem scribentis. Prior vero, vim quidem eamdem in rebus habens, sed dictione uberiore et variis figuris ac dialogorum gratiis exornatus, multo mihi visus est et tempore ad legendum et mentis labore ad colligendas sententias ac memoria tenendas indigere. Adversariorum enim intertextæ vituperationes, laudesque nostrorum, etsi quasdam ex dialogo suavitates operi videntur afferre; quia tamen detinent et morantur, continuationem sententiæ divellunt, atque contentiosæ orationis firmitatem relaxant. Illud enim omnino solertiæ tuæ notum est, eos etiam ex philosophis exteris qui dialogos scripsere, Aristotelem quidem et Theophrastum statim res ipsas attigisse, quod conscii sibi essent deesse sibi lepores Platonicos. Plato autem ea est dicendi facultate, ut simul et sententias impugnet, et personas comico more describat, Thrasymachi quidem temeritatem ac impudentiam vituperans, Hippiæ vero levitatem mentis atque ignaviam, arrogantiam quoque et fastum Protagoræ. Ubi vero indefinitas personas in dialogos introducit, utitur qu'dem personis disserentibus ad rerum perspicuitatem, nihil aliud ex personis admiscet argumentis : id quod in *Legibus* præstitit.

2. Oportet itaque et nos, qui non gloriæ studio

---

[*] Alias CCCXV. Scripta anno 373.
[**] Alias CCCXX. Scripta eodem anno.
[***] Alias CCCXLI. Scripta anno 373.
[****] Alias CLXVII. Scripta anno eodem.

ad scribendum ducimur, sed documenta relinquere utilium sermonum fraternitati instituimus, si quam omnibus jam decantatam ex morum pervicacia personam subjiciamus, nonnulla etiam ex personæ indole orationi attexere ; si tamen nobis omnino decorum est homines vituperare, rebus omissis. Sed si indefinitæ **227** sint personæ disserentes, illi adversus personas excursus intercidunt continuationem, nec ad ullum finem utilem pertingunt. Hæc eo dixi, ut exploratum sit, te non misisse labores tuos in adulatoris manus, sed cum fratre maxime ingenuo communicasse. Dixi autem non ad eorum quæ scripta sunt correctionem, sed ad eorum quæ scribentur, cautionem. Nam profecto qui tanta in scribendo facultate et diligentia utitur, non deterrebitur a scribendo; quandoquidem et qui suppeditant argumenta, minime cessant. Nobis autem satis erit vestra legere : tantum enim abest ut scribere possimus, quantum ferme dixerim, ut valeamus, aut vel modicum otium habeamus a negotiis. Remisi autem nunc per lectorem majus ac primum volumen, a me, quantum mihi licuit, perlectum. Alterum vero retinui volens describere, nec copiam hactenus habens cujusquam, qui velociter scribat. Ad tantam enim penuriam invidendæ Cappadocum res devenere.

EPISTOLA CXXXVI*.

Morbum suum describit Basilius, queritur res ecclesiasticas dilapsas esse et proditas. Jamdudum Eusebium invisisset, nisi eum detinuisset per duos menses Eustathii diaconi morbus, ac deinde alii, qui cum Basilio erant, ægrotassent, ac postremo ipse Basilius.

Eusebio, episcopo Samosatorum.

1. Quo in statu deprehenderit nos vir probus Isaaces, ipse tibi melius enarrabit, licet lingua illius par non sit, ut tragice exponat quæ majorem in modum patiebar : tanta erat morbi magnitudo. Sed tamen quid verisimile sit, quisquis me vel paululum novit, perspicere potest. Nam, si dum videbar valere, iis, quorum desperatur salus, infirmior eram, qualis in morbo fuerim cognoscere licet. Quanquam oportebat (da enim veniam febri ineptienti), cum mihi morbus secundum naturam esset, in hac habitus mutatione nunc me in præclarissima valetudine constitui. Sed quia Domini flagellum est, quod accessionibus pro merito nostro dolores intendit, in morbum ex morbo incidi, adeo ut quod inde consequitur, vel puero manifestum sit, nostrum illud integumentum necessario solutum iri ; nisi forte Dei benignitas tempus nobis pro sua patientia et pœnitentiam concedens, efficiat etiam nunc, ut sæpe antea, solutionem quamdam et exitum ex malis inextricabilibus. Atque hæc quidem, ut ei gratum et nobis utile, ita se habebunt.

2. Res autem ecclesiasticæ quomodo dilapsæ et proditæ sint, dum nos propriæ securitatis causa quæ ad proximum attinent negligimus, ac ne hoc quidem intelligere possumus, rebus communibus male cadentibus, privatas etiam simul perire, quid attinet vel dicere? Præsertim **228** ad te, qui cuncta longe ante prævidens et in antecessum testatus es et declarasti, et prior ipse exsurrexisti, et alios excitasti, litteras scribens, coram accedens, quid non agens, quam vocem non emittens! Quorum quidem meminimus, ut quæque res evenit, sed inde nihil jam adjuvamur. Nunc autem, nisi mihi mea peccata obstitissent (ac primum quidem religiosissimus ac dilectissimus frater noster Eustathius condiaconus in morbum gravem delapsus, totos me duos menses distinuit, dum diem ex die valetudinem illius exspecto : deinde qui mecum sunt omnes ægrotarunt, quorum reliquias narrabit frater Isaaces ; postremo tandem ego ipse hoc sum morbo correptus), jamdudum apud tuam præstantiam forem, non rebus communibus quidpiam afferens emolumenti, sed mihimetipsi lucrum non parvum ex tuo congressu concilians. Etenim statueram extra ecclesiastica esse tela, eo quod imparati simus adversus ea quæ struuntur ab adversariis. Servet te omnibus hominibus magna Dei manus, generosum fidei custodem, ac vigilantem Ecclesiarum defensorem, dignosque nos efficiat, qui tuo congressu ac colloquio ante obitum ad animarum nostrarum utilitatem potiamur.

EPISTOLA CXXXVII**.

Basilius cum jam totum mensem aquis calidis curaretur, hac utitur excusatione, cur, Antipatro gubernacula capessente, adesse non possit. Rogat ut judicium de quodam Palladiæ propinquæ suæ negotio in adventum suum differatur.

Antipatro.

Nunc mihi videor maxime sentire damnum quod ex morbo patior, quando, tanto viro patriæ nostræ gubernacula capessente, ipse abesse ob curationem corporis cogor. Jam enim totum mensem aquis natura calidis curor, ut inde aliquid utilitatis accepturus. Videor autem frustra laborare in solitudine, vel etiam dignus esse quem plerique rideant, ut qui ne proverbium quidem intelligam, quod mortuos calidis non juvari dicit. Quapropter, quanquam ita me habeo, prætermissis rebus omnibus, ad tuam amplitudinem proficisci volo, ut bonis quæ in te sunt, perfruar, et domus meæ rebus, per integritatem tuam, ut par est, consulam. Propria enim mea est matris nostræ colendissimæ Palladiæ domus : quam non solum generis propinquitas nobis conjungit, sed etiam morum probitas fecit, ut matris loco eam haberemus. Cum igitur tumultus quidam circa illius domum commotus sit, rogamus tuam magnanimitatem, ut paulisper disquisitionem differas, adventumque nostrum exspectes, non ut jus corrumpatur (millies

---

* Alias CCLVII. Scripta anno 373.

** Alias CCCLXVI. Scripta anno 373.

enim mori mallem, quam ejusmodi gratiam a judice legum jurisque amante exposcere), sed ut ea quæ a me scribi non decet, me referente ex meo ipsius ore discas. Nam hoc pacto neque tu a veritate aberrabis, neque nos quidquam molesti patiemur. Rogo igitur, ut, cum persona in tuto posita sit atque a cohorte detineatur, hanc gratiam molestia et invidia carentem nobis non deneges.

EPISTOLA CXXXVIII*.

Mortem suum, cujus tum quinquagesimus erat dies, excusat, cur in Syriam proficisci non possit, quamvis hujus rei cupidissimus sit, ut consiliis Eusebii ad multa, quæ scribere non licet, utatur. Interim nuntiat ei quid Evagrius Roma rediens proposuerit. Narrat Sebastenos detecto ulcere Eustathii ad se confugere, seque ab Iconiensibus advocari, ut episcopum illis det, mortuo Faustino. His de rebus consilium exquirit Eusebii.

Eusebio, episcopo Samosatorum.

1. Quo me animo putas fuisse, cum epistolam accepi pietatis tuæ? Si enim ad studium quod mihi in epistola significasti, respiciebam, statim ut recta ad Syros convolarem, incitabar; sin autem ad corporis imbecillitatem, qua constrictus decumbebam, non modo id mihi deesse sentiebam, ut volare possem, sed etiam ut me in lecto convertere. Nam quinquagesimum hunc diem agebam in infirmitate, cum advenit nobis dilectus ac optimus frater noster condiaconus Elpidius. Multum quidem febre eram confectus : quæ nutriente materia destituta, et in arida velut carne velut in exusto quodam ellychnio circumvoluta, marcorem ac longam ægritudinem peperit. Deinde vero antiqua mea plaga, jecur illud accedens, exclusit me a cibis, expulit ab oculis somnum, et in confiniis detinuit vitæ ac mortis, tantum vivere sinens, quantum opus erat ad sentiendos dolores, quibus me exstimulabat. Quare et aquis usus sum natura calidis, et nonnulla a medicis remedia accepi. Omnia autem superavit ingens illud malum, quod quidem, si adsit consuetudo, forte alius perferat, subito autem inflictum nullus adeo adamantinus ut sustineat. A quo diu vexatus, nunquam tantum dolui, quantum nunc ab eo impeditus, quominus in sinceræ tuæ dilectionis congressum colloquiumque veniam. Quali enim sim animi voluptate privatus, novi et ipse, etsi extremo digito dulcissimum Ecclesiæ vestræ mel anno præterito degustavi.

2. Mihi autem et ob alia necessaria negotia opus erat, tuam ut pietatem convenirem, ac de multis communicarem, et multa discerem. Neque enim licet hic veram charitatem deprehendere. Quod si quis etiam omnino amantem inveniat, tamen nemo est, qui possit æque ac perfecta tua prudentia atque experientia, quam ex multis pro Ecclesiis laboribus consecutus es, consilium nobis de rebus propositis dare. Ac cætera quidem scribere non licet : quæ vero vel proferre tutum sit, hæc sunt. Presbyter Evagrius, Pompeiani Antiochensis filius,

* Alias VIII. Scripta anno 373.

A qui 230 quondam in Occidentem cum beato Eusebio profectus fuerat, rediit nunc Roma, petens a nobis epistolam, ad verbum ipsa illa quæ ab eis scripta sunt, continentem (nostra autem nobis retro retulit, ut viris illic accuratioribus non placentia), ac legationem aliquam per viros fide dignos celeriter mitti, ut speciosam illi occasionem habeant nos invisendi. Qui Sebastiæ idem ac nos sentiunt, occulto pravæ opinionis Eustathii ulcere detecto, aliquam a nobis ecclesiasticam sollicitudinem exposcunt. Iconium civitas est Pisidiæ, olim quidem post primam maxima, nunc vero et ipsa præsidet ei parti, quæ ex diversis segmentis composita, propriæ provinciæ sortita est gubernationem. Ipsa et nos invitat, ut nos invisamus, ut episcopum ei demus. Mortuus est enim Faustinus. An igitur ordinationes peregrinas oporteat non detrectare, qualemque oporteat dare Sebastenis responsionem, et quomodo erga Evagrii consilia affici par sit, edoceri ipse per me volebam, conveniens tuam præstantiam : quibus omnibus præsens me infirmitas privavit. Si quem ergo nactus fueris cito ad nos venientem, dignare de omnibus mihi responsa mittere : sin minus, precare in mentem mihi veniat quod fuerit Deo acceptum. In conventu autem mentionem nostri jube fieri, et ipse quoque precare pro nobis, et populum tibi adjunge, ut reliquos dies aut horas peregrinationis nostræ servire, ut Domino gratum est, nobis donetur.

EPISTOLA CXXXIX**.

Alexandrinos oblata occasione Eugenii monachi consolatur Basilius, et ad constantiam gravissima persecutione vexatos hortatur. Libenter eos inviseret, nisi morbo et luporum metu abesse prohiberetur.

Alexandrinis.

1. Ad nos quidem jamdudum persecutionum, quæ Alexandriæ ac in reliqua Ægypto factæ sunt, rumor ac fama pervenit, atque, ut par erat, animos nostros affecit. Perspeximus enim astutiam belli diabolici, qui, ubi vidit in hostium persecutionibus multiplicari Ecclesiam ac magis florere, mutavit suum ipsius consilium, nec jam aperte bellum gerit, sed occultas nobis insidias struit, obtegens callidam nocendi voluntatem nomine quod circumferunt, 231 ut et patiamur eadem quæ patres nostri, nec videamur pati pro Christo, eo quod Christianorum nomen habeant et ipsi persecutores. Hæc considerantes diu sedimus, nuntio rerum gestarum obstupefacti. Revera namque insonuerunt utræque nostræ aures, cum didicimus impudentem atque inhumanam hæresin persecutorum vestrorum, qui non ætatem reveriti sunt, non labores vitæ pie actæ, non amorem populorum ; imo vero cruciarunt corpora, affeceruntque ignominia, et in exsilium ejecerunt, et quorum bona invenire potuerunt, ea diripuere : neque hominum veriti improbationem, neque horrendam justi Judicis remu-

** Alias LXXI. Scripta anno 373.

nerationem prævidentes. Hæc nos perculserunt, et propemodum mente emoverunt. Ad has autem cogitationes illa etiam accessit : Num Dominus Ecclesias suas reliquit? num novissima hora est, et defectio per hæc ingreditur, ut reveletur tandem iniquus ille, filius perditionis qui adversatur, et effertur adversus omnem qui dicitur Deus aut numen [11]?

2. Sed tamen sive temporaria est ista tentatio, ferte illam, boni Christi athletæ : sive etiam res summo interitui traditæ sunt, animo ne concidamus ob præsentia, sed exspectemus e cœlis revelationem, et adventum magni Dei et Salvatoris nostri Jesu Christi. Etenim, si creatura omnis dissolvetur, et transmutabitur mundi hujus figura, quid mirum est nos quoque, qui rerum creaturarum pars sumus, communibus malis affici, ac tradi afflictionibus, quas pro virium nostrarum modulo infligit nobis justus Judex, non tentari nos sinens supra id quod possumus, sed dans una cum tentatione exitum, ut perferre possimus [12]? Exspectant vos, fratres, martyrum coronæ ; parati sunt confessorum chori manus vobis porrigere, inque suum numerum recipere. Memineritis veterum sanctorum, quorum nemo deliciis inserviens, aut adulationibus delinitus, coronas patientiæ consecutus est ; sed omnes, per magnas afflictationes quasi per ignem tentati, experimentum sui dederunt. Alii enim ludibriis et flagris probati sunt, alii dissecti sunt, alii denique occisione gladii occubuerunt [13]. Illæ sunt gloriationes sanctorum. Beatus qui dignus habetur qui patiatur pro Christo. Beatior qui majora patitur, quandoquidem afflictiones temporis præsentis dignæ non sunt quæ comparentur cum gloria quæ deinceps revelabitur in nobis [14].

232 3. Quod si fieri posset, ut ad vos ipse proficiscerer, nihil prætulissem congressui vestro, ut et Christi athletas viderem amplectererque, et precum, ac donorum spiritualium, quæ in vobis sunt, particeps fierem. Sed quia corpus meum jam diuturno morbo confectum est, adeo ut ne e lecto quidem possim descendere ; et quia multi nobis insidiantur, instar luporum rapacium, occasionem observantes, si quando Christi oves rapere possint, necessarium vos per litteras invisere constitui : adhortans vos, primum quidem , ut intente precemini pro me, ut dignus fiam, qui reliquos saltem dies aut horas Domino secundum regni Evangelium serviam ; deinde vero ut etiam ignoscatis absentiæ meæ et huic litterarum dilationi ac moræ. Vix enim copiam habuimus hominis, qui nostro desiderio posset subservire. Dico autem filium nostrum Eugenium monachum, per quem obsecro vos, ut pro nobis ac universa Ecclesia oretis, ac nobis rescribatis de rebus vestris, ut his cognitis lætiores efficiamur.

EPISTOLA CXL*.

Antiochenos Basilius ob corporis debilitatem invisere non potest, sed eos per litteras in ærumnis consolatur et ad patientiam hortatur. Apponit fidem Nicænum, mentis suæ fetus tradere non audens ; additque Pneumatomachos excommunicandos.

Ecclesiæ Antiochenæ.

1. *Quis dabit mihi alas, sicut columbæ? et volabo* [15] ad vos, ac explebo meum congrediendi cum vestra charitate desiderium. Nunc autem non solum alæ mihi desunt, sed ipsum etiam corpus, dudum quidem mihi longa ægritudine debilitatum, nunc vero molestiis continuis penitus attritum. Quis enim animo ita adamantino, quis ita commiserationis omnis ac mansuetudinis expers, ut audiens gemitum undique aures nostras ferientem, velut ex tristi quodam choro communem quamdam ac consonam lamentationem edente, non animo doleat, non humi procumbat, et non penitus inextricabilibus his curis tabescat? Sed Deus sanctus potest nos ex iis quæ inextricabilia sunt solvere, et aliquam nobis ex diutinis laboribus respirationem largiri. Quare et vos idem volo solatium habere, ac spe consolationis gaudentes præsentem afflictionum dolorem perferre. Sive enim peccatorum solvimus pœnas, sufficiunt flagella ad avertendam deinceps Dei in nos iram ; sive ad sustinenda pro pietate certamina his tentationibus vocamur, justus est certaminum arbiter, ut non sinat tentari nos ultra quam ferre possumus : sed Deus reddat pro toleratis jam laboribus, patientiæ et spei in ipsum nostræ coronam. Itaque ne defatigemur, obeundis pro pietate certaminibus, neque per desperationem labores jam a nobis exantlatos projiciamus. Non enim una res fortiter gesta, neque brevis labor constantiam animi declarat : sed qui **233** corda nostra probat, vult ut longa et prolixa probatione coronam justitiæ consequamur. Solum infractus servetur animus noster, inconcussum custodiatur fidei in Christum firmamentum, et veniet cito adjutor noster : veniet, et non tardabit. *Exspecta enim tribulationem super tribulationem, spem super spem : adhuc parum, adhuc parum.* Sic novit recreare promissione futuri alumnos suos Spiritus sanctus. Spes enim post afflictiones, nec longe absunt quæ sperantur. Nam etiamsi quis totam dicat humanam vitam, brevissimum est omnino spatium, si conferatur cum infinito illo sæculo, quod in spe repositum est.

2. Fidem autem nos neque ab aliis scriptam nobis recentiorem suscipimus, neque ipsi mentis nostræ fetus tradere audemus, ne humana faciamus

---

[11] II Thess. II, 4. [12] I Cor. x, 13. [13] Hebr. xi, 35-37. [14] Rom. viii, 18. [15] Psal. liv, 7.

* Alias LX. Scripta anno 373.

pietatis verba : sed quæ a sanctis Patribus edocti sumus, ea iis qui nos interrogant, annuntiamus. Viget igitur a patrum nostrorum temporibus in nostra Ecclesia fides a Patribus Nicææ congregatis conscripta (1), quam arbitramur et apud vos etiam in ore esse : sed tamen non recusamus, ne segnitiei crimen sustineamus, ipsa quoque verba in epistola referre. Hæc autem sunt : *Credimus in unum Deum Patrem omnipotentem, omnium sive visibilium, sive invisibilium factorem. Et in unum Dominum Jesum Christum, Filium Dei, genitum ex Patre unigenitum, hoc est, ex essentia Patris; lumen de lumine, Deum verum ex Deo vero : genitum, non factum, consubstantialem Patri, per quem omnia facta sunt, et quæ in cœlo sunt, et quæ in terra. Qui propter nos homines et propter nostram salutem descendit: incarnatus est, homo factus est, passus est, et resurrexit tertia die: ascendit ad cœlos, venturus est ad judicandum vivos et mortuos. Et in Spiritum sanctum. Qui autem dicunt, erat aliquando, quando non erat; et antequam gigneretur, non erat; et quod ex non exsistentibus factus est; aut ex alia hypostasi aut essentia esse dicunt, aut mutabilem, aut alterabilem Filium Dei, eos anathematizat catholica et apostolica Ecclesia.* His credimus : sed quia definita non est de Spiritu sancto doctrina, nondum tunc pneumatomachis apparentibus, anathematizandos esse eos, qui dicunt creatæ esse ac servilis naturæ Spiritum sanctum, silentio prætermiserunt. Nihil enim omnino in divina ac beata Trinitate creatum est.

234 EPISTOLA CXLI*.

Cum questus fuisset Eusebius quod Basilius ad se non venisset, cumque eum hortatus fuisset ad rerum ecclesiasticarum defensionem, Basilius absentiam tuetur morbi excusatione; res ecclesiasticas non sua culpa adversariis tradi demonstrat, sed episcoporum sibi communione conjunctorum, ad quos et Bosporius nuper accessit. Narrat quomodo eos hortatus sit, cum ad u bem ipsius morte audita venissent; sed queritur, quod statim ac recesserunt, ad ingenium redeant.

Eusebio, episcopo Samosatorum.

1. Jam duas litteras accepi a divina tua et absolutissima prudentia, quarum una nitide nobis describebat, quomodo a populo sub manu sanctitatis tuæ constituto exspectati fuerimus, quantumque intulerimus doloris a sanctissimo conventu absentes. Altera vero, antiquior quidem, ut e scriptura conjicio, sed posterius nobis reddita, documenta continebat te digna et nobis necessaria, ut ne Dei Ecclesias negligamus, neve paulatim negotia adversariis tradamus, unde res eorum augeantur, nostræ vero minuantur. Ac mihi quidem videor utrique respondisse, sed tamen etiam nunc (siquidem incertum est an ii quibus hoc ministerium commissum fuerat, responsa nostra servaverint) de iisdem causam dico: quod quidem ad absentiam attinet, excusationem verissimam scribens, cujus famam etiam usque ad tuam sanctitatem pervenisse puto : quod morbo detentus fuerim, qui me usque ad ipsas mortis januas perduxit. Imo etiam nunc cum de his scriberem, adhuc ferens morbi reliquias scribebam. Hæ autem sunt ejusmodi, ut alteri possint esse morbus ad ferendum difficilis.

2. Quod autem non nostra segnitie res Ecclesiarum adversariis traditæ sunt, hoc pietati tuæ perspectum esse volo, episcopos nobis communione conjunctos, sive socordia, sive quod adhuc suspicioso in nos nec puro affecti sunt animo, sive diabolo bonis operibus obstante, suam nobis operam præstare nolle. Sed specie quidem plures inter nos conjungimur, adjuncto nobis et optimo Bosporio: at revera nullam ad rem ex his, quæ maxime sunt necessariæ, nos adjuvant: ita ut maxima ex parte hæc animi obstet ægritudo, quominus vires resumam, continenter mihi morbis ex vehementi mœrore redeuntibus. Quid autem solus facere possim, quandoquidem canones, ut et ipse non ignoras, uni ministeria ejusmodi non concedunt? Jam vero quodnam remedium non adhibui? Quodnam judicium ipsis non revocavi in memoriam, partim per litteras, partim cum coram congressi essemus? Venerunt enim et usque ad urbem, audito mortis meæ nuntio. Sed quia Deo visum est, ut me vivum deprehenderent, eos, ut par erat, sum allocutus. Ac præsentem quidem reverentur, et omnia quæcunque officii sunt pollicentur : at simul ut recesserunt, iterum recurrunt ad suam ipsorum sententiam. In his nos quoque communis rerum status participes sumus, Domino 235 palam nos deserente, quorum charitas ob multiplicatam iniquitatem refrixit. Sed nobis ad omnia sufficiat magna tua ac potentissima apud Deum deprecatio. Forte enim aut rebus aliquid proderimus, aut si optato exitu aberremus, condemnationem effugiemus.

EPISTOLA CXLII**.

Rogat Basilius ut pauperum hospitia vectigalibus eximantur.

Numerario præsidum.

Convocavi omnes ad conventum beati martyris Eupsychii fratres nostros chorepiscopos, ut notos facerem dignitati tuæ. Sed quia abfuisti, per litteras eos necesse est sistere integritati tuæ. Cognosce igitur fratrem istum, qui dignus est ob Domini timorem cui tua prudentia fidem habeat. Et quæcunque pauperum causa ad tuam bonam voluntatem retulerit, ei ut verum dicenti digneris fidem

---

* Alias CCLXII. Scripta anno 373.
** Alias CCCCXVIII. Scripta eodem anno.

(1) Nicænam formulam Cæsaream attulerat S. Leontius, qui huic synodo interfuerat. Ejusdem fidei acerrimus defensor exstitit Hermogenes, Leontii successor, ut perspici potest ex epist. 81. At Dianius qui Hermogeni success't, non videtur ejus

vestigiis semper institisse. Sæpe enim Arianorum formulis subscripsit. Non ideo tamen Nicæna formula Cæsareæ oblitterata, ut hoc loco testatur Basilius : ac ipsius Dianii perhonorificum de hac fide et de Nicænis Patribus testimonium habemus in epist. 51.

habere, atque afflictatos pro virili adjuvare. Dignaberis autem procul dubio et pauperum domum ad pagos ipsi commissos pertinentem invisere, ac omnino vectigalibus eximere. Hoc enim jam et tuo collegæ visum est exiguam egenorum possessionem tributis eximere.

EPISTOLA CXLIII*.

Idem petit ab altero numerario.

Alteri numerario.

Mihi quidem si liceret dignitatem tuam convenire, per me ipse prorsus retulissem quibus de rebus sollicitus sum, et afflictorum defensionem suscepissem. Sed cum me corporis infirma valetudo ac negotiorum impedimenta retrahant, mei loco hunc fratrem chorepiscopum tibi commendo, ut ei aures sincere accommodans, ipso utaris consiliario, ut homine et amore veritatis et prudentia ad consilium de rebus dandum idoneo. Postquam enim pauperum hospitium ab eo gubernatum viscere dignatus fueris (invises enim, sat scio, nec præteribis : siquidem nec rei inexpertus es : sed, ut a quodam ad me relatum est, unum ex his quæ Amaseæ constructa sunt, ex bonis quæ tibi Dominus tradidit sustentas), ubi, inquam, et hoc videris; concedes ei omnia quæ opus erunt. Jam enim et collega tuus aliquam mihi erga egenorum hospitia humanitatem pollicitus est. Hoc autem dico, non ut alium ipse imiteris (par enim te aliis recte factorum ducem esse), sed ut scias jam nobis ab aliis reverentiam his in rebus habitam fuisse.

236 EPISTOLA CXLIV**.

Eamdem immunitatem petit ac in duabus præcedentibus epistolis.

Tractatori præsidum.

Cognoscis profecto illum ex mutuo in urbe colloquio. Sed tamen eum tibi et per litteras sisto et commendo, ut ad multa, quæ tibi curæ sunt, utilem futurum, eo quod pie ac prudenter possit agenda suggerere. Quæ autem mihi in aurem dixisti, ea nunc tempus est exsequi; postquam memoratus frater pauperum statum tibi indicaverit.

EPISTOLA CXLV***.

Quamvis multæ magnæque rationes Eusebium prohibere videantur, quominus peregre eat; non tamen desperat Basilius eum omnia impedimenta superaturum. Quare eum rogat, ne spem Ecclesiæ Cæsariensis irritam faciat, quam de ejus adventu Basilius anno præterito Syria rediens attulerat.

Eusebio, episcopo Samosatorum.

Novi innumeros labores tuos, quos pro Dei Ecclesiis exantlasti; nec negotiorum multitudinem ignoro, quibus detineris; commissam administrationem non perfunctorie, sed secundum Dei voluntatem gerens. Illum etiam cogito, qui vobis e propinquo imminet, sub quo vos necesse est, veluti aves sub aquila formidantes, non longe a suo quemque tecto excurrere. Horum nihil me latet. Sed desiderium res violenta, tum in iis sperandis quæ parabilia non sunt, tum in aggrediendis quæ fieri non possunt : vel potius spes in Domino omnium rerum fortissima. Non enim temeraria cupiditate, sed fidei robore exspecto aliquem futurum etiam in rebus difficillimis exitum, teque omnia impedimenta superaturum, ut Ecclesiarum amicissimam videas, atque etiam ab ipsa conspiciaris : quod quidem omnium illi bonorum antiquissimum est, vultum tuum conspicere, ac tuam vocem audire. Cave igitur spes illius vanas ac irritas facias. Anno enim præterito cum e Syria rediens, promissum quod acceperam reportavi, quomodo eam putas spe suspensam a me fuisse? Ne igitur in aliud tempus differas illius visitationem, vir admirande. Nam etiamsi fieri possit, ipsam ut aliquando invisas, sed non etiam nobiscum, quos urget morbus ab hac tandem ærumnosa vita secedere.

EPISTOLA CXLVI****.

Antiochum, qui manu sua salutem apposuerat, vicissim salutat Basilius, et hortatur ut animæ saluti animum intendat.

Antiocho.

Non possum te inertiæ aut pigritiæ accusare, quod cum tempus incidisset scribendi, conticueris. Quam enim veneranda mihi **237** manu salutem misisti, hanc pluris facio quam multas epistolas. Te igitur vicissim saluto, ac exhortor, ut strenue ad animæ salutem incumbas, omnes carnis affectiones ratione frenans, ac indesinenter Dei cogitationem velut in sanctissimo quodam templo, ita in animo tuo consecratam habens : atque ut in actione omni et in omni sermone ante oculos habeas Christi judicium ; ita ut tibi opera singula ad accuratum illud ac tremendum examen collecta, gloriam in die remunerationis afferant, coram omni creatura laudem consequenti. Quod si non gravetur ad nos usque proficisci magnus ille vir, parum non erit lucri te una cum ipso in nostra regione conspicere.

EPISTOLA CXLVII*****.

Aburgio Basilius Maximum commendat, ac rogat, ut hominem longe optimum, qui Cappadociæ præses fuerat omnibus rebus spoliatum, et in ærumnis jacentem adversus calumniam tueatur.

Aburgio.

Fabulam hactenus credebam Homeri carmina, cum perlegerem alteram illius poesis partem, in qua Ulyssis calamitates narrat. Sed fabulosa illa hactenus et incredibilia, omnino nos probabilia existimare docuit longe optimi Maximi calamitas. Nam et hic præfuit genti non vilissimæ, quemadmodum ille dux fuit Cephalleniorum. Ac Ulysses quidem cum pecuniæ plurimum exportasset, nudus reversus

---

* Alias CCCCXIX. Scripta anno 373.
** Alias CCCCXX. Scripta eodem anno.
*** Alias CCLV. Scripta anno eodem.
**** Alias CCLXVIII. Scripta anno 373.
***** Alias CCCLVI. Scripta eodem anno.

est : hunc autem eo res adversæ redegerunt, ut pene in alienis et laceris pannis domui suæ visus sit. Atque hæc perpessus est, forte quia Læstrygonas in se instigavit, ac in Scyllam incidit, habentem in muliebri forma caninam immanitatem ac feritatem. Cum igitur vix ei licuerit ex ineluctabili illa procella emergere, te mea opera supplex rogat, ut naturam communem revereraris, ac calamitatibus, quas non merito suo passus est, commotus de rebus illius non taceas, sed viris potentibus nunties, in primis ut præsidii aliquid contra structam calumniam habeat : sin minus, ut propositum illius, qui in ipsum debacchatus est, divulgetur. Non leve enim homini injuriis affecto solatium, eorum, qui ipsi insidiati sunt, improbitatis declaratio.

EPISTOLA CXLVIII*.

Maximum Trajano commendat Basilius, ac rogat ut ei in judicio patrocinium impendat.

Trajano.

Multum affert afflictis solatii vel posse deflere calamitates suas; maxime, cum viros nacti fuerint morum probitate idoneos, qui eorum doloribus commoveantur. Unde et omni honore dignus frater Maximus, qui patriæ nostræ præfuit, talia passus, qualia nondum quisquam hominum, et suis rebus omnibus tum paternis tum pristino labore partis nudatus, 238 innumeris afflictus corporis incommodis, dum susdeque errat, ac ne ipsum quidem civis statum, cujus causa liberi nihil intentatum relinquere solent, ab injuriis integrum retinens, pluribus apud me casus suos lamentatus est, ac rogavit, ut malorum suorum Iliadem breviter tibi ante oculos ponerem. Ego autem cum aliter illius ærumnas levare non possem, libenter id præstiti beneficii, ut pauca ex multis quæ ab eo audivi, dignitati tuæ referrem, quandoquidem eum pudebat, ut mihi videbatur, calamitates suas aperte exponere. Nam quæ evenere, si auctorem injuriæ nequam esse demonstrant, certe eum qui passus est, maxima miseratione dignum ostendunt : siquidem illud ipsum in mala divinitus immissa incidere argumento est quodammodo eum qui hæc patitur afflictationibus esse traditum. Sed tamen satis est illi ad solatium malorum, ut benigno illum aspicias oculo, ac uberem illam gratiam, quam omnes experiuntur, nec tamen possunt absumere (gratiam dico lenitatis tuæ) etiam in illum extendas. In judicio autem magno ei fore ad vincendum præsidio patrocinium tuum, nobis omnibus certo persuasum est. Atque omnium dignissimus est ipse ille, qui meas litteras, ut sibi aliquid profuturas poposcit, quem cum aliis videamus totis suæ vocis viribus laudes gravitatis tuæ prædicantem.

EPISTOLA CXLIX**.

Is ad quem scripta est hæc epistola, viderat primordia ærumnarum Maximi; sed postea pœnæ ac contumeliæ graviores inflictæ sunt, ac vicarius modo advenerat, ut mala expleret. Homini miserrimo opem implorat Basilius.

Trajano.

Ipse oculis vidisti calamitatem viri quondam clari, sed nunc miserrimi omnium Maximi qui patriæ nostræ præfuerat, atque utinam non præfuisset! Existimo enim fore, ut multi gentium gubernacula fugiant, si administrationes ad ejusmodi exitum rediturae sunt. Quare quid opus est singula enarrem, et quæ vidi, et quæ audivi, viro ob eximiam ingenii aciem idoneo, qui ex paucis factis ea quæ omittuntur existimet? Sed tamen forte superflua loqui tibi non videbor, hoc si dixero, cum multa et gravia ante tuum adventum in ipsum perpetrata sint, quæ postea gesta sunt talia esse, ut superiora humanitatem existimare cogant. Tantam contumeliæ et damni et ipsius corporis incommodorum magnitudinem 239 habuere, quæ in ipsum postmodum a vicario excogitata sunt. Et nunc cum cohortalibus apparitoribus venit, ut reliqua sua mala hic impleat, nisi tu magnam tuam manum prætendere velis afflicto. Supervacaneam rem scio me facere, qui tuam clementiam ad humanitatem adhorter. Quia tamen hunc virum cupio juvare, dignitatem tuam rogo, ut innatæ tibi ad bonum propensioni aliquid mea causa adjicias : adeo ut manifesta sit homini meæ pro illo deprecationis utilitas.

EPISTOLA CL***.

Heraclidas ab Amphilochio accusatus, quod non secum secederet in deserta loca, ut promiserat, pluribus refellit hanc criminationem. Exponit quid rerum agat in pauperum hospitio ad urbem Cæsaream; seque ab Amphilochio separari negat, quamvis locorum intervallo disjunctus sit. Refert deinde quæ præcepta a Basilio acceperit : hortatur ut Amphilochius ad Basilium veniat, a quo erudiri melius esse statuit, quam in desertis locis vagari.

Amphilochio, Heraclidæ nomine.

1. Ego et eorum, quæ inter nos aliquando disseruimus, memini : nec quid dixerim, quid ex generosa tua indole audierim, oblitus sum; et nunc vita publica non distineor. Quanquam enim corde idem sum, ac veterem hominem nondum exui : tamen ipsa specie, et quod longe a sæculi negotiis recesserim, videor jam vitæ secundum Christum viam ingressus esse. Sedeo autem mecum ipse, velut qui sese mari commissuri sunt, prospiciens futurum. Nam qui navigant, ventis indigent ad felicem cursum ; nobis vero opus est qui nos manu ducat, ac tuto per amaros vitæ fluctus transvehat. Nam indigere me perspicio, primum quidem frœno adversus juventutem ; deinde stimulis ad pietatis cursum. Horum autem conciliatrix ratio videlicet, nunc quidem teñ-

---

* Alias CCLXXVI. Scripta anno 373.
** Alias CCCLXXVII. Scripta eodem anno.

*** Alias CCCXCII. Scripta anno 373.

perans quod in nobis incompositum est, nunc vero animæ pigritiam excitans. Rursus indigeo remediis aliis, ut sordes ex consuetudine contractas eluam. Scis enim nos, qui diu foro assuefacti fuimus, nec parcos esse verborum, nec cautos adversus eas, quæ in mente excitantur a maligno, cogitationes. Vincimur autem et honore, nec facile de nobis ipsis magni aliquid sentire desinimus. Adversus hæc magno mihi opus esse et perito arbitror magistro. Deinde vero expurgari etiam animæ oculum, ut omnibus ignorationis tenebris quasi lippitudine aliqua liberatus, fixo intuitu pulchritudinem majestatis Dei conspicere possit, non parvi laboris esse reor, neque parum afferre utilitatis. Atque hæc tuam quoque prudentiam perspicere, ac optare ut aliquis detur ad eam rem adjutor, exploratum habeo: ac si Deus aliquando dederit, ut tuam dignitatem conveniam, plura certe de quibus sollicitum me esse par est, ediscam. Nunc enim, **240** quæ mea est imperitia, quot et quantis indigeam ne cognoscere quidem possum; sed tamen me primi conatus non pœnitet, neque labat et vacillat anima in proposito vivendi secundum Deum; quod ipsum mihi timuisti, præclare teque digne faciens, ne conversus retrorsum, salis statua fierem, quod mulieri cuidam contigisse audio [26]. Sed adhuc me cohibent externæ potestates, quasi magistratus desertorem aliquem reposcant. Detinet autem me maxime meum ipsius cor, eorum quæ dixi sibi conscium.

2. Quoniam autem meministi pactorum, teque denuntiasti accusaturum, mihi in hac mea tristitia risum movisti, quod etiamnum rhetor sis, nec a timore incutiendo discedas. Ego namque ita existimo, nisi omnino ut imperitus aberrem a veritate, unam esse viam ad Dominum ducentem, et quicunque ad ipsum pergunt, itineris ejusdem esse socios, et eodem vitæ fœdere progredi. Quare quo abiens separari a te possum, nec tecum simul vivere, et tecum servire Deo, ad quem simul confugimus? Corpora enim nostra locis disjungentur; sed profecto Dei oculus ambos simul intuetur; siquidem et vita mea digna fuerit, quæ a Dei oculis conspiciatur; hoc enim legi alicubi in Psalmis: *Oculi Domini super justos* [27]. Equidem cupio et tibi et cuivis alii propositum tuo simile habenti etiam corpore conjungi, et ante Patrem nostrum, qui in cœlis est, tota nocte ac die tecum genua flectere, et si quis alius est, qui rite Deum invocet. Novi enim communionem in precibus multum utilitatis afferre. Quod si quoties mihi contigerit in diverso angulo jacenti ingemiscere, mendacium me omnino sequetur; pugnare non possum adversus ea quæ a te dicta sunt, neque ipse ut mendacem condemno, si quid ejusmodi locutus sum secundum pristi-

nam indifferentiam, quod me mendacii crimine obstringat.

3. Postquam prope Cæsaream veni, ut rerum statum perspicerem, in ipsa urbe nolui commorari, sed ad proximum pauperum hospitium confugi, ut ibi discerem quæ volebam. Deinde cum eo venisset ex more religiosissimus episcopus, retuli ad eum quibus de rebus mandaverat eruditio tua. Quæ autem respondit, ea nec memoria retineri poterant, et epistolæ modum superabant. In summa autem de paupertate hunc dixit esse modum, ut extrema tunica suam quisque possessionem definiat. Atque ex Evangelio testimonia exhibebat: unum quidem Joannis Baptistæ dicentis: *Qui habet duas tunicas, det non habenti* [28]: aliud autem Domini vetantis, ne discipuli duas tunicas haberent [28*]. Addebat autem his et illud: *Si vis perfectus esse, vade,* **241** *vende quæ habes, et da pauperibus* [29]. Aiebat et ipsam margaritæ parabolam ad hoc pertinere: quod qui margaritam perquam pretiosam invenit mercator, abiens vendidit omnia sua bona, et illam emit [30]. Rursus his addebat, non oportere, ut quis sibi ipse rerum suarum distributionem committat, sed ei, cui hoc munus creditum est, ut res pauperum dispenset. Atque id ipsum ex Actis confirmabat [31], quippe quia vendita bona sua afferentes, ante apostolorum pedes ponebant, et ab eis unicuique, prout cuilibet opus erat, distribuebatur. Dicebat enim experientia opus esse, ut is qui vere pauper est ab eo, qui ex avaritia mendicat, secernatur. Et quidem quisquis calamitoso dat, dedit Domino, et ab eo mercedem accipiet: qui vero errabundo omni tribuit, projicit cani, molesto quidem ob impudentiam, sed non miserando ob indigentiam.

4. Quomodo autem nos quotidie vivere oporteat, de eo pauca dicere incœpit, pro rei magnitudine; sed vellem ab ipso illo disceres. Non enim a me oblitterari accuratam documentorum diligentiam convenit. Mihi autem in optatis est, tecum aliquando illum adire, ut et memoria accurate dicta retinens, tua etiam ipsius prudentia quæ defuerint invenias. Illud enim memini ex multis quæ audivi, doctrinam illam quomodo Christianum vivere oporteat, non tantum indigere sermone, quantum exemplo quotidiano. Scio autem nisi te detineret vinculum fovendæ patris senectutis, nec te quidquam aliud antepositurum episcopi colloquio, nec mihi auctorem futurum, ut eo relicto in desertis locis vager. Speluncæ enim et saxa exspectant nos: sed hominum subsidia nobis non semper adsunt. Quare si me tibi consilium dare pateris, persuadebis patri, ut tibi a se ad breve tempus discedendi concedat facultatem, et virum adeundi, qui multa cum facto aliorum periculo,

[26] Gen. xix, 26. [27] Psal. xxxiii, 16. [28] Luc. iii, 11. [28*] Matth. x, 10. [29] Matth. xix, 21. [30] Matth. xiii, 45. [31] Act. ii, 45.

tum sua ipsius prudentia et novit et impertire adeuntibus potest.

EPISTOLA CLI[*].

Invitat ad scribendum, ac declarat nonnullorum factum, qui discesserant a communione (episcopi sui Eustathii), *non sibi esse voluptati, quemadmodum nec merces libenter navigantes ejiciunt; sed tamen a se non improbari, quia veritatis amatoribus nihil Deo antiquius.*

Eustathio archiatro.

Si qua utilitas litterarum nostrarum, nullum tempus intermitte scribendi nobis et excitandi ad scribendum. Ipsi enim manifeste lætiores efficimur, dum prudentium virorum, qui Dominum diligunt, epistolas legimus. Utrum autem et ipsi apud nos aliquid, quod operæ pretium sit, inveniatis, nosse vestrum est, qui nostra legitis. Equidem nisi negotiorum multitudine abducerer, scribendi assidue gaudio non abstinerem. Vos vero, quibus minus est curarum, quoties fieri potest, litteris nos demulcete. Nam puteos aiunt haustos meliores fieri. Videtur autem tuarum admonitionum, quæ ex arte medica petuntur, supervacaneus labor; cum nos ferrum non adhibeamus, sed in semetipsos ruant, qui facti sunt inutiles. Hæc est igitur Stoici sententia : Quoniam, inquit, res non fiunt ut volumus, ut fiunt volumus. Ego autem his quæ fiunt, ex animo assentiri non possum: sed tamen aliquid necessarium a nonnullis præter animi sententiam fieri, haud improbo. Neque enim vos medici, ægrotum urere, aut alio modo dolorem creare vultis : sed tamen sæpe id faciendum existimatis, morbi difficultatem sequentes. Neque navigantes libenter merces ejiciunt : sed ut naufragia effugiant, ejectionem perferunt, pauperem vitam morti præferentes. Quare existima nos etiam separationem eorum, qui se separaverunt, moleste quidem et cum uberrimis lacrymis ferre, sed ferre tamen : siquidem veritatis amatoribus, nihil est Deo et spe in Deum antiquius.

EPISTOLA CLII[**].

Silentii sui causam exponit Basilius, confidenter deinceps scripturum se promittit. Gratias agit quod suas pro Ecclesia preces Victor antevertit.

Victori exercitus duci.

Ad aliquem alium si non scriberem, forte non immerito sustinerem segnitiei aut oblivionis crimen. Tui vero quomodo possim oblivisci, cujus nomen apud omnes homines prædicatur? aut quomodo te negligere, qui omnes fere in terrarum orbe fastigio dignitatum antecellis? Sed silentii mei manifesta est causa. Viro tanto molestiam exhibere vereor. Quod si ad reliquas virtutes tuas hæc accessit, ut non modo litteras quæ a me mittuntur suscipias, sed eas etiam quæ non mittuntur, requiras; ecce et nunc confidenter scribo, et scribam deinceps : Deum sanctum orans, ut tibi honoris, quem mihi habes, vices rependat. Meas porro pro Ecclesia preces antevertisti, cum omnia feceris, quæcunque ego petiissem. Facis autem non hominibus gratificans, sed honoranti te Deo : qui tibi alia quidem bona in præsenti vita largitus est, alia autem dabit in futuro ævo, propterea quod cum veritate in illius viis ambulasti, ac cor tuum ab initio ad usque finem in fidei integritate immotum ac inconcussum servasti.

EPISTOLA CLIII[***].

Gratias agit Victori Basilius quod sui memor sit, nec amorem ob ullam calumniam imminuat.

Victori ex-consuli.

Quoties mihi contingit litteras legere dignitatis tuæ, toties gratias ago Deo sancto, quod perstes et memor mei, et amorem, quem semel rectissimo judicio, aut bona consuetudine suscipere voluisti, nullam ob calumniam imminuens. Rogo igitur Deum sanctum, ut et tu permaneas in eodem erga me animo, et ego dignus sim honore, quo me per epistolam prosequeris.

EPISTOLA CLIV[****].

Respondet Basilius litteris Ascholii, cujus laudat charitatem, ut rem maxime raram, ac studium in beatissimum Athanasium, ut certissimum sanæ doctrinæ argumentum. Rogat ut qualibet occasione oblata scribat.

Ascholio, episcopo Thessalonicensi.

Recte fecisti, et secundum dilectionis spiritualis legem, quod prior ad nos scripseris, nosque egregio exemplo ad simile studium provocaveris. Nam mundi amicitia oculis indiget ac congressu, ut inde nascatur consuetudinis initium : sed qui spiritualiter amare sciunt, nequaquam carne utuntur amicitiæ conciliatrice; sed fidei communione ad spiritualem conjunctionem ducuntur. Itaque grates Deo, qui corda nostra consolatus est, dum charitatem non in omnibus refrixisse ostendit : sed reperiri alicubi terrarum, qui discipulorum Christi propriam notam præ se ferant. Ac res quidem vestræ persimiles mihi visæ sunt sideribus in nebulosa nocte alias alia cœli partes illustrantibus : quorum gratus quidem splendor, sed eo gratior, quod non exspectatur. Tales et vos estis, Ecclesiarum lumina, pauci admodum et facile numerabiles, in hac tristi rerum conditione, quasi in nocte illuni coruscantes, præter virtutis gratiam, inde etiam quod rari sitis inventu, desiderium moventes. Cæterum litteræ tuæ tuum nobis animum abunde patefecere. Quanquam enim breves erant syllabarum numero, at ex recta sententia idoneum nobis tui propositi specimen dedere. Nam beatissimi Athanasii studiosum esse, argumentum evidentissimum est sanæ in maximis rebus sententiæ. Pro accepta ergo ex litteris lætitia, plurimam habemus gratiam præstantissimo filio nostro Euphemio : cui et ipse precor

---

[*] Alias LXXXI. Scripta anno 373.
[**] Alias CCCLXXIV. Scripta circa ann. 373.
[***] Alias CCCCXXXVIII. Scripta anno 373.
[****] Alias CCCXXXVII. Scripta eodem anno.

auxilium omne a sancto contingere, et te hortor ut mecum preceris ut cito eum recipiamus cum ornatissima conjuge ipsius, filia nostra in Domino. Ipse autem exorari te sine, ut ne lætitiam nostram exordio circumscribas, sed oblata **244** quovis tempore occasione scribas, et amorem in nos tuum colloquio frequenti adaugeas : ac de Ecclesiis, quæ apud vos sunt, quomodo concordiam servent, significes; pro nostris autem preceris, ut etiam apud nos tranquillitas magna fiat, Domino nostro ventos ac mare increpante.

EPISTOLA CLV*.

Basilius Sorani Scythiæ ducis, propinqui sui, querelis respondet : rationem reddit cur ad eum non scripserit, demonstrat se illius oblivisci non posse, nec in precibus ecclesiasticis, nec privatim : et a se et a chorepiscopo accusationem nescio quam repellit. Hortatur ut persecutionem pro Christo patientibus pergat succurrere. Rogat denique ut patriæ mittat reliquias martyrum.

Sine inscriptione, causa aliptæ.

Epistola, quam primam et solam dignata est nobis nobilitas tua scribere, multæ continentur accusationes, quibus incertus sum quomodo respondeam ; non justarum rationum inopia, sed quia in criminationum multitudine difficilis est præcipuarum delectus, et unde initium nobis medelæ sumendum sit. Sed forte eodem ordine quo res scriptæ sunt, incedentes, sic singulis occurrere debemus. Quinam hinc in Scythiam proficiscerentur hactenus ignoravi; ac ne de iis quidem, qui e domo tua profecti sunt, admonitus sum, ut per illos te salutarem ; quamvis omnino id mihi studio habeam, ut dignitatem tuam quavis occasione oblata salutem. Fieri autem non potest tui ut obliviscar in precibus, nisi prius nostrum illud opus, ad quod nos Dominus destinavit, oblivioni tradamus. Nam profecto meministi ecclesiasticarum prædicationum, cum fidelis sis Dei gratia, in quibus et pro fratribus peregrinantibus precamur ; et pro iis qui inter militares copias recensentur, et pro iis qui ob Domini nomen libere loquuntur, et pro iis qui spirituales fructus edunt, preces in sancta Ecclesia facimus : quorum omnino in plerisque vel etiam in omnibus arbitramur tuam quoque præstantiam comprehendi. Cæterum qui tui privatim possem oblivisci, cum tam multa sint, quæ commoveant me ad recordationem : talis soror, filii sororis tales, cognatio tam egregia, tam nostri amans, domus, domestici, amici : quæ quidem nobis, etiamsi nolimus, bonam tuam voluntatem in memoriam necessario revocant ? Quod autem ad aliud attinet, ille frater nihil mihi intulit molestiæ, neque sententia ulla fuit a nobis prolata, quæ illum læderet. Dolorem itaque in eos qui mendacia retulerunt, converte, meque et chorepiscopum reprehensione omni exsolve. Quod si litem intendat ille scholasticus, tribunalia publica et leges habet. Itaque te rogo, ut de his nihil prorsus conqueraris. Tu vero quidquid facis boni, tibi ipse colligis : et quod levamen affers his qui **245** ob Domini nomen persecutionem patiuntur, illud tibi ipsi in antecessum in die remunerationis præparas. Recte autem feceris, si et reliquias martyrum patriæ mittas ; siquidem ut nobis scripsisti, persecutio illic etiamnum Domino martyres facit.

EPISTOLA CLVI**.

Laudat Basilius in Evagrio et ipse præ se fert studium pacis; sed eam conciliare difficillimum fatetur esse, nec sibi congruere ut id solus aggrediatur; cum præsertim episcopus sit Antiochiæ Meletius, ad quem proficisci non potest; sed tamen scripturum se ad illum promittit. Declarat se nec partium studiosum esse, nec accusationibus in quemquam præoccupatum. Mirum sibi accidisse dicit, quod ex Dorotheo acceperat, Evagrium noluisse Dorothei conventus esse participem. Addit sibi integrum non esse Romam mittere : animum suam ab adversariis quæri, nec tamen se quidquam de suo Ecclesiæ defendendæ studio remissurum.

Evagrio presbytero.

1. Tantum abfuit ut moleste ferrem longitudinem litterarum, ut contra brevis mihi visa sit epistola præ legendi voluptate. Quid enim pacis nomine jucundius auditu ? aut quid sanctius et Domino gratius, quam de rebus hujusmodi consilium inire ? Tibi igitur præstet Dominus mercedem pacificationis, tam præclara tibi proponenti, et tam studiose in rem, quæ beata prædicatur, incumbenti. Nos autem existima, caput venerandum, quod spectat ad voluntatem et desiderium videndi aliquando illius diei, quo omnes eumdem cœtum implebunt qui sententia inter se divisi non sunt, nemini in hoc studio primas concedere. Profecto enim essemus vere mortalium omnium absurdissimi, si schismatibus ac divisionibus Ecclesiarum oblectaremur, nec conjunctionem membrorum corporis Christi maximum bonorum duceremus. At quantum nobis inest desiderii, tantum scito facultatis deesse. Non enim ignorat perfecta tua prudentia, tempore corroborata mala primum quidem tempore indigere ut sanentur : deinde forti ac firma agendi ratione, si quis velit ad imum ipsum pertingere, adeo ut ægrotantium morbi radicitus evellantur. Non te fugit quod dico, ac si clarius loquendum, nullus timor.

2. Amorem sui consuetudine diutina radices in animis habentem neque vir unus exstirpare potest, nec epistola una, nec tempus breve. Suspiciones enim ac contradictionum jurgia, nisi sit aliquis pacis sequester auctoritate pollens, omnino tolli non possunt. Quod si gratiæ rivi in me affluerent, si et sermone et opere et donis spiritualibus idoneus essem, ut eos qui sibi invicem adversantur, flecterem, negotium tantum esset suscipiendum. Forte tamen ne tunc quidem nobis suaderes, ut soli ad emendationem aggrederemur, cum episcopus sit Dei gratia, ad quem Ecclesiæ cura præcipue pertinet, qui neque ad nos venire potest,

---

* Alias CCXLI. Scripta anno 375.

** Alias CCCXLII. Scripta anno 373.

neque nobis interim ob hiemem peregrinari facile, vel potius nullo modo integrum est, non solum quia corpus mihi **246** infirmitate diutina confectum est, sed etiam quia Armeniacorum montium transitus paulo post fiet impervius etiam iis qui ætate omnino vigent. Atque hæc quidem ei per litteras significare non gravabor. Nihil tamen exspecto ex litteris alicujus momenti eventurum, tum viri accuratam agendi rationem considerans, tum ipsam litterarum naturam, quia non solet idoneus esse ad clare persuadendum sermo transmissus. Nam multa opus est dicere, ac multa vicissim audire, et quæ objiciuntur solvenda, et inferenda quæ suffulciunt, quorum nihil potest litterarum sermo, iners et inanimus in charta projectus. Verumtamen, quod jam dixi, scribere non gravabor. Scias autem, frater vere religiosissime et nobis desideratissime, nullam mihi cum quoquam, Dei gratia, privatam esse contentionem. Neque enim memini me curiose inquirere crimina, quibus quisque obnoxius est aut dicitur. Quare sic vos attendere sententiæ meæ convenit, ut hominis, qui nihil ex propensione facere possit, neque accusationibus in quemquam præoccupatus sit. Tantummodo, Dei voluntate, omnia ex institutis ecclesiasticis et rite fiant.

3. Tristitia autem nos affecit desideratissimus filius Dorotheus condiaconus, dum de pietate tua nuntiavit, refugisse te illius conventus esse participem. Atqui hæc non erant, de quibus collocuti inter nos fueramus, si ego memini. Mittere autem in Occidentem mihi prorsus integrum non est, neminem habenti idoneum ad hoc ministerium. Quod si quis ex fratribus qui apud vos sunt, Ecclesiarum causa laborem suscipere volet, is scit procul dubio et ad quos profecturus sit, et ad quem finem, et quorum sit litteris communiendus et qualibus (1). Ego namque conjectis in orbem oculis mecum video neminem. Ac precor quidem, ut inter septies mille viros numerer, qui genu ante Baal non incurvavere. Cæterum animam quoque nostram quærunt, qui suas manus in omnes injiciunt; sed non propterea de studio Ecclesiis Dei debito quidquam remittam.

247 EPISTOLA CLVII[*].

Dolorem suum significat Basilius quod præterita æstate non inviserit Eusebium. Queritur quod ad se ne scribat quidem Eusebius, eumque accusat pigritiæ; rogat ut pro se precetur.

Antiocho.

Quam moleste tulisse me putas, quod tuo congressu præterita æstate caruerim? Atqui ne aliis quidem annis congressus talis fuit, mihi ut satietatem afferret, sed tamen res desideratæ etiam per somnium visæ nonnihil afferunt diligentibus solatii. Tu vero ne scribis quidem, adeo piger es: unde et tua absentia nulli alii causæ magis tribuenda, quam quod pigreris ad peregrinationes charitatis causa suscipiendas. Sed ea de re nihil amplius a nobis dicatur. Precare autem pro me, ac Dominum roga, ut ne me deserat: sed quemadmodum me a præteritis tentationibus exemit, ita etiam ab imminentibus liberet, ad gloriam nominis ipsius, in quo spem collocavimus.

EPISTOLA CLVIII[**].

Dolet Basilius quod Antiochum non viderit; rogat ut pro se precetur; commendat fratrem camelis præpositum.

Antiocho.

Quandoquidem obstiterunt mihi peccata mea, quominus possem quod dudum habebam tui congressus desiderium, ad exitum perducere; litteris saltem absentiam delinio, atque adhortor, ut ne mei in tuis precibus intermittas meminisse, ut si vivam, mihi te perfrui donetur: sin minus precibus tuis adjutus cum bona spe ex hoc mundo emigrem. Cæterum fratrem camelis præpositum tibi commendamus.

EPISTOLA CLIX[***].

Gaudet Basilius interrogari se ab hominibus timentibus Deum. Declarat se adhærere fidei Nicænæ, sed ob exortam de Spiritu sancto quæstionem, addere glorificationem Spiritus sancti cum Patre et Filio, nec ad communionem admittere eos, qui Spiritum sanctum creaturam dicunt. Differt in aliud tempus uberiora documenta.

Eupaterio, et filiæ.

1. Quantum voluptatis attulerint mihi litteræ dignitatis tuæ, conjicis profecto ex his ipsis quæ scripsisti. Quid enim jucundius sit homini, in optatis habenti cum timentibus Deum semper colloqui, et utilitatis, quæ ab illis percipitur, esse participem, quam ejusmodi litteræ, quibus Dei inquiritur cognitio? Si enim vita nobis Christus est, consequens est et sermonem nostrum de Chri-

---

[*] Alias CCLXX. Scripta anno 373.
[**] Alias CCLXXI. Scripta eodem anno.
[***] Alias CCCLXXXVII. Scripta circa an. 373.
(1) Ut hæc intelligantur, conferenda sunt cum aliis locis. His enim verbis: *is scit procul dubio et ad quos profecturus sit*, indicat Basilius sibi Occidentales parum satisfacere, id quod in aliis epistolis vehementius declarat, nempe in epist. 212 et 235. Nec profecto placere illi poterant, quæ Evagrius Roma rediens ei narraverat, ut supra vidimus in epist. 138. Illud autem, *et ad quem finem*, illustratur ex epistola 129, n. 3, ubi fatetur Basi-

lius reperire se non posse, qua de re scribendum sit in Occidentem; quæ enim necessaria sunt, jam præoccupata esse, superflua autem scribere, vanum ac inutile esse, de iisdem autem rebus obstrepere, etiam ridiculum videri. Ait autem se neminem habere quem mittat, quia episcopi cum Basilio communione conjuncti, operam ei navare nolebant, qua de re queritur in epist. 141. Cæterum et a suis desertus et ab hæreticis impugnatus precatur, ut inter septies mille viros numeretur qui genu ante Baal non incurvavere, seque de studio Ecclesiis Dei debito nihil remissurum pollicetur.

sto esse, et cogitationem atque actionem omnem ex illius pendere mandatis, et animam nostram ad illius imaginem debere effingi. Itaque de ejusmodi rebus interrogatus, gaudeo ac gratulor interrogantibus. A nobis igitur, **248** ut verbo dicam, Patrum Nicææ congregatorum fides omnibus postea excogitatis præfertur : in qua confitentur Filium esse consubstantialem Patri, ejusdemque naturæ, cujus est qui genuit. Nam lumen de lumine, et Deum de Deo, et bonum de bono, tum sancti illi Patres confessi sunt, tum nos qui eorum vestigiis insistere laudi ducimus, hoc ipsum nunc testificamur.

2. Sed quia nunc prodiens ab hominibus semper novi aliquid inducere conantibus quæstio, ab antiquioribus autem prætermissa eo quod nemo contradiceret, relicta est inexplanata (dico quæstionem de Spiritu sancto), ideo aliquid ea de re adjicimus, Scripturæ menti convenienter; quia ut baptizamur, ita et credimus : ut credimus, ita et glorificamus. Cum igitur baptisma nobis a Salvatore datum sit, in nomen Patris et Filii et Spiritus sancti ; consentaneam baptismati confessionem fidei, consentaneam etiam fidei glorificationem adhibemus : Spiritum sanctum una cum Patre et Filio glorificantes ; eo quod persuasum sit nobis, illum a natura divina non esse alienum. Neque enim eorumdem honorum esset particeps quod alienum foret secundum naturam. Eorum autem qui Spiritum sanctum creaturam esse dicunt, miseremur, ut qui in peccatum non condonabile blasphemiæ in illum emissæ, per hanc vocem incidant. Nam rem creatam a divinitate divisam esse nihil opus est eos monere, qui vel tantillum in Scripturis exercitati sunt. Creatura servit, Spiritus liberat ; creatura vita indiget, Spiritus est qui vivificat ; creatura doctrina eget, Spiritus est qui docet; creatura sanctificatur, Spiritus est qui sanctificat. Sive dixeris angelos, sive archangelos, sive cœlestes omnes potestates, per Spiritum sanctimoniam accipiunt. Spiritus autem naturalem habet sanctitatem, non gratia acceptam, sed ipsius essentiæ insitam : unde et sancti appellationem singulari ratione obtinet. Quod ergo natura sanctum est, quemadmodum Pater natura sanctus est, et Filius natura sanctus; id nec patimur a beata ac divina Trinitate separari et abscindi ; nec admittimus eos, qui facile ipsum inter creaturas recensent. Hæc quasi in summa dicta sint, vestræ tamen pietati satis copiose. Nam ab exiguis seminibus uberem pietatis fructum, Spiritu sancto vobis opitulante, demetetis. *Da enim occasionem sapienti, et erit sapientior* [32]. Cæterum uberiora documenta in congressum differemus, in quo et objecta solvere, et ampliora ex Scripturis proferre testimonia, et sanam omnem fidei rationem confirmare poterimus. Impræsentiarum autem, brevitati ignoscite. Nam ne scripsissem quidem omnino, nisi damnum majus existimassem petita prorsus denegare, quam inchoate satisfacere.

249 EPISTOLA CLX[*].

Cum Basilius ab initio episcopatus prohibuisset matrimonium cum uxoris mortuæ sorore, quidam hac lege offensus litteras sub Diodori nomine adversus eum circumtulit. Inde nata occasio hujus Basilii epistolæ, in qua decretum suum defendit ex consuetudine Ecclesiæ suæ: objectum ex Moysis silentio argumentum dissolvit; imo Moysen non tacuisse contendit: ac postremo naturalem cognationem his nuptiis confundi demonstrat.

Diodoro.

1. Venerunt nobis litteræ nomine Diodori inscriptæ, at in reliquis quemvis alium potius decentes quam Diodorum. Videtur enim astutus aliquis personam tuam induens, sic sibi voluisse auctoritatem apud auditores comparare. Qui quidem ab aliquo interrogatus, an sibi liceret mortuæ uxoris sororem in matrimonium ducere, interrogationem non perhorruit, sed placide etiam audivit, ac lascivam libidinem fortiter prorsus et pugnaciter adjuvit. Quod si adessent litteræ, eas ad te misissem, satisque haberes facultatis et ad tuam et ad veritatis defensionem. Sed quia qui illas ostenderat, rursus abstulit, et contra nos, qui id ab initio prohibuimus, velut tropæum quoddam circumtulit, licentiam se habere dictitans scripto mandatam ; nunc ad te scripsi, ut duplici manu spuriam illam epistolam oppugnemus ; nec quidquam ei roboris relinquamus, ne facile possit legentibus nocere.

2. Primum itaque, quod in ejusmodi rebus maximum est, morem nostrum objicere possumus, ut vim legis habentem, eo quod nobis a viris sanctis traditæ sint regulæ. Mos autem ille est ejusmodi, ut si quis impuritatis vitio aliquando victus in illicitam duarum sororum conjunctionem inciderit, neque id matrimonium existimetur, neque omnino in Ecclesiæ cœtum admittantur, priusquam a se invicem dirimantur. Quare etiamsi nihil aliud dici posset, satis esset ipsa consuetudo ad boni custodiam. Sed quia qui hanc scripsit epistolam, adulterino argumento malum tantum conatus est in mores hominum inducere, necesse est, ut nec ratiocinationum subsidium omittamus, quanquam, in rebus valde conspicuis, argumentatione potior est uniuscujusque prænotio.

3. Scriptum est, inquit, in Levitico : *Uxorem super sorore ejus non accipies æmulam, ad revelandam turpitudinem ejus super eam, adhuc vivente ea* [33]. Inde igitur manifestum esse dicit mortuæ sororem accipere licere. Ad hoc primum quidem dicam, quæcumque lex dicit, iis qui in lege sunt dicere ; alioqui sic et circumcisioni et

---

[32] Prov. ix, 9. [33] Levit. xviii, 18.

[*] Alias CXCVII. Scripta circa an. 375.

Sabbato et abstinentiæ ciborum subjiciemur. Neque enim si quid inveniamus appositum nostris voluptatibus, jugo servitutis legis nos ipsi subjiciemus : si quid autem visum fuerit grave in legalibus, tunc ad libertatem, quæ in Christo est, confugiemus. Interrogati sumus an scriptum sit, ut accipiatur uxor post ipsius sororem. Dicimus, quod tutum nobis est et verum, hoc scriptum non esse. Quod autem silentio prætermissum est, id per consecutionis illationem colligere, legislatoris est, non legem recitantis; siquidem hoc pacto licebit volenti facinus aggredi, etiam adhuc viventis uxoris accipere sororem. Nam ipsum illud sophisma etiam ad eam rem appositum est. Scriptum est, inquit, *Non accipies æmulam*: proinde accipi eam extra æmulationem non prohibuit. Qui autem libidini patrocinabitur, æmulationis expertem esse affirmabit indolem sororum. Quare sublata causa, ob quam ambarum connubium prohibuit, quid impediet quominus sorores accipiantur ? Sed hæc scripta non sunt, aiemus. Sed neque illa statuta sunt. Consecutionis autem intelligentia pariter ambabus licentiam tribuit. Verum oportebat paulisper ad ea quæ legem præcedunt recurrendo, difficultate liberari. Videtur enim non omne peccatorum genus comprehendere legislator : sed peculiariter Ægyptiorum unde Israel exierat, et Chananæorum ad quos transferebatur, mores interdicere. Sic enim habet ad verbum : *Secundum instituta terræ Ægypti, in qua habitastis in ea, non facietis : et secundum instituta terræ Chanaan, in quam ego inducam vos illuc, non facietis, neque in legitimis eorum ambulabitis* [34]. Verisimile est hoc peccati genus tunc inter gentes non viguisse. Quapropter opus non fuit legislatori, ut illud cavendum curaret : sed satis ei fuit mos non doctus ad sceleris reprehensionem. Quomodo igitur majore vetito, minus prætermisit ? Quia videbatur multis carni indulgentibus, ut cum sororibus adhuc viventibus habitarent, noxium esse exemplum patriarchæ. Nos autem quid facere oportet ? Quæ scripta sunt dicere, an prætermissa accuratius scrutari ? Protinus, non oportere uti una pellice patrem et filium, in his legibus scriptum non est, sed apud Prophetam crimini maximo datur. *Filius enim*, inquit, *et pater ad eamdem puellam ingrediebantur* [35]. Quot autem alia cupiditatum impurarum genera dæmonum quidem doctrina excogitavit, tacuit vero divina Scriptura, honestatem suam rerum turpium appellationibus fœdare nolens, sed generatim impuritates vituperavit ! Sic ut et Apostolus Paulus ait : *Fornicatio autem et omnis immunditia ne nominetur quidem in vobis, sicut decet sanctos* [36] : immunditiæ nomine tum virorum tum mulierum obscena facinora comprehendens. Quare non omnino silentium licentiam dat voluptariis.

4. Ego autem neque tacitam illam partem fuisse dico : imo etiam a legislatore vehementer admodum fuisse prohibitam. Illud enim, *Non ingredieris ad omnem carnis tuæ affinem ad revelandam eorum turpitudinem* [37], hanc etiam affinitatis speciem complectitur. Etenim quid viro affine magis est quam sua ipsius uxor, imo quam sua ipsius caro? Non enim amplius duæ sunt, sed una caro. Itaque per uxorem soror ad viri affinitatem transit. Quemadmodum enim matrem uxoris non assumet, neque filiam uxoris, propterea quod neque suam ipsius matrem, neque suam ipsius filiam; ita nec uxoris sororem, propterea quod neque suam ipsius sororem. Et vice versa, neque uxori licebit sese viri affinibus conjungere. Sunt enim utrinque communia affinitatis jura. Ego porro cuilibet de nuptiis consulenti testificor, præterire figuram hujus mundi, et tempus breve esse, *Ut qui habent uxores tanquam non habentes sint* [38]. Quod si mihi perperam legat illud : *Crescite et multiplicamini* [39] : rideo legum tempora non discernentem. Fornicationis remedium nuptiæ secundæ, non occasio lasciviæ. Si se non continent, nubant, inquit [40], non vero et nubentes legem violent.

5. Isti autem, quorum animus vitio turpitudinis lippus est, ne ad naturam quidem respiciunt, quæ jam olim generis nomina discrevit. Ex qua enim cognatione natos appellabunt ? Fratresne, an consobrinos vocabunt ? siquidem nomen utrumque eis ob confusionem congruit. Ne facias, o homo, amitam novercam infantium ; nec quæ in matris loco fovere debet, eam æmulatione implacabili armaveris. Nam solum novercarum genus etiam post mortem odium ac inimicitiam extendit. Imo, alii inimici mortuis reconciliantur ; novercæ odisse post mortem incipiunt. Summa dictorum hæc est : Si quis legitime nuptias appetit, totus orbis terrarum patet : sin libidine impellitur, ob id magis etiam excludatur, *Ut discat vas suum possidere in sanctificatione et honore, non in passione desiderii* [41]. Me plura dicere parantem modus epistolæ cohibet. Precor autem, ut vel nostra admonitio vitium superet, vel non serpat in nostram regionem hoc piaculum ; sed in quibus admissum est locis, in his permaneat.

EPISTOLA CLXI.*

Amphilochium consolatur Basilius, tum cum fugeret ordinationem, gratiæ retibus irretitum. Hortatur ut pravæ doctrinæ pravisque moribus constanter obsistat. Rogat ut si se longo morbo debilitatum invisere velit, nec tempus nec signum exspectet.

Amphilochio, ordinato episcopo.

1. Benedictus Deus, qui sibi placentes in singulis ætatibus eligit, electionisque secernit vasa,

---

[34] Levit. xviii, 3. [35] Amos ii, 7. [36] Ephes. v, 3. 28; xi, 1. [40] I Cor. vii, 9. [41] I Thess. iv, 4.

[37] Levit. xviii, 6. [38] I Cor. vii, 29. [39] Gen. i,

* Alias CCCXCIII. Scripta anno 374.

et his utitur ad ministerium sanctorum : qui nunc etiam te, cum fugeres, ut tumet dixisti, non nos, sed vocationem quam per nos futuram suspicabaris, inevitabilibus gratiæ retibus illigavit, ac in mediam Pisidiam deduxit, ut homines Domino capias, et ex profundo pertrahas ad lucem, quos cepit diabolus, ut suam ipsius faciant voluntatem. Dic **252** igitur et tu quæ beatus David dicebat : *Quo ibo a spiritu tuo? et quo a facie tua fugiam* [44]? Talia enim operatur miracula benignissimus Dominus noster. Asinæ pereunt [45], ut rex Israel fiat. Sed ille cum Israelita esset, Israeli datus est : te vero non habet quæ enutrivit et ad tantum perduxit virtutis apicem : sed vicinam videt proprio ornatu decoram. Sed quia unus populus sunt quotquot in Christum sperant, et nunc una Ecclesia qui Christi sunt, quanquam ex multis locis nominatur; gaudet etiam patria, et lætatur Domini dispensationibus, neque amisisse se unum virum existimat, sed per unum totas Ecclesias acquisivisse. Tantummodo largiatur Dominus, ut et præsentes videamus, et absentes audiamus tuum in Evangelio profectum ac rectum Ecclesiarum ordinem.

2. Proinde age viriliter, corroborare, et præi populo, quem credidit dextræ tuæ Altissimus. Atque, ut peritus gubernator, tempestate omni ab hæreticorum ventis excitata superior animo, immersabile custodi salsis et amaris pravæ doctrinæ fluctibus navigium; exspectans tranquillitatem, quam faciet Dominus, simul ut vox inventa fuerit digna, quæ ipsum excitet ut ventos et mare increpet. Quod si nos jam longa ægritudine properantes ad necessarium exitum invisere cupis, nec tempus nec a nobis signum exspectes: quippe cum scias nullum tempus paternis visceribus commodum non esse ad dilecti filii complexum, ac sermone omni præstantiorem esse mentis affectionem. Noli onus viribus fortius lamentari. Si enim ipse hoc esses oneris portaturus, ne sic quidem grave foret, sed prorsus intolerabile. Si vero Dominus tecum portat, *Jacta super Dominum curam tuam, et ipse faciet* [46]. Sine te hoc unum commoneam, ut in omnibus caveas, ne ipse pravis moribus una cum aliis abripiare, sed mala quæ prius obtinuerunt, per datam a Deo tibi sapientiam in melius transferas. Misit enim te Christus, non ut alios sequare, sed ut ipse præeas his qui salvantur. Quin etiam, rogo, pro me preceris, ut si adhuc in hac vita remaneo, dignus habear qui te una cum tua Ecclesia videam; sin hinc jam abire jubeor, illic vos videamus apud Dominum, illam quidem, tanquam vitem, bonis operibus affluentem; te vero, tanquam sapientem agricolam et bonum servum demenso conservis tempestive distribuendo, mercedem fidelis prudentisque dispensatoris reportantem. Quotquot mecum sunt, pietatem tuam salutant. Valens lætusque sis in Domino : clarus in donis Spiritus et sapientiæ custodiaris.

253 EPISTOLA CLXII[*].

Non desperat Basilius se precibus Eusebii impetraturum, ut ad eum veniat, et morbo sanetur, quo a die Paschæ usque ad hunc diem laborat, tam vario et multiplici ut exprimi non possit. Sperat tamen Barachium fratrem satis multa dicturum, ut causa dilationis probetur.

Eusebio, episcopo Samosatorum.

Videtur me res eadem et tardum facere ad scribendum, et rursus scribendi necessitatem afferre. Cum enim ad itineris mei respicio debitum, et congressus emolumentum considero, plane mihi epistolas contemnere subit, ut quæ ne umbræ quidem rationem explere possint, si cum veritate comparentur. Rursus autem cum cogito hoc unicum solatium maximis et præcipuis privato superesse, ut virum tantum salutem, et pro more solito rogem, ut ne mei obliviscatur in precibus; subit mihi litteras non parvi facere. Ac spem quidem adventus nec ipse projicere animo volo, nec tuam pietatem desperare. Pudet enim me, si non precibus tuis tantum videar confidere, ut vel juvenis ex sene fiam, si hoc necessarium sit, non solum paulo valentior, ex infirmo et prorsus attenuato, qualis sane nunc sum. Cur autem jam non adsim, causas verbis dicere haud mihi facile, non solum præsenti infirmitate impedito, sed etiam nunquam habenti tantam dicendi facultatem, ut multiplicem ac varium morbum perspicue exprimam. Cæterum a die Paschæ usque ad hunc diem febres, ventris resolutiones, et viscerum commotiones, sicut fluctus me immergentes, emergere non sinunt. Præsentia autem quæ et qualia sint, dicere poterit et frater Barachus, si minus eo modo qui dignus sit veritate, saltem quantum satis est ad dilationis causam significandam. Omnino autem persuasum mihi est, si nobiscum sincere precatus fueris, me ab omnibus molestiis facile liberatum iri.

EPISTOLA CLXIII[**].

Laudat Jovini litteras, in quibus ejus animus depictus erat. Libenter eum inviseret, nisi morbo detineretur, qui et quantus sit, narrandum testi oculato Amphilochio relinquit.

Jovino comiti.

Vidi tuum animum in litteris. Nam revera pictor nullus tam accurate corporis effigiem assequi potest, quam oratio mentis arcana exprimere. Nam et morum gravitatem, et honoris veritatem, et animi in omnibus sinceritatem apte nobis effinxit litterarum sermo; unde et tuæ absentiæ magnum nobis solatium attulit. Quare non te fugiat qualibet oblata scribendi occasione uti, atque hoc ex longo intervallo colloquium impertire; quandoquidem **254** coram conveniendi spem abstulit corporis

[44] Psal. cxxxviii, 7. [45] I Reg. ix, 3. [46] Psal. liv, 23.

[*] Alias CCLVIII. Scripta anno 374.

[**] Alias CCCLXXVIII. Scripta anno 374.

infirmitas ; quæ quanta sit dicet tibi religiosissimus episcopus Amphilochius, qui et rem novit eo quod multum nobiscum fuerit, et quæ vidit verbis exprimere potest. Cæterum nota esse volo incommoda mea, non aliam ob causam, nisi ut deinceps veniam consequar, et pigritiæ crimen effugiam, si vos invisere omittam. Quanquam hujus rei jactura non tam accusatione indiget quam consolatione. Nam si possem cum tua gravitate convenire, id equidem iis, quæ studio digna aliis videntur, longe antiquius haberem.

EPISTOLA CLXIV*.

Laudat Basilius eximias Ascholii litteras, et gratias agit ob missum ad se martyris corpus, cujus hortator fuerat Ascholius. Sed mœrore affectum se dicit, dum comparat cum præsenti rerum statu, quæ de beato Eutyche et de martyrum constantia scripserat Ascholius.

Ascholio, episcopo Thessalonicæ.

1. Quanto nos gaudio repleverint litteræ sanctitatis tuæ, nos sane non facile demonstrare possimus ; sermo siquidem rei clare explicandæ impar est; ipse autem apud teipsum existimare debes, ex eorum quæ scripsisti pulchritudine conjecturam faciens. Quid enim non habebat epistola ? Nonne in Dominum amorem ? Nonne mirum quiddam de martyribus, ita perspicue certaminis modum describens, ut res nobis poneret ob oculos ? Nonne et in nos ipsos honorem ac dilectionem ? Nonne quidquid præclarissimum quis dixerit ? Ita ut, ubi epistolam in manus sumpsi, eamque legi sæpius, ac redundantem in ea gratiam Spiritus perspexi, mihi viderer priscis temporibus versari, cum florerent Ecclesiæ Dei, fide radicatæ, conjunctæ charitate, membris variis quasi in corpore uno unam conspirationem habentibus : cum manifesti essent qui persequebantur, manifesti itidem qui patiebantur persecutionem : cum populi bello oppugnati multiplicarentur, ac martyrum sanguis Ecclesias irrigans, veritatis athletas multo plures aleret, posterioribus priorum exemplo sese ad certamen parantibus. Tunc Christiani pacem habebamus inter nos : pacem illam quam reliquit Dominus, cujus nunc ne vestigium quidem nobis jam superest, adeo illam crudeliter a nobis invicem abegimus. Verumtamen redierunt animi nostri ad priscam illam beatitudinem, ubi litteræ ex remota regione venerunt, dilectionis pulchritudine efflorescentes ; ac martyr nobis advenit a barbaris ultra Istrum habitantibus, per se ipse prædicans fidei illic vigentis integritatem. Quis animarum nostrarum his in rebus lætitiam enarrare possit ? Quænam excogitetur dicendi vis, quæ clare valeat affectum in corde nostro reconditum 255 enarrare ? Profecto cum vidimus athletam, illius hortatorem felicem prædicavimus : qui apud justum judicem justitiæ coronam et ipse recipiet, eo quod multos ad certandum pro pietate corroboraverit.

2. Quoniam beatum virum Eutychen in memo-riam nobis revocasti, patriamque nostram exornasti, ut quæ pietatis semina præbuerit, oblectasti quidem nos recordatione præteritorum, sed affecisti tristitia his quæ videmus arguendis. Enimvero nemo nostrum Eutychi virtute similis : qui utique tantum abest ut barbaros Spiritus virtute ac donorum illius efficacia mansuefaciamus, ut eos etiam qui mansueti sunt, peccatorum nostrorum magnitudine feroces reddamus. Nobis enim causam et peccatis nostris ascribimus, cur tantopere diffusa sit hæreticorum potentia. Etenim nulla fere pars orbis terrarum hæresis incendium effugit. Tua autem narratio, athletica certamina, corpora pro pietate dilacerata, furor barbarorum ab hominibus corde impavidis contemptus, varia tormenta persequentium, decertantium in omnibus constantia, lignum, aqua, quibus consummati martyres. Nostra vero qualia sunt? Refrixit charitas. Patrum vastatur doctrina : naufragia circa fidem crebra : silent piorum ora : populus a precationis ædibus abactus, sub dio ad Dominum, qui in cœlis est, manus attollit. Ac graves quidem sunt afflictiones, nusquam tamen martyrium ; eo quod qui nos vexant, eodem ac nos appellentur nomine. Eam ob causam cum ipse Dominum precare, tuum strenuos omnes Christi athletas ad adhibendas pro Ecclesiis preces tibi adjunge : ut si quid adhuc temporis superest mundi constitutioni, nec jam in contrarium impetum feruntur omnia, reconciliatus Ecclesiis suis Deus, ipsas ad priscam pacem reducat.

EPISTOLA CLXV**.

Narrat Basilius acceptam ex Sorani litteris lætitiam, eumque laudat, quod et antea pro fide certamina sustinuerit, et nunc martyris nuper coronati corpore patriam honoraverit. Rogat ut pro se precetur.

Ascholio, episcopo Thessalonicæ.

Votum nobis antiquum adimplevit Deus sanctus, cum nobis dignatus est concedere, ut veræ pietatis tuæ litteras acciperemus. Hoc enim maximum est et maxime exoptandum, videre te et videri a te, ac Spiritus donis, quæ in te sunt, per nosmetipsos perfrui. Sed quia id et loci distantia aufert, et negotia quibus privatim uterque nostrum detinemur ; in 256 secundis votis fuerit, ut anima frequentibus tuæ in Christo charitatis litteris alatur. Quod et nunc nobis contigit, cum prudentiæ tuæ epistolam in manus sumpsimus. Plus enim quam gemini facti sumus, iis quæ a te scripta sunt perfruentes. Erat enim revera et tuam ipsius intueri animam, velut in speculo quodam, ita in sermone relucentem. Illud autem multiplici me lætitia affecit, non solum quod is sis quem omnium testimonia prædicant : sed etiam quod egregiæ tuæ dotes patriæ nostræ sint ornamenta. Enimvero veluti viridis quidam surculus ab eximia radice profectus, fructibus spiritualibus nationem exte-

* Alias CCCXXXVIII. Scripta anno 374.

** Alias CCCXXXIX. Scripta anno 374.

ram replevisti. Quare nec injuria patria nostra de suis gloriatur germinibus. Et cum pro fide certamina sustineres, Deum glorificabat, bonam Patrum hæreditatem in te audiens custodiri. Tua autem nunc qualia sunt? Martyre, qui nuper in vicina vobis barbaria decertavit, patriam honorasti, velut gratus agricola ad eos qui semina præbuerunt, fructuum primitias mittens. Vere digna Christi athleta dona ; martyr veritatis nuper justitiæ corona redimitus, quem et læti suscepimus, ac Deo, qui jam in omnibus gentibus Christi sui Evangelium adimplevit, gloriam dedimus. Sine autem hoc te rogem, ut nostri qui te diligimus, memineris in precibus, ac sedulo Dominum pro animabus nostris preceris ; ut et nobis aliquando donetur Deo incipere servire secundum viam mandatorum ipsius, quæ nobis dedit ad salutem.

EPISTOLA CLXVI*.

Basilius seu potius Gregorius beatum prædicat Eupraxium, quod ad Eusebium se conferat; sed multo beatiorem ipsum Eusebium, cui exsilium gratulatur, eumque rogat ut pro se precetur et ad se pergat scribere.

Eusebio, episcopo Samosatorum.

257 Charus mihi in omnibus, etc.
Vide inter S. Gregorii Nazianzeni Epistolas, epist. 65.

EPISTOLA CLXVII**.

Basilius, seu potius Gregorius acceptam ex litteris Eusebii lætitiam significat; molestias excusat et negotia, quod eum non invisat; ipsius litteras sibi et lucro et honori apud multos esse testatur.

Eusebio, episcopo Samosatorum.

Et cum scribis, et cum nostri memor es, lætitia nos afficis ; et quod hoc majus est, cum nobis in litteris benedicis. Nos porro, si digni tuis laboribus et tuo pro Christo certamine essemus, concessum nobis fuisset, ut ad te profecti pietatem tuam complecteremur, ac patientiæ in ærumnis exemplum caperemus. Sed quia ea re indigni sumus, molestiis multis ac negotiis detenti, quod secundum est, facimus ; salutamus tuam præstantiam, precamurque ut ne nostri defatigeris meminisse. Nam litteris tuis dignos haberi non lucrum duntaxat nobis est ; sed gloriatio etiam apud multos atque ornamentum, quod apud virum virtute tanta præditum, tamque Deo conjunctum, ut ei alios etiam tum sermone, tum exemplo conjungere queat, aliquo in numero simus.

EPISTOLA CLXVIII ***.

Quantum dolet Basilius Ecclesiam pastore destitutam, tantum Antiochi felicitatem prædicat, quod cum Eusebio versetur.

Antiocho, presbytero, fratris Eusebii filio, qui cum patruo exsulante versabatur.

Quantum doleo Ecclesiam pastoris tanti destitutam regimine, tantum felices vos prædico, quibus contigit ejusmodi tempore cum viro esse magno pro pietate certamen decertante. Persuasum enim mihi est vos quoque, a quibus propensa illius voluntas præclare excitatur et exstimulatur, eamdem sortem a Domino consecuturos. Quantum autem lucrum in summo otio perfrui viro tot ac tanta tum ex doctrina, tum ex rerum experientia consecuto! Quare certo scio vobis nunc demum cognitum esse virum illum, quali sit prudentia; propterea quod præterito tempore et ipse mentem habebat in multa distractam, nec vobis tantum erat a vitæ negotiis otii, ut toti 258 accumberetis ad spirituale fluentum e puro viri pectore promanans. Sed largiatur Dominus, ut et vos ei sitis solatio, et ipsi aliorum non indigeatis consolatione. Quod utique persuasum habeo de cordibus vestris, conjecturam faciens et ex mea ipsius experientia, qua vestri pauliper periculum feci, et ex optimi magistri summa doctrina, quocum vel unum diem versari satis est ad salutem viatici.

EPISTOLA CLXIX****.

Glycerius quidam diaconus, cum multas virgines congregasset, et noctu aufugiens choros cum illis duceret, Gregorius hanc captivitatem collegit. Unde eum rogat Basilius, ut Glycerium redire jubeat, virginesque a tyrannide liberet, saltem eas quæ redire volunt. Glycerio modeste redeunti veniam promittit ; secus vero, depositionem minatur.

Gregorio Basilius.

Negotium quidem suscepisti lene, atque humanum, cum contemptoris Glycerii (sic enim interim scribimus) captivitatem collegisti, communeque nostrum dedecus, quoad ejus fieri potuit, contexisti. Operæ autem pretium est, ut pietas tua gestarum ab eo rerum certior facta, sic ignominiam diluat. Gravis ille nunc et venerandus apud vos Glycerius a me quidem ordinatus est Venensis Ecclesiæ diaconus, ut et presbytero ministraret, et opus Ecclesiæ curaret. Est enim, quamvis ad alia absurdus, saltem ad manuum officia haud male a natura comparatus. Posteaquam autem diaconus institutus est, opus quidem perinde neglexit, ac si nullum ei prorsus impositum esset. Coactis autem miseris virginibus, privata auctoritate atque potentia, partim sua sponte ad eum accurrentibus (nec enim te fugit, quam ad hujusmodi res prompta sit juventus), partim invitis et repugnantibus, gregis imperium sibi arrogare aggressus est ; ac patriarchæ nomine et habitu sibi imposito, statim insolenter se efferre cœpit, non causa aliqua probabili ac pietate eo deveniens, verum hanc parandi victus rationem, ut alius quamlibet aliam, sibi proponens : ac parum abfuit quin totam etiam Ecclesiam sedibus suis commoveret; contemnens presbyterum suum, virum et vitæ instituto et ætate venerandum, contemnens chorepiscopum, ac nos etiam tanquam nullius pretii homines ; semperque tumultibus ac perturbationibus urbem atque universum clerum implens. Ac tandem, ubi a me et a chorepiscopo levibus verbis objurgatus est, ne contemptor evaderet (nam juve-

---

* Alias CCLI. Scripta anno 374.
** Alias CCLII. Scripta eodem anno.
*** Alias CCLXIX. Scripta anno 374.
**** Alias CCCCXII. Scripta circa annum 374.

nes etiam ad eamdem contumaciam exercebat), facinus admodum audax et inhumanum excogitat. Virgines, quotquot potuit, per sacrilegium praedatus, nocte observata, fugam capessit. Omnino tibi gravia haec videbuntur. Tempus **259** quoque considera. Habebatur ibi conventus, atque ingens undecunque, ut par est, confluebat multitudo. Ille autem vicissim chorum suum introduxit, juvenes sequentem ac tripudiantem, ac plurimum quidem tristitiae piis afferentem, plurimum autem risus lascivis et lingua procacibus. Neque his contentus, etsi tam atrocibus et horrendis; sed etiam parentes, ut audio, virginum orbitatem non ferentes, atque dispersam turbam reducere cupientes, et ad filiarum suarum pedes cum gemitibus, ut consentaneum est, accidentes, admirandus juvenis cum praedatoria sua manu contumeliis atque ignominia afficit. Haec velim ne ferenda existimet pietas tua: etenim hoc ludibrium commune omnium nostrum est; sed in primis jube eum cum virginibus redire. Misericordiam enim aliquam, si modo cum tuis litteris revertatur, poteris consequi; sin minus, virgines saltem ad Ecclesiam earum matrem remitte. Quod si hoc fieri nequit, at certe in eas quae redire volunt, tyrannidem exerceri ne patiaris; sed persuade ut ad nos revertantur; alioqui Deum et homines testamur haec minime recte fieri, nec ex Ecclesiae legibus. Glycerius autem si cum disciplina et congruenti modestia redeat, id optimum: secus vero, sit a ministerio remotus.

EPISTOLA CLXX*.

Glycerio veniam pollicetur Basilius, si cito redeat, secus vero, depositionem minatur.

Glycerio.

Quousque tandem amentia praeceps ageris, et tibi quidem ipse male consules, animos autem nostros concitabis, atque universum monachorum coetum infamia et dedecore afficies? Redi igitur Deo fretus et nobis, qui ejus benignitatem imitamur. Nam si paterno animo reprehendimus, etiam paterno animo ignoscemus. Ita tecum agimus: siquidem multi alii tua causa supplicant, et ante alios presbyter tuus, cujus canitiem et misericordiam reveremur. Quod si diutius a nobis te removes, gradu quidem omnino excidisti; Deum autem etiam amittes, cum tuis cantilenis et stola: quibus rebus ducis adolescentulas non ad Deum, sed ad barathrum.

EPISTOLA CLXXI**.

Queritur iterum Basilius, quod Glycerius et virgines nondum redierint.

Gregorio.

Scripsi ad te et antea de Glycerio et virginibus. At illi necdum hodie redierunt: verum adhuc morantur; qua de causa, et quomodo? nescio. Neque enim tibi hoc crimen intulerim, quod invidiae nobis creandae **260** causa id facias, vel ipse nonnihil nobis offensus, vel gratiam ab aliis iniens. Veniant igitur, omni metu posito: esto tu hujus rei sponsor. Angimur enim dum membra abscinduntur, etiamsi recte praecisa sint. Quod si restiterint, aliorum erit onus, nos autem abluimur.

EPISTOLA CLXXII***.

Significat Basilius se ex Sophronii litteris et laetitiam eo majorem, quo tunc rarior erat charitas, collegisse; et summum cum hoc Patrum fidei defensore colloquendi desiderium concepisse.

Sophronio episcopo.

Quanta me laetitia litterae tuae affecerint, scribere nihil mihi opus est. Id enim profecto conjicis ex his quae scripsisti, cum talia sint. Primum enim Spiritus fructum, charitatem, mihi per epistolam ostendisti. Quid autem ea re mihi possit esse antiquius in hoc temporum statu, quo propter multiplicatam iniquitatem refrixit multorum charitas? Nunc enim nihil est tam rarum, quam spiritualis fratris congressus, et verbum pacificum, et spiritualis communio: quam in tua integritate nactus, Domino gratias egi, orans ut et cumulata in te laetitia perfruar. Si enim tales epistolae, qualis congressus? Et si eminus sic capis, quanti eris pretii tum cum cominus conspicieris? Scito autem, nisi negotiorum innumerabilium multitudo detineret ac ineluctabilis illa necessitas qua constringor, ipsum me ad tuam integritatem properaturum fuisse. Quanquam magnum quidem impedimentum est, quominus movear, vetus illa corporis aegritudo; sed tamen ob speratam utilitatem hoc impedimentum esse non duxissem. Congredi enim cum viro, eadem sentiente, et Patrum fidem defendente, uti de te venerandi fratres et compresbyteri narrant, est profecto ad priscam Ecclesiae beatitudinem reverti; cum pauci quidem disputandi morbo laborarent, omnes autem tranquillo essent animo, mandata citra pudorem perficientes, per nudam et simplicem confessionem Domino servientes [48], ac fidem in Patrem et Filium et Spiritum sanctum inviolabilem et minime curiosam servantes.

EPISTOLA CLXXIII****.

Declarat Basilius se raro scribere, dum metuit ne litterae intercipiantur: exponit in quo consistat vitae evangelicae institutum, quod Theodora amplexa fuerat.

Theodorae canonicae.

Tardus sum ad scribendum, quod minime persuasum mihi sit litteras meas omnino reddi charitati tuae, sed perferentium improbitate innumeros alios eas prius legere; **261** cum praesertim ea nunc sit rerum perturbatio in orbe terrarum. Quare exspecto dum quodam modo incuser, ac litterae violenter reposcantur: ut hoc argumento eas reddi cognoscam. Sive autem scribam, sive taceam, unum mihi

---

[48] II Tim. II, 15.

* Alias CCCCXIV. Scripta circa annum 374.
** Alias CCCCXIII. Scripta circa eumdem annum.

*** Alias CCCXXXV. Scripta circa annum 374.
**** Alias CCCII. Scripta circa eumd. an.

opus est, in animo dignitatis tuæ retinere memoriam, ac Dominum precari, ut det tibi cursum boni illius instituti, quod elegisti, absolvere. Vere enim non leve certamen est promittenti, quæ ex promissis consequuntur adjicere. Nam evangelicum vivendi genus amplecti cujusvis est : sed etiam ad minima quæque observationem perducere, nec quidquam eorum, quæ illic scripta sunt negligere, hoc pauci admodum ex his quos novimus, perfecere : nempe lingua refrænata uti, et erudito ex Evangelii mente oculo : operari manibus secundum propositum Deo placendi : pedes item movere, et uno quoque membro sic uti, ut initio Conditor noster ordinavit : modestia in vestitu, cautio in virorum colloquiis, in cibis frugalitas, in rerum necessariarum possessione nihil superflui. Hæc omnia exigua quidem dum sic simpliciter narrantur, sed magno certamine ad perficiendum indigent, quemadmodum reipsa comperimus. Sed et humilitatis perfectio, adeo ut neque majorum claritatis meminerimus, nec si quid nobis insit a natura aut corporis aut animi ornamentum, inde efferamur, neque externas de nobis opiniones ansam elationis ac tumoris faciamus : hæc cum vita evangelica connexa sunt. Ad hæc constantia in abstinentia, in precando sedulitas, in fraterna dilectione commiseratio, liberalitas erga indigentes, spiritus animique abjectio, cordis contritio, fidei sanitas, in mœrore æquabilitas; nunquam intermittente cogitatione nostra terribilis illius et ineluctabilis judicii recordationem, ad quod omnes quidem festinamus, sed qui illius reminiscantur, ac de illius exitu sint solliciti, paucissimi sunt.

EPISTOLA CLXXIV[*].

Raro scribit huic viduæ Basilius, ne quid ei periculi creet. Hortatur ut a divini judicii cogitatione animum non dimoveat, nec tamen nimia distringatur sollicitudine.

Ad viduam.

Equidem etsi omnino cupiebam ad tuam nobilitatem sæpissime scribere, me ipse semper cohibui, ne quas vobis tentationes viderer suscitare, propter eos qui infenso in me sunt animo, atque etiam, ut audio, inimicitiam eo usque perducunt, ut curiosius inquirant, an quis a me litteras accipiat. Sed quia **262** ipsa præclare faciens, litteras cœpisti mittere, ac scripsisti nobis, ut par erat, de rebus animæ tuæ communicans, incitatus sum ad rescribendum, cum ea quæ præterito tempore omissa sunt, sarciens, tum etiam ad ea quæ a tua nobilitate scripta sunt, respondens. Nempe beata est anima illa, quæ noctu ac interdiu nullam aliam curam versat, nisi quomodo in die illa magna, in qua creatura omnis actionum suarum rationem redditura judicem circumstabit, possit et ipsa vitæ suæ rationem facile ponere. Qui enim diem illam atque horam ante oculos positam habet, semperque suam pro illo tribunali, quod decipi nequit, defensionem meditatur, is aut nihil aut omnino levissima peccabit ; quia peccare nobis ob absentiam timoris Dei contingit. Quibus autem clare obversabitur intentarum minarum exspectatio, his nullum tempus dabit insitus timor in involuntarias actiones aut cogitationes incidendi. Itaque Dei memineris, et illius timorem in corde habeto, atque ad communionem precum omnes adjunge. Magnum enim est eorum qui Deum placare possunt auxilium. Neque hæc facere intermiseris. Nam et viventibus nobis in hac carne bona erit adjutrix precatio, et inde proficiscentibus idoneum viaticum ad futurum ævum. Quemadmodum autem sollicitudo res bona est, ita rursus animum despondere et desperare, ac de salute diffidere, res sunt animæ noxiæ. Spem itaque in Dei bonitate colloca, et illius auxilium exspecta : certo sciens, si recte ac sincere ad ipsum convertamur, futurum ut non modo nos omnino non rejiciat, sed etiam nobis adhuc precum verba proferentibus dicat : Ecce adsum.

EPISTOLA CLXXV[**].

De fide nihil vult scribere Basilius, ac de calumniatoribus suis queritur.

Magneniano comiti.

Non ita pridem scribebat mihi gravitas tua, cum nonnulla alia, tum ut de fide scriberem, aperte præcipiens. Ego porro tuum hujus rei admiror studium, ac Deum rogo, ut indefessa tibi insit bonorum electio, ac semper progrediens tum scientia, tum bonis operibus, perfectus evadas. Sed quia nolo de fide scriptum relinquere, nec diversas fidei professiones scribere, recusavi mittere quæ postulastis. Cæterum mihi videmini erudiri ab hominibus illic nihil agentibus, qui ut me calumnientur nonnulla proferunt ; quasi inde seipsos sint commendaturi, si de me turpissima mentiantur. Illos enim nudat præteritum tempus, et progrediens experientia notiores faciet. Nos autem præcipimus iis, qui in Christum sperant, nihil curiose præter antiquam **263** fidem inquirere : sed quemadmodum credimus, ita et baptizari, et quemadmodum baptizamur, ita et glorificare. Nomina autem nobis satis est ea confiteri quæ a sancta Scriptura accepimus, et in his novitatem vitare. Non enim in inventione nominum nostra salus, sed in sana divinitatis, in quam credimus, confessione.

EPISTOLA CLXXVI[***].

Amphilochium invitat Basilius ad diem festum S. Eupsychii, rogatque ut tribus diebus ante ipsum diem festum adveniat.

Amphilochio, episcopo Iconii.

Faxit Deus sanctus, ut tibi corpore valenti, et omnibus negotiis soluto, et omnia ex sententia gerenti hæc epistola nostra in manus veniat ; ut

---

[*] Alias CCLXXXIII. Scripta circa annum 374.
[**] Alias CCCX. Scripta circa eumdem ann.
[***] Alias CCCXCIV. Scripta anno 374.

inanis et irrita non sit nostra adhortatio, qua te rogamus, ut nunc in civitatem nostram advenias, quo conventus, quem quotannis agere in honorem martyrum mos est Ecclesiæ nostræ, illustrior fiat. Nam persuasum sit tibi, vir mihi colendissime et vere quam desideratissime, populum nostrum, cum multos expertus sit, nullius præsentiam ita desiderare, ut tuam, tantum ei amoris aculeum brevi illo congressu immisisti. Ut igitur et Domino gloria tribuatur, et populi lætitia, et honore martyres afficiantur, ac nos senes debita nobis a filio germano consequamur obsequia, ne dedigneris ad nos usque impiger accedere, atque conventus dies prævertere; ut otiose mutuum inter nos colloquium habeamus, nosque invicem donorum spiritualium communicatione consolemur. Præstitutus porro dies est Septembris quintus. Quamobrem, quæso, tribus diebus tempus illud anticipato, ut et memoriam ptochotrophii præsentia tua insignem efficias. Sanus, lætusque in Domino, et pro me deprecans serveris mihi et Ecclesiæ Dei per gratiam Domini.

EPISTOLA CLXXVII*.

Commendat Basilius Eusebium, qui calumniis appetitus gravissimum judicium sustinebat tempore molestissimo.

Sophronio magistro.

Recensere omnes, qui propter me beneficiis a tua magnanimitate affecti sunt, non facile est; adeo multis conscius mihi sum me bene fecisse per magnam tuam manum, quam mihi Dominus gravissimis temporibus adjutricem largitus est. Omnium autem dignissimus est qui juvetur, is quem nunc tibi per litteras **264** meas sisto, colendissimus frater noster Eusebius, absurda appetitus calumnia, quam propulsare solius tuæ est probitatis. Quapropter rogo, ut et juris habens rationem, et ad humanam conditionem respiciens, et consueta in me beneficia conferens, huic viro omnium loco sis, eumque una cum veritate adjuves. Nam præsidii non parum in jure positum habet; quod quidem, nisi tempus præsens læserit, facile erit clare et ineluctabiliter demonstrare.

EPISTOLA CLXXVIII**.

Commendat Basilius eundem Eusebium, ac rogat, ne quia multi in atrocissimis sceleribus deprehensi, in eum hæc suspicio redundet.

Aburgio.

Scio me tuæ dignitati multos sæpenumero commendasse, et gravissimis temporibus non parum afflictis profuisse. Sed nullum antea missum a me ad tuam præstantiam memini, qui mihi charior foret, aut qui de rebus majoris momenti decertaret, quam desideratissimus filius Eusebius, qui nunc tibi has a me litteras reddit. Qui quidem quali implicatus sit negotio, ipse, si modo tempus idoneum nanciscatur, gravitati tuæ narrabit. Quæ autem a me dici par est, hæc sunt: non committendum esse ut viri causa detorqueatur; aut quia multi in atrocissimis sceleribus deprehensi sunt (1), in eum hæc multorum suspicio redundet; sed judicium ei concedendum esse, et in illius vitam inquirendum. Ita enim facillime calumnia manifesta fiet, ac vir ille justissimum patrocinium nactus, perpetuus erit beneficii a tua humanitate accepti præco.

EPISTOLA CLXXIX***.

Commendat Basilius hominem gravi calumnia in judicium vocatum.

Arinthæo.

Libertati amicum te esse et perhumanum satis nos docent et generosa indoles, et quod te communem omnibus præbes. Quapropter fidenter deprecatorem me præbeo pro viro ex longa quidem majorum serie claro, sed per se majori honore ac reverentia digno ob insitam morum suavitatem; ut meo rogatu opem illi feras, judicium sustinenti leve illud quidem et contemnendum, si veritas spectetur, sed alioqui difficile et molestum ob calumniæ vehementiam. Multum enim illi accedet ad salutem momenti, si quid benigne pro eo dicere digneris, in primis id juri deferens: deinde etiam et nobis summis tuis amicis, consuetum honorem et officium in hoc quoque tribuens.

265 EPISTOLA CLXXX****.

Sophronio Basilius commendat Eumathium nobilem et disertum virum gravissima calamitate afflictum.

Sophronio magistro, in Eumathii gratiam.

In egregium virum cum incidissem calamitate intolerabili afflictum, animum invasit dolor. Quomodo enim potuissem, cum sim homo, hominis ingenui præter meritum negotiis implicati dolore non moveri? Mecum autem reputans quomodo ei prodesse possem, unam inveni molestiæ illum detinentis solutionem, si eum tuæ dignitati notum facerem. Jam autem tuum est, idem studium, quod in multos, nobis testibus, ostendisti, huic quoque exhibere. Rem autem cognitam faciet supplex libellus ab eo imperatoribus traditus: quem velim et in manus

---

* Alias CCCXXXIV. Scripta anno 374.
** Alias CCCLX. Scripta eodem anno.
*** Alias CCCLXXX. Scripta etiam anno 374.
**** Alias CCCXXXIII. Scripta eodem anno.

(1) Indicat Basilius horribilem illam tragœdiam, quæ sub Valente acta est, cum deprehensi fuissent qui de illius successore per sortes inquisierant. Tunc *omnium fere ordinum multitudo, quam nominatim recensere est arduum,* inquit Ammianus, *in plagas calumniarum conjecta, percussorum dexteras fatigavit, tormentis et plumbo et verberibus ante debilitata: sumptumque est de quibusdam sine spiramento vel mora supplicium, dum quæritur an sumi deberet: et ut pecudum ubique trucidatio cernebatur. Rerum crudeliter gestarum seriem et modos accurate describit idem scriptor lib.* xxix, c. 1 et 2. Merito ergo metuebat Basilius, ne his calumniis implicatus Eusebius parum haberet in sua innocentia præsidii.

sumas, et pro virili adsis homini. Certe enim in Christianum beneficus eris, et nobilem, et ob multam doctrinam venerandum. Quod si addiderim te conferendo in eum beneficio magnam apud nos quoque inire gratiam, certe quamvis res meæ parvi sint pretii, tua tamen gravitate earum semper rationem habere non dedignante, non parvum videbitur quod mihi gratum fiet.

EPISTOLA CLXXXI*.

Rogat Otreium Basilius ut sese invicem consolentur: iste quidem quæ Samosatis perferentur, ad Basilium scribendo ; Basilius vero, quæ ex Thracia didicerit, ei nuntiando.

Otreio Meletines.

Haud ignoro tuam pietatem separatione ac exsilio Eusebii episcopi religiosissimi tam moveri, quam memetipsum. Cum itaque uterque indigeamus consolatione, simus alter alteri solatio. Et tu scribe nobis quæ Samosatis ad te perferentur, et ego quæ ex Thracia didicero, nuntiabo. Nam nec mihi, populi constantiam cognoscere, parvam affert ex præsentibus molestiis allevationem, nec tibi, de communis patris nostri rebus edoceri. Nunc sane non possumus hæc perscribere : sed tibi sistimus, qui ea accurate novit, et narrabit quo in statu ipsum reliquerit, et quo animo ærumnas perferentem. Precare igitur et pro ipso et pro me, ut Dominus quam celerrime ab his nos angustiis liberet.

EPISTOLA CLXXXII**.

Gratulatur de præliis pro fide ; precatur ut perseverantia donetur a Domino.

Presbyteris Samosatensibus.

Quantum doleo orbatam considerans Ecclesiam, tantum vos beatos prædico, ad talem perductos certaminis mensuram : quam **266** quidem det vobis Dominus patienter decurrere, ut et fidelis dispensationis et generosæ constantiæ, quam pro Christi nomine ostendistis, mercedem magnam consequamini.

EPISTOLA CLXXXIII***.

Laudat Basilius Samosatensium labores et pro fide prælia: hortatur ad perseverantiam, ac rogat ut ad se scribant.

Samosatorum senatui.

Cum considero tentationem per totum jam orbem esse diffusam, ac maximas Syriæ urbes eadem ac vos mala expertas ; nullibi tamen adeo spectatum, ac bonis operibus clarum senatum esse, ut nunc vester ob bonorum operum studium fama celebratur : parum abest quin gratias etiam habeam his quæ Deus fieri permisit. Nisi enim evenisset illa calamitas, probatio vestra non inclaruisset. Quare videtur, quod caminus est auro, id esse virtutis cultoribus tolerata pro spe in Deum afflictatio. Ergo agite, o admirandi, date operam, ut jam exantlatis laboribus alios deinceps dignos adjiciatis, ac fundamento amplo videamini imponere coronidem illustriorem, et circumstetis ecclesiæ pastorem, ubi Dominus ei dederit in suo conspici throno, alii aliud pro Dei Ecclesia gestum narrantes, in illa autem magna Domini die, unusquisque pro laborum ratione a Deo magnificentissimo mercedem recepturi. Quod si memineritis nostri, et ad nos, quoties integrum erit, detis litteras ; æqua sane facietis, par pari referentes, et simul nos voluptate afficietis non levi, vocis vestræ nobis jucundissimæ manifesta per litteras signa mittentes.

EPISTOLA CLXXXIV****.

Eustathium rogat Basilius ut quamvis in defendenda Ecclesia occupatus sit, ad se tamen scribat, quoties poterit, seque idem facturum promittit.

Eustathio, Himmeriæ episcopo.

Scio rem permolestam esse orbitatem ac negotiosam, eo quod solitudinem a præpositis inducat. Unde arbitror tuam quoque pietatem de iis quæ acciderunt ingemiscentem ad me non scribere, et simul nunc pluribus negotiis occupari, ac circumcursare Christi ovilia, ob hostium undelibet insurgentium impetum. Sed quia omnis mœroris solatium est cum unanimis colloquium, fac, quoties poteris, ad me scribas, ac nobiscum colloquendo et ipse acquiescas, et nos verbis tuis impertiendo consoleris. **267** Idem et ego facere studebo, quoties mihi per negotia licuerit. Tute autem et ipse precare ac fratres omnes hortare, Dominum ut sedulo exorent, ut tandem a circumstante nos tristitia liberet.

EPISTOLA CLXXXV*****.

Rogat Theodotum Basilius ne oblatas scribendi occasiones omittat : precatur ut sibi eum videre contingat.

Theodoto, episcopo Bereæ.

Quanquam ad nos non scribis, scio tamen nostri memoriam tuo pectori insidere. Hoc autem conjicio, non quod ipse officiosa ulla recordatione dignus sim, sed quod anima tua charitatis copia ditescat. Sed tamen, quantum in te erit, occasionibus occurrentibus utere ad mittendas nobis litteras ; ut et nos meliore animo simus vestrarum rerum facti certiores, et ipsi etiam occasionem nostrarum vobis significandarum accipiamus. Nam hic colloquendi modus est his qui corpore adeo disjuncti sunt, per litteras videlicet ; quo quidem nos invicem non defraudemus, quantum per negotia licuerit. Largiatur autem Dominus, ut coram etiam inter nos congrediamur ; quo et augeamus charitatem, et Domino nostro gratiarum actionem ob majora ab eo accepta dona multiplicemus.

EPISTOLA CLXXXVI******.

Festive gratulatur præsidi Basilius, quod eum crambe aceto condita pristino vigori restituerit.

Antipatro præsidi.

Quam pulchra est philosophia, cum ob alia, tum

---

* Alias CCCXVI. Scripta anno 374.
** Alias CCLXVI. Scripta etiam anno 374.
*** Alias CCXCIV. Scripta eodem anno.
**** Alias CCCVI. Scripta anno 374.
***** Alias CCCX. Scripta circa an. 374.
****** Alias CCXIII. Scripta circa eumdem an.

quia suis alumnis ne curari quidem magnis sumptibus sinit, sed eadem res apud ipsam et opsonium est, et ad sanitatem sufficit ! Nam, appetentiam ciborum jam lassam, ut audivi, crambe aceto condita revocasti : quam ego prius quidem ægre ferebam, tum ob proverbium , tum quia comitem paupertatem mihi in memoriam revocabat. Nunc vero mihi videor et sententiam mutare, et proverbium ridere, videns tam eximiam juventutis nutricem, quæ nostrum præsidem pristino vigori restituit. Nec quidquam jam præ illa æstimabo : non modo Homeri lotum, sed ne illam quidem ambrosiam, quæcunque tandem fuerit, quæ cœlestes exsatiabat.

EPISTOLA CLXXXVII*.
Respondet præses peracutæ Basilii epistolæ.

Antipater Basilio.

Bis crambe mors, ait invidum proverbium. Ego vero qui sæpe petii, semel moriar : omnino vero, etiamsi non petiissem. Quod si omnino : ne te pigeat comedere suave obsonium, frustra a proverbio vituperatum.

268 EPISTOLA CLXXXVIII".

CANONICA PRIMA.
Respondet Basilius pluribus Amphilochii quæstionibus ad canones pertinentibus, ac nonnulla Scripturæ loca ejusdem episcopi rogatu explicat.

Amphilochio, de canonibus.

Stulto interroganti, inquit, *sapientia reputabitur* ". Sapientis autem, ut videtur, interrogatio etiam stultum sapientem efficit : quod Dei gratia accidit nobis, quoties laboriosæ tuæ animæ litteras accipimus. Etenim doctiores quam eramus, ac prudentiores fimus ex ipsa interrogatione, multa quæ ignorabamus ediscentes ; ac nobis magistri loco est respondendi cura. Certe et nunc cum de interrogatis tuis nunquam hactenus sollicite cogitassem, coactus sum diligenter attendere, et si quid a senioribus audieram, recordari, et cognata iis quæ didiceram, per me ipse ratiocinari.

Canon I. Quod igitur ad Catharos pertinet, et prius dictum est, et recte admonuisti uniuscujusque regionis morem sequi oportere : quod ii, qui tunc de illis statuerunt, in varias de ipsorum baptismate sententias abierint. Pepuzenorum autem baptisma nullam mihi habere rationem videtur, et miratus sum quomodo hoc Dionysium, hominem canonum peritum, fugerit. Antiqui enim illud baptisma suspiciendum putavere, quod nihil a fide recedit ; unde alias quidem hæreses, alia schismata, alias parasynagogas appellarunt. Hæreses quidem eos, qui penitus resecti sunt, et in ipsa fide abalienati ; schismata vero, eos, qui propter ecclesiasticas quasdam causas et quæstiones inter utramque partem non insanabiles dissident ; parasynagogas autem, conventus illos qui ab immorigeris presbyteris aut episcopis et a populis 269 disciplinæ expertibus fiunt. Velut si quis in delicto deprehensus, a ministerio arceatur, nec se canonibus summittat, sed sibi principatum et ministerium vindicet, ac nonnulli una cum eo, relicta catholica Ecclesia, discedant ; hoc dicitur parasynagoga. Schisma autem est, de pœnitentia ab iis qui ex Ecclesia sunt, dissentire. Hæreses autem, velut Manichæorum, et Valentinianorum, et Marcionistarum, et horum ipsorum Pepuzenorum ; statim enim de ipsa in Deum fide dissensio est. Visum est ergo antiquis hæreticorum quidem baptisma penitus rejicere ; schismaticorum vero, ut adhuc ex Ecclesia exsistentium, admittere ; eos tandem qui sunt in parasynagogis, justa pœnitentia et animadversione emendatos rursus Ecclesiæ conjungere ; adeo ut sæpe et ii qui in gradu collocati una cum rebellibus abierant, postquam pœnitentiam egerint, in eumdem ordinem admittantur. Pepuzeni ergo sunt aperte hæretici : nam in Spiritum sanctum blasphemaverunt, Montano et Priscillæ Paracleti appellationem nefarie impudenterque attribuentes. Igitur, sive quia hominibus divinitatem attribuunt, condemnandi sunt : sive quia Spiritum sanctum afficiunt injuria, dum eum comparant cum hominibus, sic etiam sunt æternæ condemnationi obnoxii, quod condonari non possit blasphemia in Spiritum sanctum. Qua igitur ratione eorum baptisma admittatur, cum in Patrem et Filium et Montanum aut Priscillam baptizent ? non enim baptizati sunt qui in ea, quæ nobis tradita non sunt, baptizati fuere. Quare, etsi hoc Dionysium magnum latuit, servanda nobis non est imitatio erroris. Non enim quam absurdum sit, sua sponte perspicuum est, ac omnibus evidens, qui vel leviter ratiocinari possunt. Cathari sunt et ipsi ex iis qui sunt abscissi. Cæterum antiquis visum est, Cypriano 270 dico, et nostro Firmiliano, hos omnes uni calculo subjicere, Catharos, et Encratitas, et Hydroparastatas ; propterea quod principium quidem separationis per schisma factum fuerat : qui autem ab Ecclesia se separaverant, non habebant amplius in se gratiam Spiritus sancti : defecerat enim communicatio, interrupta continuatione. Qui enim primi recesserant, ordinationem a patribus habebant, et per manuum eorum impositionem habebant donum spirituale ; qui autem resecti sunt, laici effecti, nec baptizandi, nec ordinandi habebant potestatem, ut qui non possent amplius Spiritus sancti gratiam aliis præbere, a qua ipsi exciderant. Quare eos, qui ab ipsorum partibus stabant, tanquam a laicis baptizatos, jusserunt vero Ecclesiæ baptismate ad Ecclesiam venientes expurgari. Sed quoniam nonnullis Asiaticis omnino visum est eorum baptisma, pluribus consulendi causa, suscipiendum esse, suscipiatur. Encratitarum autem faci-

---

" Prov. XVII, 28.

* Alias CCXIV. Scripta circa an. 374.

" Alias I. Scripta anno 374.

nus oportet nos intelligere. Nimirum, ut reditum sibi in Ecclesiam intercludant, aggressi sunt deinceps proprio baptismate præoccupare : unde et suam ipsorum consuetudinem violarunt. Existimo itaque, quoniam nihil de illis aperte dictum est, eorum baptisma a nobis rejiciendum esse; ac si quis ab eis acceperit, accedentem ad Ecclesiam baptizandum. (Quod si hoc generali œconomiæ impedimento erit, rursus consuetudine utendum est, et sequi oportet Patres, qui quæ ad nos pertinent, dispensaverunt. Vereor enim, ne, dum eos volumus ad baptizandum tardos facere, impedimento propter sententiæ severitatem simus iis qui salvantur.) Quod si illi nostrum baptismum servant, hoc nos non moveat. Neque enim debemus par pari referre, sed accuratæ canonum observationi servire. Omni autem ratione statuatur, ut ii qui ab illorum baptismo veniunt, ungantur coram fidelibus videlicet, et ita demum ad mysteria accedant. Scio autem, fratres, Izoinum, et Saturninum, qui erant ex illorum ordine, in episcoporum cathedram a nobis esse susceptos. Quare eos qui illorum ordini conjuncti sunt, non possumus amplius ab Ecclesia separare : qui scilicet communionis cum ipsis quasi canonem quemdam, episcopos suscipiendo, ediderimus.

271 II. Quæ de industria fetum corrupit, cædis pœnas luit. De formato autem aut informi subtilius non inquirimus. Hic enim non id modo quod nasciturum erat, vindicatur, sed etiam illa ipsa, quæ sibi insidias paravit, quoniam ut plurimum intereunt in ejusmodi inceptis mulieres. Huc autem accedit et fetus interitus, cædes altera, saltem si consilii eorum qui hæc audent, ratio habeatur. Oportet autem non ad obitum usque pœnitentiam earum extendere, sed decem quidem annorum mensuram accipiant; definiatur autem curatio non tempore, sed pœnitentiæ modo.

III. Diaconus post diaconatum fornicatus, diaconatu ejicietur quidem, sed in laicorum detrusus locum, a communione non arcebitur. Quoniam antiquus est canon, ut ii qui gradu exciderunt, huic soli pœnæ generi subjiciantur, antiquis, opinor, secutis legem illam, *Non vindicabis bis in idipsum*[47] : atque etiam propter aliam causam ; quod qui in ordine sunt laico, si a loco fidelium ejiciuntur, rursus in eum, ex quo ceciderunt, locum recipiuntur ; diaconus vero semel habet semper mansuram pœnam depositionis. Quoniam igitur diaconatus ei non restituitur, in ea sola mulcta steterunt. Atque hæc quidem sunt quæ ex constitutionibus habentur. In omnibus autem verior medicina est recessus a peccato. Quare qui propter carnis voluptatem gratiam abjecit, is si carnem conterendo et in omnem, secundum continentiæ præscripta, servitutem redigendo secedat a voluptatibus, a quibus victus et prostratus est, plenum nobis suæ curationis specimen dabit. Itaque scire nos utraque oportet, et quæ sunt summi juris, et quæ sunt consuetudinis : sequi autem in iis quæ summum jus non admittunt, formam traditam.

IV. De trigamis et polygamis definire eumdem canonem, quem et de digamis, servata proportione : annum videlicet in digamis, alii vero duos annos. Trigamos autem tribus, et sæpe quatuor annis segregant. Id autem non amplius conjugium, sed polygamiam appellant, vel potius moderatam fornicationem. Quapropter et Dominus Samaritanæ, quæ maritos quinque per vices habuerat, *Quem nunc*, inquit, *habes, maritus non est*[48] : quippe quod ii qui digamiæ mensura exciderunt, digni non sint qui vel mariti vel uxoris nomine appellentur. Jam vero consuetudine accepimus in trigamis quinquennii segregationem, non a canonibus, sed eos qui præcesserunt sequendo. Oportet **272** autem eos non omnino arcere ab Ecclesia, sed auditione dignari duobus vel tribus annis : ac posthac ipsis permittere, ut consistant quidem, abstineant vero a boni communione, et sic, exhibito pœnitentiæ aliquo fructu, communionis loco restituere.

V. Hæreticos in exitu pœnitentiam agentes recipere oportet. Recipere autem, non sine judicio, sed examinantes an veram pœnitentiam ostendant, fructusque habeant, qui salutis studium testificentur.

VI. Canonicarum stupra pro matrimonio non reputentur, sed earum conjunctio omnino divellatur. Hoc enim et Ecclesiæ ad securitatem est utile, et hæreticis non dabit adversus nos ansam, quasi per peccandi libertatem ad nos attrahamus.

VII. Masculorum et animalium corruptores, et homicidæ, et venefici, et adulteri, et idololatræ, eadem condemnatione digni habeantur. Quare, quam in aliis habes formam, in iis quoque serva. Ii autem qui triginta annos pœnitentiam egerunt propter immunditiam, quam in ignorantia fecerunt, quin recipiendi sint, ne dubitare quidem nos oportet. Nam eos venia dignos efficit et ignoratio, et spontanea confessio, et temporis tanta diuturnitas. Fere enim totam hominis ætatem Satanæ traditi sunt, ut discant non gerere se turpiter. Quamobrem jube eos absque dilatione suscipi, maxime si lacrymas habent, quæ tuam clementiam flectant, et vitam ostendunt commiseratione dignam.

VIII. Qui ob iracundiam securi adversus uxorem suam usus est, est homicida. Recte autem me admonuisti, et uti tuam sapientiam decuit, ut fusius de his dicerem, propterea quod multa in voluntariis et involuntariis discrimina. Est enim involuntarium omnino, et longe a consilio ejus qui incepit, remotum, dum lapis jacitur in canem aut arborem, hominem attingere. Propositum enim fuit bestiam propulsare aut fructum excutere : sed

[47] Nahum I, 9. [48] Joan. IV, 18.

ictum fortuito subiit qui transiens occurrit, quare hoc involuntarium est. Et illud quoque involuntarium est, si quis volens aliquem castigare, loro vel virga non dura eum percutiat, moriatur autem qui percussus est. Propositum enim hic consideratur, **273** quia peccantem corrigere voluit, non interimere. Recensetur et illud inter involuntaria, cum quis in pugna aliquem ligno vel manu repellens, non parce in præcipuas partes ictum torquet, ut eum lædat, non ut omnino interficiat. Sed hoc quidem accedit ad voluntarium. Qui enim ejusmodi instrumento ad se defendendum usus est, vel qui non parce ictum inflixit, liquet eum ideo homini non pepercisse, quod ira victus fuerit. Sic et qui gravi ligno, et qui lapide majore, quam pro viribus humanis, usus est, in involuntariis numeratur, ut qui aliud voluerit, aliud fecerit. Nam præ ira ictum talem intulit, ut etiam percussum interficeret; quanquam forte in animo habebat eum conterere, non autem omnino interimere. Qui autem ense vel quavis re simili usus est, nullam habet excusationem : et maxime, qui securim jaculatus est. Manifestum est enim illum manu non percussisse, ita ut ictum ad arbitrium moderari posset : sed jaculatus est, ita ut et gravitate ferri et acie et motu e longinquo, ictus necessario lethalis fieret. Rursus autem omnino est voluntarium, ac nullam habens dubitationem, quod fit a latronibus, et in bellicis incursionibus. Hi enim propter pecunias interimunt, caventes ne convincantur : et qui in bellis ad cædem feruntur, his nec terrere, nec castigare, sed adversarios interficere aperte propositum est. Atque etiamsi quis propter aliquam aliam causam curiosum pharmacum miscuerit, et interfecerit, id pro voluntario ducimus; ut sæpe faciunt mulieres, quæ quibusdam incantationibus et amuletis ad sui amorem aliquos attrahere conantur, dantque eis pharmaca mentibus tenebras offundentia. Hæ ergo, si interfecerint, etiamsi aliud volentes, aliud fecerint, tamen propter curiosum et prohibitum opus inter voluntarios homicidas reputantur. Itaque et quæ præbent pharmaca abortum cientia, sunt et ipsæ homicidæ, sicut et quæ venena fetum necantia accipiunt. Hæc quidem huc usque.

IX. Æque viris et mulieribus convenit secundum sententiæ consecutionem quod a Domino pronuntiatum est, non licere a matrimonio discedere, nisi ob fornicationem. Consuetudo autem non ita se habet, sed mulieribus quidem multa accurate observari deprehendimus, cum Apostolus quidem dicat, *Quod qui adhæret meretrici, fit unum corpus*[49]; Jeremias vero, *Quod si fuerit mulier cum alio viro, non revertetur ad virum suum, sed polluta polluetur*[50]; et iterum, *Qui habet adulteram, stultus est et impius*[51]. Consuetudo autem etiam adulteros viros et in fornicationibus versantes jubet a mulieribus retineri. Quare quæ una cum viro dimisso habitat, nescio an possit adultera appellari. Crimen enim hic attingit mulierem, quæ **274** virum dimisit, quanam de causa a conjugio discesserit. Sive enim percussa plagas non ferat, ferre satius erat quam a conjuge separari : sive damnum in pecuniis non ferat, ne hæc quidem justa excusatio : sin autem, quoniam ipse vivit in fornicatione, non habemus hanc in ecclesiastica consuetudine observationem, imo vero ab infideli viro non jussa est mulier separari, sed propter eventum incertum remanere. *Quid enim scis, mulier, an virum salvum sis factura*[52]? Quare, quæ reliquit, est adultera, si ad alium virum accessit. Qui autem relictus est, dignus est venia, et quæ una cum eo habitat, non condemnatur. Sed si vir, qui ab uxore discessit, accessit ad aliam, est et ipse adulter, quia facit ut ipsa adulterium committat; et quæ una cum ipso habitat, est adultera, quia alienum virum ad se traduxit.

X. Qui jurant se ordinationem non accepturos, ejurantes, ne cogantur pejerare. Etsi enim videtur aliquis esse canon, qui ejusmodi hominibus concedat; experientia tamen cognovimus eos qui pejerarunt, felices exitus non habere. Consideranda autem sunt, et species jurisjurandi, et verba, et animus quo juraverunt, et sigillatim quæ verbis addita fuerunt, adeo ut si nulla prorsus sit rei leniendæ ratio, tales omnino dimittendi sint. Quod autem attinet ad Severi negotium, videlicet ad presbyterum ab ipso ordinatum, videtur mihi res temperamentum ejusmodi habere, si idem et tibi videatur. Agrum illum Mestiæ subjectum, cui ille vir addictus fuit, jube Vasodis subesse. Sic enim nec pejerabit ille a loco non recedens, nec Longinus, secum habens Cyriacum, in causa erit cur deserta sit ecclesia, neque animam suam per otium damnabit. Neque nos aliquid præter canones efficere videbimur, accommodatione utentes in Cyriacum, qui cum se Mindanis permansurum jurasset, tamen translationem suscepit. Reditus enim erit jurisjurandi observatio. **275** Œconomiæ autem ac dispensationi si cesserit, id ei perjurii loco non imputabitur, quippe quia jurijurando adjectum non est ne paululum quidem Mindanis recessurum, sed deinceps permansurum. Nos autem Severo oblivionem causanti sic ignoscemus, ut eum moneamus, occultorum cognitorem suam ipsius Ecclesiam non passurum ab ejusmodi homine labefactari : qui præter canones ab initio fecit, ac jurejurando contra Evangelia astringit, et perjurium transferendo edocet, ac postremo, dum oblivionem simulat, mentitur. Sed quoniam cordium judices non sumus, sed ex iis quæ audimus, judicamus, demus Domino vindictam, eumque citra examen suspiciamus, humano vitio, oblivioni scilicet, ignoscentes.

---

[49] I Cor. vi, 16. [50] Jerem. iii, 1. [51] Prov. xviii, 22. [52] I Cor. vii, 16.

XI. Qui autem involuntariam cædem fecit, unde- cim annorum spatio abunde judicio satisfecit. Nam dubio procul, erga eos qui percussi sunt, Moysis præscripta observabimus, ac eum qui decubuit quidem post acceptas plagas, sed iterum baculo suo innixus ambulavit, non censebimus occisum fuisse. Sin autem non surrexit post plagas, quia tamen non voluit occidere is qui percului, homicida quidem est, sed involuntarius propter propositum.

XII. Canon omnino digamos a ministerio exclusit.

XIII. Cædes in bellis factas patres nostri pro cædibus non habuere; iis, ut mihi videtur, qui pro pudicitia ac pietate pugnant, ignoscentes. Fortasse tamen recte suadebitur, ut ipsi, cum manus eorum puræ non sint, per tres annos a sola communione abstineant.

XIV. Qui usuras accipit, si voluerit injustum lucrum in pauperes insumere, et deinceps ab avaritiæ morbo liberari, ad sacerdotium admitti potest.

XV. Miror sane quod grammaticam in Scriptura diligentiam requiras, ac dictionem coactam esse putes illius interpretationis, quæ suum ipsius significatum commode exprimit, neque id transfert, quod proprie Hebraica voce significatur. Sed quia segniter non prætereunda quæstio, quæ a viro quærendi studioso proposita est : aves cœli, et pisces maris [53], etiam in mundi creatione eamdem sortiti sunt generationem. Nam genera utraque ex aquis producta sunt. Causa autem, quod utrisque eadem est proprietas. Hi enim in mari natant, illæ vero in aere. Itaque eam ob causam communiter eorum facta mentio. Hoc autem loquendi genus, quod ad pisces quidem attinet, non convenienter redditum est : at quod ad omnia in aquis degentia, **276** valde etiam proprie. Nam aves cœli sunt homini subjectæ, itemque maris pisces, et non ipsi solum, sed omnia etiam quæ mariuin semitas perambulant. Non enim si quid est aquatile, continuo piscis est, ut sunt cetacea, balænæ, et zygænæ, et delphines, et phocæ, ad hæc et equi, et canes, et serræ, et gladii, et boves marini; si vis autem, et urticæ, et pectines, et omnia testacea, quorum nullum est piscis, et omnia quæ semitas marium perambulant : quare tria sunt genera, aves cœli, pisces maris, et quæcunque aquatilia quidem sunt, sed a piscibus distincta, semitas marium ipsa quoque perambulant.

XVI. Neeman autem non magnus apud Dominum, sed apud dominum suum [54], hoc est, unus erat ex iis qui magna pollebant auctoritate apud regem Syrorum. Itaque animum diligenter attende ad Scripturam, et quæstionis sua sponte occurret solutio.

EPISTOLA CLXXXIX[*].

Laudat Eustathium Basilius quod sibi dolorem abstersisset in gravissimis inimicorum injuriis, nunc hoc, nunc illud, nunc tres deos, nunc Sabellii errorem affingentium. His criminibus depulsi, novitatem objiciebant, eo quod unam divinitatem admitteret in tribus personis. Fatetur Basilius de postremo crimine : et cum illi unam in tribus divinitatem rejicerent, ut excluderent Spiritum sanctum, demonstrat eum ut in baptismo, ita in aliis etiam Patri et Filio adjungi debere ; et cum ei divina nomina tribuantur, Dei nomen non esse denegandum, quod etiam simulacris et dæmoniis tribuitur. Cum autem objicerent hæc voce naturam designari, probat in tribus personis, ut unam operationem, ita unam esse naturam.

Eustathio archiatro.

1. Omnibus quidem vobis, qui artem medicam tractatis, humanitas disciplina est. Ac mihi videtur, qui omnibus rebus, quæ quidem in vita studio habentur, scientiam vestram anteponit, decenter judicare, nec aberrare a recto ; siquidem pretiosissima omnium rerum vita fugienda est molesta, nisi illam liceat cum sanitate conjunctam habere ; vestra autem ars conciliatrix est sanitatis. Sed in te præsertim scientia suis est absoluta numeris, ac majores tibi ipse constituis humanitatis terminos, non corporibus definiens artis beneficium, sed et animi morborum suscipiens curationem. Hæc autem dico non solum famam plurimorum sequens, sed mea etiam edoctus experientia, cum in aliis multis rebus, tum maxime nunc in hac inimicorum nostrorum non enarrabili malitia, quam in nostram vitam mali fluenti more effusam solerter dissipasti : cum gravem illam cordis nostri inflammationem infusis consolationis verbis excussisti. Ego enim ad alternantem inimicorum nostrorum variumque contra nos conatum respiciens, tacere existimabam oportere, ac inflicta mala silentio perferre, neque contradicere hominibus mendacio armatis, malo illo jaculo, quod et per ipsam veritatem non raro cuspidem adigit. Tu vero recte **277** fecisti, quod hortatus es, ut ne veritatem proderem, sed redarguerem sycophantas, ne plures lædantur, prosperos mendacio contra veritatem successus habente.

2. Visi sunt igitur mihi simile quiddam facere Æsopi fabulæ, qui sine ulla prorsus causa odium in nos susceperunt. Quemadmodum enim ille fingit, crimina quædam agno lupum inferre, verecundantem videlicet sine justa causa eum, qui prius nihil læsisset, occidere videri; sed cum agnus omnem ex calumnia illatam criminationem facile diluisset, non idcirco lupum de impetu quidquam remittere, sed jure quidem vinci, dentibus vero vincere: ita qui odium nostri veluti præclarum quiddam studio habuere, cum forte erubescerent, si sine causa odisse viderentur, causas contra nos et criminationes fingunt, nec in ullo eorum quæ dictitant, constanter insistunt, sed modo hanc, paulo post illam, et rursus aliam suæ in nos inimicitiæ causam assignant. Nulla autem in re consistit eorum mali-

---

[53] Psal. VIII, 9. [54] IV Reg. V, 1.

[*] Alias LXXX. Scripta anno 374 exeunte aut, ineunte 375.

tia; sed postquam hac criminatione depulsi fuerint, ad aliam adhærescunt, et rursus ab ista ad aliam confugiunt; nec, si omnia dissoluta fuerint crimina, odisse desistunt. Tres deos a nobis prædicari causantur, atque hac eorum criminatione aures vulgi circumsonant, neque hanc calumniam subtiliter struere desinunt. Sed pugnat pro nobis veritas, cum et publice omnibus, et privatim accedentibus demonstremus, anathematizari a nobis quisquis tres deos dicit, ac ne Christianum quidem judicari. Sed ubi hoc audiverint, in promptu illis contra nos Sabellius: et illius morbum doctrinæ nostræ rumor affingit. Rursus his quoque consueta arma, veritatem opponimus; demonstrantes æque ac Judaismum hanc nos hæresim perhorrescere.

3. Quid igitur? num post tantos conatus defessi quieverunt? Nequaquam. Sed novitatem nobis objiciunt, qui nos sic incusant quod tres hypostases confiteamur: criminantur quod unam bonitatem et unam potentiam et unam divinitatem dicamus. Neque id extra veritatem: dicimus enim. Sed criminando objiciunt, non sic suam habere consuetudinem, nec Scripturam assentiri. Quid igitur ad hoc quoque nos? Non putamus æquum esse, ut vigentem apud ipsos consuetudinem, rectæ doctrinæ legem et normam ducamus. Etenim si valet ad rectæ doctrinæ demonstrationem consuetudo, licet et nobis profecto usitatam apud nos morem opponere. Quod si hunc illi rejiciunt, neque nobis prorsus illos sequi necesse. Itaque Scriptura divinitus inspirata nobis sit arbitra; et apud quos inventa fuerint dogmata divinis verbis consona, ad eos accedet omnino veritatis suffragium. Quodnam igitur crimen est? Duo enim simul in accusatione nobis illata objecerunt; unum, quod dividamus hypostases; alterum, quod nullum ex nominibus quæ 278 Deo conveniunt, pluraliter numeremus, sed unam, ut dictum est, bonitatem et potentiam, et divinitatem, et quæcunque talia sunt, singulariter enuntiemus. Quod quidem attinet ad divisionem hypostaseωn, ab ea minime alieni fuerint, qui essentiarum diversitatem in divina decernunt natura. Non enim par est, ut qui tres dicunt essentias, non etiam tres hypostases dicant. Itaque hoc solum crimini datur, quod quæ de divina natura dicuntur nomina, singulariter pronuntiemus.

4. Sed prompta nobis adversus hoc et manifesta ratio. Qui enim condemnat eos qui unam dicunt divinitatem, necessario aut multas dicenti, aut nullam assentietur. Non enim potest aliud quidquam, præter id quod dictum est, excogitari. Sed nec multas dici divinitus inspirata patitur doctrina, quæ sicubi meminit divinitatis, singulariter eam commemorat, nempe: *In ipso habitat omnis plenitudo divinitatis* [55]; et alibi: *Invisibilia enim ipsius a creatione mundi, per ea quæ facta sunt, intellecta conspiciuntur, tum sempiterna ejus virtus, tum divinitas* [56]. Si igitur in multitudinem extendere numerum divinitatum, illorum solum est, qui errore multitudinis deorum laborant: omnino autem divinitatem negare, atheorum fuerit; qua ratione incusamur, quod unam confiteamur divinitatem? Sed apertius orationis suæ nudant propositum: Patri quidem convenire, ut Deus sit, ac Filium similiter divinitatis nomine honorari assentientes; Spiritum vero, qui una cum Patre et Filio numeratur, divinitatis notione minime comprehendi, sed a Patre ad Filium usque terminata divinitatis potentia, naturam Spiritus a divina gloria secerni. Disserendum igitur et nobis, ut poterimus, breviter, contra hanc quoque sententiam.

5. Quæ est igitur nostra ratio? Tradens Dominus salutarem fidem iis, qui in doctrina instituuntur, Patri ac Filio conjungit et Spiritum sanctum. Quod autem semel conjunctum est, id per omnia conjunctum esse dicimus. Non enim in aliquo conjunctum, in aliis sejungitur. Sed in potentia vivifica, per quam ex corruptibili vita ad immortalitatem natura nostra transfertur, potentia Spiritus una cum Patre et Filio assumpta, et in multis aliis, velut in notione boni, et sancti, et æterni, sapientis, recti, principalis, potentis, etiam ubique inseparabilis est, videlicet in omnibus nominibus præstantiorem intelligentiam habentibus. Quapropter id rectum esse arbitramur, ut, qui in tot sublimibus Deoque competentibus notionibus conjungitur Patri et Filio, eum nulla in re separari existimemus. Neque enim novimus ullam nominum, quæ circa divinam naturam intelliguntur, secundum melius ac deterius differentiam, ut pium esse existimemus, nominum inferiorum communionem concedentes Spiritui, præstantioribus indignum judicare. Omnia namque Deo competentia tum cogitata, tum 279 nomina sunt inter se ejusdem dignitatis, eo quod nihil circa subjecti significationem habeant discriminis. Non enim mentis cogitationem ad aliud quoddam subjectum perducit boni appellatio, et ad aliud, sapientis, potentis, et justi: sed quæcunque protuleris nomina, unum prorsus omnia significant. Quod si dixeris Deum, eumdem significasti, quem per reliqua nomina intellexisti. Quod si omnia quæ de divina natura dicuntur, nomina, idem inter se, ad subjecti designationem valent, alia pro alia rei consideratæ ratione mentem nostram ad idem deducentia; quæ ratio est, aliorum nominum communionem Spiritui cum Patre et Filio concedentem, a sola illum arcere divinitate? nam necesse est omnino, aut communionem in hoc etiam dare, aut nec in reliquis deferre. Etenim si in illis dignus, profecto neque in hoc indignus. Quod si minor est, ut isti dictitant, quam ut divinitatis nomen cum Patre et Filio

---

[55] Colos. ii, 9. [56] Rom. i, 20.

commune habeat; neque dignus erit, qui ullius alius ex nominibus Deo competentibus particeps sit. Considerata enim et comparata inter se nomina per eam notionem, quam in singulis speculamur, invenientur Dei appellatione non inferiora. Ejus rei argumentum est, quod hoc nomine multa etiam ex inferioribus vocantur; imo Scriptura divina non parca est hujus æquivocæ appellationis, ne in absurdis quidem et repugnantibus rebus, velut cum simulacra Dei appellatione designat. *Dii enim,* inquit, *qui cœlum et terram non fecerunt, tollantur, et subter terram conjiciantur* [57]; item : *Omnes,* inquit, *dii gentium dæmonia* [58]. Et pythonissa cum incantationibus suis Sauli animas evocaret, de iis animabus quæ requirebantur, deos vidisse se dixit [59]. Quin et ipse Balaam, cum augur quidam esset et vates, et per manum, ut ait Scriptura, vaticinia ferret, et dæmonum doctrinam per auguralem curiositatem sibi ipse comparasset, Deum consuluisse memoratur a Scriptura [60]. Ac multa ejusmodi licet ex Scripturis divinis colligentem demonstrare, hoc nomen supra reliquas appellationes, quæ Deo dignæ sunt, nihil habere præcipui : quandoquidem ipsum, ut dictum est, etiam de rebus absurdis et repugnantibus æquivoce usurpatum invenimus. At sancti nomen, et incorrupti, et recti, et boni, nusquam communicatum cum rebus indignis a Scriptura edocti sumus. Igitur si nomina, quæ præcipuo modo de sola divina natura pie usurpantur, Spiritui sancto cum Patre et Filio communia esse non negant; quæ jam ratio est, illud solum contendere, non communicari, quod, secundum æquivocum quemdam usum, et dæmoniis et simulacris impertiri demonstratum est?

280 6. Sed aiunt naturam hac appellatione demonstrari, communem autem non esse cum Patre et Filio Spiritus naturam, ac proinde nec in hoc nomine communionis eum esse participem. Ostendant igitur, quibus rebus diversitatem naturæ agnoverint. Si enim posset ipsa per se natura divina cerni, et quid ei proprium, quid alienum ex manifestis rebus inveniri; sane opus nobis non esset verbis aut signis aliis ad rei quæsitæ intelligentiam. Sed quoniam illa quidem sublimior est, quam ut a quærentibus possit intelligi, ex quibusdam autem conjecturis de rebus cognitionem nostram fugientibus ratiocinamur; necesse prorsus est ex operationibus nos manu duci ad divinæ naturæ investigationem. Itaque si viderimus inter se differre operationes, quæ a Patre et Filio et Spiritu sancto fiunt, naturas etiam, quæ operantur, inter se differentes esse, ex operationum diversitate conjiciemus. Neque enim fieri potest, ut quæ naturæ ratione discrepant, in forma operationum inter se consentiant : nec ignis refrigescit, nec glacies calefacit; sed cum naturarum differentia simul etiam inter se discrepant quæ ab illis fiunt opera-

tiones. Si autem unam intellexerimus et Patris et Filii et Spiritus sancti operationem, nihil in ulla re differentem aut variantem; necesse est ex operationis identitate unitatem colligi naturæ.

7. Sanctificat, et vivificat; et illuminat, et consolatur, et omnia ejusmodi pariter facit Pater, et Filius, et Spiritus sanctus. Nec quisquam præcipue tribuat Spiritui sancto potestatem sanctificandi, cum audiat Salvatorem in Evangelio de discipulis dicentem Patri : *Pater, sanctifica eos in nomine tuo* [61]. Similiter autem et reliqua omnia ex æquo peraguntur in iis qui digni sunt, a Patre et Filio, et Spiritu sancto : omnis gratia et virtus, ductus, vita, consolatio, ad immortalitatem transmutatio, transitus ad libertatem, et si quid aliud boni, quod ad nos usque pertingat. Œconomia itidem, quæ supra nos est, sive ad spiritualem sive ad sensibilem creaturam spectet, si ex iis quæ cognoscimus, etiam de iis quæ supra nos sunt conjiciendum, ne ipsa quidem citra Spiritus sancti operationem ac virtutem constituit, unoquoque pro propria dignitate et usu beneficium accipiente. Etsi enim obscura est sensui nostro eorum, quæ supra naturam nostram sunt, ordinatio et gubernatio, tamen æquius quis ex consecutione colligat per ea quæ nobis nota sunt, Spiritus virtutem in illis etiam esse efficacem, quam esse a rerum supernarum gubernatione abalienatam. Qui enim illud dicit, nudam et inconcinnam blasphemiam profert, nulla ratione absurdum commentum confirmans : qui vero confitetur ea etiam quæ supra nos sunt, cum Patre et Filio virtute Spiritus **281** regi, claro indicio ex sua ipsius vita ducto innixus, de his affirmat. Itaque operationis identitas in Patre et Filio et Spiritu sancto perspicue ostendit absolutissimam naturæ similitudinem. Quare etiamsi divinitatis nomen naturam indicet, proprie tamen appellationem illam sancto quoque Spiritui aptari, essentiæ communio demonstrat.

8. Sed ignoro quo pacto ad naturæ significationem nomen divinitatis trahant, qui nihil non confingunt : quasi non audierint ex Scriptura, id quod a natura est institutione et electione non comparari. Moses enim deus institutus est Ægyptiorum, cum is, qui oraculum edebat, ita ad ipsum locutus : *Deum te dedi Pharaoni* [63]. Appellatio igitur notam potestatis cujusdam, sive inspectricis sive operatricis, præ se fert. At natura divina, in omnibus quæ excogitantur nominibus, ipsa, ut est, manet inexplicabilis; quæ nostra est doctrina. Cum enim beneficum, judicem, et bonum, et justum et reliqua alia ejusdem generis didicimus, operationum edocti sumus differentiam : sed operantis naturam nihilo magis ex operationum notione cognoscere possumus. Si quis enim definitionem reddat uniuscujusque illorum nominum,

---

[57] Jer. x, 11. [58] Psal. xcv, 5. [59] I Reg. xxviii, 13. [60] Num. xxii, 19 seqq. [61] Joan. xvii, 17. [63] Exod. vii, 1.

et ipsius naturae, circa quam nomina, non eamdem utrorumque reddet definitionem. Quorum autem definitio alia, horum etiam natura diversa. Igitur aliud quidem est essentia, ad quam exprimendam nondum vox ulla inventa est: alia vero nominum ipsius significatio, quae ex operatione aliqua aut dignitate imponuntur. Itaque nullum esse in operationibus discrimen ex nominum communione comperimus: at naturae diversitatem nullo argumento claro deprehendimus: siquidem, ut dictum est, operationum identitas naturae communionem significat. Sive igitur nomen est operationis divinitas; ut unam Patris et Filii et Spiritus sancti operationem, ita divinitatem unam esse dicimus: sive divinitatis nomen, quae est multorum opinio, naturam indicat; quia nulla invenitur in natura diversitas, non immerito unius divinitatis esse sanctam Trinitatem definimus.

282 EPISTOLA CXC*.

Amphilochium admonet Basilius de ratione et modo episcopatus in Ecclesia Isaurorum restituendi. Tum narrat se cum Georgio collocutum esse et ad Valerium scripsisse, ut Amphilochius mandaverat. Breviter etiam de rebus Nyssenis et de inimicorum molitionibus Philonis de manna sententiam, et Scripturae de curribus Pharaonis testimonium exponit: et acceptas a Sympio communionis litteras commemorat.

Amphilochio, episcopo Iconii.

1. Prout dignum erat tua concinnitate ac diligentia, cujus semper ego laudator, curasti res Ecclesiae Isaurorum. Illud autem universis utilius esse, ut in plures episcopos dividatur sollicitudo, sua sponte manifestum cuique esse arbitror. Neque enim tuam hoc prudentiam latet: sed quomodo res se habeat et recte observasti, et nobis significasti. Sed quia non facile est reperire qui digni sint, annon forte, dum volumus ex multitudine auctoritatem habere, ac perficere, ut Dei Ecclesia a pluribus accuratius gubernetur; imprudentes doctrinam ob eorum, qui vocati fuerint, indignitatem in contemptum adducentes, indifferentiae populos assuefaciemus? Nam et ipse nosti, quales sint qui praesunt, tales plerumque et eorum qui parent mores esse solere. Quamobrem forte satius esset unum aliquem probatum et spectatum, si et id facile fieri potest, praeficere civitati, eique committere singula suo ipsius periculo dispensanda: tantum Dei servus sit, operarius non prave pudens, non suis, sed multorum attentus commodis, ut salutem adipiscantur: qui si se ipse noverit imparem sollicitudini, adjunget sibi operarios ad messem. Si quem ergo ejusmodi inveniamus, fateor multorum instar unum esse, ac Ecclesiis utilius esse et nobis tutius, sic animarum curam dispensare. Quod si id non facile, demus primum operam, ut parvis civitatibus sive parvis pagis jam olim episcopalem sedem habentibus demus praepositos; ac tum demum civitati restituemus episcopum, ne forte nobis ad futuram deinceps oeconomiam obstet, qui ordinatus fuerit, ac statim incipiamus bello domestico laborare, dum pluribus praeesse vult, nec consentit ordinationi episcoporum. Quod si hoc grave fuerit, nec per tempus liceat, id tua prudentia faciendum curet, ut circumscribatur Isaurorum episcopo suus circulus, eo quod vicinos quosdam ordinet. Reliquum autem **283** nobis reservatum erit, ut reliquis omnibus episcopos demus, quos maxime idoneos ipsi judicaverimus multo examine praemisso.

2. Georgium, ut pietas tua jussit, percontati sumus: respondit autem ea quae tua etiam religio retulit; sed de his rebus necesse est quieto animo simus, curam domus in Dominum projicientes. Confido enim Deo sancto, daturum illum intelligentiam, ut alio modo liberemur a necessitatibus, et vacuam molestiis vitam consequamur. Hoc certe si visum non fuerit, ipse digneris ad me commentarium mittere, de qua oporteat dignitate curam impendere, ut hoc beneficium a potentioribus quibusque amicis aggrediamur exposcere, sive gratis, sive etiam modico pretio, prout Dominus nobis faverit. Scripsi, ut praecepisti, ad fratrem Valerium. Res Nyssenae eo in statu sunt, in quo erant a te relictae, et ope tuarum precum cedunt in melius. Eorum autem, qui tunc a nobis abscissi sunt, alii quidem ad aulam se contulerunt, alii vero remanent, inde exspectantes rumorem. Potest autem Dominus tum horum spem frustrari, tum illorum reditum irritum reddere.

3. Manna Philo explicans ait, velut ex traditione quadam Judaica edoctus, illius qualitatem esse ejusmodi, ut pro comedentis desiderio mutaretur; ac per se quidem esse tanquam milium melli incoctum; nunc autem panis, nunc carnis vicem explere: carnis autem, vel volatilium vel terrestrium animalium: modo etiam olerum saporem referre, idque pro uniuscujusque desiderio: piscium itidem, adeo ut proprietas qualitatis uniuscujusque speciei in comedentis gustu omnino servaretur. Currus qui sessores tres haberent, agnovit Scriptura, siquidem reliquorum curruum sessores duo erant, auriga et miles armatus: Pharaonis autem currus bellatores duos habebant, et unum equorum habenas tenentem. Scripsit mihi Sympius epistolam officii et communionis causa, cui ego rescribens, litteras meas ad tuam pietatem misi, ut diligenter probatas ad illum jubeas transmitti, additis videlicet et tuis ipsius litteris. Valens, in Domino hilaris, pro me precans, serveris mihi et Dei Ecclesiae, per sancti misericordiam.

---

* Alias CCCCVI. Scripta anno 374.

284 EPISTOLA CXCI.[*]

Gratias agit Basilius cuidam episcopo, qui prior scripserat; eumque hortatur, ut ipso agente cum vicinis episcopis locus et tempus synodi indicentur, ad pristinam communionem, quam variæ suspiciones interruperant, tandem aliquando inter remotas Ecclesias instaurandam.

Amphilochio, episcopo Iconii.

Lectis litteris pietatis tuæ, plurimas Deo gratias egi, quod antiquæ charitatis vestigia invenirem in verbis epistolæ; siquidem non quo plerique morbo laborasti, neque illud pertinaciter tenuisti, ne ipse inceptor esses amici colloquii : sed ut edoctus quam magnifica ex humilitate merces sanctis eveniat, ita elegisti secundas tenendo, prior me inveniri. Hæc enim lex est Christianæ victoriæ, et qui minus habere non recusat, coronatur. Ne igitur desimus bono studio, ecce et nos gravitatem tuam resalutamus, et quid nobis sit sententiæ demonstramus : nempe firmato inter nos, Dei gratia, in fide consensu, nihil esse quod impediat, quominus simus unum corpus et unus spiritus, sicut vocati sumus in una spe per vocationem. Itaque charitatis tuæ est, bono initio et quæ consequuntur adjicere, unanimes tuos tecum conjungere, ac tempus et locum congressus indicare, ut sic, Dei gratia nos invicem excipientes, ad priscam dilectionis formam Ecclesias gubernemus; fratres ex utraque parte venientes tanquam propria membra suscipiendo, tanquam ad amicos mittendo, et rursus tanquam ab amicis excipiendo. Hæc enim erat olim Ecclesiæ gloria, ut ab orbis termino ad terminum brevibus tesseris, veluti viatico instructi fratres ex unaquaque Ecclesia patres ac fratres omnes invenirent; quod ipsum cum aliis nunc hostis Ecclesiarum Christi de nobis prædatus est, ac singulis civitatibus circumscribimur, et unusquisque proximum suspectum habemus. Et **285** quid aliud dicam, nisi charitatem nostram refrixisse, qua sola Dominus noster suos discipulos dixit, veluti propria nota, dignosci? Ac prius quidem, si videbitur, ipsi vos ipsos mutuo cognoscite, ut sciamus quibuscum nobis futura sit consensio. Atque hoc pacto consensu uno locum aliquem utrisque commodum, tempusque itineri faciendo idoneum eligentes, alii ad alios convolabimus, nosque in via diriget Dominus. Valeas, lætusque sis ac preceris pro me, mihique Sancti benignitate doneris.

EPISTOLA CXCII.[**]

Cum Sophronius petenti aliquid Basilio ita annuisset, ut seipse duplex beneficium accepisse diceret, nempe litteras Basilii et occasionem bene de eo merendi, Basilius gratias agit in hac epistola, sibique rem eo gratiorem fuisse significat, quod a Sophronio proficisceretur.

Sophronio magistro.

Si ipse duplex accepisti beneficium, quemadmodum mihi immensa quadam bene faciendi voluntate scripsisti, unum, quod acceperis litteras, alterum, quod tuam meo usui operam navaveris; quantam existimandum est me habere gratiam, qui et litteras suavissimæ tuæ vocis legi, et id quod expetebam tam celeriter confectum vidi! Itaque id quod missum est sua sponte pergratum fuit : sed longe libentius hoc ipsum eo nomine suscepi, quod tu rei illius conficiendæ exstiteris dux et auctor. Det autem nobis Dominus te cito videre, ut lingua gratias referamus, omnibusque simul bonis tuis perfruamur.

EPISTOLA CXCIII.[***]

Peracute Basilius sese cum gruibus comparat. Quoniam se ad solitudinem Meletii conferret, tum negotiorum exteriorum occupationibus detentus fuerat, tum vehementibus ac continuis febribus, quæ illum ita debilitaverant, ut aranea infirmior videretur. Venturum se ad Meletium promittit verno tempore, si Dei ope ex hoc morbo evaserit.

Meletio archiatro.

Nobis ne quantum quidem gruibus licet hiemis incommoda effugere; sed quantum quidem ad futuri prænotionem attinet, nihil forte deteriores gruibus sumus : quod vero ad vitæ libertatem spectat, tanto fere ab avibus distamus, quanto a volandi facultate. Primum quidem occupationes me nonnullæ negotiorum exteriorum detinuerunt : deinde continuæ ac vehementes febres corpus meum usque adeo consumpserunt, ut visum sit aliquid etiam me tenuius, ego videlicet meipso. Præterea quartanarum accessus ultra viginti **286** vices perstiterunt. Nunc autem cum a febribus liber esse videor, ita sum debilis, ut nihil in hoc ab aranea differam. Unde mihi omne iter impervium, et quilibet auræ impulsus periculosior, quam fluctus decumani navigantibus. Necesse est ergo domi latitare, et tempus vernum exspectare, si modo eo usque perdurare possim, nec prius spe excidam ob morbum visceribus insidentem. Quod si me Dominus magna sua manu servaverit, libentissime me conferam ad vestram solitudinem : libentissime te charum mihi caput amplectar. Tantum roga, ut de mea vita, prout animæ meæ conducit, statuatur.

EPISTOLA CXCIV.[****]

Zoili litteris respondet Basilius, hortatur ut sæpe scribat. Morbi sui magnitudinem exprimi non posse dicit; sed vires a Deo exspectat ad patienter ferendum.

Zoilo

Quid agis, vir egregie, prævertens me humilitatis modo? qui cum tanta sis ornatus eruditione, ac scribendi adeo peritus, ut litteræ demonstrant, tamen postulas, ut in audaciore quodam conatu et meritis tuis majore, veniam tibi a nobis dari. Verum prætermissa hac ironia, scribe nobis ad omnem occasionem. Sive enim eloquentiæ non sum expers, eloquentis viri litteras libentissime legam : sive quantum sit charitatis bonum, e Scriptura didici, maximo prorsus in pretio est hominis me

---

[*] Alias CCCXCVIII. Scripta anno 374.
[**] Alias CCCXXIX. Scripta eodem anno.
[***] Alias CCCLXIX. Scripta anno 375.
[****] Alias CCCLXVIII. Scripta eodem anno.

diligentis colloquium. Utinam autem perscribas quæ tibi precor bona, corporis valetudinem, ac domus totius prosperitatem! Jam quod ad res nostras spectat, scito eas solito non esse tolerabiliores. Satis autem erit hoc dicere, ut tibi corporis nostri infirmitas demonstretur. Nam morbi nunc detinentis magnitudinem, nec verbis demonstrare facile, nec re persuadere: siquidem iis quæ noveras, majus quidpiam a nobis ad infirmitatem inventum est. Jam Dei boni opus est vires mihi sufficere, ut patienter feram inflictas corporis ad nostram utilitatem plagas ab eo qui bene nobis facit Deo.

EPISTOLA CXCV*.

Rationem reddit Basilius cur raro scribat: ad postulandum a Deo reditum episcoporum hortatur.

Euphronio, episcopo Coloniæ Armeniæ.

Propterea quod longe dissita est a viis publicis Colonia, quam tibi Dominus gubernandam credidit, etiamsi sæpe cæteris minoris Armeniæ fratribus scribam, ægre tamen ad tuam pietatem litteras mitto, neminem sperans futurum, qui illas eo usque perferat. Cum autem nunc sperem aut te adfuturum, aut epistolam ab episcopis quibus scribo, esse 287 ad te transmittendam; et tuæ scribo pietati, et te per litteras saluto; cum te certiorem faciens videri me adhuc in terra versari; tum adhortans, pro me ut preceris, ut ærumnas ac calamitates minuat Dominus, et vehemens illud doloris pondus, nunc cordibus nostris incumbentis, veluti nubem quamdam, a nobis submoveat. Hoc autem continget, si celerem det reditum religiosissimis episcopis, qui nunc dispersi sunt, pœnas pro pietate pendentes.

EPISTOLA CXCVI**.

Basilius Aburgio gratulatur summos honores, ac prosperum incepti exitum precatur, seque gravissimis morbis debilitatum significat.

Aburgio.

Prosilire te instar stellarum, modo in hac, modo in illa barbarorum regione apparentem, nunc quidem annonam militibus subministrantem, nunc vero imperatori in splendido apparatu astantem, nuntia bonorum fama nobis narrare non cessat. Deum autem precor, ut, incepto tibi pro meritis succedente, ad magnum quiddam eveharis: et tandem aliquando conspiciaris in patria, dum in terris versor atque hunc aerem duco. In hoc enim tantum vitæ particeps sum, quod respiro.

EPISTOLA CXCVII***.

Ambrosius missis clericis Basilium rogaverat, ut sibi corpus beati Dionysii Mediolanensis redderetur. Respondet ejus litteris Basilius, mirabilem gratulatur electionem, hortatur ad Patrum sequenda vestigia, narratque accurate, quomodo corpus beati Dionysii a fidelibus, qui illud custodiebant, impetratum fuerit, ac veras esse illius reliquias asseverat, et certissimis argumentis confirmat.

Ambrosio, episcopo Mediolanensi.

1. Magna semper et multa Domini nostri dona, nec eorum magnitudinem metiri, aut multitudinem fas est numerare. Unum autem ex maximis donis, illud etiam est his qui non sine sensu beneficia suscipiunt, quod nunc longissime nobis locorum intervallo distantibus dedit inter nos conjungi per litterarum allocutionem. Ac cognoscendi quidem modum duplicem nobis impertivit: unum per congressum, alterum vero per litterarum colloquium. Quoniam igitur cognovimus te ex his quæ locutus es: cognovimus autem, non corporis figuram memoriæ nostræ imprimentes, sed hominis interni pulchritudinem ex sermonum varietate perspicientes, siquidem unusquisque nostrum ex abundantia cordis loquitur[63]; glorificavimus Deum nostrum qui singulis ætatibus eligit eos qui ipsi placent, ac prius quidem ex ovium grege suscitavit principem populo suo, et Amos ex caprili corroboratum a Spiritu in prophetam evexit; nunc autem virum ex regia urbe, gentis totius rectorem, 288 animo sublimem, generis claritate, opum splendore, dicendi facultate omnibus in sæculo degentibus conspicuum, ad gregis Christi curam pertraxit. Qui projiciens omnia sæculi ornamenta, eaque damnum existimans ut Christum lucrifaciat, commissa gubernacula suscepit magnæ et ob fidem in Deum celeberrimæ navis, Christi Ecclesiæ. Age igitur, o homo Dei, quandoquidem non ab hominibus accepisti aut edoctus es Evangelium Christi, sed ipse te Dominus ex terræ judicibus ad cathedram apostolorum transtulit: certa bonum certamen: infirmitates populi cura, si quem forte Arianæ insaniæ labes attigit: renova vetera Patrum vestigia, et dilectionis erga nos fundamentum, quod a te jactum est, da operam ut superstruas frequentia salutationum. Sic enim poterimus vicini inter nos esse spiritu etiamsi habitatione terrestri plurimum sejungamur.

2. Tuus autem in beatissimum Dionysium episcopum ardor animi omnem de te erga Dominum amorem, reverentiam in antecessores, et studium fidei testatur. Animi enim erga fideles conservos affectio refertur ad Dominum, cui servierunt; et quisquis eos, qui pro fide decertarunt, honorat, eodem se fidei ardore accendi ostendit, ita ut una et eadem actio multiplicis virtutis testimonium habeat. Notum autem facimus tuæ in Christo cha-

---

[63] Matth. xii, 34.

* Alias CCCXII. Scripta anno 375.
** Alias CCCLIX. Scripta eodem anno.

*** Alias LV. Scripta anno 375.

ritati, optimos fratres, qui a tua pietate ad boni operis ministerium electi fuerunt, primum quidem toti clero laudem conciliasse morum suorum concinnitate; siquidem sua ipsorum modestia communem omnium gravitatem indicabant; deinde vero omni studio ac diligentia usos, hiemem imperviam non reformidasse, ac omni constantia fidelibus beati corporis custodibus persuasisse, ut ipsis suæ ipsorum vitæ præsidium concederent. Noveris autem, nunquam futurum fuisse, ut principatus aut hominum potestates vim hominibus illis afferre possent; nisi horum fratrum animi firmitas eos flexisset ut cederent. Contulit autem plurimum ad optatam rem conficiendam et charissimi ac religiosissimi filii nostri Therasii compresbyteri præsentia, qui laboribus itineris sponte susceptis, vehementiorem fidelium illius loci impetum compressit, et cum reluctantes oratione sua flexisset, coram presbyteris, diaconis, multisque aliis Deum timentibus sublatas cum debita reverentia reliquias fratribus servavit: quas vos tanto cum gaudio suscipite, quanto cum mœrore prosecuti sunt illarum custodes. Nemo dubitet, nemo **289** ambigat: hic ille est invictus athleta. Ossa illa novit Dominus, quæ una cum beata anima dimicarunt. Hæc cum ipsa coronabit in justa illa remunerationis ipsius die, uti scriptum est: Oportet nos stare ante tribunal Christi, ut referat unusquisque secundum ea quæ per corpus egit [64]. Una arca erat, quæ venerandum illud corpus excepit: nullus prope ipsum jacuit; insigne fuit sepulcrum; martyris honor ei delatus. Christiani, qui ipsum hospitio exceperant, tunc et suis manibus deposuerunt, et nunc extulerunt. Ii fleverunt quidem tanquam patre et patrono orbati: sed tamen prosecuti sunt, gaudium vestrum suæ consolationi præferentes. Pii ergo, qui tradiderunt; diligentes, qui susceperunt. Nusquam mendacium; nusquam dolus; testamur nos; extra calumniam sit apud vos veritas.

EPISTOLA CXCVIII*.

Cur non sæpe scripserit, excusat hiemem, et clericorum suorum alienum a peregrinando animum Scribit tandem per fratrem rure accersitum, quocum dimittit Eusebium lectorem, quem properantem ad Eusebium retinuerat. Nihil dicit de iis quæ novata sunt in Oriente, quia hæc fratres nuntiabunt. Ita se ægrotare significat, ut vivendi spem abjecerit.

Eusebio, episcopo Samosatorum.

1. Post epistolam, quam officiales ad me detulerunt, unam aliam postea accepi ad me missam. Ego autem scripsi, non multas quidem, eo quod nactus non sim qui ad vos proficisceretur, sed tamen plus quatuor, in quibus et eas, quæ ad me Samosatis post priores pietatis tuæ epistolas delatæ fuerant, obsignatas misimus colendissimo fratri Leontio Nicææ peræquatori, adhortantes, ut illius opera colendissimi fratris Sophronii domus procu-

[64] Rom. xiv, 10; II Cor. v, 10.

* Alias CCLXIII. Scripta anno 375.

ratori darentur, ita ut ille ad te perferendas curaret. Cum igitur per multas transeant manus epistolæ, verisimile est unius alicujus negotiis aut segnitie fieri, ut pietas tua eas non recipiat. Quare veniam da, rogamus, litterarum paucitati. Quod autem, cum aliquem mittere oporteret ex nobis ipsis, minime fecimus; id recte pro tua prudentia requisivisti, nosque reprehendisti. Noveris tamen tantam apud nos fuisse hiemem, ut viæ omnes usque ad dies Paschæ fuerint interclusæ, nec quemquam haberemus, qui sibi ad itineris incommoda fideret. Quanquam enim etiam hominum numero ingens quodammodo videtur esse clerus noster; at hominum ad itinera inexercitatorum, eo quod neque mercaturam faciant, neque libenter extra patriam **290** morentur: sed sedentarias artes exerceant plerique, unde victum sibi quotidianum comparant. Quinetiam ecce hoc fratre, quem nunc ad tuam pietatem misimus, rure accersito, litterarum ad tuam pietatem ministro usi sumus, ut et res nostras clare tibi exponat, et tuas nobis perspicue ac cito, Deo largiente, referat. Et desideratissimum fratrem Eusebium lectorem, jampridem ad tuam pietatem proficisci gestientem, retinuimus, aerem temperatum esspectantes. Ac nunc quidem non mediocriter sollicitus sum, ne insueta peregrinatio aliquid ei afferat novi incommodi, et morbi causam præbeat corpori ad ægrotandum proclivi.

2. Quæ porro in Oriente novata, supervacaneum litteris significare, cum fratres ipsi accurate possint per se ipsi narrare. Scias autem, venerandum mihi caput, me, cum hæc scriberem, ita male affectum fuisse, ut jam me omnes vivendi spes reliquerint. Etenim ne numerari quidem potest eorum quæ mihi ingruerunt multitudo, et quanta infirmitas, febriumque acerbitas, et mala habitudo; nisi quod hoc unum ex omnibus colligitur, impletum jam mihi esse tempus commorationis in hac infelici et ærumnosa vita.

EPISTOLA CXCIX**.
CANONICA SECUNDA.

Pluribus Amphilochii quæstionibus ad canones spectantibus respondet Basilius, ac multa explicat et confirmat, quæ in prima epistola canonica statuerat, de matrimonio, de virginibus lapsis, de baptismo hæreticorum Hæc autem responsa non statim missa sunt ac scripta, propterea quod moram attulerunt Basilii morbus ac ministrorum penuria.

Amphilochio, de canonibus.

Cum pridem ad propositas nobis a tua pietate quæstiones respondissem; non misi scriptum, partim quidem longo et periculoso morbo detentus, partim vero propter penuriam ministrorum. Pauci enim apud nos, et viæ periti, et parati ad ejusmodi ministeria. Quare, cognitis morarum causis, ignosce nobis. Admirati autem sumus tuum discendi studium, simul et humilitatem, quod et

** Alias II. Scripta anno 375.

discere non graveris, cum docendi locus tibi commissus sit, et a nobis discere, quibus nihil est magni ac scientiam. Sed tamen quia non gravaris ob timorem Dei rem facere, quam alius haud facile faciat, oportet ut et nos tuæ alacritati ac bono studio opem etiam ultra vires feramus.

XVII. Interrogasti nos de Bianore presbytero, an in clerum admitti possit, propter jusjurandum. Ego autem me jam communem aliquam regulam de omnibus qui una cum eo juraverant, Antiochenis clericis edidisse memini: ut ipsi a publicis quidem conventibus abstineant, privatim vero munia obeant presbyterorum (1). Idipsum autem etiam ei muneris sui peragendi præbet libertatem, quod non sit Antiochiæ sacerdotium, sed Iconii: quam urbem, ut ipse ad nos scripsisti, Antiochia ad habitandum permutavit. Ergo vir ille suscipi potest; postulante ab eo pietate tua, ut pœnitentiam agat, ob facilem et promptum ad jusjurandum animum, quod coram infideli viro (2) juravit, molestiam ferre exigui illius periculi non valens.

XVIII. De lapsis virginibus, quæ vitam castam professæ Domino, deinde carnis libidinibus victæ, pacta sua irrita faciunt, patres quidem nostri, cum simpliciter ac leniter sese ad eorum qui labuntur infirmitatem accommodarent, censuerunt ipsas post annum admitti posse, de illis ad similitudinem digamorum dijudicantes (3). Verum mihi quidem videtur, quoniam Dei dono progrediens Ecclesia fit fortior, ac nunc multiplicatur ordo virginum (4), diligenter considerandam esse et rem ipsam, prout consideranti manifesta est, et Scripturæ sententiam quæ ex consecutione inveniri potest. Viduitas enim virginitate inferior; ergo et viduarum delictum longe minus quam virginum. Videamus ergo quid ad Timotheum a Paulo scriptum sit: *Juniores autem viduas devita. Postquam enim lascivierunt adversus Christum, nubere volunt, habentes condemnationem, quod primam fidem irritam fecerunt* [65]. Itaque si vidua judicio subjicitur gravissimo, ut quæ fidem in Christum irritam fecerit, quid nobis putandum de virgine, quæ sponsa est Christi, et sacrum vas Domino dedicatum? Magnum quidem est peccatum, vel ancillam clandestinis matrimoniis sese dantem, stupro domum implere, et deteriore vita injuriam possessori facere: longe autem gravius est sponsam fieri adulteram, ac suæ cum sponso conjunctioni dedecus ferentem, impudicis voluptatibus se dedere. Proinde vidua quidem, ut corrupta ancilla, condemnatur; virgo vero adulteræ judicio subjicitur. Quemadmodum igitur eum qui cum aliena est muliere, adulterum no-

---

[65] I Tim. v, 11, 12.

---

(1) Sæpe vituperantur apud sanctos Patres, qui sacra in privatis ædibus sive domesticis oratoriis celebrant. Hinc Irenæus, lib. iv, cap. 26, oportere ait eos, qui *absistunt a principali successione et quocunque loco colligunt, suspectos habere, vel quasi hæreticos et malæ sententiæ, vel quasi scindentes et elatos et sibi placentes; aut rursus ut hypocritas quæstus gratia et vanæ gloriæ hoc operantes*. Basilius, in psalm. xxvii, n. 3: *Non igitur extra sanctam hanc aulam adorare oportet, sed intra ipsam*, etc. Similia habet Eusebius in eumdem psalmum p. 313. Sic etiam Cyrillus Alexandrinus in libro *adversus Anthropomorphitas*, cap. 12, et in libro decimo *De adoratione*, p. 356. Sed his in locis perspicuum est hæreticorum aut schismaticorum synagogas notari, vel quas vocat Basilius, can. 1. παρασυναγωγάς, sive illicitos conventus a presbyteris aut episcopis rebellibus habitos, aut a populis disciplinæ expertibus. At interdum graves causæ suberant, cur sacra in privatis ædibus impermissa non essent. Ipsa persecutio necessitatem hujus rei sæpe afferebat, cum catholici episcoporum hæreticorum communionem fugerent, ut Sebastiæ contigit; vel etiam, ut in pluribus aliis locis, ecclesiarum aditu prohiberentur. Minime ergo mirum, si presbyteris Antiochenis eam sacerdotii perfunctionem Basilius reliquit, quæ et ad jurisjurandi religionem et ad temporum molestias accommodata videbatur. Synodus Laodicena vetat, can. 58, *in domibus fieri oblationem ab episcopis vel presbyteris*. Canon 31 Trullanus id clericis non interdicit, modo accedat episcopi consensus. Non inusitata fuisse ejusmodi sacra in domesticis oratoriis confirmat canon Basilii 27, ubi vetatur, ne presbyter illicitis nuptiis implicatus privatim aut publice sacerdotii munere fungatur. Eustathius Sebastenus Ancyræ cum Arianis in domibus communicavit, ut ex pluribus Basilii epistolis disci-

mus, cum apertam ab eis communionem impetrare non posset.

(2) Videtur infidelis ille vir, unus aliquis fuisse ex potentioribus Arianis, ejusque furor idcirco in presbyteros Antiochenos incitatus, quod hi Ecclesiam absente Meletio regerent, ac maximam civium partem in illius fide et communione continerent. Ejusmodi enim jusjurandum nemo extorquere potuit, nisi qui potestatem cum summa improbitate conjunctam haberet, et in abstrahendis a sacerdotio catholicis presbyteris magnum quiddam sibi proponeret: quod quidem, nisi Ariano, convenit nemini. Neque id jusjurandum ab aliis extorsit, quam a Meletii presbyteris. Nam præterquam quod Paulini partes persecutio non videtur attigisse, certe parum profuisset aliquos ei presbyteros auferre, cum per se ipse parvam ecclesiam regeret, et alios presbyteros creare posset. At si idem commissum fuisset in eos qui absente S. Meletio gubernacula tenebant, magnus lupis aditus ad gregem discerpendum patuisset. Præterea, cum iidem presbyteri Basilium consuluerint, id argumento est eos S. Meletio affixos fuisse. Nemo enim Meletio amicior erat quam Basilius, nemo in defendenda illius causa constantior. Longe erat Aristenus, cum presbyteros illos sua sponte et ulciscendæ alicujus injuriæ causa existimat jurasse. Non enim lenitatem in Bianore requirit Basilius, sed constantiam: eumque magis indicat periculo territum, quam ob acceptam injuriam iratum fuisse.

(3) Respicere videtur ad canonem decimum nonum synodi Ancyranæ, in quo virginibus promissa violantibus pœna digamorum decernitur.

(4) Idem testatur S. Gregorius Nyssenus in libro *De virginitate* cap. 24, hujus vitæ decus sua ætate, si unquam alias, maxime florere, et ad summam perfectionem paulatim crescendo perductum esse.

minamus, non prius admittentes ad communionem, quam a peccato cessaverit : ita profecto et de eo qui virginem habet statuemus. Illud autem nunc in antecessum statuere nobis necesse est, virginem vocari, quæ se sua sponte obtulit Domino, ac nuntium nuptiis remisit, et sanctimoniæ institutum amplexa est. Professiones autem ab eo tempore admittimus, quo ætas rationis complementum habuerit (1). Neque enim pueriles voces omnino ratas in ejusmodi rebus habere convenit : sed quæ supra sexdecim vel septemdecim annos nata, ratiocinationum suarum arbitra, diu examinata ac probata, deinceps perseveravit, et ut admittatur constanter rogaverit, tum demum inter virgines referenda, ejusque rata habenda professio, ac illius violatio inexorabiliter punienda. Multas en m parentes adducunt et fratres et propinquorum nonnulli ante ætatem, non sua sponte ad cælibem vitam incitatas, sed ut sibi ipsi aliquod in vita commodum provideant. Tales non facile admittendæ, donec aperte ipsarum perscrutati fuerimus sententiam.

XIX. Virorum autem professiones non novimus, præterquam si qui se ipsi monachorum ordini ascripserint : qui quidem tacite vitam cælibem videntur suscepisse. Verumtamen in illis quoque illud opinor præmitti oportere, ut ipsi interrogentur, accipiaturque eorum professio clara ac perspicua : ut, cum se ad libidinosam et voluptariam vitam converterint, eorum qui fornicantur punitioni subjiciantur.

XX. Quæcunque mulieres, cum essent in hæresi, virginitatem professæ sunt, sed postea matrimonium prætulerunt, non arbitror eas condemnari oportere. *Quæcunque enim dicit lex, iis qui in lege sunt dicit* [66]. Quæ autem jugum Christi nondum subierunt, eæ nec Domini leges agnoscunt. Quare sunt in Ecclesiam recipiendæ ; cum omnibus etiam horum remissionem habentes ex fide in Christum. Ac omnino quæ in catechumenica

[66] Rom. III, 19. [67] Jerem. III, 1. [68] Prov. XVIII, 22.

vita facta sunt, in judicium non vocantur. Tales autem videlicet sine baptismate Ecclesia non recipit. Quare generationis jura sunt in ipsis maxime necessaria.

XXI. Si vir una cum uxore habitans, postea matrimonio non contentus, in fornicationem inciderit ; fornicatorem eum judicamus, ipsumque longius producimus in impositis pœnis : sed tamen canonem non habemus, qui eum adulterii crimini subjiciat (2), si in solutam a matrimonio peccatum commissum sit : propterea quod adultera quidem, inquit, *Polluta polluetur et ad virum suum non revertetur* [67], et, *Qui adulteram detinet, stultus est et impius* [68] : sed qui fornicatus est, non excludetur quominus cum uxore habitet. Quare uxor quidem a fornicatione revertentem virum suum excipiet : vir vero pollutam e suis ædibus ejiciet (3). Atque horum quidem ratio non facilis, sed consuetudo sic invaluit.

XXII. Qui ex raptu mulieres habent, siquidem aliis jam desponsas abripuerint, ante admittendi non sunt, quam ab eis ablatæ sint et eorum quibus ab initio desponsæ erant, potestati redditæ, utrum eas velint accipere, an desistere. Si quis autem vacantem acceperit, auferre quidem oportet, suisque restituere, et ipsorum voluntati permittere, sive sint parentes, sive fratres, sive quivis alii puellæ moderatores : ac si ei quidem tradere velint, oportet matrimonium constituere : sin autem renuerint (4), nequaquam vim inferre. Eum autem qui ex stupro, sive latenti sive violento, uxorem habet, necesse est fornicationis pœnam agnoscere. Est autem in quatuor annis præfinita fornicantibus pœna. Oportet eos anno primo a precibus expelli, et flere ad fores ecclesiæ : secundo ad auditionem admitti, tertio ad pœnitentiam : quarto ad standum una cum populo, abstinentes ab oblatione ; deinde eis permitti boni communionem.

XXIII. De iis autem qui duas sorores uxores

(1) Hoc Basilii decretum de professionis ætate citatur in canone quadragesimo synodi in Trullo, et decem et septem anni, quos Basilius requirit, ad decem rediguntur.

(2) Supra vidimus, can. 9, Basilium in iis quæ ad repudium attinent, duo virum inter et mulierem discrimina ponere. Hic autem tertium adjicit, ac virum quidem in ipso matrimonio, si cum soluta et libera peccaverit, adulterii nomine non condemnat, sed fornicationis : uxorem autem in eodem peccato certissimam adulteram declarat.

(3) Non solus Basilius hanc consuetudinem secutus. Auctor *Constitutionum apostolicarum* sic loquitur lib. VI, cap. 14 : *Qui corruptam retinet, naturæ legem violat ; quanaoquidem qui retinet adulteram, stultus est et impius. Abscinde enim eam, inquit, a carnibus tuis. Nam adjutrix non est, sed insidiatrix, quæ mentem ad alium declinavit.* Canon 8 Neocæsariensis laicis, quorum uxores adulterii convictæ, aditum ad ministerium ecclesiasticum claudit ; clericis depositionis pœnam irrogat, si adulteram nolint dimittere. Canon 65 Eliberitanus sic habet : *Si cujus clerici uxor fuerit mœchata, et scierit eam maritus suus mœchari, et non eam statim projecerit, nec in fine accipiat communionem.* Hermas lib. I, c. 2. adulteram ejici jubet, sed tamen pœnitentem recipi. S. Augustinus adulterium legitimam esse dimittendi causam pronuntiat, sed non necessariam, lib. II *De adulter. nuptiis*, cap. 5, n. 13.

(4) Mirari subit cur quos leges civiles capitali supplicio puniebant, nec rapto sinebant perfrui, ut videre est *Cod. Theodos.*, lib. IX, tit. 25. iis Basilius tam leves pœnas irroget, nec a matrimonio excludat, si parentum virginis consensus accedat, ut videre est in canone 22. Sed credo sanctum doctorem ea mente leniter egisse, ne illius ipsa fuga impunitatem et licentiam dare poterat, hi et matrimonii desperatione et gravioris pœnæ metu in scelere obdurescerent. Hinc de sacrarum virginum raptu non loquitur, sed de iis tantum, quorum peccato matrimonium mederi poterat.

ducunt, vel de eis quæ duobus fratribus nubunt, a nobis edita est epistola, cujus misimus exemplar tuæ pietati. Qui autem sui fratris uxorem acceperit, non prius admittetur, quam ab ea recesserit.

XXIV. Viduam, quæ in viduarum numerum relata est, hoc est, quæ ab Ecclesia alitur, judicavit Apostolus nubentem contemni debere [69]. Viro autem viduo lex imposita non est, sed tali sufficit pœna digamorum. Porro vidua sexaginta annos nata, si rursus una cum viro habitare voluerit, boni communione non dignabitur, donec ab impuritatis vitio destiterit. Sed si ante sexaginta annos eam ascripserimus, nostra est, non mulieris culpa.

XXV. Qui a se stupratam pro uxore detinet, stupri quidem pœnam subibit, sed ei licebit eam uxorem habere.

294 XXVI. Fornicatio matrimonium non est, sed ne matrimonii quidem initium. Quare si fieri potest, ut qui per fornicationem conjuncti sunt, separentur, id quidem optimum est. Sin autem eis omnino placeat conjugium, fornicationis quidem pœnam agnoscant; sed minime separentur, ne quid deterius accidat.

XXVII. De presbytero, qui insciens illicitis nuptiis implicatus est, statui quæ oportebat, cathedræ quidem participem esse, sed a reliquis muniis abstinere. Nam satis est ejusmodi homini venia. Ut autem alium benedicat, qui propria curare debet vulnera, minime consentaneum. Benedictio enim sanctificationis communicatio est. Quam qui non habet, propterea quod insciens lapsus est, quomodo aliis impertiet? Itaque nec publice nec privatim benedicat, nec corpus Christi distribuat aliis, nec quodvis aliud sacrum munus obeat, sed, honorifica sede contentus, roget cum lacrymis Dominum, ut sibi ignorantiæ peccatum remittatur.

XXVIII. Illud quidem mihi visum est ridiculum, vovere aliquem se a suillis carnibus abstenturum. Quamobrem dignare eos docere, ut ab ineptis votis et promissis abstineant; sed usum nihilo-minus indifferentem esse sine. Nulla enim Dei creatura, quæ cum gratiarum actione percipitur, rejicienda est [70]. Quare votum est ridiculum, abstinentia non necessaria.

XXIX. Quod homines potestate præditi jurant, se male iis quibus præsunt facturos, illud et maxime curatum oportet. Medela autem eorum est duplex: una quidem, ut doceantur non facile jurare, altera vero, ne in malis consiliis persistant. Idcirco qui jurejurando ad alterius maleficium præoccupatus est, is suæ in jurando temeritatis pœnitentiam ostendat, non autem per causam pietatis improbitatem suam confirmet. Neque enim Herodi jusjurandum observasse profuit, qui videlicet, ne pejeraret, prophetam occidit [71]. Omnino quidem jusjurandum prohibitum est [72]: sed multo magis consentaneum est, ut quod ad malum interponitur, condemnetur. Quare is qui juravit, sententiam mutare debet, non id studio habere ut proprium nefas confirmet. Fac enim latius consideres absurditatem. Si quis juret effossurum se oculos fratris, an præclarum est ejusmodi jusjurandum ad opus perducere? si quis se interfecturum? si quis omnino mandatum aliquod transgressurum? *Juravi* enim *et statui*, non peccatum patrare, sed *servare judicia justitiæ tuæ* [73]. Quemadmodum enim præceptum immutabilibus consiliis confirmandum est, ita peccatum omnino infirmare et delere convenit.

XXX. De iis qui rapiunt, canonem quidem antiquum non habemus, sed propriam sententiam **295** proferimus, ut et ipsi et qui una cum ipsis rapiunt, tribus annis sint extra preces (1). Quod autem violenter non fit, pœnæ nulli obnoxium est, si nec stuprum nec furtum rem præcesserit. Est autem vidua sui juris, et sequendi potestas penes ipsam est. Quare simulationum ac prætextuum cura nulla nobis habenda est.

XXXI. Cujus vir discessit (2), nec comparet, ea antequam de ejus morte certior facta sit, una cum alio habitans mœchatur.

XXXII. Peccatum ad mortem (3) peccantes clerici,

---

[69] I Tim. v, 11, 12. [70] I Tim. iv, 4. [71] Matth. xiv, 10. [72] Matth. v, 34. [73] Psal. cxviii. 106.

(1) Tres annos extra preces decernit, ac proinde quartus addetur inter consistentes. Nam supra, can. 22, quatuor annos decernit, ut fornicatoribus. Tres autem illos extra preces annos, inter audientes traduci existimant Zonaras et Balsamon, inter substratos Aristenus. Zonaræ et Balsamonis sententia inde firmari possit, quod duo precum genera in his Basilii canonibus distinguuntur. Aliæ enim sunt fidelium, aliæ substratorum preces. Nam, can. 75, de eo qui cum sua sorore pollutus est decernit, ut postquam tres annos inter flentes traduxerit, postea alio triennio *ad solam auditionem admittatur, ac Scripturis doctrinaque auditis ejiciatur, nec dignus habeatur oratione.* Vide canones 56 et 82. Expelli a precibus idem est in canone 22 ac inter flentes amandari. Si tamen pœnæ raptoribus eædem imponantur ac fornicatoribus, ut fatetur Aristenus, non video cur quatuor anni non eodem modo in utroque peccato disponantur. Nam fornicatores per triennium exclu-duntur in canone 22 a precibus fidelium, ita ut primo anno inter flentes sint, secundo inter audientes, tertio inter substratos, quarto consistant cum fidelibus.

(2) Synodi in Trullo nonagesimus tertius canon continet hunc canonem cum tricesimo sexto et quadragesimo sexto.

(3) Peccato *ad mortem*, sive mortali, sæpe veteres eamdem ac nos hodie adjungimus, sæpe aliam notionem subjiciunt. Sic ipse Basilius in cap. iv Isaiæ, n. 137, p. 475, peccata ad mortem vocat, quæ post acceptam cognitionem voluntarie admittuntur, ac ea opponit peccatis ignorantiæ. At in eodem Commentario, n. 166, p. 497, peccata ad mortem vocat quæcumque in infernum deducunt. Quænam ergo ad mortem peccata in hoc canone 32 intelligit? Id perspici potest ex canonibus 69 et 70. Ibi enim clericorum peccata, quæ non gravissima quidem, sed tamen mortalia erant, et, necessario confitenda, leviores pœ-

de gradu dejiciuntur, a laicorum autem communione non arcentur. *Non enim vindicabis bis in idipsum* [74].

XXXIII. Mulier quæ in via peperit, et fetus sui curam non suscepit, cædis crimini subjiciatur.

XXXIV. Mulieres adulterio pollutæ, et ob pietatem confitentes, aut quoquomodo convictas publicari patres nostri noluerunt, ne causam mortis præbeamus convictis; consistere autem illas sine communione jusserunt, donec impleatur tempus pœnitentiæ.

XXXV. In marito ab uxore derelicto consideranda derelictionis causa: ac si eam præter rationem secessisse constiterit, ille quidem dignus venia, hæc vero mulcta. Venia autem ei, ut Ecclesiæ communicet, dabitur.

XXXVI. Militum uxores, quæ maritis suis non comparentibus, nupserunt, rationi eidem subjiciuntur, cui et illæ, quæ ob peregrinationem maritorum, reditum non exspectavere: sed tamen res nonnullam hic veniam admittit, quod major sit mortis suspicio.

XXXVII. Qui aliena sibi ablata uxorem duxit, in prima quidem adulterii crimen sustinebit, in secunda vero reus non agetur.

XXXVIII. Puellæ, quæ præter patris sententiam secutæ sunt, fornicantur: reconciliatis autem parentibus videtur res remedium accipere; non tamen statim in communionem restituuntur, sed triennio punientur.

XXXIX. Quæ vivit cum adultero, adultera est omni tempore.

XL. Quæ præter heri sententiam se viro tradit, fornicata est; quæ vero postea matrimonio libero **296** usa est, nupsit. Quare illud quidem fornicatio est: hoc vero matrimonium. Nam pacta eorum, qui sunt in alterius potestate, nihil habent firmi.

XLI. Quæ in viduitate habet sui potestatem, una cum viro habitare potest sine reprehensione, si nemo est qui conjugium divellat, cum Apostolus dicat: *Si mortuus sit maritus, libera est ut nubat cui velit; tantum in Domino* [75].

XLII. Matrimonia sine iis qui potestatem habent, fornicationes sunt. Neque ergo vivente patre, neque hero, qui conveniunt extra reprehensionem sunt, quemadmodum si annuant cohabitationi, quos penes hujus rei est arbitrium, tunc firmitatem conjugii accipit cohabitatio.

XLIII. Qui mortis ictum dedit proximo, est homicida, sive percutere incepit, sive ultus est.

XLIV. Diaconissa quæ cum Græco fornicata est, ad pœnitentiam admittenda est: ad oblationem vero admittetur anno septimo, si videlicet in castitate vitam agat. Græcus autem qui post fidem receptam rursus ad sacrilegium accedit, ad vomitum revertitur. Nos porro diaconissæ corpus, utpote consecratum, non amplius permittimus in usu esse carnali.

XLV. Si quis, accepto nomine Christianismi (1), Christum contumelia afficit, nihil ei prodest appellatio.

XLVI. Quæ viro ad tempus (2) ab uxore derelicto insciens nupsit, ac deinde dimissa est, quod prior ad ipsum reversa sit, fornicata quidem est, sed imprudens. A matrimonio ergo non arcebitur, sed melius est si sic permaneat.

XLVII. Encratitæ, et Saccophori et Apotactitæ non subjiciuntur eidem rationi, cui et Novatiani, quia de illis editus canon, etsi varius; quæ autem ad istos pertinent, silentio sunt prætermissa. Nos autem una ratione tales rebaptizamus (3). Quod si apud vos prohibita est rebaptizatio, sicut et apud Romanos, œconomiæ **297** alicujus gratia, nostra tamen ratio vim obtineat. Quoniam enim veluti germen Marcionitarum est eorum hæresis, ut qui nuptias abhorreant, et vinum aversentur, ac dicant Dei creaturam inquinatam esse, idcirco ipsos in Ecclesiam non admittimus, nisi in nostrum baptisma fuerint baptizati. Etenim ne dicant: *In Patrem et Filium et Spiritum sanctum baptizati sumus*; qui videlicet Deum esse malorum effectorem existimant, exemplo Marcionis et reliquarum hæresum. Quamobrem, si hoc placuerit, oportet episcopos plures in unum convenire, et ita demum canonem edere, ut

---

[74] Nah. I, 9. [75] I Cor. VII, 39.

---

nas inflixit, quam peccato *ad mortem* in canone 32. Videtur ergo hanc vocem paulo strictius in hoc canone 32 usurpasse, neque omnia peccata, quæcumque a Deo separant, sed graviora tantum designasse. Eodem sensu synodus Eliberitana vetat can. 32 apud presbyterum, si quis gravi lapsu in ruinam mortis incidit, agere pœnitentiam debere, sed potius apud episcopum. Diaconus detectus in crimine mortis ante ordinationem commisso, pœnitentiæ subjicitur can. 76 ejusdem synodi.

(1) Satis apposite ad hanc sententiam Basilius in Commentario *in Isaiam* pag. 425, n. 64: *Nemo se ipse seducat*, inquit, *inanibus his verbis: Tametsi peccator sum, at certe sum Christianus: non igitur incidam in gehennam, ubi idololatræ. Ipsum Christiani nomen erit mihi adjumento, etiamsi præcepta Christi violaverim.* Vide Reg. 7 Moral., pag. 240.

(2) Hic canon inter Trullanos est nonagesi-

mus tertius. Diligenter autem observandum est illud, *ad tempus*. Nam si penitus ille vir dimissus et repudiatus fuisset ab uxore, mulierem illam non condemnasset S. Pater. Sic enim statuit can. 9. Sed cum matrimonium minime dissolutum censeret, quia prima uxor ad tempus tantum discesserat; secundam uxorem in fornicationis peccatum inscientem et imprudentem incidisse pronuntiat.

(3) Dicebat S. Cyprianus hæreticos non rebaptizari, sed baptizari, epist. 71 et 73. Unde Adelphius a Thasvalte in concilio Carthaginensi: *Sine causa quidam*, inquit, *falso et invidioso verbo impugnant veritatem, ut rebaptizare nos dicant, quando Ecclesia hæreticos non rebaptizet, sed baptizet*, p. 334 novæ edit. Cum Basilio consentit canon 19 Nicænus, in quo statuitur eos qui ex Paulianis ad Ecclesiam catholicam confugiunt, rebaptizari debere.

et is qui agit, periculo careat, et qui respondet, etiam epistolæ esse loco, tum propter animum veri amantem, tum quod nihil rerum nostrarum ignoret. Per hunc tuam pietatem adhortamur, in primis ut pro me preceris, ut concedat Dominus mihi quidem solutionem ex hoc importuno corpore, suis autem Ecclesiis pacem, tibi vero quietem et facultatem, postquam more apostolico, ut cœpisti, res Lycaoniæ composueris, etiam huc nostra invisendi, sive in carne versemur, sive jam ad Dominum migrare jussi fuerimus, ut ipse tanquam tuarum, quod sane verum est, curam suscipias nostrarum regionum: ac infirma constabilias, languida excites, et omnia Spiritus, qui in te est, gratia in id quod Domino placitum fuerit, transmutes. Cæterum valde honorandos filios nostros Meletium et Melitium, quos jamdudum nosti, quosque tuos esse judicas, commendatos habe, ac pro ipsis precare. Hoc enim ipsis satis erit ad omnem securitatem. Quare et eos qui una cum tua sanctitate sunt, et clerum omnem, populumque qui a te pascitur, et religiosissimos fratres nostros ac comministros dignare nostro nomine salutare. Memoriæ beatissimi martyris Eupsychii memineris, nec exspectes ut moneam te iterum: neque des operam ut ad ipsum præstitutum diem accedas: sed ut hunc prævenias, nosque exhilares, si modo adhuc in terra versemur. Interim valens in Domino, ac pro nobis orans, serveris nobis et Dei Ecclesiis sancti gratia.

EPISTOLA CCI**.

Pluribus de causis congredi cum Amphilochio cupiebat Basilius; sed cum utrumque morbus detinuisset, veniam petit Basilius ac vicissim concedit.

Amphilochio, Iconii episcopo.

Multis de causis cupio tecum congredi, ut et te consiliario utar de rebus quæ in manibus sunt, ac omnino ut te longo videns intervallo solatium aliquod habeam absentiæ. Sed cum eadem utrumque distinuerint, tum quæ tibi incidit infirmitas, tum mea illa vetustior ægrotatio, quæ nondum abscessit; veniam utrique, si placet, uterque demus, ut per nosmetipsos culpam invicem dimittamus.

tatem habeat.

XLVIII. Quæ a marito relicta est, mea quidem sententia, manere debet. Si enim Dominus dixit, *Si quis relinquat uxorem, excepta fornicationis causa, facit eam mœchari*[76]; ex eo quod eam adulteram vocet, præclusit ei conjunctionem cum alio. Quomodo enim possit vir quidem esse reus, ut adulterii causa, mulier vero inculpata, quæ adultera a Domino ob conjunctionem cum alio appellata est?

XLIX. Stupra quæ per vim inferuntur, non sint accusationi obnoxia. Quare etiam serva, si vis ei a proprio hero illata sit, libera est a culpa.

L. Trigamiæ lex non est. Quare lege matrimonium tertium non contrahitur. Ac talia quidem, ut Ecclesiæ inquinamenta, habemus. Sed condemnationibus publicis non subjicimus ut soluta fornicatione magis eligenda (1).

EPISTOLA CC*.

Basilius morbis et negotiis detentus nihil Amphilochio per totam hiemem scripserat, sed oblata occasione scribit per Meletium: hortatur ut sibi solutionem e corpore precetur, et Ecclesiæ suæ, sive se vivo, sive ad Dominum translato, curam suscipiat. Meletium et Melitium ei commendat, eumque invitat ad memoriam S. Eupsychii.

Amphilochio, Iconii episcopo.

Morbi me ex morbis excipiunt, et occupationes tum ex negotiis ecclesiasticis ortæ, tum ab iis qui Ecclesiis nocent, exhibitæ, per totam hiemem et usque ad hujus epistolæ tempus detinuerunt (2). Quare nec quemquam mittere, nec pietatem tuam invisere, integrum nobis fuit. Conjicio autem et reliquas tuas res similiter se habere; non quoad valetudinem dico, absit! det enim Dominus sanitatem corpori tuo continuam ad exsequenda ipsius 298 mandata: sed quod sollicitudo Ecclesiarum te quoque simili modo districtum teneat. Et nunc eram aliquem missurus hac ipsa de causa, ut de rerum tuarum statu certior fierem. At ubi desideratissimus filius Meletius, qui milites recens collectos deducit, copiam esse indicavit, ut te ipsius opera salutarem, libenter amplexus sum scribendi occasionem, et ad ministrum litterarum accurri, virum qui possit

---

[76] Matth. v, 32.

* Alias CCCXCVII. Scripta anno 375.
** Alias CCII. Scripta eodem anno.

(1) Mirari subit cur id Basilius publice condemnari neget, quod in can. 4 ab Eucharistia quinquennium excludi decernit. Sed observandum est trigamos, etsi annis quinque ab Eucharistia removerentur, non tamen in flentium aut substratorum locum, velut in graviori peccato, amandatos fuisse. Erant enim hi duo ordines ad pœnitentiæ notam maxime insignes, ita ut substratorum locus proprie vocetur *pœnitentia* can. 22, ubi Basilius jubet raptores primo anno *flere*, secundo *ad auditionem admitti*, tertio *ad pœnitentiam*. At obscurior erat inter consistentes pœnitentia; mulierum adulterarum vita in periculum non veniebat, si in hoc ordine pœnitentiam agerent: nec usura et alia ejusmodi peccata, quæ inter consistentes expiata fuerant, aditum ad sacerdotium,

Basilii judicio, præcludebant. Non immerito ergo Basilius publice trigamos condemnari negat, quos can. 4 non inter flentes aut substratos rejecerat, sed duobus aut tribus annis audire, ac postea jusserat consistere. Vide canonem 80, ubi de trigamis longe severius statuit. Balsamon et Zonaras trigamiam publice condemnari idem esse putant ac non dissolvi; sed veriorem, mea quidem sententia, Aristenus hanc causam affert, quod cum flentibus non collocarentur.

(2) Eadem utitur excusatione in epist. 203 ad episcopos maritimos, ubi sua cum iis, qui doctrinam veritatis impugnant, certamina commemorat. Videtur autem in utraque epistola non solum exhibita ab hæreticis nunquam quiescentibus negotia indicare, sed etiam operam quam in scribendo ad eos refellendos libro *De Spiritu sancto* impendebat.

299 EPISTOLA CCII*.

Basilius morbi reliquiis detentus Amphilochium rogat, ut synodus differatur in paucos dies: aut, si urgent negotia, ipse tanquam præsens numeretur.

Amphilochio, Iconii episcopo.

Et alias quidem pro magno ducerem cum gravitate tua congredi, sed nunc maxime, cum talis sit conveniendi causa. Sed quia reliquiæ morbi mei tales sunt, ut ne minimum quidem mihi motum permittant, quippe qui, postquam curru ad martyres usque profectus sum, rursus fere in eumdem reciderim morbum; ideo veniam mihi a vobis dari necesse est. Quod si fieri potest ut res in paucos dies differatur, et adero vobiscum, Deo largiente, et sollicitudines partiar. Sin autem urgent negotia, peragite, Deo adjuvante, quæ in manibus sunt : me autem inter vos tanquam præsentem, et eorum, quæ præclare gerentur, socium annumerate. Sanus et in Domino lætus, et pro me orans serveris Dei Ecclesiæ, sancti gratia.

EPISTOLA CCIII**.

Basilium cum episcopis maritimis congredi cupientem multa detinuere : expectantem dum Cappadocium ab hæreticis vexatum inviserent, aut scriberent, spes fefellit. Prior itaque scribit; seque ait paratum esse accusatoribus coram eis respondere, ac sese eorum judicio committere. Sed rogat ne se malicta causa condemnent, nec aliorum communione videantur sibi non indigere, cum nihil hac cogitatione ul enim magis sit ab unitate et ecclesiasticis institutis. Postulat ut vel ad se veniant, vel locum congressus indicent, nec sibi necessitatem afferant doloris, quem hactenus corde pressit, aliis Ecclesiis significandi. Hæc solus quidem scripsit, sed aliorum Cappadocum hortatu per fratrem Petrum presbyterum misit.

Maritimis episcopis.

1. Inerat mihi magnum desiderium vestri congressus, sed semper aliquid supervenit impedimenti, meæ obstans cupiditati. Vel enim me corporis infirmitas constrinxit (quam prorsus non ignoratis, quanta mihi adsit, a prima ætate ad hanc usque senectutem enutrita mecum, meque castigans secundum justum Dei judicium, qui omnia in sapientia moderatur), vel Ecclesiarum sollicitudines, vel cum iis, qui doctrinam veritatis impugnant, certamina. Quocirca in hunc usque diem in multa afflictione tristitiaque dego, eo quod mihi conscius sim vestra mihi deesse. Ego enim cum audiverim a Deo, qui eam ob causam carnem assumere voluit, ut et exemplis rerum agendarum dirigeret vitam nostram, et propria voce annuntiaret nobis Evangelium regni : cum, inquam, ex eo audiverim : *In hoc cognoscent omnes, quod discipuli mei estis, si diligatis invicem* [77], cumque extremum munus discipulis suis, suam **300** in carne dispensationem absoluturus, pacem suam Dominus reliquerit, dicens : *Pacem relinquo vobis, pacem meam do vobis* [78]; mihi ipse persuadere non queo, A me sine mutua charitate, et nisi, quantum in me est, pacem cum omnibus habeam, dignum posse Jesu Christi servum vocari. Longo enim exspectavi tempore, an et vestra nos aliquando charitas visitaret. Non enim ignoratis, nos palam omnibus propositos, veluti scopulos in mari prominentes, furorem fluctuum hæreticorum excipere : eosque dum circa nos franguntur, ea quæ retro nos sunt, non alluere. Illud autem, nos, cum dico, non ad humanas refero vires, sed ad Dei gratiam, qui in hominum imbecillitate potentiam suam declarat, quemadmodum ait propheta ex persona Domini dicens : *An me non timebitis, qui arenam mari terminum posui* [79]? nam omnium infirmissima ac vilissima re, arena, ingens ac grave pelagus constrinxit Omnipotens. Quoniam igitur et res nostræ sic se habent; par erat a vestra charitate aliquos ex germanis fratribus continenter mitti, qui nos afflictos inviserent, et amicas litteras ad nos venire crebrius, quæ partim studium nostrum confirmarent, partim vero, si qua in re offendimus, corrigerent. Non enim negamus nos innumeris erratis obnoxios esse, cum homines simus et in carne vivamus.

2. Sed quia superiori tempore, vel minus videntes quid deceret, non præstitistis quæ nobis debebantur, fratres in primis colendi, vel nonnulli rum in nos calumniis præoccupati dignos non judicastis, quos ex charitate inviseretis ; ecce nunc priores scribimus : ac illata nobis crimina, profitemur paratos esse, coram vobis diluere ; modo tantum adducantur qui nobis injuriam faciunt, ut contra nos adversa fronte coram vestra pietate prodeant. Nam et nos convicti peccatum nostrum agnoscemus : et vobis postquam convicti fuerimus, venia erit apud Dominum, quod vos ex nostra peccatorum communione subtraxeritis : et qui convicerint, mercedem habebunt, ut qui occultam nostram malitiam patefecerint. Sed si antequam convincamur, nos condemnetis ; nos quidem nihil lædemur, nisi quod rei omnium nobis pretiosissimæ, charitatis vobiscum intercedentis, jacturam faciemus : vos vero et hoc idem pati, si nos non habeatis, et cum **301** Evangelio videbimini pugnare dicenti : *Nunquid lex nostra judicat hominem, nisi prius audierit, et cognoverit quid faciat* [80]? Et qui in nos calumnias effundit, eorum quæ dicit argumenta non proferens, comperietur sibi ipse nomen pravum asciscere ex illegitimo verborum usu. Calumniantem enim quomodo vocare convenit, nisi ei cognomen, quod ex ipsa re profitetur, imponendo ? Neque igitur is qui nobis conviciatur, diabolus sit, sed accusator : imo vero neque accusatoris accipiat nomen, sed frater sit admonens in charitate, et ad emendationem arguens ; neque vos conviciorum auditores sitis, sed

---

[77] Joan. XIII, 35. [78] Joan. XIV, 27. [79] Jer. v, 22. [80] Joan. VII, 51.

* Alias CCCXCVI. Scripta anno 375.   ** Alias LXXVII. Scripta anno 375.

argumentorum judices : neque nos incurati relinquamur, nostro nobis non indicato delicto.

3. Non enim vos illa cogitatio detineat : Nos qui maritima loca incolimus, extra multorum malum sumus, nec aliorum indigemus auxilio : quamobrem quid nobis opus est cum aliis communio? Dominus enim insulas quidem a continente per mare divisit : insularum vero incolas per charitatem cum incolis continentis junxit. Nihil nos ab invicem, fratres, separat, nisi animi proposito dissociemur. Unus nobis est Dominus, una fides [81], spes eadem. Sive caput vosipsos universæ Ecclesiæ existimatis, non potest caput dicere pedibus : Non est mihi opus vobis. Sive vos in alio membrorum ecclesiasticorum ordine reponitis, nobis in eodem corpore constitutis non potestis dicere : Vestri non indigemus [82]. Nam et manus altera alterius eget, et pes alter alterum firmat, et oculi per concordiam clare ac perspicue vident. Nos enim nostram ipsorum imbecillitatem confitemur, ac conspirationem vestram exposcimus. Novimus enim fore, ut etiamsi corpore non adsitis, precum subsidio non parum nobis emolumenti, temporibus maxime necessariis, afferatis. Vos autem nec coram hominibus decorum est, nec Deo placitum ejusmodi uti vocibus, quibus ne gentes quidem utuntur, quæ Deum ignorant. Quin et illas audimus, etiamsi omnibus abundantem regionem incolant, saltem ob incertum futurorum eventum, fœdus inter se libenter inire, ac commercium tanquam alicui rei utile persequi. Nos autem ex illis orti patribus, qui legem tulerunt, ut brevibus notis communionis signa a terminis orbis terrarum usque ad terminos circumferrentur, atque omnes omnibus cives et propinqui essent : nunc nos ipsi abscindimus ab orbe terrarum, nec nos pudet solitudinis : nec damnum ferre distractionem concordiæ ducimus : neque horremus, quod ad nos pervenerit formidanda prophetia Domini nostri, qui dixit : *Quoniam abundavit iniquitas, refrigescet charitas multorum* [83].

4. Nolite, fratres reverendissimi, nolite hoc ferre, sed nos potius de præteritis consolemini, pacificis litteris et amicis salutationibus, veluti leni quodam contactu, pectoris nostri vulnus, quod nobis per præteritam incuriam fecistis, demulcentes. Ac sive ipsi vultis ad nos accedere, et per vos ipsi morbos nostros perscrutari, utrum vere tales sint, quales auditis, an ex mendacii additamentis graviora vobis peccata nostra nuntientur, etiam id fiat. Parati sumus supinis manibus advenientes vos excipere, nosque ipsi ad diligens examen offerre ; tantummodo iis quæ fient, præeat charitas. Sive vultis apud vos aliquem locum designare, in quo et debitum vobis visitationis officium persolvamus ; et nos ipsi, quantum fieri po-

test, probandos exhibeamus, ut et præterita sanentur, et deinceps nullus calumniæ locus relinquatur ; et hoc fiat. Omnino enim, quanquam infirmam circumferimus carnem, tamen quandiu respirabimus, nihil debemus eorum omittere, quæ ad ædificationem Ecclesiarum Christi pertinent. Itaque hanc nostram obtestationem ne eludatis, neque nos eo necessitatis adducatis, ut et aliis dolorem nostrum aperiamus. Nam hactenus, quod quidem vos non lateat, fratres, mœstitiam in nobis ipsis premimus ; cum pudeat remotioribus nostris communicatoribus, vestram a nobis alienationem declarare, ne et illos affligamus, et gaudium his qui nos oderunt, afferamus. Nunc solus hæc scripsi ; sed de consilio omnium in Cappadocia fratrum misi, qui et me rogarunt ut ne quovis uterer ministro litterarum, sed idoneo viro, qui quæcunque omisimus in epistola, ne longius sermo protraheretur, sua ipsius prudentia, quam ex Dei gratia habet, expleat. Dicimus autem optatissimum nobis ac religiosissimum fratrem Petrum compresbyterum, quem et excipite in charitate, atque ad nos cum pace dimittite, ut nobis bonorum nuntius sit.

EPISTOLA CCIV*.

Queritur Basilius apud presbyteros Neocæsarienses, ac per eos apud totam civitatem, quod cum sibi tot ac tantæ cum iis necessitudines intercedant, absentem se condemnent et oderint, ac calumniis in vitam suam et fidem instructis aures præbeant. Declarat se non tam sua, quam illorum causa ad defensionem aggredi. Postulat ut si sanabilia sint sua peccata, admoneatur; sin autem insanabilia, publice ab adversario prodeunte arguatur. Quod spectat ad fidem, rogat ut idoneis instructi sint præsidiis, qui de suis scriptis judicium ferent ; ea tamen libenter illorum judicio committit. Fidem suam defendit et ex pueri institutione accepta ab avia Macrina ; et ex perpetuo Arianæ hæresis odio, ex quo si quos redeuntes suscepit, fidem Nicænam confitentes recepit, idque comprobante beatissimo Athanasio. His addit suam cum plurimis Ecclesiis, quas recenset, communionem : unde demonstrat ab illarum Ecclesiarum communione discessuros, si a sua discedant, ac rogat ne se cogant apud has Ecclesias dolorem hactenus corde pressum depromere, sed potius meminerint antiquæ inter Ecclesiam Cæsariensem et Neocæsariensem conjunctionis.

Ad Neocæsarienses.

1. Multo tempore siluimus inter nos, fratres omni honore dignissimi nobis ac charissimi, non secus ac qui ad iram concitati sunt. Quis autem ita iratus et implacabilis injuriæ auctori, ut ortam ex odio iracundiam per totam fere hominis ætatem extendat? Quod tamen videre est usu nobis evenisse : quamvis nulla sit justa disjunctionis causa, quod quidem sciamus ; sed contra, multa et magna ad summam nobis amicitiam et conjunctionem exstiterint ab initio ; unum quidem, illudque maximum et primum, Domini præceptum diserte dicentis : *In hoc cognoscent omnes, quod discipuli mei estis, si vos mutuo diligitis* [84]. Quod quidem charitatis bonum rursus Apostolus perspicue nobis exponit, modo quidem, cum pro-

---

[81] Ephes. IV, 5. [82] I Cor. XII, 14-21. [83] Matth. XXIV, 12. [84] Joan. XIII, 35.

* Alias LXXV. Scripta anno 375.

nuntiat complementum legis esse charitatem, modo vero, cum charitatis bonum omnibus simul magnis bonis præfert, dum ait : *Si linguis hominum loquar et angelorum, charitatem autem non habeam, factus sum æs sonans, ut cymbalum tinniens. Et si habeam prophetiam, et noverim mysteria omnia, et omnem scientiam : et si habeam fidem omnem, ita ut montes transferam, charitatem autem non habeam nihil sum. Et si insumam in alimoniam omnes facultates meas, et tradam corpus meum ut comburatur, charitatem autem non habeam, nihil utilitatis capio* [85] ; non quod possint aliquando singula, quæ enumerata sunt, sine dilectione perfici : sed quod Sanctus voluerit, ut ipse dixit, adhibita hyperbolæ figura, præstantiam omnia superantem huic mandato tribuere.

2. Alterum huc accedit, quod, si quid magni affert ad conjunctionem, etiam iisdem uti magistris, iidem nobis sint ac vobis magistri mysteriorum Dei, et patres spirituales, qui initio Ecclesiam vestram fundarunt : Gregorium dico summum illum virum, et quotquot post eum sedi apud vos episcopali succedentes, alius post alium, veluti stellæ quædam exorientes, iisdem vestigiis institerunt, adeo ut nemini obscura reliquerint cœlestis instituti monumenta. Quod si et corporeæ necessitudines contemnendæ non sunt, sed multum etiam ad firmam conjunctionem vitæque societatem conducunt, hæc quoque nobis jura vobiscum intercedunt. Quare ergo, o urbium ornatissima (per vos enim urbem totam alloquor), nullæ istinc mansuetæ litteræ, nulla vox optabilis, sed apertæ sunt aures vestræ, his qui calumniari conantur? unde eo plus ingemiscere debeo, quo magis video ad exitum perduci quod intendunt : siquidem calumniæ opus auctorem manifestum habet : qui, cum ex multis malefactis notus sit, tamen hac maxime nequitia dignoscitur, ita ut nomen ei factum fuerit peccatum. Sed tamen ferte meam dicendi libertatem : utramque aurem meis sycophantis aperientes, omnia animo citra examen recipitis, nec quisquam est qui mendacium a veritate secernat. Quis unquam malarum criminationum penuria laboravit, solus contendens? quis mentiens convictus, absente eo qui calumniis appetitur? quænam oratio non probabilis audientibus, si maledicus asseveret rem ita se habere, is autem cui maledicitur, nec adsit, nec contumelias audiat? Nonne et ipsa sæculi consuetudo hæc vos edocet, eum, qui æquus et communis auditor futurus est, non debere totum abduci a præoccupante, sed et defensionem exspectare ejus, qui reus agitur, ut sic ex collatione utriusque sermonis, veritas elucescat? *Justum judicium judicate* [86] : præceptum est unum ex maxime necessariis ad salutem.

3. Atque hæc dico, non oblitus verborum Apostoli, qui fugiens humana judicia, totam suam vitam illius judicii, quod decipi non potest, examini reservabat, ubi ait : *Mihi autem pro minimo est ut a vobis judicer, aut ab humano die* [87]. Sed tamen quia aures vestras falsæ criminationes præoccuparunt, ac calumniis petita est vita nostra, petita etiam nostra in Deum fides ; haud ignorans tres simul personas a calumniatore lædi : nocet enim et ei quem calumniatur, et iis quos alloquitur, et sibi ipse : de meo equidem damno tacuissem, probe sciatis, non quod vestram existimationem contemnam (quomodo enim qui, ne eam amittam, hæc scribo et nunc contendo?), sed quod videam ex tribus qui læduntur, eum qui minus læditur, me esse. Ego enim vestri jacturam facio, vobis veritas eripitur ; et qui horum auctor est, me quidem a vobis sejungit, ipse vero se a Domino abalienat : fieri enim non potest ut quis Deo, vetita patrando, conjungatur. Vestra igitur causa magis quam mea loquor, et ut vos damno intolerabili eximam. Quod enim majus cuiquam malum accidat, quam si rem omnium pretiosissimam amittat veritatem?

4. Quid igitur dico, fratres? Non peccati expertem me esse, nec vitam meam refertam non esse innumeris delictis. Nam me ipse novi, nec cesso lacrymas ob peccata perfundere, si forte possim Deum meum placare, et supplicium intentatum effugere. Sed hoc dico : is qui nostra judicat, si purum quidem habere se oculum affirmat, festucas in nostris oculis investiget. Confitemur enim nos plurima bene valentium cura indigere. Quod si hoc non dixerit et certe tanto minus dicet, quanto purior fuerit (siquidem proprium est perfectorum sese non efferre; alioquin omnino obnoxii arrogantiæ Pharisæi essent, qui sese justificans publicanum condemnabat), mecum quærat medicum; nec ante tempus judicet, donec veniat Dominus, qui revelabit occulta tenebrarum, et deteget consilia cordium [88]. Meminerit autem et illius, qui dixit : *Nolite judicare, ut non judicemini* [89] : item, *Nolite condemnare, ut non condemnemini* [90]. Omnino autem, fratres, siquidem sanabilia sunt nostra delicta; cur morem non gerit doctori Ecclesiarum dicenti, *Argue, increpa, obsecra* [91]? Sin autem insanabilis nostra iniquitas, cur contra non stat adversa fronte et evulgans nostra delicta, liberat a pernicie, quam inferimus, Ecclesias? Itaque ne feratis prolatum intra dentes contra nos convicium. Id enim vel una aliqua ex pistrino ancilla fecerit; in hoc supra modum enituerit unus aliquis ex hominibus abjectissimis, quorum lingua ad omne exacuta convicium. Sed sunt episcopi: vocentur ad audiendum. Est clerus in unaquaque Dei parœcia : congregentur spectatissimi. Libere loquatur qui volet, ut quod flet probatio sit, non convicium. Oculis subjiciatur occulta mea improbitas :

[85] I Cor. XIII, 1-3. [86] Joan. VII, 24. [87] I Cor. IV, 3. [88] I Cor. IV, 5. [89] Matth. VII, 1. [90] Luc. VI, 37. [91] II Tim. IV, 2.

oderit autem ne tunc quidem, sed admoneat ut fratrem. Æquum est ut misericordiam hominibus beatis et peccati expertibus nos peccatores moveamus, magis quam indignationem.

5. Quod si circa fidem error est, ostendatur nobis scriptum : rursus æquum et commune judicium sedeat. Legatur crimen. Expendatur an non magis accusantis ignoratione crimen esse videatur, quam scriptum sua sponte condemnandum sit. Multa enim ex his quæ præclare se habent, talia esse non videntur hominibus accuratum mentis judicium non habentibus. Nam et æqualis ponderis moles non videntur esse æquales, si lances inter se æquilibres non sint. Ipsum etiam mel nonnullis visum est amarum, quorum gustus morbo corruptus. Sed et oculus non sanus multa eorum quæ sunt non videt, et multa quæ non sunt comminiscitur. Atque etiam in judicio de scriptis ferendo idem plerumque video fieri, cum eorum, qui scripserunt, facultate judex inferior est. Nam iisdem fere præsidiis instructos esse oportet, et qui de scriptis judicat, et qui scribit. Nisi forte de agriculturæ operibus non potest judicare qui non est agricola ; et quid dissonum consonumve in musicis modis non dignoscet musicæ non peritus : statim vero sermonum erit judex, quicunque voluerit ; qui tamen nec præceptorem suum potest ostendere, nec tempus quo didicit, nec quidquam omnino majus minusve de litteris audivit. Jam vero ego novi et in Spiritus oraculis non licere cuilibet examen aggredi verborum ; sed ei, qui Spiritum habet discernendi ; quemadmodum docuit nos Apostolus, qui in donorum divisionibus dixit : *Huic quidem per Spiritum datur sermo sapientiæ, alii vero sermo scientiæ secundum eumdem Spiritum : alii fides in eodem Spiritu : alii operationes virtutum : alii prophetia, alii discretiones spirituum* [91]. Quare si nostra quidem spiritualia sunt, ostendat se habere donum discretionis spiritualium, qui nostra judicare vult. Sin autem, ut ipse conviciatur, a **306** sapientia hujus mundi proficiscuntur ; ostendat peritum sese mundi sapientiæ, et tunc ei suffragia judicii committemus. Nec quisquam putet hæc ad fugiendas probationes a me excogitari. Permitto enim vobis, fratres optatissimi, ut eorum, de quibus accusor, examen penes vos sit. An usque adeo tardo estis ingenio, ut omnibus patronis indigeatis ad veritatem inveniendam ? Sed si per se minime controversa vobis videantur, persuadete nugatoribus, ut contentionis studium dimittant. Si vero non nihil videtur esse ambigui, interrogate nos per aliquos internuntios, qui nostra ministrare fideliter possint : aut etiam scriptas, si ita videbitur, exposcite a nobis explanationes. Omnino autem omni modo curate, ut ne ista citra examen relinquatis.

6. Nostræ autem fidei quæ possit illustrior esse probatio, quam quod educati sumus sub avia beata muliere, ex vobis orta ? Macrinam dico celeberrimam illam, a qua edocti sumus beatissimi Gregorii verba, quæcunque usque ad ipsam memoriæ continuatione conservata cum ipsa custodiebat, tum nos adhuc infantes fingebat et informabat pietatis dogmatibus. Postquam autem et nos sapiendi facultatem accepimus, ratione in nobis per ætatem completa, multum telluris ac pelagi peragrantes, si quos invenimus secundum traditam pietatis regulam ambulantes, eos et patrum loco habuimus, et duces animarum nostrarum, in via quæ ad Deum ducit, secuti sumus. Atque ad hanc usque horam, gratias illius, qui nos vocavit vocatione sancta ad sui cognitionem, nec sermonem ullum scimus sanæ doctrinæ inimicum in corda nostra intrasse ; nec animas nostras infami Arianorum blasphemia contaminatas unquam fuisse. Sed si quos aliquando ab illo magistro profectos in communionem admisimus, morbum intimo corde occultantes, et pia verba loquentes, aut certe iis quæ a nobis dicebantur, non repugnantes, ita suscepimus ; cum non omne de talibus judicium nobis ipsis permitteremus, sed sententiam, quæ prius lata de illis fuerat a Patribus nostris, sequeremur. Ego enim cum accepissem litteras beatissimi Patris Athanasii Alexandriæ episcopi, quas et in manibus habeo, et ostendo exposcentibus, in quibus clare pronuntiavit, si quis ex Arianorum hæresi voluerit transferri Nicænam fidem confitens, cum admittendum esse, nec esse in eo recipiendo hæsitandum ; cumque ille mihi hujus decreti socios citasset, tum Macedoniæ, tum Achaiæ episcopos omnes ; ratus **307** necesse esse tantum virum sequi ob eorum, qui legem tulerant, auctoritatem, simulque cupiens pacificationis mercedem consequi, fidem illam confitentes ascribebam numero communicatorum.

7. Justius est autem res nostras judicari, non ex uno aut altero non recte in veritate ambulantibus, sed ex multitudine episcoporum, qui nobis in toto terrarum orbe per Domini gratiam conjuncti sunt. Interrogentur autem Pisidæ, Lycaones, Isauri, Phryges utrique, Armeniorum quidquid vobis est vicinum, Macedones, Achæi, Illyrii, Galli, Hispani, Italia tota, Siculi, Afri, Ægypti pars sana, quidquid est reliqui in Syria : qui et ad nos litteras mittunt, et rursus a nobis accipiunt. Ex quibus litteris, tum quæ illinc afferuntur, tum quæ rursus vice versa hinc ad ipsos mittuntur, discere vobis licet nos omnes esse unanimes, idemque sentire. Quapropter communionem nostram qui refugit, sinceritas vestra noverit eum sese a tota Ecclesia separare (1). Circumspicite, fratres, quibuscum vobis sit communio : si eam a nobis non suscipiatis, quis jam vos agniturus est ? Nos eo necessitatis ne

---

[91] I Cor. xii, 8-10.

(1) Vetus est apud ecclesiasticos scriptores effatum, eum schismatis crimen incurrere, qui alium

perducatis, ut triste quidpiam de charissima nobis Ecclesia statuamus. Ne committatis, ut quæ nunc corde premo, mecum ingemiscens, et deplorans luctuosum tempus, quo citra ullam causam Ecclesiæ maximæ, et jam olim inter se fraternis animis conjunctæ, nunc dissident; ne committatis, inquam, ut hæc apud omnes simul communicatores deplorem. Ne cogatis me voces promere, quas hactenus rationis freno occultatas apud me contineo. Satius est nos e medio tolli et Ecclesias inter se consentire, quam propter pueriles nostras simultates tantum mali populis Dei inferri. Percontamini Patres vestros, et annuntiabunt vobis, parœcias, etsi locorum situ videbantur inter se divisæ, at animo unum fuisse, unoque consilio solitas gubernari. Frequentissime populus miscebatur; frequentissime e clero alii ad alios veniebant; ipsis vero pastoribus tantum inerat mutui amoris, ut uterque altero in iis, quæ ad Dominum attinent, magistro ac duce uteretur.

308 EPISTOLA CCV*.

Elpidium rogat, misso iterum Meletio presbytero, ut, eo agente cum episcopis maritimis, locus et tempus ad concordiam stabiliendam constituantur.

Elpidio episcopo.

Rursus dilectum et compresbyterum Meletium impulimus, ut tuæ dilectioni nostram salutationem perferat. Cui quanquam omnino statueram parcere ob infirmitatem, quam sponte sibi ipse ascivit, redigens carnem in servitutem ob Evangelium Christi; tamen cum mihi ipsi decorum esse existimans salutare te per ejusmodi viros, qui, quæcunque litteras effugerint, per se valeant supplere, et veluti loco epistolæ vivæ esse et scribenti et epistolam recipienti: tum etiam ipsius desiderium explens, quo semper tuam præstantiam prosequitur, ex quo bonorum quibus præditus es, periculum fecit; ipsum etiam nunc ut ad te proficiscatur exoravi, ac per eum et visitationis solvimus debitum, et rogamus ut pro nobis ac pro Ecclesia Dei preceris, ut Dominus det nobis ab injuria inimicorum Evangelii liberatis tranquillam ac quietam vitam agere. Quod si et tuæ prudentiæ consentaneum et necessarium videbitur, ut in unum veniamus, congrediamurque etiam cum reliquis reverendissimis fratribus maritimarum civitatum episcopis, ipse etiam nobis designa locum et tempus, quo hæc fient, et scribe fratribus, ut præstituto tempore relinquentes unusquisque ea quæ in manibus negotia, possimus aliquid ad ædificationem Ecclesiæ navare, ac tollere insitas nobis nunc ex suspicionibus inter nos molestias, ac charitatem firmare, sine qua mancam et imperfectam esse cujusvis præcepti observationem ipse nobis Dominus declaravit.

EPISTOLA CCVI**.

Consolatur Elpidium, nepotis morte afflictum, ac speratum congressum ne dolor interpellet, hortatur.

Elpidio episcopo consolatoria.

Nunc maxime corporis infirmitatem sentio, cum eam video mihi tantopere obstare animæ utilitati. Si enim mihi res succederent ex sententia, non vos per litteras, neque per internuntios alloquerer, sed ipse per me et charitatis exsolverem debitum, et cominus perfruerer spirituali emolumento. Nunc autem ita me habeo, ut præclare mecum agi putem, si vel in patria motus sustinere possim, quos mihi necesse est nostræ parœciæ pagos visitanti suscipere. Sed et vobis Dominus robur et alacritatem, et mihi præter studium, quod nunc 309 habeo, largiatur et vires, ut, quemadmodum vos rogavi, fiat mihi copia vobis fruendi, cum in fines Comanicos venero. Metuo autem tuæ dignitati, ne te domesticus dolor interpellet. Didici namque afflictum te fuisse filioli interitu: cujus jacturam, ut avo, molestam quidem esse par est; sed ut viro tantos jam in virtute progressus adepto, et perspectam habenti rerum humanarum naturam tum ex temporis experientia, tum ex spirituali doctrina, consentaneum est intolerabilem non esse propinquissimorum disjunctionem. Non enim idem a nobis Dominus exposcit, quod a quibuslibet hominibus. Illi enim vivunt ex consuetudine: nobis autem vivendi regula, Domini præceptum ac præterita beatorum virorum exempla, quorum magnitudo animi adversis temporibus maxime declarata est. Ut igitur et ipse fortitudinis ac veræ ob sperata bona animi affectionis exemplum hominibus relinquas, invictum te a dolore ac molestis rebus excelsiorem exhibe, patiens in afflictione, spe lætus. Horum itaque nihil speratum nobis congressum impediat. Infantibus namque satis est ætas ut inculpati sint: nos autem debemus præscripta nobis ministeria Domino exhibere, atque in omnibus parati et expediti esse ad Ecclesiarum administrationem, cujus magna præmia fidelibus et prudentibus administris Dominus noster reservavit.

---

præter fas et jura excommunicat. Sed tamen ejusmodi schismatici non idcirco ab exteriore Ecclesiæ communione discedebant. At Basilius loquitur de hac exteriore communione, eaque carituros declarat, qui a sua discesserint. Quod quidem non accuratissime dictum videretur, nisi præcipue de Neocæsariensibus dictum esset. Nam Paulinus Antiochenus carebat communione Basilii, nec tamen Ecclesiarum Occidentalium communionem amiserat. At Neocæsarienses si in injuria Basilio facienda perstitissent, eumque coegissent apud communicatores suos querelas deferre, non dubium quin omnes illius causæ favissent, et justissima in Neocæsarienses indignatione exarsissent.

* Alias CCCXXII. Scripta anno 375.
* Alias CCCXLVIII. Scripta eodem anno.

EPISTOLA CVII.

Cum Neocæsarienses clerici omnes ad unum in odio Basilii cum episcopo suo consentirent; Basilius admonet eos, ut ne assentientur homini errorem Sabellii inducenti, neve patiantur populum ab eo decipi. Is Basilium fugiebat, argui metuens : somnia fingebat, ut Basilii doctrinam persuaderet esse perniciosam. Causam odii rogatus, non aliam afferebat præter psalmos et cantum ac monasticam vitam : quæ instituta, nondum in Neocæsariensi Ecclesia recepta, vigebant in Cæsariensi. Utrumque illud institutum Basilius et sibi honori esse, et in aliis Ecclesiis vigere demonstrat. Objicientibus, hæc non fuisse tempore Gregorii, respondet nec litanias tunc fuisse, nec quidquam fere ex illius institutis apud eos superesse. Unde eos monet ut trabem ex oculis suis ejiciant, ac hæresim vitent; alioquin tacere se non posse in tanta animarum pernicie.

Ad clericos Neocæsarienses.

1. Consensus in mei odio, et quod omnes ad unum belli nobis illati ducem sequimini, suadebat mihi, ut erga omnes pariter conticescerem, neque amici scripti, aut ullius colloquii essem inceptor, sed in silentio mœrorem meum concoquerem. Sed quia calumniatus silentio non prætermittendæ, non ut contradicendo nos ipsi ulciscamur, sed ne mendacium progredi et deceptos lædi patiamur, necessarium visum est hoc etiam omnibus proponere, et prudentiæ vestræ scribere, quamvis cum nuper toti presbyterio communiter scripsissem, nulla me responsione dignati sitis. Nolite assentari, fratres, iis, qui prava dogmata in animos vestros inducunt : neque despicite, dum populus Dei, vobis scientibus, **310** per impia dogmata subvertitur. Sabellius Afer et Marcellus Galata, soli ex omnibus ea ausi sunt et docere, et scribere, quæ nunc apud vos, velut sua ipsorum inventa, proferre aggrediuntur populi duces, lingua perstrepentes, sed ne verisimilitudinis quidem colorem his tricis et cavillationibus illinere valentes. Illi fanda atque nefanda in nos concionantur, et omni modo congressum nostrum declinant. Quamobrem? Nonne quia timent ne de pravis suis dogmatibus arguantur? Hi videlicet eo usque impudentiæ contra nos devenere, ut et somnia quædam in nos comminiscantur, doctrinam nostram ut perniciosam calumniantes : qui etiamsi omnia mensium, quibus folia cadunt, somnia et visa capitibus suis colligant, nullum nobis probrum poterunt inurere, cum plures sint in unaquaque Ecclesia, qui testimonium dent veritati.

2. Quod si causam rogentur implacabilis illius et inexpiabilis belli, psalmos dicunt, et melodiæ modum a consuetudine, quæ apud vos invaluit, diversum, et quædam ejusmodi, quorum eos par erat pudere. Incusamur autem, quod etiam homines habeamus pietatis cultores, qui nuntium remiserunt mundo et omnibus sæculi curis, quas spinis comparat Dominus, verbum ad fructum ferendum pervenire non sinentibus. Ejusmodi homines mortificationem Jesu in corpore circumferunt, et crucem suam portantes, Deum sequuntur. Ego vero tota mea vita mercarer, ut mea

* Alias LXIII. Scripta anno 375.
(1) Hac voce non supplicationes sive proces-

essent hæc delicta, haberemque apud me viros, me doctore, hanc pietatis exercitationem profitentes. Nunc autem in Ægypto quidem audio talem esse virorum virtutem : ac fortasse nonnulli et in Palæstina evangelicam vitam excolunt : audio rursus aliquos et in Mesopotamia perfectos ac beatos viros. Nos autem pueri sumus, siquidem cum perfectis comparemur. Quod si et mulieres evangelicum vivendi genus profitentur, virginitatem præferentes nuptiis, petulantiam carnis redigentes in servitutem et in luctu illo degentes qui beatus prædicatur, beatæ sunt ob propositum suum, ubicunque fuerint terrarum. Apud nos autem hæc parva et exilia sunt, ac hominum adhuc elementa discentium, quique introducuntur ad pietatem. Jam si quid dedecoris vitæ mulierum inferunt, eas defendere non libet. Illud tamen vobis testificor, quæ hactenus pater mendacii Satanas dicere non ausus est, ea semper a cordibus metus expertibus et effrenatis linguis audacter efferri. Scire autem vos volo, nos laudi ducere, quod virorum et mulierum cœtus habeamus, quorum conversatio in cœlis est : qui suam carnem una cum affectionibus ac cupiditatibus crucifixerunt : **311** qui nec de cibis nec de indumentis sunt solliciti, sed minime distracti, et Domino continenter astantes, noctu diuque perseverant in orationibus. Quorum os non loquitur opera hominum ; sed hymnos Deo nostro concinunt continenter, operantes manibus suis, ut habeant unde impertiant indigentibus.

3. Quod autem spectat ad psalmodiæ criminationem, qua maxime simpliciores territant ii, qui nos calumniantur, illud dicere habeo, recepta nunc instituta omnibus Dei Ecclesiis consona esse et consentientia. De nocte siquidem consurgit apud nos populus ad domum precationis, et in labore, in afflictatione ac jugibus lacrymis confitentes Deo, tandem a precatione surgentes, ad psalmodiam transeunt. Et nunc quidem in duas partes divisi, alternis succinentes psallunt, ac simul et meditationem Scripturarum inde corroborant, et animum attentum et cor evagationis expers sibi ipsi comparant. Postea rursus uni committentes, ut prior canat, reliqui succinunt; et sic posteaquam in psalmodiæ varietate noctem traduxere intermistis precibus, die jam illucescente, omnes simul velut ex uno ore et uno corde psalmum confessionis Domino concinunt, propria sibi unusquisque verba pœnitentiæ facientes. Cæterum horum gratia si nos fugitis, fugietis Ægyptios, fugietis et utrosque Libyes, Thebæos, Palæstinos, Arabes, Phœnices, Syros, et eos qui ad Euphratem habitant, ac omnes uno verbo apud quos vigiliæ precesque et communes psalmodiæ in pretio sunt.

4. Sed hæc, inquit, non erant tempore magni Gregorii. Sed neque litaniæ (1), quas nunc studio habetis. Neque id dico, ut vos redarguam; optarim

siones designantur, ut in Euchologio Græcorum, sed preces ad pœnitentiam accommodatæ. Hoc enim vos omnes in lacrymis et jugi pœnitentia vivere. Nam et nos nihil aliud facimus, nisi quod pro peccatis nostris supplicamus; sed ita tamen, ut non humanis verbis, uti vos, sed oraculis Spiritus Deum nostrum placemus. Hæc autem non fuisse sub admirando Gregorio, quosnam habetis testes, qui quidem nihil ex illius institutis hactenus conservastis? Gregorius non operiebatur **312** in precibus. Quomodo enim? qui verus erat Apostoli discipulus dicentis : *Omnis vir orans aut prophetans velato capite, deturpat caput suum*[93], et, *Vir quidem non debet velare caput suum, cum sit imago et gloria Dei*[94]. Juramenta fugiebat pura illa anima, et digna Spiritus sancti consortio, contenta his vocibus : *Ita et Non*, propter præceptum Domini, qui dixit : *At ego dico vobis, ne juretis omnino*[95]. Non audebat ille fratrem suum fatuum appellare[96]; verebatur enim comminationem Domini. Indignatio et ira et acerbitas ex illius ore non proficiscebantur. Convicium odio habebat, ut in regnum cœlorum non perducens. Invidia et arrogantia ab illa doli experte anima facessebant. Non accessisset ad altare, antequam reconciliaretur fratri. Mendacem sermonem et artificiose ad aliquorum calumniam instructum ita abominabatur, ut qui sciret mendacium ex diabolo ortum esse, Dominumque eos omnes qui mendacium loquuntur, perditurum[97]. Horum si nihil in vobis est, sed puri estis ab omnibus; vere discipuli estis ejus, qui mandatorum Domini discipulus fuit. Sin minus, videte ne culicem coletis, de vocis quidem sono in psalmorum cantu litigantes, mandata vero maxima dissolventes. Ad hos me sermones adduxit necessitas causæ defendendæ, ut discatis trabem ex oculis vestris ejicere, et ita demum festucas alienas extrahere. Veruntamen omnia condonamus; quanquam nihil est quod non perscrutetur Dominus. Tantummodo sana sint quæ sunt præcipua, et novitates circa fidem compescite. Hypostases ne evertatis. Nomen Christi ne abnegetis. Gregorii verba ne falso interpretemini. Alioquin dum respirabimus, loquendique erit facultas, fieri non poterit ut in tanta animarum pernicie sileamus.

EPISTOLA CCVIII*.

Eulancium rogat ne se Neocæsariensium causa oderit, qui olim propter se ab aliis odio habebatur.

Eulancio.

Diu tacuisti, idque cum sis loquacissimus, atque hoc exercitationis artisque loco habueris, semper aliquid loqui, et teipsum dicendo ostendere. Sed videtur Neocæsarea tui erga me silentii esse causa. Ac in beneficii quidem loco videmur accipere, quod qui illic sunt nostri non meminerint : siquidem non honorifica, ut referunt qui audierunt, de nobis mentio. Sed tu olim eras ex iis qui nostra causa odio habebantur, non ex iis qui me propter alios odisse velint. Itaque idem sis ; et scribens ubicunque fueris, et nostri, ut par est, memor, si qua tibi æquitatis cura. Æquum est enim his, qui priores amarunt, parem amorem rependere.

313 EPISTOLA CCIX**.

Gratias agit Basilius amico pro se prælia sustinenti ; hortatur ut litterarum paucitatem incusare et talia debita pergat exigere.

Sine inscriptione, defensionis causa.

Sortito tibi obtigit, ut mecum molestias partireris et prælia pro me sustineres. Id autem fortis animi demonstrationem habet. Nam qui nostra moderatur Deus, his qui magna ferre possunt certamina, majores probandæ virtutis occasiones præstat. Et tu ergo ad explorationem tuæ in amicitia virtutis, veluti fornacem auro, tuam ipsius vitam proposuisti. Precamur igitur Deum, ut et cæteri meliores fiant, et tu similis tui ipse permaneas ; nec talia desinas incusare, qualia nunc incusas, litterarum paucitatem instar maximæ injuriæ nobis objiciens. Est enim amici accusatio, ac persta in talibus exigendis debitis : non enim adeo absurdus quidam sum amicitiæ debitor.

EPISTOLA CCX***.

Cum Basilio prope Neocæsaream adveniente ortus fuisset tumultus in civitate, ac alii fugerent, alii somniis fictis terrorem spargerent ; Basilius causam exponit cur ad hæc loca venerit. Causam tumultus rejicit in ducum invidiam et consilium inducendæ hæresis Sabellianæ. Hanc hæresim refellit Basilius, ac promittit se molestum non fore, si errorem negent : sed si perstent in errore, ad alias Ecclesias scripturum. Locum Gregorii explicat, quo isti in epistola ad Anthimum abusi fuerant. Ipsum etiam Meletium, misso aliquo scripto, periclitati fuerant. Neocæsarienses monet ne falsis somniis decipiantur, quæ etiamsi essent Evangelio consentanea, quia tamen charitatem lædunt, iis prorsus supersedendum esset.

Ad primores Neocæsareæ.

1. Plane nihil opus erat, ut meum vobis enuntiarem consilium, aut quibus nunc de causis in his sim locis, exponerem. Nam alioqui, neque unus sum ex iis qui publico gaudent, neque res tot testibus digna est. Sed opinor, non quæ volumus facimus, sed ea ad quæ nos provocant vestri duces. Mihi enim omnino ignorari magis studio fuit, quam gloriæ cupidis in luce versari. Sed quia omnium, ut audio, qui in vestra civitate sunt, aures circumsonuerunt, et quidam verborum artifices et mendacii architecti, ad hoc ipsum mercede conducti, res meas vobis enarrant ; faciendum minime duxi, ut vos parvi penderem malo animo sordidaque voce edoceri, sed ut mea ipse eloquerer, quomodo se habeant. Equidem et quia huic loco assuetus sum

---

[93] I Cor. xi, 4. [94] ibid. 7. [95] Matth. v, 35. [96] ibid. 22. [97] Psal. v, 7.

enim tantum discriminis ponit Basilius inter Neocæsariensium ritum et Cæsariensium, quod primi humanis verbis, Cæsarienses vero oraculis Spiritus sancti Deum placent. Porro nullum processionis vestigium in illo psalmi confessionis cantandi ritu, qui Cæsareæ observatur.

*Alias CCLXXXI. Scripta anno 375.
** Alias CCXXVII. Scripta eodem anno.
*** Alias LXIV. Scripta etiam anno 375.

a puero (hic enim apud aviam meam educatus sum), et quia ibi postea perdiu sum commoratus, cum civiles tumultus fugiens, in hoc loco, quem ad philosophandum ob solitudinis quietum idoneum esse cognoveram, annos plures continuos consumpsi; et quia fratres nunc ibi habitant, brevem a negotiis quibus detineor, respirationem nactus, lubens ad hanc solitudinem accessi; non ut inde aliis negotia **314** exhiberem, sed ut meo ipse morem gererem desiderio.

2. Quid igitur opus est ad somnia confugere, et somniorum speculatores conducere, et nos in publicis conviviis inter pocula fabulam facere? Ego enim si apud alios calumniis peterer, vos meæ sententiæ testes citassem. Et nunc unumquemque vestrum rogo, ut vetera illa in memoriam revocetis, cum nos civitas ad curam juvenum suscipiendam vocaret, ac legatio adesset optimatum: quomodo etiam postea omnes passim nos circumsteterint, quid non dantes? quid non pollicentes? nec tamen detinere nos potuerint. Quomodo igitur qui tunc vocatus morem non gessi, nunc me intrudere aggrederer invocatus? quomodo qui laudantes me atque admirantes fugiebam, nunc calumniantes persequerer? Hoc in animum ne inducatis, o optimi; non ita viles sunt res nostræ. Neque enim quisquam, si sapiat, navigium gubernatore destitutum conscendet, neque ad Ecclesiam accedet, in qua tempestatem ac procellam illi ipsi, qui ad clavum sedent, excitant. Unde enim exstitit tumultu plena civitas, cum fugerent alii, nemine persequente, alii clanculum egrederentur, nemine invadente, arioli vero et somniorum interpretes omnes terrorem spargerent? ex qua alia hæc causa? Nonne vel puero compertum ex populi ducibus esse? quorum inimicitiæ causas mihi quidem non decorum dicere, vobis vero intelligere omnino facile est. Quando enim acerbitas et discordia ad extremum sævitiæ cumulum perducuntur, causæ autem expositio inanis prorsus est et ridicula, manifestus est animi morbus, alienis quidem bonis superveniens, sed domesticum ac primum malum ægrotantis. Inest etiam illis aliud lepidum. Dum enim dilacerantur intus, et cruciantur, calamitatem prodere per pudorem non licet. Atque hæc eorum animi labes non ex iis solum, quæ adversum nos acta sunt, sed ex reliqua etiam vita perspicitur. Quod si etiam ignota esset, non magnum rebus accederet detrimentum. Certissimam autem causam, cur congressum nostrum fugiendum censeant, ignotam fortasse pluribus vestrum, ego docebo. Audite igitur.

3. Fidei eversio apud vos excogitatur inimica apostolicis et evangelicis doctrinæ, inimica traditioni Gregorii vere magni, et eorum, qui ei successerunt usque ad beatum Musonium, cujus profecto documenta etiamnum in vestris auribus resonant. Nam Sabellii malum, olim quidem exortum, sed a traditione magni illius viri exstinctum, conantur nunc isti renovare, qui dum timent ne arguantur, somnia in nos fingunt. Vos autem capita illa vino gravata valere jubentes, quæ per crapulam evectus, ac **315** deinde exæstuans vapor in visa impellit; a nobis qui vigilamus, et ob Dei timorem tacere non possumus, perniciem vestram audite. Judaismus et Sabelliana hæresis, sub Christianismi specie in evangelicam prædicationem invecta. Qui enim rem unam, personis multiplicem, Patrem et Filium et Spiritum sanctum dicit, unamque trium ponit hypostasim, quid aliud facit, nisi quod Unigeniti sempiternam negat præexsistentiam? Negat autem et dispensatorium ejus ad homines adventum, descensum ad inferos, resurrectionem, judicium: negat etiam proprias Spiritus operationes. Apud vos autem nunc et audaciora audio tentari, quam ab insulso Sabellio. Narrant enim, ut referunt qui audierunt, contendere eos qui apud vos sapientes sunt, ac dicere traditum non esse nomen Unigeniti, sed nomen adversarii; eosque in hoc lætari ac efferri, ut in proprio invento. Dictum est enim, inquit, *Ego veni in nomine Patris mei, et non recepistis me: si alius in nomine suo venerit, hunc recipietis* [98]. Et quoniam dictum est: *Docete omnes gentes, baptizantes eos in nomine Patris et Filii et Spiritus sancti* [99]; perspicuum est, inquiunt, nomen unum esse. Non enim dictum est, *in nominibus*, sed, *in nomine*.

4. Hæc non sine rubore scripsi vobis, quia consanguinei nostri sunt, qui his implicantur, et de animæ meæ situ ingemisco, quod cogar, velut ii qui contra duos pugnant, doctrinæ ex utraque parte corruptelas argumentis pulsans et evertens, consentaneum veritati robur reddere. Hinc enim nos dilacerat Anomœus: illinc, ut apparet, Sabellius. Verum obsecro vos, ut ne exsecrandis his ac neminem subvertere valentibus sophismatibus animum intendatis: sed sciatis, Christi nomen quod est super omne nomen, hoc ipsum esse, quod Filius Dei vocatur; et secundum Petri dictum, *Neque esse aliud nomen sub cœlo datum hominibus, in quo oporteat nos salvos fieri* [1]. Quod autem attinet ad illud, *Ego veni in nomine Patris mei*, sciendum est eum, cum Patrem profiteretur sui ipsius principium ac causam, hæc dixisse. Quod si dictum est: *Euntes baptizate in nomine Patris et Filii et Spiritus sancti*, non idcirco putandum est nomen unum nobis fuisse traditum. Quemadmodum enim qui dicit, Paulus et Silvanus et Timotheus, tria quidem pronuntiavit nomina, sed ea inter se per *et* syllabam colligavit, sic qui dicit nomen Patris et Filii et Spiritus sancti, tria dicens, connexuit ipsa per conjunctionem, unicuique nomini proprium subesse significatum **316** docens; nam res ipsas significant nomina. Res autem propriam exsistentiam ac per se perfectam habere, nemo vel parum intelligens dubitat. Nam Patris et Filii et Spiritus sancti natura quidem ea-

[98] Joan. v, 43. [99] Matth. xxviii, 19. [1] Act. iv, 12.

dem et divinitas una: nomina vero diversa, circumscriptas et absolutas notiones nobis exhibentia. Fieri enim non potest, ut mens, nisi in uniuscujusque proprietatibus sine confusione considerandis versetur, Patri et Filio et Spiritui sancto glorificationem persolvat. Jam si negent se hæc dicere, aut ita docere, propositum sumus assecuti. Quanquam difficile illis esse video negare, proptereaquod non pauci sunt horum sermonum testes. Sed tamen non spectamus præterita, tantummodo sana sint præsentia. Quod si in iisdem perseveraverint, necesse habebimus et ad alias Ecclesias calamitatem vestram clamitare, ac perficere ut ad vos veniant a pluribus episcopis litteræ, quæ hanc assurgentis impietatis molem perfringant. Vel enim id ad propositum nostrum proderit, vel sane hæc obtestatio nos a culpa in judicio liberabit.

5. Jam autem et in propriis scriptis injecerunt hos sermones, quos primum quidem miserunt homini Dei Meletio episcopo: deinde acceptis ab ipso convenientibus responsis, quemadmodum monstrorum matres pudore suffusæ ob naturæ vitia, ita ipsi quoque turpes suos fœtus in congruentibus tenebris abditos enutriunt. Immisere etiam per epistolam tentamenta quædam unanimi nostro Anthimo Tyanorum episcopo, quasi Gregorius in fidei expositione dixerit Patrem et Filium mentis quidem cogitatione duo esse, sed hypostasi unum (1). Hoc autem non docendi causa, sed decertandi in dialogo cum Æliano dictum esse, intelligere non potuerunt, qui sibi ipsi ob ingenii subtilitatem beati videntur. Qua in disputatione multa sunt librariorum errata, ut ex ipsis verbis ostendemus, si Deus volet. Deinde vero gentilem erudiens non existimabat accuratius disceptandum esse de verbis; sed nonnihil etiam indoli illius, qui introducebatur, concedendum, ut ne iis qui præcipua sunt, repugnaret. Quapropter et multas illic invenias voces, quæ nunc robur maximum hæreticis præbent, quales sunt *creatura* et *factura*, et si quid ejusmodi. Multa autem et de conjunctione cum homine dicta ad divinitatis rationem referunt, qui inscite scripta illa intelligunt, quale est et hoc ipsum, quod ab ipsis decantatur. Est enim probe sciendum, quemadmodum qui essentiæ communionem non confitetur, in errorem multorum deorum incidit, ita qui hypostaseωn proprietatem non admittit, in Judaismum ferri. Oportet enim ut mens nostra velut aliquo fulta subjecto, et illius considerans proprietates, ita demum in illius, quem 317 desiderat, cognitione versetur. Si enim paternitatem non intellexerimus, neque

circa quem hæc proprietas definita sit, adverterimus; quomodo poterimus Dei Patris notionem accipere? Non enim satis est personarum numerare differentias: sed unamquamque personam in vera hypostasi exsistere fatendum est. Illud enim hypostasi carens personarum commentum ne Sabellius quidem rejecit; quippe cum dicat eumdem Deum, cum subjecto unus sit, pro occurrentibus subinde occasionibus transformatum, modo ut Patrem, modo ut Filium, modo ut Spiritum sanctum loqui. Hunc olim exstinctum errorem renovant nunc hujusce innominatæ hæresis inventores, qui hypostases repudiant, et nomen Filii Dei negant. Quibus quidem, nisi desinant loqui adversus Deum iniquitatem [1], lugendum est cum iis qui Christum negant.

6. Hæc vobis necessario scripsimus, ut damna a pravis documentis impendentia caveatis. Nam revera, si pravæ doctrinæ cum pharmacis exitiosis comparandæ, quemadmodum apud vos somniorum interpretes dicunt, hæc sunt et cicuta et aconitum, et si quod aliud lethale pharmacum. Hæc sunt animarum venena, non nostri sermones, ut temulenta illa cerebellorum involucra clamitant, visis multis ob morbum referta : quos quidem, si saperent, nosse oportebat, intaminatis et ab omni macula expurgatis mentibus propheticum donum illucere. Neque enim speculo sordido possunt imaginum excipi species; neque anima sæcularibus præoccupata curis, et cui carnalis sensus affectio tenebras offundit, illustrationem Spiritus sancti recipere potest. Non enim omne somnium statim prophetia est, ut ait Zacharias : *Dominus fecit phantasiam, et pluviam hibernam, quia sermocinantes locuti sunt labores, et somnia falsa loquebantur* [2]. Hi autem qui secundum Isaiam somniant et dormitare amant in cubili [3], illud etiam ignorant, sæpe operationem erroris immitti in filios diffidentiæ [4]. Est et spiritus mendax, qui cum in falsis prophetis esset, Achab decepit [5]. Hæc scientes non oportebat adeo superbire, ut sibiipsis prophetiæ donum ascriberent : qui ne auguris quidem Balaam diligentiam assequi deprehenduntur. Is enim a Moabitarum rege, magnis muneribus oblatis, accersitus, adduci non potuit, ut vocem præter Dei voluntatem emitteret, aut Israeli maledicereet, cui Dominus non maledicebat [6]. Itaque si præceptis Domini oblata illis per somnium visa consentiunt, contenti sint Evangeliis, quæ somniorum præsidio ad fidem faciendam non indigent. 318 Quod si pacem suam nobis reliquit Dominus, novumque nobis manda-

[1] Psal. LXXIV, 6. [2] Zach. X, 1, 2. [3] Isa. XXIX, 8. [4] Ephes. II, 2. [5] III Reg. XXII, 22. [6] Num. XXII, 11 sqq.

(1) Credere non possum Gregorium dixisse Patrem et Filium, si simul considerentur, cogitatione duo esse, hypostasi unum. Hæc enim gemella essent hæresi Sabellianæ, quam supra Basilius Gregorii traditione exstinctam docet. Sed his in verbis vel erratum aliquod librariorum, ut placet Basilio, suspicandum est, vel de Patre et Filio separatim sumptis accipi debent. Quo sensu magister Gregorii Origenes dixit de Christo : Τὸ μὲν ὑποκείμενον ἕν ἐστι, ταῖς δὲ ἐπινοίαις τὰ πολλὰ ὀνόματα ἐπὶ διαφόροις. *Suppositum quidem unum est, sed cogitatione plura nomina variis rebus imponuntur.* Homil. 8 in Jerem., p. 96.

tum dedit, ut diligamus invicem, somnia vero pugnam ac dissidium et charitatis exstinctionem inducunt; non dent occasionem diabolo ipsorum animas per somnum invadendi, nec suis visionibus plus tribuant, quam salutaribus documentis.

EPISTOLA CCXI*.

Significat se, lectis Olympii litteris filiisque illius visis, oblitum esse veneni Neocæsariensium : addit se jam litteras dedisse et daturum, si volet Olympius.

Olympio.

Et lectis præstantiæ tuæ litteris, factus sum meipso hilarior ac alacrior, et ubi cum optatissimis tuis filiis sum collocutus, teipsum videre mihi visus sum. Iti, cum afflictam omnino meam animam offendissent, sic affecerunt, ut obliviscerer veneni, quod apud vos somniorum venditores cauponesque, ut a quibus conducti sunt gratiam ineant, contra nos circumferunt. Epistolas quidem jam nonnullas misi, alias autem in posterum dabimus, si voles. Tantummodo prosint accipientibus.

EPISTOLA CCXII**.

Dolorem suum significat quod Dazimone Hilarium non viderit. Injurias inimicorum commemorat ac sua cum Anomœis bella, et cum iis qui medii sibi videntur. Hilarium morbis laborantem ad patientiam hortatur.

Hilario.

1. Quid passum me esse putas, aut quo animo fuisse, cum Dazimona veni, ac didici paucis post adventum meum diebus facundiam tuam exiisse? Non solum ob illam admirationem, qua te a teneris prosecutus sum, statim ab ipsis scholarum exercitationibus colloquium tuum semper plurimi feci, sed etiam quia nihil nunc tanto amore dignum, quam animus veritatis amans, ac recto de rebus judicio præditus, quod quidem apud te servari arbitramur. Nam cæterorum hominum plerosque videmus, ut in equestri cursu, alios quidem istis, alios vero his favendo dividi, ac factionis ducibus acclamare. Te vero, cum et timore et assentatione et ignavo omni affectu excelsior sis, non mirum est oculo sano veritatem speculari. Nam et te intelligo non leviter tangi rebus Ecclesiarum, quandoquidem et ad me misisti quamdam de his epistolam, ut his proximis litteris declarabas; quam quidem quis perferendam acceperit, libenter didicerim, ut hominem de me male meritum cognoscam. Nondum enim tuas ad me his de rebus litteras vidi.

2. Quanti ergo putas empturum me fuisse tuum colloquium, ut tibi aperirem quæ me affligunt (affert enim, ut nosti, vel ipsa narratio aliquid solatii dolentibus), et ad quæsita responderem, **319** non litteris inanimis committens, sed per me ipse clare exponens singula, ac edisserens. Animati enim sermones efficaciorem habent persuasionem, nec tam facile quam scripti, impugnari possunt et calumniis appeti. Nihil enim jam cuiquam intentatum

relictum est; siquidem ii quibus maxima quæque credideramus, quosque dum inter homines videremus, majus quidpiam esse credebamus, quam ferat humana natura, hi adducti sunt, ut cujusdam scripta, qualiacunque illa sint, tanquam nostra transmitterent, et ob ea invidiam apud fratres crearent, adeo ut nihil jam nostro nomine detestabilius sit apud pios. Nam cum ab initio latere studuerim, haud scio an magis quam quisquam eorum, qui imbecillitatem humanam consideraverunt ; nunc quasi contra propositum mihi fuisset omnium hominum fama celebrari, sic ubique terrarum, addam et marium, decantatus sum. Nam et qui in extremo impietatis termino sese exercent, et impium dissimilitudinis dogma in Ecclesias invehunt, bellum mecum habent. Et qui viam mediam, ut sibi videntur, incedunt, et ab iisdem illis principiis profecti, ratiocinationum consecutioni non subscribunt, eo quod abhorreat a multorum auribus, hi nobis infensi sunt ac conviciis perfundunt, quantum possunt, nec ullas prætermittunt insidias, quamvis Dominus eorum conatus irritos reddiderit. Quomodo hæc molesta non forent? quomodo non acerbam mihi vitam facerent? qui profecto unicum habeo malorum solatium, carnis infirmitatem, quæ mihi persuadet non multum temporis me in hac infelici vita mansurum. Hæc autem hactenus. Te autem in corporis infirmitatibus adhortor, ut constanter et digne Deo, qui nos vocavit, te geras : qui, si nos viderit cum gratiarum actione præsentia suscipere, aut sedabit dolores, uti in Jobo, aut magnis patientiæ coronis remunerabitur in futuro post hanc vitam statu.

EPISTOLA CCXIII***.

Gratias agit quod se inter molestias a numerosa hominum multitudine eorumque ductoribus acceptas litteris recreaverit. Implorat illius preces pro miserabili sua vita. Narrat se exspectare dum in aulam accersatur: sibique episcopum quemdam, ubi hæc audivit, auctorem fuisse, ut in Mesopotamiam se conferat, ibique coactis episcopis idem sentientibus, imperatorem una cum illis adeat. Rogat quid faciendum sit.

Sine inscriptione, viri pii causa.

1. Dominus, qui celerem mihi in afflictionibus opem præstat, ipse tibi allevationis, qua me in præsenti per litteras visitatione **320** recreasti, vicem rependat, vera ac magna spiritus lætitia mercedem ob consolationem humilitatis nostræ adimplens. Eram enim quodammodo male affectus animo, cum in magna hominum multitudine ferinam quamdam ac rationis omnino expertem populi vidissem socordiam, et ductorum inveteratam vixque emendabilem mali consuetudinem. At ubi vidi litteras, et reconditum in iisdem charitatis thesaurum, agnovi illuxisse nobis in amaritudine viventibus dulce solatium ab eo qui nostra moderatur. Quare sanctitatem tuam resaluto, solita prece orans, ut pro miseranda mea vita precari non cesses, ne forte mundi hujus specie immersus, obliviscar Dei

---

* Alias CLXX. Scripta anno 375.
** Alias CCCLXX. Scripta eodem anno.
*** Alias CCLXII. Scripta anno 375.

qui egenum e terra erigit [8], et aliqua elatus superbia in judicium incidam diaboli [9] : aut neglecta administratione dormiens a Domino deprehendar, aut per noxia opera illam gerens, et conservorum percutiens conscientiam [10], aut etiam cum ebriis immorans, in justo Dei judicio pœnas malis administratoribus intentatas sustineam. Itaque Deum, quæso, in omnibus precibus ores, ut vigilem in omnibus, ne dedecus ac probrum sim nomini Christi, in revelatione arcanorum cordis nostri, in magno illo die adventus Salvatoris nostri Jesu Christi.

2. Cognosce autem me exspectare, dum per hæreticorum improbitatem ad aulam accersar, obtentu pacis videlicet : et episcopum illum, ubi hæc audivit, mihi scripsisse, ut festinanter me in Mesopotamiam conferam, illicque eos qui idem ac nos sentiunt ac Ecclesias confirmant, in unum cogens, una cum ipsis proficiscar ad imperatorem. Mihi autem forte ne ipsum quidem corpus ad hoc iter hieme sufficiet. Neque hactenus res visa est necessaria, nisi ipse aliquid suaseris. Nam et tuum exspectabo consilium, ut sententia firmetur. Quapropter rogo, ut cito nobis per aliquem ex probis fratribus, quid visum fuerit tuæ perfectioni ac divinitus motæ prudentiæ, significes.

EPISTOLA CCXIV[*].

Cum Paulini amici Terentium partibus suis adjungere conarentur, ac litteras Roma allatas circumferrent, monet Basilius ne his litteris et aliis ab Athanasio ad Paulinum scriptis moveatur. Paulinum ejusque amicos pro catholicis fratribus habet : sed Meletii jura defendit; quæstionem de hypostasi, de qua nata dissensio, negat levis esse momenti, ac tandem rogat, ut ad reditum exsulum episcoporum res integra servetur.

Terentio comiti.

1. Postquam audivimus gravitatem tuam coactam iterum fuisse communium rerum curam suscipere, statim quidem perturbati sumus (verum enim dicetur), cum cogitaremus, quam non ex tua sententia accidisset, ut **321** semel publicis curis solutus et otium ad tuam ipsius animam curandam impendens, iterum cogereris ad eadem redire. Deinde ubi in mentem venit, forte Dominum volentem innumeris doloribus, quibus nunc Ecclesiæ nostræ premuntur, unum hoc concedere solatium, perfecisse ut dignitas tua iterum ad res gerendas prodiret; tum vero et hilariores facti sumus, ut adhuc venturi saltem semel, antequam exeamus ex hac vita, in præstantiæ tuæ congressum.

2. At rursus rumor alius ad nos pervenit, versari te Antiochiæ, et quæ in manibus sunt negotia cum summis potestatibus administrare. Præter hunc rumorem illud etiam accepimus, stantes a Paulino fratres nonnulla tecum disserere de conjunctione nobiscum ineunda, id est, cum iis qui sunt ex parte hominis Dei, Meletii, episcopi. Quos etiam et litteras audio nunc Occidentalium circumferre, quæ episcopatum Ecclesiæ Antiochenæ ipsis attribuunt, Meletium autem maxime admirandum veræ Dei Ecclesiæ episcopum frustrantur. Neque hoc miror. Illi enim res nostras omnino ignorant; isti autem, etsi videntur scire, partium magis quam veritatis studio ipsis narrant. Cæterum verisimile est eos aut veritatem ignorare, aut etiam causam occultare, cur adductus fuerit beatissimus episcopus Athanasius, ut Paulino scriberet. Sed cum ibi habeat præstantia tua, qui res imperante Joviano inter episcopos gestas sedulo enarrare possint, rogo ut ab ipsis edocearis. Verumtamen quia accusamus neminem, imo erga omnes charitatem habere cupimus, et maxime erga domesticos fidei, gratulamur iis qui litteras Roma acceperunt. Atque etiamsi quod honorificum et magnum ferant illis testimonium, optamus verum illud esse, et operibus ipsis confirmatum. Non idcirco tamen mihi ipse unquam persuadere possim, ut aut Meletium ignorem, aut Ecclesiæ cui præest obliviscar, aut quæstiones, de quibus ab initio nata dissensio, exiles putem, et parvi ad pietatis propositum momenti. Ego enim non solum, si quis ob acceptam ab hominibus epistolam efferatur, non idcirco abstrahi me unquam et subduci patiar : sed neque, si ex ipsis missa sit cœlis, nec sanam ille profiteatur fidei doctrinam, possum illum sanctorum communionis participem existimare.

3. **322** Illud enim cogita, vir admirande, veritatis corruptores, qui Arianum schisma in sanam patrum inducunt fidem, nullam aliam proferre causam, cur pium patrum dogma non recipiant, præter consubstantialis notionem, quam prave ipsi et ad fidei totius calumniam exponunt, dum Filium a nobis dictant secundum hypostasim consubstantialem asseverari. Illis si quam occasionem dederimus, dum ab iis abripimur, qui simplicitate magis quam malitia hæc aut his similia dicunt, nihil impedit quominus ineluctabiles in nos ansas præbeamus, eorumque roboremus hæresim, quibus hæc una exercitatio est, dum in Ecclesia loquuntur, non sua stabilire, sed nostra calumniari. Quænam autem hac calumnia gravior esse possit, et ad multos commovendos aptior, quam si qui ex nobis videantur Patris et Filii et Spiritus sancti unam hypostasim dicere, qui, etiamsi omnino personarum differentiam aperte doceant : quia tamen hoc ipsum prius usurpatum est a Sabellio, unum quidem hypostasi Deum esse dicente, sed sub diversis personis a Scriptura repræsentari, pro propria occurrentis subinde usus ratione ; ac nunc quidem paternas illam sibi accommodare voces, cum hujus personæ adest occasio : nunc vero eas quæ Filium decent, cum ad nostri suscipiendam curam, aut ad alias quasdam œconomicas operationes descendit : nunc tandem Spiritum induere personam, cum tempus

---

[8] Psal. cxii, 7. [9] I Tim. iii, 6. [10] I Cor. viii, 12.

[*] Alias CCCXLIX. Scripta anno 375.

proprias hujus personæ voces exposcit; si qui ergo etiam apud nos unum subjecto Patrem et Filium et Spiritum sanctum dicere deprehendantur, tres vero personas perfectas confiteri : quomodo non apertum et insuperabile videbuntur afferre argumentum, cur vera sint quæ de nobis dicuntur?

4. Quod autem hypostasis et essentia idem non sunt, id et ipsi, ut puto, subindicarunt Occidentales fratres, dum linguæ suæ angustias subvereti, essentiæ nomen lingua Græca tradiderunt; ut et, si qua esset sententiæ discrepantia, illa ipsa servaretur in clara et minime confusa nominum diversitate. Quod si et mihi quid sentiam breviter dicendum, illud dicam, quæ ratio est communi cum eo quod proprium, eamdem esse essentiæ cum hypostasi. Nam unusquisque nostrum et per communem essentiæ rationem esse participat, et per suas proprietates ille et ille exsistit. Ita et illic ratio quidem essentiæ communis, velut bonitas, divinitas, aut si quid aliud cogitatur : hypostasis vero in proprietate paternitatis, aut filiationis, aut potentiæ sanctificantis perspicitur. Si ergo personas dicunt non subsistere, per se absurda hæc doctrina : sin concedunt illas esse in vera hypostasi, quod fatentur, hoc etiam numerent, ut et consubstantialis ratio servetur in unitate divinitatis, et pietatis cognitio, Patris et Filii et Spiritus sancti, in perfecta et integra uniuscujusque eorum, qui nominantur, hypostasi prædicetur. Illud tamen tuæ dignitati persuasum volo, et te et quisquis simili veritatis cura tangitur, nec eos contemnit qui pro pietate decertant, exspectare debere, dum duces sint et auctores hujus conjunctionis ac pacis præfecti Ecclesiarum, quos ego columnas ac firmamentum veritatis et Ecclesiæ esse pono, et eo magis revereor, quo longius ablegati sunt, inflicto illis exsilio in pœnæ loco. Rogo itaque, serva te nobis ab anticipata opinione liberum, ut in te acquiescere valeamus, quem in omnibus baculum nobis et fulcrum Deus largitus est.

EPISTOLA CCXV*.

Nuntiat Basilius se Terentio protinus scripsisse : dehortatur Dorotheum ab itinere Romam suscipiendo, nisi mari utatur : dubitat an frater Gregorius ejusmodi legationem obire velit, aut ad utiliter obeundum idoneus sit.

Dorotheo presbytero.

Statim occasionem nactus, scripsi viro in primis admirando comiti Terentio, minus suspectum esse existimans per ignotos ad eum de propositis rebus scribere, simulque rei moram afferri nolens a charissimo fratre Acacio. Numerario officii præsidis dedi igitur epistolam cursu publico proficiscenti: cui etiam præcepi ut vobis prius litteras ostenderet. Iter autem Romam nescio quomodo nemo prudentiæ tuæ nuntiaverit hieme omnino confici non posse; cum interjecta a Constantinopoli usque ad fines nostros regio hostibus referta sit. Quod si utendum est mari, erit tempus; modo non recuset navigationem et de ejusmodi rebus legationem religiosissimus episcopus frater Gregorius. Ego enim, nec qui cum ipso proficiscantur video, et ipsum negotiorum ecclesiasticorum prorsus inexpertum cognosco; ac illius quidem congressum benigno ac miti viro venerabilem et in plurimo pretio fore; sed cum elato et sublimi et altius sedenti, quique propterea veritatem humi prædicantes audire non possit, quid rebus communibus prosit viri hujusmodi congressus, cujus mores ab illiberali adulatione alieni?

EPISTOLA CCXVI**.

Narrat Basilius peregrinationes a se susceptas, seque ad Terentium statim post reditum scripsisse, ut eorum fraudes edoceret, qui hunc comitem a Meletio abstrahere, et in partes suas allicere volebant.

Meletio, Antiochiæ episcopo.

Multæ nos et aliæ peregrinationes a patria avocarunt. Nam et in Pisidiam usque venimus, ut cum ejusdem regionis episcopis quæ **324** ad fratres Isauriæ spectant, componeremus. Atque inde nos in Pontum excepit peregrinatio, cum Dazimonem satis perturbasset Eustathius, multosque illic adduxisset, ut se ab Ecclesia nostra abscinderent. Sed et usque ad Petri mei fratris ædes me contuli : quæ cum Neocæsarea non longe distent, plurimæ perturbationis Neocæsariensibus causam attulerunt, mihi vero plurimæ contumeliæ materiam præbuere. Hi enim fugerunt, nemine persequente: nos autem videbamur cupiditate laudum ab ipsis consequendarum etiam invocati nos obtrudere. Postquam autem redivinus, ex imbribus ac molestiis plurima infirmitate collecta, statim nos ab Oriente litteræ exceperunt quibus significabatur, Paulino ab Occidente litteras quasdam, veluti cujusdam principatus tesseram, allatas fuisse, valdeque efferri hujus partis duces et gloriari de litteris; deinde etiam fidem proponere, ac ea conditione paratos esse cum nostra Ecclesia conjungi. Ad hæc mihi et illud nuntiatum est abduci ab illis in partium suarum studia virum longe præstantissimum, Terentium, cui celeriter scripsi, quantum in me fuit, impetum illius reprimens, ac fraudes illorum edocens.

EPISTOLA CCXVII***.

Redux e Ponto Basilius summum videndi Amphilochii desiderium significat, ac de nonnullis rebus ad Isauros spectantibus sententiam suam aperit. Tum venit ad canones, et in eo maxime constituendo immoratur, quot quisque annos in variis pœnitentium ordinibus traduceret.

Amphilochio, de canonibus.

Ex longo reversus itinere (abieram enim usque in Pontum negotiorum ecclesiasticorum causa et ut inviserem propinquos), cum et meum corpus confractum retulissem, et animo satis afflicturus, ubi primum pietatis tuæ litteras in manus sumpsi, omnium statim oblitus sum, et vocis mihi omnium

---

* Alias CCL. Scripta anno 375.
** Alias CCLXXII. Scripta eodem anno.

*** Alias III. Scripta anno 375.

jucundissimæ, et manus amicissimæ signis acceptis. Cum igitur litteris tuis sim ita recreatus, conjicere debes quanti faciam tuum congressum, quem utinam, Sancto moderante, consequar, ubi molestum non fuerit, ac nos ipse advocaveris. Neque enim, si ad ædes quæ Euphemiade sunt, accesseris, grave mihi erit in unum venire et molestias hic ingruentes fugienti et ad tuam **325** minime fucatam dilectionem festinanti. Fortasse autem mihi et alioqui necessitatem affert Nazianzum usque proficiscendi repentina religiosissimi episcopi Gregorii discessio, quæ quibus de causis acciderit, hactenus ignoro. Cæterum virum illum, de quo et ego cum tua præstantia locutus eram, quemque nunc ipse paratum esse speras, scias velim, diuturno morbo correptum, ac de cætero ipsis oculis laborantem, cum ex veteri morbo, tum ex ægritudine, quæ recens ei supervenit, inutilem omnino ad quælibet munia relictum esse. Alius autem non est apud nos. Quare satius est, etiamsi rem arbitrio nostro permiseritis, aliquem tamen ex illis ipsis designari. Nam credere par est, hæc quidem necessitatis esse verba, sed eorum animum id velle quod ab initio depoposcerant, ut suorum aliquis præficiatur. Quod si quis sit ex neophytis, sive Macedonio ita videatur, sive non, ille ordinetur. Informabis autem ipsum ad officium, Domino, qui tibi in omnibus opitulatur, etiam ad id gratiam largiente.

LI. Quod ad clericos attinet, indefinite canones exposuerunt, unam lapsis jubentes pœnam infligi, ejectionem a ministerio : sive in gradu fuerint, sive etiam in ministerio, quod manuum impositione non datur, permaneant.

LII. Quæ fetum in via editum neglexit, si cum servare posset, contempsit, aut peccatum inde celaturam se existimans, aut belluina et inhumana cogitatione utens, tanquam in homicidio judicetur. Sin autem eum fovere non potuit, et propter solitudinem rerumque necessariarum inopiam fetus interiit, matri est ignoscendum.

LIII. Vidua ancilla fortasse non multum lapsa est, quæ secundas nuptias per raptus speciem elegit. Quamobrem ob id incusanda non est. Non enim prætextus judicantur, sed voluntas. Illam autem, ut perspicuum est, manet digamiæ pœna.

LIV. Involuntariarum cædium discrimina scio me ante tempus pietati tuæ pro viribus descripsisse, neque his amplius quidquam dicere queo : est autem tuæ prudentiæ, pro casus cujusque **326** ratione pœnas intendere, aut etiam remittere.

LV. Qui in latrones ex adverso feruntur, si sint quidem laici, a boni communione arceantur ; si vero clerici, a gradu dejiciantur. *Quisquis enim*, inquit, *gladium acceptit, gladio peribit* [11].

LVI. Qui voluntarie interfecit, et postea pœnitentia ductus est, annis viginti sacramentorum non erit particeps. Viginti autem annis sic in eo dispensabuntur. Annis quatuor flere debet, stans extra fores domus orationis, et ingredientes fideles rogans, ut pro ipso precentur, suamque iniquitatem confitens. Post quatuor autem annos inter audientes recipietur, et quinque annis cum ipsis exibit. Annos septem una cum iis, qui in substratione sunt, orans egredietur. Annos quatuor stabit solum cum fidelibus, sed oblationis non erit particeps. His autem expletis particeps erit sacramentorum.

LVII. Qui non voluntarie interfecit, per decem annos sacramentorum non erit particeps. Anni autem decem sic in eo dispensabuntur. Duos quidem annos flebit, tres autem annos inter audientes perseverabit, quatuor substratus, et anno uno consistet tantum; et deinceps ad sancta admittetur.

LVIII. Qui mœchatus est, per quindecim annos sacramentorum non erit particeps : quatuor annis flens, quinque audiens, quatuor substratus, per duos consistens sine communione.

LIX. Fornicator septem annis sacramentorum non erit particeps, duobus flens, et duobus audiens, et duobus substratus, et uno consistens tantum : octavo ad communionem admittetur.

LX. Quæ virginitatem professa, a suo promisso lapsa est, peccati adulterii tempus in continentiæ præscripto complebit. Idem et in iis qui vitam monasticam professi sunt, et labuntur.

LXI. **327** Qui furatus est, siquidem sponte pœnitentia motus, seipsum accusarit, annum a sola sacramentorum communione arcebitur : sin autem convictus fuerit, annos duos. Dividetur autem ei tempus in substrationem et consistentiam; et tunc communione dignus habeatur.

LXII. Qui turpitudinem in maribus patravit, tempus illius qui adulterii scelus admisit, ei dispensabitur.

LXIII. Qui suam in brutorum concubitu impietatem confitetur, idem tempus in pœnitentia servabit.

LXIV. Perjurus annis decem non erit communionis particeps : annis duobus flens, tribus audiens, quatuor substratus, uno consistens tantum; et tunc communione dignus habebitur.

LXV. Qui præstigias vel veneficium confitetur, is homicidæ tempus in pœnitentia ducet ; et cum illo agetur, velut cum eo qui se ipse in hoc peccato prodit.

LXVI. Qui sepulcra effodit, annis decem carebit communione : duobus flens, tribus audiens, quatuor substratus, uno consistens : et tunc admittetur.

LXVII. Cum sorore coitus, homicidæ tempus in pœnitentia explebit.

LXVIII. Cognationis in humanis nuptiis prohi-

---

[11] Matth. xxvi, 52.

litæ conjunctio, si in peccatis deprehendatur, adulterorum pœnas subibit.

LXIX. Lector, si cum sua sponsa ante matrimonium commercium habuerit, postquam anno cessaverit, ad legendum suscipietur; non tamen ultra promovendus. Quod si absque desponsatione furtim coierit, cessabit a ministerio. Eadem et ministri ratio.

LXX. Diaconus qui pollutus est in labris, seque eo usque peccasse confessus est, a ministerio amovebitur; sed ei concedetur, ut cum diaconis particeps sit sacramentorum. Idipsum autem presbyter quoque. Si quid autem amplius quis peccasse deprehensus fuerit, in quocunque sit gradu, deponetur.

LXXI. Qui uniuscujusque prædictorum peccatorum conscius est, nec confessus, sed convictus est, tanto tempore, quanto malorum auctor punitus est, ipse quoque punietur.

LXXII. Qui se vatibus vel ejusmodi aliis tradit, ipse quoque homicidæ tempore punietur.

LXXIII. Qui negavit Christum et salutis mysterium violavit, toto vitæ suæ tempore (1) flere, et pœnitentiam agere debet, sic tamen, ut tempore quo e vita excedit, sacramento dignus habeatur ob fidem in Dei clementiam.

LXXIV. Quod si unusquisque eorum, qui in prædictis peccatis fuere, pœnitentiam agens, bonus evaserit, is cui a Dei benignitate ligandi atque solvendi credita potestas, si clementior fiat, perspecta illius qui peccavit pœnitentiæ magnitudine, ad diminuendum pœnarum tempus, non erit dignus condemnatione, cum ea quæ est in Scripturis, historia nos doceat, eos qui cum majore labore pœnitentiam agunt, cito Dei misericordiam consequi.

LXXV. Qui cum sua ex patre vel ex matre sorore pollutus est, in domum orationis ne permittatur accedere, donec ab iniqua et nefaria actione desistat. Postquam autem in horrendi peccati sensum et animadversionem venerit, triennio fleat, stans propter fores domus orationis, et rogans populum ingredientem ad orationem, ut unusquisque misericorditer pro ipso intensas ad Dominum preces fundat. Postea autem alio triennio ad solam auditionem admittatur, et, Scripturis doctrinaque auditis, ejiciatur, nec dignus habeatur oratione. Deinde, si modo illam cum lacrymis exquisierit, et Domino cum cordis contritione et valida humiliatione supplex prociderit, detur ei substratio per alios tres annos. Et, postquam pœnitentiæ fructus dignos ostenderit, anno decimo in fidelium orationes suscipiatur sine oblatione: et ubi annis duobus una cum fidelibus steterit ad orationem, ita demum dignus habeatur boni communione.

LXXVI. Eadem est ratio de iis quoque qui suas nurus accipiunt.

LXXVII. Qui relinquit legitime sibi copulatam mulierem, et aliam ducit, ex Domini sententia adulterii subjicitur judicio. Sed statutum est Patrum nostrorum canonibus, ut ii anno fleant, biennio audiant, triennio substernantur, septimo consistant cum fidelibus, et ita oblatione digni habeantur, si cum lacrymis pœnitentiam egerint.

LXXVIII. Eadem autem forma observetur et in eos qui sorores duas in matrimonium ducunt, etsi diversis temporibus.

LXXIX. Qui autem in suas novercas insaniunt, sunt eidem canoni obnoxii, cui et ii, qui insaniunt in suas sorores (2).

LXXX. Polygamiam Patres silentio prætermisere, ut belluinam, prorsusque ab hominum genere alienam. Ea autem nobis videtur peccatum esse fornicatione majus. Quapropter consentaneum est eos subjici canonibus, ut scilicet postquam anno fleverint, et tribus substrati fuerint, sic suscipiantur.

LXXXI. Quoniam autem multi in barbarorum incursione fidem in Deum violarunt, sacramenta gentilia jurantes, et nefanda quædam gustantes, quæ ipsis in magicis idolorum templis apposita fuere, ii secundum canones jam a Patribus nostris (3) editos dispensentur. Nam qui vim gravem per tormenta sustinuere, nec ferentes labores, ad negationem tracti sunt, tribus annis non recipiantur, et duobus audiant, et ubi annis tribus substrati fuerint, sic ad communionem admittantur. Qui vero sine magna vi fidem in Deum prodiderunt, mensamque attigerunt dæmoniorum, et gentilium sacramenta jurarunt, ejiciantur quidem tribus annis, duobus audiant: ubi vero annis tribus in substratione oraverint, et per alios tres cum

(1) Basilius, ut ipsius interpretes observant, etsi discedit a vetustiorum Patrum decretis, non tamen ab eorum mente discedit. Illi enim pacem dederunt post aliquot annorum pœnitentiam his qui persecutionis tempore Christum negaverant. At æquum fuit severiora in eos exempla statui, qui tranquillis temporibus hoc scelus admitterent.

(2) Prima specie non omnino perspicuum est utrum sorores ex utroque parente intelligat, an tantum ex alterutro. Nam cum in canone 79 eos qui suas nurus accipiunt non severius puniat, quam qui cum sorore ex matre vel ex patre rem habent, forte videri posset idem statuere de iis qui in novercas insaniunt. Sed tamen multo probabilius est eamdem illis pœnam imponi, ac iis qui cum sorore ex utroque parente contaminantur. Non enim distinctione utitur Basilius ut in canone 75; nec mirum si peccatum cum noverca gravius quam cum nuru, ob factam patri injuriam, judicavit.

(3) Ancyranos Patres designat, quorum magna videtur fuisse in Cappadocia et finitimis provinciis auctoritas. Quanquam in hoc tantum eos sequitur, quod eorum exemplo discrimen ponat inter eos, qui tormentis cesserunt, et eos qui facilius superati sunt. Nam Ancyrani Patres multo sunt leniores, ac iis qui solis supplicii aut bonorum direptionis aut exsilii minis cesserunt, non longiorem sexennio pœnitentiam imponunt, can. 6.

fidelibus ad orationem steterint, sic admittantur, ad boni communionem.

LXXXII. De iis etiam qui pejerarunt, si vi quidem atque necessitate juramenta transgressi sunt, pœnis levioribus subjiciuntur, sic ut post sex annos possint suscipi. Sin autem, vi non illata, fidem suam prodiderunt, ubi duobus annis fleverint et duobus annis audierint, et per quinque oraverint in substratione, et per alios duos sine oblatione ad precationis communionem fuerint admissi, ita demum, digna videlicet pœnitentia ostensa, in corporis Christi communionem restituentur.

LXXXIII. Qui vates consulunt, et consuetudines gentium sequuntur, aut aliquos in suas ædes introducunt ad remediorum inventionem, et ex piationem, hi in canonem cadant sexennii. Postquam anno fleverint, et anno audierint, et annis tribus fuerint substrati, et anno cum fidelibus steterint, sic admittantur.

LXXXIV. Hæc autem omnia scribimus, ut fructus probentur pœnitentiæ. Non enim omnino tempore dijudicamus res ejusmodi, sed ad modum pœnitentiæ attendimus. Quod si qui difficile avellantur a propriis moribus, carnisque voluptatibus servire malint quam Domino, et vitam secundum Evangelium instituere nolint, nulla est nobis cum illis communis ratio. Nos enim in populo inobsequenti et contradicenti edocti sumus audire : *Servans serva animam tuam* [14]. Ne igitur committamus, ut cum talibus pereamus : sed grave judicium formidantes, et terribilem retributionis Domini diem ob oculos habentes, ne velimus una cum alienis peccatis perire. Si enim nos non erudierunt terribilia Domini, nec tales plagæ adduxerunt, ut nos a Domino propter nostram iniquitatem derelictos, barbarorumque in manus traditos sentiremus, et populum apud hostes captivum abductum esse, ac dispersioni traditum, quia hæc audebant qui Christi nomen circumferunt : si non noverunt, neque intellexerunt, propterea venisse in nos iram Dei; quæ res nobis cum his communis est? Sed tamen obtestari eos et noctu et interdiu, et publice et privatim debemus ; nos autem simul abripi eorum improbitatibus, ne feramus, maxime quidem optantes eos lucrifacere, et a maligni laqueo eripere ; sed si hoc non possumus, studeamus saltem animas nostras ab æterna condemnatione servare.

331 EPISTOLA CCXVIII [*].

Basilius, paucis de Æliani negotio et de suo post iter Ponticum morbo præmissis, Amphilochium rogat, ut episcoporum Lyciæ, quos audierat ab Asianorum hæresi alienos esse, ac suam communionem amplecti velle, sententiam exploret, probo aliquo viro in hanc regionem misso.

Amphilochio, Iconii episcopo.

Illud quidem negotium, cujus causa venerat frater Ælianus, ipse per se confecit, nec ulla nostra ope indiguit. Duplicem autem a nobis iniit gratiam, et quod litteras pietatis tuæ attulit, et quod litterarum ad te occasionem nobis subministravit. Per eum igitur et tuam salutamus genuinam ac non imitabilem charitatem, ac rogamus ut pro nobis preceris, qui nunc, si unquam alias, precum tuarum ope indigemus. Nam meum corpus ex itinere Pontico confractum, morbo afflictatur intolerabili. Illud autem et dudum volebam tuæ prudentiæ notum facere, non quod alia potiore interpellante causa oblitus sim ; sed nunc commonefacio, ut virum diligentem digneris in Lyciam mittere, qui veræ fidei quinam sint sectatores exploret. Fortasse enim non sunt negligendi, siquidem vera sunt, quæ unus aliquis ex piis viris illinc ad nos venientibus narravit, eos ab Asianorum sententia prorsus alienos, communionem nostram amplecti velle. Si quis autem iturus est, perquirat Corydalis Alexandrum ex monacho episcopum, Limyræ Diatimum, Cyris Tatianum et Polemona et Macarium presbyteros, Pataris Eudemum episcopum, Telmesi Hilarium episcopum, Pheli Lollianum episcopum. Hos et plures adhuc indicavit mihi aliquis recte de fide sentire : ac gratias Deo habui plurimas, si qui omnino in Asiano tractu extra labem hæreticorum sint. Itaque si fieri potest, interim eos sine litteris exploremus : re autem perspecta, tum demum et litteras dabimus, curabimusque ut aliquem ex illis ad congressum nostrum advocemus. Cedant autem omnia commode ac prospere Ecclesiæ Iconiensi nobis desideratissimæ. Honorandum omnem clerum et eos qui una cum tua pietate sunt, per te salutamus.

332 EPISTOLA CCXIX [**].

Cum Basilius a Theodoro subdiacono didicisset dissensiones in clero Samosatensi exortas esse ; etsi sciebat Eusebium ea de re ad illos scripsisse, suum quoque illis dolorem significat, hortaturque ne laudem ex persecutione comparatam dissensionibus amittant.

Clero Samosatensi.

1. Qui omnia in pondere et mensura [15] definit nobis Dominus, et tentationes inducit [14] quæ vires nostras non superent, sed probat quidem pietatis athletas per afflictionem, nec tamen ultra quam ferre queunt, sinit tentari [15], datque potum in lacrymis in mensura [16] iis, qui debent ostendere, an in afflictionibus gratum Deo animum servent ; in hac maxime circa vos dispensatione suam benignitatem declaravit, non sinens vobis ab inimicis persecutionem ejusmodi inferri, quæ posset aliquos evertere, aut de fide in Christum commovere. Vos enim cum levibus et quos facile sit superare adversariis conjungens, præmium vobis patientiæ in illis vincendis præparavit. Sed communis ille nostræ vitæ hostis, qui suis artificiis benignitati Dei adversatur, postquam vos vidit va-

[13] Gen. xix, 17. [14] Sap. xi, 21. [14] Matth. vi, 13. [15] I Cor. x, 13. [16] Psal. lxxix, 6.

[*] Alias CCCCIII. Scripta anno 375. [**] Alias CCLXXX. Scripta anno 375.

lidi muri instar assultum extrinsecus contemnere, id, ut audio, excogitavit, ut inter vos mutuæ quædam offensiones et pusilli animi dissidia nascerentur : quæ initio quidem parva, et facile sanabilia, temporis progressu per contentionem aucta in malum prorsus insanabile vergere solent. Quapropter adductus sum ut per hanc epistolam vos adhortarer. Quod si fieri posset, venissem ipse, vosque per me ipse rogassem. Sed quia id tempora non sinunt, hanc vobis epistolam, veluti aliquod supplicantis insigne, prætendimus, ut adhortationes nostras reveriti, solvatis omnem inter vos contentionem, mihique cito bonum nuntium mittatis dimissarum inter vos offensionum.

2. Sciat enim hoc, velim, prudentia vestra, illum magnum esse apud Deum, qui se proximo humiliter submittit, ac citra verecundiam crimina in seipso recipit, etiamsi vera non sint, ut pacem, magnum illud emolumentum, Dei Ecclesiæ conciliet. Sit itaque inter vos certamen bonum, quis prior consequatur, ut filius Dei vocetur, hanc sibi dignitatem ob pacem compositam comparans. Scripsit autem et religiosissimus episcopus vobis quæ conveniunt, ac rursus scribet quæ ipsum decent. Verumtamen et nos, eo quod adhuc concessum sit, ut vobis propiores simus, negligere res vestras non possumus. Unde et cum advenisset religiosissimus frater Theodorus subdiaconus, dixissetque Ecclesiam in mœstitia esse ac perturbatione, tum valde contriti, **333** et imo cordis dolore perculsi, conticere non potuimus : sed vos adhortati sumus, ut omnem inter vos juris disceptationem projicientes, pacem componatis, ne afferatis lætitiam adversariis, neve hanc Ecclesiæ gloriationem prodatis, quæ nunc per totum terrarum orbem prædicatur, vos videlicet tanquam anima una et corde uno gubernatos, ita in uno corpore versari. Omnem Dei populum, honoratos et magistratus, et totius cleri cœtum per vestram pietatem salutamus, adhortamurque ut sui ipsorum semper permaneant similes. Nam incrementum nullum exposcimus, eo quod accessionem omnem jam ipsi per edita bonorum operum specimina excluserint.

EPISTOLA CCXX*.

Testatur Basilius clericis Berœensibus, se ad eorum amorem exarsisse, lectis eorum litteris, et ipsorum ac totius populi virtute cognita ex sermone Acacii presbyteri. Pacem illis orat post tot certamina, et ad perseverantiam hortatur.

Berœeis.

Magnum Deus præbuit solatium his, qui coram congredi non possunt, colloquium per litteras; ex quo discere est non corpoream effigiem, sed animi ipsius indolem. Unde et nunc, postquam pietatis vestræ litteras accepimus, simul et vos cognovimus, et vestri amorem corde concepimus, non opus habentes longo tempore ad consuetudinem conciliandam. Ex ipsa enim insita litteris sententia ad amorem pulchritudinis animæ vestræ exarsimus. Nam præter litteras, quæ quidem tales sunt, adhuc etiam fratrum internuntiorum habilis et apta indoles illustrius vestra nobis expressit. Nam desideratissimus atque religiosissimus compresbyter Acacius, plura quam scripsistis enarrans, et quotidianum vestrum certamen, strenuamque pro pietate dimicationem ipsis oculis subjiciens, tantam mihi incussit admirationem, ac tantum accendit desiderium vestris bonis perfruendi, ut Dominum rogem, tempus aliquando dari, quo propria etiam experientia rerum vestrarum statum cognoscam. Nuntiavit enim mihi non solum vestram, quibus commissum est altaris ministerium, accuratam agendi rationem, sed populi etiam totius concordiam, et eorum qui civitati præsunt, illiusque res gerunt, magnanimos mores, ac sincerum in Deum amorem ; adeo ut beatam prædicem Ecclesiam ex talibus constantem, ac nunc vehementius precer spiritalem vobis tranquillitatem concedi, ut quæ nunc certaminis tempore peregistis, iis tempore quietis fruamini. Solent enim quodammodo quæ in experiendo molesta sunt, voluptatem afferre recordantibus. Jam vero quod ad præsentia attinet, adhortor vos ut ne malis cedatis, neve animum ob continentes ærumnas despondeatis. Prope enim coronæ, et prope Domini auxilium. Cavete effundatis quæ jam exantlastis : neve irritum reddatis **334** laborem toto terrarum orbe celebratum. Brevissimus rerum humanarum status : *Omnis caro fenum, et omnis gloria hominis tanquam flos feni. Exaruit fenum, et flos decidit ; verbum autem Domini manet in æternum* [17]. Præcepto permanenti adhærentes, fluxam rerum speciem spernamus. Non paucas Ecclesias erexit vestrum exemplum. Multam nec opinantes vobis comparastis mercedem, dum rudiores ad parem æmulationem provocastis. Locuples est remunerator, ac potest vobis digna largiri certaminum præmia.

EPISTOLA CCXXI*.

Significat Basilius plebi Berœensi ad amorem, quo illos fama cognitos prosequebatur, plurimum accessisse ex eorum litteris. Laudat eorum constantiam, et perseverantiam illis precatur.

Berœeis.

Noveramus vos jam antea, desideratissimi, ex celeberrima vestra pietate et ex corona in Christi confessione comparata. Et forsan aliquis vestrum dicturus est : Ecquis hæc in regionem longe dissitam exportavit ? Dominus ipse : qui suos cultores instar lucernæ collocans in candelabro, perficit ut toto terrarum orbe eluceant. An non victores athletas celebrare solet palma victoriæ, et artifices operis solertia ? Quod si ob hæc et alia

---

[17] Isa. XL, 6-8.

* Alias CCXCIX. Scripta anno 375.

* Alias CCXCVIII. Scripta anno 375.

ejusmodi immortalis memoria permanet ; eos qui pie secundum Christum vivunt, de quibus ipsemet Dominus ait, *Glorificantes me glorificabo* [18], quomodo non illustres ac omnibus conspicuos reddet, una cum solis radiis explicans fulgurantis eorum gloriæ splendorem? Rursus nobis vestri desiderium majus attulistis litteris ad nos scriptis, et ejusmodi litteris, in quibus præter superiora pro pietate certamina divitem et vividiorem pro vera fide animi constantiam profudistis. De quibus una vobiscum gaudemus, simulque precamur, ut universorum Deus, cujus certamen, cujus pugna et per quem corona, ingeneret animi ardorem, corroboret animam, et opus vestrum ad perfectam apud ipsum approbationem perducat.

EPISTOLA CCXXII*.

Significat Basilius se lectis eorum litteris respirasse ex ærumnis, et cognita eorum adversus hæreticos, quos primi repulerunt, constantia ac cleri præeuntis et populi subsequentis consensu, acriores factum esse ad pugnas, quæ Cappadociæ imminent, sustinendas. Hortatur ut in hoc consensu perseverent.

Ad Chalcidenses.

Litteræ pietatis vestræ tales nobis afflictionis tempore acciderunt, qualis sæpe certatoribus equis, ferventissima meridie pulverem vehementi anhelitu in medio stadii attrahentibus, aqua ori infusa. Respiravimus enim ex continuis tentationibus, simulque verbis **335** vestris corroborati sumus, et certaminum vestrorum memoria firmiores facti, ut propositum nobis certamen nescio cedere animo subeamus. Enimvero incendium, quod plerasque Orientis partes devastavit, serpit jam et in nostram regionem, atque iis quæ circa nos sunt incensis, ad ipsas etiam Cappadociæ Ecclesias, quas antea fumus e viciniis locis ad lacrymas commovebat, pertingere conatur. Jam ergo et nos properat attingere : quod Dominus spiritu oris sui avertat, et mali illius ignis flammam intercidat! Quis enim tam timidus est et ignavus, aut in laboribus athleticis inexercitatus, ut non vestris acclamationibus ad certamen corroboretur, optetque vobiscum victor renuntiari? Vos enim priores pugnastis in pietatis stadio, ac multa repulistis tentamina hæreticarum pugnarum, et ingentem tentationum æstum pertulistis, tum vos Ecclesiæ coryphæi, quibus altaris cura commissa, tum singuli ex plebe et potentiores quique. Hoc enim in vobis et maxime admirandum est, et approbatione omni dignum, quod omnes unus estis in Domino, alii quidem præeuntes ad bonum, alii summo consensu sequentes. Unde et superiores estis adversariorum conatu, nullam præbentes ex ullo membro ansam adversantibus. Quapropter precamur noctu et interdiu Regem sæculorum, ut custodiat quidem populum in fidei integritate ; custodiat autem ei clerum, tanquam caput illæsum in summitate constitutum, subjectisque corporis membris providens. Oculis enim officio suo fungentibus, opera manuum affabre fiunt, et pedes sine offendiculo moventur, nulla corporis pars cura convenienti destituitur. Hortamur ergo vos, quod ipsum facitis et facturi estis, ut vobis invicem adhæreatis, ac vos, quibus animarum cura credita, singulos regatis, et tanquam filios charissimos foveatis : populus vero debitam patribus reverentiam et honorem vobis exhibeat, ut decoro Ecclesiæ statu conservetur robur vestrum, ac fidei in Christum firmamentum, glorificeturque Dei nomen, ac redundet et augeatur charitatis bonum. Nos autem, cum hæc audierimus, de vestro in Deo profectu lætemur : ac si quidem adhuc per carnem diversari in hoc mundo jubemur, vos etiam videamus aliquando in Dei pace : sin autem jubemur tandem de hac vita exire, vos in sanctorum splendore una cum his, qui laudem et gloriam per patientiam et per omnem bonorum operum demonstrationem consequuntur, coronatos videamus.

336 EPISTOLA CCXXIII*.

Rumpit silentium Basilius jam tribus annis servatum, suasque defert querelas, quod tcum redux in patriam ad amicitiam Eustathii sese applicuisset, et cum eo ejusque discipulis etiam episcopis amantissime vixisset, nunc ab eis omni maledicto et famosis epis olis dilaceretur. Demonstrat perinque eos facere, quod sibi hominis in Syria scribentis errores affingant, quia ante annos viginti unam huic homini scripserat epistolam : atque hanc agendi rationem eo iniquiorem esse, quod se tot locis de fide disserentem audierint, ut sua illos sententia latere non potuerit; atque etiam si latuisset, non tamen amicitiam sine certissimis argumentis rumpi debuisse. Hanc ergo odii germanissimam causam assignat, quod et sua communio, et fidei professio, quam ab illis acceperat, ad recuperationem potestatis illis obstarent. Denique addit argumenti loco prius illos epistolam ad alios quam ad se misisse.

Adversus Eustathium Sebastenum.

1. *Tempus*, inquit, *tacendi, et tempus loquendi*: sententia est Ecclesiastæ [19]. Itaque et nunc, cum satis diu siluerimus, tempus est os aperiendi, ut rerum latentium veritas in lucem edatur. Nam et magnus Job diu ille quidem calamitates pertulit silentio, fortitudinem animi hoc ipso demonstrans, quod in gravissimis malis perstaret. Sed cum satis in silentio decertasset, ac dolorem intimo corde premens perdurasset, tum demum os aperiens, ea dixit quæ omnibus nota sunt [20]. Et nobis igitur jam tertium hunc silentii annum æmulationi exstitit Prophetæ gloriatio dicentis: *Factus sum sicut homo non audiens, et non habens in ore suo redargutiones* [21]. Quapropter inclusimus in imo cordis nostri recessu inustum nobis ex calumnia dolorem. Nam revera calumnia virum humiliat, et calumnia circumfert pauperem [22]. Etsi igitur tantum est ex calumnia malum, ut et jam perfectum (hoc enim significat viri appellatione Scriptura) ex alto dejiciat, ac pau-

---

[18] I Reg. II, 30. [19] Eccle. III, 7. [20] Job III, 1, sqq. [21] Psal. XXXVII, 15. [22] Eccle. VII, 8.

* Alias CCXCVII. Scripta anno 375.   ** Alias LXXIX. Scripta anno 375.

perem circumferat, id est, cum, qui egregiorum dogmatum paupertate laborat (quemadmodum etiam prophetæ videtur, qui dicit : *Fortasse pauperes sunt, idcirco non audient, ibo ad opulentos* [13], pauperes vocans intelligentiæ inopes : hic etiam profecto eos, qui nondum in interiori homine perfecti sunt, nec ad perfectam ætatis mensuram pervenere, circumferri jactarique dicit proverbium), tamen existimabam me silentio molestias ferre debere, exspectans aliquam ex ipsis factis emendationem. Neque enim malitia aliqua, sed veritatis ignoratione existimabam hæc in nos dicta esse. Sed quia video simul cum tempore progredi inimicitiam, nec illos pœnitere eorum quæ ab initio dixerunt, nec quomodo præterita sanent, cogitationem ullam suscipere, sed nova opera, et facto agmine in id incumbere, quod sibi ab initio proposuere, **337** ut vitam meam affligant, et existimationem apud fratres artificiis suis contaminent; non jam amplius silentium mihi tutum videtur. Sed in mentem venit mihi illud Isaiæ, qui ait : *Silui, num et semper silebo, et sustinebo? Patiens fui sicut pariens* [14]. Utinam autem et nos silentii mercedem assequamur, et aliquam ad redarguendum vim atque facultatem recipiamus ; ut redarguendo exsiccemus amarum illum effusæ in nos falsæ accusationis torrentem; sic ut nobis quoque liceat dicere : *Torrentem pertransivit anima nostra* [15]. Et illud : *Nisi Dominus fuisset in nobis, cum insurgerent homines in nos, forsitan vivos deglutissent nos; fortasse aqua absorbuisset nos* [16].

2. Ego cum multum temporis impendissem vanitati, totamque fere juventutem meam perdidissem inani labore, quem in discendis infatuatæ a Deo sapientiæ disciplinis occupatus suscipiebam, ubi tandem aliquando velut ex alto somno expergefactus, respexi ad lumen admirabile veritatis Evangelii, ac vidi inutilitatem sapientiæ principum hujus sæculi, qui destruuntur [17]; miserabilem meam vitam plurimum deflens, optabam dari mihi disciplinam, quæ me ad pietatis dogmata introduceret. Ac mihi quidem ante omnia curæ erat, ut emendationem aliquam morum facerem, quos diuturna cum improbis consuetudo perverterat. Itaque cum legissem Evangelium, ibique perspexissem plurimum ad perfectionem valere, bona sua divendere, et cum egenis fratribus communicare, ac nulla prorsus hujus vitæ sollicitudine distringi, nec ulla affectione ad res terrenas animo converti ; cupiebam invenire aliquem ex fratribus qui hanc vitæ viam elegisset, ut una cum ipso brevem hujus vitæ fluctum transirem. Ac multos quidem inveni Alexandriæ, multos etiam in reliqua Ægypto, et in Palæstina alios et Cœlesyria ac Mesopotamia : quorum mirabar abstinentiam in victu, mirabar tolerantiam in laboribus, stupebam ad constantiam in precibus, quomodo somnum superarent, naturali nulla necessitate infracti : quomodo excelsam semper et indomitam animi sententiam servantes, in fame et siti, in frigore et nuditate [18], nusquam ad corpus conversi, nec ullam ei curam impendere volentes, sed tanquam in aliena carne viventes, reipsa ostenderent quid sit in hac vita peregrinari [19], et quid civitatem in cœlo habere [20]. Hæc cum mirarer, ac beatam putarem virorum vitam, quod factis ostenderent se mortificationem Jesu in corpore circumferre [21]; optabam et ipse, quantum possem attingere, imitator esse hominum illorum.

338 3. Quamobrem cum vidissem nonnullos in patria imitari illorum instituta conantes, mihi visus sum adjumenti aliquid reperisse ad meam salutem, et indicium ducebam eorum quæ non videntur, ea quæ videntur. Quoniam igitur obscura sunt in unoquoque nostrum, quæ in latebris versantur, arbitrabar satis magna esse argumenta humilitatis humilem vestem, mihique satis erat ad persuasionem vestimentum crassum, et zona, et e rudi corio calceamenta. Et cum multi abducerent me ad ipsorum consuetudinem, non ferebam, videns eos voluptariæ vitæ laboriosam præferre ; et ob insolitum vivendi genus morosus eram illorum laudis defensor. Unde nec de dogmatibus accusationes admittebam ; quamvis multi affirmarent non rectas illos habere de Deo sententias, sed a signifero vigentis nunc hæresis edoctos, illius clanculum spargere doctrinam : quæ cum ipse nunquam audissem, sycophantas existimabam qui hæc nuntiabant. Postquam autem deinceps vocati sumus ad gubernacula Ecclesiæ, datos mihi custodes et speculatores vitæ, sub specie auxilii et amicæ communionis, prætermitto, ne videar aut incredibilia dicens de me ipso detrahere, aut fidem faciens, causam afferre credentibus, cur humanum genus oderint. Quod et mihi pene contigisset, nisi me præoccupassent Dei miserationes. Prope enim factum est ut omnes mihi in suspicionem venirent, nec fidem apud quemquam esse crederem, dolosis vulneribus animo perculsus. Sed tamen videbatur interim aliqua nobis inesse species consuetudinis cum illis, atque etiam disputationes habitæ inter nos de dogmatibus semel atque iterum ; ac visi sumus inter nos non pugnare, sed consentire. Invenerunt autem nos easdem de fide in Deum voces proferre, quas omni tempore ex nobis audierant. Etsi enim aliæ res meæ gemitibus dignæ : at certe de hoc uno gloriari audeo in Domino, quod nunquam falsas habuerim de Deo opiniones, nec aliter sentiens postea dedidicerim. Sed quam a puero accepi notionem de Deo a beata mea matre et avia Macrina, eam crescentem in meipso

[13] Jer. v, 4. [14] Isa. xlii, 14. [15] Psal. cxxiii, 5. [16] ibid. 1-4. [17] I Cor. ii, 6. [18] II Cor. xi, 27.
[19] Hebr. xi, 13. [20] Phil. iii, 20. [21] II Cor. iv, 10.

continebam ; neque enim alias ex aliis mutavi, trem, ubi velut amici inter nos degebamus, noctuque et interdiu colloquia habebamus inter nos? Num quidpiam affine in animo habere deprehensi sumus? Quando vero beatum Silvanum simul visitabamus, nonne iter nobis de his rebus sermones habuit? Eusinoe itidem, quando una cum pluribus episcopis Lampsacum profecturi, me accersivistis, nonne de fide erant sermones? Nonne omni tempore notarii tui mihi aderant adversus hæresim dictanti? nonne charissimi tui discipuli mecum omni tempore fuerunt? Quid, cum fraternitates inviserem, **340** unaque cum illis in precationibus pernoctarem, disserens et audiens semper de Deo sine contentione, an non accurata exhibui sententiæ meæ argumenta? Quomodo ergo tanti temporis experientia minor esse visa est putrida adeo ac infirma suspicione? Quem autem te priorem ac potiorem animi mei testem esse oportebat? Quæ Chalcedone de fide a nobis dicta sunt, quæ sæpenumero Heracleæ, quæ prius in Cæsareæ suburbio, an non ex nostra parte consona sunt omnia? an non omnia inter se consentiunt? nisi quod incrementi, ut dixi, aliquid ex profectu conspicitur in sermonibus : quod immutatio non est ex deteriore in melius, sed eorum quæ deerant complementum ex scientiæ accessione²⁹. Quomodo autem illud etiam non cogitas, patrem non acceptorum peccatum filii, neque filium peccatum patris accepturum ; sed in suo quemque peccato morituram? Mihi autem neque pater est is qui apud te male audit, neque filius. Neque enim magister meus fuit, neque discipulus. Quod si oportet parentum peccata filiis criminia fieri, multo æquius ut quæ sunt Arii, in ejus discipulos vertantur, et si quis Aetium genuit hæreticum, in caput parentis resiliant filii criminationes. Sin autem injustum est propter illa quempiam culpari, multo profecto justius est, ut ob eos qui ad nos non pertinent, in judicium non vocemur, si tamen peccaverunt omnino, si quid ab ipsis scriptum est condemnatione dignum. Venia enim mihi danda non credenti quæ adversus illos dicuntur ; siquidem mea ipsius experientia quanta sit ad calumniam proclivitas accusatorum declarat.
cum adolevit ratio ; sed tradita mihi ab ipsis principia perfeci. Ut enim semen, dum crescit, majus quidem ex parvo fit, sed tamen idem est in semetipso, nec secundum genus mutatur, sed incrementis perficitur : ita et mihi arbitror eamdem doctrinam proficiendo auctam fuisse, nequaquam autem in illius locum quæ ab initio fuerat, eam quæ nunc est successisse. **339** Quare suam ipsorum perscrutentur conscientiam, animo intueantur Christi tribunal, an aliquando aliquid aliud ex nobis audierint, quam quod nunc dicimus; qui nunc nomine pravæ doctrinæ nos decantarunt, et famosis epistolis, quas contra nos conscripsere, omnium aures obtuderunt ; unde et nobis imposita necessitas hujus defensionis.

4. Accusamur enim blasphemiæ in Deum, cum neque ex scripto antea de fide a nobis edito argui possimus, neque ex iis quæcunque sine scripto in Ecclesiis Dei viva voce palam et aperte semper disseruimus. Sed nec testis inventus, qui se ex nobis arcano loquentibus impii quidquam audivisse diceret. Unde igitur condemnamur, si nec scribimus impie, nec concionamur damnose, neque in domesticis colloquiis eos, qui nos conveniunt, pervertimus? O novum commentum! Ille, inquit, in Syria nonnulla scripsit haud pie : tu vero scripsisti ei ante viginti annos et amplius. Tu igitur communicator es hominis, et illius crimina etiam tua sint. At, o amice veritatis homo, qui mendacium fœtum esse diaboli edoctus es, quomodo persuasum habes meam esse illam epistolam? Non enim misisti, nec interrogasti, nec a me, qui tibi verum dicere poteram, didicisti. Sed etiamsi meæ essent litteræ, unde compertum tibi est, volumen illud, quod nunc in manus tuas incidit, æquale esse litteris meis? quis tibi dixit viginti esse annorum id volumen? unde etiam exploratum est, illius ipsius hominis esse scriptionem, ad quem et a me missa epistola? Quod si et ille scriptor est, et ego ad illum scripsi, et unum ac idem tempus mearum litterarum et hujus scripti, suscepisse me illud animo, ejusque sententiam in meipso tenere, quo liquet argumento?

5. Percontare te ipse : quoties me invisisti in monasterio ad Iridem fluvium, cum mecum una adesset religiosissimus frater Gregorius, idem ac ego vitæ institutum sequens? Num quid ejusmodi audivisti? num significationem accepisti parvam aut magnam? Quot autem dies in vico, qui est ad aliam fluvii ripam, transegimus apud meam ma-

6. Nam etiamsi decepti, meque existimantes consortem esse sententiæ eorum, qui conscripserunt illa Sabellii verba, quæ ab ipsis circumferuntur, ad accusandum me venissent; ne sic quidem venia digni essent, quod ante manifesta indicia, protinus maledictis figant ac vulnerent homines, nullius injuriæ reos (2), ne dicam, arctissima amicitia conjunctos ; tum quia qui falsas in seipsis nasteria invisisse; sed fidem suam ex his quæ illic disseruit, exploratam Eustathio esse debuisse : quod argumento est monachos illos Eustathio subjectos fuisse, vel saltem amicos et familiares.

(1) Interdum hac voce designantur Ecclesiæ, velut in epist. 226, ubi Eustathius dicitur suas adversus Eudoxium litteras ad omnes fraternitates misisse. Interdum etiam monasterium vocatur fraternitas, ut in epist. 257. Monasteria, quibus præerat Eustathius, vel saltem quibuscum amicitia conjunctus erat, hoc loco indicari crediderim. Id enim probant et noctes in precibus traductæ et mutua de rebus divinis colloquia. Non dicit Basilius se una cum Eustathio hæc mo-

(2) Nemo non videt quantum repugnet hæc scriptura historiæ S. Basilii ac nominatim pluribus locis hujus epistolæ, ex quibus patet Basilium cum Eustathio ejusque discipulis arctissima conjunctum amicitia fuisse : nedum se eorum consuetudine usum neget.

habent suspiciones, id argumento est, eos a Spiritu sancto non duci. Multa enim animo volvenda, multæ noctes ducendæ sunt insomnes, multisque cum lacrymis a Deo veritas exquirenda est ei, qui se ab amicitia fratris abscindere meditatur. Nam si mundi hujus judices, quando facinorosum quempiam morti addicturi sunt, removent vela, et peritissimos **341** quosque ad rei propositæ considerationem advocant, ac multum temporis insumunt, nunc quidem legis austeritatem intuentes, nunc vero naturæ communitatem reverentes, ac dum multum ingemiscunt, et necessitatem deplorant, indicium omnibus faciunt invitos se legi servire, neque ex libidine sua sententiam ferre damnantem ; quanto rem majore diligentia ac sollicitudine et cum pluribus deliberatione dignam existimare debet, qui se a fratrum amicitia longo tempore confirmata abrumpere meditatur? At una epistola eaque ambigua. Neque enim dixerint ex subscriptionis signis eam sibi cognitam esse, qui profecto non eam quæ primo scripta est, sed exemplum in manus acceperunt. Ex epistola igitur una, eaque vetusta. Anni enim sunt hactenus viginti, ex quo aliquid ad virum illum scriptum est. Interjecto autem illo tempore talem sententiæ meæ ac vitæ testem habeo neminem, quales qui nunc in me inveluntur accusatores.

7. At enim epistola separationis causa non est, verum alia est disjunctionis ratio, quam equidem referre verecundor, ac semper siluissem, nisi ea quæ nunc gesta sunt, necessitatem mihi attulissent totius eorum consilii ob multorum utilitatem oculis exponendi. Existimarunt boni viri impedimento sibi esse ad recuperationem potestatis communionem nostram. Et quia fidei quadam subscriptione præoccupati sunt, quam nos ipsis proposueramus, non quod ipsi illorum sententiæ diffideremus (fateor enim), sed quod suspiciones, quas de illis multi ex unanimis nostris fratribus habebant, sanare vellemus ; ne quid ex illa confessione videatur ipsis impedimenti occurrere, quominus ab iis qui nunc dominantur, suscipiantur, communionem nobis renuntiarunt ; ac materia disjunctionis, hæc epistola excogitata est. Indicium autem eorum, quæ dico, manifestissimum est, quod cum proscripsissent nos, et querelas, ut ipsis libebat, contra nos finxissent, antequam ad nos litteras mitterent, eas quoquoversum sparserint. Septem namque dies priusquam in nostras manus perveniret, visa est illorum epistola apud alios, **342** qui eam ab aliis acceptam ad alios missuri erant. Ea enim statuerant ipsam ab altero alteri tradi, ut celeriter in universam regionem distribueretur. Atque hæc dicebantur quidem jam tum ab iis, qui illorum agendi rationem manifestissime nobis annuntiarunt. Censuimus tamen silendum esse, donec qui arcana revelat, clarissimis atque evidentissimis argumentis consilia ipsorum proderet.

---

*Alias CCCXLV. Scripta anno 375.

EPISTOLA CCXXIV*.

Exponit astutiam Eustathii, qui epistolæ conviciis in Basilium refertæ hæretica verba subjecerat, tacito auctoris nomine, ut ipse Basilius auctor esse videretur. Objectam sibi communionem cum Apollinario re ellit, suamque sententiam declarat, cum omnibus notam esse ac ipsi etiam Eustathio; tum facile perspici posse ex ipsa illa fide, cui Eustathius subscripsisse se dolebat, nec tamen dolorem suum palam testari audebat, quamvis revera ab hac fide discessisset, et aliam omnino contrariam Gelasio tradidisset.

Genethlio presbytero.

1. Accepi litteras pietatis tuæ, et laudavi appellationem, qua apte nominasti scriptum ab illis libellum, cum libellum repudii appellasti. Quem quidem qui scripsere, quam sibi paraverint pro eo defensionem apud Christi tribunal, quod decipi non potest, intelligere non possum. Nam accusationem in me proferentes, meque perstringentes vehementer ; narrantes quæ volebant, non quæ veritati consona ; plurimam præ se humilitatem ferentes, mihi superbiæ tumorem affingentes, quod eos, qui missi ab ipsis fuerant, non excepissem, falsa omnia, aut saltem pleraque ne periculose loquar ; tanquam hominibus, et non Deo suadentes, quærentesque placere hominibus, et non Deo, apud quem nihil veritate pretiosius, ita conscripserunt. Deinde scriptis in nos litteris hæretica verba subjecerunt, celato impietatis auctore, ut multi ac simpliciores ex præmissa in nos accusatione nostra esse crederent, quæ subjuncta fuerant ; propterea quod, qui nos artificiose calumniantur, prætermisissent nomen parentis pravorum dogmatum, ac simplicioribus suspicandum reliquissent, nos esse qui hæc aut excogitavimus aut scripsimus. Itaque ut hæc vobis explorata sint, adhortor ut nec ipsi turbemini, et vacillantium perturbationem sedetis ; quanquam non ignoro defensionem meam non facile admissum iri, eo quod nefaria maledicta, a personis auctoritate pollentibus in nos effusa, aures præoccupaverint.

2. Quod autem nostra non sunt, quæ ut nostra circumferuntur, arbitror equidem, etsi furor in me conceptus omnino rationi eorum tenebras offundit, quominus quid utile sit videant, **343** tamen si a vobis ipsis interrogentur, nequaquam fore ut ita perealleant et obdurescant, ut audeant mendacium eloqui suo ipsorum ore, ac mea esse scripta illa dicere. Quod si mea non sunt, cur condemnor ob aliena? Sed dicturi sunt communicatorem Apollinarii me esse, ac ejusmodi dogmatum pravitatem animo amplecti. Reposcantur ab eis argumenta. Nam si cor humanum scrutari sciunt, hoc ipsum profiteantur, et vos agnoscite verum ab illis in omnibus dici. Sin autem ex rebus apertis et ante omnium oculos positis meam arguunt communionem, ostendant aut canonicas litteras a me ad ipsum missas, aut ab illo ad me, aut clericorum nobiscum commercia, aut quempiam eorum ad precum communionem an unquam admise-

rim. Quod si epistolam proferunt, cæterum ante annos viginti quinque ad ipsum scriptam, a laico ad laicum, et ne hanc quidem ut a me scripta est, sed adulteratam, a quibus autem, Deus scit; hinc manifeste injuriam agnoscite, quod episcopus nullus accusatur, si quid laicus in re indifferenti minus considerate scripserit: idque non de fide quidquam: sed simplex scriptum amicam habens salutationem. Forte autem et ipsi comperiuntur et ad gentiles et ad Judæos scripsisse, nec crimen sustinere. Nam ad hunc usque diem nemo de re ejusmodi in judicium vocatus est, de qua nos ab iis qui culices percolant[33], condemnamur. Quod igitur neque hæc scripsimus, neque probavimus, sed et anathematizamus eos, qui pravam hanc tenent sententiam, hypostaseon confusionem, in qua maxime impia hæresis Sabellii renovata est; id quidem notum est Deo, qui corda cognoscit; notum et fraternitati omni, quæ meæ humilitatis periculum fecit. Imo etiam illi ipsi, qui me nunc vehementer incusant, suam ipsorum conscientiam perscrutentur, ac noscent me a puero longe ab ejusmodi dogmatibus remotum fuisse.

3. Quid autem sentiam, si quis requirat, id perspiciet ex illo scripto, cui apposita est eorum propria manu subscriptio, quam dum volunt delere, mutationi suæ latebras in calumniis nostris quærunt. Non enim fatentur se pœnitere, quod tradito ipsis a me libello subscripserint: sed mihi inferunt crimina impietatis, rati neminem videre, prætextum esse ipsorum a me disjunctionem; at revera eos a fide defecisse, quam sæpe coram multis scripto professi, tandem et a me traditam susceperunt, ac iis subscripserunt, quæ omnibus legere licet, et ab ipsis scriptis edoceri veritatem. Manifestum autem illorum erit propositum, si quis post subscriptionem, quam nobis dederunt, legat fidem quam Gelasio tradidere, et animadvertat quantum hæc ab illa confessio differat. Quocirca qui tam facile in contraria vertuntur, ne scrutentur alienas festucas: sed trabem in suo ipsorum oculo hærentem ejiciant[34]. Cæterum plenius in alia epistola de omnibus respondemus et docemus: quæ quidem plura desiderantibus satisfaciet. Vos autem in præsentia acceptis his meis litteris, tristitiam omnem deponite, et charitatem erga nos confirmate[35], ob quam vobis conjungi vehementer ambio. Mœror autem mihi maximus et dolor animo insolabilis, si tantum apud vos potuerint calumniæ, quibus impugnor, ut refrigerent charitatem, nosque ab invicem abalienent. Valete.

EPISTOLA CCXXXV[*].

Cum Gregorius Nyssenus jussu Demosthenis ob Philocharis calumnias a militibus comprehensus fugisset, vicarium placare conatur Basilius, eique demonstrat factum Gregorii nec publicæ rei nec ecclesiasticæ nocere. Si enim de pecuniis agatur, paratos esse pecuniæ sacræ custodes ra-

---

[33] Matth. XXIII, 24. [34] Matth. VII, 4. [35] II Cor. II, 8.

[*] Alias CCCLXXXV. Scripta anno 375.

tionem reddere; sin autem de ordinatione, non Gregorii culpam esse, qui invitus ordinatus est, sed eorum qui ordinaverunt, quorum proinde necessaria præsentia. Rogat ergo ne se infirmum et senem in alienam provinciam trahat, et cum episcopis, quibuscum nondum pax composita, convenire cogat.

Demostheni, aliorum episcoporum nomine.

Plurimas semper gratias habemus Deo et imperatoribus curam nostri gerentibus, quandocunque videmus patriæ nostræ gubernacula viro commissa, primum quidem Christiano, deinde moribus recto, et accurato legum custodi, secundum quas in humanis rebus vivimus. Sed præcipue adventu tuo hanc gratiam Deo et dilecto Deo imperatori retulimus. Cum autem sensissemus, nonnullos pacis inimicos meditari reverendum tuum tribunal contra nos commovere, exspectavimus dum vocaremur a tua magnanimitate, ut disceres veritatem a nobis; si tamen velit summa tua prudentia rerum ecclesiasticarum sibi vindicare examina. Sed postquam nos tribunal contempsit, nostrum autem fratrem ac comministrum Gregorium commota tua potestas ob Philocharis calumnias abripi jussit: ac ille quidem mandato obtemperavit, (qui enim non obtemperasset?) at lateris dolore correptus, ac præterea ob frigus, quod colleg't, consueta infirmitate renum ei superveniente, coactus est, inexorabilibus militibus eum detinentibus, corporis curandi causa, et leniendorum intolerabilium dolorum, in quietum aliquem locum transferri: ea de causa venimus omnes amplitudini tuæ supplices, ut ne tibi occursus dilatus indignationem moveat. Nam nec publicæ res pejus se habuerunt ex nostra dilatione, neque inde ecclesiasticæ quidquam detrimenti acceperunt. Quod si de pecuniis quasi essent dissipatæ, agitur; ibi sunt pecuniarum sacrarum custodes, rationes his qui voluerint parati reddere, et eorum calumniam detegere, qui accuratum tuum auditum non timuerunt. Facile enim illis est ex ipsis beati episcopi scriptis manifestam veritatem quærentibus facere. Sin autem est aliquid aliud canonicum, quod examine indigeat, idque magnanimitas tua audire ac judicare vult; nos omnes adesse necesse est, quia si quid deficit eorum quæ ad canones spectant, culpam sustinent qui ordinavere; non is qui omni imposita necessitate ministerium suscipere coactus est. Quare te obsecramus, ut nobis auditum serves in patria, nec pertrahas in exteram regionem (1), neque necessitatem imponas conveniendi cum episcopis, quibuscum nobis de quæstionibus ecclesiasticis nondum convenit. Simul etiam ut parcas senectuti nostræ ac infirmitati rogamus. Nam, Deo volente, experientia ipsa cognosces nihil, neque parvum neque magnum quod ad canones attineret, in episcopi ordinatione omissum fuisse. Optamus igitur, ut sub tua administratione, ipsa etiam cum fratribus nostris concordia

---

(1) Erat tunc vicarius in Galatia, ubi synodum im-

et pax componatur : qua nondum constituta, molestus est nobis etiam ipse congressus, propterea quod multi ex simplicioribus nostra inter nos dissensione læduntur.

EPISTOLA CCXXVI.

Cum videret Basilius silentium suum a pluribus in deteriorem partem accipi, monachos hortatur ne se calumniis præoccupari sinant, sed potius veritatem ante oculos positam intueantur ; siquidem Eustathius, qui Arianos acerrime insectatus fuerat, nunc cum illis conjungitur compendii sui causa. Demonstrat hanc veram esse causam dissidii, non quod illi rescriptum non fuerit, ejusque chorepiscopi non suscepti, sed quod gratiam ab Euzoio inire voluerit. Hinc et fidem Nicænam exagitat, cui olim subscripserat, et Basilii de Spiritu sancto doctrinam novitatis accusat, eumque ob scriptam ante annos viginti ad Apollinarium salutandi causa epistolam condemnat. Tantam nequitiam litteris suis comprimi posse non putat Basilius, sed a monachis rem factu facilem petit, ut verum, ut par est, examinent.

Monachis suis.

1. Potest quidem sanctus Deus et congressus lætitiam nobis largiri, qui semper et videre vos et de rebus vestris audire cupimus: quandoquidem nulla alia in re animus noster acquiescit, nisi in profectu vestro, ac perfectione in Christi mandatis. Interea vero, dum hoc nobis non conceditur, necessarium ducimus, per germanissimos ac Domini metuentes fratres vos invisere, et cum vestra dilectione per litteras colloqui. Hanc **346** ipsam igitur ob causam misimus religiosissimum ac charissimum fratrem nostrum et laboris evangelici consortem Meletium compresbyterum, qui vobis narrabit desiderium, quo vos prosequimur, ac sollicitudinem animæ nostræ: quippe cum noctu ac interdiu Dominum rogemus [36], ut probati et spectati sitis, ut et nos habeamus fiduciam in die Domini nostri Jesu Christi ob vestram salutem, et vos effulgeatis in splendore sanctorum, cum opus vestrum sub justo Dei judicio expendetur. Simul autem multum nobis sollicitudinis injicit præsentis temporis difficultas, in quo Ecclesiæ omnes commotæ sunt, et omnes animæ cribrantur. Aperuerunt enim nonnulli immodice ora sua adversus conservos. Prædicatur libere mendacium, veritas absconditur. Et accusati quidem condemnantur sine judicio, accusatoribus vero creditur sine examine. Unde et ego cum audissem multas in me circumferri epistolas, quæ pungunt et decantant et de rebus insimulant, pro quibus parata nobis apud veritatis tribunal defensio, tacere equidem statui ; quod et præstiti. Tertius enim jam hic annus est, ex quo verberatus calumniis flagella accusationis perfero ; contentus quod Dominum, qui arcana novit, calumniæ testem habeam. Sed quia video multos jam silentium nostrum ad calumniarum confirmationem accepisse, nec nos patientia existimasse adductos silere, sed quod contra veritatem hiscere non possimus ; idcirco scribere vobis aggressus sum, obsecrans vestram in Christo dilectionem, ut concinnatas ab una parte calumnias non omnino admittatis ut veras : quandoquidem, ut scriptum est, neminem lex judicat, nisi prius audiat, et cognoscat quid fecerit.

2. Quanquam æquo quidem judici res ipsæ sufficiunt ad declarandam veritatem. Quare etiamsi nos taceamus, licet vobis respicere ad ea quæ fiunt. Qui enim nos doctrinæ pravæ insimulant, hi nunc aperte visi sunt hæreticorum partibus adjuncti : qui nos ob aliena scripta condemnant, confessionibus suis, quas nobis scriptas tradidere, adversari comperiuntur. Considerate consuetudinem eorum, qui hæc audent ; mos enim illis est semper ad potentiorem partem transfugere, et infirmiores quidem amicos conculcare, colere autem potentes. Nam qui celeberrimas illas epistolas contra Eudoxium totamque ejus factionem conscripserunt, et ad omnes fraternitates transmisere, quique obtestati sunt, ut eorum fugeretur communio, tanquam animarum pernicies, ac circo latas de sua depositione sententias non admiserunt, eo quod **347** ab hæreticis latæ essent, uti tunc nobis persuadebant ; ii nunc omnium obliti, una cum ipsis versantur. Neque ullus illis relinquitur negandi locus : manifeste enim nudarunt suum ipsorum propositum, cum Ancyræ in domibus communiones eorum amplexi sunt, eo quod publice ab illis nondum recepti sint. Itaque eos interrogate, si nunc orthodoxus Basilides Ecdicii communicator, cur ex Dardania revertentes, altaria illius in Gangrenorum regione subverterint, et mensas ipsi suas posuerint : cur etiam hactenus insectati sint Ecclesias Amaseæ et Zelorum, ac per se ipsi presbyteros illic ac diaconos constituerint ? Etenim si ut cum orthodoxis communicant, cur ut hæreticos insectantur ? sin autem hæreticos existimant, cur communionem eorum non aversantur ? Nonne hoc, fratres cum primis colendi, vel pueri clare perspiciant, semper eos compendii causa facere, ut aliquos accusent, aut commendent ? Et a nobis itaque defecerunt, neque id indignantes, quod non rescripserimus (illud enim est quo se maxime offensos dicunt fuisse), neque quod chorepiscopos quos se misisse aiunt, non exceperimus. Verum Domino ra-

---

[36] Coloss. 1, 9.

piorum coegerat, ut discimus ex epist. 237. Favebat Basilii petitioni lex data a Valente, anno 373 : *Ultra provinciæ terminos accusandi licentia non progrediatur. Oportet enim illic criminum judicia agitari, ubi facinus dicatur admissum. Peregrina autem judicia præsentibus legibus coercemus.* Cod. Theod. lib. IX, tit. 1, leg. 10. Crediderim hac lege vicarios potius coerceri, quam præsides, ut existimat Gothofredus. Nam reos ex remota provincia pertractos opprimere multo facilius fuit vicariis, qui plures provincias regebant, quam præsidibus qui unicam administrabant.

* Alias LXXIII. Scripta anno 375.

tionem reddent, qui hoc comminiscuntur. Missus enim unus aliquis Eustathius, cum litteras tradidisset cohorti Vicarii, ac dies tres in urbe commoratus esset; ad sua reversurus, multo jam vespere, dormiente me, dicitur ad nostras ædes venisse. At dormire me cum audisset, abiit, nec jam postridie ad me accessit : sed ad hunc modum suo erga nos officio perfunctorie expleto, rediit. Atque hoc est crimen, quod nos commisimus, et patientes illi homines delictum illud præterita nostra servitute, quam ipsis in dilectione servivimus, non compensarunt : sed iram in nos suam usque adeo incenderunt ob hoc erratum, ut nos ab omnibus orbis terrarum Ecclesiis, saltem quantum in ipsis fuit, excommunicari fecerint.

5. At revera non ea est dissidii causa : sed quia existimarunt tum demum se Euzoio probatum iri, si ipsi se a nobis abalienarent, illas sibi ipsis causas excogitaverunt, ut aliquam apud illos commendationem ex bello nobis indicto reperirent. Ii nunc et de Nicæna detrahunt **348** fide, nosque vocant *homoousiastas*, quia in illa fide unigenitum Filium Deo et Patri *homoousion* confitemur, non quod una essentia in duo fraterna sit divisa, absit! non enim id cogitavit sancta illa ac Deo dilecta synodus, sed quia quod est Pater secundum essentiam, hoc et Filius intelligi debet. Sic enim nobis illi exposuerunt, cum dixerunt : *Lumen de lumine*. Est autem Nicæna fides, allata ab ipsis ex Occidente formula, quam Tyanensi synodo tradiderunt, a qua et suscepti sunt. Sed habent sapientem quamdam regulam ad suas ejusmodi mutationes, ut fidei verbis, non secus ac medici, utantur pro tempore, aliter alias sese ad propositos morbos accommodantes. Cujus sophismatis imbecillitatem non me arguere, sed vos decet intelligere. Dabit enim vobis Dominus intelligentiam [37], ut cognoscatis quæ recta sit doctrina, et quæ obliqua ac perversa. Si enim aliam alias fidei formulam scribere decet, et cum tempore immutari, falsa est sententia dicentis : *Unus Dominus, una fides, unum baptisma* [38]. Sin hæc vera sunt, nemo vos decipiat inanibus his verbis [39]. Nos enim calumniantur, quasi novi aliquid tradamus de Spiritu sancto. Rogate igitur quænam illa novitas. Confitemur enim nos, quod et accepimus, cum Patre et Filio conjunctum esse Paracletum, nec cum creatura numerari. Nam in Patrem et Filium et Spiritum sanctum credimus, atque in nomine Patris et Filii et Spiritus sancti baptizamur. Quapropter nunquam Paracletum ab illius cum Patre et Filio conjunctione avellimus. Mens enim nostra a Spiritu illustrata ad Filium respicit, et in illo velut in imagine Patrem videt. Neque igitur nomina ex nobis ipsis comminiscimur, sed Spiritum sanctum Paracletum nominamus, neque debitam ei gloriam destruere volumus. Vere omnino hæc nostra sunt. Horum gratia qui accuset, accuset : qui nos persequitur, persequatur : qui fidem habet calumniis quibus impetimur, paratus sit ad judicium. Dominus prope est, nihil solliciti sumus [40].

4. Si quis in Syria scribit, hoc nihil ad nos. *Ex tuis enim*, inquit, *verbis justificaberis, et ex verbis tuis condemnaberis* [41]. Mea me verba judicent; propter alienos vero errores nemo nos condemnet, neque ante viginti annos scriptas a nobis epistolas proferat, ut demonstret nunc communicatores nos esse eorum qui ista scripserunt. Nos enim, antequam hæc scriberent, laici ad laicos scripsimus, antequam vel suspicionem ejusmodi quisquam in illos moveret; nec de fide quidquam scripsimus nec qualia illi nunc ad invidiam nobis creandum circumferunt, sed salutationes nudas, quæ amicam compellationem persolvebant. **349** Nos enim pariter et eos qui Sabellii morbo laborant, et eos qui Arii dogmata tuentur, ut impios fugimus, et anathematizamus. Si quis eumdem Patrem dicit ac Filium et Spiritum sanctum, ac rem unam multis nominibus designatam esse statuit, unamque hypostasin tribus appellationibus expressam; talem nos in Judæorum parte numeramus. Sic etiam, si quis Filium Patri secundum essentiam dissimilem dicit, aut ad creaturam detrahit Spiritum sanctum, anathematizamus, et a gentilium errore non longe abesse ducimus. Sed ora accusatorum nostrorum comprimi litteris nostris non possunt; imo verisimile est, illos etiam defensionibus nostris irritari, et majora ac graviora in nos machinari. Cæterum aures vestras custodiri non difficile. Quare quod in vobis situm est, præstate. Sincerum nobis et minime præoccupatum calumniis cor vestrum servate : atque objectorum nobis criminum rationem a nobis postulate. Ac veritatem quidem si apud nos inveneritis, ne detis locum mendacio. Sin autem nos ad defensionem infirmos senseritis, tunc credite accusatoribus nostris, ut vera dicentibus. Vigilant illi, nobis ut noceant : hoc a vobis non exposcimus. Nundinariam vitam agentes, structam nobis calumniam ad lucri accessionem convertunt : vos autem adhortamur, ut maneatis domi, ac decore vos geratis, opus Christi in quiete perficientes [42], illorum vero congressus, qui ad auditores evertendos dolose fiunt, declinetis : ut et dilectionem erga nos sinceram custodiatis, patrumque fidem servetis integram ac inoffensam, et probati ac spectati, tanquam veritatis amici, apud Dominum comperiamini.

EPISTOLA CCXXVII*.

Cum Euphronium Coloniensem episcopi ad sedem Nicopolitanum transferendum decrevissent, permolestum id accidit clericis Coloniensibus, quorum nonnulli iracun-

[37] II Tim. II, 7. [38] Ephes. IV, 5. [39] Ephes. V, 6. [40] Philipp. IV, 5, 6. [41] Matth. XII, 37. [42] I Thess. IV, 11.

* Alias CCXCII. Scripta anno 375.

diam eo perduxerunt, ut se ad tribunalia abituros minarentur, ac res suis hominibus evertendarum Ecclesiarum cupidis commissuros. Basilius laudat eorum amorem in episcopum, sed modum requirit. Demonstrat eis provideri, dum Nicopoli providetur, nec eos deserturum episcopum. Spem affert amplioris solatii, seque ad eos venturum.

Clericis Coloniensibus consolatoria.

Et quid ita pulchrum et spectatum apud Deum et homines, ut charitas perfecta, quam complementum totius esse legis [43] a sapiente didicimus Magistro? Quapropter approbo vestri in pastorem amoris ardorem. Nam nec tenero filio boni patris privatio, nec Christi Ecclesiæ pastoris ac magistri secessus tolerabilis. Quare præclaræ ac bonæ voluntatis indicium in hac præstantissima erga episcopum vestrum animi affectione præbuistis. Sed tamen vestrum illud præclarum erga patrem spiritualem studium, si modo et ratione contineatur, laudandum est; sin autem limites transcendat, non jam eadem approbatione dignum est. Præclara œconomia erga religiosissimum fratrem nostrum et comministrum Euphronium ab his, quibus Ecclesiæ commissæ sunt gubernandæ, facta est, necessaria tempori, perutilis et Ecclesiæ ad quam translatus est, et vobis ipsis a quibus assumptus. Hanc ne existimetis humanam, aut ex cogitationibus susceptam hominum terrena sentientium; sed eos, quibus Ecclesiarum Dei sollicitudo incumbit, ex consuetudine et conjunctione quam habent cum Spiritu, id fecisse persuasum habete, atque hoc eorum inceptum animis vestris mandate, et operam date ut perficiatur. Suscipite igitur tranquille et cum gratiarum actione id quod factum est, habentes pro certo, eos qui res in Ecclesiis a Dei electis constitutas non admittunt, Dei ordinationi resistere. Cavete litigetis cum vestra matre Ecclesia Nicopolitana; nec animum in eos, qui vestrarum animarum curam suscepere, exasperate. Dum enim res Nicopolitanæ consistent, vestra etiam pars simul servabitur; sed si illam aliqua tempestas attigerit, etiamsi adsint vobis custodes innumeri, pars quoque una cum capite absumetur. Quemadmodum igitur qui ad fluvios habitant, si quos procul videant valida præsidia aquis objicere, intelligunt securitati suæ provideri, dum incursus aquarum repelluntur; ita etiam qui nunc pondus sollicitudinis Ecclesiarum sustinent, in aliorum custodia securitati vestræ provident, tutique eritis ab omni tumultu, aliis belli impetum sustinentibus. Ad hæc illud etiam vobis considerandum est, non vos ab eo repudiatos, sed alios assumptos. Non enim invidi quidam sumus, ut qui sua dona etiam cum aliis communicare possit, eum cogamus gratiam inter vos concludere, et solis loci vestri finibus coerceamus. Nam nec qui fontem circumsepit, et aquarum exitum labefactat, nec qui doctrinam uberem prohibet latius fluere, extra invidiæ crimen est. Suscipiat itaque et Nicopolis curam, et ad futuras illic sollicitudines vestri cura accedat. Illi enim plus accessit laboris, sed de vestri cura nihil decessit. Hoc autem mihi et maxime doluit, et modum mihi visum est excedere, quod videlicet dixistis: votorum compotes si non sumus, ad judicum tribunalia abibimus, ac res hominibus committemus, quibus Ecclesiarum eversio caput est votorum. Cavete igitur ne qui unquam insano furore acti vobis persuadeant, ut quidquam apud publica subsellia proferatis, atque inde aliqua accidat eversio, cujus pondus in eorum capita, qui causam præbuerint, convertatur. Sed recipite et consilium nostrum, quod vobis in paternis visceribus damus, et religiosissimorum episcoporum dispensationem, quæ secundum Dei voluntatem facta est. Quin et exspectate nos, qui ubi advenerimus, si nobis Dominus faverit, quæcunque vestram pietatem per epistolam commonere non licuit, ea coram suggeremus, et ipsa re et opere, quantum in nobis erit, vos solari conabimur.

EPISTOLA CCXXVIII[*].

Laudat Coloniæ magistratus, quod res ecclesiasticas non negligant: mœrentes discessu episcopi sui hortatur, ut matri Nicopoli communem parentem cedant, qui eos regere non desinet, ac temporum difficultate considerata, episcopis ignoscant, qui hoc consilium necessitate adducti ceperunt. Promittit majus solatium eorum quæ facta fuerant, si Dominus dederit, ut ad eos veniat.

Coloniæ magistratibus.

Accepi litteras dignitatis vestræ, et gratias egi Deo sanctissimo, quod rerum publicarum curis occupati, ecclesiasticas haud parvi penditis; sed de iis unusquisque velut de proprio negotio et ex quo vita sua pendeat, ita solliciti fuistis mihique scripsistis mœrentes discessu religiosissimi episcopi vestri Euphronii: quem non abstulit vobis Nicopolis, sed si ex jure ageret, suum proprium recepisse se diceret; sed liberalius agens, vocem edet teneræ matri decoram, se communem vobiscum patrem habituram, qui ex parte utrisque de sua communicabit gratia: neque illos quidquam pati sinet ab adversariorum incursibus, neque vos consueta sollicitudine privabit. Igitur et temporis difficultatem considerantes, et œconomiæ necessitatem prudenter intelligentes, episcopis ignoscite, qui hanc viam ad constituendum Domini nostri Jesu Christi Ecclesiarum ordinem inierunt; vobis autem ipsi ea suggerite, quæ viris et perfecta propria intelligentia præditis, et amantium consilia ad usus suos adjungere scientibus congruant. Vos enim verisimile est multa eorum quæ commoventur ignorare, eo quod sitis in extrema Armenia constituti: nos vero qui mediis in rebus versamur,

---

[43] Rom. xiii, 10.

[*] Alias CCXC. Scripta anno 375.

et quorum aures undique unoquoque die rumore eversarum ecclesiarum percutiuntur, valde anxii sumus, ne forte communis **352** hostis diuturnæ vitæ vestræ tranquillitati invidens, in vestris quoque locis sua ipsius zizania serere possit, cedatque et Armeniorum regio in escam adversariis. Sed nunc quidem tranquilli et quieti sitis, veluti boni vasis usum communem habere cum vicinis vestris non recusantes. Paulo post autem, si Dominus dederit ut ad vos veniam, majus etiam eorum quæ facta sunt solatium accipietis, si modo id vobis necessarium videbitur.

EPISTOLA CCXXIX*.

Spiritus sancti consilio factum esse non dubitat, quod apud eos factum fuerat. Laudat Pœmenii prudentiam et in re statum perficienda fortitudinem. Hortatur ne Colonienses irritent : spem effert se ad eos venturum.

Clericis Nicopolitanis.

1. Quod vel ab uno aut altero homine pio factum est, id nobis certo persuadet, rem consilio Spiritus fieri. Etenim ubi nihil humani ob oculos positum, neque studio proprii commodi ad agendum sancti feruntur, sed quod Deo gratum est, sibi proponunt ; liquet Dominum esse, qui eorum corda dirigit. Cum autem spirituales viri consiliorum auctores sunt, eosque sequitur plebs Domini concordi sententia, quis dubitabit, quin communicatione Domini nostri Jesu Christi, qui suum sanguinem pro Ecclesiis effudit, consilium captum sit? Unde et ipsi recte existimastis religiosissimum fratrem nostrum et comministrum Pœmenium divinitus fuisse permotum : qui et adfuit vobis opportune, et hanc consolandi rationem invenit. Quem quidem ego non solum ob rem utilem excogitatam laudo, sed animi etiam fortitudinem admiror ; quod nequaquam dilationibus rem protrahens, debilitaverit efflagitantium studium, dederitque tempus adversariis sibi providendi, ac insidiatorum insidias exsuscitaverit, sed confestim præclarum consilium ad exitum perduxerit. Quem quidem cum omni familia custodiat Dominus gratia sua, ut Ecclesia sui similis permaneat in successione non degenere ab antecessoris virtute, nec detur locus maligno, qui nunc, si unquam alias, ægre fert præclarum Ecclesiarum statum.

2. Fratres autem qui in Colonia sunt, pluribus quidem et nos adhortati sumus per litteras : sed et vos debetis eorum studium probare magis, quam quasi ob tenuitatem contemptos irritare, aut contemptu ad contentionem provocare. Solent enim qui contendunt, inconsultius se gerere, et multis rebus suis male consulere, ut molestiam exhibeant adversariis. Nemo autem adeo parvus est, qui nunc non possit magnorum malorum occasionem subministrare iis, qui occasionem quærunt. Neque id ex conjecturis dicimus, sed experientia propriorum malorum edocti, quæ **353** Deus precibus vestris avertat. Simul autem et nobis prosperum iter precemini, ut advenientes vobiscum gaudeamus de præsenti pastore, nosque mutuo de obitu communis patris nostri consolemur.

EPISTOLA CCXXX**.

Magistratus Nicopolis hortatur ut, cum impletum sit quod penes episcopos erat, jam ipsi confirment id quod ab episcopis constitutum est, et, eorum opera, omnium et in urbe et rure consensus in suscipiendo episcopo et repellendis externis tentationibus conspiret. Summum desiderium significat invisendæ Ecclesiæ Nicopolitanæ, quam rectæ doctrinæ metropolim vocat.

Magistratibus Nicopolitanis.

Ecclesiasticæ œconomiæ ab iis quidem fiunt, quibus Ecclesiarum commissa sunt gubernacula : sed a plebe confirmantur. Quare quod penes religiosissimos episcopos erat, impletum est : quod autem reliquum est, jam ad vos spectat, si velitis prompto animo complecti datum vobis episcopum, et tentationes externas strenue repellere. Nihil enim adeo pudorem incutit sive potestatibus, sive reliquis, quicunque invident vestræ tranquillitati, ut concors in datum episcopum amor, et in resistendo firmitas. Id enim illos in desperationem conjicit nefarii omnis conatus, si viderint artificia sua neque a clero neque a plebe admitti. Quo ergo in bonum estis animo, date operam, ut eodem civitas animetur ; et tum populos, tum omnes rure degentes, ut par est, alloquimini ; bona eorum proposita roborantes, adeo ut vera vestra in Deum charitas omnium fama celebretur. Utinam autem nos quoque digni habeamur, qui veniamus aliquando ad vos, et Ecclesiam pietatis altricem invisamus : quam ut rectæ doctrinæ metropolim veneramur, quod jamdudum a viris perquam venerandis, et Dei electis, atque amplectentibus eum qui secundum doctrinam est, fidelem sermonem, gubernetur : quibus dignum esse eum, qui nunc designatus est, et vos judicastis, et nos consensimus. Tantum Dei gratia custodiamini, qui et prava inimicorum consilia dissolvat, et robur ac constantiam vestris animis ad ea, quæ præclare decreta sunt, tuenda inspiret.

354 EPISTOLA CCXXXI***.

Basilius Amphilochio commendat Elpidium, nuntiat de fratris fuga, de insidiis inimicorum suorum, et de Dourorum Ecclesiæ perturbatione. Hortatur ut se invisat, promittit se brevi missurum opus de Spiritu sancto, quod erat absolutum.

Amphilochio, Iconii episcopo.

Paucas invenio scribendi pietati tuæ occasiones, idque me angit non leviter. Perinde enim est, ac si videre te sæpe cum possem, teque frui, raro hoc facerem. Sed scribere mihi non licet, eo quod desint, qui hinc ad vos proficiscantur ; siquidem nihil impediret, quominus veluti quæ-

---

* Alias CXCIII. Scripta anno 375.
** Alias CCCXCIV. Scripta eodem anno.
*** Alias CXCV. Scripta anno 375.

dum vitæ meæ ephemeris essent litteræ, quæ quotidie contingunt nuntiantes dilectioni tuæ. Nam et mihi solatium affert de rebus meis tecum communicare : teque novi nihil magis curantem, quam res meas. Nunc autem Elpidius ad suum herum festinans, ut propulset calumnias sibi ab inimicis nonnullis structas, petiit a me epistolam. Per quem et tuam saluto pietatem ac tibi hominem commendo, cum suo jure patrocinio tuo dignum, tum nostra causa : cui etiamsi nullum aliud testimonium dare possemus, at profecto quia permagni fecit, ut meas ad te litteras perferret, hunc inter familiares recense, meique sis memor, et pro Ecclesia precare. Notum autem tibi sit religiosissimum fratrem meum exsulare, cum molestias sibi ab hominibus impudentibus exhibitas haud ferret. Doara autem valde exagitantur, ceto obeso res hujus loci perturbante. Nobis autem inimici insidias in aula struunt, ut rerum gnari referunt : manus autem Domini hactenus nobiscum est. Tantum precare, ut ne perpetuo deseramur. Nam et frater tranquillo est animo; et Doara antiquum receperunt mulionem; nihil autem habent amplius : ac consilia inimicorum nostrorum dissipabit Dominus. Porro omnium et præsentium et impendentium molestiarum solutio in eo posita, ut te videam. Quare siquando tibi licuerit, dum adhuc in terra versamur, ne graveris nos invisere. De Spiritu liber scriptus quidem a nobis est et absolutus, ut ipse nosti. Quominus autem mitterem in charta descriptum, prohibuere qui mecum sunt fratres, cum se a te mandata habere dicerent, ut in membranis describant. Ne quid igitur contra præceptum tuum facere videamur, nunc procrastinavimus, sed paulo post mittemus, si quem idoneum ad perferendum nanciscamur. Valens lætusque et pro me apud Dominum deprecator doneris mihi et Dei Ecclesiæ, per sancti benignitatem.

355 EPISTOLA CCXXXII*.

Perurbane gratias agit Basilius Amphilochio ob missa ad Natale Domini munuscula. Nuntiat de fratris fuga; hortatur ut se invisat; mittit in commentario responsa Amphilochii quæstionibus.

Amphilochio, Iconii episcopo.

Quicunque dies litteras habeat tuæ pietatis, festus mihi dies est, et festorum dierum maximus. Cum autem accedunt etiam festi symbola, quid aliud appellare oportet, nisi festum festorum, quemadmodum lex vetus Sabbata Sabbatorum solebat appellare? Deo igitur gratias ago, ex quo didici te et corpore valere, et Ecclesia in pace constituta salutiferæ dispensationis commemorationem

* Alias CCCXCIV. Scripta anno 376.
** Alias CCCXCIX. Scripta anno 376.
(1) Multi ex antiquis scriptoribus duos genios nobis adesse dixerunt, e pluribus testimoniis probat Cotelerius in Notis ad librum II *Hermæ*. Hic autem Basilius bonæ potestatis nomine non angelum intelligit, sed *diviniorem potestatem, quæ nos*

peregisse. Nos autem turbarunt quidam tumultus; nec sine summo dolore fuimus, eo quod religiosissimus frater noster fugatus sit. Sed pro ipso precare, ut det illi Deus aliquando Ecclesiam suam videre a morsuum hæreticorum vulneribus curatam. Nos autem etiam atque etiam velis invisere, dum adhuc in terra versamur. Fac rem tibi quidem consentaneam, a me autem maximis votis expetendam. Mirari autem licet ipsam etiam eulogiarum sententiam : quippe quia per ænigmata validam mihi precatus es senectutem. Ostendisti enim te per lampenas ad labores nocturnos excitare : per bellaria vero integram partium omnium valetudinem spondere. Non enim mihi est ætas ad rodendum, cum jampridem dentes et tempore et infirmitate sint extriti. Quod quidem ad interrogata attinet, factæ sunt in commentario responsiones quædam, quales potui, et ut per tempus licuit.

EPISTOLA CCXXXIII*.

Contra Eunomianos, qui sibi divinæ essentiæ comprehensionem arrogabant, demonstrat Basilius bonum quiddam mentem esse ac mentis operationem, eamque si Spiritui sancto se tradat, ad Dei cognitionem evehi; sed tantum cognoscere, quantum fas est infinitam majestatem a tenuissimo cognosci.

Amphilochio, qui eum consuluerat.

1. Scio me et ea de re audivisse, nec ignoro hominum constructionem. Quid ergo dicemus ad hæc? Nempe præclarum quiddam mens est : et in ea habemus id quod est ad imaginem creatoris. Præclarum etiam quiddam est mentis operatio, quæ cum in perpetuo motu versetur, sæpe vanas species sibi effingit de iis quæ non sunt, quasi sint; sæpe etiam recta ad veritatem fertur. Sed quia duæ illi adsunt virtutes, secundum nostram, qui **356** in Deum credimus, sententiam (1), prava una, quæ dæmonum est, ad propriam defectionem nos attrahens; divinior altera et bona, quæ nos ad Dei similitudinem deducit; mens intra se cum manserit, parva intuetur ac suo modulo æqualia : cum vero decipientibus se tradiderit, proprium judicium oblitterans, in visis versatur absurdis. Tunc lignum non lignum esse existimat, sed Deum : et aurum non pecuniam esse judicat, sed numen. Si vero ad diviniorem sese converterit partem, ac Spiritus susceperit gratias, tunc percipit diviniora, quantum ipsius natura potest attingere. Tres igitur sunt veluti vitæ conditiones, totidemque mentis nostræ operationes. Vel enim prava sunt studia nostra, ac pravi nostræ videlicet mentis motus; ut adulteria, furta, idololatria, calumniæ, rixæ, iræ, contentiones, animi tumor, et quæcunque inter opera carnis

ad Dei similitudinem deducit, diviniorem partem, Spiritus sancti gratias. Similia habemus in Commentario *in Isaiam* n. 21, p. 394, ubi docet Basilius Spiritum sanctum ab anima infructuosa recedere, tunique cadere sepes, angelorum custodiam; et peregrinos irruere, nempe *potestates peccatorum circa scientiam effectrices.*

apostolus Paulus recensuit [44]. Vel media quædam est mentis operatio, nec damnandum quidquam habens nec laudabile, velut artium cognitio et perceptio, quas videlicet medias et indifferentes vocamus, nec ad virtutem nec ad vitium ex seipsis propendentes. Ecquid enim mali habet ars gubernandi aut medendi? Neque etiam ipsæ per se sunt virtutes, sed ex utentium proposito ad utramvis oppositorum partem deflectunt. Quæ autem Spiritus divinitati mens immiscetur, ea jam speculatur magna, divinasque intuetur pulchritudines, quantum quidem gratia impertit, ipsiusque capit constitutio.

2. Quare, omissis illis dialecticis quæstionibus, non subdole, sed pie expendant veritatem. Datum nobis est mentis judicium ad veritatis intelligentiam. Est autem ipsa veritas Deus noster. Menti itaque præcipuum ac primarium est Deum nostrum cognoscere; cognoscere autem quantum cognosci potest infinita majestas a tenuissimo. Neque enim propterea quod oculi ad res visibiles percipiendas destinantur, ideo jam res omnes visibiles cadunt in conspectum. Non enim cœli hæmisphærium uno obtutu conspicitur, sed objecta quidem oculis specie nos circumstat, at reipsa multa, ut ne dicam omnia, in ipso ignorantur: stellarum natura, earum magnitudo, distantia, motus, concursus, declinationes, habitudines reliquæ, ipsa firmamenti natura, altitudo quæ se a concava circumferentia ad usque convexam superficiem extendit. Non tamen dixerimus cœlum esse invisibile, ob ea quæ ignorantur: sed visibile, ob pauca quæ in eo cognoscuntur. Ita et de Deo. Si labefacta est a dæmonibus mens, **357** simulacra colet, aut in aliam aliquam speciem impietatis abducetur. Si vero Spiritus sese dederit auxilio, veritatem intelliget, et Deum cognoscet. Cognoscet autem, ut ait Apostolus, ex parte, sed in futura vita perfectius: *Cum enim venerit quod perfectum est, evacuabitur quod ex parte est* [45]. Quocirca et bona est mentis judicandi facultas, et ad finem utilem, Dei cognitionem, tendit, sed tamen tantum operatur, quantum assequi potest.

EPISTOLA CCXXXIV*.

Refellitur Anomœorum cavillatio, quærentium, Colisne quod nosti, an quod ignoras?

Eidem ad aliam quæstionem responsio.

1. Quod nosti colis, an quod ignoras? Si respondemus: Quod cognoscimus, hoc colimus; cito ab illis occurritur: Quænam est essentia illius quod colitis? Quod si nos ignorare fateamur essentiam, retorquent denuo: Igitur quod ignoratis, hoc colitis. Nos vero dicimus illud *scire* multiplicem habere sententiam. Nam dicimus a nobis cognosci majestatem Dei, et potentiam, et sapientiam, et bonitatem, et providentiam, qua nostri curam gerit, et justitiam illius judicii; non ipsam essentiam. Itaque captiosa interrogatio. Non enim qui se essentiam non nosse dicit, confessus est se Deum ignorare, cum ex multis quæ recensuimus colligatur nobis Dei notio. Sed Deus, inquit, simplex est, et quidquid in ipso recensueris ceu notum et cognitum, ad essentiam attinet. Hoc ipsum sophisma est, innumeris ineptiis refertum. Cum tot et tanta sint quæ enumeravimus, utrum hæc omnia essentiæ unius sunt nomina, idemque inter se valent terror illius et benignitas, justitia et vis creatrix, prænotio et remunerandi ratio, magnificentia et providentia; an quodcunque horum dixerimus, essentiam declaramus? Nam si illud dicunt, ne interrogent an essentiam noverimus Dei, sed percontentur an metuendum noverimus Deum, an justum, an misericordem? Hæc nobis nota esse confitemur. Quod si quid aliud dicunt essentiam, ne nos ludificentur per illius simplicitatem. Ipsi siquidem confessi sunt aliud atque aliud esse essentiam et unumquodque eorum quæ enumeravimus. Sed variæ quidem operationes, essentia vero simplex. Nos autem ex operationibus cognosci a nobis dicimus Deum nostrum, sed ad ipsam essentiam accessuros non pollicemur. Ipsius siquidem operationes ad nos descendunt, essentia autem illius manet inaccessa.

2. Sed si essentiam, inquit, ignoras, ipsum ignoras. Tu vero converte: Essentiam si dicis te nosse, ipsum non cognoscis. Neque enim, qui morsus a cane rabido videt canem in phiala, plus videt quam qui sani sunt; sed ideirco dignus commiseratione est, quod putet se **358** videre quæ non videt. Illum ergo ne mireris ob promissionem, sed ob dementiam miseram judica. Perspectum itaque tibi sit vocem esse ludificantium: Si essentiam Dei ignoras, quod ignoras colis. Ego vero illum esse novi: quid autem essentia, supra intelligentiam esse duco. Quomodo igitur salvor? Per fidem. Fides porro satis idonea est, Deum esse scire, non quid sit; eumque remuneratorem esse eorum qui ipsum quærunt. Cognitio igitur essentiæ in hoc posita, ut ipsum non posse comprehendi perspiciamus: illudque colimus, de quo cognovimus, non quid sit ejus essentia, sed hanc exsistere essentiam.

3. Sed sic vicissim interrogentur. *Deum nemo vidit unquam: unigenitus Filius, qui est in sinu Patris, ille enarravit* [46]. Quid enarravit de Patre Unigenitus? Essentiam, an potestatem? Si potestatem, quantum nuntiavit nobis, tantum cognoscimus. Si essentiam, dic ubinam dixerit ingenerationem esse ipsius essentiam. Quando Abraham adoravit? Nonne quando credidit? Quando autem credidit? Nonne quando vocatus est? Ubinam

---

[44] Galat. v, 19. [45] I Cor. xiii, 9. [46] Joan. i, 18.

* Alias CD. Scripta anno 376.

tandem illum Scriptura testatur comprehendisse? Quando itidem discipuli ipsum adoravere? Nonne cum creaturam ei viderent esse subjectam? Nam ex mari et ventis ei obtemperantibus agnovere ipsius divinitatem. Igitur ex operationibus cognitio, ex cognitione autem adoratio. *Credis me hoc facere posse? Credo, Domine: et adoravit eum*[47]. Sic fidem sequitur adoratio, fides vero per potentiam corroboratur. Quod si dicis credentem jam cognoscere; per quæ credit, per hæc et cognoscit: aut etiam vice versa, per quæ cognoscit, per hæc et credit. Cognoscimus autem Deum per potestatem. Quare credimus quidem ei qui cognitus est: eum vero qui creditus est, adoramus.

EPISTOLA CCXXXV*.

Huic quæstioni, Priorne cognitio, an fides? sic respondet Basilius, ut fidem in disciplinis, cognitionem in Christiana religione præire concedat. Sed cum Eunomiani, si quis Deum a se cognosci fateretur, statim concluderent, Dei naturam cognosci: absurda hæc illorum cavillatio refellitur.

Eidem ad aliam quæstionem responsio.

1. Priorne cognitio, an fides? Nos porro dicimus generatim quidem in disciplinis fidem cognitioni præire: at in nostra doctrina si quis dicat præire cognitionem fidei, non contendemus; cognitionem quidem humano captui accommodatam. Nam in disciplinis quidem oportet primum credere hoc elementum alpha esse; et ubi figuras et pronuntiationem didiceris, tum demum accuratam percipere notionem potestatis elementi. At in fide quæ circa Deum versatur, præit illa cogitatio, Deum esse: hanc autem ex creaturis colligimus. Sapientiam namque, et potentiam, et bonitatem, et omnia ejus invisibilia ex mundi creatione intelligentes, sic cognoscimus. Ita sane illum ceu nostrum ipsorum Dominum suscipimus. Quoniam enim totius mundi conditor Deus, nos autem mundi pars sumus; noster igitur etiam conditor Deus. Cognitionem istam fides sequitur, et fidem talem adoratio.

2. Nunc autem propterea quod multa significat cognitionis nomen; qui simplicioribus illudunt, ac gloriam ex paradoxis quærunt, instar eorum qui in theatris sub omnium oculis calculos subducunt, interrogatione universe instituta, omnia simul complectuntur. Cum enim cognitionis nomen ad multa pertineat, cumque aliquid sciri possit partim ex numero, partim ex magnitudine, partim ex potentia, partim ex modo exsistendi, partim ex tempore generationis, partim ex essentia: illi interrogatione dum totum comprehendunt, si nos ceperint confitentes Deum a nobis cognosci, essentiæ cognitionem a nobis expetunt; si vero nos viderint in affirmando timidos, impietatis labem nobis affingunt. Nos vero id quod de Deo potest cognosci, scire confitemur, scire autem rursus, quid nostram fugiat intelligentiam. Quemadmodum igitur si a me scisciteris an cognoscam quid sit arena, neque scire respondeam; manifeste calumniaberis, si statim et illius numerum] exposcas; quia prima tua interrogatio ad arenæ speciem spectabat, posterior vero calumnia ad illius numerum deflectit. Ejusmodi est hoc sophisma ac si quis dicat: Nosti Timotheum? Profecto si Timotheum nosti, nosti et illius naturam: sed cognoscere te Timotheum confessus es: redde igitur nobis rationem Timothei naturæ. Ego vero et novi Timotheum, et non novi, non quidem secundum eamdem rationem, et in eodem genere. Non enim secundum quod novi, secundum illud et non novi; sed secundum aliud novi, et secundum aliud non novi. Novi enim illum secundum figuram ac reliquas proprietates: illius vero ignoro essentiam. Nam sic et me ipse hac ratione et novi et non novi. Novi enim quis ipse sim: non novi autem, quatenus naturam meam ignoro.

3. Alioqui exponant nobis isti, quomodo dixerit Paulus: *Nunc quidem ex parte cognoscimus*[48]. Num igitur ex parte essentiam illius cognoscimus, ac veluti partes essentiæ illius cognoscimus? Sed hoc est absurdum, siquidem partium expers Deus. An essentiam totam cognoscimus? Quomodo igitur subjungit: *Cum venerit quod perfectum est, evacuabitur quod ex parte est*[49]. Jam vero idololatræ cur incusantur? Nonne ideo quod cognoscentes Deum, non tanquam Deum glorificaverint? Aut etiam Galatæ insani cur probris afficiuntur a Paulo, qui dicit: *Nunc autem cum cognoveritis Deum, imo cogniti sitis a Deo: quomodo convertimini iterum ad infirma et egena elementa*[50]? Quomodo autem cognitus erat in Judæa Deus? An quia in Judæa notum erat qualis tunc esset illius essentia? *Cognovit*, inquit, *bos possessorem suum*[51]. Scilicet vestro judicio bos novit essentiam heri. *Et asinus præsepe domini sui*. Novit igitur etiam asinus præsepis essentiam. *Israel autem*, inquit, *me non cognovit*. Id ex vestra sententia Israel incusatur, quod qualis tandem sit Dei essentia non agnovit. *Effunde*, inquit, *iram tuam in gentes quæ te non noverunt*[52]; hoc est, quæ tuam essentiam non comprehenderunt. At, ut diximus, cognitio est multiplicis generis. Cognoscimus enim, si conditorem nostrum scimus, si intelligimus ejus mirabilia, si mandata servamus, si cum ipso conjungimur. Isti autem, omnibus his rejectis, cognitionem ad unum significatum trahunt, contemplationem ipsius Dei essentiæ. *Pones*, inquit, *ante testimonia, unde cognoscar a te inde*[53]. Num illud, *Cogno-*

---

[47] Matth. ix, 28. [48] I Cor. xiii, 9. [49] ibid. 10. [50] Galat. iv, 9. [51] Isa. i, 3. [52] Psal. LXXVIII, 6. [53] Exod. xxv, 21.

* Alias CCCCI. Scripta anno 376.

scar, idem valet ac naturam meam revelabo? *Dominus cognovit qui sunt ejus* [54]. Num ergo naturam eorum qui ipsius sunt cognovit, inobsequentium vero ignorat naturam? *Cognovit Adam uxorem suam* [55]. Num naturam ipsius cognovit? Et de Rebecca dicitur: *Virgo erat, vir illam non cognoverat* [56]. Et, *Quomodo fiet istud, quoniam virum non cognosco* [57]? Scilicet naturam Rebeccæ nemo cognovit? Num Maria hoc dicit: Nullius viri cognovi naturam? Nonne potius illud, *Cognovit*, de conjugalibus amplexibus solet in Scriptura usurpari? Et quod dicitur fore ut cognoscatur Deus ex propitiatorio, idem est ac manifestus fiet sibi servientibus. Et, *Dominus cognovit qui sunt ejus*, idem est ac in suam familiaritatem illos ob opera bona recepit.

EPISTOLA CCXXXVI*

Pergit Basilius variis Amphilochii quæstionibus respondere: quomodo Christus nescire dicatur diem et horam; de Jeremiæ vaticinio in Jechoniam; de Encratitarum quadam cavillatione; de fato; de emersione in baptismate; de voce φάγος· de essentia et hypostasi; de mediis rebus et indifferentibus, a quo gubernentur.

Eidem Amphilochio.

1. Quod jam a multis investigatum est evangelicum dictum, quomodo nesciat Dominus noster Jesus Christus diem consummationis ac horam [58], quodque maxime ab Anomœis perpetuo objicitur ad eversionem Unigeniti gloriæ, ut ostendatur essentiæ dissimilitudo et inferior dignitatis gradus, cum nec eamdem naturam habere possit qui non omnia noscit, neque in una similitudine intelligi cum eo, qui universorum cognitionem sua prænoscendorum et assequendorum futurorum facultate complectitur; id nunc a tua prudentia nobis ut novum, propositum est. Itaque quæ a puero ex patribus audivimus, et ob bonarum rerum amorem citra examen suscepimus, hæc possumus dicere; quanquam illa quidem Christomachorum impudentiam non dissolvent (quæ enim oratio eorum impetu fortior videatur?), sed iis, qui Dominum diligunt, et antecaptam ex fide doctrinam deducta ex ratione demonstratione fortiorem tenent, satis magnam fortasse persuasionem **361** exhibebunt. Nimirum illud, *nemo*, generale quidem videtur esse nomen, adeo ut ne una quidem persona per hanc vocem excipiatur. Sed non ita apud Scripturam usurpatur, quemadmodum observavimus in illo, *Nemo bonus nisi unus Deus* [59]. Neque enim hic se ipse excludens a boni natura Filius hæc dicit. Sed cum Pater primum bonum sit, illud, *nemo*, subintellecta hac voce, *primus*, dictum esse credimus; et illud: *Nemo novit Filium nisi Pater* [60]. Neque enim hic ignorantiæ Spiritum accusat; sed naturæ suæ cognitionem Patri primo inesse testatur. Sic et illud, *Nemo scit* [61], ab eo primam eorum quæ sunt, et quæ futura sunt cognitionem ad Patrem referente, et in omnibus primam causam hominibus demonstrante dictum credimus. Alioqui quomodo aut cum reliquis Scripturæ testimoniis consentiat dictum illud, aut cum communibus nostris notionibus quadrare possit, qui credimus imaginem esse Dei invisibilis Unigenitum; imaginem autem non figuræ corporeæ, sed ipsius divinitatis, et magnificorum attributorum, quæ in Dei essentia intelliguntur: imaginem virtutis, imaginem sapientiæ, quatenus Christus dictus est Dei virtus, et Dei sapientia [62]? Profecto autem pars est sapientiæ cognitio, quam non totam repræsentat, si quid ei desit. Quomodo autem Pater ei, per quem sæcula condidit, minimam partem sæculorum, diem et horam, non ostendit? Aut quomodo universorum Conditor, minimæ partis eorum, quæ a se condita sunt, cognitione destituetur? Qui autem dicit, appropinquante fine, hæc et illa in cœlo signa et in terris visum iri, quomodo ipsum finem ignorat? Dum enim dicit: *Nondum finis* [63], non quasi dubitans, sed ut sciens affirmat. Deinde, si quis æquo animo consideret, multa et ex humana parte Dominus disserit hominibus: nam illud, *Da mihi bibere* [64], vox est Domini, corpoream indigentiam explens. Atque is quidem qui petebat, non caro erat inanimata, sed divinitas carne animata utens. Ita et nunc si quis ignorantiam illam ad eum referat, qui omnia per dispensationem suscepit, et coram Deo et hominibus sapientia et gratia profecit; is extra piam non feretur sententiam.

2. Jam tuæ diligentiæ fuerit evangelicas voces exponere, et Matthæi ac Marci dicta inter se conferre. Hi enim soli circa hunc locum inter se concurrisse comperiuntur. Et Matthæi quidem dictio sic se habet: *De die autem illa et hora nemo scit, ne cœlorum quidem angeli, nisi Pater solus* [65]. Marci autem ita: *De die autem illo et hora nemo scit, neque angeli in cœlo, neque Filius, nisi Pater* [66]. Quid autem in his observatu dignum est? Illud nempe, Matthæum quidem nihil dixisse de Filii **362** ignorantia, videri tamen cum Marco consentire quoad sensum, dum ait, *Nisi solus Pater*. Nos porro existimamus illud, *solus*, ut angelis opponatur, dictum fuisse, minime vero Filium una cum suis servis comprehendi, quantum attinet ad ignorantiam. Est enim verax qui pronuntiavit: *Omnia quæcunque habet Pater, mea sunt* [67]. Unum autem eorum, quæ habet, est et ipsa hujusce diei et horæ cognitio. Silentio igitur prætermittens, ut minime contro-

---

[54] II Tim. II, 19. [55] Gen. IV, 1. [56] Gen. XXIV, 16. [57] Luc. I, 34. [58] Marc. XIII, 32. [59] Marc. X, 18. [60] Matth. XI, 27. [61] Matth. XXIV, 36. [62] I Cor. I, 24. [63] Matth. XXIV, 6. [64] Joan. IV, 17. [65] Matth. XXIV, 36. [66] Marc. XIII, 32. [67] Joan. XVI, 15.

* Alias CCCXCI. Scripta anno 376.

versam, suam ipsius personam in Matthæi dicto Dominus, angelos dixit ignorare, scire autem Patrem solum, Patris cognitionem tacite suam ipsius esse docens, eo quod et alibi pronuntiarit : *Sicut cognoscit me Pater, et ego cognosco Patrem* [68]. Quod si Pater Filium totum totaliter cognoscit, ita ut et reconditam in ipso sapientiam omnem perspiciat : pari mensura et a Filio cognoscetur, cum omni insita illi sapientia et prænotione futurorum. Sic igitur illud Matthæi, *Nisi solus Pater*, interpretando leniendam ducimus. Marci autem verba, quia aperte videntur ipsum Filium a cognitione excludere, ita intelligimus : Nemo novit, neque angeli Dei, sed nec Filius nosset, nisi nosset Pater ; hoc est, causa et principium cognitionis Filii a Patre est. Ac violenta quidem non est, si quis æquo animo audiat, hæc expositio ; quandoquidem non adjicitur *solus*, ut apud Matthæum. Mens igitur Marci est ejusmodi : De die autem illa aut hora nemo scit, neque angeli Dei, sed nec Filius quidem nosset, nisi nosset Pater ; siquidem ei a Patre data cognitio. Hoc autem de Filio et maxime pium et divinitati non indecorum dictu est, eum ab eo, cui consubstantialis est, habere ut cognoscat, atque in omni sapientia et majestate divinitati suæ consentanea conspiciatur.

3. Quod spectat ad Jechoniam, quem proscriptum ex Judæa terra fuisse dicit propheta Jeremias his verbis : *Inhonoratus est Jechonias tanquam vas, cujus non est utilitas ; et quia rejectus est ipse et semen ejus, neque ex semine ejus exsurget qui sedeat super solium David, princeps in Juda* [69] : simplex et clara est oratio. Nam eversis Hierosolymis a Nabuchodonosor, dissolutum fuerat regnum : nec jam patriæ successionis principatuum, ut antea, vigebant : sed tunc, imperio dejecti, in captivitate vivebant Davidis posteri. Reversi autem Salathiel et Zorobabel modo magis populari præerant populo [70], translato deinceps ad sacerdotium imperio, propterea quod sacerdotalis et regia tribus inter se commiscerentur. Unde Dominus et rex est et pontifex in iis quæ sunt ad Deum [71]. Ac tribus quidem regia ad usque Christi adventum minime defecit ; nec tamen amplius sedit in solio Davidis semen Jechoniæ. Nam solium profecto regia dignitas nuncupatur. **363** Omnino autem historiæ meministi, videlicet Judæam omnem Davidi vectigalem fuisse, et Idumæam, et Moabitarum regionem, et Syriæ partes tum viciniores tum remotiores ad usque Mesopotamiam, et ex altera parte usque ad flumen Ægypti. Itaque si nullus e posteris ad tantam potestatem pervenit, quomodo verum non fuit quod dictum est a propheta, neminem sessurum in solio Davidis ex semine Jechoniæ ? Nemo enim ex ipso ortus, hanc gloriam consecutus comperitur. Non tamen defecit tribus Juda, donec venit cui repositum erat [72] : qui ne ipse quidem in corporali throno consedit ; quippe cum translatum jam esset Judaicum regnum in filium Ascalonitæ Antipatri Herodem, ejusque liberos, qui Judæam in quatuor principatus diviserunt, præside quidem Pilato, summam autem imperii Romani potestatem tenente Tiberio. Sed thronum dicit Davidis, in quo Dominus sedit, regnum eversioni nulli obnoxium. *Ipse enim est exspectatio gentium* [73], non autem minimæ partis orbis terrarum ; *Erit enim*, inquit, *radix Jesse, et qui consurgit ut princeps sit gentium : in ipso gentes sperabunt* [74]. *Posui enim te in fœdus populi, in lucem gentium* [75]. *Et ponam*, inquit, *in sæculum sæculi semen ejus, et thronum ejus sicut dies cœli* [76]. Sic igitur et sacerdos permansit, quanquam Judææ sceptra non accepit, et rex universæ terræ Deus. Atque confirmata est benedictio Jacob, *Et benedicentur in semine ipsius omnes tribus terræ* [77], et omnes gentes Christum beatum prædicabunt.

4. Lepidis autem Encratitis ad præclaram eorum quæstionem, cur nos etiam non omnibus vescimur, hoc detur responsi, nos etiam excrementa nostra aversari. Ac quantum quidem ad dignitatem, olera herbæ nobis sunt carnes : quantum vero ad utilium discretionem, quemadmodum et in oleribus noxium a salubri separamus, ita et in carnibus ab utili noxium secernimus. Nam certe et cicuta olus est, sicut etiam caro est vulturina caro : sed tamen nec hyoscyamum sanus quisquam comedet, nec cane vescetur, nisi urgente summa necessitate : qui tamen comedit, non peccat.

5. Jam quod attinet ad eos qui dicunt fato gubernari res humanas, ne me interroges, sed propriis rhetoricæ telis eos confige, siquidem longior est hæc quæstio pro mea præsenti infirmitate. De emersione autem in baptismo haud scio cur tibi in mentem venerit interrogare, siquidem accepisti immersionem trium dierum figuram adimplere. Ter enim mergi non potest, nisi qui toties emergat. Quantum ad vocem φάγον attinet, acutum tonum in prima syllaba reponimus.

6. Eadem est essentiam inter et hypostasim differentia, ac inter commune et singulare, inter animal et illum hominem. Quapropter **364** essentiam quidem unam in divinitate confitemur, adeo ut essentiæ definitio non diverse reddatur : hypostasim vero propriam et singularem, ut inconfusa nobis et clara de Patre et Filio et Spiritu sancto insit notio. Si enim non consideremus definitas uniuscujusque proprietates, puta paternitatem, filiationem, et sanctificationem, sed ex communi essentiæ ratione Deum confiteamur, fieri non potest ut sana fidei ratio reddatur. Oportet igitur, ut communi proprium adjungentes, ita fidem profiteamur : Commune deitas, proprium paternitas ; atque hæc conjungendo dicamus : Credo in Deum Patrem.

[68] Joan. x, 15. [69] Jer. xxii, 28, 30. [70] I Esdr. iii, 2. [71] Hebr. x, 1. [72] Gen. xlix, 10. [73] ibid. [74] Isa. xi, 10. [75] Isa. xlii, 6. [76] II Reg. vii, 13. [77] Gen. xxii, 18.

Ac rursus in Filii confessione faciendum est similiter; adjungendum est communi proprium, ac dicendum : Credo in Deum Filium. Pariter et de Spiritu sancto ad appellationis rationem accommodanda pronuntiatio ac dicendum : Credo et in divinum Spiritum sanctum; adeo ut omnino et unitas servetur in unius deitatis confessione; et id quod personarum proprium est confiteamur in discretione earum proprietatum, quæ in unaquaque intelliguntur. Qui autem idem esse dicunt essentiam et hypostasim, coguntur personas tantum confiteri differentes, et dum refugiunt dicere tres hypostases, Sabellii labem inveniuntur non effugere; qui et ipse sæpe, etsi confundit notionem, conatur personas distinguere, dum hypostasim eamdem ait pro usu subinde occurrente varias personas induere.

7. Jam ad illam quæstionem, quomodo media et indifferentia circa nos gubernentur; utrum fortuito quodam casu, an justa Dei providentia; hoc respondemus, sanitatem et morbum, divitias et paupertatem, gloriam et ignominiam, quatenus bonos non reddunt possessores, non esse ex eorum numero, quæ natura sunt bona : quatenus vero prosperitatem quamdam in vita nostra efficiunt, magis contrariis eligenda esse præposita, et aliquam verbo dignitatem habere. Atque hæc quidem nonnullis ad distribuendum dantur a Deo velut Abraham, Job, et similibus. Improbis vero provocatio sunt, ut se ad meliorem frugem recipiant, ita ut qui post tantam a Deo benignitatis significationem perseverat in iniquitate, se ipse sine ulla excusationis venia obnoxium condemnationi constituat. Qui quidem justus est, neque ad divitias, cum adsunt, adjungit animum : neque eas, cum absunt, exquirit; siquidem non fruitur concreditis, sed earum administrator est. Nemo autem prudens negotium ambit in alienis rebus distribuendis, nisi respexerit ad laudem vulgi, cui homines in aliqua auctoritate constituti admirationi sunt ac æmulationi. Morbos autem tanquam certamen suscipiunt justi, coronas magnas ob patientiam exspectantes. Cæterum quemvis alium his rebus gubernandis præficere non solum est absurdum, sed etiam impium.

365 EPISTOLA CCXXXVII *.

Nonnullæ Basilii litteræ ad Eusebium non perlatæ. In his autem nuntiat de adventu Demosthenis, de synodo ab eo coacta in Galatia, de expulso Hypsino, eique suffecto Ecdicio, Gregorio abduci jusso, omnibus clericis Cæsariensibus curiæ addictis, eodem onere Sebastiæ imposito his qui cum Basilio communicabant. Rursus alia synodus Nyssæ ex Galatis et Ponticis, qui nescio quam ad Ecclesias mittunt. Cum Eustathio conspirant de episcopo Nicopolitanis dando in locum Theodoti mortui. Resistunt Nicopolitani. Rumor synodi ad Basilium aut cogendum cum illis communicare aut pellendum. Graviter ægrotabat.

Eusebio, episcopo Samosatorum.

1. Ego et per vicarium Thraciæ scripsi pietati tuæ; et per præpositum quemdam Philippopolis thesaurorum, ex nostra regione in Thraciam abeuntem, scripsi alias epistolas, eumque rogavi, ut illas proficiscens sumeret. Sed neque vicarius litteras nostras suscepit. Peragrantibus enim nobis parœciam, cum advenisset in urbem vespere, summo mane rursus abiit; adeo ut œconomos ecclesiæ lateret viri adventus, sicque manerent apud me litteræ. Præpositus vero, forte inexspectata aliqua illum necessitate urgente, profectus est, nec litteris susceptis, nec nobis salutatis. Alius autem nullus reperiri poterat; unde tristes mansimus, quod nec scribere nobis liceret, nec accipere a tua pietate litteras. Atque equidem volebam, si res fieri potuisset, quæ singulis diebus nobis accidunt, tibi nuntiare. Tam multa enim sunt, tamque præter opinionem, ut ephemeride opus esset : quam etiam, probe scias, composuissem, nisi assiduitate eventuum mentem e proposito avocatam habuissem.

2. Advenit nobis vicarius primum et maximum malorum nostrorum : homo, ut sententia hæreticus, nescio (arbitror enim illum omnis expertem esse doctrinæ, nec habere studium ullum aut usum ejusmodi rerum; nam in aliis illum video anima et carne, noctu et interdiu occupatum), at certe hæreticorum amicus : nec magis eos diligens, quam nos odio habens. Coegit enim synodum impiorum media hieme in Galatia, et ejecit quidem Hypsinum, ejus autem loco Ecdicium constituit. Jussit abduci fratrem meum, ab uno homine, eoque ignobili, accusatum. Deinde paulisper occupatus circa res militares, rursus ad nos accessit, iram cædemque spirans, ac omnes voce unica clericos Ecclesiæ Cæsariensis tradidit curiæ. Sedit autem Sebastiæ plures dies, secernens suos ab alienis, ac nostros quidem communicatores curiales appellans, ac muniis publicis addicens, eos vero qui Eustathio affixi sunt, maximis fovens honoribus. Rursus Nyssæ synodum Galatarum et Ponticorum celebrari præcepit. Illi autem morem gessere, **366** et convolantes miserunt quemdam ad Ecclesias, qui qualis sit, nolim ego dicere; sed conjicere licet prudentiæ tuæ, qualem illum esse verisimile sit, qui talibus hominum voluntatibus ministrat. Et nunc, tum cum hæc scriberem, ipsum illud agmen Sebastiam venit, ut et conjungantur cum Eustathio, et una cum ipso res Nicopolitanorum evertant. Nam beatus Theodotus obdormivit. Illi autem hactenus primos vicarii assultus generose ac fortiter repulere. Persuadere enim eis conabatur, Eustathium ut reciperent, ac per eum acciperent episcopum. Postquam autem vidit illos libenter non cedere, nunc conatur violentiore manu datum illis episcopum constituere. Rumore autem jactatur et quædam exspectatio synodi, ad quam me accersitum statuerunt aut communicatorem habere, aut sua uti consuetudine. Ac res

* Alias CCLXIV. Scripta anno 376.

quidem ecclesiarum sic se habent. Ego autem quomodo me corpore habeam, tacere arbitror satius esse quam scribere : propterea quod vera dicens tristitia afficiam, mentiri vero non possum.

EPISTOLA CCXXXVIII [*].

Cum Fronto presbyter Ecclesiæ Nicopolitanæ episcopatum ab Arianis accepisset, ac unum aut alterum ex eodem clero secum abstraxisset, consolatur Nicopolitanos presbyteros Basilius, eosque nec horum hominum lapsu angi debere demonstrat, nec quod ipsi extra muros precari cogantur, sed quo plures exstiterint tentationes, eo uberiorem a Deo mercedem exspectandam.

Nicopolitanis presbyteris.

Accepi litteras pietatis vestræ, nec quidquam potui recentius, iis quæ jam noveram, ex illis discere. Venit enim fama in omnem viciniam, illius, qui apud vos lapsus est, ignominiam circumferens : qui quidem inanis gloriæ cupiditate, turpissimam sibi ipse comparavit ignominiam : et fidei quidem præmiis ob sui ipsius amorem decidit ; sed tamen miseram illam gloriolam, cujus studio venditus est impietati, non consecutus est, ob eorum, qui Dominum timent, justum odium. At ille totius suæ vitæ manifestissimum protulit indicium ex præsenti consilio, se videlicet nunquam vixisse in spe repositarum nobis promissionum a Domino : sed si quid sibi aucuparetur humanarum rerum, et fidei verba, et pietatis larvam, omnia denique ad obvios quosque decipiendos elaborasse. Sed quid eventus ille vos lædit? An idcirco deterius quam antea vos habetis? Defecit unus ex vestro cœtu : quod si etiam cum ipso abiere **367** unus aut alter, miserandi illi ob lapsum : at corpus vestrum Dei dono integrum est. Nam et quòd inutile erat, defluxit, nec mancum est quod remansit. Quod si illud vos angit, quod extra muros ejecti estis ; sed in protectione Dei cœli commorabimini [78], et angelus Ecclesiæ inspector una vobiscum secessit. Quare in vacuis ædibus quotidie recubant, grave sibi ex populi dispersione judicium comparantes. Quod si quis hac in re labor, Domino confido, inutilem illum vobis non futurum. Quamobrem quo plures tentationes fueritis experti, eo locupletiorem ab æquo judice mercedem exspectate. Itaque nec præsentia iniquo animo ferte, neque in spe deficite. Adhuc enim perpusillum temporis, veniet ad vos auxiliator vester, et non tardabit [79].

EPISTOLA CCXXXIX [**].

Deplorat Basilius ærumnas Ecclesiæ, hominibus nequissimis ad episcopatum evectis, qualis erat is quem Anysius et Ecdicius in Ecclesias immiserant. Iidem Nyssæ vile mancipium, Doaris, ut muliercu'æ impiæ assentarentur, hominem pestilentem, fugitivum servum constituerant. Quærit deinde Basilius quales dandæ Dorotheo litteræ, quem cum Sanctissimo Romam iturum suspicabatur. Parum sperat ex hac legatione et Occidentales accusat quod veritatem audire nolint. Venerat in mentem Basilio privatim ad eorum coryphæum scribere.

Eusebio, episcopo Samosatorum.

1. Dedit nobis Dominus etiam nunc per desideratissimum ac religiosissimum fratrem nostrum Antiochum compresbyterum salutare sanctitatem tuam, teque ut pro more tuo pro me preceris adhortari, et ex litterarum colloquio aliquod longæ absentiæ solatium consequi. Hoc autem orans primum et maximum, quæso, pete a Domino, ut nos a nefariis et pravis hominibus liberemur : qui populos ita in suam potestatem redegerunt, ut nihil aliud nunc, nisi Judaicæ captivitatis imaginem intueri videamur. Quanto enim Ecclesiæ fiunt debiliores, tanto amplius efflorescunt hominum imperandi cupiditates : et ad miseros homines, vernarum vernas, devenit nunc episcopatus nomen ; cum nullus ex Dei famulis eorum competitor fieri velit, sed tantum homines desperati, qualis est qui nunc ab Anysio Evippii alumno, et ab Ecdicio Parnasseno missus est : quem qui constituit, pessimum sibiipsi futuræ vitæ viaticum in Ecclesias immisit. Ii nunc fratrem meum Nyssa expulerunt, et ejus loco introduxerunt **368** hominem, vel potius mancipium paucis obolis venale, sed quod ad fidei corruptelam attinet, his qui constituere, non inferius. Quin et hominem pestilentem, pupillorum famulum, eumdemque a suis ipsius heris fugitivum, ut assentcntur muliereculæ impiæ, quæ prius quidem Georgio ad suum arbitrium usa erat, nunc vero hunc illius successorem nacta est, in oppidulum Doara miserunt, miserandum episcopatus nomen contumelia afficientes. Quis autem possit, ut par est, res Nicopolitarum lugere? Nimirum miser ille Fronto prius quidem defensionem simulaverat veritatis, sed tandem turpiter prodidit et fidem et seipsum, ac mercedem proditionis accepit nomen ignominiæ. Accepit enim ab illis episcopatus dignitatem, ut existimat, sed Dei gratia factus est communis exsecratio totius Armeniæ. Sed tamen nec quidquam est quod non audeant, nec destituuntur dignis se adjutoribus. Cæterum reliquas Syriæ res accuratius quam nos et novit et enarrabit frater Antiochus.

2. De rebus autem Occidentalibus prius ipse didicisti, narrante omnia fratre Dorotheo, cui quales dandæ rursus litteræ abeunti? Fortasse enim se itineris socium junget optimo Sanctissimo, qui magno ardet studio ac Orientem peragrat, et ab insignioribus quibusque subscriptiones et epistolas colligit. Quæ igitur per ipsos scribenda sint, aut quomodo cum scribentibus versari conjungenda, equidem dubito; sed si cito reperias, qui ad nos proficiscantur, nobis exponere ne graveris. Mihi enim venit in mentem illud Diomedis usurpare : *Utinam precatus non esses, quoniam*, inquit, *vir est superbus.* Nam revera animi elati, dum obsequio coluntur, solito arrogantiores fieri solent. Etenim si nobis placetur Dominus, quonam alio adminiculo indigemus? Sin autem perseveret ira Dei,

[78] Psal. xc, 4. [79] Habac. ii, 3; Hebr. x, 37.

[*] Alias CXCI. Scripta anno 376.

[**] Alias X. Scripta anno 376.

quale nobis præsidium supercilii Occidentalis? Qui veritatem neque norunt, neque discere volunt, sed falsis suspicionibus præoccupati eadem nunc faciunt, ac prius in Marcelli causa, in qua cum hominibus veritatem sibi nuntiantibus delitigarunt, hæresim vero per seipsos confirmarunt. Ego ipse citra communem formam ad eorum coryphæum scribere volebam, de rebus quidem ecclesiasticis nihil, nisi quatenus subobscure insinuassem, neque illos de rebus nostris vera nosse, neque viam qua addiscere possint, amplecti; ac generatim admonuissem hominibus, quos tentationes afflixerunt, insultandum non esse, neque dignitatem æstimandam superbiam: quod peccatum vel unicum id valet, ut inimicos Deo efficiat.

369 EPISTOLA CCXL*.

Basilius hortatur ad constantiam in persecutione, ac spe auxilii a Deo venturi consolatur : monet ne fucum illis faciat Frontonis rectæ fidei simulatio. Negat se unquam commissurum, ut Frontonem agnoscat episcopum, vel recipiat quos ille ordinaverit.

Nicopolitanis presbyteris.

1. Recte fecistis, et quod scripseritis, et quod per talem virum scripseritis, qui etiam sine litteris potuisset nobis et idoneum in sollicitudinibus solatium præstare, et accurate de rebus edocere. Multa enim erant, quæ avebamus ex aliquo accuratissime sciente cognoscere, propterea quod rumores vagi apud nos spargerentur; et omnia constanter ac perite exposuit nobis optatissimus ac reverendissimus frater noster Theodosius compresbyter. Itaque quæ mihi ipse suadeo, hæc etiam ad vestram pietatem scribo: multis jam eadem ac vobis contigisse; ac non solum hac ætate, sed præterito etiam tempore innumera ejusmodi exempla, partim historiarum monumentis consignata, partim nobis non scripta recordatione a peritis tradita fuisse, quemadmodum viritim et oppidatim tentationes pro nomine Domini corripuerint eos, qui in ipsum sperabant. Sed tamen prætierunt omnia, nec ærumna prorsus ulla perpetuam habet molestiam. Quemadmodum enim grandines, torrentesque et quæcunque mala casu accidunt, mollibus quidem facile nocent ac ea vastant; sed si in duriora incidant, patiuntur aliquid potius quam lædunt: ita et vehementes tentationes in Ecclesiam concitatæ, imbecilliores fidei in Christum firmitate deprehensæ sunt. Quemadmodum ergo grandinis nubes præteriit, et torrens alveum præterfluxit (illa enim in serenitatem dissoluta; hic vero evanuit in profundum, viam, qua effluxit, siccam et aridam relinquens); ita et nunc ingruentes nobis procellæ paulo post non erunt. Tantummodo in animum inducamus non ad præsentia respicere, sed paulo remotiora spe intueri.

2. Sive igitur, fratres, gravis tentatio; labores ac difficultates perferamus; nemo enim non percussus in certamine, nec pulvere aspersus, coronatur; sive levia hæc diaboli ludibria, et qui in nos sunt immissi, molesti quidem sunt, eo quod ejus sint ministri, contemnendi tamen, quia Deus illorum nequitiæ debilitatem junxit; caveamus ne ob magnos in parvis incommodis ejulatus condemnemur. Unum enim dolore dignum, illius ipsius pernicies, qui ob temporariam gloriam (si tamen gloria dicenda, palam se dedecorare) æterno justorum honore spoliavit. Filii confessorum, filii estis martyrum, qui ad sanguinem usque peccato restiterunt. Domesticis utatur quisque exemplis ad robur pro pietate ostendendum. Nemo nostrum plagis dilaniatus est : **370** nullius ædes publicatæ sunt; exsules non fuimus; carceres experti non sumus. Quidnam mali nobis accidit? nisi forte hoc sit molestum, quod nihil perpessi sumus, neque digni habiti, qui pro Christo pateremur [80]. Sin autem quod ille domum occupat precationis, vos autem sub dio adoratis cœli et terræ Dominum, id vos angit, cogitate, undecim discipulos in cœnaculo conclusos fuisse, tum cum ii, qui Dominum crucifixerant, in celeberrimo templo cultum Judaicum adimplerent. Judas enim qui suspendio interire maluit, quam cum dedecore vivere, forsitan iis qui nunc ad omnem hominum condemnationem sine rubore sese obfirmant, et idcirco impudentiam ad turpia præ se ferunt meliorem se exhibuit.

3. Tantum ne decipiamini illorum mendaciis, dum rectam fidem præ se ferunt. Christi enim mercatores ejusmodi homines, non Christiani; semper id, quod ipsis in hac vita utile est, vitæ ad veritatem accommodatæ anteponentes. Cum speraverunt adepturos se inanem illum principatum, adjunxerunt se inimicis Christi: ubi populos ira efferatos vident, rursus rectam fidem simulant. Non agnosco episcopum, nec numerarim inter Christi sacerdotes eum qui a profanis manibus ad eversionem fidei principatum accepit. Hoc meum est judicium. Vos autem si quam partem mecum habetis, eadem utique ac ego, sentietis : sin autem vobis ipsi seorsum consilium capitis, suæ quisque sententiæ dominus est, nos ab hoc sanguine insontes sumus. Hæc autem scripsi, non quod vobis diffidam, sed ut nonnullorum dubitationem significatione meæ sententiæ confirmem, ne qui communione præoccupentur, neve, accepta ab eis manus impositione, postea pace reddita, vim faciant, ut in sacrato cœtu recenseantur. Clerum omnem tum qui in urbe, tum qui in parœcia una cum omni populo Dominum timente per vos salutamus.

---

[80] Act. v, 41.

* Alias CXCII. Scripta anno 376.

EPISTOLA CCXLI [*].

Rationem reddit Basilius, cur sæpe in litteris res molestas Eusebio nuntiet, nempe ut se ipse sublevet gemendo, et Eusebium ad intentiorem pro Ecclesia precem excitet.

Eusebio, episcopo Samosatorum.

Non ut mœrorem augeam, sæpe rerum molestarum in datis ad tuam dignitatem litteris non parce memini, sed ut et mihi ipse solatium feram per gemitus, qui solent quodammodo intimum dolorem dissolvere, dum erumpunt; et magnum animum tuum ad intentiorem pro Ecclesiis precem excitem. Nam et Moses semper quidem pro populo orabat : at cum pugnam cum Amalec committeret, non remisit manus ab aurora ad vesperam [81]; sed sancti manuum extensio non alio, quam pugna, terminata est fine.

EPISTOLA CCXLII [**].

Orientales inter molestissimas procellas spem suam in Deo collocant; mirantur nihil adhuc auxilii ab Occidentalibus venisse; brevi malorum suorum descriptione conantur eos ad opem ferendam excitare.

Occidentalibus.

1. Cum Deus sanctus exitum ex omni afflictione his, qui in ipsum sperant, promiserit, quamvis in medio malorum pelago deprehensi simus, ac procellis, quæ a spiritibus nequitiæ in nos excitatæ sunt, probemur; tamen resistimus in Christo nos corroborante, nec dissolvimus vigorem nostri in Ecclesias studii, neque veluti fluctibus in tempestate prævalentibus salutem desperantes, interitum exspectamus : sed adhuc quantum possumus, studium retinemus, haud nescii eum etiam qui a ceto voratus fuerat, eo quod de se non desperaverit, sed clamaverit ad Dominum, salutem esse consecutum. Ita sane et ipsi in extremum collapsi malorum, spem in Domino collocare non desinimus : sed undique illius opem circumspicimus Unde ad vos quoque, fratres nobis perquam colendi, nunc respeximus, quos sæpe quidem ærumnarum tempore nobis in conspectum prodituros speravimus ; sed ea spe dejecti, nos etiam diximus ad nosmetipsos : *Exspectavi, qui simul contristaretur, et non fuit; et qui consolaretur, et non inveni* [82]. Sunt enim ejusmodi calamitates nostræ, ut ad vestri etiam orbis terminos pervenerint ; et quoniam patiente uno membro, patiuntur simul membra omnia [83], decebat sane ut nobiscum, jam diu laborantibus, misericordia vestra simul doleret. Non enim locorum vicinitas, sed spiritus conjunctio necessitudinem facere solet, quam quidem nobis cum vestra dilectione intercedere credimus.

2. Qui fit igitur, ut non litteræ consolationis, non fratrum visitatio, non aliud quidquam eorum, quæ nobis ex dilectionis lege debentur, evenerit? Jam enim annus decimus tertius est, ex quo hæreticum in nos bellum exortum est; in quo plures evenerunt Ecclesiis afflictiones, quam evenisse me-

morantur, ex quo Evangelium Christi annuntiatur. Quas quidem singulas recensere vobis nolumus, ne sermonis nostri debilitas malorum evidentiam enervet : simul etiam non existimamus necesse esse vos docere, cum veritatem rerum jamdudum fama didiceritis. Summa autem mali hæc est : plebs relictis precum domibus, in desertis locis congregatur. Spectaculum miserabile; mulieres, pueri, senes, et qui aliter infirmi sunt, inter imbres vehementissimos, nives, ventos, hiemalem glaciem, similiter quoque per æstatem inter solis ardorem sub dio misere persistunt. Atque hæc patiuntur, quod nolint pravi Arii fermenti participes fieri.

3. Quomodo hæc vobis oratio clare exprimat, nisi experientia ipsa et spectaculum rei ob oculos positæ excitet vos ad commiserationem ? Obsecramus itaque, ut vel nunc tandem porrigatis manum Orientalibus Ecclesiis jam in genua inclinatis, et mittatis, qui admoneant de reservatis ob mala pro Christo tolerata præmiis. Non enim tantum consueta oratio efficere, quantum peregrina vox solet afferre solatii, præsertim ab hominibus veniens ubique præclarissimam in partem Dei gratia cognitis, quales vos fama omnibus hominibus annuntiat, ut qui permanseritis fide illæsi, apostolicumque depositum inviolabile servaveritis. At non ita res nostræ se habent; sed apud nos sunt qui gloriæ desiderio, et maxime evertente animas Christianorum tumore, effutierunt quorumdam novitatem verborum : unde Ecclesiæ quassatæ, quasi vasa quædam luxata, influentem hæreticam corruptelam receperunt. Sed vos, o dilectissimi nobis ac optatissimi, sauciorum quidem sitis medici, sanorum vero hortatores; quod ægrotum est ad sanitatem revocantes, et quod sanum incitantes ad pietatem.

EPISTOLA CCXLIII [***].

Occidentalium opem implorat Basilius ac non solum Orientis malorum descriptione eos tangere conatur, sed etiam periculum esse docet ne incendium Occidentem pervadat; unde quanta sit blasphemiæ impietas et licentia exponit. Legatus missus Dorotheus, cum episcopis ob metum hostium abesse non liceret.

Ad episcopos Italos et Gallos, de perturbatione ac confusione Ecclesiarum.

1. Vere religiosissimis ac charissimis fratribus et unanimis comministris Galliæ et Italiæ episcopis, Basilius Cæsareæ Cappadociæ episcopus. Dominus noster Jesus Christus, cum suum ipsius corpus dignatus sit appellare universam Dei Ecclesiam, nosque sigillatim aliorum invicem membra effecerit, dedit et nobis omnibus ad omnes necessitudinem habere secundum membrorum concordiam. Quapropter, etsi quam longissime ab invicem sejuncti sumus habitationibus, at, conjunctionis habita ratione, vicini inter nos sumus. Quoniam

---

[81] Exod. xvii, 12. [82] Psal. lxviii, 23. [83] 1 Cor. xii, 26.

[*] Alias CCXL. Scripta anno 376.
[**] Alias CLXXXII. Scripta eodem anno.
[***] Alias LXX. Scripta anno 376.

igitur non potest caput pedibus dicere : Opus vobis non habeo [84] ; nec vos profecto committetis, ut nos velut alienos rejiciatis, sed tantum dolebitis ex aerumnis nostris, quibus traditi sumus ob nostra peccata, quantum nos vobiscum laetamur, qui in pace vobis a Domino data gloriam habetis. **373** Jam quidem et alias clamavimus ad dilectionem vestram, ut nobis opem et commiserationem impenderetis : sed profecto, quia non impleta erat vindicta, concessum vobis non fuit ad auxiliandum exsuscitari. Illud enim maxime exquirimus, ut ipsi quoque orbis vestri imperatori vestrae pietatis opera innotescat rerum nostrarum perturbatio; aut si id difficile fuerit, saltem a vobis veniant, qui visitent et consolentur afflictos, ut oculis suis subjiciant Orientis miserias, quae nequeunt auribus accipi, quia nulla invenitur oratio, quae res nostras clare vobis exprimat.

2. Persecutio apprehendit nos, fratres in primis colendi, et persecutionum saevissima. Nam abiguntur pastores, ut greges dispergantur. Et quod gravissimum est, nec qui vexantur, mala in martyrii fiducia perferunt, neque plebs in martyrum loco athletas colit, quia Christianorum nomine persecutores ornati sunt. Unum crimen est, quod nunc vehementer punitur, accurata custodia paternarum traditionum. Eam ob causam patria expelluntur pii; in desertas regiones transferuntur. Non canities apud judices iniquitatis reverentiam habet, non exercitatio pietatis, non vita secundum Evangelium a juventute ad senectam usque transacta. Sed sceleratus quidem nullus sine certis indiciis condemnatur : episcopi autem ex sola calumnia damnati sunt, ac nullo argumento criminationibus adjecto, suppliciis traduntur. Imo nonnulli neque accusatores agnoverunt, neque viderunt tribunalia, neque omnino calumniis appetiti fuerunt, sed intempesta nocte violenter rapti, in longinquas regiones fugati sunt, ex solitudinis incommodis ad mortem objecti. Quae autem ex his sequuntur, nota sunt omnibus, etiamsi taceamus; fugae presbyterorum, fugae diaconorum, ac cleri totius depopulatio. Necesse enim est aut imaginem adorare [85], aut pravae flammae flagellorum tradi. Populorum gemitus, continuae privatim ac publice lacrymae, omnibus inter se mala sua deflentibus. Nemo enim corde est adeo lapideo, ut patre privatus, animo aequo ferat orbitatem. Sonus lamentantium in urbe, sonus in agris, in viis, **374** in solitudinibus. Vox una auditur, miseranda omnibus ac tristia loquentibus. Sublatum est gaudium, et laetitia spiritualis. Versi sunt in luctum festi dies nostri [86]; conclusae precationum domus; vacant altaria cultu spirituali. Non jam conventus Christianorum, non jam praesidentes doctores, non documenta salutaria, non solemnitates, non hymnorum nocturni cantus, neque beata illa animarum exsultatio, quae ex synaxibus et communicatione donorum spiritualium animabus credentium in Dominum innascitur. Decet nos dicere : *Non est in tempore hoc princeps, neque propheta, neque dux, neque oblatio, neque suffitus, neque locus sacrificandi coram Domino, et inveniendi misericordiam* [87].

3. Scribimus haec scientibus, cum pars nulla sit orbis terrarum, quae jam calamitates nostras ignoret. Quare non docendi causa haec a nobis credendum, aut ut commonefaciamus vestram diligentiam. Novimus enim nunquam vos nostri obliturios esse, non magis sane quam matrem filiorum uteri sui [88]. Sed quoniam qui dolore aliquo detinentur, gemitibus levare aliquo modo angores solent, idem et nos facimus; excutimus quodammodo moeroris pondus, dum dilectioni vestrae multiplices nostras calamitates nuntiamus, si quo modo vehementius ad precandum pro nobis commoti, Dominum exoretis ut reconcilietur nobis. Quod si aerumnae quae nos affligunt solae essent, statuissemus utique apud nosmetipsos tacere, atque in incommodis pro Christo perferendis gaudere : *Non enim sunt condignae passiones hujus temporis ad futuram gloriam, quae revelabitur in nobis* [89]. Nunc autem veremur, nequando ingravescens malum, velut flamma quaedam ardentem materiam pervadens, postquam consumpserit quae proxima sunt, attingat etiam et remotiora. Depascitur enim haereseos malum, et timor est ne, voratis Ecclesiis nostris, serpat postea usque ad sanam partem vestrae paroeciae. Fortasse igitur, quia apud nos abundavit peccatum, primi in escam traditi sumus crudelibus inimicorum Dei dentibus. Fortasse etiam, quod et verisimilius est, quoniam Evangelium regni, capto a nostris locis initio, in omnem pervenit terrarum orbem, idcirco communis animarum nostrarum hostis perficere conatur, ut defectionis semina, sumpto ab iisdem locis initio, in totum terrarum orbem diffundantur. Quibus enim affulsit illuminatio cognitionis Christi [90], ad eos ut veniant etiam impietatis tenebrae, machinatur.

4. Vestras igitur existimate afflictiones nostras, ut veri discipuli Domini. Non de pecuniis, non **375** de gloria, non de ulla alia ex rebus temporariis bellum sustinemus : sed de communi haereditate, patrio thesauro sanae fidei stamus decertantes. Dolorem nostrum dolete, o vos fratrum amantes, quoniam occlusa sunt apud nos piorum ora, aperta vero omnis audax et blasphema lingua loquentium adversus Deum iniquitatem [91]. Columnae et fulcrum veritatis in dispersione; nos vero, qui ob tenuitatem contempti fuimus, loquendi destituimur libertate. Decertate pro populis, nec spectate modo vestrum statum, videlicet quod in portibus tranquillis statis, Dei gratia omnino a turbine malorum ventorum vos protegente. Sed

---

[84] I Cor. xii, 21. [85] Dan. iii, 10. [86] Amos viii, 10. [87] Dan. iii, 58, 39. [88] Isa. xlix, 15.
[89] Rom. viii, 18. [90] II Cor. iv, 6. [91] Psal. lxxiv, 6.

manum etiam Ecclesiis tempestate exagitatis porrigite, nequando derelictæ, penitus fidei naufragium perpetiantur. Ingemiscite nostra causa, quia Unigenitus blasphematur, nec est qui contradicat. Spiritus sanctus rejicitur, et qui redarguere potest, fugatur. Multitudo obtinuit deorum. Magnus Deus apud illos et parvus. Filius non naturæ nomen, sed dignitatis alicujus appellatio esse; Spiritus sanctus non complere Trinitatem sanctam; neque particeps esse divinæ ac beatæ naturæ, sed una aliqua ex rebus creatis, temere et fortuito Patri et Filio adjectus existimatur. *Quis dabit capiti meo aquam, et palpebris meis fontem lacrymarum*[92]? et diebus multis populum deflebo pravis istis doctrinis ad exitium impulsum. Seducuntur simpliciorum aures, jamque assuetæ sunt hæreticæ impietati. Enutriuntur Ecclesiæ infantes in doctrinis impiis. Quid enim facient? Baptismata apud illos, deductiones proficiscentium, visitationes ægrotantium, consolationes mœrentium, adjumenta omnis generis, mysteriorum communiones: quæ omnia, per eos administrata, populis vinculum sunt concordiæ cum eis ineundæ; adeo ut intra breve tempus, etiamsi qua libertas detur, nulla jam spes sit futura homines diuturna deceptione detentos, iterum ad veritatis agnitionem revocatum iri.

5. His de causis plures ex nobis oportebat ad vestram dignitatem accurrere, et unumquemque rerum suarum narratorem fieri. Nunc vero et hoc ipsum vobis indicio sit illius in qua degimus afflictionis, quod ne facultas quidem nobis est itineris suscipiendi. Etenim si quis vel brevissimo tempore a sua Ecclesia abfuerit, traditos relinquet populos insidiantibus (1). Sed, Dei gratia, unum misimus vice multorum, religiosissimum et dilectissimum fratrem nostrum Dorotheum compresbyterum : qui et quæcunque effugerunt litteras nostras sua ipsius narratione potest supplere, cum omnia secutus sit accurate, et defensor sit rectæ fidei. Hunc suscipientes in pace, celeriter dimittite, bonum nobis nuntium afferentem studii vestri ad fratres adjuvandos.

EPISTOLA CCXLIV*.

Cum Patrophilus miraretur disruptam inter Basilium et Eustathium amicitiam, ac Basilium reprehendere videretur, exponit ei Basilius omnes ab origine dissensionis causas et modos. Declarat sibi in exigenda ab Eustathio fidei formula propositum aliud nihil fuisse, nisi ut a se et ab ipso Eustathio calumnias propulsaret. Narrat quomodo Eustathii et Theophili agendi ratione afflictus, litteras acceperit ab Eustathio, quæ communionem Basilio renuntiabant, eo quod scripsisset ad Apollinarium, et cum Diodoro presbytero communicaret. His litteris

[92] Jerem. ix, 1. [93] Deut. 1, 17; Prov. xviii, 5.

* Alias LXXXII. Scripta anno 376.
(1) Non sine causa Orientales hac excusatione utebantur. Metuendi enim locus erat, ne Occidentales suboffenderentur, si episcopi non venirent. Anno 371, cum Orientales diaconum misissent, diaconum pariter miserunt Occidentales. Anno 372 nemo missus ab Orientalibus, sed per

attonitum et stupentem Basilium aliæ exceperunt, quæ erant ad Dazizam scriptæ, et Basilio perfidiam et corruptionem Ecclesiarum exprobrabant, in primis vero quod ex dolo et insidiis formulam proposuisset. Testem conscientiæ suæ Deum invocat Basilius, sed mirari se dicit, cur Eustathius tantopere exarserit ob ejusmodi formulam, quæ ipsius manu subscripta Romæ asservabatur, quamque ipse synodo Tyanensi obtulerat. Sed hanc fidem damnat nunc Eustathius, eandemque in actionibus inconstantiam declarat. Nam qui a quingentis episcopis damnatus, acquiescere noluerat, sed eos episcopos non esse contendebat, nunc aperte conjungitur cum iis, quos illi ordinaverunt. Quali vita et moribus sint ejusmodi homines, tacere mavult Basilius: sed narrat quid sibi post morbum gravissimum anno præterito in mentem venerit de hominum inconstantia. Quo in genere nemini Eustathium cedere ait, idque probat ex variis illius partium mutationibus, et ex variis formulis, quibus subscripsit. Postremo rogat Patrophilum ut adipse scribat, utrum idem erga se permanere velit, an ex congressu cum Eustathio mutatus sit.

Patrophilo, Ægeensis Ecclesiæ episcopo.

1. Legi litteras tuas, quas per fratrem nostrum Strategium compresbyterum misisti, et legi libenter. Quidni enim libenter legerem, et a viro prudente scriptas, et a corde, quod dilectionem erga omnes ex Domini præcepto edoctum est servare? Et fere cognovi cur præterito tempore silueris. Hærenti enim similis eras et stupenti, quod Basilius ille, qui cuidam a puero taliter inservivit, qui talibus quibusdam temporibus hæc et illa fecit, qui bellum cum innumeris aliis unius colendi causa suscepit, is nunc alius ex alio factus sit, et bellum pro charitate præ se ferat, et quæcunque alia scripsisti, satis animi stuporem in hac rerum præter opinionem mutatione demonstrans. Quod si me aliquantum etiam perstrinxisti, id ægre non tuli. Non enim ita sum indocilis, ut amicas objurgationes fratrum moleste feram. Tantum enim abest, ut iis quæ scripsisti, fuerim offensus, ut fere etiam mihi risum moverint, quod cum tot ac tanta sint, quæ nobis videbantur mutuam amicitiam antea firmare, ipse ob exilia, quæ usque ad te pervenerunt, in tantum te scriberes stuporem incidisse. Itaque et tibi idem, quod multis usu venit, qui omisso naturæ rerum examine, hominibus, de quibus agitur, attendunt, fiuntque non veritatis inquisitores, sed differentiæ personarum æstimatores, obliti admonitionis illius, *Cognoscere personam in judicio non est bonum*[93].

2. Sed quia Deus personam in hominis judicio non accipit, quam mihi apud magnum tribunal defensionem paravi, eam et tibi notam facere non recusabo. Nimirum nulla a nobis ab initio neque parva neque major orta est dissidii causa: sed homines nobis non amici, ob quas ipsi sciunt causas (non enim opus est me quidquam de his dicere),

litteras suppliciter petierunt, ut plures episcopi ad ferendum Orienti auxilium mitterentur. At nullum prorsus responsionem impetrarunt: imo rediens Roma Evagrius presbyter nuntiavit Basilio, ipsius scripta Romanis displicuisse, ac viros autoritate præditos Romam esse mittendos.

continuas mihi calumnias struxerunt. Ac illas quidem repulimus semel atque iterum : sed cum finem illi non facerent, nec quidquam prodesset continua defensio, proptereaquod, nobis procul dissitis, mendacii auctores cominus poterant suis contra nos vulnerare calumniis cor facile superabile, nec edoctum aurem alteram absenti integram servare; Nicopolitanis aliqua fidei indicia ad persuadendum apta exposcentibus (quod ne vos quidem prorsus ignorastis), nobis visum est scripti ministerium suscipere. Putavi enim me duo perfecturum una et eadem opera ; et Nicopolitanis persuasurum, ne male de viro sentirent, et calumniatorum nostrorum ora obturaturum, fidei consensu calumnias utrinque excludente. Ac fides quidem conscripta est, et a nobis allata : subscripta est etiam. Postquam subscripta, locus designatus est alterius conventus, et tempus aliud constitutum, ut et fratres nostri, qui in parœcia sunt, convenientes, conjungerentur inter se, et genuina ac sincera deinceps foret communio. Itaque nos quidem advenimus præstituto tempore, et qui mecum conjuncti erant fratres, partim aderant, partim confluebant, læti omnes atque alacres, ut ad pacem currentes: litteræ etiam a nobis ac cursores, qui nos adesse significarent, siquidem noster erat ille locus ad eos qui concurrebant excipiendos designatus. Sed cum ex altera parte nemo adesset, aut præcurrens, aut nuntians adventum eorum qui exspectabantur; qui autem a nobis missi erant, cum rediissent multam eorum qui illic sunt tristitiam ac murmurationem enarrantes, quasi nova fides a nobis promulgata esset, hique statuisse dicerentur, se certe suo episcopo ad nos proficiscendi copiam facturos non esse; cumque venisset quidam afferens nobis **378** epistolam perfunctorie scriptam, et quæ nullam eorum de quibus ab initio convenerat, mentionem habebat; et cum omni mihi reverentia et honore dignus frater Theophilus uno ex his qui cum eo sunt missi, nonnulla declarasset, quæ nec sibi indecora dictu et nobis auditu congruentia esse ducebat. Scribere enim non dignatus est, non tam metuens ne ex litteris argueretur, quam sollicitus ne nos necesse haberet ut episcopos salutare; sed certe verba erant vehementia, et ex pectore fervente prolata. In his discessimus, pudore affecti, concidentesque animo, nec habentes quod interrogantibus responderemus. Interim non multum tempus, et iter in Ciliciam: inde reditus, ac statim litteræ communionem nobis renuntiantes.

3. Ruptæ autem communionis causa, quod Apollinario, aiebant, scripsissemus, et quod compresbyterum nostrum Diodorum haberemus communicatorem. Ego autem Apollinarium quidem nunquam inimicum duxi, imo non desunt ob quæ etiam reverear virum : sed tamen non ita me homini conjunxi, ut illius crimina ipse suscipiam, cum certe et ipse nonnulla habeam, quæ in illo reprehendam, lectis illius libris nonnullis. Non tamen de Spiritu sancto aut librum me ab eo petere memini, aut missum accipere. Sed copiosissimum illum audio omnium scriptorum exstitisse : legi autem perpauca ex illius scriptis, neque enim mihi otium est talia scrutandi ; ac præterea difficilis quidam sum ac morosus ad recentiora admittenda ; quippe cum mihi per corpus ne in lectione quidem divinitus inspiratæ Scripturæ laboriose atque ut par est, perstare liceat. Quid hoc igitur ad me, si quis quid scripsit, quod cuidam non placeat ? Quanquam et oportet alium pro alio rationem reddere, is qui me accusat de Apollinario, respondeat nobis de Ario proprio suo magistro, et de Aetio proprio suo discipulo. Nos autem neque discipulum ulla in re habuimus, neque magistrum hunc hominem, cujus crimina in nos convertunt. Diodorum autem, ut beati Sylvani alumnum, ab initio suscepimus : nunc vero et diligimus et complectimur ob insitam illi sermonis gratiam, qua multi ex iis qui illum conveniunt, meliores fiunt.

4. Propter has litteras, ut decebat, affectus, et ad tam inexspectatam ac subitam mutationem obstupescens, ne respondere quidem potui. Constrictum enim erat mihi cor, resoluta lingua, manus torpebat, atque in animi non fortis vitium incidi (dicetur enim quod verum est, sed tamen venia dignum): prope factum est, ut me generis humani odium caperet, nec ulli mores suspecti mihi non essent, crederemque non esse in hominis natura charitatis bonum ; sed nomen esse speciosum his qui illud pronuntiant aliquid honoris ferens, non tamen revera inesse hominis cordi hanc affectionem. Si enim qui videbatur a puero ad **379** summam usque senectam sibi ipsi invigilasse, talibus de causis ita facile efferatus est, nullam habens rerum nostrarum rationem, nec præteriti temporis experientiam calumnia adeo vili potiorem ducens : sed veluti quidam pullus indomitus ascensorem recte ferre nondum edoctus, ob exiguam suspicionem recalcitravit, excussitque et humi projecit eos de quibus antea gloriabatur. Quid de aliis suspicandum, quibuscum neque nobis tot ac tanta sunt amicitiæ pignora, quique tot ac tanta non dederunt morum probitatis specimina ? Hæc mecum animo cum volverem, ac indesinenter corde versarem, imo potius cum ab his cor meum versaretur, sic mordentibus me et recordatione pungentibus, nihil illis respondi litteris; non ex contemtu silens (ne id cogites, frater ; non enim apud homines causam dicimus, sed coram Deo in Christo loquimur), sed hæsitatione ac consilii inopia et quod nihil mœrore dignum dicere possemus.

5. In his dum versaremur, exceperunt nos litteræ aliæ, ad Dazizan quemdam scriptæ videlicet, sed revera ad omnes homines missæ, ut declarat earum celerrima distributio, ita ut paucis diebus per omnem Pontum dispergerentur, et Galatiam percurrerent. Quinetiam nonnulli dicunt horum bonorum nuntios etiam peragrata Bithynia

usque ad ipsum Hellespontum penetrasse. Qualia vero fuerint ad Dazizan contra nos scripta, omnino quidem nosti. Non enim te adeo longe ab amicitia sua removent, ut solum te honore illo non donatum reliquerint. Quod si litterae ad te non pervenerunt, at ego tibi eas mittam. In his haec nobis affingi crimina videbis, dolum et perfidiam, corruptionem Ecclesiarum, et animarum perniciem, et quod omnium, ut ipsi existimant, verissimum est, quod ex insidiis illam fidei formulam proposuerimus, non Nicopolitanis operam navantes, sed ipsi eliciendae per dolum confessionis consilium intendentes. Horum quidem judex est Dominus. Quaenam enim esse possit cogitationum cordis clara demonstratio? Hoc autem in ipsis sum miratus, cur ob subscriptum libellum, quem ipsis obtulimus, tanto utantur dissidendi studio, ut et quae sunt, et quae non sunt, iis, a quibus accusantur, satisfaciendi causa, commisceant; illud autem non cogitent, suam fidei Nicaenae confessionem Romae scriptam servari, seque propria manu obtulisse synodo Tyanensi allatum Roma libellum, qui apud nos servatur, eamdem fidem continens. Quin et concionis tunc a se habitae obliti sunt, cum in medium prodeuntes fraudem deplorarunt, qua decepti, tomo ab Eudoxii factione composito consenserant; unde et hanc invenerunt errati illius purgandi rationem, ut Romam profecti, inde fidem Patrum acciperent, ita ut quod **380** Ecclesiis detrimenti intulerant malo approbando, id meliore introducendo emendarent. At qui itinera longissima pro fide sustinuerunt, et sapientem illam concionem habuerunt, nunc nobis conviciantur, ut dolose ambulantibus et sub dilectionis specie ea quae insidiatorum sunt, facientibus. Patet autem etiam ex iis, quae nunc circumferuntur, condemnatam ab illis esse fidem Nicaenam. Viderunt enim Cyzicum, et cum alia fide reversi sunt.

6. Sed quid in verbis inconstantiam dico, cum multo majora ex ipsis rebus gestis habeam illorum in contraria mutationis argumenta? Qui enim quingentorum episcoporum sententiae contra ipsos latae non cesserunt, neque a gubernaculis Ecclesiarum discedere voluerunt, quamvis tot episcopi in eorum depositionis sententia conspirassent, propterea, inquit, quod Spiritus sancti participes non erant, nec Dei gratia Ecclesias gubernabant, sed humana potentia ac inanis gloriae cupiditate principatus rapuerant: hi nunc eos qui ab illis ordinati sunt, ut episcopos suscipiunt. Quos meo nomine roges velim, etiamsi homines omnes contemnant, quasi neque oculos habeant, neque aures, neque cor sensu praeditum, ut intelligere possint eorum quae fiunt repugnantiam; roges, inquam, saltem in corde suo quidnam habeant sententiae? Quomodo ambo possunt esse episcopi, et qui ab Evippio depositus, et qui ab eo ordinatus? nam res utraque est manus ejusdem opus. Qui nisi datum Jeremiae donum habuisset diruendi ac reaedificandi, eradicandi ac plantandi [94], utique non hunc eradicasset, neque illum plantasset. Quod si alterum ei dederis, alterum etiam ei concedes. Sed illis, ut videtur, propositum unum est, suum ipsorum compendium ubique quaerere, et amicum quidem ducere eum, qui ipsorum cupiditatibus obsecundat: inimicum vero judicare, nec ulli in eum calumniae parcere, qui ipsorum cupiditatibus obsistit.

7. Quales enim sunt etiamnum ipsorum contra Ecclesiam œconomiae? Horrendae quidem ob eorum, qui id faciunt, instabilitatem, miserandae vero ob eorum, qui patiuntur, stupiditatem. Evippii filii et Evippii nepotes per legationem fide dignam ab extera regione accersiti sunt Sebastiam. His creditus est populus: potiti sunt altaribus, ejus quae illic est Ecclesiae fermentum facti sunt. Hi nos tanquam homoousiastas persequuntur; Eustathius autem, qui in charta consubstantiale Roma Tyanos usque **381** attulit, nunc illis admistus est: quanquam admitti in optatissimam ipsorum communionem non potuit, sive quod metuerint multitudinem eorum qui adversus illum consenserant, sive quod eorum reveriti sint auctoritatem. Quales enim essent qui congregati sunt, et quomodo eorum quisque ordinatus, et a quali vita ab initio ducta ad hunc dominatum pervenerit, precor equidem nunquam mihi tantum otii contingere, ut res illorum enarrem. Didici enim precari, *Ut os meum opera hominum non loquatur* [95]. Ipse autem haec, si scrutatus fueris, edisces; et si te effugerint, profecto judicem non latebunt.

8. Quo tamen fuerim animo, non gravabor et tuae exponere dilectioni: nimirum anno praeterito cum aegrotassem febre gravissima, et ad ipsas mortis portas appropinquassem, ac deinde Dei benignitate essem sanitati restitutus, aegre ferebam reditum, reputans mecum ad qualia redirem mala; atque apud me ipse considerabam quidnam tandem esset in profundo Dei sapientiae reconditum, propter quod mihi rursus dies ad vivendum in carne concessi fuissent. Ubi autem haec cognovi, voluisse Dominum arbitratus sum, ut viderem Ecclesias tempestate liberatas, quam antea pertulerant ex separatione eorum, quibus omnia ob fictam eorum gravitatem credebantur. Aut fortasse etiam roborare animum meum et saltem in posterum vigilantiorem efficere voluit Dominus, ut ne hominibus attendat, sed per evangelica praecepta perficiatur: quae neque cum temporibus, neque cum humanarum rerum circumstantiis immutantur, sed eadem permanent, ut a veraci ac beato ore prolata sunt, ita perseverantia.

9. Homines vero nubibus similes sunt, quae pro ventorum mutatione alias in aliam aeris partem feruntur. Et maxime isti, de quibus nobis sermo

[94] Jerem. 1, 10. [95] Psal. xvi, 4.

est, omnium, quorum periculum fecerimus, visi sunt inconstantissimi. An etiam in reliquis vitæ rebus, dixerint qui una cum ipsis vixerunt; sed quam in ipsis circa fidem inconstantiam ac levitatem perspexi, non memini me in aliis hactenus aut per meipsum vidisse aut ex aliis audivisse. Arium initio sequebantur. Ad Hermogenem postea sese transtulerunt, ex diametro inimicum perversæ Arii opinionis, ut demonstrat illa ipsa fides quæ Nicææ ab illo viro prædicata est ab initio. Obdormivit Hermogenes, et rursus ad Eusebium transierunt, coronæ Arianæ coryphæum, ut afferunt qui experti sunt. Hinc cum excidissent ob quasvis tandem causas, iterum reversi sunt in patriam, et iterum Arianam occultabant sententiam. Promoti ad episcopatum, ut media incidam, quot fidei formulas ediderunt? Aliam Ancyræ, aliam Seleuciæ, aliam Constantinopoli, eamque celeberrimam, **382** Lampsaci aliam, posthac Nice in Thracia aliam, nunc rursus aliam Cyzici, cujus quidem reliqua ignoro, sed hoc tantum audio, eos consubstantiali prætermisso, simile secundum essentiam nunc inferre, atque una cum Eunomio blasphemias in Spiritum sanctum conscribere. Istæ autem fidei formulæ, quas recensui, etsi non omnes inter se pugnant, at certe pariter animi ostendunt inconstantiam, propterea quod nunquam iisdem in verbis permanent. Hæc vera sunt, innumeris aliis silentio præteritis. Quoniam autem nunc etiam ad vos transierunt, rescribas velim per eumdem virum (dico autem compresbyterum nostrum Strategium), utrum idem erga nos esse pergas, an sis ex congressu alienatus. Nam nec eos verisimile est tacuisse, nec teipsum, qui talia nobis scripsisti, non etiam erga illos dicendi libertate usum fuisse. Quod si manes in nostra communione, optimum hoc et omnibus votis exoptandum. Sin autem te ad se pertraxere, triste id quidem: quidni enim fratris talis disjunctio? Sed tamen si nihil aliud, saltem in ejusmodi dispendiis ferendis abunde ab illis ipsis exercitati sumus.

EPISTOLA CCXLV [*].

Per Strategium respondet Theophilo Basilius ac declarat se nunquam ab eo amando discessisse, quamvis multæ doloris causæ acciderint; cæterum se cum hominibus fidem tam sæpe mutantibus communicare non posse.

Theophilo episcopo.

Cum jampridem accepissem a tua dilectione litteras, exspectavi dum per idoneam personam rescriberem, ut et quidquid litteras effugisset, id minister litterarum suppleret. Cum igitur accesserit ad nos desideratissimus ac religiosissimus frater noster Strategius, æquum mihi visum est ut eo uterer ministro, quippe qui et meum animum cognitum habeat, et possit apte simul et religiose res nostras ministrare. Scias igitur, desideratissime ac honoratissime, plurimi a me fieri charitatem mihi tecum intercedentem, a qua quidem quantum ad animi affectionem attinet, ne unam quidem horam mihi conscius sum me discessisse; quamvis multæ ac magnæ justi doloris causæ acciderint. Sed illud statuimus, velut in trutina, molestis jucunda opponentes, meliorum momento animum adjicere. Sed quia res mutatæ sunt a quibus minime oportebat id fieri, ignosce et nobis, qui non animo et sententia mutati, sed partibus transpositi sumus. Imo vero nos quidem in iisdem manebimus partibus, **383** sed alii sunt qui perpetuo transmutantur, et nunc aperte etiam ad adversarios transfugiunt. Quorum quanti fecerimus communionem, quandiu a sanis partibus stabant, ne ipse quidem ignoras. Nunc autem si neque illos sequimur, et eos qui idem ac illi sentiunt fugimus, venia sane immerito nobis denegetur, nihil antiquius veritate ac propria securitate habentibus.

EPISTOLA CCXLVI [**].

Basilius Nicopolitani cleri animos erigere conatur spe divini auxilii, hortaturque ut quod hactenus docuere, opere perficiant.

Nicopolitanis.

Cum video et malum ad optatos exitus perduci, et vestram pietatem defatigari, animumque despondere ob continuas calamitates; mœstitia repleor. Sed rursus cum magnam Dei manum considero, eumque nosse et confractos erigere, et justos diligere, superbos vero conterere, et potentes de suis sedibus dejicere; rursus immutatus spe concepta allevor: ac confido vestris precibus futurum, ut celerem nobis Dominus pacem ostendat. Tantum ne defatigemini precando: sed quæ verbis docetis, eorum nunc opere clara omnibus studete exempla proponere.

EPISTOLA CCXLVII [***].

Nicopolitanos inter ærumnas spe divini auxilii consolatur, seque ait de illorum rebus cum potentioribus viris et coram et per litteras egisse.

Nicopolitanis.

Cum sanctitatis vestræ litteras legi, quantum ingemui et lamentatus sum, quod meis ipsius auribus hæc etiam mala accepissem, verbera et contumelias in vos ipsos, depopulationem ædium, civitatis vastitatem, patriæ totius eversionem, vexationem Ecclesiæ, sacerdotum expulsionem, incursionem luporum, et gregis dispersionem. Sed postquam cessavi ingemere ac lacrymari, ad Dominum, qui in cœlis est, respiciens, novi, et persuasum habeo, quod et vobis notum esse volo, celerem adfuturam opem, nec perpetuam derelictionem futuram. Quod enim passi sumus, ob peccata nostra passi sumus; sed opem suam, ob suum in Ecclesias amorem ac misericordiam,

---

[*] Alias CCCIX. Scripta anno 376.
Alias LXVI. Scripta eodem anno.

[**] Alias CXC. Scripta anno 376.

benignus ostendet. Minime tamen omisimus et coram supplicare potentioribus viris, et ad eos qui nos in aula diligunt, scribere, ut rabidi hominis ira comprimatur. Ac fore arbitror ut a multis condemnetur, nisi forte tempus perturbationis plenum his, qui rem publicam gerunt, nihil ad ista otii reliquerit.

384 EPISTOLA CCXLVIII*.

Minus molestum Basilio abesse Amphilochium, eo 'quod absit a persecutione usque ad sanguinis effusionem sæviente. Quidam enim Asclepius ex plagis mortuus. Spem habet Basilius in Amphilochii precibus; monet ut mittat qui librum De Spiritu sancto ferat.

Amphilochio, Iconii episcopo.

Ad desiderium nostrum dum respicimus, angimur quod tantopere a tua pietate simus dissiti: dum vero ad tuæ vitæ tranquillitatem, gratias ago Domino, qui tuam pietatem exemit ab hoc incendio, quod majorem in modum provinciam nostram devastavit. Dedit enim nobis secundum nostra opera justus judex angelum Satanæ, qui nos satis superque vexat, hæresimque acriter defendit, et bellum in nos eo perduxit, ut ne sanguini quidem parcat credentium in Deum. Nam profecto dilectionem tuam non latet, Asclepium quemdam, eo quod communionem cum Doec inire nollet, ab illis verberatum, ex plagis mortuum esse, vel potius per plagas ad vitam esse translatum. Consentanea autem huic facinori reliqua omnia esse existima, persecutiones presbyterorum ac magistrorum, et quæcunque alia fecerint homines imperii auctoritate ad suum ipsorum arbitrium abutentes. Sed horum solutionem nobis Dominus precibus tuis dabit et patientiam, ut tentationum pondus feramus, ita ut spe in ipso reposita dignum est. Ipse vero digneris ad nos frequenter scribere de rebus tuis. Ac si reperias qui fideliter possit ad te perferre elaboratum a me librum, accersere ne graveris, ut tua approbatione confisi, in aliorum etiam manus illum transmittamus. Valens, lætus in Domino, et precans, mihi et Domini Ecclesiæ concedaris, per Sancti gratiam.

EPISTOLA CCXLIX**.

Commendat aliquem in hac epistola Basilius, quem beatum existimat quod hisce tumultibus liberetur, et convictum cum hominibus Deum timentibus elegerit.

Sine inscriptione, viri pii causa.

Gratulor huic fratri, quod et hisce nostris tumultibus liberetur, et pietatem tuam adeat. Nam bonum sibi viaticum ad futuram vitam, bonum cum hominibus Dominum timentibus convictum, elegit. Quem et tuæ dignitati commendo, et adhortor per eum, ut preceris pro mea miserabili vita, ut, liberatus ab his tentationibus, incipiam servire Domino secundum Evangelium.

* Alias CCCCV. Scripta anno 376.
** Alias CCXXXVIII. Scripta eodem anno.

385 EPISTOLA CCL***.

Gratias agit Patrophilo Basilius, quod ad se per Strategium scripserit, et a se diligendo non discedat. Rationem reddit cur cum Eustathio communicare non possit.

Patrophilo, Ægeensis Ecclesiæ episcopo.

Sero quidem accepi tua prioribus litteris responsa; sed tamen accepi per optatissimum Strategium, et gratias egi Domino, quod idem in dilectione erga nos permaneas. Quæ autem nunc dignatus es de eodem argumento scribere, demonstrationem habent bonæ tuæ voluntatis; cum sentias ea quæ decent et suadeas nobis utilia. Sed tamen quia rursus video longiorem mihi sermonem futurum, si velim unicuique eorum, quæ scripta sunt a tua prudentia, respondere: tantum dicam, si pacis bonum solo pacis nomine circumscribitur, ridiculum esse hunc et illum eligentes, iis solis pacem impertire, alios vero innumerabiles ab illius boni communicatione excludere. Sed si cum perniciosis hominibus consensio, iis, a quibus suscipitur, sub pacis specie damnum infert hostile; considera quinam sint illi, quibus se ipsos admiscuerunt qui nos iniquo odio oderunt; quinam, inquam, sint, nisi homines ab eorum partibus stantes, qui nobiscum non communicant: neque enim nunc mihi opus est nominatim illorum meminisse. Ili et accersiti sunt ab ipsis Sebastiam, et acceperunt Ecclesiam, et sacrificaverunt in altari, et proprium panem omni distribuerunt populo, episcopi appellati apud illius loci clerum, et per omnem regionem velut sancti ab illis et communicatores deducti. Quorum si oportet amplecti partem, ridiculum est ab unguibus ordiri, et non magis cum ipsis illorum capitibus rem habere. Quod si igitur neminem oportet omnino hæreticum judicare, neque aversari, cujus rei gratia, dic, quæso, te ipse separas, et fugis nonnullorum communionem? Si vero quidam fugiendi sunt, secundum accuratæ regulæ rationem, dicant nobis hi, quorum agendi ratio in omnibus accurata est, ex qua sint parte quos ad seipsos ex Galatia accersiverunt? Ista si tibi mœrore digna videantur, eorum auctoribus imputa separationem; sin autem indifferentia judicas, ignosce nobis committere nolentibus, ut fermenti eorum, qui aliter docent, participes simus. Quare, si videbitur, speciosis illis prætermissis sermonibus, cum omni libertate eos, qui non recte ambulant in Evangelii veritate, redargue.

386 EPISTOLA CCLI****.

Evœsenos laudat Basilius quod stent in fide, ac gratias agit, quod aures non præbuerint calumniis quas Eustathius ei struxerat, dolens se, eo postulante, fidei Nicænæ subscripsisse, quamvis antea eidem fidei Romæ subscripsisset. Demonstrat Eustathum in aliis rebus secum ipsum pugnare. Nam cum Arianos, a quibus depositus

*** Alias LXXXV. Scripta anno 376.
**** Alias LXXII. Scripta eodem anno.

fuerat, negasset olim episcopos esse, nunc iis, quos illi ordinaverunt, supplicat: et cum violenter exagitasset eos qui cum Arianis communicabant, nunc Arianorum communionem suppliciter petit : sui semper compendii causa laudans aut vituperans, ac Basilio bellum indicens, ut placeat Euzoio. Declarat Basilius fidem suam unam semper et eamdem esse : negat se Spiritum Patri aut Filio præferre, ut maledici dictitabant. Hortatur Evæsenos, ut in fide perseverent.

Evæsenis.

1. Etsi magnus numerus detinentium nos negotiorum, sollicitudinibusque infinitis occupatur noster animus, nunquam tamen e memoria nostra projecimus vestræ charitatis curam, precantes Deum nostrum ut permaneatis in fide, in qua statis et gloriamini in spe gloriæ Dei. Nam revera difficile jam inventu ac prorsus rarum, Ecclesia sincera, nihil ex temporum difficultate læsa, sed integram et inoffensam servans apostolicam doctrinam, qualem vestram ostendit his temporibus Ecclesiam qui manifestos in singulis generationibus facit eos, qui ipsius vocatione digni sunt. Ac det vobis Dominus bona Jerusalem supernæ, pro eo quod falsas contra nos calumnias in mentientium capita rejecistis, minime dantes eis aditum in corda vestra. Et scio et persuasum habeo in Domino, mercedem vestram copiosam esse in cœlis, vel ob hanc actionem. Illud enim considerastis sapienter apud vos, quod quidem et veritati consentaneum, eos qui retribuunt mihi mala pro bonis et odium pro mea in illos dilectione[96], calumnias mihi nunc ob ea struere, quæ ipsi reperiuntur scriptis confessionibus comprobasse (1).

2. Neque in hanc solam inciderunt repugnantiam, ut propria scripta nobis criminis loco objicerent, sed etiam omnibus suffragiis ab iis, qui convenere Constantinopolim, depositi, illorum de depositione decretum non receperunt, synodum impiorum appellantes, nec dignati episcopos illos appellare, ne latam contra se sententiam confirmarent. Et causam adjecerunt, cur non essent episcopi : eo quod hæresis, aiebant, nefariæ essent signiferi. Hæc autem evenerunt ante decem et septem non exactos annos. Erant autem duces eorum, qui illos deposuere, Eudoxius, Evippius, Georgius, Acacius et alii vobis ignoti. Qui vero nunc in Ecclesiis dominantur, eorum **387** successores sunt, alii illorum loco ordinati, alii ab ipsis constituti.

3. Nunc igitur qui nos pravæ doctrinæ nomine incusant, dicant nobis, quomodo hæretici quidem fuerint ii, quorum decretum de depositione non receperunt? quomodo vero orthodoxi isti, qui ab illis constituti sunt, et eamdem sententiam ac patres sui conservant? Nam si orthodoxus Evippius, quomodo non laicus Eustathius, qui ab eo depositus est? Sin autem ille hæreticus, quomodo nunc communicator Eustathii, qui ejus manu ordinatus est? Sed hi sunt ludi, quos contra Ecclesias Dei ludunt; ad suam utilitatem et accusare homines et rursus commendare aggredientes. Basilidis Paphlagonis altaria evertit transiens per Paphlagoniam Eustathius, ac in propriis mensis sacrificavit : et nunc supplex est Basilidi, ut recipiatur. Segregavit Elpidium religiosissimum fratrem ob illius cum Amasiensibus conjunctionem : et nunc supplex est Amasiensibus (2), quærens eorum conjunctionem. Illius autem adversus Evippium prædicationes (3) et vos ipsi scitis quam essent horrendæ. Et nunc qui Evippii sententiam tenent, eos laudibus ob rectam doctrinam extollit, modo ut ad illius restitutionis studium, operam navent. Nos autem traducimur, non quia mali quidquam admittimus, sed quia id existimavit sibi laudem conciliaturum apud Antiochenos. Quos autem anno præterito ex Galatia accersivere, ut idoneos, per quos liberam episcopatus possessionem reciperent, hi tales sunt, quales sciunt qui vel paululum cum illis versati sunt. Mihi vero nunquam largiatur Dominus tantum otii, ut illorum actiones enumerem. Sed tamen eorum quibus illi plurimum honoris et fidei habent, satellitio stipati, peragrarunt omnem illorum regionem, episcoporum honoribus et officiis ornati. Introducti autem sunt perhonorifice in urbem,

---

[96] Psal. cviii, 5.

(1) Hic locus illustratur ex epistola 244, n. 5, ubi Basilius miratur, cur bilem Eustathii adeo moverit ob postulatam ab eo fidei Nicænæ confessionem; cum ejusdem fidei confessio Romæ servetur Eustathii manu scripta, a quo etiam synodo Tyanensi oblata est.

(2) Amasiensium nomine intelligit Basilius, non cives Amasiæ, sed hujus urbis episcopum. Non enim populus supplicabat Eustathius, sed episcopis, quorum gratiam ambiebat ut episcopatum retineret. Sed paulo post his verbis, *apud Antiochenos*, Euzoium designat Basilius. In epistola 244 Nicopolitanos vocat Theodotum Nicopolis episcopum, Sebastenos in epist. 129 Eustathium Sebastenum. Huc accedit, quod Amasia civitas erat catholicæ fidei retinentissima, etiam sub Ariano episcopo, quem, pulso Eulalio, Ariani intruserant. Hunc hominem sic aversata est civitas, ut rediens Eulalius post pacem mortuo Valente concessam, non plures ex tota urbe, quam quinquaginta homines, cum hæretico communicantes invenerit. Hæc discimus ex Sozomeno, lib. VII, cap. 2. Quare Elpidii cum Amasiensibus civibus communio reprehendi non poterat : sola cum episcopo urbis communio causam Eustathio potuit afferre.

(3) Videntur indicari celeberrimæ illæ Eustathii litteræ, in quibus cum Eudoxium ejusque gregales acerrime exagitaret, ut est in epist. 226, Evippium præcipue videtur aceto perfudisse. Illæ enim prædicationes distingui debent a concione, quam Eustathius habuisse dicitur in epist. 244. In ea enim non videtur tam vehementer in hæreticos invectus fuisse : sed suum ipse peccatum plorabat, quod compositæ ab illis formulæ subscripsisset. At in celeberrimis litteris, quas ad omnes fraternitates misit, eos, a quibus depositus fuerat, negabat episcopos esse, utpote hæreticos, eorumque communionem, ut perniciem animarum, fugiendam docebat. Referendæ ergo ad has litteras horrendæ in Evippium prædicationes.

concionem habentes summa cum potestate. Traditus enim est illis populus, traditum altare. Ili Nicopolim usque progressi, cum nihil potuissent eorum quæ promiserant perficere, quomodo redierint, qualesque in redeundo visi sint, norunt qui adfuerunt. Ita semper proprii compendii causa omnia facere deprehenduntur. Quod si dicant eos resipuisse, demonstrent scripto consignatam eorum pœnitentiam, **388** et anathematismum fidei Constantinopolitanæ et secessionem ab hæreticis, nec decipiant simpliciores. Atque illorum quidem res sic se habent.

4. Nos autem, dilecti fratres, parvi quidem et humiles sumus, semper tamen iidem Dei gratia, nec unquam cum rebus immutati sumus. Fides apud nos, non alia Seleuciæ, alia Constantinopoli, alia Zelis, et Lampsaci alia, et Romæ alia : nec quæ nunc circumfertur, a prioribus diversa, sed una et eadem semper. Quemadmodum enim accepimus a Domino, sic baptizamur; quemadmodum baptizamur, sic credimus; quemadmodum credimus, sic et glorificamus; neque separantes a Patre et Filio Spiritum sanctum, neque præferentes Patri, aut antiquiorem Filio Spiritum dicentes, ut maledicentium linguæ confingunt. Quis enim adeo temerarius Dominicam reprobans institutionem, nominibus proprium audeat ordinem excogitare? Sed nec creatum dicimus Spiritum, qui cum Patre et Filio conjunctus est, nec servilem audemus dicere eum, qui principalis est [97]. Ac vos adhortamur ut memores minarum Domini, qui dixit : *Omne peccatum et blasphemia remittetur hominibus : blasphemia autem in Spiritum sanctum non remittetur, neque in hoc sæculo, neque in futuro* [98], caveatis a perniciosis contra Spiritum doctrinis. State in fide [99], circumspicite orbem terrarum, et videte exiguam esse hanc partem, quæ morbo laborat; reliquam autem Ecclesiam, quæ a terminis usque ad terminos Evangelium suscepit, in sana hac versari et incorrupta doctrina. Quorum et nos precamur, ne excidamus communione, partemque vobiscum habeamus in justo Domini nostri Jesu Christi die, cum veniet unicuique nostrum secundum opera sua daturus.

EPISTOLA CCLII[*].

Invitat Basilius Ecclesiæ suæ nomine, ut consuetudinem veniendi ad diem festum sancti Eupsychii redintegrent.

Ponticæ diœcesis episcopis.

Martyrum honores omnibus quidem in Dominum sperantibus, summo studio esse debent; sed præcipue vobis virtutis cultoribus, qui vestra erga claros ac celebres conservos voluntatis propensione amorem in communem Dominum ostenditis : et maxime, quod aliquid affinitatis habeat accurata vivendi ratio cum iis qui per animi fortitudinem consummati sunt. Cum igitur celeberrimi sint martyres Eupsychius et Damas eorumque chorus, quorum memoria quotannis ab urbe nostra et tota vicinia celebratur, admonet vos, proprium suum decus, Ecclesia, ac nostra **389** voce adhortatur, ut antiquam resumatis visitandi consuetudinem. Itaque ut magno quæstu vobis proposito in plebe quæ a vobis ædificari cupit, atque ut præmiis honori martyrum repositis, ita nostram suscipite adhortationem et huic annuite petitioni, magnum nobis beneficium non multo labore tribuentes.

EPISTOLA CCLIII[**].

Basilius ex his, quæ audient Antiocheni presbyteri a Sanctissimo, eorum sollicitudinem partim sedandam esse, partim acuendam nuntiat.

Presbyteris Antiochiæ.

Sollicitudinem, quam pro Dei Ecclesiis habetis, partim quidem sedabit desideratissimus ac religiosissimus frater noster Sanctissimus presbyter, totius Occidentis erga nos amorem ac studium exponens; partim vero exsuscitabit ac magis exacuet, quantum studii res præsentes requirant, clare vobis per se ipse demonstrans. Nam omnes alii veluti ex dimidio nuntiaverunt nobis et sententias Occidentalium, et rerum statum : ipse vero, cum idoneus sit qui et hominum consilia perspiciat, et rerum statum accurate investiget; narrabit vobis omnia, ac bonum vestrum studium ad omnia quasi manu ducet. Quare materiam habetis congruentem eximio vestro proposito, quod semper vestra pro Dei Ecclesiis sollicitudine declarastis.

EPISTOLA CCLIV[***].

Salutat per Sanctissimum, seque ejus precibus commendat.

Pelagio, episcopo Laodiceæ Syriæ.

Largiatur et mihi Dominus tandem aliquando, ut in conspectum sinceræ tuæ pietati veniam, et quæ a litteris nobis defuerunt, ea coram expleamus. Enimvero sero scribere aggressi sumus, ac valde nobis opus est excusatione. Sed cum adsit desideratissimus ac religiosissimus frater Sanctissimus compresbyter, ipse tibi omnia narrabit, tum nostra, tum quæ ab Occidente. Ac per hæc quidem gaudio te afficiet : dum vero perturbationes quibus commovemur, tibi nuntiabit, forte aliquid molestiæ ac sollicitudinis adjiciet his quæ jam bono tuo cordi insident. Non tamen inutile est vos affligi, qui Dominum potestis placare. Commode enim nobis cedet vestra sollicitudo, nec dubito quin auxilium a Deo accipiamus, si nos vestræ preces adjuvent. Quod si una nobiscum preceris, ut curis eximamur, et accessionem aliquam viribus corporis nostri postules; prospere nos deducet Dominus, ut desiderium nostrum impleatur, et urbanitati tuæ in conspectum veniamus.

---

[97] Psal. L, 14. [98] Matth. XII, 31, 32. [99] I Cor. XVI, 13.

[*] Alias CCXCI. Scripta anno 376.
[**] Alias CXCIX. Scripta eodem anno.
[***] Alias CCCXI. Scripta anno 376.

390. EPISTOLA CCLV [*].
Honorifica salutatio per Sanctissimum ab Occidente redeuntem.

Vito, Carrhorum episcopo.

Utinam possem etiam quotidie scribere pietati tuæ! Ex quo enim experientiam cepi dilectionis tuæ, vehementer aveo maxime quidem tecum versari; sin minus, litteras saltem mittere et accipere, ut queam et res nostras tibi indicare, et quomodo te habeas discere. Sed quia non quæcunque volumus nobis adsunt, sed quæcunque Deus dat, cum gratiarum actione suscipienda sunt; gratias egi sancto Deo, qui mihi ad tuam pietatem scribendi occasionem præbuit, adventu desideratissimi ac religiosissimi fratris nostri Sanctissimi compresbyteri : qui multum perpessus in conficiendo itinere laborem, omnia tibi accurate exponet, quæcunque in Occidente observavit. Ob quæ debemus et Domino grates rependere, et eum adorare, ut det et nobis pacem eamdem, nosque invicem cum libertate recipiamus. Fraternitatem omnem nostro nomine saluta.

EPISTOLA CCLVI [**].

Cum audisset Basilius monachorum ædes ab Arianis igne succensas, futurum sperabat ut ad se in ærumnis confugerent. Sed cum id eis in mentem non venisset, saltem ad eos hortandi causa scribere cupiebat. Tandem hoc eis exhibet officium, oblata facultate Sanctissimi presbyteri, eosque consolatur spe futuræ mercedis, et ut pro Ecclesia orent adhortatur.

Desideratissimis et religiosissimis fratribus compresbyteris Acacio, Aetio, Paulo, et Silvano, et Silvino et Lucio diaconis et cæteris fratribus monachis, Basilius episcopus.

Ego cum audissem vehementem illam persecutionem quæ in vos excitata est, et statim post Pascha eos, qui ad judicia et pugnas jejunarunt [1], vestris tabernaculis supervenientes, igni tradidisse labores vestros, vobis quidem domicilium in cœlis non manufactum præparantes, sibi vero ignis thesaurum comparantes, quo ad vobis nocendum usi sunt; ingenui ex hoc eventu, non vestri, fratres, commiserescens, absit! sed eorum qui ita sunt a malitia absorpti, ut eo usque nequitiam suam extenderint. Futurum autem exspectabam, ut confestim ad paratum perfugium, humilitatem nostram, omnes accurreretis; sperabamque daturum mihi Dominum ex vestro complexu respirationem a continuis doloribus, meque præclarum illum sudorem, quem pro veritate stillatis, hoc inerti corpore excipientem, præmiorum, quæ vobis a veritatis judice reposita sunt, in partem aliquam venturum. Sed quia id vobis ne in mentem quidem venit, nec quidquam a nobis exspectastis solatii, cupiebam saltem frequentes ad vos scribendi invenire occasiones, ut more eorum qui certantibus acclamant, ego etiam aliquid vobis per litteras ad boni vestri certaminis hortatum clamarem. Sed ne hoc

A quidem nobis facile fuit duas ob causas : primum, quod ubi degeretis ignorabam; deinde quod non multi hinc ad vos proficiscantur. Sed nunc Dominus adduxit nobis desideratissimum ac religiosissimum fratrem Sanctissimum et compresbyterum, per quem et vestram charitatem saluto, et adhortor ut pro nobis precemini lætantes et exsultantes, quod merces vestra multa est in cœlis [2] : et quia ad Dominum loquendi habetis fiduciam, ne intermittatis noctu ac interdiu ad ipsum clamare, ut hæc Ecclesiarum sedetur procella, plebi reddantur pastores, et Ecclesia ad suam ipsius dignitatem revertatur. Est enim mihi persuasum, si modo reperiatur vox, quæ Deum bonum flectat, non longe facturum illum miserationes suas, sed et nobis deinceps daturum una cum tentatione exitum, ut ferre possimus [3]. Omnes in Christo fratres verbis meis salutate.

EPISTOLA CCLVII [***].

Ostendit etsi Christiani vocantur persecutores, non idcirco eorum qui vexantur nimii mercedem, sed etiam augeri. Hortatur, ut nec exsiliis episcoporum, nec nonnullorum e clero perfidia, nec errantium multitudine moveantur.

Ad monachos ab Arianis vexatos.

Quæ mecum ipse sum locutus, audita tentatione, quæ vobis a Dei hostibus illata est, ea et per litteras vobis significare præclarum esse duxi: scilicet, eo tempore quod pacatum existimatur, comparastis vobismetipsis beatitudinem his qui persecutionem pro Christi nomine patiuntur, repositam. Non enim quia nomen blandum et lene his qui male faciunt, impositum est, idcirco res hostiles non esse existimandum. Ego enim truculentius judico a tribulibus bellum, quia hostes prius denuntiatos etiam effugere facile : at iis qui nobiscum commiscentur, necesse est ad omnem injuriam expositos esse; quod et ipsum vobis accidit. Nam et majores nostri persecutionem perpessi sunt, sed a simulacrorum cultoribus : et facultates eorum direptæ sunt, et ædes eversæ, et ipsi fugati ab iis, qui bellum nobis aperte propter Christi nomen inferebant. Qui vero nunc prodierunt persecutores, oderunt quidem nos æque ac illi, sed ad multorum deceptionem Christi ostendunt nomen, ut ne confessionis quidem solatium habeant, qui vexantur : multis ac simplicioribus injuriam quidem nobis fieri fatentibus, at in martyrii loco nobis mortem pro veritate toleratam non ascribentibus. Quapropter persuasum mihi est majora vobis, quam iis qui tunc martyrium passi sunt , a justo judice præmia servari; siquidem illi et ab hominibus certam et exploratam laudem consequebantur, et a Deo mercedem exspectabant; vobis autem in paribus præclare factis honores a populis non deferuntur; unde par est multiplicatam reponi in futuro ævo laborum pro pietate susceptorum remunerationem.

---

[1] Isa. LVIII, 4. [2] Matth. V, 12. [3] I Cor. X, 13.

[*] Alias CCCXIV. Scripta anno 376.
[**] Alias CC. Scripta eodem anno.
[***] Alias CCCIII. Scripta anno 376.

2. Quare adhortamur vos, ut ne animo in aerumnis concidatis, sed in Dei dilectione renovemini, ac quotidie studio vestro adjiciatis : scientes in vobis debere reliquias pietatis servari, quas veniens Dominus in terra inventurus est. Sive autem ejecti sunt episcopi e suis Ecclesiis, hoc vos nequaquam concutiat ; sive proditores nonnulli ex ipsis prodiere clericis, neque hoc vestram in Deo fiduciam infirmet. Non enim nomina sunt quae salvos nos facient, sed propositum, ac vera in Creatorem nostrum dilectio. Considerate in insidiis quae Domino nostro structae sunt, principes sacerdotum et scribas et seniores dolum concinnasse, qui autem doctrinam sincero animo susceperunt, paucos ex populo inventos esse, neque multitudinem esse quae salvatur, sed electos Dei. Quamobrem nunquam vos perterreat magna populi multitudo; qui velut aquae maris a vento in alias atque alias partes feruntur. Nam etiamsi unus salvetur velut Loth Sodomis, manere debet in recto judicio, immobilem retinens in Christo spem, quia non derelinquet Dominus sanctos suos. Omnes in Christo fratres meo nomine salutate : pro miserabili mea anima sincere precamini.

EPISTOLA CCLVIII *.

Laudat Basilius charitatem Epiphanii, qui ad se scripserit et fratres miserit, ac de componendis in Elaeone monte dissensionibus cogitet. Delatam sibi ab Epiphanio sedandae controversiae provinciam recusat; seque ait jam per litteras significasse Palladio et Innocentio, nihil a se addi posse Nicaeno symbolo, nisi tantum:|de Spiritu sancto. Quod spectat ad Antiochenam dissensionem, declarat se cum Meletio semper communicasse ac semper communicaturum, ac ipsum etiam Athanasium cum eo communicare voluisse : cum iis autem qui post Meletium venerunt, nunquam se communicasse, quamvis eos non condemnet, nec adduci posse ut ad eos scribat. Ipsum Epiphanium rogat, ut dissensionem componere conetur, et cum tres hypostases necesse esse existimet confiteri, hoc etiam docens fratres Antiochenos. Denique respondet quaestioni in aliis litteris propositae, quid sint Magusaei.

Epiphanio episcopo.

1. Quod jampridem exspectatum est ex Domini vaticinio, ac nunc tandem rerum experientia confirmatum, fore videlicet ut propter multiplicatam iniquitatem charitas multorum refrigescat [b]; id jam apud nos adimpletum visae sunt abolere litterae praestantiae tuae ad nos allatae. Vere enim charitatis indicium non mediocre, primum quidem quod nostri memineris, qui adeo viles et nullius pretii

[b] Matth. xxiv, 12.

* Alias CCCXXV. Scripta circa annum 377.

(1) Quod ait Basilius, se attexta Nicaenae fidei dogmata de Incarnatione nec examinasse, nec recepisse, id de ipso dogmate accipi non debet, sed de modo dogmatis ita exprimendi, ut haeretici cludere non possint.' Nam ipsum quidem dogma certissime tenebat Basilius, neque ad eam rem opus habebat examine. Sed cum nonnulli formulae Nicaenae aliquid de Incarnatione adererent ad comprimendos Apollinaristas; id Basilius nec examinaverat, nec receperat, tum quia altius intelligentia sua esse ducebat; tum quia metuebat ne finem non haberent ejusmodi quaestiones, ac simpliciorum animi novis rebus in symbolum in-

sumus : deinde etiam quod fratres miseris invisendi nostri causa, idoneos ministros pacificarum litterarum. Hoc enim spectaculo nullum rarius est, cum jam omnes omnibus suspecti sint. Nusquam enim misericordia, **393** nusquam commiseratio, nusquam fraternae lacrymae ob fratrem laborantem. Non persecutiones pro veritate toleratae, non totae Ecclesiae ingemiscentes, non magnus aerumnarum nos circumstantium numerus ad mutuam nos sollicitudinem commovere potest. Sed lapsibus insultamus ; lancinamus vulnera ; illatas ab haereticis injurias, qui idem videmur inter nos sentire, intendimus ; et qui in praecipuis capitibus inter se consentiunt, in una aliqua re prorsus ab se invicem dissident. Quomodo igitur eum non admiremur, qui in tali rerum statu purum ac sincerum erga fratres amorem ostendit, et ex tanto maris et terrae, quibus corpore sejungimur intervallo, quantum in se est, animarum nostrarum curam suscipit?

2. Illud autem etiam in te miratus sum, quod et fratrum, qui in Elaeone sunt, moleste tuleris dissensionem, velisque aliquam ipsis fieri inter se conciliationem. Quod autem te non latuerunt quae a nonnullis male excogitata, fratres conturbarunt, ac de his quoque sollicitudinem suscepisti, haec etiam mihi probata sunt. Illud vero non jam tua judicavi esse prudentia dignum, quod nobis harum rerum emendationem commiseris, hominibus neque gratia Dei ductis, ut qui in peccatis vivamus, nec ulla dicendi facultate praeditis, eo quod a vanis quidem libenter recesserimus, veritatis autem dogmatum nondum assecuti idoneum usum simus. Jam igitur respondimus dilectis fratribus nostris in Elaeone degentibus, Palladio nostro et Innocentio Italo, ad ea quae nobis ab ipsis fuerunt scripta, nos scilicet nihil posse Nicaenae fidei adjicere, ne brevissimum quidem, excepta Spiritus sancti glorificatione, propterea quod majores nostri cursim hujus partis meminerint, nondum tunc de Spiritu mota quaestione. Quae autem adtexuntur huic fidei dogmata, de Domini Incarnatione (1), ea ut altiora nostra intelligentia, neque examinavimus, neque recepimus ; scientes, ubi simplicitatem fidei semel sustulerimus, nullum jam sermonum finem nos esse inventuros, contradictione nos semper ulterius

ductis laederentur. Minime autem mirum, si, quamvis Basilium nemo intelligendi et explicandi dogmatis dono superaret, suarum tamen virium ac suae facultatis esse non putabat, attexta fidei Nicaenae de Incarnatione dogmata examinare. Longe enim difficillimum sciebat esse formulam fidei ita constituere, ut, quod omnino necessarium esse ad legitimam formulam docet lib. I *in Eunom.*, p. 213, nihil ei desit, et haereticorum usu teri non possit. Nec eum latebat ipsos etiam Nicaenos Patres formulae, quam primo condiderant, aliquid addere coactos fuisse, postquam illam ab haereticorum auribus non abhorrere animadverterunt.

abripiente; ac simpliciorum animas conturbaturos, novis rebus introducendis.

3. Quod autem attinet ad Ecclesiam Antiochenam, illam dico, quæ in eadem doctrina consentit, largiatur aliquando Dominus ut **394** eam videamus conjunctam. Periculum enim est, ne ipsa maxime pateat insidiis inimici, qui ei succenset, quia illic primum Christianorum viguit appellatio. Ac scissa quidem est hæresis contra rectam doctrinam, scissa etiam et ipsa contra se recta fides. Nos autem, quia qui prior veritatem libere defendit, et bonum illud certamen Constantio imperante certavit, Meletius est reverendissimus episcopus; et quia eum habuit Ecclesia mea communicatorem, magnopere eum diligens ob fortem illam ac invictam dimicationem, idcirco habemus illum hactenus, Deo largiente, communicatorem, et certe, si Deus voluerit, habebimus. Nam et beatissimus papa Athanasius, cum Alexandriam venisset, omnino optabat, ut sibi cum ipso communio conciliaretur; sed malitia consiliariorum in aliud tempus dilata eorum conjunctio : quod utinam non evenisset ! Nullius autem ex his, qui postea introierunt, communionem unquam admisimus : non quod eos judicemus indignos, sed quod nihil habeamus, unde hunc condemnemus. Atqui multa quidem audivimus a fratribus, sed fidem non adhibuimus, eo quod coram accusatoribus non starent accusati, sicut scriptum est : *Lex nostra non judicat hominem, nisi prius eum audierit et noverit quid faciat*[a]. Quare nondum possumus, frater colendissime, litteras ad illos dare, neque ad hoc cogi debemus. Illud autem pacifico tuo animo dignum fuerit, non, unum quidem conjungere, aliud vero disjungere, sed ad eam conjunctionem, quæ prior exstitit, ea quæ sunt separata reducere. Quapropter primum quidem precare, deinde etiam, quantum in te situm erit, exhortare, ut projecta ex animis ambitione, tum ad robur Ecclesiæ restituendum, tum ad comprimendum inimicorum furorem inter se reconcilientur. Valde autem meum illud etiam animum recreavit, quod diligentia tua cæteris præclare et accurate tractatis adjecit, tres necesse esse hypostases confiteri. Quapropter hoc etiam a te fratres Antiocheni edoceantur : profecto autem jam edocti sunt. Nam sine dubio eorum amplexus non esses communionem, nisi maxime tibi de hoc capite cautum esset.

4. Gens autem Magusæorum (id quod alteris mihi litteris indicare gravatus non es) frequens est apud nos, per omnes fere agros sparsa, coloniis huc jampridem Babylone adductis. Ili utuntur moribus peculiaribus : nulla ipsis cum reliquis hominibus societas, nec fieri ullo modo potest, ut cum illis sermo habeatur, siquidem diaboli facti sunt præda, ut illius inserviant voluntati. Nam nec libri apud illos, nec dogmatum magistri, sed moribus insulsis instituuntur, filius a patre impietatem excipientes. Jam vero præter hæc quæ conspiciuntur ab omnibus, animalium cædem aversantur ut inquinamentum, alienis manibus animalia ad suos usus necessaria **395** mactantes : nuptiis insaniunt illegitimis, ac ignem deum esse arbitrantur ; et si quod aliud institutum ejusmodi. Cæterum magorum ab Abrahamo genealogias nemo hactenus nobis narravit : sed Zarnuam quemdam generis sui auctorem esse ferunt. Quapropter nihil amplius habeo, quod de his dignitati tuæ scribam.

EPISTOLA CCLIX [*].

Dolet Basilius quod pacem conciliare non potuerit, sed tamen nemini succenset. Non petit ut se crebro invisant Palladius et Innocentius, sed ut pro se precentur.

Palladio et Innocentio monachis.

Quantum ego vos diligam, conjicere debetis ex vestro in me amore. Et pacis quidem semper optavi conciliator esse, sed, re infecta, mœreo. Quomodo enim non mœrerem ? Sed tamen ea causa succensere nemini possum ; quippe cum sciam pacis bonum jam olim a nobis esse sublatum. Quod si in aliis causa residet dissensionis, faxit Dominus ut dissidiorum auctores conquiescant. Non sane a vobis peto, ut me crebro conveniatis. Quare non est cur ea de re causam apud me dicatis. Novi enim homines, pauperem amplexos vitam, ac semper suis manibus sibi necessaria comparantes, longo peregrinari tempore a suis ædibus non posse. Sed ubicunque locorum fueritis, nostri mementote : ac pro nobis precamini, ut nos saltem nobiscum ipsi pacem habeamus et cum Deo, nulla cogitationibus nostris perturbatione insidente.

EPISTOLA CCLX [**].

Rogatu Optimi pluribus explicat Basilius illud Scripturæ : Omnis qui occiderit Cain, septem vindictas exsolvet; tum etiam Lamechi ad uxores verba, et Simeonis ad Mariam.

Optimo episcopo.

1. Cum et alias libenter videam optimos pueros, tum quia illorum mores ultra ætatem egregie compositi, tum propter eorum cum tua pietate necessitudinem, ex qua etiam magni aliquid ab eis exspectare licet ; postquam cum litteris tuis vidi eos ad me venientes, duplicavi in illos amorem. Ubi autem legi epistolam, ac in ea perspexi cum providam animi tui de Ecclesiis sollicitudinem, tum legendæ Scripturæ divinæ studium ; gratias egi Domino, ac bona precatus sum his qui tales nobis afferebant litteras, imprimis vero ipsi illi, qui nobis scripsit.

2. Quæsivisti, celeberrimum illud dictum et apud omnes susdeque versatum, quam solutionem **396** habeat : nempe illud : *Omnis qui occi-*

---

[a] Joan. VII, 51.

[*] Alias CLXXXIV. Scripta anno 377.

[**] Alias CCCXVII. Scripta anno 377.

derit *Cain, septem vindictas solvet* [6]. Hac autem interrogatione, primum quidem teipsum demonstrasti id quod Paulus præcepit Timotheo [7] accurate servare (liquet enim te attentum esse lectioni); deinde vero et nos, qui senes sumus, et jam emarcuimus et tempore et imbecillitate corporis, et multitudine afflictionum, quæ plurimæ in nos concitatæ vitam nostram prægravarunt, tamen exsuscitasti, ac fervens spiritu nos frigescentes, tanquam latentia in lustris animalia, ad mediocrem vigilantiam et vitalem operationem revocas. Atque illud quidem dictum et simpliciter sic intelligi potest, et variam accipere explanationem. Simplicior autem et quæ cuilibet possit sua sponte occurrere sententia, hæc est: oportere Cain septemplicem dare pœnam peccatorum. Non enim est justi judicis, pares paribus statuere mercedes : sed necesse est ut mali inceptor cumulatius persolvat debita, si modo et ipse melior ex suppliciis futurus sit, et alios meliores facturus exemplo. Quoniam igitur statutum est, ut septemplicem Cain adimpleat peccatorum pœnam, dissolvet, inquit, id quod divino judicio de eo decretum est, qui eum occidet. Hæc est sententia sua sponte ex prima lectione nobis occurrens.

3. Sed quia solet profunda scrutari hominum laboris amantium animus, quærit quomodo justitia in septemplici adimpleatur, et quid sint τὰ ἐκδικούμενα, utrum peccata septem, an unum peccatum, et septem pro uno supplicia? Semper quidem Scriptura remissionem peccatorum numero septenario definit. *Quoties,* inquit, *peccabit in me frater, et remittam illi* (Petrus est qui hæc Domino dicit)? *Num usque septies?* Deinde responsum Domini : *Non dico tibi usque septies, sed, usque septuagies septies* [8]. Non enim ad alium numerum transivit Dominus, sed septenarium multiplicans, in illo modum constituit remissionis. Post septem annos Hebræus liberabatur a servitute [9]. Septem hebdomades annorum celeberrimum jubilæum olim efficiebant [10], quo sabbatum terra servabat, debita rescindebantur, servi in libertatem asserebantur, ac veluti novum de integro constituebatur ævum, vetere per septenarium numerum quodam modo finem accipiente. Hæc autem figuræ erant hujus sæculi, quod per septem dies revolutum præterit ; in quo mediocrium peccatorum pœnæ solvuntur, secundum benignam divini nostri Domini providentiam, ut ne infinito sæculo tradamur ad supplicium. Illud igitur, *septies,* propter hujus mundi amorem dictum est, eo quod mundi amatores ex his debeant maxime puniri, quorum causa improbi esse voluerunt. Quæ autem dicuntur ἐκδικούμενα, sive admissa a Cain **397** peccata intelligas, invenies septem : sive pœnas illi a judice constitutas, ne sic quidem a sententia aberrabis. In iis igitur quæ Cain perpetravit, primum peccatum, invidia ob prælatum Abelem : secundum, dolus, quo allocutus est fratrem, dicens, *Transeamus in campum* [11]; tertium, cædes, mali accessio ; quartum, etiam fratris cædes, intentior iniquitas ; quintum, quod primus homicida Cain, malum exemplum sæculo relinquens ; sextum, quod parentibus luctum incussit ; septimum, quod Deo mentitus est ; interrogatus enim : *Ubi Abel frater tuus?* dixit, *Nescio* [12]. Septem igitur ἐκδικούμενα dissolvebantur in Caini nece. Cum enim dixisset ei Dominus : *Maledicta terra, quæ aperuit os suum accipere sanguinem fratris tui;* et: *Gemens et tremens eris super terram*; dixit Cain : *Si ejicis me hodie de terra, et a facie tua abscondar, et ero gemens et tremens super terram; et omnis qui invenerit me, occidet me*. Ad hoc autem dixit Dominus : *Non sic : qui occiderit Cain, septem vindictas exsolvet* [13]. Quoniam enim credidit Cain se facile a quolibet captum iri, eo quod securitatem super terram non haberet (maledicta enim terra propter illum) et a Dei auxilio desertus esset, qui ei iratus erat ob cædem ; ut neque e terra, neque e cœlo relicta illi ope : *Erit,* inquit, *omnis qui invenerit me, occidet me*. Arguens illius errorem Scriptura dicit, *Non sic,* id est, non occideris. Lucrum enim mors est his qui puniuntur, solutionem afferens ex molestiis. Sed produceris in vita, ut pro meritis peccatorum rependantur tibi supplicia. Quoniam igitur illud ἐκδικούμενον duplici sensu intelligitur, nempe peccatum, cui vindicta infligitur, et modus supplicii, per quod vindicta ; videamus an septem suppliciorum modi inflicti fuerint ei, qui male fecerat.

4. Septem quidem peccata Caini superior enumeravit oratio. Nunc autem quærimus an septena sint, quæ ipsi ad supplicium inferuntur ; ac sic disserimus. Interrogavit Dominus [14] : *Ubi est Abel frater tuus?* quod quidem non discere volens, sed pœnitentiæ illi occasionem præbens, benignus Dominus quæsivit, ut demonstrant ipsa verba. Postquam enim negavit ille, cito arguit, dicens : *Vox sanguinis fratris tui clamat ad me*. Quare illud, *Ubi est Abel frater tuus?* occasionem ei dabat persentiendi peccati, non Deo cognitionem afferebat. Nam si caruisset inspectione Dei, prætextum habuisset, ut derelictus, nec ullo instructus præsidio ad pœnitentiam. Nunc autem apparuit ei medicus, ut ad eum ægrotus confugiat. Ille autem non modo **398** abscondit ulcus, sed aliud insuper efficit, cædi mendacium adjungens, *Nescio. Num custos fratris mei sum ego?* Inde jam enumera supplicia. *Maledicta terra propter te.* Unum supplicium. *Operaberis terram.* Aliud supplicium. Necessitas enim arcana quædam imposita illi erat, ad opus agriculturæ urgens, ita ut ne volenti quidem liceret requiescere, sed semper cruciaretur cum inimica sua terra, quam maledictam ipse sibi fecerat, polluens eam fraterno sanguine. *Operaberis*

[6] Gen. IV, 15. [7] I Tim. IV, 13. [8] Matth. XVIII, 21, 22. [9] Deut. XV, 12. [10] Lev. XXV, 10. [11] Gen. IV, 8. [12] ibid. 9. [13] ibid. 11, 12, 14, 15. [14] ibid. 9 sqq.

ergo *terram. Grave* supplicium, cum iis, qui odio habent, degere, comitem habere hostem, implacabilem inimicum. *Operaberis terram;* hoc est, intentus ad opera agriculturæ, nullum tempus remittes, nec nocte nec die solutus a laboribus, sed domino quodam acerbo molestiorem habens arcanam necessitatem, ad opera te incitantem. *Et non adjiciet dare virtutem suam.* Atque etiamsi illud non intermissum opus aliquem habuisset fructum; ipse labor non mediocris fuisset cruciatus semper intento et laboranti. Sed quia et opus non intermissum, et infructuosæ circa terram ærumnæ (non enim dabat virtutem suam); tertium est hoc supplicium, inutilitas laborum. *Gemens et tremens eris super terram.* Duo alia tribus adjecit : gemitum continuum, et tremorem corporis, virium firmitate membris destitutis. Nam quia male usus fuerat viribus corporis, subtractum illi robur, ita ut titubaret et quateretur, nec panem facile posset ori admovere, aut potum sumere, cum improba manus post nefarium scelus ne propriis quidem et necessariis corporis usibus jam ministrare sineretur. Aliud est supplicium, quod ipse patefecit Cain, dicens : *Si ejicis me nunc de terra, et a facie tua abscondar.* Quid est illud, *Si ejicis me de terra?* Id est, si me excludis ab utilitate quæ ex ea percipitur. Non enim transferebatur in alium locum, sed excludebatur ab illius bonis. *Et a facie tua abscondar.* Gravissimum hoc supplicium cordatis viris, separari a Deo. *Et erit,* inquit, *omnis qui invenerit me, occidet me.* Conjecturam facit ex præcedentibus consentaneam. Si de terra ejicior, si a facie tua abscondar, relinquitur ut a quolibet occidar. Quid igitur Dominus? *Non sic.* Sed posuit signum super ipsum. Septimum hoc supplicium, ut ne abscondatur quidem pœna, sed manifesto signo omnibus prædicetur hunc esse nefandorum scelerum inventorem. Est enim, si quis recte ratiocinetur, gravissima pœnarum opprobrium : quod quidem et in judicio futurum didicimus, quia alii resurgent in vitam æternam, et alii in opprobrium et dedecus sempiternum [15].

5. Sequitur hanc quæstionem alia similis, **399** quod a Lamech uxoribus dictum est : *Occidi virum in vulnus mihi, et adolescentulum in livorem mihi : quoniam septies vindicatum est de Cain; de Lamech autem septuagies septies* [16]. Existimant nonnulli a Lamech occisum esse Cain, quasi is usque ad hanc ætatem vixerit, ut longiores persolveret pœnas. Sed id verum non est. Duas enim illum cædes patrasse perspicitur ex his quæ ipse narrat : *Virum occidi, et adolescentulum;* virum in vulnus, et adolescentulum in livorem. Aliud igitur vulnus, et aliud livor : ac aliud vir, et aliud adolescentulus. *De Cain vindicatum est septies, de Lamech vero septuagies septies.* Æquum est ut quadringenta et nonaginta subeam supplicia; si justum Dei judicium de Cain, ut septem ille persolveret pœnas. Ille enim, quemadmodum ab alio non didicit occidere, ita non vidit pœnas subeuntem homicidam. Ego autem ante oculos habens eum qui gemebat, et tremebat, et magnitudinem iræ Dei, sapiens non factus sum exemplo. Unde æquum est ut quadringenta et nonaginta luam supplicia. Quidam autem in ejusmodi sententiam delati sunt, quæ non abhorret ab ecclesiastico dogmate : scilicet a Cain usque ad diluvium septem præterierunt generationes, et inflictum est universæ terræ supplicium, eo quod late diffusa esset iniquitas. Peccatum autem Lamechi non indiget diluvio ad curandum, sed ipso illo qui tollit peccatum mundi [17]. Enumera igitur ab Adam usque ad adventum Christi generationes; et invenies secundum Lucæ genealogiam in septuagesima et septima generatione natum esse Dominum. Atque hæc quidem pro viribus investigata sunt, multis, quæ investigari poterant, prætermissis, ne ultra epistolæ modum sermonem producamus; sufficiunt autem prudentiæ tuæ vel exigua semina. *Da enim,* inquit, *sapienti occasionem, et sapientior erit* [18]; et : *Sermonem accipiens sapiens, laudabit illum, et adjiciet super illum* [19].

6. Simeonis autem ad Mariam verba nihil habent quod aut varium sit, aut profundum. *Benedixit* enim *illis Simeon, et dixit ad Mariam matrem ejus : Ecce hic positus est in ruinam et resurrectionem multorum in Israel, et in signum cui contradicetur. Tuam autem ipsius animam pertransibit gladius, ut revelentur ex multis cordibus cogitationes* [20]. In quibus illud miratus sum, quomodo, præcedentia ut clara prætermittens, de hoc uno quæsieris : *Tuam autem ipsius animam pertransibit gladius.* Ac mihi quidem non minus videtur difficile, quomodo idem in ruinam positus sit et in resurrectionem, et quid sit signum cui contradicetur, quam illud tertium, quomodo Mariæ animam pertransibit gladius.

7. Existimo igitur in ruinam et resurrectionem esse Dominum, non quod alii cadant, **400** et alii resurgant, sed quod vitium in nobis cadat, et virtus resurgat. Eversor est enim corporearum libidinum Domini adventus, et excitator animæ proprietatum. Velut cum ait Paulus : *Cum enim infirmor, tunc potens sum* [21]; idem infirmatur et potens est, sed infirmatur quidem carne, potens est autem spiritu. Ita et Dominus nequaquam aliis quidem cadendi causas præbet, aliis vero resurgendi. Nam qui cadunt, ex statu, in quo aliquando erant, cadunt. Liquet autem nunquam stare infidelem, ut qui semper humi repat cum serpente quem assectatur. Non habet igitur unde cadat, jam præcipitatus infidelitate. Quare primum beneficium est, ut qui stat in peccato, cadat

[15] Dan. xii, 2. [16] Gen. iv, 23, 24. [17] Joan. i, 29. [18] Prov. ix, 9. [19] Eccli. xxi, 18. [20] Luc. ii, 34, 35. [21] II Cor. xii, 10.

et moriatur, deinde vivat justitiæ et resurgat, utrumque fide in Christum nobis largiente. Cadant pejora, ut locum habeant meliora resurgendi. Nisi cadat fornicatio, temperantia non resurget. Nisi id quod a ratione alienum est, conteratur, id quod rationale est in nobis non florebit. Sic igitur in ruinam et resurrectionem multorum.

8. *In signum autem cui contradicetur*. Proprie *signum* novimus in Scriptura crucem appellari. *Posuit* enim, inquit, *Moses serpentem super signum* [22], id est, super crucem. Vel signum est inopinatæ cujusdam et obscuræ rei indicium : ac videtur quidem a simplicioribus, intelligitur autem ab his qui mente sunt perspicaces. Quoniam igitur non cessant digladiari de Incarnatione Domini : alii quidem eum corpus assumpsisse, alii vero incorporeum illius adventum fuisse decernentes : alii passibile corpus habuisse, alii specie quadam corpoream dispensationem adimplevisse : alii terrestre, alii cœleste corpus : alii eum ab æterno præexstitisse, alii ex Maria initium accepisse : propterea *In signum cui contradicetur*.

9. Gladium autem dicit sermonem tentandi vim habentem et discernendi cogitationes, pertingentem usque ad divisionem animæ et spiritus, artuum quoque et medullarum [23]. Quoniam igitur omnis anima passionis tempore cuidam veluti dubitationi subjecta fuit, secundum Domini vocem, dicentis : *Omnes scandalizabimini in me* [24] ; vaticinatur Simeon et de ipsa Maria, astante cruci, et vidente quæ gerebantur, et voces audiente ; post Gabrielis testimonium, post arcanam divinæ conceptionis cognitionem, post plurima exhibita miracula, erit, inquit, quædam et circa animam tuam fluctuatio (1). Oportebat enim Dominum **401** pro omnibus gustare mortem, ac propitiationem mundi factum, omnes justificare in suo sanguine. Et te igitur ipsam, quæ cœlitus didicisti quæ ad Dominum spectant, tanget quædam dubitatio. Hoc designat gladius. *Ut revelentur ex multis cordibus cogitationes* : significat, post scandalum, quod in Christi cruce contigit, discipulis ac ipsi Mariæ celerem quamdam medicinam affuturam a Domino, quæ ipsorum corda confirmaret in illius fide. Sic enim videmus et Petrum, postquam scandalum passus est, firmius fidem in Christum retinuisse. Quod igitur humanum erat, imbecillum esse probatum est, ut potentia Domini demonstraretur.

EPISTOLA CCLXI [*].

Cum scripsissent Basilio Sozopolitani nonnullos carnem cœlestem Christo affingere et affectus humanos in ipsam divinitatem conferre ; breviter hunc errorem refellit ; ac demonstrat nihil nobis prodesse passiones Christi, si non eamdem ac nos carnem habuit. *Quod spectat ad affectus humanos, probat naturales a Christo assumptos fuisse, vitiosos vero nequaquam.*

Sozopolitanis.

1. Legi litteras vestras, fratres perquam reverendi, quas de rebus vestris scripsistis. Atque equidem quod nos sollicitudinum socios adhibuistis ad rerum vobis necessariarum ac studio dignarum curam, Domino egimus gratias. Sed ingemuimus, ubi audivimus præter turbas, quas Ariani in Ecclesiis excitarunt, ac confusionem, quam in fidei doctrinam induxerunt, adhuc et aliam quamdam novitatem, quæ in plurimum mœrorem, ut mihi scripsistis, conjicit fraternitatem, vobis obortam esse, ab hominibus nova et auribus fidelium inaudita veluti ex Scripturæ doctrina introducentibus. Scripsistis enim nonnullos apud vos esse, qui dissolvant salutarem dispensationem Domini nostri Jesu Christi, quantum in ipsis est, ac evertant magni mysterii gratiam, taciti quidem a sæculis [25], sed declarati suis temporibus, cum Dominus, qui jam omnia ad generis humani medelam attinentia percurrerat, post omnia suum nobis largitus est adventum. Juvit enim suam ipsius creaturam, primum quidem per patriarchas, quorum vitæ, ut exempla ac regulæ, volentibus sanctorum sequi vestigia similique ac illi studio ad bonorum perfectionem pervenire, propositæ fuerunt ; deinde legem in auxilium dedit, per angelos eam ordinans in manu Mosis [26] : tum prophetas, qui salutem futuram prænuntiarent, judices, reges, justos, qui in manu **402** occulta ederent virtutes. Post hos omnes in extremis diebus ipse manifestatus est in carne, *Factus est ex muliere, factus sub lege, ut eos, qui sub lege erant, redimeret, ut adoptionem filiorum reciperemus* [27].

2. Itaque si Domini in carne adventus non fuit, non dedit Redemptor pro nobis pretium morti, nec per seipsum mortis regnum resecuit. Si enim aliud esset quod mortis imperio subjectum erat, aliud quod assumptum a Domino ; non desiisset mors ea quæ sua sunt, operari, nec lucrum nostrum factæ fuissent deiferæ carnis passiones : non interemisset peccatum in carne ; non in Christo vivificati fuissemus, qui eramus in Adamo mortui ; non resartum fuisset, quod collapsum erat ; non instauratum, quod confractum ; non conjunctum Deo, quod serpentis fraude fuerat abalienatum. Hæc enim omnia tolluntur ab iis, qui dominum dicunt cœleste corpus habentem advenisse. Quid autem opus sancta Virgine, si non ex Adami massa assumenda erat caro deifera ? At quis ita audax, ut jamdiu silentio sopitum Valentini dogma nunc rursus verbis sophisticis Scriptu-

---

[22] Num. xxi, 8. [23] Hebr. iv, 12. [24] Matth. xxvi, 31. [25] I Tim. iii, 16. [26] Galat. iii, 19. [27] Galat. iv, 4.

[*] Alias LXV. Scripta circa annum 377.
(1) Nihil ejusmodi de sanctissima Deipara suspicari sinunt cum ipsius constantia in filii morte oculis suis spectanda, tum teneræ ad eam filii morientis voces. Sed quamvis illius fides minime vacillaverit, non idcirco tamen materna viscera dolore illo caruerunt, quem ei sub gladii nomine Symeon prædixerat.

rarumque scilicet testimonio renovet? Non enim recens est impium illud de apparentia dogma (1), sed jam olim ab insulso initium habuit Valentino, qui paucas Apostoli dictiones divellens, impium sibi ipse commentum struxit, hominem dicens servi, et non ipsum servum assumptum fuisse, et in similitudine Dominum factum esse pronuntians, sed non ipsum hominem ab eo fuisse assumptum. His cognata videntur isti effutire, quibus quidem lugere convenit, novas inter vos turbas inducentibus.

3. Quod autem dicunt affectus humanos in ipsam divinitatem transire, eorum est, qui in suis cogitationibus nullum ordinem servant, neque norunt alios esse carnis affectus, alios carnis animatae, alios animae corpore utentis. Est igitur carnis proprium secari, imminui et dissolvi : et rursus carnis animatae, fatigari, dolere, esurire, sitire et somno opprimi : animae vero corpore utentis proprii sunt moerores, et anxietates, et curae, et reliqua ejusmodi. Quorum alia quidem naturalia sunt, et animali necessaria : alia vero ex prava voluntate, propter vitam male institutam, nec virtute informatam, superinducta. Unde liquet Dominum naturales quidem affectus suscepisse, **403** ad confirmationem verae, nec phantasticae Incarnationis, vitiosos vero affectus, qui nostrae vitae puritatem coinquinant, ut intaminata divinitate indignos rejecisse. Eam ob causam dictum est, factum eum fuisse in similitudine carnis peccati ; non utique in similitudine carnis, ut his videtur, sed in similitudine carnis peccati[28]. Quare carnem nostram una cum naturalibus ipsius affectibus assumpsit, peccatum vero non fecit[29]. Sed quemadmodum mors, quae in carne per Adamum ad nos transmissa, absorpta fuit a divinitate : sic et peccatum absumptum a justitia quae in Christo Jesu est[30] : ut in resurrectione resumamus carnem, nec obnoxiam morti, neque subjectam peccato. Haec sunt, fratres, Ecclesiae mysteria, hae Patrum traditiones. Obtestor hominem omnem, qui Dominum timet, Deique judicium exspectat, ut ne variis doctrinis abripiatur. Si quis aliter docet, nec accedit ad sanos fidei sermones, sed Spiritus oracula rejiciens, propriam doctrinam potiorem habet evangelicis documentis ; talem vitate. Utinam autem Dominus largiatur, ut etiam aliquando in unum conveniamus, ut quae nostrum sermonem effugerunt, ea coram congredientes suppleamus ! Nam vobis pauca ex multis scripsimus, modum epistolae excedere nolentes, tum etiam quia persuasum habemus, iis, qui Dominum timent, satis esse vel brevem admonitionem.

EPISTOLA CCLXII[*].

Cum ad Basilium Urbicius non sine aliqua timiditate et excusatione scripsisset, jubet eum Basilius hanc timiditatem ejicere, rogatque ut saepe ad se scribat, et quinam in sua Ecclesia sani sint in fide nuntiet. Audierat enim nonnullos ex his, qui cum Urbicio erant, Deum in carnem conversum fingere. Horum errorem breviter refellit, Urbiciumque hortatur, ut ecclesiastica emendatione haec impietas non careat.

Urbicio monacho.

1. Recte fecisti, quod ad me scripseris : ostendisti enim fructum non exiguum charitatis, idque velim frequenter facias. Nec putes tibi opus esse excusatione, cum ad me scripseris. Nam me ipse novi, et scio quemlibet hominem omnibus parem esse honore secundum naturam : praestantiam autem in nobis, non ex genere, neque ex pecuniarum copia, neque ex corporis constitutione, sed ex excellentiori timoris Dei gradu proficisci. Proinde, quid impedit quominus Dominum magis metuens, major me in hoc ipso sis ? Scribe igitur nobis assidue, ac significa quid rerum agat fratrum qui tecum sunt conventus, et quinam in vestra Ecclesia sani sint ; ut sciam quibus scribendum sit, et in quibus acquiescendum. Sed quia audio nonnullos esse, qui rectam **404** Incarnatione Domini doctrinam perversis opinionibus depravent ; adhortor eos per tuam charitatem, ut abstineant absurda illa opinione, quam quidam tenere nobis nuntiantur, Deum ipsum in carnem conversum fuisse, nec assumpsisse Adami massam, per sanctam Mariam, sed ipsum in sua ipsius divinitate in materialem naturam fuisse transmutatum.

2. Absurdum illud commentum confutare omnino facile. Sed quia sua sponte evidentiam habet blasphemia, arbitror Dominum timenti satis esse, vel solam admonitionem. Si enim conversus, etiam mutatus. Absit autem ut id aut dicamus, aut cogitemus, cum Deus dicat : *Ego sum, et non mutor*[31] ! Deinde, quomodo ad nos transiit Incarnationis fructus, si non corpus nostrum divinitati conjunctum, mortis dominatum superavit ? Si enim conversus est, proprium constituit corpus, quod videlicet, densata in ipso deitate, substitit. Quomodo autem incomprehensibilis divinitas parvi corporis mole circumscripta est, si nempe conversa est tota Unigeniti natura ? Verum hoc neminem ar-

[28] Rom. viii, 3. [29] I Petr. ii, 22. [30] Rom. v, 12 sqq. [31] Malach. iii, 6.

[*] Alias CCCXLIV. Scripta circa annum 377.
(1) Illud *apparentiae* commentum proprie illis tribuitur, qui carnem phantasticam Christo attribuebant : quales fuere post Simeonem Basilides, Marcion et Cassianus, qui Docetarum princeps dictus est. Verum ab his discrepabat Valentinus, eumque testatur Tertullianus carnem et nativitatem Christo attribuisse, lib. *De carne Christi* cap. 1, quamvis hanc carnem per Mariam veluti per tubum transiisse fingeret. Cur ergo *apparentiae* auctorem illum facit Basilius? Videtur S. Pater de Valentino sic statuisse, quia ollius de coelesti carne Christi commentum eodem redibat ac Marcionis *apparentia*. Utraque enim opinio Incarnationem evertebat : utraque carnem ejusmodi affingebat Christo, quae cum eadem videretur ac nostra, nec tamen eadem esset, non immerito phantastica dici potuit. Eo libentius in eam partem accipio S. Basilii sententiam, quod eum minime latuerint commenta Valentini. Nam paulo ante cum eos notaret, qui Dominum dicebant coeleste corpus habentem advenisse, tamdiu silentio sopitum Valentini dogma ab eis renovari declarat.

bitror, modo mente præditus sit, Deique timorem habeat, morbo laborare. Sed quia venit ad me rumor, nonnullos ex iis qui cum tua charitate versantur, hac infirmitate mentis teneri, necesse esse duxi, ut salutatione nuda non uterer, sed mea epistola aliquid tale contineret, quod posset etiam animas Dominum timentium ædificare. Adhortor igitur, ut hæc ecclesiastica emendatione non careant, et vos ab hæreticorum communione sejungatis: scientes indifferentia his in rebus nostram in Christo libertatem tolli.

EPISTOLA CCLXIII*.

Gratias agunt Orientales Occidentalibus, quod magnum succurrendi Orienti studium significaverint. Rogant ut hoc beneficium impendant vel invisendo vel saltem scribendo; eorum enim sententiam eo majoris futuram ponderis, quo magis alieni sunt a simultatis suspicione. Rerum autem perturbationem non tam Arianis attribuunt, quam iis qui sub pelle ovis latentes grassantur, nempe Eustathio et Apollinario. Primi inconstantia in fide describitur; alterius varii errores recensentur. Accusatur etiam Paulinus quod Marcelli sectatores recipiat. Rogantur Occidentales, ut decernant recipiendos esse eos qui ab errore discedent, obstinatos autem excommunicandos.

Occidentalibus.

1. Dominus Deus noster, in quem speravimus, tantam cuique vestrum gratiam largiatur, ut ad propositam spem perveniatis, quanto ipsi gaudio corda nostra implevistis, tum ex litteris, quas nobis per optatissimos compresbyteros scripsistis, tum ex commiseratione, quam ærumnis nostris impendistis, ut induti viscera misericordiæ, quemadmodum prædicti viri nobis annuntiaverunt. Etsi enim vulnera nostra eadem permanent, aliquod tamen solatium est, paratos **405** habere medicos, qui possint, si tempus nanciscantur, celerem afferre nostris doloribus medelam. Quapropter rursus etiam vos per dilectos et salutamus, et adhortamur, ut si Dominus quidem facultatem vobis dederit ad nos proficiscendi, ne pigremini nos invisere. Maximum enim mandatum est infirmorum visitatio. Quod si bonus Deus ac sapiens vitæ nostræ moderator, hoc beneficium in aliud tempus reservat; saltem nobis scribite quæcunque a vobis scribi decet ad solamen afflictorum et erectionem confractorum. Jam enim multæ contritiones Ecclesiæ exstiterunt, nobisque magna ex eis afflictio: nec aliunde exspectatio ulla auxilii, nisi Dominus per vos, a quibus sincere colitur, miserit medelam.

2. Audax quidem illa ac impudens Arianorum hæresis, palam abscissa a corpore Ecclesiæ, manet in suo ipsius errore, nobisque non multum nocet, quia omnibus aperta ipsorum impietas. Qui autem pellem ovinam induti sunt, ac speciem blandam præ se ferunt ac lenem, intus vero dilaniant crudeliter Christi gregem, et propterea quod ex nobis exorti sunt, facile perniciem inferunt simplicioribus; hi sunt, qui molestiam exhibent, ac ægre vitari possunt. Hos rogamus ut vestra diligentia omnibus Orientis Ecclesiis denuntiet, ut, aut rectam viam ingressi sincere versentur nobiscum, aut, si in sua permaneant perversitate, damnum intra se solos contineant, nec possint ex incauta communione morbum suum cum proximis communicare. Necesse est autem horum nominatim meminisse, ut et ipsi cognoscatis eos qui turbas apud nos movent, eosque nostris Ecclesiis manifestos facite. Nam sermo noster suspectus est pluribus, quasi forte ob privatas quasdam simultates exili et jejuno in illos animo simus. Vos vero quanto ob illis longius degitis, tanto majorem apud populos habetis auctoritatem, præterquam quod Dei etiam gratia vos adjuvat ad succurrendum iis qui vexantur. Quod si etiam concordi animo plures simul eadem decernetis, perspicuum est multitudinem decernentium omnibus persuasuram, ut decretum citra controversiam suscipiant.

3. Est itaque unus ex iis, qui nobis multum exhibent molestiæ, Eustathius ex Sebastia in minore Armenia, qui olim edoctus ab Ario, et cum is floreret Alexandriæ pravas in Unigenitum construens blasphemias, eum secutus, **406** atque inter germanissimos illius discipulos numeratus, posteaquam rediit in patriam, beatissimo Cæsareæ episcopo Hermogeni, ipsum ob pravam doctrinam condemnanti, confessionem sanæ fidei obtulit. Atque ita ab ipso ordinatus, post illius dormitionem statim ad Eusebium Constantinopolitanum accurrit, qui et ipse nemini concedebat in impio Arii dogmate tuendo. Deinde hinc ob aliquas causas, quæcunque illæ sint, expulsus, cum ad suos populares venisset, iterum sese purgavit, impiam quidem occultans sententiam; in verbis autem recti aliquid et accurati præ se ferens. Episcopatum forte adeptus, illico comperitur anathematismum consubstantialis scripsisse in Ancyrana synodo, quæ ab ipsis habebatur. Hinc autem cum Seleuciam venisset, ea gessit cum suæ sententiæ consortibus quæ omnes norunt. Constantinopoli autem iterum assensus est iis quæ ab hæreticis proposita fuerunt. Atque ita ex episcopatu ejectus, propterea quod antea Melitinæ depositus esset, hanc sibi restitutionis viam invenit, ut ad vos se conferret. Quænam autem ei proposita fuerint a beatissimo episcopo Liberio, et quibusnam assensus sit, ignoramus, nisi quod epistolam attulit, quæ eum restituebat, eaque ostensa concilio Tyanensi in suum locum restitutus est. Hic nunc depopulatur fidem illam, ob quam susceptus est, atque una cum iis est, qui consubstantiale anathematizant, seque ducem præbet hæresis Pneumatomachorum. Quoniam igitur istinc evenit illi facul-

---

* Alias LXXIV. Scripta anno 377.

tas lædendi Ecclesias, ac data a vobis fiducia utitur ad subversionem multorum, necesse est istinc quoque venire et emendationem, ac per litteras Ecclesiis significari, quibusnam conditionibus susceptus sit, et quomodo nunc immutatus irritum faciat beneficium sibi concessum a Patribus qui tunc erant.

4. Secundus post ipsum est Apollinarius, non parum et ipse Ecclesias contristans. Cum enim scribendi facilitate lingua ei ad omne argumentum prompta sit, replevit scriptis suis orbem terrarum, contempta objurgatione illius, qui dicit: *Cave facere libros multos* [32] : ita quoque profecto in multitudine peccata multa sunt. Quomodo enim possit in multiloquio [33] peccatum vitari? Illius igitur de theologia disputationes, non petitis e Scriptura probationibus, sed humanis argumentis nituntur. Sunt autem illi et de resurrectione elucubrationes fabulose scriptæ, vel potius Judaice : in quibus ait nos rursus ad legalem reversuros cultum, rursusque circumcisum iri, et Sabbata observaturos, atque abstenturos a cibis, et victimas oblaturos Deo, et adoraturos Jerosolymis **407** in templo, ac omnino Judæos ex Christianis futuros. Quibus quidnam magis ridiculum esse possit, aut ab evangelico dogmate magis alienum? Deinde ea etiam quæ de Incarnatione tradidit, tantam intulerunt fratribus perturbationem, ut jam pauci ex iis qui legerunt, priscam pietatis formam conservent : contra, plerique novitatibus intenti, ad quæstiones et ad pertinaces inutilium horum verborum investigationes deflexerint.

5. Paulinus autem utrum aliquid et circa ordinationem reprehensioni obnoxium habeat, ipsi dixeritis. Nos sane mœrore afficit, quod in Marcelli dogmata propendet, ac illius sectatores sine discrimine ad suam communionem admittit. Scitis enim, fratres maxime colendi, spem nostram omnem everti Marcelli dogmate, quod neque Filium in propria hypostasi confitetur, sed prolatum esse, et rursus reversum ad eum, ex quo processerat, neque Paracletum hypostasim propriam habere concedit : quare non aberraverit, qui a Christianismo penitus alienam hæresim pronuntiet, ac Judaismum corruptum illam appellet. A vobis ut horum curam suscipiatis efflagitamus. Suscipietis autem, si omnibus Orientis Ecclesiis scribere non gravemini, eos qui hæc depravati, si corrigantur, admittendos ad communionem ; sin autem pertinaciter novitatibus adhærescere voluerint, ab Ecclesiis abscindendos. Atque id quidem factum a nobis oportuisse, ut una cum vestra prudentia sedentes, communi deliberatione de his ageremus, ne ipsi quidem ignoramus. Sed quoniam tempus

non permittit, et dilatio exitiosa est, illato ab ipsis damno radice agente, necessario hos fratres misimus, ut et quæcunque litterarum documenta effugerunt, hæc per se ipsi edocentes, pietatem vestram incitent ad expetitum Dei Ecclesiis ferendum auxilium.

EPISTOLA CCLXIV*.

Barsam Basilius, oblata occasione Domnini et sociorum ejus, salutat et hortatur ut oret pro Ecclesia, cui quidem sperat Basilius pacem datum iri, nisi appropinquet defectio.

Barsæ, Edessæ episcopo, exsulanti.

Vere religiosissimo omnique reverentia et honore digno episcopo Barsæ Basilius' in Domino salutem. Cum proficisceretur germanissimus frater Domninus ad tuam pietatem, libenter occasionem scribendi excepimus, teque per illum salutamus, Deum sanctum precantes, ut tandiu custodiamur in hac vita, donec digni habeamur, qui te videamus, ac donis, quæ in te sunt, perfruamur. Tantum precare, obsecro, ut Dominus **408** non tradat nos in perpetuum inimicis crucis Christi, sed custodiat Ecclesias suas usque ad tempus pacis, quam novit ipse justus judex, quando sit redditurus. Reddet enim, nec nos perpetuo deseret. Sed quemadmodum Israelitis annos septuaginta præstituit pro peccatis ad captivitatis pœnam [34] ; ita forte et nos omnipotens per statum aliquod tempus traditos aliquando revocabit, ac in pristinam pacem restituet ; nisi forte appropinquat defectio, et quæ nunc fiunt, exordia sunt ingressus Antichristi. Quod quidem si ita sit, precare ut aut ærumnas auferat, aut nos inter ærumnas invictos bonus Ille custodiat. Omnem illum cœtum, qui pietatis tuæ consuetudine dignus habitus est, per te salutamus. Pietatem tuam omnes, qui nobiscum sunt, salutant. Valens ac lætus in Domino, et pro me orans, Ecclesiæ Dei serveris, Sancti gratia.

EPISTOLA CCLXV**.

Basilius gratias agit Deo, quod iis, apud quos exsulant confessores, auxilia ad salutem providerit : seque perspecto illorum fidei studio adductum esse ait, ut diaconum Elpidium cum litteris ad eos mitteret. Laudat eos quod damnaverint Apollinarium, cujus et nefarias molitiones, et impios de Trinitate, de Incarnatione et promissionibus errores recenset. Sed queritur quod Marcelli discipuli a confessoribus recepti fuerint sine Occidentalium et aliarum Ecclesiarum consensu. Scire cupit quibus conditionibus recepti fuerint.

Eulogio, Alexandro et Harpocrationi, Ægypti episcopis exsulibus.

1. Magnum in omnibus reperimus boni Dei erga suas Ecclesias providentiam ; ita ut quæ molesta esse videntur, nec omnino ex sententia occurrunt, ea etiam ad multorum utilitatem dispensentur in occultissima Dei sapientia, et indeprehensis illius justitiæ judiciis. Ecce enim et dilectionem vestram ex Ægypti locis excitans Dominus, in media Palæ-

---

[32] Eccle. xii, 12. [33] Prov. x, 19. [34] Jerem. xxv, 12.

* Alias CCCXXVI. Scripta circa annum 377.   ** Alias CCXCIII. Scripta anno 377.

stina constituit, ad exemplum antiqui Israel, quem captivum in Assyriorum terram abducens, exstinxit illic simulacrorum cultum per sanctorum adventum. Itaque et nunc ita factum invenimus, cum reputamus Dominum, dum vestrum pro pietate certamen in medio proponit, vobis quidem exsilio stadium aperuisse beatorum certaminum; iis vero, quibus vestrum illud eximium propositum ante oculos versatur, manifesta ad salutem largitum esse exempla. Cum igitur Dei gratia didicerimus vestrum rectæ fidei studium, didicerimus et sollicitudinem erga fratres, vosque non perfunctorie aut negligenter quæ ad communem utilitatem spectant et ad salutem necessaria sunt, exhibere, sed si quid ad Ecclesiarum ædificationem conducat, libenter suscipere; æquum esse putavimus, ut in bonæ vestræ partis veniremus communionem, nosque **409** per epistolam cum vestra pietate conjungeremus. Quapropter misimus etiam desideratissimum filium nostrum Elpidium condiaconum, qui et epistolam perferret, et per se ipse potest nuntiare vobis, quæcunque litterarum effugerint documenta.

2. Illud autem me maxime impulit, ut vobiscum conjungi cuperem, quod vestrum rectæ doctrinæ studium ad meas aures pervenit: quippe cum nec librorum multitudine, nec sophismatum varietate emota sit cordis vestri firmitas: sed eos agnoveritis, qui contra dogmata apostolica novitatem inducunt, nec silentio continere damnum ab illis illatum potueritis. Nam revera magnum reperimus dolorem in omnibus Domini pacem cordi habentibus, ex omnigenis Apollinarii Laodiceni novitatibus: qui eo magis nos afflixit, quod ex nobis ab initio esse videbatur. Aliquid enim ab hoste manifesto pati, etiamsi id sit molestissimum, res est tamen quodammodo tolerabilis patienti, sicut scriptum est: *Si inimicus probris me affecisset, sustinuissem utique* [35]. Sed ab unanimi et necessario aliquid accipere detrimenti, id omnino ad ferendum difficile, nec ullam habens consolationem. Quem enim exspectaveramus socium nobis in defensione veritatis futurum, eum nunc invenimus in multis obstantem his qui salvantur, dum illorum abducit mentem, et avellit a rectis dogmatibus. Quid enim in actionibus ab eo non callide et audacter perpetratum? Quid in sermonibus non juveniliter et periculose excogitatum? Nonne Ecclesia omnis inter se divisa est, præsertim ex quo in gubernatas ab orthodoxis Ecclesias immisit qui scindant, et illegitimos conventus proprios sibi vindicent? Nonne ridetur magnum pietatis mysterium, episcopis sine populo ac clero obambulantibus, ac nomen nudum circumferentibus, nec quidquam ad promovendum pacis et salutis Evangelium facientibus? Nonne illius de Deo sermones pleni sunt impiis dogmatibus, antiqua insulsi Sabellii impietate nunc ab eo in scriptis renovata? Nam si quæ circumferunt Sebasteni, ficta non sunt ab inimicis, sed vere ipsius scripta sunt, nullum impietatis superandæ locum reliquit, eumdem dicens Patrem et Filium et Spiritum, et alias quasdam tenebricosas impietates, quas nos ne auribus quidem admisimus, quippe cum precemur ut nullam partem cum iis qui sic loquuntur habeamus. Nonne doctrinam confundit Incarnationis? nonne dubia multis facta est salutifera Domini nostri dispensatio ex lutulentis et tenebricosis illius de Incarnatione quæstionibus? Quæ omnia ut colligantur et arguendi **410** causa exponantur, longo tempore et sermone opus est. Promissionum autem doctrinam quis sic obliteravit ac delevit, ut illius fabulosæ nugæ? Qui quidem beatam spem repositam his, qui secundum Christi Evangelium vixerint, ita exiliter et demisse ausus est interpretari, ut ad fabulas aniles et Judaica commenta deflectat. Denuo pollicetur templi instaurationem et cultus legalis observationem, pontificem typicum post verum pontificem, victimas pro peccatis post Agnum Dei qui peccatum mundi tollit [36], baptismata varia post unicum baptisma, et juvencæ cineres, quibus aspergatur Ecclesia, quæ ob fidem in Christum non habet maculam nec rugam nec quidquam ejusmodi [37]; lepræ expurgationem post resurrectionis statum perpessionis expertem; zelotypiæ oblationem, ubi neque matrimonium contrahunt, neque connubio junguntur; panes propositionis, post panem illum qui de cœlo descendit: lucernas ardentes, post verum lumen. Et in summa, si mandatorum lex in dogmatibus abolita est, palam est tunc Christi dogmata in præceptis legalibus antiquatum iri. Ob hæc pudor et verecundia vultus nostros operuit, et tristitia vehemens corda nostra opplevit. Quapropter adhortor vos tanquam medicos peritos, et scientes in lenitate erudire eos qui adversantur, ut illum conemini ad rectum Ecclesiæ ordinem reducere, eique persuadere, ut commentationum suarum loquacitatem contemnat (etenim confirmavit verba Proverbii: *Non est in multo sermone peccatum effugere* [38]); eique fortiter rectæ fidei dogmata proponatis, ut illius emendatio manifesta fiat, ac fratribus innotescat illius pœnitentia.

3. Nec abs re fuerit de Marcelli discipulis pietatem vestram commonere, ut nihil inconsiderate, nihil facile de illis statuatis. Sed cum ob impia dogmata exierit ille ex Ecclesia (1), necesse est illius sectatores, anathematizata illa hæresi, sic ad com-

---

[35] Psal. LIV, 13. [36] Joan. I, 29. [37] Ephes. v, 27. [38] Prov. x, 19.

(1) Mirum id videtur ac prima specie vix credibile, Marcellum ob impios errores ex Ecclesia exiisse. Nam S. Athanasius suspectum illum quidem, sed tamen purgatum habuit, teste Epiphanio, hæres. LXXII, p. 837. Hinc illius discipuli communicatorias beatissimi papæ Athanasii litteras ostenderunt confessoribus Ægyptiis, ibid. pag. 843. Testatur idem Epiphanius varia esse Catholicorum de Marcello judicia,

munionem admitti, ut qui nobis conjuncti per vos fuerint, ab omni recipiantur fraternitate. Nunc enim pluribus non mediocris dolor inflictus, ubi audierunt eos ad vestram præstantiam 411 accedentes, et admissos esse a vobis, et communionis ecclesiasticæ factos esse participes. Ac vos quidem par erat intelligere, Dei gratia nec in Oriente solos vos esse, sed et multos habere communicatores, Patrum illorum, qui Nicææ pium fidei dogma exposuerunt, rectæ fidei defensores; et in Occidente omnes vobiscum ac nobiscum consentire : quorum fidei tomum acceptum apud nos custodimus, et sanam ipsorum doctrinam sequimur. Decebat igitur, omnibus, qui in eadem ac vos communione sunt, satisfieri, ut res gestæ magis firmentur ex multorum consensu, nec pax scindatur, aliis abscedentibus dum alii admittuntur. Sic igitur decebat concilium a vobis graviter ac leniter iniri de rebus ad omnes orbis terrarum Ecclesias spectantibus. Non enim qui cito aliquid decernit, laudandus est; sed qui firma et immobili norma omnia constituit, adeo ut examinata subsequenti tempore sententia probatior et spectatior fiat, is Deo et hominibus acceptus est, ut qui sermones suos disponat in judicio[39]. His verbis, quantum per litteras colloqui mihi licuit, pietatem vestram compellavi. Faxit autem Dominus, ut nos mutuo aliquando in unum conveniamus : ut omnia ad Ecclesiarum Dei concinnitatem vobiscum constituentes, vobiscum recipiamus mercedem præparatam a justo judice fidelibus prudentibusque dispensatoribus! Nunc interim dignemini ad me propositiones mittere, quibus assentientes Marcelli discipulos recepistis; haud illud ignorantes, etiamsi omnino id quod in vobis situm est, sartum tectumque præstetis, non tamen vos rem tanti momenti vobismetipsis attribuere solis debere; sed oportere, ut et Occidentales, et qui in Oriente sunt communicatores, restitutioni eorum consentiant.

EPISTOLA CCLXVI [*].

Fatetur Basilius minus recte a se factum, quod non scripserit ad Petrum de iis quæ egerant confessores ; cæterum ita assuetum se esse iis, quæ non solum ab Arianis, sed etiam ab unanimibus suis molesta sibi accidunt, ut ejusmodi rebus nec commotus fuerit, nec nuntiandas Petro auxerit. Sed tamen se ad confessores scripsisse, eosque hortatum esse, ut mali remedium ab iis exspectent,

[39] Psal. cxi, 5.

aliis eum accusantibus, aliis defendentibus, p. 834. Paulinus ejus discipulos sine discrimine recipiebat, ut in superiore epistola vidimus. Ipse Basilius in epist. 69 queritur quod eum Ecclesia Romana in communionem ab initio suscepisset. Quomodo ergo exiisse dicitur ex Ecclesia qui tot habuit communicatores? Sed tamen S. Basilii testimonium cum sua sponte magni est momenti (non enim ut in dijudicandis Marcelli scriptis, ita in ejusmodi facto proclive fuit errare), tum etiam hoc argumento confirmatur quod Athanasius extremis vitæ suæ annis Marcellum a communione sua removerit. Neque enim, si semper cum eo communicasset Athanasius, opus habuissent illius discipuli confessione fidei ad impetrandam confessorum Ægyptio-

quibus hæc curare convenit. Laudat hac in re constantiam Petri et studium canonum: seque ait eodem studio adductum fuisse, ut nihil hactenus Galatis responderet, quia Petri judicium exspectabat ; sed tamen eos sperat ad Ecclesiam ita adductum iri, ut ipsi ad Catholicos, non ad eos Catholici accessisse videantur. Dolet quod Dorotheus Petrum minus leniter allocutus fuerit ; sed indigne factum esse demonstrat, ut Meletius et Eusebius inter hæreticos coram Damaso et Petro numerarentur. Præterita oblivioni tradenda censet ; plurimi enim interesse, ut nunc maxime pax servetur.

Petro, episcopo Alexandriæ.

1. Recte me reprehendisti, et ut decebat fratrem spiritualem, dilectionem veram a Domino edoctum, quod non te de omnibus quæ hic geruntur, sive parvis sive magnis, certiorem facimus. Nam et tibi convenit nostra curare, et nobis ad tuam charitatem de rebus nostris referre. Sed noveris, frater nobis colendissime atque desideratissime, continuas illas ærumnas vehementemque illum tumultum, 412 quo nunc exagitantur Ecclesiæ, id efficere, ut nihil ex his quæ fiunt, novum nobis videatur. Quemadmodum enim ii, quorum aures in officinis ærariis obtunduntur, ad sonos audiendos exercitati sunt : ita nos assiduitate absurdorum nuntiorum assuefacti jam sumus, ut animum imperturbatum habeamus et interritum ad casus inopinatos. Quæ quidem ab Arianis jampridem in Ecclesias struuntur, etsi multa et magna, et per totum divulgata terrarum orbem; sunt tamen nobis tolerabilia, eo quod a manifestis inimicis ac veritatis doctrinæ hostibus fiant: quos quidem, cum consueta non faciunt, tunc miramur, minime vero, cum magni aliquid aut temerarii contra pietatem moliuntur. Sed mœrorem nobis ac perturbationem afferunt, quæ ab unanimis et idem sentientibus fiunt. Attamen et hæc ipsa, propterea quod multa sunt, ac frequenter incidunt in nostras aures, ne inexspectata quidem videntur. Quamobrem nec commoti sumus ob ea quæ nuper præter ordinem gesta sunt, nec aures tuas obtudimus ; partim quidem cum sciremus famam sua sponte res gestas perlaturam, partim exspectantes, dum alii has molestias nuntiarent : postremo decorum esse non judicantes, ut ob talia indignaremur, quasi contemptos nos esse ægre ferremus. Illis tamen qui hæc fecerunt scripsimus quæ conveniebant, adhortantes eos, quia dissensio aliqua inter fratres, qui illic

rum communionem : nec Petrus Athanasii successor canones violatos, concessa illis communione, quereretur, ut videmus in epistola sequenti, si Ægyptum inter ac Marcellum ejusque clerum et plebem non fuisset rupta communio. Videtur ergo Marcellus sub finem vitæ aliquid peccasse, quod Athanasium ab ejus communione discedere coegeret : et cum jamdudum a toto fere Oriente damnatus esset, amissa Athanasii communione, quæ unicum fere illius refugium erat, desertus ab omnibus videri potuit, nec ei nova ignominia notato prodesse poterat concessa olim a Romana Ecclesia communio.

[*] Alias CCCXXI. Scripta anno 377.

sunt, intercesserat, ut a charitate quidem non discedant, ab iis autem qui ecclesiastico jure erratis mederi possunt, exspectent emendationem. Quod cum præstiteris præclaro ac convenienti consilio, laudavi te, ac Domino egi gratias, quod aliquæ veteris disciplinæ reliquiæ apud te serventur, nec Ecclesia suum ipsius robur in nostra persecutione amiserit. Non enim nobiscum persecutionem passi sunt et canones. Itaque sæpe a Galatis importune rogatus, nondum illis potui respondere, vestrum exspectans judicium. Et nunc si Deus dederit, nobisque patientem aurem præbeant, speramus nos populum ad Ecclesiam adducturos, ita ut non ipsis nobis exprobretur nos ad Marcellianos accessisse, sed illi membra corporis Ecclesiæ Christi fiant : et malum dedecus, quod ex hæresi aspersum est, nostra suscipiendi ratione deleatur, nec nobis opprobrium inuratur, ut ad illos translatis.

2. Nos autem in tristitiam conjecit frater Dorotheus, quod, ut ipse scripsisti, non omnia leniter et mansuete dixerit dignitati tuæ. Atque id equidem temporum attribuo difficultati. Videor enim mihi nulla in re ob mea peccata prosperos habere successus : siquidem fratrum optimi non comperiuntur lenes, neque ad obeunda munera idonei, eo quod ex mea sententia non omnia peragunt. Is reversus mihi narravit quos coram Damaso episcopo reverendissimo cum tua præstantia sermones **413** habuisset : ac dolorem mihi afferebat cum diceret numeratos in Arianis fuisse religiosissimos fratres comministros nostros Meletium et Eusebium (1). Quorum rectam doctrinam etiamsi nihil aliud commendaret, saltem illatum ab Arianis bellum non exile rectæ fidei indicium apud æquos rerum æstimatores haberet. Tuam autem pietatem conjungere cum illis ad charitatem debet ipsa etiam ærumnarum pro Christo toleratarum societas. Persuasum autem sit tibi, vir certe reverendissime, nullum rectæ doctrinæ verbum esse, quod ab his viris cum omni libertate non fuerit prædicatum, Deo teste et audientibus nobis. Qui profecto ne ad horam quidem admisissemus eorum communionem, si illos in fide claudicantes deprehendissemus. Sed, si videbitur, omittamus præterita, futuris autem initium aliquod demus pacificum. Nam nobis invicem indigemus omnes secundum

[10] Gen. XXVII, 27.

* Alias CCCXXVII. Scripta videtur anno 377 excunte, aut 378 ineunte.

(1) Vix credibile est tam iniquum sermonem ex ore Petri Alexandrini emissum fuisse. Sed tamen Basilii querelæ non alium petere videntur, quamvis leniter rem insinuet et cum urbanissima quadam circuitione. Ait enim sibi narrasse Dorotheum quos cum Petro sermones coram Damaso habuisset, seque addit vehementer doluisse, cum is diceret Meletium et Eusebium numeratos in Arianis fuisse. Non alius ergo collocutus est cum Dorotheo, nec alius Meletium et Eusebium tam inhoneste appellavit. His adde adhibitam a Basilio ope-

membrorum societatem, et maxime præsenti tempore, quo Orientis Ecclesiæ ad nos respiciunt, ac vestra quidem illis concordia roboris et firmitatis erit occasio ; sed si vos sentiant mutua aliqua suspicione laborare, resolventur ac manus remittent, quominus obsistant fidei hostibus.

EPISTOLA CCLXVII *.

Basilius gravi corporis infirmitate, quominus Barsam invisat, et Ecclesiarum cura detentus, desiderio suo per litteras satisfacit, eumque rogat ut pro se et pro Ecclesia oret ; jam se ad eum scripsisse declarat, et quædam mittit munuscula.

Barsæ, episcopo Edessæ, exsulanti.

Equidem pro mea in tuam pietatem animi affectione exoptarem coram adesse, et veram tuam dilectionem per me ipse amplecti, ac Dominum glorificare, qui in te magnificatus est, ac venerandam tuam senectutem omnibus Dominum in terrarum orbe timentibus illustrem ac conspicuam præstitit. Sed quia et gravis corporis infirmitas me afflictat, et Ecclesiarum cura non enarrabilis mihi incumbit, nec in mea situm est potestate, ut quo velim proficiscar, et congrediar quibuscum cupio ; per litteras lenio meum bonis, quæ in te sunt, perfruendi desiderium ac eximiam tuam pietatem adhortor, ut pro me ac Ecclesia preceris, ut Dominus det nobis sine offensione decurrere reliquos dies aut horas peregrinationis nostræ, ac præstet etiam, ut videamus pacem Ecclesiarum ipsius, et tum de reliquis tuis comministris ac commilitonibus audiamus ea quæ precamur, tum de teipso, quæ die ac nocte populi tibi subditi efflagitant a Domino justitiæ. Scito autem me **414** non sæpe quidem scripsisse, nec quoties par fuerat, sed tamen scripsisse ad tuam pietatem. Ac forte non potuerunt servare salutationes meas, qui ministerium litterarum susceperant fratres. Sed nunc cum copia sit mihi quorumdam e nostris ad tuam præstantiam proficiscentium, et litteras eis commisi libenter, et misi nonnulla, quæ dignare a mea humilitate suscipere sine fastidio, ac mihi exemplo Isaac patriarchæ benedicere [10]. Quod si quid etiam, ut occupati animumque curarum multitudine obrutum habentes, decori neglexerimus, mihi ne imputaveris, neque afficiaris tristitia : sed tuam in omnibus perfectionem imitare : ut et nos virtute tua perfruamur, quemadmodum et reliqui omnes. Sa-

ram, ut eximium illud par episcoporum apud Petrum Alexandrinum purget. Demonstrat eum vel ob solam persecutionis societatem conjungi cum illis viris debuisse ; præterita libenter oblivioni tradit, modo deinceps initium aliquod pacificum instituatur. Hæc profecto probant iniquum illud de Meletio et Eusebio judicium, quod Basilio tantum inussit doloris, a Petro profectum esse. Mirum id de tanto viro ac luctuosum : sed inde perspicitur quid peccent studia partium. Videntur enim hanc Petro opinionem injecisse calidiores Paulini astipulatores. Non æquior fuit in Meletium Hieronymus, ut patet ex ejus epistola ad Damasum papam.

nus, in Domino lætus, ac pro me orans, concedaris mihi et Dei Ecclesiæ.

EPISTOLA CCLXVIII[*].

Eusebio mirabiliter servato gratulatur, ejusque reditum sperat Ecclesiarum precibus concessum iri. De rebus illius ex Libanio diacono edoctus, cætera scire avet, aut citius, aut saltem per Paulum presbyterum, cum redibit. Nihil ei in manus tradere ausus est; eo quod viæ latronibus et desertoribus planæ sint. Exercitus adventu nuntiato sperat modicam tranquillitatem; tumque mittet aliquem e suis ad Eusebium.

Eusebio exsuli.

Docuit nostra etiam ætate Dominus, sanctos suos a se non deseri, dum magna et potenti manu sua vitam sanctitatis tuæ protexit. Fere enim simile id ducimus ac in ventre ceti illæsum permanere sanctum, et in vehementi flamma citra damnum versari homines Dominum timentes; quandoquidem pietatem tuam bello undique, ut audio, vos circumstante, incolumem servavit. Et utinam servet omnipotens Deus nobis, si vixerimus, peroptandum spectaculum, aut saltem aliis, qui tuum reditum perinde exspectant ut suam ipsorum salutem! Nam futurum mihi persuadeo, ut Ecclesiarum lacrymis et gemitibus, quos tua causa omnes effundunt, attentus misericors Deus incolumem te custodiat, donec annuat iis, qui eum noctu ac interdiu precantur. Equidem quæ usque ad dilecti fratris nostri Libanii condiaconi adventum contra vos acta sunt, satis ex ipso transeunte edocti sumus: quæ vero ab illo tempore contigerunt, discere cupimus. Majora enim interjecto tempore et graviora audimus mala istic evenisse: quæ quidem, si fieri possit, etiam citius, sin minus, saltem per religiosissimum fratrem Paulum compresbyterum, cum revertetur, discamus ita esse, ut precamur, nempe vitam tuam incolumem et illæsam custodiri. Quoniam autem audivimus cunctas prædonibus ac desertoribus refertas esse vias, veriti sumus quidquam in fratris manus tradere, ne ei etiam mortis causa simus. Quod si dederit Dominus modicam tranquillitatem (siquidem exercitus audimus adventum), curabimus et nostrorum aliquem mittere, qui vos invisat, et singula quæ ad vos spectant, nobis nuntiet.

EPISTOLA CCLXIX[**].

Arinthæi mortui uxorem consolatur Basilius, eique auctor est, ut et rerum humanarum conditionis memor, et mariti tum in hac vita splendorem considerans, tum etiam in altera felicitatem ob susceptum uxoris opera et consilio baptismum, et ad promissam patientiæ mercedem respiciens, dolori modum imponat.

Ad conjugem Arinthæi ducis consolatoria.

1. Consentaneum quidem erat et debitum animi tui statui, ut ipse coram adessem et eorum quæ acciderant particeps fierem. Sic enim et dolorem meum leniissem, et apud tuam dignitatem consolationis officium implevissem. Sed quia non jam fert amplius corpus meum longiores motus, eo redactus sum ut tecum per litteras colloquar, ne omnino videar aliena existimare quæ acciderunt. Quis ergo virum illum gemitu non prosecutus est? quis adeo corde lapideo, ut ipsius causa ferventes lacrymas non profunderet? Me vero tristitia singulari implevit, tum honores, quos mihi privatim habuit, considerantem, tum commune Ecclesiarum Dei patrocinium. Sed tamen mihi in mentem venit illum, cum homo esset ac convenienti in hac vita munere esset perfunctus, congruis temporibus rursus a Deo rerum nostrarum moderatore assumptum fuisse. Quæ quidem ut tua etiam prudentia consideraus, casum animo æquo ferat hortamur, et, quantum fieri potest, ærumnam moderate sustineat. Idoneum quidem et tempus, ut cor tuum leniat, et locum det rationi: sed tamen suspectus mihi est ingens tuus mariti amor, ac tua in omnes benignitas; ne forte mœrori te dedas, ob simplicitatem morum profundam accipiens plagam doloris. Ac semper quidem utilis Scripturarum doctrina, sed maxime ejusmodi temporibus. Memento igitur latæ a Creatore nostro sententiæ, per quam quotquot ex terra orti sumus, in terram revertimur[41]: nec quisquam ita magnus, ut dissolutioni non sit obnoxius.

2. Admirandus ille vir erat quidem eximius et magnus, et corporis robori parem habens animi virtutem, fateor et ego, nemini sane in utroque secundus; sed tamen homo erat, et mortuus est, ut Adam, ut Abel, ut Noe, ut Abraham, ut Moses, ut alius quivis, quem ejusdem naturæ participem nominaveris. Non igitur quod is ereptus fuerit indignemur: sed quod ab initio conjuncti cum ipso vixerimus, gratias agamus ei qui conjunxit. Etenim viro orbari, tibi cum aliis mulieribus commune est: sed de tali conjugio non arbitror aliam mulierem æque posse gloriari. Unum enim revera exemplar naturæ humanæ virum illum Conditor noster creaverat, unde omnes in eum conjiciebantur oculi, et lingua omnis res illius prædicabat: pictores autem et statuarii formæ dignitatem assequi non poterant: historici vero, dum res præclare in bello gestas referunt, in fabularum incredibilium incommodum incidunt. Quare ne adduci quidem plerique poterant ut famæ tristem illum nuntium circumferenti crederent, aut omnino mortuum esse Arinthæum faterentur. Sed tamen perpessus est, quæ et cœlo et soli et terræ accident. Abiit splendidum nactus exitum, non senio fractus, claritate nihil imminuta: magnus in præsenti vita, magnus etiam in futura; nec ex præsenti splendore detrimentum ullum passus exspectatæ gloriæ: eo quod omnem animæ maculam in ipso vitæ exitu lavacro regenerationis repurgaverit. Quo-

---

[41] Gen. III, 19.

[*] Alias IX. Scripta anno 378.

[**] Alias CLXXXVI. Scripta anno 378.

rum illi conciliatrix cum fueris et adjutrix, maximum habe solatium, ac transfer animum a præsentibus ad futurorum curam, ut digna habearis, quæ per bona opera parem ac ille requietis locum consequare. Parce matri senio confectæ, parce filiæ teneræ, quibus sola ad solatium relicta es. Sis exemplum fortitudinis cæteris mulieribus; et ita dolori moderare, ut neque illum animo projicias, neque a tristitia absorbearis. In omnibus ad magnam patientiæ mercedem respice, quæ a Domino nostro Jesu Christo in vita a nobis actæ remuneratione promissa est.

EPISTOLA CCLXX*.

Presbyterum aliquem Basilius in puniendis raptoribus segniorem objurgat: ac sancit ut puella parentibus restituatur, raptor a precibus ejiciatur, et excommunicatus denuntietur, ejus adjutores per tres annos cum tota sua familia a precibus ejiciantur. Totum etiam pagum, qui raptam receperat, aut custodierat, aut pro ea retinenda pugnaverat, a precibus pariter ejicit.

Sine inscriptione, de raptu.

Valde doleo, quod vos in vetitis rebus nec indignari reperiam, nec intelligere posse in ipsam hominum vitam et in humanum genus scelus esse ac tyrannidem, commissum illum raptum, et factam liberis injuriam. Scio enim, si id vobis omnibus esset sententiæ, jamdudum nihil prohibiturum fuisse, quominus mali illius consuetudo ex patria nostra pelleretur. Assume igitur in re præsenti zelum Christiani, et pro sceleris merito commovere. Ac puellam quidem, ubicunque inveneris, omni constantia auferens, restitue parentibus: hunc ipsum autem arce a precibus, eumque excommunicatum denuntia: atque eos etiam, qui cum eo facinus aggressi sunt, secundum 417 canonem jam a nobis vulgatum, tres annos cum totis suis familiis a precibus ejice. Quin et illum ipsum pagum, qui raptam recepit ac custodivit, aut etiam ad eam retinendam pugnavit, universum a precum societate abscinde: ut discant omnes, tanquam serpentem, tanquam aliam quamvis bestiam, communem hostem existimantes raptorem, ita eum insectari et injuria affectis opitulari.

EPISTOLA CCLXXI**.

Significat Basilius Eusebio, quicum olim et domum et pædagogum et omnia communia habuerat, quantum doloris acceperit, eo in civitate, in quam advenerat, non invento. Interim sese scribendo consolatur, eique Cyriacum, ut presbyterum criminis expertem secumque conjunctum commendat.

Eusebio sodali commendatitia pro Cyriaco presbytero.

Statim et e vestigio post tuum discessum cum in civitatem advenissem, quanta, te non invento, affectus sim tristitia, quid attinet dicere ad virum verbis non indigentem, sed experientia edoctum, ut qui eodem modo affectus sit? Quanti enim mihi fuisset pretii, Eusebium perquam optimum videre et amplecti, ac recordatione ad juventutem iterum redire, et dierum illorum meminisse, in quibus nobis et domus una, et focus unus, et pædagogus idem, et animi relaxatio, et studium, et deliciæ, et inopia, et omnia inter nos ex æquo erant communia! Quanti me putas æstimaturum fuisse, ut hæc omnia in memoriam per tuum congressum revocarem, et gravi hoc senio absterso, juvenis iterum ex sene factus viderer? Sed his voluptatibus carui. Ut autem per litteras prudentiam tuam viderem, meque ipse quo poteram modo consolarer, id mihi ereptum non est, reverendissimo compresbytero occurrente Cyriaco, quem me tibi pudet commendare, eumque tibi proprium per memet reddere, ne forte perperam facere videar, ut tibi adducam, quæ tibi propria sunt et eximia. Sed quoniam oportet me et testem esse veritatis, et iis, qui spiritualiter conjuncti sunt, largiri quæ habeo maxima; viri quidem in sacerdotio innocentiam atque integritatem arbitror tibi quoque notam esse ac perspectam, tamen et ego hoc confirmo, cum nullam ei sciam ab iis, qui manus in omnes injiciunt, nec Dominum timent, structam fuisse calumniam. Atque etiamsi quid ab eis accidisset, ne sic quidem indignus esset 418 ille vir. Nam Domini hostes gradus eorum quos impugnant, magis confirmant, quam de concessa illis a Spiritu gratia quidquam detrahunt. Sed, ut dixi, ne excogitatum quidem fuit aliquid in virum. Itaque illum ut presbyterum calumniæ expertem, nobisque conjunctum, et reverentia omni dignum videre ne graveris, et tibi ipse consulens utiliter, et nobis gratum faciens.

EPISTOLA CCLXXII***.

Cum nuntiasset Basilio Actiacus diaconus Sophronium ipsi succensere, nonnullorum sermonibus deceptum; mirari se significat Basilius, quod adulatoribus aures præbuisset Sophronius; seque declarat, cum multos ab infantia usque ad senectutem dilexerit, nemini plus tribuisse, quam Sophronio. Quamobrem nihil magis a se alienum esse, quam Hymetium ipsi præferre, aut in Memnoniano negotio contra ejus voluntatem aut rem venire. Ingenue narrat quid hac in re dixerit. Rogat ut has sibi suspiciones remittat, ac deinceps Basilii erga se amorem calumnia omni potiorem ducat.

Sophronio magistro.

1. Nuntiavit mihi Actiacus diaconus, nonnullos tibi ut nobis succenseres persuasisse, calumniam nobis inferentes, ut animo non amico erga tuam affectis gravitatem. Ego autem miratus non sum, si quidam tantum virum assectentur adulatores. Solent enim quodammodo magnis potestatibus illiberales ejusmodi cultus adhærere, quibus cum desit bonum proprium unde cognoscantur, sese ex alienis malis commendant. Et fere, quemadmodum rubigo pestis est tritici in ipso nata tritico; ita et assentatio se in amicitiam insinuans, pestis est amicitiæ. Non igitur, ut dixi, miratus sum si,

---

* Alias CCXLIV. Scripta post annum 374.
** Alias XI. Scripta in postremis annis S. Basilii.
*** Alias CCCXXX. Scripta eodem tempore ac præcedens.

quemadmodum fuci apiaria, ita isti splendidam tuam ac illustrem domum circumstrepant. Sed illud mihi mirum et omnino inexspectatum visum est, te, virum gravitate morum maxime conspicuum, adductum esse, ut utramque illis præberes aurem, et contra me calumniam acciperes : qui cum multos dilexerim a prima ætate usque ad hoc senium, neminem novi quem in amicitia integritati tuæ prætulerim. Nam etiamsi ratio non persuaderet, ut te talem virum adamarem, inita tamen tecum a puero consuetudo satis me tuæ agglutinaret animæ. Quantum autem valeat ad amicitiam consuetudo, haud ignoras. Quod si nihil exhibeo hac voluntate dignum, da veniam meæ imbecillitati. Neque enim ipse opus a me in amicitiæ specimen exquires : sed voluntatem videlicet optima quæque tibi precantem. Absit enim ut aliquando res tuæ eo usque deprimantur, ut adeo tenuium, qualis ego sum, beneficio egeas.

2. Quomodo igitur ego contra te dicerem quidquam aut facerem in Memnonii negotio ? Hæc enim mihi narravit diaconus. Quomodo familiaritati tuæ Hymetii opes anteposuissem, hominis ita prodigem suam absumentis? Profecto nihil horum verum est : neque dixi, neque feci quidquam contra te. **419** Illud autem fortasse occasionem dedit mentientibus, quod a me nonnullis tumultuantibus dictum est : Si statuit ille vir ad opus perducere consilium suum, sive tumultuemini, sive non, fient profecto, et loquentibus vobis et tacentibus, nihilominus quæ sibi proponit. Sin autem sententiam mutaverit, cavete deturpetis venerandum amici nostri nomen : neque sub specie studii in patronum vestrum, vobis lucrum per terrores ac minas, quas intentatis, comparate. Ad illud autem qui testamenta conscripsit, neque per me neque per alium de hoc negotio magnum minusve quidquam locutus sum.

3. Fidem autem his non debes denegare, nisi me omnino desperatum esse putes, ac magnum mendacii peccatum parvipendere. Sed omnino mihi et de hoc negotio suspicionem remitte, et in posterum calumnia omni majorem existima meam in te animi affectionem : ac imitare Alexandrum, qui cum epistolam contra medicum ut insidiatorem accepisset, atque hoc ipso tempore medicamentum ad bibendum sumeret, tantum abfuit ut fidem adhiberet calumnianti, ut simul legeret epistolam, et potionem biberet. Nullo enim ex iis, qui amicitiæ laude spectati sunt, ignobiliorem me esse profiteor, siquidem nunquam in amicitia peccasse deprehensus sum, ac præterea a Deo meo mandatum charitatis accepi : cujus tibi sum debitor, non solum ob communem hominum naturam, sed etiam quia privatim te tum in me, tum in patriam beneficum agnosco.

* Alias CCXVI. Scripta in postremis annis S. Basilii.
** Alias CCCCXVI. Scripta eodem tempore ac præcedens.

* EPISTOLA CCLXXIII *.

Heram commendat homini jam sæpe de se bene merito.

Sine inscriptione, pro Hera.

Cum omnino persuasum sit mihi me a tua dignitate ita diligi, ut quæ ad me spectant, tua reputes ; colendissimum fratrem nostrum Heram, quem non ex quadam consuetudine fratrem appello, sed ex accuratissima, et qua major esse non possit amicitiæ affectione, summæ tuæ probitati commendo, ac rogo, ut et illum non secus ac necessarium tuum conspicias , eique pro viribus patrocinium impendas, quibus in rebus opus ei fuerit tua prudentia ; adeo ut inter multa, quæ jam de me meritus es, hoc etiam beneficium numerare possim.

420 EPISTOLA CCLXXIV **.

Commendat Himerio eumdem Heram, quem ab infantia usque ad senectutem amicum habuerat.

Himerio magistro.

Meam cum fratre colendissimo Hera amicitiam et consuetudinem a puero prorsus incepisse et ad senectutem usque Dei dono perseverasse, nemo est qui melius quam tu perspexerit. Ferme enim et tuæ magnanimitatis amicitiam ab illo tempore nobis Dominus largitus est, ex quo etiam inter nos, eo donante, cognovimus. Cum igitur ei tuo patrocinio opus sit, adhortor te ac rogo, ut et veteri nostræ amicitiæ aliquid tribuens, et ad urgentem nunc necessitatem attentus, ita negotia illius tua facias, ut nullo alio patrocinio egeat : sed omnibus ex sententia confectis, ad nos revertatur; adeo ut inter multa beneficia quæ tu in me contulisti, illud etiam queam numerare, quo majus aliud, aut quod magis mea referat, mihi attribuere ac vindicare non possim.

EPISTOLA CCLXXV***.

Eidem Heræ patrocinium implorat adversus inimicorum calumnias.

Sine inscriptione, pro Hera.

Prævertisti preces meas tua erga colendissimum fratrem nostrum Heram animi affectione, ac liberalius cum eo egisti, quam precati fuissemus, cum eximiis honoribus quos ei habuisti, tum suscepto illius, quolibet tempore, patrocinio. Sed tamen cum res illius silentio præterire non possim, eximiam tuam dignitatem rogo, ut et mea causa tuo in virum studio aliquid addas, eumque inimicorum suorum calumniis superiorem in patriam remittas ; non enim nunc est extra invidiæ tela, multis illius vitæ tranquillitatem perturbare conantibus. Quos contra unum habebimus præsidium insuperabile, si tua illum manu protegere volueris.

*** Alias CCXVII. Scripta eodem tempore.

EPISTOLA CCLXXVI.

Cum filius Harmatii a simulacrorum cultu ad religionem Christianam conversus fuisset, hortatur patrem Basilius, ut filii in iis, quæ ad corpus attinent, obedientia contentus, idem jus sibi in animam non arroget, sed potius illius animi fortitudinem admiretur, quod veri Dei cultum paterno obsequio antiquiorem habuerit.

Harmatio magno.

Et communis hominum omnium lex communes parentes dedit adolescentibus senes : et nostra Christianorum propria nos seniores in parentum loco talibus constituit. Itaque 421 ne me inutiliter existimes ac citra necessitatem curiosum esse, si deprecatorem me præbeo pro tuo apud te filio. Hujus quidem in cæteris obedientiam a te reposci æquum judicamus : enimvero obnoxius tibi est, quantum ad corpus attinet, et ex lege naturæ et ex civili illa qua regimur. Animam autem, ut ex divinioribus acceptam, credere par est alteri subjici oportere, ac debitis longe omnium præstantissimis Deo obstrictam esse. Quoniam igitur nostrum Christianorum Deum, eumque verum, pluribus vestris diis, et qui per corporea symbola coluntur, anteposuit, non idcirco illi successeas, sed potius admirare animi fortitudinem, quod timore et obsequio paterno antiquius ei fuerit, per veram cognitionem ac vitam virtuti consentaneam conjungi cum Deo. Exorabit quidem te et natura ipsa, et morum lenitas in omnes ac mansuetudo, ut ne tantillum quidem illi succensere in animum inducas. Profecto autem nec meam deprecationem fastidies, vel potius per me adimpletam tuæ civitatis deprecationem : quæ quia te amat, tibique bona omnia precatur, teipsum quoque sibi videtur Christianum suscepisse. Tanto illos gaudio perfudit fama subito civitati allata.

EPISTOLA CCLXXVII.

Basilius cum audisset ex Theotecno de Maximi virtutibus, gratulatur 'ei, quod ex illustri genere ad evangelicam vitam translatus fuerit; eique demonstrat unum esse expetendum et laudabile, æternum bonum: cætera autem umbra esse tenuiora et somniis fallaciora.

Maximo scholastico.

Retulit mihi honestus ac bonus Theotecnus quæ ad tuam gravitatem spectant, mihique injecit desiderium tui congressus, clare depingens oratione animi tui effigiem ; ac tantum in me tui amorem incendit ut, nisi et senio gravarer, et mecum nutrita detinerer infirmitate, et innumeris Ecclesiæ curis constrictus essem, nihil remorari me posset, quominus te convenirem. Neque enim parvum revera lucrum est, ex ampla familia et illustri genere ad evangelicam translatum vitam, refrenare ratione juventutem, carnisque libidines rationis imperio subjicere, et humilitatem amplecti consentaneam

[44] Matth. xi, 29.

[r] * Alias CCCLXV. Scripta in postremis annis S. Basilii.
[s] " Alias XLII. Scripta eodem tempore ac præ-

A Christiano, de seipso, ut par est, unde scilicet prodierit, et quo abiturus sit, sentienti. Nam naturæ consideratio reprimit animi tumorem, et omnem jactantiam ac contumaciam exterminat; ac uno verbo, discipulum constituit Domini, qui dixit: *Discite a me quia mitis sum et humilis corde* [45]. Revera enim, fili charissime, unum est expetendum et laudabile, æternum bonum ; 422 hoc autem est, in pretio et honore esse apud Deum. At humana hæc tenuiora sunt umbra, et somniis fallaciora. Juventus enim vernis floribus citius defluit, et corporis venustas aut morbo aut tempore flaccescit. Atque divitiæ quidem infidæ sunt : gloria vero facile mutabilis. Ipsa etiam artium studia hujus ævi finibus continentur. Sed et eloquentia, quæ studio digna omnibus videtur, auribus tenus gratiam obtinet. Sed virtutis exercitatio pretiosa est habenti possessio, spectaculum occurrentibus jucundissimum. His studium impendens, dignum toipsum præstabis promissis a Domino bonis. Cæterum quomodo ad optimarum rerum acquisitionem pertingas, et quomodo acquisitas conserves, longius est dicere, quam pro præsenti sermonis instituto: sed tamen venit mihi in mentem, hæc ipsa tibi dicere, ob ea quæ a fratre Theotecno audivi; quem semper quidem optarim verum loqui, maxime vero cum de te sermonem habet, ut uberius glorificetur in te Dominus, pretiosissimis pietatis fructibus ex radice aliena abundanti.

EPISTOLA CCLXXVIII.

Cum sæpe Valeriani videndi spes Basilium frustrata esset, rogat eum per litteras ut ad se venire non gravetur.

Valeriano.

Tuam ego nobilitatem, etiam in Orphanene cum essem, cupiebam videre. Sperabam enim te Corsagænis versantem, libenter ad nos accessurum, si conventum in Attagænis celebraremus. At cum hunc conventum non habuerim, in monte videre te exoptabam. Rursus enim hic Evesus, cum non longe absit, spem congressus augebat. Sed cum neutrum in locum venerim, scribere institui, ut ad me digneris proficisci, cum rem æquam faciens, dum juvenis ad senem accedes; tum per congressum aliquod a me consilium accepturus, propterea quod negotia Cæsareæ cum nonnullis habes, quæ ut componantur, opera mea indigent. Itaque, si molestum non est, ne pigreris ad me venire.

EPISTOLA CCLXXIX.

Commendat præfecto civem Tyanensem.

Modesto præfecto.

Quamvis multi litteras a me ad tuam dignitatem perferant, tamen ob eximium honorem, quem mihi habes, magnanimitati tuæ nullam arbitror molecedens.

[t] * Alias CCCCXXV. Scripta in episcopatu.
[u] " Alias CCLXXIV. Scripta in episcopatu.

stiam multitudine litterarum exhiberi. Quamobrem libenter huic **423** etiam fratri hanc epistolam tradidi; cum mihi compertum sit et ipsum omnium, quæ in optatis habet, compotem fore, et me apud te inter beneficos numerandum, qui beneficiorum occasiones bonæ tuæ voluntati ministrem. Quam ad rem itaque patrocinio tuo indigeat, ipse tibi exponet, si modo illum benigno digneris aspicere oculo, eique apud præstantissimam tuam potestatem loquendi fiduciam dederis. Ego autem id quod in me situm est, per litteras declaro, quidquid in illum fiet, proprium mihi emolumentum videri; præsertim quia Tyanis profectus, hanc ob causam ad me venit, quasi magnum aliquod lucrum habiturus, si epistolam meam veluti supplicantis insigne proferret. Itaque, ut et ipse de spe non decidat, et ego honore consueto perfruar, et tuum illud bonarum rerum studium etiam in præsenti negotio adimpleatur, precamur illum a te benigne suscipi, et inter tuos maxime necessarios numerari.

EPISTOLA CCLXXX*.

Commendat hominem sibi propinquum, quemque in filii loco habebat.

Modesto præfecto.

Quanquam audacia est tanto viro per litteras supplicare, tamen honor, quem a te præcepi, timiditatem e meo corde expellit, ac fidenter ad te scribo pro hominibus mihi quidem genere propinquis, sed honore dignis ob morum probitatem. Itaque qui hanc nostram reddit epistolam, mihi loco filii est. Cum ergo sola tua benevolentia ei opus sit, voti ut compos fiat, litteras meas quas tibi vir memoratus, veluti quoddam supplicantis insigne offert, digneris accipere, eique tempus concedere res suas enarrandi, et cum iis qui illum juvare possunt colloquendi, ut, jubente te, cito optata consequatur, ac mihi gloriari liceat, quod Dei dono datus sit mihi patronus, qui meos necessarios, proprios supplices ac perfugas esse ducit.

EPISTOLA CCLXXXI**.

Rogat ut Helladius peræquatoris munere liberetur.

Modesto præfecto.

Memini magni honoris a te delati, cum mihi inter alia fiduciam magnanimitati tuæ scribendi dedisti. Utor igitur dono, ac beneficio humanissimo fruor; cum ipse gaudens, quod cum tanto viro colloquar, tum etiam magnanimitati tuæ occasionem me responsi honestandi ministrans. Cum autem jam tuæ clementiæ pro sodali meo Helladio principali supplicaverim, ut exæquandi cura liberato laborem in res patriæ nostræ impendere **424** liceat, cumque me benevolo quodam nutu dignatus sis; preces easdem renovo, obtestorque mandatum ad provinciæ rectorem mittas, ut ei hanc molestiam condonet.

EPISTOLA CCLXXXII***.

Invitat ad celebritatem martyrum, non sine peracuta reprehensione, quod non vocatus queratur, vocatus vero non veniat.

Ad episcopum.

Non vocatus quiritas, vocatus vero non obsequeris. Liquet autem ex secundis te in prioribus inani prætextu usum esse. Neque enim venisses, ut credere par est, etiamsi vocatus tunc fuisses. Obtempera igitur nunc vocantibus, et ne iterum fias iniquus, cum probe scias, crimen crimine accedente confirmari, et secunda culpa certiorem fieri accusationem prioris. Te autem semper adhortor, me ut patienter feras: quod si me non fers patienter, saltem æquum fuerit ut martyres nequaquam contemnas, quorum ut memoriis communices advocaris. Fac igitur in primis ab utrisque, sin hoc tibi visum non fuerit, saltem a præstantioribus gratiam ineas.

EPISTOLA CCLXXXIII****.

Spem affert viduæ se illam visurum, alio conventu, post eos quos brevi habiturus erat, indicto. Somnium quoddam illius interpretatur.

Ad viduam.

Diem quidem conventui (1) idoneum inventuros nos speramus, post eos conventus, quos in montanis locis indicturi sumus. Colloqui autem tempus, præter conventuum celebrationem, nullum aliud nobis apparet, nisi quid præter spem Dominus dispensaverit. Conjecturam autem facere debes ex statu rerum tuarum. Si enim nobilitatem tuam de una domo sollicitam tanta circumstat turba curarum, quantis putas me quotidie negotiis distineri? Tuum autem somnium perfectiore quadam ratione arbitror id significare, contemplationis animi curam aliquam esse suscipiendam; ac oculos illos, quibus Deus conspici potest, esse sanandos. Cæterum solatium ex Scripturis divinis habens, neque me, neque alio quoquam ad ea quæ decent perspicienda indigebis, satis munita Spiritus sancti consiliis, ejusque præsidio, ad ea quæ conducunt.

EPISTOLA CCLXXXIV*****.

Petit ut monachi a tributis sint immunes.

Ad censitorem, causa monachorum.

Equidem puto jam normam aliquam constitutam esse apud tuam dignitatem de iis quæ spectant fidelium conventus ad dies festos martyrum, ut in epistolis 95, 98, 126. Ipsæ etiam ecclesiæ vocantur synodi in epist. 286 et 321. Hic autem eos conventus designat Basilius, quos, cum ecclesias agrorum visitaret, convocatis presbyteris, indicere solebat: horum exempla habes in epistola 278.

---

* Alias CCLXXV. Scripta in episcopatu.
** Alias CCLXXVIII. Scripta in episcopatu.
*** Alias CCCXXXVI. Scripta in episcopatu.
**** Alias CCLXXXIV. Scripta in episcopatu.
***** Alias CCCIV. Scripta in episcopatu.

(1) Hoc nomine multa apud Basilium significari solent, interdum episcoporum concilia, interdum

ad monachos, adeo ut necesse non habeam peculiare beneficium ipsis **425** petere, sed satis sit eis, communi cum omnibus perfrui humanitate. Sed tamen mei officii esse ducens, horum hominum pro viribus curam gerere, ad eximiam tuam prudentiam litteras mitto, ut qui jam olim sæculo nuntium remiserunt, ac suum ipsorum corpus ita mortificarunt, ut neque pecuniis, neque corporeo labore quidquam prodesse publicæ rei possint, tributis eximantur. Enimvero, si modo secundum professionem vivant, neque pecunias, neque corpora habent; cum illas videlicet in egenorum usus profuderint, hæc vero jejunando ac precando contriverint. Scio autem fore, ut nihil magis reverearis, quam homines ita viventes, tibique illos adjutores parare velis, ut qui per evangelicum vivendi genus Dominum placare possint.

EPISTOLA CCLXXXV*.

Commendat Ecclesiæ possessiones quæ nimiis tributis premebantur.

Sine inscriptione, ut patrocinium Ecclesiæ conciliet.

Qui Ecclesiæ curam gerit, cuique possessionum administratio commissa, ipse est, qui hanc tibi tradit epistolam, dilectus ille filius. Huic digneris quibus de rebus ad tuam dignitatem referet, tum loquendi libertatem dare, tum asseveranti aures præbere : ut saltem nunc recreare se possit Ecclesia, et ab illa multorum capitum hydra liberari. Pauperum enim possessio est ejusmodi, ut semper quæramus, qui eam suscipiat; eo quod Ecclesia suum insuper potius absumat, quam ex possessionibus aliquid percipiat emolumenti.

EPISTOLA CCLXXXVI**.

Significat Basilius fures in ecclesia comprehensos a se judicari debere, ac immerito commentariensem sibi eorum receptionem arrogare.

Commentariensi.

Cum nonnulli in hac ecclesia comprehensi sint malefici, qui furati sunt contra Domini præceptum vilia pauperum vestimenta, quos induere oportebat magis, quam exuere; cumque ab iis, quibus recti in Ecclesia ordinis cura incumbit, comprehensi fuerint, ad te autem existimaveris, ut qui rem publicam geras, ejusmodi personarum receptionem pertinere; dedi ad te litteras, ut te facerem certiorem, quæ in ecclesiis peccantur, ea a nobis, ut par est, emendari debere, nec de his rebus judices esse interpellandos. Quapropter vestes sacrilege subreptas, quas depositum apud te inventarium, et in omnium astantium oculis exscriptum exemplar declarat, recipi præcepi, et alias quidem venturis servari, alias vero iis qui aderant tradi, **426** homines vero in disciplina

atque admonitione Domini corrigi : quos spero in Dei nomine meliores deinceps me redditurum. Quæ enim tribunalium plagæ non efficiunt, ea plerumque novimus tremenda Domini judicia perficere. Quod si tibi visum fuerit et de his ad comitem referre, adeo et juri, et viri integritati confidimus, ut per me tibi liceat facere quod libuerit.

EPISTOLA CCLXXXVII***.

Removet a precibus hominem nequissimum cum tota familia.

Sine inscriptione, contra ultores.

Difficillimum est cum hoc homine negotium. Non enim habemus quid faciamus tam versipelli ingenio atque, ut ex rebus ante oculos positis conjicere est, desperato. Nam in judicium vocatus, non respondet; quod si advenerit, tanta ubertate utitur dicendi ac jurandi, ut præclare nobiscum agi putemus, si cito ab illo discedamus. Sæpe etiam illum vidi crimina in accusatores convertentem. Et in summa, natura nulla est inter ea quæ hanc terram depascunt, tam versuta, tamque ad malitiam flexibilis, quam est viri illius, quemadmodum levi facto periculo spectare licet. Quid autem me percontamini, ac non vobis ipsi persuadetis, ut illius toleretis injurias, tanquam iram quamdam divinitus invectam? Sed ne vos peccatorum communicatio contaminet, cum omni sua familia a precum consortio et a reliqua cum sacratis communione separetur. Forte jam res cavenda effectus, pudore suffundetur.

EPISTOLA CCLXXXVIII****.

Nefarium hominem, primum coram uno aut altero, deinde coram Ecclesia frustra reprehensum et a precibus remotum excommunicat Basilius, ac vetat ne quis cum eo misceatur.

Sine inscriptione, contra ultores.

Quos communes pœnæ ad sanam mentem non revocant, nec a precum communione separatio ad pœnitentiam adducit, eos necesse est traditis a Domino canonibus subjicere. Scriptum est enim : *Si frater tuus peccaverit, corripe eum inter te et ipsum : si te non audierit, assume tecum alium : quod si ne sic quidem, dic Ecclesiæ: si vero neque Ecclesiam audierit, sit tibi de cætero ut ethnicus et publicanus*[a]; quod ipsum et in isto factum fuit. Semel accusatus est : coram uno et altero convictus fuit, tertio coram Ecclesia. Cum igitur **427** eum obtestati fuerimus, nec acquieverit, sit deinceps excommunicatus. Et hoc pago toti nuntietur, eum admittendum non esse ad ullam rerum ad vitam pertinentium societatem : ut ex eo quod cum eo non commisceamur, sit prorsus diaboli pabulum.

---

[a] Matth. xviii, 15-17.

* Alias CCXXIX. Scripta in episcopatu.
** Alias CCCCXVII. Scripta in episcopatu.
*** Alias CCXLV. Scripta in episcopatu.
**** Alias CCXLVI. Scripta in episcopatu.

EPISTOLA CCLXXXIX*.

Rationes exponit cur eripere non possit hominem nocentem, qui sacram virginem famoso libello laceraverat, et legibus punitus calumnias de integro renovaverat.

Sine inscriptione, de muliere afflicta.

Ego par peccatum esse judicans et impunitos relinquere delinquentes, et modum transgredi plectendo, pœnam quæ mihi competebat, huic viro inflixi, arcens eum a communione ecclesiastica; et eos qui læsi sunt hortatus sum, ut se ipsi non ulciscerentur, sed Domino ultionem permitterent. Quare si qua esset utilitas mearum admonitionum, tunc fuissem exauditus, sermone utens ejusmodi qui multo esset ad fidem faciendam aptior, quam litteræ ad flectendum. Sed postquam verba audivi valde gravia, et tunc silui, et nunc decere me non arbitror de iisdem agere. Ego enim, inquit, virum, liberorumque procreationem et sæculum contempsi, rei unius consequendæ causa, ut Deo probata essem, et bene apud homines audirem. Sed postquam homo a puero in corrumpendis domibus institutus, solita impudentia sese obtrudens in domum meam aliquando irrupit, mihique cognitus tantum fuit ex simplici colloquio, quæ ignoratione illius morum ac imperito quodam pudore illum aperte verecundabar expellere; eo impietatis ac contumeliæ devenit, ut civitatem totam injuriosis in me sermonibus repleret, meque famoso libello valvis ecclesiæ affixo decantaret. Ob quæ etiam indignationem aliquam a legibus expertus, iterum rediens maledicta sua renovavit. Rursus referta conviciis meis, forum, gymnasia, theatra ac ædes eorum qui illum ob vitæ similitudinem recipiunt. Nec mihi turpissima convicia attulerunt, ut ex melioribus rebus, ut oportebat, cognoscerer, eo quod apud omnes intemperantis animi notis inusta sim. In his, inquit, alii quidem lætantur maledictis, propterea quod natura conviciis gaudent homines: alii vero se indignari dicunt, non tamen mecum dolent; aliis persuasum est vera esse convicia; dubitant alii, dum ei toties juranti animum attendunt. Non est autem qui mei commiseresceat: sed vere nunc solitudinem sensi, meque ipsa lugeo, non fratrem, non amicum, non cognatum, non servum, non liberum, neminem **428** omnino hominum habens qui meo dolore moveatur; et, ut mihi videtur, solam me hac urbe miseriorem invenio, in qua tam pauci improbos oderunt: qui quidem illatam his et illis contumeliam non vi-

* Rom. xiii, 4.

* Alias CCXLIX. Scripta in episcopatu.
** Alias CCCXXIII. Scripta etiam in episcopatu.
(1) Notum est olim episcopos pro nocentibus deprecatorum munere fungi solitos esse. Videbitur forte Basilius ab hac humanitate discedere: non tamen discedit, nec pugnat cum Augustino, qui reorum patrocinium apud judices merito ab episcopis suscipi docet epist. 153 ad Macedonium. Nam fatetur Augustinus in illa epistola n. 20, pro iis qui aliena rapuere, *magis apud eos qui repetunt, quam apud eos qui judicant, intercedere*

dent in orbem progredi, ac ipsos aliquando apprehensuram. Cum hæc et alia longe adhuc graviora mihi cum innumeris lacrymis exposuisset, abiit ne me quidem a querelis immunem dimittens, quod cum paterno animo dolere cum illa deberem, indifferens essem in tanto malo, et in alienis ærumnis philosopharer. Non enim jubes, aiebat, ut pecuniarum jacturam contemnam, neque ut corporis labores perferam, sed ut lædar in ipsa fama, cujus jactura sit cleri commune damnum. Ad hæc verba quid me illi respondere velis, ipse, o admirande, judica; cum apud me statutum habeam, ut nocentes (1) magistratibus non tradere, ita nec traditos eripere; quibus id jam olim ab Apostolo dictum est, ut magistratum in malo opere timeant: *Non enim sine causa gladium portat* **. Quemadmodum igitur tradere inhumanum est: ita etiam eripere illius est qui contumeliam alit. Forte introitus in causam differetur ad nostrum usque adventum; et tunc ostendemus, nihil nos prodesse posse, quod non sint qui morem gerant ac obsequantur.

EPISTOLA CCXC**.

Exponit Nectario quomodo eorum, qui pagis præficiuntur, id est chorepiscoporum, electiones peragi debeant.

Nectario.

Bona multa eveniant iis, qui tuam dignitatem ad continuum mecum per litteras colloquium incitant. Non enim putes consuetudinis causa dici a nobis talia, sed ex vero animi affectu vocem tuam a me maximi fieri. Quid enim mihi charius esse possit Nectario, qui mihi a puero ex dotibus perquam eximiis notus fuit, nunc vero omni virtute ad tantum splendorem pervenit? Quare mihi amicorum omnium amicissimus qui tuas ad me litteras affert. Quod autem attinet ad electionem eorum qui pagis præficiendi sunt, si quid certe aut gratiam apud homines iniens, aut precibus indulgens, aut timori cedens fecero; quidvis potius quam electionem peragam. Non **429** enim dispensator ero, sed caupo humanis amicitiis Dei donum permutans. Quod si data suffragia ab hominibus dantur, qui ex specie externa testari possunt, quæcunque testantur, illa autem judicia, quinam magis idonei sint, ei qui cordium arcana novit, a nostra humilitate permittuntur; illud sane universis satius fuerit, dicto testimonio, a studio et contentione omni pro iis quibus da-

convenire. Id autem perfecit Basilius; at ubi vidit nihil se apud virginem læsam promovere, incepto destitit. Deinde vero addit idem Augustinus n. 22, non audere se dicere, *interveniendum esse pro aliquo, ut quod scelere abstulit, sceleris impunitate possideat*. Quamobrem non erat, cur Basilius deprecatorem se præberet pro sycophanta, quem perspicuum est ex tota hac epistola calumnias et opprobria recantare noluisse. Ubi autem rei, incolumi æquitate, liberari poterant, non deerat operæ Basilius, ut perspici potest ex pluribus epistolis.

tum est testimonium, quasi pro necessariis, abstinere : Deum autem precari, ut quod utile fuerit, non lateat. Sic enim non jam homini eventum in utramque partem ascribemus, sed Deo gratias ob ea quæ evenerint referemus. Ac profecto si hæc secundum hominem fiunt, ne fiunt quidem : sed imitatio quidem sunt, a veritate autem absunt longissime. Illud etiam considera, ei, qui ut sua ipsius sententia vincat, omni modo contendit, non leve periculum propositum esse ne peccatorum partem ad nos aliquando trahamus. Enimvero etiam ab iis a quibus id nunquam exspectasses, multa peccantur ob naturæ humanæ proclivitatem. Deinde vero privatim amicis consilia dantes sæpe optima, etiamsi consulentibus nihil videamur dicere quod persuadeat, ægre non ferimus : quibus autem in rebus non hominum voluntas, sed Dei judicium est, nos etiam Dei judiciis non anteponi indignabimur? Itaque si hoc ab hominibus datur, quid opus est a nobis petere ? nonne potius par fuerit quemvis hoc ipsum a semetipso accipere? Sin autem a Domino datur, precari decet, non vero indignari. Atque inter precandum nostra ipsorum voluntas exposcenda non est : sed quod utile est permittendum dispensanti Deo. Deus autem sanctus omnem rerum molestarum experientiam a vestra domo arceat, atque tum tibi, tum omnibus tuis necessariis morbi et damni expertem in omni prosperitate vitam impertiat.

EPISTOLA CCXCI*.

Timotheum chorepiscopum, qui ex summo asceticæ vitæ fervore ad sæcularia negotia delapsus fuerat, ad pristinam pietatem Basilius revocare conatur.

Timotheo chorepiscopo.

Et scribere omnia quæcunque sentio, neque epistolæ modo convenire video, neque alias salutationis speciem decere; et silentio præterire pene impossibile mihi est, justa in te iracundia corde fervente. Mediam igitur viam inibo, alia quidem scribens, alia prætermittens. Volo enim te reprehendere, si fas est, amica dicendi æquabilitate. Quomodo Timotheus ille, quem a pueritia ita sese ad rectam et asceticam vitam intendisse novimus, ut immoderationis in his rebus accusaretur; **430** nunc ab ea re unice consideranda discedens, quid faciendum sit, ut cum Deo conjungamur, respicis ad ea quæ de te nescio quis existimat, et suspensam ex aliorum sententia vitam habes, et quomodo nec amicis inutilis sis, nec inimicis ridiculus consideras, ac ignominiam apud multos ut magnum aliquod malum formidas; nec cogitas te dum in his rebus immoraris, imprudentem præcipuum ac primarium vitæ genus negligere? Plenæ enim sunt Scripturæ testimoniis, quibus edocemur non posse simul utraque retineri, mundi hujus negotia et vitam secundum Deum ; plena est etiam ipsa natura ejusmodi exemplis. Nam in mentis actione duo simul cogitare omnino non possumus. Atque in iis quæ sensu percipiuntur, duæ voces simul emissæ auribus capi eodem momento et discerni non possunt; idque cum duo nobis ad audiendum meatus aperti sint. Oculi quoque, nisi ambo in una aliqua re visibili defigantur, suum munus accurate obire non queunt. Atque ita est in rebus naturalibus. Jam Scripturarum testimonia tibi referre non minus ridiculum, quam noctuam, ut aiunt, Athenas ferre. Quid igitur miscemus quæ misceri non possunt, tumultus civiles et pietatis exercitationem, ac non potius a tumultibus, et a negotiis gerendis aut alii exhibendis recedentes, nobiscum ipsi versamur ; et quod dudum suscepimus pietatis propositum, opere confirmamus, et calumniari volentibus ostendimus situm in illis non esse, ut molestiam nobis creent, cum voluerint ? Hoc autem fiet, ubi nos ab omni ansa liberos exhibuerimus. Et hæc quidem hactenus. Utinam autem et simul aliquando congrediamur, et diligentius deliberemus de iis quæ nostris animabus conducunt, ne inter inanes curas deprehendamur, necessario exitu nobis superveniente. Cæterum iis quæ tua charitas misit, sum valde delectatus : quæ quidem et sua sponte erant jucundissima : at multiplicem fecit voluptatem quod accessit a mittente. Ponti autem munuscula, ceras videlicet et acopa, cum misero, libenter suscipe : nunc enim his carebam.

* Alias CCCXL. Scripta in episcopatu.

CLASSIS TERTIA.

Epistolæ nulla temporis nota signatæ, cum pluribus dubiis et spuriis nonnullis.

431 EPISTOLA CCXCII[*].

Significat suum videndi Palladii desiderium, cujus uxorem viderat, eumque hortatur ut vestimentum immortalitatis, nuper in baptismo acceptum, ab omni macula purum conservet.

Palladio.

Dimidium desiderii nostri Deus sanctus complevit, dum fecit ut ornatissimæ sororis nostræ, conjugis tuæ fruerer præsentia. Potest autem et quod reliquum est præstare, ut et tuam quoque nobilitatem videns, cumulatas Deo gratias agam. Nam desiderio multo incendor, nunc maxime, cum audio te esse honore magno decoratum, immortali scilicet indumento, quod naturam nostram contegens, mortem carnis abolevit, et quod mortale erat, in immortalitatis vestimento absorptum est. Quoniam igitur te proximum sibi Dominus per gratiam effecit, removitque a peccato omni, et regnum cœlorum aperuit, ac vias ad futuram illic beatitudinem deducentes ostendit; adhortor te, virum tanto cæteris prudentia præstantem, ut prudenter beneficium accipias, ac fidelis sis custos thesauri, cura omni regium depositum conservans; ita ut, postquam sigillum integrum ac intactum custodieris, Domino astes refulgens in splendore sanctorum, purum ab omni macula et ruga vestimentum immortalitatis gerens, ac sanctimoniam in omnibus membris retinens, ut Christum indutus. *Quicunque enim*, inquit, *in Christo baptizati estis, Christum induistis*[45]. Proinde membra omnia sint sancta; adeo ut digna sint, quæ sancta illa ac splendida veste operiantur.

EPISTOLA CCXCIII[**].

Scire avet Basilius an Julianus usum manus receperit; multa præclare dicit de firmo et constanti mentis statu. Rogat Julianum ut sæpe ad se scribat.

Juliano.

Quomodo tibi hoc interjecto tempore corpus se habuit? omnino manus usum recepisti? Quomodo etiam reliquæ res vitæ? an tibi ex sententia cedunt, quemadmodum optamus, et uti instituto tuo debitum est? Etenim quibus facile mutabilis sententia, his minime mirum est vitæ ordinem non constare; quibus vero firma mens est, semperque constans et eadem, his consentaneum est vitam instituto congruentem ducere. Nam re ipsa nau-

A clero non licet tranquillitatem facere cum voluerit; sed nobis tranquillam nobis ipsis vitam constituere, etiam omnino facile, si tumultus nobis intus ex vitiis insurgentes compescamus, **432** et his quæ extrinsecus accidunt, altiorem animum stabiliamus. Nam nec damna, nec morbi nec reliqua vitæ incommoda probum virum attingunt, quandiu animam habuerit in Deo ambulantem, et prospicientem futura, ac procellas e terra excitatas leviter et expedite superantem. Siquidem qui vitæ curis admodum detenti sunt, veluti carnosæ aves frustra alis instructæ humi serpunt una cum pecoribus. Te vero tantum videre per negotia nobis licuit, quantum qui se in mari invicem prætereunt. Attamen quoniam vel ex ungue licet totum cognoscere leonem, videmur nobis ex modico experimento satis te cognovisse. Unde et hoc magni facimus, res nostras a te in aliquo numero poni, nosque a tua mente non abesse, sed tecum jugiter per memoriam versari. Scribere autem recordationis est significatio: quod crebrius feceris, eo nobis gratius facies.

EPISTOLA CCXCIV[***].

Significat se vehementer optare ut pietas, quam teneris eorum animis olim inseverat, ad summum perveniat. Demonstrat utilitatem doctrinæ libris consignatæ, quæ et absentibus et posteris prodest.

Festo et Magno.

Decet quidem et patres filiis providere, et agricolas plantarum et seminum curam suscipere, et magistros de suis discipulis esse sollicitos, maxime cum ob egregiam indolem meliores de se ipsis spes ostendunt. Nam et agricola laboribus gaudet, cum spicæ ipsi turgescunt, ac plantæ crescunt: et discipulis magistri lætantur, et liberis parentes cum illi quidem virtute, hi vero corporis mole augentur. Nos autem tanto majorem de vobis habemus curam spemque præstantiorem, quanto pietas arte omni et omnibus animantibus simul et fructibus melior est; quam teneris adhuc et puris animabus vestris radicitus insitam a nobis et nutritam, etiam ad perfectum incrementum, maturosque fructus perductam videre cupimus, vestro discendi studio nostra vota adjuvante. Probe enim scitis et nostram in vos benevolentiam, et Dei auxilium in vestris situm esse voluntatibus: quibus ad id quod decet

---

[45] Galat. III, 27.

[*] Alias CCCLXXXVI.
[**] Alias CLXVI.
[***] Alias CCX.

directis, Deus adjutor vocatus aderit et invocatus; et quisquis Deum diligit, sua sponte ad docendum se offeret. Est enim invicta alacritas eorum qui utile aliquid docere possunt, cum discentium mentes ab omni puræ sunt obluctandi vitio. Itaque ne corporis quidem disjunctio est impedimento; quippe cum Conditor noster, ob sapientiæ ac benignitatis magnitudinem, nec corporibus cogitationem, nec lingua dicendi facultatem circumscripserit; sed et ab ipso tempore amplius quiddam iis, qui prodesse possunt, largitus sit, ita ut non solum longe dissitis, sed etiam sero admodum nascituris doctrinam transmittere valeant. Atque hanc nobis sententiam confirmat experientia; quandoquidem **433** et qui multis ante annis vixerunt, erudiunt juniores, conservata in scriptis doctrina: et nos, corpore ita dissiti, animo semper adsumus, ac facile colloquimur; cum doctrina neque terra neque mari prohibeatur, si qua vobis vestrarum animarum cura ac sollicitudo.

EPISTOLA CCXCV *.

Hortatur ut cœnobiticam vitam amplectantur, caveantque ne quis eos a Patrum fide abducat.

Monachis.

Arbitror equidem nullam aliam vobis Dei gratia opus esse adhortationem, post eos sermones, quos per me ipse apud vos habui, cum vos omnes hortarer, ut vitam communem ad exemplum apostolici instituti amplecteremini; quod et accepistis ut bonum documentum, et de hoc ipso gratias Domino egistis. Cum igitur verba non fuerint quæ a nobis dicta sunt, sed documenta in rem conferenda ad utilitatem vestram, qui me disserentem pertulistis, et ad consolationem meam, qui id dabam consilii, ac tandem ad gloriam et laudem Christi, cujus nomen super nos invocatum est **; hanc ob causam desideratissimum nostrum fratrem misi, ut et quod alacre est cognoscat, et quod pigrum excitet, et quod reluctatur nobis indicet. Nam vehementer cupio tum videre vos coadunatos, tum id de vobis audire non jam vobis testibus carentem placere vitam, sed id potius omnes amplecti, ut et custodes sitis vestræ inter vos diligentiæ et testes præclare factorum. Sic enim unusquisque et pro se ipse mercedem perfectam accipiet et pro fratris progressu; quam quidem par est ut vobis invicem verbo et opere concilietis ex continuis colloquiis et adhortationibus. In primis autem adhortor vos, ut Patrum fidei memores sitis, nec ab iis qui vos in vestra solitudine abripere conantur, commoveamini: illud scientes neque accuratam vitam, si fide in Deum illuminata non sit, per se ipsam prodesse; neque rectam confessionem, si bonorum operum sit expers, commendare nos Domino posse; sed necesse esse utrumque concurrere; ut Dei homo integer sit ac perfectus, nec aliqua re

deficiente, vita nostra claudicet. Fides enim quæ salvos nos facit, ea est, ut ait Apostolus, *quæ per charitatem operatur* **.

EPISTOLA CCXCVI **.

Excusatione utitur, quod viduæ mulabus diu usus sit: eximia ipsi ejusque filiæ præcepta tradit.

Viduæ.

Considerans tuum in me animum, ac studium erga Dei opus cognitum habens, nuper tecum tanquam cum filia liberius **434** egi, atque diutius mulabus tuis usus sum, parce quidem tanquam meis utens: sed tamen illarum usum produxi longius. Hæc certe tuæ gravitati scribenda erant, ut scires animi affectus indicium esse quod factum est. Simul autem dignitatem tuam per litteras submonemus, ut Domini memineris, et exitum ex hoc mundo semper ante oculos habens, tuam ipsius vitam dirigas et præpares ad causæ coram judice qui decipi non potest, defensionem; ut ob bona opera fiduciam habeas coram eo qui nostrorum cordium arcana revelaturus est in die visitationis ejus. Filiam nobilissimam per te salutamus; atque adhortor ut in meditandis Domini oraculis vitam degat: quo illius animus doctrina optima nutriatur, mensque illius crescat et adolescat magis, quam ipsum corpus, dum a natura augetur.

EPISTOLA CCXCVII ***.

Hortatur ad pietatem, et commendat mulierem quæ hanc epistolam perferebat.

Viduæ.

Cum omnino mihi congruere judicarem, tum propter provectam ætatem, tum propter spiritualis affectus sinceritatem, nulli comparabilem tuam nobilitatem et corpore præsentem invisere, et absenti non deesse, sed litteris, id quod deest, supplere: ubi nactus sum idoneam hanc ministram litterarum ad tuam gravitatem perferendarum, per ipsam te saluto, in primis adhortans ad Domini opus, ut te Deus sanctus, cum honore deducens dies incolatus tui in omni pietate atque gravitate, dignam etiam futuris bonis constituat. Deinde vero et memoratam filiam commendo tibi, ut eam sicut meam quidem filiam, tuam vero sororem suscipias; et quibus de rebus cum præclara tua ac pura anima communicabit tuas proprias esse existimes, ac opem feras, primum quidem ac præcipue ut a Domino mercedem habens; deinde etiam ut nobis pergratum faciens, qui tibi in Christi visceribus charitatis mensuram adimplemus.

EPISTOLA CCXCVIII ****.

Refellit cujusdam hominis dolum, qui aquæ vim quamdam prorsus absurdam inesse persuadebat.

Sine inscriptione, causa pii viri.

Quod me quidem dignaris in omnibus consi-

** Galat. v, 6.

* Alias CCXCV.
** Alias CCLXXXV.

*** Alias CCLXXXVI.
**** Alias CCXXXV.

liario et curarum consorte uti, rem tua integritate dignam facis ; teque Deus et pro tuo in me amore, et pro vitæ instituendæ diligentia remuneretur. Illud autem miratus sum quod te hujus hominis dolus attigerit, et aquæ vim quamdam absurdam inesse credideris ; idque, nullo testimonio famam confirmante. Nemo sane est eorum qui illic degunt, qui speratum corporis levamen magnum minusve consecutus sit ; nisi quis casu et fortuito nonnihil acceperit levaminis ; quale et dormientibus et alia quædam in vita agentibus accidere solet. Sed qui e medio tollit charitatem, is persuadet simplicioribus, ut ea quæ fortuito obveniunt, naturæ aquæ ascribant. Cæterum quæ dico vera esse, potest ex ipsa experientia discere.

EPISTOLA CCXCIX [a].

Eximium virum qui e potentia civili ad tranquillam vitam recesserat, hortatur, ut censitoris munus in regione Iboritarum, spe mercedis a Deo consequendæ, suscipiat.

Censitori.

Scienti mihi scripsisti permolestam tibi esse rei publicæ administrationem. Nam antiqua sententia est, virtutis studiosos haud libenter in magistratus sese conjicere. Quæ enim medicorum, ea magistratuum quoque propria esse video. Vident enim mala, experiunturque insuavia, et ex aliorum incommodis proprios percipiunt dolores ; saltem qui vere magistratus sunt. Nam quicunque aucupantur quæstum, et ad divitias respiciunt, ac gloriam præsentem admirantur, hi maximum bonorum ducunt, potestatem aliquam assequi, unde amicis benefacere possint, et inimicos ulcisci, ac sibi ipsis optata comparare. At tu non talis es. Quomodo enim? qui e potentia civili, eaque tanta tu sponte recessisti ; et cum tibi liceret civitati, tanquam domui uni, dominari, quietam ac tranquillam amplexus es vitam : nec habere negotia, nec exhibere aliis pluris existimans, quam alii morosos se præstare. Sed cum Domino visum sit Iboritarum regionem cauponibus non subjici, neque mancipiorum foro descriptionem similem esse : sed unumquemque ut æquum est describi ; accipe negotium, licet alias molestum, sed tamen quod tibi apud Deum laudem et approbationem conciliare possit. Neque potentiam formides, neque paupertatem contemnas ; sed animi æquitatem iis quos reges, trutina omni æquiorem exhibe. Sic enim et iis qui tibi hoc muneris crediderint, manifestum fiet tuum justitiæ studium, et te ante alios mirabuntur. Aut etiamsi hoc illos lateat, Deum nostrum non latebit, qui magna nobis proposuit bonorum operum præmia.

[a] Alias CCCLII.

EPISTOLA CCC [b].

Patrem consolatur filii morte in ipso ætatis flore abrepti afflictum.

Patri scholastici cujusdam fato functi consolatoria.

Cum in secundo patrum loco nos Dominus constituerit Christianis, puerorum nobis in eum credentium commissa ad pietatem institutione ; afflictionem tuam beati tui filii causa ortam nostram quoque propriam esse judicavimus, ac ingemuimus immaturo illius discessu ; dolentes maxime tua causa, ac considerantes quantum sit futurum doloris pondus ei qui natura pater est, cum nobis etiam, qui ex præcepto propinqui sumus, tanta cordis mœstitia obvenerit. Illius enim causa nihil triste aut pati aut loqui oportebat : sed miserandi sunt, qui spe de eo concepta exciderunt. Ac vere multis lacrymis ac gemitibus digni qui, cum filium in ipso ætatis flore ad litterarum studia misissent, longo illo ac tristi silentio conticentem receperunt. Sed hæc nos quidem, tanquam homines, statim commoverunt, illacrymatique sumus immodice, ac gemitum emisimus ex medio corde non decorum, cum subito casus, veluti quædam nubes, rationem nostram occupasset. At ubi ad nos reversi sumus, ac respeximus mentis oculo ad naturam rerum humanarum, veniam quidem a Domino petivimus, quod abrepta mens nostra sic eventum illum sensisset ; nos ipsos vero monuimus, ut moderate ea feramus, quæ ex antiqua Dei sententia humanæ naturæ sors exsistunt. Mortuus est puer vitalem ipsam ætatem agens, clarus in æqualium choris, magistris charus : idoneus qui ex solo congressu vel ferocissimum ad benevolentiam pertraheret ; acutus in disciplinis, ingenio mitis, supra ætatem temperatus : et si quis plura dixerit, veritatem tamen dicendo non assequetur : sed tamen homo ex homine genitus. Quid igitur talis pueri patrem cogitare decet? Quid aliud, nisi ut sui ipsius patris recordetur, qui mortuus est? Quid igitur mirum, ex mortali genitum, mortalis patrem factum esse? Quod autem immature, et priusquam vita satiaretur ; priusquam ad ætatis mensuram perveniret, et innotesceret hominibus, ac generis relinqueret successionem : nequaquam hæc doloris accessio, ut mihi ipse persuadeo, sed eventus sunt solatium. Gratiæ agendæ sunt divinæ dispositioni, quod non reliquerit in terra liberos orbos, nec viduam aut ærumnis diuturnis obnoxiam, aut cum altero viro habitaturam et liberos priores neglecturam. Quod autem vita pueri longius in hoc sæculo producta non fuit ; quis adeo inconsideratus, ut id maximum bonorum esse non judicet? Longior enim hic commoratio, malorum plurium occasio est. Non admisit malum, non struxit dolum proximo ; non in id necessitatis venit, ut iniquorum societati admisceretur ; non implicatus est

[b] Alias CCI.

malis forensibus; non sustinuit necessitatem peccandi, non mendacium, non animi ingrati vitium, non avaritiam, non amorem voluptatum, non vitia carnis, quaecunque animis dissolutis innasci solent; nulla macula inustus animo migravit, sed purus abscessit ad sortem meliorem. Non contexit terra dilectum, sed coelum suscepit. Deus qui res nostras moderatur, qui unicuique temporum terminos praestituit, qui in hanc vitam hunc deduxerat, idem etiam transtulit. Habemus documentum in maximis calamitatibus, celeberrimam illam magni Jobi vocem: *Dominus dedit, Dominus abstulit: sicut Domino visum est, ita et factum est. Sit nomen Domini benedictum in saecula* [47].

EPISTOLA CCCI

Consolatur morte uxoris afflictum.

Maximo consolatoria.

Quomodo affectus fuerim audito casu, nulla mihi oratio ad clare exprimendum satis esse possit; cum quidem nunc considerarem illatum piorum communi damnum amissa ordinis sui principe femina; nunc vero quantam in tristitiam delapsa esset gravitatis tuae serenitas cogitarem: ac domum, cujus fortunas omnes laudabant, in genua prolapsam, et convictum, qui harmonia summa conglutinatus erat, somno citius dissolutum animo intuerer. Quomodo, etiamsi essemus adamantini, non inflexi animo fuissemus? Mihi vero etiam ex primo congressu necessitudo quaedam exstitit cum tua dignitate; tamque tuae virtuti favi, ut omni hora laudes tuas in ore haberem. At ubi etiam mihi cum beata illa anima exstitit familiaritas, mihi vere fuit persuasum, hanc Proverbiorum sententiam in vobis fuisse confirmatam, mulierem videlicet viro a Deo aptari [48]. Adeo moribus congruebatis inter vos, utroque tanquam in speculo alterius mores in seipso repraesentante. Etiamsi quis plura dixerit, ne minimam quidem partem eorum quae pro merito dicenda essent, assequatur. Sed quid sentiendum de Dei lege dudum vigente, ut qui stato tempore in lucem editus est, rursus abeat; et unaquaeque anima, ubi necessariis vitae officiis functa est, tum demum vinculis corporis solvatur? Neque primi id passi sumus, vir admirande, neque soli: sed quae parentes et avi et majores retro **438** omnes experti sunt, ea nos etiam experimur. Atque haec vita exemplis ejusmodi referta est. Te autem tanto caeteris virtute praestantem, in mediis etiam aerumnis par est animae tuae magnitudinem infractam custodire, non damnum praesens iniquo animo ferentem, sed ob beneficium initio collatum gratias largitori habentem. Mori enim commune est eorum qui ejusdem naturae participes sunt: sed bonae uxoris consortio frui, paucis contigit, qui in vita felices praedicati sunt; quippe cum ipse ex separatione dolor non parvum sit Dei donum, his qui rem aequo animo reputant. Novi enim multos, qui tanquam oneris depositionem, matrimonii non congruentis dissolutionem amplexi sunt. Respice in coelum et solem; et creaturas omnes undelibet collustra: haec quae tot et tanta sunt, paulo post non comparebunt; atque ex his omnibus illud collige, nos, cum periturae creaturae pars simus, id quod nobis ex communi natura convenit, accepisse; siquidem et conjugium ipsum mortis est solamen. Nam quia semper permanere non dabatur, successione generis perpetuitatem vitae Creator conciliavit. Quod si id angimur, quod citius ante nos abierit, illi ne invideamus, quod molestiis vitae haud multum oppleta fuerit, sed instar florum nitentium nos eam adhuc desiderantes reliquerit. Sed te ante omnia recreet resurrectionis dogma, hominem Christianum, atque in futurorum bonorum spe viventem. Quare par fuerit de ea ita cogitare, quasi viam quamdam confecerit, quam et nos oportebit ingredi. Quod si nobis praeivit, id gemitu dignum non est. Nam forte paulo post sors nostra miserabilior erit, si diutius dilati, pluribus flamus suppliciis obnoxii. Proinde ratio nostra, moeroris excusso onere, id curet, quomodo deceat nos in posterum Domino placere.

EPISTOLA CCCII [*].

Brisonis mortui uxorem consolatur.

Uxori Brisonis consolatoria.

Quantum ingemuerim, nuntiato optimi hominis Brisonis casu, quid vel dicere attineat? Nam profecto nemo ita corde lapideo, ut virum illum expertus ac deinde audiens ex hominibus subito ereptum esse, non commune humanae vitae damnum illius jacturam existimaverit. Moerorem autem meum sollicitudo de te statim excepit, cum cogitarem, si his qui non sunt affinitate conjuncti, id quod accidit adeo grave et ad perferendum **439** difficile, quomodo verisimile sit animam tuam in hoc casu affici, quae et natura adeo benigna est et ad commiserationes propensa propter morum lenitatem, et ipsi casui ita subjecta, ut veluti bipartitam quamdam sectionem in conjugis separatione senserit. Etenim si revera, secundum Domini sermonem, jam non sunt duo, sed una caro [49], profecto separatio ejusmodi non minus habet doloris, quam si media nostri corporis pars discinderetur. Ac tristia quidem ejusmodi, et his majora: sed quae eorum quae evenerunt consolatio? Primum quidem, vigens illa ab initio lex Dei nostri, necesse omnino esse, ut quisquis natus fuerit, stato tempore de vita exeat. Si igitur sic res humanae ab Adam ad nostra usque tempora constitutae sunt, communes naturae leges animo iniquo ne feramus, sed Dei erga nos dis-

---

[47] Job I, 21. [48] Prov. xix, 14. [49] Gen. ii, 24; Matth. xix, 6.

[*] Alias CCCXLVI. [**] Alias CCCXLVII.

pensationem amplectamur ; qui jussit fortem illam animam ac invictam, non consumpto morbis corpore aut ætate confecto migrare ex sæculo; sed in ipso ætatis flore et in splendore rerum egregie in bello gestarum vitam finire. Quamobrem moleste illud ferre non debemus, quod a tali viro sumus separati ; sed Domino gratias agamus, quod talis viri convictu dignati fuerimus, cujus jacturam totum fere imperium Romanum persensit; quem et imperator ipse desideravit, et milites planxerunt, et viri in maximis dignitatibus constituti ut germanum filium defleverunt. Cum igitur tibi suæ ipsius virtutis reliquerit monumentum, satis magnum existima habere te tui doloris solatium. Deinde et illud scire te volo, eum qui non succumbit afflictionibus, sed per spem in Deum doloris pondus tolerat, magnam habere apud Deum patientiæ mercedem. Neque enim nobis itidem ut externis, licet contristari de dormientibus, per præceptum Apostoli[49]. Sint et liberi tui tanquam imagines vivæ, absentiam illius quem desideras demulcentes. Quare educandorum liberorum cura animum tuum a mœrore avocet ; et sollicita quomodo reliquum tibi tempus sic transigas, ut placeas Deo, egregia occupatione cogitationes tuas delinies. Nam præparatio ad causam coram Domino nostro Jesu Christo dicendam, ac studium veniendi in numerum eorum qui illum diligunt, idonea sunt quæ mœrori tenebras offundant, ut ab eo minime absorbeamur. Largiatur autem Dominus cordi tuo consolationem ex bono suo Spiritu; ut et nos, audito rerum tuarum statu, recreemur, et omnibus tuis æqualibus exemplum sis præclarum vitæ secundum virtutem institutæ.

440 EPISTOLA CCCIII [*].

Rogat ut imposita ob falsas criminationes equarum præstatio dimittatur.

Comiti privatarum.

Illius loci incolæ ex falsa, opinor, calumnia dignitati tuæ persuaserunt, ut istis equarum præstationem indiceres. Cum igitur id quod factum est, injustum sit, et idcirco displicere debens dignitati tuæ, et mihi molestum propter necessitudinem mihi cum iis qui læsi sunt intercedentem ; rogare festinavi benignitatem tuam, ut ne hominibus nocere volentibus injuriam ex sententia procedere patiaris.

EPISTOLA CCCIV [**].

Commendat aliquem de quo antea fuerat locutus.

Aburgio.

Hic est ille, de quo mihi tecum etiam antea per diaconum sermo fuit. Cum ergo a me tibi litteras deferat, a te his quæ cupit impetratis discedat

[49] I Thess. IV, 12.

[*] Alias CCCCXXIII.
[**] Alias CCCLVII.

EPISTOLA CCCV [***].

Commendat amicis suis hominem bene de illis meritum.

Sine inscriptione, causa virorum quorumdam virtute clarorum.

Jam notus vobis ille est, ut ipsius ostendunt narrationes. Nam ad omnem vos occasionem in ore habet : in orthodoxorum recordatione, in ascetis hospitio excipiendis ac in omni virtute primas vobis defert. Si quis de doctoribus mentionem injiciat, non patitur alios vobis anteponi : si de pietatis propugnatoribus et ad confutandas hæreticorum cavillationes idoneis, alium ante vos numerare nolit, testimonium vobis tribuens virtutis, quam nemo vincere et expugnare possit. Nec magnus illi labor hæc dicendo persuadere. Loquitur enim auribus hominum, qui norunt majora, quam quæ quis enarrans exaggerare videatur. Is igitur ad vos rediens petiit litteras, non ut se mea opera in vestram familiaritatem insinuaret, sed ut beneficium in me conferret, occasionem præbens salutandorum amicorum : cujus remuneretur Dominus bonam voluntatem. Vos autem ei precibus et bona vestra erga omnes voluntate gratias pro viribus persolvite. Significate etiam nobis quo sint loco res Ecclesiarum.

441 EPISTOLA CCCVI [****].

Rogat ut civibus Alexandrinis propinqui corpus, Sebastiæ mortui, publico mandato exportandum concedat, et aliquid subsidii ex publico cursu ferri jubeat.

Principali Sebastiæ.

Intelligo dignitatem tuam libenter litteras meas accipere, nec causam ignoro. Amans enim boni cum sis, et ad beneficentiam propensus, quoniam tibi aliquam subinde materiam suppeditamus idoneam, in qua animi tui magnitudinem ostendas, ad meas epistolas accurris, ut quæ bonorum operum occasiones habeant. Venit igitur et alia occasio, quæ tuæ in omnes benignitatis notis signari potest, simulque virtutum tuarum præconem in medium adducit. Viri enim Alexandria profecti, necessarii officii causa, quodque communi totius naturæ jure mortuis hominibus debetur, indigent patrocinio tuo; adeo ut jubeas, ut ipsis propinqui corpus Sebastiæ, exercitu ibi commorante, mortui, publico mandato exportandum concedatur : deinde et quantum licebit, subsidium ipsis feratur ex publico cursu, sicque inveniant aliquod longæ peregrinationis per tuam magnanimitatem solatium. Hæc autem ad magnam usque transitura Alexandriam, atque ad illius incolas miram tuæ dignitatis humanitatem perlatura, perspicuum est prudentiæ tuæ, etiamsi ego non dicam. Ego autem et in multis, quæ jam accepi, hoc quoque beneficium numerabo.

[***] Alias CCXXXII.
[****] Alias CCCCXXIV.

EPISTOLA CCCVII*.

Hortatur ut inter duos litigantes judicem se præbeat.

Sine inscriptione.

Repellunt sæpe vel utiles sententias contentiosæ indoles, idque præclarum et utile judicant, non quod aliis omnibus videtur, etiamsi profuturum sit, sed quod ipsis solis placet, etiamsi damnosum. Causa autem, insipientia, morumque perversitas, non aliorum consiliis attendens, sed solis suis confidens sententiis, ac subeuntibus cogitationibus. Subeunt autem ea quibus gaudent; gaudent autem iis quæ volunt. Qui autem ea quæ vult, judicat utilia, non tutus est justi judex, sed cæcis quos cæci ducunt, consimilis. Hinc et in damna facile incurrit, et utilitatis magistram habet experientiam. Huic nunc vitio obnoxius est qui cum hoc viro contendit. Nam cum oporteret judicium permittere communibus amicis; imo cum a multis sæpe judicatus esset, quibus jus et veritas curæ erant, nunc cucurrit ad judices, et ad tribunalium judicium, mavultque multis amissis pauca lucrari. Data autem a magistratibus judicia ne victoriam quidem sine detrimento ferunt. Sis ergo adjutor, o charum caput; maxime quidem utrique litiganti (id enim pium est) prohibens ne ad judicem introeant; teque ipsius loco judicem illi præbens. Quod si alteruter non obtemperat, nec sententiæ cedit, fave injuriam patienti; et ei qui justa postulat, patrocinium tuum impende.

EPISTOLA CCCVIII**.

Pauperes et afflictos Capralis incolas commendat.

Sine inscriptione, patrocinii causa.

Et cum fratres essent coram tua dignitate, eorum causa qui locum Capralem incolunt, tecum collocutus sum, et eos coram tua clementia produxi, obsecrans, ut ante oculos habens promissam a Domino mercedem, protegas eos ut pauperes ac in omnibus afflictos. Et nunc rursus per litteras eamdem renovo precationem, Deum sanctum obsecrans, ut quæ nunc tibi adest claritas ac vitæ splendor conservetur, atque etiam auctior fiat, ut ex majore potestate locupletiora in nos beneficia conferre possis. Hoc enim nobis unum in votis esse, totius vestræ domus incolumitatem, persuasum tibi esse existimo.

EPISTOLA CCCIX***.

Commendat senem ex divite pauperrimum, et tribus liberis oneratum, de domus suæ censu sollicitum.

Sine inscriptione, pro egeno.

Vituperavi prorsus hunc fratrem de domus suæ censu sollicitum, quippe cum in antecessum necessariam immunitatem paupertas ei tribuat. Nam a vita opulenta, ita Domino ad animæ ipsius utilitatem dispensante, nunc in extremam egestatem redactus est, adeo ut quotidianus etiam victus ei vix suppetat, et ex multis mancipiis, quæ prius in sua potestate habuerat, nulli prorsus imperet. Huic corpus solum superest, idque, ut et ipse vides, infirmum et senio confectum, et liberi tres, accessio curarum viro indigenti. Hunc igitur nihil opus habere precatione mea, cum idoneam habeat ad flectendum paupertatem ob morum tuorum humanitatem, certo sciebam. Sed quia difficile est satisfacere petentibus, timui ne cui officio ei debito deessem; atque adeo scripsi, probe sciens diem illum, quo tuam gravitatem primum viderit, initium vitæ deinceps lætioris futurum, et meliorem aliquam illius rerum mutationem allaturum.

EPISTOLA CCCX****.

Commendat cognatos suos ac cæteros Ariarathiæ incolas.

Sine inscriptione, pro cognatis.

Mihi ipsi admodum in optatis erat cum tua facundia congredi pluribus de causis: primum, ut bonis, quæ tibi insunt, longo intervallo perfruerer; deinde, ut etiam pro Ariarathiæ incolis te precarer: quibus jamdudum gravatis dedit Dominus dignum solatium, probitatis tuæ administrationem illis concedens. Est autem et alia quædam meorum cognatorum possessio, quæ valde gravatur, ac fere caput est inopiæ Ariarathicæ: cui etiam precor, ut benignitas tua, quantum fieri potest, medeatur, quo ab iis qui potiuntur, deinceps ferri possit.

EPISTOLA CCCXI*****.

Rogat ut illius domus, qui hanc epistolam ferebat, publicis muneribus gravata sublevetur.

Principali.

Multas me cogunt litteras dignitati tuæ scribere qui asseverationum mearum rationem non habent, sed proprium quiddam ac eximium in suis rebus exquirunt. Jamdudum enim eis testificatus sum ita te communem fore et æquabilem nobis juris custodem, ut nemo amplius quidquam ad humanitatem requisiturus sit, nisi plus justo avidus fuerit. Sed tamen ut huic homini satisfaceremus, dedimus ei epistolam, commendantes eum tibi, rogantesque ut et libenter ipsum videas, et quia tempore fatiscit illius domus in obeundis muneribus, eam, quantum fas erit, allevare digneris.

EPISTOLA CCCXII******.

Commendat aliquem metuentem ne ex novo censu læderetur.

Censitori.

Nosti quæ accedant hominibus ex censibus tum lucra tum detrimenta. Quare huic ignosce in id vehementer incumbenti, ne quid damni accipiat: quinetiam ei ad jus obtinendum pro virili patrocinari in animum inducas.

---

* Alias CCXLVII.
** Alias CCXXXIII.
*** Alias CCXXX.
**** Alias CCXXXVII.
***** Alias CCCCXXI.
****** Alias CCCCXXVI.

EPISTOLA CCCXIII [*].

Rogat Galatiæ Censitorem, ut de censu domus Sulpicii aliquid remittat.

Censitori.

Non licet eminus providentiam divinam intueri : sed nos homines præ animi imbecillitate quæ ante pedes posita sunt respicimus ; et sæpe dum ad bonum finem deducimur, moleste ferimus, tolerante nostras inscitias eo, qui omnia in sapientia moderatur, Domino. Meministi enim quam moleste tunc tulerimus impositam nobis sollicitudinem : quot advocaverimus amicos, ut illorum opera injuriam propulsaremus. Sic enim rem appellabamus. Sed nunc vides qualia sint præsentia. Præbuit enim tibi Deus occasionem morum integritatis in lucem proferendæ, totique posteritati argumenta bonæ memoriæ relinquendi. Quales enim descriptiones censuum ipsæ fuerint, talis etiam earum recordatio a posteris conservari solet. Mihi autem Galatas ne optando quidem potuisse ingenium humanius nancisci exploratum et persuasum est. Nec Galatas solum beatos prædicare possum ob tuam administrationem, sed et meipsum. Est enim mihi etiam domus in Galatia ; ac domorum quidem Dei dono longe splendidissima, in quam quidem si mihi aliquid præsidii concesseris (concedes autem quandiu amicitia suo stabit robore), ingentes Deo gratias habiturus sum. Si qua igitur ratio apud tuam dignitatem amicitiæ meæ, ut ratum quoddam beneficium tribuas domui magistratus maxime admirandi Sulpicii, fac mea causa exoreris : adeo ut de censu præsenti aliquid demas, maxime quidem quod memorabile sit, et tua magnanimitate dignum, addam etiam et nostra qui te diligimus precatione. Sin minus, saltem quantum tempora concedunt, et rerum natura patitur : omnino autem aliquid demas, nec in eodem statu relinquas : ut pro innumerabilibus beneficiis, quæ ab egregio illo magistratu accepimus, hanc unam gratiam tuæ gravitatis opera referamus.

EPISTOLA CCCXIV [**].

Rogat ut sua causa amorem erga fratrem, qui hanc epistolam ferebat, multiplicet.

Sine inscriptione, pro famulo.

Et quomodo ego domesticam scribendi occasionem negligerem, nec tuam salutarem dignitatem, hoc ad vos proficiscente ? Qui quidem et per se posset nostra narrare, litterarumque vicem explere : voluit tamen litteras etiam perferre, eo quod me vehementer diligat, ac mihi ex toto animo affixus sit. Cupit omnino et tuum responsum referre, et tibi suam operam præstare. Itaque ei dedi epistolam, qua tibi primum bona omnia precor, tum quæ hæc vita habet, tum quæ promissam beatitudinem reposita servant :

A deinde etiam Deum sanctum rogo, ut eo ita dispensante iterum vobiscum congrediamur, dum in terra versamur. Cæterum, quin erga memoratum fratrem amorem multiplices mea causa, nullus dubito. Quare fac exoreris ut id reipsa experiatur.

EPISTOLA CCCXV [***].

Commendat viduam sibi propinquam ejusque pupillos.

Sine inscriptione, pro propinqua.

Cum omnino persuasum habeam impetraturum me quidquid juste a tua dignitate petivero, libenter epistolam dedi ornatissimæ huic pupillorum curatrici, quæ ædes incolit hydra quadam multorum capitum acerbiores. Quibus omnibus accedit, ut sanguine inter nos conjuncti simus. Quapropter nobilitatem tuam rogo, ut et mihi aliquid tribuens et honorem pupillorum avo debitum conservans, aliquid feras auxilii : quo deinceps fiat illis hæc possessio tolerabilis.

EPISTOLA CCCXVI [****].

Commendat hominem patrocinio ad ea, quæ sibi proponebat, indigentem.

Sine inscriptione, pro divexato.

Quanquam omnino persuasum habeo litteris non indigere qui tuam clementiam adeunt, propterea quod ex animi probitate plura facis, quam quis obsecrans ad bonum adhortetur ; quia tamen hujusce filii cura majorem in modum tangor, adductus sum ut ad puram tuam et doli expertem animam scriberem, commendans tibi hominem ac rogans, ut quibus rebus poteris præstes, ei ad ea, quæ sibi proponit, tuum pro viribus auxilium. Nullum autem alium ei opus fore patronum, si digneris totam potestatem quam tibi Dominus largitus est, ad illius patrocinium impendere, mihi omnino persuasum est.

EPISTOLA CCCXVII [*****].

Amici occupationibus tribuit, quod raro litteris suis respondeat. Rogat ut is qui epistolam ferebat, non frustra se pertulisse sentiat.

Sine inscriptione, pro egeno.

Raras mihi ad tuam dignitatem efficiunt litteras rara a te responsa. Indicium enim facio, cur molestiam meas litteras afferre dignitati tuæ putem, quod non accipiam bis quæ subinde scribo responsiones. Sed rursus ad aliam traducit cogitationem consideratio multitudinis negotiorum tuorum ; ac tot et tanta in manibus habenti ignosco, si mei obliviscaris : cujus ne si summum quidem esset otium et quies, ob vilem et abjectam vitam facile esset recordari. Te quidem sanctus ille et ad majorem splendorem perducat, et te sua ipsius gratia in præsenti claritate conservet. Mihi autem quælibet occasiones, novæ sunt scribendi

---

[*] Alias CCCLIII.
[**] Alias CCCXXXI.
[***] Alias CCCXVIII.
[****] Alias CCXIX.
[*****] Alias CCXXII.

446 EPISTOLA CCCXVIII *.
Rogat ut epistolam ferenti et suæ et patriæ prosit commendatio.

Basilii, carens titulo, pro conterraneo.

Eos qui e patria nostra adveniunt, ipsum tibi commendat patriæ jus : tametsi morum benignitate cunctos qui quomodocunque tuo auxilio indigent, sub tuam adducis providentiam. Hunc itaque qui epistolam comitati tuæ traditurus est, filium illius suscipe, et tanquam popularem, et tanquam opis indigum, denique tanquam per nos tibi commendatum ; atque iis ex omnibus unum quoddam illi contingat, ut scilicet auxilium a te quantum fieri poterit consequatur in negotiis suis. Liquet autem bonis operibus paratam esse remunerationem, non per nos quidem pusillos homines, sed per Dominum, qui præclaris institutis mercedem rependit.

EPISTOLA CCCXIX **.
Commendat hospitem omni subsidio in terra extranea egentem.

Similiter pro hospite.

E vestigio recessus tui accessit ad me filius iste, qui hanc epistolam tibi porrigit : is velut homo in terra extranea degens, omni eget subsidio, quod hospitibus debetur per Christianos. Et negotium quidem ipse tibi clarius enarrabit : tu vero auxilium præbebis pro viribus, atque necessarium rebus præsentibus. Si itaque aderit præses, ipse videlicet ad eum duces hospitem. Alioqui, per eos qui rempublicam gerunt conficies ei quæ expetit. Non enim mediocriter mihi curæ est, ut peractis ex animi sententia omnibus revertatur.

EPISTOLA CCCXX ***.
Testatur eum qui ad negotia procuranda missus fuerat, etsi re infecta redit, non tamen pigritiæ accusandum. Scire avet quo loco sint res ecclesiasticæ.

Sine inscriptione, salutandi gratia.

Longo intervallo nobis contigit tuam dignitatem salutare ; eo quod qui responsa refert, diu in nostra regione commoratus sit, ac tum in viros morosissimos, tum in negotia difficillima inciderit. Nam annum totum abfuit patria. Is hominum dolis et transactionibus in eam spem inductus se, si præsentem nequitiam superaret, rei totius summam obtenturum, sero damni caput persensit : cum fraus paulatim progrediens sensum præterfugisset. Cum igitur redeat et ab aeris molestiis et ab hominum nequitia liberatus : salutamus te per illum, rogantes ut nostri memineris in precibus (nam precum auxilio valde indigemus), simul etiam certiorem te facio, quos beatus episcopus debito solvendo obnoxios reliquerat (siquidem in suo testamento et debiti fecit mentionem, et unde et a quibus illud 447 solvi oporteret), eos amicis admonitionibus spretis necessitatem tribunalium exspectare. Quare sodalis noster re infecta rediit, atque hæc ipsa rogavit ut de eo testaremur, ne segnitiei aut pigritiæ apud tuam dignitatem incusaretur. De his hactenus. Cæterum quo in statu sint res Ecclesiarum, utrum concedatur ut in eodem statu permaneant, an in pejus vergant, aut spem aliquam habeant futuræ in melius mutationis, per aliquem e charis fratribus certiorem me facere digneris.

EPISTOLA CCCXXI ****.
Auctor hujus epistolæ, quem Gregorium Nazianzenum esse non obscure perspicitur, non sine solito lepore Theclam rogat, ut his qui ecclesiæ conseptum exstruebant, vinum suppeditet, propterea quod vehemens anni præteriti frigus vites succiderat.

Theclæ.

Præterito anno, etc.

Vide inter S. Gregorii Nazianzeni epistolas, epist. 57.

EPISTOLA CCCXXII *****.
Rationem reddit cur sero respondeat : rogat ut post longam hiemis absentiam saltem ad Paschæ diem cum conjuge redeat.

Sine inscriptione, ut cum amico Pascha celebret.

Acceptis tuæ dignitatis litteris, gavisus sum, ut par erat, et Domino gratias egi, atque paratus eram respondere, si quis opportune de rescribendo submonuisset. Nam negotium illud, de quo mihi mandaveras , temporis progressu absolutum est. Non erat 448 autem, antequam conficeretur , tutum quidquam respondere. Hæc mei silentii fuit causa : non enim segnities, neque officii ignoratio. Etiamsi enim omnino piger essem, tamen vitia mea coram tua dignitate occultare omni modo studuissem. Nunc vero non possum ego tui oblivisci , ne brevissimo quidem temporis spatio : aut certe quispiam se ipse potius ignoret : sed sive scribam , sive non , infixum te meo cordi circumfero : et longam illam hiemis absentiam ita moleste fero , ut precer, si integrum tibi ipsi non est ob eas, de quibus audivi, occupationes, rusticos relinquere, mihi occasionem dari ad loca illa veniendi , ac vera illa tuorum morum integritate ac ornamentis tuis perfrueundi. Omnino autem salutarem Paschæ diem nobiscum conaberis transigere, una cum ornatissima tua conjuge : quam per te saluto et rogo, ut tradita mihi opera tuam ad nos profectionem urgeat.

---

* Ex Cotelerii *Monum. Eccl. Gr.* t. II, p. 94.
** Ibid., p. 95.
*** Alias CCXXI.
**** Alias CCXII.
***** Alias CCXXIII.

EPISTOLA CCCXXIII.

Gratias agit Deo, quod Philagrii servorum fuga ipsius litteras sibi conciliaverit : hortatur ut sæpe ad se scribat de domesticis et ecclesiasticis rebus, ac operam suam Ecclesiarum pacificationi impendat. Cæterum sibi epistolam sero redditam a Cyriaco; sed tamen diligentiam suam non defuisse.

Philagrio Arceno.

Gratiæ Deo sancto ; non enim dixerim me gratiam habere his qui te læserunt, quod mihi litterarum occasio exstiterint. Sed qui nos undecunque beneficiis afficit Dominus, novit per ipsas etiam molestias implere sæpe consolationes. Unde et mihi levitatem eorum qui a te aufugerunt, gaudii occasionem effecit. Verum, qualibet oblata occasione, ad me scribe, cum scribas talia, ex voluntate adeo bona, et lingua adeo pura. Quanquam enim orationis suavitatem sectari me non affirmo, tamen natura duce per illam demulceor; ei vos quorum oratio suavis est ac jucunda, me perinde ducitis, ac apes tinnitibus ducuntur. Multas igitur mitte epistolas, et quam poteris longissimas; non enim virtus epistolæ brevitas, non sane magis quam hominis. Scribe autem nobis et de rebus tuis domesticis, quo sint loco ; et corpus tuum ut valeat, et utrum res Ecclesiarum tranquillæ sint. Nam et hæc tibi curæ sunt, nec immerito. Imo etiamsi qua facultas de pace et dissidentium conjunctione allaborandi, ne refugias. Cæterum bonus ille Cyriacus prius diligentia usus est, et tunc mihi reddidit epistolam : deinde ad id quod supererat negotii adjutores nos habuit pro nostris viribus. Scripsimus enim ad locorum chorepiscopum : qui quidem utrum aliquid ex iis, quæ in mandatis habet perfecturus sit, res ipsa demonstratura est.

449 EPISTOLA CCCXXIV.

Hortatur ut sibi caveat a Patricio homine vaferrimo.

Pasinico medico.

Argumento est me a te non negligi, quod statim ab ipsis judicii, ut ita dicam, januis me salutasti. Atque illud quidem optabile est, litteras amicas accipere : sed si quæ scribuntur, in rebus maximis usui sint, certe in pretio longe majori sunt habenda. Itaque pro certo scias, Patricium virum perquam optimum tanta suadæ pharmaca in suis labiis ferre, ut, non modo quod tu scripsisti, sed etiamsi Sauromatam quemdam aut Scytham offenderit, ei facile quidquid libuerit persuadeat. Verumtamen illa hilaritatis verba non ex corde proficiscuntur. Jamdudum enim obtinuit illa species, voce tenus simplices esse et ineptos, ac paratos res suas cuivis judicio committere ; sed ubi ad rem ipsam ventum erit, tu vero illic haud reperiaris. Sed hæc apud te dicta sint, ut ipse agnoscas virum hunc alioqui non A cum esse, quem facile ducas quo velis; atque etiam in animum tuum inducas, nequaquam verbis decoris attendere, sed dum rebus ipsis comprobentur, exspectare.

EPISTOLA CCCXXV.

Gratias agit quod ad se scripserit per communem filium Icelium, quam laudat perhonorifice.

Magniniano.

Satis erant vel litteræ tuæ gravitatis ad me omni lætitia perfundendum. Nunc vero cum et mulierum ornatissima, communis nostra filia Icelium, tuam mihi epistolam tradidit, lætitiam meam plus quam duplicavit non solum quod viva sit imago probitatis tuæ, sed etiam quod per se omne demonstret virtutis studium. Quare primum quidem eam libenter excepi propter te, deinde vice versa, beatum te propter illam prædicavi, quod te talis liberorum educationis merces maneat a Domino Deo. Utinam autem et te aliquando videamus, atque bonis tuis perfruamur, neque corporis infirma valetudine, neque ulla alia molestia congressum nostrum impediente.

450 EPISTOLA CCCXXVI.

Salutat oblata occasione et hortatur, ut per totam vitam Dei meminerit.

Sine inscriptione, admonitionis causa.

Dedit mihi Deus sanctus commodissimam litterarum occasionem : qui mihi hunc fratrem notum fecit, virum nempe illum, quo ad tuam dignitatem revertente hujus per litteras colloquii ministro usus sum : Deum rogans, ut magis ac magis dignitate ac gloria crescens, et nos, et patriam omnem propria tua virtute exornes. Adhortor autem te, ut per totam vitam Dei memineris, qui te condidit, ac honore cumulavit : ut præter hujus vitæ splendorem adhuc etiam gloriam cœlestem consequaris : ob quam nobis, qui ad beatam spem vitam nostram dirigimus, facienda sunt omnia.

EPISTOLA CCCXXVII.

Viro præpotenti bene precatur, ob honorem sibi ab illo habitum. Hortatur ut ad Ecclesiæ defensionem incumbat.

Sine inscriptione, exhortatoria.

Pro eo quod præsenti mihi honorem habuisti, et absentis meminisse dignaris (ita enim auditione accepi), remunerationem consequaris a Domino optimo : teque videamus in magna illa justi judicii Dei nostri die ob bona opera probatum et spectatum : ut quemadmodum in hac vita inclaruisti, ita etiam splendorem apud cœlestem regem adipiscaris. Adhortamur igitur te ante omnia, ut in Dei Ecclesiam juge conferas studium : deinde etiam, ut benevolentiam in nos adaugeas, meque recordatione omni ac pa-

---

* Alias CCCLV.
** Alias CCCLXXV.
*** Alias CCCLXXXI.
**** Alias CCXXIV.
***** Alias CCXXV.

trocinio dignatus, litteris etiam cohonestes, ita ut ubi compertum erit me tibi molestum non esse, audeam ad tuam magnanimitatem crebrius scribere.

EPISTOLA CCCXXVIII *.
Salutat Hyperechium, seque ait non melius solito valere.

Hyperechio.

Et saluto tuam dignitatem, et tibi bene precor. Meas autem res scire etiam atque etiam aventi, declaro melius solito mihi non esse. Nolim enim gravius quidquam dicere, ne prorsus eum, qui mihi optima precatur, afficiam tristitia.

EPISTOLA CCCXXIX **.
Gratias agit ob pisces ad se missos, sed multo magis ob litteras.

Phalerio.

Suaviter omnino delectatus sum fluvialibus piscibus, fugamque ultus sum, quam concretum ex glacie tectum subeundo ceperant. Ego tamen tuas litteras pluris facio quam pisces. Quapropter scribas potius quam mittas. Quod si tibi magis libuerit silere, saltem pro me precari ne intermittas.

EPISTOLA CCCXXX ***.
Queritur quod ad se non scribat.

Sine inscriptione.

Diligi te a me, disce ex his quæ scribo: me a te odio haberi, ex silentio agnovi. Scribe saltem in posterum, calamo et atramento ac exili charta amantes redamans.

EPISTOLA CCCXXXI ****.
Queritur quod iterum eadem de re scribere cogatur, monet ut vel sibi obsequatur, vel causam reddat, cur non obsecutus sit.

Sine inscriptione.

Frustra de iisdem bis scribitur. Aut enim res ejus naturæ non est, ut emendari possit, ac frustra nobis adeuntes molesti sunt: aut nos contemnunt qui epistolas accipiunt, sicque desipimus contemptoribus scribentes. Cum igitur jam de eodem acceperis litteras, coactusque sim denuo scribere; aut corrige, si potes: aut causam indica cur quæ præceperam, non sint jamdudum peracta.

EPISTOLA CCCXXXII *****.
Peracute nimium silentium exprobrat.

Alia, sine inscriptione.

Unum vitæ indicium est sermo. Quomodo igitur tu super terram versari putaberis, nunquam loquens? Sed pelle silentium istud tuum, scribens nobis, ac te vivere indicans.

EPISTOLA CCCXXXIII ******.
Monet ut notas et characteres perfectos faciat, et interpunctionibus sit attentus.

Notario.

Sermones naturam habent alatam. Quapropter notis indigent, ut avolantium celeritatem scriptor apprehendat. Tu igitur, o puer, notas ac characteres perfectos facias, **452** et loca ex ordine interpunctionibus distingue. Nam pusillo errore multa vitiatur oratio; scriptoris autem diligentia perficitur sermo.

EPISTOLA CCCXXXIV *******.
Multa tradit præcepta recte scribendi.

Librario.

Recta scribe, ac rectis utere versibus: nec evehatur in altum manus, nec feratur in præcipitia. Neque cogas calamum oblique instar cancri Æsopici procedere: sed recta perge, velut ad amussim progrediens fabrilem, quæ ubique servat æqualitatem, et inæqualitatem omnem tollit. Quod enim obliquum, indecorum est: quod autem rectum, jucundum aspicientibus, non sinens legentium oculos sursum ac deorsum instar tollenonum commeare: quale est quod mihi accidit scripta tua legenti. Cum enim versus in scalæ modum disponerentur; ubi ab altero ad alterum erat transeundum, necesse erat ad finem proximi assurgere: in quo series cum nunquam appareret, erat rursus recurrendum, ordoque inquirendus retrocedendo, sulcumque sequendo, quemadmodum Theseum Ariadnes filum secutum fuisse ferunt. Scribe igitur recta, nec mentem obliquitate scriptorum atque inæqualitate in errorem inducas.

EPISTOLA CCCXXXV ********.
Significat Basilius se libenter omnes Cappadoces Libanio erudiendos missurum: nunc autem mittit nobilem adolescentem, amici filium, quem Libanio commendat.

Basilius Libanio.

Pudet me tibi Cappadoces singulatim adducere, ac non omnibus adolescentibus persuadere, ut litteris ac doctrinæ dent operam, teque utantur exercitationis magistro. Sed quia omnes simul nancisci non possumus ita affectos, ut convenientia sibi ipsis eligant; quibus subinde persuadeo, eos ad te mitto, tantum in eos conferens beneficii, quantum qui sitientes ad fontes deducunt. Qui vero nunc te adit, paulo post sua ipsius causa in pretio erit, postquam tecum fuerit versatus. Nunc autem ex patre notus est, magnum integritate vitæ ac civili potentia apud te habente nomen, mihique summa amicitia devincto. Pro qua ut illum remunerer, hoc filio beneficium tribuo, ut ipsum tibi discipulum faciam; rem sane maximis

---

* Alias CCCLXVII.
** Alias CCLXXXII.
*** Alias CLXXVI.
**** Alias CCXL.

***** Alias CLXXVII.
****** Alias CLXXVIII.
******* Alias CLXXX.
******** Alias CXLII.

votis dignam apud eos, qui de viri virtute scienter judicant.

453 EPISTOLA CCCXXXVI *.

Declarat Libanius se Basilii adolescentis virtutem admiratum esse, et Celsi fortunas laudasse, quod is una cum Basilio Athenas peteret : ubi autem didicit Basilium, reversum in patriam, præstantissimum vitæ genus amplexum esse, et ipsum et Cappadoces beatos existimasse, Basilii laudes de Firmo confirmat. Quærit quid Firminus rerum agat : eumque partim laudat, partim de illo queritur.

Libanius Basilio.

1. Aliquandiu est quod ad nos Cappadox venit adolescens. Primum hoc lucrum quod Cappadox. Sed et ex prima familia ille Cappadox. Alterum hoc lucrum est. Sed et litteras admirandi Basilii afferens nobis. Quo quid majus quis dixerit ? Ego enim, quem tui oblitum putas, etiam olim adolescentem reverebar : et temperantia cum senibus certantem videns, idque in illa urbe quæ voluptatibus scatet, et disciplinarum jam partem magnam consecutum. Sed quoniam tibi visendas quoque Athenas duxisti, idque Celso persuasisti ; gratulabar Celso, quod ab animo tuo penderet. Cum autem reversus esses, patriamque incoleres, mecum ipse dicebam : Quid nunc nobis Basilius gerit, et quod vitæ genus amplexus est? Num in foro versatur, veteres illos rhetores imitatus? an rhetores fortunatorum patrum filios efficit? Cum autem nonnulli venissent, qui nuntiarent te viam longe his præstantiorem ingressum esse, hocque magis spectare, quomodo Deo amicus evadas, quam quomodo aurum colligas; et te et Cappadoces beatos prædicabam; te quidem, qui talem te esse velles ; illos vero, qui talem possent civem ostendere.

2. Firmum autem illum ubique constantem perdurasse satis scio ; hinc enim ei eloquentiæ facultas. Sed cum laudes multas adeptus sit, haud scio an unquam tantas, quantas nunc ex tuis litteris intellexi. Quod enim tu es, qui dicas neminem illius gloriam superasse : quam hoc illi honorificum censeri debet ? Puto autem hos a te prius missos esse, quam Firminum videres ; neque enim de illo nihil habuissent litteræ. Et nunc quid rerum agit, aut quid meditatur Firminus ? Distineturne adhuc nuptiarum desideriis ? an illa jamdudum cessarunt, sed urget curia ac omnino necesse est manere ? an est spes aliqua illum denuo studiorum socium fore? Det nobis aliquod responsum, atque illud quidem, ut opto, commodum. Sed si quid creabit molestiæ, saltem nos respiciendi ad portas molestia liberabit. Sed si Firminus nunc Athenis versaretur, quidnam facerent vestri curiales ? Num Salaminiam ad ipsum mitterent? Vides me a solis tuis civibus injuria affici. Neque tamen ego propterea Cappadoces amare ac laudare desinam. Verum optarim quidem illos in me 454 fieri æquiores : sed si iidem permanserint, feram. Firminus menses quatuor apud nos commoratus est : diem autem nullam otiosus transegit. Quantum autem sibi comparaverit, ipse cognosces, et fortasse non conquereris. Huc autem ut ipse iterum venire possit, quinam adjutor advocandus ? Enimvero si recte sentit curia (hoc autem decuerit homines eruditos), honorabit me posterioribus : quandoquidem prioribus tristitia affecit.

EPISTOLA CCCXXXVII **.

Alium Cappadocem mittit Libanio Basilius, quem filium suum appellat, utpote in ea dignitate constitutus, quæ ipsum omnium patrem efficiebat. Hunc comitabatur alius adolescens, nobilis et ipse ac Basilii necessarius, sed non dives.

Basilius Libanio.

Ecce tibi et alius venit Cappadox, meus et ipse filius; omnes enim nobis adoptat dignitas illa in qua nunc sumus. Quamobrem hoc nomine frater sit illius qui prius ad te venit, et cura eadem dignus, tam mihi patri, quam tibi præceptori ; si fieri omnino potest, ut aliquid amplius habeant, qui a nobis veniunt. Hoc autem dico, non quod facundia tua non plus aliquid amicis veteribus tribuat ; sed quod uberrima utilitas tua omnibus proposita sit. Satis autem fuerit adolescenti, si ante temporis experimentum inter familiares collocetur : quem ad nos remittas velim, dignum et nostris votis, et gloria ista tua, quam es eloquentia consecutus. Ducit autem secum et coætaneum, pari litterarum studio præditum, et ipsum quoque ex nobili familia prognatum, nobisque necessarium : quem nulla re inferiorem fore confidimus ; etiamsi plurimum ab aliis pecunia superetur.

EPISTOLA CCCXXXVIII ***.

Gratias agit Libanius quod Cappadoces ad se mittat Basilius. Narrat se lecta privatim illius epistola victum se ab eo confessum esse, et cum postea eamdem Alypius coram pluribus honoratis viris legisset, omnes Basilio palmam detulisse. Declarat se non curare quam divites sint discipuli, sed et egenos, modo studiosi sint, divitibus anteponere.

Libanius Basilio.

Scio te hoc crebro scripturum : Ecce tibi et alius venit Cappadox. Multos namque, puto, missurus es ; semper et ubique me laudibus efferens, atque hoc ipso et patres et pueros provocans. At quid evenit in epistolam tuam pulchram, non pulchrum fuerit silentio præterire. Assidebant mihi honoratis, cum alii non pauci, tum longe optimus Alypius Hieroclis illius consobrinus. Ut ergo epistolam reddiderunt, qui attulerant ; silentio tota perlecta, ridens simul et gaudens dixi : Victi sumus. Interrogabant autem illi : Qua victus es victoria? et quomodo victus non doles? Victus sum, aiebam, pulchritudine epistolarum : vicit vero Basilius. Vir autem ille amicus est, et eam ob causam lætor. Hæc ego cum dixissem, ex ipsis litteris judicare

---

* Alias CXLIII.
** Alias CXLIV.
*** Alias CXLV.

voluerunt de victoria. Ac legebat quidem Alypius, audiebant vero qui aderant. Lata autem sententia est, me nihil esse mentitum. Et epistolam habens is qui legerat, exiit, aliis etiam, opinor, ostensurus, vixque reddidit. Scribe itaque similia, et vince; sic enim ipse vincam. Cæterum et illud recte conjicis, non pecuniis res nostras æstimari : sed satis esse ei qui dare non potest, ut velit accipere. Si quem enim rescivero egenum, sed tamen litterarum studiosum ; is divitibus anteponitur. Quanquam nos tales magistros experti non sumus; at nihil prohibebit nos hac parte esse meliores. Itaque nullus pauper huc pigretur accedere, si hoc unum duntaxat possederit, ut sciat elaborare.

EPISTOLA CCCXXXIX *.

Basilius Libanio significat se laudem eloquentiæ illi concedere, ac jamdudum oblivioni traditis, quæ apud sophistas didicerat, cum Mose et aliis prophetis versari.

Basilius Libanio.

Quid non dixerit sophista, et talis sophista, cujus artis proprium esse constat, et ex magnis parva facere cum voluerit, et parva amplificare? Quale est quod et in nos declarasti. Nam epistolam illam sordidam, ut vos dixeritis qui orationis delicias habetis, nihilo ea, quam in manibus habes, tolerabiliorem, verbis ita extulisti, ut ab illa superatus, nobis primas in scribendo concederes : simile quiddam faciens lusibus patrum, cum de victoriis, quas ipsi sponte cesserunt, liberos sinunt gloriari, nec damni quidquam sibiipsis inferentes, et liberorum nutrientes æmulationem. Dici profecto non potest, quantum voluptatis habuerit oratio, dum mecum jocareris ; velut si quis Polydamas, aut Milo, pancratii vel luctæ certamen mecum ipso detrectet ; nam multa considerans, nullum reperi infirmitatis exemplum. Itaque qui verborum hyperbolas consectantur, tuam hic magis admirantur potentiam, qui ita te ipse ad nos jocando demittere potueris, quam si barbarum super Atho navigantem duxisses. Nos quidem, o præclare vir, cum Mose et Elia, similibusque beatis viris versamur, qui sua nobis voce barbara tradunt, nusque ab illis tradita loquimur, sensu quidem vera, sed verbis rudia, quemadmodum hæc ipsa indicant. Nam si nonnihil a vobis didiceramus, id die oblitteratum est. Tu vero nobis scribe, alia epistolarum adhibens argumenta, quæ et te ostendant, nec nos arguant. Filium Anysii jam tibi adduxi, ut meum ipsius filium. Quod si meus est hic puer, patris est filius, pauper ex paupere. Quid autem dicam, viro sapienti et sophistæ notum est.

456 EPISTOLA CCCXL **.

Rursus ex præcedenti epistola ansam scribendi capit Libanius.

Libanius Basilio.

Si diu meditatus esses, quomodo his, quæ de

* Alias CXLVI.
** Alias CXLVII.

tuis litteris scripseram, elegantissime assentireris ; non videreris mihi hoc melius præstitisse, quam talia scribendo, qualia nunc scripsisti. Enimvero me vocas sophistam : sophistæ autem esse dicis, ex parvis magna facere posse, ac rursus parva ex magnis. Ac meæ quidem epistolæ propositum fuisse dicis, ut tuam pulchram esse demonstraret, quamvis pulchra non sit; neque enim meliorem prorsus esse, quam quæ nunc a te missa est; ac omnino nullam tibi esse dicendi facultatem; cum libri qui nunc in manibus sunt, hoc minime præstent; eloquentia vero, qua prius pollebas, effluxerit. Et dum hæc persuadere conaris, ita pulchram et illam, de qua detrahis, epistolam fecisti, ut qui aderant non potuerint non saltare cum legeretur. Sum itaque miratus, quod ista priorem subvertere aggressus, dum tamen isti priorem similem esse dicis, posteriore priorem exornaveris. Conveniebat autem hoc in animo habenti posteriorem epistolam pejorem facere, ut sic detraheretur de priori. Sed tuum, opinor, non erat veritatem lædere. Læsa autem fuisset, si consulto scripsisses deteriora, et iis quibus polles usus non fuisses. Itaque ejusdem fuerit, nec ea vituperare quæ laudem merentur; neque res ejusmodi inter sophistas rejiciat, exilia ex magnis facere conantem. Libris igitur, quorum dictionem dicis pejorem esse, sententiam vero præstantiorem, adhære, nec quisquam prohibuerit. Eorum autem, quæ nostra semper sunt, et tua quondam erant, radices et manent in te, et manebunt, quandiu fueris, nec ullum eas tempus exciderit, etiamsi minime rigaveris.

EPISTOLA CCCXLI ***.

Basilium Libanius existimat idcirco non scribere, quod iram non deposuerit, vel punire velit.

Libanius Basilio.

Nondum mihi offensam remisisti, adeoque inter scribendum tremo. Quod si remisisti, quamobrem non scribis, optime? sin autem adhuc retines, id quod cum ab omni erudita anima, tum a tua alienum est; quomodo cum aliis prædices iram ad solis usque occasum servari non oportere, tu illam per multos soles servasti? Num forte damnum mihi inferre voluisti, mellita tua voce defraudans? Absit, o generose : sed animo sis placido ac miti ; et largiare, ut lingua tua, quæ tota aurea est, perfruar.

457 EPISTOLA CCCXLII ****.

Comparat Basilius præcedentem Libanii epistolam cum rosa et spinis.

Basilius Libanio.

Qui rosa delectantur, ut par est elegantiæ studiosos delectari, ne ipsas quidem spinas, ex quibus flos enascitur, oderunt. Audivi autem ex quodam, cum is fortasse jocans vel etiam serio tale aliquid de rosis diceret, veluti amatorios quosdam

*** Alias CXLVIII.
**** Alias CXLIX.

stimulos amatoribus, ita tenues illas spinas naturam flori adjunxisse, ut ad majus desiderium innexis apte aculeis legentes exstimularet. Sed quid sibi vult rosa in litteras introducta? Nihil prorsus necesse est te edoceri, cum epistolæ tuæ memineris : quæ florem quidem habebat rosæ, totum nobis disertissima lingua ver expandens : sed querelis quibusdam et expostulationibus adversum nos, spinosa erat. Sed mihi orationis tuæ vel spina voluptati est, ad majus amicitiæ desiderium inflammans.

EPISTOLA CCCXLIII *.

Laudat Libanius Basilii eloquentiam.

Libanius Basilio.

Si ista sunt linguæ incultæ, qualis esses, illam si acueres? Tuo enim in ore eloquentiæ resident fontes rivulorum fluentis præstantiores : nos vero nisi quotidie irrigemur, superest silentium.

EPISTOLA CCCXLIV **.

Basilius inexcusabilem esse Libanium contendit, si ad se non scribat.

Basilius Libanio.

Ad eruditionem tuam ut non crebro scribam, suadent et timor et imperitia : quod vero tu constantissime siles, quomodo reprehensionem effugies? Quod si quis te, in litteris viventem, ad scribendum tardum esse ac pigrum consideraverit; tibi oblivionem nostri ascribet. Nam cui dicere in promptu est, is nec ad scribendum imparatus. Hæc autem qui possidet, et tamen silet, perspicuum est cum aut ex contemptu aut ex oblivione hoc facere. Ego autem silentio tuo salutationem rependam. Salve itaque, vir inprimis colende, et scribe si volueris : et ne scribas, id si tibi ita placuerit.

EPISTOLA CCCXLV ***.

Nunc primum Libanius scribit Basilio. Meminit se olim illius eloquio valde delectatum, sed tamen aliquando injuriam ab eo accepisse, quod se in profundum Homerici furoris rogatus introducere noluisset.

Libanius Basilio.

Magis arbitror mihi opus esse excusatione, quod non olim ad te scribere incœperim, quam nunc recusatione, quod scribere incipiam. Ego enim ille sum, qui accurrebam, quoties in conspectum prodires, et quam suavissime aures præbebam linguæ fluentis, teque dicente delectabar, vixque secedebam, atque ad sodales dicebam : Ilic vir tanto præstantior Acheloi filiabus, quanto mulcet quidem ut illæ, nec tamen ut illæ lædit. Et sane parum est non lædere, imo illius cantilenæ lucro sunt audienti. Cum igitur ita sim animo affectus, meque diligi existimem et dicendi facultate præditus videar, scribere non audere extremæ inertiæ fuerit, simulque hominis sibiipsi damnum inferentis. Liquet enim fore, ut meam epistolam parvam et vilem pulchra et grandi remunereris, caveasque, ne mihi iterum injuriam facias. Equidem arbitror multos exclamaturos esse ad hoc verbum, et ad res ipsas concursuros, vociferantes : Basiliusne injuriam vel levem intulit? Ergo et Æacus, et Minos, et hujus frater. Ego autem te in reliquis quidem victorem fuisse concedo; quis enim te vidit, et non invidit? Sed tamen unum in nos peccasti. De quo quidem si te admoneam, persuade indignantibus ut ne vociferentur. Nemo est qui te conveniens ac beneficium petens, quod dari facile possit, voti compos non abierit. Atqui ego ex eorum numero sum, qui beneficium petierunt quidem, sed non acceperunt. Quid igitur postulavi? Tecum in prætorio cum sæpe versarer, optavi ut sapientiæ tuæ ope in profundum Homerici furoris introirem. Quod si, aiebam, totum id perfici non potest, at tu tamen in partem sortis nos introducas. Concupiscebam autem partem illam, in qua cum Græci fortuna adversa uterentur, Agamemnon hunc ipsum, quem contumelia affecerat, muneribus placavit. Hæc dicente me, ridebas, negare quidem haud valens posse te si velles, sed tamen gratificari nolens. Num igitur tibi et iis, qui indignantur quod inferre te injuriam dixerim, injuria affici videor?

EPISTOLA CCCXLVI ****.

Libanius testatur de bonis moribus adolescentium quos Basilius miserat.

Libanius Basilio.

An iis quos misisti adolescentibus aliquid ad dicendi facultatem addiderim, ipse judicabis. Spero autem hoc, etiamsi parvum sit, magnum visum iri ob tuum in nos amorem. Quod autem temperantiam et animum pravis voluptatibus liberum laudas magis, quam facundiam, id omnino curarunt, atque vitam egerunt, ut illius, a quo missi erant, non immemores agere par erat. Complectere jam, tua pignora, et lauda eos qui et me et te moribus suis exornarunt. Adhortari autem te ad opem illis ferendam, idem esset, ac patrem hortari ut liberis subveniat.

EPISTOLA CCCXLVII *****.

Libanius episcopos avaritiæ accusat, et ideo timide petit a Basilio, ut tigna ad se mittat.

Libanius Basilio.

Omnis quidem episcopus res est, unde emolumenti aliquid vix exspectandum sit : tu vero, quanto reliquos eruditione superas, tanto etiam majorem mihi timorem incutis, ne petita mihi deneges. Nam tignis mihi opus est : perticas autem aut palos aliquis alius sophista dixisset, non his opus habens, sed voculas magis ostentans, quam necessitati inserviens. Ego vero, nisi tu largiare, sub dio hiemabo.

---

* Alias CL.
** Alias CLI.
*** Alias CLII.
**** Alias CLIII.
***** Alias CLIV.

EPISTOLA CCCXLVIII.

Demonstrat Basilius non episcopos sed sophistas avaros esse et tenaces. Tigna mittit trecenta.

Basilius Libanio.

Si lucrari idem valet ac γρπίζειν, et hanc sententiam habet vox illa, quam ex Platonis adytis, sophistica tua nobis ars deprompsit; considera, o admirande, utri sint tenaciores; nos qui sic per epistolae tuae licentiam defigimur, an sophistarum genus, quorum ars est ex sermonibus quaestum facere. Quis ex episcopis tributum imposuit ob sermones? quis discipulos fecit vectigales? Vos estis, qui eloquentiam venalem proponitis, velut mellis coctores mellitas placentas. Vides quemadmodum senem etiam ad recalcitrandum provocaris? Ego vero tibi in declamationibus pompam ducenti tot tigna commodari jussi, quot milites in Thermopylis pugnavere, singula prolixa, et secundum tuum Homerum, umbram longam efficientia: quae Alphaeus sacer se redditurum esse promisit.

EPISTOLA CCCXLIX.

Jocatur Libanius in Cappadociam, seque discipulos Cappadoces transmutaturum promittit.

Libanius Basilio.

Non desines, Basili, sacrum hoc musarum domicilium replere Cappadocibus, iisque griten nivemque et caetera illius regionis bona redolentibus? Prope autem factum est, ut me etiam Cappadocem effecerint, semper mihi illud, προσκυνῶ σε, occinentes. Attamen ferendum est, Basilio ita jubente. Scito igitur, me regionis quidem mores diligenter investigare, viros vero ad meae Calliopes nobilitatem atque concinnitatem transmutaturum, ut vobis pro palumbis columbae facti esse videamur.

460 EPISTOLA CCCL.

Respondet Basilius epistolae praecedenti.

Basilius Libanio.

Sedata est animi tui aegritudo. Hoc enim sit epistolae exordium. Tu vero irride et vellica res nostras, sive jocans, sive serio. Quid autem nivis vel gritae mentionem fecisti, cum liceret tibi dicteriis in nos indulgere? Ego autem, o Libani, tibi ut risum magnum moveam, hanc velo niveo tectus epistolam conscripsi : quam cum acceperis, ac manu contigeris, senties quam sit gelida, quamque referat eum a quo missa est, latitantem, nec extra aedes prospicere valentem. Sepulcra enim sunt aedes nostrae, donec ver successerit, et mortuos nos ad vitam reduxerit, rursus nobis, quemadmodum plantis, largiens ut simus.

EPISTOLA CCCLI.

Libanium rogat Basilius ut ad se mittat orationem, quam de homine moroso summa celebritate pronuntiaverat.

Basilius Libanio.

Multi eorum qui istinc ad nos veniunt, tuam vim dicendi mirati sunt. Narrarunt enim specimen quoddam valde splendidum editum fuisse; atque uti dicebant, certamen maximum erat, adeo ut concurrentibus omnibus nemo alius in urbe compareret, nisi solus decertans Libanius, et quaelibet aetas auscultans. Nemo enim volebat a certaminibus abesse, non qui in dignitatis splendore constitutus, non qui in militum ordinibus illustris, non operarii et artifices. Quin et mulieres certamini interesse festinabant. Quodnam autem certamen erat? quae oratio omnem populi conventum colligens? Narraverunt hominem morosum oratione descriptum et expressum fuisse. Quam orationem adeo visam admirabilem mittere ne pigreris, ut et ego sermonum tuorum laudator sim. Qui enim laudo Libanium, etiam sine operibus, qualis ero, laudum adeptus argumentum?

EPISTOLA CCCLII.

Mittit Libanius suam De homine moroso orationem, seque tremere significat ac pene mente dejici, dum tam arguti judicis acumen formidat.

Libanius Basilio.

Ecce misi tibi meam orationem, sudore diffluens. Quomodo enim sudore non perfunderer, ei viro orationem mittens, cujus ea est dicendi facultas, ut Platonis sapientiam, et Demosthenis vehementiam frustra jactatas esse convincere queat? Sermo autem meus perinde est, ac si culicem conferas elephanti. Hinc horreo ac tremo, cum eam diem mecum reputo, qua meam inspicies orationem; imo etiam fere mente lapsus sum.

461 EPISTOLA CCCLIII.

Laudat Basilius orationem Libanii ad se missam.

Basilius Libanio.

Legi orationem tuam, o sapientissime, et valde admiratus sum. O musae, et litterae, et Athenae, qualia largimini vestris amatoribus! Quales fructus ferunt, qui per breve quoddam tempus vobiscum versantur! O fontem large se effundentem, quales praestitit haurientes! Ipsum enim morosum videbar mihi videre in oratione cum garrula muliercula versantem. Vivum enim et animatum sermonem scripsit in terra Libanius, qui solus verbis animam largitus est.

EPISTOLA CCCLIV.

Gratias agit Libanius, ac vicissim a Basilio petit ut ad se mittat orationem Contra ebrietatem.

Libanius Basilio.

Nunc cognovi me esse, quod dicor: laudante enim me Basilio, ex omnibus victoriam reporto. Et cum tuum suffragium acceperim, licet mihi superbo gressu incedere, instar hominis jactantioris omnes contemnentis. Quoniam igitur et ipse ora-

---

* Alias CLV.
** Alias CLVI.
*** Alias CLVII.
**** Alias CLVIII.
***** Alias CLIX.
****** Alias CLX.
******* Alias CLXI.

tionem contra ebrietatem elaborasti, eam volumus legere. Interea tamen lepidi quidquam dicere nolo : sed ipsa me oratio, ubi eam videro, artem dicendi docebit.

EPISTOLA CCCLV*.
Libanius Basilio primas eloquentiæ defert.

Libanius Basilio.

Athenisne habitas, Basili, et tui ipsius oblitus es? Non enim Cæsariensium filii hæc audire potuerunt. Mea enim lingua his assueta non erat : sed velut in præcipiti quodam loco incederem, vocum novitate perculsa, et mihi patri dicebat : Pater, ista non docuisti : Homerus est hic vir, imo Plato, imo Aristoteles, imo Susario, qui nihil ignoravit. Atque hæc quidem lingua. Tu vero, Basili, velim laudare me possis ob talia.

EPISTOLA CCCLVI **.
Respondet Basilius epistolæ præcedenti, seque discipulum piscatorum esse profitetur.

Basilius Libanio.

Quæ scribis, accipio quidem lætus : sed dum exigis, ut ad ea quæ scripsisti, rescribam, sum anxius. Quid enim ad linguam adeo atticissantem dixerim, nisi me piscatorum esse discipulum profiteri ac gaudere?

EPISTOLA CCCLVII ***.
Rogat Basilium Libanius ut sibi mœrorem solvat ex aliqua illius epistola conceptum.

Libanius Basilio.

Quid passus Basilius moleste tulit litteras, philosophiæ specimen? Ludere a vobis edocti sumus : verumtamen ludicra gravia sunt, ac veluti canitiem decentia. Sed per amicitiam ipsam communesque scholas, mihi solve mœrorem, quem peperit mihi epistola, a . . . . nequaquam differens.

EPISTOLA CCCLVIII ****.
Dolet Libanius quod non sit cum Basilio; gratulatur quod juvenum curam suadente Alcimo susceperit.

Libanius Basilio.

O tempora illa, quibus cuncta invicem eramus. Nunc acerbe sejuncti sumus : vos quidem vobis mutuo potiti; ego vero pro vobis neminem habens vestri similem. Porro Alcimum audio ies juvenum in senectute audere, et ad Romam volare, postquam cum laborem tibi imposuit, ut cum pueris maneas. Tu vero, cum circa alia quoque mansuetus sis, hoc etiam non ægre feres; quandoquidem nec molestum tibi fuit, ut ad nos prior scriberes.

EPISTOLA CCCLIX *****.
S lentium Libanio exprobrat Basilius, seque ait libenter ad eum volaturum, si liceret; sed cum id non liceat, sermones mittere.

Basilius Libanio.

Tu quidem qui universam veterum artem tuam in mente conclusisti, tandiu siles, adeo ut ne in litteris quidem aliquid lucri concedas nobis. Ego vero, si tuta foret Dædali ars, ad te venissem, fabricatis Icari alis. Attamen quoniam non licet ceram soli committere; pro Icariis alis, mitto ad te sermones, qui ostendant amicitiam nostram. Hæc est autem natura sermonum, ut animæ insidentes amores manifestos faciant. Atque hæc quidem sermones. Tu vero adduxeris eos quocunque voles; atque tantis viribus præditus, taces. Verum ad nos quoque sermonum fontes transfer, qui ex ore tuo profluunt.

EPISTOLA CCCLX ******.
De sancta Trinitate et Incarnatione, sanctorum invocatione, eorumque imaginibus.

Ex epistola ad Julianum Apostatam.

Secundum immaculatam fidem Christianorum, quam divinitus sumus sortiti confiteor, et testor me credere in unum Deum Patrem omnipotentem, Deum Patrem, Deum Filium, Deum Spiritum sanctum : unum Deum, tria adoro et glorifico. Confiteor autem et Filii in carne dispensationem, et Dei Genitricem sanctam Mariam, quæ illum secundum carnem peperit. Suscipio autem et sanctos apostolos, prophetas et martyres; et ad supplicationem, quæ fit Deo, hos invoco, ut per eos, id est, interventionem eorum, propitius mihi sit misericors Deus, et delictorum mihi redemptio fiat, et condonetur. Unde et characteres imaginum eorum honoro et osculor eximie, cum hæ traditæ sint a sanctis apostolis, nec sint prohibitæ, imo in omnibus ecclesiis nostris depictæ sint.

EPISTOLA CCCLXI *******.
Apollinarium consulit auctor epistolæ de usiæ et substantiæ vocabulis ac de consubstantiali ; ac sibi simile sine discrimine fatetur magis placere quam consubstantiale. Gregorium sodalem cum parentibus esse nuntiat.

Apollinario.

Domino meo reverendissimo Apollinario, Basilius. Antea quidem ad te de locis Scripturarum obscuris scripsimus , et gavisi sumus tum de responsionibus tuis, tum de promissis. Nunc vero major nobis circa majora cura incumbit, in qua alium neminem inter hujus temporis homines habemus , ejusmodi consortem et auxiliatorem , ad quem recurramus, qualem te nobis Deus dedit , et scientia sermoneque accuratum, simulque accessu facilem. Cum ergo ii qui cuncta permiscent, ac sermonibus quæstionibusque orbem replent, usiæ seu substantiæ nomen, velut alienum a sacris litteris, ejecerint, dignare significare mihi , quo pacto Patres eo usi fuerint , et an nullibi in Scriptura inveneris positum. Nam panem dictum ἐπιούσιον, et populum περιούσιον, et si quid simile, quasi nihil habeant hic commune, despuunt. Deinde vero et de ipso consubstantiali

---

* Alias CLXII.
** Alias CLXIII.
*** Ex Cotelerii *Monum. Eccl. Gr.* t. II, p. 96.
**** Ibid.
***** Ex Cotelerii *Monum. Eccl. Gr.* t. II, p. 97.
****** Alias CCV.
******* Ex *Monum. Eccl. Gr.* t. II, p. 84.

(propter quod puto eos ista adornare, qui substantiam penitus transfigunt, ut nullum locum relinquant consubstantialitati) disceptare nobis fusius velis, quem sensum habeat, et quomodo salubriter proferatur, in rebus, in quibus nec genus commune superpositum cernitur, nec materiale subjectum prius existens, nec distributio primi in secundum. Qua igitur ratione oporteat dicere Filium Patri consubstantialem, in nullum prædictorum sensuum incidendo, fac ut nobis prolixius explices. Nos siquidem existimamus, quidquid ex hypothesi, Patris substantiæ esse sumatur, idem omnino esse et substantiam Filii sumi necessario debere; adeo ut si quis substantiam Patris appellaverit lumen sub intelligentiam cadens, æternum, ingenitum; Unigeniti quoque substantiam vocaturus sit lumen sub intelligentiam cadens, æternum, genitum. In hunc porro sensum mihi videtur, vocem *similis sine discrimine*, magis congruere, quam vocem *consubstantialis*. Nam lux quæ cum luce nullam habet secundum magis et minus differentiam, recte quidem mea sententia dici potest, non eadem esse cum illa; quandoquidem in propria substantiæ determinatione utraque consistit; sed similis secundum substantiam absolute ac per omnia. Sive ergo has oporteat eloqui cogitationes, sive alias majores assumere, tu tanquam peritus medicus (tibi enim quæ corde gerimus fecimus manifesta), quod quidem ægrum est sana, quod vero debile suffulci; omni autem modo confirma nos. Fratres qui tua cum pietate degunt saluto, et rogo, ut una tecum pro nobis orent, quo salutem consequamur. **464** Sodalis Gregorius, electa cum parentibus vita, apud eos est. Sanus ad; plurimum tempus conserveris nobis, adjuvans nos et precibus et doctrina.

EPISTOLA CCCLXII.*

Respondetur præcedenti epistolæ, et quomodo Pater et Filius unum sint exponitur, exemplis e natura humana adductis.

Basilio Apollinarius.

Ut Dei amantem virum decet credis, et ut doctrinæ studiosus quæris; atque a nobis promptus animus debetur propter charitatem, licet scientia sufficiens non sequatur, cum ob indigentiam nostram, tum ob rei immensitatem. Una substantia, non numero solum dicitur, quemadmodum ais, et quod est in una determinatione; sed etiam proprie duorum hominum et alterius cujusve, qui in genere adunantur: ita ut hac ratione duo ac plures idem sint secundum substantiam; in quantum omnes homines Adam sumus, qui unus simus; et David, Davidis filius, qui idem sit cum illo: sicut et Filium recte asseris id esse secundum substantiam, quod est Pater. Aliter enim Filius non esset Deus, cum in confesso sit unum esse ac solum Deum Patrem: quo pacto unus Adam, hominum generis princeps; et unus David, regii generis auctor. Atque ita, unum esse genus superpositum, aut unam materiam subjectam, in Patre et Filio, a cogitatis auferetur, cum principalem assumpserimus proprietatem supremi principii, et genera ex generum principibus, ad unigenitam prolem ex uno principio orientem. Nam aliquatenus tantum ejusmodi res in similitudinem veniunt. Quoniam neque Adamo, ut per Deum condito, et nobis, ut per homines genitis, unum superponitur genus; sed ipse est hominum principium: neque materia communis est illi nobiscum; sed ipse est cunctorum hominum fundamentum. Neque etiam erga Davidem ac genus ex Davide ortum, id præintelligitur, in quantum est David: quandoquidem Davidis proprietas a Davide incipit, et fundamentum omnium qui ex eo originem ducunt, ipse est: sed quia hæc deficiunt, in quantum aliæ sunt communitates omnium hominum ad invicem, quales fratrum: at circa Patrem et Filium hoc non reperies, sed ex toto Pater principium, et Filius ex principio. Quare nec distributio est primi in secundum, velut in corporibus, verum generationis productio: neque enim Patris proprietas velut in Filium divisa fuit, sed Filii proprietas ex paterna prodiit: idem in diversitate, et diversum in identitate: quomodo dicitur Patrem esse in Filio, et Filium in Patre. Neque enim diversitas absolute servabit veritatem filiationis, nec rursus identitas indivisionem hypostaseos: sed utrumque conjunctum est ac unius modi; idem diverse, et diversum eodem modo; ut vocabula, quæ ad rei declarationem pertingere nequeunt, per vim adducantur: confirmante intelligentiam nostram Domino, cum per vocem *major* [50] Patrem quidem in æqualitate majorem exhibet, Filium vero in minori gradu præditum æqualitate: quod docuit, in ejusdem speciei quidem, at inferiori **465** lumine intelligere Filium; non immutando substantiam, sed considerando idem, et superius et in ordine inferiori. At enim qui substantiam in nulla identitate admittunt, similitudinem extrinsecus afferentes Filio adjiciunt: quod sane ad ipsos quoque homines transit qui Deo assimilati sunt. Qui vero cognoscunt similitudinem creaturis convenientem, in identitate quidem Filium cum Patre conjungunt; sed identitate submissiore; ne ipse Pater sit, vel pars Patris; quæ potenter demonstrantur per illud, Alius Filius; sic Deus, non ut ille, sed ut ex illo; non primitivum exemplar, sed imago. Hic consubstantialis, præcipue super omnia et peculiariter; non tanquam ea quæ sunt ejusdem

[50] Joan. xiv, 28.

* Ex *Monum. Eccl. Gr.* t. II, p. 86.

generis, non tanquam ea quæ distributa sunt; sed velut ex uno genere unaque specie divinitatis, una et sola progenies, individuo et incorporali progressu; per quem quod generat manens in generativa proprietate, processit in genitam proprietatem.

EPISTOLA CCCLXIII.

Laudatur supra alios Scripturæ interpretes Apollinarius, ab eoque petitur, ut se de rebus obscuris consuli patiatur.

Apollinario.

Domino meo, reverendissimo fratri, Apollinario, Basilius. Elapsæ sunt occasiones, quibus licebat pietatem tuam alloqui, etsi lubenter ad litteras illas rescripserimus. Te enim in silentio obtinere voluptatem in illis lætati sumus. Nam revera nobis visus es *solus sapere*: interpretum autem *umbræ volitant*: ita ad solidum sensum expositionem ducis. Et certe nunc cognoscendorum divinorum eloquiorum cupido majorem in modum tangit animum meum. At tibi proponere quædam ex dubiis non audeo, ne videar ultra modum fiducia repleri. Tacere vero iterum non sustineo, parturiens, adhucque antevertere gestiens. Quare optimum factu censui, ut percontarer ex te, num permissurus nobis sis, o admirande, nonnihil interrogare de controversis, an oporteat tenere silentium. Utrumvis porro respondeas, id observabimus deinceps. Sanum lætumque et pro nobis orantem te possideamus semper.

EPISTOLA CCCLXIV.

Basilium frustra quæsitum in Cappadocia Apollinarius oblata occasione per litteras salutat. Nuntiat venisse episcopos Ægyptios, et scripta allata esse prorsus necessaria ad eos refellendos, qui antea aperte contradicebant, nunc occulte contradicunt, introducto simili secundum essentiam, ut consubstantiale abrogetur. Sanæ fidei defensionem nemini magis congruere declarat, quam Busilio et Gregorio.

Basilio Apollinarius.

Domino meo, exoptatissimo fratri, Basilio, Apollinarius, in Domino salutem. Ubinam ipse eram, domine, ubi vero desideratissima vox, et consuetæ litteræ? cur autem non præsens defendis, aut etiam absens cohortaris, tanto bello adversus pietatem erumpente, nobisque velut in media acie clamantibus ad socios, propter hostium vim? Te autem, ne quidem quomodo quæsituri simus, intelliginus: quandoquidem nec invenimus locum **466** in quo versaris. Sed conquisivi quidem in Cappadocia, quia sic nuntiaverant qui te nacti fuerant in Ponto, promisisse te cito reversurum: nec reperi ubi speraveram. At nunc cum audierim te adhuc ea in regione commorari, statim et indici epistolam tradidi. Qua accepta, cave ne non rescribas, quod et is una peregrinetur. Scito autem, quod interjecto tempore advenerunt episcopi Ægyptii, et scripta antiquis scriptis congruentia, necnon divinis ipsis, iisque quæ convenienter divinis conscripta fuerunt Nicææ. Necessaria autem erat eorumdem cum explanatione repetitio, propter minime sanam pravamque contextus interpretationem, quam ii introduxerant qui aperte quidem olim contradicebant, nunc vero contradictionem sub specie enarrationis celant: ubi erat consubstantialitatis maligna abrogatio, quasi non deberet intelligi juxta ullam Græcam abnegationem; pro consubstantiali autem introducebatur simile secundum substantiam: quod excogitatum est, confuse nominatum et malitiose intellectum: siquidem similitudo, rerum est quæ sunt in substantia, non quæ substantiales sunt: quo scilicet sic substantia assimilata intelligeretur, qualis fuerit verbi gratia statua respectu imperatoris. Contra quæ rescriptum est quod ab hominibus pium dogma cognoscentibus et sectantibus tenetur, nomine consubstantialitatis Filium declarari non similem Deo, sed Deum, utpote genuinam prolem ejusdemque cum genitore substantiæ. Simul etiam allatum fuit quod ad Spiritum pertinet, qui nimirum a Patribus in eadem fidei expositione Patri et Filio apponitur, quia in eadem exsistit divinitate. Hujus igitur piæ sententiæ legationem, quem decuit adeo persequi, ac te virum laudatissimum, una cum domino meo Gregorio, qui pariter nullo ex loco scribit, nec vel semel de quapiam re certiorem fecit? Vale, domine maxime desiderabilis.

EPISTOLA CCCLXV.

In summa Cappadociæ calamitate, cum fluvii inundatio res necessarias e vicinis provinciis advehere non sineret, rogatur Theodosius, ut fluvium, pontis commoditate adhibita, veluti Rubrum mare pedibus pervium efficiat.

Basilius magno imperatori Theodosio.

Calamitas accidit in regione nostra, non ex corporeo casu, sed ex aquarum effluvio. Unde autem hoc, patefaciam. Plurima nivis emissio facta est in nostram paludem. Qua nondum congelata, supervenit ventus calidus, simulque cadit australis imber. Quare subita confertaque orta liquefactione, immensi moti sunt fluctus, cum perenni fluvio permisti, ac exundatione eaque personante superantes tum linguam tum oculum. Is est qui nobis sorte obtigit vicinus fluvius, emanans quidem ex Armenia, descendens vero ad sacratissimum lacum Sebastenorum, in quem vere nominati, ac generosi quadraginta Christi milites, gravi borea flante infixi sunt. Ac inde (admitte me, optime imperator, vera dicentem) **467** ille fluvius circumdans nos, velut gens quædam inimica et formidabilis, non parum nos terret. Nullo enim unquam vel tempore vel modo pedibus permeabilis, non permittit ut necessariæ nobis ac utiles regiones, transvehant merces op-

---

* Ex *Monum. Eccl. Gr.* t. II, p. 89.
** Ibid., p. 90.
*** Ex *Monum. Eccl. Gr.* t. II, p. 97.

portunas. Galatarum, inquam, et Paphlagonum, et Hellenopontiorum, per quas et ex quibus obveniunt quæ nobis sunt necessaria, præcipue panis abundantia: cum vicina undique terra frigida sit, atque ex aere ambiente, perque iram fulgure, tonitru, grandine, flumine affligentem, colligata. Nec parum etiam minatur patrii doloris, Argæi montis supercilium. Tu igitur exoratus, præstantissime, bene mereri velis de terra tibi tributaria; ut ita efficiens fluvium pontis commoditate trajici, ostendas illum tanquam novum mare Rubrum pedibus pervium. Etenim infelicem valdeque gemebundam Judæorum vitam miseratus Dominus, ex bonitate sua voluit ut ii pedibus siccis per mare Rubrum, quasi per aridam, incederent, tradito iisdem in ducem itineris Mose. Itaque varia fluvii apud nos curricula, hominibus quidem fuere exitio: ipso autem superne inundante, universamque terram pascuam atterente, necnon arvis limo obtectis, necesse est ut esuriat arator bos, cum reliquis jumentis totius regionis. Et vero si homo fuisset qui homini fecisset injuriam, non destitissemus ad tribunalia rem differre. At in maximum fluvium, legibus nequaquam obtemperantem, quidnam aliquis poterit adornare? Quocirca ad te preces deferendæ sunt, potentissime, qui uno temporis momento, viatorum periculum sistere potes.

EPISTOLA CCCLXVI.

ADMONITIO. — *En magni Basilii epistolam, ex prisco codice Veneto LXI, f. 324, a me exscriptam, quæ olim clarissimis quoque viris Marcianæ bibliothecæ descriptoribus Zannetio atque Morellio inedita visa est; atque utrum sit alicubi postremis his annis edita, mihi non constat, sed certe in plenissima Garnerii editione desideratur. Ea scribitur ad Urbicium monachum, ad quem aliæ duæ Basilii epistolæ exstant, nempe* 123 *et* 262, *in Garneriana editione. Argumentum titulusque est, De continentia. Neque vero scriptum hoc Basilianum diutius ego celandum arbitror, præsertim quia Suidas ac Photius nihil præstantius aut epistolari characteri accommodatius Basilii epistolis esse judicarunt.* MAI *Biblioth. nov. Patr., III,* 450.

S. Basilii ad Urbicium monachum epistola de continentia.

Recte facis, justos nobis fines definiens, ut non solum continentiam, verum etiam ejus fructum cognoscamus. Est igitur fructus ejus, Dei participatio: etenim non corrumpi, perinde est ac Deum participare; sicuti corrumpi, mundi participatio est. Continentia negatio corporis est, et Dei confessio: a quavis re mortali semet abstrahit, et instar corporis habet Spiritum Dei, et Deo nos commiscet, æmulatione qualibet atque invidia carens. Nam qui corpus amat, alii invidet. Qui autem corruptionis morbum in cor non admittit, labori cuilibet deinceps sustinendo par est; et licet corpore occumbat, vivit immortalitati. Imo si rem perfecte cognoscamus, continentia videtur esse Deus, qui nihil concupiscit, sed omnia in se habet, nihilque appetit, nec sive oculis sive auribus passionem experitur; sed nulla re indigens, plenus usquequaque est. Concupiscentia morbus est animæ; sanitas ejusdem, continentia. Veruntamen haud in una specie continentiam oportet spectare, veluti circa res venereas; sed et in alia re qualibet, quam anima prave appetit, necessariis non contenta. Gignitur invidia, ob aurum, et improbitates innumeræ, ob alias cupiditates. Jam et ebrietate carere, continentia est; et cibi crapula non dirumpi, et corpus suum cohibere, continentia est. Item pravis dominari cogitationibus, quoties animam turbat aliqua phantasia neque bona neque veritati consentiens, corque in vanas distrahit curas. Prorsus nos liberos præstat continentia, quia simul medicina virtusque est: non enim temperantiam docet, sed præbet. Gratia Dei, continentia est. Jesus ipsa continentia visus est, cum terra marique levior fuit: nam neque tellus illum portavit neque mare; sed sicuti mare calcavit, ita telluri oneri non fuit. Nam si ex corruptione mors sequitur, ex corruptionis autem immunitate, immortalitas; utique Jesus deitatem magis præ se tulit quam mortalitatem. Manducavit bibitque singulari modo, quin quidquam comesum ex se redderet: tanta quippe fuit in eo continentiæ vis, ut cibus in eo non corrumperetur, quia ipse Jesus corruptibilitate carebat (1). Si modo aliqua continentia in nobis sit, superiores omnibus sumus. Nam et angelos audivimus, postquam incontinentes sunt effecti, cœlo propter concupiscentiam præcipites actos: victi sunt enim, non ipsi per se descenderunt. Quid enim illic ageret morbus hic, si hujusmodi oculus ibidem exstitisset? Propterea dixi: Aliquantulum continentiæ si in nobis sit, et mundum minime diligamus, sed cœlestia sæcula, illic inveniemur quo mentem intenderimus. Hic enim videtur esse oculus, qui invisibilia cernere potest; nam etiam vulgo dici solet: Mens videt, et mens audit. Pauca tibi hæc videntur, sed multa ego scripsi: etenim unumquodque verbum, sensus quidam est; atque id scio te legentem fore cogniturum.

---

(1) Non natura, sed gratia et inhabitantis divinitatis privilegio. Videsis opus Severi Antiocheni contra incorrupticolas, apud nos in *Spicilegio Rom.*, t. X.

APPENDIX

TOMI TERTII* OPERUM S. BASILII MAGNI

COMPLECTENS

Viginti quatuor *De moribus* sermones ex ejus operibus a Symeone Metaphraste collectos, ac librum *De virginitate*** falso ascriptum nomini Basilii.

MONITUM.

Primum in hac Appendice locum merito sortientur viginti quatuor De moribus sermones, qui cum toti sint ex Basilii operibus contexti, Basilium ipsum loquentem nobis exhibent, non alienos fetus illius nomini affingunt. Hos consuit centones Symeon magister et logotheta, Metaphrastes vocari solitus : quo in opere nihil fere apponit de suo, nisi cum rerum junctura unum aliquod verbum addi postulat aut mutari. Non enim seriem et ordinem penitus neglexit ; sed, si nonnulla excipias testimonia, quæ nec cum iis quæ præcedunt, nec cum iis quæ sequuntur, necessitudinem habent, cætera satis inter se apta et nexa sunt. Quod autem ejusmodi operibus accidere solet, ut quæ nitebant in propria sede, deformentur in aliena, hoc vitium non semper effugit Metaphrastes. Exempli gratia, negat Basilius in epist. 250, adduci se debere, ut communionem suam omnibus concedat, ac nonnullos ab ea excludendos contendit : charitatem communioni substituit Symeon, et Basilium perabsurde loquentem inducit serm. 3, n. 2. Non levius peccat, cum impium Eunomii principium, ut præclare dictum Basilii, refert, serm. 18, n. 1. Quod enim Eunomiis præsentes et futuros lectores obtestatur, ut rerum ex multitudine non dijudicent, parti majori palma delata, nec dignitatum habeant rationem, neque aures obturent posterioribus, priorum agmini concessa victoria ; id Metaphrastes sancto Basilio affinxit ; nec subodoratus est in his verbis artificium hæretici, qui cum se et totius antiquitatis auctoritate et omnium Ecclesiarum consensu premi videret, tanti argumenti momentum, dissimulando et cavillando, elevabat. Cæterum satis utile hoc opus cum ipsa similium testimoniorum appositione, quæ ex variis locis in unum coguntur ; tum etiam quia interdum prodest ad emendandum sancti Basilii contextum, ac multa continet, quæ cum in Basilii operibus non appareant, ex his quæ amisimus, eruta videri possunt. Ejusmodi testimonia stellulis distinximus ab aliis, quæ suis reperta locis indicantur. In duobus Regiis codicibus, quibus usi sumus, generatim ad marginem indicantur opera Basilii, sive orationes, ex quibus desumptum videtur unumquodque testimonium : verbi gratia, ex antirrheticis, ex asceticis, ex commentario in Isaiam, ex epistolis, ex homil. in Hexaem. Soli Psalmi accuratius, apposito ipsius psalmi numero, citantur. In his ad marginem admonitionibus duæ orationes recensentur, quæ hodie non exstant, nempe homilia De eleemosyna et judicio (a), serm. 4, et homilia, Quod Deus incomprehensibilis, serm. 15.

Prodierunt hi Sermones, inquit doctissimus Fabricius (b), primum Græce e bibl. Regis Christianissimi, Paris. apud Guil. Morellum, 1556, 8°. Hinc a Simone Mailleo archiepiscopo Turonensi translati in Latinum sermonem, ibid. 1558, 8°. Postea utraque lingua cum nova interpretatione Stanislai Ilovii, Francf. 1598 et 1611, 8°. Simonis a Maille interpretatio Latina servata est in Græco-Latinis operum Basilii editionibus. Ex his ethicis suspicor esse homilias novem breviores, quas a Francisco Vergara versas esse Latine narrat Nicolaus Antonius in *Bibl. Hispana*. Archiepiscopi Turonensis interpretatio, quæ cardinali Lotharingio nuncupata est, diligentiæ interpretis ac peritiæ Græci sermonis egregium monumentum est, sed tamen eam minime retinui, propterea quod doctissimus præsul, dum vitiosi codicis contextum sequitur, plurima incidit in errata quæ facile vitasset, si alium ejusdem Regiæ bibliothecæ codicem, qui magno mihi usui fuit, in manibus habuisset. Quare cum hoc opus ex comportatis testimoniis textum sit, satius visum est eam interpretationem apponere, quam suo quæque loco habuerant. Plurima tamen emendavimus, minus accurate reddita, aut minus clare. Quod autem spectat ad contextum, ex duobus codicibus Regiis, quibuscum collatus fuit, alter, qui 1992 notatur, magno, ut jam dixi, præsidio mihi fuit ; alter, qui est 1910, ab editis tam parum discrepat, ut ad primam viginti quatuor sermonum editionem adhibitus fuisse videatur.

* Nunc quarti. EDIT.
** In Appendice tomi II nostræ recensionis. ID.

(a) Homiliam *De eleemosyna et judicio*, junctis duabus aliis, Græce publici juris fecit Chr. Frid. Matthæi in libro cui titulus : *Glossaria Græca minora*, Mosquæ, 1774, in-4°. Eas Latinitate donatas inseruimus tomo præcedenti. ID.
(b) *Bibliotheca Græca*, nov. edit. t. IX. Notitiam Fabricii integram dedimus supra inter Prolegomena. Vide tom. I. ID.

SERMONES VIGINTI QUATUOR

DE MORIBUS

Per Symeonem Magistrum et Logothetam selecti ex omnibus operibus sancti Patris nostri Basilii archiepiscopi Cæsareæ Cappadociæ.

---

469 *DE VIRTUTE ET VITIO.*

SERMO I.

1. (1) Dominus noster Jesus Christus apostolis suis, *Euntes*, inquit, *docete omnes gentes, docentes ipsos*[1], non hæc quidem observare, illa vero negligere : sed *servare omnia quæcunque mandavi vobis*[2], id est, ne minimum quidem eorum præterire quæ præscripta sunt. (2) Etenim si non omnia essent nobis necessaria ad salutis propositum, non utique omnia mandata fuissent conscripta : neque fuisset sancitum, ut necessario servarentur omnia. (3) Nos vero si vel unicum mandatum confecisse nos arbitremur (neque enim confecisse dixerim : omnia siquidem inter se cohærent secundum sanam scopi ad quem tendunt rationem, sic ut uno exsoluto necesse sit alia etiam simul exsolvi), non ob ea quæ prætermisimus iram exspectamus, sed propter illud quod videmur peregisse, præmia præstolamur : haud scientes eum, qui ex decem talentis sibi commissis unum aut alterum retinuerit, reliqua vero reddiderit, non probum ob plura persoluta agnosci, sed improbum et rapacem ob paucorum direptionem argui. Quid autem dico direptionem ? quandoquidem is cui concreditum fuerat talentum unum, ac deinde id quod acceperat, integrum ac intactum reddidit, propterea quod traditum talentum fenore non auxerit, condemnatur[3] : et qui per decennium patrem honoravit, et postea unam duntaxat plagam incussit ; non ut pius et beneficus honore afficitur, sed ut parricida condemnatur. (4) Qui ergo in bonis operibus progressum fecit, deinde vero ad consuetudinem antiquam revertitur, non priorum modo laborum mercedem amittit, sed etiam graviorem condemnationem subit ; quod cum Dei verbum bonum degustaverit, mysteriique cognitione dignatus sit, perdidit omnia, brevi voluptate inescatus.

2. **470** (5) Itaque si modo velimus substratam vitæ viam tuto percurrere, atque animam simul et corpus vulnerum turpitudine immunia offerre Christo, coronasque ob victoriam accipere : oportet nos A animi oculos semper undecunque vigilantes circumagere, et suspecta habere quæcunque jucunda sunt, nec mentem in ulla re ejusmodi defigere ; ne si aurum quidem videatur fuse sparsum, quod in cupientium manus venire paratum sit (*Divitiæ enim*, inquit, *si affluant, nolite cor apponere*[4]) ; neque si proferat terra delicias omnes ac sumptuosa tabernacula (*Nam nostra conversatio in cœlo est, unde etiam Salvatorem exspectamus Christum*[5]) ; neque si choreæ, et comessationes, et ebrietates, et mensæ tibiarum modulis resonantes proponantur (*Vanitas enim*, inquit, *vanitatum, omnia vanitas*[6]) ; neque si offerantur corpora formosa, in quibus animæ pravæ inhabitant (*A facie enim mulieris velut a facie serpentis fuge*, inquit Sapiens[7]) ; neque si potentatus dominatusque, ac satellitum aut a julatorum turmæ, neque si promittatur altus thronus atque splendidus, gentes ac civitates servituti non voluntariæ subjiciens : *Omnis enim caro fenum, et omnis gloria hominis quasi flos feni : aruit fenum, et flos cecidit*[8]. Etenim sub his omnibus adeo jucundis communis ille hostis latitat, exspectans ecquando, rebus conspectis illecti, a recta deflectamus via, ac nosipsos in illius insidias conjiciamus. Quinetiam metuendum valde est, nequando ad hæc incaute accurrentes, ac perfruendi voluptatem minime noxiam arbitrati, diaboli hamum deglutiamus in primo gustu occultatum : deinde, ne ab hoc tracti, partim libentes, partim inviti his rebus alligemur, inscientesque a voluptatibus ad horrendum latronis hospitium trahamur, ad mortem scilicet. (6) Nam virtutes, cum ex studio et diligentia conjunguntur cum natura, nostra fiunt possessio, nosque nec in terra laborantes deserere volunt, nisi eas per vim ultro fugaverimus vitiis introductis, et ad futuram vitam festinantes præcurrunt, et collocant inter angelos suum possessorem, et sub conditoris oculis æternum fulgent. Divitiæ vero, et potentiæ, et claritudo, et deliciæ, et omnis ejusmodi turba quotidie per nostram insipientiam augescens, neque introivit nobiscum in vitam, neque cum ullis unquam abiit : sed in unoquoque homine

---

[1] Matth. xxviii, 19. [2] ibid. 20. [3] Matth. xxv, 24-30. [4] Psal. LXI, 11. [5] Philipp. III, 20. [6] Eccle. I, 2. [7] Eccli. XXI, 2. [8] Isa. XL, 6.

(1) Ex asceticis, 328.
(2) Ibid., 329.
(3) Ibid., 328.
(4) Ex homil. XIV, *In ebriosos*, 122.
(5) Ex homil. XXI, *Quod rebus mundanis adhærendum non sit*, 163.
(6) Ibid., 167.

fixum et ratum manet, quod olim a justo dictum est : *Nudus egressus sum ex utero matris meae, nudus etiam revertar* [9]. (1) Utrum igitur tibi utilius temporariam eligere voluptatem, et per eam accipere aeternam mortem : an virtute excolenda labores et aerumnas amplecti, et illius ope vitam aeternam consequi? (2) Nam corporis pondera ex trutinae momentis aestimamus : sed quae in vita eligenda sunt, libero animae arbitrio secernimus : quod et stateram Scriptura nominavit: quippe quia aequalem ad utrumque inclinationem recipere potest. (3) Exempli causa, scortatio et pudicitia apud te judicantur, et excelsa tua mens ejusmodi judicio sibi commisso praesidet ; atque voluptate scortationi favente, timor Dei suppetias venit castimoniae. Quod si damnato peccato, victoriam pudicitiae dederis, de re sententiam rectam tulisti; sin autem ad voluptatem inclinans, praeferendum esse peccatum pronunties, obliquum fecisti judicium, obnoxius factus exsecrationi ejus, qui dixit : *Vae, qui dicitis amarum dulce, et dulce amarum : qui dicitis lucem tenebras, et tenebras lucem* [10]. (4) Quando igitur singulae virtutes cum singulis vitiis judicium subeunt, tunc judiciorum rectitudinem ostendito in occulto animae tuae tribunali, praeceptumque quasi assessorem adhibens tibi, odium in nequitiam tuum commonstrato, aversans peccata, virtutes praeferens. Si enim facis ut in singulis actionibus vincant apud te meliora, beatus eris *In die illa, cum judicabit Dominus occulta hominum secundum Evangelium nostrum* [11]; et, *Cogitationibus inter se et accusantibus, aut et defendentibus* [12], non abibis condemnatus quod ad mala inclinaveris : sed justitiae coronis honorabere, quibus virtutem per omnem tuam vitam coronaveris. (5) Quemadmodum enim sagittarius jaculum ad scopum dirigit, si neque excedens, neque deficiens, neque in alterutram partem declinans aberrat : sic judex debet ad id quod justum est collineare, nec personarum habens rationem (*Personam enim in judicio cognoscere bonum non est* [13]), neque propensione agens, sed rectam minimeque distortam ferens sententiam. Et cum duo ab ipso judicentur, quorum alter plus aequo, alter minus habeat, debet judex ambos inter se exaequare, et tantum aufert ei qui plus satis habet, quantum ei qui injuriam accepit, deesse deprehendit.

3. (6) Nam possessiones reliquae non sunt possessorum magis quam quorumlibet eas adipiscentium, quippe cum velut in tesserarum ludo huc et illuc transferantur. Virtus autem ex possessionibus sola est quae nequeat auferri, et viventi ac mortuo non desit. Unde et Solon mihi videtur illud ad divites dicere :

Virtutem non mihi divitiis
Permutare libet ; namque haec consistit in aevum,
Divitiae cedunt nunc tibi, nunc alii.

(7) Quare habenda est vobis, o homines, virtutis cura, quae et una cum naufragio enatat, et nudum in terram ejectum felicibus reddet venerabiliorem. (8) Atque ita vitam instituamus, ut quae praeterierunt, nunquam meliora sint sequentibus : *Ne dixeris, quia dies priores erant boni super hos* [14]. Si enim dies priores posterioribus sunt meliores, dicetur nobis : *Tanta passi estis sine causa* [15]? bonis ad nihilum redactis prae subsequente negligentia. (9) Quemadmodum enim is qui ad perfectionem contendit, in anteriora progreditur : ita qui peccat, retro pedem refert. (10) Quodnam autem majus malitiae argumentum, quam a bono deficere? Summum est pravitatis, bonum ac mitem exasperare. Quod enim in improbitate extremum est, idem etiam secum ipsum pugnat. (11) Solet enim malum non solum bono, sed etiam sibimetipsi adversari. Quemadmodum igitur vincuntur tenebrae lucis praesentia, superaturque morbus sanitatis adventu, (12) ac progressus in virtute, a minoribus ad majora capit incrementum : ita malitiae effusio a parvis initiis, ad aliquid immedicabile devolvitur. (13) Porro principium bonorum acquirendorum est recessus a malo. *Declina a malo*, inquit, *et fac bonum* [16]. (14) Etenim si statim ea quae sunt perfecta, tibi proposuisset, ad ea tentanda fuisses cunctantior ; nunc autem facilioribus te assuefacit, ut ad ea quae sequuntur, aggredi audeas. (15) Quemadmodum enim in scala primus gradus, recessus ab humo est : ita in vitae secundum Deum instituto, profectus initium, discessus a malo est. (16) Dum igitur unusquisque nostrum puer est, id quod adest jucundum persequitur, neque habet ullam futurorum curam ; jam autem vir factus, post judicii perfectionem, videre sibi videtur bifidum vitae iter ad virtutem et vitium, ac saepe oculum animi in utrumque convertens, comparando dijudicat quae utrique insunt. Et peccatorum quidem vita omnia ostendit in praesenti saeculo jucunda : justorum vero, sola futuri aevi bona commonstrat. Et certe salvandorum via, quanto pulchriora pollicetur futura, tanto laborio-

---

[9] Job 1, 21.   [10] Isa. v, 20.   [11] Rom. II, 16.
[12] Galat. III, 4.   [13] Psal. XXXVI, 27.   [14] ibid. 15.   [15] Prov. XXIV, 23.   [16] Eccle. VII, 11.

(1) Ex homil. *in ps.* LXI, 197.
(2) Ibid.
(3) Ex homil. *in princip. Proverb.*, 106.
(4) Ibid.
(5) Ibid. 105.
(6) Ex serm. *De legendis libris gentilium*, 177.
(7) Ibid., 177.
(8) Ex comment. *in Isa.*, 389.
(9) Ex comment. *in Isa.*, 389.
(10) Ibid.
(11) Uterque codex indicat *Anthirret*.
(12) Ex comment. *in Isa.*, 388.
(13) Ex homil. *in psal.* I, 93.
(14) Ibid.
(15) Ibid.
(16) Ibid., 95.

siora exhibet præsentia : (1) jucunda autem et intemperans vita non exspectatam in posterum, sed jam præsentem proponit voluptatem. (2) Beatus igitur ille qui voluptatis illecebris non deductus est ad interitum, ac in utriusque viæ delectu non eam ingressus est quæ ducit ad pejora. (3) Beatus ille est qui ab omni spe rerum hujus mundi semetipsum abstraxit, ac unicam spem suam Deum habet. Quemadmodum enim maledictus est homo (4) qui spem habet in homine : ita benedictus est qui innititur Domino. Non enim spes in Deum alternas vices admittit, nec solet Dominus plenam suam opem ei ferre, qui modo quidem in pecuniis spem suam constituit et in gloria humana ac mundi potestate, modo vero Deum tanquam spem sibi proponit : sed vere acquiescendum in Dei auxilio.

4. (5) Imperiti autem homines, mundique amatores, cum boni ipsius ignorent naturam, sæpe beata existimant, quæ nullius pretii sunt, divitias, sanitatem, vitæ splendorem : quarum rerum nihil est sua ipsius natura bonum, non solum quod facile in contraria mutentur, sed quod ne bonos quidem valeant possessores suos reddere. (6) Qui ergo in hac vita versatur, nondum propter incertum exitum beatus est prædicandus ; qui vero suum explevit officium, vitamque certo fine clauserit, is jam beatus tuto dicitur. (7) Et qui faciunt bonum, in ipsa actione consequuntur approbationem : sed qui vitant malum, laudandi non sunt, si forte semel aut iterum peccatum evitaverint, sed si omnino mali experientiam declinare possint. (8) Si igitur oportet ut quisque vitam optimam eligat, speretque consuetudine jucundam redditum iri, optima aggredi par est. Turpe est enim tempus præsens amittentes, elapsum postea revocare, cum nihil angi proderit. (9) Fieri non potest, ut divinæ gratiæ capaces reddamur, nisi malitiæ affectiones, quæ animas nostras occupaverant, expulerimus. Vidi ego medicos, non prius dantes salutaria medicamenta, quam per vomitum evacuassent materiam morbidam, quam sibi intemperantes ex malo victu pepererant. Sed et vas graveolenti humore prius imbutum, nisi fuerit elotum, non recipit unguenti fusionem. Effundenda ergo quæ prius inerant, ut recipi possint quæ ingeruntur. (10) Nam omnibus quidem adest Spiritus sanctus : sed iis qui puri sunt affectibus, peculiarem exhibet virtutem ; at vero iis, quorum mens peccati sordibus perturbatur, minime.

5. (11) Fieri enim non potest, ut id consequamur ad quod contendimus, si mens in varias curas diducta sit, quemadmodum Dominus affirmavit, cum dixit : *Nemo potest duobus dominis servire*[17] ; et rursus : *Non potestis Deo servire et mammonæ*[18]. (12) Nam nec aliud quodvis mandatum servare, neque Deum aut proximum diligere possumus, si huc et illuc mente divagemur. Neque enim artem aut scientiam probe callere potest, qui ab alia ad aliam transit : neque unam etiam comparare, qui ea quæ propria finis sunt, ignorat. Par namque est actiones ad scopum et finem quadrare : siquidem nihil quod rectum sit, via inepta et incongruenti peragitur. Nam neque artis ærariæ finis per figlinæ opera acquiri solet : neque per sedulum tibiæ cantum parantur athleticæ coronæ, sed unicuique fini peculiaris ac idoneus labor requiritur. Sic etiam exercitatio quæ fit ad placendum Deo juxta Christi Evangelium, recedendo a sollicitudinibus mundi, et omni prorsus removenda mentis evagatione perficitur. (13) Quisquis igitur vere Deum sequi vult, vinculis affectionum vitæ hujus solvatur necesse est : id autem nisi per integrum secessum morumque veterum oblivionem perfici non potest. Quare nisi nos ipsi et a cognatione carnali et a societate vitæ removerimus, veluti ad alterum mundum per animi habitudinem transmigrantes, scopum nostrum attingere non possumus, Deo videlicet ut placeamus. (14) Quamobrem qui institutum angelis æquale amplexus est, si humanis vitiis inquinetur, similis est pantheræ pelli, cujus setæ neque prorsus nigræ sunt, neque albæ omnino, sed cum sint diversorum colorum mistura distinctæ et interpunctæ, neque in nigris numerantur, neque in albis. (15) Quemadmodum ergo pictores, cum imagines ex imaginibus pingunt, crebro ad exemplar respicientes, inde formam in suum opus transferre conantur : sic etiam qui sese omnibus virtutis partibus absolutum perficere studet, ad sanctorum vitas, velut ad simulacra quædam viva et actuosa, respicere debet, et quod illis inest boni suum imitando facere.

6. (16) Nam si bos, nobis adjutor ad agriculturam datus, vocem nutritoris novit, eumque qui sibi pabulum afferre solet, agnoscit ; asinus autem sponte naturæ ad consueta stabuli sui loca festinat : si brutis animalibus tanta inest habitudo cum suo provisore : quanta dilectionis in Deum mensura reposcetur a rationali natura ! (17) Non enim actio una virum probum absolvit et perficit, sed ad omnem vitam extendi oportet virtutis

[17] Matth. vi, 24. [18] ibid.

(1) Ex hom. *in psal.* i, 93.
(2) Ibid., 93.
(3) Ex comment. *in Isa.*, 566.
(4) Ibid.
(5) Ex hom. *in psal.* i, 92.
(6) Ibid.
(7) Ibid., 93.
(8) Ex serm. *De legendis lib. gentilium*, 184.
(9) Ex hom. *in psal.* lxi, 196.

(10) Ex comment. *in Isa.*, 379.
(11) Ex *Regulis fusius tractatis*, 350.
(12) Ibid., 341.
(13) Ibid., 342.
(14) Ex Serm. ascetico, 320.
(15) Ex epist. ii, 73.
(16) Ex comment. *in Isa.*, 387.
(17) Ex hom. *in psal.* xiv, 354.

opera. (1) Et quemadmodum qui in balneum ingrediuntur, omni amictu nudantur, ita etiam qui ad asceticum vitæ genus accedunt, omni materia sæculi hujus exuti, in vitæ philosophicæ institutis versari debent. (2) *Estote* enim, inquit, *prudentes sicut serpentes* [19]. Serpens, ubi jam exuenda est pellis, in locum angustum et stricte corpus coercentem sese immittens, sic senectam prudenter ac sapienter exuit. Quod et idem nos imitari vult Scriptura, per angustam et arctam viam ingredientes [20], exuere veterem hominem, ac novum induere [21], ut nostra quoque, velut aquilæ, juventa renovetur [22]. Nam lumine illucescente evanescunt tenebræ, et sanitate redeunte molestiæ morbi sedantur, et veritate demonstrata, mendacii natura redarguitur. Sed plerique (3) homines nubibus similes sunt, quæ pro ventorum mutatione alias in aliam aeris partem feruntur : (4) et quibus facile mutabilis sententia, his minime mirum est vitæ ordinem non constare ; quibus vero firma mens est, semperque constans et eadem, his consentaneum est vitam instituto congruentem ducere. (5) Multi autem, dum pravas etiam comprobant actiones, dicacem quidem lepidum dicunt ; eum vero qui obscena verba profert, urbanum ; acerbum et iracundum, hominem nominant non contemnendum ; parcum et illiberalem, ut sedulum administratorem laudant ; luxurie diffluentem, ut liberalem ; scortatorem et lascivum, ut virum rebus suis perfruentem, et animi solutioris : uno verbo, vitio omni ex virtute adjacenti blandum nomen imponunt. Tales ore quidem benedicunt, ut ait David [23], corde vero maledicunt. Nam verborum lenocinio maledictionem omnem in eorum vitam conferunt, obnoxios illos æternæ damnationi approbationibus suis constituentes. (6) Ut igitur non justi judicis pares paribus statuere mercedes, sed necesse est ut mali inceptor cumulatius persolvat debita, si modo et ipse melior ex suppliciis futurus sit, et alios meliores facturus exemplo : (7) ita et qui boni prætextu malum facit, duplici multa dignus est : tum quia quod non bonum est agit, tum quia ad scelus perpetrandum, bono, ut ita dicam, socio abutitur.

475 7. (8) Cavendum igitur viro prudenti, ne ad vulgi rumusculos vivat, et ea spectet quæ multitudini probantur; ac non potius rectam rationem ita vitæ ducem instituat, ut etiamsi hominibus omnibus contradicendum sit, etiamsi male audiendum, ac periculum honesti causa subeundum ; ex his, quæ recte statuta habet, nihil prorsus movere velit. Nam qui non ita affectus est, eum ab Ægyptio illo sophista quid differre dicemus, qui, cum vellet, planta fiebat et bestia, et ignis, et aqua, et res omnes? Nam et ipse modo quidem justitiam laudabit apud eos qui eam colunt : modo vero contrarios habebit sermones, ubi injustitiam probari animadverterit : quod quidem est adulatores imitari, (9) et Archilochi vulpeculæ astutiam versutiamque æmulari. (10) Sermo quidem verus et a sana mente proficiscens, simplex est et unius ejusdemque rationis, eadem de iisdem semper affirmans : varius vero et artificiosus, cum multum implexus sit et præparatus, sexcentas formas assumit, seque ad gratiam colloquentium conciliandam transformans, in versutias innumeras vertitur. Cum enim aliter natura se res habent, aliter vero de eis suadent verba, versutia quædam est, vel potius inversio veritatis per sermonem facta. Et qui alius quidem videtur, alius reipsa est, strophis sermonum utitur, fucum faciens iis quibuscum versatur, perinde ut lepores vulpesque canibus, aliam viam commonstrantes, aliam carpentes. (11) Nam sermonibus pravis assuescere, via quædam est ad ipsa facta. Quapropter custodia omni servanda anima est, ne quid vitiorum per sermonum voluptatem imprudentes suscipiamus, perinde ut qui cum melle sumunt venena. (12) Siquidem qui philosophiam verbotenus apud alios manentem, facto confirmat,

Hic solus sapit, at volitant alii velut umbræ.

Quandoquidem magnifice virtutem collaudare in propatulo, et longos de ea protrahere sermones, privatim vero voluptatem temperantiæ præferre, et quæstum justitiæ anteponere, hoc ego dixerim simile esse actoribus scenicis personas quasdam sustinentibus, qui plerumque velut reges et dynastæ prodeunt, cum nec reges nec dynastæ, ac fortasse ne liberi quidem prorsus sint. Ad hæc musicus non lubens patiatur dissonam sibi esse lyram : neque præfectus chori chorum sibi astare, qui quam maxime concinnus non sit : a se autem quisque dissidebit ipse, nec vitam cum verbis consentientem exhibebit ? (13) Neque enim equum celerem reddit ejus qui genuit in cursu præstantia, neque canis laudatio est, ex velocissimis prognatum esse. Sed quemadmodum reliquorum animalium virtus in unoquoque consideratur : ita et viri propria laus est, quæ ex propriis ipsius recte factis testimonium habet. (14) Virtutis exercitatio, pre-

---

[19] Matth. x, 16. [20] Matth. vii, 14. [21] Coloss. iii, 9. [22] Psal. cii, 5. [23] Psal. lxi, 5.

(1) Ex Serm. ascetico, 523.
(2) Ex comment. *in Isa*, 378.
(3) Ex epist. ccxliv, 381.
(4) Ex epist. ccxciii, 431.
(5) Ex hom. *in psal.* lxi, 195.
(6) Ex epist. cclx, 396.
(7) Ex epist. liii, 147.

(8) Ex serm. *De legendis libris gent.*, 183.
(9) Ibid., 183.
(10) Ex hom. *in principium Prov.*, 103.
(11) Ex serm. *De legendis libris gent.*, 175.
(12) Ibid., 178.
(13) Ex hom. *De S. Mamante*, 185.
(14) Uterque codex indicat *Hexaem.*

tiosa quidem habenti possessio, jucundissimum autem occurrentibus spectaculum. Nam qui virtutem colunt (1), sideribus similes sunt in nebulosa nocte alias aliis cœli partes illustrantibus : quorum **476** gratus quidem splendor, sed eo gratior, quod non exspectatur. Tales et illi sunt, pauci admodum et facile numerabiles, in hac tristi rerum conditione, quasi in nocte illuni coruscantes : præter virtutis gratiam, inde etiam, quod rari sint inventu, desiderium moventes. (2) Turpe est autem alieno ornatu decorari eum qui sua ipsius virtute illustris est.

8. (3) Itaque ne mihi dicas a Deo malum originem habere : id enim impium est, propterea quod nullum contrarium a contrario gignatur. Neque enim vita mortem generat, neque tenebræ lucis principium sunt, neque morbus opifex est sanitatis ; sed in affectionum commutationibus, e contrariis ad contraria fiunt transitiones ; in generationibus vero, res singulæ quæ fiunt, non ex contrariis, sed ex congeneribus producuntur. Malum igitur non est substantia vivens aut animata : sed animæ affectio virtuti contraria, desidiosis ac inertibus, propterea quod a bono deciderunt, indita. Malum itaque forinsecus ne circumspicias, neve primigeniam quamdam malignitatis naturam comminiscare : sed suæ quisque malitiæ seipsum agnoscat auctorem. (4) Nam si malum non esset voluntarium, nec in nostra potestate situm, non tantus timor a legibus impenderet injuriam inferentibus, nec tam inexorabiles essent judicum animadversiones, quibus pro meritis rei plectuntur. (5) Nam si vitiorum aut virtutum principia non sunt in nobis sita, sed sunt necessitates ab ortu pendentes : inutiles sunt legislatores, qui nobis agenda ac fugienda præscribunt : inutiles quoque judices, qui virtutem honore, vitium pœnis afficiunt. Non enim furis est iniquitas, neque homicidæ, qui ne volens quidem poterat manum continere, ob ineluctabilem necessitatem ipsum ad agendum impellentem. Vanissimi autem profecto qui artes excolunt : quippe frugibus abundabit agricola, tametsi neque semina in terram dejiciat, neque falcem exacuat : mercator itidem, velit, nolit, supra modum ditescet, fato ei opes coacervante. Magnæ autem illæ Christianorum spes evanescentes excident nobis, cum neque justitia honoribus ullis afficiatur, neque puniatur peccatum, propterea quod nihil ab hominibus libero animi proposito agatur. Nam ubi necessitas, et fatum dominatur, ibi meriti ratio nullum locum habet : id quod tamen præcipuum justi judicii fundamentum est. (6) Nam de ficis narrant ab aliis quidem ficos silvestres juxta hortenses conseri : alios vero, dum grossos caprifici fructuosis ac domesticis ficis alligant, ipsarum mederi infirmitati, jam diffluentem, ac evanescentem fructum grossis caprifici coercentes. Quid vult sibi illud naturæ exemplum ? Quod nos vel ab iis, qui a fide alieni sunt, impetum quemdam ac vigorem ad dandum bonorum operum specimen sæpe accipere debemus. Etenim si videris eum, qui aut vitam ethnicam agit, aut ob perversam quamdam hæresim ab Ecclesia abscissus est, probæ ac continentis vitæ et reliquæ moralis disciplinæ studiosum esse, tuam magis intende sedulitatem, ut fructiferæ fico ex caprificorum **477** præsentia colligenti vires, et defluvium cohibenti, fructumque diligentius enutrienti, similis evadas. (7) Porro naturalia quarumdam arborum vitia agricolarum diligentia curari novimus; cujusmodi sunt mali punicæ acidæ, et amygdalæ amariores, quæ, ubi perforato ad radicem trunco pinguem piceæ cuneum per mediam medullam adactum susceperint, tunc succi acerbitatem in bonum usum transmutant. Nemo igitur in vitio degens, de se ipse desperet. Nam si plantarum qualitates agricola commutat, multo magis nullum est infirmitatis genus, quod non animæ in iis, quæ ad virtutem attinent, cultura superare possit, in Christo Jesu Domino nostro, cui gloria et potestas nunc, et semper, et in sæcula sæculorum. Amen.

DE DOCTRINA ET ADMONITIONE.
SERMO II.

1. (8) Si ex tot exhortationibus, in quibus tum præterito tempore vos indesinenter adhortati sumus, tum postea per has septem jejuniorum hebdomadas nocte ac die Evangelium gratiæ Dei sine ulla intermissione vobis denuntiavimus, fructus nullus nullaque utilitas emersit : qua spe sermonem hodie habebimus? (9) Nam et agricola si priora semina enata non sint, ad aliud semen in iisdem arvis rursus spargendum segnior est et tardior. (10) Quare etiam tacuissem, mihi credite, nisi Jeremiæ timuissem exemplum : qui cum ad populum contumacem verba facere nollet, passus est quæ ipse recenset, quod factus est ignis in ejus visceribus, ac undique dissolvebatur, nec ferre poterat [a]. (11) Nam si naturale sermonis munus est, neque obscuritate ea quæ significantur occultare, neque supervacaneum esse et vanum, ac temere rebus circumfluum : (12) non decorum est, de multis simul disserere, ne forte immoderato sermone inutilia evadant, quæ diligenter ac studiose collecta sunt. Mens enim quæ apprehendendis simul

[a] Jerem. xx, 9.

(1) Ex epist. CLIV, 243.
(2) Ex hom. De Mamante, 185.
(3) Ex hom. II in Hexaem., 16.
(4) Ibid.
(5) Ex hom. VI in Hexaem., 56.
(6) Ex hom. V in Hexaem., 47.
(7) Ex hom. V in Hexaem., 46.
(8) Ex hom. XIV in ebriosos, 122.
(9) Ibid.
(10) Ibid., 123.
(11) Ex hom. in illud, Attende tibi ipsi, 16.
(12) Ex hom. in illud, In principio erat Verbum, 138.

omnibus impar est, haud aliter se habet ac venter, qui ob nimiam saturitatem sumptos cibos concoquere non potest. (1) Vix enim durare solet quod invitus didiceris : quod autem jucunde suaviterque acceptum est, tenacius in animis nostris insidet. (2) Quapropter et dogmatibus immiscuit harmoniæ dulcedinem, ut audiendi jucunditate ac dulcedine eloquiorum utilitatem e sermonibus latenter perciperemus : haud aliter atque sapientes medici, qui nauseantibus potionem amariorem daturi, sæpius calicem melle circumliniunt. Ideo concinni illi psalmorum concentus excogitati nobis sunt, ut qui pueri sunt ætate, aut etiam omnino moribus juvenes, in speciem quidem cantent, re autem vera animis erudiantur. (3) Nam et equorum domitores non statim feroces pullos frenis angunt et exagitant; sic enim recalcitrare et equites excutere edocentur : **478** sed cedentes primum, et ad eorum impetum sese accommodantes, ubi eorum ardorem suo ipsorum impetu atque vehementia fractum et exhaustum animadverterint, tunc subactos apprehendentes, illos jam per artem reddunt tractabiliores. (4) Qui enim diligenter ex quacunque re utilitatem colligunt, iis quasi magnis fluminibus solent undecunque fieri accessiones multæ. Nam parvum parvo adjungere, non magis ad pecuniæ amplificationem, quam ad quamlibet disciplinam quadrare, prudenti viro videri debet.

2. (5) Quod enim labore partum est, cum gaudio suscipitur, et diligenter conservatur : contra, quæ facile comparantur, ea cum contemptu possidentur. (6) Quemadmodum igitur non invidens nobis adjumenta ad vivendum, omnia nobiscum similiter ac cum belluis nasci Opifex noster non permisit, sed inopiam rerum necessariarum ad industriæ nostræ exercitationem machinatus est: ita et in Scripturis obscuritatem ad utilitatem mentis, excitans illius intelligentiæ vim, inesse voluit ; primum quidem, ut his occupata, a deterioribus avocetur ; deinde quia labore parta magis amantur, quæque longo tempore acquiruntur, constantius permanent : quæ autem facile parantur, his non perinde avide fruimur. Negligitur enim rerum obviarum copia, neque ulla custodia dignas ducit, qui possidet. (7) Turpe namque est rejicere cibos exitiosos, disciplinarum vero quæ animam nostram nutriunt, rationem nullam habere, sed torrentis in morem quidquid obvium est trahentes, id in animum recondere. Quemadmodum enim mellis natura non tantum ratione perspici potest ab inexpertis, quantum ex ipso gustus sensu ; ita nec bonitas cœlestis doctrinæ tradi docendo potest, nisi veritatis dogmatibus accuratius exploratis, possimus propria experientia perspicere Domini bonitatem.

3. (8) Cum enim benignus Deus et Salvator noster Jesus Christus dicat : *Venite ad me, omnes qui laboratis, et onerati estis, et ego reficiam vos* [15] ; periculosum est repellere eos qui per nos accedunt ad Dominum, ejusque jugum suave subire volunt. (9) Præterita vero accedentium vita est expendenda, et iis qui aliquid recte jam gesserint, documenta perfectiora tradenda sunt : qui autem ex prava vita ad perfectam vitam in Dei cognitione sitam transeunt, hos perscrutari par est, nimirum qualibus præditi sint moribus, num instabiles, et in consiliis suis facile mobiles. Suspecta enim talium inconstantia : qui quidem præterquam quod ipsi nihil utilitatis capiunt, præterea sunt etiam cæteris detrimenti auctores. Sed quia nihil est quod non labore et diligentia perficiatur, ac timor Dei quævis animæ vitia superat : ne isti quidem statim desperandi, sed ducendi ad idoneas exercitationes, et tempore ac laboriosis certaminibus facienda eorum propositi probatio, ita ut si quid firmi in ipsis invenerimus, tuto admittamus ; secus vero dum adhuc extra sunt, dimittamus, nec eorum probatio **479** damni quidquam fratribus afferat. (10) Ei autem qui ab illustriore quodam vitæ genere secundum Domini exemplum ad humilitatem festinat, aliqua, quæ probrosa admodum apud externos esse videantur, præscribenda sunt ; observandumque, num cum omni æquanimitate seipsum ceu operarium pudoris expertem Deo exhibeat. (11) Porro quicunque servi sub jugo detenti, ad fratrum conventum confugiunt, admoniti et meliores effecti, ad dominos suos remittendi sunt, ad exemplum beati Pauli, qui cum genuisset Onesimum per Evangelium, eum ad Philemonem remisit [16], alteri quidem persuadens, servitutis jugum, si ita, ut Domino placet, feratur, cœlorum regno dignos reddere ; alterum vero exhortans, ut non solum minas servo intentatas remitteret, (12) sed animo etiam æquiore erga ipsum afficeretur. Sed tamen si dominus improbus sit, qui aliqua contra legem præscribat, vimque servo inferat ad mandata veri heri et Domini nostri Jesu Christi violanda, conatus nobis adhibendus est, ut ne nomen Dei blasphemetur propter servum illum, si quid fecerit, quod Deo displiceat. Erit autem conatus laudabilis, si vel servum illum confirmemus ad implenda constanter præcepta, quæ ipsi imposita sunt, ut Deo magis obediat quam homini [17] ; vel si, qui eum

---

[15] Matth. xi, 28. [16] Philem. 12. [17] Act. v, 29.

(1) Ex hom. *in psal.* i, 91.
(2) Ibid., 90.
(3) Ex hom. *in mart. Julittam*, 42.
(4) Ex serm. *De legendis lib. gent.*, 184.
(5) Ex homil. iii *in Hexaem.*, 23.
(6) Ex comment. *in Isa.*, 382.

(7) Ex serm. *De legendis lib. gent.*, 179.
(8) Ex *Regulis fusius tractatis*, 152.
(9) Ibid., 30.
(10) Ibid., 353.
(11) Ibid.
(12) Ibid.

recipiunt, illatas sibi ipsius causa tentationes non recusent. (1) Ii vero qui matrimonio conjuncti, ad hujusmodi vitæ genus accedunt, interrogandi sunt, an mutuo consensu id efficiant ex Apostoli præcepto, sicque qui accedit, coram pluribus testibus recipiendus est. Quod si dissentiat altera pars, repugnetque, quod minus sollicita sit, quomodo placeat Deo, in mentem veniat Apostoli, qui dicit : *In pace autem vocavit nos Deus* [18]. (2) Eum igitur qui relictis suis Dominum sequi instituit, de iis, quæ spectant ad opes suas, non oportet esse negligentem; sed illud curare, ut omnia accurate colligens, jam tanquam Domino consecrata cum omni pietate distribuat, aut per seipsum, si potest, eique licet per experientiam, aut per alios, qui multo cum examine delecti sint, quippe editis speciminibus ostenderint se eas fideliter prudenterque distribuere posse, cum scire debeat ipsas non sine periculo aut propinquis relinqui, aut a quovis obvio distribui. Etenim si is, cui cura regiarum possessionum commissa, etiamsi sæpe nihil interverterit ex iis quæ in manibus habebat, sed negligentia aliqua prodiderit quæ acquiri poterant, a crimine non absolvitur : qualem exspectandum est ob ea quæ jam Domino dicata sunt condemnationem subiturum, qui in eis administrandis ignave ac negligenter se gesserit?

4. (3) Secessus autem a mundo, non est corpore extra ipsum esse, sed animam ab affectionum cum corpore consensione avellere, ac sine civitate esse, sine domo, sine propriis rebus, sine amicorum societate, sine possessionibus, sine rebus ad victum necessariis, sine negotiis, nullas res contrahentem, humanarum **480** disciplinarum expertem, paratum ad suscipiendas corde informationes, quæ ex doctrina divina ducuntur. Est autem cordis præparatio, documentorum ex prava consuetudine illud præoccupantium oblivio. (4) Atque illud quidem in primis homini Deum amanti studio esse debet, sermone non inscite uti, sed interrogare sine litigandi studio, respondere sine ambitione, non interpellare disserentem, si quid dicat utile, neque cupidum esse proprii sermonis ostentationis causa interserendi, modum tenere loquendi et audiendi : discere etiam sine verecundia, docere liberaliter, nec occultare si quid ab alio didiceris, velut improbæ mulieres facere solent, quæ spurios partus subjiciunt; sed grato animo parentem doctrinæ prædicare. Vocis vero sonus mediocris præferendus est, ut nec exilior auditum præterfugiat, nec nimia contentione importunus sit. Expendendum tecum prius quid dicturus sis, atque ita demum edendum et vulgandum. Adeuntibus affabilem esse oportet, atque in colloquiis suavem ; nec voluptatem facetis sermonibus aucupari, sed benigna adhortatione lenitatem obtinere. Ubique asperitas, etiamsi objurgandum sit, rejicienda. Nam qui prior se ipse per humilitatem abjecerit, hoc pacto ei, cui curatione opus est, acceptus erit. Plerumque vero utilis nobis et illa increpationis ratio a propheta adhibita, qui, cum David peccasset, non a semetipso sententiam induxit condemnationis, sed accersita persona utens, ipsum proprii judicem peccati constituit; ita ut cum in se ipse sententiam dixisset, nihil jam succenseret arguenti. (5) Nam aquarum quidem rivulus fontem suum indicat : sermonis autem natura pectus, unde emanavit, depingit ac designat.

5. (6) Atque ut in medicorum præceptis, cum apposite et ex ratione fiunt, post experientiam maxime eorum utilitas solet ostendi : sic in spiritualibus exhortationibus, ubi maxime monita ac præcepta fuerint exitu testata comprobataque, tunc ea sapienter utiliterque ad vitæ emendationem atque ad obtemperantium perfectionem adhibita fuisse apparet. (7) Nam jacentem qui erigit, altior omnino lapso esse debet : qui vero pariter cecidit, altero qui erigat, etiam ipse opus habet. (8) Qui vero cæcos doctores sui duces fecere, jucundissimo se luminis fructu privaverunt. (9) Nam redarguere fratrem cum indignatione et ira, non est illum a peccato liberare, sed seipsum delictis obstringere. Oportet enim in mansuetudine corripere eos qui resistunt [19] : neque, cum ipse contemneris, ob id vehemens esse : ubi vero alium contemni videris, erga eum qui deliquit, indulgentiam ostendere : quin potius tunc in peccatum invehi decet. Ita enim et suspicionem a te hominis seipsum immodice amantis submovebis, et planissime te non peccantem odisse, sed peccatum aversari declarabis. (10) Nam sollicitum esse et agere non propter semetipsum, laus est animi Christum et fratres amantis. (11) Omni igitur modo curandus infirmus, ac danda sedula opera, ut luxatum membrum, ut ita dicam, **481** in suum locum restituatur. Quod si in suo vitio qualecunque tandem sit, perseveraverit, tum perinde atque alienus dimittendus est. Scriptum est enim : *Omnis plantatio, quam non plantavit Pater meus cœlestis, eradicabitur* [20]. (12) Quod si qui difficile avellantur a propriis moribus, carnisque voluptatibus servire malint quam Domino, et vitam secundum Evangelium instituere nolint, nulla est nobis cum illis communis ratio. Nos enim in populo inobsequenti et con-

---

[18] I Cor. vii, 15. [19] II Tim. ii, 25. [20] Matth. xv, 13.

(2) Ex *Regulis fusius tractatis*, 354.
(1) Ibid., 351.
(3) Ex epist. ii, 71.
(4) Ibid., 73.
(5) Ex epist. cxxxiv, 225.
(6) Ex hom. *Adversus eos qui irascuntur*, 83.
(7) Ex hom. *in mart. Julittam*, 42.
(8) Uterque codex indicat serm. *De ira*.
(9) Ex *Regulis fusius tractatis*, 395.
(10) Uterque codex indicat asceticn.
(11) Ex *Regulis brevius tractatis*, 151.
(12) Ex epist. ccxvii, 330.

tradicenti edocti sumus audire : *Servans serva animam tuam* ²¹, alienis peccatis ne communicaveris. (1) Si quis alacriter non accedat ad psallendum, nec ferat præ se affectum illius, qui dixit, *Quam dulcia faucibus meis eloquia tua! super mel ori meo* ²² : nec putet magnum detrimentum desidiam esse: aut corrigatur, aut expellatur, ne modicum fermentum totam massam corrumpat ²³. (2) Quos communes pœnæ ad sanam mentem non revocant, nec a precum communione separatio ad pœnitentiam adducit, eos necesse est traditis a Domino canonibus subjicere. Scriptum est enim : *Si frater tuus peccaverit, corripe eum inter te et ipsum : si te non audierit, assume tecum alium : quod si ne sic quidem, dic Ecclesiæ; si vero neque Ecclesiam audierit, sit tibi ut ethnicus et publicanus* ²⁴. Quod ipsum et in isto factum fuit. Semel accusatus est : coram uno et altero convictus fuit : tertio coram Ecclesia. Cum igitur cum obtestati fuerimus, nec acquieverit, sit deinceps excommunicatus. Et hoc pago toti denuntietur, eum admittendum non esse ad ullam rerum ad vitam pertinentium societatem : ut ex eo quod cum eo non commisceamur, sit prorsus diaboli pabulum. (3) Ut enim pueruli disciplinarum negligentes, post inflicta illis a doctoribus verbera, attentiores effecti, præcepta amplectuntur; quemque sermonem ne audiebant quidem, antequam vapularent, eumdem accepto e flagris dolore, jam inde apertis auribus et auditu percipiunt, ac memoriæ mandant : sic et his accidit qui Dei doctrinam perfunctorie negligenterque audiunt, ejusque mandata pro nihilo ducunt. Postquam ipsi a Deo castigatione affecti fuerint, tum vix tandem Dei præcepta centies illis repetita, centiesque ab eis neglecta, quasi primum ad eorum aures pervenirent, suscipiuntur, ut ille ait: *Disciplina Domini aperit mihi aures* ²⁵.

6. (4) Quemadmodum autem qui mente infirmi sunt, sedato animo curandi : ita vicissim ab iis qui curantur, objurgationes odii loco non sunt accipiendæ, neque cura ea, quæ ex misericordia ad animæ eorum salutem adhibetur, ducenda est pro tyrannide. Turpe est enim eos qui ægro corpore sunt, tantum medicis confidere, ut sive secent, sive urant, sive amarulentis medicamentis molestiam creent, ipsos de se bene meritos fuisse putent; nos vero erga animarum nostrarum medicos, quando disciplina duriore salutem nobis afferunt, non eodem modo affici. (5) Quandoquidem terribile judicium imminet præfecto non redarguenti peccantes : is cui demandata est communis cura, ut rationem de singulis redditurus, ita parare se debet : probe sciens si inciderit in peccatum frater unus, cui antea justificationem Dei non declararit, aut si lapsus, in eo perstiterit, non edoctus ab eo de emendationis modo, sanguinem ipsius ex suis manibus requisitum iri, uti scriptum est ²⁶ : et maxime, si quid eorum quæ placent Deo, non ex inscitia neglexerit, sed potius ex eo quod ob assentationem ad uniuscujusque vitia sese accommodet, disciplinæ integritatem labefactarit. (6) Atque etiam quemadmodum præfectus in omnibus fratrum dux esse debet, ita quoque vicissim reliquis convenit, si quando præfectus ipse delicti alicujus suspectus fuerit, ut ipsum admoneant qui cum ætate tum prudentia præstant. Si quid igitur fuerit, quod emendari operæ pretium sit, juvabimus et fratrem, et per illum nosmetipsos, eo qui veluti vitæ nostræ regula est, suaque rectitudine perversitatem nostram redarguere debet, ad rectam viam a nobis reducto : sin autem temere turbati fuerint nonnulli illius causa, ipsi, iis quæ falso suspecta fuerant cognitis, certiores facti, ab ea quam de ipso conceperant suspicione liberantur.

7. (7) Non enim ignoratis, eos qui præsunt, palam omnibus propositos, veluti scopulos in mari prominentes, furorem fluctuum hæreticorum excipere, qui dum circa eos franguntur, ea quæ retro sunt, non alluunt. (8) Ego quidem quæ optima esse censeo, partim nunc dixi, partim vobis per omnem vitam suadebo. (9) Etiamsi enim me corporis infirmitas constringat (quam prorsus non ignoratis, quanta mihi adsit, a prima ætate ad hanc usque senectutem enutrita mecum, meque castigans secundum justum Dei judicium, qui omnia in sapientia moderatur), (10) tamen quandiu respirabimus, nihil debemus eorum omittere, quæ ad ædificationem bonorum pertinent. (11) Vos vero cum tria sint ægritudinum genera, ei quod insanabile est similes ne videamini, neque ostendatis animi morbum morbo eorum qui corpore ægrotant, consimilem. Etenim invaletudine parva qui laborant, ipsi accedunt ad medicos : qui vero morbis majoribus correpti fuere, medicos accersunt ad se : qui autem in aliquem atræ bilis morbum prorsus immedicabilem lapsi sunt, ne accedentes quidem admittunt. Quod cavete ne vobis nunc accidat, si eos qui mente ac ratione præditi sunt, fugiatis; sed erudimini atque initiamini timore Domini Dei nostri, ut futurorum bonorum participes esse possitis, in Christo Jesu Domino nostro, cui gloria et potestas cum æterno ejus Patre, et sanctissimo vivificanteque Spiritu, nunc et semper, et in sæcula sæculorum. Amen.

²¹ Gen. xix, 17. ²² Psal. cxviii, 103. ²³ Gal. v, 9. ²⁴ Matth. xviii, 15-17. ²⁵ Isa. l, 5. ²⁶ Ezech. iii, 20.

(1) Ex *Regulis brevius tractatis*, 514.
(2) Ex epist. cccLxxxviii, 426.
(3) Uterque codex indicat epist.
(4) Ex *Regulis fusius tractatis*, 396.
(5) Ibid., 370.
(6) Ibid., 371.
(7) Ex epist. ccIII, 302.
(8) Ex serm. *De legendis libris gent.*, 184.
(9) Ex epist. ccIII, 299.
(10) Ibid., 302.
(11) Ex serm. *De legendis libris gent.*, 184.

483 *DE CHARITATE IN DEUM ET PROXI-*
MUM.

SERMO III.

1. (1) Qui semetipsos a sæculi curis removerunt, cor suum omni custodia servare debent, ne unquam Dei cogitationem abjiciant, aut memoriam illius mirabilium imaginibus vanarum rerum contaminent; sed ex perpetua ac pura recordatione impressa animis nostris, velut sigillum indelebile, sancta Dei cogitatio circumferenda. Ita enim a nobis comparatur Dei dilectio, quæ simul excitat ad conficienda Dei mandata, et ipsa ab ipsis vicissim servatur, ut perpetua sit ac non intermissa. (2) Quem autem vehemens Christum sequendi cupiditas tenet, is non amplius se ad ullam rem, quæ ad hanc vitam attineat, convertere potest, non ad parentum, aut propinquorum amorem, si Domini præceptis adversetur. Tunc enim locum etiam habet illud : *Si quis venit ad me, et non odit patrem suum et matrem* [37], et cætera : (3) quod etiam docuerunt nos sancti Domini discipuli, Jacobus et Joannes, qui patrem suum Zebedæum, ipsumque, a quo tota illorum victus ratio pendebat, navigium reliquere; Matthæus etiam, qui ab ipso telonio surrexit, Dominumque secutus est, non telonii solum relinquens emolumenta, sed pericula etiam contemnens, quæ a potestatibus tum sibi tum consanguineis suis impendebant, quod vectigalium rationes reliquisset infectas. Paulo denique totus etiam mundus crucifixus erat, et ipse mundo. (4) Cum enim pietatis amor animam occupat, tum ipsa omne pugnarum genus irridet ; atque etiamsi omnes illam rei adamatæ causa jaculis figant, relicta detrimenti magis quam excruciant. (5) Nam si erga eos qui de nobis bene meriti sunt, benevolentiam amoremque naturalem habemus, nullumque non subimus laborem, ut beneficia prius in nos collata remuneremur ; quisnam sermo Dei dona pro merito explicare possit ? Tanta quidem est horum multitudo, ut etiam numerum effugiant : item magnitudine tanta sunt et talia, ut vel unicum satis ad id sit, ut omnimodam largitori gratiam rependere debeamus. (6) Est autem adeo bonus, ut neque remunerationem exigat, sed sat habet, si solum pro iis quæ tribuit, diligatur. Quæ omnia ubi mente recolo (ut meum affectum prodam), in horrorem quemdam et terrificum stuporem incido, nequando ob animi inconsiderantiam, aut propter meam circa res vanas occupationem a Dei dilectione excidens, Christo sim dedecori ac opprobrio. (7) Probro enim vertet Dominominio contemptum nostrum diabolus, ac de contumacia et de defectione nostra gloriabitur : qui cum nec creaverit nos, nec pro nobis subierit mortem, tamen suæ contumaciæ, suæque in observandis Dei mandatis negligentiæ socios nos ac comites habuerit. Illud quod Domino inferetur probrum, et illa adversarii jactantia mihi suppliciis gehennæ gravior videtur, quod Christi inimico præbeamus materiam, **484** adversus eum, qui pro nobis mortuus est et resurrexit, jactandi se et efferendi.

2. (8) Nam Dominum Deum oportet diligere ea tota virtute, quæ nobis inest ad diligendum : diligendus insuper proximus : sunt quoque et inimici diligendi, ut simus perfecti, inimitantes benignitatem Patris nostri, qui in cœlis est : qui solem suum oriri facit super bonos et malos [38]. Porro nefas est in alia perperam consumere vim diligendi. (9) Si charitatis bonum solo charitatis nomine circumscribitur, ridiculum est hunc et illum eligentes, iis solis charitatem impertire, alios vero innumerabiles ab illius boni communicatione excludere. Sed si cum perniciosis hominibus consensio iis, a quibus suscipitur, sub pacis specie damnum infert hostile ; considerare debemus quinam sint it quibus nos admiscemus. (10) Si enim dilectus Dei Filius odio habetur, quid mirum si nos hominibus odiosi sumus [39], in quibus profecto odium exsuperat ? Cæterum neque ædificium consistere ablatis colligationibus potest, neque Ecclesia adaugeri, nisi pacis amorisque vinculo fuerit colligata. Etenim nihil est naturæ nostræ adeo proprium, ut mutuo inter nos communicare, mutuoque indigere, atque ejusdem generis homines adamare. (11) Magis enim nos uniuscujusque fratrum auxilio indigemus, quam manus altera alterius ope. (12) Cum enim hæc ipsa nostra membra considero, quorum nullum sibi ipsi ad agendum satis est, quomodo mihi ipse videbor ad vitæ negotia sufficere? Neque enim pes tuto gradiatur, non suffulciente altero : neque oculus recte videat, non habens alterum consortem, et cum eo socialiter his quæ videntur, intentus. Auditus accuratior, qui per utrosque meatus vocem suscipit, et fortior apprehensio digitorum conjunctione. Et in summa, nihil neque eorum quæ natura, neque eorum quæ libera voluntate perficiuntur, citra conspirationem eorum quæ ejusdem generis sunt, perfici video ; cum et preces ipsæ, si desint qui conspirent, longe sint seipsis debiliores. (13) Admoneat te mutuus vespertilionum amor qui contextim inter se cohærent : neque quod est separa-

---

[37] Luc. xiv, 26. [38] Matth. v, 43-45. [39] Joan. xv, 18.

(1) Ex *Regulis fusius tractatis*, 542.
(2) Ibid., 349.
(3) Ibid., 349.
(4) Ex hom. *De S. Barlaam*, 139.
(5) Ex *Regulis fusius tractatis*, 558.
(6) Ibid., 359.
(7) Ibid.

(8) Ex comment. *in Isa.*, 410.
(9) Ex epist. CCL, 385.
(10) Uterque codex indicat epist.
(11) Ex epist. XCVII, 190.
(12) Ibid.
(13) Ex hom. VIII *in Hexaem.*, 77.

tum ac singulare, præstantius esse existima, eo quod societatem cum unitate admittit. (1) Nihil enim nos ab invicem separat, nisi animi proposito dissociemur. Unus nobis est Dominus, una fides⁴⁰, spes eadem. Sive caput vos ipsos existimatis, non potest caput dicere pedibus : Non est mihi opus vobis⁴¹. Sive vos in alio ordine reponitis, nobis in eodem corpore constitutis non potestis dicere : Vestri non indigemus. Nam et manus altera alterius eget, et pes alter alterum firmat, et oculi per concordiam clare ac perspicue vident. (2) Non enim vos illa cogitatio detineat : Extra multorum malum sumus, quamobrem quid nobis opus est cum aliis communio? Dominus enim insulas quidem a continente per mare divisit, insularum vero incolas per charitatem cum incolis continentis junxit. (3) Hoc enim potissimum amicus ab adulatore differt, quod hic quidem ad delectationem loquitur, ille vero ne molesta quidem prætermittit. (4) Scis quid a te præstandum sit proximo? quod tibi ipsi ab altero vis fieri. Nosti quid sit malum? quod ipse nolis ab alio pati. (5) Cum enim ex Deo audiverim : *In hoc cognoscent omnes, quod discipuli mei estis, si diligatis invicem* ⁴², cumque extremum munus discipulis suis, suam in carne dispensationem absoluturus, pacem suam Dominus reliquerit, dicens : *Pacem relinquo vobis, pacem meam do vobis* ⁴³, dicere non possum, me sine mutua charitate, et nisi, quantum in me est, pacem cum omnibus habeam, dignum posse Jesu Christi servum vocari.

5. (6) Eodem igitur modo communem et æqualem omnibus inter se charitatem esse convenit, quo homo naturaliter erga singula sua membra affectus est, qui totum suum corpus pariter sanum vult, quando et uniuscujusque membri dolor æqualem corpori molestiam exhibet. (7) Qui enim in conventu unum præ aliis diligit, seipsum imperfectæ charitatis insimulat. Quare ex conventu contentio indecora et singularis amor sunt æqualiter amandandi. Oritur enim ex contentione inimicitia : ab amicitia vero particulari et sodalitate suspiciones et invidiæ nascuntur. Cum enim æqualitas aufertur, id ubique eis qui ea spoliantur, invidiæ et odii origo et causa est. Quemadmodum igitur Deus optimus et æquo impertit omnibus lucem, solem suum super justos ac injustos exoriri curans ⁴⁴ : ita et Dei imitatores communem et parem charitatis radium in omnes effundant. Ubi enim deficit charitas, illic utique ejus loco succedit odium. Quod si, ut Joannes ait, *Deus charitas est* ⁴⁵, prorsus necesse est diabolum

odium esse. Sicut ergo qui habet charitatem, Deum habet ; sic qui odium habet, is diabolum in seipso nutrit. Quamobrem ut æqualis similisque charitas quibusvis ab omnibus est exhibenda : ita honor, uti addecet, unicuique est tribuendus. (8) Et ut in nobismetipsis, dolor uniuscujusque ægrotantis membri similiter totum corpus attingit, et tamen sunt membra alia aliis præstantiora (non enim pariter de oculo ac de pedis digito afficimur, etiamsi dolor æqualis sit) : ita unumquemque in omnes qui in conventu vixerint, commiserationem quidem atque amorem parem ostendere operæ pretium est ; sed tamen, ut decet, iis qui utiliores sunt, major deferetur honor. Nam in his qui spirituali animorum conjunctione inter se sunt copulati, non futura est major dilectio ob corporalem consanguinitatem ; neque si quis quidem germanus alicujus frater sit, filiusve, aut filia, majorem erga consanguineum, quam erga alios, amorem afferet sanguinis conjunctio. Qui enim in his naturam sequitur, is nondum a natura perfecte recessisse convincitur, sed etiamnum a carne gubernari. Deo autem nostro sit gloria in sæcula sæculorum. Amen.

DE ELEEMOSYNA.
SERMO IV.

1. (9) Si opes miraris, o homo, ob provenientem ex eis honorem, considera quanto sit ad gloriam conducibilius, innumerorum filiorum patrem appellari, quam innumeros in marsupio stateres habere. Nam pecunias quidem relicturus hic es vel invitus ; contra, partam ob bona opera gloriam exportabis ad Dominum, cum scilicet circumstans coram communi Judice populus omnis, nutritorem et beneficum largitorem ac omnibus humanitatis appellabit nominibus. (10) Etenim in nundinis quidem nemo dolet quod profundat quæ adsunt, et vicissim quæ desunt comparet ; contra, quo viliori pretio res pretiosissimas emerit, hoc magis gaudet, ut qui egregie negotiatus sit. Tu vero doles, quod aurum et argentum et opes tradas, hoc est, lapidem ac pulverem præbeas, ut beatam vitam acquiras. Sed cui tibi usui aurum? pretiosa te veste amicies? Annon duorum cubitorum tunica satis tibi fuerit, et unius pallii amictus omnem indumentorum necessitatem explebit? Uterisne divitiis ad lautius vivendum? Verum panis unus exsatiando ventri sufficit. Quid igitur tristitia afficeris? Cujusnam rei fecisti jacturam? An gloriæ quæ ex divitiis oritur? At si humi gloriam non quæsieris, veram illam ac splendidam, quæ te in regnum cœ-

---

⁴⁰ Ephes. iv, 5. ⁴¹ I Cor. xii, 15. ⁴² Joan. xiii, 35. ⁴³ Joan. xiv, 27. ⁴⁴ Matth. v, 45. ⁴⁵ I Joan. iv, 16.

(1) Ex epist. cciii, 501.
(2) Ibid.
(3) Ex epist. xx, 98.
(4) Ex hom. ix *in Hexaem.*, 83.
(5) Ex epist. cciii, 299.
(6) Ex serm. ascetico, 325.
(7) Ibid.
(8) Ibid.
(9) Ex hom. in illud Lucæ, *Destruam*, 45.
(10) Ex hom. *in divites*, 52.

lorum deducet, invenies. (1) Dispersæ enim secundum Domini monitum divitiæ solent permanere, clausæ autem alienari. Si custodies, non habebis; si dispergas, non amittes. *Dispersit* enim, *dedit pauperibus, justitia ejus manet in sæculum sæculi* ⁴⁶. (2) Quare debent qui prudenter judicant, usum divitiarum ad dispensationem concessum existimare, non ad perfruendum: et his depositis lætari, ut ab alienis remoti, non ægre ferre, ut suis privati. Quid igitur afflictare? quid animo discruciare cum audis: *Vende quæ habes, et da pauperibus* ⁴⁷? Etenim si te sequerentur in futurum sæculum, ne sic quidem essent studiosius exquirenda, utpote quæ a præmiis illic repositis obscurentur: sin autem necesse est ea hic manere, cur non ex his divenditis lucrum exportamus? (3) Quisquis enim male suis rebus utitur, miserabilis est, non aliter quam qui accepto ad hostes ulciscendos gladio semetipsum libens sauciat. Qui autem bene et secundum rectam rationem res suas tractat, ac dispensator est bonorum a Deo datorum, nec ea, ut ipse perfruatur, congerit, laude et amore dignus est ob dilectionem in fratres ac liberalem et beneficam indolem.

2. (4) Videte quemadmodum multitudo peccatorum nostrorum et anni tempestates a sua ipsarum natura abduxerit, et temporum formas transmutaverit in alienas temperaturas. (5) Omnia enim insolito modo terminos creationis **487** transgredientia, ac male ad nostram conspirantia perniciem, a victu et a vita mortales abigunt. Quæ ergo causa est inordinationis hujus atque confusionis? (6) Nimirum quia cum acceperimus, aliis non impertimus, laudamus beneficentiam, et eadem privamus egenos. Liberi ex servis facti, conservorum non miseremur; esurientes nutrimur, et egentem negligimus. Divitem datorem ac promum habentes parci effecti sumus, nihilque cum pauperibus communicamus. Oves nostræ abundant fetibus, et major nudorum numerus quam ovium. Horrea ob repositarum frugum copiam in angustum coguntur, nec tamen hominis, qui angustiis urgetur, commiserescimus. (7) Pauper es? Alter est te pauperior. Sunt tibi cibaria dierum decem; illi, unius. Quod tibi superest, ac redundat, id tu ceu bonus ac gratus ex æquo cum egente partiaris. Ne dubites ex modico dare: ne commodum tuum periculo publico anteponas. Quod si ad unum panem redactus cibatus sit, stetque pro foribus mendicus, promito ex penu illum unum, quem imponens manibus, et intuens in cœlum, miserabilem hanc simul et gratam vocem emittito: Unus hic est panis, quem vides, Domine, et periculum aperte imminet, sed ego mihi tuum mandatum præpono, et ex modico tribuo esurienti fratri, jam tu quoque da periclitanti servo. Novi tuam bonitatem, confido etiam potentiæ: non differs diu beneficia, sed dona tua, cum libet, spargis. Quod si ita locutus fueris ac feceris, quem ex angustia panem porrigis, is semen fiet segetis ac edet fructus uberes.

3. (8) Tu vero dicis proximum tuum a te diligi ut teipsum; sed quod dictum est a Domino, demonstrat te a vera charitate longe abesse. Si enim tantum tribuisti unicuique, quantum et tibi ipsi, unde, quæso, hæc tibi divitiarum copia? Qui enim diligit proximum uti seipsum, nihil amplius quam proximus possidet. Quia autem plus possedisti, manifeste declaras te propria commoda multorum solatio præferre. Itaque quo magis abundas divitiis, eo magis charitate destitueris. Nam si proximum tuum dilexisses, jamdudum in alienandis facultatibus exercitatus esses. Nunc autem adhærescunt tibi opes arctius quam membra corporis, dolesque dum a te separantur, perinde ac si præcipuæ corporis partes amputarentur. Nam si induisses nudum, si dedisses esurienti panem tuum, si fores tuæ apertæ fuissent hospiti omni, si orphanorum exstitisses pater, si miseratus fuisses infirmum omnem: de quibus, quæso, opibus nunc doleres, jampridem in eis egeno distribuendis exercitatus? (9) Quantam oportebat habere te benefico largitori gratiam, quam hilarem esse, quam lætum ob eum qui tibi defertur honorem, videlicet quod non perturbes fores alienas, sed alii tuas occupent? Participes fac cibariorum fratres. Quod cras putrescet, id hodie trade egenti. Avaritiæ pessimum genus est, ne ea quidem quæ corrumpuntur, egenis erogare. (10) Si qui indutum nudat, fur appellabitur, qui nudum **488** non induit, cum facere possit, quanam alia appellatione dignus est? Esurientis est panis, quem tu detines; nudi est pallium, quod tu in arca servas; discalceati calceus, qui apud te putrescit; indigentis argentum, quod defossum habes. Quare quot hominibus dare potes, tot sunt quibus infers injuriam. Quomodo tibi ob oculos ponam ærumnas pauperis, ut perspicias ex qualibus gemitibus tibi ipse thesaurum colligas? O quanti pretii tibi in die judicii videbitur verbum illud: *Venite, benedicti Patris mei, possidete paratum vobis regnum* ⁴⁸! Rursus quantus tibi horror sudorque et quantæ tenebræ circumfundentur, judicium illud damnatorium audienti: *Discedite a me, maledicti, in tenebras exteriores, quæ paratæ sunt diabolo et angelis ejus* ⁴⁹! Neque enim misericordia sine judicio apud Deum, neque judicium sine misericordia (11). Ante judicium

⁴⁶ Psal. cxi, 9. ⁴⁷ Matth. xix, 21. ⁴⁸ Matth. xxv, 34. ⁴⁹ ibid. 41.

(1) Ex hom. *in divites*, 53.
(2) Ibid., 54.
(3) Ex hom. *de invidia*, 96.
(4) Ex hom. *in famem*, 63.
(5) Ibid., 63.
(6) Ibid., 64.
(7) Ibid., 68.
(8) Ex hom. *in divites*, 52.
(9) Ex hom. in illud Lucæ, *Destruam*, 49.
(10) Ibid., 50.
(11) Ex hom. *in psal.* xxxii, 134.

igitur diligit misericordiam, et post misericordiam venit ad judicium. Haec autem inter se conjuncta sunt : misericordia cum judicio ; ne aut misericordia sola mollitiem pariat, aut judicium solum afferat desperationem.

4. (1) Si non occidisti, non adulterium commisisti, neque furatus es, neque contra quempiam falsum testimonium dixisti : nihilominus tamen adhibitam in his agendis diligentiam tibi infructuosam efficis, qui quod reliquum est non adjicias, quo solo possis in Dei regnum ingredi. Ac quidem si medicus ea membra quae a natura vel a quapiam infirmitate mutila habes, restituturum se promitteret, profecto id cum moerore non audires : quia vero magnus animorum medicus te praecipuis rebus destitutum vult perfectum reddere per eleemosynam, beneficium ejusmodi non accipis, sed luges ac moeres animo, tibique inutilia efficis, quaecunque antea laborasti. (2) Non tibi ipse magnopere laborabis ? non in praesenti saeculo recondes quae ad aevi futuri requiem spectant, ubi ad formicae exemplum respexeris ? quae in aestate sibi ipsi recondit hiemale alimentum, nec, quia nondum adsunt incommoda hiemis, segniter tempus traducit, sed inexorabili quadam diligentia ad operam se ipsa urget, donec sufficientem in cellulis reposuerit alimoniam. Neque id negligenter, sed efficit sapienti quadam solertia, ut ipsum alimentum quam diutissime conservetur. Dissecat enim suis ungulis medios fructus, ne germinantes sibi ad nutrimentum inutiles reddantur. Eosdem etiam exsiccat, tum, cum eos sentit madefactos : nec omni tempore eos expromit, sed cum aerem in sereno statu mansurum esse praesenserit. Non utique videas imbrem ex nubibus defluentem, quanto tempore a formicis expositum frumentum est. (3) Imitare terram, o homo ; fructum profer velut illa, ne re inanimata videare deterior. Haec enim fructus, non ut ipsa perfruatur, sed ad usum tuum enutrivit. Tu vero quemcunque beneficentiae fructum ostenderis, eum tibi ipsi colligis, quia bonorum operum gratia in largitores revertitur. Dedisti esurienti, et tuum fit quod datum est, cum additamento rediens. Quemadmodum enim frumentum, quod in terram cadit, in lucrum **489** cedit projicienti : ita panis in esurientem conjectus, in posterum multum afferet emolumenti.

5. (4) Si foribus tuis astiterit qui penuriae suae quaerat levamen, ne videas inaequalia. Ne dixeris : Hic amicus est, hic consanguineus, hic bene de me meritus : ille peregrinus, alienus, ignotus. Inaequalia si videas, non consequere misericordiam. Natura est una : tum hic tum ille homo est ; penuria una, egestas in utroque eadem : fratri da, et peregrino ; nec fratrem averseris, et peregrinum pro fratre habe. Vult Deus te indigentibus solatium afferre, nullam personarum rationem habere, non propinquo dare, peregrinum vero repellere. Omnes enim propinqui, omnes fratres, unius patris filii omnes. (5) Sunt qui e faucibus periculi erepti fuere a Creatore, nec jam ullum habent sibi relictum vitae subsidium, sed animam solam et corpus periculo subduxere. Nos ergo, quibuscunque ingustata rerum adversarum experientia, copiam nostram communem cum illis faciamus. Amplectamur fratres vix servatos, dicamus quisque cuique : *Mortuus erat, et revixit ; perierat, et inventus est* [49] ; atque corpus nostro affine contegamus. Opponamus Inimici injuriis nostram consolationem, ut etiam laedens non multum laesisse videatur, et bellum inferens, neminem victum ostendat, et postquam disperdidit fratrum facultates, liberalitate nostra victus comperiatur.

6. (6) Oportet quidem ut qui liberalis est, ob charitatem in simplicitate praebeat se erga petentes facilem, secundum illud praeceptum, *Petenti a te, da* [50] ; et rursus ratione necessitatem uniuscujusque petentis discernas, ut ex Actis didicimus. *Dividebatur enim singulis*, inquit, *prout cuique opus erat* [51]. Quia enim multi necessarium usum transilientes, mendicitatem ad negotiationis occasionem, et lascivarum deliciarum materiam convertunt : scienter et provide pro uniuscujusque necessitate distributio rerum necessariarum facienda. (7) Qui enim lugubria carmina ad mulierculas decipiendas componunt, et mutila corporis membra, ac ulcera ad quaestus occasionem inveniendam confingunt, non sane his copiosa erogatio proderit ; ipsis enim instrumentum est ad nequitiam liberalitas : sed oportet modica erogatione ejusmodi hominum latratum arcere, misericordiam autem et fraternam charitatem in eos ostendere qui res adversas patienter perferre didicerunt, pro quibus et dicitur : *Esurivi, et dedistis mihi manducare* [52]. (8) Quapropter experientia opus habet, ut is qui vere pauper est, ab eo, qui ex avaritia mendicat, secernatur. Et quidem quisquis calamitoso dat, dedit Domino, et ab eo mercedem accipiet : qui vero errabundo omni tribuit, projicit cani, molesto quidem ob impudentiam, sed non miserando ob indigentiam.

490 7. (9) Audite, divites, quale pauperibus demus consilium ob vestram inhumanitatem, nempe ut gravissima quaeque constanter ferant potius, quam calamitates ex fenore provenientes perpetiantur. Morem si Domino gereretis, quid his

---

[49] Luc. xv, 24. [50] Luc. vi, 30. [51] Act. iv, 35. [52] Matth. xxv, 35.

(1) Ex hom. *in divites*, 51.
(2) Ex hom. ix *in Hexaem.*, 83.
(3) Ex hom. in illud Lucae, *Destruam*, 45.
(4) Ex hom. dicta *in Lacizis*, 588.
(5) Ex hom. *Quod mundanis adhaerendum non sit*, 170.
(6) Ex hom. *in psal.* xiv, 357.
(7) Ibid.
(8) Ex epist. cl. 241.
(9) Ex hom. *in psal.* xiv, 112.

verbis esset opus? Nam ait, *Mutuum date iis, a quibus non speratis recepturos vos esse* [53]. Cum enim pauperi Domini gratia dederis; idem et donum est et fenus. Donum quidem, quod recepturum te nihil esse speras: fenus vero, ob Domini pro inope persolventis munificentiam, qui, paucis per pauperem acceptis, magna eorum loco rediturus est. Consideret igitur divitum quisque suos reditus, e quibus Deo dona oblaturus sit: num pauperem imperio suo oppresserit, num infirmiori vim intulerit, num a subdito quidpiam inique extorserit. Servare enim quod justum est et æquum, etiam in servos præcipimur: noli vero quia superior es vim afferre, neque quia potes, extorquere; sed quia tibi per vires licet, exere justitiæ opera; nam in quo nulla tibi datur facultas, in eo sane nullum tui erga Deum timoris atque obedientiæ specimen exhibebis: sed in eo quod cum transgredi possis, non transgrederis: si vero quæ pauperibus eripuisti, ea in pauperes erogas, præclarius tecum agereretur, si neque raperes, neque dares. Neque enim beneficia ab iniquo quæstu in pauperes collata, Deo grata acceptaque sunt: neque qui rapinis hujuscemodi abstinet, laudandus est, si de suo neminem juverit. De his enim qui injuste possident, atque dona offerre Deo aggrediuntur, scriptum est: *Sacrificium impiorum, abominatio coram Domino* [54]. De his autem qui nulla misericordia permoventur, *Qui obturat suas aures, ne pauperem exaudiat, ipse etiam invocabit, neque erit qui exaudiat* [55]. Propterea monet et hortatur Parœmia: *Honora Dominum de laboribus tuis justis: et primitias illi offer de tuis fructibus justitiæ* [56]. Si enim ex iniquitate et rapina quædam oblaturus es Deo, præstantius esset neque talia possedisse te unquam, neque ex his offerre. Purum enim donum evehet precem, ut scriptum est: *Preces eorum qui recto sunt corde, acceptæ sunt apud ipsum* [57]. Et rursum si possidens e justis laboribus non obtuleris Deo oblationes, quibus alantur pauperes, imputabitur tibi in rapinam: ut per prophetam Malachiam ait Deus: *Primitiæ et decimæ vestræ vobiscum sunt, et erit in domibus vestris direptio* [58]. Quid igitur tuas divitias coinquinas, o homo, iniqua lucra his superaddens? Quid abominabilem facis oblationem tuam ex injustitia, dum id offerre tentas cujus nomine alterius pauperis misertus es? ejus misereare quem injuria afflicis, in hunc summa utere humanitate, huic gratificare, et adimplebis misericordiam cum judicio. Neque enim Deo ulla est cum avaritia communicatio; neque ullum est Domino cum prædonibus et rapacibus commercium. Neque pauperes nobis enutriendos reliquit, quod eos alere non possit: **491** sed justitiæ atque humanitatis uberem a nobis fructum efflagitans, eos summo suo in nos beneficio nobis commendavit. Eleemosyna ab injustitia non exsistit, neque a maledictione benedictio, neque ex lacrymis beneficia. Inanis gloriæ sunt ista, atque laudem humanam, non divinam venantur. Si enim, ut Deo inspectore, eleemosynam facis, caveto ne eam ex alienorum usurpatione facias, non ignarus te hac ratione speculatori Deo non placere. Sic igitur eleemosynam faciamus, ut a Deo postea eam recepturi. Reddit enim Deus illis quos laudat; rapacem vero neminem laudat. Ne decipiamini: non aliter Christo accepta erunt nostra in pauperes beneficia, nisi prius alienis injuria ablatis penitus exsolvamur. Sic enim Dominus gratam habuit Zacchæi probitatem: ac dixit, *Hodie salus domui huic facta est* [59]; quia cum instituisset quadruplum reddere, si quid defraudasset, postea pecuniarum quas reliquas habebat, dimidium pauperibus dabat. Sciebat enim quid sit Christum recipere. (1) Enimvero, fratres, divitiis effundi in egenos cupientibus per nos liceat; ob oculos nostros hodieque jacentes Lazaros ne prætereamus, neque eis mensæ nostræ micas, quæ ad ipsos saturandos sufficiunt, invideamus, nec immitem illum divitem imitati, ad eamdem atque ipse gehennæ flammam veniamus [60]. Nam multum quidem tunc Abrahamum rogabimus, multum etiam quoscunque, qui vitam suam probe transegerint: sed lucrum nullum ex nostro clamore consequemur. *Frater enim non redimit, redimet homo* [61]? Unusquisque autem illorum clamans dicturus nobis est: Commiserationem quam ipse erga alios ignorasti, ne quæras: neque velis accipere adeo magna, qui minorum parcus fuisti: fruere his quæ in vita collegisti. Lacrymare nunc, siquidem lacrymantem tunc fratrem videns, non es misertus. Hæc dicent nobis, nec injuria. Imo vereor ne nos impetant acerbioribus etiam verbis, cum vincamus illum, ut scitis, improbitate divitem. Nam assentatores et parasiti (2), postquam splendide apud nos epulati sunt, manus etiam pretiosis muneribus plenas referunt; et discunt ex nobis, esse sibi utilius prosequi talia et efficere quam virtutem colere. Quod si in nostrum conspectum pauper venerit, qui vix etiam præ fame loquatur, aversamur, festinanter transimus, quasi veriti, ne si etiam lentius gradiamur, ejusdem miseriæ efficiamur participes. Et, si in terram oculos, calamitate pudorem ei incutiente, demiserit, eum hypocrisis dicimus artificem; si vero libere ac confidenter, fame graviter exstimulatus, aspexerit nos, e contrario impudentem appellamus ac

[53] Luc. VI, 35. [54] Prov. XV, 8. [55] Prov. XXI, 13. [56] Prov. III, 9. [57] Prov. XV, 8. [58] Malach. III, 8. [59] Luc. XIX, 9. [60] Luc. XVI, 20 sqq. [61] Psal. XLVIII, 8.

(1) Ex hom. *Quod mundanis adhærendum non sit*, 168. (2) Ibid., 169.

violentum. Et, si opertus sit integris vestibus ab aliquo acceptis, quasi inexplebilem repellimus, ac juramus paupertatem ab illo simulari ; si vero panniculis putridis amiciatur, rursus abigimus uti male olentem. Et quamvis Conditoris nomen precibus admisceat, ac similes ærumnas indesinenter a nobis deprecetur, tamen immisericordem voluntatem flectere non potest. Quapropter gehennæ ignem graviorem quam qui **492** divitem illum Lazari despectorem combussit, reformido. Quod quidem ne eveniat, misericordia misericordiam comparemus, ut et æterna bona consequamur in Christo Jesu Domino nostro, cui gloria et potestas, cum æterno ejus Patre, et vivificante Spiritu, nunc et semper, et in sæcula sæculorum. Amen.

DE DIVITIIS ET PAUPERTATE.
SERMO V.

1. (1) Putei hausti melius scaturiunt, sic et divitiæ, si stabiles sint, nihil prosunt; si moveantur et transferantur, communem utilitatem promovent ac fructum ferunt. Ac mirari quidem mihi subit, quomodo post superfluam et inutilem sumptuum excogitationem, (2) cum in sexcentos usus distractæ divitiæ redundant adhuc, in terra detruduntur a possidente, et in abditis locis asservantur. Papæ! postquam innumeris excogitatis modis aurum absumere non potuit, tunc illud sub terra occultavit. (3) Videtur autem mihi vitium animæ divitis, helluonum vitio simile, qui malunt præ ingluvie disrumpi, quam reliqui quidquam impertiri egentibus. (4) Talis erat ille in Evangelio dives. Astabant qui animam ejus repeterent, et ille secum disserebat de alimentis. Hac ipsa nocte abripiebatur, et ad multos annos rerum possessionem animo sibi fingebat. (5) Insania ingens ! dum quidem aurum in metallis erat, terram scrutabatur : cum autem jam in propatulo est, rursus illud in terra abscondit : deinde aurum defodienti evenire arbitror, ut et cor suum simul defodiat. *Nam*, inquit, *ubi thesaurus tuus, ibi et cor* [62]. (6) Age, igitur, o dives, divitias varie dispensa, noli magno vendere, cave exspectes annonæ charitatem ad horrea aperienda; ne famem auri causa, ne inediam communem ob privatam opum tuarum copiam opperiare. Noli fieri caupo humanarum calamitatum ; ne iram Dei occasionem feceris aggerendæ pecuniæ. Tu enim aurum quidem respicis, sed fratrem tuum non respicis ; et numismatis quidem notam agnoscis, et a sincero adulterinum discernis, fratrem vero tempore necessitatis prorsus ignoras. Ac nitidus qui- dem auri color valde admodum te oblectat, sed quot et quanti egenorum gemitus te prosequantur, non reputas.

2. (7) Cui, inquit, injuriam facio, dum mea custodio et claudo? Quæ, dic mihi, tua sunt? unde accepta in vitam intulisti? Velut si quis, loco in theatro ad spectandum occupato, deinde ingredientes arceat, id sui ipsius proprium ratus, quod ad omnium communem usum proponitur : tales quoque divites sunt. Nam communia præoccupantes, propria sibi faciunt eo quod præoccupaverint. Quod si suæ quisque necessitati sublevandæ id modo quod satis est caperet, egenti vero relinqueret quod superfluum est, nemo esset dives, pauper nemo. Nonne nudus egressus es ex utero ? nonne nudus iterum in terram reverteris [63] ? Unde autem tibi præsentia bona? Si a casu dixeris, impius es, qui **493** non agnoscas Conditorem, neque gratiam habeas largitori ; sin confiteris esse a Deo, dic nobis rationem cur acceperis. Num injustus Deus, qui nobis inæqualiter vitæ necessaria distribuit? Cur tu quidem dives, ille autem pauper? Annon utique, ut et tu benignitatis ac fidelis dispensationis mercedem accipias, et ille magnis patientiæ præmiis donetur ? (8) Sed, inquis, necessariæ opes sunt propter liberos. Speciosus hic avaritiæ prætextus ; liberos namque prætenditis, interea vero satisfacitis vestro animo. Noli culpam rejicere in insontem ; proprium Dominum habet, proprium rectorem : a quo vitam accepit, ab ipso vitæ subsidia exspectet. Num iis qui matrimonio juncti sunt, scripta non sunt Evangelia ? *Si vis perfectus esse, vende quæ habes, et da pauperibus* [64]. Cum prolem numerosam peteres a Domino, cum rogares ut fieres liberorum pater, illudne addidisti : Da mihi liberos, tua ut violem præcepta? Da mihi sobolem, ut ad regnum cœlorum non perveniam? Ad hæc voluntatis filii quis erit sponsor, quod videlicet datis rebus recte usurus sit ? Nam divitiæ multis exstitere libidinis ministræ, atque impuritatis. Vide igitur ne divitias laboribus permultis coacervatas, aliis materiam peccatorum facias, posteaque plectaris duplici pœna, tum nomine eorum, quæ ipse inique egisti, tum eorum, quæ alter abs te adjutus perpetrarit. (9) Et quidem liberi, nulla a parentibus accepta hæreditate, plerumque sibiipsis domos pararunt : at tuæ animæ, si eam semel negligas, quis miserebitur? Quid igitur tanto auri desiderio afficeris ?

3. (10) Quis ex iis qui plus æquo vestium elegantiam affectant, potuit unam diem suæ ipsius vitæ adjicere? cui pepercit mors ob divitias? a quo

---

[62] Matth. vi, 21. [63] Job i, 21. [64] Matth. xix, 21.

(1) Ex hom. in illud Lucæ, *Destruam*, 48.
(2) Ex hom. *in divites*, 54.
(3) Ex hom. in illud Lucæ, *Destruam*, 45.
(4) Ibid.
(5) Ex hom. *in divites*, 54.

(6) Ex hom. in illud Lucæ, *Destruam*, 46.
(7) Ibid., 49.
(8) Ex hom. *in divites*, 59.
(9) Ibid., 60.
(10) Ibid., 59.

abstinuit morbus causa pecuniarum? Usquequo aurum, animarum laqueus, mortis hamus, peccati illecebra? Quousque divitiæ belli causa, quibus conflantur arma, quibus acuuntur gladii, propter quas cognati ignorant naturam: fratres oculis cædem spirantibus sese invicem conspiciunt? Quis est mendacii pater? quis falsæ scripturæ opifex? quis parens perjurii? Nonne divitiæ? nonne earum studium? Quid facitis, o homines? quis vobis, quæ vestra sunt, in insidias vertit? Absit enim ut pecuniæ datæ sint ad malorum incitamentum. Redemptio sunt animæ. Absit enim ut occasio sint exitii. (1) Etenim si divitiæ adminicula sunt ad injustitiam, miserabilis est dives: sin autem inserviunt virtuti excolendæ, nullus est locus invidiæ, cum earum communis utilitas omnibus proponatur. (2) Propterea par est absentes non desiderare divitias; si vero adsint, non magis ipsarum possessione gloriari, quam scientia easdem dispensandi. Nam præclarum est illud Socratis, qui divitem quemdam virum magnopere de pecuniis superbientem non prius admiraturum se dixit, quam ipsa rei experientia didicisset eum iis uti nosse. (3) Nam divitiæ ac bona valetudo sæpenumero peccati administræ sunt, his qui horum utroque abutuntur. (4) Paupertas autem cum veritate, possessione omni apud sapientes pretiosior.

494. (5) Sed horum nihil unusquisque nostrum cogitat; verum hominem videns necessitate pressum, genibus provolutum ac supplicem, ecquid non humile facientem, ut vel fenore medeatur inopiæ, non tamen ejus misereatur adversa præter meritum fortuna utentis; sed inflexibilis stat, et implacabilis, jurat, ac sibi male precatur nisi prorsus indigeat, ac ipse etiam circumspiciat num quem mutuo dantem inveniat, ac fidem faciens mendacio per juramenta, perjurium ceu malum quemdam et adventitium inhumanitatis quæstum acquirit. Sed ubi qui mutuum quærit, meminit fenoris, et nomen pignoris protulit, tunc demisso supercilio subridet, atque paternæ amicitiæ refricat memoriam, ac familiarem et amicum appellat. Et videbimus, inquit, sicubi quidquam recondatur argenti apud nos. Depositum utique vir amicus nobis quæstus ergo concredidit. Verum ille graves usuras mutuæ pecuniæ exigit: sed nos profecto aliquid remittemus, et minori daturi sumus fenore. Talia confingens, verbisque ejusmodi blanditus misero ac lenocinatus, ubi illum syngraphis obstrinxit, atque, præter urgentem inopiam, libertatem etiam viro abstulit, abit. Quid agis, miser? pecuniasne et quæstum ab indigente postulas? Si te ditiorem posset reddere, quid ad tuas januas quæsivisset? O rem miseram et calamitosam! Venit subsidium quærens: sed hostem reperit; remedium dum requireret, in venena incidit. Officium tuum fuerat viri sublevare inopiam: at tu adauges egestatem; velut si quis medicus ægrotos invisens, cum eis debeat restituere sanitatem, econtrario vel exiguas virium reliquias adimat. Tu igitur miserorum calamitates quæstus occasionem facis. Et sicut coloni ad seminum multiplicationem imbres exoptant: ita et tu egestates et inopias hominum optas, tibi ut quæstuosæ sint pecuniæ.

5. Ac pecuniam quidem qui quærit fenore, in mediis difficultatibus constitutus, cum respicit ad paupertatem, de solutione desperat; cum vero præsentem considerat egestatem, audax fit ad fenus. (6) Sed cum sensim diffluunt pecuniæ, tempusque progrediens secum fenus advehit, non noctes ei requiem afferunt, non dies hilaris est, non sol jucundus, sed vitam moleste fert. Odit dies ad constitutum tempus festinantes. Quod si dormiat, videt feneratorem in somnis, malum somnium, capiti astantem: si vero vigilet, cogitatio ei et cura fenus est. (7) Verum et ad eum qui fenore accipit, dicere licet, *Bibe aquas de tuis vasis* [a], et de fontibus tuis, hoc est, ad alienos fontes ne accede, sed ex propriis laticibus tibi ipse vitæ solatia compara. Habes vasa ærea, vestem, jumentum, diversi generis supellectilem? Hæc vende: induc in animum omnia projicere præter libertatem. Sed me pudet, inquit, isthæc voci præconis subjicere. Cur igitur paulo post alius ea exponet, tuorumque bonorum faciet auctionem, **495** et vili pretio ob oculos tuos vendet? Satius est, arte et industria paulatim necessitatem levare, quam alienis facultatibus subito elatum, deinceps omnibus simul bonis nudari. Si igitur habes unde solvas, cur præsentem egestatem hisce auxiliis non depellis? Sin solvendo non es, malum malo curas. (8) Pauper es nunc, sed liber. Argentum si fenore sumpseris, non ditesces, sed libertate spoliabere. Qui pecuniam sumpsit fenore, feneratoris servus est, imo servus stipendiarius, inexorabile exhibens ministerium. Canes accipiendo mansuescunt, fenerator vero recipiendo irritatur. Non enim allatrare desinit, sed plura exposcit. Si juraveris, non credit. Quæ in ædibus habes, perscrutatur; tua diligenter indagat commercia. Præsente uxore, afficit te pudore, coram amicis imponit contumeliam; in mercatibus fauces constringit; malus est festo die occursus; vitam tibi reddit injucundam et intolerabilem. At magna, inquit, est necessitas, nec alia est paran-

[a] Prov. v, 15.

(1) Ex hom. *de invidia*, 96.
(2) Ex serm. *De legendis libris gentilium*, 183.
(3) Ex hom. *in psal.* I, 92.
(4) Ex hom VII *in Hexaem.*, 65.

(5) Ex hom. *in ps.* xiv, 107.
(6) Ibid., 108.
(7) Ibid., 109.
(8) Ibid.

dæ pecuniæ ratio. Quæ, quæso, utilitas ex hodiernæ diei dilatione? Fenus enim non omnino liberat, sed consilii et mentis inopiam tantisper tardat. Etenim si argentum fenore non sumis; hodie et postea simili modo eris pauper : nunc quidem nullus tibi vertit probro paupertatem, siquidem malum est haud voluntarium ; si vero fenori fueris obnoxius, nemo erit qui te stultitiæ non condemnet. (1) Jam perpende unde sis soluturus. Num ex iis pecuniis quas accipis? Sed hæ et ad necessitatem cohibendam et ad solutionem non sufficiunt. Quod si usuras etiam reputaveris ; unde usque adeo multiplicabuntur pecuniæ? Vulnera vulnere curat nemo, neque malum malo sanat. (2) At, inquis, quomodo nutriar ? Manus habes, habes artem, loca operam tuam lucri gratia, ministra : multa sunt parandi victus consilia, multi modi. At id facere non potes? Pete a possidentibus. At turpe est postulare? Turpius utique fuerit creditorem datis fenori pecuniis defraudare. Deinde vero potest formica, nec mendicans, nec fenore accipiens, nutriri : apes itidem regibus largiuntur proprii alimenti reliquias : quibus tamen nec manus, nec artes concessit natura. Tu vero industrium animal homo inter artes omnes unam ad transigendam vitam non reperies?

6. (3) Dives es? argentum ne des fenore. Pauper es? ne sume fenore argentum. Etenim si locuples es, nihil tibi fenore opus est : si nihil vero habes, non pendes usuras. Noli tuam ipsius vitam seræ pœnitentiæ objicere. Hoc uno præstamus divitibus nos pauperes, curarum vacuitate : ac eos vigilantes ridemus ipsi dormientes, ac curis semper distentos et sollicitos, quieti et liberi. Debitor utique et pauper est, et curis multis anxius, et omni tempore cogitatione defixus, nunc quidem res suas æstimans, nunc vero domos sumptuosas, divitum agros, occurrentium vestes. Hæc si mea essent, inquit, tanti et tanti divenderem, atque liberarer fenore. Hæc ejus animo nocteque dieque insident. Januam si pulsaveris, irrepit sub lectum debitor. Velociter accurrit quis, et illius cor palpitat. Canis latrat: ille sudore diffluit, et anxietate corripitur, quaque via fugiat, conspicit. Dies præscriptus instat: anxie secum reputat quodnam dicturus sit mendacium, et quo conficto prætextu depulsurus a se sit creditorem. Quid te ipse bestiæ fecundissimæ adjungis? Lepores aiunt simul et parere, et nutrire, et superfetare : sic pecuniæ feneratoribus simul et dantur ad pendendas usuras, et gignuntur, et pullulant. Nondum enim in manus accepisti, et tamen præsentis mensis quæstus a te exposcitur. Et hæc pecunia rursus fenore accepta malum alterum alit, et illud alterum, atque sic malum in infinitum. Etenim, opinor, τοκός, id est, *partus*, ob ingentem mali fecunditatem nominatur. Unde enim aliunde? Aut forte τοκός, hoc est, *partus*, dicitur ob dolores ac molestias, quas animis eorum qui fenore acceperunt, solet creare. Ut enim puerperium pariturae, ita dies indicta debitori instat. Fenus fenori additum, parentum malorum mala est soboles. Aiunt viperas, dum gignuntur, ventrem matris corrodere : fenus quoque, erosis ac consumptis debitorum ædibus, nascitur. Semina temporis progressu germinant : usura vero hodie generatur, et hodie parere incipit. Quidquid crescit, ubi ad propriam magnitudinem pervenerit, desinit augeri; avarorum vero argentum omni tempore augescit. Animalia ubi suæ soboli vim impertiverunt pariendi, supersedent prægnatione : at feneratorum pecuniæ et adnascentes pariunt, et veteres renovantur. (4) Et sicut ii qui cholera laborant, id semper quod ante sumptum est, ejiciunt, et si anteintegram purgationem cibum alterum capiunt, hunc rursus cum dolore, et cum nervorum convulsione evomunt: sic qui fenore accipiunt, usuris usurarum sese onerantes, et antequam priores usuræ purgentur, alteram adjicientes, parumper in alienis gloriati, tum demum rei etiam familiaris jacturam lugent. Atqui, inquis, multi etiam fenore facti sunt divites. At vero plures, arbitror, ad laqueos pervenerunt. Tu vero strangulatos non numeras, qui vadimoniorum dedecus minime ferentes, sibi mortem maluerunt laqueo sciscere, quam probrose vivere. Vidi ego miserabile spectaculum, ingenuos pueros, ob patris debita, venales in forum pertrahi. Non habes pecuniam quam relinquas filiis ? Cave ingenuitatem eis auferas. Unam hanc ipsis conserva libertatis possessionem, depositum illud, quod a parentibus accepisti. Nemini unquam patris paupertas data est crimini : at paternum debitum in carcerem ducit. Ne relinquas syngrapham ceu paternam exsecrationem in filios ac nepotes descendentem.

7. (5) *Divitiæ* enim, inquit, *si affluant, nolite cor apponere* [66]. Hanc vocem admirare. *Divitiæ,* inquit, *si affluant.* Fluxa est divitiarum natura, torrente citius præterlabitur possessores, alios aliter solet mutare. Quemadmodum fluvius ab alto labens, iis quidem qui ad ripam astant appropinquat, sed simul ut contigit, statim secedit : ita etiam divitiarum instabilitas velocissimam lubricamque præsentiam habet, alios ex aliis permutare solitam. Hodie hujus est ager, cras alterius, et paulo post alius. Respice ad civitatis domos ; quot jam nomina ex quo exstructæ sunt, accepere, aliter ab alio possessore appellatæ. Quinetiam aurum semper e manibus ejus quem penes est, elabens, ad alterum transit, et ab illo ad alium. Comprehensam manu aquam facilius possis continere, quam divitias tibi

---

[66] Psal. LXI, 11.

(1) Ex hom. *in psal.* XIV, 110.
(2) Ibid., 111.
(3) Ibid., 110.

(4) Ex hom. *in psal.* XIV, 112.
(5) Ex hom. *in psal.* LXI, 198.

constanter servare. Ne igitur invideas e valde locupletibus cuipiam, neque ejus vitam beatam esse duxeris: et si undique ac ex uberi fontium scaturigine circumfluant pecuniae, ne hanc rerum copiam amplexeris. (1) Non semper laudabilis est paupertas, sed quae secundum evangelicum consilium ex libera voluntate perficitur. Multi enim, cum pauperes sint, si facultates spectes, proposito avarissimi sunt: quos non salvat indigentia, sed propositum condemnat. (2) Divitiae autem et gloria, quatenus bonos non reddunt possessores, non sunt ex eorum numero, quae natura sunt bona: quatenus vero prosperitatem quamdam in vita nostra efficiunt, magis contrariis eligenda sunt paupertate et ignominia. Atque haec quidem nonnullis ad distribuendum dantur a Deo velut Abraham, Jacob, et similibus. Improbis vero provocatio sunt, ut se ad meliorem frugem recipiant, ita ut qui post tantam a Deo benignitatis significationem perseverat in iniquitate, se ipse sine ulla excusationis venia obnoxium condemnationi constituat. Qui quidem justus est, neque ad divitias, cum adsunt, adjungit animum; neque eas, cum absunt, exquirit; siquidem non fruitur concreditis, sed earum administrator est. Nemo autem prudens negotium ambit in alienis rebus distribuendis, nisi respexerit ad laudem vulgi, cui homines in aliqua auctoritate constituti admirationi sunt ac aemulationi. (3) Quod si in despiciendo corpore exercitati essemus, vix aliud quidquam humanarum rerum admiraremur. Quid enim jam nobis, si corporis voluptates fastidiamus, opus sit divitiis, equidem non video; nisi jucundum sit et gratum thesauris defossis more fabulosorum draconum invigilare.

8. (4) Id itaque praecipuum est, et cujus maxime curam gerere Christianus debet, ut vitiosis affectibus qui varii sunt ac diversi, animamque coinquinant, denudetur. Deinde vero oportet, ut qui ad sublimem secundum Deum vitam respicit, opes suas ac facultates derelinquat: quia rerum terrenarum cura ac sollicitudo magnam in animo aberrationem generant. Cum igitur plures ad eumdem salutis scopum intenti, communem inter se vitam amplexi fuerint, id inter ipsos ante omnia obtineat necesse est, ut unum in omnibus sit cor, et voluntas una, unumque desiderium, atque ut praecipit Apostolus, unum efficiatur corpus ex diversis membris coagmentatum [67]. Hoc autem aliter perfici non potest, **498** nisi obtinuerit haec consuetudo, ut nihil nominatim ac peculiariter cuiquam tribuatur, neque vestimentum, neque vas, neque quidpiam aliud ex iis quae conducunt vitae communi; ut singula usibus necessariis, non autem possessoribus destinentur. Et sicuti vestimentum parvum corpori majori, aut majus parvo non convenit, sed quidquid cuique accommodatum est, id utile est et commodum: ita etiam alia omnia, lectus, stragula, calidum vestimentum, valde indigentis esse debent, non possidentis. Quemadmodum enim medicamento qui vulneratus est, non qui sanus, utitur: sic etiam vir quae ad sublevandum corpus excogitata sunt, non qui delicate vivit, sed is cui levamen opus est, merito perfruitur, in Christo Jesu Domino nostro, cui gloria et potestas in saecula saeculorum. Amen.

DE AVARITIA.
SERMO VI.

1. (4) Quando in domum inepti viri ingredior, videoque ipsam omnigenis renidentem ornamentis, intelligo eum nihil iis quae videntur pretiosius possidere, sed ornare diligenter inanimata, animam vero incultam relinquere. Quanquam innumeri stant pro foribus pauperes nullam non emittentes vocem miserabilem; negat ille se daturum, seque ait sufficere non posse rogantibus. Et lingua quidem ejurat non posse, sed a manu arguitur. Illa enim silet quidem, sed mendacium praedicat, annuli pala coruscans. O infelix atque miser, quot potest unus tuus annulus aere alieno liberare! quot domos corruentes erigere! Arca tua vestiaria vel unica potest totum populum frigore rigentem amicire; et tamen sustines pauperem non donatum dimittere, justam judicis vindictam non reformidans. Non misertus es, non consequere misericordiam: non aperuisti domum, a regno excluderis: panem non dedisti, non accipies vitam aeternam. Sed pauperem dicis teipsum; et ego assentior. Pauper enim est, qui multis indiget. Vos autem insatiabilis cupiditas multorum indigos efficit. Talentis decem, decem alia adjicere conamini: viginti coactis, totidem quaeritis, neque appetentiam sistet quod semper additur, imo accendit appetitum. Quemadmodum enim ebriis vini accessio bibendi fit occasio: sic etiam recens ditati ubi multa acquisierint, plura concupiscunt, semper addendo morbum nutrientes, eisque suum studium cedit in contrarium. Neque enim praesentia bona cum tanta sint, tantum illos exhilarant, quantum contristant quae desunt, ea, inquam, quae sibi deesse putant. Nam cum laetari ipsos par esset, ac gratiam habere, quod tam multis sunt opulentiores: contra aegre ferunt ac dolent se forte ab uno aut altero locupletiore superari. (5) Neque eos qui se ipsis inferiores sunt enumerantes, pro iis quae habent, gratias persolvunt largitori benefico: **499** imo facta cum eo quod praestantius est comparatione, quantum superentur reputantes, ita moerent et conqueruntur bonis alienis privati, ac si suis spoliarentur. (6) Nam qui necessarios terminos excessere, cum jam sibi, more eorum qui in declive feruntur, ni-

---

[67] I Cor. XII, 12.

(1) Ex hom. *in psal.* XXXIII, 147.
(2) Ex ep. CCXXXVI, 364.
(3) Ex serm. *De legendis libris gent.*, 182.

(4) Ex serm. ascetico, 323.
(5) Ex hom. *in mart. Julittam*, 59.
(6) Ex serm. *De legendis libris gent.*, 183.

hil firmum suppetat, ad quod se recipiant, nusquam ulterius abripi intermittunt : sed quo plura comparariut, eo magis opus habebunt paribus, aut etiam amplioribus ad cupiditatem explendam, secundum Execestidae filium Solonem, qui ait :

Divitiarum homini finis non constitit ullus.

In his etiam Theognide magistro utendum est, qui dicit :

*Non amo divitias, non opto : sed mihi parvo
Vivere contingat, nilque timere mali.*

Ego autem Diogenis admiror omnium simul humanarum rerum contemptum, qui se rege magno pronuntiavit ditiorem, quod in vita paucioribus quam ille egeret. Avaris autem, nisi Pythii Mysi adsint talenta, nisi sint terrae tot et tot jugera, nisi pecorum greges innumeri, sufficiet nihil. (1) Sed quemadmodum ii qui scalas conscendunt, pede semper ad superiorem gradum erecto non prius conquiescunt, quam ad summum perveniant : sic et hi quando hunc divitem assecuti, confestim ditiori adhuc pares fieri conantur : et ubi eum quoque attigerint, studium suum ad alium transferunt, et non cessant ab appetenda potentia, donec in sublime evecti, alto casu seipsos contundant.

2. (2) Atque ut qui prae insania mente moti sunt, res ipsas non intuentur; sed ea ex quibus afficiuntur : sic avarorum animus, pecuniae aviditate obrutus, cuncta aurum, cuncta argentum videt : ac lubentius aurum quam solem intueatur. Verti omnia in auri naturam exoptat, atque in id incumbit pro virili. Quid enim non molitur propter aurum? Frumentum fit illi aurum, vinum in aurum concrescit, lanae illi in aurum vertuntur; mercatura omnis, omnis solertia parit illi aurum. Ipsum aurum generat semetipsum, dum per fenora multiplicatur; neque ullus finis reperitur cupiditatis. Ac pueris quidem gulosis plerumque concedimus, ut iis quae cupiunt, sese abunde expleant, ut per majorem saturitatem fastidium ipsis afferatur. Avarus non item : sed quo pluribus impletur, hoc plura desiderat. (3) Ignis postquam accensus est, festinat materiam omnem depascere : nec quisquam priusquam materia deficiat, cum sistere potest. Avarum autem quid potest cohibere? Igne ipso est asperior, omnia continenter depascens. Usurpavit quae proximi sunt; alius prodiit vicinus, ejus quoque bona sibi assumpsit : **500** non attendit iis quae prius parta fuerunt, quod multa sunt : sed iis quae desunt, quod vicinos habet. Non laetatur possessis : sed de iis quae desunt, dolet : neque ad ea quae congessit perfruenda animum appellit, sed opum ampliorum desiderio absumit semetipsum. Deinde hinc vigiliae, curae, sollicitudines. Quid faciam?

Diruam horrea mea, et ampliora aedificabo. Stulte, hac nocte animam tuam repetunt a te : quae autem parasti, cujus erunt [68]? (4) Haec irrisio stultitiae superat supplicium aeternum. Qui enim paulo post rapiendus est et abducendus, qualia in animo versat consilia? *Destruam horrea mea.* Recte facis, ego ipse ei dixerim. Digna enim sunt quae destruantur, iniquitatis horrea. Tuis ipse manibus dirue quae male aedificasti. Solve frumentarias penus, unde nemo unquam allevatus exiit. Destrue omnem domum avaritiae custodem, everte tecta, demolire muros, ostende soli frumentum cariosum, educ e carcere vinctas opes, produc in publicum tenebrosa mammonae conclavia : *Destruam horrea mea, et majora aedificabo.* Quod si haec quoque impleveris, quid tum excogitabis? rursusne destrues, et rursus aedificabis? Quid stultius, quam laborare perpetuo, aedificare diligenter, et diligenter destruere?

3. (5) Quod si audieris : *Vende quae habes, et da pauperibus* [69], ut habeas viaticum ad aeternam felicitatem, abis tristis : si vero audieris : Da pecunias mulieribus luxuriosis, da lapicidis, fabris lignariis, hominibus calculos locantibus, pictoribus, tunc perinde gaudes ac si quidquam pecuniis pretiosius acquiras. Non vides moenia haec temporis diuturnitate collapsa, quorum reliquiae velut scopuli quidam per totam urbem eminent? Quot, cum exstruerentur, erant in urbe pauperes, qui ob collatum in ea studium a divitibus ejus temporis negligebantur? Ubi igitur splendida operum structura? ubi ille, qui magnopere laudabatur ob eorum magnificentiam? Nonne haec quidem prolapsa et abolita, ut ea, quae in arena a pueris ludentibus exstruuntur, illum autem in inferno jacentem impensi rebus vanis studii poenitet? Sis animo magno, o homo. Muri tum parvi tum magni eumdem possidentibus usum praestant. (6) Habes horrea, si vis, domos pauperum. *Thesauriza tibi thesaurum in coelo* [70]. Quae illic reconduntur, ea non depascuntur tineae, non corrodit caries, non praedantur fures. At egenis impertiar, cum secunda horrea implevero. Longum tibi vitae tempus praefixisti. Cave te praefinita dies festinans praevertat. Nam pollicitatio isthaec nequitiae argumentum est, non benignitatis. Polliceris enim, non ut de postea, sed ut praesens submoveas. Nunc cum liceat, quid impedit quominus largiare? Nonne adest indigus? nonne plena sunt horrea? an non parata merces? an non clarum praeceptum est et perspicuum? Esuriens contabescit, nudus riget : strangulatur **501** is a quo debitum exigitur; et tu eleemosynam differs in crastinum? Audi Salomonem : *Ne dixeris : Abi ae revertere, et cras dabo, cum hodie benefacere possis* [71] : *ignoras enim quid pariet dies sequens* [72].

---

[68] Luc. xii, 18-20. [69] Matth. xix, 21. [70] Matth. vi, 20. [71] Prov. iii, 28. [72] Prov. xxvii, 1.

(1) Ex hom. *in divites*, 57.
(2) Ex hom. in illud Lucae, *Destruam*, 47.
(3) Ex hom. dicta *in Lacizis*, 590.
(4) Ex hom. in Lucae *Destruam*, 48.
(5) Ex hom. *in divites*, 55.
(6) Ex hom. in illud Lucae, *Destruam*, 49.

(1) Præterea, aurum cum das, et emis equum, non moeres : cum vero peritura impertis, ac regnum coelorum accipis, lacrymas effundis, et rejicis rogantem, ac dare recusas, sexcentas tibi sumptuum causas comminiscens Quid respondebis judici? qui parietes vestis, hominem non vestis? qui equos ornas, fratrem in sordibus jacentem aspernaris? qui putrescere sinis frumentum, esurientes non alis? qui defodis aurum, oppressum contemnis?

4. (2) Quomodo tibi pauperis calamitates ponam ob oculos? Ille re familiari circumspecta, videt aurum sibi nec adesse, nec unquam adfuisse, sed vasa ac vestes, qualia esse solet pauperum possessio, omnia paucis obolis æstimanda. Ecquid igitur? Tum demum miser convertit oculos in liberos, ut in forum ducens, mortis inveniat remedium. Hic urgentis famis pugnam consideres velim, et paterni amoris. Fames quidem miserrimam mortem minatur, natura vero retrahit, suadetque ut una cum liberis moriatur : et sæpe impulsus, et sæpe retentus, tandem succumbit, necessitate egestatis coactus. Sed quæ in animo consilia versat pater? Quem primum divendam? quemnam frumenti venditor lubentius conspiciet? Accedam ad maximum natu? At ætatis jura revereor. An ad minimum natu? at me miseret illius ætatis, calamitates necdum intelligentis. Hic claram exhibet parentum effigiem : ille idoneus est ad disciplinas discendas. Heu, consilii inopiam! Quo me vertam? in quem horum impingam? qualem bestiæ animum induam? quomodo naturæ obliviscar? Omnes si servo, fame videbo consumi omnes. Unum si vendidero, quibus oculis reliquos aspiciam, illis jam perfidiæ ac proditionis nomine suspectus? Quomodo habitabo domum, qui mihi ipse sim auctor orbitatis? Quomodo accedam ad mensam, cujus abundantia causam ejusmodi habet? Atque ille quidem innumeris cum lacrymis abit charissimum filiorum venditurus : te vero non flectit calamitas, neque animum tuum subit naturæ cogitatio. Atqui fames miserum illum premit, tu vero cunctaris ac illudis, calamitatem ei reddens longiorem. Et ille quidem viscera sua pretium alimentorum porrigit ; tua vero manus ex ejusmodi calamitatibus pretia referens, non modo non stupet, sed de pretio etiam contendis, quasi plus satis offeras, atque studium in eo ponis, ut plus accipiens, minus des, misero undelibet accumulans calamitatem.

5. (3) Avem Seleucidem universorum opifex hominum gratia condidit insatiabilem ; tu vero in multorum perniciem animum tuum inexplebilem effecisti. (4) Piscium plurimi vorant se invicem, minorque apud illos alimentum est majoris. Et si unquam contigerit, ut is qui **502** minorem superaverat, alterius fiat præda : ambo in unum et eumdem posterioris ventrem ingrediuntur. Quid igitur aliud nos homines agimus, dum tyrannide et potentia opprimimus inferiores? Quid a postremo pisce differt is, qui præ voraci divitiarum cupiditate in inexplebilibus avaritiæ suæ sinibus imbecilles abscondit? Ille possidebat pauperis bona : tu ipsum apprehensum fecisti tuæ ipsius opulentiæ partem. Injustis injustiorem, et rapaci rapaciorem te ostendisti. Cave excipiat te idem finis, qui pisces : hamus videlicet, aut nassa, aut rete. Omnino enim et nos, si multum admiserimus iniquitatis, ultimam non effugiemus pœnam. * Possessiones per rapinam partas tibi reliquit pater : redde tu injuria affecto, ne tu tibi eas ut proprias vindica ; peccati est hæreditas. Injuste in servitutem redactum tibi servum reliquit pater : eum tu libertate dona, ut et illi efficias leviora tormenta, tibique libertatem pares. (5) Ne causeris liberos. Sunt tibi liberi? collige ipsis thesaurum æternum. Relinque illis recordationem bonam, magis quam divitias multas. Fac benevolentia, ut omnes filii tui sint patres. Aliquando de vita decedas necesse est ; deinde filium tuum in immatura ætate relinques adhuc tutoribus egentem. Quod si honestus fueris et bonus, unusquisque filium tuum ut suum enutriet ; nam eis in mentem veniet fuisse te quoque orphanorum patrem ; sin autem postea quam in malitia vixeris, multosque affeceris moerore, et in eos qui tecum congrediuntur fera omni fueris acerbior, ita demum migras de vita ; filium tuum reliquisti communem viventium hostem. Quemadmodum enim qui scorpii natum conspexerit, timet ne quando ætate provectior imitetur patrem : ita etiam tuis liberis paternæ nequitiæ hæredibus, priusquam ad ætatem pervenerint, struentur ab omnibus insidiæ. (6) Nam ut flumina ex parvo initio profecta, deinde per eas quæ paulatim fiunt accessiones intolerabiliter aucta, quidquid obsistit et objicitur, id violento impetu secum trahunt ; ita etiam divites ex parva potentia prodeuntes, ubi ex iis quos jam potentia sua oppressere inferendæ injuriæ facultatem ampliorem adepti sunt, tunc reliquos una cum iis quos prius injuria affecere, redigunt in servitutem, fitque ipsis potestatis incrementum magnitudo nequitiæ, cum unusquisque eorum qui jam injuria affecti sunt, magis sollicitus sit, ne quid mali ulterius patiatur, quam ut de iis quæ perpessus est, vindictam sumat.

6. (7) Ne igitur concupiscas agros proximi. Ne sulcum sulco adjiciens, agrum tuum paulatim adaugeas. Quantum enim ex aliena accessione terram dilataveris, tanto majus peccatum tibi

---

(1) Ex hom. *in divites*, 55.
(2) Ex hom. in illud Lucæ, *Destruam*, 46.
(3) Ex hom. *in divites*, 57.
(4) Ex hom. vii *in Hexaem.*, 65.

(5) Ex hom. dicta *in Lacizis*, 591.
(6) Ex hom. *in divites*, 57.
(7) Ex hom. *in Lacizis*, 590.

accersis. Et terra quidem quæ tibi paulatim accesserat, et per avaritiam parta fuerat, hic remanet, nec amplius tua est, sed hæredum, ac iniquas opes relinquis successori. *Terra in æternum stat* [73] : peccatum vero sequetur ut umbra, animæ omni adhærens. Quemadmodum enim umbra sequitur corpus : ita et peccatum animæ adhæret. (1) Præterea quicunque usurpatis proximorum agris, limites possessionum suarum plus æquo extenderunt, eo quod possessiones illæ non sine gemitibus eorum qui injuria afficiebantur, fuerant acquisitæ, facti sunt a divina benedictione alieni. Unde ubi decem boum juga, ut est apud Isaiam [74], araverant, vix laguncula una vindemiabitur, et ubi sex artabæ fuerant seminatæ, vix tres fructuum mensuræ colligentur. (2) Malus in urbe, malus ruri vicinus est rapax. Novit mare terminos suos : nox antiquos limites sibi præscriptos non transgreditur. At vero homo rapax non veretur tempus, non agnoscit terminum, successionis ordini non cedit : sed ignis vim imitatur, invadit omnia, omnia depascitur. Quæcunque videt oculus, ea concupiscit rapax. *Non explebitur oculus videndo* [75], neque rapax satiabitur accipiendo. Infernus non dixit, Sufficit [76], neque rapax unquam dixit, Sufficit. (3) At vero quid inde lucri? Vigiliæ, curæ, sollicitudines. Judex exspectatur, et ipse circumspectat ne ad judicium pertrahatur. Deliberat noctu, quos amarulentos patronos subornet, ut falsa testimonia mercede redimat, quomodo eum qui desolatus est expugnet, quomodo eum opprimat potentia, ac in ipso judicio occultata veritate, et judicem fallens, et injuria affectum bonis spolians, utrumque voret. Pecunias alias profert in medium, alias defossas habet, ad spes incertas seponens, ad spes, inquam, quæ spes nequaquam sunt. Etenim si ad spes reconderentur, in æternum spem fieret illa præparatio. Nunc autem sub lecto divitias incertas abscondit, venturum damnum avertere se ratus. Sed an ventura sit unquam utendi necessitas, incertum ; contra, veniet tempus, in quo pecunias non distribuisse pœnitebit. Hoc certum est, et indubitatum, et ego sponsor sum. (4) Quid agis, miser? Humi thesaurum mandas. Quandonam uteris præsentibus? quando his frueris semper acquirendi labore detentus? annon innumera causaris, ut rem proximi usurpes? Mihi, inquit, tenebras offundit domus vicini, turbas excitat, aut errones suscipit. Si domum vicini desideras, nec tibi unquam vicinus defuturus est, necesse est videlicet, ut ad extremos orbis nostri terminos te conferas. (5) Quod si id fieri nequit, a prima cogitatione cohibe tuum ad malum impetum, o homo, his quæ antea possedisti contentus, stansque his quæ habes : non ignarus, ædium magnitudines, eo quod ex iniquitate constructæ essent, habitatoribus vacuas esse, et jugerum multitudinem ex rapinis comparatam sæpe infecundam effici. Antevertit enim sæpenumero futurum judicium divina ultio, ac terminis injustis circumscriptas domos nulli jam aptas usui relinquit, ex magna hominum frequentia ac splendido apparatu vacuas habitatoribus redigens. Nam qui aliena cupit, non multo post lugebit, propriis suis privatus. (6) Quid Naboth Jezraelitam interemit? Nonne cupiditas Achaab vitem illius concupiscentis?

7. (7) Recordare illius diei, in quo *Revelatur ira de cœlo* [77]; veniat tibi in mentem gloriosus adventus Christi; cum qui bona egerint, resurgent in resurrectionem vitæ; qui vero mala, in resurrectionem judicii [78]. Hæc te tristitia afficiant, non molestum tibi sit præceptum Dei. Quomodo flectam te? quid dicam? Regni non teneris desiderio, non times gehennam, unde sanitas animæ tuæ conciliabitur? Etenim si non terrent horrenda, si læta ac hilaria non exstimulant, lapideum cor alloquimur. (8) Velim te ab injustitiæ operibus paululum respirare, o avare, et cogitationibus tuis otium dare, tecum ut reputes ad quem finem studium ejusmodi rerum tendat. Habes tot jugera terræ arabilis, totidem terræ arboribus consitæ, montes, campos, saltus, fluvios, prata. Quid igitur post hæc? Nonne tres terræ cubiti te exspectant? nonne paucorum lapidum onus misero corpori custodiendo erit satis? Ob quam rem inique agis? quid manibus infructuosam sterilitatem atque inexstinguibili perpetuoque igni materiam coacervas? Num tandem resipisces ab hac ebrietate? num recipies te ad saniorem mentem? num ad te redibis? num Christi judicium tibi pones ob oculos? Quam allaturus es excusationem, cum ii qui injuria affecti fuerint, te circumstantes, adversum te clamabunt coram æquo judice? Quid ergo facies? quos conduces patronos? quos testes duces? quomodo illudes judici, qui nullis artibus decipi potest? Nullus ibi adest rhetor, non sunt verba suasoria, quæ judici veritatem suffurari possint : non sequuntur adulatores, non pecuniæ, non fastus dignitatis. Desertus ab amicis, destitutus fautoribus, sine patrocinio, citra defensionem, pudore suffusus relinqueris, tristis, mœstus, solitarius, fiducia ac libertate loquendi carens. Quocunque enim convertes oculos, clara et aperta conspicies scelerum argumenta; hinc pupilli lacrymas, illinc viduæ gemitum, aliunde egenos abs te pugnis obtusos, servos quos cecidisti, vicinos quos ad iracundiam provocasti. Insurgent adversum te omnia : te tuarum

---

[73] Eccle. 1, 4. [74] Isa. v, 10. [75] Eccle. 1, 8. [76] Prov. xxvii, 27; xxx, 16. [77] Rom. 1, 18. [78] Joan. v, 29.

(1) Ex comment. *in Isa.*, 486.
(2) Ex hom. *in divites*, 57.
(3) Ex hom. dicta *in Lacizis*, 591.
(4) Ex hom. *in divites*, 57.
(5) Ex comment. *in Isa.* 486.
(6) Ex hom. *in divites*, 57.
(7) Ibid., 58.
(8) Ibid., 57.

actionum malarum chorus pravus stipabit. Nullus est ibi negandi locus, sed obturatur omne os impudens. Nam ipsa testimonium in unumquemque ferunt opera, non quidem vocem emittentia, sed talia apparentia, qualia a nobis peracta sunt. Fugiamus igitur totis viribus gravissimum avaritiæ vitium : fugiamus, inquam, ut et indicta nobis supplicia vitemus, et æternorum bonorum participes efficiamur, in Christo Jesu Domino nostro, cui gloria, et potestas, cum principio carente Patre, ac sanctissimo et vivificante Spiritu, nunc, et semper, et in infinita sæcula sæculorum. Amen.

505 DE PECCATO.
SERMO VII.

1. (1) Magnum ac varium bellum nobis, dilectissimi, quotidie infert hostis veritatis. Infert autem, uti scitis, dum cupiditates nostras jacula adversum nos efficit, semperque vires a nobis ad nos lædendos mutuatur. Et quemadmodum improbi homines ac rapaces, quorum opera ac propositum est ex alienis ditescere, sed quibus non suppetit potentia ut violentiam apertam exerceant, vias insidiose occupare solent, et si viderint circa eas locum quempiam, aut vallibus profundis præruptum, aut arborum densitate umbrosum, eo recipientes se, et eminus prospiciendi viatoribus facultatem his præcedentes integumentis, ex improviso in illos insiliunt, ita ut nemo possit periculi laqueos videre antequam in eos incidat : sic infensus nobis ab initio et adversarius diabolus, voluptatum mundanarum umbras subiens, quæ circa hujus vitæ viam ad occultandum prædonem et ad dandas insidiatori latebras idoneæ esse solent, inde inopinato interitus laqueos nobis subjicit.

2. (2) Sed quemadmodum urbium muri in circuitu omni ex parte circumducti, undecunque hostium assultus arcent : sic et custodiæ nostræ angelus et præmunit a fronte, et a tergo custodit, nec quidquam utrinque incustoditum relinquit : sed semper excubias agens, Domino credentibus assidet, nisi nos illum operibus pravis abigamus. Quemadmodum enim fumus apes fugat, et fetor columbas expellit : sic angelum vitæ nostræ custodem lacrymabile ac graveolens peccatum abigit.

3. (3) Optandum igitur fuerit, ut ne attingamus malum. Attamen secunda superest navigatio, ut statim post experientiam illud tanquam bestiæ venenatæ plagam declinemus. Novi enim quosdam, qui in juventute ad carnis vitia delapsi, usque ad ipsam canitiem in peccatis propter mali consuetudinem perseveraverunt. Quemadmodum enim sues,

[79] Jos. vii, 25.   [80] Num. xv, 36.

(1) Ex hom. xxi, *Quod mundanis adhærendum non sit*, 163.
(2) Ex hom. *in psal.* xxxiii, 148.
(3) Ex hom. *in psal.* i, 96.
(4) Uterque codex indicat serm. ethic.

qui sese in cœno obvolvunt, semper magis ac magis luto asperguntur : sic ii quotidie magis ac magis voluptatis dedecus contrahunt. (4) Peccatum enim, quandiu parturit, pudorem quemdam incutit : ubi autem perfectum est, tum impudentiores eos facit qui commiserunt. (5) Dum igitur parva peccamus et pauca, leniter quodammodo commovemur, velut plantæ quæ a leni aura agitantur : ubi vero plura majoraque fuerint mala, pro ratione incrementi peccatorum etiam commotio augeri solet. Et alii quidem multum commoventur; alii vero usque adeo, ut etiam radicitus eversi dejiciantur, cum spiritualia nequitiæ quasi radices animæ, quibus per fidem in Deum subnixa erat, omni turbine violentius abruperint. Qui enim invitus ab officio discedit, **506** (6) forte veniam aliquam obtinebit a Deo : qui vero fuerit consulto mala amplexus, implacabiliter supplicia longe majora perferet. (7) Peccata enim alia sunt involuntaria, alia a pravo animo oriuntur. Aliter utique datur venia involuntariis : aliter ea quæ ex prava voluntate fiunt, condemnantur. Siquidem unus aliquis peccavit, prave ab initio educatus; quippe et a parentibus injustis procreatus introivit in vitam, et inter verba factaque iniqua nutritus fuit : alter vero multa habens virtutis incitamenta, educationem honestissimam, admonitionem parentum, magistrorum disciplinam, auditionem divinorum sermonum, castigatam moderatamque diætam, et alia quibus anima ad virtutem instituitur, postea tamen delapsus est et ipse in idem peccatum ; nonne ergo jure ac merito qui ejusmodi est, supplicio graviori punietur? Nam ille quidem ob sola inspersa animis nostris salutaria subsidia accusabitur, ut eis non probe usus ; sed hic insuper, ut proditor omnis sibi concessi adjumenti, ac negligentia in pravam vitam abreptus.

4. (8) Quænam igitur peccata veniam apud Deum obtinere possunt, et ob quæ et ob qualia delicta fit quis contumaciæ judicio obnoxius ? Neque in multitudine neque in magnitudine peccatorum, sed in una tantummodo cujuscunque tandem præcepti violatione, contumaciam adversus Deum clare judicari, communemque sententiam a Deo ferri in omnem inobedientiam invenimus, Scripturas sacras dum evolvimus. Atque in Veteri quidem lego horrendum illum ipsius Achar exitum [79], aut ejus qui Sabbato ligna collegerat [80], historiam : quorum neuter unquam aliud in Deum peccasse aut in hominem, sive magnum sive parvum deprehenditur. Sed alter quidem ob solam ac primam lignorum collectionem inevitabiles pœnas luit, ne pœnitentiæ quidem invento loco, quandoquidem

(5) Ex hom. *in psal.* lxi, 194.
(6) Ex serm. *De legendis libris gent.* 181.
(7) Ex hom. *in princip. Prov.* 104.
(8) Ex Proœmio *De judicio Dei*, 217.

Dei jussu confestim a cuncto populo lapidibus obruitur. Alter vero, quod solum sustulisset aliquid ex donariis et muneribus, iisque nondum in synagogam exportatis, necdum ab iis qui ad talia recipienda destinabantur, assumptis, non sibi modo, sed uxori etiam et liberis exitii atque perniciei auctor fuit, præterea que et ipsi tabernaculo una cum suis omnibus. Jamque peccati vindicta, ignis in modum, populum omnem populatura erat, idque, cum neque rem nosset, neque peccanti conscius esset, nisi statim ob virorum interfectorum cladem contritus populus fuisset, iram Dei sentiens, ac Jesus Nave filius pulvere conspersus procidisset una cum senioribus, sicque reus per sortem deprehensus, eas quas dixi pœnas dedisset. (1) Quid vero Maria Moysis soror? Illa cum solum aliquid contra Moysem improbando dixisset, idque ipsum vere (uxorem enim, inquit, Æthiopissam sibi adjunxit), tantam experta est Dei indignationem, ut ne ipso quidem Moyse precante peccati pœna ipsi remitteretur [81]. Sed istorum quid meminisse necesse est, ipso Moyse præterito, Dei famulo, magno illo viro, tot ac tantis honoribus a Deo insignito, et ipsius testimonio ita comprobato, ut audierit: *Novi te præ omnibus, et invenisti gratiam coram me* [82]? Hic enim ad aquas contradictionis, nulla alia de causa, nisi quod tantummodo populo ob aquæ penuriam murmuranti dixerat, *Num ex hac petra educam vobis aquam* [83]? hac sola de causa statim a Deo comminationem accepit, fore ut non ingrederetur in terram promissionis, quæ omnium, quæ Judæis promissa fuerant, tunc summa erat. Cum igitur video hunc rogantem, et veniam non obtinentem; cum video nullam illi tot ac tanta recte facta brevis hujus verbi veniam impetrasse; nonne revera secundum Apostolum severitatem Dei cerno [84]? nonne ita persuadebo mihi plane verum esse illud: *Si justus vix salvus efficitur, impius et peccator ubi parebit* [85]? Et quid hæc commemoro? Heli sacerdos, vitæ alioqui integerrimæ, propterea quod in filios suos vehementius non inveheretur, tanta ira Dei lenitatem incendit, ut, alienigenis irruptionem facientibus, illi ipsi ejus filii una die in bello interficerentur, superareturque universus populus, non paucis ex eo cadentibus, imo etiam circa arcam sancti fœderis Dei fierent, quæ ne audita quidem unquam antea fuerant: sic ut arca quam neque Israelitis, neque ipsis sacerdotibus omnibus, neque quovis tempore contingere licebat, quæque non in quovis loco asservabatur, alio aliunde exportata sit ab impiis manibus, et pro sanctuario in simulacrorum delubris collocata fuerit. Ex quibus conjectare fas est, quanto risui ludibrioque ipsum etiam Dei nomen alienigenæ illi habuerint. Ad hæc et ipse Heli miserrimo exitu vitam finiit, eique minatus est Dominus fore ut semen ejus a sacerdotali dignitate submoveretur: quod et contigit: tametsi senex ob suos ipsius mores nullo unquam crimine accusatus est. Imo etiam neque filiorum suorum flagitia tacitus sustinuit: sed multum admonuerat, ut ne amplius in ejusmodi peccatis perseverarent. Aiebat enim: *Absit, filii! non sunt boni rumores, quos audio de vobis* [86]. Quoniam tamen quod par erat animi studium in ipsos non ostendit, sibi ac illis ipsique populo tantam iram Dei accendit. (2) Et videtur quidem objurgatio finem habere peccatoris correctionem, opprobrium vero ad lapsi confusionem inferri. (3) Etenim etiamsi videatur quispiam præclare permulta fecisse, paucorum vero vel etiam unius cujuslibet præcepti negligens fuerit, aut delinquenti indifferenter acquieverit, neque diligens studium secundum Dei judicium adhibuerit, justas hoc solum nomine pœnas luet. Quod si etiam imprudens tale quid peccet, neque eo prætextu supplicium effugiet.

5. (4) Ejus quidem generis judicia plurima in Veteri Testamento adversus omnem inobedientiam reperimus; nec vero his pauciora, Novum legendo dum pergimus, sed et multo hic severiorem deprehendimus judicii acerbitatem, ut illud, *Servus qui cognovit voluntatem domini sui et non fecit, vapulabit multis; qui autem non cognovit, et fecit digna plagis, vapulabit paucis* [87]. Christus profecto nec eum qui peccarit imprudens a pœnis liberat, et in eos qui prudentes delinquunt, vehementiores minas intendit. Et rursum, *Cælum*, inquit, *et terra transibunt, verba autem mea non præteribunt* [88]. Beatus quoque apostolus Paulus ait, *Consilia destruentes, et omnem altitudinem extollentem se adversus scientiam Dei, et in captivitatem redigentes omnem intellectum in obsequium Christi* [89]. (5) Omnem altitudinem, omnemque intellectum, non hunc, vel illum. *Et in promptu habentes ulcisci omnem inobedientiam* [90]. Et alibi rursum: *Qui talia agunt, digni sunt morte* [91]; et rursum: *Qui in lege gloriaris, per prævaricationem legis Deum inhonoras* [92]. Itaque nihil apud Deum impunitum relinquitur. Sed si hæc verba sunt solum sine re; ecce qui Corinthi uxorem patris habebat, qui cum hoc uno excepto, nullius alterius flagitii insimularetur, tamen non solum ipse traditur Satanæ ad carnis interitum, donec dignis pœnitentiæ fructibus emendasset peccatum, sed universam simul Ecclesiam, quod id scelus ulta non esset, in hæc conjicit vituperia. (6) Quid vero Ananias ille, cujus mentio est in Actis? Quodnam aliud malum per-

---

[81] Num. xii, 17 sqq. [82] Exod. xxxiii, 12. [83] Num. xx, 10. [84] Rom. xi, 22. [85] I Petr. iv, 18.
[86] I Reg. ii, 24. [87] Luc. xii, 47. [88] Matth. xxiv, 35. [89] II Cor. x, 5. [90] ibid. 6. [91] Rom. i, 32.
[92] Rom. ii, 23.

(1) Ex Proœmio *De judicio Dei*, 217.
(2) Ex hom. *in ps.* xiv, 355.
(3) Unus codex indicat serm. ascet.
(4) Ex Proœmio *De judicio Dei*, 219.
(5) Ibid., 220.
(6) Ibid., 221.

petrasse invenitur, praeter illud ipsum? Ubi igitur apparet, ipsum ira tanta dignum fuisse? Dividitis suis facultatibus, pecunias detulit ad pedes apostolorum : sed tamen, quod aliquam pretii partem seposuisset, propterea eadem hora una cum uxore morte plectitur, neque id consecutus ut de agenda ob admissum peccatum poenitentia quidquam audiret, nec saltem invento tempore, quo ob scelus compungi posset, nec accepto ad agendam poenitentiam praefinito spatio. Porro talis ac tanti judicii exactor, tantaeque Dei in peccantem irae minister, beatus ille Petrus, omnibus discipulis praelatus, cui soli majora data quam aliis sunt testimonia, qui praedicatus est beatus, cui claves regni coelorum concreditae sunt, cum audit a Domino, *Si non lavero te, non habebis partem mecum* [93], quale cor, quaeso, et quantumvis lapideum ad metum judiciorum Dei non incitet? praesertim cum nullius peccati, nulliusve contemptus significationem ullam dedisset, imo potius egregio honore Dominum affecisset suum; ac convenientem servo et discipulo reverentiam declarasset. Cum enim vidisset suum et universorum Dominum ac Deum, et regem, et servatorem simulque omnia, in ministri habitu linteo cinctum, et pedes ipsius lavare volentem, mox ut conscius indignitatis suae, et ob accedentis dignitatem attonitus, exclamavit : *Domine, tu mihi lavas pedes* [94]? et iterum : *Non lavabis mihi pedes in aeternum* [95]. Hac de causa tantae ei intenduntur minae, ut nisi celeri ac fervida obedientia emendasset contradictionem, non Domini testimonia beatum eum praedicantia, non dona, non promissa, neque etiam accepta a Deo et Patre talis ac tantae in Filium unigenitum benevolentiae revelatio, **509** hanc inobedientiam sanare potuisset.

6. Sed si omnia recensere velim, quae in Veteri ac Novo Testamento nanciscor, fortasse narrantem me tempus deficiet. (1) Nunc illud tantum commemorandum est, quod in magna ac horrenda judicii die Dominus noster Jesus Christus his, qui ad laevam ipsius stabunt dicturus est : *Discedite a me, maledicti, in ignem aeternum, qui paratus est diabolo, et angelis ejus* [96] : non quia occidistis, aut fornicati estis, aut mendacium dixistis, aut cuipiam intulistis injuriam, aut aliud quidquam saltem minutissimum ex iis quae prohibita sunt, fecistis : sed quia bona opera neglexistis. *Esurivi enim*, inquit, *et non dedistis mihi manducare : sitivi, et non dedistis mihi potum : infirmus et in carcere, et non visitastis me* [97]. Qui igitur mollitie non diffluit, et a continentia ac temperantia minime deflectit, is non omnem peccati fugam consecutus est : sed si plurima quidem effugit, ab uno vero superatus est, non temperans ille est, ut neque sanus qui vel unico corporis morbo agitatur : neque liber, qui uni quicunque ille sit domino paret. (2) Iis quidem quorum sanabilia sunt peccata, interminatur Scriptura fore, ut visitet Dominus eorum iniquitates in virga, et eorum injustitias in verberibus [97*]; sed his qui insanabiliter peccaverunt dicit : *Quid adhuc percutiamini* [98], plagas omnes experti? Omnia contempsistis inflicta ad emendandum flagella, contritio vos manet. Ex iis autem calamitatibus quae eveniunt, aliae quidem accidunt ad punienda peccata, aliae ad mores eorum qui tentantur emendandos, aliae ad eos qui desperantur atterendos, ut in Pharaone. His enim non jam plagas aut flagella, sed interitum minatur. *Quid adhuc percutiamini vos*, quorum corpora et animae flagris concisa sunt, nec usquam emendatio! (3) Erit enim utilis saepenumero vel morbus, cum videlicet peccantem refrenabit. Et nocua est sanitas cum peccati instrumentum fit recte valenti. Sic et pecuniae nonnullis jam ad libidinem inservierunt ; paupertas vero plurimos ad vitia magnopere propendentes repressit. Neque igitur fugias quae non oportet ; nec confugias ad quem non oportet : sed unum tibi fugiendum sit peccatum, et unum ex malis refugium Deus.

7. (4) Multi quidem priorum peccatorum obliviscuntur, nullam eorum habentes rationem, ac ea contemnentes, quasi nulla futura sit ultio. Qui vero judicium Dei jugiter habet ob oculos, creditque certo fore, ut omnes coram Christi tribunali sistamur, ut reportet unusquisque ea quae fiunt per corpus, juxta id quod fecit, sive bonum, sive malum [99], is in anxietate semper versatur, et hunc animae suae dolorem sanare studens, per suas ad Deum confessiones se ipse accusat, exemplo illius qui ait : *Dolor meus in conspectu meo semper* [1]. (5) Multi vero etsi a pravis operibus recesserunt, dum **510** priora facta recordatione percurrunt, per eam saepe quiescens renovant peccatum. (6) Silentio enim sopita improbitas, latens est morbus in anima. (7) Caeterum eorum qui peccant dimissio fit per derelictionem. Quorum autem curam gerit, de iis ait Scriptura : *Non te deseram, neque te derelinquo* [2] : e contrario de quibus prorsus desperat, hos ad carnis et cogitationum suarum desideria explenda liberos dimittit, quod eis profutura non sit animadversio. (8) Quoniam enim hoc peccatum vulnere, livore ac

---

[93] Joan. xiii, 8. [94] Joan. xiii, 6. [95] ibid. 8. [96] Matth. xxv, 41. [97] ibid. 42. [97*] Psal. lxxxvi 33. [98] Isa. i, 5. [99] II Cor. v, 10. [1] Psal. xxxvii, 18. [2] Jos. i, 5.

(1) Ex Proœmio *De judicio Dei*, 222.
(2) Ex comment. *in Isa*. 389.
(3) Ex hom. *in psal*. xlv, 171.
(4) Ex hom. *in psal*. xxxvii, 370.
(5) Unus codex indicat comment. *in Isa*.
(6) Uterque codex indicat serm. ethic.
(7) Ex comment. *in Isa*. 482.
(8) Ibid., 590.

plaga tumente pejus est; non est malagma imponere tanquam ad plagam, neque oleum, ut ad vulnera : nec jam opus est hisce remediis : quippe majora sunt, inquit, symptomata quam ut hisce medicamentis cedant. Et quia tota gens peccatrix est, populusque omnis peccatis plenus, ob id ad omnes sæpenumero pervenit supplicium. *Et omne cor mœret*[a], dum in captivitatem abducitur populus ob peccata. Quemadmodum igitur sectionis, aut cauterii causam non sustinet medicus, sed morbus : sic et civitatum eversiones ab innumera peccatorum multitudine exortæ, omnem querelam a Deo propulsant.

8. (1) Invadunt enim propter paucos in omnem populum mala, ac flagitium unius plebi toti nocet. Achar sacrilegium commisit[b], et totus castigatus est exercitus. Zambri Madianitidas scortatus est[c], et Israel pœnas dedit. (2) Ac ut pestis, ubi unum hominem, aut jumentum attigit, contagio in proximos quosque serpere solet : sic et iniquitatis operarii proprium malum in omnes transfundere conantur, multosque sibi similes fieri magnopere cupiunt, ut in vitiorum societate infamiam vitent; atque alter alteri morbum impertientes, ægrotant simul, simulque pereunt. Nam neque ignis, materiam suscipiendæ flammæ idoneam nactus, cohiberi potest, quominus universam pervadat, maxime, si vehemens ventus flammam pervehat : neque fieri potest, ut peccatum, quod unum aliquem attigerit, ad omnes vicinos non transeat, si nequitiæ spiritus illud accendant.

9. (3) Etenim corporeæ actiones et tempore indigent, et opportunitate, et labore, et adjutoribus, denique reliquo commeatu. E diverso, cogitationis motus citra temporis moram fiunt, perficiuntur citra lassitudinem, citra negotium ullum consistunt, idoneum ipsis est tempus omne. Et sane nonnunquam invenitur qui arrogans sit, superbiatque de gravitate et castitate, quique extrinsecus præ se ferens temperantiæ larvam, ac plerumque inter eos, qui ipsum ob virtutem beatum prædicant, desidens medius, mox tamen cogitatione per occultum cordis motum ad peccati locum accurrat. Videt animo concupita, comminiscitur congressum quempiam indecorum, ac denique in abdita cordis officina, claram in seipso voluptatis speciem depingens, intus peccatum sine testibus perpetrat. Peccati enim maxima pars in voluntatis appetitione absolvitur; propterea quod corporis actiones a **511** multis interpellantur : qui vero peccat voluntate, statim celeri cogitationum motu peccatum explevit.

(4) Ut enim umbra corpus, sic peccata animas comitantur, gestorum imaginem claram exprimentia. (5) Est enim perfecta malitia, cum quis et voluntate peccat et factis : dimidia vero mali pars est, cum peccatum in animi proposito manet. Itaque qui cogitatione peccat, non omnino remansurus est inultus : sed quantum deficit a malo, tantum ei pœnarum remittetur. (6) Utique horum unusquisque, qui inter fratres admissus fuerit, posteaque professionem suam resciderit, perinde aspici debet, ut qui in Deum peccaverit, coram quo, et in quo pactorum confessionem deposuit. Si vero, inquit, *in Deum quis peccaverit, et quis orabit pro eo*[d]? Qui enim seipsum dicavit Deo, et deinde ad aliud vitæ genus transiit, factus est sacrilegus, cum ipse sui ipsius fur fuerit, donariumque Deo consecratum abstulerit. Quibus æquum est non amplius fores fratrum aperiri, ne si in brevi quidem transitu ad poscendum tectum accederent. Perspicua est enim Apostoli regula, qua jubemur subducere nos ab omni inordinato, neque commisceri cum illo, ut confundatur.

10. (7) Sic enim a principio absque spinis rosa nascebatur; postea vero floris pulchritudini fuit spina adjuncta, ut fruendæ voluptati foret dolor contiguus, dum recordaremur peccati, cujus causa ad hoc damnata terra est, ut nobis spinas proferret atque tribulos. Sed affectionum depravatio, per ignorationem Dei, improbam cognitionem insevit. (8) Siquidem magnus ille athleta Job tentationes omnis generis perpessus, non ignorabat undenam hoc sibi eveniret. Quapropter dicebat : *Sagittæ enim Domini in corpore meo sunt, quarum ira meum ebibit sanguinem*[e]. David vero cum anima ipsa ægrotaret, se ipse ulciscebatur atque affligebat, seque omni pœnarum generi subjiciebat in variis confitendi modis. *Quoniam enim sagittæ tuæ infixæ sunt mihi*, inquit, *et confirmasti super me manum tuam. Non est sanitas in carne mea a facie iræ tuæ. Non est pax ossibus meis a facie peccatorum meorum*[f]. Porro sagittæ hic memoratæ mihi videntur esse spirituales, imo vero ipsa Dei verba, quæ pungebant ac vulnerabant ipsius animam, et de conscientia ipsa sumebant supplicium, eamque castigabant. Vir enim hic tantus cum esset, totque a Deo bona consecutus, tamen factum turpe patravit. Quoniam enim inermis inventus David, ignitis maligni telis non resistebat, jure in arma sauciatus, concupiscentia correptus est. Quemadmodum autem Job diaboli sagittas, immissa videlicet corpori suo ulcera, quia permissu Dei acciderant, sagittas Domini vocavit, dicens : *Nam sagittæ Domini in corpore meo, quarum furor ebibit meum*

---

[a] Isa. i, 5. [b] Jos. vii, 1. [c] Num. xxv, 6. [d] I Reg. ii, 25. [e] Job vi, 4. [f] Psal. xxxvii, 3-4.

(1) Ex hom. *in famem et siccit.*, 66.
(2) Ex hom. *in psal.* i, 96.
(3) Ex hom. *in illud, Attende tibi ipsi*, 17.
(4) Ex hom. *in divites*, 58.
(5) Ex comment. *in Isa.* 459.
(6) Ex *Regulis fusius tractatis*, 355.
(7) Ex hom. v *in Hexaem.* 45.
(8) Ex hom. *in psal.* xxxvii, 364.

sanguinem; ita verisimile est ideo Davidem hic sagittas Domini nominasse, quia ex Domini concessu inimicus eum oppugnabat, ut edisceret non dicere : *Non movebor in œternum*[9]. [Quia enim Dei gratia roboratus, magna aliquando de se senserat, ita ut arroganter diceret : *Ego autem dixi in abundantia mea : Non movebor in œternum* [10] : ideo jure tentatori traditus est, qui animam ejus adortus, majus ei quam Jobo damnum intulit.

11. (1) Ego autem tria hæc video animi affectionis discrimina in inviolabili Christo obediendi necessitate, servorum, mercenariorum, filiorum. Aut enim supplicii metu a malo declinamus, versamurque in affectu servili ; aut mercedis lucra requirentes, ob nostram ipsorum utilitatem mandata explemus, et hoc pacto mercenariis efficimur similes ; aut ob ipsum honestum, et amorem illius qui legem nobis dedit, gaudentes quod digni simus habiti, qui tam glorioso ac bono Deo serviamus ; et ita demum ut filii afficimur. Neque igitur is qui in timore perficit mandata, semperque desidiæ pœnam veretur, alia quidem quæ sibi præcepta fuerint, exsequetur, alia vero negliget : sed omnis inobedientiæ vindictam sibi ex æquo metuendam suspicabitur. Et idcirco beatus prædicatur qui scilicet nihil eorum quæ ad officium pertineant, prætermittere velit. *Beatus enim vir*, ait, *qui timet Dominum* [11]. Quam ob causam? *quia in mandatis ejus volet nimis* [12]. Sed neque mercenarius quidem quidquam eorum quæ præscripta sint, violare volet. Quomodo enim operæ mercedem referet, si pacta omnia non servaverit? Etenim si vel unum ex iis quæ necessaria exstiterint, defuerit, inutile opus possessori reddidit. Ecquis igitur, manente detrimento, mercedem persolvat injuriæ actori? Tertium ministerium erat ob charitatem præstitum. Quis igitur filius, cum ei scopus sit, ut complaceat patri, ipsum in rebus majoribus lætitia afficiens, tristitiam ob res minimi momenti afferre volet? Qui igitur maximam violant mandatorum partem, quo in numero collocari cupiunt? cum neque ut Patri obsequantur Deo, neque ut magna pollicenti parcant, neque ut Domino serviant.

12. Quomodo si vitam voluptariam vitæ quæ juxta mandata degitur, anteponamus, vitæ beatitudinem, et civitatis cum sanctis jus æquale, et cum angelis gaudia in Christi conspectu nobis pollicemur? Sunt animi vere stolidi talia commenta. Quomodo cum Job ero, qui ne levissimam quidem calamitatem cum gratiarum actione pertulerim? Quomodo cum Davide, qui leniter me non gesserim cum adversario? Quomodo cum Daniele, qui assidua abstinentia et sedula precatione Deum non exquisierim ? Quomodo cum singulis quibusvis sanctis, qui illorum vestigia secutus non sim? Quis certaminum arbiter ita judicii expers est, ut victorem et eum qui non decertavit, paribus coronis dignos esse censeat? Quis imperator iis qui vicerint, et iis qui ne comparuerint quidem in pugna, distribuit unquam æqualem spoliorum partem? Deus quidem bonus est, sed est quoque justus. Justi autem est remunerare pro merito, sicut scriptum est: *Benefac, Domine, bonis. Declinantes autem in obligationes, adducet Dominus cum operantibus iniquitatem* [13]. Misericors quidem est, sed et judex. *Diligit enim*, inquit, *misericordiam et judicium Dominus* [14]. Didicistine quinam sint, quorum misereatur? *Beati*, inquit, *misericordes, quoniam ipsi misericordiam consequentur* [15]. Vides quam considerate utatur misericordia? Neque citra judicium misericors est, neque judicat citra misericordiam. *Misericors enim Dominus et justus* [16]. Ne igitur dimidia ex parte Dominum cognoscamus, neque ipsius benignitas ignaviæ nobis occasio sit. Ideo tonitrua, ideo fulmina, ut ne contemnatur bonitas. Qui efficit ut sol oriatur [17], ipse etiam cæcitate multat [18]. Qui imbrem dat [19], etiam ignem pluit [20]. Illa clementiam, hæc severitatem indicant. Aut propter illa diligamus, aut propter hæc timeamus, ne nobis quoque dicatur : *An divitias bonitatis ejus et longanimitatis contemnis, ignorans quod benignitas Dei ad pœnitentiam te ducit? Secundum autem duritiam tuam, et impœnitens cor, thesaurizas tibi iram in die iræ* [21]. (2) Ecquid mihi proderunt cætera recte facta, si propterea quod fratrem fatuum appellavero, sim gehennæ addicendus? Quam enim utilitatem percipit qui a multis liber est, si vel uno redigitur in servitutem? *Qui enim*, inquit, *facit peccatum, servus est peccati* [22]. Quid etiam cuiquam prodest multorum morborum esse expertem, si ipsius corpus vel ab uno morbo corrumpitur ? (3) Qui enim voluntatem Dei facit, sed non ut vult Deus, neque in affectu amoris erga Deum id facit, inutile habet operis studium : nam ait, *Amen dico vobis, quia receperunt mercedem suam* [23]. (4) Itaque primæ tuæ originis si memor non es, o homo, ex persoluto pro te pretio aliquam dignitatis tuæ notionem accipe, ad pretium illud quo commutatus es respice, tuamque agnosce dignitatem. Emptus es pretiosissimo Dei sanguine, peccati ne fias servus. Intellige tuam præstantiam, ut ne jumentis insipientibus assimileris. Quomodo enim vos, qui stultis perniciosisque concupiscentiis servitis velut mancipia, servis imperabitis ? Quomodo liberos vestros recte institutetis, qui expertem disciplinæ et ordinis vitam degitis? *Ut enim mihi incumbit necessitas, et væ mihi est*, ut ait Apostolus, *nisi evangelizavero* [24], et justitiam Dei nocte dieque vobis annuntiavero. Ita etiam

---

[9] Psal. xxix, 7. [10] ibid. [11] Psal. cxi, 1. [12] ibid. [13] Psal. cxxiv, 4-5. [14] Psal. xxxii, 5. [15] Matth. v, 7. [16] Psal. cxiv, 5. [17] Matth. v, 45. [18] IV Reg. vi, 18. [19] Zach. x, 1. [20] Gen. xix, 24. [21] Rom. ii, 4, 5. [22] Joan. viii, 34. [23] Matth. vi, 2. [24] I Cor. ix, 16.

(1) Ex *Regulis fusius tractatis*, 329.
(2) Ibid., 329.
(3) Ibid.
(4) Ex hom. *in psal.* xlviii, 185.

vobis par periculum, si vel desidiæ vos dederitis, vel remisse et dissolute in iis quæ vobis tradunlur tum retinendis, tum opere complendis versemini. *Sermo* enim *quem locutus sum,* ait Dominus, *ille judicabit mundum in extrema die* [35]. (1) Semper enim quod bonum est cupiens, ab eoque semper aberrans, nullam aliam possum eorum quæ fiunt causam invenire, nisi quod persuasum habeo, me veterum peccatorum pœnas persolvere. Ut igitur scientes adversa fronte nobis divinæ Scripturæ sermones, pro tribunali Christi oppositum iri; ita et iis quæ dicuntur, summa cum vigilantia attendamus, et ad opus perducere divina præcepta cum studio properemus; quia qua die et hora Dominus noster venturus sit, nobis plane est incertum [36]. Cui quidem gloria, et potestas, in sæcula sæculorum. Amen.

DE POENITENTIA.
SERMO VIII.

1. (2) Duplex timor subiit mentis meæ sinus tua causa. Aut enim præoccupans me immisericors quidam animi motus in crimen inhumanitatis conjicit, aut rursus misereri volentem, etiam ut ad vitia remollescam, male convertit. Quare et hanc meam epistolam exaraturus, manum quidem torpescentem ratiocinationibus corroboravi, sed vultum, ex concepta propter te tristitia anxium, mutare non potui; tanto mihi incusso pudore, ut oris etiam flexus, labiis meis in luctum conversis, statim concideret. Hei mihi, quid dicam, aut quid cogitem in trivio constitutus? Si mihi prioris tuæ vanæ vivendi rationis veniat in mentem, cum circumfluerent te divitiæ, ac humi repens gloriola, horreo; cum adulatorum te sequeretur multitudo, fruererisque brevi ac temporaria voluptate, non sine manifesto periculo et iniquo quæstu: et partim quidem magistratuum timor te de salute cogitantem exagitaret; partim vero publicorum negotiorum tumultus tuam interturbarent domum, atque malorum frequentia mentem tuam ad eum, qui opitulari tibi poterat, retorqueret; cum paulatim Servatorem circumspicere meditareris, timores quidem tibi ad tuam utilitatem inferentem, liberantem vero ac protegentem te, qui ei, dum in tuto esses, illuseras; cum te ad innovandos acquirendosque honestos mores exerceres, periculosissimam tuam opulentiam nihili faciens, reique familiaris curam et uxoris consuetudinem refugiens. Quin etiam totus sublimis, velut peregrinus et erro, agris et civitatibus peragratis, petisti Jerosolyma, ubi et ipse tecum commoratus ob athleticos te labores beatum prædicabam, cum per septenarios circulos jejunus perseverans Deo philosophareris, simulque congressus humanos veluti in fugam conversus devitares, atque tranquillo vivendi genere tibi parato, civiles tumultus declinares. Præterea corpus tuum cilicio aspero laneinans, et zona dura astringens lumbos tuos, patienter ossa tua atterebas. Quin et ilia inedia concavans, ea usque ad dorsi partes laxa effecisti, atque fasciæ mollis rejecto usu, abdomen intrinsecus cucurbitæ in morem contractum, renibus adhærescere cogebas. Ad hæc, evacuato carnis toto adipe, exsiccasti strenue meatus sub ventre sitos, et ipso ventre inedia coarctato, faciebas ut costatæ partes, tecti quasi quædam eminentia umbram inducerent partibus umbilici. Atque contracto toto organo, nocturnis horis confitens Deo, lacrymarum rivis barbæ pilos madefactos complanabas. Quid autem opus est recensere me singula? Meminieris quot sanctorum ora exceperis osculo, quot sacra corpora amplexus sis, quot viri manus tuas velut intaminatas foverint, quot servi Dei velut venerantes confugerint ad genua tua complectentes.

2. At horum quis tandem finis? Adulterii fama nuntiati crimen, sagitta velocius pervolans, aures nostras sauciat, acutiore stimulo viscera nostra compungens. Quæ tam artificiosa præstigiatoris versutia in tam perniciosum casum te conjecit? quænam diaboli sinuosa retia te constringentia, virtutis nervos immobiles reddiderunt? quo abiere laborum tuorum narrationes? Sed fortasse æquum non est his fidem adhibere? Et quomodo non ex manifestis ea etiam credemus quæ hactenus abscondita fuerunt? siquidem animas quæ ad Deum confugiebant, juramentis horrendis obstrinxisti, cum tamen nominatim quidquid his voculis *est*, et *non* amplius est, diabolo attribuatur [37]. Itaque simul quoque exitiosi perjurii fuisti sponsor, atque instituti ascetici characterem in contemptum adducto, ad apostolos usque ipsumque Dominum dedecus ac infamiam transmisisti. Dedecorasti castitatis gloriationem, labe aspersisti continentiæ votum, captivorum facti sumus tragœdia, a Judæis et gentilibus res nostræ in scenam et actus deducuntur. Discidisti monachorum studia: diligentiores cautioresque in metum formidinemque conjecisti, adhuc diaboli potestatem admirantes; negligentiores vero ad sequendum incontinentiæ exemplum traduxisti. Dissolvisti, quantum in te fuit, gloriationem Christi, qui dixit: *Confidite, ego vici mundum* [38], ejusque principem. Craterem dedecoris miscuisti patriæ. Vere implevisti Proverbium, *Velut cervus sagitta ictus in jecore.* Sed quid jam? Non cecidit fortitudinis turris, o frater: non obsorduerunt correctionis ac conversionis remedia: non occlusa est civitas perfugii. Ne in profundo malorum permaneas, nec te tradas homicidæ. Novit Dominus elisos erigere. Ne procul fugias, sed ad nos recurre. Resume iterum labores juveniles, secundis recte factis humi repentem sordidamque voluptatem de-

---

[35] Joan. xii, 48. — [36] Luc. xii, 40. [37] Matth. v, 37. [38] Joan. xvi, 33.

(1) Ex epist. lix, 153.   (2) Ex epist. xlv, 133.

lens. Respice ad finis diem, ita vitæ nostræ vicinum ac propinquum; et nosce quomodo jam Judæorum et gentilium filii ad Dei cultum compelluntur, nec omnino abneges mundi Servatorem : ne te maxime horribilis illa comprehendat sententia : *Non novi vos, quinam sitis* [19].

3. (1) Unius viri erat prædicatio Joannis, et omnes ad pœnitentiam traxit; tu vero qui per prophetas doceris : *Lavamini, mundi estote* [30]; qui per Psalmos admoneris, *Accedite ad eum, et illuminamini* [31]; qui per apostolos faustum illum nuntium audis : *Agite pœnitentiam, et baptizetur unusquisque vestrum in nomine Domini Jesu in remissionem peccatorum, et accipietis promissionem Spiritus* [32]; qui ab ipso Domino invitaris, dicente : *Venite ad me omnes qui laboratis, et onerati estis, et ego reficiam vos* [33]; hæres tamen, deliberasque et cunctaris. A puero fidei rudimentis imbutus, nondum assensisti veritati? semper ediscens, nondum pervenisti ad cognitionem? Per omnem vitam explorator, ad senectutem usque speculator, quando tandem fies Christianus? quando agnoscemus te ut nostrum? Anno superiore hoc tempus præstolabare, nunc rursus exspectas venturum. Cave deprehendaris promissa facere vita longiora. Ignoras quid sequens dies **516** parturus sit; ne promitte quæ tua non sunt. Ad vitam te, homo, vocamus; quid fugis vocationem? ad bonorum participationem; quid donum prætermittis? Apertum est cœlorum regnum; verax est qui vocat; via facilis, non tempore, non sumptu, non labore opus est : quid differs? quid tergiversaris? quid jugum perhorrescis velut juvenca quædam jugum nondum experta? Collum non obterit, sed condecorat. Neque enim jugale vinclum circa collum ligatur, sed ultro ac libere trahentem poscit. Vides incusari Ephraim, tanquam vitulam œstro percitam [34], quod inordinate oberret legis jugum dedecorans? Subde indomitam cervicem tuam : Christi fias jumentum, ut ne jugo solutus lioterioremque vitam degens, capi a bestiis facile possis.

4. (2) Quod si aurum Ecclesiæ distribuerem, non utique esses mihi dicturus : Cras veniam, et cras dabis; sed jam exposceres urgens distributionem, et dilationem animo iniquo ferres. Sed quia non materiam pulchre coloratam, sed animæ puritatem tibi offert magnus donorum largitor, comminisceris excusationes, atque causas recenses. Servus hominum si esses, servisque fuisset proposita libertas, nonne ad statam diem occurrisses, conducens patronos, judicesque rogans, ut machinatione omni in manu mittendorum numerum ascribereris? Quin et alapam, postremam servorum plagam, ut in posterum a verberibus liber fieres, acciperes. Quoniam autem servum te non hominum, sed peccati,

vocat ad libertatem præco, ut te solvat ex captivitate et ex æquo cum angelis civitate donet, et filium Dei efficiat adoptatum gratia, ac bonorum Christi hæredem : nondum tempus esse hæc dona excipiendi dicis. O impedimenta prava! o turpem et interminatam occupationem ! Quousque tandem voluptates? usquequo deliciæ? Viximus multum tempus mundo, reliquum vivamus et nobisipsis. Ecquid animæ æquiparabile? quid regno cœlorum comparandum? Quis tibi consiliarius fide dignior quam Deus? quis prudentior sapiente, aut quis utilior bono? quis Conditore conjunctior? Nec Evæ profuit serpentis consilio credidisse magis quam Domini. O inepta verba ! Non vacat sanari; nondum ostendas mihi lucem; nondum conjungas me regi. Nonne hæc aperte loqueris? Imo etiam his absurdiora. Tu enim si esses tributis publicis obnoxius, nuntiareturque undelibet debitoribus rescissio æris alieni : deinde esset qui te per injuriam expertem facere hujus condonationis conaretur; indignareris utique et clamares, ut legitima communis beneficii portione spoliatus. Postquam vero non præteritorum modo condonatio, sed futurorum etiam largitiones prænuntiatæ sunt; te ipse injuria afficiens, quantum ne ullus quidem inimicus imprecatus esset, putasne te convenienter consuluisse, utiliterque tibimetipsi providisse, qui scilicet non admittas condonationem, sed in ære alieno immoriaris? Si multa sunt peccata tua, ne desperes ob multitudinem. *Ubi enim abundavit delictum, superabundavit gratia* [35]; si modo gratiam suscipias. **517** (3) Sin autem parva ac levia, nec ad mortem fuerint peccata tua, cur anxius es de futuro, qui haud ignave præterita pertuleris?

5. Nunc velut in trutina animam tuam, o homo, appendi existima, hinc ab angelis, hinc a dæmonibus attractam. Utris, quæso, dabis cordis momentum? quid apud te vincet? voluptas carnis, an animæ sanctimonia? præsentium oblectatio, an futurorum desiderium? angeline te suscipient, an detinebunt qui jam tenent? In acie duces tesseram tribuunt sub se militantibus, ut et amici facile se invicem inclament, et si in conflictu fuerint cum hostibus commisti, queant citra confusionem sejungi. Agnoscet te nemo, nosterne sis, an hostium, nisi mysticis signis necessitudinem affinitatemque ostenderis, nisi signatum sit super te lumen vultus Domini [36]. Quomodo vindicabit te angelus? quomodo eripiet ex hostibus, nisi agnoverit signaculum? Quomodo dicturus es tu, Dei sum, si notas ac insignia non exhibeas? Thesaurus non obsignatus deripi a furibus facile potest ; ovi signo carenti tuto struuntur insidiæ. (4) Si quis medicus promitteret tibi, se artibus quibusdam ac industria juvenem te ex sene facturum esse,

---

[19] Matth. xxv, 12. [30] Isa. 1, 16. [31] Psal. xxxiii, 6. [32] Act. ii, 38. [33] Matth. xi, 28. [34] Ose. iv, 16. [35] Rom. v, 20. [36] Psal. vi, 7.

(1) Ex hom. *in sanctum baptisma*, 114.
(2) Ibid., 116.
(3) Ibid., 117.
(4) Ibid.

nonne desiderares illam adesse diem, in qua te ipsum visurus esses ad ætatis vigorem reversum? Sed cum pœnitentia facturam se spondet ac pollicetur, ut anima tua quam vetustate confecisti, ac iniquitatibus rugosam maculosamque reddidisti, ad pristinum florem redeat ; aspernaris benefacientem, nec accurris ad promissionem. Itane vero magnum pollicitationis miraculum videre non cupis? quomodo sine matre regeneretur homo? quomodo inveteratus et erroris desideriis corruptus, vigeat rursus, repubescatque et ad verum juventutis florem revertatur [37]? Tot ac tantis bonis, o miser, voluptatem ducis potiorem? Novi enim procrastinationem tuam, quanquam eam verbis contegis ; clamant res ipsæ, tametsi voce taces : Sine utar corpore ad fruendas turpes libidines, volutet in cœno voluptatum, cruentem manus, diripiam aliena, dolose ambulem, pejerem, mentiar ; et tum pœnitentia, cum vitiorum tandem finem fecero. Quod si peccatum bonum est et honestum, illud ad finem usque serva ; sin noxium est patranti, quid in exitiosis immoraris? (1) Non videt Deus quæ fiunt? non agnoscit tuas cogitationes? an iniquitates tuas juvat? *Suspicatus es,* inquit, *iniquitatem, quod ero tibi similis* [38]. Tu autem mortalis viri amicitiam cum ambis, beneficiis eum allicis, dicisque ea ac facis, quibus gaudere ipsum intelligis ; sed Deo conjungi volens, et in filii locum te receptum iri sperans, si interea tamen quæ Deo inimica sunt perpetres, et per legis violationem eum dedecores, indeque maxime illum offendis, indene ipsius familiaritatem necessitudinemque tibi polliceris? Vide ne liberationis spe tibi ipse malorum copiam congerens, peccatum quidem coacerves, venia vero priveris. *Deus non irridetur* [39]. 518 Cave abutaris gratia ad quæstum. Ne dixeris : Bona est quidem lex, sed jucundius peccatum. Diaboli hamus voluptas est, trahens ad perniciem. Voluptas est mater peccati : peccatum vero stimulus mortis est [40]. Voluptas nutrix est æterni vermis : quæ ad tempus quidem demulcet perfruentem, deinde vero germina felle amariora producit. Quid facis, o homo? Cum idoneus es qui opereris, absumis in peccatis juventutem tuam. Postquam elanguerunt organa, tunc ea Deo offers, cum non amplius potes his ad ullam rem uti : sed ea necesse est torpere, ob diutinam tabem, vigore et robore resoluto. Continentia in senectute continentia non est, sed lasciviendi impotentia. Mortuus non coronatur : nemo ideo justus, quod ei mali faciendi facultas non sit. Vires ac potentia dum tibi suppetunt, fac vincas ratione peccatum. Hoc enim virtus est, declinare a malo, et efficere bonum. Nam cessare a malo, neque laude, neque castigatione ex se dignum est. Peccare si desieris ob ætatem, beneficium est infirmitatis. Laudamus autem eos qui animi proposito boni sunt, non eos, qui necessitate aliqua coercentur. Cæterum quis tibi vitæ limitem præfixit? quis certum senectutis terminum tibi definivit? quis sponsor futurorum apud te adeo fide dignus? Annon vides infantes abreptos? annon vides eos qui ætate vigent, abduci atque de medio tolli? Nullum præfinitum tempus vita habet. Quid exspectas, dum *febris* beneficium tibi sit pœnitentia, quando nec pronuntiare poteris salutaria confessionis verba, neque forte tibi clare audire licebit, morbo caput ipsum occupante : non manus ad cœlum attollere, non in pedes erigi, non genu flectere ad adorandum, non commode doceri, non accurate confiteri, non credere in Deum, non inimico renuntiare, forte vero, neque intelligenter audire dum initiaberis, cum dubitent qui adsunt, utrum senseris gratiam, an sine sensu quæ aguntur accipias? Imo etiamsi scienter gratiam suscipias, tunc quidem talentum habes, sed lucrum non refers.

6. (2) Ad malefaciendum, fratres, vafer callidusque est diabolus. Intelligit nos homines in præsenti solum tempore vivere ; actionemque omnem in præsenti tempore fieri. Quamobrem hodierna die nobis fraudulenter subrepta, nobis spem crastinæ relinquit. Nonne suggerit ut hodie perpetremus peccatum, suadet autem, ut justitiam in crastinum reservemus? Deinde cum dies crastina venit, rursus accedit malus noster divisor, sibique hodiernum, Domino vero crastinum poscit, atque sic semper præsens quidem per voluptatem subtrahens, futurum vero spei nostræ proponens, imprudentes nos et incautos e vita subducit. (3) Vidi ego aliquando talem callidæ avis astutiam. Nimirum cum pulli ejus essent captu faciles ob teneritudinem, se ipsa objiciebat ut paratam prædam, atque ante venantium manus volitans, neque facile poterat a venatoribus capi, neque spem capiendæ prædæ eis adimebat ; sed interea, dum ipsos spe varie detineret, ac circa se occuparet, fugiendi 519 copiam ac securitatem pullis suis subministravit, ac postremo ipsa quoque simul avolavit. Time ne et tibi similia accidant, qui certa incertorum spe derelinquis. (4) Vide etiam, ne, dum pœnitentiam ex anno in annum, e mense in mensem, e die in diem rejicis, in diem inexspectatam aliquando incidas, cum jam deficiet te vivendi facultas, eritque undique angustia, et afflictio cujuscunque levamenti expers, desperantibus medicis, desperantibus et propinquis, cum crebro et sicco anhelitu pressus vehementi febre internas partes inflammante atque succedente, ingemiscens quidem pectore imo, sed qui condoleat re-

---

[37] Ephes. iv, 22. [38] Psal. xlix, 21. [39] Galat. vi, 7. [40] I Cor. xv, 56.

(1) Ex homilia *in sanctum baptisma*, 118.
(2) Ibid., 119.
(3) Ibid., 120.
(4) Ibid., 121.

peries neminem ; ac loquere quidem tenue aliquid et remissum : sed non erit qui audiat ; quidquid autem proferes, velut deliramentum contemnetur. Quis te de poenitentia submonebit alto et gravi sopore ex morbo correptum? Moerent propinqui, morbum alieni contemnunt : monita quasi perturbationem afferentia negligit amicus, aut forte etiam medicus decipit, nec de teipso desperas ob naturalem vitae amorem. Astat mors, urgent qui abducant. Ecquis te eripiet? Deus, qui contemptus est, te scilicet tum exaudiet? Tu enim eum nunc audis. Tempus praefinitum prorogabit : scilicet dato tempore probe usus es. (1) Nemo te seducat inanibus verbis [41]. Nam repentinus tibi imminebit interitus [42], et exitium procellae simile aderit. Veniet angelus tristis, abducens violenter trahensque animam tuam peccatis vinctam, crebro se ad ea quae hic sunt convertentem, ac sine voce gementem, occluso jam gemituum ac lamentorum organo. O quam dilaniabis te ipse! quantum ingemisces! sed te tuorum consiliorum frustra poenitebit, cum videbis hinc hilaritatem justorum de egregia donorum distributione laetantium, illinc moerorem peccatorum qui in altissimis tenebris jacebunt. Quae tunc dicturus es in dolore cordis tui? Hei mihi! hoc grave peccati onus, cum id exuere ita facile esset, non abjeci : sed horum malorum acervum traxi. Hei mihi! maculas ac sordes non ablui : sed sum peccatorum notis compunctus. Nunc essem cum angelis : nunc coelestium bonorum deliciis fruerer. O prava consilia! ob temporariam peccati delectationem aeternum excrucior : ob carnis voluptatem igni trador. Justum est judicium Dei : vocabar, et non obediebam : docebar, et animum non attendebam : obtestabantur me, et ego deridebam. Haec et alia ejusdem generis proferes, deflens temetipsum, si hinc ante poenitentiam abripiaris. O homo, aut gehennam metue, aut enitere ut regnum adipiscare. Mihi quidem subit lacrymari, cum hoc mecum reputo, quod turpitudinis opera ingenti Dei gloriae praefers, quodque peccato firmissime inhaerens ob libidinis delectationem, a promissis bonis te ipse excludis, sic ut tibi coelestis illius Jerusalem bona videre non liceat.

7. (2) Vult tui misereri judex, teque miserationum suarum facere participem, ut ille ait, *Diligit misericordiam et judicium Dominus* [43]. Si modo post peccatum repererit te humilem, contritum, prava opera multum deplorantem, **520** ac ea quae clam facta sunt evulgantem citra pudorem, rogantem fratres tibi ut sint adjumento ad accipiendam medelam, uno verbo si commiseratione dignum viderit, abunde tibi suam impertietur misericordiam. Si vero cor poenitere nesciam, mentem superbam, animum futuro saeculo non credentem, ac nullum judicii timorem conspexerit, tunc in te judicium diligit. Ita enim bonus ac humanus medicus fomentis prius ac remediis mollibus tumorem sedare conatur : postquam vero viderit molem nihil remittere, atque induratam reniti ; tum demum rejectis oleo ac molliore curandi ratione, ferri usum adhibet. (3) Iis enim, qui ex multis casibus saepe misericordiae divinae praesidio erecti sunt, ac deinde infirmitatibus succumbere, minatur omnino Deus se non remissurum. Ait enim, *Non amplius remittam vobis peccata vestra* [44], (4) indicans se jam saepenumero similia prius condonasse : siquidem fieri nequit, ut quis sine venia quae a Deo conceditur, vitae secundum virtutem instituendae sese dedat. (5) Vult enim, ut is qui in peccatis quibusdam versatus est, et deinde ad saniorem vitae rationem pollicetur se recepturum, finem imponat praeteritis, factoque post peccata initio quodam, quasi per poenitentiam reviviscat. Contra, qui isthaec promittit sine ulla intermissione, et jugiter ab his excidit, illum velut penitus desperatum a sua clementia excludit. Non enim qui dicit, *Peccavi*, et postea in peccato perseverat, is confitetur : sed qui ubi juxta Psalmistam peccatum suum deprehendit, illud odit [45]. Quid enim emolumenti affert aegroto medici cura, quando is qui adversa valetudine utitur, suae vitae exitialia conquirit? Sic qui adhuc peccat, nihil ei utilitatis accedit ex peccatis condonatis : neque qui impurus est, quidquam percipit lucri ex remissis impudicitiae vitiis.

8. (6) Desine itaque proximi tui vitia explorare ; cave cogitationibus otium dederis alienum morbum inquirendi ; sed ad teipsum perscrutandum converte oculos. Sunt enim nec pauci, qui festucam quidem animadvertunt in oculo fratris, trabem vero in suo ipsorum oculo non vident [46]. Ea quae extrinsecus sunt ne circumspice, numcubi cujuspiam reprehendendi locum possis invenire, Pharisaeum illum imitatus, qui stans se ipse justificabat, ac publicanum habebat despicatui. Imo vero ne intermittas teipsum percontari, nunquid deliqueris cogitatione, nunquid lingua labarit mentem praecurrens, nunquid in manuum operibus factum sit involuntarium. (7) Quemadmodum enim fieri non potest ut quis sanitatem recuperet, nisi depulsus morbus sit : velut ut quis calefiat, nisi plane sedatum sit frigus ; neque enim haec simul consistere possunt : similiter et qui bonam vitam agere cupit, eum par est ab omni mali consortio

---

[41] Ephes. v, 6. [42] 1 Thess. v, 3. [43] Psal. xxxii, 5. [44] Isa. i, 14. [45] Psal. xxxi, 5. [46] Matth. vii, 3.

(1) Ex homilia *in sanctum baptisma*, 121.
(2) Ex hom. *in psal.* xxxii, 134.
(3) Uterque codex indicat comment. *in Isa.*
(4) Ex comment *in Isa.*, 407.
(5) Ibid., 408.
(6) Ex hom. in illud : *Attende tibi ipsi*, 21.
(7) Ex hom. *in psal.* xxxiii, 153.

recedere. (1) Non enim temporis diuturnitate, sed animæ affectione pœnitentia dijudicatur. (2) Qui vero ab inani vita recesserunt, et ad diviniorem seipsos exercent, ne apud se, neque seorsim soli se ipsi exerceant; testibus enim non carere decet vitam ejusmodi, ut extra pravam suspicionem sit posita **521**. (3) Quod si quispiam jam olim inescatus, aut divitiarum pulverem inique apud se coacervavit, earumque curis illigavit animum; aut lasciviæ scelus quod vix elui potest, naturæ adjunxit; aut criminibus aliis semet exsatiavit; is, dum adhuc tempus est, antequam ad integrum exitium perveniat, deponat majorem sarcinarum partem, et priusquam navis submergatur, mercium indecore congestarum ejectionem faciat. (4) Neque vero pecuniæ probe ejectæ pereunt effundentibus ac projicientibus; sed quasi in alias quasdam onerarias naves tutiores, pauperum videlicet ventres, exportatæ conservantur, et ad portus perveniunt, custodiunturque jacientibus, quibus ornamento sunt.

9. (5) Tempore corroborata mala primum quidem tempore indigent ut sanentur; deinde forti ac firma agendi ratione, si quis velit ad imum ipsum pertingere, adeo ut radicitus evellantur quæ longo tempore in animis radices egerunt. (6) Haud absimilis fuit summa illa absolutaque Ninivitarum pœnitentia, atque prudens vehemensque eorum afflictatio, quæ ne bruta quidem animantia a pœnis immunia exemit: sed ea etiam necessario clamare artificio quodam adegit. Separatus namque est vitulus a vacca, semotus est a materno ubere agnus, puer lactens in maternis ulnis minime conspiciebatur; voces vero emittebantur ab omnibus miserabiles, vicissim clamantes, ac resonantes. Partus esurientes lactis fontes quærebant; matres naturali affectione discerptæ, vocibus commiserationem suam significantibus revocabant fetus. Eumdem ad modum infantes fame laborantes, ejulatu vehementissimo frangebantur, palpitabantque, et matrum viscera naturalibus doloribus compungebantur. Inter illos flebat senex, et canos vellebat, discerpebatque. Adolescens, et qui florenti ætate erat, vehementius lamentabatur; ingemiscebat pauper; dives, deliciarum oblitus, afflictationi ut bonæ se dedebat. Rex ipsorum splendorem gloriamque transmutavit in verecundiam. Deposita corona, caput cinere inspersit; purpura abjecta, induit saccum: throno alto et sublimi derelicto, miserabili habitu humi repebat: repudiata propria ac regia gravitate, lugebat cum populo, unus e multis factus et plebeius, quod communem Dominum omnium videret iratum. Hæc est servorum sensu præditorum prudentia: talis hominum peccatis implicitorum pœnitentia, ut tristitia occuparet ætatem omnem, tum sentientem, tum non sentientem, illam sponte, hanc præter voluntatem. Propterea cum vidisset Deus ipsos sic humiliatos, ut condemnarent sese ad gravissimas mulctas omnis generis, et doloris eorum misertus est, et pœnam remisit, et gaudium iis qui sano consilio luxerant, largitus est. (7) Proprium est enim Dei in homines amoris nequaquam silentio pœnas irrogare: sed eas prænuntiare, per minas peccatores provocando ad pœnitentiam: qua agendi ratione usus est erga illos Jonæ opera. Nec tacite exitium perniciemque induxit **522** Israeli peccanti: sed famulum suum ad fundendas pro populo preces excitans, his verbis prædixit: *Dimitte me; et delebo populum hunc* [47]. Rursus simile quiddam in Evangelio etiam per parabolam a ficu sumptam sumus edocti; quippe dominus ejus dicit agricolæ: *Ecce anni tres sunt ex quo venio ad hanc ficum, quærens fructum in ea, et non invenio: succide illam. Utquid etiam terram occupat* [48]? (8) Itaque in quod tempus rejiciemus pœnitentiam? annon recipiemus nos ad bonam frugem? annon a consueta vivendi ratione revocabimus nos ad Evangelii integritatem? annon ob oculos nobis ponemus illam Domini metuendam ac conspicuam diem, in qua hos quidem qui ad Domini dexteram per sua opera accesserint, regnum cœlorum suscipiet; illos vero qui ob bonorum operum privationem ad sinistram dejecti fuerint, gehenna ignis et tenebræ æternæ involvent? *Illic*, inquit, *erit fletus, et stridor dentium* [49]. (9) Nos autem acriter ac cito peccamus, sed negligenter, segniterque pœnitentiam amplectimur. (10) Cœlorum quidem regnum concupiscere nos dicimus, et tamen de iis quibus comparari potest, nihil sumus solliciti; imo tametsi nullum pro conficiendo Dei mandato laborem subimus, nihilominus æquales honores ac præmia cum iis qui ad mortem usque peccato restiterint, recepturos nos esse præ mentis nostræ vanitate existimamus. (11) Simus tandem aliquando de animabus nostris solliciti, fratres, doleamus anteactæ vitæ vanitatem, decertemus pro futuris. Ne maneamus in socordia hac et dissolutione, neve præsens quidem tempus per jugem pigritiam amittentes, in crastinum vero et in posterum differentes operum initium, deinde ab eo qui animas nostras reposcit, inventi imparati a bonis operibus, a nuptialis tha-

---

[47] Exod. xxxii, 10. [48] Luc. xiii, 7. [49] Matth. xxv, 30.

(1) Ex epist. CLXXXVIII, can. 2, et ep. CCXVIII, can. 84.
(2) Uterque codex indicat comment. *in Isa.*
(3) Ex hom. *Quod mundanis adhærendum non sit*, 168.
(4) Ibid., 168.
(5) Ex epist. CLVI, 245.
(6) Ex hom. *in famem et siccit*, 65.
(7) Ex comment. *in Isa.*, 480.
(8) Ex *Regulis fusius tractatis*, 528.
(9) Ex hom. *in famem*, etc., 65.
(10) Ex *Regulis fusius tractatis*, 528.
(11) Ibid, 327.

lami gaudio excludamur, et frustra inutiliterque imploremus, tunc vitæ tempus male præteritum lugentes, cum nihil amplius profuerit pœnitentibus. Hæc est pœnitentiæ ætas, illa remunerationis; hæc operæ et laboris, illa rependendæ mercedis : hæc tolerantiæ, illa solatii. Nunc Deus adjutor est eorum qui se a via mala convertunt; tunc horrendus et quem nullus fallet, humanarum actionum, verborumque et cogitationum inquisitor. Nunc experimur lenitatem, tunc justum judicium cognoscemus, cum videlicet resurgemus, alii ad supplicium æternum, alii ad vitam æternam, et unusquisque secundum sua ipsius opera recipiet. (1) Vobis vero, quotquot de actionum improbatarum turpitudine doluistis, illud præcipimus. Si videritis quos stultitiæ gestorum suorum pœniteat, eorum misereamini tanquam vestrorum membrorum ægrotantium; sin pervicaces ac vestram pro ipsis mœstitiam sperneutes senseritis, *Exite de medio, et separemini, et immundum ne tangatis*[50] : ut sic illi quidem pudore affecti, suam ipsorum pravitatem cognoscant : vos vero mercedem æmulationis Phinees[51] recipiatis a Servatore nostro Jesu Christo, cui gloria, et potestas, nunc et semper, et in sæcula sæculorum. Amen.

DE ORATIONE.
SERMO IX.

.. (2) Orationem non syllabarum numeris absolvere nos oportet, o fratres; sed animi voluntate, rectisque per totam vitam actionibus. Neque enim Deum arbitramur ut verbis moneatur, indigere; sed nosse, ne petentibus quidem nobis, quæ conducibilia sint. (3) Utique auditus divinus voce non indiget ad percipiendum, siquidem petita etiam in cordis motu cognoscere valet. Nonne scis Moysen, cum nihil loqueretur, sed tacitis suis suspiriis Dominum interpellaret, a Domino auditum, dicente : *Quid clamas ad me*[52]? (4) Qui nulla virtute vitam suam exornant, nihilominus tamen sese existimant in precum suarum longitudine justificari, verba hæc audiant : *Cum extenderitis manus, avertam oculos meos a vobis : etsi multiplicaveritis supplicationem, non exaudiam vos*[53]. Neque enim precum verba simpliciter prolata juvant, sed si cum vehementi affectu depromantur. Ita et *Pharisæus hæc apud se orabat*[54], non apud Deum : respiciebat namque ad seipsum ; siquidem in superbiæ peccato versabatur. Quapropter et Salvator ait : *Orantes autem nolite multum loqui sicut ethnici : putant enim quod in multiloquio suo exaudiantur*[55] ; et illud : *Ex multiloquio non effugies peccatum*[55]. Hoc est causæ, cur Deus oculos avertat, cum extenderint manus, quod ipsa supplicationis symbola ad irritandum illum sint occasiones. Quemadmodum si quis dilectum alterius filium occiderit, ac manus suas adhuc cruentatas ad infensum sibi patrem exporrigat, dexteramque efflagitet amicitiæ ; nonne sanguis filii in ipsius interfectoris manu apparens patrem injuria affectum acrius exasperat? Ejusmodi sunt Judæorum preces; siquidem cum extendunt manus, admissum in unigenitum Filium scelus Deo et Patri revocant in memoriam, atque per singulas extensiones suas ipsorum manus sanguine Christi plenas ostendunt. Enimvero qui in sua cæcitate perseverant, cædis paternæ sunt hæredes. *Sanguis enim ejus*, inquiunt, *super nos, et super filios nostros*[57].

2. (5) Semper igitur, o homo, Dei memineris et illius timorem in corde habeto, atque ad communionem precum omnes adjunge. Magnum enim est eorum qui Deum placare possunt auxilium. Nam et viventibus nobis in hac carne bona erit adjutrix precatio, et inde proficiscentibus idoneum viaticum ad futurum ævum. Quemadmodum autem sollicitudo res bona est : ita rursus animum despondere et desperare ac de salute diffidere, res sunt animæ noxiæ. Spem itaque in Dei bonitate colloca, et illius auxilium exspecta : certo sciens, si recte ac sincere ad ipsum convertamur, futurum ut non modo non omnino non rejiciat, sed etiam nobis adhuc precum verba proferentibus dicat : *Ecce adsum*[58]. (6) Quis enim vel malam admittat cogitationem, vel malum perficiat; si Deum credat ubique esse locorum, adesse his quæ fiunt, unicuique interesse actioni, ac cordium consilia introspicere? Sed rati vel Deum non inspicere, vel non curare ea quæ aguntur; sic homines ad impia patranda facinora animum conferunt. (7) Quies igitur principium expurgationis animæ, nec lingua loquente res humanas, nec oculis nitidis corporum colores aut concinnitates circumspicientibus ; nec auditu animæ vigorem dissolvente per acroamata modorum ad voluptatem compositorum, aut per hominum facetorum ac ridiculorum verba : id quod maxime animi vim frangere solet. Mens enim, quæ ad externa non dissipatur, neque per sensus in mundum diffunditur, redit quidem ad se ipsa ; per se autem ad Dei cogitationem ascendit, atque decore illo illustrata, ipsius etiam naturæ obliviscitur, nec jam cibi cura distrahitur aut amictus sollicitudine ; sed terrenis curis vacua, omne suum studium ad æterna bona adipiscenda transfert.

3. (8) Neque igitur patiare mediam vitæ partem inutilem tibi esse per somni soporem : sed dividatur tibi noctis tempus in somnum et precationem :

[50] II Cor. vi, 17. [51] Num. xxv, 11. [52] Exod. xiv, 15. [53] Isa. i, 15. [54] Luc. xviii, 11. [55] Matth. vi, 7. [56] Prov. x, 19. [57] Matth. xxvii, 25. [58] Isa. lviii, 9.

(1) Ex hom. *in ebriosos*, 130.
(2) Ex hom. *in mart. Julittam*, 55.
(3) Ex hom. *in psal.* cxiv, 200.
(4) Ex comment. *in Isa.*, 408.
(5) Ex epist. clxxiv, 262.
(6) Ex comment. *in Isa.*, 416.
(7) Ex epist. i, 72.
(8) Ex hom. *in mart. Julittam*, 36.

imo somnus ipse exercitatio sit pietatis. Sæpe enim expressæ in somno species nescio quomodo vestigia quædam ac reliquiæ esse solent diurnarum curarum. (1) Ecquid igitur beatius, quam statim quidem ac dies incipit ad preces surgentem, hymnis et canticis Creatorem venerari; exinde sole jam clare dilucescente ad opera conversum, comitante ubique oratione, hymnis etiam opera tanquam sale condire? siquidem hilarem jucundamque animæ æquabilitatem hymnorum solatia conferunt. (2) Preces ante cibum fiant, quæ donis Dei dignæ sint, tum quæ nunc largitur, tum quæ in futurum recondidit; preces etiam post cibum, quæ et gratiarum actionem pro acceptis bonis et promissorum petitionem habeant. (3) Est autem oratio illa præclara, quæ perspicuam Dei notionem animæ imprimit : idque Dei inhabitatio est, insidentem intus Deum memoria complecti. Sic Dei efficimur templum, cum nec terrenis curis perpetuus memoriæ tenor interpelletur, nec improvisis commotionibus perturbatur mens, sed omnia fugiens ad Deum secedit, repellens provocantes ad libidinem affectiones, ac in studiis ad virtutem ducentibus immoratur. (4) Sed quod aliis diluculum, id pietatis cultoribus media nox : cum maxime nocturna quies otium animæ largiatur, neque oculis, neque auribus quidquam visu aut auditu exitiosum in cor immittentibus, sed mente sola per se cum Deo rationem habente, seque corrigente per peccatorum recordationem et regulas sibi ipsi præscribente ad vitia declinanda, ac Dei auxilium ad ea, quæ studio habet, perficienda implorante.

4. (5) Hoc etiam nobis innuit Moysis historia; quippe quæ tunc fiebant, conditionis humanæ erant symbola, quod ii qui proficiunt, non pari ratione ac tenore operantur : sed modo melius vivunt, modo vero ob imbecillitatem franguntur, suasque languidius exerunt actiones. Etenim si Moyses attolleret manus, vincebat Israel [59] : quando vero eas demittebat, prævalebat Amalec. Hoc est, nostra facultas actuosa siquando fatiscit ac prosternitur, in nos prævalent adversariæ potestates : e contrario, si ea sublata in altum sit et erecta; vis nostra videndi vires majores resumit. Siquidem qui quærit sublimia, sustollit : extendit vero, qui ad comparandas res corporales auxilium rogat. (6) Qui igitur in templo Dei est, non convicia, non res vanas, non verba obscenis rebus referta profert, absit ! sed *In templo ejus*, ut ait David, *quisque dicit gloriam* [60]. Astant angeli, qui verba describunt : adest Dominus, qui animum ingredientium intuetur. Preces uniuscujusque manifestæ Deo sunt; quis ex affectu, quis scite exquirat cœlestia; quis perfunctorie et extremis labris verba pronuntiet, cor vero ipsius procul a Deo. Quod si orat, carnis sanitatem, opesque corporeas et humanam gloriam efflagitat. Horum autem nihil petendum est, ut Scriptura docet : sed *In templo ejus unusquisque dicit gloriam.* Verum, o rem admiratione dignam ! *Cœli enarrant gloriam Dei* [61]. Deum gloria afficere, angelorum munus est. Hoc unum est totius cœlestis exercitus officium, referre Creatori gloriam. Creatura omnis, tum silens, tum loquens, tum cœlestis, tum terrena, dat gloriam conditori. Miserabiles vero homines, postquam ædibus suis relictis ad templum cucurrerunt, quasi quidpiam consecuturi emolumenti, tamen Dei verbis aures non præbent, suam ipsorum naturam non sentiunt; non mœrent dum reminiscuntur peccatorum; non timent judicium; sed arridentes, et inter se jungentes dextras, precationis domum in locum immodicæ loquacitatis vertunt, aspernati Davidem declarantem et dicentem : *In templo ejus unusquisque dicit gloriam.* Tu vero non modo non loqueris : sed alteri etiam es impedimento, qui cum tibi reddas attentum. Deus enim minime indiget gloria; sed te vult esse dignum, qui consequare gloriam. Quapropter, *Quod seminat homo, hoc et metet* [62].

5. (7) Censeo autem oportere Deo bona largienti gratias agere, procrastinanti vero non succensere. Et sane si nobis dederit tecum esse, optima hæc simulque jucundissima parabimus; si rem differat, damnum leniter feremus. Nam melius profecto, quam nos ipsi eligere possimus, nostra moderatur. (8) Halcyon avis marina est. Hæc depositis in ipsa arena ovis, secundum ipsa littora fetificare solet; et circa mediam fere hiemem pullos excludit, tum cum mare multis et violentis ventis ad terram alliditur. Attamen consopiuntur venti omnes, quiescunt æquorei fluctus per septem dies, quibus halcyon ovis incubat. Nam totidem diebus solum pullos excludit. Cum autem et victu ipsis opus sit, alios septem dies ad pullorum incrementum Deus munificentissimus minimo huic animali præstitit. Quamobrem et omnes nautæ hoc sciunt, diesque illos appellant halcyoneos. Res illæ per Dei in bruta providentiam sancitæ sunt et ordinatæ, ut tu his incitatus, ea quæ ad tuam salutem pertinent, a Deo exposcas. Quid tua causa, qui factus es ad Dei imaginem, etiam præter revelationem fieri non possit, cum aviculæ adeo exiguæ gratia vastum et horrendum mare in media hieme quiescere jussum, detineatur ac frenetur? Si enim halcyoni tanta largitur, quanto majora iis qui ipsum toto corde invocant, concessurus est ? Quapropter, o fratres, illud statutum habeamus, cum cæteris in precibus nostris, tum etiam tentationis tempore, non ad humanas spes accurrere,

[59] Exod. XVII, 11. [60] Psal. XXVIII, 9. [61] Psal. XVIII, 2. [62] Galat. VI, 8.

(1) Ex epist. II, 72.
(2) Ibid., 74.
(3) Ibid., 73.
(4) Ibid., 75.

(5) Ex comment. *in Isa.*, 408.
(6) Ex hom. *in psal.* XXVIII, 122.
(7) Ex epist. I, 70.
(8) Ex hom. VIII in *Hexaem.*, 75.

neque hinc venari nobis auxilium : sed in lacrymis et suspiriis et laboriosa prece vigiliisque assiduis preces fundere. Sic enim sua levatur anxietate, qui et humanum auxilium ut vanum contemnit, et spes in eum, cui servandi nostri est potestas, nititur. Quoniam ipsi debetur gloria, et adoratio, cum aeterno ejus Patre, et vivificante Spiritu, nunc et semper, et in saecula saeculorum. Amen.

DE JEJUNIO.

SERMO X.

1. (1) Duces cum aciem instruunt, exhortatoriis orationibus ante conflictum uti solent, tantamque vim habet ea exhortatio, ut etiam mortis contemptum frequenter afferat. Similiter palaestrae magistri et paedotribae, cum ad stadii certamen athletas producunt, multa disserunt de labore pro coronis perferendo, adeo ut multis persuaserint, ut vincendi studio corpora contemnerent. Proinde mihi quoque, qui Christi milites ad bellum cum invisibilibus hostibus gerendum instruo, et athletas pietatis per abstinentiam praeparo ad justitiae coronas, opus est oratione exhortatoria. (2) Angeli sunt qui in singulis ecclesiis describunt ac recensent jejunantium capita. Vide ne ob parvam eduliorum voluptatem simul et priveris angeli recensione, et teipsum apud eum qui exercitum collegit obnoxium facias desertoris crimini. Minus periculum, si quis fugiendo scutum in acie abjicere deprehendatur, quam si magnum illud scutum, jejunium, videatur projecisse. Dives es? Ne jejunium afficeris contumelia, excludens illud fastidiose a mensae tuae consortio, neve absque ullo honore e domo tua ipsum expuleris, a voluptate victum ac superatum; ne quando te reum peragat apud jejuniorum legislatorem, teque longe majori condemnatum inedia mulctet, sive ex adversa valetudine corporis, sive ex alio quopiam tristi casu. Qui pauper **527** est, ne ludum jejunium faciat; quandoquidem illud jam olim habet et domesticum, et mensae socium. Porro mulieribus quam est naturale respirare, tam est conveniens jejunium. Pueri, velut plantae virides, jejunii aqua irrigentur. Senibus levem reddit laborem contracta jam olim cum jejunio familiaritas; labores siquidem quorum factum est experimentum longo usu, minore molestia efficiunt exercitatos. Viatoribus expeditus itineris comes est jejunium; quemadmodum enim luxus cogit illos onus perferre, nimirum ea quae ad delicias spectant circumferentes: sic jejunium eos et leves reddit et expeditos. Atque hujus mundi militibus pro laborum ratione augetur obsonium : contra, inter spirituales milites qui minus habet alimenti, plus habet honoris. (3) Quapropter valde absurdum est non laetari de sanitate animae, imo de commutatis cibis dolere, ac videri tales qui plus tribuamus voluptati ventris, quam curae mentis. Nam in ventre sistitur satietatis delectatio, sed jejunium in animam subvehit lucrum. (4) Noli imitari Evae inobedientiam, noli rursus serpentem in consilium adhibere, edulium ad carnem mollius curandam proponentem. Ne causeris corporis infirmam valetudinem ac debilitatem. Neque enim mihi istas excusationes profers: sed scienti dicis. Age, dic mihi, jejunare non potes, et satiari per totam vitam ac conficere corpus pondere ciborum potes? Atqui infirmis, non ciborum varietatem, sed inediam et abstinentiam a medicis praescribi scio. Qui fit igitur, ut cum ista possis, illa te non posse causeris? Utrum ventri facilius est tenui victu transmittere noctem, an copia ciborum gravatum jacere? nisi forte a naucleris dices onustam sarcinis navem facilius servari quam expeditam et levem. Nam oneris magnitudine gravatam, quamvis exiguus fluctus adoriens demergit: contra, cujus sarcina moderata est ac modica, haec facile fluctus superat.

2. (5) Quanquam non arbitror tanto mihi labore opus esse, ut vos ad jejunium exhorter, quanto ut dehorter ne quis in vitium ebrietatis incidat. Nam jejunium quidem plerique partim ob consuetudinem, partim ob pudorem inter ipsos mutuum suscipiunt. Verum ad ebrietate metuo, quam violenti non aliter quam paternam haereditatem mordicus tenent. Quemadmodum enim qui longinquam profectionem adornant, ita nonnulli vecordes hodie adversus quinque dierum jejunium vino indulgent. Quid agis, o homo? (6) Nemo pudicam uxorem legitimo conjugio ducturus, prius scorta et concubinas domum inducit. Neque enim conjux legitima patitur convictum contuberniumque corruptarum. Proinde tu quoque cum exspectatur jejunium, cave prius introducas ebrietatem, scortum illud publicum, impudicitiae matrem, insanientem, ad omnia turpitudinis genera proclivem. Jejunantem intra sacra septa suscipit Dominus: at luxu crapulaque plenum, veluti profanum et a sacris alienum, nequaquam **528** admittit. Etenim si cras venias vinum redolens, idque cruditate corruptum ac putrefactum, quomodo tibi crapulam pro jejunio imputabo? neque enim illud cogita, quod merum tibi recens infusum non est: sed quod a vino purus non es, hoc reputa. In utro te ordine collocabo? inter ebrios, an inter jejunantes? Praeterita vinolentia te sibi asserit: praesens inedia jejunium testificatur. Anceps es, et controversum temulentiae veluti mancipium, nec unquam dimittet te, idque optimo jure: quippe quae manifesta servitutis argumenta proferat, odorem vini velut in lagena residentem.

(1) Ex hom. II *De jejunio*, 10.
(2) Ibid., 11.
(3) Ex hom. I *De jejunio*, 2.
(4) Ibid., 3.
(5) Ex hom. II *De jejunio*, 15.
(6) Ibid., 12.

3. (1) Cujus magistri praesentia puerorum strepitus tam subito compescit, quam jejunium oboriens civitatis tumultus coercet? quis comessator prodiit in jejunio? quis chorus lasciviens a jejunio coactus est? Meretriciae cantilenae, insanae saltationes subito diffugiunt e civitate, a jejunio tanquam ab austero quopiam judice in exilium actae. Quod si omnes jejunium ad res gerendas in consilium adhiberent, nihil obstaret quominus per universum terrarum orbem alta pax esset, videlicet nec aliis gentibus in alias insurgentibus, nec exercitibus manus inter se conserentibus. In summa, nec deserta haberent maleficos, nec civitates sycophantas, nec mare piratas. Nec vita nostra tot suspiriis, tot moeroribus esset differta, si jejunium vitam nostram gubernaret. Videlicet unumquemque doceret non tantum ab eduliis abstinentiam, verum etiam ab avaritia et rapinis, denique ab omni vitio prorsus abhorrere, et alienum esse. (2) Jejunium magnum illum Sampsonem educavit [63], idque quandiu viro adfuit, cadebant hostes mille, urbium portae evellebantur, leones robur manuum illius non sustinebant. At simul atque ebrietas ac scortatio apprehendit hominem, facile in manus hostium incidit, atque exoculatus, pro ludo expositus est pueris alienigenarum. Elias, cum jejunasset, clausit coelum tres annos, ac menses sex. Etenim cum videret multam nasci e satietate petulantiam, necessario illis involuntarium ex fame jejunium intulit, per quod citra modum jam effusam illorum iniquitatem cohibuit jejunio, velut ustione aut sectione quadam, majorem mali progressum intercidens. (3) Ut enim hominum duram cervicem habentium cor indomitum emolliret, vir justus voluit et seipsum ea calamitate cum caeteris condemnare. Propterea, *Vivit Dominus*, inquit, *si erit aqua super terram*, *nisi per os meum* [64] : sic et reddidit viduae filium, fortis factus adversus ipsam mortem per jejunium. Nam nec boni operis tuba nuntiati utilitas ulla; nec fructus ullus jejunii in publicum jactati. (4) Quae enim ostentationis causa fiunt, ea nequaquam porrigunt fructum in saeculum venturum, verum in hominum laudem commendationemque desinunt. (5) Rursus quinam victus Elisei? quomodo apud Sunamitidem hospitio usus est? quomodo ipse prophetas excepit? Nonne agrestia olera ac farinae pauxillum hospitalitatis munus explebant? quo tempore etiam colocynthide sumpta, erant periclitaturi qui gustarant, ni fuisset jejunatoris **529** prece dissipatum venenum. Atque, ut semel omnia dicam, reperies quotquot fuere sancti, omnes per jejunium ad vitam Deo dignam institutos fuisse.

4. Ea est natura corporis cujusdam, quod amianton vocant, ut igni consumi non possit. Id si in flamma ponatur, videtur quidem ignescere, et in prunam verti : sed si eximatur igni, perinde quasi fuisset aqua illustratum, evadit purius. Hujusmodi erant trium illorum puerorum corpora, naturam amianti per jejunium habentia. Siquidem in vehementi fornacis flamma quasi natura fuissent aurei, ita apparuerunt noxa ignis ac injuria superiores. Quin et auro ostensi sunt fortiores. Neque enim ipsos conflabat ignis, sed integros illibatosque tuebatur. Atqui nihil est quod illam tum flammam sustinere potuisset, quam naphthe, pix et sarmenta sic alebant, ut ad quadraginta novem cubitos diffusa esset, atque circumjacentia depascens, plurimos Chaldaeos absumpserit. Hoc igitur tantum incendium pueri cum jejunio ingressi conculcarunt, liquidum ac roscidum aerem in igne tam vehementi respirantes. Neque enim ignis vel pilos illorum ausus est attingere, eo quod a jejunio essent aliti. Porro Daniel vir desideriorum [65], cum tres hebdomadas panem non edisset, nec bibisset aquam, demissus in lacum etiam leones jejunare docuit. Neque enim leones dentes in illum impingere valuerunt, perinde quasi e lapide, aut aere, aut alia quapiam rigidiore materia concretus fuisset. Adeo jejunium velut quaedam ferri tinctura firmarat viri illius corpus, ac leonibus insuperabile reddiderat. (6) Nequaquam Moses ausus fuisset verticem montis fumantem attingere, neque ingredi in nubem, nisi fuisset jejunio obarmatus. Per jejunium legem accepit digito Dei scriptam in tabulis, atque in montis quidem cacumine jejunium legem impetravit, in radice vero montis ingluvies ad idololatriam dementavit. Quod enim famulus quadraginta dies jejunus assidue versans cum Deo deprecansque confecerat, id unica temulentia reddidit irritum, infrugiferumque. Nam tabulas quas jejunium impetrarat conscriptas digito Dei, ebrietas comminuit; judicavit quippe propheta ebrium populum dignum non esse, qui legem acciperet a Deo. Ecquid inquinavit Esau, et servum fecit fratris? nonne edulium unum, cujus gratia vendidit jus primogeniti [66]? (7) Cum quadraginta dierum jejunio repurgasset animam Elias; ita demum in spelunca quae est in Choreb, promeruit videre Dominum, quantum quidem licet homini videre. (8) *Quorum cadavera prostrata sunt in deserto* [67] ? nonne eorum, qui esum carnium flagitabant? Illi donec erant contenti manna, et aqua de petra fluente, superabant Aegyptios, per mare faciebant iter, *Non erat infirmus in tribubus eorum* [68]. Posteaquam vero recordati sunt carnium ollas, et desiderio reversi sunt in Aegyptum, non viderunt terram repromissam.

---

[63] Judic. xiii, 14 sqq. [64] III Reg. xvii, 1. [65] Dan. x, 2. [66] Hebr. iii, 17. [67] Psal. civ, 37. [68] Exod. xvi, 3.

(1) Ex hom. ii *De jejunio*, 13.
(2) Ibid., 14.
(3) Ex hom. i *De jejunio*, 5.
(4) Ibid., 2.
(5) Ibid., 5.
(6) Ibid., 4.
(7) Ibid., 5.
(8) Ibid., 8.

5. Ac ne Daniel quidem, ille sapiens, visiones vidisset, nisi jejunio reddidisset animam limpidiorem. Siquidem pinguiore pastu ceu fumosi quidam vapores exhalantur, qui lucem sancti Spiritus in hominis mentem irradiantem, quasi densa nubes interveniens, intercipiunt. (1) Somni leves, ejusque modi, qui excuti facile possint, naturalem cum tenui victus ratione necessitudinem habent: imo vero de industria magnarum rerum curis interrumpantur. Nam altiore correptum esse sopore, membris solutis, ita ut facilis pateat aditus imaginibus a ratione alienis, id quotidianae morti addicit ita dormientes. (2) Moses ut alteram acciperet legem, altero jejunio opus habuit. Nisi et una cum Ninivitis jejunassent et ipsa bruta animalia, haudquaquam effugissent subversionis comminationem. (3) Magnum procul dubio mortalibus bonum est jejunium, quod quidem Dei decretum revocavit. Proclamata est Ninivae post triduum subversio, et conversio ad Deum vicit subversionem. Subversionis siquidem comminatio propter conversionem relaxata est. Candidi et ingenui peccatores Ninivitae, audito Jona subversionem praedicante, per jejunii modum comminationem cohibuerunt, et confessionis orationisque remedio attraxerunt salutem. (4) Quis rem familiarem diminuit in jejunio? Recense hodie domus supellectilem, ac postea denuo numera, nihil deerit ob jejunium in rebus domesticis. Nullum animal deplorat mortem, nusquam sanguis, nusquam sententia ab inexorabili ventre adversus animantia prolata. Cessat machaera coquorum, mensa contenta est sponte nascentibus. (5) Lepidis autem Encratitis ad praeclaram eorum quaestionem, Cur nos etiam non omnibus vescimur? hoc detur responsi, nos etiam excrementa nostra aversari. Ac quantum quidem ad dignitatem, olera herbae nobis sunt carnes: quantum vero ad utilium discretionem, quemadmodum et in oleribus noxium a salubri separamus, ita et in carnibus ab utili noxium secernimus. Nam certe et cicuta olus est, sicut etiam caro est vulturina: sed tamen nec hyoscyamum sanus quisquam comedet, nec cane vescetur, nisi urgente summa necessitate; qui tamen comedit non peccat. (6) Dato respirationem et moram coquo tuo, sine vacare structorem mensarum; siste pocillatoris manum; sit aliquando respiratio variorum bellariorum ac cupediarum architecto; conquiescat tandem ipsa domus ab infinitis tumultibus, a fumo, a nidore, ab his qui sursum deorsum cursitant, ac ventri velut imperiosae dominae ministrant. Det, det, inquam, aliquantum vacationis et venter ori; paciscatur nobiscum quinque dierum inducias, qui semper alioqui flagitat, nec unquam desinit, dum quod accepit hodie, cras obliviscitur. Cum fuerit expletus, tum de abstinentia philosophatur: ubi detumuit, dogmatum illorum obliviscitur.

6. (7) Sed jam tempus est, ut causa apud imperatorem insanabilia nobis praecipientem breviter dicta, desinamus. (8) Velis nobis, serenissime, parcere; qui tantum possidemus, quantum, si hodie comedere voluerimus, nobis non sufficiet. Cessat apud nos, ut par est, coquorum ars; nec eorum culter sanguinem attingit. Ciborum nostrorum optimi, quibus affluimus, herbarum folia sunt cum pane asperrimo, et vino acescente: ne scilicet stupentes sensus nostri ob ventris ingluviem in vesania versentur. (9) Et quemadmodum in vestimento necessarium praecipue sectandum: ita in cibo panis explebit necessitatem; aqua sedabit sitim recte valenti: quibus accedent quaecunque ex leguminibus pulmenta corpori vires ad necessarios usus conservare possunt. Edere autem decet, non belluantium speciem praebentes, sed ubique modestiam et lenitatem atque in voluptatibus continentiam retinentes. (10) Sed quid faciam? Cum eorum quae dicta sunt copiam considero, ultra modum ferri me video: cum autem iterum ad sapientiae in opificiis splendescentis varietatem respicio, ne incepisse quidem narrationem mihi videor. Atque etiam diutius detinere vos non fuerit inutile. Quid enim quis ab hoc tempore ad usque vesperam facere possit? Vos non urgent convivatores, non vos compotationibus exspectant. Unde, si videtur, corporali jejunio ad exhilarandas animas utemur. Saepe inservisti carni ad voluptatem capiendam: hodie animae servire persevera. *Delectare in Domino, et dabit tibi petitiones cordis tui* [69]. Quid enim prodest, quaeso, corpore jejunare, animam vero innumeris malis refertam esse? Qui vero male non agit, alias autem otium agit, quid non loquitur vani? quid absurdi non auscultat? Nam otium Dei timore destitutum, iis qui tempore uti non norunt, magister est pravitatis. Fortassis igitur aliqua etiam utilitas ex iis quae dicuntur, percipietur a vobis; sin minus, saltem licet vobis per praesentem occupationem non peccare. Quare diutius vos detinere, est diutius vos a delictis amovere, atque ad coeleste illud regnum veluti manu ducere. Quod quidem assequi nos omnes contingat, in Christo Jesu Domino nostro, quia illi debetur gloria, et honor, atque adoratio, aeternoque

[69] Psal. xxxvi, 4.

(1) Ex epist. ii, 75.
(2) Ex hom. i *De jejunio*, 8.
(3) Ex hom. iii *De jejunio*, 622.
(4) Ex hom. i *De jejunio*, 6.
(5) Ex epist. ccxxxvi, 363.
(6) Ex hom. i *De jejunio*, 6.
(7) Uterque codex indicat epist.
(8) Ex epist. xli, 124.
(9) Ex epist. ii, 74.
(10) Ex hom. viii *in Hexaem.*, 79.

simul Patri, ac sanctissimo vivificantique Spiritui, nunc et semper, et in sæcula sæculorum. Amen.

DE MORTE.
SERMO XI.

1. (1) O rem mirandam, charissimi! ut unusquisque nostrum ubi e materno sinu exivit, statim temporis fluento illigatus rapitur, semper a tergo diem quam vixit relinquens, nec unquam ad hesternam, etiamsi velit, reverti valens. Nos autem lætamur cum progredimur ulterius, et permutata ætate quasi nonnihil acquirentes, gaudemus, ac beatum quiddam ducimus, cum quis ex puero vir, et ex viro senex factus est. Sed fugit nos, tantum vitæ spatium a nobis amitti, quantum viximus; sicque inscientibus nobis vita absumitur, quanquam semper ipsam ex eo quod ante actum est, quodque jam præterfluxit, metiamur: neque cogitamus quam incertum sit, quantum nobis temporis ad hunc cursum impertire velit qui nos ad hoc iter perficiendum misit. Neque diligenter considerare volumus, quæ sarcinæ leves sint nobis ad hunc cursum, et tales, ut cum colligentibus transferri possint: quæ vero graves sint et molestæ, atque humi defixæ, et ejusmodi, ut suapte natura hominum propriæ nunquam esse possint, nec possessores suos per angustam illam portam subsequi permittantur. Sed tamen relinquimus quæ colligenda erant: quæ vero contemnere par fuerat, colligimus. Et quæ nobiscum copulari, vereque esse possunt ornamentum animæ simul et corpori conveniens, his ne attendimus quidem: quæ vero perpetuo aliena manent, solam nobis infamiam inurentia, ea coacervare nitimur; inanem operam sumentes, atque ejusmodi suscipientes laborem, perinde ut si quispiam, seipsum seducens, in pertusum dolium infundere voluerit. (2) Quemadmodum enim qui aliquod iter haud remisse susceptum conficiunt, gressus pedum ad cursum peragendum certatim ulterius promoventes, jugiterque gressum humi prius fixum veloci alterius translatione posteriorem reddentes, pertingunt facile ad viæ finem: ita qui in vitam a Conditore introducti sunt, statim in ipso initio particulas temporis ingredientes, ac priorem semper posteriorem relinquentes, ad vitæ terminum perveniunt. Nam hæc vita præsens mihi videtur continua quædam et porrecta via esse, et iter ætatibus quasi quibusdam mansionibus interstinctum: quod ut profectionis initium partum maternum unicuique exhibet, ita cursus finem tentoria sepulcrorum ostendit. Atque huc omnes conducit, alios citius, serius alios, et hos quidem per omnia temporis intervalla profectos, alios vero ne in primis quidem vitæ stationibus commoratos.

2. (3) Deus enim qui formavit nos et animavit, animæ cuilibet tribuit propriam quamdam vitæ moram, et aliis alios exitus terminos præfixit. Etenim certo quodam consilio voluit alium diutius in carne permanere; statuit vero alium ocius vinculis corporis exsolvi, juxta ineffabiles sapientiæ atque justitiæ suæ rationes. Quemadmodum igitur ex iis qui in carcerem conjiciuntur, alii diutius detinentur in carcerum cruciatibus, alii ab ea calamitate liberantur citius: sic et animæ, aliæ quidem diutius, aliæ vero minus in hac vita detinentur, pro cujusque merito ac dignitate, Deo, qui nos condidit, rebus cujusque nostrum prospiciente sapienter, et alte, sicque, ut mens hominum attingere non possit. (4) Quemadmodum enim qui in navigiis dormiunt, sponte a vento in portus deducuntur, et quamvis ipsi nequaquam sentiant, cursus tamen eos ad terminum ducit: sic et nos, diffluente vitæ nostræ tempore, insensibili vitæ nostræ cursu velut continuo quodam et irrequieto motu unusquisque ad proprium finem festinamus. In hac vita viator es: omnia transeunt, post tergum tuum relinquuntur omnia. Plantam, herbam, aquam, aut quidvis aliud aspectu dignum in via vidisti: paulum oblectatus, mox præteris. Rursus in lapides, convalles, præcipitia, scopulos et palos, aut etiam in feras, in animalia repentia, in spinas, et in aliud quodvis infortunium incidisti: postquam es paululum afflictus, mox ista reliquisti. Vita est ejusmodi: neque ejus deliciæ, neque molestiæ constanter perseverant. Hodie tu coluisti terram, cras alter, post hunc colet et alius. Vides agros hos et domos sumptuosas? quoties singula, ex quo exsistunt, nomen jam mutavere? Dicebantur hujus esse, postea ipsis impositum est nomen alterius, ad alium transierunt, tum demum alterius esse dicuntur. Nonne ergo vita nostra via est, alio tempore alium excipiens, et in qua sibi invicem succedunt omnes? (5) Alias quidem vias quæ ex urbe ad urbem ducunt, licet declinare, et per eas non proficisci, si quis ita volet: hæc vero vitæ istius via, etiamsi nos differre cursum voluerimus, eos qui in se incedunt viatores violenter apprehensos ad destinatam a Domino metam trahit. Nec fieri potest ut is qui semel extra portam ad hanc vitam deducentem egressus est, idque iter inivit, non etiam ad illius terminum perveniat.

3. (6) Ne igitur pretiosissimis vilissima præferte, neque male commutetis, dum mortalem hanc vitam immortali beatæque illi quieti anteponitis. Siquidem præter ignominiæ affectiones, quibus

---

(1) Ex hom. *Quod mundanis adhærendum non sit*, 164.
(2) Ibid.
(3) Ex hom. *in mart. Julittam*, 38.
(4) Ex hom. *in psal.* I, 94.
(5) Ex hom. *Quod mundanis adhærendum non sit*, 164.
(6) Ex hom. *in psal.* CXV, 375.

voluptarii plerique subjecti sunt, adhuc etiam vitæ necessitates, magnanimitatem animæ frangentes, ipsam veluti redigunt in servitutem, dum ad carnis famulatum illam detrahunt. Ubi autem servitus, illic esse et ignominiam liquet. Fugienda igitur est vita, cui ignominia conjuncta est.

Non magna facio, inquit, *si me hero tradam tibi; Tibi namque servus, quod tuum est tibi offero.*
Omnino enim res creatæ Creatoris servæ sunt. (1) Oportet igitur viventem in carne incolam esse hominem ; migrantem autem ex hac vita, in propriis locis requiescere. Propterea etiam Abraham in hac vita incola erat cum alienigenis, ac ne passum quidem pedis terræ propriæ possedit : in sepultura autem propriam sibimetipsi terram, quæ corpus ipsius exciperet, argento mercatus est. Porro beatum plane fuerit, rebus terrenis non ut propriis nos addictos esse, neque rebus præsentibus tanquam naturali cuidam patriæ adhærere : sed nostram hic commorationem, quæ ex condemnatione nobis imposita est, moleste ferentes, ita peregrinari, quasi ob aliqua delicta a judicibus in exteram regionem ex patria pulsi essemus. (2) Efferris vero ob divitias ? jactas te ob majorum nobilitatem ? de patria ac pulchritudine corporis, deque delatis ab omnibus honoribus gloriaris ? Itane ignoras, mortalem te esse, terram esse et in terram reversurum ? Circumspice eos, qui ante te degerunt in similibus splendoribus. Ubi sunt qui magistratus civiles gessere ? ubi **534** rhetores illi inexpugnabiles ? exercituum duces, satrapæ, tyranni ? Annon omnia pulvis ? annon omnia fabula ? annon ipsorum memoria conservatur in paucis ossibus ? Conspicito sepulcra, num possis servum ab hero, et pauperem a divite discernere. Discerne, si quo modo potes, vinctum a rege, fortem a debili, formosum a deformi. Itaque naturæ si memineris, nunquam te extolles.

4. (3) Quæ enim utilitas est diviti morienti, cum non queat secum auferre divitias ? qui scilicet id ex earum possessione lucratus sit solum, quod ipsius anima in hac vita ab adulatoribus beata prædicata sit. Verum cum moritur, non assumet omnem hanc opulentiam : vix indumentum accipiet, quo pudenda ejus tegantur, idque, si visum fuerit famulis ipsum amicientibus. Bene cum eo actum fuerit, si exiguam terram sortiatur ; eamque ipsi a funeris curatoribus datam ob commiserationem, qui ei isthæc præstant, ob communis humanæ naturæ reverentiam, non ei hæc largientes, sed humanam naturam honore afficientes. (4) Itaque nihil eorum quæ in vita jucunda sunt, et quorum gratia plerique insaniunt, vere nostrum est, aut ex se esse posset : sed ipsa omnibus pariter extranea, tum iis qui eis frui videntur, tum iis qui ne illa quidem attingunt. Nec enim si qui in vita plurimum auri congesserint, id ipsorum proprium perpetuo manet ; sed aut adhuc viventibus ac illud undique constringentibus elabitur ad potentiores affluens, aut jam mortem oppetentes deserit, nec vult una cum iis qui ipsum compararunt, peregre proficisci. Sed hi quidem ab eo, qui vi animas a misera hac carne separat, ad ineluctabilem migrationem tracti, frequenter convertentes se ad pecunias, sudores quos a juventute ob eas emisere, deplorant ; divitiæ vero in alienas manus commigrant, posteaquam solum illis colligendi laborem atque avaritiæ crimen asciverint. Neque si quis innumera terræ jugera possideat, et magnificas ædes, et animantium greges omnis generis, fueritque humano omni potentatu septus, his perpetuo fruitur : sed eorum dominus brevi dictus tempore, aliis rursus opes cedat, ipsum vero exigua tellus recondit. Imo etiam sæpe ante sepulturam, et antequam hinc discedat, videbit sua bona ad alios, eosque fortasse inimicos, transire. An ignoramus quam multi agri, quam multæ ædes, quam multæ gentes ac civitates, etiam adhuc viventibus qui ea possederant, aliorum dominorum nomina prioribus exutis induerint ? et quemadmodum ii qui olim servituti addicebantur, conscenderint principatus thronum : qui vero domini herique vocabantur, si cum subditis sederent, bene secum actum arbitrati sint, ac succubuerint suis ipsorum servis, rebus, velut in tesserarum circumactu, derepente transmutatis ?

5. (5) Quandocunque herbam feni et florem conspexeris, veniat tibi in mentem humana natura, hanc sapientis Isaiæ imaginem recordanti : *Omnis caro ut fenum, et omnis gloria* **535** *hominis ut flos feni*[76]. Nam vitæ brevitas, et prosperitatis humanæ lætitia, hilaritasque haud diu duratura accommodatissimam apud prophetam sortita est similitudinem. Hodie qui floret corpore, qui præ deliciis carnosus est, qui colorem præ ætatis flore efflorescentem præ se fert, qui viget et acer est, et cujus nequit sustineri impetus, hic idem cras miserabilis est, aut tempore marcidus, aut morbo dissolutus. Quispiam divitiarum copia inclaruit, ipsumque adulatorum circumstat multitudo : adest fictorum amicorum, gratiam illius venantium, comitatus : frequentes sunt consanguinei, iique simulationis artificio eruditi : adest agmen sequacium innumerorum, qui partim parandi sibi gratia, partim ob alias necessitates ipsi astant : quos dum et abiens, et iterum rediens, secum trabit, in se occurrentium concitat invidiam. Adde divitiis etiam civilem aliquam

---

[76] Isa. XL, 6.

(1) Ex hom. *in psal.* XIV, 352.
(2) Ex hom. *in illud, Attende tibi ipsi*, 21.
(3) Ex hom. *in psal.* XLVIII, 187.

(4) Ex hom. *Quod mundanis adhærendum non sit*, 163.
(5) Ex hom. V *in Hexaem.*, 41.

potestatem, aut etiam dilatos a regibus honores, aut gentium gubernationem, aut exercituum imperium, præconem magna voce ante ipsum clamantem, lictores hinc et inde subditis timorem gravissimum inferentes, plagas, publicationes bonorum, exsilia, vincula, e quibus intolerabilis illo subjectorum metus concrescit. Quid vero post hoc? una nox, aut una febris, aut pleuritis, aut pulmonis inflammatio, hunc hominem ex hominibus abreptum abducit, illico omnem illius scenam nudat, atque gloria illa ceu somnium esse convincitur. Quare apte propheta humanam gloriam cum debilissimo flore comparavit.

6. (1) Sed quamnam speciosam parcimoniæ causam nobis afferunt ii qui attoniti hujus vitæ rebus adeo inhiant? Non vendo quæ habeo, neque do pauperibus, ob necessarios vitæ usus. Sed posteaquam divitiis fruitus fuero per omnem vitam meam, post finem vitæ meæ pauperes constituam hæredes facultatum mearum. Cum jam non versabere inter homines, tum humanus fies et liberalis; cum mortuum te videro, tunc dicam te fratris amantem. Multa tibi debebitur gratia ob munificentiam, quod in sepulcro jacens et in terram resolutus, jam in sumptibus faciendis largus exstiteris atque magnanimus. Dic mihi, quæso, quorumnam temporum mercedem exposces, eorumne quibus vixisti, an eorum, quæ post mortem secuta sunt? Sed quo tempore vivebas, voluptatibus deditus et deliciis diffluens, ne aspicere quidem egenos sustinuisti. Jam autem quænam actio est mortui? quæ quoque operis merces debetur? Ostende opera, et reposce remunerationem. Nemo solutis nundinis negotiatur : nec post certamen superveniens coronatur, nec post bellum egregia edit facinora. Neque igitur post vitam locus ullus est pietatis excolendæ. Nam si atramento ac tabulis fore te beneficium polliceris, quis annuntiabit tibi exitus tempus? quis generis mortis sponsor erit? Quot violentis casibus abrepti sunt, quibus ne vocem quidem edere per morbum licuit! Quid igitur exspectas tempus, in quo plerumque rationis non eris compos? cum videlicet erit profunda nox, morbus gravis, nemo usquam qui adjuvet. Deinde conjectis huc et illuc oculis, circumstantem te solitudinem conspiciens, tunc dementiam tuam intelliges; tunc lugebis stultitiam, quod præceptum distuleris in hoc tempus, interim dum vivebas voluptatibus indulgens : (2) mortuus vero, mandata perficiens. Quoad vixisti, te ipse prætulisti mandato; mortuus vero, tunc inimicis præceptum anteponis. Etenim ne accipiat homo ille, accipiat, inquit, Christus. At quid illud? hostiumne ultio, an proximi charitas?

7. (3) Ne igitur eorum qui hinc excedunt, maximeque piorum sortem lugeamus, sed potius ortum, et eorum in hanc vitam ingressum. Nam introitus in hunc mundum adjunctam habet ignominiam sordium fœtorisque et earum rerum, quarum ne aspectum quidem facile ferre posset nostrum aliquis, qui in vita præivimus. Per talia enim necessitate naturæ constitutus est carneæ nativitatis ingressus : contra, exitus, et is qui hinc fit abscessus, pretiosus est et illustris, non omnium hominum, sed eorum, qui sancte et juste hanc vitam transegerunt. Pretiosa igitur est mors, non pretiosus hominum ortus. *Seminatur enim*, inquit, *in ignobilitate, surgit in gloria: seminatur in corruptione, surgit in incorruptione* [71]. Cum etiam Judaice interirent homines, abominanda erant cadavera : ubi vero contigit mors pro Christo, reliquiæ sanctorum ejus sunt pretiosæ. Antea dicebatur sacerdotibus et Nazaræis : Non contaminabitur super ullo mortuo : et, *Si quis tetigerit cadaver, immundus erit* [72]; item, *Lavabis tua ipsius vestimenta* [73]. Nunc autem qui martyris ossa tetigerit, ex insidente in corpore gratia quamdam sanctitatis participationem accipit. *Pretiosa enim est in conspectu Domini mors sanctorum ejus* [74]. Compara itaque mortem nativitati; ac eum qui liberatus est ignominia, lugere desinas. (4) Cum justis enim exsultare, simulque lætari, præcipit nobis sermo divinus : lugeamus vero et lamentemur cum iis qui ex pœnitentia effundunt lacrymas : aut etiam eos qui nullo doloris sensu tanguntur, deploremus, quod perire se ne intelligant quidem. Cæterum implevisse mandatum haudquaquam putandus est, qui hominum mortem deplorat et cum lugentibus edit clamorem. Neque enim laudaverim medicum, qui cum opem ægrotantibus ferre deberet, morbis ipse repleretur. (5) Sic etiam David cum amicissimum sibi Jonatham lugeret, hostem quoque suum una luxit, *Doleo super te*, inquiens, *frater mi Jonathan*; et, *Filiæ Israel, super Saul flete* [75]. Hunc quidem lugeret, ut peccato immortuum; Jonathan vero ut hominem sibi per totam vitam conjunctissimum.

8. (6) Homines enim mors invadit, expletis vitæ terminis, quos unicuique ab initio constituit judicium justum Dei, quid cuique nostrum conducat, longe prospicientis. At filii charissimi mors animum tuum dolore opprimit. (7) Quis enim adeo corde lapideo, aut omnino humanæ naturæ expers, ut in ejusmodi eventu nihil patiatur, aut modicum dolorem animo accipiat? Domus splendidæ successio, fulcimentum generis, patriæ spes, parentum piorum germen cum innumeris votis educatum, in ipso ætatis flore, ex mediis patris manibus ereptum abit. Hæc quam adamantis na-

---

[71] I Cor. xv, 42, 43. [72] Levit. xi, 39. [73] ibid. 25. [74] Psal. cxv, 14. [75] II Reg. i, 26.

(1) Ex hom. *in divites*, 60.
(2) Ibid., 61.
(3) Ex hom. *in psal*. cxv, 374.
(4) Ex hom. *in mart. Julittam*, 41.
(5) Ex hom. *De gratiarum actione*, 28.
(6) Ex hom. *Quod Deus non est auctor malorum*, 74.
(7) Ex epist. v, 77.

turam non valeant dissolvere, et ad commiserationem adducere? (1) Igitur si ob ea quæ acciderunt lugere, et lacrymas effundere volumus, tempus vitæ nobis non sufficiet; nec si homines omnes nobiscum gemant, infortunio planctum adæquare poterunt : imo etiamsi fluviorum aquæ lacrymæ fiant, nequibunt casus illius lamenta explere. (2) Quare adhortor te, ut strenuum athletam, ut contra plagæ magnitudinem obnitaris, nec succumbas ponderi doloris, neque absorbearis animo; persuasum habens, etsi rationes eorum quæ a Deo dispensantur, nos latent, at profecto quod a sapiente nosque amante dispensatur, accipiendum, etiamsi molestum sit. Novit enim ipse, quomodo unicuique dividat quod utile est, et quam ob causam inæquales vitæ terminos nobis præstituat. Est enim causa aliqua hominibus indeprehensa, ob quam alii quidem citius hinc abripiuntur, alii vero diutius in hac calamitosa vita ad ærumnas perferendas relinquuntur. Itaque in omnibus adorare illius in nos amorem debemus, nec ægre ferre; memores magnæ illius et celeberrimæ vocis, quam magnus ille athleta Job emisit, cum in uno convivio liberos decem exiguo temporis momento oppressos vidit : *Dominus dedit, Dominus abstulit : sicut Domino visum, ita et factum est* [76]. Admirabilem illam vocem nostram faciamus : par merces a justo judice paria præclare facta designantibus. Non sumus filio orbati : sed restituimus ei qui mutuo dederat. Neque exstincta est illius vita, sed in melius transmutata : neque humus dilectum nostrum obtexit, sed cœlum suscepit. Paulisper exspectemus ; et una cum eo quem desideramus, erimus. Neque longum est tempus sejunctionis, cum omnes in hac vita tanquam in via ad idem diversorium contendant : in quod hic jam advenit, ille supervenit, alter festinat : finis autem unus omnes excipiet. Etsi enim citius viam confecit, eamdem omnes ingredimur, omnesque idem manet diversorium. (3) Fac recorderis patris tui, qui mortuus est. Quid igitur mirum, ex mortali genitum, mortalis patrem factum esse? Quod autem immature, et priusquam vita satiaretur, priusquam ad ætatis mensuram perveniret, et innotesceret hominibus, ac generis relinqueret successionem : nequaquam hæc doloris accessio, sed eventus sunt solatium, quod non reliquerit in terra liberos orbos, nec viduam aut ærumnis diuturnis obnoxiam, aut cum altero viro habitaturam et liberos priores neglecturam. Quod autem vita pueri longius in hoc sæculo producta non fuit; quis adeo inconsideratus, ut id maximum bonorum esse non judicet? Longior enim hic commoratio, malorum plurium occasio est.

538 9. (4) Quorsum non prius assuevisti de mortali mortale quiddam sentire, sed mortem filii suscepisti præter exspectationem? Ortus filii cum tibi primum nuntiatus est, si quis te interrogasset quale esset quod natum est, quidnam tunc respondisses? aliudne dixisses, nisi quod homo sit quod natum est? Quod si homo, utique et mortalis. Quid igitur miri, si mortuus est mortalis? Annon vides solem orientem et occidentem? non vides crescentem lunam et decrescentem? non terram virentem, deinde arescentem? Quid igitur mirum, si nos quoque cum pars simus mundi, eorum quæ mundi sunt, participes simus? Filii charissimi, aut uxoris gratissimæ, aut alterius cujuspiam eorum qui sunt amicissimi, et omni benevolentia atque necessitudine conjuncti, privatio, haudquaquam futura est molesta et gravis homini provido, et rectam rationem vitæ ducem habenti, non autem ex consuetudine quadam incedenti. Nam acerbissimum est vel ipsis brutis animantibus a consuetudine avelli. Equidem ego ipse vidi aliquando bovem in præsepi illacrymantem, pastus ac jugi socio morte sibi præpto. Quinetiam videre est reliquas belluas consuetudini valde admodum adhærescere.

10. (5) Non existimavi æquum esse ut officio meo deessem, nec ad te, quæ illius mater es, sermonem converterem. Novi qualia sint matrum viscera; atque conjicio quantum probabile sit in præsentibus malis dolorem esse. Filium amisisti, quem viventem matres omnes prædicabant beatum, talesque suos esse optabant; mortuum vero perinde luxerunt, ac si suum quæque humo contexisset. Illius mors plaga exstitit patriæ; cum illo magnum et illustre genus concidit, veluti fulcro sublato concussum. O incursum mali dæmonis, quantum potuit mali patrare! O terra talem coacta suscipere casum! Horruit forte ipse sol, si quis in eo sensus, triste illud spectaculum. Et quis tantum dicere poterit, quantum inops consilii animus suggerit? Verum nostra non fiunt citra providentiam, quemadmodum in Evangelio didicimus, ne passerem quidem cadere sine voluntate Patris nostri [77]. Quare si quid contigit, voluntate contigit Conditoris nostri. Quis autem Dei voluntati resistit [78]? Suscipiamus quod accidit; moleste enim ferentes, neque id quod factum est reparamus, ac præterea nosmetipsos perdimus. Ne culpemus justum Dei judicium. Nimium imperiti sumus, quam ut arcana illius judicia exploremus. Nunc Dominus amoris in se tui periculum facit. Tibi nunc tempus est, ut per patientiam partem martyrum consequare. Machabæorum mater [79] septem filiorum mortem conspexit, nec ingemuit, nec ignobiles lacrymas effudit : sed gratias agens Deo, quod videret eos igne et ferro et acerbissimis verberibus e vinculis carnis exsolvi, Deo quidem probata fuit, celebris vero ha-

[75] Job i, 21. [77] Matth. x, 29. [78] Rom. ix, 19. [79] II Machab. vii.

(1) Ex epist. v, 77.
(2) Ibid., 78.
(3) Ex epist. ccc, 436.
(4) Ex hom. *in mart. Julittam*, 73.
(5) Ex epist. vi, 78.

bita est apud homines. Afflictio magna, fateor et ego; sed et magna a Domino præmia patientibus reposita. Mater cum effecta es, puerumque vidisti, ac gratias egisti Deo, plane sciebas mortalem a te, cum mortalis sis, genitum esse. Quid igitur mirum, si mortuus est mortalis? Sed dolet nobis, quod præter tempus. Incertum, utrum hoc non fuerit tempestivum : nos siquidem eligere quæ animabus utilia sunt, et præfinire terminos humanæ vitæ non novimus. Circumspice totum terrarum orbem, in quo habitas, et cogita omnia mortalia esse quæ videntur, omnia corruptioni obnoxia. Respice ad cœlum, et illud ipsum aliquando dissolvetur : ad solem, ne ille quidem permanebit; stellæ omnes, animalia terrestria et aquatilia, terræ ornatus, terra ipsa, omnia corruptioni obnoxia, omnia paulo post non amplius futura. Horum cogitatio sit casus solatium. Cave calamitatem seipsa metiaris : ita enim tibi videbitur intolerabilis : sed eam cum omnibus rebus humanis comparans, inde reperies illius solatium. His autem omnibus illud validissimum addendum habeo : Parce marito : alter alteri solamen estote : ne facias ei graviorem calamitatem, dolore te ipsa conficiens.

11. (1) Sed tamen suspectus mihi est ingens tuus filii amor, ne forte mœrori te dedas, ob simplicitatem morum profundam plagam recipiens doloris. (2) Nihil eorum quæ nobis accidunt, ut molestum accipere oportet, etiamsi in præsentia infirmitatem nostram tangat. Etsi enim rationes ignoramus, ob quas unumquodque eorum quæ contingunt, veluti bonum a Domino nobis exhibetur : tamen hoc nobis persuasum esse debet, omnino utile esse quod evenit : sive nobis, ob patientiæ mercedem : sive animæ assumptæ, ne diutius in hac vita immorans, vigente in hoc mundo malitia repleretur. Si enim hac vita circumscriberetur Christianorum spes, non immerito sane molestum videretur citius a corpore disjungi : sin autem veræ vitæ initium est, iis qui secundum Deum vivunt, animæ e corporis vinculis solutio, quid tristitia afficimur, sicut et ii qui spem non habent? (3) At viri charissimi privatio intolerabilem tibi calamitatem facit. Et ego assentior. Tristem enim esse calamitatem, optimi illius viri casum, omnes scimus. Nam profecto nemo ita corde lapideo, ut virum illum expertus ac deinde audiens ex hominibus subito ereptum esse, non commune humanæ vitæ damnum illius jacturam existimaverit. Quod si his qui non sunt affinitate conjuncti, id quod accidit adeo grave et ad perferendum difficile : quomodo verisimile sit animam tuam in hoc casu affici, quæ ipsi ita est subjecta, ut veluti bipartitam quamdam sectionem n conjugis separatione senserit? (4) Ejusmodi enim separatio non minus habet doloris, quam si media nostri corporis pars discinderetur. Ac tristia quidem ejusmodi, et his majora ; sed quæ in his quæ evenerunt consolatio? Primum quidem vigens illa ab initio lex Dei nostri, necesse omnino esse, ut quisquis natus fuerit, stato tempore de vita exeat. Si igitur sic res humanæ ab Adam ad nostra usque tempora constitutæ sunt, communes naturæ casus animo iniquo ne feramus, sed Domini erga nos dispensationem amplectamur. (5) Ac semper quidem utilis Scripturarum doctrina, sed maxime ejusmodi temporibus. Memento igitur latæ a Creatore nostro sententiæ, per quam quotquot ex terra orti sumus, in terram revertimur[80] : nec quisquam ita magnus, ut dissolutioni non sit obnoxius. Admirandus ille vir erat quidem eximius et magnus, et corporis robori parem habens animi virtutem, fateor et ego ; nemini sane in utroque secundus, sed tamen homo erat, et mortuus est, ut Adam, ut Noe, ut Abraham, ut Moses, ut alius quivis, quem ejusdem naturæ participem nominaveris. (6) Unum enim revera exemplar naturæ humanæ virum illum Conditor noster creaverat ; unde omnes in eum conjiciebantur oculi, et lingua omnis res illius prædicabat; pictores autem et statuarii formæ dignitatem assequi non poterant; historici vero, dum res præclare in bello gestas referunt, in fabularum incredibilium incommodum incidunt. Quare ne adduci quidem plerique poterant, ut famæ tristem illum nuntium circumferenti crederent, aut omnino mortuum esse talem virum faterentur. Sed tamen perpessus est, quæ et cœlo et soli et terræ accidunt. (7) Ita igitur dolori moderare, ut neque illum animo projicias, neque a tristitia absorbearis.

12. (8) Eos autem, qui dum vivunt, mutuo conjunguntur, ac deinde morte a se invicem divelluntur, viatoribus cogita non esse absimiles, unam et eamdem euntibus viam, et propter continuam inter se confabulationem necessitudine atque consuetudine devinctis. Hi post emensum iter commune, ubi sectam viam repererint, necessitate jam cogente ut alter ab altero separetur, nequaquam consuetudine detenti negligunt quod sibi proposuerant : sed causam quæ se initio compulit, in memoriam revocantes, ad suam quisque metam contendunt. Quemadmodum igitur his alius erat viæ scopus, intercessit autem ex consuetudine inter ipsos, cum iter facerent, necessitudo quædam ac familiaritas: sic etiam iis qui nuptiis aut alia quapiam vitæ societate conjuncti sunt, fuit procul dubio præstitutus proprius quidam vitæ terminus; sed tamen ipsos inter se conjunctos prædefinitus vitæ finis necessario separavit ac sejun-

[80] Gen. III, 19.

(1) Ex epist. CCLXIX, 415.
(2) Ex epist. CI, 197.
(3) Ex epist. CCCIII, 438.
(4) Ibid., 439.

(5) Ex epist. CCLXIX, 415.
(6) Ibid., 416.
(7) Ibid.
(8) Ex hom. *in mart. Julittam*, 38.

xit. (1) Itaque grati animi fuerit non ægre ferre separationem illius qui conjunctus fuerat : sed ei qui hujusce consortii auctor fuerat, gratiam ob primam conjunctionem habere. Tu quoque cum superstes esset vir tuus, aut infantulus, aut quodlibet eorum quæ nunc lamentaris, nullas grates rependebas bonorum præsentium largitori : imo de absentibus conquerebaris. Et quidem si absque prole cum viro degebas, querebare quod filii quales desiderasses, tibi non essent : sin autem habebas filios, dolebas quod non afflueres divitiis. Cave igitur, ne forte charissimorum privationem nobis ipsis reddamus necessarium, cum non afficiamur illorum præsentia, sed amissos desideremus. Quoniam enim pro præsentibus bonis a Deo collatis grates non persolvimus : ideo privari nos iis necesse est, ut affectus noster **541** commoveatur. Quemadmodum enim non vident oculi quod nimium propre admotum est, sed congruenti aliquo spatio indigent : ita et ingratæ animæ per bonorum abalienationem videntur de præterito beneficio affici. Nam cum fruerentur bonis, nullam tum gratiam habebant largitori ; sed ubi sunt iis spoliatæ, id ipsum quod evanuit, laudant æstimantque. (2) Nos autem mœrorem ex iis quæ desunt emergentem amandantes, discamus ob præsentia gratias exsolvere. Dicamus sapienti medico in tristioribus rerum infortuniis, *In tribulatione parva, disciplina tua nobis* [81]. Dicamus : *Bonum mihi quia humiliasti me* [82]. Dicamus : *Non sunt condignæ passiones hujus temporis ad futuram gloriam quæ revelabitur in nobis* [83]. Dicamus : *Pauca præ iis quæ peccavimus accepimus verbera* [84]. Obsecremus Dominum : *Castiga me, Domine : verumtamen in judicio, et non in furore* [85]. Cum enim redarguimur, a Domino corripimur, ut non cum hoc mundo damnemur [86]. At vero in lætiore vitæ statu emittamus illam Davidis vocem : *Quid retribuemus Domino pro omnibus quæ retribuit nobis* [87] ? recte nimirum dubitante Propheta, ac inopiam suam circumspiciente, talem videlicet, ei ut nihil suppeteret dignum quod retribueret. Dominus enim post beneficia adeo magna splendidaque, et quibus nihil præstantius, nobis in posterum multo majora pollicetur, *Quæ oculus non vidit, nec auris audivit, et in cor hominis non ascenderunt quæ præparavit Deus diligentibus se* [88]. Quæ utinam nos corporeis his affectibus repurgati consequi etiam valeamus, per gratiam ac humanitatem Domini nostri Jesu Christi, cui gloria, et potestas, nunc et semper, et in sæcula sæculorum. Amen.

DE TRISTITIA ET ANIMI DEJECTIONE.

SERMO XII.

1. (3) Cum video et malum ad optatos exitus perduci, et vestram pietatem defatigari, animumque despondere ob continuas calamitates, mœstitia repleor. Sed rursus cum magnam Dei manum considero, cumque nosse et confractos erigere, et justos diligere, superbos vero conterere, et potentes de suis sedibus dejicere : rursus immutatus spe concepta allevor. (4) Novi et persuasum habeo, quod et vobis notum esse volo, celerem adfuturam opem, nec perpetuam derelictionem futuram. Quod enim passi sumus, ob peccata nostra passi sumus ; sed opem suam, ob suum in servos suos amorem ac misericordiam, benignus ostendet. (5) Sive enim peccatorum solvimus pœnas, sufficiunt flagella ad evertendam deinceps Dei in nos iram [89] ; sive ad sustinenda pro pietate certamina his tentationibus vocamur, justus est certaminum arbiter, ut non sinat tentari nos ultra quam ferre possumus : sed nobis reddat pro toleratis jam laboribus, patientiæ et spei in ipsum nostræ coronam. (6) Quis enim animo ita adamantino, quis ita commiserationis omnis ac mansuetudinis expers, ut audiens gemitum **542** undique auras nostras ferientem, velut ex tristi quodam choro communem quamdam ac consonam lamentationem edente, non animo doleat, non humi procumbat, et non penitus inextricabilibus his curis tabescat ? Hæc autem dico, (7) non consolandi gratia : quis enim sermo inveniatur tantæ medicus calamitatis ? sed cordis mei dolorem, quantum possumus, vobis hac voce significo.

2. (8) Perspeximus enim astutiam belli diabolici, qui, ubi vidit in hostium persecutionibus multiplicari in vobis virtutem, ac magis florere, mutavit suum ipsius consilium, nec jam aperte bellum gerit, sed occultas nobis insidias struit, obtegens callidam nocendi voluntatem nomine quod circumferunt hostes, ut et patiamur eadem quæ patres nostri, nec videamur pati pro Christo, eo quod Christianorum nomen habeant et ipsi persecutores. (9) Hæc nos perculserunt, et propemodum mente emoverunt. Ad has autem cogitationes illa etiam accessit : Num Dominus servos suos reliquit ? num novissima hora est, et defectio per hæc ingreditur, ut reveletur tandem iniquus ille, filius perditionis, qui adversatur, et effertur adversus omnem qui dicitur Deus aut numen [90] ? Sed tamen sive temporaria est ista tentatio, ferte illam, ut boni Christi athletæ : sive etiam res summo inter-

---

[81] Isa. xxvi, 16. [82] Psal. cxviii, 71. [83] Rom. viii, 18. [84] Job xv, 11. [85] Jerem. x, 24. [86] I Cor. xi, 22. [87] Psal. cxv, 12. [88] I Cor. ii, 9. [89] I Cor. x, 13. [90] II Thess. ii, 3.

(1) Ex hom. *in mart. Julittam*, 38.
(2) Ibid., 40.
(3) Ex epist. ccxlvi, 383.
(4) Ex epist. ccxlvii, 383.
(5) Ex epist. cxl, 232.
(6) Ibid.
(7) Ex epist. xxix, 109.
(8) Ex epist. cxxxix, 230.
(9) Ibid., 231.

itui traditæ sunt, animo ne concidamus ob præsentia, sed exspectemus e cœlis revelationem, et adventum magni Dei et Salvatoris nostri Jesu Christi. Etenim si creatura omnis dissolvetur, et transmutabitur mundi hujus figura, quid mirum est nos quoque, qui rerum creatarum pars sumus, communibus malis affici, ac tradi afflictionibus, quas pro virium nostrarum modulo infligit nobis justus judex, non tentari nos sinens supra id quod possumus, sed dans una cum tentatione exitum, ut perferre possimus⁹¹? Ne igitur deficiamus, fratres : exspectant enim nos martyrum coronæ: parati sunt confessorum chori manus vobis porrigere, inque suum numerum recipere. Memineritis veterum sanctorum, quorum nemo deliciis inserviens, aut adulationibus delinitus, coronas patientiæ consecutus est; sed omnes per magnas afflictiones quasi per ignem tentati, experimentum sui dederunt. (1) Beatus qui dignus habetur, qui patiatur pro Christo. Beatior qui majora patitur, quandoquidem afflictiones temporis præsentis dignæ non sunt, quæ comparentur cum gloria, quæ deinceps revelabitur in nobis. (2) Qui enim non succumbit afflictionibus, sed per spem in Deum doloris pondus tolerat, is magnam habet apud Deum patientiæ mercedem.

3. (3) Quemadmodum igitur in lignis tenerioribus gignuntur vermes : sic tristitia in molliore hominum indole innascitur. Nec vero mulieribus, neque viris effusior ille luctus fletusque permissus est : sed tantum, quantum fas est, afflictari de adversis, et parum lacrymari, idque tacite, sine fremitibus, sine ejulatibus, adeo ut nec vestis scindatur, nec cinis inspergatur, nec aliud quidquam eorum indecore fiat, quæ studiose facere solent qui ad humanos casus nulla imbuti fuere disciplina. Etenim animi est ignavi, nullumque ex reposita in Deo spe robur habentis, frangi admodum, et adversis succumbere. (4) Nam lacrymæ velut ex quodam ictu, ex improviso casu percutiente animam, eamque contrahente, compresso circa cor spiritu, oriri consuevere : gaudium vero est animæ ob res ex sententia succedentes gestientis, quidam quasi saltus. Hinc differunt corporis symptomata. Tristes quidem subpallidam lividamque ac rigentem habent corporis molem : inest vero efflorescens quædam et subrubra corporis habitudo lætis et hilaribus, anima tantum non prosiliente et prorumpente ad exteriora præ voluptate. (5) Ac novimus multos in gravissimis adversitatibus sibi per vim a lacrymis temperasse; quorum alii posthac in immedicabiles morbos inciderunt, in apoplexiam, paralysimque; alii vero omnino supremum diem obierunt, quod eorum vires, quasi debile quoddam fulcrum, pondere tristitiæ frangerentur. Nam quod videre in flamma licet, quam fumus proprius, si non exeat, sed circumvolvatur, suffocat; id etiam in facultate, qua animal constituitur, fieri dicunt, nimirum extabescere illam et exstingui præ doloribus, si nullus ad exteriora aperiatur exitus. (6) Cur enim Lazari causa Christus flevit? certe ut querulorum ac luctus amantium ad flendum propensionem, animique eorum demissionem sanaret. Quod enim citra ullam animi commotionem, sed ad erudiendos nos lacrymatus est Dominus, perspectum est ac manifestum ex illo : *Lazarus amicus noster dormit, sed vado ut a somno excitem eum*⁹². Quis nostrum deflet amicum dormientem, quem aliquanto post sperat expergefactum iri? *Lazare, veni foras*⁹³. Mortuus revocabatur ad vitam; alligatus ambulabat. Inest miraculum in miraculo. Pedes ligabantur institis, nec tamen a motu prohibebatur. Etenim aderat vis quædam obice major. Quomodo igitur Dominus, qui erat talia facturus, casum illum lacrymis dignum judicasset? Annon palam est, ipsum infirmitatem nostram undique suffulcientem, eas affectiones quæ inevitabiles sunt et necessariæ, intra modos quosdam ac terminos continuisse? Apathiam quidem vitavit tanquam quiddam ferinum : noluit tamen mœrori ac tristitiæ deditus esse, ac multum lacrymari, quod hoc illiberale esset et ignavum. (7) At vero Job, quid? num illi adamantinum erat cor? num compacta ei erant ex saxo viscera? Ceciderunt ei decem liberi in brevi temporis momento, una plaga obtriti, in domo jucunditatis, in tempore deliciarum, decutiente in eos domum diabolo. Vidit mensam sanguine immistam; vidit liberos diverso quidem tempore natos, sed unum communemque sortitos vitæ exitum. Non ejulavit, non comam evellit, non emisit vocem ullam degenerem, sed celebrem illam et ab omnibus decantatam gratiarum actionem protulit : *Dominus dedit, Dominus abstulit; sicut Domino placuit, ita et factum est: sit nomen Domini benedictum*⁹⁴. Num homo ille erat expers affectionum? At quomodo? cum ipse de se dicat : *Ego flevi super omni afflicto*⁹⁵. Estne his dicendis mentitus? Imo vero præter cæteras virtutes veritas veracem eum quoque fuisse declarat, his verbis : *Homo inculpatus, justus, pius, verax*⁹⁶. Verum hominum plerique cantilenis quibusdam ad mœstitiam compositis ad flendum abutuntur, studentque animum suum modulis lugubribus absumere; et quemadmodum peculiaria sunt tragœdis fictio et apparatus, quocum theatra conscendunt : ita et lugenti hanc existimant speciem convenire, vestem atram, comam

⁹¹ 1 Cor. x, 13. ⁹² Joan. xi, 11. ⁹³ ibid. 43. ⁹⁴ Job i, 21. ⁹⁵ Job xxx, 25. ⁹⁶ Job i, 1.

(1) Ex epist. cxxxix, 231.
(2) Ex epist. cccli, 459.
(3) Ex hom. *De gratiarum actione*, 30.
(4) Ibid., 28.
(5) Ibid., 29.
(6) Ex hom. *De gratiarum actione*, 29.
(7) Ibid., 30.

squalidam, tenebras in domo, sordes, pulverem, et lugubrem cantum, mœroris vulnus semper recens in animo servanti : nescientes animam quæ semel Conditoris sui capta est desiderio, earumque rerum quæ illic sunt pulchritudine exhilarari assuevit, summum illud gaudium et alacritatem, corporearum perturbationum vicissitudine non mutare, imo quæ cæteris sunt molesta, ad lætitiæ accessionem convertere. (1) Ut enim ii, quibus oculi infirmi sunt, obtutus suos a rebus nimis fulgidis deflectunt, eosque florum et herbarum recreant conspectu : ita quoque non debet anima semper sibi res tristes ponere ob oculos, nec jugiter in præsentibus ærumnis defigi, sed bona vera speculari.

4. Molestiæ siquidem animum, ut ignis aurum probant : (2) atque reipsa afflictiones, quasi quædam alimenta ac athleticæ exercitationes, sunt bene præparatis atque instructis : quæ athletam ad paternam gloriam deducunt. (3) Nimia vero tristitia causa fit peccati, quod demergat mentem mœror, inducatque vertiginem desperatio, et vitium ingrati animi pariat consilii inopia. (4) Turpe est igitur nos benedicere in rebus secundis, silere vero in tristibus et adversis. Imo tunc etiam gratias uberiores agere oportet, cum noverimus, quod *Quem diligit Dominus, castigat, flagellat autem omnem filium quem recipit*[97]. (5) Itaque liberat ex tribulatione sanctos suos Deus, non quod illos citra probationem relinquat, sed quod patientiam ipsis largiatur. Nam si tribulatio patientiam operatur, patientia vero probationem[98] : qui tribulationem detrectat, probatione se ipse privat. Quemadmodum ergo nemo coronatur sine adversario : sic neque probatus quisquam pronuntiari potest, nisi per tribulationes. Ex omnibus igitur tribulationibus ipsos eruet, non quod divexari eos non sinat, sed quod cum tentatione exitum etiam præbeat, adeo ut ferre valeant[99]. Qui vero afflictionem justo minime convenire asserit, nihil aliud dicit quam athletæ non congruere adversarium cum quo decertet.

545 5. (6) Quoniam vero societas gemituum affert solatium lugentibus, par fuerit de alienis calamitatibus ac ærumnis afflictari. (7) Nam hoc pacto afflictorum conciliaturus tibi es benevolentiam, neque hilarem te ostendens ob eorum adversitates, neque alienam afflictionem indifferenter perferens. Minime tamen convenit dolentium miseriis plus æquo commoveri, sic ut aut conclames, aut lugeas cum afflictato, aut alienis in rebus hominem a tristitia obcæcatum imiteris æmuleris que : exempli causa, si una cum ipso te ipse includas, et in duaris veste atra, si pariter jaceas humi, comamque negligas. Ex iis enim magis crescit quam elevatur calamitas. (8) Attamen abs re non fuerit, iis quæ accidunt angi, et tacite de adversis afflictari, ita ut ex vultu, qui cogitatione defixus sit, exque modestia, quæ gravitatem adjunctam habeat, animi affectum significes. Ubi autem ad colloquium ventum est, non statim ad objurgationes devenire decet, velut jacentibus insultantem ac illudentem. Nam objurgationes iis quorum animus præ tristitia cruciatur, molestæ sunt et graves : simulque sermones eorum qui nullo prorsus doloris sensu afficiuntur, ægre audiuntur a mœrentibus, et ad eos consolandos vim non habent persuadendi. (9) Quemadmodum enim oculo inflammato lenimentum vel tenerrimum dolorem affert; ita animæ gravi mœrore afflictæ, etiamsi multum solatii ferat oratio, molesta tamen quodammodo videtur, in ipso doloris articulo adhibita. (10) Quando autem videris fratrem lugentem ob peccatorum pœnitentiam, lacrymare cum viro ejusmodi, ac illius commiseresce ; tunc etenim tibi licebit ex malis alienis tuum corrigere. Nam qui fervidas lacrymas pro peccato proximi effundit, dum fratrem deflet, medetur sibimetipsi. Luge peccati causa. Animæ ægritudo est peccatum, mors est animæ immortalis, peccatum luctu atque irrequietis lamentis dignum est. Ob hoc fluant lacrymæ omnes, nec cessent duci ex pectore imo suspiria. Sic Jeremias deflebat qui ex populo peribant ; idemque cum sibi naturales lacrymæ non satis essent, lacrymarum fontem inquirebat et extremam mansionem[1]. Pro omnibus autem his gratias agemus Christo Deo nostro, cui debetur omnis gloria, honor et adoratio, simul et principio carenti ejus Patri, et sanctissimo vivificantique Spiritui, nunc et semper, et in sæcula sæculorum. Amen.

DE PATIENTIA ET LONGANIMITATE.
SERMO XIII.

1. (11) Nemo ex malis quæ passus est, adducatur ut cogitet ac dicat res nostras providentia nulla gubernari, neque Domini administrationem ac judicium incuset : sed in athletam Job intueatur, ipsumque sibi cogitationum meliorum consiliarium adhibeat. Reputet omnia ex ordine certamina, in quibus ille victor exstitit, et quot jaculis a diabolo petitus lethalem nullam plagam acceperit. **546** Evertit quidem illius domesticam prosperitatem, eumdemque alternis adversitatum nuntiis obruere statuerat. Cum enim prior cladem aliquam adhuc annuntiaret, nuntius alter rerum deteriorum tristi-

---

[97] Hebr. xii, 6. [98] Rom. v, 3. [99] I Cor. x, 13.   [1] Jerem. xi, 1.

(1) Ex hom. *De gratiarum actione*, 32.
(2) Ex hom. *in psal.* xxxiii, 145.
(3) Ex hom. *in famem et siccitatem*, 68.
(4) Ex hom. *in psal.* xxxiii, 144.
(5) Ibid., 146.
(6) Ex hom. *Adversus calumn. S. Trinitatis*, 609.
(7) Ex hom. *in mart. Julittam*, 41.
(8) Ibid., 42.
(9) Ex epist. vi, 78.
(10) Ex hom. *in mart. Julittam*, 42.
(11) Ex hom. *Quod mundanis adhærendum non sit*, 171.

tiam afferens veniebat : malaque connectebantur inter se, et calamitates fluctuum incursum imitabantur, atque priusquam priores lacrymæ sedarentur, aliarum afferebatur occasio. Sed ille tempestatis excepto impetu, et undarum vi in spumam commutata, velut scopulus stabat, emittebatque ad Dominum gratam illam vocem, nec quidquam eorum quæ accidebant, lacrymis dignum duxit. Ubi vero advenit qui narraret quemadmodum filiis et filiabus convivantibus violentus quidam ventus oblectationis domum conquassasset, tunc solum scidit vestem, ostendens condolentem naturam, atque iis agendis declarans patrem esse se liberorum amantem, piisque illis vocibus quod evenerat ornans dicebat : *Dominus dedit, Dominus abstulit : sicut Domino placuit, ita et factum est* [2] : tantum non clamans in hunc modum : Pater vocatus sum dum voluit qui me patrem effecit. Statuit rursus sobolis mihi coronam auferre, haud repugno quominus sua auferat. Obtineat quod Domino visum est ; ipse est generis conditor, ego organum ; quid necesse est, servus cum sim, dolere me frustra, ac de sententia quam nequeo irritam facere, conqueri? Verbis ejusmodi quasi jaculis justus ille diabolum confodit. Postquam autem iterum inimicus eum vidit esse victorem, nec ulla harum ærumnarum concuti posse, tentationis admovit machinamentum carni ipsi, et corpore infandis vulneribus percusso effecit, ut ex eo vermium fontes scaturirent; virumque ex regio throno deturbatum, in sterquilinio collocavit. Ille vero vel talibus angustiis lacessitus, permansit immotus ; et lacerato corpore, pietatis thesaurum in recondito animæ recessu intaminatum servabat.

2. Cum igitur non haberet quod jam faceret hostis, insidiarum veterum recordatur; atque ad impiam ac blasphemam sententiam uxoris animum pertrahens, opera illius aggrediebatur athletam concutere. Ac illa quidem laboris diuturnitati cedens, justo astitit, humi prona, manus super iis quæ videbat complodens, pietatis ei fructus exprobrans, hinc veterem rei familiaris opulentiam recensens, illinc mala præsentia commonstrans, et qualem ex qualibus sortitus esset vitam, et quam pro multis sacrificiis mercedem a Domino recepisset. Et semper verba pusillo quidem mulierum animo digna proferebat, sed talia tamen, quæ virum omnem perturbare, et animum vel fortem subvertere possent. Vaga, inquiebat, et ancilla oberro, regina servio, et ad meorum famulorum manus respicere coacta sum, quæ multos olim nutrivi, bene nunc mecum agi existimo et enutriar ex alienis. Addebat melius esse ac utilius si de terra se ipse exscinderet, impiis verbis utendo, **547** et gladium iræ conditoris exacuendo, quam si malorum tolerantia sibi ipsi et uxori certami- num laborem proroget. Ille vero his verbis magis quam ullo malorum priorum offensus, et vultum ira replente, ad uxorem velut hostem conversus, quid dicit ? *Quare tanquam una de stultis mulieribus locuta es* [1] ? Depone, o mulier, inquit, illud consilium. Quousque dictis tuis dedecorabis vitam communem ? Mentita es, et quod utinam Deus avertisset, institutum meum tuis istis verbis, et vitam meam calumnia aspersisti. Videor nunc mihi dimidia ex parte impie egisse : siquidem unum quidem corpus utrosque nos nuptiæ præstiterunt, sed tu prolapsa es in blasphemiam. *Si bona suscepimus de manu Domini, mala non sustinebimus* [3] ? Redigas tibi in memoriam præterita bona. Compensa bona malis. Nullius hominis vita perpetuo beata est: semper felicem esse, solius Dei est. Tu igitur si ob præsentia dolore afficeris, ex præteritis te ipsa consolare. Nunc lacrymaris, at prius risisti : nunc pauper es, at prius fuisti dives ; bibisti limpidum vitæ laticem, jam turbidum bibens animo æquo patiare. Ne fluviorum quidem fluenta perpetuo apparent pura. Est autem fluvius vita nostra, ut nosti, continue fluens ac fluctibus alternatim sibi succedentibus referta. Etenim jam pars præterfluxit, pars adhuc transit : pars jam emersit e fontibus, pars vero emersura est, et ad commune mortis mare festinamus omnes. *Si bona suscepimus de manu Domini, mala non sustinebimus?* Cogimusne judicem nobis perpetuo paria suppeditare ? docemusne Dominum, quomodo debeat vitam nostram moderari? Decreta sua penes ipsum sunt. Res nostras pro sue arbitratu regit. Est enim sapiens ; et quod utile est, id suis servis admetitur. Cave curiosius perscruteris Domini judicium. Æqui bonique fac solum quæ ab illius sapientia dispensantur. Quidquid dederit tibi, cum gaudio accipe. Ostende in adversis, exstitisse te lætitia pristina dignam. His dicendis repulit Job et hunc diaboli assultum, et plenam ei cladis ignominiam incussit. Quid igitur hinc evenit? Fugit iterum ab illo morbus, tanquam qui accessisset frustra, nec quidquam amplius effecisset. Reversa caro in alteram pubertatem reviruit, floruit rursus vita omnibus rebus, et duplicatæ divitiæ undecunque in domum confluxerunt, ut quasi nihil amisisset, unam partem haberet, pars vero altera justo esset patientiæ merces, (1) Ex illo igitur animi fortitudinem unusquisque discamus, qui rebus suis retro sublapsis, ac egens ex divite, orbus ex pulchræ prolis parente temporis momento factus, non solum idem permansit, infractos animi sensus ubique retinens, sed ne amicis quidem, qui ad consolandum venerant, insultantibus et dolores conjunctim intendentibus, ira commotus est.

548 3. (2) Fit quoque aliquando, ut vitæ infortunia irrogentur hominibus ad animas proban-

---

[1] Job I, 21. [2] Job II, 10. [3] ibid.

(1) Ex epist. II, 73.

(2) Ex hom. *in famem et siccitatem*, 66.

das, ut inter difficultates deprehendantur, qui probi sint, sive divites, sive pauperes. Utrique enim per patientiam probantur : et maxime hoc tempore declaratur, sitne hic liberalis et fratrum amans; sitne ille gratus et beneficiorum memor, ac non contra blasphemus, cujus animus statim vitæ vicissitudinibus mutetur. (1) Navis quippe gubernatorem tempestas, athletam stadium, imperatorem acies, magnanimum virum calamitas, Christianum tentatio probat. (2) Quemadmodum enim certaminum labor athletas ad coronam, ita etiam Christianos probatio in tentationibus ad perfectionem adducit, si modo ea quæ a Domino dispensantur, cum debita patientia in omni gratiarum actione suscipiamus. (3) Pauper es? cave animum abjicias, sed spem habeto in Deum. Nunquid enim non videt angustiam? Habet cibum in manibus : sed differt largitionem, ut probet tuam constantiam, ut animum agnoscat, sitne intemperantibus et ingratis consimilis. Ii enim, dum in ore sunt cibi, benedicunt, adulantur, supra modum admirantur; paululum vero dilata mensa, blasphemiis velut lapidibus impetunt eos quos paulo antea propter ciborum voluptatem colebant. Etiam habebat Carmelus, excelsus mons et inhabitabilis, solitudo solitarium : verum anima erat justo instar omnium, vitæque erat viaticum spes, quam in Deo reponebat. Etsi autem sic viveret, fame tamen vitam non finivit : sed avium rapacissimæ et voracissimæ, hæ ipsæ afferebant cibum : et justo erant victus ministræ eædem, quæ solent alienos cibos diripere, ac transmutata per Domini præceptum natura, panis ac carnium fidæ custodes effectæ sunt. Habebat etiam Babylonicus lacus Israelitam juvenem, calamitate quidem captivum, animo vero ac constantia liberum. Quid tum inde? Leones quidem præter naturam jejunabant, Habacuc vero illius altor ferebatur per aerem, angelo hominem una cum obsoniis portante : et ne justus fame premeretur, tantum terræ ac maris spatium brevi temporis momento prætervectus est propheta, quantum a Judæa ad Babylonem usque extenditur ª. Quid rursus solitudinis populus, Moyse præfecto? quomodo fuit ei per quadraginta annos dispensatus victus? Illic erat nemo, qui sementem faceret: non bos, qui traheret aratrum : non area, non torcular, non cella penaria ; et tamen sibi suppetebat victus citra sementem, citra arationem : fontes denique qui prius non exstiterant, sed in necessitate eruperant, petra subministrabat. Tu igitur velut strenuus Job, patiens esto in calamitate, et ne evertaris a tempestate, nec quidquam ex his, quas tecum vehis, virtutis mer-

cibus abjicias. Serva in animo gratiarum actionem tanquam vecturam pretiosissimam, et tu quoque pro gratiarum actione voluptatem duplo majorem consequere.

4. (4) Atqui non is cui necessaria desunt, tolerans est : sed is, qui inter bonorum fruendorum copiam in malis ferendis perseverat. (5) Æger es? æquanimiter tolera, quoniam *Quem diligit Dominus castigat* ᵇ. Pauper es? lætare, quia manet te successio et hæreditas Lazari. Contumelias pateris propter nomen Christi? beatus es, quoniam tibi ista confusio angelici consortii gloriam parat. (6) Servus es? habe etiam eo nomine gratiam, est aliquis te dejectior; gratias rependo, quod uni præstes, quod non sis addictus pistrino, quod plagas non accipias. Nemini procul dubio desunt gratias agendi occasiones. Fuste plecteris immerito? gaude spe futurorum. Jure damnatus es? sic etiam grates age. (7) Et quoniam bonæ quoque priscorum hominum actiones aut memoriæ successione ad nos usque conservantur, aut in poetarum aut historicorum monumentis custodiuntur, ne utilitas quidem quæ hinc nasci potest, desit nobis. Verbi gratia, homo quidam circumforaneus conviciis Periclem consectabatur; hic autem non attendebat; et die tota perstitit uterque, ille quidem permultis probris incessens, hic vero nequaquam curans. Deinde vespere jam facto, tenebrisque obortis vix discedentem Pericles facem præferens deduxit, ne sibi desineret exercitatio philosophiæ. (8) Rursus, cum percuteret quidam Sophronisci filium Socratem, in ipsam faciem facto sæpius impetu; hic autem nihil repugnavit, sed sivit ebrosium illum iram suam exsatiare sic ut intumesceret jam ejus vultus præ plagis, essetque saniosus. Ubi autem ille a verberibus destitisset, Socrates quidem nihil aliud fecisse dicitur, quam fronti suæ quasi statuæ inscripsisse auctorem, Talis faciebat; seque hoc modo vindicasse. (9) Quidam vero Euclidi Megarensi iratus, mortem ei minitatus est, ac juravit : hic vicissim juravit facturum utique, ut is placaretur, quod sibi infensus esse desineret. (10) Quin et illud Cliniæ, qui unus e Pythagoræ discipulis est, vix crediderim cum nostris institutis fortuito consentire, non consulto ea imitari. Ecquid autem erat, quod fecit ille? Jurejurando cum ei liceret talentorum trium effugere multam, solvere maluit quam jurare, idque cum non esset falso juraturus, præcepto quo nobis jusjurandum interdicitur, ut mihi videtur, edoctus. Atque hoc Cliniæ factum, illi præcepto germanum est; Euclidis vero ei quod persequentibus bene precari jubet, mala vero nequaquam : adeo

ª Dan. xiv, 30-38. ᵇ Hebr. xii, 6.

(1) Ex hom. *in famem et siccitatem*, 67.
(2) Ex epist. cı, 197.
(3) Ex hom. *in famem et siccit.*, 67.
(4) Ex hom. *in quadraginta martyres*, 154.
(5) Ex hom. *in psal.* LIX, 192.
(6) Ex hom. *in mart. Julittam*, 59.
(7) Ex serm. *De legendis libris gentilium*, 178.
(8) Ibid., 179.
(9) Ibid., 178.
(10) Ibid., 179.

ut qui his jam antea fuerit imbutus, non amplius nostris, ut impossibilibus, fidem deroget. Contubernale igitur semper tibi Dei mandatum esto, perpetuam tibi dans lucem, et veluti facem præferens, discernendis dijudicandisque rebus : quod quidem eminus animi tui principatum præoccupans, verasque de singulis opiniones prius informans atque præparans, nullis te casibus alienari atque immutari permittet : sed tota mentis acie præinstructum, veluti quemdam vicinum mari scopulum, rapidos violentorum ventorum et fluctuum impetus tuto atque immobiliter sustinere te faciet, in Christo Jesu Domino nostro, cui gloria in sæcula sæculorum. Amen.

550 DE FUTURO JUDICIO.
SERMO XIV.

1. (1) Cum ad aliquod peccatum impelli te videris, horrendum illud et intolerabile Christi tribunal, quæso, cogita : in quo præsidet quidem judex in alto quodam et sublimi throno, omnis vero creatura ob gloriosum ejus conspectum contremiscens astat, imo vero futurum est ut singuli adducamur, eorum quæ in vita egerimus examen subituri. Deinde ei qui multa mala per vitam perpetraverit, horribiles quidam ac morosi angeli assident, ignem ex oculis emittentes, ignem spirantes, adeo perversi animo judicioque depravati sunt : nocti vultu similes, ob faciei tetricitatem et hominum odio. Postea animo tibi fingas barathrum profundum, tenebras impenetrabiles, ignem splendoris expertem, vim quidem urendi in tenebris habentem, sed luce destitutum : subinde vermium quoddam genus venenatum ac carnivorum, edens insatiabiliter, nec unquam exsatiatum, intolerabiles dolores morsibus inducens : postremo supplicium omnium gravissimum, probrum illud et dedecus sempiternum. Horum metu ductus, quasi freno quodam a pravis concupiscentiis tuam cohibe animam. (2) Qui enim diem illam atque horam ante oculos positam habet, in qua creatura omnis actionum suarum rationem redditura judicem circumstabit, semperque suam pro illo tribunali, quod decipi nequit, defensionem meditatur, is aut nihil aut omnino levissima peccabit, quia peccare nobis ob absentiam timoris Dei contingit. Quibus autem clare observabitur intentarum minarum exspectatio, his nullum tempus dabit insitus timor involuntarias actiones aut cogitationes incidendi.

2. (3) Strenui etenim Dei athletæ, qui cum invisibilibus inimicis per omnem suam vitam valde colluctati sunt, postquam eorum omnes insectationes effugerint, prope vitæ finem constituti, a sæculi principe examinantur, ut si reperiantur aut vulnera ex certaminibus, aut aliquas maculas, aut peccati vestigia retinuisse, detineantur : sin autem inveniantur invulnerati et intemerati, a Christo tanquam invicti et liberi in requiem transferantur. Et hæc ipso Domino discere potes, circa suæ passionis tempus dicente : *Nunc princeps hujus mundi venit, et in me non habebit quidquam* [7]. Enimvero qui peccatum non admiserat, nihil illum in se habere dicebat : satis autem fuerit homini, si audeat dicere ; Venit princeps mundi hujus, et in me habebit pauca et parva. (4) Cogita, quæso, horrenda illa mala, quæ a Deo puniendis infligentur : nimirum cum offundentur stellis tenebræ, deficietque lux solis, nec luna amplius illustrabitur, cum, fulminibus percurrentibus, horrendo cum fragore ruent tonitrua [8] ; cum aer capiti imminens obscurabitur, ita ut cruciatus eorum qui iræ fuerint traditi, nulla ex parte solatium aut levamen admittat. Creatura enim, conditoris 551 administra [9], vehementer ad iniquos plectendos exasperatur : mitigatur vero et demulcetur ad eos qui suam in ipso fiduciam reposuerint, afficiendos beneficio. Et quemadmodum *Super uno peccatore pœnitentiam agente gaudium est in cœlis* [10] : ita quoque indignatio et tristitia est super iis, qui per peccatum a Conditore deficiunt. (5) Tum ignis qui diabolo et angelis ejus in supplicium paratus est, voce Domini interciditur ; ut cum duæ sint in igne facultates, quarum una comburit, altera illustrat, ignis quidem asperitas, ac torquendi proprietas iis qui adustione digni sunt servetur ; illius vero splendor et claritas ad hilaritatem eorum qui lætam ac beatam vitam acturi sunt, destinetur : adeo ut supplicii quidem ignis obscurus sit ; qui vero in oblectamentum, vi careat comburendi. Neque ea in re tibi addubitandum esse cogita. (6) Nam cum rerum in vita gestarum merces retribuetur, natura ignis dividetur ; cujus quidem lumen, justorum oblectamento : urendi vero molestia, puniendorum tribuetur ultioni. (7) Horribilior autem tenebris et igne æterno ignominia, in qua æternum vivent peccatores, semper ob oculos habentes vestigia admissi in carne peccati, quæ in modum indelebilis cujusdam tincturæ perpetuo in animæ eorum memoria permansura sunt. Paucorum autem est accedere ad veram lucem, ac revelare, et post occultorum revelationem, facie non confusa abire. Deo enim a nobis alienato atque aversio, illi qui eam patitur, intolerabilior graviorque est quam cætera gehennæ exspectata supplicia : ut oculo privatio luminis, licet alius non adsit dolor. (8) Si quis enim omnem simul ex quo homines nati sunt feli-

---

[7] Joan. xiv, 30. [8] Matth. xxiv, 29. [9] Sap. v, 18-21. [10] Luc. xv, 10.

(1) Ex hom. *in psal.* xxxiii, 151.
(2) Ex epist. clxxiv, 262.
(3) Ex hom. *in psal.* vii, 99.
(4) Ex comment. *in Isaiam*, 581.
(5) Ex hom. *in psal.* xxviii, 121.
(6) Ex hom. vi *in Hexaem.* 52.
(7) Ex hom. *in psal.* xxxiii, 147.
(8) Ex serm. *De legendis libris gentilium*, 174.

SERMO XIV. — DE FUTURO JUDICIO.

citatem sermone complexus, in unum coacervaverit, eam tamen comperiet ne minimæ quidem bonorum illorum parti æquiparandam esse ; sed omnia præsentis vitæ bona plus a minima futurorum dignitate distare, quam a rebus veris umbram et somnium. Imo vero, ut exemplo magis idoneo utar, quanto anima omnibus præstat corpori, tanta est et utriusque vitæ differentia.

3. Sed homines multi propter eum Scripturæ locum qui habet, (1) *Hic quidem vapulabit multis, ille vero paucis* [11], finem tandem suppliciorum habituros esse eos qui puniuntur asserunt. Sed tamen ut hic multis vapulet, ille vero paucis, non temporis diuturnitate aut complemento, sed pœnæ diversitate perficitur. Cum enim Dominus pronuntiet aliquando hos in supplicium æternum ituros, justos autem in vitam æternam [12] ; aliquando vero mittat quosdam in ignem æternum paratum diabolo et angelis ejus [13], et alibi gehennæ ignis mentione facta, subjiciat illud : *Ubi vermis eorum non moritur, et ignis non exstinguitur* [14] ; cumque rursus de quibusdam dixerit per prophetam, vermem eorum non moriturum, neque ignem eorum exstinctum iri [15] : hæc igitur et horum similia cum in multis divinæ Scripturæ locis habeantur, hoc quoque unum profecto est ex artificiis diaboli, ut multi homines velut obliti tot et talium Domini sententiarum, quo majore cum audacia peccent, sibi finem supplicii fingant. **552** Etenim si æterni supplicii futurus est aliquando finis, finem utique habitura est etiam vita æterna. Quod si non possumus illud de vita æterna intelligere, qua ratione supplicio æterno ascribitur finis ? Nam æqualiter pro utroque habetur *æterni* adjectio. *Ibunt enim*, inquit, *hi in supplicium æternum : justi autem in vitam æternam* [16-17]. Itaque etiam illud , *Vapulabit multis, et paucis*, non finem, sed diversitatem supplicii significat. Si enim Deus justus judex est, non bonis solum, sed malis etiam, reddens unicuique juxta opera sua , potest alius esse dignus igne inexstinguibili, qui aut mollius aut acrius adurat : alius verme nunquam morituro, qui etiam aut mitius aut acerbius excruciet pro cujusque merito : alius gehenna, quæ varia ac penitus diversa supplicia habeat ; alius exterioribus tenebris, ubi hic quidem in fletu solum , ille vero in dentium etiam stridore ob dolorum vehementiam exsistat. Quin et exteriores illæ tenebræ alias etiam prorsus esse interiores indicant. Et illud quod dictum est in Proverbiis [18], *In profundum inferni*, declarat quosdam esse in inferno quidem, sed non in profundo inferni, qui leviorem pœnam perferant. Minime autem existimaveris me veluti nutritiam quamdam matrem , larvas tibi ac terricula obtrudere, quemadmodum illæ infantibus puerulis incomposite pertinaciterque flentibus factitare consueverunt, eosque fictis et commentitiis narrationibus compescunt. Hæc enim non fabulæ, sed minime mendax sermo longe ante voce promulgatus. Tibique certo persuadeas velim , futuram aliquando diligentem actæ vitæ pervestigationem. (2) Afflixisti fratrem? par exspecta. Rapuisti inferiorum facultates , pugnis pauperes cecidisti, per convicia incussisti pudorem, calumniatus es, mentitus es, alienis nuptiis parasti insidias, pejerasti, terminos patrum transposuisti, orphanorum invasisti possessiones, viduas oppressisti, bonis promissis prætulisti præsentem voluptatem ? Vicem his dignam exspecta. Qualia enim unusquisque seminat , talia et metet. Cæterum si quid etiam boni abs te perpetratum est, remunerationem similiter exspecta.

4. (3) Cogita autem , o homo, diem extremam (siquidem non tu solus sæculum æternum vives), anxietatem, suffocationem, mortis horam, urgentem Dei sententiam, festinantes angelos, animum interea graviter perturbatum, et conscientia peccatrice amare excruciatum, seque miserabiliter ad ea quæ hic sunt convertentem, ac ineluctabilem longe illius peregrinationis necessitatem. Describe mihi in mente tua extremum communis vitæ finem, cum veniet Filius hominis in gloria sua. *Veniet enim et non silebit* [19] : nimirum quando veniet judicaturus vivos et mortuos, atque unicuique secundum opus suum redditurus; quando tuba illa magnum quiddam ac horrendum sonans excitabit eos qui ab orbe condito dormierint, **553** et procedent qui bona fecerint, in resurrectionem vitæ, qui vero mala, in resurrectionem judicii [20]. Revoca tibi in memoriam Danieli oblatam Dei visionem, quomodo nobis ob oculos judicium ponat. *Aspiciebam*, inquit, *donec throni positi sunt, et Antiquus dierum sedit. Flumen ignis trahebat in conspectu ejus. Mille millia deserviebant ei, et dena millia denum millium assistebant ei. Judiciique locum constituit, et libri aperti sunt* [21], bona, mala, manifesta, occulta, actiones, verba, cogitationes, omnia acervatim, ut ab omnibus et angelis et hominibus exaudiri possint, clare et aperte revelantes. Ad hæc quomodo affectos necesse est esse eos, qui male vixerint ? Ubi itaque anima illa abscondetur, quæ in oculis tot spectatorum subito visa fuerit dedecoris plena? quali vero corpore infinita illa et intolerabilia perferet supplicia, ubi ignis inexstinctus, et vermis indesinenter puniens, et imum inferi tenebricosum et horrendum et ululatus amari, et ejulatus ingens, et ploratus, et stridor dentium, et ubi mala finem non habent? Ab his post mortem liberari non datur, neque est industria ulla, neque ars effugiendi amara supplicia. (4) Hæc nunc vitare licet. Dum

---

[11] Luc. XII, 47. [12] Matth. XXV, 46. [13] ibid. 41. [14] Marc. IX, 45. [15] Isa. LXVI, 24. [16-17] Matth. XXV, 46. [18] Prov. IX, 8. [19] Psal. XLIX, 3. [20] Joan. V, 39. [21] Dan. VII, 9-10.

(1) Ex *Regulis fusius tractatis*, 306, 307.
(2) Ex hom. *in psal.* LXI, 198.
(3) Ex epist. XLVI, 138.
(4) Ibid., 139.

autem licet, erigamus nosmetipsos ex casu, neque de nobis ipsi desperemus, si a malis discesserimus. Est via salutis, si modo velimus. (1) Quærit te Pastor bonus, ovibus, quæ non erravere, derelictis. Te ipse si dederis, non cunctabitur, neque dedignabitur te suis ipsius humeris portare, lætus quod ovem suam perditam invenerit. Stat pater ac exspectat tuum ab errore reditum. Revertere tantummodo, teque longe adhuc stante, accurrens cadet in collum tuum, et amicis amplexibus jam pœnitentia expurgatum complectetur. (2) Quod si quispiam ex iis, qui stare sibi videntur, vitio verterit, quod cito assumptus es, ipse ille bonus pater pro te respondebit, dicens : Lætandum est et gaudendum, quia hic filius meus mortuus erat, et revixit, et disperditus erat, et inventus est [11]. Illi gloria in sæcula sæculorum. Amen.

DE IMPERIO AC POTESTATE.
SERMO XV.

1. (3) Imbecilliores semper a præstantioribus regi ac gubernari decet : pessimo enim principatum popularis sæpenumero detulit imprudentia. (4) Consentaneum est igitur, ut qui omnium testimonio cæteros sapientia, et fortitudine, atque exacta integrioris vitæ ratione antecellit, aliis dux præficiatur, ut quidquid in eo boni est, commune omnium imitantium fiat. (5) Enimvero subjecti ad mores eorum qui rerum potiuntur, ut plurimum sese conformare solent : ita ut quales tandem fuerint duces, eum etiam qui ducitur, talem esse necesse sit. Et quales sunt qui præsunt, tales ut plurimum et mores eorum, quibus præsunt, esse solent. (6) Et quemadmodum si plures pictores unius faciei lineamenta pingunt, omnes imagines futuræ sunt inter se similes, utpote uni assimilatæ : eumdem ad modum si multa ingenia unum imitandum sibi proponant, in omnibus æqualiter bona vitæ forma elucescet. Vera etenim et perfecta subditorum erga præfectum obedientia in eo declaratur, si non a flagitiosis modo abstineant ex præfecti consilio, sed si ne ea quidem quæ laudabilia sunt, citra illius arbitrium peragant. Nam abstinentia et omnis corporalis afflictatio ad aliquid utilis est : sed si quis animi sui motum secutus, quod sibi placet, egerit, et præposito consilium sibi danti non obtemperaverit, peccatum futurum est majus, quam recte factum. *Qui enim resistit potestati, Dei ordinationi resistit* [12] ; atque obedientiæ major merces quam abstinentiæ virtuti tribuitur.

2. (7) Is igitur qui potest malo mederi, sed sponte differt, non injuria velut homicida condemnari poterit. Non autem qui præest ob eum in quo positus est dignitatis gradum sese attollat aut insolescat, ne humilitatis beatitudine privetur. (8) Nunquid enim qui regi famulatur, se ideo jactabit quod in hoc aut in illo ministerii ordine collocatus est : qui vero dignus habitus est qui Deo serviat, aliunde laudes sibi excogitabit, quasi ad omnem gloriæ splendorisque cumulum invocatio Domini sibi non sufficiat? Satis enim est nobis ad omnem dignitatem, tanti Domini servos nominari. (9) Et quemadmodum nec quidquam aliud oportet præter Deum colere : sic nec in alio, quam in Deo omnium Domino spem reponere. Qui namque in homine sperat, aut qui ob aliquid aliud mundanum effertur, puta, ob potestatem, vel ob divitias, vel ob quidpiam aliud eorum, quæ splendida a multis reputantur, non potest dicere : *Domine Deus meus, in te speravi.* Præceptum enim est, non oportere in principibus sperare ; et, *Maledictus homo qui confidit in homine* [14]. (10) Beatus igitur vere est, qui ob nullam vitæ rem quantumvis sublimem exsultat, sed suam Deum gloriam esse ducit, Deumque quo glorietur unicum habet, ac secundum Apostolum dicere potest : *Mihi autem absit gloriari, nisi in cruce Christi* [15]. Etenim si quis sese magnopere jactat, quod servus sit regis, atque in magno honore apud eum habeatur : quantum convenit gloriari te apud temetipsum, quod Regis magni servus es, ab ipso accitus ad summam familiaritatem ? (11) Qui vere princeps est, non ab externis insignibus dignoscitur, uti purpura, paludamento et diademate ; sed ab imperatoria qua præditus est virtute. Qui enim subditur voluptatibus, ac variis cupiditatibus ducitur, servus cum sit peccati, ad imperandum idoneus non est. (12) Nam rebelles sub potestatem redigere, et fortis est viri, et vere imperantis : at benignum esse ac mansuetum in prostratos, hominis est magnanimitate et clementia omnes superantis. (13) Illud enim considera, dominos eorum qui læserant exstitisse multos ex iis qui ante nos vixere, de quibus nullus ad posteros transmissus sermo ; at vero iram remisisse, qui philosophia vulgus antecelluerunt , quorum immortalis memoria in omni ævo perhibetur. (14) Nam eos qui quidvis deliquerint, non ob ea quæ jam admissa sunt, punimus, (qua enim arte quæ facta sunt, infecta reddantur?) sed ut aut ipsi deinceps meliores fiant, aut aliis sapiendi sint exemplum.

3. (15) Sæpe enim in tenuissimis etiam Dei seso

---

[11] Luc. xv. [12] Rom. xiii, 2. [14] Jerem. xvii, 5. [15] Galat. vi, 14.

(1) Ex epist. xlvi, 140.
(2) Ibid.
(3) Uterque codex indicat *Ascetica*.
(4) Ex *Ascet.*, 324.
(5) Ex comment. *in Isai.*, 417.
(6) Ex *Ascet.*, 324.
(7) Ex hom. *in famem et siccitatem*, 69.
(8) Ex hom. *in psal.* xxxiii, 145.
(9) Ex hom. *in psal.* vii, 98.
(10) Ex hom. *in psal.* lxi, 196.
(11) Ex comment. *in Isai.*, 456.
(12) Ex epist. cxii, 204.
(13) Ibid.
(14) Ibid., 205.
(15) Unus codex indicat hom. *in Hexaëm.*

exserit sapientia. Nam qui convexum cœlum expandit, atque ingentes marium gurgites effudit, ille ipse est qui tenuissimum apiculæ stimulum in fistulæ modum excavavit, adeo ut per ipsum venenum effundatur. (1) Hunc corporeis quidem oculis contemplari minime conceditur : incorporeum enim visui subjici corporeo non potest : quod quidem unigenitus ipse Dei Filius testificatus est dicens : *Deum nemo vidit unquam*[16]. Etsi enim, ut scriptum est, vidit Ezechiel : audi quid Scriptura dicat, *Vidit similitudinem gloriæ Domini*[17]; non tamen ipsum Dominum, sed ne ipsam quidem gloriam, qualis illa revera est. Et cum similitudinem gloriæ vidisset, non ipsam gloriam, præ timore in terram cecidit. Quod si conspecta gloriæ similitudo terrorem hominibus tremoremque incutit, Deum ipsum si quispiam viderit, e vita prorsus migraverit, ut dictum est : *Nemo videbit Dominum, ac vivet*[18]. Propterea Deus pro sua erga nos humanitate, cœlum ipsum, suæ divinitatis velum, ne pereamus, obtendit. Neque de meo id affero, imo ipse propheta dixit : *Si aperueris cœlum, tremor a tuo conspectu apprehendet montes, et continuo tabescent*. Et quid miraris si gloriæ similitudinem cum vidisset Ezechiel, cecidit in faciem? Daniel, conspecto Dei servo, et tremuit, et in faciem cecidit : et quandiu oculis videre contendit Dei Filii similitudinem, tandiu respondere non ausus est[19]. Si vero visus Gabriel prophetis hominibus Dei tremorem incutit; si qualis est, is sese ostenderit, nonne perierint omnes? Nemini profecto dubium est. Si vis igitur aperte cognoscere incomprehensibilem esse Dei naturam, disce quid tres pueri in ardentis ignis fornace laudantes Deum dicant : *Benedictus es qui intueris abyssos, et sedes super cherubim*[20]. Quæso te, dic mihi, quænam est cherubim natura, atque tum insidentem contemplaberis. Quamvis propheta Ezechiel illorum descriptionem quod fieri potuit, scriptis sit persecutus, inquiens : *Quatuor facies habebat unum, facies una hominis, facies secunda leonis; et in tertio facies aquilæ, et in quarto facies vituli*[21] : quodque uni sex essent alæ, atque ipsis undique essent oculi, quodque singuli subjectam haberent quadrangularem rotam; facta tamen a propheta descriptione, etiamsi legimus, percipere non valemus. Si vero solium, quod explanavit, animo comprehendere non possumus, insidentem ipsi invisibilem Deum, qua ratione poterimus? facie siquidem ad faciem visuros, perfectamque incomprehensibilis Dei majestatis in futuro sæculo cognitionem habituros eos qui digni fuerint, certa pollicitatione confirmatum est. Nunc vero etiam si Paulus alter quispiam fuerit, etiam si Petrus, cernit quidem vere, neque hallucinatur, aut imaginibus deluditur, verumtamen veluti per speculum, et in ænigmate intuetur : et quod nunc ex parte est

cum gratiarum actione accipiens, quod plane perfectum est summa cum lætitia in futurum opperitur[22]. Quod enim in ea ipsa cognitione nunc perfectum esse videtur, adeo exiguum quiddam est et obscurum, ut a futuri sæculi claritate distet magis, quam a cognitione quæ est facie ad faciem. Ac tanta quidem est cognitionis Dei infinitas, tantaque humanæ naturæ in percipiendis hoc in sæculo divinis mysteriis imbecillitas, cum semper quidem pro cujusque progressu aliqua fiat accessio, sed nemo perfectam cognitionem assequatur, donec venerit quod perfectum est, quando quod ex parte est evacuabitur[23].

4. (2) Qui eorum quæ sunt investigationem comparari posse dicit, is procul dubio via quadam et ordine mentem suam ad eorum quæ sunt cognitionem appulit; et in rebus captu facilibus et minutis exercitatus, ita demum per hanc cognitionem, ad eam quoque quæ cogitationem omnem superat, suam comprehendendi facultatem promovit. Qui igitur eorum quæ sunt cognitionem apprehendisse se gloriatur, is animalis minutissimi ex iis quæ in conspectum cadunt, naturam explicet, et quæ sit formicæ natura dicat, an spiritu et anhelitu contineatur ipsius vita : an corpus ossibus distinctum: an compages nervis atque ligamentis firmata : an musculorum et glandularum ambitu contineatur nervorum situs : an medulla a sincipite ad caudam usque una cum dorsi vertebris protendatur : an membris quæ moventur, ex nervosæ membranæ complexu motum imprimat : an sit in ipsa jecur, et in jecore vas quoddam, quod fel suscipiat, sintne renes et cor, et arteriæ, et venæ, et pelliculæ, et diaphragmata : sitne animal nudum an pilosum : utrum ungulas indivisas, an pedes multifidos habeat : item quanto tempore vivat, et quomodo aliæ alias gignant : quandiu gestetur fetus, et quomodo neque omnes formicæ pedestres sint, neque omnes alatæ; sed repentibus humi aliis, aliæ per aerem ferantur. Qui ergo de eorum quæ sunt cognitione gloriatur, interim formicæ nobis explicet naturam, atque ita demum ejus potestatis, quæ intellectum omnem superat, naturam scrutetur. Quod si minutissimæ formicæ naturam nondum cognitione apprehendisti, quomodo incomprehensibilem Dei naturam imaginatione tua comprehensam esse gloriaris?

5. (3) Putare enim se Dei, qui super omnia est, substantiam ipsam adinvenisse, magnæ superbiæ est atque elationis; fere enim jactantia superant vel illum ipsum, qui dixit : *Super astra ponam sedem meam*[24]. Nonne magnus ille David, cui occulta absconditaque suæ sapientiæ Deus manifestavit, palam confitetur inaccessam esse cognitionem, cum dicit : *Mirabilis facta est scientia tua ex me*[25].

[16] Joan. I, 18. [17] Ezech. II, 1. [18] Exod. XXXIII, 20. [19] Dan. X, 7 sqq. [20] Dan. III, 55. [21] Ezech. X, 14. [22] I Cor. XIII, 12. [23] ibid. 10. [24] Isa. XIV, 13. [25] Psal. CXXXVIII, 6.

(1) Uterque codex indicat serm. *Quod Deus sit incomprehensibilis.*
(2) Ex epist. XVI, 95.
(3) Ex lib. *adversus Eunomium*, 224.

Isaias autem, qui majestatem Dei speculatus est, quid nobis de divina substantia declaravit? nempe cum de Christo prophetiam edit, testatur his verbis : *Generationem ejus quis enarrabit* [36]? Quid vero vas electionis [37] Paulus, qui loquentem in se habebat Christum [38], qui ad tertium usque cœlum raptus est, qui arcana audivit verba, quæ non licet homini loqui [39], quam nobis de substantia Dei doctrinam reliquit? Hic ad particulares Providentiæ rationes cum respexisset, velut vertigine laborans propter insuperabilem contemplandi difficultatem, sic exclamat : *O altitudo divitiarum et sapientiæ et cognitionis Dei! quam inscrutabilia sunt judicia ejus, et investigabiles viæ ejus* [40]! Quod si hæc illi ipsi qui ad cognitionem Pauli pervenerunt, assequi non possunt; quanta est superbia eorum, qui se substantiam Dei profitentur cognoscere? Quos profecto libens interrogaverim quidnam de terra in qua commorantur, et ex qua nati sunt, dicant, quam ejus nobis exponant substantiam : ut si de iis quæ humi sunt ac pedibus subjacent, certo indubitanterque disserant, tunc eis quoque, cum de rebus intellectum omnem superantibus sententiam proferunt, fidem habeamus. Et sicut inquiunt, (1) Quod Adam a Deo est : ita interrogabimus, Deus a quo est? nonne uniuscujusque mente promptum fuerit respondere, Ex nullo? quod autem ex nullo est, utique sine principio est : et quod sine principio est, id ingenitum est. Sicut ergo in hominibus origo ex aliquo, non est eorum essentia : sic neque in Deo universorum ex nullo esse, quod idem est atque ingenitum, ejus essentiam dicere possumus. Porro esse sine principio essentiam esse qui dicit, non aliter facit, ac si quis interrogatus quæ fuerit essentia Adæ, et quæ ipsius natura, respondeat, non ex coitu viri et mulieris, sed divina manu conformatum eum fuisse. Qualis igitur nobis reliquus est cognitionis modus? respondeant nobis hi qui omnia quidem pedibus nostris subjecta despiciunt, in ipsum vero cœlum penetrant, atque omnes cœlestes potestates. (2) Si cœli magnitudo exsuperat humanæ intelligentiæ mensuram, quisnam valeat sempiternorum naturam perscrutari? Si sol ille corruptioni obnoxius, adeo pulcher est et adeo magnus, cum velox ad motum, tum ordinatos circuitus explens, magnitudinem quidem ad universum ita accommodatam nactus, ut eam quam cum universo habet proportionem non excedat, sua vero pulchritudine tanquam naturæ oculus quidam pellucidus res creatas condecorans : hujus si insatiabilis est aspectus, quali pulchritudine sol justitiæ præditus est? Si hunc solem non conspicere, cæco detrimentum est : quale est peccatori dispendium luce vera carere?

Nam si hæc temporaria talia sunt, qualia sempiterna? Et si adeo speciosa quæ videntur, qualia invisibilia, quæ præparavit Deus diligentibus se? Quæ utinam assequi omnes valeamus, gratia atque humanitate Domini nostri Jesu Christi, quia illi debetur gloria, in sæcula sæculorum. Amen.

558 *DE INGLUVIE ET EBRIETATE.*
SERMO XVI.

1. (3) Æqualis et constans Christiani vita, charissimi, et unicum scopum habet Dei gloriam. *Sive enim manducatis, sive bibitis, sive quid facitis, omnia in gloriam Dei facite,* ait Paulus [41], qui in Christo loquebatur [42]. At vero multiformis et varia est hominum mundanorum vivendi ratio, quæ scilicet aliis atque aliis modis ad conciliandam accedentium gratiam transformetur. (4) Quod si etiam futurum est, ut ipsi quoque simus eorumdem rei, et quoad licet nobis, inquiramus etiam ea quæ pertinent ad voluptatem, et ipsa ad ostentationem apparemus, vereor ne quæ destruimus, ea ædificare videamur, et dum cæteros judicamus, nosmetipsos condemnemus, qui simulate vita utamur, modo in hanc, modo in illam formam mutati, nisi forte immutemus etiam vestimenta nostra tum, cum in viros claros et superbos inciderimus. Quod si id turpe est, longe turpius mensam nostram ob homines deliciis diffluentes commutare. (5) Si enim copia ciborum atque lautitia fratri voluptatem afferre volens, mensam tuam immutas, illius accusas amorem voluptatis, et iis quæ præparas, gulæ probro illum aspergis, his eum rebus arguens oblectari. (6) Quid igitur nobis cum apparatibus sumptuosis? Accessit hospes aliquis? si frater sit, et idem vitæ institutum sequatur, suam ipsius mensam agnoscet; quæ enim reliquit domi, ea inventurus est apud nos. At fatigatus est ex itinere? tantum afferimus lavamenti, quantum requiritur ad lassitudinem sublevandam. Advenit alius sæculo huic addictus? ex factis discat quæ ei sermo non persuasit, et frugalitatis in escis servandæ formam et exemplar accipiat. Maneant in ipso monumenta mensæ Christianorum, et ejus paupertatis, quæ Christi causa citra verecundiam perferenda est. Quod si his ille minime commovebitur, ac potius deridebit, rursus nobis non exhibiturus est molestiam. (7) Nam circumcursare nos, ac investigare ea quæ non ad necessarium usum requiruntur, sed quæ ad perniciosam voluptatem et ad inanem exitiosamque gloriam adinventa fuerunt, non solum nobis turpe atque indecorum est, sed detrimentum etiam affert non leve, cum scilicet qui in deliciis vivunt, et ventris voluptatibus metiuntur (beatitudinem, nos quoque eisdem curis,

---

[36] Isa. LIII, 8. [37] Act. IX, 15. [38] II Cor. XIII, 3. [39] II Cor. XII, 2-4. [40] Rom. XI, 33. [41] I Cor. X, 31. [42] II Cor. II, 17.

(1) Ex lib. *adv. Eunomium*, 227.
(2) Ex homil. VI *in Hexaem.*, 50.
(3) Ex *Regulis fusius tractatis*, 365.
(4) Ibid., 364.

(5) Ibid., 365.
(6) Ibid., 364.
(7) Ibid.

SERMO XVI. — DE INGLUVIE ET EBRIETATE.

quibus ipsi cum admiratione et stupore incumbunt, distentos vident. (1) Inter epulandum ne tum quidem animam a Dei cogitatione habeamus otiosam, sed ex ipsa alimentorum natura, et corporis ea suscipientis structura divinarum laudum materiam ducamus, quod varia ciborum genera, qualitati corporum accommodata, ab eo qui omnia moderatur, inventa sint. Hora una capiendo cibo destinata, eademque per circuitum revertens, adeo ut ex viginti quatuor horis diei ac noctis vix illa una ad curandum corpus insumatur, reliquæ in animi exercitatione.

2. (2) Qui enim sibi optime consulit, curabit animam quam maxime, hocque modis omnibus et sincerum et genuinum servare conabitur: carnis vero, sive fame conficiatur, sive cum frigore aut calore luctetur, sive a morbis excrucietur, sive violentum quid ab aliquibus perpetiatur, rationem parvam habebit, et ubi venire se in vitæ periculum viderit, haudquaquam apparebit timidus. Si quis tamen voluerit corpus etiam commiserari, tanquam quod una possessio sit, quæ animæ necessario est, eique ad vitam in terra degendam suppetias fert, exiguam necessitatum ejus curam suscipiet, ut illud et sustentet tantum, et per mediocrem curam sanum conservet ad animæ ministerium, non ita autem ut ipsum satietate lascivire sinat. His enim illud sibi comparabit et minime rebelle, et ad cœleste iter conficiendum nullo non tempore expeditum, eritque auxilio majori ad ea quæ proposita sunt obeunda munia. Sin autem insolens ac protervum esse permiserit, et quibusvis quotidie tanquam immanem quamdam bestiam oppleri, tum demum ipsius pondere ad terram violenter vergente attractus, jacebit inaniter ingemiscens. Quin et ad Dominum adductus, et terreni illius itineris sibi commissi fructum rogatus, nec reddere valens, plurimum lamentabitur, et in perpetuis tenebris habitabit, delicias, eorumque fallaciam non parum incusans, quibus solutis tempus sibi ademptum est; sed nihil tunc utilitatis ex lacrymis capiet. *In inferno enim quis confitebitur tibi?* inquit David [43]. (3) Venter est pessima fide in conventis, penum incustoditum, in quod cum multa reposueris, noxam quidem retinet, at non servat deposita. (4) Quæ igitur nobis ad cibum ac potum excogitata sunt, et quidquid petulantes divitiæ ultra necessitatem ad ingrati nihilque continentis ventris obsequium adinvenere, quando nostra sunt, etiamsi perpetuo infunduntur? quæ ubi gustum in transitu duntaxat modica quadam voluptate affecerint, mox tanquam molesta ac superflua ægre ferimus, ut in summum vitæ discrimen venturi, si in visceribus diu permaneant. Mortem enim non paucis intulit satietas, fuitque in causa, cur nihil amplius degustarent. Nam vis illa qua animali providetur, temperatum ac parcum victum nullo negotio concoquit, et in corporis quod alitur substantiam vertit; at eadem ubi opiparos variosque cibos complexa est, nec deinde par est his omnino coquendis, tum diversa gignit morborum genera. Satietas lasciviæ initium est. (5) Statim enim una cum deliciis, ebrietate, et omnis generis condimentis, prodit libidinis belluinæ genus omne. Hinc equi insanientes in feminas fiunt homines, ob œstrum ac furorem quem in animo gignunt deliciæ. A temulentis orta est naturæ inversio, dum in masculino sexu femininum, in feminino masculinum quærunt. Siquidem pinguiore pastu ceu fumosi quidam vapores exhalantur, qui lucem sancti Spiritus in hominis mente irradiantem, quasi densa nubes interveniens, intercipiunt. (6) Ne igitur carni tuæ obsequare, somno, balneo, ac mollibus culcitis, semper hanc repetens sententiam: *Quæ utilitas in sanguine meo, dum descendo in corruptionem* [44]? Quid foves quod paulo post interiturum est? quid saginas teipsum et pinguefacis? An ignoras quod quanto pinguius tibi corpus conficis, tanto graviorem carcerem animæ struis? Corporearum enim virium abundantia, spiritus saluti impedimento est. (7) Oportet itaque quæ necessaria sunt ventri subministrare, non quæ sunt perquam jucunda, ut solent qui quosdam mensarum structores coquosque exquirunt, totamque terram ac mare vestigant, velut moroso hero tributa pendentes, digni miseratione ob ejusmodi occupationem, haud remissius quam qui in inferno versantur, excruciati, plane dissecantes ignem, cribro ferentes aquam, et in pertusum dolium infundentes, laborum finem nullum habentes. (8) Quemadmodum igitur sitis efficit, ut jucundus sit potus, et sicut quæ præivit fames, epulas suaves reddit: ita quoque quæ sumuntur edulia condit abstinentia atque edulcat. Dum enim mediam se interponit, ac deliciarum continuum usum interrumpit, sumptionem, utpote intermissam, tibi jucundam exhibebit. Proinde si vis tibi mensam apparare suavem, admitte ex abstinentia vicissitudinem. Tu vero, quod deliciis nimium addictus es, insipidas reddis tibi delicias imprudens, ac præ voluptatis amore voluptatem fugas. Nihil enim tam cupitum est, quod non abeat in fastidium, si perpetuo fruare. At quæ raro habentur, his avide fruimur.

3. (9) Qui igitur ineunte die explorant ubi compotationes fiant, et œnopolia ac caupones collustrant, seque mutuo ad compotandum conjungunt,

---

[43] Psal. vi, 6. [44] Psal. xxix, 10.

(1) Ex epist. ii, 74.
(2) Ex hom. *Quod mundanis adhærendum non sit*, 167.
(3) Ex hom. *De jejunio*, 15.
(4) Ex hom. *Quod mundanis*, etc., 166.
(5) Ex hom. *De jejunio*, 9.
(6) Ex hom. *in psal.* xxix, 130.
(7) Ex serm. *De legendis lib. gentilium*, 181.
(8) Ex hom. *De jejunio*, 6.
(9) Ex homil. *in ebriosos*, 127.

et omnem animi curam in hæc insumunt, hos propheta deplorat. Non enim oculis eorum vacat suspicere in cœlum, ejusque pulchritudinem condiscere: sed ineunte statim die, sua exornant convivia, atque studium ac diligentiam in poculis apparandis ostendunt, vasa ad refrigerandum vinum, craterasque et phialas velut in pompa aliqua ac conventu publico disponentes, ut vasorum diversitas ipsis satietatem suffuretur, et alternatio poculorum ac permutatio eos diu in bibendo detineat. Ordo in confusione, ac dispositio in re incomposita excogitatur. Ad hæc oriuntur de ampliore potu certamina contentionesque et lites, dum se mutuo ebrietate superare conantur. Atque certaminum horum præfectus diabolus est, et victoriæ præmium peccatum. Nam qui plus infuderit meri, is ex aliis reportat victoriam. Contendunt enim inter se ac se ipsi ulciscuntur. Omnia sunt insipientia referta, omnia confusione; victi victoresque ebrii sunt, derident ministri. Labat manus, os non suscipit, venter disrumpitur, nec malum sustinet. Miserum corpus naturali vigore exsolutum undelibet diffluit, haud sustinens immodici **561** potus violentiam. Miserabile spectaculum! Vir ætate florens, inter militares ordines clarus, aliorum manibus domum deportatur, quod se erigere non queat, neque propriis incedere pedibus. Vir qui terrori hostibus esse debuerat, pueris in foro ridendi occasionem præbet: sine ferro prostratus est, sine hostibus enectus. Vir armiger in ipso ætatis flore a vino consumptus nullo negotio et confectus, quidquid hostes voluerint perpeti paratus. Quis auctor est horum malorum? quis hæc machinatus est? (1) Convivium aciem effecisti: juventutis florem vino enecasti; ac vocas quidem veluti amicum ad cœnam, ejicis autem mortuum, exstincta a vino illius vita. (2) Qua re differs, o homo, a brutis animantibus? nonne rationis dono, qua a tuo conditore accepta, creaturæ cujuslibet princeps effectus es et dominus? Quisquis igitur se ipse intelligentia ac cognitione privat per ebrietatem, *comparatus est jumentis insipientibus, et similis factus est illis*[45]. Imo etiam dixerim ego, temulentos rationis magis esse expertes quam ipsa pecora: quandoquidem quadrupedia omnia et bestiæ certos ac constantes ad coitum motus impetusque habent: quorum autem anima ebrietate detinetur, et corpus calore præter naturam accedente impletur, hi omni tempore et omni hora ad impuros turpesque complexus concitantur. (3) Quemadmodum enim aqua igni est adversa, sic immodicum vinum rationem exstinguit. (4) Enimvero quodnam brutum animal vivendi audiendique sensu languescit ita ut temulentus? Nonne ignorat familiarissimos, et ad alienos velut ad familiares ac necessarios accurrit? nonne sæpenumero umbras tanquam rivulos, aut convalles transiliunt? Rursus eorum aures sonitu ac strepitu quodam quasi æstuantis maris implentur; terra vero sursum erigi videtur, et montes in orbem circumverti. His somni quidem graves sunt, et excussu difficiles, prope suffocantes, planeque morti vicini, vigiliæ vero somnis stupidiores. Nam insomnium quoddam est vita ipsorum, qui cum nec vestem habeant, neque quod in crastinum edant, regnant et exercitibus in ebrietate imperant, construunt urbes, ac pecunias elargiuntur. (5) Quid facis, o homo? Famulus profugit ab hero verberante: tu vero non recedis a vino, quod tuum quotidie caput percutit?

4. Modus utendi vino optimus est corporis necessitas. Quod si fines prætergredieris, postridie venies capitis gravedine affectus, oscitans, vertigine laborans, putrefactum obolens vinum; omnia tibi circumferri, omnia circumvolvi videbuntur. (6) Postquam enim fuligine, quam vinum exhalans sursum emittit, repletæ sunt cerebri membranæ, caput ut intolerabilibus doloribus corripitur, ita super humeros rectum manere non valens, huc illuc super vertebras nutans, jactatur. (7) Quinetiam ipsa in fruendis voluptatibus incontinentia ex vino quasi ex fonte manifeste prorumpit, atque una cum mero irrepit impudicitiæ labes, quæ omnem pecorum in feminas insaniam **562** demonstrat procacitate ac lascivia ebriorum minorem esse. Et quidem bruta animalia naturæ terminos non ignorant: ebrii vero in masculo feminam, in femina masculum requirunt. Postquam enim animam ita perdidere, ut sint omnigenis maculis compuncti, præterea ipsam quoque corporis habitudinem corrumpunt. Etenim non ob immodicas solum voluptates, quibus velut furore quodam ad salacitatem concitantur, contabescunt ac diffluunt: sed ob ipsam etiam molem ac tumorem, corpus nimio humore repletum, laxumque et vitali vigore solutum circumferunt. Horum lividi sunt oculi, subpallida superficies cutis, spiritus impeditus ac coagmentatus, lingua resoluta, clamor indistinctus, titubantes pedes velut puerorum, spontaneæ superfluitatum egestiones quasi ab inanimatis profluentes: ob luxum miserabiles, miserabiliores quam qui in mari tempestate jactantur, quos fluctus alii aliis succedentes, ac demergentes, ex undis emergere non sinunt. Quemadmodum enim jactata tempestate navigia cum plus æquo onerantur, onere ejecto necesse est allevari: ita et hi ea quæ ipsos gravant, necessario egerunt. Vix enim vomitu et dejectione ab onere liberantur, tanto miserabiliores infeliciter navigantibus, quantum hi quidem ventos et mare et externa impedimenta

[45] Psal. XLVIII, 13.

(1) Ex hom. *in ebriosos*, 128.
(2) Ibid., 124.
(3) Ibid., 123.
(4) Ibid., 124.
(5) Ex hom. 1 *de jejunio*, 9.
(6) Ex hom. *in ebriosos*, 126.
(7) Ibid., 123.

causantur : illi vero ebrietatis tempestatem sibi ipsis sponte asciscunt. Itaque qui a dæmonibus obsidentur, miseratione quidem digni sunt: ebrii vero eadem perpetientes, ne digni quidem sunt, quorum misereamur, quandoquidem cum voluntario dæmone colluctantur. Ili præterea quædam ebrietatis pharmaca componunt, operam industriamque in eo ponentes, non ut ne quid mali a vino patiantur, sed ut ipsorum ebrietas jugis sit et assidua. Ac hujus mali finis nullus est. Nam ipsum se merum promovet ad amplius. Non enim levat necessitatem : sed alterius potus necessitatem inevitabilem inducit, exurens inebriatos, semperque desiderium plus bibendi provocans. (1) Et quemadmodum cava, dum in se torrentes confluunt, plena esse videntur; sed ubi exundatio præteriit, sicca aridaque relinquuntur : ita et ebriosorum os, restagnante vino, plenum quodam modo est, et madidum, sed simul ut paululum effluxit, siccum et humoris expers deprehenditur.

5. (2) Omnino igitur ab iis quæ mentem perturbant, abstinere oportet. Posteaquam enim multum introierit meri, quasi tyrannus quidam ad arcem ascendit, atque nihil non iniquum imperans, a summo vertice irrequietos in anima tumultus excitat. Imo ratione ipsa in servitutem primum redacta, omnem ex disciplina concinnitatem confundit et perturbat, risus indecoros, vocem turbulentam, procaces iras, cupiditates effrenatas, stimulum ac furorem ad omnem iniquam voluptatem provocantem exsuscitans. Quamobrem non bibant vinum potentes, inquit, sive ii quibus aliqua præfectura, aut publicarum rerum administratio commissa; sive ii qui ob ætatis vigorem corporeis viribus pollent. Enimvero qui sunt ejusmodi, utpote suapte natura ad animi motus proni, postquam fomes etiam vini et incitamentum accessit, suppeditata abunde materia, quæ apta est ustioni et idonea, velut flammam quamdam in sublime attollunt. Nam quemadmodum onere nimio depressa navis, ægre quo velis impellitur, atque naufragio faciendo mirum in modum prona est: sic etiam corpora, quæcunque voluptatis libidine pluribus atque profusioribus deliciis, cutis curandæ gratia, sese onerant, profundo perditionis pelago innatantia feruntur. (3) Quid vis Caini maledictionem tibi ipse asciscere, ebriosus factus, tremens ac vagabundus per totam vitam? Corpus enim quod naturali fulcro destituitur, circumagi necesse est et contremiscere. Usquequo ebrietas? Periculum est ne tandem cœnum lutumque pro homine fias; ita totus admistus vino es, unaque pariter putruisti, vinum ex quotidiana crapula obolens, et hoc corruptum, perinde ut vasa nulli omnino usui idonea.

(4) Si *ebriosi regnum Dei non possidebunt* [46], tu autem temulentus accedis ad jejunium : quid utilitatis aufers? Nam si te ebrietas excludit a regno cœlorum, quisnam tandem e jejunio fructus? An non vides quomodo qui in domandis equis, qui ad certamina aluntur, peritissimi sunt, cum instat certaminis dies, eos inedia præparant? Tu contra, data opera temetipsum deprimis saturitate. Venter enim onustus, non solum ad cursum, sed ne ad somnum quidem accommodus est; quandoquidem pondere oppressus non potest quiescere, sed cogitur subinde semet nunc in dextrum, nunc in lævum latus vertere. (5) Ne igitur ad jejunii mysteria te introducat ebrietas. Non est per temulentiam aditus ad jejunium, quemadmodum nec ad justitiam accessus est per fraudationem, nec ad castimoniam per lasciviam, nec, ut summatim dicam, per nequitiam ad virtutem. Ebrietas ad lasciviam inducit, ad jejunium frugalitas. Athleta ante certamen exercetur: qui jejunaturus est, præparat se per abstinentiam. Ne velut ulciscens hos dies, neu veluti fucum facturus legislatori, ante hos quinque dies colloca crapulam. Nam laboras frustra, si corpus quidem conficis, nec tamen solatium esuritioni admoves. (6) Dominum non recipit ebrietas, Spiritum sanctum propellit. Fumus quidem abigit apes, dona vero spiritualia fugat crapula. Ut autem id minime patiamur, caveamus ne illi ingrato ventri obsequamur, ut æterna illa bona adipiscamur, in Christo Jesu Domino nostro, cui, unaque ejus Patri, simul et sancto Spiritui, gloria, honor et potestas, summumque decus, nunc et semper, et in sæcula sæculorum. Amen.

DE IRA ET ODIO.
SERMO XVII.

1. (7) Maxima in Christianum accusatio est, expeditum esse et paratum ad vindictam, atque omnibus modis esse intentum, ut iis qui ipsi molestiam exhibuere, par pari referat. Quomodo enim alium edocebit ut nemini malum pro malo rependat, dum ipse nihil non molitur, ut vindictam sumat, ac sua vice lædentem afficiat molestia? haud imitans Davidis mansuetudinem, qui ait : *Si reddidi retribuentibus mihi mala, decidam merito ab inimicis meis inanis* [47]. (8) Quapropter oportet compescere insanum ac vecordem animi motum, beatorum illius exemplorum memoria : quomodo ille petulantiam Semei mansuete pertulerit. Non enim tempus dabat commotioni iræ : siquidem cogitationem suam transferebat in Deum. Ait nimirum : *Dominus dixit Semei, ut malediceret Davidi* [48]. Quapropter cum vocaretur vir sanguinum, et vir iniquus, haudquaquam ei succensuit; sed se ipse hu-

---

[46] I Cor. vi, 10. [47] Psal. vii, 5. [48] II Reg. xvi, 10.

(1) Ex hom. *in ebriosos*, 126.
(2) Ex comment. *in Isa.*, 508.
(3) Ex hom. *in ebriosos*, 127.
(4) Ex hom. II *De jejunio*, 13.
(5) Ex hom. I *De jejunio*, 9.
(6) Ibid., 10.
(7) Ex comment. *in Isa.*, 19.
(8) Ex hom. *adversus iratos*, 87.

miliabat, quasi jure ac merito maledictis contumeliisque lacessitus. (1) Omnis enim reprehensio palam eum qui reprehenditur perstringens, ipsum vehementer torquet, cum peccati detegat turpitudinem; ita ut eum qui nullo delictorum suorum sensu tangebatur, non mediocri afficiat beneficio; quippe ab eorum conscientiam et ad veram pœnitentiam ipsum deducat. Quale enim corporis vulnus creat acrem dolorem ejusmodi, cujusmodi cruciatum animæ parit sermo objurgatorius, cum eorum qui turpitudine et opprobrio rerum male gestarum premuntur, conscientiam perstringit?

2. (2) Neque enim corporeus character ita proprius cujusquam deputatus est, ut animi Deum amantis pax et mansuetudo. Tali igitur conveniat, alios ad se trahere, ac omnibus ad se accedentibus præstare, ut veluti cujusdam unguenti fragrantia, morum suorum lenitate impleantur, ducem se aliis præbens ad optima, minime autem alium ad illicita sequens: (3) ac contentionis quidem studium aliis relinquat, imo ex illorum etiam animis extrahat, si fieri potest: ipse autem patientia molestias superet. Nam ulcisci se, cujusvis irati est; sed ipsa etiam ira superiorem esse, hoc hujus est solius, et si quis illi virtute consimilis. (4) Quale enim spectaculum! quam præclara res est et admiratione digna, quæque propemodum naturam superat, si homo qui multis impetitus est conviciis, aut forte etiam in maxilla plagam accepit, et innumera alia perpessus est, et dictis et factis ad extremam ignominiam tendentia, minime tamen præter modum ira effervescat, neque excitetur ad vindictam, sed mansuete et absque iracundia precetur pro conviciatore, ut et præteritum ei peccatum condonetur, ac in posterum convenienti Dei cura dignus habeatur! Nunc vero nos inter cætera peccata et illud maxime peccamus, 565 persequimur nempe retributionem: neque pari mensura vices rependimus: sed ultra modum nos ipsos ulciscimur, nec indignamur solum, si quapiam contumelia fuerimus vexati; sed si honore non afficimur, eos quoque qui nobis minus honoris tribuerint, quam quo nos ipsos dignos esse existimamus, pro inimicis habemus.

3. (5) Contumelia te affecit iratus quispiam? siste silentio malum, neque iram illius velut quodam fluentum in animum tuum suscipiens, ventos imiteris, qui, quod illatum est, id reflatu repellunt. Maledixit ille? tu benedicas. Percussit? tu sustine. Despicit, teque facit nihili? tu tecum cogita ortum te esse ex terra, ac rursus in terram reversurum. Obscurum te dixit, ingloriumque et nihili hominem, qui infimo loco natus sit? tu te ipsum terram ac cinerem dicito. Illustrior non es patre nostro Abraham, qui se ipse ita appellavit. Indoctum et pauperem te dixit? tu te dicas vermem, teque ex stercore habere originem, Davidis verba usurpans. His etiam præclarum Moysis facinus adjice. Ille ab Aaron et Maria maledictis lacessitus, non Deum adversus eos interpellavit, sed pro eis oravit. (6) Tu igitur, si te pauperem appellaverit, si verum loquatur, perfer veritatem: sin mentitur, quid ad te quod dixit? Neque efferaris ob eas quæ verum excedunt laudes; neque ob contumelias, quæ te non attingunt, exaspereris. An non vides quomodo sagittæ duriora, et quæ renituntur, soleant penetrare, in mollibus vero et quæ cedant, impetum suum frangere? Quid autem te perturbat pauperis cognomen? In mentem veniat tuæ naturæ, quod nudus ingressus es in mundum, nudusque es egressurus. Quid autem nudo pauperius est? Nihil grave audivisti. Quis unquam ob paupertatem abductus est in carcerem? Pauperem esse non probrosum est, sed paupertatem generose non ferre. Ecquid stultius est ira? Sin tranquillus et sine ira permanseris, incutis pudorem conviciatori, cum prudentiam re ipsa ostenderis atque modestiam. (7) Ut enim qui verberat sensu carentem, sibi ipse irrogat pœnam (nam nec hostem ulciscitur, nec iram sedat): ita quisquis hominem, qui injuriis non movetur, probris ac maledictis lacessit, is cupiditatem suam solari ac mollire non potest. (8) Quod si par pari referas, et ex æquo insurgas adversus conviciatorem, quam tandem prætendes excusationem? Quod te prior ad iram provocavit? Sed hoc qua venia dignum? Neque enim scortator qui culpam in meretricem transfert, tanquam quæ ad peccatum impulerit, remissius condemnatur. Nonne malum contumelia? Cave imiteris. Nam incepisse alium non sufficit ad excusationem. Imo vero æquius est, ut mihi persuadeo, intendi etiam adversum te querelam, quod ille exemplum quo emendaretur, nequaquam habuerit. Tu tamen videns iratum indecore se gerentem, non illius vitasti similitudinem, sed indignaris, acerbius objurgas, obluctaris; ideoque tua ipsius perturbatio aggredientis exordientisque defensio fit et excusatio. Etenim si malum ira est, cur malum non 566 declinasti? Sin autem quidpiam est venia dignum, cur infensus es irascenti? (9) Nam qui vaniloquo contradicit, is quodammodo illi assimilis effici videtur. Propterea sapientem arbitror Salomonem edixisse, *ne quis stulto secundum ipsius insipientiam respondeat* [49]. Quemadmodum enim qui imperatoris effigiem dedecore affecit, non aliter punitur, quam

---

[49] Prov. xxvi, 4.

(1) Ex comment. *in Isa.*, 431.
(2) Ex epist. LIX, 153.
(3) Ibid., 154.
(4) Ex comment. *in Isa.*, 419.
(5) Ex hom. *adversus iratos*, 85.
(6) Ex hom. *adversus iratos*, 87.
(7) Ibid., 86.
(8) Ibid.
(9) Uterque codex indicat comment. *in Isa.*

si in ipsum imperatorem peccasset : sic etiam peccato obnoxius is est, qui ei quem ad sui imaginem Deus creavit, injuriam intulerit.

4. (1) *Ne habites una*, inquit, *cum viro iracundo* [50]. Mala enim res cum cane colligari, ac perpetuum latratum ferre. Fuge igitur congressum ejus atque consuetudinem, alioqui necesse tibi est aliquid viarum ipsius addiscere. Dixit rem contumeliosam, commovit et animum tuum. Quemadmodum canis latratus provocat canis alterius tumultum : ita quoque animum tuum prius sopitum ac quiescentem vox ejus ad iram concitavit, et alter alterum adlatrastis ; et ita demum alter alteri adversantes, ignominiosa verba velut fundas intorquetis. Dixit ille aliquid injuriosum : tu longe injuriosius respondisti, auspicantem atque aggredientem imitatus. Ille contumeliosi verbi receptis vicibus, commoveri non destitit : sed conversus peccatum suum adauxit. Superior evadere voluit verborum acerbitate. Tu rursus, his auditis, supra modum attolleris, sicque malorum fit contentio. Qui autem in malorum certamine vincit, is magis miser est. (2) Ubi enim rationem semel exturbaverit iracundiæ vitium, atque dominium animæ usurpaverit, hominem prorsus convertit in belluam, et ne hominem quidem esse sinit. Quod enim venenatis venenum est, hoc idem ira est exasperatis. Fiunt rabidi canum in morem, insiliunt ut scorpii, mordent ut serpentes. Nam irati primum ignorant sese, deinde omnes similiter familiares atque necessarios. Per iram ensis acuitur atque patratur homicidium humana manu. Per hanc fratres alii alios ignoravere : parentes quoque et liberi naturæ obliti sunt ; et quemadmodum torrentes ad loca cava confluentes, quidquid obvium est transversum trahunt ; ita violenti ac impotentes irascentium impetus cunctos similiter invadunt. Nam eorum quæ molesta ipsis fuerunt, recordatione quasi œstro exstimulati, effervescente in eis ira atque subsiliente, non prius cessant quam damnum aliquod inferant irritanti. Nam cum ira rebus irritantibus accensa est, ut ingenti lignorum congerie flamma, tum demum neque verbis explicabilia, neque factu tolerabilia spectacula videre licet : manus attolli adversus tribules, pedes temere insultantes, denique quidquid in conspectum venit, id furori ac insaniæ pro armis esse. Quod si ex adverso æquale malum renitens repererint, aliam videlicet iram et parem insaniam ; ita demum inter se conserti, mutuo faciunt ac perpetiuntur quæ æquum est perpeti eos, qui sub ejusmodi dæmone militant. (3) Mutuæ siquidem illæ offensiones, animique irritationes abjecti, primum quidem exiguæ sunt et

curatu perfaciles ; temporis vero progressu per contentionem auctæ, immedicabiles prorsus evadere consueverunt. (4) Quandiu enim quæ ex dissidio oboriuntur calumniæ, locum habuerint, tandiu suspiciones in pejus augeri necesse est.

5. (5) Si igitur videris iratum dentes acuentem, cogita hominem ejusmodi similem esse apro, ut qui iracundiam internam dentium attritu indicet. (6) Nam in malis pugnis miserior est qui vicit, quippe quia cum majori peccato abit. Contra serpentem illum duntaxat iracundiæ tuæ vim exsere. (7) Quid enim Phineen justificavit ? nonne justa ira adversus scortatores? qui alioqui perquam mitis ac mansuetus, posteaquam Zambri cum scorto Madianitide palam et sine verecundia coeuntem vidisset, adeo ut ne contegerent quidem turpitudinis suæ infame spectaculum, hoc non perferens, ira opportune usus est, utroque hasta transfixo [51]. Rursus zelotes ille Elias quadringentos quinquaginta viros *confusionis* sacerdotes, et quadringentos viros sacerdotes lucorum, mensam Jezabel comedentes, consultissima ac sapienti ira in totius Israelis commodum interfecit [52]. Sic ira plerumque actionum bonarum est ministra. (8) Libentius sane viderit quis amicum irascentem, quam alium colentem. Itaque hos imitari studeamus, neque contra nos, sed adversus diabolum tantum, iracundiam armemus, ut cœleste regnum assequi velimus, in Christo Jesu Domino nostro, cui gloria et potestas, cum æterno ejus Patre, ac sanctissimo vivificanteque Spiritu, nunc et semper, et in sæcula sæculorum. Amen.

DE INVIDIA ET MALEVOLENTIA.
SERMO XVIII.

1. (9) Multum nobis sollicitudinis injicit præsentis temporis difficultas, in quo Ecclesiæ omnes commotæ sunt, et omnes animæ cribrantur. Aperuerunt enim omnes immodice ora sua adversus conservos. Prædicatur libere mendacium, veritas absconditur. Et accusati quidem condemnantur sine judicio, accusatoribus vero creditur sine examine. (10) Jam enim longum tempus est, ex quo verberatus calumniis, flagella accusationis perfero ; contentus quod Dominum, qui arcana novit, calumniæ testem habeam. Sed quia multi jam silentium nostrum ad calumniarum confirmationem acceperunt, nec nos patientia existimant adductos silere, sed quod contra veritatem hiscere non possimus : idcirco obsecro vestram in Christo dilectionem, ut concinnatas ab una parte calumnias non omnino admittatis ut veras : quandoquidem, ut scriptum est, *Neminem lex judicat, nisi prius au-*

[50] Prov. xxii, 24. [51] Num. xxv, 8. [52] III Reg. xviii, 22, 40.

(1) Ex hom. *in Lacizis*, 590.
(2) Ex hom. *adversus iratos*, 83.
(3) Ex epist. ccxix, 332.
(4) Ex epist. lix, 154.
(5) Ex hom. *in Lacizis*, 589.

(6) Ex hom. *adversus iratos*, 85.
(7) Ibid., 89.
(8) Ex epist. xxi, 98.
(9) Ex epist. ccxxvi, 346.
(10) Ibid.

diat, et cognoscat quid fecerit ⁸³. (1) Objectorum nobis criminum rationem a nobis postulate. Ac veritatem quidem si apud nos inveneritis, ne detis locum mendacio : sin autem nos **568** ad defensionem infirmos senseritis, tunc credite accusatoribus nostris, ut vera dicentibus. (2) Nam ora illorum comprimi sermonibus nostris non possunt, imo verisimile est, illos etiam defensionibus nostris irritari, et majora ac graviora in nos machinari, conviciari et incusare. (3) Quanquam æquo quidem judici res ipsæ sufficiunt ad declarandam veritatem : atque etiamsi nos taceamus, licet vobis respicere ad ea quæ fiunt.](4) Ante omnia autem rogamus vos, qui et nunc audituri estis, et postmodum lecturi, ut ne velitis ex multitudine verum a falso discernere, parti majori tributa palma; neque mente excutire, dignitatum habita ratione; neque aures obturare posterioribus, priorum agmini concessa victoria. (5) Oportet enim ut auditor alteram aurem servet absenti, idemque faciat quod Alexander. Nam et illum ferunt, cum quidam ex familiaribus calumnia appeteretur, aurium quidem alteram accusatori præbuisse, alteram vero diligenter manu occlusisse; demonstrantem oportere ut qui recte judicaturus est, non totus statim a præoccupantibus abducatur, sed dimidium auditus integrum ad defensionem servet absenti.

2. (6) Solent enim quodammodo magnis potestatibus illiberales ejusmodi cultus adhærere : quibus cum, desit bonum proprium unde cognoscantur, sese ex alienis malis commendant. (7) Et quemadmodum vultures prata multa multaque loca amœna et odorata prætervolantes, feruntur ad gravolentia, et quemadmodum muscæ quod sanum est prætereuntes, ad ulcera properant : ita invidi vitæ splendorem et recte factorum magnitudinem ne aspiciunt quidem, sed in marcida et putrida irruunt. Est igitur operæ pretium ut qui recte sapiunt, idem quod Alexander factitent : (8) qui cum epistolam contra medicum ut insidiatorem accepisset, atque hoc ipso tempore medicamentum ad bibendum sumeret, tantum abfuit ut fidem adhiberet calumnianti, ut simul legeret epistolam, et potionem biberet. (9) Et qui in proximum calumnias effundunt, eorum quæ dicunt argumenta non proferentes, comperientur sibi ipsi nomen pravum asciscere ex illegitimo verborum usu. Calumniantem enim quomodo vocare convenit, nisi ei cognomen, quod ex ipsa re profitetur, imponendo? Neque igitur is qui nobis conviciatur, A diabolus sit, sed frater sit, admonens in charitate, et ad emendationem arguens; neque vos conviciorum auditores sitis, sed argumentorum judices : neque ii, quibus maledicitur, incurati relinquantur, suo illis non indicato delicto. (10) Nam et convicti peccatum suum agnoscent : et vobis, postquam convicti fuerint, venia erit apud Dominum, quod vos ex peccatorum communione subtraxeritis : et qui convicerint, mercedem habebunt, ut qui occultam **569** malitiam patefecerint. Sed si antequam convincantur, eos condemnetis; ipsi quidem nihil lædentur, nisi quod rei omnium nobis pretiosissimæ, charitatis vobiscum intercedentis, jacturam facient; vos vero et hoc idem pati, si eos non habeatis, et cum Evangelio videbimini pugnare dicenti : *Nunquid lex nostra judicat hominem, nisi prius audierit et cognoverit quid faciat* ⁸⁴? (11) Nolite, fratres reverendissimi, nolite hoc ferre, (12) hanc nostram obtestationem ne eludatis, (13) ne ad nos perveniat formidanda prophetia Domini nostri, qui dixit : *Quoniam abundavit iniquitas, refrigescet charitas multorum* ⁸⁵.

3. (14) Nam sicut rubigo lues est frumenti propria, sic invidia amicitiæ est morbus. Et quemadmodum ex bono consequens est, ut invidia careat, sic invidia diabolum sequitur. (15) Et sicut rubigo ferrum, sic invidia infectam ipsa animam absumit. Imo vero quemadmodum viperas tradunt exeso materno utero nasci : ita quoque solet invidia parientem se animam vorare. (16) Invidus ac malevolus unicum miseriæ suæ levamen exspectat, sicubi videat quempiam ex iis quibus invidet, ruentem. Hæc est odii meta, eum cui invidetur, miserum ex felici videre, et eum qui beatus habebatur, infelicem fieri. Tunc initur fœdus, et fit amicus cum viderit lacrymantem, cum lugentem conspexerit. Et vero non lætatur cum hilari, sed cum lugente lacrymatur. Atque vitæ mutationem, ex quibus in quæ exciderit, miseratur, non humanitate quapiam, nec ullo commiserationis sensu priorem statum verbis efferens, sed ut ei calamitatem graviorem efficiat. (17) Ejusmodi Saul erat, cui beneficiorum magnitudo bellum Davidi inferendi ansa erat et origo, atque conabatur accepti beneficii auctorem hasta transfigere. Is enim cum ipso exercitu ex hostium manibus incolumis ereptus, et eo qui a Goliath inurebatur dedecore liberatus, sua eum manu interimere, atque insidiis de medio tollere aggressus est : exinde Davide in fugam acto, ne sic quidem odio finem imposuit, sed

⁸³ Joan. vii, 51.   ⁸⁴ Joan. vii, 51.   ⁸⁵ Matth. xxiv, 12.

(1) Ex epist. ccxxvi, 349.
(2) Ibid.
(3) Ibid., 346.
(4) Ex lib. i *adversus Eunom.*, 210.
(5) Ex epist. xciv, 188.
(6) Ex epist. cclxxii, 418.
(7) Ex hom. *De invidia*, 95.
(8) Ex epist. cclxxii, 419.
(9) Ex epist. cciii, 301.

(10) Ex epist. cciii, 300.
(11) Ibid., 301.
(12) Ibid., 302.
(13) Ibid., 301.
(14) Ex hom. *De invidia*, 94.
(15) Ibid., 91.
(16) Ibid., 92.
(17) Ibid.

postremum expeditione cum tribus electorum millibus adversus illum suscepta, deserta loca perscrutabatur. Ille scilicet ipso persecutionis tempore cum deprehensus fuisset, possetque ab hoste facile occidi, cum iterum a justo, qui injicere in eum manus nolebat, servatus esset incolumis, nequaquam flexus est hoc beneficio : sed et rursus colligebat exercitum, et rursus illum persequebatur, quoad iterum ab eodem in spelunca interceptus, et ejus virtutem præstiterit illustriorem, et suam ipsius nequitiam manifestiorem reddiderit. De Josepho itidem ignari quid agerent ejus fratres, haud absimile quid fecerunt. Nam si vera quidem sunt insomnia Joseph, qua arte fieri possit, ut non omnino eveniant prænuntiata? sin autem falsa somniorum visa, cur invident aberranti? (1) Sed revera est diaboli proprium hoc malum, invidia : quæ **570** nec verbis exprimi potest, nec medelam admittit. Cui caput dolet, is medico declarat capitis dolorem : qui invidiæ morbo laborat, ecquid dixerit? Exhibent mihi molestiam fratris bona? Verum id est, at dicere unumquemque pudet. Quid doles? tuumne ipsius malum an alienum bonum? Peculiare est haud dubie diaboli malum, invidia. (2) Quemadmodum enim jacula ingenti vi emissa, ubi in quidpiam durum ac renitens inciderint, revertuntur in jaculatorem : ita quoque invidiæ motus nihil lædentes eum cui invidetur, plagæ fiunt invidentis. (3) In invidia namque plurima insunt mala : sed unum utile est, quod malum fit possidenti, et exedit cor magis quam rubigo ferrum. Enimvero invidus invidioso nocet parum : sed se ipse moerore gemituque ob proximi felicitatem absumit, nec imminuit divitias vicini, sed se ipse consumpsit per invidiam. (4) Quemadmodum enim curæ nobis est materiam, quæ facile ignem concipit, quam longissime ab igne submovere : sic operæ pretium est, quoad ejus fieri potest, amicitias ex invidorum consuetudine subducere, ut extra invidiæ tela constituamur. (5) Canes quidem nutriendo reddimus mansuetos : sed invidum conferendis beneficiis efficimus morosiorem. Nec enim iis quibus donatur bonis gaudet : sed opulentia aliorum mœret, quod ipsius inopiam habeant illi unde expleant. (6) Pantheris ipsis insita est naturalis quædam in hominem ira, et maxime solent hominibus in oculos involare. Itaque belluæ furorem ridere qui volunt, imaginem velut hominem ei in charta ponunt ob oculos. Illa autem præ nimia ira nihil cogitans, chartam velut hominem dilaniat, illicque suum in homines odium ostendit. Sic etiam diabolus suum in Deum odium patefecit in imagine, cum attingere Deum non posset.

4. (7) Velim itaque, o homo, maleficorum imitationem fugias, in infirmo animali astutias multas et insidias perspiciens; cujusmodi istud est : Appetit ostreæ carnem cancer : sed difficilis captu est ei hæc præda, propter testæ munimentum. Nam infragili septo carnis teneritudinem natura communivit. Quapropter et hoc animal *ostracodermon* vocatur. Et quoniam duo cava, accurate sibi invicem conjuncta, ostream ambiunt et circumplectuntur, forcipes cancri necessario inefficaces sunt. Quid igitur molitur? Cum viderit ostream in tranquillis locis non sine voluptate apricantem, et ad solis radios valvas suas explicantem : tunc, clanculum injecto calculo, plicaturam impedit, atque quod viribus decrat, id astu et dolo obtinere deprehenditur. Hæc est eorum quæ neque ratione, neque voce prædita sunt, malitia. Talis est qui ad fratrem fraudulenter accedit, adversamque proximi fortunam insidiose impetit, et alienis insultat calamitatibus. Verum neque polypi præterierim dolum ac versutias, qui qualicunque tandem saxo adhæserit, illius induit colorem. Quamobrem **571** plerique pisces improvide natantes in polypum uti in petram incidunt, paratamque versuto illi prædam sese offerunt. Talibus moribus sunt prædit, qui semper potestatibus dominantibus assentantur, seseque ad quoslibet modos ususque accommodant, nec in eadem animi sententia persistunt, sed alii atque alii facile fiunt, et sententiam mutant ad uniuscujusque gratiam conciliandam. Quos difficile est evitare, sibique ab ipsorum nocumentis cavere, propterea quod eorum concinnata pravitas sub amicitiæ specie alte contegitur. (8) Intimum enim in cordis profundo continentes odium, coloratam amicitia superficiem ostendunt, latentium in mari scopulorum more, qui quidem aqua occultati modica, improvisum incautis malum afferunt. Ad calumnias igitur minime obmutescendum est : non ut refellendo nos ipsi vindicemus, sed ne prosperos successus habere mendacio permittamus, neque deceptis offensionem accipere sinamus. (9) Tribus enim damnum simul afferre calumniator solet; primum ei quem falso insimulat; illi deinde apud quem accusat; postremum, ipse sibi. (10) Cum igitur calumniari, et petulanti lingua ac improba mente aliquibus detrahere, opus scianus esse hominum flagitiosorum, seque simultatibus oblectantium : qui autem per calumniam pravi esse visi sunt, si omni studio mendacium redarguendo propulsare conentur, id opus esse virorum, qui probi sunt, quique sibi privatim bene consulentes, multorum securitatem plurimi faciunt. Priorum fugiamus malitiam; horum vero, qui illis maxime sunt

---

(1) Ex hom. dicta *in Lacizis*, 594.
(2) Ex hom. *De invidia*, 94.
(3) Ex hom. dicta *in Lacizis*, 590.
(4) Ex hom. *De invidia*, 94.
(5) Ex hom. dicta *in Lacizis*, 594.
(6) Ibid., 695.
(7) Ex hom. vii *in Hexaem.*, 65.
(8) Ex epist. ccvii, 309.
(9) Ex epist. cciv, 304.
(10) Ex lib. i *adversus Eunomium*, 209.

dissimiles, vitæ rationem et institutum imitemur, ut futurorum etiam bonorum participes efficiamur, in Christo Jesu Domino nostro, cui gloria, et potestas, nunc et semper et in sæcula sæculorum. Amen.

DE TEMPERANTIA ET INCONTINENTIA.
SERMO XIX.

1. (1) Alexander Macedonum rex, cum filias Darii captivas haberet, quarum incredibilis prædicabatur pulchritudo, ne aspicere quidem dignatus est, turpe esse inquiens, virorum victorem vinci a mulieribus. Hoc tendit ad illud ipsum præceptum, *Qui viderit feminam ad concupiscendum, jam mœchatus est eam*[56]: videlicet qui aspexerit mulierem libidinose, quanquam adulterium opere non commisit, quoniam tamen concupiscentiam in animum admisit, crimine non vacat. (2) Si igitur ob fortuitos casus tantum periculum impendet obiter conspicientibus, quantum futurum est ob occursus qui de industria fiunt, ut videantur mulieres indecore se gerentes, suosque gestus componentes ad lasciviam, et cantilenas molles canentes, quæ vel auditæ solum, omne voluptatis œstrum lascivientibus ingerere possunt? Quid igitur dicent, aut quid causabuntur, qui ex ejusmodi spectaculis ingens malorum examen sibi collegere? Obnoxii igitur sunt judicio adulterii secundum inevitabilem Domini sententiam. (3) Nam possumus et sermone adulterari, et oculis mœchari, ipso quoque inquinari auditu, dignaque piaculo flagitia corde admittere, necnon immoderato cibi potusque usu temperantiæ finibus excidere. Qui vero per continentiam sub virginitatis regula in his omnibus permanserit, is palam ostendit se prorsus perfectæ virginitatis gratia donatum. (4) Si quis autem verbo virginitatem professus, reipsa quæ conjugatorum sunt facit, palam est eum virginitatis quidem honestatem persequi, sed nequaquam ab indecora voluptate abstinere.

2. (5) Neque igitur qui inæqualis est animi circa castitatem, purus est; sed qui carnis petulantiam subjecit spiritui. Qui vero temperantiæ desiderio capitur, historiam Josephi sæpius evolvat, atque hinc egregia temperantiæ facinora discat, quem non solum temperantem voluptatibus reperiet, sed summum virtutis habitum habuisse. (6) Est enim hortamentum ad castitatem vita Josephi: incitamentum vero ad fortitudinem historia Sampsonis est. (7) Verum temperantem continentemque non eum dicimus, in quo præ senio vel morbo, aut alio quopiam casu exstincti sint libidinis appetitus.

Huic enim insidet quidem vitium ipsum: actio vero præpeditur per organorum infirmitatem. Sed continentia vera est facultas cognitionis conciliatrix, quæ in intimo animæ recessu impressa, intestina turpium motuum vestigia delet. (8) Laudari ergo ob castitatem non debent quibus abscissa genitalia. Neque enim equos, quod cornu non feriant, laudamus: sed eos quidem, si non calcitrent, laudamus; in bobus autem, si cornu non feriant, mansuetudinem merito probamus. Non enim in quo quis non potest, sed in quo cum possit, ad injuriam potestate non utitur, admirationem habet. (9) Itaque continentia in senectute, continentia non est: sed animus ad lasciviendum invalidus. Mortuus non coronatur: nemo ideo justus, quod ei mali faciendi facultas non sit. (10) Quapropter corpus castigandum est et cohibendum, haud secus ac impetus cujusdam belluæ; atque ii tumultus qui ab ipso in anima excitantur, ratione veluti flagro compescendi sunt, non autem habendi voluptati omnino laxatis negligenda mens est, adeo ut quasi auriga qui ab equis effrenis violenterque agitatis abreptus sit, ducatur. Nec abs re erit Pythagoræ meminisse, qui cum didicisset aliquem ex familiaribus sese et exercitationibus et escis valde admodum saginare, et carnosum reddere: Sic, inquit, non desines graviorem tibimetipsi carcerem exstruere? Unde dicunt et Platonem, provenientis a corpore noxæ præscium, insalubrem Atticæ locum Academiam de industria elegisse, ut nimis bonum corporis statum quasi superfluam quamdam vitis feracitatem amputaret. Ego autem corporis habitudinem summe bonam etiam periculosam esse a medicis audivi. Nimia enim corporis cura et corpori ipsi inutilis est, et animæ officit; ei autem submittere se et obsequi, manifesta insania. (11) Totum igitur corpus contemnendum est ei, qui in ipsius voluptatibus quasi in cœno nolit volutari, aut tantum ei indulgendum est, in quantum, inquit Plato, philosophiæ inservit, non longe aliter locutus atque Paulus, qui monet nullam corporis habendam curam ad cupiditatum materiam[57].

3. Verum nostræ sese ita res habent. (12) Mulieres lasciva, timoris Dei oblitæ, æternum ignem aspernatæ, in illa ipsa die, cum ob resurrectionis memoriam oportuerat eas in domibus sedere, ac recordari diei illius, in qua aperientur cœli, et apparebit Judex e cœlis, et tuba Dei, et resurrectio mortuorum, et judicium justum, et redditio unicuique juxta opus suum; cum de his cogitare debuissent, suaque corda a pravis cogitationibus purgare,

---

[56] Matth. v, 28. [57] Rom. xiii, 14.

(1) Ex serm. *De legendis libris gent.*, 179.
(2) Ex hom. *in ebriosos*, 129.
(3) Uterque codex indicat comment. *in Isa.*
(4) Ex epist. LV, 149.
(5) Ex comment. *in Isa.*, 379.
(6) Ex hom. *in Gordium mart.*, 142.
(7) Ex comment. *in Isa.*, 407.
(8) Ex lib. *De virg.*, n. 64.
(9) Ex hom. *in sanctum baptisma*, 118.
(10) Ex serm. *De legendis libris gent.*, 182.
(11) Ibid.
(12) Ex hom. *in ebriosos*, 123.

et priora peccata lacrymis delere, atque ad Christi occursum pro magno illo die apparitionis ejus sese præparare, servitutis Christi excusso jugo, velamentis honestatis a capite rejectis, contempto Deo, spretis ipsius angelis, virilem omnem aspectum citra pudorem ferentes, comas agitantes, trahentes tunicas, ac pedibus simul ludentes, omnem juvenum libidinem in seipsis provocantes, in martyrum basilicis pro mœnibus civitatis choros constituentes, loca sancta officinam obscenitatis suæ effecere. Cantilenis meretriciis ut aerem conspurcarunt, ita terram tripudiis pulsatam pedibus immundis fœdarunt; spectaculum sibi ipsis juvenum turbam undique statuentes, plane inverecundæ, prorsusque insipientes, nullum insaniæ modum omittentes. (1) Rides, dic mihi, ac gaudes gaudium impudicum, cum lacrymari ob præterita et ingemiscere oporteret? canis meretricias cantilenas, psalmis et hymnis, quod didicisti, ablegatis? moves pedes, et more insanientium exsilis, ducisque quas non deberes choreas, cum genua flexa oportuisset ad adorandum? Utras lugebo? puellasne nuptiarum inexpertas, an connubii jugo subditas? Illæ quidem amissa virginitate reversæ sunt, hæ vero pudicitiam maritis haud retulerunt: nam si quæ forte peccatum vitarunt corpore, omnino tamen in animis corruptionem susceperunt. (2) Quapropter omnis mulier vestimenti cultu abutens, eo spoliatum iri se exspectet. Quoniam enim incedunt etiam simul tunicas trahentes, quasi non utantur vestimento, sed abutantur, ideo jussæ sunt vestimenti gloria privari. Nam et Dominus indumenti honorem a nobis aufert, si eo deprehendimur indigne uti, illud conculcantes et corporeis inquinamentis conspurcantes. Hoc autem vestimentum quodnam est? inquit: *Quicumque in Christo* 574 *baptizati estis, Christum induistis* [88], quem ab eis aufert Dominus, qui corpus proculcant per peccatum, et testamenti sanguinem pro polluto ac communi habent.

4. (3) Mulieres igitur ob corporis pulchritudinem ac elegantiam nimium sibi arrogantes, sese supra cæteras efferunt, fastu inani utuntur, atque de re cito marcescente et evanescente gloriantur: deinde collum in sublime erectum ferunt, ut earum vultus valeant omnium oculis spectari. Pudica sane modestique ornata moribus, defixis præ pudore in terram oculis, faciem habet deorsum demissam. Impudica vero et quæ pulchritudinis suæ laqueo captare ac venari multos in animum induxit, incedit surrecto collo: et in nutibus oculorum, impuritatem animæ declarat, atque aspectu ipso exitiosum quoddam virus jaculatur. Sane simile

quiddam narrat rumor de basilisco, quem ferunt solo intuitu interficere spectatores. (4) Quia autem quidam colores a mulieribus ad decorandam faciem valde exquiruntur, albus, rubens, et alius niger: ac albus quidem candorem ementitur corporis; rubens in genis efflorescit; niger in modum lunæ in cornua curvatæ circum oculos supercilia depingit: hæc quoque se erepturum Dominus comminatur. Hæc quidem dicit, ne virorum circumveniatur continentia, neve ejusmodi picturis miserabilium oculi juvenum corripiantur. Improbi enim mulierem affectus infirmos eorum, qui cum illis versantur, animos demergunt. Audiant (5) viri, audiant mulieres, quomodo vel apud bruta animalia, frequentium nuptiarum dedecori anteponatur viduitatis pudicitia honestasque. (6) Alii inimici mortuis reconciliantur: novercæ odisse post mortem incipiunt. (7) Sed ferunt turturem a conjuge separatam, nunquam cum alio inire societatem, sed viduam permanere: utpote quæ ob prioris conjugis memoriam, alterius conjugium abnuat. (8) Quid igitur nobis esse possit miserius, qui non solum similem bestiis erga conjuges amorem non ostendimus, sed contrariam Domini præceptis ingredimur viam, surrecto collo, et in nutibus oculorum, colorumque fucis aliorum suffuramur temperantiam? (9) Quæ tum a nobis prorsus auferentur, cum omnia coram Judice sistentur nuda; quandoquidem concidet supercilium, gena præ se feret tristitiam, color lividus erit præ timore, ac recipiet unusquisque secundum opera sua. (10) Quæ animo et cogitatione complexi, charissimi, festinemus, dum tempus est, vitæ nostræ actiones ad Dei omnipotentis normam dirigere, ut futurorum etiam bonorum participes efficiamur, in Christo Jesu Domino nostro, cui gloria in sæcula sæculorum. Amen.

575 DE HUMILITATE ET INANI GLORIA.
SERMO XX.

1. (11) Fieri non potest ut is qui infimo ultimoque loco erga omnes haberi non vult, queat unquam, aut dum conviciis impetitur, iræ dominari, aut dum afflictatur, per patientiam tentationes superare. Qui enim ad summam humilitatem pervenit, is cum in conviciis suam vilitatem majorem prior agnoscat, ob verba ignominiosa animo non commovebitur. Sed si appelletur pauper, novit seipsum pauperem esse, et omnium indigum, ac quotidiano Domini stipendio opus habere: si vero vocatur ignobilis et obscurus, prius sibi in suo corde conscius est, procreatum esse se ex luto:

[88] Galat. III, 27.

(1) Ex hom. *in ebriosos*, 129.
(2) Ex comment. *in Isa.*, 466.
(3) Ibid., 464.
(4) Ibid., 467.
(5) Ex homil. VIII *in Hexaem.*, 76.
(6) Ex epist. CLX, 251.

(7) Ex homil. VIII *in Hexaem.*, 76.
(8) Uterque codex indicat comment. *in Isa.*
(9) Ex comment. *in Isa.*, 467.
(10) Uterque codex indicat comment. *in Isa.*
(11) Ex hom. *in psal.* LXI, 193.

atque, ut breviter dicam, (1) ille demum apud Deum magnus est, qui humilem se proximo exhibet, criminaque, licet falso intentata, inverecunde in se recipit, ut summam utilitatem, pacem nimirum, fratri gratificari valeat. Nam perinde difficile est, in rerum angustia aequam mentem servare, ac in earum amplitudine, ab insolentia temperatam. (2) Superba nempe ingenia quo plus officiose colueris, eo se ipsis fastidiosiora effici consueverunt. (3) Humili autem ac demisso sensui tristis oculus convenit et deorsum vergens, habitus neglectus, squalida coma, vestis sordida; adeo ut quae lugentes data opera faciunt, ea sua sponte nobis inesse videantur. Tunica cingulo ad corpus astricta sit : cinctus neque ilia exsuperet, id enim muliebre; neque laxus ita ut tunica diffluat, id enim molle. Incessus esto nec segnis, ne animum dissolutum arguat; nec rursus vehemens ac superbus, ne stolidos animi impetus indicet. Unus vestimenti scopus, ut idoneum sit carnis ac hiemem et aestatem operimentum. Neque vero in colore florido exquiratur, neque in opere tenue ac molle. Etenim in veste pigmentorum lautitias consectari, non absimile est venustatis studio, quo mulieres ducuntur, dum genas et crines alieno flore inficiunt. Sed et eo usque crassa tunica sit, ut socia opus non habeat, ad eum qui induitur calefaciendum. Calcearium autem pretio quidem vili, sed cui nihil desit ad usum explendum. Humilis enim abjectique animi exercitatio in viliorum tenuiorumque rerum conversatione consistit, gloriae cupidis medicinam afferens. (4) Inanis autem gloriae affectator ille est, qui abjectissimae hujus saeculi gloriae causa quidpiam aut facit aut dicit. Exempli gratia, (5) qui facit eleemosynam ad accipiendam ab hominibus gloriam, recipit suam mercedem [59], nec misericors est nec munificus. Item quicunque temperans est ad ineundam ab hominibus gratiam, temperans non est, cum virtutem non quaerat, sed gloriam ex ea proventuram venetur. (6) Nam Ananiae initio licebat possessionem suam Deo non polliceri ac vovere : sed postquam ad humanam gloriam respiciens, possessionem suam Deo per pollicitationem consecravit, ut hominibus **576** ob munificentiam esset admirationi, parte pretii seposita, ejusmodi adversum se indignationem Domini commovit, cujus Petrus minister fuit, ut ne poenitentiae quidem spatium inveniret [60]. (7) Dominus enim qui superbis resistit, et humiliat peccatores usque ad terram [61], hic ipse superborum contumeliam depressurum se pollicetur. Qui igitur humiliat superbos, idem illos ab ea similitudine quam cum [diabolo superbiae parente habent, liberat; et eos inducit, ut fiant discipuli ejus, qui ait : *Discite a me, quia mitis sum, et humilis corde* [62]. (8) Quid de te magnificentius cogitas, quod populorum agmina cecideris, atque civitatum potentatus subverteris ? Nonne ea etiam ratione securis insolescere possit, quod excelsas superbasque arbores humi dejiciat ? ipsa quoque serra, quod solida firmaque ligna dividat ? At vero neque sine manibus scindit securis, nec absque trahente se dividere serra potest.

2. (9) Quod si proximum peccantem videris, cave consideres ipsius peccatum solum : sed etiam quae fecit aut facit recte, cogita ; et saepe cum deprehendes teipso meliorem, expensis rebus omnibus, non una duntaxat parte examinata. Neque enim Deus hominem ex parte expendit : *Ego enim*, inquit, *operas et cogitationes eorum venio congregaturus* [63]. Quin etiam cum Josaphat aliquando ob praesens peccatum increparet, meminit quoque recte factorum ipsius, his verbis : *Verumtamen verba bona inventa sunt in te* [64]. (10) Qui igitur multis magnisque peccatis obnoxius est, cum saepe liberat humilitas. Itaque ne te ipse prae altero justificaveris, nequando Dei sententia, etsi tua justificatus, condemnere. Perpetrasse te boni aliquid arbitraris ? Age gratias Deo, nec te extolle contra proximum. Quid enim proximum juvisti, quod fidem es confessus, aut exsilium perpessus ob Christi nomen, aut jejunii labores constanter pertulisti ? Lucrum tuum est, non alterius. Time ne similiter cadas atque diabolus, qui, elatus contra hominem, ab homine prostratus est, et vice scabelli traditus est conculcato. In summa, memineris veri illius prove bii : *Superbis Deus resistit, humilibus vero dat gratiam* [65]. Habe in promptu sententiam Domini : *Omnis qui se exaltat, humiliabitur; omnis vero qui se humiliat, exaltabitur* [66]. Ne tui ipsius fias judex iniquus, neque ad gratiam expende, si videare tibi quidquam boni habere, illud numerans, delicta oblivioni ultro tradens : neque ob recte facta hodierna insolescas, neque recentium aut veterum malefactorum tibi veniam concedas : sed cum praesens reddiderit te elatum, revoca in memoriam antiquam agendi rationem, sicque stolidus tuus tumor cessabit. (11) Et vero seipsum cognoscere, videtur esse res omnium difficillima. Non enim solum oculus extrinseca prospiciens, ad semet conspiciendum visu non utitur : sed et ipsa mens nostra acute peccatum alienum intuens, ad propria agnoscenda delicta tarda est. (12) Ne sis in objurgando gravis,

---

[59] Matth. vi, 2. [60] Act. v, 5 sqq. [61] Jac. iv, 6. [62] Matth. xi, 20. [63] Isa. lxvi, 18. [64] II Paral. xix, 3. [65] Jac. iv, 6. [66] Luc. xiv, 11.

(1) Ex epist. ccxix, 39.
(2) Ex epist. ccxxxix, n. 2.
(3) Ex epist. ii, 74.
(4) Unus codex indicat comment. *in Isa.*
(5) Ex comment. *in Isa.*, 617.
(6) Ex serm. ascetic., 319.
(7) Ex comment. *in Isa.*, 583.
(8) Unus codex indicat comment. *in Isa.*
(9) Ex hom. *De humilitate*, 161.
(10) Ibid., 160.
(11) Ex hom. ix *in Hexaem.*, 87.
(12) Ex hom. *De humilitate*, 162.

neque cito, neque animo commoto redarguas; hoc enim resipit arrogantiam quamdam; neque ob res parvi momenti condemnes, tanquam si ipse perfecte justus exsistas. Quos in peccato **577** deprehendis, spiritualiter ipsos instrue, uti monet Apostolus, *Considerans teipsum, ne et tu tenteris* ⁶⁷. (1) Nam si qua re offendimus, commonefacti meliores evademus; si vero nihil delinquimus, cur odio habemur? (2) Hortor igitur, hanc opinionem ex animo tuo ejicias, te nemine alio ad communionem indigere. Non enim est viri secundum charitatem ambulantis, aut Christi legem adimplentis, sese a fratrum conjunctione abscindere. Ne forte belli malum quod in orbem circumagitur, tandem aliquando ad nos etiam perveniat; ac si nos quoque una cum aliis injuriæ participes simus, non inveniamus, qui commiserescant, eo quod lætitiæ tempore iis qui injuria afficiebantur, commiserationis symbolam non erogaverimus. (3) Mihi enim omnino ignorari magis studio fuit, quam gloriæ cupidis in luce versari. (4) Tu igitur tantum studii in eo ponito, ut ne apud homines gloria afficiare, quantum cæteri ut gloriam adipiscantur. At adeptus es præclaram dignitatem, hominesque colunt te atque observant, et gloriam dant? Esto subditis similis. Nam qui vult primus esse, eum omnium servum esse Dominus jussit ⁶⁷*. (5) Magnus ille Moses, quo nemo unquam tractabilior atque obedientior fuit, quando ad populum mittebatur, aiebat: *Obsecro, Domine, elige alium quem mittes* ⁶⁸. Ex quo factum est ut Deus ipsum urgeret quasi pertinacius, utpote qui hac ipsa recusatione et suæ infirmitatis confessione se primatu dignum ostenderet. Quapropter egregia est admonitio illa: *Ne quæras fieri judex, ne forte non possis auferre iniquitates* ⁶⁹. Attamen recusationem eorum, qui a seditiosis ad accipiendum principatum compellebantur, generalem non fuisse declarat sermo propheticus. Non enim simpliciter ait: *Non ero princeps*: sed cum adjectione, *Non ero princeps populi hujus*. Atque causam subjunxit: quia *Linguæ eorum cum iniquitate, his quæ Domini sunt, non obtemperant*. (6) Ac Moses ad splendidissimum vitæ genus et ad tanti populi præfecturam accitus, abnuit et deprecatur: *Quis sum ut pergam ad Pharaonem regem Ægypti, et educam populum ex terra Ægypti* ⁷⁰? Et rursus: *Precor, Domine, non sum idoneus ante hesternum, neque ante tertium diem, neque ex quo cœpisti loqui ad famulum tuum* ⁷¹. Et iterum: *Supplico, Domine, elige alium qui possit, quem mittes* ⁷². Dominus autem ad illum: *Abi, et dux esto populi hujus, et mittam angelum meum ante te* ⁷³. (7) Quid igitur Moses: *Obsecro, Domine, nisi tu ipse proficiscaris ante nos, ne nos hinc educas* ⁷⁴? (8) Isaias autem licet nihil hujusmodi audisset, sed esset solam mittendæ legationis necessitatem edoctus, se ipse libens obtulit, ac injecit sese in media pericula. (9) Quæ igitur horum virorum sententia? Mosis hæc erat cogitatio, populum illum peccatis obnoxium esse atque indigere eo, qui remittat peccata, id quod angeli præstare non possunt. Angeli enim mulctant quidem delinquentes, ac ulciscuntur, delicta vero non queunt condonare. Veniat igitur verus legislator, potens ille Servator, qui solus potestatem habet remittendorum **578** peccatorum. (10) Isaiæ vero, quod præ charitatis exsuperantia atque ardore, nihil eorum quæ sibi a populo timere poterat, reputaret. Horum utriusque facta imitemur, ut futura quoque bona consequi possimus, in Christo Jesu Domino nostro, quocum Patri simul et sancto Spiritui, gloria, honor, potestas, nunc et semper, et in sæcula sæculorum. Amen.

DE PROSPERA ET ADVERSA FORTUNA, ET DE PRUDENTIA.

SERMO XXI.

1. (11) Res secundæ, et quarum studio plerique tenentur, stabilitatem ac diuturnitatem non habent, neque res adversæ ac tristes constanter perseverant: sed agitationi cuidam motuique et inopinatis mutationibus obnoxia sunt omnia. Neque enim corporis valetudo, neque juventutis flos, neque domus felicitas, neque reliqua vitæ prosperitas, diu durat: sed si in hac vitæ serenitate versaris, tamen rerum procellam ac tempestatem aliquando exspecta. Veniet enim morbus, veniet et paupertas, vento non semper a puppi surgente. Sed et virum in omnibus spectabilem ac æmulandum invadunt inexspectata plerumque dedecora, atque improvisi casus quasi quidam turbines omnem felicitatem interturbant. Imo etiam assidua mala sunt tibi fluctuum loco, quorum alii aliis succedunt. Videbis vero aliquando et hæc præterlapsa, vitamque in hilaritatem et in vere jucundam tranquillitatem transmutatam. Quemadmodum enim fieri non potest, ut mare diu idem permaneat (quod enim nunc tranquillum ac stabile vides, paulo post conspicies ventorum vi exasperatum; quod vero efferatum est et æstu effervescens, mox tranquillitas alta sedat), sic etiam res mundanæ in utramque partem facile convertuntur. Eam ob causam gubernatore opus est, ut et in vitæ tranquillitate, omnibus ex animi

---

⁶⁷ Galat. vi, 1.   ⁶⁷* Marc. x, 44.   ⁶⁸ Exod. vi, 13.
⁷² ibid.   ⁷³ Exod. xxxii, 34.   ⁷⁴ Exod. xxxiii, 15.
⁶⁹ Eccli. vii, 6.   ⁷⁰ Exod. iii, 11.   ⁷¹ Exod. iv, 10.

(1) Ex epist. LIX, 154.
(2) Ex epist. LXV, 158.
(3) Ex epist. CCX, 313.
(4) Ex hom. *De humilitate*, 162.
(5⁰) Ex comment. *in Isa.*, 457.
(6) Ibid., 514.
(7) Ex comment. *in Isa.*, 517.
(8) Ibid, 514.
(9) Ibid., 517.
(10) Uterque codex indicat comment. *in Isa.*
(11) Ex hom. *in princip. Prov.*, 111.

sententia procedentibus, mutationes præstoletur, nec in præsentibus tanquam semper permansuris conquiescat; neque in molestissimo etiam rerum statu meliora desperet, ne abundantiori mœstitia absorptus submergatur. (1) Nam ille demum intelligens est gubernator, qui subjectæ naturæ habita ratione, ea quæ accidunt, tractat, quique sibi ipse similis semper permanens, neque rebus lætis effertur, neque in ærumnis animo concidit. Nam nauclero quidem non licet tranquillitatem facere cum voluerit, sed nobis tranquillam nobis ipsis vitam constituere, etiam omnino facile, si tumultus intus ex vitiis insurgentes compescamus, et his quæ extrinsecus accidunt, altiorem animum stabiliamus. Nam qui vitæ curis admodum detenti **579** sunt, veluti carnosæ aves frustra alis instructæ una cum pecoribus humi serpunt.

2. (2) Plerique vero multis a juventute collectis, ubi ad mediam fere ætatem progressi sunt, nequitiæ spiritibus adversus eos tentationes excitantibus, tempestatis onus, utpote gubernatione destituti, non sustinuerunt: sed omnium illarum rerum jacturam fecere. Ac alii quidem *Circa fidem naufragaverunt* [75], alii, prava voluptate in modum procellæ cujusdam ingruente, comparatam ab juventa castitatem amiserunt. Miserabile spectaculum, post jejunium, post durum vitæ genus, post prolixas preces, post lacrymas large profusas, post continentiam annorum viginti, aut forte triginta etiam, per animi inconsiderantiam ac incuriam, nudum et spoliatum omnibus inveniri; ac similem fieri eum, qui præceptorum quæstu opulentus est, prædiviti cuipiam mercatori, qui, ob copiam mercium lætus, secundo vento delata nave, horrenda maria emensus, diffracto ad ipsos portus navigio, derepente omnibus nudatur. Hujuscemodi enim hominum *Deus noster misereatur*. (3) Misericordia siquidem affectio est erga eos qui præter meritum depressi sunt, ab iis qui miseratione moventur proficiscens. Miseramur eum, qui ex magnis divitiis in extremam incidit paupertatem; eum, qui ex optima corporis habitudine ad summam redactus est debilitatem: eum, qui ob pulchritudinem ac elegantiam corporis prægestiebat, sed a fœdissimis ac turpissimis morbis corruptus est. Quoniam igitur et nos in paradiso degentes, eramus aliquando clari ac spectabiles, et tamen ob ejectionem inglorii et abjecti evasimus, Deus nostri miseretur, dum quales nos ex qualibus facti simus, videt. Quapropter et Adamum hac misericordiæ voce revocabat, dicens : *Adam, ubi es* [76]? Non enim edoceri quærebat omnium gnarus, sed intelligere ipsum volebat, qualis ex quali factus esset. *Ubi es?* quasi dicat : In quam ruinam ex tanta sublimitate incidisti?

3. (4) Oportet itaque rationem, quæ tanquam judex supremum in nobis locum sortita est, singula dijudicare et expendere, utrum recipienda sint necne, atque etiam assensionibus, et animæ motibus non sine diligenti judicio aditum concedere. Hoc enim est quod ait Paulus : *Si enim nos ipsos judicaremus, non utique judicaremur* [77]. Ne igitur curiosius futura indages, sed præsentibus utiliter utere. Quid enim prodest cognitionem præcipere? Si certe bonum erit quod futurum est, eveniet, licet non prænoveris ; sin molestum, quid juvat mœrore in antecessum consumi? (5) Duplex est prudentiæ nomen : una enim suum ipsius commodum tuetur, sic tamen, ut simul struat proximo insidias, qualis est serpentis prudentia, caput suum custodientis. Hæc videtur astuta quædam esse morum malignitas, quæ cito quod sibi utile est comminiscitur, ac simpliciores deprædatur : quali prudentia fuit villicus iniquitatis. Vera autem prudentia, agendorum et non agendorum cognitio est et secretio : quam qui sequitur, nunquam secedet a virtutis operibus, nunquam exitioso vitii jaculo transfigetur.

580 4. (6) Quandoquidem unusquisque nostrum non potest per se invenire quid factum oporteat, propterea beneficus erga nos Deus consiliarios dat, non dominos. (7) Regis enim est imperare subditis, consiliarii autem utilia suadere volentibus. (8) Itaque nostrum unusquisque se arbitretur, non ut principem semetipsum, sed ut consiliarium a Domino datum populo, existimet. Talis erat consiliarius Novi Testamenti Paulus, cum ait : *Consilium vero do, ut misericordiam consecutus a Domino* [78]. Magnum vero beneficium est, prudentis ac benevoli consiliarii præsentia, qui quod deest prudentiæ consulentibus supplet. Quanta autem sit consilii utilitas demonstrat in primis Moyses, vir omni Ægyptiorum sapientia instructus, qui ut amicus amico, ita cum Deo colloquebatur. Is a socero suo Jethro consilium accepit, ut tribunos præficeret, centuriones, et decuriones, qui judicarent populum. David quoque consultore usus Chusi est, per quem militare Achitophel consilium dissipavit. Atque, ut breviter dicam, divina prorsus res est consilium, voluntatum consensio est, charitatis fructus, humilitatis argumentum. Intoleranda enim arrogantia est, arbitrari nullius se indigere, sed sui solius sententiæ stare, ac si solus optima consulere valeat. Nos vero his qui recta consulunt, nos ipsi dedere pigramur : pudetque nobis in vivendi ratione prudentiores agnoscere. Qui autem

---

[75] I Tim. i, 19. [76] Gen. iii, 9. [77] I Cor. xi, 31. [78] I Cor. vii, 15.

(1) Ex epist. ccxciii, 431.
(2) Ex hom. *in princip. Prov.*, 112.
(3) Ex hom. *in psal.* cxiv, 201.
(4) Ex comment. *in Isa.*, 411.
(5) Ex hom. *in princip. Prov.*, 102.
(6) Ex comment. *in Isa.*, 422.
(7) Ibid., 421.
(8) Ibid., 442.

consiliarium exspectat, suis etiam ille cogitationibus opportunitatem praebet, ut cum examine ac attentione diutius investigent quid deceat. (1) Valde igitur necessarium ac utile hominum vitae consilium, quod nemo sibi ad ista solus sufficiat, sed adjutoribus magis indiget ad rerum utilium delectum, quam ad ea quae corpore perficiuntur. Quare qui consiliario caret, navis est gubernatore destituta, temere ventorum motibus permissa. Quod si in rerum leviorum deliberationibus consiliarios adhibemus ; cum deliberamus de anima et de rebus ei utilibus, nonne admirabiles nobis quaerendi sunt consiliarii? Qui autem, cum adest bonum consilium, vanae cordis sui voluntati obsequitur, is similis est Roboam, qui, spreto seniorum salutari consilio, juniores secum educatos secutus est, per quos imperium in decem tribus amisit [79].

5. Sic instructa adversus justos consilia in auctorum capita redundant, ut immissae in solida et obnitentia corpora sagittae ad eos redeunt, a quibus sunt immissae. *Custodit* enim *Dominus omnes diligentes se, et omnes peccatores disperdet* [80] : quoniam illi debetur omnis gloria, honor et magnificentia, nunc et semper, et in saecula saeculorum. Amen.

581 DE PROVIDENTIA.
SERMO XXII.

1. (2) Tanta est Creatoris in jubendo intelligentiae fecunditas, quantae rerum creatarum dissimilitudines et convenientiae. Quae omnia accurate recensere, perinde est ac si quis fluctus pelagi enumerare, aut manus vola aquam maris admetiri conetur. (3) Quis enim possit cunctas proprietates ad volucrum vitam pertinentes accurate recensere ? (4) Quomodo ciconiae quidem omnes uno et eodem tempore his in locis aedificent, et sub uno signo omnes discedant : quod quidem a rationis intelligentia non longe abest. Quomodo autem stipent ipsas cornices, easque, ut mihi quidem videtur, deducant, et sociale quoddam illis auxilium praestent adversus hostiles aves. Cujus rei argumentum est, primum quidem quod eo tempore nulla prorsus cornix appareat : deinde quod cum vulneribus redeuntes, manifesta belli socialiter pugnati indicia referant. Quis apud ipsas praescripsit hospitalitatis jura ? quis ipsis desertae militiae accusationem minatus est, adeo ut nulla a comitatu sese subtrahat ? (5) Grues autem vicissim exercent excubias. Et quidem aliae dormiunt : aliae vero circumeuntes, omnem ipsis securitatem per somnum exhibent. Deinde tempore vigiliarum peracto, haec quidem clangore edito ad somnum convertitur :

illa vero succedens, quam accepit securitatem, sua vice reddit. Hunc etiam in volatu ordinem servant. Alia enim alias itineris dux est ; sed ubi per aliquod tempus statutum volatui praefuit, retro se recipiens, viae ducatum insequenti tradit. (6) Vos autem qui non creditis futuram in resurrectione mutationem, revocata in mentem bombycis mutatione, manifestam resurrectionis notionem accipite. (7) Vos etiam qui mysterium nostrum ridetis, quasi impossibile et extra naturam sit, ut virgo pariat, virginitate illi integra permanente; cogitate Deum, cui hoc placuit, innumera ex natura argumenta ad rerum mirabilium fidem in antecessum proposuisse. Nam vulturibus absque ulla conjunctione parere dedit, licet maxime longaevis, quippe quibus vita ad centum usque annos plerumque protendatur : atque ita in rebus omnibus, nobis perspicua miraculorum suorum monumenta reliquit.

2. (8) Est vero ipsis quoque piscibus suus sapiens quidam ac bene dispositus ordo, quorum unumquodque genus novit distinctam sibi a natura vitae rationem : et in definitis sibi maris partibus perinde atque in civitatibus, aut vicis quibusdam, aut antiquis patriis immoratur. Jam vero et pisces quidam peregrinare soliti, velut ex communi curia in externas regiones proficiscentes, sub uno signo omnes discedunt. Cum enim praescriptum fetandi tempus institerit, alii ab aliis emigrantes sinibus, communi naturae lege concitati, ad mare aquilonium festinant. 582 Et quidem ipso ascensus tempore pisces coactos per Propontidem in Euxinum Pontum influentes, uti torrentem quemdam videre possis. Ecquis movet ? quodnam est regis imperium? qualia edicta in foro exposita praefinitum tempus indicant? quinam hospitum advenarumque ductores ? Vides divinam ordinationem cuncta complentem, atque per minutissima pervadentem. Piscis divinae legi non adversatur, nos vero salutaribus praeceptis non obsequimur. Cave pisces asperneris, quod omnino insipientes sint, et rationis expertes : sed time, ne etiam his inferior sis ratione, ordinationi conditoris obsistens. (9) Nullum piscium genus dimidia ex parte instructum est dentibus, ut bos et ovis apud nos : neque enim ipsorum quisquam ruminat, nisi scarus solus secundum quorumdam narrationem. At vero omnes pisces acutissima condensatorum dentium acie communiuntur, ne esca dum diutius manditur, diffluat : nisi enim celeriter dissecta in ventrem detruderetur, extenuata per aquam dissiparetur. (10) Audi igitur eos, per ea quae faciunt tantum non emittentes hanc vocem : Nos ad perpetuam generis conservationem longinquam hanc peregrinationem

---

[79] III Reg. xii, 8 sqq. [80] Psal. cxliv, 20.

(1) Ex comment. in *Isa.*, 452.
(2) Ex hom. vii in *Hexaem.*, 63.
(3) Ex hom. viii in *Hexaem.*, 74.
(4) Ibid., 75.
(5) Ibid., 74.

(6) Ex hom. viii in *Hexaem.*, 78.
(7) Ibid., 76.
(8) Ex hom. vii in *Hexaem.*, 66.
(9) Ibid., 67.
(10) Ibid., 68.

suscipimus. Non ipsis inest propria ratio : sed naturæ legem habent sibi fortiter insidentem, et quod agendum est suggerentem. Eamus, inquiunt, ad aquilonare pelagus. Dulcior est enim illa aqua quam reliquum mare, propterea quod sol brevi tempore in eo commorans non ex eo per suos radios educit quidquid potui aptum est. Gaudent et marina aquis dulcibus. Unde et ad flumina sæpe enatant, proculque a mari discedunt. Hac de causa cæteris sinibus ab ipsis præfertur Pontus, velut ad fetus edendos atque enutriendos idoneus. Postquam vero id quod in votis erat, expletum abunde fuit, rursus omnes catervatim ad propria revertuntur. Et quæ sit redeundi ratio, a mutis audiamus. Aquilonare æquor, inquiunt, profundum non est, cumque supinum sit, violentis ventis exponitur, ac littora pauca et paucos recessus habet. Quapropter etiam ab imo solo ipsum facile concutiunt venti, adeo ut arena quæ in fundo subsidebat, fluctibus permisceatur. Quin et frigidum est hiemis tempore, quippe quod a multis magnisque fluviis repleatur. Propterea ipso in æstate moderate potiti, rursus hieme ad teporem in profundo conservatum, et ad aprica loca properant, atque septentrionales ventos graves et infestos fugientes, in sinus minus exagitatos velut in portus sese recipiunt. Vidi hæc ego, et Dei in omnibus sapientiam admiratus sum. Bruta si prospiciunt sibi, ac propriam suam salutem servant, si novit piscis quid sibi eligendum sit aut fugiendum: quid nos sumus dicturi, qui ratione cohonestati, lege eruditi, pollicitationibus invitati, et spiritu edocti, adhuc tamen res nostras ineptius quam pisces ipsi disponimus? illi enim futura quodammodo providere norunt : nos autem spe futuri abjecta in belluinis voluptatibus vitam nostram absumimus.

3. (1) Quod si sermone percurramus, quanta hisce brutis animalibus ad conservandam suam vitam insit diligentia, quam edocta non sunt, **583** sed quam natura habent; nonne ad nos ipsos custodiendos, et ad salutem animarum curandam impellemur, aut gravius condemnabimur, cum deprehensi fuerimus etiam ab imitatione pecorum abesse? Ursa sæpenumero profundissimis plagis sauciata, sibi ipsa medetur omni arte, dum verbasco naturam siccam habente vulnera obturat. Vulpem quoque sibi ipsi pini lacrymis medicantem videre possis. Testudo vero viperæ carnibus exsatiata, noxæ sibi a venenata bestia impendentem per adversam origani naturam evitat. Quin et serpens fœniculo pastus oculorum læsioni remedium adhibet. Boves etiam diu hiemis tempore inclusi, jam tandem redeunte vere, naturali sensu mutationem percipientes e stabulis ad exitus spectant, et omnes ceu uno signo dato faciem convertunt. Oves

vero, accedente hieme, pastum avide vorant, quasi pro futura penuria victum sibi pararent. (2) Quid vero per hæc nobis hominibus indicatur? Inesse nimirum quemdam futuri sensum pecoribus; ut nos præsenti vitæ non simus addicti, sed ad futurum sæculum omne studium conferamus. (3) Unde inter innumeras oves agnus e stabulis exsiliens, matris suæ vocem novit, et ad ipsam festinat, et proprios lactis fontes inquirit? imo si in egenas matris mammas inciderit, tamen est illis contentus, plena et gravia ubera prætergressus. Unde itidem mater inter agnos quam plurimos proprium agnoscit? Vox una, idem color, similis omnium odor, quantum odoratui nostro objicitur. Sed tamen quidam inest in ipsis sensus, nostra comprehensione acutior, quo cuique quod suum est dignoscere licet. Nondum sunt dentes catulo, et tamen adversus eos qui molestiam sibi afferunt, sese per os tuetur. Nondum cornua sunt vitulo, tamen novit ubi sibi arma enascentur. Propterea quod Deus ipsorum opifex rationis defectum majore sentiendi facultate compensavit.

4. (4) Nec quisquam incuset Conditorem, quod animalia venenata produxit exitiosa ac vitæ nostræ adversantia. Aut pari ratione possit quis vituperare pædagogum, qui puerorum levitatem inconstantiamque in ordinem redigit, quique plagis ac flagellis eorum lasciviam ac protervitatem castigat. Domino confidis? Per fidem potestatem habes ambulandi super serpentes ac scorpios. (5) Annon vides viperam Paulo sarmenta colligenti adhærentem, nullumque ei detrimentum inferentem, quod ille sanctus inventus est fide plenus? Quod si fide cares, non magis timeas bestiam, quam tuam ipsius incredulitatem, qua teipsum omni corruptioni obnoxium effecisti. Nam quæcunque patimur mala, divina hæc ordinatione patimur. Neque enim nos perversis potestatibus cruciandos omnino permittit, sed ipse punitionum modum definit, habita eorum, quibus vult mederi, virium ratione. Quidquid etiam boni divina vi nobis **584** obvenit, gratiæ universa perficientis operationem esse dicimus. Omnibus enim rebus providet Deus, omniumque curam gerit : omnia vigil semper oculos speculatur : omnibus adest, salutem unicuique spargens. Sæpenumero igitur in tenuissimis etiam ejus relucet sapientia atque providentia. Qui enim cœlum expandit, atque ingentes marium abyssos effudit, is ipse est qui tenuissimum apiculæ stimulum fistulæ instar excavavit, ita ut per eum venenum emittat. Nos igitur dicere cum propheta opportunum atque consentaneum est : *Quam magnificata sunt opera tua, Domine! Omnia in sapientia fecisti* [81]. Illi convenit gloria, et honor, et magnificentia, Patri, et Filio, et Spiritui

[81] Psal. CIII, 24.

(1) Ex hom. IX *in Hexaem.*, 82.
(2) Ibid., 83.
(3) Ibid., 84.
(4) Ibid., 86.
(5) Ibid.

sancto, nunc et semper, et in sæcula sæculorum. Amen.

DE ANIMA.
SERMO XXIII.

1. (1) Omne studium huc conferre ut corpus quam optime se habeat, non hominis est semet cognoscentis, neque intelligentis sapientem illam admonitionem, qua docemur, quod sub aspectum cadit, id hominem non esse, sed requiri sapientiam quamdam præstantiorem, qua quisque nostrum seipsum qualis tandem sit agnoscat. Hoc autem difficilius est mentem non puram habentibus, quam lippienti solem aspicere. (2) Nam nec in cera scribere potest, qui jam insitas litteras non deleverit : nec animo divina dogmata mandare, qui anticipatas e consuetudine opiniones ex eo non sustulerit. Nam si desit animæ bona cogitatio, deest ei videlicet illuminatio ; non quod deficiat id quod illuminat, sed quia dormitat id quod debet illuminari. (3) Neque enim corpus quod non respirat, vivere, neque anima quæ Conditorem non cognoscit, consistere potest. Dei enim ignoratio, animæ mors est. (4) Non igitur corpori inserviendum, nisi quantum maxime necessarium ; sed ea quæ potiora sunt, animæ comparanda sunt, ita ut ipsam ex ea quam cum corporis affectionibus habet communione, tanquam ex carcere per philosophiam eximamus, simulque etiam corpus vitiis atque libidinibus reddamus inexpugnabile. (5) Etenim qui corporis, ut se optime habeat, curam gerunt, animam autem illo usuram parvipendunt, nihil differunt ab iis qui circa instrumenta operam consumunt, artem vero per hæc operantem negligunt. (6) Neque igitur tuis, neque his quæ circum te sunt, sed tibi ipsi soli attende. Aliud enim sumus nos ipsi, aliud nostra, aliud quæ circa nos sunt. Nos quidem anima sumus et mens, secundum quam ad imaginem Conditoris sumus facti; nostra vero, corpus, et qui per ipsum sunt, sensus : circum nos autem pecuniæ, artes, et reliqua vitæ supellex. Quare ne carni attende, nec ullo modo prosequare illius bona : sed animam exorna et excole, ejusque adeo sis sollicitus, ut supervenientes illi ab improbitate sordes omnes precibus ac oratione repurges.

2. (7) Nam nec speculum sordidum imagines specierum excipere potest, nec anima sæculi curis 585 occupata, et tenebris, quæ ex carnis affectibus offunduntur, obscurata, Spiritus sancti illustrationes suscipere potest. Animæ enim bonum, natura pulchrum et honestum existimari debet. Animæ autem thesaurus est corporis indigentia : hoc enim divite, illa pauper est. (8) Et quemadmodum in staterarum momentis unam lancem si degravabis, necesse est omnino ut oppositam reddas leviorem : ita etiam in corpore et animo, dum unum redundat, alterum necessario imminuitur. Fruente enim corpore habitudine bona, atque obesitate aggravato, consequens est ut mens ad peculiares sibi actiones infirma sit ac debilis. Contra, animo se bene habente, et bonorum meditatione ad propriam magnitudinem evecto, sequitur bonam corporis habitudinem contabescere, et elanguere.

3. (9) Atque ut nulla disciplina nos edocet morbum odisse, sed ex nobismetipsis ea quæ molestiam creant, aversamur : ita et animæ inest quædam mali fuga citra doctrinam. Malum autem est omnis animæ morbus : virtus vero rationem obtinet sanitatis. Quidam enim sanitatem recte definierunt, esse actionum naturalium bonam habitudinem. Quod idem si quis quoque de bono animæ habitu dixerit, a decoro non aberrabit. (10) Nemo siquidem filium suum in foveam lapsurum aspernatur, aut si ceciderit, in ipsa eum ruina deserit : quanto vero gravius est, animam in profundum vitiorum delapsam, interitui permittere? Oportet itaque animum, affectibus quidem imperare, Deo vero servire. Neque enim illi et peccatum et Deus dominari potest, sed improbitatem superare, omniumque rerum Domino subjici necesse est. (11) Quemadmodum vero arboris propria virtus est, tempestivo fructu scatere, sed tamen ipsa etiam folia circum ramos exagitata aliquid ornamenti conciliant : ita et animæ quoque primarius fructus est veritas ipsa, sed tamen haud ingratus est externæ sapientiæ amictus, tanquam si folia quædam fructui et umbraculum et aspectum non inamœnum præbeant. Etenim nullus pictor adeo perfecte corporis effigiem, ut arcanos animi sensus oratio exprimit. Ejus igitur curam, quoad fieri poterit, geramus, ut bona futura assequamur, in Christo Jesu Domino nostro, cui una cum Patre, simul et sancto Spiritu, sit gloria, nunc et semper, et in sæcula sæculorum. Amen.

DE HONORE PARENTIBUS EXHIBENDO, AC DE SENECTUTE ATQUE JUVENTUTE.
SERMO XXIV.

1. (12) Illud, *Exsurge, Domine Deus meus, in præcepto quod mandasti*[81], potest quidem et ad resurrectionis mysterium referri : adeo ut Propheta judicem exhortetur, ut exsurgat ad cujuscunque

---

[81] Psal. vii, 8.

(1) Ex serm. *De legendis libris gent.* 181.
(2) Ex epist. II, 72.
(3) Ex hom. *ad sanctum baptisma*, 113.
(4) Ex serm. *De legendis libris gent.*, 181.
(5) Ibid., 182.
(6) Ex hom. in illud, *Attende tibi ipsi*, 18.

(7) Unus codex indicat epist.
(8) Ex hom. in illud, *Attende tibi ipsi*, 19.
(9) Ex hom. IX in *Hexaem.*, 83.
(10) Unus codex indicat hom. in psal.
(11) Ex serm. *De legendis libris gent.*, 175.
(12) Ex hom. *in psal.* VII, 100.

peccati ultionem, et ut mandata, quæ nobis ante præscripsit, ad exitum perducantur. Potest etiam et de statu rerum, ut tunc erat, accipi, orante Propheta, ut judex **586** ad vindictam præcepti quod mandavit, exsurgat. Præceptum autem erat a Deo datum : *Honora patrem tuum et matrem*[83], quod ipsum ejus filius fuerat transgressus. Ideo Deum adhortatur, ut non cunctanter et illum ipsum corrigat, et multos refrenet : sed exsurgat in ira, et exsurgens, proprium vindicet mandatum. Non enim, inquit, me ulcisceris, sed præceptum tuum neglectum, quod ipse mandasti. Constat enim fore ut, castigato improbo uno, multi convertantur. (1) Porro cura, quam ciconiæ senecta confectis exhibent, potest vel sola liberos nostros, si attendere velint, ad parentum amorem excitare. Nemo enim homo est, qui ita prorsus mente destituatur, ut non turpe judicet, ab avibus perquam brutis virtute superari. Illæ siquidem genitorem præ senio pennarum defluviis laborantem circumstantes, suismet pennis calefaciunt, suppeditantque abunde alimentum : quin subsidium ei, quoad fieri potest, in ipso volatu præstant, utrinque alis suis leniter sublevantes. Atque hoc ita apud omnes decantatum est, ut jam quidam beneficiorum remunerationem *antipelargosim* appellent.

2. (2) Si vis igitur de rebus futuris certus esse, ea quæ lege jubentur exsequere, bonorumque possessionem exspectato. *Honora patrem tuum et matrem tuam, ut bene tibi sit, et eris longævus super terram, quam Dominus Deus tuus dat tibi*[84]. (3) Grati enim et pii liberi magnas parentibus laudes conciliant. (4) *Vos, filii, diligite parentes : vos, parentes, nolite ad iracundiam provocare filios*, divinus monet Apostolus[85]. Nam si leæna amat fetus suos, et lupus pro suis catulis pugnat : quidnam dixerit homo qui et præcepto non obtemperat, et ipsam adulterat naturam, cum aut filius inhonestat patris senectutem, aut pater propter secundas nuptias priorum filiorum obliviscitur ? (5) Aquila in educanda prole iniquissima est. Etenim ubi pullos duos exclusit, horum alterum dejicit in terram, ac pennarum verberibus protrudit : alterum autem duntaxat assumptum pro suo habet, atque quem genuit, propter victus comparandi difficultatem abdicat. Sed, ut aiunt, perire hunc non sinit ossifraga : ipsum enim susceptum una cum propriis suis pullis educat. Tales sunt parentes illi, qui paupertatis prætextu infantes exponunt, aut etiam in patrimonio distribuendo iniquissimi sunt erga liberos. Quemadmodum enim illis, ut essent, ex æquo tribuere : ita æquum est, ut eis vitæ agendæ facultatem pari æqualique ratione suppeditent.

Cave imiteris earum avium, quibus ungues adunci sunt, crudelitatem : quæ ubi viderint suos fetus jamjam volatui maturos, alis eos verberantes ac expellunt, ex nido ejiciunt, ac deinceps nullam eorum curam suscipiunt. Amoris vero cornicis erga suos pullos æmulum te præsta, quæ ipsos jam volantes comitatur, alimoniamque subministrans, illos diutissime enutrit.

3. Is enim qui mente infans et imprudens est, ab eo nihil differt, qui ætate est infans : *Canities autem est prudentia in hominibus*[86]. (6) Nam revera plus confert ad senioris commendationem senectus mentis, quam crinium albor. **587** Etenim si quis ad exemplum sapientis Danielis corpore quidem juvenis sit, mente vero canus, is potiori jure pluris æstimandus est, quam qui corporis canitiem cum animo impuro circumferunt. Nam ad Danielem, cum adhuc puer esset, et ætate sensibili junior, sed spirituali prudentiæ canitie cohonestatus, gratia transiit presbyterii. Sic nonnunquam accidit, senioribus vitam negligenter desidioseque ducentibus, juniores, eo quod propter canescentem in ipsorum animis virtutem seniores sint, præstantiores inveniri. Gravissima autem pœna est ab insipiente juventute gubernari civitatem. (7) Est enim adolescentia levitati obnoxia et ad flagitia prona : cupiditates effrenatæ, belluinæ iræ, petulantia, contumelia, superbia et arrogantia, vitia sunt una cum juventute enutrita. Excitatur invidia adversus virtute præstantissimum, suspiciones habentur adversus domesticos. Innumerabilium malorum turma juventutem comitatur, quorum omnium consortes esse subditos necesse est. Quippe principum vitia calamitates sunt subditorum. (8) Hinc illa ante postremam Jerosolymorum expugnationem fluxere mala, cum inter se pugnantes, seditione et cæde civitatem implevere, neque a suis hostibus ipsos undique obsidentibus ad concordiam quæ necessaria erat, cives sunt adducti : sed extrema sibi metuentes, civitate tantum non capta, dejectis muris, hostibus ingredientibus, in se invicem dominii ac primatus obtinendorum studio invaserunt. Atque hæc ideo patiebantur, quod ablatus esset ab eis propheta, conjector, senior, et admirabilis consiliarius : contra, supra ipsos constituti essent adolescentes principes, eisque dominarentur derisores. Ut igitur nobis eadem quæ ipsis non accidant, demus operam, ne nos invicem opprimamus; mutuumque inter nos honorem pacemque prosequamur, ut et vita integerrime ac sine periculo traducta, futura bona consequamur, in Christo Jesu Domino nostro, cui gloria, et potestas, in sæcula sæculorum. Amen.

---

[83] Exod. xx, 12. [84] ibid. [85] Ephes. vi, 4. [86] Sap. iv, 8.

(1) Ex hom. vii *in Hexaem.*, 75.
(2) Ex comment. *in Isa.*, 544.
(3) Unus codex indicat epist.
(4) Ex hom. xi *in Hexaem.*, 83.

(5) Ex hom. viii *in Hexaem.*, 76.
(6) Ex comment. *in Isa.*, 451.
(7) Ibid., 453.
(8) Ibid., 455.

INDEX

Locorum Basilii ex quibus XXIV sermones compositi fuere.

(Paginæ sunt edit. Garner. typis grandioribus expressæ.)

Ex Homil. II *in Hexaemeron*, pag. 476; III, 478; V, 476, 477, 511, 534; VI, 476, 551, 557; VII, 493, 501, 570, 581, 581, 582; VIII, 525, 531, 574, 581, 586, 586; IX, 485, 488, 576, 582, 583, 585, 586.
Ex homil. *in psal.* I, p. 472, 472, 477, 493, 510, 572; VII, 550, 554, 585; XIV, 480, 494, 495, 496; XXVIII, 525, 551; XXIX, 559; XXXII, 488, 519; XXXIII, 497, 505, 520, 544, 544, 544, 550, 551, 554; XLV, 509; XLVIII, 513, 554; LIX, 549; LXI, 470, 473, 474, 496, 505, 552, 554, 575; CXIV, 523, 579.
Ex libro I *adversus Eunomium*, p. 556, 557, 568, 571.
Ex homil. *in psal.* XIV, p. 474, 489, 507, 553; XXXVII, 509, 511; CXV, 533, 536.
Ex comment. *in Isa.*, p. 471, 472, 472, 473, 474, 478, 484, 503, 505, 509, 510, 510, 511, 520, 521, 523, 524, 525, 550, 553, 554, 561, 564, 564, 564, 572, 573, 574, 574, 575, 576, 577, 579, 580, 586, 586.
Ex homil. I *De jejunio*, p. 527, 528, 530, 550, 550, 559, 561, 565, 563; II, 526, 527, 559, 563.
Ex homil. *in illud, Attende tibi ipsi,* p 477, 510, 520, 553, 585.
Ex homil. *De gratiarum actione*, p. 556, 542, 543, 544, 584.
Ex homil. *in mart. Julittam*, p. 477, 498, 525, 524, 552, 556, 538, 540, 545, 549.
Ex homil. *in illud Lucæ, Destruam*, p. 486, 487, 488, 492, 492, 499, 500, 500, 501.
Ex homil. *in divites*, p. 486, 483, 492, 493, 498, 499, 500, 501, 502, 503, 503, 504, 511, 533.
Ex homil. *in famem et siccitatem*, p. 486, 487, 510, 521, 522, 544, 548, 554.
Ex homil. *Quod Deus non est auctor malorum*, p. 556.
588 Ex homil. *adversus iratos*, p. 480, 564, 565, 566, 567.
Ex homil. *De invidia*, p. 486, 493, 568, 569, 570, 570.
Ex homil. *in principium Proverb.*, p. 471, 475, 506, 578, 579, 579.
Ex homil. *in sanctum baptisma*, p. 515, 516, 517, 518, 519, 572, 584.
Ex homil. *in ebriosos*, p 469, 477, 560, 561, 561, 562, 563, 571, 573.
Ex homil. *in illud, In principio erat Verbum,* p. 477.
Ex homil. *in Barlaam mart.*, p. 483.
Ex homil. *in Gordium mart.*, p. 572.
Ex homil. *in quadraginta martyres*, p. 548.
Ex homil. *De humilitate,* p. 576, 576.
Ex homil. *Quod rebus mundanis adhærendum non sit*, p. 470, 489, 491, 505, 521, 531, 553, 554, 555, 559.
Ex serm. *De legendis libris gentilium,* p. 471, 473, 475, 478, 478, 482, 493, 497, 499, 506, 549, 551, 560, 571, 572, 573, 584, 585.
Ex homil. *in Mamantem mart.* p. 473, 475.
Ex *Prooemio de judicio Dei*, p. 506, 507, 508, 509.
Ex serm. I *ascet.*, p. 473, 575.
Ex serm. II *ascet.*, p. 474, 485, 497, 553.
Ex Prooemio *in Regulas fusius tractatas*, p. 469.
Ex *Regulis fusius tractatis*, p. 473, 475, 478, 479, 480, 481, 481, 483, 483, 511, 512, 522, 522, 551, 558.
Ex *R. gulis brevius tractatis*, p. 480.
Ex homil. dicta *in Lacizis*, p. 489, 499, 502, 502, 503, 566, 567, 569, 570, 570.
Ex serm. *De eleemosyna et judicio*, t. III, col. 1707 et seqq.
Ex homil. *adversus calumniatores S. Trinitatis*, p. 545.
Ex homil. III *De jejunio*, p. 530.
Ex epistolis, I, p. 525; II, 473, 479, 480, 524, 524, 530, 531, 517, 558, 575; V, 536, 537; VI, 558, 543; XVI, 556; XX, 484; XXI, 567; XXIX, 542; XLIV, 552, 553; XLV, 514; LIII, 474; LV, 572; LIX, 513, 564, 567, 577; XCIV, 568; XCVII, 484; CI, 539, 548; CXII, 554, 555; CXXXIV, 480; CXXXIX, 542; CXL, 541; CL, 489; CLIV, 475; CLVI, 521; CLXXIV, 523, 550; CLXXXVII, can. 2, et CCXVIII, can. 84, 520; CCIII, 482, 484, 485, 568, 569; CCIV, 571; CCX, 577; CCXVII, 481; CCXIX, 566; CCXXVI, 567; CCXXXVI, 497, 550; CCXLIV, 474; CCXLVI, 541; CCXLVII, 541; CCL, 484; CCLX, 474; CCLXIX, 539, 540; CCLXXII, 568, 568; CCLXXXVIII, 481; CCXCIII, 474, 578; CCC, 557; CCCII, 559, 542.
Ex lib. *De Virg.*, p. 572.

S. BASILII MAGNI

EPISTOLARUM

ORDO NOVUS CUM ANTEA VULGATO COMPARATUS.

Ordo novus.	Ordo vetus.	Ordo novus.	Ordo vetus.
I	165. Eustathio philosopho.	XLIX	408. Arcadio episcopo.
II	1. Basilius Gregorio.	L	409. Innocentio episcopo.
III	173. Candidiano.	LI	86. Bosporio episcopo.
IV	169. Olympio.	LII	300. Ad canonicas.
V	188. Ad Nectarium consolatoria.	LIII	76. Chorepiscopis.
VI	189. Nectarii conjugi consolatoria.	LIV	181. Chorepiscopis.
VII	2. Gregorio sodali.	LV	198. Paregorio presbytero.
VIII	141. Apologia de secessu ad Cæsarienses, et de fide pertractatio.	LVI	354. Pergamio.
		LVII	56. Meletio episcopo Antiochiæ.
		LVIII	44. Gregorio fratri.
IX	41. Maximo philosopho.	LIX	46. Gregorio patruo.
X	175. Ad viduam.	LX	45. Gregorio patruo.
XI	239. Sine inscriptione, amicitiæ ergo.	LXI	47. Athanasio Alexandriæ episcopo.
XII	171. Olympio.	LXII	185. Ecclesiæ Parnassi consolatoria.
XIII	172. Olympio.		
XIV	19. Gregorio sodali.	LXIII	371. Principali Neocæsareæ.
XV	415. Arcadio comiti Privatarum.	LXIV	350. Hesychio.
XVI	168. Adversus Eunomium hæreticum.	LXV	363. Atarbio.
		LXVI	48. Athanasio episcopo Alexandriæ.
XVII	384. Origeni.		
XVIII	211. Macario et Joanni.	LXVII	50. Athanasio episcopo Alexandriæ.
XIX	3. Gregorio sodali.		
XX	83. Leontio sophistæ.	LXVIII	57. Meletio episcopo Antiochiæ.
XXI	375. Leontio sophistæ.	LXIX	52. Athanasio episcopo Alexandriæ.
XXII	411. De perfectione vitæ monasticæ.		
XXIII	383. Commendatitia ad monachum.	LXX	220. Sine inscriptione, de synodo.
XXIV	54. Athanasio Athanasii episcopi Ancyræ patri.	LXXI	33. Gregorio Basilius.
		LXXII	351. Hesychio.
XXV	53. Athanasio episcopo Ancyræ.	LXXIII	388. Callistheni.
XXVI	362. Cæsario Gregorii fratri.	LXXIV	379. Martiniano.
XXVII	6. Eusebio episc. Samosatorum.	LXXV	361. Aburgio.
XXVIII	62. Ecclesiæ Neocæsariensi consolatoria.	LXXVI	331. Sophronio Magistro.
		LXXVII	226. Sine inscriptione, de Therasio.
XXIX	67. Ecclesiæ Ancyræ consolatoria.		
XXX	7. Eusebio episcopo Samosatorum.	LXXVIII	215. Sine inscriptione, pro Elpidio.
		LXXIX	308. Eustathio episcopo Sebastiæ.
XXXI	267. Eusebio episcopo Samosatorum.	LXXX	49. Athanasio Alexandriæ episcopo.
XXXII	84. Sophronio Magistro.	LXXXI	319. Innocentio episcopo.
XXXIII	358. Aburgio.	LXXXII	51. Athanasio episcopo Alexandriæ.
XXXIV	5. Eusebio episcopo Samosatorum.		
		LXXXIII	427. Censitori.
XXXV	236. Sine inscriptione, pro Leontio.	LXXXIV	389. Præsidi.
		LXXXV	305. De cavendo jurejurando.
XXXVI	228. Sine inscriptione, auxilii causa.	LXXXVI	179. Præposito.
		LXXXVII	390. Sine inscriptione, de iisdem rebus.
XXXVII	248. Sine inscriptione, causa illius qui secum fuerat enutritus.		
		LXXXVIII	243. Sine inscriptione, causa exactoris pecuniarum.
XXXVIII	43. Gregorio fratri de discrimine essentiæ et hypostasis.	LXXXIX	273. Meletio episcopo Antiochiæ.
XXXIX	206. *Julianus Basilio.*	XC	61. Sanctissimis fratribus ac episcopis occidentalibus.
XL	207. *Julianus Basilio.*		
XLI	208 et 209. Basilius Juliano.	XCI	324. Valeriano Illyricorum episcopo.
XLII	1. Ad Chilonem discipulum suum.		
XLIII	2. Admonitio ad juniores.	XCII	69. Ad Italos et Gallos.
XLIV	3. Ad monachum lapsum.	XCIII	289. Ad Cæsariam patriciam de communione.
XLV	4. Ad monachum lapsum.		
XLVI	5. In virginem lapsam.	XCIV	372. Heliæ rectori provinciæ.
XLVII	4. Gregorio sodali.	XCV	261. Eusebio episcopo Samosatorum.
XLVIII	254. Eusebio episcopo Samosatorum.		
		XCVI	332. Sophronio Magistro.

ORDO NOVUS.

Ordo novus	Ordo vetus	Ordo novus	Ordo vetus
XCVII	68. Senatui Tyanorum.	CLIV.	337. Ascholio episcopo Thessalonicensi.
XCVIII	259. Eusebio episcopo Samosatorum.	CLV	241. Sine inscriptione, causa aliptæ.
XCIX	187. Terentio comiti.		
C	256. Eusebio episcopo Samosatorum.	CLVI	542. Evagrio presbytero.
		CLVII	270. Antiocho.
CI	202. Consolatoria.	CLVIII	271. Antiocho.
CII	183. Civibus Satalenis.	CLIX	387. Eupaterio et filiæ.
CIII	296. Satalensibus.	CLX	197. Diodoro.
CIV	279. Modesto præfecto.	CLXI	393. Amphilochio ordinato episcopo.
CV	301. Diaconissis Terentii comitis filiabus.	CLXII	258. Eusebio episcopo Samosatorum.
CVI	407. Militi.		
CVII	287. Julittæ viduæ.	CLXIII	378. Jovino comiti.
CVIII	288. Tutori hæredum Julittæ.	CLXIV	338. Ascholio episcopo Thessalonicæ.
CIX	422. Helladio comiti.		
CX	277. Modesto præfecto.	CLXV	339. Ascholio episcopo Thessalonicæ.
CXI	276. Modesto præfecto.		
CXII	164. Andronico duci.	CLXVI	251. Eusebio episcopo Samosatorum.
CXIII	203. Presbyteris Tarsensibus.		
CXIV	204. Cyriaco Tarsi commoranti.	CLXVII	252. Eusebio episcopo Samosatorum.
CXV	87. Ad Simpliciam hæreticam.		
CXVI	174. Firmino.	CLXVIII	269. Antiocho presbytero fratris Eusebii filio, qui cum patruo exsulante versabatur.
CXVII	234. Sine inscriptione, piæ ac religiosæ excercitationis causa.		
CXVIII	318. Jovino episcopo Perrhes.	CLXIX	412. Gregorio Basilius.
CXIX	307. Eustathio episcopo Sebastiæ.	CLXX	414. Glycerio.
CXX	58. Meletio episcopo Antiochiæ.	CLXXI	413. Gregorio sodali.
CXXI	195. Theodoto episcopo Nicopolitano.	CLXXII	335. Sophronio episcopo.
		CLXXIII	302. Theodoræ canonicæ.
CXXII	313. Pœmenio episcopo Satalorum.	CLXXIV	283. Ad viduam.
		CLXXV	410. Magneniano comiti.
CXXIII	343. Urbicio monacho.	CLXXVI	394. Amphilochio episcopo Iconii.
CXXIV	328. Theodoro.	CLXXVII	334. Sophronio Magistro.
CXXV	78. Exemplar fidei a sanctissimo Basilio dictatæ, cui subscripsit Eustathius Sebastiæ episcopus.	CLXXVIII	360. Aburgio.
		CLXXIX	380. Arinthæo.
		CLXXX	333. Sophronio Magistro, in Eumathii gratiam.
CXXVI	364. Atarbio.	CLXXXI	316. Otreio Meletines.
CXXVII	253. Eusebio episcopo Samosatorum.	CLXXXII	266. Presbyteris Samosatensibus.
		CLXXXIII	294. Samosatorum Senatui.
CXXVIII	265. Eusebio episcopo Samosatorum.	CLXXXIV	306. Eustathio Himmeriæ episcopo.
CXXIX	59. Meletio episcopo Antiochiæ.	CLXXXV	310. Theodoto episcopo Berœæ.
CXXX	196. Theodoto episcopo Nicopolitano.	CLXXXVI	213. Antipatro Præsidi.
		CLXXXVII	214. Antipater Basilio.
CXXXI	382. Olympio.	CLXXXVIII	1. Amphilochio de canonibus.
CXXXII	315. Abramio episcopo Batnorum.	CLXXXIX	80. Eustathio medico.
CXXXIII	320. Petro episcopo Alexandriæ.	CXC	406. Amphilochio episcopo Iconii.
CXXXIV	341. Pæonio presbytero.	CXCI	398. Amphilochio episcopo Iconii.
CXXXV	167. Diodoro Antiochiæ presbytero.	CXCII	329. Sophronio Magistro.
		CXCIII	369. Meletio Archiatro.
CXXXVI	257. Eusebio episcopo Samosatorum.	CXCIV	368. Zoilo.
		CXCV	312. Euphronio episcopo Coloniæ Armeniæ.
CXXXVII	366. Antipatro.	CXCVI	359. Aburgio.
CXXXVIII	8. Eusebio episcopo Samosatorum.	CXCVII	55. Ambrosio episcopo Mediolanensi.
CXXXIX	71. Alexandrinis.	CXCVIII	263. Eusebio episcopo Samosatorum.
CXL	60. Ecclesiæ Antiochenæ.		
CXLI	262. Eusebio episcopo Samosatorum.	CXCIX	2. Amphilochio de canonibus.
CXLII	418. Numerario Præsidum.	CC	397. Amphilochio Iconii episcopo.
CXLIII	419. Alteri Numerario.	CCI	402. Amphilochio Iconii episcopo.
CXLIV	420. Tractatori Præsidum.	CCII	396. Amphilochio Iconii episcopo.
CXLV	255. Eusebio episcopo Samosatorum.	CCIII	77. Maritimis episcopis.
		CCIV	75. Ad Neocæsarienses.
CXLVI	268. Antiocho.	CCV	322. Elpidio episcopo.
CXLVII	356. Aburgio.	CCVI	348. Elpidio episcopo consolatoria.
CXLVIII	376. Trajano.		
CXLIX	377. Trajano.	CCVII	63. Ad clericos Neocæsarienses.
CL	392. Amphilochio Heraclidæ nomine.	CCVIII	281. Eulancio.
		CCIX	227. Sine inscriptione, defensionis causa.
CLI	81. Eustathio Archiatro.		
CLII	374. Victori exercitus duci.	CCX	64. Ad Primores Neocæsareæ.
CLIII	428. Victori ex-consuli.	CCXI	170. Olympio.

Ordo novus.	Ordo vetus.	Ordo novus.	Ordo vetus.
CCXII	370. Hilario.	CCLXIII	74. Occidentalibus.
CCXIII	242. Sine inscriptione, viri pii causa.	CCLXIV	326. Barsæ Edessæ episcopo exsulanti.
CCXIV	319. Terentio comiti.	CCLXV	293. Eulogio, Alexandro et Harpocrationi Ægypti episcopis exsulibus.
CCXV	250. Dorotheo presbytero.		
CCXVI	272. Meletio Antiochiæ episcopo.		
CCXVII	3. Amphilochio de canonibus.	CCLXVI	321. Petro episcopo Alexandriæ.
CCXVIII	403. Amphilochio Iconii episcopo.	CCLXVII	327. Barsæ Edessæ episcopo exsulanti.
CCXIX	280. Clero Samosatensi.		
CCXX	299. Berœæis.	CCLXVIII	9. Eusebio exsuli.
CCXXI	298. Berœæis.	CCLXIX	186. Ad conjugem Arinthæi ducis consolatoria.
CCXXII	297. Ad Chalcidenses.		
CCXXIII	79. Adversus Eustathium Sebastenum.	CCLXX	244. Sine inscriptione, de raptu.
		CCLXXI	11. Eusebio sodali commendatitia pro Cyriaco presbytero.
CCXXIV	343. Genethlio presbytero.		
CCXXV	383. Demostheni, aliorum episcoporum nomine.	CCLXXII	330. Sophronio Magistro.
		CCLXXIII	216. Sine inscriptione, pro Hera.
CCXXVI	73. Monachis suis.	CCLXXIV	416. Himerio Magistro.
CCXXVII	292. Clericis Coloniensibus consolatoria.	CCLXXV	217. Sine inscriptione, pro Hera.
		CCLXXVI	365. Harmatio magno.
CCXXVIII	290. Coloniæ Magistratibus.	CCLXXVII	42. Maximo Scholastico.
CCXXIX	193. Clericis Nicopolitanis.	CCLXXVIII	425. Valeriano.
CCXXX	194. Magistratibus Nicopolitanis.	CCLXXIX	274. Modesto præfecto.
CCXXXI	395. Amphilochio Iconii episcopo.	CCLXXX	275. Modesto præfecto.
CCXXXII	404. Amphilochio Iconii episcopo.	CCLXXXI	278. Modesto præfecto.
CCXXXIII	399. Amphilochio qui eum consuluerat.	CCLXXXII	336. Ad episcopum.
		CCLXXXIII	284. Ad viduam.
CCXXXIV	400. Eidem ad aliam quæstionem responsio.	CCLXXXIV	304. Ad Censitorem, causa monachorum.
CCXXXV	401. Eidem ad aliam quæstionem responsio.	CCLXXXV	229. Sine inscriptione, ut patrocinium ecclesiæ conciliet.
CCXXXVI	391. Eidem Amphilochio.	CCLXXXVI	417. Commentariensi.
CCXXXVII	264. Eusebio episcopo Samosatorum.	CCLXXXVII	243. Sine inscriptione, contra ultores.
CCXXXVIII	191. Nicopolitanis presbyteris.	CCLXXXVIII	246. Sine inscriptione, contra ultores.
CCXXXIX	10. Eusebio episcopo Samosatorum.	CCLXXXIX	219. Sine inscriptione, de muliere afflicta.
CCXL	192. Nicopolitanis presbyteris.		
CCXLI	260. Eusebio episcopo Samosatorum.	CCXC	323. Nectario.
		CCXCI	340. Timotheo chorepiscopo.
CCXLII	182. Occidentalibus.	CCXCII	386. Palladio.
CCXLIII	70. Ad episcopos Italos et Gallos, de perturbatione ac confusione Ecclesiarum.	CCXCIII	166. Juliano.
		CCXCIV	210. Festo et Magno.
		CCXCV	295. Monachis.
CCXLIV	82. Patrophilo Ægeensis Ecclesiæ episcopo.	CCXCVI	285. Viduæ.
		CCXCVII	286. Viduæ.
CCXLV	309. Theophilo episcopo.	CCXCVIII	233. Sine inscriptione, causa pii viri.
CCXLVI	66. Nicopolitanis.		
CCXLVII	190. Nicopolitanis.	CCXCIX	352. Censitori.
CCXLVIII	403. Amphilochio Iconii episcopo.	CCC	201. Patri scholastici cujusdam fato functi consolatoria.
CCXLIX	238. Sine inscriptione, viri pii causa.	CCCI	346. Maximo consolatoria.
CCL	85. Patrophilo Ægeensis Ecclesiæ episcopo.	CCCII	347. Uxori Brisonis consolatoria.
		CCCIII	423. Comiti Privatarum.
CCLI	72. Evæsenis.	CCCIV	357. Aburgio.
CCLII	291. Ponticæ diœcesis episcopis.	CCCV	252. Sine inscriptione, causa virorum quorumdam virtute clarorum.
CCLIII	199. Presbyteris Antiochiæ.		
CCLIV	311. Pelagio episcopo Laodiceæ Syriæ.	CCCVI	424. Principali Sebastiæ.
CCLV	314. Vito Carrhorum episcopo.	CCCVII	247. Sine inscriptione.
CCLVI	200. Desideratissimis et religiosissimis fratribus compresbyteris Acacio, Aetio, Paulo, et Silvano, et Silvino et Lucio diaconis et cæteris fratribus monachis, Basilius episcopus.	CCCVIII	253. Sine inscriptione, patrocinii causa.
		CCCIX	250. Sine inscriptione, pro egeno.
		CCCX	237. Sine inscriptione, pro cognatis.
		CCCXI	421. Principali.
		CCCXII	426. Censitori.
CCLVII	303. Ad monachos ab Arianis vexatos.	CCCXIII	353. Censitori.
		CCCXIV	231. Sine inscriptione, pro famulo.
CCLVIII	325. Epiphanio episcopo.	CCCXV	218. Sine inscriptione, pro propinqua.
CCLIX	181. Palladio et Innocentio monachis.		
		CCCXVI	219. Sine inscriptione, pro divexato.
CCLX	317. Optimo episcopo.	CCCXVII	222. Sine inscriptione, pro egeno. Basilii, carens titulo, pro conterraneo.
CCLXI	65. Sozopolitanis.		
CCLXII	344. Urbicio monacho.	CCCXVIII	

ORDO VETUS.

Ordo novus.	Ordo vetus.		Ordo novus.	Ordo vetus.	
CCCXIX		Similiter pro hospite.	CCCXLII	149.	Basilius Libanio.
CCCXX	221.	Sine inscriptione, salutandi gratia.	CCCXLIII	150.	*Libanius Basilio.*
			CCCXLIV	151.	Basilius Libanio.
CCCXXI	212.	Theclæ.	CCCXLV	152.	*Libanius Basilio.*
CCCXXII	223.	Sine inscriptione, ut cum amico Pascha celebret.	CCCXLVI	153.	*Libanius Basilio.*
			CCCXLVII	154.	*Libanius Basilio.*
CCCXXIII	355.	Philagrio Arceno.	CCCXLVIII	155.	Basilius Libanio.
CCCXXIV	375.	Pasinico medico.	CCCXLIX	156.	*Libanius Basilio.*
CCCXXV	381.	Magniniano.	CCCL	157.	Basilius Libanio.
CCCXXVI	224.	Sine inscriptione, admonitionis causa.	CCCLI	158.	Basilius Libanio.
			CCCLII	159.	*Libanius Basilio.*
CCCXXVII	225.	Sine inscriptione, exhortatoria.	CCCLIII	160.	Basilius Libanio.
			CCCLIV	161.	*Libanius Basilio.*
CCCXXVIII	367.	Hyperechio.	CCCLV	162.	*Libanius Basilio.*
CCCXXIX	282.	Phalerio.	CCCLVI	163.	Basilius Libanio.
CCCXXX	176.	Sine inscriptione.	CCCLVII		*Libanius Basilio.*
CCCXXXI	240.	Sine inscriptione.	CCCLVIII		*Libanius Basilio.*
CCCXXXII	177.	Alia sine inscriptione.	CCCLIX		Basilius Libanio.
CCCXXXIII	178.	Notario.	CCCLX	205.	Ex epistola ad Julianum Apostatam.
CCCXXXIV	180.	Librario.			
CCCXXXV	142.	Basilius Libanio.	CCCLXI		Apolinario.
CCCXXXVI	143.	*Libanius Basilio.*	CCCLXII		*Basilio Apolinarius.*
CCCXXXVII	144.	Basilius Libanio.	CCCLXIII		Apolinario.
CCCXXXVIII	145.	*Libanius Basilio.*	CCCLXIV		*Basilio Apolinarius.*
CCCXXXIX	146.	Basilius Libanio.	CCCLXV		Basilius magno imperatori Theodosio.
CCCXL	147.	*Libanius Basilio.*			
CCCXLI	148.	*Libanius Basilio.*	·CCCLXVI		Urbicio monacho.

S. BASILII MAGNI

EPISTOLARUM

ORDO ANTEA VULGATUS AD NOVUM REDUCTUS.

Ordo vetus.	Ordo novus.		Ordo vetus.	Ordo novus.	
1.	XLII	Ad Chilonem discipulum suum.	41.	IX	Maximo Philosopho.
2.	XLIII	Admonitio ad juniores.	42.	CCLXXVII	Maximo Scholastico.
3.	XLIV	Ad monachum lapsum.	43.	XXXVIII	Gregorio fratri de discrimine essentiæ et hypostasis.
4.	XLV	Ad monachum lapsum.			
5.	XLVI	In virginem lapsam.	44.	LVIII	Gregorio fratri.
1.	CLXXXVIII	Amphilochio de canonibus.	45.	LX	Gregorio patruo.
2.	CXCIX	Amphilochio de canonibus.	46.	LIX	Gregorio patruo.
3.	CCXVII	Amphilochio de canonibus.	47.	LXI	Athanasio Alexandriæ episcopo.
Ejusdem ex alia epistola ad Amphilochium de differentia ciborum CCXXXVI.			48.	LXVI	Athanasio episcopo Alexandriæ.
1.	II	Basilius Gregorio.			
2.	VII	Gregorio sodali.	49.	LXXX	Athanasio Alexandriæ episcopo.
3.	XIX	Gregorio sodali.			
4.	XLVII	Gregorio sodali.	50.	LXVII	Athanasio episcopo Alexandriæ.
5.	XXXIV	Eusebio episcopo Samosatorum.	51.	LXXXII	Athanasio episcopo Alexandriæ.
6.	XXVII	Eusebio episcopo Samosatorum.	52.	LXIX	Athanasio episcopo Alexandriæ.
7.	XXX	Eusebio episcopo Samosatorum.	53.	XXV	Athanasio episcopo Ancyræ.
8.	CXXXVIII	Eusebio episcopo Samosatorum.	54.	XXIV	Athanasio Athanasii Ancyræ patri.
9.	CCLXVIII	Eusebio exsuli.	55.	CXCVII	Ambrosio episcopo Mediolanensi.
10.	CCXXXIX	Eusebio episcopo Samosatorum.	56.	LVII	Meletio episcopo Antiochiæ.
11.	CCLXXI	Eusebio sodali commendatitia pro Cyriaco presbytero.	57.	LXVIII	Meletio episcopo Antiochiæ.
			58.	CXX	Meletio episcopo Antiochiæ.
12.	XIV	Gregorio sodali.	59.	CXXIX	Meletio episcopo Antiochiæ
33.	LXXI	Gregorio Basilius.	60.	CXL	Ecclesiæ Antiochenæ.

Ordo vetus.	Ordo novus.		Ordo vetus.	Ordo novus.	
61.	XC	Sanctissimis fratribus ac episcopis occidentalibus.	176.	CCCXXX	Sine inscriptione.
62.	XXVIII	Ecclesiæ Neocæsariensi consolatoria.	177.	CCCXXXII	Alia sine inscriptione.
			178.	CCCXXXIII	Notario.
			179.	LXXXVI	Præposito.
63.	CCVII	Ad clericos Neocæsarienses.	180.	CCCXXXIV	Librario.
64.	CCX	Ad primores Neocæsareæ.	181.	LIV	Chorepiscopis.
65.	CCLXI	Sozopolitanis.	182.	CCXLII	Occidentalibus.
66.	CCXLVI	Nicopolitanis.	183.	CII	Civibus Satalensis.
67.	XXIX	Ecclesiæ Ancyræ consolatoria.	184.	CCLIX	Palladio et Innocentio monachis.
68.	XCVII	Senatui Tyanorum.			
69.	XCII.	Ad Italos et Gallos.	185.	LXII	Ecclesiæ Parnassi consolatoria.
70.	CCXLIII	Ad episcopos Italos et Gallos, de perturbatione ac confusione Ecclesiarum.	186.	CCLXIX	Ad conjugem Arinthæi ducis consolatoria.
71.	CXXXIX	Alexandrinis.	187.	XCIX	Terentio comiti.
72.	CCLI	Evæsenis.	188.	V	Ad Nectarium consolatoria.
73.	CCXXVI	Monachis suis.	189.	VI	Nectarii conjugi consolatoria.
74.	CCLXIII	Occidentalibus.	190.	CCXLVII	Nicopolitanis.
75.	CCIV	Ad Neocæsarienses.	191.	CCXXXVIII	Nicopolitanis presbyteris.
76.	LIII	Chorepiscopis.	192.	CCXL	Nicopolitanis presbyteris.
77.	CCIII	Maritimis episcopis.	193.	CCXXIX	Clericis Nicopolitanis.
78.	CXXV	Exemplar fidei a sanctissimo Basilio dictatæ, cui subscripsit Eustathius Sebastiæ episcopus.	194.	CCXXX	Magistratibus Nicopolitanis.
			195.	CXXI	Theodoto episcopo Nicopolitano.
79.	CCXXIII	Adversus Eustathium Sebastenum.	196.	CXXX	Theodoto episcopo Nicopolitano.
			197.	CLX	Diodoro.
80.	CLXXXIX	Eustathio medico.	198.	LV	Paregorio presbytero.
81.	CLI	Eustathio Archiatro.	199.	CCLIII	Presbyteris Antiochiæ.
82.	CCXLIV	Patrophilo Ægeensis Ecclesiæ episcopo.	200.	CCLVI	Desideratissimis et religiosissimis fratribus compresbyteris Acacio, Aetio, Paulo, et Silvano, et Silvino et Lucio diaconis et cæteris fratribus monachis, Basilius episcopus.
83.	XX	Leontio sophistæ.			
84.	XXXII	Sophronio Magistro.			
85.	CCL	Patrophilo Ægeensis Ecclesiæ episcopo.			
86.	LI	Bosporio episcopo.			
87.	CXV	Ad Simpliciam hæreticam.	201.	CCC	Patri scholastici cujusdam fato functi consolatoria.
141.	VIII	Apologia de secessu ad Cæsarienses, et de fide pertractatio.	202.	CI	Consolatoria.
			203.	CXIII	Presbyteris Tarsensibus.
142.	CCCXXXV	Basilius Libanio.	204.	CXIV	Cyriaco Tarsi commoranti.
143.	CCCXXXVI	Libanius Basilio.	205.	CCCLX	Ex epistola ad Julianum Apostatam.
144.	CCCXXXVII	Basilius Libanio.			
145.	CCCXXXVIII	Libanius Basilio.	206.	XXXIX	Julianus Basilio.
146.	CCCXXXIX	Basilius Libanio.	207.	XL	Julianus Basilio.
147.	CCCXL	Libanius Basilio.	208-209.	XLI	Basilius Juliano.
148.	CCCXLI	Libanius Basilio.	210.	CCXCIV	Festo et Magno.
149.	CCCXLII	Basilius Libanio.	211.	XVIII	Macario et Joanni.
150.	CCCXLIII	Libanius Basilio.	212.	CCCXXI	Theclæ.
151.	CCCXLIV	Basilius Libanio.	213.	CLXXXVI	Antipatro Præsidi.
152.	CCCXLV	Libanius Basilio.	214.	CLXXXVII	Antipater Basilio.
153.	CCCXLVI	Libanius Basilio.	215.	LXXVIII	Sine inscriptione, pro Elpidio.
154.	CCCXLVII	Libanius Basilio.			
155.	CCCXLVIII	Basilius Libanio.	216.	CCLXXIII	Sine inscriptione, pro Hera.
156.	CCCXLIX	Libanius Basilio.	217.	CCLXXV	Sine inscriptione, pro Hera.
157.	CCCL	Basilius Libanio.	218.	CCCXV	Sine inscriptione, pro propinqua.
158.	CCCLI	Basilius Libanio.			
159.	CCCLII	Libanius Basilio.	219.	CCCXVI	Sine inscriptione, pro divexato.
160.	CCCLIII	Basilius Libanio.			
161.	CCCLIV	Libanius Basilio.	220.	LXX	Sine inscriptione, de synodo.
162.	CCCLV	Libanius Basilio.	221.	CCCXX	Sine inscriptione, salutandi gratia.
163.	CCCLVI	Basilius Libanio.			
164.	CXII	Andronico duci.	222.	CCCXVII	Sine inscriptione, pro egeno.
165.	I	Eustathio Philosopho.	223.	CCCXXII	Sine inscriptione, ut cum amico Pascha celebret.
166.	CCXCIII	Juliano.			
167.	LXXXV	Diodoro Antiochiæ presbytero.	224.	CCCXXVI	Sine inscriptione, admonitionis causa.
168.	XVI	Adversus Eunomium hæreticum.			
			225.	CCCXXVII	Sine inscriptione, exhortatoria.
169.	IV	Olympio.			
170.	CCXI	Olympio.	226.	LXXVII	Sine inscriptione, de Therasio.
171.	XII	Olympio.			
172.	XIII	Olympio.	227.	CCIX	Sine inscriptione, defensionis causa.
173.	III	Candidiano.			
174.	CXVI	Firmino.	228.	XXXVI	Sine inscriptione, auxilii causa.
175.	X	Ad viduam.			

Ordo vetus.	Ordo novus.		Ordo vetus.	Ordo novus.	
229.	CCLXXXV	Sine inscriptione, ut patrocinium ecclesiæ conciliet.			truo exsulante versabatur Antiocho.
230.	CCCIX	Sine inscriptione, pro egeno.	270.	CLVII	Antiocho.
231.	CCCXIV	Sine inscriptione, pro famulo.	271.	CLXVIII	Antiocho.
232.	CCCV	Sine inscriptione, causa virorum quorumdam virtute clarorum.	272.	CCXVI	Meletio Antiochiæ episcopo.
			273.	LXXIX	Meletio episcopo Antiochiæ.
			274.	CCLXXIX	Modesto præfecto.
			275.	CCLXXX	Modesto præfecto.
233.	CCCVIII	Sine inscriptione, patrocinii causa.	276.	CXI	Modesto præfecto.
			277.	CX	Modesto præfecto.
234.	CXVII	Sine inscriptione, piæ ac religiosæ exercitationis causa.	278.	CCLXXXI	Modesto præfecto.
			279.	CIV	Modesto præfecto.
235.	CCXCVIII	Sine inscriptione, causa pii viri.	280.	CCXIX	Clero Samosatensi.
			281.	CCVIII	Eulancio.
236.	XXXV	Sine inscriptione, pro Leontio.	282.	CCCXXIX	Phalerio.
			283.	CLXXIV	Ad viduam.
237.	CCCX	Sine inscriptione, pro cognatis.	284.	CCLXXXIII	Ad viduam.
			285.	CCXCVI	Viduæ.
238.	CCXLIX	Sine inscriptione, viri pii causa.	286.	CCXCVII	Viduæ.
			287.	CVII	Julittæ viduæ.
239.	XI	Sine inscriptione, amicitiæ ergo.	288.	CVIII	Tutori hæredum Julittæ.
			289.	XCIII	Ad Cæsariam patriciam de communione.
240.	CCCXXXI	Sine inscriptione.			
241.	CLV	Sine inscriptione, causa aliptæ.	290.	CCXXVIII	Coloniæ Magistratibus.
			291.	CCLII	Ponticæ diœcesis episcopis.
242.	CCXIII	Sine inscriptione, viri pii causa.	292.	CCXXVII	Clericis Coloniensibus consolatoria.
243.	LXXXVIII	Sine inscriptione, causa exactoris pecuniarum.	293.	CCLXV	Eulogio, Alexandro et Harpocrationi Ægypti episcopis exsulibus.
244.	CCLXX	Sine inscriptione, de raptu.			
245.	CCLXXXVII	Sine inscriptione, contra ultores.	294.	CLXXXIII	Samosatorum Senatui.
			295.	CCXCV	Monachis.
246.	CCLXXXVIII	Sine inscriptione, contra ultores.	296.	CIII	Satalensibus.
			297.	CCXXII	Ad Chalcidenses.
247.	CCCVII	Sine inscriptione.	298.	CCXXI	Berœæis.
248.	XXXVII	Sine inscriptione, causa illius qui secum fuerat enutritus.	299.	CCXX	Berœæis.
			300.	LII	Ad Canonicas.
249.	CCLXXXIX	Sine inscriptione, de muliere afflicta.	301.	CV	Diaconissis Terentii comitis filiabus.
250.	CCXV	Dorotheo presbytero.	302.	CLXXIII	Theodoræ canonicæ.
251.	CLXVI	Eusebio episcopo Samosatorum.	303.	CCCVII	Ad monachos ab Arianis vexatos.
252.	CLXVII	Eusebio episcopo Samosatorum.	304.	CCLXXXIV	Ad Censitorem, causa monachorum.
253.	CXXVII	Eusebio episcopo Samosatorum.	305.	LXXXV	De cavendo jurejurando.
			306.	CLXXXIV	Eustathio Himmeriæ episcopo.
254.	XLVIII	Eusebio episcopo Samosatorum.	307.	CXIX	Eustathio episcopo Sebastiæ.
			308.	LXXIX	Eustathio episcopo Sebastiæ.
255.	CXLV	Eusebio episcopo Samosatorum.	309.	CCXLV	Theophilo episcopo.
			310.	CLXXXV	Theodoto episcopo Berœæ.
256.	C	Eusebio episcopo Samosatorum.	311.	CCLIV	Pelagio episcopo Laodiceæ Syriæ.
257.	CXXXVI	Eusebio episcopo Samosatorum.	312.	CXCV	Euphronio episcopo Coloniæ Armeniæ.
258.	CLXII	Eusebio episcopo Samosatorum.	313.	CXXII	Pœmenio episcopo Satalorum.
			314.	CCLV	Vito Carrhorum episcopo.
259.	XCVIII	Eusebio episcopo Samosatorum.	315.	CXXXII	Abramio episcopo Batnorum.
			316.	CLXXXI	Otreio Meletines.
260.	CCXLI	Eusebio episcopo.	317.	CCLX	Optimo episcopo.
			318.	CXVIII	Jovino episcopo Perrhes.
261.	XCV	Eusebio episcopo Samosatorum.	319.	LXXXI	Innocentio episcopo.
			320.	CXXXIII	Petro episcopo Alexandriæ.
262.	CXLI	Eusebio episcopo Samosatorum.	321.	CCLXVI	Petro episcopo Alexandriæ.
			322.	CCV	Elpidio episcopo.
263.	CXCVIII	Eusebio episcopo Samosatorum.	323.	CCXC	Nectario.
			324.	XCI	Valeriano Illyricorum episcopo.
264.	CCXXXVII	Eusebio episcopo Samosatorum.	325.	CCLVIII	Epiphanio episcopo.
265.	CXXVIII	Eusebio episcopo Samosatorum.	326.	CCLXIV	Barsæ Edessæ episcopo exsulanti.
266.	CLXXXII	Presbyteris Samosatensibus.	327.	CCLXVII	Barsæ Edessæ episcopo exsulanti.
267.	XXXI	Eusebio episcopo Samosatorum.	328.	CXXIV	Theodoro.
			329.	CXCII	Sophronio Magistro.
268.	CXLVI	Antiocho.	330.	CCLXXII	Sophronio Magistro.
269.	CLXVIII	Antiocho presbytero fratris Eusebii filio, qui cum pa-	331.	LXXVI	Sophronio Magistro.

Ordo vetus	Ordo novus		Ordo vetus	Ordo novus	
332.	XCVI	Sophronio Magistro.	387.	CLIX	Eupaterio et filiæ.
333.	CLXXX	Sophronio Magistro, in Eumathii gratiam.	388.	LXXIII	Callistheni.
			389.	LXXXIV	Præsidi.
334.	CLXXVII	Sophronio Magistro.	390.	LXXXVII	Sine inscriptione, de iisdem rebus.
335.	CLXXII	Sophronio episcopo.			
336.	CCLXXXII	Ad episcopum.	391.	CCXXXVI	Eidem Amphilochio.
337.	CLIV	Ascholio episcopo Thessalonicensi.	392.	CL	Amphilochio Heraclidæ nomine.
338.	CLXIV	Ascholio episcopo Thessalonicæ.	393.	CLXI	Amphilochio ordinato episcopo.
339.	CLXV	Ascholio episcopo Thessalonicæ.	394.	CLXXVI	Amphilochio episcopo Iconii.
			395.	CCXXXI	Amphilochio Iconii episcopo.
340.	CCXCI	Timotheo chorepiscopo.	396.	CCII	Amphilochio Iconii episcopo.
341.	CXXXIV	Pæonio presbytero.	397.	CC	Amphilochio Iconii episcopo.
342.	CLVI	Evagrio presbytero.	398.	CXCI	Amphilochio episcopo Iconii.
343.	CXXIII	Urbicio monacho.	399.	CCXXXIII	Amphilochio qui eum consuluerat.
344.	CCLXII	Urbicio monacho.			
345.	CCXXIV	Genethlio presbytero.	400.	CCXXXIV	Eidem ad aliam quæstionem responsio.
346.	CCCI	Maximo consolatoria.			
347.	C.CII	Uxori Brisonis consolatoria.	401.	CCXXXV	Eidem ad aliam quæstionem responsio.
348.	CCVI	Elpidio episcopo consolatoria.			
			402.	CCI	Amphilochio Iconii episcopo.
349.	CCXIV	Terentio comiti.	403.	CCXVIII	Amphilochio Iconii episcopo.
350.	LXIV	Hesychio.	404.	CCXXXII	Amphilochio Iconii epis. opo.
351.	LXXII	Hesychio.	405.	CCXLVIII	Amphilochio Iconii episcopo.
352.	CCXCIX	Censitori.	406.	CXC	Amphilochio episcopo Iconii.
353.	CCCXIII	Censitori.	407.	CVI	Militi.
354.	LVI.	Pergamio.	408.	XLIX	Arcadio episcopo.
355.	CCCXXIII	Philagrio Arceno.	409.	L	Innocentio episcopo.
356.	CXLVII	Aburgio.	410.	CLXXV	Magneniano comiti.
357.	CCCIV	Aburgio.	411.	XXII	De perfectione vitæ monasticæ.
358.	XXXIII	Aburgio.			
359.	CXCVI	Aburgio.	412.	CLXIX	Gregorio Basilius.
360.	CLXXVIII	Aburgio.	413.	CLXXI	Gregorio sodali.
361.	LXXV	Aburgio.	414.	CLXX	Glycerio.
362.	XXVI	Cæsario Gregorii fratri.	415.	XV	Arcadio comiti Privatarum.
363.	LXV	Atarbio.	416.	CCLXXIV	Himerio Magistro.
364.	CXXVI	Atarbio.	417.	CCLXXXVI	Commentariensi.
365.	CCLXXVI	Harmatio magno.	418.	CXLII	Numerario Præsidum.
366.	CXXXVII	Antipatro.	419.	CXLIII	Alteri Numerario.
367.	CCCXXVIII	Hyperechio.	420.	CXLIV	Tractatori Præsidum.
368.	CXCIV	Zoilo.	421.	CCCXI	Principali.
369.	CXCIII	Meletio Archiatro.	422.	CX	Helladio comiti.
370.	CCXI	Hilario.	423.	CCCIII	Comiti Privatarum.
371.	LXIII	Principali Neocæsareæ.	424.	CCCVI	Principali Sebastiæ.
372.	XCIV	Heliæ rectori provinciæ.	425.	CCLXXVIII	Valeriano.
373.	XXI	Leontio sophistæ.	426.	CCCXII	Censitori.
374.	CLII	Victori exercitus duci.	427.	LXXXIII	Censitori.
375.	CCCXXIV	Pasinico medico.	428.	CLIII	Victori ex-consuli.
376.	CXLVIII	Trajano.		CCCXVIII	Basilii, carens titulo, pro conterraneo.
377.	CXLIX	Trajano.			
378.	CLXIII	Jovino comiti.		CCCXIX	Similiter pro hospite.
379.	LXXIV	Martiniano.		CCCLVII	*Libanius Basilio.*
380.	CLXXIX	Arinthæo.		CCCLVIII	*Libanius Basilio.*
381.	CCCXXV	Magniniano.		CCCLIX	*Basilius Libanio.*
382.	CXXXI	Olympio.		CCCLXI	Apolinario.
383.	XXIII	Commendatitia ad monachum.		CCCLXII	*Basilio Apolinarius.*
				CCCLXIII	Apolinario.
384.	XVII	Origeni.		CCCLXIV	*Basilio Apolinarius.*
385.	CCXXV	Demostheni, aliorum episcoporum nomine.		CCCLXV	Basilius magno imperatori Theodosio.
				*CCCLXVI	Urbicio monacho.
386.	CCXCII	Palladio.			

INDEX ALPHABETICUS
EPISTOLARUM SANCTI BASILII.

A

Abramio episcopo Batnorum, 132.
Aburgio, 33, 75, 147, 178, 196, 304.
Acacio et reliquis presbyteris, 256.
Alexandrinis, 139.
Ambrosio episcopo Mediolanensi, 197.
Amphilochio Heraclidæ nomine, 150.
Amphilochio ordinato episcopo, 161.
Amphilochio, episcopo Iconii, 176, 188, 190, 191, 199, 200, 201, 202, 217, 218, 231, 232, 233, 234, 235, 236, 248.
Ancyræ Ecclesiæ consolatoria, 29.
Andronico duci, 112.
Antiochenæ Ecclesiæ, 140.
Antiochiæ presbyteris, 253.
Antiocho, 146, 157, 158, 168.
Antipater Basilio, 187.
Antipatro, 137, 186.
Apolinario, 361, 363. *Basilio Apolinarius*, 362, 364.
Arcadio comiti Privatarum, 15.
Arcadio episcopo, 49.
Arinthæi conjugi ducis consolatoria, 269.
Arinthæo, 179.
Ascholio episcopo Thessalonicensi, 154, 164, 165.
Atarbio, 65, 126.
Athanasio Alexandriæ episcopo, 61, 66, 67, 69, 80, 82.
Athanasio Athanasii episcopi Ancyræ patri, 24.
Athanasio episcopo Ancyræ, 25.

B

Barsæ Edessæ episcopo exsulanti, 264, 267.
Berœæis, 220, 221.
Bosporio episcopo, 51.
Brisonis uxori consolatoria, 302.

C

Ad Cæsariam patriciam de communione, 93.
Ad Cæsarienses, 8,
Cæsario Gregorii fratri, 26.
Callistheni, 73.
Candidiano, 3.
Ad Canonicas, 52.
Censitori, 83, 284, 299, 312, 313.
Ad Chalcidenses, 222.
Chiloni, 42.
Chorepiscopis, 53, 54.
Coloniæ magistratibus, 228.
Coloniensibus clericis, 227.
Comiti Privatarum, 303.
Commentariensi, 286.
Cyriaco, 114.

D

Demostheni, 225.
Diodoro Antiochiæ presbytero, 135, 160.
Dorotheo presbytero, 215.

E

Elpidio episcopo, 205, 206.
Epiphanio episcopo, 258.

Eulancio, 208.
Eulogio, Alexandro et Harpocrationi Ægypti episcopis exsulibus, 265.
Adversus Eunomium hæreticum, 16.
Eupaterio et filiæ, 159.
Euphronio episcopo Coloniæ Armeniæ, 195.
Eusebio episcopo Samosatorum, 27, 30, 31, 34, 48, 95, 98, 100, 127, 128, 136, 138, 141, 145, 162, 166, 167, 198, 237, 239, 241, 268.
Eusebio sodali, 271.
Eustathio philosopho, 1.
Eustathio episcopo Sebastiæ, 79, 119.
Eustathio Archiatro, 151, 189.
Eustathio Himmeriæ episcopo, 184.
Adversus Eustathium Sebastenum, 235.
Evæsenis, 251.
Evagrio presbytero, 156.
Exemplar fidei a sanctissimo Basilio dictatæ, cui subscripsit Eustathius Sebastiæ episcopus, 125.

F

Festo et Magno, 294.
Firmino, 116.

G

Genethlio presbytero, 224.
Glycerio, 170.
Gregorio Nazianzeno, 2, 7, 14, 19, 47, 71, 169, 171.
Gregorio fratri, 38, 58.
Gregorio patruo, 59, 60.

H

Harmatio magno, 276.
Heliæ rectori provinciæ, 94.
Helladio comiti, 109.
Hesychio, 64, 72.
Hilario, 212.
Himerio magistro, 274.
Hyperechio, 328.

I

Innocentio episcopo, 50, 81.
Ad Italos et Gallos, 92, 243.

J

Jovino episcopo Perrhes, 118.
Jovino comiti, 163.
Juliano Basilius, 41, 293.
Ex epistola ad Julianum Apostatam, 360.
Julianus Basilio, 39, 40.
Julittæ viduæ, 107.
Julittæ hæredum Tutori, 108.
Ad Juniores admonitio, 43.

L

Leontio sophistæ, 20, 21.
Libanio, 335, 337, 339, 342, 344, 348, 350, 351, 353, 356, 359.
Libanius Basilio, 336, 338, 340, 341, 343, 345, 346, 347, 349, 352, 354, 355, 357, 358.
Librario, 331.

M

Macario et Joanni, 18.
Magneniano comiti, 175.
Magniniano, 325.
Maritimis episcopis, 203.
Martiniano, 74.
Maximo Philosopho, 9.
Maximo Scholastico, 277.
Maximo consolatoria, 301.
Meletio episcopo Antiochiæ, 57, 68, 89, 120, 129, 216.
Meletio Archiatro, 193.
Militi, 106.
Modesto præfecto, 104, 110, 111, 279, 280, 281.
Monachis suis, 226.
Monachis, 295.
Ad Monachos ab Arianis vexatos, 257.
Ad Monachum commendatitia, 23.
Ad Monachum lapsum, 44, 45.

N

Nectarii conjugi, 6.
Nectario, 5, 290.
Ad primores Neocæsareæ, 210.
Neocæsareæ Principali, 63.
Ad clericos Neocæsarienses, 207.
Neocæsariensi Ecclesiæ consolatoria, 28.
Nicopolitanis, 247.
Ad Neocæsarienses, 204.
Nicopolitanis clericis, 229, 246.
Nicopolitanis magistratibus, 230.
Nicopolitanis presbyteris, 238, 240.
Notario, 333.
Numerario præsidum, 142.
Numerario alteri, 143.

O

Occidentalibus, 90, 242, 263.
Olympio, 4, 12, 13, 131, 211.
Optimo episcopo, 260.
Origeni, 17.
Otreio Meletines, 181.

P

Palladio et Innocentio monachis, 259.
Palladio, 292.
Paregorio presbytero, 55.
Parnassi Ecclesiæ consolatoria, 62.
Pasinico medico, 324.
Patrophilo Ægeensis Ecclesiæ episcopo, 244, 250.
Pelagio episcopo Laodiceæ Syriæ, 254.
Pergamio, 56.
Petro episcopo Alexandriæ, 133, 266.
Phalerio, 329.
Philagrio Arceno, 323.

Pœmenio episcopo Satalorum, 122.
Pœonio presbytero, 184.
Ponticæ diœcesis episcopis, 252.
Præposito, 86.
Præsidi, 84.
Principali, 311.

S

Samosatensibus presbyteris, 182.
Samosatensi clero, 219.
Samosatorum senatui, 183.
Satalenis, 102, 103.
Sebastiæ principali, 306.
Ad Simpliciam hæreticam, 115.
Sophronio episcopo, 172.
Sophronio Magistro, 32, 76, 96, 177, 180, 192, 272.
Sozopolitanis, 261.

T

Tarsensibus presbyteris, 113.
Theclæ, 321.
Terentii comitis diaconissis filiabus, 105.
Terentio comiti, 99, 214.
Theodoræ canonicæ, 173.
Theodoro, 124.
Theodosio imperatori, 365.
Theodoto episcopo Nicopolitano, 121, 130.
Theodoto episcopo Berœæ, 185.
Theophilo episcopo, 245.
Timotheo chorepiscopo, 291.
Tractatori præsidum, 144.
Trajano, 148, 149.
Tyanorum senatui, 97.

U

Urbicio monacho, 123, 262, 366.

V

Valeriano Illyricorum episcopo, 91.
Valeriano, 278.
Victori, 152, 153.
Ad Viduam, 10, 174, 283, 296, 297.
Ad Virginem lapsam, 46.
Vito Carrhorum episcopo, 255.

Z

Zoilo, 194.
Epistolæ sine inscriptione, 11, 22, 35, 36, 37, 70, 77, 78, 85, 87, 88, 101, 117, 155, 209, 213, 249, 270, 273, 275, 282, 285, 287, 288, 289, 298, 300, 305, 307, 308, 309, 310, 314, 315, 316, 317, 318, 319, 320, 322, 326, 327, 330, 331, 332.

INDEX

RERUM ET VERBORUM QUÆ IN TOMO III ANTE APPENDICEM INVENIUNTUR.

Revocatur Lector ad numeros grandiores textui intermistos.

A

Abimeleci artes vanæ ad stabiliendam regni possessionem, 138.
Abnegatio sui, quæ sincera sit, 344, 348 et seq.
Abrahami fides, qualis fuerit, 539 et seq. Proponitur imitanda, 539 et seq. Qualis obedientia, 371 et seq.
Abstinentia, in quo posita sit, 459, 564. Aliquando ab iis etiam rebus quæ permittuntur abstinendum, 560. Corporeis viribus metienda abstinentia est, 544, 545. Abstinentiæ fructus, 208. *Vide* Jejunium.
Adami status in paradiso, 79. Lapsus, 79 et seq., 81, 207. Adamus a diabolo deceptus 80, 81, 207. Spe falsæ gloriæ dejectus, 157. Quali mulctatus pœna, 79, 81. Cur non statim una cum ipso indumenta constructa sunt, 81 et seq. Adamus improbo esu peccatum ad posteros transmisit, 70, 208.
Admonitiones, quo animo suscipiendæ, 62.
Adolescentes humanam vitam nihil omnino esse arbitrantur, 174. Quæ sectari, a quibus abstinere debeant, 181, 182 et seq. Mentis levitas innatus adolescentibus morbus, 20 et seq., 455. Adolescentibus documentum a Basilio datum, quomodo possint ex gentilium libris fructum capere, 174. *Et tota homil. passim. Vide* Gentiles.
Adolescens, de quo Matth. xix, 20, partim laude dignus, partim miserrimus, 51. Non idem est qui legis peritus de quo Luc. x, 25, 51.
Adventus Domini, quis exspectandus, 287.
Ægritudinum genera tria sunt, 184, 185. Ægritudinis tempus ad obeunda religionis officia minime idoneum, 119. Non omnes ægritudines tribuendæ sunt naturæ, 399. Sæpe sunt peccatorum multæ, 599 Accidunt etiam aliquando postulante diabolo, 400. Quomodo tolerandæ, 400 et seq. *Vide* Morbus.
Ægyptii geometriam invenerunt, 102. Ægyptiarum nutricum laudabilis astutia, 108.
Æmulatio, quid sit, 458.
Aer, in Scripturis vocatur cœlum, 82.
Ærumnis probatur cor, 43, 67. *Vide* Calamitas.
Affectiones animi utiles, iis si recte utimur, 89. Carnis affectiones in animam insurgunt, 111. Menti subjiciendæ, 111. *Vide* Caro.
Affectus bonus, quis sit, 467. Quomodo comparandus, 467, 468. Affectus particulares plurimum communi concordiæ nocent, 522. Monachis interdicuntur, 322, 325, 577, 578. *Vide* Monachi.
Afflicti, quomodo consolatione demulcendi, 41, 42. Animi est ignavi frangi admodum, et adversis succumbere, 30. *Vide* Lacrymæ. *Vide* Calamitas.
Agricultura, laudatur maxime inter artes monachis assignatas, 585 *Vide* Opus manuum.
Alexandri Magni continentia laudatur, 179.
Amianti, natura ea est, ut igni consumi non possit, 5.
Amici, quomodo diligendi, 238. Constanter pro Christo relinquendi, 204. *Vide* Ascetica vita.
Amor Dei homini insitus, 337. Ineffabilis, 337. Vide Dei dilectio. Amor sui ingenitus est hominibus, 573. Amor suipsius quomodo discernitur, 433. Amor proximi. *Vide* Proximus. Amoris fraterni exempla, 71.
Amos pœnitentiæ præco, 62.
Ananiæ (de quo Act. v, 5) peccatum, in quo positum, 319.
Angelos in cœlis retinuit liberum arbitrium, 80. Angelicæ naturæ proprium quid sit, 520.
Anima, invisibilis est, 23. Absque ulla sibi admista pravitate condita, 78. Liberam et in sua potestate sitam vitam a Conditore sortita, 79. Cur mali capax, 78. Quomodo peccat, 79. *Vide* Homo. Admirabili modo ad corpus colligatur, 23. Corpori regendo præficitur, 542. Quomodo corpus regere debeat, 542. Quomodo corpori facultatem vitalem impertitur, 542. Incusanda si suum in corpus dominium deseruerit, 543.
Animæ duplex vis inest, 541, 542. Animæ dotes, 23, 24. Purgatio quæ sit, 181. Ægritudo et mors, peccatum, 43. Et ignoratio Dei, 113. Animæ vera bona quæ sint, 48, 78, 167. Primarius fructus est veritas ipsa, 175. Animæ profectus, humilitatis profectus est : defectus vero ex animi elatione gignitur, 211. Animæ affectiones utiles sunt, his si recte utimur, 89. Anima et pro amicis et pro inimicis ponenda, 478. Animæ præcipua cura habenda, 18, 167, 175, 181. Animæ status quidam puerilis est, quidam adolescentiæ, quidam senectutis, 108, 109. Sensuum nomina ad animæ potentias transferri possunt, 108, 109.
Animus, dum tener est, ad omnia bona statim ab initio exercendus, 537. Animi ordinatio et sedatio argumentum est virtutis, 533.
Anomœi reipsa Filium Dei demittunt ad creaturam, 190. Multitudinem deorum inducunt, 192. Pugnant cum Sabellianis, 190. *Vide* Ariani. *Vide* Dei Filius.
Apibus lex quæ sit, 141, 214.
Apostoli matrimonio copulati, 205. Pseudo-apostoli qui sint, 514.
Arianorum contra Filii divinitatem sophismata proponuntur refellunturque, 134, 135, 136, 138, 188, 190, 191. Filii nomen voce tenus concedunt, sed reipsa Verbum ipsum demittunt ad creaturam, 190. *Vide* Dei Filius.
Ars pascendi et ars regnandi sorores sunt, 187.
Artes singulæ subsidii loco ob naturæ debilitatem nobis a Deo concessæ sunt, 397. Ars medica cur homini concessa, 397. Quomodo Christiani hac arte uti debeant, 398, 400. Quod ad procurandam corporis sanitatem facit ars medica, id in curandis animi vitiis imitari debemus, 398, 400. Ejus utilitas non prorsus fugienda monachis, 399, 400. Artis medicæ utilitas, 400. Abusus, 399, 400. Quando usus medicinæ prætermitti debeat, 400. Artes monachis assignatæ quæ sint, 384, 585. *Vide* Opus manuum.
Arundo quassata, quæ sit, aut fumigans linum, et quomodo quis illam non confringet, hoc vero non exstinguet, 517.
Asceticæ vitæ encomium, 200. Scopus quis sit, 525. Oratio προπαρπυτι ad asceticam vitam, 199, 200, 202. Asceticæ vitæ præmia, 201, 204. Ab eadem non excluduntur feminæ, 201. In eo vitæ genere non facilis ad peccatum accessus patet, 102. Inconsideranter amplectendum non est , 102. Exercitatio præcedat et probatio, 102. Haud est remissum vitæ genus, 102. A quo quisquis declinaverit, scandali dati fit reus, 102, 568. Christi derelicti crimen non effugiet, 202. *Vide* Professio monastica. *Vide* Monachi.
Ascetis instabilibus facultas loquendi danda non est, 554. *Vide* Monachi.
Aspectus libidinosi omnino cavendi, 129.
Assentatio et adulatio fugienda, 485.
Astrologia apud Chaldæos in pretio fuit, 102.
Astutia, quid sit, 107, 108. Duo significat astuti nomen, 107, 108. Astutia quædam laudabilis est, quædam vero mala, 108.
Attentio duplex, 18. Attentio animi qualis sit, 18. Et infirmis et valentibus utilis, 19, 20, 21. Mentis inconstantiam comprimit, 21. Obstruit facilem ad peccatum accessum, 202. Cur omnibus a legislatore præscripta, 21. *Attende libi ipsi:* cave proximi vitia perscruteris, 21. An fieri possit ut in omnibus et semper attentio acquiratur, et quo pacto eam possit quis assequi, 483.
Auditorum officium, 506, 507.
Auxilium divinum, quomodo flagitandum, 538.
Avaritia, quo termino definiatur, 431. Avaritiæ vitium vitio bellionum videtur assimile, 45. Fugienda avaritia, 45.
Avarus, quis sit, 50. Avari divitiis elegantissima descriptio, 44, 45, 46, 47, 48, 49, 50, 55, 56, 57. Avarus discruciatur bonorum copia, 45. Iram Dei occasionem facit aggerendæ pecuniæ, 46. Proximi necessitatibus vel maximis non movetur, 46, 47, 56, 169. Quo pluribus impletur, hoc plura desiderat, 37, 57. Fur est et spoliator, 50. A fraterna charitate longissime abest, 52. Calamitates in omnem populum inducit, 66. Miser potius quam invidia dignus, 96. Supplicio æterno puniendus, 50, 54, 56, 70, 72. Graviori forte quam dives ille de quo *Lucæ* xvi, 21, 169.
Aversio a Deo malum est futuris etiam gehennæ supplicis intolerabilius, 337, 340.

B

Baptismi dignitas effectusque, et necessitas, 113. Baptismis tempus tota hominum vita est, 113. Haud procrastinandum, 114, 116, 117, 118, 119, 121. In V. T. præfiguratum, 115. Circumcisione Judaica longe excellentius, 115. Et Joannis baptismate, 114. Signaculum salutare, 117. Sigillum quod conatu nullo frangi potest, 117. Baptismum fides propria, vel martyrium supplet, 157. In nomine Spiritus sancti si non conferlur, imperfectum est, 194. Quæ sit ratio aut vis baptismatis, 252.

Barlaam martyr, 138. Armiger insuperabilis, 139. Imperitus sermone, sed non scientia, 139. Constanti hilarique animo martyrium subit, 159, 140. Martyrii genus, 139, 140 Barlaami encomium, 141.

Basilium concionantem circumstabant interdum quidam, carpendi vel calumniandi causa, 192, 193. Basilius fidei professionem edit, 227. Quidam suos ipsorum errores Basilio affingebant, 229. Cur moralia conscripsit, 229.

Benignitas et bonitas a se invicem discrepant, 487.
Bonum est rarum, 210.

C

Cain primus diaboli discipulus, 92.

Calamitates peccatis ascribendæ, 66. Ad probandas animas et ad nostram utilitatem irrogantur sæpius, 66, 67, 68, 74, 76, 77, 78. Patienti animo perferendæ, 68, 72, 171, 284. Patienti animo toleratæ diabolum pudore afficiunt, 171. Animi est ignavi frangi admodum et adversis succumbere, 30.

Caro concupiscit adversus spiritum, 19. Carni attendendum non est, nec ullo modo illius bona prosequenda, 18. Carnis affectiones in animam insurgunt, 111. Menti subjicienda, 111. Carnis inquinamentum, quid sit, 433.

Cellarii munus quale sit, 463. Eumdem, et cæteros quibus quodvis munus concreditur, si constituto psalmodiæ tempore non accurrerint, sola excusat necessitas, 464, 465. Haud facile permutandus, 467. Cellario socius adjungendus, 467. Cellarii dotes. *Vide* Œconomus.

Charitas mater mandatorum, 70. Virtutum maxima, quæ Christianum proprio charactere constituit, 238. Charitas encomium, 228. Proprietates, 482. Præclara exempla, 310, 311. Quæ sint indicia charitatis erga Deum, 486. *Vide Dei dilectio*. Qualem alter erga alterum debeat habere charitatem, 469. Non quælibet molestia proximo illata charitati adversatur, 259. *Vide* Proximus. *Vide* Dilectio. Charitas etiam in debili corpore pertici potest, 482. Qua ratione quis charitatem possit consequi, 469. Mansuetudo et benignitas charitatem pariunt, 558. Quidquid non charitatis erga Deum, sed humanæ laudis gratia fit, id laudem pietatis non consequitur, 514.

Christi vita super terram qualis fuerit, 547, 548. Omnis actio, omnisque sermo Servatoris nostri pietatis ac virtutis regula est, 535. Quare esuriem sitimque sustinuit Christus, 29. Cur lacrymatus est, 29. Christi divinitas non succumbebat laboribus, sed corpus quæ ipsius naturam comitari solent suscipiebat, 30. *Vide* Dei Filius.

Christiani officium, 120, 228, 239, 273, 281, 313, 314, 315. Nota quæ sit, 238, 240. Æquabilis et constans est Christiani vita, 365. Christianum tentatio probat et examinat, 67. Primorum Christianorum vita, 71, 216. Ornamenta Christiani quæ sint, 186. Christianis non licuit lite agere, 53. Olim inusta infamia, 34. Juris communis participes non erant, 33. Impetus in Christianos facti descriptio, 143, 144, 150.

Cibus, post gratiarum actionem sumendus, 276. Non quilibet cibi appetitus vitio vertendus, 420. Qua ratione quis non vincatur a voluptate eduliorum, 458. Quomodo edat quis bibatque ad gloriam Dei, 481. In cibis nec suavitatem sectere, nec copiam, 440. Voracitatem fuge, nisi qua urgeat necessitas, 440. Cibi sumendi tempus qualitasque et mensura penes ascetarum præfectos erant, 362. Sit is scopus communis, ut fiat satis necessitati, 565, 546. Simplex sit ciborum apparatus, 365. Quod facilius paratur prorsus est anteponendum, ut ne continentiæ prætextu cariora ac sumptuo siora anxie inquirant, 365, 576. Veri ascetæ alimento siccissimo utuntur, 552. Comedunt semel per totam diem, 552. Varia monachis circa ciborum delectum data præcepta, 460, 461.

Cilicii usus monachis Basilianis haud ignotus, 447. *Vide* Monachi.

Clinias talentorum trium multam solvere maluit quam jurare, 179.

Cœnobiticæ vitæ encomium et utilitas, 561, 562. Hoc vivendi genus qui accurate ac diligenter excolunt, hi videntur supremam virtutem æmulari, 563. Hujus instituti præscripta quæ sint, 565. *Vide* Monachi.

Cogitationes, quomodo cohibendæ ac moderandæ, 541, 559, 560. Quot modis cogitationes pravæ in recto intellectu exoriantur, 559.

Cognitio Dei. *Vide* Deus. Quod nunc in cogitatione perfectum videtur, si cum futuri sæculi scientia conferatur, exiguum quiddam est et obscurum, 226.

Cognoscere ac curare semetipsum, res omnium difficillima, 573.

Colloquia mulierum, consuetudinesque quam maxime fugiendæ, 543, 544. Refelluntur qui dicunt se ex mulierum consuetudine nihil lædi, 543, 544.

Communio corporis et sanguinis Christi ad vitam æternam necessaria est, 253. Utrum ad sanctorum communionem accedere debeat is cui consueta et quæ secundum naturam sunt contingunt, 525. Num in communi domo Dominicam cœnam conveniat celebrari, 525. Affectus ad communionem percipiendam requisiti, 253, 254, 472, 473.

Compunctio donum Dei est, 420. Compunctionis privatio indicio est animum vitiis aliis subjici, 420.

Conclave, quale sit, in quod orantem intrare Dominus jubet, 513.

Concupiscentiæ vitium, quomodo amputandum, 425.

Confessio peccatorum fieri debet coram iis qui curare hæc possunt, 492. Iis confiteri necesse est quibus mysteriorum Dei concredita dispensatio est, 516. Non debet quisquam fratri aut sibi ipsi peccata occultare, 393. Decet virgines coram præfecta seniori peccata confiteri, 453. Confessio delicti coram cœtu facienda, ut per communem precationem sanetur, 525.

Conjugium ac virginitas duplex vitæ genus constituunt, 203. Conjugio copulatorum officium, 308, 309. *Vide* Uxor.

Conscientiæ discussio præscribitur, 525.

Consolatio, quo sensu in Scripturis accipitur, 491.

Consuetudo per longum tempus corroborata, naturæ vim ac robur obtinet, 514.

Contemplationis utilitas, 512. Contemplatio documentorum Jesu, ministerium corporis transcendit, 536. Quis animi status ad contemplationem requiratur, 511. Facultas contemplatrix in quo posita, 542.

Contentio, quid sit, 458.

Continens, quis vere sit, 560. Qui vel ab uno vitio superatur, is continens non est, 560.

Continentiæ fructus, 361. Modus quis sit, 562. Continentia eum a quo possidetur vel ipso congressu notum efficit, 361. In animi vitiis unus est continentiæ modus, in cibis diversus, 362. *Vide* Abstinentia.

Continentiæ lex, cur in palæstris sancita, 166.

Contradictio a Domino abalienat, 245.

Conversionis modus debet peccato congruere, 516. Quomodo a peccatis se convertere oportet, 520, 521.

Convicium, quid sit, 423.

Convivii flagitiosi, compotationisque descriptio, 127, 128, 129.

Corporearum actionum alia ratio est, alia animi mutuum, 17.

Corporis humani structura mirabilis, 24. Præcipuarum corporis partium descriptio et usus, 24. Corporis parva ratio habenda, 167. Quomodo cura suscipienda, 181. Corpus contemnendum, 182. Cura nimia corpori ipsi inutilis est et animæ officit, 19, 181, 182. Habitudo summe bona periculosa est, 19, 181, 182. Corporis contemptus utilis, 185, et castigatio, 541.

Corpus per se malum non est, 542. Cur rationis expers, 542. Immodicis afflictationibus non enervandum, 544, 545, 546, 549. Corporis vitia animæ ascribenda, 542, 543.

Correptio fraterna quomodo facienda, 415. Hanc præcedat purgatio ab omni delicto, 271. Quid in correptione fugiendum, 441. Omne omnino peccatum immisericors est qui silet, non qui redarguit, 416. Quomodo cognoscet quis utrum Dei zelo commoveatur in peccantem fratrem, an iracundia, 470, 476, 477.

Cultus definitio, 492. Quis sit rationalis, 492.

Curiose aliena indagare facilius est, quam sua ipsius et propria expendere, 21.

Curiositas interdicitur, 212.

D

David plures docendi modos commonstrat in Psalmis, 72.

Deitatis inficiatio, quid sit, 196.

Desideria mala, ac libido, quomodo refrenanda, 23.

Deus incorporeus est, 23. Invisibilis, 23. Omnium conditor, 74. Incomprehensibilis, 130, 151, 225. Spirituali modo apprehendendus, 23. In reddendo ambitiosus, 69. Malorum auctor non est, 73, 74, 581. Operatur omnia in omnibus, 159. Decreta sua penes ipsum sunt, 172. Res nostras pro suo arbitratu regit, 172. Bonitas in Deo inest, 67, et ad injustos extenditur, 44. Plagas calamitatesque immittit, 65, 66, 67, 73, 74, 76. Dei providentia exemplis comprobatur, 68. Conservat gubernatque universa, 74. Dei voluntas in omni re quærenda, et propriæ voluntati præponenda, 240, 242, 243, 378. Quinam animus ad Dei dirigatur voluntatem, 493. Deus alia vult ut misericors, alia vult ut justus, 512, 513. Hæc refugienda Dei voluntas est: priorem velimus imitemurque necesse est, 512, 513. Omnis voluntas Dei bona, quomodo etiam placita sit, 512, 513. Quomodo implenda, 512, 513. Deo gratum non est quod coactum, sed quod virtute geritur, 79. Dei mandata, quomodo perficienda, 249, 250. Qui conficit Dei mandatum animo non sincero, et tamen in speciem sinceritatem doctrinæ Domini servat, non prohibendus: admonendus tamen, 251. Mandatorum Christi observatio, dilectionis testificatio est, 237. *Vide* Præcepta. Dei dilectio non in doctrinæ præceptis posita, 356. Una quidem virtus est: sed tamen ejus vi et efficacia mandatum quodvis perficitur, 356. Homini insita, 337 Ineffabilis, 337. Ceu necessarium debitum a nobis reposcitur, 337. Deus, quomodo diligendus, 237. Quis modus diligendi Deum, 486. Quomodo Dei obtineatur dilectio, 486. Varia momenta ad excitandum in nobis amorem Dei, 338, 339. Dei imago, quomodo recuperanda, 318, 319. Dei jugiter meminisse res pia est, 130. Quæ causa sit quamobrem excidat quis a jugi recordatione Dei, 519. Quæ sunt Dei sermone prosequi audax cœptum fuerit, 130, 188 Idque Abraham et Moyses refugerunt, 131. Quomodo de Deo sentiendum, loquendumque, 131. Dei cognitio, quibus finibus contineatur, 188. Cognoscere Deum, est servare Dei præcepta, 188. *Vide* Natura divina. Veræ Dei cognitionis incuria contemptum Dei parit, 215. Reproba cognitio ex vitiorum pravitate oritur, 215. Dei contemptus schismatum causa, 214. Gravissime puniendus, 219. Dei voluntaria obivio negatioque, flagitiorum omnium caput est et causa, 73. Deus Pater omnium principium est, eorum quæ exsistunt causa, radix viventium, 131. Propriam habet subsistentiam a subsistentia Filii distinctam, 190. Fons est ac radix Filii et Spiritus sancti, 193. *Vide* Trinitas. *Vide* Sabelliani. Dei Filii divinitas demonstratur, 132, 135, 136, 137, 138, 188, 190, 191, 192. Proprietates explicantur, 132. Dei Filius a Patre per modum generationis exsistit, 192, 196. Patri dignitate par est, 191. Æqualis secundum naturam, 191. Conjunctus inseparabiliter, 193. Identitatem habet cum Patre, 191, 192. Una in utroque essentia, 191. Dei Filius propriam habet subsistentiam, 190. Cur Verbum a Joanne dictus sit, 136, 137, 188. Cur principium, 136, 137, 188. Quomodo consubstantialis Patri, 192. Quomodo imago Dei invisibilis, 191, 192. Dei Filii generatio inexplicabilis, 188. Quid sit Filii hypostasis, 188, 191, 192. Nolim intelligas essentiæ confusionem, sed characterum identitatem, 189. Verba humiliora de Incarnatione accipienda sunt, 137. Qui Unigenitum dicunt opus Dei esse atque facturam, ii aperte gentilium errores introducunt, 189. Qui Deum ex Deo negant, hi Judaismum renovant, 180. *Vide* Ariani.

Diabolus incorporeus, 82. Mundi princeps dicitur, 82. Cur Satanas et diabolus appellatur, 82. Ex sua ipsius voluntate malus est, 80. Hinc e cœlo dejecit voluntatis libertas, 80. Per invidiam lapsus, 94. Et per elationem, 160. Unde ei adversus nos bellum, 80, 92. Singulari odio habendus, 80, 81. Dei et hominum inimicus, 80, 81. Communis omnium hostis, 187. Maximus sapientiæ mundanæ magister, 158. Superbiæ auctor et impulsor, 157. A Christo superatus est, 82. Diaboli artes ad decipiendas animas, 119, 163, 164, 204, 205, 206, 207, 441, 442. Diabolo male cessit adhibitum in hominem artificium, 157, 158. Diaboli insidiæ contra Jobum, 171. Diabolo utitur Deus ad probandas animas, 82. Num sancti alicujus consilium propositumque Satanas possit impedire, 511. Diabolus, quomodo superandus, 165. Quibus armis oppugnandus, 11.

Diaconorum partes, quæ sint, 506.

Die Dominico, quid agendum, a quibus abstinendum sit, 123.

Dilectio, in quo posita sit, 474. Duæ sunt dilectionis species, 474. Duæ dotes præcipuæ, 474. Dilectio et pro justis et pro injustis ad mortem usque ostendenda, 478. Quid agendum cum iis qui nos injuria afficiunt, 495.

Diligentiam in minoribus qui ostendit, is non debet contemnere majora, 267.

Dignitatum terrenarum inanitas describitur, 21, 56.

Diogenes rege magno ditior, 183. Diogenis dictum, 181.

Disciplina Domini quæ sit, 101. Utilis ac salutaris est, 101, 102. Disciplinæ quædam inutiles ac periculosæ sunt,

102. Disciplinam nosse, non est mentis cujuslibet, 101. Discordiarum ac seditionum causa, quæ sit, 214, 216.

Dissensio, vetus vitium, 187.

Divitiarum natura, 58. Divitiæ cur homini concessæ, 44, 45, 50, 54, 66. Si absint, non expetendæ, 183. Vanæ sunt et instabiles, 45, 58, 59, 66, 163, 166, 183. Nihil conferunt ad gloriam, 157. Morientem non sequuntur, 165, 167. Judicii die non proderunt, 110. Ante mortem pauperibus erogandæ, 60, 61. Cum desident et in eodem loco permanent, sunt inutiles, 48. In egenos impendendæ, 44, 46, 48, 49, 70, 71, 168, 202, 204. Quomodo distribuendæ, 351.

Divitiarum abusus, 33, 55, 57. Usus qualis esse debeat, 448. Divitiæ multa pariunt mala, 59. Dispersæ solent permanere; retentæ vero ad alios transferuntur, 55. Veræ divitiæ quæ sint, 167, 168.

Dolus, quid sit, 442.

Dominandi libido, pestis diabolica, 555. Animæ morbus gravissimus est, 555. Quibus vitiis obnoxii sunt ii qui tali morbo laborant, 555.

Donum Dei vel ab indigno recipi nihil mirum, 476. Pecunia non comparatur, 278. Cum indigente communicandum, 501. Gratis acceptum, gratis dandum, 278. Quisque debet in dono sibi concesso cum gratiarum actione permanere, 280. Primum Dei donum qui diligenter excoluit, is alia etiam meretur accipere, 279. Donorum spiritualium concessio reprobationem non excludit, 274, 475. Unicuique dantur a Deo pro ratione fidei, 278. Qui Dei donis abutuntur, ii sunt iniquitatis operarii, 514.

E

Ebrietatis varia genera, 9. Jejunio non præmittenda ebrietas, 9, 12, 13, 15. Jejunio curanda, 150. *Vide* Ingluvies. *Vide* Vinum.

Ecclesia Dei fugit schisma, 187. Quid causæ sit cur inter artium et scientiarum peritos concordia sit: contra vero in Ecclesia Dei multi et inter se, et in divinis litteris intelligendis valde admodum dissentiant, 213, 214. Unitas Ecclesiæ commendatur, 216, et concordia, 217.

Elatio, omnino fugienda, 158, 159, 160, 277, 279. Multiplicibus ex causis nascitur elatio, 157. Quin et virtutes quandoque parant humilitatem non veram, 157. Elatio et audacia atque impudentia æmulatio est diaboli, 211. Elationem sequitur gratiarum jactura, 159. Defectus animæ ex elatione gignitur, 211. Homini relictum est nihil unde gloriari queat, 159. Quo pacto agnoscitur superbus, et quomodo curatur, 426. Quis sit superbus, quis arrogans, quis elatus aut inflatus, 454. Quomodo animus sibi persuadebit esse se alienum a studio gloriæ, 321. Varia ad deprimendam elationem remedia proponuntur, 160, 161. *Vide* Superbia.

Eleemosynæ præceptum grave non est aut molestum, 51. Examine præmisso impendum, 450, 451. Haud procrastinanda eleemosyna est, 49, 50, 70. Diabolum excruciat, 170. Peccatum solvit, 70, 509. Eleemosynæ præmia, 45, 46, 48, 49, 68, 69, 70. Cohortatio ad eleemosynam erogandam, 168, 169, 170.

Essentiæ identitas in divinis, quid sit, 192. *Vide* Natura divina.

Euclidis Megarensis præclarum factum, 178, 179.

Euripidis dictum, 178.

Evangelium lege Mosaica longe perfectius est, 265. Evangeliorum vox reliquis Scripturis sacris magnificentior est atque præstantior, 134. Quæ Evangelio reddenda obedientia est, ea ab omnibus hominibus exigetur, 205. Quomodo Evangelio obediendum, 236. Inter evangelicos præcones auctoris officium, 291, 293. *Vide* Prædicator. Singulari studio evolvendus Evangeliorum liber, 134. Evangelici præconis officium, 291, 293. *Vide* Prædicator.

Excæcationis voluntariæ pœna, 215.

Exercitatio, utilis ad finem consequendum, 180.

Exercitatio militaris cur instituta, 174.

F

Facetiæ sectandæ non sunt, 587. Fames, malorum maximum, 69. Coegit non paucos etiam naturæ terminos excutere, 70. Quid faciendum tempore famis, 69. Hominis fame pereuntis descriptio, 69. Famis et amoris paterni pugna, 46, 47.

Fervens Spiritu, quis sit, 502.

Fidei definitio, 224. In professione fidei vitanda vocum profana novitas, 225. Simplices ac familiares voces usurpandæ, 225. Quæstiones inutiles et contentiosæ non sunt faciendæ, 255. Non sunt ferendi qui alienam doctrinam tradunt, 265. Mitius agendum est cum iis qui fide sunt infirmiores, 264. Fides, etiam in minimis, Deo habenda, 241. Verbum Domini cum omni certitudine suscipiendum, 243, 263. Missa curiosa inquisitione, iis quæ a sanctis et ab ipso Domino dicta sunt contenti simus, 228. Cave ratiocinationibus tuis innitaris, ad ea quæ a Domino dicta sunt reprobanda, 241. Fides non solum in corde tenenda, sed et ore significanda est, 148, 239. Fidei certamen, in quo positum, 240. Utrum possit quis absque charitate fidem habere tantam ut montes transferat, 475. Professio fidei a Basilio edita, 227. Fidei effectus, 154.

Frigoris effectus, 152. Hominis frigore rigentis descriptio, 152.

Furor. *Vide* Ira. Quid sit furoris proprium, et quid proprium æquæ indignationis, 439.

G

Gabaonitæ adversus Israelitas prave astuti, 108.

Gaudium verum, in quo positum, 26. Quale sit in Domino gaudium, 480. Qua ratione impleri possit præceptum illud Apostoli : *Semper gaudete*, 480, 27, 32. Gaudium quod ab externis petitur, fallax et inane est, 27. Quomodo lacrymæ sanctorum cum jugi gaudio quo iidem perfruuntur conciliari possint, 28. Gaudii tristitiæque varia symptomata, 28. Gaudio modus ponendus, 32.

Gentiles suis scriptis quædam Scripturæ sacræ loca inseruere, 174. Quomodo possit ex gentilium libris fructus capi, 175. Cave quocunque duxerint hac sequaris, 174. Quidquid in eis utile fuerit carpe, scito quale etiam contemni oporteat, 174, 175, 176, 179. In gentilium libris quasi in umbris quibusdam et speculis exercentur adolescentes, 173, 174, et ad sacras atque arcanas doctrinas adducuntur, 175. Gentilium præclari actus imitandi, 178, 179. Quidam affinitatem habent cum præceptis evangelicis, 178, 179.

Geometriam invenerunt Ægyptii, 102.

Gloria ab hominibus haud quærenda, 426, 427. Quomodo fugienda, 426, 556. In rebus etiam vilibus vanæ gloriæ indulgeri potest, 432. Quis sit inanis gloriæ cupidus, et quis sit qui hominibus placere studet, 432. Inanis gloriæ effectus, 556. *Vide* Elatio.

Gloriatio vera, quæ sit, 158, 159, 498. Quæ vetita, 158, 159, 498. Prudenti viro nihil fugiendum est magis quam ad gloriam vivere, 185.

Gordius martyr, 141. Patria martyris Gordii, 143. Militiæ ascriptus, militibus centum præfuit, 143. Ad solitudines confugit, 144. Jejuniis cæterisque pietatis officiis exercitatus ultro se obtulit certamini, 144, 145. Omnium in se oculos convertit, 144, 145. Præsidi oblatus spernit minas, blanditiis non emollitur, 145, 146. Mala amicorum consilia despicit, 147. Martyrium strenue datis cervicibus consummat, 148.

Gratiarum actio, 33. Gratiæ Deo semper habendæ, 56, 68, 139, 273, 383. Quomodo impleri possit præceptum illud Apostoli : *In omnibus gratias agite*, 36, 37, 38, 39, 40. Gratiarum actio lacrymas non excludit, 32, 42. Qua ratione cum ea quæ benefacienti debetur conciliando, 488. Beneficia collata delet ingrati animi vitium, 39.

Gubernatio, ad vitam trajiciendam necessaria est, 111, 112.

Gubernator intelligens, quis sit, 111. Non quilibet ad gubernationem vocantur, 110. Optimus gubernandi modus, 112, 113.

Gulæ vitium, in quo positum sit, 207. Multa sequuntur mala, 208. Interitum affert, 208. Gulosi difficile admodum emendantur, 208.

H

Hæretici fugiendi, iis maxime qui in peccatis versati fuerint, 421, 422. Utrum salutandi sint, vel cum eis cibus sumendus, 558.

Hebræorum pulchra fuit astutia, 108.

Herbæ, ad singulos morbos accommodatæ sunt, 598. *Vide* Ars medica.

Herculis historia ex Prodico laudata, 177.

Hesiodi locus a Basilio laudatus, 174, 176.

Historiæ utilitas, 149.

Homeri poesis virtutis laus est, 174.

Hominis definitio, 167. Homo ad imaginem Conditoris factus, 18, 318. Ex duobus constat, mente scilicet et corpore : utriusque partes designantur, 23. Hominis dignitas, 22, 26, 27. Solus ex omnibus animantibus erecta facie conditus, 24. Quod sub aspectum cadit id homo non est, 181. In homine velut in concinno quodam rerum summario, magnam Conditoris sapientiam licet contueri, 23. Collata homini beneficia recensentur, 26, 27, 40, 41, 67, 338, 339. Hominis sublimitas et gloria quæ sit, 158. Aliud est homo ipse sibi, aliud sua, aliud quæ circa illum sunt, 18. Unusquisque ad quidpiam utile conditus fuit, 77. Libero arbitrio donatus, 77. Alter ab altero per liberum arbitrium secernitur, 77. Homo ex sua ipsius voluntate malus est, 80. Per peccatum deformatus, 318. Homini relictum est nihil unde gloriari queat, 159. Infinito plura sunt quæ ignorat, quam quæ novit, 195. Ad peccata cogitationum proclivis, 17. Per cogitationem peccat sæpius, 17. Infirmitati huic medela concessa est, 17, 18, 19. Cur non ita conditus, ut peccare natura non possit, 79. Alios bonos, alios malos a Deo factos esse qui dicit, impius est, 455. Quomodo Deum homo glorificat, 238. Quotidianum hominis officium describitur, 17, 18, 19.

Honesti et justi definitio, 499.

Horæ canonicæ, quomodo monachis distributæ, 321, 322, 583, 584. Dividebatur meridiana precatio ut septenarius numerus impleretur, 322. Earum quælibet, accepta a Deo beneficia singularia quodam modo in memoriam revocat, 583. Diversitas in precibus et psalmodia quæ statis horis fiunt, utilis, 584. Quomodo psallendum, 513, 514.

Hospites, quomodo excipiendi, 263, 364, 365. Maneant in hospite monumenta mensæ Christianorum, 364. Mensam nostram ob delicatos commutare turpe est, 364, 565. Hospitalitatis is finis sit, ut spectetur quod necessitas cujusque accedentium postulat, 364, 365. Attamen cura et quædam mensæ decentia necessaria est in omnibus, 364, 365. Hospites qui dimittendi, 467.

Humilitas, omnis virtutis parens, 210. Æmulatio est Christi, 211. Virtutum ærarium, 159. Maxima salus homini, morbi medela, et reditus ad pristinum statum, 156. Summo studio complectenda, 160. Humilitas locum in regno cœlorum obtinendum definit, 266. Humilitatis assuetudo iracundiam animi quasi exscindit, 556. Qui multis magnisque peccatis obnoxius est, eum sæpe liberat humilitas, 160. Humilitatis profectus animæ profectus est, 211. Humilitatem nos omnia Domini gesta docent, 161. Idonea ad consequendam humilitatem præcepta, 161, 162, 481. *Vide* Elatio.

Hypocrisis invidiæ fructus, 97.

Hypocrita, quis sit, 2.

I

Ignis qui Ecclesiæ septa obtinebat mirabiliter exstinguitur, 170.

Ignorantia, non tollit peccatum, 243. Auget si sit voluntaria, 429.

Impuritas et immunditia, quid sit, 439.

Inconstantiæ suspecti, qui sint, 352.

Incontinentia ex vino oritur, 125.

Indignatio et ira differunt, 90.

Indumenta, cur non statim in paradiso constructa fuerint, 81. *Vide* Adamus.

Inferni supplicia æterna sunt, 507. Peccatum quodlibet convenienti sibi pœna multabitur, 507.

Infirmorum infirmitates quomodo portandæ, 475.

Ingluviei satietatisque tum ebrietatis effectus describuntur, 4, 5, 8, 9, 10, 12, 13, 14, 15, 43, 123, 208. Vide Vinum. *Vide* Gulæ vitium.

Ingrati animi pœna, 39, 64, 341.

Inimici, quomodo diligendi, 474. Utrum præceptum de diligendo proximo impleri possit, 474.

Inimicitiæ peccatum gravius est in iis qui cæteris gradu præstant, 493.

Innocentia, dupliciter intelligitur, 107.

Innocentis character atque insigne, 107.

Inobedientia est superbiæ fetus, 372. Inobedientiæ malum gravissime punitur, 217, 218, 219. Quomodo oportet affici omnes erga immorigerum et inobsequentem, 371, 372. Quisquis parere non vult, secum ipse pugnat, 372. Sæpius admonitus si reipsa seipsum non sanat, is veluti membrum corruptum a communi corpore resecandus, 572, 393. Inobedientes qui judicandi sint, 455, 456, 457.

Intelligentia quid sit, 488. Cujusmodi intelligentiam petere debemus a Deo : quomodo reipsa fieri digni possimus, 488. Intelligentiæ tarditas ex eorum in quos beneficia conferuntur, incredulitate proficiscitur, 431.

Intemperantia metuenda est, 558, 663. Manifestam præter nequitiam, 462. Utrum cura suscipienda sit ejus qui sibi mortem per intemperantiam conciliat, 463.

Interroganti recte et præclare respondendum, 243.

Invidia est dolor de proximi successu felici ac prospero, 91. Capitale vitium, 92. Caini et Saulis crimen, 92, 93. Immansuetissimum odii genus, 93. Arrhabo supplicii, 95. Invidiæ effectus, 91, 92, 93. Invidiæ motus plagæ fiunt invidentis, 94. Idonea ad coercendam invidiam remedia, 95, 96.

Invidus venenatis bestiis exitiosior, 94. Dæmonis administer, 95. Invidum collata beneficia irritant, 95. Hominis invidi descriptio, 95. *Vide* Invidia.

Ira, mentis est ebrietas, 9. Qua ratione coercenda, 23, 85, 86, 87, 224, 499. Brevis quædam insania est, 84, 89. Iræ effectus, 83, 84, 85. Fœtus varii, 433, 434. Hominis ira percitii elegans accurataque descriptio, 9, 83, 84, 85.

Ira quædam utilis, 88, 89. Quomodo dandus iræ locus, 497. Iræ filii qui sint, 508. Ira et indignatio differunt, 90. Iræ radicem si exscindere poteris, vitia non pauca una cum hoc principio exstirpabis, 90.

J

Jejunium verum, quale sit, 2, 9, 15. Hilari animo excipiendum, 2, 15. Efficax abolendo peccato est, 2. Jejunii antiquitas, 2, 3, 5. Effectus dignitasque et utilitas, 3, 4, 5, 6, 7, 10, 11, 13, 14. In jejunio quid cavendum sit, 2, 9, 12, 489. Quomodo jejunandum, 460. Ab interno mentis jejunio cavendum, 15, 16. Quotquot fuere sancti, omnes per jejunium ad vitam Deo dignam instituti fuerunt, 7. Vanæ delicatorum excusationes refelluntur, 3, 4.

Jejunium quadragesimale ubique et ab omnibus observatum, 11. Quinque dies singulis hebdomadis quadragesimalibus jejunio consecrati, 9, 12.

Joannes, inter evangelicos præcones vocalissimus, 134. Loca quædam ex Evangelio Joannis et gentiles admirati, scriptis suis inseruere, 134.

Job patientiæ Christianæ exemplar, 30, 43, 171. Varias diaboli insidias superavit, 30, 43, 171. Collata Jobo præmia, 173. Quid causæ sit cur amissas divitias duplo recepit; liberorum vero numerus mortuis par rediit, 173. Judæi Filium Dei negant, 189. Consilium sibi exitiosum contra Dominum architectati sunt, 158. Per elationem lapsi, 160.

Judaismus, pugnat cum Hellenismo, et uterque cum Christianismo, 189.

Judicis munus, 105, 106, 274. Quisque judicis personam debet induere, 106. Cave ne tui ipsius fias iniquus judex, 160. A judicando proximo abstinendum, 161, 206, 273. De rebus incertis vel habita personarum ratione non judicandum, 274. Qui ad judicia ferenda proni sunt, ii inconstantiæ sunt suspecti, 332.

Judicium quoddam naturale nobis est, 106. Judicii discrimina qualia sint, 470. Non omne interdicitur judicium, 470. Judicii dies peccatori pertimescenda, 58. Dies retributionis pro cujusque merito, 2. Judicium sequitur gratiam, 159. Judicia Dei curiose perscrutanda non sunt, 172. Haud contemnenda, 244. Gravius est judicium eorum qui noverunt, nec tamen faciunt, 243. Quorumdam in judicium iræ Dei casus, ad metum, doctrinam et correptionem nostram est, 244. Contemptus judiciorum Dei maximum malum, 343. Quomodo timere poterimus Dei judicia, 445.

Jugum Christi quomodo leve, 211.

Julitta martyr, 33. Martyrii causa, 33. Constanti hilarique animo martyrium subit, 34. Prosilit in rogum, 34. Julittæ corpus integrum et incolume servatum, in pulcherrimo templi vestibulo tumulatur, 34. Circa Julittæ tumulum fons aquæ salubris scaturit, 35. Julittæ cohortatio ad mulieres, 34.

Jura gentium haud parum inter se diversa sunt, 104.

Justitiæ definitio, 104. Veræ ac sinceræ ab adulterina et falsa secretio difficilis, 104, 105. Justitiam veram intelligere, animi est vere magni, 104, 105. Unicuique reddi debent quæ sua sunt, 259.

L

Labor. *Vide* Opus manuum.

Lacrymarum origo et causa, 29. Mœrentibus sunt levamen, 29. Modus in effundendis lacrymis tenendus, 29, 30, 31, 37. Lacrymis peccata diluuntur, 168. Aliæ laudantur, 27, 41, 42. Culpantur aliæ, 31, 41, 42. Quare Christus lacrymas super Lazarum et super civitatem effudit, 29, 30. Lacrymæ sanctorum. *Vide* Gaudium.

Legem inter et Evangelium multum inest discriminis, 263.

Legis contemptor Deum afficit contumelia, 238.

Liberum arbitrium, quid sit, 78, 79. Homini insitum, 74, 77. Vasorum aureorum argenteorumve aut testaceorum vel ligneorum similitudinem habet, 74, 77. Naturæ rationis compoti maxime congruit, 78. Peccati radix est ac principium, 74. Liberi arbitrii effectus in diabolo et angelis, 80.

Libidines obscenæ, naturæ detrimentum sunt, 166. Sopitas proxime sequitur mœror, 166.

Libri gentilium non sine fructu leguntur, 175. *Vide* Gentiles.

Lites fugiendæ, 270.

Luxuria est naturæ detrimentum, 166.

M

Malignitas quid sit, 442.

Malum boni privatio est, 78. Mali nulla est propria subsistentia, 78. Non ingenitum, 78. Non una cum bonis creatum, 78. Peccatum sunt vere malum est, 77. Quoquo tempore admissum, ex æquo malum est, 323. Quid sit verum malum, quid malum appareus, 78.

Malum, aliud est habita ratione sentiendi, aliud sua ipsius natura. Istud ex nobis pendet, illud nobis a prudente Domino et bono ad nostram utilitatem irrogatur, 74, 77. *Vide* Calamitas. Cessare a malo, neque laude, neque castigatione ex se dignum est, 118. Inventores maiorum qui sint, 442.

Mamantis martyris encomium, 185. A seipso nobilitatur Mamas, 185. Pastor fuit, 186.

Mandata Dei. *Vide* Præcepta.

Mansuetudinis fructus, 558. Mansuetudo justam indignationem non excludit, 558. Monachis omnino convenit, 557.

Marcion, principia duo inducebat, 192.

Mariæ et Marthæ functiones diversæ, 533. Status duo per has mulieres designantur, 533.

Martyres pauci, 148. Dum mactantur exsultant, 139 Martyrum corpora in vestibulis templorum tumulabantur, 34. Celebritates apparatu omni celebrantur, 139, 141. Quo fine, 186. Circa martyrum sepulcra conventus publici et convivia, 139. Martyrum civitas quæ sit, 130. Quæ sint vera præconia, 185. Cohortatio ad martyrium, 139. Martyrum Encomium, 156. Invocantur martyres, 183.

Matrimonium. *Vide* Conjugium, Uxor.

Matris Christianæ præclarum facinus, 155, 156.

Medicina, cur homini concessa, 397. *Vide* Ars medica.

Mendacium omne prohibetur, cujusdam etiam utilitatis causa prolatum, 442. Ideo fugiendum, 253.

Mensa Christianorum qualis esse debeat, 364. Quomodo oporteat se gerere inter sedendum et accumbendum in tempore prandii aut cœnæ, 366. Lectio non deerat mensis monachorum, 476. Qui ad monachorum mensam admittendi sint, 552.

Mentis aberratio et variæ cogitationes quomodo emendandæ, 322, 341, 342, 343, 344, 327, 524, 538. Quomodo cavendum ne cogitationes bonæ mentem veluti deficiant, 443. Mentis levitas innatus adolescentibus morbus, 20, 455.

Militaris ordinis salus desperata non est, 147.

Milites hujus mundi ab Christi militibus differunt, 12. Militis vita, qualis sit, 199. Laboriosa in bellis, splendida in pace, 199. Strenui militis præmia quæ sint, 199. Milites Christi. *Vide* Ascetica vita.

Ministri fidelis officium, 225.

Mitis, quis sit, 480.

Monachi vita, qualis esse debeat, 205, 206, 207, 208, 209, 320, 323. Monachi multis variisque modis tentantur a diabolo, 204, 205, 207. Eisdem necessarius est vitæ suæ dux, cui sua omni voluntate rejecta, seipsos tradant, 204, 205. Quidquid sine ipso efficitur, furtum est et sacrilegium, 204, 205. Monachus quidquam eorum quæ ex consuetudine vera habentur adulterare ne tentet, 204, 205. Nobilitati carnis ne innitatur, 204, 205. Aures habeat apertas ad obediendum, 206. Variis sermonibus ne vacet, 322. Ad majores virtutes enitatur, et minores ne negligat, 226. Nullum parvipendat vitium : ne sit alienorum peccatorum judex, 226. In publicum prodire penitus refugiat, 206, 207. Juvenis, æqualium suorum consuetudinem omnino declinet, 207. Gulæ vitium summopere caveat, 208. Monachus gulæ addictus raro admodum resipiscit, 208. Ne putet eos omnes fieri salvos qui in cella degunt, 210. Senex, de laboribus ne remittat, 211. Ne ambiat fratribus imperare, 335, 374, 375. Monachum ne efferat cleri gradus aut sacerdotii, sed potius humiliet, 211. Ornamenta monachi quæ sint, 211, 212, 213. Varia monachis data præcepta, 209, 210, 211. Omnia sint monachis communia, 322, 324. Oportet monachum nihil in vita possidere, 211, 322, 324, 456. Non cuilibet suum velus indumentum dare licet cui velit, 456, 457. Vel aliam quamlibet eleemosynam, 450. Quo animo uti debeat, 448. Omnino æquali amoris mensura esse invicem diligere debent, 322, 325. Controversiæ quæ inter fratres oriuntur, quomodo dirimendæ, 394. Qui detrahit vel audit detrahentem, ambo separandi sunt a reliquorum societate, 424. Qui detrahit præfecto, quomodo puniendus, 424. Si frater fratri molestiam aspergit, quomodo emendandus, 428. Vel qui assidue seipsum accusat quod aspere tractet fratrem, 443. Qua humilitate debeat quis a fratre obsequium accipere, 469. Quo animo fratribus suis inserviendum, 468. Præfecti absentis, aut aliqua occupatione distenti, vices supplere debet aliquis, qui ab ipso præposito et cæteris qui probandi periti sint, designetur, 391, 492. Quid agere debeat is qui præpositi statuta non admittit, 495. *Vide* Obedientia. Omnia etiam cordis arcana sunt præposito detegenda, 371. *Vide* Obedientia. *Vide* Præfectus. Non debent monachi a conventu fratrum secedere, suis secundum carnem propinquis patrocinaturi, 375. E cella egressio monachis admodum periculosa, 206. Quo affectu e cella egredi debeant, 207, 568. Quomodo in cella persistere, 555. Parentum cura attinet ad fratrum præfectum, 555. Colloquium cum parentibus periculo non vacat, 575. Quomodo tacere vel loqui debeant monachi, 525, 526. Quæ per nutus fiunt significationes prohibentur, 525, 526. Externos, vel etiam parentes alioqui non liceat monacho absque licentia, a præfecto non cuilibet danda, 585. Non convenit ascetam incaute aut cum omnibus hominibus colloqui, 550, 551, 552. Quis sit modus colloquendi cum sororibus, 576. *Vide* Silentium. Quomodo operari et ministrare debeat monachus, 210, 522, 369, 377, 580, 581. Non licet unicuique assignatum sibi opus recusare, 456. Neque graviora opera, 457. Qui laborare non vult, nec tamen est fracto corpore, condemnatur ut piger, 559. Qui laborare non potest, quomodo habendus, 456. Artes monachis assignatæ quæ sint, 584, 585. *Vide* Opus manuum. Quæ vestitus ratio monachis conveniat, 567. Par est monachum vel in vestitu peculiare aliquid habere, 568. Quod minime exquisitum est, ac necessitatis scopo sufficit, omni tempore præferatur, 568. Zonæ usus quis sit, 568, 369. Duas tunicas habere vetitum est, 447. Attamen si quis carnis afflictationis causa, alteram habere voluerit, non prohibetur, 447. Quo animo calceamentum aut vestimentum qualecunque tandem illud fuerit, accipere oporteat, 471, 578. Diæta monachis præscripta quæ sit, 521. Optimum est si ob nullam victus necessitatem in publicum prodire cogantur, 521. Veri ascetæ alimento siccissimo utuntur, et in quo tenues admodum vires ad reficiendum sint, 552. Comedunt semel per totam diem, 552. Jejunia et vigiliæ extraordinariæ non probantur, nisi accedat præfecti auctoritas, 461, 462. *Vide* Victus ratio. *Vide* Cibus. Crebra ac frequens peregrinatio monachis interdicitur, 555. Utrum rogati ab aliquibus, eos invisere debeant, 526. Nundinationes non decent monachos, 586. Instabiles monachi omnino fugiendi, 554, 555. Quibus similes, 554, 555. Quomodo ii qui suo conventu relicto alium petunt, per cæteros præfectos habendi, 579, 580. *Vide* Peregrinatio. Pœnæ monachis delinquentibus impositæ, 522, 595. Tempus et modus præpositorum judicio decernitur 452. Qui e fratrum corpore abjiciendi sint, 572, 452. *Vide* Epitimia, in quibus disciplinæ monasticæ specimen reperies. *Vide* Ascetica vita, Sæculi renuntiatio, Professio monastica. Monasterium, etc.

Monasterium, quomodo ordinandum, 520. Decet monachos non pauciores esse quam decem, 520. Plures in eodem pago conventus fratrum non construendi, 578, 579. Vicini si in egestate sint, quomodo sublevandi, 515. Utrum societates fratrum inter se negotiari debeant, et si ejusmodi necessitas contingat, quomodo negotiandum, 515, 156. Aditus ad monasterium obstruatur mulieribus; imo non quivis vir ingrediantur, 322. E monasterio egredi quando liceat, 526, 580. Haud decet monachum aliquo abire moderatore non prius commonefacto, 456. *Vide* Monachi.

Monasticæ vitæ dignitas, 520. *Vide* Ascetica vita.
Morbi sunt pœna peccati, 597. Herbæ ad singulos morbos accommodatæ sunt, 598. Sæpe castigationis causa, in morbos prolabimur, 599. Quo animo perferendi, 400. *Vide* Ægritudo.

Morosi hominis character, 59.
Mors, peccati pœna, 247. Malum non est, 74. Justis somnus est, 158. Imo ad vitam meliorem profectio, 159. Pro Christo oppetenda, 148, 284. Post mortem non est tempus recte factorum, 255.

Mors filii parentisve aut charorum, quo animo perferenda, 51, 56, 57, 58, 286. *Vide* Lacrymæ.
Mortem Domini quomodo quis annuntiat, 492.
Mortificatio Jesu in corpore nostro circumferenda, 26.
Mulierum colloquia consuetudinesque quam maxime fugiendæ, 545, 544.
Mulierum ornatus, quis sit, 509.
Mundana omnia despicienda sunt, 165, 164, 165, 166. *Vide* Homiliam de judicio Dei. Sub his latitat diabolus ad decipiendas animas, 164. *Vide* Diabolus. Vere nostra non sunt, sed omnibus pariter extranea, 165, 166. Evanescunt una cum vita, 186. Plus a minimo futurorum dignitate distant, quam a rebus veris umbra et simulacrum, 174. Clausis oculis prætereunda, 166. Derelinquenda ut sequamur Christum, 148, 149, 150. Qui rebus terrenis remittit nuntium, is honorem apud Christum sibi conciliat, 204. Qui re aliqua præsenti afficitur, eum esse discipulum Domini impossibile est, 257. *Vide* Monachi.

Mundus corde, quis sit, 514.
Munus ad altare quomodo quisque nostrum offert, 506.
Murmuratio monachis interdicitur, 575. Opus ejus qui murmuravit cum operibus fratrum non commiscendum, 575, 595, 596, 427. Similem inobedientibus pœnam sustineat, 395. Variæ murmurationum causæ, 456.

Musica, quæ fugienda, quæ consectanda sit, 182. Vis musices, 182.

N

Natura divina, quid sit, 151. Præ dignitate verbis explicari non potest, 151. Quantus sit Deus, et quis modus ejus, et qualis secundum essentiam; talia ut sunt interroganti periculosa, ita ei qui interrogatur inexplicabilia, 188. Ad omnes simul Dei glorias declarandas non sufficit nomen unum, nec singula omnino citra periculum assumuntur, 226. Humana natura in hac vita assequendis divinis mysteriis impar est, 226. *Vide* Trinitas.

Naturæ detrimentum sunt obscenæ libidines, 166.
Navigatores imitandi, 168.
Necessitudo cum Deo in studiis divinæ implendæ voluntatis perficitur, 255. *Vide* Dei voluntas.
Negotiis a pietate alienis qui sese immiscet, is Deo servire nequit, 256.
Novitii, quomodo probandi, 552, 555. Probatio debet accedentium moribus accommodari, 552, 555. Communis cujusque probandi modus quis sit, 555. Novitii Scripturarum sententias edocendi, 459. Non admittendi nisi habito prius fratrum consilio, 455. Utrum pro iis qui fratribus traditi sunt, sit aliquid accipiendum ab eorum propinquis, 525 Utrum recipiendi sint ii quibus divitiæ non suppetunt, 416, 417. Iis qui ad Dominum accedebant, bona ad ipsos pertinentia reddebant cognati, a prælerto prout judicabat administranda, 478. *Vide* Professio monastica.

Nox occasionem præbet orandi, 56. Noctis tempus quomodo traducendum, 56.

O

Obedientia perfecta, quæ sit, 524, etiam in minimis præstita, Deo est accepta, 262. Mandata etiam quæ ultra vires sunt complectitur, 572. Quomodo alter alteri obedire debeat, 455. *Vide* Monachi.
Obedientiæ merces eximia, 95, 525. Monachis omnino necessaria, 204, 205, 520, 574. Cœnobitici instituti summa est, 565. Monacho imitanda obedientia ea est, quam sancti Deo exhibuerunt, 570, 571, 572. Ne minimo quidem temporis momento asceta sui juris sit, 577. Quo affectu ei qui mandatum conficiendum urget, auscultandum, 471, 475. Ad quosnam terminos sese debeat extendere, 455. Limites suos ad mortem usque extendit, 456. Propria voluntate uti, alienum est a recta ratione, 457. Omne judicium voluntatis propriæ periculo non vacat, 461. Ipsa etiam bona ex propria auctoritate facere non licet, 455. Quidquid eligitur propria voluntate, id alienum est a pietatis cultoribus, 441, 449, 462. Quidquid perfectis comprobatur, tametsi repugnat voluntati, id amplectendum est, 441, 449, 462. Num cuivis et quodvis imperanti obediendum sit, 454, 455, 522, 525.
Objurgatio, quo animo accipienda, 507. Objurgationis modus quis esse debeat, 162 Variis peccantium affectibus accommodandus, 444, et ætati, 405.
Obtrectatio, quid sit, 425. Duo tempora sunt in quibus liceat mali aliquid de aliquo dicere, 425.
Œconomi dotes, 577. Illum necesse est summe ab amore singulari et a contentione purum esse atque expurgatum, 465. Dotibus ad ministerium necessariis instructus haud facile reperitur, 580. *Vide* Cellarius.
Opus manuum laudatur, 210, 212. Præcipitur, 270. 582, 545. Monachis præsertim, 521. Non ob corporis castigationem modo, sed etiam propter charitatem erga proximum utile, 582. Assiduam orationem non excludit, 582, 585. Precum et psalmodiæ obtentu non refugiendum, 582, 585. Tempora ad operandum manibus, assignata monachis, 585. Qui propter operum aut locorum naturam longius abfuerint, constitutas ad psallendum horas ne prætereant, 585. Artes monachis assignatæ quæ sint, 584, 585. Hæ artes anteponendæ quæ neque vitam ipsorum distrahant, neque impedimenti sint quominus assidua Domini præsentia perfruantur, 584, 585, 550. Laudatur maxime agricultura, 585. Non liceat monacho eam quam callet artem, aut discere vult, exercere, sed eam ad quam judicabitur idoneus, 586, 587, 588. Debet asceta vilia etiam opera cum multa alacritate suscipere, 574. Non licet unicuique assignatum sibi opus recusare, 456. Neque graviora opera, 457. Qui laborare non vult, nec tamen est fracto corpore, condemnatur ut piger, 459. Qui laborare non potest, quomodo habendus, 456. Opera, quomodo vendenda sint, 585. Fieri debent moderante sene, qui eadem ad requisitos usus impendat, 521. Viribus cujusque æquanda, 466. Quo consilio et quo

animo li qui laborant, laborare debeant, 388, 389, 484, 485, 510. Quomodo operarii commissa sibi instrumenta debeant accurare, 464. Quomodo quis abundat in opere Domini, 517. Operum bonorum prætermissio, perinde atque malorum perpetratio punitur, 222. Opera bona quomodo occultanda, 481. Quomodo quis omnia faciat ad g.oriam Dei, 481. Professio nostra per opera confirmanda, 237.

Optimus quis sit, quis bonus, quis ad omnia inutilis, 174.

Oratio. Quomodo orandum, 276, 303, 536, 537, 538, et pro quibus, 277, 286. Tempus orandi omnis vita sit, 321, 382. Quomodo spiritus alicujus orat, mens autem illius sine fructu est, 513. Postulata si illico non assequimur, animo non concidendum, 540. Affectus ad orandum requisiti, 538, 539. Orandi modus duplex, 536. *Vide* Precatio.

Orationis exhortatoriæ vis quæ sit, 10.
Originale peccatum. *Vide* Peccatum. *Vide* Adamus.
Ornamenta monachi quæ sint, 211, 212, 213. *Vide* Monachi.

P

Panegyrici difficiles, 185.
Panis quotidianus, quis sit, cujus quotidianam largitionem rogare edocti sumus, 500.
Parentes veri, qui sint, 348. Iis qui ad Dominum accedebant, bona ad ipsos pertinentia reddebant cognati, a præfecto prout judicabat administranda, 478. Quomodo oporteat monachos affici erga cognatos secundum carnem, 375, 479, 564, 565, 566.
Parvuli, quibus imitandi, 487.
Pastor quis eligendus, 204, 320, 321, 324. Quis fugiendus sit, 205. Quidquid sine bonorum operum doctore fit, furtum est et sacrilegium, 205. *Vide* Monachi. *Vide* Præfectus.
Pastoris descriptio, 166, et encomium, 166, 187. Bonus pastor, quis sit, quis mercenarius, 186, 187, 188. Sunt etiam nunc mercenarii pastores, 187. Boni pastoris officium, 188. Doles, 204, 320, 321.
Patiens, quis vere sit, 154.
Patientia donum Dei est, 225. Patientiæ Christianæ effectus et præmium, 171, 173.
Pauperes spiritu, qui sint, 483, 484. *Vide* Monachi.
Paupertas, æquo animo toleranda, 67, 68 Mirabi:is si cum pietate conjungitur, 186. Pauperem esse probrosum non est, sed paupertatem generose non ferre, 87. Quid sit discriminis egestatem inter et paupertatem, 504, 505.
Pax cum omnibus hominibus, si fieri potest, habenda, 370. Cæteri quoque ad pacem Christi sunt adducendi, 271. Pacificus quis sit qui a Domino dicitur beatus, 487.
Peccatores, quomodo habendi, 272. Qui in sua ipsorum nequitia perseverant, aversandi, 273. Iis maxime qui in peccatis versati fuerint, 421, 422. Quomodo objurgandi, 444.
Peccatum, ægritudo et mors animæ est, 42. Ad posteros per Adamum transmissum, 70, 208. Omnem bonorum operum fructum dissipat, 112. Abalienat a Domino, conjungit vero diabolo, 254. Animas comitatur judicii die 58. Plagas calamitatesque inducit, 62, 63, 64. Quo odio habendum, 148. Finis peccati mors, 245.
Peccatum quomodo vincendum, 118. Lacrymis diluitur, 42, 168. Et eleemosyna, 70, 150. Quomodo a peccatis recedendum sit, 417, 517. Peccato pœnitentia exæquanda est, 19. Et pœna, 104, 105. Peccatorum causæ quæ sint, 444. Peccata alia sunt involuntaria, alia ex pravo animo oriuntur, 104. Hæc gravius punienda, 219. Peccata aliqua ex aliis originem ducunt, 517. Quo sensu magnum vel parvum peccatum dici liceat, 518. Nequitia operum perpetratio, plerumque pœna est præcedentium peccatorum, 245, 255. Peccatum nusquam est, neque in sua ipsius substantia deprehenditur, 547. Qui patitur alterum peccare, peccari reus fit, 430, 431. Qui post delata peccata rursum peccat, ipse judicium sibi parat, 244. Quomodo agendum sit cum his qui devitant graviora peccata, patrant vero leviora indiscriminatim, 518. Qua ratione persuadebit sibi animus esse se purum a peccatis, 519, 520. Etiamsi quis peccati haud conscius se ipse non arguat; fidem tamen debet iis adhibere qui res illius melius videre possunt, 521. Peccatorum multitudo nunquam nos a spe consequendæ veniæ debet dejicere, 418, 419. *Vide* Confessio.
Perdicis astutia, 120.
Peregrinatio, quomodo suscipienda, 525, 586. Crebra et frequens interdicitur monachis, 583. *Vide* Monachi.
Periclis egregium facinus, 178, 179.
Perperam agere, quid sit, 432.

Persecutionis adversus Christianos descriptio, 143, 144, 150.
Petitio non omnino in verbis circumscribitur, 35.
Petrus timiditati humanæ traditus est, lapsu erudiendus ad metum atque ad cautionem, 159, 160. Omnibus discipulis prælatus, 219.
Pharao, ob nimiam malitiam insanabilis, 77. Quomodo induratus, 77. Pharaonis irrita fuit astutia ad disperdendum Israelem, 158.
Philosophus, vere quis sit, quis fictitius, 178. Philosophi præ cæteris majori studio legendi, 176. Plerique virtutis laudem in suis scriptis reliquere, 178. Attente legendi, 175.
Pictura exhibet oculis quæ docet historia, 149.
Pietatis fructus, 186. Quidquid ad pietatem conducit, id nisi libenter ac studiose fiat, periculosum est, 460. Et jejunium et cibi usum pietas temperare debet, 462. Qui sibi ipsi placiturus aliquid agit, a pietate excidit, 520. Quid pietatis cultori considerandum est, 516. Institutio ea quæ fit per timorem, utilior est iis qui ad pietatem recens introducuntur, 541. Qui pro pietate decertant, non sunt deserendi, 285.
Piger, quomodo emendandus, 427.
Pigritia, naturalis fere est senectæ, 455.
Pii, si peccaverint, aliter ac peccatores objurgandi, 444. Cur aliquando in peccata delabantur pii, 444.
Pittaci dictum, 180.
Platonis dictum, 182. Cur insalubrem Atticæ locum Academiam elegerit, 182.
Pneumatomachi Spiritum sanctum dicebant creaturam, 195. Horum sophismata proponuntur, diluunturque, 195, 194, 195, 196. *Vide* Spiritus S.
Pœna peccato exæquanda, 322. Quo animo irrogatæ pœnæ perferendæ sint, 396, 468. Qui ægre fert increpantem se, qualis sit, 396, 468.
Pœnitens sincerus, quis sit, 416, 417. Quomodo suscipiendus, 416, 417. Quis fictus, 416. Quomodo habendus, 417. Pœnitenti peccata remittenda, 419. Quid agere debeat is, quem pœnituit peccati, et rursus in idem peccatum labitur, 516, 517.
Pœnitentia vera quæ sit, 65, 255. Peccato exæquanda, 19. Post mortem inutilis, 122. Rite et egregie peracta dat spem consequendæ veniæ, 418, 419, 434. Qui nunc pœnitentiam non agunt, ipsi gravius condemnabunt quam ii qui ante Evangelium fuerunt condemnati, 234. Cujusmodi fructus pœnitentiæ digni sint, 416, 417, 419, 516. Pœnitentia Ninivitarum, 64, 65.
Poetæ, historici, oratores quomodo legendi, 175. *Vide* Gentiles.
Polypus, colorem suum in subjectæ terræ colorem mutat, 184.
Præceptorum divinorum utilitas comprobatur, 83, 112. Contemptus gravissime puniendus, 220. Series mandatorum Dei quæ sit, 335. Omnium mandatorum quæ a Deo nobis tradita sunt, conficiendorum vim et facultatem accepimus, 336. Præcepta Spiritus sancti perfici non posse qui dicit, impius est, 18. Refelluntur qui legem traditam impleri non posse calumniantur, 25. Cavendum est ne unius mandati obtentu alterum dissolvere videamur, 331. Nullum, ne difficillimum quidem, pigre ac segniter conficiendum, 573. Exsoluto uno, necesse est alia etiam simul exsolvi, 51, 54, 328, 329, 330, 359. Nihil contemnendum est quasi parvum, 415. Mandatorum Christi observatio, dilectionis testificatio est, 237. Finis vitæ æterna, 243, 323. Tria sunt animi discrimina, quibus ad obediendum revellimur, 329. Quomodo possit quis ex animo et cum alacritate Domini exsequi mandata, 473. Quomodo quis paratissimus erit ad se etiam periculis objiciendum pro Domini mandatis, 482.
Prædicatoris evangelici officium quale sit, 291, 293, 294, 295, 296, 297, 298, 299, 477, 478.
Præfectura periculosa, 211, 369.
Præfectus fratrum qualis esse debeat, 370, 454, 389, 590. Mansuetudo morum et humilitas cordis characterem præpositi atque insigne constituunt, 570, 454, 589, 590. Quomodo præpositus increpare et objurgare debeat, 396. Indignatio in peccatum, misericordia in fratrem commonstranda, 450. Increpationis modus variis peccantium affectibus debet accommodari, 444. Nihil non adhibendum est ad curandum infirmum, 451. Quomodo delictum illius qui peccavit, corrigendum sit, 595. Præfectus ita afficiatur quasi qui de singulis fratribus rationem redditurus sit, 370, 573, 574. Omnes observet necesse est, 421. Qui curam habet plurium, is pluribus servit, 474. Quomodo affici debeat erga immorigeros et inobsequentes, 372, 573. Qui e fratrum cœtu abjiciendi sint, 372, 373. Fratribus munera et officia, adhibito eorum qui ad hoc apti sunt judicio, designet, 452. Corporis viribus debet sua mandata

attemperare, 578. Præfectus deligatur ab iis qui primas obtinent in aliis fratrum conventibus, 390. Absentis vices supplere debet aliquis, qui ab ipso præposito et cæteris qui probandi periti sint, designetur, 391, 394. Præfectus qui dotibus ad munus obeundum necessariis instructus sit, haud facile reperitur, 378. Si quando aberret, a quibus admonendus, 371. Non decet præfectum cum præfecta frequenter colloqui, 453. Præfecti agendi ratio non est curiose examinanda, 394. *Vide* Monachi. *Vide* Obedientia.

Precatio est boni petitio, 35. In quibus collocanda, 35. Omnibus anteponenda est, 535. Prolixa non sit, 276. Actiones singulas præcedat, comiteturque et subsequatur oratio, 35, 36. In oratione quid cavendum sit, 62, 503. Orationis effectus, 66. Socii precationis per eleemosynam quærendi, 150. Ab oratione non sine magno detrimento receditur, 209. Orationi sedulo incumbendum, 210, 276. Quomodo quis attentionem in precando assequetur, 482. Non licet nobis quæcunque volumus petere. 503. Quibus de causis orantes non exaudimur, 503, 504, 538, 539. *Vide* Oratio.

Principatus unitas disciplinam atque consensionem populorum conservat, 214, 215.

Principes ac magistratus debent esse vindices legum Dei, 312. In iis quibus mandatum Dei non præpeditur, obsequendum, 312.

Principii acceptiones variæ, 135. Principia duo qui inducit, is duos deos prædicat, 192.

Prodicus vir non contemnendus, 177.

Professio monachi reditum ad sæculum interdicit, 519. Qui inter fratres admissus fuerit, posteaque professionem suam resciderit, perinde aspici debet, ut qui in Deum peccavit, 356. Sacrilegus est et sui ipsius fur, 356. Non amplius fratribus sociandus, 356. Professio emittebatur jam perfecta et absoluta ratione, 357. Testes hujus propositi adhibebantur Ecclesiarum præfecti, 357. Post multam liberamque deliberationem, qui professus fuerat suscipiebatur, inter fratres annumerandus, 357. Post emissam professionem secedere quando liceat vel vetitum sit, 381. Futiles instabilitatis causæ refelluntur, 567, 568, 569. Qui semel fraternitati spirituali alligatus est, ab iis quibus adjunctus est nullo modo resecari potest, 566. Qualem professionem a se mutuo exigere debeant qui simul secundum Deum vivere volunt, 415. Utrum recipiendi sint ii quibus divitiæ non suppetunt, 446, 447. Utrum pro iis qui fratribus traditi sunt, sit aliquid accipiendum ab eorum propinquis, 523. Utrum admittendus sit qui ad modicum tempus in monasterio degere vult, 449. Quomodo agendum cum iis qui tributorum exactores fuere, 448, 452. *Vide* Novitii. *Vide* Ascetica vita. *Vide* Monachi.

Promissionis Deo factæ violator, prolato adversus Ananiam judicio exemplo obnoxius, 319. Christi derelicti crimen non effugiet, 202.

Prosperitas vitæ tentationis loco est compluribus, 43.

Proverbii nomen varie accipitur, 98. Proverbia Salomonis captu difficilia, 97. Utilia ad omne vitæ genus ac institutum, 98, 99, 101, 102. Qua de re Proverbiorum liber Salomonis nomine inscribitur, 98.

Providendum præsenti et futuro, 72.

Proximus, quomodo diligendus, 258, 474, 496. Proximi dilectio character est et nota Christiani, 340. Non quælibet molestia proximo illata charitati adversatur, 239. Proximum peccantem si videris, cave judices, 161. *Vide* Charitas.

Prudentia, una est ex generalibus virtutibus, 102. Duplex, vera et falsa, 103, 495, 502. Quis sit prudens ut serpens, quis simplex ut columba, 497. Quis prudens apud semetipsum, 502.

Psalmodia et precatio num alternis vicibus incipienda, 524.

Pseudo-apostoli, qui sint, 514.

Pueri parentibus orbati suscipiebantur in monasteriis instituendi : qui vero a parentibus adducebantur, hi coram multis testibus assumebantur : haud tamen statim in fratrum corpore annumerandi, 355. Modus puerorum erudiendorum, 355, 356, 357. Distincta erat puerorum et natu majorum habitatio et diæta, 355, 356. Precationes vero per diem institutæ, pueris et antiquioribus communes, 356. Pœnæ pueris impositæ, 356. Memoriæ præmia proposita, 356. Artes edocebantur ad quas videbantur idonei, 357. Pueri cum magistris suis interdiu manere possunt, sed noctu ad æquales suos, et ad cibum capiendum necessario transmittendi, 357. Quomodo pietas et attentio animi ipsis instillanda, 356, 357. Quomodo ab aritum magistris pueri delinquentes corrigendi, 396. Num conveniat ut in fratrum societate magister sit puerorum sæcularium 418.

Pythagoræ dictum, 182.

Q

Quadragenarius numerus venerabilis, 154.

Quadragesimale jejunium ubique et ab omnibus observatum, 11. *Vide* Jejunium.

Quadraginta martyres, 149. Non una erat ipsis patria, 150. Primos honores obtinuere, 150. Christianos se confidenter fortiterque profitentur, 150, 151. Blandimenta minasque despiciunt præfecti, 151. Is jussit eos omnes denudatos sub dio in media civitate congelatos mori, 152. Ipsi se læti exuunt, 153. Lictor occupat locum militis, qui animo concidens, in balneum prosilierat, 154. Militis mors deflenda, 154. Quomodo lictor ad Christum conversus, 154. Cum cæteris consummatus, 154 Quadraginta martyres igni traditi sunt adhuc spirantes, 155. Reliquiæ ignis in flumen projectæ, regiones multas adornant, 155. Unus o SS. martyribus a sua matre imponitur currui, cum sociis cremandus, 155, 156.

R

Raca vox contumeliam mitiorem significans, 432.

Rahab pulchre astuta : pulchre itidem Rachel, 108.

Rebeccæ pulchra astutia, 108.

Rebellio et contradictio plura mala arguunt, 372.

Recordatio anteactæ vitæ maxima peccandi occasio est, 275.

Regis officium, 99.

Regnum cœlorum, quomodo suscipiendum, 266, 487. Quomodo angusta est via, et arcta porta quæ ducit ad vitam, 493.

Renuntiatio, est dissolutio simul vinculorum terrenæ hujus ac temporariæ vitæ, et humanorum officiorum liberatio, 350. Renuntiatio perfecta in quo sita sit, 348, 349, 350. Monachis omnino necessaria, 350.

Rerum humanarum instabilitas describitur, 111.

Res sacræ non sunt profanandæ, 258.

Resurrectio mortuorum, 173. Post resurrectionem non sunt exspectanda ea quæ sunt hujus ætatis propria, 286.

Risus ambiguum est nomen, 360. Nimius fugiendus, 359, 360. Moderatus indecorus non est, 359. Christus nusquam risu usus, 360. Non decet monachos, 425.

S

Sabellianorum errores exponuntur ac refelluntur, 190, 191, 192. Unam Patris et Filii personam profitentur, 190. Pugnant cum Anomœis, 190. Utrorumque blasphemiæ per evangelicas voces obturantur, 190. *Vide* Trinitas.

Sæculi renuntiatio, 202. Ad sæculum nemo sine animæ condemnatione revertitur, 202. Sæculo nuntium missurus monachorum cœtum adi, res quæ ad te pertinent constanter derelinque, amicos dimitte ac familiares. Magnopere cura et provide ut virum tuæ vitæ ducem reperias. Huic, tuam omnem voluntatem exspuens, teipsum trade, 204. Magistrum una tecum ad tua vitia descendentem si requiris, frustra renuntiationis certamen subiisti, 205. *Vide* Ascetica vita. *Vide* Monachi.

Sal, quid sit quod habere Dominus jussit, 506.

Salomon rex Israel libri Proverbiorum auctor, 97. Tres omnino supersunt ab eodem conscripti libri, 97. Ad diversos hominum status referuntur, 98. *Vide* Proverbium.

Salus sine pugna non obtinetur, 202.

Sancti, quantum in nobis est est, imitandi, 257. Sanctorum gesta præclaraque facinora non sine fructu narrantur, 142, 149. Incitamenta sunt ad virtutem, 149. Sancti quomodo laudandi, 142, 143, 150, 185.

Sanctimonia, quid sit, et quomodo acquirenda, 453.

Sanitatis beneficium cum gratiarum actione recipiendum, 399.

Sapientia et prudentia pariunt quandoque elationem, 157. Dei sapientia si desit, nullius sunt momenti, 157. Haud ingratus est externæ sapientiæ amictus, 175. *Vide* Gentiles.

Sapientiæ definitio, 99. Fructus, 99, 100. Iis maxime videtur incomprehensibilis, quibus per Dei gratiam cognitio major accessit, 226. Præparatio ad comparandam sapientiam requiritur, 100, 101.

Sapientis nomen ambiguum, 110.

Satietas mortem intulit non paucis, 166. *Vide* Ingluvies.

Scandalum, quid sit, 259. Non dandum, 421. Quandoque et a bonis rebus abstinendum ut vitetur, 259, 437, 438. Quin etiam res non necessariæ faciendæ, 260. Attamen Dei voluntas absque metu scandali perficienda, 437.

Scandalum dare, quid sit, et quomodo illud cavendum, 436, 437, 438. Oritur scandalum pluribus ex causis, 457. Quidquid scandalum affert exscindendum, 264. Dignitas scandalum dantis, scandali crimen auget, 438.

Schisma est alienum ab Ecclesia Dei, 1. Schismatum causa, 214.
Schismatici non sunt membra Christi, 216.
Scripturæ sacræ singulari studio evolvendæ, 134. Ad futuram vitam deducunt, 174. Quid in Scripturæ sacræ verbis intelligentia sit, 513. Quæ in Judaico cultu habetur notitia Scripturarum, ea puerilis animi motibus comparatur : et contra notitia per Evangelium acquisita, viro jam in omnibus perfecto convenit, 225. Scriptura sacra plerumque vice vaticinii usa est imperativo loquendi genere, 500.
Scripturæ sacræ usus, 256, 257. Ad cujusque conditionem accommodandus, 492. In his quæ a Scriptura permissa sunt non hæsitandum, 274. Quidquam in divinis Scripturis addere aut demere, manifestus est a fide lapsus et superbiæ crimen, 224. Quæ ambigue et obscure videntur dicta fuisse in quibusdam Scripturæ locis, ea ex confessis ac manifestis aliorum locorum sententiis explanantur, 506, 507. Scripturas sacras interdum furatus est diabolus, 454. Sacrorum librorum lectio monachis præcipitur, 212.
Seleucis avis insatiabilis, 57.
Sensuum nomina ad animæ potentias transferri possunt, 109.
Sepulturæ vanus apparatus, 61. Pulchra sepultura, pietas, 61.
Sermonis usus quamobrem hominibus impertitur, 16. Naturale sermonis munus quale sit, 16. Spiritus sancti sermo contractus est ac brevis, 16. Sermo verus quis sit, quis varius et artificiosus, 103. Sermonis versutia, 193. Sermonibus pravis assuescere, quædam via est ad ipsa facta, 175. Sermo otiosus. *Vide* Verba otiosa. Sermo ascetarum qualis esse debeat, 557.
Servi, suis secundum carnem dominis quo affectu servire debent, 310. Ad monasterium accedentes, quando ad dominos suos remittendi, 333.
Siccitatis descriptio et effectus, 62, 63.
Sicera Hebræis quid sit, 127.
Silentium monachis injunctum, 325, et virginibus, 326. Novitiis utile, 354. Silentii fructus, 354. Non liceat monacho qui facultatem loquendi non habet, interroganti hospiti respondere, 192. Si quis responderit utiliter, sed præter officium, pœnis perturbatæ disciplinæ obnoxius est, 192. Ii qui præficiuntur fratrum conventibus, de negotiis suis inter se colloqui debent, 397. Silentium psalmodiæ tempore præscribitur, 473. Silentii utilitas unde probatur, 483. Ascetis instabilibus facultas loquendi danda non est, 534.
Sincerum quid sit, 505.
Societas vitæ perfectissima quæ sit, 561.
Solis essentia ignoratur, 193.
Solitudinis fructus, 144, 344. Pericula, 345, 347. Quid agendum cum iis qui volunt solitariam vitam degere, 44.
Solon a Basilio laudatus, 177. Solonis dictum, 183.
Somnus sit exercitatio pietatis, 36. Immodici soporis causæ, 425. Quomodo propulsandus, 425. Quomodo quis auscultare debeat expergefacienti ad precandum, 429. In somniis cum vitæ nostræ studiis convenientia est, 36. Turpium visorum noctu contingentium causa quæ sit, 322.
Spectaculum miserabile, 112, 128.
Spei Christianæ effectus, 27. Spes in bonis operibus non ponenda, 247.
Spiritus sancti divinitas declaratur, 132, 193, 194, 195, 196. Effectus describuntur, 133. Propriam, ut Filius, personam habet, 193. Non idem qui Filius, 193. Eidem et Patri inseparabiliter conjunctus, 193, 194. Ejusdem naturæ, 193, 194. Conjungitur cum Patre, ex eo quod ex Patre procedit : cum Filio vero, propterea quod Christo conjungit credentes in ipsum, 193, 194. Ex Deo est arcano quodam modo atque ineffabili, 196. Operatur omnia in omnibus, 216. Sublato Spiritu, tollitur et Trinitas, 194. Qui inter creaturas numerant Spiritum sanctum, ut baptismum imperfectum, ita faciunt confessionem fidei imperfectam, 194. Qui non honorat Spiritum, is nec Filium honorat, 196. Quomodo quis efficiatur dignus qui fiat Spiritus sancti particeps, 483. In Spiritum sanctum blasphemi qui sint, 261, 310. Proponuntur sophismata contra divinitatem Spiritus sancti, 194. Diluunturque, 195, 196. *Vide* Trinitas.
Stultus in hoc sæculo quomodo quis efficiatur, 510, 511.
Suffitus et unguenta prohibentur, 182.
Superbiæ auctor et impulsor diabolus, 157. Multiplicibus ex causis nascitur, 157. *Vide* Elatio.
Superflua pauperibus eroganda, 268. *Vide* Eleemosyna.

T

Talentum quid sit, aut quomodo illud multiplicabimus, 500.
Temperans quis vere sit, 359.
Temperantiæ definitio, 359. Fructus, 358, 360, 362. Necessaria ei qui pie vivere vult, 361. Frenum est ad libidinem, 358. Sancti omnes temperantiæ laude fuerunt spectati, 358. Perfecta temperantiæ ratio quæ sit, 359. Quomodo servanda, 361. Pro suis quisque viribus temperantiam debet colere, 544. Non sola ciborum abstinentia circumscribitur, 364.
Temperantiæ atque frugalitatis suprema regula, 30.
Templa, quam ob causam adeunda, 386.
Tempus præsens ad quid concessum, 233. Pœnitentiæ et veniæ peccatorum tempus est, in futuro vero sæculo erit justum judicium remunerationis, 234. Tempus cujusque rei proprium agnosce, 247, 248. Omne tempus ad ea quæ Deo placent agenda opportunum est, 247.
Temulentiæ varia genera, 9.
Tentationum duplex genus, 43. Tentationes quomodo perferendæ, 281. Nemo debet seipsum objicere tentationibus antequam Deus permiserit, imo quisque debet orare, ut ne incidat in tentationem, 260, 489.
Terra, ad incolas puniendos damnatur infecunditatis, 63, 64, 66.
Theognidis dictum, 183.
Theologiæ fructus, 99.
Thesaurus bonus quis sit, et quis malus, 495. Thesauri quomodo in cœlo colligendi, 267. *Vide* Eleemosyna.
Timor, animæ expurgatio est, 100, 101. Utilis iis qui ad pietatem recens instituuntur, 341.
Timotheus musicæ artis peritissimus, 180.
Traditionibus humanis haud insistendum, 246, 349. Quæcunque a Domino per Evangelium et apostolos tradita fuere, servanda sunt, 246.
Trinitas est trium incorporeorum perfectorum, 193. Trinitatem complent Pater et Filius et Spiritus sanctus, 131. Singularum personarum divinitas comprobatur, 131, 132, 133. Unaquæque persona propriam habet hypostasim, 137. Personæ haud confundendæ, 191, 193. Nec propter secretionem personarum, dissimilitudo inducenda, 191. Quid causæ sit cur personæ plures unum solum Deum constituant, 193. Personarum Trinitatem negant Sabelliani, 190. *Vide* Sabelliani. *Vide* Natura divina.
Tristitia nimia causa fit peccati, 68. Tristitia secundum Deum quæ sit, et quæ mundi, 480. *Vide* Lacrymæ.
Tyrannus a rege differt, 99.

U

Ultio prohibetur, 270, 271.
Uxor cur homini concessa, 203. Uxorem qui duxit, is continentiæ rationem redditurus est, ac liberorum educationis, 203. Præcepta evangelica observare tenentur perinde ac monachi, 203. Imo custodia magna opus est ad obtinendam salutem, 203, 205. Patriarcharum atque prophetarum exempla proponuntur conjugio copulatis, 203. Vir ab uxore, et uxor a viro quo casu separari possunt, 308. Non licet viro uxore dimissa aliam ducere, 308. Conjugio copulatorum officium, 309. Connubio juncti quomodo ad vitam monasticam admittendi, 354.

V

Verba otiosa proferenda non sunt, 256. Ex cujusmodi verbis otiosus sermo judicetur, 423.
Verbi vox multiplicem habet intelligentiam, 136. Cur secunda in Trinitate persona Verbum a Joanne dicta sit, 136, 137. *Vide* Dei Filius. Quid discriminis sit Verbum Dominum inter et verbum humanum, 190.
Veritas est primarius animæ fructus, 175. Nuda absque patrocinio ipsa semet ostendit, 186. Haud contegenda ornatu verborum, 186. Quomodo quis veritatem in injustitia detinet, 458.
Versutia sermonis, 103. *Vide* Sermo.
Vestium usus quis sit, 367. Quis amictus ille honestus ab Apostolo traditus, 486. Comparandus est monachis vestitus qui ad omnia sufficere possit, 367. Vestium superfluitas damnatur, 181, 367. *Vide* Monachi.
Victus ratio monachis præscripta hæc est, ut neque ad voluptatem, neque ad afflictationem carnis respiciat, 321. Optimum est, si ob nullam victus necessitatem in publicum prodire cogantur, 321. Omnia quæ nobis apponuntur degustanda, 361. In alimentis capiendis damnum satietatis vitandum, et ab his quæ ad voluptatem parata sunt prorsus abstinendum, 361. Quæ sit sollicitudo laudabilis de rebus ad vitam necessariis, 510.
Viduarum vita qualis esse debeat, 309, 310.
Vigilantiæ Christianæ præmium, 163.

Vinum ad quid homini concessum, 123. Monachis ad medelam concessum, 321. Vini usus qualis esse debeat, 9, 43. Effectus, 124, 125. Abusus, 124, 125. Vino obrui descriptio, 124, 125. *Vide* Ebrietas.

Violenti quinam sint qui regnum cœlorum rapiunt, 211.

Virginitatis donum in quo positum, 319. Fructus, 319. Vitium quodlibet virginitati adversatur, 319.

Virginum vita qualis esse debeat, 312. Quo tempore fieri debeat virginitatis professio, 337. Qui in virginitate vitam agere non vult, is coram testibus dimittatur, 337. *Vide* Ascetica vita. Virginum conventus eamdem atque monachi regulam profitebantur, 326. Una cæteris præerat, cui tenebantur in omnibus parere, 326. Sola antistita de rebus necessariis cum viro aliquo sermonem habere poterat, una aut altera ex sororibus secum præsente, 326, 327. Quis sit modus colloquendi cum fratribus, 376. Virgines lanificio operam dabant, 466. Quæ psallere non vult, aut corrigenda, aut expellenda, 514. Pœnæ virginibus delinquentibus impositæ, 330, 331.

Viri propria laus quæ sit, 185. *Vide* Homo.

Virtutis definitio, 337. Virtus ex voluntate non ex necessitate proficiscitur, 79. Penes nos est, et a studioso potest acquiri, 97. Aspera primum est et accessu difficilis, sed vitio jucundior ei qui eam consecutus fuerit, 176. Ex possessionibus sola est, quæ nequeat auferri, 177. Virtus honoratur, non divitiæ, 186. Viaticum est ad senectutem. Ad vitam æternam festinantes nos præcurrunt virtutes, 167. Veræ divitiæ sunt, 167, 168. Summo studio comparandæ, 167, 168. Quæ in animo solo adolescunt virtutes, omnes omnibus æqualiter excolendæ, 343. Vitio virtus asperior non est, 120. Cohortatio ad virtutem comparandam, 184. Virtutis laus poesis Homeri, 177.

Visio, 196. Obscurum est utrum suscipiamus formas rerum visibilium, an virtutem quamdam ex nobis ipsis emittamus, 196.

Visorum noctu contingentium causa quæ sit, 322. *Vide* Somnus.

Vita hominum via est, 164. Fluvius continue fluens, 172. Quomodo traducenda, 163. Nihil juvat vita cum viris justis transacta, nisi vitam illorum moribus nostris exprimamus, 248.

Vita quæ simul cum pluribus agitur ad multa utilis, 345. Anteponenda solitariæ vitæ, 346, 347. Vitæ communis encomium, 561, 562. Societas vitæ perfectissima quæ sit, 561. Quid sit sollicitudo hujus vitæ, 456. Quomodo curanda, 484. Vita pro Christo profundenda, 148, 284. Vitæ præmia verbis explicari non possunt, 180. Non dantur nisi multos labores perpessis, 180, 181, 328. Vita duplex est, altera carnis propria, altera animæ cognata, 18, 71. Digniori providendum, 18, 71. Optima ab unoquoque seligenda, 184. Vitæ negotiis sæculi implicatæ pericula describuntur, 344, 345. Vitæ terminus uniculque ab initio constitutus, 74.

Vitii definitio, 336, 343. Vitio timiditas atque audacia inest, 189. Non omnia animi vitia manifesta sunt omnibus, 424. Nullum parvipendas vitium, 206. Obnoxius vitio inemendabili expellendus, 434.

Vocis modum præfinit audientium necessitas, 466.

Voluptas est hamus diaboli, 118. Voluptatibus inservire quid sit, 362. Omnis diligentia in eo ponenda est, ut ne animi altitudo ob insurgentes voluptates opprimatur, 564.

INDEX

Rerum et verborum quæ in Appendice inveniuntur.

A

Abraham tentationibus probatus, 698.

Amen vox cur in Evangeliis repetita, 630.

Apis exemplum quare propositum, 620. Apis dum ulciscitur se, plagæ immoritur, 620. Apis proprietates, 620. Ex eodem flore et mel, et ceram colligit, 620. Quo artificio favos construit, 620, 621. Animal regale est, 620, 621.

Aspectus nefandi cur omnino fugiendi, 708, 709.

Assyrii, sepulturam mortuis denegabant, 700.

Avari descriptio, 591.

Avaritia radix malorum omnium, 709. Ejus effectus, 809. Avaritiæ morbus nusquam conquiescit, 590. Igne ipse asperior est, 590. Cohortatio ad fugiendam avaritiam, 591, 592, 709.

B

Baptisma Christi humanum omnem captum superat, 632. Ejus excellentia, 632, 633. Moysis et Joannis baptismate longe excellentius, 632. Quæ sit differentia inter Mosis et Joannis baptismum, 632. Similitudo est crucis et mortis, et sepulturæ, et resurrectionis mortuorum, 640. Baptisma, quare unum, 610. Ejus effectus, 585. Baptismi gratia quomodo operatur, 636. Qua ratione ex aqua generari oportet, 634. Quid baptismi susceptionem debeat præcedere, 624, 629, 648. Gratia Dei præeat necesse est, 633. Qui baptizatur, in Trinitatem baptizatur, 583. Quid sit baptizari in nomine Patris et Filii et Spiritus sancti, 644, 645, 646, 649.

Baptizati officia quæ sint, 586. Pacta ipsius cum Deo, 633. Oportet regeneratum exinde divinorum mysteriorum participatione nutriri, 649, 650. Quisquis Evangelii baptismate baptizatus est, debet secundum Evangelium vivere, 652. Quis sit baptizatus in mortem Domini, 636, 637, 638.

Beneficia benignitatis Dei per Incarnationem collata, 626.

C

Calamitates quo animo perferendæ, 697. Utiles sæpius, 700, 701, 703. Gratulanter accipiendæ, 700, 701, 703.

Certamen ad placendum Deo susceptum quale sit, 631.

Charitas mandatorum radix, 609. Quæ in Christo est, necessario conjunctam habet mandatorum observationem, 675. Quæ citra charitatem fiunt, etiamsi præcepta et justificationes fiant, pro iniquitatis operibus habentur, 647. Sine charitate justificationum opera nihil prosunt, 651. Nulla res grata est et accepta, 668.

Christi generationis officina, 597. Principia, quæ sint, 197. Dignitas, 602. Causæ, 597, 611. Christi æterna generatio colenda silentio est, 595, 611, 612. Generationis divinæ modus ratiocinationibus excogitari, neque ullis humanis verbis exponi potest, 596. Christi caro quomodo concepta, 598. Quomodo sit in Christi carne divinitas, 596, 597. Propterea Deus in carne est, ut latitantem in ea mortem enecet, 596, 597. Christus, cur a virgine et desponsata conceptus, 598. Cur vocatus Jesus, 599. Cur mortem suscepit, 612. Quomodo quis Christo crucifixus est, 639, 640. Christi obedientia innumerorum bonorum præmium, 642.

Christianis mors est redditio mali, 620, 621.

Cœtus publici ad quid constituti, 591.

Cometarum origo quæ sit, 601.

Conscientiæ discussio præscribitur, 710. Ejusdem utilitas, 710.

Consortia, quæ consectanda, quæ refugienda sint, 712.

Contentio quæ mala sit, 607.

Continens quis vere sit, 711.

Conventus publici cur instituti, 609.

Corpori Christi quomodo communicandum, 586, 651. In communione corporis Christi quid cavendum sit, 586, 651. Integritas ad corpus Christi tuto ac secure edendum requisita, qualis sit, 586, 651, 654. Corporis Christi veritas in Eucharistiæ sacramento declaratur, 651, 634.

Corpus per resurrectionem immutandum, 702, 703.

D

Damulæ proprietates quæ sint, 618. In quibus imitanda, 618.

Deus quomodo diligendus, 707. Dei Filii divinitas probatur, 611. Cave tollas ob Verbi nomen Unigeniti hypo-

INDEX ANALYTICUS IN TOMUM III.

stasim, 612. Cur Unigenitus ad dexteram Dei sedet, 612. Deorum multitudo prorsus detestanda, 610.

Diabolus non statim conditus est; sed angeli potestate accepta, conversus est in dæmonis naturam, 592. Diaboli vitium proprium invidia est, 592. In hominem qualis fuerit, 593, 594. Hominem e paradiso dejecit, 593, 594. Diaboli innumeræ artes ad decipiendum hominem, 593, 594. Per desponsationem Virginis deceptus ipse est, 598. Diabolus osor hominum est et Dei hostis, 598. Deum impetere cum non posset, in imaginem Dei malignitatem suam effudit, 598, 595. Homini adjutor est ad peccata, 598, 595. Hominem peccato mancipatum ad mala quæ non vult inducit, 626. Impossibile est propriis viribus offendicula versuti hostis vincere, nisi insuperabilis potentia Dei succurrat, 613.

Dilectionis necessaria testificatio observatio est mandatorum, 646.

Discipulus quis sit, 625. Discipuli Domini partes quæ sint, 625, 627. Fieri non potest ut qui peccatum patrat, aut hujus vitæ negotiis implicatur, aut de rebus ad vitam necessariis sollicitus est, servus sit Domini, nedum discipulus illius, 625, 626. Unumquemque discipulum Domini fieri necesse est, 625, 626. Quomodo quis efficiatur dignus Domini discipulus, 628.

Dives multis vitiis obnoxius est, 588.

Dormitatio quid sit, 616.

E

Ebrietas quid sit, 711. Ebrietatis effectus, 711.
Eremi encomium. Vide *Solitaria vita*.
Esaiæ locus, vii, 14. *Ecce Virgo*, etc., de virgine, non vero de puella intelligendus, 599.

F

Fides quare una, 610.

Formica, in quibus imitanda, 619, 621. Formicæ proprietates, 619, 620. Frumentum diffidit medium, ut ad alimoniam aptum sit et ad germinationem inutile, 619. Madidum si fuerit, productum e suis specubus exsiccat, 620 Formicina caverna quomodo constructa, 619.

G

Gratia Dei novam generationem præeat necesse est, 633. Gratia Dei quomodo conservanda, 635. Gratiæ Dei effectus describuntur, 626.

H

Homo Dei manibus conformatus, 593. Cur rationabile animal conditus, 708. Cur in paradiso non tentatus, sed mulier seducta, 594. Cur lapsus, 613. Per diabolum e p radiso dejectus, 594. Quomodo sauciatur denudaturque, 595. Qualis in hac vita sit, 614. Per pœnitentiam reparandus, 615. Collata homini beneficia recensentur, 593, 707. Quomodo accipit libertatem a peccato, 626. Homo pacificus quis sit, 708. Homo homini per se æqualis : discrimen si quod sit, ex virtute, non ex divitiis repetendum, 588, 589.

Humilitati præ omnibus studendum, 709. Humilitatis effectus, 709.

I

Ignis cœlestis quis sit quem Deus misit in terram, 615, 616. Ejusdem effectus, 615, 616.

Iniquus quis sit, 666. Societas cum iniquis fugienda, 668. Quot modis societas cum iniquis haberi possit, 668.

Inobedientia in quibus posita, 659, 660.

Invidiæ effectus, 590, 708. Invidia malum est possidenti, 590, 708. Vitium quoddam diaboli proprium, 592, 594. Nec potest verbis explicari, nec medelam admittit, 592, 591. Exsecranda invidia est, 708.

Invidus conferendis beneficiis efficitur morosior, 594. Invidi descriptio, 708.

Iracundus quis sit, 589. Fugiendus, 590. Hominis ira perciti descriptio, 589.

J

Jejunium ecclesiastica lege sancitum, 621. Omnibus omnino præscriptum, 621. In quibus positum, 621. Jejunium cum oratione, maximum subsidium contra dæmones, 622. Jejunium verum quale sit, 622. Jejunii utilitas, 622.

Jejunium vigiliis copulandum, 710. Jejunii utilitas, 710. Jejunium comitetur humilitas, 711.

Joannis baptisma quale fuerit, 652.

Job gravissimis casibus jactatus, patientiæ exemplar, 699.

Joseph, cur voluerit occulte dimittere Mariam, 598. Joseph, multa tentamenta perpessus, 698.

Justus, cur afflictus, 697. Nullus absque tentationibus de hoc mundo migravit, 698. Non aliter nisi in laboribus et adversis justi claruere, 700.

L

Lacrymæ utiles, 711. Lacrymarum effectus ad delenda peccata, 615.

Levia qui videt quare laudandus, 588. Quomodo levia videnda, 588.

Liberi, quomodo educandi, 591, 592.

Liberum arbitrium in quo positum, 613. Peccati occasiones per liberum arbitrium aboleri non possunt, 613.

M

Magi, unde oriundi, 600. Cur digni habiti qui Christum adorarent, 600. Munerum Christo oblatorum interpretatio mystica, 601.

Mariæ integritas, etiam post partum, declaratur, 600.
Militis Christi officium, 706.
Mors ante oculos semper habenda, 712. Mortis stimulus etiamnum homini infixus, 614.
Moysis baptisma quale fuerit, 613.

O

Obedientia in omnibus Deo absque ullo personarum respectu reddenda, 670, 671. Sustinenda est tentatio quævis pro servanda erga Deum obedientia, 672, 673.

Odium quale sit quo jubemur odisse patrem et matrem, etc., 628.

Opera infructuosa quæ sint, 667. Quid sit infructuosorum operum participem non esse, 666. Operum infructuosorum participatio in omnibus vetita, 669.

Opus quodvis quomodo inchoandum, 710.

Oratio munimentum grande est animæ, 710. Ad orationem quomodo accedendum, 709. In oratione quid cavendum sit, 710. Orationis effectus, 710.

Otiositas circa mandata Dei fugienda, 618.

P

Pacis fructus qui sint, 708.

Pantheris insita est quædam naturalis in hominem ira, 595.

Pastori tutior est operatio in paucitate, quam in multitudine gregum, 617. Eorum solum qui sibi concredidit sunt curam suscipere quisque debet, nisi dilectio Dei et proximi aliud suadeat, 671, 672.

Patientia, virtus animæ maxima, 708. Patientiæ fructus, 708.

Peccatum plaga animæ est, 595. Peccatum sequitur animam, quemadmodum umbra corpus, 590. Gratiam nobis per regenerationis lavacrum collatam abolet, 590. Etiam post peccatum spes est, 608 Per solum crucis mysterium aboletur, 613. Ei qui peccato servit, justitiæ opus facere non licet, 660. Peccatorum data venia confert libertatem a peccato, 626.

Perfectus quis sit, 711.

Personarum ratio nulla habenda est, 588.

Petrus quomodo petra, 606.

Pigritia gravissimum peccatum, 618. Impedimento est ad cursum salutis, 618. Formicæ exemplum pigro propositum, 619, 620.

Pœnitentia, non procrastinanda, 712. Ejus utilitas, 603. Cur instituta, 603. Refelluntur qui lapsis negant pœnitentiæ locum, 603, 604, 605, 606, 607. Datur pœnitentiæ locus etiam post baptismum, 603, 604, 605, 606, 607, 608. Quibus pœnitentia non sit, 603, 604, 605, 606, 607, 608.

Præcepta quomodo implenda, 661. In his conficiendis tempus, persona, res, modus, ordo, animus denique observandus, 661, 662, 663, 664, 665.

Prosperitas rerum periculosa, 700.

Providentia Dei per omnia pervenit ad nos, 619. Res nostræ irrationabili et spontaneo casu non reguntur, 620.

Proximus quomodo diligendus, 707.

Psalmi quo affectu canendi, 710.

R

Regno cœlorum quomodo quis dignus sit, 630. Unius præcepti transgressio excludit a regno cœlorum, 630, 631.

Resurrectio mortuorum, 702. Caro induet immortalitatem, 702. Error de resurrectione mortuorum refellitur, 702.

Risus perniciosus, 711.

S

Sacerdotii novæ legis excellentia, 653. Morum integri-

tas sacerdotibus præscripta quæ sit, 633, 634. Sacerdotii mysteria in profanis locis non celebranda, 662.
Salomon Proverbiorum auctor, 616.
Salus propriis viribus obtineri non potest. 613.
Scandali definitio, 669. Species variæ, 669. Scandalum aliud vacat periculo, 669. Aliud habet periculum, 669, 670. Judicium in scandali auctores prolatum, 669, 670.
Scripturæ sacræ utilitas, 697, 702. Assidue legendæ sunt Scripturæ, 697, 702. Interioris hominis cibus sunt, 710. Medelam cuilibet vitio convenientem habent, 587, 589. Faciei nostræ speculum sint, 587, 589. Omnes Scripturæ partes ejusdem pretii sunt, 616. Scripturæ verba quomodo accipienda, 633. Omne verbum ex Dei ore procedens indubitanter suscipiendum, 656. Quid agendum sit cum aliqua Scripturæ loca vel præcepta tum obscura sunt, tum aliis ejusdem Scripturæ locis vel præceptis videntur repugnare, 656, 657. Præcepto cuilibet obsequendum, etiamsi singulis conjunctæ pœnæ in Scripturis sint, 657, 658.
Solitariæ vitæ laus, 704, 705.
Somnus quid sit, 616.
Spiritus essentiæ divinæ, non naturæ creatæ est, 583, 584. Non factus, non creatus secundum naturam, 583. Variæ Spiritus sancti operationes, 583, 584. Quomodo intelligendus Spiritus oris Dei, 583. Ex ore ineffabili prodit ineffabili modo, 583. Spiritum inter et litteram quid sit discriminis, 643.

Stella quæ Magis apparuit, qualis fuerit, 601.
Superbus diabolo similis, 709. Superbiæ effectus, 709.

T

Tentatio utilis, 697, 700. Ad castigationem atque probationem nostram inducitur, 697, 700.
Tobias, tentationibus afflictus, 700.
Traditiones humanæ quomodo habendæ, 643.
Trinitas supra creaturam est, 583. Una operatio est Patris, et Filii, et Spiritus sancti, 583. Unum Patrem, unum Filium, unum Spiritum sanctum confiteamur oportet, 583.
Trinitatis mysterium multitudinem deorum prorsus excludit, 610. Singularum personarum proprietates declarantur, 611.

V

Verbum quomodo intelligi oportet, 583.
Vigiliæ utiles quæ sint, quæ inutiles, 710. Vigiliis jejunium copulandum, 710.
Vinum, cur homini concessum, 710.
Virginitas libera. Post votum emissum omnino servanda, 708.
Virtutes animæ quæ sint, 706, 707.
Vitæ novitas quid sit, et quomodo in ea ambulandum, 637.

INDEX

RERUM ET VERBORUM QUÆ IN TOMO IV INVENIUNTUR.

A

Abel, 135.
Abraamius, 183. Abraamius alter, 183. Abraamius Batnorum episcopus, 224.
Abraham in vita incola, in sepulcro propriam terram possidens, 533. Ab Abrahamo magorum genealogiæ, 593.
Aburgius Basilio et Gregorio amicus a teneris, 112. In Cappadocia natus, 170, 286. Per totum orbem clarus, 170. Nunc in barbarorum regione apparet, nunc annonam militibus ministrat, 287. Nunc imperatori astat in splendido apparatu, 287. Multos sæpe illi commendavit Basilius, 237, 264, 410.
Acacius presbyter apud Basilium est, 323. Basilium invisit Ecclesiæ Berœensis nomine, 333. Acacii monasterium incensum ab hæreticis statim post Pascha, 390. Sperabat Basilius eos ad se venturos, ut ad paratum perfugium, 390.
Acacius Arianus, 386.
Academiæ insalubris locus, 572.
Accusator nemo esse debet, sed frater in charitate arguens, 301. Et qui audiunt, non conviciorum auditores esse debent, sed argumentorum judices, 301. Accusato dimidium auditus integrum servari debet, 188. Si quis accusatur, alius coram illo, aut coram aliis non redarguat accusantem, sed privatim interroget, 100.
Achæi cum Basilio communicant, 307. Achaiæ episcopi decernunt recipiendos qui fidem Nicænam profitentur, 306.
Achar ob unum peccatum punitus, 306.
Acopa, Ponti municulum, 430.
Acroamata modorum ad voluptatem compositorum animæ vim frangunt, 72.
Actiacus diaconus, 418.
Actio omnis nostra et cogitatio ex Christi mandatis pendere debet, 247. In actione omni habendum ante oculos Christi judicium, 257.
Actiones omnes ad Deum referendæ, 558. Frustra mandata observantur, si non, ut Deus vult, observantur, 513.
Adam figura futuri, 26. Ab Adam usque ad Christum generationes 77, secundum Lucam, 599.
Adamantius, 152.
Adhortatio simulata, fortissima est ad decipiendum esca, 96.
Adolescentibus senes constituti parentes a communi hominum lege, 420.

Adorationem veram nemo habere potest sine Spiritu sancto, 25. Adorationem Samaritana consuetudine regionis decepta in loco esse existimabat, 53. In adoratione inseparabilis a Patre et Filio Spiritus, 53. Si sis extra illum, nunquam es adoraturus, 53.
Adulator in hoc differt ab amico, quod ad voluptatem loquitur, amicus ne molesta quidem tacet, 98.
Adulter. Cum adultero degens mulier, adultera omni tempore, 295. Legitimam uxorem dimittens et aliam ducens, adulter est, 329. Sed tamen annis septem non amplius punitur, 329. Adulterio anni quindecim, 326. Virgini lapsæ anni quindecim ut adulteræ, 326. Adulterium variis modis committi potest, 57.
Adversæ res. In adversis rebus res humanæ in memoriam revocandæ, 77, 79. Job imitandus, 78. In adversis Deus nostri in ipsum amoris periculum facit, 79, 309.
Adversarii valde insanientes confutari fortiter non possunt, ut nec mollia vehementer percuti, 36.
Æacus, 458.
Ægypti pars sana cum Basilio communicat, 307. Ægyptii confessores in Palæstina exsules, 408. Apolinarium condemnant, 409. Rogat eos Basilius, ut illum conentur reducere, 410. Marcelli discipulos recipiunt, 410. Unde magnus Basilio et pluribus aliis dolor, 410. In Ægypto monasteria, 310. Ægyptius sophista, 475.
Ælianus contra quem scripsit Gregorius Neocæsariensis, 316.
Ælianus Basilio commendatus, 331.
Ærarii patronus, 112.
Ærumnæ. Ex ærumnis ipsis utilitatem capere debemus, tum maxime Deo credentes, cum eo indigemus maxime, 214.
Æschylus, 169.
Æsopi fabulæ, 277.
Æterna malorum supplicia, 139. Æterna caducis assimilare mentis est carnalis, 146.
Aetius princeps hæresis Pneumatomachorum, 4. In epistolis statuit, quæ dissimilia sunt, dissimiliter proferri et vicissim, 4. Hoc principium arripuerunt Pneumatomachi, 4.
Aetius presbyter et monachus, 390.
Affectus alii sunt carnis, alii carnis animatæ, alii animæ carne utentis, 402.
Afflicti homines proclives ad sperandum et ad conquerendum, 108. Afflictorum consolationi merces a Deo reposita, 151. Afflictiones pro virium nostrarum modulo in-

fligit justus judex, 232. Afflictionibus semper consolationes admiscet Deus, 181.
Afri cum Basilio communicant, 307.
Africanus historicus, 61. Ejus testimonium de sancta Trinitate ex quinto libro *Epitomes temporum*, 61.
Agnus inter innumeras oves matrem agnoscit, 585.
Alcinous, 168.
Alcmæon invitis Echinadibus quievit, 94.
Alexander alteram aurem reservabat ei qui calumniam patiebatur, 103, 188. Simul et potionem sumit et epistolam contra medicum scriptam legit, 419 Captivas videre noluit, 571.
Alexander ex monacho episcopus Corydalorum, 331.
Alexander episcopus Ægypti exsul, 408.
Alexandriæ persecutio, 250, 251. Alexandrinos consolatur Basilius, 230, 231. Fatetur sibi convenire ut de rebus suis referat ad Petrum Alexandrinum, et Petro ut eas curæ habeat, 411. Hortatur Petrum ut fraternitatis ubique diffusæ curam gerat, 225. Alexandrinos nonnullos commendat, 441.
Alphæus sacer, 459.
Alypius, 451.
Amantium morbi vehementiam compescit imago formæ amatæ conspecta, 214. Amatoria quædam affectio in animas amicorum, 214.
Amasea, 235, 347. Amasienses, id est, episcopus Amasiensis, 387.
Ambrosia, 267.
Ambrosius (S.) sæculi ornamenta projiciens, suscipit Ecclesiæ gubernacula, 288. Ex terræ judicibus ad cathedram apostolicam translatus a Deo, 248. Non ab hominibus accepit Evangelium, 288. Corpus sancti Dionysii petit a S. Basilio, 288.
Amicitia mundi oculis indiget ac congressu; spiritualis amoris nequaquam caro conciliatrix, 245. Amicitiæ corporalis oculi conciliatores, at vera charitas longe distantia conjungit, 225. Ad amicitiam multum valet consuetudo, 418. In amicitia vinci idem valet ac vincere, 158. Amicitiæ pestis assentatio, ut rubigo tritici, 418. Amicitia non absurdus debitor Basilius, 313. Non putat Basilius bono animo quemquam esse posse, si a veris amicis disjungatur, 214. Vita Basilio misera videtur et fugienda ab amicorum consuetudine separata, 214. Amicum judicat Basilius virum sapientem, etiamsi nunquam viderit, 156. Amicus in hoc differt ab adulatore, quod hic ad delectationem loquitur, ille no molesta quidem tacet, 98. Amicum irascentem libentius quis viderit, quam alium colentem, 98. Amicus accusatus vel per litteras interrogandus, vel accersendus, vel per communem amicum conveniendus, 104. Amicorum oblivio et contemptus ex potestate ortus, magna crimina, 150. Multæ noctes ducendæ insomnes, veritas lacrymis a Deo quærenda ei qui se a fratris amicitia meditatur abscindere, 310. Major adhibenda diligentia, quam a judicibus morte aliquem damnantibus, 340, 341.
Amos ex caprili corroboratus a Spiritu in prophetam evectus, 267.
Amphilochius (S.) rhetor et foro assuetus, 239, 240. Statuit cum Heraclida in desertum locum secedere, 239, 240. Fovet senectutem patris, 241. Basilio omnium charissimus, 2. Fugiebat Basilium, vel potius ordinationem, 251. Sed eum Dominus inevitabilibus gratiæ retibus illigavit, 251. Recens ordinatum Basilius consolatur et hortatur, 251, 252. Basilius illum invitat ad diem festum sancti Eupsychii, 263. Nullius præsentiam magis desiderat Cæsariensis populus, quam Amphilochii, 263. Hortatur Basilium, ut scribat de Spiritu sancto, 3. Nullam ex vocibus quæ de Deo usurpari solent, citra examen relinqui debere existimabat, 1. Multum fuit cum Basilio graviter ægrotante, 234. Illius igneus charitatis fervor, 67. Morum gravitas et taciturnitas, 67. Humilitas, ut qui discere non gravatur, cum docendi locum teneat, 290. Basilium consulit, 268, 290, 324, 335. Prudenter curat Ecclesiam Isaurorum, 282. Cum Amphilochio multis de causis congredi cupit Basilius, 298. Inprimis ut eo consiliario utatur, 298. More apostolico res Lycaoniæ componit, 298. Huic Basilius commendat ecclesiam suam, brevi moriturum se putans, 298. Concilium cogit, 299. Basilius ad futurum se promittit, si in paucos dies differatur, 299. Cura illius maxima Basilius, 334. Mittit Basilio munera ad Natale Domini, 333. In Pisidia tranquillus est dum Cappadocia vastatur, 384. Illius videndi quam cupidus Basilius, 354.
Amphipolis, 94.
Amygdalæ amariores, 477.
Anarchia populos invasit, eo quod quisque principatum ambiat, 66.
Ancyra lites et discordias experta in electione Athanasii episcopi, 109. *Vide* Athanasius Ancyranus. Visa est

habere successorem Athanasii et quiescit, 110. Ancyræ synodos cogit Gregorius Nyssenus, 196. *Vide* Galatia. Ancyræ communicat Eustathius cum Arianis, 347. Ancyrana fides, 381.
Andronicus dux, 204. Nullo deterius philosopho res humanas consideraverat, 205.
Angelus numero unus, non natura, neque simplex, 82. Siquidem angeli hypostasis est essentia cum sanctitate, 82. Angelorum substantia spiritus aerius, aut ignis immaterialis, 32. Hinc in loco sunt, et iis qui digni sunt apparent in specie propriorum corporum, 32. Loco circumscripti, 46. Angelus qui allocutus est Zachariam, non eodem momento implebat in cœlo suam stationem, 46. Sancti sunt et nominantur ex gratia Spiritus, 31. Angelorum perfectio est sanctificatio et in hac perseverantia, 31. Ab ipsa protinus creatione perfecti, 33. Non sunt natura sancti, 32. Sanctificatio est extra substantiam angelorum, 32. Substantia eorum completur per Spiritum sanctum, 33. Angelos esse liberos, æque ad vitium et virtutem vertibiles, patet ex lapsu malorum, 32. Inde etiam eos egere auxilio S. Spiritus patet, 32. Non possent dicere : *Gloria in excelsis Deo*, nisi a Spiritu sancto roborati essent, 32. In angelis et archangelis confusa essent omnia, si Spiritus sanctus ab eis discederet, 32. Non possent futura prædicere, ac docere arcana, nisi per Spiritum sanctum, 32. Non sunt beati, nisi quia Deum vident, 33. Non vident autem absque Spiritu, 33. Angelorum dux Spiritus sanctus et chori præfectus, 33. Officia sua exercent in virtute Spiritus, 33. Seraphim non possent dicere : *Sanctus, sanctus, sanctus*, nisi eos doceret Spiritus, quoties pium sit hæc verba canere, 33. Quod cum Deo conjuncti sunt et ad maliliam verti non possunt, et in beatitudine perpetuo perseverant, id illis a Spiritu accedit, 41. Inter angelos nulla liberorum et servorum distinctio, 43. Nullus inter eos imperat. Omnes servi sunt Dei, 43. Exceptis desertoribus, 43. Eorum creatio cur prætermissa a Mose, 31. Contemplatio quæ in ipsis est angelis, non est extremum bonum desiderabile, 85. Crassa enim eorum scientia, si comparetur cum ea, quæ est facie ad faciem, 85. Angelus ecclesiæ inspector, 367. Angelus custos, 505. Pacificus adjutor et viæ comes, 92. Angeli præfecti sunt hominibus, ceu quidam pædagogi, 125. Precantium in ecclesia verba describunt, 525. Conservorum adjutores, et fideles veritatis testes, 24. Jejunantium capita recensent, 526. Adfuturi sunt Christo judicanti, 24.
Anima ex divinioribus accepta, 421. Hinc Deo subjici debet, cui gravissimis obstricta debitis, 421. Ad Christi imaginem effingi debet, 247. Animæ cura longe præferenda corporis curæ, 584. Nos anima sumus et mens, nostra vero corpus et sensus, 584. Ut in stateræ momentis, dum unum deprimitur, alterum attollitur, ita in corpore et anima, 585. Animæ cupiditates posteriores accesserunt ob amorem carnis, 20. Animæ expurgationis principium quies, 72. Animæ oculus expurgandus, 239. Anima carnalis spiritus illustrationem recipere non potest, 317. Animæ vim frangunt acroamata mollia et facetorum hominum verba, 72. Quandiu anima in Deo ambulat, nec damna nec morbi virium probum attingunt, 432.
Animalis ne minutissimi quidem naturam explicare possumus, 95. Animalium cædem aversantur Magusæi, 394.
Animorum imagines sunt sermones, 90. Animus vitio turpitudinis lippus, 251. In animo nostro, tanquam in templo, consecranda Dei cogitatio, 237. Animi elati dum coluntur, arrogantiores fiunt, 368.
Annesi, pagus solo Iride a Basilii monasterio separatus, 76.
Annonam militibus suppeditant curiales, 177.
Anomœorum impietas nunc circumstrepit, 90. Anomœis primum semina impietatis præbuisse Dionysium existimat Basilius, 90. Anomœi perpetuo objiciunt ignorationem diei et horæ, 360.
Anthimus, 152, 183. Post pactam cum Basilio pacem, episcopum Armeniæ contra canones ordinat, 212, 213. Basilius ei cito placatus, 218. Anthimus Basilii unanimis, 316 Anthimo insinuare conatur hæresim Sabellii episcopus Neocæsariensis, 316.
Antichristus, 231. Antichristi ingressus initia esse videbantur Basilio, quæ tunc fiebant, 408.
Antiochena Ecclesia non modo ab hæreticis scissa, sed etiam ab iis, qui idem inter se sentire se dicunt, disceptatur, 160, 394. Hanc Ecclesiam Athanasius per se sine ullius hominis adminiculo curare poterat, 159. Rogat eum Basilius, ut hoc opus aggrediatur, 159, 160. *Vide* Meletius. Basilius nullius ex iis, qui post Meletium venere, communionem amplexus est, 159, 160. Non quod indignos judicet, sed quia nihil habet unde hunc condemnet, 159, 160. Antiochenæ Ecclesiæ pacem videre cupit Basilius, 393.

Inimicus ei succenset, quia illic Christiani cœpit appellatio, 394. Nihil in orbe terrarum præferendum Antiochiæ, 159, 163. Quæ si ad concordiam redeat, velut caput corroboratum universo corpori sanitatem suppeditabit, 160. Antiochiæ nonnulla gesta, 141. Gravis persecutio sub Valente, 232. Antiocheni in persecutione, velut tristis chorus communem lamentationem edunt, 232. Antiocheni, id est, Euzoius, 387.

Antiochus (S.), 247. In litteris Eusebii, salutem manu sua mittit Basilio, 237. Cum patruo Eusebio exsulante versatur, 237. Missus Samosata redit ad patruum, 367. Litteras defert Basilii, 267.

Antipater Cappadociæ præses, 228. Abesse cogitur Basilius eo capessente gubernacula, 228. Commendat ei Palladiam propinquam suam, 228. Crambe aceto condita revocat appetentiam ciborum, 267. Gratulatur ei festive Basilius, cui in eamdem sententiam respondet, 267.

Antipater Ascalonita, 363.

Anysius, 367. Anysius alter, 453.

Apis docet naturalem contemplationem, 89.

Apollinarius omnium scriptorum copiosissimus, 378. Ad eum laicum laicus scripsit Basilius, 224, 343. Cum eo non communicat Basilius 224, 343. Nunquam ei misit canonicas litteras, 224, 343. Nunquam clericos misit, aut ab ipso missos ad precum communionem admisit, 224, 343. Librum De Spiritu S. nunquam ab eo petiit aut missum accepit, 224, 343. Illum nunquam inimicum duxit, 378. In nonnullis eum revereretur, nonnulla in eo reprehendit, 378 Pauca legit ex ejus scriptis, 378. Communionem renuntiat Basilio Eustathius, eo quod scripsisset Apolinario, 378. Apollinarius proclivis ad omnia dicenda, 220. Renovare dicitur Sabellii hæresim, 409. Impia illius de Trinitate dicta referuntur, 220. Illum anim accusari non audierat Basilius, sed tamen ficta esse non putat, 220. Hinc eum vituperare cogitur, ut a seipso notam hæresis repellat, 221. Dubitat an vera sint quæ ei tribuuntur, 340, 409. Videbatur defensorum veritatis socius futurus, 409. Videbatur ab initio esse ex Catholicis, 409. Scriptis orbem implevit, 406. Illius de theologia disputationes non Scripturæ testimoniis, sed humanis argumentis nituntur, 406. De resurrectione sentiebat Judaice, nosque aiebat ad legis observationem reversuros, 406, 410. Ea tradit de Incarnatione, quæ fratres valde perturbarunt, 407, 409 Et in agendo et in differendo calidus et audax, 409. Immisit in ecclesias Catholicorum qui eas scinderent, et proprios conventus sibi vindicarent, 409. Episcopos habebat sine populo et clero obambulantes et nomen nudum circumferentes, 409.

Apostasiæ initia videbantur Basilio, quæ fiebant sub Arianis, 231, 255.

Apostoli sermone Christi expurgati, 85. Ad summum contemplationis, quantum hominibus fas est, pervenerant, cum quæsierunt diem et horam, 85.

Apotactitæ, 296.

Aqua manans e petra figura vivificæ potentiæ verbi, 26.

Aquila in educanda prole iniquissima, 586.

Arcadius comes rei privatæ, 94.

Arcadius Imperator profitetur Basilio spem ex illius episcopatu conceptam significat, 142. Domum ædificat ad gloriam nominis Christi, 142. Reliquias martyrum petit a Basilio, 142.

Archilochi vulpecula, 475.

Arena. Per arenam Deus mare constrinxit, 300.

Argumentatione potior est uniuscujusque prænotio in rebus valde conspicuis, 249.

Ariadnes filium secutus Theseus, 452.

Arianum schisma olim separatum adversus Ecclesiam pugnabat, 65. Postea bellum in varias partes dissectum partim ob communem simultatem, partim ob privatas suspiciones, 65. Ariana hæresis dudum abscissa a corpore Ecclesiæ, manet in suo errore, nec multum nocet, 405. Ariani dum ingenitum et genitum inducunt, manifeste sunt Philistæi, 81. Apud Arianos multitudo deorum, 375. Deus magnus et parvus, 375. Filius non naturæ nomen sed dignitatis, 375. Spiritus non particeps divinæ naturæ, sed temere et fortuito adjunctus Patri et Filio, 375. Ariani fidem Nicænam rejiciunt, ob consubstantiale, 322. Dicunt Filium secundum hypostasim dici consubstantialem, 322. Tres deos nobis exprobrant, 81. Ex Christi Incarnatione et morte ansam arripiunt illius divinitati negandæ, 84. Velut si quis medicum accuset, quod particeps fetoris fiat, ut sanet ægrotos, 84. Ariani ingratæ creaturæ, mali progenies, 84. Mutabilem essentiam Spiritus sancti dicere non audent, 87. Graves lupi gregem Domini ubique terrarum divellentes, 108. Ab Ario jacta hæresis semina, quæ deinceps firmata a pluribus, sub Valente exiliosos fructus protulerunt, 184. In tempestate ab Arianis excitata soli vel cum paucis Neocæsarienses tranquilli, 107. Non eos attigit ventorum hæreticorum æstus, 107. Insidiati sunt Ecclesiæ Cæsariensi, 140. Iterum metuuntur illorum insidiæ mortuo Eusebio episcopo, 140. Veniunt in Cappadociam ante Valentem, 161. Minantur concursum hæreticorum ex Armenia Tetrapoli et Cilicia, 161. In multis Ecclesiis pietatem eradicarunt, et unitatem sciderunt, 141. Ariana hæresis fere a finibus Illyrici usque ad Thebaidem depascitur, 184. Arianis sub Valente dominantibus, præmium erat impietatis episcopatus, 184. Qui gravius blasphemabat, dignior habebatur qui præesset, 184. Ariani non desinunt Catholicis argumenta scribendi suppeditare, 227. Veritatem imitari studebant, 185. Omnia ecclesiastica munia sibi arrogant, 375. Ariani sibi arrogant baptismata, deductiones proficiscentium, 375. Visitationes ægrorum, consolationes mœrentium, mysteriorum communiones, 375. Arianorum formulis subscribere idem est ac imaginem adorare, 373. Ariani nonnulli cum orthodoxis conjuncti, ita ut nullum sit amicorum et inimicorum discrimen, 163. Cum nocturna pugna comparatur status Ecclesiarum, 163.

Ariarathia, 443. Hujus loci incolæ admodum gravati et pauperes, 443.

Ariminense concilium. Ibi per vim gesta Romæ dissoluta sunt, 162. Hujus rei Acta postulat Basilius ex Occidente mitti, 162.

Arinthæus corporis robori parem habens animi virtutem, 415. Illius humanitas et generosa indoles, 264. Unum naturæ humanæ exemplar, 416. Nec statuarii et pictores formæ dignitatem, nec historici res gestas assequi possint, 416. Obiit non senio fractus, 416. Omnem maculam baptismo expurgavit in ipso exitu, 416. Conciliatrix illi et adjutrix hujus rei uxor, 416. Hanc consolatur Basilius, 415, 416. Et rogat ut matri senio confectæ parcat et teneræ filiæ, 415, 416.

Aristoteles sensit sibi deesse Platonicos lepores, 226.

Armenia episcopo Cæsariensi subjecta, 195. Satalenses a Basilio episcopum petunt, 195. Armeniæ episcopi ordinantur a Cæsariensi episcopo, 212, 213. Sebasteni presbyteri curam ecclesiasticam a Basilio exposcunt, 250. Armenia episcopis destituta pluribus in locis, 195. Multa in hac regione indifferenter peccabantur, 195. Opus erat viris linguæ peritis, quique reliquos usus gentis proprios scirent, 195. Armenia seditionibus referta, 212. Armeniæ montes hieme impervii, 246. Armeniæ pars vicina Neocæsariensibus cum Basilio communicat, 307. Armenia Tetrapolis, 161.

Arti unicuique proprius labor adjunctus, 96. Artes aliæ ad vitam necessariæ, aliæ ad honestius vitæ institutum excogitatæ, 188. Artes nec vitia per se sunt nec virtutes, sed pro utentium proposito, 356. Artium studia hujus ævi finibus continentur, 422.

Asceticæ vitæ præcepta, 126, 127. Ad asceticæ vitæ apicem non statim assurgendum, sed satius est paulatim proficere, 126. Ascetæ commendatur lectio Scripturæ, maxime Novi Testamenti, 127. Consanguineis suis mortuus est, quare non debet cum illis versari, 127. Nec propter eorum usus a loco suo recedere, 127. Ascetæ aurum maxime fugiendum, 128. Si quis afferat pecuniam distribuendam pauperibus, suadere asceta debet ut ipse distribuat, 128. Ne illum coinquinet accepta pecunia, 128. Nihil a quoquam accipere debet ultra quotidianum vitæ asceticæ usum, 128. Ascetis incipientibus opus est magistro, 239. Indigent freno et stimulis, 239. Satius est hominis prudentis consilio regi, quam in desertis locis vagari, 241. Speluncis et saxis præferendum hoc subsidium, 241. Ascetæ non per se ipsi bona sua distribuant, sed per eum qui res pauperum dispensat, 241. Ascetica vita et mundi negotia conciliari non possunt, 430. Plena est natura ejusmodi exemplis, 430. Nec mens nec sensus duo simul percipere possunt, 430. Asceticæ vitæ et virginitatis cum civilibus dignitatibus conjunctio, 208, 209. Ascetica vita omnibus suspecta ob lapsum nonnullorum, 211. Risum movet ascetarum peccatum his qui piam vitam exsecrantur, 211.

Ascholius (S.) Thessalonicensis prior scribit Basilio, 243. Magnum studium significat beatissimi Athanasii, 243. Scribit Basilio epistolam amore refertam, 254. Mittit corpus martyris, cujus ipse hortator fuerat, 254, 255. Cappadociam laudat ob beatum Eutychen, a quo fides in has regiones perlata, 255. Martyrum certamen egregie describit, 255.

Asclepius ex plagis mortuus, eo quod cum Doec communicare nollet, 584.

Asianus tractus. In eo mirum si qui ab errore alieni, 531. Asiatici nonnulli probaverunt baptisma Novatianorum, 270.

Assentatio pestis amicitiæ, ut rubigo tritici, 418. Assentationes solent magnis potestatibus adhærere, 418.

Asterius, 152.

Astydamas, 122.
Atarbius Basilio iram per silentium declarat, 158. Idem tamen uterque sentit, 158. Media in ecclesia Basilium dilacerat, 217. Sabellii hæresis affinia loquitur, 217, 218. Ecclesiarum gravis dolor ob illius dicta, 218. Nicopoli aufugit ubi audit Basilium advenire, 217. Scribit ei Basilius, ut modico itinere confecto, ad se veniat, 218.
Athanasius (S.). Nemo magis dolebat ex confusione Ecclesiarum, 158. Viderat enim priscam tranquillitatem, et præterita comparabat cum præsentibus, 158. Nemo ad videndum quid deceat, acutior, et ad perficiendum accuratior, nemo toti Occidenti venerabilior, 159. Tanta illi aliarum Ecclesiarum cura, quanta Alexandrinæ, 161. Nullum tempus intermittebat disserendi, admonendi, ac subinde mittendi ad alias Ecclesias, 161. Athanasii tuta et secura consilia, tum ob experientiam, tum quia præ cæteris a Spiritu consilium habet, 162. Medicus morborum Ecclesiæ a Domino reservatus, 173, 175. Videt ex mentis contemplatione quæ ubique gerantur, 173, 175. Fraternitatis ubique diffusæ curam gerebat, 225. A puero pro pietate certavit, 175. Ab eo innumeri labores pro Ecclesiis exantlati, 159. Beatissimi Athanasii studiosum esse, argumentum est sanæ in maximis rebus sententiæ, 243. Athanasius Basilium diligebat, 225. Athanasii litteræ ad Basilium de recipiendis ab Ariana hæresi redeuntibus, modo fidem Nicænam recipiant, 306. Illius litteras conservat Basilius et omnibus exposcentibus ostendit, 306. Dolet ab eo prætermissam scribendi occasionem, 173. Parem ærumnis consolationem accepisse sibi videretur, si ad historiam vitæ suæ congressum cum Athanasio adjiceret, 175. S. Athanasius excommunicat Libyæ ducem, ac litteras ea de re mittit Basilio, 155. Ad Athanasium confugit Basilius, ut Orientis ac in primis Antiochiæ mala sanentur, 158 et seqq., 175. Athanasius acceptas ab Occidente litteras mittit ad Basilium, 181. Athanasium inter et Meletium, res gestæ sub Joviano, 321. Athanasius Meletii communionem appetiit, 394. Dimissus a S. Meletio sine communione, 181. Quare a S Basilio rogatus, ut prior scriberet Meletio, id facere noluit, 181. S. Athanasii ad Paulinum litteræ, 321.
Athanasius pater Athanasii episcopi Ancyrani, 102. Vir doctus, quique gubernacula urbium et gentium tenuerat, 103. Questus est quod Timotheus chorepiscopus de se apud Basilium detraxisset, 103. Hortatur eum Basilius ut calumnias vitet, dilectionem erga liberos intendens, 103. Sed negat sibi quidquam a Timotheo dictum, 103.
Athanasius Ancyranus episcopus, 103, 104. Magna certamina pro fide sustinuerat, 104. Illum Basilius fidei inter paucos firmamentum esse ducebat, 104, et columnam Ecclesiæ, 109. Ancyranam Ecclesiam in unam consensionem et communionem compegerat, 109. Multa opera Ecclesiis Dei exantlaverat, 109. Huic Basilius Ecclesiarum curam deferebat, 109. Illius os justa libertate et gratiæ verbis scatuit, 109. Illum sæpe reprehendit Basilius quod totus dissolvi et cum Christo esse cuperet, nec in carne propter suos manere præferret, 109. Longa experientia Basilium noverat, 104. Is tamen iratus erat Basilio, succensebat, minatur, 103. Noxas ab eo scribi et componi dicebat, 104. Illius morte afflictam Ancyram consolatur Basilius, 109.
Athenæ, 461. Athenis olim notis inusti infamiæ, aut manibus non puri ad forum accedere non audebant, 169.
Athenogenes festinans ad consummationem per ignem, discipulis hymnum reliquit, in quo Deum glorificabat cum sancto Spiritu, 62.
Athletis longe gravius est, non admitti in stadium, quam plagas accipere, 64.
Athos velificatus, 435.
Attagæna, 422.
Atticus rogator, 447.
Auditio, 272, 293, 326 et seqq.
Aulica simulatio, 212.
Auris utriusque tinnitus, ubi aliquid grave et molestum auditur, 131, 225, 231.
Aurum campano numero ponderatum, 123. Aurum animæ insidiator, et peccati pater, et diaboli minister, 128. Aurum comparatitium, 179. Tempus ei solvendo præstitutum prorogari petit Basilius, vel reliqui solutionem aliquandiu differri, 180.
Avaritia idololatriæ nomine damnatur, 101. Copia ultra necessitatem perducta imaginem exhibet avaritiæ, 101. Avaritia radix omnium malorum, et idololatria vocatur, 148. Avarus omnia in aurum verti cupit, 499. Satiari nunquam potest, 498, 499. Pauperem nescit se esse dicit, 498. Avari stultitia horrea majora cogitantis exstruere, 500. Avarus cum seleucide ave et piscibus comparatur, 501. Frustra liberos causatur, 502. Avari in alienis rapiendis quam noxia cupiditas, 502, 503. Sollicitudine distringitur ac metu, 503. Varii illius prætextus ut rapiat aliena, 503. Illius in Christi judicio calamitas, 504 Avari divitis duritia in pauperes, 498 Avarus causa est malorum in quæ pauperem desperatio conjicit, 501.
Aves quibus adunci ungues, pullos e nido ejiciunt, 586. Aves et pisces eamdem habent originem, 275.

B

Balaam augur per manum vaticinabatur, 279. Adduci non potuit, ut vocem emitteret præter Dei voluntatem, 317.
Baptismus initium vitæ, et dierum omnium primus est dies regenerationis, 22. Prima est institutio, qua liberati a simulacris accedimus ad Deum, 22. Baptismus, vivifica gratia, 23. Potestas renovationis, causam habens ineffabilem et in mysterio reconditam, 23. Per traditionem, quam accipimus in baptismo, fimus Dei filii, qui prius hostes eramus, 22. Ex mortali vita ad immortalem natura nostra per vivificam potentiam transfertur, 278. Christi incarnatio, vita, mors et sepultura eo spectant, ut per imitationem Christi adoptionem filiorum recipiamus, 28. In baptismo accipimus immortale indumentum, 431. Removemur ab omni peccato et proximi Deo fimus, 431. Magna esse debet thesauri et regii depositi custodia, 431. Sigillum integrum custodiendum, 431. Baptizatus sanctimoniam in omnibus membris retineat, utpote Christum indutus, 431. Membra digna sint tam sancta veste, 431. Salvi fimus per gratiam quæ confertur in baptismo, 21. Ascendimus ab aquis ex mortuis vivi, 26. Baptisma et fides duo modi parandæ salutis inseparabiles, 23. Vide Fides. In baptismo aqua conjuncta Spiritui, quia duo scopi propositi sunt, ut aboleatur corpus peccati et vivatur Spiritu, 29. Aqua mortis exhibet imaginem, corpus velut in sepulcro recipiens : Spiritus vim vivificam immittit, 29. Necesse est Christum imitari non solum in exemplis virtutis, sed etiam ipsius mortis, 28. Id autem consequimur, consepulti cum illo per baptisma, 28. Modus sepulturæ in quo positus, 29. Baptisma unum est, quia una est mors pro mundo et resurrectio, quarum figura est baptisma, 29. Discrimen inter gratiam Spiritus et baptismum, in aqua, 30. In baptismate in Moysen et mare nulla peccatorum remissio et renovatio, 27. Nullum spirituale donum per Moysen, 27. Non induebant hominem novum, non exuebant veterem, 27. Baptismi figura Israelitarum exitus ex Ægypto, 26. Servata istorum primogenita, ut baptizatorum corpora, 26. Sanguis pecudis figura sanguinis Christi, 26. Primogenita typus veteris hominis in nobis remanentis, ut ostendatur nos in Adam non jam mori, 26. Mare per figuram baptisma separans a Pharaone ut lavacrum a diabolo, 26. Si qua gratia in aqua, non ex ipsius natura, sed ex præsentia Spiritus, 29. Baptisma et fides in Moysen et in nubem, velut in umbram et figuram, 29. At baptisma et fides in Spiritum sanctum æque ac in Patrem et Filium, 25. Baptismi Moysis et nostri tanta differentia, quanta somnii a veritate, 27. Joannes baptizavit in aqua, 30.
Baptismus inutilis, in quo aliqua ex tribus personis omitteretur, 25. Baptismi traditioni aliquid addere aut detrahere, plane est ab æterna vita excidere, 25. Inviolabilis semper manere debet traditio, quæ in baptismo data est, 23 In baptismo Spiritum a Patre et Filio separare, periculosum est baptizanti, et baptizato inutile, 25. Æquale damnum est sine baptismo decedere e vita, et baptismum accipere, cui unum aliquod desit eorum quæ tradita sunt, 21. In baptismi commemoratione Apostolus sæpe omittit nomen Patris et Spiritus sancti, 23. Non idcirco indifferens nominum invocatio, 23. Christi enim appellatio, totius est professio, 23. Baptismus traditioni Domini consentaneus, et baptismo fides, et fidei glorificatio, 57, 188, 216, 263, 388. Luctuosa res acceptam salutem in baptismo per Patrem et Filium et Spiritum sanctum rejicere, et quæ tunc credidimus negare, 21. Professio, quam in baptismo deposuimus, semper servanda, ut tutissimum præsidium, 22. Quisquis hanc non servat omni tempore, alienus est a Dei promissis, 22. Repugnat proprio chirographo, 22. Vox illa omnium pretiosissima, quæ in adoptionis gratia prolata est, 22. Baptismi pacta violare quantum scelus, 22. Baptismatis mysterium tribus demersionibus ac totidem invocationibus perficitur, 29. Trina immersio et emersio figuram trium dierum adimplet, 363. Benedicitur aqua baptismatis et unctio olei, et is qui baptizatur, 55. Renuntiatur diabolo et angelis ejus, 22, 55. Nonnulli in proprio baptizati sanguine, non opus habuere ad salutem symbolis quæ sunt in aqua, 30. Non tamen hæc detrahunt de necessitate baptismi, 30. Baptismus ignis, probatio quæ fiet in judicio, 30. Semel baptizatis alteri quodammodo Spiritus sanctus exspectans eorum conversionem, 31. Vituperantur qui baptismum differunt, 515-519.

Baptisma illud antiqui suscipiendum putavere quod nihil a fide recedit, 268. Hinc distinguunt, hæreses, schismata, parasynagogas, 268. Hæreticorum quidem baptisma rejiciunt, schismaticorum vero admittunt, 269. Pepuzeni cum sint hæretici, eorum baptisma rejiciendum, 269. Cathari sunt schismatici, 269. Variæ de eorum baptismate exstiterunt sententiæ, 268, 296. Firmilianus et Cyprianus rejecere, 270. Sed tamen quia nonnullis Asiaticis probatum fuit, probat illud Basilius, 270. Amphilochio assentitur, qui consuetudinem locorum sequendam putat, 268. Encratitas rebaptizandos censet Basilius, 270. Nisi hoc generali œconomiæ sit impedimento, 270. Izoinum et Saturninum ex hac secta suscepit in cathedram episcopalem, 270. Eos tamen rebaptizandos putat, quamvis baptizent in Patrem et Filium et Spiritum sanctum, 296, 297. Sunt enim germen Marcionistarum, 297. Si rebaptizatio vetita in Pisidia, ut apud Romanos, suam tamen consuetudinem retinere vult Basilius, 296, 297. Idem de Saccophoris et Apocactitis, 296.

Barachus episcopus, 183.
Barachus a S. Eusebio missus, 233.
Barathrum orbis terrarum, 94. Barathrum naturale, 169.
Barses (S.) episcopus Edessæ, 407. Illius videndi cupidus Basilius, 407, 413. Mittit ei quædam munuscula, ac rogat ut sibi exemplo Isaac benedicat, 414.
Barsumas, 183.
Basilides Paphlago hæreticorum communicator, 347, 387.
Basilius (S.) ab infantia usque ad senectutem infirma valetudine, 113, 299, 482. Basilii morbos renovat dolor ex malis Ecclesiæ, 234. Natura proclivis ad oblivionem, 150. Negotiorum multitudo innatam infirmitatem adauget, 150. Non tanti se facit, ut non per se ipse, sed per alium adeat insignes viros, 204. Peccatis attribuit suis quæ eveniunt, 513. Accepta opprobria vitæ suæ fatetur convenire, 193. Peccatis suis attribuit infelicem consiliorum exitum, 193, 214, 412. Et Eustathii calumnias, 224. Fatetur se innumeris delictis obnoxium esse, 300. Postulat ut incuratus non relinquatur, sed suum sibi delictum indicetur, 501. Paratus judicandum se exhibere, 300, 302. Ob peccata lacrymas fundere non cessat, 504. Mores suos longa cum improbis consuetudine perversos fuisse ait, 337. Videtur sibi gratia Dei non duci, sed in peccatis vivere, 593. Vilis sibi videtur ac nullius pretii, 190, 592. Oblivione dignus ob vilem et abjectam vitam, 445. Publico non gaudet, 313. Latere omnium maxime studuit, 317. Latitare in vita inter primaria bona existimat, 91. Videtur sibi multo inferior, quam quis suspicari possit, 80. Negat se et sermone et opere et donis Spiritus idoneum esse, ut sibi invicem adversantes flectat, 243. Vindictam eorum quæ passus est Deo committit, 217. Parum movetur his quæ contra se fiunt, plurimum vero iis quæ contra Deum et Ecclesiam, 217. Persuasum habet se aliis indigere, nihilque in solitudine conficere posse, 190. Miratur, cur a suis tantopere diligatur, cum adeo tenuis sit, 80. Basilius parvus et humilis, sed idem semper, nec unquam mutatus, 388. Admoneri paratus ab episcopis Cappadociæ, 154. Scriptorum suorum robore non multum confidit, 98. Videtur sibi doctrinam imbecillitate sua magis lædere quam patrocinio promovere, 80. Amicos rogat, ut si quid in scriptis suis, infirmius sit, redarguere ne graventur, 98. Consentit ut scripta sua emendentur, si quis dicat meliora, 86. Moleste fert Urbicium monachum timide ad se scribere, 403. Novit semetipsum, 403. Ac probe scit nihil impedire quominus se major sit Urbicius, si magis timeat Deum, 403. Basilii amica et contubernalis paupertas, 76, 267. Aurum non possidet, 124. Paupertatem laudare non desinit, 76. Pauperum numero se adjungit, 495. Prædia non possidet, sed pauper est Dei dono, 114. Hospites excipit, ut paupertas sinebat, 76. Asperum illius vivendi genus, 124. Basilius presbyter a tributis immunis, 115. Basilio optima adjutrix ad contemplationem requies, 91. Præ infirmitate plantarum in morem eodem in loco detinetur, 91. In secessus primordiis dolet quod seipsum nondum reliquerit, 71. Officii sui esse ducit, monachorum curam gerere, 425. In profectu monachorum unice acquiescit, 345. Sperat se habiturum fiduciam ob eorum salutem, 346. Basilii dolor, ubi audit Firminum, qui vitam asceticam profitebatur, arma ac militiam sequi, 208, 209. Vitam cœnobiticam præfert anachoreticæ, 433, 520. Perfici et crescere cupit virtutem, quam in teneris discipulorum animis insevit, 432. Multa novit et adeuntibus potest impertire, 241. Sanctus Basilius veram charitatem in Cappadocia desiderat, 182, 229. Pro pace vitam libenter profundat, 182, 229. Pacem veram requirit, quam Dominus reliquit, 219. Charitatem et communionem libenter fovet cum remotis episcopis, 181, 182, 243, 254, 260, 284, 392. In tristitia degit quod Ponti episcoporum sibi claritas desit, 299. Servum se Christi esse non posse putat, nisi pacem cum omnibus,

quantum in se est habeat, 300. Paulinum ejusque amicos, ut fratres et domesticos fidei agnoscit, 321. De Paulino nonnulla audivit, 394. Sed fidem non adhibuit, quia non stabat accusatus coram accusatore, 594. Neminem accusat, charitatem cum omnibus habere cupit, 321. Sed Meletium nunquam deserere possit, 321. Pacis conciliator esse semper optavit, 393. Re infecta mœret, sed nemini succenset, 593. Scit enim pacis bonum jamdudum esse sublatum, 393. Nemini concedit qui pacem magis diligat, 243. Totus in eo est, ut pacem conciliet, nec sua culpa noxii quidquam populo Dei eveniat, 217. Nulla a Basilio major minorve dissidii causa, 377. In Basilio nulla habitat invidia, 86. Privatas habet cum nemine contentiones, 246. Nec in quemquam accusationibus præoccupatus est, 246. Molesta illi fratrum disjunctio, 382. Sed in his ferendis exercitatus est ab Eustathio, 382. Sollicitus de pace Ecclesiarum, 413. Basilio multi in patria amici et cognati, 114. Multi importune litteras commendatitias efflagitant, 114. In parentis loco constitutus sibi videtur ob presbyteri dignitatem, 114. Optat ut sibi liceat apud suos gloriari ob impetratam reis veniam, 205. Paratum est perfugium eorum qui persecutionem patiuntur, 399. Interponit se ut negotia inter cives componantur, 422. Negotiorum inexpertus est, 112. Basilium pudet eos, qui ad se confugiunt, juvare non posse, 166. Civitatem universam hortatus est ad reliquum auri comparatitii ex symbola solvendum, 180. Basilium detinent occupationes, quominus sæpe amicis scribat, 97. Libenter cedit, ac in amicitia vinci idem valere existimat ac vincere, 158. Amicum existimat sapientem virum, etiamsi nunquam viderit, 156. Basilio amatoria evenerat quædam affectio in animas amicorum, 214. Cum multis insignibus viris eum conjungit accepta ex auditu cognitio, 176. Nullo eorum, qui amicitiæ laude spectati sunt ignobilior, 419. Nunquam in amicitia peccasse deprehensus, 419. Præterea mandatum habet charitatis a Deo, 419. Sua vocat, quæ amicorum sunt, 176, 444. Amicitiam cum aliis virtutibus didicit, 176. Velut in trutina, jucundis molesta opponens, melioribus inclinat, 382. Multos dilexit a prima ætate usque ad senium, 418. Facilis ad credendum, iterum deceptus diffidit, 152. Obtrectationes sine examine non admittit, 102. Imitator Alexandrum, qui calumniam patienti alteram aurem reservabat, 103. Propria experientia cognovit quanta sit ad calumniam proclivitas, 340. Maxima crimina esse ducit oblivionem amicorum et contemptum ex potestate ortum, 150. Ingenue judicat de scriptis amicorum, 227. Imminente exsilio dolet quod ab amicis non invisatur, 213. Vitam miseram et fugiendam putat ab amicorum consuetudine separatam, 214. Precibus remunerat eos a quibus beneficia accipit, 114. Basilium pudet non puræ amicitiæ, sed utilitatis causa scribere videri, 176. Culpam semel dimissam non vult commemorare, 496, 218. Acceptas ab amicis injurias in tempus rejicit, 104. Nihil eum rerum humanarum percellit, 103. Nihil ei novum, 412. Nullius ei hominis immutatio inexspectata, 103. Contumelias silentio premit, 207. Precatur calumnias Eustathii discipulis a Domino non imputari, 210. Non quæ ab hæreticis, sed quæ ab unanimis accidunt, mœrorem afferunt, 412. Ne hæc ipsa quidem inexspectata eo quod sæpe accidant, 412. Cura illum non enarrabilis Ecclesiarum detinet, 113. In afflictionibus opem ei celerem præstat Dominus, 519. Ejus dolor ob exsilia episcoporum, 287. Ex malis Ecclesiæ, 113. S. Basilius a teneris Gregorii doctrina imbutus ab avia Macrina, 306. Dum peregrinatur, ubique fidei defensores sequitur, 306. Nunquam ullus sermo fidei contrarius in ejus cor intravit, 306. Si quos Arii discipulos in communionem suscepit, pie loquentes suscepit, 306. Basilii fides nunquam mutata, 338. Accepta a teneris principia creverunt, ut semen; nunquam mutata, 338. Acceptam a decessoribus suis traditionem, ut paternam hæreditatem servabat, 92. Simile secundum essentiam probat, si addatur citra ullam differentiam, 91. Secus vero non probat, 91. Consubstantiale profitetur ut minus fraudi obnoxium, 91. Arianos pariter et Anomœos anathematizat, 349. Ingemiscit quod contra duos pugnare cogatur, 313. Hinc Anomœus, illinc Sabellius, 313. Basilii fidei nullum probrum inuri potest, 310. Plures in unaquaque Ecclesia veritatis testes, 310. Frustra in eum somnia figuntur, 310. Scire cupit quinam in quaque Ecclesia sani sint, ut sciat quibus scribendum sit et in quibus acquiescendum, 403. Ab Evippii communione discessit, 219. Suam Eustathio communionem non vult dare, nisi is aperte communionem cum hæreticis ejuret, 219. Fermenti heterodoxorum participes esse non vult, 383. Nunquam cum Eusebio et Meletio communicasset, si illos in fide claudicantes vidisset, 413. Precatur, ut inter septem mille viros numeretur, qui genua ante Baal non incurvavere, 248. Vitam et incolumitatem negat anteponendam veritati, 11. Basilio nihil antiquius veritate ac propria securitate, 383. Terram optat sibi dehiscere, mendacii et fraudis probris aspersus, 152. Non facile quemquam mentiri suspicatur, 150. Millies mori mallet, quam judicem corrumpere, 228. Non potest cum simulatione ad aram Dei accedere, 219. Tacere non potest in pernicie animarum, 312, 313. Accusator quod noxas conscribat, 104. Quod Spiritum Patri præferat, 388. De Spiritu illius doctrina accusatur ab Eustathio, 348. Basilii scripta pro Filii et Spiritus sancti divinitate, 104. Metuit ne quis hæreticus scripta sua sub Basilii nomine ediderit, 104. Optat ut hæretici mansuescant : sed si efferati prorsus sunt, non ei molestum est pro fide affligi, 64. Statuit extra ecclesiastica esse tela, ut imparatus adversus ea quæ struuntur ab adversariis, 228. Basilius veluti scopulus in mari prominens hæreticos fluctus excipit, 500. Anomæi bellum inferunt, 319. Insidiantur Pneumatomachi, 319. Illius anima quæritur, 246. Sed non idcirco de studio Ecclesiis debito remittet, 246. Basilium adoriuntur Pneumatomachi quod gloriam dicat Patri et Filio cum Spiritu sancto, 3. In eum conglomerati insurgunt, 64. Cum eo inimici ut lupus cum agno contendunt, 277. Tres deos affingunt, 277. Mox Sabellianismi nomine accusant, 277. Basilius silere voluerat, 66. Sed eum retraxit charitas, ac excitavit Amphilochii igneus charitatis fervor, 67. Sperat opus suum non proditurum in vulgus, 67. In Basilium furiis incensi Pneumatomachi, 21. Sed latere non patitur Basilius fidem ab illis impugnari, dum sibi bellum inferunt, 21. Statuit de veritatis defensione nihil remittere, 21. Non deterret hostium nubes, 67. Fixa spe in præsidio Spiritus, veritatem cum omni fiducia annuntiavit, 67. Pneumatomachorum contumelias indigne non fert, 10. Nisi doleret ob eorum exitium, gratias illis haberet ob conciliatam sibi beatitudinem, 10. Pneumatomachis novator appellatur, ac omnibus conviciis appetitur, 10, 63. Basilio hæc molesta sunt; sed etiam si ignis ardeat et enses acuantur; non idcirco deseret traditionem, 63. Quandiu respirabit, statuit nihil omittere ad ædificationem Ecclesiarum, 302. Basilium Ariani ad synodum vocare statuerunt, eumque aut communicatorem habere, aut ejicere, 366. Viribus suis altius esse existimabat fidei Nicænæ aliquid addere ad comprimendos Apolinaristas, 593. Basilium non pudet in minimis rebus theologicis operam insumere, 3. Præclarum existimat, vel minimam earum dignitatis partem assequi, 3. In minimis verbis certamen videt maximum et spe præmii non detrectat laborem, 3. Basilii summus dolor, ubi audit præter mala ab Arianis orta, aliam prodire de Incarnatione novitatem, 401. Docuit rerum infelix status nihil ægre ferre, 163. Sanctus Basilius non contentionis aut gloriæ studio scribit, sed ad fratrum utilitatem, 86. Videretur sibi periculum proditionis incurrere, si non de Deo consulentibus responderet, 80. De rebus divinis interrogatus gaudet et gratulatur interroganti, 247. Oratione suavi ducitur, ut apes tinnitibus, 418. Basilio non est otium legendi scripta recentiora, 378. Ne in Scriptura quidem satis laboris impendere potest ob corporis infirmitatem, 378. Basilium contractæ sordes ex vulgari sermonis usu deterrent, quominus sophistas alloquatur, 97. Negat se dicendi facultate præditum esse, 393. Nam vana quidem reliquit, sed nondum idoneum habet usum veritatis dogmatum, 393. Non tutum existimat res magni momenti litteris committere, 172. Multa in litteris scribere non audet, quæ bajulo relinquit narranda, 151. Videtur sibi ad omnia segnier se habere, 226. Tantum abest ut scribere possit, quantum fere ut valeat, vel ferietur, 227. Basilii dolor quod quidam episcopi sibi subditi ordinare pretio dicantur, 147. Minatur illis depositionem nisi desinant, 147. Basilii summa religio in electione chorepiscoporum, 428, 429. Antiquam in recipiendis pagorum ministris disciplinam renovat, 148, 149. De interrogatis Amphilochii nunquam sollicite cogitaverat, 268. Rem diligenter attendit, et si quid a senioribus didicisset, recordatus est, 268. Per septem jejuniorum hebdomadas nocte et die sine intermissione Evangelium nuntiat, 477. Virginem famosis libellis læsam hortatur, ut se non ulcisciatur, 427. Lites auctori injuriæ inferentem non vituperat, 428. Reum judicibus eripere non vult, 428. Statutum habet nocentes magistratibus non tradere, nec traditos eripere, 428. Servos qui ad se confugerant, e supplicio eripere conatur, 167, 168. Jura sacerdotum defendit adversus magistratus, 425, 426. Petit ut decenti modo advertatur ab episcopis, 152, 153, 191. Non agnoscit episcopum ab hæreticis ad eversionem fidei ordinatum, 570. Declarat se non recepturum pace reddita eos qui ille ordinaverit, 570. Glycerium diaconum, qui cum virginibus fugerat, spe veniæ revocare conatur, 258, 259, 260. *Vide* indicem capitum *Vitæ sancti Basilii*, quem hic repetere supervacaneum.

Basilius Eustathii discipulus, 210.
Bassus, 183.
Batnæ, 224.
Beatitudo in Dei visione posita. Visio non est absque Spiritu, 33. Cœlum suscipit eos qui in Christo infantes moriuntur, 78. Qui moribus sunt doli expertibus, eamdem ac qui in Christo infantes sunt, requiem consequuntur, 78. Beatitudo extrema est etiam Christus secundum Verbi considerationem, 85. Tunc enim mens nostra erigitur ad beatam sublimitatem, cum Verbi unitatem et monadem contemplatur, 86. Sed secundum Incarnationem Christus non est extremum bonum desiderabile, 85. Quorum nunc umbras videmus tanquam in speculo eorum archetypa videbimus, 89. Beati non dicendi qui vivunt, 472. Beatos Basilius appellat mortuos, 160, 174, 245, 321, 339, 345, 394, 406.
Bellum. In bello fortiter gesta a sanctis viris, per Spiritum sanctum gesta sunt, 33. Cædes in bello factæ olim pro cædibus non habebantur, 275. Suadendum putat Basilius ut per tres annos a sola communione abstineant, 275.
Benedictio est sanctificationis communicatio, 294.
Beneficio majori afficitur is qui dedit, quam qui acceperunt, 205.
Berisi pagus quidam, 179.
Berœa, 267. Berœensis Ecclesia scribit Basilio per Acacium presbyterum, 333. Ibi cleri accurata agendi ratio, populi concordia, magistratuum magnanimi mores, 333. Hujus Ecclesiæ labor in persecutione toto orbe celebratus, 334. Multas Ecclesias erexit suo exemplo, 334. Berœense monasterium statim post Pascha incendunt hæretici, 390. Igni tradunt labores monachorum, 390.
Bianor presbyter Antiochenus, 290. Juraverat coram infideli viro territus se sacerdotio non amplius perfuncturum, 290, 291. Iconium venit, 291. Censet Basilius eum in clerum suscipi posse, sic tamen ut pœnitentiam agat ob temerarium jusjurandum, 291.
Blasphemia in Spiritum sanctum irremissibilis, 59, 269, *Vide* Spiritus sanctus.
Boethus, 183.
Bona primaria et maxima, dilectio Dei et proximi, 90. Bona non sunt natura divitiæ, gloria et sanitas, 364, 497. Quatenus bonos non reddunt possessores 364. At contrariis magis eligenda sunt præposita, 364. Bonum æternum, una res expetenda, 421. Boni initium recessus a malo, 472. Boni quidquid facimus, nobis ipsi colligimus, 244. Duplici pæna dignus qui malum facit bono prætextu, 474. Boni communio, 326, 330.
Bosporius episcopus, 143, 144. Monet Basilium de calumniis ipsi inflictis, 143. De Basilio dedocet canonicas et Basilium de canonicis, 144. Eadem in illo ac in Basilio fides et sententia, 145. Basilii communicatoribus adjungitur, 234.
Boves redeunte vere ad exitus spectant, 583. Bos illacrymatur amisso socio, 583.
Bretannius, 208.
Briso vir bello clarus, 439. Subito ereptus vita in ipso ætatis flore, 438, 439. Illius jacturam totum fere imperium sensit, 438, 439. Hunc imperator desideravit, milites planxere, viri in maximis dignitatibus ut proprium filium luxere, 438, 439. Illius uxorem consolatur Basilius, 438, 439.
Bruta animantia inter se consociantur : homines bellum cum necessariis et domesticis gerunt, 67. Futuris providet, homines non item, 582. Bruta animantia naturalem amorem fetibus suis exhibent. 103. Bovem amisso socio illacrymantem vidit Basilius, 538. In animantibus elucet Dei providentia, 581, 582, 583. Cur nonnulla venenata, 583.

C

Cædis voluntariæ et involuntariæ discrimina, 272, 273. Cædes involuntaria undecim annorum spatio abunde punita, 275. Moysis præcepta observanda in dignoscenda cæde involuntaria, 275.
Cæsarea ab eruditis viris et omnibus bonis, quibus opulentæ urbes abundant, gloriabatur, 171. Non deerant cœtus eruditorum virorum et in foro colloquia, 169. At his omnibus eam spoliavit divisio Cappadociæ, 169. Introducta Scytharum et Massagetarum inscitia, 169. Una vox eorum qui exigunt et a quibus exigitur, 169. Occlusa gymnasia, noctes non illustratæ, 169. Senatorum alii fugiunt, alii Podandum abducti, tertia pars relicta ingemiscit, 170, 171. Ipse civilis cœtus animo concidens per agros divagatur. 171 Cæsarienses magistratus plerique in agris, 180. Cæsarea metropolis, 94. Cæsariensis Ecclesia sana est, ejusque percelebris pietas, 141. In Cæsariensi Ecclesia semper viguit fides Nicæna, 233. Cæsareæ

metropoli insidiati sunt Ariani, eamque zizaniis hæreticis complere voluerunt, 140. Iterum metuuntur illorum insidiæ mortuo Eusebio episcopo, 140. Multi insidiantur lupi, 232. Cæsariensis Ecclesia, scopulus in mari prominens, 300. Circa illam franguntur hæretici fluctus, ea quæ retro sunt, alluunt, 300. Cæsariensi episcopo Armenia subjecta, 195. Cæsariensis episcopus Armeniæ episcopos ordinare solet, 212, 213. Cæsariensi Ecclesiæ traditæ sunt a sanctis regulæ, 249. Cæsariensis Ecclesiæ more prohibentur nuptiæ cum sorore uxoris mortuæ, 249. In Cæsariensi Ecclesia asservabantur litteræ Dionysii Romani, 163. Cæsariensis clerus ingens numero, 289. Clerici sedentarias artes exercent, non vero mercaturam, 290. Hinc non libenter peregre eunt, 290. Cæsareæ omnes clerici una vicarii voce curiæ traditi, 363. Cæsariensis episcopi audita morte statim episcopi in urbem conveniunt, 234. In Cæsariensi Ecclesia non humanis verbis; sed oraculis Spiritus sancti placatur Deus, 311. Ejusdem Ecclesiæ mos psallendi et vigilandi, 311. Cæsareæ dies festus in honorem sancti Eupsychii, 263. Cæsareæ quotannis celebratur a tota vicinia festum sanctorum Eupsychii et Damæ et eorum chori, 263, 388. Cæsariensis Ecclesia Eusebii Samosatensis videndi et audiendi cupida, 142. Cæsariensi Ecclesiæ omnium bonorum antiquissimum videre Eusebium et audire, 236. Eam Basilius magna spe suspendit, promissa narrans Eusebii, 236. Cæsariensis populus, cum multos expertus sit, nullius vocem magis desiderat, quam Amphilochii, 263. Cæsariensis Ecclesia et Neocæsariensis olim inter se unum erant, 307. Frequentissime populus miscebatur, et e clero alii ad alios veniebant, 307. Pastores alter altero duce et magistro utebantur, 307. Prope Cæsaream insigne Ptochotrophium, 240. Cæsareæ mœnia vetustate collapsa, 300.

Cæsaria patritia, 186.

Cæsarius Gregorii Nazianzeni frater, 105. Basilii monita æquo animo solebat accipere, 105. Mirabiliter a Deo ereptus e periculo, 105. Moriens dixit : *Mea omnia volo esse pauperum*, 111. Mortui bona a servis compilata, 111.

Caini peccatum et pœna, 396, 397, 398. Cain immerito occisus putatur a Lamech, 399.

Calamitates cur eveniunt, 509.

Calcearium pretio vili sit, sed tamen aptum ad usum explendum, 74.

Calidis mortui non juvantur, 229.

Callisthenes, 166. De ejus lenitate et animi moderatione consentiebant omnium testimonia, 168. Is læsus a servis Eustochii, militem immisit, 168. Cum ad Basilium servi confugissent, scripsit eorum causa Basilius, 167. Callisthenes Basilium totius rei arbitrum ac dominum fecit, 167. Sed tamen cum jussisset servos eo abduci, ubi tumultum excitaverant; Basilius rogat, ut sibi vindicta permittatur, et miles revocetur, 167, 168.

Calumniator sibi ex ipso opere diaboli nomen accersit, 301. Nemo diabolus sit, sed accusator; imo nec accusator, sed frater in charitate arguens, 301. Ex calumnia maxime diabolus dignoscitur, 303. Nomen illi factum est peccatum, 303. Calumniator tres simul personas lædit, 304. Non videtur metuere judicium Dei, 143, 144. Res terribilis calumniis dolosi sine argumentis, 104. Calumniæ vulnerant eos, qui aurem integram absenti non servant, 377. A calumniis aures custodire perfacile est, 349. Eorum qui calumnias in mentientibus capita rejiciunt, magna merces in cœlis, 386. Noxiam opinionem ex hominum calumnia susceptam deponit Basilius, statim atque rem cognovit, 144. Calumniæ perferendæ ut ultio Domino permittenda, 143. Quæ a calumniatoribus proficiscuntur, nugæ interdum existimandæ, 163. Calumniæ silentio non prætermittendæ, 309, 571. Non ut nos ipsi ulciscamur, 509, 571. Sed ne deceptos lædi patiamur, 509. Calumnias effugere difficillimum, 102. Nullam ansam dare hominum est prudentum et piorum, 102. Qui calumnias appetuntur, non idcirco indigni sacerdotio, 417. Domini hostes magis confirmant eorum gradus quos impugnant, 418. Calumniæ quandiu ob dissensionem locum habent, necesse est suspiciones semper augeri, 154. Calumniam abominabatur Gregorius Magnus, 93.

Calypsus insula, 93.

Camelis præpositus, 247.

Campano numero aurum ponderatum, 124.

Campus in quem secessit Esdras, 129.

Cancri astutia in capienda ostrea, 79.

Candidianus annonam militarem administrabat in Cappadocia, 73. Is Basilio non pro sua dignitate scribebat, inter negotia litterarum studiis deditus erat, 73.

Canis. A cane rabido qui morsus est, videt canem in phiala, 337.

Canon. Cum canones Patrum negliguntur, res ecclesiasticæ in summam confusionem delabuntur, 148. Canones Patrum pene obliteratos renovat Basilius, 148. Canonibus subjicere, idem ac penitus excommunicare, 426. Canones vulgati a Basilio, 417.

Canonica, 260, 646. Canonicæ, 144. Canonicæ non possunt matrimonium inire, 272. Stuprum est earum conjunctio, 272.

Canonicæ litteræ, 313.

Cantilenæ spirituales, 136. Molles fugiendæ, 571.

Cappadocia Scythiæ semina tribuit religionis, 255, 256. In Cappadocia frigus vitium gemmas succidit, 474. Cappadoces hiemem ita exhorrescunt, ut ex ædibus prospicere nolint, 141. Cappadocum animi timiditas et corporum torpor, 141. Pauci viarum periti, 290. Griten nivemque redolent, 439. Semper occinunt προσκυνῶ σε, 459. Cappadocum lingua vernacula, 63. Glorificant Deum cum sancto Spiritu, 63. Sic ex patrio more loquuntur, 63. Episcopi schisma conflant adversus Basilium, 142. Omnia doloris plena ob episcoporum in Basilium injuriam, 131. Inde læduntur Ecclesiæ, ac civitates et populi, 154. Cappadociæ divisio non minus noxia, quam si quis equum aut bovem in duas partes dividat, 169. Cappadociam, veluti Pentheum, Mænades quidam discerpunt, 168. Cappadocia solo æquata ob divisionem, 176, 198. Modestus præfectus humanum se præbet, 172. Perpauci qui civiles dignitates assequi possint, 209. Cappadocum paupertas, 179, 227. Cappadociæ præsides : anno 371 Therasius, 172. Anno 372 Elias, 187. Eodem Maximus, 192. Antipater anno 373, 228. Cappadocia per somnium ditata, cito spoliata præstantissimo præside Elia, 190. Cappadociæ secundæ episcopi Basilium prorsus negligunt, 192. Cum his Basilius congressurus, 192. Cappadocia casui proxima, ad quam sustentandam Basilius invitat Eusebium, 192. Cappadociæ episcopi Basilium non adjuvant, 234. Monere eos et per litteras et coram non desinit, 234. Præsentem reverentur, ubi discessere ad ingenium redeunt, 234. In Cappadocia veram charitatem desiderat Basilius, 229. Cappadox quidam Libyæ dux a sancto Athanasio excommunicatur, 153. Cappadociæ episcoporum nomine scribit Basilius ad Ponti episcopos, 302. Prædicit Basilius persecutionem aliquando in Cappadociam perventuram, 138. In Cappadociam serpit persecutio iis quæ circa illam sunt jam eversis, 335. Antea fumus tantum e vicinis ecclesiis lacrymas movebat, 335. Cappadociam et vicinas regiones persecutionis vastat incendium, 384.

Capralis incolas, ut omnino afflictos et pauperes commendat Basilius, 442.

Carmelus, 129.

Carnis cura gerenda, sed ita ut non insolescat, 359.

Carrhi, 390.

Castitatis amator a Josepho actiones temperantiæ plenas ediscit, 75. Castitatis gloriatio, 134.

Catalogus ministrorum in pagis, 148, 149.

Cathari vocantur Novatiani, 268, 270.

Causæ multiplex divisio apud philosophos, 5. Causa omnium rerum causæ Deus Pater, 117.

Ceades Laconicus, 169.

Censitor, 424. Nec potentiam formidare debet, nec paupertatem contemnere, 435. Ad censitoris munus gerendum hortatur Basilius amicum, 435. Censitorem rogat ut tributis monachos eximat, 425. Censitor Galatiæ, invitus ad hoc munus adductus, 443, 444. Censuum recordatio diu servatur, 444. Censitoris munus aptum ad morum probitatem demonstrandam, 444. Idoneum exhibendæ humanitati, 176. Ex censibus magna hominibus lucra et detrimenta, 443.

Cephallenii, 257.

Ceræ, Ponti munuscula, 430. In cera scribere, 72.

Cerebellorum involucra temulenta, 317.

Chalcedone, 340.

Chalcidensis Ecclesia persecutionem constanter sustinet, 335. Omnes unus sunt in Domino, 335. Hinc adversariis facti superiores, 335.

Chamanene, 176.

Chanaan servit fratribus, quia indocilis erat ad virtutem, imprudentem habens patrem, 45.

Charitas primus fructus Spiritus, 138, 260. Nota et character Christianorum, 150, 153, 243, 299, 303. Pretiosissima omnium rerum, 500. Qui charitatem habet, Deum habet, 483. Donum est Spiritus sancti, 225. Dei dilectio quomodo comparanda et servanda, 483. Primaria ac maxima bona, dilectio Dei et proximi, 90. Deus ob beneficia diligendus, 483. Sine charitate manca est cujusvis præcepti observatio, 308. Charitas legis complementum, 303, 349, 485. Sine charitate perfici non possunt singula quæ enumerantur a Paulo, 303. Sed hyperbolæ figura utitur, 303. Charitatem Paulus omnibus bonis præfert, 303. Antiqua dilectionis forma in Ecclesiis, 284. Charitatis antiquæ leges, 163. Nihil jucundius quam homines magno intervallo sejunctos videre charitatis vinculo in unam membrorum harmoniam in corpore Christi colligari, 163. Non locorum vicinitas, sed animorum conjunctio necessitudinem facit, 371. Charitas remotissima quæque conjungit, 301. Licet iis qui longe distant vicinis esse spiritu, 288 Non locorum intervalla disjungere debent, sed Spiritus communio in unius corporis concentum conjungere, 181. Unluscujusque fratrum auxilio magis indigemus, quam manus altera alterius ope, 191. Ex ipsa corporis constitutione docet Dominus societatem esse necessariam, 191, 484, 483. Dispensationem Dominus suscepit, ut per sanguinem sive terrestria, sive cœlestia pacificaret, 191, 484, 483. Bonus thesaurus repositus iis, qui omnibus egeulibus operam suam præbent, 205. Charitatem amicis mutuo dat Basilius, eamque cum fenore recipere vult, 210. Charitatis debitores sumus, 419. Qui charitate carent, supra humanam mensuram afferuntur, et inaudita facinora committunt, 223. Cavendum ne sol occidat in fratris iracundia, 101. Proditionis periculum est, si non libenter de Deo frater responsa his qui Dominum diligunt, 80. In charitate gaudendum ob fratris recte facta, dolendum ob vitia, 100. Charitas nunquam excidit, nam dejici non potest, qui se per charitatem proximo submittit, 188. Oportet unumquemque ei, qui adversum se aliquid habet, mederi, 100. Charitatis indicium scribere et per fratres invisere, 392. Nemo ex minimis contemnendus, 154. Nec species adhibenda nec membri motus qui tristitiam afferat fratri, aut contemptum indicet, 100. Patiente uno membro patiuntur omnia, 371. Charitatis summa fames in Oriente, 182. Orientales proprium bonum existimant concordiam Occidentalium, 181, 372. Omnes ex æquo diligendi, 484, 483. Nefas in monasterio alium præ alio diligere, 483. Etiamsi frater aut filius aut filia, 483. Basilius non indignatur solum ob acceptam injuriam, sed etiam futuræ securitati consulit, 76.

Charonia, 169.
Chilo, 125.
Chorea circa Deum angelica, 136.
Chorepiscopi nomen episcopis Basilio subditis datur, 147. Chorepiscopos omnes convocat Basilius ad festum S. Eupsychii, 233. Chorepiscopus plures pagos regit, 235. Ptochotrophium in horum pagorum aliquo gubernatur a chorepiscopo, 235. Chorepiscopos Basilius revocat ad antiquam ministrorum eligendorum formam, 148. Chorepiscopi quomodo eligendi, 428, 429. Basilius caupo sibi esse videretur, non dispensator, si in illis eligendis gratiæ aut timori aut precibus cederet, 428. Unusquisque dicto testimonio debet a contentione abstinere, 429.
Chosroes episcopus, 183.
Christianus non ex vestimenti forma, sed ex animi habitu dignoscitur, 200. Christianis propositum est ut Deo similes efficiantur, 2. Christiani nomen non poterit iis qui Christum ignominia afficiunt, 206. Non Christiani nomen nos salvos facit, sed propositum et vera dilectio, 392. Christiani sumus per fidem, 21. Christianorum nota et character charitas, 150. Christianæ victoriæ lex, ut qui minus habere non recusat, coronetur. 284. Christiani ad Orientem versi precantur, 54. Christiani proposito convenit simplex ac minime elaboratum scribendi genus, 226. Christiana libertas non emancipata est exilibus profanorum observationibus, 5. Christiani illud ex quo, non, ut philosophi, materiæ proprium attribuunt, sed sæpe ad principem causam referunt, 5. Christianus idem sonat ac monachus, 99.
Christus variis nominibus vocatur pro varia considerandi ratione, 14, 86. Christi appellatio, totius est professio, 23. Christus ipsa justitia et a materia secretus, 87. Christi divinam naturam exprimit nomen Filii quod est super omne nomen. 14. Item cum dicitur verus Filius, unigenitus Deus, virtus Dei et sapientia et Verbum, 14. Christum, qui est vera sapientia, nihil latet, 84. Omnia enim fecit, nec ipsi homines ignorant quæ fecerunt, 84. Quod hic est per imitationem imago, hoc illic natura filius, 38. Omnia quæcunque voluit in cœlo et in terra, 87. Si Christus creatura non est, Patri consubstantialis est, 87. Christi nomen, quod est super omne nomen, hoc ipsum est quod Filius Dei dicitur, 515. Blasphemia episcopi Neocæsariensis dicentis nomen Unigeniti traditum non esse, sed adversarii, 513. Christus in generatione septuagesima septima ab Adam, 399. Fabri filius, 84. Dispensationem suscepit, ut per sanguinem suum, sive terrestria sive cœlestia pacificaret, 191. Caro Deifera ex Adami massa, 402. Quæ circa Christi in carne adventum dispensata sunt, per Spiritum sanctum facta sunt, 33. Christi carni adfuit Spiritus sanctus, factus unctio et inseparabiliter conjunctus, 33. Indivulse adfuit in omni actione, miracula edenti, tentato, resurgenti, 33. Christus ab Apostolo nunc quidem considerator ut a Patre gratiam in nos transfundens,

nunc autem ut nos per seipsum concilians Patri, 14. Quo sensu lumen et judex et resurrectio, 16. Quo sensu pastor, rex, ostium, via, etc., 14. Quo sensu sponsus et medicus, 15. Christus rex et sacerdos, 362. Non sedit in throno corporeo, 363. Sed thronus Davidis, in quo sedit, regnum est eversioni nulli obnoxium, 363. Omnia ad humani generis medelam spectantia percurrerat, 401. Deinde suum nobis adventum largitus est, 401. Si Christi caro cœlestis, nihil opus fuit sancta Virgine, 402. Si Christi adventus in carne non fuit, redempti non sumus, 402. Naturales affectus suscepit, vitiosos non item, 403. Christus exprobrant hæretici, quod ipsorum causa factus est mortuus, ut eos a morte liberaret, 84. Perabsurdum est de Christo exiliter sentire ob ejus in nos beneficia, 15 Magis admiranda ejus potentia et humanitas, quod se ad nos dimittere potuerit, 15. Illius potentiam magis commendat incarnatio et mors quam totius mundi creatio, 15. Illius incarnationi non est servile ministerium, sed voluntaria sollicitudo erga figmentum suum, 15. Per Christi præsepe, cum essemus ratione destituti, a Verbo nutriti sumus, 84. Christus Patre minor quia incarnatus, 84. Christi regnum esse ferunt omnem materiam cognitionem : Dei vero et Patris immaterialem, 85. Christus est extrema beatitudo secundum Verbi considerationem, 85. Sed secundum crassiorem doctrinam et Incarnationem non est extremum bonum desiderabile, 85. Hinc ignorare dicitur diem et horam, 85. Eodem sensu dicit : Pater major me est, et non est meum dare, etc., 86. Hinc etiam dicitur regnum tradere Deo et Patri, 86. Est enim primitiæ non finis secundum rudiorem doctrinam, 86. Non ignoravit diem et horam, 360, 361. Futurorum cognitionem ad Patrem refert, 361. In omnibus primam causam hominibus demonstrat, 361. Si quis tamen ignorantiam illam referat ad eum qui omnia per dispensationem suscepit, non impius erit, 361. Admirationem eorum quæ gerit, refert ad Patrem, ut nos perducat ad Patrem, 17. Horæ et diei ignorationem præ se fert ob nostram infirmitatem, 84, 85. In Actis apostolorum excipit semetipsum ex numero eorum qui diem et horam ignorant, 85. Multa disserit ex humana parte, 361. Velut cum ait : Da mihi bibere, 361. Is enim qui petebat, non erat caro inanimata, sed divinitas carne animata utens, 361. Quod ait Christus nihil se posse facere a semetipso, id probat eum esse consubstantialem Patri, 87. Nulla enim creatura rationalis quæ non possit facere aliquid a semetipsa. 87. Res adversas quæ nobis accidunt, suas proprias facit ob suam nobiscum societatem, 87. Christus non secundum essentiam creatura, sed secundum dispensationem factus via, 86. Christus petra figurate, 26. Christi sanguinis figura sanguis pecudis, 26. Christi figura Adam, 26. Christi patientis figura serpens super vexillo positus, 26. Christi precationem oportet ad finem perduci ac impleri, 86. Christus verus ac magnus episcopus, qui totum orbem miraculis suis implevit, 143. Reddidit gratiam, quam ex Dei afflatu acceptam amiseramus, 34. Multiplicem beneficentiam ob divitias bonitatis egentibus præstat, 14. Varia auxilia unicuique creaturæ dimetitur, pro varietate eorum qui juvantur, 16. Per Christum omne animarum auxilium est, 15. Christi potentiæ vivificæ figura aqua manans e petra, 26. Christus omnia facit, contactu virtutis ac voluntate bonitatis operans, 16. Ad Deum nos adduxit, nosque Deo asseruit, 15. Bona est via, exorbitationis errorisque nescia ad Patrem perducens, 16. Per Christum et in Christo gratia efficitur, 15. Christi tota dispensatio, revocatio est a lapsu, et reditus ad familiaritatem Dei, 28. Christus quæ non sunt, facit ut sint, condita conservat, 16. Magnus animarum medicus, et omnium peccatis servientium promptus liberator, 139. Quavis arce firmius propugnaculum fidelibus, 15. In regnum et resurrectionem, non quod causas cadendi aliis præbeat, aliis resurgendi, 400. Pro Christo pati dulce et mori lucrum, 96.
Cibus. In cibo et potu voluptas non quærenda, 99. Ventris satietate decipi non oportet, 101.
Ciconia docet parentes fovere, 386. Ciconiæ eodem tempore omnes ædificant, et sub uno signo omnes discedunt. 581. Cornices ipsas stipant, 581.
Cilicia. In Cilicia multi Ariani, 161.
Cilicio corpus lancinatum, 153.
Cingulum tunicam ita astringat, ut nec ilia exsuperet, nec nimis laxum sit, 74.
Circumscriptum est non solum quidquid loco continetur, sed etiam quidquid scientia comprehendi potest, 282.
Civis. Ut civis status integer retineatur, liberi homines nihil intentatum relinquunt, 238.
Civitas. In civitatibus magnis noctes illustrari solitæ, 169. Civitas in solitudinem mutata, 170.
Cleanthes aquam mercede hauriebat e puteo, unde et ipse victitabat, et magistris æra solvebat, 76.

Clemens Romanus, 61. Ejus testimonium de Trinitate, 61.

Clementia et magnanimitas quomodo conjungendæ, 73. Satis est supplicii viris potentibus, cum iis qui læsere metum incutiunt, 204. Sic et in ulciscendo et in servando magnanimitatem ostendunt, 294. Quidquid ultra adjiciunt, iram explent, 203.

Clerus urbis et parœciæ, 370. Clerus tanquam caput in summitate positum subjectis membris providet, 335. In clerum multi militiæ metu semetipsos conjiciunt, 148. Clerum Neocæsariensem hortatur Basilius, ne populum Dei ab episcopo in errorem induci patiatur, 310. Clerus mortuo episcopo scribit ad episcopos provinciæ, 141. Clericorum alii in gradu, 525. Alii permanent in ministerio, quod manuum impositione non datur, 325. Clerici episcopo ministrantes, 110. In pagis ministri omni diligentia probari solebant, 148. Presbyteri et diaconi eos examinabant, et ad chorepiscopum referebant, qui testibus auditis et admonito episcopo eos recipiebat, 148. Cœperunt chorepiscopi totam rem sibi attribuere, postea presbyteris reliquerunt, 148. Basilius hunc abusum abrogat, laicum fore declarat, si quis sine suo judicio recipiatur, 149. Inter laicos rejicit eos qui a presbyteris post primam indicionem recepti eorumque denuo examen fieri jubet, 149. Ministrorum catalogum in singulis pagis ad se mitti jubet Basilius, 149. Ac ipsos etiam chorepiscopos eumdem catalogum habere, ne quis seipsum, cum voluerit, inscribat, 149. Antequam ministri sive subdiaconi reciperentur in pagis, sedulo inquirebatur, an juventutem suam ita frenarent, ut sanctimoniam exercere possent, 148. Basilius canonem Nicænum exsequitur : vetat ne cum viris habitent mulieres, 149. Presbytero septuagenario edicit, ut mulierem ejiciat ex ædibus, secus depositionem minatur, atque ipsam excommunicationem, si citra emendationem sacerdotium sibi vindicet, 149, 150. Etiamsi nihil libidinose fiat, offendiculum fratri ponendum non est, 149. Tanto magis huic legi parendum, quanto quis liberior est a libidine, 149. Clerici Cæsarienses exercent sedentarias artes, 290. Non facile reperit Basilius, qui suas litteras perferat, 200. Presbyter in Ecclesia Cæsariensi labore manuum vivens, 174. Glycerius ad manuum opera habilis, ordinatur a Basilio diaconus, ut presbytero ministret et opus ecclesiæ curet, 258. Clericis concessa immunitas precatores multos imperatoris familiæ conciliat, ac ipsis rebus publicis prodest, 199. Clericos vetus census immunes reliquerat, 198. Censitores, ut nullo accepto mandato a præfecto, eos recenseret, 199. Petit Basilius a præfecto et antiqua consuetudo servetur, 199. Sic tamen ut remissio in personas clericorum non conferatur, sed judicio episcopi dispensatio committatur, 199. Clerici Cæsarienses, et qui Sebastiæ communicabant cum Basilio addicuntur curiæ, 565.

Clinias, 349.

Cœlum divinitatis velum extendit Deus ne pereamus, 535. Cœlorum regnum nihil aliud quam eorum quæ sunt contemplatio, 89.

Cogitationem prima cohibendus ad malum impetus, 505. Cogitatio Dei semper animo observari debet, 523. Nemo malum cogitabit aut perficiet, si Deum ubique præsentem adesse credat, 524.

Cognitio multis modis intelligitur, 337. Cognitio multiplicis generis, 359, 360. Cognoscere seipsum difficile, 576. Cognitio omnis materialis Christi regnum esse dicitur : Dei autem et Patris, cognitio immaterialis et contemplatio divinitatis, 85. Cognitionis intervalla a sole intelligibili facta, 86.

Colloquium cum unanimis solatium est omnis mœroris, 266.

Colonia in Armenia a viis publicis dissita, 286, 351. Coloniensis Ecclesia mœret discessu Euphronii episcopi sui, 350, 351. Quidam minuntur se abituros ad publica subsellia, 351. Et res commissuros inimicis Ecclesiæ, 351. Magistratus Colonienses de rebus ecclesiasticis ut de proprio negotio solliciti, 351.

Colonia locus ubi constitutus cum Eustathio congressus, 218. Hujus loci dominus Basilius, 377. Ibi conventus episcoporum designatus, ut pax cum Eustathio fieret, 377.

Colores cærulei ac virides recreant oculos, 113.

Columbæ quanam arte capiuntur. 92.

Comanici fines, 89.

Comes Ponticæ, 426. Consentit Basilius ut Commentariensis ad eum referat de quodam negotio, 426. Comes rei privatæ, 440. Comes thesaurorum, 111, 112.

Commendans amicum Basilius postulat, ut, si nihil peccavit, veritatis beneficio salvus sit : si quid peccavit, id sua supplicantis causa remittatur, 203.

Commentariensis, 425. Contendit furum in ecclesia comprehensorum receptionem ad se pertinere, 425. Negat Basilius, 425.

Communibus rebus cadentibus, privatæ simul pereunt, 227.

Communio. *Vide* Eucharistia. Communio perutilis in precibus, 240. Quidam sibi videntur aliorum communione non indigere, 301. Abscindunt se ab orbe terrarum, nec eos pudet solitudinis, 301. Prava opinio, aliorum communione sibi videri non indigere, 158. Queritur Basilius quod persecutio ad charitatem non commoveat, 395. Lapsibus insultatur, 393. Qui idem inter se sentiunt acceptas ab hæreticis injurias intendunt, 393. Omnes omnibus suspecti, 392. Plerique inceptores esse nolunt amici colloquii ad restituendam communionem, 284. Communio duplex, coram et per litteras, 221. Theodotus Basilium nec ad matutinas nec ad vespertinas preces assumit, 193. Litteræ, in quibus aliquis episcopus appellatur, signum communionis, 378. Nec scribere nec mittere qui afflictos consolentur, signum subtractæ communionis, 300. Communionis signa brevibus notis ad orbis terminos circumferebantur, 301. Communionis signum, si quis scribat canonicas litteras, 343. Si mittat clericos, aut ab alio missos admittat ad preces, 343. Communionis litteræ breves tesseræ et veluti quoddam viaticum, 284. Olim ab orbis termino ad terminum mittebantur, et ubique fratres ac patres inveniebant, 284. Queritur Basilius quod id cum aliis prædatus sit hostis Ecclesiarum, 284. Ac episcopi singulis civitatibus circumscribantur, 284. Communicantes cum Basilio Ecclesiæ, et litteras mittentes et accipientes recensentur, 307. Ex his litteris discere licet omnes esse unanimes idemque sentire, 307.

Communio fugienda et colloquium eorum, qui Spiritum creaturam dicunt, 200, 206, 207, 216, 219, 248. Populi relictis ecclesiis malunt in desertis locis vagari, quam cum Arianis communicare, 371, 372. Sub dio precari malunt, quam cum Arianis communicare, 253. Communicare cum Arianis est Arii fermenti participem fieri, 372. Fermenti heterodoxorum participes sunt qui communicant cum eorum communicatoribus, 385. Basilius, etiamsi quis ostendat epistolam e cœlis missam, non idcirco cum illo communicabit, nisi sanam fidem profiteatur, 321. Communicat cum nonnullis presbyteris, minime vero cum eorum episcopis, 205, 206, 207, 331. Non improbat eos qui ab episcopi hæretici communione recedere coguntur, 242. Comparat eos cum medico urente, vel navigante merces ejiciente, 242. Qui redeuntes ab hæresi ad communionem admittit, eos per se cum aliis Catholicis conjungit, 410. Quare sic eos debet admittere, ut ab omni recipiantur fraternitate, 410. Ad communionem Dianii Basilius accessit, postquam is declaravit se subscribendo formulæ Constantinopoli allatæ, nihil contra Nicænam fidem facere voluisse, 144. Communicandum negat Basilius cum iis qui medios se esse volunt, ac fidem nec confiteri aperte, nec aperte negare, 219, 220. Non vult cum hæreticis per Eustathium conjungi, 219. Non tamen deserendos putat qui fidem Patrum non recipiunt, sed communiter iis scribendum esse, 220. Ac recipiendos quidem, si assentiantur, secus vero, si resistant, 220. Si pacis bonum in solo nomine positum est, pax omnibus concedenda, 385. Sed si quidam fugiendi ; non communicandum cum heterodoxorum communicatoribus, 385. Eustathius a sua communione removebat eos qui cum hæreticis communicabant, 387. Eustathius altaria Basilidis evertit et suam mensam ponit, 347. Communionem suam Basilius Fausto cuidam non canonice ordinato episcopo denegat, 213. Seque apud unanimes suos perfecturum declarat, ut idem de illo sentiant, 213. Magni interest, ut sciant Romani episcopi quibuscum in Oriente communicare debeant, 164. Communionem suam Occidentales facile concedunt iis qui ex Oriente veniunt, 221. Non cuilibet rectam fidei formulam offerenti concedenda communio, 221. Sic enim sæpe cum hominibus inter se pugnantibus et eadem verba proferentibus communicabitur, 221. Declarat Basilius Neocæsariensibus, eos a tota Ecclesia discessuros, si a sua discedant communione, 307. Rogat ne se cogant apud omnes communicatores conqueri, 307. Rogat Basilius maritimos episcopos, ne se cogant apud remotissimos communicatores conqueri, 302.

Comparationes propriæ inter ea, quæ ejusdem sunt naturæ, instituuntur, 84.

Concilium. In concilio Nicæno Patres non sine afflatu sancti Spiritus locuti sunt, 207. In conciliis Musonius primo loco non secundum ætatem sedebat, 106, 107. In concilio Amphilochii postulat Basilius ut tanquam præsens numeretur, et socius eorum quæ gerentur, 299. Concilium Melitinense, 406. Ancyranum, 406. Tyanense, 406. Constantinopoli latum. 406. 586. In hoc concilio non addiderunt, *citra ullam differentiam*, 91. Duces factionis Eudoxius, Euippius, Georgius, et Acacius, 586. Concilium

INDEX ANALYTICUS IN TOMUM IV.

Impiorum in Galatia, 365. Concilium Nyssenum, quo conveniunt ad nutum Demosthenis Galatæ et Pontici, 365, 366.

Confessio peccatorum, 272, 295, 327, 646.

Confessores exsules columnæ veritatis et Ecclesiæ, 325. Eo magis venerabiles quo longius allegati, 323. Nihil de rebus ecclesiasticis statuendum ante eorum reditum, 323. Episcopi exsules pœnas pro pietate pendentes, 287. Mercedem sibi nec opinantes comparant, dum alios exemplo suo accendunt, 334. Per confessores Deus manifestaomnibus ad salutem exempla largitur, 408. Qui confessorum sudorem excipiunt, participes sunt eorum præmii, 390. Dionysio Mediolanensi, qui in exsilio mortuus est, honor martyris delatus, 289. Confessores fiduciam habent loquendi apud Deum, 391. Lætitia populi ab exsilio redeuntem episcopum circumstantis, 266.

Conjugium mortis solatium est, 438. Successione generis perpetuitatem vitæ creator conciliavit, 438.

Consilia utilia repellunt contentiosæ indoles, 441. Consilium a sapienti petendum, 580. Non qui cito aliquid statuit laudandus, sed qui firma et stabili norma omnia constituit, 411. Consilia adversus justos instructa redundant in auctores, 580.

Consolatio molesta in ipso doloris articulo adhibita, 78. Consolationes Deus novit per ipsas implere molestias, 448. Consolationi afflictorum merces a Deo reposita, 151.

Constantinopolitana fides, 144.

Consubstantiale usurparunt Nicæni Patres, ut indicarent luminis in Patre rationem, eamdem ac in Filio, 145. Et naturæ æqualem dignitatem demonstrarent, 145. Consubstantiale ex eo consequitur, quod Filius sit *lumen de lumine et Deus verus de Deo vero*, 91. Consubstantialis hæc notio est, quod is, qui secundum essentiam Deus et Pater est, Deum secundum essentiam ac Filium genuit, 82. Consubstantiale non differt a simili secundum essentiam, si addatur *citra ullam differentiam*, 91. Minus fraudi obnoxium, quam simile secundum essentiam, 91. Consubstantiales sunt inter se homines, 116. Consubstantiale Sabellii pravitatem corrigit, 146. Tollit enim hypostasis identitatem, et perfectam personarum notionem inducit, 146. Consubstantialem esse Patri Filium ex eo sequitur, quod Pater major dicatur, 84. Ex consubstantialis mala notione Marcellus hypostasim Christi evertit, 215. Consubstantiale prave exponunt Ariani, 322. Fingunt a Catholicis Filium Dei consubstantialem secundum hypostasim, 322. Falso existimant nonnulli ea dici consubstantialia quæ fratrum inter se rationem habent, 145. Cum causa et id quod ex causa est, ejusdem sunt naturæ, consubstantialia merito dicuntur, 145. Consubstantialea Patribus Antiochenis culpatum putabat Basilius ut vocem male sonantem, 145. Dixisse eos existimabat consubstantialis voce exhiberi notionem substantiæ et eorum quæ ex substantia, 145. Consubstantiale nonnulli nondum acceperunt, 145. Jure reprehendi possint, sed tamen venia digni sunt, 145. Consubstantiali silentium indictum Cyzici, 382.

Consuetudo ad amicitiam multum valet, 418. Satis est ad boni custodiam, 249. Consuetudines ecclesiasticæ ex traditione ortæ in mysteriis celebrandis et precibus, 54, 55, 56. Consuetudinem suam objicientibus adversariis Basilius suam vicissim opponit, 277. Ex consuetudine plerique vivunt, 309. At vivendi regula, Domini præceptum, 309. Consuetudine mala res velitæ indifferentes fiunt, 178.

Contentio. Ex contentionis studio nihil faciendum, 100.

Continentiæ votum, 134.

Controversiarum judices Scripturæ et traditio, 66.

Conventus spirituales, 128. Utilitas quæ ex illis percipitur, 128.

Convicium intra dentes prolatum ferri non debet, 505. Sic conviciari facile est vel ancillæ e pistrino, 505. Fraterna admonitio adhibenda, non convicium, 505.

Convictus cum hominibus Deum timentibus, bonum est viaticum ad futuram vitam, 384.

Convivia publica, 514. Conviviorum ordo, apparatus et certamina, 560. Convivio spirituali cum amici et fratres excipiuntur, pulsandæ fores scientiæ et excitandus paterfamilias qui panes largitur, 85.

Cordis præparatio in quo posita, 72. Cordis profunditas a nemine comprehensum, 107.

Cornices stipant ciconias, 381. Cornici amor in pullos, 586.

Coronis illustrior imponenda amplo fundamento, 266.

Corporis venustas qui morbo aut tempore flaccessit, 422.

Corruptelæ suspicio forte esse posset in aliqua vocula, non autem in prolixis testimoniis, 62.

Corsagæna, 422.

Corydala, 351.

Crambe eximia juventutis nutrix. Bis Crambe mors est, 267.

Crastina. De crastina non constat, 101.

Creationis tria genera in Scripturis, productio ex nihilo in melius ex pejore commutatio, resurrectio mortuorum, 88.

Creatura omnis serva est Creatoris, 87. Creatura nulla quodcunque vult facere potest, 87. Creaturarum rationalium unaquæque aliquid a seipsa facere potest, 87. Creaturæ omnes aut constant ex contrariis, aut contrariorum sunt capaces, 87. Creatura sanctitatis particeps non natura sed per electionem, 48. Si creatura non est Christus, Patri consubstantialis est, 87. Si creatura non est Spiritus sanctus, consubstantialis est Deo, 87. Creaturæ discrimen a Spiritu sancto, 248.

Crœsus filii interfectori iram remisit, seipsum ad supplicium offerenti, 205. Crœso post victoriam amicus factus Cyrus, 205.

Crux in Scripturis vocatur signum, 400. Crucis signo signantur qui sperant in Christum, 54.

Cum. *Cum* præpositio invisa Pneumatomachis, 49. Idem sonat ac *et*, ideoque aptior ad obturandum os hæreticorum, 449.

Curia exemerat senem quemdam diploma regium, et ætas, 177. Regis beneficium confirmat præses, sed senis nepotem, orbum parentibus, nondum annos quatuor natum curiæ addicit, 177. Demonstrat Basilius senem in nepote ad munera pertrahi, ac præsidem rogat, ut utriusque misereatur, 177. Curiæ addicuntur clerici Cæsarienses, et qui Sebastiæ communicabant cum Basilio, 365. Curiales tributa colligunt, militibus annonam suppeditant, 177.

Currus duos sessores habere solebant, 283. Tres habebant sessores Pharaonis currus, 283.

Cursus equestris, 318. In cursu publico regendo nonnullæ partes principalis, 441.

Cypriani sententia de baptismo, 270.

Cyriacus presbyter Tarsensis, 207.

Cyriacus presbyter, 274.

Cyriacus presbyter calumniæ expers, 418. Nulla ei structa calumnia ab his qui manus in omnes injiciunt, 417. Hunc Eusebio commendat Basilius, 417.

Cyriacus, 448.

Cyrillus in Armenia episcopus, 195. Calumnias ab eo propulsat Basilius, eique placat Satalenses, 195. Ejus loco Faustus quidam in Armenia episcopus ordinatur, 212, 213.

Cyrus Crœso amicus factus post victoriam, 205.

Cyzici formula edita, in qua silentium indictum consubstantiali, 382.

D

Dædali ars, 462.

Dæmon potentia adversa quæ e cœlo cecidit, 87. Illius insidiæ in divitiis et voluptatibus latent, 470. Dæmonis mali incursum deplorat Basilius in morte filii Nectarii, 79. Dæmon vanæ gloriæ, 129.

Damas celeberrimus martyr, 388.

Damasus reverendissimus episcopus, 163, 325, 368, 412.

Danieli oblata visio judicium nobis ob oculos ponit, 139.

Daphnus episcopus, 183.

Dardania, 347.

David generosus in bellicis facinoribus, clemens in ulciscendo, 73. Ejus lenitas, 363. Davidem sic objurgavit propheta, ut succensere non posset arguenti, 74, 480. Davidis lapsus, 126. Magna de se senserat, 511. Ex ovium grege princeps populo suscitatus a Deo, 287. Davidis thronus, in quo Christus sedit, regnum nulli eversioni obnoxium, 363. Davidi vectigalis fuit Judæa omnis, Idumæa, Moabitarum regio, Syriæ partes usque ad Mesopotamiam, et ex altera parte usque ad flumen Ægypti, 363.

Dazimone, 318. Dazimonem perturbavit Eustathius, et multos a Basilii communione abstraxit, 324.

Dazina ad quem Eustathius contra Basilium scripsit, 225. Daziza vocatur, 379.

Deductiones proficiscentium, 373. Deductores, 188.

Defectio fidei, quam minatus est Dominus, 59. Hujus præmia videtur sibi perspicere Basilius in blasphemiis Pneumatomachorum, 59, 408. Eo quod facta sint ambigua, quibus contradicere nefas erat, 59, 408. Hostis perficere conatur ut defectionis semina ab Oriente initio capto in totum orbem diffundantur, 374. Quorum definitio diversa, eorum etiam natura diversa, 281.

Demophilus Constantinopolis episcopus, 141. Simulacro rectæ fidei et pietatis partes civitatis dissidentes in unum conjungit, 142. Nonnulli ex vicinis episcopis conjunctionem amplectuntur, 142.

Demosthenes Choragus vocari voluit, 75.
Demosthenes vicarius Ponticæ, 345, 365. Primum et maximum Cappadociæ malorum, 345, 365. Synodum cogit in Galatia, et ejicit Hypsinum, ac Ecdicium ejus loco constituit, 345, 365. Gregorium Nyssenum abduci jussit, 345, 365. Cæsareæ omnes clericos curiæ tradit, 345, 365. Idem facit Sebastiæ communicatoribus Basilii, 345, 365. Postea Nyssæ concilium Galatarum et Ponticorum, 345, 365. Ibi immissus ad Ecclesias homo indignissimus, 366. Eustathium cum Arianorum agmine Nicopolim mittit Demosthenes, ut ab Eustathio accipiant episcopum Nicopolitani, 366. Ubi videt eos resistere, hora cum conatur datum illis episcopum constituere, 366. Doara perturbat, 354. Demostbenes, cete obesum, 354. Angelus Satanæ, 584. Ne sanguini quidem parcit, 584.

Desiderium res violenta, 236.

Desponsata. Si quis desponsam alteri rapuerit, restituenda ei cui ablata, 293. Si quis vacantem rapuerit, debet illa parentibus restitui, 293. Ita tamen ut matrimonium fieri possit, si illi consentiant, 293.

Detrahentem de fratre aversari oportet, 99.

Deus expers qualitatis, 82. Dei nomen ineffabile, 37. Dei appellatio potentiam operatricem sive inspectricem significat, 281. Dei nomen Hebræorum gens propriis ac peculiaribus notis exarabat, 37. Sic dicitur quod omnia posuerit vel spectet omnia, 88. Dei nomen nihil amplius significat, quam justi et recti, 279. Nam istud rebus indignis tribuitur, ista vero nequaquam, 279. Contendunt hæretici hoc nomine naturam designari, 281. At si ita esset quomodo Moyses institutus esset Deus Ægyptiorum? 281. Dei essentiam nullum hactenus nomen exprimere potuit, 281. Nomina ex operatione aliqua aut dignitate ducuntur, 281. Ex omnibus vocibus quæ de Deo usurpantur, nulla citra examen relinquenda, 1. Dicunt Eunomiani, *Quod nosti colis an quod ignoras*, 357. Item : *Si essentiam ignoras, ipsum ignoras*, 357. Dei naturam sibi comprehensam esse gloriatur Eunomius, sed ne minutissimi quidem animalis naturam explicare potest, 95. Vid. 555, 556. Deum cognoscimus, si conditorem illum scimus, si mirabilia ejus novimus, si mandata servamus, 360. Eunomiani cognitionem esse volunt contemplationem essentiæ, 360. Si dicamus Deum a nobis cognosci, essentiam requirunt, 359. Si timidi simus in affirmando, impietatis accusant, 359. Deum cognoscere primarium mentis bonum, 356. Non tamen cognoscit nisi ex parte, 356, 557. Etsi oculus ad videndum constitutus, non tamen visibilia omnia, 356. Deus etsi non comprehenditur, non tamen ignotus, 356. Quemadmodum cœlum non invisibile, etsi non omnia in eo cernuntur, 356. Deus paria molestiis solatia innectit, 181, 218. Deus bonus et justus, 512. Nec judicat sine misericordia, nec sine judicio misericors, 513. Nostra moderatur melius, quam nos ipsi eligere possimus, 70. Bona largienti gratiæ agendæ, procrastinanti non succensendum, 70. Par merces a justo judice paribus præclare factis, 78. *Vide* Providentia. Deus locuples remunerator, 334. A Deo separari gravissimum supplicium, 398. Dei donorum nec magnitudinem metiri, nec multitudinem fas est numerare, 287. Dei inhabitatio quomodo in nobis sit, 75. Dei gravioribus debitis obstricti sumus, quam parentibus, 421. A Dei recordatione Christianus nulla re abduci debet, 99. Dei cogitatio in animo nostro, tanquam in templo, consecranda, 257. Ad Dei gloriam referenda omnia, usque ad ipsum etiam esum et potum, 160. Deus proprius noster naturalisque finis, 19.

Diabolus ex calumnia maxime dignoscitur, 303. Nomen ei factum est peccatum, 303. Diaboli nomen a calumnia ortum, 301. Sic dictus ex moribus, postquam angelicam accepit dignitatem, ac priore habitu exstincto, excitata est adversa potentia, 88. Diabolici belli astutia, 250. Diaboli astutia comparatur cum avis cujusdam calliditate, 518. Insidiatur nobis ut prædones viatoribus, 505. Cupiditates nostras jacula contra nos efficit, 505. Sibi semper hodiernum tempus, Domino crastinum poscit, 518. Dei imaginem lædit, cum Deum ipsum lædere non possit, 518. Diaboli sinuosa retia, 134. Diaboli vasa dicuntur ii, quibus ad mala opera abutitur, 15.

Diaconissæ corpus, utpote consecratum, non amplius permittitur in usu esse carnali, 296. Diaconissa cum Græco fornicata, ad oblationem anno septimo admittitur, 296.

Diaconus post diaconatum fornicatus, diaconatu ejicitur, 271. Sed tamen a communione laica non arcetur, 271. Modo specimen det suæ curationis, 271. Diacono qui labiis tenus peccavit, communio cum diaconis relinquitur, 327.

Dialecticis quæstionibus omissis pie expendenda veritas, 65.

Dialogi. In dialogis intertextæ vituperationes adversariorum detinent et morantur, ac orationis vim relaxant,

226. Solus Plato scit impugnare dogmata et personas comico more describere, 226. At Theophrastus et Aristoteles statim res ipsas attingunt, 226. Idem facit Plato in legibus, ubi indefinitæ sunt personæ, 226. Si qua persona decantata inducitur, licet ex ejus indole aliquid attexere, 226. Secus si persona sit indefinita, 227.

Dianius episcopus Cæsariensis, vir aspectu venerabilis, 143. Multis ornatus virtutibus, 143, 144. Basilius educatus in illius amore, ejusque usus consuetudine vir factus, 143, 144. Is summa lenitate non gravabatur omnibus satisfacere, 144. Subscripsit fidei Constantinopoli allatæ, 144. Doluit id Basilio : sed tamen illius ægrotantis communionem amplexus est, ubi declaravit se contra Nicænam fidem nihil facere voluisse, 144. Negat Basilius eum a se unquam anathematizatum, 143, 144. Beatissimum illum vocat, 143. Ab eo baptizatus est et lector factus, 60.

Diatimus Limyræ episcopus, 351.

Dies primus, non vocatur a Mose primus, sed unus, 56. Idem primus est et octavus, 56. Dies octavus, de quo in inscriptionibus quibusdam psalmorum, futurum post hanc vitam statum significat, 56. Dies novissimus dicitur ea cognitio postquam non est alia, 86. Diem appellat Christus accuratam eorum, quæ de Deo cogitantur, comprehensionem, 86.

Digami uno anno pœnitentiam agunt, 271. Digamos a ministerio excludit canon, 275.

Dignitas codicillaria, 283.

Dii plures per symbola corporea coluntur ab ethnicis, 421. Interdum homines ex dono dii vocantur, dæmones ex mendacio, 82.

Diodorus Antiochiæ presbyter, 226. Silvani alumnus, 378. Favet Basilio in causa Eustathii, 194. Illius communionem Eustathius crimini vertit Basilio, 378. In scribendo facultate et diligentia valet, 227. Illius sermone meliores fiunt, qui audiunt, 378. Judicio Basilii duos libros contra hæresim scriptos committit, 226. Secundum valde probat Basilius, 226. Primum eamdem vim fatetur habere, sed figurarum varietatem et exquisita ornamenta reprehendit, 226. Sub Diodori nomine litteræ quibus defenditur matrimonium cum sorore uxoris mortuæ, 249.

Diogenes poculum projecit, postquam a puero didicit cavis manibus bibere, 76. Diogenis dictum ad Alexandrum, 91.

Dionysius Romanus (S.) recta fide et reliquis virtutibus enituit, 164. Is misit in Cappadociam qui captivos redimerent, 164. Hujus beneficii memoria asservata in Ecclesia Cæsariensi, 164.

Dionysius Alexandrinus (S.), 60. Citatur illius de Trinitate testimonium ex secunda ad cognominem epistola, 60. Miratur Basilius quod accurate locutus sit, 60. Anomœis primum semina impietatis præbuisse existimat Basilius, 90. Causa autem, non pravitas sententiæ, sed vehemens studium adversandi Sabellio, 90. Dionysii scripta valde multa, 90. Dionysius canonum peritus, 268. Montanistarum baptisma probavit, 268. Dionysius magnus, 269.

Dionysius Mediolanensis (S.) in Cappadocia mortuus, 288, 289. Christiani qui illum hospitio exceperant, manibus suis deposuere, 289. Insigne erat sepulcrum, nemo prope illum jacuit, 289. Fideles illius loci hoc corpus vitæ suæ præsidium esse ducebant, 288. Nunquam principatus aut potestates hominum vim illis afferre potuissent, 289. Flectunt illos missi ab Ambrosio clerici, 288. His adjungit Basilius Therasium presbyterum, qui impetum fidelium comprimit, 288. Tolluntur cum debita reverentia reliquiæ, quas custodes cum mœrore prosequuntur, 288. Asseverat Basilius S. Ambrosio verum esse beati Dionysii corpus, 289.

Dionysius viduæ filius, alias Diomedes Basilii discipulus, 92.

Discere oportet sine verecundia, docere liberaliter, 75.

Disciplinam omnem Ecclesiis subactam queritur Basilius, 148. Prisca Ecclesiæ species, 106. Vetus Ecclesiæ status, veluti sacra imago, ad quam Musonius Neocæsariensis Ecclesiam suam effingebat, 106. Nihil de suo addebat, 106. In disciplinis fides præit cognitioni, 358. Delectus habendus est, 478. Parvum parvo addendum, 478.

Dispensatio Filii, id est, incarnatio, 15, 401.

Dissensiones domesticæ eos, qui inter se digladiantur, magis quam belluas, ratione destitui arguunt, 9. Mutui belli telum a nonnullis excogitatum sanæ doctrinæ defensio, 185. Dum privata odia occultant, pro veritate odisse se simulant, 185. Discordias fovent nonnulli, ut propria dedecora occultent, et populis furorem inspirant, 185. In dissensionibus ecclesiasticis alii supplantand, alii insultant lapso, alii applaudunt, 66. Nemo infirmum in fide suscipit : nullæ admonitiones : sedent erratorum amari examinatores, iniqui recte factorum judices, 67. Velut in pestilentiæ morbo contagium mali omnes pervadit, 67. Dissensiones ecclesiasticæ comparantur cum equestri cursu, 318. Dissidia initio sanabilia, 332. Temporis progressu aucta in malum vergunt insanabile, 332. In dissensionibus Ecclesiæ rident increduli, fluctuant infirmi, 185. Fides est ambigua, eo quod veritatem imitentur hæretici, 185. Dissensiones episcoporum lædunt populos, 154. Vulnerant animas hominum piorum, 187. In dissensionibus quam utilis sit congressus ad pacificationem, 154, 155, 301, 302.

Dissimile et simile rejicit Basilius in Trinitate, 82. Qualitatem enim designant, quæ in Deo admitti non debet, 82.

Divinatio per manum, 279.

Divitiæ inter bona non sunt numerandæ, 472, 497. Divitiæ infidæ, 422; Non sunt nostra possessio, 492, 497. Divitiis justus non fruitur, sed earum administrator est, 564. Hinc absentes illas non desiderat, 564. Non enim vir prudens negotium ambiat in alienis rebus distribuendis, 564. Fures qui alios non juvant, 488. Divitiæ dantur justis ad distribuendum, 564, 486, 493. Malis provocatio sunt, ut se emendent, 564. In divites avaros, 492, 493.

Doara, oppidum in quod Ariani mittunt hominem pestilentem, 367. Doara perturbantur a ceto obeso, 354. Mulionem antiquum receperunt, 354.

Docere liberaliter oportet, discere sine verecundia, 75. Qui alios docent, exemplo et opere debent confirmare quæ docent, 383. Aliquod opus est qui deducat ad superuam philosophiam, 81. Cum sanctis versari longe utilissimum, 81.

Doctrina Christiana non servit profanis disciplinis, 5. Non tam indiget sermone quam exemplo, 241. Ut me', gustu magis quam ratione percipi, 478. Doctrina ex practica et naturali et theologica notione constans, 84. Doctrina absentibus et sero nascituris t ausmittitur, 432, 433. Id ut fieri possit Deus sapientia sua perfecit, 432. Doctrinæ pravæ pharmaca lethalia, 317.

Dogma aliud est ac prædicatio, 55. Dogmata silentur, prædicationes publicantur, 55. Philosophia quæ circa dogmata versatur, 81. De dogmatibus divinis dum dicitur auditurque frequentius, plurimum proficit animus, 81. Docet nos ratio ipsa per creaturas, ut non turbemur, si quando in quæstionibus difficilibus quasi vertigine laboremus, 120. Quemadmodum in iis quæ apparent, ratione potior experientia; ita in dogmatibus ratiocinatione potior fides, 120.

Dolores magnos parvis remediis sanare non decet, 123. In doloribus magnis medici stuporem conciliant, 113. Dolentibus solatio est ipsa narratio, 318. Dolorem intimum dissolvunt gemitus erumpentes, 370. In doloris articulo molesta oratio consolandi causa adhibita, 78. Dolorem abigens blanda animorum contrectatio, 113. Dolori non succumbendum, sed adversus plagæ magnitudinem obnitend m, 78.

Do'osi homines, voce tenus simplices et inepti, 449. Jamdudum obtinuit illa species, 449.

Dometianus Basilii necessarius, 204. Ob læsum Andronicum ducem multa passus est, 204. In ignominia et metu degebat, ejusque salus in Andronici voluntate sita, 204. Cappadoces omnes rei eventum exspectabant, 205.

Dominica dies imago venturi sæculi, 56. Vocatur a Mose unus dies, non vero primus, idem unus et octavus, 55. Dominica dies vocatur una Sabbati, 55. Erecti precamur hac die, 55.

Dominus magna per eos qui se digni sunt, efficit, 160. Dominus res viduarum et orphanorum suas facit, 202.

Domninus, 407.

Domus cura in Dominum projicienda, 283.

Dona sanationis, 111.

Dorotheus presbyter Romam cogitat, 323. Demonstrat ei Basilius hoc iter nisi mari confici non posse, 325. Sanctissimo in Occidentem cogitanti socius fore putatur, 368. Mittitur unus vice multorum in Occidentem, 376. Narravit Basilio, quos Petrus coram Damaso sermones habuisset, 413. Dicebat numeratos fuisse in hæreticis Meletium et Eusebium, 413. Ob hoc ipse non leniter et mansuete allocutus Petrum, coram Damaso, 412.

Dorotheus presbyter Basilii collactaneus, 114. Hunc Basilius ut alterum seipsum commendat, 114. Is domus, in qua Basilius nutritus fuerat, pacta mercede colonus erat, 114. Servitiorum maximam partem utendam per vitam acceperat, ut Basilio alimenta ministraret, 115. Frumento spoliatus, quod unicum habebat vitæ præsidium, 179. Idem ac Basilius sentiebat, eamdemque inibat pietatis viam, 179.

Dorotheus diaconus Antiochenus, 162. Bis mittitur a S. Basilio ad S. Athanasium, 160, 162. Inde Romam mittitur, 160, 162. Rediens transit Alexandria, 180. Dorothei diaconi conventus, 216.

E

Ebrius Caini maledictionem sibi ipse adsciscit, 565. Ebrii hominis quam tristis status, 561, 562. Ab ebrietate oritur naturæ inversio, 559.

Ecclesia omnium mater et nutrix, 124. Tanquam vitis, bonis operibus affluens, 252. Ecclesia fraternitas ubique diffusa, 225. Progrediens fit fortior, 291. Ecclesiæ ordo et gubernatio per Spiritum sanctum, 54. Omnes Christiani unus sunt populus, 252. Ecclesia una omnes qui Christi sunt, quamvis ex multis locis nominetur, 252. Unaquæque Ecclesia gaudere debet, cum propria sua ornamenta ali's Ecclesiis cedit, 252. Ecclesia unum corpus ex variis membris constans, 52. Spiritus sanctus in his membris, ut totum in partibus, 52. Ut partes in toto, singuli sumus in Spiritu, 52. Ecclesiam universam Christus dignatus est suum ipsius corpus vocare, 372. Hinc invicem aliorum membra sumus, 372. Hinc Christiani omnes inter se vicini, etsi locis disjuncti, 372. Nihil jucundius quam homines magno intervallo sejunctos in unam membrorum harmoniam colligari, 163. Ecclesiæ ex charitatis lege debent Ecclesias afflictas visitare et juvare, 371, 375. Non potest caput pedibus dicere : Opus vobis non habeo, 372. Sive quis caput se esse existimet, non potest dicere pedibus : Non est mihi opus vobis, 52. Ut manus altera indiget alterius, et pes alter alterum firmat, 301. Gentes ipsæ fœdus inter se ineunt et commercium persequuntur, 301. Non locorum intervalla disjungere debent, sed spiritus communio in unius corporis concentum conjungere, 181. Basilius declarat se alias Ecclesias admoniturum, si Neocæsariensis episcopus in errore perseveret, 316. Rogant Orientales ut omnibus Ecclesiis denuntietur Eustathius, 406. Ecclesiæ Dei olim florebant, membris variis quasi in uno corpore conspirantibus, 254. Hujus pacis ne vestigium quidem superesse queritur Basilius, 254. Ecclesiarum prisca beatitudo, cum pauci disputandi morbo laborarent, omnes per nudam confessionem Domino servirent, 260. Ecclesiæ ad antiquam dilectionis formam gubernandæ, 284. Fratres ex utraque parte venientes, tanquam propria membra, suscipiendo, 284. Ut Ecclesia Dei pura sit, nullum zizanium admistum habens, non communicandum cum hæreticis, 207. Sedatis dissensionibus perfectum fit Christi corpus in omnibus membris integritati restitutum, 186. Queritur Basilius quod res ecclesiasticæ dilapsæ sint, dum quisque res proximi negligit, suis intentus, 227. Quæ ad omnes Ecclesias spectant, de iis pauci episcopi statuere non debent, 411. Non debebant confessores Ægyptii Marcellianos etiam tutis conditionibus recipere, sine aliorum consensu, 411. Ecclesiam vincere non possunt persecutiones, 369. Totæ nationes et civitates, consuetudo omni memoria vetustior, viri Ecclesiæ columnæ hæreticis objiciuntur, 63. Orientis, et Ponti, et Cappadocum et Occidentis consensus, 63. In Ecclesiæ malis, curandi initium a præcipuis partibus faciendum, 159. Ad Ecclesiarum defensionem orthodoxi tantum studii impendere debent, quantum ad earum eversionem impendunt hæretici, 158. Ecclesiarum status in persecutione Valentis, comparatur cum prælio navali, 64 et seqq. Ecclesiæ columnæ sancti Patres, 63.

Ecclesiæ ritus apostolici et Patres præscripserunt, 55. Ecclesiasticarum rerum examina non pertinent ad judices sæculares, 344, 345. Quæ in Ecclesia peccantur, ab episcopis emendari debent, 425. Non interpellandi judices, 425. Ecclesiarum possessiones premuntur tributis, 425. Vix reperiuntur qui eas suscipiant, 425. Suum potius absumit Ecclesia, 425. Pauperum pecunias ambitiosi episcopi in proprios usus et munerum largitiones insumunt, 184. In Ecclesia asservata pauperum vestimenta, 425. Ecclesiam construere ad gloriam nominis Christi, cura digna Christiano, 112. Ad Ecclesiam recens constructam reliquiæ martyrum quæruntur, 142. Ecclesias in persecutione Valentis fugiunt populi, ut impietatis scholas, 185. Cum uxoribus et liberis et ipsis senibus pro mœnibus pleraque preces fundunt, 185. Ecclesiæ vocantur synodi, 425. Ecclesiæ inspector angelus, 567. Ecclesiæ conseptum, 447.

Ecclesiasticus, 131.

Edicius, 347. Pulso Hypsino substituitur in episcopatu Parnasseno, 365, 367.

Echinades, 94.

Edessa, 177.

Eldad, 51.

Electio ministrorum Ecclesiæ quidvis potius quam electio, si gratiæ aut precum aut timoris ratio habeatur, 428. Satius est dicto testimonio abstinere a contentione, 429. Ei qui contendit, ut sua vincat sententia, magnum periculum, 429. In electionibus proprium sibi quisque ducere debet id quod agitur, 108. In electionibus episcoporum nascentes discordiæ omnem defuncti episcopi laborem subvertunt, 109. Electionis vasa secernit Deus, 251.

Eleemosynæ præceptum immerito nonnullis molestum, 485, 488, 500, 501. Ob neglectam eleemosynam fames a Deo immittitur, 486, 487, 488, 500, 501. Etiamsi unus tantum supersit panis, cum egeno partiendus, 487. Divitiarum copia argumento est eleemosynam exhibitam non fuisse, 487. Fur est qui de divitiis suis non emettitur proximo, 488. Eleemosyna quantum utilis ei qui alios juvat, 488. Personarum ratio non est habenda, 489. Calamitosis præcipue succurrendum, 489. Cavendum a fraudibus nec omni dandum errabundo, 489. Eleemosyna donum simul et fenus, 490. Dona ex rapinis orta displicent Deo, 490, 491. Quanta imminent supplicia his qui pauperes fastidiunt, aut durius repellunt, 491. Ridicule nonnulli pauperes non juvant dum vivunt, sed promittunt fere ut sua eis testamento legent, 535. Eleemosynas etiamsi quis arena copiosius profundat, si justitiam conculcat, animam suam lædit, 207.

Eleusinus Eustathii Sebasteni discipulus, 173.

Elias Cappadociæ præses, 176, 177, 187. Invitus hoc onus susceperat, 188. Optat Basilius, ut omni hominum generi custodiatur, præfecturas ex præfecturis gerens, 177. Magna illius virtus in provincia administranda, 177. Magni faciebat calamitosos et leges et amicos, etiamsi periculum ei ab hominibus immineret, 177. Cappadocum miserius est non reformidans periculum, 180. Res Christianorum ad antiquum decus revocabat, 190. Eliæ pura in Deum pietas, 187. Basilii amicus ejusque existimationem curæ habens, 188. Accusatus apud eum Basilius ab episcopis, respondet illorum querelis, 187, 188. Eliam par erat favere presbyteris, qui idem ac Basilius sentiebant, 179. Postulat Basilius ut nonnulla mutet quæ minus æque decreverat, 177, 179. Cito dejectus administratione, in crimen vocatus ob liberum et assentationis nescium animum, 190. Nunquam talem rectorem vidisse se meminerant Cappadoces, 190. Illum Basilius commendat Sophronio quem rogat universæ patriæ nomine, 190.

Eloquentia auribus tenus gratiam obtinet, 422.

Elpidius episcopus, 308, 387. Segregatur ab Eustathio, 387. Videtur egisse cum episcopis Ponti de reconcilianda gratia cum Basilio, 308. Mittit ad eum Basilius Meletium presbyterum, 308. Rogat ut tempus et locum congressus indicet sibi, et episcopos Ponti moneat, 308. Congressus constituitur in finibus Comanicis, 309. Elpidii nepos moritur, 309.

Elpidius diaconus a Basilio mittitur ad confessores Ægyptios, 409.

Elpidius Therasii præsidis assessor, 172. Basilio amicissimus, 187.

Elpidius ad herum festinans, 554.

Emmelia (S.) mater Basilii, 110. Recta fide imbutus ab ea Basilius, 338. Cum Eustathio plures dies apud eam traduxit, 339. Ejus morte morbi Basilii redeunt, 339. Separationem hujus animæ ferre non potest, cui nihil in aliis rebus videt comparandum, 339.

Encratitarum Marcionistarum germen, 297. Vinum et nuptias aversantur, 297. Dei creaturam dicunt esse inquinatam, 297. Aggressi sunt proprio baptismate præoccupare, 270. Unde et suam consuetudinem vio arunt, 270. Baptizant tamen in Patrem et Filium et Spiritum sanctum, 297. Duos ex hac secta episcopos Basilius suscepit in cathedram episcopalem, 270. Quærunt cur non omnibus vescamur, 363.

Ephemeris, 363.

Epiphanius (S.) Basilium hortatur, ut dissensionem inter fratres montis Elæonis componat, 393. Ac de quæstionibus recens exortis curam suscipiat, 393. Rogabat etiam ut scriberet ad Ecclesiam Antiochenam, 394. Fatebatur necesse esse tres hypostases confiteri, 394. Communicabat tamen cum Paulino, 394. In aliis litteris quærebat quid sint Magussæi, 394.

Episcopatus. Ad episcopatum eligendus qui servus Dei sit, operarius non prave pudens, 282. Non suis sed multorum attentus commodis, 282. Episcopatus onus intolerabile, si quis illud portet, 252. Secus, si Dominus cum illo portet, 252. Difficile est invenire qui digni sint episcopatu, 282. Eorum, qui eliguntur, indignitas doctrinam in contemptum adducit, 282. Episcopatus nomen ad vernas vernarum devenit, 367. Ignominiæ nomen, proditionis merces, 368. Utilius est sollicitudinem in plures episcopos dividi, 282.

Episcopi Ecclesiarum Dei constituti a Deo, 128, 161, 231, 232, 288. Sedent in cathedra apostolorum, 288. Episcopi thronus, 266. Episcopus duo chori, 107. Confessus Coryphæus, 107. Debet nectu et diu, publice et privatim, obtestari eos qui nolunt emendari, 330. Sed minime cum illis abripi, 330. Episcopi condemnationis participes erunt, si non omni studio et alacritate ad veritatis defensionem incumbant, 158. Cavendum ne administrationem aut negligant, aut per mala opera gerant, 320. Ab iis non idem Dominus petit, quod a quibuslibet hominibus, 509. Episcopus debet navigium immersabile custodire, 252. Non debet alios sequi sed præire, 252. Demensum conservis tempestive distribuere, 252. Episcopis cavendum ne probrum sint nomini Christi, 320. Episcopus eligitur ut homines Domino capiat, 251. In episcopo tanquam in propriis futeris Ecclesia quiescit, 173. Episcopo vigilanti velut fundamento subtracto, multi corruunt, 109. In episcopo eligendo debet quisque id quod agitur proprium sibi existimare, nec rerum communium curam in proximum rejicere, 108. Episcopum vigilantem petere sine contentione cleri est ac populi, Domini autem ostendere, 108. Mortuo episcopo litteræ cleri ad episcopos provinciæ, 111. Episcopi in parvis civitatibus et in parvis oppidis, 282. Episcoporum vigilantium series veluti pretiosorum lapidum commissura, ornamentum est Ecclesiæ, 108. Episcopis abesse non licet cum lupi insidiantur, 232, 2 6, 376. Episcopis Dominus hoc opus præscripsit, ut preces pro aliis faciant, 214. Legibus submissi in humanis rebus, 541. Eis licet quæstum aucupari, cum adeunt potestates, 177. Quæstus iste est levamen afflictorum, 177. Episcopis pœna competens, arcere a communione ecclesiastica, 427. Episcopus laudatur qui pro sua lenitate non gravatur omnibus satisfacere, 144. Episcopi ambitiosi pauperum pecunias in proprios usus et munerum largitiones absumunt, 184.

Episcopi sollicitudinem suam in alias Ecclesias extendunt, 161, 173, 223, 298. Semper parati esse debent ad Ecclesiarum administrationem, 509. Athanasius fraternitatis ubique diffusæ curam gerebat, 225. Fatetur Basilius sibi convenire ut de rebus suis referat ad Petrum Alexandrinum, et Petro ut eas curæ habeat, 411. Ne episcopus sine collegis res magni momenti aggrediatur, canones prohibent, 234. Episcopi pauci non debent statuere de rebus ad omnes Ecclesias spectantibus, 411. Episcoporum dissensiones vulnerant animas hominum piorum, 187, 344, lædunt Ecclesias et civitates et populos, 154, 155. Episcopi non debent litibus suis præsides avertere a publicis negotiis, 187. Episcopus accusari non potest si quid in re indifferenti minus considerate laicus scripserit, 343. Episcopus in crimen vocatus apud aliam Ecclesiam, moneri debet, si sanabilia delicta, 303. Sin autem insanabilia, palam arguendus, episcopi advocandi, et spectatissimi e clero cujusque Ecclesiæ congregandi, 303. Episcopis sibi subditis Basilius depositionem minatur, ni pretio ordinare desinant, 147. Basilius postulat ut decenti more advocetur, 152, 153, 191. Episcopi si quem ex collegis invitarent, mittebant qui eum deduceret, 191. Basilius litteras mittit quoquoversum episcopis, seque adesse significat, 577. Episcopi hospites in Ecclesia solebant concionari, 154. Episcopi sine populo et clero obambulantes ac nomen mundum circumferentes, 409. Episcopis Basilio subditis datur nomen chorepiscopi, 147. Episcopo ministrantes clerici, 110. Magnus et verus episcopus Christus, 143.

Epistolæ non tantum promovent, quantum oratio, quæ viva fit voce, 159, 204. Ne umbræ quidem obtinent rationem, si cum veritate comparentur, 253. Epistola brevis quomodo persuadeat eis quibus longum tempus non persuasit, 165. Epistolæ vivæ instar sunt, qui supplere possunt, quæ desunt litteris, 508. Libenter scribit Basilius per ejusmodi homines, 308. Epistolæ virtus non est brevitas, 448. Non sane magis quam hominis, 448. Epistolæ laconicæ nullus labor, 97. Postulat Basilius, ut epistola sua, velut aliquod supplicantis insigne, suscipiatur, 205. Epistolæ a pluribus perlatæ. Unus tamen nominatur, 141, 205, 207, 376. Epistolas virorum prudentium libenter legit Basilius, 241. Epistolas assidue scriberet, nisi negotiis detineretur, 241. *Vide* Litteræ.

Equarum præstatio, 440. Equis certantibus jucundissima aqua ori infusa, 334.

Erroris operatio immittitur in filios diffidentiæ, 317. Erroris similitudo confirmat seditionis societatem, 66. Erroris summorum virorum imitatio non servanda, 269.

Eruditio. Ad eruditionis testimonium plurimum valet, multorum hominum vidisse urbes, et mores nosse, 168.

Esau. Ut ab Esau liberemur opus est aliquo Laban, 81.

Esdras cum in campum secessisset, omnes libros divinitus inspiratos, Deo jubente, eructavit, 129.

Essentia nomen commune, 35. Peculiarius animal, magis speciale homo, homine specialius est vir, et viro hic aut ille, 35. Essentiæ ratio non alia in Paulo et Silvano, 116 Hinc inter se consubstantiales, 116.

Eucharistia nutrit animam, 84. Dum edimus carnem Christi et bibimus ejus sanguinem, participes fimus Verbi et Sapientiæ, 84. Carnem enim et sanguinem vocavit totum suum in carne adventum, 84. Vivi panis manna figura, 26. Boni communio, 293. Invocationis verba, cum conficitur panis Eucharistiæ, ex traditione accepta, 33. His contenti non sumus, quæ tradit Evangelium et Apostolus, 53. Alia addimus, ut multum momenti habentia ad mysterium, 53. Singulis diebus participem esse sancti corporis et sanguinis Christi, bonum est et utile, 186. Quater singulis hebdomadibus communicat Ecclesia Cæsariensis, 186. Eucharistiam propria manu sumere in persecutionibus grave videri non debet, 187. In solitudinibus monachi Eucharistiam domi servant, imo unusquisque de plebe, Alexandriæ et in Ægypto, 187. Qui domi propria manu communicat, de manu sacerdotis censetur communicare, 187.

Euclides, 549.
Eudemus Patarensis episcopus, 331.
Eudoxius, 386.
Eugenius monachus, 232.
Euippius, inter duces Arianorum, 161, 386, 387. Vir eruditus, ætate provectus, multa cum Basilio amicitiæ jura habens, 219. Discedit Basilius ab ejus communione ob amorem veritatis, 219. Adversus Euippium horrendæ Eustathii prædicationes, 387. Euippii alumnus Anysius, 367.

Eulancius sophista, 312. Basilii causa invisus Neocæsariensibus, 312. Videtur metu illorum scribere Basilio desiisse, 312.

Eulogiæ virgineæ, 136. Eulogiæ ab Amphilochio missæ ad Domini Natale, 555.

Eulogius episcopus Ægypti exsul, 408.
Eumathius Christianus et nobilis et doctus, 265.
Eunomius Dei naturam sibi comprehensam esse gloriatur, sed ne formicæ quidem naturam explicare potest, 95. Eunomiani refelluntur qui se Dei substantiam adinvenisse dicebant, 555 et seqq. Comparantur cum iis, qui calculos in theatris subducunt, 359. Adversus Eunomium Basilii scripta, 97.

Eunuchi vitiorum descriptio elegantissima, 208.
Eupaterius ejusque filia Basilium consulunt de Spiritu sancto, 247.
Euphemias, 324.
Euphemius, 243.
Euphronius episcopus Coloniensis, 286, 349, 350, 331, 332, 333.
Eupraxius, 256.
Eupsychius celeberrimus martyr, 388. Sancti Eupsychii memoria, 298. S. Eupsychii dies festus, 235. Omnes chorepiscopi ad eum convocantur, 235.

Euripides, 156.
Eusebius S. Basilii decessor, 140.
Eusebius (S.) episcopus Samosatorum, 185. Illius invisendi cupidus Basilius, ut magnis illius sapientiæ thesauris exsatiari possit, 105, 106. An Eusebium in Ecclesiarum malis respicere una Basilii consolatio est, 113. Nihil illius culpa periit, sed magnam sibi apud Deum mercedem comparavit, 113. Eusebii precibus servatam fuisse putat Basilius Ecclesiam Cæsariensem, 110. Ab eo non longe distabant fratres nonnulli, qui sanationis habebant donum, 111. Eusebius semper juvandæ Ecclesiæ studiosus, 141. Cæsaream vocatur ad episcopi electionem, 140, 141. Illius videndi et audiendi cupida Cæsariensis Ecclesia, 142. Cum Eusebio ad magnas tentationes aditum non pigratur Basilius, 192. Absque eo vel leves intueri non audet, 192. Cum Eusebio nemo comparandus in dando de magnis rebus consilio, 229. Auctor est, ut rursus scribatur in Occidentem, 211. Exortam inter Basilium et Eustathium dissensionem comprimere conatur, 219. Queritur quod res Ecclesiæ negligantur et adversarii tradantur, 234. Cuncta longe ante prævidet, 228. Prior surgit et alios excitat, scribens, coram accedens, 228. Laboribus defessus, negotiis impeditus; nec ob Valentem e propinquo imminentem e tecto audet excurrere, 256. Sed tamen eum invitat Basilius, ut amicissimam omnium Ecclesiarum videat, 256. Eum accusat pigritiæ quod non scribat, 247. Pigritiæ attribuit, quod ad se non venerit, 247. Eusebius persequentibus superior, 256. Forti animo migrat e patria, 256. Ejus thronum fortasse alius occupat, 257. Cum eo vel unum diem versari satis est ad salutem viaticl, 258. Felices existimat Basilius eos qui in multo otio perfruuntur Eusebio, 257. Antiochus Eusebium exsulem comitatur, 257. Eusebius scribit ad Ecclesiam suam, ut pacem componat, 332. Cum S. Meletio inter hæreticos Romæ numeratus, 413. Pro Eusebio multi diu ac noctu precantur, 414. Illius reditum exspectant ut suam salutem, 414. Eusebii vitam Deus magna manu protexit, 414. Multa contra Eusebium facta, 414. Sed Deus eum bello circumstante incolumem servavit, 414. Eusebii alumni virtutis illius effigiem repræsentant, 218.

Eusebius (S.) Vercellensis episcopus, 230. Rediens in Occidentem secum ducit Evagrium, 230.

Eusebius Basilii condiscipulus, 417. Olim utrique domus una, pædagogus idem et omnia communia, 417.
Eusebius Palæstinus, 61. Ejus multiplex experientia laudatur, 61.
Eusebius Arianorum dux, 381, 406.
Eusebius, quem Basilius filium appellat, 264. In judicium majestatis vocatur, 264.
Eusebius lector ad Eusebium Samosatensem vadens diu retinetur a Basilio, 290.
Eusinoe, 339.
Eustathius Sebastenus, 185. Discipulus Arii et magister Aetii, 224, 340, 378, 405. Hermogeni offert confessionem fidei, 381, 406. Ad Eusebium se confert, 381, 406. Inde pulsus in patria iterum se purgat, 406. Episcopatum forte adeptus statim Ancyræ anathematizat consubstantiale, 406. Inde Seleuciam, 406. Constantinopoli assentitur hæreticis, 406. Deponitur, quia prius Melitinæ depositus fuerat, 408. Depositus a quingentis episcopis, 380, 386. Non acquiescit, quia eos Spiritus sancti participes esse negabat, 380. Eos contendit episcopos non esse, sed hæreticos, 346, 387. Litteras adversus Eudoxium ad omnes fraternitates mittit, 346. Horrendæ illius in Euippium prædicationes, 387. Presbyteros et diaconos in Ecclesiis Amaseæ et zelotum ordinavit, 347. Ex Dardania rediens, altaria Basilidis evertit in Gangrenorum regione, 347, 387. Suas ipse mensas posuit, 347, 387. Elpidium segregavit ob ejus communionem cum Amasiensi episcopo, 387. Cum tomo ab Eudoxii factione composito subscripsisset, concionem habuit fraudem deplorans, 379. Hoc remedium inventum, ut Romam se conferret, 380, 406. Quænam ei proposita a Liberio, nescitur, 406. Nisi quod epistolam attulit quæ eum restituebat, 348, 379, 406. Qua oblata susceptus a synodo Tyanensi, 348, 379, 406. Videbatur mendacium aversari, et debilium infirmitates portare, 224. Mendacium, ut horribile quiddam, in minimis rebus aversari videbatur, 194. Veritatis amicus esse, 339. Pro qualibet anima laborans, maxime vero pro Basilio, 172. Mittit Eleusinium, qui Basilium pro fide certantem adjuvet, 173. Videbatur majus quidpiam esse quam ferat humana natura, 319. Maxima quæque ei crediderat Basilius, 319. Videbatur invigilasse sibi usque ad senectutem, 79. Cum de fide cum Basilio consensisset, ferebatur statim affirmasse discipulis, se cum Basilio nulla in re consentire, 194. Negat Basilius hanc suspicionem in eum cadere, 194. Eustathii dissimulationis profundum, qui se omni tempore Basilio insinuaverat, 222. Eustathii duo discipuli Basilius et Sophronius e domo Basilii illiberaliter fugiunt, 211. Contumeliis Basilium vexant, crimina in eum contexunt, 210, 211. Magnum inde scandalum in civitate, 210, 211. Non tamen disrupta omnino amicitia Basilium inter et Eustathium, 338. Eustathio formulam Nicænam Basilius subscribendam proponit, bis additis quæ ad Spiritum sanctum pertinent: subscribit Eustathius, 217. Indicitur aliud tempus et locus congrediendi cum episcopis, 377. Non adest Eustathius quamvis promisisset, 377. Epistola ejus nomine affertur scripta perfunctorie, 378. Mittit Theophilus Cilix aliquem ex suis qui convicietur sancto Basilio, 378, 382. Pacem Basilium inter et Eustathium Eusebius componere conatur, 218, 219. Paulo post Eustathius in Ciliciam vadit, 378. Ibi Gelasio cuidam fidem Arianam exponit, 222, 344. Redux communionem Basilio renuntiat, 278. Postea litteras ad Dazinam quemdam vel potius ad omnes homines mittit adversus Basilium, 223, 379. Accusabat Basilium blasphemiæ in Deum, 223, 339. Epistolam Basilii adulteratam proferebat, 343. Huic epistolæ verba Apollinarii hæretica subjecerat, ut Basilius auctor esse videretur, 220, 223, 319, 343. Querebatur quod a se Basilius per dolum elicuisset fidei formulam, 379, 386. Superbiæ accusabat quod non recepisset suos chorepiscopos, 347. Vera dissidii causa, studium placendi Euzoio, 341, 547, 387. Per Arianos restitui in episcopatum volebat Eustathius, 387. Hinc medius videri volebat, 219. Populi metu aperte fidem negare non audebat, 219. Reordinare ferebatur, 222. Eustathii erroris ulcus detegunt presbyteri Sebasteni et ab ejus communione discedunt, 230, 365.

Eustathius facile in contraria vertitur, 344. Illius norma, fidei verbis pro tempore alias aliis uti, 348. Ut medici ad varios morbos se accommodant, 348. Compendii causa omnia facit, 387. Semper ad potentiores transfugit, 346. Compendii causa accusat aut laudat, 347, 387. Omnium inconstantissimus circa fidem, 381. Non in verbis inconstantior quam in factis, 380. Variæ illius fidei formulæ, 381, 382, 388. Calumnias non retractat, 336. Nova opera et facto agmine conatur Basilii vitam affligere, 336. Eum probabile est, Basilii defensionibus irritari, 349. Et graviora in eum machinari, 349. Dazimonei perturbat, ac multos a Basilii communione abstrahit, 324. Ludi Eustathii contra Ecclesias, 387. Cyzici fidem Nicænam condemnat, 348, 380, 406. Homoousiastas vocat eos qui illam sequuntur, 348, 380, 406. Cum iis est qui consubstantiale anathematizant, 406. Conjungitur cum hæreticis, 346. Ancyræ cum illis communicavit in domibus, 347. Nondum enim publice ab illis receptus, 347. Pneumatomachorum hæresis dux est, 406. Novitatis accusat doctrinam de Spiritu sancto, 348. Quos episcopos esse negaverat, ab his ordinatos suscipit, 380, 385, 387. Eos accersit Sebastiam, 380, 385, 387. Non tamen in eorum communionem restitui potuit, 381. Cum agmine Arianorum venit Nicopolim, ut det illis episcopum, 366, 387.

Eustathius chorepiscopus, 347.

Eustathius Himmeriæ episcopus, 266. Is de exsilio Eusebii valde dolet, 266. Idcirco pluribus negotiis occupatur et circumcursat Christi ovilia, 266.

Eustathius diaconus, 141. Eustathius diaconus in Basilii domo degens, 228.

Eustathius archiater, 241, 276. Is artem corporibus non definit, sed animorum morbos curat, 241, 276. Basilii cordis inflammationem infusis consolationis verbis excussit, 241, 276. Tacere volenti persuadet, ut sycophantas redarguat et veritatem defendat, 276, 277.

Eustathius philosophus ethnicus, quem Basilius in Cappadocia, in Syria et Ægypto frustra quærit, 69.

Eustochius, 166. Ejus servi injuriam fecere Callistheni, 166.

Eutyches (S.), 255.

Euzoius, 347.

Evagari animo non oportet, 99.

Evagrius presbyter, Pompeiani Antiochensis filius, in Occidentem iverat cum beato Eusebio, 230. Rediens nuntiat Basilio illius scripta Romæ non placuisse, 230. Postulat ut scribatur epistola a Romanis ipsi dictata, et legati auctoritate prædiit mittantur, 230. Promiserat Basilio se participem fore conventus, qui Meletio addictus erat, 246. Promissum non exsecutus est, 246. Basilium per litteras hortatur, ut pacificationem Ecclesiarum suscipiat, 245. In primis Antiochenæ, 245. Et mittat in Occidentem, 246.

Evangelium regni, 374. Evangelium in omnem pervenit terrarum orbem, 256, 374. Ab Oriente initium cepit, 374. Hinc hostis perficere conatur, ut ab eodem loco defectio incœpta in totum orbem diffundatur, 374. Evangelii præcepta cum temporibus non mutantur, 381. Evangelia non indigent somniis ad fidem faciendam, 317. Evangelio Christi dignam ducere vitam debemus, 99. Evangelium vitæ post resurrectionem ducendæ imago, 29.

Evesus, 422. Evæsena Ecclesia Basilio charissima, 386. Nihil eam læserunt mala tempora, 386. Calumnias Basilio structas in mentientium capita rejecerunt, 386.

Excommunicatus, 481. Membra Ecclesiæ abscindi moleste fert Basilius, etiamsi merito abscindantur, 260. Excommunicatus anathema est omni populo, 150. Excommunicatio per omnem Ecclesiam presbytero citra emendationem sibi sacerdotium arroganti, tum etiam iis qui illum secuti fuerint, 150. Excommunicandi quos separatio a precum communione non emendat, 426. Hominem nefandum a precibus et reliqua cum sacratis communione removet Basilius cum tota familia, 426. Ne alios peccatorum communicatio contaminet, 426. Basilius toti pago nuntiari jubet, ut eum homine excommunicato nullam habeat societatem, 427. Etiam in iis quæ ad vitam spectant, 427. Is semel accusatus fuerat, coram uno aut altero convictus, tertio coram Ecclesia, 426. Quare non acquiesceres excommunicatur, 427. Ut sit diaboli pabulum, ex eo quod alii cum eo non commisceantur, 427. Excommunicatum omnes, ut abominandum existimant, ita ut non ignem, non aquam, non tectum cum eo commune habeant, 156. Litteræ, quibus excommunicatur, ubique leguntur, 156. In Ecclesia Cæsareæ omnino arcebatur ab Ecclesiæ cœtu qui duas sorores duxerat, nisi a se invicem dirimerentur, 249. Indicandus præpositio qui semel et iterum admonitus non emendatur, 100. Si ne sic quidem emendetur, exscindendus et deflendus ut membrum abscissum, 100.

Exempla sanctorum sunt veluti quædam animata et actuosa simulacra, 73. Homines doctrina et dignitate clari operam dare debent, ut ipsorum vita in exemplum proponatur, 103. Exemplis corporalibus Scriptura ad invisibilium ducit intelligentiam, 121. Exempla ex rebus sensibilibus adhibita prosunt ad divinas intelligendas, si quis sine contentionis studio audiat, 119. Docet nos ratio ipsa per creaturas, ut nos turbemur in quæstionibus difficilibus, 120. Exemplo magis discitur quam sermone quomodo Christianum vivere oporteat, 241.

Expetendum unum est æternum bonum, 421.

Exsilium legibus inflictum ob famosum libellum, 427.

F

Facetis sermonibus non aucupanda voluptas, 73. Facetorum hominum verba vim animæ frangunt, 72.

Facta. Recte factorum iniqui judices, 67.

Factum esse idem est ac creatum esse, 86.

Fames in Cappadocia multum negotii exhibet Basilio, 106. Eum cogit manere Cæsareæ, 110. A fame Deus Eliam et Danielem et Israelitas mirabiliter servavit, 548.

Fastu inani qui inflantur inciderunt in judicium diaboli, 150.

Fato aut fortuna res humanas regi plures dictitant, 69.

Faustinus episcopus Iconiensis, 230.

Faustus contra canones ordinatus episcopus, 212, 213.

Fax in medio mari splendens grata navigantibus, 195.

Feneratorum pecunia comparatur cum leporibus, 496. Pauperibus quidvis potius perferendum quam fenus, 490. Fenore qui accipit, in quot se mala conjicit, 494, 495, 496. Feneratorum artificia et crudelitas, 494.

Fermentum Arii, 372. Fermenti heterodoxorum participes esse non vult Basilius, 585. Ariani altaribus Sebastiæ potiti, facti sunt fermentum illius Ecclesiæ, 380.

Festi symbola, Eulogiæ, 555.

Festus Basilii discipulus, 452.

Ficus silvestres et hortenses, 476.

Fides et baptisma duo modi parandæ salutis inseparabiles, 23. Fides perficitur per baptismum, baptismus fundatur per fidem, 24. Fides in disciplinis præit cognitioni, 358. At in religione Christiana præit hæc cognitio, Deum esse, 358. Hanc autem ex creaturis colligimus, 358. Hanc cognitionem sequitur fides et fidem adoratio, 358, 359. Fides ratiocinationi præferenda, ut rationi experientia in rebus visibilibus, 129. Non communicandum cum iis qui medios se esse volunt, 219, 220. Alternans ille animus ab Ecclesia removendus, 220. Sine recta fide et recta vita nemo Deum videbit, 89. Fides est id quod nos salvos facit, 37. Fides et recta vita pedes mentis præparaut, 89. His qui fidem negarunt inter tormenta, anni octo pœnitentiæ, 329. Anni decem, si sine magna vi cesserint, 329. Qui Christum negavit per totam vitam flere debet, 528. Fidei defectio, quam minatus est Dominus, 59. Hujus prooemia in blasphemiis Pneumatomachorum, 59. Fides in Oriente primum illuxit, 185. Fidem alias aliam scribere quam contrarium huic sententiæ, Unus Dominus, una fides, 548. Fidei formulæ Basilius de Incarnatione aliquid addere non audet, 395. Id viribus suis fatetur esse altius, 395. Fidem recentiorem nec ab aliis scriptam recepit, nec ipse audet scribere, 233. Fidei simplicitate sublata nullus finis sermonum, 393. Nihil curiose præter antiquam fidem inquirendum, 265. Credere oportet ut baptizamur, 24, 29, 57, 216. Basilius hortatur filias Terentii, ut caveant ne fidei depositum prodant, 200. Fides catholica communis hæreditas, 375. Bona patrum hæreditas, 256.

Figura est rerum quæ exspectantur per imitationem declaratio, 26. Figuræ variæ, quæ in Veteri Testamento Novum adumbrarunt, 26. Divina humanis et humilibus rebus præfigurantur, 26. Non ideo tamen divinorum humilis natura, 26. Non debent mysteria exigua videri, quia exilibus figuris præsignata, 27. Voluit Deus rebus facilibus, ceu quibusdam elementis nos informare, 27. Oculos paulatim ad veritatis lumen assuefecit, 27. Figura vitæ post resurrectionem ducendæ, evangelica in hoc mundo vita, 29. Figuræ et prophetiæ per Spiritum sanctum, 55.

Filii nomen est super omne nomen, 14. Filius in Patre et Pater in Filio, quia hic talis est, qualis ille, et in hoc unum sunt, 58.

Firmiliani fidem de sancto Spiritu testantur illius libri, 63. Illius sententia de baptismo, 270.

Firminus, adolescens Basilio charus, 208. Asceticam vitam profitebatur, et regendæ civitati suæ, itidem ut majores ipsius, destinatus erat, 208, 209. Ubi audiit Basilius eum arma sequi, suum ei dolorem significavit, 208. Firminus peccatum fatetur, seque operam dare asseverat, ut cito dimittatur, 209. Cæterum voluntatem virginitatis etiam inter arma custodiendæ firmam et immobilem significat, 209.

Firminus, 453, 454.

Firmus, 453.

Flentes. Vide Pœnitentiæ gradus.

Formica nos docet actuosam vitam, 89. Formicæ industria monet ut nobis in futurum sæculum prospiciamus, 488. Formicæ naturam explicare non possumus, 95.

Fornicatio non est matrimonium, nec matrimonii initium, 294. Fornicatores si separentur, id melius, 294. Sin eis placet conjugium, non separentur, sed fornicationis pœnam agnoscant, 294. Fornicationi quatuor anni, 295. Alia fornicatio, cui imponuntur septem anni, 326.

Fortuna aut fato res humanas regi plures dictitant, 69.

Forum. In forum olim prodire Athenis non audebant infamiæ notis inusti aut manibus non puri, 169. In foro hominum eruditorum colloquia, 169. Foro assuefacti homines nec parci verborum esse solent, nec cauti adversus malas cogitationes, 259. Facile honore vincuntur, 239.

Fraternitates vocantur Ecclesiæ, 346.

Fraudulenti homines comparantur cum Cancro et Polypo, 570.

Fronto, 217. Simulaverat defensionem fidei, 568. Accepto ab Arianis episcopatu factus est exsecratio Armeniæ, 568. Cum speraret episcopatum, adjunxit se inimicis Christi, 570. Ubi populos efferatos videt, rectam fidem simulat, 570. Fronto rabidus homo, 583.

Fundamento amplo illustrior coronis imponenda, 266.

Furi confitenti sua sponte annus unus pœnitentiæ, 527. Convicto anni duo, 527. De furto in ecclesia commisso, 425.

Futura curiose non investiganda, sed præsentibus utendum, 579.

G

Galatia, 444. In Galatia et Ponto multi hæretici, 565, 566

Galli cum Basilio communicant, 507.

Gangrenorum regio, 347.

Gelasius quidam, cui Eustathius in Cilicia fidem Arianam exponit, 222.

Gemitus dum erumpunt, intimum dolorem dissolvunt, 570, 574.

Genethlius presbyter, 342.

Gentilium ac Judæorum filii ad Dei cultum compelluntur, 134.

Genua quoties flectimus et erigimur, ostendimus nos peccato in terram lapsos esse, et per misericordiam creatoris in cœlum revocari, 56.

Georgius Amphilochii amicus, 285.

Georgius unus ex ducibus Anomœorum, 586. Fidem Constantinopolitanam attulit in Cappadociam, 144. Georgio mulier impia ad arbitrium utebatur, 568.

Getasa ager S. Meletii, 194, 195.

Glezi nihil profuit convictus cum Eliseo, 126.

Gloria facile mutabilis, 422. Gloriæ vanæ dæmon, 129. Gloria pluribus Scripturæ locis attribuitur ipsis creaturis, 47. Gloria duplex, alia naturalis, alia externa, 59. Externa rursus duplex, alia servilis, alia quæ præstatur, ut ab æquali, 59. Gloria nihil aliud quam enumeratio mirabilium et beneficiorum Dei, 46. Glorificatio interdum Deo absolvitur cum Filio et cum Spiritu sancto, interdum per Filium in Spiritu sancto, 5. Glorificandi Dei argumentum præclarum enarratio beneficiorum, 14. Glorificatio fidei consentanea esse debet, 216, 248. Glorificatio consentanea baptismati, 183.

Glycerius ex ascetarum numero, 259. Habilis ad opera manuum, et ideo ordinatur diaconus, ut ministret presbytero et opus curet, 258. Virgines cogit et gregis imperium sibi arrogat, 258. Patriarchæ nomen et habitum sumit, 258. Objurgatus fugit cum virginibus, 258. Tripudiant in magna celebritate, 259. Colligit hanc captivitatem Gregorius, 258. Si cum illius litteris redeat Glycerius, veniam poterit consequi, 259. Rogat Gregorium Basilius, ut saltem virgines redeant, 259. Scribit Glycerio, veniam pollicetur cito redeunti, 259. Secus depositionem minatur, 259.

Gratia per Christum et in Christo efficitur, 13. Deus singulis generationibus manifestos facit eos qui ipsius vocatione digni sunt, 358. Ex nobis ipsis ad glorificandum Deum insufficientes sumus, sed sufficientia nostra est in Spiritu sancto, 53. A Spiritu alius alio plus aut minus adjuti gratias persolvimus, 53. Dominus dat patienter decurrere certamen, 266. Infirmitatem nostram deplorare debemus, quod pro beneficiis acceptis gratias verbis referre non possimus, 59. Christus alligavit fortem, ac nos, vasa illius diripuit, fecitque vasa utilia, 15. Hominem renovavit, reddendo gratiam, quam ex afflatu Dei acceptam amiseramus, 54. His obluctetur recte ratio, defensorem advocans et adjutorem Christum, 96. Dei est pugna et per Deum corona, 334. Nullum est vitium quod non animæ cultura superare possit in Christo Jesu, 477. Per Filium bona ex Deo ad nos perveniunt, majore celeritate operantem, quam ullus sermo exprimere valeat, 16. Divinæ operationis celeritas, 16. Temporis spatio non eget, sed naturam eorum quæ fiunt, voluntate non coacta obsequentem habet, 16. Cum dicit Apostolus, *Superamus per eum*, non humile ministerium indicat, sed auxilium; quod Christus per imperium potentiæ suæ operatur in nobis, 15. Omnia in omnibus efficientis gratiæ opus esse dicimus, quidquid ad nos boni pervenit, 117. Deus non enarrabili sua potentia cor tangens, cogitationibus bonis animum illustrat, 80. Multiplicem beneficentiam Christus ob divitias bonitatis egentibus præstat, 14. Per Christum accessum habuimus ad Patrem, 15. Per Filium ascendimus ad Patrem, 16. Deus in hominum imbecillitate potentiam suam declarat, 300. Per arenam mare constringit, 300. Renovatio et a vitiis terrenis ad cœlestem vitam transmutatio vocatur in Scripturis resurrectio et creatio, 41. Creatio vocatur in Scripturis commutatio in melius ex pejore, 88. Creatur homo per baptisma, 88. Dissidentes conciliare et ad unius corporis harmoniam redigere, ut siccis et solius, qui et siccis ossibus, ut ad nervos et carnem denuo redeant, largitur, 160. Liberii arbitrii præparatio a Christo, 13. Deus adest nobis vocatus et invocatus, cum mentes ad id quod decet, dirigimus, 432. In hoc Christi admiranda potentia, quod potuit compati infirmitatibus nostris, 15. Totius mundi creatio illius potentiam non perinde commendat, atque quod Deus incomprehensibilis potuit per carnem cum morte conflictari, 15. Basilius cum dicit se veluti scopulum esse prominentem, id ad se non refert, sed ad Dei gratiam, 300. Orandus Deus ut det perseverantiam, 261. Ut det patienter ferre persecutionem, 64. Gratiam acceptam facile expellunt animæ mobiles, 51. Domino datum est adulterinum a probo ac puro discernere, 186. Christus dat ut ad contemplationem Spiritus idonei sint discipuli, 46. Carnalis homo non potest attollere oculos ad lumen veritatis, nec mundus recipit gratiam Spiritus, 46. Gratiæ retia inevitabilia, 251. Quavis arce Christus firmius propugnaculum fidelibus, 15. A Spiritu sancto liberi e servis efficimur et filii Dei, a morte revocamur ad vitam, 24. Nemo potest Filium adorare nisi in Spiritu sancto, 23. Nemo potest Patrem invocare nisi in spiritu adoptionis, 23. Si quis sit extra Spiritum, nullo modo est adoraturus, 53. Si in illo fueris, nullo modo eum separabis a Patre et Filio, 54. Nullum ad homines donum pervenit absque sancto Spiritu, 47. Bonorum largitio a Spiritu ad dignos pervenit, 157. Ne simplex quidem verbum possit quis pro Christo dicere nisi adjuvetur a Spiritu, 47. Confirmatio, quam dat Spiritus, in quo posita, 50. Sanctificatio non est absque Spiritu, 52. Quomodo a Spiritu vitam operante regeneramur, 28, 29. Impossibile est cernere imaginem Dei, nisi in lumine Spiritus, 54. Non potest quisquam de Filio cogitare, qui non sit prius a Spiritu illustratus, 117. Miseratio Dei nobis suppeditat opem Spiritus ac per ipsum imbecillitatem nostram corroborat, 175. Spiritus libidinum flammam mortificando mentem refrigerat, 26. Hujus gratiæ nubes figura fuit, 26. Angelos auxilio S. Spiritus opus habuisse patet ex lapsu maiorum, 52.

Gratiæ Deo in omnibus agendæ, 214. Mali servi benefacienti gratias agunt, castiganti morem non gerunt, 214. Gratia etiam in adversis agendæ, 544, 549. Hominis est ingrati in prosperis tantum Deum benedicere, 548. Gratiæ Deo agendæ non verbis tantum, sed et opere, 105. Gratias non solvimus pro præsentibus bonis, idcirco eis privamur, 540.

Gregorii duo, 183.

Gregorius (S.) Neocæsariensis vir summus, 303. Gregorius magnus, 62, 314. Universum populum urbanum et rusticum convertit, 62. Ab eo basis Ecclesiæ Neocæsariensis fundata, 107. Ejus miracula et donum prophetiæ, 107. Ab ipsis veritatis hostibus alter Moses vocari solebat, 107. Ejus traditioni nullum dictum aut ritum mysticum successores adjecere, 63. Ab ejus institutis degenerant Neocæsarienses, 311. Exstincta ab eo hæresis Sabellii, 314. Dixisse ferebatur Patrem et Filium duo esse cogitatione, hypostasi unum, 316. Gregorii dialogus cum Æliano, 316. Ibi multa librariorum errata. 316. Nonnulla non docendi causa dicuntur, sed decertandi, 316. Nonnullæ voces hæreticis faventes, ut creatura et factura, 316.

Gregorius (S.) Theologi pater, mortuo Cæsariensi episcopo, metuit ne Ariani irruant, 140. Acceptis cleri litteris ac populi quoquoversum circumspicit et Eusebium Samosatensem advocat, 141. Sperat se magnam apud Deum fiduciam habiturum, si Basilium impetret, 141.

Gregorius episcopus Basilii patruus, 153. Patris loco ei fuit ab initio, 153. Majorem, quam consanguinitas exigebat, curam ostendit, 153. Proprius animi illius character pax et mansuetudo, 153. Post Basilii electionem, discessit ab ejus communione cum pluribus aliis, 153, 154, 155. Hujus dissidii participes fuere Ecclesiæ, ac totæ civitates et populi, 154. Gregorius Nyssenus in hoc dissidio componendo parum caute versatur, 151, 152. Tandem Basilius prior scribit ad patruum, eumque rogat ut congressum indicet, 153, 154. Non posse enim suspiciones sedari citra congressum, 254. Acceptis patrui litteris rescribit Basilius, ac patruum rogat, ut congressum ac tempus et locum constituat, 154, 155.

Gregorius S. Nazianzenus Christi os et electionis vas et pateus profundus, 81. A Basilio invitatus vivendi rationem scire avet, 70. Suam illi solitudinem describit Basilius, 93, 94. Cum Basilio est, ac idem institutum sequitur, 339. Gregorius pauper, 111, 112. Vitam quietam ducere statuit, 111, 112. A negotiis natura et voluntate alienus, 111, 112. Fratris mortui bona, ex ipsius mandato, distribuit pauperibus, 111. Sycophantæ multi exoriuntur, qui pecuniam a se Cæsarium dicunt accepisse, 111. Gregorii epistolas agnoscit Basilius, velut amicorum liberos ex similitudine cum parentibus, 70. Laconicæ solent esse, 97. Scribit Basilio de calumniis ipsi a quodam monacho afflictis, 164, 165. Invitabat Basilium ad congressum aliquem his de rebus, 166 Basilius sperat se has calumnias operum testimonio refutaturum, 166. Ad eas refellendas nec scribere, nec accurrere libet, 166. Gregorium instante persecutione invitat, ut secum laboret, et occurrat bellum inferenti, 165. Gregorium Arianos dissipabit, ubi ipsis notum fecerit, se Basilii cœtus ducem esse, 165. Gregorium Sasimis ordinatum esse mirabatur S. Eusebius, 192. Respondet Basilius oportere ut episcopus sit, ex loco ornamentum non accipiens, sed adjiciens, 192. Gregorius Nazianzenus Eusebio gratulatur exsilium, 256. Dolet quod negotiis et molestiis detentus eum invisere non possit, 251. Glycerium diaconum, et virgines quibuscum fugerat, colligit, 258. Nazianzo repente discedit, 325. Qua de causa nescit Basilius, 325.

Gregorius (S.) Nyssenus, 93. Illius simplicitas, 151, 196. In componenda fratrem inter et patruum gratia minus prudenter versatur, 151, 152. Illius verba operum testimonio confirmari negat Basilius, 155. Hinc illum ejusmodi rerum non satis fide dignum esse ministrum declarat, 152. Illius simplicitatem reprehendit Basilius, ut Christianis non congruentem, 152. Queritur quod non secum sit novam vitam ingresso, 152. Gregorii adventus levat corporis Basilii infirmitates, et alios animi dolores, 154. Invitus ordinatus est, 345. Cum omnium Cappadociæ episcoporum consensu, 345. Renum infirmitati obnoxius, 344. Illius simplicitas nocet Basilio, 196 Synodos cogit Ancyræ, nec ultum Basilio insidiandi modum omittit, 496. Gregorium nonnulli Romam proficisci volunt, 525. Id Basilius non probat, 525. Inexpertus enim Gregorius negotiorum ecclesiasticorum, 525. Præterea alienus ab adulatione, nihil promovebit apud virum altius sedentem, 525. Gregorio lites intenduntur ab Arianis ob pecuniam sacram, 345. Ob illius etiam ordinationem, 345, 283. Jussu Demosthenis abripitur ob Philocharis calumnias, 344, 565. Obtemperat, sed morbo coactus fugit e manibus militum, 354, 355. Tranquillo est animo, 354. Ejus loco introducitur mancipium paucis obolis venale, 367, 568.

Grues per vices excubias servant, 581.

Gula pluribus mortem intulit, 559. Ab hoc vitio belluinæ libidines oriuntur, 559.

H

Hæreses distinguuntur a schismate et a parasynagogis, 268. Hæresis dicitur ubi de fide in Deum dissensio est, 269. Hæretici vitandi vigilantis alicujus pastoris præsidio, 108. Hæretici Philistinorum pastores, 81. Cavendum ne puteos nostros obstruant, 81. Hæretici, canes et lupi, 108. Hæreticorum ventorum æstus submersiones et naufragia importans, 107. Animas captivas ducunt, 165. Saxeo corde præditi et incircumcisi, 86. Vasa testacea thesaurum Dei habentia circumvenire conantur, 86. Hæresis abscissa non tantum nocet, quantum qui pelle ovis induti sunt, 405. Hi ut exorti ex catholicis facile illudunt simplicioribus, 405. Cavendum ne hæreticis detur ansa vituperandæ Ecclesiæ, 272. Non ex Scripturis docent animas simplices, sed sapientia extranea veritatem circumveniunt, 81. Ex stulta sapientia armati, 86. Scripturæ testimonia, ceu quædam jacula, in cœlum vibrant, 81. Novitatis accusant voces familiares sanctis, et semper in Ecclesia usitatas, 61. Traditionem rejiciunt, 15. Horrendum est fidem deserere non tormentis ac cruciatibus victum, sed sophismatibus deceptum, 22. Hæreticorum communio vitanda, 404. Indifferentia in his rebus nostram in Christo libertatem tollit, 404. Hæreticorum nullus reordinare ausus est, 222. Hæreticos Eustathius negabat esse episcopos, 346, 347. Evertebat altaria eorum qui cum ipsis communicabat, et suas ipse mensas ponebat, 348, 347. Diaconos et presbyteros in eorum ecclesiis ordinabat, 346, 347. Hæreticorum diffusa potentia, ob peccata, 253. Hæresis Arianæ malum depascitur, 274. Metuendum ne vorato Oriente serpat in Occidentem, 374. Redeuntes ab Ariana hæresi suscipiendos censuit Athanasius, si fidem Nicænam reciperent, 506. Sic etiam censuere Macedoniæ et Achaiæ episcopi omnes, 506. Horum judicium sequi maluit Basilius, quam per se de talibus judicare, 506. Eustathius, Apollinarius et Marcellus recipiendi, si corrigantur : secus vero, abscindendi, 407. Hæretici in exitu recipiendi, 272. Non tamen sine examine, 272. Quæ cum uno aut altero redeunte acta sunt, ea lex sunt et regula erga alios, 270. Hæreticis non debet Ecclesia par pari referre, sed accuratæ canonum observationi servire, 270. Sic hæretici recipiendi, ut non ad eos Ecclesia, sed illi ad Ecclesiam accessisse videantur, 412. Ab hæreticorum baptismo redeuntes ungendi sunt coram fidelibus, 270. *Vide* Baptisma.

Halcyon avis marina, 525.

Harmatius magnus, 420. Ethnicus, sed tamen civitati Cæsariensi charus, 421. Hujus filius obsequio paterno præfert religionem Christianam, 421. Unde Basilius deprecatorem se pro illo præbet apud patrem, 420, 421.

Harpocration episcopus Ægypti exsul, 408.

Hebræorum gens Dei nomen propriis ac peculiaribus notis exarabat, 57.

Heli punitus ob filios non satis acriter castigatos, 507.

Helladius principalis, 423.

Helladius comes, 202. Præfecti domestici, 201.

Hellenius, 164. Hellenius Nazianzi peræquator, 191.

Hellesponti civitas, 69.

Hera amicus Basilii a puero usque ad senium, 420. Hunc non ex consuetudine, sed ex summa amicitiæ affectione fratrem appellat, 419. Gravibus calumniis vocatum in judicium commendat Himerio et aliis, 419, 420.

Heraclea, 340.

Heraclidas Amphilochii sodalis forum relinquit, 239. Prope Cæsaream venit, in Ptochotrophio moratur, ibique cum Basilio ex more veniente colloquitur, 240. Sed tamen cum Amphilochio constituerat secedere in deserta loca, 259, 241. Quare accusat eum Amphilochius, 240. At ipse Amphilochium ad Basilium allicere conatur, 241.

Hermogenes ex diametro inimicus Arii errori, 381. Nicænam fidem ab initio promulgavit, 381. Fidem scripsit in magna synodo, 174. Beatissimus episcopus, 406.

Herodes Antipatri Ascalonitæ, 365.

Hesychius ab initio conjunctus cum Basilio, tum ob communem litterarum amorem, tum ob communem amicum Terentium, 157. Amorem auxit Elpidius summas Hesychii virtutes laudans, 157. Optat cum Basilius aliquando adesse antiquis laribus, 157. Rogat eum ut sibi operam navet in placando Callisthene, 166.

Hiems acerba et longissima, 212, 289. Hiemis fructus sunt sermones, 93.

Hierosolyma sub Vespasiano premebatur externo bello et domestica seditione, 186, 587.

Hilarius, 518. Statim ab ipsis scholis amicus Basilii, 518. Veritatem amat et rebus Ecclesiæ tangitur, 518. Infirmo est corpore, 519.

Hilarius Telmesi episcopus, 331.

Himerius magister, 420. Basilii amicus a puero, 420. Is multa in Basilium beneficia contulit, 420.

Himmeria, 266.

Hippiæ levitas, 226.

Hispani cum Basilio communicant, 307.

Historiæ utilitas, 549.

Hodiernus dies totum vitæ tempus significat, 130.

Homerus, 95. Homericus furor, 458. Homeri carmina, 257. Homeri lutus, 267.

Homicida est qui ob iracundiam securi usus est, 272. Qui mortis ictum dedit, homicida est sive incœpit, sive ultus est, 299. Quæ fetum corrupit, duplex homicidium commisit, 271. De ea quæ fetum neglexit, inquirendum utrum sponte an coacta neglexerit, 525. Homicidii incurrit crimen quæ in via peperit, et fetus curam non suscepit, 295. Laici qui in latrones ex adverso feruntur, arcentur a communione, 326. Clerici deponantur, 326. Homicidio voluntario viginti anni pœnitentiæ, 326. Decem anni ei quæ fetum de industria corrupit, 271. Homicidio involuntario decem anni, 326.

Homines nubibus similes, 581. Hominis dignitas patet ex pretio quo emptus est, 515. Humanæ res umbris tenuiores et somniis fallaciores, 422. Humanarum rerum brevissimus status, 554. Humanarum rerum instabilitas, 578.

Homoousiastæ vocantur ab Eustathio defensores fidei Nicænæ, 348.

Horam appellat Christus unitatis ac monadis contemplationem, 85.

Hospitalitatis proposito non excidendum est per eduliorum lætitiam, 128. In hospitibus excipiendis, etiam claris et potentibus viris, non debent monachi voluptati et ostentationi indulgere, 558. Hospitibus non permittendum, ut cum fratribus quibuslibet colloquantur, 99. Hospitibus debita a Christianis subsidia, 446.

Humilitas Christiana de seipso, ut par est, sentire, 421.

Unde scilicet prodierit, et quo abiturus sit, 421. Nam naturæ consideratio reprimit animi tumorem, 421. Humilitas patiens est, 575. Humilitatis merces magnifica, 284. Non occultandum est si quid ab alio didiceris, 74. Qui id faciunt, similes sunt mulieribus spurios partus subjicientibus, 74. Qui secundus tenet, prior invenitur, 284. Qui minus habere non recusat, coronatur, 284. Ille magnus apud Deum qui se proximo humiliter summittit, 332. Debet unusquisque cæteros sibi anteferre, 100. Per humilitatem si quis se ipse prius abjiciat, is in aliis increpandis asper non erit, 74. Perfectorum est sese non efferre, 304. Securis pari jure ac homines possit insolescere, 576. Humili ac demissæ menti quænam species externa conveniat, 74. Quæ lugentes data opera faciunt, ea in humilibus sua sponte faciunt, 74. Cur Moyses legationem deprecatur, Isaias sponte se offert, 577.

Hydroparastatæ, 270.
Hymetius, 418.
Hymni. *Vide* Preces.
Hypatius Basilii consanguineus, 110. Nihil in eo concessum operari iis qui sanationis dona habebant, 111.
Hyperbolæ figura utitur Paulus, 303.
Hyperechius, 450.
Hypostasis nomine significatur id quod proprie dicitur, 116. Proprietatum uniuscujusque concursus est, 120. Exsistentiæ uniuscujusque signum est, 120. Hypostasis in proprietate perspicitur, essentia communis, 322. Consubstantialis ratio in unitate divinitatis, pietatis cognitio in perfecta cujusque personæ hypostasi, 323. Essentia una in divinitate, hypostasis vero propria et singularis, 364. Hypostasis Patris figura dicitur Filius quia a Patre disjungi non potest, et qui videt Filium videt et Patrem, 120, 121, 122. Hypostasis Filii est quasi forma ac facies, qua Pater cognoscitur, et Patris hypostasis in forma Filii agnoscitur, 122. Essentiæ notio eadem in Patre et Filio et Spiritu sancto, 117. Sed si proprietates cujusque personæ considerentur, requirendum est per quæ cujusque notio ab alia sejungatur, 117. Hypostasis Spiritus in eo declaratur, quod post Filium et cum Filio cognoscitur, et ex Patre subsistit, 117. Filii, in eo quod Spiritum per se ac secum notum facit, ac unigenite ex unigenita luce effulsit, 117. Patris proprietas in eo posita quod Pater est, et solus habet ut nulla subsistat ex causa, 118. Hypostasim ab essentia secernere magni est momenti, 115. Nonnulli dum hypostasim et essentiam non distinguunt, aut unam essentiam et unam hypostasim aut tres hypostases et tres essentias dicunt, 115. Hypostases tres, 215. De hypostasibus quæstio non parvi est momenti, 321, 322. Necesse est tres hypostases confiteri, 594. Ariani lingunt a Catholicis Filium dici consubstantialem secundum hypostasim, 322. His dabitur ansa, si una hypostasis dicatur, 322. Frustra personarum differentia aperte docetur, 322. Hoc enim ipse fecit Sabellius, 322. Hypostasi carens personarum commentum, ne Sabellius quidem rejecit, 317. Qui idem esse volunt hypostasim et essentiam, Sabellii labem non effugiunt, 364. Is enim personas interdum distinguere conabatur, 364. Hypostasim idem non esse ac essentiam ipsi Occidentales subindicarunt, 322. Hypostases tres vituperare non possunt, qui tres essentias dicunt, 278. Hypostasim Basilius negat idem esse ac essentiam in fide Nicæna, 215. Gregorius Neocæsariensis dixisse ferebatur Patrem et Filium duo esse cogitatione, hypostasi unum, 316.

Hypsinus episcopus Parnassenus pellitur a vicario Demosthene, 565.

I

Iboritarum regio, 435.
Icariæ alæ, 462.
Icelium filia Magniniani, 449.
Iconium civitas Pisidiæ, olim post primam maxima, 230. Nunc præsidet compositæ ex diversis segmentis provinciæ, 230. Faustino mortuo Basilium invitat, ut se invisat, sibique episcopum det, 230.
Idolothyta, 329.
Ignis colitur a Magusæis, 395. Ignis æternus non fabula est aut terriculum, 552. Refelluntur qui finem habiturum putat, 551. Variæ damnatorum pœnæ pro variis peccatorum meritis, 552. Igni æterno materiam præparant oblectamenta præsentis vitæ, 101. Ignis parati diabolo duæ sunt facultates, 551. Altera illustrat et claros efficit sanctos, altera malos comburit, 551. Igne æterno horribilior ignominia, 552. Ignis baptismus, 30.
Ignorantiæ peccata non liberantur a pœna, 508. Ignorationis tenebræ, veluti lippitudo aliqua prohibenti, quominus Deus videatur, 239.
Ilias malorum, 258.

Illyrii cum Basilio communicant, 307.
Imago in honoretur, honor ad exemplar transit, 38. Quod est ad imaginem Creatoris, in mente est, 335. Imagini regiæ forma vetus per puritatem redditur, 20. In imaginibus etiam obscuris et ab exemplari dissidentibus simile concipitur, 91. Imago, cum dicitur de Filio Dei, non differt ab exemplari, si bonitatis ratio habeatur, 121.
Immunitatem necessario tribuit paupertas, 442.
Imperatorem alloqui grave est privatis, 125. Gravius imperatori causam apud Deum dicere, 125.
Impudice cum sorore ex patre aut matre pollutus, annis duodecim agit pœnitentiam, 328. Sic et qui nurus accipiunt, 328. Cum sorore coitus per annos viginti punitur, 327. Qui in novercas insaniunt, puniuntur ut ii qui cum sororibus peccant, 529. Masculorum concubitoribus quindecim anni pœnitentiæ, 327. Cum belluis suam impietatem confitenti anni quindecim, 327.
In. *In* quid differat a præpositione *cum*, 57. Non tamen inter se contrariæ, 57. Utraque eodem sensu utitur Apostolus. 58. *In* præpositio grata Pneumatomachis, qui præpositionem *cum* rejiciebant, utraque tamen idem sonat, 49. *In* quot modis accipitur, 51, 52.
Incarnatio vocatur dispensatio, 33. Filii dispensatio non est servile ministerium, sed voluntaria sollicitudo secundum voluntatem Patris erga figmentum suum, 15. Illius potentiam magis commendat, quam totius mundi creatio, 15. Deus incomprehensibilis per carnem citra noxam cum morte conflictatus est, 15. Caro Deifera ex humana massa fuit concreta, 9. Dixit Paulus *ex muliere*, non *per mulierem*, ut transitoriæ generationis suspicio vitaretur, 9. Præmunit nos Spiritus sanctus ne alterutram naturam in Christo omittamus, 85. Ne theologiæ intenti negligamus dispensationem, 83. Incarnationis nullus fructus, si non corpus nostrum divinitati conjunctum mortis dominatum superavit, 404. Vita quam vivit Christus, Verbum Dei habens in semetipso, 83. Quo sensu Christus dicitur vivere propter Patrem, 83. Deus non subjectus et peccatum factus, 87. Christus idcirco non subjectus dicitur, quia reluctamur adversus virtutem, 87. Sic nudus et inclusus et persecutioni obnoxius, 87. Una ex infirmitatibus nostris, quod subjecti non simus. Idcirco hanc portat Christus et non subjectus dicitur, 87. Novæ de incarnatione opiniones prodeunt, 401, 402, 404. Refelluntur qui carnem cœlestem Christo affigunt, et affectus humanos divinitati, 401, 402, 404. Nonnullorum error corpus Domini spirituale existimantium, 403. Refutatus ab Apostolo, 9. Quidam Deum in carnem conversum fuisse fingunt, 404. De incarnatione non cessant digladiari, 400. Variæ hæreticorum opiniones, 400.
Incessus nec segnis esse debet, nec vehemens, 74.
Indi Persis vicini, 123.
Indurati. Cum induratis quomodo agendum, 481.
Infantibus quæ sit ætas, ut inculpati sint, 309.
Inferi. In inferis quanta malorum supplicia, 139. In inferno nulla confessio, quia nullum jam Spiritus sancti auxilium, 34.
Infirmi quomodo curandi, 480.
Ingenitum et genitum Ariani introducunt, 81.
Inimicos ulcisci nefas, 99. A manifesto inimico aliquid pati, non tam molestum est, quam ab amico, 409. Injuriam patienti non leve solatium est, eorum, qui ei insidiati sunt, improbitatis declaratio, 257. Inimici mortui reconciliantur : novercæ post mortem odisse cœperunt, 251.
Innocentius episcopus ampli et celebris loci, 142, 173, 174. Illius opus apud multos clarum, 174. Is a Basilio pellit ut Ecclesiæ suæ curam aliquando post mortem suam gerat, 173. Atque etiam ut sibi e clero Cæsariensi aliquem mittat, quem sibi successorem ordinet, 174. Nisi id faciat, minatur se ei litem coram Domino ob Ecclesiarum injuriam illaturum, 174.
Innocentius Italus degens in monte Elæone, 595, 599.
Insulas Deus a continente per mare divisit, 301. Insularum incolas cum incolis continentis per charitatem conjunxit, 301.
Interroganti bona fide libenter respondendum, 2.
Invidia, ut vipera, parientem se dilacerat, 569. Morbus est alienis bonis supervenientis, primum malum ægrotantis, 314. Tunc manifesta est, cum acerbitas extrema est, causa inanis profertur 314. Invidus cum vulture comparatur, 568. Ejus miseria, 569, 570. Invidi intus cruciantur, 314. Malum prodere pudet, 314. Invidi beneficiis non mansuescunt, 570. Iovidorum amicitia fugienda, 570. Invidendum non est alterius laudi, nec vitiis cujusquam lætandum, 100.
Ira quot malorum causa, 366. Iratus homo fugiendus, 366. Similis est apro, 367. Justa interdum ira adversus

] cccatores. 567. Ulcisci se cujusvis irati est, iram vincere paucorum, 151.

Iræneus vicinus apostolorum temporibus, 61. Ejus testimonium de Spiritu sancto, 61.

Iridis descriptio, 119, 120. Hoc exemplo illustratur Trinitatis mysterium, 119, 120.

Iris fluvius, 339.

Isaaces episcopus, 183.

Isaaces nomine Eusebii Basilium invisit, quem graviter ægrotantem reperit, 227.

Isaurorum Ecclesiam prudenter curat Amphilochius, 282. Isaurorum episcopus vicinos aliquos ordinat, 282. Isauri petierant, ut suorum aliquis eligeretur episcopus, 325. Postea rem arbitrio Basilii et Amphilochii permittunt, 325. Sed necessitatis erant verba, animus idem, 325. Satisfaciendum illis censet Basilius, 325. Isauri cum Basilio communicant, 307.

Israelitarum exitus ex Ægypto figura baptismi, 26. Per Israelitarum adventum Deus exstinxit in Syria cultum simulacrorum, 408.

Italia tota cum Basilio communicat, 307.

Izoinus Encratitarum sectæ episcopus, quem Basilius redeuntem suscepit in cathedram, 270.

J

Jacob dominus Esau, ut stultus a sapiente regeretur, 43.

Jatrius, 183.

Jechonias. Ex Jechoniæ posteris nullus sedit in throno Davidis, 362, 363.

Jejunium per septenos circulos, 135. Jejuniorum septem hebdomadæ, 477. Jejunii utilitas, 528, 529, 530. Jejunio venter coarctatus, 133. Quadragesimale jejunium observabant Ariani, 590. Sed ad judicia et pugnas jejunabant, 590. Jejunium diviti et pauperi, mulieribus, pueris, senibus, viatoribus convenit, 526, 527. Non dolendum de commutatis cibis, 527. Vani prætextus non jejunantium, 527. Perpauci non jejunant, multi ante jejunium quinque dierum vino indulgent, 563.

Jesus Christus magister pietatis, 96. Per Jesu Christi adjunctionem Paulus Incarnationem et Passionem et Resurrectionem ob oculos ponit, 85. Nam illud, Jesus Christus, tales indicat notiones, 83. Jesus Christus vetuit discipulis ante Passionem, ne se Jesum Christum esse cuiquam dicerent, 83. Volebat enim id ab eis tum demum prædicari, cum in cœlos ascendisset, 83.

Joannes Basilii discipulus, 96.

Joannes Baptista, 129, 130. Solitudine relicta ad arguendam iniquitatem accurrit, 135. Licet mortuus adhuc loquitur, 135. Joannes baptizavit in aqua, Dominus in Spiritu, 30.

Joannes ep'scopus, 183.

Jobi patientia, 543, 545, 546, 547. Job animi fortitudinem et patientiam edocet, 73. Jobi tentationes, 511. Jobi vox admirabilis usurpanda in rebus adversis, 78.

Joseph castitatis exemplum, 573. A Josepho castitatem edocemur, 73. Josephi virtutem non vicit furor impudicæ, 138.

Joseph episcopus, 183.

Jovinus episcopus, 183, 210, 218.

Jovinus comes, 253.

Judas suspendio interire maluit, quam cum dedecore vivere, 570. In hoc melior iis qui in turpibus impudentes sunt, 570. Judæ lapsus magnum documentum, 126.

Judæi in captivitate dissolutum est regnum, 362. Salathiel et Zorobabel post captivitatem præerant modo magis populari, 362. Translato ad sacerdotium imperio, quia tribus regia et sacerdotalis permiscebantur, 562. Quare nemo post Jechoniam sedit in throno Davidis ex regia tribu, 563. Ne ipse quidem Christus sedit in throno corporeo Davidis, 563. Sed thronus in quo sedit, regnum est eversioni nulli obnoxium, 563. Judæorum filii ad Dei cultum compelluntur, 134.

Judex non debet parem paribus peccatis pœnam imponere, 596, 474. Inceptor mali graviuspuniri debet, 596, 474. Judex justus non est qui ea quæ vult judicat utilia, 441. Judices, cum morte damnant, removent vela, peritissimes quosque advocant, 340, 341. Multum deliberant, necessitatem deplorant, 340, 341. Judices non interpellandi de iis quæ in Ecclesiis peraguntur, 425. Ad judices sæculares non pertinent rerum ecclesiasticarum examina, 344, 345. Judicibus reos ab episcopis tradendos non esse putat Basilius, 428. Neque etiam eripiendos, 428. Qui judicium fert de aliqua re, peritus esse debet illius rei, 505. Judicandus absens nemo, 505, 504. Nemini crimina deerunt si solus contendat, 504. Ipsa sæculi consuetudo docet exspectandam defensionem absentis, 504, 488. Basilius petit, ut moneatur, si sanabilia sunt delicta, 505. Sin autem insanabilia, palam arguatur, episcopi advocentur, spectantissimi e clero cujusque Ecclesiæ congregentur, 505. Episcopi omnes adesse debent, si quis ex eadem provincia ob canones judicetur, 345. Rogat Basilius ut judicetur in patria, nec in exteram regionem pertrahatur, 345. Iniquum judicari ab episcopis, quibuscum nondum de quæstionibus ecclesiasticis convenit, 345. In judiciis victoria non sine detrimento, 441. Judicium unde vi, 76. Judicium a Juliano datum mulieri, cujus filius veneno sublatus, 124. Judicia naturalia non egent documento, 89. Non judicandum ante tempus, 504. Judicia humana fugiens Paulus, vitam suam Dei judicio reservabat, 504.

Judicii diei et horæ ignorationem præ se fert Christus ob nostram infirmitatem, 84, 85. Diem appellat accuratam eorum, quæ de Deo cogitantur, comprehensionem; horam vero unitatis et monadis contemplationem, 85. Diem et horam nescire se dicit, quia non est secundum incarnationem extrema beatitudo et contemplatio per diem et horam designata, 85. Judicium Christi quam inexorabile, 504. Libri aperiuntur omnia acervatim, ut ab omnibus angelis et hominibus exaudiri possint, clare et aperte revelantes, 504. Non summatim res cernentur, sed singula velut in tabella, 617. Animæ ad Christi tribunal raptæ status, 550. Judicii extremi descriptio, 159, 550. In judicio extremo mali dissecabuntur, id est, penitus separabuntur a Spiritu sancto, 34. In judicio extremo malorum ignominia, 139. Nullus erit mediator Dei et hominis, 125. Testes erunt oculi justorum, 208.

Judicii terribilis nunquam intermittenda cogitatio, 261, 263. Judicium Christi ante oculos in omni actione et sermone habendum, 237. Dei athletæ prope finem vitæ a sæculi principe examinantur, 550. Quibus insident maculæ peccati, hi detinentur, 550. Integri et invulnerati in requiem transferuntur, 550.

Jugum divinæ conjunctionis, 135.

Julianus Basilium invitat, ut ad se properet ac publico cursu utatur, 122. Insitam sibi a puero lenitatem attribuit, 123. Omnesqui sub sole degunt, sub suam potestatem redactos ait, 123. Sperat se Persarum et Indorum ac Sarcenorum regiones vastaturum, 123. Basilium accusat, quod se Romanorum imperio indignum dictitet, 123. Auri mille libras imperat, quæ nisi Cæsarea transeunti afferantur, vastaturum se urbem minatur, 123. Sancit veneficos nusquam esse, 125. Supra Deum verticem tollit, 124. Sacras litteras cum Basilio didicit, 124. A Juliano veritas prodita, 95. Basilius prædicit brevi futurum, ut is penitus exarescat, 96.

Julianus Basilii amicus, 98. Julianus vir pius ac sibi constans, qui manus usum amiserat, 431.

Julitta vidua, 200. Basilii consanguinea, 202. Tutor illius hæredum promiserat se amplius ad solvendum tempus concessurum, 201. Postea promissi immemor viduam urget, 201. Promiserat etiam se sorte persoluta usuras remissurum, 202. Ne hoc quidem promissum servat, 202.

Jurare nefas, 99. Quidquid his vocibus est et *non* amplius est, diabolo attribuitur, 134. Precatur Basilius ut sibi vita non pacificetur, nisi pacis studio Coloniam venerit, 218. Coram Domino se promittit nihil prætermissurum, quod in se situm sit, ut satisfaciat Satalensibus, 197. Juramenta fugiebat Gregorius magnus, 512. Juramentis horrendis quidam monachus astringebat ad Deum confugientes, 134. Vituperatur ut perjurii sponsor, 134. Sperat Basilius Deum non passurum Ecclesiam ab homine jusjurandum contra Evangelia exigente labefactari, 275. His qui jurarunt sacramenta gentilia, anni octo pœnitentiæ, si inter tormenta cesserint, 529. Anni undecim, si sine magna vi cesserint, 529. Jusjurandum rusticis imperatur ob vectigalia, 178. Qui ita faciunt, mortem animabus inferunt et Deum ad iracundiam provocant sine causa, 178. Qui jurant se male alicui facturos, vituperandi ob jusjurandum, nec illud exsequi debent, 294. Jurisjurandi species consideranda, et verba, et animus quo juraverunt, et sigillatim quæ verbis addita fuerunt, 274. Qui jurant ordinationem se non accepturos, non cogantur pejerare, 274. Antiocheni presbyteri juraverant coram infideli viro territi, se amplius sacerdotio non perfuncturos, 290, 291. Censet Basilius ut a publicis conventibus abstineant, privatim munia obeant, 291. Bianorem autem, qui Iconium translatus erat, in clerum suscipi posse existimat, 291. Jurisjurandi interpretatio œconomica causa, 274, 275. Etiamsi jurasset Callisthenes se servos ad supplicium secundum leges traditurum, illius jusjurandum violari negat Basilius, si eos summittat legibus ecclesiasticis, 167.

Justorum corporis vel umbra apud pios quovis honore digna, 107.

Juventus vernis floribus citius defluit, 422. Juventutem malorum turma comitatur, 587. Gravissima pœna ab insipiente juventute gubernari civitatem, 587. Seni tamen vitioso præferendus juvenis mente canus, 587.

L

Laban aliquo opus est, qui nos liberet ab Esaü, 81.
Labor manuum hymnis condiendus, 72. Ex officina in aliam officinam transire non oportet, 100. Non oportet ab uno labore ad aliam transire, nisi necessario alicui subveniendum sit, 100. Laborandum silentio, quantum fieri potest, 99. Non oportet distrahi opere immoderato, 101. Non enim frugalitatis termini transeundi, 101. Qui in aliqua re occupatur ad Christi gloriam, vim sibi ipsi facere debet ad opus recte faciendum, 100. Labor unicuique arti adjunctus, 96. Non ille quidem propter se expetendus, sed propter bona quæ exspectantur, 96. Labore parta diligentius conservantur, 478. Facile parabilia spernuntur, 478.
Laconica scytale, 75. Laconicæ litteræ, 93. Laconicæ epistolæ nullus labor, 97. Laconicus Ceades, 169.
Lacryma erumpens dolorem lenit, 183. Lacrymæ quomodo oriuntur, 543. Lacrymæ in precibus, 131. Lacrymæ immodicæ et ejulatus vituperantur, 543. Ob lacrymas compressas multi in morbos gravissimos incidere, non nulli mortui, 543. Lacrymatus est Christus Lazari causa, ut luctus nostros immodicos sanaret, 543.
Læstrigones, 237.
Lamech immerito occidisse putatur Cainum, 399. Duas cædes perpetravit Lamech, 399.
Lampenæ, 355.
Lampsacum proficiscentes episcopi Basilium Eusinoe accersunt, 339. Lampsaci formula fidei edita, 582.
Laodicæa Syriæ, 389.
Lapsus alios erigere non potest, 480.
Laqueum in eumdem ne bellua quidem tertio incidat, 131.
Latinæ linguæ angustiæ, 322.
Lausus spectabilis tribunus, 124.
Lectioni preces succedant, 73.
Leontius Nicææ peræquator, 269.
Leontius sophista disertissimus, 97. Huic Basilius sua mittit adversus Eunomium scripta, 97. Leontii litteræ, etiamsi criminationes sint, gratæ Basilio, 98. Nemo conjunctior Basilio quam Leontius, 114.
Lex nullum dabat spirituale donum, 27. Baptismi in Mosen et mare tanta a nostro differentia, quanta somnii a veritate, 27. Non exuebant veterem hominem, non induebant novum, 27. Nulla in mari peccatorum remissio et renovatio, 27. Auxilium per legem datum, a Spiritu sancto datum, 33. Legis observatio in adventu Christi abolita, ut lucerna inutilis adventu solis, 44. Legis justificationes transcendere debemus, ac neque jurare, neque mentiri, 99. In legibus Ecclesiæ spem salutis positam habemus, 167. Legis vim habet mos, 249.
Libanius episcopus, 183.
Libanius diaconus, 414.
Libanius olim adolescentem Basilium mirabatur, ob virtutem et eruditionem, 453. Ubi audiit eum in patriam reversum et præstantissimum vitæ genus ingressum esse, et ipsum et Cappadoces beatos prædicavit, 453. Libanius et Basilius olim sibi invicem cuncta erant, 462. Libanius a Basilio impetrare non potuit, ut se introduceret in profundum homerici furoris, 458. Ad Libanium mittit Basilius quoscunque potest Cappadoces, 452, 454. Libanius accipit Basilii epistolam, cum multi adessent honorati, in his Alypius, 454. Legit tacitus seque victum ait pulchritudine epistolarum, 454. Legit coram omnibus Alypius, 454. Pronuntiant mentitum non esse Libanium, 455. Respondet Basilius se cum Mose et Elia nunc versari, 455. Si quid olim didicisset, id obliteratum, 455. Anysii filium ei commendat, 455. Libanius plurimi facit litteras Basilii, et quos ad se mittit juvenes, 453. Queritur quod a solis Cappadocibus injuria afficiatur, 453. Libanii laudibus respondet Basilius se esse piscatorum discipulum, 461. Libanius rogat Basilium ut sibi orationem suam mittat contra ebrietatem, 461. Libanius hominem morosum oratione describit, 460. Tota civitas ad audiendum confluit, 460. Rogat Basilius ut hanc sibi orationem mittat, 460. Libanius episcopos vellicat, 459. A Basilio ligna petit, ne sub dio hiemet, 459. Basilius Libanium remordet, ac episcopos quæstum ex verbis non facere demonstrat, 459. Mittit tot ligna quot milites in Thermopylis pugnavere, 459.
Libellus repudii, 342. Libellus famosus ecclesiæ valvis affixus, 427. Ob libellum famosum infligitur a legibus exsilium, 427.
Liberi homines nihil intentatum relinquunt, ut civis statum integrum retineant, 238. Liberi sunt qui effugerunt paupertatem aut bellum, aut aliorum cura non judigent, 43.

Liberius beatissimus episcopus, 406.
Libero animi proposito si non ageret homo, evanescerent spes Christianorum, 476. Nec fur nec homicida peccaret, si ne volens quidem manum continere posset, 476. Ubi necessitas et fatum, ibi nullus merito locus, 476. Licet nobis ipsis tranquillam vitam facere cum volumus, 431, 432.
Liberorum bonæ educationis merces a Domino, 449. Liberorum inanis prætextus ut præceptum eleemosynæ eludatur, 493.
Librario præcepta recte scribendi tradit Basilius, 452.
Libyæ dux, e Cappadocia ortus, ab Athanasio excommunicatur ob crudelem et flagitiosam vitam, 155.
Limyra, 331.
Lingua virginis pudica et virgo esse debet, 607. Lingua fluviorum in morem aures alluens, 107. In linguarum divisione utilitatem dictionum providit Spiritus sanctus, 63.
Litaniæ, preces ad pœnitentiam institutæ, 511.
Litigantes malunt multis amissis pauca lucrari, 441. Litigantes duos commendat Basilius cuidam amico, 442. Ut vei prohibeat quominus ad judicem introeant, vel injuriam patienti faveat, 442. Basilius virginem famosis libellis læsam hortatur, ut se non ulciscatur, 427. Lites inferentem non vituperat, 428.
Litteræ veluti quoddam supplicantis insigne, 423. Frustra de iisdem rebus bis scribitur, 451. Litterarum paucitatem gaudet Basilius sibi instar maximæ injuriæ objici, 515. Per litteras colloquium his qui congredi non possunt, magnum solatium, 533. Dei donum est ut homines longe dissiti per litteras colloquantur, 287. Litteræ, modus colloquendi inter absentes, 267. Deus dedit duplicem cognoscendi modum per congressum et per litteras, 287. Ex litteris animi effigies perspicitur, 533. Litterarum bajulus qui epistolæ loco esse possit, 444. Æquum est calamo et atramento ac vili charta amantes redamare, 451. Litteris inanimis res magnas committere periculosum, 91. Litterarum sermo iners et inanimus, 246. Litteræ ut ad virginem scriptæ, 136. Litteræ canonicæ, 543. Sanxere patres ut brevibus notis communionis signa a terminis usque ad terminos mundi circumferrentur, 501. Eusebium rogat Gregorius, ut sibi per litteras benedicat, 257. Litteræ episcoporum ad episcopos a clericis deferuntur, 141. In litteris communibus adjungebantur absentes, 161. Mos antiquus ut episcopi ad Ecclesias scriberent, quarum pastor obierat, 156. Sine litteris explorandi quorum de fide non constat, 551. Tum re perspecta scribendum, 551. Litteræ, quibus aliquis excommunicatur, ubique leguntur, 156. Etiamsi episcopus ad Judæos aut gentiles scribat, accusari non potest, 543.
Liturgia in domibus privatis, 547.
Locus sanctorum Spiritus sanctus, 52. Est etiam sanctus Spiritui sancto locus proprius, ejusque templum, 52.
Lollianus Pheli episcopus, 331.
Longinus presbyter depositus, 274.
Lotus Homeri, 267.
Lucernales preces, 62.
Lucius diaconus et monachus, 390.
Lugendum cum lugentibus, sed moderate, 543. Luctus insignia, 544. In luctu lumina in civitatibus non accenduntur, 169.
Lupi cum agno contentio, 277.
Lusciniæ verno tempore tacere non possunt, 97.
Lycaones cum Basilio communicant, 507.
Lycia. Ibi nonnulli recte sentiunt et communionem Basilii appetunt, 331.

M

Macarius S. Basilii discipulus, 96.
Macarius presbyter Myrensis, 331.
Macedoniæ episcopi decernunt recipiendos qui fidem Nicænam recipiunt, 506. Cum Basilio communicant, 307.
Macedonius episcopus, 323.
Machabæorum mater laudatur, 79.
Macrina celeberrima mulier, 506. Custodiebat et infanti Basilio tradebat Gregorii verba, quæcunque ad ipsam pervenerant, 506. Basilium a teneris instituit, 358.
Mœnades, 168.
Magistratus ut medici, ex alienis malis proprios perciptiunt dolores, 555. Saltem qui vere magistratus sunt, 555.
Magistri alacriores, cum dociles discipuli, 452. De suis discipulis debent esse solliciti, 432.
Magnanimitas et clementia quomodo conjungendæ, 73.
Magnanimitas in ulciscendo et servando, 204.
Magnenianus comes, 262. Magninianus, 449.
Magnus Basilii discipulus, 452.
Magorum ab Abrahamo genealogiæ, 595.
Magusæi per agros Cappadociæ sparsi, 594. Coloniæ

Babylone adductæ, 394. Cum his nemo potest colloquium habere, 394. Alienis manibus mactant animalia, 395. Ignem Deum existimant, 395. Hujus generis auctor quidam Zarnuas, 395.

Malum non est a Deo, 377. Non est substantia vivens, non primigenia natura, 476. Qui malo mederi potest ac sponte differt, homicida est, 554. Mali incuptor plus puniendus, 554. Malum qui perficit sub boni specie, duplici pœna dignus est, 147. Non magis lædit qui ex se malus, quam qui a forum ministrat in probitati, 179. In mala divinitus immissa qui incidere, maxima miseratione digni sunt, 258. Malitia in nobis habitans, 81. Mala tempore corroborata indigent primum tempore ut sanentur, 243. Deinde forti ac firma agendi ratione, ut radicitus evellantur, 243.

Malus punica, 477.

Mandata omnia exsequenda, 468. Uno violato cætera solvuntur, 469. Frustra observantur, si non ut Deus vult observantur, 513. In illis observandis tres animi affectiones, servorum, mercenariorum, servorum, 512.

Manichæi, 269.

Manifesta faciunt ut credantur abscondita, 154.

Manna typus vivi panis, 26. Mannæ qualitas ex Philone, 283.

Marcellus Galata, 310. Ex mala consubstantialis notione, evertit hypostasim Christi, 215. Illius doctrina Judaismus corruptus, 407. Nec Filium in propria hypostasi esse nec Spiritum concedit, 407. Filium ait prolatum esse ac reversum ad eum, ex quo processerat, 407, 162. Id probant illius scripta, 162. Vituperati episcopi Romani, quod eum in communionem receperint, 163. Idcirco requiritur a Basilio et aliis ut cum damnent, 162, 163. In Marcelli causa queritur Basilius, quod Occidentales cum hominibus veritatem nuntiantibus litigaverint, 368. Ac hæresim confirmaverint, 368. In Marcelli dogmata propendebat Paulinus, ejusque discipulos recipiebat, 407. Marcellus ob impia dogmata exiit ex Ecclesia, 410. Marcelli discipuli a confessoribus Ægyptiis admissi ad communionem, 410. Vituperantur a pluribus, 410. Ab ipso etiam Petro Alexandrino, 411. A Marcellianis Basilius importune rogatur, 412. Nondum respondet, quia exspectat aliorum episcoporum sententiam, 412. Sperat hunc populum a se ad Ecclesiam adductum iri, 412. Sic tamen ut non Ecclesia ad eos, sed illi ad Ecclesiam accessisse videantur, 412.

Marcianus episcopus, 183.

Marcionistæ, 269.

Mare ingens et grave per arenam constrinxit Deus, 500. Mare Rubrum typus baptismi, 26.

Mariam ipsam tempore Passionis fluctuasse minus belle opinatur Basilius, 400.

Maris episcopus, 183.

Maritima loca tutiora a persecutione, 301.

Martinianus, 168.

Martyr veritatis, 236. Martyres honore afficiendi, 263. Martyrum cultu amor in communem Dominum ostenditur, 388. Amor in conservos refertur ad Dominum, 288. Martyrum honores omnibus studio celebrandi, 388. Præcipue virtutis cultoribus, 388. Cum martyribus affinitatem habent qui accurate vivunt, 388. Martyrum reliquiæ, 142. Corpus beati Dionysii præsidium civitatis, 288. Martyris honor delatus Dionysio Mediolanensi, 289. Martyr missus Basilio apud barbaros ultra Istrum degentes, 254. Martyrum dies festi magna frequentia celebrantur, 189, 263. Eorum cultui præmia reposita, 389. Ad martyrum dies festos vocat Basilius episcopos, 388, 424. Ut martyrum memoriis communicent, 383, 424. Martyres esse immerito non videntur, qui persecutionem patiuntur a Christianis, 235, 373, 391. Sed tamen gravior hæc persecutio quam ab ethnicis, 391. Majorem etiam mercedem conciliat, 592. In martyrio si quis vel capite annuat, totam implevit pietatem, 2. Martyrum sanguis Ecclesias irrigans, veritatis athletas multo plures alebat, 254.

Massagetæ, 169.

Matrimonia sine consensu heri aut patris sunt fornicationes, 295, 296. Christi verba æque viris ac mulieribus conveniunt, sed aliter consuetudo se habet, 273. Virum dimittere adulterum uxori non licet, 273. Dimissus non est adulter, nec quæ cum eo vivit est adultera, 273, 265. Uxor quæ dimisit est adultera, si ad aliam accedat, 274, 297. Vir dimittens est adulter, si ad aliam accedat, 274, 297. Dimissa ob reditum legitimæ uxoris, insciens fornicata est, 296. Non arcebitur a matrimonio, sed melius si sic permaneat, 296. Stupratam licet uxorem ducere : sed stupri pœna subeunda, 295. Qui in matrimonio fornicationem committit, non est adulter, si cum soluta peccet, 292. Recipi debet ab uxore, ipsam vero pollutam ejicere, 295. Horum ratio non facilis, sed consuetudo invaluit, 295. Matrimonii per mortem dissolutio, pluribus est oneris depositio, 438. Matrimonium cum duabus sororibus non erat usitatum apud gentes, 250. Hinc illud tacet Moyses, 250. Matrimonium cum uxoris mortuæ sorore prohibuit ab initio Basilius, 249. Idem prohibebatur more Ecclesiæ Cæsariensis, 249. Viro nihil magis affine, quam sua ipsius uxor, imo quam sua ipsius caro, 251. Itaque uxoris soror affinis est viri, 251. Matrimonii cum duabus sororibus defensores objiciunt silentium Scripturæ, 249. Basilius respondet etiamsi id tacitum fuerit non idcirco licitum esse, 250. Negat id Scripturam tacuisse, 250. Cognationem naturalem his nuptiis confundi docet, 251. Matrimonio cum duabus sororibus diverso tempore anni septem pœnitentiæ, 529. Qui fratris uxorem acceperit, non prius admittetur quam ab ea recesserit, 293. Mœchatur quæ nubit, antequam de mariti morte certa sit, 295. De miliitum uxoribus, 295. *Vide* Nuptiæ secundæ, Polygamia et Trigamia.

Maximus seipsum orbis terrarum civem fecerat, 91. Erat ex numero actuosorum ascetarum, 91.

Maximus Cappadociæ præses, 192. Vir longe optimus, 237. Talia passus, qualia nondum quisquam hominum, 237. Omnibus suis rebus spoliatus est, 237, 258, 259.

Maximus, quem Basilius mortis uxore afflictum consolatur, 437, 438.

Maximus scholasticus, 421. Is ex ampla familia et illustri ad evangelicam transitus vitam, 421. Ex radice aliena pretiosissimis pietatis fructibus abundabat, 422.

Media et indifferentia dicuntur, quæ non per se, sed pro utentium proposito bona sunt aut mala, 356, 364.

Medicus non eodem modo adeundus ac plebeius, 177. Medici imperiti vulnera reddunt graviora, 168. Medici morbidam evacuant materiam, antequam salutaria dent medicamenta, 473. Medicis omnibus humanitas disciplina est, 276. In magnis doloribus stuporem conciliant, 113. Curandi initium a præcipuis partibus faciunt, 159. Medicina omnibus rebus studio dignis præferenda, 276.

Mel amarum nonnullis, 305.

Meletius admirandus in Ponto episcopus, 63.

Meletius (S.) Antiochenus, 183. Illius accurata agendi ratio, 216. Homo Dei, 316. Vir inculpatus fide ac nemini sanctitate comparandus, 160. Possidet in Armenia agrum qui dicitur Getasa, 194. Præclarum pro fide certamen sustinuit, 394. Idcirco charus Ecclesiæ Cæsariensi et Basilii communicator, 394. Sanctus Athanasius optabat ut sibi cum illo communio conciliaretur, 394. Consiliariorum malorum culpa res dilata, 394, 181, 321. Illius litteras eo magis amat Basilius, quo longiores, 151. Eum videre si quando contingat, id in maximis bonis ducet, 151, 180. Cum Meletio Basilius omnimodo conjunctus, 160. Universo Ecclesiæ Antiochenæ corpori præerat : reliqua erant velut partium segmenta, 160. Athanasium rogat Basilius, ut Meletio adjungantur alii, velut fluminibus magnis minora, 160. Id enim toti Orienti in votis esse, 160. Imo Occidentalibus idem placuisse, 160. Prior sancto Meletio scribere noluit S. Athanasius, 180. Cum ipso conjungi optabat, 180. Sed dolebat quod olim dimissus a S. Meletio esset sine communione et nunc promissa manerent irrita, 181. Sanctus Meletius cum Basilio conjunctus in pacificandis Ecclesiis et legatis Romam mittendis, 151, 161, 180, 211, 221. Probat conditiones, quas Basilius obtulit Theodoto, 194. Ad Basilium venire non potest, 245. Episcopo Neocæsariensi Sabellianismum insinuanti, ut par est, respondet, 316. Auctor est Basilio, ut in Mesopotamiam eat, ut cum episcopis unanimibus adeat Imperatorem, 320. Cum S. Eusebio inter hæreticos Romæ numeratus, 413.

Meletius presbyter, 346. Basilii evangelici laboris consors, 346. Infirmitatem sibi ipse adscivit, redigens carnem in servitutem, 308, 346.

Meletius quem Basilius filium appellat, 298. Veri amator et omnium rerum Basilii conscius, 298. Milites recens collectos deducit, 298.

Meletius et Melitius, quos Basilius Amphilochio commendat, 298.

Meletius archiater, 285.

Melitena, 265. Melitinense concilium, 406.

Memnonius, 418.

Memoria, id est, ecclesia, 263. Memoria S. Eupsychii, 298.

Mendacium ex diabolo ortum, 312. Diaboli fetus, 339. Magnum peccatum, 419. Malum jaculum, quod sæpe per ipsum veritatem adigit cuspidem, 276. Mentiri nefas, 99. Mendacii extremus pravitatis terminus, 2. Mendacium abominabatur Gregorius magnus, 312. Mendacii probris aspersus, Basilius optat terram sibi dehiscere, 132. Mendacium in minimis rebus, ut horribile quiddam aversabatur Eustathius Sebastenus, 194. Mendacium officiosum Christianis non congruens, 132.

Mens intelligibilia attingit, ut sensus sensibilia, 89. Sensus nemo docet ut operentur, ita nec mentem ut intelligibilia assequatur, 89. Quemadmodum sensus, si ægrotent, egent tantum curatione; ita et mens eget tantum fide et recta vita, 89. Mens nostra crassior effecta terræ illigata est et luto admiscetur, 86. Interim Deum ex rebus creatis cognoscit, donec paulatim aucta ad nudam divinitatem aliquando accedat. Mentis nostræ quam angustæ cognitiones, 95. Mens præclarum quiddam est, 355. In ea id quod est, ad imaginem Creatoris, 355. Mentis operatio præclarum quiddam est, 555. Mentis tres operationes, 556. Aliæ per se pravæ, aliæ per se bonæ, aliæ non per se, sed pro utentium proposito bonæ aut malæ, 556. Mentis pedes præparant fides et recta vita, 89. Mentis primarium bonum est Deum cognoscere, 556. Mentis evagatio prorsus amovenda ut virtus acquiri possit, 473. Mens quieta et pacata esse debet, 71. Curis distracta veritatem conspicere non potest, quemadmodum nec oculus circumactus clare intueri, 71. Mentis consilia quæ vere in Deo commovetur, 109. Mens intra se manens parva intuetur, 356. Deceptoribus se tradens in visis versatur absurdis, 356, 557. Si Spiritui se tradat, diviniora intelligit, 356, 357. Menti duæ adsunt virtutes, 556. Prava una quæ dæmonum est, 556. Divinior altera quæ ad Dei similitudinem deducit, 556.

Mensa. Ad mensam preces ante et post cibum faciendæ, 75. Edendum summa cum modestia, 74. Ex ciborum natura et corporis structura, divinarum laudum materia ducenda, 74. Hora una capiendo cibo destinata, eademque per circuitum revertens, 75. In cibo necessarium præcipue sectandum, 74. Panis et aqua et legumina explebunt necessitatem, 74.

Mesopotamia monasteria habet, 310. Mesopotamiorum lingua vernacula, 63. Mesopotamius quidam et linguæ hujus peritus, et sententia incorruptus, cum Basilio collocutus, 63.

Mestia, 274.

Metropoli dum providetur, simul aliis ecclesiis providetur, 330.

Miles magnæ pietatis, 200. In militari etiam vita perfectus Dei amor et charitas servari potest, 200. In militia inexpugnabilis virginitatis custodia, si voluntas immota sit, 209.

Milo, 455.

Minæ non suspicionem, sed hominis jam persuasi iracundiam declarant, 104.

Mindana, 275.

Minister, id est, subdiaconus, 148, 149, 327. A ministerio digamos exclusit canon, 275.

Minos, 458.

Miracula per Spiritum sanctum, 33, 41. In sanando Hypatio his qui dona habebant, nihil eorum quæ solebant operari concessum, 111. Quare mittit eum Basilius ad Eusebium Samosatensem, 111. Non longe Samosatis fratres nonnulli hæc dona habebant, 111. Sancti Gregorii Neocæsariensis miracula, 62. Si quis ascetam invitet in domum suam ut sanet ægrotos, is potius imitari debet fidem centurionis, 127. Precante asceta quocunque in loco, et ægroto credente se ejus precibus sanatum iri, eveniet omnino ex sententia, 127.

Misericordia in quo posita, 579. Misericordias Domini in nos convertere debemus, clementia aliis exhibenda, 202. Meminisse debemus homines nos esse, et tempora exspectare quibus ope divina indigebimus, 202.

Modad, 51.

Modestia in omnibus tenenda, 99.

Modestus præfectus humanitatem exhibet afflictæ Cappadociæ, 172. Scribit ei Basilius de immunitate clericorum, 198. Scribere non audet de ulla re privata, 201. Præfectus fiduciam dat scribendi, 203, 423. Hinc multos ei commendat Basilius, 203, 422, 423.

Modus omnis optimus, 90.

Molestiæ præteritæ grata recordatio, 218, 333. Per molestias ipsas novit Deus implere consolationes, 448.

Monachi officia, 99, 100. Monachi nec pecuniis, nec corporeo labore prodesse possunt publicæ rei, 425. Neque pecunias neque corpora habent, 425. Rogat ergo Basilius ut tributis eximantur, 423. Pauperem amplexi vitam, 395. Manibus sibi necessaria comparantes diu abesse a suis ædibus non possunt, 395. Labore manuum vivunt, 174, 511. Et impertiunt egentibus, 174. Sole illucescente labor manuum non sine hymnis et canticis, 72. Monasterium propriis manibus exstruebant monachi, 390. Nefas quidquam sibi proprium retinere, 71, 479, 497. Omni materia sæculi volunt debent, qui asceticam vitam amplectuntur, 474. Serpentem imitari debent, senium exuentem, 474. Non oportet distrahi multo opere; non enim transeundi frugalitatis termini, 101. Copia ultra necessitatem perducela, avaritia est, 101. Nihil ultra id quod necessarium est, aut ad magnificentiam exquirendum, 100. In monasterio omnia, tanquam ad Dominum pertinentia, diligenter traciari debent, 99. Nihil ex iis quæ utenda traduntur, ut proprium quisquam habere aut reservare debet, 99. Viliora quæque adhibenda ad usum corporis, 100. Non oportet ex una oficina ad aliam transire, 100. Monachorum humilis vestis, crassum vestimentum, zona, et ex rudi corio calceamenta, 338. Præscribit Basilius oculum tristem et deorsum vergentem, comam squalidam, 74. Vestem sordidam, tunicam unam et cingulo mediocriter astrictam, incessum nec vehementem nec segnem, 74. Panem et aquam et legumina apponi jubet, 74. Horam unam ad edendum, eamque per circuitum revertentem, 75.

Monarchiæ dogma, 38, 59.

Monas et unitas simplicis essentiæ et incomprehensibilis propria, 82. Monadis et unitatis contemplatio, 85.

Monastica vita institutum vere beatum, 101. Via ad Domini mansiones deducens, 101. Institutum angelis æquale, 473. Evangelicum vivendi genus, 261, 310. Monachorum semota ab urbibus vita, 130. Domi maneant, opus Dei in quiete perficientes, 349. Caveant sibi ab hæreticis, 349, 81. Monasterium ingredienti hoc primum est enitendum, ut mens pacata et quieta sit, 71. Pravæ consuetudines primum dediscendæ, 72. Asperitates et incommoda arctæ vitæ ante oculos illi ponendæ, 101. Præficiendus is magister quem ipse petierit, 102. Imbuendus elementis, ac deinde admittendus, 102. Quomodo probandi qui vitam asceticam amplecti volunt, 478. De servis et conjugatis ad hoc institutum accedentibus, 479. Statim ac dies incipit, hymnis et canticis Deus laudatur, 72. Preces lectionibus succedant, 73. Quod aliis est diluculum, id monachis media nox, 73. In monasterio nec clamor fieri debet, nec quivis motus aut species aberrationem a Dei præsentia significans, 99. Fratri cuilibet non concedendum ut cum hospitibus colloquatur, 99. Observanda quæ a sanctis Patribus statuta et scriptis mandata sunt, 102. Nihil negligendum, sed minima quæque quæ in Evangelio scripta sunt observanda, 261. Non oportet quemquam sui ipsius esse dominum, sed ut in servitutem traditum fratribus, ita omnia facere et sentire, 99. Perutile est ut unum omnes sibi ad imitandum proponant, 554. Præpositis approbantibus facienda omnia, 100. Ne laudabilia quidem sine præpositi licentia fieri debent, 554. Monasterii præpositus interdum a fratribus moneri debet, 482. Non arguenti peccata grave imminet judicium, 482. Communis vita ad exemplum apostolici instituti, 433. Basilio non placet vita testibus careus, 43. Satius est ut quisque et pro se et pro fratris progressu mercedem accipiat, 433. Hanc sibi invicem conciliare debent continuis colloquiis et adhortationibus, 433. Virorum professiones antea tacitæ, 292. Sed censet Basilius ut interrogentur, et clara sit professio, 292. Monasticam vitam multi audent incipere, pauci ut par est, absolvunt, 125. Sacrilegus qui se dicavit Deo et ad aliud transit vitæ genus, 511. Monachi lapsi status deploratur, 131, 132, 134. Asceta vitiis inquinatus pantheræ pelli similis, 473. Monachis carne lapsis anni quindecim ut adulteris, 326. Monachus in Scripturis peritus, et aliis docendo et prædicando utilis, 131. Monachus quidam sanctorum ora excipit osculo, manus ejus multi fovent, ejus genua servi Dei venerando amplectuntur, 134. Monachorum curam gerere officii sui esse ducit Basilius, 423. Ob monasteria virorum et mulierum incusatur Basilius, 310. Laudi ducit, quod ejusmodi homines habeat, quorum conversatio in cœlis, 310. Monasteria in Ægypto, in Palæstina et Mesopotamia, 310. Ibi perfecta monachorum vivendi ratio, 337. Monasteria vocantur fraternitates, 339.

Morborum animi, ut et corporum, tria genera, 482. Morbos tanquam certamen justi suscipiunt, 564. In morbis digne Deo nos gerere debemus, 519. Si morbos cum gratiarum actione suscipimus, Deus vel sedabit dolores, vel in futura vita remunerabit, 519.

Mors veræ vitæ initium his qui secundum Deum vivunt, 197. Mors justorum pretiosa, ortus hominum minime pretiosus, 556. Mors semper ante oculos habenda, 454. Mortis responsum qui in se habent, his non molestum est pro fide affligi, 64. Athanasium Ancyranorum sæpe reprehendit Basilius quod in carne propter suos manere non præferret, 109. E periculo mortis erepti debent eamdem semper mentem habere, quam periculi tempore habuerant, 103. Exhibeant se Deo tanquam ex mortuis viventes, 105. Mortalis naturæ cogitatio arcet omnem de rebus terrenis gloriandi materiam, 553, 554. Nec divitiæ nec gloria nos sequuntur, 554. Imo sæpe hæc ante sepulturam mutantur, 554. Flos feni res humanæ, 551. Una nox, una febris scenam mutat, 555. Mortis vere aculeus peccatum, 135. Est causa aliqua hominibus indeprehensa, cur alii citius abripiantur, alii diutius permaneant, 78. Lex Dei, ut quisque suo tempore e vita discedat, 108, 437, 439. Omnes creæ uræ peribunt, quarum pars sumus, 79, 438. Non lugendi qu is brevi sequemur, 79, 438. Resurrectionis dogma in primis consolari debet, 79, 438. Omnes in hac vita, tanquam in via, ad idem diversorium tendimus, 78. Præceptum Dei est, ut Christiani non lugeant mortuorum causa ob spem resurrectionis, 77, 439. Amissis propinquis non dolendum, quia tempus sejunctionis longum non erit, 78. Ob mortem propinquorum non lugendum, 309, 439, 536. Mortalem mori quid mirum ? 79. Nil mirum si ex mortali genitus, mortalis pater factus est, 456. Mors immatura, non doloris accessio esse debet, sed eventus solatium, 79, 456. In morte filii Nectarii incursum mali dæmonis deplorat Basilius, 79. Qui filium amisit ei qui mutuo dederat restituit, 78. Mors boni mariti non moleste ferenda, sed gratiæ agendæ ob talem convictum, 438, 439. Mors pastoris non ferenda sine dolore, 107, 156. Sed damnum quidem sentiendum, at dolori non succumbendum, 107, 156. Mortuus pastor concione velut a lugubri choro deflendus, 107. Mori lucrum pro Christo, 96. Mortui calidis non juvantur, 228. Mortuorum cadavera erant abominanda cum Judaice homines interirent, 536. Secus apud Christianos, 536. Mortuis officia naturæ jure debita, 441.

Mos vim legis habet, 249.

Moyses legationem deprecatur, 577. Consilium accipit a socero, 580. Moysis lenitas, 565. Ingenti animo in eos insurgens, qui in Deum peccaverant, lenis in calumniis sibi inflictis, 73. Non remisit manus ab aurora ad vesperam, 370. Ob unum verbum non ingressus in terram promissionis, 126, 507. In Spiritu Deum potuit evidenter videre, 52. Profanos extra cancellos sacros statuit, purioribus prima atria, Levitis ministerium, sacrificia sacerdotibus assignat, 53. Uni certo die quotannis, ac certa hora concedit ingressum in Sancta sanctorum, 53. Sciebat enim tria et obvia contemni, seposita ac rara admirationem habere, 53. Moysis nomine lex significari solet, 27. Typus fuit Christi, non sancti Spiritus, 27.

Mulieres extraneæ sive subinductæ prohibentur, 149, 150. Mulieris pudicæ et impudicæ discrimen, 574. Magnum periculum in spectandis mulieribus indecore se gerentibus, 571. Quædam pingunt nigro colore supercilia, album in corpore colorem, rubrum in genis adsciscunt, 574. Vituperantur, quæ genas et crines alieno flore inficiunt, 74. Quædam in basilicis martyrum, velamentis a capite rejectis inhoneste saltaverant et cantaverant, 573. Muliercula impia episcoporum facit artibus suis hominem pestilentem, quo utebatur ad arbitrium, 368.

Multitudo. Non multitudo est quæ salvatur, sed electi Dei, 392. Etiamsi unus salvetur, ut Lot, manere debet in recto judicio, 392. Insidias Christo struxere principes sacerdotum et scribæ et seniores, 392. Pauci ex populo ejus doctrinam susceperunt, 392.

Mundus interdum in Scriptura non globus e cœlo et terra constans dicitur, sed caduca hæc vita, 45. Interdum homines carnales mundus dicuntur, 45. Secessus a mundo in quo positus. 71, 479. Mundi curis distractum, si non nubat, rabidæ cupiditates, si nubat, alii tumultus perturbant, 71. Mundi bonis admista mala, quæ longe exsuperant, 128. Mundi malorum et vitiorum descriptio, 128, 129. Nos non propter mundum, sed mundus propter nos, 130. In mundi creatione aves et pisces eamdem sortiti sunt generationes, 275. Mundi figura transmutabitur et creatura omnis dissolvetur, 231. Cœlum dissolvetur, sol, stellæ, terra ipsa amplius non erunt, 79. Mundi constitutioni nunq uid temporis supersit, dubitat Basilius, 255. Naturali contemplationi etiam de sancta Trinitate doctrina admiscetur, 80. Ex rebus creatis convenienter Creator consideratur, 91.

Murmurandum non est, nec in rerum necessariarum inopia, nec in operum labore, 99.

Musonius episcopus Neocæsariensis laudatur, 106, 107, 108. Is veterum Ecclesiæ institutorum defensor erat, 106. Ecclesiam suam ad veteris Ecclesiæ normam regebat, 106. In conciliis primo loco omnium concessu non secundum ætatem sedebat, 107. Ecclesiam suam ab hæresis tempestate intactam servavit, 107. Cum Basilio ob anticipatas quasdam opiniones concurrere noluit ad pacificandas Ecclesias, 108. Semper tamen cum eo idem sensit, 108.

Myræ, 331.

Mysterium non est quod ad vulgares aures effertur, 55. Hinc quædam dogmata arcano tradita, 55. Aliud est dogma, aliud prædicatio, 55. Quæ intueri nefas non initiatis, ea scripto vulgari non decebat, 55. Mysteriorum patefactio donum Spiritus sancti, 33.

N

Narses episcopus, 185.

Nathan sic objurgavit Davidem, ut succensere non posset arguenti, 74.

Naturæ consideratio reprimit animi tumorem, 421. Natura eorum diversa, quorum definitio diversa, 281. Naturæ identitas colligitur ex identitate operationis, 281. Natura eorum diversa quorum diversæ operationes, 280, 281.

Naufragia circa fidem crebra, 255.

Navalis prælii descriptio, 64.

Navigantes non libenter merces ejiciunt, sed ut naufragium effugiant, 242. Navigantibus grata fax in mari splendens, præsertim si mare intumuerit, 195.

Nectarius Basilio cognitus a puero ex optimis dotibus, 428. Vir pius ac dives unicum filium in ipso ætatis flore amittit, 77. Illius mors plaga exstitit Cappadociæ et Ciliciæ, 79. Nectarii uxor Christiana et in omnes benigna ac mansueta, 78.

Neeman non apud Dominum magnus, sed apud Dominum suum, 276.

Negatoribus Christi anni octo pœnitentiæ, si inter tormenta cesserint, 329. Anni decem, si sine magna vi cesserint, 329. Si extra persecutionem; communio in exitu tantum, 328.

Neocæsarea vicina Cæsareæ, 108. Duæ Ecclesiæ olim fraternis animis conjunctæ, 307. A Gregorio basis hujus Ecclesiæ fundata, 107. Post Gregorium summi viri semper præfuerunt, 108, 303. Neocæsarienses Gregorii magni memoriam semper recentem retinent, 63. Nullum institutum, aut dictum aut ritum mysticum ejus traditioni addiderunt successores, 63. Hinc multa apud eos imperfecta, 63. Apud eos non erant monachorum et virginum cœtus, 310. Nec vigiliæ et communes psalmodiæ, 311. Accusantur tamen quod nihil ex Gregorii institutis conservent, 311. Is enim non operiebatur in precibus, 312. Juramenta fugiebat, 312. Mendacium et calumniam abominabatur, 312. Neocæsareæ principalem plurimi facit Basilius, 156, 157.

Neocæsarea visa est habere successorem Musonii et conquiescit, 110. Cum Neocæsariensibus Basilio multæ necessitudines, 303. Charitatis præceptum, iidem magistri Gregorius ejusque successores, corporeæ conjunctiones, 303. Neocæsarienses tamen videntur ei esse irati, 303. Aures utrasque calumniantibus aperiunt, 304. Vita Basilii et fides calumniis petuntur, 304. De Basilio non honorifice loquuntur, 312. Pro Basilio amici nonnulli prælia sustinent, 312, 313. Episcopus Basilii consanguineus, 313. Unus præcipue Basilio calumnias struit, 304, 305. Ait scripta Basilii hujus mundi sapientia niti, 306. Neocæsariensis Ecclesia navigium gubernatore destitutum, 314. Tempestatem excitant qui ad clavum sedent, 314. Valde indoctus is qui Basilio calumnias struebat, 305, 310. Neocæsariense presbyterium non respondet litteris Basilii, 309. Consentiunt omnes in ejus odio, 309. Urbis episcopus fanda et nefanda in Basilium concionatur, 309. Illius congressum fugit, et doctrinam ut perniciosam calumniatur, 309. Somnia etiam comminiscitur, 309. Odii causa prætexitur, Psalmorum consuetudo apud Cæsaream, 309. Monachorum et virginum cœtus, 309. Dicunt hæc tempore Gregorii non fuisse, 311. Neque etiam litaniæ illius erant tempore, 311. Postulat Basilius ut scripta sua examinentur, 305. Consentit ut ea examinent per se ipsi Neocæsarienses, 306. Neocæsarea perturbata, cum prope accessisset Basilius, 313, 314. Rumor illuc venire Basilium, 313, 314. Plurimi fugiunt, 313, 314. Arioli terrorem spargunt mercede conducti, 313, 314. Basilium fabulam faciunt in conviviis publicis, 314. Basilii doctrinam cum pharmacis exitiosis comparant, 317. Venenum contra illum circumferunt, 318. Ferina et rationis expers populi socordia, 320. Episcopi inveterata mali consuetudo, 320. Is auctor omnium injuriarum, quæ Basilio factæ sunt, 315, 314. Odii causa invidia, 314. Fugiebat congressum Basilii, ne ab eo argueretur hæresis, 314. Renovabat enim hæresim Sabellianam, 314, 310. Dixerat nomen Unigeniti traditum non esse, sed nomen adversarii, 315. Scriptum quoddam miserat Meletio et Anthimo, 316. Aiebat Gregorium dixisse Patrem et Filium cogitatione duo esse, hypostasi unum, 312, 316.

Neocæsariensis civitas multis malis præoccupata, 107. Gregorio longissimam tranquillitatem Deus concessit, 107. Soli vel cum paucis tranquilli in tempestate ab Arianis excitata, 107. Basilio per legatos et coram supplicant ut juventutem erudiat, 9.

Neophytos ordinari ob penuriam probat Basilius, 525.

Nicæa, 289. Ibi magnum pietatis promulgatum præconium, 145. Nicæna fides refertur, 215, 216, 233. Nicæna fides insuperabilis, 174. Ab initio viget in Ecclesia Cæsariensi, 233. In ore est Antiochenis, 233. Trecenti decem et octo Patres, 144. Nicæanam fidem quidam male interpretantur, 215. Marcellus consubstantiale male exponit,

215. Sabellii sectatores inde ansam arripiunt, ut hypostasim et essentiam confundant, 215. Nicænos Patres negat Basilius hypostasim pro essentia sumpsisse, 215. Non sine afflatu sancti Spiritus locuti sunt, 207. Consubstantiale nonnulli rejiciunt, 145. Partim excusandi, partim culpandi, 145. Postulat Basilius ut Nicæna fides recipiatur, nec ulla vox in ea rejiciatur, 207. In Nicæna fide Spiritus pari honore numeratur et adoratur cum Patre et Filio, 182. Strictim de Spiritu locuti, nondum hac mota quæstione, 216, 235, 248, 393. Nicæna fides proponenda redeuntibus ad orthodoxos aut suspectis, 214, 215. Sed aliquid addendum de Spiritu sancto, quia nondum hæc movebatur quæstio, 216, 233, 248, 295. Nicænam fidem Basilius omnibus aliis præfert, 248. Illam non soli confessores tenebant, sed multi alii in Oriente et totus Occidens, 411. De Nicæna fide detrahit Eustathius, 548. · Homoousiastas vocat eos qui illam sequuntur, 348. Nicænorum Patrum hæredem se esse Basilius gloriatur, 145. Nicæna synodus sancivit mulieres extraneas non esse, 149.

Nice in Thracia. Ibi formula fidei edita, 382.

Nicias, 198.

Nicopolis, 217. Metropolis sanæ doctrinæ, 353. Pietatis altrix, 353. Nicopolitani filii confessorum et martyrum, 369. Nicopolitanus episcopus, mortuo Theodoto, eligitur Euphronius Coloniensis, 349 et seqq. Hunc Nicopolis dederat Coloniæ, 351. Hujus consilii auctor Pœmenius, qui rem statim ad exitum perducit, 352. Non dedit tempus adversariis sibi providendi, 352. Nicopolim Eustathius venit cum agmine Arianorum, ut det illis episcopum, 366, 587. Fronto episcopatum accipit ab Arianis, 366, 368. Demonstrat se hactenus hypocritam fuisse, 365, 368. Unus aut alter cum eo abeunt, at corpus integrum manet, 367. Catholici extra muros precantur, 367. Cæteri in vacuis ædibus recubant, 567. Vicarius vim adhibet, 366. Nondum tamen exsilia et plagæ et carceres et bonorum publicatio, 370. Fronto conatur eos decipere rectam fidem præ se ferendo, 370. Nonnulli fluctuant, 370. Sed denuntiat Basilius nunquam se facturum, ut aut Frontonem aut quos ille ordinaverit recipiat, 370. Presbyteri animum despondent ob continuas calamitates, 383. Basilius magnum Dei munum considerat, ac spe pacis allevatur, 385. Persecutio ingravescit, 385. Ne sanguini quidem parcitur, 384. Asclepius quidam ex plagis mortuus, eo quod cum Doec communicare nollet, 384.

Ninivitarum pœnitentia, 521.

Nobilitas ex sola virtute, 475. Nec equi nec canis laus est ex velocibus esse prognatum, 475. Alieno ornatu decorandus non est, qui propria virtute illustris est, 476.

Nomina alia generalia, ut *homo*, 115. Alia magis peculiaria, ut Paulus et Timotheus, 116. Nomina alia communia, alia magis propria, 55. Nomina corporalia sæpe ad intelligentias spirituales transfert Scriptura, 52. Nomina, quotquot de Deo dicuntur, essentiam non significant, sed operationem aut dignitatem, 281. Nominum, quæ circa divinam naturam intelliguntur, nulla secundum melius ac deterius differentia, 278. Ipsum Dei nomen nihil amplius significat quam recti et boni appellatio, 279.

Notario Basilius præcepta tradit, 451.

Noverca infantium non facienda est amita, 251. Novercæ æmulatio implacabilis, 251. Inimici mortuis reconciliantur, novercæ post mortem odisse incipiunt, 251.

Novitates verborum nonnulli effutiunt, 372. Unde Ecclesiæ quassatæ, velut vasa luxata, influentem hæreticam corruptelam recipiunt, 372.

Nox. Noctes illuminatæ, 156. Nocturni cantus hymnorum in ecclesiis Orientalibus, 574. Nocturna quies maxime apta ad orandum, 75.

Noxas conscribere, 104.

Nubibus similes plerique homines, 474.

Numerarius, 235. Numerarii duo, 235. Numerarius quidam Ptochotrophium Amassæ ex suis opibus sustentat, 235.

Numerus est signum, quo declaratur multitudo suppositorum, 37. Quidquid unum numero dicitur, simplex non est, 81. Numerus pertinet ad quantitatem, 82. Perit accedente unitate, 86. Nihil addit aut detrahit rebus numeratis, 37. Numerus septenarius, 396.

Nuntiis malorum utile est affligi eos qui Dominum placare possunt, 589.

Nuptiæ secundæ remedium fornicationis, non occasio lasciviæ, 251. Apud nonnulla animalia in probo sunt, 574. In secundis nuptiis oblivio priorum filiorum, 586.

Nyssa Indica, 70.

O

Objurgatio cum omni commiseratione facienda, 100, 480. Asperitas fugienda, 74. Si quis se prior per humilitatem abjiciat, in increpando molestus non erit, 74. Utilis increpandi ratio in Davidem adhibita, 74. Objurgatio quomodo recipienda ab iis qui curantur, 100, 481.

Oblectamenta præsentis vitæ materiam æterno igni præparant, 101.

Obtrectatio est de absente detrahere, illius traducendi studio, etiamsi verum dicatur, 99.

Occidens totus, prope modum ab Illyrico usque ad fines orbis nostri, 63. In Occidente summa concordia, 181. Occidentales fide illæsi permanent, ac depositum servant inviolabile, 372. In occidente, uno aut altero perverse deprehensis sentire, magnum exstitit studium episcoporum, 159. Occidentis diu auxilium exspectarunt Orientales, 184, 371. Arcano Dei judicio ascribunt, quod non impetraverint, 184, 371. Necesse est, ut Orientis fidem renovet Occidens, et bonorum, quæ ab Oriente accepit, remunerationem persolvat, 183. *Vide* 159. *Vide* Romanus episcopus. Occidentalium fidei tomum servat Basilius, eorumque fidem sequitur, 411. Occidentales in suis litteris, essentiæ nomen Græca lingua tradiderunt, 322. In Occidente toto glorificatur Deus cum sancto Spiritu, 63.

Oculus indesinenter circumactus clare intueri non potest, 71. Oculis non innuendum cum dolo, 99. Oculus tristis ac deorsum vergens menti humili convenit, 74. Oculos recreant cærulei et virides colores, 113. Oculo inflammato dolorem affert vel tenerrimum lenimentum, 78.

OEconomiæ causa si quid faciant episcopi afflatu Spiritus sancti, id suscipere debet clerus et populus, 350, 351. Ignoscere debent episcopis, 351. Operam dare debent, ut perficiatur, quod ab episcopis constitutum est, 350. OEconomiæ ab episcopis fiunt, a plebe confirmantur, 353. Quod ab uno aut altero homine pio factum est, id nobis persuadet rem consilio Spiritus fieri, 352. Ubi nihil humani propositum, liquet a Domino corda dirigi, 352. Ubi autem spirituales viri auctores consiliorum, eosque plebs sequitur, non dubitandum, quin communicatione Domini consilium captum sit, 352. Dei ordinationi resistunt, qui res constitutas in Ecclesiis a Dei electis non admittunt, 350. OEconomiam erga Euphronium factam valde probat Basilius, 350 et seq. Is Nicopolim translatus tempore difficillimo, 350 et seq. *Vide* Pax.

OEconomus Ecclesiæ, 425. OEconomi Ecclesiæ Cæsariensis, 365. In domo Basilii manebant, 365.

Offendiculum fratri non ponendum ad scandalum, 149.

Officiales, 289.

Olei unctionem quis sanctorum scripto tradidit, 55.

Olympius, 92, 95. A Basilio exceptus hospitio non magnis sumptibus, 76. Basilio mittit munera, 76. Remedia aggreditur, 76. Basilium Eustathii et Neocæsariensium calumniis afflictum solatur, 223, 318.

Opera bona fiduciam præstant in die judicii, 434. Operum merces a Domino, 435, 446. Operum expers confessio commendare Deo non potest, 433. Frustra viduarum et orphanorum curam suscipit, qui Deum afflicit injuria, 125.

Operatio. Ex operationis identitate colligitur naturæ identitas, 280, 281.

Optimus episcopus, 395. De Ecclesiis sollicitus, et Scripturæ studiosus, 395.

Ordinationes Simoniacæ, horribile peccatum, 147, 148. Quidam hoc scelus pietatis nomine inumbrabant, 147. Putabant se non peccare, quia non ante sed post ordinationem accipiebant, 147. Accipere est, quandocunque accipere, 147. Depositionem illis minatur Basilius, 147. Antequam ministri sive subdiaconi reciperentur, in omnem eorum vitam sedulo inquirebatur, 148. Chorepiscoporum electio, 428. Item presbyterorum et diaconorum in pagis, 148. Præferendus senex magnis ornatus virtutibus juniori ad exteriora negotia idoneo, 174. Reprehendi non debet qui ordinatus est invitus, sed qui ordinavit, 345. Episcopus e gremio cleri sumendus, 325. Ordinandum esse Neophytum censet Basilius ob penuriam, 325. Ad sacerdotium admitti potest, qui usuras accipit, 275. Modo lucrum injustum in pauperes insumat, et ab avaritiæ morbo emendetur, 275. Laudat Innocentium Basilius, quod, ut Moses, videre velit successorem suum, 174. Basilius quærit an vita hominis contra canones ordinati laudabilis sit, ita ut res sanari possit, 213. Ordinationes peregrinæ au detrectandæ non sint, quærit ex Eusebio, 230. Eustathius diaconos et presbyteros ordinat in alienis Ecclesiis, 347. Negabat hæreticos episcopos esse, 380, 386. Ordinatum ab hæreticis ad fidei eversionem episcopum non agnoscit Basilius, 570. Declarat se non recepturum pace reddita eos quos ille ordinaverit, 370. Qui hominum studiis ordinati, omnia ad voluptatem indulgent, 184. Servi sunt eorum, a quibus episcopatum acceperunt, 185. Episcopatus præmium impietatis sub Valente, 184. Qui jurant ordinationem se non accepturos non cogantur pejerare, 274. Quidam canon permittit ut ordinentur, 274.

Ordo civitatis, id est, curia, 171.
Oriens quidquid ab Illyrico ad Ægyptum usque protenditur, 163. Orientis parœcia, 159. In Oriente fides primum illuxit, 185. In Oriente hac voce, *cum sancto Spiritu*, velut tessera suos ab alienis discernunt, 63. Nonnulli vocum novitates effutiunt, 372. Orientales fortasse primi ab hæresi vexantur, quia apud eos abundavit peccatum, 374. Verisimilius est hostem machinari, ut ibi incipiat defectio, ubi incepit Evangelium, 374. Præter hæreticorum bellum domesticæ seditiones, 186. Velut Judæi sub Vespasiano, 186. Orientales in ærumnis consolatur pax et concordia Occidentis, 181, 183. Ad Orientem Christiani versi precantur, 54. Unde istud, 56.
Origenes gloriam defert Deo cum sancto Spiritu, 61. Illius non omnino sanæ in omnibus de Spiritu opiniones, 61. Pias voces sæpe de Spiritu emisit, consuetudinis robur reveritus, 61.
Origenes Basilii amicus, 95. Is veritatem scriptis defendit sub Juliano, 95. Hujus filios libenter vidit Basilius, 96.
Ornatum in vestibus aut calceis quærere vana ostentatio est, 100.
Orphanene, 422.
Orphanorum res Dominus suas facit, 202.
Os justa libertate et gratiæ verbis scatens, 109.
Ossifraga, 586.
Otium Dei timore destitutum magister pravitatis, 530. Otiosus comedere non debet, qui laborare potest, 100.
Otiosus presbyter, id est, depositus, 150.
Otreius Melitinensis episcopus, 265. Tam dolet quam Basilius de exsilio S. Eusebii, 265.
Oves Christi quinam appellantur in Scripturis, 14.

P

Pagi præpositus, 76.
Palæstina (In) monasteria, 510.
Palladia, 228. Hanc Basilius matrem appellat non solum ob propinquitatem, sed etiam ob morum probitatem, 228.
Palladius monachus, 395. Cum Innocentio in monte Elæone degebat, 593. Rogaverunt Basilium, ut de Domini incarnatione aliquid adderet fidei Nicænæ, 393. Vid. 395.
Palladius, 431. Is recens baptizatus cum fuisset, hortatur eum Basilius, ut fidelis sit hujus thesauri custos, 431.
Palmatius ministrans Maximo ad persecutiones, 192.
Pancratii certa nex, 455.
Panthera hominis imaginem dilacerat, 570. Pantheræ pelli similis asceta vitiis inquinatus, 473.
Papa, 212.
Paphlagonia, 387.
Parasynagoga conventus ab immorigeris habitus, 268, 269.
Paregorius presbyter, 149. Annos natus septuaginta habitabat cum muliere extranea, 149. Minatur ei depositionem Basilius, ac ipsam etiam excommunicationem, si depositus sacerdotium sibi arroget, 150.
Parentes debent liberos diligere non solum naturali amore, sed etiam dilectionem voluntate intendere, 103. Parentes qui filios exponunt, aut patrimonium inique distribuunt, comparantur cum aquila, 586. Parentes fovere docet Ciconia, 586. Parentibus obnoxii filii quantum ad corpus ex lege naturæ et civili, 421. Anima, ut ex divinioribus accepta, Deo magis obstricta est, 421.
Parnassi Ecclesiam episcopo mortuo consolatur Basilius, 156. Hypsino pulso Ecdicius hæreticus Parnassi ordinatur, 365, 367.
Parœcia Occidentis, 374. Parœcia Orientis, 159. Parœcia Theodoti Nicopolitani, 195. In unaquaque parœcia signiferi ecclesiis ejecti, 163. Parœciæ Neocæsariensis et Cæsariensis, 307. Parœcia Cappadociæ, 377. Parœcia Cappadociæ et vicinarum regionum, 384. Parœciæ suæ pagos visitat Basilius, 508. Parœciæ et urbis clerus, 570.
Pars. Ut pars sua cum veris adoratoribus inveniatur orat Basilius, 143. Dianius moriens orabat, ut ne separaretur a sorte sanctorum trecentorum decem et octo Patrum, 144.
Parvum parvo adjungere est perutile, 478.
Pasinicus medicus, 449.
Pastor. Erga pastorem amor, si ratione contineatur, laudandus . secus, si limites transiliat, 349, 350.
Pataræ, 331.
Patientia iste humilitate haberi non potest, 575. Patientiæ magna merces, 77, 79, 439. Per patientiam in adversis partem martyrum consequimur, 79. Nemo non percussus, nec pulvere aspersus coronatur, 369. Patientiæ coronas nemo sanctorum in deliciis aut adulationibus consecutus est, 251. Moleste ferentes quæ accidunt, neque id quod factum est, reparamus, ac nosmetipsos perdimus, 79. Patientiæ exempla in ipsis ethnicis, 549.
Patres Ecclesiæ sunt columnæ, 63. Patrum doctrina vastatur, 255.

Patriarchæ nomen et habitus, 258, 259. Patriarcharum benedictiones per Spiritum sanctum, 33.
Patritius vir subdolus, 449.
Patronus Ærarii, 112.
Patrophilus Ægeensis episcopus, 576. Eustathio amicus, 379. Item Basilio, 377. Stuporem significat, quod cum Eustathio dissideret, 377. Patrophilum Eustathius inviserat, 382. Unde metuit Basilius ne ex hoc congressu immutatus sit, 382. Rogat ut ad se scribat per Strategium an in sua maneat communione, 382. Sero respondet, 383. Rursus hortatur ad pacem cum Eustathio, 383. Non communicabat cum iis quos Eustathius in suam Ecclesiam accersiverat, 385. Sed tamen cum Eustathio videtur communicasse, 385.
Paulinus accipit litteras Roma, quæ eum episcopum agnoscunt, 321, 324. Has circumferunt illius amici, 321. Jactant etiam Athanasii litteras, 321. Terentium in partes suas trahere conantur, 321, 324. Paulini ordinatio perstringitur, 407. In Marcelli dogmata propendet, ejusque discipulos recipit sine discrimine, 407. Paulinum ejusque amicos Basilius ut fratres agnoscit, 321, 393. Nonnulla audiverat de Paulino, sed credere noluit quia non aderat accusatus, 194.
Paulus vas electionis, 83.
Paulus episcopus, 183.
Paulus vetus ille et novus hic, 137.
Paulus presbyter, 414.
Paulus presbyter et monachus, 390.
Pauper verus ab eo, qui ex avaritia mendicat, secernendus, 241. Non omni erraburdo dandum, 241. Non omnis pauperias laudabilis, 497. Pauperem esse non probrosum est, sed paupertatem generose non ferre, 565. Patris paupertas nemini datur crimini, 496. Paupertas cum veritate pretiosior omni possessione, 493. Pauperes vocantur intelligentiæ inopes, 556. Pauperes opprimuntur, ut eorum ostendatur patientia, 129. Pauperis calamitas unum ex filiis vendere meditantis, 501. Paupertatis immunitatem necessario tribuit, 442. Paupertatis amor in nonnullis philosophis, 76. Paupertas philosophiæ nutrix, 76. Amica et contubernalis Basilii, 76. In omnibus amplectenda ei qui ad Deum accedit, 101. Ascetæ aurum maxime fugiendum, 128. Si quis afferat pecuniam distribuendam pauperibus, suadere asceta debet ut ipse distribuat, 128. Ne illum coinquinet accepta pecunia, 128. Nihil a quoquam accipere debet ultra quotidianum vitæ asceticæ usum, 128. Nihil ex iis quæ utenda traduntur ut proprium quisquam habere aut reservare debet, 99. Omnia ut ad Dominum pertinentia, diligenter tractanda, 99. Paupertatis hunc modum præscribit Basilius ut quisque tunica contentus sit, 240.
Pax cœleste donum, 163. Pax idem ac communio, 383. Pax extremum munus a Christo relictum, 300. Conjunctio membrorum corporis Christi maximum bonorum, 245. Maxime expetendum, 64, 206. Ob pacem compositam Filii Dei dignitas comparatur, 332. Crimina etiam falsa in nobis recipere debemus, ut pacem Dei Ecclesiæ conciliemus, 332. Pacis nomine nihil jucundius auditu, 245. Pax vera requirenda, quam Dominus reliquit, 209. Sub pacis specie damnum infert hostile, cum perniciosis hominibus consensio, 385. Paci omnia postbabenda, 163. Qui idem sentiunt, omni ratione ad conjunctionem compellendi, 163. Cavendum enim ne populus orthodoxus multas in partes scindatur, una cum præpositis abscedens, 163. Decreta de recipiendis iis qui redeunt ab hæresi, 306. Perutile est Ecclesiæ membra prius divulsa conjungi, 206. Fiet autem conjunctio, si velimus, quibus in rebus animas non lædimus, ad infirmiores nos accommodare, 206. A fratribus conjungi volentibus nihil amplius requirendum, ut sit fidem Nicænam recipiant, ac fateantur Spiritum creaturam dici non debere, et eorum qui dicunt fugiendam communionem, 206, 297. In pacificandis dissensionibus alii compescendi, in aliis temperamento utendum, 159, 160. A præcipuis partibus curandi initium fieri debet, 159. Basilius satis habet si qui accusantur hæresis, negent se hæc dicere aut docere, 316. Non spectat præterita, optat tantum ut sanentur præsentia, 316. Si pacem somnia perturbent, etiam si consentiant cum Evangeliis; contenti simus Evangeliis, 317.
Peccatum veræ mortis aculeus, 135. Peccata sanabilia et insanabilia, 509, 510. Involuntaria et voluntaria, 506. Peccata ignorantiæ non liberantur a pœna, 508. De peccatis quæ judicium præcedunt aut sequuntur, 518 et seq. Discrimen inter corporeas actiones et peccata quæ cogitatione peraguntur, 510, 511. Peccatum abigit angelum custodem, 505. Impudentiores facit eos qui commisere, 505. Nemo potest cum Deo conjungi, vetita patrando, 304. Peccare nobis ob absentiam Dei timoris contingit, 262. Aut nihil aut levissima peccabit, qui semper de ju-

dicio Dei cogitat, 262. Peccata præterita multi tradunt oblivioni, 509. Interdum cogitationes renovantur, 510. Peccata animas sequuntur, ut corpus umbra, 511. In peccatis quidam usque ad senium perseverant, 505. Peccatores nequaquam silentio tolerandi, 100. Peccantem qui redarguit, cum omni commiseratione redarguere debet, 100. Peccatorum implacabiles et amari examinatores, 67. Peccata aliena multi explorant et sua non vident, 520. Ob peccata proximi lugendum, 545. Peccatoris mores inculpati sunt superveniente immutatione, 126. Peccatoribus pœnitentiam agentibus lenitas inpendenda, recedendum a pervicacibus, 522. Ob peccata persecutiones, 184, 272, 583, 584. Peccatis paribus pares pœnæ imponi non debent, 396. Iis non remissurum se Deus minatur, qui relabuntur, 520. Ut desperatus habetur, qui jugiter promittit emendationem et jugiter peccat, 520. Peccatum non condonabile blasphemiæ in Spiritum sanctum, 59, 248, 269. Peccata remittuntur in gratia Spiritus, 40. Ob peccatum unius sæpe multi alii puniuntur, 506, 508, 510. Peccatum vel unicum satis est ad condemnationem, 506, 507. Unius mandati transgressio satis est ad pœnam luendam, 507, 509, 513. Achar ob unum peccatum punitus, 506. Gravius condemnantur qui post factum in virtute progressum relabuntur, 469. Spectaculum miserabile, lapsus post continentiam viginti aut triginta annorum, 579. Peccatum ad mortem, 295. Vetus homo in nobis est necessario, ideo in Adam omnes morimur, et regnavit mors usque ad Christi adventum, 26. Omnes in Adamo mortui sumus, 402. Omnes serpentis fraude alienati, 402. Translati sumus de potestate tenebrarum per Christum. 13. Quanto quisque purior fuerit, tanto minus dicet se purum habere oculum, 504. Peccatis se innumeris obnoxium fatetur Basilius, cum homo sit et in carne vivat, 500, 504.

Pecuniæ sacræ, 343. Earum custodes, 345.

Pelagius episcopus, 183. Illius videndi valde cupidus Basilius, 389.

Pentecostes tempus admonitio est resurrectionis, 56. Preces stando fiunt per hoc tempus, 56.

Pentheus, 168.

Pepuzeni, 268, 269. Manifeste hæretici, 269. Montano et Priscillæ appellationem Paracleti attribuunt, 269.

Peræquator, 191, 289. Hoc munere fungebatur Helladius principalis, 423.

Peregrina vox plus solet afferre solatii, quam consueta oratio, 372.

Perfectio. Ad perfectionem plurimum valet omnia vendere et pauperibus dare, 537. Perfectorum est se non efferre, 504. Perfecta malitia cum quis peccat voluntate et facto, 511.

Pergamus, 150.

Pericles, 549.

Pericula. Ex periculis erepti quid agere debemus, 105.

Perjurii sponsor, qui animas ad jurandum impellit, 134. Perjurio anni decem pœnitentiæ, 527. Perjurio, si vis illata, anni sex pœnitentiæ, 330. Secus, anni undecim, 330.

Perrhe, 210.

Persecutiones arcano Dei judicio diu sæviunt, 184. Deus ob peccata afflictionem plene admetitur, 184, 272. Sed opem ostendet ob suum in Ecclesias amorem, 583, 584. Persecutio producitur, quia nondum impleta vindicta, 373. Persecutiones non possunt Ecclesiam vincere, 369. Transeunt ut grandines et torrentes, 369. Ecclesiæ inimici contemnendi, quia Deus illorum nequitiæ debilitatem adjunxit, 369. Parum abest quin Basilius gratias habeat persecutioni, 266. Quemadmodum Israelitis Deus septuaginta annos præstituit, ita Christianos per statum aliquod tempus tradit, 408. Animum despondere non decet, 533. Prope coronæ, prope Domini auxilium, 333. Orandum indesinenter, 370. Tranquillitas fiet, cum vox inventa fuerit, digna, quæ Dominum excitet, 183, 244, 252. Si tentatio temporaria est, ferenda ut a bonis athletis: si finis mundi appropinquat, exspectandus e cœlo Christus, 231. Si persecutio gravis, ferenda est, 369. Si levis, magni ejulatus vitandi, 369. Persecutio ferenda spe consolationis, 232. Sive peccatorum luimus pœnas, persecutio avertet Dei iram, 232. Sive certandum pro pietate, Deus non sinit nos tentari ultra vires, 232. Qui persecutionem patiuntur, non imerandi, sed persecutores, 590. Beatus qui pro Christo patitur, beatior qui majora patitur, 231. Qui persecutionem patiuntur eos exspectant martyrum coronæ, confessorum chori manus porrigunt, 231. Cavendum ne in certaminibus defatigemur, 232. Non brevis labor constantiam declarat, 233. Si infractus servetur animus, cito aderit adjutor, 233. Optandum ut Deus det pacem : sed molestum esse non debet pro fide affligi, 64. Imo intolerabile pro ea non certasse, 64. Persecutiones molestæ, sunt; sed etiamsi acuatur ensis et splendescat ignis, non idcirco deserenda traditio, 63. Persecutiones multæ et viritim et oppidatim, 369. Aliæ historiis, aliæ non scripta recordatione perhibentur, 369. In persecutionibus bono episcopo, veluti fundamento sublato, multi corruunt, 169. Molestum esse non debet ab ecclesiis ejici et sub dio adurare, 367, 370. Discipuli in cænaculo; qui Dominum crucifixerant, in celeberrimo templo, 367, 370. Populi ecclesias relinquunt, in solitudinibus precantur, 182. Terrere non debent exsilia episcoporum, 392. Nec quod nonnulli ex ipsis clericis proditores, 392. Terrere non debet lapsus multorum, 392. Etiamsi unus salvetur, ut Lot, manere debet in recto judicio, 392. Non multitudo est quæ salvatur, sed electi Dei, 392. Insidias Christo struxere principes sacerdotum et scribæ et seniores, 392. Pauci ex populo ejus doctrinam susceperunt, 392. In persecutionibus Eucharistiam laici, absente sacerdote aut diacono, propria manu sumunt, 186. Episcopi abesse non possunt, quin populos tradant insidiantibus, 376. Res majoris momenti usque ad reditum confessorum differendæ, 325. In persecutionibus nemo adeo parvus est, ut non possit esse occasio magnorum malorum, 352. Persecutiones ab iis, qui Christiani dicuntur, graviores sunt quam ab ethnicis, 391. Major merces in his persecutionibus comparatur, 392. Vide, 230, 231, 254. Persecutionis sub Valente descriptio, 184, 185. Hæc mala in plerisque civitatibus grassantur, 185. Ecclesiæ Orientalis status comparatur cum prælio navali, quod vetusta ac longa odia concitant, 64. Naufragia Ecclesiarum sub scopulis, 66. Turbæ a principibus mundi excitatæ, 66. Caligo ob ejecta mundi luminaria, 66. Clamor contendentium, 66. Anarchia populos occupavit, 66. Periculum ne Ecclesiæ brevi in aliam quamdam formam penitus transmutentur, 158. Statuit Basilius extra ecclesiastica esse tela, 228. Unicum malorum remedium habet, tempori cedere, seque persecutoribus subtrahere, 213. Persecutio in Scythia martyres facit, 245.

Perseverantia donum Dei, 261. Donum Spiritus sancti, 20. Non in proposito consistit exitus, sed in exitu laborum fructus, 125. Vanus justi labor superveniente immutatione, 126. Non qui bene incipit perfectus, sed qui bene desinit, Deo probatus, 126.

Pestilentia. In pestilentia a morbo eos, qui caute vivunt, malum attingit ob consuetua nem eorum qui corrupti sunt, 67. Sic in dissensionibus ecclesiasticis, 67.

Petra Christus figurate, 26.

Petrus omnibus discipulis prælatus, 508. Post scandalum firmius credidit, 401.

Petrus Alexandrinus, 225. Nunquam eum viderat Basilius, 225. Alumnus erat S. Athanasii, 225. Petrus canonum defensor, 412. Moleste fert receptos a confessoribus Marcellianos, contempto Basilio, 412. Basilium reprehendit, quod ad se non scripsisset de iis quæ fecerant confessores, 411. Questus est quod secum Dorotheus leniter locutus non esset, 412. Dorotheus narravit Basilio, quos Petrus coram Damaso sermones habuisset, 413. Dicebat numeratos fuisse in hæreticis S. Meletium et S. Eusebium, 413.

Petrus presbyter Basilii frater, 302. Litteras defert ad maritimos episcopos, 302. Illius ædes prope Neocæsaream, 324.

Phalerius, 451. Is Basilio pisces misit, 451.

Pharaonis currus, 283.

Phargamus, locus in Armenia, ubi quotannis festus martyrum medio mense Junio, 89.

Phelus, 331.

Philagrius Arcenus, 448. Vir eloquens, 448. Curæ illi erant res ecclesiasticæ , 448. Hortatur eum Basilius ut ad pacem et dissidentium conjunctionem allaboret, 448.

Philippopolis thesaurorum præpositus, 365.

Philistinorum pastores hæretici, 81.

Philochares homo ignobilis, 365. Calumniator Gregorii Nysseni, 544.

Philonis sententia de mannæ qualitate, 283.

Philosophi illud, *ex quo*, attribuunt materiæ, *per quem* autem instrumento, 5. Hæc ab eis mutuati sunt hæretici, 5. Causæ naturam variis modis definiunt, 5. Philosophorum observationibus non servit Christiana libertas, 5. In philosophis nonnullis amor paupertatis, 76.

Philosophia alumnis suis ne curari quidem magnis sumptibus sinit, 267. Eadem res apud illam et obsonium est, et ad sanitatem sufficit, 267. Philosophia quæ circa dogmata versatur, 81. Superna philosophia, 81. Philosophiæ nutrix paupertas, 76.

Phinees, 135. Justa arsit iracundia, 567.

Phryges utrique cum Basilio communicant, 307.
Pictores crebro ad exemplar respiciunt, 73.
Pietas idem sonat ac veritas, 2, 67, 96, 175. Pietatis mysterium, 57. His qui piam vitam elegerunt, mundi afflictio improvisa esse non debet, 96. Eos turbare nihil debet, 96. Pietas multo labore in animis sata, pravis doctrinis eradicatur, 141. Pietatis nomine malum inumbrare, gravius est peccatum, 147. Pietatis acquisitio minutis accessionibus augescit, 2. Pietas omni arte, et omnibus animantibus ac fructibus melior, 432.
Pisces et aves eamdem sortiti generationem, 375. Pisces velut in civitatibus et vicis habitant, 581. In externas regiones sub uno veluti signo omnes discedunt, 581. Æstate migrant in aquilonare pelagus, hieme redeunt ad aprica loca, 582. Vidit id Basilius, 582. Solus scarus ruminat, 582. Cur pisces acutissima condensatorum dentium acie communiti, 582.
Pisidæ cum Basilio communicant, 307.
Planta detorta violenter in contrariam partem abducitur, 90. Plantarum in morem, eodem in loco detinetur Basilius, 91.
Plato, 73. Ea est dicendi facultate, ut simul et sententias impugnet et personas comice describat, 226. Platonis sententia de corporis cura, 573. Platonici lepores, 226. Cur insalubrem Academiæ locum elegit, 572.
Plebs. A plebe confirmantur œconomiæ, ab episcopis fiunt, 353. Ubi episcopi consiliorum auctores sunt, eosque plebs sequitur, non dubium quin communicatione Domini consilium captum sit, 352. Basilius rogat magistratus, ut populi et rure degentium bona proposita roborent, 353. Inimici in desperationem cadunt, si viderint artificia neque a clero neque a plebe admitti, 353. Pudorem illis incutit consors in episcopum amor, 353. Magistratus Colonienses res ecclesiasticas parvi non pendunt, 351. De iis unusquisque, ut de proprio negotio, sollicitus, 351.
Pneumatomachi nondum apparebant tempore Niceni concilii, 233. Ethnico morbo laborant, 57. Cum Stoicis et Epicureis nominandi sunt, 36. Ab Aetio acceperunt hoc principium, quæ dissimilia sunt, dissimiliter proferri, et vicissim, 4. Videntur sibi mediam viam incedere, 319. Eadem habent principia ac Anomœi, 319. Sed consecutioni non subscribunt, quia abhorret a multorum auribus, 319. Filium habent instar instrumenti, Spiritum instar loci aut temporis, 4, 5, 6. Temporalibus intervallis Filium a Patre et Spiritum a Filio disjungunt, 50. Locum hostibus destinatum attribuunt Filio, 12. Negant Filium esse cum Patre, sed post Patrem, 10. Unde etiam Patrem volunt glorificari per eum, non autem cum eo, 10. Attribuunt Patri illud *ex quo*, Filio *per quem*, Spiritui *in quo*, 4. Hanc sententiam a profanis scriptoribus acceperunt, 4. Discedunt a philosophorum principiis, cum illud, *ex quo*, Patri proprium attribuunt, 6. Ab Ario jactæ impietatis semina, in blasphemiam de Spiritu S. eruperunt, 216. Pneumatomachi nolunt Spiritum S. Patri et Filio adjungi, 20. Eos secum pugnare et a semetipsis subverti ostenditur, 7, 8. Apud illos plus valet ipsorum blasphemia, quam Domini præceptum, 21. Contendunt Scripturam vitare usum hujus vocis, *cum sancto Spiritu*, 49. Illis ipsa respiratione usitatior est hæc loquendi ratio, *per Filium in Spiritu*, 49. Contendunt has voces, *cum ipso peregrinas esse*: illud, *per ipsum*, et Scripturæ et fratrum usu tritum esse, 13. Non desinunt jactare præpositionem, *cum*, carere testimonio, carere Scriptura, 57. Citius linguas projiciant, quam conjunctionem et in Spiritu glorificando recipiant, 51. Inde ortum bellum implacabile, quod Basilio indixerunt, 57. Nolunt Spiritum S. cum Patre et Filio esse, sed sub Patre et Filio ita ut non connumeretur, sed subnumeretur, 10. Subnumerationem invehunt in personas divinas, 35. Contendunt iis, quæ æqualia sunt, convenire connumerationem, inferioribus autem subnumerationem, 36. Objiciunt Spiritum sanctum nec servum esse nec dominum, sed liberum, 42. Israelitas baptizatos in Moysen, et credidisse Moysi, 25. Nonnulla alia cum Patre et Filio conjungi, velut cum Paulus angelos commemorat, nec tamen simul glorificari, 24. Spiritum donum esse, 48. Nos in aquam baptizari, nec tamen aquæ honorem Patris et Filii deferre, 28. Catholicos accusant quod Spiritum dicant ingenitum, 216. Dei præcepto palam adversantur, dum Spiritum sanctum, quem Filius sibi et Patri adjungit, ab utroque dissociant, 20, 21. Prævaricatores et desertores dicendi, ut qui professionem baptismi irritam fecerint, 22. Ea negant Spiritui sancto, quæ hominibus deferuntur, 58. Ex beneficiis saucii Spiritus ansam arripiunt jejune de eo sentiendi, 42. Committunt blasphemiam irremissibilem in Spiritum sanctum, 59, 216, 218.
Pneumatomachi nullam habent excusationem, 64. Ad ignorantiæ excusationem confugere non possunt, 10. Per eorum curiositatem ne aliis quidem imperitis esse licet, 10. Velut malæ fidei debitores, probationes e Scriptura exigunt, Patrum testimonium rejicientes, 21. Expellunt eos qui Spiritum sanctum cum Patre et Filio numerant, 59. Videtur id eis esse impietas intolerabilis, 59. Cum Spiritus Dominus et Deus vocatur, vociferantur, lapides tollunt, 44. Nihil omittunt ad ulciscendum, 28. Bellum inferunt Basilio; sed revera fidem oppugnant, 21. In Basilium atrociter conglomerati insurgunt, 64. Bellum adversus Basilium parant, 21. Linguis eum vehementius feriunt, quam Stephanum Judæi lapidibus, 21. Machinas et insidias struunt, sese invicem exhortantur ad suppetias ferendas, 21. Basilium adoriuntur, quod gloriam dicat Patri et Filio cum Spiritu sancto, 3. Cum Basilio, ut lupus cum agno contendunt, 277. Alio una criminatione depulsi, aliam excogitant, 277. Nec, si omnia dissoluta fuerint, odisse desinunt, 277. Tres deos ei affingunt, 277. Mox in promptu Sabellius, 277. Basilium appellant novatorem, verborum inventorem et aliis nominibus probrosis, 10, 63. Exigua pars morbo Basilianæ, reliqua Ecclesia a terminis usque ad terminos sana est, 388. Pneumatomachis objicit Basilius Orientis, et Ponti et Cappadocum, et Occidentis consensum, 63. Totas nationes et consuetudinem omni memoria vetustiorem, 63. Pneumatomachorum hæresis dux Eustathius, 406.
Podandus, locus in Cappadocia, quo senatus Cæsariensis magna pars translata, 169, 170.
Pœmenius presbyter adversariam Basilio doctrinam defendit pro Eustathio, 193.
Pœmenius Satalensis episcopus, 197, 198, 213. Consanguineus erat Basilii, 197. Mater illius auxilio sublevabatur, ac populo Cæsariensi gratissimus erat, 197, 198. Hunc tamen Basilius, quasi pupillum oculi tangens, concessit Satalensibus episcopum, 197. Pastor erat dignus nomine, non cauponans verbum, sed spiritualibus donis repletus, 198. Euphronium transfert Nicopolim, 352.
Pœnæ imponuntur, non ob ea quæ jam facta sunt, sed ut ii qui deliquere, aut corrigantur, aut aliis sint exemplo, 205. Deus pœnas non infert antequam minatus fuerit, 521. Pœna competens episcopis, arcere a communione, 427.
Pœnitentia Ninivitarum, 521. Pœnitentiam differre quam stultum, 519, 520, 522. Mors miserabilis eorum qui pœnitentiam distulerunt, 519, 520, 522. Pœnitentia, dum adhuc tempus est, agenda, 101, 521. Nulla excusatio procrastinanti, 140. Non desperandum de nobis, 139. Est via salutis, si modo velimus, 139. Multa in Scripturis peccatorum remedia et conversionis exempla, 138. Per pœnitentiam facile a peccatis sanari, 132. Non obsorduerunt conversionis remedia, non occlusa est civitas refugii, 134. Pœnitentia non est sine morum emendatione, 521. Par peccatum impunitos dimittere delinquentes, et plectendo modum transgredi, 427. Pœnitenti de peccato non succensendum, 100. Ecclesiastica animadversio non minor est ad vindictam quam sæcularis, nec divina lex ignobilior sæculari, 167. Sperat Basilius se fures in Ecclesia comprehensos meliores redditurum, 426. Quæ enim tribunalium plagæ non efficiunt, ea plerumque Dei judicia perficiunt, 426. Pœnitentiæ gradus, 526 et seqq. Flentes stant extra domum orationis, et ingredientium precibus se commendant iniquitatem suam confitentes, 526, 528. Audientes Scripturis et doctrina auditis ejiciuntur, nec digni habentur oratione, 328. Ad eam admittuntur substrati, 528. Consistentes stant cum fidelibus, sed oblationis non sunt participes, 526, 528. Gravius puniuntur convicti quam sponte confessi, 527, 528. Deterior lapsus post jam impetratam veniam, 100. Indicandus præposito qui semel et iterum monitus non emendatur, 100. Si ne sic quidem emendetur, exscindendus et deflendus ut membrum abscissum, 100. Pœnitentia non solum in dolore ex peccato, sed etiam in dignis fructibus posita, 100. Scire oportet quæ sunt summi juris et quæ consuetudinis, 271. In iis quæ summum jus non admittunt, sequi oportet formam traditam, 271. Pœnitentia non tempore, sed affectu dijudicanda, 271, 330, 520. Pœnitentiæ tempus minuere licet, ei cui ligandi et solvendi potestas, 528. Episcopus debet noctu et diu publice et privatim obtestari eos qui nolunt emendari, 330. Sed minime cum illis abripi, 330. Ex his quæ audiuntur, judicandum, 275. Quia cordium episcopi judices non sunt, 275. Hinc Basilius episcopo oblivionem simulanti ignoscit, 275. Quos non tangunt statim inflictæ pœnæ, iis aliquando gravem in posterum remunerationem ferent, 156.
Pœnitentia proprie vocatur tertius pœnitentium locus, 295. Adulterarum mulierum pœnitentia inter consistentes, 295. Masculorum et animalium corruptores, et homicidæ, et venefici, et adulteri, et idololatræ eodem modo puniun-

tur, 272. De iis qui triginta annos pœnitentiam egerunt ob immunditiam in ignoratione commissam, 272. Clerici ob peccatum ad mortem gradu excidunt, non laicorum communione, 295. Antiquus est canon, ut qui excidunt gradu, non arceantur a communione laica, 271. In omnibus autem verior medicina est recessus a peccato, 271. Quare qui per voluptatem carnis gratiam abjecit, carnem domando dabit curationis specimen, 271. Diaconus qui se labiis pollutum confitetur, amovetur a ministerio, 327. Sed communicat cum diaconis, 327. Sic etiam presbyter, 327. Si quid amplius peccaverint, deponuntur, 327. Presbyterum, qui territus periculo temere juraverat, suscipi posse in clerum existimat Basilius, 291. Sed præscribit ut pœnitentiam agat ob temerarium jusjurandum, 291. Presbyter insciens nuptiis illicitis implicatus, cathedræ particeps erit, sed ab omnibus muniis removetur, 294. Clericis indefinite canones pœnam decernunt, depositionem, 325. Depositio episcopis pretio ordinantibus, 147, 148. Presbytero habenti mulierem extraneam, 149, 150. Lector cum sponsa peccans, post annum suscipitur ad legendum, 327. Nec ulterius promovebitur, 327. Si sine desponsatione peccaverit, removetur a ministerio, 327. Sic etiam minister, 327. Clerici, qui cum rebellibus abierant, sæpe in eumdem gradum post pœnitentiam restituuntur, 269. Diacono qui cum plurimis puellis aufugerat, veniam pollicetur Basilius, si dedeat, 239.

Polemon presbyter Myrensis, 531.

Polydamas, 435.

Polygamia, moderata fornicatio, 271. Punitur ut digamia, servata proportione, 271. Polygamia belluina, 329. Majus peccatum fornicatione, 529. Postquam anno fleverint, et tribus substrati fuerint, suscipientur, 329.

Polypi astutia, 570.

Pompeianus Antiochensis, 229.

Pondera æqualia non sunt, si lances non æquilibres, 505.

Ponti episcopi, 299. Eorum charitas deest Basilio, 299. Nec scribunt, nec mittunt qui Cæsariensem Ecclesiam consolentur, 300. Calumniis præoccupati a Basilii communione se subtrahunt, 300. Videntur existimasse aliorum auxilio et communione sibi opus non esse, 501. Eo quod maritima loca incoluerent, 301. Basilius prior scribit, 300. Paratus judicandum se exhibere, sive ad se venire velint, sive accersere, 300, 302. Litterarum lator Petrus presbyter Basilii frater, 302. Scripta epistola omnium episcoporum nomine, 502. Congressus constituitur in finibus Comanicis, 309. Intermiserant consuetudinem veniendi ad festum sancti Eupsychii, 388. Rogat eos Basilius ut illam resumant, 389. In Ponto et Galatia hæretici multi, 365. Ponti munuscula, ceræ et acopa, 430.

Potentia adversa, quæ e cœlo cecidit, 87.

Potestates sublimiores, 180.

Prædicationes ecclesiasticæ iis notæ qui fideles sunt, 244. Prædicationes in Ecclesia, aliæ scriptæ, aliæ ex arcana traditione, 54. Aliud dogma, aliud prædicatio, 55. Dogmata silentur, prædicationes publicantur, 55. Prædicationes horrendæ Eustathii, 587.

Prælii navalis descriptio, 64.

Prænotio uniuscujusque potior est argumentatione in rebus conspicuis, 249.

Præparatio cordis in quo posita, 72.

Præposita vocantur divitiæ et gloria et sanitas, 364.

Præpositio per sæpe idem valet atque ex, 7, 8, 9. Præpositio ex sæpe idem sonat ac per, 8, 9, 10.

Præpositus pagi, 76. Præpositus pagorum, 178 Præpositus thesaurorum Philippopolis, 565. Præpositi quales sunt, tales solent esse qui parent, 282, 553. Imbecilliores a præstantioribus regi convenit, 553.

Præsepe. Per præsepe, cum essemus ratione destituti, a Verbo nutriti sumus, 84.

Præsidium tractator, 256.

Præstigiis anni decem pœnitentiæ ut homicidio, 327.

Prævaricatores dicendi qui professionem baptismi irritam fecerunt, 23. Væ prævaricatoribus, 23.

Preces ante et post cibum faciendæ, 75. Lectioni subjungendæ, 75. Hymnis labor manuum tanquam sale condiendus, 72. Precibus somnus interrumpi debet, 524. Preces nocturnæ, 134. Quod aliis hominibus est diluculum, id media nox pietatis cultoribus, 75. Nocturna quies maxime ad orandum apta, 75. Preces statim ac dies incipit, 72. Nihil beatius quam in terra concentum angelorum imitari, 72. Precibus opus est in rebus adversis, 79. Tentationis tempore maxime precandum, 526. Precatio et viventibus bona adjutrix, et morientibus idoneum viaticum, 262. Non res terrenæ postulandæ, sed cœlestes, 525. Precatio non in verbis posita sed in affectu, 525. Oratio præclara, quæ perspicuam Dei notionem animæ imprimit, 75. Idque Dei inhabitatio est, 73. Hymni æqualitatem animæ conferunt, 72. Preces prævaricantis pro impuris ducuntur apud Deum, 207. Preces Judæorum Deum exasperant, 525. Nemo aptior, qui Dominum excitet, ut mare et ventos increpet, quam qui a puero pro pietate certavit, 175. In precibus communio perutilis, 240. Ad precum communionem omnes adjungendi, 262, 525. Preces si desint, qui conspirent, longe seipsis debiliores sunt, 191. Magnum est eorum, qui Deum placare possunt, auxilium, 262. Moyse attollente manus vincebat Israel, demittente prævalebat Amalec, 325. Precationem Christi oportet ad finem perduci et impleri, 86. In templo Dei quanta modestia servanda, 525. Quidam arridentes et jungentes dextras domum Dei in locum loquacitatis vertunt, 525. In precibus operiebantur Neocæsarienses, 512. Preces sunt opus ad quod Dominus episcopos destinavit, 244. Glorificandi Dei cum Spiritu consuetudo in toto Occidente et Oriente, 63. Glorificatio fidei consimilis esse debet, et fides baptismo, 57. Glorificandi Patris et Filii cum S. Spiritu consuetudo a majoribus tradita in Ecclesiis non corruptis permanet, 57, 60. Hanc Basilius veluti paternam hæreditatem conservabat, 57, 60. A viro acceperat, diu in servitio Dei versato, 57, 60.

Preces stando fiunt per totum Pentecostes tempus, 56. Precantur versi ad Orientem Christiani, qui antiquam patriam requirunt, nempe paradisum, 56, 154. Erecti precantur Christiani die Dominico non solum ob resurrectionem, sed etiam, quia is dies imago est futuri sæculi, 56. Visum est Patribus vespertini luminis gratiam silentio non accipere, 62. Quis auctor verborum in gratiarum actione ad lucernas dici non potest, 62. Populus antiquam hanc vocem proferebat: *Laudamus Patrem et Filium et Spiritum sanctum Dei*, 62. Preces in Ecclesia pro peregrinantibus et militibus, pro iis qui ob Domini nomen libere loquuntur, et pro iis qui spiritales fructus edunt, 244. Rogat Eusebium Basilius, ut in conventu jubeat sui mentionem fieri, ac ipse pro se precetur et populum sibi adjungat, 250. Cæsarienses Deum placant Spiritus sancti oraculis, non humanis verbis, 311. Cæsareæ populus de nocte surgit, et in lacrymis confitetur Deo, 311. A precatione surgentes psallunt, nunc alternis, nunc uno incipiente, et cæteris succinentibus, 311. Die illucescente psalmus confessionis cantatur, 311. Hæc instituta vituperantur a Neocæsariensibus, 510. Sed tamen vigent in Ægypto, utraque Libya, apud Thebæos, Palæstinos, Arabes, Phœnices, Syros et qui ad Euphratem habitant, 510. Uno verbo apud omnes, apud quos vigiliæ et commuunes psalmodiæ in pretio, 510.

Presbyteri laboris evangelici episcoporum consortes, 546. Propter presbyteri dignitatem Basilius in parentis loco constitutus, 114. In presbyteri dignitate collocatus a Domino, 114. Presbyteri consessus, 174. Presbyteri ministros in clerum arbitrio suo recipiebant, 148, 149. Hunc abusum Basilius abrogat, 148, 149. Presbyteri Tarsenses plebem regunt, ab Ariano episcopo separati, 206, 207. Presbyter Basilius a tributis immunis, 115. Presbyter domus, in qua nutritus Basilius, mercede pacta colonus, 114, 115. Presbyter, qui insciens lapsus est, caret sanctificatione, 294. Nec publice nec privatim benedicat, 294.

Princeps verus non ab insignibus dignoscitur, sed ab imperatoria virtute, 534. Servus peccati non idoneus ad imperandum, 554.

Principalis, 443. Principalis Neocæsareæ, 156. Sebastiæ, 441.

Promissa violare hominum est versipellium et impudentium, 201.

Prophetæ. In prophetis falsis spiritus mendax, 317. Propheticum donum non illucescit nisi mentibus intaminatis, 317.

Propositum. Non in proposito solo consistit exitus, 125. Nulla utilitas non currentibus ad finem propositi, 125.

Prosperæ res. In prosperis rebus ratio modum animabus nostris præstituat, 77.

Protagoræ fastus et arrogantia, 226.

Proteus Ægyptius sophista, 475.

Providentia Dei in ipsis animalibus brutis elucet, 581, 582, 583. Non idcirco vituperandus quod nonnulla venenata produxerit, 535. Quæcunque patimur, divina ordinatione patimur, 583. Ad Providentiæ particulares rationes respiciens Paulus contremiscit, 557. Deus omnia in pondere et mensura nobis definit, 552. Omnia in sapientia moderatur, 443. Quæ molesta esse videntur, ea ad multorum utilitatem dispensat, 408. Citra Providentiam nostra non fiunt, 79. Quidquid accidit Dei voluntate accidit, cujus judicia explorare non possumus, 79. Vitæ nostræ moderator Dominus ad utilitatem nostram omnes eventus disponit, 196. Calamitates non frustra accidunt servis Dei, sed ad probationem veræ dilectionis, 197. Etsi rationes eorum quæ eveniunt ignoramus, persuasum nobis esse debet, omnino utile esse quod evenit, 197. Providentiam divinam non possumus eminus intueri, 78, 443. Moleste ferimus, dum ad bonum finem deducimur, 78, 443. Inscitias nostras tolerat Dominus, 78, 443. Arcano Dei judicio ascribunt Orientales, quod auxilium ab Occidentalibus non acceperint, 184. Deus nostra melius moderatur, quam nos ipsi eligere possimus, 70. Nescimus eligere quæ nobis utilia sunt, 79. In omnibus Dei in nos amorem adorare debemus, nec ægre ferre quæ accidunt, 78. Novit Deus quomodo unicuique dividat quod utile est, 78. Mediis rebus et indifferentibus alium quam Deum præficere absurdum est et impium, 364. Est causa aliqua hominibus indeprehensa, cur alii citius hinc abripiantur, alii diutius maneant, 78. Dominus operatur miracula, 232. Asinæ pereunt, ut rex Israel fiat, 252.

Prudentia duplex, 579.

Psalmi. In Psalmis cur dogmatibus admista harmoniæ dulcedo, 477. Psallendi mos, 311. Psalmodiæ communes, 311. In psallendo desidia quomodo curanda, 481.

Ptochotrophii a Basilio ædificati descriptio, 188. Ejusdem memoria, 265. Ptochotrophia plura Amaseæ exstructa, 235. Ptochotrophium unum in aliquo ex pagis chorepiscopo commissis, 235. Regitur a chorepiscopo, 235. Ptochotrophia ut vectigalibus immunia sint, postulat Basilius, 235, 236.

Publica negotia molesta iis qui perfunctorie id agunt, 122. Secus iis qui diligentiam habent, 122.

Pugiles generosi non egent puerorum acclamatione, 139.

Pulchri viri. A pulchris omnia aiunt cum pulchritudinis accessione fieri, 98. Nec dolere nec irasci eos dedecet, 98.

Putei hausti meliores fiunt, 243.

Pythagoræ dictum quoddam, 572. Pythagoræorum Tetractys, 98.

Pythonissa animas evocat Sauli, easque deos appellat, 279

Q

Quadruplum, 98.

Quæstiones nonnullæ videntur minutæ, sed tamen negligendæ non sunt, 2. Verbis exiguæ sunt, sed rebus magnæ, 3. Basilium non pudet in ejusmodi rebus operam ponere, 3. Bona fide interrogantibus libenter respondendum, 2. Quæstiones multi proponunt dolose et fraudulenter, ut ansam arripiant belli inferendi, 2.

Qualitatis expers Deus, 82.

Quantitas. Ex corporibus alia numeramus, alia libramus, alia metimur, 37. Signis ad quantitatis notitiam excogitatis non immutatur natura eorum quæ signata sunt, 37.

Quercus Mambre, 123.

Quies et tranquillitas jucundissimus omnium fructuum, 94.

Quis. Vox illa, quis, rem difficilem et raram indicat, 7.

R

Raptus tyrannis est in genus humanum, 416. Raptor tres annos arcetur a precibus et excommunicatio denuntiatur, 416. Qui adjuverunt tres annos cum familiis arcentur a precibus, 417. Pagus qui raptam recepit, aut custodivit, aut ad retinendam pugnavit, arcetur a precibus, 417. Raptorem omnes ut serpentem et communem hostem insectari debent, 417. Raptoribus et eorum adjutoribus tres anni decernuntur extra preces, 293. Quod violenter non fit, non reprehenditur, si nec stuprum nec furtum præcesserit, 293. Simulationum et prætextuum ratio non habetur, 293. Raptus simulatio in vidua ancilla non punitur, 525. Imponitur digamiæ pœna, 525, triennium puellis, quæ præter patris sententiam secutæ sunt, 293.

Ratio supremum locum sortita tanquam judex, 579. Donum Dei cordibus nostris inditum, 77. Ratio et in prosperis rebus modum lætitiæ præstituere debet, in adversis dolori, 77. Rationalis creaturæ proprius et naturalis finis, Deus, 19.

Regeneratio comparari non potest nisi inter priorem et posteriorem vitam mors intercedat, 28, 29.

Regna a Deo dantur, 287.

Regula vivendi, non consuetudo, sed præceptum Domini, 309.

Reliquiæ martyrum, 142. Debita illis reverentia, 288. Reliquiæ sanctorum pretiosæ, 336. Insidet gratia ossibus martyrum quæ qui tangit, particeps fit sanctitatis, 336. De reliquiis ut certo constaret, quanta adhibita diligentia, 289. Justorum corporis vel umbra quovis honore apud pios digna, 107.

Reordinare nullus ausus est hæreticis, 222.

Repudii libellus, 342.

Resurrectio mortuorum duplici modo intelligitur, 41. Quod resurrectio dicitur apud Paulum, renovatio vocatur a Davide, 88. Resurrectio vocatur transitus a materiali cognitione ad immaterialem contemplationem, 85. Resurrectio ex mortuis vocatur creatio, 88. Resurrectio mortuorum per Spiritum sanctum, 41. Resurrectionis dogma consolari debet in charorum morte, 438. Resurrectionis argumentum in bombycis mutatione, 581. De resurrectione Judaice sentiebat Apolinarius, 406.

Reverentia erga omnes ostendenda, 99.

Ritus Ecclesiæ apostoli et Patres ab initio præscripserunt, 55. Cur certi quidam ritus instituti, noverant pauci, 56.

Romanus episcopus Occidentalium coryphæus, 368. Apud Romanos vetita rebaptizatio, 296. Romanis præsertim episcopis usitatum fuit alias Ecclesias per litteras et legatos consolari et juvare, 164. Dionysius Romanus misit in Cappadociam qui captivos redimerent, 164. Basilius hanc unam novit auxilii viam, ut Romam mittatur, 159. Unicam malorum solutionem exspectant Orientales, visitationem Romanorum pontificum, 164. Romæ episcopo scribere statuit Basilius, eique consilium dare, ut, ipse negotium suo marte aggrediatur, 162. Occidentales mittunt in Orientem Sabinum diaconum cum synodico scripto continente quæ in Romana synodo decreta fuerant, 181, 182, 184, 186. Censet Basilius tanquam a communi synodi mittendum, qui secundas litteras in Occidentem ferant, 180. Magni interest ut sciant Romani episcopi, quibuscum in Oriente communicare debeant, 164. Communionem suam facile concedunt Occidentales, 221. Eorum litteras sibi mutuo objiciunt, qui inter se dissentiunt, 221. Romani episcopi Arium in omnibus litteris anathematizare non cessant, 162. Ad Marcellum nusquam reprobare visi sunt, 163. Litteris rursum mittendis tanquam cum subscriptionibus episcoporum deliberatur, 211, 212. Non reperit Basilius quid scribendum sit, 211. Non valde probat legatos mitti in Occidentem, 216. Romanis Basilii scripta non placent, 230. Rejecta reportantur per Evagrium, 230. Evagrius postulat ut epistola scribatur ab ipsis Romanis dictata, et legati auctoritate præditi mittantur, 230. Legationem mitti non probat Basilius, 368. Queritur quod nec veritatem norint nec discere velint, 368. Scribere volebat privatim ad eorum Coryphæum, 368. Insinuasset illos de rebus Orientis nihil nosse, nec vias noscendi amplecti, 368. Queritur quod Romani episcopi altius sedeant, cum legati eos adeunt, 323. Litteræ Occidentalium quibus Paulino episcopatus attribuitur, Meletius vero non agnoscitur, 321. Res Orientis ignorant, 321. Quas qui sciunt, studio partium enarrant, 321. Orientales etiam non possunt, ob persecutionem, 376. Sed unum mittunt Dorotheum vice multorum, 376. Probe sciebant decere ut episcopi mittantur, 407. Sed tempus non sinebat, 407. Itaque mittunt duos presbyteros, qui supplere poterant quæ deerant litteris, 407. Rediens ex Occidente Sanctissimus res lætissimas nuntiavit, 389. Occidentales scripserunt Orientalibus per Dorotheum et Sanctissimum, 404. Orientis malis magnam commiserationem impenderunt, 404. Rursus scribunt Orientales per eosdem presbyteros, 405. Rogant Occidentales ut in Orientem mittant, vel saltem scribant, 405. Nominatim queruntur de Eustathio, Apolinario et Paulino, 405, 406, 407. Rogant Occidentales, ut omnibus Orientis Ecclesiis ejusmodi homines communicent, 405. Nam Orientalium sermo suspectus, 405. At Occidentalium major erit auctoritas, et quod concordi animo decernent, ab omnibus suscipietur, 405.

Rosa initio sine spinis, 511. Rosæ adjunxit spinas natura, ut amatorii stimuli amatoribus, 457.

S

Sabas (S.) cujus corpus e Scythia missum Basilio, 254, 256. Is per ignum et aquam consummatus, 255.

Sabbata sabbatorum, 335.

Sabellius Afer, 310. Ejus hæresis Judaismus est sub Christianismi specie, 277, 315. Unum hypostasi Deum in tribus personis repræsentari docuit, 322. Non rejecit personarum commentum hypostasi carens, 317. Interdum personas distinguere conabatur, 364. Sabellii pravitas corrigitur per consubstantiale, 146. Sabellianos refellenti satis est non idem esse subjecto Patrem et Filium demonstrare, 90. Ex fide Nicæna ansam arripiunt, ut hypostasim et essentiam confundant, 215. Sabellii hæresim renovare dicitur Atarbius, 218, 310, 314.

Sabinus diaconus in Orientem missus ab Occidentalibus, 180, 184.

Saccophori, 236.

Sacerdotes non debent se principes arbitrari, sed consiliarios, 570. Aliis hominibus, parentes constituti lege Christiana, 114, 420, 434.

Sacra in privatis ædibus, 295.

Sacramenta per hæreticos administrata populos assuefaciunt impietati, 375. Vinculum sunt concordiæ cum hæreticis, 375. Sacramenta gentilia, 329.

Sacrati, 148.

Sacrificium laudis non alio offertur in loco nisi in Spiritu sancto, 52. Sacrificium Deo pretiosum, mens pia et justa, 207.

Sæculum. In sæculo quæ præclare fieri videntur, malorum multitudine obruuntur, 129.

Sagadares qui ad Danubium habitant, 123.

Salaminia navis, 435.

Salathiel et Zorobabel modo magis populari præerant, 562.

Salomonem nihil juvit sapientia et præteritus Dei amor, 126.

Samosatæ populus Basilium exspectat, ac valde dolet quod non venerit, 254. Samosatensis cleri constantia in certamine, 265. Nullibi clarior senatus ob bona opera, 266. Illius in prælio constantia, exsulante, Eusebio, 266. Hujus Ecclesiæ gloria per totum orbem prædicatur, 333. Tanquam anima una gubernati in uno corpore versantur, 333. At hostis ubi videt eos persecutionem fortiter sustinere, seminal inter eos jurgia, 332. Scripsit ea de re ad illos Eusebius, 332. Hortatur etiam Basilius ut offensiones invicem dimittant, 332, 333.

Samuel. Ut Samuel ecclesiis fiat, Athanasium rogat Basilius, 159.

Sanationis dona, 111.

Sancti omnes participes effecti bonorum æternorum, 128. Sanctorum vitæ sunt simulacra quædam viva, 474. Sanctorum unumquemque Dominus postquam ætati suæ sivit inservire, congruis temporibus ad se revocat, 108. Cum sanctis versari longe utilissimum, 81.

Sanctissimus presbyter ex Oriente venit in Cappadociam et Armeniam, 211, 212. Diu apud Meletium moratur, 221. Chartam circumfert ad scriptiones, 221. Redit in Orientem, 225. Defert epistolam Basilii, 225. Peragrat Orientem et subscriptiones colligit, 368. In Occidente rerum statum diligentissime perspexit, 389. Cæteri res ex dimidio narraverant, ipse vero accuratius, 389. Nuntiavit magnum esse totius Occidentis in Orientales amorem, 389, 390. Iterum mittitur, 405, 407.

Sanctitas essentiæ Spiritus sancti insita, 248. Sanctitas creaturæ extrinsecus inducitur, 40. In solo Deo completiva est naturæ, 40, 48. Quidquid habet sanctitatem adventitiam, capax est malitiæ, 82, 87. Hinc potentia adversa e cœlo lapsa, 87. Sanctitatis fons Filius et Spiritus sanctus, 82. Sanctitas omnis a Spiritu sancto, 248. Sine sanctimonia nemo Deum videbit, 148.

Sanguinis baptismus, 50.

Sapientia extranea, 81. Ornamentum quoddam animæ præstat, 385. Sapientiæ, quæ a Deo infatuata est, disciplinæ, 337.

Sapor rex Persarum, Darii nepos, 123.

Saraceni Persis vicini, 123.

Satalensis Ecclesia in genua provoluta erat ob diuturnam præpositi privationem, 197. Huic Basilius episcopum dedit Pœmenium, 197, 198.

Saturninus sectæ Encratitarum episcopus, 270. Hunc Basilius in cathedram episcopalem suscepit, 270.

Saturninus comes, 223.

Saul. In Saule non permansit Spiritus sanctus, 51. Saulis invidia, 369.

Sauromata, 449.

Scandalum. Monachi lapsus ad apostolos usque ipsumque Dominum dedecus transmittit, 154. Christiana religio a Judæis et gentibus in scenis luditur, 154. Metus fortioribus monachis injectus: negligentes ad incontinentiæ exemplum traducti, 134. Ascetica vita omnibus suspecta ob lapsum nonnullorum, 211. Risum movet ascetarum peccatum his qui piam vitam exsecrantur, 211. Dolet Basilius, quod episcoporum secum dissidia civitates et populos lædant, 154, 155. Quæ a nonnullis recte geruntur, aliis sunt occasio peccandi, 149.

Scarus solus inter pisces ruminat, 582.

Schisma est de pœnitentia ab Ecclesia dissentire 269. Schismata comprimere res difficillima, 245. Suspiciones et jurgia tolli non possunt, nisi sit aliquis pacis sequester auctoritate pollens, 245. Schismatibus si quis delectetur, omnium est mortalium absurdissimus, 245.

Scientiæ fores pulsandæ, 85. Scire dicitur de seipso Deus id quod est, et nescire quod non est, 85.

Scribere noxas, 104. Scribere in cera non potest, qui jam insitas litteras non deleverit, 72. Scripti alicujus index, scriptoris facultate inferior esse non debet, 305. Scribendi simplex ac non elaboratum genus convenit Christiano, 226. Christiani non gloriæ studio ad scribendum duci debent, sed ut utilia documenta relinquant fraternitati, 226. Non omnino decorum est homines vituperare omissis rebus, 226. Scribendi recte regulæ, 451, 452.

Scriptura. Ex Scripturis solatium habens nemine indiget, ad ea quæ decent perspicienda, 424. In Scripturis meditandis puellæ debent vitam degere, 434. Ut mens crescat et adolescat magis quam corpus, 434. Scripturarum doctrina semper utilis, sed maxime molestis temporibus, 415. Scripturarum lectio utilis ascetis, maxime Novi Testamenti, 127. Nam sæpe ex Veteri oritur detrimentum mentibus infirmis, 127. In Scripturis multa peccatorum remedia et conversionis exempla, 158. Sanctorum exempla, tanquam animata quædam simulacra, proponuntur, 73. Tanquam in communi medicinæ officina, suæ quisque infirmitati remedia invenit, 75. Scripturarum meditatio, maxima ad officii investigationem via, 72. In his et præcepta et exempla, 72. Scripturæ omnes libros Esdras, Deo jubente, eructavit, 129. Scripturæ testimonia, ceu jacula quædam hæretici in cœlum vibrant, 85. Ex Scripturis sanctis hæretici non docent animas simpliciores, sed sapientia extranea circumveniunt veritatem, 81. Scripturæ, divinitus inspiratæ, 72, 277. Scriptura et apostolicæ traditiones controversiarum judices, 66. Postulat Basilius ut Scriptura inter se et adversarios arbitra sit, 277. Scripturæ obscuritas difficilem reddens dogmatum sententiam, idque ad legentium utilitatem, 55, 56. Hæc obscuritas est quædam silentii species, 55, 56. Velamini imposito super faciem Mosis respondet legalium documentorum obscuritas, 44, 45. Qui autem aufert litteram et convertit se ad Spiritum, glorificatam habet faciem, 44, 45. Scripturæ silentium non dat licentiam, 250. Quod Scriptura tacet, id per consecutionem colligere, legislatoris est, non legem recitantis, 250. Moyses non vetat eadem pellice uti patrem et filium, 250. Ea potissimum vetat peccata, quæ apud gentes solebant perpetrari, 250. Hinc non vetat nuptias cum sorore uxoris mortuæ, 250. Vetat cum duabus sororibus viventibus, quia exemplum patriarchæ noxium esse poterat, 250. Scriptura generatim impuritates vituperat, 250. Nec honestatem rerum turpium appellationibus fœdat, 250. Sæpe transfert nomina corporalia ad intelligentias spirituales, 52. Mosis nomine lex significari solet, 27. Scriptura illud ex quo sæpe ad causam supremam refert, 5. Sæpe etiam attribuit materiæ, 6. In Scripturis testes angeli interdum citantur, 24, 25. Sæpe enim conservus testis adducitur apud mansuetum judicem, 24. Mos est sanctis Dei præcepta adhibitis testibus tradere, 24. Imo cœlum et terram inclamant, 24. Jesu Nave etiam lapidem testem statuit, 25.

Scurrilia non proferenda, 99.

Scylla in muliebri forma caninam habens feritatem, 237.

Scytale Laconica, 73.

Scytha, 449. Scythæ, 169. In Scythia persecutio martyres facit, 245.

Sebastiæ principalis, 441. Sebasteni presbyteri ab Eustathii communione discedunt, et a Basilio ecclesiasticam curam exposcunt, 250. Sebastiæ communicatores suos habet Basilius, 365. Omnes curiæ addicuntur, 365.

Seleucia, ibi edita fidei formula, 381.

Seleucidis avis insatiabilis cupiditas, 501.

Semen veræ dilectionis in solatium Ecclesiis servatum, 104.

Senem plus commendat senectus mentis quam canities, 587. Seni vitioso præferendus juvenis mente canus, 587. Senes adolescentibus parentes constituti a communi hominum lege, 420.

Sensus nemo docet ut operentur, 89. In sensibus omnibus tactus dominatur, 594. In aspectu quidam est tactus, 601. Sensibus omnibus invigilandum, tactui et gustui præsertim, 593, 594. Item aliis sensibus, 600.

Sepulcrorum effossoribus anni decem pœnitentiæ, 527.

Sermo animi imago, 90, 253, 480, 585. Pectus designat, ut fontem rivulus, 225. Sermo vitæ indicium, 451. Sermonis naturale munus, 477. Sermo medicus calamitatis, 109. Sermones naturam habent alatam, 451. Fructus sunt hiemis, 93. Sermones longi inutiles, ubi factis purgare se aliquis debet, 149. Sermone quomodo utendum, 480. Sermone non inscite utendum est, 73. Quomodo interrogandum et respondendum, 73. Modus loquendi et audiendi tenendus, 73. Sonus voris mediocris præferendus, 74. Expendendum prius quid dicturus sis, ac ita edendum, 74. In sermone multus esse non debet asceta, non præceps verbis, 127. Paratus semper non ad docendum, sed ad discendum, 127. Non de operibus peccatorum loquatur, sed potius de justorum vita curiose inquirat, 127. In sermone semper asperitas fugienda, 74. Sermo noster de Christo esse debet, 247. In sermone omni habendum ante oculos Christi judicium, 257. Sermo verus et simplex quantum differt a vario et artificioso, 475. Sermo otiosus est, qui nec ad utilitatem audientium, nec ad necessarium et concessum a Deo usum pertinet, 99. Sermonibus facetis non aucupanda voluptas, sed benigna adhortatione lenitas obtinenda, 74. Sermonibus pravis assuescere via est ad facta, 475. Sermonis gratia ad obediendum fidei inter gentes, 62.

Serpens quomodo senectam exuit, 474. Serpens super vexillo positus figura Christi patientis, 26.

Servitus inde orta quod nonnulli vel potentia oppressi, vel ob paupertatem in servitutem redacti, vel deteriores melioribus addicti, 43. Beneficium dicenda hæc postrema servitus, 43. Hanc ob causam Jacob dominus Esau : Chanaan servit fratribus suis, 43. Ubi servitus ibi ignominia, 553. Dei servum esse maxima hominis gloria, 554. Servus inter homines natura nullus est, 42. Omnes natura conservi sumus Dei, 43.

Severus episcopus, 274. Cyriacum presbyterum ordinavit, 274. Jurejurando obstrinxit se Mindanis permansurum, 274. Postea illum transtulit in agrum Mestiæ chorepiscopo subjectum, 274. Censet Basilius ad jurisjurandi observationem, ut ager ille eidem ac Mindana chorepiscopo subjiciatur, 275.

Severus chorepiscopus, 217.
Siculi cum Basilio communicant, 307.
Sigillum Patri æquale Filius, 54.
Signum in Scripturis crucem designat, 400. Signa non apparentium sunt ea quæ apparent, 102.
Silentium Scripturæ non dat licentiam, 250.

Silvanus Tarsensis, 160. Litteras attulit Roma, quibus episcopatus sancti Meletii confirmabatur, 160. Silvanum Eustathius et Basilius simul visitarunt, 359. Illius alumnus Diodorus presbyter, 378. Silvano mortuo ecclesiam occupant Ariani, 113.

Silvanus presbyter et monachus, 590.
Silvinus diaconus et monachus, 590.
Simile et dissimile rejicit Basilius in Trinitate, 82. Simile secundum essentiam, si addatur *citra ullam differentiam*, non discrepat a consubstantiali, 91. Secus vero suspecta vox Basilio, 91. Simile concipitur etiam in obscuris imaginibus et ab exemplari dissidentibus, 91.

Simonia quam grave peccatum, 147, 148. Levius delinquit qui præ inscitia emere vult, quam qui vendit Dei donum, 147. *Vide* Ordinationes.
Simonides, 169.
Simplex non est quidquid numero unum est, 81, 82. Quidquid constat ex essentia et sanctitate, 188. Quidquid comprehendi potest, 82. Simplex non est angeli natura, 82. Simplicis essentiæ insigne monas et unitas, 82.
Simplicia, dives mulier ac eleemosynas profundens, 208. Sed paucis bonis decuplam malitiam admiscens, 208. Basilium docere ausa fuerat, et de extrema die admonere, 208. Eunuchorum iracundiam in eum excitavit, 208.
Simplicitas quædam Christianis non congruens, 152.
Simulacra quædam animata et actuosa sunt sanctorum exempla, 73.
Simulatio aulica, 122.
Simultas privata præfertur publico bello, 66. Ex simultate nihil faciendum, 100.
Socrates, 549.
Sol intelligibilis Christus, 86. Cum sole comparatur Spiritus sanctus, 20.
Solemnia perfecta Domino celebrare, 92.
Solitariæ vitæ præcepta, 130, 131. Solitudo necessaria ut mens pacata et quieta sit, 71. In solitudine tentatio obtentu majoris in mundo utilitatis, 128. Quomodo hæc tentatio vincenda, 128, 129, 130. In solitudine penuria doctrinæ, sejunctio a fratribus, 128. In solitudine Dominus versatus est, 129. Christus solitudinis amator, 130. Solitudo plurimum adjuvat ad pravarum consuetudinum oblivionem, 72. Plurimorum incommodorum una vitatio est, secessus a toto mundo, 71. Qui relinquunt urbes nec semetipsos relinquunt, similes sunt hominibus e magna navi in lembum transeuntibus et ubique nauseantibus, 71. In solitudinibus errantes prophetæ, 130. Latitare in vita unum ex primariis bonis, 91. Urbium commoratione multos maligius decipit, 81. Asceta non sit sui ostendendi cupidus, non domos aut pagos circumcurset, 127. Si quis ad se vocet ut ægrotos sanet, sciat is, precante asceta, quocunque in loco fuerit, sanatum iri ægrotum credentem, 127. Locus aliquis esse debet ab omni hominum commercio remotus, 72. Asceta non sit amator turbæ, nec ruris, nec civitatum, sed solitudinis, 127. Recedens a loco suo fortasse a moribus suis recedet, 127. Quies animæ expurgationis principium, 72. Mens, quæ per sensus in mundum non diffunditur, ad se redit et ad Dei cognitionem ascendit, 72. Secessus a mundo non est extra ipsum esse, sed animam a corporeis affectionibus avellere, 71.
Solium vocatur regia dignitas, 363.
Solus interdum de uno aliquo homine, interdum de universa natura dicitur, 82. Cum dicitur de Deo, essentia intelligenda, 82.

Somnium omne non est prophetia, 317. Per somnium visæ res desideratæ aliquid afferunt solatii, 247. Somnium interpretatur Basilius, 424. Somnia mensium, quibus folia cadunt, 310. Per somnia diabolus animas invadit, 318. Somnia vestigia diurnarum cogitationum, 524. Somnia homines mercede conducti fingunt Neocæsareæ adversus Basilium, 313, 314, 317. Capita vino gravata vapor exæstuans in somnia et visa impellit, 315. Noctes diurnas curas excipientes, iisdem speciebus animam decipiunt, 71. Nocturnæ imagines ex ventris satietate nascuntur, 101.

Somnus altior aditum præbet imaginibus a ratione alienis, 75. Quotidianæ morti addicit ita dormientes, 75. Somni leves esse debent et de industria magnarum rerum cogitatione interrumpi, 75.

Sophistæ lingua, si nemo adsit, secum ipsa loquetur, 97. Non magis tacebit, quam lusciniæ verno tempore, 97. Sophistarum ars est ex sermonibus quæstum facere, 459. Sophistæ proprium parva ex magnis et magna ex parvis facere, 455.

Sophronius episcopus, 260. Idem sentit ac Basilius, et Patrum fidem defendit, 260.

Sophronius magister officiorum, 171, 189, 263, 289. Innumeros Basilii causa beneficiis affecit, 171, 189, 263, 289, 265. De Basilio et patria bene meritus, 418. Basilio a teneris amicus, 111. Ei neminem Basilius in amicitia prætulit, 418. Vir gravitate morum conspicuus, 418. Quidam ei persuadent Basilium ipsi amicum non esse, 418. Celerrime conficit quod Basilius petierat, 285. Duplex beneficium videtur sibi accipere, cum Basilius scribit et aliquid petit, 285.

Sophronius Eustathii discipulus, 211. Hunc filium appellat Basilius, 199.

Soranus Scythiæ dux Basilii consanguineus, 244. Ob Domini nomen libere locutus est, 244. Juvabat eos qui persecutionem ob Domini nomen patiebantur, 245. Pro fide certamina sustinuit, 256. Spiritus dona in Sorano, 255. Respondet ejus querelis Basilius, 244. Petit ab eo reliquias martyrum, 245. Mittit Soranus corpus S. Sabæ, 256.

Sozopolitani, 401. Nonnulli in hac urbe carnem Christi negant, 401, 402. Et affectus humanos in divinitatem conferunt, 402.

Spartiatis reis magnus terror, Scytale Laconica, 75.
Spectabilis tribunus, 124.
Speculum sordidum non potest excipere imaginum species, 317.

Spes omnem hominum vitam continent et consociant, 96. Spes vigilantium somnia, 95. Spes in Domino omnium rerum fortissima, 256. Spes in rebus terrenis aut mentiuntur, aut cito spe altera opus est, 96. Secus ubi pro pietate laboratur, 96. Spes in Deo collocanda, 262. Certo sciendum fore ut Deus statim nos audiat si sincere ad eum convertamur, 262. Sollicitudo bona est, sed desperare et de salute diffidere, res noxiæ, 139, 262, 323. Paratus animarum medicus morbum sanare, 139. Ut alium quam Deum colere, ita in alio nefas sperare, 554. Jonas salutem consecutus, quia non desperavit, sed clamavit ad Dominum, 371. Spes post afflictiones, nec longe absunt quæ sperantur, 253. Deus potest nos ex iis, quæ inextricabilia sunt solvere, 252. Deus exitum dat ex omni afflictione his qui in ipso sperant, 371.

Spiritus sanctus vocatur Spiritus, ut Spiritus Deus, 40. Sanctus, non aliunde accepta sanctimonia, sed sanctitas ejus naturæ completiva est, 40. Bonus sicut Pater bonus est, rectus, Paracletus, etc., 40. Spiritus sanctus propria illius appellatio, 40. Hac appellatione necesse est substantiam intelligentem, influitam, incircumscriptam cogitare, 40. Spiritus variæ appellationes, 19. Spiritus non est halitus partibus respiratoriis efflatus, sed Spiritus veritatis, qui a Patre procedit, 32, 58. Spiritus sanctus Deus est, 81, 83, 88. Vox illa displicere non debet hæreticis, 81, 83, 88. Templum Spiritus sumus, ergo Deus est, sive ut inhabitans, sive ut templi conditor, 45, 88. Deus in prophetis per prophetiam quæ est donum Spiritus, 30, 31. Scriptura divinitus inspirata quia a Spiritu, 45. Si cætera nomina Spiritui sancto communia cum Patre et Filio, absurdum est eum, a solo divinitatis nomine arcere, 278, 279. Spiritum in Scriptura Dominum vocari multis probatur exemplis, 44, 45. Spiritus divinitas probatur ex ejus nominibus, ex operationum magnitudine, et ex beneficiis quæ in nos confert, 40. Loquitur, mittit, dicit ipse Deus, 41, 42. Grande nefas eum irritare, eique resistere, 42. Unus est, ac singulariter profertur, 58. Non unus e multis, sed unus ut Pater et Filius, 58. Tantum distans a creaturis, quantum singulare a collectivis. Unitus cum Patre et Filio, ut unitas cum unitate, 38. Eadem in Spiritum sanctum et in Deum peccata ex verbis Petri ad Sapphiram, 31. Per se complet Trinitatem, 38. Patri conjunctus in omnibus, 200. Quemadmodum se habet Filius ad Patrem, ita Spiritus ad Filium, 56. Spiritus sanctus ex Deo, non tanquam ex Deo omnia, sed tanquam ex Deo procedens, 38. Cum Patre et Filio numeratur, quia supra rem creatam est, 146. Filio cohæret et cum eo sine intervallo concipitur, 117. Christi Spiritus est, 138. Tanquam illi natura conjunctus, 59. Regalis dignitas a Patre per Filium ad Spiritum permanat, 59. Si non est ex Deo, est autem per Christum; non est, 146. Spiritus gladius vocatur verbum Dei; ergo ejusdem naturæ Spiritus ac Verbum, 88. Spiritus novit profunda Dei, ergo non est res creata, 48. In omnibus inseparabilis a Patre et Filio, 30. Velut sol, purum nactus oculum, ostendit in seipso imaginem invisibilis, 19, 20. In hac imagine archetypum cernimus, 19, 20, 39. Ut Paracletus Paracleti imaginem in se exprimit, 19, 20, 59. Spiritus potentia incomprehensibilis, 40. Quis adeo demens ut compositum ac non simplicem dicat? 88. Illius mutabilem essentiam hæretici dicere non audent, 87. Secundum essentiam sanctus est, et fons sanctitatis, 38, 87, 248. Dominum solus digne glorificat, 39. Ipse per testimonium Filii glorificatur, 39. Illius exsistentiæ modus ineffabilis est, 38. Si Spiritus creatura, finita illius erit natura, 88. Imo neque simplex erit, sed compositus ac unus numero, 88. Nec consubstantialis Deo, 87. Spiritus sancti discrimen a rebus creatis, 248. Non circumscribitur loco, 46. Natura bonus, 48. Natura inaccessus, sed capi potest ob benignitatem, 19. Instar radii solaris, sic unicuique adest quasi soli, 20. Non dicitur ingenitus, 216. Ex Deo est citra creationem, quia ex Deo procedit, 216. De Spiritu sancto communes notiones supremam naturam exhibent, 19. Eodem modo se habet erga Deum, quo spiritus, qui est in homine erga hominem, 34, 42. Dei digitus dicitur, 89. In omni operatione inseparabilis a Patre et Filio, 31. Cum Patre et Filio conjunctus in creatione, 31. Conjunctus divinitati in professione fidei, in baptismo, in operatione virtutum, in inhabitatione sanctorum, in beneficiis, 47. A Spiritu sancto omnia ex æquo peraguntur ac a Patre et Filio, 280, 281. Spiritus sanctus recte dicitur inesse creaturis; at melius esse cum Patre et Filio, 53. Cum Patre et Filio conjungitur, propter naturæ communionem, 23, 24. Spiritus cum Patre conjunctionem Dominus tradidit, ut necessarium ac salutare dogma, 21. Si Spiritus non est inter creaturas, collocandus cum Patre et Filio, 48. Christi carni adfuit, factus unctio et inseparabiliter conjunctus, 33. Indivulse adfuit in omni actione, miracula edenti, tentato, resurgenti, 33. Christi adventum præcurrit: in carne ei adfuit inseparabiliter, 41. Beneficia a Spiritu sancto data tum in præsenti vita tum in futura, 30.

Spiritus sanctus operatur in tribus creationis generibus, productione ex nihilo, mutatione in melius ex pejore, resurrectione, 88. Absque Spiritu non est sanctificatio, 19, 218, 280, 326. Spiritus sancti operationes ineffabiles sunt et innumerabiles, 41. Comprehendi non possunt illius operationes ante creaturam intelligibilem, 41. Per Spiritum gratiam factæ sunt circa hominem dispensationes Dei et Salvatoris nostri, 33. Ad Spiritum sanctum convertuntur omnia quæ egent sanctificatione, ut perveniant ad proprium naturalemque finem, 19. Vivificat cum Patre et Filio, 48. Nemo Filium adorare aut Patrem invocare potest, nisi in Spiritu sancto, 23. Si qua est gratia in aqua, non est ex ipsius natura; sed ex operatione Spiritus, 29. A Spiritu sancto corda in altum tolluntur, infirmi manu ducuntur, proficientes perficiuntur, 20. Christus renovans hominem et reddens gratiam, quam ex afflatu Dei acceptam amiseramus, insufflat et ait: *Accipite Spiritum sanctum*, 34. Per Spiritum santum fit nova creatio, 41. Confirmat, id est, donat immutabilitatem et soliditatem in bono, 32. Spiritu præsente spoliatus imperio diabolus, 41. Si quis regiæ imagini formam veterem reddat, tunc solum potest ad Paracletum accedere, 20. Spiritus cum anima conjunctio non fit loci propinquitate, sed recessu a cupiditatibus, 20. Spiritus vitæ liberavit nos a lege peccati, 58. Facit eos spirituales, quibus communicator, 20. In Spiritus gratia remittuntur peccata, 41. Spiritus sanctus gratiam suam confert, ut perficiatur et compleatur angelorum substantia, 33. In creatione confirmatæ a Spiritu cœlorum virtutes, 41. Si Spiritus sanctus ab angelis discederet, omnia in eis confusa essent et perturbata, 32. Spiritus sanctus angelorum dux et chori præfectus, 33. A Spiritu sancto œconomia, quæ supra nos est, spiritualis et sensibilis creaturæ, 280. *Vide* Angeli. Spiritum sanctum mittet Deus qui creabit nos et renovabit faciem terræ, 88. Spiritus sanctus gratia perfectos efficiens, 200. Gratia sancti Spiritus, cum unicuique

adsit quasi soli, omnibus sufficiens et integra infunditur, 20. Spiritus sancti dona, 20. Nempe perseverantia et similitudo cum Deo, et ut dii fiamus, 20. Perficit cætera, ipse vero in nullo deficit, 19. In Spiritu Moses Deum potuit evidenter conspicere, 52. Spiritus sancti donum patefactio mysteriorum, 33. Partitionem donorum pro cujusque dignitate proprio arbitrio dispensat, 31. Per Spiritum cum Deo conjungimur, 41. Id fieri non potest nisi ab eo qui naturalem habet cum Deo societatem, 24, 87. Per Spiritum sanctum Ecclesiæ ordo et gubernatio, 31. Spiritus doni figura erat nubes, 26. Adest omnibus, at iis tantum qui puri sunt propriam exhibet virtutem, 473. Gratias verbis referre ei non possumus, 59. Superat enim omnem intellectum et sermonem, 59. Per Spiritum fructificat Evangelium, 58. Per Spiritum benedictiones patriarcharum, lex, figuræ, prophetiæ, miracula, res fortiter in bello gestæ, 33, 41. Ad Spiritum qui se convertit, similis est Mosi ex apparitione Dei glorificatam faciem habenti. 45. Spiritus sanctus locus est quodammodo eorum qui sanctificantur, 52. Ipse etiam sanctus, locus est Spiritui proprius, ejusque templum, 52. Eldad et Modad soli fuere ex Septuaginta Senioribus, in quibus permaneret Spiritus sanctus, 51. Spiritus gratiam non recipit mundus, 46. Spiritum sanctum si quis neget, ne fidem quidem in Patrem et Filium habere potest, 23. Pneumatomachis terribilis impiæ dictorum reddenda ratio, ob irremissibilem blasphemiam in Spiritum sanctum, 59. Spiritum servum dicere gravissima blasphemia, 42. Qui Spiritum rebus creatis connumerat, vitæ æternæ exsors est, 48. Per Spiritum resurrectio mortuorum, 87. Aderit Christo judicanti, 54. Est enim justorum corona, Spiritus gratia, quæ tunc perfectius dabitur, 34. Spiritus justorum præmium, et prima malorum condemnatio, 35. In Spiritum sanctum æque ac in Patrem et Filium baptizamur, 25. At in Moysen et nubem, ut in umbram et figuram, 25.

Spiritus sanctus non solum in appellationibus et operationibus consors Patri et Filio, sed etiam pariter intellectu incomprehensibilis, 45. Mundus eum capere non potest, et a solis sanctis per cordis puritatem videri potest, 45, 46. Spiritus gloriam commendant honor et habitus a Domino, uniuscujusque instituto per hanc initiationem, minæ in blasphemantes, 64. Spiritus sancti non eadem fit ac angelorum mentio, 24. Spiritus commemoratur, tanquam auctor ac Dominus vitæ, angeli ut conservorum adjutores, 24. Spiritus sanctus formæ vim obtinet, quatenus vim habet perficiendi creaturam rationalem, 51. Sicut cernendi vis est in oculo, ita Spiritus gratia in anima purgata, 51. Quemadmodum ars, ita Spiritus semper adest dignis, non tamen semper operatur, 51. Quemadmodum calor et affectiones facile mobiles, ita spiritus in animabus non constantibus, 51. Quemadmodum verbum in anima, et cogitatum et pronuntiatum; ita Spiritus testimonium reddens spiritui nostro, et clamans in cordibus, 51. Quemadmodum totum in partibus, ita Spiritus divina distribuens membris, 52. Quemadmodum partes in toto, ita singuli sumus in Spiritu, 52. Syllabæ *cum* in glorificando Spiritu origo ex traditione apostolorum et Patrum, 54. Illud, *in Spiritu*, sic intelligi potest. Quemadmodum in Filio cernitur Pater, sic in Spiritu Filius, 53. Quemadmodum adorationem dicimus in Filio, tanquam in imagine, ita in Spiritu tanquam in seipso Filium repræsentante, 55, 54. Cum dicitur in Spiritu, gratia quæ est in nobis exprimitur, 57. At præpositio *cum*, dignitatem Spiritus et conjunctionem cum Patre et Filio melius exprimit, 57. Spiritum sanctum Catholici conjungentes cum Patre et Filio nihil aliud dicunt et sentiunt, quam quod Christus ipse fecit, 21. Spiritus sanctus non est antiquior Deo, siquidem ex Deo est, 146. Neque etiam prior Filio, cum inter Patrem et Filium nihil medium sit, 146. *Vide* 217, 388. Spiritum glorificari sinunt Pneumatomachi modo non cum Patre et Filio, 47. Objiciunt Spiritum interpellare pro nobis, 42. At ipse Unigenitus interpellat pro nobis, 42. Cum proferuntur loca Scripturæ, in quibus Spiritus Dominus et Deus dicitur; vociferantur et lapides tollunt, 44. Nolunt gloriam dari Deo et Spiritui, sed in Spiritu, 51. Præpositio *in* nihil eis prodest, 51. Quot enim modis pronuntiari solet, totidem convenit Spiritui, 51. In Spiritu glorificando præpositio *cum* idcirco adscita a Patribus, quia non solum hypostases distinguit, ut conjunctio *et*, sed etiam conjunctionem personarum declarat, 50. Id etiam videre est in rebus humanis, 50. In eo autem differt a præpositione *in*, quod ista relationem habet ad id in quo sunt operantes, 50. Hac conditione pacisci paratus Basilius cum Pneumatomachis, ut dicant *et Spiritui*, pro *cum Spiritu*, 51. Citius linguas projiciant, quam vocem *et* recipiant, 51. Inde bellum inexpiabile, 51. De Spiritu sancto præteritum quæstio a Nicænis Patribus, eo quod nemo contradiceret, 216, 248, 393. Qui conjungi volunt cum fratribus, fateantur Spiritum sanctum dici creaturam non oportere, nec cum iis qui dicunt, communicandum, 200, 206, 207, 216. Glorificatio addita, 216, 248, 393. Spiritus, etsi non admiscetur indignis, adest tamen aliquo modo semel baptizatis, 54. In extremo judicio, penitus separabitur a malis, 34. Hinc in inferno nulla confessio, cum jam non adsit Spiritus sancti auxilium, 34.

Spiritus mendax in falsis prophetis, 317. Spiritus aerii aura exigua suscepta in peccatum virgo impulsa est, 156.

Spiritus nequitiæ procellas in Ecclesiam excitant, 371.

Sponsus quo sensu dicitur Christus, 15.

Stoici sententia, 242.

Strategius presbyter, 382, 385.

Strymon jucundissimus aspicientibus, 94.

Stuprum. Quæ stuprum per vim passa est, non reprehenditur, 297.

Suadæ pharmaca, 449.

Subdiaconi vocantur ministri, 148, 149. Sacratorum numero ascribuntur, 148. Multi in singulis pagis, 148.

Subnumeratio commentum a Pneumatomachis e mundi sapientia desumptum, 35.

Sulpicius in Galatia magistratum gerens, 444. Ab eo Basilius multa accepit beneficia, 444.

Superbia dignitas videri non debet, 368. Superbiæ peccatum vel unicum id valet, ut inimicos Deo efficiat, 368.

Supplicantes prætendere aliquid manibus solebant, 203.

Susario nihil ignoravit, 461.

Suspensionis exemplum in lectore, 327.

Suspiciones. Qui suspiciones falsas in seipsis habent, non ducuntur a Spiritu sancto, 540.

Suspirium ex corde ductum consolatur afflictos, 183.

Symbola militaria, 65.

Sympius, 285.

Synaxes intermissæ in Valentis persecutione, 374.

Synodus, idem ac Ecclesia, 425.

Syria. In Syria quidquid est reliqui cum Basilio communicat, 507. Syriæ urbes maximæ sub Valente persecutionem passæ, 266.

T

Tarsus civitas tam opportune sita, ut Isauros, Cilices, Cappadoces ac Syros per seipsam conjungat, 113. Hinc Ariani invadunt, 113. Tarsenses presbyteri orthodoxos regebant, ab episcopo Ariano separati, 205, 206, 207. Inter eos aliqua oritur dissensio, 207. Hanc Basilius componere conatur, 207.

Tatianus presbyter Myrensis, 331.

Taurus ferri ferax, 203.

Telmesus, 331.

Templum omne Dei templum est, 88. Templum esse non possemus sancti Spiritus, si esset servus, 45. Templum Dei quomodo efficimur, 73.

Tempus progredi lætamur, nec advertimus vitam nostram absumi, 531. Velut qui dormiunt in navigio, ita ad finem deducimur, 532. Non ea colligimus quæ nobiscum transferri possint, sed ea potius quæ gravia et hic manentia, 532. Tempus hodiernum sibi diabolus poscit, Domino crastinum, 518. Cognitionis intervalla a sole intelligibili facta, 86.

Tentationes quo plures fuerint, eo major merces, 367. Deus probat pietatis athletas, sed tentari non sinit ultra quam ferre queant, 332. Tentationibus anima assuefacienda, 128. Tentationes quibus fidelis probatur, 127. Tentationes quomodo vincendæ, 126. Per medios laqueos transimus, 126. Non statim ad vitæ asceticæ apicem assurgendum, satius est paulatim proficere, 126. Postquam una voluptas vicia est, tunc alia debellanda, 126. Tentatio obtentu majoris in sæculo utilitatis, 128. Quomodo hæc tentatio vincenda, 128, 129, 130. Tentationi diabolicæ opponenda pia cogitatio, 128.

Terentius vir admirabilis, antiquus Basilii amicus, 157. Terentii omnis sermo et omnis actio voluntate recta ac bono consilio plena, 193. Mandatum obtinet ab imperatore, ut Basilius episcopos in Armenia constituat, 193. Iterum cogitur rerum communium curam suscipere, 320. Recesserat a publicis curis, et otium ad animæ curam impendebat, 321. Antiochiæ negotia cum summis potestatibus administrat, 321. Paulini amici conantur eum in partes suas trahere, 321. Terentii comitis filiæ diaconissæ, 199. Bonæ radicis bona germina, 199. Errori non cedunt, quamvis eas circumstet impietas, 200.

Testes angeli interdum citantur in Scripturis, 24, 25. Sæpe enim conservus testis adducitur apud mansuetum judicem, 24. Mos est sanctis Dei præcepta adhibitis testibus tradere, 24. Imo cælum et terram inclamant, 24. Jesus Nave etiam lapidem testem statuit, 25.

Testudo viperæ carnibus satiata per origanum sibi medetur, 583.

Tetractys Pythagoræorum, 98.

Thalassius, 183.

Thecla, 447.

Theodora canonica, 260.

Theodoretus episcopus, 183.

Theodorus, 214.

Theodorus subdiaconus Samosatensis, 332.

Theodosius presbyter Nicopolitanus, 369.

Theodotus Nicopolitanus, 183, 189, 212, 366. Molesta ei conjunctio Basilii cum Eustathio, 194. Illius singulare ingenium, 194. Clamat fidem ab Eustathio adulterari, 192. Basilium invitat ad diem festum in Armenia, ut cum eo agat de Eustathio, 189. Non amplius invitat, ubi cognovit eum cum Eustathio fuisse Sebastiæ, 194. Socius adjungitur Basilio in constituendis episcopis in Armenia, 195. Promittit Basilio se illum usque ad Satala deducturum, 195. Et mutuam in omnibus operam daturum, 193. At ubi Basilium videt Nicopoli, nec ad matutinas nec ad vespertinas preces eum assumit, 195. Queritur quod Basilius ad se non scripserit de injuriis ab Eustathio acceptis, 222. Quasi res e,usmodi in indifferentibus ponat, 225.

Theodotus episcopus Berœæ, 267. Theodotus uterque, 183.

Theologia, id est, Divinitatis agnitio, 38. Theologia confessio Divinitatis, 83. Cum de rebus divinis disseritur, nihil aliud expectandum, nisi verborum inopiam objectum iri, 80. Theologica vox omnis impar est cogitationi dicentis et interrogantis desiderio, 80. Theologicæ disputationes vituperantur, quæ humanis argumentis nituntur, 406. Theologicæ voces non perfunctorie audiendæ, 2. Quid in quaque voce et syllaba lateat perscrutari, hominum est non segnium ad pietatem, 2. Theologicarum vocum nulla adeo pusilla, ut non multum habeat in utramque partem momentum, 3. Basilius præclarum secum agi existimat, si vel minimam earum dignitatis partem assequatur, 3. Parvi pendet rideri se quod circa syllabas occupetur, 3. In minimis verbis certamen videt maximum, spe præmii non deterreat laborem, 3.

Theophilus Castabalitanus scribere non vult Basilio, ne eum episcopum salutare cogatur, 378. Mittit qui Basilio convicietur, 378. Basilium in frequentissimis conventibus dilacerat, 222. Multas molesties exhibuit Basilio, 382. Ne horam quidem ab eo amando discessit Basilius, 382. Petit ut sibi ignoscat, si cum Eustathio communicare non possit, 382.

Theophrastus diaconus, 181, 189.

Theophrastus sensit sibi deesse Platonicos lepores, 226.

Theotecnus, 421, 422.

Therasius presbyter Cæsariensis, 288.

Therasius Cappadociæ præses, vir magnus et in primis admirandus, 172. Magnæ illi curæ inciderant, 172.

Thermopylæ, 459.

Thesaurorum comes, 111, 112. Thesaurorum Philippopolis præpositus, 365.

Theseus Ariadnes filum secutus, 452.

Thraciæ vicarius, 365.

Tiberina luporum et ursorum ferax, 94. Barathrum orbis terrarum, 94.

Timor. Ob timoris Dei absentiam peccare nobis contingit, 262. Insitus timor non dat locum involuntariis actionibus aut cogitationibus, 262.

Timotheus chorepiscopus, 103, 429. Is a puero vitam asceticam amplexus est, 429. Immoderationis accusabatur, 429. Primarium vitæ genus negligentem amice objurgat Basilius, 430. Munuscula illius grato animo suscipit, 430. Ponti munuscula, ceras et acopa mittet Basilius, sed tunc his carebat, 430.

Tinnitum efficit auribus utrisque rerum inopinarum auditus, 223.

Tractator præsidum, 236.

Traditiones apostolorum cum Scriptura judices controversiarum, 66. Traditiones Patrum, 373, 403. Doctrina ex Majorum traditione perpetua memoriæ serie ad nos usque servata, 67. Traditio tacita et secreta, 55. Traditio Patrum non scripta, 19. Multa in Ecclesiis sine scriptura sunt recepta, 60. Veneranda sunt vetusta dogmata ob quamdam veluti canitiem, 60. Catholici temporis diuturnitatem pro se facientem habent, 60. Tempus æstimatur in eo quod tacetur, 60. Si quis vel t in tribunali, probationibus e scripto destitutus testes producat, ab olvi debet, 69. In his rebus novitas, totius destructio est, 57. Apostolicum est non scriptis inhærere traditionibus, 60. Id enim commendat Apostolus, 60. Ex dogmatibus alia e scripto tradita doctrina : alia in mysterio ex traditione apostolorum, 54. Utraque vim eamdem habent ad pietatem, 54. Non deserendæ voces familiares sanctis, et ex quo nuntiatum est Evangelium, semper in Ecclesiis usitatæ, 64. Traditio non deserenda, etiamsi aceuantur enses et splendescat ignis, 63. Si consuetudines scripto non proditæ rejiciantur; Evangelium in præcipuis rebus lædetur, 54. Imo prædicatio ad nudum verbum redigetur, 54. Consuetudines ex traditione ortæ, in Sacramentis et precibus Ecclesiæ, 55, 56. Fidei professio in Patrem et Filium et Spiritum sanctum ex traditione non scripta, 57. Glorificandi Dei cum Spiritu consuetudo a patribus tradita, 60. Hanc Basilius veluti paternam hæreditatem conservabat, 60. Traditionem apostolicam evertere conantur Pneumatomachi, 21. Hinc probationes e Scriptura clamore exigunt, patrum testimonium rejicientes, 21. Comparantur cum malæ fidei debitoribus, 21. Hæretici in vetera, tanquam in obsoleta, insurgunt, et velut in vestimento novum præferunt communi, 13. Novæ hæreticis videntur voces, quibus nationes et civitates et viri Ecclesiæ columnæ testimonium perhibent, 63 Basilius objicit Pneumatomachis veteres ac beatos viros, vocibus, quibus isti reclamabant, utentes, 60 et seqq. Consuetudo Patris et Filii cum Spiritu glorificandi a majoribus orta, in Ecclesiis non corruptis permanet, 57. Laudantur qui majorum traditionem citra mutationem conservarunt, tum ruri tum in civitatibus, 13. Quod a Majoribus nostris dictum est et nos dicimus, 13. Patres Scripturæ sententiam secuti sunt, 13. Institutæ ab antiquis lucernales preces : quis earum auctor dici non potest, 62. Traditionis antiquitas etiam in rusticanæ plebis usu perspicitur, 13. Traditionis vis sæpe compulit homines suis ipsorum dogmatibus contradicere, 61.

Tragœdiæ, 129.

Trajanus, 237.

Tribulationes necessariæ, ut justi probentur, 544, 548. Ex tribulatione liberat Deus sanctos, non citra probationem relinquendo, sed patientiam largiendo, 544.

Tribunus spectabilis, 124.

Tribuna colligunt curiales, 177. Tributum ferri his qui Taurum incolebant, impositum, 205. Ut tributis eximantur monachi, precatur Basilius, 425.

Trigamia ex lege non contrahitur, 297. Hæc habentur ut Ecclesiæ inquinamenta, 297. Non tamen publicis condemnationibus subjiciuntur, 297. Trigamis idem canon ac digamis, servata proportione, 271. Sæpe tribus aut quatuor annis segregantur, 271. Id enim non amplius matrimonium, sed polygamia vocatur, 271. Quinque annis in Ecclesia Cæsariensi, 271. Non arcentur ab ecclesia, 272. Sed audiunt et postea consistunt, 272. Vide 329.

Trinitas. In Trinitate nulla sectio aut divisio, sed ineffabilis quædam tum societas, tum distinctio, 118. Sancta nomina, Pater et Filius et Spiritus sanctus, 57. Nullum spatium inter Patrem et Filium et Spiritum sanctum, 118. Ut in catena qui unum extremum apprehendit, alterum simul attraxit, sic qui unam personam attraxit, duas alias simul attraxit, 118. Quæ de majestate unius personæ cogitantur, eadem cogitantur de aliis duabus personis, 118. In essentiæ communitate nec cohærere nec communicari possunt, quæ considerantur in Trinitate indicia, unde proprietas personarum et differentia, 118. Unaquæque hypostasis singulariter effertur : sed non fit ab uno Deo ad multitudinem incrementum, dicendo unum, duo, tria; neque primum, secundum, ac tertium dicimus, 38. Secundum Deum nunquam audivimus, 38. In Trinitate, velut in ænigmate, admirabilis quædam discretio conjuncta, et conjunctio discreta, 119. Id illustratur exemplo iridis, 119. Spiritus sanctus per unum Filium uni Patri copulatus, 38. Unus Deus, quamvis tres personæ, quia Deum ex Deo adoramus, 38. Tria intelligimus, mandantem Dominum, creans Verbum, Spiritum confirmantem, 32. Non tamen tres originales hypostases sunt, sed unum principium, per Filium condeimus, et perficiens in Spiritu, 31. Personarum confusio, Judaismus, 66. Naturarum contrarietas, paganismus, 66. Non alia gloriæ species in Patre, alia in Filio cogitanda, 120. Splendor cum gloria intelligitur, imago cum archetypo, Filius cum Patre, 13. Filius imago Patris, idem est quod exemplar, etiamsi aliud sit, 121. Filii formam qui mente concepit, hypostasis paternæ expressit effigiem, non ingeniti rationem, quæ Patris est, in effigie cernens, sed pulchritudinem ingenitam in genita intuens, 121. Si ingeniti ratio in effigie cerneretur, non jam effigies aliud esset ac exemplar, sed idem prorsus, 121. Filius tempore non posterior Patre, 10. Neque etiam hominum cogitatione posterior Patre, 10. Filii enim generationem nulla cogitatio transcendit, 11. Illud, in principio, nulla notio superare potest, neque ex hac voce, erat, cogitatio exitum reperit, 11. Filius non est dignitate inferior Patre, 11. Hunc enim Pater signavit, seque totum in eo expressit, 12. Sinus paternus, sedes est digna Filio, scabelli vero locus iis, quibus opus est subjectione, 12. Sessio a dextris naturæ firmitatem ac stabilitatem, dexter locus indicat dignitatis æqualitatem, 12, 13. Neque etiam ordine posterior Filius, tanquam inferiore loco sedens, 11. Hæc sententia Dei immensitatem everteret, et contraria esset Scripturæ Filium a dextris collocanti, 11. Unigeniti essentiæ a Patris essentia nullum prorsus discrimen, 91. Filius essentia non differt a Patre, ac proinde nec potentia, 17. Si æqualis potentia, æqualis et operatio, 17. A Patre procedentem Spiritum per se ac secum notum facit, ac solus unigenite ex ingenita luce effulsit, 117. Pater solus habet, ut nulla subsistat ex causa, 118. Qui videt Filium, videt et Patrem : non tamen figuram aut formam, sed bonitatem voluntatis, quæ cum essentia concurrens, similis est et æqualis vel potius eadem in utroque, 18. Quemadmodum in speculo qui Filium cognoverit, effigiem paternæ hypostasis per Filii notionem suscepit, 122. Ex lucis exemplo perficitur, ut Filius cum Patre indivise intelligatur, 121. Quemadmodum ex flamma splendor, nec tamen flamma posterior, 121. In angelorum creatione primaria causa est Pater, conditrix Filius, perfectrix Spiritus sanctus, 31. Spiritus sanctus in omnibus inseparabilis a Patre et Filio, 50. Spiritus sanctus in omni operatione inseparabilis a Patre et Filio, 31.

Trinitatem per se complet Spiritus sanctus, 38. Si Spiritus Filio junctus, Filius autem Patri; liquet ipsum Spiritum Patri adjungi, 36. Cum Deus efficit distributiones operationum, et Dominus divisiones ministrationum, simul adest Spiritus sanctus dona dispensans, 31. Per Spiritus illuminationem conspicimus splendorem gloriæ Dei : per characterem ad Patrem subvehimur, 54. Via ad Dei cognitionem est ab uno Spiritu per unum Filium ad unum Patrem, 39. Rursus regalis dignitas ex Patre per Filium ad Spiritum permanat, 39. Sic servatur monarchia, 39. Apostolus meminit primo Spiritus, deinde Filii ac Patris, non ut ordinem invertat, sed quia primus nobis occurrit is qui dona distribuit, tum is qui misit; demum fons bonorum, 31. A Spiritu mens illustrata ad Filium respicit et in illo Patrem videt, 548. Bonorum quæ in nobis operatur Spiritus, causa et auctor Unigenitus, 117. Non tamen sine principio; sed est quædam virtus ingenite et sine principio subsistens, quæ causa est omnium causæ, 117. Ex eo quod Pater per Filium creet, neque Patris creandi vis imperfecta, neque Filii operatio infirma, sed voluntatis unitas ostenditur, 18. In omnibus a Filio peractis, perfecta illi tribuenda potentia, nec usquam a voluntate Patris separandus, 16. Non ex operum differentia Pater conspicitur, 17. Sed præter operum magnitudinem, du ipso operum auctore Filio gloriatur, 17. Quamvis Spiritus inseparabilis sit a Patre et Filio in omni operatione ; non tamen Patris imperfecta operatio, aut Filii inconsummata creatio, nisi perficiatur a Spiritu, 31. Pater sola voluntate creare potest, sed vult creare per Filium. Filius non eget auxilio, sed vult perficere per Spiritum, 31, 32. Secundum proprietatem personarum, unus sunt et unus : secundum naturam, unum sunt, 38. Quomodo ergo non duo dii? Quia rex dicitur et regis imago, non duo reges, 58. Unus principatus retinetur, nec theologia in multitudinem dissipatur, 38. Una enim in Patre et Filio forma agnoscitur, in una et omnino simili Deitate expressa, 38. Quemadmodum aliud corpus, aliud figura, nec tamen separari possunt, ita Paulus, cum Patris hypostasis figuram appellat Filium, eum a Patre separari non posse declarat, 121. Paulus qua de causa, postquam dixit unus Deus, adjunxit vocem Patris, et Domini Jesu Christi mentionem facit? 83. Angeli edocentur a Spiritu quoties pium sit dicere : Sanctus, sanctus, sanctus, 53. Nihil creatum in beata ac divina Trinitate, 253. Christus traditus pro nobis a Patre, id est, hoc habuit a Patre, ut pro sua bonitate operaretur pro nobis, 18. Christus postquam de Patre nos erudivit, utitur vocibus authenticis et herilibus, ut ex his Dominum et conditorem, per illa Patrem Domini et conditoris cognoscamus, 18. Non mirum si Patre minorem seipsum confitetur, qui Verbum est et caro factus est, 84. Propterea Patre minor Filius, quod nostra causa factus est mortuus, 84. Quod Pater Filio major dicitur, id argumento est Filium esse Patri consubstantialem, 84. Comparationes enim inter ea quæ ejusdem sunt naturæ, proprie instituuntur, 84. Christus cum dicit : Omnia mea tua sunt, originem rerum creatarum refert ad Patrem, 17. Et tua mea, inde principia creandi accipiens, 17. Qui rem unam multiplicem dicit secundum duas hypostasim, tollit Unigeniti exsistentiam, 315. Tollit totam Incarnationem, 315. Contendunt Sabelliani unum esse nomen eo quod dicatur in nomine non in nominibus, 315. Refelluntur, 315. Confiteri oportet Deum Patrem, Deum Filium, Deum Spiritum sanctum, 81. Confiteri oportet, ut Scripturæ docent, et qui eas sublimius intellexere, 84. Æque baptizamur in Spiritum sanctum ac in Patrem et Filium, 23. Si baptismus inutilis omisso Spiritu sancto, quomodo tutum a Patre et Filio Spiritum distrahere? 23. Trinitati adimplenda glorificatio consentiens cum baptismo, 183. Magnum nefas a professione in baptismo facta discedere, 22. Luctuosa res quæ tunc credidimus negare, 21. Prævaricator et desertor dicendus qui Deum negat aut Christum, 22. Idem nomen convenit ei qui negat Spiritum sanctum, ut qui pactum cum Deo initum in baptismo violet, 22. Ordo in personis a Domino præscriptus, inviolabilis custodiendus, 217, 263, 400. Ne fidem quidem in Patrem et Filium habere potest, nisi adsit Spiritus sanctus, 23. Christum profitenti et Deum neganti Christus nihil proderit, 22. Deum invocantis et Christum spernentis inanis fides, 22. Sic etiam Spiritum rejicientis fides in Patrem et Filium inanis, 22. Veram adorationem nemo habere potest, nisi adsit Spiritus sanctus, 23. Nec Filium adorare potest, nec Patrem invocare, nisi in Spiritu sancto, 23. In ecclesiis gloria dicitur Patri et Filio cum Spiritu sancto, 3. Interdum per Filium in Spiritu sancto, 3. Voces illæ : *Ex quo*, non sunt propriæ Patri, neque illæ : *Per quem*, propriæ Filio, 3. Non sunt inter se contrariæ, 3. Collegit eas in una et eadem persona Apostolus, 3. Voces illæ : *Ex quo* et *per quem* sæpe ad mutuos invicem significatus transferuntur, 9. Illud *per quem* de Patre dicitur, 8. Ecclesia utrasque illas voces : *Per ipsum* et *cum ipso* admittit ac neutram rejicit, 13. Cum Unigeniti majestas consideratur, gloria ei cum Patre tribuitur; cum autem bona ab eo accepta, confitemur hanc gratiam *cum ipso* et *in ipso* effici, 13. Illud *cum quo* glorificantibus convenit; *per quem*, gratias agentibus, 13. Mentiuntur Pneumatomachi, cum dicunt illud *cum quo* ab usu piorum alienum esse, 13. Hujus vocis antiquitas non solum in ecclesiis civitatum, sed etiam in rusticanæ plebis usu perspicitur, 13. Utimur his vocibus : *Per ipsum*, cum Christus consideratur ut ostium et via; *cum ipso* autem, quando ut *Deus et Dei Filius*, 13. Vox illa : *Per quem*, confessionem habet causæ principalis, non reprehensionem causæ efficientis, 18. Simile et dissimile rejicit Basilius in Trinitate ,82. Identitatem naturæ et consubstantiale confitetur, 82. Unam divinitatem et bonitatem et potentiam deo non patiuntur Pneumatomachi, 278. Patri et Filio concedunt, ut Dei nomine honorentur, 278. At id Spiritui nequaquam concedunt, 278. Tres Deos affingunt Catholicis hæretici, 277. Arianis tres Deos exprobrantibus respondendum est Deum non numero, sed natura unum esse, 81. Numerum immerito Catholicis affingitur, qui numerum a divina natura removent, 82. Quidquid unum numero dicitur, ut mundus, homo, angelus, non vere unum est et simplex, 81. Quisquis numerum aut creaturam dicit Filium Dei aut Spiritum sanctum, materialem aut circumscriptam numerum inducit, 82. Aut silentio honorentur ineffabilia, aut pie numerentur sancta, 37. Non per compositionem numerantur tres personæ, 37. Dominus Patrem et Filium et Spiritum sanctum non cum numero tradidit, 37. Non dixit in primum, secundum et tertium, aeque in unum, duo et tria, 37. Numerus materialia et circumscripta designat, monas et unitas simplicis essentiæ propria, 82. Subnumerationem inducunt Pneumatomachi in personas divinas, 35. Non putat Basilius eos Deum in subjecta dividere, veluti communitatem quamdam sine hypostasi, 35. Si Filium etiam subnumerant Pneumatomachi, rursus instaurant dissimilitudinem essentiæ ac omnes blasphemias, 35. Si solum Spiritum subnumerant, refelluntur ex eo quod Spiritus pronuntietur cum Filio, et Filius cum Patre, 35. Quod si cæteris rebus subnumeratio non convenit, multo minus Spiritui sancto, 37. Pneumatomachorum subnumeratio eo spectat, ut primum, secundum et tertium dicant, 40. Inducunt multitudinem deorum, 40. In divina natura numerum metuunt, ne Spiritum sanctum plus æquo honorent, 37. Sint maxime supra numerum quæ assequi non possumus; sed si numerus adhibetur, non per eum veritas depravetur, 37. Etiamsi concedatur subnumeratio, nihil inde lucratur, 48. Nam si vilius est quod subnumeratur, vilius erit quod est spirituale eo quod est animale, et secundus homo primo homine, 40. Ridiculum est numero tantum tribuere, ut rerum pretium ex numerandi ratione augeatur aut minuatur, 36, 37. Quemadmodum non submetimur quæ metimur, nec sublibramus quæ libramus, ita nec subnumeramus quæ numeramus, 37.

Tristitia nimia causa sit peccati, 544. Tristitia in corde ut vermis in ligno, 542.

Trivium. In trivio constitutus, 133.

Tumor maxime evertit animas Christianorum, 372.

Turtur vidua permanet, 574.

Tyanense concilium, 348.

U

Ultio Domino permittenda, 143. Ultio Christianis vetita, 564. Nihil præclarius quam lenitas in conviiiis et plagis, 564. Quomodo convitia ferenda, 565. Mala excusatio quod alius incæperit.

Ulysses, 168. Cephalleniorum dux, 237. Cum plurimum pecuniæ exportasset, nudus reversus est, 237.

Ungendi coram fidelibus qui ab hæreticorum baptismo veniunt, 270.

Unguis. Ab unguibus ordiri ridiculum, 383.

Unitas et monas Verbi, 86. Unitate accidente numerus perit, 86. Unus et solus sæpe idem sonant, 82. Unus et solus de Deo dicuntur, non ut a Filio distinguatur, sed a falsis diis secernatur, 83. Unum numero simplex non est, 83. Oportet hanc Christi precationem impleri : *Ut et ipsi in nobis unum sint*, 86. Unitate excidit dæmon , 88. Deus cum unus sit, si in singulis fuerit, unum efficit, 86.

Urbicius monachus Basilii amicus, 113, 403. Quidam in ejus monasterio feruntur de Incarnatione prave sentire, 404.

Urbium commoratione multos malignus decipit, 81.

Ursa herbasco sibi ipsa medetur, 583.

V

Valens imperator. Sub eo summa inopia et temporum difficultas, 111. Ob tributorum multitudinem domus quædam fugiendæ, 176. Omnia iis a quibus exigebatur, quique accusabantur, redundabant, 98. Multi in atrocissimis sceleribus deprehensi, 264. Hostibus referta inter Cappadociam et Constantinopolim omnia, 325. Tempus perturbationis plenum, his qui rempublicam gerunt, nihil otii relinquit ad Ecclesias juvandas, 385. Sub Valentis finem bello ardet Thracia, 414. Viæ prædonibus et desertoribus plenæ, 414. Spes tamen tranquillitatis aliqua audito exercitus adventu, 415. Valentem Cæsaream venientem præcedunt hæretici, 161. Basilii sollicitudinem in ædificando ptochotrophio probavit, 188. Basi io dat mandatum ut in Armeniam proficiscatur, ibique episcopos constituat, 193. Basilio insidias inimici struunt, sed manus Domini cum illo, 354. Consilia in Basilium ineuntur Antiochiæ, 212. Exsilii minæ ei intentantur, 212, 213. Valens decernit ut Basilius dedatur inimicis, 221. Postea sententiam mutat et rem differt, 221. Animam Basilii quærunt hæretici, 246. Exspectat Basilius dum in aulam accersatur per improbitatem hæreticorum obtentu pacis, 520. Valentis persecutio omnium sævissima, 375. Horrenda tempestas Valentis persecutio, 173. Plures evenerunt afflictiones quam ex quo Evangelium nuntiatur, 571. Nulla pars orbis quæ ignoret Orientis mala, 184, 571, 574. Difficilia tempora Ecclesiæ, magnis gubernatoribus indigentia, 174. Ecclesiarum status comparatur cum naufragio, 175. Rerum status adimit dicendi libertatem, 175. Deest libertas Filium consubstantialem Patri prædicandi, 182. Unum crimen est, traditionum custodia, 573. Valentem potentioribus aulici nec volebant nec poterant de exulibus admonere, 161. Difficile erat legatos communi et synodico decreto in Occidentem mittere, 162. Periculum erat, ne legati ex Occidente missi in itinere interpellarentur, 161. Quare Basilius censet eis mari utendum esse, 161. Abactis pastoribus introducuntur lupi, 173. Ecclesiæ destitutæ, solitudines refertæ, 182. Populi sub dio hieme et æstate adorant, 255, 371. Magna rerum perturbatio in orbe terrarum, 261. Nihil tam rarum quam fratris congressus et verbum pacificum et spiritualis communio, 260. Difficile inventu ac rarum, Ecclesia integram servans apostolicam doctrinam, 386. Nonnulli ex ipsis clericis proditores, 392. In persecutione dubitat Basilius an non defectionis initia adsint, 251. In hac tristi rerum conditione pauci episcopi charitatem servantes ac rari inventu, 243. Pacis antiquæ ne vestigium quidem superest, 254. Nulla fere pars orbis incendium hæresis effugit, 255. Vehementi tumultu agitantur Ecclesiæ, 412. Ecclesia Orientalis ad continuos assultus hæreticorum deficit, 181. Velut navigium perpetuis fluctibus agitatum, 183. Persecutio cum fluctibus comparatur, quorum alius desinit, alius insurgit, alius horrore nigrescit, 213. Summa semper submersio exspectatur, 183. Quotidie rumores eversarum ecclesiarum, 551. In Oriente nonnulla initio anni 575 novata, 290. Tentatio per totum orbem diffusa, 266. Maximæ urbes Syriæ vexatæ, 266. Nullibi clarior senatus quam Samosatensis, 290. Persecutio plerasque Orientis partes vastavit, 335. Totus Oriens perturbatus, 163. Hæresis Ariana dominatur, quia veritatis defensoribus in unaquaque parœcia ejectis, ecclesiæ hæreticis traditæ, 165. Episcopi sine argumentis condemnantur, 373. Nonnulli nec accusatores nec judices viderunt, sed intempesta nocte rapti 373. Columnæ veritatis in dispersione, 573. Fugæ presbyterorum et diaconorum, 375. Populorum gemitus, 573. Desiere conventus, solemnitates et synaxes, 574. Ecclesiæ omnes commoventur, omnes animæ cribrantur, 316. Accusati condemnantur sine judicio, accusatoribus creditur sine examine, 346. Si quis episcopus absit ab Ecclesia vel brevissimo tempore, populos tradet insidiantibus, 376. Gravis persecutio Antiochiæ, 232. A Valentis persecutione tutior fuit Pontus quam Cappadocia, 300, 301. Horrenda persecutio Alexandriæ ac in reliqua Ægypto, 230. Exsilia, cruciatus, bonorum direptio, 231. Valens e propinquo imminet Samosatis, 256. Sub eo episcopi, velut aves sub aquila, non audent longe e tecto excurrere, 256. Jam decimus tertius erat persecutionis annus, cum ad Occidentales scriberent Orientales, 371. Orientales in medio malorum pelago deprehensi, nec studium nec spem abjiciunt, 371. Auxilium Dei undique circumspiciunt, 371. Hinc ad Occidentales confugiunt, 371. Septem mille viri non incurvavere genua ante Baal, 246. Confessores habebant in Oriente suos communicatores et totum Occidentem, 411. Persecutionis brevi desituram sperat Basilius, si vox reperiatur idonea quæ Deum flectat, 391. Persecutio sanæ doctrinæ contemptui non erit Deo; sed Ecclesiam suam lætificabit, 257. Pacis Ecclesiarum spes affulget, 413. Orientis Ecclesiæ ad Basilium, Petrum et alios respiciunt, 413. In barbarorum incursione multi sacramenta gentilia jurarunt et nefanda gustarunt, 329.

Valentinus auctor apparentiæ opinionis, 402. Formam servi, non ipsum servum dicebat assumptum fuisse, 402. Valentini, 269.

Valerianus episcopus Aquileiæ prior scribit Basilio, 182.

Valerianus, 422.

Valerius, 283.

Valetudo summe bona medicis videtur periculosa, 372. Vasoda, 274.

Vates consulentibus, aut in domum suam introducentibus anni sex pœnitentiæ, 330. Qui vatibus se tradunt, annis viginti puniuntur, 328.

Vectigal. Quadruplum sub Valente, 98.

Vela in judiciis, 340.

Veneficos nusquam esse sancit Julianus, 123. Veneficio anni viginti pœnitentiæ, ut homicidio, 327.

Venenatum. Ob venenata animalia non incusandus Deus, 583.

Venensis Ecclesia, 258.

Venter pessima fide in conventis, penum incustoditum, 559.

Ventorum hæreticorum æstus naufragia importans, 107.

Verbum non est aeris percussio, sed quod in principio erat, 32. Verbum totum Patrem ostendit in semetipso, 200. Verbi unitas et monas, 86. Inenarrabilis divinæ generationis modus, 146. A Filii generatione removendæ corporales perpessionum cogitationes, 146. Non enim a Patre divisa est substantia in Filium, neque fluendo generavit, neque proferens, 146. Concludendum potius quia mortalia sic, immortalem non sic, 146. Filius æquale Patris sigillum, 54. Verbi potentia vivifica, 26. Ad Verbum sese convertunt, invincibili desiderio ad auctorem vitæ respicientia, 7. Omnia condidit et in ordinem digessit, 7. Omnia creavit secundum voluntatem Patris, 7. Deus Verbum omnium conditor, 7. Pugno complectitur terram, 7. Per Verbum perseverant et consistunt omnia, 7. Non utitur auxiliis ad creandum, nec eget particularibus mandatis, 17. Sed paternis bonis plenum, a Patre resplendens, omnia facit ad similitudinem Patris, 17. Dicit Christus: *Sicut dixit mihi Pater, ita loquor*, non quod careat libero arbitrio, sed declarat propriam voluntatem inseparabiliter Patri adhærere, 17. Per Verbum facta omnia, non servili ministerio, sed quia tanquam conditor paternam implet voluntatem, 17. Mandatum, quod accipit Verbum, non est sermo imperiosus, sed voluntatis communicatio, veluti formæ in speculo imago, a Patre in Filium sine tempore dimanans, 17. Filii suot quæcunque habet Pater, non tamen paulatim illi accrescentia, 17. Verbum hominibus ipsis inferius faciunt, qui illud dicunt egere speciali mandato, 18. Sequitur ex eorum ratiocinatione Filium semper discere, nec unquam ad perfectionem pervenire, 18. Filius nihil ignorat, 361. Non esset imago Patris, si totam illius scientiam non repræsentaret, 361. Filius pari mensura cognoscit Patrem, qua a Patre cognoscitur, 362. Filius habet a Patre ut cognoscat, 362.

Veritas res omnium pretiosissima, 504. Optimum bonorum, 2. Primarius animæ fructus, 585. Sapientia externa, veluti quoddam ornamentum, 585. Veritas ipsa Deus est, 356. Veritas consueta arma Basilii, 277. Veritas pie expendenda omissis quæstionibus dialecticis, 356. Veritas et mendacium sæpe minutis syllabis *ne* et *non* comprehenduntur, 2. Si quis vel capite annuat in martyrio, totam pietatem implevit, 2. Nihil est parvum in iis quæ ad veritatis cognitionem pertinent, 2. Veritas cum omni fiducia annuntianda, 67. Non timenda hostium nubes, 67. Miserrimum foret, non audere traditionem defendere, cum eam hæretici tam licenter oppugnent, 67. Docuerunt tres pueri, etiamsi nemo suffragetur pietati, privatim officium peragendum, 67. Parvi pendebant multitudinem aspernantium veritatem, sed sibi ipsis sufficiebant, cum tres essent, 67. Pro veritate certandum usque ad mortem, 130. Veritati non debet anteponi vita et incolumitas, 44. Veritas non prodenda, sed sycophantiæ redarguendi, 277. Ne plures lædantur mendacii veritatem successibus, 277. Veritas difficilis inventu, et idcirco undique vestiganda, 2. Veritas prodita ab his qui summam potestatem habent, 93. Sed Deus, suscitatis defensoribus, perficit ut nihil detrimenti acciperet, 93. Qui veritatem oppugnant cito exarescent, ut cicuta aut aconitum, 96. Veritatis defensoribus merces a Domino efflorescens ac semper nova, 96. Veritatis doctrina quandiu nobis patrocinabitur, nihil ab hominibus metuendum, 96. Per ipsam veritatem sæpe mendacium cuspidem adigit, 276. Nemini majus malum accidere potest, quam si veritatem simittat, 504. Veritatis cupidum animum difficile est reperire, 2. Plerique non veritatis inquisitores sunt, sed differentiæ personarum æstimatores, 377. Nihil rarius quam animus veritatem amans, 318. Ut in equestri cursu alii his, alii illis factionis ducibus acclamant, 318. Christi mercatores, non Christiani, qui veritati anteponunt, quod ipsis in vita utile est, 570. Proditionis periculum est, si non libenter de Deo consulentibus responsa dentur, 80. Precatur Basilius sibi os et sapientiam dari, ut veritatis defensoribus succinere possit, 143.

Vespasianus, 186.

Vespertini luminis gratia precibus excipi solebat, 62.

Vestis. Non ex vestis forma, sed ex animi habitu Christianus dignoscitur, 200. In veste necessarium præcipue sectandum, 74. Nec color floridus exquiri debet, nec operis mollities, 74. Tunica ita crassa sit, ut socia opus non habeat, 74. Vestimenti unus est scopus, ut ad hiemem et ad æstatem idoneum sit operimentum, 74. In veste lautitias sectari nihil differt a muliebri venustatis studio, 74.

Via ad Dominum ducens una est, 210. Quicunque ad ipsum pergunt, idem iter sequuntur, licet corpore disjuncti, 210. Viæ comes angelus, 92.

Viaticum bonum ad futuram vitam, convictus cum hominibus Deum timentibus, 584. Viatica ad præsens et futurum sæculum, 151.

Vicarius Ponti, 259. Vicarius Thraciæ, 365. Vicarius Ponticæ Demosthenes, 365.

Victor dux, cujus nomen apud omnes prædicatur, 242. Basilii epistolas requirit, 242. Illius preces pro Ecclesia antevertit, 242. Cum veritate in viis Dei ambulat, ac for suum in fidei integritate semper servavit, 242. Victoris in Basilium amorem nobis imminuunt calumniæ, 243.

Victoria in judiciis non sine detrimento, 441. Victoriæ Christianæ lex, ut qui minus habere non recusat, coronetur, 284. Vinci in amicitia idem valet ac vincere, 158.

Vidua in numerum viduarum relata, hoc est quæ ab Ecclesia alitur, 293. Vidua quæ sui juris est, nubere potest, 296. Vidua, si cum viro habitet, boni communione non dignabitur, 295. Si tamen ante sexaginta annos adscripta, episcopi culpa est, non mulieris, 295. Viduarum res Dominus suas facit, 202.

Vigiliæ, 511. Vigiliæ in Ecclesiis Orientalibus, 374.

Vinum veluti tyrannus arcem ascendit, 562. A vino cavendum his qui rempublicam gerunt, 562. Vino inservire non oportet, 99.

Virginis partum non esse impossibilem probant vultures, 581.

Virgo vocatur quæ sua sponte se obtulit Domino, 292. Ab annis sexdecim aut septemdecim admittenda professio, 292. Professionis violatio inexorabiliter punienda, 292. Non facile admittendæ, quæ a propinquis offeruntur, non sua sponte incitantur, 292. Virgo sponsa promissio obstricta Christo, 138. Virginum ordo multiplicatur, 291. Virginum chorus sacer, cœtus Domini, ecclesia sanctorum, 136. Virgo negans se vovisse virginitatem arguitur ex professione coram Deo et angelis et hominibus, 136. Frustra virgines illæ dicunt se non promisisse virginitatem, 625. Virgo nubens post vota duo mala commisit: dereliquit verum sponsum et ad corruptorem confugit, 138. Virgo nubens post vota adultera est, 137. Virginis adulterio contumelia sancto Domini thalamo illata, 135. Virginis famæ jactura, totius cleri damnum, 428. Virginis corpus Dei donarium, 138. Virgines quæ pacta sua violant, antea post annum admissæ ad communionem, instar digamorum, 291. Adulteræ judicio subjicit eas Basilius, 292. Et qui virginem duxit, non ante admittendus quam ab ea divellatur, 292. Virginis corruptor etsi volentis, servus est contumax in herilem torum irruens, 138. Dei donaria violavit, velut si quis imagini regiæ formas porcorum inscribat, 138. Filium Dei conculcavit, ejusque sponsam adulterio contaminavit, 138. Virgineæ eulogiæ, 136. Virginitatis pignora, 136. Virginibus honores soliti deferri. 136. Virgo Deo consecrata qualiter vivere debeat, 261. Virginem decet vilis vestis, et pulcher ex pudore rubor, et decorus ex abstinentia ac vigiliis pallor, 261. Virgines quæ vocantur mulieres subintroductæ prohibentur, 149. Jubet Basilius ut ejusmodi virgo cum presbytero degens in monasterio collocetur, 150. Quæ virginitatem in hæresi professæ, nupserunt, redeuntes baptizantur, nec ob matrimonium condemnantur, 292. Virginitas divinæ conjunctionis jugum, 135. Virginitatem nuptiis præferentes mulieres, beatæ ob propositum suum sunt, 551.

Virtus sola possessio quæ non possit auferri, 471. Sola est nostra possessio, 470. Virtutis exercitatio pretiosa est habenti possessio, jucundissimum occurrentibus spectaculum, 422. In virtute progrediendum quotidie docet Paulus, 125. Ut hesterna satietas non solatur hodiernam famem, ita nec prodest hesternam præclare factum, si hodie cesses, 126. Qui virtutem colunt, similes sunt sideribus in nebulosa nocte, 475. Non actio una probum virum facit, sed virtus per totam vitam colenda, 474. Virtute præditus non est qui eam colit inanis gloriæ causa, 575. Virtutem palam laudare, privatim voluptatem sequi, nihil differt ab actoribus scenicis, 475. Ad virtutem et vitium bifidum iter, 472. Multitudinis judicio recta ratio præferenda, 475. Etiamsi omnibus contradicendum sit, a recto non discedendum, 475. Virtutes quatuor sub quas aliæ tanquam sub genera distributæ, 72.

Visiones interdum efficit ex crapula evectus vapor, 314, 315. Visionibus non plus tribuendum quam salutaribus documentis, 318. Visis multis interdum referta ob morbum temulenta cerebellorum involucra, 317.

Vita cælebs in eo honestatem habet, ut a convictu mulieris separetur, 149. Si quis verbo professus, ea facit quæ conjugatorum sunt, virginitatem nomine tenus colit, 149. Virginitatis custodia in ipsa militia inexpugnabilis, si voluntas immota maneat, 209.

Vita tota brevissimum spatium, si conferatur cum infinito sæculo, 233. Vitæ hujus brevis fluctus, 537. Vita præsens veluti quoddam iter mansionibus distinctum, 532, 540. Certis de causis voluit Deus alios aliis diutius in vita permanere, 533. In vita velut incolæ esse debemus, hinc migrantes in propriis locis requiescere, 533. Sic se gessit Abraham, 533. In hac vita omnes tanquam in via ad idem diversorium tendimus, 78. Vitæ conditiones tres, 356. Vitæ curis admodum detenti sunt veluti carnosæ aves, frustra alis instructæ, 452. Vitæ ordo minime constat iis quorum sententia facile mutatur. 431. Vita esse non potest quidquid per aliud vivit, 85. Vitæ nostræ prudentes dispensatores esse debemus, 105. Vita humana infortuniis referta. 77. Nec vita accurata prodest sine fide, nec fides sine operibus, 453.

Vitium. Qui vitio virtutis nomen tribuunt, hi ore benedicunt et corde maledicunt, 474. Via ad vitium ducens comparatur cum ea quæ ducit ad virtutem, 472.

Vitus Carrhorum episcopus, 183, 390.

Vocationis Christianorum scopus est, ut similes Deo efficiantur, 2

Voluptas una est, sed in quinque sensus divisa, 529. Voluptatis nomen unum, sed res diversæ, 126. Voluptas guttur ad tempus titillat, sed postea felle amarior comperitur, 136. Voluptatis temporariæ dæmon, 129.

Votum continentiæ, 134. Pacta cum sponso inita, 136. Inita cum Deo pacta coram multis testibus, 132. Professio coram Deo, angelis et hominibus, 136. Non leve certamen est promittenti, ea quæ ex promissis consequuntur adjicere, 261. Votis ineptis abstinendum, 294. Votum abstinentiæ a carnibus suillis ridiculum, abstinentia non necessaria, 294.

Vox usu metienda, 99. Vocis sonus mediocris præferendus, 74.

Vulnera magna parvis remediis sanare non decet, 125. Vulpes pini lacrymis sibi medetur, 583.

Vultures absque coitu pariunt, 581.

Z

Zarnuas, 395.
Zeli, 347.
Zenon episcopus, 183.
Zenonis præclare dictum amissis naufragio omnibus rebus, 76.
Zoilus, 286. Vir disertus et Basilium amans, 286.
Zona dura lumbi adstricti, 133.
Zorobabel et Salathiel modo magis populari præerant, 362.

ORDO RERUM

QUÆ IN HOC TOMO CONTINENTUR.

S. BASILIUS CÆSAREÆ CAPPADOCIÆ ARCHIEPISCOPUS.

PRÆFATIO. 9
§ I. — De oratione secunda in jejunium. 10
§ II. — De oratione septima decima in Barlaam martyrem. 11
§ III. — De homilia in sanctum baptisma, seu de Spiritu sancto. 21
§ IV. — De homilia quæ in Lacizis habita est. 23
§ V. — De homilia in humanam Christi generationem 30
§ VI. — De homilia in pœnitentiam. 35
§ VII. — De homilia adversus eos qui calumniantur nos, quod tres deos colamus. 43
§ VIII. — De homilia de libero arbitrio. 49
§ IX. — De homilia in illud : Ne dederis somnum oculis tuis, etc. 55
§ X. — De homilia tertia in jejunium. 61
§ XI. — De As eticis. 63
— Pars prima, de præviis tribus tractatibus asceticis. 69
— Pars secunda, de auctore libellorum De judicio Dei et De fide, itemque de Moralium scriptore. 71
— Pars tertia, an Basilius auctor sit brevium duorum tractatuum, qui post Moralia collocantur. 80
— Pars quarta, ubi ostenditur Regularum longiorum et breviorum unum et eumdem auctorem esse. 81
— Pars quinta, in qua ostenditur utrasque Regulas et Constitutiones monasticas uni et eidem auctori tribui non debere. 84
— Pars sexta, ubi multis argumentis probatur Basilium Regularum auctorem esse. 101
— Pars septima, ex qua cognosci poterit, Constitutiones monasticas Eustathio Sebasteno tribui debere. 119
— Pars octava, in qua de Epitimiis disputatur. 132
— Pars nona, ubi expenduntur opuscula duo, quæ Combefisius non ita pridem in suo Basilio recensito pro novis ac genuinis edidit. 136
§ XII. — Basilione tribuendi sint duo De baptismo libri, necne. 140
§ XIII. — De Liturgia Basilii, deque Latinis tribus opusculis, de veteri quadam Rufini quarumdam orationum interpretatione. 155
§ XIV. — Ubi de erratis quibusdam meis, deque diversis rebus. 156

Elenchus veterum librorum ad quos exacta et emen-

data sunt Basilii opera, quæ in hoc et sequenti volumine continentur. 159
Monitum. 160

HOMILIÆ ET SERMONES. 163

De jejunio homilia I. 163
De jejunio homilia II. 172
Homilia in illud, *Attende tibi ipsi*. 178
Homilia de gratiarum actione. 187
Homilia in martyrem Julittam, et in ea quæ superfuerant dicenda in prius habita concione de gratiarum actione. 195
Homilia in illud dictum Evangelii secundum Lucam : *Destruam horrea mea, et majora ædificabo* : itemque de avaritia. 205
Homilia in divites. 213
Homilia dicta tempore famis et siccitatis. 223
Homilia quod Deus non est auctor malorum. 234
Homilia X. — Adversus eos qui irascuntur. 244
Homilia XI. — De invidia. 253
Homilia XII. — In principium Proverbiorum. 259
Homilia XIII. — Exhortatoria ad sanctum baptisma. 275
Homilia XIV. — In ebriosos. 284
Homilia XV. — De fide. 292
Homilia XVI. — In illud : *In principio erat Verbum*. 295
Homilia XVII. — In Barlaam martyrem. 300
Homilia XVIII. — In Gordium martyrem. 302
Homilia XIX. — In sanctos quadraginta martyres. 310
Homilia XX. — De humilitate. 317
Homilia XXI. — Quod rebus mundanis adhærendum non sit, et de incendio extra Ecclesiam facto. 324
Sermo ad adolescentes. — Quomodo possint ex gentilium libris fructum capere. 335
Homilia XXIII. — In sanctum martyrem Mamantem. 346
Homilia XXIV. — Contra Sabellianos, et Arium, et Anomœos. 351

Monitum in Ascetica. 359

ASCETICA. 361

Prævia institutio ascetica. 361
Ejusdem sermo asceticus, et exhortatio de renuntiatione sæculi, et de perfectione spirituali. 364
Sermo ejusdem de ascetica disciplina, quomodo monachum ornari oporteat. 375
De judicio Dei. 375
Ejusdem de fide. 386
Index Moralium. 393

MORALIA. 393

Sermo asceticus. 469

REGULÆ FUSIUS TRACTATÆ. 477

Proœmium. 477
Capita regularum fusius tractatarum. 482
Capita Regularum brevius tractatarum. 549
Proœmium. 561

REGULÆ BREVIUS TRACTATÆ. 565

Pœnæ. 661
Epitimia in canonicas. 665

CONSTITUTIONES ASCETICÆ. 669

Proœmium. 669
Caput primum. — Quod precatio omnibus est anteponenda. 671
Cap. II. — De cogitationibus cohibendis ac moderandis, et quod corpus malum non sit, ut quidam putaverunt. 677
Cap. III. — Quod non oportet incaute cum mulieribus colloqui. 679
Cap. IV. — Quod oportet corporeis viribus abstinentiam metiri : et quod corporis labor bona res est et legitima. 680
Cap. V. — Quod convenit ascetam in iis operibus, quæ ipsum deceant, exercitari. 686
Cap. VI. — Quod non convenit ascetam incaute cum omnibus hominibus colloqui. 686
Cap. VII. — Quod non oportet crebro et temere egredi. 688
Cap. VIII. — Quod asceticis instabilibus confidentia ac libertas loquendi danda non sit : imo vero quod hi vitandi sint. 690
Cap. IX. — Quod non convenit, ut asceta cupiat unquam ingredi in clerum, aut fratribus præfici. 691
Cap. X. — Quod non convenit bona æmulari, vanæ gloriæ causa. 691

Cap. XI. — De idoneo ad loquendum tempore. 692
Cap. XII. — Quod non convenit ascetam facetias sectari. 693
Cap. XIII. — De mansuetudine, et quomodo charitas constituatur. 693
Cap. XIV. — De prudentia. 694
Cap. XV. — De fide et spe. 694
Cap. XVI. — De humilitate. 694
Cap. XVII. — Quot modis malæ in animo cogitationes nascantur. 694
Cap. XVIII. — Ad canonicos in cœnobio versantes. 695
Cap. XIX. — Quod oportet ascetam cum firmo proposito accedere ad asceticam vitam, et de obedientia. 698
Cap. XX. — Quod colloquia cum cognatis sæculo addictis non sunt requirenda, neque res illorum curandæ. 699
Cap. XXI. — Quod non oportet a spirituali fraternitate resecari. 701
Cap. XXII. — De obedientia uberius. 704
Cap. XXIII. — Quod debeat asceta vilia etiam opera cum multa alacritate suscipere. 708
Cap. XXIV. — Quod non convenit honores ac dignitates requiri ab asceta. 709
Cap. XXV. — De frugalitate ac simplicitate in alimentis. 710
Cap. XXVI. — Quod qui respicit ad perfectionem, is nihil lædi possit egrediendo. 710
Cap. XXVII. — Quod asceta non debet privata negotia habere. 711
Cap. XXVIII. — Quod oportet præfectum paterna benevolentia res ac negotia subditorum administrare. 711
Cap. XXIX. — Quod non decet in ascetico instituto peculiarem quamdam amicitiam esse inter duos aut tres fratres. 711
Cap. XXX. — Quod non debet asceta vestium aut calceamentorum delectum expetere. 712
Cap. XXXI. — Quod debet præfectus viribus corporis sua mandata accommodare, et de iis qui vires suas occultant. 712
Cap. XXXII. — Quod non debent fratres tristitia affici, cum levamenti aliquid affertur debilioribus. 713
Cap. XXXIII. — Quod non debent præfecti iis monachis, qui suum conventum deserunt, licentiam ejus rei faciendæ dare, aut hos admittere ad vitæ communitatem. 713
Cap. XXXIV. — Quod non oportet ascetam in aliquo conventu degentem quidquam rerum terrenarum privatim possidere. 714

Appendix complectens opera quædam S. Basilii falso ascripta. 717
Homilia de Spiritu sancto. 717
Homilia dicta in Lacizis. 721
Homilia in sanctam Christi generationem. 730
Homilia de pœnitentia. 737
Homilia adversus calumniatores sanctæ Trinitatis. 744
Homilia in illud : *Ne dederis somnum oculis tuis*, etc. 747
Oratio de jejunio. 752
Sermo de religiosæ exercitationis informatione. 753

DE BAPTISMO LIBER PRIMUS. 755

Caput primum. — Quod oportet primum Domini doctrina imbui, tumque baptismate sancto initiari. 755
Cap. II. — Quomodo quis eo baptismate baptizatur, quod in Evangelio Domini nostri Jesu Christi commendatur. 761
Cap. III. — Quod oportet regeneratum per baptisma exinde divinorum mysteriorum participatione nutriri. 781

LIBER SECUNDUS. 785

Quæstio I. — An qui baptizatus est baptismate, quod in Evangelio Domini nostri Jesu Christi traditur, debeat mortuus quidem esse peccato, Deo vero in Christo Jesu vivere. 785
Quæstio II. — An is qui ob pravam conscientiam, aut immunditiam, aut inquinamentum purus corde non est, sacerdotio citra periculum fungatur. 787
Quæstio III. — An quispiam, cum ab omni carnis et spiritus inquinamento purus non est, tuto ac secure edat corpus Domini, et bibat sanguinem. 787
Quæstio IV. — An omni verbo Dei credendum sit et obtemperandum, adeo ut id quod dicitur, verum esse persuasissimum sit, etiamsi aut aliquod verbum aut factum ipsius Domini vel sanctorum inveniatur, quod videatur esse contrarium. 788

Quæstio V. — Utrum verbo cuilibet non obsequi sit aliquid ira et morte dignum, etiamsi privatim non singulis conjunctæ sint minæ. 791
Quæstio VI. — An inobedientia posita sit in eo, si quid velitorum fiat, aut etiam in eo, si quid comprobatorum omittatur. 793
Quæstio VII. — An liceat, aut complacitum, aut gratum Deo sit, eum qui peccato servit, justitiæ opus facere, secundum regulam pietatis sanctorum. 794
Quæstio VIII. — An acceptum sit Deo opus præcepti, si non convenienter Dei præcepto fiat. 795
Quæstio IX. — An conveniat societatem cum iniquis habere, aut participem esse infructuosorum operum tenebrarum, etiamsi tales non sint, ex numero eorum qui mihi sint concrediti. 800
Quæstio X. — An semper periculosum sit scandalum dare. 803
Quæstio XI. — An conveniat, aut tutum sit, aliquid eorum quæ a Deo præcepta sunt, recusare, aut prohibere eum cui imperatum fuerit hoc ipsum facere, aut prohibentes tolerare, maxime si germanus et affinis sit qui prohibet, aut si speciosa aliqua ratio præcepto obstet. 865
Quæstio XII. — An quisque debeat omnium in omnibus curam suscipere, an solum eorum qui sibi concrediti sunt, idque juxta imperitum sibi a Deo per Spiritum sanctum donum. 806
Quæstio XIII. — An quævis tentatio pro servanda erga Deum obedientia, etiamsi mortis comminationem habeat, sustinenda sit, et maxime in iis qui nobis concrediti sunt, curandis. 807
Liturgia S. Basilii. 809

ORATIONES SIVE EXORCISMI. 843
Sermo ob sacerdotum instructionem. 847
Tractatus de consolatione in adversis. 849
De laude solitariæ vitæ (memoratur tantum). 863
Admonitio ad filium spiritualem (tantum memoratur). 865
Homilia de misericordia et judicio. 865
Conso'atoria ad ægrotum. 869
HOMILIÆ quas transtulit Rufinus de Græco in Latinum. 873
Præfatio. 873
Homilia I. — In psalmum primum. 875
Homilia II. — De eo quod scriptum est : *Attende tibi ne forte fiat in corde tuo sermo occu'tus iniquitus.* 883
Homilia III. — De eo quod scriptum est · *Cujusdam divitis fructus uberes ager attulit*, etc. 891
Homilia IV. — De invidia. 903
Homilia V. — In principium Proverbiorum Salomonis. 911
Homilia VI. — De fide. 931
Homilia VII. — Seu Epistola ad virginem lapsam. 933
Homilia VIII. — In psalmum LIX. 939
De pluribus rebus ad doctrinam S. Basilii pertinentibus. 945

§ I. — I. S. Basilius minus commode interpretatur illud synodi Nicænæ, *ex alia essentia aut hypostasi.* II. Sed merito negat unam in tribus personis hypostasim a synodo admissam. Ipsi etiam trium hypostasium defensores sæpe hypostasim pro essentia sumunt. III. Novitas unius hypostasis. IV. Tres hypostases apud scriptores Nicænæ synodo antiquiores. V. Quid synodus Nicæna senserit ex S. Alexandro et S. Athanasio, spectatur. VI. Occidentalium sententia de hypostasi. Quo sensu eadem vox usurpata in sæcularibus scholis. 946
§ II. — I. Videtur S. Basilius prima specie pugnare cum S. Athanasio et S. Gregorio in tribus hypostasibus defendendis. II. Non tamen discedit a debita animi moderatione. Quo sensu hanc quæstionem magni momenti esse duxit. Quo sensu cum defensoribus unius hypostasis communionem ineundam negavit. 955
§ III. — I. Vituperatus a nonnullis S. Basilius, quod Dei titulum Spiritui sancto non semper tribuerit. II. Hoc temperamento usus est, ut infirmis consuleret et Ecclesiam suam hæreticorum furori subtraheret. III. Neutrum prorsus vituperandum. IV. Objecta solvuntur. V. Basilius semper idem sentiens non semper eodem modo in hæreticis refellendis versatur. 939
§ IV. — I. Celeberrimum S. Basilii de processione Spiritus ex Filio testimonium refertur. II. Græcorum scriptura magnis incommodis laborat. III. Latinorum lectio apte cum Basilii doctrina, necessario cum ejus ratiocinatione cohæret. IV. Latinorum causa codicum mss. auctoritate defenditur. 969
§ V. — I. Utrum S. Basilius ea tantum consubstantialia

crediderit, quorum alterum ex altero originem habet. II. Utrum mundum temporis momento creatum crediderit. 976
§ VI. — I. Traditionis auctoritas defensa a sancto Basilio adversus Eunomium et Pneumatomachos. II. Valde etiam studiosus exstitit catholici sermonis defendendi. Quid de conciliis sentiat. III. Cur adversarios ad Scripturam provocat. IV. Quo sensu omnia Scripturis contirmanda, nihil Scripturis addendum dixit. V. Quo sensu auditores probare debere quæ a magistris dicuntur. 978
§ VII. — I. S. Basilius conceptis verbis docet Christum adesse præsentem in Eucharistia. II. Requirit ut illud : Hoc est corpus meum, non minus certo credamus quam illud : Verbum caro factum est. III. Insignis locus a Sculteto depravatus explicatur. IV. Basilii sententia confirmatur ex precibus liturgiæ. 986
§ VIII. — I. S. Basilii testimonia de peccatorum confessione. II. Invidia et alia ejusmodi peccata confessioni legi subjecta. III. De peccato originali. IV. De Christi gratia. 992
LIBER DE SPIRITU SANCTO. 1001
CAPUT PRIMUM. — Prooemium in quo ostenditur necessarias esse de minutissimis Theologiæ partibus perscrutationes. 1001
CAP. II. — Unde sit orta hæreticorum de syllabis observatio. 1003
CAP. III. — E mundana philosophia natam esse de syllabis sophisticam disputationem. 1004
CAP. IV. — Harum syllabarum usum sine discrimine in Scriptura adhiberi. 1005
CAP. V. — Et de Patre dici *per quem*, et de Filio, *ex quo*, et de Spiritu sancto. 1006
CAP. VI. — Occurrit iis qui affirmant Filium non esse cum Patre, sed post Patrem; ubi et de gloriæ æqualitate. 1009
CAP. VII. — Adversus eos qui dicunt non congruenter de Filio dici *cum quo*, sed *per quem*. 1012
CAP. VIII. — Quot modis intelligatur hæc particula, *per quem*, et in quo sensu congruentius dicitur, *cum quo*: ubi etiam exponitur, quomodo mandatum accipit Filius, et quomodo mittitur. 1013
CAP. IX. — Propriæ ac distinctæ de Spiritu notiones, doctrinæ Scripturarum congruentes. 1018
CAP. X. — Adversus eos qui dicunt non oportere Patri et Filio adjungere Spiritum sanctum. 1019
CAP. XI. — Prævaricatores esse illos, qui negant Spiritum. 1021
CAP. XII. — Adversus eos qui dicunt sufficere baptisma tantum in nomine Domini. 1022
CAP. XIII. — Quare apud Paulum angeli simul cum Patre et Filio adjunguntur. 1022
CAP. XIV. — Objectio, quod et in Mosen nonnulli baptizati sunt, et in illum crediderunt ; et hujus solutio, ubi et de figuris. 1024
CAP. XV. — Responsio ad id quod subinferunt, nos et in aquam baptizari : ubi et de baptismate. 1026
CAP. XVI. — Quod in omni notione Spiritus sanctus inseparabilis est a Patre et Filio, sive in creatione intelligibilium creaturarum, sive in humanarum rerum dispensatione, sive in judicio quod exspectatur. 1029
CAP. XVII. — Adversus eos qui dicunt non connumerari Patri ac Filio Spiritum sanctum, sed subnumerari : ubi et de pia connumeratione summarius fidei decursus. 1033
CAP. XVIII. — Quomodo in professione trium hypostaseon pium monarchiæ dogma servamus, ubi et eorum, qui dicunt Spiritum subnumerari, refutatio. 1033
CAP. XIX. — Adversus eos qui dicunt non esse glorificandum Spiritum. 1038
CAP. XX. — Adversus eos qui dicunt Spiritum nec in servili, nec in herili conditione esse, sed in conditione liberorum. 1041
CAP. XXI. — Testimonia ex Scripturis Spiritum appellari Dominum. 1042
CAP. XXII. — Confirmatio naturalis communionis Spiritus, eo quod æque ac Pater et Filius incomprehensibilis. 1043
CAP. XXIII. — Spiritus glorificationem esse enumerationem eorum quæ illi adsunt. 1044
CAP. XXIV. — Redargutio absurditatis eorum qui non glorificant Spiritum, ex collatione eorum quæ in creaturis gloria afficiuntur. 1045
CAP. XXV. — Quod Scriptura hac syllaba *in* pro *cum* utatur : ubi etiam probatur et idem pollere quod *cum*. 1046
CAP. XXVI. — Quot modis dicitur *in*, totidem modis de Spiritu accipi. 1049

CAP. XXVII. — Unde initium habeat syllaba *cum*, et quam vim habeat, ubi et de Ecclesiæ legibus nullo scripto proditis. 1052

CAP. XXVIII. — Quod quæ de hominibus dicit Scriptura tanquam una cum Christo regnantibus, ea de Spiritu dici non concedunt adversarii. 1055

CAP. XXIX. — Enumeratio virorum in Ecclesia illustrium, qui in scriptis suis usi sunt hac voce *cum*. 1057

CAP. XXX. — Expositio præsentis Ecclesiarum status. 1061

EPISTOLÆ S. BASILII. 1063

CLASSIS PRIMA, *continens epistolas ante episcopatum scriptas ab anno 357 ad annum 570, quibus adduntur nonnullæ dubiæ*. 1063

Epistola prima. — Ad Eustathium philosophum. — Fingit Basilius sese, dum Eustathium frustra quærit in variis regionibus, pene dubitasse annon fato aut fortuna omnia fiant, sed illius litteris recreatum mutasse sententiam; hæc, inquam, fingit ut refellat acutius, et Providentiam statuat. 1065

Epist. II. — Ad Gregorium. — Gregorio nihil curanti de solitudinis situ Basilii, sed scire aventi, quomodo ibi vivatur, exponit Basilius non quid ipse faciat, sed quid faciendum sit: quanta sint solitudinis ad pietatem adjumenta, quomodo Scripturarum lectioni subjungenda oratio, quid in sermone et in incessu, quid in cibo et potu et vestimento, quid in somno observandum. 1067

Epist. III — Ad Candidianum. — Laudat Basilius Candidiani in honorum perfunctione moderationem animi et et litterarum studium : ejus præsidium implorat adversus violentiam agrestis cujusdam, qui ipsius ædes invaserat et expilaverat. 1071

Epist. IV. — Ad Olympium. — Olympio qui dona miserat, perurbane gratias agit Basilius, incusans quod contubernalem suam pauperiem expulerit. 1072

Epist. V. — Ad Nectarium. — Consolatur eum unici filii morte afflictum. 1073

Epist. VI. — Ad Nectarii conjugem. — Similiter eam consolatur. 1074

Epist. VII. — Ad Gregorium sodalem. — Basilius significat futurum se providisse, ut penuriæ verborum accusaretur, nec tamen idcirco consulentibus respondendum non esse. Hortatur Gregorium ut totum se tradat veritatis defensioni, nec se consulat. 1075

Epist. VIII. — Apologia de secessu ad Cæsarienses, et de fide pertractatio. 1076

Epist. IX. — Ad Maximum philosophum. — Laudat Basilius in Maximo amorem primariorum bonorum, suum de Dionysii Alexandrini scriptis judicium profert, et de simili secundum essentiam. Invitat ut ad se veniat, aut saltem scribat. 1086

Epist. X. — Ad viduam. — Basilius Dionysium mittit ad ipsius matrem, ut eam in solitudinem alliciat; velut columba cicur unguento oblita emittitur, ut alias odore attrahat. 1087

Epist. XI. — Ad amicum. — Basilius diem festum celebraverat cum filiis unius ex amicis suis, quem per eos salutat, ac hortatur ut si curis Dei dono exsolvatur, secum vitam traducat. 1088

Epist. XII. — Ad Olympium. — Hortatur ut sæpius ad se scribat. 1088

Epist. XIII. — Ad eumdem. — Amica salutatio. 1089

Epist. XIV. — Ad Gregorium sodalem. — Basilius significat Gregorio sibi statutum esse non exspectare illius adventum, sed statim proficisci ad ipsum Ponti solitudinem: situm hujus loci pluribus describit, ac Tiberinam pro illo lepide contemnit. 1089

Epist. XV. — Ad Arcadium privatarum comitem. — Cives metropolis commendat Basilius. 1090

Epist. XVI. — Adversus Eunomium hæreticum. 1090

Epist. XVII. — Ad Origenem. — Laudat illius scripta et susceptam veritatis defensionem: persecutorum prædicit exitium: Origeni ejusque filiis prospera omnia precatur. 1091

Epist. XVIII. — Ad Macarium et Joannem. — Hortatur eos ut spe regni cœlestis quæ sola non fallit, nec potentium minis, nec falsorum amicorum vituperiis a pietate deterreantur. 1092

Epist XIX. — Ad Gregorium sodalem. — Per Petrum Basilius rescribit Gregorio, cujus Laconicas in epistolas jocatur. 1093

Epist. XX. — Ad Leontium sophistam. — Amice objurgat eum quod raro scribat, sibi vero excusationem petit. Mittit sua adversus Eunomium opera. 1093

Epist. XXI. — Ad eumdem. — Accusatus in superiore epistola Leontius, quod non scriberet, videtur in ipsum Basilium crimen convertisse, et Julianum accusasse quod litteras suas non reddidisset. Unde perurbane Basilius et se et Julianum defendit. 1095

Epist. XXII. — De perfectione vitæ monasticæ. 1094

Epist. XXIII. — Commendatitia ad monachum. 1097

Epist. XXIV. — Ad Athanasium, Athanasii episcopi Ancyræ patrem. — Negat se calumniis facile credidisse; hortatur Athanasium, ut nullum illis det locum, ac liberos, ut par est, diligat. 1097

Epist. XXV. — Ad Athanasium Ancyræ episcopum. — Amice et charitatis plena expostulatio cum Athanasio Ancyrano, qui Basilium nec per litteras admonitum, nec per communem aliquem amicum, palam et aperte insectabatur et minabatur, ac omnibus Cæsarea venientibus dicebat noxas quasdam ab eo scribi et componi. 1098

Epist. XXVI. — Ad Cæsarium Gregorii fratrem. — Eum mirabiliter servatum hortatur, ut gratias re et opere Deo persolvat, ac eamdem semper mentem retineat quam in ipso periculi articulo habuerat. 1100

Epist. XXVII. — Eusebio, episcopo Samosatorum. — Basilius ex morbo sanatus hieme impeditur quominus invisat Eusebium. Properaturum se pollicetur, si per anni tempus et per famem liceat. 1100

Epist. XXVIII. — Ecclesiæ Neocæsariensi consolatoria. 1101

Epist. XXIX. — Ecclesiæ Ancyræ consolatoria. 1103

Epist. XXX. — Eusebio, episcopo Samosatorum. — Præter morbos, hiemem et negotia, aliæ causæ Basilium prohibuere ad Eusebium proficisci. Matrem amisit, unde morbus recruduit. Precibus Eusebii acceptum refert, quod inimicorum insidias effugerit. 1104

Epist. XXXI. — Ad eumdem. — Fames nondum sedata Basilium detinet, quominus comitetur Hypatium consanguineum suum. Hunc commendat Eusebio, ut vel fratres religiosissimos accersat, qui ei medeantur, vel ipsum ad illos cum litteris mittat. 1105

Epist. XXXII. — Sophronio magistro. — Illi Gregorium molestissimis negotiis implicatum commendat. 1105

Epist. XXXIII. — Ad Aburgium. — Idem Gregorii negotium Aburgio commendat. 1106

Epist. XXXIV. — Eusebio, episcopo Samosatorum. — Luget ecclesiam Tarsensem ab hæreticis occupatam; sed dolorem lenit Eusebii recordatione, a quo nihil prætermissum ad Ecclesiæ utilitatem. Deum precatur, ut eum Ecclesiis conservet, sibique rursus cum illo congredi concedat. 1107

Epist. XXXV. — (Sine inscriptione.) — Commendat Leontium tanquam alterum seipsum. 1108

Epist. XXXVI. — (Sine inscriptione.) — Rogat ut presbytero, qui cum ipso educatus fuerat eique ad victum labore suo ministrabat, nova peræquatio non noceat. 1108

Epist. XXXVII. — Commendatur idem presbyter, eademque de causa. 1108

Epist. XXXVIII. — Ad Gregorium fratrem. — De discrimine essentiæ et hypostasis. 1109

Epist. XXXIX. — Julianus Basilio. — Illum invitat ut ad se veniat. 1116

Epist. XL. — Idem ad eumdem. — Jactat Julianus lenitatem suam, potentiam ac dominatum, spem Saporis sub leges mittendi cum India et Saracenis, originem denique ex Constantio. Basilium impudentiæ accusat, quod talem se spernat. Illi minatur nisi sibi Cæsarea transeunti mille auri libræ præsto sint. 1116

Epist. XLI. — Basilius Juliano. — Impietatem Juliani liberrime arguit, et ridet auri summam homini herbis viventi imperatam. 1117

Epist. XLII. — Ad Chilonem discipulum suum. — De vita solitaria. 1118

Epist. XLIII. — Admonitio ad juniores. — De præceptis evangelicis. 1123

Epist. XLIV. — Ad monachum lapsum. — De peccati magnitudine et de misericordia Dei. 1124

Epist. XLV. — Ad monachum lapsum. — Cum quidam relictis magnis opibus monasticam vitam amplexus esset, ac postea in adulterium incidisset, peccati et scandali magnitudinem exponit et spe misericordiæ divinæ ad certamen revocat. 1126

Epist. XLVI. — Ad virginem lapsam. — Illam vehementer arguit, et ad pœnitentiam adducere conatur. 1128

CLASSIS SECUNDA, *continens epistolas quas S. Basilius episcopus scripsit ab anno 370 ad annum*. 1133

Epist. XLVII. — Gregorio sodali. — De electione episcopi Cæsariensis. 1133

Epist. XLVIII. — Eusebio, episcopo Samosatorum. — Hiemem excusat Basilius cur non scripserit. Narrat de Demophilo simulacrum pietatis et rectæ fidei præ se ferente, et de episcoporum adventu et schismatico animo. 1135

Epist. XLIX. — Arcadio episcopo. — Basilius gratias agit Arcadio, qui conceptam a se de eo spem significaverat. Promittit ei martyrum reliquias, ad ecclesiam ab ipso constructam, si quas reperire possit. 1135

Epist. — L. — Innocentio episcopo. — Gratias agit illi qui prior ad eum scripserat adhortandi causa. 1136

Epist. LI. — Bosporio episcopo. — Refellit afflictam sibi calumniam, quod Dianium Cæsariensem anathematizasset. Fatetur se doluisse, quod is formulæ Constantinopoli a Gregorio allatæ subscripsisset; sed tamen ad ejus communionem accessisse, postquam ab illo ægrotante accersitus, nihil eum contra Nicænam fidem sibi proposuisse cognovit. 1136

Epist. LII. — Ad canonicas. — Cum rumores iniqui de canonicis ad Basilium, de Basilio ad canonicas perlati fuissent, utrosque dedocuit Bosporius. Multa de consubstantiali disserit. Refellit eos qui Spiritum sanctum Filio aut Patri præponebant. 1138

Epist. LIII. — Chorepiscopis. — Demonstrat chorepiscopis, quorum nonnulli pretio manus imponere ferebantur, quanta sit hujus facti turpitudo; ac declarat ab altaribus recessurum, si quis post hanc acceptam epistolam tale quidpiam designaverit. 1140

Epist. LIV. — Chorepiscopis. — Renovat antiquas Ecclesiæ leges de clericorum in pagis electione, et pravas novitates, quæ obrepserant, abrogat. 1141

Epist. LV. — Paregorio presbytero. — Decretum Basilii adversus mulieres extraneas cum Paregorius minus observaret, hortatur eum ut parendo potius quam excusando sese defendat; secus depositionem minatur. 1142

Epist. LVI. — Pergamio. — Querentem quod litteris suis non respondisset, placare conatur, seque non arrogantia, sed sollicitudine qua nunc distringitur, adductum esse declarat, ut Pergamii oblivisceretur. 1143

Epist. LVII. — Meletio, episcopo Antiochiæ. — Meletium hortatur ut sæpius scribat, et in magnis molestiis versantem consoletur. 1143

Epist. LVIII. — Gregorio fratri. — Carpit simplicitatem fratris, qui falsam nomine avunculi epistolam attulerat, et aliam pariter falsam postea misit. Hortatur fratrem ut sibi difficilem vitam ingresso adsit, seque venturum promittit, si ab episcopis congruenti modo vocetur. 1144

Epist. LIX. — Gregorio patruo. — Avunculum obtestatur, ut tandem aliquando simultatem deponat, ex qua totæ civitates et populi læduntur. Facturum se promittit quidquid ei pacis conciliandæ causa visum fuerit esse faciendum. 1145

Epist. LX. — Gregorio patruo. — Significat se fratris adventu et litteris avunculi spem pacis afferentibus recreatum fuisse. Probaturum se promittit quidquid avunculo de congressu tempore et loco placuerit. Fratri se diffidere testatur, ob ea quæ prius gesta fuerant. 1147

Epist. LXI. — Athanasio, Alexandriæ episcopo. — Declarat ducem Libyæ ex litteris Athanasii sic Ecclesiæ innotuisse, ut nemo cum eo ignem aut aquam aut tectum commune velit habere. 1148

Epist. LXII. — Ecclesiæ Parnassi consolatoria de morte episcopi. 1148

Epist. LXIII. — Principali Neocæsareæ. — Illum salutat perhonorifice, et ab eo petit ut se numero amicorum ascribat. 1149

Epist. LXIV. — Hesychio. — Perhonorifice salutat quem et olim cognoverat, et ex sermone Elpidii plurimi faciebat. 1149

Epist. LXV. — Atarbio. — Prior scribit eique cedit quamvis natu major, ac rogat ut et ipse charitatem præ se ferat, et cogitet quanti intersit mutua concordia ad bellum repellendum, quod in orbem circuibat. 1150

Epist. LXVI. — Athanasio, episcopo Alexandriæ. — Rogat ut Occidentales ad succurrendum Orienti excitet, et dissidium Antiochenum sedare conetur. 1151

Epist. LXVII. — Eidem. — Rogatu Dorothei apertius explicat quod prioribus indicaverat litteris, sic Antiochiæ res componendas, ut Meletius Ecclesiæ episcopi præsit, in alios autem œconomia adhibeatur : ita enim et ipsis Occidentalibus placuisse, ut litteræ per beatum Sylvanum allatæ testantur. 1152

Epist. LXVIII. — Meletio, episcopo Antiochiæ. — Agit de Dorotheo Romam mittendo. Nuntiat de Evippii adventu, et aliorum Arianorum exspectatione. 1153

Epist. LXIX. — Athanasio, episcopo Alexandriæ. — Laudat studium et curam Athanasii, et rogat ut Dorotheum ad primam navigationem dimittat, et legatos ex Occidente advenientes moneat, quomodo pax concilianda sit. 1153

Epist. LXX. — (Sine inscriptione.) — De synodo. Orientis mala eximiis coloribus depingit. 1153

Epist. LXXI. — Gregorio Basilius. — Dolorem suum Gregorio significat, quod amicissimi sibi homines cuidam calumniatori aures præbeant. Rogat ut secum adversus imminentem hostem certaturus veniat. 1156

Epist. LXXII. — Hesychio. — Rogat illum ut sibi in placando Callisthene operam navet. 1157

Epist. LXXIII. — Callistheni. — Laudat illum quod Eustochii servis iratus rei arbitrium sibi permiserit. Petenti ut in locum, ubi injuriam fecerant, abducantur, demonstrat multa inde consequi incommoda. Concedit ut Sasima usque sistantur; vel potius rogat ut sibi vindicta permittatur; ac si juravit Callisthenes traditurum se eos ad pœnam secundum leges, contentus sit pœna quam Ecclesiæ leges imponunt, et militem, quem miserat, cito revocet. 1158

Epist. LXXIV. — Martiniano. — Malorum patriæ descriptione Martinianum adducere conatur, ut imperatorem adeat, vel saltem scribendo opem ferat in tanta calamitate. 1159

Epist. LXXV. — Aburgio — Illum monet quid patriæ debeat, eumque illius malorum pictura permovere conatur, ut auctoritate sua utatur ad opem civibus ferendam. 1162

Epist. LXXVI. — Sophronio magistro. — Corporis infirma detentus valetudine, quominus in aulam proficiscatur, ad illum confugit per litteras in summa patriæ communis calamitate. 1162

Epist. LXXVII. — (Sine inscriptione.) — De Therasio. 1163

Epist. LXXVIII. — (Sine inscriptione.) — Pro Elpidio. 1163

Epist. LXXIX. — Eustathio, episcopo Sebastiæ. — Gratias agit quod ad se certamini expositum scripserit, et Eleusinium optimum communionem miserit. Narrat se cum præfecto et cubiculi præposito jam pugnasse. 1164

Epist. LXXX. — Athanasio, Alexandriæ episcopo. — Sperat Ecclesias Athanasii precibus et consiliis ex tempestate horrenda servari posse, et hortatur ut nec precari, nec scribere cesset. 1164

Epist. LXXXI. — Innocentio episcopo. — Rogatus ab Innocentio ut, eo mortuo, ipsius Ecclesiæ curam suscipiat, tantum onus a se deprecatur, sed illi offert presbyterum ut eum successorem suum designet. 1165

Epist. LXXXII. — Athanasio, episcopo Alexandriæ. — Rogat ut communem epistolam scribat pluribus episcopis ejus communionem appetentibus, sed initium ab eo fieri volentibus: ut sit suspecti, sint episcopi, eam ad se mittat : non prius se illam traditurum, quam responsa ab episcopis acceperit. 1166

Epist. LXXXIII. — Censitori. — Illum hortatur ut Cappadociæ calamitates sublevet, eique commendat amici possessionem quæ tributis premebatur. 1167

Epist. LXXXIV. — Præsidi. — Illum perhonorifice salutat ejusque factum quoddam reprehendit, et pluribus probat mutandum esse quod inique decretum fuerat. 1167

Epist. LXXXV. — (Sine inscriptione.) — De cavendo jurejurando 1169

Epist. LXXXVI. — Præposito. — Petit ut per quos direptum Dorothei presbyteri frumentum, per eosdem restituatur. 1169

Epist. LXXXVII. — (Sine inscriptione.) De iisdem rebus. 1170

Epist. LXXXVIII. — (Sine inscriptione.) — Causa exactoris pecuniarum. 1170

Epist. LXXXIX. — Meletio episcopo Antiochiæ. — Litteris solatur desiderium videndi Meletii, eumque per Dorotheum obtestatur ut pro se oret, et si ad Occidentales scribendum sit, litteras dictet. 1171

Epist. XC. — Sanctissimis fratribus ac episcopis Occidentalibus. — Declarat quantum lætitiæ perceperit ex litteris Occidentalium, et ex adventu Sabini. Orientalis Ecclesiæ calamitates describit; et quæ canonice in Occidente gesta sunt assentiri se profitetur. 1172

Epist. XCI. — Valeriano, Illyricorum episcopo. — Valeriani litteris respondet, eumque per Sabinum salutat et obtestatur ut oret pro miseris Ecclesiæ Orientalis rebus; quibus sanandis necessarium esse docet Occidentis auxilium. 1173

Epist. XCII. — Ad Italos et Gallos. — Describuntur Orientalis calamitates, ut his permoti Occidentales episcopi mittant, qui et hæresis progressus coerceant et pacem inter ipsos Catholicos concilient. 1174

Epist. XCIII. — Ad Cæsariam patriciam. — De frequenti communione, et an persecutionis tempore liceat communionem manu sua accipere, si nec presbyter adsit

nec diaconus. 1177
Epist. XCIV. — Heliæ rectori provinciæ. — Cum amplissimum ædificium construeret Basilius, inde illius accusandi arrepta causa. Hanc accusationem repellit, et præsidem rogat ut Alexandri factum imitetur. 1177
Epist. XCV. — Eusebio, episcopo Samosatorum. — Declarat se ad locum et diem dictum venturum, si ipse etiam veniat Eusebius; secus vero, nequaquam iturum, sed potius profecturum ad ipsum Eusebium. 1179
Epist. XCVI. — Sophronio magistro. — Demonstrat Basilius quantum afflicta Cappadocia damnum fecerit, ablato ei præstantissimo præside. Rogat ut illum Sophronius commendet imperatori, et illatas ei criminationes diluat. 1180
Epist. XCVII. — Senatui Tyanorum. — Eximium pacis studium declarat in vehementi illa dissensione, quæ ei cum Anthimo ob Cappadociæ divisionem supervenit. 1181
Epist. XCVIII. — Eusebio, episcopo Samosatorum. — Rationes exponit cur Nicopolim non iverit. Iturum se dicit in hanc urbem, ut cum Meletio colloquatur; vel etiam cum eodem Samosata venturum. Perstat in suo consilio ut Gregorius sit episcopus. Rogat Eusebium ut ad se veniat. 1182
Epist. XCIX. — Terentio Comiti. — Exponit, quomodo desertus a Theodoto, perficere non potuerit quod ex mandato imperatoris et litteris Terentii susceperat, ut episcopos Armeniæ daret. 1183
Epist. C. — Eusebio, episcopo Samosatorum. — Gratias agit ob litteras in vicina Armenis regione acceptas. Invitat Eusebium ad diem festum S. Eupsychii, qui erat septimus Septembris; sibi enim illius consilio ad multa opus esse. 1186
Epist. CI. — (Sine inscriptione.) — Consolatoria de morte insignis personæ. 1186
Epist. CII. — Civibus Satalenis. — Certiores illos facit, se eorum precibus adductum esse, ut eis consanguineum suum episcopum concederet. 1187
Epist. CIII. — Ad eosdem. — De eodem. 1187
Epist. CIV. — Modesto præfecto. — Rogat illum ut immunitatem aliquam non deneget Ecclesiæ ministris censui subjectis, eamque episcopi arbitrio committat. 1188
Epist. CV. — Diaconissis Terentii filiabus. — Laudat earum in Trinitatis confessione constantiam, easque hortatur ut perseverent. 1189
Epist. CVI. — Militi. — Respondet epistolæ ab eo acceptæ, et hortatur ad perseverantiam. 1190
Epist. CVII. — Julittæ viduæ. — Consolatur illam, quam durus exactor promissi immemor premebat. 1190
Epist. CVIII. — Tutori hæredum Julittæ. — Promissa ab illo in memoriam revocat. 1191
Epist. CIX. — Helladio comiti. — Rogat illum ut sua apud præfectum gratia viduam tueatur, quæ præter sortem etiam usuras reddere cogebatur, contra pactionum et promissorum fidem. 1191
Epist. CX. — Modesto præfecto. — Data a præfecto scribendi licentia utitur, ut ei commendet Tauri incolas, quibus graviora ferri tributa imponebantur. 1192
Epist. CXI. — Ad eumdem. — Commendat amicum, qui a præfecto accersitus fuerat ob illatas ei criminationes. 1193
Epist. CXII. — Andronico duci. — Hortatur Andronicum ut Domitiano, qui in eum peccaverat, novum non infligat supplicium, et sic humanitatis laudandæ materiam præbeat. 1193
Epist. CXIII. — Presbyteris Tarsensibus. — Demonstrat in magna rerum ecclesiasticarum perturbatione libera iter agendum esse cum infirmioribus, nec amplius quidquam a fratribus exposcendum nisi ut fidem Nicænam recipiant, et Spiritum sanctum fateantur creaturam dici non debere. 1195
Epist. CXIV. — Cyriaco, Tarsi commoranti. — Hortatur illum, ut Nicænam fidem nulla prorsus excepta voce recipiat, et fateatur Spiritum sanctum creaturam dici non debere, nec, cum iis qui dicunt, communicandum. 1196
Epist. CXV. — Ad Simplicium hæreticam. — Monet illam parum prodesse sine justitia liberalitatem in pauperes : rogat ut se docere desinat, sed potius cogitet de judicio Dei, ubi nec servi testes aderunt, nec eunuchi. 1197
Epist. CXVI. — Firmino. — Hortatur eum ut ad primam vitam revertatur. 1197
Epist. CXVII. — (Sine inscriptione.) — Adhortatio ad piam et religiosam exercitationem. 1198
Epist. CXVIII. — Jovino, episcopo Perrhes. — Perhonorifice invitat ut sese invisat. 1199
Epist. CXIX. — Eustathio, episcopo Sebastiæ. — Obsecrat ut improbis discipulis aurem non præbeat, ac disjuncta magis astringere conetur, quam dissidium augere. 1199
Epist. CXX. — Meletio, episcopo Antiochiæ. — Nesciens quomodo scribat ad Occidentales, per Sanctissimum mittit commentarium Meletio. Sperat consilia de se Antiochiæ inita brevi ad exitum ventura. Nuntiat Faustum, qui est cum papa, præter canones ordinatum fuisse loco Cyrilli : rogat Meletium ut id omnibus indicet. 1200
Epist. CXXI. — Theodoto, episcopo Nicopolitano. — Hortatur illum ut sanctissimo aures præbeat; eumque facit de Fausti ordinatione certiorem. 1201
Epist. CXXII. — Pœmonio, episcopo Satalorum. — De ordinatione Fausti. Rogat illum ut certiorem se faciat, utrum ea res sanari necne possit. 1201
Epist. CXXIII. — Urbicio monacho. — Dolorem significat quod ad se tentationem æstu flagrantem non venerit. Hortatur ut veniat aut consolaturus aut deducturus. 1202
Epist. CXXIV. — Theodoro. — Significat suum amicorum desiderium, quibus cum careret inter ærumnas, vitam sibi prorsus injucundam trahere videbatur. 1202
Epist. CXXV. — Exemplar fidei a sanctissimo Basilio dictatæ, cui subscripsit Eustathius Sebastiæ episcopus. 1203
Epist. CXXVI. — Atarbio. — Commonet eum ut ad se veniat, rationem eorum redditurus, quæ contra Basilium in Ecclesia, et contra fidem dixisse eum viri graves asseverabant. 1205
Epist. CXXVII. — Eusebio, episcopo Samosatorum. — Narrat se Nicopoli gravibus molestiis laborantem, adventu Jovini recreatum fuisse; ac Eusebium rogat ut eum pro rebus suæ et canonum causa fortiter gestis collaudet. 1206
Epist. CXXVIII. — Ad eumdem. — Respondet se pro pace mori paratum esse, sed veram pacem quærere, atque ut Eustathius clare et sine ambagibus respondeat, optare. Quid agendum cum aliis fidem Patrum non recipientibus exponit. 1207
Epist. CXXIX. — Meletio, episcopo Antiochiæ. — Refert absurdum quoddam Apolinarii testimonium, cujus ut auctor ipse Basilius existimaretur, Sebasteni fuerant machinati. Nuntiat quæ de se apud aulam statuta fuerant, etc. 1208
Epist. CXXX. — Theodoto, episcopo Nicopolitano. — De Eustathio. 1210
Epist. CXXXI. — Olympio. — Significat acceptum dolorem ex Eustathii calumniis. Declarat se nec tres deos admittere, nec Apolinarii communionem amplecti, quamvis ad eum ante plures annos scripserit. 1211
Epist. CXXXII. — Abramio, episcopo Batnorum. — Cum varii de Abramio sermones essent, scribit ad eum statim ac didicit in ædibus Saturnini comitis Antiochiæ versari. 1213
Epist. CXXXIII. — Petro, episcopo Alexandriæ. — Hortatur eum ut, quemadmodum cæterarum rerum, ita etiam Athanasii in se amoris successor sit, et fraternitatis ubique diffusæ curam eodem studio, ac beatissimus ille vir, suscipiat. 1213
Epist. CXXXIV. — Pœonio presbytero. — Gratias agit quod nuper scripserit. Hortatur ut sæpius scribat. Negat se copiam habere librarii aut notarii. 1215
Epist. CXXXV. — Diodoro, Antiochiæ presbytero. — Exponit quid de duobus libris a Diodoro compositis sentiat, et de dialogis scribendis multa peracute observat. 1215
Epist. CXXXVI. — Eusebio, episcopo Samosatorum. — Morbum suum describit, queritur res ecclesiasticas dilapsas esse et proditas. 1215
Epist. CXXXVII. — Antipatro. — Dolet quod, Antipatro, gubernacula capessente, adesse non possit. Rogat ut judicium de quodam Palladiæ propinquæ suæ negotio in adventum suum differatur. 1216
Epist. CXXXVIII. — Eusebio, episcopo Samosatorum. — Morbum suum, cujus tum quinquagesimus erat dies, excusat, cur in Syriam proficisci non possit. Ejus consilium plurimis de rebus exquirit. 1217
Epist. CXXXIX. — Alexandrinis. — Illos consolatur et ad constantiam gravissima persecutione vexatos hortatur. Libenter eos inviseret, nisi morbo et luporum metu abesse prohiberetur. 1218
Epist. CXL. — Ecclesiæ Antiochenæ. Antiochenos in ærumnis consolatur, et ad patientiam hortatur. Apponit fidem Nicænam, mentis suæ fetus tradere non audens; additque Pneumatomachos excommunicandos. 1220
Epist. CXLI. — Eusebio, episcopo Samosatorum. — Absentiam tuetur morbi excusatione; res ecclesiasticas non sua culpa adversariis tradi demonstrat, sed episcoporum sibi communione conjunctorum, ad quos et Bosporius nuper accessit. Narrat quomodo eos hortatus sit, cum ad

urbem ipsius morte audita venissent; sed queritur, quod statim ac recesserunt, ad ingenium redeant. 1221

Epist. CXLII. — Numerario præsidum. — Rogat ut pauperum hospitia vectigalibus eximantur. 1222

Epist. CXLIII. — Alteri numerario. — Idem petit. 1223

Epist. CXLIV. — Tractatori præsidum. — Eamdem petit immunitatem. 1223

Epist. CXLV. — Eusebio, episcopo Samosatorum. — Rogat eum, ne spem Ecclesiæ Cæsariensis irritam faciat, quam de ejus adventu Basilius anno præterito Syria rediens attulerat. 1223

Epist. CXLVI. — Antiocho. — Vicissim illum salutat et hortatur ut animæ saluti animum intendat. 1224

Epist. CXLVII. — Aburgio. — Maximum illi commendat, ac rogat ut hominem longe optimum, qui Cappadociæ præses fuerat, omnibus rebus spoliatum, et in ærumnis jacentem adversus calumniam tueatur. 1224

Epist. CXLVIII. — Trajano. — Maximum illi commendat, ac rogat ut ei in judicio patrocinium impendat. 1225

Epist. CXLIX. — Trajano. — Maximo miserrimo illius opem implorat. 2126

Epist. CL. — Amphilochio, Heraclidæ nomine. — Heraclidas ab Amphilochio accusatus, quod non secum secederet in deserta loca, ut promiserat, pluribus refellit hanc criminationem. Hortatur ut ad Basilium veniat, a quo erudiri melius esse statuit, quam in desertis locis vagari. 1226

Epist. CLI. — Eustathio archiatro. — Invitat ad scribendum, ac declarat nonnullorum factum, qui discesserant a communione non sibi esse voluptati; sed tamen a se non improbari, quia veritatis amatoribus nihil Deo antiquius. 1229

Epist. CLII. — Victori exercitus duci. — Silentii sui causam exponit, confidenter deinceps scripturum se promittit. Gratias agit quod suas pro Ecclesia preces Victor antevertit. 1229

Epist. CLIII. — Victori ex-consuli. — Gratias agit ei quod sui memor sit, nec amorem ob ullam calumniam imminuat. 1230

Epist. CLIV. — Ascholio, episcopo Thessalonicensi. — Illius laudat charitatem ut rem maxime raram, ae studium in beatissimum Athanasium, ut certissimum sanæ doctrinæ argumentum. Rogat ut qualibet occasione ob:ata scribat. 1230

Epist. CLV. — (Sine inscriptione.) — Causa Aliptæ. 1231

Epist. CLVI. — Evagrio presbytero. — Lauda t in Evagrio et ipse præ se fert studium pacis. Declarat se nec partium studiosum esse, nec accusationibus in quemquam præoccupatum. Addit sibi integrum non esse Romam mittere; animam suam ab adversariis quæri, nec tamen se quidquam de suo Ecclesiæ defendendæ studio remissurum. 1232

Epist. CLVII. — Antiocho. — Dolorem suum significat quod præterita æstate non inviserit Eusebium. Queritur quod ad se ne scribat quidem Eusebius, eumque accusat pigritiæ; rogat ut pro se precetur. 1234

Epist. CLVIII. — Antiocho. — Dolet quod Antiochum non viderit; rogat ut pro se precetur; commendat fratrem camelis præpositum. 1234

Epist. CLIX. — Eupaterio, et filiæ. — Gaudet interrogari se ab hominibus timentibus Deum. Declarat se adhærere fidei Nicænæ, sed ob exortam de Spiritu sancto quæstionem, addere glorificationem Spiritus sancti cum Patre et Filio, nec ad communionem admittere eos qui Spiritum sanctum creaturam dicunt. 1234

Epist. CLX. — Diodoro. — Cum Basilius ab initio episcopatus prohibuisset matrimonium cum uxoris mortuæ sorore; quidam hac lege offensus litteras sub Diodori nomine adversus eum circumtulit. Ad quas occasio hujus epistolæ, in qua suum decretum defendit ex consuetudine Ecclesiæ suæ, etc. 1236

Epist. CLXI. — Amphilochio, ordinato episcopo. — Consolatur eum, tum cum fugeret ordinationem, gratiæ retibus irretitum. Hortatur ut pravæ doctrinæ pravisque moribus constanter obsistat. Rogat ut si se longo morbo debilitatum invisere velit, nec tempus nec signum exspectet. 1238

Epist. CLXII. — Eusebio, episcopo Samosatorum — Non desperat Basilius se precibus Eusebii impetraturum, ut ad eum veniat et morbo sanetur. Sperat tamen Barachum fratrem satis multa dicturum, ut causa dilationis probetur. 1240

Epist. CLXIII. — Jovino comiti. — Laudat Jovini litteras, in quibus ejus animus depictus erat. Libenter cum inviseret, nisi morbo detineretur, qui et quantus sit, narrandum testi oculato Amphilochio relinquit. 1240

Epist. CLXIV. — Ascholio, episcopo Thessalonicæ. —

laudat eximias illius litteras, et gratias agit ob missum ad se martyris corpus, cujus hortator fuerat Ascholius. 1241

Epist. CLXV. — Ad eumdem. — Narrat Basilius acceptam ex Sorani litteris lætitiam, eumque laudat, quod et antea pro fide certamina sustinuerit, et nunc martyris nuper coronati corpore patriam honoraverit. Rogat ut pro se precetur. 1242

Epist. CLXVI. — Eusebio, episcopo Samosatorum. — Basilius, seu potius Gregorius beatum prædicat Eupraxium, quod ad Eusebium se conferat; sed multo beatiorem ipsum Eusebium, cui exsilium gratulatur, eumque rogat ut pro se precetur. 1243

Epist. CLXVII. — Ad eumdem. — Basilius, seu potius Gregorius acceptam ex litteris Eusebii lætitiam significat; molestias excusat et negotia, quod eum non invisat; ipsius litteras sibi et lucro et honori apud multos esse testatur. 1243

Epist. CLXVIII. — Antiocho, presbytero, fratris Eusebii filio, qui cum patruo exsulante versabatur. — Quantum dolet Basilius ecclesiam pastore destitutam, tantum Antiochi felicitatem prædicat, quod cum Eusebio versetur. 1243

Epist. CLXIX. — Gregorio Basilius. — Glycerius quidam diaconus, cum multas virgines congregasset, et noctu aufugiens choros cum illis duceret, Gregorius hanc captivitatem collegit. Unde eum rogat Basilius, ut Glycerium redire jubeat, virginesque a tyrannide liberet, saltem eas quæ redire volunt. Glycerio modeste redeunti veniam promittit; secus vero, depositionem minatur. 1244

Epist. CLXX. — Glycerio. — Veniam illi pollicetur Basilius, si cito redeat; secus vero, depositionem minatur. 1245

Epist. CLXXI. — Gregorio. — Queritur iterum Basilius, quod Glycerius et virgines nondum redierint. 1245

Epist. CLXXII. — Sophronio episcopo. — Significat Basilius se ex Sophronii litteris et lætitiam eo majorem, quo tunc rarior erat charitas, collegisse; et summum cum hoc Patrum fidei defensore colloquendi desiderium concepisse. 1246

Epist. CLXXIII. — Theodoræ canonicæ. — Declarat Basilius se raro scribere, dum metuit ne litteræ intercipiantur : exponit in quo consistat vitæ evangelicæ institutum, quod Theodora amplexa fuerat. 1246

Epist. CLXXIV. — Ad viduam. — Raro scribit huic viduæ Basilius, ne quid ei periculi creet. Hortatur ut a divini judicii cogitatione animum non dimoveat, nec tamen nimia distringatur sollicitudine. 1247

Epist. CLXXV. — Magneniano comiti. — De fide nihil vult scribere Basilius, ac de calumniatoribus suis queritur. 1248

Epist. CLXXVI. — Amphilochio, episcopo Iconii. — Illum invitat ad diem festum S. Eupsychii, rogatque ut tribus diebus ante diem festum adveniat. 1248

Epist. CLXXVII. — Sophronio magistro. — Commendat Eusebium, qui calumniis appetitus gravissimum judicium sustinebat tempore molestissimo. 1249

Epist. CLXXVIII. — Aburgio. — Commendat eumdem Basilium, ac rogat, ne quia multi in atrocissimis sceleribus deprehensi, in eum hæc suspicio redundet. 1249

Epist. CLXXIX. — Arinthæo. — Commendat hominem gravi calumnia in judicium vocatum. 1250

Epist. CLXXX. — Sophronio magistro. — Commendat illi Eumathium nobilem et disertum virum gravissima calamitate afflictum. 1250

Epist. CLXXXI. — Otreio Meletines. — Rogat Otreium ut sese invicem consolentur; iste quidem quæ Samosatis perferentur, ad Basilium scribendo; Basilius vero, quæ ex Thracia didicerit, ei nuntiando. 1251

Epist. CLXXXII. — Presbyteris Samosatensibus. — Gratulatur de præliis pro fide; precatur ut perseverantia donentur a Domino. 1251

Epist. CLXXXIII. — Samosatorum senatui. — Laudat Samosatensium labores et pro fide prælia : hortatur ad perseverantiam ac rogat ut ad se scribant. 1251

Epist. CLXXXIV. — Eustathio, Himmeriæ episcopo. — Rogat eum ut quamvis in defendenda Ecclesia occupatus sit, ad se tamen scribat, quoties poterit, seque idem facturum promittit. 1252

Epist. CLXXXV. — Theodoto, episcopo Boreæ. — Rogat Theodotum ne oblatas scribendi occasiones omittat ; precatur ut sibi eum videre contingat. 1252

Epist. CLXXXVI. — Antipatro præsidi. — Festive gratulatur præsidi, quod eum crambe aceto condita pristino vigori restituerit. 1252

Epist. CLXXXVII. — Antipater Basilio. — Respondet præses peracutæ epistolæ. 1253

Epist. CLXXXVIII. — Canonica prima. — Amphilochio.

— Respondet pluribus quæstionibus ad canones pertinentibus, ac nonnulla Scripturæ loca ejusdem episcopi rogatu explicat. 1253

Epist. CLXXXIX. — Eustathio archiatro. — Laudat illum quod sibi dolorem abstersisset in gravissimis inimicorum injuriis. — Demonstrat Spiritum sanctum ut in baptismo, ita in aliis etiam Patri et Filio adjungi debere; ei nomen Dei non esse denegandum. Cum autem objicerent hac voce naturam designari, probat in tribus personis, ut unam operationem, ita unam esse naturam. 1260

Epist. CXC. — Amphilochio, episcopo Iconii. — Admonet illum de ratione et modo episcopatus in ecclesia Isaurorum restituendi. Narrat se cum Georgio collocutum esse et ad Valerium scripsisse. Philonis de manna sententiam, et Scripturæ de curribus Pharaonis testimonium exponit. 1265

Epist. CXCI. — Episcopo cuidam. — Gratias agit illi, qui prior scripserat; eumque hortatur, ut ipso agente cum vicinis episcopis locus et tempus synodi indicentur, ad pristinam communionem inter remotas Ecclesias instaurandam. 1267

Epist. CXCII. — Sophronio magistro. — Gratias agit illi Basilius, sibique rem eo gratiorem fuisse significat, quod a Sophronio proficisceretur. 1267

Epist. CXCIII. — Meletio archiatro. — Peracute Basilius sese gruibus comparat. Venturum se ad Meletium promittit verno tempore, si Dei ope ex morbo evaserit. 1268

Epist. CXCIV. — Zoilo. — Hortatur illum ut sæpe scribat. Morbi sui magnitudinem exprimi non posse dicit; sed vires a Deo exspectat ad patienter ferendum. 1268

Epist. CXCV.—Euphronio, episcopo Coloniæ Armeniæ. — Rationem reddit cur raro scribat : ad postulandum a Deo reditum episcoporum hortatur. 1269

Epist. CXCVI. — Aburgio. — Illi gratulatur summos honores, ac prosperum incepti exitum precatur, seque gravissimis morbis debilitatum significat. 1269

Epist. CXCVII. — Ambrosio, episcopo Mediolanensi. — Illi mirabilem gratulatur electionem; hortatur ad Patrum sequenda vestigia, narrataque accurate quomodo corpus beati Dionysii a fidelibus, qui illud custodiebant, impetratum fuerit, ac veras esse illius reliquias asseverat, et certissimis argumentis confirmat. 1270

Epist. CXCVIII. — Eusebio, episcopo Samosatorum. — Cur non sæpe scripserit, excusat hiemem, et clericorum suorum alienum a peregrinando animum. Nihil dicit de iis quæ novata sunt in Oriente, quia hæc fratres nuntiabunt. Ita se ægrotare significat, ut vivendi spem abjecerit. 1271

Epist. CXCIX.—Canonica secunda. — Amphilochio. — Respondet pluribus quæstionibus ad canones spectantibus, et multa explicat de matrimonio, de virginibus lapsis, de baptismo hæreticorum. 1272

Epist. CC.—Amphilochio. — Iconii episcopo. — Hortatur ut sibi solutionem e corpore precetur, et Ecclesiæ suæ, sive se vivo, sive ad Dominum translato, curam suscipiat. Meletium et Melitium ei commendat, eumque invitat ad memoriam S. Eupsychii. 1281

Epist. CCI.—Ad eumdem.—Pluribus de causis congredi cum Amphilochio cupiebat Basilius, sed cum utrumque morbus detinuisset, veniam petit ac vicissim concedit. 1282

Epist. CCII. — Ad eumdem. — Morbi reliquiis detentus, Amphilochium rogat, ut synodus differatur in paucos dies : aut, si urgent negotia, ipse tanquam præsens numeretur. 1283

Epist. CCIII. — Maritimis episcopis. — Prior scribit, seque ait esse paratum accusatoribus coram eis respondere, ac sese eorum judicio committere. Sed rogat ne se indicta causa condemnent. Postulat ut vel ad se veniant, vel locum congressus indicent, nec sibi necessitatem afferant doloris, quem hactenus corde pressit, aliis ecclesiis significandi. 1285

Epist. CCIV. — Ad Neocæsarienses. — Declarat se non tam sua, quam illorum causa ad defensionem aggredi. Postulat ut si sanabilia sunt sua peccata, admoneatur; sin autem insanabilia, publice ab adversario prodeunte arguatur. Quod spectat ad fidem, rogat ut idoneis instructi sint præsidiis, qui de suis scriptis judicium ferent; ea tamen libenter illorum judicio committit. 1286

Epist. CCV. — Elpidio episcopo. — Illum rogat, misso iterum Meletio presbytero, ut, eo agente cum episcopis maritimis, locus et tempus ad concordiam stabiliendam constituantur. 1291

Epist. CCVI. — Ad eumdem. — Consolatur illum nepotis morte afflictum, ac, speratum congressum ne dolor interpellet, hortatur. 1292

Epist. CCVII. — Ad clericos Neocæsarienses. — Admonet eos ut ne assentiantur homini errorem Sabellii inducenti, neve patiantur populum ab eo decipi. Hortatur eos ut trabem ex oculis ejiciant , ac hæresin vitent; alioquin tacere se non posse in tanta animarum perniere. 1293

Epist. CCVIII. — Eulancio. — Illum rogat ne se Neocæsariensium causa oderit, qui olim propter se ab aliis odio habebatur. 1295

Epist. CCIX. — (Sine inscriptione.) — Gratias agit amico pro se prælia sustinenti ; hortatur ut litterarum paucitatem incusare et talia debita pergat exigere. 1296

Epist. CCX. — Ad primores Neocæsareæ. — Cum Basilio prope Neocæsaream adveniente ortus fuisset tumultus in civitate, Basilius causam exponit cur ad hæc loca, venerit. Causam tumultus rejicit in ducum invidiam et consilium inducendæ Sabellianæ hæresis, quam refellit. Neocæsarienses monet ne falsis somniis decipiantur, quæ etiamsi essent Evangelio consentanea, quia tamen charitatem lædunt, iis prorsus supersedendum esset. 1296

Epist. CCXI. — Olympio. — Significat se lectis Olympii litteris, filiisque illius visis, oblitum esse veneni Neocæsariensium : addit se jam litteras dedisse et daturum, si volet Olympius. 1301

Epist. CCXII. — Hilario. — Dolorem suum significat quod Dazimoue Hilarium non viderit. Injurias inimicorum commemorate ac sua cum Anomæis bella. Hilarium morbis laborantem ad patientiam hortatur. 1301

Epist. CCXIII. — (Sine inscriptione.) — Viri pii causa, cujus preces implorat.| 1302

Epist. CCXIV. — Terentio comiti. — Monet Basilius ne litteris et aliis ab Athanasio ad Paulinum scriptis moveatur. Paulinum ejusque amicos pro catholicis fratribus habet; sed Meletii jura defendit. 1303

Epist. CCXV. — Dorotheo presbytero. — Dehortatur illum ab itinere Romam suscipiendo, nisi mari utatur : dubitat an frater Gregorius ejusmodi legationem obire velit, aut ad utiliter obeundam idoneus sit. 1305

Epist. CCXVI. — Meletio, Antiochiæ episcopo. — Narrat Basilius peregrinationes a se susceptas, seque ad Terentium statim post reditum scripsisse, ut eorum fraudes edoceret, qui hunc comitem a Meletio abstrahere, et partes suas illicere volebant. 1306

Epist. CCXVII. — Tertia canonica. — Amphilochio. — In eo maxime constituendo immoratur, quot quisque annos in variis pœnitentium ordinibus traducere. 1306

Epist. CCXVIII. — Ad eumdem. — Rogat illum, ut episcoporum Lyciæ, quos audierat ab Arianorum hæresi alienos esse, ac suam communionem amplecti velle, sententiam exploret, probo aliquo viro in hanc regionem misso. 1311

Epist. CCXIX. — Clero Samosatensi. — Suum illis dolorem significat de dissensionibus inter eos exortis, hortaturque ne laudem ex persecutione comparatam sic amittant. 1312

Epist. CCXX. — Beræeis. — Testatur clericis Beræensibus se ad eorum amorem exarsisse, lectis eorum litteris. Pacem illis orat post tot certamina, et ad perseverantiam hortatur. 1313

Epist. CCXXI. — Beræeis.— Significat plebi Beræensi ad amorem, quo illos fama cognitos prosequebatur, plurimum accessisse ex eorum litteris. Laudat eorum constantiam, et perseverantiam illis precatur. 1314

Epist. CCXXII. — Ad Chalcidenses. — Significat se lectis eorum litteris respirasse ex ærumnis; hortaturque ut in constantia et consensu perseverent. 1315

Epist. CCXXIII. — Adversus Eustathium Sebastenum et ejus discipulos. 1316

Epist. CCXXIV. — Genethlio presbytero. — Exponit Eustathii astuciam. 1322

Epist. CCXXV. — Demostheni aliorum episcoporum nomine. — De Gregorio Nysseno. 1323

Epist. CCXXVI. — Monachis suis. — Illos hortatur ne se calumniis præoccupari sinant, sed pietatis veritatem ante oculos positam intueantur, et ut par est, examinent. 1326

Epist. CCXXVII. — Clericis Coloniensibus. — Illos consolatur, laudatque eorum amorem in episcopum, sed modum requirit. — Demonstrat eis provideri, dum Nicopoli providetur, nec eos desertum episcopum. Spem affert amplioris solatii, seque ad eos venturum. 1328

Epist. CCXXVIII. — Coloniæ magistratibus. — Laudat illos, quod res ecclesiastica non negligant : mœrentes discessu episcopi sui consolatur, et promittit majus solatium eorum quæ facta fuerunt, si Dominus dederit, ut ad eos veniat. 1330

Epist. CCXXIX. — Clericis Nicopolitanis. — Spiritus sancti consilio factum esse non dubitat, quod apud eos factum fuerat. Laudat Pœmenii prudentiam et in re statim facienda fortitudinem. Hortatur ne Colonienses irritent : spem effert se ad eos venturum. 1331

Epist. CCXXX. — Magistratibus Nicopolitanis. — Illos hortatur ut, cum impietum sit apud penes episcopos erat, jam ipsi confirment id quod ab episcopis constitutum est. Summum desiderium significat invisendæ Ecclesiæ Nicopolitanæ, quam rectæ doctrinæ metropolim vocat. 1332

Epist. CCXXXI. — Amphilochio, Iconii episcopo. — Commendat illi Elpidium, nuntiat de fratris fuga, de insidiis inimicorum suorum, et de Doarorum Ecclesiæ perturbatione. Hortatur ut se invisat, promittit se brevi missurum opus de Spiritu sancto, quod erat absolutum. 1332

Epist. CCXXXII. — Ad eumdem. — Illi perurbane gratias agit ob missa ad Natale Domini munuscula. Nuntiat de fratris fuga; hortatur ut se invisat; mittit in commentario responsa Amphilochii quæstionibus. 1333

Epist. CCXXXIII. — Ad eumdem. — Contra Eunomianos, qui sibi divinæ essentiæ comprehensionem arrogabant, demonstrat bonum quiddam mentem esse ac mentis operationem, eamque si Spiritui sancto se tradat, ad Dei cognitionem evehi; sed tantum cognoscere, quantum fas est infinitam majestatem a tenuissimo cognosci. 1334

Epist. CCXXXIV. — Ad eumdem. — Refellitur Anomæorum cavillatio quærentium, Colisne quod nosti, an quod ignoras? 1335

Epist. CCXXXV. — Ad eumdem. — Huic quæstioni, Priorne cognitio an fides? respondet. 1337

Epist. CCXXXVI. — Eidem Amphilochio. — Pergit variis quæstionibus respondere: quomodo Christus nescire dicatur diem et horam; de Jeremiæ vaticinio in Jechoniam; de Encratitarum quadam cavillatione; de fato; etc. 1339

Epist. CCXXXVII. — Eusebio, episcopo Samosatorum. — Nuntiat ei de adventu Demosthenis, de synodo ab eo coacta in Galatia, de expulso Hypsino, eique suffecto Ecdicio, Gregorio abduci jusso, etc. 1343

Epist. CCXXXVIII. — Nicopolitanis presbyteris. — Cum Fronto presbyter Ecclesiæ Nicopolitanæ episcopatum ab Arianis accepisset, ac unum aut alterum ex eodem clero secum abstraxisset, consolatur presbyteros Nicopolitanos, eosque non horum hominum lapsu angi debere demonstrat. 1345

Epist. CCXXXIX. — Eusebio, episcopo Samosatorum. — Deplorat ærumnas Ecclesiæ, hominibus nequissimis ad episcopatum evectis, qualis erat is quem Anysius et Ecdicius in Ecclesias immiserant... Occidentales accusat quod veritatem audire nolint. 1345

Epist. CCXL. — Nicopolitanis presbyteris. — Hortatur eos ad constantiam in persecutione, ac spe auxilii a Deo venturi consolatur: monet ne fucum illis faciat Frontonis rectæ fidei simulatio. Negat se unquam commissurum ut agnoscat episcopum Frontonem, vel recipiat quos ille ordinaverit. 1347

Epist. CCXLI. — Eusebio, episcopo Samosatorum. — Rationem reddit, cur sæpe in litteris res molestas Eusebio nuntiet, nempe ut se ipse sublevet gemendo, et Eusebium ad intentiorem pro Ecclesia precem excitet. 1349

Epist. CCXLII. — Occidentalibus. — Orientales inter molestissimas procellas spem suam in Deo collocant; mirantur nihil adhuc auxilii ab Occidentalibus venisse; brevi malorum suorum descriptione conantur eos ad opem ferendam excitare. 1349

Epist. CCXLIII. — Ad episcopos Italos et Gallos. — De perturbatione et confusione Ecclesiarum. 1350

Epist. CCXLIV. — Patrophilo, Ægeensis Ecclesiæ episcopo.—De dissensione Basilium inter et Eustathium. 1353

Epist. CCXLV. — Theophilo episcopo. — Per Strategium respondet Theophilo Basilius ac declarat se nunquam ab eo amando discessisse, quamvis multæ doloris causæ acciderint; cæterum se cum hominibus fidem tam sæpe mutantibus communicare non posse. 1359

Epist. CCXLVI. — Nicopolitanis. — Nicopolitani cleri animos erigere conatur spe divini auxilii, hortaturque ut quod hactenus docuere, opere concessant. 1360

Epist. CCXLVII. — Eisdem. — Illos inter ærumnas spe divini auxilii consolatur, seque ait de illorum rebus cum potentioribus viris et coram et per litteras egisse. 1360

Epist. CCXLVIII. — Amphilochio, Iconii episcopo. — Minus molestum Basilio abesse Amphilochium, eo quod absit a persecutione usque ad sanguinis effusionem sæviente. Quidam enim Asclepius ex plagis mortuus. Spem habet in Amphilochii precibus: monet ut mittat qui librum De Spiritu sancto ferat. 1361

Epist. CCXLIX. — (Sine inscriptione.) — Viri pii causa. 1361

Epist. CCL. — Patrophilo, Ægeensis Ecclesiæ episcopo. — Illi gratias agit quod ad se per Strategium scripserit, et a se diligendo non discedat. Rationem reddit cur cum Eustathio communicare non possit. 1362

Epist. CCLI. — Evæsenis. — Illos laudat quod stent in fide, ac gratias agit quod aures non præbuerint calumniis Eustathii; hortatur eos ad perseverentiam. 1362

Epist. CCLII. — Ponticæ diœcesis episcopis. — Invitat Ecclesiæ suæ nomine, ut consuetudinem veniendi ad diem festum S. Eupsychii redintegrent. 1365

Epist. CCLIII. — Presbyteris Antiochiæ. — Eorum sollicitudinem partim sedandam esse, partim acuendam nuntiat. 1366

Epist. CCLIV. —Pelagio, episcopo Laodiceæ.— Salutat per Sanctissimum, seque ejus precibus commendat. 1366

Epist. CCLV. — Vito, Carrhorum episcopo. — Honorifica salutatio per Sanctissimum ab Occidente redeuntem. 1367

Epist. CCLVI. — Desideratissimis et religiosissimis fratribus compresbyteris Acacio, Aetio, Paulo, et Silvano, Silvino et Lucio diaconis, et cæteris fratribus monachis. 1367

Epist. CCLVII. — Ad monachos ab Arianis vexatos. — Ostendit, etsi Christiani vocantur persecutores, non idcirco eorum qui vexantur minui mercedem, sed etiam augeri; hortatur ut nec exsiliis episcoporum, nec nonnullorum e clero perfidia, nec errantium multitudine moveantur. 1368

Epist. CCLVIII. — Epiphanio episcopo. — Laudat charitatem Epiphanii. Delatam sibi ab illo secundæ controversiæ provinciam recusat. Rogat eum ut dissensionem componere conetur; denique respondet quæstioni: quid sint Magusæi. 1369

Epist. CCLIX. — Palladio et Innocentio monachis. — Dolet quod pacem conciliare non potuerit, sed tamen nemini succenset. Non petit ut se crebro invisant Palladius et Innocentius, sed ut pro se precentur. 1372

Epist. CCLX. — Optimo episcopo. — Rogatu Optimi pluribus explicat illud Scripturæ: Omnis qui occiderit Cain, septem vindictas exsolvet; tum etiam Lamechi ad uxores verba, et Simeonis ad Mariam. 1372

Epist. CCLXI. — Sozopolitanis. — Nonnullos qui carnem cœlestem Christo affingebant et affectus humanos in ipsam divinitatem conferebant, breviter refellit, ac demonstrat nihil nobis prodesse passiones Christi, si non eamdem ac nos carnem habuerit. Quod spectat ad affectus humanos, probat naturales a Christo assumptos fuisse, vitiosos vero nequaquam. 1377

Epist. CCLXII. — Urbicio monacho. — Basilius suam timiditatem ejicere jubet, rogatque ut sæpe ad se scribat, et quinam in sua Ecclesia sani sint nuntiet. 1380

Epist. CCLXIII. — Occidentalibus. — Gratias agunt Orientales Occidentalibus; rogant ut hoc beneficium impendant vel invisendo, vel saltem scribendo: de Eustathio et Apollinario agitur. Primi describitur inconstantia in fide; alterius varii errores recensentur. 1381

Epist. CCLXIV. — Barsæ, episcopo Edessæ, exsulanti. — Illum salutat et hortatur ut oret pro Ecclesia, cui quidem sperat pacem daturum iri, nisi appropinquet defectio. 1384

Epist. CCLXV. — Eulogio, Alexandro et Harpocrationi, Ægypti episcopis exsulibus. — Gratias agit Deo, quod iis, apud quos exsulant confessores, auxilia ad salutem providerit: Elpidium diaconum cum litteris ad eos mittit. Laudat eos quod damnaverint Apollinarium, cujus et nefarias molitiones, et impios de Trinitate, de Incarnatione et promissionibus errores recenset. 1384

Epist. CCLXVI. — Petro, episcopo Alexandriæ. — Fatetur minus recte a se factum, quod non ad illum scripserit de iis quæ egerant confessores: laudat constantiam Petri et studium canonum, etc. 1387

Epist. CCLXVII. — Barsæ, episcopo Edessæ, exsulanti.—Eum rogat ut pro se et pro Ecclesia oret; jam se ad eum scripsisse declarat, et quædam mittit munuscula.1390

Epist. CCLXVIII. — Eusebio exsuli. — Illi mirabiliter servato gratulatur, ejusque reditum sperat Ecclesiarum precibus concessum iri. 1391

Epist. CCLXIX. — Ad conjugem Arinthæi ducis consolatoria de morte viri. 1391

Epist. CCLXX. — (Sine inscriptione.)—De raptu. 1393

Epist. CCLXXI. — Eusebio sodali. — Commendatitia pro Cyriaco presbytero. 1393

Epist. CCLXXII. — Sophronio magistro. — Mirari se significat, quod adulatoribus aures præbuisset Sophronius; seque, cum multos ab infantia usque ad senectutem dilexerit, nemini plus tribuisse, quam Sophronio. 1394

Epist. CCLXXIII. — (Sine inscriptione.) — Heram commendat homini, jam sæpe de se bene merito. 1396

Epist. CCLXXIV. — Himerio magistro. — Illi commendat eumdem Heram, quem ab infantia usque ad senectutem amicum habuerat. 1396

Epist. CCLXXV. — (Sine inscriptione.) — Eidem Heræ patrocinium implorat adversus inimicorum calumnias.1396

Epist. CCLXXVI. — Harmatio magno. — Hortatur illum, ut filii in iis, quæ ad corpus attinent, obedientia contentus, idem jus sibi in animam non arroget, sed potius illius animi fortitudinem admiretur. 1597

Epist. CCLXXVII. — Maximo scholastico. — Gratulatur ei, quod ex illustri genere ad evangelicam vitam translatus fuerit. 1597

Epist. CCLXXVIII. — Valeriano. — Rogat eum ut ad se venire non gravetur. 1598

Epist. CCLXXIX. — Modesto præfecto. — Commendat illi civem Tyanensem. 1598

Epist. CCLXXX. — Eidem. — Commendat hominem sibi propinquum, quemque in filii loco habebat. 1599

Epist. CCLXXXI. — Eidem. — Rogat ut Heliadius peræquatoris munere liberetur. 1599

Epist. CCLXXXII. — Ad episcopum. — Invitat ad celebritatem martyrum, non sine peracuta reprehensione, quod non vocatus queratur, vocatus vero non veniat. 1400

Epist. CCLXXXIII. — Ad viduam. — Somnium quoddam illius interpretatur. 1400

Epist. CCLXXXIV. — Ad censitorem. — Petit ut monachi a tributis sint immunes. 1400

Epist. CCLXXXV. — (Sine inscriptione.) — Commendat Ecclesiæ possessiones quæ nimiis tributis premebantur. 1401

Epist. CCLXXXVI. — Commentariensi. — Significat fures in ecclesia comprehensos a se judicari debere, ac immerito Commentariensem sibi eorum receptionem arrogare. 1401

Epist. CCLXXXVII. — (Sine inscriptione.) — Contra ultores. 1402

Epist. CCLXXXVIII. — (Sine inscriptione.) — Contra ultores. 1402

Epist. CCLXXXIX. — (Sine inscriptione.) — De muliere afflicta. 1403

Epist. CCXC. — Nectario. — Exponit quomodo eorum, qui pagis præficiuntur, id est chorepiscoporum, electiones peragi debeant. 1404

Epist. CCXCI. — Timotheo chorepiscopo. — Illum ad pristinam pietatem revocare conatur. 1405

CLASSIS TERTIA, *continens epistolas multa temporis nota signatas, cum pluribus dubiis et spuriis nonnullis.*

Epist. CCXCII. — Palladio. — Significat suum videndi Palladii desiderium, cujus uxorem viderat, eumque hortatur ut vestimentum immortalitatis, nuper in baptismo acceptum, ab omni macula purum conservet. 1407

Epist. CCXCIII. — Juliano — Scire avet an Julianus usum manus receperit; multa præclare dicit de firmo et constanti mentis statu. Rogat Julianum ut sæpe ad se scribat. 1407

Epist. CCXCIV. — Festo et Magno. — Significat se vehementer optare ut pietas ad summum perveniat. Demonsirat utilitatem doctrinæ libris consignatæ, quæ et absentibus et posteris prodest. 1408

Epist. CCXCV. — Monachis. — Hortatur ut cœnobiticam vitam amplectantur, caveantque ne quis eos a Patrum fide abducat. 1409

Epist. CCXCVI. — Viduæ. — Excusatione utitur, quod viduæ nubibus diu usus sit : eximia ipsi ejusque illæ præceptam tradit. 1410

Epist. CCXCVII. — Viduæ. — Hortatur ad pietatem, et commendat mulierem, quæ hanc epistolam perferebat. 1410

Epist. CCXCVIII. — (Sine inscriptione.) —Causa pii viri. 1410

Epist. CCXCIX. — Censitori. — Eximium virum qui e potentia civili ad tranquillam vitam recesserat, hortatur, ut censitoris munus in regione Iboritarum, spe mercedis a Deo consequendæ, suscipiat. 1411

Epist. CCC. — Patri scholastici cujusdam fato functi consolatoria. 1412

Epist. CCCI. — Maximo consolatoria, morte uxoris afflicto. 1413

Epist. CCCII. — Uxori Brisonis consolatoria. 1414

Epist. CCCIII. — Comiti Privatarum. — Rogat ut imposita ob falsas criminationes equarum præstatio dimittatur. 1415

Epist. CCCIV. — Aburgio. — Commendat aliquem de quo antea locutus fuerat. 1415

Epist. CCCV. — (Sine inscriptione.) — Causa virorum quorumdam virtute clarorum. 1416

Epist. CCCVI. — Principali Sebastiæ. — Rogat ut civibus Alexandrinis propinqui corpus, Sebastiæ mortui, publico mandato exportandum concedat, et aliquid subsidii ex publico cursu ferri jubeat. 1416

Epist. CCCVII. — (Sine inscriptione.) — Hortatur ut inter duo litigantes judicem se præbeat. 1417

Epist. CCCVIII. — (Sine inscriptione) — Pro egeno. 1417

Epist. CCCIX. — (Sine inscriptione.) — Pauperes Capralis incolas commendat. 1417

Epist. CCCX. — (Sine inscriptione.) — Pro cognatis. 1418

Epist. CCCXI. — Principali. — Rogat ut illius domus, qui hanc epistolam ferebat, publicis muneribus gravata sublevetur. 1418

Epist. CCCXII. — Censitori. — Commendat aliquem metuentem ne ex novo censu læderetur. 1418

Epist. CCCXIII. — Censitori. — Rogat Galatiæ censitorem, ut de censu domus Sulpicii aliquid remittat. 1419

Epist. CCCXIV. — (Sine inscriptione.) — Pro famulo. 1419

Epist. CCCXV. — (Sine inscriptione.) —Commendat viduam sibi propinquam. 1420

Epist. CCCXVI. — (Sine inscriptione.) — Pro divexato. 1420

Epist. CCCXVII. — (Sine inscriptione.) — Pro egeno. 1420

Epist. CCCXVIII. — (Sine inscriptione.) — Pro conterraneo. 1421

Epist. CCCXIX. — (Sine inscriptione.) — Pro hospite. 1421

Epist. CCCXX. — (Sine inscriptione.) — Salutandi gratia. 1421

Epist. CCCXXI. — Theclæ. — Rogat ut vinum suppeditet his qui ecclesiæ conseptum exstruebant. 1422

Epist. CCCXXII. — (Sine inscriptione.) — Ut cum amico Pascha celebret. 1422

Epist. CCCXXIII.—Philagrio Arceno.—Hortatur ut sæpe ad se scribat de domesticis et ecclesiasticis rebus. 1423

Epist. CCCXXIV. — Pasinico medico. — Hortatur ut sibi caveat a Patricio homine valerrimo. 1423

Epist. CCCXXV. — Magniniano. — Gratias agit quod ad se scripserit per communem filiam Icelium, quam laudat perhonorifice. 1424

Epist. CCCXXVI. — (Sine inscriptione.) —Admonitionis causa. 1424

Epist. CCCXXVII. — (Sine inscriptione.) — Exhortatoria. 1424

Epist. CCCXXVIII. — Hyperechio. — Salutat illum, seque ait non melius solito valere. 1425

Epist. CCCXXIX. — Phalerio. — Gratias agit ob pisces ad se missos, sed multo magis ob litteras. 1425

Epist. CCCXXX. — (Sine inscriptione.) — Queritur quod ad se non scribat. 1425

Epist. CCCXXXI. — (Sine inscriptione.) — Queritur quod iterum scribere conetur. 1425

Epist. CCCXXXII. — (Sine inscriptione.) — Peracute nimium silentium exprobrat. 1425

Epist. CCCXXXIII. — Notario. — Monet ut notas et characteres perfectos faciat, et interpunctionibus sit attentus. 1426

Epist. CCCXXXIV. — Librario. — Multa tradit præcepta recte scribendi. 1426

Epist. CCCXXXV. — Libanio Basilius. — Significat se libenter omnes Cappadoces illi erudiendos missurum : nunc autem mittit nobilem adolescentem amici filium, quem Libanio commendat. 1426

Epist. CCCXXXVI. — Libanius Basilio. — Declarat se adolescentis virtutem admiratum esse; Basilii laudes de Firmo confirmat; quærit quid Firminus rerum agat; eumque partim laudat, partim de illo queritur. 1427

Epist. CCCXXXVII. — Basilius Libanio. — Alium Cappadocem mittit, quem filium suum appellat. Hunc comitabatur alius adolescens, sed non dives. 1428

Epist. CCCXXXVIII. — Libanius Basilio. — Gratias agit quod ad se Cappadoces mittat, et declarat se non curare quam divites sint discipuli, sed et egenos, modo studiosi sint, divitibus anteponere. 1428

Epist. CCCXXXIX. — Basilius Libanio. — Significat se laudem eloquentiæ illi concedere, et jamdudum oblivioni traditis, quæ apud sophistas didicerat, Mose et aliis prophetis versari. 1429

Epist. CCCXL. — Libanius Basilio. — Rursus ex præcedenti epistola ansam scribendi capit Libanius. 1429

Epist. CCCXLI. — Libanius Basilio. — Existimat idcirco non scribere, quod iram non deposuerit, vel punire velit. 1430

Epist. CCCXLII. — Libanius Basilio. — Comparat præcedentem Libanii epistolam cum rosa et spinis. 1430

Epist. CCCXLIII. — Libanius Basilio. — Laudat Basilii eloquentiam. 1431

Epist. CCCXLIV. — Basilius Libanio. — Inexcusabilem esse Libanium contendit, si ad se non scribat. 1431

Epist. CCCXLV. — Libanius Basilio. — Meminit se olim illius eloquio valde delectatum, sed tamen aliquan-

do injuriam ab eo accepisse, quod se in profundum Homerici furoris rogatus introducere noluisset. 1431
Epist. CCCXLVI. — Libanius Basilio. — Testatur de bonis moribus adolescentium quos Basilius miserat. 1432
Epist. CCCXLVII. — Libanius Basilio. — Episcopos avaritiæ accusat, et ideo timide petit a Basilio, ut tigna ad se mittat. 1432
Epist. CCCXLVIII. — Basilius Libanio. — Demonstrat non episcopos, sed sophistas avaros esse et tenaces. Tigna mittit trecenta. 1433
Epist. CCCXLIX. — Libanius Basilio. — Jocatur in Cappadociam, seque discipulos Cappadoces transmutaturum promittit. 1433
Epist. CCCL. — Basilius Libanio. — Respondet epistolæ præcedenti. 1433
Epist. CCCLI. — Basilius Libanio. — Rogat ut ad se mittat orationem, quam de homine moroso summa celebritate pronuntiaverat. 1433
Epist. CCCLII.—Libanius Basilio.—Mittit suam *de homine moroso* orationem, seque timere significat ac pene mente dejici, dum tam arguti judicis acumen formidat. 1434
Epist. CCCLIII. — Basilius Libanio. — Laudat orationem Libanii ad se missam. 1434
Epist. CCCLIV. — Libanius Basilio. — Gratias agit, ac vicissim a Basilio petit ut ad se mittat orationem contra ebrietatem. 1434
Epist. CCCLV. — Libanius Basilio. — Illi primas eloquentiæ defert. 1435
Epist. CCCLVI. — Basilius Libanio. — Respondet epistolæ præcedenti, seque discipulum piscatorum esse profitetur. 1435
Epist. CCCLVII. — Libanius Basilio.—Rogat ut sibi mœrorem solvat ex aliqua illius epistola conceptum. 1435
Epist. CCCLVIII. — Libanius Basilio. — Dolet quod non sit cum Basilio; gratulatur quod juvenem curam suadente Alcimo susceperit. 1435
Epist. CCCLIX. -- Basilius Libanio.—Silentium Libanio exprobrat, seque ait libenter ad eum volaturum, si liceret, sed cum id non liceat, sermones mittere. 1435
Epist. CCCLX. — Ex epistola ad Julianum apostatam. — De Sancta Trinitate, Incarnatione, sanctorum invocatione, eorumque imaginibus. 1436
Epist. CCCLXI. — Apollinario. — Consulit eum de usia et substantiæ vocabulis, ac de consubstantiali. 1436
Epist. CCCLXII. — Basilio Apollinarius.—Respondetur epistolæ præcedenti, et quomodo Pater et Filius unum sint exponitur, exemplis e natura humana adductis. 1437
Epist. CCCLXIII. — Apollinario. — Laudatur supra alios Scripturæ interpretes Apollinarius, ab eoque petitur, ut se de rebus obscuris consuli patiatur. 1439
Epist. CCCLXIV.—Basilio Apollinarius.—Illum per litteras salutat, et nuntiat venisse episcopos Ægyptios, et scripta allata esse prorsus necessaria ad eos refellendos. 1439
Epist. CCCLXV. — Basilius magno imperatori Theodosio. — In summa Cappadociæ calamitate, cum fluvii inundatio res necessarias e vicinis provinciis advehere non sineret, rogatur Theodosius, ut fluvium, pontis commoditate adhibita, veluti Rubrum mare pedibus pervium efficiat. 1440
Epist. CCCLXVI. — Ad Urbicium monachum. — De continentia. 1441

APPENDIX HUJUS TOMI. 1443
Monitum. 1443

SYMEONIS LOGOTHETÆ SERMONES VIGINTIQUATUOR DE MORIBUS, excerpta ex Operibus Basilii. 1445
Sermo primus. — De virtute et vitio. 1445
Sermo II. — De doctrina et admonitione. 1454
Sermo III. — De charitate in Deum et proximum. 1461
Sermo IV. — De eleemosyna. 1464
Sermo V. — De divitiis et paupertate. 1471
Sermo VI. — De avaritia. 1478
Sermo VII. — De peccato. 1485
Sermo VIII. — De pœnitentia. 1495
Sermo IX. — De oratione. 1505
Sermo X. — De jejunio. 1509
Sermo XI. — De morte. 1515
Sermo XII. — De tristitia et animi dejectione. 1526
Sermo XIII. — De patientia et longanimitate. 1530
Sermo XIV. — De futuro judicio. 1535
Sermo XV.—De imperio ac potestate. 1539
Sermo XVI. — De ingluvie et ebrietate. 1544
Sermo XVII. — De ira et odio. 1550
Sermo XVIII. — De invidia et malevolentia. 1554
Sermo XIX. — De temperantia et incontinentia. 1559
Sermo XX. — De humilitate et inani gloria. 1562
Sermo XXI. — De prospera et adversa fortuna et de prudentia. 1566
Sermo XXII. — De providentia. 1569
Sermo XXIII. — De anima. 1573
Sermo XXIV. — De honore parentibus exhibendo, ac de senectute et juventute. 1574
Index locorum Basilii ex quibus hi XXIV sermones compositi fuere. 1577
Ordo novus Epist. cum antea vulgato comparatus. 1579
Ordo Epist. antea vulgatus ad novum reductus. 1585
Index Epistolarum alphabeticus. 1593
Indices analytici. 1597

FINIS TOMI DECIMI OCTAVI.

Ex typis MIGNE, au Petit-Montrouge.

ETAT DE QUELQUES PUBLICATIONS DES *ATELIERS CATHOLIQUES* AU 1er JUIN 1857.

COURS COMPLET DE PATROLOGIE, ou Biblio.hèque universelle, complète, uniforme, commode et économique de tous les saints Pères, docteurs et écrivains ecclésiastiques, tant grecs que latins, tant d'O tient que d'Occident ; reproduction chronologique et intégrale de la tradition catholique pendant les douze premiers siècles de l'Eglise, d'après les éditions les plus estimées : environ 260 vol. in-4°, à 5 fr. l'un. Le grec et le latin formeront environ 300 vol ; mais chaque vol. grec-latin est du prix de 8 fr. Tous les Pères de l'Eglise d'Occident ont paru ; ils forment 217 vol. prix : 1035 fr. Pour la série gréco-latine 32 vol. ont aussi paru ; et pour l'édition purement latine de l'Eglise d'Orient 25 vol. sont en vente, y compris S. Chrysostôme.

COURS COMPLETS D'ECRITURE SAINTE ET DE THEOLOGIE, 1° formés uniquement de Commentaires et de Traités partout reconnus comme des chefs-d'œuvre, et désignés par une grande partie des évêques et des théologiens de l'Europe, universellement consultés à cet effet; 2° publiés et annotés par une société d'ecclésiastiques, tous curés ou directeurs de séminaires dans Paris. Chaque *Cours*, terminé par une table universelle analytique et par un grand nombre d'autres tables, *forme* 28 *vol. in-4°. Prix: 138 fr. l'un.

TRIPLE GRAMMAIRE ET TRIPLE DICTIONNAIRE HEBRAIQUE et CHALDAIQUE, 1 énorme vol. in-4°. Prix : 15 fr.

COLLECTION INTEGRALE ET UNIVERSELLE DES ORATEURS SACRES DU PREMIER ET DU SECOND ORDRE, ET COLLECTION INTEGRALE OU CHOISIE DE LA PLUPART DES ORATEURS SACRES DU TROISIEME ORDRE, selon l'or re chronologique, afin de présenter, comme sous un coup d'œil, l'histoire de la prédication en France pendant trois siècles, avec ses commencements, ses progrès, son apogée, sa décadence et sa renaissance, 67 vol. in-4°. Prix : 335 fr., 6 fr. le vol. de tel ou tel Orateur en particulier. Tout a paru.

COLLECTION INTEGRALE ET UNIVERSELLE DES ORATEURS SACRES de 1789 et au-dessus jusqu'à nos jours. 33 vol. in-4°. Prix : 165 fr. Cette seconde série, outre les orateurs morts, contient la plupart des vivants ; elle est, de plus, accompagnée des mandements épiscopaux d'un intérêt public et permanent, des *OEuvres complètes* des meilleurs prônistes anciens et modernes, des principaux ouvrages connus sur l'art de bien prêcher ; enfin, de vingt tables différentes présentant les matières sous toutes les faces. 18 vol. ont paru.

ENCYCLOPEDIE THEOLOGIQUE ou série de Dictionnaires sur chaque branche de la science religieuse, offrant en français et par ordre alphabétique, la plus claire, la plus variée, la plus riche et la plus complète des Théologies. Ces DICTIONNAIRES sont : ceux d'Ecriture sainte, — de Philologie sacrée, — de Liturgie, — de Droit canon, — des Hérésies, des schismes, des livres jansénistes, des Propositions et des livres condamnés, — des Conciles, — des Cérémonies et des rites, — des Cas de conscience, — des Ordres religieux (*hommes et femmes*), — des diverses religions, — de Geographie sacrée et ecclésiastique, — de Théologie morale, ascétique et mystique, — de Théologie dogmatique, canonique, liturgique, disciplinaire et polémique, — de Jurisprudence civile-ecclésiastique, — des Passions, des vertus et des vices, — d'Hagiographie, — des Pélerinages, — d'Astronomie, de Physique et de Météorologie religieuses, — d'Iconographie chrétienne, — de Chimie et de minéralogie religieuses, — de Diplomatique chrétienne, — des Sciences occultes, — de Géologie et de chronologie chrétiennes, 52 vol. in-4°. Prix : 312 fr. 51 vol. ont vu le jour.

NOUVELLE ENCYCLOPEDIE THEOLOGIQUE, contenant les DICTIONNAIRES de Biographie chrétienne et antichrétienne, — des Persécutions, — d'Eloquence chrétienne, — de Littérature *id.*, — de Botanique *id.*, — de Statistique *id.*, — d'Anecdotes *id.*, — d'Archéologie *id*, d'Héraldique *id.*, — de Zoologie, — de Médecine pratique, — des Croisades, — des Erreurs sociales, — de Patrologie, — des Prophéties et des miracles. — des Décrets des Congrégations romaines, — des Indulgences, — d'Agri-silvi-viti-Horticulture, — de Musique chrétienne, — d'Epigraphie *id.* — de Numismatique *id.*, — des Conversions au catholicisme, — d'Education, — des Inventions et découvertes, — d'Ethnographie, — des Apologistes involontaires, — des Manuscrits, — d'Anthropologie, — des Mystères, — des Merveilles, — d'Ascétisme, — de Paléographie de Cryptographie, de Dactylologie, d'Hiéroglyphie, de Sténographie et de Télégraphie, — de Paléontologie, — de l'Art de vérifier les dates, — des Objections scientifiques. 52 vol. in-4°. Prix : 312 fr. Tous ont paru.

TROISIEME ET DERNIERE ENCYCLOPEDIE THEOLOGIQUE, contenant les DICTIONNAIRES de Philosophie, — d'Antiphilosophisme, — du Parallèle des doctrines religieuses et philosophiques avec la foi catholique, — du Protestantisme, — des Objections populaires, — de Critique, — de Scolastique, — Philologie du moyen âge, — de Physiologie, — de Traduristique et conciliaire, — de la Chaire, — d'Histoire mystique, — des Missions, — des Antiquités chrétiennes ouvertes modernes, — des Bienfaits du christianisme, — tique, — de Discipline, — d'Erudition, — des Papes, — linaux, — de Bibliographie, — des Musées, — des Abrégés de Ciselure, gravure et ornementation chrétienne, — de Légendes du christianisme, — de Cantiques, — L'Economie charitable, — des Sciences politiques, — de Législation comparée, — de la Sagesse populaire, — des Superstitions, — des Livres apocryphes, — de Leçons de littérature en prose et en vers, — de Mythologie, — de Technologie, — des Controverses historiques, — des Origines du christianisme, — des Sciences physiques et naturelles dans l'antiquité, — des Harmonies de la raison, de la science, de la littérature et de l'art avec la foi catholique. 60 vol. in-4°. Prix : 360 fr. 26 vol. sont terminés; les autres suivent vite.

DEMONSTRATIONS EVANGELIQUES : de Tertullien, Origène, Eusèbe, S. Augustin, Montaigne, Bacon, Grotius, Descartes, Richelieu, Arnauld, de Choiseul du Plessis-Praslin, Pascal, Pélisson, Nicole, Boyle, Bossuet, Bourdaloue, Loke, Lami, Burnet, Malebranche, Lesley, Leibnitz, La Bruyère, Fénelon, Huet, Clarke, Duguet, Stanhope, Bayle, Leclerc, Du Pin, Jacquelot, Tillotson, De Haller, Sherlock, Le Moine, Pope, Leland, Racine, Massillon, Ditton, Derham, d'Aguesseau, de Polignac, Saurin, Buffier, Warburton, Tournemine, Bentley, Littleton, Fabricius, Seed, Addison, De Bernis, J.-J. Rousseau, Para du Phanjas, Stanislas Ier, Turgot, Statler, West, Beauzée, Bergier, Gerdil, Thomas, Bonnet, de Crillon, Euler, Delamarre, Caraccioli, Jennings, Duhamel, S. Liguori, Butler, Bullet, Vauvenargues, Guénard, Blair, de Pompignan, de Luc, Porteus, Gérard, Diessbach, Jacques, Lamourette, Lharpe, Le Coz, Duvoisin, De la Luzerne, Schmitt, Poynter, Moore, Silvio Pellico, Lingard, Brunati, Manzoni, Perrone, Palay, Doriéans, Campien, F. Pérennès, Wiseman, Buckland, Marcel de Serres, Keith, Chalmers, Dupin ainé, Sa Sainteté Grégoire XVI, Cattet, Milner, Sabatier, Morris, Bolgeni, Chassay, Lombroso et Consoni ; contenant les apologies de 117 auteurs répandues dans 180 vol. ; traduites, pour la plupart, des diverses langues dans lesquelles elles avaient été écrites ; reproduites INTEGRALEMENT, non par extraits ; ouvrage également nécessaire à ceux qui ne croient pas, à ceux qui doutent et à ceux qui croient. 20 vol. in-4°. Prix : 120 fr.

HISTOIRE DU CONCILE DE TRENTE, par le cardinal Pallavicini, précédée ou suivie du Catéchisme et du texte du même concile, de diverses dissertations sur son autorité dans le monde catholique, sur sa réception en France et sur toutes les objections protestantes, jansénistes, parlementaires et philosophiques auxquelles il a été en butte; enfin d'une notice sur chacun des membres qui y prirent part. 3 vol. in-4°. Prix : 18 fr.

PERPETUITE DE LA FOI DE L'EGLISE CATHOLIQUE, par Nicole, Arnaud, Renaudot, etc., suivie de la Perpétuité de la foi sur la confession auriculaire par Denis de Sainte-Marthe, et des 15 Lettres de Scheffmacher sur presque toutes les matières controversées avec les Protestants. 4 vol. in-4°. Prix : 24 f.

OEUVRES TRES-COMPLETES DE SAINTE THERESE, de S. Pierre d'Alcantara, de S. Jean de la Croix et du bienheureux Jean d'Avila; formant ainsi un tout bien complet de la plus célèbre Ecole ascétique d'Espagne. 4 vol. in-4°. Prix : 24 fr.

CATECHISMES philosophiques, polémiques, historiques, dogmatiques, moraux, disciplinaires, canoniques, pratiques, ascétiques et mystiques, de Feller, Aimé, Scheffmacher, Rohrbacher, Pey, Lefrançois, Alletz, Almeyda, Fleury, Pomey, Bellarmin, Meusy, Challoner, Gother, Surin et Olier. 2 v. in-4°. Prix : 13 f.

PRAELECTIONES THEOLOGICAE, de PERRONE. 2 forts vol. in-4°. Prix . 12 fr.

OEUVRES TRES-COMPLETES DE DE PRESSY, évêque de Boulogne. 2 vol. in-4°. Prix : 12 fr.

MONUMENTS INEDITS SUR L'APOSTOLAT DE SAINTE MARIE-MADELEINE EN PROVENCE, et sur les autres apôtres de cette contrée, par M. Faillon, de Saint-Sulpice, 2 forts vol in-4°, enrichis de 500 gravures. Prix : 16 fr.

COURS COMPLET D'HISTOIRE ECCLESIASTIQUE, 25 vol in-4°. Prix : 150 fr. Les 12 premiers vol. ont paru.

LUCH FERRARIS PROMPTA BIBLIOTHECA, canonica, juridica, moralis, theologica, etc., 8 v. in-4°. Prix : 48 fr.

OEUVRES COMPLETES de THIBAUD, 8 vol. in-4°. Prix : 50 fr., 2 vol. ont paru.

OEUVRES COMPLETES de BOUDON, 3 énormes vol. in-4°. Prix : 24 fr.

OEUVRES COMPLETES de FRAYSSINOUS, 1 v. in-4° Pr : 6 f.

OEUVRES COMPLETES du cardinal de LA LUZERNE, évêque de Langres, 6 vol. in-4°. Prix : 40 fr.

OEUVRES COMPLETES de BERGIER, 8 vol. in-4°. Prix : 50 fr

OEUVRES COMPLETES de LEFRANC DE POMPIGNAN, archevêque de Vienne, et OEuvres religieuses de son frère l'académicien, 2 vol. in-4°. Prix : 14 fr.

OEUVRES COMPLETES de DE LA TOUR, chanoine de Montauban, 7 vol. in-4°. Prix : 48 fr. — Les *Mémoires liturgiques et canoniques* valent seuls au delà de ce prix. Ils sont au nombre de 51.

OEUVRES COMPLETES de BAUDRAND, 2 v. in-4°. Prix : 14 fr.

Les souscripteurs à 20 volumes à la fois, parmi les ouvrages ci-dessus, jouissent, EN FRANCE, de trois avantages : le premier est de ne payer les volumes qu'après leur arrivée au chef-lieu d'arrondissement ou d'évêché; le second est de recevoir les ouvrages *franco* chez notre correspondant ou le leur, ou d'être remboursés du port; le troisième est de ne verser les fonds qu'à leur propre domicile et sans frais